U0921005

摄影 / 李军

2015
中共山西年鉴

中 共 山 西 省 委 主办
中共山西省委党史办公室 编

中 央 文 献 出 版 社

《中共山西年鉴》编审委员会

《中共山西年鉴》编辑委员会

各市篇编委

《中共山西年鉴》编辑部

2014年9月1日，中共山西省委召开全省领导干部大会，中共中央政治局常委、中央书记处书记刘云山出席会议并作重要讲话；中共中央政治局委员、中央书记处书记、中央组织部部长赵乐际在会上宣布中央决定：王儒林同志任山西省委委员、常委、书记，袁纯清同志不再担任山西省委书记、常委、委员职务，另有任用。图为会议会场。

2014年11月14日，中共山西省委书记王儒林来到中煤平朔井工一矿，在360多米深的井下工作面，同矿工们亲切交谈。

（李联军　摄）

2014年11月19日至20日，中共山西省委副书记、省长李小鹏到忻州、朔州、大同三市专题调研水利改革发展工作。图为李小鹏在应县金城镇席家堡村考察膜下滴灌工程，向当地村民和乡村干部了解节水灌溉成效。

（刘通 摄）

2014年10月22日，中共山西省委副书记楼阳生在临猗县调研。

2014年4月23日至25日，中共山西省委常委、宣传部部长胡苏平深入联系点偏关县和河曲县进行“访民生、知民情、解民事”集中走访活动，图为胡苏平在偏关县深入田间调研。

2014年4月24日，中共山西省委常委、常务副省长高建民在临汾市永和县调研扶贫工作。

2014年12月19日，中共山西省委常委、纪委书记黄晓薇在晋中市调研党风廉政建设和反腐败工作。

2014年11月19日，中共山西省委常委、太原市委书记吴政隆在娄烦县调研。

2014年7月28日，中共山西省委常委、省军区政委张少华在吕梁市罗峪口村就扶贫帮建工作进行调研。

2014年5月2日，中共山西省委常委、政法委书记王建明在太原会见山西省政法系统英模报告团。

2014年12月10日，中共山西省委常委、统战部部长孙绍骋在晋城市金鼎煤机有限公司调研民营中小微企业发展情况。

中共山西省委常委、省委秘书长王伟中在省直机关工委调研。

2014年10月2日，中共山西省委常委、副省长付建华在阳煤集团新景公司2111综采工作面实地调研。

2014年11月12日，中共山西省委常委、组织部部长盛茂林在晋城市秀水苑小区调研。

2014年11月30日，中共山西省委召开全省学习讨论落实活动动员大会，省委书记王儒林作重要讲话。

2014年12月7日，中共山西省委十届六次全会在太原召开，全会审议通过了《中共山西省委关于贯彻落实党的十八届四中全会精神加快推进法治山西建设的实施意见》。图为会议会场。

（李联军　刘通　摄）

编 辑 说 明

《中共山西年鉴》是中共山西省委主办的一部大型资料工具书，按年度连续出版，及时跟进、准确忠实记录和全面反映中共山西省委一年来召开的重要会议、发布的重要文件、进行的重大活动、开展的重要工作和全省各部门、各市县党的建设和其他重要工作情况，为领导干部科学决策、指导工作提供有力借鉴，同时为广大读者了解山西、研究山西、建设山西提供服务。

《中共山西年鉴》2015版记录的时限范围是2014年1月1日至2014年12月31日。所收资料采用分类编排法，共设置10个栏目。本书资料主要由省委办公厅和各市县、各部门党委办公室提供，还有少部分转载自《山西日报》《前进》等。“党风廉政建设和反腐败斗争”栏目由省纪检委提供。“附录”部分由省市统计部门和省委组织部供稿。“中央领导关注山西”专栏排序按照中央领导来山西时间先后顺序编排。各部门工作概况中统计数字和领导成员名单以各部门所报资料为准。全书由省保密局进行了审查。本年鉴只记载2014年发生的事件，动态变化将在下一年度体现。在年鉴组稿、编辑、印刷、出版过程中，得到了有关部门的大力支持和协助，在此，表示诚挚的谢意。

由于《中共山西年鉴》2015版内容涉及面广，编纂难度较大，加之编辑水平所限和个别单位未能按要求提供稿件，因此，所收资料疏漏之处难以避免，恳请广大读者批评指正，以便在今后的编辑工作中加以改进。

目　录

中央领导关注山西

中共山西省委工作概况

重 要 会 议

重　要　文　献

学习讨论落实活动

党风廉政建设和反腐败斗争

（一）党风党纪文件

（二）纪检工作综述

（三）年度严重违纪违法的省级干部简历

省委工作部门工作概况

省人大常委会党组工作概况

省政府党组工作概况

省政协党组工作概况

省纪委（监察厅）工作概况

省高级人民法院党组工作概况

省人民检察院党组工作概况

省政府各厅局党组（委）工作概况

省直属事业单位党组（委）工作概况

群团组织党组工作概况

省管国有企业党委工作概况

中央部属单位党组（委）工作概况

驻晋部队党委工作概况

高等院校党委工作概况

市、县（市、区）委工作概况

中共太原市委工作概况

中共大同市委工作概况

中共朔州市委工作概况

中共忻州市委工作概况

论　坛

人　物

一、年度履职山西的省级领导简历

二、年度调离山西的省级领导简历

三、年度新任职的省级领导简历

四、年度逝世的原省级领导生平

五、人事变动

大事记要

附　录

中央领导关注山西

要始终坚持改革推动　创新驱动　统筹联动　人才支撑

——山西代表团代表、中共中央政治局委员、国务院副总理马凯和代表们一起审议政府工作报告

3月5日下午，山西代表团举行全体会议，审议李克强总理所作的政府工作报告。山西团代表、中共中央政治局委员、国务院副总理马凯和代表们一起审议，并作为国务院工作人员听取大家对报告的意见和建议。

代表团团长袁纯清主持并首先发言，他说，李克强总理作的政府工作报告，是一个思路清晰、重点突出、鼓舞人心、催人奋进的报告。过去一年，面对错综复杂的国际国内形势，党中央、国务院团结带领全国人民，积极化解经济下行压力，从容应对各种挑战，改革开放和现代化建设取得新成就。去年，山西困难比预料的要多，而结果比预想的要好。面对煤炭价格持续走低带来的严峻挑战，我省经济社会发展实现逆势而上、稳中有进，转型有了新发展，改革有了新突破，投资进入新拐点，安全生产达到新水平，作风有了新改进。今年，我们要以转型综改试验区建设为切入点，全面深化改革，扎实开展"转型综改攻坚年"活动，取得转型跨越发展新成效。

代表团副团长李小鹏发言时说，李克强总理作的报告全面贯彻了党的十八大、十八届二中、三中全会和习近平总书记一系列重要讲话精神，充分体现了稳中求进、改革创新的工作总基调和实事求是、求真务实的工作作风。我们要按照党中央、国务院的决策部署，结合山西实际，扎实做好转型综改区建设、经济发展方式转变、经济平稳健康发展、"三农"工作、特色新型城镇化、文化改革发展、保障和改善民生、生态文明建设、安全生产等重点工作，努力在综改攻坚、创新驱动、项目见效等方面取得新突破，为不断夺取中国特色社会主义新胜利、实现中华民族伟大复兴的中国梦作出新的更大贡献。

马凯在参加山西团审议时说，政府工作报告总结工作全面客观，分析问题清醒，对形势判断科学，提出的目标任务符合实际，体现了改革创新精神，反映了广大人民群众的心声。去年山西省面对错综复杂的经济形势和煤炭价格大幅下降的压力，积极应对，攻坚克难，经济总量、发展质量和人民生活同步提升，成绩来之不易。山西省要按照党中央、国务院的决策部署，认真落实经济转型综合配套改革试验总体方案，着力推进结构战略性调整。要一手抓"以煤为基"，大力发展安全、清洁、高效的煤炭产业，延长产业链，提高附加值；一手抓"多元发展"，以市场为导向，加快发展非煤产业，不断提升接续替代产业和服务业的比重。

做到这些，要始终坚持改革推动、创新驱动、统筹联动、人才支撑。

李晓波、王清宪、李秋喜、朱晓明、张红健、杨绍清、袁玉珠、岳普煜、令狐安等代表先后围绕全面深化改革、企业提质增效、推进新型城镇化、食品安全生产、现代煤化工基地建设、民办学校和职业教育、基础设施建设、化解产能过剩、经济结构调整、金融体制改革等提出意见和建议。

副团长李政文、胡苏平、高建民与代表们一同参加审议。银监会主席尚福林，国务院研究室、国家发改委及财政部等相关部门负责人到会听取审议意见。（尚慧辉）

转型当需再发力　乐事还同万众心

——李克强总理与山西代表一起审议政府工作报告

3月7日上午，人民大会堂山西厅，气氛热烈而融洽。出席十二届全国人大二次会议的山西代表团在这里举

行全体会议。中共中央政治局常委、国务院总理李克强，中央政治局委员、国务院副总理马凯与山西代表一起审议政府工作报告，审查计划报告和预算报告。

上午9时许，李克强走进山西厅，和代表们一一握手。他看到申纪兰代表，上前握着她的手，热情问好，询问身体健康情况。看到郭凤莲，关切地询问当地发展和群众收入情况。

代表团团长袁纯清主持会议，介绍了山西代表团审议政府工作报告的情况。他说，李克强同志参加我团审议，体现了党中央和国务院对山西的关心，让我们表示欢迎和感谢。

用改革办法实现煤炭清洁利用

副团长李小鹏首先发言，他说，李克强总理作的政府工作报告，主题鲜明、重点突出，文风朴实、措施得力，通篇充满了改革的气息，符合中央的新精神、人民群众的新期待。在党中央国务院的正确领导下，全国上下一定能够贯彻落实好报告，不断谱写改革开放和现代化建设新篇章。近年来，山西省在为国家提供稳定可靠能源供应的同时，着力构建和谐煤电关系，积极探索建立煤炭、电力现代交易机制，加快建设国家综合能源基地，大力推动黑色煤炭绿色发展、高碳资源低碳发展，为国家现代化建设和能源产业改革发展作出了新的贡献。李小鹏还围绕煤炭的清洁、高效、安全、低碳利用，向国家提出了意见建议。

当李小鹏谈到山西积极应对煤价连续下降的不利形势时，李克强关切地问"现在煤价平衡吗"，得到"总体稳定、低位徘徊"的回答后，李克强点了点头。

接下来是王赋代表发言，他谈到山西完全有能力为京津冀等地区输送更为清洁的电力能源，希望国家支持山西省外送电通道建设。李克强当即让国务院工作人员把这个问题记下来、解决好。

"燃煤在太原雾霾成因中到底占多大比例？""脱硫脱硝之后有多大改善？""有没有做过具体研究？"李小鹏、王赋谈到污染治理时，李克强不断追问。他说，山西因煤而生、因煤而兴，不能因煤而背上包袱。要用改革办法在煤炭清洁使用技术上寻找突破。

山西转型升级迈出了新步伐

张有喜代表在发言中说，李克强总理曾两次考察、重点督办的大同棚改工作，如今30万棚户居民已全部搬入新居，并向总理展示了5张棚户区新貌照片，代表居民们向总理致谢。拿着照片，李克强满面笑容，他说，"老矿工为共和国建设作过贡献，现在要把欠账补上，让人民过上好日子。"听说自己在2009年慰问过的同煤集团矿工老蔡一家也喜迁新居，李克强非常欣慰，让张有喜代自己向老蔡一家和全体矿工表示诚挚问候和真诚祝福。

韩长安、王安庞代表围绕生态环境治理、煤化工基地建设等提出意见和建议。

来自基层农村的代表张家胜用略带方言的口音，向总理介绍自己所在的晋城皇城村以旅游业带动新兴产业、带领群众走上共同富裕道路的做法。总理仔细倾听，不时请身边代表"翻译"。听张家胜说，村里年人均纯收入超5万元，且集体富裕，没有贫困户，也没有暴发户时，李克强很有兴致地询问村民就业情况，张家胜说，我们已经农民变工人、工人变商人、商人变成文化人了。总理露出了欣慰的笑容。

李克强在发言中，充分肯定过去的一年山西在经济社会发展中取得的成绩。他说，去年山西和全国一样，受经济下行压力影响很大，因山西资源型地区经济结构的特殊性，压力更大。山西省委、省政府认真贯彻落实党中央、国务院决策部署，带领全省干部群众，真抓实干，负重前行，各项工作都取得了新成就，尤其是转型升级取得了新经验，有的地方还有新突破，迈出了新步伐。

让人民共享改革成果

李克强说，山西是重要的能源资源基地，要敢闯敢试，在经济提质增效升级上创造新经验。一要以加快改革为动力，推动产业转型。促进经济结构"由重转轻"，推动民营经济多元化发展。二要以特色产业为依托，打造发展新优势。大力发展清洁能源，提高非煤产业比重，做大做强文化旅游等服务业。三要以棚户区改造为抓手，保障和改善民生。让更多棚户区居民早日"出棚进楼"，使改革发展成果惠及全体人民。

谈到改善民生时，李克强现场吟诵多年前在晋祠看到的对联：同声相应，同气相求，同人共乐千秋节；乐不可无，乐不可极，乐事还同万众心。他说，我对"乐事还同万众心"印象特别深，用现在的话，就是让人民共享改革成果。

李克强总理的话给山西发展指明了方向，坚定了山西转型发展的信心，让代表们倍加振奋。审议结束，大家围拢在李克强身边，向总理诉说三晋新发展和身边新变化，李克强同志也关切地向基层代表询问情况。

袁纯清最后说，刚才，李克强总理与我们一起审议并作了重要讲话，让我们倍感温暖和振奋，更加干劲十足。李克强总理对山西去年在经济下行压力较大的情况下，取得逆势而进的成绩给予充分肯定，这对山西省委、省政府和广大干部群众是极大的鼓舞；对山西今后发展工作提出明确要求，特别是统筹改革、转型、惠民，致力提质、增效、升级，这对山西来讲都是具有根本性和紧迫性的战略任务。我们有决心、有信心在党中央、国务院领导下，充分利用好转型综改试验区平台，推动山西转型跨越迈向更高层次，不仅要走出一条资源型地区科学发展新路，也要走出一条中西部地区人民富裕之路。请总理放心，请中央放心，我们一定通过扎实认真的努力，向党中央、国务院和山西人民交上合格的答卷。

代表团副团长李政文、胡苏平、高建民参加审议。

中央书记处书记、国务委员、国务院秘书长杨晶，国务院副秘书长肖捷，国家发展改革委主任徐绍史，财政部部长楼继伟，公安部常务副部长杨焕宁，国务院研究室主任宁吉喆参加审议，并听取代表意见建议。

（尚慧辉　刘宇）

马凯副总理在山西陕西调研铁路建设

中共中央政治局委员、国务院副总理马凯近日(注:4月28日至29日)在山西、陕西实地调研铁路建设施工情况,并主持召开部分地区铁路建设工作会议,强调要统一思想,明确任务,落实责任,强化措施,确保全面完成今年铁路建设任务。

马凯在晋期间,省委书记袁纯清、省长李小鹏向马凯汇报了山西近期的经济工作。马凯对山西的转型发展特别关心、支持,并提出了相应的要求。

在西安召开的部分地区铁路建设工作会议上,马凯充分肯定铁路建设取得了显著成绩,指出铁路仍然是综合交通运输体系的薄弱环节,加快铁路建设发展,是既利当前、又利长远,既促进经济发展、又惠及民生的大事。国务院决定进一步加大铁路建设力度,继续推进铁路投融资体制改革,多方吸收社会投资,适度扩大铁路固定资产投资规模、调增新线投产里程、增加新开工项目。

马凯强调,全面完成今年铁路建设任务,时间紧、任务重、难度大,必须全面布局,抓住重点,突破关键,扎实推进。一是要做到四个"确保"。集中建设资源,优化施工方案,加强现场组织,确保重点在建项目顺利推进;加快前期工作,明确时间节点,确保新开工建设一批铁路项目;精心做好工程收尾、初步验收和运营准备,确保按期建成投产一批铁路项目;严格执行质量安全标准,加强现场管理和过程控制,确保质量安全万无一失。二是要强化责任落实。铁路总公司要承担主体责任,做好各项基础和前期工作;有关部门要履行保障责任,依法加快项目审批,完善配套措施,做好服务保障;地方政府要担负共建责任,在征地拆迁、资金落实、项目初审、市政配套等方面主动工作,为顺利推进项目建设创造条件。三是要形成合力。各有关方面要各负其责、密切配合,建立协调机制和定期会商制度,完善重大项目推进机制,及时解决实际困难和问题,确保项目建设顺利进行。

(山西日报4月30日报道)

李克强总理给晋城市泽州县李寨中学的回信

李寨中学全体师生:

很高兴收到你们的来信。字里行间,三十年前到李寨中学时的场景历历在目,很是亲切!

办学兴教,立德树人,贵在坚守。得知多年来学校始终注重开展实践教育,坚持走文化知识学习与创新能力、实践精神培养并重的办学路子,培养了大批优秀毕业生,让人感到由衷欣慰。

教育是民生之基,更是强国之本。广育英才,励志报国,是实现中华民族伟大复兴的时代召唤。希望你们秉承优良传统,继续探索山区办学新路,科学实施课程改革,求实创新,持之以恒,为社会培养更多有用人才,为中西部和农村教育发展积累宝贵经验。

祝学校的明天更美好!

李克强

2014年6月12日

锲而不舍抓好"三农"工作和政策落实 确保完成全年农村改革和发展目标任务

——中共中央政治局委员 国务院副总理汪洋在我省考察调研农业农村工作

中共中央政治局委员、国务院副总理汪洋7月17日至18日在我省考察调研农业农村工作。他强调,各地区、各有关部门要认真贯彻落实中央关于深化农村改革、促进农业农村发展的决策部署和政策措施,进一步强化责任,加大力度,完善机制,确保完成全年农业发展、农民增收和农村改革任务,为稳增长、促改革、调结构、惠民生作出新贡献。

在晋中、阳泉等地,汪洋深入村庄农户、田间地头,了解农业生产、农村改革和政策落实情况,与干部群众共商兴农富农之道。他指出,今年夏粮再获丰收,农业农村保持良好发展势头,同时也面临很多突出矛盾和制约因素,不少积累甚久,属于痼疾顽症,解决起来很不容易,但又绕不开、躲不过、拖不得。我们要直面矛盾,以舍我其谁的勇气和担当推进农村改革,敢于涉险滩,敢于啃硬骨头。要勇于负责,真抓实干,扎实解决农村改革发展中的困难和问题。要尊重群众首创精神,善于发现和总结基层和群众的创新创造,将其机制化、规范化并在更大范围推广。

省委书记、省人大常委会主任袁纯清,省委副书记、省长李小鹏陪同调研。副省长郭迎光在座谈会上介绍了我省农业农村工作特别是农村集体产权制度改革基本情况。

我省是比较鲜明的特色农业省份,近年来,伴随着转型发展,全省农业正在进入较快成长期,粮食生产屡创新高,农民收入较快增长,扶贫攻坚、水利支撑、生态环境、人居环境等各个方面正在发生积极变化。在农村集体产权制度改革方面，我省重点抓了五项工作：一是积极稳妥推进农村土地制度改革。开展集体土地所有权、建设用地使用权确权登记发证和承包经营权确权登记颁证试点工作，健全服务组织和调解仲裁体系，完善土地流转办法，引导农村土地承包经营权有序流转。二是深化林权制度改革。建立流转制度、林权抵押和金融支持服务制度，启动政策性森林保险试点工作，调动农民营造经济林、生态林的积极性。三是扎实推进农村集体公益性资产产权制度改革。发挥行业主管部门职能作用，依托村级组织，重点加强管理，盘活水利等产权不清晰、利用效率不高的公益性资产，让农民用得上、用得起。四是启动实施农村集体产权制度改革试点。通过全面清产核资、合理界定成员、科学折股量化、完善治理机构，明晰产权权能，将集体资产由“共同共有”变为“按份共有”，积极探索集体经济有效实现形式。五是切实加强农村“三资”管理。把农村“三资”管理和农村党风廉政建设统筹推进、同步建设，基本做到农村集体“三资”网络化管理、电算化核算、规范化运行，农民群众比较满意。

袁纯清在座谈会上说，在山西改革发展稳定的关键时期，汪洋副总理亲临考察指导工作，体现了党中央、国务院对山西这个革命老区的重视和关心，使广大干部群众深受鼓舞、深感温暖，必将转化为进一步搞好工作、加快发展的强大动力。农村集体产权制度改革是一个事关“三农”发展的根本性重大问题，我们将按照这次座谈会的精神，加大试点探索力度，进一步完善体制机制，更好地推进农业发展、农村繁荣、农民富裕。当前，山西经济社会发展面临较大困难，但在以习近平同志为总书记的党中央的坚强领导下，我们有信心、有决心、有定力团结带领全省人民攻坚克难、奋力前行，确保改革深化、经济增长、政治安定、民生改善、生产安全、社会稳定，向党中央、国务院交上一份合格的答卷。

李小鹏在座谈时说，今年以来，在党中央、国务院的坚强领导下，山西省委、省政府认真贯彻落实中央宏观调控政策和各项决策部署，统筹做好稳增长、促改革、调结构、惠民生、防风险等各项工作，全省经济运行出现积极变化，活力动力进一步增强，人民生活水平不断提高，但仍然面临着煤炭行业困难较大、稳定就业及居民持续增收压力加大、金融运行稳中趋紧等困难和问题，经济下行压力依然较大。下半年，我们将继续按照党中央、国务院决策部署，统一思想，坚定信心，迎难而上，狠抓落实，在全面做好各项工作的基础上，突出抓好安全生产、改革创新开放、投资又好又快增长、煤炭工业可持续发展、“三农”和扶贫、保障改善民生、节能减排和生态环境保护、改善金融服务和帮扶企业、扩大消费、促进对外贸易等重点工作，确保经济平稳健康发展、社会和谐稳定，努力使全年经济增长达到全国平均水平。

（尚慧辉）

刘云山同志参加全省领导干部大会

9月1日，省委召开全省领导干部大会，宣布中共中央关于山西省委主要负责同志职务调整的决定。中共中央政治局常委、中央书记处书记刘云山出席会议并作重要讲话。中共中央政治局委员、中央书记处书记、中央组织部部长赵乐际在会上宣布中央决定：王儒林同志任山西省委委员、常委、书记；袁纯清同志不再担任山西省委书记、常委、委员职务，另有任用。袁纯清主持会议并讲话，省委书记王儒林讲话，省委副书记、省长李小鹏作表态发言，省委副书记楼阳生，省政协主席薛延忠等省领导，中央组织部副部长王秦丰、部务委员兼干部二局局长周祖翼出席会议。

刘云山在讲话中强调，这次山西省委主要负责同志职务的调整，是中央从大局出发，根据工作需要和干部交流精神，以及山西省领导班子建设实际，通盘考虑、慎重研究决定的。

刘云山指出，近年来，山西省委、省政府团结带领全省广大干部群众，以山西国家资源型经济转型综合配套改革试验区建设为契机，坚持以煤为基、多元发展，推动产业结构调整和转型升级，推进煤炭资源整合和煤矿兼并重组，加强生态环境保护和基础设施建设，做好保障和改善民生工作，全省经济社会发展取得新的成绩。同时要看到，山西省的政治生态存在不少问题，党风廉政建设和反腐败斗争形势严峻。中央高度重视山西存在的问题，高度重视山西领导班子和干部队伍建设，决定对山西省委班子作重大调整。

刘云山要求山西全省广大干部要用中央精神统一思想，确保省委主要领导的顺利交接和平稳过渡。要扎实推进各项工作，确保山西经济持续健康发展和社会和谐稳定，让全省人民共享改革发展成果。要下大气力抓好领导班子和干部队伍建设，牢牢把握正确的选人用人导向，坚持用党和人民需要的好干部的标准选人用人，严肃整治选人用人不正之风。要敬终如始、一鼓作气抓好第二批党的群众路线教育实践活动，切实做好整改落实、建章立制工作，推动作风建设常态化长效化。要认真总结腐败案件高发多发的教训，由表及里、举一反三，贯彻好党要管党、从严治党的要求，真正把党建工作责任落到实处。各级党委要切实负起党风廉政建设主体责任，坚决支持纪委落实好监督责任，深入推进党风廉政建设和反腐败斗争，优化山西的政治生态，从根本上保障山西的发展、改革和稳定。

省委书记王儒林在会上讲话。他说，我坚决拥护中央的决定，坚决拥护刘云山同志的重要讲话。省委要认真研究提出贯彻意见，各级党组织要迅速组织传达学习，深刻领会，坚决贯彻落实。他说，袁纯清同志思路清晰，经验丰富；深入实际，勤奋务实，努力推动以煤为基，多元发展；努力稳增长、促改革、调结构、转方式、保安全、惠民生，为山西经济社会发展作出了重要贡献。中央决定我担任山西省委书记，这是中央对我的高度信任，我深感责任重大、任务艰巨、使命光荣，我决不辜负党中央的重托和山西人民的厚望。他指出，当前，山西改革发展正处于重要的历史关头，既面临许多重大机遇，又面临许多困难和严峻挑战。特别是连续出现严重腐败问题，给党的形象、给山西的声誉带来严重影响，这是山西人民、也是全国人民所不愿看到的。我们一定要充分认清山西反腐败斗争形势的严峻性、复杂性、尖锐性、特殊性，一定要吸取深刻的痛苦的教训，一定要坚定信心，在以习近平同志为总书记的党中央高度重视、坚强领导下，正视问题不回避、惩治腐败不手软、反对“四风”不反弹，革弊立新、激浊扬清，努力开创山西弊绝风清的新局面。一要认真学习贯彻习近平总书记系列重要讲话精神，坚决落实中央各项决策部署。坚持正确的政治方向，在思想上、政治上、行动上同以习近平同志为总书记的党中央保持高度一致，坚决维护山西大局稳定、政治稳定、社会稳定。二要狠抓作风建设，坚决惩治腐败。认真履行党委主体责任和纪委监督责任，充分发挥巡视工作的“尖兵”和“利剑”作用，坚持不懈反对“四风”，切实加强党的建设，把“严”字落实到干部工作的全过程。三要全面深化改革，坚决破除各种体制机制障碍。特别是要处理好政府和市场的关系，在根除权钱交易、官商勾结的土壤和条件上狠下功夫。四要突出抓好经济建设，坚持推动科学发展。努力适应经济发展新常态，突出调结构、转方式，突出创新发展、转型发展、多元发展，着力提升发展的质量和效益。坚决贯彻习近平总书记“发展决不能以牺牲人的生命为代价”这是“一条不可逾越的红线”的指示精神，采取最强有力的措施实现安全发展。五要切实加强法治建设，坚持推进依法治省。学习和运用法治思维和法治方式，努力创造依法行政、公正司法、全民守法的良好环境，任何人、任何单位都要学法知法守法用法，按制度办事、按规矩办事、按程序办事，把权力关进制度的笼子里，努力提高全社会法治化水平。六要时刻把群众利益放在心上，坚持保障和改善民生。各级干部要带着感情走近群众，带着责任了解群众，带着本事服务群众，多做一些打基础、利长远、建机制、可持续，为山西人民谋利造福的事情。

王儒林指出，从今天开始，我就是山西的一员了，从白山松水到表里山河，山西是我的新家乡。作为新的山西人，我会真心实意、充满感情地热爱山西；作为省委书记，我一定要率先垂范、以身作则，为全省各级干部立标杆、做榜样。一要政治坚定。始终坚持对党绝对忠诚，在任何情况下都做到政治信仰不变、政治立场不移、政治方向不偏。二要加强学习。深入学习习近平总书记系列重要讲话精神，虚心向班子同志、老同志、基层同志和人民群众学习，加强调查研究，尽快熟悉省情，接山西“地气”。三要敢于担当。知难而进、迎难而上，遇到矛盾不绕、面对困难不躲、解决问题不拖，对侵害党和人民利益的人和事，“零容忍”、不留情、敢亮剑。四要勤奋务实。做老实人，说实话，干实事，求实效，不搞短期行为，不做表面文章，不弄虚作假，不急功近利。五要廉洁自律。带头执行中央“八项规定”，带头做到清正廉洁，带头履行“一岗双责”。今后，如果有打着我的旗号或以我亲友名义在山西办私事、谋私利的，不仅不能办，还要坚决严肃依法查办处理。真诚希望同志们对我进行严格监督。

袁纯清在讲话中指出，我完全拥护中央的决定，坚决服从组织的安排，热忱欢迎王儒林同志来山西工作。他说，刘云山同志在讲话中对山西党风廉政建设和反腐败斗争发生的严重问题，给予了严肃批评，作为省委书记负有领导责任。袁纯清表示，刘云山同志对我和我的工作给予肯定，体现了组织对干部的认真负责和热情关心。当前，山西正处于关键时期，尤其是腐败案件仍处于高发期、频发期，党风廉政建设和反腐败斗争任务艰巨。我相信，在以习近平同志为总书记的党中央坚强领导和亲切关怀下，山西一定能够战胜目前的困难。我相信，以王儒林同志为“班长”的省委一班人，一定会团结带领全省干部群众，不断开创山西经济社会发展新局面。在新的工作岗位上，我会一如既往地坚定政治立场，努力勤奋工作，严守廉洁底线，决不辜负党和人民的重托。

李小鹏在发言中表示，坚决拥护中央决定，一定积极配合、全力支持儒林同志的工作，自觉接受省委的统一领导，带头维护省委的领导核心作用，带头维护以儒林同志为“班长”的省委班子的团结，一如既往地履行好岗位职责，确保各项工作有序衔接、有效推进。当前，山西正处于建设国家资源型经济转型综改试验区、加快全面建成小康社会进程的关键时期。全省广大党员干部特别是各级领导干部要按照云山同志的要求，坚决在思想上政治上行动上与以习近平同志为总书记的党中央保持高度一致。要坚决贯彻落实中央决策部署，全面深化改革、创新驱动、扩大开放，扎实做好安全生产、煤炭革命、经济运行、民生改善等当前各项工作，奋力完成全年各项目标任务，以实际行动支持儒林同志的工作。要忠实践行全心全意为人民服务宗旨，深入持久反对“四风”，严格执行“八项规定”，树立新风正气，为促进全省经济社会持续健康发展提供有力保障。全省上下要紧密团结在以习近平同志为总书记的党中央周围，认真学习贯彻习近平总书记系列重要讲话精神，在以儒林同志为“班长”的省委领导下，奋力开创全省各项工作新局面，努力向党中央、国务院和全省人民交一份合格的答卷。

现职省级领导干部；驻晋有关部队负责同志；副省级以上老同志；各市市委书记、市长；省直单位主要负责同志；省属企事业单位和高等院校主要负责同志；中央驻晋单位主要负责同志；各民主党派、工商联主要负责同志；不是上述人员的省委委员、候补委员出席会议。

（尚慧辉）

中共山西省委工作概况

省委书记　王儒林

2014年，是山西历史上极不寻常的一年。党中央对山西发生的系统性、塌方式严重腐败问题进行了严肃查处，对省委班子进行了重大调整，充分表明了以习近平同志为总书记的党中央坚持党要管党、从严治党，严肃党的政治纪律、组织纪律、廉政纪律、严格党风廉政建设责任追究的鲜明态度和坚定信心、政治定力，充分体现了党中央对山西工作的特殊高度重视和对山西人民的倍加亲切关怀。在党中央的坚强领导下，山西省委深入学习贯彻习近平总书记系列重要讲话精神和中央对山西工作的重要指示要求，团结带领广大干部群众，深入开展党风廉政建设和反腐败斗争，全面加强党的建设，全面推进经济、政治、文化、社会和生态文明建设，动员和组织全省干部群众，努力开创各项工作的新局面。

一、深入学习贯彻习近平总书记系列重要讲话精神，坚持用讲话精神武装头脑、指导实践、推动工作

坚持把学习贯彻习近平总书记系列重要讲话精神作为首要政治任务，把学习贯彻习近平总书记系列重要讲话精神与推动山西改革发展稳定各项工作紧密结合起来，与加强党风廉政建设紧密结合起来，与推进山西法治建设紧密结合起来，与正在全省深入开展的学习讨论落实活动紧密结合起来，采取省委常委会、中心组学习会、全省性大会等多种形式，及时学习传达中央精神，统一思想认识、凝聚共识。省委常委带头学习，原原本本研读原著，深入思考如何进一步抓好贯彻落实。强调要端正学风、深读原文、把握要旨、学以致用，努力做到真学真懂、真信真用。结合山西实际，就习近平总书记提出的一系列新思想新观点新要求，特别是对全面建成小康社会、全面深化改革、全面推进依法治国、全面从严治党、主动适应经济发展新常态、坚持和完善人民代表大会制度、坚持和发展人民政治协商制度、加强民族工作等提出贯彻落实意见，指导全省工作。深入学习贯彻习近平总书记在中办调研时提出的“五个坚持”要求，狠抓落实，确保中央政令畅通、决策落地生根。通过学习贯彻，全省党员干部自觉运用习近平总书记系列重要讲话精神武装头脑、指导实践，努力运用战略思维、辩证思维、法治思维、底线思维和创新思维分析解决问题、谋划推动工作，提高了工作的科学性、创造性和预见性。

党中央对山西省委常委班子作出重大调整后，新一届省委班子坚决贯彻以习近平同志为总书记的党中央对山西工作的重要指示要求，明确了工作总的思路和总体要求，这就是“深入学习贯彻习近平总书记系列重要讲话精神，净化政治生态，实现弊革风清，重塑山西形象，促进富民强省”。在这“五句话”的总体思路中，深入学习贯彻习近平总书记系列重要讲话精神，是首要的政治任务，是山西全部工作的根本指针和基本遵循；净化政治生态，是富民强省的基础，旨在坚决清除腐败土壤，打造出人民群众满意、党中央放心、清正廉洁、勤政为民的良好政治生态环境；实现弊革风清，是富民强省的途径，也是一项长期而艰巨的任务，旨在有效防止权力寻租，依法加强对权力的制约，确保权力运行规范有序；重塑山西形象是富民强省的支撑，旨在重塑山西全社会政治清明、诚信守法、包容开放、奋发向上的新形象；促进富民强省，是我们的根本目的，是一切工作的出发点和落脚点。这“五句话”一经提出，在全省上下形成广泛共识，成为党员干部的自觉行动。落实党中央对山西工作的重要指示精神，省委决定从12月开始，用4个月时间，在全省集中深入开展以“深入学习贯彻习近平总书记系列重要讲话精神，净化政治生态，实现弊革风清，重塑山西形象，促进富民强省”为主题的学习讨论落实活动，进一步统一思想、凝聚力量，振奋精神、攻坚克难。

二、坚定政治方向、政治立场，始终与以习近平同志为总书记的党中央保持高度一致

省委常委会始终保持政治上的清醒和坚定，坚定正确的政治方向、政治立场，坚定不移、不折不扣落实好中央决策部署，严格执行政治纪律，严守政治规矩，自觉在思想上、政治上、行动上与以习近平同志为总书记的党中央保持高度一致。把习近平同志为总书记的党中央对山西工作的重要指示要求，作为做好山西工作的基本遵循和行动指南。全省领导干部大会后，在党中央的坚强领导下，在全省广大干部群众的大力支持下，实现了省委常委班子平稳过渡，维护以王儒林同志为班长的省委的权威。省委领导班子通过约谈、走访、书面和实地调研等多种方式，广泛听取各方面的意见建议。《中共中央关于山西省发生严重腐败问题和省委班子进行重大调整情况的通报》下发后，经请示中央同意，由省委常委会集体主持，分四个步骤传达学习贯彻中央《通报》精神，传达范围覆盖全省县处级以上干部，把党员干部的思想统一到党中央的重要指示要求上来。坚决拥护中央对周永康、徐才厚、令计划、苏荣等违纪违法案件查处的决定，及时传达贯彻中央精神，坚决与以习近平同志为总书记的党中央保持高度一致。认真执行民主集中制，坚持重大问题、重大事项集体讨论决策，分工负责落实，党政“一把手”以身作则，带头贯彻民主集中制，按规则议事、办事和决策，无论是老班子成员还是新班子成员，大家相互尊重、相互支持、相互信任、相互补台，做到思想认识统一、工作步调一致，大力支持省人大、省政府、省政协、省军区积极开展工作，形成了团结进取、干事创业的合力，保证了各项决策的有效实施，以实际行动维护省委常委班子的团结统一。2014 年，共召开 55 次常委会，特别是 9 月份以来，召开 18 次常委会和 1 次省委全会，决定和部署全省重点工作。坚持把抓落实作为铁的纪律，对中央重大决策部署、重要会议精神都召开省委常委会研究落实，确保中央政令畅通，决策落地生根。通过一系列深入细致的工作，切实把全省干部群众的思想和行动统一到党中央关于山西问题的重大决策和对山西工作的重要指示要求上来，在思想上政治上行动上坚决与以习近平同志为总书记的党中央保持高度一致，实现了全省大局稳定、政治稳定、社会稳定。

三、深入开展党风廉政建设和反腐败斗争，全面从严治党

认真履行管党治党的政治责任，全面落实习近平总书记关于从严治党的八项要求，把抓党建作为最大的政绩，切实加强党的建设，为开创弊革风清和富民强省新局面提供坚强的政治和组织保证。

一是深入推进党风廉政建设和反腐败斗争。把深入开展党风廉政建设和反腐败斗争作为净化政治生态的重大举措，旗帜鲜明反对腐败，以零容忍态度惩治腐败，坚决把反腐败斗争进行到底。坚决落实党风廉政建设党委（党组）主体责任，制定出台《关于落实党风廉政建设党委主体责任的意见（试行）》《关于落实党风廉政建设纪委监督责任的意见（试行）》，强调各级党委（党组）要列出清单并签字背书、狠抓落实；主要负责同志要履行好第一责任人的职责，对党风廉政建设要亲自部署、亲自过问、亲自协调、亲自督办；班子成员要认真履行“一岗双责”，抓好分管领域的党风廉政建设和反腐败斗争。积极配合中央纪委调查组查办案件，同时加大了自办案件的力度，坚持“老虎”“苍蝇”一起打，重点查处十八大后不收敛、不收手，问题线索反映集中、群众反映强烈，现在重要岗位且可能还要提拔使用的领导干部，严肃查办重点领域、关键环节和发生在群众身边的腐败案件，形成强大震慑力。加强省委巡视工作，实施流程再造，突出问题导向，在对市、县（市、区）、国有企业、高校开展常规巡视的同时，研究部署对各部门的专项巡视工作，努力实现对各地各部门巡视全覆盖。坚决支持纪委落实监督责任，推动“三转”工作，精简省纪委（监察厅）参与的议事协调机构，充实加强办案力量，对重大腐败案件和严重违纪行为实行“一案双查”，强化上级纪委对下级纪委的领导。全省各级纪检监察机关共受理群众信访举报 91870 件（次），比上年增长 154.8%；初步核实处置反映问题线索 13106 件，增长 32.1%；立查案件 14328 件，增长 31.6%；结案 14071 件，增长 29.3%；处分违纪党员干部 15450 人，增长 30.1%，其中处分市厅级干部 45 人，增长 73.1%，处分县处级干部 545 人，增长 62.6%。通过查办案件，挽回经济损失 8 亿元。特别是 9 月份以来，全省纪检监察机关立案 6725 件，结案 6669 件，处分 7376 人，其中撤职以上重处分 1622 人，占处分人数的 22%；移送司法机关 388 人，占处分人数的 5.5%。省纪委查结和正在立案调查的自办案件 53 起，涉及省管干部 36 人，厅级干部 26 人；处理党员干部 28 人，其中撤职以上重处分 20 人，占处分人数的 71.4%；移送司法机关 17 人，占处分人数的 60.7%。

二是坚持刷新吏治，加强领导班子建设。针对我省吏治方面存在的严重问题，严厉整治吏治腐败问题和选人用人方面的不正之风，提出打好“三个一批”组合拳，甄别处理一批不廉洁、乱作为的干部，调整退出一批不作为、不胜任的干部，掌握使用一批敢担当、善作为的好干部。召开七次座谈会，深入市县听取意见，出台《关于做好甄别处理一批、调整退出一批和掌握使用一批干部工作的意见》，在省、市、县分级开展试点，针对重点岗位、重要领域，对高平市等县市发生的系列腐败问题进行深入调查分析，针对县委书记这一特殊重要岗位，出台《关于加强县委书记选拔任用和管理监督工作的意见（试行）》，提出以选好、用好、管好县委书记为切入点和突破口，进一步完善干部的选拔、任用和管理，体现全程民主、全程差额、全程署名、全程留痕、全程监督、全程追责。分级分批对全省领导干部特别是各级“一把手”、掌握资源审批权的副职、与煤炭等资源紧密相关的部门领导，进行廉洁考核、建立廉政档案，遏制干部“带病提拔”、撤换“带病在岗”干部。扎实开展“三项清理规范”，严厉整治档案造假、违规破格提拔、“吃空饷”、超职数配备干部、空转手续进人等不正之

风。

三是着力加强基层组织建设。深入开展“基层组织提升年”活动，出台《关于加强农村和社区基层服务型党组织建设的若干意见》，集中整治软弱涣散村级组织，全省1718个村、143个社区完成整顿。推行各级党组织书记抓基层党建述职工作。32.6万名在职党员到社区开展志愿服务。坚持严把入口、畅通出口，合理确定党员发展数量，重视从青年工人、农民、知识分子中发展党员；探索处置不合格党员机制，保持党员队伍的纯洁性。深入实施重大人才工程和开展“千人百县”高层次人才服务基层活动。开展农村党支部换届选举，99.92%的村党组织完成换届选举，99.71%的村委会完成换届选举，其余的列入2015年软弱涣散村级组织整顿范围，依法延期换届，村“两委”换届工作已基本完成。严肃“两委”换届纪律，明确“十种不宜人选”条件，建立了换届选举违法违纪问题专办制度，严肃查处贿选和干扰破坏选举等违纪违法行为，确保换届工作风清气正。

四是实施“六权治本”，努力形成不能腐的长效机制。深入贯彻落实习近平总书记提出的“反腐倡廉的核心是制约和监督权力”“把权力关进制度的笼子里”的要求，在治标的同时，在治本上深入研究、狠下功夫。提出实施依法确定权力、科学配置权力、制度约束权力、阳光行使权力、合力监督权力、严惩滥用权力“六权治本”的工作思路，强调“六权治本”不仅适用于我省国家机关，也适用于事业单位、人民团体和国有公司、企业，以问题为导向，强化顶层设计，加强顶层推动，针对掌握权力的重点对象、腐败现象易发多发的重点领域、权力运行的重点环节先行突破，以重点突破带动整体推进。通过实施“六权治本”，从源头上把制度的“笼子”织密、编牢、扎紧，把权力关进制度的笼子里，坚决从制度上铲除滋生腐败的土壤和条件，努力形成不能腐的长效机制。

四、主动适应经济发展新常态，认真做好改革发展稳定各项工作

一是把转方式、调结构放到更加突出的位置，促进经济平稳健康发展。面对经济下行压力较大，特别是煤炭价格持续下跌的严重困难局面，认真贯彻落实中央决策部署，统筹推动稳增长、促改革、调结构、惠民生、防风险各项工作。加强对经济形势分析研判和工作调度，及时研究部署扩大投资、化解企业困难、保障工业运行、促进中小微企业发展、发展新兴消费产业、金融支持经济发展等方面的政策措施，大力扶持实体经济，实施“一企一策”精准帮扶。充分发挥固定资产投资对稳增长的作用，“六位一体”推进重点工程、重大项目建设，切实加大固定资产投资力度。研究制定重点产业重大项目布局推进意见，推动经济结构调整。加快山西科技创新城基础设施建设，实施一批重点领域重大科技攻关项目。大力推进综合能源基地建设。积极稳妥处置金融风险事件，有效缓解企业融资难、融资贵问题。初步核算2014年全省地区生产总值同比增长4.9%；固定资产投资增长11.5%；公共财政收入增长7%；城镇和农村居民人均可支配收入分别增长8.1%、10.8%。

二是主动适应经济发展新常态，提出实施“六大发展”战略。新的省委班子深入分析国内外发展形势，在广泛深入调查研究的基础上，深化了对我省发展阶段性特征的认识，鲜明提出着力推进廉洁发展、转型发展、创新发展、绿色发展、安全发展、统筹发展“六大发展”战略，加大了工作推进力度，努力破解经济社会发展难题，促进富民强省。特别是着眼破解资源型经济困局，努力做好“两篇大文章”。一是针对煤炭领域存在的突出问题，认真学习领会习近平总书记关于能源生产和消费“四个革命”的要求，召开五次座谈会，深入产煤市县调研，研究提出做好煤炭产业这篇大文章，紧紧围绕推动煤炭产业向市场主导型、清洁低碳型、集约高效型、延伸循环型、生态环保型、安全保障型“六型转变”，走出一条山西“革命兴煤”之路；二是做好非煤产业发展这篇大文章，紧紧围绕发展文化旅游、装备制造、新能源、新材料、节能环保、食品医药和现代服务业等“七大产业”，走出“一煤独大”的困局。先后召开省委十届六次全会、全省经济工作会议，对“六大发展”“六型转变”等战略和路径进行了深入阐述、全面部署。全省党员干部群众深刻认识到“六大发展”抓住了山西发展的核心与根本，“六型”转变是山西“革命兴煤”的必然选择，对“六大发展”形成了普遍共识，正在内化为自觉行动。

三是全面深化改革扩大对外开放，加快转型综改试验区建设。贯彻落实党的十八届三中全会精神，加强对全面深化改革的组织领导，完善省委全面深化改革领导小组和六个专项小组及办公室，统筹推动各项改革。开展转型综改试验区建设攻坚，认真实施转型综改三年实施方案和2014年行动计划，有序推进重大改革项目和重大事项。国家赋权的三项重大改革取得积极成效。从多个层面、多个角度深入研究煤炭管理体制改革问题，积极推进清费立税、煤炭资源配置管理、煤炭运销体制等改革，为企业减轻负担323.5亿元，全部取消煤焦运销的9种票据，全部撤销各类煤焦管理站点共1487个。建立国有企业信息公开制度，进一步加大行政审批制度改革力度，国企、土地、财税、收入分配等改革稳步推进。总体看，全省改革的势头和基本面是好的，领导机构和工作机制基本建立，一些事关全省发展的重点领域和关键环节改革破题起步，一些重大改革专项方案的政策效应初步显现，全社会推动改革的合力和氛围逐步形成。坚持把突出发展开放型经济作为破解资源型经济困局的突破口，实施以开放倒逼改革、以开放促进转型、以开放富民强省的战略，构建扩大开放新格局，努力实现对外开放新突破。

四是加快转变农业发展方式，努力提升“三农”工作水平。新出台10项强农惠农政策，累计出台70项政策，资金总规模达到67亿元。全年粮食总产量133.1亿公斤，增长1.4%，再创历史新高。推进“一村一品”“一县一业”和农产品加工“513”工程，加快农业现代化建设。实施大中型灌区建设和节水改造项目，加快百座小水库更新建设。扎实推进改善农村人居环境“四大工程”。实施10万新型职业农民培训，完善精准扶贫保障体系，有序推进连片特困地区扶贫攻坚、百

企千村产业扶贫开发等工程，有47万贫困人口实现脱贫。开展农村土地承包经营权确权登记颁证试点工作。

五是加强环境保护，大力推进生态文明建设。认真贯彻落实国家《大气污染防治行动计划》和京津冀及周边地区大气污染防治协作机制工作要求，坚持“控煤、治污、管车、降尘”四管齐下，积极应对重污染天气，全省细颗粒物（PM2.5）平均浓度同比下降16.9%，提前超额完成下降4%的年度工作目标。加强水污染治理，改善重点流域水环境质量，全省地表水水质优良断面上升1.9个百分点，重度污染断面同比减少7个百分点。扎实推进生态环境建设，实施林业“六大工程”，全省营造林462万亩。狠抓重点行业、企业节能降耗和主要污染物减排，全省万元GDP能耗超额完成下降3.5%的年度任务；化学需氧量、二氧化硫、氨氮、氮氧化物、烟尘、工业粉尘排放量完成年度目标任务。加快推进燃煤电厂超低排放。加大省城环境污染整治力度，环境质量进一步好转，在全国74个重点城市中排名好于去年，实现“三年大见成效”的目标。北京APEC会议期间，主动加压，强化措施，圆满完成空气质量保障工作，受到中央领导的肯定和国家有关部门的表扬。

五、深入推动党的群众路线教育实践活动，部署开展“学习讨论落实”活动，不断引深作风建设

按照中央部署，在中央巡回督导组指导下，坚持“照镜子、正衣冠、洗洗澡、治治病”的总要求，建立省级领导联系点制度，派出12个省委督导组对省直收口单位和各市教育实践活动开展督导，扎实推进第二批教育实践活动取得预期成效。狠抓专项整治，认真抓好整改落实，持之以恒推进作风建设，成立政法、信访、教育、卫生4个行业指导小组，开展正风肃纪专项行动，召开全省党的群众路线教育实践活动总结大会，对教育实践活动进行全面总结。不断巩固和发展教育实践活动成果，强调把从严治党八项要求贯彻落实到山西党的建设和全部工作中，坚持不懈地加强作风建设，始终保持整治“四风”的高压态势。及时组织开展教育实践活动“回头看”，加快活动成果转化。坚持“开门”搞整改，树立持续整改、长期整改思想，扎实有效抓好整改落实工作，以反对“四风”的新成效，形成作风建设的新常态，确保教育实践活动善始善终、善作善成。

省委召开动员大会，部署开展学习讨论落实活动，进一步引深作风建设。全省上下切实增强开展学习讨论落实活动的政治责任感和历史使命感，深刻认识到深入开展学习讨论落实活动，是贯彻落实习近平总书记系列重要讲话精神和中央对山西工作重要指示的重大举措，是顺应广大干部群众期盼、实现治晋兴晋强晋的必然要求，是重要历史关头赋予全省广大领导干部的历史责任。制定《中共山西省委关于在全省深入开展学习讨论落实活动的实施意见》及《学习讨论落实活动重要任务分工和进度安排》，要求全省各级党组织始终把习近平总书记系列重要讲话精神作为根本遵循，以各级领导机关、领导班子和领导干部为重点，围绕统一思想、反思剖析、集中整治、刷新吏治、六权治本、改革发展六个方面内容，23项任务、57项具体成果，深化思想教育、深入查找问题、深挖思想根源、提出整改措施。成立领导小组和办公室，下设综合、纪检、组织、综改、法治和宣传6个工作组，组建了11个督导组，各级党委（党组）普遍成立领导工作机构，制定活动方案，营造了边学习、边讨论、边落实的浓厚氛围。组织举办省管主要领导干部专题研讨班，省直各单位、本科高等院校、省属重要骨干企业的党组（党委）书记和各市、县（市、区）的党政主要负责同志共380人进行集中培训。编印《党的十八大以来省纪委查处的严重违纪违法领导干部忏悔录汇编》《典型案例警示教育读本》，拍摄案例警示教育电教片《警钟长鸣》，用反面典型教育警示党员干部，在全省党员干部中引起强烈震动和反响。全省各级党组织有序开展针对性、实效性强的学习教育。省直各部门、各市组织开展领导干部专题学习班，采取专题辅导、观看专题片和廉政警示教育片、分组讨论和交流发言等形式，确保中央精神、省委部署入脑入心，为活动的开展奠定了思想基础。目前，已经落实4项具体成果，各项工作有序扎实推进。

六、严格贯彻执行中央八项规定，坚决狠刹“四风”

认真学习新一届中央领导集体“崇尚实干、敢于担当、廉洁自律”的优良作风，从省委常委做起，立说立行，带头贯彻执行中央八项规定精神，带头改进工作作风，带头深入基层调查研究，带头密切联系群众，带头解决实际问题，坚决反对“四风”，以作风建设的实际成效取信于民。一是文风、会风更加务实。以省委、省政府（省委办公厅、省政府办公厅）名义下发文件同比减少2.9%，以省委、省政府名义印发的贺信（电）、感谢信（电）同比减少76.5%，印发领导讲话同比减少12%。各地各部门文件简报数量同比减少三分之一以上，会议数量同比减少30%以上，会议经费支出同比减少20%以上。二是公务接待更加规范。省委、省政府公务接待一律用自助餐，严禁超标接待，省本级公务接待费同比下降69.67%，各地各部门接待费用普遍下降20%以上，从地方到企业，接待从简渐成风尚。三是新闻报道更加接地气。坚持新闻报道面向基层一线、面向民生的导向，严格控制省委常委会议和考察调研活动的报道，省级领导干部出席会议及其活动的新闻报道数量、字数和时长大幅压减。四是调查研究更加贴近实际。各级领导干部下基层调研轻车简从，深入实际、深入群众、深入一线，注重解决实际问题，面对面与群众交流，不打招呼、不听汇报、不按安排路线调研已渐成习惯。省委、省政府主要领导带头转变作风，改进工作方式，突出问题导向，广泛听取各市、省直各部门、重点企业和部分县（市、区）主要负责同志的意见建议；通过“明察”“暗访”等方式，深入了解革命老区、城中村、棚户区、采煤沉陷区群众的实际困难，切实关心群众冷暖疾苦，推进民生工程和社会事业发展。组织专

门力量对吕梁蔡家崖村群众反映的实际困难、太原市“城中村”等突出问题进行深入调查，分析研究具体解决问题，指导全省面上工作。加大联系和帮扶企业、项目工作力度，深入市县企业开展调研，协调解决发展中的重大问题。五是厉行勤俭节约更加注重实效。严格贯彻执行中央《党政机关厉行节约反对浪费条例》，年初省本级财政拨款“三公”经费预算下降8.5%，之后又对公共预算安排的会议费、“三公”经费、业务管理费、工作经费等再压缩10%，各级各部门也制定具体执行措施，大力倡导节俭之风，树立党政机关务实清廉的良好形象。省委常委带头削减“三公”经费，带头执行办公用房、公务用车标准，自觉执行各项制度，较好地发挥了以上率下的示范带动作用。在全社会积极倡导“低碳”消费、“绿色”出行，厉行勤俭节约、反对铺张浪费正在成为一种社会风尚。六是纠正“四风”更加坚决。始终保持“狠刹四风”的高压态势，强化监督执纪问责，在整治“四风”上对准焦、把准脉，聚焦突出问题，紧盯“四风”变异，确保执行中央八项规定善始善终、善作善成，切实以改进作风的实际成效取信于民。对“省管主要领导干部学习讨论落实活动专题研讨班”期间违反有关规定的10名省管领导干部进行了严肃处理，给予其中2人党内严重警告处分、8人党内警告处分，产生强大震慑作用。下发《关于在元旦、春节“两节”深入落实中央八项规定精神加强监督检查的通知》，坚决刹住用公款购买赠送年货节礼、用公款搞联谊宴请、部门之间走访送礼等8个方面的突出问题。下发《关于对违规收送礼金、红包问题开展专项整治的通知》，明确整治对象和五方面的整治内容。同时，强化督促检查，严防上有政策、下有对策，不给变通、走样行为留有空间，及时查处违反规定行为，对党员干部公款吃喝、公款旅游、公车私用、大操大办婚丧喜庆并借机敛财等问题开展监督检查，共处理违反中央八项规定精神方面的问题1635个，处理党员干部2073人，给予党纪政纪处分1551人。省纪委分5次对18起违反中央八项规定精神典型问题进行通报，上报中央纪委90起93人。

七、推进社会主义民主政治建设，加强法治山西建设

坚持和完善人民代表大会制度，加强和改进对人大工作的领导，召开庆祝全国人民代表大会成立60周年暨地方人大设立常委会35周年大会，成功召开省十二届人大三次会议，完成省人大常委会主任补选工作，顺利完成了中央和省委的人事安排意图。支持省人大及其常委会围绕全省中心工作依法行使职责，加强和改进立法工作，制定地方性法规4件、修订1件、修正1件，完成全省地方性法规清理工作，集中废止8件、修正11件。加强监督工作，听取和审议专项工作报告，开展执法检查、专项工作报告满意度测评，探索完善人大及其常委会选举、任命国家机关工作人员任后监督机制。完善代表监督激励机制，健全代表履职档案，深入探索代表履职情况通报制度和人大代表参与信访工作制度。

坚持和完善中国共产党领导的多党合作和政治协商制度，召开庆祝人民政协成立65周年大会。加强和改进对省政协的领导，支持省政协在推进协商民主上发挥重要作用，围绕经济社会发展的重点领域、重大问题深入调查研究、开展协商议政、积极建言献策。巩固和发展最广泛的爱国统一战线，搞好同民主党派和无党派人士团结合作。加强宗教工作。加强对民族工作的组织领导。认真落实中央各项决策部署，援疆工作扎实推进。积极做好对台工作、侨务工作。

深入学习贯彻党的十八届四中全会精神，召开省委十届六次全会，研究制定我省的《实施意见》，对全面加强法治山西建设作出规划布局。深入推进法治市、县创建活动，推出27项法治惠民实事。深化司法体制改革，制定并实施“阳光司法”工程五年规划；开展涉法涉诉信访“积案清理”和涉法涉诉进京非访集中清理专项行动，取得初步成果。推进执法司法规范化建设，开展“三个专项治理”解决执法司法突出问题。支持推动法治政府建设。全面加强政法队伍建设。

健全基层党组织领导的基层群众自治机制，全面开展村干部任期和离任经济责任审计工作。加强社区治理机制探索。完善以职工代表大会为基本形式的企事业单位民主管理制度。推进政务、司法、厂务、村(居)务公开和公共企事业单位办事公开。积极发挥工会、共青团、妇联等人民团体作用。

坚持完善军地齐抓共管国防后备力量建设机制，加强部团“一线指挥部”建设，规范强化应急力量。推动武警部队现代化建设。加强人民防空工作。举行烈士纪念日活动。深化军民融合式发展，加强双拥共建工作。

八、加强宣传思想文化工作，营造良好社会氛围

加强舆论引导，重塑山西形象，着力在坚定信心、提振精神上下功夫，把全省干部群众的积极性、主动性和创造力引导到实现弊革风清、促进富民强省上来。一是强化理论武装工作。引深习近平总书记系列重要讲话精神的学习，组织编写《习近平总书记系列重要讲话选编》《有关重要文献和领导讲话选编》《省委文件和领导讲话选编》《廉政文化读本》等学习资料，推动了理论学习的深化。深入研究我省政治生态、党风廉政建设、反腐败斗争、“六权治本”、“六大发展”等重点课题，加强意识形态领域形势的分析研判。二是强化核心价值观培育。制定《关于培育和践行社会主义核心价值观的实施意见》，大力弘扬革命老区精神，开展第五届山西道德模范、身边好人等评选表彰工作，广泛开展讲文明、除陋习、树新风活动，积极推广善行义举榜，褒扬身边好人、凡人善举，扎实推进文化惠民工程。三是强化思想舆论导向。精心组织“净化政治生态，实现弊革风清，重塑山西形象，促进富民强省”系列评论报道，大力宣传反腐倡廉、作风建设和改革发展的新进展、新成效，唱响主旋律，集聚正能量。加强思想引导，深入做好意识形态工作。加强社会舆情特别是网络舆情分析研判，健全互联网管理制度，及时正面引导苗头性、倾向性问题，精心组织全国网络媒体山西行活动。加强对外宣传，努力重塑山西改革发展稳定的新形象。四是大力弘扬山西优秀法治文化、廉政文化、红色文化。深入挖掘三晋优秀法治文化，

加强优秀历史廉政文化教育,广泛开展廉政文化作品的创作生产、展演展映,大力弘扬以于成龙为代表的古代优秀廉政文化,继承发扬太行精神等光耀千秋的红色文化,凝聚攻坚克难、富民强省的强大精神力量。

九、切实保障和改善民生,维护社会和谐稳定

坚持把增进人民福祉、促进公平正义作为一切工作的出发点和落脚点,加大民生投入力度,继续压减省直部门公共预算安排费用用于就业等民生支出,全省公共财政用于民生支出达2583.1亿元,同比增长3.1%,民生支出增幅高于全省公共财政支出增幅0.9个百分点,民生得到有力保障和不断改善。一是加强重点民生工作。紧紧扭住就业、物价、居民收入、社会保障等重点工作,集中出台扶持高校毕业生创业、鼓励小微企业吸纳就业、政府购买公共服务岗位吸纳高校毕业生就业、帮扶困难企业稳定就业岗位等政策措施,实施"10万人创业行动计划"。全年全省居民消费价格指数增长1.7%左右。进一步健全社会保障体系,提高社会基本公共服务水平。施行"单独两孩"政策。推进以人为核心的城镇化,加大基础设施建设力度,健全城市功能体系,加快棚户区改造,扎实推进保障性住房建设。高度重视采煤沉陷区治理,实施采煤沉陷区移民搬迁安置提速工程,2017年前全面完成任务。二是加强安全生产。坚决贯彻习近平总书记"发展决不能以牺牲人的生命为代价"这是"一条不可逾越的红线"的指示精神,认真落实党政同责的要求,严格安全生产责任制和目标责任考核,实行安全生产和重大安全生产事故"一票否决",严肃处理"3·1"特别重大事故,深入开展打非治违专项行动和重点行业领域安全专项整治,推动全省安全生产形势持续明显好转。全省各类生产经营性事故起数和死亡人数分别下降9.06%和4.65%,煤矿百万吨死亡率为0.036,创历史同期最好水平。三是加强社会管理和维护社会稳定。坚持以群众工作统揽信访工作,完善信访工作机制,进京非正常上访下降54.8%,推动信访积案和矛盾纠纷化解。深入开展反恐怖斗争,扎实推进平安山西建设,深入实施"六六创安"工程,健全立体化治安防控体系。加大社会治理力度,整治"城中村"乱象,倒查背后的腐败问题,严厉打击黑恶势力犯罪及其保护伞,形成了打黑除恶高压态势。全省刑事犯罪立案数同比下降4.7%,其中危害严重的八类刑事案件同比下降14.2%。

2014年我省各项工作取得一定成绩,但是我们清醒地认识到,与中央的要求相比,与人民群众的期盼相比,工作中还存在不少差距,发展中还面临许多难题。主要是,反腐败斗争形势依然严峻复杂,腐败现象仍然易发多发,不收敛、不收手的问题还很严重,反腐败的高压态势尚未完全形成,不敢腐、不能腐、不想腐的长效机制远未形成;有的党组织和党员领导干部对党风廉政建设和反腐败斗争存在模糊认识、错误观念,存在精神萎靡、敷衍塞责、"为官不为"现象,没有把主体责任担当起来;党的群众路线教育实践活动成效还不稳固,"四风"现象仍时有发生;经济下行压力较大,经济结构不合理、发展方式粗放问题突出,亏损企业、停产半停产企业增多;综改区建设的统领作用尚不突出,市场在资源配置中的决定性作用尚未充分发挥出来,深化煤炭管理体制改革、简政放权、国企改革等任务繁重,扩大开放工作需要进一步加强;城乡居民收入水平还比较低,贫困地区、采煤沉陷区、棚户区、"城中村"群众生活仍比较困难,信访压力较大,保障民生、维护稳定的任务繁重;安全生产仍然存在诸多隐患。对此,要高度重视,认真加以解决。

2015年是全面深化改革的关键之年,是全面推进依法治国的启动之年,是全面完成"十二五"规划的收官之年,也是我省全面推进"六大发展"的开局之年。我们要更加紧密地团结在以习近平同志为总书记的党中央周围,坚定信心、振奋精神,团结带领全省人民,奋力开创我省弊革风清、富民强省新局面,向党中央、向全省人民交一份合格的答卷。

(省委办公厅)

附一：

中共山西省第十届委员会组成人员名单
(2014.1.1—2014.12.31)

书　记： 王儒林（8月任职）　袁纯清（8月离职）

副书记： 李小鹏　楼阳生（6月任职）

常　委： 胡苏平（女）　高建民　黄晓薇（女，9月任职）　吴政隆（9月任职）
张少华　王建明　孙绍骋（9月任职）　王伟中（9月任职）
付建华（9月任职）　盛茂林（8月任职）　汤　涛（8月离职）
李兆前（9月离职）　陈川平（8月免职）　聂春玉（8月免职）
杜善学（6月免职）　白　云（9月免职）

委　员：（按姓氏笔画为序）

马天荣　丰立祥　王　亚　王　赋　王安庞　王茂设
王建武　王清宪　牛仁亮　左世忠　石扬令　卢晓中
申联彬　田喜荣　冯政采（女）　吕伟红（女，6月离职）　朱晓明
仲　轩　任润厚（9月去世）　刘传旺　刘向东　孙跃进
李　洪　李仁和　李平社　李东福　李永林　李建功
李栋梁　李晓波　李高山　李悦娥（女）　李海渊　李福明
杨　司　杨森林（12月双开）　杨增武　吴永平　张　健
张　璞　张九萍（女）　张义平　张建欣（女）　张高宏　张瑞鹏
陈永奇　罗清宇　金道铭（满族，12月双开）　周明定　段建国(3月双开)
姜新文　洪发科　耿彦波　高卫东　郭迎光　郭新民
董洪运　廉毅敏　潘军峰　薛延忠

候补委员：（按得票多少为序，得票相同的按姓氏笔画为序）

张文栋　张旭光　张志川　张建坤（10月离职）　岳普煜
赵雁峰　贺天才　席小军

附二：

中共山西省第十届纪律检查委员会组成人员名单
(2014.1.1—2014.12.31)

书　记：黄晓薇（女，9月任职）　李兆前(9月离职)

副书记：迟耀云（11月任职）　杨森林（12月双开）　冯改朵（女）　贾毓杰　辛旭光

常　委：荀志坚　康建成（8月退休）　孟　萧　李吉山　孙兴武　郝　权

委　员：（按姓氏笔画为序）

于若洁　弓　跃　卫建友　卫洪平　马联社

王　民（11月双开）　王　琦　王玉成　王帅红

石常明　田国仁　边晋南　邢文奇　成振林

因新中　任建平　刘予强　刘国庆　刘冀民

李书凯　李正印　张华龙　张秀萍（女，11月双开）

张效彪　陈国荣　陈跃钢　林玉平　赵庆华

赵建平　郝耀平　秦文峰　高建国　郭玉福

常高才　崔国红

重要会议

省委常委会召开会议　传达学习十八届中央纪委三次全会等会议精神　研究我省贯彻落实意见　听取第一批教育实践活动工作总结汇报　审定省委常委会2014年工作要点

1月16日，省委常委会召开会议，传达学习十八届中央纪委三次全会以及全国信访局长会议、第二十二次全国高校党建工作会议精神，提出我省贯彻落实意见，听取全省第一批教育实践活动工作总结情况汇报，审定省委常委会2014年工作要点。

会议指出，习近平总书记在十八届中央纪委三次全会上的重要讲话，从党和国家长治久安的战略高度，科学分析党风廉政建设和反腐败斗争形势，明确反腐倡廉主要任务，提出改革要求，强调严明党的组织纪律，高屋建瓴、思想深刻，振聋发聩、令人警醒，再次宣示了党中央坚持党要管党、从严治党，坚定不移改进作风、坚定不移惩治腐败的决心和意志，对于指导当前和今后一个时期的反腐倡廉建设，具有重大意义。各级各部门要认真学习、全面领会习近平总书记重要讲话和中央纪委三次全会精神，抓好各项任务落实，不断把党风廉政建设和反腐败斗争引向深入。

会议指出，去年以来，全省各级纪检监察机关聚焦党风廉政建设和反腐败斗争，积极转职能、转方式、转作风，严明党的纪律特别是政治纪律，狠抓中央八项规定、《党政机关厉行节约反对浪费条例》以及我省实施办法的落实，保持惩治腐败的高压态势，认真解决损害群众利益的突出问题，各项工作取得新进展新成效。要按照中央部署和要求，加强党对党风廉政建设和反腐败工作的领导，强化反腐败体制机制创新和制度保障，坚持不懈纠正"四风"，加大查办违纪违法案件力度，强化对领导干部的监督，全面推进惩治和预防腐败体系建设。要严明组织纪律，把加强组织纪律性作为第二批教育实践活动的重要内容，强化党员意识、组织意识、纪律意识，正确处理个人与组织的关系，坚决服从组织决定，自觉维护党的团结统一。

会议指出，我省第一批党的群众路线教育实践活动开展以来，紧紧围绕主题和总要求，坚持省委常委班子带头，扎实开展学习教育，广泛听取群众意见，聚焦"四风"解决突出问题，深入基层帮助群众排忧解难，以整风精神开展批评与自我批评，认真做好整改落实、专项整治工作，解决了一批群众反映强烈的突出问题，形成了一批党的建设和作风建设制度成果，增强了党员群众观念，有力改进了干部作风，密切了党群干群关系，取得了实实在在的成效。要继续做好第一批教育实践活动整改落实、建章立制后续工作，搞好与第二批活动的衔接，把成功做法和好的经验体现到第二批活动中，进一步巩固扩大活动成果。

会议指出，在省委、省政府的领导下，在各级各部门的共同努力下，全省信访形势明显好转，进京非访在全国的排位明显后移。要认真落实中央要求，结合改进干部作风，强化领导接访下访责任，化解信访积案，确保案结事了。要深化信访工作制度改革，坚持用群众工作的理念和方法推进信访工作，用法治思维和法治方法解决信访问题，做到依法信访、文明接访，有效化解矛盾纠纷，为转型跨越发展营造良好社会环境。

会议指出，要高度重视高校党的建设，牢牢把握高校意识形态工作的主导权，把高校建设成为马克思主义的坚强阵地。要紧紧围绕立德树人这一根本任务，加强和改进高校思想政治工作，推进中国梦进课堂、十八届三中全会精神进课堂、社会主义核心价值观进课堂，提高大学生的思想道德水平，激发大学生的青春正能量。要坚持党对高校的统一领导，不断加强高校领导班子思想政治建设，强化党委抓党员队伍、抓意识形态工作的政治意识和责任意识。要深化高等教育综合改革，把高校建设与服务经济社会发展结合起来，提高高校科技创新能力、服务综改能力、人才支撑能力，引导广大师生投身转型跨越的火热实践。

会议审定了《中共山西省委常委会2014年工作要点》。

全省农村工作暨扶贫开发工作会议　2月11日，全省农村工作暨扶贫开发工作会议在太原举行。会议深入贯彻党的十八届三中全会和中央农村工作会议精神，认真落实省委十届五次全会暨全省经济工作会议和全省"两会"

精神，总结部署全省“三农”和扶贫开发工作。

会议指出，近年来，省委、省政府坚持把解决“三农”问题作为转型跨越发展的重中之重，以促进农民收入翻番为核心，加快农业现代化步伐，大力开展扶贫攻坚，粮食生产实现“四连增”，全省呈现出农业增效、农民增收、农村和谐的良好局面。特别是刚刚过去的2013年，全省农业农村发展克服重重困难，保持持续健康发展良好势头，取得新进步、呈现新亮点。

会议认为，我省“三农”和扶贫工作进入一个新阶段，既要看到自身短板，更要发挥独特优势，增强做好“三农”和扶贫工作的信心；既要看到面临的困难，更要抓住难得的机遇，牢牢把握“三农”发展和扶贫攻坚的主动权；既要深入“三农”看“三农”，更要跳出“三农”干“三农”，加快推动农业现代化与工业化、信息化、新型城镇化同步发展。

会议指出，我省要认真贯彻落实习近平总书记关于保障国家粮食安全的一系列重要论述和工作要求，自觉承担维护国家粮食安全的责任，毫不放松地稳定发展粮食生产。要力保“两条线”，一条是坚守6000万亩耕地“红线”，另一条是确保粮食产量100亿公斤“底线”。要大力推进农田水利基本建设，健全完善利益调节机制，加快推进农业科技创新，认真落实“米袋子”省长负责制和“菜篮子”市长负责制，确保粮食播种面积稳定在4900万亩左右，力争粮食产量持续稳定增长。要优化粮食种植结构，大力发展名特优产品和精细特色农业产品，同时要树立“大食物”理念，全方位、多途径开发食物资源。要严把农业生产环境关和安全关，实现从地头到车间到餐桌全过程的监管全覆盖，确保农产品质量和食品安全。

会议指出，要突出优势，加快发展现代特色农业，下大力气做大、做强、做深、做优。做大，就是向规模要实力，通过合理规划产业布局，最大限度地挖掘特色产品规模效益；做强，就是向深加工要竞争力，认真落实“513”工程等重点项目，集中力量发展一批潜力产品、潜力企业；做深，就是向产业链要效益，高起点、高标准布局建设一批种养、加工、销售相配套的全产业链项目；做优，就是向服务要质量，加快健全公益性服务和经营性服务相结合的新型农业社会化服务体系。

会议指出，要着力改革，最大限度激发“三农”发展活力。要着力培育包括农业合作社和联合社、农业产业化龙头企业在内的新型农业经营主体，加快构建新型农业经营体系，加快推进农村土地承包经营权的确权登记颁证工作，建设好土地流转平台、培育土地流转市场，赋予农民更多财产权利。要把土地向龙头企业、专业合作社和种养能手集中，鼓励发展跨区域、跨产业的农民专业合作社联社。要大力培育新型职业农民，加强对家庭农场主、农民合作社理事长等新型经营主体领办人的教育培训，造就一支有文化、懂技术、善经营、会管理、高素质的现代农业经营者队伍。

会议指出，要大力攻坚，推动贫困地区早日脱贫致富。要牢牢抓住百企千村产业扶贫开发这个龙头工程，在进一步深化上下工夫，积极承接环渤海地区农业产业转移，引进建设更多好项目，加快项目达产达效；牢牢抓住精准扶贫这个工作要义，开展到村到户的贫困状况调查和建档立卡工作，逐户制定针对性帮扶措施，实行省领导联系贫困县、扶贫开发企业和住村包村点“三合一”帮扶制度；牢牢抓住易地扶贫搬迁这个有效办法，把易地扶贫搬迁与产业开发、城镇化建设、旧村整治利用和完善社会保障紧密结合起来，增强实际效果；牢牢抓住千村万人就业培训这个行动计划，帮助贫困劳动力掌握一技之长，实现稳定就业。

会议指出，要统筹城乡，促进城镇化和新农村建设协调推进。要通过大县城建设，率先打破农民进城的玻璃门、弹簧门；通过重点镇建设，加快农村产业和人口的聚集；通过中心村建设，努力实现“就地城镇化”，加快形成城乡经济社会一体化发展的新格局。要着力改善农村人居环境，加强农村水、电、路、气等基础设施建设，提高农村教育、文化、医疗卫生、社会保障等公共服务水平，改善农民居住条件，开展农村环境整治，坚持不懈地推进造林绿化、水土保持、水生态系统保护与修复等生态建设，继续扎实办好农村“五件实事”，加快建设美丽宜居乡村。

会议强调，要加强党对农村工作的领导，以促进农民增收翻番统领“三农”工作，通过大力发展特色现代农业、提高农村劳动力转移就业水平、提高农业补贴和社会保障水平、盘活农村资产，进一步拓宽农民增收渠道；要完善“三农”工作体制机制，进一步加强对农业的支持保护，坚持工业反哺农业、城市支持农村和多予少取放活方针，持续增加对“三农”的投入，不断加大强农惠农富农力度，进一步加大金融支持“三农”力度，切实巩固农业基础，促进农业稳定发展；要打造一支强有力的“三农”干部队伍，多选用懂得现代农业、熟悉当下农村、了解新时代农民的同志到农村工作；要加强农村基层党组织建设，结合开展第二批教育实践活动，实施好“基层组织建设提升年”工程，以优良的作风、扎实的工作赢得农民的信任和拥护。

会议讨论了省委省政府《关于全面深化农村改革加快推进农业现代化的实施意见（讨论稿）》。

会议以电视电话会议形式召开，主会场设在省委会议厅，各市、县（市、区）设分会场。在主会场参加会议的还有，省委农村工作领导组成员，各市市委副书记、分管农业工作的副市长、农委主任、扶贫办主任。

省委党的群众路线教育实践活动领导小组召开第九次会议　以焦裕禄精神为镜　力行为民务实清廉　3月19日，省委党的群众路线教育实践活动领导小组召开第九次会议，传达学习习近平总书记在河南省兰考县调研指导教育实践活动时的重要讲话精神，研究部署第二批教育实践活动下一步工作。省委书记、省人大常委会主任、省委党的群众路线教育实践活动领导小组组长袁纯清主持会议并讲话。他强调，广大党员干部要认真学习贯彻习近平总书记调研指导兰考教育实践活动重要讲话精神，自觉把焦裕禄精神作为一面镜子，深入查摆自己在思想境界、素质能力、作风形象等方面存在的问题和不足，严格自律，勘误纠错，继续保持活动的良好势头，务求取得实实在在的效果。

省委副书记、省长、省委教育实践活动领导小组副组长李小鹏，省政协主席、省委教育实践活动领导小组副组长薛延忠，省委常委、省委教育实践活动领导小组副组长胡苏平、高建民、汤涛、王建明等出席会议。

会议指出，习近平总书记在河南省兰考县调研指导教育实践活动时发表的重要讲话，强调教育实践活动的主题与焦裕禄精神是高度契合的，提出“深学、细照、笃行”三条标准和抓好作风建设四项要求，内涵丰富、思想深刻，政治性、指导性都很强，是搞好当前教育实践活动的方向标。“深学”，就是要学习好，理解透，认识高；“细照”，就是查摆问题细致入微，不能大而化之，满足于概念化、表面化、浅层化；“笃行”，就是对党和人民的事业专心致志，一如既往，持之以恒，着力解决实际问题，取得实际效果。全省广大党员干部要认真学习习近平总书记重要讲话精神，努力向焦裕禄同志看齐，结合学习弘扬太行精神、吕梁精神、右玉精神和山西精神，努力做到为民务实清廉，把教育实践活动抓紧抓实抓好。

会议强调，全省第二批教育实践活动压茬推进，开局良好、进展顺利。下一步，一要凝神聚力，推动活动深入开展。各活动单位党委（党组）要继续履行好领导主体、责任主体、活动主体职责，坚持在对标立规中查找差距，在上下互动中解决问题，在攻坚克难中提振信心，在思考辨析中把握规律。“一把手”要真正把自己摆进去，自觉践行“三严三实”，在搞好自身活动的同时，领导组织好下一级活动。二要不遮不掩，正视解决存在的突出问题。当前，少数单位和个人对开展教育实践活动仍然存在一定程度的模糊认识，有的依赖上级、照搬照抄，上下一般粗、左右一个样；有的结合实际不紧密，教育与实践脱节，活动与工作脱节，针对性和实效性不强；有的认为已经参照全省第一批教育实践活动的做法，开展了落实中央八项规定的有关工作，去年民主生活会也开展了批评与自我批评，差不多了；有的以“经济下行压力大、业务工作忙不过来”为借口，把开展教育实践活动当成负担，不以为然、敷衍应付；有的有随大流思想，试图混时间、走形式，过得去就行了，这尤其表现在一些基层和一般党员干部身上；有的因为个别领导干部出了问题，干事缺少干劲、提不起精神，甚至乐于扎堆议论，耽于打探消息，等等。对这些问题，各级党委一定要有清醒认识，高度重视并尽快纠正解决。三要坚定信心，全力推进事业发展。要把开展教育实践活动与解决群众生产生活中的实际问题结合起来，打通联系服务群众的“最后一公里”；要把开展教育实践活动与转变干部作风结合起来，引导党员领导干部自觉做到“三严三实”；要把开展教育实践活动与抓好全省重点工作和实现经济持续稳定增长结合起来，全面深化改革、加快综改试验区建设，努力完成确定的经济社会发展目标。

参加会议的还有，省委党的群众路线教育实践活动领导小组成员及办公室有关同志，省委各督导组组长、副组长。

坚定信心 增强决心 千方百计实现止缓回稳促增 4月23日，省委常委会召开会议，听取省政府关于第一季度全省经济工作情况汇报，分析当前经济形势，安排部署下阶段经济工作。

会议指出，今年以来，面对异常严峻的经济下行压力，全省上下认真贯彻中央决策部署，保增长、促改革、抓转型、惠民生，经济结构继续优化，固定资产投资保持快速增长，城乡居民收入增长迅速，社会保持和谐稳定。成绩来之不易，发展更应奋力前行。面对依然较大经济下行压力，全省各级领导干部要正视客观现实，强化忧患意识，增强转型紧迫感，既要看到困难和挑战，更要看到潜力和亮点，树立底线思维，坚定转型意志，把问题分析得更全面一些，把成因剖析得更深刻一些，把对策准备得更充分一些，把工作推进得更扎实一些。

会议强调，当前全省经济社会发展的主要任务，是千方百计遏制经济下滑，促进经济步入正常增长区间，奋力实现止缓、回稳、促增。各级各部门要把思想和行动统一到省委、省政府决策部署上来，把稳定经济增长作为主要任务，坚定发展信心、增强改革决心、保持转型耐心，全力实现今年各项目标任务。

一要抓好改革。认真实施转型综改试验2014年行动计划，统筹推进各项改革，向改革要活力，通过改革化解当前面临的各种经济难题。特别要加快重大领域改革，围绕资源市场化改革，深入探索新设立的煤炭等矿产资源矿业权原则上采用招拍挂方式出让，推进国有煤炭企业已占有存量资源转化为国有股权的试点，加快启动煤层气审批管理配套改革。要深化国有企业改革，发挥优势、挖掘潜力，加快实现投资主体多元化，推进企业主业整体上市和战略重组，发展混合所有制经济，破解资金难题，促进企业化危为机、发展壮大。

二要抓好作风。进一步转变政府职能，简化审批手续，加快流程再造，提高行政效能，有效降低企业和老百姓办事的时间成本、经济成本，提升发展效益。要把开展党的群众路线教育实践活动与保持经济增长结合起来，与全面深化改革结合起来，与转型综改试验区建设结合起来，真正做到“两手抓、两不误、两促进”。各级领导干部要深入基层、深入实际、深入群众，倾听群众呼声，激发人民群众保增长促发展的积极性和主动性，凝聚更多破解发展难题的正能量。要严格落实中央八项规定，牢固树立过紧日子的思想，进一步压缩“三公”经费，把钱真正用在刀刃上。要恪守清廉本色，慎用权力，敬畏纪律，自觉抵制各种诱惑，守好精神家园，保持公仆本色。要不断鼓劲、增强干劲、保持韧劲、激发拼劲，发扬“五加二”、“白加黑”精神，以良好的工作状态和工作作风出生产力、出增长力。

三要抓好落实。要抓好省委、省政府提出的当前促进经济发展的十条措施的落实。特别是对现有政策要一项一项地进行细化、分解、落实、检查，把政策真正落到企业和项目上去。要对煤炭企业所需缴纳的各种费用进行梳理调整，帮助企业松绑减负、轻身快跑，对继续违规乱收费、乱摊派的地方和部门，要严肃追究相关责任人责任；各级领导班子要针对重点项目和重点企业，列出清单、明确时限、着力推进，领导干部要深入企业、建设现场,及时解决问题,确保工作进度,尤其要突出抓好煤炭生产、项目建设和招商引资等重点工作;要落实好金融支持,有效引导金融机构特别是省内金融机构加大信贷支持力度,保障和促进实体经济平稳健康发展;要认真贯彻即将下发的《山西省年度目标责任书考核工作规定》,明确责任目标,强化监督检查,落实好目标责任;要树立发展是第一要务、安全稳定也是第一要务的理念,进一步加强各领域各行业的安全生产工作,解决好事关人民群众切身利益的突出问题,确保社会和谐稳定。

省委、省政府召开全省城镇化工作会议 5月22日,省委、省政府召开全省城镇化工作会议,贯彻落实党的十八届三中全会和中央城镇化工作会议精神,总结部署全省城镇化工作。省委书记、省人大常委会主任袁纯清,省委副书记、省长李小鹏分别作重要讲话,省政协主席薛延忠出席会议。省委常委,省人大、省政府、省政协负责同志,省法院院长出席会议。

会议指出,近年来,省委、省政府按照“一核一圈三群”的战略布局全面推进城镇化建设,城镇化速度明显加快,城镇版块初具形态,“大县城”较快发展,城镇综合承载能力大幅提升,城乡人居环境和公共服务进一步优化,城镇化已成为转型跨越发展、再造一个新山西的重要标志和空间形态。

会议认为,我省正处于城镇化快速发展区间,要按照以人为本、提升质量的要求,紧紧围绕“一核一圈三群”总体布局,以太原晋中同城化为牵引,以区域中心城市为龙头,以上党城镇群、孝汾平介灵城镇群、临汾百里汾河经济带等为先行,着力发展“大县城”,加快建设小城镇,积极推进农业转移人口市民化、公共服务均等化、基础设施标准化、产业发展集群化、资源环境集约化,大力推动全省新型城镇化沿着正确方向发展,走出一条具有资源型地区特色的新型城镇化道路。

会议强调,新型城镇化核心是要围绕“新”字做文章。一要“新”在以人为本上,有序推进农业转移人口市民化。坚持把促进有能力在城镇稳定就业和生活的常住人口有序市民化作为首要任务,重点推进600多万进城务工农民、270万城中村居民、170万采煤沉陷区群众的市民化,破除横亘在农民面前的玻璃门、旋转门、弹簧门,确保农业转移人口进得去、住得下、有就业,真正融入城镇。二要“新”在人字形布局上,使“一核一圈三群”更具活力。要进一步优化布局和形态,完善各板块内部结构,强化板块之间的互动发展,让“一核”更加坚实、“一圈”更加完备、“三群”更加丰满,让“大县城”更具规模、重点镇更具特色、资源型城镇更快转型。三要“新”在“四化”同步上,实现良性互动、协同发展。坚持城镇化与工业化互促共进,与农业现代化相辅相成,与生态化互为依托,着力建设“宜居宜业”城镇。四要“新”在文化传承上,增强山西城镇的文化内涵和品牌效应。要让文化规划硬起来、文化遗存活起来、文化精神立起来,打造三晋城市文化名片,增强市民对城市的文化自豪感。五要“新”在城市质量上,不断提高城市的建设和管理水平。要在信息化、精细化、软环境上见水平,运用“智慧城市”“数字城市”“云城市”等理念,发扬城市建设管理精在精到、细在入微的精神,把优化投资环境作为管理核心要求,增强城市发展活力,提高城市管理水平,建设真正意义上的现代化城市。

会议指出,要坚持用改革的办法推进新型城镇化,处理好市场和政府的关系,特别是要通过深化财税金融体制改革、建立健全城镇化投融资体系,努力破解资金瓶颈;通过拓宽渠道、盘活存量、节约集约,努力破解土地瓶颈;通过加大城市管理人才引进和培养,努力破解人才瓶颈。各级各部门要把推进新型城镇化摆在更加突出的位置,健全体制,尊重规划,强化协调,严格考核,切实加强组织领导。要坚持源头治理的网格化管理、社会化服务方向,健全基层综合服务管理平台,努力建设平安城市。

会议要求,要积极探索走出山西特色的新型城镇化之路。一要实施差别化的落户政策,积极推进农业转移人口享有城镇基本公共服务,有序推进农业转移人口市民化。二要优化城镇化布局和形态,加快推进“一核一圈三群”建设,促进大中小城市和小城镇协调发展,加快完善综合交通运输网络,推动各种资源要素跨区域优化配置。三要坚持产城互动、集聚发展,合理优化城市生产力布局,加快培育壮大城市主导产业,积极探索推进资源型城市转型,进一步强化城市产业就业支撑。四要优先发展城市公共交通,进一步加强市政公用设施和公共服务设施建设,加快提升城市公共服务水平。五要着力提高城市可持续发展能力,优化空间结构和管理格局,提高规划建设水平,打造绿色城市、智慧城市、人文城市,加强和创新城市社会治理,加快建立健全现代城市治理体系。实施“六六创安”工程,创建平安山西。六要创新体制机制,统筹推进人口管理、土地管理、财税金融、城镇住房、行政管理、生态环境等重点领域和关键环节改革,着力突破制约城镇化发展的制度障碍。

会议要求,要全力完成2014年城镇化工作任务,以山西科技创新城建设为抓手推进太原晋中同城化,以棚户区改造为重点推进城市安居工程,以推进重点项目建设及重大产业布局为支撑促进产城融合和就业创业,以市政公用设施和公共服务体系建设为重点提高城市公共服务能力,以加强大气污染防治为突破口推进城市人居环境改善,确保各项工作扎实开局、取得实效。

会议强调,当前我省经济下行压力仍然很大,经济形势依然复杂严峻。各级、各部门既要看到困难和挑战,更要看到面临的有利条件,牢固树立信心,按照省委、省政府的决策部署,稳增长、推改革、促创新、抓开放、惠民生、保安全,狠抓各项重点工作落实,努力促进经济持续健康发展,保持社会和谐稳定。

会议讨论了《关于科学推进新型城镇化的实施意见(征求意见稿)》,太原市、长治市分别作了交流发言。

会议以电视电话会议形式召开,主会场设在省委会议厅,各市、县(市、区)设分会场。在主会场参加会议的还有,各市市委书记、市长、分管副市长,省城镇化推进工作领导组成员单位主要负责同志,部分省属国有企业、科研单位、高等院校主要负责同志。

学习贯彻李克强总理给李寨中学回信精神 研究讨论关于实行安全生产党政同责的意见 6月19日,省委常委会召开会议,学习贯彻李克强总理给李寨中学回信精神,研究部署落实意见,研究讨论关于实行安全生产党政同责的意见。

会议认为,李克强总理给晋城市泽州县李寨中学的回信,体现了对山西教育工作的关心和肯定,对山西是一个鼓舞和鞭策。总理在回信中对李寨中学多年来坚持的实践教育活动给予充分肯定,提出要走文化知识学习与创新能力、实践精神培养并重的办学路子,为我们加快农村教育改革,探索中部地区山区办学新路指明了方向,具有很强的现实性、针对性和指导性。

会议指出,抓好农村教育工作是推动扶贫开发、加快经济社会发展的重要内容。我省农村发展相对滞后,人才严重缺乏,必须高度重视加强和改进农村教育工作及农村实用人才培养。全省教育系统要深入学习领会李克强总理回信精神,积极顺应经济社会发展趋势,按照“崇尚知识、热爱科学、积极实践、勇于创新”的思路,进一步探索推进农村实践教育,扎实推进农村教育改革,为发展特色农业、发展“一村一品”培养更多新型农民和科技人才。

会议强调,山西作为资源开采产业占主导的省份,时刻面临安全生产风险。近年来,省委、省政府高度重视安全生产工作,牢固树立“发展是第一要务、安全生产也是第一要务”的理念,坚持将安全生产作为最大的民生抓紧抓实抓好。经过全省上下共同努力,安全生产形势明显好转,正在迈向稳定好转。但与更高的要求相比,安全基础还不牢固,安全隐患还大量存在,安全生产工作这根弦不能有丝毫放松。研究出台关于实行安全生产党政同责的专门规定,是省委、省政府进一步加强安全生产的基础性工作,是推动安全生产党政同责走向规范和纪律性约束的重要措施。

会议要求,各地各部门要认真贯彻党中央、国务院关于安全生产的决策部署和习近平总书记重要讲话精神,牢固树立安全发展理念,坚决守住安全生产红线,特别要进一步明确和落实党委、政府安全生产工作责任,建立健全“党政同责、一岗双责、齐抓共管”责任体系,着力构建“党委统一领导、政府依法监管、企业全面负责、职工积极参与、社会支持监督”工作格局,有效防范安全生产事故发生,确保人民生命财产安全,为全省经济社会发展营造良好安全生产环境。

会议原则通过《中共山西省委山西省人民政府关于实行安全生产党政同责的意见》,要求根据会议精神进一步修改完善,按程序下发执行。

省委省政府召开全省上半年经济形势分析会 7月19日,省委、省政府召开全省上半年经济形势分析会。省委书记、省人大常委会主任袁纯清主持会议并作重要讲话。省委副书记、省长李小鹏总结上半年经济工作,部署下半年经济工作。省政协主席薛延忠,省委副书记楼阳生,省委常委、省人大负责同志、副省长出席会议。

会议指出,今年以来,面对宏观经济形势异常严峻复杂的不利局面,省委、省政府紧密团结在以习近平同志为总书记的党中央周围,认真贯彻落实中央决策部署,及时提出“止缓回稳促增”六字方针,迅速采取一系列有力举措,上半年主要经济指标好于第一季度,经济下滑态势得到有效遏制,“回稳”“促增”出现积极迹象。实践证明,省委、省政府作出的“止缓回稳促增”决策是完全正确的,为全社会提供了一个明确预期,为经济工作确立了一个重要方针,为领导干部强化了一份责任担当,对稳定经济增长发挥了至关重要的作用。

会议认为,在异常严峻的经济形势下取得这样的成绩实属不易,关键在于迎难而上、事在人为。全省上半年经济增速尽管低于全国平均水平,但含金量高、精神价值高、发展意义大。省委、省政府团结带领全省干部群众,全力顶住煤炭价格下跌冲击,积极应对宏观经济下行压力,以上率下、同心同德,转型加力、功在其中,政策对头、措施有力,改进作风、狠抓落实,成为取得“止缓回稳促增”成效的关键原因。

会议强调,下半年经济工作有压力也有支撑,只要我们坚定信心不动摇、扭住目标不放松,就一定能够攻坚克难、实现预期。既要看到我省当前“止缓回稳促增”基础还不是很牢固,又要看到能源革命给我省综合能源基地建设带来的新机遇、中央一系列调控政策给我省外部环境带来的新利好、市场倒逼机制给我省降低转型成本带来的新优势,既稳固树立底线思维,又牢固坚定转型决心,脚踏实地、艰苦奋斗,尽心尽责、积极作为,就一定能够确保全年经济增长达到全国平均水平、转型综改建设再上一个新台阶。

会议强调,实现“促增”任务,一要坚持“精准发力”,狠抓工作重点和薄弱环节。抓实体经济这个当务之急,抓煤炭这个重中之重,抓投资这个关键之招,抓招商这个持续之举,抓转型这个根本之策,还要抓好严重制约经济运行的企业停产半停产、产品销售困难、项目融资难等薄弱环节。二要坚持“两轮驱动”,全力推动综改攻坚和科技创新。坚持整体推进,重点突破,把各项改革措施真正落到实处,充分发挥改革对“促增”的支撑作用。加快建设山西科技创新城,努力在关键技术领域实现突破,提升科技对经济增长的贡献率。三要坚持“政策落地”,充分释放现有政策效力。把抓政策措施落实作为中心任务,加大督查力度,完善奖惩机制,消除政策落实的“中梗阻”,让政策措施尽快变成现实生产力。四要坚持“正面引导”,形成干事创业的良好氛围。加强学习,把学习《习近平总书记系列重要讲话读本》作为重要任务,坚持理论联系实际,提高思想理论水平,更好推动工作;抓好媒体正面引导,加大舆论宣传力度,为“促增”营造良好社会氛围;以党的群众路线教育实践活动为契机,强化组织生活,统一思想认识,为“促增”营造良好政治氛围。五要坚持“党政同责”,狠抓安全稳定各项工作。加强组织领导,强化责任落实,着力抓好安全生产、改善民生、维护稳定和反恐怖工作,做到政治保安定、经济保增长、社会保稳定、生产保安全、民生保改善。六要坚持“积极作为”，以好作风出战斗力、出生产力。领导干部要切实提高忧患意识、危机意识、责任意识，面对困难和压力有“适应新常态”的自觉，推动改革和发展有“层层加压力”的举措，行使职务和权力有“干事不出事”的自警。

会议强调，实现全年目标任务，下半年工作更加艰巨繁重，必须坚定发展目标，突出重点任务。要坚持不懈抓好安全生产，深刻汲取“3·1”事故教训，严格落实安全生产责任，深入开展督促检查，严防重特大事故发生，做好防汛工作。要以问题为导向推进改革、创新和开放，抓好三项重大改革，深化国有企业、资源市场化配置、财税体制、农村、户籍制度、医药卫生体制等改革；大力实施创新驱动行动计划、低碳创新行动计划和重大科技攻关项目，加快建设山西科技创新城；加大招商引资力度，加强对外交流合作。要全力以赴确保投资又好又快增长，抓好重大基础设施和民生工程建设，加快新兴产业和服务业投资，充分调动民间投资积极性。要集中力量促进煤炭可持续发展，落实煤炭20条和17条，扎实开展清费立税工作，推动企业合理安排产销、强化内部管理、促进提质增效。要积极主动帮扶企业渡过难关，加强对重点企业的跟踪服务，落实中小微企业扶持政策，当前，尤其要加大力度改变企业融资难、融资贵的状况。要毫不放松做好“三农”和扶贫工作，落实好各项惠农政策，力争秋粮再夺丰收，办好“五件实事”，抓好人居环境改善和百企千村产业扶贫开发工程。要多措并举促进消费和进出口，积极发展信息消费和服务消费，加大对外贸企业的支持力度，促进外贸稳定增长。要力度不减保障和改善民生，持之以恒推进节能减排，在推动经济增长的同时更好地惠及民生，更好地保护生态环境。

会议指出，一分部署，九分落实，狠抓落实是关键。政府要加强自身建设，加快职能转变，切实改进工作作风，狠抓工作落实。全省每位领导干部都要列出一份落实工作责任的清单，供自己对照、供组织考评。今年各市主要经济指标没有达到全省平均水平的，取消评优资格。

各市市委或市政府主要负责人，省发改委、经信委和太钢集团、同煤集团负责同志汇报上半年经济情况及下半年促增措施。各市市委书记、市长，省政府组成部门、省直有关部门主要负责同志，省管国有骨干企业、部分金融机构主要负责同志，中央驻晋主要媒体负责同志参加会议。

省委常委会召开会议研究部署培育和践行社会主义核心价值观工作　听取第二届晋商大会筹备情况汇报　8月27日，省委常委会召开会议，研究部署培育和践行社会主义核心价值观工作，听取第二届晋商大会筹备情况汇报。

会议指出，培育和践行社会主义核心价值观是凝魂聚气、强基固本的基础工程，对于巩固马克思主义在意识形态领域的指导地位、巩固全党全国人民团结奋斗的共同思想基础，对于促进人的全面发展、引领社会全面进步，对于凝聚全面深化改革、实现“两个一百年”奋斗目标和中华民族伟大复兴中国梦的强大正能量，具有重要的现实意义和深远的历史意义。全省各级各部门要深入贯彻党的十八大、十八届三中全会和习近平总书记系列重要讲话精神，充分认识培育和践行社会主义核心价值观的重要性，牢牢把握坚持和发展中国特色社会主义主题，坚持贯彻中央要求和体现山西特色相结合，注重宣传引领、实践养成、典型带动相统一，做到政策保障、制度规范、法律约束相衔接，使社会主义核心价值观贯穿社会生活的方方面面，融入人们的精神世界，不断巩固全省人民团结奋斗的思想基础和道德基础，筑牢全省社会和谐的精神纽带。

会议强调，培育和践行社会主义核心价值观，要强化宣传教育，特别要突出对中国梦的宣传，强化中国梦对培育和践行社会主义核心价值观的引领作用。坚持从青少年抓起，把社会主义核心价值观融入国民教育全过程。加强对优秀传统文化、三晋文化的弘扬和创新，把社会主义核心价值观贯穿文化强省建设当中，做到以文化人、以文育人。扎实推动实践养成，在全省特别是基层开展形式多样的评先创优活动，形成人人参与、人人实践社会主义核心价值观的生动局面。做好融入结合工作，把社会主义核心价值观贯通社会生活各领域。要加强组织领导，强化责任、健全机制，把任务落实到基层，形成齐抓共管的强大合力。广大党员干部特别是领导干部要充分发挥践行社会主义核心价值观的表率作用，以身作则、知行合一，争做社会主义核心价值观的引领者、践行者、推动者。

会议强调，首届晋商大会召开以来，广大海内外晋商秉承晋商精神，积极回馈家乡，有力激活了民间资本，促进了山西对外开放，成为推动转型跨越发展不可或缺的重要力量。为开好第二届晋商大会，有关方面要按照“安全有序”的总要求，切实加强组织领导，尽职尽责、密切配合，紧紧围绕“聚力转型综改、再铸晋商辉煌”大会主题，完善细化方案，抓好方案落实。特别要加强邀商招商、宣传推介等工作，确保会议接待、主题活动、后勤保障等有序衔接，确保各项活动安全进行、万无一失。要认真落实中央八项规定及省委有关规定和要求，创新办会理念，更新办会模式，坚持节俭办会、务实办会。要全面展示山西形象，提高交流合作水平，把晋商资源充分聚集到山西发展上来，推动海内外晋商情系山西、投资山西、发展山西，更好地助力转型综改区建设、推动转型跨越发展。

省委召开全省领导干部大会　刘云山作重要讲话 赵乐际宣布中央决定　9月1日，省委召开全省领导干部大会，宣布中共中央关于山西省委主要负责同志职务调整的决定。中共中央政治局常委、中央书记处书记刘云山出席会议并作重要讲话。中共中央政治局委员、中央书记处书记、中央组织部部长赵乐际在会上宣布中央决定：王儒林同志任山西省委委员、常委、书记；袁纯清同志不再担任山西省委书记、常委、委员职务，另有任用。袁纯清主持会议并讲话，省委书记王儒林讲话，省委副书记、省长李小鹏作表态发言，省委副书记楼阳生，省政协主席薛延忠等省领导，中央组织部副部长王秦丰、部务委员兼干部二局局长周祖翼出席会议。

刘云山在讲话中强调，这次山西省委主要负责同志职务的调整，是中央从大局出发，根据工作需要和干部交流精神，以及山西省领导班子建设实际，通盘考虑、慎重研究决定的。

刘云山指出，近年来，山西省委、省政府团结带领全省广大干部群众，以山西国家资源型经济转型综合配套改革试验区建设为契机，坚持以煤为基、多元发展，推动产业结构调整和转型升级，推进煤炭资源整合和煤矿兼并重组，加强生态环境保护和基础设施建设，做好保障和改善民生工作，全省经济社会发展取得新的成绩。同时要看到，山西省的政治生态存在不少问题，党风廉政建设和反腐败斗争形势严峻。中央高度重视山西存在的问题，高度重视山西领导班子和干部队伍建设，决定对山西省委班子作重大调整。

刘云山要求山西全省广大干部要用中央精神统一思想，确保省委主要领导的顺利交接和平稳过渡。要扎实推进各项工作，确保山西经济持续健康发展和社会和谐稳定，让全省人民共享改革发展成果。要下大气力抓好领导班子和干部队伍建设，牢牢把握正确的选人用人导向，坚持用党和人民需要的好干部的标准选人用人，严肃整治选人用人不正之风。要善始善终、一鼓作气抓好第二批党的群众路线教育实践活动，切实做好整改落实、建章立制工作，推动作风建设常态化长效化。要认真总结腐败案件高发多发的教训，由表及里、举一反三，贯彻好党要管党、从严治党的要求，真正把党建工作责任落到实处。各级党委要切实负起党风廉政建设主体责任，坚决支持纪委落实好监督责任，深入推进党风廉政建设和反腐败斗争，优化山西的政治生态，从根本上保障山西的发展、改革和稳定。

省委书记王儒林在会上讲话。他说，我坚决拥护中央的决定，坚决拥护刘云山同志的重要讲话。省委要认真研究提出贯彻意见，各级党组织要迅速组织传达学习，深刻领会，坚决贯彻落实。他说，袁纯清同志思路清晰，经验丰富；深入实际，勤奋务实，努力推动以煤为基，多元发展；努力稳增长、促改革、调结构、转方式、保安全、惠民生，为山西经济社会发展作出了重要贡献。中央决定我担任山西省委书记，这是中央对我的高度信任，我深感责任重大、任务艰巨、使命光荣，我决不辜负党中央的重托和山西人民的厚望。他指出，当前，山西改革发展正处于重要的历史关头，既面临许多重大机遇，又面临许多困难和严峻挑战。特别是连续出现严重腐败问题，给党的形象、给山西的声誉带来严重影响，这是山西人民、也是全国人民所不愿看到的。我们一定要充分认清山西反腐败斗争形势的严峻性、复杂性、尖锐性、特殊性，一定要吸取深刻的痛苦的教训，一定要坚定信心，在以习近平同志为总书记的党中央高度重视、坚强领导下，正视问题不回避、惩治腐败不手软、反对“四风”不反弹，革弊立新、激浊扬清，努力开创山西弊绝风清的新局面。一要认真学习贯彻习近平总书记系列重要讲话精神，坚决落实中央各项决策部署。坚持正确的政治方向，在思想上、政治上、行动上同以习近平同志为总书记的党中央保持高度一致，坚决维护山西大局稳定、政治稳定、社会稳定。二要狠抓作风建设，坚决惩治腐败。认真履行党委主体责任和纪委监督责任，充分发挥巡视工作的“尖兵”和“利剑”作用，坚持不懈反对“四风”，切实加强党的建设，把“严”字落实到干部工作的全过程。三要全面深化改革，坚决破除各种体制机制障碍。特别是要处理好政府和市场的关系，在根除权钱交易、官商勾结的土壤和条件上狠下功夫。四要突出抓好经济建设，坚持推动科学发展。努力适应经济发展新常态，突出调结构、转方式，突出创新发展、转型发展、多元发展，着力提升发展的质量和效益。坚决贯彻习近平总书记“发展决不能以牺牲人的生命为代价”这是“一条不可逾越的红线”的指示精神，采取最强有力的措施实现安全发展。五要切实加强法治建设，坚持推进依法治省。学习和运用法治思维和法治方式，努力创造依法行政、公正司法、全民守法的良好环境，任何人、任何单位都要学法知法守法用法，按制度办事、按规矩办事、按程序办事，把权力关进制度的笼子里，努力提高全社会法治化水平。六要时刻把群众利益放在心上，坚持保障和改善民生。各级干部要带着感情走近群众，带着责任了解群众，带着本事服务群众，多做一些打基础、利长远、建机制、可持续，为山西人民谋利造福的事情。

王儒林指出，从今天开始，我就是山西的一员了，从白山松水到表里山河，山西是我的新家乡。作为新的山西人，我会真心实意、充满感情地热爱山西；作为省委书记，我一定要率先垂范、以身作则，为全省各级干部立标杆、做榜样。一要政治坚定。始终坚持对党绝对忠诚，在任何情况下都做到政治信仰不变、政治立场不移、政治方向不偏。二要加强学习。深入学习习近平总书记系列重要讲话精神，虚心向班子同志、老同志、基层同志和人民群众学习，加强调查研究，尽快熟悉省情，接山西“地气”。三要敢于担当。知难而进、迎难而上，遇到矛盾不绕、面对困难不躲、解决问题不拖，对侵害党和人民利益的人和事，“零容忍”、不留情、敢亮剑。四要勤奋务实。做老实人，说实话，干实事，求实效，不搞短期行为，不做表面文章，不弄虚作假，不急功近利。五要廉洁自律。带头执行中央“八项规定”，带头做到清正廉洁，带头履行“一岗双责”。今后，如果有打着我的旗号或以我亲友名义在山西办私事、谋私利的，不仅不能办，还要坚决严肃依法查办处理。真诚希望同志们对我进行严格监督。

袁纯清在讲话中指出，我完全拥护中央的决定，坚决服从组织的安排，热忱欢迎王儒林同志来山西工作。他说，刘云山同志在讲话中对山西党风廉政建设和反腐败斗争发生的严重问题，给予了严肃批评，作为省委书记负有领导责任。袁纯清表示，刘云山同志对我和我的工作给予肯定，体现了组织对干部的认真负责和热情关心。在山西工作的四年三个月中，我始终在思想上政治上行动上与党中央保持高度一致，自觉维护党中央权威，严守党的各项纪律。我们提出了“加快转型跨越、再造一个新山西”的发展战略，坚持“以煤为基、多元发展”，加快“四化”和“四个山西”建设，通过大家的不懈努力，取得了积极的成效，山西转型发展已经形成了良好态势，安全生产取得了显著成果，民生有了明显改善。省四套班子相互支持，各民主党派、工商联、无党派人士和衷共济，老领导、老干部、老同志积极发挥作用，全省干部群众同心协力、攻坚克难，这都给了我信心和勇气。当前，山西正处于关键时期，尤其是腐败案件仍处于高发期、频发期，党风廉政建设和反腐败斗争任务艰巨。我相信，在以习近平同志为总书记的党中央坚强领导和亲切关怀下，山西一定能够战胜目前的困难。我相信，以王儒林同志为“班长”的省委一班人，一定会团结带领全省干部群众，不断开创山西经济社会发展新局面。在新的工作岗位上，我会一如既往地坚定政治立场，努力勤奋工作，严守廉洁底线，决不辜负党和人民的重托。

李小鹏在发言中表示，坚决拥护中央决定，一定积极配合、全力支持儒林同志的工作，自觉接受省委的统一领导，带头维护省委的领导核心作用，带头维护以儒林同志为“班长”的省委班子的团结，一如既往地履行好岗位职责，确保各项工作有序衔接、有效推进。当前，山西正处于建设国家资源型经济转型综改试验区、加快全面建成小康社会进程的关键时期。全省广大党员干部特别是各级领导干部要按照云山同志的要求，坚决在思想上政治上行动上与以习近平同志为总书记的党中央保持高度一致。要坚决贯彻落实中央决策部署，全面深化改革、创新驱动、扩大开放，扎实做好安全生产、煤炭革命、经济运行、民生改善等当前各项工作，奋力完成全年各项目标任务，以实际行动支持儒林同志的工作。要忠实践行全心全意为人民服务宗旨，深入持久反对“四风”，严格执行“八项规定”，树立新风正气，为促进全省经济社会持续健康发展提供有力保障。全省上下要紧密团结在以习近平同志为总书记的党中央周围，认真学习贯彻习近平总书记系列重要讲话精神，在以儒林同志为“班长”的省委领导下，奋力开创全省各项工作新局面，努力向党中央、国务院和全省人民交一份合格的答卷。

现职省级领导干部；驻晋有关部队负责同志；副省级以上老同志；各市市委书记、市长；省直单位主要负责同志；省属企事业单位和高等院校主要负责同志；中央驻晋单位主要负责同志；各民主党派、工商联主要负责同志；不是上述人员的省委委员、候补委员出席会议。

省委常委会召开（扩大）会议学习贯彻刘云山同志在全省领导干部大会上的重要讲话精神 9月3日，省委书记王儒林主持召开省委常委（扩大）会议，学习贯彻刘云山同志在全省领导干部大会上的重要讲话精神，研究部署当前重点工作。

会议指出，刘云山同志在全省领导干部大会上的重要讲话，既对我省近年来取得的成绩给予充分肯定，更对我省政治生态特别是党风廉政建设、选人用人方面存在的严重问题提出严肃批评，对加强党风廉政建设、做好改革发展稳定工作提出明确要求，体现了党中央对山西工作的高度重视和大力支持，对于做好全省工作具有重要指导意义。各级各部门要认真学习领会刘云山同志重要讲话精神，分解任务、明确责任、逐条落实，切实把全省上下的思想和行动统一到中央决定上来，统一到中央对山西当前反腐败形势的分析判断和要求部署上来，统一到中央对山西工作的各项要求上来，坚决与以习近平同志为总书记的党中央保持高度一致。

会议就贯彻落实刘云山同志重要讲话精神，提出八项具体措施。一是深入推进党风廉政建设和反腐败斗争，继续保持惩治腐败的高压态势。全省各级党组织要全面深入总结反思腐败案件多发高发的原因，深刻剖析党风廉政建设存在的问题，充分认清山西反腐败斗争形势的严峻性、复杂性、尖锐性、特殊性，旗帜鲜明地反对腐败、坚决有力地惩治腐败。要认真履行党委主体责任和纪委监督责任，健全有错必究、有责必问的责任倒查机制。坚持有案必查、有腐必反、有贪必肃，坚持“老虎”“苍蝇”一起打，全力配合中央纪委搞好有关案件调查工作，进一步加大自办案件查处力度。要充分发挥巡视工作的“尖兵”和“利剑”作用，抓住重点领域加大巡视工作力度，及时发现问题，分门别类解决问题。要坚持标本兼治，抓紧针对腐败问题查找制度漏洞，加强制度建设，真正使领导干部不敢腐、不能腐、不想腐。

二是坚持以经济建设为中心，积极推动山西实现科学发展。山西人民的福祉归根结底还是要把经济建设搞上去。要清醒认识当前“三期叠加”的阶段性特征，努力适应经济新常态，抓住能源革命对山西发展带来的历史性机遇，着力稳增长、调结构、转方式，实现创新发展、转型发展。要深入研究当前宏观经济形势，加大对困难企业帮扶力度，加大招商引资力度，加大重点工程建设力度，着力挖掘培育新的经济增长点，努力使经济增长达到全国平均水平。要坚决贯彻习近平总书记“发展决不能以牺牲人的生命为代价”的指示精神，把安全生产作为一条不可逾越的红线，严格落实安全生产责任制度，坚决杜绝重特大安全生产事故发生。

三是整治选人用人方面的不正之风，从严教育和管理党员干部。认真总结汲取干部选拔任用和教育管理监督方面的经验教训，把存在的问题找出来，把深层的原因查出来，把机制程序完善好，把整治措施落实好。要牢牢把握正确的选人用人导向，坚持德才兼备、以德为先、以廉为基，公道正派选拔使用干部。要对干部从严考察、从严选用、从严教育、从严管理、从严监督，着重引导领导干部自觉践行“三严三实”，充分调动广大干部干事创业的积极性和主动性，努力革弊立新、激浊扬清，努力开创山西弊绝风清的新局面。

四是扎实推进党的群众路线教育实践活动，确保善始善终、善作善成。按照中央的要求部署，指导各活动单位抓好整改落实工作，把第一批活动整改任务落到实处，把第二批活动查找出的问题解决到位，确保教育实践活动不走过场、取得实效。要在抓常、抓细、抓长上下功夫，尽快把作风建设成果以制度的形式固定下来，以优良党风促政风带民风。要把反对“四风”放在突出位置，充分认识到“四风”是腐败的温床，反腐败必反“四风”。当前，中秋、国庆两节即将来临，要认真贯彻有关规定，确保廉洁过节，对顶风违纪的人和事，发现一起、查处一起，决不手软、决不姑息。

五是全面深化改革，坚决破除各种体制机制障碍。积极推进综改区建设，抓好低热值煤发电项目核准权试点、煤层气矿业权分级审批试点、动力煤期货交易试点等重点改革工作，深化行政审批制度改革，加快政府职能转变，努力建设法治政府和服务型政府。要把全面深化改革和反腐败斗争结合起来，加快推动煤炭管理体制改革，抓紧推进煤炭资源市场化配置，根除权钱交易、官商勾结的土壤和条件。

六是切实加强法治建设，全力推进依法治省。教育引导党员领导干部学法知法守法用法，提高学习运用法治思维和法治方式的能力。建立公开透明、权责明晰、相互制衡、监督有效的权力制约运行监督机制，促使各级领导干部按制度办事、按规矩办事、按程序办事。健全依法科学民主决策机制，进一步规范行政执法行为，真正做到有权必有责、用权受监督、违法要追究。弘扬社会主义法治精神，努力创造依法行政、公正司法、全民守法的良好环境。

七是坚持以人为本、大力改善民生，确保社会团结和谐稳定。认真做好就业、社保、医改、保障性安居工程等民生工作，千方百计增加群众收入，解决好困难群众的生产生活问题。要加强和改进信访工作，加强矛盾纠纷排查化解，切实解决好事关人民群众切身利益的根本问题，加强和创新社会治理，努力维护社会和谐稳定。

八是坚定信心、振奋精神，重塑山西改革发展稳定的新形象。大力宣传先进典型，弘扬主旋律、凝聚正能量，进一步激发全省上下干事创业的热情和干劲。要以反腐倡廉建设的新成效促进各项工作，把压力转化为动力，把负效应转化为正能量，重塑山西省委常委班子的新形象，重塑山西干部队伍的新形象，重塑山西改革发展稳定的新形象。

会议强调，办好山西的事情，关键是建设好省委常委班子，确保省委领导集体的先进性和纯洁性。每位省委常委都要带头讲政治、顾大局、守纪律，勤奋务实，尽职尽责，为全省各级干部立好标杆、树好榜样。要紧密团结在以习近平同志为总书记的党中央周围，敢于担当、勇于尽责，为富民强省、为弊绝风清作出新的更大的贡献。

省委常委会召开会议传达贯彻习近平总书记在庆祝全国人民代表大会成立60周年大会上的重要讲话精神 9月9日，省委常委会召开会议，传达学习庆祝全国人民代表大会成立60周年大会精神特别是习近平总书记重要讲话精神，研究我省贯彻落实意见。省委书记王儒林主持会议。

会议指出，习近平总书记在庆祝全国人民代表大会成立60周年大会上的重要讲话，科学回答了有关人民代表大会制度和中国特色社会主义政治发展道路等一系列重大理论和实践问题，高度评价了人民代表大会制度作为历史的选择、人民的选择的重大意义，充分阐述了中国特色社会主义政治发展道路的基本内涵和强大生命力，思想深刻、内容丰富，观点鲜明、论述严密，对于我们进一步动员和组织全省人民投身改革开放和现代化建设事业、实现“两个一百年”奋斗目标和中华民族伟大复兴的中国梦，具有重大现实指导意义和深远历史意义。

会议强调，全省各级党委、政府，各部门各方面特别是人大系统，要认真学习、深刻领会习近平总书记重要讲话精神，认真抓好贯彻落实。一要把思想和行动切实统一到习近平总书记重要讲话精神上来。准确把握习近平总书记重要讲话的精神实质，特别是讲话中的重大观点和重要论述，深刻认识实行人民代表大会制度的历史必然性、坚持和完善人民代表大会制度必须坚持的根本原则、不断推进社会主义民主政治的目标要求、国家政治制度是否民主和有效的评价标准，自觉用讲话精神统一思想和行动，坚定“三个自信”，把讲话精神真正落实到具体工作中。二要把坚持和完善人民代表大会制度与抓好我省重点工作结合起来。全省各级人大及其常委会要认真贯彻落实中央各项要求，当前特别要围绕优化山西政治生态，加快法治山西建设进程，营造弊绝风清的良好局面。要深入推进党风廉政建设和反腐败斗争，认真总结汲取山西发生严重腐败问题的深刻教训，建立健全惩治和预防腐败的各项制度，全面加强监督工作，督促各级各部门和领导干部把主要精力放到谋发展、调结构、促改革、惠民生上来。要加快法治山西建设，努力提高全省领导干部依法执政的能力和水平，自觉运用法治思维和法治方式管理经济社会事务，特别要加强对党员干部依法执政情况的监督，推动依法行政、公正司法、全民守法进程，教育引导党员干部自觉做到按制度办事、按规矩办事、按程序办事，让打招呼、拉关系、托人情没有市场，依靠法治根除权钱交易、官商勾结的土壤和条件。要准确把握我省经济社会发展的阶段性特征和省情特点，及时制定出台促进改革发展稳定的法规，及时修订、废止影响改革发展稳定的法规，为富民强省各项工作提供有力法制保障。要教育引导党员干部、人民群众学法知法守法用法，努力创造良好法治环境。三要切实加强人大代表工作。全省有各级人大代表8万8千多名，代表的整体素质是很高的，而且做了大量卓有成效的工作。但是也要看到，有的代表先进性、纯洁性不够，有的不仅代表不了人民利益，甚至成为违纪违法的腐败分子。要高度重视代表工作，严格把好代表入口关，严格按照中央要求和有关法律规定，把好代表候选人资格审核关，把好代表政治关、结构关，把好代表候选人的提名、推荐、酝酿和协商关，把好代表候选人考察关，确保选出政治过硬、履职有力、作风优良的人大代表。要充分发挥代表作用，最大限度创造条件，让人大代表更好地知政参政。加强同人大代表的联系，充分发挥人大代表在了解民情、反映民意、集中民智方面的独特作用。要加强对代表的监督，建立完善代表履职情况通报制度、履职考核制度，推进代表监督工作制度化、常态化，使人大代表有履职的边界，把权力关进制度的笼子。四要切实加强和改善党委对人大工作的领导。各级党委要继续加强和改进对人大工作的领导，支持人大及其常委会依法履行职责，为做好人大工作提供坚强保证。要自觉把人大工作摆上党委重要议事日程，纳入党委全局工作统一安排部署，向人大出题目、交任务、提要求。要定期听取人大工作专题汇报，及时研究解决有关重大问题。要支持和保证人大及其常委会在立法工作中发挥主导作用，及时协调解决立法工作中的重大问题。要支持人大开展监督工作，把监督结果和监督中发现的问题作为党委决策及干部考核的重要依据。要主动为人大工作创造良好环境和条件，加强对人民代表大会制度和人大工作的宣传，统筹研究解决各级人大特别是县乡人大工作中遇到的问题，重视和关心人大机关干部，加强人大理论研究和工作研究，促进人大工作不断实现新发展。

会议同意于9月28日召开省十二届人大三次会议。

省委常委会召开会议　王儒林主持会议传达贯彻中央4个会议精神　研究讨论关于落实党风廉政建设党委主体责任和纪委监督责任的意见

9月25日，省委常委会召开会议，传达中宣部培育和践行社会主义核心价值观工作经验交流会、第十三届精神文明建设“五个一工程”表彰座谈会、全国外宣工作会议精神和中央党的群众路线教育实践活动理论研讨会精神，研究我省贯彻落实意见；研究讨论省委关于落实党风廉政建设党委主体责任和纪委监督责任的意见。省委书记王儒林主持会议。

会议指出，党的十八大以来，党中央高度重视培育和践行社会主义核心价值观，习近平总书记多次作出重要论述、提出明确要求，为培育和践行社会主义核心价值观指明了努力方向、提供了重要遵循。各级各部门要把培育和践行社会主义核心价值观与当前净化政治生态、实现弊绝风清，重塑山西形象、促进富民强省各项工作紧密结合起来，贯穿体现于经济社会发展各领域，通过教育引导、舆论宣传、文化熏陶、实践养成、制度保障等方式，在落细落小落实上下功夫，充分发挥其凝魂聚气、强基固本的基础性作用。要深入挖掘山西丰富的优秀历史文化，大力弘扬历史优秀廉政文化、革命老区精神等宝贵精神财富，更好地践行社会主义核心价值观。要及时发现、大力宣传山西当代的好人物好事迹，大力传承培育实践中形成的优良家风、校训、企业精神和乡贤文化，使核心价值观的宣传生活化、接地气，弘扬主旋律，传播正能量，引导全省人民自觉地、积极地培育和践行社会主义核心价值观。

会议认为，近年来，全省广大文艺和出版工作者围绕中心、服务大局，讲山西故事，亮山西声音，为繁荣发展山西文艺事业作出了重要贡献。当前山西正处在一个重要的历史关头，需要一大批能推进反腐倡廉、振奋精神、鼓舞士气的文艺作品。广大文艺和出版工作者要紧紧围绕实现弊绝风清、促进富民强省的目标，以灵活多样的艺术形式，创作推出更多更好的精神产品。要全面贯彻“二为”方向和“双百”方针，坚持以人民为中心的创作导向，不断创作更多人民群众喜闻乐见的文艺作品。要提升艺术追求，坚持思想性艺术性观赏性相统一，深入山西历史文化宝库中寻找素材、捕捉灵感，提出好的创意，提高原创能力，创造更多具有山西特色、经得起历史和实践检验的精品力作。广大文艺工作者要始终把社会效益放在首位，加强自身建设，自觉抵制低俗之风，切实维护自身形象。

会议强调，全省各级各部门特别是宣传部门要认真贯彻落实习近平总书记关于外宣工作的重要讲话精神，切实做好对外宣传工作。要坚持正确方向，牢牢把握党的宣传思想工作和对外宣传工作的方针原则，紧紧围绕党和国家工作大局开展工作，努力为我省加强党风廉政建设和反腐败斗争、推动经济社会发展营造有利舆论环境。要积极宣传山西悠久的历史文化和勤劳智慧的山西人民，宣传山西改革开放和现代化建设取得的历史性成就，宣传山西深入推进党风廉政建设和反腐败斗争的坚定决心和有效进展，宣传全省绝大多数党员干部是好的，特别是有许多优秀干部兢兢业业、默默无闻，深受群众拥护的客观事实。要加强外宣力量建设，发挥党报党刊、广播电视、互联网等各类媒体优势，整合社会各方面力量，形成对外宣传的强大合力，增强对外宣传的整体效果。

会议指出，党的群众路线教育实践活动开展以来，习近平总书记多次作出重要指示、提出明确要求。刘云山同志在中央党的群众路线教育实践活动理论研讨会上的重要讲话，对于我们深刻理解和准确把握习近平总书记系列重要讲话精神、深入贯彻党的群众路线具有重要指导意义。要认真贯彻落实理论研讨会精神，结合山西实际，抓好活动整改落实和建章立制环节工作，确保取得让群众满意的实践成果、制度成果。要深入抓好整改，切实解决好群众反映强烈的突出问题，真正做到用是否解决问题、解决多少问题、群众满意不满意来检验活动最终成效。要深入抓好反“四风”与反腐败斗争，下大功夫，标本兼治，从根本上铲除滋生腐败的温床。要着眼于制度建设，把制度建设和理论建设结合起来，以高质量的理论成果为制度建设提供坚实支撑，不断把反腐败斗争和反“四风”推向深入，见到长效。要把开展活动与推动改革发展稳定结合起来，把广大党员干部在活动中激发出的热情转化为干事创业的动力，完善发展思路，破解发展难题，开创各项事业发展新局面。

会议研究讨论了省委关于落实党风廉政建设党委主体责任和纪委监督责任的意见。会议强调，严格落实党风廉政建设党委主体责任和纪委监督责任，对于山西净化政治生态、实现弊绝风清至关重要。各级各部门要从党要管党、从严治党和关系党的生死存亡的战略高度，深刻认识落实“两个责任”的极端重要性，进一步统一思想、提高认识，认真汲取深刻教训，切实提高落实“两个责任”的能力和水平。要坚持从山西实际出发，认真贯彻中央关于党风廉政建设的总体部署，借鉴先进地区的好经验好做法，提炼总结行之有效的措施，突出实在、管用原则，切实增强有关措施的针对性、可操作性、指导性和规范性。各级党委和纪委要围绕落实“两个责任”加强督促检查，进一步提高制度执行力，狠抓工作落实，对“两个责任”落实不力、落实不到位的，要严肃追究相关人员的责任。

省委召开常委（扩大）会议　宣布中央关于省领导同志调整决定　9月30日，省委召开常委（扩大）会议，宣布中共中央关于山西省领导同志调整的决定。中央组织部常务副部长陈希出席会议并宣布中央决定：黄晓薇同志任山西省委委员、常委和省纪委书记；吴政隆、孙绍骋、王伟中、付建华同志任山西省委委员、常委；免去李兆前同志的山西省委常委、委员和省纪委书记职务。陈希还代表中央对山西省领导班子、干部队伍建设等工作提出重要意见和明确要求。省委书记王儒林主持会议，并与省委副书记、省长李小鹏分别作表态发言，省委副书记楼阳生，省政协主席薛延忠，中央组织部部务委员兼干部二局局长周祖翼，省委常委，省人大、省政府、省政协负责同志，省法、检两长，副省级以上老同志出席会议。

陈希在讲话中指出，这次对山西党政班子进行集中调整补充，是中央根据山西工作需要、干部交流精神以及山西实际情况通盘考虑、慎重研究决定的。黄晓薇等五位同志政治素质好，党性观念强，作风务实，公道正派，阅历经验丰富，组织领导能力比较强，在各自岗位取得了较好成绩。中央认为，他们是山西省党政班子集中调整补充的合适人选，相信会得到山西干部群众的拥护和支持。山西干部队伍的主流是好的，中央对山西广大干部是信任的，今后一定会按照党的干部路线方针政策和"好干部"标准，关心山西干部的成长进步，统筹考虑山西干部的使用工作。希望大家切实把思想和行动统一到中央精神上来，在思想上、政治上、行动上同以习近平为总书记的党中央保持高度一致，讲政治，顾大局，守纪律，以实际行动贯彻执行党中央的决定，立足本职做好各项工作，真正让党中央放心，让全省人民满意。

陈希强调，刘云山同志9月1日在宣布山西主要领导调整的干部大会上的重要讲话，是做好山西工作的重要指导性文件，下一步要继续深入学习贯彻，落实好中央部署要求，进一步做好山西各项工作。要认真总结山西在选人用人方面风气不好的深刻教训，坚决纠正选人用人不正之风，确保选人用人风清气正。要把履行党风廉政建设主体责任作为重大政治要求来落实，狠抓党风廉政建设不放松，狠抓反腐败斗争不放松，保持惩治腐败的高压态势，进一步巩固反腐败斗争成果。

王儒林在发言中表示，山西省委坚决拥护党中央决定，坚决贯彻落实党中央关于山西工作的重要指示要求，坚决在思想上政治上行动上与以习近平同志为总书记的党中央保持高度一致，诚挚热忱欢迎5位同志来山西工作。他说，中央在全国范围内优中选优、充实山西省委常委班子，充分体现了以习近平同志为总书记的党中央对山西工作的高度重视，对山西广大干部群众的关心爱护。5位同志政治坚定、党性观念强，作风务实、公道正派，经验丰富、业绩突出，是对省委常委班子的进一步加强。希望5位新常委把过去的好作风、好经验带到山西，尽快进入角色、开展工作；希望省委常委班子团结一致、协同配合，形成强大的整体合力。陈希同志代表党中央明确指出山西干部队伍主流是好的，中央对山西广大干部是信任的，今后一定会按照党的干部路线方针政策和"好干部"标准，关心山西干部成长进步，统筹考虑山西干部使用工作，这对山西干部是极大的鼓舞。全省各级领导干部一定要认真学习、深刻领会中央精神，进一步增强党的意识、政治意识、大局意识、责任意识、纪律意识，以对党和人民高度负责的态度做好工作，决不辜负全省人民的期望，决不辜负党中央的信任和重托。

王儒林强调，当前，山西正处在重要的历史关头，加强党风廉政建设和反腐败斗争、推进改革发展稳定的任务十分艰巨。我们既面临严峻挑战，但也面临难得机遇，山西未来的前景是光明的。省委常委班子责任重大、使命光荣，要旗帜鲜明、立场坚定，坚决与以习近平同志为总书记的党中央保持高度一致，在山西全面贯彻落实中央各项决策部署。要坚持党要管党、从严治党，切实履行党风廉政建设党委主体责任和纪委监督责任，以"零容忍"态度惩治腐败，坚决把反腐败斗争进行到底，并建立长效机制，把权力关进制度的笼子里。要牢记宗旨、执政为民，认真践行群众路线，把实现好、维护好、发展好最广大人民群众的根本利益作为全部工作的出发点和落脚点。要认真贯彻民主集中制，积极开展批评和自我批评，班子成员要相互支持、相互监督，切实增强班子团结。要自觉践行"三严三实"，严于律己、清正廉洁，带头执行中央八项规定，认真履行"一岗双责"，切实管好子女、亲属和身边工作人员，始终保持先进性和纯洁性，为全省党员干部树标杆、做榜样。要坚决"刷新吏治"，认真总结在选人用人方面风气不好的深刻教训，严把选人用人关，坚决杜绝"带病提拔"、"带病上岗"等问题，确保选人用人风清气正。要进一步统一思想、凝聚共识，坚定信心、振奋精神，为官有为、干净干事，团结带领全省干部群众不断取得党风廉政建设的新成效，不断取得全面深化改革、经济社会发展的新成绩。

李小鹏在发言中表示，坚决拥护中央进一步调整充实省委班子的重大决定，一定与班子成员团结共事、共同奋斗，积极配合、全力支持王儒林同志的工作，自觉接受省委的统一领导，带头维护省委的领导核心作用，带头维护以王儒林同志为班长的省委班子的团结，一如既往地履行好岗位职责，确保中央的精神得到全面贯彻，确保各项工作顺利推进。当前山西正处在改革发展稳定的关键时期，全省广大党员干部特别是各级领导干部，一定要坚决在思想上政治上行动上与以习近平同志为总书记的党中央保持高度一致，要深刻领会中央精神，深刻认识山西腐败问题的严重性，深刻领会中央对山西省委班子进行重大调整的重要意义，深刻剖析产生问题的原因，深刻汲取其中的教训，深入贯彻落实中央的要求。要抓好党风廉政建设，加强反腐败斗争，积极配合案件调查。要坚定立场，严守纪律，转变作风，在以王儒林同志为班长的省委常委班子的领导下，扎实做好经济社会发展各项工作，奋力开创全省弊绝风清、富民强省新局面，重塑山西改革发展新形象，努力向党中央、国务院和全省人民交一份合格的答卷。

省委召开常委(扩大)会议　传达学习中央党的群众路线教育实践活动总结大会精神　10月9日，省委召开常委(扩大)会议，传达学习中央党的群众路线教育实践活动总结大会精神，研究我省贯彻落实意见。省委书记王儒林主持会议。

会议认为，习近平总书记在中央党的群众路线教育实践活动总结大会上的重要讲话，站在党和国家全局的高度，充分肯定教育实践活动取得的成绩，深刻总结开展教育实践活动的宝贵经验，对在新形势下坚持从严治党提出新的部署和要求，立意深远，内涵丰富，具有很强的思想性、针对性和指导性，充分表明了党中央坚持党要管党、从严治党的鲜明态度，体现了我们党适应时代发展要求，保持党的先进性和纯洁性的高度自觉，对于全面推进党的建设新的伟大工程，全面实现“两个一百年”的奋斗目标具有重要现实意义和深远历史意义。习近平总书记的重要讲话，直指时弊、振聋发聩，对于山西而言具有特殊的针对性和指导性，特别是总书记讲话中指出的一些突出问题在我省都存在，有的还很严重。要深刻认识习近平总书记重要讲话对山西特殊重要的现实意义，认真学习领会，坚决贯彻落实，坚决把反对“四风”进行到底，坚决把反腐败斗争进行到底。

会议指出，要把深入学习贯彻落实习近平总书记重要讲话精神作为当前和今后的一项重大政治任务。要在全省各级党组织和广大党员中迅速掀起学习贯彻落实的新高潮，坚决在思想上政治上行动上与以习近平同志为总书记的党中央保持高度一致，把学习贯彻总书记重要讲话精神作为一项重大政治任务，参加第一、二批教育实践活动的单位，都要认真组织专题学习讨论，要覆盖到每一个党支部、每一名党员。要把学习贯彻重要讲话精神与贯彻落实习近平总书记系列重要讲话精神结合起来，认真学习领会党中央的执政理念、治国方略、工作思路和创新实践。要把学习贯彻重要讲话精神与贯彻落实中央对山西工作的指示要求结合起来，深刻认识中央严肃惩治山西腐败问题和对山西省委领导班子作出重大调整的重要意义，提高革弊立新、激浊扬清的自觉性。要把学习贯彻重要讲话精神与做好全省教育实践活动总结工作结合起来，认真搞好总结工作，继续抓好整改落实、建章立制工作，确保教育实践活动善始善终、善作善成。

会议要求，要坚决把习近平总书记关于从严治党的八项要求落实到山西党的建设和全部工作中。要把从严治党的八项要求贯彻到反腐败斗争和作风建设的全过程，坚持把深入开展反腐败斗争作为净化政治生态的关键举措，认真落实党风廉政建设党委主体责任和纪委监督责任，以零容忍态度坚决惩治腐败，始终保持反腐败高压态势。各级党委书记是第一责任人，要层层传导压力，层层督促落实。各级纪委要认真落实监督责任，特别要加大自查案件的工作力度，真正做到有案必查、有腐必惩、有贪必肃。要把从严治党的八项要求贯彻到标本兼治的全过程，针对突出问题、重点领域、关键环节，健全完善有效管用的制度体系，切实把权力关在制度的笼子里，坚决铲除滋生腐败的土壤和条件。坚持依法治理，加大改革力度，有效防止权力寻租，着力形成不敢腐、不能腐、不想腐的长效机制。要把从严治党的八项要求贯彻到重塑山西形象的全过程，坚持以反腐倡廉的新成效、作风建设的新成效和改革发展的新成效，重塑山西改革发展稳定的新形象，重塑山西各级领导班子特别是省委常委班子政治坚定、敢于担当、团结奋进、开拓创新、清正廉洁的新形象，重塑山西干部队伍对党忠诚、纪律严明、务实为民、敬业奉献、清正廉洁的新形象，重塑山西全社会政治清明、诚信守法、包容开放、坚韧不拔、奋发向上的新形象。要把从严治党的八项要求贯彻到促进富民强省的全过程，各级党委必须坚持党建工作和中心工作一起谋划、一起部署、一起考核，把每条战线、每个领域、每个环节的党建工作抓具体抓深入，防止一手硬一手软。要积极适应经济发展新常态，坚持解放思想、实事求是、与时俱进，狠抓思想转型和思维方式转变，加快调结构、转方式，全力推动转型发展、创新发展。

会议强调，要把认真总结、巩固扩大教育实践活动成果作为加强作风建设的新起点。持之以恒地抓好各项整改任务的落实，始终保持整治“四风”的高压态势，持续用力、久久为功。认真抓好教育实践活动总结工作，及时组织开展“回头看”，已经整改的要巩固成果，正在整改的要加大力度，尚未整改的要严明责任。深入挖掘、总结提炼基层创造的好做法好经验，把成功做法经验化、零星探索系统化，力争形成作风建设的规律性认识。要加快活动成果转化，把中央要求、群众期盼、实际需要、新鲜经验结合起来，使经验成果转化为具体的工作措施、工作办法、工作规范。要树立持续整改、长期整改思想，充分认识“四风”问题的顽固性和反复性，按照抓常抓细抓长的要求，突出抓作风改作风的重点，一个时间节点一个时间节点扭住不放，一个问题一个问题加以解决，积小成为大成，积小胜为大胜。要始终保持整治“四风”的高压态势，加大对吏治腐败、慵懒散奢、吃拿卡要、损害群众利益等歪风邪气的整治力度，发现一起、查处一起，决不手软、决不姑息。特别要重视整治不负责、不担当、为官不为等突出问题。坚持整体联动，抓好第一批活动与第二批活动整改衔接，推动现实问题和历史遗留问题一起解决，共性问题和个性问题一起解决，重点单位、重点人头的问题和面上的问题一起解决，班子的问题和班子成员个人的问题一起解决，作风问题和党性问题、工作问题一起解决。要坚持“开门”搞整改，整改落实情况要向社会公开，并及时抓紧整改落实到位，自觉接受群众监督和评判，以实实在在的整改成效让群众看得见、感受得到、大多数满意。要以法治思维、改革精神建制度，把教育实践活动中一系列行之有效的措施办法固化下来，努力形成改作风转作风的新常态。

省委常委会召开会议　学习贯彻习近平总书记重要讲话精神　研究部署全省教育实践活动总结工作　传达全国党委秘书长会议和全国禁毒工作会议精神 研究我省贯彻落实意见　10月13日，省委常委会召开会议，学习习近平总书记在党的群众路线教育实践活动总结大会上的重要讲话精神，审议《全省党的群众路线教育实践活动总结报告》，研究部署我省教育实践活动总结工作；传达全国党委秘书长会议和全国禁毒工作会议精神，研究我省贯彻落实意见。省委书记王儒林主持会议。

会议指出，习近平总书记在党的群众路线教育实践活动总结大会上的重要讲话，充分体现了我们党保持先进性和纯洁性的高度自觉，是加强作风建设的基本遵循、落实从严治党的行动纲领，对于山西更具有特殊的重要意义。各级党组织要按照省委《通知》要求，切实把学习贯彻习近平总书记重要讲话精神作为一项重大政治任务，深刻领会思想内涵、精神实质，切实做到武装头脑、指导实践、推动工作。

会议强调，我省党的群众路线教育实践活动从去年7月开展以来，在党中央的正确领导下，在中央第八巡回督导组的指导帮助下，在全省各级党组织和广大党员的共同努力下，整个活动进展有序、扎实深入，取得了积极成效。但对活动成效不能估计太高，要有清醒的头脑、正确的判断、准确的把握。我省教育实践活动即将结束，但活动收尾不是作风建设收场，作风建设永远在路上，永远没有休止符。要持之以恒地抓好整改落实工作，充分认识"四风"问题的顽固性和反复性，树立长期作战的思想，加大对吏治腐败、庸懒散奢、吃拿卡要、损害群众利益等歪风邪气的整治力度，下大力气解决群众反映强烈的突出问题，始终保持整治"四风"的高压态势。要把教育实践活动中一系列行之有效的措施办法以制度形式固化下来，确保出台一个就执行、落实好一个，努力形成改作风转作风的新常态。要切实加大从严治党力度，坚决贯彻落实习近平总书记关于从严治党的八项要求，把抓好党建作为最大的政绩，坚持党建工作和中心工作一起谋划、一起部署、一起考核，严格明确责任、落实责任、追究责任。要坚决落实党风廉政建设党委主体责任和纪委监督责任，以零容忍态度惩治腐败，始终保持反腐败高压态势。要坚持以严的标准要求干部、严的制度管理干部、严的纪律约束干部，以从严治党的新成效推动全省各项工作取得新成绩。

会议强调，全国党委秘书长会议是一次十分重要的会议。各级党委特别是办公厅系统要及时传达学习习近平总书记重要指示和刘云山同志重要批示精神、栗战书同志重要讲话和会议精神，切实把思想统一到中央要求上来，在"抓落实"上狠下功夫，确保中央政令畅通、决策落地生根，着力推动中央对山西重要指示要求和省委安排部署的贯彻落实。要深入组织推动习近平总书记系列重要讲话精神的学习贯彻工作，引导和督促全省党员干部把握要旨，端正学风，系统、深入、持久地学，深读原文、学以致用，真正把讲话精神落到实处。要充分发挥党委办公厅系统在"抓落实"中担负的重要责任，坚持把抓落实贯穿于党委办公厅(室)工作各领域和全过程，围绕党中央的决策部署、党中央对山西工作的重要指示、省委重要工作安排、中央和省委领导的重要批示等，强化督查工作，运用好督查结果，严格落实责任追究制度。党委办公厅(室)要联合有关部门形成抓落实的合力。要按照"五个坚持"的要求，全面加强党委办公厅(室)各项建设，大力提升办公厅(室)工作水平。省委办公厅要在各方面做好表率，努力成为中央和省委的"坚强前哨"和"巩固后院"。

会议强调，禁毒工作意义重大，关系国家和民族的未来。党中央、国务院高度重视禁毒工作，习近平总书记、李克强总理等中央领导对禁毒工作作出重要指示批示。全省各级党委政府、各有关部门要认真学习贯彻中央领导重要指示批示和全国禁毒工作会议精神，增强做好禁毒工作的责任感和紧迫感，以对国家、对民族、对人民、对未来高度负责的精神，加强和改进禁毒工作。要进一步加大禁毒工作力度，着力构建长效机制。坚持标本兼治、多管齐下，统筹运用法律、行政、经济、教育、文化等手段，切实加大重点整治力度，积极创新禁毒工作的机制、模式和方法手段，广泛发动群众，最大限度减少毒品的社会危害。要紧紧抓住工作机制、法规制度、禁毒保障等关键问题，着眼建立长效机制，大力强化各项禁毒基层基础工作，提升禁毒工作和队伍建设水平。各级党委、政府要进一步加强对禁毒工作的组织领导，积极推动解决影响禁毒工作的体制性、机制性、保障性难题，努力为禁毒工作顺利开展创造更加有利的条件。省禁毒委员会要加强对全省禁毒工作的组织、协调和指导，尽快出台我省加强禁毒工作的《意见》，落实工作责任，明确工作措施，抓好各项工作落实。各成员单位要将禁毒工作纳入本部门、本单位整体工作规划，依法履行禁毒工作职责，在全省形成齐抓共管、综合治理的禁毒工作格局，坚决遏制毒品问题快速增长的势头。

省委召开全省党的群众路线教育实践活动总结大会　巩固扩大教育实践活动成果　全面落实从严治党八项要求　10月14日，省委召开全省党的群众路线教育实践活动总结大会。省委书记王儒林作重要讲话。中央第八巡回督导组组长邢元敏作重要讲话。省委副书记、省长李小鹏主持会议。省委副书记楼阳生，省政协主席薛延忠，中央第八巡回督导组副组长崔曰臣和其他成员出席会议。

王儒林指出，围绕保持党的先进性和纯洁性，在全党深入开展以为民务实清廉为主要内容的党的群众路线教育实践活动，是党的十八大作出的一项重大战略部署，是我们党为进行具有许多新的历史特点的伟大斗争所作的一次重要思想、组织和作风准备。习近平总书记在中央党的群众路线教育实践活动总结大会上的重要讲话，站在党和国家全局的高度，立意深远，内涵丰富，具有很强的思想性、针对性、指导性，充分表明了党中央坚持党要管党、从严治党的鲜明态度，体现了我们党适应时代发展要求、保持党的先进性和纯洁性的高度自觉，对于全面推进党的建设新的伟大工程，全面实现"两个一百年"的奋斗目标，实现中华民族伟大复兴的中国梦具有重要的现实意义和深远的历史意义。我们一定要认真学习、深刻领会、坚决贯彻落实。

王儒林指出，要全面客观、实事求是地总结全省党的群众路线教育实践活动取得的成效。从去年7月开始，全省10万多个党组织、230多万名党员认真贯彻中央部署，突出为民务实清廉主题，坚持"照镜子、正衣冠、洗洗澡、治治病"的总要求，自上而下分两批深入开展党的群众路线教育实践活动。活动中坚持把学习教育贯穿始终，深入查找"四风"突出问题，认真组织召开专题民主、组织生活会，在正风肃纪、狠抓整改上持续用力，开展分类指导、加强严督实导，扎实完成各个环节工作任务，全省上下在改进作风、反对“四风”上取得了初步成果，广大党员干部普遍经历了一次深刻的思想政治洗礼，接受了一次严格的党内政治生活锻炼，整治了一批“四风”突出问题，查处了一批侵害群众利益的突出问题，解决了一批关系群众切身利益的实际问题，联系服务群众“最后一公里”问题逐步疏通破解，基层党组织的战斗力、凝聚力和创造力进一步增强，形成了一批确保作风建设常态化、长效化的制度机制。

王儒林指出，我省教育实践活动取得的成果是初步的，基础还不稳固，不能估量过高。要清醒地看到，当前一些老问题尚未解决，一些新问题又不断出现。特别是，中央严肃查处了发生在我省的严重腐败问题，更加暴露出我省在党风廉政建设和反腐败斗争、作风建设、选人用人等方面存在的深层次问题，这也再次警醒我们，革弊立新、激浊扬清的任务还十分艰巨，贯彻群众路线、加强作风建设依然任重道远。

王儒林强调，要坚决把思想和行动统一到习近平总书记重要讲话精神和中央对山西工作的指示要求上来。当前，山西正处在重要的历史关头，学习贯彻习近平总书记系列重要讲话精神和党中央对山西工作的重要指示要求，是当前和今后一个时期全省头等重要的大事。要深刻认识到，习近平总书记的重要讲话，对我省党的建设和各项工作具有特殊的针对性和指导性，必须进一步提高从严治党的责任感和使命感。要认真学习、深刻领会、自觉运用习近平总书记提出的一系列从严治党的新思想、新观点、新论断，做到内化于心、外化于行，解决我们自身存在的问题；要把抓好党建作为最大的政绩，认真履行管党治党职责；要增强角色意识和政治担当，把爱党、忧党、兴党、护党落实到工作生活各个环节。要深刻认识到，以习近平同志为总书记的党中央对山西工作的重要指示要求，是当前和今后一个时期做好山西工作的基本遵循，必须进一步坚定坚持从严治党解决自身问题的信心和决心，在中央和省委的坚强领导下，不断保持和发展党的先进性和纯洁性。要深刻认识到，省委关于“净化政治生态、实现弊绝风清，重塑山西形象、促进富民强省”的部署，是学习贯彻习近平总书记重要讲话精神和党中央对山西工作的指示要求的重大举措，是当前和今后一个时期山西工作的大局。四句话中，净化政治生态是首要任务，实现弊绝风清是长期目标，重塑山西形象是历史担当，促进富民强省是根本目的，全省上下必须以高度的政治责任感坚决贯彻落实。

王儒林强调，要坚决把习近平总书记从严治党八项要求落实到山西党的建设和全部工作中。一要从严落实管党治党责任。坚持严字当头，真管真严、敢管敢严、长管长严，把从严治党责任承担好、落实好。坚持和完善党委统一领导、部门齐抓共管、一级抓一级、层层抓落实的党建工作格局，建立健全党建工作责任制，建设一支高素质的党务工作者队伍，切实解决“人人有责却又无人担责”“只挂名不干事、只出工不出力”“干与不干一个样、干好干坏一个样”等问题。二要以“零容忍”态度坚决惩治腐败。坚持把深入开展反腐败斗争作为净化政治生态的关键举措，认真落实党风廉政建设党委主体责任和纪委监督责任。今后，各级党委书记要向上级纪委全会述纪述廉述作风、述主体责任的落实情况，有选择地让一些市委书记向省委全会述纪述廉述作风、述主体责任的落实情况。对于主体责任落实不力的，省委书记要约谈市委书记，市委书记要约谈县(市、区)委书记，层层传导压力，层层督促落实，始终保持反腐败高压态势。三要以铁的决心从严治吏。坚持正确用人导向，严厉整治选人用人不正之风，坚决遏制干部“带病提拔”、整治“为官不廉、为官不为”问题、调整干部“带病在岗”、预防干部“提拔后生病”，探索建立干部选拔任用工作评估体系，强化制度保证，全力营造公道正派、弊绝风清的用人环境。四要切实增强党内政治生活的政治性、原则性、战斗性。强化党组织和党员的政治担当意识，认真遵守党内政治生活规定，大胆、经常、用够用好批评和自我批评这个武器，使全体党员、干部经常认真地接受严格的党内生活锻炼，自觉按照党内政治生活准则和党的各项规定办事，营造良好从政环境、良好政治生态。五要坚决打赢作风建设的攻坚战、持久战。要认真抓好教育实践活动总结工作，巩固扩大活动成果。树立持续整改、长期整改思想，坚持“开门”搞整改，向社会公开整改落实情况，自觉地接受人民群众的监督，保持整治“四风”的高压态势。要按照于法周延、于事简便的原则，把活动中一系列行之有效的措施办法固化下来，形成改作风转作风的新常态。六要把从严治党八项要求贯彻到全省各项工作中。坚持以反腐败斗争和反对“四风”的新成效，形成从严治党的“新常态”、作风建设的“新常态”、干事创业的“新常态”，推动全省各项工作取得新成绩。要把权力关在制度的“笼子”里，实施“六权治本”，即通过依法确定权力、科学配置权力、制度限制权力、阳光使用权力、合力监督权力、严惩滥用权力，在“不敢腐”的基础上，形成“不能腐”的长效机制。要坚持从省委书记做起，从省委常委做起，从每个党员领导干部做起，认真践行“三严三实”，重塑山西新形象。要积极适应经济发展新常态，狠抓思想转型和思维方式转变，全力推动山西廉洁发展、转型发展、创新发展、绿色发展、安全发展、统筹发展。

邢元敏从认真贯彻中央精神，教育和实践并重，突出问题导向，分类指导、压茬推进，夯实基层基础，贯彻整风精神，加强严督实导七个方面肯定了我省的做法和成效。她指出，按照习近平总书记系列重要讲话精神和中央部署要求，山西坚持主题不变、镜头不换，各级党组织认真投入，广大群众广泛参与，在第一批活动取得阶段性成果的基础上，推动第二批活动扎实开展、取得成效。全省党员干部普遍受到一次党的群众观点和群众路线教育，着力解决了一批“四风”问题，解决了一批关系群众切身利益的问题，解决了一批联系群众“最后一公里”的问题，基层党组织的战斗力凝聚力创造力进一步增强。她强调，山西的群众路线教育实践活动取得了一定成效，但应该看到这还是初步的，基础还不稳固，要有活动收尾绝不是收场的强烈意识和责任。当前，认真学习领会贯彻习近平总书记在党的群众路线教育实践活动总结大会上的重要讲话精神，对山西更有特殊重要意义，要切实用讲话精神武装头脑、指导实践、推动工作。一要持续用力抓好整改落实,二要以改革的精神抓好制度建设,三要持之以恒推进作风建设。

李小鹏在主持会议时强调,各级党组织要组织广大党员干部,进一步认真学习、深刻领会、全面贯彻落实习近平总书记在党的群众路线教育实践活动总结大会上的重要讲话精神,认真学习贯彻王儒林书记和邢元敏组长的讲话精神,切实把思想和行动统一到习近平总书记重要讲话和中央对山西工作的指示要求上来,落实省委"净化政治生态、实现弊绝风清,重塑山西形象、促进富民强省"的要求部署。要发扬钉钉子的精神,继续狠抓整改落实,做到言而有信,兑现承诺,接受监督。要认真充分、严格督导,做好各级各单位的活动总结工作,牢固树立活动收尾绝不是作风建设收场的意识,按照抓常、抓细、抓长的要求,把作风建设进行到底。

会议以电视电话会议形式召开,开到县一级。在主会场参加会议的还有:省委常委,省人大、省政府、省政协负责同志,省法院院长,正省级老同志和近5年退出领导岗位的副省级老同志;省委督导组组长,省委活动办副主任;省委各部委,省直各单位和人民团体党组(党委),驻太原各大专院校和省管国有企业主要负责人,各民主党派、工商联主要负责人和无党派代表人士;驻晋的中央直属单位和部分企事业单位主要负责人;驻太原的党的十八大代表。在各市分会场参加会议的有:驻地的省委委员、候补委员,各市、县四套班子成员、法检"两长",有关部门和单位主要负责同志,驻地党的十八大代表。

省委召开常委(扩大)会议传达贯彻党的十八届四中全会精神 10月24日,省委召开常委(扩大)会议,传达贯彻党的十八届四中全会精神,研究我省贯彻落实意见。省委书记王儒林主持会议并讲话。

会上,省委副书记、省长李小鹏传达了习近平总书记的重要讲话,省委常委、太原市委书记吴政隆传达了习近平总书记受中央政治局委托作的工作报告,省委常委、省纪委书记黄晓薇传达了习近平总书记就《中共中央关于全面推进依法治国若干重大问题的决定(讨论稿)》作的说明和《中共中央关于全面推进依法治国若干重大问题的决定》。

会议指出,党的十八届四中全会是在全面建成小康社会进入关键时期、全面深化改革进入攻坚时期召开的一次十分重要的会议。习近平总书记代表中央政治局作的工作报告,站在党和国家事业发展全局的高度,实事求是总结了十八届三中全会以来中央政治局的工作。面对国内外复杂形势,以习近平同志为总书记的党中央高瞻远瞩、总揽全局,团结带领全党全军全国各族人民,统筹国内国际两个大局,牢牢把握稳中求进工作总基调,保持战略定力,以全面深化改革推动各项工作,党和国家事业发展不断开创新局面。这一年的实践充分证明,以习近平同志为总书记的党中央具有恢弘的战略思维、高超的执政艺术、博大的爱民情怀、务实的工作作风,是深得党心、军心、民心的坚强的中央领导集体。

会议指出,这次会议审议通过的《中共中央关于全面推进依法治国若干重大问题的决定》,站在中国特色社会主义伟大事业的战略高度,阐明了全面推进依法治国的重大意义、指导思想、目标任务、重大原则,立意高远、内涵丰富,部署周密、力度空前,发出了全面推进依法治国的宣言书和动员令,是指导全面推进依法治国的纲领性文件,为全面建成小康社会、实现中华民族伟大复兴中国梦提供了坚强法治保障。

会议指出,全省上下要把认真学习贯彻十八届四中全会精神和中央《决定》,特别是习近平总书记的重要讲话精神作为重大政治任务,坚定不移反腐败,聚精会神抓党建,全面深入抓法治,集中精力谋发展,不断开创"净化政治生态、实现弊革风清,重塑山西形象、促进富民强省"新局面。一要迅速掀起学习贯彻十八届四中全会特别是习近平总书记重要讲话精神热潮,切实把思想和行动统一到习近平总书记重要讲话精神上来,统一到《决定》作出的重大决策部署上来,增强全面推进依法治国的使命感、责任感和紧迫感。二要把法治山西建设摆到更加突出的位置,统一领导、统一部署、统筹协调,扎实推进"科学立法、严格执法、公正司法、全民守法"各方面工作,为实现弊革风清、促进富民强省提供法治保障。三要深入推进党风廉政建设和反腐败斗争,坚决落实党风廉政建设党委主体责任和纪委监督责任,加大腐败案件查处力度,保持惩治腐败的高压态势,积极探索依法确定权力,科学配置权力,制度约束权力,阳光行使权力,合力监督权力,严惩滥用权力。四要把从严治党各项要求贯彻落实到山西党的建设全过程,持之以恒抓好作风建设,加强干部队伍和基层党组织建设,做好宣传思想舆论工作,特别要严明党的政治纪律,坚决同以习近平同志为总书记的党中央保持高度一致,坚决拥护中央权威,确保中央政令畅通、决策落地生根。五要全面深化改革,加快转型综改区建设,推动山西实现廉洁发展、转型发展、创新发展、绿色发展、安全发展、统筹发展。六要大力保障和改善民生,切实加强安全生产,解决好涉及人民群众现实利益的突出问题,确保社会和谐稳定。

省委常委会召开会议 研究讨论《中共山西省委关于贯彻落实党的十八届四中全会精神,加快推进法治山西建设的实施意见》《中共山西省委关于在全省深入开展学习讨论落实活动的实施意见》《山西省煤炭焦炭公路销售体制改革方案》《山西省省属国有企业财务等重大信息公开办法(试行)》 11月26日,省委常委会召开会议,研究讨论《中共山西省委关于贯彻落实党的十八届四中全会精神,加快推进法治山西建设的实施意见》《中共山西省委关于在全省深入开展学习讨论落实活动的实施意见》《山西省煤炭焦炭公路销售体制改革方案》《山西省省属国有企业财务等重大信息公开办法(试行)》。省委书记王儒林主持会议。

会议强调,党的十八届四中全会对依法治国作出全面部署,标志着我们党执政理念的重大升华、执政方式的重大转变。全省各级各部门要把贯彻十八届四中全会精神、加快推进法治山西建设作为一项重要政治任务，摆在更加突出的位置，把改革发展稳定、反腐治吏管党纳入法治的轨道，做到各项工作于法有据、规范有序，充分发挥法治的引领和规范作用。要正确处理党的领导与法治建设的关系这个核心问题，把加强党的领导贯穿法治建设的始终，研究解决法治建设中的重大问题，有效地领导立法、保证执法、支持司法、带头守法。要切实抓好法治建设重点任务的落实，充分发挥地方立法的引领和推动作用，强化科学立法、民主立法。要推进依法行政、严格执法，规范权力设置，完善决策机制，深化执法改革，强化监督制约。要深入推进司法体制改革，认真做好我省司法体制改革试点工作。要加强法治宣传教育，在全社会营造尊法、信法、守法、用法、护法的浓厚氛围，解决"信权不信法、信关系不信法、信访不信法、信闹不信法"等问题。会议要求，在加快法治山西建设中，省委常委要率先垂范，各级领导干部要自觉发挥示范作用，带头遵守法律、带头依法办事，既要把法治作为执政的基本方式和重要手段，更要把法律作为行为规范和基本底线，不断提高运用法治思维和法治方式深化改革、推动发展、化解矛盾、维护稳定的能力。

会议强调，在全省开展以"深入学习贯彻习近平总书记系列重要讲话精神，净化政治生态、实现弊革风清，重塑山西形象、促进富民强省"为主题的"学习讨论落实"活动，是省委贯彻落实以习近平同志为总书记的党中央对山西工作的重要指示要求作出的重大决策，对于全面加强思想政治建设、反腐倡廉建设、干部队伍建设、纪律作风建设，进一步统一思想、凝聚力量，振奋精神、攻坚克难，具有重大而深远的意义。全省各级党组织要按照省委的统一部署，把开展"学习讨论落实"活动作为重大政治任务，切实把党员干部的思想和行动统一到习近平总书记系列重要讲话精神上来，统一到党中央对山西各项工作的重要指示要求上来，统一到省委的重大决策部署上来，努力为"实现弊革风清、促进富民强省"营造良好环境，提供精神动力，奠定坚实的思想政治基础和组织作风保证。要突出领导机关、领导班子和领导干部这个重点，坚持以上率下，从省委常委做起，领导干部带头参加活动。学习要重在入脑入心、知行合一，讨论要重在深刻反思剖析、见人见物见思想，落实要重在提高行动自觉、促进问题解决，切实抓好高压反腐、狠刹"四风"、从严治吏、"六权治本"、深化改革、推动发展等各项工作，着力解决"乱作为"、"为官不为"等问题。要建立组织领导机构和工作机构，明确责任、严格要求、狠抓落实，确保"学习讨论落实"活动取得实实在在的效果。

会议强调，实施煤炭焦炭公路销售体制改革，是深化煤炭管理体制改革、推动煤炭行业迈向市场化的重要内容，是我省贯彻落实习近平总书记关于能源生产和消费"四个革命"的要求，实现"革命兴煤"的重大举措。全部取消省内公路煤焦管理站、稽查站和票据管理，这是对我省三十多年来煤炭销售体制的重大变革，事关重大、影响深远，各级各有关部门要高度重视、密切配合，按照改革方案的要求，制定具体实施办法，坚定不移推进改革，确保各项措施真正落到实处。要认真研究解决改革中出现的新情况、新问题，特别要搞好票据和站点取消后的工作衔接，有关部门要切实负起监管责任，严格安全监管，做到放管结合、监管有力，确保不出现空当，坚决防止因管理不到位而发生安全事故。要妥善做好人员分流安置工作，立足企业内部进行安置，通过转型转产、内部挖潜、新增就业岗位等途径，稳妥解决相关问题，做到"不下岗、不欠薪、不减收、不断保"。各市各相关方面也要积极支持配合，确保改革顺利进行。要推进现代化煤炭交易，建立统一开放、竞争有序的煤炭市场销售体系，建立多层次煤炭市场交易体系，构建第三方煤炭交易服务平台。晋能集团作为改革主要涉及企业，要认真贯彻落实省委、省政府的改革部署，加快推进企业改革，对植入运煤铁路、公路、港口、船队等资产进行重组再造，构建一体化的大型煤炭物流集团，增强山西煤炭市场话语权和竞争力。

会议强调，推进省属国有企业财务等重大信息公开，是我省贯彻落实十八届三中全会要求、深化国有企业改革的重要内容，也是推进国有企业反腐倡廉的重要举措。各级各有关部门、各省属国有企业要充分认识推进财务等重大信息公开的重大意义，切实作为深化国资国企改革的切入点和突破口，作为提高监管效能、扩大社会监督的重大举措，积极稳妥、全力推进，努力构建国有企业在全社会监督下的运行机制，完善现代企业制度，促进企业改革与发展。要全面落实重大信息公开办法，加强组织领导，创新体制机制，制订工作制度，编制实施方案，扎实做好信息准备、信息发布、反馈整改等工作，推动重大信息公开的规范有序运行。要加强督促检查，防止半公开、假公开，对社会和群众的举报，要认真核实，发现问题及时处理。要充分发挥群众监督、社会团体监督和舆论监督的作用，加快建立健全监督网络，促进企业规范运行、阳光透明。

省委召开全省学习讨论落实活动动员大会 11月30日，省委召开全省学习讨论落实活动动员大会。省委书记王儒林作重要讲话。他强调，全省各级党组织和广大党员干部要认真开展学习讨论落实活动，深入学习习近平总书记系列重要讲话精神，认真学习以习近平同志为总书记的中央领导集体的优良作风，切实做到真学真懂、真信真抓、真改真用，努力实现"净化政治生态、实现弊革风清，重塑山西形象、促进富民强省"的目标任务，确保取得实实在在的新成效，不断开创各项工作新局面。省委副书记、省长李小鹏主持会议。省委副书记楼阳生作工作安排。省政协主席薛延忠，省委常委，省人大、省政府、省政协负责同志，省法院院长出席会议。

省委决定，从2014年12月到2015年3月底，在全省各级党组织和广大党员干部中开展以"深入学习习近平总书记系列重要讲话精神，净化政治生态、实现弊革风清，重塑山西形象、促进富民强省"为主题的学习讨论落实活动。活动的主体是全省各级党组织和广大党员干部，重点是乡镇(街道)以上领导机关、领导班子和领导干部。活动采取边学习、边讨论、边落实的方式，活动过程中不分段、不转段，有计划、有重点、有目的地统筹协同推进。

王儒林指出，要统一思想，切实增强开展学习讨论落实活动的政治责任感和历史使命感。深入开展学习讨论落实活动，是贯彻落实习近平总书记系列重要讲话精神和中央对山西工作重要指示的重大举措，是顺应广大干部群众期盼、实现治晋兴晋强晋的必然要求，是重要历史关头赋予全省广大领导干部的历史责任。全省各级党组织和广大党员干部，一定要站在战略和全局的高度，通过开展活动，进一步把思想统一到习近平总书记系列重要讲话精神上来，统一到中央对山西工作的重要指示要求上来，统一到十八届三中、四中全会精神上来，自觉在思想上政治上行动上与以习近平同志为总书记的党中央保持高度一致。要头脑清醒、迎难而上、勇于担当，坚决打赢"净化政治生态、实现弊革风清，重塑山西形象、促进富民强省"这场艰苦的、持久的硬仗。

王儒林强调，要把握正确方向，始终把习近平总书记系列重要讲话精神作为我们全部工作的根本遵循。必须把深入学习贯彻习近平总书记系列重要讲话作为开展活动的统领和关键，把贯彻落实系列重要讲话精神贯穿活动的全过程。要进一步兴起学习贯彻习近平总书记系列重要讲话精神的热潮，认真学习原著，潜心领悟精髓，努力做到学深学透、入脑入心。要创新方法学，主要领导亲自抓，党委中心组带头学，发挥好各级党校、行政学院和干部教育培训机构的职能作用。要通过学习，使全省广大党员干部特别是各级领导干部进一步深刻领会习近平总书记系列重要讲话的科学内涵、思想精髓、精神实质和实践要求，真正端正世界观、人生观、价值观和是非观、义利观、事业观。要认真学习以习近平同志为总书记的中央领导集体的优良作风。党的十八大以来，以习近平同志为总书记的中央领导集体，崇尚实干、勇于担当、廉洁自律，以身作则、以上带下、率先垂范，为全党树立了标杆，作出了示范，是我们学习的光辉榜样。全省各级党组织和党员领导干部都要学习以习近平同志为总书记的党中央的优良作风，向党中央看齐，自觉践行"三严三实"，坚决执行八项规定和党的各项纪律，坚决做到崇尚实干、勇于担当、廉洁自律。要紧密结合工作和思想实际，认真思考研究探讨解决本地区、本部门、本单位和自身存在的问题，努力做到知行合一、提高素质、推动工作。

王儒林指出，要紧扣活动要求，准确把握学习讨论落实活动的目标任务。我们学习讨论落实活动的主要目标任务是"净化政治生态、实现弊革风清，重塑山西形象、促进富民强省"。这四句话既相对独立、指向明确，又紧密联系、不可分割；既立足于解决好现实突出问题，又着眼于促进未来事业发展。一是净化政治生态。政治生态是一个地区政治生活现状及政治发展环境的集中反映。近年来，我省一些领域的干部，有的官商勾结、权钱交易，有的权力寻租、利益输送，有的跑官要官、买官卖官，有的搞圈子、托人情、找关系、打招呼，有的拉票贿选、带病提拔，有的贪权、贪财、贪色，有的生活糜烂、作风败坏、腐化堕落，等等。不良的党风、政风和社会风气严重破坏了全省政治生态，严重阻碍了全省发展进程。我们必须全方位、多视角对我省政治生态问题进行深入反思剖析，从严落实"两个责任"，严明政治纪律，以零容忍态度惩治腐败，把深入开展反腐败斗争作为关键，严肃吏治，严明纪律。我们必须拔除烂树、治疗病树、扶正歪树、种植新树、保护森林。我们必须坚决清除腐败土壤，灭菌消毒，改善条件，精心树木，打造出人民群众满意、党中央放心、清正廉洁、勤政为民的良好政治生态环境。二是实现弊革风清。这是净化政治生态的直接目标，也是一项长期而艰巨的任务。重点要有效防止权力寻租，依法加强对权力的制约，确保权力运行规范有序，并不断强化组织纪律，不断强化思想教育，在解决不能腐、不想腐的问题上下功夫，努力通过激浊扬清，实现弊革风清。三是重塑山西形象。山西历史悠久、人杰地灵，不论是古代，还是近代，不论是革命战争年代、社会主义建设时期，还是改革开放新时代，我们山西都以文化厚重、人民淳朴、名人辈出的良好形象而举世闻名。现在系统性、塌方式腐败问题，使我们山西良好形象严重受损，给山西广大干部和人民抹了黑。面对这样特殊的形势，我们必须担负起重塑山西形象的历史责任，从现在做起，从具体事情做起，从领导干部做起，重塑山西各级领导班子特别是省委常委班子政治坚定、敢于担当、团结创新、清正廉洁的新形象，重塑山西干部队伍对党忠诚、纪律严明、务实为民、敬业奉献的新形象，重塑山西全社会政治清明、诚信守法、包容开放、奋发向上的新形象。四是促进富民强省。就是要坚持以经济建设为中心不动摇，积极适应经济发展新常态，坚持思想转型与观念转变、经济转型同步；要始终把人民放在心中最高位置，想人民所想、急人民所急、解人民所难、帮人民所需；要全面深化改革，扩大开放，全力推动发展，努力向山西人民交出一份合格的答卷。

王儒林指出，要突出工作重点，确保活动取得实实在在的新成效。一要从严落实"两个责任"，在依规管党治党上取得新成效。以更严的标准要求党员、更严的措施管住干部特别是领导干部，确保党的纪律成为刚性约束，而不能成为稻草人、橡皮筋。二要保持"三个高压态势"，在建设廉洁政治上取得新成效。始终保持惩治腐败的高压态势，坚决遏制腐败蔓延的势头；始终保持狠刹"四风"的高压态势，对顶风违纪问题，对"四风"变异问题，坚持"打早打小、露头就打"；始终保持打黑除恶的高压态势，切实保障山西人民群众安居乐业。三要开展专项整治，在优化发展环境、利民惠民便民上取得新成效。把开展重点领域专项整治确定为这次活动的一项重要任务，清政风、纠行风、正社风，进一步堵塞管理漏洞，提升服务效能，优化发展环境。四要坚持从严治吏，在匡正选人用人风气、刷新吏治上取得新成效。从严坚持新时期好干部标准，"德才兼备、以德为先、以廉为基"，让那些跑官要官、买官卖官的人失去市场，真正让那些吃苦的人吃香、实干的人实惠、有为的人有位，让广大干部专心谋事、用心做事，在干事创业中求进步、求发展，有盼头、有劲头。五要推进"六权治本"，在形成不能腐的长效机制上取得新成效。围绕加强对权力运行的制约和监督，依法确定权力、科学配置权力、制度约束权力、阳光行使权力、合力监督权力、严惩滥用权力，切实把权力关进制度的“笼子”，努力形成不能腐的长效机制。六要加快“六大发展”，在富民强省上取得新成效。始终坚持以经济建设为中心，始终把广大人民的根本利益作为出发点和落脚点，全面推进山西廉洁发展、转型发展、创新发展、绿色发展、安全发展、统筹发展，认真化解民困、民忧、民怨，实现民富、民乐、民安。

王儒林强调，要加强组织领导，为学习讨论落实活动提供坚强保证。这次学习讨论落实活动时间紧、任务重、要求高。全省各级党组织和广大党员干部要以高度的政治责任感和紧迫感，把组织开展好活动作为一项重大的政治任务、重大的政治责任、重大的政治考验，高标准、大力度推进。特别要强化组织领导，各级领导班子、领导干部特别是主要领导要把活动摆上重要议事日程，高度重视、精心组织；强化关键环节，认真组织学习，深入开展讨论，切实抓好落实，力求取得实实在在的阶段性成果；强化以上率下，领导班子和领导干部特别是主要领导干部，要真正把自己摆进去，既当好标杆，做好带头人，又真抓善抓，做好组织者；强化督导检查，每一位督导组成员都要深入领会省委的部署和要求，掌握督导规则，明确督导任务，从严务实督导，做到尽职不越位、督导不包办；强化统筹协调，重点是正确处理好认真学习、深入讨论、狠抓落实，当前抓、今后一个时期继续重点抓和长期坚持不懈抓，开展这次活动与其他工作等关系；强化宣传引导，牢牢把握舆论主动权，宣传典型，示范引领，为活动健康有序开展充分发挥舆论导向作用。

李小鹏在主持会议时强调，王儒林书记的重要讲话，深刻阐述了开展学习讨论落实活动的重大意义，明确要求要把握正确方向，始终把习近平总书记系列重要讲话精神作为我们全部工作的根本遵循，明确提出了活动四个方面的目标任务、需要抓好的六项重点工作和六个方面的工作要求。各级党组织要迅速组织广大党员干部，认真学习、深刻领会、全面贯彻落实这次动员大会精神特别是王儒林书记的重要讲话精神，坚决把思想和行动统一到习近平总书记系列重要讲话精神上来，统一到党中央对山西工作的重要指示要求上来，统一到省委的重大决策部署上来。要加强领导、周密部署，精心组织、广泛动员，扎实有效做好活动各环节的工作。要坚持以上率下、领导带头示范，一级带着一级干、一级做给一级看，形成开展活动的强大推动力。要坚持问题导向，认真解决影响和制约我省科学发展的突出问题，着力解决党员干部党性党风党纪方面群众反映强烈的突出问题，下大气力解决乱作为、不作为等问题，切实抓好高压反腐、狠刹“四风”、从严治吏、“六权治本”、深化改革等工作，全面加强思想政治建设、反腐倡廉建设、干部队伍建设、纪律作风建设。要“两手抓、两促进”，切实把开展活动的成效转化为推动改革发展稳定的动力，适应经济新常态，推进“六大发展”，促进经济社会持续健康发展，不断开创净化政治生态、实现弊革风清，重塑山西形象、促进富民强省的新局面。

会议以电视电话会议形式召开，省委设主会场，各市、县设分会场。参加会议的有，省纪委、省委组织部班子成员；省学习讨论落实活动办公室负责同志和督导组组长、副组长；各市、县、乡镇（街道）负责同志，省直各单位，本科院校和省管国有企业主要负责同志；中央驻晋单位和主要新闻媒体负责同志。

省委召开会议　坚决拥护党中央对周永康的处理决定　12月5日，省委召开会议，传达学习中央对周永康严重违纪案审查情况和处理决定。省委书记王儒林主持会议并讲话，省委副书记、省长李小鹏传达。副省及以上现职党员领导和党员老同志参加会议。

山西省委坚决拥护中央查处周永康案的决定，坚决与以习近平同志为总书记的党中央保持高度一致。

会议认为，中央决定给予周永康开除党籍处分，将周永康涉嫌犯罪问题及线索移送司法机关依法处理，充分表明了以习近平同志为总书记的党中央坚定不移惩治腐败的坚强意志和鲜明态度，充分体现了我们党的政治勇气和政治胆略，充分说明党纪国法面前人人平等、党内没有特殊党员。中央的决定是完全正确的，我们坚决拥护和支持，坚决在思想上政治上行动上与以习近平同志为总书记的党中央保持高度一致，自觉把中央的各项部署落到实处。

会议强调，要严守党的政治纪律和组织纪律，坚决维护党的团结统一。全省各级领导干部要充分认识严明党的政治纪律的重要性，自觉按照党的各项规矩办事，自觉维护党中央权威。要严明党的组织纪律，增强组织观念，坚持组织原则，加强组织管理，严格落实民主集中制，坚决同违反党内政治生活原则的行为作斗争。

会议指出，当前山西反腐败形势依然严峻复杂，要以零容忍态度反对腐败，做到有案必查、有腐必反、有贪必肃，在积极配合中央纪委专案组查办案件的同时，进一步加大自办案件查处力度，做到“老虎”“苍蝇”一起打，坚决遏制腐败蔓延的势头，坚决把反腐败斗争进行到底。要深入贯彻落实习近平总书记关于“反腐倡廉的核心是制约和监督权力”、“把权力关进制度的笼子里”的要求，结合山西实际，实施“六权治本”，从源头上扎紧权力“围栏”，努力形成“不能腐”的长效机制。

会议要求，全省各级党员领导干部要不断加强党性锻炼、加强廉洁自律，从周永康严重违纪案中充分汲取教训，自觉加强主观世界改造，自觉接受各方面监督，始终保持共产党人清正廉洁的政治品格。要深入开展以“深入学习贯彻习近平总书记系列重要讲话精神，净化政治生态，实现弊革风清，重塑山西形象，促进富民强省”为主题的学习讨论落实活动，认真学习贯彻习近平总书记系列重要讲话，认真学习新一届中央领导集体“崇尚实干、敢于担当、廉洁自律”的优良作风，端正世界观、价值观、人生观，补足精神之钙，筑牢理想信念的思想基础。

会议要求全省上下要紧密团结在以习近平同志为总书记的党中央周围，深入推进党风廉政建设和反腐败斗争，努力做好各项工作，为实现“两个一百年”宏伟目标、实现中华民族伟大复兴的中国梦而努力奋斗。

中共山西省委十届六次全体会议召开　省委常委会主持会议　省委书记王儒林作重要讲话　会议听取省委常委会工作报告　审议并通过《中共山西省委关于贯彻落实党的十八届四中全会精神加快推进法治山西建设的实施意见》研究部署当前和今后一个时期各方面工作　12月7日，中共山西省委十届六次全会在太原召开。这次会议的主要任务是，全面贯彻落实党的十八届四中全会精神，审议《中共山西省委关于贯彻落实党的十八届四中全会精神加快推进法治山西建设的实施意见》，部署我省当前和今后一个时期的工作，动员全省各级党组织团结带领广大党员干部和人民群众奋力开创弊革风清、富民强省的新局面。

省委常委会主持会议。省委书记王儒林受省委常委会委托作工作报告并作重要讲话。省委副书记、省长李小鹏，省委副书记楼阳生，省政协主席薛延忠，省委常委胡苏平、高建民、黄晓薇、吴政隆、王建明、孙绍骋、王伟中、付建华、盛茂林出席会议。省委副书记楼阳生就《实施意见(讨论稿)》向全会作了说明。出席全会省委委员63人，候补委员6人。不是省委委员、候补委员的省人大常委会、省政府、省政协负责同志，省军区、省武警总队主要负责同志；省委、省政府副秘书长；省纪委常委；各市市长；省直各部门主要负责同志，中央驻晋单位和企业主要负责同志；省人大、省政协各专门委员会和工作机构主要负责同志；本科院校、省管国有骨干企业主要负责同志；各县(市、区)党政主要负责同志和省第十次党代表大会部分基层代表列席会议。

会议认为，2014年是山西历史上极不寻常的一年。党中央对山西发生的系统性、塌方式严重腐败问题进行了严肃查处，对省委班子进行了重大调整，充分表明了以习近平同志为总书记的党中央坚持党要管党、从严治党，严肃党的纪律、严格党风廉政建设责任追究的鲜明态度，充分体现了党中央对山西工作的特殊高度重视。省委常委会坚决在思想上政治上行动上与以习近平同志为总书记的党中央保持高度一致，坚决贯彻落实党中央对山西工作的重要指示要求，深入开展党风廉政建设和反腐败斗争，全面加强党的建设，动员和组织全省干部群众，努力开创弊革风清、富民强省的新局面。

会议指出，要加快推进法治山西建设，为我省改革发展稳定提供坚强法治保障。深刻认识推进法治山西建设的重要性和紧迫性，牢固树立法治意识和法治思维，更好地运用法治方式和法治方法，更有效地破解难题、推动工作。认真落实法治山西建设的重点任务，扎实推进地方立法，注重发挥人大及其常委会在地方立法中的主导作用；扎实推进严格执法，着力解决有法不依、执法不严、违法不究等问题；扎实推进公正司法，着力解决司法不公正、不规范、不严格、不透明、不文明等问题；扎实推进全民守法，着力解决不尊法、不学法、不信法、不守法、不用法、不护法等问题；扎实推进法治工作队伍建设。不断加强和改进党对法治山西建设的领导，各级党委要始终坚持党领导立法、保证执法、支持司法、带头守法，推进依法执政，健全党内法规制度体系，提高推进法治山西建设的能力。

会议强调，要实施"六权治本"，深入推进反腐败斗争。深入推进反腐败斗争必须标本兼治。当前要突出治标，坚持重拳出击，有案必查、有腐必反、有贪必肃，"老虎、苍蝇"一起打，始终保持反腐败高压态势，坚决遏制腐败蔓延势头。同时，要在治本上下功夫，通过实施"六权治本"，从源头上把制度的"笼子"织密、编牢、扎紧，努力形成不能腐的长效机制。依法确定权力，就是按照"职权法定"原则和"权责一致"要求，以法律法规为依据，对权力加以规范和确认，依法审核权力，依法界定权限，依法规范流程，确保权力来源合法。科学配置权力，就是按照权力制衡原则，对决策权、执行权、监督权科学分解与平衡，分级授权，分事行权，分岗设权，形成既相互制约又相互协调的权力架构，解决权力过分集中问题。制度约束权力，就是按照"全面覆盖、全程到位、制度束权"要求，针对权力运行的关节点、薄弱点、风险点，建立健全各项规章制度，突出加强重点领域和关键环节制度建设，重点加强部门制度建设，全面加强岗位制度建设，解决制度缺失和"牛栏关猫"问题。阳光行使权力，就是最大限度地推进权力运行公开，以公开为常态、不公开为例外，明确公开范围，拓展公开方式，规范公开程序，加快建设省级公共资源交易平台，抓好政务服务平台，真正实现权力在阳光下运行。合力监督权力，就是健全和落实党内监督、人大监督、民主监督、行政监督、司法监督、审计监督、社会监督和舆论监督制度，使各项监督协调配合，形成合力，实现对权力运行的全方位、全过程监督。严惩滥用权力，就是"严"字当头，坚决查处腐败案件，加大巡视工作力度，健全完善责任追究制度，依法依纪严厉查处各种以权谋私、失职渎职等行为，确保惩处到位，决不能把权力变成牟取私利的工具，决不能让制度和党纪国法成为"稻草人""橡皮筋"。

会议指出，要坚定不移全面深化改革扩大对外开放，加快资源型经济转型综改试验区建设。一要着力推进资源型经济转型综改试验区建设取得新突破。进一步高举这面改革旗帜，加快深化煤炭管理体制改革，大力推进煤炭资源市场化配置改革，探索建立资源收益共享机制，扎实推进煤焦公路运输体制改革，加快推进审批和证照体制改革，完善生态补偿机制，创新矿山生态环境恢复治理机制，建立资源型产业延伸循环促进机制和接续替代援助机制，健全完善煤炭固废综合利用产业推进机制。重点深入落实国家赋权的三项重大改革，同时要争取一批先行试点。二要着力在全面深化改革上迈出新步伐。深化国资国企改革，扎实推进省属国有企业股权多元化改革，大力发展混合所有制经济，加快推进省属企业信息公开，加快完善现代企业制度。着力破除非公经济发展体制机制障碍，着力解决实际难题，突出发展民营经济。大力推进金融业改革，把深入推进金融业改革发展，加快金融市场体系建设上升到全省发展重要战略的高度全力抓好，着力提高对金融战略性和重要地位的认识，把金融作为现代产业来抓，作为国民经济的基础性和关键产业来发展；着力强化金融对实体经济的支持，确保金融政策在我省最优化；着力完善多层次的资本市场融资功能，大力推动符合条件的企业上市和上市公司再融资；着力深化金融改革和创新，形成金融新业态，加大地方金融机构改革；着力优化金融生态环境，把金融诚信环境建设作为信用山西建设的重要内容；着力加强对全省金融工作的领导，健全完善地方金融管理体制和机制，重塑山西金融业新形象，使山西我国近代金融发源地再创辉煌。深化农村改革，推进土地承包经营权流转，积极稳妥地推进农村产权制度改革，大力推广新型农业经营方式。大力推进民生领域改革，不断完善教育卫生文化和社会保障等社会民生领域的改革举措。三要构建扩大开放新格局，努力实现对外开放新突破。在招商引资、引进新型产业上实现新突破，重点引进战略性、新型产业项目进驻山西。在打造开放平台、提供开放型经济战略支撑上实现新突破，积极建设开放口岸体系，大力推进铁路口岸建设，积极建设保税物流平台体系，积极推进国际产业园区体系建设。在构建对外开放体制机制上实现新突破，依托山西科技创新城打造服务山西、辐射华北乃至国内外的科技研发中心，主动融入环渤海经济圈，加快推进晋陕豫黄河金三角区域合作，全力推进晋冀蒙长城金三角区域合作，加大面向长三角、珠三角等沿海地区的招商及产业承接力度。在优化发展环境上实现新突破，重点是打造高效的行政服务环境、公平的政策法律环境、完善的市场运营环境、舒适的人文社会环境。在抢抓"一带一路"建设机遇上实现新突破，大力提升我省对外开放的广度和深度。

会议指出，要适应经济发展新常态，着力推进"六大发展"。一要着力推进"廉洁发展"。充分认识推动廉洁发展的重要性，努力提高推动廉洁发展的本领，大力营造推动廉洁发展的环境，采取系统性、针对性的措施，重塑商业伦理、重育商业文化，努力构建交往有道、相敬如宾、公私分明、清正廉洁的政商关系和发展环境。二要着力推进"转型发展"，必须做好两篇大文章。第一是必须做好煤炭这篇大文章，坚持"革命兴煤"，推进煤炭产业"六型"转变。要推动煤炭产业向"市场主导型"转变，充分发挥市场配置煤炭资源的决定性作用；向"清洁低碳型"转变，实现高碳产业低碳发展、黑色煤炭绿色发展；向"集约高效型"转变，全力抓好大基地、大集团建设，不断提高矿井的现代化水平；向"延伸循环型"转变，重点推进煤炭产业延伸发展、煤化工链条式发展、煤机装备集群发展、煤炭固废综合循环利用；向"生态环保型"转变，着力加大采煤沉陷区治理，推进煤炭外部成本内部化，实现煤炭资源开发利用与生态环境相协调；向"安全保障型"转变，始终把安全生产放在首位，坚决杜绝重特大事故发生，确保煤炭产业安全发展。第二是必须做好非煤产业发展这篇大文章，全力破解"一煤独大"的困局。主动适应能源革命的新要求，从煤炭思维、资源依赖的禁锢中解放出来，在煤炭之外下功夫，大力发展文化旅游产业、装备制造业、新材料产业、新能源产业、食品医药产业，加快发展节能环保产业，大力培育发展现代服务业。三要着力推进"创新发展"。加快科技创新体系建设，实施好国家创新驱动发展战略山西行动计划；选准科技创新的着力点和突破口，依托科技创新城建设，落实山西低碳创新行动计划，着力抓好煤基低碳科技创新攻关计划；确立企业的科技创新主体地位，努力提高协同创新能力，加大科技创新投入的力度，建立科技与金融的结合机制；完善人才发展机制，鼓励科技人才创新创业，高度重视小微企业特别是科技型小微企业的发展。四要着力推进"绿色发展"。以循环经济为重点，构建绿色产业体系，加快国家工业固体废物综合利用基地建设试点工作，加快"四气"产业一体化、规模化、专业化发展；以兴水增绿为重点，加强生态环境治理保护，系统推进水土保持、水污染防治、水生态保护和造林绿化、退耕还林、湿地保护等工作。五要着力推进"安全发展"。始终如一地抓好重点领域的安全生产，健全安全生产长效机制，积极主动做好信访工作，深化平安山西建设，深入开展打黑除恶斗争，做好防灾减灾救灾工作，全力维护社会稳定。六要着力推进"统筹发展"。统筹工业新型化、城镇化、农业现代化、信息化"四化"发展，统筹城乡发展，统筹经济社会发展，突出解决好就业、城乡居民收入、城乡人居环境等问题。

会议指出，要认真落实新时期从严治党要求，切实加强党的建设。各级党委必须进一步强化管党治党意识，把抓好党建作为最大的政绩，认真落实管党治党主体责任，把从严治党要求贯彻落实到党的建设各项工作中。要严明党的政治纪律，坚决维护中央权威，深入学习贯彻习近平总书记系列重要讲话精神，坚决贯彻执行党的路线方针政策，在思想上政治上行动上同以习近平同志为总书记的党中央保持高度一致，坚决把党中央对山西工作的指示要求和省委的决策部署落实到位；严肃党内政治生活，确保党的政治纪律执行到位。要落实"两个责任"，强化党风廉政建设，落实党委的主体责任，主要负责同志要切实履行党风廉政建设第一责任人责任，班子成员要认真落实"一岗双责"，落实纪委的监督责任，严格责任追究。严把用人标准，坚决匡正选人用人风气，始终坚持新时期好干部标准，真正把好干部选出来用起来；严厉整治选人用人不正之风，认真开展"三个一批"和"一倒查六整治"工作，从源头上预防和遏止"带病提拔""带病在岗"。强化日常监督，从严教育管理干部，把教育管理监督干部的功夫下在平时，严格落实各项规章制度，严肃处理不严不实、不勤不干、不才不担、不法不羁、不端不轨的干部，同时要关心和爱护干部，最大限度激发干部干事创业活力。坚决刹住"四风"，持续推进作风建设，巩固教育实践活动成果，认真抓好整改，继续正风肃纪，深入推进专项整治，坚决遏制"四风"反弹回潮。狠抓基层党的建设，树立狠抓基层党建的鲜明导向，突出抓好基层班子和队伍建设，以正在开展的村居"两委"换届为契机，严肃换届纪律，选好配强"两委"班子，着力加强基层党组织带头人队伍建设，坚持不懈整顿软弱涣散的基层党组织，全面落实基层党建工作责任制，不断夯实基层基础。始终坚持思想建党，不断强化思想政治工作，加强思想政治教育，深入学习习近平总书记系列重要讲话精神，加强宣传引导，牢牢掌握意识形态工作的主动权，旗帜鲜明地唱响主旋律，最大限度地集聚正能量。

会议强调，山西历史悠久，人文荟萃。千百年来，勤劳智慧的三晋儿女用忠诚和智慧、激情和热血、坚韧和奉献为中华文明做出了重要的贡献，创造了丰富厚重、弥足珍贵的优秀文化，这是今天激励全省3600万人民开拓进取、激浊扬清、重塑形象、再铸辉煌的宝贵财富。要大力弘扬我省源远流长的法治文化、博大精深的廉政文化、光耀千秋的红色文化，在中国特色社会主义先进文化的引领下，激发全省广大干部群众振奋精神、坚定信心、励精图治、富民强省的强大力量。

会议强调，当前全省上下正在开展以"深入学习习近平总书记系列重要讲话精神、净化政治生态、实现弊革风清、重塑山西形象、促进富民强省"为主题的"学习讨论落实"活动，各级党组织要把开展活动与贯彻落实这次会议精神紧密结合起来，以活动的扎实开展为这次会议精神的全面贯彻落实奠定坚实的思想基础和工作基础。

会议强调，山西大多数干部是好的。中央对省委班子作出重大调整以来，广大干部认真贯彻落实党中央对山西工作的重要指示要求，落实省委的安排部署，在思想上政治上行动上同以习近平同志为总书记的党中央保持了高度一致。对此，省委是充分肯定的，对广大干部是充分信任的。实现弊革风清、促进富民强省必须紧紧依靠全省广大干部群众。省委常委班子来自五湖四海，不论籍贯在哪里、不论过去工作在哪里，从中央任命那一天起，就已经融入了山西大地、融入了山西人民，就已经成为山西的一员了，就已经开始与大家一道团结拼搏、风雨同舟，担当起革弊立新、富民强省的历史责任。

会议要求，各级各部门各单位要把传达学习、贯彻落实省委十届六次全会精神作为当前的一项重大政治任务，在省委的坚强领导下，正视困难和挑战，把握机遇和优势，坚定信心、振奋精神，革弊立新、激浊扬清，迎难而上、攻坚克难，肩负起党和人民赋予我们的重大职责和神圣使命。要狠抓落实，把抓落实作为讲党性的标志，作为一项铁的纪律，作为改进作风的关键，作为破解难题的根本方法，作为督导考核的重要指标，确保省委各项决策部署落到实处。要统筹谋划，扎实做好岁末年初各项工作，精心做好各项民生工作，全力维护社会和谐稳定。

全会表决通过了确认省委常委会给予段建国开除党籍处分决定。

省委常委会召开会议 传达中央有关会议精神 研究我省贯彻落实意见 研究讨论《关于贯彻落实〈深化党的建设制度改革实施方案〉的意见(讨论稿)》 12月12日，省委常委会召开会议，传达全国离退休干部先进集体和先进个人表彰大会、深化平安中国建设会议、全国信访工作专题会议精神，研究我省贯彻落实意见；研究讨论《关于贯彻落实〈深化党的建设制度改革实施方案〉的意见(讨论稿)》。省委书记王儒林主持会议。

会议指出，要深入学习贯彻、切实落实习近平总书记在会见全国离退休干部先进集体和先进个人代表时的重要讲话、刘云山同志的重要讲话精神，站在政治、全局的高度认识老干部工作的特殊重要性，更加重视老干部工作。各级党政部门要本着对党的事业负责的精神，弘扬敬老爱老的光荣传统，对老同志保持敬重之心、倾注关爱之情、多做务实之事。要改进创新服务管理工作，真心实意关心关爱老同志，一方面要从政治上关心老同志，落实从严治党要求，切实加强政治思想引导，中央和省委精神要及时传达到老干部，引导离退休干部把思想和行动统一到中央精神和省委决策部署上来；把离退休干部党组织建设好，开展有益于老干部身心健康的活动。另一方面要从生活上照顾老同志，多为老干部办实事、做好事，特别要关注困难行业、困难单位的老同志，尽最大努力帮助他们解决实际困难。要进一步发挥老干部的特殊优势，发挥好老干部在推进从严治党、净化政治生态方面的重要作用，在关心教育下一代、培育社会主义核心价值观方面的重要作用，在弘扬三晋优秀法治文化、廉政文化和红色文化，重塑山西形象方面的重要作用，为弊革风清、富民强省凝聚更多正能量。

会议强调，平安建设事关改革发展稳定大局，事关人民群众根本利益。近年来，在各级政法综治部门的共同努力下，我省政法综治工作特别是平安山西建设取得明显成效，为全省经济社会发展提供了有力保障。要认真学习贯彻习近平总书记对深化平安中国建设的重要批示精神，扎实做好平安山西建设的各项工作。要充分发挥法治的引领和保障作用，把平安建设作为山西法治建设的重要内容，坚持以法治思维和法治方式推进平安建设，完善维护群众合法权益的政策制度，推进社会综治各个领域的依法治理。要夯实基层基础，从源头上减少矛盾，充分发挥基层党组织、城市社区以及社会组织在平安建设中的基础作用，紧紧依靠人民群众，形成维护社会安全的有力屏障；深入推进矛盾纠纷排查化解，加强重大决策、重点项目社会稳定风险评估，切实把问题解决在萌芽，把矛盾化解在当地。要着力解决影响社会稳定的突出问题，深入开展打黑除恶专项斗争，严肃整治影响群众安全的社会治安问题，形成严厉打击严重刑事违法犯罪活动的高压态势，深入开展反渗透反分裂反恐怖斗争，正确引导社会舆论，依法加强网络管理，重塑山西积极向上的良好形象，凝聚改革发展的正能量。

会议指出，2014年以来，结合党的群众路线教育实践活动，全省各级信访部门主动服务，认真履责，信访工作取得积极成效。要把法治理念贯穿信访工作始终，坚持用法治思维和法治方式深入推进信访工作制度改革，做到依法解决信访问题，依法推进信访事项终结，依法维护信访秩序，切实把信访工作纳入法治化轨道。要坚持法定途径优先，引导信访人通过法定途径解决信访问题，坚持运用法治思维和法治方式定纷止争、维护群众合法权益。要做到依法行政，政府各部门要坚持按法律、按政策、按规矩办事，公平公正、规范文明执法，依法进行社会管理和服务，健全完善重大决策和行政执法责任追究机制，着力解决好群众反映强烈的信访突出问题。要完善信访终结退出机制，建立联合接访机制，形成大信访工作格局。要强化信访基层基础，坚持用群众工作统揽信访工作，加强法制宣传教育，引导群众通过合法渠道反映诉求、维护权益。要加强对信访工作的领导，切实把信访工作放在更加突出的位置，领导干部要带头解决信访突出问题、带头解决信访疑难案件，加强信访干部队伍建设，不断提高信访工作的法治化水平。

会议指出，《关于贯彻落实〈深化党的建设制度改革实施方案〉的意见》，与重要改革举措任务分工和进度安排一起，构成我省党的建设制度改革的“路线图”“时间表”和“任务书”。今年以来，我省发生系统性、塌方式严重腐败问题，省委没有履行党风廉政建设的主体责任、没有从严治党管党是最主要原因。同时，我省党的组织、干部人事、基层组织等方面存在诸多问题，一些制度落实不到位，干部选拔任用问题突出，一些基层组织软弱涣散，干部监督管理亟待加强。一方面要坚决惩治腐败，认真落实党风廉政建设主体责任、监督责任，严肃查处腐败分子，坚定不移地将反腐败斗争进行到底，坚持不懈反对“四风”，对顶风违纪的突出问题，要严肃查处、严格追究，始终保持惩治腐败、狠刹“四风”的高压态势。另一方面，必须从治本上下功夫，坚持从严管党治党，从严管理干部队伍，通过深化党的建设制度改革，健全党内制度体系，着力解决党的建设中的突出问题。全省各级党组织要充分认识深化党的建设制度改革对于山西的重要现实意义，坚持把抓党建作为最大的政绩，大胆探索实践，认真总结经验，积极稳妥、有序推进党的建设制度改革，为实现“净化政治生态、实现弊革风清、重塑山西形象、促进富民强省”提供坚强组织和制度保障。要把落实中央《实施方案》和我省《意见》结合起来，全面深化党的组织制度改革、干部人事制度改革、党的基层组织建设制度改革、人才发展体制机制改革，确保各项改革任务扎实有序推进、全面贯彻落实。要把全面深化党的建设制度改革作为重要政治任务，摆上重要议事日程，加强各方面改革内容的顶层设计和统筹推进，各级各部门要把抓落实作为重中之重，加大制度执行情况的监督检查。

省委常委会召开会议 听取省委党内法规和规范性文件清理工作情况汇报；传达中央巡视工作会议精神，研究我省贯彻落实意见；传达学习中央领导和中央督导组对2014年省部级单位党员领导干部民主生活会的要求，研究省委常委班子民主生活会方案

12月17日，省委常委会召开会议，听取省委党内法规和规范性文件第二阶段清理工作情况汇报；传达中央巡视工作会议精神，研究我省贯彻落实意见；传达学习中央领导和中央督导组对开好2014年省部级单位领导干部民主生活会的要求，研究省委常委班子2014年度民主生活会方案。省委书记王儒林主持会议。

会议指出，党的十八大以来，以习近平同志为总书记的党中央将党内法规建设提到新的高度，提出明确要求、作出具体部署。按照中央要求，我省两个阶段共清理党内法规和规范性文件废止534件、宣布失效476件。要高度重视党内法规和规范性文件清理工作，在全面完成省委党内法规和规范性文件清理工作的基础上，根据形势和任务需要，及时制定、完善党内制度，维护党内法规和规范性文件的统一和权威。要认真做好集中清理相关后续工作，凡废止、宣布失效的党内法规和规范性文件，自决定发布之日起一律停止执行。各地各有关部门要及时清理相关配套文件，作出废止、宣布失效等相应处理，并将即时清理作为制定和修改党内规范性文件的一个必经环节，健全工作制度和工作程序。要营造按制度管事管人的浓厚氛围，把贯彻执行党内法规作为从严治党的重要体现，把党内法规纳入党员、干部教育培训教材，将党章、廉政准则、八项规定及其他重要党内法规执行情况作为党员领导干部述职、考核和各级党委（党组）民主生活会的重要内容。要继续加强党内法规制度建设，围绕净化政治生态、实现弊革风清，抓紧制定一批与中央党内法规相符合、与法律法规相衔接、与山西实际相切合的党内法规制度，尤其要突出完善推进党风廉政建设和反腐败斗争、落实“两个责任”的制度，突出匡正选人用人风气、严格干部日常监督管理的制度，突出巩固教育实践活动成果、执行中央八项规定、持续整治“四风”的制度，突出严肃党的政治纪律、组织纪律的制度，织密党内法规制度之网，规范党内生活和党员行为，把权力关进制度的笼子里。会议原则通过《中共山西省委关于再废止和宣布失效一批党内法规和规范性文件的决定》。

会议强调，巡视工作事关重大。党的十八大以来，党中央对巡视工作作出重大调整和改进，习近平总书记等中央领导对巡视工作发表重要讲话、提出明确要求，对我省具有特殊重要的现实意义。一要进一步认真学习、深刻领会，坚决以中央精神统领巡视工作。结合实际认真贯彻落实习近平总书记和王岐山同志关于巡视工作的重要讲话精神，切实做到真学真懂、真抓真用。二要找出差距、明确方向，切实增强做好巡视工作的责任感。必须清醒看到我省巡视工作中存在的问题导向的意识不强、监督重点盯得不紧、成果少且运用不充分、震慑力显现不够、有些工作还滞后于新形势新任务新要求等问题，进一步深入分析原因，针对性地改进工作、强化措施。省委巡视组要聚焦“一个中心”，围绕“四个着力”，突出巡视重点，用好巡视成果，充分彰显巡视监督的震慑、遏制、治本作用。三要主动作为、勇于担当，充分发挥巡视工作的“尖兵”和“利剑”作用。要坚持问题导向，强化巡视威慑力。坚决贯彻落实中央巡视工作要求，深入了解领导班子及其成员特别是一把手的情况，盯紧重点人、重点领域、重点问题。对巡视组移交的问题线索，优先核查办理，做到事事有着落、件件有回音。建立完善巡视组组长库，严格人选标准，做到“一次一授权”。对照中央巡视工作流程，尽快实施省委巡视工作流程再造。建立健全巡视约谈制度，对苗头性、倾向性问题早发现、早制止，防止小错变大错、小问题变大问题。要大力推进巡视全覆盖，积极开展专项巡视。研究制定工作规划，力争在

2016年上半年基本完成巡视全覆盖任务。组建若干专项巡视组，以“灵准狠”的打法、“短平快”的节奏开展专项巡视。要强化巡视整改责任，用足用好巡视成果。加强对“两个责任、一项纪律”的检查，督促各级党委(党组)、纪委(纪检组)落实好党风廉政建设的主体责任和监督责任，督促各级党委(党组)书记履行好第一责任。切实加强巡视整改落实，开展中央巡视组反馈意见整改落实工作“回头看”，逐一梳理情况，明确责任措施，坚决把中央巡视组反馈意见的整改工作落实到位。要全力支持巡视工作，加强巡视机构自身建设，真正把省委巡视组人员选好，把机构健全起来，把制度立起来、落下去。

会议强调，2014年度省委常委班子民主生活会是党的群众路线教育实践活动结束后召开的第一次民主生活会，也是党中央对山西省委班子进行重大调整后召开的第一次民主生活会。开好这次民主生活会，对于检验我省贯彻落实以习近平同志为总书记的党中央对山西工作的重要指示要求，检验我省开展群众路线教育实践活动成效和开展学习讨论落实活动成果都具有重要意义。一要认真贯彻落实习近平总书记等中央领导同志对开好民主生活会的要求，把开好民主生活会作为检验新的省委常委班子凝聚力、战斗力的重要标志。每位省委常委都要高度重视，把这次民主生活会作为增进相互了解、统一思想认识、进一步做好中央交付任务的重要契机，认真查摆不足、深入剖析原因，切实制定好整改措施。二要扎实做好会前、会中、会后三个环节的工作，确保省委常委班子民主生活会开出高质量、推动党的作风建设形成新常态。按照省委常委班子2014年度民主生活会方案要求，扎实做好会前准备各项工作。用好批评和自我批评这个有力武器，达到习近平总书记要求的“分清是非、辨别真假，坚持真理、修正错误，统一意志、增进团结”的目的。以“钉钉子”精神抓好整改落实，牢固树立打持久战的思想准备，动真格、见实效，即知即改、立说立行，坚决防止“四风”问题反弹回潮。三要为各级民主生活会树标杆、做榜样，指导第一批教育实践活动单位开好民主生活会。把抓好各级民主生活会作为从严治党、加强作风建设的重要契机，按照中央要求认真落实规定动作，结合实际真正解决问题，安排好各项工作，做到“两手抓、两不误”。

省委常委会召开会议　传达贯彻中央有关会议精神　研究部署我省相关工作　12月26日，省委常委会召开会议，传达全国组织部长会议和中央农村工作会议精神，研究我省贯彻落实意见，安排部署全省组织、农村、经济、司法体制改革、法治山西建设以及农村“两委”换届等工作。省委书记王儒林主持会议。

会议传达学习了全国组织部长会议精神。强调指出，要认真贯彻落实全国组织部长会议精神，深入学习贯彻习近平总书记系列重要讲话精神，坚持全面从严治党，坚持思想教育从严、干部管理从严、作风要求从严、组织建设从严、制度执行从严，为全面建成小康社会、全面深化改革、全面推进法治山西建设提供坚强组织保证。要把思想建党作为全面从严治党的首要任务，结合学习讨论落实活动、结合2014年度省委常委班子民主生活会，深入学习习近平总书记系列重要讲话精神，真正落实到坚定信仰上、落实到严于律己上、落实到勇于担当上。要坚持全面从严治吏，在继续推进高压反腐的基础上，以选好用好管好县委书记为切入点和突破口，制定关于县委书记选用的意见和工作方案，进一步完善对其他各方面各类干部的选拔、任用和管理，尽最大努力有效防止“带病提拔”问题。要坚决防止“四风”问题反弹回潮，认真组织教育实践活动“回头看”，深入开展学习讨论落实活动，紧紧抓住中央21项专项整治任务和部署的重点领域，深入开展专项整治，督促党员干部严格遵守中央八项规定精神，对“四风”隐形、变异问题，露头就打、严肃查处，形成作风建设新常态。认真搞好“三严三实”专题教育，发挥正反两方面典型的教育警示作用，让领导干部受警醒、明底线、知敬畏。要严格落实责任，统筹推进党的建设各项任务。各级党委(党组)特别是书记要强化全面从严治党的主体意识，把抓好党建作为最大的政绩，坚持书记抓、抓书记，形成一级抓一级、层层抓落实的党建工作格局，对管党不严、治党不力、问题突出的地区和部门党组织特别是“一把手”，要严格追究责任。要强化基层党组织政治功能和服务能力，把基层党组织建设成为坚定落实党的路线方针政策和各项工作任务的坚强战斗堡垒。统筹抓好年度目标责任考核，发挥好考核作用。认真落实党管人才要求，为“六大发展”提供人才支撑。

会议传达学习了中央农村工作会议精神。强调指出，要认真贯彻落实中央农村工作会议精神，始终坚持“重中之重”的战略地位，确保政策不削弱、投入不减少、措施不放松。要加快转变农业发展方式，自觉承担维护国家粮食安全责任，坚决守住6000万亩耕地“红线”，加大农田水利基本建设投入，加强农业综合生产能力建设。要积极推进农业结构调整，大力扶持发展特色农业，突出抓好龙头企业培养，促进一二三产业融合互动发展，形成一批新产业、新业态、新模式。加快培育专业大户、家庭农场、农民合作社、农业企业等新型农业经营主体，构建新型农业经营体系，加快培养新型农民。创新农业科技应用推广机制，搞好农业社会化服务。要千方百计促进农民增收，加快建立促进农民增收的长效机制，充分挖掘农民家庭经营收入潜力，不断开辟新的就业空间，大力推动转移就业，稳步提升转移性收入，创造条件增加财产性收入，促进农民多渠道增收。要继续深化农村改革，重点抓好土地承包经营权有序流转、征地制度、房屋产权制度、集体林权制度和农村集体产权制度改革，加快推进我省农村土地承包经营权确权登记颁证工作，继续推进农村集体经济组织产权制度改革试点和农村改革试验区试点工作，大力开展农村合作社规范化建设，不断深化农村金融改革，提升金融支农水平。要进一步加大扶贫工作力度，加快建立精准扶贫机制，尤其要重点瞄准太行和吕梁深度贫困区域的贫困人口，推进集中连片特困地区扶贫攻坚。要深入推动城乡统筹发展，引导城市现代生产要素向农业农村流动，更好地发挥工业化、信息化、城镇化对农业现代化的带动作用。积极稳妥推进新农村建设，加快改善人居环境。加快推进农业转移人口转为城镇居民步伐，切实解决好农业转移人口转为城镇居民的基本公共服务问题。切实加强农村基层组织建设，创新农村社会管理，全面推进农村法治建设。坚持领导干部下乡驻村包村制度，更好发挥各级干部在推动农村脱贫致富中的积极作用。

会议研究讨论了2015年全省国民经济和社会发展主要计划安排。强调指出，要认真贯彻落实中央经济工作会议精神，坚定不移抓好发展这个第一要务，进一步统一思想、凝聚共识，坚持以经济建设为中心，认真做好各项经济工作。要主动适应经济新常态、遵循“大逻辑”，深刻认识“三期叠加”的基本特征，科学分析新常态下山西资源型经济发展的新思路、新途径、新办法，摒弃“以GDP论英雄”的发展取向。要切实提高经济发展的质量和效益，做好煤炭与非煤这两篇大文章，积极培育新的增长点。要加快转型综改试验区建设，加快改革攻坚步伐，大力实施创新驱动战略，努力取得实实在在的发展和没有水分的增长。要克服困难持续改善民生，真正把群众的安危冷暖记在心上、抓在手上，千方百计为群众办实事、解难题，尤其针对采煤沉陷区、集中连片贫困区、特困人群，切实加大改善民生力度。加强信访工作，依法维护人民群众的合法权益，严肃查处损害人民群众利益的各种违法违纪行为，营造和谐稳定的社会氛围。

会议研究讨论并原则通过了全省经济工作会议筹备方案，要求有关部门筹备好全省经济工作会议，确保会议顺利进行、圆满成功。

会议研究讨论了《山西省司法体制改革试点工作方案》。强调指出，我省是全国第二批司法体制改革试点省份，推进改革试点工作事关重大。全省政法系统和有关职能部门要充分认识推进司法体制改革试点工作的重要意义，坚持改革的正确方向，紧扣中央的意见要求，做好各项改革试点工作，确保完成好改革试点的各项任务。要扎实稳妥推进司法体制改革试点工作，认真稳妥地解决人员分流等问题，确保队伍思想稳定、工作稳定，做到改革力度、实施进度和单位职工可承受程度相适应，确保改革取得成功。要加强对改革试点的组织领导，省司法改革领导小组要切实加强领导，精心组织实施，确保司法改革试点工作有序推进。要注意发挥市、县党委政府的作用，共同做好稳定队伍、推进改革的各项工作。要注意加强舆论引导，适时组织开展权威解读，及时宣传报道改革措施和改革成效，营造良好的舆论环境。要及时总结试点经验，不断完善工作措施，确保经过3—5年的过渡期，让各项改革在全省推开，发挥改革的促进作用。

会议研究讨论了《贯彻实施<中共山西省委关于贯彻落实十八届四中全会精神，加快推进法治山西建设的实施意见>重要举措分工方案》。强调指出，法治山西建设工作是一项全局性、战略性、系统性的工程，各级党委（党组）要在思想上高度重视，行动上坚决有力，特别是“一把手”要切实担负起第一责任人的职责，进一步加强对法治山西建设的组织领导，确保各项任务真正落到实处。要形成抓落实的工作合力，按照《分工方案》要求，每项任务的牵头单位要切实担当起牵头职责，参加单位要根据本单位工作职责积极配合、完成好相关工作，各单位之间要加强沟通协调，整合有关资源，形成齐抓共管、合力推进的工作局面。要加强督促检查，尤其是对任务完成情况的跟踪掌握、督促检查和年度考核，对重点工作要做到有计划、有方案、有要求、有考核，责任落实到个人。

会议研究讨论了关于调整和充实法治山西建设领导机构以及成立有关办事机构的事宜。强调指出，要强化对法治山西建设的组织领导，调整和充实省委法治建设领导组成员，设立专项领导小组，将省委法治办从省司法厅调整到省委政法委。省委法治建设领导组要切实发挥组织领导法治山西建设的职能作用，发挥好牵头抓总作用。各专项小组要履职尽责，切实承担起推动各自领域法治建设的工作职责。省委法治办要发挥好沟通协调的作用，努力构建运转顺畅的工作机制。

会议听取了全省农村“两委”换届工作情况汇报。会议指出，农村“两委”换届是农村基层政治生活中的一件大事，是农村基层组织建设和政权建设的一项基础性工作，也是清除发生在群众身边腐败问题的重要举措。做好农村“两委”换届选举工作，事关重大，省委、省政府高度重视，各级各有关部门做了大量工作，取得了好的成绩，换届选举总体上各方面反映较好。但也要看到存在的问题，特别是目前村“两委”换届工作进入最后的攻坚阶段，尚未进行村委会选举的2000多个村多是“重点村”“难点村”“资源村”“城中村”，各级各有关部门更要下功夫针对存在的问题，一项一项地研究、解决，切实把换届选举工作做好。要进一步加强对村“两委”换届工作的组织领导，各级党委政府和各级领导小组要进一步检查在组织领导方面的薄弱环节，有针对性地进行强化。对尚未完成换届选举村，采取针对性措施，坚持成熟一个选举一个，避免因赶时间、抢进度而出现问题。要始终保持惩治违纪违法行为的高压态势，严厉查处干扰破坏换届选举的行为和各种不正之风，决不能把不符合条件的人、有各种腐败问题的人选上来。纪检监察机关和组织、政法等部门要进行专题研究，加强协调配合，加大对违法违纪行为的查处力度。要对已经完成选举换届的村开展“回头看”，坚持有举报必查处。要严格落实责任，对于出现问题的地方，对相关责任人进行严格问责。要加强换届以后带头人队伍建设，加大监督力度，加强培养教育引导，真正发挥基层组织在为民服务、带领群众致富等方面的战斗堡垒作用。

全省经济工作会议　12月29日，全省经济工作会议在太原举行。省委书记王儒林，省委副书记、省长李小鹏出席会议并作重要讲话。会议深入学习贯彻落实习近平总书记系列重要讲话精神，贯彻落实中央经济工作会议和省委十届六次全会精神，分析新常态下我省面临的经济形势，总结今年经济工作，安排部署2015年全省经济工作任务。会议强调，明年全省经济工作的总体要求是：深入贯彻党的十八大和十八届三中、四中全会精神，认真落实中央经济工作会议及省委十届六次全会部署，以邓小平理论、“三个代表”重要思想、科学发展观为指导，以习近平总书记系列重要讲话精神为根本指针，主动适应经济发展新常态，坚持稳中求进工作总基调，以提高经济发展质量和效益为中心，把转方式调结构放到更加重要位置，全力推进“六大发展”，全面深化改革，扩大开放，突出创新驱动，强化风险防控，保障改善民生，促进全省经济平稳健康发展，社会和谐稳定。省委副书记楼阳生主持会议，省政协主席薛延忠等出席会议。

王儒林在讲话中，深刻分析新常态下我省面临的经济形势和挑战机遇，提出明年经济工作的总体要求、重点任务。李小鹏在讲话中，着重对明年全省经济社会发展主要预期目标和重点工作作出安排部署，并作总结讲话。

会议指出，世界经济仍处在国际金融危机后的深度调整期，总体延续缓慢复苏态势。随着我国经济发展进入新常态，国内经济形势正在发生广泛而深刻的变化，对我省“资源型经济”将产生巨大而深远的影响。面对复杂严峻的宏观经济形势，我省积极应对经济下行的巨大压力，全省上下团结奋斗，坚韧前行，取得了来之不易的成果。我们要清醒认识到，当前经济下行还未见底，对我省的压力在持续加大，这种严峻形势前所未有。在看到困难与挑战的同时，我们更要看到发展机遇。在困难与挑战面前，我们不能消极，更不能退缩，必须迎难而上，主动应对挑战，积极抢抓机遇，有效防控风险，深化改革开放。既要增强危机意识，未雨绸缪，把困难和问题估计得更充分一点；更要坚定信心、砥砺前行，努力保持经济持续平稳健康发展。

会议指出，2015年是全面深化改革的关键之年，是全面推进依法治国的启动之年，是全面完成“十二五”规划的收官之年，也是我省全面推进“六大发展”的开局之年，做好经济工作意义重大。要在带有全局性、根本性和关键性的问题上始终保持清醒和坚定，确保明年经济工作精准发力、卓有成效、深入推进。一要坚持以经济建设为中心不动摇，坚定不移地抓好发展这个第一要务。二要主动适应经济发展新常态，深刻认识“三期叠加”的阶段性特征，走出新常态下我省经济社会发展新路子。三要坚持稳中求进总基调。着眼于实现“稳”和“进”的相互促进，首先要解决好“稳”的问题，在有质量、有效益的前提下，力争发展快一些。四要切实提高经济发展的质量和效益，对发展保持一定的战略定力，坚决摒弃“以GDP论英雄”的错误观念和做法，切实把经济工作重心放到提质增效上来。五要全面落实“六大发展”战略部署，深刻认识全面推动“六大发展”的针对性、必然性和重要性，切实增强责任感和使命感，把各项要求落实到明年的经济工作中。

会议提出了2015年经济工作的七项重点任务：一要深入做好煤与非煤两篇大文章。切实围绕“六型”转变，深入做好煤炭这篇大文章，重点围绕山西国家综合能源基地建设，加快建设三大煤炭基地、三个千万千瓦级现代化大型煤电外送基地，全力打造煤炭能源产业升级版，走出一条“革命兴煤”新路。切实围绕“七大产业”发展，深入做好非煤产业这篇大文章，紧紧围绕文化旅游、装备制造、新能源、新材料、节能环保、食品医药和现代服务业等七大产业，分类制定规划，扎实推进实施，尽快见到实效，走出“一煤独大”的资源型经济困局。二要坚持以深化改革扩大开放提升经济增长新动力。要以深化改革释放发展活力，高举“综改”旗帜，全力抓好转型综改试验区这个我省全面深化改革的核心任务，山西最大的改革工程，深化国资国企改革，分类分步积极推进各类市场主体改革发展，继续下好简政放权这步“先手棋”，扎实推进煤炭、财税、生态、民生等领域的各项改革。要以扩大开放拓展发展空间，在更高层次、更广领域推进我省新一轮对外开放，大力开展招商引资，加快引进世界500强、央企、军工企业和知名民营企业等重要战略投资者，引进先进技术和人才，集聚发展要素。三要着力发现培育新的经济增长点。大力抓好投资，形成新的增长点，优化投资结构、提高投资质量和效益，谋划实施一批能够形成新的经济增长点的大项目、好项目；大力提升传统产业，发掘新的增长点，特别要重视发挥我省铝土矿和煤层气资源优势，把我省打造成全国重要的铝工业和煤层气生产基地；大力发展第三产业，培育新的增长点，特别注重发展现代服务业；大力发展板块经济，催生新的增长点，特别注重发挥好各类开发区作为板块经济核心区的带动作用；大力发展特色经济，打造新的增长点，在全省培育一大批特色鲜明、竞争力强的产业集聚区和在全国叫得响、立得住的特色优势产业、特色名牌产品；大力推进新型城镇化健康发展，扩展新的增长点，以人的城镇化为核心，搞好发展规划和政策衔接，统筹推进；大力发展电子商务等新兴业态，放大新的增长点，依托大数据、云计算、互联网，大力发展现代信息产业。四要全力在科技创新、民营经济和金融振兴三大方面实现新突破。要突出抓好科技创新，大力实施创新驱动战略，深化科技体制改革，紧密结合推进科技创新城建设，把培养科技领军人才、给予科技人员股权激励政策、鼓励支持各种人才创新创业作为战略性举措切实抓好；要扎实推进工商登记便利化，鼓励、支持和引导非公经济发展，拓宽投资领域和渠道，加强服务体系建设，优化发展的政策、政务、法制、市场、舆论等环境，不断激发民营经济发展活力。金融是现代经济的核心，是经济发展的血液和重要支撑，要采取有效措施振兴和发展金融业，努力实现新突破。五要切实做好“三农”工作。切实把“三农”工作摆在重要位置，加快推进传统农业向现代农业转变；创新扶贫开发模式和机制，重点打好太行、吕梁两山集中连片特困地区扶贫攻坚战。六要大力推进生态文明建设。坚持不懈推进节能减排，重点推进以煤层气为主体的“气化山西”工作，进一步提升循环经济发展水平，全力推进重点地区、重点领域环境治理和保护，加快采煤沉陷区治理，做到补上旧账，不欠新账。要不断完善生态文明建设机制，深化资源性产品价格和税费改革，建立资源有偿使用制度和生态补偿制度，健全生态环境保护责任追究制度和环境损害赔偿制度，鼓励资源集约节约利用，支持发展清洁能源。七要加强保障和改善民生工作。切实做好就业工作，努力提高城乡居民收入水平，多办为民便民利民的实事。不断改善城乡人居环境，努力营造整洁、卫生、健康、宜居的城乡环境。要保持社会和谐稳定，全面推进法治山西建设，不断引深平安创建活动，强化食品药品安全和安全生产监管。

会议强调，要切实加强和改进各级党委对经济工作的领导。一是进一步解放思想。要提升解放思想的自觉，努力从封闭守成、陈规陋习、裹足不前中解放出来，下决心摆脱煤炭依赖、政府依赖、管制思维的羁绊，下力气破除各种体制机制障碍，放胆发展、稳步前行；要抓住解放思想的重点，主动克服“速度情结”“GDP崇拜”“换挡焦虑”的不良影响；要找准解放思想的途径，最直接、最有效的办法就是学习贯彻习近平总书记系列重要讲话精神，用讲话精神武装头脑、指导实践、推动工作。二是全面提升对经济工作的领导水平。要提高领导经济工作的制度化水平，充分发挥党委总揽全局、协调各方的核心作用；要提高领导经济工作的法治化水平，依法履行职能，依法调控和治理经济；要提高领导经济工作的专业化水平，注重培养选拔政治上强、懂经济、会管理的领导干部充实各级领导班子。三是优化经济发展环境。要不断优化市场环境，创造公平竞争环境，加快形成健康的政商关系，真正为企业松绑，持续推进各项改革，积极打造中部地区的改革高地；要不断优化政务环境，进一步转变政府职能，建立健全权力清单、责任清单和负面清单“三个清单”的管理模式，继续保持反腐败高压态势、狠刹“四风”高压态势、打黑除恶高压态势，坚决整治乱作为、不作为、慢作为等现象，深入实施“六权治本”；要不断优化舆论环境，稳定社会预期，激发创业热情，增强发展信心。四是切实加大抓落实工作力度。各地、各部门和各级领导干部特别是主要领导同志，要真正转变作风，发扬钉钉子精神，当好抓落实的“一把手”。任务分解要细化，每一个方面的工作都要项目化，每一个项目都要把任务细分，落实到人头；督促检查要到位，实地查、细算账，找出问题，推动落实；考核评价要科学，根据形势和任务的变化及时调整指标，改进办法，不断提高考核结果的真实性、有效性；不落实的问题要解决，针对不落实的事，找准不落实的人，依纪依规严肃追究责任。

会议对2015年的经济工作作出具体安排部署。一要牢固树立安全发展理念，深刻汲取事故教训，依法依规促进安全生产，保持安全生产管理体制相对稳定，严格落实安全生产责任，深入开展安全生产大检查和打非治违专项行动，加强考核问责，促进全省安全生产形势持续明显好转，并向稳定好转坚实迈进。二要认真贯彻落实习近平总书记关于推进能源革命的重要讲话精神，深入实施“煤炭20条”“煤炭17条”，大力推动煤炭消费革命、供给革命、科技革命、管理革命和开放合作，促进煤炭产业向市场主导型、清洁低碳型、集约高效型、延伸循环型、生态环保型、安全保障型转变。重点抓好煤炭管理革命，巩固引深煤炭清费立税、公路运销体制改革成果，加快推进资源配置市场化改革、煤炭行政审批制度和证照管理制度改革、煤炭交易方式改革。三要大力实施转型综改三年实施方案和“2285”年度行动计划，加快制定权力清单、责任清单，探索制定负面清单，着力抓好低热值煤发电项目审批、煤层气矿业权审批、商品场外衍生品交易等改革试点，深化国有企业改革、交通企业及高速公路资产债务重组等各项改革，向改革要发展活力。四要深入实施创新驱动和低碳创新行动计划，推进科技管理体制改革，加强科技创新的政策支持，加快山西科技创新城建设，向创新要发展动力。五要加大招商引资、招才引智力度，建设开放平台，改善发展环境，构建对外开放新格局，形成外贸竞争新优势，以扩大开放争取更大的发展空间。六要继续把投资作为稳增长的强大引擎、调结构的主要抓手、惠民生的重要载体抓实抓好，全力推进四个方面、十大领域投资，全力实施“十大标志性工程”，抓好重大项目前期工作，创新投融资体制机制，激发民间投资活力，再掀重点工程和重大项目建设新高潮。同时，要重视发挥好消费的基础性作用。七要加快转变经济发展方式、调整经济结构，积极化解过剩产能，促进传统产业一体化、循环化发展，着力培育壮大装备制造、现代煤化工、新材料、节能环保、食品、医药等新兴产业，大力发展现代物流业、文化旅游业等服务业，积极培育新兴业态。八要持续增加“三农”投入，加强以水利为重点的农业基础设施建设，稳定发展粮食生产，继续调整优化农业结构，加大扶贫开发力度，进一步深化农村改革。九要加快推进农村人居环境改善工程，启动实施城市人居环境改善工程，积极稳妥推进新型城镇化，促进城乡面貌进一步改善。十要在抓好文化、医疗、社保等工作的同时，重点抓好教育、就业、居民增收和稳定物价等民生工作。十一要持之以恒推进环境保护和生态建设，全力推进节能降耗，狠抓减排治污，加快推进造林绿化和生态治理修复，强化环保工作责任。十二要做好财税金融工作，深化财税体制改革，加大增收节支力度，规范政府债务管理，推动金融加大对实体经济的支持力度，加快地方金融体系建设，努力创造良好的金融生态。十三要进一步转变政府职能，加快建设法治政府，扎实开展学习讨论落实活动和专项整治活动，探索建立政府绩效第三方评估机制，加强考核督查，确保完成明年各项目标任务。十四要坚持稳中求进工作总基调，以提高经济发展质量和效益为中心，实事求是、科学合理地制定2015年发展目标。

会议强调，要进一步统一思想、凝聚共识，形成推动工作的强大合力。要进一步把握好扩大投资、项目和政策争取、煤炭资源税改革、加强民营经济和对外开放等薄弱环节、精准帮扶企业等重点工作，切实增强做好明年经济工作的针对性和实效性。

会议强调，要做好岁末年初的工作，特别注意做好元旦、春节期间的走访慰问、民生保障工作，维护群众合法权益，做好困难群众帮扶，着力解决群众反映强烈的突出问题，确保节日祥和，维护社会稳定。始终绷紧安全生产这根弦，时刻不能放松、丝毫不能手软。严格执行廉洁从政若干规定，确保务实节俭文明过节。要做好制定“十三五”规划的前期工作，明年省委要提出关于我省制定“十三五”规划的建议，各地各部门要早部署、早行动，深入调研，认真准备，为省委提出建议提供翔实、准确的第一手资料。

会议要求，各级各部门和广大党员干部群众要紧密团结在以习近平同志为总书记的党中央周围，坚定信心、振奋精神，更好地肩负起领导我省改革开放和现代化建设的历史重任，扎实做好明年的经济工作，奋力开创新常态下富民强省的新局面。

省委、省人大、省政府、省政协负责同志，省军区、武警山西总队主要负责同志；省法院院长、省检察院检察长；省委、省政府副秘书长；各市市委书记、市长、发改委主任，各县(市、区)党政主要负责同志，省级以上开发区主要负责同志；省直各部门和中央驻晋单位主要负责同志，省人大、省政协各专门委员会和工作机构主要负责同志，本科院校和省管国有企业主要负责同志；部分非公有制企业负责人参加会议。

省委召开市委书记工(党)委书记抓基层党建工作专项述职会议 12月30日，省委召开市委书记、工(党)委书记抓基层党建工作专项述职会议。省委书记王儒林主持会议并讲话。他强调，要认真贯彻党的十八大，十八届三中、四中全会和习近平总书记系列重要讲话精神以及省委十届六次全会精神，全面落实中央关于基层党建工作的各项部署要求，进一步强化各级党组织书记管党治党意识和责任，大力提升基层党建工作水平，为推进“六大发展”提供坚强组织保证。省委副书记、省长李小鹏，省委副书记楼阳生，省委常委、省委党建工作领导小组成员单位主要负责同志，中央组织部组织二局有关负责同志出席了会议。

会上，各市市委和省直工委、高校工委、国资委、国防工办、非公工委等进行了会议或书面述职，参会人员对各市市委书记和工(党)委书记抓基层党建工作情况进行了民主评议。中央组织部组织二局有关负责同志对我省基层党建工作取得的成绩给予充分肯定，指出了存在的突出问题，并提出重要指导意见。

王儒林对各市市委书记和工(党)委书记抓基层党建工作逐一进行点评。他指出，总的看，我省基层党建工作有一定的基础，也不断取得新的成效。但是，我省基层党建工作还有不少差距，特别是主体责任落实不到位，腐败问题、软弱涣散问题不同程度存在，有的新形势下采取新方法服务群众的能力不强，有的地方问题还很严重，带头人作用发挥不够，“两委”主干报酬待遇较低，人财物和政策向基层倾斜不够，一些基层干部因违纪违法问题被查处等等，需要我们高度重视，采取有力措施加以解决。

王儒林强调，加强基层党建工作，是落实全面从严治党要求的重要举措，是弊革风清、富民强省的重要基础，是各级党委(党组)书记的重要职责。只有把基层党组织这个根基打牢，我们才能把广大党员的思想统一到以中央对山西工作的重要指示要求上来，统一到省委的决策部署上来；才能把广大群众团结凝聚在党的周围，把各条战线、各个领域的广大党员组织起来，更好地应对当前面临的严峻复杂形势，坚定不移把反腐败斗争进行到底。面对全面从严治党的新要求，人民群众的新期待，各级党委(党组)要深刻认识加强基层党组织建设的极端重要性和现实紧迫性，认真贯彻党的十八大，十八届三中、四中全会和习近平总书记系列重要讲话精神，全面落实省委十届六次全会精神，在着力巩固提升基层党建工作上不断加大力度、取得新的成绩。

王儒林指出，要明确重点任务，抓好关键环节，切实把基层党组织建设好管理好。一要树立重视基层的导向，重视基层、关心基层、支持基层，部署工作要倾斜基层，督促检查要盯住基层、考核评价要突出基层，加强跟踪指导，定期分析研判，及时解决困难和问题。二要突出基层服务型党组织建设。引导基层党组织把工作重心放到服务改革、服务发展、服务民生、服务群众、服务党员上来，畅通联系服务群众的“最后一公里”。要结合学习贯彻党的十八届三、四中全会精神和学习讨论落实活动，教育引导党员干部牢固树立群众观点，强化为民服务意识，拓展服务内容，帮助群众解决事关切身利益的突出问题，使服务群众工作常态化、长效化、规范化。三要加强带头人队伍建设。狠抓基层领导班子建设，努力建设一支高素质的基层骨干队伍。当前要切实抓好农村（社区）“两委”换届工作，进一步加强组织领导，密切关注重点村、难点村、薄弱村、城中村的换届选举，逐一进行研究，逐一采取措施，切实选好配强基层党组织书记。要始终保持惩治腐败的高压态势，坚决查处干扰破坏换届选举的行为和各种不正之风，倒查其中的腐败问题，对以权谋私、贪污贿赂、失职渎职、欺压群众，违反八项规定，损害群众利益，不作为、乱作为等行为，发现一起、查处一起。要对基层领导干部从严管理、从严监督，引导他们始终坚持以身作则，苦干实干，廉洁自律，不贪不腐，始终对党忠诚，听党的话，努力为人民群众办实事、办好事、谋利益。四要持续抓好软弱涣散基层党组织的整顿建设，认真落实整顿措施，做到真整顿、实帮扶。对措施不到位、成效不明显的，要对党组织主要负责人和相关责任人进行严肃追责。五要强化基层保障，坚持重心下移、资源下沉，重点解决基层组织的工作经费、报酬待遇、活动阵地等问题，真正做到有人管事、有钱办事、有场所议事、有章理事。要建立稳定的村级组织运转经费保障制度，建立社区经费正常增长机制和保障机制，积极推进基层组织阵地建设，加强基层组织活动场所规范化管理，确保基层有手段、有能力为群众办事服务。六要切实提高基层党建工作水平，健全组织体系，加大在农民专业合作社等建立党组织力度，积极构建城市区域化基层党建工作格局，深化非公经济组织和社会组织党组织集中组建工作，做到工作覆盖和组织覆盖相得益彰、有形覆盖和有效覆盖有机统一。要创新活动载体，让基层党组织和广大党员在经济社会发展的主战场、服务群众的第一线发挥作用。要加强制度建设，认真落实“三会一课”、组织生活会、谈心交心、思想汇报、民主评议党员等基本制度，推动党内生活规范化。

王儒林强调，要把从严管党治党要求落实到基层组织建设全过程。一要切实明责知责，全省各级党委(党组)尤其是“一把手”，要牢固树立“抓党建是本职、不抓党建是失职，抓不好党建是不称职，党建大面积出问题就是渎职”的理念，把管党治党作为分内之责、当然之责、首要之责。二要认真履责尽责，各级党委(党组)切实担负起主体责任，坚持党建工作和中心工作一起谋划、一起部署、一起考核、一起落实，各级党委(党组)书记要把党建工作作为硬任务来落实、来推进,党委(党组)班子成员要按照分工抓好分管部门、分管领域管党治党工作,形成全党动手、齐抓共管、一级抓一级、层层抓落实的党建工作格局。三要严肃问责追责,进一步加大督查考核力度,对管党不严、治党不力、问题突出的地区和部门党组织特别是"一把手",要严格追究、严肃问责,确保党建工作责任落到实处,确保从严治党要求落到实处,确保中央大政方针和省委工作部署落到实处。

各市市委书记,市委常委、组织部长;省直工委、省高校工委、省国资委党委、省国防科技工业党委、省非公经济组织工委书记和组织部长,基层党员群众代表和有关部门同志参加了会议。

2014年山西省劳动模范表彰大会会场

重要文献

中共山西省委办公厅
关于印发《领导干部“访民生、知民情、解民事”集中走访制度》的通知

晋办发〔2014〕1号

各市、县委，省委各部委，省直各委、办、厅、局党组（党委），各人民团体党组：

《领导干部“访民生、知民情、解民事”集中走访制度》已经省委同意，现印发给你们，请认真贯彻执行。

中共山西省委办公厅

2014年1月9日

领导干部“访民生、知民情、解民事”集中走访制度

为进一步推动党员干部特别是领导干部直接联系群众、服务群众工作常态化，特制定领导干部“访民生、知民情、解民事”集中走访制度。

1.坚持定期集中走访。省、市、县级四大班子领导干部以及法检“两长”，原则上每年集中开展一次以“访民生、知民情、解民事”为主题的走访活动。省级领导干部联系走访应覆盖所有县（市、区），市级领导干部联系走访应覆盖所辖乡（镇、街道），县级领导干部联系走访应覆盖所辖村（社区）。各层级走访联系点一般不重复交叉，可与住村包村点、扶贫点等相结合，每2年轮换一次。各级领导干部集中走访主要是直接联系接触群众，了解当地情况，帮助谋划发展思路，宣讲形势政策，服务帮扶群众，解决发展难题。集中走访活动由各级党委办公厅（室）统筹安排。

2.注重调查研究。省级领导干部到集中走访联系点调研每年每县（市、区）不少于1天，市、县级领导干部每年每乡（镇、街道）或村（社区）不少于半天。每年至少进行一次蹲点调研，撰写1篇调研报告。各级领导干部到集中走访联系点调研要明确主题，深入了解真实情况，以便于更好地总结经验、研究问题、指导工作。

3.开展谈心谈话活动。各级领导干部在集中走访过程中，可采取个别谈话、集体座谈、随机交流等多种形式，与当地领导班子成员和基层干部群众开展谈心谈话活动，沟通思想、增进理解、形成共识。

4.走访慰问困难群众。各级领导干部在节假日期间和发生严重自然灾害等特殊时期，要深入困难群众集中开展走访慰问、送温暖活动。

5.着力解决群众反映强烈的突出问题。各级领导干部对在集中走访过程中发现的群众反映强烈的突出问题，要及时进行分析梳理。对符合政策、能解决的问题，要及时解决；对一时不能解决的问题，在及时向群众做好解释说明的同时，把问题带回来，集中交流，研究解决。要积极与信访部门对接，定期开展带案下访活动。

6.定期集中研究。省、市、县（市、区）每年要对“访民生、知民情、解民事”活动进行总结，召开情况交流会、专题研究会，针对活动中的倾向性、普遍性以及重点问题进行集中研究，统筹协调帮助解决。

7.严格纪律要求。认真贯彻落实中央八项规定和我省“四个实施办法”等有关要求，轻车简从，不搞层层陪同、迎来送往，不准增加基层和群众负担，不准以日常性检查

工作、现场办公、项目调度等代替走访。各级领导干部住村入户时，一律安排在村民家中食宿，按规定交纳食宿费。

8.加强考核监督。各级领导干部要把集中走访活动作为年度述职的重要内容。上级党委组织部门要采取随机抽查、明察暗访和媒体监督等方式，对领导干部集中走访活动进行督促检查，加强跟踪问效，防止流于形式、走过场。

中共山西省委办公厅
关于印发《干部下乡住村和领导干部包村增收工作制度》的通知

晋办发〔2014〕2号

各市、县委，省委各部委，省直各委、办、厅、局党组(党委)，各人民团体党组：

《干部下乡住村和领导干部包村增收工作制度》已经省委同意，现印发给你们，请认真贯彻执行。

中共山西省委办公厅

2014年1月9日

干部下乡住村和领导干部包村增收工作制度

为进一步弘扬党的优良传统和作风，密切党群干群关系，实现全面建成小康社会目标，特制定干部下乡住村和领导干部包村增收工作制度。

1.坚持领导干部带头。下乡住村的人员范围为：全省各级党政群机关和事业单位干部，重点是各级领导干部。包村增收的人员范围为：省级领导，纳入目标责任制考核的省直单位和本科院校、其他事业单位、省管重要骨干企业主要负责同志；各市党委、人大、政府、政协班子成员，市直单位主要负责同志；各县（市、区）党委、人大、政府、政协班子成员，县直单位主要负责同志，乡镇主要负责同志。部分省直重要职能部门扩大到部门副职。

2.规范住村包村要求。省直单位的定点扶贫点原则上为本单位住村联系点，市直单位以新农村建设结对帮建村和定点扶贫村为住村联系点，省、市、县（市、区）住村联系点一般不交叉。各级干部下乡住村原则上每年安排3—5天。省级领导、省直单位主要负责同志原则上在国家扶贫开发工作重点县或省定贫困县选择1个农民人均纯收入最低的行政建制贫困村作为包村增收对象。有扶贫开发工作任务的市、县两级四大班子成员，市、县直机关主要负责同志，乡镇党政主要负责同志，包扶本地贫困村。没有扶贫开发任务的市、县两级四大班子成员，市、县直机关主要负责同志，乡镇党政主要负责同志，包扶本地最困难的村或收入水平低的村。

3.明确目标任务。包扶村一包5年不变，每5年调整一次，包扶时间从包村之日起连续计算。领导干部包扶村属贫困村的，5年内要确保所包村农民人均纯收入翻番；包扶村属农民收入水平低的，5年内要确保所包村农民人均纯收入超过所在县（市、区）平均水平。如5年内提前完成包村增收目标任务的，包村领导干部可提出调整新的包扶村。

4.加强基层党组织建设。健全党的基层组织体系，加强基层党组织带头人队伍建设，抓好基层党组织活动阵地建设，整顿软弱涣散党组织，建设服务型基层党组织，不断扩大党组织和党的工作覆盖面，充分发挥基层党组织的战斗堡垒作用和广大党员的先锋模范作用。

5.科学制定发展规划。大力宣传党的农村政策特别是扶贫政策，引导贫困群众解放思想、增强信心、勤劳致富。立足实际，帮助所住村理清发展思路、制定发展规划，积极为农民群众送技术、送信息、送生产资料。

6.主动解决群众实际问题。认真做好联系群众、服务群众工作，在增进群众信任上下功夫，在解决实际问题上下功夫，在做好示范引导上下功夫。住村干部要走访农户并帮助所住村办一些力所能及的实事好事，切实以实际行动取信于民。

7.积极开展调查研究工作。通过下乡住村实践锻炼，促进干部思想作风进一步转变。结合转型跨越发展的目标要求和本职工作，每年确定一个调研课题，利用住村包村时间，深入基层开展调查研究。

8.搞好经常性的扶贫济困工作。积极开展面向困难群众的"送温暖、献爱心"活动。在包扶村要联系帮扶1—2户特困群众、孤寡老人和残疾人家庭，建立长效机制，定期走访慰问，把党和政府的温暖送到特困人群中。

9.加强组织领导和工作落实。省干部下乡住村活动联席会议负责干部下乡住村和领导干部包村增收工作的组织领导。各单位主要负责同志是干部下乡住村和领导干部包村增收工作的第一责任人，要加强组织管理，明确具体责任人，建章立制，完善干部下乡住村和领导干部包村增收工作档案。

10.严格遵守工作纪律。住包村期间要轻车简从，不搞层层陪同。住包村干部要坚持与群众同吃同住同劳动，严格遵守各项规定和当地乡规民约，按规定交纳生活费，不准吃请收礼，不准接收土特产品或在住包村低价购买农副产品。

11.注重考核激励。按照干部管理权限，省、市、县（市、区）干部下乡住村活动联席会议组织有关部门不定期对各地各单位的下乡住村和包村增收工作情况进行检查，年终进行全面考核，定期进行工作通报。市、县、乡三级干部下乡住村和领导干部包村增收工作纳入各级领导班子和领导干部年度目标责任考核范围。对工作突出的单位和个人给予表彰奖励；对考核结果较差的单位和个人进行通报批评，并取消当年评先评优资格。

中共山西省委关于深入贯彻党的十八届三中全会精神加快推进转型综改试验区建设的若干意见

（2014年1月15日）

为深入贯彻党的十八届三中全会精神，认真落实《中共中央关于全面深化改革若干重大问题的决定》，加快推进山西省国家资源型经济转型综合配套改革试验区（以下简称转型改试验区）建设，提出以下意见。

一、以转型综改试验区建设为切入点深入推进改革

（1）深刻理解和全面把握党的十八届三中全会的精神实质。党的十八届三中全会是我国进入全面建成小康社会决定性阶段召开的一次十分重要的会议，全会通过的《中共中央关于全面深化改革若干重大问题的决定》，是全面深化改革的纲领性文件。要把学习贯彻党的十八届三中全会精神作为一项重要政治任务，深刻领会“三个进一步解放”的要求，准确把握“完善和发展中国特色社会主义制度，推进国家治理体系和治理能力现代化”的总目标，牢固树立进取意识、机遇意识、责任意识，抓住深化经济体制改革这个主轴，全面深化经济体制、政治体制、文化体制、社会体制、生态文明体制和党的建设制度改革，坚决破除各方面体制机制弊端，努力开拓中国特色社会主义事业更加广阔的前景。

（2）全面深化改革要以转型综改试验区建设为统领和切入点。转型综改试验区获批以来，省委、省政府高度重视，按照国家批复的《山西省国家资源型经济转型综合配套改革试验总体方案》，制定出台了近三年的实施方案，逐年分解为年度行动计划，紧紧围绕产业转型、生态修复、城乡统筹、民生改善四大转型任务，部署了十大领域的综合配套改革，着力推进事关全局的重大改革、重大事项、重大项目、重大课题，在争取国家下放低热值煤发电项目核准权、实行煤层气矿权分级审批、开展动力煤期货交易试点前期工作等方面取得了突破性进展。但与中央要求相比、与改革开放先进地区相比、与广大干部群众期盼相比还有明显差距，存在破题不够、路径不宽的问题。

转型综改试验区是全国唯一的全省域、全方位、系统性的综改区，已部署的综改试验任务既符合党的十八大和十八届三中全会精神，又具有鲜明的山西改革特色，对破解资源型经济转型这个历史难题具有全局性意义。党的十八届三中全会发出了全面深化改革的“动员令”，为我省进一步丰富转型综改试验区建设的内涵，破解制约资源型经济转型的体制机制障碍，加快推进转型综改试验区建设提供了新的重大历史机遇。我省贯彻落实党的十八届三中全会精神，必须以转型综改试验区建设为切入点，进一步解放思想、求真务实，敢于啃硬骨头，敢于涉险滩，带动全省转型跨越发展，更好地释放资源型地区的改革红利、市场潜力和创新活力，为转型跨越发展、办好“两件大事”提供强有力的体制机制保障。

（3）加快推进转型综改试验区建设的总体要求。按照中央关于全面深化改革的指导思想、总目标和路线图，围绕转型综改试验区建设的目标、任务，坚持正确的改革方向，坚持胆子要大、步子要稳，于法周延、于事简便，点面结合、示范引领，因地制宜、基层首创的原则，进一步提高综合配套改革决策的科学性，广泛凝聚共识，形成改革合力，不断破解转型难题、拓宽发展路径，力争到2015年初步建立起促进资源型经济转型的体制机制，初步形成“以煤为基、多元发展”的产业体系；到2020年在转型综改的重要领域和关键环节改革上取得决定性成果，形成具有鲜明山西特色的系统完备、科学规范、运行有效的制度体系，全面深化改革走在中西部地区前列，探索出一条资源型地区实现科学发展、建成全面小康社会的新路。

（4）转型综改试验区建设的核心任务是促进以煤为基、多元发展。以煤为基、多元发展是山西转型跨越的主战略，是产业升级的一体两翼。转型综改试验区建设的核心任务，就是破解以煤为基、多元发展的体制机制障碍和要素瓶颈。着眼于以煤为基，巩固煤炭资源整合成果，完成焦化行业

重组任务，积极推进钢铁、有色、水泥等传统行业的企业整合和技术提升，引导上下游企业联合重组，坚决遏制产能盲目扩张；建立健全高碳产业低碳发展促进机制，以多联产、全循环、高端化为基本模式，加快资源就地加工转化；完善煤电一体化体制，促进煤电和谐发展；加快推进电力用户与发电企业直接交易，完善大用户直供电机制。着眼于多元发展，健全新型产业发展促进机制，推动新能源、新材料、节能环保、高端装备制造、生物、新一代信息技术、新能源汽车、现代煤化工、煤层气等战略性新兴产业发展；结合资源禀赋和工业基础，布局一批高端装备制造业、现代煤化工、新材料、新能源产业基地；加快现代服务业快速发展，创新旅游管理体制和市场运行机制，促进文化、旅游产业深度融合。

二、大力推进政府职能转变

(5) 深化政府机构改革和职责整合。按照精简统一效能的原则，稳步推进大部门制改革，省政府设工作部门40个，其中办公厅和组成部门24个，直属特设机构1个，直属机构15个。另设部门管理机构6个。推进省级以下政府机构改革和职责整合，完善市县食品药品监督管理体制，调整省级以下工商、质监行政管理体制，实行分级管理。整合建设工程项目交易、经营性土地使用权出让、矿业权出让、产权交易和政府采购等各项招投标活动，建立统一规范的公共资源交易平台。整合金融、工商登记、税收缴纳、社保缴纳、交通违章等信用信息，建立统一规范的信用信息平台。整合城镇职工医疗保险、城镇居民医疗保险、新型农村合作医疗的职责，建立统一完善的医疗保障体系。整合房屋登记、林地（草原）登记、土地登记等职责，明确统一办理不动产登记的机构。

(6) 积极推进事业单位分类改革。制定事业单位改革配套政策，深入推进公益服务事业单位、承担行政职能事业单位和从事生产经营活动事业单位改革。推进省直单位和市属事业单位法人治理结构试点。探索学校、科研院所、医院等事业单位去行政化的有效形式，严格控制人员编制，减少领导职数。中央核定的各级行政编制总额和各类专项编制总额不得突破，将全省事业编制总额控制在2012年底总量内并有所减少。

(7) 加快推进简政放权。做好国务院取消和下放行政审批事项的承接工作，全面清理投资审批、生产经营活动审批、资质资格许可和认定、评比达标表彰、评估等事项。一律取消以“红头文件”设定的行政审批事项，一律取消除法律、行政法规规定外的资质、资格类审批，一律取消没有法律法规依据的登记、年检、年审、监制、认定、审定等管理措施，一律取消以事前备案等名义实施的行政审批事项。加大省级政府投资审批权限下放力度，扩大市县核准备案权限，推进同步下放环保、土地、规划等前置审批权限。在27个县份（扩权强县试点县、省级综改试点县，下同）依法合规配套下放环评、能评等省级投资领域审批事项。

重新明确各级行政审批事项目录，2014年6月前向社会公布省级政府部门审批清单。优化审批流程，规范审批服务，推进行政审批标准化建设。抓紧完善我省固定资产投资项目流程图。总结太原市“两集中、两到位”改革经验，2014年底前在全省各市和27个县份推广。规范行政权力运行，市县政府2014年底前、省级政府部门2015年底前公布本级政府部门权力清单。加大政务公开力度，编制政务公开和政务服务目录。

(8) 完善市场监管体系。推进工商注册制度便利化，在27个县份和太原市城区先行开展工商登记制度改革，推行公司注册资本认缴登记制，放宽公司注册资本登记条件并取消最低注册资本限制，放宽市场主体住所（经营场所）登记条件，实行企业年检改年报制度和市场主体信用信息公示制度，力争2014年6月在全省推开。积极推进先照后证。继续开展相对集中行政处罚权工作，推进综合执法试点。市场监管原则上实行属地管理，执法重心下移，由市县政府负责。规范设置各级行政执法机构，省级一般不设行政执法队伍。清理整顿现有行政执法队伍，推进跨部门、跨行业的综合执法。规范行政执法行为，尽快研究出台《行政处罚自由裁量权行使办法》。

(9) 积极稳妥推进行政区划调整和扩权强县改革。积极开展《山西省行政区划调整规划》编制工作，研究调整部分市不合理的城区、矿区设置，逐步解决“一市一区”问题。适应大县城和重点镇发展要求，将扩大县级市中心城区、县城和重点镇的区域范围纳入调整规划。对具备行政区划调整条件和达到设市标准的县有序改市。合理制定、完善设镇条件和程序，对具备行政区划调整条件的乡有序改镇。科学推进城市中心城区的镇（乡）改街道和村委会改社区居委会。积极探索县政府驻地镇的管理模式。

统一规范推进27个县份改革试点，逐步拓展扩权事项，集中连片扩大试点范围，在科学评估第一批85项扩权事项的基础上，将具备条件的国务院下放省级行政审批权限以及省级下放设区市的审批事项，以授权方式下放试点县（市、区）。探索实行省直管县体制。

三、发挥市场配置资源的决定性作用

(10) 完善矿产资源市场配置机制。除国家有明确规定外，对新设立的煤炭资源矿业权全部采用招标、拍卖、挂牌等市场竞争方式出让，探索对共生、伴生矿产资源矿业权实行一体化配置，完善矿业权一级交易市场。研究制定矿产资源矿业权转包、出租、出让、抵押等市场交易规则，加快建立矿业权二级交易市场，促进矿业权流转。加快矿产资源矿业权交易有形市场建设，完善全省11个市网上交易和网上监管机制，实现阳光操作。探索推进国有煤炭企业已占有存量资源未缴纳矿业权价款转国有股权。积极推进煤层气管理体制改革，创新煤权气权一体化设置，探索建立煤层气资源矿业权有偿取得制度。

（11）逐步实现集体建设用地与国有建设用地同等入市、同权同价。在27个县份先行试点，稳步推进农村集体经营性建设用地通过出让、租赁、入股和抵押等方式入市流转。按照依法、平等、自愿、有偿的原则，依托国有建设用地交易市场，建立统一的城乡建设用地有形交易市场和交易门户网站。尽快制定集体建设用地流转交易管理办法，明确集体建设用地交易范围，健全集体建设用地交易规则和操作流程，规范交易信息披露，建立监督制约和责任追究机制。逐步缩小征地范围，明确公益性行业用地和营利性行业用地的界限。进一步规范征地程序，严格执行相关法规，确保征地程序、补偿标准合法、公开，实现阳光征地、和谐征地。总结提升各市县被征地农民安置的丰富实践，不断完善对被征地农民合理、规范、多元保障机制。

（12）构建用地保障和耕地保护新格局。严守我省6000万亩耕地保护红线不放松，确保农业和粮食安全。争取建设用地增减挂钩试点突破县域范围，逐渐实现以太原都市圈和其他设区市为单元安排增减挂钩指标。尽快将工矿废弃地复垦利用试点扩展到全省。设立省级耕地开发项目专项资金，在全省实施大规模的造地工程。设立省级开发耕地储备库，用于保障省级重点建设项目或重点建设区域的占补平衡，并通过有偿使用方式在省域内进行调剂。探索建立土地开发多元投入机制，有效整合各类涉农资金，探索引入个人、企业、信贷等社会资金参与土地综合整治。全面实施建设用地节约集约利用考核机制，从2014年起对各市的单位建设用地投入、产出指标进行评价考核，并作为分解下达年度土地利用计划指标的重要依据，对排名靠前的市奖励部分用地指标。加快朔同地区盐碱地的改造利用，探索把以盐碱地为重点的未利用地纳入建设用地规划范围。

（13）健全金融服务体系。加快地方金融机构改革，优化股东结构，积极引进战略投资，促进城市商业银行增强实力，建立现代金融制度。加快农信社股改步伐。鼓励大型企业集团组建财务公司。积极支持民间资本依法发起设立民营中小型银行、消费金融公司、村镇银行、融资再担保公司、小额再贷款公司等金融机构。小额贷款公司和融资性担保公司可享受金融机构营业税和所得税优惠政策。建立政银企对接平台，加大引进金融机构力度。

显著提高直接融资比例。积极扩大债券市场融资。加大企业改制上市力度，推动上市公司并购重组和再融资。大力发展创业投资和私募股权投资基金。加强区域要素市场平台建设。在27个县份开展农村房屋产权、集体建设用地使用权、土地承包经营权、林权等抵押贷款业务。创新城镇化建设投融资机制，完善省市县三级城镇化建设投融资体系。完善地方金融统一组织协调机制，加强对金融重大事项的组织、指导、协调工作。进一步落实地方政府处置非法集资责任。进一步改善金融生态和信用环境。

（14）创新煤炭交易体制机制。完善煤炭现货交易，开展场外交易试点，提升金融服务功能。扩大煤炭交易价格指数的覆盖面和影响力。完善煤炭、焦炭等大宗产品的市场配置机制，积极发展焦炭、电力和煤层气等能源商品的场外交易。引入期货交易机制，以动力煤为试点，积极推进煤炭等能源商品衍生品交易，创造条件开展期货交易。

（15）进一步完善价格形成机制。完善资源性产品成本核算制度，加快资源性产品价格改革，全面反映市场供求、资源稀缺程度、生态环境损害成本和修复效益。将政府定价的商品和服务限定在重要公用事业、公益性服务、网络型自然垄断环节，提高透明度，接受社会监督。积极稳妥推进价格改革，下放和放开部分价格管理权限。完善居民“阶梯式”电价，推进水、电、气、热等领域价格改革，放开竞争性环节价格，对居民生活用水全面实施“阶梯式”水价，对工业用水实行“差别水价”政策。在引黄供水区实施“分质供水、原水直供”办法，加快形成竞争性水市场。研究制定管道天然气居民用户“阶梯式”气价政策。积极稳妥推进按用热量计价收费的热价改革。建立煤、气、电、热等能源产品价格联动机制。

四、深化国有企业改革和大力发展混合所有制经济

（16）深化国有企业产权制度改革。推进国有企业股权多元化改革，有效解决我省国有企业“一股独大”和资源依赖、政府依赖等问题。省属企业国有股权根据市场情况有序减持或退出。根据企业不同功能，合理确定减持比例，大力引进战略投资者。加大国有企业改制上市力度。推动各种投资主体通过出资入股、收购股权、认购可转债等形式参与国有企业改制重组。加强对市县属国有企业改革的分类指导。

（17）创新国有资产监管和收益管理体制。以管资本为主加强国有资产监管，形成具有不同功能的国有资本投资经营主体，推动省属国有企业由“大”向“强”转变。对省属国有企业进行分类改革，支持有条件的集团公司改组为国有资本投资公司。根据不同国有企业的功能定位，实施分类监管、分类指导、分类考核。完善国有资本经营预算制度，逐年提高国有资本收益上缴比例，不断完善国有资本收益共享机制。

（18）推行国企信息公开。推行国有企业财务信息及有关重大事项的公开，省属企业定期向社会公布经营状况、重大投资、薪酬水平、职务消费、业务消费等信息。省属国有企业领导人员与企业职工的平均工资之比控制在合理比例之内。建立职务待遇、职务消费、业务消费与企业效益挂钩制度。

（19）完善法人治理结构。国有企业要建立健全股东（大）会、董事会、经理层和监事会，形成协调运转、有效制衡的决策、执行、监督体系。国有独资及国有控股公司全面推进规范董事会建设，逐步落实董事会业绩考核、薪酬管理和经理层选聘等职权。建立职业经理人制度，减少

行政任命管理人员，增加市场化选聘比例。建立健全企业经营管理者选聘、考核、奖惩和退出机制。完善责任追究制度，形成责、权、利对等的运行机制。探索现代企业制度与党组织发挥政治核心作用、职工民主管理有效整合的途径。鼓励非国有企业完善法人治理结构，建立健全现代企业制度。

(20) 支持各种所有制经济融合发展。除国家规定的领域外，国有资本投资项目可吸收一定比例非国有股份，竞争性领域新上项目允许非公有资本控股。鼓励资源型企业通过全产业链、煤电一体化等方式进行战略并购重组。鼓励以集体经济为主体的企业进行规范化股份制改造。支持发展非公有资本控股的混合所有制经济，鼓励非公有制企业加强与国有、集体企业的合作。鼓励非公有制企业通过相互参股、职工持股、引进外资、出让产权、资本运作和上市挂牌等形式建立开放多元的现代产权结构。完善混合所有制企业管理制度，坚持同股同权，共同参与企业经营管理。探索具有资源型经济特点的混合所有制企业员工持股有效形式。

(21) 积极支持非公有制经济快速发展。实行统一的市场准入制度，严禁在国家法律法规规章和标准外设置行业准入、市场准入门槛。鼓励支持民间资本以独资、参股、控股等多种方式进入基础设施建设、市政公用事业和金融、电信运营、教育、文化、医疗卫生、育幼养老等行业和领域，依法享有平等政策。形成向社会公开推介项目和非公企业参与重大项目投资招标的长效机制。支持非公有制企业建立研发机构和企业技术中心，与高等院校、科研院所开展合作，推进科技协同创新，积极引进先进技术和设备，开发“专精特新”的产品、技术。鼓励非公有制企业引进高端人才，加强对大中型非公企业高层管理人员和有发展潜力的优秀小微企业主培训。建立健全非公有制经济发展联席会议、世界晋商大会、党建保障等制度和机制。

五、健全科技创新体制机制

(22) 强力实施创新驱动发展战略。制定国家创新驱动发展战略山西行动计划和低碳创新行动计划。建立科技创新联席会议工作机制、科技资源集成整合机制、关键技术重大项目联合攻关机制和产学研协同互动机制。以企业为主体，以需求为导向，促进产学研相结合。鼓励省属国有企业建立国家级技术中心、重点实验室、工程中心、博士后流动站以及创新联盟，支持中小企业以多种形式设立技术开发机构。省级各部门设立的研究开发类和科技创新类计划项目80%由企业牵头承担。加快科技投融资体制改革，推进中小企业自主创新。取消高新技术成果入股的比例上限。建立政府引导、企业主体的多元化、宽渠道科技投入体系。提高研发投入、高新技术企业数量、专利申请量等指标在全省目标责任考核中的权重。实施知识产权战略，切实依法保护知识产权。

(23) 建立科技创新人才引进、培育与使用机制。坚持高端引领、以用为本原则，建立集聚人才体制机制。创新人才引进机制，出台级差化引才引智政策。依靠重大科技专项、重要产业项目和重点课题研究引进一流高科技人才。完善不同层次不同类型人才的评价发现机制，对院士等特殊人才实行一事一议制度。消除人才流动政策性壁垒，加强人才市场建设，优化人才资源配置。实施人才创新创业扶持奖励政策，健全技术要素参与分配制度，职务发明成果收益60%以上比例划归研发团队拥有。在山西科技创新城和省高校园区搭建科研平台，整合资源、联合攻关。推动职教园区建设，建设具有山西特色的现代职业教育体系。调整高等教育学科专业结构，围绕转型加强重点学科建设，加快建设煤化工、煤层气、生物技术、信息技术、现代农业、旅游、文化产业等方面的专业。

(24) 大力推进山西科技创新城建设。山西科技创新城是我省实施创新驱动战略的关键一招。积极实施低碳引领、创新驱动、开放带动战略，打造产研一体、产城一体、产融一体的区域发展新格局。围绕以煤为基、多元发展，按照清洁、安全、低碳、高效的方向，围绕煤基科技及产业发展搭建平台、开拓市场、完善政策，引进一流的研发机构、一流的科技项目、一流的科技企业，在煤炭绿色开采、煤层气开采、煤炭综合利用、煤基高端制造、现代煤化工、二氧化碳捕捉封存及转化利用、矿区生态修复等关键技术领域，努力打造中国乃至世界的煤基科技高地。加快科技创新城基础设施建设，积极承接国内外煤基科技及产业转移。建立创新链与产业链匹配机制、研发项目筛选与落地机制、科技基础资源平台开放共享机制、科技型中小企业培育机制。建立科技研发和科技成果转化金融支持平台与机制。高规格配置创新城管委会，行使市级管理权限。

六、深化财税体制改革

(25) 深化财政预算管理制度改革。细化政府性基金预算编制，健全政府性基金支出项目库，逐步提高国有资本收益上缴比例，规范社保基金预算编报，将政府所有收支全面纳入财政预算管理。扩大预算公开范围，细化预算公开内容，2015年之前所有县级以上政府全部公开财政预决算和“三公”经费预决算。在清理规范七项与财政收支增幅或生产总值挂钩重点支出事项的基础上，对地方出台的要求与财政收支挂钩的支出事项以及按人均经费标准安排的支出事项进行清理规范。制定出台预算稳定调节基金管理办法，逐步推动滚动预算、中期预算的编制工作。逐步健全权责发生制的政府综合财务报告制度，率先在27个县份开展试编工作。建立债务预算管理制度，对高风险地区和部门进行预警，实行融资平台公司名录管理制度，有效化解存量债务，严控新增债务。

(26) 完善地方税体系。按照清费立税原则，全面清理煤炭企业收费。积极推进煤炭资源税从价计征改革。推进营业税改征增值税。积极争取环境保护费改税在我省先行先试。争取资源综合利用增值税、企业所得税优惠政策。

调整完善我省城市维护建设税征收范围。开展个人所得税、房地产税改革研究。清理整顿各类税收优惠，为企业发展营造公平竞争的税赋环境。积极推进税收信息化建设，创新优化税收征管和服务方式，建立科学、高效的税收征管体制。

(27) 建立事权与支出责任相适应的制度。在中央与地方事权支出责任划分的基础上，研究设计省以下各级政府事权清单，逐项明晰省、市、县三级政府各自的事权，建立与事权相适应的支出制度。对于省级委托的部分事权，省级通过转移支付委托市县承担；对于共同事权，适当增加省级政府支出责任。省出台增支政策形成的市县财力缺口，原则上通过一般性转移支付调节。建立一般性转移支付增长机制，逐步提高一般性转移支付占省级财力的比重，确保县级财力占全省财力比重不低于60%，县级财力均衡度不低于0.6。严格新设专项转移支付，清理规范整合现有专项转移支付，逐步减少竞争性领域专项转移支付。清理规范现有的配套政策，先行在财力困难的贫困县、生态县取消地方资金配套，一般不再出台新的配套政策。

七、构建统筹城乡发展新机制

(28) 加快推进农业经营体系创新。在坚持家庭经营基础性地位的同时，探索集体经营、合作经营、公司经营等农业经营新方式。出台引导农村土地承包经营权有序流转意见，设立土地流转扶持资金，力争2020年土地流转率达到全国平均水平。建立县乡村三级土地流转服务机制、纠纷调处机制、风险保障机制，加快培育土地流转市场。鼓励农民兴办专业合作、股份合作、信用合作等多类型的合作经济，鼓励合作社通过合作与联合发展跨区域、跨产业联合社。允许财政项目资金直接投向符合条件的合作社。鼓励和引导工商资本到农村发展适合企业化经营的现代种养业和农产品加工业，制定促进和规范工商企业租赁农户承包地的有关制度。支持发展主体多元、竞争充分的农业社会化服务，开展政府购买服务试点。

(29) 拓宽增加农民收入的渠道。围绕农民收入翻番目标，拓宽农民增收渠道。以现代特色农业为方向，不断丰富“一村一品”、“一县一业”的具体模式，推进大同、晋中、运城现代农业示范区等区域特色农业的发展。尽快编制雁门关现代畜牧区以农载牧规划。逐步扩大农村土地承包经营权确权登记颁证试点范围，开展草原确权承包工作。鼓励各地成立农村土地物权服务中心，对土地进行收储、价格评估、交易和金融担保，形成以土地权益保证为主的信贷融资。赋予农民对集体资产股份占有、收益、有偿退出及抵押、担保、继承权。保障农户宅基地用益物权，改革完善农村宅基地制度，选择若干试点，慎重稳妥推进农民住房财产权抵押、担保、转让。继续出台强农惠农富农政策，调动农民生产积极性。

(30) 以百企千村产业扶贫开发工程为抓手推进扶贫体制机制改革。百企千村产业扶贫开发工程是我省加大扶贫攻坚力度，促进贫困地区农民收入翻番的重大战略工程。以吕梁、太行两大连片特困地区为主战场，总结提升企业产业扶贫开发实践做法，形成扶贫发展新的模式和机制。加大项目用地和金融服务等要素支持，着力形成示范带动、项目支撑、政策支持、考核激励、精准管理为一体的综合推进机制。

建立精准扶贫工作机制，实行以扶贫成效为导向的贫困县考核激励机制。改变机关单位定点扶贫方式，工作队队长由一年一换改为两年一换，充分发挥贫困村大学生村官作用，逐村逐户逐人制定落实帮扶措施。强化行业扶贫资源整合，完善行业扶贫工作考核，引导社会力量以多种形式支持参与扶贫开发。实行省级领导联系贫困县、扶贫开发企业和住村包村点“三合一”帮扶贫困县制度，并在国家扶贫开发工作重点县和连片特困地区扶贫攻坚重点县共36个县全覆盖。

(31) 完善新型城镇化的推进机制。按照“一核一圈三群”城镇化格局，走出以人为核心具有山西特色的新型城镇化道路。建立领导协调机制，按照“四化同步”、“五规合一”的要求，加快交通、通信设施为重点的基础设施一体化建设，推进太原晋中同城化。支持其他市加快新区建设和旧区提质，创新推进方式和协调机制，形成大同都市区、长治“1+6”城镇组群、临汾百里汾河经济带、运城生态智慧城等各具特色的发展模式。以孝义为龙头，推进孝汾平介灵城镇组群建设。分层次推进大县城建设，逐步减少5万人以下的县城。创新百镇建设机制，赋予吸纳人口多、经济实力强的镇相应的管理权。积极探索“以矿建镇”、以县（市）为基础的“就地城镇化”模式，促进农民向城市有序转移。

加强城乡统筹，积极推进新农村建设。加快搬迁山庄窝铺，使人口向中心村集聚。巩固提升农村两轮“五个全覆盖”成果，着力办好“五件实事”，启动实施农村人居环境改善工程，加快中心村基础设施和社会服务设施建设。围绕中心村建设“农民半小时生活功能圈”，把农村建成生产空间集约高效、生活空间宜居适度、生态空间山清水秀的美丽乡村。

八、创新区域经济发展和对外开放管理体制

(32) 创新对外开放管理体制机制。建立跨部门工作协调机制。参照上海自由贸易试验区做法，积极探索综合保税区海关监管、检验检疫、服务业、金融、外汇管理等领域改革。支持条件成熟的地区申请建立海关特殊监管区。积极争取开展“一次申报、一次查验、一次放行”试点，提高集报关、报检、物流等功能为一体的贸易便利化水平。探索实行准入前国民待遇加负面清单的外商投资管理模式，完善建立外商投资项目审批绿色通道。以提高项目落地率为核心，实行“六位一体”招商引资管理模式。完善进口鼓励政策，支持先进技术设备及零配件、重要工业原材料进口。发展壮大外贸主体，培育跨国企业集团。完善支持

有条件的企业和优势产品“走出去”政策。支持企业在海外建立资源基地。按照现代服务业型园区对晋非经贸合作区重新定位，推行“一站式”服务，吸引投资入驻。

(33) 创新开发区、园区管理体制。理顺开发区管理体制，根据开发区所处的区位，采取不同的管理体制。对开发区主要领导的职级实行动态管理。理顺开发区运行机制，实现办事不出区。完善开发区土地供应保障机制，建立开发区与属地利益分配机制。按照集约化、规模化的思路，对现有开发区建设空间已饱和的进行扩区或调整区位，形成主导产业明确、各具特色的园区格局。支持在条件成熟的开发区建设综合保税区。在现有园区的基础上，各市都要打造一个承接产业转移的平台。

(34) 创新区域合作机制。各市要发挥自身优势，积极加强同周边地区的合作。加大融入环渤海地区的工作力度，太原要努力打造北京“副中心”。运城、临汾要在黄河金三角地区抢得先机，晋城要积极融入中原经济区以加快发展。要以产业协作为纽带，进一步强化与中部、长三角、珠三角地区的联系，加强与受电省（区、市）的经济技术合作。太原、运城、长治、大同等机场要努力增开客货运航线，发展多式联运，增加与国内外的人员往来与经济互动，建设国际航空口岸。积极主动参与丝绸之路经济带建设。面向沿海和国外积极探索“飞地经济”发展模式。用好能博会、中博会、农博会、文博会等平台。

九、推进文化体制机制创新

(35) 完善文化管理体制。围绕文化事业的大发展、大繁荣，理顺文化管理部门与市场、社会的关系，实现政企分开、政事分开、管办分开。构建科学有序的国有文化出资人、文化资本运营、文化企业三级管理体系，促进骨干国有文化企业发展壮大。建立党委和政府监管国有文化资产的管理机构，探索建立主管主办与出资人相衔接的新型文化管理工作机制，实现管人管事管资产管导向相统一。推动国有文化企业建立现代企业制度，完善法人治理结构。健全保障文化发展的地方性法规，做到科学管理、依法管理、有效管理。建立意识形态工作层级负责、目标考核和责任追究制度。加强主流媒体阵地建设，壮大主流媒体声音。出台全省性互联网管理监测办法，形成法律规范、行政监督、行业自律、技术保障、公众监督、社会教育相结合的互联网管理体系。以党报党刊、电台电视台为主，推动传统媒体与新兴媒体融合发展。完善公共图书馆、博物馆等公益性事业单位的法人治理结构，吸纳各界人士组建理事会。鼓励社会力量、社会资本参与投资公共文化服务体系建设。

(36) 实行政府购买公共文化服务制度。构建面向基层、惠及全民的现代公共文化服务体系，大力发展群众性文化，实现文化惠民全覆盖，公共文化设施“全免费、全开放”。建立和完善财政分级负担体制，将购买公共文化服务列入年度财政预算，实现省、市、县分级购买公共文化服务。完善文化场馆建设、管理和使用机制，提升文化设施的服务功效和水平。引入竞争机制，营造公平环境，科学合理地确定基本公共文化服务项目、范围和对象。制定政府购买公共文化产品和服务办法，创新购买方式，通过直接购买、场次补贴、以奖代补等多种手段，推动文化惠民项目与群众文化需求有效对接。引入第三方评估机制，对政府购买公共文化服务实行责任追究制。引导和鼓励民间成立基金会，促进社会捐赠发展。建立文化低保、文化扶贫长效机制。

(37) 健全现代文化市场体系。建设覆盖城乡的产权、版权、技术、信息等要素市场。鼓励发展文化连锁经营、物流配送和电子商务。健全文化产业链、价值链、信息链、创意链、流通链“五链融合”机制。建立文化和旅游、科技、体育等相关产业融合发展协调机制。完善审核审批制度，节俭举办各种节庆、展会、晚会，严格控制人为节庆活动。

深化国有文化企业改革，推动骨干文化企业跨地区、跨部门、跨行业、跨层级、跨所有制重组，增强“文化晋军”实力。实施大集团引领战略，鼓励省属文化企业集团先行改革发展、做大做强。鼓励有条件的地区发展文化企业，设立文化投资公司。允许社会资本以参股、控股形式参与国有影视制作机构、文艺院团改制经营。对按规定转制的文化传媒企业可实行特殊管理股制度改革。加强文化产业示范基地和园区建设。

十、创新民生建设和社会治理体制机制

(38) 完善促进就业创业工作机制。建立政府投资、招商引资和重大建设项目新增就业岗位预估和考核制度，实现经济发展与促进就业联动。加强就业创业扶持政策落实和资金投入绩效考核，建立完善促进就业创业资金投入长效机制。扩大失业保险基金支出范围，强化失业保险基金促进就业的功能。鼓励以创业带动就业，在全省开展创业型城市创建活动。开展政府购买基层公共服务岗位吸纳高校毕业生就业试点，完善高校毕业生到城乡基层、非公有制企业就业的服务和保障制度。实施中等职业教育免费、就业培训和就业信息服务三个“全覆盖”，各级用于职业培训资金的比例逐步达到本级就业专项资金总量的20%。完善政府购买职业培训成果机制，加强对政府补贴定点培训机构的认定管理，规范工作流程和补贴申领程序。

(39) 深化收入分配制度改革。完善工资决定和正常增长机制，建立健全治理欠薪工作机制，完善工资指导线制度，适时适度调整最低工资标准，促进中低收入职工工资合理增长。根据国家统一部署，深化机关单位工资制度改革，优化工资收入结构，提高基本工资占比，适时推行职务与职级并行制度，研究制定地区附加津贴实施方案。结合我省实际，适时制定知识密集、人才集中、国家战略发展重点支持的事业单位绩效工资总量核定办法，建立健全符合事业单位特点、体现岗位绩效和分级分类管理的事业

单位工资分配制度。

（40）深化社会保障制度改革。建立城乡一体化的社会保险体系，扩大城镇社会保障覆盖面，将农民工和失地农民纳入社保体系。提高社会保险统筹层次，巩固完善基本养老保险省级统筹，加快推进医疗、失业、工伤和生育保险省级统筹。以统筹城乡和异地结算为重点，推进社保关系跨区域转移接续。推进城乡居民基本养老保险制度整合和管理服务一体化，统筹设计城乡居民医疗保险制度，在全省范围内建立统一的城乡居民大病保险制度。推行以医保付费总额控制为主，与按病种付费、按人头付费相结合的复合付费方式。积极推进省内异地就医结算和医疗服务监管体制综合改革。整合社会保险经办力量，全面推行“五险统征”经办模式，强化对非公经济、灵活就业人员和农民工参保扩面工作。进一步拓展社保卡多功能综合应用。探索建立社保基金投资运营制度，加强管理和监督，确保基金安全和有效使用。健全和完善以政府为主提供基本保障，以市场为主满足多层次需求的住房供应体系，大力发展公共租赁住房，加快实施城镇棚户区和城中村改造。发展企业年金、职业年金和商业保险，构建多层次社会保障体系。健全完善社会救助制度，搭建跨部门、多层次、信息共享的低收入家庭经济状况核对信息平台，健全社会救助资金筹集和标准调整机制。稳步提高城乡低保保障标准。进一步提升全省农村五保集中供养能力。

（41）深化医药卫生体制改革。深入推进公立医院改革，建立完善公立医院绩效考核评价机制。发挥医保的杠杆作用，支付比例进一步向基层医疗卫生机构倾斜，逐步实行分级诊疗，促进优质卫生资源和医疗服务重心下沉。采取整体托管、双向转诊、组建医疗联合体等多种方式，强化三级医院与县级医院紧密型协作关系。适当放宽县级医院设备准入条件，增强县级医院服务能力，探索在人口较多的县建设三级医院。推进医师多点执业，促进卫生人才资源按市场需求流动。在社区卫生机构和村卫生室推行签约服务，提升规范化水平，完善村卫生室经费保障和乡村医生退养机制。建立健全医疗机构与养老、康复机构协作机制。支持社会办医，设立政府引导资金，建立多渠道融资平台，鼓励社会资本以多种形式参与公立医院改制重组，支持社会资本举办非营利性医疗机构、提供基本医疗卫生服务，发展医疗产业集团。扶持中医药事业发展。

（42）深化教育体制改革。完善教育经费投入保障机制，把教育作为财政支出重点领域予以优先保障。大力促进教育公平。扩大学前教育资源，继续新建、改扩建一批公办幼儿园。探索“局管校用”的教师管理新模式，实行义务教育学校校长教师交流制度，完善城镇教师支援农村教育工作制度。推进义务教育均衡发展，缩小区域、城乡、校际差距。推进招生考试制度改革，逐步推行普通高校基于统一高考和高中学业水平考试成绩的综合评价多元录取机制。选择部分高校探索建立理事会制度，调整高等教育学科专业结构，优化高等教育布局。健全支持民办教育发展的管理体制机制。建立市校合作机制，增强高等院校服务社会的能力。

（43）完善基层社会治理机制和现代社会组织体制。以基层党组织建设为核心，加强基层社会治理体系和平台建设，充分发挥基层党组织的引领作用，发挥城乡自治组织的职能，构建社区、社工、社团“三社联动”基层治理机制，组织引导广大群众对社会事务实行民主协商、自我管理。完善网格化管理和社会化服务机制，推进基层综合服务管理平台机构、资源、职能整合，建立部门联动、职能下沉、协调有力、服务高效、保障到位的科学化运行机制。进一步完善社会组织审批管理制度，实行行业协会商会类、科技类、公益慈善类、城乡社区服务类社会组织直接登记制度，达不到登记规模的可实行街道社区备案管理制度。健全公共财政对社会组织的资助、补贴、奖励政策。在文化、体育、新闻出版等领域率先试点“一业多会”，并逐渐向其他领域推广。加快实现学会协会与行政机关真正脱钩，引导和规范各类社会组织健康发展，提高社会组织承接政府转移职能、开展公益服务和中介服务的能力，选择部分具备资质和履职能力的学会协会进行试点。用3年时间将行业技术标准与规范制定、行业准入审查、资产项目评估、行业学术和科技成果评审推广、行检行评、行业调查等职能逐步向社会组织转移。

（44）创新社会矛盾预防和化解机制。全面推行重大决策社会稳定风险评估制度。以矛盾纠纷及时就地化解为目标，在城乡建立调解队伍。以县级调解中心为抓手，形成人民调解、行政调解、司法调解、社会调解衔接联动、优势互补的大调解格局。建立矛盾调解与矛盾排查、行政仲裁、司法诉讼、法律援助、应急处置联动配合机制，增强矛盾调解工作合力。推进信访工作制度改革，建立以互联网为主渠道的群众投诉受理机制，开展信访事项办理群众满意度评价，打造“阳光信访”。完善领导干部接访下访制度，推行联合接访和第三方参与接访。推进涉法涉诉信访改革，把涉法涉诉信访纳入法治轨道解决。

（45）深入推进平安山西建设。以“六六创安”为抓手，着力构建专群结合、网上网下联动、打防管控一体化社会治安防控体系，探索建立以公安、保安、保险三方参与的治安防控模式，推进治安防控社会化、市场化、智能化、专业化、规范化建设。推进食品药品监管职能和机构整合，全面推行生产经营者首负责任制、食品原产地可追溯制度和质量安全责任追究制度。完善安全生产监管制度，提高安全生产科技支撑能力和应急救援水平，建立隐患排查治理体系和安全预防控制体系，切实遏制重特大安全事故。建立健全突发事件应急体系，推进应急志愿者队伍建设。依法促进网络健康发展，统筹互联网、手机等各类媒体的管理。完善山西公安便民服务在线，增加个性化服务，提高网上服务的覆盖面。

十一、创新资源型地区生态文明建设体制机制

（46）探索自然资源资产管理制度。开展资产确权登记，2014年开展汾河的资源确权工作。加紧探索森林、山岭、草原、荒地、滩涂等自然生态空间统一确权登记试点工作。加快出台我省主体功能区划。完善《山西省生态功能区划》，实现功能区划城乡全覆盖、空间一张图，协调衔接空间管制、土地用途管制的类型与区划。加强对自然保护区、风景名胜区以及湿地、水源保护区、水系等生态敏感区的保护。完善能源、水、土地节约集约使用制度，健全各级政府分级行使自然资源和国土空间用途管制职责，严肃查处违法违规行为。

（47）划定生态保护红线。严格执行用水总量、用水效率和重要水功能区水质达标率控制目标三条红线，确保水资源合理配置和节约保护。严格执行国家下达我省的污染物排放总量控制红线，确保排放达标和环境质量稳定改善。建立资源环境承载能力监测预警机制，对水土资源、环境容量超载区域实行限制性措施。对特殊区域实施污染物特别排放限值管理。对限制开发区域以及国家扶贫开发工作重点县，取消地区生产总值考核。对全省范围内的各类自然资源进行摸底，建立资产负债表，对领导干部实行资源资产离任审计。以县（市、区）为考核单元，建立对土地、矿山地质环境、水环境、林业资源等生态环境损害责任终身追究制。

（48）实行资源有偿使用制度和生态补偿制度。坚持谁污染环境、谁破坏生态谁付费原则，建立健全资源开发生态环境补偿机制。完善对重点生态功能区的生态补偿机制，推动地区间建立横向生态补偿制度。妥善处理好搬迁村资源和资产权属及搬迁户的土地、山场承包权和收益分配问题。完善污染物排污权交易管理制度和工作机制，健全排污权交易市场，积极争取设立太原污染物排放交易所。全面开展节能量、碳排放权、水权交易试点。

（49）改革生态环境保护管理体制。积极推广环保执法网格化管理。建立严格监管所有污染物排放的环境保护管理制度，健全举报和社会监督制度。建立汾河治理区域联动机制。根据企业对环境造成污染的级别及潜在危害程度，进行分级管理，对恶意偷排造成环境污染者，严肃追责。完善企业环境信息披露制度，加强PM2.5源解析工作，做好重污染天气条件下空气质量监测预警和应急管理工作。太原市要进一步加大燃煤烟尘、汽车尾气、扬尘等治理力度。允许社会资本按照先造林后开发的原则，留出一定比例的土地进行适度开发。

十二、加强对全面深化改革的领导

（50）建立健全领导体制。各级党委要切实履行对改革的领导责任，省委成立全面深化改革领导小组，由省委书记任组长、省长任副组长，负责转型综改试验区建设的总体设计、统筹协调、整体推进、督促落实，省委常委会每半年召开一次研究综改试验的专题会议。各市、县（市、区）也要成立全面深化改革的领导机构。各级各部门要以重大问题为导向，结合实际制定改革的时间表、路线图和任务书，并实行一把手负责制。

（51）充分发挥人大、政协的职能作用。完善人大工作机制，围绕促进转型综改试验区建设加强立法工作，把转型综改试验区建设的生动实践作为立法基础，把改革决策与立法决策结合起来，充分发挥人大立法引领、促进、保障改革的重要作用，及时制定出台促进转型综改试验区建设的法规，及时修订、废止影响转型综改试验区建设的法规，为转型综改试验区建设提供有力的法律保障。健全人大审议、讨论、决定重大事项制度，建立政府向同级人大报告转型综改试验区建设工作制度，接受人大的咨询、审议和监督。充分发挥人大代表联系群众广泛的优势，及时反映、汇集对转型综改试验区建设的意见和建议。推进协商民主广泛多层制度化发展，构建程序合理、环节完整的协商民主体系，发挥政协联系广泛、智力密集、人才荟萃的优势，调动一切改革积极因素，凝聚各方面的改革智慧和力量，为全面深化改革建言献策，加强对改革措施落实情况的民主监督。

（52）加强领导班子和干部队伍建设。深化干部人事制度改革，改进与完善教育培养、选拔任用、考核评价、管理监督、激励保障机制，发现、培养和使用善于领导和推进转型综改试验区建设的优秀干部，将好干部及时选拔到各级领导岗位上来。实施《2013-2017年全省干部教育培训规划》，重点抓好县处级以上领导干部集中轮训，努力提高领导干部的素质和水平。制定《领导班子和领导干部综合分析研判工作办法》，增强考核评价干部的全面性和准确性。强化党委（党组）、分管领导和组织部门在干部选拔任用中的权重和干部考察识别的责任。完善民主推荐、民主测评制度，改进竞争性选拔干部办法，区分实施选任制和委任制干部选拔方式，坚决纠正唯票、唯分取人等现象。改进优秀年轻干部培养选拔机制，注意用好各年龄段干部，不简单以年龄划线，不搞任职年龄层层递减。完善大学生村干部选派、流动和管理机制。完善干部管理相关制度，统筹优化干部资源，打破干部部门化，加强干部跨条块跨领域交流。

（53）加强基层党组织建设。健全党的基层组织体系，进一步强化农村、社区等党组织建设，更加重视非公有制经济组织、社会组织党建工作，确保党的组织和党的工作全覆盖。加强基层服务型党组织建设，把基层党组织的工作重心转到服务改革、服务发展、服务民生、服务群众、服务党员上来。抓好基层党组织带头人建设，选好书记、配强班子，把那些党性强、能力强、改革意识强、服务意识强的人选用到基层领导岗位上来。加大对软弱涣散基层党组织的整顿力度。加强党员队伍建设，改进流动党员管理。建立基层党组织稳定的经费保障制度。抓好基层党组织带头人集中轮训。

（54）强化纪律作风保障机制。构建决策科学、执行坚决、监督有力的权力运行体系，完善具有山西特色的惩治和预防腐败体系。大力推进惩防体系信息网建设，推进公共权力流程科学化、运行阳光化、监督常态化、制衡刚性化。改进和完善巡视工作制度。健全反腐败领导体制和工作机制，改革和完善反腐败协调小组职能。落实党风廉政建设责任制，制定切实可行的责任追究制度。完善党的纪律检查工作双重领导体制，强化上级纪委对下级纪委的领导。严明党的纪律特别是政治纪律，整肃治理“庸懒散”问题，坚决纠正组织涣散、纪律松弛问题。切实改进工作作风，健全改进作风常态化机制。加强对党政领导干部作风建设的监督检查，严格执行《党政机关厉行节约反对浪费条例》等党纪法规，严厉惩治腐败。

（55）健全转型综改工作考评机制。完善分级负责和分类指导机制，健全省领导联系综改试点制度。制定年度全面深化改革计划，明确责任单位和责任主体，有效落实重大改革事项。加强对改革重大问题的调查研究，完善科学民主决策机制，提高改革决策水平。完善领导班子与领导干部考核评价机制，改进年度目标责任考核工作，形成促进转型综改试验区建设的积极导向。改革考核办法，杜绝单纯看数字、看书面材料等做法。

（56）凝聚推动转型综改试验区建设的强大力量。坚持群众路线，充分调动与发挥人民群众参与综改的积极性、主动性和创造性。不断完善领导机关和领导干部直接联系群众工作方法，引深领导干部下乡住村包村增收和“访民生、知民情、解民事”集中走访活动，在为民服务中集聚改革力量、激发改革动力、迸发改革活力。深化军民融合发展，充分发挥民兵、预备役部队生力军作用。充分调动工会、共青团、妇联等人民团体积极性，齐心协力推进改革。弘扬社会主义核心价值观，为改革提供强大的精神动力。建立鼓励创新、宽容失败的机制，及时总结宣传在综改实践中涌现出来的成功经验和先进典型，为全面深化改革营造良好社会环境。

全省上下要紧密团结在以习近平同志为总书记的党中央周围，锐意进取、攻坚克难，为转型跨越发展、办好“两件大事”，谱写中国梦的山西华章而奋斗！

政府工作报告

——2014年1月18日在山西省第十二届人民代表大会第二次会议上

李　小　鹏

各位代表：

现在，我代表省人民政府向大会报告工作，请予审议，并请省政协委员和其他列席人员提出意见。

一、2013年工作回顾

过去的一年，我们深入贯彻落实党的十八大、十八届二中、三中全会精神和习近平总书记一系列重要讲话精神，高举中国特色社会主义伟大旗帜，以邓小平理论、“三个代表”重要思想、科学发展观为指导，坚持主题主线和稳中求进工作总基调，攻坚克难，开拓创新，全省经济持续健康发展，社会保持和谐稳定，人民生活水平不断提高，各项工作稳中有为、稳中有进，实现了良好开局。

我们积极应对经济下行压力，经济发展取得新成效。认真落实中央宏观调控政策和各项决策部署，结合我省实际，及时制定实施煤炭20条、低热值煤发电20条、煤层气20条、保障工业运行12条等一系列政策措施，对稳增长发挥了重要作用。

优化投资结构，提高投资效益，“六位一体”推进重点工程建设，全社会固定资产投资首次突破万亿元。大西客运专线、山西中南部铁路通道等铁路建设加快推进，太原地铁2号线开工建设；在建高速公路1250公里，改造国省干线924公里，新建改建农村公路2290公里；吕梁机场建成试航，临汾、五台山机场加快建设；大水网四大骨干工程完成隧洞开挖105公里；新投产电力装机312万千瓦，其中风能和太阳能发电装机120万千瓦；新增燃气管网里程1303公里，总里程达到7019公里，覆盖人口1200多万。

努力扩大社会消费，加快农产品流通体系和社区便民商圈建设，促进电子商务发展，推动全省重点公共场所无线局域网免费覆盖，积极开展“美丽山西休闲游”、“山西品牌中华行”等消费促进活动，城乡消费持续增长。努力稳定和拓展外需，太原武宿综合保税区封关运行，机电产品和高新技术产品出口分别增长11.5%、25.7%，外贸转型升级步伐加快。

大力支持实体经济发展，引导煤炭企业增量、稳价、降本、提效，暂停提取有关费用，减轻企业负担近60亿元。支持工业企业挖潜改造，加强产销衔接服务，加大电力外送和省内消纳，促进企业健康发展。实施财政、金融扶持政策，设立20亿元创业投资基金支持创业，投入10亿元支持中小微企业改造升级和科技创新，免征13.5万户小微企业增值税和营业税，“营改增”试点惠及企业2.79万户。

全年小微企业新增3.57万户。中小微企业成为促进就业、推动经济发展的重要力量。

据初步统计，2013年全省地区生产总值增长约9%左右，全社会固定资产投资增长22%，社会消费品零售总额增长14%，进出口总额增长5%，公共财政预算收入增长12.1%，城镇居民人均可支配收入增长10%，农民人均纯收入增长12%以上，居民消费价格涨幅3.1%、控制在年度目标3.5%以内，城镇登记失业率3.3%、低于4.2%的控制目标。9项约束性指标全部完成。

一年来，全省上下齐心协力、克服困难，经济社会实现平稳健康发展，全面建成小康社会又迈出了坚实的一步！

我们加快推进经济结构调整，转型发展迈出新步伐。大力改造提升传统产业，煤炭行业建成现代化矿井54座，全省煤炭产量达到9.6亿吨、外运量达到6.2亿吨，11户大型煤炭集团产量占全省的70%以上；焦化行业兼并重组基本完成，企业减少到80户，户均产能由70万吨提高到200万吨；淘汰落后钢铁产能204万吨、焦炭产能756万吨、电力产能21万千瓦、水泥产能350万吨，淘汰落后产能任务全部完成。

加快培育壮大新兴产业，继续实施新兴产业“512”工程，出台加快发展节能环保产业实施方案和行动计划，先进装备制造业、现代煤化工、新型材料工业、特色食品工业等发展势头强劲。太重高铁零部件等项目建成投用，潞安煤制油、太钢不锈钢和硅钢冷连轧、吕梁数据中心等项目加快推进。实施服务业发展“1511”工程，现代物流、信息服务、文化旅游等服务业发展加快，旅游总收入达到2305亿元、增长27.2%，服务业占地区生产总值的比重超过40%。

积极推进节能减排和生态建设，狠抓重点行业和企业节能，扎实推进千项节能改造项目，全省万元地区生产总值综合能耗下降3.8%左右。落实国家大气污染防治措施，制定出台我省实施方案和年度行动计划，大力推进以细颗粒物为重点的大气污染防治，加强水污染防治和城镇污水处理，主要污染物减排任务可全部完成。加大生态环境治理修复力度，治理水土流失面积364万亩，完成高速公路沿线绿化1030公里，全年营造林454万亩。长治、晋城荣获“国家森林城市”称号。强力推进省城环境综合治理，关停污染企业232家，改造拆除小锅炉1.16万台，新增集中供热面积2159万平方米，公交车、出租车基本实现气化，环境质量明显改善。

强化科技和人才支撑，山西科技创新城筹建工作正式启动，水煤浆水冷壁气化炉、煤层气脱氧催化剂、动车轮对关键零部件制造等核心技术取得突破，新建省级重点实验室16家、省级工程技术研究中心7家、省级以上企业技术中心35家。新建院士工作站14个，引进海外高层次人才62名,选拔省级学术技术带头人202名、新兴产业领军人才64名，“千人百县”服务基层活动取得新成效。

一年来，全省上下顶住经济下行压力，保持转型发展定力，转型之路越走越宽广！

我们加大“三农”工作力度，农业农村面貌发生新变化。新实施10项强农惠农富农政策，资金总规模达到60亿元。加强农田水利基本建设，98座病险水库除险加固全部完成，新启动百座小型水库更新建设，推进大型灌区节水改造，农田实灌面积超过2000万亩。克服严重干旱、冰雪灾害等不利影响，粮食总产量达到131.3亿公斤，再创历史新高。深化农业结构调整，实施七大产业振兴和翻番工程，加快设施蔬菜、水果、中药材等特色产业发展，扶持发展“一村一品”专业村6000个、“一县一业”基地县60个，农产品加工龙头企业销售收入突破千亿元。启动百企千村产业扶贫开发工程，在58个贫困县实施项目209个、总投资690亿元。扎实推进连片特困地区扶贫攻坚，深入开展干部下乡住村包村增收活动，又有47万贫困人口实现脱贫。为农民兄弟新办“五件实事”，改造农村困难家庭危房10万户，易地搬迁特困群众11万人，改扩建村级幼儿园546所，为农村配备保洁人员7.2万名、垃圾清运车3.6万台，为1.8万个村安装太阳能路灯36.8万盏，行政村街道亮化任务率先完成。

一年来，全省上下带着感情抓“三农”，千方百计促进农业增产、农民增收、农村繁荣，农民群众得到了更多的实惠！

我们着力改善民生和加强社会治理，人民生活质量有了新提高。实施义务教育标准化建设工程和农村薄弱学校改造计划，新建改扩建标准化公办幼儿园216所。进城务工人员随迁子女实现在就读地参加中考。对在读的家庭经济困难儿童、孤儿和残疾儿童每人每年给予1000元的生活补助。创建山西传媒学院、太原学院两所本科院校，建成朔州、晋城两个本科校区，11个设区市实现本科教育全覆盖。9所高校近7万名师生入住高校新校区。

深化医药卫生体制改革，县级公立医院改革试点扩大到83个县，同步推进医药卫生一体化综合改革，试点医院实行药品“零差率”销售。开展贫困地区儿童营养改善试点，2.4万名儿童受益。新建城市社区卫生服务机构92所，省儿童医院新院区启动建设。全省人均基本公共卫生服务经费由25元提高到30元，43项基本公共卫生服务惠及城乡居民。

实施“百县强基”、“万村千乡”等文化惠民工程，省图书馆、科技馆正式投用，省晋剧艺术中心开工建设。文化精品创作成果丰硕，《粉墨春秋》获全国舞台艺术最高奖“文华大奖”。哲学社会科学、新闻出版、广播影视繁荣发展。全民健身活动丰富多彩，竞技体育水平进一步提高，我省体育健儿在第12届全运会上取得10金8银的优异成绩。

制定实施促进高校毕业生就业的16条措施，包括对城乡低保家庭应届毕业生每人给予1000元求职补贴，组织1万名高校毕业生就业见习并给予补贴，招录公务员、事业单位人员和选聘大学生村官、农村特岗教师2.3万人等，缓解了高校毕业生就业困难。深入开展创业型城市创建活动，加强创业培训和职业指导，为就业困难人员提供“一对一”就业帮扶。全年城镇新增就业51.5万人，转移农村劳动力37万人。

着力提高城乡居民收入，调整高温津贴及一线艰苦岗位津贴标准，企业工资基准线和最低工资标准增长15%以上，落实带薪年休假制度和基层机关事业单位津补贴，提高机关、企事业单位人员取暖补贴标准，为领取保险金的失业人员发放取暖补贴，为全省农户免费发放880多万吨取暖煤。通过发展富民项目、加大补贴力度、转移劳动力、支持返乡创业、干部下乡包村等措施，促进了农民收入持续增加。

全面加强社会保障，城镇职工基本养老、医疗、失业、工伤、生育5项保险实现制度全覆盖。城乡居民基础养老金每人每月增加10元、最低达到65元，企业退休人员基本养老金月人均达到2170元。启动城乡居民大病保险试点，城镇居民医保和新农合财政补助标准提高40元、达到每人每年280元。失业保险金和工伤保险待遇标准平均提高15%。城乡低保标准每人每月分别由308元、148元提高到351元、181元，惠及239万人。为集中供养孤儿、散居孤儿每人每月补助1000元、600元。对2.5万名贫困残疾人实施康复救助。

加快保障性安居工程建设，全年新开工城镇保障性住房24.2万套、基本建成22.1万套，完成农村住房抗震改建1万户、受灾群众住房改建1.86万户。

深入开展平安山西建设，实施“六六创安”工程，加强基层治理体系建设，认真做好信访和人民调解工作，积极排查化解社会矛盾。加强食品安全专项检查，扎实开展药品质量集中整治，食品药品安全保障水平进一步提高。放宽城市城镇落户条件，全面实行居住登记和居住证制度。健全社会治安防控体系，推进民生警务、亲民公安建设，依法打击违法犯罪活动，妥善应对和有效处置各类突发事件，社会保持和谐稳定。

一年来，全省上下不断加大民生投入力度，财政支出总量和增量的八成以上用于民生及相关事业，发展成果更多地惠及广大人民群众！

我们坚持不懈狠抓安全生产，安全生产工作取得新成绩。坚持把安全生产作为最大的民生工程，始终牢记“三个决不能过高估计”，始终牢记“三个敬畏”，坚决落实政府监管责任，坚决落实企业安全生产主体责任。加强对安全生产的领导，调整安委会组成人员，明确16个行业领域的安全监管责任；深入开展安全生产大检查和“回头看”活动，对重点领域的6.2万户企业进行拉网式排查，关闭非法违法企业1238家；深刻汲取省内外安全生产事故教训，严肃处理南吕梁山隧道爆炸、潞安天脊苯胺泄漏、焦煤汾西正升煤矿透水等事故。全省生产经营性事故起数和死亡人数分别下降7.3%、9.1%，煤炭百万吨死亡率0.077，同比下降15.4%。安全生产形势持续明显好转，为全省经济社会发展奠定了坚实基础！

我们着力推进改革开放，转型综改区建设实现新突破。坚持以转型综改区建设为统领，制定实施“十二五”后三年实施方案和2013年行动计划，转型综改区建设进入实质性推进阶段。构建和谐煤电关系成效明显，同煤集团成功重组漳泽电力，晋能公司成立运营，全省34户省调主力火电企业有26户实现煤电联营，省内七大煤炭企业分别与有关发电企业签署中长期电煤购销协议，21户企业开展大用户直供电试点。现代煤炭交易体系初步形成，继2012年启动铁路运煤上线交易后，去年又启动公路运煤上线交易，至此我省煤炭销售全部实现网上交易，中国（太原）煤炭交易中心注册交易商达到7556户。成功发布太原煤炭交易价格指数，这是我国首个煤炭主产地价格指数。动力煤期货交易试点前期工作进展顺利。行政审批制度改革取得重大突破，获准国家授权低热值煤发电项目核准权，已为装机812万千瓦的10个项目发放“路条”，积极推进煤炭和煤层气矿业权审批制度改革。承接国务院下放行政审批项目33项，取消、下放和调整减少省级行政审批项目435项。在32个县（市、区）推进工商登记制度改革试点。土地管理体制改革深入推进，积极开展城乡建设用地增减挂钩、矿业存量土地整合利用、工矿废弃地复垦利用等试点工作，有效保障了全省建设用地需求。金融创新步伐加快，山西股权交易中心正式挂牌运营，20个县级农信社改制为农村商业银行，金融服务体系不断完善，全省新增各类融资4180亿元。同时，财税体制改革、“飞地经济”发展等积极推进。对外开放进一步扩大，深化省际、省部、省校、省企合作，成功举办文博会、农博会，积极参加中博会等重大展会，招商引资取得新成效。扎实开展对口援疆工作，23项年度重点工程全部完成。

一年来，转型综改试验区建设取得了实实在在的成效，为经济社会发展注入了强大的动力和活力，进一步坚定了全省上下推动转型跨越发展的信心和决心！

我们扎实开展党的群众路线教育实践活动，政府作风焕发新气象。按照中央部署和省委安排，严格执行中央八项规定和我省实施办法，坚决反对“四风”，着力解决人民群众反映强烈的突出问题，以为民务实清廉为主要内容，扎实推进教育实践活动各环节工作。坚持立说立行、边查边改，文风会风明显改进，公款吃喝得到有效遏制，停止新建楼堂馆所和清理办公用房工作全面完成，在年初压减省直部门会议经费20%的基础上，又压减部门一般性支出10%，将节省出的经费全部用于改善民生。坚持标本兼治、重在治本，修订完善涉及11个方面的38项制度，制定136条整改措施，明确责任领导和责任部门，整改落实、建章立制工作扎实推进。稳步推进政府机构改革，加强政府系统廉政建设，强化行政监察和审计监督，行政效能和服务水平进一步提升。

加强民主法制建设，自觉执行人大及其常委会的决议、决定，支持人民政协履行职能，全年共办理人大代表建议827件、政协提案748件，向省人大常委会提请审议地方性法规草案9件，制定政府规章1件。“六五”普法深入开展，“法治山西”建设取得新成效。

各位代表，一年来我们走过的道路并不平坦，成绩来之不易。这是党中央、国务院正确领导、亲切关怀的结果，是中共山西省委总揽全局、科学决策的结果，是省人大、省政协大力支持、有效监督的结果，是全省人民齐心协力、艰苦奋斗的结果。在此，我代表省人民政府，向全省人民、人民解放军、武警官兵、公安干警和中央驻晋单位，向各民主党派和人民团体，向所有关心、支持、参与山西改革发展的海内外各界朋友，表示崇高的敬意和衷心的感谢！

我们清醒地看到，我省经济社会发展还存在不少困难和问题，主要是：经济发展规模不大、结构不优、质量效益不高等长期积累的矛盾和问题仍然突出，一煤独大的局面还未根本改变，当前煤炭工业运行困难、企业效益明显下滑、财政增收难度加大，新老问题叠加，加剧了经济运行的压力和困难；节能减排和环境保护任务艰巨，科技创新能力不强，发展方式依然粗放；城乡区域发展差距较大，农民增收特别是贫困地区脱贫困难不小；民生社会事业欠账较多，安全生产基础仍不牢固。

我们还清醒地看到，政府工作仍然存在不少缺点和不足，形式主义、官僚主义、享乐主义和奢靡之风还不同程度存在，思想解放、改革创新不够，调查研究不够深入，对基层、群众工作重视不够，抓落实、求实效下功夫不够，勤俭节约传统有所淡忘，政府职能转变相对滞后，政务环境不优，一些部门推诿扯皮、吃拿卡要现象仍然存在，违规违纪、腐败问题还时有发生。

正视问题为的是解决问题，克服困难才能不断前行。我们要以对党和人民高度负责的态度，事不避难、勇于担当，改革攻坚、创新图强，奋力开创转型跨越发展新局面！

二、2014年工作安排

2014年是全面贯彻落实党的十八大和十八届三中全会精神、扎实推进转型跨越发展的关键一年。

当前，我们仍处于发展的重要战略机遇期，经济长期向好的基本面没有改变；党的十八届三中全会开启了全面深化改革的新征程，改革红利、发展动力、市场活力将得到进一步释放；国家深入实施内陆开放战略、中部崛起战略，重点支持中西部地区城镇化发展，政策支撑更加有力；中央继续实施积极的财政政策和稳健的货币政策，加之去年以来我省出台的一系列政策举措,集成效应将不断显现；特别是我省转型综改区建设向纵深推进，国家综合能源基地建设步伐加快，以煤为基、多元发展的产业格局正在形成，发展的基础和条件更加有利，发展空间更为广阔。但前进道路上也面临诸多挑战，外部经济形势严峻复杂，不稳定、不确定因素依然存在。受外部需求不旺、产能过剩和环保约束等因素影响，我省传统支柱产业运行困难，经济下行压力仍然较大。我们必须增强机遇意识和忧患意识，坚定信心、攻坚克难，推动各项工作再上新台阶。

做好今年的政府工作，要贯彻落实好省委十届五次全会提出的工作总要求：“高举中国特色社会主义伟大旗帜，以邓小平理论、‘三个代表’重要思想、科学发展观为指导，全面贯彻落实党的十八届三中全会和中央经济工作会议精神，坚持稳中求进、改革创新的总要求，以转型综改试验区建设为统领和切入点，全面深化改革，强化创新驱动，加快先行先试，加快转变发展方式和调整经济结构，着力保障和改善民生，增强市场和社会活力，推进经济、政治、文化、社会和生态文明建设，以教育实践活动为抓手加强党的建设，切实提高经济发展的质量和效益，促进经济持续健康发展，保持社会和谐稳定，为走出资源型地区转型跨越发展新路、全面建成小康社会努力奋斗。”

2014年我省经济社会发展的主要预期指标是：地区生产总值增长9%左右，全社会固定资产投资增长20%，社会消费品零售总额增长14%左右，公共财政预算收入增长9%左右，城镇居民人均可支配收入、农民人均纯收入分别增长10%左右和10%以上，城镇新增就业岗位51万个，城镇登记失业率控制在4.2%以内，居民消费价格涨幅控制在3.5%左右。

约束性指标是：万元地区生产总值综合能耗下降3.5%，万元地区生产总值二氧化碳排放量下降3.7%，二氧化硫、化学需氧量、氨氮、氮氧化物减排完成国家下达任务，烟尘、粉尘排放量均下降0.5%，万元工业增加值用水量下降5.5%。

今年，要在全面做好各项工作的同时，重点抓好以下几个方面的工作：

（一）大力推进转型综改区建设。认真贯彻省委《关于深入贯彻落实党的十八届三中全会精神加快推进转型综改区建设的若干意见》，深入推进各项改革。大力实施转型综改三年实施方案和2014年行动计划，积极开展“转型综改攻坚年”活动，力争在一些事关转型全局的重大改革方面取得突破。着力抓好国家赋权的三项重大改革。依法依规推进低热值煤发电项目审批及煤炭、煤层气矿业权审批，以动力煤为试点，引入期货交易机制，探索开展区域性商品衍生品交易。深化国有企业改革。推进国有企业股权多元化，积极发展混合所有制经济。健全法人治理结构，推进财务等重大信息公开，健全国有资本经营预算和收益分享制度，改进国企负责人考核评价机制，合理增加市场化选聘比例，改革国企管理人员和职工收入分配、福利待遇等制度。推进资源配置市场化改革。实施煤炭资源市场化配置，完善矿业权交易市场。开展自然资源资产化管理试点，加强资源管理。深化资源性产品价格改革，完善居民水、电、气等阶梯价格制度，推进引黄原水直供，加快实施分质供水。深化财税体制改革。改革预算管理制度，推动绩效预算，清理、整合、规范专项转移支付，规范政府融资平台，建立健全政府性债务管理制度和风险预警机制，积极推进煤炭清费立税和资源税从价计征改革，继续推进“营改增”。深化投资体制改革。确立企业投资主体地位，建立民间资本投资开放项目库，支持民间资本以独资、参股、控股等多种方式进入基础设施、市政公用设施和金融、电信、文化、卫生等领域，鼓励非公有制企业参与转型综改重大项目。积极稳妥推进高速公路投资建设管理体制改革。加快金融创新发展。加强银企对接，创新金融产品，扩大股权、债权融资，积极发展私募基金，提高直接融资比重；支持具备条件的民间资本依法发起设立中小型银行等金融机构；探索新型抵押担保手段，稳步推进土地流转预期收益抵押贷款，加大对小微企业、“三农”和结构调整的金融服务力度，发展普惠金融；优化金融环境，防范化解金融风险。推进土地管理制度改革。深化城乡建设用地增减挂钩等改革，积极推进朔同地区重度盐碱地转为建设用地等试点工作，探索建立城乡统一的建设用地市场，开展农村集体经营性建设用地出让、租赁、入股试点工作，稳妥推进不动产登记制度改革。

进一步扩大对外开放，加快建设外贸转型升级示范基地，扩大优势产品和高附加值产品出口，鼓励先进技术、关键设备和重要原材料进口。充分发挥太原武宿综合保税区的作用，加强口岸建设，促进贸易便利化。创新开发区和各类园区管理体制，积极发展“飞地经济”。加强区域合作，主动融入环渤海经济圈、中原经济圈，加快推进晋陕豫黄河金三角产业转移示范区建设，积极对接丝绸之路经济带。深化与中央部委、高校、科研院所和央企等各类企业的合作，全面落实好各项合作协议。办好能博会、文博会、晋商大会和特色农产品北京展销周等活动，做好中博会等重大展会参展工作。

改革开放永无止境，转型综改重在行动。我们要解放思想、转变观念，大胆探索、先行先试，扎实稳妥、有序推进，努力开创改革开放新局面！

（二）促进经济平稳健康发展。进一步扩大消费。支持企业提供优质、大众、绿色、低碳的产品和服务。鼓励信息消费和新兴服务类消费。加快发展电子商务，支持太原建设国家电子商务示范城市。引深“山西品牌中华行”等消费促进活动。推进城市商贸中心、特色商业街和“15分钟便民商圈”建设，加快农产品现代流通示范区建设，发展一批乡村基本生活综合服务中心。严厉打击制售假冒伪劣产品、价格欺诈、计量欺骗等不法行为，让人民群众安全、放心消费。

促进投资增长和结构优化。“六位一体”推进重点工程建设，加强基础设施、产业发展、城镇化和生态环保、民生和社会事业等重点领域投资，发挥好政府投资的引导作用，多渠道筹措建设资金，促进全社会固定资产投资完成1.3万亿元。完成大西客运专线建设任务，实现太原至西安段通车运营；加快中南部铁路通道建设，全面完成山西段建设任务；加快其他在建铁路项目建设，积极推进大张线、太焦线、太榆城际铁路、阳泉城际铁路等项目前期工作。新建续建高速公路732公里，新建改建国省干线公路800公里、农村公路1000公里。实现临汾机场建成试航，加快五台山机场建设。抓好大水网四大骨干工程、引黄配套工程和百座小型水库建设，加快古贤水利枢纽工程前期工作。

支持各类企业健康发展。加快推进大企业“双千亿”、“双百亿”工程建设，引导大企业加快技术升级和品牌培育。实施中小微企业成长工程，落实扶持政策，完善服务体系，新培育年销售收入超亿元的“小巨人”企业100户以上。深化工商登记制度改革，推行公司注册资本认缴登记制，实行企业年检改年报，试行先照后证，为各类企业发展创造良好环境。

（三）加快转变经济发展方式。积极推进国家综合能源基地建设。落实好煤炭“20条”，促进煤炭工业可持续发展，加快整合重组矿井技术改造和现代化矿井建设，加大煤炭就地转化力度，延伸煤电铝、煤焦化、煤建材等循环产业链。推动电力工业高效清洁发展，推广应用大容量、高参数、节能环保型机组和先进技术，加快低热值煤发电项目、电力外送通道和电网建设，完善多边交易机制，扩大大用户直供电试点范围。推进煤电一体化发展，鼓励煤电企业以股权为纽带实现联营，鼓励双方签订中长期购销协议。加快煤层气产业发展，加大勘探开发、管线连通和推广应用力度，新增覆盖人口300万。积极发展风能、太阳能、生物质能等新能源产业。

大力改造提升传统产业。按照尊重规律、分业施策、多管齐下、标本兼治的原则，全面清理、分类处置违规项目，严禁上马新增产能过剩项目，提高并严格执行能耗、环保、安全等行业准入标准，有效化解钢铁、焦化、水泥、电解铝等行业产能过剩矛盾，做好职工安置、债务化解等工作。积极应用信息技术和先进适用技术，提升装备水平，促进集群发展。大力推进焦化行业化工产品深加工，推动钢铁产业置换升级和铝镁产业链条延伸，加快建材行业技术改造，提升产品附加值和竞争力。

加快发展新兴产业和服务业。做大做强煤炭机械、重型机械等优势装备制造业，培育壮大煤化工装备、煤层气装备、铁路装备等潜力装备制造业。加快潞安180万吨煤制油、焦煤60万吨甲醇制烯烃、同煤40亿立方米煤制天然气等项目建设。围绕资源循环利用、节能环保服务及装备制造等重点领域，加快发展节能环保产业，力争在半导体照明、高效节能锅炉、低温余热发电装备等方面取得突破。推进“宽带山西”和“三网”融合建设，加快发展物联网、云计算等新一代信息技术。推进太原、晋城国家新能源汽车推广应用示范城市建设，带动全省新能源汽车产业加快发展。大力发展新型材料、特色食品、现代医药等新兴产业，推进太钢高端碳纤维、汾酒工业园等项目建设。落实好支持服务业发展的各项政策措施，着力打造“晋善晋美”文化旅游品牌，积极发展现代物流、研发设计、检验检测等生产性服务业，大力发展育幼养老、家政服务、健康休闲等生活性服务业。

实施创新驱动发展战略。高起点推进山西科技创新城建设，以产业链配置创新链，以创新链配置资金链，引进和培育一流的研发机构、科研项目和科技企业，努力打造国家煤基科技及产业创新高地。启动实施国家创新驱动发展战略山西行动计划和低碳创新行动计划，围绕煤炭安全、高效、清洁、低碳利用以及煤层气开发利用等领域，重点布局一批科技攻关项目。深化科技体制改革，加大科技投入，完善科技投融资体系，引进风险投资基金，建立产学研协同创新机制，强化企业技术创新主体地位，提高自主创新能力。坚持高端引领、以用为本，加大人才培养、引进力度，建立健全人才发现、评价、激励、流动等机制，完善服务保障措施，为转型跨越发展提供强有力的智力支撑。

（四）进一步做好“三农”工作。始终坚持把“三农”工作作为重中之重，以促进农民增收为核心，全面深化农村改革，加快推进农业现代化和新农村建设。

稳定发展粮食生产。加大强农惠农富农政策支持力度，今年再出台10项政策，新增10亿元补贴资金，调动农民种粮务农的积极性。加快灌区节水改造、病险水库除险加固和“一村一井”建设，推进中低产田改造和粮食高产创建工程，增强农业综合生产能力，搞好粮食收储，确保粮食安全和重要农产品有效供给，确保农产品质量安全。

大力发展特色现代农业。加快推进现代农业示范区和雁门关生态畜牧经济区建设，深入实施“一村一品”、“一县一业”和七大产业振兴翻番工程。发展壮大农产品加工龙头企业，健全农业社会化服务体系。加快推进农业科技创新和农业机械化。培育推广优良品种，发展若干骨干种子企业。切实做好农村土地承包经营权确权登记颁证工作，有序推进农村土地流转，发展多种形式规模经营。鼓励发展专业大户、家庭农场、农民合作社、农业企业等新型农业经营主体。

深入实施百企千村产业扶贫开发工程。建立完善示范带动、项目支撑、政策支持、考核激励等机制，加大农企对接力度，加快项目落地和资金落实，完善利益共享机制，带动贫困地区实施区域化、规模化产业扶贫开发，促进农民增收和企业转型。整合扶贫资源，改进扶贫方式，实施精准扶贫，深入推进连片特困地区扶贫攻坚，扎实开展领导干部包村增收、机关定点扶贫工作，今年再实现47万贫困人口脱贫。

着力改善农村人居环境。制定和实施改善农村人居环境规划纲要，坚持改善农村人居环境与巩固两轮“五个全覆盖”成果、办好“五件实事”相结合，与实施百企千村产业扶贫开发工程相结合，与工业化、城镇化相结合，与国民经济和社会发展规划相结合，因地制宜、分类指导，分步实施、长期推进，大力实施以农村基础设施和公共服务为重点的完善提质工程，以采煤沉陷区治理、易地搬迁、危房改造为重点的农民安居工程，以垃圾污水治理为重点的环境整治工程，以美丽乡村建设为重点的宜居示范工程，加大中心村建设力度，逐步改善农村生产生活条件。

扎实办好“五件实事”。今年再改造农村困难家庭危房15万户，改造农村幼儿园300所，易地搬迁农村贫困人口10万人，深入推进乡村清洁工程，在已完成行政村街道亮化工程的基础上，今年再将10万名新型职业农民培训纳入“五件实事”。为农民办实事，政府责无旁贷。我们就是要办一件、成一件，成一件、增一件，持续不断地为农民办好事，让农民兄弟的日子越过越红火！

（五）积极稳妥推进特色新型城镇化。认真贯彻落实中央城镇化工作会议精神，从省情出发，坚持遵循规律、因势利导、顺势而为、水到渠成的指导思想，坚持以人为本、优化布局、生态文明、传承文化的基本原则，按照国家新型城镇化规划，完善和实施我省城镇化规划，努力提升城镇化质量和水平。

推进“一核一圈三群”建设。加快太原城市群建设，支持太原率先发展，大力推进地铁2号线、汾东商务区等重点工程。推动太原晋中同城化，今年在道路互通、公交对开、通信一体、金融同城等方面取得新突破，促进太原与吕梁、忻州、阳泉融合发展。加快大同都市区、上党城镇群、百里汾河新型经济带等城镇组群发展。积极推进区域性中心城市扩容提质，抓好新区建设和城中村、棚户区等旧区改造。探索“以矿建镇”模式，推进矿区城镇化，促进资源型城市可持续发展。高标准规划建设大县城和重点镇，促进工业、商贸等各类产业园区发展，完善基础设施和公共服务，增强县城和小城镇的辐射力和带动力。

提高城镇建设和管理水平。严格实施城乡规划，保持规划的权威性、连续性、协调性。加强建筑质量管理，实行建筑质量终身负责制。推进智慧城市、公交都市、卫生城市建设，增加城市公共绿地和活动场所。严守生态红线，盘活存量土地，切实保护耕地、园地、菜地等农业空间，强化建设用地效益考核，提高城镇建设用地集约化程度。

完善城镇化健康发展体制机制。建立透明规范的城市建设投融资机制，鼓励社会资本参与城市公用设施投资运营。深化户籍制度改革，落实我省放宽城镇和城市落户条件的有关政策，促进有能力在城镇稳定就业和生活的农业转移人口有序实现市民化，稳步推进城镇基本公共服务常住人口全覆盖。

（六）加快文化改革发展。培育和践行社会主义核心价值观，大力弘扬山西精神，切实抓好文化建设“六大工程”，加快建设文化强省。

深化文化体制机制改革。按照政企分开、政事分开原则，推动政府部门由办文化向管文化转变。坚持正确舆论导向，加强对互联网的引导和管理。促进转企改制国有文艺院团改革发展，推动经营性文化单位建立完善法人治理结构。扩大政府文化资助和文化采购，探索建立政府购买公共演出服务机制。在公益性文化事业单位逐步推行全员聘用制和岗位责任制。

提高公共文化服务水平。抓好山西广电中心、晋剧艺术中心等重点工程，推进市县文化场馆建设，整合基层宣传文化、体育健身等设施，建设综合性文化服务中心。积极创建公共文化服务示范区，扎实开展“文化惠民在三晋”系列活动。实施哲学社会科学创新工程，发展新闻出版、广播影视、文学艺术事业。加强文物和非物质文化遗产保护，依法打击破坏和盗窃文物等违法犯罪行为。

加快发展文化产业。培育壮大省属骨干文化产业集团，大力扶持中小微文化企业健康发展，实施重大文化产业项目带动战略，鼓励社会资本投入文化领域。大力推动文化产业园区建设和动漫、院线等新型文化业态发展，促进文化与科技、旅游等产业深度融合。完善文化市场准入、运行、竞争和退出机制，健全现代文化市场体系。创作文化精品、讲好山西故事，加强对外交流、唱响山西品牌，让独具魅力的三晋文化走向全国、走向世界！

（七）在改善民生和创新社会治理中加强社会建设。加快教育综合改革和健康发展。新建、改扩建200所标准化公办幼儿园。统筹城乡义务教育资源均衡配置，实施义务教育学校标准化建设，加快农村义务教育薄弱学校改造，积极破解择校难题。将农村初中、小学生均公用经费补助标准提高60元，分别达到760元、560元。普及高中阶段教育。加快发展现代职业教育，抓好实训基地建设。推进继续教育、特殊教育改革发展。探索省市共建高校模式，加强特色学科和急需专业建设，推动高等教育内涵式发展。完善高校新校区各项配套设施。推进筹建山西艺术学院前期工作。支持引导民办教育发展。加强教师队伍和师德建设。切实减轻学生课业负担，促进学生身心健康。健全家庭经济困难学生资助体系。积极推进考试招生制度改革，实行进城务工人员随迁子女在就读地参加高考。

积极扩大就业。实施更加积极的就业政策，建立经济发展和扩大就业联动机制，建立健全城乡统筹的公共就业服务体系，加强劳动者技能培训和权益保护，全面做好高校毕业生、农村转移劳动力、城镇困难人员、退役军人等群体的就业工作。实施大学生创业引领计划和离校未就业毕业生就业促进计划，政府购买基层公共管理和社会服务岗位更多用于吸纳高校毕业生就业。开展创业型城市创建活动，实行劳动者创业“先贷后补”办法，降低创业门槛，激发创业活力。

着力增加居民收入。深化收入分配制度改革，形成合理有序的收入分配格局。完善最低工资制度，强化企业职工工资调控，实现规模以上企业工资集体协商全覆盖。加强监督检查，确保基层机关事业单位工资和津补贴正常发放。提高住房公积金覆盖率。突出抓好农民增收，提升农业生产经营水平，保障农户宅基地用益物权，完善征地补偿制度，加大以煤补农、以工补农力度，健全农民工工资支付保障机制，多渠道增加农民收入。

完善社会保障体系。整合城乡居民基本养老保险制度，推进机关事业单位养老保险制度改革，稳步推进企业年金、职业年金等补充养老保险。企业退休人员基本养老金提高10%。加强养老机构建设。整合城乡居民医保制度，完善医疗保险异地就医结算办法。城镇居民基本医保和新农合年人均财政补助标准由280元提高到320元。城乡低保标准每人每月分别提高25元、22元，达到376元、203元。农村五保对象集中供养、分散供养省级补助标准提高10%。建立一级重度残疾人护理补贴和贫困一级重度残疾人生活补贴制度，每人每年补贴480元，对5万名贫困残疾人进行康复救助。稳定物价水平，完善社会救助和保障标准与物价上涨挂钩的联动机制。

加快推进保障性住房建设。完善基本住房保障和供应体系，今年再开工建设城镇保障性住房23万套、建成18万套。规范保障性住房管理、分配，推进公共租赁住房和廉租住房制度并轨运行。加大普通商品住房土地供应，增加中小户型商品房供给，促进房地产市场健康发展。

大力发展医药卫生事业。健全全民医保体系，完善重特大疾病医疗保险和救助制度。巩固和发展县级公立医院综合改革成果，探索城市公立医院改革。加强疾病预防控制，推进城乡基本公共卫生服务均等化，完善社区卫生服务体系。加强全科医生培养，支持和鼓励社会办医。加快推进省儿童医院新院区建设。扶持中医药事业发展。做好人口计生工作，启动实施一方是独生子女的夫妇可生育两个孩子的政策。广泛开展全民健身活动，办好第14届省运会。

加强和创新社会治理。健全和落实重大决策社会稳定风险评估机制，改革信访工作制度，建立畅通有序的诉求表达、心理干预、矛盾调处、权益保障机制，有效预防和化解社会矛盾。扎实推进城镇社区“网格化”管理，做好社区矫正工作。探索农村社区管理新模式，健全农村留守儿童、妇女和老年人关爱服务体系。加快建立最严格的食品药品安全监管制度，努力形成生产、流通、消费全过程追溯体系，保障人民群众饮食、用药安全。加强应急管理和防灾减灾能力建设，妥善应对各类突发事件。加强社会治安综合治理，依法严密防范和惩治各类违法犯罪活动，扎实推进平安山西建设。

民生无小事，枝叶总关情。我们要更加关注民生、切实保障民生、不断改善民生，把关系民生的工作一项一项抓紧抓好、一件一件落到实处，让人民群众共享改革发展新成果！

（八）深入推进生态文明建设。建立健全生态文明制度体系，加快实施主体功能区战略，促进绿色发展、循环发展、低碳发展。

着力推进节能降耗。推进工业、建筑、交通、公共机构等领域节能降耗，做好煤炭、焦化、冶金、电力、化工、建材等重点行业节能工作。深入开展能效对标活动，推进千项重点节能改造项目建设，实施企业电机和锅炉系统能效提升计划，推进千家企业节能低碳行动和企业清洁生产。实施节能产品惠民工程，推广应用节能、节水、节材的产品、技术和设备。

强力推进减排治污。深入开展重点行业脱硫、脱硝、除尘改造，推进市区重污染企业搬迁改造，加快淘汰黄标车，推进油品升级，加大天然气、煤层气等清洁能源供应推广力度，扩大集中供热实施范围，强化扬尘治理，加强细颗粒物监测和区域联防联控，有效防治大气污染，减少雾霾天气。启动实施水清洁行动计划，加快城镇污水、垃圾处理设施建设，加强农业面源污染治理。继续抓好省城环境质量改善，如期实现“三年大见成效”的目标。积极开展节能量、碳排放权、排污权、水权交易试点，建立吸引社会资本投入生态环境保护的市场化机制。加大环境执法力度，严肃查处违法行为。

加快推进造林绿化和生态治理修复。深化集体林权制度改革，完善林权抵押贷款、森林保险等配套政策。继续实施林业“六大工程”，重点加强吕梁山生态脆弱区林业生态建设，推进高速公路、国省道和旅游公路沿线绿化工程，全年营造林450万亩。开展汾河、桑干河等6条重要河流及15条中小河流治理，启动引黄输水沿线水源地生态保护工程。完善生态补偿机制，全面推进采空区、沉陷区、水土流失区、煤矸石山的生态环境治理修复。启动晋祠泉复流工程，让千古名泉早日重现昔日风采。

大力发展循环经济。着力构建循环型工业体系，实施工业园区循环化改造。加强共生和伴生矿产资源回收利用，推进废水、废渣、废气和余压、余热循环利用，重点抓好粉煤灰、煤矸石、尾矿等大宗固废综合利用，支持朔州加快建设全国工业固废综合利用示范基地，推动废旧家电和机电产品等再生资源产业化发展。发展生态友好型农业，推广秸秆综合利用。启动晋城、孝义国家循环经济示范城市创建工作。

恢复生态、治理环境、建设美丽家园，是我们的共同职责。全省上下要齐心协力、扎实工作，使三晋大地天更蓝、水更清、山更绿、环境更宜人！

（九）切实抓好安全生产。强化安全发展理念，坚持“三个决不能过高估计”的基本判断，敬畏生命、敬畏责任、敬畏制度，严格落实安全生产责任，形成人人都有责任心、事事都有责任制、处处都把责任落到实处的工作机制和氛围。坚持并落实好一系列行之有效的安全生产规章制度，完善安全生产长效机制。按照“全覆盖、零容忍、严执法、重实效”的要求，采取不发通知、不打招呼、不听汇报、不用陪同，直奔基层、直插现场的方式，加大抽查、督查力度。切实抓好煤矿、非煤矿山、尾矿库、道路交通、危险化学品、特种设备、建筑施工、水库等领域及学校、商场等人员密集场所的安全隐患排查治理。加大安全投入，强化人员培训，推进科技兴安，深化安全质量标准化建设。严格落实安全生产目标责任考核“一票否决制”，严肃对待事故、严格追究责任，坚决遏制重特大事故、减少一般性事故，为改革发展提供安全保障。

安全生产是民生，是最基本的民生；是责任，是比泰山还重的责任；是红线，是任何人、任何时候、任何地方都不可触碰的高压红线。我们要时刻绷紧安全生产这根弦，扎实抓好安全生产工作，促进全省安全生产形势持续明显好转，并向稳定好转坚实迈进！

支持国防和军队建设，深入开展双拥工作，发展人民防空事业，促进军民融合式发展。落实民族宗教政策，做好外事、侨务、对台等工作，发展妇女儿童、老龄、残疾人和红十字会等事业，抓好气象、地震、科普、档案、参事、史志等工作。搞好第三次经济普查和地理国情普查。积极推进援疆工作。

一分部署，九分落实。今年的改革发展任务十分繁重，做好各项工作，必须强化改革创新意识，努力建设法治政府、服务政府、责任政府、廉洁政府和学习型政府。加快职能转变。进一步简政放权，深化行政审批制度改革，认真做好国务院下放审批事项的承接工作，继续取消和下放省级行政审批项目，公布省级政府行政审批清单，优化审批流程，提高审批效率。完善政府机构设置和职能配置，严格控制机构编制，财政供养人员只减不增。省级政府机构改革一季度完成，市县机构改革年内基本完成。加快事业单位分类改革，推进行业协会、商会与行政机关脱钩。建立健全政府购买公共服务机制。探索省直管县体制改革，推进扩权强县、扩权强镇改革试点。完善目标责任考核评价体系，推行绩效管理。严格依法行政。自觉接受人大及其常委会的监督，主动接受政协的民主监督，广泛听取民主党派、工商联、无党派人士意见，充分发挥工会、共青团、妇联等人民团体作用。支持法院、检察院依法独立公正行使职权。完善科学民主决策机制，增强公共政策制定的透明度和公众参与度。发展基层民主，做好第十届村委会换届选举工作。善于运用法治思维和法治方式履行职能，做好政府立法，推进综合执法，加强行政复议，开展普法教育，完善法律援助。实行严格的行政问责制，大力整治行政不作为、乱作为现象，严厉查处失职、渎职行为。加强廉政建设。贯彻落实十八届中央纪委三次全会精神，认真执行中央建立健全惩治和预防腐败体系规划，全面落实政府系统党风廉政建设责任制，严格执行廉洁从政各项规定，将廉政建设的要求贯穿于改革工作全过程。加强行政监察和审计监督，建立健全多种形式的监督机制，促进政府部门全面正确履行职责。加强电子政务建设，完善办事公开制度，依法公开权力运行流程。严格执行中央厉行节约、反对浪费的有关规定，严控“三公”经费，规范公务接待，严肃查处各类违法违纪案件，做到干部清正、政府清廉。改进工作作风。巩固党的群众路线教育实践活动成果，抓好建章立制和整改落实，深入开展第二批教育实践活动。认真执行中央改进工作作风的各项规定和我省的一系列制度办法，加大“四风”和庸懒散奢治理力度，切实解决门难进、脸难看、话难听、事难办等问题。加强学习，深入调研，提升素质和能力，大兴苦干实干之风，始终保持昂扬的精神状态，牢记党的宗旨，行使好人民赋予的权力，对人民负责，为人民服务，不负人民重托！

各位代表，全面深化改革的号角已经吹响，转型跨越发展的步伐更加坚实有力。让我们紧密团结在以习近平同志为总书记的党中央周围，在省委的坚强领导下，紧紧依靠全省人民，进一步凝聚改革发展的正能量，锐意进取，真抓实干，为实现转型跨越发展、全面建成小康社会的宏伟目标而努力奋斗！

（报告人系山西省省长）

关于授予段爱平同志“优秀共产党员”称号和开展向段爱平同志学习活动的决定

晋发〔2014〕7号

（2014年2月27日）

段爱平，女，1956年8月出生，2000年6月加入中国共产党，襄垣县王桥镇返底村党支部书记、村委会主任，先后被评为“长治市百佳党支部书记”、“山西省十佳最美村官”和“全国十佳最美村官”等荣誉称号。2014年2月被评为“感动中国”2013年度人物。

段爱平同志在返底村任职15年来，甘于平凡、乐于奉献、勤勉务实、忘我工作，始终把群众的利益放在第一位，脚踏实地践行党的宗旨，模范履行了一名农村基层党员干部的职责。为了村里的发展，她放弃多年经营的事业，毅然回村任职，并把自己积累的百万家产贴补给村里搞建设，为村里修建了小学，盖起了敬老院，自己却还住在多年前的旧窑洞里。她积极引导村民发展养殖、中药材种植和干果经济林产业，垫钱扶持村民搞运输，千方百计输出劳动力，使农民人均纯收入从2000元提高到了现在的6000多元，基本实现了人人有活干、家家有钱赚。身患重病后，她不顾个人安危，强忍病痛带领村民完成了自来水入户、村庄绿化、街巷硬化、河道治理等工程。2013年夏天，段爱平病情加重，却坚持冒雨查访灾情、帮助村民搬家避险，自家的窑洞却被大水冲垮，自己也晕倒在工作岗位上。

段爱平同志心灵美、境界高、敢扛硬、作风实、干得好，是新时期共产党员的优秀代表，是农村基层党员干部的模范榜样，是践行党的群众路线的先进典型。为表彰先进、弘扬正气，进一步凝聚全省干事创业、共谋发展、为民务实的正能量，省委决定授予段爱平同志“优秀共产党员”称号，并在全省各级党组织和广大党员干部中开展向段爱平同志学习活动。

学习她情系群众、淡泊名利、公而忘私的奉献精神。要把群众当亲人，始终饱含着对人民群众的深厚感情去工作，坚持不懈为群众办实事、解难事、做好事，为党的事业发展和百姓的幸福安康作出积极奉献。

学习她富不忘本、回报社会、倾心为民的大爱精神。要以人为本，为民利民，忠实践行党的宗旨，先富不忘带后富，尽自己最大的努力帮助群众脱贫致富，改善生产生活条件，建设美好家园。

学习她敢想敢为、苦干实干、艰苦奋斗的拼搏精神。在困难面前坦然乐观，在贫穷面前勇敢面对，坚持科学发展不动摇，发扬优良传统，勇于开拓创新，努力创造无愧于时代、无愧于人民的业绩。

学习她恪守信念、敢于担当、履职尽责的敬业精神。要时刻谨记一名党员的使命，自觉把党的事业作为自己人生价值的不懈追求，“在岗一分钟，尽责六十秒”，在平凡的岗位上做出实实在在的成绩，永葆共产党员的先进性和纯洁性。

当前，在全省开展的党的群众路线教育实践活动中，广大党员干部要以段爱平同志为镜子，对照检查存在的问题，看看心灵美不美、境界高不高、敢不敢扛硬、作风实不实、工作干得好不好，推动教育实践活动取得实实在在的效果。全省各级各部门要把组织开展向段爱平同志学习活动作为当前一项重要任务，引导广大党员以段爱平同志为榜样，自觉加强党性修养，增强宗旨观念和服务意识，争做人民群众的贴心人。同时，要积极发现典型、宣传典型，努力营造学先进、赶先进、做先进的良好氛围，为推进山西转型跨越发展作出新的更大贡献。

中共山西省委
山西省人民政府
关于全面深化农村改革　加快推进农业现代化的实施意见

晋发〔2014〕13号

（2014年4月18日）

2013年，面对经济下行压力和偏重多发的自然灾害，全省农业农村工作继续保持了稳定发展的态势，粮食生产再创历史新高，农民收入实现持续增长，“一村一品”、特色农业加快发展，强农政策、“五件实事”惠及民生，农村改革稳步推进，农村社会和谐稳定，农业农村发展取得显著成绩，为全省经济社会发展提供了坚强有力的支撑。但我省农业基础脆弱、农村发展滞后、农民收入偏低的状况还未从根本上改变。为全面深化我省农村改革，破除体制机制弊端，保持农业农村经济持续向好发展，根据中共中央、国务院《关于全面深化农村改革加快推进农业现代化的若干意见》（中发〔2014〕1号），结合我省实际，提出如下实施意见。

2014年及今后一个时期，农业农村工作要以邓小平理论、“三个代表”重要思想、科学发展观为指导，按照“稳定政策、改革创新、持续发展”的总要求，以全面深化农村改革为主题，稳定发展粮食生产，持续促进农民增收，力争在体制机制创新上取得新突破，在现代农业发展上取得新成效，在农村人居环境改善上取得新进展，在扶贫开发上取得新业绩，开创农村改革发展新局面。

一、切实落实国家粮食安全战略

1.自觉承担维护国家粮食安全责任。认真贯彻落实国家粮食安全战略，按照中央“确保谷物基本自给、口粮绝对安全”的要求抓好粮食生产。将粮食安全目标责任考核纳入各级政府目标责任考核体系中，确保“米袋子”省长负责制落实到位。严守耕地保护红线，划定永久基本农田。稳定总量，优化结构，确保粮食生产在连续多年丰收的基础上稳定发展。稳定小麦生产面积，提高单产，确保主产省地位。充分发挥资源优势，加强标准化生产基地建设，推进全产业链开发，把小杂粮做成大产业。加强省际粮食产销合作，鼓励建立省外小麦、稻谷生产、加工、仓储基地，平衡余缺。在重视粮食数量的同时，更加注重品质和质量安全；在保障当期供给的同时，更加注重农业可持续发展。增强全社会节粮意识，在生产流通消费全程推广节粮减损设施和技术。

2.提高农业综合生产能力。加快大水网中部引黄、东山供水、辛安泉供水、小浪底引黄等四大骨干工程建设，实施县域小水网配套工程,启动实施百座小型水库更新建设工程。大兴农田水利，突出抓好大中型灌区节水改造、小型农田水利重点县建设，解决好农田灌溉“最后一公里”问题。全力推进农村土地整治工作，加快中低产田、盐碱地改造，启动实施高标准农田建设规划（2014—2020年）。加快农业综合开发中低产田改造和高标准农田项目布局调整，推进国家农业综合开发现代农业园区和产业发展试点项目建设。继续推进粮食高产创建，探索粮棉油大面积均衡增产的有效途径。完善粮食生产大县利益补偿机制，加大对种粮大户、家庭农场、农民合作社奖补力度，调动和保护好粮食生产积极性。

3.强化农业科技支撑。大力推进科技创新，推进农科教、产学研紧密结合，分产业建设现代产业技术体系和科技创新平台，尽快在先进适用技术集成组装配套、农产品精深加工技术研发和物联网技术试验示范等关键领域取得突破。稳定农业公共服务机构，深化基层农技推广体系改革与建设，继续实施基层农技推广补助项目，强化基层农技人员知识更新培训，解决农技推广“最后一公里”问题。大规模开展送科技下乡活动，组织百名专家包县、万名农技人员包村推广新品种、新技术，农业科技贡献率每年提高一个百分点。合理确定科研成果机构与科研人员权益比例，支持科研人员通过兼职挂职、签定合同等方式与企业开展人才合作。

4.大力发展现代种业。认真落实国务院办公厅《关于深化种业体制改革提高创新能力的意见》（国办发〔2013〕109号），制定现代农作物种业发展规划。加快构建以企业为主体的商业化育种创新体系，推进种业人才、资源、技术向企业流动，做大做强育繁推一体化种子企业，培育推广一批高产、优质、抗逆、适应机械化生产的突破性新品种。建立种子市场秩序行业评价机制，实行全程可追溯管理。推行种子企业委托经营制度，规范种子营销网络。

5.加快发展农业机械化。在平川和粮食主产区，支持发展大中型拖拉机、联合收割机等大型、高效、多功能复式作业机具；在丘陵山区，加快示范推广轻便耐用、经济实惠、环保低耗中小型耕种收和植保机械。鼓励和支持农机科研院所、高等院校以及推广和生产等单位组建农机研发中心，加快研发玉米机收、马铃薯机播及机收等薄弱环节智能化机具和现代特色农业急需的农机新产品。加快推广玉米、薯类、杂粮等机械化生产技术和装备。支持农机制造、修造和销售企业建立区域性农机维修中心和高等级农机维修点，大力推广节油、节能等农机维修高新技术。加强农机场库棚、机耕道等农机化基础设施建设。加快构建技术推广、质量监督、安全监理、科技创新、教育培训和信息服务等六大农机化公共服务体系，大力实施引领示范、基础设施建设、经营主体培育、机械化生态保护、产业转型升级和农产品加工等六大农机化工程。组织开展率先实现农机化综合示范县（乡、村）和农机化示范社（场、户）创建活动。

6.完善农田水利建设管护机制。深化水利工程管理体制改革，加快落实灌排工程运行维护经费财政补助政策。开展农田水利设施产权制度改革和运行管护机制试点，落实小型水利工程管护主体、责任和经费，进一步健全和完善基层水利服务体系。探索以奖代补、先建后补农田水利建设新机制。深入推进农业水价综合改革。加大水利建设投入，落实和完善土地出让收益计提农田水利资金政策，提高水资源费征收标准，加大征收力度。完善大中型水利工程征地补偿政策。建设一批重大水利工程，加强水源工程建设和雨洪水资源化利用，启动抗旱规划实施方案，提高农业抗御水旱灾害能力。

7.完善市场调控机制。综合运用储备吞吐、产销衔接、进出口调节等手段，保障粮食等重要农产品市场和价格基本稳定。科学制定粮食等重要农产品储备制度，确保省、市储备规模，鼓励建立县级储备。改革粮食等重要农产品吞吐轮换办法，提高效率和效益。完善储备粮油管理体制，鼓励符合条件的多元市场主体参与大宗农产品政策性收储。全面实施“粮安工程”，提升粮食收储供应安全保障能力。适时启动小麦最低收购价、玉米临时收储政策。扩大“四合一”、充氮、气调储粮技术应用和农户科学储粮工程覆盖面。实施农业“走出去”战略，培育2–3个具有国际竞争力的粮油大型企业。健全“菜篮子”市长负责制考核激励机制，完善生猪市场价格调控体系。

二、大力发展特色现代农业

8.抓好“一村一品”、“一县一业”和七大产业振兴翻番工程。大力发展“一村一品”、“一县一业”，扎实推进8000个专业村和60个基地县建设，加快形成特色农业板块。加快实施粮食高产创建、杂粮产业振兴、畜牧产业翻番、设施农业建设、果业提质增效、中药材产业崛起、酿造产业提升等七大产业振兴翻番工程，以产业翻番促进农民收入翻番。深入推进雁门关生态畜牧经济区建设，编制新一轮发展规划，实施“以农载牧、以牧富农”战略。继续实施设施蔬菜百万棚行动计划，抓好晋中盆地设施农业示范工程，打造“山西农谷、园艺之都”。推进大同、晋中、运城现代农业示范区建设，推广晋城市司徒现代都市农业园建设的做法和经验，高标准建设城郊型现代农业园区。

9.大力发展农产品加工业。继续对以农产品加工“513”工程为核心的产业支撑项目给予财政贷款贴息扶持，重点支持基地建设、加工、流通、涉农科技园区、休闲观光农业等项目。大力引导社会资本投向农业产业化经营，支持优势龙头企业通过收购、兼并、参控股、产业延伸、品牌联盟等多种形式，组建混合所有制性质的大型企业集团。支持供销社积极培育农产品产供销一体化龙头企业。加大国家级农业产业化示范基地创建力度，培育农产品加工园区，促进龙头企业集群发展。推进主食产业化发展，实施“放心主食”工程。开展国家开发银行农产品加工金融支持项目试点、龙头企业贷款担保保费补贴试点。

10.发展生态友好型农业。加大农业面源污染防治力度，开展高效肥和低残留农药使用、规模养殖场畜禽粪便资源化利用、新型农业经营主体使用有机肥、推广高标准农膜和残膜回收等试点。继续推进保护性耕作和农作物秸秆综合利用，大力推广机械化深松整地、秸秆还田、秸秆能源化利用等技术，加快实施土壤有机质提升补贴项目。加强耕地与农产品重金属污染监测调查，启动重金属污染耕地修复和种植结构调整试点，探索建立重点污染区域生态补偿制度。加大标准化规模健康养殖小区建设力度，推进粪污无害化处理和资源化利用，支持规模养殖场配套建设大中型沼气或有机肥厂。

11.加强农产品市场体系建设。制定农产品市场发展规划，加强农村市场和农产品流通网络建设，开展公益性农产品市场建设试点。加快发展大宗农产品现代化仓储物流设施，完善鲜活农产品冷链物流体系。推进晋中农产品现代流通和农村市场体系综合示范区建设，在晋北、晋中、晋南规划建设3个大型现代化粮食批发市场。加大农产品产地（田头）市场、小型农产品收集市场、集配中心、社区菜店建设支持力度。启动农村流通设施和农产品批发市场信息提升工程，加快农产品电子商务平台建设，加强农产品市场监测预警和信息发布。推进农超对接、农批对接、直供直销，搞好产销衔接。加强同京津等地的战略合作，组织开展农产品展销活动，办好中国（山西）特色农业博览会、山西（北京）特色农产品展销周，继续鼓励和支持在大中城市、边贸口岸建立特色农产品直销中心，积极开拓国内外市场。

12.强化农产品质量安全监管和重大动物疫病防控。建立最严格的覆盖全过程的食品安全监管制度，落实地方政府属地管理和企业等生产经营主体责任。建立健全省、市、县农产品质量安全监管机构和检验检测体系。完善农业标准体系，严格农业投入品管理，开展农产品标准化生产示范县创建，推进园艺作物标准园、畜禽标准化养殖场（小区）建设，加强无公害农产品、绿色食品、有机食品和农产品地理标志认证监管。深入开展农产品质量安全专项整治，加大例行监测和监督抽查力度，建设农产品质量追溯体系。加大农产品批发市场质量安全检验检测费用补助力度。理顺动物定点屠宰职能。实施中长期动物疫病防治规划，开展种畜禽场疫病净化工作，强化免疫、检疫、监督、应急处置等措施，落实疫病防控责任制。稳定和强化基层动物防疫体系。加强农产品废弃物处理。

三、不断深化农村改革

13.深化农村土地制度改革。稳定农村土地承包关系并保持长久不变。深入开展农村土地承包经营权确权登记颁证工作试点，潞城整市推进，其余县（市、区）选择3个村或1个乡开展试点，工作经费纳入地方财政预算。完善集体林权制度改革。开展草原确权承包和基本草原划定工作。研究提出引导农户承包土地经营权有序流转的意见，加快培育农村土地流转市场、服务组织和纠纷调解仲裁体系，发展多种形式的规模经营。设立土地流转扶持资金，对流转土地并形成适度规模经营的农民和合作社给予补贴。有条件的地方将土地流转工作经费纳入财政预算。探索农户承包土地经营权抵押融资和抵押资产处置办法。探索建立工商企业流转农户承包地风险保障金制度，严禁农用地非农化。加快农村集体建设用地确权登记。在中央统一部署下，规范有序开展集体经营性建设用地和农村宅基地制度改革工作。探索农村集体经营性建设用地产权流转和增值收益分配机制。经批准，开展农村宅基地改革试点。深化城乡建设用地增减挂钩试点。加快推进征地制度改革，缩小征地范围，规范征地程序。改变按原用途补偿被征地农民的做法，除补偿农民被征收的集体土地外，还必须对农民的住房、社保、就业培训给予合理保障。因地制宜采取留地安置、补偿等多种方式，确保被征地农民长期受益。加强对朔州国家农村综合改革试验区的指导，加大支持力度，确保试验任务稳步推进。

14.培育新型农业经营主体。大力扶持专业大户、家庭农场和农民合作社，引导农户采用先进适用技术和现代生产要素，加快转变农业生产经营方式，努力提高集约经营水平。开展家庭农场认定登记工作，制定鼓励发展扶持政策。鼓励农民发展专业合作、股份合作、信用合作等多元化、多类型的合作社，鼓励合作社通过合作与联合发展跨区域、跨产业联合社。推进农民合作社示范社建设，引导规范运行，加强能力建设。允许财政项目资金直接投向符合条件的合作社，允许财政补助形成的资产转交合作社持有和管护。支持发展混合所有制农业产业化龙头企业，建立省级重点龙头企业竞争淘汰机制。引导龙头企业创办领办各类合作社，支持农民合作社兴办龙头企业，强化龙头企业与农户、农民合作社的利益联结机制。启动实施10万新型农民培训计划，对种养大户、农机大户、合作社带头人、家庭农场经营者、农民经纪人等开展培训，对中高等学校毕业生、退役军人、返乡农民工进行务农创业培训。探索制定新型职业农民认定管理办法。在年度建设用地指标中单列一定比例专门用于新型农业经营主体建设配套辅助设施。鼓励各级政府出资设立融资性担保公司，为新型农业经营主体提供贷款担保服务。

15.健全农业社会化服务体系。在强化农业公益性服务的同时，大力发展主体多元、形式多样、竞争充分的农业社会化服务，推行合作式、订单式、托管式等服务模式，扩大农业生产全程社会化服务试点范围。扶持发展农民用水合作组织、防汛抗旱专业队、专业技术协会、农民经纪人队伍。通过政府购买服务等方式，支持具有资质的经营性服务组织从事农业公益性服务。推进农业气象服务体系建设，完善农村基层气象防灾减灾组织体系，有效组织实施人工增雨、防雹、防火、防冻等作业，开展面向新型农业经营主体的直通式气象服务。

16.加快供销合作社改革发展。积极稳妥开展供销合作社综合改革试点，创新组织体系和服务机制,努力把供销合作社打造成为农民生产生活服务的生力军和综合平台。引导社会力量参与农村市场体系建设，支持商务、供销合作社等建设新农村现代流通网络，规划建设具有分级配送功能的乡镇商贸中心和县域农产品配送中心，加强农村便民连锁商店服务管理，支持农家店信息化改造，推进废旧汽车家电农机回收拆解等再生资源回收利用体系建设。支持供销合作社创办综合服务社，开展农业综合开发、合作金融、农业科技、清洁能源等多领域经营业务。

四、完善新型城镇化推进机制

17.优化城镇化布局和形态。完善“一核一圈三群”总体框架，以发展中小城市、小城镇为重点，推进城镇空间布局合理均衡，促进大中小城市和小城镇合理分工、功能互补、协同发展。抓好太原城市群建设，加快太原、晋中同城化，推进与吕梁、忻州、阳泉的融合发展。加快推进大同都市区、临汾百里汾河经济带、上党城镇群、运城生态智慧城市、孝汾平介灵城镇组群建设。加强城镇公共服务设施建设，推动基本公共服务向城乡结合部和农村延伸，打造城镇半小时服务功能圈，推动产城融合，不断提高城镇的集聚和承载能力。深入推进大县城和百镇建设工程。抓好大县城建设试点，分层次推进大县城建设，发展一批区位优势明显、资源环境承载能力较强的中小城市。加快推进重点镇建设，开展“以矿建镇”试点，培育一批文化旅游、商贸物流、资源开发等特色城镇。加强城镇棚户区和城中村改造。

18.推进城乡基本公共服务均等化。加快推进农村学校标准化建设。健全完善义务教育学校生均公用经费稳定增长机制，公用经费向农村学校、教学点倾斜。对集中连片特困地区的乡村教师给予生活补助。推进义务教育阶段学校校长、教师交流。大力促进教育公平，逐步缩小区域、城乡、校际差距。继续实施学前教育推进工程，加大新建、改扩建标准化幼儿园力度。整合各类农村文化惠民项目和资源，推动县乡公共文化体育设施和服务标准化建设。深化农村基层医疗卫生机构综合改革，巩固完善基本药物制度。提高新型农村合作医疗筹资标准，完善重特大疾病医疗保险和救助制度，推动基本医疗保险制度城乡统筹。整合城乡居民基本养老保险制度，逐步建立科学合理的基础养老金标准正常调整机制。逐步提高农村最低生活保障标准，推进城乡最低生活保障制度统筹发展。健全农村医疗救助制度和临时救助制度。提高农村“五保”供养水平。健全农村养老服务体系。

19.推进农业转移人口市民化。大力推进户籍制度改革，建立城乡统一的户口登记制度，逐步消解户口与基本公共服务区隔功能。在城镇合法稳定就业和生活的常住人口，本人及其共同居住生活的配偶、未婚子女、父母，可以申请登记常住户口。进入城市城镇落户人员子女义务教育纳入城镇教育发展规划和财政保障范围。进入城市城镇落户人员就业后，依法参加养老、医疗、工伤、失业、生育等各项社会保险，履行缴费义务，享受相关待遇。进入城市城镇落户的家庭，符合条件的，享受保障性住房、最低生活保障等政策。实施农民工职业技能提升计划，让每一个有培训意愿的农民工特别是新生代农民工至少得到一次政府补贴的基本职业技能培训。

20.建设城乡生态屏障。抓紧划定生态保护红线。继续实施天然林保护、京津风沙源治理、“三北”防护林、太行山绿化等国家重大生态工程，重点加强吕梁山生态脆弱区林业生态建设，推进高速公路、国省道和旅游公路沿线绿化工程。加大水土保持生态建设力度。以黄河流域和晋北风沙区为重点，在陡坡耕地、严重沙化耕地和重要水源地实施退耕还林，在农牧交错带实施已垦草原退耕还草。推进牧草基地建设，支持品种改良、水利建设、鼠害防治。大力推广开发式、股份合作式、购买式和碳汇造林机制，2014年完成营造林450万亩。组织完成地方公益林区划界定工作，将国有公益林纳入省级公益林进行补偿和管理。完善对重点生态功能区的生态补偿机制，推动地区间建立横向生态补偿制度。在草原面积大县开展草原生态保护补助奖励政策试点。

五、开展农村人居环境治理

21.坚持规划先行。出台《山西省改善农村人居环境规划纲要（2014—2020年）》和《山西省改善农村人居环境2014年行动计划》。改善农村人居环境要与巩固两轮“五个全覆盖”成果、办好“五件实事”相结合，与工业化、城镇化相结合，与实施百企千村产业扶贫开发工程相结合，与全省经济和社会发展规划相结合，大力实施完善提质工程、农民安居工程、环境整治工程和宜居示范工程，建设美丽宜居乡村。加快编制村庄规划，规划要符合农村实际、满足农村需求、体现农村特色，防止照搬城市景观、盲目规划拆并村庄和拆迁农房。加快古村落保护发展规划编制，统筹传统村落保护性修复、基础设施完善和环境整治。建立完善村庄规划实施、管护和运行机制。

22.提升农村基本生产生活条件。在巩固“全覆盖”成果、继续办好“五件实事”的基础上，实施完善提质工程，加强农村路水电气基础设施建设。加强县乡公路改造、连通工程和农村客运站点建设。实施连片贫困地区公路连通项目。加强村通户通水泥（油）路维修管护。推进农村集中供水，进一步改善和提高农村饮水安全标准，提升自来水普及率。逐步解决山老区、采煤采矿区农民饮水安全。实施新一轮电网改造，加快新农村电气化县（乡、村）建设。加大天然气、煤层气、焦炉煤气、煤制天然气、液化石油气开发利用。加快农村沼气、秸秆气化推广应用。在晋城市实施煤层气综合利用城乡全覆盖工程。建立健全维护和管理长效机制，确保农村公共基础设施正常运行。

23.改善农民居住条件。实施农民安居工程，在严重危险采煤沉陷区、地质灾害高易发区、连片特困区重点实施易地搬迁，改造农村困难家庭危房。对采煤沉陷区、采空区等地质灾害影响较大的农村集中居住点进行搬迁安置。以吕梁山黄土丘陵区为重点，对地质条件复杂、易受极端气候影响、极易发生洪涝灾害区域或地质灾害隐患点进行治理。继续实施农村困难家庭危房改造和农村住房抗震改建工程。以太行山（燕山）、吕梁山连片特困地区为主战场，以不宜居住的山庄窝铺的贫困农民为重点，选择基础条件好、产业发展潜力大的县城和中心镇，规划建设移民集中安置点，引导农民向城镇集聚。在森林防火重点县、农林交错区启动退耕还林搬迁工程及自然保护区生态移民工程，在重大水利工程建设区以及重点水源地实施移民搬迁。

24.加强农村环境整治。继续实施乡村清洁工程。以垃圾、污水治理为重点，开展新一轮环境整治。加强生活垃圾治理，合理设置收集网点、转运处置设施，建设清运队伍，推进农村垃圾统一收集、清运和处置。因地制宜开展农村污水处理，逐步将城镇周边村庄生活污水纳入城镇污水收集处理系统统一处理，加强汾河、沁河、浊漳河、涑水河、桑干河、滹沱河、黄河沿岸、娘子关泉域周边影响水环境质量村庄生活污水治理。把畜禽粪污治理纳入地方政府减排目标管理，支持畜禽养殖场（小区）开展标准化改造和畜禽粪污综合利用，积极推行农牧结合、循环农业等养殖模式。强化病死动物无害化处理，加强处理设施建设，完善防控机制，落实补贴经费，严厉打击经营、加工病死动物的行为。强化县级政府主体责任，加快建立农村环境整治设施管护运行长效机制。

25.建设美丽宜居乡村。在改善农村人居环境的基础上，鼓励支持有条件的村开展美丽乡村建设，推进产业发展与环境承载相适宜、生活改善与生态保护相统一、历史文化传承与现代文明相融合，把培育特色主导产业放在优先位置，因地制宜打造一批工矿一体、历史文化和特色文化、绿色生态、休闲旅游等特色鲜明的美丽宜居示范村。推进乡村文明和低碳建设，倡导使用清洁能源，制定美丽宜居示范村创建标准。省里重点抓好120个省级美丽宜居示范村建设，编制规划，典型示范，在更高层次上引领全省农村人居环境建设。市、县要从实际出发，分别确定示范村建设。

六、加大扶贫开发力度

26.大力实施百企千村产业扶贫开发工程。以吕梁、太行两大连片特困区为主战场，发挥省属国有企业骨干示范作用，积极引导民营企业和省外企业参与产业扶贫开发，抓好大企业、大项目对接合作，形成扶贫开发新模式新机制。放宽城乡建设用地增减挂钩项目周转指标限制，加大耕地占补平衡政策支持力度，保障重点项目建设用地指标。充分发挥财政扶贫资金放大效应，引导金融资本、社会资金投入扶贫开发。鼓励支持省属国有企业和民营企业建立投资基金，成立投资公司。量化产业扶贫开发工程项目带动贫困村、贫困户和吸纳贫困劳动力就业增收责任，完善企业产业扶贫开发考核激励机制。

27.扎实推进扶贫攻坚重点工作。坚持产业扶贫开发、易地扶贫搬迁和劳动力素质提升“三位一体”的工作路径，扎实推进扶贫攻坚。统筹抓好连片特困地区产业开发、基础设施、公共服务和生态建设各项重点工作。坚持城镇化安置方向，引入市场机制，强化资源整合和资金打捆使用，加大力度推进易地扶贫搬迁。企业产业开发实施易地扶贫搬迁，配套安排产业开发奖补资金。将符合条件的移民安置新区用地纳入城镇保障性住房用地范围，鼓励通过实施城乡建设用地增减挂钩项目解决易地扶贫搬迁建设用地。依托百企千村产业扶贫工程新增就业岗位，组织企业和各类新型农业经营主体，针对贫困村劳动力特别是妇女劳动力，推行培训补助与稳定就业紧密衔接，实施千村万人培训就业计划，逐步消灭“零就业家庭”。

28.创新扶贫开发工作机制。建立扶贫工作成效为导向的贫困县考核机制，对限制开发区域和生态脆弱的国家扶贫开发工作重点县取消地区生产总值考核。实施精准扶贫，制定实施细则，对贫困村、贫困户和贫困劳动力建档立卡，精准帮扶。深入推进干部下乡住村和领导干部包村增收活动，在36个国家扶贫开发重点县建立省级领导联系贫困县、扶贫开发企业和住村包村点“三合一”帮扶制度。完善机关定点扶贫制度，贫困村普遍派驻工作队，队长两年一换。探索派驻工作队与机关干部挂职锻炼结合制度。扶贫项目审批权限原则下放到县，省、市强化监管。整合行业扶贫资源，强化工作考核。设立扶贫济困日接受社会捐助，引导社会力量支持参与扶贫开发。

七、加大农业支持保护力度

29.加大投入力度。公共财政要坚持把“三农”作为支出重点，基建投资继续向“三农”倾斜，优先保证“三农”投入稳定增长。整合和统筹使用涉农资金，稳步推进从财政预算编制环节清理和归并整合涉农资金，对用途相似、性质相同的专项转移支付项目进行整合归并。改革涉农项目审批制度，逐步下放省级涉农资金项目审批权限。改革项目管理办法，加快项目实施和预算执行，切实提高监管水平。盘活农业结余资金和超规定期限的结转资金，由同级财政统筹用于农田水利建设等重点工程项目。加大现代农业关键领域和重点环节的支持，组织实施2014年出台的新10项强农惠农富农政策。按照稳定存量、增加总量、完善办法、逐步调整的要求，积极开展改进农业补贴办法的试点试验。继续实行粮食直补、良种补贴、农资综合补贴等政策，新增补贴向粮食等重要农产品、新型农业经营主体倾斜。加大农业综合开发投入力度，支持现代农业发展。加大农机具购置补贴力度，对农业生产急需机具进行补贴或累加补贴，做好农机报废更新试点工作。强化农业防灾减灾稳产增产关键技术补助。继续实施畜牧良种补贴政策。

30.加大金融支持力度。稳定大中型商业银行县域网点，扩展乡镇服务网络，根据自身业务结构和特点，建立适应“三农”需要的专门机构和独立运营机制。引导商业金融机构提升对“三农”和县域小微企业的服务能力，扩大县域分支机构业务授权。稳步扩大农业银行“三农”金融事业部改革试点，鼓励邮政储蓄银行拓展农村金融业务。大力支持农业发展银行开展农业开发和农村基础设施建设中长期贷款业务，用于重点水利工程、城镇化建设、农村土地整治、城中村改造及压煤区地质灾害农民安置和生态修复、环境改善等项目，实行差别化监管。深化农村信用社改革，增强支农服务功能。整合农村信用社资源优势，启动实施“山西农信强农兴社金融普惠工程”。积极发展村镇银行，支持民间资本发起设立服务“三农”的民营银行、小额贷款公司、融资性担保公司。支持符合条件的农业企业在山西股权交易中心通过股权转让、发行私募债等方式融资。在27个县试点开展农民住房财产权、集体建设用地使用权、土地经营权、林权等抵押贷款业务。加强融资对接服务，构建金融服务平台，为企业提供融资服务。加快制定农村合作金融发展实施办法，鼓励农民合作社在不对外吸储、不支付固定回报的前提下开展信用合作，发展农村合作金融。探索建立省级新型农村合作金融风险补偿基金，鼓励各市先行先试设立风险补偿基金。优化农村金融生态环境，加强金融风险监测和防范。

31.加大农业保险支持力度。扩大政策性保险品种覆盖面。加快推进森林保险试点。开展特色优势农产品保险试点，进行保费补贴。推进农房、农机具保险业务，开展气象指数保险试点，探索研究成本价格保险、区域产量保险等险种，满足多层次保障需求。加大省级财政对贫困地区、产粮大县农业保险保费补贴力度，适当提高部分险种的保费补贴比例，逐步减少或取消贫困地区、产粮大县县级保费补贴及农户自缴比例。探索运用财政支农资金购买农业保险。

八、加强党委和政府对“三农”工作的领导

32.完善农村工作体制机制。各级党委、政府在政策制定、工作部署、财力投入、干部配备上要切实体现“三农”工作重中之重的要求，主要领导要亲自抓农村工作。农产品主产区党委、政府要把工作重心和主要精力放在农村工作上。各级领导干部要熟悉农业、了解农村、懂得农民。进一步加强党委农村综合工作部门建设，强化统筹协调、决策服务职能。相关部门要认真履行职责，形成工作合力。

33.加强农村基层组织建设。深入推进党的群众路线教育实践活动，扎实开展“基层组织提升年”活动，健全党的基层组织体系，推动农村基层服务型党组织建设。注重在农民合作社、专业技术协会等建立党的组织，理顺隶属关系。加强村级班子建设，注重从回乡大中专毕业生、外出务工经商返乡人员、大学生村官、复转军人、农村致富能手中选拔基层党组织带头人。加大对大学生村官创业的资金、技术、信息等扶持力度。整顿软弱涣散的基层党组织。加强党员队伍建设和流动党员管理，抓好农村基层干部集中轮训。加强农村党风廉政建设，有效预防和惩治腐败。

34.健全基层民主制度。加强党组织领导的村级自治组织建设，做好第十届村民委员会换届选举工作。完善和创新村民自治机制，充分发挥其他社会组织的积极功能。健全村民会议和村民协商议事会议制度，完善民主协商对话机制。完善村务公开制度，加强村务监督委员会建设，推行村委成员任期和离任经济责任审计，指导村民自治的制度化和规范化运行。深入推进拓展农村社区建设试点工作，探索开展以农村社区为基本单元的村民自治新模式。

35.创新基层管理服务。健全农村基层管理服务体系，加强治安防控体系建设，依托基层综合服务管理平台和网格化管理，学习推广“枫桥经验”，创新群众工作方法，完善大调解工作体系，预防和化解社会矛盾。保障农村留守儿童、留守妇女、留守老人的基本权益和人身安全，加强关爱和服务。加快提出农村集体产权制度改革意见，规范集体经济组织成员资格界定、股权设置和管理。推动农村集体产权股份合作制改革，保障农民的集体资产股份占有、收益、有偿退出及抵押、担保、继承权。开展农村产权流转交易市场试点，加强农村集体资金、资产、资源管理。

中共山西省委办公厅
山西省人民政府办公厅
关于印发《山西省年度目标责任考核工作规定》的通知

晋办发〔2014〕17号

各市、县委，各市、县人民政府，省委各部委，省直各委、办、厅、局，各人民团体：

《山西省年度目标责任考核工作规定》已经省委、省政府同意，现印发给你们，请遵照执行。

中共山西省委办公厅
山西省人民政府办公厅
2014年4月28日

山西省年度目标责任考核工作规定

第一章 总 则

第一条 为进一步加强干部考核评价工作，完善考核评价制度，树立正确的考核导向，促进各级领导班子和领导干部树立正确的政绩观，推动全省经济社会科学发展，根据《党政领导干部选拔任用工作条例》、《关于实行党风廉政建设责任制的规定》、《公务员考核规定（试行）》和《关于改进地方党政领导班子和领导干部政绩考核工作的通知》等有关政策法规，结合我省实际，制定本规定。

第二条 本规定的适用范围是:各市和实行公务员管理、参照公务员管理的省直单位。

第三条 本规定所指的年度目标责任考核工作（以下简称考核工作），是对年度工作任务、领导班子和干部队伍建设、党风廉政建设的“三合一”综合考核。

第四条 考核工作的基本原则是：综合统筹、注重实绩，客观公正、竞争择优，民主公开、便捷高效，奖惩分明、考用结合。

第五条 省委书记为省年度目标责任考核领导小组（以下简称省考核领导小组）第一组长，省长为组长，省委副书记、常务副省长和省纪委书记、省委组织部部长为副组长，省委、省政府有关部门负责人为领导小组成员。

省考核领导小组主要职责是研究决定考核工作中的重大问题。

第六条 省考核领导小组下设办公室（以下简称省考核办），设在省委组织部，办公室主任由省委组织部部长兼任。

省考核办负责考核工作的具体组织实施。

有关省直单位是提出考核指标设置建议和牵头推进考核指标的责任部门，负责配合省考核办和各市、各单位做好有关工作。

第七条 考核指标设置围绕中央要求和省委、省政府的安排部署，以转型综改试验区建设为统领和切入点，全面深化改革，强化创新驱动，突出重点、体现特色，客观严谨、便于评价。

第八条 考核方法突出综合性、针对性和简便性，并根据不同市、省直单位的特点，实施分类考核。坚持经济发展与社会建设相结合，考绩、考人、考廉相结合，日常考核与年终考核相结合，定量考核与定性考核相结合，组织评价与群众评议相结合，分项评价与综合评价相结合，自查述职与查访核验相结合，对被考核对象做出准确、全面、客观的评价。

第九条 考核测评的内容与方式应根据形势任务的变化、人民群众的期望等不断完善发展，要开展多层次、多内容、多渠道的考核测评，使考核结果有更广泛、更真实的民意基础，激励引导各市、各单位更好地服务基层、服务群众、服务发展。

第十条 严格考核奖惩，不断加大考核结果的运用力度，积极发挥考核的激励和约束作用，将考核结果作为制定规划、配置资源、督促检查等的重要依据，作为领导班子调整配备和领导干部选拔任用、教育培养、管理监督、激励奖惩等的重要依据，作为加强党风廉政建设等的重要依据。

第二章　指标体系

第十一条 考核指标分为工作任务指标和共性指标。考核指标要根据不同地区的地域特点、发展愿望、历史条件和不同单位的职能特点，结合上年度工作任务完成情况、考核测评和民意调查等情况设置，并进行差异化的任务分解。

第十二条 各市工作任务指标包括基本指标和全面深化改革任务指标。

基本指标突出对产业转型、科技创新、生态文明、城乡统筹、民生改善、安全生产等方面重点任务的考核，由省考核办会同有关省直责任部门提出设置建议。

全面深化改革任务指标，由各市根据其区域发展要求及特点、转型综改先行先试重点等提出设置建议，报省考核办与有关省直责任部门联合审查。

第十三条 省直单位工作任务指标由各单位提出设置建议，经省委办公厅、省政府办公厅与省考核办等部门联审，并报主管（分管、联系）省领导审核把关。

省直单位工作任务指标中应当明确一定数量的创新工作指标。对创新工作指标的推进落实情况进行重点督促、重点检查、重点述职、重点评价。

第十四条 共性指标由省纪委（省监察厅）、省委组织部等根据领导班子和干部队伍建设、党风廉政建设等方面的重点任务，提出设置建议。

第十五条 各市、省直单位考核指标由省考核领导小组审定后下达。考核指标下达后一般不做调整；因国家、我省重大工作部署或其他重大原因确需调整的，由省考核领导小组审定。

第十六条 各市、省直单位公布本市、本单位的考核指标设置情况，并对考核指标进行分解细化，明确责任领导、责任部门、推进措施、工作进度、完成标准等，抓好考核指标的推进落实。

第三章　考核方法

第十七条 考核由日常考核、年终考核和考核测评等组成。

第十八条 省考核办和各市、省直单位要加强考核目标任务的过程管理，建立完善以工作任务为核心、工作职责为基础、工作实绩为标准的日常考核机制。

日常考核的主要方法是：省考核办会同有关省直责任部门，运用“考核信息管理系统”，并通过定期研判、中期集中督查、重点任务专项检查、随机抽查、访谈调查、第三方评价等方式，对考核对象履行职责和完成工作任务情况进行督促检查、考核评价。日常考核情况以一定分值计入考核结果。

对未按照规定的进度、标准等要求推进落实工作任务的，省考核办向有关考核对象发出预警通报。考核对象接到预警通报后，应当及时分析查找原因，提出整改措施，抓好推进落实。

第十九条 在日常考核的基础上，每个年度进行一次年终考核，由省考核办组建考核组赴各市、省直单位，对目标任务完成情况和考核对象各方面表现进行考核评价。年终考核的一般方法、程序是：

1.召开考核大会，各市、省直单位领导班子和党委（党组）书记在大会作述职述廉报告，其他省管干部提交书面述职述廉报告，参会人员及其他参加测评人员根据平时了解和听取述职述廉的情况填写测评表。

2.考核组通过审阅述职报告、查看“考核信息管理系统”、个别谈话、查证资料、座谈走访、实地核验等方式，对目标任务完成情况、领导班子和领导干部综合表现、党风廉政建设情况等进行实地查访核验。

3.考核组以集体讨论等方式，对考核对象进行分析比较、综合研判，提出考核评价意见。

第二十条 领导班子的述职报告主要包括：本年度贯

彻执行党的路线方针政策情况，考核指标完成情况及采取的主要措施、存在的差距，领导班子和干部队伍建设情况，履行党风廉政建设主体责任等方面的情况等。

领导干部个人述职采取“三加一”的方法进行实绩公示，即述职报告在全面总结本人德、能、勤、绩、学、廉等方面情况的基础上，重点在工作实绩部分报告本年度取得较大进步或较好成绩的三项工作、需要改进加强的一项工作。

各市党政领导班子的述职报告在本地主要媒体进行公示，省直单位领导班子和领导干部述职报告在本单位进行公示，接受广大干部群众的评议。

第二十一条 对各市、省直单位的考核测评，以“五评一体”为基本方法，即从五个方面对被考核对象进行评价，形成总体评价意见。

1.省委全委会评价：省委全委会成员对各市、省直单位进行评价。

2.省“两代表一委员”评价：省党代表、人大代表、政协委员对各市、省直单位进行评价。

3.各市和省直单位互相评价：各市党委、人大、政府、政协领导班子及有关人员对省直单位进行评价，省直单位领导班子及有关人员对各市进行评价。

4.本市、本单位内部评价：一定范围内的工作人员对本市、本单位进行评价。

5.社会公众和工作对象满意度评价：由省考核办和有关责任部门、第三方评价机构等，通过电话访谈、短信问答、问卷调查、网络评议、电视问政等方式，开展民意调查，广泛收集社会公众、服务对象对各市、省直单位的评价意见。

第二十二条 省考核办在“五评一体”的基础上，根据被考核对象在工作性质、服务对象、职责范围等方面的特点，分类制定测评方案，设置不同的测评方式、测评对象、分值比重等,不断扩大考核测评的群众参与度。应当不断改进完善测评方法，提高测评的科学性、公正性和便捷性，防止测评民意失真。

第二十三条 在考核中应当加强对领导班子和领导干部政绩的综合分析，注意识别和制止“形象工程”、“政绩工程”，辩证地看主观努力与客观条件、前任基础与现任业绩、个人贡献与集体作用，既看发展成果、又看发展成本与代价，既考核显绩、更注重考核打基础和利长远的潜绩，全面客观评价领导班子和领导干部的政绩。

第二十四条 采用现代科技手段，建立面向社会的考核工作信息发布平台与民意收集平台，面向各市、省直单位的考核政务平台与考核指标过程管理平台，提高考核效率，降低考核成本。

第二十五条 省以下垂直管理单位，一般应当参加上级主管部门和所在地的双重考核，所在地要将考核情况及时通知其上级主管部门，作为确定考核等次的重要依据。

第四章 等次确定

第二十六条 各市、省直单位年度目标责任考核结果分为优秀、良好、一般、较差四个等次。省考核办对各市、省直单位各项考核情况进行汇总，根据各等次名额、比例等提出初步意见，由省考核领导小组审核、省委常委会审定。

第二十七条 各市年度目标责任考核优秀等次的比例为30%左右，一般和较差等次比例为20%左右。省直单位年度目标责任考核优秀等次的比例为30%左右，一般和较差等次的比例为10%左右。省考核领导小组可根据年度具体情况，调整各等次的名额、比例，设置考核专项奖。

第二十八条 对各市、省直单位领导班子的年度考核结果分为好、较好、一般、差四个等次。省考核办以年度目标责任考核情况为重要依据，在综合分析研判的基础上提出评议意见，由省委组织部审核、省考核领导小组审定。

第二十九条 对省管干部的年度考核结果分为优秀、称职、基本称职、不称职四个等次。

各市、省直单位党政正职干部的考核等次，由省考核办以领导班子考核情况为重要依据，在综合分析研判的基础上提出评议意见，经省委组织部审核后，报省考核领导小组审定。对于工作成绩突出、所在市或单位在年度目标责任考核中取得显著进步的党政正职干部，在评定优秀等次时优先。

党政正职以外其他省管干部的考核等次，由所在市党委常委会、省直单位党组（党委）根据本人德、能、勤、绩、学、廉等方面的情况，结合考核测评情况，研究提出等次建议，经省考核办审核后，由省委组织部审定。对于在推进落实年度目标责任考核重点任务中做出突出贡献的干部，在评定优秀等次时优先。

第三十条 本市、本单位年度目标责任考核结果为良好以上等次的党政正职干部方可评为优秀等次。省管干部年度考核评为优秀等次的，其民主测评称职以上得票率一般应当达到90%；评为称职等次的，其民主测评称职以上得票率一般应达到70%以上。

党政正职干部年度考核的优秀名额分别按照各市、省直单位正职领导干部总数的30%左右确定。其他省管干部的优秀名额按照本市、本单位省管干部人数的15—20%确定。省管干部当年被授予省级以上荣誉称号的，可确定为优秀等次，不占本单位优秀名额。市、省直单位领导班子评为差等次的，领导班子成员不得评为优秀等次。

省管干部民主测评不称职得票率超过30%的，经组织考察认定，可评为不称职等次；当年受到党纪、政纪处分的，按有关规定确定考核等次。

第三十一条 在各市、省直单位年度目标责任考核等次评定中，实行“一票否决”的考核事项是：党风廉政建设、安全生产、社会治安综合治理、环境保护、人口和计划生育。有被“一票否决”考核事项的市、省直单位不得评为优秀等次，领导班子不得评为好等次，党政正职领导干部和分管负责人不得评为优秀等次。

实施“一票否决”，应当由相关的主管部门提出意见，经省考核领导小组研究审定。

第五章 结果运用

第三十二条 各市、省直单位年度目标责任考核等次向社会公布，省管干部年度考核等次在本单位公布。

省委、省政府对评为优秀等次的市、省直单位给予通报表彰，对评为一般及以上等次的省直单位、良好及以上等次的市进行奖励。受奖单位根据考核任务责任分解及完成情况，在严格进行内部考核并确定不同考核等次的基础上，制定差额化的奖励办法。

第三十三条 省考核办依托“考核信息管理系统”建立考核档案，对领导班子、领导干部的考核情况进行跟踪记载。

干部考察材料中应当反映所在单位和其本人近三年来的考核情况。领导干部连续三年被确定为优秀等次的，在晋升职务时优先考虑。领导干部近三年年度考核结果中有基本称职以下等次的，不得提拔使用。

第三十四条 考核结果公布之后，省考核办向考核对象反馈考核情况。考核对象有异议的，可以向省考核办申请复核。

各市要在一定范围内通报反馈情况，省直单位要向本单位干部职工通报反馈情况；要对照考核情况，认真总结经验，查找问题不足，明确努力方向。

第三十五条 考核结果为一般或较差等次的市、省直单位领导班子，在结果公布后一个月内向省考核领导小组提交整改方案，其主要负责人由省考核领导小组安排进行提醒谈话。连续三年被评为一般及以下等次的市、省直单位，经组织考察认定，对负有主要责任的领导干部进行组织调整。

第三十六条 省管干部考核结果为基本称职等次，经组织考察认定不胜任现职岗位的，应当进行组织调整；考核结果为不称职等次的，应当降职使用。

对于考核中发现的违背科学发展的行为，要加大责任追究力度。对于给国家利益造成重大损失的、损害群众利益造成恶劣影响的，根据情节给予相应的组织处理或党纪、政纪处分。

第六章 纪律与监督

第三十七条 各市、省直单位和省管干部应当如实汇报工作情况，接受群众评议，不得在考核中弄虚作假。

有关省直责任部门应当准确及时提供考核信息，客观公正提出评议意见。

考核工作人员应当严格按照规定的程序、方法等开展考核工作，严守考核纪律，客观公正地反映考核情况、提出评议意见。

第三十八条 对于在考核中弄虚作假的市、省直单位，给予通报批评，本年度评为一般或较差等次；情节严重、影响恶劣的，对主要负责人、直接责任人给予党纪、政纪处分。

考核工作人员徇私舞弊或者工作失职，造成不良后果的，追究其责任。

第三十九条 建立考核举报制度，接受单位、个人对违反考核纪律行为的举报，加强对考核工作的监督检查。

第七章 附 则

第四十条 省考核办根据本规定制定配套的方法制度和每个考核年度的实施方案。

各市、省直单位根据本规定建立完善本市所辖县（市、区）、本单位内设机构的考核制度，推进考核工作向基层单位、岗位延伸。

第四十一条 省管国有企业、高等院校和不参照公务员法管理的省直事业单位考核办法，参照本规定另行制定。

第四十二条 本规定由省考核领导小组负责解释。

第四十三条 本规定自发布之日起施行，2010年9月1日发布的《山西省年度目标责任考核试行办法》同时废止。

山西省改善农村人居环境规划纲要

（2014—2020年）

晋发〔2014〕14号

（2014年4月28日）

为深入贯彻落实党的十八大、十八届三中全会和习近平总书记系列重要讲话精神，进一步做好改善农村人居环境工作，根据全国改善农村人居环境工作会议部署，结合我省实际，制定本规划纲要。

一、重要意义和指导思想

（一）重要意义

改善农村人居环境，是全面建成小康社会的基本要求，是统筹城乡发展的有效途径，是广大农民群众的迫切愿望。小康不小康，关键看老乡。农业是“四化同步”的短腿，农村是全面建成小康社会的短板。山西要强，农业必须强；山西要美，农村必须美；山西要富，农民必须富。只有农业基础稳固，农村和谐稳定，农民安居乐业，建成小康社会才有保障。当前在工业化、信息化、城镇化和农业现代化同步推进的大趋势下，城乡之间收入差距是主要差距，但反映在经济社会生活中，更多体现在居住条件、公共设施、环境卫生等基础设施和基本公共服务的差距。这也是导致农村空心化、农民老龄化、农业兼业化的原因之一。让农民享有像城市一样完善的基础设施、均等化的基本公共服务和宜居宜业的环境，有利于促进城乡互补协调发展，实现全省转型跨越发展的目标。

近年来，省委、省政府围绕新农村建设，先后实施了“四化四改”、两轮“五个全覆盖”、城乡清洁和农村环境连片整治等一系列工程，2013年又实施了惠及广大农民群众的“五件实事”，使农民的生产生活条件明显改善，农村基础设施公共服务水平明显提升，农村整体面貌发生了较大变化。但是，由于自然和历史的原因，我省农村人居环境总体水平与农民群众的现实需求、与建设美丽山西的目标要求还有较大差距。由于山区面积大，生态环境脆弱，农村基础设施薄弱，农民生产生活条件还没有得到根本改善。加之山庄窝铺多，居住分散，采煤沉陷区较大，地质灾害严重，农民安居环境较差，易地搬迁任务重。村容不整洁，垃圾乱倒、污水乱排、粪污乱流、废弃物乱堆乱放的现象还普遍存在。改善农村人居环境已经成为当前和今后一个时期新农村建设的迫切任务。

（二）指导思想

以邓小平理论、“三个代表”重要思想、科学发展观为指导，以全面建成小康社会为目标，大力实施以农村基础设施和公共服务为重点的完善提质工程，以采煤沉陷区治理、危房改造、易地搬迁为重点的农民安居工程，以垃圾污水治理为重点的环境整治工程，以美丽乡村建设为重点的宜居示范工程，通过长期艰苦努力，全面改善农村生产生活条件。

改善农村人居环境要坚持“五个结合”：

一是与巩固两轮“五个全覆盖”成果、办好“五件实事”相结合。本着“缺什么、补什么”的原则，做好巩固完善工作,不另起炉灶，不乱铺摊子，不盲目上项目。“五件实事”要办成一件、新增一件，实事不断、力度不减。建管并重，建立完善管护机制，让建成项目持久发挥作用。解决好农村基础设施和基本公共服务薄弱滞后的问题。

二是与工业化、城镇化相结合。“四化同步”的大趋势、大背景必然引发村庄新的演进变化，一些城镇和行政村会集聚更多人口，一些自然村、采煤沉陷和地质灾害较重的村会逐步消亡。顺应工业化、城镇化的发展趋势，保留哪些村、整治哪些村、缩减哪些村、做大哪些村，要科学论证、统筹规划，把中心村作为人口集聚和产业集聚的重点，防止拆了建、建了拆，防止把城市建设的思维和做法照搬过来，处理好改善农村人居环境工作中顺应规律与尊重民意相统一的问题。

三是与实施“百企千村”产业扶贫开发工程相结合。贫困面积大、贫困人口多、贫困程度深是最大的省情，也是改善农村人居环境最大的难点。要以产业富民兴村为切入点，发展“一村一品”、“一县一业”，大力推进“百企千村”产业扶贫开发工程，支持引导各类社会资本、民营资本、工商资本到贫困地区实施区域化、规模化的产业扶贫开发，向农村输送现代生产要素和经营模式，为农民创造不离乡土的就业岗位，解决好农民脱贫致富和宜居宜业同步推进的难题。

四是与全省经济和社会发展规划相结合。我省作为煤炭资源大省，长期开采导致的采煤沉陷、地下水位下降、地质灾害频发、农村生态环境破坏等一系列问题日益凸显，特别是一些地方农民居住安全受到的威胁越来越严重，已经成为迫切需要解决的问题，成为改善农村人居环境必须首先面对的重要问题。要在全省经济和社会发展总体规划下谋篇布局，充分考虑经济社会发展不同阶段的特点，确立相应的重点目标和治理内容。

五是与深化改革、加快转型综改试验区建设相结合。把改善农村人居环境工作作为全省转型综改试验区建设的重要内容，以改革创新的精神，积极探索符合省情特点的领导体制、市场机制、实现路径、评价体系，为改善农村人居环境工作提供持续动力。

（三）基本原则

坚持规划先行，完善机制。规划要符合农村实际、满足农村需求、体现农村特色，打造农村升级版，防止照搬城市景观，脱离农村实际。要宜居宜业，明确公共项目的实施方案和村民建房的管控要求，防止盲目规划拆并村庄和拆迁农房。要与土地利用等规划相衔接，方便农业生产活动，防止出现建了农民不要的、缺了农民急需的。坚持“不规划不设计、不设计不施工”的理念，分阶段安排重点工作和建设时序。建立完善村庄规划实施机制、管护机制、运行机制。

坚持因地制宜，分类指导。根据农村经济社会发展水平、地域区位、产业差异等特点，把统一要求和尊重差异结合起来，分类施策，将保障农民基本生活条件作为底线，以村庄环境整治为重点，建设美丽乡村为导向，拓展提升中心村，科学保护特色村，移民搬迁小山村，防止简单化和一刀切。

坚持四位一体，统筹兼顾。统筹考虑农村经济、社会、文化和生态建设，把农村人居环境建设与发展现代农业、培育新型农民、促进农民创业结合起来，使生态环境优势转化为发展优势、文化优势转变为产业优势，让农业成为有奔头的产业，让农民成为体面的职业，让农村成为安居乐业的美丽家园。

坚持分步实施，长期推进。把改善农村人居环境贯穿于全面建成小康社会的全过程，优先安排农民急需项目和公共项目，把阶段性任务和长期目标结合起来，不断深化建设标准和建设重点，一张蓝图绘到底,一任接着一任干,坚持不懈，久久为功，持续推进农村人居环境综合整治。

二、总体目标和主要任务

我省改善农村人居环境的总体目标是：到2020年农村危房基本消灭，不适宜居住的山村基本完成搬迁；农村路水电气等基础设施基本完善；大部分村庄生产生活条件明显改善，建成一批家园美、田园美、生态美、生活美的美丽宜居乡村；农民普遍住安全房、喝干净水、走平坦路，更多农户用上清洁能源，城乡基础设施和基本公共服务差距逐步缩小，农民群众过上文明、舒适、便捷的好日子。

我省改善农村人居环境主要任务是：实施以农村基础设施和公共服务为重点的完善提质工程；以采煤沉陷治理、易地搬迁、危房改造为重点的农民安居工程；以垃圾污水治理为重点的环境整治工程；以美丽乡村建设为重点的宜居示范工程。完善提质工程是基础，农民安居工程是关键，环境整治工程是重点，宜居示范工程是方向。

农民基本生活条件还存在困难的村，要以路水电气等基础设施为重点；需要易地搬迁的村，要以新村规划建设为重点；农民生活条件基本完善的村，要以村庄环境治理为重点；各方面基础条件相对好，产业特色鲜明的村，要以全面提升人居环境质量，建设美丽宜居乡村为重点。

（一）完善提质工程

主要内容是完善路水电气等基础设施，提升农村文化教育、医疗卫生、社会保障等公共服务水平。到2020年农民普遍走平坦路、喝安全水、更多农户用上清洁能源。

加强农村基础设施建设。加快县乡公路改造和连通工程建设。实施连片贫困地区农村公路基础设施建设。积极推进乡镇汽车客运站和建制村汽车停靠点建设。从2014年起，两年内完成1000公里的县乡公路改造。

推进农村集中式供水，提高自来水普及率，大力实施农村安全饮水工程。到2020年基本解决山老区、采煤采矿区农民饮水安全问题。

加快推进新农村电气化县乡村建设，逐步实现城乡各类用电同网同价。

加大天然气、煤层气、焦炉煤气、煤制天然气、液化石油气等清洁能源的开发利用，推进燃气管网向村镇延伸。因地制宜发展户用沼气和规模化沼气。在晋城市率先实施煤层气综合利用城乡全覆盖工程。到2020年全省10000个村实现气化目标。

大力实施京津风沙源治理和退耕还林等生态工程建设。加快推进村庄道路绿化、环村绿化、街巷绿化、庭院绿化和公共绿地建设，改善农村生态环境。

完善农村公共服务。统筹城乡义务教育资源均衡配置。加快农村学校标准化建设，办好村小学和教学点，方便就近上学。改扩建农村幼儿园1300所，2020年基本实现农村孩子就近入园。

深化农村基层医疗卫生机构综合改革，健全以县级医院为龙头、乡镇卫生院和村卫生室为基础的农村医疗卫生服务网络。提高新型农村合作医疗的筹资标准和保障水平，完善重大疾病保险和救助制度，统筹城乡基本医疗保险制度。

探索建立政府购买公共文化服务制度。健全以县级公益文化设施为龙头、乡镇综合文化站和村级文化活动场所为基础的农村公共文化服务网络，提升农村公共文化服务能力。实施“农村公共文化服务提升工程”，到2020年初步实现城乡文化建设标准化、服务均等化、发展一体化。实施农村广播电视卫星户户通提质工程，到2017年完成82.6万户提质任务。

推进城乡居民基本养老保险制度整合和管理服务一体化，逐步建立基础养老金标准正常调整机制。

探索农村社区管理新模式，加快健全农村留守老人、留守儿童、留守妇女关爱服务体系。到2020年全省建设8000个农村老人日间照料中心，并形成相对稳定的资助扶持机制。

倡导积极健康、文明卫生的生活方式。加快推进农村改厨改厕。支持具备条件的村发展清洁能源。推广旱厕改造，大力发展无害化厕所，在群众聚居区建设公共厕所。提倡因地制宜实行多种洗浴方式，大力提高农民的公共卫生意识和培养良好的个人卫生习惯。

管好用好各类农村公共设施。建立健全农村道路、供排水、文化场所等公共设施运行维护长效管理机制，制定完善管护制度，推进农村供水管理立法工作。对农村小型公益设施,可以通过承包租赁、拍卖等形式实行市场化运作,提高项目的使用效率和养护水平,确保农村各类公共设施长期发挥作用。

（二）农民安居工程

主要内容是在采煤沉陷区、地质灾害易发区、连片特困区重点实施易地搬迁。改造农村困难家庭危房。到2020年全省农民群众基本住上安全房。

加强采煤沉陷治理。对采矿破坏村庄进行调查摸底、评估鉴定。以“消除灾害、保障民生、改善环境、节约资源、村矿共赢”为目标，统筹制定今后几年采煤沉陷区治理方案。坚持农民主体地位，尊重农民意愿，按轻重缓急、分步实施、稳妥有序推进采矿破坏村庄避让搬迁工作。在矿区范围内因采矿破坏的村庄主要由采矿权人出资搬迁治理，财政予以适当补助。采矿权灭失地村庄主要由政府财政出资搬迁治理。要选择不同类型的治理区域进行试点，统筹推进搬迁农户户口登记、教育、医疗、养老等制度改革，完善社会保障，拓宽就业渠道，增加移民收入。把采煤沉陷治理搬迁与工矿城镇化结合起来，使移民新村成为设施齐全、生活便利、环境优美、保障有力的宜居新区。

到2020年完成1352个村庄65.5万人的避让搬迁工作，基本解决采矿破坏村农民群众安居问题。

加强地质灾害治理。对地质灾害高易发区的50个县进行地质灾害调查，科学监测高危隐患点，建立全省通联的监测预警和应急指挥平台。对受地质灾害威胁严重的656个村庄和217个大型以上隐患点，进一步核实灾害现状和搬迁治理规模，编制搬迁规划。对具备搬迁条件的，根据灾害危险程度和村民需求，分期分批进行搬迁；对不具备搬迁条件，可以通过工程治理有效解除灾害威胁的村庄，实施工程治理；对既不具备工程治理条件也无法搬迁的村庄，将隐患点纳入群测群防系统，实行科学监测。到2020年有效解除60万农民群众受地质灾害威胁的问题，完成8万人的搬迁任务。

实施农村困难家庭危房改造。尊重农民居住传统和生活习惯，确立改造方式。通过新建、加固等方式，引导农民建设安全、节能、舒适、美观的住房。推广建筑节能新技术新材料，加快绿色农房试点示范。到2017年完成56.21万户危房改造任务，解决现有农村困难家庭住房安全问题。

实施易地扶贫搬迁。坚持易地扶贫搬迁与产业开发相结合、与城镇化建设相结合、与旧村开发相结合、与社会保障相结合。以太行山（燕山）、吕梁山连片特困地区为主战场，以不宜居住的山庄窝铺的贫困农民为重点，选择基础条件好、产业发展潜力大的县城和中心镇，规划建设移民集中安置点，引导农民向城镇集聚。到2016年基本完成150人以下山庄窝铺搬迁任务，到2020年不适宜居住的山村基本完成搬迁。

推进生态移民和水利移民。在森林防火重点县、农林交错区实施退耕还林移民搬迁工程，在自然保护区实施生态移民工程。在重大水利工程建设区以及重点水源地实施移民搬迁。

（三）环境整治工程

主要内容是以农村垃圾治理、污水治理为重点，兼顾农业面源污染治理，开展新一轮环境整治，到2020年基本实现垃圾统一收集、污水有序排放、村庄环境整洁。

实施乡村垃圾治理。大力实施乡村清洁工程，建立完善农村清扫保洁和垃圾收运处置体系，实行垃圾统一收集、清运和处置。建立健全乡村环境卫生整治长效机制，基本做到“四有、四无、三净”（即：有清扫保洁队伍、有垃圾收运处置队伍、有垃圾收运设备、有垃圾处置设施；无抛洒杂物、无存量垃圾、无乱堆乱放、无残垣断壁；大街小巷净、房前屋后净、村庄周围净）。县城周围20公里范围内的村庄生活垃圾纳入城镇垃圾处理系统，推广建立户分类、村收集、乡镇转运、县处理的农村垃圾收集清运与处理体系，实现生活垃圾集中处置。其他村庄实行就近简易填埋处理。提倡对分选后的有机垃圾就地及时资源化处理。到2020 年定点存放清运率达到100%，无害化处理率达到50%以上，基本解决农村垃圾乱堆乱倒现象和垃圾围村问题。

实施乡村污水治理。大力实施农村环境连片整治工程。污水治理要与美丽宜居示范村建设紧密结合，积极推广低成本、低能耗、少维护、高效率的污水处理系统。加强农村生活污水收集管网建设，因地制宜规划农村生活污水收集处理系统。县城和城镇周边的村庄污水纳入城镇污水处理体系集中处理。有重点地选取汾河、沁河、浊漳河、涑水河、桑干河和娘子关泉域周边影响水环境质量的村庄，联村或单村建设带有人工湿地缓冲出水的生活污水处理设施。居住分散的村采取小型湿地等适宜方式进行处理。到2020年完成2800个村生活污水收集处理和达标排放。

实施畜禽粪污治理和病死动物无害化处理。推进畜禽养殖区和居民生活区科学分离，发展规模化养殖，支持畜禽养殖场、养殖小区标准化改造和畜禽粪污综合利用。实施畜禽养殖粪便的减量化、资源化、无害化治理。加强病死动物收集、暂存、装运、无害化处理等环节监管。开展病死动物无害化处理设施建设。到2020年完成500个规模养殖场（小区、专业村）的畜禽粪污治理、1500个病死动物无害化处理点和5个区域性病死动物无害化处理中心建设。具备条件的地方，试点探索富碳农业发展模式。

（四）宜居示范工程

主要内容是在改善农村人居环境的基础上，鼓励支持有条件的村开展美丽乡村建设，推进产业发展与环境承载相适宜，生活改善与生态保护相统一，历史文化传承与现代文明相融合，打造一批家园美、田园美、生态美、生活美的美丽乡村，在更高层次上引领全省农村人居环境建设水平。

制定美丽宜居示范村创建标准。总的要求是在基础条件好、产业优势强、文化特色浓、生态环境优的村庄开展创建，体现山西自然地理、特色文化、田园风光、生态环境等不同特点。污水处理和垃圾处理必须达到无害化标准。主导产业的收入必须占到农民收入的70%以上。土地产出率、劳动生产率和资源利用率必须高于全省平均水平。农民人均纯收入必须领先全省，超过全国平均水平。

把培育特色主导产业放在优先位置，因地制宜打造一批特色鲜明的美丽宜居示范村。在矿产资源优势明显的地方和新型工业园区，发展低碳、环保、绿色循环经济，重点打造工矿一体示范村；在传统建筑格局尚存和传统工艺尚在，历史文化传承有序的地方，发展特色工艺、文化创意等产业，重点打造历史文化和特色文化示范村；在自然植被好、无污染的地方，发展无公害、绿色、有机产品和地理标志产品，重点打造绿色生态示范村；在基本具备条件的地方，重点打造红色旅游、晋商文化、民居民俗、现代农业等各具特色的休闲旅游示范村。发挥示范村的典型引导作用，做到可推广、可复制，既中看、又中用。省里重点建设120个省级美丽宜居示范村。各市、县（市、区）也要从实际出发，分别确定示范村建设。

省级美丽宜居示范村要率先编制村庄规划，高起点规划，高标准定位，科学布局，方便农民生产生活。保障农民参与规划编制和实施的权利，相关要求要纳入村规民约。切实提高村庄规划的可实施性，依规依矩，抓好落实。制定加强古村落保护的相关政策，加快古村落保护发展规划编制。支持沁河流域古村镇申遗活动。

特别重视小城镇农民生活圈建设。以小城镇驻地村为中心，配套完善基础设施，拓展公共服务覆盖范围。集中力量、集中投入，开展以垃圾处理和污水治理为重点的环境整治。全力推动银行分支、信息网络、社保养老、农产品集散和商业网点等现代服务业向小城镇集聚。建设“农民半小时生活功能圈”，综合提升城镇土地承载力和利用率。

三、政策措施

（一）加大涉农资金整合捆绑力度

把农村人居环境建设逐步纳入公共财政覆盖范围，并不断增加投入。推进政府购买公共服务，通过委托、承包、采购等方式向社会购买村庄规划建设管理、垃圾转运处理、污水处理、河道管护等公共服务。鼓励在县一级把资金集中起来，捆绑使用，统筹用于改善农村人居环境重点工程，按照“渠道不乱、用途不变、集中投入、各负其责、各记其功、形成合力”的原则，统筹涉农资金使用，确保有限资金发挥最大效益。

（二）用足用活农村土地政策

优先安排农民安居工程和农村人居环境整治工程设施新增建设用地计划指标。对易地安置的移民新村和沉陷区治理项目用地，凡搬迁村庄具备复垦条件的，可以通过城乡建设用地增减挂钩政策解决。

（三）用好“一事一议”政策

完善农村公共服务自下而上的“一事一议”民主决策机制，发挥村民自治组织作用，在村民民主议事、集体协商的基础上，按照轻重缓急原则，优先解决群众最迫切最需要的问题。鼓励农民自愿投工投劳参与建设整治。加大财政投入力度，以村内户外公益事业和人居环境建设管护为重点，处理好政府主导与农民主体之间的关系，处理好政府与市场的关系，建立和完善农村公益事业建设的多元化投入机制。

（四）鼓励支持社会力量参与共建

引导和激励社会资金参与农村人居环境整治，积极探索社会力量参与建设的新机制。鼓励和引导党政机关、人民团体、企事业单位通过结对帮扶、捐资捐助和智力支持等多种方式参与整治。鼓励支持社会资本投资垃圾污水处理设备研发、管护运营、再生利用、无害化处理和有机肥生产等项目建设。

（五）完善地质环境保护治理政策

出台我省矿山地质灾害防治保证金管理办法，督促矿山企业按照矿山地质环境恢复与治理方案进行治理。强化矿产资源开发源头的地质环境保护，鼓励矿山企业采用新技术新方法新工艺预防地质环境的破坏。对于采矿权灭失地、矿山历史遗留和计划经济时期开采形成的矿山地质环境破坏，加大专项治理资金投入力度。拓宽融资渠道，探索矿山地质环境治理的多元投资体制机制。

（六）加大金融支持力度

鼓励农村金融机构开展农村土地整治、农村住房、基础设施的信贷业务。积极争取农业发展银行支持农村基础设施建设，尽快确定贷款项目和贷款规模。

（七）推行“以奖促治”政策

认真落实2014年中央1号文件“以奖促治”政策，省财政要安排专项资金，用于对改善人居环境工作先进县和美丽宜居示范村的奖补。市、县（市、区）政府也要制定“以奖促治”政策，列出专项资金用于改善农村人居环境。

四、组织保障

（一）切实加强组织领导

省政府成立改善农村人居环境工作领导组，省长李小鹏任组长，副省长郭迎光任副组长，有关部门主要负责人为领导组成员。领导组的主要职责是宏观指导、制订规划、综合协调、统筹安排、加强督导。领导组下设办公室，设在省农业厅。目前开展的涉及农村人居环境改善的各项工作和工程项目，按照领导不变、分工不变、职责不变、资金渠道不变的原则继续推进。有关部门要根据部门职能各司其职，主要领导要亲自抓，制订好本部门的实施方案。市、县（市、区）政府也要成立相应的领导机构和工作机构。

（二）强化县级政府的主体领导责任

切实抓好规划编制，制定实施方案，明确整治重点、重大项目、年度任务。鼓励支持各类涉农资金在县级整合使用。不断建立完善公共设施建设运行维护机制、多元化投资体制、监督检查机制，切实加强对乡、村两级目标责任考核。

（三）发挥规划的引领和指导作用

按照因地制宜、分类指导、突出重点、统筹协调的原则，加快县域村镇体系规划、村庄整治规划、古村落保护发展规划和美丽乡村连片区规划编制。完善规划建设管理机制，加强规划分类实施管理，鼓励农民参与规划编制和实施，提高规划可实施性，科学指导村庄整治。

（四）实行重点工程项目化管理，建立调度会议制度

改善农村人居环境四大工程要实行项目化管理，按照规划要求，分解落实到部门和市、县（市、区），确保目标、任务、进度、责任人“四落实”。省级实行工程项目调度会议制度，每季度召开一次，及时研究解决工程推进中各类困难和问题。对工作完成情况要量化考核，打分排队，定期公示进展情况。

（五）探索完善长效机制

按照政府主导、农民主体、分级负责、注重实效的原则，探索建立城乡一体化的行政管理体制和社会管理、公共服务机制，完善农村人居环境治理长效机制。县级政府

是农村基础设施维护和管理的责任主体，建立以市、县（市、区）公共财政补助为主导的经费分担保障机制，将农村人居环境治理纳入政府部门管理范围。探索建立农村基础设施建设市场运转机制，培育专业化的运营管理维护队伍。鼓励支持农民合作社承担日常的管理养护责任。鼓励基层自治，坚持农民参与，将农村基础设施维护和管理的相关内容列入村规民约，增强村民自我管理、自我服务的能力。

（六）建立健全工作考评机制

将农村人居环境改善工作纳入全省目标责任考核和市、县（市、区）目标责任考核范围。建立农村人居环境改善评价机制。完善村庄建设和村庄整治的统计制度，加快制定改善农村人居环境考核评价指标体系。

各级党委、政府要切实加强对改善农村人居环境的组织领导，认真贯彻落实中央和省委、省政府关于改善农村人居环境的重大决策和部署，把握好工作方向和节奏，谋划好工作思路和方法，落实好各项政策和措施。坚持农民主体地位，尊重农民意愿，保护农民利益，不断总结宣传推广基层好做法、好经验、好典型，经过持续不断努力，使我省农村人居环境明显改善。

中共山西省委办公厅
印发《关于完善党员干部直接联系群众制度的实施意见》的通知

晋办发〔2014〕19号

各市、县委，省委各部委，省直各委、办、厅、局党组（党委），各人民团体党组：

《关于完善党员干部直接联系群众制度的实施意见》已经省委同意，现印发给你们，请认真贯彻落实。

中共山西省委办公厅

2014年4月29日

关于完善党员干部直接联系群众制度的实施意见

为深入贯彻落实中央办公厅印发的《关于完善党员干部直接联系群众制度的意见》（中办发〔2014〕18号），促进党员干部直接联系群众工作制度化、长效化，进一步密切党群干群关系，巩固党执政的群众基础，深化党的群众路线教育实践活动成果，结合我省实际，提出如下实施意见。

一、充分认识党员干部直接联系群众的重要意义

人民群众是我们党的执政之基和胜利之本。密切联系群众是我们党的优良传统和政治优势，是党在各个历史时期不断取得胜利的重要法宝。我们党历来重视做群众工作，始终坚持走群众路线。但近年来，群众工作也出现一些新情况新问题，有的党员干部群众观念淡薄,工作方法简单,作风粗暴,态度蛮横,拒群众于千里之外;有的党员干部群众感情缺失,对群众疾苦不闻不问,对群众诉求漠然处之，对群众的事情敷衍塞责、毫不负责;有的党员干部作风漂浮,急功近利,不求实效,习惯作表面文章,热衷搞“形象工程”、“政绩工程”,等等。各地各部门一定要从关系党的执政地位和国家长治久安的高度，充分认识密切联系群众的极端重要性和现实紧迫性，切实把党员干部直接联系群众工作摆上突出位置，忠实践行全心全意为人民服务的根本宗旨和党的群众路线，以维护群众利益为核心，以直接联系为主要方式，以制度建设为保障，以了解群众、学习群众、服务群众、引导群众为主要任务，坚持领导带头、加强分类指导、突出工作重点、尊重群众主体地位，进一步落实为民务实清廉要求，密切党同人民群众的血肉联系。全省党员干部要深入基层、深入群众、深入实际，倾听群众呼声，了解群众疾苦，汲取群众智慧，凝聚群众力量，与群众心连心、同甘苦，切实帮助群众解决实际困难和问题，在直接联系群众中提高做群众工作的能力和水平，增强同人民群众的感情，更好地团结带领广大人民群众加快转型跨越，全力办好“两件大事”，全面建成小康社会。

二、完善调查研究制度

各级党员领导干部要带着问题和课题、带着感情和真情，深入群众中进行调查研究，关心群众疾苦，发现解决涉及人民群众利益的突出问题，帮助解决影响改革发展的重大问题。下基层调研，要多到困难较多、情况复杂、矛盾尖锐的地方，准确、全面、深入了解真实情况，通过“解剖麻雀”认识规律，以更好地总结经验、研究问题、解决困难、指导工作。创新调研方式，除开展经常性调研外，要通过领题调研、蹲点调研、随机调研等形式掌握实际情

况。每年，省委常委、副省长下基层调研时间不少于60天，领题调研不少于1次，蹲点调研不少于3天。各市党政主要负责同志下基层调研时间应不少于90天。省直各部门主要负责同志也要结合各自工作到基层调研若干次。各地各部门其他党员领导干部到基层调研，由本地本部门结合实际提出具体要求。党员领导干部到基层调研要严格遵守中央八项规定精神及省委“实施办法”要求，加强统筹、明确主题、增强目的性，防止调研走形式、走过场，要坚持轻车简从、减少陪同、简化接待。各考察点现场要真实，不能为迎接考察装修布置，更不能弄虚作假，要为调研领导走近群众、了解群众创造条件。重要调研后有价值的意见、建议，应向本级党委、政府写出调研报告。鼓励机关党员干部利用探亲休假和工作之余开展随机调研，贴近群众，走进百姓，掌握更多真实情况。

三、完善基层联系点制度

县处级以上党政领导班子成员要建立基层联系点，并经常深入联系点进行调研，了解社情民意，帮建基层组织，指导推动工作，解决发展难题。要深入到县（市、区）、乡镇（街道）和村（社区），倾听民声、了解民意，问政于民、问需于民、问计于民，通过召开座谈会、走访调研、谈心谈话、节日慰问等形式，面对面、心贴心地与基层干部群众拉家常、增感情，讲政策、谋发展。建立基层联系点，要与领导干部“访民生、知民情、解民事”集中走访和干部下乡住村包村增收活动结合起来，省级党政领导班子成员联系到县（市、区）及以下，市级党政领导班子成员联系到乡镇（街道）及以下，县级党政领导班子成员联系到村（社区），省直各部门以及其他机关党员领导干部主要联系本部门本系统的基层单位。各层级联系点一般不重复交叉，一个联系点的联系时间不得少于1年，可以长期联系。省、市级党员领导干部深入联系点每年至少1次，县处级党员领导干部每年不少于2次。省委常委、副省长要在大型企业和贫困县建立联系点，每人联系一个大型国有企业和一个国家扶贫开发工作重点县，深入调查研究，全面掌握情况，帮助完善发展思路和发展规划，指导解决发展中的重大问题，把联系点建设成转型跨越的排头兵、脱贫致富的引领者。

省级四大班子领导，纳入省年度目标责任考核的省直厅局主要负责同志，市、县两级党政领导班子成员和人大、政协主要负责人，市直机关主要负责人，乡镇党政主要负责人每人包扶1个行政村，深入住点村开展调查研究，制定发展规划，落实帮扶项目，解决难点问题，帮助贫困乡村加快脱贫致富步伐。省委常委、副省长每年住村3至5天，要坚持与群众同吃同住同劳动。

乡镇（街道）党政领导班子成员每人结对联系2户以上基层群众，每年走访几次，及时宣传党的路线方针政策、了解群众利益诉求、听取意见建议、帮助解决问题、做好思想政治工作。结对联系户的联系时间不得少于1年，可以长期联系。

四、完善基层挂职任职制度

注重选拔年轻干部和新提拔干部到基层单位和与人民群众直接接触的窗口单位挂职任职，了解基层情况，帮扶困难群众，化解矛盾纠纷，促进社会和谐稳定，提高党员干部做群众工作的能力。县级以上机关要选派党员干部特别是后备干部、年轻干部和没有基层工作经历的干部，到县、乡特别是条件艰苦、环境复杂的基层单位、与群众接触比较直接的岗位和村、社区、企业、社会组织等基层一线挂职任职、驻点包户，时间不少于1年，挂职期间原则上与原单位工作脱钩。对接“百企千村”产业扶贫开发工程，从党政机关、企事业单位集中选派一批处、科级年轻干部，到基层组织建设薄弱村、贫困村挂职党组织书记或第一书记，时间为2年。坚持选派省直部门和单位新任副厅级干部和处级干部到省信访局信访岗位挂职锻炼，选派省直部门和单位年轻处级干部到省级转型综改试验县挂职锻炼，有计划地选派县级以上机关有发展潜力的年轻干部到乡镇任职挂职。加强对挂职任职干部的监督管理和实绩考核，引导挂职任职干部自觉践行群众路线、认真履行职责，做到工作学习在基层、生活交友在基层、锻炼成长在基层、感情培养在基层。

五、完善定期接待群众来访制度

各级党政领导班子成员要定期接待群众来访，注重运用法治思维和法治方式妥善解决涉及群众切实利益的矛盾和问题。坚持省委常委、副省长定期直接接待群众来访制度，省委常委、副省长接待群众来访每半年至少1天。各市党政领导干部每季度至少1天，县级领导干部每月至少1天，乡镇领导干部每周至少1天接待群众来访。省委、省政府工作部门领导干部每季度至少1天接待群众来访。各市党委和政府工作部门领导干部、省直机关党员领导干部定期接待群众来访工作，由各地各部门结合实际提出具体要求。党员领导干部接访可采取定点受访、重点约访、专题接访、带案下访、上门回访等多种方式，方便群众参与。党员领导干部接访要建立工作台账，明确承办单位和责任人，以便督办落实和答复来访群众。对人数较多的集体上访，在依法规范、依法处置的同时，党政领导班子成员要出面接访、化解矛盾。县处级以上党政领导班子成员要及时处理群众来信及群众通过网上信箱、热线电话、政务微博等方式反映的诉求。党员干部要定期走访群众，农村、社区基层干部要通过各种方式普遍走访辖区群众，及时收集社情民意、协调利益纠纷、化解各类矛盾。党员领导干部对所接待群众反映的诉求要进行包联，一督到底，跟踪问效。

六、完善与干部群众谈心制度

与干部群众谈心谈话制度，是发扬我党优良传统，加强干部群众思想政治工作的一项重要措施，是思想作风建设的有效方法，更是进一步密切党群干群关系、增强团结、促进工作的有效途径。党员领导干部特别是党政领导班子成员在日常工作及到基层调研时，要与干部群众开展谈心交心活动，及时了解他们的学习、思想、工作、生活情况，清楚他们的所思、所忧、所盼、所需，虚心听取意见建议，切实帮助解决实际困难，肯定成绩、指出不足，明确方向、鞭策鼓励，对发现的苗头性、倾向性问题要及时进行教育引导，防止矛盾积累激化。谈心活动要讲真话、动真情、亮真心，加强与群众的互动交流，增进群众的理解信任，真正做人民群众的知心人、贴心人。各级党组织有组织的谈心活动每年至少开展2次，可与党员民主生活会谈心结合起来安排。基层党支部负责人每年要与所属党员至少进行2次谈心谈话，同时要广泛开展基层党员干部与群众谈心活动，努力实现全覆盖。谈心活动可采取个别谈话、集体座谈、随机交流等多种形式，营造实事求是、客观公正、坦诚相见的良好氛围，通过广泛深入的谈心谈话，进一步沟通思想、增进理解、促进团结、形成共识。建立省委书记与市县委书记面对面谈心制度，其他省级党员领导干部要与市县对口领导面对面谈心，敞开心扉、直面问题，多说不足、少说成绩，做到有交流有交锋、有共识有共勉。各级党委每年与同级民主党派、工商联负责人和无党派人士开展谈心交心活动 1 至 2 次。

七、完善征集群众意见制度

党员领导干部特别是党政领导班子成员要采取多种形式经常征集各个层面干部群众的意见，真听意见，听真意见。县级以上党政机关要通过建立健全公示、听证咨询、民意调查等制度，设立意见箱、开通热线电话、发放征求意见卡等方式，利用电子政务等现代信息技术手段，就经济社会发展中的重要问题和人民群众最关心最直接最现实的利益问题广泛征集群众意见，与群众协商，并以适当方式反馈或公布群众意见采纳处理情况。探索建立网上群众工作制度，逐步建立党员干部与网民有效沟通机制，运用网络手段和博客、微博、微信、论坛等平台，广泛听取民意，并做好对网民的宣传引导工作，充分发挥社情民意工作在听民声、集民智、解民忧等方面的重要作用，通过人民网《地方领导留言板》、省委社情民意通道等平台广泛征集和采纳群众合理化建议，认真解决人民群众反映的合理诉求和问题。各级人大、政协中的党组织和党委统战部门要充分履行职责，积极发挥党员人大代表、政协委员的作用，密切同人民群众的联系，注意加强同各民主党派、工商联和无党派人士的联系，通过走访慰问、结对联系、个别访谈、民主恳谈等多种方式，听取和反映各行业、各界别、各阶层群众和代表人士的意见建议。党员干部要随时了解征集群众意见，并及时向有关地区或部门反映。各级党委和政府要定期收集汇总、分析研判群众意见，作为科学决策的重要依据。

八、完善党员承诺践诺制度

以服务群众为重点，在广大党员中普遍开展党员示范岗、党员责任区、党员承诺践诺活动。采取多种形式向党员群众公开承诺内容，通过“上级点评、个人自评、党员互评、群众参评”等形式对承诺的事项进行考核，承诺内容要切合实际、具体可行。基层机关、企事业单位和社会组织的党员以及流动党员既要积极参加所在单位的承诺践诺活动，又要向居住地社区（村）党组织报到，自觉参加各类公益活动、志愿服务活动和主题实践活动，主动联系服务身边群众。每个在职党员年初要作出志愿服务承诺，联系帮扶 1 户社区困难家庭，每半年参加 1 次志愿服务活动和 1 次社区公益活动。依托基层组织活动场所，坚持一室多用，积极推广为民服务全程代理、一站式服务等做法。农村和社区的党员，要根据自身实际情况，按照自主申报和组织安排相结合的办法，积极参加以服务群众为主要内容的“设岗定责”活动，认真履行岗位责任，主动接受群众监督。各地要以乡（镇、街道）、村（社区）基层干部为骨干，以网格为单位整合资源，组织辖区内党员干部成立联系服务群众团队，为群众提供便利、快捷、有效服务。窗口单位和服务行业的党员在日常工作中要坚持佩戴党员徽章，亮出党员身份和服务承诺，提高服务质量，展现共产党员良好形象。

九、完善党代会代表直接联系群众制度

市、县两级党代会要合理设置各有分工的党代会代表工作小组，定期组织党代会代表开展调查研究、工作视察、建言献策等活动。组织党代会代表定期接待党员、群众，收集意见建议。省级领导干部党代表每人联系2至3名基层省级党代表，每年联系活动1–2次。党代会代表要接受党员、群众监督，强化对党员负责、为群众服务的意识，通过发挥模范带头作用把群众团结到党组织周围。全面推进党代表工作室建设，以“知党情、听民声、谋发展、促和谐”为主题，以县（市、区）党代表大会代表团为单位，在党员活动中心或基层组织活动场所建立党代表工作室，组织省、市、县、乡四级党代表进室开展活动。各级领导干部党代表要切实增强代表意识，以党代表身份主动参与工作室活动，原则上与各自联系点和下乡住村包村结合起来，每年到党代表工作室参加活动1–2次。对征集到的意见建议和党员群众反映的问题、困难，负责接待的党代表要当场予以说明或解决，不能当场说明或解决的，要通过党代表联络工作机构及时向有关党组织反馈，提出交办意见。相关党组织要按照有关规定，认真处理，并将办理结果及时反馈党代表工作室。党代表可参与落实情况的跟踪督促。党组织要积极协调党代会代表所在工作单位为党代会代表开展有关活动提供时间保障等相应的便利条件。

十、加强对党员干部直接联系群众工作的组织领导

各级党组织要高度重视党员干部直接联系群众工作，加强领导、精心组织、深入推进，完善联系群众制度，创新联系群众方式，增强服务群众本领，促进党员干部更好地联系和服务群众。各级党的建设工作领导小组及其办公室要加强日常组织协调工作，纪检机关和组织、宣传、政法、统战等部门要各司其职、相互配合，形成工作合力。工会、共青团、妇联等人民团体要按照各自章程和有关规定做好联系服务群众工作，示范带动其他社会组织积极联系服务群众。基层党组织要认真履行职责，做好党员干部直接联系群众的具体组织工作。要加强宣传引导，教育党员干部增强做好群众工作的自觉性和坚定性，总结推广先进经验和典型做法，形成正确导向和良好氛围。强化督促检查和考核评价，定期进行工作通报，对严重脱离群众、脱离实际、损害群众利益、影响党群干群关系的恶性事件按照有关规定及时予以严肃处理。

各地区各部门要根据本实施意见精神，结合实际制定具体实施办法和相关配套措施。各市委和省直工委每年年底要向省委报告各市和省直机关党员干部直接联系群众工作情况。

中共山西省委办公厅
山西省人民政府办公厅
关于印发《山西省党政机关省内公务活动接待从简的规定》的通知

晋办发〔2014〕25号

各市、县委，各市、县人民政府，省委各部委，省直各委、办、厅、局，各人民团体：

《山西省党政机关省内公务活动接待从简的规定》已经省委、省政府同意，现印发给你们，请遵照执行。

中共山西省委办公厅

山西省人民政府办公厅

2014年5月6日

山西省党政机关省内公务活动接待从简的规定

第一条 为进一步规范全省党政机关省内公务接待工作，杜绝奢侈浪费行为，建设节约型机关，特制定本规定。

第二条 全省各级党政机关在公务活动中应严格贯彻执行中央八项规定精神和《党政机关厉行节约反对浪费条例》、《党政机关国内公务接待管理规定》以及我省相关规定。

第三条 实行定点公务接待。各级党政机关应在定点接待单位（宾馆、饭店或者机关内部接待场所）安排公务接待，执行协议价格。严禁使用私人会所、高消费场所进行公务接待活动。

第四条 公务接待用餐原则上应以自助餐为主，15人以下或者不具备自助餐条件的可安排桌餐，严格控制陪餐人数。接待省外来宾，可以安排工作餐一次，以家常菜、地方菜为主,严禁提供鱼翅、燕窝等高档菜肴和用野生保护动物制作的菜肴，使用本地产酒水饮料。

第五条 省部级领导安排普通套间，厅局级领导安排单间，处级及以下人员安排标准间。除宾馆免费提供的房间用品外，不得额外配备其他物品，不得摆放香烟、鲜花、水果等。同城接待不安排住宿。

第六条 各地应当根据当地经济发展水平、市场价格等实际情况，按照当地会议用餐标准制定公务接待工作餐标准，并定期进行调整。接待住宿应当按照各级财政部门制定的差旅费管理规定，执行接待对象在当地的差旅住宿费标准。接待开支标准应当报上一级党政机关公务接待管理部门、财政部门备案。

第七条 公务活动原则上安排集中乘车，6人及以上人员出行，以乘坐普通商务、中巴或大巴车为主。除边远地区、路况复杂、特殊天气、抢险救灾等特殊情况外，原则上不得乘坐越野车。要从严控制随行车辆，车队规模一般不超过3辆。

第八条 严禁借公务活动名义游山玩水，严禁到风景名胜区举办会议和活动。严禁举办与公务无关的专场晚会、舞会等活动。严禁以任何名义赠送礼金、有价证券、纪念品和土特产品等。

第九条 严禁超范围、超标准、超预算安排公务接待。严格界定公务接待和商务接待、外事接待，严禁借商务接待、外事接待、招商引资等名义变相安排公务接待。严禁私客公待。

第十条 接待单位要建立健全公务接待清单制度，无接待公函、接待清单、财务票据的一律不予报销。严禁转嫁、摊派、隐匿、违规报销接待费用。严禁公款报销或者支付应当由个人负担的费用。

第十一条 各级各部门各单位要严格执行省委办公厅、省政府办公厅印发的《山西省“三公”经费管理和公开规定》，加强对公务接待经费的预算管理，合理限定接待费预算总额。

第十二条 各级财政部门应当定期对同级接待单位的公务接待经费开支和使用情况进行监督检查；审计部门要在每年3月底以前，完成上年度同级接待单位公务接待经费开支和使用情况的审计。

第十三条 各级纪检监察机关要加强监督检查，对违规违纪的单位负责人和直接责任人，依据有关规定严肃追究责任。

第十四条 本规定适用于全省各级党的机关、人大机关、行政机关、政协机关、审判机关、检察机关，以及工会、共青团、妇联等人民团体和参照公务员法管理事业单位的公务接待行为。

第十五条 国有（含国有控股）企业、国有金融机构和不参照公务员法管理的事业单位参照本规定执行。

第十六条 本规定由省委办公厅负责解释。

第十七条 本规定自发布之日起施行。1994年11月6日省委办公厅、省政府办公厅印发的《关于党政机关领导干部省内公务活动中接待从简的规定》同时废止。

中共山西省委办公厅
山西省人民政府办公厅
印发《关于厉行节约反对食品浪费的实施方案》的通知

晋办发〔2014〕32号

各市、县委，各市、县人民政府，省委各部委，省直各委、办、厅、局，各人民团体：

《关于厉行节约反对食品浪费的实施方案》已经省委、省政府同意，现印发给你们，请认真贯彻落实。

中共山西省委办公厅
山西省人民政府办公厅
2014年6月30日

关于厉行节约反对食品浪费的实施方案

为贯彻落实中央办公厅、国务院办公厅《关于厉行节约反对食品浪费的意见》（中办发〔2014〕22号），深入推进全省厉行节约反对食品浪费工作，结合我省实际，制定本实施方案。

一、总体目标

认真贯彻落实中央八项规定和《党政机关厉行节约反对浪费条例》，把厉行节约反对食品浪费工作，作为保障国家粮食安全和加快推进资源节约型环境友好型社会建设的重要举措，充分发挥全省各级党政机关、国有企事业单位的带头示范作用，使食品浪费行为得到有效遏制，努力形成全社会自觉蔚成勤俭节约的良好社会风尚和反对食品浪费的长效机制，促进全省转型跨越发展。

二、重点任务

（一）坚决杜绝公务活动用餐浪费

各市县要按照《党政机关厉行节约反对浪费条例》、《党政机关国内公务接待管理规定》和我省《党政机关省内公务活动接待从简的规定》等有关要求，结合本地区域经济和社会发展水平，制定本级公务活动用餐预算定额标准并适时进行调整，明确公务接待工作餐报销规范。接待管理部门要加强公务接待、会议、培训等公务活动用餐管理，积极推行简餐和标准化饮食，科学合理安排饭菜数量，公务活动原则上实行自助餐。同城公务活动一律不安排公务用餐。差旅活动人员应当自行用餐，凡由接待单位统一安排用餐的，应当按标准向接待单位交纳伙食费。各级财政部门要实行国库集中支付和公务卡结算，从严控制部门接待预算和审批，督促和指导各部门在公开“三公经费”支出时列出公务活动用餐费支出。各单位要严格控制公务活动餐费支出，严禁向下级和企事业单位转嫁公务活动用餐费用，严禁设立“小金库”。接待服务单位要积极进行餐饮改革，挖掘具有山西特色的家常菜和各类人群都适用的食品，避免食品浪费。国有企业和国有金融企业要按照有关标准和要求，将业务招待项目作为企业负责人职务消费重要事项强化管理。

（二）深入推进单位食堂节俭用餐

机关事务管理部门要会同有关部门研究建立党政机关食堂反对食品浪费工作成效评估和通报制度。单位食堂要按照服务社会化的要求，积极引入市场竞争机制，推行餐饮服务外包。按照健康、从简原则提供饮食，多供应小份食品，方便用餐人员适量选取，条件具备的地方实行自助点餐计量收费，广泛倡导“光盘行动”。在食堂明显位置张贴宣传标语或宣传画、摆放提示牌，提醒适量取餐。建立食堂用餐人员登记制度。让食堂工作人员义务兼任节约用餐监督员，对浪费行为给予批评教育。教育、卫计、国资、银监、证监、保监等部门要指导推动学校、医院、国有企业、国有金融企业等加快建立健全食堂节约用餐制度。各级各类学校应加强对学生厉行节约反对食品浪费的教育，把节约粮食反对浪费作为思想品德教育和学生操行评定的重要内容。

（三）积极推行科学文明餐饮消费模式

鼓励餐饮企业积极发展大众餐饮，提供标准化菜品，方便消费者自主调味，推行商务餐分餐制和选择性套餐，多提供小份菜。倡导一料多菜、一菜多味，物尽其用，避免浪费食材。餐饮企业要积极引导消费者节约用餐，在显著位置张贴或摆放节约食物、杜绝浪费的宣传画或提示牌，在菜单上准确标注菜量，按营养均衡的要求配置不同规格盛具，餐前引导适量点餐，餐后主动帮助打包，不得设置最低消费额，对节约用餐的消费者给予表扬和适当优惠。引导鼓励婚丧嫁娶等红白喜事从简用餐。商务部门要会同餐饮行业协会制定餐饮业消费节约服务规范，加快建立健全餐饮业标准体系，会同财政等部门研究建立餐饮企业反对食品浪费工作奖惩制度。卫计部门要指导餐饮企业根据不同人群提供符合膳食平衡要求的食品。工商部门指导各级消费者协会加强消费教育，引导消费者形成文明健康、节约资源和保护环境的消费理念。食品药品监管部门要结合餐饮服务食品安全量化分级管理工作，推动餐饮企业加大反对食品浪费工作力度。旅游部门要强化对旅游星级饭店质量等级评定标准中反对食品浪费的要求，加强对标准实施的监督检查。各有关行业协会要制定行规行约，引导餐饮企业转变经营理念，树牢节俭意识，厉行节约，反对浪费。

（四）切实减少各环节粮食损失浪费

发改、财政、粮食等部门要结合我省粮食收储现状，继续支持粮食收储运设施的升级改造和修复危仓老库。粮食部门要进一步扩大农户科学储粮专项实施范围，积极发展粮食“四散化”（散装、散运、散卸、散存）等新型运输、仓储设备，加大绿色充氮气调储粮技术、仓库屋面和墙体保温隔热等新技术的改造力度，做好粮食质量检验。各级粮油仓储企业要深入开展以库存粮食管理、设施设备管理、安全生产管理、仓储管理制度建设等为主要内容的规范化管理活动，确保库存粮油的质量储存安全。交通运输部门要加强运输管理，鼓励道路运输企业发展粮食专用运输车。运输企业不得使用对粮食有污染的运输工具和承运包装不达标的粮食，应加强对营运驾驶员及装卸人员的培训教育，采取切实有效的措施，防止运粮过程中粮食抛洒、污染、湿潮。科技、粮食和经信部门应不断倡导科学膳食，减少粮食加工环节由于盲目追求成品粮的精、细、白，既损失营养素，又明显降低出品率而造成的浪费。改善加工条件，积极推广使用食品加工新技术、新工艺、新装备，提高食品保质技术水平。大力推动发展食品工业产业集聚化发展，加快配套检验检测、人才培训、科技开发、产品设计、物流建设等制造服务化平台的建设，提升食品工业企业信息化应用水平，推进食品安全诚信可追溯体系建设。质监部门要根据我省农业产业发展情况组织制定杂粮加工、转化和包装等具有我省特色的地方标准体系。商务部门要规范餐饮企业和食品批发零售企业促销活动，鼓励食品经营企业在确保食品质量安全和市场经营秩序的前提下打折销售临近保质期的食品。

（五）探索推进食品废弃物资源化利用

各市要建立完善餐厨废弃物产生登记、定点回收、集中处理、资源化产品评估以及监督管理体系。党政机关、企事业单位食堂、餐饮企业、食品加工企业和食品经营单位、个人不得随意处置餐厨废弃物和过期食品，要交由具备条件的企业进行资源化回收处理。禁止将餐厨废弃物或过期食品再生产为再生油或食品。鼓励餐饮、食品加工企业对餐厨废弃物、食品加工废料进行资源化利用或者无害化处置，支持民间资本对餐厨废弃物进行资源化利用，生产沼气、工业油脂、生物柴油、肥料等产品。发改部门要根据国家有关规定，会同有关部门研究建立餐厨废弃物处理收费制度，加大对餐厨废弃物资源化利用企业的支持和相关技术研发推广力度。发改、住建、质监、食品药品监管、工商等部门要严厉打击违法收集、运输、加工餐厨废弃物的行为。公安机关要始终保持高压态势，特别是要严厉打击利用“地沟油”生产食用油犯罪活动。

（六）全方位开展宣传教育

宣传部门应加强对厉行节约反对食品浪费工作的宣传，通过广播、电视、报纸、网络等媒介，积极宣传工作目标和活动意义，倡导合理、健康、文明的饮食文化，弘扬先进典型，推动厉行节约反对食品浪费成为全社会的自觉行为。粮食、发改、经信等部门要将反对食品浪费作为“世界粮食日”、“全省节能宣传周”、“全国爱粮节粮宣传周”、“食品安全宣传周”、“科技宣传周”等活动的重要宣传内容，积极开展各类主题宣传活动，做好“节约一粒粮”公益宣传，开展爱粮节粮先进单位和示范家庭创建活动。教育部门要加大学校反对食品浪费教育工作力度，组织开展中小学生节约粮食体验活动。工会、共青团、妇联等群众组织要面向职工、青少年、妇女等开展有针对性的宣传教育活动，促进养成节约习惯。

（七）加强监督检查

省政府法制办要结合我省实际，积极研究推动厉行节约反对食品浪费地方性法规和规章制度建设，推进法制化进程。粮食、发改、财政等部门按照国家相关部委要求会同有关部门定期整体部署反对食品浪费工作，并加强监督检查，对发现的突出问题及时督促整改，对好经验好做法要进行通报表扬并积极推广。机关事务管理部门要加强对公共机构食堂食品浪费行为的监督检查，对存在严重浪费行为的单位进行通报。纪检监察机关负责对落实厉行节约反对食品浪费工作中的失职、渎职行为进行责任追究。审计部门要加强对公务接待经费支出、国库集中支付、公务卡消费的审计。税务部门要及时查处餐饮企业开发票时将餐费开成非餐费的违法行为，防止餐饮企业将大额用餐费用分割成小额发票，定点饭店发生上述行为，财政等有关部门要取消其定点资格。粮食部门要对粮食收购、储存、运输和加工等环节中的违规行为依法进行查处。公务接待管理部门要会同有关部门加强对本级党政机关各部门和下级党政机关国内公务接待工作用餐的监督检查。工会、共青团、妇联等群众组织要深入开展反对食品浪费志愿者行动，积极劝说制止浪费行为，对不听劝阻情节严重的可报告有关部门给予必要的处罚，对发现有公款浪费行为的部门和单位要及时向监察机关报告。

三、加强组织领导

各地各有关部门要充分认识厉行节约反对食品浪费的重要意义，切实增强责任感和紧迫感，加强组织领导，明确分管领导，建立协调领导小组，完善工作机制，抓紧制定具体实施方案并抓好落实。在协调领导小组的领导下，各有关部门，要积极配合，认真做好职责范围内工作任务的落实，共同推进反对食品浪费工作，努力使厉行节约反对浪费在全社会蔚然成风。

中共山西省委
山西省人民政府
关于实行安全生产党政同责的意见

晋发〔2014〕19号

（2014年7月7日）

为认真贯彻落实党中央、国务院关于安全生产工作的决策部署和习近平总书记的重要讲话精神，进一步加强安全生产工作,现就实行安全生产党政同责提出如下意见。

一、指导思想和目标要求

（一）指导思想。牢固树立安全发展理念，坚持“安全第一、预防为主、综合治理”的方针，坚守发展绝不能以牺牲人的生命为代价的红线，进一步明确和落实各级党委、政府安全生产工作责任，建立健全“党政同责、一岗双责、齐抓共管”的安全生产责任体系，着力构建“党委统一领导、政府依法监管、企业全面负责、职工积极参与、社会支持监督”的安全生产工作格局，有效防范各类生产安全事故，推动我省安全生产工作再上新台阶，为全省经济社会发展创造良好的安全生产环境。

（二）目标要求。通过实行安全生产党政同责，进一步加强安全生产工作，努力实现减少一般事故、遏制重大事故、杜绝特大事故，有效控制职业危害事件发生，各类生产安全事故起数和死亡人数逐年下降，安全生产形势由明显好转向稳定好转转变，进而实现根本好转的目标。

二、建立完善安全生产党政同责体系

（一）强化党委、政府对安全生产工作的领导。各级党委、政府要把安全生产工作纳入党委、政府工作重要议事日程，纳入国民经济和社会发展总体布局、社会主义精神文明建设、党风廉政建设、社会管理综合治理和年度综合考核等工作之中，做到同规划、同部署、同推进、同落实、同考核。各级党委常委会议、政府常务会议每年要听取2次以上安全生产工作汇报，协调解决安全发展重大问题。各级党委、政府主要负责人同为安全生产工作第一责任人，对本行政区安全生产工作负总责，对安全生产工作重大事项,要亲力亲为、亲自过问、亲自督办,采取有效措施抓好落实。各级党委要支持人大及其常委会依法加强对安全生产相关法律法规执行情况的监督检查；支持政协对安全生产工作开展民主监督；支持工会、共青团、妇联以及社会各界围绕安全生产开展相关活动，引导广大人民群众积极参与安全生产工作。

（二）强化安全生产委员会的职能作用。各级安全生产委员会要根据同级党委、政府关于安全生产的工作部署，每季度至少召开一次会议，研究安排本行政区的安全生产工作，提出解决安全生产工作中重大问题的措施意见，督促同级党委、政府的有关部门和下级党委、政府做好安全生产监管工作。各级安全生产委员会成员由党委、政府有关部门负责人组成，主任由政府主要负责人担任，常务副主任由政府分管安全生产工作的负责人担任，副主任由班子其他成员担任。安全生产委员会下设办公室，承办安全生产委员会的日常工作，办公室主任由安监局主要负责人担任。继续发挥好市、县政府安全生产市、县长助理在安全生产工作中的作用。

（三）加大党委工作部门对安全生产工作的支持保障力度。各级党委有关工作部门要积极支持政府及其职能部门做好安全生产工作，共同推进安全发展。组织、机构编制部门要加强对负有安全生产监督管理职责部门领导班子和队伍的建设，配齐监管机构、配强领导班子、配足执法人员。宣传部门要将安全生产宣传教育纳入党的宣传工作之中，制定年度安全生产宣传教育计划，加强安全生产宣传教育和舆论引导工作；督促主流媒体开设安全生产专版专栏，大力宣传党和国家关于安全生产的方针政策、法律法规。政法委要积极参与安全生产执法检查工作，支持负有安全生产监督管理职责的部门严厉打击安全生产非法违法行为，加大安全生产领域违法犯罪案件的查处力度。统战部门要广泛听取党外人士对安全生产工作的意见和建议，充分发挥民主党派、无党派人士对安全生产的监督作用。

（四）强化政府有关部门的安全监管责任。按照“行业主管部门直接监管，安全监管部门综合监管，地方政府属地监管；管行业必须管安全，管业务必须管安全，管生产经营必须管安全”的要求，进一步明晰安全生产监管职责，建立横向到边、纵向到底的监管责任体系。各级政府要严格落实属地监管职责，对本行政区各类生产经营单位依法实施安全生产监管。各级安全监管部门要认真履行综合监管职责，加强对本行政区安全生产工作的综合监督管理和指导协调。各行业领域主管部门要全面落实专业监管、行业管理和指导责任，加强对本行业领域的安全生产监管工作。

（五）坚持党政领导“一岗双责”制度。各级党政领导干部既要对分管业务工作负责，也要对分管业务范围内的安全生产工作负责，实行“一岗双责”。各级党委常委、政府班子成员对分管领域和部门的安全生产工作负领导责任。各级党委、政府工作部门的主要负责人对本部门安全生产工作负领导责任。各级党政领导干部要将履行安全生产“一岗双责”的情况，作为年度述职的重要内容。

（六）加大安全生产党政同责考核奖惩力度。把安全生产党政同责落实情况纳入安全生产考核之中，考核结果要作为评价各级党委、政府及部门领导班子和领导干部实绩的重要内容，作为干部选拔任用、培训教育、奖励惩戒的重要依据。对在安全生产工作中成效显著、做出突出贡献的,按照有关规定予以表彰奖励;对安全生产考核不合格的党委、政府和有关部门，实行“一票否决”，并取消其主要负责人当年评先评优资格。

三、全面提升安全生产依法治理能力

（一）健全安全生产法制体系。进一步健全安全生产地方性法规和规章体系，切实加强和规范行业安全发展秩序、隐患排查治理、安全准入、责任追究等方面的法制建设，制定完善安全生产地方标准，促进安全生产法制化、规范化。

（二）加强安全监管队伍建设。健全安全生产监督管理机构和队伍，保证机构、人员、经费、装备和工作场所到位，为全面履行职责创造必要条件。巩固发展党的群众路线教育实践活动成果，进一步转变工作作风，切实提高安全监管效能。加强安全监管队伍政治思想和业务能力建设，不断提高坚守红线、敢于担当、善抓落实、改革创新、廉洁自律的能力，努力培养和造就一支政治坚定、作风过硬、业务精通、纪律严明的安全监管队伍。

（三）强化安全生产监管工作。认真开展安全生产“知责、履责”活动，严格履行安全生产工作职责，按照“全覆盖、零容忍、严执法、重实效”的要求，创新安全监管方式，定期组织开展安全执法检查。继续依法严厉打击各类非法违法生产经营建设行为，切实落实停产整顿、关闭取缔、严格问责的惩治措施。督促生产经营单位严格遵守和执行安全生产法律法规、规章制度与技术标准，落实各项安全生产保障措施，做到安全投入到位、安全培训到位、基础管理到位、应急救援到位。建立安全隐患排查治理体系，实现安全隐患排查、登记、上报、监控、整改、评价、销号、统计、检查和考核的全过程管理。督促生产经营单位严格执行隐患整改责任、措施、资金、期限和应急预案“五落实”规定。实行重大隐患政府挂牌督办制度，确保隐患整改到位。

（四）保障对安全生产的有效投入。建立完善政府、生产经营单位和社会共同承担的安全生产投入长效机制。各级政府要加大对安全生产的投入，结合实际设立安全生产专项资金，并列入财政预算，全面保障安全生产监管执法、重大危险源监控、宣传教育培训和应急救援等方面投入。

（五）切实提升安全生产科技支撑能力。全面推进实施安全生产科技强安战略，大力推广先进适用的安全技术。把重大危险源监控、生产事故预防预警等技术研发课题纳入重大科技与重点工程专项，积极予以支持。大力扶持安全产业发展，加强安全生产技术支撑体系建设，整合科技资源，推进安全生产科研基地、安全设备检测检验基地建设，努力提升生产经营单位的安全生产保障能力。

（六）加强安全知识普及和技能培训。加强全民安全生产宣传教育，多途径、多形式、多部门积极开展安全生产宣传教育活动，大力宣传安全发展理念，增强全社会安全发展的思想意识，营造安全发展的环境。把安全生产基础知识列入国民教育内容，在学校开设安全知识课程，努力提高学生的安全意识。全面开展安全生产、应急避险和职业健康知识进企业、进学校、进乡村、进社区、进家庭活动，努力提升全民安全素质。抓好各级党委、政府及有关部门的领导干部培训，不断提升安全监管能力和水平。大力开展生产经营单位全员安全教育培训，突出对生产经营单位负责人、安全管理人员和特种作业人员的培训，不断提高从业人员的安全生产综合素质。

（七）加强应急救援体系建设。完善应急预案，加强应急演练，构建高效顺畅、协调运转的应急救援机制。加快安全生产应急救援平台建设，形成省、市、县三级联动的应急救援体系。推进安全生产应急资源整合，完善应急救援协作区建设。强化应急救援队伍建设，巩固消防和煤矿专业队伍建设成果，加强非煤矿山、危险化学品、道路交通等重点行业领域专业救援队伍建设，提高应急处置能力。

（八）严格安全生产党政同责责任追究。各级党委、政府要严格安全生产党政同责责任追究，按照“科学严谨、依法依规、实事求是、注重实效”的原则，严格各类生产安全事故的调查处理，依法严肃追究事故责任，及时向社会公布调查处理结果。深刻汲取各类事故教训，针对薄弱环节和突出问题，采取得力措施，加强安全防范，杜绝类似事故发生。各级纪检监察机关要加强对党政同责执行情况的监督检查，严肃查处安全生产领域的违规违纪行为。

各级党委、政府及有关部门、各类生产经营单位要认真做好本意见的贯彻落实工作，结合本行政区、本部门和本单位实际，研究制定实行党政同责的具体措施，确保落实到位。

中共山西省委办公厅　山西省人民政府办公厅印发《关于充分发挥党员干部带头作用大力推进殡葬改革的意见》的通知

晋办发〔2014〕35号

各市、县委，各市、县人民政府，省委各部委，省直各委、办、厅、局，各人民团体：

《关于充分发挥党员干部带头作用大力推进殡葬改革的意见》已经省委、省政府同意，现印发给你们，请认真贯彻落实。

中共山西省委办公厅

山西省人民政府办公厅

2014年7月18日

关于充分发挥党员干部带头作用　大力推进殡葬改革的意见

为认真贯彻落实中央办公厅、国务院办公厅印发的《关于党员干部带头推动殡葬改革的意见》（中办发〔2013〕23号）精神，充分发挥广大党员、干部在殡葬改革中的带头示范作用，深入推进我省殡葬改革，现提出如下意见。

一、提高思想认识，增强推进殡葬改革的责任感和紧迫感

新中国成立以来，在各级党委、政府的重视和推动下，全省广大党员、干部带领群众积极实行火葬，改革土葬，革除丧葬陋俗，树立文明节俭办丧事的新风尚，殡葬改革取得了明显成效。但近年来，一些丧葬陋俗死灰复燃，封建迷信活动重新活跃，突出表现在：火葬区遗体火化率低，骨灰装棺再葬问题突出；土葬改革区乱埋乱葬、滥占耕地现象严重，浪费了大量自然资源，破坏了生态环境；殡葬服务设施落后、数量少，已不适应全省城镇化的快速发展和广大人民群众对殡葬的服务需求；少数党员、干部甚至个别领导干部利用丧事活动大操大办、借机敛财，热衷风水迷信，修建大墓豪华墓，盲目攀比、奢侈浪费现象滋生蔓延，加重了群众负担，损害了党和政府形象，败坏了社会风气。这些现象亟需改进和整治。

殡葬改革是破千年旧俗、树一代新风的社会改革，关系人民群众切身利益，关系社会主义精神文明建设和生态文明建设，关系党风政风民风，关系经济社会快速发展和城镇化建设。党员、干部带头推动殡葬改革，是移风易俗，发扬社会主义新风尚的应尽责任；是推动文明节俭治丧，减轻群众丧葬负担的重要途径；是解决人口增长与资源环境矛盾，造福当代和子孙后代，促进经济社会可持续发展的迫切要求。各级党委和政府要充分认识党员、干部带头推动殡葬改革的重要性和紧迫性，增强责任感和使命感，进一步统一思想，完善政策措施，逐步形成党员和干部带头、广大群众参与、全社会共同推动的殡葬改革良好局面。

二、党员、干部要充分发挥带头作用，积极推进殡葬改革

（一）带头移风易俗，文明节俭办丧。党员、干部应当带头文明治丧，简办丧事。要在殡仪馆或合适场所集中办理丧事活动，自觉遵守公共秩序，尊重他人合法权益，坚决制止在城区街道、居民区、公共场所搭建灵棚、停放遗体、办丧扰民、沿街游丧、抛撒纸钱、燃放鞭炮、焚烧祭品等行为。采用佩戴黑纱白花、播放哀乐、发放生平等方式哀悼逝者，自觉抵制迷信低俗活动。除国家另有规定外，党员、干部去世后一般不成立治丧机构，不召开追悼会。举行遗体送别仪式的，要严格控制规模，力求节约简朴。对于逝者生前有丧事从简愿望或要求的，家属、亲友以及所在单位应当予以充分尊重和支持。严禁党员、干部特别是领导干部在丧事活动中大操大办、铺张浪费，严禁借机收敛钱财。

（二）带头火葬和生态安葬，倡导绿色殡葬。在火葬区，党员、干部去世后必须实行火葬，不得将骨灰装棺再葬，不得超标准建墓立碑。凡在火葬区死亡或者生前工作单位、户籍等其中之一在火葬区的人员一律为火葬对象，去世后不火葬的，根据《山西省殡葬管理办法》的有关规定，其家属不得享受丧葬费、抚恤费、遗属生活补助费和困难补助费，所在单位一年内不得评为文明单位和先进单位。火葬区的有关部门和单位在发放丧葬费、抚恤费等和处理非正常死亡、交通事故死亡等死亡人员案件时，一律凭火化证发放丧葬、抚恤等相关费用。在暂不具备火葬条件的土葬改革区，党员、干部去世后遗体应当在公墓内集中安葬，尚未建设公益性公墓的地方要指定集中安葬点，不得乱埋乱葬。无论是在火葬区还是在土葬改革区，党员、干部都应当带头实行生态安葬，采取骨灰存放、树葬、花葬、草坪葬等节地葬法，积极参与骨灰撒散或者深埋、不留坟头。鼓励党员、干部去世后捐献器官或遗体。少数民族党员、干部去世后，尊重其民族习俗，按照有关规定予以安葬。禁止在耕地、林地、城市公园、风景名胜区和文物保护区、水库及河流堤坝附近、水源保护区、铁路公路主干线两侧建造坟墓。这些区域内现有的坟墓，除受国家保护的具有历史、艺术、科学价值的墓地予以保留外，其余应当限期迁移或深埋不留坟头。城镇居民的骨灰或遗体应安葬在公墓或安放在骨灰堂。农村要为村民建设公益性墓地或骨灰堂，村民的骨灰或遗体应安葬在公益性墓地或安放在公益性骨灰堂。各地要结合造林绿化工程，对墓地及其周边地区采取植树造林等措施加以绿化。

（三）带头环保低碳祭扫，树立文明新风。党员、干部应当带头文明祭奠、低碳祭扫，主动采用敬献鲜花、植树绿化、踏青遥祭、经典诵读等方式缅怀故人，弘扬慎终追远等优秀传统文化，不得在林区、景区等禁火区域焚烧纸钱、燃放鞭炮。积极参与社区公祭、集体共祭、网络祭扫等现代追思活动，带头祭扫先烈，带领群众逐步从注重实地实物祭扫转移到以精神传承为主上来。各地要建立政府牵头、部门配合、各司其职的清明节低碳祭扫工作机制，为应对群众集中祭扫，做好安全保障、树立文明新风等方面的服务工作。

（四）带头宣传殡葬改革，革除陈规陋俗。党员、干部要积极主动宣传殡葬改革，加强对亲属、朋友和周围群众的教育引导，及时劝阻不良治丧行为，自觉抵制陈规陋俗和封建迷信活动，倡导文明新风。各级领导干部要加强对直系亲属和身边工作人员丧事活动的约束，积极做好思想疏导工作，对不良倾向和苗头性问题，要做到早提醒、早制止、早纠正，决不允许对违法违规殡葬行为听之任之甚至包庇纵容。文明城市、文明村镇、文明社区、文明单位要带头做好殡葬改革的宣传倡导工作，推进移风易俗，弘扬新风正气。

三、采取有力措施，营造有利于殡葬改革的良好环境

（一）加强组织领导，健全工作机制。各级党委和政府要把党员、干部带头推动殡葬改革作为促进社会主义精神文明建设和生态文明建设、保障和改善民生、加强党风政风建设的重要内容，摆上议事日程，建立健全党委领导、政府负责、部门协作、社会参与的工作机制。各级政府要建立由政府分管领导负责、民政部门牵头、有关部门参与的殡葬改革联席会议制度，研究解决殡葬改革工作中的突出问题和困难，制定、完善相关政策措施，指导、督促做好殡葬改革各项工作。主要负责人要加强领导，分管负责人具体部署，一级抓一级，层层抓落实。建立完善责任追究机制，对工作不力、殡葬改革止步不前的市县，要追究相关负责人的责任。

（二）加强部门协调，落实相关职责。殡葬改革涉及面广、部门多、难度大，需要各部门充分发挥职能作用，共同做好相关工作。

组织部门要注意掌握党员、干部治丧情况，列为考察党员、干部的内容，加强对党员、干部的教育管理。坚持以党员、干部带头为引领，不断提高人民群众参与殡葬改革的自觉性。

宣传部门要做好殡葬改革宣传引导工作，重点宣传殡葬改革的重要意义、政策法规，倡导厚养薄葬、文明办丧。

文明办要把殡葬改革列入精神文明建设的内容，大力倡导、动员广大群众参与殡葬改革。

发展改革部门要做好殡葬基础设施建设项目的立项和规划的实施工作，对殡仪馆等殡葬服务设施的建设予以立项资助。

价格主管部门要制定切实可行的殡葬服务收费政策，加强对殡葬服务收费的监管。

城乡规划部门要将殡仪馆、公墓等殡葬基础设施建设项目纳入城乡建设规划，统筹规划，合理布局，促进殡葬服务设施与经济社会协调发展。

公安部门负责维护殡葬改革执法秩序，确保执法人员的人身安全，对阻碍干扰殡葬管理人员依法执行公务、破坏殡葬服务设施、殴打执法人员、危害社会治安的违法行为，依法予以处罚，构成犯罪的，依法追究刑事责任。

民政部门会同有关部门推进殡葬改革，制定殡葬事业发展规划和政策措施，加强对各类殡葬服务机构的指导和管理，掌握、研究殡葬改革中出现的新情况、新问题，及时提出对策和建议。

财政部门要将符合条件的城乡困难群众等的基本殡葬、惠民殡葬经费和公益性殡葬事业经费以及推动殡葬改革的补助经费列入当地年度预算。

人力资源社会保障部门要按照殡葬管理的有关规定制定党政机关、企事业单位、离退休人员、社保人员死亡后丧葬费、抚恤金、遗属生活补助费和困难补助费的相关政策，凡属火葬对象没有火葬的，一律取消上述待遇。

国土资源部门要依法加强殡葬用地的管理，利用荒山瘠地科学规划殡葬用地，对依法申请不占耕地的殡葬基础设施建设项目用地予以支持。依法查处未经批准擅自兴建公墓等殡葬设施、乱埋乱葬占用耕地的行为。

工商部门要配合有关部门依法加强对殡葬服务及用品市场的监督和管理，依法查处非法销售封建迷信丧葬用品的行为，严厉打击传销墓穴和骨灰存放格位的行为。

城管部门要依法查处城区内违章占用道路、广场、公园等丧葬活动和出殡沿途燃放鞭炮、抛撒纸钱等影响市容市貌和环境卫生的行为。

林业部门要依法加强林地保护和管理，对乱埋乱葬非法占用林地和破坏森林资源的行为予以处罚，严禁毁林建墓，对在火葬区内的非法棺材加工点进行查处，对成品棺材予以收缴并销毁。

卫生计生部门要指导殡葬服务单位搞好殡仪车辆和设备以及服务场所的消毒防疫工作，对传染病死亡人员遗体进行防疫处理，按规定开具《居民死亡医学证明（推断）书》，督促各医疗机构及时通知殡葬服务机构接运死亡人员遗体，杜绝遗体从医院流入社会乱埋乱葬，严禁在医院办理治丧活动。

民族宗教部门要做好具有土葬习俗的少数民族人员殡葬政策的落实、督查工作，引导少数民族推进殡葬改革。

环保部门要做好殡葬基础设施建设项目的监督和服务工作，各殡葬项目需按照《环境影响评价法》的要求，履行项目环评手续。

工会、共青团、妇联等人民团体和老年人协会等社会组织要从各自职责出发，充分发挥作用，广泛动员群众积极参与殡葬改革。

乡镇（街道）、村（社区）要认真落实殡葬改革的政策规定，负责搞好本辖区内的殡葬改革管理工作。要在辖区内的社区、村和企事业单位普遍成立红白理事会，对丧事活动定程序、定标准，杜绝相互攀比、铺张浪费、封建迷信活动，发挥基层组织在殡葬改革中倡导移风易俗、制止大操大办、减轻群众负担、树立文明新风的作用。

各地各部门要各司其职、密切配合，加强基本殡葬服务供给，完善惠民殡葬政策措施，规范殡葬服务市场秩序，督促党员、干部、群众破除丧葬陋俗，加快推动殡葬改革。

（三）加强规划和基础设施建设，提高服务水平。各级党委和政府要立足实际，制定和完善殡葬事业发展规划，明确殡葬改革目标任务和方法步骤，并纳入当地国民经济和社会发展规划。根据人口、耕地、交通等情况，科学划分火葬区和土葬改革区，统筹确定殡葬基础设施数量、布局、规模和功能。新划定的火葬区中尚未建起殡仪馆的市县，要把殡仪馆建设列入工作计划，加快推进。殡仪馆等殡葬设施落后的市县，要尽快对其进行改造，按照国家环保节能要求对遗体火化炉、遗体冷藏柜、遗物焚烧炉等殡葬设施设备进行更新。逐年加大投入，重点完善殡仪馆、骨灰堂、公益性公墓等基本殡葬公共服务设施，逐步形成布局合理、设施完善、功能齐全、服务便捷的基本殡葬公共服务网络，为推动殡葬改革创造有利条件。

（四）加强惠民殡葬政策，拓展覆盖面。各地要进一步建立、拓展、完善惠民殡葬政策，在保证惠民殡葬政策覆盖全省低收入群众的基础上，着力从实行政府奖励和补贴等方面出台更多惠民殡葬政策。通过政府补贴等方式，对采取壁葬、树葬、花葬、草坪葬及骨灰撒散等绿色生态节地葬法和土葬改革区自愿火化的给予奖励、补贴。按照保基本、广覆盖、可持续的原则，逐步向辖区所有居民提供免费基本殡葬服务，逐步建立覆盖城乡居民的多层次殡葬服务保障体系。

（五）加强制度建设，强化监督管理。各级政府要及时建立健全殡葬服务保障、殡葬服务市场监管、丧事活动管理执法等方面制度。进一步健全和规范对乱埋乱葬、违规建墓等行为的行政强制执行制度。加强监督检查，强化责任追究。纪检监察机关对于党员、干部尤其是领导干部在丧事活动中的违纪违法行为以及在殡葬改革中违纪违法的责任单位和相关责任人要依纪依法严肃查处。

（六）加强宣传工作，做好舆论引导。充分运用各种媒体和传播手段，深入宣传殡葬法规政策，普及科学知识，倡导文明节俭、生态环保、移风易俗的殡葬新风尚。大力宣传党员、干部带头推动殡葬改革的先进典型，传播正能量。充分发挥媒体监督作用，努力营造有利于殡葬改革的良好氛围。

各地各有关部门要按照本意见精神，结合实际制定贯彻落实的具体措施。

在全省领导干部大会上的讲话

（2014年9月1日）

王 儒 林

刚才，中央政治局委员、书记处书记、中组部部长赵乐际同志宣布了中央关于省委主要负责同志职务调整的决定，我坚决拥护中央的决定。中央政治局常委、书记处书记刘云山同志代表中央作了重要讲话，讲话内涵深刻，重点突出，针对性、指导性、操作性都很强。讲话表明了中央态度，指明了山西工作方向，对我们今后全面深化改革、推动科学发展、加强党风廉政建设、坚决惩治腐败等各项工作都提出了明确要求。我坚决拥护云山同志的重要讲话。省委要认真研究提出贯彻云山同志重要讲话精神的意见，全省各级党组织要迅速组织传达、学习，深刻领会，坚决贯彻落实。

刚才，袁纯清同志的讲话情真意切，饱含了对山西人民的真挚感情。纯清同志思路清晰，经验丰富；理论功底扎实，既熟悉党务工作，又熟悉经济工作；组织领导能力强，工作积极性高；深入实际，勤奋务实，努力推动以煤为基，多元发展；努力稳增长、促改革、调结构、转方式、保安全、惠民生，取得了较好工作成效。

中央决定我担任山西省委书记，这是中央对我的高度信任，特别是中央政治局常委、书记处书记刘云山同志，中央政治局委员、书记处书记、中组部部长赵乐际同志专程参加我们今天的大会，并作重要讲话。这充分体现了以习近平同志为总书记的党中央对山西工作的特殊高度重视，对山西人民的倍加亲切关怀。到山西工作，我深感责任重大、任务艰巨、使命光荣，我决不辜负党中央的重托和山西人民的期望。山西是个好地方，历史悠久、文化灿烂，物华天宝、人杰地灵，是中华民族主要发祥地之一，尧舜禹建都晋南，盛唐龙兴于太原，晋商称雄商界500年。山西自然风光、历史文明、革命史迹交融相汇，资源禀赋、区位条件、产业基础、文化底蕴和人文精神得天独厚，在全国发展格局中处于重要地位。山西人民勤劳智慧、淳朴热情、英勇顽强，在长期的革命、建设和改革实践中，为民族独立、人民解放和国家建设作出了突出贡献，特别是山西人民在抗日战争和解放战争时期所形成的伟大精神彪炳史册、光照千秋。改革开放以来，历届省委、省政府班子团结带领全省广大干部群众，高举中国特色社会主义伟大旗帜，坚持以邓小平理论、“三个代表”重要思想、科学发展观为指导，认真学习习近平总书记系列重要讲话精神，牢牢把握历史机遇，团结拼搏，艰苦奋斗，推动经济社会发展取得了历史性成就，特别是在能源保障等方面为全国的发展作出了不可替代的重要贡献。

当前，山西改革发展正处在重要的历史关头，既面临许多重大机遇，又面临许多困难和严峻挑战。特别是连续出现严重腐败问题，给党的形象、给山西的声誉带来严重影响，这是山西人民、也是全国人民不愿看到的。我们一定要充分认清山西反腐败斗争形势的严峻性、复杂性、尖锐性、特殊性，一定要认真吸取深刻的痛苦的教训，一定要坚定信心，在以习近平同志为总书记的党中央高度重视、坚强领导下，正视问题不回避、惩治腐败不手软、反对“四风”不反弹，革弊立新、激浊扬清，努力开创山西弊绝风清的新局面。一要认真学习贯彻习近平总书记系列重要讲话精神，坚决落实中央各项决策部署。要坚持正确的政治方向，增强政治意识和大局意识，在思想上、政治上、行动上同以习近平同志为总书记的党中央保持高度一致。坚定不移、不折不扣地贯彻中央的决策部署，特别是云山同志刚才所作的重要讲话，把云山同志提出的要求逐条落到实处，坚决维护山西大局稳定、政治稳定、社会稳定。二要狠抓作风建设，坚决惩治腐败。要旗帜鲜明地反对腐败，认真履行党委主体责任和纪委监督责任，充分发挥巡视工作的“尖兵”和“利剑”作用，坚持有案必查、有腐必反、有贪必肃，把党风廉政建设和反腐败斗争进行到底，努力实现干部清正、政府清廉、政治清明。要坚持不懈反对“四风”，深入开展党的群众路线教育实践活动，在抓常、抓细、抓长上下功夫，以优良的党风促政风带民风。要切实加强党的建设，把“严”字落实到干部工作的全过程，对干部从严考核、从严选用、从严教育、从严管理、从严监督，既要解决“乱作为”问题，又要解决“不作为”问题，做到干净干事、为官有为。三要全面深化改革，坚决破除各种体制机制障碍。深刻认识全面深化改革对解决山西问题、办好山西事情的重大意义，用改革破除利益藩篱、解决发展难题。要大力推进治理体系和治理能力现代化，特别是要处理好政府和市场的关系，在根除权钱交易、官商勾结的土壤和条件上狠下功夫。四要突出抓好经济建设，坚持推动科学发展。实现富民强省，归根结底要把山西的经济建设搞上去。要坚持以经济建设为中心，清醒认识当前“三期叠加”的阶段性特征，努力适应经济发展新常态，突出调结构、转方式，突出创新发展、转型发展、多元发展，突出着力提升发展的质量和效益。要坚决贯彻习近平总书记“发展决不能以牺牲人的生命为代价”这是“一条不可逾越的红线”的指示精神，始终坚持“安全第一、生命至上”，采取最强有力的措施实现安全发展。五要切实加强法治建设，坚持推进依法治省。要学习和运用法治思维和法治方式，发挥法治在经济社会建设中的引领和推动作用。努力创造依法行政、公正司法、全民守法的良好环境，任何人、任何单位都要学法知法守法用法，按制度办事、按规矩办事、按程序办事，把权力关进制度的笼子里，努力提高全社会法治化水平。六要时刻把群众利益放在心上，坚持保障和改善民生。这是我们一切工作的出发点和落脚点。要牢固树立宗旨意识和群众观念，各级干部要带着感情走近群众，带着责任了解群众，带着本事服务群众，着力解决好山西人民最关心、最直接、最现实的利益问题，多做一些打基础、利长远、建机制、可持续，为山西人民谋利造福的事情。

贯彻好中央要求，落实好云山同志重要讲话，办好山西的事情，关键要建设好各级领导班子，首先是省委常委班子，必须采取强有力措施，确保省委领导集体的先进性和纯洁性，真正做到以上率下，抓好班子、带好队伍，实现各级班子和领导干部风清气正。

同志们，从今天开始，我就是山西的一员了，从白山松水到表里山河，山西是我新的家乡。能与大家共事，为推动山西改革发展、造福山西人民尽一份力量，我感到非常光荣。作为新的山西人，我会真心实意、充满感情地热爱山西；作为省委书记，我一定要率先垂范、以身作则、严于律己、尽职尽责、说到做到，为全省各级干部立标杆、做榜样。一要政治坚定。始终坚持对党绝对忠诚，坚决与以习近平同志为总书记的党中央保持高度一致，在任何情况下都做到政治信仰不变、政治立场不移、政治方向不偏。二要加强学习。深入学习习近平总书记系列重要讲话精神，武装头脑、指导实践。虚心向班子同志、老同志、基层同志和人民群众学习，多与同志们沟通交流，多听大家的意见。要加强调查研究，尽快熟悉省情、接山西的“地气”。三要敢于担当。知难而进、迎难而上，遇到矛盾不绕、面对困难不躲、解决问题不拖，对侵害党和人民利益的人和事，“零容忍”、不留情、敢亮剑。四要勤奋务实。按照习近平总书记的要求，既严以修身、严以用权、严以律己，又谋事要实、创业要实、做人要实，不搞短期行为，不做表面文章，不弄虚作假，不急功近利。五要廉洁自律。带头执行中央八项规定，带头做到清正廉洁，带头履行“一岗双责”。今后，如果有打着我的旗号或以我的亲友名义在山西办私事、谋私利的，不仅不能办，还要坚决严肃依法查办处理。真诚地希望同志们对我进行严格监督。

同志们，党中央对山西的改革发展稳定寄予厚望，我们一定要在以习近平同志为总书记的党中央的坚强领导下，为富民强省、为弊绝风清，作出新的、更大的、历史性贡献。

在吕梁市调研考察座谈会上的讲话

（2014年9月19日根据录音整理）

王　儒　林

同志们：

我到山西工作后，把调查研究的第一站选在吕梁。实事求是地说，有的同志建议，吕梁情况复杂，第一站最好不去吕梁。我经过认真考虑，第一站还是要到吕梁来。我觉得主要有四个原因。第一，吕梁是革命老区；第二，吕梁是腐败问题重灾区；第三，吕梁是“天下廉吏第一”于成龙的故乡；第四，吕梁是当前经济发展社会稳定矛盾突出的地区。我们不回避矛盾和问题。

四天来，我先后到了五个县区，十六个调研点（包括走访7个村和社区），看了两家工业企业，四个农业产业基地，两个革命纪念馆和一个科研单位，直接接触了吕梁革命老区大量的干部群众。刚才，又听了高卫东同志的汇报。卫东同志从吕梁贯彻落实中央和省委会议精神，吕梁经济社会发展基本特点，今年以来突出抓的重点工作和党的建设情况等四个方面作了汇报。讲的都很清楚，使我对吕梁各方面的情况有了进一步了解。

总的看，吕梁作为老区，在战争年代为中国革命作出了巨大的贡献；在建设和改革发展时期，经济建设和各项社会事业也都取得了突出的甚至是历史性的成绩，包括刚才卫东同志说的近一个时期取得的成绩。这些成绩我们都必须充分肯定。同时，也必须看到吕梁存在的问题，我看最突出的就是吕梁发生了严重的腐败问题。当前，吕梁正处于一个重要的历史关头，吕梁广大干部群众一定要坚决在思想上、政治上、行动上与以习近平同志为总书记的党中央保持高度一致，一定要把思想和行动统一到党中央对山西工作的重要指示要求和省委的各项部署上来，一定要全力优化政治生态、实现弊绝风清，重塑吕梁形象、促进富民强市，努力开创各项工作新局面。根据这几天调研，我想讲六点意见。

一、要充分认识吕梁腐败问题的严重性和危害性，坚决把反腐败斗争进行到底

党的十八大以来，我们山西被立案审查的7名省级领导干部中3名曾在吕梁工作，其中两个任市委书记。原市长丁雪峰、原副市长张中生、原人大常委会副主任郑明珠等3名市级干部被立案审查；邢利斌、袁玉珠等10多名企业主被调查。吕梁的严重腐败问题对吕梁、对山西的形象都造成了极为恶劣的影响。我们必须旗帜鲜明地反腐败，必须坚决把吕梁反腐败斗争进行到底。要对腐败现象“零容忍”，坚持有案必查、有腐必惩、有贪必肃，坚持“老虎”“苍蝇”一起打。要在中央纪委的领导下，积极配合中央纪委调查组查办有关案件，同时要加大自查案件的力度。要坚持在党纪国法面前没有例外，不论什么人，只要触犯了党纪国法，都要一查到底，决不姑息。要通过查办案件，坚决遏制腐败现象多发的势头，形成对腐败分子的强大震慑，保持惩治腐败的高压态势。要坚决落实党风廉政建设党委的主体责任和纪委的监督责任，吕梁市委必须强化“不抓党风廉政建设和反腐败斗争就是严重失职”的意识，市委书记是党风廉政建设和反腐败斗争的第一责任人。要把反腐败斗争的工作牢牢抓在手上，抓出成效，一抓到底，班子其他成员都要认真履行“一岗双责”，抓好分管领域党风廉政建设和反腐败斗争。市纪委要加快转职能、转方式、转作风，认真履行监督责任，突出党风廉政建设和反腐败斗争的主业，攥紧查办案件和执纪监督“两只拳头”，抓好重点领域、重点地区、重点案件的查处工作。?对重大案件要“一案三查”，不仅要查违法违纪的腐败问题，还要查领导失职的责任。查办案件特别要严查十八大以后仍不收手的，严查群众反映强烈的，严查在重要岗位上有可能提拔的。在具体案件处理上，要坚持依法依纪，贯彻宽严相济的刑事司法政策。要坚持标本兼治，加强反腐倡廉制度建设，聚焦公共资源交易、行政权力运行、国有企业监管、财政资金使用、干部选拔任用等重点领域和关键环节，弥补制度漏洞，强化制度执行，坚决防止和杜绝权力寻租，真正把权力关进制度的笼子里，使吕梁党员干部适应政治“新常态”,不敢腐、不能腐、不想腐。要用反腐败斗争的新成效，推动各项工作。当前，吕梁反腐败形势严峻复杂，这是对广大党员干部政治立场、政治态度的严峻考验，大家一定要坚定不移地与以习近平同志为总书记的党中央保持高度一致，把压力转化为动力，在全市广大干部的共同努力下开创弊绝风清、富民强市的新局面。

二、要把老区人民利益放在心中的第一位，千方百计帮助老区人民解决实际困难和问题

这次我到吕梁第一站是兴县。我了解到，县委、县政府带领全县人民取得了经济社会发展许多成绩，这个也是要充分肯定的。同时，我在随机走访调研时，也看到了存在的问题。我讲讲蔡家崖村的三件事。第一件事，就是蔡家崖村群众反映强烈的吃水问题。我问了一下，这个村，231户700多口人，老百姓反映二十多年前，由于煤矿开采等原因，水受到严重污染，后来县里也帮助打井，但都没成功，直到现在村民吃的还是被严重污染的水。县领导当场说今年年底就能解决，但老百姓意见还是很大。第二件事，就是村民反映的住房问题。这个问题也是反映强烈。有一个村民，说他家6口人，一个女儿出嫁，现在5口人住在20多平方米的窑洞，我们跟着他到山坡上看了他家的窑洞，确实非常拥挤，而且儿子女儿都已经长大成年，还挤在一个炕上，实在是困难、为难。正在他家看，他家邻居也反映，她娘家院子里的仓房倒了，他们想重建，结果干部不让。我们也去看了，确实还是一堆乱石，杂草丛生。第三件事，就是新建公益事业损害群众利益的事。三年前，因为修建晋绥边区革命纪念馆，有一户村民家屋顶上的土被铲掉了，但是硬化防水没做好，屋顶一直漏水，他多次反映，村里也给修了一次，没有修好，还说就修一次，以后漏不漏就不管了。我也去看了，一家人正在修漏水的窑洞，意见很大，还反映了一些医疗方面的情况和问题。

我当时就想，蔡家崖不是一般的村，曾是晋绥边区领导机关所在地，是全国著名的地方。现在，这个村老百姓办事都这么难，老百姓生活还这么苦，意见这么大，我感到心里很难受。所以我说要搞一个“蔡家崖村调查”，实事求是地把革命老区这样一个著名村庄百姓生产生活情况调查清楚。我觉得这对我们做好群众工作会有很大帮助，调查组已经成立，他们也参加了今天上午的会议。吕梁是我们国家著名的革命老区。在残酷的战争年代，吕梁人民前仆后继，筹粮筹款，参军支前。吕梁参军人数，红军东征时有3000人，抗战时期有5.4万人，解放战争时期有1.5万人，合计有7.2万人。八年抗战中，120师暨晋绥军区部队牺牲1.4万人，负伤3.2万人，有2万人民群众惨遭杀害。抗战时期晋绥边区支援中央的经费一般要占到边区财政的50%-60%，1946-1948年支援中央财政的经费占到了73.7%。也就是说，吕梁人民为国家抗战和解放事业，做出了巨大的牺牲和无私的奉献，蔡家崖村就是一个缩影。由于多种原因，吕梁包括蔡家崖村，依然比较贫困。吕梁是全国贫困区，我们在革命老区工作的各级领导干部，一定要进一步增强党的宗旨意识，增强对老区人民群众的感情，要认真倾听群众的呼声，要积极帮助群众解决实际困难和问题。这是我们党员领导干部的基本职责。我们整天讲为人民服务，不能只说在嘴上挂在墙上写在文件上，要放在心上、抓在手上、落实在行动上。我来吕梁之前就说，我们下去调研，不要都是事先安排，我们既要“明察”，也要“暗访”，要随机听取群众的意见和要求，多听一些真话，多看到一些真实情况。这三件事情有代表性，大家都要反思。当干部，对群众疾苦不关心，就是不称职；不保护群

众合法权益，不帮助群众解决实际困难和问题，就是严重失职，要追究责任。

今天讲到这个问题，我还想进一步强调，吕梁要进一步突出抓好扶贫工作。吕梁是国家14个集中连片特困区之一，去年贫困人口75万，占全省四分之一，13个县有10个是贫困县，其中6个国贫县，3个省贫县，1个插花贫困县。推进吕梁扶贫攻坚责任重大。我也了解到，各级党委政府已经做了大量工作，但任务还是非常艰巨。要认真学习贯彻习近平总书记关于扶贫开发工作的重要指示精神，把扶贫攻坚作为最重大的民生工程，从组织领导、资金投入、机制创新、队伍建设等各方面加大力度，强化保障。我在调研中也看到，这几年吕梁依托“8+2”农业产业化增收工程做了大量工作，也取得明显成效，红枣、核桃、土豆等优势产业不断发展壮大，也积累了一些好的经验，有些方面有创新有成果。比如，昨天在离石区看到吕梁泰化集团成立的泰瑞公司，在信义镇康家岭村等三个村联合发展设施养殖、林业建设、食品储存、保鲜等园区项目，昨天晚间我又看了一下他们的材料，已完成投资4300多万元，流转和规模经营土地2160亩。他们介绍，一年的时间，农民人均纯收入就由两千多块钱，增加到五千多块钱，翻了一番还多，而且流转土地的农民也高兴，流转费高于自己种地的收入，增加了财产性收入，他不种地了，在公司打工，又增加了工资性收入，这些效果都很好。我们这些天看到的还有一些好的典型。

三、要继承和发扬革命老区精神，深入挖掘和借鉴历史优秀廉政文化

习近平总书记讲，“对我们共产党人来说，中国革命史是最好的营养剂。多重温我们党领导人民进行革命的伟大历史，心中会增添很多正能量。”吕梁是红军东征的主战场，是晋绥边区的腹心地带，是与陕甘宁、晋察冀并列的三大根据地之一，也是八路军三大主力师120师的主战场。一部《吕梁英雄传》，是吕梁人民献身革命、前仆后继的真实写照。我们吕梁涌现出一大批可歌可泣的英雄。刘胡兰牺牲的时候只有15岁，毛主席亲自为刘胡兰题词“生的伟大、死的光荣”，可以说激励了一代又一代人。我们吕梁为中华民族解放和中国革命胜利作出了巨大的贡献，吕梁无数革命先烈和先辈用鲜血和生命浇注成的革命老区精神，是我们宝贵的财富。这个革命老区精神就是，要始终坚持中国共产党人一切为了人民、一切依靠人民的宗旨意识；要始终坚持对党绝对忠诚、拒腐防变的党性观念；要始终坚持密切联系群众，为民务实清廉的优良传统和作风。我在想，现在我们吕梁发生严重腐败问题，一个根本性的原因就是在一些干部的身上失去了老区的革命精神，伤了根、丢了魂、忘了本，如果这样继续下去，就可能出现更多腐败分子，就可能改变党的颜色，甚至亡党亡国。我们常说，忘记过去就意味着背叛，我们不能忘记，我们要继承和发扬发展老区精神，这是我们吕梁最可宝贵的财富，是我们吕梁特有的正能量和主旋律。我们一定要把学习弘扬革命老区精神摆上突出位置，教育广大干部群众树立正确的世界观、人生观、价值观，用老区精神和优良传统推动反腐败斗争，努力实现革弊立新、激浊扬清。

历史廉政文化对反腐倡廉具有重要作用。习近平总书记强调指出，“要研究我国反腐倡廉历史，了解我国古代廉政文化，考察我国历史上反腐倡廉的成败得失，可以给人以深刻启迪，有利于我们运用历史智慧推进反腐倡廉建设。”我这次来吕梁一个重要任务，就是想研究如何在吕梁、在山西落实总书记的这个重要指示。我这次来专程去了吕梁方山县北武当镇来堡村，这里是清代“天下廉吏第一”于成龙的故乡。于成龙历任知县、知州、同知、知府、道员、按察使、布政使、直隶巡抚、两江总督加兵部尚书、大学士。在他的宦海生涯中，三次被举“卓异”，可以说于成龙生前的荣耀几乎达到了顶峰，但他最令人敬仰的是一生清廉。他曾在广西罗城、四川合州等当时最艰苦的地方任职，也曾在直隶、两江等当时最繁华富庶的地方为官，但是不管在哪里，他穿的都是粗布袍褂，吃的是青菜稀粥。康熙在于成龙去世后写的碑文中，说他是“秉心朴直，莅事忠勤，而考其生平，廉为尤著”。他被誉为臣之标准、吏者之师，“天下廉吏第一”。我们吕梁是于成龙的故乡，于成龙在吕梁生活了40多年。我这次专程到他的家乡，到他第13代、第14代后人家中进行了看望。我也听当地介绍了很多于成龙的业绩，特别是清廉的业绩，深感震撼。同时，我也了解到，“天下廉吏第一”于成龙的墓地两次被严重破坏，现在仍然一片荒芜，我深感痛心。我也在想，我们吕梁的传统文化是重德重廉，历史上出清官廉吏，而且出了“天下廉吏第一”，现在为什么却出了这么多问题？成了全国发生严重腐败问题出名的地方呢？大家要反思，这是个重大问题。忽视历史上优秀廉政文化是一个重要原因，这也是一种痛苦的教训。今天在这里我还想提到的是，在吕梁，在民间，还真有人在千方百计收集、整理于成龙遗物，弘扬优秀廉政文化。几年前，有位民间人士，他把自己办企业赚到的钱投到这里，钱不够，甚至住房也卖了，目前，他的投入已经难以为继。今年年初的时候，他就在网上公开无偿转让他所开发的项目，可见他不是为了盈利。我们一个民间人士，有这样的见识，这一点就值得充分肯定。我们各级党委政府，尤其是吕梁各级领导同志，一定要坚决落实习近平总书记关于弘扬我国历史上优秀廉政文化的重要指示。我们要高度重视，深入挖掘，大力弘扬于成龙廉政文化，以古代廉吏于成龙为鉴，不断提高拒腐防变能力，推进深入开展党风廉政建设和反腐败斗争。我们去来堡村看了以后，省文物局、发改委和吕梁市委、市政府，方山县委、县政府的同志很积极、很认真地进行了研究，已经形成初步意见。国家文物局励小捷局长也表示积极支持。我们要按照符合政策、勤俭节约、尊重历史、教育后人的原则，尽快修复于成龙墓地和故居。我们不能让“天下廉吏第一”的墓地总是处于被严重破坏和一片荒芜的状态中。我在来

堡村的时候于成龙的后代也强烈要求进行修复。我认为，这件事我们不做，我们将愧对“天下廉吏第一”故里的荣称，愧对吏者之师于公的在天之灵！我们要充分发挥历史优秀廉政文化教育警示的重要作用，吕梁要率先带头做好这项工作。我看，吕梁如果早几年重视这项工作，也许就不会有那么多领导干部被押进监狱，身陷囹圄！

四、要适应经济“新常态”，调结构、转方式，提高吕梁科学发展、可持续发展的能力

过去十多年来，吕梁在全省可以说发展最快、增速第一。现在呢，吕梁的经济下滑在全省也是最快的，全市亏损企业不断增加，截至8月底，规模以上亏损企业271户，占全市规模以上企业的48.9%，其中煤炭企业163户、焦炭企业24户，企业亏损总额达到61.4亿元，规模以上停产企业117户，其中煤炭相关企业92户，占停产企业的78.6%。吕梁煤炭资源富集，是优势。但是现在看来，随着煤炭市场低迷、价格持续下跌，煤炭企业甚至连生存都面临着困难。关于适应经济“新常态”，调结构、转方式，我想讲四个方面的意见，大家共同研究。

第一，要深化改革，转型发展。首先就是要加快煤炭资源配置市场化改革的步伐。吕梁现有的煤炭资源都是通过传统的协议方式取得的，不是通过“招、拍、挂”市场竞价方式配置的。这就在源头上留下了权力寻租的空间，成为发生严重腐败问题的一个重要原因。要加快改革步伐，着力从源头上解决问题。要大力推进煤电一体化发展。吕梁是煤炭大市，但却是电力小市。要把煤炭优势变为煤电优势，使吕梁实现两条腿走路。特别是国家近期批准山西参与建设的四条特高压输电通道其中一条经过吕梁，这为吕梁下一步电力发展打开了外送的通道。要延伸煤焦化链条。目前吕梁25户焦化企业，户数应该说不少，但是企业的规模普遍较小、科技含量不高。要综合考虑市场、水资源消耗等因素，建设多联产、长链条、精加工的新型煤化工基地。要发展好煤电铝产业。吕梁铝土矿资源丰富，保有储量6.49亿吨，占全省储量的45.7%，是仅次于煤的第二大资源，而且品位、品质都比较好。要依托铝土矿资源优势，按照集约化、循环化、生态化的建设理念，延伸发展产业链条，把吕梁打造成全国重要的铝工业基地。要壮大煤层气产业。我来山西后注意到，我们山西煤层气资源非常丰富，约有10.39万亿立方米，占全国的三分之一。按照1立方米煤层气相当于1.23公斤标准煤来计算，去年我们山西全省抽采煤层气80亿立方米，相当于替代984万吨标准煤。如果到2020年全省形成400亿立方米的产量，那就可替代标准煤4920万吨，相当于减排二氧化碳6亿多吨。所以说，不论从经济发展，还是从雾霾天气的治理，发展煤层气都具有重要的意义。吕梁的资源非常丰富，煤层气资源总量是2万亿立方米，大约占全省的五分之一，要在这方面下功夫。还要积极发展新能源。吕梁位于黄河沿岸，独特的自然环境赋予了吕梁丰富的风电资源。目前看来，资源的储量和现有的生产规模还不相称，发展的潜力还很大。我们要利用国家支持新能源的各项政策，发展风电和光伏项目，进一步加大结构调整力度。

第二，要突出抓好创新发展。吕梁，也包括全省，我们的根本出路在于创新发展，特别是要突出抓好科技创新。昨天下午，我去了国防科技大学与吕梁合作的军民融合创新研究院调研，后来有同志告诉我在那里用了85分钟，结果还是有一些事情没有商量完。吕梁市委、市政府特别是高卫东同志，能争取研究院项目落地在吕梁是一个贡献。有好几个项目，科技含量高、发展潜力大，省里相关部门要与市里，包括国防科大共同努力推进，做好这些项目。一个是高性能云计算中心项目。昨天我看到高性能云计算项目全系统16个机组，软硬件部署已经基本完成。这个中心可以立足吕梁，服务山西，辐射全国。云计算可以提供的服务很多，包括高性能的计算能力、数据存储服务，在异地就可以为用户提供大容量、可共享的数据储存备份服务。云计算中心可以广泛应用于“智慧城市”，将来吕梁要率先在“智慧城市”建设方面下功夫。云计算涉及数字媒体、动漫设计、生物医药、新材料、工程设计与仿真分析等许多领域，它可以为我们经济社会转型升级提供重要的科技支撑。再比如微纳卫星项目。将带动高科技产业的发展，形成从研制生产到应用服务的产业链条。再比如无人机系统项目。无人机具有广泛的应用前景，比如森林防火、航拍测绘、农业植保、物资运输等领域都可以用无人机，也包括采矿监控、通信中继、地图测绘、交通管制、气象探测等等。我们吕梁有这样的条件，力争建成无人机系统研制的产业化基地。昨天看的还有一些深度研发的项目，比如煤炭安全无人矿与智能化技术深度研发项目。院长信心很足地讲到，如果科研单位和我们地方、企业携手加大力度，有希望达到国际最先进的水平。还有能源互联网项目。专家认为，能源互联网是第三次工业革命的重要支撑，是中国走可持续发展的必由之路。昨天看到的这个项目前景广阔，可以带动相关产业实现技术创新，要积极发展，形成生产能力。随我来的几个部门的负责同志，他们都很认真，也在对接，就如何支持项目发展，提出了一些初步的意见，我看很好。我们全省下一步就是要在创新发展上下功夫，吕梁有好的条件，希望你们能够做得更好。

第三，要全力推进第一产业和第三产业的发展。这几天我调研了一些产业，比如，吕梁的红枣产业，吕梁是全国最大的红枣生产基地之一，吕梁的红枣个大、核小、肉厚、皮薄、口感好，以这些优良的品质闻名于世。全市红枣正常的年产量可以达到3亿公斤，占全省的67%，占全国的13.4%，主产区就红枣这一项就人均增加收入1500多元。这两天我也看到，发展红枣产业要解决的问题也不少，比如秋季下雨“枣裂”的问题，我们在巡检司村问一个枣农，他家有10亩枣林，目前枣还在树上已经裂了不少，枣裂损失在50%以上，白白地烂掉了。这个产业进一步发展，一定要把加工业和市场开发等服务业搞上去，这是一个发展

枣业经济、农民脱贫致富的关键性问题，希望吕梁市能够进一步解决好这些问题。在调研一、三产业发展的过程中，我看到一些煤炭等企业转型的好的典型。在中阳县下枣林乡下枣林村，看到的党支部书记高三元就是其中之一。他原来开办煤矿，在2012年创办中阳县厚通科技养殖有限公司，正在建设年出栏30万头猪的项目，猪的养殖、饲料、加工，从设备到技术都是世界一流水平，其中很重要的是把猪的粪便全都能处理利用。粪便处理转化利用也是世界上的高新技术，各国都在探索研究，它采用的是丹麦的技术，把猪的粪便收集起来，利用它发酵的热量，为猪舍提供冬季所需要的温度，节约了烧煤、发电成本，保护了环境。而且猪的粪便发酵之后，变成了固体和液体肥料，专门开发核桃、蔬菜等用肥。这个项目采用公司加基地加农户的办法，能够带动农民致富。高三元还自己拿钱，无偿帮助村民脱贫致富，他的做法和觉悟都值得学习。

第四，要高度重视和切实抓好思想转型、思维方式的转变。吕梁，也包括全省，比产业转型更重要的是思想转型。全市上下既要统一思想又要解放思想，思想不转型，经济转型、产业转型、企业转型，都难以真正实现。要在思想转型上下功夫。针对吕梁的情况，要从行政配置资源的思维向市场决定资源配置的思维转变；要从"人情思维"向法治思维转变；要从官本位思维向以人为本思维转变；要从"有煤快富""一夜暴富"思维向勤劳致富、可持续发展思维转变，等等。

五、要积极稳妥处置突出矛盾和问题，全力维护社会稳定、大局稳定

当前，要重视解决金融问题。关于防控金融风险问题，省政府特别是小鹏省长做了大量工作，目前我省金融运行总体平稳。但也存在一些值得注意的问题，吕梁就更加明显些。要针对不同情况，采取有效措施，摸清底数，解决好存在的问题。要加强对困难企业的帮扶。来吕梁之前我特意提出要到中阳钢铁有限公司去看看，中阳钢铁董事长出了问题，对中阳钢铁这样的企业怎么看？中阳钢铁1万多企业职工，连家属总共4万多人口，占所在的中阳县全县人口的1/4还多，包括县城居民的供热等等，都是依托中阳钢铁。不能因为企业法人出了问题，就导致企业停产，职工下岗，甚至关闭、破产。吕梁市，特别是中阳县要积极支持和帮助这样的企业克服困难，继续发展。至于企业发生的腐败问题，该怎样查处就怎样查处，这两者并不矛盾。要高度重视抓好安全生产。吕梁是产煤大市，严格落实企业安全生产主体责任和党委、政府安全生产责任制，对责任不落实、工作不力的，要问责，出了问题要依法严肃处理。我们这次来专门看了煤矿，我觉得确实还存在不可忽视的问题，不能掉以轻心。要全力维护社会稳定。吕梁市县各级领导都要把维护稳定作为第一责任，积极主动做好信访工作，努力化解各类社会矛盾，切实把隐患消除在萌芽状态，坚决防止发生突发性群体事件和暴力恐怖事件。要突出强调依法治市。要抓好社会治安综合治理，开展打黑除恶斗争，维护人民群众合法权益，维护吕梁大局稳定、政治稳定、社会稳定。

六、提振精神，勇于担当，重塑吕梁新形象

在这次调研考察当中，我们也发现很多优秀的基层干部，他们在各自的岗位上兢兢业业、默默无闻，努力工作、尽职尽责，业绩突出，深受群众的拥护，从他们身上，我们看到了吕梁的希望。我回去要和省委组织部说，请他们采取科学、有效的方式，在各个层次各个方面发现和选用优秀的领导干部。归根结底，干部是决定性因素，要坚决刷新吏治。从吕梁来看，虽然一个时期以来，一些干部出了问题，但省委相信，吕梁大多数干部是好的，吕梁的未来是充满希望的。吕梁广大党员干部要痛定思痛，振奋精神，严于律己，优化政治生态，重塑吕梁市委班子新形象，重塑吕梁政府新形象，重塑吕梁各级干部新形象，重塑吕梁企业家新形象，重塑吕梁改革发展稳定新形象。

省委、省政府高度重视吕梁工作，对吕梁寄予厚望。我们要坚定不移地贯彻落实以习近平同志为总书记的党中央关于山西工作的指示和要求，坚定不移地贯彻落实省委的各项部署，为吕梁弊绝风清、富民强市做出新的更大的贡献。

在太原市调研考察座谈会上的讲话

（2014年10月12日根据录音整理）

王　儒　林

同志们：

我到山西工作后，一直十分关注太原市的工作。我把调研的第二站选择来太原，主要考虑是，太原是我们山西的省会城市，在全省的地位举足轻重，应该进一步更加充分地发挥表率作用。

从8日到12日，用4天时间，先后到了10个县（区、

市）和4个开发区，一共是25个调研点，大量地接触了基层的干部群众。刚才，吴政隆同志代表市委、市政府从四个方面进行了汇报，讲得都很好。

太原历史悠久，文化底蕴深厚，有5000年的文明史，2500年的建城史，历经唐尧故地、战国名城、北朝霸府、大唐北都、中原北门、九边重镇、晋商之都，可以说地灵人杰、名贤辈出。建国以来，太原是我国重要的工业基地，是全省的政治、经济、文化中心，在经济建设、城市建设、改革开放和各项社会事业发展中，都取得了明显成绩，为全省乃至全国作出了重要贡献。

当前，太原市既面临严峻的挑战，又面临新的机遇。今后太原市在全省的工作中，要在六个方面充分发挥表率作用。

一、要在惩治腐败、狠刹“四风”方面发挥表率作用

太原先后有三任市委书记，连续三任市公安局长出问题，还有多名干部和企业主被调查，这在全国的省会城市中是罕见的。太原市，也包括我们山西省为什么会出现这么多问题？根本原因还是在于没有从严治党，没有从严治吏，没有履行主体责任。今天，我们在这里召开座谈会，我想特别提出，市委和全市各级党组织要联系实际深刻反思这个问题。联系实际是多方面的。我看可以联系太原市“城中村”这个具体的实际问题。这个问题有一定典型意义，值得深思。在这几天的调研中，我们随机看了两个“城中村”，看了之后大家都感到很受触动。在离太原市主要的大街、繁华的地段不到100米就是城中村，我们在这两个村里看到，可以说是垃圾遍地、污水横流、臭气冲天，环境卫生差到什么程度？有的地方连下脚都下不去。太原市空气质量虽然有好转，但总的来说还算是比较差的。我们在调研中看到，有的老百姓就在家门口焚烧自己家的垃圾，老远看过去冒着浓烟、黑烟，乌烟瘴气。我们看到当街焚烧垃圾的，还不止这一家。

在调研中我们也了解到太原市从2003年就启动了“城中村”改造，尽管下了很大功夫，但是基本徘徊不前。十一年来只完成3个村整村改造，仅占应改造总数的1.7%，到现在还有170个“城中村”。太原市的“城中村”人口再加上棚户区的居民，占太原总人口的33.1%，这就是说太原市到目前还有三分之一的城市居民生活在这么差、这么恶劣的环境中，而且据太原市的同志说，我们看到的这两个“城中村”还不是最差的。“城中村”的现状，给我们一种没有人管的感觉。我们在两个 “城中村”看到，多处垃圾成堆，有的垃圾堆不是两、三个月形成的，有的看上去都不是两、三年了，问题是为什么没人管？太原市有市委、市政府，有区委、区政府，有街道居委会，还有村委会，从市到区，也包括村里都有专门的管理部门、专业的队伍，但“城中村”却呈现这样一个状态，脏、乱、差到这种程度，到底是什么原因？我当场就提出严肃批评，并且责成太原市委、市政府要从“城中村”问题入手，倒查为官不为、治吏不严，甚至违法违纪问题，一定要认真、深入、彻底查清楚，该问责的问责，该处理的处理。当时看到这种状况，我就在想，一段时间以来，有人说因为贯彻执行中央八项规定、从严治党，为官不易了，一些人就为官不为了。那么我看，我们相当的一些干部，早就为官不为了！甚至还可以说由于我们的干部为官不为，导致清扫工也“为工不为”了。在吕梁，我们搞了一个“蔡家崖村调查”，现在有必要再搞一个“太原城中村调查”。

我们在调研的时候，为什么在“城中村”停留那么长时间？就是要深入了解情况，有许多事光听干部们说不行，必须较真，要核对核对，包括看看账。这两个“城中村”，其中一个只有588户，年收入710.6万元，支出1968.2万元。一个村只有500多户，一年收入和支出差1200多万。我问村干部，村里干部加上工勤人员一共有多少人。他开始说七八十人，经过我们具体地问，他又说一百来人，实际仅账面上就有278人。我当时说，这个数还要认真核实，到底有多少人，是不是这么多人，这里面有没有吃空饷的？有多少吃空饷的？还有什么情况？都要查清。就按这278人，去年账面上的支出就是307.3万，一个500多户的村养这么多人，其中打扫卫生的就有79人。另一个村，打扫卫生的清扫人员是135人，去年工资加上垃圾清运费高达160.02万，这么多打扫卫生的人，花了这么多钱，实际上我们看到的却是垃圾无人清理，要倒查，而且不能搞下不为例，要追究领导责任。

在这个只有500多户的村，一年支出近2000万元，我问村里有没有村务公开、财务公开等，村支书回答有哇，我说去看看。结果大家都看到了，那个村务公开栏就立在村部楼前，但是公开栏上边已经被广告、宣传画覆盖了，撕开之后看到是几个月前公开的内容，有的是2010年的，而且公开栏里几乎一半左右是空白栏目，根本就没有内容，公开制度形同虚设。村里一年的收支相差1200多万，超支补差用的是征地补偿款，一年就贴进去1200多万，现在账上还有2792.2万，再有两年就全进去了。用完以后怎么办？难以为继了。我们到老百姓家里一了解，对现状不满，对干部意见也挺大。这就是我们在调研中看到的真实情况。应该说，“城中村”是我国城镇化进程中一种特殊的二元地域空间，村民成了被城区包围的“失地农民”。我们推进城镇化不能“只占地，不管人”。这里涉及诸多问题，包括涉及干部作风问题，可能还会涉及腐败问题。对这些问题，人民群众反响强烈，我们不能“躲猫猫”，更不能掩盖。太原市委、市政府要尽快研究解决，我也对省纪委主要领导说，省纪委也要关注这件事情，需要介入时要及时介入，要给省委一个交待，要给全市全省人民一个交待。太原市还要进一步加大力度，强化措施，加快“城中村”改造步伐，可以说这是一个系统工程，也是一个难点工程，更是一个民生工程，我们不能让省会城市1/3左右的人民群众长期生活在这样脏、乱、差的环境里。

太原市要在惩治腐败、狠刹“四风”方面发挥表率作用，必须认真落实好“两个责任”，尽快形成“三个高压态势”。一要形成反腐败的高压态势。我们不仅要对上级交办的案件认真查处，还要采取有力措施，切实加大自办案件查处力度。要突出重点领域、关键环节，坚持有案必查，发现一起查处一起，要形成强大的震慑，坚决遏制腐败案件多发高发的势头。二要形成狠刹“四风”的高压态势。10月8日，在中央党的群众路线教育实践活动总结大会上，习近平总书记就新形势下坚持从严治党提出了八个方面的要求，我们要坚决贯彻落实。“四风”是腐败的温床，反腐败必须反“四风”，特别是在现在这种形势下，对于顶风作案、顶风违纪的，要坚决从严查处，持续保持高压态势。三要形成打黑除恶的高压态势。目前全市社会治安总体上保持平稳，但是一些人民群众反映强烈的突出治安问题还没有得到根本解决。调研中我们了解到，到今年8月底，省部督、转的自2006年以来的14件涉黑涉恶核查线索无一办结。今年1–9月份，发生在“城中村”的刑事案件7700多起，占全市刑事案件的31%，受理治安案件54707起，占全市案件的55%。群众反映强烈的“两抢一盗”案件多发频发，今年1–9月共发生警情34362起，占刑事总警情的86%，立案17844起，占刑事案件的73.8%，而破案率只有12.5%。我们必须下大力气尽快改变这种局面。要把依法严厉打击黑恶势力犯罪和反腐败斗争结合起来，尤其是对领导干部充当黑恶势力“保护伞”等突出问题，要坚决依法查办，严肃整治影响群众安全的社会治安问题，一定要让省城太原成为平安和谐之城，让人民群众放心、满意。

二、要在把权力关进制度的笼子、形成长效机制方面发挥表率作用

净化政治生态，实现弊绝风清，是党中央对我们的要求，是一项长期的、复杂的、艰巨的任务。我们要高压反腐，突出治标，为治本赢得时间，同时，标本兼治，从三个层面布局，这就是努力形成不敢腐、不能腐、不想腐的长效机制，按照习近平总书记的要求，“加强对权力运行的制约和监督，把权力关进制度的笼子里”。要在清除发生腐败的土壤上下功夫，这个方面我们要积极借鉴兄弟省市的好经验好做法，重点抓好“六权治本”。

第一，依法确定权力。贯彻党的十八届三中全会全面深化改革的精神，就是要让市场主体“法无禁止即可为”，让政府部门“法无授权不可为”。防止权力滥用，首先要做到权力依法确定、行使权力有法可依。要明确权力的边界，规范、简化、细化、量化自由裁量权，确保权力不缺位、不越位、不错位。即将召开的十八届四中全会要专门研究依法治国问题，依法治国就要依法行政、依法执政，就必须依法确权、依法授权。

第二，科学配置权力。权力结构合理、科学配置是预防权力滥用的基础工程和顶层设计。要按照效率原则和权力制约原则，合理划分、科学配置党政部门及其内设机构的权力和职能，权力不能集中在“城中村”和少数人手中，而且决策权、执行权和监督权要相对分离，形成有效制约。要深化行政审批制度改革，按照科学配权的原则，加大简政放权力度，真正把该放的权力放到位，防止明放暗不放，克服台下运作、后台审批等弊端。同时要确保下放的权力接得住、能负责，不能只放不管，也要科学配置。

第三，制度限制权力。把权力关进制度的笼子里，既要解决制度缺失问题，也要解决“牛栏关猫”问题。要抓住容易滋生腐败和权力寻租的煤焦、土地、交通、房地产等重点领域，以及资源配置、工程招标、资金分配等关键环节，查找工作漏洞和制度缺失，健全完善有效管用的制度体系，堵塞漏洞，斩断利益链条，遏制权力寻租。要制定出台政府“权力清单”，把政府能干什么清清楚楚列出来；要制定出台政府的“责任清单”，防止政府不作为。

第四，阳光使用权力。阳光是最好的防腐剂。我们既要把权力关进制度的笼子里，又要放在阳光下。要坚持“公开是原则、不公开是例外”，完善党务、政务和各个领域、各个层级办事公开制度，构建信息公开平台，公开权力运行流程，使显性权力规范化、隐性权力公开化。要规范公开程序，确定公开内容，明确公开时限。我们在“城中村”看到的那种村务公开是不行的。

第五，合力监督权力。失去监督的权力必然产生腐败。防止权力滥用，必须加强对权力运行的全方位监督。要统筹发挥纪检、监察、审计、督查等专门监督部门的作用，充分发挥法律监督、民主监督、舆论监督、人民群众监督的作用，努力形成监督合力，确保权力运行到哪里，监督就延伸到哪里，形成一整套行之有效的、合力监督权力的制度体系。

第六，严惩滥用权力。制度不能形同虚设，不能成为“稻草人”“橡皮筋”，必须坚决惩处各种滥用权力的行为，切实做到“权力出笼子、就让人进笼子”，始终保持反对腐败、狠刹“四风”的高压态势，形成强大的震慑效应。只有这样，才能充分发挥各项治本措施应有的作用。

太原市要在“六权治本”上率先探索，逐一拿出办法，在实践中检验、完善。在抓好“六权治本”的同时，还要切实加强对干部的理想信念教育，加强党纪国法教育，加强红色传统和优秀历史廉政文化教育，引导党员领导干部真正筑牢拒腐防变的思想防线，切实增强拒腐防变的思想定力和行动自觉，努力建设不想腐的长效机制。

三、要在科学推进城镇化、着力改善民生方面发挥表率作用

多年来，在太原各级干部和全市人民群众的共同努力下，太原城市建设和经济社会发展都取得了明显成绩，有些方面走在全省乃至全国的前列。思路清晰，目标明确。提出建设一流省会城市的目标，着力发展五大产业园区，确定了“一区、两带、四心、五轴”的南部新区发展规划，太原晋中同城化步伐加快，积极推进山西科技创新城、汾

东新区、晋阳新区、南站片区等重点区域的发展。投资结构得到优化。2013年非煤产业投资428.24亿元，增长26.7%，占工业投资的比重达到81.4%；新兴接替产业投资279.86亿元，增长25.7%，占工业投资的比重达到53.2%。城市建设力度不断加大。增加公用事业和基础设施建设投入，道路交通网络得到优化，服务功能加快完善，城市的承载能力不断提高。民生不断改善，社会事业进一步发展。“十二五”前三年，城镇累计新增就业33.24万人，城镇基本社会保险参保率由2010年的91.1%提高到97.85%，城镇基本医疗保险转外就医范围扩大到全国，新型农村合作医疗参合率由98%提高到99.6%，城乡居民养老、医疗保险和低收入群体基本生活保障实现了制度全覆盖。开工建设保障性住房13.74万套，完成规划目标任务的94.8%。实施了“一元钱”蔬菜惠民工程；开通了1121个公共自行车服务点，投放公共自行车34697辆，覆盖了3/4的建成区；加强社区工作，市、县两级财政每年补助每个社区20万元资金，用于补贴生活困难老人的日常生活等，受到群众普遍好评。生态环境整治力度不断加大、效果比较明显。去年空气质量排名在京津冀及周边16个城市中排在中游水平。2013年，建成区绿化覆盖率39.88%，绿地率34.97%。实施了一批生态环保工程，创造了一些好的经验。重点改革逐步深化。实施了“两集中、两到位”行政审批制度改革，等等。这些成绩必须充分肯定。城镇化是现代化的必由之路，是推动区域协调发展的有力支撑。根据这四天多的调研，我对太原城市建设和城镇化发展强调几点意见。

一要充分发挥城市规划的引领作用。看太原的城市建设，首先要看规划。正像习近平总书记所指出的：“规划科学是最大的效益，规划失误是最大的浪费，规划折腾是最大的忌讳。”太原城市建设的一大问题是城市框架没有拉开，中心城区到2020年规划总用地只有360平方公里。我在太原高新区了解到，这是山西省唯一的国家级高新区，规划面积只有8平方公里，除了中央、省、市单位等占地，实际开发面积只有2.5平方公里，而且现有园区已经城市化，工业企业不断萎缩，许多好项目不能落地。中部六省10个国家级高新区中，平均规划面积134平方公里。太原市区省级以上开发区有4个，实际规划用地只有24平方公里。中部六个省会城市中，武汉是800平方公里，太原是武汉的3%，郑州是977平方公里，我们是郑州的2.4%。现在太原的城镇化率已经高达84.12%，在中部六个省会城市中位居第一，比武汉高13.52个百分点，比郑州高17.04个百分点，但是太原的“城中村”和棚户区人口高达94.22万人，占市区人口的33.1%。这说明太原城镇化率太高，城镇化质量太低，实际上就是“虚高实低”。我们在调研中还看到大量“小产权”房，这些所谓“小产权”房，不是通常的在农村集体建设用地和宅基地上建的平房或低层楼，而是高楼大厦群。我们了解到，这其中许多是违规违法建设的，没有经过规划、土地等部门审批，也没有招投标。全市“小产权”房面积高达2700多万平方米，这已经成为太原市累积下来的一道大难题。城市的违规违法建筑必须坚决叫停、坚决制止，并且尽快着手解决问题。所有这些问题，归根结底是规划起点不高，而且有规划也成了墙上挂挂，存在有法不依、执法不严的问题，要认真研究，从源头上治理。

二要坚持以人为本，把提高城镇人口素质和居民生活质量放在首位。要牢牢把握、坚持推进以人为核心的城镇化。当前，太原市要实事求是地、积极稳妥地解决“城中村”和棚户区改造问题，进一步加大力度。太原市还要高度重视采煤沉陷区综合治理问题，作为省会城市，太原是比较特殊的。我们在古交市了解到，地方煤矿最多时达400多座，形成了300多平方公里的采空区，相当于太原现在建成区的面积，房屋损坏180万平方米，涉及37369人，土地裂缝或塌陷480万亩，不能耕种了，采空区农民生产生活极为艰难。实事求是地说，其困难程度如果不是亲眼所见，都难以想象。我们去的那户群众，房子实际上不能再住了，家里女主人说，屋地裂得七裂八瓣，用塑料袋塞上再抹上水泥，防止蛇钻出来。古交市正在实施今年到2018年的“一年试点、六年推进”安置规划，其中今年可搬迁安置5270人，杯水车薪。古交市现存煤炭企业基本都停产了，原来由企业每月每户发放的450–600元的“避险费”，也两年没发了，老百姓意见非常大。太原市要进一步加快综合治理的步伐。

三要加大基础设施建设力度，形成满足城市发展基本需求的功能体系。太原市城市面貌发展变化很大，但城市基础设施欠账也不少。我们调研了解到水电气暖的基本保障能力不足。市区公共供水普及率66.3%、污水处理率84.36%，实际上还没有这么多。一般来说，城市排水管网和收污管网配套应该1:1，太原市供水管网1390公里，收污管网548公里，只占39.42%，而且雨污没有分流，净化水成本一吨一元多钱，净化后排掉了，利用还比较低，更何况我们山西是个严重缺水的地方。集中供热仍以传统燃煤锅炉为主体，占到全市供热面积的60%左右，这其中还有1656万平方米是10吨以下小锅炉供暖，小锅炉效率低、污染重，急需淘汰。加上大量“城中村”、棚户区各家各户的小煤炉，冬季对省城环境质量影响很大。城市地下老旧管网超期服役情况也比较严重，其中水、气老旧管网占比分别为27.2%、22.7%，存在很大安全隐患。垃圾处理仍以填埋为主，占到70%，仅有一个垃圾焚烧电厂，技术装备水平较低，排放不达标。城市道路人均面积也较低，结构不合理，全国人均14.39平方米，中部五省省会人均11.57平方米，太原只有8.8平方米。路网结构不合理，主、次、支路级配为1:0.88:1.63，与大城市路网标准级配1:2:3.7差距较大。就在上个月也就是9月3日，太原的汽车保有量突破了100万辆，平均算来，差不多每一个家庭就有1辆汽车，要进一步完善城市快速交通体系，大力推进公共交通建设，改善城市居民群众出行环境。

四要转变观念，从根本上解决城市建设“重面子、轻里子”“重地上、轻地下”的问题。在调研中了解到太原市还没有对地下管网进行统一的综合性普查，要尽快进行全面普查，摸清家底，建立完整的地下管网电子数据档案，理顺管理体制，解决多头管理、各自为政的问题。要建立快速有效的地下管网应急处置机制，确保安全。目前，城市地下管线管理法规不健全，我国还没有上位法，我们要及时制定管理条例、办法，使地下管网进入依法建设和管理的新阶段。我们要重视城市的“面子”，也要重视“里子”，“面子”是风采，“里子”是民心。我们既要风采，更要民心。

五要加强城市管理。我们常说，现代城市“三分建设、七分管理”。我体会，这既是经验之谈，也是学术和业界的共识。太原市要特别重视改进和加强城市管理。城市管理处于诸多矛盾的风口浪尖，要依法管理，妥善处理各种各样的社会矛盾和问题，要健全和理顺管理体制，要加强智慧城市建设，统筹推进城市管理内容的数字化和精细化，切实提高太原城市管理现代化水平。

六要重视城市历史文化保护和发展。太原市是国家历史文化名城，我们要像爱护生命一样保护好城市历史文化遗产。要综合考虑城市布局，完善历史文化名城保护体系，加强晋祠、晋阳古城遗址、钟楼街、文庙、文瀛湖等历史文化遗存和风貌的保护，传承三晋文脉、彰显古城特色。

四、要在深化改革、扩大开放方面发挥表率作用

太原要当好全省发展龙头，根本要靠改革。太原作为老工业城市，计划经济的痕迹比较重，老企业多、下岗职工多、历史包袱重，深化改革任务艰巨。当前，改革进入攻坚期和深水区，要深入学习领会习近平总书记关于全面深化改革的重要论述，着力突破思想观念的桎梏，破除体制机制的束缚，打破利益固化的藩篱，充分发挥市场在资源配置中的决定性作用，抓好党中央、国务院和省委、省政府部署的改革任务的落实，为全省作出示范、趟出路子。同时，要进一步扩大对外开放。太原外向度还不高，要充分发挥晋商之都、历史名城，承东启西、交通发达的优势，积极走出去、请进来，不断拓宽发展空间，提升太原整体对外开放的层次和水平。

五、要在推动“六大发展”、富民强省方面发挥表率作用

太原作为省会城市，在科学发展方面，要为全省作出更大的贡献。

一要推动廉洁发展。廉洁是我们推动发展必须坚守的底线。习近平总书记指出，“如果我们党弱了、散了、垮了，其他政绩又有什么意义呢?”古人尚且“不饮盗泉之水”，我们也不要不干净的GDP。廉洁发展要把廉洁政府、法治太原、诚信太原建设贯穿到发展的全过程，坚决堵塞经济活动中的腐败漏洞，在干部清正、政府清廉、政治清明中实现发展。

二要推动转型发展。要以思想转型为先导，以企业转型为基础，以产业转型为重点，推动经济社会的总体转型。对太原来说，要特别突出培育壮大高端装备制造业等战略性新兴产业；积极发展现代服务业；加快发展现代农业。

三要推动创新发展。太原要率先发展，最根本的要靠科技创新驱动。要用好省城科教资源比较优势；要建好山西科技创新城，为科技企业孵化、科技成果转化打造好的环境；要深化科技体制改革，进一步推进产学研协同创新，推进科技服务体系建设，以科技创新推动经济结构调整和发展方式转变。

四要推动绿色发展。要牢固树立尊重自然、顺应自然、保护自然的生态文明理念，大力推进生态太原建设，把生态文明建设融入现代化建设各方面和全过程，积极发展绿色经济、低碳经济、循环经济，促进生产、流通、消费过程的减量化、再利用、资源化，让人民群众喝上干净的水，呼吸上清新的空气，吃上放心的食品，实现环境与经济和谐共生，发展与转型协调共进，走出一条煤炭资源型地区绿色发展之路。

五要推动安全发展。要坚决贯彻习近平总书记“发展决不能以牺牲人的生命为代价”这是“一条不可逾越的红线”的指示精神，始终坚持“安全第一、生命至上”，严格落实安全生产主体责任和监管责任，严格落实各项安全生产制度，严肃查处重特大安全事故，努力实现安全发展。要高度重视社会安全，创新社会治理模式，加强矛盾纠纷排查化解，认真解决好事关人民群众切身利益的根本问题，坚决防范群体性事件和恶性恐怖事件，切实保护人民群众生命财产安全。

六要推动统筹发展。要强化统筹意识、树立协调观念，切实提高发展的全面性、协调性和可持续性。要统筹经济与社会发展，统筹城乡一体化发展，统筹国际和国内发展，统筹新型工业化、信息化、城镇化、农业现代化，实现四化同步发展。

六、要在净化政治生态、重塑山西形象方面发挥表率作用

习近平总书记强调指出，“加强党的建设，必须营造一个良好从政环境，也就是要有一个好的政治生态”。太原要充分发挥在“净化政治生态、实现弊绝风清，重塑山西形象、实现富民强省”中的表率作用。

第一，要坚持从常委班子抓起。必须坚定不移地与以习近平同志为总书记的党中央保持高度一致，必须把思想和行动统一到中央决定的精神上来，统一到省委的决策部署上来，保持清醒的政治头脑，保持高度的政治觉悟，讲政治，顾大局，守纪律，以实际行动贯彻执行党中央的决定，共同打造政治坚定、作风过硬、奋发有为、敢于担当的领导集体。要坚持党要管党、从严治党，切实履行党风廉政建设党委主体责任和纪委监督责任，以零容忍态度惩

治腐败，坚决把反腐败斗争进行到底。吴政隆同志来太原工作，是对太原市委班子的加强。政隆同志在太原读过四年大学，与太原有渊源，政治过硬，年富力强，经历过了国家部委和地方多个岗位的锻炼，都取得了较好成绩。政隆同志是省委常委、太原市委书记的优秀人选。我相信大家一定会拥护和支持政隆同志。政隆同志要承担起肩负的使命，认真履职，敢于担当，团结带领市委一班人，依靠全市干部群众，不断开创太原各项工作的新局面。

第二，要着力抓好干部队伍。既要解决“乱作为”问题，又要解决“不作为”问题，真正做到为民务实清廉。要从严整治选人用人上的不正之风，严肃治理违反干部任用标准和程序问题，整治跑官要官、说情打招呼等问题，切实把刷新吏治的要求落到实处。

第三，要重塑太原新形象。这几天在太原调研，在与基层干部的交流中，深深感到，我们广大基层干部默默无闻、任劳任怨，在各自的岗位上作出了重要的贡献。省委相信，太原的大多数干部是好的，尤其是作为省会城市，太原干部的整体素质是较高的，太原的未来是充满希望的。省委相信，在以吴政隆同志为班长的市委的坚强领导下，全市广大干部一定会振奋精神，团结奋进，重塑市委班子新形象，重塑干部队伍新形象，重塑省会城市改革发展稳定新形象。

第四，要狠抓落实。空谈误国、误省误市，实干兴业兴邦。归根结底，在于实干、在于落实，在于解决存在的各种实际问题。要始终注意解决“不落实”问题，形成抓落实的长效机制，确保政令畅通，决策落地生根。要把狠抓落实作为党性要求和铁的纪律，摆在突出位置，以抓铁有痕、踏石留印的精神，不折不扣把党中央、国务院和省委、省政府决策部署落到实处。太原市对存在的突出问题，要逐项研究，一项一项解决，重点任务落实情况要及时报告省委。

省委、省政府对太原寄予厚望。省和省直各部门要进一步加大对太原的支持、服务力度，正确处理好省与省会城市的关系，全力支持太原市不断取得新的成绩，不断为全省作出新的、更大贡献！

在全省党的群众路线教育实践活动总结大会上的讲话

（2014年10月14日）

王 儒 林

同志们：

围绕保持党的先进性和纯洁性，在全党深入开展以为民务实清廉为主要内容的党的群众路线教育实践活动，是党的十八大作出的一项重大战略部署，是我们党为进行具有许多新的历史特点的伟大斗争所作的一次重要思想、组织和作风准备。

10月8日，中央召开党的群众路线教育实践活动总结大会，习近平总书记出席会议并发表重要讲话。习近平总书记的重要讲话，站在党和国家全局的高度，充分肯定了教育实践活动取得的五个方面的成绩，概括总结了开展教育实践活动的六条宝贵经验，深刻阐述了新形势下坚持从严治党的极端重要性和现实紧迫性，系统提出了新形势下从严治党八项要求，立意深远，内涵丰富，具有很强的思想性、针对性和指导性，充分表明了党中央坚持党要管党、从严治党的鲜明态度，体现了我们党适应时代发展要求、保持党的先进性和纯洁性的高度自觉，对于全面推进党的建设新的伟大工程，全面实现“两个一百年”的奋斗目标，实现中华民族伟大复兴的中国梦具有重要的现实意义和深远的历史意义。我们一定要认真学习、深刻领会、坚决贯彻好习近平总书记重要讲话精神。

中央总结大会以后，10月9日上午，省委召开常委(扩大)会议，专题学习讨论习近平总书记重要讲话精神，研究贯彻落实意见。10月13日上午又召开省委常委会议，认真审议了《全省党的群众路线教育实践活动总结报告》。通过深入学习讨论，使我们对总书记重要讲话有了更加深刻的理解，更加坚定了我们坚持从严治党的信心和决心。我们一定要坚决贯彻习近平总书记重要讲话精神，坚决把反对“四风”进行到底，坚决把反腐败斗争进行到底。

今天会议的主要任务，就是对全省教育实践活动进行总结，对巩固扩大教育实践活动成果、全面落实从严治党要求进行部署。中央第八巡回督导组在邢元敏组长、崔日臣副组长的带领下，先后8次来山西，深入11个市、31个县(市、区)，悉心指导、实地督导，及时传达中央精神，对每个重要节点、重要材料、重要工作都严格审核把关，每次调研督导都提出具体指导意见，有力推动了我省教育实践活动的顺利开展。特别是邢元敏组长、崔日臣副组长在工作中表现的对党的事业高度负责的党性觉悟，夙夜在公、勤勉工作的过硬作风，公道正派、谦虚平和的务实风范，给我们留下了深刻的印象，为我们树立了标杆、作出了示范。在此，让我们以热烈的掌声向他们表示衷心地感谢！

下面，我代表省委，就贯彻落实中央总结大会精神和习近平总书记重要讲话精神，结合我们山西实际，讲三点意见。

一、全面客观、实事求是地总结全省党的群众路线教育实践活动取得的成效

根据中央统一部署，从去年7月开始，全省10万多个党组织、230多万名党员认真贯彻中央部署，突出为民务实清廉主题，坚持“照镜子、正衣冠、洗洗澡、治治病”的总要求，自上而下分两批深入开展党的群众路线教育实践活动，扎实完成各个环节工作任务，取得了新的成效。

（一）坚持把学习教育贯穿始终。认真组织学习习近平总书记系列重要讲话，自上而下层层举办集中轮训班，培训县处级以上干部3.9万人。集中组织学习中央和省委规定的必读篇目，广泛开展焦裕禄精神专题学习讨论，普遍组织观看《焦裕禄》、《杨善洲》等影片，对太行精神、右玉精神开展专题研讨，组织到红色教育基地现场教育，对照申纪兰、段爱平、彭云等先进人物，找不足、补短板，不断深化理想信念、党性党风党纪和道德品行教育。特别是今年9月1日全省领导干部大会以来，全省各级党组织和广大党员干部进一步深入学习贯彻习近平总书记系列重要讲话精神，深入学习贯彻刘云山同志在全省领导干部大会上的重要讲话精神，深入学习贯彻省委常委(扩大)会等会议精神，坚决在思想上政治上行动上与以习近平同志为总书记的党中央保持高度一致，自觉把思想和行动统一到中央对山西工作的重要指示要求和省委的各项部署上来，统一到“净化政治生态，实现弊革风清，重塑山西形象，促进富民强省”的目标任务上来，进一步打牢了践行群众路线的思想基础。

（二）深入查找“四风”突出问题。采取群众提、自己找、上级点、互相帮、集体议等方式，通过下乡住村、走进企业、到社区报到、随机调研、电视问政等形式，依托党代表工作室、网络征询、问卷调查、设置意见箱、设立短信平台、开通微博、开设“说吧”等载体，广泛征求意见建议。省市县三级主要领导干部深入开展“访民生、知民情、解民事”集中走访活动，涵盖了所有的县(市、区)、乡镇(街道)、村(社区)。县处级以上领导班子通过召开班子成员、分管部门负责人、离退休老同志、“两代表一委员”、民主党派和基层干部群众等多个层面的座谈会，召开问题分析会，查找、梳理班子和个人“四风”问题及具体表现。各级党员干部以条目式列出个人“四风”问题清单，县处级以上党员领导干部主动亮出“四风”清单，在党委(党组)扩大会开展满意度测评，满意度不达80%的，重新“回炉”查摆。

（三）认真组织召开专题民主、组织生活会。各级党员领导干部反复深入开展谈心谈话，一次比一次深入、一次比一次具体。认真撰写对照检查材料，联系个人成长经历、思想工作实际，从理想信念、宗旨意识、党性修养、道德品质、组织纪律等方面挖根源、查问题、找不足，见人见事见思想，反复进行修改提高。专题民主生活会和组织生活会直奔主题、真刀真枪，自我批评见筋见骨，相互批评揭短亮丑，接受批评心悦诚服，起到了出汗排毒、治病救人、加油鼓劲的作用。全省166万名党员参加了民主评议，评定为“好”的占67.93%，“一般”的占31.74%，“差”的占0.33%。

（四）在正风肃纪、狠抓整改上持续用力。紧紧围绕群众反映强烈的上学难、就医难、就业难、住房难、出行难、饮水难、增收难以及社会保障、生态环境、食品安全、社会治安等问题，立说立行、立查立改。落实中央21项专项整治任务，紧盯重要节点、重点领域和突出问题，狠抓春节、元宵节、清明节、端午节、劳动节等重要节点，开展整治公款吃喝、公款送礼、公款旅游、违规用车、庸懒散奢、婚丧嫁娶借机敛财、严肃工作纪律、“会所中的歪风”等专项行动。一年来，查处违反中央八项规定精神和有关制度规定的问题2023起，处理2368人，其中给予党纪政纪处分1940人。

（五）开展分类指导，加强严督实导。针对活动涉及范围广、领域宽、类型多、数量大的特点，成立了政法、信访、教育、卫生4个行业指导小组，开展了“一村(社区)一警”联系走访、集中化解信访积案、医疗领域“九不准”等活动，坚持“五个不放过”的标准要求，形成了省督导市、市督导县、县督导乡的工作格局，建立了督导沟通机制、制定了督导把关要点，紧紧抓住关键人、关键事、关键节点，从严从实督导，层层传导压力，严把活动质量关。

总的看，经过一年多努力，全省在改进作风、反对“四风”上取得了初步成果，广大党员干部普遍经历了一次深刻的思想政治洗礼，接受了一次严格的党内政治生活锻炼，整治了一批“四风”突出问题，查处了一批侵害群众利益的突出问题，解决了一批关系群众切身利益的实际问题，联系服务群众“最后一公里”问题逐步疏通破解，基层党组织的战斗力、凝聚力和创造力进一步增强，形成了一批确保作风建设常态化、长效化的制度机制。

在总结成绩的同时，我们也应当清醒地看到，我省教育实践活动取得的成果是初步的，基础还不稳固，不能估量过高。很多成绩是在大力整治“四风”、坚决惩治腐败的高压态势下取得的，停留在“不敢”上，“不能”的体制机制、“不想”的自觉远未形成；“四风”问题虽有所收敛，但一些不良作风，比如照抄照搬、以形式主义反对形式主义，吃拿卡要、不作为乱作为等问题，稍一松懈就会反弹，有的甚至在活动中边改边犯、顶风违纪，在全省甚至全国造成极其恶劣的影响；许多问题的整改还没有到位，不少地方和单位对解决深层次矛盾和问题有畏难情绪，缺乏攻坚克难、啃硬骨的担当和勇气，不能够从根本上触碰和破解，上下联动解决问题还没有真正形成合力；有的地方基层基础薄弱的情况还没有改变，联系服务群众机制不畅、能力不强，贯彻群众路线到不了末端。我们还要清醒

地看到，当前一些老问题尚未解决，一些新问题又不断出现，有的干部面对反腐败的高压态势，面对复杂局面，放松了主观努力，淡化了责任担当，精神萎靡不振、工作敷衍塞责；有的干部甚至以“怕出事”为借口，等待观望、消极怠工，得过且过、为官不为，极大影响了广大干部群众干事创业的精气神。特别是，中央严肃查处了发生在我省的严重腐败问题，涉案党员干部数量多、涉及领域广，令人震惊、令人痛心，更加暴露出我省在党风廉政建设和反腐败斗争、作风建设、选人用人等方面存在的深层次问题，也再次警醒我们，革弊立新、激浊扬清的任务还十分艰巨，贯彻群众路线、加强作风建设依然任重道远。

二、坚决把思想和行动统一到习近平总书记重要讲话和中央对山西工作的指示要求上来

当前，山西正处在重要的历史关头，学习贯彻习近平总书记在中央党的群众路线教育实践活动总结大会上的重要讲话精神，学习贯彻以习近平同志为总书记的党中央对山西工作的要求指示，是当前和今后一个时期全省头等重要的大事。全省上下必须以高度的政治责任感，切实把思想和行动统一到总书记重要讲话和中央决定精神上来，与以习近平同志为总书记的党中央保持高度一致，在山西坚决贯彻落实党中央的各项要求部署。

我们要深刻认识到，习近平总书记的重要讲话，对我省当前和今后一个时期党的建设和各项工作具有特殊的针对性和指导性，必须进一步提高从严治党的责任感和使命感。习近平总书记的重要讲话，直指时弊、振聋发聩，讲话中指出的一些突出问题在我省都存在，有的还比较严重，特别是对照总书记关于从严治党的要求，我省差距还比较大。有的领导班子对党员干部特别是领导干部疏于教育、疏于管理、疏于监督、疏于惩处；有的领导班子政绩观错位，重抓发展轻抓党建，管党不力、治党不严，导致党组织软弱涣散，缺乏凝聚力战斗力；有的班子成员特别是“一把手”党的观念淡薄，不按党的原则、党的规矩办事，严重损害了党在人民群众中的威信；有的领导班子党内政治生活质量下降，党员得不到应有的党性锻炼，不讲理想信念，不讲原则纪律，搞小团体、小圈子、小山头，党内生活庸俗化；有的党员干部信奉“不跑不送、边缘使用，只跑不送、原地不动，又跑又送、提拔重用”；有的领导干部搞权钱交易、权色交易、权权交易，导致正派能干清廉的干部难被重用，甚至出现“劣币驱除良币”。为此，全省各级党组织必须直面严峻形势，正视存在问题，充分认识从严治党的极端重要性和现实紧迫性，铁腕规范党内生活，重拳破除各种潜规则，坚决把反对“四风”进行到底，坚决把反腐败斗争进行到底。要认真学习、深刻领会、自觉运用习近平总书记提出的一系列从严治党的新思想、新观点、新论断，做到内化于心、外化于行，解决我们自身存在的问题。要把抓好党建作为最大的政绩，认真履行管党治党职责，把从严治党具体地而不是抽象地、认真地而不是敷衍地落实到位。要增强角色意识和政治担当，在党言党、在党忧党、在党为党，把爱党、忧党、兴党、护党落实到工作生活各个环节，敢于同形形色色违反党内政治生活原则和制度的现象作斗争。

我们要深刻认识到，以习近平同志为总书记的党中央对山西工作的重要指示要求，是当前和今后一个时期做好山西工作的基本遵循，必须进一步坚定坚持从严治党解决自身问题的信心和决心。当前，仍有一些干部对山西反腐败斗争的严峻性、复杂性、尖锐性、特殊性认识不足，存在不少错误认识。有的认为“山西不幸被抓了典型”，有的认为反腐败影响了山西经济发展和投资环境，有的认为反腐败要适可而止，该收手和“转段”了，等等。这些说明，山西进一步真正统一思想、提高认识的任务远远没有完成。全省上下要清醒地认识到，山西系统性、塌方式腐败问题的严重性，不仅严重损害了山西的形象，而且损害了人民的利益，损害了党的形象；要清醒地认识到，省委没有履行党风廉政建设的主体责任是形成山西严重腐败问题的最主要原因；要清醒地认识到，中央对省委班子进行重大调整，是加强省委领导班子、净化山西政治生态的重大举措，特别是刘云山同志在全省领导干部大会上的重要讲话，代表了以习近平同志为总书记的党中央的重要意见和明确态度，对于做好全省工作具有极为重要的指导意义。全省各级各部门一定要切实把思想和行动统一到中央决定精神上来，统一到以习近平同志为总书记的党中央对山西工作的指示要求上来。要坚信，在中央和省委的坚强领导下，我们完全有能力通过自我净化、自我完善、自我革新、自我提高，解决好自身的问题，不断保持和发展党的先进性和纯洁性。

我们要深刻认识到，省委关于“净化政治生态，实现弊革风清，重塑山西形象，促进富民强省”的部署，是学习贯彻习近平总书记重要讲话和党中央对山西工作的指示要求的重大举措，是当前和今后一个时期山西工作的大局，必须以高度的政治责任感坚决贯彻落实。这四句话中，净化政治生态，是我们的首要任务；实现弊革风清，是我们的长期目标；重塑山西形象，是我们的历史担当；促进富民强省，是我们的根本目的。我们每个共产党员，每个领导干部都要强化政治意识、大局意识、责任意识，把省委的决策部署贯彻到底、落实到位，以反腐败斗争和反对“四风”的新成效、以从严治党的新成效，推动全省各项工作取得新成绩，向党和人民交上一份满意的答卷。

三、坚决把习近平总书记从严治党八项要求落实到山西党的建设和全部工作中

习近平总书记指出，“逆水行舟，一篙不可放松；滴水穿石，一滴不可弃滞。作风建设是攻坚战，也是持久战。”我们今天召开教育实践活动总结大会，要讲活动的做法成效，更要进一步深刻学习领会习近平总书记系列重要

讲话精神特别是教育实践活动总结大会重要讲话精神，坚决把总书记从严治党八项要求落实到山西党的建设和全部工作之中。

（一）从严落实管党治党责任。习近平总书记强调，从严治党，必须增强管党治党意识、落实管党治党责任。这一重要论述为全省各级党组织和领导干部履职尽责指明了方向。全省各级党委(党组)是管党治党的主体，是党建工作的领导者、执行者、推动者。要树立正确的政绩观，坚持把抓党建作为最大的政绩，坚持严字当头，真管真严、敢管敢严、长管长严，把从严治党责任担当好、落实好。要坚持和完善党委统一领导、部门齐抓共管、一级抓一级、层层抓落实的党建工作格局，坚持党建工作和中心工作一起谋划、一起部署、一起考核，书记抓、抓书记，抓具体、具体抓，抓深入、深入抓，紧紧围绕党建工作中的重大现实问题和党员群众反映强烈的重点难点热点问题，大胆探索实践，认真总结经验，进一步完善党建工作的内容、方法、载体和机制。要进一步建立健全党建工作责任制，加强对党建工作的考核，对各级各部门党组织负责人特别是党委(党组)书记的考核，首先要看抓党建的实效，考核其他党员领导干部也要加大这方面的权重，切实解决“人人有责却又无人担责”、“只挂名不干事、只出工不出力”、“干与不干一个样、干好干坏一个样”等问题。要建设一支高素质的党务工作者队伍，选好配强党务干部，深化对从严治党规律的认识，继承传统、改革创新，不断提高党的建设科学化水平。

（二）以“零容忍”态度坚决惩治腐败。坚持把深入开展反腐败斗争作为净化政治生态的关键举措，认真落实党风廉政建设党委主体责任和纪委监督责任，以零容忍态度坚决惩治腐败，始终保持反腐败高压态势。各级党委是落实党风廉政建设的责任主体，各级党委书记必须履行好第一责任人的职责，不仅要对本地区和方面的党风廉政建设情况了如指掌，也要对班子成员履行“一岗双责”以及个人廉洁从政的情况清清楚楚。今后，各级党委书记要向上级纪委全会述纪述廉述作风、述主体责任的落实情况，有选择地让一些市委书记向省委全会述纪述廉述作风、述主体责任的落实情况。对于体责任落实不力的，省委书记要约谈市委书记，市委书记要约谈县(市、区)委书记，层层传导压力，层层督促落实。各级纪委要认真落实党风廉政建设监督责任，在积极配合中央纪委调查组查办案件的同时，采取更加有力的措施，切实加大自办案件查处力度，真正做到有案必查、有腐必反、有贪必肃，真正形成反腐败高压态势。

（三）以铁的决心从严治吏。习近平总书记指出，正确的政治路线要靠正确的组织路线来保障，我们国家要出问题，主要出在共产党内部，我们党要出问题，主要出在干部身上。必须看到，干部“带病提拔、带病在岗、提拔后生病”的问题，在我们山西是客观存在的，而且在个别地方和部门是严重的。 问题出在哪里?就出在我们没有从严管理干部上，失之于宽、失之于松、失之于软!落实习近平总书记“从严治党重在从严管理干部”的重要指示，必须坚持正确用人导向，严厉整治选人用人不正之风，既要坚决遏制干部“带病提拔”、又要坚决调整干部“带病在岗”、还要坚决预防干部“提拔后生病”，全力营造公道正派、弊革风清的用人环境。要坚决遏制干部“带病提拔”。进一步加强领导班子和领导干部的综合分析研判，增强综合分析研判的科学性，特别是要注意从知情人手中掌握干部的相关情况，为综合分析研判提供足够信息。同时还要认真审核干部个人申报情况和个人档案，做到组织、纪检、审计、信访等职能部门联合审查鉴定，发现有问题的一律排除出提名人选。要坚决整治“为官不廉、为官不为”问题。关键是打好“三个一批”组合拳：一是甄别一批不廉洁的干部，分级分批对全省领导干部特别是各级“一把手”、掌握资源审批权的副职、与煤炭等资源紧密相关的部门领导，进行一次廉洁考核，建立廉政档案，撤换“带病在岗”干部。二是退出一批不作为的干部，对抵制“四风”不力，不胜任、不称职、不作为、不主动履职担责的干部，予以调整。三是掌握一批善作为的好干部，对照新时期好干部标准，掌握一批听党话、跟党走，敢作为能作为善作为，为民务实清廉的好干部，始终做到干部工作心中有数、手中有人。要坚决整治选人用人不正之风，切实运用好谈心谈话、提醒谈话、诫勉谈话和函询等日常管理监督干部手段，加大干部选拔任用工作的监督检查力度，加大违规用人案件的查核督办力度，调查做到有举必查、有查必果、有果必处，处理做到严肃纠正、严厉警示、严格问责。要探索建立干部选拔任用工作评估体系，把干部“带病提拔率”、“违规用人率”作为评估的核心内容，对跑官要官、拉票贿选、买官卖官行为坚决打击，对说情请托打招呼的人和事严肃进行查处，下决心狠刹用人歪风。对各级干部队伍中特别是“一把手”存在的“四风”问题，要敢于动真碰硬；对贪腐不收敛不收手的干部，要从重从快处理，保持正风肃纪的高压态势。要把思想建党和制度治党紧密结合，加强理想信念教育和忠诚教育，同时要尽快制定《关于全面贯彻好干部标准强化用人导向的决定》《关于调整不适宜担任现职领导干部的实施办法》等工作制度，为刷新吏治提供有力的制度保证。

（四）切实增强党内政治生活的政治性、原则性、战斗性。习近平总书记指出，“从严治党，最根本的就是要使全党各级组织和全体党员、干部都按照党内政治生活准则和党的各项规定办事”。有无严肃的党内政治生活，直接影响到班子的强弱、领导的威信和干部的作风。要继续扩大成果，发扬党的优良传统，严肃党内政治生活，使全体党员、干部经常认真地接受严格的党内生活锻炼， 自觉按照党内政治生活准则和党的各项规定办事，营造良好从政环境、良好政治生态。要强化党组织和党员的政治担当意识，认真履行党员的权利义务，坚决贯彻党的重大决策部署，在思想上政治上行动上始终同以习近平同志为总书记的党中央保持高度一致。要认真遵守党内政治生活规定，坚持民主集中制原则，严格落实“三会一课”等制度，发扬党内民主，增进党内和谐，正确处理组织、个人和同志之间的关系，推动党内生活规范化，讲政治、讲原则、讲规矩，坚决反对自由主义、分散主义、好人主义、个人主义，坚决反对假大空、随意化、平淡化、娱乐化、庸俗化，坚决维护党的团结统一。要大胆、经常、用够用好批评和自我批评这个武器，本着对同志和事业高度负责的精神，帮助党员干部分清是非、辨别真假，坚持真理、修正错误，坚决反对上下级和干部之间逢迎讨好、相互吹捧，使批评和自我批评成为一种习惯、一种自觉、一种责任，不断提高党内政治生活的实效性。

（五）坚决打赢作风建设的攻坚战、持久战。在长期执政的条件下，党员干部队伍容易产生脱离群众的现象，“四风”就是突出表现。从严治党就是要紧紧抓住党和群众的关系，以坚持党的群众路线为主线，着力解决涉及群众利益的各种问题，着力克服群众不满意、意见大的各种问题，着力构建党员干部联系服务群众的长效机制。因此，教育实践活动收尾绝不是作风建设收场，必须以此为新起点，推动集中教育方式向常态化抓作风建设的转变，在从严治党上继续探索、不断前进，坚决打赢作风建设这场攻坚战、持久战。要认真抓好教育实践活动总结工作。及时组织开展“回头看”，已经整改的要巩固成果，正在整改的要加大力度，尚未整改的要严明责任。坚持上下结合搞总结，深入挖掘、总结提炼基层创造的好做法好经验，把成功做法经验化、零星探索系统化，力争形成作风建设的规律性认识。加快活动成果转化，把中央要求、群众期盼、实际需要、新鲜经验结合起来，使经验成果转化为具体的工作措施、工作办法、工作规范。要树立持续整改、长期整改思想。充分认识“四风”问题的顽固性和反复性，树立长期作战的思想，按照抓常抓细抓长的要求，突出抓作风改作风的重点，一个时间节点一个时间节点扭住不放，一个问题一个问题加以解决，积小成为大成，积小胜为大胜。要始终保持整治“四风”的高压态势。加大对吏治腐败、庸懒散奢、吃拿卡要、损害群众利益等歪风邪气的整治力度，发现一起、查处一起，决不手软、决不姑息。坚持整体联动，抓好第一批活动与第二批活动整改衔接，推动现实问题和历史遗留问题一起解决，共性问题和个性问题一起解决，重点单位、重点人头的问题和面上的问题一起解决，班子的问题和班子成员个人的问题一起解决，作风问题、党性问题和工作问题一起解决，问题没解决不放过，解决得不好不放过，一有反弹更要加大力度从严整改。只有这样，才能联系实际、有的放矢，把习近平总书记重要讲话精神落到实处。要坚持“开门”搞整改。整改落实情况要向社会公开，自觉地接受人民群众的监督。要定期采取书面印发、媒体摘登、整改公示等方式，把准确、全面、清晰的整改信息在一定范围向党员、群众和服务对象公布，没有按时整改到位的也要作出说明，并及时抓紧整改落实到位，自觉接受群众监督和评判。要按照于法周延、于事简便的原则，坚持把加强党的作风建设与落实全面深化改革任务、与依章依规依纪管党治党结合起来，把教育实践活动中一系列行之有效的措施办法固化下来，确保出台一个就执行、落实好一个，努力形成改作风转作风的新常态。

（六）把从严治党八项要求贯彻到全省各项工作中。学习贯彻习近平总书记重要讲话精神，要求我们必须在山西党的建设和全部工作中都要体现从严治党要求，实现横向到边、纵向到底，没有空白、没有盲区。要坚持以反腐败斗争和反对“四风”的新成效，形成从严治党的“新常态”、作风建设的“新常态”、干事创业的“新常态”，推动全省各项工作取得新成绩。要把权力关在制度的笼子里，实施“六权治本”，即通过依法确定权力、科学配置权力、制度约束权力、阳光行使权力、合力监督权力、严惩滥用权力，在“不敢腐”的基础上，形成“不能腐”的长效机制。要坚持从现在做起，从细微之处做起，从我做起，从省委书记做起，从省委常委做起，从每个党员领导干部做起，认真践行“三严三实”，重塑山西各级领导班子特别是省委常委班子政治坚定、敢于担当、团结奋进、开拓创新、清正廉洁的新形象，重塑山西干部队伍对党忠诚、纪律严明、务实为民、敬业奉献、清正廉洁的新形象，重塑山西全社会政治清明、诚信守法、包容开放、坚韧不拔、奋发向上的新形象。要积极适应经济发展新常态，坚持解放思想、实事求是、与时俱进，狠抓思想转型和思维方式转变，全力推动山西廉洁发展、转型发展、创新发展、绿色发展、安全发展、统筹发展。

同志们，作风建设永远在路上，从严治党永远无止境。我们要紧密团结在以习近平同志为总书记的党中央周围，巩固和发展开展党的群众路线教育实践活动的成果，坚持党要管党、从严治党，努力开创“净化政治生态，实现弊革风清，重塑山西形象，促进富民强省”的新局面。

贯彻从严治党的新要求 大力加强干部监督工作

——在全省干部监督工作会议上的讲话

盛 茂 林

同志们：

这次干部监督工作会议,是经省委同意召开的。主要任务是：深入学习贯彻习近平总书记重要讲话、十八届四中全会、中纪委四次全会和全国干部监督工作会议精神，全面落实省委净化政治生态、实现弊革风清的新要求，分析形势，明确任务，落实责任，部署当前和今后一个时期的干部监督工作。下面，我讲几点意见。

一、认清形势、统一思想，充分认识加强干部监督工作的重要性严峻性紧迫性

干部监督是党内监督的重要内容，是组织部门的重要职责。近年来，我省在干部监督方面做了不少工作，也发挥了一定的作用。当前，面对我省系统性、塌方式腐败的严峻形势，要坚决贯彻落实中央和省委的新部署新要求，进一步加强干部监督工作，显得尤为重要，尤为迫切。

第一，贯彻落实中央“党要管党、从严治党”新要求和省委“净化政治生态、实现弊革风清”的决策部署，必须大力加强干部监督工作。党的十八大以来，中央把党要管党、从严治党放在更加突出的位置。习近平总书记反复强调，党要管党首先是管好干部，从严治党关键是从严治吏，坚持从严治党，落实管党治党责任，用最坚决的态度、最果断的措施刷新吏治；在党的群众路线教育实践活动总结大会上，习近平总书记系统提出了新形势下从严治党八项要求，要以严的措施管理干部，特别是要把对一把手的监督、管理作为重中之重；十八届四中全会上，习近平总书记再一次指出：“要把从严治党具体地而不是抽象地、认真地而不是敷衍地落实到位”。刘云山同志三次主持召开整治选人用人不正之风工作会，提出了明确要求，并为全国干部监督工作会议作了重要批示。赵乐际部长强调：“加强干部监督是解决干部队伍和选人用人突出问题的重要途径”。这些重要思想，体现了中央从严治党的坚定决心和信心，明确了管党治党的根本任务，对加强干部监督工作提出了新的更高的要求。省委高度重视干部监督工作，王儒林书记多次对贯彻中央精神、整治吏治腐败提出要求、作出部署，要求全省各级党委（党组）特别是组织人事部门要刷新吏治、净化政治生态，全力营造公道正派、弊革风清的用人环境。认真落实从严治党、从严管理干部的要求，大力落实省委净化政治生态、刷新吏治的部署，一个重要的手段就是加强干部监督。要通过对领导班子和领导干部的严格监督，通过对干部选拔任用工作的有力监督，把从严监督干部贯彻落实到干部队伍建设全过程，全力营造公道正派、弊革风清的选人用人环境。

第二，有效解决当前山西吏治腐败突出问题，严厉整治选人用人不正之风，必须大力加强干部监督工作。中央明确指出，“吏治腐败是山西腐败问题中的突出问题”。山西吏治腐败的突出表现，就是干部腐败多发连发与选人用人不正之风如孪生兄弟、如影随形。去年以来查处的一系列贪腐案件，贪腐情节之恶劣、覆盖领域之广、涉案干部之众，令人震惊，发人深省，从中也暴露出一个时期以来我省选人用人上存在着严重的不正之风，主要表现在七个方面：一是说情请托打招呼成风;二是跑官要官、买官卖官、拉票贿选盛行;三是任人唯亲、“小圈子”现象严重;四是干部“带病提拔”时有发生;五是档案造假问题突出;六是违规用人屡禁不止;七是官商勾结、商人干预干部任免问题较多。之所以会出现这些问题和现象，根本就在于我们没有坚持从严治党、从严治吏，在管理监督干部上，失之于宽、失之于松、失之于软，这在一定程度上助长了不正之风的蔓延。各级党委（党组）和组织人事部门要充分认识到当前吏治腐败的严峻性、复杂性和刷新吏治的艰巨性、紧迫性、长期性，深刻吸取教训，切实提高干部监督工作的针对性、实效性。

第三，打好“三个一批”组合拳、净化政治生态环境，必须大力加强干部监督工作。省委提出要打好“三个一批”组合拳，即甄别一批不廉洁的干部，退出一批不作为的干部，掌握一批善作为的好干部。这是我们当前和今后一个时期干部工作的重点，是我们务必完成好的政治任务和工作任务。如何打好“三个一批”组合拳，需要多种途径、多种手段、多种方法共同用力，相互配合、相互印证，其中，干部监督是关键手段之一。我们要善于拓宽监督渠道，广泛听取群众意见，认真核查领导干部个人有关事项，合理运用巡视成果反馈，严格干部档案审查，认真办理群众举报案件，把那些贪污腐化、“带病提拔”、“三龄两历一身份”弄虚作假的干部甄别出来，把那些抵制“四风”不力，不胜任、不称职、不认真、不作为、不主动履职担责

的干部辨认出来，把符合新时期好干部标准，听党话、跟党走，敢作为、能作为、善作为，为民务实清廉的好干部挑选出来，做到干部工作心中有数、手中有人。要通过对干部选拔任用工作的全程监督，营造风清气正的用人环境，教育和引导广大干部做良好政治生态的建设者、维护者。

第四，反思近年来全省干部监督工作的得失，必须大力加强干部监督工作。实事求是地讲，我省近年来出现干部严重腐败现象和选人用人上的不正之风，干部“带病提拔、带病在岗、提拔后生病”的问题十分突出，这与干部监督工作缺位、失范、不到位有很大的关系。目前干部监督工作存在许多问题和不足，主要表现在三个方面：一是在干部日常监督方面。监督渠道比较窄，还没有建立多层次的“监督圈”，干部八小时外的监督基本属于“盲区”；对苗头性、倾向性问题注意不够，没有做到及时提醒、事前预防，一些小毛病拖成了大问题；监督工作同巡视工作结合的不紧，存在“坐等举报”、不告不理的情况；有的党员干部婚姻状况发生变化、配偶子女移居国（境）外等，不向组织报告；对经济责任审计、离任检查的结果运用不够，存在“一审了之、一查了之”的现象；有的地方和单位党委（党组）民主集中制执行的不好，在干部任用上存在个人说了算，集体把关的作用没有发挥好。二是在干部选拔任用监督方面。有的地方和单位对一些任职不满3年的市县乡党政正职进行调整时，没有按规定向上级组织部门书面报告；有的地方和单位一次提拔或调整干部人数已达报告的规定，但事前未按有关规定向省委组织部书面报告；有的在征求意见过程中，有关部门把关不严，使考察对象一些潜在问题难以发现；拟提拔干部公示范围小，有的对考察和公示期间的举报查核不细致，造成“带病提拔”。三是在案件查核方面。有的对问题的严重性、危害性认识不足，喊得凶、落得轻；有的奉行“好人主义”、怕得罪人，不敢或不愿直面问题、触碰矛盾；有的顶不住压力、抗不了干扰，把硬杠杠变成软要求，大事化小、小事化了。同时，干部监督工作还存在着许多困难和瓶颈。比如：干部监督关口“前置”难，许多干部监督措施过多停留在事后查处，而事前防范、事中监督力不从心；“一把手”监督难，一把手在选人用人上权力运作空间过大；“八小时以外”监督难；选人用人失察失误追责难；干部监督力量有限、手段不足，等等。面对上述问题和困难，各级组织人事部门要认真反思，深刻吸取教训，坚持有举必查、查必有果、纠必到位，对选人用人方面的违规违纪行为实行“零容忍”，通过严肃的监督形成强大的威慑力，让铁规发力、让禁令生威。

二、明确任务、突出重点，切实增强新形势下干部监督工作的针对性和战斗力

马克思说：“问题是时代的呼声，是反映时代最真切的声音”。我们要坚持问题导向，牢牢把握“加强领导干部监督和干部选拔任用工作监督”这一职能定位，抓住干部监督工作的重点、难点，抓住干部群众反映强烈的热点、焦点，不断提高干部监督工作的科学化、规范化、制度化水平，为最大限度降低“带病提拔率”和“违规用人率”，为省委打好选人用人“三个一批”组合拳作出新的更大的贡献。

第一，严厉整治选人用人不正之风。我省吏治存在的严重问题，要求我们必须以坚决的态度深入整治用人不正之风，要出重拳、用重典，像整治“四风”那样，来一次大排查、大扫除。根据全国干部监督工作会议精神和我省的实际，今后一个阶段，要集中时间和精力，重点抓好“六项整治”：

一是坚决整治违反干部任用标准、程序问题。要把监督《干部任用条例》的贯彻执行作为核心职责，做到“四个从严”：在人选把关上要从严，坚持德才兼备、以德为先、以廉为基的原则，把“德”作为第一位的标准，凡是在“德”的考核方面有问题的干部，不管能力多强也不用；要把“廉”作为基本条件，廉洁上过不了关的干部，不但不能用，用了也要依法依规调整下来。要强化考察发现问题的功能，严把政治关、品行关、廉政关，严防“带病提拔”。在履行程序上要从严，程序就是原则，程序就是纪律，必须把动议、民主推荐、考察、讨论决定、任职等五个环节做严做细做实，决不能搞变通、做选择、走形式；必须充分发挥程序的把关功能、择优功能，坚决把不符合条件的人挡在门外，使程序成为选人用人不可逾越的屏障。在监督检查上要从严，要加大对《干部任用条例》的监督检查，着力检查导向是否端正、风气是否清正、程序是否合规、结果是否公正；要强化巡视检查，把选人用人专项检查作为巡视工作的重要内容；要强化干部选拔任用工作全程监督，综合运用各种监督检查措施，增强监督效果，有效规范选人用人行为。在追责上要从严，严格立项督查和倒查问责，不仅查处当事人，而且要追究责任人。2012年以来，省委组织部对违反干部任用规定和纪律的78个相关单位的82名当事人、责任人进行了组织处理或党纪政纪处分，纠正违规用人511人。要继续加大查处力度，把责任追究制度落到实处，最大限度释放监督的威慑力和正能量。

二是坚决整治跑官要官、买官卖官、说情打招呼问题。要以铁的决心、铁的手腕、铁的纪律，动真格、下猛药，架起望而生畏的“高压线”，坚决破除各种潜规则，坚决堵住找门路托关系的通道。今后，对跑官要官的，一律不列入考察对象，并视情节严肃处理；对买官卖官的，一律先予停职，再根据情节轻重进一步处理，涉嫌犯罪的，移送司法机关依法处理；对说情请托打招呼的，不仅要记录在案，取消任用资格，而且要立项督查严肃处理。对那些热衷于关系学、厚黑学、官场术的人，对那些拉帮结派、吹吹拍拍、拉拉扯扯的人，不仅不能让他们得势得利，而且要严厉批评。对胆敢顶风违纪的，发现一起，严肃查处一起，决不放过，决不姑息。

三是坚决整治“三超两乱”问题。今年2月份以来，我

省认真开展了专项整治超职数配备干部工作。从各地各单位自查和检查的情况看，我省市、县两级超职数、超规格、超范围配备干部的问题比较普遍，有的还相当严重。乱立机构名称、乱设领导职务现象也比较普遍。目前，各地各单位都建立了台账，制定了整改消化计划，明确了整改时限，关键是要按时保质、稳妥有序地做好整改消化工作。在消化期间，新提拔任用干部必须就职数使用情况向上级组织部门报告；超配的班子，未消化之前不得新配领导干部；凡未经审批擅自超配的，要严肃追究党委（党组）和组织人事部门负责人的责任。

四是坚决整治干部档案造假问题。干部人事档案是历史地、全面地考察了解干部的重要依据，体现干部的基本诚信，也是衡量干部德的重要方面。被查处的省政府机关事务管理局原局长任云峰，省高管局原党委副书记、纪委书记冯朝晖，都涉嫌年龄、学历、身份造假问题。今年6月，省委组织部认真查处了王红英、黄梅芳等档案造假的问题，对16名责任人进行了严肃处理。我省干部人事档案专项清理工作目前已告一段落，但历史积累的问题不可能毕其功于一役，对清理的成效不能高估，对存在的问题必须有一个清醒的判断。省委组织部最近不断收到有关这方面问题的举报，有的经过调查以后情况属实。这从一个侧面反映，整治干部档案造假问题仍是一项需要高度关注、常抓不懈的工作。因此，要对干部档案中改年龄、改学历、改履历的现象保持高压态势，切实刹住档案涂改造假的歪风邪气。希望大家以高度负责的态度，针对专项清理中发现的突出问题和薄弱环节，进一步完善政策规定、规范管理程序、强化制度措施、堵塞工作漏洞。要严格执行干部档案任前审核制度，将其作为干部选拔任用的必经程序和干部监督的有力手段，任前审核中发现有问题的，要立即查核，未核准前一律暂缓考察并停止任职程序。同时，要对干部任前公示信息进行严格审核，做到任前必公示、存疑必查核、质疑必说明，防止因公示信息失真失实或被误解误读引发负面舆情，给干部工作带来不良影响。

五是坚决整治领导干部违规兼职问题。党政领导干部在企业兼职又取酬，不仅在干部群众中造成不良影响，还给一些不正之风和腐败行为带来可乘之机。根据中组部要求，我们已经对全省党政领导干部在企业兼职进行了规范清理，共清理违规兼职999人。但今年以来，中组部和省委组织部还是陆续接到一些干部违规兼职问题的反映，有的还列为中组部立项督办件。各级组织人事部门要在前期清理的基础上，进一步巩固和扩大清理成果，对清理干部在企业兼职问题开展"回头看"，再进行一次摸底排查并形成长效机制，定期不定期进行抽查。对再次发现新的违规兼职及瞒报漏报的，一经查实，要严肃处理、公开通报，决不能"清了一茬又冒一茬"。

六是坚决整治"裸官"问题。按照《配偶已移居国（境）外的国家工作人员任职岗位管理办法》和中组部统一部署，我省认真制定方案，严密组织实施，已基本完成了副处级以上"裸官"的清查调整工作。下一步，要认真贯彻落实《干部任用条例》，严格执行"裸官"不得作为考察对象的规定。要定期或不定期地开展"裸官"的专项清查，深入推进领导干部个人有关事项发生变化后的及时上报工作。要严肃查处"裸官"隐瞒不报的问题，探索建立联系机制成员单位"裸官"防范信息共享和预警机制，加强领导干部出国（境）证件的管理。对新发生"裸官"情形的，必须在1个月内完成任职岗位调整。同时，要跟进"裸官"岗位调整后管理，做细做实思想工作，让其放下思想包袱，在新的岗位上发挥应有的作用。

以上6个方面，是面上存在的共性问题。根据省委组织部掌握的情况，各地各部门情况不同，存在的突出问题也不尽相同。比如个别地方或单位还存在着违规破格提拔、"绕圈子"进机关或事业单位、吃空饷等问题。要结合本地本单位实际，发挥监督职能，有针对性地拿出办法，切实加以解决，推动选人用人风气持续好转。

第二，切实加强干部日常管理监督。匡正选人用人风气，降低领导干部"带病提拔率"和"违规用人率"，要在日常管理监督上下功夫，坚持抓早、抓小、抓预防，架设"警戒线"，打好"预防针"，防患于未然。对干部的缺点和问题，要及时告诫、及时帮助，避免干部由"亚健康"变成"不健康"，避免小洞不补、大洞吃苦，保证干部健康成长。

强化谈心谈话的监督。加强日常监督，就是要克服不考察不去了解干部、不调整很少与干部谈话、不出大问题不严厉批评处理干部、不搞集中教育实践活动就忽视严格要求的倾向。要完善和落实干部谈心谈话广覆盖制度，各级党委（党组）及其组织人事部门要坚持"一对一"谈话和"双向约谈"制度，有原则地广泛接触干部，经常性地与所联系的班子和干部主动谈、深入谈、有针对性地谈。谈心谈话需要鞭策鼓励，更要指出问题、批评教育、促其警醒。要合理运用谈心谈话、提醒、函询、诫勉等方式方法，防止干部小毛病演变成大问题，甚至滑向犯罪的深渊。

强化请示报告的监督。领导干部在涉及重大问题、重要事项时，按规定向上级党组织请示报告，这是必须遵守的规矩。中组部今年5月专门出台文件，再次强调要严格落实请示报告制度。对应当请示的不请示、必须报告的不报告，要严肃批评教育，情节严重的要追究责任。各级组织人事部门要认真做好领导干部个人有关事项报告抽查核实工作，对不如实填报或隐瞒不报的，不得提拔任用，不得列入后备干部名单，视情节轻重给予批评教育、组织处理或者纪律处分；对涉嫌违纪违法的，根据有关规定移交纪检监察机关调查处理。

强化巡视审计的监督。巡视和审计是党章和法律规定的、重要的监督制度，是党要管党、从严治党的制度性安排。各级组织人事部门要把巡视和审计成果运用到干部工作中，落实到解决问题上、落实到班子建设和干部管理上、落实到严明组织纪律上。对巡视机构、审计部门移交组织人事部门的问题线索，要做到件件有落实、事事有结果；对反映组织人事工作中的问题，要严肃对待，切实整改。要把巡视和审计结果运用到对干部的日常监督上，该提醒的提醒，该函询的函询，该诫勉的诫勉，该调整的调整。

强化对一把手用人权的监督。一个地方用人风气的好坏，关键在党委，关键在一把手。在调研中，我了解到，有的地方一把手个人权力欲膨胀，把党委用人权当做个人用人权，把党委的集体决策权当作个人独断权，在干部任用上个人说了算，搞“一言堂”；有的一把手不坚持党管干部原则，怕得罪人，喜欢做“好好先生”，把党委的用人权当作送人情、照顾关系的手段，一些班子成员各行其是，各自强化“小圈子”、“小集团”，搞利益均沾。我们要严格执行《干部任用条例》，在明确一把手用人权的同时，科学规范和有效监督一把手在动议、推荐提名、讨论决定、监督管理等方面的权力，对容易出现问题的环节作出禁止性规定，强化一把手用人责任追究，严格执行党委（党组）书记履行用人职责离任检查等制度，切实加强对一把手用人权的约束与监督。

强化制度建设和制度执行力。要认真贯彻落实十八届四中全会精神，切实树立法治思维，在组织工作中坚决落实王儒林同志提出的“依法确定权力、科学配置权力、制度限制权力、阳光使用权力、合力监督权力、严惩滥用权力”的“六权治本”要求，建立健全公开透明、权责明确、监督有效的选人用人监督机制，减少制度执行的自由裁量空间，真正堵住漏洞、扎紧“笼子”。制度的生命力在于执行。强化干部监督工作，就是要强化法治意识，强化制度的执行力。在我省干部选任工作方面，群众反映强烈的一些违规用人问题，不是没有制度规定，而是有制度没有很好执行、有规定没有认真落实。当然，有的制度还需要进一步完善，进一步细化。要坚持制度面前人人平等，执行制度没有例外，不留“暗门”、不开“天窗”，坚决维护制度的严肃性和权威性，坚决纠正有令不行、有禁不止的行为，使制度成为硬约束而不是橡皮筋。

第三，严肃党内政治生活。习近平总书记强调：“党内政治生活是党组织教育管理党员和党员进行党性锻炼的主要平台，从严治党必须从党内政治生活严起”。组织部门干部监督机构的一项重要任务，就是监督领导班子、领导干部严格落实党章要求，切实解决党内生活庸俗化、随意化、平淡化问题。

严格执行党的纪律。从严管理干部，关键靠严明纪律。党的规矩，党组织和党员干部都必须遵照执行，不能搞特殊、有例外。组织部门要敢抓敢管、敢于监督，促进各级领导干部自觉遵守政治纪律、组织纪律、廉政纪律。政治纪律是最重要、最根本、最关键的纪律，要把监督政治纪律放在首位，突出“四个服从”的监督，促使各级领导班子、领导干部自觉维护中央权威，坚决同以习近平同志为总书记的党中央保持高度一致，坚决贯彻省委重大决策部署。组织纪律是党员干部的行为规范，要监督干部严格遵守党章和其他党内法规，教育引导干部明白哪些事能做、哪些事不能做、哪些事应大胆负责地去做。廉政纪律是底线，要监督教育干部心存敬畏，手握戒尺，堂堂正正做人，清清白白做官，干干净净做事。

严格执行民主集中制。民主集中制是我们党的根本组织制度和领导制度，不严格执行民主集中制，党内生活就失去了根本。要教育领导干部熟悉民主集中制的要求，掌握民主集中制的方法，自觉遵守民主集中制的规矩。要抓住议事决策这个核心环节，监督各级领导班子完善和落实议事规则、决策程序，规范各级党政主要领导干部职责权限，加强对领导干部特别是主要领导干部行使权力的制约和监督。对贯彻执行民主集中制不力，发生重大失误以及班子闹不团结的，要坚决予以问责。

严格落实组织生活制度。当前，重点要通过加强监督推动解决党内生活庸俗化、随意化、平淡化问题，增强党内生活的政治性、原则性、战斗性。要着力提高民主生活会质量，借鉴教育实践活动的成功经验，督促党员领导干部参加指导下级民主生活会、参加双重组织生活会，把批评和自我批评这个有力武器大胆使用、经常使用起来，从而不断增强班子的凝聚力、战斗力。要健全生活会的有关制度，坚决落实“三会一课”、党性定期分析、民主评议等制度，通过行之有效的活动，让党员干部在严格的组织生活中增强党员意识、锤炼党性观念，让党内政治生活的规矩在广大党员干部头脑中深深扎根，进而促进干部作风不断转变。

严格维护健康的党内关系。党内上下关系、人际关系、工作氛围都要突出团结和谐、纯洁健康、弘扬正气。“小圈子”、“小集团”的实质是政治私人化，不仅侵害党员干部的肌体健康，更危害政治生态，必须坚决予以反对和铲除。要严格遵守党内政治生活准则，坚决抵制党内关系“江湖化”、庸俗化的问题，不允许搞亲亲疏疏、人身依附，不允许搞团团伙伙、帮帮派派，不允许搞利益集团、进行利益交换。要敢于同形形色色违反党内政治生活原则和制度的现象作斗争，营造一种简简单单、清清爽爽的党内关系。

三、强化责任、坚持原则，以敢于担当的精神狠抓工作落实

强化责任意识，认真履行职责，是做好干部监督工作的根本保证。我们必须以高度负责的态度，敢担当、高标准、严要求、真负责，切实把各项工作抓实抓好抓到位。

第一，党委（党组）要承担主体责任。各级党委（党组）要切实承担起整治选人用人不正之风和加强对干部管理监督的主体责任，对干部监督工作要负总责；对涉及本地区本单位需要整改的问题，要认真制定方案，逐条细化措施，一件一件抓好落实。党委（党组）一把手要履行好第一责任人的职责，对整治工作要亲自安排、亲自过问、亲自督办；要经常研究干部监督工作，定期听取情况汇报，

协调解决工作中出现的困难和问题。各级领导班子成员要履行“一岗双责”，认真抓好分管领域的干部管理监督工作，做到守土有责、守土负责、守土尽责。

第二，组织部门要认真履行职责。组织部门是党委管党员、管干部的重要职能部门，要敢于担当、敢于负责，切实履行好加强干部监督的责任。组织部长要带好头，对干部监督的重大问题要直接研究，对重要信访举报要直接阅批，对不正之风要带头抵制。一方面，要推动形成组织部内部齐抓共管的工作格局。组织部门的监督机构和做干部工作、干部教育培训、党员教育管理服务的机构，都要抓干部监督工作，真正做到管人就要管思想、管作风、管纪律。对干部选拔任用的监督，以干部监督机构为主，干部工作机构配合；对干部日常管理监督，以干部工作机构为主，干部监督机构配合。另一方面，要加强与执纪执法单位的沟通协调。坚持和完善干部监督工作联席会议制度，建立健全干部监督工作信息沟通办法，重要信息及时通报，进一步增强监督工作的合力。

第三，组工干部要敢于担当。打铁还需自身硬。做好干部监督工作，必须靠公道正派的作风、敢于担当的精神、严于律己的操守。要公道正派。干部监督是做人的工作，一定要出于公心，处事公平，做到一视同仁、一碗水端平，不分亲疏，不带成见，不存偏心，不随意变通，对党和人民的事业负责，对干部的政治生命负责。要尊重干部监督工作规律，特别是在查核案件中，要实事求是，不能随意拔高、夸大其词，更不能有意隐瞒事实真相，大事化小，小事化了，也不能无根据的主观臆测，对问题的结论不能似是而非、模棱两可。要客观公正、依法依规，不感情用事，不先入为主，用证据说话，用事实说话，务必做到事实清楚、证据确凿、定性准确、处理恰当、手续完备，经得起社会的评价，经得起历史的检验。要敢于担当。干部监督工作，很多都是得罪人的事情，如果在工作中奉行圆滑世故、明哲保身的所谓“中庸之术”、“平衡之道”，再严格的制度要求也只是“纸老虎”、“稻草人”。怕得罪人的干部不能做组工干部，更不能做干部监督工作。从事干部监督工作的同志，一定要有一种只问是非不问得失的精神，有一种“明知山有虎，偏向虎山行”的锐气，对选人用人上的不正之风，要敢于“亮剑”，敢于纠偏刹歪；对干部身上存在的问题，敢于“当包公”、“唱黑脸”；当干部受到不公待遇时，要敢伸张正义、主持公道。要严于律己。干部监督工作者身处整治用人不正之风第一线，其自身素质、一言一行为社会所关注。只有一身正气、行端影直，才有底气监督别人、惩治违规。要自觉践行“三严三实”，守得住清贫，耐得住寂寞，抵得住诱惑，不越道德底线、不触纪律红线。要求别人做到的自己首先做到，要求别人不做的自己首先不做，严格自律，涵养正气，努力做讲政治、重公道、业务精、作风好的模范。干部监督工作要求越来越高，任务越来越重，要进一步健全干部监督机构，强化职能，充实力量；要关心干部监督工作人员，纪律上严格要求，工作上大力支持，为他们坚持原则、秉公办事、全身心投入工作撑腰壮胆、创造条件。

同志们，干部监督工作任务艰巨、责任重大。我们要按照中央和省委要求，以更加坚决的态度、严密的措施、扎实的作风抓好各项工作落实，为净化政治生态、实现弊革风清、重塑山西形象，促进富民强省做出新的更大的贡献。

（本文根据中共山西省委常委、组织部部长盛茂林同志在2014年11月5日召开的全省干部监督工作会议上的讲话编辑）

在大同朔州忻州三市调研考察座谈会上的讲话

（2014年11月19日根据录音整理）

王　儒　林

这次我和伟中、建华同志，还有省直有关部门负责同志一起，到大同、朔州、忻州三个市进行调研，从11月12日到19日，8天时间，去了11个县（市、区），看了49个调研点，广泛听取了各级干部群众的意见。刚才，俊明、安庞、洪运同志分别代表大同、朔州、忻州市委、市政府讲了意见，讲得都很好。

下面，结合这几天调研了解到的情况，我讲几点意见。

一、深入学习贯彻习近平总书记重要讲话和十八届四中全会精神，切实加快山西法治建设

要进一步统一思想认识。十八届四中全会是我们党历史上一次十分重要的会议，习近平总书记在会议上作的重要讲话和全会作出的《决定》，深刻阐明了全面推进依法治国的重大意义、指导思想、目标任务、重大原则，提出了一系列新思想、新观点、新举措、新要求，是指导全面推进依法治国的纲领性文件。三个市按照省委常委扩大会议

的安排部署，围绕学习贯彻十八届四中全会精神都做了大量工作。当前，我们要进一步把干部群众思想统一到习近平总书记重要讲话精神上来，统一到四中全会精神上来，结合实际，深入抓好贯彻落实。

要切实加大法治建设力度。各市要把法治建设摆到更加突出的位置，围绕影响改革发展稳定和群众反映强烈的突出问题，审视法治建设中的薄弱环节，结合实际谋划加强法治建设的思路和举措，着力推动“科学立法、严格执法、公正司法、全民守法”各个环节的工作。大同市作为我省拥有地方立法权的地级市，要充分发挥法治的引领和规范作用。

要切实把加强党的领导贯穿法治建设全过程。党的领导是全面推进依法治国、加快建设社会主义法治国家最根本的保证。要坚持党领导立法、保证执法、支持司法、带头守法，健全领导法治建设的制度和工作机制，把坚持党的领导贯穿到山西法治建设的全过程。各级领导干部要自觉提高运用法治思维和法治方式深化改革、推动发展、化解矛盾、维护稳定的能力，带头遵守法律、带头依法办事，深入开展法治创建活动，加快山西法治建设步伐。

二、努力破解资源型经济困局，突出做好煤炭这篇大文章

我来山西之后深深地感到，对我们省的煤炭究竟怎么看、怎么办，事关重大，事关全局。可以说，煤炭是我们山西改革发展稳定的“牛鼻子”。我拿出较多的时间，先后主持召开省直有关厅局主要负责同志、重点煤炭企业主要负责同志、煤炭相关研究机构负责同志、省内专家学者、外请全国著名专家院士参加的5个座谈会，听取了63位同志的意见。这次调研，选择的3个市，大同是共和国煤炭的“长子”，朔州煤炭产量全省第一，忻州也是产煤大市。8天来，我们所到的49个调研点，其中33个涉及煤炭，我们还反复学习了习近平总书记关于能源生产和消费革命的重要讲话。根据所学、所听、所见、所思，我想就煤炭问题讲些初步意见。

大家知道，我们山西煤炭资源非常丰富，探明保有储量2695亿吨，占全国总量近1/5，特别是优质稀缺煤种，比如焦煤，占全国的近1/2。新中国成立以来，山西在占全国1/60的国土面积上生产煤炭153亿吨，占全国的1/4，净调出104亿吨，占全国的3/4，焦炭产量和外调量分别占全国40%和60%，我们山西为保障国家能源安全、促进经济建设和发展做出了巨大贡献。山西煤炭自身发展也取得了历史性成就，历届省委、省政府、全省上下对煤炭都高度重视，在不同时期采取不同措施，在诸多方面都卓有成效，特别是先后三次大规模实施煤炭资源整合、煤矿企业兼并重组，彻底改变了全省煤矿多、小、散、低的格局，矿井数量由上世纪80年代“有水快流”时最多上万座压减到1053座，30万吨以下矿井全部淘汰，平均单井规模提升到120万吨以上，保留矿井全部实现机械化开采。安全保障水平大幅度提高，2011年到2013年，全省煤矿百万吨死亡率连续3年降到0.1以下，去年达到了0.077，走在全国前列。山西的煤炭工业进入了大矿时代，这是一个历史性的全新的发展阶段。

在充分肯定成绩的前提下，通过座谈、调研，我们也听到、看到了存在的问题。我们山西因煤而兴，也因煤而困。主要表现在四大方面：

一是政治上的困扰。山西出现系统性、塌方式严重腐败问题，主要发生在煤炭及相关领域，突出表现为易发、多发、高发。由于没有履行主体责任，没有从严治党，不少干部深陷其中，倒在煤上，而且量大面广。

二是经济上的困扰。调研中，大家普遍反映我们山西产业结构“一煤独大”，煤价大幅下跌使我省经济发展陷入困境，尤其是经济效益呈现出“断崖式”下滑。我省五大煤炭集团吨煤综合售价从2011年5月的656.1元，一路下滑到今年10月的323.44元，跌了一半还多。2013年因为煤价走低，全省少收入1000亿元左右。到2014年9月末，全省煤炭行业实现利润由2012年同期的380亿元、2013年同期的270亿元下滑到16亿元，仅为前两年的4.2%和5.9%。2013年全省吨煤平均利润45.16元，2014年1–9月仅为2.57元，卖一吨煤的利润买不到一瓶饮料。目前，全省61.4%的地方监管煤炭企业亏损。我们今天所在的忻州市，今年1–9月全市平均坑口吨煤价格165元，成本是170元，卖一吨亏5元。现在全省煤炭行业生产经营困难重重，举步维艰。我们一路走下来，许多同志都说，现在是亏不起也停不起。

三是生态环境上的困扰。由于长时间、大规模、高强度、粗放式的煤炭开采，特别是开采后修复治理不到位，使我们山西这个原本在全国就是生态脆弱区的省份付出了巨大代价。比如，我们一路上看到的对于水资源的破坏就是这样，甚至有的矿井对地下水资源的破坏永远无法修复。我们山西最基本的省情是煤多水少，全省人均水资源占有量仅为全国人均量的17%，远低于国际公认的严重缺水界限。而采煤使地下水循环系统遭到破坏，地下水位下降，地表径流锐减，泉水断流加剧了水问题。我们山西是我国北方岩溶分布面积最广的地区（共有11万平方公里），也是最典型的地区，既有大泉，又有大量的小泉小水，历史上称为“千泉之省”，全省流量较大的岩溶大泉有19处，是省内主要河流的源泉。但是现在已经有3处完全断流、2处基本断流、12处流量严重衰减，上万个小泉小水已经不复存在。我们一路调研，看到了泉水断流的恶果，还看到了煤炭生产加工对林地、草地、耕地的破坏，对大气环境的污染也是十分严重的。我们在大同口泉沟看到，路边的树是黑的，墙是黑的，连老百姓门前挂的红灯笼也都变成了黑灯笼。根据中科院2014年发布的《中国可持续发展战略报告》，山西可持续发展总能力在全国排第24位，环境支持系统排在第27位，生存支持系统排在第29位，山西是全国环境问题最严重的省份之一。

四是民生上的困扰。因为煤炭开采以及利益分配不当等而产生的民生问题，积重难返，影响的不仅是生活问题，

而且是生存问题。尽管国家和我们省多年来投入很大，但目前仍然存在诸多问题。我们调研的大同市南郊区，因为采煤造成的地质灾害涉及5个乡镇、71个村庄和5个商贸工矿区，受灾24485户、66807人，10万多间、135.1万平方米的房屋不同程度受损，23万亩耕地因为地裂地陷无法耕种。由于地下水被破坏，近7万人、10万头牲畜饮水困难，只能靠从外地拉水度日，每年受灾村用于拉水买水费用就达上千万元。另有5万多农村劳动力失业。由于房屋损坏、倒塌，近万名村民投亲靠友或者异地租房居住，有64所学校房屋全部停用，近9000名学生在外借读。有30多个村庄受到一氧化碳等地下有害气体外溢的威胁。鸦儿崖乡鸦儿崖村2013年村里请有关部门的8位专家、用5台流动测震仪记录了采煤顶板和煤层塌陷引发的114次震动，最强的是3.2级。由于震源浅，1.8级以上的震动，村民就有明显震感，杯碗落地，房子大梁响动，墙体开裂，墙皮脱落。官窑村全村范围共有14条大的裂缝，最宽的有1米，村民说自家的羊掉进去都听不到叫声。对于这些问题，当地老百姓反响强烈。我们在左云县了解到，全县有9个乡镇14.9万人，其中农村人口10.64万人，因为采煤受灾的有6个乡镇、70个村、15694户、4万多人，其中有3万多农民吃水是靠外出拉水，一年的费用达2000多万元。水窑乡大路坡村263户、636人，因煤而富，因煤而迁。这个村从上世纪80年代开始，村里先后3次统一建新房，由于没有规划、没有物探，把房子一次次建在采空区上，3次建房投资578.2万元，全部废弃，不得不进行第四次建房，整村搬迁。

我们之所以面临“立体性”困扰，原因是多方面的。我在11月6日召开的第5次煤炭座谈会上简要归纳了煤炭领域需要解决好的十个问题，当务之急是全力推动煤炭管理体制改革。1998年2月国务院令《矿产资源开采登记管理办法》就明确规定，探矿权、采矿权要通过招拍挂方式取得，而我省煤炭资源配置到目前仍然没有实行招拍挂，成为全国主要产煤省中唯一没有公开出让矿业权的省份。煤炭资源配置特别是资源整合、企业兼并重组过程中，都是采取行政推动、政府决定的方式。这样做固然有速度快、效率高、能够强力推动等好处，但大家感到，这种做法也很容易为官商勾结、巨额利益输送、非法获利等严重腐败提供土壤和条件。煤炭建设项目的核准审批，涉及十几个部门，多头管理，职能交叉，要经历5个阶段、45项层层审批，有的审批还互为前置。这5个阶段，仅走到第三步“核准”，平均4.46年，最长的，有的说11年、有的说13年，大家都有不同的经历。

在当前形势下，我省煤炭产业究竟怎么办？总的说，就是要深入贯彻落实习近平总书记关于能源生产和消费“四个革命”的要求，全力推进“山西省国家资源型经济转型综合配套改革试验区”建设，推动煤炭产业转型发展。煤炭产业怎么转型，转成什么型？在深入调研、充分听取大家意见的基础上，初步考虑，我们要着力推动煤炭产业向“六型”转变，走出一条“革命兴煤”之路。

（一）着力推动煤炭产业向“市场主导型”转变。煤炭产业市场主导型的关键是要处理好政府与市场的关系。按照“凡是能由市场决定的都交给市场”的原则，由市场决定煤炭资源配置，让企业真正成为市场主体。政府要最大限度减少对微观事务的管理。要突出抓好以下重点工作：一要建立和完善煤炭矿业权一、二级市场体系。促进一级市场向公开化、公平化方向发展，除了国家有明确规定的以外，对新设立的煤炭资源矿业权采用招标、拍卖、挂牌等市场竞争方式出让，取消一级市场中对不同所有制矿业企业的差别化待遇。加快完善矿业权依法自由流转的二级市场，允许矿业权人将矿业权以出售、作价出资、股权转让等多种方式依法公开竞价转让。加快制定完善二级市场交易管理办法，抓紧出台《山西煤炭资源出让转让管理办法》。要建立完善煤炭资源矿业权交易平台，建立公平、透明、规范的标准化、专业化交易场所，开展矿业权证券化试点，培育建立矿业权资本市场，最终形成比较完善的矿业权市场交易体系。要加快建立矿业权退出机制，全面开展矿业权市场清理，对圈而不探、探而不采、以采代探、圈占资源不开发、炒买炒卖等现象，要依法限期整改，或者是注销其矿业权。二要探索共生伴生矿产资源矿业权一体化配置。要积极争取国家支持，积极推进煤层气管理体制改革，创新煤权气权一体化设置，探索建立煤层气资源矿业权有偿取得制度，大力推进采煤采气一体化发展。三要大力推进以简化行政审批为重点的行政管理体制改革。简化优化审批流程，推进技术审查与行政审批相分离，建立并联审批流程，大力推进同类事项及同一部门负责的事项归并办理。并以此为重点，全面推进煤炭各项管理体制改革。在放权的同时，要强化监管和服务，着力加强公共服务、市场监管、社会管理、环境保护等职责，重点做好规范市场秩序、事中事后监管等方面的工作，坚持放管并重，放活和监管同步到位。关于运销体制改革。大家都知道，随着国家将煤炭资源税由从量计征改为从价计征，省里已经决定取消省内公路煤焦管理站、稽查站和票据管理。省政府已经研究了多次，并形成了《方案》，在进一步征求意见后，将尽快下发执行。同时，在管理上要跟进相应的配套措施。四要强化产业发展战略和规划指导。着力加强发展战略、发展规划、政策制定、法规规章等方面的职能，重点做好制订产业准入标准、科学调控产能等方面的工作。要坚持规划先行，合理开发，提高规划的权威性、指导性和法律地位。特别是煤炭生产开发规划、矿区总体规划、矿业权设置方案要相互衔接、互为依据。五要加大国有企业改革力度。要加大分离企业办社会职能改革，使企业轻装上阵。要深化产权制度改革，建立现代企业制度。要深化国有企业内部改革，缩减管理层级，增加市场化选聘经理层比例，建立公开透明的信息公开制度，主动接受社会公众监督。要完善国有资产管理体制，推动股权多元化，发展混合所有制经济，培育真正的市场主体。六要加快制定出台地方性法规和政府规章。在国家《矿产资源法》修改完善之前，要研究制定我们省关于煤炭资源矿业权转让的地方性法规和政府规章，严格准入、分类管理，做到有法可依、有章可循。

（二）着力推动煤炭产业向“清洁低碳型”转变。实现高碳产业低碳发展，黑色煤炭绿色发展，化石能源清洁发展，这是煤炭革命最核心的问题、最艰巨的任务，也是我们山西未来经济发展最大的潜力所在。一要以清洁开采为突破，推进煤炭绿色生产。我们要积极开展“充填式开采”“保水式开采”“煤与瓦斯共同开采”“地下气化开采”“地下生物开采”等新型开采技术的研发与试验示范，特别要建好“国家能源充填采煤技术重点实验室山西工作站”，推进开采方式的转变，从源头上解决因为煤炭开采引起的地表沉降、塌陷，地下水系破坏等生态环境问题。同时要依靠先进成熟技术提高我们的回采率，特别是过去小煤窑时候，回采率大多是10%到30%，这个问题不解决也是资源的极大浪费。当然，这方面急不得，不是一日之功，有些开采技术还处于研发阶段，但这是方向。同时，要创新体制机制，不断加大矿区生态环境修复治理，不断改善矿工的生产生活条件，不断提升煤炭产业的绿色化水平。二要以科技创新为引领，推进煤炭及相关行业低碳发展。作为高碳产业的煤炭，要实现低碳清洁发展，转化是路径，科技是支撑。要做好煤炭科技创新专项规划，依托煤炭企业，加大煤炭科技研发力度，有计划有步骤地创新，推进煤炭科技进步。要提高煤炭加工转化比重，加大煤炭消费结构调整力度，积极引进国内外先进技术，实现终端能源清洁化。三要以产权为纽带，推进煤电一体化深度融合。煤转电是实现热转化效率最高的途径。要围绕煤炭资源综合利用和清洁低碳发展，借鉴同煤塔山循环经济园区的做法，推进煤炭基地与火电基地协同发展。大力发展以煤矸石发电为核心的低热值煤发电，大力推广风冷、超临界、超超临界机组。要积极争取国家支持，加快外送电通道建设步伐。四要以政策为保障，完善煤炭清洁低碳发展的体制机制。我们全省每年排放工业固体废弃物1.8亿多吨，资源综合利用率比全国平均水平低十几个百分点，其中煤矸石和粉煤灰排放占85%以上。我们要以朔州市作为国家12个工业固废综合利用基地建设试点为引领，力求在资源综合利用示范基地建设上取得更大进展。

（三）着力推动煤炭产业向“集约高效型”转变。从国内外经验看，粗放式增长和集约式增长是划分传统产业和现代产业的重要标志。前面说到，我们省煤矿多、小、散、低现象得到根本性改变，但是我们煤炭外延增长的特征仍然比较明显，成为煤炭经济陷入困境的重要原因，我们必须坚持向集约高效型转变，走产业集中度高、经济效益好、科技含量高、资源消耗低、环境污染少、安全高保障的现代化之路。一要全力抓好大企业、大集团建设。按照国家煤炭产业政策的要求，在国家规划我省的三个大型煤炭基地内，按照“一个矿区原则上由一个主体开发，一个主体可以开发多个矿区”的原则，在企业自愿、市场主导的基础上，进一步加大资源整合、兼并重组力度；在已有煤炭大集团整合重组基础上，突出动力煤、无烟煤、炼焦煤三大资源品牌优势，通过产业、产权、管理、文化等的深度融合，研究探索分基地、分煤种组建世界一流、国内引领的特大型煤炭集团公司。按照发展煤炭现代物流集团的要求，对晋能集团、山煤国际等现有物流企业植入运煤铁路、公路、港口、船队等资产进行重组再造，形成一体化的大型煤炭物流集团，增强山西煤炭市场话语权和竞争力。二要在完善落后产能退出机制上下功夫。我省现在30万吨以下的矿井都已经关闭淘汰，但是由于这样那样的原因，有相当一部分重组整合矿井还没有完成改造建设任务，甚至有的还在违法生产，这在一定程度上冲击了煤炭市场，也是安全隐患。要对煤炭行业淘汰落后产能工作有更加清醒的认识，按照矿井实际资源量和开采年限，对全省资源接近枯竭的矿井和90万吨以下机械化水平不高的矿井进行摸底，建立有序、自然、正常的矿井退出机制。要坚持依法依规淘汰落后产能，制定中长期产能退出规划，确定退出责任主体和时间表、分布图，通过矿业权二级市场推行落后产能市场化退出机制，对违法矿业权或长期占而不采的企业要依法强制退出，对关停重组的矿井要从资金和政策上支持生态环境恢复治理、企业转产、职工培训和再就业，妥善解决在职人员安置和离退休人员等问题。这一路上大家也感到，干部群众对这件事情高度关注，而且目前煤炭价格走低、经济下行，开展这项工作，尤其是解决人员出路、维护稳定难度很大，要稳妥推进。三要不断提升矿井的现代化水平。同煤塔山一号井为年产千万吨级矿井，只有1200人；而口泉沟10个矿井有4万多人，加上家属超过10万人，年产1800万吨。在效率和安全方面两相对比，差距非常明显。所以我们必须严格煤矿准入标准、建设标准和管理标准，加快高标准、高起点建设现代化矿井的步伐，进一步提高矿井装备的技术水平，推行以机械化、自动化、信息化和智能化为特征的综采化开采，深化信息技术与煤炭产业的融合，培养和引进高素质专业技术人才，加强职工队伍业务素质和技能培训，变招工为招生，为现代化矿井提供智力和人才支撑。建设这样规模的现代化矿井还有个产能问题、资源问题，怎么退、怎么建，并不是那么简单，但这是个方向。这条路非走不可，越早效果会越好。

（四）着力推动煤炭产业向“延伸循环型”转变。延伸就是以煤炭为起点，往下游走，往终端产品走；循环就是以煤炭为中心，实现减量化、再利用、多联产，做到对资源吃干榨尽。2013年全省煤炭产量达到9.62亿吨，比2007年增长了52%，与煤炭产量持续增长相比，我省煤炭产业综合性开发利用相对滞后，产业链条短、精加工比较欠缺、煤炭循环经济没有形成规模、产业发展过于依赖初级产品等问题还没有得到根本解决。煤炭的共生伴生资源利用程度也比较低，还没有真正实现单一资源开采向综合开发利用转变。我们要坚持走延伸循环发展之路，这是促进煤炭产业转型发展的基本途径，也是有力的支撑。一要努力延伸煤炭产业链条。以国家综合能源基地建设为抓手，大力发展煤炭衍生产业和非煤能源，形成煤炭、电力、煤层气、煤化工、新能源、可再生能源多元支撑的综合能源产业体系。要加快推进现代化大型煤电外送基地建设，加快推进晋北现代煤化工基地建设，延伸拓展特色煤化工产业，优化提升传统煤化工产业。这次调研中涉及到特色煤化工、传统煤化工、现代煤化工的诸多问题，但方向是立足省情、理性选择，市场导向、科技创新，扬长避短、突出特色，延伸拓展、优化提升。要加快推进煤层气产业基地建设，这件事对山西意义重大。要按照我省已有的规划，努力形成六大煤层气勘探开发基地，构建五大瓦斯抽采利用园区，力争在总产能和输气管线建设上有新突破。到2020年，全省地面煤层气总产能达到400亿立方米，管线总里程突破1.5万公里，气化人口基本实现全覆盖，使其成为我省建设全国综合能源基地的一大亮点。二要大力发展煤炭循环经济。我省产业结构以煤焦、电力、化工等传统产业为主体，各类工业废弃物排放量居全国各省（市、区）之首。必须坚持循环经济发展理念，在做好煤炭生产开发利用的基础上，进一步做好煤矸石、煤泥、瓦斯、煤层气和矿井水的综合利用，实现经济、社会、环境的协调发展。调研中我们看到同煤塔山工业园以塔山矿和同忻矿为龙头，构建了煤炭-电力-建材、煤炭-电力-化工等多条循环经济产业链，采煤企业和加工企业都实施清洁生产，园区内各个生产单元首尾相接、环环相扣，把传统产业链中的废弃物消化在循环链条中，最大限度降低了资源浪费和污染排放。我们要加大规划、政策的引导和支持力度，抓紧在全省推广，进一步形成以园区为重点，企业与企业、产业与产业、区域与区域之间的循环网络体系，建立具有山西特色的煤炭循环经济发展模式。三要构建新的现代产业组织体系。要把发展循环经济、提高煤炭资源循环率作为我省煤炭产业转型的基本路径。我省已制定《山西省循环经济促进条例》，要充分发挥《条例》对我省循环经济发展的指导、规范和促进作用。要把推进产业集聚发展作为产业转型的重要途径，把循环经济园区建设作为产业转型的主要载体，构建循环经济的标准体系。按照产业向园区集中的理念，依法促进各类企业向园区集中，按照循环经济模式对工业园区进行规划、建设和改造。这个园区不是简单地把同质的企业归并在一起，而是建立循环的模式，互为产品，互为上下游。四要构建资源资产化、资本化、证券化运行机制。要构建资源变资产、资产变资本、资本证券化的管理体制和机制。要积极推进省级产权交易市场与国内外重要产权交易市场对接联网，促进企业跨区域并购重组，国有产权跨区域流转，加快资源型企业上市融资步伐，对已经上市的7家煤炭企业加大植入优质资产推进整体上市，提升煤炭产业延伸循环的发展和融资能力，推进煤炭延伸产业和循环产业快速崛起和壮大。

（五）着力推动煤炭产业向“生态环保型”转变。各级党委和政府以及煤炭企业在资源环境问题上都必须肩负起对国家、社会和人民群众的责任，坚决实现煤炭产业由环境破坏型向环境友好型转变，这是人与自然和谐发展的必由之路，也是刚性要求。一要严格实施“三个同步”。今后我们省所有新建煤炭项目的环保设施必须与项目主体同步设计、同步施工、同步投产。二要加大采煤沉陷区治理。多年来，我省在采煤沉陷区治理方面做了大量工作，也取得明显成效，但欠账太多，治理任务依然十分艰巨。刚才说到的大同南郊区、左云县等地方的沉陷区问题，在全省很多地方都不同程度存在，有些地方甚至更严重。全省要加快推进采煤沉陷区移民搬迁安置，对严重破坏的居民住宅、受损较轻的居民住宅分别采取搬迁重建和维修加固方式治理。按照省里规划，到2020年基本解决采煤沉陷区受灾群众的安居问题，并力争提前。今后，采煤新造成的沉陷区问题要按照“谁生产谁负责、谁开采谁治理、谁损坏谁搬迁”的原则，把企业在开采中造成的采煤沉陷问题降到最低限度，把采煤沉陷的治理责任明确落实到煤炭生产企业和各级党委、政府。三要实施矿区生态修复。企业要制定生态环境恢复治理规划和矿山环境恢复治理方案，因地制宜确定矿区生态修复目标，实施土地复垦、林地恢复、生物多样性保护，景观修复、矿山生态公园等多模式修复，完善矿区废弃地调查和复垦规划工作，严格土地复垦标准，鼓励社会资金开展复垦，政府给予适当补贴，并且纳入耕地占补平衡、新增建设用地指标增减挂钩等等政策奖励范围，对新办矿业企业实行土地复垦费预存制度，加强矿区生态修复技术的系统研究和商业化推广。四要加快建立生态补偿机制。解决煤炭开采带来的生态环境问题不能靠一事一议，必须要有制度化保障，要在煤炭资源税改革中考虑赋予煤炭资源税生态环境保护的内涵和功能，完善资源有偿使用、环境损害赔偿、环境污染责任制度。要探索推动煤炭企业外部成本内部化，改革煤炭产品价格形成机制，反映资源完全成本。要利用转型综改试验区创新生态环境治理市场化体制，探索第三方治理模式，建立第三方监督与治理机制，发现问题及时进行责任追究。要引入市场化治理手段，实现矿区居民利益补偿的制度化、规范化和法制化。

（六）着力推动煤炭产业向“安全保障型”转变。大家都知道，煤炭是高危行业，在国民经济核算体系中，是为数不多的以死亡率作为考核指标的产业。我们省又是煤炭生产大省，每天都有40万煤矿职工在地下生产，人命关天。我们必须坚决贯彻落实习近平总书记“发展决不能以牺牲人的生命为代价,这必须作为一条不可逾越的红线”的重要指示，始终把煤矿安全生产放在首位，常抓不懈。这里我想强调这么几个方面。一要全面认识煤矿安全生产面临的形势。我们要充分看到、肯定经过多年努力我们省安全生产状况取得的成就，更要看到我们省的煤与瓦斯突出矿井、高瓦斯矿井、水文地质类型复杂矿井还大量存在；整合矿井的隐蔽性致灾因素还大量存在；违规生产建设行为等各种不安全因素还大量存在；煤矿安全生产投入减少、监管力量不足等问题还大量存在。这就是说，我们省煤矿安全生产形势仍然十分严峻。我们要始终对安全形势保持清醒头脑，时刻牢记“三个绝不过高估计”，不断强化危机意识、责任意识和底线思维，始终把人民群众生命安全放在首位。二要全面落实安全生产责任。要进一步落实党政同责、一岗双责制和企业安全生产主体责任、部门监管责任，强化安全生产是各级党委、政府主要领导的第一责任，着力构建党委统一领导、政府依法监管、企业全面负责、职工积极参与、社会支持监督的安全生产工作格局，形成人人都有责任心、事事都有责任制、处处都把责任落到实处的工作机制和氛围。企业是安全生产的责任主体，所有企业都必须做到安全投入到位、安全培训到位、基础管理到位、应急救援到位，确保安全生产。三要全面加强安全工作措施。认真落实新修订的《安全生产法》，当前要重点抓好煤矿生产领域的安全隐患排查治理，决不能放过任何一个漏洞、决不能丢掉任何一个盲点、决不能留下任何一个死角，有重大隐患的要坚决停产整顿。要加快解决安全生产中的重大问题，比如我们在调研中看到的斜井人车，乘坐人数多、安全风险大，要抓紧淘汰。省煤炭厅要拿出具体意见，省五大集团要限期淘汰。就是要一级抓一级，层层立下军令状，确保层层有人抓、事事有人管。

以上讲的六个转型，实际上都是煤炭及相关产业的转型。我们在做好煤炭转型这篇大文章的同时，也要在煤炭之外下功夫，切实改变“一煤独大”的产业格局，实现全省经济的转型发展。我们要清醒地看到，“一煤独大”难以强省、更难以富民的严峻现实。我们也要看到，今后控制煤炭总量、价格也不会大幅度上涨的趋势，我们省加快发展将面临巨大的压力，而且将经历较长的艰难时段。

三、深入推进党风廉政建设和反腐败斗争，全面落实从严治党各项要求

前段时间以来，大同市的前市委书记丰立祥，前常委副市长靳瑞林，朔州市前市委书记王茂设，忻州市的前市委常委、组织部长吉久昌，还有一些县处级干部先后接受组织调查，三个市都存在比较严重的腐败问题。大家一定要充分认识从严治党管党的极端重要性，深入开展党风廉政建设和反腐败斗争，切实把从严治党的各项要求落到实处。

一要坚持以零容忍态度惩治腐败。三个市要旗帜鲜明、态度坚决，坚定不移把反腐败斗争进行到底，始终保持惩治腐败的高压态势。坚持把抓好党建作为最大政绩，党委要严格落实党风廉政建设主体责任，党委书记要履行第一责任人责任，班子成员要切实履行“一岗双责”，支持纪委落实好监督责任。要进一步加大查办案件力度，重点查处十八大以后还不收敛不收手的，群众反映强烈的，现在重要岗位、还可能要提拔使用的违纪违法干部。要加大煤炭领域反腐败力度，坚决查处煤炭资源配置、企业兼并重组、涉煤管理等方面的违纪违法案件，坚决查处官煤勾结、私挖滥采、破坏生态、贻害百姓等问题。要坚持治标与治本相结合，努力形成“不敢腐、不能腐、不想腐”的长效机制。

二要坚持以反“四风”为重点引深作风建设。习近平总书记强调，从严治党从治理“四风”起步，也要从治理“四风”延伸。经过开展党的群众路线教育实践活动，“四风”问题蔓延势头得到遏制，但这是在高压态势下取得的，基础还不牢固，一些初步解决的问题很容易反弹。加强作风建设必须抓常、抓细、抓长，定期不定期“回头看”，及时处理反弹回潮问题，始终保持整治“四风”高压态势。要继续保持教育实践活动中抓作风建设的劲头和力度，狠刹庸懒散奢、吃拿卡要、损害群众利益等歪风邪气，下功夫解决等待观望、不敢担责、为官不为等问题，一项一项落实措施，一个一个予以纠正，革弊立新、激浊扬清，聚集干事创业的正能量。

三要刷新吏治。在调研中，我们感到三个市的干部大多数是好的，政治坚定、扎实干事、努力工作。要进一步加强干部队伍建设，务求在刷新吏治上取得成效。当前，农村“两委”换届选举工作正在进行，各市要高度重视这项工作，坚决查处拉票贿选等各种违纪行为，确保农村“两委”换届风清气正，把群众信得过的干部选上来，进一步加强党的基层组织建设。

四、时刻把群众安危冷暖放在心上，突出解决好民生问题

我们提出“净化政治生态、实现弊革风清，重塑山西形象、促进富民强省”，在富民强省中，富民是第一位的，富民才能强省，强省为了富民。各级党委、政府要正确处理富民与强市、强县的关系，正确处理资源开发和群众利益的关系，不论是改革还是发展，不论是产业转型还是项目建设，都要坚持富民为先，在促进富民上下功夫。要调整财政支出结构，特别要压缩“三公”经费，挤出更多资金用于改善民生。要完善收入分配政策，解决贫富差距拉大的问题，使资源性收益让广大人民共享。要进一步改进作风，认真化解民困、民忧、民怨，实现民富、民乐、民安。

需要特别强调的是，要努力打好扶贫开发的攻坚战。习近平总书记强调，全面建成小康社会，最艰巨最繁重的任务在农村、特别是在贫困地区。我们要把集中连片特困地区作为主战场，真抓实干，尽快改变贫困地区的落后面貌。对于不具备条件的村庄，要进行移民搬迁，并且要谋划搬迁后农村生产致富的路子。在调研中，我们感到，仅解决住房问题还不够，之后还存在一系列问题，还需要解决就业、生活，特别是致富等各种问题，希望大家把工作做好。

五、大力弘扬优秀历史文化和光荣革命传统，进一步坚定改革发展的决心和信心

在晋北调研的8天时间里，我深切感受到大同、朔州、

忻州三市自然资源丰富、文化底蕴深厚、人民淳朴勤劳。当前经济社会发展存在不少困难，我们一定要振奋精神，攻坚克难，全力推动改革发展稳定各项工作。

要从丰富的优秀文化中汲取改革发展智慧。我们常说，山西是华夏文明的重要发祥地，在5000年的发展史中，素有改革创新精神和法治文化传统，很多同志都熟知的春秋时期，晋文公善改革、整吏治，成为五霸之一；战国时代三晋率先变法，跻身七雄；北魏孝文帝平城改制，推均田、倡汉化，推动了民族大融合大发展，这些都是我们三晋大地优秀的历史文化，是我们的优势。我们要传承、弘扬优秀历史文化传统，进一步解放思想、更新观念、敢想敢试，全面深化改革，加快发展。

要用优良革命传统凝聚发展力量。革命战争时期，晋察冀抗日根据地是我们中国共产党领导创建的第一个敌后抗日根据地，被中共中央和毛主席誉为“敌后模范的抗日根据地及统一战线的模范区”。在建设时期，大泉山精神也得到毛主席的高度肯定。特别是右玉县历任党政领导班子团结带领全县党员干部群众坚持不懈植树造林、改善生态，克服了世人难以想象的困难，把一个风沙肆虐的“不毛之地”变成生态良好的“塞上绿洲”。习近平总书记作出重要批示，“右玉精神体现的全心全意为人民服务的宗旨意识，是迎难而上、艰苦奋斗，是久久为功、利在长远。”我们要进一步深入学习、贯彻落实。

要振奋精神、攻坚克难。我们不仅要正视困难和挑战，更要看到当前山西包括晋北三市面临着许多新的发展机遇。要抓住机遇，坚定信心，攻坚克难，加快推动“六大发展”。

总之，省委、省政府希望，大同、朔州、忻州三市的干部群众，一定要认真贯彻落实习近平总书记系列重要讲话精神，认真贯彻落实党的十八届四中全会精神，认真贯彻落实省委、省政府的部署要求，不断开创各项工作的新局面。

中共山西省委办公厅
印发《关于培育和践行社会主义核心价值观的实施意见》的通知

晋办发〔2014〕42号

各市、县委，省委各部委，省直各委、办、厅、局党组（党委），各人民团体党组，各高等院校党委，大型企业党委：

《关于培育和践行社会主义核心价值观的实施意见》已经省委同意，现印发给你们，请结合实际认真贯彻执行。

中共山西省委办公厅

2014年11月21日

关于培育和践行社会主义核心价值观的实施意见

为深入贯彻落实党的十八大、十八届三中、四中全会精神，积极培育和践行社会主义核心价值观，弘扬社会新风正气，净化我省政治生态，筑牢全省干部群众团结奋斗的共同思想基础，根据中央办公厅印发的《关于培育和践行社会主义核心价值观的意见》（中办发〔2013〕24号）精神，结合我省实际，制定如下实施意见。

一、培育和践行社会主义核心价值观的重要意义、指导思想和基本原则

（一）重要意义。培育和践行“富强、民主、文明、和谐，自由、平等、公正、法治，爱国、敬业、诚信、友善”为基本内容的社会主义核心价值观，是凝魂聚气、强基固本的基础工程、战略工程，对于落实“两个巩固”的根本任务，促进人的全面发展,引领社会全面进步,凝聚实现中国梦的强大正能量,开创我省弊革风清、富民强省的新局面，具有重要的现实意义和深远的历史意义。党的十八大以来，以习近平同志为总书记的党中央，对培育和践行社会主义核心价值观高度重视，作出一系列重要指示和安排部署。我省认真贯彻落实中央的要求，紧密联系山西实际，深入实施“核心价值培育工程”，加强宣传普及，选树先进典型，注重实践养成,治理突出问题,唱响了“三个倡导”24个字的主流思想价值。同时要看到，培育和践行社会主义核心价值观是塑造人的灵魂的工作，只有长期抓、反复抓、持续抓，才能润物无声、滴水穿石、大见成效。特别是当前，我省正处在重要的历史关头，既面临许多重大机遇，又面临许多困难和严峻挑战，迫切需要我们加大工作力度，调动各方力量，运用各种资源，努力培育和践行社会主义核心价值观，引导教育全省人民坚定向上向善向廉的价值追求，鼓起奋发进取的勇气，形成攻坚克难的力量。

（二）指导思想。高举中国特色社会主义伟大旗帜，以邓小平理论、“三个代表”重要思想、科学发展观为指导，深入学习贯彻党的十八大、十八届三中、四中全会精

神和习近平同志系列重要讲话精神，紧紧围绕社会主义核心价值观的基本内容，深入开展中国特色社会主义和中国梦的宣传教育，深入开展“三个倡导”、革命老区精神的宣传教育，大力弘扬三晋优秀传统文化，坚持知行统一，注重实践养成，强化政策保障，健全法规制度，努力推动社会主义核心价值观融入人们生产生活和精神世界，激励全省人民为实现中华民族伟大复兴的中国梦和富民强省的宏伟目标不懈奋斗。

（三）基本原则。坚持以人为本，尊重群众的主体地位和首创精神，关注人们利益诉求和价值愿望，培植全省人民的精神家园，促进人的全面发展；坚持以理想信念为核心，抓住世界观、人生观、价值观这个总开关，在全社会牢固树立中国特色社会主义共同理想和富民强省坚定信念，铸牢干部群众的精神支柱，增强全省人民的价值观自信；坚持联系实际，区分层次和对象，加强分类指导，找准与人们思想的共鸣点、与群众利益的交汇点，寻求“最大公约数”，做到贴近性、对象化、接地气；坚持突出重点，着力抓好党员干部、青少年、先进模范、公众人物等重点人群，对党员干部特别是领导干部高标准严要求，充分发挥他们在全社会的表率作用；坚持改进创新，积极推进理念创新、手段创新和基层工作创新，努力在贯穿结合融入上下功夫，在落细落小落实上下功夫，不断增强工作的吸引力和感染力。

二、把培育和践行社会主义核心价值观融入我省国民教育全过程

（一）培育和践行社会主义核心价值观要从青少年抓起、从学校抓起。青少年阶段是价值观形成阶段，是可塑性最强的时期。要把青少年价值观教育摆在突出位置，纳入我省国民教育总体规划，明确各级各类学校开展核心价值观教育的目标任务、课程设置、师资配备、考核评估等具体内容，加强督促检查，全面推动社会主义核心价值观进教材、进课堂、进学生头脑。创新中小学德育课和高校思想政治理论课教育教学，把传授知识同娱乐身心、陶冶情操、习惯养成结合起来，增强吸引力和感染力。加强优秀传统文化教育，采取经典诵读、童谣传唱、文艺展演、感恩教育等方式，引导青少年热爱传统文化、弘扬主流价值。深入开展“三好学生”“优秀少先队员”“优秀共青团员”“美德少年”评选表彰活动，树立身边典型，让广大青少年学有榜样、赶有目标。完善学校、家庭、社会三结合的教育网络，形成携手育人的强大合力。

（二）拓展青少年培育和践行社会主义核心价值观的有效途径。发挥校园文化的熏陶作用，加强学校的报刊、广播电视和网络建设，完善校园文化活动设施，发挥学校各类社团作用，加强校园人文环境培育和周边环境整治，努力推动先进文化、高雅艺术、高尚精神进校园。广泛开展校训育人活动，用光荣的校史、杰出的校友和校训故事，培养青少年崇高的志向追求和精神品质。发挥社会实践的养成作用，开发有针对性的实践课程和活动课程，完善实践教育的教学体系。抓好青少年校外德育阵地建设，组织青少年开展力所能及的生产劳动、爱心公益活动、创新创造活动、志愿服务活动和勤工俭学活动等，使广大青少年在奉献社会、服务他人中提升道德素质和精神境界。

（三）打造学为人师、行为世范的教师队伍。大力加强师德师风建设，把社会主义核心价值观要求纳入教师职前培养、职业准入、职后管理的全过程，纳入教师思想品德、职业道德、心理健康教育的各方面，完善教师职业道德规范，健全师德测评指标体系，形成师德师风建设的长效机制。将师德表现作为教师考核、聘任、评价的首要内容，大力开展教书育人楷模、师德标兵等先进典型的评选表彰和学习宣传活动，引导广大教师自觉增强教书育人的荣誉感和责任感，做学生健康成长的指导者和引路人。切实抓好学校思想品德课、思想政治理论课和哲学社会科学课教师，辅导员和班主任队伍建设，为他们做好工作提供有力保障和支持。

三、党的建设要突出社会主义核心价值观的引领作用和导向作用

（一）把社会主义核心价值观贯穿到我省党的建设各个方面。在党的思想建设、组织建设、作风建设、制度建设和反腐倡廉建设等各领域，都要突出社会主义核心价值观的引领作用和导向作用，引导教育全省广大党员干部始终坚守共产党人的精神高地，努力做到信念坚定、为民服务、勤政务实、敢于担当、清正廉洁。把践行社会主义核心价值观的情况作为考核评价、选拔任用干部的重要依据，真正形成以德为先的用人导向。从严整治选人用人上的不正之风，从严整治“不作为”和“乱作为”问题，切实把刷新吏治的要求落到实处。把核心价值观与“为民务实清廉”要求结合起来，大力弘扬“三严三实”，坚持不懈反对“四风”，引导教育各级干部带着感情走近群众，带着责任了解群众，带着本事服务群众，多做打基础、利长远、建机制、可持续，为山西人民谋利造福的事情。深入推进党风廉政建设和反腐败斗争，始终保持反腐败高压态势，坚持有案必查、有腐必惩、有贪必肃，不断净化我省政治生态，努力实现弊革风清。加强对权力的监督和制约，把权力关进制度的笼子里，重点抓好“六权治本”，努力形成“依法确定权力、科学配置权力、制度约束权力、阳光行使权力、合力监督权力、严惩滥用权力”的长效机制。对那些腐化堕落、道德败坏的干部，要及时作出组织处理，依纪依法严惩，决不能让“问题干部”消解思想道德建设的正效应。

（二）党员干部要做培育和践行社会主义核心价值观的模范。全省广大党员干部特别是领导干部，要在培育和践行社会主义核心价值观方面带好头，以身作则、率先垂范，讲党性、重品行、作表率，自觉做社会主义核心价值观的践行者、守护者、建设者。加强党性修养，坚定理想信念，自觉弘扬党的优良传统和作风，始终保持高洁的生活情趣，

坚守共产党人的精神追求，以人格的力量感召群众、引领风尚，以优良党风促政风带民风。增强明辨善恶、激浊扬清、弘扬正气的责任担当。对那些引领风气之先的先进典型、时代楷模，要大力鼓励、褒扬和支持；对那些错误观点和杂音噪音，对那些挑战价值底线和社会良知的现象，要旗帜鲜明，敢于亮剑，敢抓敢管。

四、把培育和践行社会主义核心价值观落实到我省经济发展和社会治理中

（一）经济发展要遵循社会主义核心价值观的要求。确立经济发展目标和规划，出台经济改革政策措施，开展生产经营活动，要做到讲社会责任、讲守法经营、讲公平竞争、讲诚信守约，注重经济行为与价值导向有机统一，经济效益与社会效益有机统一，实现市场经济和道德建设的良性互动。积极适应经济发展新常态，牢固树立科学发展理念，坚定不移走“廉洁发展、转型发展、创新发展、绿色发展、安全发展、统筹发展”的新路子。大力推进“信用山西”建设，切实加强政务诚信、商务诚信、社会诚信和司法公信建设。广泛开展“守合同重信用”“消费者信得过”“百城万店无假货”“山西省百家信用示范企业”评选等活动，引导企业商家公平竞争、诚实守信。建立健全覆盖全社会的征信体系和诚信奖惩制度，加大对失信行为的约束和惩戒力度，在全省形成守信光荣、失信可耻的氛围。

（二）把社会主义核心价值观的要求落实到依法治省的实践中。认真学习贯彻党的十八届四中全会精神，广泛开展依法治国、依法治省宣传教育，大力弘扬社会主义法治精神，坚决维护宪法法律权威，坚决维护社会公平正义，深入推进法治山西建设，在立法、执法、司法、普法和依法治理各个方面，更好地体现社会主义核心价值观的要求。充分发挥法律的规范、引导、保障、促进作用，把道德影响和风险评估作为地方性法规制定和执行的重要依据，形成有利于培育和践行社会主义核心价值观的良好法治环境。各级政府要自觉运用法治思维和法治方式管理经济社会事务，加快建设职能科学、权责法定、执法严明、公开公正、廉洁高效、守法诚信的法治政府，不断提高依法行政的能力。深入实施“六五”普法规划，开展好“法律六进”和“12·4”国家宪法日宣传教育活动，深化民主法治示范村、依法治理示范单位等创建活动，增强全省干部群众学法尊法守法用法意识。

（三）把培育和践行社会主义核心价值观作为我省社会治理的重要内容。充分发挥社会主义核心价值观在我省社会治理工作中的重要作用，努力构建科学有效的诉求表达机制、利益协调机制、矛盾调处机制、权益保障机制，不断提高社会治理能力，最大限度增进社会和谐。健全各行各业规章制度、行为准则和行业标准，完善市民公约、村规民约、学生守则等，引导人们保持正确的价值判断、树立正义的道德天平。深入推进“平安山西”建设，把核心价值观融入社会治安综合治理、系统治理和源头治理全过程。切实加强道德领域突出问题专项治理，不断匡正道德失范和价值扭曲行为，努力使社会风气清朗起来。

五、不断提高社会主义核心价值观的知晓率和认同度

（一）加强学习宣讲和研究阐释。深入开展中国特色社会主义和中国梦宣传教育，不断增强全省人民的道路自信、理论自信、制度自信。把社会主义核心价值观作为重要内容，纳入全省各级党委（党组）中心组学习计划，纳入各级党校（行政学院）、党委讲师团经常性培训宣讲计划，纳入文源讲坛、文化讲堂等群众性文化平台的讲座内容，努力兴起学习宣讲热潮。充分利用基层公共文化共享平台、干部在线教育、党员远程教育等阵地，积极组织开展学习活动。精心组织编写社会主义核心价值观通俗读物，推动学习普及。充分发挥社科规划项目、马克思主义理论研究和建设工程、哲学社会科学创新工程、社科研究百部（篇）工程等的作用，整合科研力量，深入研究社会主义核心价值观的理论和实际问题，推出更多有分量有价值的研究成果。加强社会思潮动态分析，强化社会热点难点问题正面引导，严格社团、讲座、论坛、研讨会、报告会的管理，用社会主义核心价值观凝聚思想共识。把学习弘扬革命老区精神同培育和践行社会主义核心价值观紧密结合起来，努力将其转化为推进富民强省的巨大精神力量。

（二）发挥新闻媒体传播主渠道作用。全省各级各类媒体都要坚持正确舆论导向，把社会主义核心价值观贯穿到形势宣传、成就宣传、主题宣传、典型宣传、热点引导和舆论监督中，弘扬主旋律，传播正能量，不断壮大主流思想舆论。山西日报、山西广播电视台等主流媒体要在重要版面、重点时段，推出社会主义核心价值观专栏专题，运用新闻报道、言论评论、访谈节目、专题节目等多种形式，持续、深入地传播社会主义核心价值观。继续办好“美的故事”“道德经纬”“榜样山西”等道德建设类栏目节目。都市类、行业类媒体要发挥自身优势，加强内容设计，创新话语表达，在生动活泼的宣传报道中引导人们培育和践行社会主义核心价值观。加强新闻队伍建设，强化行业自律和警示教育，将个人道德修养作为从业资格考评的重要内容。进一步发挥好“山西新闻奖”的激励、导向作用，引导新闻从业人员做社会主义核心价值观的忠实践行者。

（三）建设网上传播阵地。把社会主义核心价值观体现到网络宣传、网络文化、网络服务中，用正面声音和先进文化占领网络阵地。山西文明网、黄河新闻网、山西新闻网、山西网络广播电视台等重点新闻网站，要发挥好网络主阵地作用，通过开设频道、专栏、专题和互动交流等多种方式，大力宣传社会主义核心价值观。其他各类网站也要切实做好这方面的工作。善于运用微博、微信、微视频、微电影等新媒体新应用传播社会主义核心价值观。加强网络内容建设，积极传播中华优秀传统文化和当代文化精品。

做好重大信息网上发布，及时回应网民关切，主动有效进行网上舆论引导。依法加强网络社会管理，严厉打击各类违法违规行为，坚决整治网络淫秽色情和低俗信息，着力净化网络空间。

（四）强化公益广告传播功能。全省各级各类新闻媒体要紧紧围绕社会主义核心价值观的要求，加强公益广告的创意策划，推出更多主题健康、导向鲜明、积极向上的公益广告。要加大刊播力度,保证重要版面、黄金时段公益广告刊播的数量、时长及质量。充分运用公共场所、交通要道、建筑围挡、电子显示屏、交通运输工具等多种载体，广泛宣传社会主义核心价值观。把公益广告宣传情况纳入各类文明创建测评体系，推进公益广告宣传的常态化、规范化，使公益广告成为传播先进文化、弘扬新风正气的有效载体。

（五）运用优秀文化产品育人化人。全省一切文化产品、文化服务和文化活动，都要弘扬社会主义核心价值观，传递积极人生追求、高尚思想境界和健康生活情趣。发挥我省精神文明建设“五个一工程”奖、赵树理文学奖、舞台艺术杏花奖、优秀文化企业评选等的导向作用，完善评价机制，加强对文化产品创作生产的引导，推出更多思想性、艺术性、观赏性相统一的优秀文化产品，弘扬真善美，贬斥假恶丑。紧紧围绕“中国梦”主题，创作推出更多触动灵魂、震撼人心、群众喜闻乐见的好作品、大作品，充分展现社会主义核心价值观，充分展现我省干部群众推进富民强省的伟大实践和火热生活，激发全省人民的自信心和自豪感。深入开展优秀文化产品展演展映展播和经典作品阅读观看活动，深入开展“送欢乐下基层”“中国梦·三晋情”“美丽三晋”“幸福使者”等文化惠民活动，让群众在享受高雅文化生活的同时，净化心灵，陶冶情操。依托基层文化站点、文化广场等，广泛开展群众文化活动，让人民群众在自娱自乐中不断提升思想道德境界。继续推进全省公益类博物馆、纪念馆、爱国主义教育基地和文化馆、图书馆、美术馆、科技馆等免费开放工作。

六、努力形成践行社会主义核心价值观的生动局面

（一）广泛开展“德润三晋、共筑梦想”主题实践活动。紧紧扣住培育和践行社会主义核心价值观这一主线，牢牢抓住“德”这一最基本的品行，始终扭住“润”这一实践环节，以“向德”“从德”“行德”为切入点，全面推进社会公德、职业道德、家庭美德、个人品德建设，为实现中华民族伟大复兴的中国梦和富民强省的宏伟目标提供强大的思想道德支撑。深入开展“节俭养德”“道德规范”“全民读书”“文明礼仪”“诚实守信”“德孝文化”和“志愿服务”七大行动，在全社会大兴互助之风、诚信之风、敬业之风、孝老之风、清廉之风。突出抓好高尚职业道德的培育，把职业道德培育与反腐倡廉结合起来，引导教育各行各业的干部职工坚守职业道德，维护职业形象，始终清廉从业。广泛开展公务员职业道德践行活动，努力重塑山西干部队伍对党忠诚、纪律严明、务实为民、敬业奉献、清正廉洁的新形象，重塑山西全社会政治清明、诚信守法、包容开放、坚韧不拔、奋发向上的新形象。

（二）深入开展学雷锋志愿服务活动。在全省广泛开展形式多样的学雷锋活动，加强学雷锋活动示范点建设，推出一批岗位学雷锋标兵。整合各类志愿服务资源，构建志愿服务网络，以城乡社区为重点，以邻里守望、相互关爱、服务社会为主题，围绕扶贫济困、应急救援、大型活动、环境保护等方面，围绕空巢老人、留守妇女儿童、困难职工、残疾人等群体，组织开展多种形式的志愿服务活动。着力打造内容丰富、形式多样、独具特色、持久长效的学雷锋志愿服务品牌，示范带动全省的活动深入开展。把学雷锋活动与志愿服务结合起来，完善志愿服务的激励机制和保障机制，推动学雷锋活动常态化、志愿服务制度化。

（三）深化群众性精神文明创建活动。把“三个倡导”要求作为文明城市、文明村镇、文明单位、文明家庭等创建活动考评的重要内容，坚持创建为民、创建利民，坚持综合创建、统筹创建，引导推动我省精神文明创建活动积极健康发展。在文明家庭创建中，要注重引导广大家长加强自身修养，注意行为举止，培育良好家风。在文明村镇创建中，要注重继承和弘扬有益于当代的乡贤文化，涵育文明乡风，培育新型农民，建设美丽乡村。企业创建文明单位，要注重培育企业文化、升华企业精神，更好地为企业塑形铸魂，更好地传导社会主流价值。加强礼节礼仪教育，在重要场所和重要活动中要升挂国旗、奏唱国歌，在学校开学、学生毕业时要举行庄重简朴的典礼。制定全民阅读中长期规划，深入推进“书香三晋、文化山西”全民读书活动。加强文明旅游的宣传教育、规范约束和社会监督，引导城乡群众文明旅游。

（四）发挥重要节庆日传播社会主流价值的独特优势。挖掘各种重要节庆日、纪念日蕴藏的丰富教育资源，利用五四、七一、八一、十一等政治性节日，三八、五一、六一等国际性节日，“中国人民抗日战争胜利纪念日”“南京大屠杀死难者国家公祭日”“烈士纪念日”等党史国史上重大事件、重要人物纪念日,精心组织开展有庄严感、有教育意义的主题活动，不断增强全省人民团结一心、自强不息的精神动力。利用春节、元宵、清明、端午、七夕、中秋、重阳等民族传统节日，深入开展“我们的节日”主题实践活动，更好地用优秀传统文化滋养心灵、陶冶情操。利用国家和我省办好大事、应对难事的时机，因势利导地开展各类教育活动，激励全省人民坚定信心、攻坚克难。

（五）发挥先进典型的引领示范作用。先进典型是践行社会主义核心价值观的模范。健全我省优秀基层干部、道德模范、最美人物、身边好人等先进典型的褒扬激励机制，在全省形成尊先进、学先进、赶先进的良好氛围。充分运用报纸、广播、电视、互联网、手机短信等媒介，充分运用宣传报道、巡回报告、文学艺术等手段，全方位、立体

式地宣传申纪兰、段爱平、赵迎路、孟佩杰等先进典型的高尚品格和感人事迹，在全社会唱响昂扬向上的正气歌。农村、社区、企业、学校和窗口单位等，要普遍设立善行义举榜，宣传“身边好人”，并以此为基础，逐级推荐遴选好“最美人物”和“三晋楷模”。深入挖掘、提炼我省各类先进典型的精神实质和时代特征，切实增强先进典型的时代性和感召力。严格先进典型的评选表彰，确保各类典型真实可靠、可亲可敬、可赶可学。坚决反对用编假造假的方式包装典型，用拔苗助长的方式拔高典型，用“开小灶”“吃偏饭”的方式催生典型。

七、发挥优秀传统文化怡情养志、涵育文明的重要作用

（一）加强优秀传统文化的保护、展示与普及。优秀传统文化是涵养社会主义核心价值观的精神宝库。要发挥我省文渊深、文脉广、文气足，文化资源、文化底蕴、文化氛围深厚的优势，固本培元、怡情养志、涵育文明，更好地推进社会主义核心价值观建设。加强文物保护工作，加大投入力度，健全法规制度，深入实施世界文化遗产、大遗址、古建筑、古村落、古民居、彩塑壁画等重点文物保护工程。加快推进各级各类博物馆建设，丰富展陈内容，提高服务能力。实施非物质文化遗产项目和代表性传承人扶持计划，加强对民间文化、民俗文化、民间音乐、舞蹈戏曲等遗产项目的保护。加强我省根祖文化、黄河文化、佛教文化、关公文化、边塞文化、晋商文化、古建文化、抗战文化、廉政文化等的挖掘、梳理、研究和阐发，加强我省优秀文化典籍的整理、编纂和出版，繁荣文化事业，发展文化产业，打造文化精品，更好地传承和弘扬我省优秀历史文化。大力推进优秀传统文化普及工作，通过编写通俗读物、创作文艺作品、开办栏目节目、举办展览展示等多种形式，通过节庆纪念、礼仪规制、民俗活动等多种途径，让收藏的文物、陈列的遗产、书写在古籍里的文字都活起来，引导全省干部群众礼敬传统文化、弘扬传统美德。坚持古为今用，推陈出新，切实做好创造性转化和创新性发展。

（二）大力弘扬红色文化和革命传统。红色文化和革命传统是培育社会主义核心价值观的宝贵财富。加强我省革命遗址、遗迹、遗存等的保护修缮工作，加强纪念馆、纪念碑、烈士陵园等设施的建设，广泛征集革命文物，精心组织展览展示，让红色文化和革命传统薪火相传、生生不息。加强我省红色文化资源的挖掘、梳理和研究，深刻阐释革命老区精神的丰富内涵和实践要求，引导教育全省人民奋发进取、创新图强。运用各种资源，采取多种手段，深入开展形式多样的红色文化、革命传统教育，增强人们的认同感和归属感。加强爱国主义教育基地建设，开辟爱国主义教育网上阵地。发挥太行山、吕梁山、五台山等地红色文化资源优势，加强景点建设，丰富旅游内涵，打造精品线路，积极发展我省的红色旅游。

八、凝聚起培育和践行社会主义核心价值观的强大合力

（一）各级党委、政府要切实负起政治责任和领导责任。全省各级党委、政府要充分认识培育和践行社会主义核心价值观的极端重要性，认真贯彻两手抓、两手都要硬的方针，自觉把核心价值观建设放在重要位置，与经济社会发展同部署、同检查、同推进。党委主要负责同志要把核心价值观建设紧紧抓在手上，主动作为、认真作为，及时分析研究思想道德建设的重大问题，提出具体指导意见，狠抓各项工作落实。建立健全培育和践行社会主义核心价值观的领导体制和工作机制，加强统筹协调、组织实施和督促检查，不断提高工作的科学化水平。

（二）全社会要齐抓共管。培育和践行社会主义核心价值观是全社会的共同责任。党政各部门、社会各方面在制定政策、出台措施时要鲜明体现主流价值导向，使推进实际工作的过程成为培育核心价值观、凝聚强大正能量的过程。工会、共青团、妇联等人民团体，都要发挥自身优势，把核心价值观建设工作开展到各自联系的群众中去，不断扩大核心价值观的覆盖面和影响力。重视发挥民主党派和工商联的重要作用，支持民主党派和工商联开展培育和践行社会主义核心价值观的各项工作。加强同知识界的联系，引导全省广大知识分子用正确观点阐释和传播社会主义核心价值观。全省各行各业的公众人物要珍视自己的事业和形象，自觉践行核心价值观，为社会注入正能量。党委宣传部门要切实担负起组织指导、协调推进的重要职责，积极会同有关部门采取有力措施，推进各项工作。

（三）把任务落实到基层。城乡基层是培育和践行社会主义核心价值观的重要依托。全省农村、社区、企业、学校等基层单位都要从实际出发，广泛深入开展宣传教育，坚持不懈推动实践养成，引导人们立足本职岗位践行社会主义核心价值观。基层党组织要发挥政治核心作用和战斗堡垒作用，努力在落细落小落实上下功夫，使核心价值观的影响像空气一样无所不在、无时不有。把原则要求变成可操作的具体措施，把目标任务变成实实在在的工作项目，做到因地制宜、因人施教。从基础工作、具体方面、日常事情抓起，引导人们做好身边事、温暖身边人。以务实的态度、实干的精神，从一件一件具体的事情抓起，做到事事有着落、件件有结果。

培育和践行社会主义核心价值观，是我省净化政治生态、实现弊革风清，重塑山西形象、促进富民强省的根本之举、战略之举。各级党委、政府要按照本《实施意见》的要求，积极行动起来，加强组织领导，细化实施方案，强化保障措施，狠抓工作落实，努力在全省兴起培育和践行社会主义核心价值观的热潮，激励全省人民为实现中华民族伟大复兴的中国梦和富民强省的宏伟目标而努力奋斗。

在中共山西省委十届六次全体会议上的讲话

（2014年12月7日）

王　儒　林

同志们：

这次会议的主要任务是，全面贯彻落实党的十八届四中全会精神，审议《中共山西省委关于贯彻落实党的十八届四中全会精神加快推进法治山西建设的实施意见》（以下简称《意见》），部署我省当前和今后一个时期的工作，动员全省各级党组织团结带领广大党员干部和人民群众奋力开创弊革风清、富民强省的新局面。

下面，我代表省委常委会讲五个方面的意见。

一、加快推进法治山西建设，为我省改革发展稳定提供坚强法治保障

深入学习贯彻党的十八届四中全会精神，是摆在全省各级党组织面前的一项重大政治任务。为了把党的十八届四中全会精神落到实处，省委在深入调查研究的基础上，形成了提交这次全会审议的《意见》（讨论稿），对推进法治山西建设作出了部署。这里，我着重强调三点：

（一）深刻认识推进法治山西建设的重要性和紧迫性。当前，我省正处在一个重要历史关头，各方面任务十分艰巨而繁重，推进法治建设、提供法治保障尤为重要和紧迫。只有牢固树立法治意识和法治思维，全面加快法治山西建设，更好地运用法治方式和法治方法，才能更有效地破解难题、推动工作。全省上下一定要深刻认识到，推进法治山西建设是净化政治生态、实现弊革风清的迫切需要，是全面深化改革扩大开放、推动科学发展的迫切需要，也是维护社会稳定、保障人民安居乐业的迫切需要，切实增强推进法治山西建设的责任感和紧迫感。

（二）认真落实法治山西建设的重点任务。这次全会审议的《意见》（讨论稿）对法治山西建设进行了系统部署，各级党组织要立足当前、着眼长远，突出工作重点，以重点任务的突破带动法治山西建设的整体推进。要扎实推进地方立法。不断强化依宪治国、依宪执政意识，注重发挥人大及其常委会在地方立法中的主导作用。要坚持立改废释并举，围绕促进我省改革和经济社会发展加快地方立法，做到重大改革于法有据。要加强对法规内容的廉政评估和审查，防止部门利益法制化，为弊革风清、富民强省提供坚实的法律保障。要扎实推进严格执法。完善执法程序，推进综合执法，严格执法责任，全面提高依法行政水平，加快建设职能科学、权责法定、执法严明、公开公正、廉洁高效、守法诚信的法治政府，着力解决有法不依、执法不严、违法不究等问题。要扎实推进公正司法。尽快制定出台《山西省司法体制改革试点方案》，完成中央部署的司法体制改革试点工作。要加强对司法活动的监督，深入开展司法领域突出问题专项整治，严肃查处司法腐败，着力解决司法不公正、不规范、不严格、不透明、不文明等问题。要扎实推进全民守法。加大普法工作力度，增强全民法治意识，着力解决社会上存在的不尊法、不学法、不信法、不守法、不用法、不护法等问题。坚持法治与德治相结合，以社会主义核心价值观为统领，加强公民道德建设，增强法治的道德底蕴。要扎实推进法治工作队伍建设。全面加强法治专门队伍、法律服务队伍、法治后备人才队伍建设，建设一支忠于党、忠于国家、忠于人民、忠于法律的社会主义法治工作队伍。

（三）不断加强和改进党对法治山西建设的领导。党的领导是全面推进法治山西建设的根本保证。各级党委要始终坚持党领导立法、保证执法、支持司法、带头守法。要推进依法执政。完善党委具体工作制度，依法行使决策权、执行权、监督权，确保各级党委在宪法法律的范围内活动。要健全党内法规制度体系。省委要及时制定一批与中央党内法规相衔接的省级党内法规，地方各级党委要及时制定一批与党内法规相配套的党内规范性文件。要抓好党内法规制度的落实，切实把党要管党、从严治党落到实处。要提高推进法治山西建设的能力。各级领导干部是全面推进法治山西建设的重要组织者、推动者、实践者，提高领导干部的法治思维和依法办事能力是推进法治山西建设必须解决好的关键问题。要推进全省领导干部学法用法经常化、制度化、常态化，强化各级领导干部对法律的敬畏之心，不断提高运用法治思维和法治方式深化改革、推动发展、化解矛盾、维护稳定的能力。

二、实施“六权治本”，深入推进反腐败斗争

深入推进反腐败斗争，必须标本兼治。当前，要突出治标，坚持重拳出击，有案必查、有腐必反、有贪必肃，“老虎、苍蝇”一起打，始终保持反腐败高压态势。特别是对现在还不收敛不收手的更要从严查处，坚决遏制腐败蔓延势头。在治标的同时，要深入贯彻落实习近平总书记提

出的“反腐倡廉的核心是制约和监督权力”、“把权力关进制度的笼子里”的要求，在治本上下功夫。我们要通过实施“六权治本”，从源头上把制度的“笼子”织密、编牢、扎紧，努力形成不能腐的长效机制。

（一）依法确定权力，就是按照“职权法定”原则和“权责一致”要求，以法律法规为依据，对权力加以规范和确认，确保权力来源合法。推进“六权治本”，必须首先解决好这一问题。一要依法审核权力。要结合正在进行的行政审批制度改革，针对各级政府及其部门的所有职权，开展厘权、清权和确权工作，编制权力清单，明确职权名称、类别、内容、行使主体和法律法规依据，真正做到让政府部门“法无授权不可为”、“法定职责必须为”，让市场主体“法无禁止即可为”。二要依法界定权限。针对一些部门和岗位自由裁量权过大，极易滋生腐败的问题，要依法制定自由裁量权基准，对各项自由裁量权力的行使范围、条件、标准等进行细化和量化，分档设限，缩小自由裁量权的弹性空间。三要依法规范流程。权力运行流程包括权力运行的条件、程序、期限等各个方面，是对权力行使主体的行为规范。依法规范权力运行流程是依法确定权力的重要内容。各级各部门要按照减少层次、优化流程、提高效能、方便办事原则，抓紧绘制权力运行流程图，努力做到每一项权力运行都按流程规范运行。

（二）科学配置权力，就是按照权力制衡原则，对决策权、执行权、监督权科学分解与平衡，形成既相互制约又相互协调的权力架构，解决权力过分集中问题。一要分级授权。要根据省、市、县、乡不同层面的管辖权限、事权性质，本着权责对等、科学实用、有利于权力制衡和强化责任、有利于提高效率和方便群众办事原则，对权力过于集中的部门职权进行重新划分，合理分解到多个层级，实现分级决策、分级审批、分级管理。这方面，当前的重点是下放权力。要提高放权“含金量”，真正把该放的权力放到位，不能放虚不放实、明放暗不放。二要分事行权。要按照职能转变要求和有关规定，厘清交叉职责。这方面要着重解决“一把手”权力过分集中的问题。要完善和落实“一把手”不直接分管人事、财务、工程等具体事项、主要领导末位表态等制度，把各级各部门权力科学分解到班子成员，形成副职分管、正职监管，集体领导、民主决策的权力运行机制，防止“一权独大”、“一人独揽”。三要分岗设权。要按照“不同性质的权力由不同岗位行使”原则，将高廉政风险岗位决策权、执行权和监督权进行拆分，并实行管采分离、管审分离、管办分离等办法，有效化解权力行使中的潜在风险。

（三）制度约束权力，就是按照“全面覆盖、全程到位、制度束权”要求，针对权力运行的关节点、薄弱点、风险点，建立健全各项规章制度，解决制度缺失和“牛栏关猫”问题。一要突出加强重点领域和关键环节制度建设。各级党委政府要抓住容易产生权力寻租和滋生腐败的煤焦、土地、交通、房地产等重点领域，以及资源配置、工程招标、政府采购、资金分配等关键环节，把制度的笼子扎紧。二要重点加强部门制度建设。各方面、各层级、各部门，都要通过深化改革，加快构建结构合理、配置科学、程序严密、制约有效的权力运行制度体系。三要全面加强岗位制度建设。各级各部门要围绕掌握人事权、执法权、司法权、审批权、监管权和资金管理权的重点岗位，深入查找权力运行的风险点，从制度层面建立有效的廉政风险防控机制。要针对与群众生产生活密切相关的各类站所、村委（居委）会、市场管理、水电气暖网等基层管理岗位建章立制，严防制度约束效力“末梢锐减”，严防群众身边的腐败，严防“小官大贪”、“苍蝇”贻害于民。

（四）阳光行使权力，就是最大限度地推进权力运行公开，以公开为常态、不公开为例外，真正实现权力在阳光下运行。实践证明，阳光是最好的防腐剂，权力要想“管控得好”，公开至关重要。一要明确公开范围。党务、政务、村务、企务和公共事业单位办事都要按照最大限度公开的原则，完善并落实相关制度。要实行决策公开、管理公开、服务公开、结果公开，保障群众的知情权、参与权、表达权、监督权，真正解决机关衙门化、权力封闭化、决策神秘化、“暗箱操作”等问题。二要拓展公开方式。要从有形场所到无形网络，在传统政务中心、审批大厅等基础上，更多探索开展电子政务、网络审批，用现代科技手段制权防腐；从封闭审批到开放审批，把权力运行全方位、全天候置于公众视野。三要规范公开程序。坚持把公开作为权力行使的基本要求和必经程序，做到固定内容长期公开、常规工作定期公开、阶段性工作分期公开、临时性工作随时公开。为了支持和保障权力运行公开，当前要重点抓好两件事:一件是加快建设省级公共资源交易平台,形成全省统一规范的公共资源交易体系,对需要进入平台进行交易的公共资源，坚持应进必进，坚决杜绝场外交易。另一件是抓好政务服务平台，积极推进行政审批（许可）执法主体及服务部门“一厅”办公和“一条龙”服务，便于群众办事、利于社会监督。

（五）合力监督权力，就是健全和落实党内监督、人大监督、民主监督、行政监督、司法监督、审计监督、社会监督和舆论监督制度，使各项监督协调配合，形成合力，实现对权力运行的全方位、全过程监督。一要加大专门机构监督。各级纪检监察机关、检察机关、巡视机构和审计部门要根据中央要求和我省反腐败斗争的新形势，制定强化监督、改进监督、落实监督的具体意见，把党内监督、行政监督、法律监督落到实处。二要落实人大政协监督。发挥人大及其常委会的依法监督作用，重点加强对违宪违法滥用职权、越权执法和随意执法等行为监督，推进政府依法行政，促进审判权、检察权等司法权力公正行使。重视并加强政协民主监督，切实改变政协监督地位缺乏、效力缺失状况，增强民主监督的实效性。三要强化人民群众监督。依托权力运行公开，把保障群众知情权、参与权和话语权切实纳入决策、执行、监督的刚性制度，力求做到全面监督而不是选择监督、长期监督而不是临时监督、实质性监督而不是形式上监督。四要重视媒体舆论监督。支持引导媒体依法、科学、建设性对权力运行监督，发挥媒体重要的、特殊的监督作用。

（六）严惩滥用权力，就是“严”字当头，依法依纪严厉查处各种以权谋私、权钱交易、官商勾结、买官卖官、失职渎职等行为，确保惩处到位，决不能把权力变成牟取私利的工具，决不能让制度和党纪国法成为“稻草人”、“橡皮筋”。一要坚决查处腐败案件。旗帜鲜明地反对腐败、坚决有力地惩处腐败，“权力出笼子，人就进笼子”，坚持有案必查、有腐必反、有贪必肃，坚持“老虎”“苍蝇”一起打，坚持狠刹“四风”，努力形成并始终保持高压态势。二要加大巡视工作力度。充分发挥巡视工作的“尖兵”和“利剑”作用，聚焦党风廉政建设和反腐败工作这个中心，紧紧围绕“四个着力”，突出发现问题，达到让人“望而生畏”、“望而却步”的震慑效果。三要健全完善责任追究制度。重点完善纠错问责机制，健全责令公开道歉、停职检查、引咎辞职、责令辞职、罢免等问责方式和程序，实现有权必有责、用权受监督、失职要追责、违法必追究。

需要强调的是，“六权治本”不仅适用于我省国家机关，也适用于事业单位、人民团体和国有公司、企业。“六权治本”是一项系统工程，需要强化顶层设计，加强顶层推动；“六权治本”更是一场权力革命，需要各级各部门特别是主要领导干部亲自抓、勇于革自己的命。同时，“六权治本”涉及面比较广、牵扯点也比较多，要从实际出发，以问题为导向，针对掌握权力的重点对象、腐败现象易发多发的重点领域、权力运行的重点环节先行突破，以重点突破带动整体推进。

三、坚定不移全面深化改革扩大对外开放，加快资源型经济转型综改试验区建设

我省是典型的资源型经济，抵御市场风险能力低。1998年亚洲发生金融危机，我省经济大幅度下滑，1999年经济增长降为全国倒数第三；2008年全球发生金融危机，我省2009年经济增长全国倒数第一。今年宏观经济形势严峻复杂，我省经济增长前三季度全国倒数第二。多年来，我省经济始终没有走出“资源型经济困局”。我在大同、忻州、朔州调研时讲到，我们山西面临着“政治上、经济上、生态环境上、民生上”四大方面的“立体性困扰”。我们必须进一步加快深化改革，扩大对外开放，努力破解难题，为我省经济社会发展提供强大动力。

（一）着力推进资源型经济转型综改试验区建设取得新突破。我省资源型经济转型综改试验区建设，是最富有山西特色的“国字号”改革工程，是我省全面深化改革的旗帜和统领。经过近三年探索，综改试验区建设已进入实质性推进阶段，我们要进一步高举这面改革旗帜，按照党中央、国务院确定的综改目标任务，紧扣资源型经济转型这个主题，把改革着力点聚焦到破解制约资源型经济转型的体制机制上来，抓住重点领域和关键环节，力求取得新突破。一要加快深化煤炭管理体制改革。今年以来，我省以煤炭领域清费立税为突破口，以煤焦公路运输体制改革、审批和证照体制改革、资源市场化配置改革为重中之重，推进煤炭管理体制革命，取得了明显进展，特别是在清费立税方面走在了全国前列。要进一步加大改革力度，加快建立符合我省实际的综合性煤炭管理体制。要大力推进煤炭资源市场化配置改革。我省是全国主要产煤省份中唯一没有实行矿业权公开出让的省份，这不仅导致资源价款大量流失，资源配置效率低下，还成为权力寻租的土壤和条件。要加快建立完善煤炭矿业权一级市场，对新设立的煤炭资源矿业权采用招标、拍卖、挂牌等市场竞争方式出让。同时，进一步完善煤炭资源二级市场，并推进共生伴生矿产资源矿业权一体化配置改革，务求煤层气矿业权体制改革取得实质性突破。要探索建立矿产资源收益共享机制。建立煤炭资源价格市场化发现和形成机制，完善煤炭资源价款征收及使用制度，建立煤炭资源收益跨期储备调节机制，积极争取合理确立国家、地方收益分配比例，切实解决好矿地、矿城、矿村矛盾。要扎实推进煤焦公路运输体制改革。我省已从今年12月份起，全部撤销省内煤焦公路检查站、稽查点，彻底改革煤焦公路销售体制，这项工作得到了有关各方的肯定和支持，要继续积极稳妥推进。要加快推进审批和证照体制改革。进一步理顺煤炭项目审批、生产、运销、安全监管和行业管理等体制，厘清市场与政府的边界，确立企业的市场主体地位，切实解决好管理部门职能交叉、重叠、错乱和推诿扯皮的问题。二要完善生态补偿机制。加大矿山环境立法和执法力度，加强资源型企业全成本核算，推进外部成本内部化。要创新矿山生态环境恢复治理机制，推进资源开采与环境治理同步规划、同步实施。三要建立资源型产业延伸循环促进机制和接续替代援助机制。通过技术标准、要素供给、节能减排、目标考核等手段形成倒逼机制，推进资源型企业延伸产业链条、发展循环经济。采取争取中央政府支持、地方政府投资、社会资金入股等多种方式筹资，建立资源型产业延伸循环风险补偿机制。健全完善煤炭固废综合利用产业推进机制，采取价格补贴、税收减免以及必要的行政手段，支持和鼓励煤炭资源综合利用项目发展。

推进转型综改区建设，要重点深入落实国家赋权的三项重大改革。要充分利用好低热值煤发电项目核准权下放政策，积极争取煤层气矿业权审批权下放和开展动力煤衍生品交易试点。同时，要争取一批先行试点。重点是争取扩大大用户直供电、工业园区自备电厂建设试点；争取城乡建设用地增减挂钩突破县域范围等用地改革试点；争取将我省列入进一步扩大水权改革试点省份，用市场化的办法解决水资源短缺问题。

（二）着力在全面深化改革上迈出新步伐。当前，我省全面深化改革的任务艰巨而繁重。全省今年启动实施的138项改革任务，截止10月底，完成率不到40%。我们要切实

增强改革的主动性和创造性，进一步开拓思路、创新举措，在扎实推进中央部署的改革事项的同时，紧密结合我省实际，把着力点聚焦到解决制约我省发展的全局性重大问题上，重点加以推进。一要深化国资国企改革。加快推进省属企业信息公开，建立并落实企业真实、准确、及时披露相关信息的制度体系，以公开促改革。扎实推进省属国有企业股权多元化改革，大力发展混合所有制经济，解决一股独大、政企不分、政资不分问题。加快完善现代企业制度，健全法人治理结构，提高公司治理水平。深化国有企业负责人薪酬制度改革，完善国有资本收益共享机制，加快建立国有企业分类监管考核制度，探索改组国有资本投资公司，建立完善国有资本运营公司。积极稳妥推进厂办大集体改革，加快分离企业办社会职能，减轻企业负担，支持企业真正做大做强，不能大而不强，胖而不壮。二要着力破除非公经济发展体制机制障碍。我省经济市场化水平不高，突出表现为市场主体数量少，全省登记企业数和规模以上企业数远低于全国平均水平，在中部六省中倒数第一，规模以上企业数不足中部其他五省平均水平的1/3。要加快发展民营经济综合配套改革，进一步研究完善民营经济在市场准入、市场监管、市场竞争、金融创新等方面的配套改革措施，加紧清理废除制约非公有制经济发展的不合理规定，着力解决民营企业在创办、成长、创新、税费、融资、办事等方面存在的实际难题。全省上下要统一思想，形成共识，突出发展民营经济，适时召开全省突出发展民营经济大会，进行专门部署。三要大力推进金融业改革。我们要充分肯定全省金融业发展取得的成绩，也要看到存在的问题。我省金融机构“存贷比”较低，到今年10月为58.39%，低于全国平均70%的水平。全省金融机构不良贷款率今年10月末为4.5%，全国最高，排序倒数第一。农信社不良贷款率13.8%，全国同行业最高，倒数第一。资本市场发展滞后。上市公司数量少，全国2570家我省只有35家，其中有10家从未进行过再融资。全国创业板上市公司近400家，我省只有2家，新三板挂牌企业全国1400多家，我省只有1家，全国倒数第一。民间资本也大量外流，近几年，全省有6000多亿元流向外省房地产等资本密集型产业。特别是金融潜在风险突出，非法集资、逃废债务多发频发。金融观念、支付方式也较落后，去年有关部门时点大数据显示，全国平均每秒刷卡800多次，我省只有4次，仍然大量使用现金。这些与我省当年创办山西票号、钱庄等所创造的金融辉煌历史极不相称。金融业发展滞后，已成为制约我省转型发展的重大问题。我们要把深入推进金融业改革发展，加快金融市场体系建设上升到全省发展重要战略的高度，全力抓好。要着力提高对金融战略性和重要地位的认识。金融是现代经济的核心。金融活则经济活，金融兴则经济兴。全省各级领导干部都要学金融、懂金融。要把金融作为现代产业来抓，把金融作为国民经济的基础性和关键产业来发展，优化财政支出结构，整合土地、税收等各类资源，通过金融杠杆，撬动更多金融资本支持山西发展。要着力强化金融对实体经济的支持。要千方百计筹措资金，确保对我省重大项目、基础设施、民生领域等方面的资金支持。要用好我省现有的银行、证券、保险、信托、融资租赁、基金等金融牌照；提高保险的覆盖面，充分发挥保险的经济补偿功能和增信功能；引导民间资本进入金融业，积极争取民营银行试点，打造金融产业的高地。要积极争取“一行三会”和金融机构的支持。同时要积极贯彻国家有关金融政策，确保金融政策在我省最优化。要着力完善多层次的资本市场融资功能。出台鼓励企业上市的政策，大力推动符合条件的企业上市和上市公司再融资。加快成立战略性新兴产业基金和各类专业化产业基金。支持企业发行公司债、企业债、中票短融，提高直接融资能力。加大对我省中小企业股份制改造，鼓励中小企业在新三板挂牌融资。大力引进保险资金和海外资金投入山西基础设施建设。稳步推进私募股权基金和众筹基金发展。要着力深化金融改革和创新。围绕“六大发展”，创新金融产品和融资模式。规范发展非标融资和互联网金融，积极引导私募股权基金管理中心、汽车金融公司、消费金融公司、商业保理公司、货币经纪公司等建设，形成金融新业态。要加大地方金融机构改革，促进地方金融机构股权多元化。要制定《加快山西金融发展中长期规划》。要着力优化金融生态环境。把金融诚信环境建设作为信用山西建设的重要内容。建立金融机构资产质量考核通报制度，严厉打击非法集资和逃废债行为。建立科学规范的金融风险预警机制和应急处置机制，稳妥处置重大金融案件，确保区域金融稳定。要着力加强对全省金融工作的领导。加强对金融重大事项的组织、指导和协调，健全完善地方金融管理体制和机制，加强对金融干部人才的选用、引进和培训。要通过全省上下和各金融机构、监管部门的共同努力，重塑山西金融业新形象，使山西我国近代金融发源地再创辉煌。四要深化农村改革。坚持以改革促进农业、农村、农民工作，尽快完成农村土地承包经营权确权颁证工作，推进土地承包经营权流转。积极稳妥地推进农村产权制度改革，探索农民对承包地、集体资产和住房财产的抵押、担保、融资权能，赋予农民更多财产权。加快农村产权交易市场体系建设，有序引导农村土地承包权、集体林权、农村房屋等产权交易。着力培育新型农业经营主体，大力推广新型农业经营方式。五要大力推进民生领域改革。实现发展成果更多更公平惠及全省人民，必须加快社会事业改革，解决好群众最关心最直接最现实的民生问题。要紧跟时代发展步伐，准确把握群众诉求，不断完善教育卫生文化和社会保障等社会民生领域的改革举措，并抓好落实。

（三）构建扩大开放新格局，努力实现对外开放新突破。纵观世界经济发展，凡建立现代化经济的区域，无一不是开放型经济。我省对外开放，纵向看成绩很大，但横向比，在全国的排序呈下滑态势。2007年我省进出口总值在全国排第17位，中部省份排第4位，到去年，后退到全国24位，中部省份末位，今年1–10月，又后退到全国25位。

实际利用外资，2013年只有29.91亿美元，远远落后于中部其他5省。全省经济外向度仅为7.8%，远低于全国47%的平均水平。我省对外开放滞后，不仅严重制约资源型经济转型发展，而且开放度、透明度低，相对封闭，也是我省政治生态出现严重问题的重要原因之一。我们要把扩大开放，突出发展开放型经济作为破解资源型经济困局的突破口，实施以开放倒逼改革、以开放促进转型、以开放富民强省的战略，努力实现对外开放新突破。一要在招商引资、引进新型产业上实现新突破。目前中西部地区正在成为国内外产业转移的汇聚地，我们要抓住机遇，在引进重点产业上下功夫，以主体功能区规划为基础，以构建现代产业体系为目标，重点引进战略性、新型产业项目进驻山西。要探索加工贸易垂直整合方法，打造“一头在内、一头在外”、“整机+配套”的内陆加工贸易发展新模式。在引进项目的同时，积极引进相关研发中心、销售中心和结算中心，向产业链、价值链高端延伸。要抓住服务业全球化的机遇，同步扩大服务业对外开放，加大承接国际服务业转移和服务外包的力度。要支持服务业企业走出去，发展跨国经营，建立海外营销网络，全面提升外商投资的合资合作水平。二要在打造开放平台、提供开放型经济战略支撑上实现新突破。要积极建设开放口岸体系，扩大航空口岸开放，增开国际（地区）客运航线，扶持开通货运航线，积极发展临空经济产业。大力推进铁路口岸建设，重点做好与相关省市港口的对接，将港口功能延伸到省内，提升山西进出口物流“门到门”、“站到站”直达服务能力。以建立太原枢纽铁路开放口岸为突破口，实现铁海联运的无缝对接，为我省外贸物流提供畅通便利的出海口。要积极建设保税物流平台体系，举全省之力发展好太原武宿综合保税区，在具备条件的地市申建增设新的保税区。同时，按需要申建设立一批保税物流中心、保税仓库和出口监管仓库，在全省形成以综保区为中心、以保税监管场所为支撑，布局合理、便捷高效、整体联动、服务周到的保税物流平台体系新格局。要积极推进国际产业园区体系建设。学习借鉴德国北威州鲁尔区等发达国家（地区）转型发展的经验，在矿区生态修复治理、煤炭高效清洁利用和接续产业发展等方面开展国际合作。三要在构建对外开放体制机制上实现新突破。要完善相关政策，加大扶持力度，支持具有比较优势的企业开拓国际市场，提高出口产品竞争力。要着眼于发展我省传统优势产业和新兴支柱产业，最大限度放宽投资准入限制，加大招商引资与产业升级的对接力度。要全面推进通关无纸化改革，积极融入全国通关一体化改革,构建快速高效的立体通关体系。要依托山西科技创新城打造服务山西、辐射华北乃至国内外的科技研发中心，构建“引进来”和“走出去”良性互动的科技信息综合平台。要抓住京津冀经济一体化发展契机，加强区域合作交流，主动融入环渤海经济圈；加快推进晋陕豫黄河金三角区域合作，积极融入中原经济区。加大面向长三角、珠三角等沿海地区的招商及产业承接力度，进一步强化同港澳台及海外的交往和务实合作。要在继续办好能博会、农博会、晋商大会、文博会和装备制造业博览会的同时，积极引进国内外著名品牌会展，参加各类国家级展会，利用展会平台提升招商引资水平。四要在优化发展环境上实现新突破。要把优化发展环境作为硬任务，开展专项治理。重点是打造高效的行政服务环境、公平的政策法律环境、完善的市场运营环境、舒适的人文社会环境、天蓝地绿的自然环境，在全社会形成亲商安商容商富商的良好环境氛围，让好技术、好项目和优秀人才入晋留得住，成长见效快。五要在抢抓“一带一路”建设机遇上实现新突破。晋商曾历经千难万险，成为“万里茶道”的开拓者和古丝绸之路的拓展者。我们要充分利用我省历史人文、传统产业等优势，抓住国家强力推动“一带一路”建设的重大机遇，大力提升我省对外开放的广度和深度。要巩固、加强我省与39个国家已经建立的友好合作关系，有针对性地同这些境外友城在经济、贸易和文化等众多领域开展务实交流与合作，变外事资源为经济资源。

这里，我要强调的是，深化改革开放，先要解放思想。我们省相对封闭，开放明显滞后，思想不解放是重要原因。全省各级党组织特别是党员领导干部，一定要切实解放思想，增强忧患意识、责任意识、进取意识，以更大的勇气和智慧、更有力的措施和办法全力推进扩大对外开放，破解我们发展道路上的难题。

四、适应经济发展新常态，着力推进“六大发展”

发展始终是第一要务。长期以来，我省发展取得了明显成绩，但经济总量不大、质量不高，经济发展水平只有全国平均水平的80%左右。2013年全省人均GDP为34813元，是全国人均的83.07%；全省农村居民人均纯收入7154元、城镇居民人均可支配收入22456元，分别相当于全国的80.42%和83.31%。结构问题更加突出，2013年，全省重工业比重高达94.4%，轻工业只占5.6%。煤及其相关产业焦炭、冶金、电力规模以上企业主营业务收入占全省的78.33%。我们必须坚持以经济建设为中心，着力推进“六大发展”，努力破解难题，促进富民强省。

（一）着力推进“廉洁发展”。我们把廉洁发展放在首位，并不仅仅是强调其现实针对性，更要从发展的角度认识廉洁的重要性，把廉洁发展作为具有全局性、战略性和决定性因素高度重视、深入谋划、全力推动。一要充分认识推动廉洁发展的重要性。廉洁是时代的主题，是重要的发展环境。古今中外，凡是发展好的地方都是比较廉洁的。新加坡一直把廉洁作为国家战略，明确提出“为了生存，必须廉政；为了发展，必须反贪”。新加坡能够成功进入现代化，政府官员的清正廉洁是主要因素之一。世行《世界发展报告》中指出：“越来越多的外国投资者和国际援助机构，在进行投资和贷款时，将贪污贿赂行为列入要考虑的负面因素”。廉洁发展与发挥市场决定性作用是内在统一的，发挥市场的决定性作用必然要求厘清市场与政府的权力边界。廉洁发展是以人为本的发展，是经济发展与干部清正、政府清廉、政治清明的良性互动。只有廉洁发展，才能保证经济发展的同时，不会有成批的干部倒下，不会对发展造成阻碍、破坏。这方面，我省付出了沉痛代价，教训十分深刻。我们一定要自觉抵制“反腐败影响发展”的错误言论，坚定不移地推进廉洁发展。二要努力提高推动廉洁发展的本领。在当前高压反腐、狠刹“四风”、廉洁发展要求越来越严格的新形势下，有不少干部观念陈旧、知识匮乏、能力不强、本领恐慌，老办法不能用、新办法不会用，这也是“为官不为”的一个重要原因。我们一定要适应新形势新要求，尽快改变这种状况。各级领导干部要认清大势，注重学习，熟悉政策，提高素质，增强廉洁发展的本领。三要大力营造推动廉洁发展的环境。良好的廉洁发展环境，就是良好的政治生态。要在坚持以零容忍态度反腐的同时，把营造廉洁发展良好环境作为一项重大课题认真研究，采取系统性、针对性的措施，重塑商业伦理、重育商业文化，努力构建交往有道、相敬如宾、公私分明、清正廉洁的政商关系和发展环境。

（二）着力推进“转型发展”。转型发展，是带有根本性、方向性的重大问题，既是攻坚战更是持久战。我省的转型发展，要做好两篇大文章。第一是必须做好煤炭这篇大文章，坚持“革命兴煤”，推进煤炭产业“六型”转变。资源型经济发展，首先要解决内生动力不足问题。在国家明确要求实行煤炭消费总量控制的新形势下，煤炭产业主要依靠产量扩张的发展方式已成为历史，激活和增强内生动力非常迫切。要深入贯彻落实习近平总书记提出的能源“四个革命”的指示要求，走出一条“六型”转变、“革命兴煤”的新路，把我省建设成为国家综合能源基地。一是向“市场主导型”转变。核心是深化煤炭审批制度和管理体制改革，进一步确立企业的市场主体地位，着力加快建立健全煤炭矿业权一二级市场，充分发挥市场配置煤炭资源的决定性作用，让市场机制成为煤炭产业转型发展的主导力量。二是向“清洁低碳型”转变。以绿色开采、清洁利用为重点，最大限度减少采煤对环境的破坏；以技术进步为引领，推进煤炭及相关行业低碳发展，推进燃煤发电超低排放；以产权为纽带，推进煤电一体化深度融合；以政策为保障，完善煤炭清洁低碳发展的体制机制，实现高碳产业低碳发展、黑色煤炭绿色发展。三是向“集约高效型”转变。围绕提高产业集中度和市场话语权，全力抓好大基地、大集团建设，不断提高矿井的标准化、现代化水平，进一步推进煤炭资源整合、企业兼并重组，坚决淘汰落后产能，不断完善煤炭企业现代制度建设，提高企业的核心竞争力。四是向“延伸循环型”转变。以高端化、全循环、链条式发展为方向，重点推进煤炭产业延伸发展、煤化工链条式发展、煤机装备集群发展、煤炭固废综合循环利用，实现煤基产业多元发展，综合竞争力不断提升。五是向“生态环保型”转变。实施绿色发展战略，着力加大采煤沉陷区治理，实施矿区生态治理修复工程，推进煤炭外部成本内部化，完善矿区生态补偿机制，实现煤炭资源开发利用与生态环境相协调。六是向“安全保障型”转变。始终把安全生产放在首位，不断加大安全投入力度，推进科技兴安工作，推进本质安全体系建设，健全完善安全生产长效机制，全面落实安全生产责任制度，坚决杜绝重特大事故发生，确保煤炭产业安全发展。

第二是必须做好非煤产业发展这篇大文章，全力破解“一煤独大”的困局。我省产业结构“一煤独大”，煤炭市场的每一次下滑，对我省经济的影响都是全局性和十分严重的。我们要清醒地看到单靠煤炭产业既难强省也难富民的严酷现实，主动适应能源革命的新要求，从煤炭思维、资源依赖的禁锢中解放出来，在煤炭之外下功夫，选准着力点，大力培育发展新的支柱和优势产业。一要大力发展文化旅游产业。文化旅游资源是我省可与煤炭资源媲美的宝贵资源。我们山西表里河山，文明久远。国家级重点文物保护单位高居全国第一；宋金以前的木构建筑占全国同期建筑物的75%以上。我省的山水资源也非常丰富，“人说山西好风光”名副其实。我们要把握现代文化旅游产业的发展规律，大力发掘三晋历史文化的深厚底蕴，统筹推进文化和旅游体制改革，完善相关政策，促进文化与旅游深度融合，重点塑造和提升五台山、云冈石窟、平遥古城三大世界文化遗产和晋商大院等知名旅游品牌，规划建设一批具备休闲、度假、运动、养生、娱乐等服务功能的旅游综合体，推动全省文化旅游产品向观光、休闲、度假并重转变，着力建设宗教古建、晋商文化、太行山水、黄河文明、寻根问祖、红色胜地等旅游产业集聚区，不断完善省市县与景区旅游服务体系，努力将我省打造成文化旅游经济强省。二要大力发展装备制造业。我省装备制造业产业基础雄厚、门类比较齐全，是近年来发展较快的产业。下一步，要按照集群化、园区化、专业化、产业化的要求，优化产业布局，重点建设轨道交通、铁路、煤机等装备制造基地；按照标准化、智能化、高端化和集成化的要求，加快发展新能源汽车、煤层气探采储用装备等新兴产业；以“数字化、精密化、成套化”为导向，提升改造重型机械、电力装备、煤化工装备、液压件、纺机等传统优势装备制造业。三要大力发展新材料产业。铝矾土资源是我省仅次于煤炭的第二大矿产资源，现有1300万吨氧化铝生产能力；镁产业居全国行业第一位次，约占全国产量的1/3。要以精深加工和提升附加值为方向，加快发展以铝及铝镁合金材料、钕铁硼永磁材料、半导体照明材料为重点的新材料产业。四要大力发展新能源产业。我省太阳能资源丰富，全年日照约3000小时，仅次于青藏高原和西北地区，是全国太阳能资源丰富的地区之一，风能资源也很丰富。要充分发挥我省风能、太阳能资源丰富的优势，大力培育发展光伏发电、风电、水电和生物质发电等新能源产业，推进黄河大北干流古贤、碛口、禹门口水利枢纽和浑源、垣曲抽水蓄能电站建设。五要加快发展节能环保产业。抓住我省节能减排、环境修复、资源循环利用的巨大市场需求，强化政府引导，完善政策机制，培育规范市场，着力加强技术创新，大力提高技术装备、产品服务水平，把节能环保产业打造成我省重要的新兴支柱产业。六要大力发展食品医药产业。这是拉动消费、提高生活品质重要的朝阳产业，前景广阔，而且我省具有生产特色、健康食品得天独厚的自然资源优势和较为扎实的医药产业基础。我们要围绕促进食品产业持续较快发展，做大做强酒类、食醋、乳品三大传统食品产业，做精做细小杂粮、肉类加工、特色食用油、功能食品等特色食品产业，培育壮大饮料、淀粉制品、方便食品等现代食品产业，发挥龙头企业作用，塑造山西特色食品品牌。围绕加快医药产业发展，培育做强龙头企业，发展壮大特色医药产业集群，建设公共技术支撑平台，提高自主创新能力，全面提高晋药的影响力和竞争力。七要大力培育发展现代服务业。现代服务业发达程度，是衡量一个国家或地区现代化程度的重要标志。我们一定要抓住全球产业转型升级的机遇，以市场为导向，推进重点项目和公共服务平台建设，创新扶持机制，加大政策支持力度，推进现代服务业与工业、农业深度融合，推动我省产业向价值链高端提升，努力把我省建设成为中西部现代物流中心和生产性服务业大省。

（三）着力推进“创新发展”。创新是进步的灵魂，是兴旺发达的不竭动力。创新体现在各个领域、各个层面、各项工作和各个环节，这里我重点强调科技创新。我省作为资源型欠发达地区，科技创新不足是长期制约经济社会发展的主要短板。其中既有全国普遍存在的共性问题，也有比较突出的个性问题。要加快科技创新体系建设。大力实施创新驱动发展战略，以提高自主创新能力为核心，以促进科技与经济社会紧密结合为重点，实施好国家创新驱动发展战略山西行动计划，从体制机制上推动山西国家自主创新示范区创建。充分发挥科技在转变经济发展方式和调整经济结构中的支撑引领作用，紧紧围绕实现高碳资源低碳发展、黑色煤炭绿色发展、资源型产业循环发展等提供科技支撑，加快创新型山西建设。要选准科技创新的着力点和突破口。着眼于打造全国一流的科技创新平台，加快推进科技创新城建设，整合省内科技资源，引进一流研发机构，布局一流科技项目，培育一流科技企业，建立健全科技资源共享机制，使科技创新城尽快成为科技创新高地、引领发展高地。围绕煤炭清洁、安全、低碳、高效利用，落实煤基低碳科技创新攻关计划，努力在煤炭开采方式、煤炭产品开发和产业链发展、煤矿生态环境修复治理等关键领域实现重大技术突破，为煤炭产业转型提供技术支撑。要确立企业的科技创新主体地位。建立企业主导产业技术研发创新的体制机制，完善鼓励支持企业加大科技创新投入和推进技术产业化的政策。建立研发机构主要设在企业的机制，推进企业积极创建国家级、省级技术中心和自主创新示范基地，建立以企业为主体、市场为导向、产学研结合的技术创新模式。着力布局一批科技重大专项，推动战略性新兴产业加快发展。要努力提高协同创新能力。出台相应政策，鼓励科研院所、高等学校与企业共建学科专业和研发机构，启动一批能够调动企业、高校、科研院所各方积极性的重大协同创新项目，解决行业关键共性技术难题，组建产业技术创新联盟。要加大科技创新投入的力度。不断提高财政投入比重，积极争取设立科技银行，支持风险投资基金、私募股权基金发展，加快科技型企业在创业板上市，建立科技与金融的结合机制。要完善人才发展机制。坚持培养与引进并举的人才开发模式，以项目为载体，实施各类高端创新型人才培养、引进、使用工程，加强人才团队建设，建立全省人才数据库，鼓励科技人才创新创业。要高度重视小微企业特别是科技型小微企业的发展。科技型小微企业是创新的策源地，也是新兴产业成长的摇篮。要制定完善支持创新型小微企业、创新型人才成长的政策体系，为他们的萌生、成长提供良好的土壤和条件。

（四）着力推进“绿色发展”。这是我省实现经济、社会与生态环境协调、可持续发展的必然选择。2013年我省万元GDP能耗为1.63吨标准煤，是全国平均水平的2.2倍；二氧化硫、氮氧化物的排放量为9.96和9.19公斤/万元，分别是全国平均水平的3.07和2.6倍。要改变这种状况，必须把绿色发展融入到经济社会发展的各个领域，从根本上摒弃“吃资源饭、环境饭、断子孙路”的发展方式。要以循环经济为重点，构建绿色产业体系。要构建资源综合利用和能源梯级利用的现代循环经济产业体系，建立完善以资源产出率为核心的循环经济评价指标体系，开展循环经济发展成效的评估。我省传统主导产业都具有高能耗、高污染、高排放特征，而且相当多的废弃物具有很高的回收利用价值，仅现存的12亿多吨煤矸石，就可产生等同于3.5亿多吨优质动力煤的热能。要加快国家工业固体废物综合利用基地建设试点工作，加快“四气”（煤层气、天然气、焦炉煤气和煤制天然气）产业一体化、规模化、专业化发展，提高回收利用率。要严格淘汰落后产能，严控“两高”行业新增产能。要以兴水增绿为重点，加强生态环境治理保护。我省生态基础脆弱，植被覆盖低，水土流失、缺水和水资源破坏严重。要严守我省主体功能区规划确定的生态红线和开发底线，大力植树造林，注重提质增效，积极推进林业“六大工程”建设,不断提高全省森林覆盖率和碳汇蓄积量，构筑生态屏障。要统筹山水林田湖治理，加大以大水网为中心的重点水利工程建设力度，提高我省生产生活用水和生态用水的保障能力。要系统推进水土保持、水污染防治、水生态保护、空中水资源开发利用和造林绿化、退耕还林、湿地保护等工作，突出抓好汾河等重点流域生态环境修复治理。要加快包括采煤沉陷区、采空区在内的矿山生态恢复治理，做到补上旧账，不欠新账。要以雾霾治理为重点，持续开展整治违法排污企业、冬季大气污染联防联控、违法排污排查整治、省城环境治理等专项行动，不断提升我省环境质量水平。

（五）着力推进“安全发展”。安全是我省发展的最大前提，也是头号民生问题。尽管近年来取得了较大成绩，但安全发展的根基还不牢固，部分行业领域安全形势依然严峻。安全责任，重于泰山。一要始终如一地抓好重点领域的安全生产。我们必须坚决贯彻落实习近平总书记“发展决不能以牺牲人的生命为代价，这必须作为一条不可逾越的红线”的重要指示，始终把安全生产放在首位，警钟长鸣，常抓不懈。要突出抓好煤炭、非煤矿山、尾矿库、交通运输、危险化学品、油气管道等领域的集中整治，保障生产生活安全。严厉打击食品药品安全违法行为，建立健全生产经营者首负责任制、全过程监管机制和质量安全责任追究制度，加强水资源保护，全面提升食品药品饮水等监管水平。二要健全安全生产长效机制。要深化安全生产管理体制改革，建立完善隐患排查治理体系、安全预防控制体系、应急处置机制和监督管理机制。严格执行新修订的《安全生产法》，认真落实“党政同责、一岗双责、齐抓共管”的安全生产责任体系，落实企业的安全生产主体责任，坚决遏制重特大安全事故发生。三要保持社会安全稳定。社会安定是人民群众的福祉，也是推进各项事业发展的前提。要积极主动做好信访工作，努力化解各类社会矛盾，切实把隐患消除在萌芽状态。要深化平安山西建设，创新立体化治安防控体系；深入开展打黑除恶斗争，坚决防止发生突发性群体事件和暴力恐怖事件。做好防灾减灾救灾工作，最大限度地保障人民群众的生命财产安全，全力维护社会稳定。

（六）着力推进“统筹发展”。统筹发展是推进发展的基本方法。一要统筹“四化”发展。目前，我省处在工业化的中期，必须以工业新型化为主导，大力推进经济结构战略性调整，促进产业布局不断优化，为城镇化和农业现代化提供重要支撑。必须把城镇化作为关键载体，作为扩大内需和改善民生的战略基点，继续完善“一核一圈三群”城镇空间布局，以太原晋中同城化为重点，加大区划调整力度，推动城镇集群发展，实现人口城镇化与土地城镇化相协调，为工业化和农业现代化注入活力。必须把农业现代化作为重要基础，继续完善优化全省农业产业布局，不断提高农业综合生产能力，巩固农业基础地位，提高农业产业化水平，为工业化和城镇化提供支撑。必须把信息化作为引领，大力发展信息技术产业，加快信息基础设施建设步伐，以互联网为平台，以宽带为基础，以“智慧城市”建设为重点，推动物联网、云计算、大数据等新一代信息技术在农业、工业、流通、社会治理、城市管理等各领域的创新应用，提高全省信息化水平。二要统筹城乡发展。要以“城乡一体化发展”为目标，加快推进户籍制度改革，因地制宜实行差别化落户政策，建立“以人为本、规范有序”的新型户籍制度；加大公共资源向农村配置的力度，逐步形成城乡一体的基础设施体系、均衡发展的教育体系、公共卫生体系、公共文化服务体系和公共财政体系，逐步实现城乡基本公共服务均等化；要加快完善城乡发展一体化体制机制，统筹城乡要素配置，加快形成以城带乡、城乡互惠的新型城乡关系。要切实采取措施，加快县域经济发展，加快形成统筹城乡发展新格局。三要统筹经济社会发展。要在促进经济发展的同时，抓好各项社会事业的发展，不断加强保障和改善民生工作。各级党委政府都要从民生改善的实际需要出发，坚持每年都为群众办几件大事、好事、实事。这里我特别强调要突出解决好三大问题。一是就业问题。就业是民生之本，就业问题既是经济问题，更是社会问题。2013年我省城市登记失业人数为21.4万多，农村季节性失业人员200万左右，应届大学生总量18.4万余人，创历史新高。今年由于经济下滑，特别是煤炭、钢铁、焦炭等产能过剩、开工不足以及结构调整升级，竞争性失业和结构性失业问题更为突出，就业形势十分严峻。必须把就业作为重大战略任务来抓。要建立经济发展和扩大就业联动机制，着力实施高校毕业生创业引领和就业促进计划，大力扶持小微企业和劳动密集型产业发展，统筹抓好农村剩余劳动力、转移人口和城镇困难人员、退役军人、残疾人等群体的就业工作。二是城乡居民收入问题。这个问题是经济社会发展中的一个关键性问题。我省城乡居民收入长期低于全国平均水平，且城乡收入差距较大。当前和今后一个时期，我们必须坚持“两同步、两提高”，千方百计提高城乡居民收入水平，千方百计缩小城乡居民收入差距。这方面，特别要抓好扶贫攻坚，把集中连片特困地区作为主战场，坚持精准识别、精准帮扶、精准管理，全面提升产业投资扶贫、异地扶贫搬迁水平,加快提高贫困地区农民收入。三是城乡人居环境问题。这是个重大的民生问题。我省许多城乡人民群众居住条件差、困难大、安全隐患多，特别是采煤沉陷区、偏远贫困山区、城市棚户区、“城中村”和工矿棚户区居住的群众改善居住条件的愿望十分强烈。近几年虽然我们做了大量工作，但与群众的需求相比还有很大差距，我们必须进一步加大力度，加快改造步伐。要以文明、卫生、环保等城乡创建活动为引领，下大力气整治城乡居民居住环境“脏乱差”问题，全力实现城乡清洁卫生，提高人民群众宜居和健康水平。推进统筹发展，要把各方面的力量充分调动进来。要注重统筹军民融合发展，关心支持驻晋部队和武警队伍建设，充分发挥子弟兵的独特作用。

五、认真落实新时期从严治党要求，切实加强党的建设

加强党的建设始终是我们做好各项工作的坚强保障。各级党委必须进一步强化管党治党意识，把抓好党建作为最大的政绩，认真落实管党治党主体责任，把从严治党要求贯彻落实到党的建设各项工作中，形成惩治腐败不松手、作风建设不松懈、干事创业不松劲的良好局面。

（一）严明党的政治纪律，坚决维护中央权威。在任何情况下都要做到政治信仰不变、政治立场不移、政治方向不偏。要坚决与党中央保持高度一致。深入学习贯彻习近

平总书记系列重要讲话精神，坚决贯彻执行党的路线方针政策，在思想上政治上行动上同以习近平同志为总书记的党中央保持高度一致，坚决把党中央对山西工作的指示要求和省委的决策部署落实到位。要严肃党内政治生活。认真抓好党内政治生活制度的落实，推动党内政治生活经常化、规范化。特别要运用好批评和自我批评这个锐利武器，坚决反对党内政治生活随意化、庸俗化。要确保党的政治纪律执行到位。加强党的政治纪律情况检查，严肃查处并坚决纠正违反政治纪律的行为，真正使政治纪律成为“带电的高压线”。

（二）落实“两个责任”，强化党风廉政建设。加强党风廉政建设，净化我省政治生态，要始终保持反腐败高压态势，落实“两个责任”。要落实党委的主体责任。各级党委（党组）要进一步强化党的意识、责任意识、忧患意识，主要负责同志要切实履行党风廉政建设第一责任人责任，班子成员要认真落实“一岗双责”。对主体责任落实不力的，我要约谈市委书记，市委书记要约谈县（市、区）委书记，层层传导压力，层层督促落实。要落实纪委的监督责任。各级纪委（纪检组）要在职责范围内，及时发现和处理落实党风廉政建设主体责任、监督责任工作中的问题。对群众反映问题较多、党风廉政建设社会评价不高，以及在监督检查、经济责任审计、巡视过程中发现存在苗头性、倾向性问题的部门和单位，要及时约谈其主要负责人，进行提醒并督促整改。要严格责任追究。对党风廉政建设党委主体责任和纪委监督责任落实不力，致使发生重大腐败案件，或在较短时间内连续发生违反中央八项规定精神问题、“四风”问题和损害群众利益行为的，要严格“一案三查”，严肃追究责任。

（三）严把用人标准，坚决匡正选人用人风气。选人用人是决定事业发展的关键，也是影响党的执政地位和形象的主要因素。我们必须下大力气做好这方面工作。要始终坚持新时期好干部标准。坚持“德才兼备、以德为先、以廉为基”用人导向，充分发挥党组织在选人用人中的领导和把关作用，把德作为第一标准，把廉作为基本条件，把绩作为重要依据，真正把好干部选出来用起来。要严厉整治选人用人不正之风。认真开展“三个一批”和“一倒查六整治”工作，坚决甄别处理一批不廉洁、乱作为的干部、调整退出一批不胜任、不作为的干部、掌握使用一批敢担当、善作为的好干部；深入整治违反干部任用标准和程序、跑官要官和说情打招呼、“三超两乱”、档案造假、违规兼职、“裸官”等突出问题。对违规用人行为要发现一起、查处一起、通报一起，从源头上预防和遏止“带病提拔”“带病在岗”。

（四）强化日常监督，从严教育管理干部。从严治党核心是从严治吏，要让领导干部时刻保持“如履薄冰”的敬畏心理。要把教育管理监督干部的功夫下在平时。加强对干部的经常性教育，注重用身边的事教育身边的人，引导各级党员干部在党言党、在党忧党、在党兴党、在党护党，固根守魂，筑牢思想防线。要充分运用谈心谈话、函询和诫勉谈话等手段，对干部的苗头性、倾向性问题及时提醒纠正，架设“警戒线”，打好“预防针”。要严格落实各项规章制度。严格落实领导干部重大问题、重要事项请示报告制度，领导干部个人有关事项报告制度，新提任领导干部有关事项公开制度，重大决策行为终身责任追究制度，不留“暗门”、不开“天窗”，真正使制度成为硬约束。要严厉整饬不严不实、不勤不干、不才不担的干部，依纪依法处理不法不羁、不端不轨的干部。该诫勉的诫勉，该调整的调整，该问责的问责，该查处的查处。同时，要关心和爱护干部，对在大胆探索、推进改革中有失误的干部，要宽容，支持纠错，最大限度激发干部干事创业活力。

（五）坚决刹住“四风”，持续推进作风建设。通过扎实开展党的群众路线教育实践活动，“四风”蔓延势头得到遏制，但“树倒根存”，基础还不稳固，我们一定要保持高度警惕，巩固教育实践活动成果，坚决打赢作风建设这场攻坚战、持久战。要认真抓好整改。认真组织党的群众路线教育实践活动“回头看”，对照整改清单一抓到底，做到整改一个、销号一个，确保责任到位、措施到位、落实到位。要继续正风肃纪。坚持警钟长鸣，紧盯元旦、春节等重要节点，对新出现的“四风”隐形、变异问题，重拳出击、露头就打，坚决遏制“四风”反弹回潮。要深入推进专项整治。紧紧扭住中央21项专项整治任务和省委部署的重点领域专项整治，明确责任、细化措施、分解任务、抓好落实。

（六）狠抓基层党的建设，不断夯实基层基础。我们常讲基础不牢，地动山摇。各级党委（党组）要始终把抓基层打基础作为固本之策，扎扎实实解决基层党组织软弱涣散的问题。要树立狠抓基层党建的鲜明导向。各级党委（党组）要眼睛向下、重心下移，凝心聚力抓基层打基础，重点解决好基层党组织的工作经费、报酬待遇、活动场所等问题。要突出抓好基层班子和队伍建设。以正在开展的村居“两委”换届为契机，严肃换届纪律，选好配强“两委”班子。要着力加强基层党组织带头人队伍建设，特别是加强“薄弱村”“城中村”“信访村”带头人队伍建设。要坚持不懈整顿软弱涣散的基层党组织，切实加强对党员的教育和管理，妥善处置不合格党员，全面提高基层党建水平。要全面落实基层党建工作责任制。健全和完善对基层党建工作的述职、评议制度，加大对抓基层党建工作的考核力度，确保党建责任落实到位。

（七）始终坚持思想建党，不断强化思想政治工作。思想建党始终是加强党的建设必须坚持的一项基本原则。在当前这样一个特殊时期，强调思想建党，加强党的思想政治工作尤为重要。要加强思想政治教育。深入学习习近平总书记系列重要讲话精神，切实加强理想信念教育、党性党风教育、忠诚教育、从政道德教育和廉政警示教育，让广大党员干部特别是领导干部始终把世界观、人生观、价值观这一“总开关”拧紧，认真践行社会主义核心价值观，牢固树立正确的是非观、义利观、权力观、事业观，真正受警醒、明底线、知敬畏。要加强宣传引导。牢牢掌握意识形态工作的主动权，充分运用文学、艺术等多种形式和报刊、电视、网络等各类媒体，大力宣传我省从严治党的新成效、反腐倡廉的新成效、作风建设的新成效和改革发展的新成效；加强对社会舆情特别是网络舆情的分析研判，及时引导解决苗头性、倾向性问题，旗帜鲜明地唱响主旋律。充分发挥工青妇等群团组织、各民主党派及各类社会组织在思想政治工作方面的特殊作用，最大限度地集聚正能量。

同志们，我们山西历史悠久，人文荟萃。千百年来，勤劳智慧的三晋儿女用忠诚和智慧、激情和热血、坚韧和奉献为中华文明做出了重要的贡献，创造了丰富厚重、弥足珍贵的优秀文化，这是今天激励全省3600万人民开拓进取、激浊扬清、重塑形象、再铸辉煌的宝贵财富。要大力弘扬我省源远流长的法治文化。从春秋晋文公时代“郭偃之法”到晋文公之后的赵盾之法和范宣子所铸“刑书”，再到战国时期李悝、吴起、西门豹等法家在魏国的变法和申不害在韩国的改革，尤其是荀子以“引法入礼、礼法统一”和韩非子以“刑过不避大臣，赏善不避匹夫”的法治思想，代表三晋先贤为中华优秀法治文化作出了杰出贡献。我们要继承和弘扬三晋优秀法治文化，把其中崇尚法治、公平正义的精神融入法治山西建设之中。要大力弘扬我省博大精深的廉政文化。历史上，我们三晋大地廉政文化生生不息，廉政名人层出不穷。唐代著名宰相狄仁杰，清正廉洁、刚正不阿、不畏权贵、为民做主。宋代著名宰相司马光写出了流芳千古的史学巨著《资治通鉴》，其中蕴含着十分丰富的治国理政的廉政思想，他本人也知行合一，一生清廉。清朝康熙帝师陈廷敬，曾任吏部尚书、文渊阁大学士，以清廉正直闻名，成为一代名相。清朝康熙年间的于成龙，对国家忠心耿耿，对百姓充满慈爱，对事业勤勉务实，功绩卓异。于成龙无论是在偏僻艰苦的地方任职，还是在繁华富庶的地方为官，都穿的是粗布袍褂，吃的是青菜稀粥，其高尚品格、清廉精神令世人敬仰，被誉为“天下廉吏第一”。在深入推进党风廉政建设和反腐败斗争的新形势下，学习借鉴我省历史上的廉政思想和廉政举措，对推进我省从严治党、廉洁发展意义十分重大。要大力弘扬我省光耀千秋的红色文化。在中国革命血与火的考验中，三晋大地无数的英雄儿女抛头颅、洒热血，前赴后继、英勇奋战，为国家独立和民族解放无私奉献。我们山西的共产党员和人民群众用鲜血和生命铸就了气贯长虹的革命老区精神，催生了壮美瑰丽的红色文化，始终激励着我们攻坚克难、一往无前。革弊立新、激浊扬清，要把弘扬三晋优秀法治文化、廉政文化同弘扬红色文化紧密结合起来，在中国特色社会主义先进文化的引领下，激发和凝聚全省广大干部群众振奋精神、坚定信心、励精图治、富民强省的强大力量。

同志们，当前全省上下正在开展以“深入学习习近平总书记系列重要讲话精神、净化政治生态、实现弊革风清、重塑山西形象、促进富民强省”为主题的“学习讨论落实”活动，各级党组织要把开展活动与贯彻落实这次会议精神紧密结合起来，以活动的扎实开展为这次会议精神的全面贯彻落实奠定坚实的思想基础和工作基础。

这里，我还想特别强调两点：一是我们山西大多数干部是好的。中央对省委班子作出重大调整以来，广大干部认真贯彻落实党中央对山西工作的重要指示要求，落实省委的安排部署，在思想上政治上行动上同以习近平同志为总书记的党中央保持了高度一致。对此，省委是充分肯定的，对广大干部是充分信任的。二是实现弊革风清、富民强省必须紧紧依靠全省广大干部群众。省委常委班子来自五湖四海，不论籍贯在哪里、不论过去工作在哪里，从中央任命那一天起，就已经融入了山西大地、融入了山西人民，就已经成为山西人了，就已经开始与大家一道团结拼搏、风雨同舟，担当起革弊立新、富民强省的历史责任。我们充满信心，一定要让山西人民生活得更加美好，一定要向党中央和全省人民交上一份合格的答卷。

同志们，让我们紧密团结在以习近平同志为总书记的党中央周围，以习近平总书记系列重要讲话精神为根本指针，在省委、省政府的领导下，团结带领全省人民，为开创我省净化政治生态、实现弊革风清、重塑山西形象、促进富民强省的新局面而努力奋斗！

中共山西省委
关于贯彻落实党的十八届四中全会精神
加快推进法治山西建设的实施意见

晋发〔2014〕34号

（2014年12月7日中共山西省委十届六次全体会议通过）

党的十八届四中全会是在我国全面建成小康社会进入决定性阶段召开的一次重要会议。全会通过的《中共中央关于全面推进依法治国若干重大问题的决定》（以下简称《决定》），提出了全面推进依法治国的指导思想、总体目标、基本原则、主要任务，为在新的历史起点上全面推进依法治国、加快建设社会主义法治国家指明了方向。为抓好《决定》精神的贯彻落实，加快推进法治山西建设，提出如下实施意见。

一、深刻认识加快推进法治山西建设的重要性和紧迫性

（一）充分认识重大意义。法治是人类文明进步的重要标志，是实现国家治理体系和治理能力现代化的必然要求。全面推进依法治国，事关人民幸福安康、事关社会公平正义、事关国家长治久安、事关我们党执政兴国的根本大业。当前，我省正处在一个重要历史关头，改革发展稳定的任务异常繁重，肃清系统性、塌方式严重腐败问题的任务异常艰巨。面对这种严峻、复杂、尖锐、特殊的形势，要从根本上刷新吏治、凝聚民心、革弊立新、激浊扬清，完成“净化政治生态，实现弊革风清，重塑山西形象，促进富民强省”的目标任务，必须坚持依法治理、标本兼治，按照依法确定权力、科学配置权力、制度约束权力、阳光行使权力、合力监督权力、严惩滥用权力的“六权治本”思路，把权力真正关进制度的笼子里。同时，随着工业化、城镇化、信息化的深入发展，随着资源型经济转型综改试验区建设的不断深化和各方面改革措施的逐步出台，各种矛盾、风险、挑战更加突出，要更好地统筹社会力量、平衡社会利益、调节社会关系、规范社会行为，实现激发活力和维护秩序相协调，必须充分发挥法治的引领和规范作用，发挥法治在民主性、统一性、权威性、稳定性、预见性、操作性等方面的内在优势，最大限度地凝聚全省共识，为实现全面建成小康社会目标而努力。

（二）清醒认识法治山西建设的现状。长期以来，特别是党的十一届三中全会以来，我省高度重视法治建设，先后出台《法治山西建设实施纲要》和《关于深化法治山西建设的实施意见》（晋发〔2013〕15号），作出建设法治山西的重大决策部署，法治山西建设得到积极推进，地方立法有所加强，执法司法水平逐步提高，体制机制不断完善，全社会法治观念明显增强。但是，必须清醒看到，与时代发展要求和人民群众的期待相比，同推进治理体系和治理能力现代化的目标相比，我省法治建设还存在较大差距和许多问题，有些还相当突出，主要表现为：地方立法的针对性、科学性、操作性、时效性不强，立法工作形式化、部门化和争权诿责现象较为突出，现有地方性法规中过时规定、冲突条款和机制漏洞还比较多；执法司法过程中有法不依、执法不严、违法不究现象比较严重，执法体制权责脱节、多头执法、选择性执法现象仍然存在，执法不规范、不严格、不透明、不廉洁现象较为突出，人民群众对执法司法不公和腐败问题反映强烈；崇尚法治的社会氛围不浓，鼓励依法维权、褒奖依法办事的激励机制尚未形成，一些社会成员缠访闹访、以访施压、扰乱社会秩序的问题大量存在，一些公职人员特别是领导干部知法犯法、以言代法、以权压法、徇私舞弊、贪赃枉法的问题十分严重；基层法治工作者队伍建设还比较薄弱，专业化、职业化、规范化程度比较低，能力素质和纪律作风还不适应加快推进法治建设的要求。这些问题，严重违背社会主义法治原则，制约法治山西建设深入推进，损害人民群众利益，妨碍经济社会健康发展，必须采取切实措施加以解决。

（三）推进法治山西建设的总体要求。全面贯彻落实党的十八大和十八届三中、四中全会精神，高举中国特色社会主义伟大旗帜，以马克思列宁主义、毛泽东思想、邓小平理论、“三个代表”重要思想、科学发展观为指导，深入贯彻习近平总书记系列重要讲话精神，坚定不移走中国特色社会主义法治道路，围绕“建设中国特色社会主义法治体系，建设社会主义法治国家”的总目标，始终坚持党的领导、坚持人民主体地位、坚持法律面前人人平等、坚持法治和德治相结合、坚持从山西实际出发，坚决维护宪法法律权威，依法维护人民权益、维护社会公平正义、维护国家安全稳定，促进全省治理体系和治理能力现代化，为实现山西廉洁发展、转型发展、创新发展、绿色发展、

安全发展、统筹发展,为全面深化改革、全面建成小康社会提供有力的法治保障。

二、维护宪法法律权威，提高地方立法水平

（四）落实宪法实施和监督制度。把强化宪法实施作为法治建设的根本任务，切实维护宪法的尊严和权威。强化各级领导干部依宪治国、依宪执政意识，组织全社会深入学习宪法基本知识和基本原则，推动形成崇尚宪法、遵守宪法、维护宪法的浓厚氛围。每年十二月四日，在全社会组织开展弘扬宪法精神的系列专题活动。依据全国人大有关规定，落实宪法宣誓制度，组织地方各级人大及其常委会选举或者决定任命的国家工作人员在正式就职时公开向宪法宣誓。完善规范性文件备案审查制度，制定出台《山西省各级人大常委会规范性文件备案审查条例》，把所有规范性文件纳入备案审查范围，依法撤销和纠正违宪违法的规范性文件。加强各级人大对宪法法律实施的监督，定期组织开展宪法实施监督活动，严肃追究和纠正一切违反宪法的行为。

（五）完善地方立法体制。加强党委对地方立法工作的领导，健全重大问题决策程序。对地方性法规制定和修改的重大问题，人大常委会党组必须报同级党委讨论决定。发挥人大及其常委会在法规立项、法规起草、立法决策中的主导作用，涉及全省性、综合性、基础性重大事项的法规草案，由省人大及其常委会有关工作机构组织起草。加强人大立法能力建设，增加有法治实践经验的专职常委比例，依法建立健全专门委员会、工作委员会立法专家顾问制度，建立全省立法专家信息库和立法咨询基地。完善政府立法体制和规章制定程序，完善公众参与政府立法机制，重要的行政管理地方性法规和政府规章草案由政府法制机构组织起草。明确省、市两级立法权限和范围，对部门间争议较大的立法事项由决策机关引入第三方评估机制，坚决反对并有效防止地方保护主义和部门利益法制化。做好设区的市人大及其常委会行使立法权的有关工作，及时制定相关指导意见。

（六）深入推进科学立法、民主立法。把深入调查研究、广泛征求意见、充分沟通协商、科学论证评估、依法审议表决作为立法的基本程序，最大限度凝聚社会共识、提高立法质量。健全向下级人大征询立法意见和立法起草征求人大代表意见制度，把审议代表议案、办理代表建议同制定和修改地方性法规紧密结合起来，逐步实行本级人大代表分专业分重点参与地方立法工作机制，增加人大代表列席人大常委会会议人数，更多发挥人大代表参与起草和修改法规的作用。探索建立委托第三方起草法规草案的机制，逐步扩大立法专家参与起草法规的范围，形成开放多元的地方法规起草工作格局。发挥高等院校立法专家咨询基地的作用。充分开展立法协商，发挥政协委员、民主党派、工商联、无党派人士、人民团体、社会组织在立法协商中的作用，探索建立有关国家机关、社会团体、专家学者等对立法中涉及的重大利益调整论证、评估、咨询机制，努力预防立法决策可能造成的风险。建立基层立法联系点制度，拓宽公民有序参与立法途径，创新立法项目公开征集机制，实行立法规划、立法计划和法规规章草案向社会公开征求意见制度，完善立法重大事项听证制度，建立对公众意见与建议采纳情况限期反馈制度。健全立法协调机制，修改《山西省地方立法条例》，加强省人大与省政府之间的立法工作协调，对部门间争议较大的重要立法事项，由省人大引入第三方评估机制，充分听取各方意见协调决定，避免久拖不决。完善立法审议和表决程序，一般实行两审制，涉及面广、情况复杂、分歧较大的实行三审制。对法规草案重要条款可以单独表决，提高立法的精细化程度。加强地方立法后续评估工作。完善法规规章清理机制，对现有地方性法规、政府规章和规范性文件组织开展全面清理。

（七）围绕“六大发展”加强重点领域地方立法。结合我省地方立法实际，坚持立改废释并举，努力实现立法与改革决策相衔接、与经济社会发展相协调、与人民群众期待要求相呼应，做到重大改革于法有据、立法工作主动适应改革发展需要。在制定和完善国家有关法律实施细则的同时，今后一个时期重点加强以下领域地方立法工作：一是围绕廉洁发展，抓紧完善矿业权管理、土地开发、房地产、基础设施建设等重点领域和行政审批、招投标、资金分配等关键环节的法规制度，抓紧完善推进人大监督、确保依法决策、发展协商民主、规范基层民主等方面的法规制度，促进资源市场化配置，监督权力规范化行使。二是围绕转型发展，抓紧完善煤炭行业管理方面的法规制度，抓紧制定促进资源产业转型和促进装备制造、新型材料、文化旅游、现代服务、现代农业等新兴产业加快发展的法规制度。三是围绕创新发展，抓紧完善知识产权保护、科技成果转化、科技服务体系建设、科技体制改革、科技人才引进、产学研合作、优先发展教育等方面的法规制度，抓紧完善促进各类开发区健康发展的法规制度。四是围绕绿色发展，抓紧完善资源节约、生态保护、污染防治、采煤沉陷区治理、生态补偿等方面的法规制度，为循环经济、低碳经济、绿色经济发展创造条件。五是围绕安全发展，及时把近年来安全生产、矛盾化解、维护稳定等方面行之有效的经验做法上升为地方法规，抓紧制定安全生产管理、社会治安防控、矛盾纠纷调解、社会治理创新、社会风险评估、互联网安全管理、食品药品安全、消防安全、道路交通安全、防灾减灾等方面的法规制度。六是围绕统筹发展，抓紧制定城镇化规划、城中村改造、新农村建设、集中连片扶贫、民营经济发展、区域经济合作、外向型经济发展、军民融合发展等方面的法规制度，抓紧完善法律援助、社会保障、教育均衡、保障性住房、公共文化服务、全民健身运动等改善民生的法规制度。

三、加快法治政府建设，全面提高依法行政水平

（八）依法全面履行政府职能。各级政府必须在党委的领导下，依法全面履行政府职能。结合政府职能转变和机构改革，贯彻依法确权、科学配权、制度限权的精神，依法规范和界定省、市、县、乡各级政府及其职能部门的法定权力和责任。按照职能部门起草、编制和法制部门核定、广泛征求意见、充分论证评议等程序依法合规通过，按国家要求公布各级政府及其部门的权力清单和责任清单，推进政府机构、职能、权限、程序、责任法定化，构建和形成“法定职责必须为、法无授权不可为”的体制机制，严禁在宪法法律之外出台减损公民、法人和其他组织合法权益或者增加其义务的行政决定，坚决消除权力设租寻租空间。按照中央明确的省、市、县各级政府事权框架，强化省政府统筹推进基本公共服务均等化职责，强化市、县两级政府执行职责，推进各级政府事权规范化、法治化。

（九）规范和完善行政决策机制。加强行政决策程序建设，把公众参与、专家论证、风险评估、合法性审查、集体讨论决定作为重大行政决策的法定程序，确保决策制度科学、程序正当、过程公开、责任明确。建立重大决策公开征求意见和民主协商制度，广泛征求公众意见，专业性较强的应当听取相关领域专家意见，涉及群体性利益调整或可能产生社会稳定风险的必须开展社会稳定风险评估。县级以上政府及其部门作出重大行政决策前，应当由政府法制机构或本部门法制机构进行合法性审查，未经合法性审查或经审查不合法的，不得提交讨论。积极推行政府法律顾问、公职律师制度，建立以政府法制机构人员为主体、吸收专家和律师参加的法律顾问队伍，实行法律顾问、公职律师列席重大会议、参与重要文件起草制度，保证法律顾问、公职律师在制定重大行政决策、推进依法行政方面发挥法律把关作用。建立重大决策后评估制度，完善政策修订机制。建立重大决策终身责任追究制度及责任倒查机制，按照“谁决策、谁负责”的原则，对决策严重失误或者依法应该及时作出决策但久拖不决造成严重后果的，以及超越法定权限、违反法定程序作出决策的，严格追究行政首长、负有责任的其他领导人员和相关责任人员的法律责任。

（十）深化行政执法体制改革。根据各级政府事权职能，省级政府部门主要承担重大、复杂、跨区域执法职能，对与人民群众日常生活、生产直接相关的行政执法活动，主要由市、县两级行政执法机关实施，推动执法重心下移，合理配置执法力量。大力推进实施综合执法，大幅减少市、县两级政府执法队伍种类，重点在食品药品安全、工商质监、公共卫生、安全生产、文化旅游、土地矿产、资源环境、农林水利、交通运输、城乡建设等领域内推行综合执法，有条件的领域可以推行跨部门综合执法，着力解决权责交叉、多头执法、多层执法和执法缺位的问题。完善市、县两级政府行政执法管理，规范相对集中行政处罚权工作。理顺行政强制执行体制。理顺城管执法体制，加强城市管理综合执法机构建设，加强执法队伍管理和监督，提高执法和服务水平。严格实行行政执法人员持证上岗和资格管理制度，未依法取得执法资格的，不得从事执法活动。严格执行罚缴分离和收支两条线管理制度，严禁收费罚没收入同部门利益挂钩。健全行政执法和刑事司法衔接机制，充分发挥行政执法与刑事司法衔接工作联席会议的作用，进一步完善案件移送标准和程序，建立行政执法机关、公安机关、检察机关、审判机关之间的信息共享、案情通报、案件移送制度，完善案件移送和受理监督机制，建立有案不移、移案不收和以罚代刑的责任追究制度，实现行政处罚和刑事处罚无缝对接。

（十一）深入推进执法规范化建设。把严格、规范、公正、文明作为提高行政执法水平的基本要求，加大行政执法力度，严厉查处关系群众切身利益的重点领域违法案件，切实维护公共利益和经济社会秩序。以行政许可、行政处罚、行政强制、行政征收、行政收费、行政检查为重点，完善执法程序，规范操作流程，实行全程记录，确保行政执法人员依法律、按程序履行职责。严格执行重大执法决定法制审核制度，强化各部门法制机构的把关职责，未经审核的不得作出决定。建立健全行政裁量权基准制度，细化、量化行政裁量标准，规范裁量范围、种类、幅度，规范自由裁量权的行使。以执法信息化为引领，加强各级行政机关网上办事平台建设，切实提高执法效率和规范化水平。全面落实行政执法责任制，依法界定执法职责，科学设定执法岗位，加强执法评议考核，强化执法责任追究机制。加大执法监督力度，坚决惩治执法不公和执法腐败现象。建立干预执法记录、通报、追责制度和秉公执法保护机制，坚决排除对执法活动的干预。正确处理执法与服务的关系，做到文明执法、热情服务，深化服务型政府建设。

（十二）切实强化对行政权力的监督制约。坚持合力监督权力，健全党内监督、人大监督、民主监督、行政监督、司法监督、审计监督、社会监督、舆论监督制度体系，完善事前监督、事中监督、事后监督制度体系，实现对权力运行的全方位、全过程监督，增强监督合力、提升监督实效。突出加强对行政机关主要领导岗位的监督，加强对涉及群众切身利益的审批许可、证照办理等办事窗口的监督，加强对财政资金分配使用、国有资产监管、政府投资、政府采购、公共资源转让、公共工程建设、城市规划审批等重点领域和关键环节的监督，坚决遏制权力寻租和腐败蔓延势头。完善内部层级监督和流程控制机制，落实上级机关对下级机关的监督责任，对权力集中的部门和岗位实行分事行权、分岗设权、分级授权、定期轮岗，防止权力滥用。依法受理公民、法人和其他组织对行政机关的投诉、举报，依法查处和及时纠正行政违法行为。完善纠错问责机制，健全责令公开道歉、停职检查、引咎辞职、责令辞职、罢免等问责方式和程序，做到有错必纠、有责必问。

完善审计制度，保障审计机关依法独立行使审计监督权，对公共资金、国有资产、国有资源和领导干部履行经济责任情况实行审计全覆盖，强化审计结果运用。强化上级审计机关对下级审计机关的领导，探索省以下地方审计机关人财物统一管理，推进审计职业化建设。

（十三）落实政务公开运行机制。坚持阳光用权，以公开为常态、不公开为例外，推进决策、执行、管理、服务、结果全方位公开。重点抓好财政预算、公共资源配置、重大建设项目批准和实施、社会公益事业建设等领域的政府信息公开。对涉及公民、法人和其他组织权利和义务的规范性文件，要按照政府信息公开要求和程序予以公布。全面推行行政执法公示制度，依法公开执法依据、程序和结果，保障行政相对人的知情权和救济权。加强互联网政务信息数据服务平台和便民服务平台建设，非涉密文件信息一律上网公开，能够通过网上提交办理的事项一律设立网上办事窗口。完善各级政务大厅和各部门办事窗口建设，推行首办负责、一口对外、一次告知、限期办结制度。推动政府信息公开向基层延伸，依托现有资源和设施建立社区(行政村）政务公开平台，为公众就近获取信息提供便利。

四、深入推进司法体制改革，切实维护司法公正

（十四）扎实做好司法体制改革试点工作。按照中央总体部署，结合我省司法工作实际，扎实抓好司法人员分类管理、法官检察官及司法辅助人员职业保障、司法责任制、省以下地方法院检察院人财物统一管理、稳定基层法官检察官队伍、人民警察分类管理及职业保障等六个方面司法改革试点工作。年底之前，制定出台《山西省司法体制改革试点方案》报中央批准。在此基础上，组织省司法体制改革领导小组成员单位按照分工负责、协同配合的要求，抓紧制定各项配套政策文件，强化指导，精心组织，确保司法改革试点工作有序推进。在试点过程中，要及时总结试点经验，逐步扩大试点范围，确保经过3—5年的过渡期，将各项改革措施在全省推开。

（十五）完善确保依法独立公正行使审判权和检察权的制度。各级党政机关和领导干部要带头支持法院、检察院依法独立公正行使职权，任何党政机关、社会团体和个人不得插手和干预司法个案。严格落实领导干部干预司法办案记录、通报和追责制度，细化干预司法活动和插手具体案件处理的具体情形，明确通报主体、通报范围和责任追究办法，对干预司法机关办案的，一律给予党纪政纪处分，造成冤假错案或者其他严重后果的，依法追究刑事责任。人大代表、政协委员不得对与本人有利害关系的案件提出监督意见，不得以约谈司法机关负责人、具体案件承办人等方式行使监督职权。任何党政机关和领导干部都不得要求司法机关做违反法定职责、有碍司法公正的事情，任何司法机关都不得执行党政机关和领导干部违法干预司法活动的要求。健全行政机关依法出庭应诉、支持法院受理行政案件、尊重并执行法院生效裁判的制度。对妨碍司法机关依法行使职权、拒不执行法院生效裁判和藐视法庭权威的行为，要健全惩戒制度，严肃追究责任。建立健全司法人员履行法定职责保护机制，非因法定事由，非经法定程序，不得将法官、检察官调离、辞退、提前离岗或者作出免职、降级等处分。

（十六）优化司法职权配置和司法管辖体制。本着各司其职、相互配合、相互制约的原则，健全公安机关、检察机关、审判机关、司法行政机关职权运行体制机制。按照中央部署，积极探索审判权和执行权相分离的具体模式，建立民事和行政案件裁执分离制度，维护司法公正和司法权威。完善刑罚执行制度，统一刑罚执行体制，解决刑罚执行权过于分散的问题。探索建立法院、检察院司法行政事务管理权和审判权、检察权相分离制度，建立科学合理的司法行政事务管理体制。合理调整行政诉讼案件管辖制度，探索建立行政诉讼案件异地集中管辖、提级管辖制度，有效排除地方政府对行政诉讼案件审理的不当干预。

（十七）改革完善司法权力运行机制。改革法院案件受理制度，变立案审查制为立案登记制，做到依法有案必立、有诉必理，对不符合法定立案条件的要向当事人说明具体理由；依法加大对虚假诉讼、恶意诉讼、无理缠诉行为的惩治力度，完善识别、防范、审查、惩处机制。完善刑事诉讼中认罪认罚从宽制度，对被告人自愿认罪、自愿接受处罚、积极退赃退赔的，纳入刑事案件速裁程序或终止诉讼，实行认罪认罚从宽政策，实现刑事案件繁简分流、难易分流，节约司法资源、提高司法效率。改革完善审级制度，一审重在解决事实认定和法律适用，二审重在解决事实法律争议、实现二审终审，再审重在解决依法纠错、维护裁判权威。推进以审判为中心的诉讼制度改革，落实侦查机关、检察机关对所有讯问活动、重要取证活动全程同步录音录像制度，严格依法收集、固定、保存、审查、运用证据，确保侦查、审查起诉的案件事实证据经得起法律的检验；加快完善证人、鉴定人出庭制度，严格落实公开审判、举证质证、法庭辩论等诉讼制度，贯彻证据裁判规则，确保庭审在查明事实、认定证据、保护诉权、公正裁判中发挥决定性作用。改革审判委员会制度，明确审判委员会主要研究法律适用和直接审理重大案件的职责，对于审判委员会直接审理或讨论决定的案件，实行实名票决制度，造成错案的要分清责任、依法追究。探索建立检察机关提起公益诉讼制度，加强检察机关对行政行为的监督，对涉及公民人身、财产权益的行政强制措施和行政机关违法行使职权或不行使职权的行为，要进一步加大司法监督力度，完善和规范督促起诉、支持起诉、提出检察建议等相关制度。完善主审法官、合议庭、主任检察官办案责任制，明确主审法官、合议庭及其成员、主任检察官的办案权责，实现评价机制、问责机制、惩戒机制、退出机制与保障机制的有效衔接。完善职务犯罪查办机制，加强职务

犯罪线索管理，健全受理、分流、查办、信息反馈制度，明确纪检监察和刑事司法办案标准和程序衔接，依法严格查办职务犯罪案件。

（十八）强化司法活动监督制约机制。人民法院、人民检察院要主动接受人大及其常委会工作监督，自觉接受人民政协的民主监督。加强和完善检察机关法律监督职能，认真落实省人大《关于加强人民检察院对诉讼活动法律监督工作的决定》及相关配套规范性文件，依法加强对刑事诉讼、民事诉讼、行政诉讼的法律监督。加大对取证、使用强制措施、保障诉讼权利等司法环节的监督力度，明确司法机关内部各层级权限，充分发挥审判委员会、检察委员会、案件管理专门机构和纪检机构的监督管理作用。建立司法机关内部人员过问案件记录制度和责任追究制度，严禁违反规定干预他人正在办理的案件。依法规范司法人员与当事人、律师、特殊关系人、中介组织的接触交往行为，严禁司法人员私下接触当事人及律师、泄露或者为其打探案情、接受吃请或收受财物、为律师介绍代理或辩护业务等违纪违法行为。实行办案质量终身负责制和错案责任倒查问责制，统一错案责任认定标准，明确纠错主体和启动程序，实行责任倒查和终身追究制度，凡是有主观故意的，一律清除出司法队伍，构成犯罪的，依法追究刑事责任。对因违法违纪被开除公职的司法人员、吊销执业证书的律师和公证员，终身禁止从事法律职业。集中开展司法突出问题专项整治，以解决人情案、关系案、金钱案为重点，完善司法作风群众评议制度，严肃查处司法活动中的违纪违法问题，以零容忍态度查处司法腐败。

（十九）保障人民群众参与司法。认真落实我省司法公开五年规划及实施办法，健全开放、动态、透明、便民的阳光司法机制，全面推进审判公开、检务公开、警务公开、狱务公开制度，依法及时公开执法司法依据、程序、流程、结果和生效法律文书。进一步拓宽人民群众参与司法的渠道，在司法调解、司法听证、涉诉信访等司法活动中保障人民群众有序参与。完善人民陪审员制度，落实人民陪审员倍增计划，扩大参审范围，完善随机抽选方式，逐步实行人民陪审员不再审理法律适用问题、只参与审理事实认定问题的陪审制度。完善人民监督员制度，建立由司法行政机关确定和管理监督员人选机制，重点发挥人民监督员对检察机关查办职务犯罪中立案、羁押、扣押冻结财物、起诉等环节的监督作用。加强对司法活动的舆论监督，司法机关要强化接受监督意识，主动回应社会关切，为舆论监督提供条件，同时要规范媒体对案件的报道，坚持客观公正，防止误导舆论、干扰审判、影响司法公正。

（二十）加强人权司法保障。加强司法规范化建设，认真执行我省贯彻落实新刑事诉讼法16项配套规范性文件，加紧出台贯彻落实新民事诉讼法的2个配套文件，明确办案要求和操作规则，加强案例指导，统一法律适用标准，推进严格司法。加强对诉讼当事人、诉讼参与人知情权、陈述权、辩护辩论权、申请权、申诉权和依法获得法律援助权的保障，进一步细化和实化相关诉讼制度。健全预防刑讯逼供、体罚虐待、非法取证工作机制，加大对限制人身自由司法措施和侦查手段的司法监督。落实罪刑法定、疑罪从无和非法证据排除等法律原则，健全冤假错案有效防范和及时纠正机制。进一步规范查封、扣押、冻结、处理涉案财物的司法程序，完善保障公民财产权的相关制度。加快建立失信被执行人信用监督、威慑和惩戒机制，有效解决执行难问题，依法保障胜诉当事人及时实现权益。加快司法信息化建设，为人民群众提供便捷的司法服务。落实终审和诉讼终结制度，对不服司法机关生效裁判、决定的申诉，逐步实行由律师代理制度，经济困难的纳入法律援助范围。加大国家司法救助力度，认真落实《山西省国家司法救助实施办法(试行)》，进一步明确救助标准，加强救助资金的使用管理，完善国家救助与法律援助、社会救助等制度的衔接，确保各项制度落实到位。

五、增强全民守法意识，推进法治社会建设

（二十一）深入开展法治宣传教育。健全和落实各级党委(党组）中心组集体学法、领导干部任前法律考试、国家工作人员在线法治培训等制度，把宪法法律列为各级党校、行政学院、社会主义学院必修课，探索建立述职述廉述法三位一体考核制度，充分发挥领导干部在学法、守法、用法、护法方面的示范表率作用。引导广大群众牢固树立有权力就有责任、有权利就有义务的观念，强化规则意识，倡导契约精神，树立诚信观念，自觉做社会主义法治的忠实崇尚者、自觉遵守者、坚定捍卫者。积极开展青少年普法活动，把法治教育纳入国民教育体系，在各级各类学校设立法治教育课程，确保课时、教材、师资、经费四落实，使广大青少年从小树立法治意识。健全普法宣传教育工作机制，发挥各级党委、政府对普法工作的领导作用，发挥各级司法行政、宣传、文化、教育等部门和人民团体在普法教育中的职能作用。实行国家机关“谁执法谁普法”的普法责任制，推动建立法官、检察官、行政执法人员、律师等以案释法制度，集中抓好国家宪法日和依法行政宣传月活动，并结合法律法规颁布日开展主题法治宣传活动。健全媒体公益普法制度，组织省内媒体开辟法治频道、法治专栏，刊播法治类专题内容和法治公益宣传广告。加强新媒体新技术在普法中的运用，不断提高普法实效。发挥山西传统文化优势，挖掘山西文化资源，精心设计法治文化载体，建设一批法治文化广场、法治主题公园、法治文化长廊等法治文化建设示范点，组织创作一批法治题材的文艺作品，组织开展法治人物评选、法治知识讲座、法治事件解读等群众性法治文化活动，营造浓厚的法治文化氛围。加强社会诚信建设，建立信用记录共建共享、互联互通机制，逐步完善公民、法人、社会组织征信体系，完善守法诚信褒奖机制和违法失信惩戒机制，建设尊法守法的社会环境。加强公民道德建设，大力弘扬社会主义核心价值观，推动法治与德治相结合，以法治体现道德理念、强

化法律对道德建设的促进作用，以道德滋养法治精神、强化道德对法治文化的支撑作用。加强社会主义法治理论和实践研究。

（二十二）推进多层次多领域依法治理。坚持系统治理、依法治理、综合治理、源头治理，提高社会治理法治化水平。深化基层组织依法治理，深入贯彻村民委员会组织法、城市居民委员会组织法等基层群众自治法律法规，使广大群众在自我管理、自我服务中增强法治意识和权利义务观念，提高依法管理社会事务的能力。深入推进部门行业依法治理，促进各级政府部门依法行政、严格执法，社会各行业依法办事、诚信尽责。发挥市民公约、乡规民约、行业规章、团体章程等社会规范在社会治理中的积极作用，引导和支持城乡社区基层组织、行业和社会团体通过规约章程自我约束、自我管理。深入开展多层次多形式法治创建活动，形成以法治县(市、区）创建活动为引领，以行业法治创建为支撑，以法治乡村(社区）、依法治理示范单位、诚信经营企业(商户）等基层法治创建为基础的法治创建活动体系。充分发挥人民团体和社会组织在法治社会建设中的积极作用，建立健全社会组织参与社会事务、维护公共利益、救助困难群众、帮教特殊人群、预防违法犯罪的有效机制和制度化渠道，在基层治理中形成社区、社团、社工“三社联动”机制。支持行业协会商会类社会组织发挥行业自律和专业服务功能，发挥社会组织对其成员的行为导引、规则约束、权益维护作用，形成依法有序的运行机制。加强在晋境外非政府组织管理，引导和监督其依法开展活动。依法处置涉及民族、宗教等因素的社会问题，促进民族、宗教关系和谐。

（二十三）建设完备的法律服务体系。按照制度完备化、资源均等化、队伍专业化、运行机制化的要求，建立由党委和政府主导、财政支撑保障、司法行政统筹协调、社会广泛参与的“法治惠民”公共法律服务体系。完善法律援助制度，推进法律援助纳入政府民生实事工程，建立法律援助经济困难标准、事项范围和律师补助动态调整机制，健全法律援助网络，完善“12348”法律援助热线，建立覆盖全省的法律援助便民服务圈，实现应援速援服务。大力发展法律服务业，统筹城乡、区域法律服务资源，组织引导律师、公证等法律服务人员在乡镇一级建立驻点执业、远程咨询等定向服务关系，解决偏远、不发达地区法律服务资源不足的问题。健全统一司法鉴定管理体制，完善司法鉴定机构和司法鉴定人员监督管理制度。

（二十四）健全依法维权和化解纠纷机制。强化法律在维护权益、化解矛盾中的权威地位，引导广大群众理性表达诉求、依法维护权益，在法治轨道上解决问题。大力推进以权利公平、机会公平、规则公平为主要内容的社会公平保障体系建设，推动解决保障和改善民生的突出问题，让人民群众共享改革发展成果。建立健全社会矛盾排查研判和预警机制，及时发现和掌握社会矛盾苗头、线索。建立健全群众利益表达机制和协商沟通机制，对关系群众切身利益的重大决策必须提前听证、充分协商、慎重决策，妥善协调各方面利益关系。建立完善救济救助制度，切实改善特殊困难群体的生存条件和生活环境。健全涉军维权机制，加强军队和军人军属合法权益维护。深入推进全省矛盾纠纷调解体系建设，到2015年底全面建立县(市、区)、乡镇(街道)、村(社区）调解中心，形成人民调解、行政调解、司法调解、社会调解对接联动，行业性、专业性调解组织有效发挥作用的矛盾纠纷调解体系。加强行政机关和司法机关的协调联动，构建调解、仲裁、行政裁决、行政复议、诉讼等有机衔接、相互协调的多元化纠纷解决机制。把信访纳入法治化轨道，落实涉法涉诉信访改革措施，坚持法定途径优先，引导信访人通过诉讼、仲裁、行政复议等法定途径解决问题，保障合理合法诉求依照法律规定和程序就能得到合理合法的结果；发挥律师在信访工作中的作用，建立信访处理与法律援助联动机制，健全及时就地解决群众合理诉求和快速导入法治渠道的工作机制；落实信访终结机制，依法处置缠访、闹访和非访行为。完善仲裁登记、执业和监督管理制度，提高仲裁公信力。健全行政裁决制度，增强解决与行政管理活动密切相关的民事纠纷功能。

（二十五）提高平安建设法治化水平。加快建立全面设防、高度协同的立体化社会治安防控体系，不断提升平安建设法治化、现代化水平。完善基础性制度，建立以公民身份号码为唯一代码、统一共享的人口基础信息库，落实相关实名登记制度。完善基础性设施，大力推进公共安全视频监控系统建设、联网和应用，逐步实现城乡视频监控系统一体化。完善基础性平台，加强基层社会服务管理县、乡、村三级平台及网络建设，推进政府服务下沉，强化平台督办职能，全面推进网格化管理、社会化服务。完善基础性机制，建立对黑拐枪、暴恐邪、盗抢骗、黄赌毒等违法犯罪活动的常态化打击整治机制，强化对危害食品药品安全、影响安全生产、损害生态环境、破坏网络安全等重点问题的治理。深化军地平安创建，积极开展军警民联防联治。完善基础性管理，加强流动人口、特殊人群服务管理，建立对城乡结合部、城中村等重点区域的滚动排查和常态整治机制，坚决消除治安盲点。

六、加强法治工作队伍建设，强化法治人才保障

（二十六）加强法治专门队伍建设。坚持分类指导、统筹推进，研究制定加强法治专门队伍建设管理的实施意见，建设一支遵循规律、作风民主、善于协调、凝聚共识的立法队伍，建设一支忠于法律、捍卫法律、严格执法、敢于担当的行政执法队伍，建设一支信仰法律、坚守法治、铁面无私、秉公司法的司法队伍。重视加强政府法制队伍建设，为统筹推进法治政府建设提供保证。加强党委政法委干部队伍建设，着力增强督促公正司法的能力。坚持把思想政治建设摆在首位，在全省法治专门队伍中深入开展理

想信念教育、社会主义核心价值观教育和社会主义法治理念教育活动，始终坚持党的事业、人民利益、宪法法律至上。畅通立法、执法、司法部门干部和人才相互之间以及与其他部门具备条件的干部和人才的交流渠道，重点抓好立法、执法、司法机关各级领导干部和优秀年轻干部跨部门、跨条块交流，促进法治专门队伍改善结构、增强活力、开阔视野、提高能力水平。坚持正规化、专业化、职业化发展方向，落实法律职业准入制度，落实国家统一法律职业资格考试制度，建立法律职业人员统一职前培训制度，确保职业素养和专业水平得到有效提升。建立从符合条件的律师、法学专家中招录立法工作者、法官、检察官制度，畅通具备条件的军队转业干部进入法治专门队伍的通道，健全从政法专业毕业生中招录人才的规范便捷机制。健全职业保障制度，建立人民警察人身意外伤害保险制度，落实法官、检察官、人民警察专业职务序列及工资制度，落实人民警察警官、警员、警务技术人员分类管理制度，落实公安、国家安全、司法行政、审判、检察机关专业技术类公务员管理制度。坚持法官、检察官逐级遴选制度，初任法官、检察官由省级统一招录，一律在基层法院、检察院任职，上级人民法院、人民检察院的法官、检察官一般从下一级人民法院、人民检察院的优秀法官、检察官中遴选。加强行政执法辅助人员管理，分类制定管理办法，明确职责权限，落实保障标准，实现规范管理。

（二十七）加强法律服务队伍建设。以律师队伍为重点，全面加强法律服务队伍政治素质、业务能力、职业道德和布局调整。突出抓好律师队伍思想政治建设，把拥护中国共产党的领导、拥护社会主义法治作为律师从业的基本要求，不断增强走中国特色社会主义法治道路的自觉性和坚定性。加强律师协会、律师事务所党组织建设，组织开展活动，加强党员管理，发挥政治核心作用。切实提高律师队伍业务素质和服务能力，完善执业保障机制，落实律师执业权利，完善律师承担公益性法律服务的经费保障机制，为律师服务经济社会搭建平台。大力加强以严格依法、恪守诚信、勤勉尽责、维护正义为核心内容的律师职业道德建设，加强对律师事务所的管理，规范律师执业行为，发挥律师行业协会的自律作用，完善律师行业诚信体系建设，强化准入、退出管理，严格执行违法违规执业惩戒制度。构建社会律师、公职律师、公司律师等优势互补、结构合理的律师队伍，推动县级以上党政机关、人民团体普遍设立公职律师岗位，引导有条件的企业特别是国有和国有控股企业设立公司律师，研究制定公职律师、公司律师管理办法，形成本单位和司法行政机关监督管理、律师协会业务指导的公职律师和公司律师管理体制。壮大公证员、基层法律服务工作者、人民调解员和法律服务志愿者队伍，建立法律服务人才跨区域流动激励机制。

（二十八）加强法治后备人才队伍建设。创新法治人才培养机制，为法治建设培育大批高素质后备人才。牢固树立正确的育人导向，坚持用马克思主义法学思想和中国特色社会主义法治理论占领高等教育和法学研究阵地，推动中国特色社会主义法治理论进教材进课堂进头脑，培养造就熟悉和坚持中国特色社会主义法治体系的优秀法治人才。推进省内法学教育培训资源优化重组，形成学科教育、执业资格教育、职业培训协调发展的法学教育培训体系，支持省内法学院校进一步提升水平。健全政法部门和法学院校、法学研究机构人员双向交流机制，实施高校和法治工作部门人员互聘计划，建立完善法学法律专家库，重点打造一支政治立场坚定、理论功底深厚、熟悉国情省情的高水平法学家和专家团队，建设高素质学术带头人、骨干教师、专兼职教师队伍。

七、加强和改进党的领导，提高依法执政水平

（二十九）坚持依法执政。各级党组织和领导干部要自觉维护宪法法律的权威和尊严，自觉在宪法法律的范围内活动，带头守法，模范用法，始终坚守宪法法律不可逾越的底线，始终保持对法律的敬畏之心。进一步完善党委依法决策的机制和程序，加强重大决策合法性论证，确保各项决策符合法律，并及时把行之有效的政策上升为法规，促进政策和法律法规互联互动、对接统一。按照宪法法律规定的原则、职责和程序，不断改进各级党委领导国家政权机关的方式方法，把党总揽全局、协调各方同人大、政府、政协、审判机关、检察机关依法依章程履行职能、开展工作统一起来，推进人大监督和协商民主法治化。全省各级人大、政府、政协、法院、检察院的党组织要坚持依法办事，领导和监督本单位模范遵守宪法法律，建立健全重大事项向党委报告制度，充分发挥党组织的政治保障作用和党员先锋模范作用。

（三十）加强和改进党委政法委工作。结合深化司法体制改革，紧紧围绕“把握政治方向、协调各方职能、统筹政法工作、建设政法队伍、督促依法履职、创造公正司法环境”的职能定位，分级制定党委政法委职责任务清单，完善工作程序、机制，规范和加强执法监督工作，深化案件评查、执法巡查、纪律作风联合督查和执法司法突出问题专项治理，促进严格执法、公正司法。认真落实《关于进一步加强市县两级党委政法委建设的若干意见》（晋政法〔2012〕35号），提高基层党委政法委工作的科学化、规范化、法治化水平。

（三十一）集中制定一批省级党内法规制度。围绕我省净化政治生态、实现弊革风清的重大任务，立足当前、着眼长远，抓紧制定一批与中央党内法规相符合、与法律法规相衔接、与山西党建实际相切合的省级党内法规制度。完善反腐败制度，研究制定落实党风廉政建设党委主体责任和纪委监督责任、加强对主要领导和关键岗位监督、加强对监督部门和监督岗位监督的相关制度；完善干部选拔任用和日常监督管理制度，研究制定干部选拔任用工作全程留痕、新提任干部家庭财产申报、防范干部“带病提拔”及责任倒查、干部选拔任用责任追究、干部选拔任用工作

评价、干部人事酝酿小组议事规则等制度，研究制定干部日常监督、权力运行痕迹管理、领导班子领导干部定期分析、不适宜担任现职领导干部调整等制度；完善整治“四风”制度，搞好制度承接，抓好新旧制度衔接，健全和落实改进作风常态化制度；完善政治纪律、政治规矩制度，研究制定严格党的政治纪律、严肃党内政治生活的相关制度，坚决反对和克服自由主义、分散主义、好人主义、个人主义。建立全省党内规范性文件备案审查制度，切实强化党规党纪的严肃性和执行力，运用党内法规制度把党要管党、从严治党落到实处，促进党员、干部带头遵守法律法规。

（三十二）切实增强党员干部法治思维和依法办事能力。全省广大党员干部特别是领导干部要充分认识权力的有限性与程序性，自觉在法治轨道上行使权力，把运用法治思维和法治方式谋划工作、解决问题作为提升领导能力的根本努力方向。围绕加快推进法治山西建设的要求，培养和造就一支具有法治素养和法治意识的干部队伍，把贯彻依法执政、推进法治建设的成效作为衡量各级领导班子和领导干部工作实绩的重要内容，把能不能遵守法律、依法办事作为考察干部重要内容。在相同条件下，对法治素养好、依法办事能力强、坚守法治的干部要优先提拔使用。对法治观念淡薄、特权思想严重的干部要批评教育，不改正的要调离领导岗位。高度重视立法、执法、司法等各级法治部门领导班子建设，把善于运用法治思维和法治方式推动工作的干部选拔到法治部门领导岗位上来。

八、扎实抓好法治山西建设各项任务的落实

（三十三）强化组织领导。各级党委要把法治建设摆上更加突出的位置，加强对法治建设的统一领导、统一部署、统筹协调。省委依法治省领导小组更名为省委法治建设领导小组，由省委书记担任组长，履行法治山西建设第一责任人职责，并下设地方立法、依法行政、公正司法和法治社会建设三个专项领导小组，分别由省人大、省政府和省委政法委主要负责同志担任组长，形成统一领导与分工负责相结合的法治建设领导格局。法治建设领导小组办公室要强化统筹协调、督查考核、调研指导职能，承担起协调推进法治建设的日常职责。强化法治建设基层基础工作，充分发挥基层党组织在法治建设中的战斗堡垒作用，教育引导基层广大党员干部增强法治观念、提高依法办事能力。

（三十四）完善推进机制。建立党委定期研究法治建设会议制度，各级党委每年要召开专题会议，听取法治建设工作情况和人大党组、政府党组、政协党组、法院党组、检察院党组的工作汇报，研究解决法治建设中的重大问题。抓紧进行任务分解，进一步细化工作目标、具体措施、工作标准和完成时限，提出具体实施方案和年度推进计划，形成项目化推进机制。健全法治建设考评指标体系，纳入政绩考核体系和全省各级目标责任制考核范畴。加强督促检查，建立常态化督查机制，及时发现问题，提出对策建议，推动各项决策部署的落实。

（三十五）增强工作合力。在党委的统一领导下，进一步明确人大、政府、政协、司法机关在法治建设中的职责，充分发挥人民团体、社会组织、人民群众的作用，形成统一领导、分工负责、相互配合、上下联动、公众参与的强大合力。各级政府要将法治山西建设工作所需资金纳入同级财政预算，确保工作经费得到足额保障。优化法治工作相关机构编制配置工作，进一步充实和加强法治工作专门力量。加强法治工作信息化建设，提高法治工作技术保障水平。

全省各级党组织和广大党员干部群众要紧密团结在以习近平同志为总书记的党中央周围，高举中国特色社会主义伟大旗帜，深入学习贯彻党的十八届四中全会精神，积极投身全面推进法治山西建设的伟大实践，开拓进取，扎实工作，为开创弊革风清、富民强省新局面而努力奋斗！

中共山西省委办公厅
印发《2014—2018年全省党员教育培训工作实施意见》的通知

晋办发〔2014〕43号

各市、县委，省委各部委，省直各委、办、厅、局党组（党委），各人民团体党组：

《2014—2018年全省党员教育培训工作实施意见》已经省委同意，现印发给你们，请认真贯彻落实。

中共山西省委办公厅

2014年12月9日

2014—2018年全省党员教育培训工作实施意见

为了认真贯彻落实中央办公厅印发的《2014—2018年全国党员教育培训工作规划》（中办发〔2014〕38号），切实做好全省党员教育培训工作，培养造就素质优良、作用突出的党员队伍，结合我省实际，提出以下实施意见。

一、总体要求

新形势下党员教育培训工作，要高举中国特色社会主义伟大旗帜，以马克思列宁主义、毛泽东思想、邓小平理论、“三个代表”重要思想、科学发展观为指导，认真学习贯彻习近平总书记系列重要讲话精神特别是从严治党八项要求，把抓好党建作为最大的政绩，牢牢把握加强党的执政能力建设、先进性和纯洁性建设这条主线，适应建设学习型、服务型、创新型马克思主义执政党的要求，围绕全面深化改革、促进科学发展，以增强党性、提高素质为重点，继续大规模开展党员教育培训，全面提高党员队伍素质能力，推动广大党员发挥先锋模范作用，为全力推动我省廉洁发展、转型发展、创新发展、绿色发展、安全发展、统筹发展，全面建成小康社会提供坚强保证。

今后5年，全省各级党委和组织部门要切实把思想统一到习近平总书记从严治党八项要求上，统一到中央对全省工作的重要指示要求上，统一到省委“净化政治生态，实现弊革风清，重塑山西形象，促进富民强省”的决策部署上，坚持围绕中心、服务大局，坚持服务党员、按需施教，坚持联系实际、学以致用，坚持基层为主、上下联动，坚持继承创新、注重实效，进一步加强和改进党员教育培训工作，形成对广大基层党员普遍教育培训新常态，使广大党员理想信念进一步坚定，党性观念进一步增强，改革意识进一步强化，优良作风进一步发扬，履职服务能力进一步提高，先锋模范作用进一步发挥，不断增强党员队伍的生机活力。

二、培训对象

（一）基层党组织书记培训。定期开展基层党组织书记集中轮训，提高服务大局、推动科学发展能力，服务群众、凝聚人心能力，协调关系、维护社会和谐稳定能力，努力建设一支服务意识强、服务作风好、服务水平高的基层服务型党组织带头人队伍。一是对乡镇（街道）党（工）委书记进行培训。省委组织部每年组织一次示范培训；市委组织部每年组织一次重点培训；县(市、区）委组织部每年组织一次普遍培训。二是对农村（社区）党组织书记进行培训。市委组织部每年组织一次重点培训；县（市、区）委组织部结合全省“领头雁”培训计划，每年组织一次普遍培训。三是对非公有制经济组织和社会组织、机关、学校、国有企业基层党组织书记进行培训。省直各工（党）委组织部门每年要有计划地开展重点培训；基层党组织的上一级党（工）委组织部门每年要组织一次普遍培训。四是对新任党组织书记进行任职培训。基层党组织换届后，按照党组织隶属关系，由上级党（工）委组织部门负责组织实施。

（二）非公有制经济组织和社会组织党员培训。开展岗位成长培训，强化职业道德，提升素质能力，促进技能进步，把党员培养成生产经营和工作业务骨干，把党员出资人和负责人培养成党建工作骨干。省委组织部、省非公经济组织工委每年联合组织一次非公有制经济组织和社会组织党组织书记示范培训；其他具体培训工作，按照党组织隶属关系，由党员所在党组织或上级党组织负责实施。

（三）新党员培训。有针对性地开展集中学习、党课教育、座谈研讨和主题活动，使每名党员在入党后一年内至少参加一次集中培训，确保新发展党员思想上入党。具体培训工作，按照党组织隶属关系，由上一级党组织负责组织实施。

（四）流动党员培训。开展党的基本知识、政策法规、生产经营技能、业务能力培训，不断增强流动党员的党员意识，充分发挥先锋模范作用。按照“一方隶属、多重管理”模式，实行流入地为主、流出地配合的联动培训方式，由流入地党组织负责流动党员的日常培训，由流出地党组织负责流动党员跟踪培训和返乡后的培训。

（五）党员教育管理队伍培训。加大对党员教育管理队伍的培训力度，提高党员教育管理队伍的思想政治素质、政策水平和工作能力。省委组织部每年组织一次组织员示范培训；各市委、省直各工（党）委组织部每年组织一次组织员集中脱产培训和党员教育骨干培训。

三、培训内容

（一）加强中国特色社会主义理论体系和中国梦教育培训。始终把中国特色社会主义理论体系教育放在首位，在加强马克思列宁主义、毛泽东思想教育培训的同时，深入开展邓小平理论、“三个代表”重要思想、科学发展观教育培训，深入开展习近平总书记系列重要讲话精神教育培训，深入开展中国梦教育，引导党员坚定理想信念，增强中国特色社会主义道路自信、理论自信、制度自信。加强社会主义核心价值观和共产主义道德、中华民族优秀传统文化和传统美德教育，倡导富强、民主、文明、和谐，倡导自由、平等、公正、法治，倡导爱国、敬业、诚信、友善，引导党员提升道德素质，在工作和生活中带头践行社会主义核心价值观，坚守共产党人精神追求。

（二）加强党章、党性党风党纪和法治教育培训。把党章作为加强党性修养的根本标准和必修课，深入开展党章和党的基本知识、党史国史、党的优良传统和作风教育，引导党员坚持党的基本理论、基本路线、基本纲领、基本经验、基本要求。加强党的宗旨和党的群众路线教育，提高做好新形势下群众工作的能力，增强反对形式主义、官僚主义、享乐主义和奢靡之风的自觉性和坚定性，始终坚持艰苦奋斗、勤俭节约，切实做到为民务实清廉。加强党的纪律和党员廉洁自律教育，严格党内政治生活，引导党员自觉遵守党的纪律特别是政治纪律和组织纪律，维护党的团结统一，带头遵守工作和生活纪律，自觉参加党的组织生活，增强组织纪律性。加强社会主义法治理念教育，提升广大党员法治意识，引导党员自觉做社会和谐稳定的维护者、建设社会主义法治国家的促进者。

（三）加强党的路线方针政策和形势任务教育培训。围绕中央重大决策部署、重要会议、重大活动，及时开展形势政策教育，深入解读国家重大方针政策，针对社会普遍关注的热点难点问题解疑释惑、传递正能量，引导党员把思想和行动统一到中央精神上来，立足本职岗位作贡献。围绕完善和发展中国特色社会主义制度，推进国家治理体系和治理能力现代化，加强全面深化改革教育培训，引导党员深刻领会全面深化改革的重大意义，增强改革的责任感，正确对待利益格局调整，积极支持改革，自觉投身改革。

（四）加强业务知识、职业技能和创业就业技能教育培训。按照中国特色社会主义五位一体总布局，结合党员履行岗位职责的需要，有针对性地开展经济、政治、文化、社会、生态文明和哲学、历史、科技、法律等方面知识特别是新知识新技能的培训，帮助党员学业务、学技能，优化知识结构，提升综合素质和履职能力。重点抓好农村党员、农民工党员的实用技术培训和下岗失业职工党员、退役军人党员的创业就业技能培训，使他们掌握1门以上技术技能，切实提高创业就业本领。

（五）加强新形势下省情教育培训。教育党员正确认识我省改革发展的大局，引导党员坚持正确的政治方向，在思想上、政治上、行动上与以习近平同志为总书记的党中央保持高度一致。教育党员深刻认识我省反腐败斗争形势的严峻性、复杂性、尖锐性和特殊性，引导党员增强角色意识和政治担当，敢于同形形色色违反党内政治生活原则和制度的现象作斗争。教育党员清醒认识当前“三期叠加”的阶段性特征和全面深化改革对实现富民强省的重大意义，引导党员立足转型综改试验区建设，积极适应经济发展新常态，坚持解放思想、实事求是、与时俱进，狠抓思想转型和思维方式转变，用改革破除利益藩篱、解决发展难题。

四、培训方式

（一）针对不同领域特点，开展分类教育培训。对农村党员，重点围绕发展现代农业、带领群众致富、壮大集体经济、建设美丽乡村、维护农村稳定开展培训；对街道社区党员，重点围绕联系服务群众、化解社区矛盾、建设文明和谐社区开展培训；对党政机关党员，重点围绕服务中心、服务改革、服务基层、改进作风、提高思想政治素质、增强廉洁从政意识和履职尽责能力开展培训；对国有企业党员，重点围绕遵循市场经济规律、深化企业改革、规范经营决策、资产保值增值、公平参与竞争、提高企业效益、增强企业活力、承担社会责任开展培训；对事业单位党员，重点围绕深化改革、增强活力、提高绩效、促进发展、强化公共服务开展培训；对学校党员，重点围绕立德树人、教书育人、促进学生德智体美全面发展开展教师党员培训，重点围绕坚定理想信念、加强党性修养、争做中国特色社会主义的合格建设者和可靠接班人开展学生党员培训；对非公有制经济组织党员，重点围绕依法生产经营、维护各方合法权益、促进企业健康发展开展培训，特别要加强对党员出资人的教育，围绕遵守党规党纪、执行党的决议、自觉履行党员义务、服从党组织的教育管理和监督开展培训；对社会组织党员，重点围绕坚持正确政治方向、增强社会责任、服务社会、团结凝聚群众开展培训。

（二）改进方式方法，增强党员教育培训的针对性实效性。采取集中教育、脱产培训、集体学习、巡回宣讲、网络教育、自主选学、个人自学等方式，运用专题辅导、报告会、案例分析、现场观摩、现身说法、交流研讨、送教下乡、结对帮学等方法开展教育培训，增强教育培训的吸引力感染力。一是加强示范带动。省委组织部会同有关部门，每年分领域、分专题举办党员教育培训示范班。各市、省直各工（党）委承担党员教育工作的部门要结合各自实际，研究确定重点项目、对象和专题，举办示范培训班，指导和推动面上培训工作的开展。二是开展主题党日教育培训。各级党组织要根据中央和省委要求，结合各自实际，确定特色鲜明的党日主题，组织党员开展学习培训和实践活动。党员领导干部要带头参加主题党日教育培训。三是开发案例教育。各级党组织要采用巡回报告、在线互动、观看电视片等方式，组织党员学习重大先进典型和身边先进典型，发挥先进典型的示范引领作用。同时，运用违纪违法的反面典型教育警示党员。四是开设“流动课堂”。各级党组织要组织党校教师、讲师团成员、先进典型代表、专家学者、科技人员，深入农村、社区、机关、企业、学校流动办学、送教上门，做到哪里有党员，哪里就有教育培训课堂。五是推广党员领导干部讲党课。各级组织部门要组织党员领导干部和基层党组织负责同志定期为党员讲党课，围绕党员普遍关注的热点、难点、疑点问题解疑释惑。总结推广一批党委书记利用远程教育等网络平台为基层党员讲党课的做法。

（三）创新载体手段，提高党员教育培训现代化水平。加快全省党员干部现代远程教育优化升级，充分发挥远程教育的功能和作用，运用远程教育平台开展教育培训。及时做好播出平台的改版，基层站点设备的维护管理和更新换代。健全远程教育专题教材制播一体化工作机制，实现远程教育由单一教育平台向综合服务平台转变，促进共建共享，提高学用水平。加强农村党员远程教育培训，使每名农村党员都能感受到信息化教育带来的方便和实惠。充分利用报刊、电视、手机、互联网等大众传媒开展教育培训。用好用活共产党员网、共产党员电视栏目、共产党员手机报、共产党员微信、共产党员易信、山西干部在线学院、三晋红e网等教育培训资源，大力推进在线学习培训。发挥“12371”党员咨询服务电话和手机信息系统作用。各级党组织要办好党员教育培训网站，建立“网上党校”“网络课堂”，拓展党员电化教育服务功能，开设党建电视频道或党员教育电视栏目，定期发送党员教育手机报或手机短信。积极推动在山西日报、山西电视台、山西人民广播电台和市、县（市、区）主要新闻媒体等开设党员教育培训专栏，实现全媒体覆盖。基层党组织要组织党员上网学习、在线培训，鼓励党员参与网上论坛、QQ群、博客、播客、微博、微信等互动交流，因地制宜推动党员教育进村入户，不断探索基层党员喜闻乐见、简便实用的教育培训新手段。

五、主要措施

（一）整合培训资源。一是整合利用党员教育培训阵地。充分发挥各级党校在党员教育培训中的主渠道、主阵地作用，基层党校要把党员教育培训作为主要任务。充分发挥村（社区)级组织活动场所、党员服务中心（站、点）、文化服务中心、远程教育和电化教育站点等阵地作用。充分利用各类院校、培训机构和科技示范基地、爱国主义教育基地、警示教育基地、廉政教育示范基地等开展教育培训。发挥好山西省党员教育培训示范基地的作用。市、县（市、区）要结合实际建立确定一批功能各异、特色鲜明、实用管用的党员教育培训示范基地。二是加强党员教育培训教材建设。省委组织部要会同有关部门，组织编写党员教育培训教材，制作辅导材料。市、县（市、区）党委可编写制作符合实际、简明通俗、好学管用的地方特色教材。基层党组织可根据党员多样化、个性化的学习需要，积极为党员推荐学习书目，提供学习材料，开展读书活动。三是优化党员教育培训师资。省委组织部会同有关部门遴选组建100人左右的“百人党员教育培训开放式师资库”。各级党委组织部门和培训机构也要建立开放式党员教育培训师资库，选聘党校干校和大中专院校教师、领导干部、基层党组织书记、先进模范人物、科技人员、技术骨干、优秀实用人才带头人等担任专兼职教师，注意发挥老党员、老干部、老教师、老专家、老模范作用。鼓励建立党员教育培训志愿者讲师队伍。建立师资遴选和动态管理制度，实现优质师资资源共享。四是推动优质培训资源延伸基层。各级党政机关和培训机构要广泛开展“送教下基层”活动，通过省送市县、市送县乡、县送农村（社区），将优秀师资送到基层一线。积极支持革命老区、贫困地区做好党员教育培训工作，重点在师资队伍、培训基地、网络站点建设和骨干人员培训上予以支持。省国有骨干企业和高等学校要发挥优势，采取派教师到基层办班授课和请基层党员进企业进学校培训等方式，与基层开展结对帮扶培训。

（二）强化制度创新。一是建立健全党员教育培训基本制度。坚持和完善“三会一课”、党员党性定期分析、民主评议党员等制度，严肃党内政治生活。健全集中轮训制度，各级党委（党组）要根据中央和省委重大决策部署，结合本地区本部门中心工作，每年就党员集中轮训工作作出安排，分类别、分专题组织实施。坚持做好农村党员春训、冬训工作。二是建立党员教育培训学时制度。党员每年集中学习培训时间，根据实际情况确定，一般不少于32学时。基层党组织书记和班子成员每年集中学习培训时间不少于56学时，至少参加1次集中培训。三是建立党员教育培训考核评估机制。完善述学、考学、评学制度，推行培训考勤、学时登记。加强党员教育培训工作考核结果运用，将考评结果作为党组织和党员评先评优的重要依据。经过5年努力，初步构建与中国特色社会主义事业相适应，与我省基层服务型党组织建设相符合，系统完备、科学规范、开放有序、务实高效的党员教育培训工作体系。形成党委统一领导、组织部门牵头抓总、有关部门各负其责、基层党组织为主实施的管理体制；形成理论武装、党性修养、道德教育、知识普及、能力培养和技能训练相结合的内容体系；形成集中培训与经常性教育、组织调训与个人选学、实体培训与网络培训相结合的培训模式；形成党员教育培训基地、教材、师资、经费等资源合理配置、服务基层的保障机制；形成指导与服务、激励与约束相结合，职责明确、健全规范的制度体系。

（三）营造良好学风。大力弘扬理论联系实际的马克思主义学风，坚持问题导向，提高党员解决实际问题、做好本职工作的能力，做到学与用、知与行、说与做相统一。全省各级党组织和培训机构要认真落实中央关于加强学风建设的要求，坚持从严治教、从严治学，厉行节约、勤俭办班，严格执行规章制度，加强对教育培训的管理，联系实际开展教育培训。授课人员要严守政治纪律，联系实际教学，善于解答党员思想、工作和生活中遇到的问题，做到有的放矢。党员要自觉接受教育培训，增强自主学习的意识和能力，端正学习态度，严守培训纪律，联系实际学、带着问题学，做到真学真懂真信真用。

六、组织领导

全省各级党委（党组）要切实增强管党治党意识、落实管党治党责任，坚持思想建党和制度治党相结合，将党员教育培训工作列入重要议事日程，纳入党建工作责任制，作为党建工作述职、评议、考核的重要内容，一级抓一级、层层抓落实。

（一）完善党员教育培训联席会议制度。在党委统一领导下，由组织部门牵头，纪检机关、宣传部门、党校、农业部门、共青团组织和妇联等为成员单位，负责党员教育培训工作的安排部署、指导协调、督促检查，推动工作深入开展。联席会议每年至少召开一次，专题研究部署党员教育培训工作。基层党组织要履行具体组织实施党员教育培训的职责，落实各项教育培训任务。

（二）健全各级教育培训职能机构。各级组织部门和纪检机关、宣传部门、党校要健全党员教育培训职能机构，落实工作人员，配强工作力量，切实保证有人负责党员教育培训工作。各级党委（党组）要充分发挥组织员在党员教育培训工作中的作用。加强调查研究，推进党员教育培训理论创新。加强党员教育工作者培训，不断提高理论政策水平和业务能力。

（三）妥善解决党员教育培训经费。各级党委留存的党费主要用于党员教育培训。各级财政在安排经费预算时要继续统筹安排党员教育培训专项经费；机关、事业单位党员教育培训经费要列入本单位年度经费预算；国有企业党员教育培训经费要纳入企业预算。通过税前列支、党费拨返、党员自愿捐助等途径，多渠道解决非公有制经济组织和社会组织党组织的党员教育培训经费。加强培训经费的管理，提高经费使用效益。对未纳入各级党委干部教育培训范围的农村（社区）党员，根据每年列入党员教育培训计划人数，按照每年每名党员40元的标准，省级承担40%（国家扶贫开发工作重点县省级承担50%），省级分担的经费由省管党费和省财政各承担50%。市、县（市、区）承担比例由同级组织部门商财政部门确定。县级安排党员教育培训经费要向农村、街道社区和其他有困难的基层党组织倾斜。省国资委党委、省国防科技工业党委要加大对困难企业党员教育培训工作的支持力度。

（四）加强对党员教育培训工作的督促检查。各级党委（党组）要采取巡回检查和随机抽查等方式，督促党员教育培训工作落实。各级党委组织部门要经常分析研判本地本部门党员教育培训工作开展情况，总结经验，发现问题，及时纠正。2014年年底对落实本实施意见的计划和方案进行检查，2016年对本实施意见进行中期检查评估，2018年底对本实施意见落实情况进行全面考评。各市委、省直各工（党）委组织部门每年要向省委组织部书面报告党员教育培训工作情况。

本实施意见主要对基层党员和基层党组织负责人的教育培训作出总体安排。纳入各级党委干部教育培训范围的党员领导干部，除认真执行干部教育培训的有关规定外，还应带头参加所在单位的党员教育培训，做带动学习、学以致用的模范。

各地各部门要根据本实施意见，结合实际制定贯彻落实的具体实施办法和年度工作计划。

被誉为山西“最美村官”、山西“农村路上好村官”、长治“百佳党支部书记”、长治“优秀村委主任”的段爱平

学习讨论落实活动

中共山西省委
关于在全省深入开展学习讨论
落实活动的实施意见

晋发〔2014〕31号

（2014年11月26日）

当前，我省正处在一个重要历史关头，系统性、塌方式严重腐败问题，极大地损害了山西人民群众的根本利益，损害了党的形象、威信和执政的群众基础，阻碍了全省改革发展进程。针对山西腐败问题的严峻性、复杂性、尖锐性、特殊性，党中央高度重视，坚决查处，及时对省委班子进行重大调整，并对我省深入开展反腐败斗争、净化政治生态和改革发展稳定提出明确要求。为认真贯彻落实党的十八大和十八届三中、四中全会精神，认真贯彻落实党中央重要指示要求，省委决定在全省各级党组织和广大党员干部中开展以“深入学习贯彻习近平总书记系列重要讲话精神，净化政治生态，实现弊革风清，重塑山西形象，促进富民强省”为主题的集中学习讨论落实活动，现制定本实施意见。

一、指导思想和目标任务

开展学习讨论落实活动的指导思想是：认真贯彻落实党的十八大和十八届三中、四中全会精神，高举中国特色社会主义伟大旗帜，坚持以马克思列宁主义、毛泽东思想、邓小平理论、“三个代表”重要思想、科学发展观为指导，深入学习贯彻习近平总书记系列重要讲话精神，以新时期坚持从严治党的八项要求为行动纲领，以党中央对山西工作的重要指示要求为基本遵循，以各级领导机关、领导班子、领导干部为重点，围绕活动主题，坚持求真务实，坚持问题导向，坚持边学习、边讨论、边落实，统一思想、提高认识，坚定信心、振奋精神，革弊立新、激浊扬清，奋力开创山西弊革风清、富民强省的新局面。

按照上述指导思想，这次活动的目标任务是：

（一）深入学习贯彻习近平总书记系列重要讲话精神。坚持把学习贯彻习近平总书记系列重要讲话精神作为重大政治任务，不断增强贯彻落实的自觉性和坚定性。进一步深入学习领会习近平总书记系列重要讲话精神特别是在党的群众路线教育实践活动总结大会和党的十八届四中全会上重要讲话精神，切实把握好讲话的重大意义、科学内涵、精神实质和实践要求，认真落实新形势下坚持从严治党的八项要求，运用法治思维和法治方式，更好地指导全省经济、政治、文化、社会、生态文明建设和党的建设的实践，切实做好净化政治生态、实现弊革风清，重塑山西形象、促进富民强省的各项工作。

（二）净化政治生态。政治生态是党风、政风、社会风气的综合体现。净化政治生态是落实党中央对山西工作重要指示要求的首要任务，也是山西改革发展稳定的根本保障。要全方位、多视角对我省政治生态问题进行深入反思剖析。坚持把深入开展反腐败斗争作为净化政治生态的关键，认真落实党风廉政建设党委主体责任和纪委监督责任，以零容忍态度坚决惩治腐败，始终保持反腐败高压态势；紧紧抓住整治吏治腐败这个净化政治生态的核心，严肃整治选人用人方面存在的突出问题，切实匡正选人用人风气；深入落实中央八项规定精神，严肃查处顶风违纪行为，持之以恒反对“四风”，不断巩固和发展党的群众路线教育实践活动成果；坚决抵制污染政治生态和社会环境的各种潜规则和歪风邪气，斩断各种利益输送链条，严厉打击黑恶势力及其“保护伞”，不断净化社会政治环境。

（三）实现弊革风清。弊革风清的核心是干部清正、政府清廉、政治清明。实现弊革风清是净化政治生态的直接目标，也是一项长期而艰巨的任务。要立足当前，着眼长远，坚持依法治理、标本兼治，按照依法确定权力、科学配置权力、制度约束权力、阳光行使权力、合力监督权力、严惩滥用权力的“六权治本”思路，以制度建设为重点，强化对权力运行的管理和监督，着力形成不敢腐、不能腐、不想腐的长效机制，坚决铲除滋生腐败的土壤和条件。针对重点领域、关键环节的突出问题，健全有效管用的制度体系，切实把权力关进制度的笼子；加快体制机制创新，正确处理政府和市场的关系，加快资源配置市场化改革步伐，有效防止权力寻租；依法加强对权力的制约和监督，把制度建设、体制机制创新、权力运行纳入法治建设的轨道，确保权力运行规范有序。

（四）重塑山西形象。形象问题说到底是党性问题、作风问题、能力素质问题。重塑山西形象是我们的历史担当，关乎党和政府的公信力，关乎全省各项事业的兴衰成败。要坚持以反腐倡廉的新成效、作风建设的新成效和改革发展的新成效，重塑山西改革发展稳定的新形象。切实从现在做起，从具体事做起，从自我做起，重塑山西各级领导班子特别是省委常委班子政治坚定、敢于担当、团结奋进、开拓创新、清正廉洁的新形象；坚决反对精神不振、畏缩不前的消极状态，坚决纠正不敢担当、为官不为的错误行为，坚决整治违背规律、急功近利的短期行为，重塑山西干部队伍对党忠诚、纪律严明、务实为民、敬业奉献、勤政廉洁的新形象；锲而不舍地以优良党风促政风带民风，重塑山西全社会政治清明、诚信守法、包容开放、坚韧不拔、奋发向上的新形象。

（五）促进富民强省。富民强省是党的根本宗旨的集中体现，是全省上下的共同期盼。促进富民强省是一切工作的根本目的，也是净化政治生态、实现弊革风清、重塑山西形象的出发点和落脚点。坚持以经济建设为中心不动摇，积极适应经济发展新常态，全力推动廉洁发展、转型发展、创新发展、绿色发展、安全发展、统筹发展。坚持解放思想、实事求是、与时俱进，狠抓思想转型和思维方式转变，加快全面深化改革，加快扩大对外开放，加快转变经济发展方式；统筹经济社会和人的全面发展，切实加强和改善民生，推动全省经济社会实现持续健康发展。

通过落实活动五个方面的目标任务，切实把全省广大党员干部的思想和行动统一到习近平总书记系列重要讲话精神上来，统一到党中央对山西各项工作的重要指示要求上来，统一到省委的重大决策部署上来，取得实实在在的阶段性成果，为坚持不懈地净化政治生态、实现弊革风清，重塑山西形象、促进富民强省开好局、起好步，并奠定坚实的思想基础和工作基础。

二、活动内容

学习讨论落实活动在全省各级党组织和广大党员干部中开展，重点是乡镇（街道）以上领导机关、领导班子和领导干部。活动从2014年11月下旬正式启动，到2015年3月底基本结束。

这次活动不分段不转段，从以下六个方面有计划、有重点、有目的地统筹协同推进。

（一）统一思想认识，落实“两个责任”。深刻认识山西系统性、塌方式腐败问题损害山西形象、损害人民利益、损害党的形象的严重性；深刻认识省委没有履行党风廉政建设主体责任是形成山西严重腐败问题的最主要原因；深刻认识党中央对山西省委领导班子作出重大调整是净化山西政治生态的重大举措和对山西人民的高度负责；深刻认识坚决惩治腐败对做好山西工作的极端重要性，坚决在思想上政治上行动上与以习近平同志为总书记的党中央保持高度一致。把思想自觉和行动自觉结合起来，切实落实党风廉政建设党委主体责任和纪委监督责任。

1.突出学习重点。各级党委（党组）可采取中心组学习、党校培训、专题讲座等形式，重点引深学习习近平总书记系列重要讲话精神，学习以习近平同志为总书记的新一届中央领导集体崇尚实干、敢于担当、廉洁自律、率先垂范的优良作风和崇高风范，切实做到真学真懂、真信真用、真抓真改。深入学习党的十八届四中全会决定，学习党的十八大以来党中央关于从严治党、加强党风廉政建设和反腐败斗争的部署和要求，学习十八届中央纪委二次、三次、四次全会精神，学习刘云山同志在全省领导干部大会上的重要讲话精神，使广大党员干部特别是领导干部真正端正世界观、人生观、价值观和权力观、地位观、利益观，补足精神之“钙”，筑牢理想信念的思想根基，切实增强法治思维、纪律观念和规矩意识。

贯彻省委决策部署，深刻领会王儒林同志讲话精神，充分认识在全省集中开展学习讨论落实活动的重大意义，以思想认识的提高进一步增强搞好这次活动的政治责任感和自觉性、主动性、创造性。

2.全面落实“两个责任”。强化党的意识、责任意识、忧患意识，坚持知行合一，落实“两个责任”。各级党委（党组）认真落实省委《关于落实党风廉政建设党委主体责任的意见（试行）》和《关于落实党风廉政建设纪委监督责任的意见（试行）》，及时提出落实“两个责任”的具体举措，列出责任清单，并签字背书。实行下级党委（党组）主要负责人向上级党委全会或纪委全会述纪述廉述作风述责任落实情况的制度，实行上级党委主要负责人对下级党委主要负责人重点约谈制度，实行严格问责制度。

3.强化案例警示教育。充分发挥典型腐败案件的警示作用，采取组织学习警示教育资料、观看警示教育片、参观警示教育基地等多种方式，深入开展党纪政纪教育、法律法规教育和从政道德教育，让广大党员干部受警醒、明底线、知敬畏。注重运用发生在身边的、近期的腐败案例，增强教育的震撼力和实效性，警示党员干部特别是领导干部防微杜渐、廉洁自律。

4.加强廉政文化建设。大力学习弘扬焦裕禄等优秀党员干部的情操风范，积极选树一批新时期廉洁从政、一心为民的先进典型。积极借鉴我国历史上优秀廉政文化，深入挖掘和借鉴以于成龙为代表的山西历代著名廉吏的典型事迹。大力弘扬老区精神，践行社会主义核心价值观，推动反腐败斗争不断深入。注重运用多种形式和载体，广泛传播廉政文化，营造拒腐防变的文化环境。

（二）深刻反思剖析，提出整改举措。着眼净化政治生态，立足本地区本部门本单位，联系党员干部特别是领导干部自身实际，认真组织讨论，深刻反思、深入剖析导致政治生态恶化的根源，深入查找制度缺失、工作漏洞、自身不足，提出铲除滋生腐败土壤和条件的整改举措。

1.围绕重点深入讨论。各级党委（党组）重点围绕以下问题组织开展讨论：一是党中央严肃查处山西严重腐败问题、对省委班子作出重大调整、对山西工作提出重要指示要求以及省委决策部署特别是开展本次活动的重大意义；二是我省政治生态存在的突出问题和系统性、塌方式腐败问题的突出表现、主要特征、严重危害、原因分析；三是净化政治生态、实现弊革风清、重塑山西形象的工作重点、主要措施和治本之策；四是制约山西实现富民强省目标的主要障碍和对策建议。讨论中各级党员干部尤其是领导干部要把自己摆进去，紧密结合自身实际进行深刻反思、深刻剖析。

2.形成反思剖析报告。各级党委（党组）在深入反思的基础上，认真研究撰写专题反思剖析报告并报上级党委（党组）。报告要实事求是、深入具体，针对本地区本部门本单位存在的突出问题反思剖析深挖，就纠正和解决系统腐败、行业歪风、重点问题提出整治整改方案和对策举措建议。省委将对各市和省直部门的反思剖析报告进行审查，不符合要求，不深入、不深刻的责成返工。

3.制定出台指导全省工作的有关文件。省委将在各地各部门深入学习讨论的基础上，深入调研和反思，就建立“不敢腐、不能腐、不想腐”的长效机制提出顶层设计，形成专题研究报告，并研究制定关于净化政治生态，努力开创弊革风清、富民强省新局面的《决定》，作为指导今后一个时期全省工作的纲领性文件。各市各部门要根据省委部署制定贯彻落实意见。

（三）保持高压反腐，集中进行整治。深入推进党风廉政建设和反腐败斗争，坚持以零容忍态度惩治腐败，坚持“老虎”“苍蝇”一起打，始终保持反腐败高压态势，保持狠刹“四风”高压态势，保持打黑除恶高压态势。

1.加大查办腐败案件工作力度。在中央纪委领导下，全力配合中央纪委调查组搞好有关案件调查工作。进一步加大自查案件的力度，严格审查和处置党员干部违反党纪政纪、涉嫌违法的行为，严肃查办发生在领导机关和领导干部中的贪污贿赂、买官卖官、徇私枉法、腐化堕落、失职渎职案件，严肃查办发生在重点领域、关键环节和发生在群众身边的腐败案件。特别要严查党的十八大后不收敛不收手，问题反映集中、群众反映强烈，现在重要岗位且可能还要提拔使用的领导干部。实行“一案三查”，既追究当事人责任，又倒查党委（党组）的主体责任和纪委（纪检组）的监督责任。健全重大案件剖析制度，充分发挥查办案件的治本功能。

2.进一步加强作风建设。巩固和拓展党的群众路线教育实践活动成果，牢固树立持续整改、长期整改的思想，深入贯彻落实中央八项规定精神和“三严三实”要求，切实把作风建设抓常、抓细、抓长，推进集中反“四风”改作风转为经常性的作风建设，形成作风建设新常态。认真落实整改任务，对领导班子整改方案和领导干部整改措施落实情况进行盘点分析，有针对性地拿出对策；扭住党中央确定的21项专项整治任务，深入推进专项整治，进一步把责任明确到位、措施落实到位、问题解决到位；上下联动推进整改，聚焦基层和群众反映强烈、需要上级牵头解决的问题，列出联动整改项目清单，明确责任单位和具体措施，上下互动、挂牌督办。始终保持反“四风”高压态势，强化正风肃纪，坚持对踩“红线”、闯“雷区”的零容忍，发现一起、查处一起、追责一起。2014年年底，各级党委（党组）要结合年度工作总结，对整改落实情况进行一次“回头看”，整改不到位的，该补课的补课，该回炉的回炉。2015年上半年，省委将对整改落实工作以及巩固和拓展教育实践活动成果情况组织专项检查。

3.依法严厉打击黑恶势力犯罪。把深入开展反腐败斗争和依法严厉打击黑恶势力犯罪结合起来，保障人民群众安居乐业。坚持“打早打小、露头就打”，始终对黑恶势力犯罪保持高压态势。开展打黑除恶专项行动，对重点行业、重点领域、重点地区加强摸排，准确掌握黑恶势力犯罪案件线索，做到精准打击，确保打出实效。坚持除恶务尽，对充当黑恶势力“保护伞”的，不管涉及什么人，不管职务高低，都要发现一起查处一起，决不姑息。坚持依法打击，确保查处的每一件黑恶势力犯罪案件都办成铁案。坚持打防并举健全打防管控一体化运行机制，最大限度地压缩黑恶势力滋生空间。

4.开展重点领域专项整治。由省直相关职能部门负责，对容易滋生腐败和权力寻租的煤焦、土地、交通、房地产等重点领域突出问题，对社会影响面大、群众反映强烈的司法、教育、医疗、环保、社保、涉农等社会民生领域突出问题，对资源配置、工程招标、政府采购、资金分配等关键环节突出问题开展专项治理，对行政审批违规问题和滥用审批权问题分别开展专项治理。各市要根据本地实际确定整治重点，开展专项治理。相关职能部门要强化专项整治的组织实施，有关方面要加强对专项治理的监管监督和工作配合，务求取得实效。

（四）坚持从严治吏，大力刷新吏治。坚持思想建党与制度管党紧密结合，认真落实从严治党、从严治吏的管党治党方针，充分发挥党组织在选人用人上的领导和把关作用，把从严管理干部贯彻到干部队伍建设全过程，严厉整治选人用人不正之风，全力营造公道正派、弊革风清的用人环境。

1.严格党的政治纪律。牢固树立党章意识，加强党的政治纪律教育，实现党的政治纪律教育经常化、制度化、规范化，不断强化广大党员干部特别是领导干部的法治思维、纪律观念和规矩意识。严肃党内政治生活，找准并根除党内政治生活不正常的“病灶”，不断提高党内政治生活的政治性、原则性和战斗性。严格执行党的政治纪律，加强对党的政治纪律执行情况的监督考核，把党员干部的政治言论、政治行动、政治立场作为日常管理监督干部的重要内容，作为考察识别干部的重要方面。加大对违反党的政治纪律问题的查处力度，使党的政治纪律真正成为“带电的高压线”。

2.严肃整治“为官不廉、为官不为”问题。重点打好“三个一批”组合拳：一是甄别一批不廉洁的干部，分级分批对全省领导干部特别是各级“一把手”和关键岗位的副职进行廉洁考核，建立廉政档案；依法依纪严肃查处“带病在岗”干部。二是退出一批不作为的干部，对不胜任不称职、不作为乱作为、不主动履职担责、抵制“四风”不力的领导干部坚决撤换下来。三是掌握一批听党话跟党走、符合新时期好干部标准、敢作为能作为善作为的好干部。

3.坚决遏制干部“带病提拔”。建立干部选拔任用工作全程纪实制度和干部“带病提拔”问题倒查机制。落实和完善干部选拔任用责任追究制度，特别是干部任用动议责任，严肃追究“带病动议”，解决荐人失真失实失当等问题。对新提任干部，要认真审核个人申报情况和个人档案，实行组织、纪检、审计、信访等职能部门联合审查鉴定，存在疑问的暂不提名；确有问题的，依法依纪严肃处理。开展新提任干部家庭财产申报制度试点工作，逐步推广。

4.加大干部日常管理监督力度。建立领导班子领导干部情况定期分析机制，经常了解情况，加强综合研判，把干部日常表现、作风状况作为年度考核和干部考察重要内容，切实运用好谈心谈话、提醒谈话、诫勉谈话和函询等日常管理监督干部手段，充分运用巡视和信访举报查核成果，对干部中的不良苗头早打招呼、及时提醒、认真帮助，对存在的问题严肃处理。

5.大力匡正选人用人风气。从严坚持新时期好干部标准，旗帜鲜明地树立“德才兼备、以德为先、以廉为基”的用人导向。健全考察考评机制和办法，逐步建立日常考察干部档案和近距离观察识别台账，多渠道、多层面、立体式深入了解干部。严格执行民主集中制和《党政领导干部选拔任用工作条例》，把干部选准用好，努力做到人岗相适、用当其时。强化违规用人案件的核查督办，对近年来各级违规用人、用人失察、用人不当行为，做到有案必查、有查必果，对查实的问题严肃纠正、严厉警示、严格问责。从严教育管理监督领导班子和干部队伍，坚决抵制打招呼、递条子、托人情等不正之风；彻底打破以人划线、任人唯亲等腐朽的“潜规则”；切实严惩跑官要官、拉票贿选、买官卖官等吏治腐败行为；突出解决用人标准把握不严、程序走过场、用人责任制不落实等问题。

（五）实施“六权治本”，规范权力运行。坚持法治思维和法治方式，更好发挥法治对于从源头上防止权力失控的引领和规范作用，按照“六权治本”的思路，扎紧制度笼子，坚决堵塞制度漏洞，铲除滋生腐败的土壤，重点解决“不能腐”的问题，确保权力始终沿着法治化、规范化、公开化轨道运行。

1.依法确定权力。坚持法定职责必须为、法无授权不可为，推进地方性法规、政府规章立改废释，防止部门利益法制化，防止权力配置错位、缺位，建立健全规范性文件备案审查制度，推进依法确权工作常态化。依法审核权力、界定权限、优化流程，对党务政务、各级各部门职责权限进行清理规范，细化、量化自由裁量权。依法履行政府职能，完善行政组织和行政程序的法律制度，推进机构、职能、权限、程序、责任法定化，加快编制省级政府部门的权力清单、责任清单，明确权力办理主体、条件、程序、期限和监管方式等，逐步建立健全负面清单管理制度，建设职能科学、权责法定、执法严明、公开公正、廉洁高效、守法诚信的法治政府。

2.科学配置权力。实行“一把手”不直接分管行政审批、财务、干部人事、建筑工程、物资采购等具体工作，形成决策权、执行权和监督权科学运行的权力制衡机制。合理配置部门权力，通过完善“管采分离”“管审分离”“管办分离”等制度，使各项权力由不同部门相对独立行使，实现相互制衡，有效化解部门权力行使中的潜在风险。围绕权力运行的重点岗位和关键环节，排查梳理风险点，对高风险岗位权力进行分解，坚持分事行权、分岗设权、分级授权，实行审查与批准相分离、定事与办事相分离、承办与监督相分离。进一步深化行政审批制度改革，精简行政审批事项，按照科学配权的原则，加大简政放权力度，真正把该放的权力放到位，防止明放暗不放，克服台下运作、后台审批等弊端，提高审批效率和办结水平。

3.制度约束权力。健全依法决策机制，严格重大行政决策法定程序，积极推行法律顾问制度，建立行政机关内部重大决策合法性审查机制，完善公民参与、专家论证、风险评估、集体讨论决定机制，建立重大决策终身责任追究制度及责任倒查机制；完善和落实行政执法工作责任制度和工作规程，推进综合执法，减少执法层级，切实解决多头执法、多层执法、执法缺位、执法混乱等问题。深化司法体制改革，完善司法管理体制和司法权力运行机制，规范司法行为，有效杜绝关系案、人情案、金钱案等问题，切实提高司法公信力和权威。坚决抵制权力对行政执法和公正司法的干扰，建立领导干部干预司法活动、插手具体案件处理的记录、通报和责任追究制度；健全法律法规实施情况的检查制度，按照“谁办案谁负责、谁主管谁负责、谁审批谁负责”的原则，严格追究过错责任。坚决纠正有令不行、有禁不止，制度执行不到位甚至形同虚设的问题，切实维护制度的严肃性。

4.阳光行使权力。坚持“以公开为常态、以不公开为例外”的原则，完善党务、政务、村务、司法和各领域办事公开制度，依法确定公开的事项和范围；公开权力运行流程，规范公开程序，明确公开时限。加快发展电子政务，推进权力运行全程电子化；加快建设制度规范、服务完备、功能齐全、高效便捷、公开透明的综合性政务平台体系，使显性权力规范化、隐性权力公开化，实现权力阳光运行。围绕资源配置、工程建设项目招投标、政府采购、土地使用权和矿业权出让、国有产权交易等公共资源交易事项，加快公共资源交易体系建设，实行全程公开，着力解决暗箱操作问题。

5.合力监督权力。健全党内监督、人大监督、民主监督、行政监督、司法监督、审计监督、社会监督和舆论监督制度体系，完善事前监督、事中监督、事后监督制度体系，实现对权力运行的全方位、全过程监督。重点加强对领导干部特别是“一把手”和关键岗位的监督，加强对重点领域、关键环节的监督，加强对涉及群众切身利益的行业、窗口的监督，完善和落实巡视监督制度、任期经济责任审计制度、个人重大事项报告制度，充分发挥各项制度的监督功能。强化内部监督，完善权力内控机制，完善内部层级监督和专门监督，坚持“三重一大”事项集体讨论决定，有效制衡权力，防止越权、滥权、擅权问题发生。建立健全同级纪委对同级党委及班子成员的监督和班子成员之间的相互监督制度，建立健全针对监督部门和监督岗位的监督制度，消除监督盲区，提高监督效能。

6.严惩滥用权力。探索建立权力运行痕迹管理制度，使违规、违纪、违法等滥用权力行为有据可查、有责可追、有罪可惩。加强纪检监察机关与法检“两院”和组织、公安、审计等部门的协调配合，形成严惩滥用权力的强大合力。按照对违纪违法问题早发现、早报告要求，探索建立快速发现启动处理问题机制，及时纠错，最大限度减少滥用权力造成的损失。对党员干部苗头性、倾向性问题，及时谈话提醒、函询、诫勉、教育，防止小错酿成大错；对已形成事实并造成严重后果的，严肃按照党纪政纪问责追责；涉嫌犯罪的及时按程序移送司法机关。

（六）全面深化改革，推动科学发展。通过改革，破除各种体制机制障碍，铲除滋生腐败问题的土壤和条件，解决前进中遇到的困难和问题，推动和保障我省科学发展。

1.积极推进改革。进一步落实和完善我省全面深化改革的决策部署，加快推进转型综改试验区建设。本着事关全局、牵涉面广、关联性强、急用先改、堵漏补缺的原则，注重处理好政府与市场的关系，在煤焦、土地、交通、房地产等重点领域和行政审批、资源配置、政府采购、资金分配等关键环节，推出重大改革举措，有效遏制权力寻租空间，优化发展环境。

2.抓好经济建设。坚持以经济建设为中心，适应经济发展新常态，深入研究新形势下山西经济发展面临的机遇和挑战，提出落实“六大发展”的具体举措和路径。积极应对当前经济持续下行的巨大压力，着力稳增长、调结构、促转型，加大对主导产业转型升级支持力度，加大对重点行业和困难企业帮扶力度，加大大项目、好项目招商引资和建设力度，加大新兴产业投产达效力度，加大科技创新驱动发展力度，不断提升发展的质量和效益。

3.切实改善民生。坚持民生优先，切实抓好劳动就业、社会保障、提高居民收入、医疗卫生、文化教育、住房保障、市场物价等方面的工作，重点解决人民群众最关心、最直接、最现实的利益问题。特别注重解决困难群众和弱势群体的生活问题，扎实做好扶贫帮困和送温暖等方面的工作，让人民群众共享改革发展成果。

4.全力维护社会稳定。坚持系统治理、依法治理、综合治理、源头治理，创新社会治理体制机制，改进社会治理方式，依法解决影响社会和谐稳定的突出问题和深层次问题，提高社会治理法治化水平。着力加强信访工作，积极预防、有效化解社会矛盾，依法及时妥善处置群体性事件，逐步把信访纳入法治化轨道。采取有力措施，坚决防止暴力恐怖事件发生。严格落实安全生产责任制度，强化党政同责、齐抓共管，坚决杜绝重特大安全生产事故发生。加强食品药品安全、防灾减灾救灾、社会治安防控等公共安全工作，确保群众安居乐业，社会安定有序。

三、工作要求

（一）加强组织领导。这次活动在省委常委会领导下进行，根据活动需要，成立相应工作机构。各级党委（党组）要切实把开展这次活动作为当前一项重大而紧迫的政治任务，树立高度的政治责任感和强烈的大局意识，精心制定活动方案，认真抓好工作落实，确保活动有组织、有计划、有步骤、有成效地开展。

（二）坚持以上率下。各级领导班子和领导干部特别是主要领导干部要崇尚实干、狠抓落实，既要做好组织者，更要做好带头人，切实成为政治坚定的表率、廉洁自律的表率、转变作风的表率、致力发展的表率。省委常委班子和人大、政府、政协班子及其成员要率先垂范，带头学习讨论、带头落实践行。

（三）贯彻群众路线。坚持开门搞活动，把走群众路线贯穿活动始终，层层动员发动，凝聚和调动广大党员干部投身活动的积极性、主动性、创造性，充分发挥人民群众的主体作用。广泛听取群众意见，畅通群众表达意见诉求的渠道，主动接受群众的监督。着力解决人民群众反映强烈的突出问题，从小事做起，从具体事抓起，以实实在在的活动成效取信于民。

（四）强化督导检查。层层传导压力，一级抓好一级。省委派出督导组对活动开展情况进行指导督查。认真抓好吕梁市、省交通厅活动开展的工作指导。各地各部门也要加强对活动开展情况的指导督查，横向到边、纵向到底，延伸到农村、社区等基层单位，确保活动取得实实在在的成效。

（五）注重统筹兼顾。合理安排、协调推进这次活动的各项工作，把学习讨论贯穿始终、革弊立新贯穿始终、推动改革发展稳定贯穿始终。处理好当前抓和今后一个时期重点抓的关系，注意处理好开展这次活动与其他工作的关系，把开展活动与贯彻党的十八届四中全会精神结合起来，与推进作风建设常态化长效化结合起来。

（六）营造舆论氛围。各级各类媒体要正确把握舆论导向，紧紧围绕活动主题，认真策划制定宣传方案，通过新闻报道、言论评论、专题专访、正反典型宣传等多种形式，广泛深入宣传中央精神和省委部署，及时有效报道各地各部门开展活动的进展、做法和成效，为活动健康有序深入开展营造良好舆论氛围。

在全省学习讨论落实活动动员大会上的讲话

（2014年11月30日 根据录音整理）

王儒林

同志们：

省委决定，从现在开始到明年3月底，在全省各级党组织和广大党员干部中开展以“深入学习贯彻习近平总书记系列重要讲话精神，净化政治生态，实现弊革风清，重塑山西形象，促进富民强省”为主题的学习讨论落实活动。今天的会议，就是动员部署大会。刚才，阳生同志讲了这次活动的总体安排。下面，我讲几点意见：

一、统一思想，切实增强开展学习讨论落实活动的政治责任感和历史使命感

当前，我们山西正处在重要历史关头。系统性、塌方式严重腐败问题，极大地伤害了人民群众的根本利益，影响了党的形象，阻碍了全省改革发展进程。面对严峻复杂的形势和繁重艰巨的任务，在全省集中开展学习讨论落实活动，对于进一步统一思想、凝聚力量，革弊立新、激浊扬清，振奋精神、攻坚克难，团结带领全省各级党组织和广大党员干部，努力开创弊革风清、富民强省的新局面，具有重大而深远的意义。

(一)深入开展学习讨论落实活动，是贯彻落实习近平总书记系列重要讲话精神和党中央对山西工作重要指示要求的重大举措。党的十八大以来，习近平总书记围绕改革发展稳定、内政外交国防、治党治国治军等方面，发表了一系列重要讲话，提出了许多新思想、新观点、新论断、新要求，进一步深化了我们党对中国特色社会主义规律和马克思主义执政党建设规律的认识，为我们在新的历史起点上实现新的奋斗目标提供了根本遵循。特别是党中央对我省严重腐败问题进行严肃查处，对省委班子进行重大调整，对山西工作作出重要指示要求，充分体现了以习近平同志为总书记的党中央坚持党要管党、从严治党的鲜明态度和坚定决心，体现了对党的事业的高度负责和对山西人民的真切关怀。中央要求我们，要认真总结教训，认真贯彻党要管党、从严治党的要求，深入推进党风廉政建设和反腐败斗争，下力气抓好领导班子和干部队伍建设，集中精力做好改革发展稳定工作，为山西人民生活的更加美好而努力奋斗。全省各级党组织和广大党员干部，一定要站在战略和全局的高度，深刻认识到习近平总书记系列重要讲话精神是我们做好山西工作的根本指针，也是我们开展好学习讨论落实活动的基本遵循，通过开展学习讨论落实活动，进一步把全省广大党员干部的思想和行动统一到习近平总书记系列重要讲话精神上来，统一到中央对山西工作的重要指示要求上来，统一到党的十八大和十八届三中、四中全会精神上来，自觉在思想上政治上行动上与以习近平同志为总书记的党中央保持高度一致，切实把中央的各项决策部署要求落到实处。

（二）深入开展学习讨论落实活动，是顺应广大干部群众期盼、实现治晋兴晋强晋的必然要求。人民群众对消极腐败现象深恶痛绝，对社会公平正义和美好生活充满向往。我们要深刻认识到，腐败不除、正气不扬，山西就没有明天、没有未来、没有希望。如果不能形成弊革风清的政治局面，不能形成全省广大干部群众锐意进取、奋发向上的强大正能量，我们就会辜负党和人民的信任，就会在新的发展时期失去机遇，就会在全面建成小康社会的过程中落伍掉队。要深刻认识到，我们山西发生严重腐败问题，是影响山西形象和全局的灾难，同时也是我们反思问题、革弊立新的契机。我们必须痛定思痛，深思工作失误，深挖思想根源，深查制度漏洞；我们必须加倍努力，亡羊补牢，

解决存在的问题；我们必须渡过难关，实现浴火重生、凤凰涅槃。要深刻认识到，我们山西作为革命老区，有深厚的政治基础和群众根基，我们山西的广大干部群众历来听党话、跟党走，在革命、建设和改革的各个历史时期，我们山西人民为党和国家的事业作出了重大贡献。现在，我们山西的政治生态出了严重问题，我们山西出了不少腐败分子，但是不能因此否定山西干部队伍的主流。在这场重大政治考验面前，山西广大干部群众对以习近平同志为总书记的党中央严惩腐败和对省委班子作出重大调整坚决拥护，对党中央对山西工作的重要指示要求坚决贯彻，对省委的各项工作部署坚决执行。实践证明，山西的广大干部是好的，政治上是坚定的，是可以信赖的，是能够担负起治晋兴晋强晋的历史使命的。

（三）深入开展学习讨论落实活动，是重要历史关头赋予广大领导干部的历史责任。重要历史关头，考验着我们每一名领导干部。历史关头需要头脑清醒。我们要充分肯定全省改革发展稳定各项工作取得的成绩，我们也要清醒看到，当前我省经济下行压力持续加大，加快发展、改善民生困难诸多，全面深化改革、扩大开放任务艰巨，各种社会矛盾交织叠加，特别是腐败存量面广量大，反腐败斗争形势依然严峻复杂。越是在这种情况下，我们越要保持清醒的政治头脑，坚定不移地与以习近平同志为总书记的党中央保持高度一致，坚定不移地贯彻落实中央对山西工作的重要指示要求。历史关头需要迎难而上。困难当头，我们不能消沉、退缩；挑战面前，我们不能迷茫、困惑。时代选择了我们，人民期盼着我们，我们必须迎难而上、群策群力、化危为机，决不能辜负党和人民的期望。历史关头需要勇于担当。干部群众中蕴藏着无穷的智慧和力量。全省各级领导干部要主动作为，勇于担当，坚决打赢“净化政治生态，实现弊革风清，重塑山西形象，促进富民强省”这场艰苦的、持久的硬仗。

二、把握正确方向，始终把习近平总书记系列重要讲话精神作为我们全部工作的根本遵循

习近平总书记系列重要讲话是我们做好一切工作的根本遵循，也是这次活动的指针。我们必须把深入学习习近平总书记系列重要讲话作为开展活动的统领和关键，把贯彻落实系列重要讲话精神贯穿活动的全过程。

一要深入学习习近平总书记系列重要讲话。习近平总书记系列重要讲话内容丰富、博大精深，是我们党的最新理论成果、宝贵精神财富和强大思想武器。我们要在这次活动中，进一步兴起学习贯彻习近平总书记系列重要讲话精神的热潮，通过全面深入学习系列重要讲话，使全省广大党员干部特别是领导干部进一步深刻领会习近平总书记系列重要讲话的科学内涵、思想精髓、精神实质和实践要求，准确把握讲话中体现的为民情怀、反映的历史担当、阐发的科学方法，真正端正世界观、人生观、价值观和权力观、事业观、是非观、义利观，补足精神之钙，筑牢理想信念的根基。

二要认真学习以习近平同志为总书记的中央领导集体的优良作风。党的十八大以来，习近平总书记不仅提出了治党治国治军、内政外交国防的一系列新思想、新举措，而且以习近平同志为总书记的中央领导集体，崇尚实干、勇于担当、廉洁自律，以身作则、以上带下、率先垂范，为全党树立了标杆、作出了示范，是我们学习的光辉榜样。全省各级党组织和党员领导干部都要学习以习近平同志为总书记的党中央的优良作风，向党中央看齐，自觉践行“三严三实”，坚决执行八项规定和党的各项纪律，坚决做到崇尚实干、勇于担当、廉洁自律。我们在深入学习习近平总书记系列重要讲话的同时，我们还要学习以习近平同志为总书记的党中央的优良作风，这对我们来说十分重要。全省各级领导干部在作风上向以习近平同志为总书记的中央领导集体学习、看齐，这是全省人民的呼声，也是全省人民的愿望。

三要切实做到真学真懂、真信真抓、真改真用。“学讲话、学作风”不能成为一句口号，停留在嘴上、会上、纸上，一定要在真学真懂、真信真抓、真改真用上下功夫。要原汁原味学，认真学习原著，潜心领悟精髓，努力做到学深学透、入脑入心。要创新方法学，主要领导要亲自抓，党委中心组要带头学，发挥好各级党校、行政学院和干部教育培训机构的职能作用，把学习搞得生动活泼、卓有成效。要联系实际学，紧密结合工作和思想实际，认真思考、研究、探讨解决本地区、本部门、本单位和我们每个党员干部自身存在的问题，努力做到知行合一，提高素质、推动工作。

三、紧扣活动要求，准确把握学习讨论落实活动的目标任务

这次学习讨论落实活动的主要目标任务就是“净化政治生态，实现弊革风清，重塑山西形象，促进富民强省”。这四句话既相对独立、指向明确，又紧密联系、不可分割；既立足于解决好现实突出问题，又着眼于促进未来事业发展。

（一）净化政治生态。政治生态是一个地区政治生活现状及政治发展环境的集中反映。我省发生了系统性、塌方式严重腐败问题，已有不少干部被查处。有的官商勾结、利益输送、权钱交易；有的权力寻租、中饱私囊、巧取豪夺；有的跑官要官、买官卖官、胆大妄为；有的拉票贿选、营私舞弊、“带病提拔”；有的搞圈子，找关系、打招呼，谋私利；有的贪权、贪财、贪色，徇私枉法；有的生活糜烂、作风败坏、腐化堕落，等等。冰冻三尺非一日之寒，不良的党风、政风和社会风气严重破坏了全省政治生态。我们必须全方位、多视角对我省政治生态问题进行深入反思剖析，从严落实“两个责任”，以“零容忍”态度惩治腐败，把深入开展反腐败斗争作为关键举措，严明政治纪律，严肃整治吏治问题。我们必须拔除烂树、治疗病树、矫正

歪树、种植新树，保护森林。我们必须坚决清除腐败土壤，灭菌消毒，改善条件，精心树木，打造出人民群众满意，党中央放心，清正廉洁、勤政为民的良好政治生态环境。

（二）实现弊革风清。实现弊革风清是净化政治生态的直接目标，也是一项长期而艰巨的任务。目前，我们在“不敢腐”方面取得了初步成效，但是“不能腐、不想腐”还远没有达到。特别是在资源集中、权力特殊、资金密集等重点领域、关键环节、重要岗位，有的制度有缺失、漏洞多，有的制度不执行、软约束，有的制度在空转、挂空档，有的制度牛栏关猫、不管用，错综复杂、形形色色的弊端还远远没有革除。“善除害者察其本，善理疾者绝其源。”这次活动的一个重要任务，就是要革弊立新，有效防止权力寻租，依法加强对权力的制约和监督，确保权力运行规范有序，不断强化组织纪律，不断强化思想教育，在解决“不能腐、不想腐”的问题上下功夫，努力通过激浊扬清，实现弊革风清。

（三）重塑山西形象。山西历史悠久、人杰地灵，不论是古代，还是近代，不论是革命战争年代，还是社会主义建设时期，我们都以文化厚重、名人辈出、人民淳朴的良好形象而闻名于世。现在发生系统性、塌方式腐败问题，使我们山西良好形象严重受损，给广大干部群众抹了黑。面对特殊的形势，我们必须担负起重塑山西形象的历史责任，从现在做起，从具体事情做起，从领导干部做起，重塑山西各级领导班子特别是省委常委班子政治坚定、崇尚实干、敢于担当、团结创新、清正廉洁的新形象，重塑山西干部队伍对党忠诚、纪律严明、求真务实、勤政为民、敬业奉献的新形象，重塑山西全社会政治清明、诚信守法、包容开放、勇于开拓、奋发向上的新形象。

（四）促进富民强省。富民强省是党的根本宗旨的集中体现，是全省上下的共同期盼。净化政治生态是富民强省的基础，实现弊革风清是富民强省的途径，重塑山西形象是富民强省的支撑。促进富民强省是我们的根本目的，是一切工作的出发点和落脚点。我们必须坚持以经济建设为中心不动摇，积极适应经济发展新常态，坚持思想转型、观念转变和经济转型同步。要始终把人民放在心中最高位置，想人民所想、急人民所急、解人民所难，帮人民所需。要全面深化改革，扩大开放，全力推动科学发展，努力向全省人民交出一份合格的答卷。

四、突出工作重点，确保活动取得实实在在的新成效

全省各级各部门各单位都要着眼于解决山西当前面临的紧迫问题，解决制约山西长远发展的根本问题，解决群众反映强烈的突出问题，坚持问题导向，坚持重点突破，坚持强力推进，力求学习讨论落实活动不断取得新成效。

第一，从严落实“两个责任”，在依规管党治党上取得新成效。全省各级党组织要认真落实“两个责任”，各级党委要牢固树立“抓党风廉政建设是本职、不抓是渎职、抓不好是失职”的理念，把反腐倡廉工作纳入到经济社会发展和党的建设总体工作中，加强党对党风廉政建设工作和反腐败工作的统一领导，统一部署，统一考核；各级纪委要严格履行监督责任，更要严格追究责任，切实把管党治党的“两个责任”落到实处。要坚持严字当头，党纪严于国法。国法是所有公民的行为底线，党纪是对党组织和党员立的规矩。要以更严的标准要求党员、更严的措施管住干部特别是领导干部，确保党的纪律成为刚性约束，而不能成为稻草人、橡皮筋。

第二，保持“三个高压态势”，在建设廉洁政治上取得新成效。干部清正、政府清廉、政治清明是建设廉洁政治的奋斗目标。要以煤焦、土地、交通、房地产等容易滋生腐败的领域为重点，始终保持惩治腐败的高压态势，坚持“零容忍”态度，做到“老虎”“苍蝇”一起打。从最近查处的案件来看，有的人还不收敛、不收手，令人震惊。我们要在积极配合中央纪委专案组查办案件的同时，进一步加大自办案件查处力度，做到有案必查、有腐必反、有贪必肃，坚决遏制腐败蔓延的势头。要始终保持狠刹“四风”的高压态势，抓常抓细抓长，锲而不舍、久久为功，对顶风违纪问题，对“四风”变异问题，坚持“打早打小、露头就打”，进一步加大查处力度。要始终保持打黑除恶的高压态势，坚持除恶务尽，特别是对充当黑恶势力“保护伞”的，不管涉及什么人，都要发现一起查处一起，决不姑息；要坚持打防并举，不断健全打防管控一体化运行机制，切实保证我们山西人民群众安居乐业。

第三，开展专项整治，在优化发展环境、利民惠民便民上取得新成效。环境就是生产力，就是吸引力，就是竞争力。要把开展重点领域专项整治确定为这次活动的一项重要任务。以行政审批、资源配置、政府采购、资金分配等权力密集的关键环节和以司法、教育、医疗、社保等涉及群众切身利益的领域为切入点，进一步堵塞管理漏洞，提升服务效能，优化发展环境。要清政风，以行政审批和行政执法为重点，进一步规范简化行政审批、优化办事流程，大力推进政务公开、加强效能监察，坚决整治散、懒、玩、浮、拖、推等等突出问题，让全社会享受到务实、清廉、高效的服务。要纠行风，坚持为民、公平、便捷，以基层一线单位和窗口单位为突破口，从“朝上看”向“朝下看”转变，从“不能办”向“怎么办”转变，从“权力说了算”向“法规说了算”转变，坚决整治门不难进了，脸不难看了，但事还是难办，特别是顶风违纪，吃拿卡要等问题。让山西的企业和百姓有事不用求人，办事不用吃请，急事不用久等。要正社风，积极倡导勤劳节俭、重德守法，教育引导全社会摒弃逢事请吃送礼、大操大办、铺张浪费、相互攀比等陈规陋习，努力形成崇尚法治、相信科学、遵守公德、助人为乐、劳动致富、勤俭节约的良好风尚。

第四，坚持从严治吏，在匡正选人用人风气、刷新吏治上取得新成效。从严治党重在从严治吏。对我们山西来

讲，吏治腐败是最大的腐败。要把匡正选人用人风气作为刷新吏治的核心，从严坚持新时期好干部标准，旗帜鲜明地树立“德才兼备、以德为先、以廉为基”的用人导向，让那些跑官要官、买官卖官的人失去市场，真正让那些吃苦的人吃香、实干的人实惠、有为的人有位，让广大干部专心谋事、用心做事，在干事创业中求进步、求发展，有盼头、有劲头。要把严肃党规党纪作为刷新吏治的关键，进一步加强干部的日常监督管理，严格落实和完善干部选拔任用责任追究制度，严肃追究干部“带病动议”责任，对那些违规用人、用人失察、用人不当行为，做到有举必查、有查必果、有错必纠，对查实有问题的严肃处理、严厉警示、严格问责。要把整治为官不为作为刷新吏治的重点。现在我们有些干部不履职、不担责、不作为，不求有功、但求无过，如果任其持续下去，就会严重损害人民群众的根本利益，也势必会滋生新的政治生态问题。省委明确提出当前要重点打好“三个一批”组合拳，在全社会引起广泛关注，全省各级党委和组织部门要按照省委的部署要求，积极做好这项工作，尽快取得实效。

第五，推进“六权治本”，在形成不能腐的长效机制上取得新成效。我们要在以“零容忍”态度惩治腐败、大力治标的同时，在治本上加大力度。要围绕加强对权力运行的制约和监督，依法确定权力、科学配置权力、制度约束权力、阳光行使权力、合力监督权力、严惩滥用权力，切实把权力关进制度的“笼子”，努力形成不能腐的长效机制。全省各级党委政府要全面理解、准确把握“六权治本”的内涵，紧密结合各自工作实际，统筹落实“六权治本”要求，确保各项任务落到实处。

第六，加快“六大发展”，在富民强省上取得新成效。富民强省，是山西3600万人民的迫切期盼，是全省党员干部的历史责任。我们要始终坚持以经济建设为中心，始终把广大人民的根本利益作为出发点和落脚点，全面推进山西廉洁发展、转型发展、创新发展、绿色发展、安全发展、统筹发展。要正确处理富民与强省、强市、强县的关系。不论改革还是发展都要坚持民生为先，时刻把人民群众安危冷暖放在首位、放在心中，认真化解民困、民忧、民怨，实现民富、民乐、民安。

五、加强组织领导，为学习讨论落实活动提供坚强保证

这次学习讨论落实活动时间紧、任务重、要求高。全省各级党组织和广大党员干部要以高度的政治责任感和紧迫感，把组织开展好活动作为一项重大政治任务、重大政治责任、重大政治考验，高标准、严要求、大力度推进，确保活动健康有序有效开展。

一要强化组织领导。这次活动在省委常委会领导下进行，各级党委（党组）作为本地区、本部门、本单位学习讨论落实活动的责任主体，主要负责同志作为第一责任人，把活动摆上重要日程，精心组织，扎实推进，不折不扣地抓好省委各项要求部署的落实。各级党委（党组）要根据不同领域、不同部门、不同层次、不同对象的情况，制定好活动方案，统筹好活动重点，安排好活动方式，把握好活动要求，确保活动扎实有序推进。

二要强化关键环节。学习、讨论、落实是这次活动必须抓好的三大关键环节。要认真组织学习，积极采取中心组学习、党校培训、专题讲座等多种形式，选好重点篇目，力求学深、学透。要深入开展讨论，各级党委（党组）要充分相信群众，紧紧依靠群众，紧密联系工作实际，深刻反思剖析，深入查找制度缺失、工作漏洞、自身不足，通过群策群力，拿出管用有效的整改方案和对策措施。要切实抓好落实，坚持边学习、边讨论、边落实。开展学习讨论要抓落实，改进工作、解决问题更要抓落实，力求取得实实在在的阶段性成果。

三要强化以上率下。各级领导班子和领导干部特别是主要领导干部，要真正把自己摆进去，既当好标杆，做好带头人，又真抓善抓，做好组织者。要深入实际，找准需要解决的突出问题，研究提出切合实际的任务要求和办法措施，对每个步骤的重点工作、重点任务和前后衔接都要亲自过问、亲自安排，确保学习讨论落实活动有组织、有计划、有步骤、有成效地开展。

四要强化督导检查。这次学习讨论落实活动，省委组建了督导组，抽调厅局级干部担任组长、副组长，对各市和省直厅局进行全程督导。每一位督导组成员都要深入领会省委的部署和要求，掌握督导规则，明确督导任务，要紧紧依靠所督导部门单位的党委（党组），注重沟通协调，从严务实督导，做到尽职不越位、督导不包办。

五要强化统筹协调。要按照省委实施意见的要求，统筹好每项工作的工作进度、每个环节的工作重点，把握节奏，注重方式，正确处理好认真学习、深入讨论、狠抓落实的关系，处理好当前抓、今后一个时期继续重点抓和长期坚持不懈抓的关系，处理好开展这次活动与其他工作的关系，通盘考虑，统筹安排，做到“两手抓，两促进”。

六要强化宣传引导。要唱响主旋律，集聚正能量，不断激发全省广大干部群众奋发进取的积极性。要牢牢把握舆论主动权，宣传典型，示范引领，为活动健康有序深入开展充分发挥好舆论导向作用。

同志们，这次学习讨论落实活动意义重大、任务艰巨，我们要紧密团结在以习近平同志为总书记的党中央周围，在省委、省政府的领导下，以高度的政治责任感、良好的精神状态和扎实的工作作风，把这次活动组织好、开展好，确保取得实实在在的成效，为不断开创我省各项工作的新局面而努力奋斗！

党风廉政建设和反腐败斗争

（一）党风党纪文件

中共山西省纪律检查委员会
关于中秋节期间开展监督检查情况的通报

晋纪通〔2014〕7号

为深入贯彻落实中央八项规定精神，持之以恒纠正“四风”，中秋节期间，省纪委派出6个检查组，对各市和省直单位贯彻落实中央八项规定精神、纠正“四风”情况进行了监督检查。同时，为确保节日期间各项工作协调有序，信息报送渠道畅通，重大事项能及时上报和妥善处置，对领导带班和值班人员24小时值班制度的落实情况进行了突击检查。

这次检查，共检查20多个省直单位，督查了11个市的2000多个单位。总的看，全省各级党组织、党员和干部贯彻执行中央八项规定精神的态度是坚决的、成效是明显的。各级党员领导干部能够以身作则、以上带下、持之以恒地改进作风。各级党组织能够联系实际、制定措施，旗帜鲜明地反对形式主义、官僚主义、享乐主义和奢靡之风，干部作风显著改进。大部分被检查单位带班领导和值班人员都能够坚守岗位、全时在岗，值班电话24小时畅通，确保了突发事件能及时有效处置。但检查中也发现，“四风”问题在个别单位和一些干部身上仍然不同程度地存在，集中表现为：有的单位值班人员存在值班期间玩电脑游戏的问题；个别基层单位存在大额购买超市购物卡的问题；一些学校门口、风景区内发现有公车私用的问题；一些基层单位仍存在节日期间值班人员缺岗、带班领导不在位的问题；对各市和省直有关部门值班情况进行电话抽查时，有的单位值班电话存在长时间占线的问题，等等。对于检查中发现的各种问题，省纪委已经安排有关地方和单位认真核实、严肃处理。

全省各级各部门要强化“作风建设永远在路上”的认识，坚持不懈地整治“四风”，深入开展党的群众路线教育实践活动，把作风建设不断引向深入，在抓常、抓细、抓长上下功夫，以优良的党风促政风带民风，确保中央八项规定精神和省委有关要求不折不扣地贯彻执行。各级党员干部要充分认识中央、省委驰而不息抓作风转变的坚定决心，自觉接受党员和群众的监督，事事处处、时时刻刻改进作风，要率先垂范、以身作则、令行禁止，带头执行中央八项规定精神和省委有关要求。

各级党委（党组）要担负起党风廉政建设的主体责任，特别是党政一把手要负总责，切实把作风建设摆在突出位置，层层落实责任，采取有力措施解决好本地区本单位的“四风”问题。作风问题具有顽固性和反复性，抓一抓就好转、松一松就反弹，必须强化刚性要求、严格惩戒，使好作风成为一种主观自觉、行为习惯。要坚决防止“四风”问题反弹回潮，以正风肃纪的实际成效兑现承诺、取信于民。

各级纪检监察机关要认真履行党风廉政建设的监督责任，切实把改进党风政风作为一项经常性工作来抓，坚决维护中央和省委作风建设制度规定的严肃性和权威性。要执好纪、问好责、把好关，对不同地区、不同领域群众反映强烈的不正之风，一项一项整治、一个一个突破，一个时间节点一个时间节点抓，把作风建设变成常态。要严格落实“一岗双责”、“一案双查”，对由于执行规定不严、制度不落实、工作不力，造成本地区、本部门违反中央八项规定精神、“四风”问题突出的领导班子和领导干部，将依据党风廉政建设责任制进行问责。

各级各部门要高度重视和认真做好政务值班工作。各级领导干部要尽职尽责，敢于担当，以身作则，严格执行领导带班和值班人员24小时值班制度。要进一步完善细化有关政务值班工作配套制度，保证高效应对和处置各类突发事件。要通过电话抽查、实地检查、暗访检查等方式，对政务值班特别是节日期间值守应急工作开展督促检查，对落实政务值班制度不力的单位和个人，加大执纪问责力度，对造成严重后果和恶劣影响的要严肃查处，确保政务值班制度得到有效落实。

中共山西省纪律检查委员会

2014年9月22日

中共山西省纪委办公厅
关于进一步加强全省村“两委”换届选举工作监督执纪问责的通知

晋纪办发〔2014〕23号

各市、县（市、区）纪委、监察局：

近日，省委书记、省人大常委会主任王儒林同志在《中共中央关于湖南衡阳破坏选举案处理情况及其教训警示的通报》上作出重要批示，强调要认真汲取教训，采取有效措施抓好村“两委”换届，坚决防止发生贿选等破坏选举事件。省委常委、省纪委书记黄晓薇同志要求各级纪检监察机关要在村“两委”换届中履行好监督执纪问责的责任。省委常委、省委组织部长盛茂林同志提出当前要突出抓好村“两委”换届工作，确保风清气正。为认真贯彻落实省委领导同志重要批示精神，深刻吸取湖南衡阳破坏选举案的教训，确保村“两委”换届选举工作健康顺利进行，现就进一步加强全省村“两委”换届选举工作监督执纪问责的有关事项通知如下：

一、各级纪检监察机关要认真履行党风廉政建设监督责任，从严落实省委关于严肃村“两委”换届选举工作纪律的各项规定，发现苗头性、倾向性问题立即制止，发现干扰破坏选举的行为严肃查处。

二、县、乡纪委要制定村“两委”换届选举纪律检查工作方案，细化措施，明确责任，强化落实。要对乡镇党委与候选人、竞选人集体谈话、签订竞选纪律承诺书等工作进行监督检查，发现问题，督促整改；要把“城中村”、“资源村”、“矛盾突出村”和“难点村”列为重点监督对象，紧紧盯住不放松；要及时发现和处置各类问题隐患，对重大情况和突发事件要随时报告同级党委和上级纪委。

三、要认真做好群众举报和来信来访受理工作，通过新闻媒体、网络、宣传栏等方式向社会公布举报电话及其他举报渠道；保证信访、电话和网络“三位一体”举报平台的有效运行；及时调查核实群众来信来访来电反映的问题；建立督办机制，限时办结换届选举中情节具体、线索清楚的违法违纪行为。

四、要采取明查暗访、交叉检查、随机抽查等形式加强对换届选举工作的督促检查，及时发现问题，强化纪律约束。对违反换届选举纪律、干扰破坏选举的人和事，做到发现一起、查处一起。对典型案例，要进行通报曝光，以正党风、肃党纪。

五、要坚持“露头就打”、从重从快原则，依纪依法查处下列贿选行为：

1. 向选举人赠送现金、存单、银行卡、会员卡、有价证券、支付凭证或实物等进行拉票的；

2. 为选举人提供吃请、旅游、休闲、健身、娱乐等消费活动进行拉票的；

3. 以慰问、帮扶名义向选举人变相赠送财物进行拉票的；

4. 以交保证金形式，许诺当选后将保证金分发给选举人进行拉票的；

5. 以许诺当选后赞助村级组织或群众团体活动经费、免除村民债务、给予选举人其他利益或好处等进行拉票的；

6. 以违反规定分发村集体资产、用集体资金为选举人交纳各种费用进行拉票的；

7. 向其他竞选人送钱送物或给予某种利益，让其退出选举的；

8. 以贿赂等手段诱使或收买选举工作人员在选举中进行舞弊活动的；

9. 其他影响选举人意愿的变相贿选行为。

六、要严格责任追究。对未能认真负责、消极应付的要追究有关负责人责任并作出相应处理。实行责任倒查追究制度，对党委特别是党委书记没有履行好第一责任人和直接责任人职责、放松组织领导、不敢担当、玩忽职守的，要追究其责任并作出相应处理。对换届选举中贿选等违纪违法行为查处不力的，要严格追究当地纪委的监督责任，以铁的纪律保障村“两委”换届选举工作顺利进行。

中共山西省纪委办公厅

2014年11月17日

中共山西省纪律检查委员会 关于全省村“两委”换届选举中4起违纪违法典型问题的通报

晋纪通〔2014〕8号

全省村“两委”换届选举工作开展以来，各级纪检监察机关强化监督执纪问责，加强对村“两委”换届选举工作纪律和通告执行情况的监督检查，严肃查处拉票贿选、干扰破坏选举工作等违纪违法案件，维护了正常的换届秩序。现将近期查处的4起典型问题通报如下：

忻州市忻府区解原乡佐城村党员张文晋、邢全生在村党支部换届选举中拉票贿选问题。2014年10月30日晚，张文晋找本村党员邢全生，表明了在这次村党支部换届中与邢全生一起任支部委员并由自己担任支部书记的想法，同时将2000元现金交给邢全生作为活动经费。10月31日上午，张文晋和邢全生一起到本村党员白美珍、王宴林家中，给每家放下500元和写有张文晋、邢全生、赵红文姓名的字条，并嘱咐在选举时按纸条上的三人填写选票。11月9日，经忻府区纪委研究决定，给予张文晋、邢全生开除党籍处分，给予王宴林、白美珍党内严重警告处分。

忻州市忻府区奇村镇奇村党员贾二虎干扰换届选举会议会场秩序问题。2014年11月7日上午10时，奇村党支部召开支部换届选举会议，参会党员贾二虎突然站起来大吵大闹，且不听工作人员劝阻，严重干扰会场秩序。公安机关给予贾二虎行政拘留10日的处罚。11月9日，经忻府区纪委研究决定，给予贾二虎党内严重警告处分。

临汾市尧都区尧庙镇杜村党员赵亚民、张震在换届选举期间宴请党员群众问题。2014年11月2日，杜村第四居民组组长张震以征地为由，向杜村党支部书记赵亚民提议宴请有关人员。赵亚民明知换届选举期间不允许宴请的纪律规定，却同意张震组织村支委、村委委员兼妇联主任等11名党员和5名村民，在尧都区锦悦城龙抄手饭店设宴两桌。11月13日，经尧都区纪委研究，鉴于赵亚民还有涉法缓刑判决，决定合并给予赵亚民开除党籍处分，给予张震党内严重警告处分。

临汾市浮山县张庄乡张庄村党员邹天林拉票贿选问题。2014年10月，张庄村党员邹天林在县城一尊皇牛饭店分四批次宴请本村党员、村民代表共13人，目的是为了竞选村党支部书记。11月17日，张庄乡农村“两委”换届工作领导小组取消了邹天林候选人资格。11月22日，经浮山县纪委研究决定，给予邹天林党内警告处分。

以上案例发生在我省村“两委”换届期间，涉及农村基层组织党员，他们对全省村“两委”换届选举工作纪律和通告置若罔闻，依然我行我素、顶风违纪，影响恶劣，必须严肃查处。

全省各级党委政府要认真吸取湖南衡阳破坏选举案和这次通报的4起典型案例教训，举一反三、引以为戒，把严肃换届选举工作纪律、营造风清气正的选举环境，作为村“两委”换届选举的重点工作抓在手上，引导党员群众有序参与换届选举工作。

各级纪检监察机关要认真贯彻落实省纪委《关于进一步加强全省村“两委”换届选举工作监督执纪问责的通知》（晋纪办发〔2014〕23号）精神，严格履行党风廉政建设监督责任。畅通信访举报渠道，加大核查力度，及时报告处置情况。要坚持“有报必查”、“露头就打”，严肃查处村“两委”换届拉票贿选、扰乱换届选举工作秩序等违法违纪行为，对典型问题公开曝光，充分发挥查办案件的震慑和警示作用，为全省村“两委”换届选举工作提供坚强的纪律保障。

中共山西省纪律检查委员会
2014年12月3日

中共山西省委
关于落实党风廉政建设党委主体责任的意见（试行）

晋发〔2014〕32号

（2014年12月7日）

为认真贯彻落实党的十八大和十八届二中、三中、四中全会精神，十八届中央纪委二次、三次、四次全会精神，特别是习近平总书记系列重要讲话精神，坚持党要管党、从严治党，依规管党治党建设党，净化政治生态，实现弊革风清，重塑山西形象，促进富民强省，现就落实党风廉政建设党委主体责任提出如下意见。

一、主体责任的内容

各级党委是落实党风廉政建设的责任主体。省委领导班子对职责范围内的党风廉政建设负全面领导责任,省委领导班子主要负责人是党风廉政建设的第一责任人，省委领导班子成员根据工作分工，履行“一岗双责”，对职责范围内的党风廉政建设负主要领导责任。

（一）省委领导班子的责任

1.加强领导。结合山西实际研究制定党风廉政建设工作计划、目标要求和具体措施；听取党风廉政建设工作汇报，研究解决工作中的重要问题；加强对党风廉政建设和反腐败工作的领导，支持纪委的监督执纪问责工作；对党风廉政建设工作进行责任分解，明确省委领导班子及其成员在党风廉政建设中的职责和任务分工，并按照计划推动落实。

2.选好用好干部。贯彻落实《党政领导干部选拔任用工作条例》，制定切实可行的制度，严格把好人选廉政关，坚决防止“带病提拔”；防止用人失察失误，强化责任追究，严肃处理干部选拔任用工作中的违规违纪行为，坚决整治用人上的不正之风。

3.加强纪律和作风建设，维护群众利益。严格执行党的政治纪律、组织纪律、工作纪律、财经纪律和生活纪律等各项纪律，强化执纪监督。健全作风建设督查机制，深入贯彻落实中央八项规定精神，坚持不懈反对“四风”；重视解决群众反映强烈的问题，定期公开工作进展情况；紧紧盯住作风领域出现的新变化新问题，及时跟进相应的对策措施；健全和落实改进作风常态化制度，坚决防止和纠正损害群众利益的行为。

4.强化对权力运行的制约和监督。依法确定权力，科学配置权力，制度限制权力，阳光使用权力，合力监督权力，严惩滥用权力；加强党务公开和政务公开，明确权力清单和权力边界；发挥巡视工作的“利剑”和“尖兵”作用，强化对党组织领导班子及其成员的监督；以法治思维和法治方式，推进反腐败体制机制改革创新，探索建立不敢腐、不能腐、不想腐的有效机制，从源头上防治腐败。

5.领导和支持执纪执法机关查处违纪违法问题。健全反腐败领导体制和工作机制，完善各级反腐败协调小组职能；及时听取查办案件工作汇报，解决重大问题；提高依纪依法惩治腐败的能力，坚决查处各种违纪违法问题；坚持有案必查、有腐必惩，以零容忍态度惩治腐败，始终保持惩治腐败的高压态势，坚决遏制腐败蔓延势头。

6.报告工作。把履行党风廉政建设主体责任情况作为重要内容，定期向党中央、中央纪委和省委全会报告工作，及时向党中央、中央纪委就重要问题进行请示。省委全力支持省纪委落实党风廉政建设监督责任，主动接受省纪委对省委领导班子及其成员的监督。

（二）省委领导班子主要负责人的责任

1.组织落实。主持召开省委常委会议，经常分析研判全省反腐败斗争形势，研究部署党风廉政建设和反腐败工作；确定专题并主持召开研究党风廉政建设专项会议；主持召开“五人小组”会议听取巡视工作等重要情况汇报；做到重要工作亲自部署，重大问题亲自过问，重点环节亲自协调，重要案件亲自批办、督办。

2.管好班子。贯彻民主集中制原则，坚决克服组织涣散、纪律松弛现象；管人、管事、管思想、管作风、管纪律，对班子成员严格要求、严格管理，督促担任所在党组织主要负责人的班子成员履行主体责任；对有苗头性、倾向性问题的班子成员及时进行提醒谈话并督促整改，发现严重问题，及时向党中央、中央纪委报告；对班子成员廉洁自律方面的函询回复要签字背书。

3.带好队伍。以上率下，以班子自身建设带动干部队伍建设;以健全制度纪律约束机制、强化制度执行力为核心，带队伍、抓队伍、强队伍；不定期与下一级党组织主要负责人谈话,了解执行党的路线方针政策、坚持民主集中制、实施党内监督的情况和其所在班子及其本人廉政勤政等情况，并提出要求。发现有严重违纪违法问题的，责成纪委和有关部门立案查处。

4.当好廉洁从政的表率。自觉遵守党的纪律，接受党组织和党员的监督，接受党章党规党纪的刚性约束；政治上讲忠诚、组织上讲服从、行动上讲纪律；模范遵守国家的法律法规，坚持依法执政，带头依法办事；管好配偶、子女和身边工作人员，不以任何形式以权谋私。

（三）省委领导班子其他成员的责任

1.担任所在党组织主要负责人的，要履行好党风廉政建设主体责任，在研究贯彻落实中央和省委关于党风廉政建设和反腐败工作时，就职责范围内的党风廉政建设事项发表负责任的意见，敢于担当，敢于坚持原则。

2.对分管部门（单位）党风廉政建设具体工作方案严格审核把关，督促指导分管部门（单位）制定加强作风建设、加强廉政教育、规范权力运行等具体措施，对落实情况强化监督检查。

3.定期听取分管部门（单位）关于党风廉政建设情况汇报，坚持问题导向，研究解决分管部门（单位）在作风、纪律、选人用人等方面突出问题，落实巡视反馈的各项整改任务。

4.不定期与分管部门（单位）领导班子成员谈话，了解执行党的路线方针政策、坚持民主集中制、实施党内监督的情况和其所在班子及其本人廉政勤政等情况，并提出要求。对领导班子及其成员存在的问题及时提醒、纠正，对问题严重的，要及时向省委报告。

5.支持执纪执法机关对分管部门（单位）发生案件的查办工作，要求有关部门（单位）做好协调配合，坚决抵制说情风，帮助排除办案阻力。

6.严格执行廉洁自律规定，管好配偶、子女和身边工作人员，不以任何形式以权谋私。

二、落实党委主体责任的要求

全省各级党组织必须深刻认识山西系统性、塌方式腐败问题的严重性，深刻认识当前我省党风廉政建设和反腐败斗争形势的严峻性、复杂性、尖锐性、特殊性，高度重视落实党风廉政建设主体责任的极端重要性，切实把思想和行动统一到中央的精神上来，统一到以习近平同志为总书记的党中央对山西工作的要求上来，坚决把习近平总书记从严治党八项要求落实到山西党的建设和全部工作中。

各级党委是党风廉政建设的领导者、执行者、推动者。必须以高度的政治责任感，扛起党风廉政建设的主体责任。切实强化不抓党风廉政建设就是严重失职的意识，坚持依规管党，制度治党，对党风廉政建设统一领导、直接主抓、全面落实。把党风廉政建设作为党的建设和政权建设的重要内容，纳入经济社会发展和党的建设总体布局，列入领导班子、领导干部目标管理，统一部署、统一落实、统一检查。

省纪委机关，省委组织部、省委宣传部、省委统战部、省委政法委等部门，要把省委关于党风廉政建设的要求融入各自工作，形成党风廉政建设和反腐败工作合力，同时要履行党风廉政建设主体责任。省人大、省政府、省政协和省法院、省检察院的党组织要按照省委要求，履行党风廉政建设主体责任。

（一）落实党风廉政建设主体责任，要建立健全统一领导、分工负责、相互协调、齐抓共管的领导体制，加快构建党委领导班子认真负责、主要负责人自觉尽责、班子成员主动担责的工作机制。

（二）各级党组织领导班子主要负责人对落实党风廉政建设主体责任要主动思考、主动研究、主动作为，常研究、常部署，紧密结合实际，创新机制制度，层层传导压力，确保落实到位。

（三）加强对党风廉政建设主体责任落实情况的检查；检查情况应在适当范围内通报；对检查中发现的问题，要及时研究解决，督促整改落实；检查结果作为对领导班子总体评价和领导干部业绩评定、奖励惩处、选拔任用的重要依据。

（四）领导班子应当将履行党风廉政建设主体责任的情况，作为向同级党的委员会全体会议报告工作的一项重要内容；领导班子成员履行党风廉政建设主体责任的情况，应当列为领导班子民主生活会的重要内容；领导班子应当将履行党风廉政建设主体责任的情况，每年专题报告上一级党委、纪委。

（五）省委组织部负责人要不定期与各市、省直各部门领导班子主要负责人谈话，了解执行党的路线方针政策、坚持民主集中制、实施党内监督的情况和其所在班子及其本人廉政勤政的情况，并提出建议和要求。省委巡视组要将被巡视单位的党组织领导班子及其成员履行党风廉政建设主体责任情况作为巡视监督的重要内容，发现问题，督促整改，推动问题的解决。

（六）各级党组织要依靠群众的支持和参与，加强监督检查，对领导班子及其主要负责人和其他成员在履行党风廉政建设主体责任中的问题及时采取措施加以解决。

（七）支持纪检监察机关转职能、转方式、转作风，进一步精简纪检监察机关牵头或参与的议事协调机构，推进内设机构改革，优化职能配置，使工作力量向办案和监督倾斜。支持纪检监察机关落实“纪委书记、纪检组长不分管纪检监察工作以外其他业务工作”等要求。

三、强化责任追究

领导班子、领导干部违反或者未能正确履行在党风廉政建设中承担的职责，有《关于实行党风廉政建设责任制的规定》第十九条规定的七种情形之一的，应当追究责任。

坚决落实“一案双查”制度，对严重顶风违纪搞“四风”，对出现区域性、系统性严重腐败案件，对党风廉政建设不力，发生问题不报告、压案不查的，都要同时追究主体责任和监督责任。

领导班子、领导干部对职责范围内发生的党风廉政建设问题应该发现而没有发现的，要追究其失职责任。发现了问题不报告的，要按渎职追究责任。

各级党组织要严格履行党风廉政建设主体责任，坚决查处责任不落实的领导班子和领导干部。敢于动真碰硬，对违规违纪者不论是谁，不论其职务高低，都决不手软，严肃处理。对领导班子违反规定的，要视情节轻重给予通报批评或者进行调整处理。对领导干部违反规定的，要视情节轻重给予党纪政纪处分或者免职等组织处理。对请托说情，掩盖、袒护或者干扰、阻碍责任追究调查处理的，要从重追究责任。涉嫌犯罪的，移送司法机关依法处理。

全省各级党组织要根据本意见精神，结合实际，梳理本级党风廉政建设主体责任清单，狠抓工作落实。

中共山西省委
关于落实党风廉政建设纪委监督责任的意见（试行）

晋发〔2014〕33号

（2014年 12月7日）

为认真贯彻落实党的十八大和十八届二中、三中、四中全会精神，十八届中央纪委二次、三次、四次全会精神，特别是习近平总书记系列重要讲话精神，坚持党要管党、从严治党，依规管党治党建设党，净化政治生态，实现弊革风清，重塑山西形象，促进富民强省，现就落实党风廉政建设纪委监督责任提出如下意见。

一、监督责任的内容

各级纪委对党风廉政建设负监督责任。省纪委领导班子对职责范围内落实党风廉政建设纪委监督责任负全面领导责任。省纪委领导班子主要负责人是落实党风廉政建设纪委监督责任的第一责任人。领导班子成员根据工作分工，对职责范围内落实党风廉政建设纪委监督责任负主要领导责任。

（一）省纪委领导班子的责任

省纪委领导班子在省委和中央纪委领导下，按照党章认真履行监督职责。领导组织落实党章规定的三项基本任务和五项经常性工作，对职责范围内贯彻执行党内法规的情况进行监督，安排部署并完成好监督执纪问责工作。重点抓好以下七个方面。

1.协助省委加强党风建设和组织协调反腐败工作。按照省委统一部署，围绕习近平总书记从严治党八项要求，开展监督执纪问责，研究、协调、检查反腐败各项工作。

2.强化监督检查。经常监督检查各市和省直各部门党组织维护党的章程和其他党内法规情况、贯彻落实党的路线方针政策和决议情况；监督检查各市和省直各部门领导班子及其成员履行党风廉政建设主体责任情况。充分发挥巡视监督的“利剑”和“尖兵”作用。

3.加强纪律和作风建设。严格执行党的政治纪律、组织纪律、工作纪律、财经纪律和生活纪律等各项纪律。深入落实中央八项规定精神，持之以恒纠正“四风”，驰而不息正风肃纪。强化监督执纪问责，推进作风建设常态化、长效化。

4.严肃查处腐败问题。坚持把深入开展反腐败斗争作为净化政治生态的关键举措，坚持有腐必惩、有贪必肃，坚决遏制腐败蔓延势头。重点查处党的十八大后不收敛不收手，问题反映集中、群众反映强烈，现在重要岗位且可能还要提拔使用的领导干部；严肃查处重点领域和关键环节的腐败问题，严惩滥用权力，促进“六权治本”。

5.向省委和中央纪委报告工作。在省委的坚强领导下，切实强化上级纪委对下级纪委领导，认真落实查办腐败案件以上级纪委为主、线索处置和案件查办在向同级党委报告的同时必须向上级纪委报告等规定。向省委和中央纪委报告处理特别重要或复杂案件中的问题和处理结果。

6.对省委以及省人大、省政府、省政协和省法院、省检察院党组履行党风廉政建设主体责任情况进行监督；对省委各工作部门领导班子、省直各部门党组（党委）以及各市党政领导班子履行党风廉政建设主体责任的情况进行监督。

7.履行省纪委机关自身的党风廉政建设主体责任；领导组织、指导督促各市纪委和省直各部门纪检机构履行监督职责，对各市纪委和省直各部门纪检机构领导班子及其成员履行自身的主体责任和监督责任的情况进行监督检查。

（二）省纪委领导班子主要负责人的责任

1.领导组织贯彻落实党中央、中央纪委和省委、省纪委关于党风廉政建设监督责任的部署要求。主持省纪委常委会，研究确定落实党风廉政建设监督责任的总体思路、工作要点和推进措施；听取关于落实党风廉政建设监督责任的工作汇报；主持反腐败协调小组和巡视工作领导小组工作，研究解决落实党风廉政建设监督责任中的重要问题。

2.对省纪委领导班子成员落实党风廉政建设监督责任情况进行监督，对其履行工作职责、完成分工任务、执行廉洁自律规定，以及个人重大事项报告等方面进行监督。

3.通过谈话开展监督，有针对性地约谈有关领导干部，及时诫勉谈话，防止小问题演变成大问题。对新提拔任用的省管干部进行廉政谈话。

4.按照“三转”要求，抓班子、带队伍，切实加强内部监督。严格遵纪守法，自觉维护和执行各项纪律，带头接受监督。严格执行廉洁自律规定，管好配偶、子女和身边工作人员，不以任何形式以权谋私。

（三）省纪委领导班子其他成员的责任

1.协助省纪委领导班子主要负责人开展落实党风廉政建设监督责任的工作。贯彻省纪委常委会关于落实党风廉政建设监督责任的决议、决定，服从集体领导，参与集体决策，协助省纪委领导班子主要负责人推进工作落实。

2.抓好职责范围的党风廉政建设工作。按照工作分工，主动领导、协调、处理职责范围内落实党风廉政建设监督责任的工作，研究解决分管工作中落实党风廉政建设监督责任的有关问题。

3.履行好职责范围的监督责任。根据省纪委领导班子及其主要负责人安排，按照工作分工，通过谈话开展监督，有针对性地约谈有关领导干部，参加有关领导班子会议，对其执行民主集中制情况进行监督，发现问题及时解决。

4.严格遵纪守法，自觉维护和执行各项纪律，带头接受监督。严格执行廉洁自律规定，管好配偶、子女和身边工作人员，不以任何形式以权谋私。

二、落实监督责任的工作要求

省纪委要接受省委和中央纪委的领导，切实履行好监督责任。各级纪委要强化监督者更要带头接受监督的理念，主动接受党组织和人民群众的监督。

（一）积极推进纪律检查体制机制改革，深化落实“三转”，聚焦主责主业，积极推进落实“两个为主”“两个全覆盖”要求，在实际工作中探索推动纪律检查工作双重领导体制具体化、程序化、制度化。

（二）完善腐败问题的揭露、发现、查处机制，对在廉洁自律、作风建设等方面存在问题的领导干部，坚持从严要求、抓早抓小，早提醒、早纠正、早查处。

（三）按照“打铁还须自身硬”的要求，牢固树立“信任不能代替监督”、对自身监督必须更加严格、查自身问题必须更加严格的理念，严明办案纪律就是政治纪律，严查自身违纪违法问题。发现纪委干部存在问题，该调整的调整，该清理的清理，该查处的查处，以零容忍态度，坚决防止“灯下黑”。做到政治上讲忠诚、组织上讲服从、行动上讲纪律，以铁纪打造铁军，以铁腕惩治腐败，建设忠诚、干净、担当的纪检监察干部队伍。

三、强化责任追究

各级纪委要坚持铁面执纪，对于不履行或者不正确履行党风廉政建设主体责任和纪委监督责任的问题，要发现一起、查处一起，毫不留情、决不手软。

坚持有错必究、有责必问，坚决落实“一案双查”制度，对严重顶风违纪搞“四风”，对出现区域性、系统性严重腐败案件，对党风廉政建设不力，发生问题不报告、压案不查的，都要同时追究主体责任和监督责任。

对纪委（纪检组）领导班子违反规定的，要视情节轻重给予通报批评或者进行调整处理。对纪委（纪检组）领导干部违反规定的，要视情节轻重给予党纪政纪处分或者免职等组织处理。对请托说情，掩盖、袒护或者干扰、阻碍调查处理的，要从重追究责任。涉嫌犯罪的，移送司法机关依法处理。

全省各级党组织要根据本意见精神，结合实际，梳理本级党风廉政建设纪委监督责任清单，责任分解落实到人，务求取得工作实效。

中共山西省纪律检查委员会
关于在元旦、春节“两节”期间
深入落实中央八项规定精神加强监督检查的通知

晋纪发〔2014〕4号

各市纪委、监察局，省直纪工委、省高校纪工委、省国资委纪委、省国防工业纪委，省纪委各派驻纪检组，省直各部门内设纪检组（纪委）、监察室，省直属事业单位纪检组、监察室：

元旦、春节“两节”将至，为深入贯彻落实中央八项规定精神、持之以恒纠正“四风”，切实履行好纪检监察机关的监督执纪问责职责，现就加强监督检查工作通知如下：

一、监督检查内容

“两节”期间是各类“节日病”高发、易发、多发期，

各级纪检监察机关要认真履行监督责任，加强对“四风”问题、违反中央八项规定精神和省委有关规定的监督检查，特别要针对以下突出问题，强化监督执纪问责。

1.用公款购买赠送年货节礼问题。不准用公款购买、赠送烟花爆竹、花卉、食品、烟酒等年货节礼；不准用公款购买（印制）、邮寄、赠送贺年卡、明信片、年历等物品；不准用公款购买、赠送充值卡、有价证券和各种支付凭证；不准利用现代物流快递、以礼品册和提货券代替实物商品、利用电子商务提供微信红包、电子礼品预付卡等隐匿手段进行公款送礼。严肃查处党员、干部接受年货节礼行为。

2.用公款搞联谊宴请、部门之间走访送礼等活动问题。不准以总结会、团拜会、联欢会、同乡会、校友会、战友会等名义，用公款搞各种名目的走访联谊等活动；不准以部门之间对接工作、走访名义，用公款搞所谓的“慰问”活动。

3.违规用车问题。严格执行节假日公车封存制度；不准以各种名义借用、调用、换用下属单位、国有企事业单位、私营企业和管理服务对象、有可能影响公正执行公务的个人车辆。

4.公款旅游问题。不准在节日期间以各种名义变相公款出国（境）旅游；不准以公务差旅为名变相国内旅游；不准接受下属单位、服务对象或可能影响公正执行公务人员的旅游度假、健身娱乐等活动安排。

5.公款休闲娱乐问题。不准用公款参与营业性健身、歌厅、夜总会、足浴等娱乐活动；不准出入私人会所；不准利用培训中心、内部食堂等搞奢靡享受、吃喝玩乐和超规格接待。

6.年底突击花钱，违规发放津补贴、奖金福利、实物问题。不准违反规定发放或变相发放已经明令取消的津贴、补贴等；不准接受下级单位、管理服务对象发放的奖金；不准擅自配套资金提高奖金标准、扩大奖励范围。各级党委、政府和组织、工会、民政等部门正常安排的慰问老党员、老红军、老专家、老同志、劳动模范、部队官兵、优抚对象等，以及对城乡困难群体、残障人员访贫问寒活动除外。国有企业按规定并列入工资总额、绩效工资管理的奖金、实物除外。

7.违规举办各类节庆活动问题。不准违反规定公款举办奢华焰火、闹红火等节庆活动；不准使用财政资金举办营业性文艺演出、节日晚会等活动；不准以接受赞助或向下属单位、服务对象摊派费用方式搞节庆活动。

8.违规操办婚丧喜庆事宜问题。严格执行《关于坚决制止领导干部大办婚丧喜庆事宜和借机敛财行为的规定（试行）》（晋办发〔2010〕18号），严禁违规操办婚丧喜庆事宜。

9.其他违反中央八项规定精神和“四风”问题。

二、有关要求

一要紧盯节点，强化责任追究。各级纪检监察机关要加强对中央八项规定精神落实情况的监督检查，督促各级党委（党组）落实主体责任，加强“两节”期间的教育引导，对有令不行、有禁不止的党员干部，要依纪依规依法严肃处理并追究责任。对贯彻落实中央八项规定精神不力、导致单位出现顶风违纪问题、造成不良影响的，既要追究当事人的责任，还要追究党委的主体责任和纪委的监督责任。

二要明确工作重点，加大惩戒力度。元旦、春节是传统佳节，各级纪检监察机关要按照中央纪委要求，紧盯重要时间节点，突出重点坚决反对享乐主义、奢靡之风，继续以钉钉子精神，持之以恒抓好落实中央八项规定精神、纠正“四风”工作。要认真组织开展对重点场所、重点人员的监督检查，加大惩处力度，用狠劲、出实招，决不能重拳打在棉花上，始终保持高压态势，以零容忍的态度严肃查处违反中央八项规定精神的问题，防止“四风”问题反弹回潮。

三要研究新情况新问题，创新工作方式方法。要针对少数党员干部违纪行为趋于隐匿，一些市县和单位工作措施不得力，一些制度操作性不强、约束力不够等问题，深入分析原因，研究提出对策。对“四风”隐身、变异问题，要仔细甄别，善于发现，及时查处。各级纪检监察机关要通过持续巡查、重点抽查、专项检查、集中检查、交叉检查、明察暗访等方式，进一步创新工作方式方法，坚持“露头就打”。

四要严格执纪问责，带头执行规定。各级纪检监察机关要畅通监督渠道，充分发挥“12388”举报电话和举报网站的作用，支持广大群众和新闻媒体参与监督，广泛收集线索，做到发现一起，查处一起；加大通报曝光力度，有效发挥警示教育作用，向全社会释放违纪必究、执纪必严的强烈信号；对纪检监察干部违纪违规问题，坚持不遮掩、不护短，一律从严查处，并点名道姓公开曝光。广大纪检监察干部要铁面执纪，秉公办案，带头遵守有关规定，从严要求自己及亲人。

五要加强信息报送，推动工作落实。各级纪检监察机关对本地区（部门）、本单位发现的问题，及时向上一级纪委报告，按照干部管理权限认真查核，严肃处理，决不允许护短遮丑、包庇纵容。2014年12月20日至2015年3月10日期间实行周报制度，各市纪委及省直各纪工委、纪检组要确定一名联系人，每周二将举报线索、监督检查情况和典型案例报省纪委党风政风监督室。

中共山西省纪律检查委员会

2014年12月12日

中共山西省纪委办公厅
关于印发省纪委《倡议书》的通知

晋纪办〔2014〕38号

各市纪委、监察局，省直纪工委、省高校纪工委、省国资委纪委、省国防工业纪委，省纪委各派驻纪检组、监察室，省直各部门内设纪检组（纪委）、监察室，省直属事业单位纪检组、监察室：

元旦、春节将至，省纪委常委会向工作在全省各级纪检监察战线上的16000余名干部职工发出倡议，要牢记作风建设永远在路上，深入落实中央八项规定精神，持之以恒反对“四风”，严格执行廉洁自律各项规定，自觉拒收节礼，切实做到文明过节、廉洁过节。全省各级纪检监察机关要立即行动起来，积极响应省纪委倡议，自觉做反对“四风”的模范践行者，领导班子要做到以身作则、以上率下，发挥示范带动作用。要迅速把倡议书的内容传达到每一名纪检干部职工，以实际行动为重塑山西形象发挥表率作用。

中共山西省纪委办公厅

2014年12月18日

倡　议　书

元旦、春节临近，省纪委常委会向工作在纪检监察战线的全体同志致以节日的问候。

当前，全省上下正在认真贯彻落实省委十届六次全会精神，奋力开创弊革风清、富民强省新局面。过一个文明节俭、风清气正的节日，是中央八项规定精神能否落到实处的重要检验。各级纪检监察机关和全体纪检监察干部要牢记作风建设时刻在路上、永远没有休止符，坚决反对“四风”，切实做到文明过节、廉洁过节，以实际行动落实省委书记王儒林同志对纪检监察队伍提出的“铁纪、铁军、铁腕”要求，为重塑山西形象发挥表率作用。

喊破嗓子不如作出样子。省纪委常委会向全省纪检监察战线的同志们发出倡议：各级纪检监察机关和全体纪检监察干部要以身作则，从自身做起，作出承诺、接受监督，做反对“四风”的模范践行者。“两节”期间，要带头拒绝违规收送年货节礼、礼品礼金、有价证券、提货卷和电子微信红包、电子礼品预付卡等；带头拒绝参与用公款或管理服务对象、有可能影响公正执行公务人员安排的旅游度假、健身娱乐、宴请等活动；带头拒绝利用培训中心、内部食堂等搞奢靡享受、吃喝玩乐；带头拒绝出入私人会所；带头杜绝违规用车行为；带头抵制大操大办婚丧喜庆事宜和借机敛财等不正之风，严格遵守廉洁自律各项规定。

过节不收礼，清风扬正气。各级纪检监察机关和纪检监察干部要深入贯彻落实省委十届六次全会精神，进一步强化监督执纪问责，持之以恒改进作风，坚持不懈反对“四风”，坚决把中央八项规定精神落到实处，为净化政治生态，优化党风政风作出应有贡献。

中共山西省纪律检查委员会

2014年12月16日

中共山西省纪委办公厅
关于在全省学习讨论落实活动
专项整治工作中强化监督执纪问责的通知

晋纪办〔2014〕40号

各市纪委、监察局，省直纪工委、省高校纪工委、省国资委纪委、省国防工业纪委，省纪委监察厅各派驻纪检组、监察室，省直各部门内设纪检组（纪委）、监察室：

当前，全省上下正在开展以“深入学习贯彻习近平总书记系列重要讲话精神，净化政治生态，实现弊革风清，重塑山西形象，促进富民强省”为主题的学习讨论落实活动。省委《关于在全省深入开展学习讨论落实活动的实施意见》（晋发〔2014〕31号）明确提出，要“开展重点领域专项整治”。专项整治工作由省直相关职能部门负责，主要是对容易滋生腐败和权力寻租的煤焦、土地、交通、房地产等重点领域突出问题，对社会影响面大、群众反映强烈的司法、教育、医疗、环保、社保、涉农等社会民生领域突出问题，对资源配置、工程招标、政府采购、资金分配等关键环节突出问题开展专项治理，对行政审批违规问题和滥用审批权问题分别开展专项治理。各市也根据本地实际确定了整治重点，开展专项治理。

全省各级纪检监察机关要在专项整治工作中认真履行职责，充分发挥监督执纪问责作用。对于各职能部门移送的问题线索，要高度重视，认真组织核实。涉及违纪违法的，要发现一起，查处一起，绝不姑息。对于问题突出、整治不力的，要追究党委（党组）的主体责任和纪委（纪检组）的监督责任。要认真梳理专项整治中暴露出来的问题线索，认真办理并及时向所在单位学习讨论落实活动办公室报告情况，对于重要问题线索要及时向省纪委监察厅报告。

各市各部门要将履行监督执纪问责的情况于每月15日、30日报省纪委党风政风监督室。

中共山西省纪委办公厅

2014年12月18日

中共山西省纪律检查委员会
关于全省村“两委”换届选举中4起违纪违法典型问题的通报

晋纪通〔2014〕9号

全省村“两委”换届选举工作开展以来，各级党委、纪委对有关纪律规定三令五申，但是一些党员干部仍然置若罔闻，顶风违纪，拉票贿选，干扰破坏换届选举秩序，情节恶劣，影响极坏。2014年12月3日，省纪委对4起村“两委”换届选举违纪违法典型问题进行了通报。为进一步严肃村“两委”换届纪律，加大对违纪违法问题的查处力度，保障换届选举工作顺利进行，省纪委决定再次通报4起典型问题。

阳泉市平定县巨城镇会里村党员赵喜堂在换届选举期间宴请党员问题。2014年11月5日晚，会里村党员赵喜堂（系候选人赵银堂之兄）召集本村部分党员到阳泉市重庆巴国口福火锅店吃饭，赵银堂、梁成才等16名党员参与吃请。经平定县纪委研究，决定给予赵喜堂党内严重警告处分，巨城镇党委取消赵喜堂、赵银堂、梁成才3人村“两委”换届候选人资格。

临汾市襄汾县永固乡永固村党员王根龙在换届选举期间干扰破坏选举问题。2014年11月7日，永固村召开党支部换届选举会议。参会党员王根龙撕毁参会人员签到表，严重干扰现场选举秩序。经襄汾县永固乡党委研究，决定给予王根龙党内严重警告处分。

临汾市霍州市大张镇下乐坪村党员段军军在换届选举期间拉票贿选问题。2014年11月下乐坪村村委换届选举期间，该村党员段军军向本村村民发放竞选村委主任职务的名片，并赠送芙蓉王牌香烟50条。经霍州市纪委研究，决定给予段军军党内严重警告处分，霍州市大张镇村“两委”换届领导组取消段军军村“两委”换届候选人资格。

忻州市保德县孙家沟乡新畦村党员陈虎平在换届选举期间拉票贿选问题。2014年11月18日，陈虎平安排其叔父陈亮珠送给本村党员张丑赖2500元现金，要求张丑赖在村党支部换届会议上为其投票。经孙家沟乡纪委研究并报孙家沟乡党委批准，决定给予陈虎平留党察看一年处分，给予张丑赖党内严重警告处分。孙家沟乡党委取消陈虎平村“两委”换届候选人资格。

当前，村“两委”换届选举工作已进入关键时期。市、县、乡三级党委要认真落实党风廉政建设主体责任，把严明村“两委”换届纪律紧紧抓在手上，贯穿于村“两委”换届工作的全过程和各环节，进一步加强领导，明确责任，切实将各项纪律要求和规定落到实处。各级纪检监察机关要认真履行党风廉政建设监督责任，从严落实各项纪律规定。要将省纪委两次通报精神层层传达下去，一直传达到农村基层，教育引导党员群众依法有序参与换届选举。要继续强化对村“两委”换届工作的监督执纪问责，及时受理核查群众的来信来电来访，进一步加大案件查办力度，从重从快查处9种破坏村“两委”换届选举工作的贿选行为，做到发现一起、查处一起、通报一起，绝不姑息。

中共山西省纪律检查委员会

2014年12月24日

中共山西省纪委办公厅 关于认真贯彻王儒林同志重要批示精神 在全省村“两委”换届选举中强化监督执纪问责的通知

晋纪办发〔2014〕26号

各市、县（市、区）纪委、监察局：

为贯彻落实省委书记、省人大常委会主任王儒林同志近期关于村“两委”换届工作的重要批示精神，现就各级纪检监察机关严肃换届工作纪律，强化监督执纪问责通知如下：

一要突出重点，严格责任落实。当前，离全省村“两委”换届选举截止日期越来越近，工作进入关键时期。各级纪检监察机关要认真履行监督执纪问责责任，把村“两委”换届选举工作作为当前重要的政治任务，高度重视，严肃认真对待。尤其要关注重点村、难点村、资源村、城中村等问题突出的村委选举工作，按照“情况明、数字准、责任清、作风正、工作实”的要求，始终保持高度警惕性和敏感性，掌握一手情况，主动联系沟通，及时发现隐蔽性、苗头性问题，督促有关职能部门认真研判，强化措施，确保“两委”换届不出问题。

二要态度坚决，严惩违纪行为。各级纪检监察机关要认真落实《关于进一步加强全省村“两委”换届选举工作监督执纪问责的通知》（晋纪办发[2014]23号）的要求和部署，配合组织、民政、政法、信访等部门，继续加大查处力度，坚持“露头就打”，对村“两委”换届中的违法违纪行为，发现一起查处一起，对典型问题公开曝光，始终保持高压态势，保证村“两委”换届选举工作顺利推进。

三要传导压力，严肃责任追究。各级纪检监察机关要督促有关职能部门按照《关于认真做好第十届村民委员会换届选举工作的意见》（晋办发[2014]40号）要求，履好职，尽好责。各市纪委、监察局要对所属县（区、市）换届选举工作加强督导检查。各县（区、市）纪委、监察局要把换届选举监督执纪问责工作真正抓在手上，强力推进工作。乡镇纪委要驻村蹲点掌握情况，及时处理违纪问题。村“两委”换届选举有问题没发现，是失职；发现了不查处，是渎职，都要严肃问责。对领导不力、查处不力、消极应对、处置不当，造成严重后果的，要追究相关党政领导和有关部门负责人的责任。

省纪委将对各地村“两委”换届选举工作进行明察暗访，发现问题，严肃追责。

中共山西省纪委办公厅
2014年12月26日

（二）纪检工作综述

2014年山西省党风廉政建设和反腐败斗争综述

2014年，党中央对山西发生的系统性、塌方式严重腐败问题进行严肃查处，对省委班子作出重大调整。省委深入学习贯彻习近平总书记系列重要讲话精神，坚决贯彻落实党的十八大、十八届三中、四中全会精神和十八届中央纪委第三次、四次全会精神，全面落实党中央关于山西工作的重要指示要求，提出“深入学习贯彻习近平总书记系列重要讲话精神，净化政治生态，实现弊革风清，重塑山西形象，促进富民强省”的目标任务，开展“学习讨论落实”活动，召开省委十届六次全会，动员组织全省广大干部群众奋发进取，努力开创各项工作新局面。

省委坚持把深入开展党风廉政建设和反腐败斗争，作为净化政治生态的关键举措，强力推进、狠抓落实。9月份以来，省委常委会11次研究党风廉政建设和反腐败工作。王儒林同志在全省性大会上22次提出要求，作出批示19次，就从严治党、严明纪律、改进作风、惩治腐败等方面，作出一系列部署要求。突出强调，腐败不除、正气不扬，山西就没有明天、没有未来、没有希望；落实新时期全面从严治党要求，必须认真落实管党治党主体责任和监督责任；实施“六权治本”，必须严惩滥用权力；整治吏治腐败，必须打好“三个一批”组合拳；推进“六大发展”，必须把廉洁发展放在首位；以零容忍的态度，努力形成并保持惩治腐败高压态势，把山西反腐败斗争进行到底。

省纪委常委会坚决贯彻落实党中央、中央纪委和省委的部署以及王儒林同志的具体要求，集中时间组织学习讨论，对省纪委自身存在的监督缺位等问题认真检讨，逐项认理认账认责，以实际行动认罚认改认干。强化责任担当，加快推进"转职能、转方式、转作风"，率先净化自身队伍，重塑纪检监察机关形象。召开全省纪检监察工作会议，进一步学习贯彻十八届中央纪委第四次全会和省委十届六次全会精神。坚持以上率下，采取深入市县、约谈问责等方式，层层传导压力，强化了责任，增强了信心、提振了精神。全省各级纪检监察机关作风和面貌为之一新，强化监督执纪问责，认真落实中央八项规定精神，坚决遏制腐败蔓延势头，推动全省党风廉政建设和反腐败斗争取得新进展新成效。

一、强化执纪监督，深入落实中央八项规定精神

全省各级纪检监察机关在党的群众路线教育实践活动中，积极配合主责部门，开展了26个涉及83个方面专项整治工作的监督检查。开展"纠正组织涣散纪律松弛"专项活动。查处并通报了一批违反农村"两委"换届纪律的案件。紧盯重要时间节点，紧盯"四风"隐形、变异问题，对党员干部公款吃喝、公款旅游、公款送礼、公车私用、大操大办婚丧喜庆并借机敛财等问题开展监督检查。坚决查处用公款购买赠送年货节礼、用公款搞联谊宴请等8个方面突出问题。2014年，共处理违反中央八项规定精神方面的问题1635个，处理党员干部2073人，给予党纪政纪处分1551人。省纪委分5次对18起典型问题进行通报，上报中央纪委监察部网站90起93人，对顶风违纪的10名省管领导干部进行了严肃处理，产生了震慑作用。

二、加大查办案件力度，形成惩治腐败高压态势

严肃查办腐败案件。在全力配合中央纪委查办涉及山西有关腐败案件的同时，切实加大自办案件查处力度。全省各级纪检监察机关共受理群众信访举报91870件（次），同比增长154.8%；初步核实处置反映问题线索13106件，同比增长32.1%；立案14328件，同比增长31.6%；结案14071件，同比增长29.3%；处分违纪党员干部15450人，同比增长30.1%，其中，处分市厅级干部45人，同比增长73.1%；处分县处级干部545人，同比增长62.2%。对中央巡视组移交的1555件信访件，已办结1520件，办结率97.7%；处分党员干部928人，移送司法机关119人。发挥行政监察监督作用，对失职渎职行为进行了问责。

9月以后，省纪委转变办案理念、办案方式，提高办案质量和效率。截至12月底，结案处理和正在立案调查的案件53起，涉及省管干部36人，其中厅级干部26人；处理党员干部28人，其中，撤职以上重处分20人，占比71.4%，移送司法机关17人，占比60.7%。特别是严肃查处了运城市委原书记王茂设、大同市委原书记丰立祥、忻州市委原书记董洪运、省国土资源厅原厅长李建功、省煤炭厅原厅长吴永平等严重违纪违法案件。派出工作小组，对太原市"城中村"问题、吕梁市和省交通厅系列腐败问题处理开展督导，对严重违纪违法问题进行查处。省纪委负责同志深入到11个市和有关县（市、区）实地督导，推动各地纪委加大办案力度。全省纪检监察机关立案6725件，占全年立案总数的46.9%，比前8个月月均增长76.9%；结案6669件，占全年结案总数的47.4%，比前8个月月均增长80.2%；处分7376人，占全年处分人数的47.7%，比前8个月月均增长82.7%，其中，受到撤职以上重处分的1622人，占全年受重处分人数的57.2%，比前8个月月均增长167.0%，查办案件能力明显提升。

规范办案程序，严明审查纪律。制定《省纪委监察厅履行立案检查及采取"两规"措施的工作程序》、《市、县纪委使用"两规"措施报告及处置程序》和《省纪委机关纪律审查涉案款物管理规定》，要求各级纪检监察机关严明审查纪律，严格审查程序，确保审查安全。省纪委率先开展问题线索大起底，将集中于案件监督管理室的问题线索移交纪检监察室，并建立纪检监察室处置问题线索、案件监督管理室督办并监督管理的运行制约机制。规范了受理举报、案件检查、案件审理等各个环节的工作流程，细化了岗位责任，强化了业务监督。省纪委负责同志多次分头检查办案安全工作，落实办案安全责任制，严肃追究了有关事故责任人的责任，保障办案安全。

有效发挥查办案件治本功能。典型案件实行"一案三报告"，剖析案例，开展警示教育。对吕梁市系列腐败问题、省交通厅"窝案串案"、我省煤焦领域腐败案件以及高平市系列腐败案件等，进行了深入剖析，向省委提出相关建议。编印《党的十八大以来省纪委查处的严重违纪违法领导干部忏悔录汇编》、《警示教育案例选编》，制作警示教育片，在全省党员干部教育中引起强烈震动和反响。

三、突出"两个责任"，推进纪律检查体制改革

推动"两个责任"落实。新的省委班子在对我省政治生态问题进行全方位、多视角反思剖析后，明确提出要把党风廉政建设主体责任牢牢扛在肩上，切实抓好"两个责任"的落实。省委出台了《关于落实党风廉政建设党委主体责任的意见（试行）》和《关于落实党风廉政建设纪委监督责任的意见（试行）》，对省委和省纪委领导班子的责任、主要负责人的责任、领导班子其他成员的责任都做了具体规定，解决了过去以向下提要求为主、不聚焦自身的问题。省委认真落实主体责任，深入研究全省反腐败斗争形势，专题研究党风廉政建设工作，及时研究处理重要复杂案件。"五人小组"会议专题听取巡视工作、干部工作等重要情况汇报，研究安排处置省管干部问题线索。省委书记王儒林

带头落实“第一责任人”责任，坚持对党风廉政建设和反腐败工作的重要工作亲自部署、重大问题亲自过问、重点环节亲自协调、重要案件亲自督办；就落实主体责任、推进党风廉政建设和反腐败斗争在全省性大会多次提出要求和作出批示；逐一审阅十八大以来的四轮巡视报告，对巡视工作中存在的严重问题提出整改要求，作出批示14次；在深入11个市调研过程中，专门就落实“两个责任”亲自约谈市委书记和市长；在省委组织开展的抓基层党建工作专项述职活动中，就主体责任落实情况现场点评，为全省干部作表率。其他省委常委结合分管领域和工作，主动履行主体责任。省纪委聚焦主业，把主要工作力量汇集到监督执纪问责第一线，把精兵强将压到监督执纪问责最前沿，瞪大眼睛发现干部苗头性问题，咬咬耳朵、扯扯袖子，起到警醒、诫勉作用，使广大党员干部树立起“不越雷池半步”的戒惧之心。对2008年以来反映省管干部的问题线索进行大起底，集中排查、分类处置，做到情况明、数字准、家底清。省纪委主要负责同志约谈了部分市、县党政主要负责同志和市纪委书记，层层传导责任和压力，积极推动主体责任和监督责任的落实。对履行“两个责任”不力的平定县委书记、石楼县纪委书记等5名领导干部严肃追究责任，产生了较大的震慑作用。

深化纪检监察机关“三转”，推进纪律检查体制改革工作。省纪委起草、省委印发了《纪律检查体制改革工作实施方案》和《纪律检查体制改革专项小组2014年工作计划》。强化“两个为主”，探索查办腐败案件以上级纪委领导为主的做法，强化上级纪委对下级纪委的领导，制定了《市纪委常委、监察局副局长任免职办理工作程序》等制度。实施两轮内设机构改革，增设5个纪检监察室，组建组织部、宣传部、纪检监察干部监督室，执纪监督部门数量和人员数量分别占机关内设机构和编制总数的68.4%和65.1%。各市纪委全部完成内设机构改革，监督执纪力量大幅增加。清理议事协调机构。省纪委保留或继续参与的议事协调机构从156个精简到10个，精简幅度达93.6%；11个市纪委平均保留10.7个，精简幅度平均达90.8%，各县（市、区）纪委平均保留11.8个，精简幅度平均达85.5%。省市县三级派驻（派出）纪检组长（纪委书记）除纪检监察业务以外的分工和兼职得到清理规范，主责主业更加聚焦。

四、夯实工作基础，改进和加强巡视监督

对照中央巡视工作要求，针对我省巡视工作问题导向意识不强、监督重点盯得不紧、成果运用不好、震慑作用不够、方法创新不足等问题，省委巡视机构进行了针对性地反思整改。突出问题导向，重点实施流程再造，起草了《山西省委巡视工作流程（试行）》，对49个环节、100多项工作进行顶层设计和规范。制定出台了《省委巡视组组长库管理办法》，实现巡视组长“一次一授权”，打破了“铁帽子”。制定了《山西省巡视全覆盖工作方案》和《专项巡视工作流程》，明确了工作任务和具体安排，力争2016年实现全覆盖目标。坚持常规巡视与专项巡视相结合，新组建了8个专项巡视组，开展专项巡视，形成“双剑联动”新打法。围绕“四个着力”，突出巡视的重点对象、领域和问题。调整充实巡视工作领导小组成员，厘清巡视工作领导小组、巡视办、巡视组的各自职责，强化巡视机构和纪检监察机关、组织部门的配合。积极推进市委巡视联络机构建设。巡视干部直面问题差距，统一思想认识，强化责任担当，相互传导压力，2014年第二轮巡视发现问题线索1786条，比上一轮增长1.9倍；问题线索涉及省管干部、“一把手”、班子成员的人数，与十八大以来前4轮总数相比，分别增长3.3倍、3.7倍和3.7倍。对于我省改进巡视工作的做法，中央纪委领导同志于2015年1月作出批示、给予肯定，要求各省区市借鉴。

五、严查系统内的腐败，清除“害群之马”

对干部队伍严格管理。落实“打铁还需自身硬”、“信任不能代替监督”和“铁纪、铁军、铁腕”的要求，从严立规矩，从严管干部，从严带队伍。加强内部监督、业务监督和日常监督。严明“四不准”要求，强调监督执纪纪律就是政治纪律，实行干部外出报备、个人事项报告等制度。开展了涉密载体大清理，组织“逐人、逐案、逐事”对照检查。对2011年换届以来干部选拔任用和选调录用情况，进行了自查清理。

对内部腐败“零容忍”。省纪委严肃查处了省监察厅原副厅长谢克敏，阳泉市纪委原书记王民，省文化厅纪检组原副组长、监察室原主任尹晋光，高平市纪委原书记张俊明等腐败案件。在全省通报6起典型案件。对涉案纪检监察干部进行了清理和处理。约谈相关纪委书记、纪检组长，督促履行其自身建设主体责任和监督责任。开展纪检监察系统作风纪律明察暗访活动，对22名违规干部进行了严肃处理，对相关责任领导进行了追责。全省共处分违纪违法纪检监察干部189人，有66人被清理出纪检监察干部队伍。其中，去年9月至12月底，处分106人，清理56人。

对作风建设强力推进。认真落实中央八项规定精神，大力精简会议和文件简报，厉行勤俭节约，转作风、树新风。扎实开展“学习讨论落实”活动，反思问题、剖析原因，变压力为动力、化被动为主动。深入开展反腐败形势调研活动，掌握第一手情况，清醒判断形势，冷静面对挑战。省纪委常委会向全省纪检监察机关发出文明过节、廉洁过节倡议书，省纪委监察厅机关干部集体带头作出承诺。组织省纪委机关各部门主动与中央纪委相关部门对接工作、对口学习，接受指导、改进不足，落实“三转”要求，学习先进理念、掌握有效方法，提高运用法治思维和法治方式的能力和水平。

（白俊生）

（三）年度严重违纪违法的省级干部简历

金道铭

金道铭，男，满族，1953年12月生，北京市人，1975年9月加入中国共产党，1970年7月参加工作，在职研究生学历，管理学博士学位。

1970年7月至1972年12月，北京市东城区城建房管局工人；1972年12月至1979年2月，共青团北京市东城区委干部、组织组负责人（其间：1974年5月至1975年5月，北京市怀柔县沙裕公社下放劳动）；1979年2月至1980年9月，任共青团北京市东城区委副书记（其间：1979年2月至1979年8月，在中央团校学习）；1980年9月至1987年12月，任共青团北京市委组织部副部长、部长，青工部部长（北京市政协委员，其间：1980年4月至1984年8月，在北京市东城区职工大学中文专业学习）；1987年12月至1990年11月，任国家监察部办公厅干部、部值班室主任、办公厅外事办主任兼办公厅办公室主任（1985年9月至1988 年7月，在北京联合大学经济管理学院函授经济法专业学习）；1990年11月至1993年1月，任国家监察部办公厅副司级监察专员兼外事办主任；1993年1月至1993年4月，任中央纪委监察综合室副局级检查员、监察专员兼外事办主任；1993年4月至1994年3月，任中央纪委监察综合室副主任兼外事办主任；1994年3月至1997年1月，任中央纪委外事局局长（其间：1995年9月至1996年7月，在中共中央党校中青年干部培训班学习）；1997年1月至1997年9月，任中央纪委副秘书长（1995年4月至1997年4月，在中国社会科学院研究生院法律系经济法专业研究生课程进修班学习）；1997年9月至1998年4月，任中央纪委副秘书长兼五室主任；1998年4月至2002年2月，任中央纪委副秘书长兼办公厅主任；2002年2月至2006年8月，任中央纪委驻交通部纪检组组长、交通部党组成员（其间：2003年3月至2004年12月，在中南财经政法大学工商管理专业在职学习，获工商管理硕士学位；2003年9月，兼交通部直属机关党委书记）；2006年8月至2010年9月，任山西省委常委、省纪委书记；2010年9月至2011年2月，任山西省委副书记、省纪委书记（2008年3月至2010年12月，在武汉理工大学管理科学与工程专业在职研究生学习，获管理学博士学位）；2011年2月至2011年3月，任山西省委副书记、省委党校校长；2011年3月至2011年11月，任山西省委副书记、省委政法委书记、省委党校校长；2011年11月至2014年1月，山西省委副书记、省委党校校长；2014 年1月，山西省委副书记、省人大常委会副主任、省委党校校长。

中共十五届、十六届、十七届中央纪委委员，党的十七大、十八大代表，十二届全国人大代表，中共八届、九届、十届山西省委委员。

2014 年2月27日，因涉嫌严重违纪违法，接受组织调查。2014年3月2日，因涉嫌严重违纪违法被免职。罢免第十二届全国人民代表大会代表职务。2014年12月22日，被开除党籍和公职。最高人民检察院依法对金道铭以涉嫌受贿罪立案侦查并采取强制措施。

杜善学

杜善学，男，汉族，1956年2月生，山西省临猗县人，1975年3月加入中国共产党，1976年6月参加工作。中央党校研究生学历，哲学硕士学位。

1976年6月至1978年3月，在山西省临猗县财税局办公室、农财股干事；1978年3月至1982年1月，在山西财经大学会计系会计专业学习；1982年1月至1983年6月，山西省财政贸易委员会财政金融处干事；1983年4月至1985年3月，山西省政府办公厅第三办公室干事；1985年3月至1987年4月，任山西省经济开发投资公司副总经理；1987年4月至1990年9月，任山西省财政厅商业企业财务处副处长；1990年9月至1993年2月，任山西省财政厅商业企业财务处处长；1993年2月至2000年5月，任山西省财政厅副厅长（其间：1996年4月至1998年3月，在中国社会科学院研究生院工业经济系企业管理专业研究生课程班学习；2000年5月至2003年1月，任山西省财政厅副厅长、党组副书记（1998年9月至2000年9月，在山西大学科学技术哲学专业研究生课程班学习，获哲学硕士学位；2001年3月至2002年1月，在中共中央党校一年制中青年干部培训班学习）；2003年1月至2003年4月，任山西省长治市委副书记、代市长；2003年4月至2008年2月，任山西省长治市委副书记、市长（2001年3月至2004年1月，在中央党校在职研究生班法学理论专业学习）；2008年2月至2011年1月，任山西省长治市委书记；2011年1月至2011年11月，任山西省吕梁市委书记；2011年11月至2012年1月，任中共山西省委常委、吕梁市委书记；2012 年1月至2013年1月，任中共山西省委常委、秘书长。2013年1月至2014年6月，任中共山西省委常委、副省长。

第十一届全国人大代表，第九届、第十届省委委员，第八届省纪委委员。

2014年6月20日，因涉嫌严重违纪违法接受组织调查。

2014 年6月22日，因涉嫌严重违纪违法，被免职。

令政策

令政策，男，汉族，1952年5月生，山西平陆人，1973年11月加入中国共产党，1968年10月参加工作，省委党校函授本科学历。曾任山西省政协副主席。

1968年10月至1971年7月，平陆县常乐公社医院、国营硫磺矿工人；1971年7月至1982年2月，运城地委机要办公室、省委办公厅机要处干事；1982年2月至1984年12月，山西大学中文系干部专修科汉语言文学专业学习；1984年12月至1986年6月，山西省委办公厅办公室、文书信息处干事；1986年6月至1991年4月，任山西省委办公厅文书信息处副处长；1991年4月至1997 年9月，任山西省委机要局副局长；1997年9月至2000年5月，任山西省粮食厅副厅长；2000年5月至2000年6月，任山西省粮食局副局长；2000年6月至2003年1月，任山西省发展计划委员会副主任（2001年9月至2003年7月，在省委党校经济管理专业本科班学习）；2003年1月至2004年4月，任山西省发展计划委员会常务副主任（正厅长级）、党组副书记；2004年4 月至2008年1月，任山西省发展和改革委员会主任、党组书记；2008年1月至2008年4月，任山西省政协副主席，省发展和改革委员会主任、党组书记；2008年4月至2014年6月，任山西省政协副主席（其间：2009年10月-2009年12月，在国防大学国防研究系第35期国防研究班学习）

中共十七大代表，九届省委委员。

2014年6月20日，因涉嫌严重违纪违法接受组织调查。2014年6月30日，因涉嫌严重违纪违法，被免职。2014年7月9日，被免去政协第十一届山西省委员会副主席职务、撤销其政协第十一届山西省委员会委员资格。

陈川平

陈川平，男，汉族，1962年2月生，山西省平陆县人，在职研究生学历，理学硕士学位，高级工程师，1985年3月加入中国共产党，1982年8月参加工作。

1979年，入沈阳冶金机械专科学校机械系铸造专业学习；参加工作后历任太原钢铁公司机械厂铸铜工段技术员、副段长，二铸钢车间副主任、主任，机械厂副厂长，第一炼钢厂副厂长、厂长；1994年，任太原钢铁（集团）公司生产处处长；1995 年任太原钢铁（集团）公司副总经理；1997年，任太原钢铁（集团）有限公司常务副总经理、董事、党委常委；2000年，任太原钢铁（集团）有限公司总经理、董事、党委常委；2001年，任太原钢铁（集团）有限公司董事长、党委常委；2008 年1月，任山西省副省长、省政府党组成员；2010年9月，任中共山西省委常委、太原市委书记，副省长，同年11月，不再担任副省长职务。

第十七届、十八届中央候补委员，十七大、十八大代表，十届全国人大代表，省八次、九次党代会代表，八届省委候补委员，九届省委委员，省十一届人大代表。

2014年8月23日，因涉嫌严重违纪违法接受组织调查。2014年8月26日，因涉嫌严重违纪违法，被免职。

聂春玉

聂春玉，男，汉族，1955年7月生，山西省侯马市人。1973年8月加入中国共产党，1976年10月参加工作，阜新矿业学院地测系测量专业毕业，研究生学历，研究员。

1973年9月至1976年10月，在阜新矿业学院（现辽宁工程技术大学）地测系测量专业学习。1976年10月至1980年5月，中共侯马市委宣传部干事、中共侯马市委办公室秘书；1980年5月至1981年8月，任共青团侯马市委副书记；1981年8月至1984年3月，任侯马市高村公社党委常委、副主任；1984年3月至1992年9月，任山西省委政研室干事、工业处副处长、地县处处长；1992年9月至1997年1月，任山西省委政研室副主任；1997年1月至2000年10月，任山西省委农村工作领导小组办公室副主任兼产业化办公室主任；2000年10月至2001年5月，任山西省政府经济研究中心主任、党组书记；2001年5月至2003年2月，任山西省政府改革与发展研究中心主任、党组书记；2003年2月至2004年3月，任中共吕梁地委副书记、吕梁地区行政公署专员；2004年3月至2004年7月，任中共吕梁市委副书记、吕梁地区行政公署专员；2004年7月至2006年2月，任中共吕梁市委副书记、吕梁市人民政府市长；2006年2月至2011年1月，任中共吕梁市委书记；2011年1月至2013年1月，任中共山西省委常委、山西省委统战部部长；2013年1月至2014年8月，任中共山西省委常委、山西省委秘书长。

2014年8月23日，因涉嫌严重违纪违法接受组织调查。2014年8月26日，因涉嫌严重违纪违法，被免职。

白　云

白云，女，1960年12月生，山西省五台县人。1979年12月加入中国共产党，1976年12月参加工作，中国人民大学工商管理学院工商管理专业毕业，硕士研究生学历，工商管理学硕士学位。

1976年12月至1979年5月，国防科委廿基地通讯总站卫生队卫生员；1979年5月至1984年9月，雁北军分区后勤部卫生科卫生员、护士；1984年9月至1986年5月，朔县县委宣传部党教科副科长；1986年5月至1986年9月，平朔矿区工委干事（其间：1984年9月至1986年7月在雁北师范专科学校干部专修科学习）；1986年9月至1988年6月，平朔矿区工委团委书记；1988年6月至1989年1月，朔州市委筹备组组织组工作；1989年1月至1990年4月，共青团朔州市委负责人；1990年4月至1993年3月，任共青团朔州市委书记；1993年3月至1997年12月，团省委副书记（其间：1994年9月至1997年7月，在中国人民大学工商管理学院工商管理专业在职硕士研究生学习；1996年9月至1997年1月，在中央党校进修二班学习）；1997年12月至2001年2月，任团省委副书记、党组副书记；2001年2月至2003年3月，任团省委书记、党组书记；2003年3月至2003年6月待安排；2003年6月至2004年2月，任吕梁地委副书记（正厅级）；2004年2月至2006年2月，任吕梁市委副书记（正厅级）；2006年2月至2006年4月，任阳泉市委副书记、代市长；2006年4月至2009年4月，任阳泉市委副书记、市长；2009年4月至2012年1月，任阳泉市委书记；2012年1月至2013年1月，任运城市委书记；2013年1月至2013年2月，任山西省委常委、运城市委书记；2013年2月至2014年8月，任山西省委常委、统战部部长。

第九届、十届省委委员，第十届省人大常委，第八届省政协常委，中共十八大代表。

2014年8月29日，因涉嫌严重违纪违法，接受组织调查。2014年9月1日，因涉嫌严重违纪违法，被免职。

任润厚

任润厚，男，汉族，1957年10月生，山西省代县人，在职研究生学历，工学博士学位，高级工程师。1986年10月，加入中国共产党，1979年11月，参加工作。

1979年11月1981年9月，山西西山矿务局杜儿坪矿工人；1981年9月至1985年2日，山西西山矿务局职工大学学习；1985年2月至1989年12月，山西西山矿务局办公室秘书；1989年12月至1994年8月，任山西西山矿务局马兰矿副总工程师；1994年8月至1997年1月，任山西西山矿务局马兰矿副矿长（1993年9月至1996年7月，天津大学系统工程专业在职研究生，获工学硕士学位）；1997年1月至1998年4月，任山西西山矿务局西曲矿矿长；1998年4月至1998年9月，任山西西山矿务局官地矿矿长；1998年9月至2000年6月，任山西煤炭管理干部学院党委委员、常务副院长（主持工作）；2000年6月至2001年1月，任山西潞安矿业（集团）有限责任公司副董事长、党委副书记、总经理；2001年1月至2008年10月，任山西潞安矿业（集团）有限责任公司董事长、党委副书记、总经理（其间：2001年9月至2005年6月，中国矿业大学力学与建筑学院工程力学专业在职研究生，获工学博士学位）；2008年10月至2011年1月，任山西潞安矿业（集团）有限责任公司董事长、党委副书记；2011年1月至2011年6月，任山西省人民政府副省长、党组成员，山西潞安矿业（集团）有限责任公司董事长、党委副书记；2011年6月至2014年9月，任山西省人民政府副省长、党组成员。

第十七大代表，省十届、十一届人大代表。

2014年8月29日，因涉嫌严重违纪违法，接受组织调查。2014年9月9日，因涉嫌严重违纪违法，被免职。2014年9月30日，死于癌症。

省委工作部门工作概况

省委办公厅工作概况

省委秘书长　王伟中

2014年是山西历史上极不寻常的一年，也是省委办公厅历史上极不寻常的一年。全厅上下在王伟中同志为班长的秘书长班子带领下，统一思想，坚定信念，深入学习党的十八大、十八届三中、四中全会和习近平总书记系列重要讲话精神，全面贯彻中央对山西工作的重要指示要求和省委重大决策部署，适应新常态，明确新定位，狠抓落实，改进作风，自觉加强班子队伍和党风廉政建设，“三服务”水平进一步提升，完成了省委赋予的各项任务。

一、持之以恒抓学习，确保对党绝对忠诚

以教育实践活动整改落实“回头看”、学习讨论落实活动等为抓手，以中心组学习、学习大讲堂等为平台，组织全厅党员干部认真学习党的十八大、十八届三中、四中全会精神和习近平总书记系列重要讲话精神，学习全国党委秘书长会议精神特别是栗战书同志重要讲话精神，学习王儒林同志重要讲话精神，学习王伟中同志在全省党委秘书长会议上的重要讲话精神，进一步提高认识，认清形势，振奋精神，凝聚共识，把思想和行动统一到中央对山西工作的重要指示要求和省委重大决策部署上来，确保在思想上政治上行动上与党中央保持高度一致，与省委同心同向同行。

二、围绕中心抓落实，服务大局保障运转

适应省委工作新常态，在工作思路、标准、作风、模式等方面向省委领导对接看齐，整体工作在细、实、严、快上下功夫。

一是着力提升参谋服务水平。深入阐述中央和省委工作要求，客观反映山西发展情况，完成了省委重要文件、讲话的起草任务，起草、修改、整理各类文稿550余篇、340余万字。切实改进文风，认真做好谈话、调研参考准备工作。坚持围绕中心、增强时效、问题导向、突出特色，加强信息选编和指导，扩大信息网络覆盖面，编发《山西信息》《每日要情》2800余期，向中办报送信息2000余篇，被采用120篇，中央领导批示8件。加强新兴媒体舆情监测搜集力度，收集整理网络舆情1892条。

二是着力改进综合协调组织。建立四大班子秘书长定期会晤机制。加强值班网络建设，强化在应急处突中的综合协调作用。务实高效抓好省委和省委办公厅会议活动组织，组织全省性会议170余次、省委常委活动350余次。完成领导来晋、外宾来访接待及省委领导调研等任务。加强市县对口联系指导，做好下乡住村和包村增收工作。审慎稳妥做好彭真纪念馆接收工作。

三是着力强化督促落实工作。把加强督查作为抓落实的重要手段，围绕贯彻落实中央八项规定、省委十届六次全会任务落实、办公用房清退等开展决策督查11次，完成领导批示交办事项143件，办复政协提案52件。加强网民留言办理，受理7000余件，回应6300余件，核转2288件，反馈2154 件。规范省部级干部生活待遇，实施公务用车改革。做好在全省学习讨论落实活动中承担的工作。

四是着力规范公文办理工作。实行办文“统进统出”，接收文电1529件，传递、分发资料50余万份。加强保密检查，确保公文安全。加强发文审核，印发文件367件。做好党内法规和规范性文件制定、备案、清理工作，报备31件，清理425件；参与人大立法论证和初审工作。机要交通连续22年无差错，信息化建设试点取得重大进展。协助办好

《中办通讯》《秘书工作》太原座谈会，推动“两刊”订阅。档案分类大纲编制取得突破进展。

五是着力增强服务保障实效。加强机关及宿舍区道路、停车位等公共区域改造，实施亮化美化绿化净化工程。加强办公楼管理，做好办公用房调配工作。推进桥东宿舍区建设。加强机关安保维稳和秩序维护工作。严格财务、资产管理，把好预算支出关。落实老干部待遇，开展个性化、多样化、亲情化服务。餐饮、文印、幼教、卫生保健等也围绕中心，积极开展工作。

三、驰而不息改作风，打造风清气正局面

认真履行主体和监督责任。一是强化党性党风党纪教育。采取廉政党课、警示教育、党日活动等形式，筑牢思想防线。定期谈心谈话，积极开展主题实践和志愿服务活动。二是落实党风廉政建设责任。签订目标责任状、廉洁承诺书，实行领导干部廉政档案、诫勉谈话和约谈制度。三是加强组织建设。指导支部改选，严格发展党员。四是抓好专项整治。做好干部档案审定等工作。开展整治奢侈浪费、吃喝不正之风等九项专项治理工作。五是加强执纪督查。坚持党务政务公开，对重点工程和重要事项全程监督，坚持个人重大事项报告制度，认真受理处置群众来信来访。

（任兆宇）

附：省委秘书长、常务副秘书长、副秘书长、省委办公厅副主任名单

省委常委、秘书长：聂春玉（8月免职）
王伟中（9月任职）

省委常务副秘书长：姜新文

省委副秘书长、省委政策研究室主任、省全面深化改革领导小组办公室常务副主任：李福明（6月任职）

省委副秘书长：杨增武（6月离职）

省委副秘书长、省委农村工作领导组专职副组长：张克强

省委副秘书长、省信访局局长：李体柱

省委副秘书长、省防范和处理邪教问题领导小组办公室主任：冯　征

省委副秘书长：孙　毅

省委副秘书长：王利波

省委办公厅副主任：李　斌　毛益民
曹荣湘（2月任职）

省委组织部工作概况

省委组织部部长　盛茂林

2014年，省委组织部严格按照中央对山西工作的重要指示要求，认真反思剖析山西“系统性、塌方式”严重腐败问题，特别是吏治腐败问题，坚持以习近平总书记系列重要讲话精神为指导，坚持从严治党、从严治吏，狠抓从严治部，各项工作取得了新进展。

一、深入学习领会习近平总书记系列重要讲话精神，突出抓好领导干部思想教育，在思想上政治上行动上与党中央保持高度一致

一是完成学习贯彻习近平总书记系列重要讲话精神集中轮训工作。在省委党校连续举办10期集中轮训班，培训省管领导干部2121人；狠抓各类专题培训，联合28个省直厅局实施35个专题43期专题培训，举办2期省管领导干部学习习近平总书记关于深化改革论述专题进修班。11个市共举办培训班82期，培训县处级干部12255人；省直工委在省直党校连续举办30期集中培训班，培训省直机关处级干部10000余人；省高校工委、省国资委共培训高校处级干部3491人、省管企业中层经营管理人员11000多人。

二是统筹各类教学资源提高干部教育培训质量和水平。完成中央“一校五院”、中央和国家机关有关部委举办的133个培训班次调训任务，协调省内外培训机构，推出303个专题的干部选学课程菜单，组织11所省内干部教育培训基地，深入市县开展“送学下乡”活动。协调有关单位录制省情课件，丰富在线学习内容，坚持办好“山西干部在线学院”。大力推进领导干部上讲台，150多名市级以上领导干部登台讲课。

三是以高度的政治自觉履职担责。9月1日全省领导干部大会之后，及时召开部机关干部大会，用党中央精神和省委要求统一机关干部思想。中央通报山西系统性、塌方式严重腐败问题之后，及时在部机关处级干部中传达，召开各市委组织部长座谈会，进一步统一思想、提高认识。中央十八届四中全会闭幕后，迅速召开部务扩大会和中心组理论学习扩大会，传达学习贯彻四中全会精神。省委十届六次全会闭幕

后，部机关召开干部大会，要求全省组织部门按照省委决策部署，把法治理念、法治思维、法治方式贯彻到组织干部工作全过程，把"六权治本"要求具体化，为"六大发展"提供坚强保证。

二、严厉整治选人用人不正之风，突出抓好省委决策部署和省委领导批示要求的贯彻落实，以最坚定的决心刷新吏治

一是深入查找选人用人突出问题，深入剖析问题原因。深入查找说情请托打招呼，跑官要官、买官卖官、拉票贿选，任人唯亲、拉拉扯扯、团团伙伙、"小圈子"、"小集团"现象，干部带病提拔，"三龄两历一身份"弄虚作假，违规用人和官商勾结、商人干预干部任免等七个方面问题。深刻剖析党委（党组）用人主体责任不落实；用人标准把握不严、用人导向不正；民主集中制执行不力；违背干部工作规律用干部；干部政策不落实、制度空挂、程序空转；对用人上不正之风打击处理不力、追责不严；干部教育管理监督不到位，失之于宽、失之于软；组织部门职能作用发挥不够，没有为党委选人用人把好关、守好门；"官本位"思想严重，干部自我要求不严，理想信念不坚定，党性观念不强，宗旨意识淡薄；资源型经济为用人腐败提供土壤和温床等十个方面原因。

二是制定出台干部工作"四个文件"，扎实推进干部工作。省委印发了《关于全面贯彻好干部标准树立正确用人导向从严管理干部的决定》《关于做好甄别处理一批、调整退出一批和掌握使用一批干部工作的意见》《关于加强县委书记选拔任用和管理监督工作的意见（试行）》和《省管干部动议酝酿任免议事规则》，进一步提出从严坚持新时期好干部标准，树立"德才兼备、以德为先、以廉为基"用人导向，规范干部动议酝酿任免工作，从源头上预防和整治选人用人不正之风，坚决防止干部"带病提拔"，坚决调整干部"带病在岗"，坚决遏制干部"提拔后生病"。

三是集中开展省管领导班子和领导干部综合分析研判。部领导与11个市党政主要领导和部分县委书记，79个省直厅局主要领导、部分纪检组长、中央驻晋单位主要领导，21个重点省直企事业单位的500多名干部进行了谈心谈话。集中力量对各市委、市政府班子，特别是对2015年上半年涉及人大、政府、政协换届的朔州、晋中、吕梁3个市、9个班子进行逐个分析研判，了解掌握领导班子运行情况等情况。在对高平市等地方严重腐败问题剖析的基础上，研究制定《关于选好用好管好县委书记工作办法》，以选好用好管好县委书记为突破口和切入点，统筹抓好全省干部的选拔任用工作。

四是全力做好"一倒查六整治"工作。完成以"三龄二历一身份"为重点的2116名省管干部档案的清理认定工作，形成干部档案涂改等问题干部名单。对2010年以来信访举报进行梳理，形成了涉及40个省管领导班子、45名省管干部的问题清单。完成2314名省管干部的个人有关事项报告汇总综合工作，加大报告事项抽查核实比例，查核个人有关事项报告25批1958人，了解掌握干部真实情况。对23名"裸官"作出处理，对6名干部"带病提拔"问题进行了倒查。对违反干部任用规定的40名责任人进行处理，纠正违规用人251起，对违规兼职的999名干部作出处理。

五是加大诫勉、函询等组织处理力度。切实加大日常管理监督力度，对23名干部进行了党政纪处分，对17名干部进行了诫勉，对10名干部进行了函询。对5家单位党委（党组）书记落实省委要求不认真、不负责、不用心、应付了事问题，派出工作组对领导班子和干部队伍建设情况进行调查了解，分别约谈5家单位党委（党组）主要负责人，严肃指出存在问题，进行严厉批评，提出整改要求。针对吕梁市和交通厅严重腐败问题，派工作组对其选人用人问题深入调研剖析，指导党委（党组）狠抓刷新吏治工作。

六是加强和改进干部考核工作。贯彻党的十八届四中全会和省委十届六次全会精神，围绕"六大发展"，开展改进干部考核评价专题调研，把领导班子和领导干部抓党建、落实"两个责任"和"六权治本"以及推进法治建设情况作为重点内容，科学设置考核指标体系。对部分事业单位及高等院校2014年度考核中，主动收集领导班子存在问题及意见建议，收集对省管干部个人的有关反映；个别谈话新增了了解有关省管干部调整退出或掌握使用建议、推荐优秀中层正职干部等内容。

三、严格落实中央八项规定精神，突出抓好"四风"问题专项整治，确保教育实践活动整改和学习讨论落实活动取得实效

一是认真落实中央八项规定精神。坚决贯彻落实中央八项规定精神，与2013年相比，文件数量由233份减少到204份，减少12.4%；简报数量由72期减到51期，减少29.2%；会议费用由190万元减少到180万元，减少5.3%；印刷经费由135万减少到132万，减少2.2%。

二是持续深化"四风"问题专项整治。扎实推进第二批教育实践活动各项工作，各级领导班子和党员领导干部共查找确定突出问题37.4万条，其中"四风"问题22.2万条，群众反映强烈的突出问题15.2万条。紧抓中央21项专项整治任务落实，建立整改台账，整改一个、公示一个、销号一个，督促各级各部门真整真改。把"四风"问题整改落实情况作为年底民主生活会的重要内容，对领导干部参加社会化培训、在建会所、奢华浪费建设项目等"四风"隐形变种问题进行集中整治。督促有关方面对洪洞县9名乡镇干部酗酒滋事顶风违纪案件从严从快处理，坚决整治不作为、乱作为行为，始终保持对"四风"问题的高压态势。

三是精心做好学习讨论落实活动相关工作。认真做好全省学习讨论落实活动面上工作的组织实施，抽调得力人员组建11个督导组从严从实开展督导工作，落实联络、周报、信访和舆情监测等工作制度。举办省管领导干部学习讨论落实活动专题研讨班，深入学习领会习近平总书记系列重要讲话

精神,教育引导省管领导干部认清形势大局,深刻汲取教训。认真做好学习讨论落实活动组织工作,对活动任务落实情况进行督促指导,对各级党委(党组)深刻反思剖析提出具体要求。认真抓好省委交办的4个方面、8项内容、20项具体成果工作,明确牵头领导、责任处室、完成时限,严格督促落实。

四、认真落实基层党建主体责任,突出抓好农村(社区)"两委"换届,切实做好抓基层打基础工作

一是扎实推进基层党组织晋位升级。制定《关于指导开展2014年度基层党建"联述联评联考"工作方案》,督促指导市县乡三级党委和五个省直工(党)委深入开展"联述联评联考"工作,压实党委(党组)党建工作主体责任。12月30日,省委书记王儒林同志亲自参加各市党建述职会议,进一步推动党建主体责任落实。集中开展软弱涣散村级组织专项整顿,排查确定软弱涣散农村党组织1720个,社区党组织148个,调整不合格党组织书记257人,处置不合格党员75人,为群众解决突出问题4062件。全面推进党代表工作室建设,119个县(市、区)建立党代表工作室2467个,安排入驻党代表125038人,接待群众194297人次。

二是加强和改进党员队伍建设。坚持严把入口、畅通出口,合理确定党员发展数量,重视从青年、工人、农民、知识分子中发展党员;探索处置不合格党员机制,保持党员队伍的纯洁性。广泛宣传"好支书彭云、最美村官段爱萍"等基层党员先进典型,发挥"三晋红e"网站和远程教育网络作用,着力抓好党员教育。认真开展困难党员帮扶工作,做好"12371"党员服务电话受理工作,切实维护党员权益。广泛开展在职党员到社区报到活动,在职党员报到人数达到34万。不断加大大学生村官创业扶持力度,争取到省财政专项资金2千万、省扶贫项目资金2千万,积极营造大学生村官干事创业氛围。现在,有3446人开展创业,占在岗村官数的28.6%,为农民群众提供了3.2万个就业岗位。

三是突出抓好农村"两委"换届工作。严密组织实施村"两委"换届工作,明确"十类不宜"人选条件,组织召开各市、县(市、区)委书记参加的村(社区)"两委"换届工作动员会,建立选举违法违纪问题专办制度,派出巡回督导组抓好重点任务、关键环节的督促指导。截止2014年年底,全省28074个应换届村委会中,有27992个完成换届工作,占99.71%;27060个应换届村党组织中,有27039个完成换届工作,占99.92%。省市县三级共对204起违反换届纪律行为进行查处,对255人作出处理。

四是积极创新人才工作。坚持高端引领、以用为本,深入实施十项重大人才工程,选拔出14名院士后备人选,202名学术技术带头人,命名首批"三晋学者"16人,引进两院院士18名,引进海外留学人才及"985"院校毕业生1600余人。开展"千人百县"高层次人才服务基层活动,652名高层次人才下基层开展服务活动1776次。

五、加强组织部门自身建设,突出抓好"从严治部",保证中央和省委决策部署落实到位

一是从严抓学习,补足干部精神之"钙"。建立和完善部中心组和支部学习制度。先后组织召开16次部中心组学习会议。充分发挥典型示范作用,组织观看专题片,召开最美乡镇干部先进事迹报告会,用身边事教育身边人。不断强化干部能力素质教育,先后组织部机关全体干部分6批参加"全省干部选拔任用条例培训班",选调16名处级以下干部参加中央调训,5名同志参加自主选学,3名同志跟班学习。

二是从严抓党建,夯实机关党组织建设。组织完成了机关党委、工会的换届工作。切实加强党建工作责任考核,将各支部书记抓党建情况纳入年度考核的重要内容。组织开展"联述联评联考"工作,自觉接受评议。组织召开部领导班子民主生活会和各支部组织生活会,深刻反思剖析山西发生"系统性、塌方式"严重腐败问题的原因,开展严肃认真的批评与自我批评。扎实开展学习讨论落实活动,对部机关各项活动任务逐一进行了分解落实。

三是从严抓队伍,扎实推进干部人事工作。起草下发了《关于在学习讨论落实活动中突出抓好"从严治部"的通知》。部领导和厅级干部带队分赴各市委组织部参加"从严治部"专题民主生活会,深入查找问题,深刻剖析原因,着力抓好整改。对组工干部队伍中违规进人、档案造假、说情请托打招呼等十种问题深入进行排查,切实解决组织系统队伍建设"灯下黑"的问题。在全省组织系统严格开展"三个一批"工作,深入做好"六查"工作,确保组织纯洁、队伍纯洁,为坚决刷新吏治、实现弊革风清奠定组织基础。

(荆　沛)

附:省委组织部部长、常务副部长、副部长、部务委员名单

省委常委、组织部部长: 汤　涛(8月离职)
盛茂林(9月任职)

常务副部长: 张高宏

副　部　长: 张　健　陈跃钢　张　葆(女)　陈学东

部 务 委 员: 赵建华　罗　民

省委宣传部工作概况

省委宣传部部长 胡苏平

2014年，全省宣传思想文化战线深入贯彻落实中央和省委的重大决策部署，紧紧围绕省委省政府的中心工作，围绕“两个巩固”的根本任务，大力实施“六大工程”，各项工作保持了健康向上的良好势头。中央对省委领导班子作出重大调整以来，省委宣传部面对反腐败斗争的严峻形势，及时调整工作思路和工作重点，认真贯彻中央对山西工作的重要指示，认真贯彻省委的重大决策部署和王儒林书记重要讲话精神，采取有力措施，大力加强统一思想、引导舆论、核心价值观培育和廉政文化建设等方面的工作，为“净化政治生态、实现弊革风清、重塑山西形象、促进富民强省”做出了积极贡献。

一、统一思想取得新成效

一是充分发挥各级党委中心组的示范带动作用，组织广大党员干部深入学习贯彻党的十八大和十八届三中、四中全会精神，深入学习贯彻习近平总书记系列重要讲话精神，筑牢了全省人民团结奋斗的共同思想基础。特别是面对系统性、塌方式严重腐败带给山西的灾难性影响，省委宣传部按照中央和省委要求，组织全省党员干部深入学习习近平总书记关于党要管党、从严治党的重要论述，深入学习全省领导干部大会、省委十届六次全会和王儒林书记重要讲话精神，引导教育广大党员干部深刻认识我省反腐败斗争形势的严峻性、复杂性、尖锐性、特殊性，深刻认识中央对省委领导班子进行重大调整的极端重要性，有效统一了思想，凝聚了共识。全省上下对中央关于我省的重大决策部署更加拥护，对以王儒林书记为班长的省委领导班子更加信任、更加支持，在思想上政治上行动上与中央和省委保持了高度一致。

二是组织编写了《习近平总书记系列重要讲话选编》《有关重要文献和领导讲话选编》《省委文件和领导讲话选编》《廉政文化读本》等学习资料，推动了理论学习的深化。组织社科理论界的专家学者，重点对我省政治生态、党风廉政建设、反腐败斗争、“六权治本”、“六大发展”等重点课题进行深入研究、集中攻关，拿出了初步的研究成果。

三是加强意识形态领域形势的分析研判，及时研究解决有关突出问题，对一些错误言论和观点，进行了有力度、有深度的辨析和批驳。

二、舆论引导得到新加强

一是统筹传统媒体和网络媒体、主流媒体和都市类媒体、中央媒体和省内媒体等新闻宣传资源，大力宣传以王儒林书记为班长的省委常委班子推进工作的新思路、新举措、新作为，大力宣传我省反腐倡廉、作风建设和改革发展的新进展、新成效，大力宣传各地各部门贯彻落实中央和省委要求的实际行动、具体举措，引导人们看主流、看本质、看前景，有效提振了信心、鼓舞了士气。同时，面对前所未有的特殊形势，牢牢把握正确舆论导向，敢于担当，敢于负责，组织各级各类媒体直指突出问题，痛陈弊端痼疾，为我省的高压反腐提供了有力的舆论支持。山西日报围绕贯彻落实全省领导干部大会精神和深入推进学习讨论落实活动，连续刊发了6篇社论、20篇系列评论，其他媒体及时转发、摘发，在省内外引起强烈反响，有力地引导了社会舆论，统一了思想认识。

二是加强社会舆情特别是网络舆情的分析研判，对一些苗头性、倾向性问题进行了及时有效的引导。按照“管得住、正能量”的总要求，进一步加强互联网管理，建立了24小时在岗在线值班制度，组织开展了打击新闻敲诈和假新闻等专项行动。

三是深入做好外宣工作，努力重塑山西改革发展稳定的新形象。邀请中央和省外有影响的媒体，集中对第二届晋商大会、第五届中国太原国际能源博览会、2014平遥国际摄影大展等重大活动进行了广泛报道，成功组织了全国网媒山西行活动，进一步扩大了我省的知名度，塑造了山西改革发展稳定的良好形象。

三、核心价值观建设有了新进展

一是按照中央要求，结合山西实际，在广泛听取意见建议、借鉴省外经验的基础上，制定出台了我省培育和践行社会主义核心价值观的《实施意见》，为做好工作提供了有力的政策保障。深入开展社会宣传活动，充分运用道旗广告、公益广告、公共场所、交通运输工具等，大力宣传社会主义核心价值观和革命老区精神，取得了初步成效。

二是组织开展第五届“山西道德模范”评选活动，选树了梁香草等一批道德楷模。召开全省推进善行义举榜现场会，推广了昔阳县、同煤集团等的好经验好做法。大力宣传申纪兰、段爱平、赵迎路等先进典型的高尚品格和感人事迹，较好地营造了向上向善向廉的社会氛围。

三是广泛开展“德润三晋·共筑梦想”主题实践活动、学雷锋志愿服务活动、群众性精神文明创建活动和“我们的节日”系列活动等，初步形成了践行社会主义核心价值观的生动局面。广泛开展“图说我们的价值观”、“讲文明弃陋俗树新风”等主题宣传活动，充分运用道旗广告、公共场所、交通要道、建筑围栏、电子显示屏、交通运输工具等多种载体，提高了核心价值观的知晓率和认同度。

四、文艺创作和文化惠民呈现新气象

一是深入贯彻习近平总书记在文艺工作座谈会上的重要讲话精神，加强规划引导，加大扶持力度，全年共扶持、奖励、资助省市县三级各类重点创作项目180余项，投入资金3500万元。保持了文艺繁荣发展的好势头，全年共创作舞台剧、影视作品、文学作品近百部，54部作品获39项全国大奖。其中，5部作品获全国第十三届精神文明建设"五个一工程"奖，省委宣传部获"组织工作奖"。

二是大力弘扬我省优秀历史廉政文化，展演展播了电视连续剧《一代廉吏于成龙》等一批优秀作品，新创作了《最美村官》《党的女儿》《东方有大海》等15部廉政文化作品，策划制作了《净化政治生态、实现弊革风清、重塑山西形象、促进富民强省》《榜样的力量》《弊革风清树正气》等9档公益宣传片，启动了于成龙故居及墓地的保护修缮工作，很好地弘扬了廉政文化、传播了廉政精神。

三是围绕"中国梦"主题和庆祝新中国成立65周年，广泛开展"文化惠民在三晋"、庆祝新中国成立65周年优秀新创剧目展演等活动，并深入基层、深入群众进行巡演。全年共组织文化惠民活动73项、各种文艺展演200余场、文化惠民演出2000余场，极大丰富了全省人民的精神文化生活。

五、文化体制改革迈出新步伐

成立了我省文化体制改革专项小组，出台了《文化体制改革工作实施方案》及任务分解表，全面完成了《2014年工作计划》确定的13项改革任务。省级新闻出版和广电部门完成了整合。进一步规范文化行政审批，省直文化行政部门共核减审批事项82项。理顺了省属文化企业集团出资人管理体制，制定出台了一批扶持文化产业、扶持转企改制国有文艺院团等发展的具体政策。加大对特色文化产品的扶持力度，扶持项目49项，扶持资金1360万元。加快省直文化企业集团组建步伐，体育、旅游、文博、工美等四大文化企业集团完成工商注册，开始运营。出台了省级购买公共演出服务方案等文件，促进了基本公共文化服务标准化均等化。

六、党建工作得到新加强

一是坚决贯彻从严管党治党要求，认真学习贯彻总书记关于从严治党的"八条要求"和王儒林书记在群众路线教育实践活动总结大会上提出的"六条要求"，严格遵守党的政治纪律、组织纪律、宣传纪律和廉政纪律，努力践行"三严三实"。全系统各级党组织按照省委有关要求，切实肩负起主体责任，自觉支持纪检监察机构履行监督责任。各级领导干部认真履行"一岗双责"，进一步拧紧了思想上的"总开关"，并能够对自己的分管领域、分管部门从严要求。

二是坚持不懈反对"四风"，深入开展学习讨论落实活动。党的群众路线教育实践活动以来，部领导聚焦查摆出来的"四风"方面14个突出问题，明确责任主体，细化工作措施，坚持高标准、严要求，一风一风地过、逐项逐项地改，使整改落实工作收到了实实在在的成效。以深入开展学习讨论落实活动为契机，进一步补足精神之"钙"，加强作风建设，强化廉洁自律，规范权力运行。深入开展"三查"、"三看"，切实解决自身存在的问题，努力树立宣传干部队伍良好形象。

三是建立了一批严格、管用、有效的规章制度。进一步树立用制度管权管人管事的理念，针对干部人事和机关财务管理等重点领域，出台了《省委宣传部干部管理办法》、《省委宣传部机关财务管理办法》、《省委宣传部专项资金管理使用办法》等制度，加上相关业务处室和直属单位，一共制定了20项具体的制度和实施细则，基本涵盖了机关工作的方方面面，更好地堵塞了工作中存在的漏洞。同时明确要求全系统各级党组织，要认真贯彻中央和省委从严管党治党的要求，严格制定各项规章制度。

（王　正）

附：省委宣传部部长、常务副部长、副部长名单

省委常委、宣传部部长： 胡苏平（女）

常务副部长、省社科联主席： 李高山

副部长、省文明办主任： 王　蕾（女）

副部长、省作协主席： 杜学文

副部长： 尹天五　董晓林（7月任职）

省委统战部工作概况

省委统战部部长　孙绍骋

2014年，围绕省委"学习贯彻习近平总书记系列重要讲话精神，净化政治生态、实现弊革风清、重塑山西形象、促进富民强省"的部署要求，省委统战部以开展"三项调研""六项工作"为重点，振精神、鼓干劲、勇担当、勤作为、出实招、求实效，着力破局创新、推动落实，圆满完成了年度目标任务，全省统一战线呈现出团结和谐、开拓进取、奋发向上的新气象。

一、着力增进政治共识，统一战线共同思想基础进一步巩固

2014年，以深入学习习近平总书记系列重要讲话精神为统领，大力实施"思想政治引领工程"，在全省统一战线广泛开展了民主党派、无党派人士"坚持和发展中国特色社会主义学习实践活动"、非公经济人士理想信念教育实践活动、

民族团结进步创建活动。全年共举办民主党派学习讲堂、晋商大讲堂、民族宗教知识系列讲座15期,组织党外人士赴八路军太行纪念馆开展了“重温历史,坚定信念”主题教育活动。广大统一战线成员通过认真学习习近平总书记系列重要讲话精神、党的十八大和十八届三中四中全会精神、统一战线理论方针政策、王儒林书记讲话精神,以及接受传统教育,进行廉政宣誓等,进一步坚定了理想信念,强化了法治观念,增进了坚持中国共产党领导、走中国特色社会主义道路的政治共识。

二、积极支持民主党派发挥作用,多党合作水平进一步提升

一是扎实开展政治协商。研究起草中共山西省委与党外人士座谈会、省政府有关部门同各民主党派省委对口联系等制度,进一步拓宽协商交流渠道,为坚持和发展多党合作事业提供了有力保障。协助省委组织召开通报会、协商会、座谈会11次,就全省经济形势、重大决策部署、重要人事安排等,向党外人士通报情况、征求意见。

二是组织专题座谈和调研活动。围绕省委新的战略部署,专门召开省统战系统单位负责人座谈会,统一思想认识,征求意见建议,研究落实举措。围绕“六大发展”,组织各民主党派、工商联和无党派人士选择8个重点课题开展专题调研,赴忻州、朔州就转型发展进行实地考察。省委、省政府专门召开全省统一战线调研成果汇报会,听取和采纳有关意见建议。

三是积极推进民主监督。组织党外人士中的人大代表、政协委员参加视察、考察、执法检查等活动,协调有关部门开展特约监督员、特约检察员、行风评议员等聘任工作,有效发挥了党外人士的民主监督作用。

四是积极推动山西社会主义学院新校区建设。完成征地拆迁任务,落实了省政府关于“百日百项工程”年底前开工的要求。

三、高度重视民族宗教工作,维护和谐稳定优势进一步发挥

一是加大政策宣传力度。认真学习贯彻中央民族工作会议精神,组织专人赴朔州、临汾和山西中医药大学、太原师范学院等地宣讲,积极推动民族宗教政策的贯彻落实。

二是团结引导代表人士。举办民族宗教知识系列讲座和宗教团体负责人双月学习活动,推荐民族宗教界代表人士参加中央统战部举办的爱国人士研修班,指导帮助宗教团体举办教职人员培训班、讲经交流会,构建民族宗教界学习交流长效机制,强化了民族宗教界代表人士的政治意识和爱国意识。

三是着力提高法治化管理水平。指导民族、宗教工作部门加强城市少数民族流动人口管理,召开研讨会,探讨交流做好工作的方法、途径,积极协调处理矛盾纠纷。对宗教活动场所进行大检查,集中解决了财务管理不规范和滥建场所、滥造塑像等问题。

四是加强对天主教工作领导。指导帮助天主教长治教区完成助理主教选举工作,妥善处置天主教晋中教区主教去世有关工作,制止处理“天主教华商联盟”等群体性突发事件,有力维护了民族宗教领域的和谐稳定。

五是认真做好对口援疆工作。修订完善《山西省委统战部对口援助农六师党委统战部合作意向书》,明确对口联系5项制度,提出对口援助的7条建议,初步建立起对口援助的日常联系机制。

四、大力支持非公经济发展,服务中心的成效进一步显现

一是牵头承办第二届晋商大会。17个国家和地区的270多名晋商代表参加。积极创新办会方式,采取现场活动和网络宣传相结合的办法,打造“永不落幕的晋商大会”,全方位、持久性宣传山西省改革发展新政策、新机遇,调动了广大晋商参与建设山西的积极性。大会取得圆满成功,促成签约转型项目156个,总投资1903.8亿元。

二是开展“加速转型升级活动”。举办山西省优秀中国特色社会主义事业建设者培训班、山西省中青年民营企业家培训班,组织民营企业家参观娃哈哈集团、阿里巴巴等国内知名企业,举办山西·珠三角民营企业对接恳谈会,为广大民营企业家对外学习交流搭建平台,进一步调动了民营企业转型升级的积极性。

三是开展“产业扶贫、携手发展”活动。制定出台行动计划,组织推动村企对接,召开全省非公企业产业扶贫观摩推进会,总结经验,推广典型,加强引导。山西省工商联会员企业投资产业扶贫开发项目达到307个,总投资达738.4亿元。这一活动被中央统战部评为全国统战工作实践创新成果。

四是开展民营中小微企业发展专题调研活动。组织6个调研组赴各市就民营中小微企业发展情况进行深入调研,并召开政银企三方座谈会,准确掌握了山西省民营经济,特别是中小微企业发展中存在的突出问题和深层次原因,为推动民营经济突破性发展提供了思路。

五、党外知识分子工作不断加强,统战工作影响力进一步扩大

一是组织开展民企与高校、科研院所对接恳谈会。联合省工商联召开民营企业与高校、科研院所项目对接恳谈会,84家民营企业和10个商会的154名代表、14所高校和3个科研院所的66名代表,就91个项目进行对接洽谈,签订合作协议22个,达成合作意向36个。

二是组织开展“报国创业”活动。组建归国留学人员“创业导师团”,召开“创业之路”专题报告会、归国留学人员座谈会和“报国创业”座谈会,为广大归国留学人员和社会有关群

体创新创业起到了引领作用。

三是深入开展"同心·律师服务团"活动。开展"同心·律师服务团"第二批志愿服务活动,组织优秀律师结对帮扶古交、永和等 7 个律师资源缺乏的县,在法制宣传、人才培训、决策咨询、社会公益等方面积极开展了活动。

四是加强党外知识分子人才队伍建设。完成山西欧美同学会·山西留学人员联谊会换届工作,选举产生了新的领导班子。聘任 60 名各领域党外知识分子担任建言献策联络员,共收集意见建议稿件 50 余篇。实施"高端人才"计划,建立了 134 人的党外知识分子高端人才资料库。

六、广泛凝聚人心,海外联谊渠道进一步拓展

一是深化对外交流。与香港专业及资深人员协会等 19 个海(境)外社团进行交流,邀请 9 个团组、143 人来晋参访,组团赴美国、加拿大和港澳地区访问、邀商,召开以"促进专业交流·晋港合作共赢"为主题的晋港专业交流座谈会和港澳政协委员、省海联会理事参加的"情系三晋"座谈会,与港澳台海外人士加强了联系,融洽了感情,增进了互信。

二是服务社会民生。引进使用香港李兆基基金会和霍英东基金会捐赠资金 400 万元,资助山西省五台、吉县、平陆、汾西、临县 5 个县完成 50 所海联新农村卫生室建设任务,有效缓解了受资助地区农村群众看病难问题。

三是拓展联谊平台。着眼扩大联谊范围、延伸工作手臂,推动支持山西省海联会海外理事先后在英国、俄罗斯注册了山西商会、同乡联谊会等组织,完成了山西省黄埔军校同学会筹备工作,增补了部分香港和海外理事。

七、加强党外代表人士教育管理,统一战线可持续发展能力进一步增强

一是着力加强制度建设。制定政协委员协商产生办法、省管党外领导干部任免工作程序等规章制度,促进了党外代表人士队伍建设的制度化、规范化、程序化。出台各领域代表人士综合评价指标和办法,完成 2600 多名代表人士的综合数据库信息录入工作,山西省委统战部被中央统战部选定为《党外代表人士综合数据库》试用单位。

二是切实加强教育培训。制定下发 2014 年度教育培训计划,举办山西省党外中青年干部、民主党派省委会委员、民主党派中青年后备干部等 8 个培训班,推荐党外人士参加中央统战部组织的各类培训班、研修班,各领域代表人士的思想水平、整体素质进一步提高。

三是注重加强日常管理。落实党外干部教育管理"五个一"工作机制,召开市厅级党外干部述职述廉大会,组织观看廉政教育警示片,邀请省纪委、省委组织部通报有关情况,有效加强了对党外干部的教育管理。完善宗教团体述职评议考核制度,形成了定期对宗教团体领导班子成员进行述职测评的长效管理机制。

四是加强民主党派后备干部队伍建设。制定出台做好民主党派领导班子后备干部队伍建设工作的实施意见和民主党派市级组织后备干部队伍建设及届中调整工作的意见,协助各民主党派省委会对有关人选进行民主推荐、调研考察,确定了 69 名民主党派省级组织领导班子后备干部。督促指导各市统战部加强民主党派后备干部队伍建设,对部分市级组织进行了届中调整。

八、狠抓机关党的建设,基础基层工作进一步加强

一是认真履行主体责任。通过中心组学习、支部学习等形式,深入学习领会习近平总书记系列重要讲话、十八届三中四中全会和王儒林书记讲话等精神,坚定理想信念,强化规矩意识,增强法治观念,在思想上政治上行动上与党中央保持高度一致。把党建工作、党风廉政建设与各领域统战工作一起研究部署、一起检查考核。主要领导过问重大问题、批办重要事项,班子成员对分管范围的工作进行指导、监督,形成了各项工作紧密衔接、班子成员齐抓共管的抓落实格局。

二是巩固拓展教育实践活动成果。认真组织开展教育实践"回头看"和"会所中的歪风"等专项整治工作,防止"四风"问题反弹,机关干部廉洁勤政意识不断增强。制定出台《部务会议事规则》,编辑印发《省委统战部群众路线教育实践活动制度汇编》,联系群众、反对"四风"的长效机制不断健全完善。

三是深入开展学习讨论落实活动。制定部机关实施方案,明确 3 个方面 11 项具体任务,召开动员会进行安排部署,组织开展学习交流和反思剖析,并结合实际研究制定整改措施,坚决把省委要求落到实处。

四是切实加强机关党组织建设。完成支部调整换届和机关党委、纪委换届工作,基层党组织凝聚力、战斗力进一步增强。落实从严治党方针和"六权治本"要求,认真开展"一倒查六整治"工作,切实加强对党员干部的教育管理。2014 年部机关调整选拔 20 余名处级干部,做到了程序规范、风清气正。

五是引深精神文明创建活动。组织机关干部赴中阳县枝柯镇包村点驻村帮扶,圆满完成了各项扶贫任务。组织干部赴浙江大学自主选学,赴西山杜儿坪矿学习参观,组队参加省直机关运动会,开展节日慰问,给贫困党员干部送温暖,落实离退休人员有关待遇,加强保密、档案、消防安全、车辆管理等工作,机关精神文明建设达到新的水平。

六是着力夯实统战工作基础。召开全省推进县级统战部门合署办公现场会,推广基层经验,整合资源力量,在破解制约统战工作的瓶颈问题上取得良好开局。围绕各领域统战工作开展理论创新课题研究,全省形成了一批较高质量的成果,其中有 3 项分获中央统战部二、三等奖。围绕全省统一战线重大活动组织宣传报道,在中央和省内媒体发表文章、信息 300 多篇,山西省委统战部被评为全国统战宣传先进单位。信息工作获全国统战信息工作三等奖。

(路支前)

附：省委统战部部长、常务副部长、副部长、副巡视员名单

省委常委、统战部部长：白　云（女，9月免职）

孙绍骋（9月任职）

常务副部长：郭海刚

副部长、省工商联党组书记：杨临生

副部长、山西社会主义学院党委副书记、常务副院长：

王建新

副部长、省宗教局（民委）局长（主任）：高　键

副部长：夏振贵　张云泽

副巡视员：孙建军　李志兰　李丽荣

省委政法委工作概况

省委政法委书记　王建明

2014年，面对严峻、复杂、尖锐、特殊的形势，省委政法委组织全省政法机关深入学习贯彻习近平总书记在中央政法工作会议上的重要讲话精神，认真落实中央政法委关于平安中国建设、法治中国建设和过硬队伍建设的一系列要求部署，坚持问题导向，积极改革创新，全省政法工作取得新的进步。

一、全力维护社会政治稳定

围绕敏感节点、重大政治活动和重大事件，扎实做好维稳工作，依法打击非法宗教活动，确保了会议期、敏感期全省社会政治稳定。

二、深入开展反恐怖专项斗争

针对暴力恐怖犯罪向内地蔓延的趋势，多次召开专题会议研究部署，出台了《关于进一步深化反恐斗争的意见》，建立了武装巡逻、动中备勤工作体系，并联合铁路、机场和武警建立了“统一接警、统一指挥、就近调警、快速处置”反恐指挥工作机制。组织开展了依法打击宗教极端违法犯罪专项行动和严厉打击暴力恐怖活动专项行动。加强对恐怖袭击事件规律特点和战术战法的研究，制定了应对处置持刀砍杀、汽油纵火、驾车冲撞、爆炸袭击以及公交纵火爆炸等案件的应急预案，组织全省各市开展了应对处置暴恐袭击综合实战演习，提升了处置暴恐案件的能力。

三、大力实施“六六创安”工程

认真落实《平安山西建设五年规划》，在2013年50个重点项目全面完成的基础上，2014年又确定了40个重点项目并扎实推进，各方面工作不断取得新的成效。

一是着力打好“六场硬仗”，健全经常性“严打”机制。全年各类刑事案件立案同比下降5.2%，其中危害严重的八类案件同比下降16.6%，各类侵财案件同比下降7.8%。将打黑除恶斗争与推进反腐败斗争、净化政治生态紧密结合起来，2014年共打掉黑恶势力犯罪集团137个，其中侦办黑社会性质组织2个（一审判决）；共立各类命案436起，破430起，破案率98.62%，创历史最好成绩；以传销和非法集资为重点，共立各类经济犯罪案件4227起，破案3472起，挽回和避免经济损失4.2亿元；破获毒品案件1.7万余起，抓获涉毒人员1.8万余人，打掉制毒加工厂点8个，缴获各类毒品232公斤、制毒原料8925公斤；抓获网上逃犯15543名，同比上升18.1%；开展“猎狐2014”行动，成功从境外缉捕回3名犯罪嫌疑人。

二是深入开展“六项整治”，着力解决社会治安突出问题。围绕治安乱点、盲区和薄弱环节，共组织各类排查16435次，发现、整治治安重点地区或问题2145个，从中破获各类刑事案件11970起，查处各类治安案件5.61万件。制定出台《山西省社会治安重点地区及突出治安问题认定标准》，对22个治安突出问题或重点地区进行了挂牌督办，有效整治了一批群众反映强烈的突出问题，全省治安案件同比下降8.4%。

三是全面实施“六网覆盖”，着力构建立体化治安防控体系。将视频监控系统建设作为“六网覆盖”的重中之重，2014年全省共投入资金40多亿元，新增视频监控探头34万个，累计达到76.11万个，其中公共区域14.86万个，城市主要部位、重点目标、主要路口基本实现全覆盖。深入推进群防群治工作，制定出台了《关于加强全省平安志愿者服务工作的意见》，协调人寿保险公司为平安志愿者赠送了人身意外伤害保险，全省群防群治队伍达到31万余人。进一步完善环京七省区市对口警务合作机制，特别是加强了22个“环京公安检查站”通信链路建设，实现了与省公安厅和公安部图控中心双向音视频通信功能。

四是妥善化解“六类矛盾”，促进矛盾纠纷及时就地化解。围绕征地拆迁、村矿（村企）、劳动关系、医患关系、交通事故、环境污染等矛盾高发领域，协调推动省直牵头部门出台相关矛盾纠纷排查化解的规范性文件，进一步健全了工作机制，提高了调解效率。2014年，全省共排查各类矛盾纠纷18.9万起，调解成功率95.2%。

五是着力管好“六类人群”，努力消除安全隐患。全年共接收刑满释放人员14303人，一般帮教对象衔接率超过80%，重点犯罪人员衔接率接近100%。制定出台《关于全面推进社区矫正工作的意见》、《社区矫正和安置帮教工作突发事件应急预案》等文件，全省在矫人员重新违法犯罪率为

0.178%，低于全国平均水平。加快推进吸毒人员服务管理信息系统建设，全省登记在册吸毒人员7.07万人，其中社区戒毒人员2439人、强制隔离戒毒人员5086人。进一步加强严重精神障碍患者服务管理工作，建立了由16个部门组成的省级精神卫生工作联席会议制度，对全省严重精神障碍患者进行了全面摸底调查，累计登记严重精神障碍患者9.4万人。进一步加强社会闲散青少年服务管理和预防犯罪试点工作，加强了严重不良行为青少年教育矫正工作。

六是深入开展“六安联创”，不断提升基层平安创建水平。对2013年度63个省级平安县(市、区)、88个省级平安单位、67个省级平安社区进行了命名，推动了基层平安创建活动的深入开展。深入推进“命案零发案县(市、区)”和“无刑事警情村(社区)”创建活动，对全省命案情况进行了深入调研，提出了防控措施，并召开专题会议进行了安排部署。

四、深入推进矛盾排查化解

为了把矛盾化解在基层、源头和萌芽状态，着重从四个方面采取了措施：一是强化顶层设计，系统安排部署。对构建矛盾纠纷多元调解体系进行了整体设计，组织制定了《关于加强全省矛盾纠纷调解工作的意见》和《推进方案》，并在晋中市左权县召开推进会进行了专题安排部署。到2014年年底，全省60%的县(市、区)、80%的乡镇(街道)和50%的农村(社区)已按照规定标准完成矛盾纠纷调解中心建设。二是加强组织领导，定期分析研判。9月份之后，在全省实行了各级矛盾纠纷排查调处工作领导组每月一次的例会制度，形成了综治办主任、综治委常务副主任、综治委主任定期听取情况汇报并对突出问题分析研判的长效机制。三是突出重点领域，组织专项治理。围绕进京非访专项治理，分别就落实综治责任、加强衔接联动、依法打击处理出台了具体规定，对问题突出的县(市、区)采取了黄牌警告、挂牌督办等措施，推动了信访形势的持续好转。2014年，全省进京非访量同比下降54.8%，圆满完成了中央要求的任务。四是强化风险评估，推进科学决策。狠抓社会稳定风险评估制度的落实，督促各市制定相关实施细则，使风险评估成为重大决策的前置程序，推动全省826个重点项目实现了应评尽评，从决策源头减少了矛盾的产生。

五、进一步夯实综治基层基础

按照网格化管理、社会化服务的要求，制定出台了《关于进一步深化全省社会服务管理体系建设的意见》，在全省范围内组织开展了交叉检查，对三级平台的运行情况实行了逐月通报，对平台未正常运行的12个县(市、区)主要领导进行了约谈，举办了2期专题培训班，推动全省三级服务管理中心步入了规范化运行轨道。2014年，全省三级中心共受理报送各类事件219万件，处置率达到95.07%。与此同时，协调省委组织部、省编办出台相关文件，提出了乡镇综治领导、专抓副职和综治专干的配备要求；推动基层平台运行经费和网格员补助纳入了县级财政预算，加大了社区矫正、矛盾调解、安置帮教工作的经费保障力度，为加强综治工作提供了有效的支撑保障。

六、深入推进司法体制改革

中央将山西省列为第二批司法体制改革试点省份之后，迅速成立了由省委常委、政法委书记王建明同志任组长的省司法体制改革领导小组，并抽调精干人员组成专门的办事机构，明确了工作责任，确定了推进节点。在此基础上，组织有关人员深入调研、全面摸底，组织起草了《司法体制改革试点工作方案》，经省委常委会审议通过后已上报中央司改办。与此同时，深入推进已部署改革举措的落实。一是深化执法司法公开。组织制定了《全省政法系统“阳光司法”工程五年规划》，强化时限要求，明确公开范围，促进了司法公开的扎实推进。二是深入推进涉法涉诉信访改革。围绕入口不顺、程序空转、出口不畅等突出问题，组织制定了《关于依法处理涉法涉诉信访问题的实施意见》，并建立了政法机关涉法涉诉信访工作流程、责任查究、宣传引导、违法信访行为处置四项机制，完善了涉法涉诉信访导入、推进诉访分离、做好案件终结后续工作、落实司法救助等四项配套制度，形成了涉法涉诉信访改革“1+8”制度体系。三是大力推进轻微刑事案件快速办理机制。在太原、晋中2个市开展试点的基础上，推动省法院牵头出台了《山西省关于实行轻微刑事案件快速办理机制的规定(试行)》，在全省推开了这项工作。四是坚决防范冤假错案。针对侦查取证环节工作不扎实的问题，推动检察、公安机关全面规范取证行为，推行检察机关介入命案现场勘验检查机制，强化落实现场取证和办案区全程录音录像制度，努力从源头上遏制非法证据的产生。

七、扎实推进严格执法公正司法

针对执法司法中存在的突出问题，着重组织开展了四个方面的专项整治：一是深入推进清理久押不决专项行动。截止2014年9月底，全省2010年5月1日前羁押未审结的久押不决案件全部清理纠正，首次实现久押不决案件为“零”的目标。二是深入推进“减刑假释暂予监外执行”清理整治。对暂予监外执行的300余名罪犯进行重新体检和审核，依法收监118人，纠正减刑、假释、暂予监外执行提请不当846人，查办背后的职务犯罪12件13人。同时，组织省法、检、公、司和省监狱局联合出台了《关于办理减刑、假释案件实施细则》。三是组织开展打击环境污染违法犯罪“百日会战”。组织政法机关和环保部门对1498起涉嫌违法犯罪案件进行了依法处理，其中采取行政处罚措施的1457件，41件涉嫌犯罪的案件中已刑事立案25件、治安处罚14件、由检察机关立案侦办的涉嫌职务犯罪2件，多年来失之于宽、失之于软的问题得到强力扭转。四是深入推进涉法涉诉信访积案清理和“百案评查”活动。对全省4581件涉法涉诉信访积案组织开展了全面清理，并选取100余起典型案件进行了联合评查，发现和纠正了一批普遍性倾向性问题。

八、大力加强政法队伍纪律作风建设

制定出台了《关于对政法队伍纪律作风开展联合督察的暂行办法》,对11个市50个县(市、区)81个政法单位进行了纪律作风专项督察,对发现的187个突出问题进行了公开曝光或内部通报,并按照管理权限交办了一批个案。12月份之后,根据省委"学习讨论落实"活动的要求部署,围绕全省政法系统存在的理想信念滑坡、执法司法不严、执法司法不公、执法司法作风以及遵守纪律制度等五个方面50多项突出问题,从查摆问题、严肃查处、整改落实、建章立制四个环节入手,组织开展了专项整治活动。

九、组织开展"一村一警"联系走访活动

以第二批党的群众路线教育实践活动为契机,组织市、县政法机关深入农村(社区)开展了以"一村一警"为主要模式的联系走访活动,通过结对联系、联合编队、定期走访、强化考评等措施,推动形成了村村见警、月月走访、职责明确的联系群众长效机制,为政法干警提升群众工作能力、及时解决基层存在的突出问题发挥了重要作用。据统计,全省共有3.7万名政法干警深入1650个乡镇(街道)、3万多个村庄(社区)以及1万多个企业,走访群众121万户275万人,收集各类社情民意35.7万条,征求意见建议17万条,排查矛盾隐患4万个,化解矛盾纠纷6.7万起,整治治安乱点1.3万个,排查案件线索6933条,提供法律服务25万余次,健全人民调解、治保会等基层组织639个,帮助群众解决困难和问题5.5万个。"一村一警"活动先后被人民日报、法制日报等媒体宣传报道,受到基层广大群众的热烈欢迎。

十、积极推进法治山西建设

党的十八届四中全会之后,由省委政法委牵头,完成了省委《关于贯彻落实党的十八届四中全会精神加快推进法治山西建设的实施意见》的起草工作,并围绕《实施意见》的贯彻落实,组织起草了《重大举措分工方案》,对省委法治建设领导机构和办事机构调整充实提出了意见。省委依法治省领导组更名为省委法治建设领导小组,原省委依法治省办由省司法厅整体划转到省委政法委,为在新的起点上加快推进法治山西建设奠定了良好的基础。

(李　磊)

附:省委政法委书记、常务副书记、副书记、秘书长、政治部主任、综治办副主任、巡视员、副巡视员名单

省委常委、政法委书记: 王建明

常务副书记: 边晋南

副书记: 李苏平(3月离职)　薛永辉　闫喜春

秘书长: 邓彩彪

政治部主任: 袁振旭

综治办副主任: 姚鸿波　刘永生

巡视员: 李苏平(3月任职)

副巡视员: 张耀仁　何炳文

省委政策研究室工作概况

省委政策研究室主任　李福明

2014年,在省委的正确领导下,室领导班子认真学习贯彻党的十八届三中、四中全会精神和习近平总书记系列重要讲话精神,认真贯彻落实省委十届六次全会和全省经济工作会议精神,团结带领全室广大干部职工,紧紧围绕省委中心工作,充分发挥政研室、改革办双重职能作用,真抓实干,服务大局,各项工作都取得新进展和新成效,有些工作取得较大突破。

一、认真学习党的十八届三中、四中全会精神和习近平总书记系列重要讲话精神,坚决贯彻执行中央和省委的重大决策部署

(一)切实抓好理论武装工作。坚持把学习贯彻习近平总书记系列重要讲话精神作为一项重要的政治任务,并同学习十八届三中、四中全会精神结合起来,努力做到真学真信真用。为此,政策研究室为机关干部职工购买了《习近平总书记系列重要讲话读本》《习近平谈治国理政》《之江新语》《〈中共中央关于全面推进依法治国若干重大问题的决定〉辅导读本》《党的十八届四中全会〈决定〉学习辅导百问》等学习材料,并通过中心组(扩大)集体学、支部集中学、党员干部自己学、专题辅导学等形式,认真抓了政治理论学习,引导广大党员干部深刻领会党的理论创新成果,坚定理想信念。同时,及时传达学习中央和省委的各类文件,及时传达学习王儒林书记在全省领导干部大会、省委常委扩大会议、省委十届六次全会、全省经济工作会议上的讲话,让广大党员干部树立围绕大局、服务大局的意识,坚定不移地贯彻执行中央和省委的重大决策部署。

(二)扎实巩固党的群众路线教育实践活动成果。根据省委部署,认真组织开展了教育实践活动"回头看"、落实中央八项规定和反对"四风"等专项清理整顿,对活动中曾经发现的问题进行了逐一排查,对整改阶段确定的各项任务进行了核查核验,对建立健全的各种规章制度进行了

规范整理，确保问题不留根、整改无死角。退休干部办公用房腾退、差旅接待管理制度、干部职工福利规范等大家反映比较集中的问题得到及时解决，其他各项整改任务也基本落实到位，最大限度地遏制了“四风”问题的反弹，党的群众路线教育实践活动成果得到进一步巩固。

（三）深入开展学习讨论落实活动。按照省委统一部署，在省委第八督导组具体指导下，认真组织开展了以“净化政治生态、实现弊革风清、重塑山西形象、促进富民强省”为主题的学习讨论落实活动，严格按照既定的目标任务、内容重点和方法步骤，坚持从实际出发，坚持问题导向，认真组织学习，深入进行讨论，深刻反思剖析，从体制机制上找漏洞，目前正在扎实有序推进。

二、紧紧围绕省委中心工作，充分发挥双重职能作用，各项工作取得新进展新成效

（一）推动和服务全面深化改革工作开局良好。2014年是全面深化改革的开局之年。按照省委决定，全面深化改革领导小组办公室设在政研室，实行一个机构、两块牌子。2014年，政策研究室认真履行改革办的职能，主动作为，积极服务，各项工作有序推进。一是先后起草了《领导小组工作规则》《专项小组成立方案及工作规则》《办公室职责及工作细则》《领导小组2014年工作要点》等文件，为山西省全面深化改革工作的顺利起步做了充分准备。二是根据省编办批复意见，对应省委全面深化改革6个专项小组及时调整了机关部分内设处室，实现了机构、职能、人员的对接到位。三是认真做好办文、办事、办会服务工作，圆满完成了领导小组各类文件文稿的起草任务，承办了领导小组第二、第三次会议，全省改革办主任和专项小组联络员座谈会、专项小组联络员工作会议等。四是发挥统筹协调职能，重点做好政策统筹、方案统筹、力量统筹、进度统筹，确保了省委领导小组各项决策部署的及时有效贯彻。五是把推动重点领域和关键环节改革任务的落实作为重中之重，初步建立了“1+4”落实督办机制，推动了各项改革任务的落实落地。六是紧扣改革中难点热点问题深入开展调研，在“六权治本”、“六型转变”、煤炭管理体制改革、项目审批制度改革、金融创新、国资国企改革等方面形成了一批专题报告，为省委、省政府提供了决策参考。七是在着力推进省级层面改革的同时，加强了对市、县两级改革工作的指导。八是加强信息收集、编发和交流工作，初步搭建了覆盖省直各部门和11个市的信息报送网络平台，与全国24个省（区、市）实现了改革信息对点互换。全年共编发《山西改革信息》99期，其中专报中央改革办35期、省内下发交流64期。中央改革办《改革情况交流》先后8次反映山西省改革情况。

（二）调查研究工作成果丰硕。2014年，政策研究室组织力量共撰写调研报告41个，分别通过27期《调查与分析》和14 期《情况与建议》予以上报。特别是9月份中央对省委班子作出重大调整后，根据省委新的工作思路和总体部署，形成了一批重点研究报告。一是按照省委主要领导的要求，调研撰写了《关于深入推进“六权治本”的调研报告》《选准、配强县委书记是刷新吏治的重中之重》《以革命兴煤为引领，着力推动煤炭“六型”发展》《关于开发区建设中的问题及对策建议》等报告，受到省委、省政府主要领导的充分肯定。二是围绕省委中心工作，特别是对制约影响山西经济社会发展的重大问题进行深入调研，形成了《关于净化我省政治生态的思考与建议》《关于我省乡村法治建设情况的调研报告》《关于加快我省文化和旅游融合发展的调研报告》《我省党的建设制度改革存在的问题和困难分析》《关于运用金融手段推进山西科技创新的几点建议》《把农产品区域品牌建设作为推进我省现代农业发展的重要抓手》《关于加强我省矿业权市场建设的情况与建议》《我省煤层气产业发展的情况及建议》、《关于加强新农村建设的实践与探索》《加强农村生态文明建设的情况与建议》《关于对城镇化中农民工住房问题的调查》《山西加强金融创新推进农业发展的调查与建议》、《开拓中小微企业特色发展之路》《关于对我省大水网建设后续灌区管理的建议》等调研报告，为省委、省政府提供了决策参考。三是及时发现基层经验，以点带面为全省经济社会发展提供启示和参考，形成《关于新绛县农村金融支持土地流转的调研报告》《关于临汾市尧都区规模种植发展核桃产业的调查与思考》《晋中市促进文化与旅游融合发展的调研报告》《关于河津市创新驱动发展的调查与思考》《关于晋中市建立市级行政“权力清单”的调研》《关于阳泉市郊区开展“民事代办”活动的调研报告》等研究报告。上述调研报告，有的省委、省政府领导作了重要批示，有的已进入决策。

（三）重要文稿起草任务圆满完成。一是参与起草了《关于贯彻落实十八届三中全会精神加快推进全面深化改革的实施意见》和《关于贯彻落实十八届四中全会精神加快推进法治山西建设的实施意见》，牵头负责起草了《关于在全省深入开展学习讨论落实活动的实施意见》和《〈关于在全省深入开展学习讨论落实活动的实施意见〉活动方案》等。二是牵头负责起草了王儒林同志在全省学习讨论落实活动动员大会上的讲话、在省委十届六次全会上的讲话、在全省经济工作会议上的讲话、在省委全面深化改革领导小组第三次会议上的讲话等，得到省委主要领导的肯定。

（四）事业单位工作扎实开展。一是《山西工作》作为省委机关刊物，积极适应我省改革发展的新形势新要求，坚持“把导向、出精品、创名刊、求发展”的工作思路，始终严把征稿关、编审关和校对关，并为提升办刊质量，在办刊形式、栏目设置、图片报导等方面进行了积极探索。全年12期的编发任务完成，共编排稿件180篇，选登图片200余张；其中，选登省级以上领导文章9篇，厅局级领导文章48 篇。为阐释中央和省委政策、推广基层经验、营造良好舆论氛围等提供了良好平台，得到广大读者认可，受到各级领导好评。二是信息中心在继续做好信息资料平台建

设，为省委领导决策提供参考、为各业务处室起草重要文稿提供帮助的同时，积极参与了部分重要课题的调研工作，为室机关充分发挥双重职能作出了积极努力。

三、切实加强领导班子和干部队伍建设

（一）加强思想政治建设。在广大党员干部中大力加强社会主义核心价值观教育，大力倡导“忠诚、务实、担当、奉献”的职业精神和行为操守，增强政治意识、大局意识和责任意识，牢固树立坚定的理想信念、坚定的政治立场，始终保持清醒头脑，严守政治纪律和政治规矩，在大是大非面前有鲜明正确的立场和观点。

（二）认真贯彻执行民主集中制。坚持集体领导、分工负责的原则，严格按照“集体领导、民主集中、个别酝酿、会议决定”的议事决策规则决定全室重要事项，班子成员之间坦诚相见，及时沟通、相互配合，大事讲原则，小事讲风格，积极主动做好各自分管工作，班子内部形成团结一致、勤勉敬业的良好氛围。

（三）加大干部学习培训力度。去年采取专题辅导、轮流讲学、集中讨论、部署工作相结合的方式，先后组织了7次中心组（扩大）学习。在要求广大党员干部坚持在线选学的同时，通过争取，让机关干部全部参加了哈尔滨工业大学的专题学习培训，完成了选调到省委党校和省直分校的集中学习培训任务。

（四）加强机关党的组织建设。在认真开展“基层组织提升年”活动的同时，结合实际对原来的党支部进行了合并调整，由11个支部调整为6个支部，充实增强了支部的战斗力。明确室主要领导对党建工作负总责，各支部向机关党委、机关党委向室主任办公会议或全体党员述纪述廉述作风述主体责任落实。

四、认真抓好党风廉政建设工作

（一）严格落实党风廉政建设责任制。室领导班子高度重视党风廉政建设工作，严格落实了“两个责任”和“一岗双责”制度，坚持谁分管谁负责，形成了分工明确、各负其责的党风廉政建设责任制格局。各支部、处室认真履职，防患未然，认真抓了党风廉政建设各项工作的落实，做到了年初有部署，年中有检查，年底有考核。此外，还及时组织观看了反腐警示教育片，让大家做到防微杜渐、敬畏党纪国法。

（二）狠抓领导干部廉洁从政各项规定的落实。班子成员认真落实党内监督条例，自觉执行中央和省委关于领导干部廉洁自律各项规定，从严要求自己，管好配偶、子女和其他亲属，以过硬的作风为全室干部职工作出了表率。全年全室人员没有发生任何违纪违法问题。

（三）树立良好作风形象。结合中央“八项规定”要求和党的群众路线教育实践活动整改任务，室机关在2014年年初制定出台了《关于加强作风建设创优发展环境的若干规定》，从多个方面对严明政治纪律、树立良好作风提出了新要求，同时，机关党委、纪委也加强了对党员干部作风问题的监督力度，共同维护了全室干部职工为民、务实、清廉的良好形象。

2014年，政策研究室其他工作也取得了积极成效。比如，精神文明创建活动扎实开展,思想政治工作得到加强；规范完善内部规章制度，提升了机关管理科学水平；定点扶贫工作效果明显，助推了当地困难群众的脱贫致富；精打细算，更新了部分处室的电脑、打印机等办公设备，优化了工作条件；加强了离退休老干部工作，营造了团结和谐的机关氛围。

在看到各项工作成绩的同时，我们也清醒地认识到工作中还存在一些不足和差距，主要有：一是政治理论学习抓的不紧；二是调查研究的针对性、前瞻性还不够；三是内部管理制度落实不够。造成上述问题的原因，主要是思想政治建设措施不力，对机关干部队伍的能力素质建设重视不够。

（贺高明）

附：省委政策研究室主任、副主任、巡视员、副巡视员名单

省委副秘书长、省委政策研究室主任、中共山西省委全面深化改革领导小组办公室常务副主任：

李福明（6月任职）

副主任：马文革　梁若皓

巡视员：杨绪全

副巡视员：魏爱军　赵付忠（3月任职）

省直机关工委工作概况

省直机关工委书记　杨增武

2014年，在省委领导下，工委领导班子以党的十八大和十八届三中、四中全会精神为指引，认真学习贯彻习近平总书记系列重要讲话精神特别是关于机关党建重要论述，紧紧围绕服务中心、建设队伍两大任务，认真贯彻“走在前、作表率”的总要求，突出抓了基层组织建设和党风廉政建设，保证了机关党建各项工作任务圆满完成。

一、扎实开展学习讨论落实活动

按照省委统一部署，自2014年12月开始，工委机关及直属事业单位开展了以“深入学习贯彻习近平总书记系列重要讲话精神、净化政治生态、实现弊革风清、重塑山西形象、促进富民强省”为主题的学习讨论落实活动。在省委第八督导组精心指导下，工委高度重视，成立了活动领导组和办公室，召开了动员大会，制定了活动实施方案和每周学习安排，编发了学习资料和百题问答，9个党支部、112名党员参加了活动，做到规定动作有成效，自选动作有特色，以认真的态度扎扎实实地完成了学习讨论环节各项任务。

（一）认真组织学习，班子带头示范。一是班子成员带头学。先后召开了工委会、工委扩大会、中心组扩大学习、中心组学习讨论会和5次活动领导组会议，及时对省委关于学习讨论落实活动的最新精神特别是王儒林书记在全省学习讨论落实活动动员大会和省委十届六次全会上的讲话精神进行原原本本、认认真真地学习领会，迅速把思想和行动统一到省委要求上来。在先学一步、学深一步的基础上，班子成员参加各支部学习讨论，并为全体党员干部作学习辅导、上党课，在《前进》杂志上发表理论文章，发挥示范作用。二是静下心来集中学。先后采取“小集中”方式，组织机关全体党员干部集中3天深入学习规定的内容；各支部集中自学讨论，处级干部人人写学习体会；在深入学习的基础上进行了集中考试；召开了学习讨论落实活动专题交流大会，取得了较好的效果和反响。山西日报、新华网、山西新闻网等9家媒体对省直工委“集中学习、集中讨论、集中考试、集中交流”的做法作了专题报道。三是结合实际多样学。邀请省司法厅厅长崔国红作了“着力推进六权治本、深化山西法治建设”的讲座，邀请中央国家机关工委研究室主任王胥汉作了“学习习近平总书记关于机关党建重要论述”的讲座，组织机关干部观看省纪委录制的反腐倡廉警示教育片《警钟长鸣》，举办学习体会征文活动，营造了浓厚的学习氛围。

（二）认真听取意见，围绕重点讨论。为开好工委领导班子反思剖析会，广泛征求对工委领导班子存在问题和在山西塌方式腐败中机关党建应反思的问题，召开了省直26个单位机关党委负责人参加的座谈会、各支部征求意见会，设置了意见箱，在答题考试中设置了征求意见和建议的论述题，共汇总归类意见建议42条，为写好班子反思剖析报告、做好整改工作提供了依据和参考。班子成员还开展了谈心活动，主要负责人分别与每一位班子成员谈心，班子成员相互之间、班子成员与分管部室负责人也进行了坦诚的谈心。召开了工委中心组学习讨论会，重点讨论了山西系统式、塌方式腐败中机关党建应反思的突出问题，构建从严治党新常态的对策和建议，进一步深化了对开展活动重要意义的认识。

（三）认真反思剖析，制定整改措施。在深入讨论的基础上，按照省活动办《关于深入查找政治生态突出问题，认真讨论整理反思剖析报告的通知》要求，召开了工委领导班子反思剖析讨论会。会前，每位班子成员把问题“领下来”，把自己“摆进去”，认真查找落实“两个责任”、遵守党的政治纪律，执行八项规定、反对“四风”，选拔任用干部，规范权力运行，服务人民群众五个方面存在问题，撰写了发言提纲。讨论会上，真诚开展了批评和自我批评，班子成员个人共提出自我批评29条，相互之间提出批评意见35 条。在撰写班子反思剖析报告的过程中，班子成员人人参与修改。在第八督导组的指导下，反思剖析报告先后修改了5次，班子成员集中改稿2次，最终梳理出工委班子和机关党建在净化政治生态中存在的6个方面21个问题，剖析了问题产生的6个方面原因，提出11条整改措施。同时，认真组织了整改落实情况“回头看”，有序推动了整改落实。与2013年相比，2014年，工委下发各类文件减少了13%，会议活动减少了39%；三公经费中，公务接待费下降了49%，公车运行维护费下降了9%，公费出国、公车购置费为0。

（四）认真谋划工作，立足党建实际。在活动中，班子始终坚持立足机关党建实际、发挥机关党建的引领作用，同时，认真思考和谋划2015年省直机关党的工作，制定了省直工委落实党风廉政建设主体责任清单和省直纪工委落实党风廉政建设监督责任清单，修订完善了八项整改制度，建立了党支部日常工作台账，拟定了建设学习型、廉洁型、服务型、创新型、法治型、效能型六型机关，服务六大发展等创新工作思路，发挥了工委主抓机关党建的优势，推动学习讨论落实活动向纵深开展。

二、抓好习近平总书记系列重要讲话和十八届三中、四中全会精神学习

（一）举办学习习近平同志关于机关党建重要论述培训班。7 月29日在省委会议厅举办了“学习习近平同志关于机关党建重要论述培训班”，邀请省委党校马克思主义教研部副主任张宏华作《学习习近平同志关于机关党建的重要论述》辅导，邀请省委党校马克思主义教研部主任、博士王建军作《学习习近平同志关于机关党风廉政建设的重要论述》辅导，省直工委领导班子和省直机关党委专职副书记、各市直工委书记132人参加培训。

（二）加强中心组学习管理。年初，制订下发了《2014年省直机关党组（党委）中心组和干部理论学习安排意见》，在学习内容、制度、方法、形式、考核、监督等方面提出具体要求，以理论武装工作不断促进单位领导班子思想建设，进而指导实践，推动工作。对省直各中心组成员理论学习成果进行了汇编，收到学习体会296篇，调研报告322篇，经过认真筛选汇编成调研报告和学习体会两本书，印发各单位。加大了对中心组学习日常监督和管理，每月对省直各中心组的学习时间、天数、人数、内容、成果等学习情况进行签表登记，对各单位填报的《中心组理论学

习情况报告表》进行了审查归档，搜集整理，报省委宣传部和省委组织部，并通报各单位。2014年编辑了6期《中心组理论学习动态》。

（三）开展菜单式宣讲和专题培训。以“菜单式宣讲”的形式开展了十八届三中、四中全会精神、习近平总书记重要讲话精神、社会主义核心价值观以及省委“六大发展”“六权治本”方面的宣讲。全年共组织宣讲老师赴110多个单位开展了菜单式宣讲，听众人数共计5万余人次。11月份，在省直党校举办了学习党的十八届四中全会精神理论宣讲骨干培训班，省直机关130多名理论骨干参加了培训。3月-7月依托省直党校举办了30期学习贯彻习近平总书记系列重要讲话培训班，共培训党员干部7419人。

三、举办省直机关干部“五项全能”比赛、文源讲坛、厅局长报告会和“十大学习品牌”展评活动

（一）举办省直机关第二届“五项全能”比赛。为提高省直机关党员干部办文办会办事和综合知识运用能力，提升了党员干部服务发展的能力，2014年7月至8月，省直工委举办了第二届省直机关干部五项全能比赛。7月14日，省直工委印发了举办第二届省直机关“五项全能”比赛的通知和实施方案。根据工委统一部署，各直属机关党委高度重视，精心组织预赛，层层选拔，8月20日至22日，省直86个单位选拔推荐的229名机关干部在山西大学商务学院，参加了“公文写作、综合知识、法律知识、电脑应用、主题演讲”五项全能决赛。根据参赛选手各单项成绩和综合成绩的排名，评出五项全能一等奖5名，二等奖10名，三等奖15名，优秀奖30名；各单项比赛前10名；主题演讲比赛优秀选手31名；组织奖单位25个。9月29日，在山西省科技馆多功能报告厅举行第二届省直机关干部五项全能比赛颁奖会。省直工委、省直机关劳动竞赛委员会向获得五项全能一、二、三等奖、优秀奖、各单项前10名选手和获得组织奖单位记功颁奖。省直工委从210篇参赛演讲稿中筛选出90篇优秀演讲稿，编印了省直机关干部“五项全能”比赛《优秀演讲稿选编》，并发放到各参赛单位和获奖选手。

（二）举办厅局长报告会和“文源讲坛”。邀请省委宣传部副部长杜学文、省司法厅厅长崔国红分别作“谈社会主义核心价值观与山西精神”和“认真学习贯彻党的十八届四中全会精神，着力推进‘六权治本’深化山西法治建设”2场厅局长报告会；会同省委组织部、宣传部、省文化厅共同举办了3期“文源讲坛—山西省领导干部讲座”，1500多名机关干部参加了听讲。同时，在2014年4月省直工委组织开展省直机关第三届“读书月”活动，收回读书体会文章近200篇，经专家评选出92篇优秀文章，汇编成《读与悟》一书，由山西人民出版社出版。

（三）开展省直机关“十大学习品牌”展评活动。省直机关“十大学习品牌”展评活动作为省直工委年度创新工作项目。5月5日，以晋直发[2014]9号印发《关于开展“省直机关十大学习品牌”展评活动的通知》和《实施方案》，通过品牌申报、网上展示投票、实地考察、集中评审、网上公示、授牌表彰等环节，共收到各单位报送的学习讲座品牌75个，经初步评审，确定55个学习品牌作为候选品牌，8月15日起山西机关党建网进行展示并接受公众投票。经网上投票，得票数前30名再由专家评审投票，最终评选出“山西干部在线学院”等10个“省直机关十大学习品牌”和“艺术学习沙龙”等10个“省直机关优秀学习品牌”。11月3日，以晋直字[2014]21号印发《关于表彰省直机关十大学习品牌及优秀学习品牌的决定》，11月27日在省图书馆举行“十大学习品牌”颁奖仪式，对评选出的省直机关“十大学习品牌”和10个“优秀学习品牌”进行了表彰。

四、夯实基层基础工作

2014年，省直工委以深入开展“基层组织提升年”活动为抓手扎实基层基础工作，重点做了八个方面的工作：一是8月13日，以晋直组字[2014]46号文件印发《关于省直机关党建工作调研督查的通知》和《调研督查提纲》，9月份省直工委班子成员和6名厅局机关党委书记组成了14个组对11个市、22个县（市、区）和省直101个单位落实《条例》情况进行了全覆盖调研督查，形成了向省委汇报的调研报告。二是10月8日，以晋直字[2014]18号文件印发《关于做好2014年度省直机关基层党建“联述联评联考”工作的通知》，11月起省直工委组织了4个组到145个省直单位指导“联述联评联考”工作；11月27日，召开了省直机关“联述联评联考”大会，12个厅局机关党委书记在大会上述职，参会人员对145个省直单位党建工作进行了测评。三是7月29日举办了学习习近平同志关于机关党建重要论述培训班，培训机关党委专职副书记、各市直工委书记132人。8月4日，举办了机关党务干部换届选举知识专题培训。集中听取70多个未按期换届厅局的情况汇报，省直工委与部门党组书记主动沟通，协调解决换届工作中的实际问题，截至2014年年底，已有52个机关党委和1个企业党委完成了换届选举工作，省直工委机关党委也同期进行了换届。四是组织了对3100名入党积极分子进行的《党章》和《细则》培训，建立了发展党员工作六项制度。五是完成了年底参与对各厅局党员领导干部民主生活会的指导和情况汇总上报工作。六是11月28日召开了全省机关党建工作经验交流会暨理论研讨会，6个单位在大会发言交流，93篇论文编印成册发到省直各单位。七是以“知党情、听民声、谋发展、促和谐”为主题，在省直机关范围内推行了党代表工作室建设工作。八是建立机关党建联系点制度。委领导班子成员分别联系1个市直工委、4个不同类型省直单位，定期深入联系点了解情况、指导工作、解决问题。

五、狠抓机关作风建设和党风廉政建设

（一）开展专项整治“四风”问题督查活动。完成了省

纪委交办的“四风”问题线索的调查核实工作。纪工委重点对省纪委专项督查中发现的涉及省直机关50条问题线索进行了认真核查，相关责任人受到了党纪处分。开展“工作秩序涣散、纪律松弛”专项整治督查工作。纪工委成立了5个检查组，对省直55个单位的考勤制度和请销假制度执行情况进行了明察暗访，对工作时间在非办公场所停放以及八小时以外在饭店、娱乐等场所停放的7辆公车进行了核查处理。

（二）组织开展学习《十八大以来廉政新规定》活动。5月27日，纪工委下发了关于学习《十八大以来廉政新规定》的通知，要求省直各单位把学习活动作为当前加强廉政建设、改进工作作风的一项重要任务，通过专题学习、专题辅导等多种形式，使广大党员干部全面深入了解和掌握《新规定》，在思想上、行动上提高反腐倡廉的自觉性和主动性，改进工作作风，加强廉洁自律。在学习领会的基础上，按照《新规定》的精神，制定本机关本部门制度规定，通过健全完善相关制度，狠抓制度落实，使广大党员干部时刻保持清醒头脑，自觉抵制不良诱惑，把十八大以来的廉政新规定内化于心、外化于行。为了提升学习效果，在抓好学习的同时，省直各机关纪委积极筹划，通过实地走访监狱、观看警示片等形式，在省直机关广大党员干部中深入开展警示教育，起到了警钟长鸣的作用。

（三）深入贯彻落实中央八项规定精神，持之以恒抓好作风建设。2014年，省直纪工委继续把落实中央“八项规定”和省委“实施办法”摆在突出的位置，在坚持中深化，深化中坚持，以抓铁有痕、踏石留印的劲头，持之以恒加强省直机关作风建设。一是抓好落实八项规定月报制度。按照中纪委的要求和省纪委的安排部署，纪工委依据干部管理权限，每个月将省直机关违反“八项规定”精神的案例，包括楼堂馆所违规问题、公款大吃大喝、违规配备使用公车、公款旅游、公款出国境旅游、大办婚丧喜庆、收送节礼、违反工作纪律等情况，及时上报省纪委，统一向社会通报。如山西省展览馆副馆长樊有贵公车私用问题做到了严查快报公开处理，对省直机关党员干部震动很大。二是不折不扣地执行中央八项规定，持续深入反对“四风”。2014年，省纪委进一步加大了对违反八项规定行为的督查力度，对督查中发现的涉及省直机关的线索，省直纪工委迅速部署，各机关纪委积极配合，对在专项督查中发现的公车私用、开具与工作无关的发票、上班玩游戏等31条问题线索进行了认真核查。如林业厅机关纪委对太行国有林管局2名同志上班时间看小说的情况进行了认真调查，查实后，对两名违反工作纪律的当事人给予了党内警告处分，并在全局开展了纪律整顿，狠刹了不良风气，整肃了工作纪律。三是开展大调研活动。8月12日至9月15日纪工委组成调研组，分赴长治市、晋城市、吕梁市、襄垣县、平顺县、阳城县、汾阳市、离石区等三市五县（市、区）以及省检察院、省司法厅、省编办、省妇联、省贸促会、省旅游局、省食药监局、省文化厅、省法制办等30个省直单位，就贯彻落实中央八项规定精神和纠正“四风”情况、机关纪委的设置、换届选举、履行职责、党风廉政建设责任制落实等情况进行了调研督导，并完成了2个党风廉政建设方面的课题调研报告。

（四）加大案件查办工作力度，坚决遏制腐败现象蔓延势头。2014年，省直纪工委共受理群众举报260件（次），同比去年增长105%。其中，省纪委交办240件，纪工委直接受理20件（次）。260件来信，转省直各机关纪委阅处130件；按照干部管理权限退转省纪委18件；重复举报52件；省直工委向省直有关单位机关纪委“两要件”35件，（已办结18件，正在办理16件，拟转立案1件）；纪工委排查重点自办案件线索25件，其中初步核实的12件里，转立案7件（查结5件，在查2件），告诫谈话2件，查否2件，正在初步核实1件；待查13件（含明年排查重点线索）。其中，省纪委批转纪工委的“两要件”22件，已经查结上报的16件，在查5件，待查1件。截止2014年年底，共处分违纪处级党员干部23人。其中，开除党籍10人，留党察看一年1人，留党察看二年1人，党内严重警告6人，党内警告5人。在案件查处过程中，纪工委采取了三项措施加大案件查处力度。一是打破处室界限，实行全员办案；二是抽调省直有办案能力和水平的机关纪委书记加强了办案力量；三是借助司法、审计等相关职能部门力量，提高了办案效率。

六、开展“践行社会主义核心价值观”主题教育实践活动和文明单位创建活动

（一）开展“践行社会主义核心价值观”主题教育实践活动。7月9日以晋直发[2014]10号印发《关于在省直机关开展“践行社会主义核心价值观”主题活动的通知》。8月12日，省直工委举办省直机关厅局长报告会，邀请省委宣传部副部长、省作协主席杜学文作关于“谈社会主义核心价值观与山西精神”的专题报告。在省直机关青年干部职工中开展“践行核心价值观、省直青年在行动”主题教育实践活动。扩大省直机关公民道德建设“五个一”品牌活动的社会影响力，深入开展“一堂一队一牌一桌一组”活动，提升省直机关公民思想道德建设。深入宣传助人为乐、见义勇为、诚实守信、敬业奉献、孝老爱亲的道德理念。4月下发文件，组织开展了第二届省直机关道德模范评选活动。组织开展省直机关第三届“读书月”活动。

（二）文明单位创建活动。一是组织了对2013年度省直文明单位创建情况考核验收，召开了省直文明委会议和省直机关文明创建先进典型表彰会议，表彰了383个文明单位标兵、287个文明单位，新命名的文明单位、文明单位标兵、十佳文明家庭、十佳文明网站、十佳文明小区、创建工作先进个人和文明传播优秀信息员，处分了10个标兵单位、3个文明单位。二是制定下发了《2014年度省直机关精神文明建设工作要点》，从五个大的方面、23个工作环节明确细化了全年工作思路和具体安排。三是组织省直各文明单位开展了道德讲堂活动，举行了省直机关道德讲堂总

堂启动仪式；组织了省直机关第二届道德模范评选和第7批十佳文明窗口、十佳文明公民评选等活动。四是继续办好《山西省直文明网》和《山西画报.省直文明创建专刊》，加强对各文明单位创建信息的报送考核，增强网络传播的影响力。在山西青年报、三晋都市报、山西电视台等新闻媒体对省直机关第一批十佳文明家庭进行了专题采访报道。在《中国文明网》、《山西文明网》、《山西新闻网》、《黄河新闻网》、《山西日报》、《山西晚报》等新闻媒体对省直机关精神文明建设情况进行了宣传报道。全年共编印12期《山西画报.省直文明创建专刊》，得到了中央文明办、省文明办及有关领导的肯定和好评，受到了省直机关各文明单位的热烈欢迎。

七、发挥群团组织和“一网两刊”的桥梁和宣传作用

（一）举办省直机关第四届职工运动会。省直机关97个厅局3000多人参加了台球、象棋、桥牌、乒乓球、拔河和健身秧歌比赛。选拔出省直代表队参加省第十四届运动会职工组比赛，获得拔河赛一等奖和健身秧歌规定套路比赛一等奖，省直工委获得优秀组织奖。

（二）评选2014年省直机关劳动模范。表彰了省直机关五一劳动奖状52个，五一劳动奖章107名；推荐受到省委、省政府表彰的模范单位2个、模范集体2个、特级劳动模范2名、劳动模范15名；推荐受到全国总工会表彰的全国五一劳动奖状1个、全国五一劳动奖章2名、全国工人先锋号1名。

（三）开展“践行核心价值观、省直青年在行动”主题教育实践活动。在省直共青团组织中开展了“新青春故事”推荐活动，通过面向基层深入挖掘，选拔出40个青年励志先进事迹，其中有2个入选山西省前20新青春故事选。以五四为契机，对36所省直院校进行了省直五四表彰活动，有98名团干部授予“省直优秀共青团干部”称号，224名团员授予“省直优秀共青团员”称号。经过多层次征求讨论意见，制定印发了《山西省直青年文明号管理暂行规定》，进一步规范了青年文明号活动的管理。举办“天翼飞扬”校园好声音歌手比赛。创建了省直飞信平台和共青团QQ群，经一年的完善，飞信平台与36所的团委书记、省直厅局65名团委书记及工作人员建立联系，提高了工作效率，方便了工作开展。

（四）完成2014年“一网两刊”编发工作。高标准完成了2014年《党的生活》1—12期，《省直党建信息》18期编辑发行工作。围绕中央精神和省委重大决策部署及工委中心工作，对《党的生活》和“山西机关党建网”进行了改版，突出报道了省直机关基层党建工作的经验和做法。

（阎鹏飞）

附：省直机关工委书记、副书记、委员、巡视员、副巡视员名单

书　记： 王铁选（6月离职）　杨增武（6月任职）

副书记： 郭忠实（8月双开）　冯进成　王建成

委　员： 卫建友（6月离职）　王　宏（6月任职）　尹桂郁

巡视员： 卫建友（6月任职）

副巡视员： 张婵萍（6月离职）　周淑俊

省委党校工作概况

省委党校校长　楼阳生

2014年在省委省政府正确领导下，校院认真学习贯彻党的十八届三中、四中全会和习近平总书记系列重要讲话精神，紧扣全面提升办学质量主线，围绕建设有特色、高水平先进省级校院目标，深入开展学习讨论落实活动，各项工作平稳推进，取得了新进展。

一、立足校院功能定位，办学思路不断完善

初步谋划形成了做好当前和今后一个时期校院工作总体思路。一是努力做到“四个坚持”。坚持“党校姓党、永远姓党”的根本原则；坚持“围绕中心、服务大局”的基本方向；坚持“从严治校、从严管理”的根本方针；坚持“质量立校、人才强校”的关键举措。二是全面推进“四新发展”。教学再上新水平；科研再上新台阶；管理再提新效能；党建再创新业绩。三是大力倡导“四种风貌”。敢于担当、认真负责的精神；顾全大局、团结合作的胸怀；注重实干、务求实效的作风；坚韧执着、锐意创新的品格。

二、学习贯彻中央精神和省委部署，思想政治建设成效显著

一是推进学习型党组织建设。以学习习近平总书记系列重要讲话精神为主题，班子成员中心组学习21次，并在省级以上报刊发表理论文章19篇。各支部普遍开展了“辅导报告”、“读书荐书”“硕博论坛”等形式多样的学习活动，其中硕博论坛被评为省直机关十大学习品牌。组织处级干部跟班学习，并首次组织全体教师和部分管理人员248人赴中央党校学习培训。二是有序推进学习讨论落实活动。及时制定实施方案、任务分解及活动流程，校委领导带头为教职工讲党课，组织教职工开展专题学习、集中辅导并观看警示教育片。各部门围绕活动主题开展多次专题反思大讨论，先后提交意见建议487条，形成了班子反思剖析报告。在搞好自身活动的

同时，圆满完成了承担的省管主要领导干部专题研讨班任务，并为全省活动开展提供积极的智力支持。三是自觉维护党的政治纪律。校院委班子坚持民主集中制，重要工作和重大事项听取不同意见，集体讨论决定，落实了一把手不直接分管财务、人事、工程等事项并末位表态制度。大力倡导“在党爱党、在党信党、在党为党、在党忧党”的政治品质，认真执行党校讲坛有纪律的规定，要求干部职工多说多做有利于党、有利于党校、有利于工作的言行，时刻保持政治上的敏锐、清醒、坚定。四是扎实开展整改落实活动。班子成员身体力行，带头改进工作作风，深入市县党校调研，开展住村增收活动，大力精简文件会议，压缩新闻报道，简化开班结业仪式，会场布置节俭简朴，能开短会不开长会，能开小会不开大会，会议和文件同比分别下降近50%和12%。公布“三公经费”，统一预算管理，严格接待标准，接待费用同比下降33%。积极开展专项整治活动，针对工作中突出问题和制度漏洞，制定出台了涉及校院委班子、改进作风、教学科研财务管理、公务活动、学员管理等方面的制度20多项。五是积极落实“两个责任”。制定了党风廉政建设任务分解意见和落实“两个责任”的办法，及时组织直属机关党委、纪委机构和委员换届工作，完善了校处主要负责人落实“一岗双责”的机制。专项研究制定了严肃学风建设、讲课纪律、财经纪律等多项制度，强化对重大工程、人事调整、财务收支等环节的跟踪监督。

三、加强干部培训，主渠道地位不断提升

2014年校院共举办各类干部培训班次（不含基层送学）101期，累计培训1.2万余人次。一是组织完成了省委交办的10期省管领导干部学习贯彻习近平总书记系列重要讲话精神轮训班和1期省管主要领导干部学习讨论落实活动专题研讨班以及6期学习贯彻《干部任用条例》集中轮训班等重要培训任务。二是大力办好常规班次，举办了省管领导干部进修班2期以及中青年领导干部培训班、省直机关正处级公务员任职培训班、新疆兵团六师党校中青班、全省党校系统师资培训班各1期。三是对外培训继续采取“引进来、送出去、办下去”的方式，为省人大、省政协、省直各部委厅局、省内企业高校、市县以及新疆兵团、内蒙阿荣旗等举办了多层次、多类型的委托和专题培训班次73个，取得较好成效和反响。四是扎实推进干部选学和送学培训，举办了干部选学班次11个，开展以习近平总书记系列重要讲话精神为专题的基层送学培训276场次、近5万人次，较2013年增长1.4倍，占全省任务的66%，实现了对全省119个市县区的全覆盖。

四、推进教学改革，教学主体作用不断提升

一是加大马克思主义原著、中国特色社会主义理论体系特别是习近平总书记系列重要讲话精神以及理想信念、党性党风、反腐倡廉教育和省委最新决策部署、右玉精神等教学比重。二是制订出台教学调研常态化、加强学术道德和学风建设、规范外出讲学和严肃课堂纪律、简化常规班毕业仪式等多项制度，开展首次教学调研课题公开招选评审，评选出10个课题中标教学团队。三是注重提高案例教学和“2+1”互动教学的质量和效果，继续组织学员论坛、硕博论坛，开展延伸培训、体验式教学、警示教育等活动，邀请知名学者、政府官员等来校院作报告十余场，教学的针对性、实效性逐步提高。四是大力加强教材建设，编写出版了《中国特色社会主义理论体系研究》《右玉精神党员干部读本》等教材，合作出版数字影像《丰碑——久久为功的塞外奇迹》。五是深入抓好学员入学教育、到课率、毕业考核等工作，组织学员开展现场教学、课题调研等活动，取得了明显成效。六是在职本科生、研究生等干部继续教育严把入学、教学、毕业关，控制规模、加强管理、确保质量，认真抓好全省党校系统在职本科教育收尾工作。国民教育本科生升学和就业考试录取率再创新高，34人被录用为公务员，56人考取研究生，其中985院校11人，211院校18人。

五、创新理论研究，科研基础作用不断提升

一是全年有1项国家级课题、22项省部级课题和2项省发改委“十三五”规划前期研究重大课题立项。1项国家级课题结项获“良好”，6项全国行政学院合作课题结项。二是编报《决策建议报告》12期，10期受到批示，其中8期被省委书记阅批，一些成果被《山西日报》等省内外媒体专题报道或转载。还多次组织参与省领导交办的诸如“六权治本”、“三个一批”“选任县委书记”等课题的调研、咨询、研讨活动，产生的成果提交省领导参考。三是校院理研中心（含校领导）在省级以上党报党刊发表文章24篇，全校教研人员发表各项科研成果共计200余部（篇），其中在国家一级期刊发表文章11篇。四是获全国行政学院优秀科研成果奖3项，其中一等奖2项；获省第八次社科优秀成果奖7项，其中一等奖2项。五是2篇论文入选第七届环渤海合作与发展党校论坛，2篇论文参加全国纪念邓小平同志诞辰110周年学术研讨会。六是继续编印《山西省情资料手册》，完成了2007–2013年《决策建议报告》合订汇编工作。七是《理论探索》继续保持全国中文核心期刊和CSSCI来源期刊地位，全年有15篇文章被权威刊物转载或转摘；《山西省委党校学报》首次被评为中国人文社会科学核心期刊扩展版；《山西党校报》拓宽思路、创新栏目、改进文风，正在形成自己独特的办报特色。八是由党校承担的中央党校“三大文库”之一——“八路军总部在山西”数据库验收结项为“优秀”等级。

六、提高行政效能，管理保障作用不断提升

一是综合教学楼项目按规划要求进一步调整优化规划设计方案，正在报规划审批。危房改造项目完成了车库封顶和室外硬化、照明等工程，协调各方推进后续的电梯、物业等整改工作。礼堂维修和设备更新项目完成了招标工作。二是大力推进生态校园建设，继续开展绿色照明、既有建筑节能改造等项目，校院获国务院第一批节约型公共机构示范单

位。三是后勤服务突出精细化、人性化，完善服务标准、规范服务流程，努力提高满意度。四是制定出台财务管理和审批、固定资产管理以及公务接待、公务用车等制度，统一校院财务管理，改进和加强了基础管理工作。五是安全保卫、老干部服务、定点扶贫等工作也取得了新成绩。获省直机关"敬老文明号"和"山西省老年体育工作先进集体"，被省城综治委评定为社会治安管理平安单位。定点扶贫工作积极争取帮扶资金35万元，引导村民成立了全省首家全村入股的专业合作社。

七、加强队伍建设，党建人才工作不断提升

一是组织召开了直属机关第五次党代会，完成了机关党委、纪委换届工作。二是顺利推进文明和谐创建工作，组织开展乒乓球、羽毛球等群众性文体活动，组织职工开展慈善捐款活动，营造了文明和谐的氛围，校院首次获省级文明单位。三是推进并完成了校院专业技术人员和事业单位管理人员职务聘用和合同签订工作。组织完成全省党校系统高级专业技术职务任职评审工作和编辑、网络、电工等专业技术人员公开招录考试工作。四是首次组织全体教研人员和部分管理人员去中央党校进行学习培训，选派12批22名骨干教师分别到中央党校和国家行政学院，浦东、井冈山、延安干部学院等进修学习。2014年教师人均进修1.3次，有的教师参加2–3次培训。

八、加强督导调研，业务指导作用不断提升

一是完善和落实了校院委领导联系市县党校制度，深入市、县级党校开展调研指导，向省有关部门提出加强县级党校建设的建议。二是高质量地举办了全省党校系统马克思主义经典著作教学阳泉现场会、教学经验交流暨优秀教学研究成果表彰会和全省党校系统教师赛讲决赛活动。三是成功举办全省党校系统党的十八届四中全会精神师资培训班，并组织52名市县党校教师赴中央党校培训。 （张耀东）

附：省委党校校长、常务副校长、副校长名单

校　　长：金道铭（1月离职）　楼阳生（6月任职）
常务副校长：李福明（6月离职）　王联辉（6月任职）
副 校 长：高健生（3月离职）　王联辉（6月离职）
潘　峰　刘明星
巡 视 员：高健生（3月任职）
副巡视员：赵继光
校委委员：田忠宝　郭　彩

山西行政学院院长、副院长名单

院　长：高建民
副院长：李福明（6月离职）　王联辉（6月任职）
高健生（4月离职）　郭成文（1月离职）
潘　峰　刘明星
巡视员：高健生（4月任职）
副巡视员：赵继光

省委党史办公室工作概况

省委党史办公室主任　于若洁

2014年，中共山西省委党史办公室认真学习贯彻习近平总书记系列重要讲话精神和中央领导同志关于党史工作的重要指示精神，贯彻全国党史研究室主任会议精神，牢牢把握党史工作正确的政治方向、基本遵循和任务要求，围绕服务全省改革发展和加强党的建设工作大局，进一步挖掘和发挥山西作为党史资源大省、红色资源富集的优势，深化党史研究，加强党史教育，扩大党史宣传，抓紧党史资料征编，搞好党史资源利用，做好党史咨询服务等，取得了党史工作新成绩。

省委党史办公室认真贯彻落实党的十八大、十八届三中、四中全会精神，认真学习贯彻习近平总书记系列重要讲话精神，继续深入贯彻落实中央10号文件和全国党史工作会议精神，贯彻落实2014年2月全国党史研究室主任会议精神，进一步理清党史工作思路，面对新形势新任务对党史工作的新要求，服务党和国家工作大局，服务全省中心工作，围绕坚持和发展中国特色社会主义这个主题深化研究地方党史，体现从党的历史自信中增强中国特色社会主义道路自信、理论自信、制度自信这个功能发挥党史工作的作用，把握改革开放30多年的伟大实践史、新中国成立60多年的持续探索史、党成立90多年的奋斗创造史的内在统一，突出地方党史研究、党史宣传教育的重点。山西作为党史资源大省，在加强对中国特色社会主义时间段历史研究的同时，继续深化研究和扩大宣传党领导的山西革命斗争史，从红色山西历史中汲取强大的正能量。

省委常委会专题研究党史工作。3月28日，省委常委会传达学习中央领导同志重要指示精神，结合贯彻全国党史研究室主任会议精神研究部署全省党史工作。会议指出，山西是党史资源富集地区，要认真贯彻中央关于党史工作的新部署、新要求，深化党史研究，加大党史宣传，进一步提高党史在人民群众中的知晓度，增强全省干部群众的自豪感，更好地发挥党史资政育人作用。

召开了全省党史办公室主任会议。4月1日，召开了全省党史办公室主任会议，传达学习贯彻中央领导同志重要指示精神、全国党史研究室主任会议精神，总结2013年全省党史工作，安排部署2014年工作，提出重点工作任务。

9月以后，按照省委提出的"深入学习贯彻习近平总书

记系列重要讲话精神，净化政治生态，实现弊革风清，重塑山西形象，促进富民强省"的部署要求，省委党史办服务全省工作大局，着眼于大局需要，一方面努力做好党史咨询服务工作，及时、准确地提供省委领导同志了解研究山西党史所需的有关史料，同时编办《党史参阅资料》6期，一方面部署贴近现实的党史资政研究课题，围绕省委重要决策部署更好地发挥党史工作特殊重要的作用。

在推进完成中央党史研究室安排部署的课题任务方面，编撰出版了《山西省革命遗址通览》丛书的长治市卷、朔州市卷，到年底已有10部省市卷编撰出版，这项工作到了扫尾阶段。完成了《改革开放实录(山西部分)》4个专题的撰写和上报任务。编撰完成了《中国红色旅游指南(山西部分)》并按时上报编撰成果，审定出版。撰写完成《中国共产党历史知识辞典·重要文献分卷(新民主主义革命时期)》辞条，《中国共产党历史知识辞典·党史人物分卷》有关山西籍党史人物辞条，按时上报了撰写成果。

在专题研究、专题史料征编方面，编撰完成了《山西革命根据地的文化建设》，并审定出版。撰写《齐云在太行》一书，并审定出版。进一步修改充实完善《李雪峰传》送审稿。牵头征编完成《吕梁山革命斗争史史料征编》(第一辑)初稿，参与征编完成《太行山革命斗争史史料征编》部分初稿。协助老同志整理撰写口述史，编撰出版了回忆录《回顾与思考》一书。推进编纂《卫恒文集》。启动开展《老同志回忆改革开放新时期山西的发展》(口述史)、《山西社会主义革命和建设时期》(口述史)的资料征集工作。

即时跟进历史、记载历史，编写完成了《2013年山西党史大事记》(资料辑)送审稿。

在2014年中共山西地方组织成立90周年之际，编写出版了《党旗映三晋——中共山西省委组织沿革》图文书；与有关单位联合制作，在山西卫视播出电视文献片《高瞻黄土地——毛泽东在山西》，扩大宣传党在山西的发展历程和伟大成就。

具体承办了八路军研究会成立大会。2014年12月24日，八路军研究会成立大会在太原举行。老一辈革命家和开国将帅后代代表出席大会，八路军研究会负责人、山西省委领导同志出席大会并讲话，中央党史研究室向大会发了贺信并委派代表专家在会上发言。八路军研究会成立并把研究会放在山西开展工作，对于深化研究八路军历史和抗日根据地历史，大力弘扬伟大的抗战精神和八路军优良传统，对于扩大宣传红色山西的历史贡献，有着重要意义。

进一步办好党史期刊和年鉴。全年编辑出版《党史文汇》12期。《党史文汇》坚持走通俗生动、真实准确地宣传党史的路子，努力增强党史社会宣传的辐射力和影响力。编辑出版《中共山西年鉴》(2014版)。《中共山西年鉴》积极发挥了记载新近历史、总结现实实践，资政服务作用。

运用网络媒体扩大党史宣传。筹建山西党史网，网站的设计阶段工作已完成，硬件(服务器)配置及外围设备已到位，对栏目设置、宣传内容进行调整和准备，网站建设进入测试阶段。

(高文彬)

附：省委党史办公室主任、副主任、副巡视员名单

主　任：于若洁

副主任：张越轶　钟启元(2月任职)
巨文辉(2月任职)

副巡视员：杨玉堂　王雷平(2月任职)

省委老干部局工作概况

省委老干部局局长　陈跃钢

2014年，省委老干部局和全省各级老干部工作部门认真贯彻落实全国离退休干部"双先"表彰大会和全国老干部工作局长会议精神，以开展党的群众路线教育实践活动和我省"学习讨论落实"活动为契机，扎实推进离退休干部"两项建设"、生活待遇落实、深化细化服务及自身建设等工作，取得了积极成效。

一、加强和改进离退休干部党支部建设和思想政治建设，进一步凝聚和发挥离退休干部正能量

(一) 引深离退休干部政治理论学习。举办7次省级老领导情况通报会和3次省直厅局级离退休干部情况通报会、2场省直厅局级离退休干部学习报告会，为省级老同志发放十八届四中全会辅导读本等学习资料。开展了全省离退休干部"百科知识网上有奖竞答"活动。市县老干部工作部门围绕学习习近平总书记系列重要讲话精神、全国"双先"表彰大会精神、省委十届六次全会精神，举办各类报告会、辅导讲座、座谈会等离退休干部集体学习活动1610多场次，组织老干部理论骨干宣讲1567场次，召开老干部情况通报会342次，组织参观考察经济社会发展项目279批(次)。

(二) 加强和改进离退休干部党建工作。为全省5100多个离退休干部党支部订阅了中组部编印的《离退休干部党支部学习参考》资料，协调省财政落实2014年度省直单位离退休干部党支部工作经费480余万元，举办了全省离退休干部党支部书记示范培训班，就离退休干部流动党员服务管理问题进行调研。指导各级各部门创新支部设置方式，创建服务型党支部，把离退休干部党支部建设成为教育管理老同志、服务老同志、凝聚老同志的坚强阵地。

（三）凝聚广大离退休干部正能量。在全省离退休干部中深入开展“同心共筑中国梦”等主题实践活动，引导老同志为推进改革发展、净化政治生态、加快法治建设、促进富民强省积极建言献策、发挥作用。选拔推荐12名离退休干部和3个离退休干部党支部，在全国离退休干部“双先”表彰大会上受到表彰，其中2名“双先”代表赴京参会，受到习近平总书记亲切接见。利用《山西日报》、省市广播电视传媒和老干局“三刊一网”，集中宣传表彰大会精神和山西省受表彰先进代表的事迹，在老同志中营造学习先进、争当先进的浓厚氛围。

（四）丰富离退休干部精神文化生活。一是加强老干部活动中心、老年大学建设，为老同志创造良好学习活动条件。按照省委领导的批示和指示精神，理顺了山西老年大学领导体制。继续开展全省老干部活动中心“达标创优”和老年大学示范校创建活动。全省市县两级年内新建成老干部活动中心18个。二是以形式多样的活动促进“文化养老”。举办了全省离退休干部“增添正能量、共圆中国梦”书画摄影工艺品展览、省城第五届老干部文体艺术节和第二届“敬老月”系列活动，组织省城老干部志愿者艺术团“送文化下乡”慰问演出活动。山西老年大学教学规模扩大到11个专业65个班次。市县组织开展离退休干部文艺演出、书画展、体育健身等集体活动共1530次，参与老同志达29万多人。

二、加大生活待遇落实力度，进一步让广大离退休干部共享改革发展成果

（一）离退休干部生活待遇得到较好落实。全省离休干部“三个机制”进一步规范运行，市县离休干部医药费统筹标准达到16300元/年。提高了山西省红军时期、抗战时期参加革命工作的离休干部护理费标准，拉平了企业、事业单位离休干部和国家机关离休干部病故一次性抚恤金标准。协调省财政一次性解决省属困难企业离休干部和建国前老工人“两费”历史拖欠1689.1万元，全年解决省属改制破产困难企业和困难事业单位离休人员统筹外生活补贴2659.6万元、省直困难企事业单位离休干部2013年医药费补助资金490.3万元。

（二）进一步深化细化离退休干部服务工作。春节前开展了走访慰问享受副省级待遇以上老同志及遗偶活动。对山西省易地安置9个省（市）的25名享受副厅局级待遇以上离休干部进行了走访慰问。制定了省直单位困难离退休干部帮扶救助办法，省、市、县三级共帮扶困难离退休干部及遗孀4300多人，发放救助资金1000余万元。组织医疗专家为20多名省级老领导进行了上门巡诊访视。全省老干部工作部门春节、“七一”和重阳节共走访慰问老干部及遗孀25.52万人，送去慰问金（品）3657.36万元。成功举办第八届山西省老年健康产业博览会。

（三）积极利用社区资源做好离退休干部服务工作。深入开展专题调研，在阳泉市召开全省利用社区资源做好离退休干部服务工作推进会，联合省委组织部、省民政厅等10部门制定下发《关于推进利用社区资源做好离退休干部服务工作的意见》（晋组通字〔2014〕69号），进一步规范和推动全省利用社区资源做好离退休干部服务工作。

三、巩固拓展群众路线教育实践活动成果，进一步加强部门自身建设

（一）加强党风廉政建设和党组织建设。圆满完成了机关党委、纪委换届工作，对局机关和局直单位支部班子进行了改选，配齐配强基层党务干部，健全“三会一课”制度，严格党内政治生活。贯彻中央和省委要求，出台了落实党风廉政建设主体责任和监督责任的两个《实施意见》。召开2014年全局党的工作暨党风廉政建设会议，签订了《党风廉政建设责任书》，细化分解了工作任务。修订了《加强党员干部教育管理监督办法》。珍惜“省直机关首批廉政文化示范单位”荣誉，进一步加强党员干部廉政教育。开展了“学习弘扬焦裕禄精神、践行‘三严三实’要求”活动和“工作秩序涣散、纪律松弛”专项整治工作。坚持好干部标准，严格执行干部任用条例，完成3名正处级、3名副处级干部选任工作，为机关和局直单位考录了8名工作人员，进一步优化了干部队伍结构。“七一”前夕对全局34名优秀共产党员进行了表彰。

（二）深入推进部门作风建设。坚持问题导向，结合对市县老干部工作部门教育实践活动的指导，积极听取意见，促进上下联动整改落实。2014年12月份以来，将学习讨论落实活动作为部门作风建设的首要任务，深入动员，精心组织，持续引深学习，深入反思剖析，着力解决突出问题。一年来，完成1项省级整改任务，整改方案确定15项整改任务完成14项，剩余1项任务正在推进。出台《省委老干部局工作规则》《集体议事决策制度》《干部职工谈心谈话制度》等20项整改制度。对局机关和局直单位财务进行了内部审计，对山西老年大学基建工程进行了专项审计。加强财务管理和固定资产管理。2014年会议经费开支较上年减少72.1%，公务用车运行费同比下降38.85%，公务接待费减少56.51%。局领导班子成员深入基层开展调研督查累计129天；扎实开展下乡住村、定点扶贫和包村增收工作，先后走访慰问了平顺县中五井乡40名困难群众和老党员，资助了2名贫困户大学生，年内共落实11个扶贫项目、240余万元专项资金。市县两级老干部工作部门扎实开展第二批群众路线教育实践活动，解决事关老干部切身利益的问题1141个，新建制度547项，工作作风和精神面貌明显改进，受到老同志们称赞。

（三）进一步加强干部队伍建设。继续实施干部能力素质提升工程。4月份在复旦大学连续举办2期“深化改革、创新思维”干部培训班，11月份举办全局年轻干部“践行‘三严三实’、坚定理想信念”培训班，12月份举办全省老干部局（处）长专题研讨班；先后选派48名处级干部参加了省委党校、省直党校举办的专题培训班，2名同志参加了中青班，2名同志参加了中组部老干部局举办的培训；选派

1名副处级干部到县区挂职锻炼。以“坚持训研问，联学见实效”为题，参加了省直机关“十大学习品牌”展评活动，荣获“省直机关优秀学习品牌”称号。

（四）加大督查调研和创新工作力度。分别对各市、省直110多个单位和省属40余户困难改制破产企业老干部政策落实情况进行了3个层面的督查。配合中组部完成“利用社会资源、整合社会力量做好老干部工作”的课题调研和离退休干部“我看党的建设”课题调研。完成了退休干部服务管理问题、老干部工作纳入社区统筹推进问题等6个重点课题调研，开展了全省离退休干部思想状况问卷调查。部署开展全省老干部工作“创新案例”和“特色品牌”评选推介活动。年底评选出16个“特色品牌”和33个“创新案例”，进一步激发了基层老干部工作部门创新活力。

（马召钰）

附：省委老干部局局长、副局长、副巡视员名单

省委组织部副部长、老干部局局长： 陈跃钢

副 局 长： 郭世卿　郑兰珍　岳卫东

副巡视员： 张建成　李树林

省委省政府信访局工作概况

省委省政府信访局局长　李体柱

2014年是信访制度改革深入推进的一年。在省委、省政府的坚强领导下，局领导班子团结带领全局干部职工，认真贯彻落实中央和省委、省政府关于信访工作制度改革的一系列重要举措，积极应对因经济下行、政治生态出现问题导致信访压力加大的严峻形势，坚持控新治旧，攻坚克难、开拓创新，圆满完成了年度各项目标任务，全省信访形势平稳可控、持续向好。省市县三级信访总量14.6万件（人）次，同比下降8.1%。呈现出信升访降和赴省来访下降的良好态势。进京非访治理取得明显成效，实现了中央提出的下降50%目标和省里提出的控制性指标。圆满完成了全国“两会”、党的十八届四中全会、APEC会议、青奥会以及全省“两会”、晋商大会等重大节日和敏感节点的信访工作任务，曾先后受到中央联席办、国家信访局、中国人民解放军总政治部和省委、省政府的通报表扬。创办的《民生大接访》电视栏目、霍州市持之以恒抓信访等经验做法，得到中央领导同志的肯定和批示，中央电视台、新华社等多家中央媒体作了集中报道，河南、湖南、宁夏、内蒙古、黑龙江大庆市等地的信访部门和电视同仁来山西省进行实地考察学习。

一、以党的群众路线教育实践活动为契机，持续推进信访积案攻坚化解

认真总结把信访工作纳入党的群众路线教育实践活动的成功经验，提请省委专门成立教育实践活动信访工作指导小组，负责指导在第二批教育实践活动期间加强信访工作，把化解信访积案、解决信访突出问题作为检验教育实践活动成效的重要标准，集中开展了“373进京非访重点案件化解”、“133信访积案攻坚”、“1036交办案件化解”和“贯彻《信访条例》百日督查”、“信访积案百日清理”等专项活动，打出了一套信访积案攻坚化解的“组合拳”。一大批多年积累的矛盾和问题得到切实解决，群众反映的合理合法诉求得到及时就地化解。

二、以打造“阳光信访”为目标，积极构建信、访、视、电、网“五位一体”工作体系

一是加强和改进初信初访办理工作。完善绿色邮政、信访代理、民生热线、视频接访等做法，开通了市县两级书记、市（县、区）长电话受理热线，最大限度地为群众初信初访提供便利。初信初访办理率达到了100%，重信率降到16.2%。二是加强基层信访接待场所建设。落实“市有大厅、县有中心、乡有办、村有室”的要求，各级党委政府加大资金投入，加快建设步伐，全省市、县（市、区）信访接待场所基本实现全覆盖。三是加强网上投诉受理工作。共受理网上投诉件8314件次，办理率达到100%，办结率达到99.78%。完成了以互联网为依托的网上信访信息系统建设，实现了来信、来访、网上投诉等全部纳入网上流转。建立了信访工作群众满意度评价体系，群众对信访部门满意度达到95.2%，对责任单位满意度为92.1%。四是不断提升民生大接访工作内涵。从《民生大接访》电视节目，提升到依托节目开通群众诉求受理热线，逐步发展到借助主流媒体开展建设性监督，推动信访事项有效化解。民生大接访在宣传党的政策、普及法律常识、化解矛盾纠纷、推动干部作风转变方面富有实效，是开门办信访的有益探索，成为信访工作新的渠道。2014年播出节目164期，山西卫视选播16期，实现了节目从地面频道到卫星频道、全省范围到全国范围播出的提升，不断健全完善工作机制，节目热线受理的群众诉求纳入网上信访信息系统进行转办，选择典型信访事项派出记者进行督办，充分发挥新闻媒体的建设性监督作用。五是动员社会力量参与信访工作。指导全省各地有序动员党代表、人大代表和政协委员，法律工作者，社会志愿者，退休退职老干部等参与接待群众来访、协助化解矛盾纠纷。建立健全听证制度、评审制度、心理疏导等机制，提高信访工作的社会参与度，提升了工作效能。

三、以“四项规范、四项追究”为重点，依法规范信访秩序

结合信访制度改革的推进，更加突出对信访人行为、信访

工作者行为、解决信访问题责任者和信访事项制造者行为的“四项规范、四项追究”。一是加快信访工作规范化建设。严格落实《信访条例》,出台了山西省来访接待工作规则和引导来访人依法逐级走访细则,进一步规范信访受理办理、督查督办、复查复核和信访终结程序,引导群众依法逐级走访。二是加强信访源头预防。推动各级党委政府认真落实重大决策社会稳定风险评估办法,将稳定风险评估作为重大工程、重点项目、重大改革措施出台的“前置程序”和“刚性门槛”。三是强化信访责任倒查。2014 年对 500 余名干部进行信访责任追究,对违法信访人员进行依法处置,有效遏制了缠访闹访和以访牟利行为蔓延,初步形成了畅通、有序、务实、高效的信访新秩序。

四、以体制机制创新为突破,推动信访工作职能回归本位

紧扣信访工作“了解社情民意、汇集意见建议,分析稳定风险、评估政策得失,排查矛盾隐患、解决合理诉求”的职能定位,创新体制机制,着力把信访纳入法治化轨道。一是完善进京非正常访处置和省委、省政府门前信访处置机制。一方面突出以公安为主的依法处置原则,另一方面对相关职能部门和地方党委政府的工作职责、协调对接和责任落实作了进一步细化和明确。二是完善诉访分离机制。对已经或者依法应当通过行政复议、仲裁、诉讼等法定途径解决的投诉请求,不予受理,引导信访人依法向有关机关提出。坚持法定途径优先原则处理信访问题,积极支持政法机关依法处理涉法涉诉信访事项。三是健全信访综合分析研判机制。针对山西省经济呈“断崖式”下滑,社会矛盾多发易发、错综复杂的态势,省信访局、省联席办主动担当、提前介入,及时研判分析信访突出问题,召开各类疑难问题会商会 10 余次,重点信访事项协调会 100 多次。特别是对村委会换届选举、拖欠农民工工资、企业改制、非法集资等问题多次进行专题研究,并向省委、省政府和相关部门提出解决问题的具体意见建议,避免了多起群体性事件发生,为维护山西省和谐稳定作出了积极贡献。四是改进信访工作督查考核机制。修订完善市级信访工作、部分省直部门企业考核办法,出台信访督查工作规则,完善限期办结制度。对进京非正常上访问题突出、赴省进京越级访较多的重点县、重点乡镇、重点市直单位、重点省属企业信访工作进行重点管理和针对性指导,帮助扭转了信访工作被动局面。建立了省信访局副厅以上领导和挂职厅级督查专员带队的包市常态督导制度,成立了 11 个信访工作督导组,与 11 个市进行定点对接、包市督导,推动信访问题及时就地化解。

五、以巩固提升作风建设成果为抓手,切实加强党风廉政建设和干部队伍建设

一是狠抓教育实践活动整改提升。局领导班子成员分期分批参加了省管干部学习贯彻习近平总书记系列讲话精神集中培训,举办了“信访系统学习贯彻党的十八届三中全会精神暨群众来访接待业务培训班”,对全省市、县两级信访局长、接待业务骨干 150 多人进行了集中培训。组织在编在职机关干部到浙江大学、武汉大学、哈尔滨工业大学参加全省干部选学培训,选学率达到 66%。继续引深“走群众路线、解百姓忧难、树信访新风”主题活动,班子成员在加强对所包市、县两级信访工作督导的基础上,再重点联系一个乡镇,沉下身去,采取“解剖麻雀”的方式,了解实情、解决问题。局领导班子成员到基层督导调研次数与去年有较大增加。局机关干部分成 11 个小组,深入到长期上访“老户”所在县或信访问题多的“重点村”,进行随机调研,宣讲信访法律法规和改革举措,直接联系群众,解决信访诉求。二是狠抓学习讨论落实活动开展。局班子成员以身作则,带头参加学习,带头征求意见,带头反思剖析。紧扣学习讨论落实活动主题,结合信访工作实际,确立了建设好队伍、发挥好职责、规范好秩序的工作重点,并对教育实践活动和“四风”整改落实情况进行“回头看”,及时组织召开了学习讨论会、征求意见会和民主生活会,坚持边学习边讨论边整改,做到了真学真懂、知行合一,把学习讨论落实活动逐步引向深入。三是狠抓党风廉政建设“两个责任”落实。制订了党风廉政建设主体责任和监督责任清单,严格落实“一岗双责”,将党风廉政建设融入全局工作的各个环节。深入开展廉洁从政警示教育活动,特别是在学习讨论落实活动中,组织观看了《警钟长鸣》警示教育片和《作风建设永远在路上》专题片,引导广大党员干部时刻注意防微杜渐,不断增强自身免疫力,筑牢拒腐防变的思想防线。严格执行国家信访局提出的《约法三章》,严禁以任何名义、任何形式删改信访数据、严禁滥用职权办人情案和关系案、严禁接受与职务行为有关的吃请和礼品礼金。重新修订机关内部管理各项制度,规范流程,完善机制,强化了对不良作风的刚性约束,按原则办事、按规矩用权意识明显增强,过去习以为常、司空见惯的“四风”问题得到有效遏制。全局党员干部思想作风、工作作风不断改进,组织纪律性得到加强,精神面貌明显改观,凝聚力、战斗力进一步增强,为做好信访工作提供了有力的思想、作风和组织保障。

(杨卫兵)

附:省委省政府信访局局长、副局长、督查专员、副巡视员名单

省委副秘书长、省信访局局长:李体柱

省政府副秘书长、省信访局副局长:白秀平

副局长:梁雨润　王进军　张建平　赵培明(2 月任职)

督查专员(副厅长级):薛建军　王　玉(8 月任职)

副巡视员:张全喜(12 月离职)　魏晓勤

省人大常委会党组工作概况

党组书记　王儒林

2014年是山西省发展历史上极不寻常的一年，也是省人大常委会发展历程中极为重要的一年。2014年，在省委领导下，省人大常委会党组深入学习贯彻党的十八大、十八届三中、四中全会精神和习近平总书记系列重要讲话精神，坚决落实中央关于山西工作的重要指示要求，紧紧围绕省委“深入学习贯彻习近平总书记重要讲话精神，净化政治生态，实现弊革风清，重塑山西形象，促进富民强省”的重大决策部署，坚持重大事项及时向省委请示报告，深入开展学习讨论落实活动，从严落实“两个责任”，不断加强常委会党组自身建设，充分发挥党组的领导核心作用，为统筹推进立法、监督、决定、任免、代表等工作提供了坚强的政治、思想、组织和作风保证。

2014年，共召开常委会会议11次、审议议题106项，制定、修改地方性法规6件，集中修改地方性法规11件、废止8件，审查批准太原、大同两市地方性法规和决定10件，审查报备规范性文件23件，听取审议“一府两院”专项工作报告14项，开展执法检查4项、执法调研7项、专题调研16项，就重大事项作出决定1项，依法任免国家机关工作人员96人次，为开创弊革风清、富民强省的新局面作出了积极贡献。

一、坚决贯彻落实中央重要指示要求和省委决策，确保常委会工作始终保持正确政治方向

2014年，常委会党组带头遵守党的政治纪律和政治规矩，自觉在思想上政治上行动上同党中央和省委保持高度一致，认真贯彻习近平总书记在庆祝全国人民代表大会成立60周年大会上的重要讲话精神，按照省委提出的“六个始终贯穿依法履职全过程”要求，不断加强和改进新形势下人大工作。特别是面对山西省系统性、塌方式腐败问题的严峻形势，面对革弊立新、激浊扬清的艰巨任务，常委会党组始终保持鲜明的政治态度、坚定的政治定力、正确的政治立场，坚决拥护中央对山西省严重腐败问题的严肃查处，坚决拥护中央对山西省委班子的重大调整，坚决落实中央对山西工作的指示要求，充分发挥地方国家权力机关在治晋兴晋强晋中的重要作用，全力维护全省大局稳定、政治稳定、社会稳定。

一是坚决落实中央和省委决定，确保重要人事安排意图顺利实现。常委会党组在重要历史关头勇于担当，以强烈的政治意识、法治意识和大局意识，坚决落实中央和省委的人事安排。常委会充分发扬民主、严格依法办事，召开省十二届人大三次会议和省人大常委会第十五次、十六次、十七次会议，圆满完成省人大常委会主任和1名全国人大代表补选工作，通过2名副省长决定任命。

二是及时讨论决定重大事项，使省委重大决策部署成为全省人民共同意愿和自觉行动。认真贯彻省委深入实施“六权治本”的重大决策，直面山西省政治生态存在的突出问题，审议通过加强和改进人大监督工作的决定，要求全省各级人大及其常委会强化源头监督、全程监督、重点监督、跟踪监督，支持和监督“一府两院”依法行政、公正司法，确保权力在阳光下运行。

三是提高备案审查工作法制化水平，确保国家机关权力在宪法和法律法规范围内运行。牢牢抓住“依法确权”这一“六权治本”的首要环节，按照“职权法定”原则和“权责一致”要求，就规范性文件备案审查进行立法，优化规范性文件备案审查工作运行机制，着力从制度上解决备案审查工作的突出问题，从制度上保证每一项权力运行都于法有据。

四是坚持源头预防和任后监督并重，加强对权力的监督和制约。坚持对事监督与对人监督相结合，深入开展预防职务犯罪工作条例执法调研，督促完善预防体系。着手对选举任命的“一府两院”国家工作人员任后监督的制度

规范，建立年度履职报告制度、履职档案登记制度，推进专项工作报告满意度测评常态化，增强被选举任命人员"由谁产生、对谁负责、受谁监督"意识，着力从源头上遏制和预防腐败。

五是加强对代表执行职务的监督管理，维护代表队伍先进性和纯洁性。全面梳理省十届人大特别是十二届人大以来全省各级人大代表执行代表职务情况，深入研究加强人大代表推荐、选举、履职监督等措施。对严重违纪违法的代表和人大及其常委会选举任命人员，启动法律程序，依法罢免4名全国人大代表职务，依法确认罢免15名省人大代表的代表资格，撤销1名省人大常委会副主任、免去2名副省长职务，有力支持和配合了全省党风廉政建设和反腐败斗争。

六是增强地方立法的及时性、针对性和有效性，充分发挥地方立法在反腐败斗争中的治本作用。把提高地方立法质量摆在突出位置，加强对法规内容的廉政评估和审查，制定、修订的法规草案全部向社会公开征求意见，对1件法规进行了表决前评估，委托第三方对2件法规进行立法后评估，建立立法咨询基地和立法咨询专家库，并委托起草1件法规草案，切实防止立法中的部门利益倾向。针对容易滋生腐败和权力寻租的重点领域和关键环节，通过立法和规范性文件备案审查，进一步规范政府与市场关系，明晰权力边界，织密、编紧、扎牢制度的笼子。

二、坚持围绕中心、服务大局，充分发挥常委会在富民强省的职能作用

2014年，常委会党组坚持围绕中心履职尽责，统筹推进立法、监督等工作，使人大各项工作自觉融入到全省改革发展稳定的大局之中，有效发挥了地方国家权力机关在促进富民强省中的重要作用。

一是主动适应经济发展新常态，着力推动改革发展。听取审议上半年经济社会发展计划执行情况报告，围绕煤炭、铁路、电力、金融、物流、房地产等重点行业开展调研。听取审议预算执行情况、预算调整和决算报告，对13个政府部门开展预算或决算审查，进一步提高预算管理科学化水平。听取审议审计及查出问题整改情况报告，首次要求将查出问题和整改情况明细列表。听取审议转型综改试验区建设进展情况、服务业发展情况、旅游产业发展情况等报告，开展推进煤炭产业"六型"转变、开展节能减排调研，推动全省经济转型和结构调整。审议通过土地整治条例、电力设施保护条例、修订专利实施和保护条例，为推进全面深化改革提供有力支撑和保障。开展引黄工程专题调研和信息化条例执法、农村土地承包经营权确权登记和流转、林木种子条例执法等调研。为促进可持续发展提出意见建议。通过对"百企千村"产业扶贫开发和易地扶贫搬迁两大扶贫工程调研，促进加快改变贫困地区面貌。

二是着眼统筹经济社会和人的全面发展，着力保障改善民生。审议通过建设工程抗震设防条例，听取审议食品安全工作情况报告并开展专题询问，就农产品质量安全法律法规开展执法检查，保障人民群众生命财产安全。听取审议新农合工作情况报告，开展城乡医疗保险基金预算执行情况专题调研，修订人口和计划生育条例，听取审议体育工作情况报告，开展邮政条例执法调研，为推进医疗、卫生、体育、邮政事业发挥作用。审议通过企业工资集体协商条例，听取审议职业教育情况报告，调研就业促进法律法规实施情况，修改职工劳动权益保障条例、农民工权益保护条例，有效维护职工合法权益。听取审议植树造林工作情况报告并开展满意度测评。省、市、县三级人大常委会联合开展大气污染防治法律法规执法检查，连续21年开展"三晋环保行"，推动环境质量改善。

三是积极促进民主法治建设，着力维护公平正义。听取审议全省法院规范司法行为情况报告、省检察院反贪污贿赂工作情况报告，推动省高院健全整改落实长效机制、省检察院针对性制定整改措施。就乡镇司法所工作和统一司法鉴定名册管理开展调研，促进提高司法工作水平。首次开展信访条例执法检查，进一步将涉法涉诉信访纳入法治轨道。受全国人大常委会委托，就未成年人保护法律法规开展执法检查，为未成年人健康成长营造良好法治环境。

三、深入开展学习讨论落实活动，继续巩固和拓展群众路线教育活动成果

常委会党组始终把开展学习讨论落实活动作为一项重大政治任务、重大政治考验、重大政治责任，充分发挥领导作用、指导作用、表率作用和推动作用，严格按照王儒林书记在省人大常委会第十七次会议上强调的"三个往深里走"明确要求，正确把握指导思想、活动主题、目标任务和总体安排，紧密结合人大工作实际，坚持边学习、边讨论、边落实，做到了学习深入、讨论深刻、落实到位，达到了预期目的。

一是坚持把学习贯彻习近平总书记系列重要讲话精神贯穿始终，确保活动的正确方向。注重通过加强学习、深入讨论、正面引导和反面警示，深化认识、增强自觉。组织了4次专题辅导、2次学习交流，1次党课学习、1次警示教育，观看了影片《申纪兰》，开展了知识答题活动和演讲会，参观了省委廉政文化剪纸展览，机关各党支部集中学习均6次以上。通过学习，党员干部深刻认识到，中央对山西发生的严重腐败问题进行严肃查处，作出重要指示要求，充分体现了以习近平同志为总书记的党中央坚持党要管党、从严治党的坚强决心，体现了党中央对山西工作、山西干部的特殊高度重视和倍加亲切关怀。深刻认识到，腐败不除、正气不扬，山西就没有希望。深刻认识到，省委提出的"五句话"总体目标，立足解决现实问题，着眼促进未来发展，符合中央对山西工作的指示要求，符合山西实际和广大党员干部群众的期盼。一致表示，坚决拥护中央严肃查处山西省发生的严重腐败问题和对山西工作的重要指示，坚决拥护党中央对省委班子进行重大调整，坚定信心、

振奋精神，自觉在省委的坚强领导下，为山西省改革发展贡献力量。

二是坚持以积极认真的态度深刻反思剖析，切实把问题找准，原因剖透。在抓好省委规定的四个方面重点讨论内容的基础上，从人大依法履职实际出发，把围绕落实党的十八届四中全会精神、加快推进法治山西建设进程，人大工作有哪些不适应的地方，需要如何提高；围绕“六权治本”，人大在依法确定权力、合力监督权力等方面如何更好发挥作用；围绕从严落实“两个责任”，依规管党治党，加强党风廉政建设等方面，需要完善哪些制度举措三个方面作为讨论内容，使讨论更有针对性。通过发放征求意见表、召开座谈会、谈心谈话等方式，广泛征求意见建议，汇总梳理意见建议57条；针对征求到的意见建议，通过认真反思、深入剖析、对号入座，共查找出4个方面13条问题。在此基础上，由党组副书记李政文主持，先后3次召开党组会议集体研究，形成省人大常委会机关反思剖析报告，反复征求各机构意见建议，数易其稿，经省委督导组和省委活动办审核通过后上报省委。

三是坚持紧贴实际狠抓整改落实，用整改成果检验活动成效。依据省委《学习讨论落实活动重要任务分工和进度安排》和省委办公厅、省政府办公厅《关于在全省学习讨论落实活动中深入开展专项整治工作的通知》要求，围绕充分发挥地方国家权力机关在我省开创弊革风清、富民强省新局面中的作用和人大常委会机关从严落实两个责任、依规管党治党、加强自身建设等方面，研究制定了相应方案，确定整改项目20项。党组多次召开会议，制定时间表、任务书、路线图、责任人，每项任务都由常委会主任会议成员牵头负责，以钉钉子精神推进落实。通过整改落实，制定出台了一系列推动实施“六权治本”的法规制度，进一步完善了不敢腐、不能腐、不想腐的长效机制；研究了一系列加快法治山西建设、推动“六大发展”的新举措，进一步明确了围绕中心、服务大局的方向；全面落实了党风廉政建设“两个责任”，进一步提高了依规管党、从严治党的主动性和自觉性；深入开展了专项整治，进一步强化了机关党员干部的法治思维、纪律观念和规矩意识。

党组在全省党的群众路线教育实践活动总结大会后，坚决贯彻中央精神和省委要求，紧紧围绕省委领导班子和党组“两方案一计划”确定的目标要求，坚持活动收尾不收场，认真抓好整改落实建章立制各项后续工作，做到了“机构不撤、力量不减、人员不散”。牵头或配合有关部门承担的4项省级整改任务和1项专项整治任务已全部完成。常委会党组确定的36项整改工作全部完成，64项制度编印成册、印发机关。严格执行中央八项规定，坚决反对“四风”，深入开展调查研究，常委会领导班子成员带头深入223个基层单位开展执法检查、执法调研、专题调研134次305天，力求常委会各项工作更加顺应民心、反映民意。持续引深“下乡住村、包村增收”活动，常委会领导班子和秘书长成员共19人次深入扶贫包点村，落实扶贫项目50个，争取扶贫资金 842万元，圆满完成“六个一”要求和包扶村年度增收目标。

四、不断加强常委会党组自身建设，为常委会依法履职提供坚强思想组织保证

常委会党组始终高度重视自身建设，把加强班子和队伍建设摆在重要位置，努力从思想、组织、作风、制度和能力素质等方面打牢基础，有力保证党的路线、方针、政策和省委决策部署在人大工作中的贯彻落实。

一是注重加强理论学习。认真执行党组中心组学习、常委会专题讲座等集体学习制度，邀请专家学者围绕全面推进依法治国，威护宪法权威，遵守党的章程等举办专题讲座4次，就贯彻习近平总书记系列重要讲话精神、省委十届六次全会和省委王儒林书记重要讲话等组织开展3次专题学习交流。组织庆祝全国人民代表大会成立60周年暨地方人大设立常委会35周年系列活动，开展第一个宪法宣传日活动，组织摄制、集中播放《人大代表申纪兰》纪录片。通过学习，进一步强化政治观念、大局观念、群众观念、法治观念，更加坚定对中国特色社会主义的道路自信、理论自信、制度自信，更加自觉地坚定政治立场，严守政治纪律、政治规矩，反对“七个有之”，自觉地把思想和行动统一到中央精神和省委要求上来。

二是严格贯彻民主集中制原则。常委会党组制定年度工作要点，作出立法、监督等重要任务部署，任免机关干部等重大事项之前，广泛听取相关部门和各方面的意见和建议，按照集体领导、民主集中、个别酝酿、会议决定的原则，做到议而有决，决而有行，切实提高工作执行力。着眼强化纪律意识和规矩意识，常委会领导班子、秘书长班子和各机构班子召开了以“严格党内生活，严守党的纪律，深化作风建设”为主题的年度民主生活会，常委会领导班子成员还分别参加了所在党支部的组织生活会，通过开展了严肃认真的批评与自我批评，达到了统一思想、提高认识、增进团结、促进工作的目的，进一步增强了各级班子的凝聚力、战斗力。注重健全完善适合地方国家权力机关特点的议事程序，坚持集体领导和依法按程序办事，不断提高常委会的审议质量。

三是坚持用严的标准选用干部。坚持“信念坚定、为民服务、勤政务实、敢于担当、清正廉洁”的干部选任标准，坚持德才兼备、以德为先、以廉为基的原则，严格执行《党政领导干部选拔任用工作条例》，配合省委组织部选拔厅级干部6名，任用7名事业单位处级领导干部，配齐4个事业单位正职领导，对3名正处级领导干部进行岗位交流，完成15名处级领导干部、4名新招录公务员任职试用期满考核和17名科级干部考核晋升，调整规范4名省级领导秘书配备，完成2014年接受7名军转干部定岗定级，组织对2014年以来机关新进人员和事业单位新任处级干部共26人的集中培训，组织63名机关干部赴上海交通大学进行了学习培训。按照省委“三个一批”要求，认真贯彻全省干部监督工作

会议精神，加强对机关干部日常监督力度，从严管理教育，匡正用人风气，全力营造弊革风清的良好用人环境。

四是高度重视基层人大建设。在党组领导下，主任会议成员和各机构，赴11市67县就加强基层人大建设集中开展3次专题调研，配合省委就省委2012年人大工作会议《意见》落实情况开展督查，广泛听取900多名五级人大代表意见建议，深入研究加强基层人大工作的措施，提升基层人大工作水平。举办全省人大立法、财经监督、新闻宣传、信访工作和法治思维研修等培训班，努力增强全省人大干部队伍整体素质。投入资金，支持帮助73个县级人大常委会完成电子表决系统建设，全省各级人大常委会告别传统的“举手表决”时代。

五、认真落实党风廉政建设主体责任，不断加强常委会机关反腐倡廉建设

2014年，党组牢牢把握党要管党、从严治党这个要求，以落实党风廉政“两个责任”为抓手，持续推进党风廉政建设，进一步强化廉政从政意识，为常委会履职提供坚实政治保证和纪律保证。

一是严格落实党风廉政建设“两个责任”。常委会党组牢固树立抓好党风廉政建设是本职、不抓是失职、抓不好是渎职的理念，把反腐倡廉工作纳入到总体工作之中，坚持对党风廉政建设和反腐败工作统一领导、统一部署、统一考核。制定出台《中共山西省人大常委会党组关于落实党风廉政建设党组主体责任意见》和《中共山西省人大常委会党组党风廉政建设主体责任清单》。指导机关纪委严格履行监督责任，以严的标准要求党员、严的措施管住干部，制定出台《中共山西省人大常委会机关纪律检查委员会关于落实党风廉政建设纪委监督责任意见》和《中共山西省人大常委会机关纪律检查委员会关于落实党风廉政建设纪委监督责任清单》，并签字背书，形成了层层传导压力、层层落实责任的局面。

二是切实筑牢拒腐防变的思想防线。注重把党性教育、反腐倡廉教育与提高道德修养结合起来，认真学习习近平总书记在十八届中纪委五次全会上的重要讲话和《习近平关于党风廉政建设和反腐败斗争论述摘编》读本，学习王儒林书记在省委十届六次全会、省纪委十届五次全会和全省学习讨论落实活动动员大会上的讲话，学习党纪政纪以及反腐倡廉重要文件规定，大力弘扬优秀的法治文化、廉政文化和红色文化。邀请全国人大和中央党校的专家作专题辅导，组织收看《反腐倡廉建设》电教片和《四风之害》《割除毒瘤》《蜕变的权力》等8部警示教育片，制定《山西省人大常委会机关预防职务犯罪实施办法》，开展预防职务犯罪的专题讲座，组织机关新任省管干部参加集体廉政谈话会议，使常委会机关全体党员特别是党员领导干部树立正确的世界观、人生观、价值观，切实筑牢拒腐防变的思想防线，切实把“三严三实”的要求内化于心、外化于行。

三是扎实开展专项治理。2014年，常委会党组认真落实中纪委关于反腐倡廉工作的一系列部署和省委的要求，认真贯彻落实省委四个实施办法，通过“准、狠、韧”的专项整治，根据省委的整改方案要求，对照《通知》中的七项重点任务，按照“逐一对照、结合实际、突出重点”的原则，结合人大的实际情况对“四风”方面存在的突出问题，开展了26个专项，62个方面的集中整治，特别是在中秋、国庆、元旦、春节等重要时间节点，反复重申和强调省委和省纪委关于党风廉政建设的各项规定和要求，加大检查监督的力度。常委会班子严格遵守廉政纪律，带头执行廉政准则和廉洁从政各项规定，在办公用房、公务用车、秘书配备等方面严格执行规定标准，以自身的模范行动带动机关风气建设，为做好人大各项工作提供良好的保证。

2014年，常委会党组取得的各项成绩，是省委正确领导的结果，是机关全体党员、干部群众共同努力的结果。在肯定成绩的同时，工作中还存在一些问题和不足，特别是充分发挥立法、监督作用，推动形成不敢腐、不能腐、不想腐的长效机制方面，还有差距。省人大常委会将针对这些问题和薄弱环节重点研究、认真改进，努力把常委会党建工作提高到更高的水平，为服务和促进全省“六权治本”、“六大发展”作出新的贡献。

（李吉云）

附：省人大常委会党组书记、副书记、成员名单

书　记：王儒林（9月任职）

副书记：李政文　牛仁亮

成　员：安焕晓　张茂才　田喜荣　李仁和

省政府党组工作概况

党组书记　李小鹏

2014年，在党中央、国务院和中共山西省委的正确领导下，省政府党组认真贯彻落实党的十八大、十八届三中、四中全会精神和习近平总书记系列重要讲话精神，按照“四个全面”的战略布局，坚决落实中央各项决策部署特别是对山西工作的重要指示要求，坚持以改革创新精神推进党的建设，以求真务实作风推动政府各项工作，紧紧围绕政府的中心工作开展党的建设，经济社会发展和党的建设都取得了新的成绩。

一、党建工作情况

2014年，省政府党组围绕建设法治政府、服务政府、责任政府、廉洁政府和学习型政府，认真落实党建工作责任制和党风廉政建设责任制，扎实推进自身建设，推动经济社会发展的能力进一步提升。

一是强化理论学习。坚持用党的最新理论武装头脑，党组成员都能够自觉学习中国特色社会主义理论体系，学习中央的大政方针、决策部署和国家法律法规，学习党的十八届三中、四中全会和习近平总书记系列重要讲话精神，学习经济、政治、文化、社会等各方面知识。坚持理论联系实际，学以致用、用以促学，进一步提高了运用科学理论解决实际问题的能力。

二是推进依法行政。不断完善重大事项公众参与、专家咨询论证和政府集体决策相结合的制度，促进科学民主决策。严格规范行政执法，强化行政执法监督，加强行政监察和审计监督，进一步提高了政府的公信力和执行力。大力深化行政审批制度改革，全面清理省级审批事项，承接国务院取消行政审批项目29项、下放行政审批项目59项，省级取消、下放、调整行政审批项目60项，行政效率进一步提高，政府职能加快转变。

三是坚持群众路线。省政府党组成员自觉把保障和改善民生作为出发点和落脚点，围绕教育、医疗卫生、保障性住房建设等领域，组织实施了一大批民生工程，人民群众得到了更多实惠。扎实开展第二批党的群众路线教育实践活动，严格执行中央“八项规定”和国务院“约法三章”，坚决反对“四风”，着力解决人民群众反映强烈的突出问题。

四是改进工作作风。省政府党组成员带头开展调查研究，深入基层和生产一线，掌握实情、解决问题。大力弘扬求真务实、真抓实干的作风，力戒形式主义、官僚主义。大力压减 “三公”经费，年初压减部门一般性支出10%，年中又压缩会议、培训等行政经费10%，节省下的经费全部用于改善民生。围绕省委省政府重大决策部署，加大督促考核力度，有力地确保了各项工作部署都落到实处、收到实效。

五是大力推进反腐倡廉建设。认真贯彻党中央、国务院、中央纪委关于加强党风廉政建设和反腐败斗争的方针政策，特别是在新的省委班子领导下，坚决贯彻落实党中央对山西工作的重要指示要求，深入开展“学习讨论落实”活动，坚定不移反腐败，驰而不息抓作风，简政放权推改革，建章立制堵漏洞，依法治权强监管，倡俭治奢转政风，推动政府系统党风廉政建设和反腐败斗争取得了新成效。

二、经济工作情况

2014年,省政府党组迎难而上，奋力拼搏，各项工作稳中有为、稳中有进，经济结构不断优化，改革创新亮点纷呈，人民生活水平稳步提高，社会保持和谐稳定，在全面建成小康社会的道路上迈出了坚实的步伐。

一是千方百计稳增长。认真贯彻落实国家稳增长政策措施，在继续实施煤炭、煤层气和低热值煤发电3个20条等措施的基础上，新出台煤炭17条和缓解企业资金困难的财政、金融等措施。加强重点领域投资，深入开展“项目见效年”活动，坚持“六位一体”统筹推进重点工程建设，实施“百日百项”工程开工计划，全社会固定资产投资连续两年超万亿元。加快发展电子商务，积极拓展信息消费，鼓励发展服务消费。大力扶持实体经济，实施“一企一策”精准帮扶，扩大大用户直供电试点，引导金融机构加大对重点企业、重点工程、中小微企业和“三农”支持力度。全省生产总值完成1.27万亿元，同比增长4.9%；固定资产投资完成1.19万亿元，增长11.5%；社会消费品零售总额完成5549.9亿元，增长11.3%；公共财政收入完成1820.1亿元，增长7%；城镇居民人均可支配收入24069元、增长8.1%，农村居民人均可支配收入8809元、增长10.8%；居民消费价格上涨1.7%；城镇新增就业51.4万人，转移农村劳动力37.7万人，城镇登记失业率为3.4%。9项节能环保约束性指标全面完成。

二是蹄疾步稳推改革。积极开展“转型综改攻坚年”活动，“3675”年度重点任务全面完成。承接国务院取消行政审批项目29项、下放行政审批项目59项，省级取消、下放、调整行政审批项目60项。省、市政府机构改革全部完成，县级政府机构改革基本完成。率先推行省属国有企业财务等重大信息公开。低热值煤发电项目审批改革累计批准24个项目开展前期工作。工商登记制度、财税体制、户籍制度、食品药品监管体制等改革取得新突破。特别是抓住机遇、果断出手，积极推进煤炭管理体制改革，在全国率先清理规范涉煤收费项目，专门面向煤炭的省定行政事业性收费全部取消，违规收费项目全部取缔，保留收费项目全部规范；推进煤炭资源税从价计征改革，从低确定税率；暂缓“两金”提取，3项合计减轻企业负担320多亿元，吨煤可降低成本40元。大力实施煤焦公路销售体制改革，全部取消对相关企业的21项行政授权，全部取消煤焦公路运销9种票据，全部撤销遍布全省的1487个各类煤焦公路检查站点，煤炭管理体制改革取得重大进展。

三是坚定不移调结构。积极化解过剩产能，改造提升传统产业，现代化矿井改造步伐加快，煤电一体化运营积极推进。设立战略新兴产业、文化产业及旅游文化体育产业三支投资基金，推动煤层气装备、新能源汽车等7个新兴产业优化布局，加快发展节能环保产业和现代服务业，服务业占地区生产总值的比重超过44%，民间投资占固定资产投资的比重超过58%，非煤产业投资占工业投资的比重超过78%，非传统产业投资占工业投资的比重超过54%，装备制造业连续3年成为继煤炭、冶金之后的第三大产业。狠抓节能减排和大气污染防治，全省万元地区生产总值能耗超额完成下降3.5%的年度任务，细颗粒物（PM2.5）平均浓度同比下降16.9%。加快推进燃煤电厂超低排放，试点机组实际排放明显低于燃气发电机组。淘汰黄标车和老旧车21.6万辆。制定实施国家创新驱动发展战略山西行动计划、低碳创新行动计划，高起点推进山西科技创新城建设，中科院、清华大学等27家研发机构确定入驻；编制7个煤基低碳产业科技创新链，67个煤基重大科技专项面向社会公开招标成功。

四是统筹城乡促发展。在继续执行中央及我省各项惠农政策的基础上，又出台10项补贴政策，资金总规模达到67亿元。粮食产量再创新高，达到133.1亿公斤。农产品加工业销售收入增长18%。农村土地承包经营权确权登记颁证试点、农村集体产权制度改革试点工作扎实开展。深入实施百企千村产业扶贫开发工程，建设产业扶贫项目233个，完成投资200亿元，47万贫困人口实现脱贫。农村“五件实事”顺利推进。特别是制定实施改善农村人居环境规划纲要和2014年行动计划，重点推进完善提质、农民安居、环境整治、宜居示范四大工程，完成投资超过145亿元，改造县乡公路544公里，新建改建农村饮水工程1598处，建成老年人日间照料中心1000个，采煤沉陷治理搬迁4.6万人。新开工城镇保障性住房23万套，建成21万套，城镇化率预计提高1.5个百分点，达到54%。

五是真情实意惠民生。面对经济下行压力，坚持政策力度只增不减、投入力度只增不减、工作力度只增不减，财政支出的八成以上和全部增量均用于民生改善。新改扩建206所公办标准化幼儿园，提高农村小学、初中和城乡特殊教育学生人均公用经费补助标准，中职教育免收学费全覆盖惠及45万名学生，高校新校区全面建成，11万师生入住。在83个县推进县级公立医院综合改革，在269个非政府办基层医疗卫生机构开展基本药物制度试点，城镇职工医保、城镇居民医保和新农合三项基本医保实现应保尽保。制定实施46条措施，促进高校毕业生等群体就业创业。建立了统一的城乡居民基本养老保险制度，提高城镇居民医保和新农合年人均财政补助标准、工伤保险待遇标准、城乡低保标准以及农村五保对象集中供养、分散供养省级补助标准。

六是毫不放松抓安全。把安全生产作为一条不可逾越的红线，全面开展安全生产知责履责活动，深入开展各行业各领域安全生产专项整治和大检查，突出煤矿、非煤矿山、危险化学品、油气管道、交通运输和隧道交通、粉尘防爆等重点行业领域，全面排查治理各类安全隐患。严肃处理晋济高速“3·1”特别重大道路交通危化品燃爆等事故相关责任人。各类安全生产事故起数和死亡人数实现“双下降”，煤矿百万吨死亡率0.036、下降53.25%。

（柏亚华）

附：省政府党组书记、副书记、成员名单

书　记：李小鹏

副书记：高建民

成　员：付建华（9月任职）　杜善学（6月免职）　张建欣（女）　任润厚（9月免职）　郭迎光　王一新　刘　杰　廉毅敏

省政协党组工作概况

党组书记　薛延忠

2014年，在中共山西省委的正确领导下，省政协党组深入学习贯彻中共十八大，十八届三中、四中全会和习近平总书记系列重要讲话精神，从严治党、从严管党，认真贯彻落实省委十届六次全会精神和各项决策部署，充分发挥党组在政协组织中的领导核心作用，紧紧围绕全省大局，全面履行政治协商、民主监督、参政议政职能，积极为净化政治生态、加快法治建设、推进改革发展、促进富民强省建言献策、汇聚力量，取得了新的成绩。

一、加强思想引领，增进政治共识，汇聚团结奋斗的正能量

党组始终把加强思想引领、夯实共同奋斗的思想政治基础作为工作之首要、紧紧抓在手上，自觉以习近平总书记系列重要讲话精神引领事业发展，以中央大政方针和省委决策部署统一思想行动。

严格计划、周密组织，狠抓学习。重视学习、善于学习、推进学习，是省政协的优良传统。2014年，党组把坚定理想信念作为深化学习的重要内容，深入学习贯彻中共十八大和十八届三中、四中全会精神，深入学习贯彻习近平总书记系列重要讲话精神和在庆祝人民政协成立65周年大会上对人民政协的重要指示；深入学习贯彻中共山西省委贯彻中央精神、解决山西突出问题的重大部署，深入学习贯彻省委十届六次全会和王儒林书记重要讲话精神，努力在形成高度自觉上下功夫。

为确保学习实效，一是党组中心组带头学习。党组书记、主席薛延忠带头学、带头讲，党组其他成员积极学、主动学，把全面深入学习贯彻习近平总书记系列重要讲话精神作为头等大事和长期政治任务，与学习马克思主义基本原理相结合，与学习贯彻党的十八大和十八届三中、四中全会精神相结合，与学习贯彻中央对人民政协工作的新要求相结合，深刻领会精神实质，努力把握核心要义、切实掌握立场观点方法，以此改造思想作风、指导和推动工作实践。2014年学习15次。二是周密组织。为政协委员和机关党员干部发放了《习近平总书记系列重要讲话读本》《社会主义五百年》等23种学习读本，组织广大政协委员和机关党员干部原原本本学，从历史与现实、国际与国内、理论与实践的关联中思考比较；直面思想实际，及时解决思想认识上的疑点问题、突出问题。三是形式多样。开展了外出选学、集中培训、在线学习、演讲交流、专题讲座等学习，举办了两个培训班、8次学习交流。4月，在北京大学举办了机关干部综合能力提升培训班，70多名机关干部参加了学习培训；5月，在省委党校举办了第二期委员学习培训班，处级以上机关干部参加了学习培训。

整合资源、搭建平台，创新形式。正式创建学习平台“政协学堂”，初步形成“干部上讲坛、群众作点评”的学习交流、工作联动机制。2014年，政协学堂共举办9期，被省直工委评选为“十大学习品牌”。政协学堂以认真学习贯彻习近平总书记系列重要讲话精神为指导，围绕时代主旋律，紧密结合政协工作实际，针对不同领域、不同层次党员干部的实际情况和当前学习要求，采取请名师讲座，以支部为单位进行学习讨论、机关党委组织大会进行演讲交流，领导辅导、走出去开展实践教学等方式进行。先后有4名省政协主席、副主席作了辅导讲座，有27名处级干部登台亮相、学习交流，有7名厅处级干部进行了“传递正能量、好书共分享”的现场讲述。邀请国家教育部职业教育与成人教育司副司长刘建同、省委宣传部副部长李高山、省国防教育委员会办公室副主任张培荣、省委党校副校长高健生，分别作了《发展现代职业教育，服务经济转型升级》《习近平总书记关于加强意识形态工作的重要讲话》《我国周边安全形势与国防现代化建设》《学习把握党的十八届四中全会基本精神》的专题辅导报告。

学有所悟、学以致用，成效显著。通过加强中心组学习、

常委会学习交流和强化委员集中轮训等多种形式，通过在掌握核心要义、领会精神实质上下功夫，广大政协委员和机关党员干部自觉把思想行动统一到中央决策部署和习近平总书记系列重要讲话精神上来，牢牢把握人民政协事业正确方向；积极发挥政协统一战线平台的优势和作用，以多种方式加强同党派团体、界别代表、基层政协沟通交流，在增进共识、统一思想上下功夫；积极为反腐肃贪、匡正风气、改革发展汇聚正能量，团结各党派团体和各族各界人士，自觉在以王儒林书记为班长的省委坚强领导下，同心协力，共创"净化政治生态、实现弊革风清、重塑山西形象、促进富民强省"的新局面。

二、坚持第一要务，认真履职尽责，积极为山西改革发展献智出力

深入调研、建言改革发展。为促进经济转型、科学发展，选择30多个重点课题，组织专委会和30个界别的委员，深入基层、调查研究，形成了一批切口小、落脚实的调研成果。委员们提出的大力扶持实体经济、强化科技创新和金融服务、加快民营经济发展、抓好技能培训拓宽农民增收渠道、推进采煤沉陷区治理、加强生态文明建设等建议，省委、省政府及职能部门高度重视、研究采纳，一些已转化为推进改革发展、增进群众福祉的实际举措。

加强协商、咨政改革发展。积极发挥协商民主重要渠道作用，精心组织实施政协年度协商计划，邀请省委省政府领导、职能部门负责人与界别委员、基层单位、群众代表就加快职业教育发展、深化国有企业改革、推进农村土地流转、改善农村人居环境、加强水源地保护、保障食品安全、维护职工合法权益、促进青少年健康成长、扩大对外开放等问题，进行专题协商、对口协商、界别协商和提案办理协商，取得良好成效，创新了协商民主的途径和方式，为党政科学决策、推进工作聚集民意、汇聚力量。

抓好提案、聚智改革发展。引导委员聚焦全省经济、政治、文化、社会、生态文明建设的重大问题和界别群众关注的热点难点问题，深入调研、加强论证，认真提出情况翔实、内容具体、建议合理的提案；密切与承办单位的联系协作，进一步完善省领导领办和分层督办、跟踪督办机制，着力提升提案办理的质量和效率。2014年，征集提案1022件、立案办复864件，其中重点提案采纳率达100%。

民主监督、助力改革发展。围绕省委、省政府关于改进工作作风、深化行政审批制度改革、减轻企业负担等重大部署的实施情况进行民主监督，组织委员深入省直相关职能部门、市县政务审批服务中心和企业、农村开展调研视察，有针对性地提出意见建议，为促进省委、省政府重要改革举措在职能部门和基层单位落实到位积极贡献力量。

三、践行为民宗旨，服务民生改善，致力社会和谐稳定

倾情汇民意。党组成员带头深入基层，就民生政策落实、民生事业发展听取群众意见，了解他们所思所想、所怨所盼，收集各方面的意见建议571条；引导委员走进乡村、社区、企业、学校，及时掌握和反映社情民意。2014年，收集社情民意信息7500余篇、编印专刊61期，其中《应关注煤炭企业生产经营困难》等35篇信息引起中央和省领导重视，作出重要批示，促进了相关工作的推进和问题的解决。政协机关蝉联全国政协系统信息工作先进单位。

倾心解民忧。为了促进农民增收，组织九三、科技、科协等界别委员，深入贫困山区传授种养加等实用技术，惠及群众5000余人；着眼丰富农村精神文化生活，组织教育、文艺界委员，深入边远山村送图书、送文艺演出，惠及群众6000余人；针对贫困地区医疗资源匮乏的实际，组织医药卫生界委员开展义诊和专业培训，惠及群众近3000人；立足促进社会和谐，组织委员中的法律工作者深入学校、厂矿、农村，开展普法宣传、提供法律咨询近1万人次，引导群众增强法治观念，自觉尊法、用法、守法。

倾力促民和。广泛宣传党的民族宗教政策，主动走访民族宗教界代表人士，深入了解少数民族聚居村群众生产生活情况，及时反映并努力促进相关问题解决，积极维护民族团结、宗教和睦；进一步加强与新经济组织、新社会组织等阶层代表人士的沟通联系，努力做好政策宣传、释疑解惑、理顺情绪等工作，积极促进社会各阶层关系和谐；征编出版山西抗日英烈史料，以伟大的抗战精神激扬正气、凝聚民心。

四、坚持严字当头，突出作风改进，着力加强自身建设

党组认真贯彻中共中央和省委关于改进作风、反腐肃纪的部署要求，积极开展以"深入学习贯彻习近平总书记系列重要讲话精神，净化政治生态、实现弊革风清、重塑山西形象、促进富民强省"为主题的学习讨论落实活动，进一步抓好群众路线教育实践活动整改落实，以严格的要求、务实的举措大力加强政协作风建设。

加强党组自身建设。党组带头讲学习，坚持党组中心组集体学习制度，认真学习习近平总书记系列重要讲话精神和以习近平同志为总书记的中央领导集体"率先垂范、崇尚实干、勇于担当、廉洁自律"的优良作风和崇高风范，自觉践行"三严三实"，努力做真学、真懂、真信、真用的表率。党组带头严规矩，坚持民主集中制原则，认真贯彻党的路线方针政策和各项决策部署，自觉遵守党的各项纪律，坚决在思想上政治上行动上与以习近平同志为总书记的党中央保持高度一致。完善党组议事规则，提高决策科学化、民主化水平。全面落实党内政治生活有关规定，开好年度党组班子民主生活会。党组带头强责任，主动适应经济发展、从严治党和作风建设的新常态，观大势、谋大局、抓大事，强化担当责任，坚定奋进信心，提振干事创业精神，认真做好政协工作，努力创造新的业绩。党组带头守清廉，坚持以身作则、以上率下，严格遵守廉洁从政各项规定，从严要求家属子女和身边工作人员，自觉接受党章党规党纪的刚性约束，接受党员、干部和群众

的监督。党组带头改作风,强化为民宗旨、致力求真务实,坚持不懈反对"四风"、大力弘扬优良传统,坚守正道、弘扬正气,不断增强党组的创造力、凝聚力、战斗力,较好地发挥了党组在政协工作中的领导核心作用。

强化委员队伍建设。加强委员学习,通过专题报告、集中轮训、座谈交流、征文研讨等方式和庆祝人民政协成立65周年等重大活动,着力抓好委员的思想政治教育、履职能力教育、法纪法规教育和廉洁警示教育;积极发挥专委会在联系界别委员、组织界别活动中的基础性作用,加强委员联络工作和履职考核,表彰、宣传先进典型,激发委员做好工作的动力和热情。

强化政协机关建设。一是继续深入贯彻中央《八项规定》《党政机关厉行节约反对浪费条例》,严格落实省政协机关群众路线教育实践活动《整改措施》,按照省委督查室的要求,年中与年终两次对2014年贯彻落实中央八项规定情况进行了自查;对党的群众路线教育实践活动进行了"回头看";组织了三个小分队,分别赴方山、襄垣、灵石帮助基层政协开展党的群众路线教育实践活动。二是按照省委部署,开展了"工作秩序涣散、纪律松弛"等6项专项整治。三是继续深入开展以反对"四风"为主要内容的"六不六好六节约"活动。经过一年的努力,省政协机关的会风更加简朴,省委《关于规范精简会议的"五个严格控制"》得到全面落实,会议活动报批程序更加严格,会议规模、时间、数量、议程和经费进一步压缩。文风持续改进,省委《关于改进文风的十项措施》得到全面落实,会议讲话、发言和文件、委员提案和社情民意信息,有质量、有分量。接待严守标准,省委《关于规范公务接待活动的规定》得到全面贯彻,严控公务接待范围,严守用餐住房标准,精简陪同人员,严控接待支出。四是把开展学习讨论落实活动作为机关建设的重要任务,党组全体同志开展三次集体学习、四次专题讨论,并深入各支部与机关党员干部共同交流学习体会;党组成员、秘书长阎根生同志为机关全体党员干部授党课;以支部为单位组织开展七次集中学习和专题讨论,形成反思剖析报告,在持续引深学习、深入反思剖析、解决突出问题中,不断深化对中央八项规定精神和省委关于正风肃纪部署要求的贯彻落实,全面推进机关思想政治建设、反腐倡廉建设、纪律作风建设、履职能力建设和制度机制建设,机关建设取得明显成效。

五、强化"两个责任",从严治党管党,切实抓好党的基本建设

党组坚定不移地贯彻党要管党、从严治党的方针,坚持"走在前、做表率",坚持"服务中心、建设队伍",坚持"弘扬主旋律、传播正能量",以学习型、服务型、创新型组织为创建载体,全面加强机关党的思想建设、组织建设、队伍建设、制度建设、作风建设和廉政建设。

强化组织领导。坚持书记抓、抓书记,落实好党组织书记"第一责任人"的责任,构建党组统一领导、机关党委牵头负责、有关部门密切配合的工作格局,做到了涉及党的建设的工作优先及时安排、涉及党的建设的任务及时落实、涉及党的建设问题及时解决。

调整充实基层。按照抓基层、打基础、利长远的方针,一年来,调整了两位支部书记、两位副书记、四位支委,培养了一名入党积极分子。机关党支部的结构得到了优化,人员得到了调整、力量得到了加强。

从严管理党员。制定了机关干部学习、考勤、考核三项制度,坚持以严的标准要求党员、以严的措施管理党员、以严的纪律约束党员。一是坚决维护党内政治生活的严肃性,按照"贵在经常、重在认真、要在细节"的要求,以严格"一课三会"活动为重点,组织召开了2014年度秘书长班子民主生活会和各支部组织生活会,着力解决党内政治生活的随意化、平淡化问题,确保每个党员在党言党、在党忧党、在党为党;二是充分发挥党内管理的民主性,以贯彻落实《党员权利保障条例》为重点,积极推进党务公开,尊重党员主体地位,保障党员的知情权、参与权、选择权、监督权;三是确保党内组织肌体的纯洁性,按照中央指示要求和省委"五句话"的部署要求,以批评和自我批评为武器,积极开展党内健康的思想斗争,开展了处置不合格党员工作;引导教育党员干部分清是非、辨别真假,坚持真理、修正错误,统一意志、增进团结。四是严格执行省委、省直工委和省政协机关《2013—2017年惩治和预防腐败体系实施方案》,制定并实施了2014年《党风廉政建设责任制》,开展廉政教育,组织观看了廉政警示片《四风之害》。

六、大力扶贫攻坚,营造良好环境,持之以恒创建精神文明

扎实扶贫攻坚。党组成员带头,深入调查研究,扎实推进领导干部联系贫困县、包村增收活动。薛延忠主席在榆社调研中,了解到榆社农户发展设施蔬菜资金不足的情况后,积极联系省农业厅,将榆社县列为全省设施蔬菜重点扶持县。薛延忠主席还分别包扶、联系偏关县沈家村、吕梁市中阳县,副主席李雁红分别包扶、联系偏关县西沟村、大同市广灵县,朱先奇分别包扶、联系偏关县陈家庄村、忻州市繁峙县,李悦娥分别包扶、联系偏关县舍身崖村、忻州市保德县,阎根生包扶偏关县羊塔村。党组成员与机关党员干部一同深入到省政协扶贫点偏关县,与群众同吃同住,开展了引水栽树、养羊修路、产业致富定点帮扶活动,为偏关县筹措落实资金315万元,有力地推动了当地卫生条件的改善、产业发展和农民增收。

积极参与公益活动。关心爱护基层党务干部、老党员、生活困难的党员,帮助机关贫困职工,建立档案落实补助,为150余名离退休老党员发放了慰问金,为20位在职同志提供了每人1000元的大病救助和生活困难补助。开展"送温暖、献爱心"捐助活动,开展了省红十字会"博爱一日捐"活动。

加强精神文明建设。开展了"传递正能量,好书共分享"活动,大力宣扬社会主义核心价值观、践行社会主义核心价

值观；赴石楼红军东征纪念馆接受革命传统教育，老党员重温入党誓言，新党员进行入党宣誓；举办了纪念人民政协成立 65 周年“征文活动”；参加省直机关举办的“五项全能”比赛、“三晋友谊杯”乒乓球比赛；开展了摄影、集邮、篆刻活动，活跃了干部职工的业余文化生活；本着节约、节简、实用、大方的原则，加快了办公环境和职工住房的维修改造，改造后的南办公楼灯亮了、墙白了、网快了，安上空调了；职工住房的房顶维修后，下雨下雪不漏了，干部职工的工作精力更加集中了；公交自行车就近了，出门办事方便了，省政协机关再次荣获“省直机关文明和谐单位标兵”称号。

（王丽梅）

附：省政协党组书记、副书记、成员名单

书　记：薛延忠

副书记：李雁红

成　员：令政策（6 月免职）　朱先奇　李悦娥　阎根生

中国人民政治协商会议第十一届山西省委员会第二次会议会场

省纪委（监察厅）工作概况

省纪委书记　黄晓薇

工作概况见“党风廉政建设和反腐败斗争”栏目中2014年纪委工作综述，见本书第156页。

附：一、省纪律检查委员会书记、副书记、常委名单

省委常委、省纪委书记：李兆前（9月离职）　黄晓薇（女，9月任职）

副书记：杨森林（常务副书记，7月涉嫌严重违纪违法接受调查）

迟耀云（常务副书记，11月任职）　冯改朵（女）　贾毓杰　辛旭光

常　委：荀志坚　康建成（8月离职）　孟　萧　李吉山　孙兴武　郝　权

二、省监察厅厅长、副厅长名单

厅　长：冯改朵（女）

副厅长：刘蓉华（女）　李吉山（兼）　何　青

谢克敏（3月涉嫌严重违纪违法接受组织调查）

省纪委十届四次会议会场

省高级人民法院党组工作概况

党组书记　左世忠

山西省高级人民法院现有党员627名，1个党总支，40个党支部。2014年，省高院认真组织学习贯彻十八大、十八届三中、四中全会精神和习近平总书记系列讲话精神，继续加强机关作风建设，全面贯彻和落实《中国共产党党和国家机关基层组织工作条例》，全院各级党组织和党员以创先争优为动力，不断加强机关党的思想、组织、作风、制度和反腐倡廉建设，扎扎实实开展各项工作，为全省转型跨越发展起到了充分的司法保障作用。

一、精心组织，科学推进机关党建工作

紧密联系机关党建工作实际，认真贯彻落实《中国共产党党和国家机关基层工作条例》和《山西省〈中国共产党党和国家机关基层组织工作条例〉实施意见》，努力推进机关党的工作建设。院党组坚持把机关党委的工作列入党组工作议程，与业务工作同安排、同部署、同检查。制定年度工作要点，将党建工作责任目标落到实处。研究和把握机关党建工作特点规律，依据《条例》科学的推进机关党建工作。坚持服从机关工作大局、服务党组和广大干警的理念；围绕法院中心工作和队伍建设搞机关党建工作；抓教育，重视机关党的思想建设；抓制度落实，重视机关党的组织建设；坚持不懈地开展机关作风建设；利用有效载体开展活动促进机关党建工作活力等重点工作，有效的推进了机关党建工作的落实。

二、加强教育，积极开展思想作风建设

2014年，按照最高院、省委及省直工委部署认真组织好政治教育活动。组织机关各级党组织和全体党员干警深入学习贯彻党的十八大及三中、四中全会精神和习近平总书记系列重要讲话精神。按照省委部署，积极开展“学习讨论落实”活动；严格落实机关教育学习制度，坚持中心组集中学习制度、以处以上党员干部为重点的学习及培训制度、机关及党支部集中学习制度、定期分析干部政治思想情况制度，进一步加强了对干警的思想作风教育。通过开展以“浓厚读书氛围、提升能力素质”为主题的读书月活动，推动和促进机关学习型党组织建设。自觉践行社会主义核心价值观，不断强化法官职业道德建设，开展争创职业道德模范活动，广泛开展职业道德教育宣讲活动，使广大干警不断树立忠于法律和人民、崇尚职业道德的意识，树立勤奋敬业的良好风气。三级法院进一步从功能规范、制度规范、服务规范等方面，规范了诉讼服务中心的工作制度，完善了导诉制度、首问负责制度、一次性告知制度、案卷交接登记制度、优先事项快速办理制度等规章制度，让当事人用最短时间、最低成本、最好方式参与诉讼。

三、完善制度，推动各项工作规范发展

坚持把制度建设及落实作为提升机关党建科学化水平的关键环节来抓。认真落实《山西省高级人民法院党组中心组理论学习制度》《山西省高级人民法院推进学习型党组织和学习型部门建设的实施办法》《山西省高级人民法院机关严格党的组织生活会制度的实施办法》《山西省高级人民法院党内监督实施办法》，切实履行“一岗双责”，狠抓党建责任制的落实。根据《条例》和省委的《实施意见》精神，进行机关党建工作责任状签署，进一步健全和完善省院机关党建工作责任制，形成了党组书记带头抓、分管领导具体抓、机关党委和支部抓落实的党建工作体系，“三级联动”齐抓党建；三是努力促进机关党建工作考核规范化。与机关目标责任制考核工作相配套，积极制定《党建工作考评办法》。通过开展评选先进处室、先进党支部和优秀共产党员的评选活动激发广大干警的工作热情。

四、加强管理，稳步推进司法体制改革

全省法院围绕“目标、主线、效果”优化审判管理机制，建立了审委会、院长、庭长、审判长、审判人员各负其责的管理体系，审委会的决策作用、院庭长的管理作用、合议庭的集体议案作用、主办法官的自律作用、上级法院的监督指导作用等“五个作用”得到进一步发挥。完善了审判案件信息管理机制、审判流程管理机制、审判质效评估机制、审判质量监督管理机制、审判运行态势分析机制、审判绩效考核机制等“六个机制”，推进了全员、全程、全面管理，使审判管理由过去的多头管理、单一管理、弹性管理变为现在的规范管理、量化管理、刚性管理、常态管理。进一步开展庭审、裁判文书“两评查”活动，定期通报、点评、讲评，审判的质量、效率、效果明显提升。山西省被中央确定为司法体制改革第二批试点省份后，根据省委部署正式启动，省高院成立了司法体制改革领导小组，对部分中基层法院进行了调研，对全省法院进行了摸底，摸清了干警思想、人员员额、财务债务三个底数，研究制定了《关于全省法院司法体制改革试点工作实施方案》，确定了试点法院，对人员分类管理、司法权力运行机制、职业保障制度、省以下法院法官统一管理体制、省以下法院经费统一管理机制、待遇保障向基层倾斜政策等六项任务进行了明确和细化，为稳步推进司法体制改革试点奠定了基础。

五、强化监督，有效规范权力运行机制

认真落实中央“八项规定”、坚决“反四风”，严格党内监督，认真贯彻落实中共中央《关于加强和改进党的作风建设的决定》及省委的有关规定，贯彻落实《廉政准则》和《党政机关厉行节约反对浪费条例》。积极推行机关党务公开工作，开展“阳光司法”活动。不断加强机关党风党纪教育，深入开展经常性的党规党纪和廉洁司法教育。通过开展纪律作风整顿，加强对党员干部队伍管理，整治工作秩序，严肃工作纪律，改进工作作风，促进了机关良好风气的形成。为了进一步规范权力运行，省高院出台了《关于全面加强接受监督工作的若干意见》，狠抓了《关于规范法官和律师相互关系维护司法公正的若干规定》的落实，进一步规范了院、庭长办案的监督权、指导权、签发权。加强和改进司法巡视工作，紧盯监督权、审判权、事务权、财务权，坚持问题导向，先后对吕梁、长治、晋城、朔州、太铁5个中院进行了巡视，各中院也开展了对基层法院的巡视，不敢为、不能为、不愿为建设取得新成效。强化群众监督，以公开促公正。认真落实《关于推进全省法院司法公开三大平台建设实施方案》、《司法公开三年规划》和《关于全省法院在互联网公布裁判文书的规定》，各级法院除法律规定不能公开审理的案件外，一审案件全部实行公开开庭审理。三级法院依靠信息化技术推动司法公开，省高院建立了审判管控中心、执行指挥中心，三级法院和部分人民法庭网络联通，推广了远程立案、网上送达、网上调卷、网上接访、视频审判、电子签章、制式法律文书自动生成、裁判文书纠错、审判执行同步查询等信息化手段在诉讼中的应用，方便了当事人诉讼，降低了当事人诉讼成本。

六、多措并举，增强机关党建工作活力

省高院利用各种行之有效的活动载体，不断注入新的内容，激发机关党建工作的活力。一是持续不断地开展了创先争优和文明单位创建活动，有效促进了各项工作的落实。二是以落实机关党建责任制为重点，开展“阳光党务”活动，落实党员权力，促进党内监督；三是利用重大节假日开展教育活动，开展机关运动会，进行乒乓球、羽毛球、棋类、扑克等各项比赛，激发了机关干警的工作积极性，组织干部职工参加省直机关组织的体育运动会以及与友邻单位进行文体交流等。四是积极开展了“送温暖献爱心”、“联企帮困”活动。通过有序、有效的开展创建活动，活跃了干警文化生活，增强了团队精神，提升了机关整体活力，有力促进了文明和谐单位创建工作的开展。

（马云跃）

附：省高级人民法院党组书记、副书记、成员名单

书　记：左世忠

副书记：朱　明　刘冀民

成　员：吴秋霞（女）　张　炜　王志刚（8月离职）
王　珍　张学俊（8月离职）
冯　强（2月离职）

省人民检察院党组工作概况

党组书记　杨　司

2014年，山西省人民检察院党组在省委和最高人民检察院的正确领导下，带领全省检察机关，以党的十八大、十八届三中、四中全会精神和习近平总书记系列重要讲话精神为指导，认真贯彻省委十届六次全会、省人大十二届二次、三次会议精神，紧紧围绕全省改革发展大局，全面履行法律监督职责，各项检察工作都取得了新的进步。

一、加强领导班子和队伍建设，夯实检察工作发展根基

认真贯彻落实十八届四中全会关于建设高素质法治专门队伍的总体要求，积极适应加快推进法治山西建设的新形势，以提高公正廉洁司法能力为目标，着力打造高素质过硬检察队伍。

（一）加强思想政治建设。山西省人民检察院党组始终坚持把政治建检作为加强班子和队伍建设、做好检察工作的首要任务来抓。2014年，省院党组狠抓理论武装，在统一思想认识、坚定理想信念、增强把握大局能力上下功夫，突出抓好党的十八大、十八届三中、四中全会精神的学习，特别是把习近平总书记系列重要讲话精神的学习作为重大政治任务来抓，并把学习讲话精神作为必修课，纳入省院组织的各类培训班；省院党组集中理论学习15次，领导班子成员都参加了高检院组织的十八届四中全会精神专题研讨班。中央对山西省委领导班子作出重大调整后，重点学习了中央对山西工作的重要指示要求和省委王儒林书记讲话精神，迅速把思想统一到新的省委领导班子决策部署上来。扎实开展“增强党性、严守纪律、廉洁从政”专题教育活动和“争创职业道德模范”活动，引导检察人员加强党性修养、强化纪律意识、树立法治观念、坚守职业良知、永葆清廉本色。全省检察机关共有10名个人、5个集体受到最高人民检察院表彰或授予荣誉称号。

（二）加强领导班子建设。认真坚持民主集中制原则，修订完善党组会议和检察长办公会议议事规则，“三重一大”都经过集体讨论。严格组织生活，积极开展批评与自我批评，自觉接受群众监督，党组成员积极参加双重组织生活，虚心听取普通党员的意见建议。党组成员认真执行党政领导干部廉洁自律的各项规定，认真贯彻落实中央八项规定，坚决纠正“四风”问题。严格履行“一岗双责”规定，抓好分管部门廉政建设。主动“接地气”，深入基层帮助解决实际问题，共下基层调研指导40余次。坚持检察长接待日制度，省院领导班子成员共接待群众来访64件96人，当场答复34件，留材料审查办理30件，办结21件，9件正在办理中。

（三）加强素质能力建设。坚持以领导干部、业务一线和基层检察人员为重点，持续推进大规模正规化岗位培训，省院共举办16期培训班，培训检察人员2005人次。深入推进“351”人才选拔培养工程，加强动态考核管理，增进人才队伍活力。深入开展岗位“学、练、赛”活动，举办女公诉人、民事行政检察、控告申诉检察等职业技能竞赛，提高业务实战能力。组织制定岗位素能基本标准，为队伍专业化职业化提供了衡量标尺。

（四）加强自身监督制约。认真落实省委“六权治本”要求，强化监督者更要接受监督的理念，自觉接受监督。2014年，向人大及其常委会报告工作462次，召开人大代表座谈会556次，邀请人大代表视察工作141次，主动向政协和民主党派、无党派人士通报工作情况。邀请人民监督员参加执法检查活动，监督“七类案件或事项”80件90人。积极推进以检务公开为核心的“阳光检察”工程，举办检察开放日256次，开通门户网站、微博、微信、短信平台365个，召开新闻发布会51次，及时通报重要工作部署和重大案件的查处情况，最大限度地满足了人民群众的知情权、监督权。

（五）匡正选人用人风气。中央颁布实施新的《党政领导干部选拔任用工作条例》后，及时为机关各部门购置了新条例读本，形成人人学条例、人人懂条例、人人用条例的局面，为规范省院选拔任用工作营造了良好氛围。先后6次组织召开副处级以上干部座谈会，广泛征求干警对机关选拔任用工作的意见和建议。配合省委组织部完成了省院高配机构负责人、太原铁检分院2名班子成员以及省院3名副厅级干部的调整配备工作。坚持人岗相适、合理优化的原则，开展正处实职干部轮岗工作，机关17位处长进行了交流轮岗，优化了干部资源配置，增强了干部队伍活力。

（六）扎实开展教育活动。切实加强整改，巩固党的群众路线教育实践活动的成果，认真落实省委专项整治方案中省院配合完成的4项工作任务，完成了清理机关借用人员、规范办公用房等专项整治工作。对照省院群众路线教育实践活动“两方案一计划”和领导干部整改清单，修订完善了9项制度，新制定了8项制度，形成了用制度管人、管权、管事的约束机制。认真组织开展“学习讨论落实”活动，举办了专题理论研讨班，召开座谈会，组织问卷调查，在广泛征求意见的基础上，确定了6个方面30项具体问题的整治重点，安排部署在全省检察机关开展专项整治工作，重点解决各级检察院领导班子、领导干部在党性党风党纪和司法作风方面的突出问题。

二、大力加强党风廉政建设，从严落实“两个责任”

认真贯彻落实中央和省委关于党风廉政建设的总体部署，省院党组认真履行“主体责任”，大力支持派驻纪检组履行“监督责任”，坚持从严治党与从严治检相结合，全省检察机关党风廉政建设和自身反腐败工作扎实推进。

（一）从严落实“两个责任”。健全完善反腐倡廉工作领导体制和工作机制，制定落实责任制任务分解意见，明确党组和班子成员、各部门主要负责人工作目标和要求，修订完善了《全省检察机关党风廉政建设检查考核办法》，实行党风廉政建设工作与检察工作同部署、同考核，强化了各部门主动抓好党风廉政建设工作的责任心。召开全省检察机关落实“两个责任”电视电话会议，对各级院党组、纪检监察机构落实主体责任和监督责任提出明确要求。出台了《山西省人民检察院党组落实主体责任实施意见》和《山西省纪委驻省检察院纪检组省检察院监察处关于落实党风廉政建设监督责任的实施意见》，对院党组落实主体责任和纪检监察机构落实监督责任的内容、目标要求进行了明确，推动了“两个责任”的落实。

（二）坚持从严治检。不折不扣地落实中央八项规定，加强对规章制度落实情况的监督检查。开展“工作秩序涣散、纪律松弛”专项整治。建立了廉政监督员、党员干部婚丧嫁娶报告等制度，严防“四风”问题的反弹。采取重要节点督察和日常监管相结合，明查与暗访相结合等方式，对全省检察系统进行不间断的明察暗访和督察，对存在问题的30余个单位进行了点名批评，有力地促进了全省检察机关纪律作风的好转。把查办案件放在自身反腐倡廉建设的突出位置，严肃查处检察人员违纪违法案件，共处理线索案件48件次，查处违纪检察人员17人，其中3人受到留党察看和撤职以上处分。

（三）强化对执法办案活动的监督。加强对“一案三卡”、廉政档案等制度和规定落实情况的监督，落实《山西省检察机关办理企事业单位案件“十个不准”》，对违规办案行为一经发现，坚决纠正和查处。严格执行办案安全责任制，省院严肃查处了一起因办案人员不认真履职导致的办案安全事故，有关责任人受到了相应的检察纪律处分。

三、全面落实年度工作任务指标，主动服务保障经济社会发展大局

自觉把检察工作融入全省“六个发展”大局，充分发挥打击、预防、监督、教育、保护等职能作用，为全省经济社会发展提供了有力司法保障。

（一）维护社会和谐稳定取得新成效。发挥批捕、起诉职能，突出打击黑恶势力犯罪、严重暴力犯罪以及“两抢一盗”等严重影响人民群众安全感的犯罪，共批捕刑事犯罪12016件16413人，提起公诉19768件27920人，批准逮捕准确率和提起公诉有罪判决率均达到99.9%。贯彻宽严相济刑事政策，依法开展逮捕、羁押必要性审查，对4876人作出不批捕决定。认真做好未成年人犯罪检察工作。积极推进涉法涉诉信访机制改革，建立完善诉访分离、程序导人、案件办理、终结退出等制度机制，规范重大案件听证制度，落实检察长接访、巡访、下访等制度，依法处理群众举报、控告、申诉信访13403件次。完成了省委政法委工作方案要求的涉法涉诉信访积案清理工作。

（二）查办和预防职务犯罪工作取得新进展。坚决贯彻新一届省委关于反腐败斗争的决策部署，以“零容忍”的态度坚决查处腐败案件。全年共查办职务犯罪1419件1991人，其中查办大案945件，县处级以上干部要案155人（含厅级25人），追缴赃款赃物3.2亿元，立查要案数和厅级干部人数均为山西省历史最高。全省检察机关贪污贿赂犯罪案件侦结率达到90.5%，起诉率达到98%，渎职侵权犯罪案件侦结率达到91%，起诉率达到94%。紧密结合办案，开展预防职务犯罪“十百千”工程，共开展预防调查1588次，制作预防报告1457件，提出检察建议1527件，推动相关部门建章立制1488件，开展行贿犯罪档案查询109917次，开展警示教育和预防宣讲2230余次，受众达16万余人。

（三）诉讼监督工作取得新进步。依法监督公安机关立案766件、撤案678件，纠正漏捕645人，纠正漏诉1051人，纠正侦查活动违法3587件次。集中开展清理久押不决案件专项工作，清理纠正103件156人，首次实现久押不决案件清零的目标。开展减刑、假释、暂予监外执行专项检察活动，对违法暂予监外执行的98名罪犯依法收监，查办背后的职务犯罪12件13人。对认为确有错误的刑事裁判提出抗

诉477件，法院已审结373件，其中改判167件，发回重审154件。对认为确有错误的民事、行政生效裁判提出抗诉79件，法院再审改判42件，撤销原判发回重审23件，调解5件；深化督促履职和支持起诉两个专项活动，支持起诉2970件，帮助进城务工人员追索劳动报酬2300余万元。办理督促履行职责案件3646件，为国家挽回经济损失5亿余元。

（四）检察机制改革取得新发展。认真贯彻落实中央和省委关于推进司法体制改革的总体部署，研究制定《山西省检察机关司法体制改革试点实施方案》及单项配套制度，为下一步的试点工作打下了良好的基础。认真落实案件首办责任制，全面推行检察官介入命案现场勘查机制，从源头上遏制了命案冤错案件和“瑕疵”案件的发生。探索构建新型办案组织形式，建立由主任检察官主导的命案办案组，全程负责命案的现场勘验检查、审查批捕、审查起诉和出庭支持公诉，谁办案谁负责、终身负责，打破了检察机关内部职责分工界限，实现了捕诉合一，优化了办案资源配置，提高了办案质量和效率，降低了司法成本。

（五）信息化建设取得新成绩。高度重视信息技术与检察工作的深度融合，以现代科技手段提升检察工作管理水平，建成了综合业务应用、远程接访、案件信息公开等系统平台，全面推进网上办公办案，进一步深化检务公开，实现网上办案93000多件次，公开案件程序性信息4101条、重要案件信息179条、终结性法律文书135份、辩护与代理预约5件。

（尹桂珍）

附：省人民检察院党组书记、副书记、成员名单

书　记：杨　司

副书记：荣　彰

成　员：严奴国　秦文峰　武传慧（12月免职）
胡克勤　王国宏　王海林

2014年9月4日，山西省人民检察院干警在“争创职业道德模范”宣讲活动中重温检察官誓词

省政府各厅局党组(委)工作概况

省政府办公厅党组工作概况

党组书记　廉毅敏

2014年，在省政府党组的坚强领导下，省政府办公厅主动适应经济发展新常态，深入学习贯彻党的十八大、十八届三中、四中全会精神，认真学习领会习近平总书记系列重要讲话精神，坚决贯彻执行省委、省政府的一系列决策部署，充分发挥参谋助手和综合保障作用，围绕中心、服务大局，狠抓落实、转变作风，忠实履职、攻坚克难，各项目标任务扎实推进，各项工作取得明显成效。

一、深入学习贯彻习近平总书记系列重要讲话精神，扎实开展学习讨论落实活动，切实加强党风廉政建设和干部队伍建设

2014年办公厅党组始终坚持把思想建设作为党建的基础，把深入学习贯彻习近平总书记系列重要讲话精神作为首要任务，把开展好学习讨论落实活动作为重大政治任务，紧紧抓在手中。进一步巩固教育实践活动成果，坚决执行中央"八项规定"，持之以恒反对"四风"，严格落实党风廉政建设"两个责任"，切实加强领导班子和干部队伍建设，全厅党员干部呈现出敬业担当、履职奉献、积极进取、奋发有为的良好局面。

（一）扎实开展学习讨论落实活动，为"净化政治生态、实现弊革风清、重塑山西形象、促进富民强省"贡献力量。一是以学习贯彻习近平总书记系列重要讲话为统领，掀起学习讨论热潮。采取精读原著、集中研讨、领题辅导、专题讲座、梅山课堂、开辟网络专栏等方法，全面学习、深入领会党的十八大、十八届三中、四中全会精神和习近平总书记系列重要讲话精神，中央领导同志对山西工作的要求，省委书记王儒林同志有关讲话和省委、省政府决策部署，切实做到内化于心、外化于行。二是广泛征求意见，深入反思剖析，务实制定整改措施。坚持从严导向、问题导向、目标导向，紧紧围绕净化政治生态，结合工作实际紧盯重要岗位、关键时段、关键环节，在充分讨论反思和征求意见基础上，从严从实查摆问题，并细化"两个责任"，采取过硬措施加以整改。三是积极推进6项共同牵头领办和6项配合任务的落实。建立责任落实台账，每周督促工作进展，确保按时高效完成任务。随着学习讨论落实活动的深入开展，办公厅营造出了实现"净化政治生态、实现弊革风清、重塑山西形象、促进富民强省"人人尽责、人人担当的浓厚氛围。

（二）巩固党的群众路线教育实践活动成果，坚持持之以恒抓好整改。作风建设永远在路上。按照省委关于对第一批教育实践活动整改落实工作"回头看"、反"四风"整改落实情况"回头看"的部署和李小鹏省长的重要指示，厅党组分别于2014年6月和12月组织进行了以"上下联动、真正实改、发扬表率，全面提升三服务水平"为总要求的整改"回头看"和反"四风"整改落实"回头看"，扭住存在问题，紧扣工作实际，扎实进行整改。整改方案的18项任务中，要求立行立改的12项已按时完成，6项需要长期持续抓好的工作取得了新成效；"四风"专项整治方案的10项任务全部按时完成。

（三）从严落实党风廉政建设责任，切实加强厅领导班子和干部队伍建设。净化山西政治生态、实现弊革风清，必须严格落实管党治党责任，必须遵纪守法。我们切实加强党风廉政建设和反腐败工作，严格履行"一岗双责"制度，认真落实党风廉政建设主体责任和监督责任，研究制定"两个清单"，将反腐倡廉工作任务分解落实到每位班子成员、细化到分管处室，形成全厅上下共同参与、共同推动的工作局面。修订完善办公厅《廉政工作制度》，结合办公厅实际，明确提出了机

关干部“五不准”的要求,切实加强对机关党员干部廉洁自律的教育、管理、监督,努力构建“不敢腐、不能腐、不想腐”的长效机制。厅领导班子始终在思想上政治上行动上与以习近平为总书记的党中央保持高度一致。对重大工作、年度计划、机构变动、干部调整以及关系职工切身利益的事项,都认真执行民主集中制,做到广泛征求意见、充分沟通酝酿、集体研究决定,班子的凝聚力、战斗力显著增强。办公厅上下认真践行习近平总书记“三严三实”和“五个坚持”要求,强化“崇尚实干、狠抓落实”的优良作风,贯彻全国党委和政府系统秘书长会议精神,从党组到支部层层传导“抓落实”的理念和要求,形成了全员抓落实的工作合力。四是坚持正确的选人用人导向,做好干部选拔任用工作。全年全厅推荐厅级干部5名,交流任职厅级干部4名,平稳有序调整处级干部44名,营造了干事创业的良好氛围。五是大力开展干部教育培训工作。全年组织中管干部、省管干部参加中央、省委举办的培训116人次;举办11期“梅山课堂”,到课听讲2000多人次;160余名机关工作人员参加了在线培训,网络点击量达1万多人次,干部队伍综合素质得到提升。

二、加强综合协调,确保中央和省委、省政府决策部署落实到位

2014年,面对严峻复杂的经济形势,按照省委、省政府着力推进“六大发展”的战略部署,坚持把法治理念、依法行政贯穿于工作全过程,紧密围绕稳增长、调结构、促改革、惠民生、防风险等全局工作,主动、超前、多方协调,以严格的要求、积极的作为服务保障省政府决策的酝酿、制定、落实。

全力服务稳增长。一是协助出台一系列稳增长政策措施。在继续推动实施煤炭、煤层气和低热值煤发电3个20条、保障工业运行12条等措施的基础上,制定出台煤炭17条和缓解企业资金困难的财政、金融等措施。加强经济运行监测分析,协调组织召开省长专题会、月度经济形势分析会、省政府常务会,分析研究经济运行中的新情况、新问题,精心部署稳增长各项工作;协助省领导赴市县、部门和企业进行对口帮扶,协调解决重大问题。二是健全推进重点工程制度,加快重大项目实施进度。深入组织开展“项目见效年”活动,坚持“六位一体”统筹推进重点工程建设,健全落实省领导对口联系重点工程制度、重点项目周报制度、重点工程调度会制度,及时启动实施“百日百项”工程开工计划,扎实推进低热值煤项目环评、燃煤电厂超低排放、晋电外送通道、重大铁路项目的前期审批等工作。三是大力搞活流通促进消费,努力扩大山西对外开放。协调出台加快推进生产性服务业、健康和养老服务业、电子商务、旅游文化等鼓励消费的政策措施,参与组织“山西品牌中华行”、“山西美食走进联合国”等活动。参与研究制定扩大开放的若干意见和2014-2015年行动计划,精心协调筹备晋津、晋京产业协同发展对接会,协调推进外贸示范基地、航空口岸开放、保税区建设和晋陕豫黄河金三角区域合作,参与组织能博会、中美清洁能源合作会议等大型活动。

统筹协调促改革。一是深入推进综改试验区建设。以转型综改试验区建设为统领和切入点,大力推动实施转型综改三年实施方案和2014年行动计划,积极协调开展“转型综改攻坚年”活动。二是深化煤炭体制改革。发挥牵头抓总的推动作用,迎难而上、主动担当,协助省委、省政府研究出台《关于深化煤炭管理体制改革的意见》,在全国率先清理规范涉煤收费项目,大力推动实施煤焦公路销售体制改革,督促推动面向煤炭的省定行政事业性收费全部取消,违规收费项目全部取缔,遍布全省的1487个各类煤焦公路检查站、稽查点全部撤销。三是深入推进行政体制改革。积极协调,全面核实清理省级审批事项,承接、取消、下放、调整了一批行政审批项目,进一步推动简政放权。在全国率先推动省属国有企业财务等重大信息公开,积极推进工商注册制度便利化改革,探索建立土地开发整治多元投入机制,深化财税、金融、医药卫生体制等改革,启动交通企业及高速公路资产债务重组,一批事关转型全局的重大改革任务取得新突破。

多措并举调结构。一是积极化解钢铁、焦炭、水泥、电解铝等行业过剩产能,推进传统产业转型升级,协调设立新兴产业投资基金,推动轨道交通、煤机、电力装备和新能源汽车等新兴产业优化布局、加快发展。二是组织制定实施国家创新驱动发展战略山西行动计划、低碳创新行动计划,高起点推进山西科技创新城建设。三是组织开展环境保护大检查,圆满完成APEC会议期间空气质量保障工作,黄标车及老旧车淘汰工作年度任务,加快推进省城环境质量改善和省城环境综合治理,加大推进造林绿化和生态治理修复力度,推动污染减排和生态文明建设取得新成效。

千方百计惠民生。一是围绕社会救助、救济救灾、医改、中小学校舍改造、保障性安居工程、收入分配等工作,召开各类协调会和专题会40余次,修改出台文件20余个,努力为保障改善民生做好服务。二是参与制定出台《加强食品生产加工监督管理的15条工作意见》,组织开展了9项重点食品安全专项整治,着力保障食品安全。三是研究制定了新的10项强农惠农富农政策,全力协调办好农村“五件实事”,扎实推进改善农村人居环境工作,加快推进农村土地承包经营权确权登记颁证试点工作,大力推进扶贫开发,“三农”工作取得新突破。

主动作为防风险。一是加强和改进安全生产工作。协助出台《关于实行安全生产党政同责的意见》,组织开展全面的安全生产大检查,狠抓煤矿等重点行业领域安全生产工作,加强安全隐患治理,促进全省安全生产状况持续明显好转。二是深入推进“平安山西”建设,推动完善基层治理体系,努力化解社会矛盾,保持社会和谐稳定。三是全力协调解决融资难题,化解金融风险。研究出台文件,组织恳谈会、协调会、政银企对接月等活动,努力破解企业融资难题。积极稳妥防范处置金融风险,协调处置山西振富、联盛、海鑫集团债务风险等重大案件,着力优化我省金融生态环境。

三、深入调查研究，为省政府科学决策提供高效服务

按照全省改革发展总体部署，围绕《政府工作报告》目标任务，针对经济下行压力加大的严峻形势，深入研究并提出促进经济平稳健康运行的一揽子政策建议。协助服务省长赴太原、忻州、吕梁、朔州等市综合性调研、赴大西客专和太钢等专项调研、赴大同“访民生、知民情、解民事”活动、赴忻州参加市委常委班子民主生活会、赴晋中市及平遥县参加教育实践活动等各类调研活动54次，广泛收集改进加强政府工作的意见建议；服务省领导就气化山西、大气污染防治、医改、卫生、消防、道路交通安全、食品安全、文化旅游、太榆科技创新城建设、文物保护、高等教育改革发展、义务教育均衡发展、农业支撑项目等工作开展专题调研，形成一批高质量的调研报告。

坚持把文稿起草作为以文辅政的具体形式，并提出既高又实、既准又新的要求。组织起草《政府工作报告》及相关文稿，起草省长参加全国“两会”、党的十八届四中全会、中央经济工作会议、国务院部分省市经济形势座谈会、省部级领导干部专题研讨班等全国性会议发言材料及相关材料；起草马凯同志来山西视察汇报材料、“3·1”特别重大道路交通危化品燃爆事故检查报告、省政府领导班子工作总结、贯彻落实国务院政府工作报告具体措施的报告等向党中央、国务院和中央领导的汇报材料；起草省长在全省经济工作会议、省政府全体会议、第五届能博会低碳发展高峰论坛等各类会议、重大活动讲话发言180余篇，以文辅政的作用得到充分发挥。

四、转变会风文风，办文办会的质量水平进一步提高

办文做到减量提质。制定出台并严格执行公文办理工作制度，优化公文办理流程，压缩文件简报种类和数量，推行服务承诺、首问负责、限时办结制度，严把法律关、政策关、程序关、内容关、文字关，公文办理质量效率得到提升。去年制发公文600件，同比下降15%。办会做到务实高效。从严控制会议数量、经费、规模，规范会议审批管理和领导政务活动安排，会议数量减少、流程简化、时间压缩、讲话变短，会议质量效率普遍提高。去年组织承办各类会议187次，同比减少14%。政务接待做到节俭合规。认真执行中央八项规定和省里要求，完善公务接待办法，严把接待规格标准，严格接待报批程序，严肃接待工作纪律，公务接待做到了安全顺利、简朴节约、热情大方。去年共完成接待任务107批、831人次，同比分别下降11%、18%。

五、强化政务督查，促进政令畅通和政府执行力提高

督查是抓落实的“利器”。我们将狠抓党中央、国务院和省委、省政府决策部署的落实贯穿全年工作，采取动态跟踪督查、完善督办台账、建立交办单、严格限时办结、严肃责任追究等督查方式，破除“梗阻”、打通“经脉”，事事有落实、件件有回音，确保政令畅通、政策落地。围绕省政府目标任务开展决策督查。对《政府工作报告》的327项任务实行目标管理，分解细化责任、网络实时监测、全程动态跟踪、及时反馈结果，对其中的82项重点任务逐季进行现场督办问效。围绕重点难点工作和领导批办事项开展实地督查。强化对省政府常务会议、省长专题会议和调研确定事项的督促落实，组织实施稳增长促改革调结构惠民生政策措施落实、支持中小企业政策措施落实、涉煤收费清理规范、煤炭20条+17条、林业生态建设、道路交通、安全生产、就业收入物价、铁路配套设施建设、“抓落实、促发展”等专项督查20余次。此外，配合完成了国家审计署、国务院、国家部委督查组在我省开展的各项专项督查任务。并以省委、省政府两办名义开展了八项规定落实情况、清理整治奢华浪费建设等联合督查。做好人大代表建议、政协委员提案督办。创新工作机制，改进工作方式，规范办理程序，明确工作标准，加强与省人大、省政协的沟通联系，建立承办单位领办建议制和代表面商沟通量化制，共组织交办、督促指导办理人大代表建议913件、政协提案814件，有力推动了各级政府和部门的工作。

六、完善应急管理体系，进一步提高突发事件预防和处置能力

围绕中心，服务大局，以保障人民群众生命财产安全为核心，以提高预防和处置突发事件能力为重点，扎实推进应急管理工作。认真做好值守应急和信息报送工作。对基层值班情况不间断进行检查，严格落实领导带班、24小时值班和节假日双岗制度。科学有效处置突发事件。协助省政府应对处置晋城“3·1”道路危化品燃爆事故、临汾“4·26”永鑫公司煤气爆炸事故、长治机场“6·19”客机冲出跑道事件等239起突发事件和安全生产事故。全面加强全省应急管理和保障体系建设。建立了应急工作周例会制度，编制了《山西省突发事件应对工作总结评估报告》，修订出台了《山西省突发事件应急预案管理办法》，推动各类应急预案精编化，并组织了专项检查。组织了领导干部应急能力专题集训，协调开展了地震、民航等多个重点领域应急预案拉动演练。对全省应急保障建设情况进行了深入细致的统计和调查摸底，为整合资源、统筹调度，科学高效应对和处置突发事件奠定了基础。

切实加强省政府机关门前信访工作的研判和处置。加强领导、明确分工、密切协作、把握政策，强化预案演练和现场处置的有机结合。一年来，共妥善处置群众信访1778批次，26428人次，维护和保障了省政府机关正常的工作秩序。

七、推进政务信息公开，加强电子政务建设

大力推进政务公开，健全政府信息公开制度，加强政府网站和电子政务建设，充分发挥政府公报作用，为公众提供便捷的信息服务。信息公开方面：组织起草《山西省政府信息公开规定》并推动颁布施行，加强政府信息公开指导、监督和

检查,组织省、市两级信息公开业务培训,不断规范信息公开的内容、程序和方式,一大批影响面大、社会关注高的政府信息得到及时准确公开,政务公开和信息公开水平得到提升。网民留言方面:人工监测网络舆情10047条,确保了舆情态势的总体平稳。收集网民留言13828件,办理6606件,一大批涉及群众切身利益的问题得到妥善解决,架起了政府与群众的“连心桥”。电子政务建设方面:组织开展电子政务外网扩容、政府门户网站优化、信息资源共享安全保密、办公终端维护等工作。制定省政府系统电子政务内网建设方案,加快推动政府门户网站升级改造,省发改委已经进行了评审;加强省政府门户网站信息内容保障和日常维护,共发布、更新各栏目信息22677条;全省政府系统电子政务网络覆盖所有市县和125个省直部门,政府工作效率明显提升。

(黄祥树)

附:省政府办公厅党组书记、成员名单

书　记:廉毅敏

成　员:巨宪华　白秀平　马彦平

闫晨曦(1月任职)　盛佃清　郭　立

刘德政(1月任职)　张广勇

余瑞卿(1月离职)　李秋柱(1月任职)

武健鹏(1月任职)　梁敬华(8月任职)

高建军(8月任职)

省发展和改革委员会党组工作概况

党组书记　王　赋

2014年,面对复杂严峻的经济形势和繁重艰巨的改革发展任务,省发改委党组在省委、省政府的正确领导下,深入学习贯彻落实党的十八大、十八届三中、四中全会精神和省委十届六次全会、全省经济工作会议精神,坚决贯彻落实中央和省委、省政府的各项决策部署,强化主体责任,坚持解放思想、统筹谋划、狠抓落实,党建工作和业务工作均取得新成绩、做出新贡献。

一、持续加强党建工作,进一步提高履职能力

发改委党组坚持把抓好党建作为最大政绩,严格落实党要管党、从严治党要求,持续狠抓领导班子和干部队伍建设,不断提高履职能力。

(一)高质量开好党组2014年度民主生活会。作为王儒林书记的联系指导单位,发改委党组按照中央统一要求和省纪委、省委组织部的安排部署,紧扣“严格党内生活,严守党的纪律,深化作风建设”的主题,以“认真贯彻中央八项规定精神、坚决反对‘四风’、持续抓好整改落实”为重点,进一步查摆、整改发展改革工作职能和作风上存在的问题,严肃认真开好民主生活会。王儒林书记亲自审查了发改委党组和党组书记的对照检查材料,2015年1月6日利用一天时间全程参加指导委党组民主生活会,并给予了充分肯定,他指出“省发改委党组这次民主生活会开得很成功,会前准备工作扎实充分,批评和自我批评体现了动真碰硬,整改方向和措施明确具体,与开展学习讨论落实活动结合得好,是一次标准较高、质量较高的民主生活会”,并要求我委从“深入学习贯彻习近平总书记系列重要讲话精神,履行‘两个责任’、全面从严治党”、“深入开展党风廉政建设和推动反腐败斗争,实施‘六权治本’”、“适应经济发展新常态,推进‘六大发展’”、“以综改为统领、全面深化改革”、“进一步改进作风,狠抓落实”五个方面为全省各级各部门树榜样、作表率。

(二)扎实开展学习讨论落实活动。按照省委统一安排和要求,结合发展改革工作实际,确定“革弊立新、勇于担当,做‘六权治本’的践行者、做‘六大发展’的领头羊,全面推进职能向发展研究、改革带动、规划引领、重大布局、统筹推进、监管服务‘六项职能’转变,作风向廉洁型、学习型、创新型、效率型、法治型、服务型‘六个作风’转变”的活动主线,凝神聚焦,深入对标查找各方面突出问题,扎实做好学习讨论落实活动各项工作。在学习方面,围绕深入学习习近平总书记系列重要讲话精神,认真学习中央领导集体的优良作风,继续开展班子成员、处长上讲台活动,并编印上讲台辅导材料,坚持每周二、五下午的学习讨论,通过学习使广大党员干部进一步深化了认识、统一了思想、凝聚了力量。在讨论方面,认真组织开展党组中心组、支部、党小组等多层面讨论,从党组成员到一般党员干部,均紧紧围绕讨论重点,自觉把单位摆进去、把自己摆进去,统一思想、凝聚共识。在整改落实方面,归纳梳理出18个方面、50项问题,列出涵盖投资管理、资金安排、公共资源交易等方面的专项整治项目清单,逐问题明确整改目标、措施、时限、责任领导、牵头处室等,坚持边学边改、边查边改、立说立改。目前,活动已取得初步成效,形成了一些制度性成果。

(三)狠抓党风廉政建设。一是严守政治纪律和规矩。发改委党组成员带头讲政治、顾大局、守纪律,在思想上、政治上、行动上与以习近平同志为总书记的党中央保持高度一致,自觉维护中央和省委权威。二是严格责任落实。履行“两个责任”,编制了《委党组关于落实党风廉政建设主体责任的责任清单》,明确了包括党组班子的集体责任、党组书记的第一责任、班子成员的分管责任、机关各处室和委属单位负责人的直接责任等内容的党组主体责任。研究制定了《省纪委监察厅驻

省发改委纪检组监察室落实监督责任的责任清单》，明确了驻委纪检监察机构的监督责任。三是牢固树立正确的选人用人导向。严格干部选拔任用程序，坚持按原则办事，重实绩、重能力任用干部，干部选拔任用工作得到了全委的普遍认可。落实省委推进"三个一批"工作部署，细化了认定不廉洁干部的8种情形、不作为干部的8种情形和善作为干部的8种情形。四是加强制度建设。坚持制度先行，规范权力运行。对所有政府投资项目均实行会审会签制，对能源、交通、工业、水利、社会等领域的重大项目和政府投资的重大项目实行办公会集体决策，全委所有审批、核准、备案事项均纳入省电子监察范围实行实时监控。同时，积极探索创新审批核准方式，调研制定了低热值煤发电项目核准实施方案，提出了"十准入"门槛条件、"十优先"竞争机制，确立了两轮专业组推荐、项目公示、实地调研的工作程序，在半年左右的时间里从70余个项目中分四批优选确定了24个项目发放"路条"，大大提高了核准工作效率，受到企业和社会各界的普遍肯定。五是推进两个平台建设。在认真调查研究的基础上，制定了我省整合建立统一规范的公共资源交易平台实施方案，将各市、各部门分散设立的工程建设项目招标投标、土地使用权和矿业权出让、国有产权交易、政府采购等四类公共资源交易平台纳入统一规范的平台体系。配合省政府办公厅、省编办研究制定了我省综合性政务服务平台建设工作方案，加快推进行政审批(许可)执法主体及服务部门"一厅"办公和"一条龙"服务。

(四)认真做好基层党建工作。落实"三会一课"制度，加强对各支部(党委、总支)坚持"一课三会"情况的监督检查，发挥好各支部的战斗堡垒作用。印发《关于做好省发改委机关基层党组织建设工作的通知》，及时充实调整基层党组织。开展党员年度民主评议，对先进基层党组织和优秀党员进行了表彰。坚持围绕中心、服务大局，广泛开展向段爱平同志、白喜明同志学习等精神文明创建活动，积极组织参加省直机关第四届职工运动会、省直工委五项全能比赛等文体活动，扎实做好统战群团各项工作。

二、统筹做好发展改革工作，努力促进富民强省

充分发挥综合经济部门职能，多措并举，勇于担当，积极应对经济下行压力，认真做好稳增长、促改革、调结构、惠民生、防风险各项工作。

(一)全力抓好投资项目工作。在扩大投资规模上持续发力。年初提出四大领域1.17万亿元投资盘子，4月、11月又牵头提出365亿元新增投资计划和"百日百项"工程开工计划。在加快重大项目前期工作方面持续发力。1920万千瓦低热值煤发电项目、4条外送电通道、大张铁路、太焦铁路、采煤沉陷区治理等一批重大项目前期工作进度全面加快。在拓宽投融资渠道上持续发力。上半年下达省级政府投资计划比重超过90%，在基础设施领域首次发布40个鼓励社会资本参与建设营运的项目。全年固定资产投资超过1.2万亿元，其中，战略性新兴产业投资占比达到46%，民间投资占比达到59.2%。在深化投资体制改革方面持续发力。继2013年大幅取消、下放行政审批权限后，2014年进一步下放了保障性住房、商品房、加气站、采煤沉陷区治理、"四气"从业资格等10项投资项目审批权限，截至2014年年底，省级政府层面的475项行政审批事项中，发改委仅有9项；出台新的投资管理流程图，前置条件和中间环节减少50%以上；精简修订2004年版企业投资核准目录，除国家明确要求由省核准的项目外，全部取消或下放到市县政府，省级核准类项目减少幅度达45%以上。在加强事中事后监管方面持续发力。印发《关于加强投资项目监管的实施意见》，牵头研究并报省政府出台《山西省政府投资项目竣工验收管理办法》。建成并运行重大项目稽察监管信息系统，对中央预算内投资、省级政府投资、电力等重点领域项目进行了专项稽察，调研起草了《山西省重大项目稽察管理办法》报省政府。在督导推进市县投资方面持续发力。针对一些市县新开工项目进度偏慢、投资增速波动加大的问题，对11市投资总量和投资增速进行双考核，多次开展专题调研督导，加大对项目实施的协调力度，和市县投资工作形成了合力。

(二)统筹推进转型综改攻坚。全面完成2014年"3675"综改《行动计划》中确定的年度任务。其中，19项重大改革形成制度性成果文件58个，60项重大事项出台推进举措文件86个，百度云计算中心等25个项目已建成或部分建成投产。全面深化改革经济生态专项小组60项重点改革年度任务全部完成，形成了80多项制度性成果。特别是，重点领域改革取得突破。煤炭改革方面，清费立税改革成效显著，销售体制改革全面启动，煤电一体化改革深入推进，大用户直供电试点持续扩大。国资国企改革方面，"3311"重点任务全部启动实施，省属国有企业财务等重大信息公开办法(试行)、厂办大集体改革实施意见已经出台。行政审批制度改革方面，积极落实和承接117项国务院取消、调整、下放的行政审批事项，进一步取消、下放和调整了60项省本级行政审批事项，目前省政府各部门保留的行政审批事项475项。工商改革方面，全省新登记公司制企业51333户，增长67.9%，新增注册资本2532亿元，增长39%。公车改革方面，制定印发《山西省公务用车制度改革工作安排意见》，明确了工作任务和部门分工。起草了我省《公务用车制度改革总体方案》，并报省公务用车制度改革领导小组审议。

(三)切实加强重大政策研究。加强对苗头性、倾向性问题的跟踪研究，及时提出政策建议，较好地发挥了参谋助手作用。提高经济运行监测水平。牵头组织召开经济形势分析联席会议，加强对煤炭产业、投资运行、企业融资等领域的深度分析，按月向省政府常务会议汇报全省经济运行情况。省政府以内部情况通报的形式3次向全省印发了分析报告，国家发改委月度点评中6次表扬我省经济运行预测工作。加强重大政策研究。牵头研究起草报省政府出台各类重大规划、重大政策30余项，包括《山西省主体功能区规划》《山西省加快发展生

产性服务业促进产业结构调整升级的实施意见》《贯彻落实国家能源发展战略行动计划(2014-2020年)的实施意见》《关于推进全省燃煤发电机组超低排放的实施意见》《应对气候变化规划(2013-2020年)》《社会信用体系建设规划(2014-2020年)》等。

(四)深入推进产业结构调整。部署推进文化旅游、装备制造、新能源、新材料、节能环保、食品医药、现代服务业发展,在"十三五"规划中列出专项规划,分产业、分行业研究提出有针对性的扶持政策。牵头提出现代煤化工、轨道交通装备、煤机装备、煤层气装备、电力装备、煤化工装备、铝工业等七个领域重大项目布局推进意见,批复装备制造业9个专项布局规划、铝工业8个专项布局规划,积极督促协调规划内重大项目实施,2014年全省规模以上装备制造业增加值比上年增长13%以上,占规模以上工业增加值的比重超过9%。编制《晋北现代煤化工基地产业发展规划》并上报国家。提出了综合能源基地建设的基本思路、建设布局、支撑体系;发放24个低热值煤发电项目"路条",总装机2104万千瓦;争取4条外送电通道获国家"路条",可新增外送电能力2000万千瓦;新能源装机达到1013.3万千瓦,核准在建装机661万千瓦;全年实现新增气化人口300万,全省气化总人口达到1500万。全面完成化解产能过剩任务。落实服务业发展优惠政策,全省服务业增加值完成5628亿元,增长7%,占地区生产总值的比重达44.1%,比2013年提高4.1个百分点。

(五)持续加大保障改善民生力度。坚持建机制、补短板、兜底线,安排更多资金用于保障和改善民生,有效发挥了民生工作"一举托两头"的作用。牵头办好"五件实事"。建立月报制度,组织省直各有关部门对所承担工作任务进行细化分解,易地扶贫搬迁、农村幼儿园改扩建工程、新型职业农民培训、农村困难家庭危房改造、乡村清洁工程均完成年度任务。加快采煤沉陷区治理步伐。牵头编制了《山西省采煤沉陷区治理综合规划》和2014年工作方案,在7个市县启动实施了8个试点项目。研究将我省采煤沉陷区治理工作完成时间由2020年提前至2017年。加大教育、医疗等社会事业支持力度。重点支持县级医院、乡镇卫生院、村卫生室等基层医疗单位和省、市、县三级医疗卫生机构建设,着力改善贫困地区办学条件,全面加快健康、养老、社区服务、儿童福利、计生服务、体育、文化等公共服务设施项目建设。扎实推进生态环境治理工作。实施节能产品惠民工程,大力发展循环经济,支持省城环境综合整治,扎实推进垃圾污水处理、重要河流河道治理、水土流失综合治理、晋祠泉复流等生态修复工程。年度援疆任务全面完成。2.5亿元援建资金拨付到位,21个援疆项目年度任务全面完成。

(六)积极争取国家政策、项目、资金支持。紧密对接国家,主动反映我省诉求,在政策、项目、资金方面争取更多支持,助力全省经济社会发展。政策方面:争取"晋陕豫黄河金三角区域合作规划"获国务院批复,《百里汾河新型经济带发展战略规划》纳入国家区域发展战略,部分市(县)分别被列为国家循环经济示范城市、主体功能区试点、光伏扶贫试点、信息惠民试点、电子商务示范城市、综合利用"双百工程"示范基地,太原市万柏林和平老工业区、太原高新技术产业开发区分别被纳入全国城区老工业区搬迁改造试点、国家首批低碳工业园区试点。项目方面:争取国家核准或同意开展前期工作的项目20余个,涉及煤炭、煤炭地下气化、电力、冶金、交通基础设施等多个领域,其中,大张铁路、太焦铁路列入铁路总公司2014年20项前期储备项目,大张铁路项目建议书获批。资金方面:争取中央投资84.3亿元,争取国家核准我省发行企业债券44亿元,争取国外低息优惠贷款3.1亿美元。

(王淼磊)

附:省发展和改革委员会党组书记、成员名单

书　记:王　赋

成　员:李永平　王　成　赵友亭　程泽业　王晓胜　刘　锋　徐安崇(6月离职)　胡景善　邢文奇　王野彬(12月离职)　魏茹生(6月任职)　李海生(6月任职)

省经济和信息化委员会党组工作概况

党组书记　张华龙

2014年,在省委、省政府的正确领导下,山西省经信委认真贯彻党的十八大和十八届三中、四中全会精神,积极落实中央和全省经济工作会、全国工业和信息化工作会议各项部署,坚持稳中求进工作总基调,积极应对经济下行压力,科学务实、勇于突破,全省工业经济转型升级取得新成效,领导班子和干部队伍建设迈上新的台阶,党风廉政建设水平实现新提升。

一、迎难而上,稳中求进,工业经济保持平稳健康发展

2014年,我们紧紧围绕工业转型升级这个中心任务,抓调控稳增长、抓产业调结构、抓载体优布局、抓节能促转型、抓信息促融合,各项工作取得了显著进展。

(一)抓调控稳增长,全力保障工业经济平稳运行

一是加强运行监测预警。健全监测调度体系,加强对重点企业、重要生产要素、重大增长点的监控;强化目标管理,

按月通报进度,按季发布预警;制定稳增长保运行实施方案,适时召开稳增长会议,加强应急管理和行业安全监管,确保工业运行平稳和生产安全。

二是强化要素协调保障。推进煤电一体化发展,省调20万千瓦及以上主力火电企业中,有30户实现煤电联营,装机容量2716万千瓦,占比达到75%,未实现联营的企业全部与省内煤企签订了长协合同;实施大用户直供电,全年交易电量180亿千瓦时;全力做好提升中国(太原)煤炭交易中心功能的牵头工作,积极扩大价格指数覆盖面和影响力,完善现货交易,开展场外试点。截至2014年年底,交易中心注册交易商已达9763户,煤炭现货日常交易量达到13.13亿吨,交易额达到6523.88亿元。

三是深入开展企业帮扶。牵头开展省属重点工业企业帮扶,实施一企一策,精准帮扶;狠抓重点项目投产达效,全省184个预增产值亿元以上的项目,有159个项目投产或部分投产,新增产值660.3亿元;采取"一直供两缓缴"的帮扶措施,缓解铝工业企业生产经营困难;实施涉企收费目录清单制度,推动煤焦公路销售体制改革和焦炭行政审批制度改革;加强铁路运输协调,保障重点企业、重要物资的运输需求。

四是着力破解企业融资难题。分两批向金融机构推荐224户重点企业,引导金融机构优先向企业授信296亿元,投放贷款154亿元;向金融机构推荐中小微企业1500户,帮助715户中小微企业落实贷款101亿元。

2014全省规模以上工业增加值增长3%,非煤产业增加值占工业比重达到48.4%。

(二)抓产业调结构,不断夯实工业发展后劲

一是实施项目带动。贯彻"项目见效年"要求,着力推动2718个工业转型升级项目建设,1321个项目建成投产或部分投产,完成投资1500亿元。统筹安排省级专项资金7.65亿元,争取国家专项资金3亿元,对419个项目予以重点支持,带动社会投资235亿元。2014年,全省工业固定资产投资完成5054亿元,增长7.5%,占全社会投资的42.2%。

二是促进传统产业优化升级。健全支持企业技术改造长效机制,加快焦化、钢铁、有色、水泥等传统产业技改项目推进实施,2014年,全省技术改造投资同比增长21.5%。

三是打造新支柱产业。坚持把扶持先进装备制造和煤化工产业作为转型升级的重要任务,制定并围绕轨道交通、煤矿机械、发电装备、煤层气装备、煤化工装备、煤化工布局抓项目落实。积极推动北车集团太原铁路装备造修基地、阳煤年产100万吨合成气制乙二醇等重点项目建设。2014年,全省装备制造和煤化工行业实现增加值分别占全省工业的9.3%、4.2%,成为我省工业第三、第五大行业。

四是培育战略性新兴产业。出台加快推进工业节能环保产业发展行动方案和新能源汽车产业发展若干政策措施;支持现代煤化工、节能环保、新材料等新兴产业项目建设;推进光伏、LED、软件服务业以及云计算、物联网等信息技术产业发展,新兴产业培育扎实迈进。

五是提升企业创新能力。加快重点行业共性关键技术研发,推进406个技术创新项目,完成研发投入13.8亿元;加强企业技术中心建设,全省国家级、省级企业技术中心分别达到26户、208户;太重、太钢在国家技术创新示范企业评价中分列第1位和第3位。

2014年,新兴产业全年完成投资2750.1亿元,增长10.6%,占工业投资比重的54.4%。

(三)抓载体优布局,工业经济发展素质得到提升

一是优化产业布局。完成新能源汽车、节能环保、电子信息等重大项目布局推进意见;推进中铝公司运城和吕梁两个百万吨铝循环产业基地、阳煤兆丰铝业等四大循环园区建设,为加快我省铝工业转型发展进行了有益探索。

二是推进企业重组整合。出台《关于加快推进企业兼并重组指导意见》,提出了我省焦化、电力、钢铁、水泥、煤化工、电解铝等六大重点行业兼并重组目标,强化了对企业兼并重组的政策支持和方向引领;巩固焦化兼并重组成果,全省焦化企业已由重组前的223户减少到73户,户均产能由70万吨提高到200万吨以上。

三是支持平台建设。实施工业园区公共服务能力提升工程,支持34个园区公共服务平台项目建设;目前全省共有国家级新型产业示范基地4个,省级新型产业示范基地20个,工业园区逐步成为区域经济转型升级的平台。

四是支持中小微企业集群发展。培育创新型、创业型、劳动密集型中小微企业成长。全年新创办小微企业6万户以上、新增加"小升规"企业200户以上、新培育"小巨人"企业100户以上,中小微企业集群发展、特色发展水平大幅提高。

五是加强口岸综合协调服务。积极推进口岸大通关建设,先后与沿海及中西部12省份签订促进口岸大通关合作协议。大力培育太原航空口岸国际市场,新增国际及地区航线5条,全年出入境人数达38.58万人次,增长20%。

(四)抓节能促转型,提高工业低碳绿色发展水平

一是抓好节能降耗攻坚。加强节能目标责任考核和预警调控,严格高耗能行业投资项目节能评估审查,开展能效对标活动,推广应用先进适用节能技术,推进合同能源管理,强化节能执法监察,扎实推进甲醇汽车、节能量交易、企业能源管理体系建设试点。发布实施了14项节能标准,起草13项节能地方标准;推动650个节能改造项目,有258项建成投产,实现节能量200万吨标准煤。2014年我省万元GDP能耗下降4.18%。

二是强化工业固废利用。将朔州市列入全国12个区域工业绿色转型试点城市,会同朔州市政府组织召开"2014亚洲粉煤灰及副产石膏处理与利用技术国际交流大会";大力发展循环经济,推动工业清洁生产,推进217个资源综合利用重点项目,目前已有99个项目建成投产,年可利用粉煤灰521万吨、煤矸石414万吨。全年工业固废综合利用率达到62.9%。

三是积极化解过剩产能。制定水泥、钢铁等行业清理整顿方案,全面清理、分类处置违规项目,严禁新增过剩产能项

目,坚决淘汰落后产能。全年淘汰钢铁425万吨、水泥110.5万吨、焦炭1058万吨、电力57.4万千瓦、电石23.6万吨、铁合金8.13万吨,完成或超额完成国家下达我省的淘汰落后目标任务。

四是推进煤电企业超低排放改造。按照“先试点改造,后全面铺开”的思路,扎实推进瑞光电厂等4户试点企业实施改造。瑞光电厂一号机组已成为我省第一个实现超低排放的发电机组,全省燃煤发电机组超低排放提速工程迈出了坚实的一步。

(五)抓信息促融合,提升全社会信息化水平

一是稳步推进两化融合。研究制定全省信息产业重大项目布局规划,开展《山西省信息化促进条例》及两化融合管理体系、信息技术服务标准宣贯活动;推动太钢、经纬纺机等12户企业入选“2014年两化融合管理体系贯标试点企业”,工业领域信息化水平持续提升。

二是努力促进信息消费。启动宽带山西2014专项行动,加快全省无线局域网建设,全省宽带用户普及率达15.6%,居全国第10位;出台《山西省促进信息消费实施方案》,推动太原信息消费试点和阳泉、长治、晋城等国家“智慧城市”试点建设,社会信息化水平明显提高。

三是强化信息安全基础工作。加强信息安全制度和标准体系建设,《山西省信息技术外包服务管理规范》等列入我省地方标准修订计划;组织协调有关部门开展网络安全检查,网络安全专业化服务能力得到提升;强化频率台站管理,积极查处各类无线电干扰,保障了民航通信导航、铁路运行调度、公众移动通信等重要无线电业务的安全畅通。

二、凝聚共识,坚定信念,汇聚推动工业转型升级的正能量

按照中央和省委、省政府的要求,发改委党组一班人团结带领全委干部职工强化政治理论学习,坚定理想信念,守纪律讲规矩,着力提升履职能力。

一是深入学习习近平总书记系列重要讲话精神。始终把学习习近平总书记重要讲话作为事关全局的首要政治任务来抓。坚持委党组带头学习,班子成员认真参加各支部组织的学习活动,中心组全年集中学习13次,其中专题学习习近平总书记重要讲话4次。加强集中辅导学习,安排96名处级干部和130余名党支部书记参加学习培训,7次聘请省内外专家学者进行专题辅导,组织7个支部分别集中学习4次以上。鼓励干部自学,全委每名干部都撰写了心得体会,开展学习交流,努力做到真学、真懂、真信、真用。

二是认真开展学习讨论落实活动。认真贯彻王儒林书记全省学习讨论落实活动动员大会讲话精神,以高度的政治责任感和使命感推动活动深入开展。加强组织领导,成立活动领导组,制定实施方案,将活动的重点内容进行细化分解,确定了开展资金分配、作风建设和焦化行业突出问题等专项整治工作任务;召开动员大会,及时统一思想、凝聚共识,增强全委干部开展活动的主动性和自觉性;认真组织学习,印发《学习讨论落实活动50问》等专项材料,全委系统1100余名党员干部实现了全覆盖;扎实开展反思剖析,召开5次党组(扩大)会,深入查找了6个方面40个问题,形成了《委党组反思剖析报告》报省委督导组,学习讨论落实活动正按照省委统一部署扎实推进。

三是严明党的政治纪律。认真学习领会中央和省委重大决策部署,全面贯彻落实中央对山西工作的重要指示,确保全委干部始终在政治上、思想上、行动上同以习近平同志为总书记的党中央保持高度一致。强化党章党纪、理想信念教育,增强干部职工的政治定力,做到步调一致、令行禁止;强化政治纪律和政治规矩教育,增强全体党员按照党内生活准则和各项规矩办事的自觉性;强化干部作风纪律教育,对新提任的17名处级干部,按照程序进行廉政谈话,增强发挥表率、廉洁从政的主动性和自觉性。

三、聚焦“四风”,立整立改,持之以恒抓好作风建设

2014年,发改委深入落实中央八项规定精神,巩固拓展群众路线教育实践活动成果,扎实开展专项整治,机关作风建设取得明显成效。

一是巩固群众路线教育实践活动成果。认真开展群众路线教育实践活动问题整改落实“回头看”工作,针对省政府分解我委的6项牵头整改工作、省委巡视组反馈的17个问题和我委汇总的37个意见建议,制定方案,逐项改进,全面落实。针对项目资金使用重点不突出、统筹管理不够严格的问题,研究制定了《专项资金统筹管理办法》《工业转型升级项目统筹机制工作方案》,优化了资金安排流程,强化了转型项目的统筹规划;针对直属单位管理不到位的问题,制定了《委属单位管理规定》等制度规定,先后提任委属单位班子成员23名,加强了委属单位管理和班子建设。

二是认真执行八项规定。狠抓中央八项规定和省委四个实施办法的落实,强化对文件会议、公务接待、公务用车等事项的监督管理。2014年全委共制发1229份文件,同比下降22.6%,“三公”经费比上年压缩20%以上。聚焦“四风”问题,在元旦春节、中秋国庆等重要时间节点,及时召开会议,传达精神,不折不扣落实中央八项规定。开通网络举报信箱,对下属单位一名党员干部公车私用问题进行了严肃查处。围绕八项规定精神和机关工作实际,完善了机关52项工作制度,促进了机关工作规范高效运行。

三是扎实开展专项整治。落实省纪委有关要求,持续开展“工作纪律涣散、纪律松弛”专项整治,坚持机关每月2次考勤抽查,对行办和委属事业单位进行明察暗访,机关工作纪律明显改善。认真清理规范协会工作,对主管的60余家行业协会进行整顿,34名在职公务员不再担任协会职务,解决了协会内部管理不规范等问题。完成了领导干部个人有关事项报告、超职数配备干部专项治理、“借用人员”专项治理、“吃空饷”和“编外用人”专项整治等工作,机关作风建设取得明显成效。

四、转变职能，提升素质，打造奋发有为的领导班子和干部队伍

2014年，发改委认真落实中央和省委省政府的决策部署，抓队伍、强素质、转作风，全委干部职工服务基层企业、推动工业转型升级的能力显著增强。

一是努力打造团结进取的领导班子。坚持中心组学习制度，围绕中央大政方针和省委省政府决策部署认真开展集体学习，班子成员政治意识、大局意识、责任意识明显增强。注重沟通协调，班子成员之间经常谈心交流，交换意见，相互尊重、坦诚相待。坚持协调配合，分工不分家，互相补台、并肩奋斗，形成了推动工作的强大合力。坚持民主集中制原则，对人事调整、资金统筹、项目安排等重要事项坚持集体研究、科学决策，有效提升了班子的凝聚力和战斗力。坚决贯彻《廉政准则》，围绕"严格党内生活，严守党的纪律，深化作风建设"，召开党组民主生活会，认真反思剖析，开展批评与自我批评。政治坚定、勇于担当、干事创业成为领导班子的党性共识和责任担当。

二是健全完善科学选人用人机制。按照《党政领导干部选拔任用工作条例》，健全培养选拔任用优秀人才的机制。加强干部队伍梯队建设，全年共提任处级以上干部23名，平级调整干部11名，程序严谨、公开透明，营造了风清气正、干事创业新常态。强化人员日常管理，完成工经联等5个下属单位的聘用工作，整理规范了委属48个企事业单位的人员信息，督促4名在编停薪离岗人员返回工作岗位，为规范选人用人夯实基础。通过严格干部监督管理，健全选人用人机制，有效激发了干部队伍的整体活力。

三是大力实施干部教育培训。制定了《关于加强干部教育培训工作的意见》，选调37名干部参加中组部、省委组织部的调训；安排536名干部参加2期联合培训班和12期干部选学专题培训班；举办业务知识培训班15期，培训干部200多人次；206名公务员和事业单位省管干部参加在线学习，完成学时数17781小时，人均86.3学时；组织机关公务员阅读《中国经济双重转型之路》等书籍，开展2次读书心得体会交流，举办有关工业结构调整与转型升级方面的专题讲座9次。通过学习培训，全委干部综合素质持续提升，为履职尽责和谋划发展奠定了坚实的基础。

四是全面加强党组织和精神文明建设。认真落实党建责任制，着力增强党组织的凝聚力和向心力。深入贯彻"党要管党、从严治党"要求，建立严格的党建工作责任制，作为委内绩效考评的重要内容，在全委形成党建工作齐抓共管的良好局面。夯实基层党组织建设，对5个党委、3个支部班子成员进行调整，对23个优秀基层党组织、169名优秀共产党员进行了表彰。开展机关特色文化建设，总结提炼出"求是、守正、高效、融合"的核心价值观和"敬业奉献、勇于担当、求实创新、追求卓越"的机关精神，强化了机关文化理念建设，得到了省直工委的充分肯定。积极开展精神文明创建，组织工间操、拔河比赛、读书演讲等系列活动，赴汾阳贾家庄开展了"以提升执行力、提高凝聚力"为主体的拓展训练，强化了干部职工的团队意识和大局意识，增强了党员干部的集体荣誉感。

五是扎实做好后勤服务保障和包村增收工作。加强财务管理，认真做好财务预算、决算，提高了资金使用效益；配合审计部门做好资金管理专项审计，对存在问题进行了及时整改。强化后勤保障，完善机关信息化建设，更换电脑、打印机等办公设备，开展机关大院环境整治，全委办公条件进一步改善。关心老干部工作，落实阅文、政治学习等制度，坚持老干部生日、节庆假日探望拜访；组织老干部开展"爱我经信?健康同行"五一健步走等大型活动，丰富了老同志的晚年生活。加强领导干部下乡住村工作，9位委领导带领20名处级干部深入岚县普明镇普明村，实地调研指导包村增收工作，为促进农民增收提供了有力帮助。

五、建章立制，强化监督，打造廉洁高效的服务型机关

2014年，发改委严格落实党风廉政建设责任制，坚持用制度管权管事管人，着力从源头上防治腐败，全体党员干部牢记宗旨、忠诚使命的意识显著增强。

一是严格落实党风廉政建设主体责任。坚持党风廉政建设和业务工作协同推进，在年初全省经信工作会上，把党风廉政建设与业务工作同安排、同部署。强化党风廉政建设责任，制定《省经信委2014年落实党风廉政建设责任制重点考核分解》，把落实党风建设主体责任、查办案件、加强作风建设和基本工作任务分解为19项，明确了考核任务、工作内容和责任处室。加强直属单位党风廉政建设，强化了各级领导干部"一岗双责"意识。加强廉政专题教育，组织全体机关干部观看了《清除毒瘤》、《失德之害》等警示教育片，有效提升了党员领导干部的廉政意识。

二是加强重点工作的监督检查。强化对各类资金项目审批过程的监督检查，驻委纪检组在项目上报、审核、论证等环节上主动介入、全程监督，有效杜绝人情关系、违规批拨和套取项目资金等问题的发生。采取"五查五看"的方法，对2013年使用财政资金支持项目的进展情况、资金落实情况进行抽查，现场查看了130个项目，抽查率达24.3%，对检查中发现的18个问题进行了纠正和限期整改，确保了资金安全、效益发挥、干部廉洁。扎实做好信访工作，对收到的8件信访案件，及时进行核实处理，对3名违纪人员给予党内警告等处分，做到了件件有落实、事事有回音。

三是强化机关效能建设。深入实施绩效管理，严格绩效考核，编制了《2014年机关工作推进手册》，明确了各处室目标任务，有效激发了全委干部工作主动性和责任感。探索完善考核办法，强化公务员日常考核工作，实现由重考核结果向重过程管理的转变。加强政策研究，多次开展省内外专题调研，完成工业和信息化领域重点课题39项，提高了指导工业经济工作的软实力。坚持政务公开，完善行政审批电子监察系统，健全政务公开工作机制，严格限时办结制和首问负责制，对全委行政许可项目和非行政许可审批项目的名称、内容、条件、程序、时限及应提交的申报材料做到"六公开"，

提高了办事透明度,有力提升了机关的行政效能。

四是坚持依法依规行政。认真贯彻党的十八届四中全会和省委十届六次全会精神,坚持"六权治本",深入推进依法行政,着力建设法治型机关。在2012年、2013年出台《山西省节约能源条例》《山西省信息化促进条例》的基础上,2014年牵头拟定《山西省电力设施保护条例》,并于9月1日正式发布实施,连续三年每年完成一项事关我委职能工作的立法任务。推进煤焦运销体制改革,废止《焦化产业管理条例》;强化钢铁、水泥、铸造、铁合金、葡萄酒和车辆生产企业等行业准入管理;推进食品行业诚信管理体系建设。按照省政府有关规定,对规范性文件进行合法性、适当性、协调性审核。积极落实中央和省委省政府简政放权有关决定,清理出我委行政审批项目10项,取消2项、合并1项、部分下放2项;清理出"红头文件"设定的审批事项37项,取消了6项。按照省政府要求在委门户网站公布了行政审批事项清单,明确了职能权限,有效提升了全委干部的法治意识和依法行政水平。

(乔丽刚)

附:省经济和信息化委员会党组书记、成员名单

书　记:张华龙

成　员:张兵生　朱　鹏　冀明德　陈官虎　胡荣华(12月免职)　周礼仁　温元伟　杨永辉

省教育厅党组工作概况

党组书记　张文栋

2014年,在省委、省政府正确领导下,省高校工委、教育厅党组以习近平总书记系列重要讲话精神为指引,深入学习党的十八届三中、四中全会精神,认真贯彻落实省委、省政府部署,求真务实,开拓创新,推动教育事业改革发展取得新成效。

一、深入学习贯彻党的十八届三中、四中全会和习近平总书记系列重要讲话精神,全省教育系统掀起学习热潮

深入学习贯彻党的十八届三中、四中全会和习近平总书记系列重要讲话精神。与省委组织部共同举办了高校领导干部专题培训班。4月初,举办了高校学习贯彻习近平总书记系列讲话精神示范培训班。指导高校工委所属高校、中专学校完成了处级以上干部的学习轮训。

二、认真开展群众路线教育实践活动"回头看",加强和改进机关作风建设

根据中央和省委的有关部署,省高校工委、教育厅党组以"三严三实"为标尺,对照教育实践活动中查摆出的问题特别是群众反映强烈的突出问题,对照"两方案一计划",对整改落实工作进行了全面、深入的"回头看"。各基层党组织和党员干部对整改落实情况进行了逐项梳理,各级党组织领导班子对整改成效和存在的问题进行了客观评价和分析。领导干部特别是主要负责同志带头开展自查,主动接受群众监督,不断深化整改落实工作。省高校工委、教育厅党组多次组织厅领导和机关干部深入基层,加大对厅直属单位、有关高等院校和中等职业学校整改落实情况的督查抽查力度,分类反馈整改任务,强化整改措施,同时把整改落实情况作为领导班子、领导干部年度考核的主要内容和评先选优的重要依据,不断巩固拓展教育实践活动成果。逐项排查、落实中央确定的21项专项整治任务,牵头、配合完成省级专项整治任务4项,完成省高校工委、教育厅确定的专项整治任务29项。

三、努力夯实高校党建工作基础,全面提升党建工作科学化水平

与省委组织部、省委宣传部联合召开了全省高校党建工作会议。印发了《关于在全省高校开展"基层组织提升年"活动方案》,初步建立起党委书记、院(系)级党组织负责人抓基层党建专项述职制度,通过"六抓六促"实现高校基层党建工作的"六个提升"。印发了《关于进一步加强和改进高校干部教育培训工作的意见》和《2014–2017年全省高校系统干部教育培训计划》,选派高校领导干部和中青年后备干部参加国家教育行政学院、省委党校等机构的组织调训,并将中国教育干部网络学院的优质教育资源推广到全省高校。对山西应用科技学院党委书记、督导专员和山西同文职业技术学院督导专员进行了调整补充,进一步加强民办高校党的建设工作。组织开展高校学习贯彻《中国共产党发展党员工作细则》培训,编写了《发展党员工作手册》,进一步规范高校党员管理工作。举办了高校统战干部培训班,推荐报送了高校山西欧美同学会、山西留学人员联谊会25名理事会理事人选、24名理事预备人选,报送了41名高校系统山西统一战线"高端人才计划"人选、12名无党派人士先进典型人选和15名党外知识分子先进典型人选。配合省委统战部举办了第二届晋商大会民营企业与高校科研院所项目对接恳谈会。

四、深入推进大学生思想政治教育工作和中小学生德育、心理教育,全省教育系统保持了安全稳定

在全省高校开展师生思想状况调研,对师生思想状况和

关心的热点问题进行了分析研判,形成了调研报告。按照中宣部和教育部《关于对大学生思想政治教育工作测评体系》的要求,开展高校大学生思想政治工作实地测评,共组织9个专家组对全省44所学校进行了实地检查,撰写了高校大学生思想政治教育测评汇总和省级自评报告。组织开展全省高校辅导员年度人物评选、第二届山西省辅导员职业能力大赛和“2014年辅导员精品项目建设”评选等活动,承办两期“全国高校辅导员骨干专题培训班”,不断加强辅导员队伍建设。组织各高校深入学习习近平总书记“五四”重要讲话精神,开展丰富多彩的校园主题教育文化活动和百佳思政主题网站评选、高校网络校园好声音大赛、优秀辅导员博客评选、第二届大学生微电影大赛等网络文化活动,促进高校校园文化建设。组织大学生年度人物评选活动,山西农业大学江利斌同学和山西大学郭佩祥同学分别荣获第九届“中国大学生年度人物”和提名奖。

在太原市和晋中市开展中小学序列化德育改革和德育考评新机制改革试点工作。起草了《推进社会主义核心价值观进校园,进一步加强中小学德育工作实施意见》。开展了“提倡科学、反对迷信”、中小学生“爱学习、爱劳动、爱祖国”和“节水、节粮、节电”等宣传教育活动。进一步加强班主任队伍建设,开展了中小学班主任专项培训,组织拍摄了“最美班主任”系列宣传电视片。制定了《山西省高等职业学校学生心理健康教育工作指导意见》。编写本科院校、职业院校和中小学心理健康教育教材,其中职业院校和中小学教材已出版,本科院校教材准备付梓。印发《中小学心理健康教育工作指导纲要实施意见》和《山西省中小学心理健康辅导室建设标准》,进一步规范我省中小学心理辅导室建设,提升心理健康教育水平。召开了全省中小学心理健康教育经验交流会。加强全省心理健康教育网站建设和运行管理,聘请专家开展网上辅导咨询活动。利用“5.25”大学生心理健康节组织开展全省心理健康教育美文、美图大赛。组织了中小学骨干班主任心理健康教育专题培训和中小学专职心理健康教师培训。

2014年3月、4月份分别召开了全省高校安全工作会议和全省中小学安全工作会议,对深化平安校园创建活动进行了部署。印发了《山西省中小学校安全隐患排查指南》,启动了全省学校安全隐患大排查专项行动,不断强化安全教育,深入排查学校安全隐患和薄弱环节。邀请食药监、公安、消防等部门专家对高校后勤管理人员进行了食品安全、治安维稳和消防等方面培训,组织全省2000名初中校长进行了专题安全培训,提升了学校安全管理队伍整体素质。召开了全省学生公寓用品定点采购展销订货会,从源头上把住商品质量关。推进学校后勤标准化建设,验收了8个标准化公寓。组织全省2760所中小学校、170余万名师生和家长参加了2014年全国中小学生安全知识网络竞赛公益活动。《安全》教材于秋季学期在我省义务教育阶段3至8年级学生开始使用。2014年全省平安校园覆盖率提高至60%。

五、教育事业取得新进展

基础教育方面。新改扩建206所公办标准化幼儿园,改造312所农村幼儿园,超额完成年度目标,学前三年毛入园率达到87%,“入园难”问题得到有效缓解。进一步提高农村中小学生均公用经费标准,达到小学600元/生年,初中800元/生年(寄宿生分别为700元、900元),同时按95元/生年安排取暖费,对不足100人的小学和教学点按100人安排,保障农村学校顺利运行。全面完成“薄改工程”,启动了“全面改薄”工程,全省义务教育办学条件进一步改善,有力促进了义务教育均衡发展,有21个县通过了国家县域义务教育均衡发展督导组的评估认定。制定了我省特殊教育提升计划,14个30万人口以上的县区建成独立的特教学校,其中10所已于秋季正式招生。特教生均公共经费标准统一提高到4000元/生年,将特教学校教师补贴标准由本人基本工资的25%提高到50%,保证特殊教育健康发展,切实维护特殊群体的受教育权。

职业教育方面。加快现代职业教育人才培养体系建设,中职对口升学规模由去年的1.8万人扩大到2.5万人。验收22个县级职教中心,评审10个省级实训基地,职业教育基础能力进一步加强。校企合作培养煤炭专业人才走上了规范化、制度化轨道,培训煤炭产业人才1.1万人次。实施“百校千企”工程,在全省选择100所骨干职业院校与1000家大中型企业开展合作,推动产教融合。获得国家职业教育教学成果奖5项,全国技能大赛一等奖12项。

高等教育方面。高校新校区运行平稳,11万师生学习生活秩序良好。新增山西工程技术学院、山西应用科技学院2所本科高校、吕梁职业技术学院1所高等职业学校,太原电专实质并入山西大学,山西能源学院筹建工作进展顺利。成立了本科院校工作咨询委员会,召开了本科院校推动内涵发展、提升“三个能力”建设主题研讨会。省市共建本科高校顺利推进,已与10个市签订了共建协议。太原理工大学等3所高校开设了煤层气专业方向,有关高校就开设新能源汽车专业进行积极准备。高校柔性引进包括10名院士在内的一批高层次人才,遴选支持了一批重点学科、重点项目,人才培养水平稳步提高。大力推进科技创新,太原理工大学获的国家科技进步二等奖、技术发明二等奖各1项。

教师队伍建设方面。坚持把师德师风建设放在首位,制定和完善了加强高校、中小学教师师德师风建设的意见。招聘1701名农村“特岗教师”,对21个贫困县的教师给予每月300元生活补助。交流义务教育阶段校长1384人、教师1.87万人,培训教育局长、中小学校长、中小学教师8.9万人次,中小学师资力量得到进一步加强。隆重召开庆祝第30个教师节表彰大会,引导全社会形成尊师重教良好氛围。

六、积极解决教育热点难点问题,大力促进教育公平

印发了《关于严禁中小学校占用节假日组织学生集体补

课的通知》《关于进一步落实中小学规范办学"十二条规定"的意见》《关于加强中小学生节假日活动指导的意见》等文件,进一步加大规范办学力度。小升初实行"划片就近入学、鼓励对口直升、学生填报志愿、随机派位录取、家长社会监督"的工作方式。

(白云飞)

附:省教育厅党组书记、成员名单

书　记:张文栋

成　员:张卓玉　赵庆华(6月离职)　王　云　李忠人(4月任职)　张培良　孙世新(1月任职)　任月忠(6月任职)　马　骏(6月任职)

省科技厅党组工作概况

党组书记　张金旺

2014年,省科技厅党组深入贯彻落实党的十八届三中、四中全会和习近平总书记系列重要讲话精神,深入贯彻落实省委十届六次全会、全省学习讨论落实活动动员会和全省经济工作会议精神,团结奋进,齐心协力,圆满完成了省委、省政府下达的7项工作任务和11项共性指标,13项量化指标有9项超额完成。全省R&D经费投入155亿元,比上年增长17.1%,投入强度达到1.23%,再创历史新高。全省发明专利拥有量同比增长19.7%,达到6284件。我省"低渗透煤层高压水力割缝强化瓦斯抽采成套技术与装备"等3个项目分获国家科学发明和科技进步二等奖,取得了"十二五"以来我省主持项目获奖率上的新突破。

一、以习近平总书记系列重要讲话精神为指引,突出抓好学习讨论落实活动

按照省委省政府总体部署,在真学习、深讨论、严整改上狠下功夫,力求在净化政治生态上作表率。

一是深入学习习近平总书记系列重要讲话。共组织党组中心组专题学习15次,并采取领导干部上讲台、党支部学习和个人学习交流等多种形式,深刻领会讲话的科学内涵、思想精髓、精神实质和实践要求,使全厅所有党员干部补足精神之钙、筑牢理想信念之基。

二是扎实开展学习讨论落实活动。组织集中学习3天,召开9次党组扩大会议专题研究,安排6个专题研讨,通过7个环节深入反思剖析,开展3大类6个方面的专项整治。在学习中加强了党性锻炼,坚定了"净化政治生态、实现弊革风清,重塑山西形象、促进富民强省"的信心和决心;在讨论中剖析案例汲取教训、辩证思考明确方向;在落实中建立制度狠抓整改,形成了科技厅系统依法行政、依规办事、廉洁高效的科技生态。

二、全力实施两个行动计划,取得改革创新重大突破

以转型综改试验区建设为统领,以国家创新驱动战略山西行动计划和低碳创新行动计划为牵引,在科技管理理念和项目组织模式上都取得了新的突破和提高。

(一)制定并实施"131"创新驱动战略体系

省委、省政府陆续出台了《关于深化科技体制改革加快创新体系建设的实施意见》《国家创新驱动发展战略山西行动计划》《山西省低碳创新行动计划》《山西科技创新城建设总体方案》和《围绕煤炭产业清洁、安全、低碳、高效发展拟重点安排的科技攻关项目指南》等重要文件,形成了"131"创新驱动战略体系,在全国各省、市率先完成并实施了省域创新驱动顶层设计。

(二)首次设计和编制了全省重点产业科技创新链

为聚焦重大任务,促进产业链与创新链互为促进、深度融合,打通产业链各环节关键技术的制约瓶颈,首次在全省开展围绕产业链部署创新链工作。第一,编制完成了7条煤基低碳产业创新链。通过编制产业创新链,全省第一次全面系统地制定了煤基产业技术路线图,明确了每个产业的发展现状和技术瓶颈,为积极寻找创新路径,谋求解决技术瓶颈,占领煤基技术高地奠定了基础。第二,启动编制了高新技术产业创新链。围绕省委省政府重点布局的产业领域,启动编制了交通装备、电子信息、新能源、新能源汽车、节能环保等重点高新技术产业创新链。为做好非煤产业大文章奠定了科学基础。

(三)首次组织了大规模、系统性、规范化的煤基科技重大专项招投标立项工作

突出市场导向、问题导向和需求导向,对产业创新链征集到的1000多个技术需求,按照重要性、紧迫性、创新性、成熟性及贡献度等"四性一度"原则,凝炼出327个重大项目,经过三轮征求意见和专家论证,最终遴选出首批76个煤基科技重大专项项目,面向国内外公开招标。采用了形式审查、项目组评标(评审)、综合评标(评审)委员会审议、现场考察谈判、省政府审核等新的立项模式,最终67个项目落地实施。

(四)全面深化科技体制机制改革

一是整合了科技计划体系。按照《国务院关于改进加强中央财政科研项目和资金管理的若干意见》,将原来15类省级科技计划重组为8类,明确了各类科技计划边界,突出了科技投入重点领域。二是创新了科技经费投入机制。将50%

以上的省级研发经费投入到了煤基产业创新链建设上;研究制定了《关于鼓励和发展联合基金的实施意见》,成立了煤基低碳联合基金和联合创新基金;明确公益性、基础性项目政府无偿资助,科技成果转化、应用开发类项目实行“后补助”;推动银行为高企授信65.43亿元,实际贷款21.07亿元;开展科技保险业务,有力支持科技成果转化和产业化。

(五)积极推进山西科技创新城建设

科技城总体规划已经省政府批准,19个专项规划及核心区起步区5平方公里的控制性详细规划已编制完成。开展了首批项目7593亩用地征转工作,完成了拆迁评估工作。已经确定清华大学、中科院过程所、中海油、中煤科工等27家入驻研发机构。将可引入科研人员1.7万余人,引进院士工作团队20个,“千人计划”等国家级人才88名,对接国家级创新平台26个。完成了28项政策制度设计,将在政府科技治理和服务能力上积极探索新路子。

(六)全方位加强自主创新体系建设

一是企业技术创新主体地位显著提升。全省高新技术企业总数突破500家。新认定民营科技企业102家,总数超过800家。新认定省级创新型(试点)企业33家,总数达到138家。二是创新载体和平台建设取得重大突破。潞安集团获批我省第一家“国家煤基合成工程技术研究中心”。积极推动长治省级高新区向国家级高新区升级。新成立耐火材料等省级产业技术创新联盟3家,总数达到11家,国家级2家。三是创新创业生态环境更加优化。2家孵化器被评为A类国家级科技企业孵化器;3家生产力促进中心评为A类国家级生产力促进中心;61个中小企业项目获国家创新基金支持,支持总额达5193万元。

(七)成功举办能博会2014低碳发展高峰论坛

9月16日—9月18日,成功举办了第五届中国(太原)国际能源产业博览会暨2014低碳发展高峰论坛。省委书记王儒林宣布开幕,省长李小鹏发表主旨演讲。整个论坛突出高端化、国际化、专业化,主题鲜明、模式创新、层次高端、参与广泛、内容务实。弘扬低碳发展理念,展望能源技术前沿,交易低碳技术成果,推动低碳社会建设,树立了山西对外开放的良好形象,扩大了山西低碳创新发展的影响。30余家省内外媒体、130余名记者进行了采访报道。

三、坚持“三严三实”,打造坚强、务实、创新的领导班子和干部队伍

坚强的领导班子是干事创业的组织基础,良好的政治生态是创新发展的基本保证。厅党组坚持抓班子带队伍,抓作风促工作。

一是坚持落实民主集中制原则。严格党组会、办公会制度,对重大项目、重要事项、干部使用等广泛征求意见,充分发扬民主,集体研究决定。办公会集体研究决策从2013年的2次增长为2014年的66次。

二是切实提高队伍整体素质和能力。十余次组织党组中心组学习,分两批组织机关公务员参加“创新驱动与低碳创新”专题培训,通过“干部在线学院”等途径加强学习、强化修养,提高班子成员和干部队伍用世界眼光谋划科技、用改革创新驱动科技的能力。

三是不断优化人才发展环境。深入贯彻《干部选拔任用条例》,出台了厅《处级干部选拔任用工作程序》等制度。提拔、任用、交流机关处级干部15名,选派2名年轻干部进行双向挂职锻炼,开展干部兼职、超职数配备干部问题专项治理,强化了各级领导班子建设。

四、扎实履行“两个责任”,强化科技系统党风廉政建设

科技厅党组、驻厅纪检监察组始终保持高度的政治责任感和使命感,把抓好党建作为最大的政绩,狠抓党风廉政建设工作的经常化、制度化、规范化、科学化。

一是完善“两个责任”的制度体系。深刻汲取我省发生严重腐败问题的教训,贯彻省委和省纪委落实“两个责任”的意见,制定出台了《中共山西省科技厅党组关于建立健全惩治和预防腐败体系2013—2017年实施意见》、《关于落实党风廉政建设党组主体责任的实施意见》和《关于落实党风廉政建设驻厅纪检组监督责任的实施意见》。

二是认真履行“一岗双责”。坚持以党风廉政建设带动科技系统全面建设,党组统筹主抓,分管领导和部门各负其责,加强了对科技重大专项的督查、对科研项目的绩效评价、过程管理和信用管理。探索了科技重大项目公开招投标的模式,降低了科研立项中自由裁量权的风险。实行信息公开,打造网上“一站式”服务平台,各类计划项目全部在网上申报,专家评审,科技政务的网络化管理、电子化监督不断强化。

三是扎实开展“六权治本”。修订了《山西省专利实施和保护条例》。以省政府名义出台了《山西省省级财政科研项目和资金管理办法》,以省政府办公厅名义印发了《山西省煤基重点科技攻关项目管理办法》。制定和完善了山西省科技重大专项项目产生办法、科技重大专项招投标办法等43项制度,全面规范厅内各类工作程序,充分发挥法治从源头上防止权力失控的作用。

四是严格落实中央八项规定精神和省委有关规定,巩固和拓展党的群众路线教育实践活动成果。以厅名义召开全省性工作会议1次,会议人数、经费均下降40%左右;“三公经费”比上年有大幅下降,因公出国(境)费用比上年下降18.16%,公务车运行维护费比上年下降27.06%,公务接待比上年减少2个批次。

(毕世仑)

附:省科技厅党组书记、成员名单

书　记:张金旺(1月任职)

成　员:王　宏(6月离职)　张新伟　郭春林　李秀林(6月任职)

省公安厅党委工作概况

党委书记 刘 杰

2014年,在省委、省政府和公安部的正确领导下,省公安厅党委认真贯彻落实党的十八大、十八届三中、四中全会和习近平总书记系列重要讲话精神,团结带领全省公安机关和广大公安民警,紧紧围绕全省工作大局,以建设平安山西、法治山西为目标,以强化打防管控为重点,以人民群众满意为标准,大力推进民生警务、亲民公安建设,为维护社会大局稳定、促进社会公平正义、保障人民安居乐业作出了积极贡献。

一、深入学习贯彻习近平总书记系列重要讲话精神,始终保持正确的政治方向

2014年,公安厅党委坚持把学习贯彻习近平总书记系列重要讲话作为重要的政治任务,制定了详细周密的理论中心组学习计划,共组织17次集中学习。通过认真学习、深刻领会习近平总书记系列重要讲话的科学内涵、思想精髓、精神实质和实践要求,使班子成员进一步端正了世界观、人生观、价值观和权力观、地位观、利益观,坚定了理想信念和政治立场,增强了法治思维、纪律观念和规矩意识,深刻认识到了山西系统性、塌方式腐败问题的严重性和坚决惩治腐败的极端重要性,确保了在思想上、政治上、行动上与习近平同志为总书记的党中央保持高度一致。与此同时,认真学习中央对山西工作的重要指示,学习省委一系列重大决策部署,进一步增强了深入学习贯彻习近平总书记系列重要讲话精神,净化政治生态,实现弊革风清,重塑山西形象,促进富民强省的政治责任感和工作主动性。

二、强化思想政治建设,确保队伍的政治立场和忠诚本色

各级公安机关以多种形式的主题教育活动为抓手,充分发挥思想政治工作优势,大力加强思想政治教育,努力提高队伍的思想政治素质。一是认真组织学习讨论落实活动。活动中,组织广大民警深入学习党的十八大、十八届三中、四中全会精神和习近平总书记系列重要讲话精神,学习中央关于从严治党、加强党风廉政建设和反腐败斗争的部署要求,不断增强对中国特色社会主义的政治认同、理论认同和感情认同。组织开展“为何从警、如何做警、为谁用警”、反腐倡廉、执法服务三个大讨论活动;围绕队伍中存在的八个方面24类重点突出问题,部署开展了以“正风肃纪、规范执法、纯洁队伍、重塑形象”为主题的专项整治活动。通过认真学习,广泛讨论,使广大党员民警特别是领导干部牢固树立正确的世界观、人生观、价值观和权力观、地位观、利益观,切实把学习讨论的过程转化为改造主观世界的过程,从灵魂深处解决好“我是谁、为了谁、依靠谁”的问题。二是加强经常性思想政治工作。认真贯彻落实公安部《基层公安机关思想政治工作规范》和《山西省公安机关政治工作规范》,进一步提高了思想政治工作制度化、规范化水平。结合重大安保维稳任务,认真落实战时思想政治工作的各项要求,为圆满完成各项重大任务提供了坚实的思想政治保障。完善民警思想状况调查分析制度,全面掌握民警思想脉搏,有针对性地开展队伍思想状况定期分析、谈心谈话、家访慰问、心理保健等工作,切实做好队伍经常性思想工作。丰富思想政治工作内容载体,运用网络、微博、微信等信息化手段,不断增强思想政治教育的时代性和感召力。巩固省厅第一批教育实践活动成果,督促指导市、县公安机关开展好第二批教育实践活动。抓住重要节点,认真策划,精心组织多项主题活动,对全警进行广泛深入的思想政治教育。如:清明节前夕,开展了“缅怀公安英烈、铸就忠诚警魂”主题教育活动;国庆期间,组织了“警民情·中国梦”征文和演讲比赛;全国爱民模范表彰后,举办了英模先进事迹报告会等。三是发挥先进典型引领示范作用。建立健全先进典型联系档案和制度,定期跟踪培养,实现功臣模范的动态管理。增强民警职业荣誉感,开展“关爱英模·情暖警心”活动,对1980年以来全省公安机关及民警立功受奖情况进行全面摸底调查,完成了功模的分类建库工作。组织编辑《2013年度山西公安功臣名册》。起草《山西公安机关先进典型选树工作暂行规定》,进一步规范了典型选树宣传工作。坚持表彰奖励倾斜一线、倾斜实战单位,全年共向公安部申报集体一等功2个,共为25个单位记集体二等功、78个单位记集体三等功;向公安部申报二级英模3名,为6名同志荣记个人一等功、108名同志荣记个人二等功,为886名同志荣记个人三等功,嘉奖478名同志。组织开展全省“十佳亲民人民警察”评选活动,评选出10名“十佳亲民人民警察”和40名“亲民人民警察”。树立起全国公安机关爱民模范、“我最喜爱的人民警察”申飞飞、扎根基层三十七年、“感动山西”人物王一飞和保护群众生命安全、生死关头舍身救人、英勇牺牲的翼城交警贺冰等一批在全省、全国有影响的先进模范典型,受到社会广泛关注。

三、强化干部队伍建设,努力激发队伍生机活力

以全面贯彻落实新修订的《党政领导干部选拔任用条例》为契机,探索干部人事制度改革,搭建干部成长发展平台。一是加强各级领导班子建设。结合协管干部管理工作实践,提出了进一步规范各市公安局协管干部任免管理办法和细化考察及征求意见工作程序建议,加大了协管干部工作力

度。按照省委常委会研究意见，完成了阳泉、长治、晋城、临汾市公安局局长考察、任职等相关工作。根据太原、运城等市公安局领导班子结构现状，配合地方党委，对拟任免班子成员，按照相关程序步骤，考察并回复了意见。协调有关市和相关部门，对3个市交警支队长进行了调整交流任职。二是做好干部选拔任用工作。积极配合省委组织部，组织了对4名副厅长级领导职务和3名副巡视员的推荐、考察工作。针对机关干部队伍的实际状况，2014年8、9月份，在省厅党委正确领导下，圆满顺利完成了厅机关处级干部选拔任用工作。共选拔任用处级干部135人，其中正处长级领导干部27人，调研员21人，副处长级领导干部56人，副调研员31人；对37名正、副处长进行了轮岗交流。选任工作准备细致充分，方案科学合理，组织公正严密，程序公开透明，过程风清气正，探索了新时期干部选任程序，树立了正确的选人用人导向，改善了厅机关处级领导班子结构，激发了干部队伍活力。三是拓宽干部成长渠道。加大培养锻炼干部工作力度，选派25名处科级干部，分别到基层进行挂职和实践锻炼。完成了2名援疆干部选派及首批援疆干部归建等相关工作。有效盘活厅机关人力资源，组织实施了厅机关及所属事业单位招录、遴选工作，完成了新招录人员培训和考核，以及遴选人员定职工作。四是大力加强公安现役部队建设。召开公安现役部队党建工作会议，健全完善现役部队党建工作机制。组织开展"党建知识读书月"、党建工作征文评选、党建知识竞赛等项活动，提升党务干部的实际工作能力和党员官兵的党建理论水平，有力推进了现役部队党建工作的深入开展。依托"双考"选拔平台，积极推进现役干部人事制度改革，逐步建立了"党委主导把关、考试考核检验、群众民主认可"的干部选任模式，先后在消防、警卫部队分别选拔了一批干部，取得了较好的反响。五是精心组织做好发展党员工作。按照"坚持标准，保证质量，改善结构，慎重发展"的总要求，严格发展党员工作程序，对厅直机关入党积极分子进行教育、培训，严把党员入口关。培训入党积极分子122人，确定发展对象7人。积极向工委申请增加厅机关入党指标度，缓解因基层民警、特别是厅机关以及交警总队近两年批量增员，入党积极分子大量增加带来的压力，满足基层发展党员的需要。

四、充分发挥职能作用，全力维护社会大局稳定

紧紧抓住影响全省社会大局稳定的突出问题，坚持谋划在早、防范在先，下好先手棋，打好主动仗。集中开展"信访问题化解年"活动，做好重点领域和重点群体加强矛盾纠纷排查调处工作。坚持严打方针，以"六场硬仗"为龙头，严厉打击严重暴力犯罪和侵害民生、群众深恶痛绝的突出犯罪，全省刑事案件下降5.2%，其中危害严重的八类案件下降16.6%，"两抢一盗"案件下降11.6%；抓获逃犯15543人，增加18.1%；侦破现行命案430起，破案率98.62%，创历史最高水平。坚持有黑必打，有恶必除，始终保持打黑除恶的高压态势，共打掉黑恶势力犯罪集团137个，抓获黑恶势力成员973人，破获黑恶势力犯罪案件1159起。继续引深"六项整治"，加强社会面巡逻防控网络建设，加大城中村、治安乱点、重点行业整治力度，有效预防了各类违法犯罪活动。深入开展"安全隐患整治年"活动，大力整治涉爆违法犯罪活动和严重交通违法行为，扎实开展消防安全大检查，全省未发生爆炸案件和事故，未发生一次死亡3人以上的火灾事故，道路交通事故起数和死亡人数同比分别下降3.49%、2.48%。

五、深入推进民生警务亲民公安建设，切实提升服务群众水平

积极回应人民群众新期待新要求，在户籍、出入境、边防、消防、监管、交管等方面集中推出了18条便民利民措施，进一步提升公安机关服务经济社会发展、服务民生、服务群众的质量和效率。健全完善"山西公安便民服务在线"平台功能，扩充在线服务内容，形成了集亲民热线、短信平台、互联网门户网站、3G手机版四维一体的现代化网络平台，网上服务项目达到11类228项，通过在线服务共回复群众咨询、求助12.1万件，办理各类公安业务8.9万件，为群众提供短信服务500余万条。特别是《山西公安便民服务在线网站建设技术规范》和《山西公安便民服务在线服务规范》两个地方标准的发布，标志着"山西公安便民服务在线"网站群的标准化体系正式确立，填补了山西政务网站"社会公共管理服务标准认证"空白，引领了山西政务网站整体升级。

六、切实加强党风廉政建设和反腐败工作

一是加大警示教育力度。选取2013年9起民警违法违纪典型案例，组织拍摄了警示教育片《漠视的代价》，全省各级公安民警、协勤人员8万余人次先后观看。10月11日，厅党委组织机关副处以上领导干部赴省公安厅警示教育基地太原第一监狱开展警示教育活动，采取实地参观、服刑人员现身说法，进一步增强教育说服力，刘杰厅长在会上作了重要讲话。10月22日，中央纪委副书记、公安部党委副书记、副部长、纪委书记刘金国作出重要批示："活动严肃认真生动。刘杰厅长的讲话政治性强，针对性强，一针见血，语重心长，体现了从严治警，是对全体同志的最大关心和爱护。纪委要强力推动，把工作做深、做细、做实。"二是着力加强廉政制度建设。修订出台了《山西省公安机关党员领导干部勤政廉政谈话实施办法》，2014年，厅纪委先后与吕梁市公安局党委班子和8个县级公安机关进行了诫勉谈话，对4个县级公安机关进行了提醒谈话，厅长刘杰同志亲自参加会议并讲话。特别是省厅组织与石楼县公安局主要负责同志的诫勉谈话信息，点击量近2万次，在全省公安机关引起强烈反响。三是进一步加强办案力量建设。2014年3月，厅纪委从各市公安局、有关警种选聘了153名业务骨干充实到了办案人才库，汇集了全省公安机关刑侦、经侦、治安、审计、法制、技侦、科技等方面专业人才，提升了办理大案、要案的能力。2014年以来先后抽调16名人才库成员对28起案件进行了核查。四是精心打造"12389"专用举报平台。按照公安部要求和刘

杰厅长关于要把"12389"平台建设成为"啄木鸟、听诊器、减压阀"的工作要求,我省"12389"平台于去年12月18日正式开通运行,目前平台建设全部完成,运行良好。为了加强管理,我省先后制定出台了《山西省公安机关"12389"专用举报平台工作规定》,明确了"四个严禁",规范了"12389"文明用语,下发专门文件,建立了省、市两级公安机关领导定期值机制度,受到公安部纪委和刘金国同志的肯定。截止10月底,全省公安机关"12389"平台共接听群众举报来电800件,其中办结730件。五是加大查办案件力度。厅纪委与地方纪委配合查处了网络反映的长治市公安局原副局长樊红伟拥有8个身份证的违法违纪案件,与部纪委联合查处了平遥县看守所多名民警收受贿赂为中央专案在押人员通风报信、给予特殊关照等重大违法违纪问题。全省民警违法违纪案件和人数同比分别下降32.1%和31%。

(王瑞成)

附:省公安厅党委书记、副书记、委员名单

书　记:刘　杰

副书记:成振林　李玉生

委　员:周培斌　汪　凡(8月任职)　边智慧　张立刚　李喜春　段绪忠　安占功(6月任职)　贯继武　李　柏(6月任职)　郭齐鸣(6月任职)　雷党辰(8月离职)

省民政厅党组工作概况

党组书记　薛维栋

2014年,省民政厅党组在省委、省政府正确领导下,团结带领全省民政系统广大干部职工,认真贯彻落实党中央、国务院和省委、省政府的决策部署,紧紧围绕省委"深入学习贯彻习近平总书记系列重要讲话精神,净化政治生态,实现弊革风清,重塑山西形象,促进富民强省"的要求,深入推进民政系统党风廉政建设和反腐败斗争,以改善民生和创新社会治理为重点,精心谋划部署,采取有力措施,狠抓工作落实,各项民政事业实现新的突破和进展,为全省"六大发展"做出了积极贡献。

一、深入开展学习讨论落实活动,巩固和拓展党的群众路线教育实践活动成果,民政机关和干部队伍建设全面加强

(一)扎实开展学习讨论落实活动。全省学习讨论落实活动开展以来,民政厅党组认真贯彻落实省委的决策部署,紧扣"深入学习贯彻习近平总书记系列重要讲话精神,净化政治生态,实现弊革风清,重塑山西形象,促进富民强省"的总要求,成立领导机构,制定活动方案,召开动员大会。通过专题授课、开设专栏、警示教育等多种形式,让党员干部充分认识开展活动的重要性和紧迫性,进一步统一思想,提升党员干部带头行动、敢于担当的自觉性,形成讨论落实活动的浓厚氛围。围绕省委确定的"四个专题",在广泛征求意见的基础上,多次召开专题讨论会,从严从实对照查找问题,从思想层面、制度层面、领导层面深挖根源,认真研究对策,经过反复讨论修改,形成了有问题、有分析、有措施的反思剖析报告,为同步整改落实奠定了坚实基础。

(二)深入学习习近平总书记重要讲话精神。及时传达学习习近平总书记最新讲话精神,始终做到第一时间贯彻落实。给机关公务员和厅直机关党员购买了《习近平总书记系列重要讲话》《习近平谈治国理政》《干在实处走在前列》《之江新语》等理论书籍3000余册。全年中心组集中学习研讨20次,举办专题讲座辅导3次,"75后"干部学习交流12次。厅党组书记先后以"以党章为镜 做一名合格的共产党员"、"讲团结 树形象"和"严明纪律 忠诚党的事业"为主题讲了3次党课。开办了"道德讲堂",开展了"社会主义核心价值观"宣传活动和学法讲法用法活动,组织了民政青年读书成果交流会和"优秀读书体会"评选活动。

(三)不断巩固党的群众路线教育实践活动成果。厅党组确定的13项整改任务和13项专项整治活动全面完成,会议文件数量大幅减少,三公经费开支大幅下降,办公用房和公务用车按要求完成清理工作。确定的25个调研课题、17项督查内容全部落实,达到预期目的。开展了"学、联、促"大调研活动,深入敬老院、乡镇民政办、低保中心和日间照料中心,对低保、五保和优抚等民政对象进行了察访慰问。制定修订23项制度,基本建立起反对"四风"长效机制。认真完成了省委部署的10项坚决整治任务,特别是学会协会清理整顿工作取得显著成效,《人民日报》"政治"版头条对整顿成效做了深度报道。

(四)切实推进党风廉政建设。厅党组认真贯彻中央和省委部署要求,对落实"两个责任"进行专题研究部署,切实落实厅党组党风廉政建设主体责任。召开党风廉政建设干部大会暨纪检监察工作座谈会,印发党风廉政建设工作要点和任务分解意见,出台贯彻落实《建立健全惩治和预防腐败体系2013-2017年工作规划实施办法》,修订《山西省民政专项资金监督管理办法》。在全省民政系统开展了"严管民政队伍、严管民政资金"行动以及"衙门作风"、"权力寻租"行为专项整治和收受"红包"、购物卡及参赌涉赌问题专项整治工作。

对存在苗头性问题和信访线索的主要负责人和班子成员，由纪检组长进行了约谈和诫勉谈话。实行述职述廉报告制度，厅机关和厅直单位所有正处级领导干部全部在全厅干部大会上进行述职述廉和测评。

（五）狠抓领导班子和干部队伍建设。健全完善厅党组重大事项报告制度，坚持班子民主决策，“三重一大”事项全部集体研究决定。严格执行《干部选拔任用条例》，确定了4名正处级领导干部、3名军转干部、1名遴选公务员的职务，提任主任科员4名。安排入党积极分子培训、接转党员组织关系、吸收预备党员和党员转正共46人。开展“创先争优”活动，创建“省直文明单位标兵”12个，“省直文明单位”3个。

二、加强工作创新，狠抓工作重点，年度各项民政工作任务全面完成

（一）两项创新工作任务取得显著成效。一是社会救助制度建设取得积极进展，城乡困难群众的救助水平进一步提高。出台《山西省人民政府关于贯彻落实〈社会救助暂行办法〉的实施意见》。全面完成省政府明确的城乡低保和农村五保供养提标任务，城乡低保标准每人每月分别提高28元、25元，达到379元、206元，农村五保集中、分散供养省级补助标准每人每年分别提高200元、130元，达到2200元、1430元。全年下拨各类救助资金54.1亿元，保障城乡困难群众230余万人。9个市成立了救助申请家庭经济状况核对机构。重特大疾病医疗救助病种增加到20种，试点县增加16个。全省已全面建立临时救助制度，救助9.8万户次。二是第十届村委会换届选举工作全面完成，城乡社区建设进一步加强。创新性推行“先定事、后定人、揭榜竞选”模式和“十种不宜做候选人”情形，明确了“九种贿选表现形式”，制定了严厉打击贿选、严肃选纪的具体办法。全省28074个换届村，除74个依法延期换届外，28000个村全部完成换届选举，全省换届选举工作平稳有序全面完成。城镇社区“网格化”管理实现全覆盖。全部县乡和95%的村、98%的社区建成基层服务综合平台。在100个社区探索构建“三社联动”基层社会治理机制，取得突破性成效。

（二）重点工作任务全面完成。一是加快推进养老服务业发展，社会福利服务进一步拓展。推动出台了《山西省人民政府关于加快发展养老服务业的意见》，协调有关部门制定了养老机构用水用电用气、推进医养结合、财政贴息扶持发展等政策文件。全面实施老年人日间照料幸福工程，指导新建农村社区老年人日间照料中心1012个。大力推进养老机构建设，支持的10个福利中心建设全部完工。全省福利彩票销售40.84亿元，比上年增加39%，筹集公益金12亿元。二是努力推进社会组织管理体制创新，社会组织作用得到进一步发挥。社会团体清理整顿工作成效显著，省级946个社团中清理兼职的超龄处级以上和在职处级以上领导干部544人。规范开展社会组织直接登记和社区社会组织备案登记，直接登记341家，新增备案登记197家。出台了《关于开展政府购买社会组织服务工作的指导意见》，进一步优化了社会组织发展环境。三是妥善应对自然灾害，防灾减灾能力进一步增强。认真组织冬春受灾群众生活救助，及时有效做好灾害应对，积极开展精准化救灾试点工作，全年下拨救灾资金3.1亿元，救助受灾群众310多万人次。深入开展了“国家防灾减灾日活动”。创建全国和省级综合减灾示范社区20个、229个。省级救灾物资储备库落实建设资金1200万元，完成了工程设计招标。市级储备库建成3个，县级储备库新建7个、改扩建4个。四是认真落实优抚安置政策，双拥工作进一步深化。多种形式广泛开展双拥宣传活动，完成了省级双拥模范城（县）考核验收工作。烈士纪念设施抢救保护工作基本完成。提高了1-4级残疾军人护理费和部分优抚对象抚恤补助标准。共安置9554名退役士兵，有6678名自主就业退役士兵参加职业教育和技能培训。接收军休干部98人，接收无军籍退休退职职工158人。五是积极稳妥推进行政区划调整，地名管理和平安边界建设进一步加强。完成了大同市、晋城市区划调整和省政府批转的乡镇、街道调整事项的调研、审理工作。省界晋豫线和4条市界、41条县界联检任务和平安边界示范市、县创建工作全部完成。界线界桩管理改革成效显著，并在全国行政区划界线管理工作会议上作了典型发言。开展了地名清理整顿，地名普查前期准备工作得到民政部充分肯定。六是深入推进殡葬改革，专项社会事务管理进一步规范。提请省委、省政府出台了《关于充分发挥党员干部带头作用大力推进殡葬改革的意见》。清明节文明低碳祭扫和“行风建设月”活动取得显著成效。加强对流浪乞讨人员的主动救助和专项救助，全年救助达8万多人次。依法规范办理婚姻登记45.2万对、涉外婚姻登记140对、涉外收养登记174件。七是加强法治建设，扎实推进民政规范化建设。完成《山西省军人抚恤优待实施办法》修订草案修改、征求意见、调研论证等工作。推动出台社会救助、养老服务、社会工作等方面规范性文件13件。深入开展法制宣传教育培训，制定《关于进一步加强领导干部和公务员学法用法工作的实施意见》，不断提升民政干部依法行政能力。以公共法律和民政新颁布业务法规为重点，组织开展了近3000人参加的“民政系统法律法规知识竞赛”。对民政行政权力进行了梳理，初步形成10类91项权力清单。全年共通过门户网站公开政务信息709条。行政审批项目由8项减少到4项，全部纳入政务大厅，实行“一站式”服务，对政务大厅实施全方位、全过程的电子监察。

（王文广）

附：省民政厅党组书记、成员名单

书　记：薛维栋

成　员：王卫东　何子义（5月离职）

游　炜（6月离职）　许富昌　李太平

高玉厚（6月任职）　王进龙（3月离职）

省司法厅党委工作概况

党委书记　崔国红

2014年，在省委、省政府的坚强领导下，省司法厅党委认真学习习近平总书记系列重要讲话精神和党的十八届三中全会、四中全会精神，深入学习中央对山西工作的重要指示精神和全省领导干部大会精神，坚决贯彻执行省委、省政府决策部署，团结带领全系统广大干警职工，开拓创新，砥砺奋进，有力推动各项工作取得较好的成效。

一、强化理论学习，坚定理想信念增强政治自觉

司法厅党委领导班子从推动解决思想“总开关”问题高度出发，带头强化了政治理论学习。一是全面系统学。举办了全系统贯彻落实习近平总书记重要指示精神专题研讨班，印发了《习近平总书记系列重要讲话选编》《有关重要文献和领导讲话选编》。认真组织全系统干部学习中国特色社会主义理论，学习党的十八大和十八大以来习总书记的系列重要讲话精神，坚定“三个自信”，坚定理想信念，坚定政治立场，确保在思想上政治上行动上同以习近平同志为总书记的党中央保持高度一致，确保全省司法行政工作的正确方向。二是联系实际学。面对山西出现的系统性、塌方式严重腐败问题，厅领导班子通过强化党委中心组学习、举办和参加专题研讨班学习、带头讲党课等多种形式，认真学习领会中央对山西工作重要指示精神，深入学习贯彻王儒林书记重要讲话精神，努力提高厅领导班子观大势、掌全局、议大事、抓大事的能力。三是结合问题学。认真开展学习讨论落实活动，自觉联系厅领导班子的思想和工作实际，深入剖析反思存在的问题和不足之处，共查摆梳理出领导班子和全系统工作中存在的7方面23项突出问题，进一步加深了对净化政治生态、实现弊革风清重要性的认识。

二、忠诚履行职责，积极奋发有为推进各项工作

司法厅领导班子坚持围绕中心、突出重点，履职尽责、奋发有为，充分发挥了司法行政职能作用。

一是在服务经济建设、保障改善民生上取得了新成效。在服务保障经济建设上，组织召开了全省法律服务工作保障综改攻坚创新驱动项目见效动员大会，出台了《实施意见》和《工作方案》，统筹整合律师、公证等法律服务资源，组建了230多个法律服务团队，为省、市、县3165个重点项目提供各类法律服务4500余次，出具文书33200余份，审查各类合同文本84700余份，得到了各级政府和项目单位的充分肯定。在优化发展环境上，注重发挥人民调解工作疏导化解社会矛盾、柔性维稳的作用，组织依法排查化解重点改革领域的矛盾纠纷，开展转型综改攻坚年矛盾纠纷排查化解专项行动，及时化解环境保护、医疗卫生、劳资关系、交通事故等矛盾纠纷，累计调解各类纠纷186708件，调解成功177372件，调解成功率达95%，依法排查化解了一批重点改革领域的重大矛盾纠纷和群体性事件。在服务和保障民生上，强化了法律援助工作，组织推进全省“12348”法律援助服务热线建设和便民服务大厅建设，开展“法律援助便民服务专项行动”，努力解决困难群众打官司难的问题。建成了覆盖全省市县的“12348”法律援助热线，建成了省级法律援助便民服务大厅，92%的市县（区）完成了便民服务大厅建设，年初这个指标不到30%。全省办理法律援助案超过23000件，受援人数达26万多人，帮助群众挽回经济损失3.1亿元，接听群众热线咨询30291人次，受援人满意率达到90%以上，各项业务指标保持较大增幅，继续保持全国前列。强化了公证管理工作，出台了《关于推进全省公证改革与发展的意见》，对公证工作发展进行顶层设计，明确了下一步公证工作发展的方向、思路、重点。积极推动解决公证事业改革发展滞后，少数公证处、公证员滥用行业垄断，对办证群众“冷硬横推”的问题。强化了司法鉴定管理工作，深入开展了司法鉴定行风建设专项活动。

二是在推进平安建设、维护和谐稳定上取得了新业绩。在监狱工作上，提出了“五个绝对不能发生和一个全力杜绝”的严格要求，强化了罪犯监管工作，强化了刑罚执行工作，推动监狱管理水平有效提升，全省监狱未发生一起监管事故，刑罚执行工作被司法部列为专项督查免检省份。在戒毒工作上，认真应对劳教制度废止局面，顺利实现了由劳教向戒毒工作职能过渡，探索建立了“四位一体、两个尝试”戒毒工作模式，全年累计收治强制隔离戒毒人员7621人，所内戒断率100%。在安全生产上，忠实履行安全生产“一岗双责”责任制，提出了确保“五个全覆盖”的工作要求，大力强化安全教育培训、完善安全生产制度、加大安全生产投入、强化安全生产检查、严格安全责任落实，有力确保了全系统监狱、戒毒企业的安全生产万无一失，在历史上首次实现了全年安全生产无伤亡。在社区矫正工作上，会同省高院、省检察院、省公安厅联合下发了《关于全面推进社区矫正工作的实施意见》。召开了全省社区矫正工作沁源现场会，积极推广社区矫正“队建制”模式。强化了社区服刑人员监管工作，将有较大社会影响的社区服刑人员列为重点监管对象，逐级建立管教台帐，进行严格监管。全年共撤销缓刑、假释66人，重新收监执行72人，警告542人，予以治安处罚12人。全省累计接收社区服刑人员60942人，解矫41669人，在册社区服刑人员19273人，再犯罪率0.18%，没有发生社区服刑人员脱管漏管案件，

没有发生重大恶性案件和舆情事件。在安置帮教工作上，大力推进刑满释放人员安置帮教基地建设，积极动员社会力量参与安置帮教工作，全年衔接人员近2万人，重点帮教对象衔接率接近100%，全省安置帮教基地数达到160多家。以帮教模范韩雅琴为原型的电影《韩妈妈和她的儿女们》完成拍摄并上映。

三是在强化法治宣传、推进法治建设上取得了新进展。在法治宣传教育上，开展了首个国家宪法日暨法制宣传日集中宣传活动。继续大力深化"法律六进"活动，部署开展了"服务和保障全面深化改革"主题活动。与山西电视台合作策划了"法治山西在行动"专题节目，制作了"法治山西建设"公益宣传片。开办"文源讲坛"公民法律知识系列讲座。突出了对党员领导干部的法治教育培训，与省委组织部联合制定了强化领导干部法治思维和法治方式培训计划，带动推动全社会学法用法氛围进一步浓厚。在法治山西建设上，推动将法治山西建设列入省委、省政府年度目标责任考核重要内容，开展了全方位、多层次的依法治理活动。围绕四中全会主题，组织举办了法治山西建设现状与分析专题研讨会，分层次、分批次组织开展调研座谈，带头深入研究讨论推进全省法治建设的形势、任务、对策及措施，向省委、省政府提交了《关于推进山西法治建设的思考与建议》《推进山西法治建设的24条建议》等专题报告。认真研究并大力宣讲省委"六权治本"法治主张，在省委组织部、省直工委、省高级法院、省检察院等部门单位进行宣讲，在《前进》杂志、《山西日报》刊发文章广泛宣传。在法治人才培养和选拔上，强化了厅属院校领导班子建设，三院校领导班子得到了有力加强，为实现院校改革发展打下了良好的组织基础。法学教育水平进一步提高。在全省司法考试报名人数创历史新高的情况下，强化防作弊措施，顺利组织实施了国家司法考试，首次实现了全省无雷同卷，得到了司法部充分肯定。

四是在推进改革创新、夯实基层基础上取得了新突破。在强化对律师行业的指导上，出台了《关于加强律师队伍教育管理的意见》。在全省律师中部署开展了"全面深化改革与律师业"学习教育活动和律师"诚信执业坚守法治"主题教育实践活动，开展了律师诚信执业突出问题专项整治。全国第二家组建了全省律师行业党委，强化了党对律师工作的领导。在强化科技信息工作上，全面完成了省、市两级办公自动化OA系统，山西司法行政网公开政府信息的主渠道作用得到充分发挥。在全省推广应用了"12348"法律援助热线系统、司法鉴定业务管理系统，试点建立了监狱减刑、假释、暂予监外执行信息化办案平台，司法行政工作科技信息化水平进一步提高。在夯实基层基础上，省厅统筹经费，及时支持保障全省22个新建司法所的建设，消除了全省司法所业务用房建设空白。同时，积极争取财政专项资金1000万元保障全省社区矫正和人民调解工作，缓解了基层司法行政工作经费保障不足的困难。

三、保持清醒头脑，狠抓队伍建设党风廉政建设

2014年，厅党委班子认真履行党风廉政建设党委主体责任和班子成员"一岗双责"责任，认真贯彻中央对山西工作的重要指示精神，坚决贯彻执行省委相关重大决策部署，认真落实从严治党从严治吏各项规定，形成了全系统党风廉政建设和反腐败工作的新局面。

一是强化了违纪案件查处。厅党委进一步强化落实党风廉政建设"两个责任"。多次召开党委会议和专题工作会议，认真研究加强党风廉政建设和案件查办工作。大力支持纪委"三转"工作和案件查办工作，牵头整合全系统纪检监察力量，从严查处了一批发生在全系统党员领导干部当中的违纪违法案件，共撤免5名正处级干部和1名副处级干部职务，对8名处级干部给予行政处分和诫勉谈话，对2个基层单位党委班子进行了诫勉谈话，对3名涉嫌违法的科处级干部移送检察机关处理，并查处了一批处以下干部违纪违规案件。

二是严格了干警队伍管理。着力推进全系统干警队伍的思想政治教育，通过举办培训班、研讨班、报告会等多种形式，分级分批对全系统干警队伍进行了普遍的教育和培训，帮助全体干警进一步增强了为民、务实、清廉的宗旨意识。严格干部选拔任用工作，公开干部选任标准，严格按照《条例》规定的标准和程序选人用人，全年共提任处级领导干部17人、处级非领导职务18人、平行交流轮岗24人，试用期满降职使用1人，基本做到了组织满意、群众认可。严格干部日常管理工作，集中力量查处了领导干部亲属"吃空饷"问题，对吃空饷所得共计565198.45元全部追缴，并对1人免职、1人清理出公务员和警察队伍。查纠了"三龄两历一身份"22起22人，解聘1人，清理干部身份1人，重新认定"三龄两历"20人。

三是完善了工作制度机制。厅领导班子围绕党风廉政建设的薄弱环节，带头落实党章要求，严格党内生活，健全制度机制，强化自身建设，突出强化党的政治纪律、组织纪律。先后制定出台了《关于严明党的组织纪律增强组织纪律性的意见》《"三重一大"事项决策办法》《述纪述廉述作风述责任工作制度》《约谈制度》等一批党风廉政责任制度，特别是完善了执行党的民主集中制配套制度，严格按照党的组织原则和党内政治生活准则办事，严格按照法定权限和程序行使权力，坚决维护党纪国法的严肃性、权威性。

（张　霏）

附：省司法厅党委书记、委员名单

书　记：崔国红

委　员：李满胜（2月离职）　王化清　张玉良　句轶旺　张晓玲（女）　翟新山　周　涛　王　伟　苏　浩（2月免职）

省财政厅党组工作概况

党组书记　武　涛

2014 年,财政厅机关党委按照省直工委和厅党组的工作部署,紧紧围绕服务中心、建设队伍两大任务,坚持以深入学习习近平总书记系列重要讲话精神为统领,以加强制度建设、完善工作机制为抓手,以“建设五型机关,争创全国文明单位”为平台,深入推进机关党的思想、组织、作风、反腐倡廉和制度建设,不断提高基层党组织履职能力,为促进财政事业科学发展提供了坚强保障。

一、坚持理论武装,认真学习贯彻党的十八届三中、四中全会精神和习近平总书记系列重要讲话精神

(一)加强领导,统筹安排。2014 年初,机关党委结合财政厅工作实际,以晋财党[2014]3 号文印发了《山西省财政厅 2014 年党组中心组暨干部理论学习安排意见》,对全年的政治理论学习进行了安排部署,始终坚持把政治理论学习放在党建工作首位。

(二)以上率下,创新党组中心组理论学习。2014 年,财政厅修订和完善了《中共山西省财政厅直属机关委员会关于加强和改进党员干部理论学习和考核的实施意见》(晋财党【2014】15 号),重申理论学习的重要性,对学习目的、学习形式、学习内容提出新要求,完善了理论学习考核考评机制。一年来,财政厅坚持党组带头,以上率下,创新学习机制,拓展学习内容,提高学习效果。一是建立逢会必学的学习机制。为克服财政工作时间紧任务重,集中学习时间无法固定的困难,党组中心组在武涛厅长的带领下,推出了逢会必学的新举措。凡是党组成员集中的会议,不论是厅党组会、厅务会,还是厅长办公会,厅党组都事先确定学习内容,集中学习一段时间,建立逢会必学的机制。2014 年度,厅党组共组织集中学习 17 次。二是拓展学习内容。为提高领导班子、领导干部政治理论素养和执政能力,充分发挥党组中心组在加强学习方面的引领带动作用,厅党组以党的创新理论、中央和省委重大战略决策部署、重要会议精神、财政工作热点问题等为重点,结合财政实际,研究制定学习专题,开展研讨和交流,为开拓投融资模式,化解债务风险等创新性工作提供了思路。三是加强和改进个人自学。个人自学是党组中心组集体学习研讨的基础。厅党组根据形势任务需要,对领导干部个人自学提出明确要求,并定期进行督促检查。机关党委每年为厅领导订阅《紫光阁》等党建期刊、厅办公室每月不定期编辑《舆情摘要》,搜集涉及财政经济社会各方面的新情况、新观点、新论断,充实丰富厅领导有关学习资料内容,为厅领导班子成员利用自由时间加强自学、提高理论素养和决策水平创造了条件。四是加强和改进学习调研。专题调研是深化理论学习、运用学习成果指导实践的重要途径。结合党的群众路线教育实践活动,厅党组将重大理论学习与专题调研相结合,深入基层、深入服务单位,扎实调查和研究问题。厅领导班子成员每年都根据重大学习专题,结合职责分工,撰写 1 至 2 篇调研报告,并适时组织集体学习交流。2014 年,在厅党组的示范带领下,全厅党员干部理论学习氛围更加浓厚,效果更加明显。

(三)认真抓好学习讨论落实活动学习宣传工作。按照财政厅学习讨论落实活动领导小组办公室的工作分工,机关党委重点开展了以下工作:一是认真筹划安排学习宣传工作。省委学习讨论落实活动动员部署会召开后,厅党组高度重视,立即成立了财政厅学习讨论落实活动领导小组办公室,根据工作分工,厅机关党委认真筹划,及时下发了《山西省财政厅学习讨论落实活动学习教育计划》和《山西省财政厅关于在学习讨论落实活动中进一步引深学习的补充通知》,对学习宣传工作作出全面部署。二是严密组织好处级党员干部集中轮训。12 月 18 日至 26 日,厅机关党委分批举办了两期处级干部集中学习班,厅机关、事业单位、驻各市财监处共 195 名副处级以上党员干部参加了学习培训。培训期间,所有学员先后听取了三次专家辅导授课,分别观看了《作风建设在路上》电视专题片和《警钟长鸣》警示教育片,分组进行了领学和讨论,并进行了一次集中大讨论。三是通过多种形式提高学习效果。为确保学习效果,集中学习阶段,通过原原本本学、专题研讨学、“一把手”领学、警示教育学等形式,提高了学习质量;在学习方法上,通过观看警示教育片、参观警示教育基地、开设廉政论坛、举办主题征文、布置廉政文化墙等形式,丰富了学习方法,提高了学习效果。

(四)扎实开展 2014 年度法制宣传教育。一是在年初以晋财党[2014]7 号文,制定下发了《山西省财政厅 2014 年度法制宣传教育工作要点》,明确了 2014 年全年的四项法制宣传教育基础工作、五项弘扬法治精神活动以及两项法律法规培训工作。二是以党的十八届四中全会精神为重点,加大法制宣传教育力度。下半年,我们以学习贯彻十八届四中全会精神为重点,通过领导领学、专家培训等方法手段,积极开展形式多样的学习活动。11 月 27 日,邀请专家教授为全厅党员干部作党的十八届四中全会精神辅导报告会,使大家在依法履职、依法决策、依法行政,自觉强化对行政权力的监督制约等方面,都有了理论上的提升和工作上的指导。三是注重做好“12·4”法制宣传日活动。积极参加省委依法治省办公室举办的“国家宪法日暨全国法制宣传日系列宣传活动”,通过展板和宣传资料,重点宣传了新预算法和煤炭资源税改革的

相关规定，有效宣传了财政法规，真正做到了服务群众，将“弘扬宪法精神，建设法治中国”的要求落到了实处。

二、规范和加强机关党建基础性经常性工作

（一）加强基层党组织建设，发挥基层党组织的战斗堡垒作用。2014年，为加强基层党组织建设，财政厅修订完善了《中共山西省财政厅直属机关委员会关于加强和改进基层党组织建设的意见》（晋财党[2014]12号），从加强基层组织的思想政治工作、组织工作、党内生活和发展、教育、管理、服务党员等方面进一步完善了基层党组织制度建设。一是认真落实“一岗双责”制度，坚持将党支部建在处室（单位），凡党员人数达到3名以上的，均建立了党支部。按照党章和党员先进性标准的要求，配备了专兼职党务干部。2014年度，共完了4个党支部委员的补改选工作。二是认真做好党员发展和转正工作。按照“控制总量、优化结构、提高质量、发挥作用”的要求，扎实做好入党积极分子的培养和教育工作，夯实发展党员的群众基础，并坚持“成熟一个、发展一个”的原则，严格按照程序，认真做好党员发展和转正工作。2014年共发展新党员4名，转正预备党员2名。“七一”前夕，组织新党员到彭真纪念馆进行了集体入党宣誓仪式，进行理想信念和革命传统教育。

（二）健全党内组织生活，加强党内民主建设。2014年，财政厅修订完善了《中共山西省财政厅直属机关委员会关于党内组织生活制度的规定》（晋财党[2014]13号）。明确了财政厅党员的党内组织生活制度主要包括党总支、支部的组织生活会，党员活动日，民主评议党员、“三会一课”和厅领导班子民主生活会五大制度，明确了每项制度的范围对象、程序步骤和目标要求。12月份，财政厅结合支部组织生活会和省委对不合格党员进行处置的要求，以党总支、支部为单位，进行了一次民主评议党员活动。在确定评议目的、评议内容的基础上，按照学习教育、自我评价、民主评议、组织考察、表彰优秀党员、处置不合格党员六个环节开展民主评议活动。

（三）组织开好厅党组民主生活会和党支部组织生活会。根据省纪委、省委组织部《关于转发＜中共中央纪委机关、中共中央组织部关于开好2014年度县以上党和国家机关党员领导干部民主生活会的通知＞的通知》（晋组通字[2014]66号）精神和《山西省财政厅2014年度厅领导班子民主生活会实施方案》的安排，厅党组于2015年1月6日召开了厅领导班子民主生活会。厅党组成员在充分准备的基础上，紧紧围绕“严格党内生活，严守党的纪律，深化作风建设”这一主题，开展批评与自我批评。省委常委王伟中秘书长对厅党组专题民主生活会给予了充分肯定，认为会议指导思想明确，问题查找准确，取得成效明显，是一次高质量的专题民主生活会。各基层党支部按照具体要求，组织全体党员参加组织生活会，积极开展批评和自我批评，使每个党员都受到了教育，有效增强了党组织的凝聚力、战斗力，促进了财政业务工作。

三、认真贯彻落实中央八项规定，进一步加强党风廉政建设教育

加强党员干部作风建设历来都是财政厅党建工作的重点。一是认真抓好党员干部党风廉政教育。通过定期组织全厅党员干部观看廉政教育专题片、组织学习《十八大以来廉政新规定》、《财政干部廉洁从政十不准》等，强化了党员干部的纪律观念和法治意识。二是认真开展了“工作秩序涣散、纪律松弛”专项整治工作，2014年5月8日，省直工委对财政厅就“工作秩序涣散、纪律松弛”专项整治工作进行监督检查。检查组对财政厅建章立制促落实、突击检查找问题、日常检查促长效的做法给予了高度肯定。三是认真做好机关纪委信访举报落实和责任追究工作。

四、以建设“五型”机关、争创全国文明单位为平台，全面提升机关精神文明创建水平

2014年度，财政厅以建设“五型”机关，争创全国文明单位为目标，下大力抓好机关精神文明工作。

（一）提升机关精神文明建设水平。以开展公民道德建设“五个一活动”为重点，进一步加大文明单位创建工作力度，2015年2月28日，中央文明办召开命名表彰大会，财政厅机关成功创建为“全国文明单位”，连续4年创建为省文明单位标兵，并连续12年保持省直文明单位标兵称号。厅属单位中1个为省文明单位，11个为省直文明单位标兵，1个为省直文明单位。全厅创建工作朝着努力实现共建共享的目标迈进。

（二）开办“财苑文化大讲堂”。以更新知识、提升素质为目标，邀请专家学者定期为干部职工举办知识讲座。

（三）开展“读书月”活动。二季度，在各基层党组织中开展了第三届“读书月”活动，在各处室、单位建立了51个“财苑书屋”，购发图书5000余册。开展“中国梦财政情”征文活动，激发财政人爱国爱岗情怀。

（四）认真开展“践行社会主义核心价值观”主题活动。在全厅开展了“践行社会主义核心价值观，财政青年在行动”系列活动。7月份印制了活动宣传扇；“七一”组织党员志愿服务队到儿童公园开展志愿服务活动；8月份组织了主题演讲比赛，认真开展了“讲文明树新风”公益广告宣传活动，引导机关干部从身边做起，从点滴做起，形成向上的力量、向善的力量，把践行社会主义核心价值观活动真正做细做小做实。一系列措施活动促使党员干部作风得到明显转变，也得到了省直工委的认可。

五、进一步发挥群团组织的优势和作用

（一）开展劳动竞赛，做好工会工作。一是厅工会积极履行竞赛职能，圆满完成了各项评选表彰工作。2014年，先后有8人次，5个集体获得“山西省五一劳动奖状”和“山西省五一劳动奖章”等荣誉。二是丰富机关文化生活，增强职工健康体魄。6月份，组队参加了省直机关第四届职工运动会，财

政厅荣获“优秀组织奖。”9 月份，举办了“喜迎国庆 快乐健身”干部职工健步走活动，掀开了干部职工树立科学健康的健身理念和低碳环保的生活方式，积极参与全民健身运动的新高潮。三是积极倡导干部职工参与社会公益事业，动员大家踊跃承担社会责任。10 月份，在“10·17”全国扶贫日组织开展了募捐活动，全厅 597 名干部职工参加了捐助。四是积极开展干部职工“生日祝贺”活动。在严格执行中央“八项规定”、坚决反对“四风问题”的前提下，为 316 名工会会员送去了生日祝福。五是坚持“三必访”制度，一年中看望生育、生病住院职工 3 人次。

(二)展示青春风采，做好共青团工作。一是在“五四”期间举办青年文化日活动。厅团委组织召开了纪念五四运动 95 周年座谈会，激发了财政青年为实现中华民族的伟大复兴，实现“中国梦”而努力奋斗的工作热情。二是实施青年人才工程。推荐 1 名优秀团员青年加入党组织重点培养对象。推荐 1 个团队参加“山西省五四红旗团支部”的评选表彰。三是积极开展“号、手”联创活动。截至 2014 年年底，全省财政系统已有 74 个优秀集体成功加入创建工作行列。其中省级青年文明号 62 个，国家级青年文明号 12 个。

(三)关爱女性职工，做好妇委会工作。一是以庆祝“三八”国际妇女节为契机，推动“巾帼文明”活动深入开展。二是积极选树典型，大力开展“巾帼建功”活动。11 月份，按照程序推荐上报 1 名个人参加省妇联“山西省三八红旗手”的评比表彰。

(王鹏程)

附：省财政厅党组书记、副书记、成员名单

书　记： 武　涛

副书记： 石常明(6 月离职)

成　员： 胡双明　张五胜(6 月离职)　常国华
黄　庙　武志远(6 月任职)　高向新

省人力资源和社会保障厅党组工作概况

党组书记　张　健

2014 年，山西省人力资源社会保障各项工作任务圆满完成。全省城镇新增就业 51.4 万人，完成全年目标任务的 100.8%；转移农村劳动力 37.7 万人，完成全年任务的 101.9%；城镇登记失业率 3.4%，低于 4.2%的控制目标。城镇职工基本养老、城镇基本医疗、失业、工伤、生育、城乡居民养老保险参保人数达 692、1100.7、407.6、563、454、1537.4 万人，分别完成全年任务的 101.3%、101.1%、101.7%、101.5%、101.8%、102.2%。社保基金总收入 1127 亿元，总支出 957 亿元，累计结余 1744 亿元。新发社保卡 213 万张，累计达 2313 万张，基本实现了参保人员人人持卡的目标。新增高层次专技人才 7100 名，新增高技能人才 8.1 万名。

一、及时出台新一轮帮企业、保就业、促创业政策措施并狠抓落实

2014 年，在经济下行、企业困难、就业岗位同比减少的情况下，经过全省人力资源社会保障系统的共同努力，确保了全年就业目标任务的完成。一是实施“五缓三补两协商一报备”政策，帮扶困难企业稳定就业岗位。出台《关于帮扶困难企业稳定就业岗位的通知》，“五缓”，即经认定的困难企业可以缓缴 2014 年基本养老、基本医疗、工伤、失业、生育五项社会保险费，缓缴的社会保险费不计征滞纳金。“三补”，即使用失业保险基金对困难企业给予社会保险补贴、岗位补贴和培训补贴。“两协商”，即推动各类企业建立健全工资集体协商制度，国有和国有控股困难企业要重点围绕工资按时支付以及稳岗增效措施等内容开展集体协商，做到不裁员，不降低一线职工收入。鼓励其他困难企业通过开展集体协商，采取灵活用工、弹性工时、弹性工资、组织培训等措施稳定就业岗位。指导困难企业通过与职工个人协商一致，在继续保留劳动关系的情况下，鼓励职工在约定的时期内，到其他缺工领域劳动。约定期满，劳动者返回原企业工作，继续履行原劳动合同。“一报备”，即企业一次性裁员 20 人以上或者裁减不足 20 人但占企业职工总数 10%以上的，要向人社行政部门

报备。全年共为297户困难企业缓缴五项社会保险费近60亿元，为154户困难企业支付稳岗培训补贴6.25亿元，覆盖职工38万人。在极其困难的形势下，大多数企业积极承担社会责任，与企业员工共渡难关，全省没有出现大规模的裁员和降薪，保持了就业局势的基本稳定。二是实施“七补一贷”政策，扶持高校毕业生创业。出台《关于扶持高校毕业生创业的意见》，“七补”包括财政补助、社会保险补贴、创业实训补贴、场地租金补贴、创业就业补贴、星火项目资金扶持、创业园区建设补助。“一贷”，即自主创业的高校毕业生可申请最高10万元的小额担保贷款，合伙创业的可将贷款额度提高到每人15万元，成功创业并带动5人以上就业的可以申请到最高50万元的贷款再扶持。全年实施“10万人创业计划”和“大学生创业引领计划”，创立大学生创业实训基地、创业园区、创业孵化基地248个；创新小额贷款模式，发放贷款5.1亿元，落实财政贴息2700万元。5373名大学生实现成功创业，占应届毕业生的3%。全省新创办小微企业5.4万户，新增个体工商户13.7万户，同比增长123%。通过扶持创业来带动就业，倍增效应十分明显，至少提供就业岗位15万个以上。三是实施“六补一缓”政策，鼓励小微企业吸纳劳动者就业。出台《关于鼓励小微企业吸纳劳动者就业的意见》，“六补”，即对吸纳就业的小微企业提供就业补助、就业岗位补贴、社会保险补贴、财政贴息支持、职业培训补贴、就业见习补贴。“一缓”，即吸纳劳动者就业的小微企业可以缓交基本养老、基本医疗、失业保险、工伤保险、生育保险五项社会保险费。全年共有2831户小微企业享受各项政府补贴。70%的新增就业岗位来自中小微企业，成为城镇新增就业的主渠道。四是政府购买基层公共服务岗位，吸纳高校毕业生就业。出台《关于政府购买基层公共服务岗位吸纳高校毕业生就业的意见》，探索创新大学生就业新途径，为全省11个市的乡镇、社区公开招聘高校毕业生6982名，既使新毕业大学生得到了基层锻炼，又缓解了当期就业压力，还为基层提供了人才支持。五是推进职业技能培训全覆盖。对未就业高校毕业生、农村转移劳动力、城镇登记失业人员和农村“两后生”进行针对性的职业培训，实行实名制管理，累计培训69.3万人次，技能素质得到提升，有力促进了城乡就业。六是扎实做好公共就业服务。组织开展各类专项招聘活动953余场，提供岗位信息60余万个，通过网络招聘发布供求信息12.5万个，访问量达467万次。对3.5万名离校未就业高校毕业生实行实名制跟踪服务，全部纳入就业实践活动中。新开发就业见习岗位3万个，国有企业招聘应届高校毕业生实现了信息公开。在省内77所高校实现了公共就业服务和网络招聘全覆盖，应届高校毕业生就业率达91.5%，其中政府提供的各类岗位接近5万个，占毕业生总量的四分之一。七是做好就业困难人员就业援助工作。通过开发公益性岗位等政府兜底安置措施，帮助4.4万名就业困难人员实现就业。

二、千方百计着力提高城镇居民收入水平

2014年全省工业企业的整体效益下降61.5%，规模以上企业亏损面达43.2%，许多企业处于停工、半停工状态。在经济极其困难的情况下，全省人力资源社会保障系统高度重视，定期研究，采取一系列措施，确保了居民收入的稳步增长。一是着力提高低收入群体收入水平。将月最低工资标准提高为一类1450元、二类1350元、三类1250元、四类1150元，平均增幅14.2%。相应提高小时最低工资标准，全日制小时最低工资标准依次为一类8.3元、二类7.8元、三类7.2元、四类6.6元;非全日制用工小时最低工资标准依次为一类16.0元、二类15.0元、三类14.0元、四类13.0元。同时将现行的井下采掘人员、井下辅助人员月最低工资标准调整为2000元、1800元。相应提高井下采掘人员和井下辅助人员的小时最低工资标准，分别为11.5元、10.3元。根据全省各地经济发展、城镇单位在岗职工平均工资和城镇居民人均可支配收入情况，将15个县(市、区)最低工资标准上调一个类别。二是着力扩大中等收入群体，及时发布了企业工资增长指导线，基准线增长13%，增长上线为20%，增长下线为4%。提高省直机关津补贴标准和事业单位绩效工资水平，并向低职务职称人员倾斜。三是提高企业退休人员基本养老金，月人均增加219元，增幅在10%以上。四是城镇居民医保财政补助由280元提高到320元。五是为领取失业保险金人员按年人均2400元的标准增发冬季取暖补贴，工伤保险待遇提高10%。六是与工会配合实施“工资集体协商全覆盖行动”，全省已建工会企业工资集体协商覆盖率达97.6%，初步形成职工工资由劳资双方共决机制，促进了职工工资合理增长。七是强化劳动监察执法，积极创建“无欠薪县域”，开展农民工工资支付专项检查，挂牌督办，部门联动，行政执法和刑事司法多管齐下，全省共立案查处欠薪案件7620件，为13.2万人追索劳动报酬11.7亿元，向公安机关移送涉嫌拒不支付劳动报酬罪88件，向社会公布重大欠薪典型案件53起，确保了各项增收政策落到实处，农民工重大欠薪案件年底前基本办结。

三、着力推进各项改革

在社会保障方面，合并实施新农保和城居保，出台《关于建立统一的城乡居民基本养老保险制度的实施意见》，形成了统一的城乡居民基本养老保险制度。出台了城乡养老保险制度转移衔接办法。全面启动了居民大病保险。实施了“全民参保登记计划”，开发了网上申报管理软件，省级实现了社保业务的远程办理。全面推进社保卡应用，协调发卡银行取消了省内跨行业务办理手续费，朔州市实现了行政村社保卡配套银行网点全覆盖。

在人才人事方面，在山西科技创新城设立人才管理改革试验区，进行人才集聚体制机制创新探索。推进重大人才工程实施，选拔新兴产业领军人才64名、省级学术技术带头人193名，新设立院士工作站16个、博士后科研流动站5个。深入开展“千人百县”高层次人才服务基层计划，省市共下派高层次人才1091名，有力助推县域经济发展。全省首次统一组织党群系统和行政机关公务员考试录用3270名，在35个

国家扶贫开发重点县实行定向招录试点,解决贫困地区“招人难、留人难”问题,公务员录用制度进一步完善;从严实施机关事业单位新进人员计划管理,确保了财政供养人员只减不增。妥善安置了667名军转干部。

在劳动关系方面,全省企业劳动合同签订率98.9%,劳动保障监察“两网化”覆盖全省所有地级市,投诉案件结案率达99.9%。高度重视信访维稳工作,妥善处理了上万件次来信来访,劳动人事争议仲裁结案率达90.7%,劳动者合法权益得到切实保障,劳动关系总体上保持和谐稳定。

四、大力加强自身建设改进工作作风

巩固党的群众路线教育实践活动成果,狠抓“四风”问题整改落实。大力推进行政审批制度改革,全厅行政审批事项由20项减少为8项,包括省属企业综合计算工时工作制和不定时工作制审批、人力资源服务机构资格认定、外国人来晋工作许可、设立技工学校审批、职业技能鉴定机构审批、职业资格证书核发、民办职业培训学校办学资格认定劳务派遣行政许可,并在厅门户网站向全社会公布,接受社会监督。在全省公共就业、社保经办等民生服务窗口单位开展改进作风专项行动,窗口服务标准化、规范化水平明显提高,工作纪律更加严明,人社服务品牌深入人心。2014年上半年,开展了“下基层、访民生、解民事、转作风”活动,32个小组深入64个县区、130个乡镇(街道)人社服务窗口单位和69户特困家庭走访服务对象,发放慰问金34500元,检查基层人社服务窗口64个,召开座谈会62次,收集意见建议282条,活动期间现场解决问题90余个,形成调研报告32份,展示了良好社会形象。下半年开展了劳动关系和社会保障领域矛盾排查调研,梳理出7大类群众反映的突出问题,在深入分析的基础上提出了切实可行的建议,推动问题解决。通过两次调研,体察了民情,倾听了民意,联系了群众,宣讲了政策,解决了部分问题,机关干部的工作作风有了明显的转变。

(张 琼)

附:省人力资源和社会保障厅党组书记、成员名单

书 记:张 健

成 员:杨培岳 李文慧(6月离职)
李建刚 王云龙(6月离职) 王建文
李广禄(6月任职) 姚 逊
安尼瓦尔·买买提(挂职,2月离职)

省国土资源厅党组工作概况

一、围绕中心、履职尽责,全省国土资源工作取得了新成效

2014年,全省国土资源系统认真贯彻落实省委、省政府和国土资源部的工作部署,紧紧围绕“保障发展、保护资源、维护权益、推进改革”的中心任务,改进工作作风,强化年度目标责任考核,狠抓工作落实,各项工作都取得了新成效。

(一)主动参与宏观调控,狠抓稳增长措施落实,为全省经济发展提供了资源保障。

用好用足年度计划指标。全年共安排新增计划20.97万亩,其中,国家下达我省年度用地计划17.5万亩,协调重点项目使用国家计划3.47万亩。通过年初预下达、省市切块分配、年末调剂使用等措施,保障了全省重点工程的用地需求。2014年,全省报批建设用地319批(宗)、10.64万亩;供应土地18.07万亩,其中保障性安居工程用地?1.26万亩。

积极拓展用地空间。继续推进城乡建设用地增减挂钩机制,下达58个县(市、区)周转指标36060亩,增减挂钩覆盖至全省108个县(市、区);工矿废弃地复垦利用试点扩大到8个市,验收复垦区10160亩,下达5个县(市)周转指标6686亩。对国土资源部批准的13座露天采矿用地试点,通过“上图入库”、加强监管,进一步规范了试点矿临时用地行为。批复了6个县(区)矿业存量土地整合利用实施方案。

及时修改调整土地规划和矿业权设置方案。组织完成部分市、县土地利用总体规划的修改,26个县的规划修改方案已上报省政府批复,保障了重点工程依法合规用地。出台《关于矿业权设置方案局部调整有关问题的通知》,进一步规范矿业权设置方案局部调整的有关事项,指导吕梁市、运城市调整了非煤矿业权设置方案。组织编制(修编)了7个非国家规划矿区、9个煤炭国家规划矿区煤炭矿业权设置方案。

主动服务,为重点工程和矿山企业解难题。组织开展了“百日百项工程”项目用地大调研,积极协调太榆科创城、大西铁路、中南铁路装车点、晋电外送通道等重点项目征地过程中的重大问题。与国土部多次沟通,争取政策支持,上报了我省多年遗留的18个重点工程用地项目,其中11个项目已取得批复。全年完成重点工程建设项目用地预审181个,审批项目压覆重要矿产资源192宗;办理煤矿抵押备案申请117宗、解除抵押备案14宗,涉及矿权评估额1529亿元,缓解了煤矿企业资金短缺压力。

加大地质找矿力度。找矿突破战略行动“358”第一阶段目标“三年取得重大进展”任务基本完成,实施了涉及22个矿种的399个固体矿产勘查项目,提交大中型矿产地48处、小型矿产地39处,验收项目116个,煤炭、铝土矿等新增了

一批资源储量。验收往年立项的地质找矿项目94个，预计可新增煤炭资源量24.46亿吨、铁矿资源量8545.34万吨、铝土矿资源量983.06万吨。安排2014年勘查经费5.94亿元，新立找矿项目98个。

（二）严格保护耕地，守住了6000万亩耕地红线。

强化耕地保护目标责任制落实，年初李小鹏省长与11个市市长签订了《2014年耕地保护目标责任书》，首次以省政府名义分解下达了全省6000万亩耕地保护和180万亩高标准基本农田建设任务，落实了各级各部门耕地保护责任。

加强基本农田保护，下达高标准农田建设项目资金14.65亿元，推进了高标准基本农田示范区建设；在开展试点的基础上，推进基本农田划定工作，全省已完成50%以上。

以建设促保护，规范运行省级耕地开发专项资金。已批复项目设计84个，可新增耕地13.61万亩；正在实施往年项目77个，可新增耕地12.37万亩。各市占补平衡验收项目420个，新增耕地8.68万亩。

（三）推进节约集约，国土资源利用水平有了新提高。

认真贯彻国土资源部《节约集约利用土地规定》和《关于推进土地节约集约利用的指导意见》，结合全省实际，探索推进资源节约集约利用新途径。首次对11个市节约集约用地情况进行了考核评价，并以省政府名义通报全省，对排名前三位的晋城、大同、晋中三市分别奖励1200亩、800亩、500亩用地计划指标。与省商务厅联合启动了山西省2014年度开发区土地集约利用评价工作。开展了低效和闲置土地的开发利用工作，依托土地市场动态巡查系统对全省土地供应及开发利用情况进行监管，每季度通报一次。严格执行建设项目用地标准，对18宗单独选址项目核减了用地面积或要求补充使用土地的依据。会同省财政厅对2010、2012年度获得矿产资源节约与综合利用以奖代补奖励资金的11个矿山企业项目进行了绩效评价。

（四）统筹协调扎实推进，国土资源改革有了新进展。

稳步推进不动产统一登记改革。经省政府批准建立了我省不动产登记工作厅际联系会议制度，牵头召开了全省第一次不动产登记工作厅际联席会议，起草了《山西省不动产统一登记工作实施方案》，由省政府印发执行。

积极争取煤层气矿权业审批制度改革试点早日启动。经与国土资源部多次协调、沟通，先后形成了部分矿业权授权省里审批、建立矿业权审批部省协调机制两种方案，待部省协商一致后确定。同时，积极做细做实相关配套工作，组织编制了《山西省煤层气资源勘查开发规划（2013—2020年）》，起草了《山西省煤炭煤层气矿业权审批制度改革试点实施意见》及相关管理规章制度。

推进矿产资源审批改革。组织起草了《山西省煤炭资源公开出让转让管理意见》，推进市场配置煤炭资源改革；起草了《山西省煤铝共伴生资源综合勘查开采审批办法》，解决了同一矿区上下层位煤铝资源不能兼采问题；修改了《山西省铝土矿资源开发利用规划》，调整了企业开发利用铝土矿资源的准入条件。

开展地质勘查投入机制改革，提出了吸引社会资金参与地质勘查的政策建议。

围绕“减、简、监”，进一步推进行政审批制度改革，清理审批事项，下放审批权限。承接了国土资源部的3项行政审批事项；全厅113项行政权力事项中，拟取消4项、下放4项、整合1项、保留104项（其中行政处罚权57项）。

（五）真情实意惠民生，维护群众权益更加有力。

把地质灾害防治工作做为重要的民生工程、德政工程和生命工程，不断加大工作力度。针对去年极端气候频发、部分地区降雨量大的严峻形势，省厅及时组织预测会商、加强气象预警预报、强化落实防治责任，实施综合治理，抓好应急处置，最大限度地减少了地质灾害引起的人员伤亡和财产损失。2014年全省共发生地质灾害15起，死亡14人。与2013年相比，因灾死亡减少13人，死亡率降低近50%。

加大地质灾害治理力度，投入省级财政资金5亿多元，对受地质灾害威胁严重的3000农户和1.8万户采煤沉陷区居民进行治理搬迁，对9个大型以上地质灾害隐患点实施了工程治理。

开展了“征地拆迁中损害群众利益”行为专项整治工作，下发了《关于进一步规范征地程序严格征地拆迁管理切实维护群众合法权益有关问题的通知》，明确要求各地严格履行征地程序、妥善做好征地补偿安置工作，切实维护被征地农民的合法权益。

扎实做好国土资源信访工作。各级国土资源部门坚持“事要解决”和源头治理，综合运用政策、法律、经济、行政等手段，及时就地解决矛盾，化解了一批信访积案。继续坚持厅长接待日制度，厅领导共接待信访108批335人次，办结86件，领导包案率达100%。

（六）严厉打击违法行为，执法监察工作取得了新成效。

认真开展土地矿产卫片执法检查，立案查处土地违法案件2507宗、矿产违法案件167宗，提出党政纪处分建议1892人，移送司法机关追究刑事责任86人。对土地违法严重的4市18县（市、区）政府、矿产违法严重的1市3县（市、区）政府进行了警示约谈。

根据省政府的统一安排，开展了“百日行动”和“六打六治行动”，全省各级共出动巡查检查人员3.5余万人次，车辆7000余台次，排查关闭矿山（井）3214座，有力维护了正常的国土资源开发利用秩序，维护了全省安全生产形势。

（七）完善制度夯实基础，国土资源管理根基更加牢固。

配合省人大常委会制定了《山西省土地整治条例》，并于2014年10月1日起施行。这是我省第一部规范土地整治工作的地方性法规，也是我省第一部服务和保障综改试验区建设的地方性法规，《条例》的实施将进一步规范和促进全省土地整治工作。配合国家审计署开展了矿产资源开发利用专项审计和土地出让收支、耕地保护情况审计，对审计发现的问题进行了整改，完善了相关制度。

国土资源管理基础进一步夯实。经省政府批准，正式公布了全省第二次土地调查主要数据成果。全省宅基地和集体建设用使用权确权发证达50%以上。编制完成了《山西省地面沉降防治规划(2011-2020年)》,并由省政府发布实施。全年实现国土收益619.59亿元,其中两权价款收益119.49亿元、矿产资源补偿费23.64亿元、新增建设用地有偿使用费为16.46亿元、土地出让成交价款460亿元。

二、认清形势、保持定力,全面推进党风廉政建设和反腐败工作

2014年,全省国土资源系统出现的严重腐败案件,损害了部门形象,败坏了党风政风,给国土资源事业造成了极大伤害。厅党组坚决贯彻省委省政府、省纪委和国土资源部的部署要求,反思问题、统一思想、提高认识,把深入开展党风廉政建设和反腐败斗争,作为净化国土资源系统政治生态的关键举措,强力推进、狠抓落实。结合全系统工作实际,认真落实主体责任,狠抓党的纪律建设,严格干部教育监督,持续强化作风建设,特别是结合学习讨论落实活动,围绕系统内腐败案件,深挖根源,积极整改,完善法规制度建设和风险防控体系,努力探索建立不敢腐、不能腐、不想腐的长效机制。全系统各级纪检监察机构以深化"三转"落实为抓手,聚焦中心任务,着力解决职责不清、职能发散、主业荒疏等问题,强化监督执纪问责,履职尽责躬身而行,积极推进国土资源系统党风廉政建设和反腐败工作取得新进展新成效。

(一)强化责任担当,深入推进落实"两个责任"

推动落实党风廉政建设主体责任。制定了落实党风廉政建设党组主体责任的实施办法,细化明确27项任务清单,逐级签字背书,以上率下,一级抓一级。突出强化"一岗双责",厅机关48名处级以上党员领导干部作出落实主体责任和廉洁从政公开承诺。建立实施了"向上一级党组、纪检组述纪述廉述作风述责任"的制度,召开了各市局、开发区分局主体责任落实汇报会,对全系统32名处级单位主要负责人开展"一对一"约谈,层层传导压力。严格干部教育管理,深入开展党性修养和廉政教育,编印廉政漫画集和廉政文化读本,组织观看廉政教育片,对近三年来170名新进人员集中开展廉洁从政培训;倡议开展了"吹好廉政风、争当贤内助"活动,坚持弘扬优秀传统文化,进一步筑牢了党员干部拒腐防变的思想防线。

深化"三转"落实,强化监督执纪问责。下发了《各级纪检组长在党组中不分管其他业务的通知》,要求分清主办、协调、参与和督办责任,专司纪检监察工作。及时主动跟进,深化思想认识,在晋中召开了落实"三转"工作座谈会,组织了三级纪检组长集中大调研活动,着力解决"空转"、"虚转"等问题。清理纪检监察机构参与的议事协调机构,清理前,各市局纪检组共参与89个议事协调机构,平均每个市参与8个;清理后减至27个。驻厅纪检组牵头和参与的18项议事协调事项,经清理后仅保留3项。制定了落实党风廉政建设纪检组监督责任的实施办法,细化了20项主责清单,对履行监督责任作出明确规定,主动改变过去参与具体业务决策的过程监督以及配合、代替部门开展业务检查的做法,把监督重点放在了对领导班子及处级干部上来,把主要精力聚焦到了依法依规履职和遵章守纪的监督执纪问责上来,有效解决了工作越位、缺位和错位的问题。认真落实"一案双查",不断加大问责力度,对发生重大违纪违法案件和不正之风蔓延的单位,既追究当事人的责任,又追究相关领导的责任。

(二)严明党的纪律,持之以恒纠正"四风"

严明政治纪律、组织纪律,确保政令畅通。坚持把维护党的政治纪律放在首位,制定了《关于严明纪律、改进作风的若干规定》,开展了工作秩序涣散、纪律松弛专项整治,加强对党组织和党员干部贯彻执行党章、党的路线方针政策、党内政治生活准则、领导干部个人事项报告和落实省委省政府、省纪委和厅党组重大决策部署情况的执纪监督,强化组织意识和纪律观念,有效解决了各级班子中存在的软弱涣散、内部不协调、不团结、不担当、不作为等突出问题,确保了纪律刚性约束。

严格落实中央八项规定精神,纠正"四风"坚决有力。按照"抓深抓细抓实"的要求,重申了党员干部生活作风"十不准",把监督从"工作圈"延伸到"生活圈"、"社交圈"。紧盯五一、国庆等重要节点,相继提出了"七严禁"、"八不得"、"二十三不准"等一系列具体要求;组织对公款赠送贺卡、月饼等节礼、"会所中的歪风"、收"红包"及购物卡等专项整治,加大了对公款吃喝、公款送礼、公款旅游和违规发放福利、借婚丧喜庆敛财等问题的查处问责力度。结合元旦、春节重要节点,在全系统组织了针对中央八项规定落实情况的交叉检查,梳理问题线索31个,向9个单位下发了核实处理函,处理18人,公开通报典型案例11起,产生了很好的震慑作用。完善作风建设长效机制,设立了廉政监督岗、定期发送廉政短信,推进开通"四风"问题三级网络举报直通车,建立了作风问题检查通报机制。坚持"露头就打",严肃查处并在全系统通报了武乡县局2名国土所长吸毒事件,撤职、开除党籍2人,问责相关领导给予党政纪处分3人,一批群众反映强烈的突出问题得到有效解决。2014年,全系统各级纪检监察机构共组织各类监督检查270次,处理202人。

(三)加大查办案件工作力度,始终以零容忍态度惩治腐败

坚持"有腐必惩、有贪必肃"。规范办案程序,出台了《纪检监察案件调查处理办法》,加强案件全过程管理。落实"一案三报告"制度,对所有查办的案件,形成案件调查报告、办案总结报告和案件剖析报告。推行办案质量终身负责,严防以案谋私。建立了办案人才库,探索整合市、县局纪检组力量共同办案,交叉办案。对省纪委交办的7件信访件,均按要求完成了初核或查处工作。配合中纪委、省纪委案件调查、取证上百次。2014年,全系统各级纪检监察机构受理信访举报189件(次),初核173件,立案28件;给予党政纪处分134人,其中处级干部6人,科级干部31人;移送司法机关4人。

立足"抓早抓小",建立健全早发现、早提醒、早纠正、早处置机制。严格执行领导干部函询、诫勉谈话和任前廉政谈话等制度。对苗头性、倾向性问题,及时进行谈话提醒教育,

早打招呼、早处理。2014年,全系统各级纪检监察机构同干部谈话918人次,函询15人次。定期针对腐败现象的特点、成因及危害讨论剖析,及时向各级党组提出整改意见,积极探索预防腐败的治本之策。

(四)着力推进制度建设,推动形成不敢腐、不能腐、不想腐的机制

坚持立行立改,着力推进反腐倡廉制度建设。厅党组研究制定了领导班子及班子成员监督实施办法,下发了《处级领导干部监督办法和述廉评议考核办法》,制定党员领导干部配偶、子女个人从业规范,进一步规范党员领导干部在社团和企业兼职有关问题,重点强化对班子成员和"一把手"的监督制约。创新监督方式方法,建立了行政审批、评审评估责任倒查机制,有计划地开展集中倒查和随机抽查,重点检查是否存在失职渎职、以权谋私、权钱交易等违纪违法问题。完善问责机制,修订了行政过错责任追究办法,研究重大决策终身责任倒查办法。加强对选人用人责任的倒查追究,对违反程序选人用人负有领导责任的1名处级干部给予行政警告处分。明确规定,对党组管理干部的提名提拔任用,人事部门在提请党组讨论决定前,须征求纪检组的意见,对拟提拔任用的人选存在廉洁问题或群众有举报反映的,纪检组可以否决或提出暂缓提拔使用的建议。

(五)适应形势要求,纪检监察干部履职能力有效提升

健全完善纪检监察机构,选好配强纪检监察干部。建立了纪检监察干部资格准入制度,严格用人标准和程序,逐级加强考核审查。在厅属15个事业单位和17个开发区土地分局增设纪检委员,在晋城、朔州、运城市局试点推行国土所纪检监察员工作,推进监督全覆盖。各市局也积极加强纪检监察干部队伍建设,全系统新增配纪检监察干部97名,一批党性强、素质高的干部被选拔到纪检监察岗位。

从严管理、从严监督,切实防止"灯下黑"。按照"铁纪、铁军、铁腕"的要求,下发了强化纪检监察干部队伍建设、提升履职尽责能力的通知,对深化"三转"、改进作风等提出了明确要求。举办了纪检组长工作交流会、落实"三转"研讨班,组织撰写了反腐倡廉基础知识读本,积极派员参加省纪委案件查办工作,进一步提高履职能力。严格遵守中纪委"四条禁令",对违反规定的,依纪依规从严处理,逐层逐级严格问责。

(张　峰)

附:省国土资源厅党组书记、成员名单

书　记:李建功(12月免职)

成　员:高　博(主持工作)　郭英杰　彭东晓　李成先　杨志强(12月离职)　周际鹏　葛建生　张宝玉(5月免职)

省环保厅党组工作概况

党组书记　郭长青

2014年,在省委省政府的坚强领导下,省环保厅坚持以邓小平理论、"三个代表"重要思想、科学发展观为指导,深入学习贯彻党的十八届三中、四中全会和习近平总书记系列重要讲话精神,坚定不移地贯彻省委省政府战略部署,坚持环保工作和党风廉政建设统筹推进,狠抓各项工作落实,全省生态建设和环境保护重点工作健康推进,党风廉政建设取得较好效果。

一、坚持党建引领、服务大局,全省环保事业健康发展

一是狠抓大气治理。突出"煤控、治污、管车、降尘"四项重点工作,国家确定的"1+26"项指标全面完成。特别是淘汰小锅炉、茶浴炉等1.34万台,淘汰黄标车及老旧车23.34万辆,超额完成国家下达的年度任务。圆满完成北京APEC会议空气质量保障工作,受到中央领导的肯定和环保部的表扬。全省全年PM2.5平均浓度同比下降16.9%,超额完成下降4%的年度工作目标;平均达标天数222天,同比增加39天,达标率63.3%;平均重污染天数为15天,同比减少17天。

二是坚持"四水"同治。对全省205个城镇和840个乡镇集中式饮用水水源地严格保护。推进完成236个重点流域水污染防治规划项目建设。实施流域水质奖惩考核,全年扣缴生态补偿金3.12亿元,奖励6150万元,推进22个水污染治理项目建设。限期对65家影响地下水水质的排污企业实施整改。全省地表水水质优良断面比例同比上升1.9个百分点,重度污染断面比例下降7个百分点,地下水水质总体良好,饮用水源地水质(扣除本底值)全部达标。

三是强化污染减排。全面推进国家减排责任书重点项目建设,累计完成4430万千瓦火电脱硝、1575平米钢铁脱硫、6.87万吨/日规模水泥脱硝任务;新增污水处理配套管网603公里,新增污水处理能力50万立方米/日;推进865个规模畜禽养殖污染防治设施建设。推进格盟瑞光、大唐云岗等常规燃煤发电机组超低排放技术的运用。

四是推进生态文明建设。推动完成441个农村环境连片整治示范项目建设。制订了农村人居环境改善生活污水处理规划和实施方案,完成中央、省级投资1.03亿元,推动279

个村庄生活污水设施开工建设。建成省级矿山生态环境监测评价系统。

五是加强监管执法。推动《山西省环境保护条例》进入修订程序。严厉打击环境违法行为"百日会战"和百户重点污染企业环境安全整治专项行动取得实效。开展全省环境保护大检查,重点查处一批违法建设项目和污染设施运行不正常的环境违法行为。妥善应对6起突发环境事件。省厅直接受理的520件各类环境信访案件全部办结。

六是积极推进改革。省厅承担的6项转型综改和7项生态文明体制改革任务全部完成。排污权交易实现"全指标、全行业、全省域"三个覆盖,并出台了排污权抵押贷款管理办法;初步建立了总量预算管理体系;成立了省环境污染损害司法鉴定中心,开展了9起鉴定服务。多元投入机制、环境责任保险、绿色信贷、生态补偿等进一步推进。

七是服务转型发展。进一步简政放权,下放了15项基础设施类和环境影响小的建设项目环评审批权限。取消了环保运营资质认定和上市企业核查非行政许可事项。启动省环境科学研究院环评体制改革。全省共批复规划环评和建设项目环评7821个,同比增加268个。其中省级批复350个,退回、暂缓或不予审批30个。积极推进低热值煤发电专项规划和项目审批。

二、坚持履职尽责、狠抓落实,基层组织建设不断加强

一是认真组织基层党组织换届。厅党组将基层党组织换届作为全年一项重要工作来抓,并严格按照《中国共产党章程》和《中国共产党党和国家机关基层组织工作条例》的规定,较好的完成了直属机关党委、机关纪委的换届工作和机关党委委员、纪委委员的选举工作。

二是进一步加强干部队伍建设。坚持以"德才兼备、以德为先、以廉为基"的用人导向,严格执行《党政领导干部选拔任用工作条例》。加大干部日常管理监督,探索建立领导干部情况定期分析机制,把干部日常表现、作风状况作为年度考核和干部考察内容,切实把好选人用人关口,坚决遏制干部"带病提拔",解决荐人失真失实失当等问题。加大了干部交流和选拔任用力度,完成10名处级干部和15名科级干部岗位调整,选派了3名干部赴新疆、西藏进行技术援助,接收新疆环保厅4名干部和县环保局1名干部挂职锻炼,先后推荐政府特殊津贴专家、青年拔尖人才、新兴产业领军人才等10人次。

三是学习型党组织建设引向深入。制定了2014年党组中心组暨干部理论学习的安排意见,党组中心组全年集中学习13次,集体学习了十八届三中、四中全会精神、习近平总书记系列重要讲话精神、《廉政准则》《建立健全惩治和预防腐败体系2013-2017年工作规划》等一系列党内法规制度。为调动机关党员干部学习的积极性、能动性,充分利用报告会、主题教育活动参观、文源讲坛、座谈讨论等形式开展学习。创新讲党课方式,学习讨论落实活动期间,厅党组书记亲自为全体党员进行了党课辅导;2014年上半年环保厅邀请国务院发展研究中心与环境政策研究所副所长常纪文同志、环保部政策法规司副司长别涛同志为全厅干部职工解读了2014年新修订的《中华人民共和国环境保护法》。以七一建党节为节点,组织党员前往西柏坡、百团大战革命遗址、望仙抗日政府所在地、高君宇故居纪念馆等教育基地进行了参观,切实用科学理论武装头脑,进一步推进了学习型党组织建设。

三、坚持"一岗双责"、强化监督,党风廉政建设深入开展

一是严格落实党风廉政建设责任制。根据中央纪委、省纪委关于"三转"的有关要求,制定印发了《落实党风廉政建设主体责任实施办法(试行)》《驻环境保护厅纪检组监察室关于落实监督责任的实施意见(试行)》等文件;厅党组成员、厅领导、各处室及直属单位主要负责人先后签订了《党风廉政建设主体责任书》30份,将主体责任逐级传递到基层党组织;对全厅49个党支部设立纪检委员,由支部副书记兼任,同时明确了工作职责;结合环保工作实际,出台了《中共山西省环境保护厅党组贯彻落实<建立健全惩治和预防腐败体系2013—2017年工作规划>实施办法》,制定了《重点岗位、关键环节存在突出问题专项整治实施方案》,对机关工作人员节假日廉政工作专题安排,提出严格要求。

二是规范权力运行监督。坚持依法确权,在建立权力清单、责任清单的基础上,逐步建立健全负面清单管理制度,共梳理59项行政职权。坚持科学配权,对审批、许可、执法等高风险岗位权力进行分解,实行管审分离、管办分离、查处分离等制度。坚持制度约束权力,进一步完善了请销假、资金管理等10项制度基础上,确定主要运行环节134个、廉政风险点135个,提出预防措施138个。坚持阳光行权,完善综合性政务平台和排污权交易平台,推进审批运行全程电子化,使显性权力规范化、隐性权力公开化。坚持合力督权,以建立责任追求制度为重点,强化对"一把手"和关键岗位的监督,严格落实"一把手"不直接分管人事、财务等工作制度,严格重大事项报告制度,建立关键岗位约谈、巡查、函询、谈话制度。

三是进一步巩固和扩大党的群众路线教育实践活动成果。先后开展了"环境保护中损害群众利益行为"、"工作秩序涣散、纪律松弛"、"整治奢侈浪费不正之风"等专项活动;对多年来形成的43项环保业务管理类事项进行了全面清理规范,同时对人事、财务、公文处理等15项工作制度进行了修订完善;7月中旬至9月下旬,根据省委群众路线办《关于进一步做好第一批教育实践活动整改落实"回头看"工作的通知》文件要求,对教育实践活动的整改落实及制度建设情况进行了回顾、梳理,扎实开展了整治"会所中的歪风"、培训中心的腐败浪费、奢华浪费建设、清理调整"裸官"、党员干部参赌涉赌等10项专项整治工作,均无发现任何违法违纪现象。全年厅公务用车运行费用同比减少13%,公务接待费用减少63%,公务出国人数减少27%,全厅发文发函数量同比减少20%,大型会议次数同比减少50%,全厅纪律作风得以明显

改进、工作效能得到显著提升，基本达到了教育实践活动预期的目标。

四是扎实开展廉政文化教育活动。把廉政教育融入党建工作，把廉政文化与党支部活动相结合，以学习讨论落实活动为契机，为全厅干部职工购买了《治国理政》《习近平关于党风廉政建设和反腐败斗争论述摘编》等廉政书籍1200余册，组织观看了《警钟长鸣》《天上的菊美》《党风廉政建设系列警示教育片》等影片；组织干部职工学习了《党章》《中国共产党纪律处分条例》《中国共产党领导干部从政若干准则》《国家工作人员十条禁令》等重要法律法规。

四、坚持突出主题、优化载体，文明创建工作成效显著

一是广泛开展丰富多彩的群众性文明创建活动。认真贯彻《社会主义核心价值体系建设实施纲要》，组织厅系统干部职工参加了省直机关"第四届职工运动会"、"五项全能比赛"等活动，并荣获第四届职工运动会优秀组织奖，中式台球团体冠军、个人亚军、五项全能个人三等奖的好成绩；积极参加了第十四届山西省运动会台球分项比赛、省人大常委会组织的2014年三晋环保行启动仪式、省直工委举办的"缘在五月天"鹊桥联谊等活动；先后邀请省直文明办蒋卫东主任、省委党校程建明教授、郑文靖教授等专家莅临我厅进行社会主义核心价值观、"中国梦"等主题讲座，推动了全厅精神文明建设工作健康发展。

二是全力抓好青年文明号创建工作。以"青年文明号活动开展二十周年"为契机，在省环保系统广泛开展了"两带头、双争创"、"美丽山西 秒秒一流"、"纪念青年文明号创建二十周年"、"青年文明号一条街"等主题活动；以3月5日雷锋纪念日和"六五"环境日为节点，各青年文明号集体分别开展了慰问盲童、绿色骑行、粉刷标语、设立环保法律咨询台、发放环保手提袋等各具特色的环保公益宣传活动；全年省环保系统共争创2个省级青年文明号集体，进一步弘扬了青年文明号"敬业、协作、创优、奉献"的精神理念，激发青年职工积极投身全省环保事业。

三是积极开展领导干部包村增收工作。制定了2014年度领导干部包村增收工作计划，积极开展党员干部下乡驻村"访民生、知民情、解民事"活动，厅领导多次带头下乡，亲自住村，与农户同吃同住，因地制宜发展特色农业，其中塑料蔬菜大棚已完工并开始运营，小杂粮加工厂项目也顺利完成调研工作。8月中旬开展了"手拉手助学活动"活动，信息中心、辐射站等9个支部在助学对接仪式上为9名贫困学生共捐款27000元；六一期间，为帮扶点中小学生赠送了440余套校服；设计制作了扶贫宣传展板10块，取得了良好的社会反响，受到了广大村民的一致好评。

（张　帅）

附：省环保厅党组书记、成员名单

书　记：郭长青

成　员：阎安虹（6月离职）　刘　军　游　炜（6月任职）　王学东　刘大山　赵　义（12月免职）

省住房和城乡建设厅党组工作概况

党组书记　李栋梁

2014年，面对严峻复杂的形势，山西省各级住建部门和全系统广大干部职工，认真贯彻落实省委、省政府的决策部署，坚持改革创新，奋力争先进位，创造性地推进各项工作，全面加强规划建设管理，全省城镇化率达到54%，同比提高1.5个百分点，进一步提升了城镇综合承载能力；积极推进房地产业发展和保障性住房建设，房地产开发完成投资1403.6亿元，同比增长7.3%，新开工城镇保障性住房23.26万套，基本建成21.02万套，完成投资528.05亿元，进一步改善了人民群众的居住条件；着力推动建筑业发展和加强工程质量安全监管，共完成产值3103.5亿元，同比增长2.3%，实现增加值825.7亿元，同比增长6.6%，进一步发挥了建筑业的支柱产业作用；加快推进新型城镇化，进一步提升了城镇化的质量和水平；"六位一体"统筹推进重点工程，进一步增强了对经济增长的贡献度；大力推进乡村清洁工程和农村危房改造，进一步改善了农村环境面貌和困难家庭住房条件；全面落实"两个责任"，进一步加强了党风廉政建设。圆满完成了年初确定的目标任务，为促进全省经济社会发展作出了重要贡献。

【规划编制与实施】坚持扩大覆盖面和提高编制水平同步推进，重点推进了控制性详规的编制工作，市本级控规覆盖率达到70%、同比提高20个百分点，县级市控规覆盖率达到30%、同比提高20个百分点。特别是高质量编制完成了山西科技创新城主体区总体规划和19项配套专项规划。在规划实施方面，严格实行了市、县控制性详规和"一书两证"备案，重点对房地产开发违规变更规划和容积率进行了监督检查，促进了规划执行情况的逐步好转。

【城市建设管理】认真贯彻落实国务院《关于加强城市基础设施建设的意见》和国务院办公厅《关于加强城市地下管线建设管理的意见》，制定实施了我省的《实施意见》，切实加大城市市政基础设施建设力度，新建和改造城市道路930公里、水气热等各类市政管网4406公里，新增集中供热面积6970万平方米，改造提标17座城镇污水处理厂，建成14座

生活垃圾无害化处理设施,新增绿化面积2180万平方米,完成市政基础设施建设投资435亿元,同比增长4.9%。全省城市环境面貌不断改善,承载能力持续提升。同时,大力加强小城镇建设,479个建制镇共完成市政基础设施建设投资39.3亿元,小城镇基础设施水平进一步提升。

全省城市(含县城)人均道路面积达到13.25平方米,同比提高0.07平方米;供水普及率达到97.4%,同比提高0.03%;燃气普及率达到86.2%,同比提高0.08%;集中供热普及率达到84.5%,同比提高1.5%;生活污水处理率达到86%,同比提高0.15%;生活垃圾处理率达到74.5%,同比提高7.36%;建成区绿化覆盖率达到39.3%,同比提高0.95%;绿地率达到32.8%,同比提高0.53%;人均公园绿地面积达到11.2平方米,同比提高0.5平方米。洪洞、阳城、左权、昔阳、沁源5个县申报了国家园林县城,临汾、运城等13个市县被省政府命名为省级园林城市(县城),全省国家级园林城市(县城)达到20个、省级达到26个。汾阳市贾家庄镇被命名为国家园林城镇,乡宁县管头镇等8个镇被命名为山西省园林城镇。

【房地产业】针对房地产市场出现的变化,加强了市场分析研究和运行监测,针对性地采取措施,积极帮助项目解决推进中的困难和问题;强化房地产企业资质动态考核及信用评价,开展房地产市场全面检查和国有土地上房屋征收与补偿专项检查,切实规范市场秩序,保障了房地产市场的稳定发展。房地产开发完成投资1403.6亿元、同比增长7.3%,占固定资产投资比重达到11.7%、同比提高0.1个百分点;完成地税收入171.2亿元,占到全省地税总收入的17%。

【城镇保障性住房建设】2014年,国家下达我省保障性安居工程任务为新开工18万套、基本建成18万套。我省自加压力,将任务调整为新开工23万套、基本建成18万套、实现投资500亿元。为了确保任务完成,进一步完善工作推进机制,出台实施了《山西省棚户区改造工作实施方案》《关于公共租赁住房和廉租住房并轨运行的实施意见》,报省人大初审通过了《山西省住房保障条例》,积极帮助解决项目建设中的立项、用地、资金等困难和问题,全年新开工城镇保障性住房23.26万套、其中棚户区17.37万套,超出国家下达任务5.26万套;基本建成21.02万套,超出国家下达任务3.02万套;完成投资528.05亿元,超出年度计划28.05亿元。截至2014年年底,全省城镇保障性住房覆盖面达到21.38%,提前实现了国家"十二五"末达到20%的要求。

【住房公积金】扎实推进住房公积金归集扩面,进一步规范缴存使用行为,新增缴存职工59.10万人,超过年度目标任务5.52万人。截至2014年年底,全省住房公积金缴存职工达到400.40万人,同比增长10.26%;缴存总额达到1492.58亿元,同比增长21.48%;提取总额达到467.22亿元,同比增长26.60%;缴存余额达到1025.36亿元,同比增长18.57%;发放个人住房贷款总额391.26亿元,同比增长30.90%,为帮助城镇职工解决住房困难发挥了积极作用。

【建筑业】强化建筑市场监管,开展了招投标、勘察设计、打击违法转包分包专项检查和建筑市场执法督查,进一步规范了建筑市场秩序;积极支持建筑业企业做大做强,新培育2家施工总承包特级企业、16家总承包一级企业,本省企业的市场竞争能力不断提升;加强对建筑业的运行监测和统计分析,帮助企业解决存在的困难和问题,促进了建筑业的持续稳定发展。2014年,在固定资产投资增速放缓的情况下,建筑业仍然保持了较好的发展态势,全年共完成产值3103.5亿元,同比增长2.3%;实现增加值825.7亿元,同比增长6.6%;增加值占全省GDP的比重达到6.5%,同比提高0.5个百分点;完成地税收入186.49亿元,占到全省地税总收入的18.99%。建筑业支柱产业的地位进一步增强。

【工程质量安全】切实加强工程质量安全监管,全面落实工程质量终身负责制,认真开展工程质量治理两年行动,持续加大安全生产检查力度,着力抓好安全隐患整改,建筑工程施工和市政运营安全保持平稳态势,没有发生较大以上质量安全事故。

【建筑节能】积极推进建筑科技创新,提前完成了"十二五"2000万平方米既有居住建筑节能改造任务,新增可再生能源建筑应用面积1580万平方米,新增绿色建筑评价标识项目29项、215.61万平方米,均超额完成年度目标任务。太原市、阳泉市、长治市、晋城市、大同城区、平鲁区、怀仁县政府按照各自制定的《国家智慧城市创建实施方案》和住建部、当地政府、山西省住建厅三方签定的《智慧城市创建任务书》要求,完成了智慧共享平台、公共数据库、智慧应用等项目的建设。

【新型城镇化】认真贯彻落实全国和全省城镇化工作会议精神,积极研究破解"人、地、钱"等制约城镇化发展的突出问题,围绕"一核一圈三群"总体布局,大力加强城镇市政基础设施、公共服务设施和产业园区建设,全面推进太原都市圈和晋北、晋南、晋东南城镇群建设,圆满完成了年初确定的20项指标、30项任务,城镇化的内生动力进一步增强,质量和水平持续提升。全省城镇化率达到54%,同比提高1.5个百分点。

【重点工程建设】紧紧按照省委、省政府"项目见效年"的工作部署,坚持和完善"六位一体"工作机制,采取逐月调度分析、领导对口联系、进工地解难题等一系列行之有效的工作措施,项目储备、签约、落地、开工、建设、投产均超额完成了年度目标任务。2014年,全省项目储备投资额158019.55亿元,完成年度计划的131.68%;项目签约投资额24719.36亿元,完成年度计划的164.80%;项目落地投资额12767.64亿元,完成年度计划的106.40%;项目开工投资额10819.39亿元,完成年度计划的108.19%;省市重点工程建设投资额11244.20亿元,完成年度计划的106.48%,其中,省重点工程建设投资额4824.43亿元,完成年度计划的110.32%,占到全省固定资产投资的39%;项目投产投资额10846.24亿元,完成年度计划的108.46%。

【乡村清洁工程】围绕实现"人员队伍、清扫保洁、垃圾收集处理、村容整饰、长效管理机制建立"五个全覆盖,深入推进乡村清洁工程,完成投资11.17亿元,超过年度计划1.17亿元;配备清扫保洁人员7.3万名、配备率达到122%,监管人员6850名、配备率达到115%;配备垃圾清运车辆3.5万台、配备率达到117%,垃圾箱(桶)19.6万个、配备率达到73%;建成垃圾中转站213座、垃圾处置点4821处,清运积存垃圾86万吨,整治残垣断壁8.2万处,初步建立起较为完备的保洁清运处置体系,农村环境面貌发生了明显变化。

【农村困难家庭危房改造】加快推进农村困难家庭危房改造。去年国家下达我省改造任务为7.2万户,为了确保在本届政府任期内将农村危房全部改造完毕,我省将任务增加到15万户。在工作推进中,克服任务下达晚、工作量大等困难,积极落实改造资金,切实加快工程进度,共完成15.5万户改造任务,超额完成5000户。同时,开工1万户农村住房抗震改建试点,其中9529户已经竣工。

【党风廉政建设】各级住建部门认真落实党组(党委)党风廉政建设主体责任和纪检监察监督责任,细化任务、明确责任、健全机制,保持反腐败斗争高压态势,毫不放松狠刹"四风",持之以恒转变作风,有力地推动了工作落实,促进了全省住建事业持续健康发展。

(李国红　米玉婷)

附:省住房和城乡建设厅党组书记、成员名单

书　记:李栋梁

成　员:李文慧(6月任职)　郭燕平　李锦生　郝耀平(1月任职)　姚少峰(8月任职)　翟顺河　张学锋

省交通运输厅党组工作概况

党组书记　李正印

2014年,省交通运输厅党组带领全省交通运输系统干部职工坚持"六个并重",抓好"九个着力",从战略上重新布局,从工作上打开新局,较好地完成了省委、省政府下达的各项工作任务。

一、交通运输基础设施建设

坚持高速公路与普通公路并重、公路建设与运输站场建设并重,全年完成投资257亿元,完成计划的122.4%。其中,普通干线公路和农村公路完成97.9亿元,占总投资的38%,比2013年提高15个百分点;市县政府和社会投资63.86亿元,占24.8%,提高18.3个百分点。全省新增公路通车里程1002公里,总里程突破14万公里,公路密度达到89.85公里/百平方公里。

高速公路建设　完成投资156.4亿元,新增山阴至平鲁、朔州环城西南段等12个通车运营项目732公里,全省高速公路运营总里程达4821公里;吕梁环城、临县至离石2个项目111公里完成交工验收,即将通车运营;运城解州至陌南、五台山至盂县等8个续建项目614公里工程建设进展顺利,长治至邯郸拓宽改造工程等4个项目87.5公里开工建设。

国省干线公路建设　完成投资47.4亿元,实施路网改造工程66项1228公里,完工722公里。集中连片特困地区干线公路路面改造工程完成528公里,董榆线和顺至省界一级公路、长治至平顺二级公路等一批重要干线公路新改建工程竣工通车。

农村公路建设　完成投资50.5亿元,实施新改建工程4318公里,完工2894公里。集中连片特困地区县乡公路改造工程完成39个项目636公里,武乡县北社—王家峪—砖壁旅游公路等一批重点项目竣工;晋中、长治、运城3市村通公路完善提质试点工程开工540公里,完工450公里。大同市集中连片特困地区农村公路建设进展较快,晋中市在全省率先启动自然村通水泥(油)路工程,吕梁市提出并实施了4年3000公里文明路创建计划。

运输站场建设　完成投资2.61亿元,晋中客运总站、高平客运站等5个一级站建成投入使用,大同客运东站、阳泉客运南站等5个枢纽站开工建设,凤凰渡等30个渡口码头改造完成。

二、道路水路运输服务

坚持建设与服务并重、公路与运输并重,制定实施《关于改进提升交通运输服务的意见》,交通运输服务保障能力进一步提高。

公路交通服务　省厅重点监测的15条国道适应交通量提高了4.2%,重点监测的85条省道适应交通量提高了5.4%。全省车辆通行费收入138.3亿元,其中高速公路收入124.6亿元。高速公路不停车收费系统覆盖率达到51%,实现与国内13个省市联网;全省投入运营的高速公路服务区达到52对,19个交通量较大的服务区完成升级改造;108国道榆次西外环、108国道榆次至祁县段、省道229线阳城至济源段3条经营性公路提前撤站停止收费;国家鲜活农产品"绿色通道"和重大节假日小客车免费通行政策进一步落实,全年共减免车辆通行费8.69亿元,较上年增加5400万元。"12328"全国交通运输服务监督热线开通运行。

道路水路运输服务　全省营业性道路运输完成货运量8.85亿吨、货物周转量1363.2亿吨公里,同比分别增长6.8%和6.6%。道路客运完成客运量2.71亿人、旅客周转量181.99亿人公里,城市客运完成客运量26.62亿人次,水路运输完成客运量128万人次,较好满足了广大人民群众的出行需求。全省先后开通长途接驳运输线路26条、旅游直通班线19条、农村客运公交化线路385条。全省集装箱运输企业、甩挂运输企业发展到17户,物流企业达到880户,货运站场达到37个,年吞吐量1715万吨。水路运输企业总数达到40户。

城市公共交通服务　全省城市公交投入达到13亿元,其中省财政投入7467万元。新增更新城市公交车1339辆,达到10217辆;新开通连接15个大西高铁站的城市公交线路28条,投入公交车289辆,全省设区市居民公交出行分担率平均达到20.14%。太原市创建国家"公交都市"取得新的进展,更新新增公交车辆627辆,公交出行分担率提高2.8个百分点,达到29.8%。临汾市出台《市区公交财政补贴暂行办法》,建立起了长效稳定的公交财政补贴机制。朔州市政府注资1亿元重组公交公司,加快了城市公交发展步伐。

城市公共自行车系统建设加快　太原市公共自行车系统基本覆盖建成区,自行车总数已达到4.1万辆,单日租骑量、单车周转率居全国之首。晋城市公共自行车一期工程建成投入使用,晋中、临汾、阳泉、长治等市分别启动了公共自行车服务系统建设。

三、交通运输改革

坚持建设与改革并重,积极开展"转型综改攻坚年"活动。交通企业及高速公路资产债务重组改革取得重大突破。厅党组积极争取将此项改革列入全省转型综改试验专项行动计划,全力推进交通企业资产重组、资源整合,培育市场主体。11月,省委、省政府批准印发了《交通企业及高速公路资产债务重组方案》,专门成立改革领导小组,并从财政安排20亿元专项资金支持交通企业重组改革,交通国有企业改革迈出坚实步伐。

交通债务化解与结构优化　全年筹资总额达883.65亿元,表外融资利率由上年度平均10.46%、最高12.99%控制到了8%以下,既保证了建设资金不断链,又以项目贷款置换短期贷款、以低利率贷款置换高利率贷款361.87亿元,减少利息支出8.67亿元。

违规设立高速公路建设机构问题　共撤销、整合、移交高速公路建管处9个,新开工的3个政府还贷高速公路项目全部由项目所在地高速公路公司组织建设,没有组建新的机构。

交通投融资体制改革　省厅主动开放投资市场,专门拿出30个高速公路、干线公路项目纳入省政府46个鼓励社会资本投资项目目录,公开招商引资。晋中市专门设立交通投资公司,推进交通建设投资体制改革。阳泉市采取政府投资、招商引资等方式建设改造了多条干线公路。省交通投资集团、省路桥集团、省交通投融资集团、省交通设计院、省交通监理总公司采取BOT、BT、受让股权等方式投资建设了多条高速公路,成为全省高速公路发展的重要力量。

四、交通运输管理水平

坚持建设与管理并重,开展"交通运输管理提升年"活动,重点实施安全生产管理、工程质量管理、招标投标管理、成本与预算管理、服务管理、行政管理六个专项行动,取得积极成效。

公路建设工程质量和养护管理水平　在建高速公路工程总合格率94.9%,同比提高1.6个百分点;已运营高速公路、干线公路、农村公路优良路率分别达到99.6%、80.84%、76.41%;全省公路货运超限超载率稳定控制在0.2%以内。全系统成本意识增强,太原高速公路公司在罗城互通匝道安全整治中,通过优化方案节约投资5000多万元。

科技进步与创新　制定实施《关于科技创新推动交通运输转型发展的指导意见》,科研经费投入达到1450万元。获得省部科技进步奖9项、国家专利69项。96项QC成果受到省部表彰。组织完成10项地方标准编制工作。完善公众出行服务等行业监管与服务平台。省交通科研院建成省部级重点实验室5个、协同创新平台2个,省交通设计院入选全国高新技术企业。厅属三所院校专业建设与办学水平进一步提高。

节能减排率先建成省级交通运输环境监测网络　在高速公路隧道、服务区实施节能照明改造工程,年节能量折合标准煤5500多吨。全省1262辆汽油油罐车油气治理任务全面完成,2004年底前注册的道路客运黄标车全部淘汰,城市公交、出租汽车清洁能源车型分别达到50.8%、71.3%。太原市、晋城市基本实现公交车、出租车动力清洁化。

五、安全生产基础建设

省厅高度重视安全生产工作,以1号文件印发《关于加强安全生产推进平安交通建设的意见》。"3·1"事故发生后,深刻汲取教训,部署开展春季安全隐患排查、安全生产大检查、"六打六治"专项行动等一系列活动,共排查出一般隐患9745项,全部整改;排查出重大隐患27项,已整改13项,其余14项全部实行挂牌督办。

切实加强重点领域安全生产建设。加强隧道安全管理,省政府拨出专项资金1.7亿元,启动了163座高速公路隧道照明、监控和消防系统升级改造工程,新组建了21支隧道应急小分队。加强危货运输监管,严格市场准入管理、车辆运行监控和从业资格审查,规范了危货运输车辆标识,全省3661辆危货罐车全部加装了罐体紧急切断装置。加强旅客运输、重点工程施工、重点水域、人员密集场所安全生产管理,深入推进企业安全生产标准化。加强应急管理,组织开展147次应急演练,成功处置了忻州高速公路雁门关隧道、省道坪曲线遇仙山隧道货车自燃事故等突发事件。严格责任追究,对"3·1"事故相关责任人进行了严格问责。

六、党的建设和党风廉政建设

坚持业务工作与班子队伍建设并重,深刻汲取交通运输系统腐败窝案教训,把加强党的建设、深入推进党风廉政建设和反腐败斗争作为净化政治生态关键举措,狠抓落实、强力推进。厅党组全年25次召开中心组学习会、全体干部大会，学习上级有关党风廉政建设的部署要求；厅党组会议27次研究党风廉政建设和反腐败工作，制定贯彻落实中央《建立健全惩治和预防腐败体系2013—2017年工作规划》的《实施办法》和《任务分工》，组织开展了第二批党的群众路线教育实践、我为交通运输科学发展做贡献等活动，特别是把开展学习讨论落实活动试点作为全省交通运输系统浴火重生、重塑形象的重大机遇，坚持重灾领域重点抓，坚持目标导向、问题导向、从严导向，党组带头，以上率下，在全省率先启动了学习讨论落实活动，提出并认真实施了六个方面31项重点任务，组织开展了反思剖析、明察暗访等一系列活动，开展了“一倒查六整治”、工程招投标、质量安全、资金管理等专项整治，推动学习讨论落实活动不断深入。

落实党风廉政建设“两个责任” 制定出台《中共山西省交通运输厅党组关于落实党风廉政建设党组主体责任的实施办法（试行）》《中共山西省交通运输厅党组关于落实党风廉政建设监督责任的实施办法(试行)》，明确了厅党组的主体责任、厅党组书记的第一责任、班子成员的“一岗双责”责任和驻厅纪检组长的监督责任，提出并建立了落实主体责任的“六项制度”、落实监督责任的“六个机制”，及时调整了驻厅纪检组长分管的业务工作，将驻厅纪检组监察室牵头或参与的议事机构由30个调整精简为8个。交通运输部杨传堂部长专门批示在全国交通运输系统推广省厅两个《实施办法》，王儒林书记、李小鹏省长也分别作了批示。

惩治腐败力度 按照省纪委、监察厅要求，对“3·08”案件有关人员作出了严肃处理。加大自办案件工作力度，严肃查处失职渎职、为官不廉、为官不为等问题，先后有6名工作不力的单位领导被免职，47名党员干部受到党纪政纪处分，5名干部被诫勉谈话，14名处级干部被约谈。开展了问题线索“大起底”，全年共受理承办信访举报案件55件，上报省、部有关部门要结果的初核报告30件。

法治政府部门建设 制定实施了推进交通运输法治政府部门建设的意见；深化行政审批制度改革，完成了中央下放的4项行政许可承接工作，向社会公布了27项省级交通运输行政许可清单及运行流程；修订了交通运输行政处罚自由裁量权基准制度及分类基准，修订制定了《“三重一大”集体决策制度》《建设项目可行性研究工作管理办法》等26项制度。深入开展“六五”普法工作，全行业法制意识进一步增强。

加强作风建设 党的群众路线教育实践活动中厅党组确定的12项重点整改任务基本完成，省领导“访知解”活动提出的12个问题基本得到解决，省人大代表和省政协委员提出的113件建议提案问题全部按时办理。厅机关公务接待费、会议费、公务车辆费分别下降了60%、70.24%、43%，去年一年全厅信访总量下降了27%。严肃查处媒体曝光的岢临高速公路质量缺陷问题，严肃查处违反中央“八项规定”精神的行为，先后查处违纪人员15人，公开曝光典型案件7起。开展“党风廉政宣传教育月”活动，举办了重温入党誓词活动、厅管干部专题培训班、纪检干部培训班和警示教育专题讲座，提出并严格落实了党员干部廉洁从政“十要十不准”、婚丧喜庆“六个严禁”、廉洁过节“十项承诺”，全系统900余名处级以上干部在党支部大会上作出承诺，人人签字背书，自觉接受组织和群众的监督。

厅领导带头转变作风，建立了厅领导班子成员工作日报告、周例会和重点工作进度月报制度，集中开展了“学习贯彻习近平总书记重要指示、加强农村公路建设大调研”、服务全省稳增长重点工程建设专题调研等。围绕省政府关于危货运输车辆禁行高速公路、煤焦公路销售体制改革等重大举措的实施，厅领导分片深入一线调研指导，及时采取措施，保证了正常的交通秩序。

（梁锦华）

附：省交通运输厅党组书记、副书记、成员名单

书　记：李正印

副书记：张　润

成　员：戴　飞　唐　晋　韩日裕(6月离职)　宋文斌(6月任职)　郜玉兰(女)　张德仪　秦红保　郭贵平

省水利厅党组工作概况

党组书记　潘军峰

2014年，在省委、省政府的正确领导下，水利厅党组紧紧围绕全省水利中心工作，认真贯彻落实党的十八大和十八届三中、四中全会精神和习近平总书记系列重要讲话精神，狠抓水利系统基层党的思想、组织、作风、反腐倡廉和制度建设，大力夯实党建工作基础，以改革创新精神全面推进基层党的建设，不断提高基层党的建设科学化水平，较好地完成了各项工作任务。

一、推进学习型党组织建设

2014年，厅直各级党组织着力在求深化、促转化上下真功、见实效，通过学习深刻领会党的十八届三中、四中全会和习近平总书记系列重要讲话精神的重大理论观点、重大战略思想和重大工作部署，广大党员干部的中国特色社会主义道路自信、理论自信、制度自信不断增强。

一是加强和改进中心组学习。认真落实省委《关于进一步加强和改进党委(党组)中心组学习的实施意见》，中心组坚持讲课辅导与集中学习交流相结合，全年共集中学习研讨时间12天，学习了习近平总书记在中央办公厅视察工作时的讲话精神、《干部选拔任用工作条例》等内容，组织观看了蒋志刚、张生贤和曹君同志先进事迹报告会，第一时间组织学习十八届四中全会精神，并下发了专门文件。同时各中心组成员结合自身工作和学习任务，有针对性地开展了专题调研。

二是抓好干部教育培训。按照省委干部教育培训安排，组织全厅292名处级干部参加了省直党校培训班，做到了处级干部全覆盖，培训率达到100%。

三是丰富和拓展学习载体。举办第三届厅直机关"读书月"活动，筹措资金8.6万元，为机关党员干部订购读书卡，自主选书购书，鼓励干部自学。同时，配合有关处室组织机关干部参加省内外高校的自主选学和在线学院学习。选评省设计院、漳泽水库参加了省直工委组织的"十大学习品牌"展评活动。

四是完善学习责任制和考核制度。各级党组织在理论学习中发挥表率示范作用，一级抓一级，层层抓落实。制定学习计划，健全学习制度，落实学习内容。厅直机关党委派人参加了11个厅直单位党组织中心组学习，深入了解情况，加强督促指导。

二、开展基层党建各项工作

按照"围绕中心抓党建"的工作思路，厅直各级党组织深入贯彻中央《关于加强服务型党组织建设的意见》，贯彻落实《条例》和省委《实施意见》，基层党建工作取得明显成效。

一是精心安排部署，各项工作有序开展。2014年初，召开了厅直机关党工作会议，同时下发了2014年《党建工作要点》、《工会工作要点》和《精神文明工作要点》，使基层党建工作有章可循，有据可依，为年度工作顺利有序开展奠定了基础。

二是强化措施，贯彻落实《条例》和省委《实施意见》。我厅将贯彻落实《条例》和《实施意见》与精神文明和谐单位创建结合起来，与群众路线教育实践活动结合起来，与水利工作年度任务考核结合起来，同时，通过组织厅直各级党组织书记和党办主任进行相关的学习培训，组织开展知识竞赛、座谈研讨、基层调研、咨询答疑等形式多样的活动，营造出严格按《条例》和《实施意见》规范组织建设的良好氛围。

三是狠抓组织建设，深入开展"基层组织提升年"活动。认真落实《党和国家机关基层组织工作条例》，按照"提素质、增活力、全覆盖、强服务"的总要求，健全组织体系，强化组织功能，进一步深化基层组织提升年活动，实现基层党组织普遍晋位升级。汾河中下游水务局由总支升级为党委，水资源处和节水办成立了联合支部。指导了部分厅直基层党组织的改选换届工作，厅直各级党组织基本都能按期、按程序换届。选配了一大批年富力强的同志担任支部书记，健全了党的基层组织机构，实现了基层党组织的全覆盖。实行"一岗双责"，各支部委员全部配齐。

四是优化党员发展和教育管理。坚持控制数量、优化结构、提高质量、发挥作用的新要求，严格坚持党员发展标准和工作程序，狠抓制度落实、发展质量、优化结构和丰富活动载体等几个关键环节，发展党员工作取得明显成效。在2014年的省直工委调研中，对水利厅党员发展工作予以充分肯定。2014年，全厅共68名入党积极分子参加了省直工委培训。进一步严格党费的收缴和使用管理，做到了按标准按时收缴，指定专人管理，严格党费支出使用范围。

五是狠抓工作载体，提高党建工作实效。在全厅开展以提升能力、推动工作为重点的各类活动。组织参加了省直机关五项全能比赛，参加了省直工委举办的省直机关第四届职工运动会，6项比赛水利厅全部选派队员参加，均取得优异成绩，并获优秀组织奖。组织参加了省总工会女工委员会、省直工委举办的"缘在五月天"鹊桥联谊活动。举办了太极拳和健排舞培训职工健身活动，"中国梦·水利情"书画摄影展；组织机关军转干部到汾河二库参加义务劳动；承办了"山西水工杯"全国水利系统首届篮球比赛，并取得优异成绩；举办了庆祝建国65周年"祖国颂·水利情"文艺汇演活动。通过各种活动载体，进一步营造创业、创新、创优的良好机关氛围，激发干部职工干事创业、积极创新、不断创优的工作激情。

三、深化作风和反腐倡廉建设

一年来，以巩固深化教育实践活动和贯彻落实"八项规定"为重点，认真贯彻省委干部精神，高度认识山西省政治生态，作风和反腐倡廉建设不断深化。

一是持之以恒抓作风建设。巩固深化教育实践活动成果，加强对整改落实情况的督促检查。按照水利部《关于在第二批教育实践活动中收集"表现在基层、根子在上面"问题的通知》要求，我厅向市县水利部门收集了相关方面的问题，并对问题进行分类整理共14条，上报水利部。为深入开展党的群众路线教育实践活动，进一步转变工作作风、提升服务能力，按照省委群众路线活动办《关于开展省直机关干部下基层随机调研工作的通知》要求，6月中旬至8月上旬，开展了机关干部下基层调研工作，深入市、县水利(水务)局和厅直基层单位，了解第一批教育实践活动整改制度和措施落实情况及第二批活动单位边查边改情况，认真听取基层意见，帮助查找"四风"突出问题，宣讲政策，帮助基层解决困难，取得显著成效。根据《关于在第一批党的群众路线教育实践活动单位中增加开展10个专项整治的通知》，结合实际，制定了我厅关于"新增的十个专项整治项目"方案，明确了目标任务、方法步骤、责任领导和责任处室，深入进行了自查自纠、摸底与排查。同时对省水利厅教育实践活动整改落实情况进行了认真的"回头看"。

二是狠抓工作纪律整顿，深入开展改进作风专项行动。突出抓好机关"工作秩序涣散、纪律松弛"问题专项整治。厅直机关党委会同有关部门，组织人员对厅直单位进行明察暗访，采取不打招呼的方式对厅大院及厅机关各处室人员多次进行了一日三查：即上班查迟到、中间查履职、下班查早退。通过采取自查整改与明察暗访相结合、定期检查与随机抽查相结合的方式进行专项督查，确保专项整治取得了明显效果。

三是狠抓中央“八项规定”和省委“四个实施办法”的执行。精简会议活动和文件简报，切实改进了会风文风；改进调研方式，真正深入基层，厅级领导进一步深入基层，深入工程一线，全系统已形成了领导带头进驻工程一线的良好氛围；简化新闻报道，加强稿件的审核把关，提升了文稿的质量和报道效果。我厅贯彻落实中央八项规定情况得到省委督查室领导的充分肯定。

四是全面推进惩防体系建设。贯彻落实中央《建立健全惩治和预防腐败体系2013-2017年工作规划》和省委实施办法，全面推进惩治和预防腐败体系建设。扎实开展廉政法规教育、岗位廉政教育和警示教育，引深廉政文化进机关活动，组织开展优秀廉政党课讲座，加大廉政文化建设示范点创建和推广力度，深化基层党组织党务公开，不断强化对权力运行的制约和监督。

五是深入开展学习讨论落实活动。按照省委要求，于2014年12月上旬启动了以“深入学习贯彻习近平总书记系列重要讲话精神，净化政治生态，实现弊革风清，重塑山西形象，促进富民强省”为主题的集中学习讨论落实活动。举办了为期3天的学习讨论落实活动专题研讨班，通过听专题辅导报告、组织观看廉政警示教育片，分组讨论和集中自学，达到预期学习目的。组织召开中心组学习会和党员领导干部民主生活会的会前学习，重点学习了习近平总书记系列讲话精神和省委书记王儒林等领导讲话精神，进一步深化认识、统一了思想、凝聚了力量，为找准问题，深刻剖析奠定了基础。

四、创新发展精神文明和文化建设

2014年，水利厅以培育和弘扬社会主义核心价值观为引领，大力开展精神文明和和文化建设。具体从五个方面入手：

一是努力营造舆论宣传氛围。厅直各单位积极在山西省直文明网和厅精神文明建设专栏上投稿，并在山西水利网开设专栏，深化社会主义核心价值观和中国梦研究阐释，组织开展主题宣传、主题教育和主题文化活动，激发干部职工积极投身水利建设的正能量。

二是大力开展社会主义核心价值观主题活动。省水利厅深入开展培育和弘扬社会主义核心价值观主题活动，把社会主义核心价值观融入党员干部日常工作和社会生活的各个方面，使社会主义核心价值观进课堂、进头脑、进实践。把社会主义核心价值观作为职工教育的主要内容，厅党组认真研究，成立了社会主义核心价值观教育宣讲团。厅领导带头在省水利设计院、中部引黄等多个单位进行了宣讲，取得良好效果。在广大干部职工中开展了社会主义核心价值观、“中国梦·劳动美”、“做一个有道德的人”等主题教育活动，组织了全厅职工参加水利系统社会主义核心价值观网上答题活动。组织观看了影片《天上的菊美》。利用板报、网络进行广泛宣传，认真组织干部职工学习《公民道德基本规范》，撰写心得体会。引导广大党员干部始终保持昂扬向上的精神状态，进一步增强了事业心和责任感。

三是深化精神文明创建活动。继续开展公民道德建设“五个一”品牌活动，组织参加了省直工委举办的第二届道德模范、第七批“十佳文明窗口”、“十佳文明公民”、“我推荐、我评议身边好人”、第二届十佳优秀志愿服务组织和十佳优秀志愿服务者评比表彰及宣传巡讲活动，开展“讲文明、树新风”公益广告宣传推广活动，形成了群众广泛参与的创建氛围。认真落实新修订的《省直机关文明单位创建管理规定》和考评体系，加大日常监管和动态考核力度。指导厅直33个单位对2014年度省直文明单位、文明单位标兵进行了申报。

四是开展创先争优活动。结合庆祝“七一”建党创先争优活动，对全厅28个先进基层党组织、156名优秀共产党员、30名优秀党务工作者、8个党风廉政先进集体和25名党风廉政建设先进工作者进行了表彰。努力营造弘扬和践行社会主义核心价值观的浓厚氛围，形成奋发向上、崇德向善的强大力量，激励广大职工为山西水利事业和全省转型发展做出更大的贡献。

五是加强职工思想政治工作和水文化建设研究。水利厅以社会主义核心价值观的培育和践行为主线，围绕全面深化水利改革的中心任务，把职工政治思想教育、水文化建设与水利建设结合起来，与学习型党组织和创先争优活动结合起来，与精神文明创建活动结合起来，不断加强政治思想教育和水文化建设工作。组织厅直单位政研会会员到大水网建设工地进行实地拍摄，职工们以书法、绘画、摄影的形式歌颂和展示了大水网工程建设成就以及奋战在一线水利建设者的精神风貌，传递了水利正能量。加强教育实践活动成果的理论研究，做好省委安排的征文投稿工作，教育实践活动13篇理论征文向《前进》杂志投稿。形成党建理论文章15篇，学习习近平总书记关于党的建设的重要论述心得7篇。

五、统战和工青妇组织建设

围绕水利工作中心任务，充分发挥工青妇等群团组织的桥梁纽带作用，加强统战工作，开展了丰富多彩的活动。

一是加强工会组织建设，特别是工会的换届、组建以及新任工会主席的培训工作。指导省漳河水利工程建设管理局、省西山提黄灌溉工程建设管理中心建立了工会组织，厅直6名工会干部参加了山西省农林水工会干部培训班。完善了职代会制度，积极推进“依法维权年”工作的组织实施。深入东山供水等工程建设一线开展了“送清凉”慰问活动。

二是深入开展了扶贫济困送温暖活动。申请中央财政帮扶专项资金14.2万元，厅配套30万元，对厅机关及厅直单位335户困难职工进行了慰问；组织厅机关各处室和厅直各单位与省水工局联企帮困结对子90户，每户慰问金不少于500元；开展了走访慰问生活困难党员和老党员活动，共慰问40名党员、慰问金2万元。按照省扶贫办和省直工委要求，组织机关处室机关和厅直单位开展了“10·17扶贫日”系列活动。

三是开展劳动竞赛活动。2014年初,山西省水利厅劳动竞赛委员会联合山西省农林水工会开展了以大水网工程建设单位为主体,所有参建单位参加的劳动竞赛活动。山西省东山供水工程建设管理局荣获"山西省农林水工会五一劳动奖状";5人获"山西省农林水工会五一劳动奖章";东山供水施工十一标项目部、中铁十一局集团有限公司东山供水工程施工八标项目部等2单位获"山西省农林水工会工人先锋号";东山供水计划合同部等6单位"获山西省农林水工会先进集体";3人获"山西省农林水工会巾帼标兵";22人获"山西省农林水工会工程建设标兵"。厅工会被农林水工会授予"优秀基层工会",省水利设计院和东山供水工程管理局被农林水工会评为"十大品牌基层工会",省东山供水管理局被全国总工会授予"全国工人先锋号",省禹门口管理局被全国总工会评为"全国安康杯优胜单位";一名同志获省直机关先进个人,两名同志被农林水工会评为生态山西建设先进个人。

四是发挥团组织思想引领作用,继续开展"青年文明号"创建、青年志愿者活动。部分团组织进行了换届选举,新成立山西省漳河水利工程建设管理局、山西省中部引黄工程管理局、山西省小浪底引黄工程建设管理局3个团委,新申报青年文明号集体2个,山西省水利系统省级青年文明号集体达到22个。开展了青年文明号二十周年系列纪念活动、"两带头、双争创"和"青年文明号网络倡文明"行动。山西省水利大厦前厅部总台岗被评为"示范青年文明号集体",山西省水利水电勘测设计研究院被评为"突出贡献青年文明号活动组织单位"。

五是积极开展妇女工作,着力提升妇女综合素质。开展了向段爱平同志学习活动、纪念"三八"妇女节活动,组织机关妇女同志观看了教育影片。组织开展了《促进男女同龄退休调查问卷》。

六是关注水利职工下一代的健康成长。在"六一"儿童节,发起"关心下一代"捐助活动倡议。厅直有关单位向机关幼儿园捐助电脑4台、电子琴1台。在厅机关开展了"六一"儿童节亲子读书活动和"我的美丽梦想"暑期儿童现场书画比赛。

(王秀芳)

附:省水利厅党组书记、成员名单

书　记:潘军峰

成　员:奥雨迎　李　力　解放庆　孟希雄　常书铭　张江汀　张建中　郭正义(2月离职)　张　健(8月离职)

省农业厅党组工作概况

党组书记　李平社

2014年,在省委、省政府正确领导下,省农业厅党组深入学习贯彻习近平总书记系列重要讲话精神,贯彻落实省委省政府各项重大决策部署,切实履行党风廉政建设主体责任,大力加强领导班子和干部队伍建设,扎实开展学习讨论落实活动,全力完成年度目标责任考核任务,农业农村经济发展和党的建设都取得了新的成绩。

一、深入学习贯彻习近平总书记系列重要讲话精神

农业厅党组始终坚持把学习贯彻习近平总书记系列重要讲话精神作为首要政治任务,精心组织安排,深入学习领会,注重理论联系实际,努力用习近平总书记系列讲话精神武装头脑、指导实践、推动工作。面对我省系统性、塌方式腐败问题的严峻形势,厅党组始终保持鲜明的政治态度、坚定的政治定力、正确的政治立场,坚决拥护中央对我省严重腐败问题的严肃查处,坚决拥护中央对山西省委班子的重大调整,坚决落实中央对山西工作的指示要求,自觉在思想上、政治上、行动上与以习近平同志为总书记的党中央保持高度一致。认真落实党组中心组学习制度,全年集中学习18次16天,13名厅领导参加了省委组织部集中轮训,260多名党员干部参加了省直党校培训。厅领导班子成员就深化农村改革、美丽乡村建设、党风廉政建设等内容,带头讲党课。强化党员干部理论知识培训,组织处级干部两次封闭式集中培训20天,推荐理论学习资料,组织知识竞赛和理论征文活动,在全厅形成浓厚的学习氛围。发挥"三农大讲堂"宣讲新理论、传播正能量的平台作用,邀请专家、学者、基层干部、新型农民代表讲授党的理论知识和农村改革发展实践,全年举办23期。"三农大讲堂"被评为省直机关优秀学习品牌。通过坚持不懈抓思想理论武装,广大党员干部的理想信念进一步坚定,宗旨意识进一步牢固,纪律意识进一步增强。

二、切实履行党风廉政建设主体责任

农业厅党组认真贯彻落实中央和省委、省政府、省纪委关于党风廉政建设和反腐败工作的各项决策部署,切实承担

起党风廉政建设主体责任，强化各项推进举措，努力在“常抓”和“抓长”上下功夫。厅领导班子成员认真履行“一岗双责”，严格管理、加强监督。纪检组长只分管驻厅纪检监察室，专司监督执纪问责主业。制定了《省农业厅党组贯彻落实 <建立健全惩治和预防腐败体系 2013-2017 年工作规划 > 的实施意见》和《省农业厅党组、省纪委驻农业厅纪检组关于落实党风廉政建设主体责任、监督责任的意见》，将 36 项具体任务分解到班子成员和各处站，层层传导压力，层层督促落实。严格执行领导干部述职述廉、廉政谈话、诫勉谈话、函询、质询等制度，加强对权力运行的制约和监督。制定完善了项目安排、资金使用、干部任用等一系列规章制度，下决心把权力关进制度的笼子，努力建立不敢腐、不能腐、不想腐的长效机制。加强干部选拔任用监督，在干部提拔任用中充分听取驻厅纪检组意见。组织惠农政策落实专项大检查，强化涉农项目资金监管，确保财政支农资金及时下拨、足额到位。加大村干部任期和离任经济责任专项审计力度，为全省农村“两委”换届奠定了基础。对照省委巡视组反馈意见，制定 5 个方面 16 项整改措施，扎实搞好“回头看”，狠抓整改落实。对涉及信访举报案件进行认真核实，实行销号处理。开展多种形式的警示教育、廉政法规教育、岗位廉政教育和廉政文化宣传。2014 年，厅党组对反腐倡廉工作进行了 8 次专题研究部署，对群众反映不廉洁的个别干部进行约谈，基本做到了守土有责、守土负责、守土尽责。

三、加强领导班子和干部队伍建设

农业厅党组紧紧围绕“三个从严”，狠抓领导班子和干部队伍建设，进一步提升了领导班子依法履职能力和农业干部服务基层、服务群众、服务“三农”工作水平。

（一）坚持从严治党。一是严守政治纪律和政治规矩。厅党组始终在思想上、政治上、行动上和党中央保持高度一致，自觉维护中央和省委省政府权威，严守党的政治方向、政治立场、政治言论和政治行为，中央要求做到的首先做到，中央要求不做的坚决不做，不打折扣，不做选择，不搞变通。二是坚持民主集中制原则。按照省纪委、省委组织部要求，高标准、高质量地召开厅党组民主生活会，从贯彻民主集中制、遵守党的纪律、深化作风建设、履职尽责四个方面进行深入剖析，集体研究制定具体整改措施。充分发挥班子的整体功能，坚持集体领导和个人分工负责相结合，在行政审批、项目安排、干部任免等“三重一大”问题上，讲政治、讲原则、讲规矩，按程序和制度办事，班子凝聚力、战斗力进一步增强。三是落实党建工作责任制。厅机关党委委员会议集体研究党建工作重要事项，制定《省农业厅党的工作要点》，修订中心组学习、民主生活会、党务公开、党费收缴等一批党务工作制度，着重规范了党员领导干部双重组织生活制度。加强和改进党员教育管理，理顺流动党员组织关系，督促党总支、党支部认真落实“三会一课”等基本组织生活制度，制定发展党员工作五年规划和年度计划，规范入党积极分子推荐、考察、审核和公示，全年新发展党员 9 名。开展“基层组织提升年”活动，对机关基层党组织进行分类定级、晋位提升，及时进行党组织换届和届中调整，全年调整党总支、党支部书记 26 人次。完善党建工作考核评价机制，落实“联述联评联考”制度，做好民主评议党员工作。

（二）坚持从严治吏。深入贯彻《党政领导干部选拔任用工作条例》，坚持正确用人导向，严格干部选拔任用，营造公道正派、弊革风清的用人环境。全年分 6 批调整使用机关事业单位干部 77 名，公开遴选 6 名基层年轻干部，妥善解决干部遗留问题。规范干部管理，全面开展“三龄两历一身份”干部档案清查工作，对领导干部个人所得、房产、有价证券、从事行业等相关事项进行四次摸底。推进事业单位岗位设置，完成 46 个事业单位岗位设置方案核准，完成 41 个单位人员岗位聘用。

（三）坚持从严纠风。厅党组认真执行中央“八项规定”和省委“四个实施办法”，正文风、改会风、转作风，为党员群众做好表率，全厅上下作风明显好转。紧盯重要节点、重点领域、重要时段和突出问题，集中整治公款吃喝送礼、收“红包”购物卡、吃拿卡要和慵懒散奢。严格工作纪律，严格上下班签到制度、请假制度、值班制度、公车管理制度。进一步压缩会议，精简文件，减少评比达标、迎来送往活动。开展教育实践活动整改情况“回头看”，始终保持反“四风”高压态势，确保“四风”问题不回潮、不反弹。全厅 2014 年“三公”经费同比减少 55%，其中公务用车经费减少 52.8%，公务接待经费减少 71%。

四、扎实开展学习讨论落实活动

厅党组专题部署全厅学习讨论落实活动，研究制定活动实施方案和安排意见，组织召开活动动员会，深入开展学习讨论落实活动。一是认真组织学习。以“学讲话、学表率、学榜样”为重点，通过党组中心组集中学习、个人自学、专题讲座、理论知识考核等多种形式，切实抓好学习环节。厅领导班子和副处以上干部进行了为期两天的集中学习。聘请省委党校教授作专题辅导，组织观看警示教育片，开展“向优秀基层农业干部和新型农民学习”活动，邀请“最美村官”段爱平、基层优秀干部赵丽琴、新型农民代表李生贵作了专题报告。二是深入开展讨论。联系中央对山西工作的重要指示要求，联系我省政治生态存在的突出问题，联系农村改革发展的制约因素，联系农业干部存在的“四风”问题，深入开展大讨论。厅党组中心组学习讨论会上，党组成员自觉把自己摆进去，不回避问题，不遮掩矛盾，深入查找制度缺失、工作漏洞和自身不足。三是深刻反思剖析。按照省委督导组要求，厅党组从严治党、从严治吏、从严治权、从严治风四个方面对照检查，认真剖析，集体撰写反思剖析材料，先后三次在不同范围征求意见，七易其稿。反思剖析紧紧围绕活动主题，深入查找厅党组在落实“两个责任”、执行八项规定、反对“四风”、选拔任用干部、规范权力运行、服务人民群众等方面存在的问题，深刻反思问题产生的根源，提出了努力方向和整改整治措施。四是开展集中整治。按照“六权治本”和“六大发展”要求，结合全面推行行政权力清单制度,安排部署在人财物和权力集中的农业行政审批、农业行政执法、涉农项目和资金、农业项目政府采购、惠农政策落实、向农村乱摊派乱收费等领域开展专项整治活动。

五、全力推进农村改革和农业现代化建设

全省各级农业部门奋发努力,扎实工作,圆满完成年初确定的各项目标任务,农业农村经济成为全省经济社会发展的一个突出亮点。

(一)惠农政策力度进一步加大。落实粮食直补、良种补贴资金41亿元,及时拨付到户。落实杂粮良种补贴、牛羊产业发展及牧草基地建设补助、新型农业社会化服务体系试点建设补助等10项新的强农惠农富农政策,全年新增农业投入近10亿元。

(二)改善农村人居环境工作扎实推进。先后制定出台了全省改善农村人居环境规划纲要、2014年行动计划以及规划编制指导意见、美丽宜居示范村建设指导意见等一系列配套文件,组建了实体化办事机构,制定了工作制度和考核办法。启动实施改善农村人居环境完善提质、农民安居、环境整治、宜居示范"四大工程",全年完成投资145.4亿元,极大地改善了农村面貌,广大农民群众得到更多实惠。

(三)农民收入持续快速增长。围绕增收目标,通过产业增收、劳务增收、政策增收、改革增收、干部包村增收等举措,全省农村居民人均可支配收入达到8809元,比上年增长10.8%,高于GDP增幅5.9个百分点,高于城镇居民人均可支配收入增幅2.7个百分点,全省城乡居民收入差距缩小到2.73:1,在全国排名前移1位。

(四)粮食生产再创历史新高。开展粮食高产创建,加强中低产田改造,强化技术指导和抗灾减灾措施落实,全年粮食总产量达到133.1亿公斤,同比增长1.4%,再创历史新高,实现新中国成立以来首次"五连增"。

(五)特色产业发展成效显著。启动新一轮雁门关生态畜牧经济区建设,积极发展家庭牧场、养殖小区、大型园区、现代公司等新型畜牧经营主体,全省肉、蛋、奶总产量分别达到86.1万吨、83.7万吨、96.2万吨,同比分别增长5.4%、4.8%、11.6%;水果产业全面提质增效,全省新发展果园16.3万亩,改造老果园14.2万亩,建设优质水果示范基地30万亩,水果出口量和金额双创历史新高;设施蔬菜面积持续增长,全年新发展设施蔬菜21万亩,创建部、省级蔬菜标准园62个,全省设施蔬菜集约化育苗供苗率提高到50%左右。全年扶持发展"一村一品"专业村8000个,"一县一业"基地县60个,建设各类现代农业产业园区1388个。长治、晋中、定襄、高平、曲沃5个市县被列为国家现代农业示范区。

(六)新型职业农民培训圆满完成。我省被农业部、财政部确定为新型职业农民培育整省推进试点省,省政府把10万新型职业农民培育列为"五件实事"之一,建立了农业、财政、扶贫、农机等成员单位联席会议制度,落实补助资金8143万元,按照"两精、三教、四结合"的模式开展培训,全年培训新型职业农民10.26万人。

(七)农产品加工业强劲发展。加大政策资金扶持力度,重点扶持了84个农业产业化项目,为300个农业产业化项目发放贷款贴息。积极搭建银企合作平台,成功举办了全省特色农产品产业支撑及农产品加工项目银企对接会,协调21家省内金融机构信贷签约371亿元,推动解决农业产业化龙头企业融资难题。组织了山西省特色农业项目推介暨招商引资贸易签约活动,共签约农产品加工项目53个,签约资金239亿元。全年农产品加工企业实现销售收入1252亿元,同比增长18.6%。

(八)农产品质量安全监管和重大动物疫病防控水平明显提高。坚持源头治理、标本兼治,一手抓标准化生产,一手抓执法监管,大力发展"三品一标",积极推进基层监管检测体系和能力建设,深入开展农产品质量安全专项治理,全省农产品质量安全抽检综合合格率达到98.3%。突出抓好重大动物疫病、人畜共患病、外来动物疫病和常见多发病防控工作,加强病死动物及动物产品无害化处理,有效控制了小反刍兽疫疫情传播,顺利完成了畜禽屠宰监管职能交接。

(九)深化农村改革迈出坚实步伐。按照"试点先行、稳步推进"的思路,在全省113个县(市、区)、193个乡镇、788个村推进农村土地承包经营权确权登记颁证试点工作,组织开展了调查摸底、矛盾梳理化解、外业测绘等,涉及承包地面积160万亩,预计确权面积180多万亩。积极稳妥推进土地流转,全省土地流转面积750万亩,占家庭承包经营面积的15.5%。制定出台了《关于促进家庭农场发展的指导意见》,全省认定家庭农场9032个。深入推进"358"示范社创建行动,注册登记农民合作社7.37万家。

(马小波)

附:省农业厅党组书记、成员名单

书　记:李平社

成　员:刘志杰　陈明昌　董希德　赵志杰　雷郭堂
张红星　王进仁(8月任职)　穆锦清
郭建文(8月任职)　李　广

省林业厅党组工作概况

党组书记 李永林

2014年,省林业系统广大干部职工深入学习领会习近平总书记系列重要讲话精神,全面贯彻落实党的十八大和十八届三中、四中全会精神,按照省委要求,积极开展学习讨论落实活动,努力加强党风廉政建设,认真落实省政府5号文件,大力实施林业“六大工程”,全面推进林业建设转型升级、提质增效,生态林业与民生林业协调发展,为促进全省“六大发展”和“富民强省”做出了积极贡献。

一、造管并举,提质增效,全省林业工作扎实稳步推进

林业厅党组按照“山上治本、身边增绿、产业富民、林业增效”的林业建设总基调,合理规划、真抓实干、严格管理、狠抓落实,全面推进林业厅六大工程,圆满完成了年度目标任务。

一是全面完成造林绿化任务。全省完成人工造林和封山育林462万亩,占年度目标任务的102.7%。省政府在吕梁市召开第九次全省造林绿化现场推进会,7个县被省政府命名为林业生态县,92个造林绿化先进集体和66名先进个人受到省绿委、人社厅和林业厅联合表彰。制定出台了《关于进一步推进全省林业生态建设提质增效再上新台阶的意见》。

二是深入推进重点生态工程建设。天然林保护、退耕还林、京津风沙源治理、三北防护林、太行山绿化等国家林业重点工程稳步实施,完成造林266万亩,同比增长20.7%。制定出台了《山西省新一轮退耕还林还草实施意见》,落实退耕还林任务10万亩。全年完成吕梁山生态脆弱区林业生态工程营造林140万亩,完成通道绿化造林2.9万亩,完成国家造林补贴任务31.8万亩。

三是不断加强森林资源管理。积极开展森林资源专项检查,重点查处了新建山西中南部铁路和太钢集团非法占用林地案件。全年审核审批占地项目188起,收缴森林植被恢复费7529万元。初步完成“十三五”期间年森林采伐限额编制工作,优化了省直林局森林抚育采伐许可流程。初步划定我省林地与森林、湿地、荒漠植被、物种四条生态红线。

四是大力推进林业产业发展。新发展核桃、红枣等传统经济林和双季槐、连翘、翅果油树等特色经济林124万亩,改良低质低效经济林34万亩。组织经济林现场培训会,培训林农和基层技术人员3万余人次。成功举办2014山西苗木及绿化资材博览会,达成苗木采购意向3.6亿元。森林公园取得新发展,新增各级森林公园17处,全省森林公园总数达到127处,总面积达到56.77万公顷,占全省国土总面积的3.64%。青岛世界园艺博览会上获特等奖,积极筹备天津第三届中国绿化博览会。全年林业产值达到410亿元,同比增长18.5%。

五是坚持深化林业改革创新。出台《关于促进农民林业专业合作社规范化建设意见》。全面启动森林保险工作,全省生态公益林投保面积达到5421万亩,保险金额325.28亿元。积极推进国有林场改革,经过前期调研,初步形成《国有林场改革方案》,并以省政府名义提请国家发改委、国家林业局将山西列入国有林场改革试点省。

六是努力强化依法治林和宣传文化工作。积极开展行政审批项目梳理规范工作,经省政府常务会议审定,省林业厅保留行政审批事项43项。集中清理4部涉林地方性法规、5部涉林地方规章和25件规范性文件。《山西省国家保护野生动物造成人身与财产损害补偿办法》列入2015年立法计划。森林公安系统组织开展了“护林攻坚综合整治”、“2014天网行动”、“辑枪治爆”、“扫除行动”、“2014利剑行动”等专项行动。在人民日报、中央电视台、中国绿色时报、山西日报、山西电视台等主流媒体刊播稿件500多条。拍摄五集电视专题片《绿色情生态梦》。制作完成反映我省古树名木的三集《中国古树》系列纪录片,配合完成《绿色中国行动》大型系列报道。

二、学习创新、改进作风,机关党建工作取得较大成效

厅党组始终把建设学习型、创新型党组织作为机关党建工作的重要内容,努力解决党建工作中的薄弱环节,为林业生态发展提供了可靠的政治保证。

一是思想政治建设有新高度。以创建学习型党组织为目标,大力加强党员干部的思想政治建设,以专家辅导、领导宣讲、集中培训、研讨交流、开辟专栏等多种形式,深入学习习近平总书记系列重要讲话精神和党的十八届三中、四中全会精神,聘请省内专家授课4次,开办专题培训班1期,厅直机关360名处级干部和70名入党积极分子分期分批参加了省直工委组织的相关培训,确实做到了用党的创新理论成果武装干部头脑。

二是组织建设有新优化。以“基层组织提升年”为抓手,大力加强基层组织建设,严格按照党的章程和条例规范机关党建工作,坚持党建工作目标责任制,落实“厅党组统一领导,党组书记负总责,分管厅长具体抓,其它厅长协助抓,机关党委抓落实,层层有责任,一级抓一级”的党建工作格局。深入贯彻民主集中制原则,研究重大项目、人事任免、资金分配等事项,全部提交会议集体研究决定,群策群力,提高决策的科学性和针对性。截止2014年年底,厅直系统335个基层

党组织按期进行了换届,优化了班子结构,增强了班子活力。全年共发展新党员 148 名(含林职院学生党员 70 名),为党组织增添了新鲜血液,注入了活力。同时,对党费缴纳及使用情况进行了专项检查,即提高了党员交纳党费的意识,也使基层党组织党费使用和管理更加规范。

三是作风建设有新气象。省林业厅围绕省委"净化政治生态、实现弊革风清、重塑山西形象、促进富民强省"工作部署,积极开展学习讨论落实活动,制定形成了严明责任、严管队伍、严抓作风、严明程序、严格查纠、严厉惩处的林业系统政治生态"六严"工程。建立了《细化"两个责任"深化反腐倡廉实现弊革风清十项制度》《加强和改进项目资金管理与服务十项规定》《加强和改进吏治工作十个办法》,与原有加强改进作风、提高工作效能"三个十"制度,共同构成优化政治生态"六个十"制度体系。2014 年继续抽调 260 余名干部,向 115 个农业县派出综合指导员、科技特派员、行政信息服务员等"三员",受到了基层干部群众的一致好评,树立了党员干部的良好形象。

四是精神文明建设有新进展。积极培育和弘扬社会主义核心价值观,引导广大职工进一步形成崇德向善、见贤思齐的良好风尚,展现林业系统文明和谐进取、为民务实清廉的社会形象。通过在林业厅网站开办"美丽山西"林业职工网络摄影大赛,在太岳林局介庙林场建立"三八绿色基地"等方式,提升广大职工热爱绿化、支持绿化、参与绿化的浓厚社会氛围。大力开展全民健身活动,举办了厅直系统第七届乒乓球暨第六届羽毛球友谊赛,组织离退休人员开展"老年趣味运动会",极大地调动了广大职工、老同志的参与热情,既丰富了职工文化生活又强健了体魄还激发了工作热情。2014 年取得全国林业系统第十三届乒乓球赛团体第六名以及第十一届象棋比赛团体第三名的优异成绩。

五是群团组织有新活力。由厅工会牵头,下拨 2 万余元,用于省直林局"职工书屋"的建设。推荐五台林局公安分局伯强派出所为"山西省职工职业道德建设示范岗",推荐太岳林局工会主席胡向欣为"山西省维护职工合法权益卫士",推荐黑茶林局任耀中为"山西省最美劳动者"。在全厅青年团员中广泛开展了"新青年"系列活动,进一步激发了团员青年奋发成才、建功立业的责任感和使命感。努力开展困难帮扶工作,元旦、春节期间,省厅共筹措资金 58 万余元对 197 名困难职工和老党员及省直林局的职工进行了走访慰问;国庆期间,厅领导带队对 22 名建国前老党员进行了走访慰问。在全厅广泛开展"博爱一日捐"和"爱心捐款"活动,全厅 992 名职工共捐款 4.73 万元。积极争取中央财政帮扶资金 33 万元,下拨到各省直林局对困难职工帮扶慰问。在厅直系统开展"金秋助学"活动,对 8 名困难职工子女进行帮扶,共发放帮扶款 2.9 万元。

三、多措并举,完善制度,党风廉政建设有新突破

一是强化落实,主体责任意识不断牢固。党组书记和班子成员牢固树立不抓党风廉政建设就是严重失职的责任担当意识,定期分析研究职责范围内的党风廉政建设状况,紧盯重点、难点问题和敏感环节,亲历亲为、一抓到底、务求实效。按照"一岗双责"和"谁主管、谁负责"的要求,厅党组制定下发了《山西省林业厅 2014 年党风廉政建设和反腐败工作责任的分解意见》,进一步明确了岗位责任细则、层层分解任务、层层传导压力,充分调动工作积极性,使每一名同志做到了职责清、底数明。

二是强化学教,思想政治素质不断跃升。把学习习近平总书记系列重要讲话精神和十八大以来廉政新规摆在首要位置,围绕政治理论学习,在促进政治生态建设上,认真学习贯彻习近平总书记关于党的群众路线教育、"三严三实"、从严治党、从严治吏、加强党风廉政建设和反腐败斗争等重要论述,全厅参加省委组织部干部选学 357 人次,组织全省林业系统处以上干部在省委党校进行了为期三天的党风廉政建设集中封闭式学习培训,7 月份选派驻各市林业局纪检组长,省直林局纪委书记等 20 余人,分别参加中纪委和中国纪检监察学院组织的两期培训。通过系统学习、统筹推进,既净化了所属人员的思想灵魂,又提高了党要管党、从严治党、科学管理、依法行政的能力、素质和水平。

三是强化制度,科学管理体制不断完善。以加强制度建设为切入点,结合林业系统实际,制定并下发了《全省林业系统 2014 年党风廉政建设和反腐败工作要点》和《山西省林业厅关于贯彻落实省委〈建立健全惩治和预防腐败体系 2013-2017 年工作规划的实施办法〉的实施意见》,从总体要求、预防腐败、加强领导等五个方面对未来五年惩防体系建设工作进行了部署和规划。

四是强化作风,遵规守纪意识不断提高。按照中央八项规定和我省四个实施办法,进一步强化厅机关和领导干部队伍建设。坚持教育为先,深入开展"五个一"活动。进一步抓好领导干部任前廉政教育,2014 年对新提拔的 15 名副处级领导干部进行了任前廉政教育谈话,对调整的 4 名正处级领导干部下发了《经济责任告知书》,明确了新任岗位的经济责任。持续开展"三员"下乡服务基层活动,做到厅领导深入 146 个省直林场、115 个农业县,处级干部深入 372 个管护点调研指导"三个全覆盖"。

五是强化整改,政治生态环境不断优化。针对党的群众路线教育实践活动、全省学习讨论落实活动中发现的问题以及群众反映的突出、热点、难点问题,不等、不靠、不遮掩,及时整改,抓住重点环节、重要时段先后开展了"工作秩序涣散、纪律松弛""造林工程形式主义""违规收送礼金、红包问题"等专项整治活动,重点整治组织涣散、弄虚作假、违规违纪等问题,重要节假日公车全部封存、集中保管,严查公车私用现象。

(孙　光)

附:省林业厅党组书记、成员名单

书　记:李永林

成　员：霍转业（2月离职）　常光明　谢　璞
任建中　张云龙　刘虎山　李　更

省商务厅党组工作概况

党组书记　孙跃进

2014年，在省委、省政府的坚强领导下，面对复杂多变的宏观形势，省商务厅党组以深入学习贯彻党的十八大和党的十八届三中、四中全会，习近平总书记系列重要讲话和省委十届五次全会精神为主线，以加强干部队伍建设和党风廉政建设为重要抓手，紧紧围绕搞活流通扩大消费、加快开放型经济发展、推动开发区转型升级三大重点任务，坚持依法行政，扎实做好各项工作，确保了商务事业全面健康发展。

一、基本情况

山西省商务厅组建于2004年4月，是省政府管理国内外贸易和国际经济合作的组成部门，主要承担全省对外贸易、内贸流通、利用外资、开发区建设、外经合作的指导和协调，以及省际间的交流合作等职能。内设25个职能处室，下设省投资促进局等12个事业单位。受国资委委托管理省商贸资产经营公司，对30家国有商贸流通企业履行出资人职责和国有资产监管职能。此外，商务厅还负责综合协调和指导全省25个省级开发区的有关工作。

二、严格落实从严治党要求，扎实推进机关党建工作

（一）搭建平台，引深学习，扎实推进学习型机关建设。

一是认真抓好理论武装工作，筑牢思想建设的根基。厅党组始终把理论武装工作作为首要政治任务来抓。坚持每月一次党组中心组理论学习不动摇，每月制定印发《党组中心组及机关党员干部理论学习月计划》，对理论学习进行安排。2014年以来，集中学习了党的十八届三中、四中全会和习近平总书记系列重要讲话精神，厅党组书记、厅长孙跃进带头主讲，其他厅领导也都结合分管工作，选定主题，学习解读，一人主讲，大家研讨，相互启发，共同提高。中心组的定期学习为商务厅学习型机关建设，发挥了很好的示范和引领作用。厅机关及直属单位各支部能严格执行理论学习计划，按时完成学习内容，做到了有安排、有主题、有检查、有成效。通过扎实开展集中理论学习，使广大党员的理想信念进一步坚定，宗旨意识进一步增强，业务水平进一步提升，自觉运用理论学习成果，破解在商务事业发展中遇到的困难和问题，保证了全省商务事业的健康发展。

二是定期举办“山西商务大讲堂”，搭建思想建设的新平台。大讲堂坚持政治理论与业务知识相结合，领导宣讲与专家解读相结合，理论知识与工作实践相结合，授课与示范相结合。内容涵盖党的政策理论宣讲、时事政治探讨、反腐倡廉警示教育、业务能力学习、普法教育宣传、科学健康知识普及等各个方面，讲学互动，追求实效，已成为学习型机关建设的一个重要平台和抓手，取得了良好效果。

三是认真落实“每月一本书”读书活动，营造良好学习氛围。商务厅多渠道引导厅机关干部多读书、爱读书、读好书，坚持每月给厅直党组织和厅机关党员干部发放一本书籍，召开读书研讨会和读书心得交流汇报会，为厅机关干部职工搭建“读书、感悟、交流”的互动平台，有效推进了学习型机关建设。

（二）创新工作，健全组织，着力提升基层组织建设水平。

一是努力创新，强化基层，建立实施党建工作四项制度。全厅建立实施了党建工作亲自抓、比着抓、务实抓、长效抓四项工作制度。即厅机关及直属单位一把手带头做表率，亲自抓党建；厅直党组织之间交流学习，比着抓党建；结合业务工作见效能，务实抓党建；深化组织和制度建设，长效抓党建。通过建立党建工作四项制度，创造性地开展基层党建工作，特别是每季度召开一次党建工作例会，听取工作汇报，研究解决问题，交流工作经验，指导推动工作，有力促进了各级党组织书记抓党建工作责任的落实，为推动全省商务事业的发展起到保障和促进作用。

二是建立健全厅直单位党组织。结合处长轮岗及厅领导分工调整，厅机关各支部按期组织了换届。及时调整健全厅直属单位党组织。经过积极督促指导，省投资促进局召开党员大会选举产生了第一届机关党委和机关纪委；对省商贸资产公司，根据职工身份置换后的实际情况，撤并了下设的部分党组织；组织指导厅后勤服务中心通过召开党员大会成立新的党支部委员会。根据工作变动和人员变化情况，及时进行改选，对各级党组织委员进行调整充实，配好党务干部。

三是深入开展创先争优活动。紧密围绕商务中心工作，组织创先争优活动，做到了“五注重五结合”：即注重领导带头与引深党员干部教育相结合，大力倡导干事创业的优良风气；注重为民服务与实施商务惠民工程相结合，积极为基层为群众办实事办好事；注重推动发展与创新商务工作思路措施相结合，着力打造商务事业新亮点；注重岗位建功与履行工作职责相结合，深入推进创先争优活动的具体化日常化；注重长效推进与保持党的先进性和纯洁性相结合，有力促进基层党组织和党员作用的充分发挥，从而收到了推动商务事业发展、加强基层组织、服务基层群众、促进社会和谐的良好成效。

（三）常抓不懈，长效推进，不断强化作风建设和党风廉

政建设。

一是切实履行党风廉政建设党组主体责任。厅党组书记、厅长孙跃进认真履行党风廉政建设第一责任人的责任,与厅机关处室和厅直属单位负责人签署党风廉政建设责任书,加强日常监管,开展年终考核。强化每位厅领导对分管处室和下属单位廉政建设领导的责任,坚持"一岗双责",做到了与业务工作同部署、同检查、同落实。建立了督促检查长效机制,加强对各单位及领导干部特别是主要领导干部贯彻落实中央"八项规定"和廉洁自律情况的执纪监督。

二是巩固和拓展党的群众路线教育实践活动成果。针对在群众路线教育实践活动中查找出的17个问题,制定了13项整改措施,出台了规范招商引资、加强展会管理、改进文风会风等系列规章制度,认真开展教育实践活动"回头看"、机关干部下基层、工作纪律专项整治,全程督促落实各项整改工作,确保不走形式,不走过场,使各项整改措施落到了实处,切实解决了在"四风"方面存在的突出问题,进一步转变了机关作风,提升了服务水平。

三是严格落实中央八项规定精神。厅党组成员带头执行八项规定,轻车简从深入调研,与基层企业和群众面对面交流,主动开展人大代表建议、政协委员提案办理工作恳谈会,提高了办理质量和效率。严格执行有关住房、公务用车、医疗等待遇标准,未发生违反规定的情况。对领导干部在社团兼职问题进行整改落实。按照打好"三个一批"组合拳的要求,加强廉洁教育,建立廉政档案,推动重点岗位定期轮岗,切实防止为官不廉,治理为官不为,大胆使用听党话、跟党走、敢作为、能作为、善作为的好干部。

四是真学习、深讨论、严落实,扎实开展学习讨论落实活动。按照省委部署,商务厅具体细化为"两案一表"即活动整体实施方案,集中学习讨论方案和任务分解进度表,及时召开动员大会安排,每项任务都责任到人。深入开展大讨论,厅领导带头撰写个人反思剖析材料,主动参加所在支部党员大会、分管处室处务会,带头剖析在主观意识、制度方面、领导层面存在的突出问题,全厅所有干部都自觉把自己摆进去剖析。商务厅先后4次召开厅党组扩大会,逐条对照省委列出的30项表现,查找出17个方面问题54种表现形式,针对性提出了62项整改措施和需形成的42项制度成果,明确了整改标准、时间节点和责任人,部分规定和制度已印发执行。

三、开拓创新,克难奋进,努力促进商务事业持续健康发展

(一)搞活流通扩大消费亮点纷呈。全省实现社会消费品零售总额5549.9亿元,同比增长11.3%。出台了加快电子商务发展的指导意见,电子商务创新O2O模式走在全国前列。山西品牌中华行成功举办9站活动,港澳站活动是近年来我省规模最大的一次港澳经贸活动,在广州、天津和五台山建立了山西名优特商品展销中心。开展了山西美食走进联合国活动,是我国省级政府在联合国首次全方位、立体式、多层次展示餐饮文化,受到联合国常驻代表团官员及纽约侨界的一致称赞。支持建设改造"15分钟便民商圈"和乡镇商贸中心,加快放心早餐工程建设、家政服务标准化工作,认定了大同、晋中和阳泉3条省级特色商业街。加快大晋中农产品现代流通综合示范区建设,打造了60条农产品流通链条。太原城市共同配送实现六城区和近郊配送全覆盖,肉菜流通建成完整的追溯信息链条。全面完成省内国四汽柴油升级工作。成功获得国家跨区域农产品流通基础设施建设试点、肉菜流通和中药材流通追溯体系建设试点。"双打"工作成为全国先进,王一新副省长在全国做了经验介绍。

(二)开放型经济发展呈现积极变化。出台了支持外贸稳定增长的实施意见,建立了商务、海关、国税、检验检疫、外汇、人行跨部门工作机制。全省完成进出口162.49亿美元,同比增长2.9%;其中出口增长11.8%,超额完成增长3%的考核目标。建立了省级区域合作联席会议机制,成功举办第五届能源博览会。晋京晋津产业对接、对接丝绸之路经济带取得积极进展。全省签约招商引资项目2064个,实际到位资金6903亿元。开展跨国公司进山西活动,试点外商投资企业合同章程格式化审批,全省实际利用外资29.52亿美元,在我省投资的世界500强企业累计达到30家50个项目。推动我省矿业、能源、农业企业开展对外投资,省建总公司等龙头企业扩大境外承包工程规模,晋非经贸合作区引入新的战略投资者。

(三)开发区转型升级创新发展成果明显。开发区转型升级步伐加快,促进产业集聚的功能不断提升。建立了开发区管理省市两级工作机制和部门联席会议机制,指导太原、晋中、吕梁、临汾、运城开展开发区管理体制改革试点,8个市理顺了商务工作和开发区工作的领导体制,推动晋中、运城市向开发区下放管理权限。协调解决开发区发展"飞地经济"项目的用地瓶颈,探索"飞地经济"发展成效逐步显现,阳泉市"白色家电"产业园区、运城空港义乌国际商贸城综合工业园港等"飞地经济"项目取得新进展。

(四)积极推进法治商务建设。一是认真开展"六权治本"。2014年以来,商务厅按照省审改办部署,先后取消了5项行政审批,4项由前置审批改为后置审批,并经省政府确认公布。全面清理行政权力,推行权力清单,按照"健全组织、横向联动、同步展开、有序推进"的要求,已梳理商务领域4大类72项行政权力。二是依法规范行政执法行为。印发了贯彻落实依法治省会议工作方案,建立健全了行政执法工作制度。结合行政审批制度改革和机关效能建设,先后制定下发了行政执法公开制度、宣传培训制度等多项制度,强力推动制度的执行和落实。三是不断完善科学民主的行政决策机制。将公众参与、民主协商、专家论证、专业机构测评、成本效益分析、风险评估、合法性审查和集体讨论决定作为程序规定,组织开展重大决策。推行合法性、合理性、可行性和可控性评估,建立了商务法律专家人才库,多渠道了解利益相关方和社会公众对决策实施的意见建议,全面评估决策执行效果,及时调整相关决策。

(要宏锋)

附：省商务厅党组书记、副书记、成员名单

书　记：孙跃进

副书记：张跃建

成　员：张　文　牛榆生　刘　进　王来平　李志胜　赵贵全

省文化厅党组工作概况

党组书记　张瑞鹏

2014年，文化厅认真学习贯彻习近平总书记系列重要讲话精神，坚决贯彻落实中央和省委、省政府指示要求，扎实推进目标任务落实，文化改革发展取得新进展新成效。

一、领导班子和干部队伍建设情况

（一）坚决贯彻落实中央和省委、省政府指示要求。举办学习贯彻习近平总书记系列重要讲话培训班以及学习交流会。去年9月1日以来，15次召开党组（扩大）会、机关干部大会和党组中心组学习会议，认真学习中央重大决策部署，把思想和行动统一到习近平总书记系列重要讲话、中央对山西工作重要指示要求、王儒林书记重要讲话和省委、省政府要求部署上来。王儒林书记对文化工作作出重要批示后，文化厅党组及时制定8条落实措施。扎实开展学习讨论落实活动，深入反思剖析，查找6个方面27个问题，围绕制度建设、重点工作等制定47条整改整治措施。

（二）加强领导班子建设，提升干部队伍素质。严守政治纪律和政治规矩，把中央精神和省委、省政府的决策部署落到实处。严格执行民主集中制和"三重一大"制度，健全厅长碰头会和党组会议事规则、决策程序，对重大问题充分讨论、集体决策，对中心任务全力以赴、形成合力，对日常工作分工负责、互相配合。坚持依法行政，营造"尊法守法用法学法"氛围。坚持党管干部原则和干部任用程序，全年调整处级干部14名。组织100余名处级干部和新党员进行培训，全系统51个基层党支部建设得到加强。举办县级文化局长专题研修班、乡镇文化站长培训班、文化改革发展培训班等7次培训。实施"三区"人才支持计划，为贫困地区、革命老区和边疆地区选派848名文化人才。加强财务制度建设和管理，全年出台财务及相关管理制度15项，是近年来最多的一年。

（三）巩固和拓展党的群众路线教育实践活动成果。完成省委"两方案一计划"整改任务2项，完成整改任务29项、整治任务17项，制定完善制度25项。着力解决并州路和省晋剧院两栋楼多年积累的矛盾和问题，近282户职工开始入住。推进绩效管理和政务公开，发文数量、会议经费、公务接待费、公车运行费分别下降17.4%、20%、62.5%和57.85%。扎实开展扶贫工作，扶贫点由原来的2个增至5个，落实扶贫资金70余万元。

二、党风廉政建设情况

（一）认真履行"两个责任"。召开党风廉政建设工作会议，对任务进行分解落实。牢固树立"抓党风廉政建设是本职、不抓是渎职、抓不好是失职"的理念，贯彻落实省委《关于落实党风廉政建设党委主体责任的意见（试行）》和《关于落实党风廉政建设纪委监督责任的意见（试行）》，起草《山西省文化厅关于贯彻落实党风廉政建设"两个责任"的责任清单》。党组主要负责人履行"第一责任"，每位成员履行"一岗双责"；纪检监察部门严格按照"三转"要求，强化执纪监督问责。去年6、7月份，组织党委、纪检、人事、财务等部门对厅属27个单位落实党风廉政建设情况进行专题检查调研，发现党组织功能弱化、制度建设欠缺、内部管理不严等问题，针对性地提出整改要求，对5个重点单位主要负责人进行了约谈。这是近年来第一次对厅属单位进行全面检查调研，基本摸清底数，为下一步整改提高打下基础。

（二）深入开展文化系统作风建设和专项整治。严格落实中央八项规定，严防"四风"问题反弹和变异出现，狠刹行业不正之风。根据省委、省政府部署，开展"吃空饷"、"收受红包礼金"、"清理整治奢华浪费建设"等专项整治。在学习讨论落实活动中，启动六项专项治理，即治理艺术生产和活动中追求大场面、大舞美、大制作，奢华浪费等现象；治理使用财政资金举办营业性文艺晚会、高价邀请演艺人员；治理在历史建筑、公园等公共资源中以自建、租赁、承包、转让、出借、抵押、买断、合资、合作等形式设立私人会所；治理项目申报，专项资金分配、使用、监管，合同签订不规范等现象；治理行政审批和行政执法吃、拿、卡、要等现象；治理公务活动执行规定不严等现象。全年受理来信来访12件，均及时落实办理。2014年10月，收到省人社厅转来反映5个厅属事业单位违规收取招聘人员考务费的材料后，及时进行调查，对相关单位主要领导和责任人进行诫勉谈话，退还违规收取的考务费。省戏研所发生财务人员挪用公款案件后，及时给予原所长免职处理，给予涉案人张桂梅开除公职和党籍处分。结合案件办理情况，开展党风党纪教育，观看警示教育片，强化党员干部的政治意识、纪律意识、规矩意识。

（三）大力弘扬"三个文化"。围绕王儒林书记提出的大力弘扬法治文化、廉政文化、红色文化要求，举办"推进廉政文化建设、创作廉政文化剧目"座谈会和"三个文化"学习交流会，启动重点剧目创作，研究制定《关于加强廉政文化建设的意见》。同时，挖掘利用我省丰厚的廉政文化资源，图书馆设立廉政文化专区，启动"弊革风清兴三晋、文化惠民乐万家"以及廉政文化剪纸展、三大根据地红色文献展等活动。

三、工作任务落实情况

(一)深化文化体制机制改革。李小鹏省长主持召开第40次省政府常务会议,通过文化厅起草的《山西省级购买公共演出服务方案(试行)》,设立1000万元专项资金。当年购买演出服务308场,举办“送戏百场进老区”等活动,带动了文艺院团下乡,促进了群众多看戏、看好戏。李小鹏省长主持召开第55次省政府常务会议,审定文化厅起草的《山西省支持文化产业加快发展的若干措施》,设立文化产业发展投资基金和旅游文化体育产业投资基金,省政府出资2亿元,吸纳社会资本8亿元,两支基金共10亿元。这是我省首次出台政府购买演出服务、促进文化产业发展综合政策并设立文化产业投资基金。配合省发改委制定《山西省推进文化创意和设计服务与相关产业融合发展行动计划》。会同省委宣传部等九部门印发《支持转企改制国有院团改革发展的实施意见》。深化行政审批制度改革,省级审批项目从20项缩减为9项。

(二)推进艺术事业蓬勃发展。认真学习贯彻习近平总书记在文艺工作座谈会上的重要讲话,围绕“中国梦”主题,创作推出《晋善晋美中国梦》《村官段爱平》《托起太阳的人》等作品。与文化部艺术司、中国美协启动“中国梦·太行魂”——纪念抗日战争胜利70周年国画名家画太行活动。组织参加全国美术作品展、中国京剧节等,取得良好成绩。完成第十四届“杏花奖”评选。会同省委宣传部开展“庆祝新中国成立65周年山西省优秀新创剧(节)目展演”。会同省教育厅等部门举办全省艺术院校第九届戏剧教学剧目展演。扎实推进筹建山西艺术学院前期工作。妥善安置首届晋剧本科班学员。组织申报国家艺术基金,我省16个项目入选,获资助资金1700余万元,居全国前列。

(三)扩大对外文化交流。承办由文化部、省政府主办的“情系三晋——两岸文化联谊行”活动,来自台湾地区的98位嘉宾,赴6市20多个文化单位参访,成为近年来我省规模最大、规格最高的对台文化交流活动。配合省外办完成接待柬埔寨国王西哈莫尼以及泰国、墨西哥、匈牙利代表团来访任务。组织参加中法文化年开闭幕式、哈萨克斯坦“中国文化日”、斯里兰卡“欢乐春节”和APEC欢迎晚会、首都新年戏曲晚会演出。与陕西省文化厅、河南省文化厅签署《晋陕豫黄河金三角区域文化发展战略联盟合作框架协议》。推进文化援疆,会同省工美集团举办“山西艺术精品新疆行”和“晋善晋美——山西非物质文化遗产精品展”活动。全年开展对外文化交流16批、501人次,扩大了山西文化影响力。

(四)提升公共文化服务水平。组织朔州市和晋中市、大同市开展第二批国家级公共文化服务示范区(项目)创建工作,落实文化部专项工作经费950万元。实施农村文化设施建设提质工程,完成乡镇(街道)综合文化站评估定级,编制《2014–2018年中央文化体育与传媒事业发展专项资金支持县级文化设施改善项目规划》,推动基层综合性文化服务中心建设。积极解决山西晋剧艺术中心面临的一系列问题,启动投资7877万元的山西省少儿图书馆和山西省古籍保护中心改建改造项目,成为省政府“百日百项”工程开工较早的项目。省图书馆日均接待读者6000余人次,成为名副其实的“城市书房”和省城文化景观。山西大剧院全年演出267场,在保利院线和全国省级剧院处于领先水平。开展“春雨工程·文化志愿者边疆行”和“大地情深·群星奖获奖作品巡演”。全年争取和落实中央专项经费2.7亿余元。

(五)广泛开展文化惠民活动。以“文化惠民在三晋”系列活动为龙头,开展欢乐下基层、润物无声、幸福使者等10项文化惠民活动,提供阵地、流动、数字、优惠、共建等5项文化惠民服务,丰富了全省人民群众文化生活。会同省演艺集团积极开展送戏下乡。与总政歌舞团开展“军民共筑中国梦·总政歌舞团山西老区行”演出周活动。山西大剧院“长风之夜”和“周二戏曲鉴赏”成为省城文化品牌。组织省图书馆、省群艺馆开展公益讲座、志愿者服务、展示展览等活动,服务人数达200余万人次。实施省级图书馆数字资源共享工程,完成“山西地方戏曲资源库”、“山西传统手工技艺资源库”建设。省图书馆主动为全省“两会”提供信息服务,受到代表、委员好评。

(六)促进文化产业提质增效和文化市场健康发展。与省财政厅、中国人民银行太原中心支行出台《关于深入推进文化金融合作的实施意见》,搭建文化产业投融资服务平台。与山西省投资集团有限公司和山西省文化旅游产业投资促进会启动战略合作。与省旅游局签订《促进文化与旅游融合发展合作意向书》。积极推进山西省文化保税区和山西省文化产业园项目,山西省文化产业园中的孟母文化园动工建设。推进山西省民营文化企业协会筹备工作,民营文化企业报名近600家。组织开展国家级文化产业示范基地申报,我省国家级文化产业示范基地达到9家。承办第二届晋商大会文化产业项目恳谈会,参加山西·珠三角民营企业对接恳谈会和北京国际文创博览会,推介文化项目200余个。加强综合执法规范化建设,检查经营性文化单位12万余家次。

(七)扎实推进非遗保护。召开“晋中文化生态保护实验区”建设领导组会议,出台《关于深入推进“晋中文化生态保护实验区”建设的意见》以及设施建设与管理指导意见、项目保存规范和技术标准等。与文化部非遗司合作《国家级文化生态保护区在区域文化建设中的定位、构建和作用研究》等课题。认真学习贯彻习近平总书记关于传承弘扬优秀传统文化的指示精神,制定“乡村文化记忆工程”实施方案,探索对乡村历史脉络、文化烙印、发展轨迹、传统街区和乡风民俗等进行全方位调查和原生态保护。加强知识产权保护,实施古戏本版权再造工程,首批整理保护戏曲珍本78部。参加中国非遗年俗文化展示周、深圳文博会非遗展和中国非物质文化遗产博览会。完成第四批国家级非物质文化遗产代表性项目名录申报,目前全省国家非遗名录项目116项、保护单位168个,居全国第三。

四、党组书记履职和廉政情况

(一)在贯彻落实中央和省委、省政府决策部署上认真负责。坚决在思想上政治上行动上与以习近平同志为总书记的党中央保持高度一致，认真落实中央和省委、省政府的决策部署，牢牢把握全省工作大局和文化发展大势，围绕“六大发展”谋划和推进文化改革发展，围绕“六权治本”解决文化系统政治生态中的突出问题，围绕弘扬“三个文化”抓好主题创作和特色活动，围绕改善文化民生着力提升公共文化服务水平，围绕“一带一路”战略谋划文化交流合作项目，按照省委部署扎实推进学习讨论落实活动，努力保持政治上清醒坚定，工作上方向正确。

（二）在重大政策的制定和落实上抓紧抓实。把政策制定作为文化部门转变职能和推进工作的重要抓手，在文化政策顶层设计上谋求新突破。面对全省经济下行压力，把握经济新常态和文艺院团改革后面临的机遇和挑战，报请省政府出台政策措施，与有关部门深入研究政府购买、产业基金的政策，强化了文化厅的工作条件和手段。面对当前文化部门公共文化服务职能凸显的新形势，把握文化部门作为公共文化服务体系牵头部门的使命和职责，推动建立由20多个部门组成的省级公共文化服务体系建设协调组。

（三）在重点工作和工程推进上尽心尽力。把开展“文化惠民在三晋”系列活动作为文化工作的龙头工程，贯穿全年工作，与文艺院团到基层送戏送文化。围绕弘扬“三个文化”、老区精神和纪念抗战胜利70周年，及早谋划重点剧目创作和重要文化活动，赢得了工作主动。推动与省投资集团、省旅游局的战略合作，推进重点文化园区和项目建设，使文化保税区建设取得重大进展。着力打造省级文化设施新高地，启动省图书馆旧馆改造工程。为了晋剧艺术中心建设，两次到太原市规划局协调。通过到浙江考察，与教育厅和太原市沟通，明确了山西艺术学院筹建的基本路径。在承办“情系三晋——两岸文化联谊行”活动中，严格掌握政策，创新工作方法，参与重点活动，推动晋台两地感情交流和文化交融，使这项活动受到台胞和各方面好评。为了落实文化援疆任务，两次赴新疆和兵团进行考察协调。为了搞好第一次国家艺术基金申报，与有关同志共同策划重点项目。

（四）在“两个责任”落实上带头履职。严格落实中央和省委、省政府关于党风廉政建设的各项部署，切实履行党风廉政建设“第一责任人”职责，多次对党风廉政建设进行部署，对重大问题及时研究处理。对一些单位主要负责人面对面进行约谈。注重制度建设，用制度管权管人管事。组织开展专项治理，提倡节俭搞文化，低成本搞创作。自觉接受各方面的监督。支持纪检监察部门行使监督职能。

（五）在班子和队伍建设上严格要求。充分发扬民主，注重听取各方面意见，决策中抛却私心、规避风险。与党组成员团结共事，以诚相待。带头转变作风，认真落实中央八项规定，持之以恒反对“四风”。无论在年度民主生活会还是学习讨论落实活动反思剖析会，都能带头查问题、找原因，带头开展批评与自我批评。严格执行廉洁自律规定，在办公用房、用车、住房等方面没有违规违纪问题。

（杨　渊）

附：省文化厅党组书记、成员名单

书　记：张瑞鹏

成　员：张　健　李　歆　赵银邦　王舒袖　贯新田　李　力　李培勇　李荣钢

省卫生和计划生育委员会党组工作概况

党组书记　王进喜

2014年是全省卫生计生系统攻坚克难、深化改革的一年，也是加快融合、创新发展的一年。全系统认真落实党中央、国务院和省委、省政府的决策部署，服务大局谋发展，聚焦难点促改革，狠抓落实保民生，顺利完成了省级卫生计生机构改革，卫生计生事业融合发展迈出新步伐，“1+1>2”的整合效应初步显现，广大群众从改革中得到更多实惠。

2014年，全省卫生计生系统面对多项改革相互交织、工作任务艰巨繁重的复杂局面，思想稳、人心齐、干劲足，出色完成了各项工作任务，全省加强医疗责任保险、医疗卫生对口援疆、太原市建立村医进退流转机制、长治市计生特殊困难家庭扶助等8项工作在全国会议交流经验，县级公立医院改革、“平安医院”建设、医疗援外等10余项工作受到上级肯定，卫生计生综合监督十项指标位居全国第一。刘延东副总理视察了我省援助的新疆兵团六师医院，对我省卫生援疆工作给予充分肯定。探索建立乡村医生进退流转机制，全国人大副委员长陈竺对我省的工作进行了专题调研。《健康报》《中国人口报》《山西日报》分别对我省推进优质医疗资源下沉和卫生计生资源整合的做法进行专题报道，《健康报》头版头条报道了临猗县支付方式改革的做法。全省卫生计生系统涌现出一大批先进典型，省心血管病医院、芮城县人口计生服务中心被评选为“全国优秀卫生计生机构”，和顺县城区社区管委会计生办主任王瑞彦被评为“全国优秀卫生计生工作者”，清徐县人民医院院长康文娟入选“全国卫生计生系统十大新闻人物”；省针灸研究所原所长吕景山成为我省首位“国医大师”并入选“山西十大新闻人物”，省人民医院护士聂晶晶、长治市屯留县村医李栓州入选2014年“感动山西十大人物”。

【医药卫生体制改革】2014年，我省不断深化医药卫生体制改革，加快破解体制机制障碍。新农合参合率达99.4%，人均筹资标准达 390 元,均创历年新高;新农合大病保险全面展开,支付方式改革覆盖所有统筹地区;疾病应急救助制度基本建立,群众看病就医有了更好保障。在 269 个非政府办基层医疗卫生机构开展了基本药物制度试点,建立了常态短缺药品报告制度,基层医疗卫生机构可适度按需使用非基本药物,群众用药需求得到进一步保障。在 70%的县(市、区)推进县级公立医院综合改革,超过了国家 50%的要求,补偿机制逐步完善,落实各类补偿资金 9.74 亿元,取消了药品加成,将医疗服务价格调整权限下放到县级,提高了手术、治疗、护理等医疗技术服务价格,降低了检查检验费,首批试点医院药占比下降了 3.6 个百分点,诊疗和住院总人次分别增长了 34.5%、23.5%,医疗机构公益性质得到进一步发挥。

2014 年,我省大力推进优质医疗资源下沉,积极构建分级诊疗格局。加大对基层医疗卫生机构经费投入力度,较上年提高了 29 个百分点。专项安排 2190 万元资金,建设省市级医疗联合体 20 个,县级临床重点专科 30 个,省市共建学科 14 个,远程会诊项目 7 个。放宽基层专业技术人员参加公开招聘条件,降低晋升高级职称门槛,为县乡医疗卫生机构补充人员 3381 名,82 名乡镇和社区卫生服务机构人员晋升高级职称。大力实施基层中医药服务能力提升工程,90%以上的社区和乡镇医疗卫生服务机构掌握了 6 项以上适宜技术,60%以上的村卫生室能提供中医药服务。探索建立适合我省实际的基层首诊、分级诊疗、双向转诊就医新秩序,选择诊断明确、治疗路径明晰、并发症较少的病种,在 18 个县开展了新农合按病种分级诊疗试点,提高了试点地区县域内就诊率。

【计划生育工作】2014 年我省扎实开展计划生育工作,稳妥有序实施单独两孩政策。人口计生目标管理责任制考核以县为单位实现全覆盖,指导基层加快卫生计生机构改革和资源整合,及时纠正偏差,加大对党员领导干部违法生育问题的查处力度,计划生育基层基础工作保持稳定。启动实施单独两孩政策,惠及 5500 个家庭,没有出现"生育堆积"现象,人口增长控制在 6.5‰的目标以内。落实计生家庭奖励扶助资金 6.8 亿元,将独生子女伤残、死亡家庭特别扶助金标准提高到每人每月 270 元、340 元,并在就医、养老、医保等方面享受优惠和优先服务。为 2256 名失独家庭夫妻办理了爱心综合保险,帮助 1116 户计生家庭申领小额贷款 4360 万元。在 11 个市的 20 个县(市、区)稳步推进流动人口基本公共卫生计生服务均等化试点;加大出生人口性别比控制力度,严厉打击非法鉴定胎儿性别和选择性中止妊娠等违法行为,查处了一批"两非"案件。

【医疗服务能力建设】2014 年,加快健康服务业发展的步伐,不断提升医疗服务能力。全年落实中央和省级财政投入 28.6 亿元,较上年增长 11%,筹资 12.58 亿元支持 1354 个卫生计生机构基础设施建设,投资 8 亿元启动省儿童医院新院区建设项目。新设置社区卫生服务机构 71 所,基层签约服务覆盖城乡居民 560 余万。新增社会办医疗机构 397 所、床位 4976 张,其中,千张以上床位机构 2 所,床位数较上年度增长 28.3%。以国内访问学者形式培养高端人才 70 余名,开展岗位技能培训 30 余万人次,住院医师规范化培训项目启动,支持 897 名医师开展多点执业;申报获批国家级和省级卫生科研项目 194 项,其中获得千万元以上资助 1 项。强化医疗质量管理,217 所二级以上医院开展了临床路径管理,三级医院优质护理服务病区"全覆盖",二级医院覆盖 80%以上的病区,组织开展抗菌药物临床应用专项整治,受检医院各项指标均好于国家标准。

【公共卫生服务能力建设】2014 年,努力提升公共卫生服务水平,切实筑牢疾病防控屏障。人均基本公共卫生服务经费由上年的 30 元提高到了 35 元;免疫规划疫苗报告接种率以乡为单位达到 98%,埃博拉出血热、结核病、艾滋病等重大传染病防控扎实有效,没有发生甲类传染病疫情;创建省级慢病综合示范区 14 个,平遥、稷山和蒲县创建成为国家级示范区;地方病防治成果进一步巩固;开展各类卫生应急培训演练 38 次,妥善处置突发公共卫生事件 15 起,协调组织突发事件医疗卫生救援 8 起,未发生重大和特别重大突发公共卫生事件。国家卫生城镇创建取得新突破,长治市和繁峙县等 6 个卫生城市、县城(镇)通过复审,孝义市等 4 个市通过了国家评审并进入命名公示期,岢岚县等 5 县 3 镇通过省级暗访和评估。食源性疾病病例信息监测、食品污染物和有害因素监测范围均超过了国家要求。开展妇幼健康服务年活动,综合实施母婴安全行动、降低出生缺陷行动和妇儿健康关爱行动,惠及全省妇女儿童 600 余万人次。

【党风廉政和政风行风建设】2014 年,狠抓党风廉政和政风行风建设,不断净化卫生计生服务环境。切实履行党风廉政建设与反腐败党委(党组)主体责任和纪检组监督责任,巩固党的群众路线教育实践活动成果,认真落实省委巡视组整改意见,扎实开展学习讨论落实活动,按照"六权治本"要求,启动实施了高值耗材、医疗设备、检验试剂阳光采购,建立了医药购销领域商业贿赂不良记录制度;制定出台管理办法,进一步规范了医院基本建设项目和货款支付结算管理,加强了内部审计;严格执行医疗卫生行风建设"九不准",组织开展专项督查和专项整治,查处了一批收受红包、违规收取押金、私自推销药品的典型案件,取消了 4 所医院的新农合定点资格;监督检查公共场所和医疗卫生机构 6.88 万户次,累计查办案件 3.04 万件。强化政府监管,纳入评价监测范围的 42 所三级医院中,20 所出院患者平均医药费用较上年度下降或持平,35 所出院患者平均住院日下降,医药费用过快上涨的势头得到初步遏制;加大简政放权力度,取消、下放、整合职能 20 项。深化"平安医院"创建活动,80%以上二级公立医疗机构参加医疗责任保险,医患纠纷人民调解成功率达 90%以上,全省未发生社会影响较大的涉医、伤医事件。加大卫生计生宣传和信息公开力度,积极选树行业先进典型,大力弘扬正能量,主动回应社会关切,舆论环境不断改善。

(刘　翔)

附：省卫生和计划生育委员会党组书记、副书记、成员名单

书　记：王进喜

副书记：李书凯

成　员：梁明虎　杨建勇　赵新民（女）
李跃珍（女）

省审计厅党组工作概况

党组书记　王　亚

2014年，省审计厅党组带领全体党员和干部职工，以贯彻落实《中国共产党党和国家机关基层组织工作条例》为基本遵循，以开展“基层组织提升年”活动为重点，以创建精神文明单位标兵为目标，深入贯彻落实十八大、十八届三中、四中全会精神和习近平总书记系列重要讲话精神，紧紧围绕“服务中心、建设队伍”两大核心任务，认真履行机关党建工作职责，不断加强党员队伍思想建设、组织建设、制度建设、反腐倡廉建设和精神文明建设，为审计工作顺利开展提供了有力的思想政治保障，较好地完成各项审计工作任务。2014年全省共审计单位4584个，提交审计报告和信息7213篇，查出违规金额1295亿元，促进增收节支和挽回损失213.9亿元，促进建立健全制度措施402项，移送案件线索702件937人。同时，各级审计机关还配合和协助纪检监察、司法机关查处了一批腐败案件。

一、注重思想政治教育　坚定党员干部理想信念

理想信念是共产党人的精神之“钙”。2014年，为进一步坚定党员干部理想信念，深入开展了以学习贯彻落实十八大、十八届三中、四中全会精神和习近平总书记系列重要讲话精神为主要内容的主题教育活动，要求党员干部深刻领会讲话的重大意义、科学内涵、精神实质和实践要求，用新思想、新理论、新要求武装头脑，始终保持同党中央高度一致。为提升学习效果，采取“读书月”活动、干部轮训、专题讲座、“干部在线学习”和参加审计署理论学习和业务培训等多种学习方式，先后邀请省委党校副校长高健生同志作了《学习习近平总书记系列重要讲话精神和十八届三中全会精神》专题辅导；组织全体干部职工参加审计署举办的理论培训；组织专题学习《习近平总书记系列重要讲话读本》《世界社会主义500年（党员干部读本）》，撰写学习体会，开展思想交流，加深对习近平总书记系列重要讲话精神和十八届三中全会精神的理解，开阔了思路，坚定了信念。

二、加强党组织建设　夯实机关党建工作基础

按照“提素质、增活力、全覆盖、强服务”的目标要求，认真开展“基层组织提升年”活动，不断加强党组织基础建设。在支部设置上，根据审计部门的工作特点，以处室为单位设立党支部，使党建工作与行政机构的设置和功能相适应，提高了党组织对党员干部的管理效率。厅党组提名原办公室主任担任机关党委专职副书记，配齐配强党委班子。发展党员工作，按照“控制总量、优化结构、提高质量、发挥作用”的总要求，严格发展党员组织程序，坚持高标准、严要求，严把党员入口关，做到成熟一个发展一个。各支部注重早选苗、早教育、早培养，积极做好入党积极分子的教育、培养和考察工作。新发展的党员政治思想好、综合素质高、工作能力强、群众基础好，得到党员群众的认可。

机关党建关口前移，针对审计部门工作特点，在审计组设立临时党组织，做到审计到哪里，党组织就建立在哪里，审计组临时党小组定期组织集中学习讨论，掌握党的路线方针政策，使党的各项政策、理论与审计业务紧密结合，将党建工作贯穿到审计全过程，实现了党建与审计工作两不误，两促进。

严格党内组织生活，推进党内民主建设。在广泛征求党员、群众的意见和建议的基础上，按期召开党组专题民主生活会。召开支部组织生活会，开展民主评议党员活动。厅领导成员带头过双重组织生活，同所在支部的党员群众开展谈心、谈话活动，了解掌握党员干部的思想、作风和工作情况，认真开展批评与自我批评，深入剖析存在的问题和原因，提出改进工作的意见和建议，增进团结，形成共识，收到良好效果。健全党内情况通报制度，扎实推进党务公开。机关党务工作坚持公开民主透明的原则，凡是党内要求公开的、党员群众关注的重大事项和热点问题，均以“党组会议纪要”、正式文件或网上登载方式等形式予以公开。

三、加强组织领导　全面落实党建工作责任制

领导带头，率先垂范。厅党组书记、厅长王亚十分重视机关党建工作，多次听取机关党委关于开展党建工作和文明和谐创建工作的情况汇报，加强对党组织工作具体指导，要求党员干部“鼓足蓬勃向上的朝气、凝聚团结进取的锐气、激发改革创新的勇气、强化敢于负责的底气”，倡导新风正气，成为推动审计事业创新发展的新动力。厅党组中心组带头落实学习制度，全年组织理论学习12次、10天。认真落实厅党组书记定期讲党课制度，任建平巡视员代表厅党组书记为厅机关副处级以上领导干部作了“保密知识专题党课”。支部书记带头读书学习，带头抓机关党建，带头深入基层调研，带头树立良好作风，带头廉洁自律，为党员干部树立了榜样。

落实工作责任制。建立厅党组书记“一把手”负主要责

任、分管领导按照分工抓指导、各支部具体抓落实的"一岗双责"工作责任机制,层级管理,逐级抓好落实。厅领导定期听取分管支部书记工作汇报、审计组廉政建设工作情况,深入处室支部调查研究,指导党建工作和业务工作。机关党委定期召开机关党委会议,专题分析机关党建形势,谋划工作思路,研究部署机关党建工作。把党支部建设工作纳入厅机关目标考核体系,严格责任考核,违反廉政规定的实行一票否决,提高了机关党建工作科学化水平。

健全完善机关党建工作制度。结合机关工作实际,制定《关于进一步加强和改进党组中心组学习的实施意见》《党员干部直接联系群众工作制度》《山西省审计厅党组织发展党员工作制度》等项制度,为党建工作规范运行提供了制度保障。

四、反腐倡廉教育常抓不懈 党风政风得到有效保障

审计厅党组重视反腐倡廉工作,定期召开党组会议专题研究党风廉政建设工作,每年专门召开全省审计机关党风廉政建设工作会议,专题部署反腐倡廉教育工作,明确党风廉政建设工作指导思想、重点内容和工作要求。

加强党性党风党纪教育。组织党员干部认真学习《十八大以来廉政新规定》和审计署印发的《审计干部反腐倡廉教育警示录》读本,组织召开机关党委扩大会议传达学习省纪委《关于省社会科学院副院长孟艾芳散播虚假信息情况的通报》,并就执行省纪委文件精神提出了要求。开展警示教育,观看省纪委警示教育片《警钟长鸣》,引导党员干部树立廉政意识,筑牢思想道德防线,增强自觉抵制腐败现象的能力。

开展"工作秩序涣散、纪律松弛"专项整治活动,坚持内查机关工作纪律,外抓审计现场管理和监督;坚持专项整治同审计过程控制相结合、同整治"四风"改进作风相结合、同加强党风廉政建设相结合,切实规范工作纪律和约束审计行为,提高了审计工作效率和质量。

健全完善廉政制度。认真贯彻落实中央"八项规定"精神和《党政机关厉行节约反对浪费条例》,相继制定了厅机关公务接待、办公用房、车辆管理、财务管理和党员干部直接联系群众工作制度。加强对审计"八不准"工作纪律、双举报箱制度和审计组廉政监督员制度执行情况的监督,保持反腐倡廉的高压态势,促进廉政制度落实。

五、搞好审计文化建设 积极开展文明创建活动

大力开展精神文明创建宣传活动。充分利用电子屏幕、宣传展板和审计网站,宣传十八届三中、四中全会决定、厅机关先进典型、先进事迹和文体活动成果,展示审计人员精神风貌,发挥"正效应",传递"正能量"。引导党员干部了解新形势、掌握新要求,适应经济发展"新常态",提高思想认识,改进工作作风,立足岗位,服务发展,为审计事业发展建功立业。

开展公民道德建设"五个一"活动,努力践行社会主义核心价值观。在机关开设"道德讲堂",邀请省直机关道德模范白喜明同志作先进事迹报告;在机关职工食堂提倡我"光盘"、我"光荣",俭以养德,文明用餐;开展志愿服务无偿献血活动,太原市红十字血液中心授予审计厅"热心公益事业,弘扬人道主义"锦旗。通过开展创建活动,引导干部职工从身边做起、从点滴做起,践行社会主义核心价值观,在机关形成向上的力量、向善的力量。

加强审计文化建设,倡导和践行"责任、忠诚、清廉、依法、独立、奉献"审计人员核心价值观。组织开展"中国梦与中国共产党——学习习近平总书记系列重要讲话"征文以及"中国梦·劳动美"诗词创作大赛活动,组织开展向赵迎路、白喜明同志学习活动,用先进人物的事迹教育干部、引导干部、感化干部,激发党员干部的内在动力,增强审计服务全省"六大发展"的能力。

积极开展丰富多彩的群众性文体活动。活动中坚持党建带团建、党建带工建,充分发挥了工青妇群团组织的作用,保持了党组织的生机和活力,营造文明和谐机关氛围。先后组织60余人参加了省体协举办的庆"三八"比赛、"三晋友谊杯"乒乓球比赛和山西省第十一届羽毛球比赛等项活动,参加省直机关第四届职工运动会比赛,荣获优秀组织奖,桥牌比赛"公开团体"和"混合团体"两个项目第四名的好成绩,五名运动员获得"道德风尚运动员"奖。通过开展审计文化活动,进一步丰富职工文化生活、提高文化素养、陶冶情操、践行人生追求。

开展帮扶济困社会公益活动。组织厅机关干部职工开展"送温暖、献爱心"社会公益活动,先后两次向扶贫地区捐款4.5万元;坚持以人为本,厅领导带队走访慰问困难职工和厅机关离退休人员14人,发放救助款3万元,帮扶救助工作步入常态化轨道。

落实领导干部下乡住村活动。厅党组书记、厅长王亚及班子成员先后多次带队到上双路乡考察调研扶贫工作,提出改进意见,帮助群众解决生产生活问题,赢得群众的好评。

(李文明　郑钰卿)

附:省审计厅党组书记、成员名单

书　记:王　亚

成　员:郝素珍(女,12月离职)　高爱平　杨光照　任建平(2月离职)　闫建科(5月任职)

省政府外事侨务办公室党组工作概况

党组书记　张志川

2014年，省外侨办党组深入贯彻落实党的十八届三中四中全会、中央外事工作会议、周边外交工作座谈会和省委十届六次全会精神，紧紧围绕国家外交战略和我省综改试验区建设，团结带领全省外事侨务系统广大干部职工解放思想、开拓奋进，不断扩大对外开放，为国家总体外交和我省“六大发展”作出了积极贡献，多次受到中央有关部委表彰。

一、深入学习贯彻习近平总书记系列重要讲话精神，坚决贯彻中央路线方针和省委、省政府决策部署

坚持把学习贯彻习近平总书记系列重要讲话精神作为首要政治任务。组织党员干部深入学习，深刻领会讲话精神。党组成员带头学习，精读原文、集中研讨，做到真学真懂、真信真用。把学习贯彻与推动山西外事侨务港澳事业发展紧密结合，与加强党风廉政建设紧密结合，与学习讨论落实活动紧密结合，进一步提高服务国家总体外交、服务山西经济社会发展的使命感和责任感。通过学习，全办党员干部自觉用总书记系列重要讲话精神武装头脑、指导实践，努力运用战略思维、辩证思维、法治思维、底线思维和创新思维分析解决问题，提高了工作的科学性、创造性和主动性。

坚决贯彻落实中央路线方针政策和省委、省政府决策部署。深入学习贯彻刘云山同志重要讲话和全省领导干部大会精神，坚决拥护党中央对山西省委常委班子进行重大调整的决定，在思想上、政治上、行动上同以习近平同志为总书记的党中央保持高度一致。严守政治纪律和政治规矩，自觉按照党章和党的各项规矩办事，坚决反对团团伙伙，切实净化政治生态。坚决反对上有政策、下有对策，有令不行、有禁不止等行为。坚持把抓落实作为铁的纪律，确保政令畅通，决策落实。

二、全面加强外事侨务港澳工作，为服务“六大发展”作出积极贡献

服务国家总体外交。依托五台山、云冈石窟、平遥古城等世界文化遗产，打造面向东南亚国家的交流合作平台。完成柬埔寨国王西哈莫尼等党宾国宾接待任务。承办中国－不丹王国第22次边界会谈。组织参加第四届中法论坛和中法建交50周年等活动。紧扣国家能源战略，承办2014中美洁净能源合作会议，参与举办低碳高峰论坛。抢抓“一带一路”机遇，拓展与沿线国家地区合作交流。完成因公电子护照二期项目建设，成为全国率先竣工实施的省份之一。

精心组织高层互访。成功组织6位省领导出访美国、加拿大等15个国家和地区，增进传统友谊，拓宽交流渠道，成功推进恒天然15亿牧场群项目、引黄工程国际合作、意大利文保技术合作等一批重大对外经贸合作、人文交流项目。组织“2014中外使节山西行”，精心策划匈牙利索尔诺克州州长等25个国家地区党和政府、重要企业代表团58批1381人次访晋活动，安排省领导外事活动28批次561人次。在全省重要历史关头，以高密度、高层次的外事活动为我省重塑形象、扩大开放作出积极贡献。

提供对外开放政策支撑。充分发挥统筹协调、归口管理职能，及时报请调整充实省委外事工作领导小组成员，统筹指导全省各领域对外活动。协助制定全省扩大对外开放指导意见和“一路一带”实施规划。搜集整理12万余字对外交往资料和政策信息。出国指标和外事资源向产业转型、生态修复、城镇化等项目倾斜。积极向中央外办、中联部、外交部等上级部委争取政策支持。协调外交部副部长刘振民为省委中心组(扩大)学习作国际形势报告，提升全省中高层干部战略思维和国际视野。

开展务实对外交流合作。围绕我省产业结构特点和经济转型需求，积极推动与美国西弗吉尼亚州、德国北威州、韩国全罗南道等友城工作，稳步推进市级友城结好工作。加强与发达国家、产业结构相似国家联络对接，学习转型升级经验，推进中德能源产业园建设，推动黑色煤炭绿色发展、高碳资源低碳发展。积极与南美、非洲等新兴发展经济体联系，为我省过剩产能转移寻求突破。变外事资源为经济资源，推动市场主体走出去、引进来。礼宾服务进一步规范化、精细化，指向性、支撑性、参谋性更加明显。指导商务厅、教育厅等部门和单位开展经贸文化交流，指导太钢、太重、焦煤、格盟等企业走出去开展国际合作等。我省和运城市分别荣获全国友协、中国国际友城联合会颁发的“国际友好城市交流合作奖”，我省友好省州匈牙利索尔诺克州和晋中市友好城市老挝琅勃拉邦市分别获得“对华友好交流合作奖”。

加大山西推介力度。配合开展山西面食走进联合国、山西品牌港澳行活动。积极支持、参与举办第14届平遥国际摄影节、首届山西国际旅行商采购大会。向外交部新闻司推荐31条参访项目及路线。举办“亚洲摄影家聚焦美丽山西”活动。设计制作6种语言对外宣传资料。组织中小学生赴美、法、意、日开展交流活动。借力境外文化机构渠道，彰显山西形象，弘扬三晋文化。

强化涉外管理工作。牵头起草《关于进一步加强海外领事保护工作，方便和规范我省公民因私出国(境)的意见》，受到外交部充分肯定和高度评价。组织外事系统干部赴德国进行领事保护务实培训。妥善处置领保案件11起、涉外案(事)件12起。受理外媒记者采访申请16批次，协调处置晋济高

速事故等涉外媒应对事件7起。

规范出国(境)管理与服务。严格执行各项政策规定,积极为我省扩大开放和经济社会发展服务。严格计划管理和个案审批。禁止党政领导干部无实质性任务出访、禁止考察性出访、杜绝照顾性出访,严格控制双跨团组,从严控制各级财政经费支付的因公出访。加强因公出国(境)证照管理。落实出访团组行前教育,增强外事纪律、安全保密意识。及时了解各国签证政策,积极开展申办工作。优化工作流程,提高服务水平,鼓励企业、高校、科研院所等市场主体扩大对外交流,促进合作发展。

扎实推进侨务工作。加强侨务资源涵养。组织召开世界关氏宗亲总会恳亲大会。以第二届晋商大会为契机,与美、加等7国25位海外侨领侨胞座谈交流。接待来访华侨华人团组120余人次。积极弘扬中华文化,服务华文教育。选拔、审核、推荐17名教师赴泰国、菲律宾、印尼任教,组织举办"2014海外华裔青少年寻根之旅——山西营活动"。大力开展侨务引资引智工作。举办侨资企业山西行活动,组织辽宁、深圳、上海侨商投资考察团分赴太原、大同、忻州等地考察。向华创会项目组推荐优秀项目1273个。积极开展侨务捐赠。联合省慈善总会举办"天籁列车"慈善助听器捐赠活动,为2万名听障困难人员义诊并免费发放助听器,折合人民币约4600万元。争取慈善侨社和侨胞在太原、忻州、晋中等地捐资修建校舍、卫生院,捐资助学,捐赠电脑、图书等,折合人民币200余万元。规范我省华侨回国定居工作。牵头制定《山西省华侨回国定居办理工作实施办法》。组织"关爱工程—送温暖慰问"系列走访慰问,举办组织首届"传承·励志—归侨侨眷子女夏令营"活动。扎实推进社区侨务建设。太原市迎泽区青年路二社区等3社区被国侨办评为全国社区侨务明星社区、全国社区侨务工作示范单位。接待涉侨来信来访80余件次,协调督促妥善解决美籍华人何米高投资纠纷案等重点信访案件8件,受到了国务院侨办的表扬。

扩大港澳交流合作。主动拜会中央驻港澳机构、特区政府部门和晋商社团,疏通渠道,搭建平台。成功组织经济开发区公务员港澳培训班,协助有关部门开展晋港澳交流活动。

大力推进APEC商务旅行卡发放工作。深入开展调查研究,掌握外交部有关精神,了解兄弟省市做法,摸清我省外向型企业需求,分别出台我省国有企业人员、民营企业人员申办管理办法。加大民营企业APEC卡推广力度,稳步推进国有企业办卡工作。受理上报APEC卡申请48人。代办领事认证1690多件、因私签证400多份。

三、加强党的建设和党风廉政建设,扎实推进学习讨论落实活动

全面落实党要管党、从严治党的主体责任,把从严治党要求自觉贯彻落实到各项工作中。始终把维护党的政治纪律、规矩意识放在首位,坚决维护中央、省委、省政府权威,自觉接受纪检机关的监督,并全力支持纪检机构开展工作。切实加强对党建工作的组织领导,将党的建设、党风廉政建设和反腐败工作与外事侨务工作同部署、同落实、同检查、同考核。领导班子成员严格落实"一岗双责""一述双评",切实做到两手抓、两手硬、两不误、两促进,使党建和党风廉政建设得到全面加强。

坚持强基固本,推动党的组织建设规范化。认真开展理论武装工作,全年组织党组中心组学习12次12天,全办分批分期组织政治理论学习11次。严格党内组织生活,高质量召开民主生活会。开展"基层组织提升年"活动。认真组织党课教育和理论学习。党组成员亲自上党课,积极组织党员集体学习、参加各类讲座和读书活动。按要求做好党员发展,规范党费收缴,7个支部全部完成换届选举。

准确把握反腐倡廉形势的新变化、新要求、新部署,及时调整惩防体系建设、党风廉政建设和反腐败领导小组等工作机构,明确责任,强化监督。深入开展反腐倡廉教育,切实增强全体党员干部的党性观念、群众观念、纪律观念、道德观念和廉洁观念。全面落实权力清单,加大对"三重一大"、因公出国(境)审批、目标责任过程管理等关键环节的监督力度,为各项工作的正确开展提供纪律保障。班子成员认真落实党内监督条例,自觉执行中央和省委关于领导干部廉洁自律各项规定。全年全办人员无违法违纪问题。

认真组织开展党的群众路线教育实践活动"回头看"。印发《廉政新规定及财务制度汇编》并严格执行。认真开展"工作秩序涣散、纪律松弛"专项整治,整顿工作作风,增强责任意识,杜绝"四风"反弹回潮。大力改进会风,严格控制会议规模数量,会议开支下降42.53%。大力改进文风,推进OA系统上线运行,文件简报总量压减4.6%。严控"三公"经费使用。严格按照工作任务安排因公出访;加强公车管理,坚持节假日公车封存制度,运行维护费压减1.3%;坚决抵制铺张浪费,公务接待费压减67.6%。

扎实开展"学习讨论落实活动"。结合省外侨办工作实际,认真制订活动方案,扎扎实实按照上级要求,以领导班子、领导干部为重点,坚持求真务实,坚持问题导向,进行了认真学习、深刻反思、深入讨论。举办专题讲座3次,组织警示教育和反思剖析7次,深查问题根源。办党组成员带头深刻反思,深入剖析,形成班子反思剖析报告。7个支部每位党员认真学习,积极参与,为整改落实奠定了坚实基础。

四、加强领导班子和干部队伍建设,加强作风建设

加强领导班子和干部队伍建设。认真执行民主集中制,坚持重大问题、重要事项集体讨论决策,分工负责。全年召开办党组会17次、主任办公会7次。"一把手"不再具体分管人事、财务、审批等工作,班子成员分工负责、互相尊重、互相支持、互相信任、互相补台,做到思想统一、步调一致,形成了团结进取干事创业的合力。贯彻《党政领导干部选拔任用工作条例》,坚持"德才兼备、以德为先、以廉为基"的用人导向,进一步优化干部结构,营造良好的用人环境,按规定完成选拔、录用、选派、调动等工作。加大干部学习培训力度。组织参加

省管干部轮训班、外交部地方外办中层干部轮训、处级干部轮训班，选派干部赴外交部、驻外使领馆学习锻炼，抓好干部在线学习，组织"公共管理与履职能力提升"自主选学，促进非业务干部业务化、业务干部复合化。

加强机关正规化、法治化建设。争取省编委会批准加挂省政府港澳办牌子，单独设立港澳事务处。推进政务公开，严格依法行政，提升管理服务水平。科学分解年度目标任务，用OA系统管理推进过程管理和督查落实。大力开展文明创建活动。组织社会主义核心价值观教育主题活动。关心困难职工，做好离退休人员服务。积极参加省直工委、省体育总会组织的文体活动，获得较好成绩。做好定点扶贫和驻村包村工作，争取资金160余万元用于基础设施建设和脱贫工程等。

（武志明）

附：省政府外事侨务办公室党组书记、成员名单

书　记：张志川

成　员：韩日裕（6月任职）　武绍忠

高玉厚（6月离职）　田亦军　鞠　振

省煤炭工业厅党组工作概况

一、强化理论武装，深化"学习型党组织"建设

一是深入学习贯彻习近平总书记系列讲话精神和十八届三中、四中全会精神，认真抓紧抓好各项学习活动贯彻落实，引导党员干部深刻领会精神实质，切实增强工作能力。增强厅党组中心组理论学习的针对性和时效性，全年集中学习23次，充分发挥了中心组的示范带动作用。组织并聘请省委党校讲师、省委宣传部领导等为机关及直属单位副处以上干部进行专题辅导2次，共计600余人次。组织以支部为单位集中讨论45余次，有力的推动了学习活动不断深入。二是为深入贯彻落实习近平总书记关于加强精神文明和思想道德建设系列重要讲话精神，进一步推进社会主义核心价值体系建设，弘扬中华优秀传统文化，组织了道德讲堂专题讲座，进一步提升了机关党员干部思想政治素质和道德素养，营造文明和谐的工作氛围，着力推进煤炭系统道德文化大繁荣、大发展。三是扎实开展学习讨论落实活动，成立了厅学习讨论落实活动领导组，制定了《厅深入开展学习讨论落实活动实施方案》，召开了动员大会，认真组织开展了党员领导干部集中理论学习，扎实推进活动有序开展。

二、坚持强基固本，推动基层党组织规范化建设

一是组织开展了"支部规范化建设年"活动，对现有所属支部进行了适当的组织与人员调整，批准两个支部晋位为党委，强化了组织功能发挥。二是组织全系统3000多名党员开展"学习党章"、"学习习总书记系列讲话"、"廉政知识"答题竞赛等活动。通过各项活动的开展，进一步强化了党员的纪律意识和组织观念，提高了机关、基层党组织的凝聚力、战斗力。三是切实加强发展党员和党员管理服务工作，严格发展党员标准和程序，调控优化党员队伍规模和结构，把好党员"入口关"。按时保质保量完成了计划发展对象培训学习任务，共发展新党员174名，223名参训人员全部合格。

三、严明工作纪律，推进机关作风建设

一是在厅机关开展了为期一个月的正风肃纪集中教育整顿活动，并组织人员多次进行督导检查，确保各项措施落实到位、不走过场。二是及时制定了《山西省煤炭工业厅关于贯彻"三严三实"要求，深化"三型"机关建设，提高工作效能实施意见》，建立并完善了各项内部规章制度，使机关干部职工的精神状态得到明显改观，作风纪律得到明显转变，服务水平和工作效能得到明显提升，机关办公、服务环境得到进一步改善。三是深入开展廉政文化建设，组织开展廉政文化讲座，利用好廉政文化长廊等宣传工具，引导党员干部牢固树立正确的权力观、地位观、利益观和政绩观，构筑拒腐防变的思想道德防线。四是组织收看了电视系列片《正道沧桑——社会主义五百年》并开展了专题讨论，使党员干部受到了深刻的教育。

四、落实"两个责任"，加强党风廉政建设

一是严格落实党风廉政建设主体责任。厅领导班子成员按照分工，切实履行"一岗双责"，认真做好职责范围内的党风廉政建设工作，切实做到党风廉政建设工作与煤炭业务工作同部署、同落实、同检查、同考核。二是深入落实中央"八项规定"精神，持之以恒纠正"四风"。严明政治纪律和组织纪律，严守政治规矩，成立了专项整治工作领导组，认真开展了纪律作风教育整顿、整治"吃拿卡要"等10个专项整治活动。三是聚焦主责主业，加大查办案件力度。各类信访举报线索全部受理处置，对业务范围外的信访举报线索及时移交相关纪检部门处理。按照省委巡视二组对省厅的巡视反馈意见，按照"谁主管、谁负责"的原则，逐条逐项进行研究，将整改任务、责任分解落实到分管厅领导、责任处室和具体责任人，确保了整改工作有序推进，各项整改落实到位。四是始终把纪检监察工作贯穿于煤炭工作重大决策、重要活动、重要资金使用及人事任免的全过程，切实加强了对执行民主集中制、政治纪律和政治规矩、组织纪律和工作纪律、行政审批、安全执法、安全生产专项检查督查、深化煤炭管理体制改革等政策措施落实情况的监督检查。积极创新监督执纪方式，充实完善了廉政监督卡的相关内容，拓展、延伸了廉政监督卡的使用范围。共回收廉政监督卡225份，充分发挥了廉政监督作用。

五、构建和谐机关，深化精神文明创建

深入开展精神文明创建活动，不断提高党员干部的思想

政治素质和道德水平。完成了2014年度省直文明单位标兵和文明单位、省直机关第七批"十佳文明窗口"、"十佳文明公民"、省直机关第二届道德模范的申报评选工作。开办了"道德讲堂"讲座,着力把"三个倡导"要求变成党员干部日常的行为准则,内化于心,外化于形。组织开展了3月5日学雷锋纪念日"献爱心"活动。厅机关共有30多名干部职工无偿献血活动。"三八"妇女节期间,组织机关女职工参加了煤矿工会迎接"三八"—"美丽女性 健康人生"女职工健康知识专题讲座活动。组织乒乓球代表队参加了山西省直机关第四届职工运动会乒乓球比赛,获女子团体第二名、男子团体第八名,一名女队员获得道德模范奖,创出我厅历史最好成绩。做好干部下乡驻村、领导包村增收活动,厅党组成员以及机关处室主要负责人深入到下乡驻村联系点壶关县百尺镇韩庄村驻村帮扶,下乡驻村工作有序推进、按计划完成,包村增收工作成绩突出。2014年共投入扶贫资金170万元。连续三年实施的农村环境整治工程已经完成,即将竣工验收。开展联企帮困送温暖活动,为省直机关联企帮困点金阳器材厂15户职工送上慰问金5000元。慰问厅机关困难人员27名,金额21800元。

六、锐意改革创新,推进煤炭工业科学发展

一是着力稳定煤炭经济运行。以深化煤炭管理体制改革为动力,积极应对煤炭市场运行态势,认真贯彻落实"煤炭20条"、"煤炭17条"和"三个严格控制"措施,全力推动煤炭革命,促进了全省煤炭经济平稳运行。全省煤炭产量97670.01万吨,增幅为1.5%;出省销量66331.85万吨,增幅为7.64%;实现销售收入14394.67亿元,增幅为2.03%,有力地支撑了全省经济发展。

二是着力提高煤矿安全生产水平。坚决贯彻落实"三个决不能过高估计"、"三个敬畏"和"三个越是"的要求,增强责任意识、底线意识,强化和落实政府、企业两个主体责任,开展"百名干部与千名矿长"谈心对话活动,充分发挥"五人小组"的作用,强化煤矿日常安全监管。创新煤矿安全监管制度,在全国创新实施了省级"不放心煤矿"挂牌制度和煤矿图纸交换管理制度。强化煤矿隐患排查治理,集中开展隐蔽性致灾因素水文地质、瓦斯"大会诊",加大瓦斯抽采和利用力度。建成387座安全质量标准化煤矿。全年煤矿事故起数下降35%,死亡人数下降53.33%;煤矿百万吨死亡率为0.036,下降53.25%,创造我省历史最好水平。

三是着力引领煤炭现代化方向。进一步健全煤炭发展标准体系,新出台了煤矿技术装备、煤矿信息化2个标准。加快煤炭建设进度,重组整合矿井完成联合试运转98座,累计竣工验收249座,全部实现了综合机械化开采。建成了89座现代化矿井。58个省重点建设煤矿项目,计划投资238亿元,实际完成350亿元。

四是着力推进煤炭转型发展。全力推进煤炭转型综改试验,制定和完善了"以矿建镇"实施方案,在5家煤炭企业开展试点,并纳入全省转型综改攻坚总体布局。推进"项目成效年"建设,省厅联系30个转型重点项目,全年投资281亿元。大力推进煤电联营、煤电一体化,形成了"煤控电、煤参电、电参煤、组建新公司"等新模式,省调20万千瓦及以上主力火电企业中,有30户实现煤电联营,装机容量2716万千瓦,占比达到75%。全年实现非煤固定资产投资562亿元,实现非煤收入11184.57亿元。

五是着力加快煤炭人才培养和科技创新步伐。进一步规范煤矿劳动用工管理,全省煤矿新招从业人员4.83万人,变招工为招生比例达到75.3%。共培训煤矿主要负责人和安全生产管理人员20718人,培训煤矿特种作业人员82203人,培训煤矿班组长12062人,各类人员专项素质提升培训2042人,11.6万名从业人员取得《职业资格证书》。全行业有65项科技成果获得国家级煤炭科学技术奖。其中,同煤集团参与的"特厚煤层大采高综放开采关键技术及装备"获国家科技进步一等奖。潞安集团参与的"低渗透煤层高压水力割缝强化瓦斯抽采成套技术与装备"获得国家技术发明二等奖。设立了国家能源充填采煤技术重点实验室山西工作站,在晋煤王台铺、焦煤新阳、柳林大庄等煤矿进行试点。

(杨震宇)

附:省煤炭工业厅党组书记、成员名单

书　记:吴永平(12月免职)

成　员:杨茂林　牛建明　武建森　胡万升　王宇魁　李　方　苗还利　戴子平　徐忠和

省国资委党委工作概况

党委书记　朱晓明

2014年,省国资委党委深入学习贯彻党的十八大,十八届三中、四中全会精神和习近平总书记系列重要讲话精神,落实省委省政府决策部署,提升国资监管水平,深化国资国企改革,调整布局优化结构,强化创新驱动,提升管理水平,同时围绕中心任务,深入推进党风廉政建设和反腐败斗争,扎实推进党的建设,各项工作取得新的进展。截至2014年年底,全省国资委系统监管企业全年累计实现营业收入1.75万亿元,同比增长1.9%;实现利润54.7亿元,同比下降56.2%;上交税金660.9亿元,同比下降15.3%。营业收入和利润总额分别列全国第2和23位。其中,省属企业实现营业收入1.72万亿元,同比

增长2%;实现利润总额68.6亿元,同比下降41.3%;完成增加值2765.4亿元,同比增长5.7%;上缴费税金629.2亿元,同比下降14.8%;职工薪酬1053.1亿元,同比下降4.1%。营业收入、利润总额、增加值、职工薪酬四项指标分别列全国省级国资委监管企业第2、17、2、1位。2014年,省属企业有11户入围中国500强企业,其中有6户世界500强企业,6户中国百强企业;8户企业为千亿级企业,其中2户为两千亿级企业。

一、经济运行整体平稳

2014年,受需求疲软、成本和价格两头挤压影响,省属企业效益类指标继续下滑,利润总额同比下降41.2%,上交税金同比下降14.8%。省国资委党委认真贯彻落实一系列稳增长政策措施,千方百计抓生产、拓市场、降成本、增效益,为全省经济增长做出积极贡献。省属企业全年成本费用增幅同比收窄17个百分点,其中管理费用下降43亿元,焦煤、晋煤、阳煤、山煤等企业眼睛向内,深挖潜力,科学组织生产运营,成本费用下降明显。各省属企业优化产品结构,精耕细作主业,完善营销网络,加强市场开拓,同煤、国新、水务集团利润增幅显著提高,国际能源、建工、中条山、经贸、山投、粮油、中小企业集团等企业利润保持正增长。能投、建工、经贸、山投、交投等企业调整业务结构,拓展高端市场,确保营业收入持续增长。

二、扎实推进转型发展

省属企业加快推进转型发展,布局结构持续优化,资源配置效率不断提高。全年完成投资2138亿元,创历史最高;其中省重点工程完成投资1033.8亿元,15个转型综改重大项目完成投资331.69亿元,均超额完成年度计划,为产业转型开辟了道路。煤炭产业,省属企业煤炭产量完成5.9亿吨,占全省的66%;同煤产量超过1.7亿吨,高产高效矿井在应对危机中的支柱作用更加凸显。同时,煤炭企业积极推进以煤为基循环发展,一批园区实现了煤焦化肥电材多联产;潞安高河矿全球规模最大的乏风氧化利用项目即将建成;晋煤的世界级煤矿装备机械制造基地和高端煤层气装备制造基地开工建设;潞安180万吨煤制油项目按计划推进;阳煤太原新材料园区开始试车;同煤10万吨煤基活性炭项目投产。电力产业,同煤装机容量突破1400万千瓦;国际能源与晋煤、潞安开创了煤电联营合作新模式;目前,省属企业投产、在建控股发电装机达到3400万千瓦,加上已经取得的路条,省属企业装机即将超过4600万千瓦,占全省的“半壁江山”。燃气产业,“气化山西”各主体企业开采煤层气25亿立方米以上,建成输气管网总里程超过13000公里,建成及在建加气站228座,惠及全省93县1500万人,气化人口率41%。另外,能投加大低效无效资产处置力度,从10个项目中退出股权,并建成我省唯一一家大宗商品电子商务服务平台;太重聚焦发展先进产能,积极向轨道交通等高端制造领域转型;国际能源推动节能减排,在全省率先实现火电机组超低排放;太钢钢渣实现零排放,高端碳纤维项目投产。

三、深入推进国企改革

省国资委党委按照省委、省政府的统一部署,积极推进各项改革工作。印发了《山西省关于深化国资国企改革的实施意见》及《2014年省属国资国企改革工作计划》,拉开我省新一轮国资国企改革大幕;对改革的重点难点问题逐项研究,起草了混合所有制、国有资本投资运营公司、现代企业制度、国有资本收益共享、脱钩改革、对标管理、领导人员履职待遇和业务支出、领导班子综合考评、分类监管及分类考核等方面的十余个方案。部分重大改革任务取得积极进展,出台了《山西省省属国有企业财务等重大信息公开办法》,在全国率先迈出了打造阳光国企的重要一步;实施煤焦公路运销体制改革,晋能、焦煤的煤检站点全部撤消,饱受诟病的“放杆收费”彻底废除;拟定《关于开展厂办大集体改革工作的实施意见》及工作方案,全面启动我省厂办大集体改革;交通企业及高速公路资产债务重组工作正在积极推进。努力解决历史遗留问题,下达了5户企业的破产计划,推动10户企业进入破产法律程序,协调财政向困难企业及职工拨付各类补助、补贴资金3.9亿元。

四、坚决履行社会责任

在全力以赴稳增长的同时,省属企业积极履行社会责任。产业扶贫项目开工66个,竣工投产20个,完成投资91.6亿元;连续4年免费向低收入农户供应“暖心煤”3456万吨,减利146亿元;在利润持续下滑的情况下,支付职工薪酬1053亿元,居全国第一;煤炭百万吨死亡率降至0.022,比全省平均水平低0.014;援疆工程累计完成投资81亿元;淘汰黄标车和老旧车4508辆;晋能嘉节燃气电厂建成供热,对缓解省城热源紧张状况、改善空气质量作用重大;加大棚户区改造力度,做好水、电、气、热和公共交通的供应,为地方经济发展、社会稳定和民生改善做出重要贡献。

五、推动企业科技创新

省属企业把创新驱动放在更加突出的位置,加快转变发展方式,有效提升核心竞争力。科技创新有突破,10户企业研发中心和项目入驻山西科技创新城。省属企业研发总投入占主营收入的比重达到1.52%,专利申请和授权量快速增长,科技成果不断涌现。其中,潞安煤基合成研究中心成为我省首家国家级工程技术研究中心;晋煤煤机制造、煤层气抽采领域一批重大创新性关键技术持续突破,获得中国煤炭工业科学技术奖唯一的特等奖。管理创新有亮点,各企业按照省国资委工作部署,深化管理提升活动。晋煤、焦煤、太钢等企业着眼关键环节,对标查找问题,加快补齐短板。晋能、国际能源、建工等企业推广先进管理方法,提高管理现代化水平。能投、汾酒、经贸、水投、粮油等企业规范经营决策程序,完善内控体系,加强财务管理,开展清应收、去存货、减债务等工作,风险管控能力进一步增强。机制创新有进展,各企业通过建立健全激励约束机制,深化三项制度改革,强化集团管控,有效激发了企业活力。晋煤、太钢发挥市场配置资源的决定性作用,推进内部产品和经营机制市场化改革,将压力传导到生产一线,提升了应对市场变化的能力和水平。

六、提升国资监管水平

省国资委党委认真履行职责,改革监管方式,提高监管效能,做了大量卓有成效的工作。进一步清理、制订国有资产监管相关制度;调整经营业绩考核指标,引导企业更加注重发展质量效益;审核企业融资 1574 亿元,缓解了企业资金紧张;加强产权基础工作,推进国有产权和实物资产进场交易;督促企业加强贸易业务财务风险防控;在省属企业中深入推进收入分配管理提升活动,引入对标机制,调控工资水平;督促省属企业在同级主要新闻媒体公开财务状况、经营成果、重大投资、薪酬水平、履职待遇、业务支出等重大事项;监事会对工程建设项目招投标和省属企业重大项目投资开展了专项督查,加强了与纪委和机关处室的联系,形成监管合力。

七、推进党风廉政建设和反腐败斗争

省国资委党委深刻汲取我省系统性、塌方式腐败教训,抓纪律、改作风,治病根、伐烂树,积极营造良好政治生态。制定了落实党风廉政建设责任党委主体责任和纪委监督责任的意见和清单,明确了职责,推动责任制落实,并由党委书记、纪委书记分别签字背书,报送省直纪工委和省纪委。加大案件查办力度,省国资委和省属企业全年共受理信访举报 1350 件,初核 717 件,立案 386 件,处分 788 人(其中企业高层干部 7 人,中层干部 179 人,移交司法机关 20 人),核查中央巡视组交办信访举报 109 件,配合安排有关人员与上级纪委专案组谈话 400 余人次,反腐震慑力进一步彰显。坚决刹住“四风”,重点打击公款送礼、公款吃喝、奢侈浪费、滥用职权、吃拿卡要、大操大办、出入会所、公款旅游等行为,全年查处违规案件 57 件,给予党政纪处分 98 人,组织处理 247 人;省属企业全年精简会议 2%,精简文件 5.7%,减少招待开支 20%,干部作风明显改进。完善反腐制度,省国资委出台了“三重一大”决策、信息公开等制度,明确了纪委书记在党委中不分管其他业务工作,起草了健全法人治理结构、履职待遇及业务支出等办法;狠抓《省属企业效能监察办法》落实,省属企业制定反腐倡廉制度 709 项,修订 103 项,废止 103 项,进一步规范了权力运行。加强巡查教育,对 13 户企业集团和 53 户子分公司落实中央“八项规定”、反腐倡廉等工作进行全面巡查,组织 20 万人次参加廉政教育活动 2400 余场次;对 976 名中层以上干部进行了廉政谈话。

八、加强党的建设

省国资委党委高度重视党组织的政治核心作用,把加强作风建设贯彻到党建工作各个方面。按照中央和省委统一部署,巩固第一批教育实践活动成果,认真开展第二批教育实践活动,扎实有效推进各项整改工作,加强干部作风建设,解决了一批社会关注度高、群众反映强烈的突出问题,广大党员干部党性修养和群众观点明显提升,践行群众路线的长效机制逐步形成。在新的省委班子统一部署下,深入开展学习讨论落实活动,认真学习贯彻习近平总书记系列重要讲话精神,深刻反思剖析,开展专项整治,匡正选人用人风气,实施“六权治本”,各项工作正在有序有效有力向前推进。加大对省属企业班子的监督管理力度,起草了《省属企业领导班子和领导人员综合考核评价暂行办法》,开展了年度综合考评,严把用人标准,不断优化企业班子结构,对企业超职数配备领导人员、领导人员兼职、“裸官”等问题进行了专项治理,对领导干部个人档案和申报个人事项进行了抽查审核;完善干部选拔任用方式,指导 11 户企业通过市场化方式选拔中层干部 63 人,加强选人用人工作监督,通报了“一报告两评议”结果。加强企业特色人才工作,选聘百名村官投身产业扶贫,深入推进“干部上讲台,培训到现场”,培训人员数量以及学习效果都取得了较大突破。扎实推进基层党的建设和宣传思想及群众工作,对新修订的《中国共产党党员发展细则》进行了集中培训,组织驻并企业党委开展了党建工作联述联评联考;不断加大正面宣传和舆论引导力度,践行“三严三实”和社会主义核心价值观,培育优秀企业文化,进一步强化群众工作,为国有企业改革发展营造了良好环境。

(朗卫平)

附:省国资委党委书记、副书记、委员名单

书　记:朱晓明

副书记:渠性轩　李天太　田国仁

委　员:狄重阳(3 月离职)　曹慧昌　马　进
张宏永　宋世华　刘　峰(8 月任职)

省地税局党组工作概况

党组书记　卢晓中

2014 年,面对复杂严峻的经济税收形势,在省委省政府和国家税务总局正确领导下,全省地税系统认真贯彻十八届三中、四中全会精神,全面落实“十二五”时期“1436”工作思路,紧紧围绕“抓好两个关键点,保障收入促发展”的总体要求,努力适应政治经济新常态,积极破解地税发展新难题,各项工作取得了新的进展,得到了省委省政府的充分肯定。

一、扎实开展学习讨论落实活动，为营造良好政治生态奠定了坚实的思想基础和工作基础

全省学习讨论落实活动动员大会召开后，省地税局立即传达学习了省委精神，制定了全系统开展活动的《实施方案》，在落实省委规定动作的同时，结合地税实际确定了5个方面18项任务。12月10日，以视频会议的形式召开了全系统动员会。之后，省地税局党组紧紧围绕省委部署的重点学习内容，举行了多次集中学习和交流讨论，举办了市局主要负责人和省局机关副处以上干部专题研讨班，进行了专题党课辅导，观看了警示教育片，向各市局、省局局内各单位、基层地税部门、干部职工以及纳税人广泛征求了意见建议。在此基础上，省局党组多次召开专题会议，深入反思存在问题，深刻剖析问题原因，反复讨论明确了改进措施，得到了省委第四督导组的肯定。活动开展以来，全系统坚持把学习习近平总书记系列重要讲话精神和省委十届六次全会精神贯穿始终，把讨论反思剖析贯穿始终，把整改落实贯穿始终，努力通过学习反思，形成正确认识，补足精神之"钙"，筑牢理想信念的根基，保证了学习讨论落实活动步步深入、扎实推进。

二、严守政治纪律政治规矩，坚持在思想上政治上行动上同党中央保持高度一致

在省委省政府的坚强领导下，省地税局党组牢记职责使命，坚决贯彻落实中央和省委省政府重大决策部署，在思想上、政治上、行动上同以习近平同志为总书记的党中央保持高度一致。省地税局党组不断加强理论学习，认真坚持党组中心组理论学习制度，全年集中学习16次。认真学习贯彻党的十八大、十八届三中、四中全会精神和习近平总书记系列重要讲话精神，分两期对全系统处级干部进行了专题培训。严格执行民主集中制，不断推进科学决策，班子成员严格遵守党的各项纪律和廉洁从政各项规定，省局班子连续四年在全省目标责任考核中被评为"好"等次。

三、组织收入攻坚年取得积极成效，在异常严峻的形势下避免了收入大幅度滑坡

一年来，省地税局党组以"组织收入攻坚年"为抓手，以鲜明的态度明确工作导向、坚定信心决心，以求实的作风科学研判形势、积极主动施策，以严格的督查层层传导压力、强化责任担当，以一揽子措施加强征收管理、持续精准发力，在全系统凝聚了砥砺奋进攻坚克难的强大合力，在异常严峻的形势下推动了组织收入工作开展。2014年，全系统完成各项收入1338.52亿元，同比下降3.09%，减收42.69亿元。其中，各项税收完成982.13亿元，下降7.78%，减收82.87亿元；地方公共财政收入完成801.03亿元，下降2.9%，减收23.88亿元。其他收入完成356.39亿元，增长12.71%，增收40.18亿元。其他收入中煤炭可持续发展基金完成233.3亿元，增长20.49%，增收39.68亿元。在异常严峻的形势下，全省地税系统没有出现大面积短收，实属不易，这一成绩，是在我省经济持续下行和减税因素不断增加的形势下取得的，是在"营改增"范围不断扩大和全面消化非即期收入影响的基础上取得的。如果剔除"营改增"和非即期收入两个因素，去年我们各项税收完成929亿元，同口径增长3.6%。通过开展"组织收入攻坚年"活动，不仅为我们把握经济新常态下组织收入工作规律进行了积极探索，也为应对即将全面展开的税制改革作了重要准备。

四、管理服务创新成果丰硕，提升了服务"六大发展"的能力和水平

去年以来，伴随着金税三期上线，省地税局党组深入挖掘科技创新的引领作用，不断加强全方位、多角度的改革创新，努力突破税收工作瓶颈。一年来，以完善行政管理机制为核心，建立完善绩效管理制度框架，上线运行绩效管理信息系统，初步形成具有山西地税特色的绩效管理与目标责任考核机制，省地税局在全省目标责任考核中连续四年被评为优秀单位。一年来，以创新税费征管机制为核心，优化升级金税三期系统，推进后续项目上线运行，建成省级数据中心，完成全省广域网络改造，开展税收风险管理等多项试点，为信息技术与税收业务深度融合奠定了基础；充分发挥"大数据"优势强化征收管理，征管状况监控分析、财产行为税税源监控平台应用等工作深入推进，与国税联合办税模式正式启动，"营改增" 扩围稳步推进，煤炭资源税从价计征改革顺利推行；借鉴税收征管工作经验，推进规费征管现代化，开展涉煤收费清理规范工作，开通规费网上申报和电子缴费功能；特别是2007年代征煤炭可持续发展基金后，不断完善创新基金征管机制，从2007年3月开征到2014年11月底停征，累计征收基金1396亿元，得到了省委省政府的充分肯定。一年来，以创新纳税服务方式方法为核心，深化行政审批制度改革，下放城镇土地使用税、房产税减免审批权限和契税、耕地占用税减免审核权限；开展免填单等7项试点，在总结经验的基础上选择同城通办、免填单、办税公开、涉税事项办税服务厅集中受理等4项在全省推广；全面推行《县级税务机关纳税服务规范》1.0版，广泛开展"便民办税春风行动"，着力实施以减少资料报送、减少表单填写、减少税务检查为重点的"三减少"措施，减轻了纳税人负担，方便了纳税人办税。年底，又召开了全系统改革创新推进会，明确了"构建七大体系、2020年基本实现地税现代化"的目标，规划设计了29个改革创新项目，基本涵盖了地税工作的重点领域和核心业务。总之，随着一项项具有标志性、关键性、引领性作用的改革创新举措陆续推出，改革创新正在地税重要领域和关键环节向纵深推进，有效提升了地税部门服务"六大发展"的能力和水平。

五、依法治税不断深化，为推进“六权治本”奠定了坚实基础

围绕我省“转型综改攻坚年”部署，认真落实地税专项行动方案确定的目标任务，引深依法治理示范单位创建活动，强化规范性文件管理，加强执法督察，强化涉税政策把关审核，214条意见建议被省政府及有关部门采纳。全面落实支持小微企业发展等各项结构性减税政策，全年为纳税人减免税收146.3亿元。主动开展企业多缴煤炭可持续发展基金退库，共办理多缴基金退库5.6亿元。加强法治宣传教育，深入开展税收宣传月和“六五”普法等活动。建立稽查工作联动机制，推行电子查账软件，全年查补收入22.59亿元，查处百万元以上案件45件，查处违法受票企业1297户，查处非法发票1.01万份，全系统依法治税水平不断提高。结合学习讨论落实活动，进一步明确了地税部门落实“六权治本”的路径和措施，正在加紧完善相关制度，一些重大举措陆续推出。

六、干部队伍建设不断加强，党的建设和党风廉政建设取得新成效

积极推进干部自主选学和在线学习，建立专业人才库，全省地税系统共举办各类培训班1134期，培训干部6.77万人次。推进干部交流轮岗和公务员招录，调整补充50名处级干部，公开招录283名公务员。落实从严治党八项要求，加强地税党建工作，开展创建“三型”组织、选树“三型”标兵主题实践活动，举办纪念建党93周年暨地税组建20周年党建工作书画摄影展和第五届职工运动会，129个单位和28名个人获省部级以上荣誉。坚决落实党风廉政建设“两个责任”，出台《年度目标责任考核实行严重违纪违法案件一票否决制的实施办法》和《强化重点岗位监督办法》，完善廉政风险防控体系，开展廉洁从税网络评价试点，进行廉政谈话，推进“访企查廉”活动，加大案件查办力度，完成了对25个县局和3个省局直属征收单位的巡视。围绕革弊立新，突出建章立制，强化制度约束，开展专项整治，持之以恒反对“四风”，整风肃纪取得明显成效。

七、党的群众路线教育实践活动取得重要成果，整改任务全面完成

在认真抓好市县地税部门教育实践活动的同时，省地税局党组扎实抓好省局党的群众路线教育实践活动整改工作，以开展“优化纳税服务、落实优惠政策、推进金税三期上线、深化两个操作示范、选树先进典型”五个专项行动为抓手，制定了整改工作“两方案一计划”，针对地税垂直管理的特点，及时将整改方案印发全系统，组织市县地税部门结合第二批活动抓好落实，并开展了一系列专项整治，确保了省局整改措施和制度在基层落地生根。为了巩固拓展教育实践活动成果，省地税局党组又在全系统开展了“巩固深化拓展”主题活动，进一步深化整改工作成效。总体看，省局26项整改任务已经全部完成。通过开展教育实践活动，为地税事业科学发展提供了坚强思想基础和组织保障。

（徐　鸿）

附：省地税局党组书记、成员名单

书　记：卢晓中

成　员：刘建光　张澎湧　马爱锋　薛延孝　张亥生

省工商行政管理局党组工作概况

党组书记　周明定

山西省工商行政管理局（以下简称省工商局），为省人民政府直属机构，内设14个处室和机关党委、离退休人员工作处。现有在职干部职工153人。基层党组织16个，党员137名。2014年省工商局党组以服务中心、建设队伍为核心任务，以深化改革统领全局，充分履行市场监管基本职责，着力营造宽松平等的准入环境、公平竞争的市场环境、安全放心的消费环境，完成了食品监管体制调整、工商管理体制调整、商事制度改革的任务，为进一步开创全省工商行政管理工作新局面，服务转型跨越发展提供坚强保证。

一、围绕学习教育新常态，着力提升思想政治建设水平

（一）以学习贯彻落实习近平总书记系列重要讲话精神为主线，着力抓了党员干部的思想政治建设。一是制定下发《2014年全省工商系统党建工作要点》《党组中心组暨干部理论学习实施意见》、《关于深入学习习近平总书记系列讲话精神的通知》等指导性文件，有力指导了机关所属各党支部和党员干部深入学习贯彻落实党的十八大、十八届三中、四中全会精神。二是组织省局机关和协学会处级干部参加了“学习贯彻习近平总书记系列讲话暨十八届三中全会精神轮训班”30期，共70人次参加了培训。

（二）以提高干部队伍综合素质为目标，着力抓了机关学习型党组织和党员干部队伍建设。一是开展了第三届读书月活动，指导党员干部研读《世界社会主义五百年》、《中国梦党员干部读本》《做最好的干部》《感恩心做人责任心做事》《向雷锋学什么》《把信送给加西亚》《没有任何借口》《基层党组织建设热点难点着力点》《做最好的党支部》等图书，机关干

部撰写学习体会138篇，3篇文章收入省直机关第三届读书月活动读书体会集萃，并评为一、二、三等奖。二是创新党组中心组和党支部及党员干部理论学习模式。严格落实了2014年初制定下发的《省局党组中心组和干部理论学习实施意见》，重点是在深化巩固党的群众路线教育实践活动成果和学习党的十八大、十八届三中、四中全会以及省委重要指示精神的学习理解讨论上下功夫。在党组中心组和干部理论学习上主要采用"六学六用"模式，进一步完善规范学习制度，引导党员干部自主选学、积极在线学习组织党组中心组和干部采取"五学五用"模式，即"自主学，用以打开思想大门；专题学，用以推动科学决策；调研学，用以总结新鲜经验；研讨学，用以破解发展难题；干中学，用以指导实践进程"，把学习型党组织建设作为建设学习型机关的"基础工程"来做。三是严格落实党内组织生活制度。认真贯彻省直工委《关于加强机关党组织监督的意见》和《关于严格党的组织生活实施办法》，坚持做到"三抓"：抓领导，督促局级党员领导干部主动过好双重组织生活，凡是党组织活动都要求局领导带头参加；抓重点，认真开好局党组民主生活会和支部组织生活会，及时查找存在问题并认真整改，不断加强班子自身建设。抓规范，严格落实"三会一课"等党内制度，结合形势任务讲党课，及时安排纪检组长马春生组长讲党风廉政建设党课。四是开展了下基层随机调研活动，省局13个调研组，就四项内容有针对性地调研市县工商系统窗口单位、服务部门和非公企业党组织，很好地践行了群众路线。

二、围绕"三个环境"建设，着力提高队伍服务水平

（一）促进服务意识再提升。针对部分党员干部对营造宽松平等的准入环境、公平竞争的市场环境、安全放心的消费环境的"三个环境"战略学习掌握不到位、本质内涵不理解、自身定位不准确，以及急功近利、与己无关、消极畏难等思想情绪，搞好思想再发动再教育。充分利用党组中心组及"三会一课"等形式开展学习教育，利用宣传板、网络专栏以及新闻媒体等途径广泛造势，让党员干部真正认知"三个环境"、宣传"三个环境"、营造"三个环境"。

（二）引领党员干部在主战场上当先锋作表率。教育引导党员干部积极投身营造三个环境，提高贡献率。直接服务"三个环境"的业务部门，牢牢抓住硬性任务，强化党员主体力量，组织攻坚克难，发挥骨干作用。努力打造尊重创新精神、激发创新热情、鼓励创新实践的环境。非直接服务"三个环境"建设部门要找准结合点、抓住关键点，通过高质量完成业务工作支持"三个环境"建设，通过转作风、提效能、上水平参与"三个环境"建设，通过开展主题实践活动服务"三个环境"建设。

（三）激励党员干部立足岗位创先争优。广泛开展各种形式岗位建功活动，通过"先锋支部"、"服务标兵"、"流动红旗"等创建评比，强化立足岗位争先优、爱岗敬业做模范意识。继续开展"党员服务先锋岗"评比活动，坚持佩戴党徽上岗，"亮身份、亮职责、亮承诺"，做到党员设岗定责，丰富服务内容，拓宽服务机制，完善服务措施。加强能力素质培养，引导党员干部在学中干、干中学。深入搞好典型宣传培养选树工作，继续挖掘身边典型，发挥身边人教育身边人作用。

三、围绕公民道德建设，着力提升文明和谐创建水平

（一）加强社会主义核心价值观教育。坚持把社会主义核心价值体系建设融入到机关党建工作的全过程中，体现到执行中央"八项规定"和反对"四风"的各项具体要求上，落实到围绕中心、服务大局的各个领域里。教育引导机关党员干部把"富强、民主、文明、和谐"的奋斗追求与个人理想信念、行为规范、处事态度融为一体；把"自由、平等、公正、法治"转化为思想认同和价值认同；把"爱国、敬业、诚信、友善"与正确认识和自觉遵守社会法律规范、道德规范相结合，形成爱国守法、敬业奉献、明礼诚信、团结友善的良好风尚。组织参加省直工委开展的"践行核心价值观、聚集综改正能量"主题教育实践活动，开展"典型案例"大讨论，通过活化教育和订规立矩强化打造，通过舆论引导和氛围营造熏陶感染，通过载体和网络平台传播正能量。

（二）进一步加强了省局机关文明和谐创建工作。一是年初编印《文明和谐创建工作资料汇编》并制定《2014年全省工商系统文明创建工作要点》下发整个系统，有力指导全省工商系统文明和谐创建工作的深入开展。二是积极开展学雷锋义务志愿者服务活动。利用节日，组织开展工商法律知识宣传和义务上街劳动等。三是充分发挥工青妇群团组织作用，组团参加"省直机关第四届职工运动会"。其中，健身秧歌比赛获得省直机关团体一等奖，拔河比赛进入复赛。四是严格按照《山西省直文明和谐单位创建管理规定》，积极开展各类创建活动，进一步加强了机关干部职工文明和谐创建的积极性，省局机关连续8年被省直文明委表彰为"文明和谐创建标兵单位"和"全省文明和谐创建先进单位"。五是利用春节前组织开展了"联企帮困送温暖"活动，慰问了省局定点帮扶企业和省非公困难企业党组织。利用"元旦""七一""国庆"等节假日，走访慰问了省局困难老党员和老干部，送去了对他们的身体关心和节日慰问。领导下乡住村工作队始终坚持开展下乡住村帮扶活动，为省局扶贫联系点临汾隰县下李乡7个村新建日间照料中心项目投入70万元，为该县两个行政基础设施建设投入35万元。同时坚持把慰问和关心送到学校，为该县高中40名特困生每人资助1200元，为该县下李乡小学40名家庭贫困小学生每人资助400元，并为该校购书包400个和1300余册图书投入4万元，资助达10.4万元，有力加强了省工商局文明和谐创建工作的深入开展。

四、围绕党风和惩防体系建设，着力提高廉洁从政水平

以"为民、务实、清廉"为主题，以清风系列活动为载体，开展生动活泼的廉政主题实践和廉政文化活动。一是开展党

性党风党纪教育和从政道德教育,加强廉政文化进机关“示范点”创建,坚决查办违法违纪和腐败案件,做好来信来访和申诉审查复议复审复核工作,以典型案例研讨和业务培训相结合,加强对机关纪检监察干部培训。二是抓好党风廉政建设责任制的落实和惩防体系建设,认真贯彻落实中央和省纪委全会精神,层层落实党风廉政建设目标责任,完善和落实廉政教育、联系群众、党内监督等系列制度,切实提高党员干部贯彻执行《廉政准则》的自觉性。三是开展警示教育,筑牢党员干部拒腐防变的思想防线。加强对重点部门、重点岗位的监督和案件查办工作,促进党风廉政建设各项规定的贯彻落实,推动党风廉政建设取得新成果。

五、围绕监管新任务,着力提升服务“六大发展”水平

2014年,省工商局完成了食品监管体制调整、工商管理体制调整、商事制度改革的任务,市场主体健康快速发展,市场秩序始终保持稳定。根据省委学习讨论落实活动工作安排,积极开展工作。编印发放了《有关重要文献和领导讲话选编》《廉政文化读本》《讲话、方案、评论资料汇编》等之一、之二、之三共计3套学习资料1200本,购买《习近平论治国理政》《中国中央关于全面推进依法治国若干重大问题的决定》和《党的十八届四中全会决定辅导读本》共计300册,并充分利用开展学习讨论落实活动有利时机,坚持边学边查、边查边改、立行立改。以商事制度改革统领全局,开拓奋进,狠抓落实,各项工作取得新的成绩。一是扎实推进商事制度改革,有效激发了经济发展活力。截止到2014年年底,全省私营企业总数达到26.6万户,个体工商户总数达到108万户,农民专业合作社总数达到7.5万户,加上5.9万户内资企业、3561户外资企业,全省各类市场主体总数达到149万户。全省有效注册商标总量达到6万余件、地理标志商标40余件,认定山西省著名商标324件,全省驰名商标总数达到83件。全系统办理股权出质登记1200余件,股权出质额达548多亿元;办理动产抵押1479件,抵押金额1389.65亿元;办理拍卖备案666件,拍卖成交额100.8亿元。二是切实加强市场监管,进一步规范了市场竞争秩序。归集了200余万户市场主体(含注销、吊销企业)的登记注册信息及监管信息共1600余万条,查处违法广告案件326件,查办传销案件15起,捣毁传销窝点860个,教育遣散传销人员8450人,移送司法机关传销组织者527人查处侵权案件407件,移送司法机关6件,查处商业贿赂案件11起,查处不正当竞争案件149起,查处限制竞争案件11起,取缔违法主体1000余户,规范9000余户,查处农资违法案件647件,移送司法机关6件。开展成品油市场整治,规范1056户,查处案件75件,认领网络经济主体3.8万户,开展了“网剑”行动和网上农资打假专项行动,办结网络案件41件,查处其他经济违法违规案件561起。三是着力保护消费者合法权益,为扩大消费创造了条件。开展新《消法》下乡、进厂、入校等系列活动,发布消费警示和提示543期,受理消费者咨询投诉举报124197件,其中咨询106357件,投诉17477件,举报2940件,办结案件16280件,为消费者挽回经济损失2010.22万元,开展流通领域电器设备、服装鞋帽、儿童用品、装饰材料、汽车等重点商品质量执法检查和服务领域消费维权工作,查处案件56件,为消费者挽回经济损失517.2万元。开展了节日市场质量执法检查,检查经营者9782户,查处案件138件。四是认真履行非公党建工作职责,非公企业党组织作用进一步发挥。指导全省非公企业党组织深入开展党的群众路线教育实践活动,活动内容丰富、形式多样、效果较好;组织全省非公企业党组织深入开展“立足岗位做贡献,服务发展当先锋”活动,以设立党员责任岗为基本措施,进一步推进党组织改进服务作风;强化教育培训,省非公工委在省委党校分别举办了“全省大型非公企业党委(党总支)书记专题培训班”和“全省非公党建工作指导员培训班”,在温州市委党校举办了“非公党建工作专题培训班”,各市县非公工委普遍组织开展了党组织书记培训,进一步提高了党组织书记履职能力;全面开展了联述联评联考工作,省非公工委对各市开展量化考核检查,进一步促进了工作推进和政策落实;加大宣传报道力度,组织开展“我这样当党组织书记”主题征文活动和“迎国庆、中国梦”书画展,进一步营造了推进非公党建工作的社会氛围。

(郭明生　曹廷殿)

附:省工商行政管理局党组书记、成员名单

书　记:周明定

成　员:马联社　王亦兵　马春生　胡凤莲(女)
吕蕙兰(女)

省质量技术监督局党组工作概况

党组书记　常高才

2014年,山西省质监系统紧紧围绕党中央、国务院关于省以下质监管理体制调整的重大决策部署,认真贯彻落实省委、省政府和国家质检总局的一系列部署要求,在主动配合、扎实完成省以下质监分级管理体制调整任务的同时,始终坚持“抓质量、保安全、促发展、强基础”工作方针,以大抓作风转变的良好形象和务实行动,加大力度抓质量,毫不松懈保安全,千方百计促发展,重心下移强基础,较好地完成了一年来的工作任务。

一、强化班子队伍建设，增强履职尽责能力

（一）大兴学习之风。坚持学习制度，着力围绕党的群众路线教育实践活动和全省学习讨论落实活动，加强党的十八大、十八届三中、四中全会精神的学习宣传贯彻，特别是始终把习近平系列重要讲话精神作为学习重点，贯穿学习全程，组织开展党组中心组和机关干部集中学习15次，专家辅导、理论宣讲、专题培训和交流讨论16次。扎实抓好教育培训，组织参加省直机关党校学习贯彻习近平总书记系列讲话和十八届三中全会精神培训班和全国质检系统网络培训，联合省人社厅、省公务员局在武汉大学举办了全省质监系统宏观质量管理培训班，举办了省局机关及事业单位新任人员岗前业务培训班。

（二）注重民主决策。贯彻落实民主集中制原则，坚持党组会、局务会、局长办公会、周例会制度，对“三重一大”事项和其他需协调解决的重要问题，严格按照“集体领导、民主集中、个别酝酿、会议决定”的议事方针进行决策。围绕“严格党内生活，严守党的纪律，深化作风建设”主题，认真组织召开了2014年度省局领导班子民主生活会。

（三）强化党的建设。认真落实党建工作责任制，制定了7个方面38项党务公开内容。组织召开直属机关第三次党员代表大会，选举产生了省局直属机关第三届党委、纪委委员，支部换届选举工作也全部完成，党员发展工作健康有序进行。积极参与省直工委举办的“读书月”、职工运动会、机关干部五项全能比赛等活动，并获得有关奖项。认真开展社会主义核心价值观体系学习教育，深入开展年度文明和谐单位、青年文明号创建工作，省局连续7年被评为“省级文明和谐单位”，直属单位全部跨入省级或省直“文明和谐单位”行列，全系统2个单位获国家级青年文明号称号，7个单位获省级青年文明号称号。省局离退休干部李培业被中组部表彰为“全国离退休干部先进个人”。

二、深化党风廉政建设，提高依法行政水平

（一）抓好党组主体责任落实。认真组织学习和贯彻落实党中央、中纪委和省委、省纪委有关会议和文件精神，深入开展廉政教育和警示教育，大力推进廉政文化建设，召开党风廉政建设会议，制定出台党风廉政建设和反腐败工作要点及责任分解意见，提出主要工作任务，组织签订责任书，深入推进惩防体系建设。大力支持驻省局纪检组监察室落实“三转”要求，聚焦主责主业，严格执纪监督，对干部提拔任用、公务员及事业人员招考、综合检验检测园区建设和技术机构仪器设备招投标等“三重一大”事项，认真予以监督，严防违规违纪。围绕贯彻执行密切联系群众、改进工作作风、厉行勤俭节约等有关规定，认真组织开展自查自纠、明察暗访，加大举报投诉受理和案件查处力度，125件群众来信来访一一核实处理，做到件件有回复，事事有着落。

（二）保持反“四风”高压态势。扎实推进党的群众路线教育实践活动整改任务落实，认真组织开展群众路线教育实践活动3次“回头看”，对突出问题进行专项整治，建立发布19项规章制度，没有发生“四风”问题反弹。同时，结合2014年末开展的学习讨论落实活动，着力构建作风建设长效机制，强化纪律刚性约束，从严监督执纪，切实保持了对“四风”问题的“隐形”和“变种”、反弹“回潮”现象的高压治理态势。

（三）大力推进法治质监建设。认真学习贯彻落实党的十八届四中全会精神，加快法治质监建设步伐。紧紧围绕全省“净化政治生态、实现弊革风清、重塑山西形象、促进富民强省”总要求，积极推进“六权治本”，研究制定权力清单、责任清单和相关制度措施；认真核理执法依据，修订行政执法责任制；集中整治行政许可一些环节不够规范，重事前审批、轻事中事后监管以及检验检测检定行为不够规范的问题，切实把权力关进制度的“笼子”，有效形成了靠法规制度管权、管人、管事的良好工作格局。加大依法行政示范单位创建力度，晋中、忻州市局已获得全国质检系统首批依法行政示范单位。着力提升案件审理效率，经案审委审理案件65起。加强法制审查，结合质监职能，对27件有关法律、法规、规章、草案及规范性文件提出修改意见。加强地理标志保护，共申报地理标志保护产品17个。推进行政审批制度改革，按照国务院、国家质检总局、省政府部署要求，大力推进简政放权，在2013年工作基础上，2014年又取消2项、下放1项、承接国家质检总局3项，截至2014年，省局行政许可项目12项，并重新修订了《山西省质量技术监督局行政许可管理办法（试行）》，进一步规范行政许可审批行为。2014年度共受理行政审批事项878件，发放证书1051份，按时办结率为100%。

三、质监系统管理体制调整顺利完成

按照《中共中央国务院关于地方政府职能转变和机构改革的意见》（中发〔2013〕9号）和《关于调整省级以下工商质监行政管理体制加强食品安全监管有关问题的通知》（国办发〔2011〕48号）文件要求，全省自2014年年初启动了工商质监体制调整工作。4月23日，省政府印发了《关于调整省级以下工商质监行政管理体制的通知》，5月7日，省政府组织召开省级以下工商质监行政管理体制调整工作会议，对体制调整工作做了安排部署，明确此次会议之后，各市工商、质监部门由各市人民政府直接管理。在此期间，全系统认真贯彻部署要求，切实加强干部职工思想政治工作，确保以高度的思想统一、坚决的行动作为，适应改革，推进改革，落实改革。按照省政府确定的人员随机构走，债权债务随资产走，按现状一次性整体移交和接收的原则，省局精心准备，周密组织，全系统做到了思想不乱、队伍不散、工作不断，监管不软，遗留问题和难点矛盾基本得到妥善解决，体制调整平稳有序。至2014年7月1日全部完成省、市间移交工作，结束了质监系统15年来的省以下垂

直管理体制。

四、发挥技术基础作用，服务全省“六大发展”

(一) 提升质量发展水平

一是推进质量强省。省政府印发了《山西省贯彻实施质量发展纲要2014年行动计划》，组织召开了全省质量工作会议，专题学习贯彻首届中国质量（北京）大会精神，部署推进全省质量工作。深入开展质量强市示范城市建设，晋城市制定了实施方案，太原市论证答辩通过专家评审。进一步完善市级政府质量奖励制度，全省共有7个地市建立了市长质量奖。扎实推进质量统计分析工作，以装备制造业为重点，研究制定了实施意见，认真开展产品质量合格率调查统计。牵头组织37个省直部门，全面开展“质量月”宣传活动，全省各地群发公益宣传短信近3000万条，制作、发放宣传画7000余张、宣传手册19万份，活动力度和规模均超往年。

二是深化名牌战略。大力推进“全国知名品牌创建示范区”建设，太原市民营经济开发区顺利通过国家质检总局文审论证，等待批筹；组织太原高新技术产业开发区和山西省武乡县文化产业园区开展申报；指导已经国家质检总局批准创建的汾阳市白酒集中产区、祁县玻璃器皿产业集中发展区、大同云冈旅游示范区、太原经济开发区4个全国知名品牌创建示范区制定创建工作方案。认真组织开展品牌评价工作，遴选山西汾酒等7家企业上报国家质检总局参加测评。切实加大名牌宣传力度，配合省商务厅在香港、澳门、台湾、南京、天津、西安等地广泛开展“山西品牌中华行”宣传活动，努力提高山西品牌的影响力和市场占有率。

三是完成质量考核。积极发挥省质量强省领导组办公室牵头组织协调作用，将各项考核工作任务分解落实到各部门，提出工作进度，明确责任到人。接受了国务院考核组对山西质量工作的实地核查。进一步健全山西质量工作考核长效机制，省政府印发了《山西省质量工作考核办法》和《考核细则》，将质量工作纳入政府绩效考核体系，建立起对各市质量工作考核机制。

四是加快质量提升。深入开展儿童用品、家用电器等10类重点产品质量提升行动，集中开展液化石油气、儿童用品质量安全专项整治，规范支柱产业健康发展。扎实推进工业产品和检验机构质量分类监管，在获证企业分类监管全覆盖的基础上，把监管范围扩展到重点消费品企业等其他工业企业，截至2014年年底，全省工业产品获证企业926家、其他重要工业产品生产企业98家实施了分类监管，474家企业落实了差异化监督措施。围绕规范检验检测，深入推进全系统“规范建设年”活动，开展检验检测机构大检查、大整顿，着力提高检验检测工作的公信力和权威性。

(二) 严格质量安全监管

一是大力加强特种设备安全监察。省政府召开了全省特种设备安全工作会议，向11个地市和18个省直有关部门颁发了2014年特种设备安全工作目标任务书，政府统一领导、企业全面落实、质监专业监管、部门各负其责、社会共同参与的工作机制得到进一步巩固。继续以“全覆盖、零容忍、严执法、重实效”为总要求，在全省范围内部署开展2次为期6个月的特种设备安全大检查，重点突出燃气安全、小型锅炉和快开门式压力容器、冶金工贸以及危化企业使用特种设备、液氨生产使用单位、电梯安全使用等方面，2014年，全系统共出动安全监察、行政执法人员3万多人次，检查特种设备生产、使用单位2万余家，发现和消除各类隐患11万余条。从严开展专项整治，分别开展了人员密集场所电梯、移动式压力容器、氨制冷企业压力容器、长输（油气）管道、燃气安全领域特种设备、工程建设领域预防施工起重机械、大型游乐设施和客运索道等专项整治。深入开展“六打六治”打非治违专项活动，全系统共计检查单位12938家，责令整改各类问题5365个，下发安全监察指令书988份，立案210件。大力开展特种设备安全知识宣传活动，继续向行业管理部门和生产使用单位免费发放《特种设备安全法》单行本，实行“送法上门”，通过专题讲座、电视宣传片、制作展板、悬挂条幅等多种方式，广泛开展安全生产宣传教育活动，促进群防群治。2014年度，全省特种设备安全形势持续稳定。

二是突出重点消费品质量安全监管。在全省范围内深入开展了以农资、食品用纸制品、建材市场秩序、“伪基站”设备和窃听窃照专用器材、产品能效标识等为重点的“质监利剑”专项行动和“双打”专项行动，全系统共出动执法人员9.7万人次，查处各类违法案件1600余起，查获涉案产品货值6000余万元，捣毁黑窝点30余个，保持了打击制售假冒伪劣产品的高压态势。强化产品质量监督抽查，进一步加大对日用消费品、农资、建材等产品质量的监督抽查力度，以儿童用品、家用电器、车用汽柴油等为重点，增强消费品抽查比重，全年共抽查59类11484批次产品，合格率为88.9%，其中山西企业产品合格率超过95%。加强监督抽查后处理，发布监督抽查通报23期，发出不合格产品处理通知单576份，对不合格产品生产企业进行后处理。

(三) 促进经济社会发展

一是深入推进标准化工作。组织召开25个厅局参加的标准化工作联席会议。积极完成省政府确定的全省第三次经济普查组织机构代码事项、发展低碳经济等重点工作，通过组织机构代码数据库提供19.5万条普查信息，支持汾酒集团、太钢集团开展标准化良好行业企业建设和企业标准体系建设，审查发布20余项节能减排方面地方标准，完成山西省标准化信息平台建设方案论证。着力加强标准制（修）定工作，190项地方标准予以立项，比2013年增加28项；审查发布96项地方标准，超额完成目标任务；全面清理1996 年以来464项现行有效地方标准。扎实推进标准化示范试点项目，第八批14个农业标准化示范试点项目年度任务顺利完成，长治市循环经济标准化试点城市建设顺利通过国标委和国家发改委组织的验收，至此，历时4年的由太原、长治、晋城、运城四个市承担的循环经济标准化试点任务已全部完成，同时又向国标委新申报了6个国家级循环经济标准化试点项目。

二是扎实开展计量工作。重点开展打击计量欺骗的违法行为工作，部署开展了专项监督检查。不断加强能源计量工作，山西国家城市能源计量中心数据平台进行在线采集，能效标识实验室通过国家质检总局验收，联合省经信委开展中小型三相异步电动机生产企业能效标准和标识执行情况专项核查，联合省政府机关事务管理局加强公共机构能源资源计量工作。加强对2014年重点用能单位能源计量审查工作，配合完成了国务院节能考核组对山西2013年度节能目标责任制评价考核工作。全面开展《计量发展规划》和《山西省计量发展规划》宣传活动，精心组织5·20世界计量日宣传。完成2014年度注册计量师报名考试工作。深化“计量惠生、诚信促和谐”双十工程，严厉打击计量欺骗违法行为，着力加强医疗卫生单位、加油机、眼镜制品、民用四表等重点领域和开展计量器具制造企业的监督检查，形成了对计量欺骗不法行为的高压打击态势。2014年度，全省共检查集贸市场、商场、超市667家，电子计价秤12650台件，合格率95%，公平秤393台件，合格率92%；检查餐饮店221家，电子计价秤292台件，合格率94%；检查眼镜店662家，计量器具2128台件，合格率99%；检查定量包装生产企业340家，商品2034件，净含量标注合格率99%，净含量检验合格率99%；查处计量违法案件37件。检查加油站1603家，已做出诚信计量公开承诺的989家，在用加油机9909台件，检查7605台件，受检率99%，加油机维修企业1家，出动执法人员2814人次，查处计量违法案件70件。

三是不断加强认证认可工作。完善区域监管责任制，继续推行“省局督查、市局巡查、县局普查、企业自查”的分类监管模式，督促3C企业签订质量安全承诺书，实现动态监管，重点开展了对食品农产品认证有效性的监督检查活动。加强自愿性认证体系企业和产品监管，对全省获得质量管理体系认证的重点监管目录中的70余家企业实施监督检查。扎实开展实验室资质认定，规范行政许可。加强低碳产品认证相关工作，加快进度，落实配套措施。

四是着力夯实科技基础。大力加强技术机构建设，山西省质监检验检测中心一期工程主体顺利封项。积极开展国家级质检中心筹建和申报工作，对已批准筹建7个国家质检中心进行了专项督导，其中国家煤矿安全计量器具产品质量监督检验中心通过了国家质检总局专家组考核验收，正式批准成立。加强省级质检中心建设工作，对全省19个已授权、5个已批准筹建和10个拟申报的省级质检中心（站）进行了督导考察，拟申报的中心有5个列入省局规划。积极争取实验室仪器设备投入，向国家质检总局申报装备技术改造项目18项，立项14项。不断推动科技创新，去年申报的质检公益项目获国家科技部立项，2014年向国家质检总局新申报公益性行业科研专项1项、科技计划自筹经费项目5项；省局推荐项目获得国家质检总局“科技兴检奖”2项，获得省科技进步奖3项。

（李　昆）

附：省质量技术监督局党组书记、成员名单

书　记：常高才

成　员：张岐云　王国强　高　航　尹乃明　田永明

省新闻出版广电局（版权局）党组工作概况

党组书记　齐　峰

2014年，山西省新闻出版广电局（版权局）党组带领全省广大新闻出版广播影视工作者始终把深入学习贯彻习近平总书记系列重要讲话精神作为根本遵循，坚决落实中央和省委省政府的决策部署，统一思想认识、统一步调行动，围绕“推动全省新闻出版广播影视业大融合大转型大发展”的工作主线，强化导向引领、深化改革发展、创新公共服务、严格依法行政、积极转变作风，实现了各项工作的全面顺利推进，为“重塑山西形象、促进富民强省”做出了积极贡献。

一、深入学习习近平总书记重要讲话，贯彻落实中央和省委省政府重大决策部署

（一）深入学习贯彻习近平总书记系列重要讲话精神，坚定理想信念，站稳政治立场。一是局党组率先垂范，把深入学习贯彻习近平总书记系列重要讲话精神作为理论学习的重中之重，召开党组中心组理论学习（扩大）会议14次，强化了理论武装，增强了“三个自信”。二是在全局上下兴起学习贯彻习近平总书记系列重要讲话精神的新热潮，创造性地开展了“六个深入结合”主题学习活动，形成正处级以上领导干部《学习体会汇编》，合计44篇12万字，站稳了政治立场。三是发挥行业优势，组织省内媒体做好重要讲话精神的宣传阐释工作，形成宣传强势；《习近平谈治国理政》《习近平总书记系列重要讲话读本》等理论读物全省发行量达到76万册，加深社会的理论认同。

（二）深入开展学习讨论落实活动，贯彻落实省委重大决策部署不偏离不走样。一是全部署。党组书记挂帅成立局学习讨论落实活动办公室，层层传导压力，层层落实责任，召开动员大会、编制活动方案，围绕六个方面23项任务，拟形成

52项具体成果。二是强学习。围绕省委部署的五个方面重点学习内容,以集体学习、集中学习、支部学习、个人自学、在线学习等多种形式,深入学、全员学,务求学深学透,克服了模糊认识,补足了精神之钙,切实把全局党员干部思想统一到了省委"实现弊革风清、促进富民强省"的决策部署上来。三是深讨论。围绕省委明确的四个方面讨论重点,坚持"摆进去"和"走出来"相结合,局党组示范带动,以各支部为主体,深入对照查摆,分别形成了局党组和各支部反思剖析报告,明确了整改整治措施。四是严落实。较好完成了制定专项整治任务、明确党组主体责任和纪检监督责任、填写调查问卷、开门征求意见、参与知识问答等规定性动作。

(三)全面加强法治建设,推进落实"六权治本"。一是明确权限。严格按照新"三定"方案,明确行政职能,其中,6项增加职责、7项加强职责,全部落实;凡取消和下放职责,不再进行审批。明确班子分工,"一把手"不直接分管人事、财务、工程等具体事项。完成局机关权力清单的清理工作,梳理出363项权力事项并上报省编办。二是简政放权。保留行政审批事项38项,取消3个初审类项目,6个事项工商登记前置改后置审批。三是阳光用权。整合重建行政审批服务窗口,加强局政务网站信息公开工作,加快建设全局统一的财务管理信息平台,权力运行更加公开透明。四是规范用权。坚持"制度治本",重点加强了人事权、审批权、资金管理权等方面的制度建设,下一步将重点完善执法权、监督权、决策权等方面的制度规范。

二、落实全面深化改革举措,推动文化建设、促进"六大发展"

自2014年1月15日新机构正式挂牌、新班子正式组建以来,局党组一班人团结带领全局广大干部职工,致力于"推动全省新闻出版广播影视业大融合大转型大发展",开展了一系列卓有成效的工作。2014年,省新闻出版广电局先后荣获了全国查处侵权盗版案件有功集体二等奖、全国"扫黄打非"工作先进集体、中国期刊交易博览会优秀组织奖等国家级表彰奖励。

(一)服务中心大局,舆论引导和精品创作"两种能力"得到新提升。组织传统媒体、新媒体,以群众路线教育实践活动、经济转型发展、净化政治生态为主线,把握正确导向,引导社会舆论,凝聚了山西正能量。4部作品荣获全国"五个一工程奖",4种图书荣获中华优秀出版物奖,2个节目荣获星光奖,60余种产品入选国际性、国家级奖项及重点推荐名单。《山西文华》大型丛书编纂出版工程经省政府同意启动实施。

(二)献力富民强省,深化改革和转型发展"两大任务"实现新突破。2014年度文化体制改革专项任务圆满完成。103家(次)影院获得国家电影事业发展专项资金补贴2600余万元,6个项目获得国家出版基金等经费资助合计355万元。全省城市影院票房收入3.91亿元,中国山西和韩国光州互办电影周活动成功举办。全省已有38家企业获得互联网经营(出版、视听、发行)许可,9家企业列入全省首批数字出版转型示范单位。北京国际图书博览会共签订版权输出协议26项,我省成功获得第二十五届全国图书交易博览会主办权。

(三)全心服务人民,公共服务和行政管理"两项职能"得到新加强。全省农村公益电影放映33.99万场,全省农村寄宿制学校公益电影放映9780场,"全省好电影公益展映季"活动在90家影院展开;完成全年2232个20户以下自然村的广播电视村村通任务,提前实现"十二五"目标;实现地级以上城市数字影院全覆盖,农家书屋出版物补充更新等长效机制逐步完善;全民阅读活动意见正式下发,"书香漫晋"微信平台读书日公益活动等创新性工作持续推进。深入开展"管理创新年"活动,共审查影视剧21部、电视动画片及纪录片6部,核发书号2364个,审批出版物选题4500余种(超额7%),确定重点选题89种;全省"扫黄打非"工作,共收缴各类非法出版物46.4万件,查办案件81起;安全播出工作,实现全年各重要保障期无重大事故;版权工作全面加强,打击新闻敲诈和假新闻、境外卫星、电视购物、虚假违规广告等专项治理活动成效明显。

三、全面加强党的建设和队伍建设,树立良好作风

(一)守纪律讲规矩,统一思想行动。一是充分发挥党组的领导核心作用,模范遵守党章,自觉遵守法纪,严格执行民主集中制原则和党的组织原则,制定落实局党组会、局务会议事原则,做到了党章规定的"四个服从"。二是紧抓思想政治教育和纪律作风教育,团结带领全局同志统一思想认识、统一步调行动,积极落实中央和省委的重大决策部署,确保思想上政治上行动上与党中央保持高度一致。三是坚持党管媒体、党管意识形态原则不动摇,引导省内媒体做强正面宣传,积极遏制负面信息传播空间,确保了我省新闻出版广播影视工作的正确方向。

(二)促融合带队伍,夯实工作基础。一是全局合并组建顺利,实现班子、机构、办公、人员、业务五个融合,走在了全国前列。二是局党组坚持集体领导下的分工负责制,班子成员齐心协力,干部职工善抓落实,队伍团结一致,凝聚了战斗力。三是优化调整干部队伍结构,实行原两局工作人员交叉任职、处长交流任职。四是加强干部管理,完成了干部档案专项清理及超职数配备干部、编外用工等清理整顿工作。四是进一步加强干部自主选学、在线学习、调训、轮训等教育培训工作,提升了全局党员干部的政治素质、人文素养和业务素能。

(三)促整改抓落实,践行群众路线。按照省委要求,组织开展了党的群众路线教育实践活动"回头看"工作。经逐项对照核查,我局整改任务28项(省级6项、本单位22项),专项整治任务6项(省级2项、本单位4项),全部得到落实;原定制度建设任务81项,实际制定125项,超额完成54.3%,覆盖了所有整改项目。班子成员坚持轻车简从,全年深入基层

调研52次、124.5天，面对面回应群众关切。圆满完成全年扶贫暨领导干部包村增收任务，班子成员累计下乡42人次，局机关处以上干部下乡住村165天，共投入资金332.6万元（其中，协调资金307万元，局直接投入资金25.6万元），年底上寨南村村民人均纯收入达5980元，实现了五年翻番目标。

四、深入推进反腐倡廉工作，严格落实中央八项规定

（一）抓廉政，积极落实“两个责任”。局党组严格履行党风廉政建设主体责任，切实做到了党风廉政建设与局中心工作同部署、同落实、同检查、同考核。党组书记严格履行党风廉政建设“第一责任人”职责，局党组成员坚持“一岗双责”，较好推进了职责范围内的党风廉政建设和反腐败工作。大力弘扬廉政文化，推出了《天下第一廉吏——于成龙》、《东方有大海》等廉政题材作品。

（二）反“四风”，严格落实中央八项规定精神。局党组充分发挥表率作用，带头严格执行中央八项规定和中纪委一系列“严禁”要求，坚持思想和制度两手抓，厉行节约，转变作风，取得明显成效。年度会议经费支出12.21万元（同比下降80%），公务接待经费支出4.5万元（同比下降68.23%），培训费支出77.86万元（同比下降22%），发文数量597件（同比下降9%），因公出国（境）经费支出9.65万元（同比下降6.13%）。班子成员严于律己，严格遵守各项规定，主动接受重大事项的纪检监督，从严约束身边工作人员，实现了项目、资金、干部三个安全。

（三）坚持反腐“零容忍”，强化廉政风险防控。制定完善《局党组贯彻落实<关于实行党风廉政建设责任制的规定>的实施办法》等十项廉政制度，开展案例警示教育，重要节假日前重申纪律要求，早提醒、早预防，做到警钟长鸣。支持驻局纪检组强化监督执纪问责，加强了“三重一大”事项的监督，开展了规范行政执法行为专项检查、工作纪律监督检查等活动，收到良好效果。对外公开举报监督电话，开展党员干部互相监督活动，认真做好信访举报的受理核实，做到了事事有落实、件件有回音。

（丁耿彪）

附：省新闻出版广电局（版权局）党组书记、成员名单

书　记：齐　峰（1月任职）

成　员：吴体刚（1月任职，8月离职）

王建中（1月任职）　田奇越（1月任职）

董晓林（1月任职，6月离职）

薛　荣（1月任职）　李和林（1月任职）

安　洋（1月任职）　吕芮宏（8月任职）

省体育局党组工作概况

党组书记　苏亚君

2014年，在省委、省政府正确领导下，山西省体育局党组团结带领全省广大体育工作者，改革创新，奋力进取，围绕中心，服务大局，圆满完成目标任务，取得新发展、新进步。

一、深入开展学习讨论落实活动，巩固群众路线教育实践活动成果

（一）扎实开展学习讨论落实活动

以深入学习习近平总书记系列重要讲话精神为重点，扎实开展学习讨论落实活动，狠抓理论学习，制定《山西省体育局党组理论学习中心组学习制度》，全年完成18天18次集中学习，进行5期集中培训，召开5次党组会议研究活动事宜。查找5个方面24个突出问题，提出整改措施，制定2个专项治理工作方案，形成《省体育局党组反思剖析报告》。

加强法制建设，推进“六权治本”，协调省人大代表提出《关于加强体育产业发展立法的议案》，配合省人大教科文卫工作委员会开展立法调研，完成3件涉及体育工作的地方性法规和2件政府规章的清理工作。加强体育行风建设，重点抓好第十四届省运会赛风赛纪和反兴奋剂工作。

（二）巩固群众路线教育实践活动成果

巩固和拓展群众路线教育实践活动成果，认真落实“八项规定”，坚决反对“四风”，抓好领导班子和干部队伍建设，厉行节约。从严控制“三公”经费支出，严格落实停建楼堂馆所要求，开展办公用房清理，严格规范公务用车管理，严格执行因公出国(境)报批程序。全年共组织153人次参加选学培训，选派141人次参加党校选调学习。以创建文明和谐单位为抓手，营造团结和谐、文明向上的良好氛围。

党风廉政建设常抓不懈，落实“两个责任”，制定《省体育局党组落实党风廉政建设主体责任实施办法》和《省纪委驻体育局纪检组落实党风廉政建设监督责任实施办法》。组织领导干部300多人次观看反腐倡廉电教片。构建体育系统惩防体系，制定《省体育局建立健全惩治和预防腐败体系2013–2017年工作方案》《山西省第十四届运动会工作人员纪律规定》，编印《省运会竞赛督察工作手册》，修订完善《省运会竞赛赛场督察工作办法》。

二、加快政府职能转变,全力推进体育事业发展

(一)公共体育服务体系不断完善,群众健身条件不断改善,群众体育组织日益健全,全民健身活动广泛开展。

近两年以乡镇为重点继续推进群众健身场地建设,2014年新建371个,实现全省1196个乡镇全民健身广场“全覆盖”。落实《山西省农村公共体育设施维护管理工作指导意见》。国家体育总局援建“雪炭工程”3个,命名资助“全民健身活动中心”1个。将全省“一村一品”活动开展、群众体育队伍骨干情况纳入农民体育健身工程电子档案之中,形成覆盖村－乡(镇)－县－市的电子档案网络化管理模式。省财政下达大型体育场馆资金1850万元,对山西体育中心体育场、体育馆、游泳馆等20个大型体育场馆进行免费或低收费开放补助。全年培训各级社会体育指导员5000余名,全省社会体育指导员总人数53000余名,全省城乡基层全民健身站点10000余个。

各级各类社会体育组织开展贴近百姓生活的全民健身活动。省全民健身工作委员会决定在全省开展“强健体魄·阳光生活”全民健身系列活动,时间从2014年12月1日起到2015年11月30日,省委副书记、省长李小鹏等12位省领导与省城各界5000余名群众参加在太原举行的启动仪式。“强健体魄·阳光生活”全民健身系列活动包括:一常规性全民健身赛事活动,突出行业特点和地方特色;二季节性全民健身赛事活动,围绕“冬跑”“春舞”“夏泳”“秋赛”四个板块,突出时令特点;三业余性全民健身赛事活动,突出互动性、草根性、娱乐性。会同省直工委举办省直机关第四届职工运动会,会同省残联举办山西省第十届残疾人运动会;组织山西省第十四届运动会。

深入贯彻落实《全民健身条例》,推进“三纳入”,落实全民健身人均事业经费。筹备和组织赛事,以赛事杠杆引领全民健身工作开展;培育和创造群体活动品牌,以品牌效应带动全民健身工作开展;整合零散、小型群众体育活动,以规模优势推动全民健身工作开展;完善物质条件、组织条件和政策保障,以公共服务保障全民健身工作开展,形成“政府主导、部门协同、全社会共同参与”的全民健身工作机制和“大群体”工作格局。开展第四次国民体质监测工作,加强青少年体育,大力开展青少年系列阳光体育活动和校园足球活动。

(二)竞技体育竞争实力不断增强,举办第十四届省运会,亚运会取得历史最好成绩,申办第二届全国青年运动会,大力发展职业体育,加强运动员文化教育和保障工作,加强后备人才培养。

深入贯彻习近平总书记对第十二届全运会提出的“厉行节约、反对铺张、开创新风”重要指示,第十四届省运会坚持节俭,推进赛会改革,突出本省奥运、全运优势项目和传统强项,增加群众基础较好、影响面较广、群众喜闻乐见的项目。4000余名运动员、1500余名裁判员及工作人员参加竞技体育16个大项的比赛。3人3次创2项山西省最高纪录。全省农民、职工、大学生、老年人等人群247支代表队、4000余名群众体育爱好者参与职工组、老年组和大学生组赛事,长达3个月,形成全民健身成果大展示。

第十七届韩国仁川亚运会,山西10名体育健儿参加14个小项的角逐,获得5枚金牌、4枚银牌、3枚铜牌和一个第7名,金牌数、奖牌数均创本省亚运参赛历史最好成绩。王智伟当选第五届山西敬业奉献道德模范,被评为2014年“感动山西”十大人物之一。

全力开展第二届全国青年运动会申办工作,省政府正式提交申办报告,经国家体育总局审核,被公布为第二届全国青年运动会唯一承办候选单位。这是山西首次申办全国综合性运动会。

鼓励扶持职业体育俱乐部发展,协调山西汾酒男篮、山西兴瑞女篮入驻山西体育中心。山西兴瑞女子篮球俱乐部夺得WCBA2013—2014赛季冠军,实现两连冠。山西汾酒男子篮球俱乐部完成俱乐部名称变更、注册。

贯彻落实《关于进一步加强运动员文化教育和运动员保障工作的实施意见》,与省教育厅联合制定《山西省运动员文化教育联席会议制度》,开展运动员职业指导培训和退役运动员职业技能培训,在役和退役运动员100多人次参加培训。完成全省42所体校、传统校、俱乐部申报山西省体育后备人才基地统评,初步认定20所高水平后备人才基地和14所初级后备人才基地。

(三)体育产业质量效益逐步提升,推进组建山西体育产业集团,完成全省体育场地普查,体育彩票销量快速提升,航空体育产业继续服务社会。

落实省政府《关于加快发展体育产业的实施意见》和省政府2013年第116次常务会议精神,完成组建集团企业的清产核资及前期准备工作,山西体育产业集团在省工商局正式注册。

开展山西省第六次全国体育场地普查工作,截至2013年底,全省共有各类体育场地总数63715个,体育场地总面积4698.90万平方米,建筑面积328.58万平方米,用地面积7156.15万平方米,观众席位127.70万座,场馆从业人员6.54万人,历年投资总额213.32亿元,人均体育场地面积为1.29平方米。另有7项面积总计1801.52万平方米、人均0.5平方米的体育场地未纳入普查范围。

加强体彩销售,全省共计销售体育彩票18.97亿元,较2013年增长21.48%。筹集的体彩公益金广泛用于社会公益事业,为全民健身和奥运争光计划提供强力支持。连续两年进行“公益体彩 快乐操场”捐助活动。

本省三所航空运动学校发挥航空资源优势,发展通用航空事业,在抓好航空体育项目的同时,开展飞播造林、防火灭虫、人工增雨等通航服务,不断扩大服务领域和范围,创造良好的经济和社会效益。

全省体育系统各项工作整体推进,协调发展,在作风建设、体育法治、科技、教育、宣传、人事、财务、外事、安全、老干部、史志、后勤服务、综合治理、扶贫帮困等各方面都取得新

成绩。

（王宏德）

附：省体育局党组书记、成员名单

书　记：苏亚君

成　员：杨凤楼　李振生　郝晓峰　李世杰

杜　荣(女)

省统计局党组工作概况

党组书记　翟振新

2014年，在省委、省政府的正确领导下，省统计局党组带领全体党员干部认真学习贯彻党的十八大、十八届三中四中全会精神和习近平总书记系列重要讲话精神，深入落实全省领导干部大会精神和省委王儒林书记一系列重要讲话，把抓好党建作为最大政绩，坚持党建工作与中心工作并重，实现了“抓党建”与“促发展”的互促互动，进一步提升了统计工作科学化水平，为实现弊革风清、促进富民强省提供了扎实的统计支撑，受到省委、省政府和国家统计局的充分肯定。在国家统计局业务考核中，三分之二的专业获奖，11个专业获得优秀。

一、坚持落实从严管党治党责任，完善机关党建工作格局

在工作思路上，牢固树立“抓党建是本职、不抓党建是失职、抓不好党建是渎职”的理念，坚持党建工作与中心工作一起谋划、一起部署、一起考核，在抓好中心工作的同时，更加重视党建工作，使机关党建与中心工作两个轮子一齐转，互促互动，拧成“一股绳”，合成“一股劲”，形成“一盘棋”。在领导职能上，主要体现在“四个机制”上：第一，严格落实党组负主体责任、“一把手”亲自抓、分管领导具体抓的领导机制。把机关党建作为最大主业、最大政绩，作为份内职责，列入局党组重要议事日程，每年定期研究机关党的思想、组织、作风建设，及时解决工作中的困难和问题；党组书记亲自过问、指导机关党建，听取工作汇报；把理论学习、机关党建纳入干部述职中。第二，全面落实“一岗双责”机制。局领导班子成员率先垂范，积极参与、支持全局和所在支部党建工作；党支部书记或副书记均由处室单位的“一把手”兼任，切实履行一岗双责。第三，总揽全局、调动各方、履职尽责的协调机制。机关党委协助党组组织民主生活会、中心组学习；协助局党组加强党支部、各单位班子的思想政治建设和党员干部的管理教育；积极为推进机关党建提供条件、全力保障。四是对统计发展常议常抓、把关定向、抓要解难的议事机制。专职副书记列席局党组会议，参与研究部署中心工作，提升机关党委的地位和作为。

二、发挥党组织的战斗堡垒作用和党员的模范先锋作用，致力加强组织建设和队伍建设

省统计局始终围绕发挥战斗堡垒和模范先锋两个作用，扎实推进组织、队伍建设，确保机关党建走前头、得实效。

一是围绕思想建党抓党建，进一步引深学习型党组织建设。第一，强化集中学习。扎实推进每月处级以上干部集中学习制度，营造浓厚学习氛围。第二，中心组率先垂范。2014年以来中心组学习讨论达到17次。《省直机关中心组理论学习动态》多次专题报道，局领导撰写的6篇学习体会、调研报告被工委有关刊物采用。第三，坚持请进来、走出去推动素质提升。创设统计大讲堂，邀请国家局领导、知名专家来局作报告，面向全系统成功举办10期，跨入省直机关10大学习品牌行列；局、处领导走进省委党校领导干部培训班、有关部门报告会，下到市县作经济形势报告等；积极选派党员参加省委党校、省直党校各类培训，受到好评；省市县三级统计局长培训班纳入省委组织部2014年度培训计划，并与省委组织部、省委党校联合举办，提升了培训层次，增强了培训的效果。第四，不折不扣组织学习贯彻中央和省委、省政府重大方针政策。围绕十八大、十八届三中四中全会精神和习近平总书记系列重要讲话，围绕全省干部大会精神和省委王儒林书记重要讲话，围绕省委、省政府的战略部署和重大决策，通过集中学习、经验交流、座谈讨论等，深化认识、统一思想、增强效果，努力用中央的新精神、省委的新部署武装头脑、指导实践、破解难题、推动发展，提升服务能力和工作水平。第五，扎实开展“读书月”活动。通过推荐好书、购买经典书、专题讲座、学习交流等，营造崇尚学习、坚持学习的浓厚氛围。

二是围绕队伍建设抓党建，进一步引领党员干部奋发作为。第一，创新人才成长机制。致力公开选拔人才，通过年度公务人员招考和系统遴选，进一步优化了干部结构；致力典型引路导向，2个单位分别荣获省直五一劳动奖状和全省巾帼文明岗称号，1名同志荣获省直五一劳动奖章，成为全局学习的榜样。第二，奋力创先争优。坚持激励争先进位。不断引深支部工作量化考核，机关党建纳入目标责任考核，实现了“创”有载体、“争”有目标；以“七一”表彰为平台，表彰先进党组织和优秀个人，激发党员干部争创一流。坚持推动岗位练兵。有效推进“对标一流、三比三创”主题实践活动(即：比担当，创一流业绩；比作为，创一流风貌；比敬业，创一流团队)，省局青年向系统发出倡议，“三比三创”活动在全系统掀起高潮，营造奋发向上、比学赶超的浓厚氛围。第三，重视培养青年。坚持以党建带团建，把平台给青年，把机会给青年。“一对一”结对帮带培养青年活动，采取“一对一”、双向选择、

师傅带徒弟的模式,为青年成长搭平台;经过层层选拔,6名优秀青年参加浙大自主选学,为青年成才添动力;精心组织优秀青年团队参加全国统计建模大赛,取得三等奖的好成绩,实践历练见成效等。团省委授予局机关团委全省"五四红旗团委"。

三是围绕夯实基础抓党建,进一步增强党组织的先进性和党员的纯洁性。第一,扎实推进支部换届。根据工委的部署,依据条例,严格程序,精心组织,高质量圆满完成支部换届选举工作,15个党支部进入新角色、履行新职责,彰显新作为、新气象。第二,深化量化考核。局党组与各处室(单位)签订年度目标责任考核书,以责任制的方式和例会制度等督促各单位落实任务,机关党建列为重要内容;推进党支部工作量化考核见实效,坚持事前定任务,事中抓落实,事后看结果,促进了党支部工作的科学化、规范化。第三,严格党员民主评议。通过个人自查与民主互评相结合,小组、支部评议与机关党委审定相结合,增强了党组织对党员教育、管理和监督的职能。第四,严把党员"入口关"。严格发展程序,适时组织积极分子到党校培训,加强预备党员的教育,审慎把握党员转正,在发展党员中充分体现了组织的先进性和党员的纯洁性。第五,把控党费收支。实行专户、专人管理,依规核定党费,从严支出审批,年度收支情况公示形成常态化。

四是围绕改进作风抓党建,进一步弘扬新风正气。第一,强化正风肃纪。认真贯彻中央"八项规定"和省委"四个实施办法",全面落实党风廉政建设主体责任和监督责任,扎实推进党风廉政建设责任制,明确具体责任,强化监督管理;深化惩防体系和廉政风险防控机制建设,有效查找和识别工作中各个环节的岗位廉政风险点;着力加强党风党纪建设,严格制度落实,从严纪律执行,推进廉政文化建设,让党员干部受警醒、明底线、知敬畏。就规章制度对全局干部职工组织了考试,促进了对制度的应知应会,增强了对制度的执行力;由监察室牵头,办公室、人事处、机关党委参与,每周对考勤、在岗情况检查或抽查一次成为新常态,检查结果纳入年终各单位目标责任制考核,并与目标责任奖和精神文明奖挂钩,形成了正风肃纪的高压态势,为改进作风、履职尽责提供了坚强的政治和纪律保证。第二,巩固拓展群众路线教育实践活动成果。推进"回头看"不松劲。在全面总结群众路线教育实践活动的基础上,认认真真地进行了"回头看",针对诸如制度落实不够等问题明确责任、从严要求、狠抓督查,持续深入抓整改,持续高压反"四风",以言出必践的定力、善作善成的毅力、抓铁有痕的魄力推进整改,推进作风建设常态化、长效化,整改项目收获新成效。推进专项整治不懈怠。按照省委组织部、省考核办的要求,坚持横向到省直,纵向到乡镇,统计局牵头在全省开展了虚报浮夸专项整治工作,在全国率先推进、取得实效,省委、省政府充分肯定,国家统计局局长马建堂做出重要批示;卓有成效地完成了省委部署的整治文山会海等"7+10"专项整治工作,如期向省活动办上报工作情况。第三,深入开展学习讨论落实活动。坚持从严导向、问题导向和目标导向,坚持领导带头、以上率下,坚持党员干部全覆盖、受教育、受警示,边学习、边讨论、边落实,局党组反思剖析报告顺利通过省委督导组和省委活动办的审定,统计上弄虚作假专项整治工作进展有序,30项整改落实任务深入推进。第四,促进各项工作接地气、落实处。创新考核制度,年中由各单位负责人述职述廉,以"晒三单(晒亮点、晒创新点、晒成果)"为特点,采用PDA、印证图片与单位汇报相结合的方式,集中展示、盘点上半年目标任务落实情况,并对处级干部履职情况现场测评,收到良好效果;系统上下联动,开展了"大学习、大调研、大清查、大执法、大服务"统计创新专项行动,产生积极影响。与此同时,配套推进了"深入一线现场办公抓落实"调研督查活动,实打实深入调研,心贴心交流讨论,面对面解决问题,为提高数据质量、科学研判经济走势提供了有力支撑。

三、坚持优化软硬件、多措并举,不断提升精神文明创建水平

始终注重充分发挥工青妇等团队力量,适时举办干部职工乐于接受、丰富多彩的文体活动,让干部职工看得见、摸的着。连续15年荣获省级精神文明单位。

一是致力提升统计公信力,以高尚的文明诚信塑造人。坚持社会主义核心价值观、统计核心价值观、统计职业道德教育经常提醒、常抓不懈,通过内网专栏宣传、道德标牌提醒、青年入职岗前培训等,引导和教育统计人入心入脑、落在行动中,做文明人,干文明事,守住职业底线,维护统计形象;通过开展全国法律宣传日、统计法律宣传月、统计开放日等,强化依法统计,推进法治统计。

二是致力多办实事好事,以贴心的优质服务凝聚人。每年组织干部职工体检成为制度,并回应干部职工的期盼,增加了体检项目,赢得大家好评;职工午餐、办公楼清洗、杏花岭宿舍院整治等问题得到较好解决;健身活动场所环境不断改进,功能不断完善。

三是致力扶贫济困,以强烈的责任担当帮扶人。局领导深入扶贫点访贫问苦,与群众同吃同住同劳动,共商扶贫帮困致富大计。为驻点小学学生捐赠校服受欢迎,一批扶贫项目建设诸如:统计林、小杂粮加工厂、饲料加工厂、膜下滴灌工程等见实效,省委扶贫办给予肯定,赢得驻点干部群众好评;扎实推进"送温暖、献爱心"活动。一方面以诚心开展联企帮困工作,重大节日上门慰问特困职工,另一方面以真心开展扶贫日、慈善一日捐等公益慈善活动,体现了统计人的社会责任和担当。

四是致力创新载体,以多元的文体活动活跃人。第一,注重持续性。重要节假日慰问老党员、困难党员、举办老干部座谈会成为规矩。第二,注重参与性。积极组织参加省直机关运动会,乒乓球队、健身秧歌队展示统计人风采,拔河队荣获第六名的好成绩。第三,注重教育性。组织干部职工到岢岚扶贫点兴建"统计林",体现统计人价值。第四,注重文化性。在全系统举办"经济普查杯"摄影展,体现统计人的多元生活和多才多艺;积极组织参加省直机关"五项全能"比赛,引导干部

职工在提高素能中快乐工作，一名同志荣获五项全能二等奖第9名、公文写作单项比赛第7名、电脑应用单项比赛第3名的好成绩，并被山西省直机关劳动竞赛委员会荣记二等功。

只有把机关党建作为最大政绩，牢牢把握"服务大局、建设队伍"这个基本点，机关党组织的战斗堡垒作用才能充分发挥，党员的模范先锋作用才能充分发挥，机关党建的促进保障作用才能充分发挥，由此推动统计工作走在全国前列，服务转型跨越发展中体现统计作为，受到省委、省政府和国家统计局的高度评价。

——统计改革创新实现新突破。《山西省全面深化统计改革总体方案》顺利实施，局领导班子成员领衔督导，全面推进；重点领域改革先行先试，率先建立主要行业温室气体调查、低碳统计核算，固定资产投资统计改革试点扩大到11个试点县，GDP核算、服务业、企业创新、劳动力、战略性新兴产业、运输邮电、电子商务统计和分市县一体化住户调查等领域改革创新迈出坚实步伐；"四大工程"建设持续推进。按月审核、更新调查单位库，完善部门行政登记资料交换制度，名录库信息在常规统计调查中的作用越来越重要。工业企业战略性新兴产业纳入一套表统计。乡(镇)卡纳入联网直报平台，在全国率先试行村级所有农村统计报表联网直报。山西统计调度指挥管理平台启动建设。办公自动化、移动数据采集和终端管理、云计算平台建设正在分步推进、整合利用，网络信息安全进一步强化。

——经济普查和常规统计调查收获新成果。全力创新推进第三次全国经济普查。全省7万多名普查人员首次手持移动电子终端开展普查，实现普查数据生产过程的电子化、网络化管理。以省政府文件明确市县普查经费和两员报酬的最低标准、跨级培训模式和部门包市工作机制，成为全国创新普查的典范。我省经济普查各项工作始终走在全国前列，在国务院普查办总结表彰会上被列为先进集体代表。经济普查主要数据公报发布后，得到社会各方面高度关注和普遍认可；圆满完成常规统计调查任务。在国家统计局业务考核中，我省三分之二的专业获奖，11个专业获得优秀。

——统计服务水平迈上新台阶。经济运行监测进一步加强。健全优化主要经济指标走势事前预判制度，形成事前预判与事后分析并重的全程监测服务机制。统计局40多篇监测报告得到省领导重要批示，许多意见建议体现在省委省政府决策部署中，"两办"信息采用位列省直前三名。重点领域监测引领发展。围绕转型综改开展监测分析，完善工业经济监测预警办法，加大节能降耗监测力度，定期发布固定资产投资及亿元以上项目投资监测报告，建立重点贸易企业跟踪监测制度，积极推进科技创新统计监测体系建设，完成19项关系国计民生和社会发展的社情民意调查。依据统计监测结果，省政府多次督导市县和企业，统计部门全程参与，推动解决发展难题。服务社会公众更加公开透明。充分利用统计新闻发布、统计信息网等载体和平台，加大统计信息发布和解读力度，山西统计信息网年点击量突破200万人次。全省11个市、27个扩权县联动出版统计年鉴，省局11个专业组合编印经济发展报告丛书，形成"全面小康"和"转型发展"系列研究报告，成功举办第五届"中国统计开放日"，统计服务更加贴近公众需求。

——统计数据质量得到新提升。强化数据质量全流程严管严控。出台《山西省统计数据质量控制规则》及专业实施细则，强化从调查项目设计到质量监督检查等10个环节的质量管理和控制；制定实施《山西省统计数据审核评估管理办法》，按季对分市主要数据进行集中、统一的审核评估，推进公开、公平、透明。部门合作提高数据协调性和匹配性。健全服务业统计部门联席会议制度，部门服务业统计进一步加强。与发改、住建、人社等部门建立长期合作机制，共同开展经济运行督查调研，共同分析经济形势，共同把控数据质量。以零容忍态度严惩统计弄虚作假。全省查处了一大批统计违法案件，通报7起典型案件，进一步强化警示和威慑作用。

（程建平）

附：省统计局党组书记、成员名单

书　记：翟振新

成　员：卢建明(3月离职)　荆红社　张建华
　　　　卢永良(6月任职)　张晓东(6月任职)

省安全生产监督管理局党组工作概况

党组书记　霍红义

2014年，省安监局党组在省委、省政府的坚强领导下，牢固树立安全发展理念，认真贯彻党中央、国务院和省委、省政府关于安全生产工作的一系列决策部署，团结一心，勇于担当，狠抓安全生产工作措施落实，有力促进了全省安全生产状况持续明显好转，全省安全生产实现"五个下降、一个良好"的态势：一是各类事故起数和死亡人数同比双下降。全省共发生各类安全生产事故12629起，死亡2318人，同比事故起数减少1070起，下降7.81%；死亡人数减少86人，下降3.58%。二是各类生产经营性事故起数、死亡人数同比双下降。生产经营性事故1947起，死亡1127人，同比事故起数减少194起，下降9.06%；死亡人数减少55人，下降4.65%。三是较大事故起数、死亡人数同比双下降。全省发生较大事故

42 起，死亡 151 人，同比事故起数减少 4 起，下降 8.70%；死亡人数减少 24 人，下降 13.71%。四是煤矿、道路交通、建设施工等部分重点行业领域事故起数、死亡人数同比双下降。各类煤矿事故起数、死亡人数同比分别下降 35.00%、53.33%；道路交通事故起数、死亡人数同比分别下降 3.49%、2.48%，其中生产经营性道路交通事故起数、死亡人数同比分别下降 7.67%、1.84%；建筑施工行业事故起数、死亡人数同比分别下降 6.25%、8.00%；化工和危险化学品事故起数、死亡人数同比分别下降 50.00%、37.50%；冶金等工贸行业事故起数、死亡人数同比分别下降 13.33%、10.00%。五是反映安全生产整体水平的四项相对指标同比下降。煤矿百万吨死亡率、道路交通万车死亡率、亿元 GDP 生产安全事故死亡率、工矿商贸就业人员十万人生产安全事故死亡率等四项相对指标同比分别下降 53.25%、8.99%、5.58%、3.33%。六是全省安全生产控制指标实施情况良好。全年各类生产经营性事事故共死亡 1127 人，为国家下达年度控制指标的 86.16%，比国家下达年度控制目标少 181 人。

加强领导班子和干部队伍建设

结合群众路线教育实践活动和学习讨论落实活动，局党组带领全体干部，持续加强政治理论等知识的学习，坚定理想信念，强化“团结、勤奋、高效、廉洁”的领导班子建设，打造“政治合格、业务精湛、为民务实、作风过硬、纪律严明”的安监队伍，取得了明显成效。一是加强学习，坚定信念。制定周密科学的学习计划，通过采取中心组集中学、机关集体学、支部组织学、个人自觉学等方式，对党的十八大、十八届三中、四中全会精神和习近平总书记系列重要讲话精神以及省委十届六次全会精神等重点内容进行了学习。全年共集中组织学习 17 次，使广大干部进一步坚定了政治信念，强化了宗旨意识、廉洁意识、红线意识、法律意识、责任意识和纪律意识。二是转变作风，凝聚合力。按照“三严三实”要求，认真落实中央八项规定和省委四个实施办法要求，发扬求真务实和艰苦奋斗作风，严格党内生活，坚持宗旨意识，坚持重大事项集体研究决定，提高了领导班子的凝聚力。班子成员以上率下，带头突查检查、监督执法、排查隐患，带头深入基层，带头依法行政，并强化对基层和企业的政策指导和技术服务，为机关干部树立了榜样，提升了领导班子和干部队伍的战斗力。三是扎实开展学习讨论落实活动，着力强化执行力。按照省委安排部署，在督导组的指导下，及时成立领导机构，召开了动员部署会，研究印发了局党组关于深入开展学习讨论落实活动的通知，明确了指导思想、目标任务、主要内容和相关要求。按照学习计划，分党组、党支部、个人三个层次，对照学习资料和讨论主题，扎实进行学习讨论。紧扣安全生产监管工作，紧盯重点工作、重要岗位、关键时段、关键环节，对梳理出的 8 个方面 39 项问题进行了深入反思剖析，研究提出了解决措施，切实推动了工作落实，强化了领导班子和干部队伍的执行力。四是巩固和拓展党的群众路线教育实践活动成果，强力推动问题整改。针对教育实践活动梳理归纳出“四风”方面的 23 个问题，局党组研究制定了“两方案一计划”(《山西省安监局党组领导班子整改方案》《山西省安监局党组“四风”突出问题专项整治方案》《山西省安全生产监督管理局党组领导班子制度建设计划》)，制定了 19 项措施，修订完善了 33 项规章制度，结合实际逐一进行了整改。根据省纪委要求，对在社团兼职情况进行了全面清理。积极开展整治文山会海、整治衙门作风、清理借调人员等专项整治工作，切实整改了一批顽疾，密切了党群干群关系。

强力推进安全生产重点工作

一是加强领导，进一步强化安全生产“红线”意识。及时报请省政府召开 4 次安委会、2 次常务会和多次专题会，及时传达学习习近平总书记关于“发展决不能以牺牲人的生命为代价”等安全生产重要指示批示，研究解决重大问题，安排部署工作，强化组织领导。代省政府起草了一号文件，坚持“安全第一、预防为主、综合治理”的方针，坚持以人为本、生命至上、安全发展的理念，要求各级各部门各单位牢固树立“红线”意识。二是明确职责，进一步落实安全生产责任。深入调查研究，广泛征求意见，代省委、省政府起草了《关于实行安全生产党政同责的意见》，督促全省 11 个市、119 个县(市、区)及 18 个开发区(园区)出台了落实党政同责的文件，实现了“三级五覆盖”。大力倡导各级各部门广泛开展“知责、履责”活动，实现了事事都有责任制，处处都有责任人，人人都有责任心。经省政府批准，分解下达了 2014 年安全生产控制指标；修订了各市和各有关厅局的年度安全目标责任书，并进行了严格考核。通过加强监管，督促企业严格落实安全生产主体责任，切实做到安全投入、安全培训、基础管理、应急救援“四个到位”。三是严密组织，扎实开展安全生产大检查和隐患排查治理行动。深刻汲取“3·1”特别重大事故教训，按照省政府决策部署，在全省组织开展了为期 6 个月的安全生产大检查。按照大检查突查方案的要求，省政府领导和有关部门负责人采取“四不两直”等方式，带队进行了突查。协调成立 5 个督导组先后两轮对大检查工作进行了督查检查。根据国家安监总局的安排部署，从 8 月份至年底，在全省煤矿、金属与非金属矿山、危险化学品、油气管道、道路交通、建筑施工、消防等重点行业领域广泛开展了打非治违专项行动。在这两次行动中，全省共组成 21460 个督查检查组，检查企业 39 万余家，发现问题及隐患 72 万余条，打击和查处非法违法行为 4455 起，及时消除了一大批安全隐患。四是突出重点，进一步加大安全监管力度。非煤矿山方面，组织专家对 20 个非煤矿山重点县、重点矿区和重点矿山进行了大排查、大会诊、大整治，关闭金属非金属矿山 384 座，提前一年完成关闭任务，治理病库 25 座，全年未发生安全生产事故。危险化学品方面，深化提升危险化学品领域本质安全水平专项行动，持续强化“两重点一重大”和特殊作业等重点环节安全监管。先后召开 6 次片区座谈会，推动加强危险化学品安全监管。冶金工贸方面，强化有限空间、粉爆场所、涉氨制冷企业液氨使用等专项整治，责令24家不符合规定要求的企业停产整顿。职业健康方面，扎实开展职业卫生执法监督年活动，深化重点行业职业病危害专项治理，强化建设项目职业卫生“三同时”源头管控，有效防范了职业危害。同时，对煤矿、道路交通、建筑施工、油气输送管道、人员密集场所等行业领域有效实施了综合监管，推动了重点行业领域专项整治工作持续深入开展。五是吸取教训，进一步严格事故责任追究。全年转发、下发事故通报23份；对省内发生的较大事故，各部门和各行业都及时召开了事故案例分析会和视频会；组织拍摄了多部事故警示教育片下发基层，较好地起到了警示、教育和震慑作用。全年对12起较大生产安全事故进行了挂牌督办，各级安全监管监察部门对91起事故进行了严肃查处，给予党纪政纪处分354人，追究刑事责任66人。六是夯实基础，进一步增强安全生产保障能力。组织开展“平安山西”网络安全知识竞赛、“安全生产宣传咨询日”、“三晋安全行”等安全生产月系列活动，营造安全生产浓厚氛围。围绕新安法的颁布实施，组织对省长进行了专访，局长在山西日报发表了署名文章，大力开展学习宣传和教育培训，培训各级各类人员共计2万余人次。积极推进安全乡村建设，全省安全乡村覆盖率达到了86.3%，全面完成了年度任务。加强事故应急救援管理，积极推进应急救援机构队伍建设，参与指导应急演练30余次，有效提高了应急救援处置能力。

加强党风廉政建设推进“六权治本”

以落实中央八项规定精神为重点，强化廉政责任落实，加大风险防控力度，积极推进“六权制本”，使党风廉政各项举措切实落到实处。一是强化党风廉政建设“两个责任”落实。召开全省安监系统党风廉政建设和反腐败工作会议，印发局党组《2014年度党风廉政建设和反腐败工作责任分解》，与机关各处室和各直属单位签订了党风廉政建设责任状，进一步明确了“两个责任”。狠抓中央八项规定落实，突出节假日等重要节点，严禁公车私用、公款吃喝，严控公务活动，会议次数、会议经费同比下降了22.72%和92.13%；文件数量同比下降9.75%；公务接待费用同比下降10.6%；车辆运行费用同比下降7.9%。二是扎实开展廉政教育和风险防控工作。以算好人生“七笔账”为主题，开展了廉政教育月活动；围绕安全执法、安全许可、事故调查处理、中介机构监管、财务管理等环节，开展了廉政风险排查防控；围绕安全生产大检查、六打六治等专项行动，开展了廉政督查；按照“一岗双责”要求，局领导与机关干部和直属单位主要负责人进行了勤政廉政谈话。从严信访举报核查，全年共核实信访6件，对党员干部廉洁自律、依法行政起到了警示作用。三是推进“六权治本”，加强廉政源头管控。按照“六权治本”的要求，扎实推进行政审批制度改革，着力形成“不敢腐、不想腐、不能腐”的长效机制。公布了新的行政审批事项目录，取消了4项行政许可项目，下放了非煤矿山90%以上的审批事项。认真开展权力清单编制工作，对我局所有行政权力进行了摸底排查和合法性审查归类，初步拿出了权力清单、责任清单，制定了工作流程图，积极推进“六权治本”，从源头上防范腐败发生。

（刘英池）

附：省安全生产监督管理局党组书记、成员名单

书　记：霍红义

成　员：王玉成　刘德政（1月离职）　牛建华　王天庆（8月任职）　杨振中（8月任职）

省旅游局党组工作概况

党组书记　冯建平

2014年，在省委省政府的正确领导下，省旅游局各级党组织认真学习贯彻党的十八大和十八届三中、四中全会精神，学习贯彻习近平总书记系列重要讲话精神和党中央对山西工作重要指示要求，按照省委十届六次全会精神和王儒林书记对旅游工作的重要指示，带领广大党员，面对严峻复杂的形势和繁重艰巨的任务，在做好“非煤产业”大文章的思路上，积极探索发挥旅游业在服务业的领头羊作用，努力实现旅游业的“六大发展”，产业呈现发展迅猛的良好势头。

一、抓思想建设，努力实现弊革风清，塑造山西旅游崭新形象

（一）深入学习贯彻习近平总书记系列重要讲话精神。

2014年，省旅游局党组认真学习贯彻习近平总书记系列重要讲话精神，坚持注重自身建设，致力创建学习型、服务型、创新型高效廉洁的机关。

2014年，局党组中心组学习16次累计16天，党员干部集中学习2次，专家专题辅导2次。党组书记讲党课3次，支部书记讲党课7人次。通过学习，大家认识到：习近平总书记一个时期以来的系列重要讲话，内容丰富、博大精深，是我党的最新理论成果、宝贵精神财富和强大思想武器，也是全党做好各项工作的根本遵循。全局广大党员干部特别是领导干部进一步深刻领会了习近平总书记系列重要讲话的科学内涵、思想精髓、精神实质和实践要求，准确把握了讲话中体现的为民情怀、反映的历史担当、阐述的科学方法，端正了世界观、人生观、价值观和权力观、事业观、是非观、义利观，为推进山西省旅游业改革打下坚实的基础。

（二）深入开展学习讨论落实活动。

按照省委和省委活动办的要求，在省委督导组的精心指导下，省旅游局党组精心组织，周密部署，认真组织全体干部职工开展以“学习习近平总书记系列重要讲话精神，净化政治生态，实现弊革风清，重塑山西形象，促进富民强省”为主题的学习讨论落实活动。认真学习习近平总书记系列讲话，学习中央政治局常委刘云山同志在全省党员领导干部大会上的重要讲话，学习省委书记王儒林同志在学习讨论落实活动动员会上的讲话、在省委十届六次全会上的讲话和在全省经济工作会上的讲话。组织全体干部职工观看了《苏联亡党警示录》《警钟长鸣》等廉政警示教育片，组织了党组中心组、党支部集中学习讨论，撰写党组反思剖析报告，制定整改方案。确定了全局开展学习讨论落实活动的38项具体任务及责任领导、处室、完成时限。按照活动方案，做到规定动作不漏项，自选动作有新意。以学习讨论落实活动的实际成果，扎实推进各项工作再上新台阶。

(三)坚定理想信念、政治立场，严守政治纪律和政治规矩。

针对山西出现的系统性、塌方式严重腐败问题，局党组认真学习中央及省委对山西工作的指示，结合全省旅游工作特别是本局工作实际，深反思，查影响，追问题，找不足。吸取深刻教训，清思想根源，涤制度漏洞，及时教育和引导全局广大党员干部，做到自重、自醒、自警，坚定理想信念、政治立场，严守政治纪律和政治规矩，依法依纪依规办事，在思想上政治上行动上同党中央和省委保持高度一致，把党员、群众个人的看法、议论引导到正确的轨道上来。努力实现省委提出的弊革风清新要求，塑造山西旅游崭新形象。

二、抓作风建设，努力形成风清气正的政治生态环境

(一)巩固党的群众路线教育活动成果，坚决反对“四风”。到2014年年底，省委“两方案一计划”涉及旅游部门的具体工作任务配合省委宣传部做好清理整顿节庆活动已经整改完成，省旅游局“两方案一计划”所列出的任务已经整改落实到位。强力推进作风建设，认真落实中央八项规定精神，大力精简会议和文件简报，厉行勤俭节约，转作风、树新风。扎实开展学习讨论落实活动，反思问题、剖析原因，变压力为动力、化被动为主动。紧盯重要时间节点，要求旅游系统全体党员干部进一步严明党的纪律，廉洁从政，自觉遵守中央八项规定，严肃查处“四风”隐形变异问题。坚持专项整治与建章立制相结合，围绕解决“四风”突出问题，建立健全制度机制特别是禁止性规定，用制度管住干部行为，用机制规范权力运行，以制度机制固化专项整治成果。

1.完善各项制度。制定出台了《山西省旅游局公务卡管理办法》《山西省旅游局机关国内差旅审批办法》《山西省旅游局机关会议费管理办法》《山西省旅游局机关因公临时出国(境)经费管理办法》《山西省旅游局商品和服务采购及工程项目招标监督管理办法》《山西省旅游局政府采购非招标采购方式管理办法》等15项制度。

2.治理文山会海。2014年，省旅游局共下发文件14种，同比减少1种；下发文件383份，同比减少4.8%；印发简报1种，同比减少66.7%。召开全省性和业务性会议26次，同比下降42%；支出经费36.81万元，同比下降70.71%。

3.严格三公经费支出。公务车辆实行定点加油、定点维修、定点投保，公务用车没有出现违规情况。在山东、浙江、安徽、福建、广西、湖南六省(区)促销活动中，工作人员住宿一律选在三星级以下酒店，吃饭一律选在一般社会餐馆，与以往举办类似的推介会相比，经费支出下降了50%以上。2014年，局机关公务接待共10批次，同比减少80%；接待人数66人，同比减少75%；支出经费4.5万元，同比减少71%。

4.密切联系基层、联系群众。2014年，山西省旅游局出台《关于完善党员干部直接联系群众制度的实施意见》。局领导班子成员下基层调研共105次，同比增长65%，调研单位共96个，同比增长58%。党组书记、局长冯建平在太行山大峡谷调研后撰写的文章《太行山大峡谷资源整合的实践和启示》在省委办公厅《工作研究与交流》刊物上发表。冯建平同志结合学习十八大精神撰写的体会文章《敢于担当，全面落实党风廉政建设主体责任》一文，在全国旅游局系统进行了学习交流，并被国家旅游局《旅游行风》杂志全文刊登，受到好评。在局企业改制领导组的努力下，山西旅游服务公司、山西省翻译公司等四家原局直属企业的破产改制工作取得重大进展。

(二)加强法治建设，实施“六权治本”。坚持法治思维和法治方式，扎紧制度笼子，坚决堵塞制度漏洞，铲除滋生腐败的土壤，确保权力始终沿着法治化、规范化、公开化轨道运行。责成班子成员和纪检组对局机关、直属单位进行细致摸底查排，拉出各个部门、各个单位权力清单，盯紧易发生问题的地方或岗位，进一步修订完善群众路线教育实践活动后出台的《省旅游局制度汇编》。从局机关到直属单位，严格落实“一把手”不直接分管干部人事、财务、工程项目、行政审批、物资采购等方面的工作，由分管领导具体负责；凡涉及到人员招录调动、干部提拔调整、重大经费开支、工程立项招标等重大事项，一律提请党组会集体研究决定；对局机关各处室、直属事业单位职能、职责及权限范围进行了全面系统地梳理，编制监督目录和细则。

三、抓组织建设，充分发挥好党组织的战斗堡垒和党员的先锋模范作用

(一)以创先争优长期化，推进省旅游局机关和直属单位党组织建设和党员队伍管理。

省旅游局直属机关党建工作形成了党组、机关党委、党支部齐抓共管“三位一体”的新模式。以“创先争优”活动、保持党的纯洁性学习教育活动、党的群众路线教育实践活动成果为抓手，紧抓组织建设不松懈，增强基层党组织的创造力、凝聚力和战斗力。激发党员的工作热情，展示共产党员的先进形象。通过组织党员干部学习党的理论、党的知识、党的历史、党的优良传统，增强党员干部知党、爱党意识，使广大党

员树立正确、科学的世界观、人生观、价值观和科学发展观。进一步激发了各基层党组织和广大党员创先争优的积极性。

2014年12月，省旅游局召开党员大会，组织了局直属机关党委、机关纪委按时换届工作。

（二）深入抓好干部队伍培养。大力提升干部队伍素质，做到经常性教育与集中培训相结合，创造条件，鼓励党员和干部参加自主选学、在线学习，党员干部讲党课制度，共组织8批18名机关和事业单位干部赴哈尔滨工业大学、上海交通大学、武汉大学参加研修班，重点学习了资源型地区转型发展、领导能力构建与提升、公共管理与战略思维、旅游产业创新发展等方面的知识。局党组注重对党支部委员和党务工作人员进行党务工作培训，围绕科学发展观、党的方针政策、业务知识、经济、文化、法律等领域的基础知识开展专题教育，不断提高党务工作水平。

（三）对精神文明建设工作常抓不懈。紧紧围绕省旅游局中心工作，积极培育和践行行业社会主义核心价值观，提升旅游行业文明程度。扎实开展群众性文明创建活动，着力提升干部职工思想道德水平和科学文化素质加强机关文化建设。组织参加了省直五项全能知识竞赛、总工会书画摄影诗词大赛、专题征文等活动，实现文化共享，丰富省旅游局干部群众的精神文化生活。大力开展“文明上网”、“文明行车”、“文明出行”等旅游活动，广泛开展“讲文明树新风”公益广告宣传活动。把文明创建作为党的建设的重要内容来抓，以文明创建促进中心工作的开展。

四、抓好党风廉政建设，为旅游业发展提供坚强保证

（一）认真落实党风廉政建设主体责任。把党风廉政建设和反腐败斗争摆在更加突出的位置，主要领导作为第一责任人，重要工作亲自部署、重大问题亲自过问、重点环节亲自协调、重要案件亲自督办；班子其他成员根据工作分工，履行“一岗双责”，对职责范围内的党风廉政建设负主要领导责任。与机关各处室及直属事业单位负责人签订了《党风廉政建设目标责任书》，明确了各处室和直属单位负责人要相应履行职责范围内党风廉政建设第一责任人的职责。制订出台了《中共山西省旅游局党组关于落实党风廉政建设党组主体责任的实施意见》和《中共山西省旅游局党组关于落实党风廉政建设纪检组监督责任的实施意见》；并列出了《关于山西省旅游局党组落实党风廉政建设主体责任清单》和《关于驻省旅游局纪检组监察室落实党风廉政建设监督责任清单》，推动机关各处室、直属单位落实主体责任，建立起一级抓一级、层层抓落实的责任体系。

（二）开展“工作秩序涣散、纪律松弛”专项整治工作。按照省纪委、省委组织部、省监察厅和省人社厅《关于开展“工作秩序涣散、纪律松弛”专项整治工作的通知》精神，在全局系统开展了集中整治贻误工作、自由散漫、效率低下等影响发展环境、损害党和政府形象的违反纪律行为的“工作秩序涣散、纪律松弛”专项整治工作。通过专项整治，全局机关及直属事业单位干部队伍的战斗力和凝聚力明显增强，工作秩序、精神面貌明显改进。

（三）切实规范行政执法行为，提高行政执法水平。省局制定了详细的实施方案，各级纪检组长亲自监督检查，深入调查研究，定期听取汇报，及时解决问题，有力地推进了专项检查活动的深入开展。针对中央电视台报道的五台山偷逃门票、假和尚拦路强行收钱、个别寺庙利用刻碑串通导游敛财和恒山假道士等问题，省旅游局联合省公安厅、省工商局、省物价局等部门直接督办，对规范全省旅游市场秩序，促进我省旅游产业健康发展起到了有力的震慑作用。

（四）注重教育培训，加强党风廉政教育。宣传先进典型，运用反面案例进行警示教育，局领导带头宣讲学习党的十八大精神、十八届三中、四中全会精神，组织全体党员干部观看反腐倡廉、典型案例警示教育片。给干部职工思想上带来了的极大震动。对于广大党员干部，特别是领导干部廉洁从政，严守党纪国法，推动党风廉政建设和反腐斗争，都具有重要的意义。

（五）支持驻局纪检组转职能、转方式、转作风，聚焦主业，强化监督职责。进一步增强自觉接受监督、主动接受监督的意识，加强与驻局纪检组的沟通协作，支持驻局纪检组查办案件、履行监督执纪问责职责，形成党风廉政建设工作合力。一是调整了分工，集中精力抓主业。纪检组长不再分管除纪检监察工作以外的其他工作，集中精力，专司监督检查、执纪问责职责。使以前由纪检组监察室牵头或主抓的议事协调机构或工作任务由原来的29个，减少到3个，精简比例90%。二是突出重点，强化问题线索排查和案件查办工作。在局机关、直属单位及旅游系统内传递了严肃党纪政纪和反腐败斗争的决心和态势，传导了“有案必查、有腐必反、有贪必肃”的高压态势。三是进一步加大监督检查力度。围绕省纪委监察厅和省旅游局的中心工作，在开展了对中央八项规定及省委四个实施办法执行情况的监督检查、“工作秩序涣散、纪律松弛”专项整治工作、阶段性节假日节点专项监督检查、整治“会所中的歪风”等10项专项整治、规范旅游行政执法行为、加强旅游政风行风建设等六个方面的专项监督检查，取得了明显的成效。四是与局机关各处室全体工作人员、直属事业单位班子成员及科以上干部，分别进行了廉政谈话；开展了梳理部门权力清单工作，真正把权力关进制度笼子。五是承担了驻国家旅游局纪检组《关于派驻旅游行政管理部门纪检监察机构履行监督职责》和省纪委《派驻机构的监督职责研究》、《纪检监察机构转职能、转方式、转作风问题研究》三项课题研究任务，其中《关于派驻旅游行政管理部门纪检监察机构履行监督职责》荣获国家旅游局2014年旅游纪检监察课题研究三等奖。

五、大力推进旅游业转型升级，为促进富民强省做出积极贡献

深入贯彻落实国务院关于促进旅游业改革发展的若干意见精神和省委十届六次全会精神，推动产业健康发展。

2014年,面对严峻复杂的经济形势,全省旅游系统迎难而上,主动作为,为全省稳增长、调结构、促转型、惠民生作出积极贡献。据省统计局资料,全省全年入境旅游人数达80.68万人次,同比增长4.92%,完成年度目标的100.85%;旅游外汇收入3.16亿美元,同比增长5.29%,完成年度目标的100.96%;接待国内旅游者人数达29951.11万人次,同比增长21.73%,完成年度目标的106.78%;国内旅游收入2829.29元人民币,同比增长25.54%,完成年度目标的104.62%;旅游总收入达2846.51亿元人民币,同比增长23.47%,完成年度目标的104.63%。

山西旅游业在满足游客旅游的同时,积极推动经济增长,促进社会进步,扩大对外影响。一是推动了经济增长。2014年全省实现旅游增加值1197.6亿元,占全省GDP的比重为9.4%,占全省第三产业增加值的比重为21.3%,为全省增加财政收入227.5亿元,占全省财政总收入的12.5%。旅游业已经成为全省现代服务业中重要的产业之一。二是促进了社会就业。2014年,全省新增旅游直接从业人员6.1万人,新增间接从业人员15.3万人。截止2014年年底,全省共有旅游直接从业人员50万人,间接从业人员203.3万人。三是带动了社会相关消费。2014年去全省因旅游业所带动的餐饮消费总额为230.1亿元,住宿业消费总额为241.9亿元,带动社会消费品零售总额381.6亿元。2014年旅游产业发展呈现出可喜的新特点:

(一)品牌形象有了新提升。2014年,全省旅游系统采取"走出去、请进来"的方式,全方位塑造宣传推广山西旅游形象、旅游产品。组团参加了由国家旅游局组织的境外宣传推广活动和国内外大型旅游展。先后奔赴山东等6省区市搞市场宣传推介,有6省区420家大型有实力的旅行社参加了推介、对接、签约,220家国家级、省级主流媒体和新媒体作了集中报道。通过国家旅游局邀请重要客源地的加拿大、美国、日本、港澳等旅行商和新闻媒体栏目编辑、记者等来山西考察踩线,推介山西旅游线路。依托省内旅行社邀请台湾、浙江、广东、深圳等省外旅行商来山西考察踩线,组织输送更多游客到山西旅游消费。2014年下半年,抓住上海国际旅游交易会举办的契机,通过国家旅游局安排参加旅交会的32个国家和地区的241名国外、境外旅行商到山西踩线考察,并举办了中国山西首届国际旅行商采购大会,这是山西旅游宣传推广的一次重大突破和创新,极大地拓展了三晋山水、风光在国际旅游市场的影响力和知名度,被省有关部门、主流媒体评为"2014年度山西十大经济新闻"之一,也因此受到国家旅游局的表彰,在全国旅游市场工作会上作了典型发言和经验交流。

在巩固品牌、扩大影响方面,省旅游局按照省、市联合的方式继续在中央电视台和凤凰卫视等海内外重要电视媒体宣传推广。与中国旅游报社联合举办了"2014美丽中国行—大型媒体山西采风活动"。与香港商报联合举办了"2014首届著名作家山西行"活动。与山西电视台合办"山西旅游攻略"栏目,与山西日报合办"我眼中的最美山西乡村"专栏,与新华网等新媒体合作进行网络宣传促销。支持推动太原市旅游局牵头成立了"京冀晋陕高铁旅游城市联盟"。在国家旅游局的支持下,牵头成立了沿黄九省区"中国黄河旅游市场推广联盟"。通过全方位、大力度宣传推广,山西旅游品牌形象有了新提升,被中国旅游产业发展年会组委会评为"2014中国旅游营销创新前10名"、"2014美丽中国主题旅游十佳线路"。

(二)项目建设有了新推动。2014年,经过旅游管理部门和旅游企业的积极努力,共有24个旅游项目列入全省发展改革建设项目,投资总额740亿元。特别是一批资源型企业转型投资发展旅游业,投入资金规模大,建设标准高,社会影响好,经济效益佳。据初步统计,至2014年年底,全省已有215家资源型企业新投资开发旅游景区、星级饭店、休闲度假区和娱乐设施,总投资400亿元,带动社会资本1700亿元。其中超过5亿元项目14个,超过10亿元项目9个。7月,省旅游局联合省综改办、重点办、金融办、证监局等单位,在阳城县召开了资源型企业转型发展旅游业座谈会,全面总结推广阳城、灵石等市县支持、引导煤焦企业和社会资本投资发展旅游业的经验。用实践证明,开采地下矿产资源积累的资金开发地上的旅游资源,符合山西实际;旅游业属于朝阳产业,投资风险小,产业关联度高,劳动就业密集,是比较理想的接续产业、富民产业。它对自然环境有较高的要求,属于绿色产业,可美化环境,提升当地人民群众生活质量。资源型企业转型发展旅游业,也是对当地生态建设、社会建设的一种补偿和回馈,群众拥护,百姓受益,地方也满意。

(三)产品结构发生新变化。旅游转型是市场新的需求。全力推动旅游产品向观光、休闲、度假并重转变,是旅游新概念、新理念。2014年,盂县大汖温泉、交城果老峰水上乐园、灵石崇宁堡温泉度假酒店等一批休闲度假产品相继向游客开放。旅游部门加大了扶持乡村旅游力度,安排1500万元专项资金,重点用于乡村旅游的停车场、厕所、垃圾污水处理、绿化等配套设施建设。在全省范围内组织评选出了第一批"最美旅游村(村庄、村落)"。根据省政府《关于推进文化创意和设计服务与相关产业融合发展的行动计划的通知》的精神,在省委宣传部、省发改委等10部门支持下,开展了"2014山西百佳休闲旅游产品"推选活动,推出一批旅游文化小镇、旅游休闲度假区、森林旅游景区、文化体育娱乐产品,以推动山西休闲、度假、娱乐、健康类旅游产品开发,进一步优化全省旅游产品结构。

(四)景区创建迈出新步伐。景区是旅游的核心吸引物,标准化创建是提高景区服务能力和综合效益的有效手段,高等级景区的数量象征着一个地区旅游业发展的实力和水平。通过各级旅游部门对高等级景区创建的有力督促与指导,全省各地创建高等级景区的积极性高涨。2014年,全省共有10家4A级景区开展了5A级景区创建工作,43家景区开展了4A级景区创建工作,成效明显。乔家大院成功创建国家5A级景区,成为山西第5家5A级景区;平遥古城通过了国家旅游局5A级景区暗访检查,即将进行现场验收;雁门关、洪洞大槐树、太行山大峡谷等景区已经向国家旅游局申报,准备迎接5A级景区景观质量评审。20家景区成功创建国家4A级景区,全省4A级景区数量由64家增加至83家。

(五)智慧旅游实现新突破。省旅游局与中国移动山西公司合作建设了重点旅游景区流量动态监测系统,覆盖了全省68家4A级以上旅游景区,实现了游客流量实时动态监测、游客来源分析、游客驻留分析、游客流量数据报表等功能。为旅游统计分析和管理决策提供数据支撑。山西被国家旅游局列为"全国重点景区游客流量动态监测系统"试点单位。省旅游局配合省基础地理信息院(原省测绘局)开发了山西省智慧旅游地理信息服务平台。山西省智慧旅游地理信息服务平台通过将旅游资源信息和空间基础地理信息数据的高度融合,开发了旅游地理信息在线服务系统、旅游地理信息网络发布系统、真三维虚拟旅游体验系统、移动端应用系统、旅游专题信息采集系统和运维系统,该平台已通过了验收,2015年3月份将正式上线运营。

(六)配套设施建设有了新进展。在国家旅游局和省旅游局的支持下,2014年投资2600万元的旅游配套项目实施顺利,一批旅游厕所、停车场以及景区的污水、垃圾处理设施投入使用。投入1000万元,启动了全省高速公路旅游标识配套工程,对28条高速公路共计222块旅游交通标识牌进行配套,涉及45家景区,年底全部完成,2015年进行了验收。

(七)依法治旅取得新成效。以深入贯彻落实《旅游法》为重点,在抓好日常旅游市场秩序监管的基础上,针对媒体曝光的突出问题,省旅游部门联合公安、工商、物价、宗教等部门进行为期三个多月的旅游市场秩序专项整治,加大力度整治景区市场、非法经营旅游业务行为、旅行社及导游市场和旅游价格及商品市场等方面存在的突出问题。特别是对五台山景区假和尚拦路强行收钱、个别寺庙利用刻碑串通导游敛财和恒山假道士骗取游客钱财等问题,由省旅游局、公安厅、工商局、物价局直接督办,依法依规处理8人。开展旅游公益宣传活动,印制发放了20万份《旅游者主要权利和义务指南》、5万份《中国公民国内旅游文明行为公约》《中国公民出国(境)旅游文明行为指南》。与此同时,严格落实"一岗双责"、企业安全生产责任和行业监管责任,在抓好省政府安全生产"10项制度"落实的基础上,制定了安全生产挂牌责任制度、消防安全制度,修订了《山西省旅游行业企业安全生产"黑名单"制度》和《一票否决制度》,重点抓了小长假、5·19中国旅游日、9·27世界旅游日等重要时节、重点环节的安全监管工作。全省没有发生任何旅游安全事故,省旅游局连续12年被省政府评为安全生产先进单位。

(八)资源整合走出新路子。壶关县太行山大峡谷资源整合受到了社会广泛关注,也取得了很好的经济效益、社会效益。2014年门票收入较资源整合前增长了1倍,吸纳当地3000多人就业,增加收入5000余万元。壶关县太行山大峡谷景区整合资源、推进改革的实践,是一个零散景区如何实现资源一体化、经营专业化、效益最大化的成功案例。按照省政府推广太行山大峡谷景区资源整合和体制机制改革经验的要求,省旅游局在壶关县召开了全省旅游资源整合暨管理体制改革现场会,深入总结了太行山大峡谷景区资源整合的成功经验,并予以推广。其它各种类型的旅游资源整合都在积极探索发展中。

(魏　然)

附:省旅游局党组书记、成员名单

书　记:冯建平

成　员:王炳武(6月离职)　王文保　贾文儒(2月任职)李　贵　王　琳

省宗教事务局党组工作概况

党组书记　高　键

一、认真学习,巩固成果,推动民族宗教工作科学发展

(一)深入开展学习讨论落实活动,切实把思想统一到省委决策部署上来. 按照省委要求,党组把开展学习讨论落实活动作为重大政治任务、政治责任、政治考验高度重视,认真对待。以习近平总书记系列重要讲话精神为根本遵循,领导班子成员带头,深入学习中央领导刘云山同志,省委书记王儒林同志在全省干部大会上的讲话。观看省纪委典型案例教育片,开展警示教育。全体党员干部、各支部、党组班子自下而上、自上而下开展反复讨论,支部、处室开展讨论5次,全体党员干部讨论3次,党组扩大会讨论4次。坚持问题导向,领导干部带头把自己摆进去,联系机关工作实际、深刻查找思想作风根源和体制机制漏洞,形成反思剖析报告。

(二)巩固和拓展群众路线教育实践活动成果,狠抓整改落实。党组严格对照中央和省委专项整治工作要求,对照21条清单逐条自查自纠,整改方案均整治完成,取得明显成效。一是省委领导班子"两方案一计划"中4项涉及内容,已全部整改落实完成。二是《局(委)领导班子整改落实方案》拟定的15项整改落实任务,除一些属于长期工作任务取得阶段性成果外,整改工作也已完成。三是《局(委)专项整治方案》6项属于长期工作任务整改取得阶段性成果外,其它专项工作也已整改完成。四是《局(委)制度建设计划》新建制度6项,修订制度4项,都已正式下发执行。

(三)加强法治建设,推进"六权治本"。按照"六权治本"

思路,确保权力始终沿着法治化、规范化、公开化轨道运行。局(委)已编制完成权力清单(初稿)。对9项行政审批许可事项、2项行政奖励、2项行政给付、1项行政确认、15项行政处罚、4项其他行政权力等权力运行工作,明确主体、条件、程序和监管方式,规范运作流程,纪检部门全程介入,有效防范权力运行边界不清导致以权谋私问题发生。

(四)加强领导班子和干部队伍建设,改进工作作风。注重领导班子思想建设、制度建设和作风建设。坚持党组中心组学习制度,党组会议和局长办公会议议事制度。坚持民主集中制原则,充分发挥每个班子成员的工作积极性,在重大问题、重要决策上,做到集体领导、民主集中、个别酝酿、会议决定,领导班子内部团结协作,凝聚力不断增强。加强机关建设,制定《山西省宗教事务局(省民委)机关工作规则》,提高行政效能。严格干部管理,严肃政治纪律、组织纪律、劳动纪律。局(委)机关党建工作取得明显成效。

二、落实党组党风廉政建设主体责任,坚决执行八项规定

局(委)党组始终把落实好党风廉政建设责任制工作摆在重要位置,制定《省宗教局(省民委)落实2014年反腐倡廉工作任务责任分解实施意见》,印发《建立健全惩治和预防腐败体系2013-2017年实施方案和任务分工》;严肃政治纪律,认真落实重大决策、重要干部任免、重大项目安排和大额度资金使用等重要问题集体讨论决定的规定。严格执行八项规定,严格执行财经纪律,严格控制"三公"经费。改进调查研究、精简会议活动、精简文件简报,厉行勤俭节约、反对铺张浪费;加强权力运行制约和监督,将廉政工作关口前移,做到预防问题、发现问题和解决问题相统一。认真落实专项治理工作,完成治理"小金库"工作,完成少数民族发展资金、寺观教堂维修费专项检查工作,开展"工作秩序涣散纪律松弛"专项整治,清理违规用车、办公用房,未发现违反规定的行为;积极推进驻局(委)纪检组监察室实现"三转"工作,充分发挥了纪检监察部门的作用。严格执行党政领导干部选拔任用条例,调整机关和事业单位领导和非领导职务19人次。

三、突出重点,狠抓落实,完成全年工作目标任务

(一)推动少数民族经济社会各项工作发展。深入开展民族团结进步创建活动。认真贯彻中央民族工作会议精神,提出我省贯彻中央民族工作会议精神意见。中央民族工作会议结束后第2天,王儒林书记在全省县(市、区)委书记、县(市、区)长以上人员参加的党员领导干部大会上,传达贯彻中央民族工作会议暨国务院第六次全国民族团结进步表彰大会精神。在全省广泛开展民族团结进步模范评比活动。抓紧筹备我省民族工作会议暨第六次民族团结进步表彰大会。加大对少数民族贫困村的扶持力度。召开全省少数民族聚居村经济发展现场会,推广少数民族聚居村经济社会发展的经验做法,对少数民族贫困村支书(村长)进行政策培训。落实国家扶持少数民族特需商品定点生产企业的优惠政策,全省29家民品企业享受流动资金国家优惠利率贴息额8300余万元。鼓励支持山西民品企业为贫困山区捐款捐物90余万元。促进少数民族教育体育事业发展。2014年山大附中被国家民委确立为全国民族团结进步创建活动示范学校。培育推广少数民族传统体育项目,翼城县北关村被国家有关部门确定为全国唯一的村级少数民族传统体育示范基地。做好参加第十届全国少数民族传统体育运动会准备工作。

(二)加强城市民族工作。推进机制建设。指导少数民族流动人口较多的市进一步完善城市少数民族流动人口服务管理工作相关制度。贯彻中央第二次新疆工作座谈会精神,配合省政法委做好成立山西省新疆少数民族工作领导组的筹备工作,拟定相关工作制度,同新疆自治区民委就建立少数民族流动人口流入地和流出地协作机制达成初步共识,指导民族工作重点市与周边省市,建立跨区域民族工作协作机制。加强社区民族工作。与省民政厅联合下发《山西省关于加强新形势下社区民族工作的意见》,举办社区民族工作示范经验推进会暨城市民族工作座谈会。指导太原市打造社区民族工作示范点,指导长治、阳泉等地建立少数民族服务站,组建民族工作志愿者队伍,全力推进城市民族工作。

(三)依法管理民族宗教事务。以纪念《宗教事务条例》颁布十周年为契机,全面总结《条例》实施情况。在试点的基础上,全面实施宗教活动场所主要教职任职备案办法,做好换发宗教活动场所登记证工作,推动实现宗教活动场所管理的规范化、民主化、信息化。认真做好行政审批和地方性法规清理工作。经省政府审定保留9项行政审批事项,并在网站公开。进一步规范清真食品市场。向省人大提出《山西省清真食品监督管理条例》修订意见。与省食安办协作在全省开展清真食品生产经营场所大检查。认真落实宗教活动场所安全、财务监管责任制。召开宗教活动场所财务监督管理现场会,不断提高宗教活动场所管理的法治化水平。开展大规模宗教活动场所安全大检查,多次下发关于场所安全、反恐、反邪教等工作的通知,完善应急处突领导机制和工作预案,加强敏感节点和节日期间宗教活动安全工作。全年依法妥善处置各类突发情况和事件40余起,有力维护了社会稳定。

(四)推动开展宗教领域专项工作。深入贯彻41号文件精神,规范宗教活动场所设立和改扩建,杜绝乱建、违建。指导五台山风景区、恒山景区开展督查整治。针对央视对五台山、恒山景区旅游乱象曝光问题,积极指导有关部门对景区宗教环境开展专项综合整治行动,严肃查处违法宗教活动和借教敛财等乱象,受到中央领导同志的充分肯定;召开山西省伊斯兰教制度建设暨清真寺民主管理经验交流会,交流清真寺民主管理工作经验,积极推进伊斯兰教工作健康发展。落实国宗局关于朝觐工作要求,严格朝觐组织管理,圆满完成了朝觐任务;稳步推进长治教区助理主教祝圣工作,举办全省天主教聚居村(社区)书记、主任培训班。

(五)加强宗教团体建设。坚持宗教团体领导班子成员双月政治学习例会,推动省属宗教团体健全完善各项制度。指

导省级宗教团体及天主教各教区负责人开展述职评议活动，并积极在市级宗教团体推广述职评议考核工作经验，逐步形成全省宗教团体负责人述职考核工作机制。开展讲经讲道交流活动。指导宗教界开展培育和践行社会主义核心价值观活动，开展法制宣传月活动和教风年建设活动。指导和支持举办全省汉传佛教讲经交流活动、全省道教玄门讲经活动、全省基督教讲道交流活动，促进了宗教教职人员正信正行，获得了广大信众和社会各界好评。

（六）服务少数民族群众和信教群众。协调各方力量探索宗教界服务社会的新途径。协调省扶贫办、省农业厅继续加大对少数民族贫困村的扶持力度，协调财政、银行全面落实国家扶持少数民族特需商品定点生产企业的优惠政策；配合财政部门对我省部分少数民族定点企业开展专项检查；支持宗教界规范化开展公益慈善活动，组织开展 2014 年我省“宗教慈善周”活动。努力为群众解决实际困难。全面落实国家关于宗教活动场所用水、用电、用气价格执行居民生活价格的优惠政策。目前全省各地宗教团体和宗教活动场所在用水、电、气等方面的优惠政策基本落实，大大减轻了宗教界的负担。据粗略估算，仅就用电一项，落实优惠政策，将为宗教活动场所节省近千万元。开展慰问联系宗教界代表人士活动，2014 年春节前，局（委）挤出工作经费近 20 万元慰问了全省 108 名宗教界代表人士。在教师节向五台山尼众佛学院的 48 名教师发放慰问金。

（七）加强宗教工作三支队伍培训。深入调查研究。开展“大调研、接地气”活动，开展全省民族宗教基本情况调研，形成了一批高质量的调研报告。加强干部培训。利用民族宗教知识系列讲座平台、邀请省纪委和省直单位领导授课辅导等形式，持续不断开展学习教育培训。举办了全局（委）依法行政培训班，荣获国家宗教局信息工作先进单位。强化教职人员教育。举办了全省基督教义工培训班、全省伊斯兰教教职人员骨干培训班、全省新认定道教教职人员培训班、推选天主教部分教区负责人到国宗局培训等工作。全年开展各类培训 20 余次，培训人次 1000 余人。

（王　静）

附：省宗教事务局党组书记、成员名单

书　记：高　键

成　员：卫望军　李广禄（6 月离职）　侯文禄

郭征宇（6 月任职）

省文物局党组工作概况

党组书记　王建武

基本情况

山西省文物局为山西省人民政府正厅级建制的直属机构。设有办公室（机关党委）、人事教育处、政策法规处、规划财务处、执法督察处、文物管理处（考古与大遗址管理处）、博物馆管理处（对外合作处）等7个内设机构和离退休人员工作处。核定机关行政编制44名，其中：局长1名、副局长2名、总工程师1名；正副处级领导职数14 名；工勤人员编制8名。

山西省文物局设有直属单位15个，分别是：山西博物院、山西省考古研究所、山西省古建筑保护研究所、山西省民俗博物馆、山西省艺术博物馆、八路军太行纪念馆、红军东征纪念馆、山西省文物资料信息中心、山西省文物鉴定站、山西省古建筑维修质量监督站、山西省文物勘测中心、山西省文物交流中心、山西省文物局后勤服务中心、山西省文物技术中心、《文物世界》杂志社。其中：副厅级全额事业单位1个、正处级全额事业单位7个、正处级差额事业单位1个、正处级自收自支事业单位4个、副处级自收自支事业单位和企业各1个。

截止2014年12月底，山西省文物局机关党委下设1个党总支和15个党支部、拥有中共党员333名，其中：正式党员328名、预备党员5名；具有研究生学历的党员45名、大学本科学历的党员182名、大学本科以下学历的党员106名。

工作概况

（一）党建工作

1、在努力加强领导班子和干部队伍建设方面，一是严格执行民主集中制。认真坚持“集体领导、民主集中、个别酝酿、会议决定”的议事决策机制，对文物保护工作中的重要任务、主要人事安排、重大工程项目和大额资金使用等涉及“三重一大”的事项全部提交局党组和局务会集体讨论决定，不搞个人说了算。二是严格落实干部选拔任用工作条例。调整配齐了山西省考古研究所、山西省文物资料信息中心、山西省文物交流中心的领导班子；配合山西省人社厅公开招录招聘各类人才16名。三是认真落实领导干部日常管理监督制度。修改完善了《山西省文物局领导干部任期经济责任审计暂行规定》，组织完成了对山西省考古研究所原所长任期内经济责任审计工作；严格执行了领导干部报告个人有关事项制度、局处两级干部外出报备制度和考核考勤制度，使党员干部明白了底线，知道了敬畏。四是扎实开展了理论学习和业务培训。邀请山西大学党委副书记鲍善冰做了专题理论学习报告；安排局处两级干部70多人到省委党校进行了培训；选送了27名县级文物行政主管部门负责人参加了国家文物局举办的培训；举办了全省博物馆馆长培训班、片区文物安全工作培训班和讲解员培训班；与意大利合作举办了山西省古建筑保护高级培训班；组织机关全体公务员和直属单位班子成员赴上海交大参加了干部自主选学。

2、在努力落实党风廉政建设和反腐败工作方面，一是认真落实“两个责任”。按照《关于党政主要领导不直接分管部分工作的若干规定》和省纪委十届四次全会切实落实党风廉政建设“两个责任”工作部署和“一岗双责”的明确要求，局党组认真对照检查，及时调整分工，做出了党组书记不直接分管人事、财务等工作，驻局纪检组长在班子中除纪检监察工作外不分管其他业务工作，分管副职在抓好分管工作的同时抓好职责范围内党风廉政建设工作的分工决定。同时，印发实施了局党组《关于落实党风廉政建设主体责任的实施意见》和省纪委驻文物局纪检组《关于全面履行派驻纪检组监察室工作职责的实施办法》，梳理了落实党风廉政建设党组的主体责任清单和纪检组的监督责任清单，明确了“两个责任”。二是严格落实从严治党责任。组织召开了2014年度领导班子民主生活会，班子成员对照自己和其他成员在工作、思想、党性上的差距展开了批评和自我批评，并帮助分析了原因，提出了整改措施；组织召开了支部专题生活会,完成了联考联述联评、民主评议党员和处置不合格党员等工作,严肃了党内政治生活；修改完善了局党组会议制度、局党组中心组理论学习制度、党员领导干部民主生活会会议制度、基层党组织学习制度、党员干部直接联系群众制度等10项制度，健全了党内政治生活；组织局机关全体党员干部开展了“七一党日活动”、观看了6部正面宣传和反面警示片，丰富了党内政治生活。三是认真落实反腐倡廉工作任务。召开了全省文博系统反腐倡廉工作会议，制定印发了年度纪检监察工作要点，对全年反腐倡廉工作作出了安排；局党组与机关各处室和直属各单位主要负责人签订了2014年度党风廉政建设责任书，明确了责任；局主要负责人召集局直属各单位一把手进行了集体诫勉谈话，各单位一把手都结合本人实际进行了对照检查和表态发言。四是履行监督职责，积极查办案件。驻局纪检组按照“转职能、转方式、转作风”的要求，对干部选拔任用、人员招录、资金管理使用、工程招标等工作实施了有效监督；赴长治、晋城、运城、临汾等市县，对近3年来的保护项目和资金使用情况进行了专题调研，研究分析了监督工作存在的问题和改进的措施；对文博系统所有问题线索进行了全面核查，对涉及人员进行约谈。五是积极推进服务型党组织建设。完成了局直机关党委会换届选举工作，指导直属单位3个支部完成了换届工作；组队参加了省直机关第四届职工运动会、“五项全能”比赛和“雄关杯”全国部分省市文博系统职工乒乓球邀请赛，开展了“慰问困难党员”、“联企帮困”、“帮扶困难职工”、“博爱一日捐”和“首个扶贫日募捐”等爱心捐助活动；局直系统具备申报省直文明单位条件的单位实现了全员创建的目标。

3、在加强作风建设方面，一是建章立制全部完成。针对群众路线教育实践活动中查摆出来的突出问题，完成了33项制度建设任务。二是专项整治工作成效明显。在群众路线教育实践活动中，自主开展了9个方面的专项整治，配合省直有关部门开展了5个方面的专项整治。其中：自主开展的会员卡清退做到零持有，“小金库”整治做到零报告，借用车辆问题得到纠正，腾退办公用房167平米，查处了在晋绥铁路银行旧址、王靖国公馆旧址内开饭店问题。配合开展的清理副科以上干部档案265卷，借用的3名同志返回原单位，1例兼职问题和2名调出人员在原单位领工资情况得到纠正，涉及增加内设机构的2个问题和虚设职务名称的1个问题得到纠正。三是整改工作取得重要进展。局领导班子在群众路线教育实践活动中确定了8项限期整改任务，截止2014年年底，文物保护工程管理过度程序化问题、第七批国保单位“四有”工作推进问题、文明单位创建全覆盖3项工作已全部整改到位；博物馆重建设轻管理问题、文物安全全覆盖问题、人才队伍建设问题、“五纳入”工作推进问题、探索社会力量参与文物保护新路子问题这5项工作取得了重要进展。四是反“四风”成效明显。2014年我局召开全省性会议1次，采用了全省文物局长会议与全省文博系统反腐倡廉工作会议套开的形式，参会人员90人，较2013年减少了60%，会议费列支8.88万元，同比下降92%；局机关2014年发文847件，较2013年减少了24%；局机关“三公”经费2014年共支出102.08万元，较2013年缩减了17%，仅公车运行维护费一项支出就由2013年的100万元减少到2014年的59.12万元，缩减了41%；公务接待费用预算7.4万元，支出4.55万元，共接待30批次380人；因公出国费用预算41.26万元，支出39.01万元，没有超出预算。

（二）文物保护工作

1、在配合重点工程建设做好文物保护工作方面，2014年配合全省重点工程建设涉及文物保护的项目共有26项，其中12项完成了考古发掘等保护工作，14项完成了文物调查或出具了文物保护意见书，钻探总面积约180余万平方米，发现各时期古墓葬30座，既确保了重点工程建设，又保护了一批出土文物。

2、在加强世界文化遗产保护方面，平遥古城组织实施了城墙内墙重点险情段抢险加固工程、岩土监测工程和双林寺抢险加固工程，其中，内墙抢险加固工程4处完工，2处正在实施；双林寺抢险加固完成工程量75%。云冈石窟主要实施的是五华洞的窟檐建设、岩体加固和彩塑壁画修复工程，其中：第9至13窟的窟檐建设和岩体加固已经完工；第9窟和第10窟的彩塑壁画修复已完工并对外开放、第11、12、13窟正在实施。五台山：重点寺庙一期6座寺庙抢险维修工程已经竣工；二期6座寺庙抢险维修工程正在组织实施，其中金阁寺已完工，罗睺寺完成50%，菩萨顶完成35%，殊像寺、南山寺和龙泉寺开始施工。

3、在推进文物保护重点工程项目方面，应县木塔加固维修工程正式开工，结束了长期研究探索的局面，首次进入了工程实施阶段。山西南部早期建筑保护工程进入收官阶段，105处元代以前的国保级木结构建筑维修，已完工73处，剩余32处正在施工。太原西山文化带上的窦大夫祠、净因寺、多福寺等全面维修工程完工，天龙山石窟、龙山石窟维修工程以及晋阳古城西城墙抢险加固工程正在实施。我省13个村落列入了国家集中成片传统村落整体保护利用试点，保护利用总体方案已编制完成，首批3个村落的试点工作已经启动。全省古建筑及彩塑壁画数字化保护工程已经启动，目前正在进行财政投资项目评审。濒危文物建筑抢险安排的105处项目基本完成。

4、在推进第一次全国可移动文物普查工作方面，我省第一次全国可移动文物普查工作在市县两级政府、行业系统主管部门和有关国有单位的大力支持和积极配合下，2014年落实了普查经费，举办了第二轮普查骨干业务培训班，制定了档案、钱币、图书等专项收录范围和计量规范，完成了全省各级各类国有单位文物收藏情况调查和认定工作，共登录文物信息92万余件（套），普查进度和质量控制水平排在全国前列。

5、在加强博物馆建设与质量提升方面，完成了2013年度全省124家博物馆年检备案工作，开展了全省国家二、三级博物馆运行评估工作，完成了部分民办博物馆资格审核工作，开展了文物库房建设经费使用和中央财政支持博物馆免费开放专项资金使用绩效评估工作。起草了《山西市县博物馆建设导则》，博物馆建设的统筹规划和专业指导水平有望得到加强。完成了晋城、大同、朔州市博物馆和介休市博物馆主题陈列并对外开放。全省第一个遗址博物馆——晋国博物馆和第一个生态博物馆——平顺太行三村豆口认知中心建成开放，填补了山西博物馆品类和形态的空白。山西博物院策划举办了《印度的世界——美国洛杉矶郡艺术博物馆藏印度文物精品展》等12个展览，向外推出《呦呦鹿鸣——燕国公主眼里的霸国》等6个展览，有关展品荣获第六届“博博会”最佳展示奖。山西省民俗博物馆推出了“山西印象”主题陈列。八路军太行纪念馆主题展览提升改造项目正式启动。2014年，全省各级各类博物馆共举办展览398个，接待观众2001万人次，获得了良好的社会效益。

6、在加强文物安全和执法督察工作方面，组织开展了季节性、重要节日期间的文物安全大检查和火灾隐患集中整治活动。配合国家文物局开展了古城保护中文物违法行为与消防安全专项督察。完成了长治、忻州行政执法与安全工作效能考核。处理各类文物行政违法案件12起，对太谷县武家花园因开发被拆案件、圆智寺失火事件进行了专项督查，对有关责任单位和责任人进行了严肃处理。督导处置了阳泉市郊区大乐山楞伽寺塔基地宫被盗、曲沃县曲村天马遗址盗墓等文物犯罪案件5起，配合公检法开展惩治文物犯罪司法鉴定工作43起，涉案文物985件。

7、在深化改革举措，创新工作发展方面，一是完成了山西博院法人治理结构建设试点工作。按照国家实施分类推进事业单位改革和十八届三中全会建立事业单位法人治理结构的总体要求，以及山西省委加快推进转型综改试验区建设重要举措分工安排，山西省文物局以山西博物院为试点，探索开展了法人治理结构建设工作。在山西省编办和国家文物局的指导帮助下，山西博物院相继制订了理事会组建方案、起草了《山西博物院章程》（草案）、完成了理事人选推荐等工作。2014年12月31日，山西博物院理事会成立大会和第一届理事会第一次会议正式召开，按照理事会章程规定，理事由政府有关部门、举办单位、事业单位、服务对象和其他有关方面的代表组成。山西博物院理事会的成立，标志着该院在管理体制机制的创新上取得了重大突破，为山西探索文化事业单位建立法人治理结构模式积累了有益经验。二是积极开展了“完善博物馆青少年教育功能试点”工作。2014年3月，国家文物局通过优选，在全国确定了15个省作为开展“完善博物馆青少年教育功能”的试点，其中包括山西省。试点的主要工作内容是积极探索如何利用博物馆为中小学生搭建各种社会实践活动平台。为圆满完成试点任务，山西省文物局选择在山西博物院启动了试点工作。经过与太原市相关中小学校的共同努力和探索，山西博物院完成了博物馆青少年教育需求调查，撰写了《青少年博物馆教育需求调查统计分析报告》；完成了博物馆青少年教育资源分析任务，形成《博物馆青少年教育资源分析研究报告》；完成了博物馆青少年教育课程项目开发、配套教材教具研发和教师培训工作；完成了博物馆青少年教育网络课堂（视频教学）的开发与应用等，为博物馆资源与中小学校教育的有机结合搭建了平台。2014年12月29日，国家文物局召开试点工作评估汇报会，山西省文物局作为主管部门、山西博物院作为试点单位，分别向大会做了汇报。

（王振华）

附：省文物局党组书记、成员名单

书　记：王建武

成　员：刘正辉　宁立新　黄继忠　赵　炜

省粮食局党组工作概况

党组书记　杨随亭

2014年，在省委、省政府正确领导下，全省粮食系统围绕保障粮食安全这一中心任务，抓班子带队伍、抓改革促发展，党风廉政建设和粮食流通工作各项任务取得新进展。

一、圆满完成粮食安全和改革发展年度目标任务，粮食工作取得新成效

1.加强宏观调控，确保粮食安全。一是精心组织粮食收购。全年收购粮食144亿斤、销售167.2亿斤、调入53.9亿斤，分别占目标任务的166%、161%、180%，促进农民增收5.7亿元。二是创新省际产销合作方式。举办2014山西粮食产销衔接会，邀请全国六个稻谷、小麦主产省参会，组织110多家省外企业与省内企业点对点对接，签订省际粮油购销协议372份，签约总量171亿斤。三是增强储备实力。2014年安排了新增地方储备粮计划、省级储备食油增储计划，政府掌控的地方储备粮食和食油规模均得到增长。接收了国家跨省移库政策性粮食调配。四是增强粮食应急能力。对80个省级粮油市场价格直报点进行信息采集和监测预警；全省建立粮食应急供应网点1517个，占全年目标任务的100.9%，覆盖乡镇、社区；保质保量完成军粮供应任务，受到了驻晋官兵的好评。

2.狠抓创新转型，推进仓储建设。一是三项粮食仓储技术创新走在全国前列。投资2300多万元在10个省级储备库推广绿色充氮储粮技术应用，走在全国前列。在太原新城粮库建设全国首座“钢筋混凝土整体球形粮仓”，填补了国内空白。牵头制定的《石洞仓原粮储藏技术规范》，作为山西省地方标准颁布实施，填补了国内空白。二是全面完成59个“危仓老库”维修改造项目建设任务。三是仓储物流建设步伐加快。向国家争取到2014--2015年粮库建设计划8亿斤仓容，总投资2.4亿元，列入国务院重大工程项目清单。中央和省级当年安排投资4889万元，新启动实施一批骨干粮库提升功能项目和危仓老库维修改造项目。启动实施粮库信息化和库存粮食识别代码试点项目。国家投资1500万元，推进5个粮食现代物流项目建设。

3.着力深化改革，完善体制机制。一是完成30个县的国有粮食企业“一县一企、一企多点”改革重组。全省国有粮食企业统算盈利1689万元，实现“三连盈”。二是调研提出了《山西省多元市场主体参与政策性粮食收储的指导意见》、《省级储备粮轮换改革和加强管理工作方案》、《山西省2014年新产玉米省级临时收储预案》等重大改革措施。三是开展“管理提升年”活动，完善管理机制，在省级储备库建立了主要财务指标、自主经营、清欠工作月考核制度，实行省级储备粮油轮换报告和审核备案制度。推进落实粮食统计制度改革工作。太原市对市级储备粮轮换率先采取市场公开竞价、新粮新价的办法；朔州市政府出台深化国有粮食企业改革文件，超额完成企业改革目标；临汾市财政解决政策性挂账利息和消化本金的做法，值得各地学习借鉴。

4.依法监管市场，维护流通秩序。一是强化粮食收购市场监管，检查粮食收购企业3078个，出动检查人员8771人次，依法查处违规行为491例。二是抓好政策性粮食购销活动监督检查，为地方企业减少粮食损失763.46吨。开展了储备粮油自查自纠专项行动和整改落实及“回头看”工作，自查自纠发现问题84个，已整改67个，限期整改17个。三是开展粮食库存检查，对537家粮食经营企业(包括中央和地方粮食企业)的库存进行了全面清查，摸清了家底，检查发现的143个问题，已完成整改125个，整改率87.4%。四是开展联合执法行动，节日期间共检查企业4471个，出动检查人员5000人次，查处违规行为240件，严防不符合质量卫生标准的粮油流入消费市场。

5.实施惠民工程，服务城乡群众。一是推进农户科学储粮工程。2014年总投资2150万元，再为全省农户配置5万套标准化储粮装具，累计为23.5万户配置标准化储粮装具，每年可减少粮食产后损失1400多万斤，助农减损增收1700万元。二是实施“放心主食”工程。省级安排1000万元扶持资金，重点培育9家主食产业化示范企业，占目标任务的150%。三是开展“世界粮食日”宣传活动，建立1个省级爱粮节粮教育实践基地。省粮食局会同省农业厅、团省委、省妇联组织参加全国爱粮节粮动漫大赛和征文活动，其中临汾、晋城、阳泉市粮食局和省贸易学校的8件作品获奖，成绩全国领先。

6.加强监督管理，维护质量安全。一是开展了新收获小麦、玉米原粮卫生调查和品质测报工作。二是严格执行省级储备粮油入库质量检查验收制度，开展了全省粮食质量抽查和省级储备粮质量普查。三是省粮食质监中心检验楼项目开工建设，新建6个市级粮食质监站，为承储省级储备粮油34个储备库配置粮油检化验仪器900余万元。

此外，全省粮食系统开展了消防、安全生产大检查及粮食企业粉尘防爆专项整治工作，全年未发生重大安全生产事故。举办全省首届粮食行业职业技能大赛，提升了粮食职工业务素质。全省粮食部门在机关政务事务建设、行业社团组织管理和老干部工作等方面做了大量卓有成效的工作。

二、深入学习贯彻习总书记系列重要讲话精神，扎实开展“两个活动”

全省粮食系统把学习贯彻习总书记系列重要讲话作为首要政治任务，把讲话精神作为根本遵循和行动指南，从政治上、思想上、行动上与党中央保持高度一致。按照中央、省委统一部署扎实开展好“两个活动”：一是认真开展教育实践活动整改落实及“回头看”。活动中梳理出的问题、两次库存检查发现的问题、三次审计发现的问题以及“回头看”发现的问题逐一落实整改，历年形成的省级储备粮油短库问题全部解决，促进了全系统党风廉政建设、干部作风转变。二是扎实推进学习讨论落实活动。着力抓思想认识、抓组织领导、抓学习讨论、抓反思剖析、抓边学边改。领导干部带头把自己摆进去，广泛听取意见，积极开展批评与自我批评，在落实“两个责任”、转变工作作风、干部队伍建设、贯彻“六权治本”、加快“六大发展”等五个方面取得可喜进展。

三、强化思想教育，加强党风廉政建设和粮食文化建设

1.坚持党要管党、从严治党，加强党的建设和党风廉政建设。以机关“党员干部电子书屋”为抓手，推进基层服务型党组织建设；以支部书记、纪检书记（专员）联述联评为手段，增强了基层党组织的履职能力；以清理党费、清理不合格党员为契机，进一步纯洁了党员队伍；以“粮票、粮仓、粮人”为载体，在全系统积极构建“管粮、爱粮、节粮”为核心的粮食文化。落实“两个主体”责任，分解落实党风廉政建设责任制。省局党组制定了党风廉政建设主体责任实施意见，驻局纪检组制定了党风廉政建设监督责任实施意见。

2.以正反两方面典型为镜子，开展社会主义核心价值观教育。省粮食局总结的原局机关党委专职副书记白喜明同志“坚定理想信念不动摇，无怨无悔为党勤奋工作”的先进事迹，省委组织部给予充分肯定，省直工委作出《关于在省直机关开展向白喜明同志学习的决定》。一年来，白喜明同志分别在全国粮食文化工作会议、省直各单位、各市粮食局等作报告30余次，对净化全省粮食系统政治生态起到了积极作用。广泛开展警示教育活动，特别是将历年粮食系统发生的5起案件编辑成《警示录》组织全系统学习，收到良好效果。

3.开展专项整治，“四风”问题得到治理。通过10个专项整治，机关会议费比上年减少18.75%，办公用房严格按规定执行，违规公务用车一律清退，局机关公车费用、公务接待费同比分别下降20.9%、72.1%；省级储备企业公车费用、公务接待费同比分别下降35.4％、58.8%，清收外欠款810万元。

4.严肃执纪问责，加大惩治腐败力度。省局共处置案件线索24件（次），对直属单位15人给予党纪政纪处分，函询17人（次），约谈相关人员20人，诫勉谈话5人，问责25人，责令退缴公款2.47万元。

（李瑞平）

附：省粮食局党组书记、成员名单

书　记：杨随亭

成　员：马　珩　吕苛青　薛愿兵　李春泽

省人民防空办公室党组工作概况

党组书记　韩裕峰

2014年，在省委、省政府和省军区的正确领导下，省人民防空办公室团结带领全省人防系统广大干部职工，以习近平总书记系列重要讲话精神为指引，深入学习贯彻党的十八届三中、四中全会和省委十届六次会议精神，以“三三三”推进战略为抓手，不断探索有山西特色的人防与经济社会融合式发展机制，人防可持续发展能力明显提升，按照省委“净化政治生态、实现弊革风清、重塑山西形象、促进富民强省”的要求和部署，全力推进人防办的组织、思想、作风、纪律和制度建设，为人防事业各项任务的圆满完成提供了坚强的思想政治和组织保证。

一、结合山西人防实际全面提升党建工作质量

办党组加强领导班子思想政治建设，严格中心组学习制度，坚持每月集中学习不少于一次，每季组织一次理论研讨，每半年组织一次专家授课。中心组认真学习了《中共党史》《中国共产党党内法规选编》《世界社会主义五百年党员干部读本》《理性看·齐心办》《改革热点面对面》《十八大以来的廉政新规定》、习近平总书记系列重要讲话、十八大和十八届三中、四中全会精神等。通过学习讨论，党组成员进一步解放了思想，提升了政策理论水平，将党的路线方针政策与人防自身能力建设有机结合起来，将深入开展党群众路线教育实践活动回头看、学习落实讨论落实专题教育活动同实现人防“三三三”战略结合起来，将人防自身能力建设与基层组织建设结合起来。省办党组在2014年度的工作中，认真开展了以“严格党内生活、严守党的纪律、深化作风建设”专题民主生活会，进一步规范落实组织生活“三会一课”制度，党内政治生活政治性、原则性、战斗性得到了进一步加强。认真组织“两委”换届，认真开展廉述廉评联考，认真落实党建工作责任制，狠抓中央“八项规定”和省委“四个实施办法”的落实，认真开展专项整治活动，党建工作质量明显提升。

二、强力推进“三三三”战略实施

（一）狠抓自身能力建设，全省人防可持续发展能力明显提升。大力推进人防队伍体系建设。一是狠抓县级人防办专职副主任配备。严格落实省委组织部《关于进一步加强人防部门领导干部管理有关问题的通知》，全省县级专职人员的县级人防办数量基本配备到位，大力加强了人防基层组织及队伍建设。二是坚持人防工程建设巡回示训，3个月，2000余人的培训，有利地提升人防建设的专业技术能力，提升了县级人防管理规范化和专业化水平。三是加强人防专业队建设，重要经济目标专业队建设取得新突破，从2支增长到30支专业队，专业队人数达到14000人。四是狠抓人防队伍的各类训练，在训练中提高素质。跨区拉动演练、指挥信息化系统参与实战化演练、省带市两级人防指挥部演练、9·18防空警报试鸣等，极大地提高了全省人防系统干部职工队伍的整体素质和人防机关准军事化建设水平。1家人防检测单位、6家防护设备企业通过人防专业资质和从业能力认定，人防队伍体系建设取得新进展。

大力推进人防综合防护体系建设。一是人防指挥所体系建设取得重大进展。省级和8个市级、几十个县级人防移动指挥所已投入使用，省级和市级人防地面指挥中心已投入使用。二是全省防空警报器正常运转。三是全省光纤骨干网建设圆满建成、北斗导航定位系统多个单位建成、多媒体警报报知系统多个单位建成、便携式卫星建设取得新进展、短波自适应数传电台数量增加到了近百台，短波电台、卫星、光纤、军线、集群、空情、预警报知等多网合一的全省人防指挥通信网初步建成。四是疏散基地建设得到长足发展，疏散基地建设在省办的大力推动下基本达到了规定数量，具备接纳数十万名疏散人员的能力，城市人口密集区用于人员掩蔽、医疗救护、物资储备、疏散通道的人防工程总面积达到600万平方米。人防综合防护体系建设实现新发展。

大力推进人防管理体系建设。一是防空袭预案修订全覆盖，街道防空袭预案、县、市、省四级防空袭预案完备。二是推动人防工程建设条例的落实与住建厅联合下发《关于进一步加强建设项目人民防空审查管理的通知》。三是开展防空地下室易地建设费收缴专项治理，易地建设费收缴再创历史新高。四是推行人防工程平时使用证制度，实现人防工程契约化管理。五是起草制定了《山西人防疏散基地建设标准》，下放6项审批权限，人防项目建设前置审查机制、工程质量监督制度落实到位，开展人防安全生产大检查，下发《早期人防工程维护治理方案》进行了早期人防工程加固报废培训，人防地理信息系统数据库及智能化管理系统建成，人防工程安全无事故和利用率得到大力提升，人防管理体系建设迈出新步伐。

狠抓人防特色和品牌打造，全省人防改革创新能力明显提升。演练走向纵深。演练中与省办对上与国务院应急办和国家人防办，对内与省政府应急办、省军区、省公安厅、省地震局、省气象局，对外与陕西、河南、内蒙人防办，对下与各市人防办进行联通演练。人防宣传教育找到了结合点。人防宣传“五进入”，人防宣传教育示范学校，旅游景点开设人防教育基地，省防空防灾体验馆，疏散基地体验式人防宣传训练，社区建立102各人防宣传电子大屏滚动宣传人防知识，5·12防灾减灾日、9·18警报试鸣日、12·4法制宣传日重点宣传，发放人防宣传手册、发送防灾减灾公益短信等多样化宣传形式得到有机结合成效明显。平战结合工程造福民生，地下商场、步行街等建设项目成为兼人防功能与创造就业岗位的融合式发展的模式。

（二）狠抓人防融合式发展。全省人防综合统筹能力明显提升。人防融入政府应急管理取得重大突破。在预案编制，避难设施、指挥场所、救援队伍建设等方面推进人防融入政府应急管理体系。省办和晋城等市人防基本指挥所及移动指挥所被确定为省市政府应急指挥平台，晋中县级人防移动指挥所纳入政府应急管理指挥平台。人防融入重要经济目标防护迈向坚实步伐。在全省开展辖区重要经济目标调研，审定防护等级，建立数据库，指导重要经济目标建立防护组织机构和专业队，制定防护方案，完善防护措施。人防融入城市建设打造了成功范例。省办制定下发《关于加强城市地下空间开发利用工作通知》，各市开展规划编制工作，推进了人防建设与城市建设协调发展。人防融入城乡统筹发展打开了新局面。综合考虑城乡发展所需，在确定疏散地域和疏散线路时服务民生、和服务农民生活为首选要素。开展疏散基地基础设施建设中，在变电增容，给水改造，疏散通道路面硬化，疏散医疗室，食堂等方面以改善乡村基础设施为条件。

三、贯彻民主集中制，加强作风和党风廉政建设，营造风清气正的良好环境，确保人防事业健康发展

（一）坚持民主决策。2014年，召开主任办公会议（党组）18次，对涉及人防发展的86个事项进行了集体研究讨论，在目标责任制的考核办法上、在大项资金使用上、在表彰先进工作上、在干部调整使用上、在重要制度出台上，均做到集体研究、集体决策，并下发基层广泛征求意见试行。

（二）切实关注民生。党组一班人，想群众所想，急群众所急。组织干部职工体检，开展节日慰问，对困难党员和职工进行救济，定期召开老干部情况通报会和座谈会。整治办公环境，机关和家属区实行行物业管理，丰富丰文体活动，聘请专家进行健康知识讲座。开展企业帮困，推进下乡住村，把党的关怀、组织的温暖送到了干部职工的身边。

（三）注重廉政建设。一是专门召开党风廉政建设和反腐败斗争工作会议，结合人防工作同步部署廉政任务。制定了《人防系统党风廉政建设和反腐败工作要点》《人防办机关落实反腐倡廉工作要点》《省人防办机关落实2014年反腐倡廉工作任务的责任分解意见》《中共山西省人防办党组关于建立健全惩治和预防腐败体系2013–2017年实施方案》。二是认真部署，全面落实“两个责任”。制定印发了《落实党风廉政建设党组主体责任实施办法》《驻办纪检组落实党风廉政建

设监督责任的实施办法》《党组落实党风廉政建设主体责任清单》《驻办纪检组落实党风廉政建设监督责任清单》，同下级人防部门（单位、处室）签订党风廉政建设责任书，并以签字背书的形式具体到部门和个人，层层传导压力、分解责任、落实责任。三是开展廉政警示教育。每年6月为“警示教育月”。期间，通过组织党员干部对《中国共产党党纪处分条例》、《中国共产党领导干部廉洁从政若干准则》《十八大以来的廉政新规定》等进行认真学习，观看《领导干部从政道德启示录》《苏共亡党亡国20年祭》《人防办主任的生意经》《公安局长的蜕变》等警示教育片，并到警示教育基地晋中女子监狱参观。协助省直纪工委对群众举报线索，进行调查核实，对相关责任人进行严肃查处，通报查办，使广大党员干部进一步增强了廉洁自律和遵纪守法的自觉性。四是落实约谈机制，开展专项整治，预防体系建成。党组成员对分管工作的处室（直属单位领导）定期约谈（诫勉谈话），肯定成绩，指出不足。开展办公秩序专项整治，国有资产专项整治、行政审批专项整治、大额资金和集中采购专项整治、吃空饷专项整治。落实机关党委专职副书记参加党组研究“三重一大”等重要会议的规定，落实党务政务公开，有利地推进了党风廉政建设工作的落实和工作作风的转变。

（景　涛）

附：省人民防空办公室党组书记、成员名单

书　记：韩裕峰

成　员：孙　群　刘　涛　张　铭　相里岩

省政府法制办公室党组工作概况

党组书记　王卫星

省人民政府法制办公室是省人民政府的直属机构，为正厅级建制，是省人民政府领导在政府法制建设方面的参谋、助手和法律顾问。政府法制工作的目标和主要任务是依法规范政府共同行为，推进政府工作法治化，引导、规范、促进和保障经济社会又好又快发展。政府法制机构是政府领导在法制事务方面的参谋、助手和顾问，在全面推进依法行政、建设法治政府的进程中，承担着统筹规划、综合协调、督促指导、政策研究和情况交流等项重要任务，具体包括政府立法、行政执法监督、行政复议应诉、规范性文件审查、依法行政指导、政府法制宣传和理论研究、法规规章编纂和译审、政府法制干部培训等工作。

2014年，省政府法制办党组深入学习贯彻党的十八大和十八届三中、四中全会精神，深刻领会习近平总书记系列重要讲话精神，认真落实省委、省政府决策部署，扎实做好政府法制工作，积极牵头推进依法行政，圆满完成各项工作任务，取得明显成效。

一、加强和改进政府立法工作，着力提高制度建设质量

坚持加强重点领域立法，突出山西特色；坚持扎紧制度笼子，坚决堵塞制度漏洞；坚持开门立法，广泛听取各方面意见和诉求；坚持办务会集体讨论审改立法草案制度，加大立法沟通协调力度，政府立法质量明显提高。全年圆满完成了5件地方性法规草案项目的审查、送审任务。牵头组织起草、制订了《山西省抗震设防条例（草案）》，审查制订了《山西省电力设施保护条例（草案）》，审查修订了《山西省专利实施和保护条例（草案）》《山西省城市公共客运条例（草案）》和《山西省实施<中华人民共和国水土保持法>实施办法（草案）》。为贯彻落实国家单独两孩政策，根据省人大、省政府工作安排，额外完成了《山西省人口和计划生育条例（修正草案）》的审查修订任务。其中，《山西省抗震设防条例》作为全国出台的第二部地方性法规，受到国家地震局的高度评价。全面完成8件省政府规章草案的审查、送审工作，组织起草了《山西省政府信息公开规定（草案）》，其中以省政府令公布7件规章：《山西省专职消防队伍建设管理办法》《山西省政府信息公开规定》《山西省政府投资项目竣工验收管理办法》《山西省涉案财物价格鉴证管理办法》《山西省军人抚恤优待实施办法》、废止《山西省行政事业收费票据管理规定》《山西省石油天然气管道建设和保护办法》。经省政府常务会初审1件：《山西省气象探测环境和设施保护办法（草案）》。同时，围绕我省经济社会发展大局，经广泛征求意见、充分调研论证，提出省政府2015年地方性法规和政府规章立法项目计划建议，地方性法规项目计划建议经省政府常务会议通过并报省人大常委会，省政府规章计划已印发。

依法做好规范性文件前置审查和备案审查工作，确保规范性文件合法、统一、有效。全年共审核以省政府及省政府办公厅名义发文的规范性文件草案20件，前置审查省政府部门规范性文件草案85件，备案审查设区市政府报送的规范性文件135件。认真组织省政府法律顾问参与省政府重大行政决策和涉法事务的研究、咨询和论证。全年组织省政府法律顾问参与咨询、论证涉法事务70人次，为省政府领导决策提出了许多具有建设性的意见和建议。办理省领导批示或省政府转交的涉法事务96件，办理省人大议案和省政协提案20件，办理法律、法规征求意见29件。

二、加强组织领导，积极牵头推进依法行政

2014年年初，制定印发了《山西省人民政府法制办公室2014年工作要点》，提出了年度工作思路，安排部署了具体任务。为加强对依法行政工作的组织领导，起草报告并经省政府批准，调整成立了山西省人民政府依法行政领导组及其办公室，办公室设在省政府法制办。与省委组织部联合在省委党校举办了两期领导干部依法行政专题研讨班，参加研讨的156名学员普遍认为收获较大，对推进依法行政很有启发，拓展了思路。认真履行依法行政联席会议牵头单位职责，组织召开了两次依法行政联席会议暨联络员会议、一次依法行政经验交流会，督促检点依法行政联席会议各成员单位年度依法行政各项重点工作，加强政府及在推进依法行政工作上的经验交流和学习借鉴。在全省范围部门内组织开展了第四个“依法行政宣传月”活动，督促指导各地各部门认真组织开展活动，宣传报道推进依法行政工作的好经验、好做法，积极营造依法行政浓厚氛围。组织开展了“深入推进依法行政，加快建设法治政府”督促检查工作，成立4个检查组，对4个设区市、4个县（区、市）和8个省政府工作部门进行了抽查检查。在梳理汇总各市、省政府工作部门书面报送的年度依法行政工作总结的基础上，结合督促检查和日常了解掌握情况，组织起草了《2014年全省推进依法行政工作的情况报告》，报送省政府，省政府领导予以批示并给予全年工作充分肯定。为认真贯彻落实党的十八届四中全会精神和《决定》、省委十届六次全会精神和会议通过的《实施意见》，具体负责起草了《山西省人民政府关于加快推进法治政府建设的实施意见（草案）》，经广泛征求意见、反复研究修改，经省政府第70次常务会通过，以省政府晋政发〔2015〕4号文件印发。

按照国务院法制办要求，积极推进仲裁工作健康发展。组织召开了全省仲裁工作座谈会，报送国务院法制办我省各仲裁委员会2014年受理案件情况，扎实做好我省各仲裁委员会换届工作方案和成立备案材料的审查、报送备案工作及国务院法制办复核意见的下发等工作。

三、强化行政执法监督，促进行政机关严格范公正文明执法

坚持以推进和落实行政执法责任制为抓手，以行政执法案卷评查、规范执法自由裁量权、执法资格管理为手段，加大执法层级监督力度，严格规范行政执法行为。一是督促指导省人社厅、地税局在各自系统开展了行政执法案卷评查活动，共组织评查案卷1721卷，集中进行了检查验收，共抽查案卷360卷。组织起草《关于全省人社、地税系统开展行政执法案卷评查工作情况的报告》报送省政府，并根据省政府领导批示督促检点两个系统抓好问题整改落实工作。二是严格行政执法证件管理，严把执法人员资格关，进一步完善了执法证件申领、审核、发放程序。全年共审核发放行政执法证件9378个，对不符合执法人员资格条件的1993人作了不予发证处理。三是牵头组织省公安厅、农业厅、林业厅、商务厅开展推进综合执法、完善执法程序、规范执法自由裁量权工作，建立健全沟通联系机制，制定专项督查重点工作报告制度，适时听取四个单位工作推进情况汇报并进行督促指导，按照年初工作计划有序推进各项工作。组织起草了《关于省政府专项督查重点工作进展情况的报告》，报送省政府。

四、认真办理行政复议案件，依法化解社会矛盾和纠纷

坚持依法受理、公平公正办理行政复议案件，积极化解行政争议和社会矛盾纠纷，及时纠正违法或不当行政行为。全年省本级共收到行政复议申请138件，受理126件，结案106件，按程序正在办理的20件。省本级全年共办理行政应诉案件34件，正在办理国务院行政裁决案件16件。坚持完善行政复议办案工作程序，着力提升行政复议工作水平，努力做到“案结事了，定纷止争”，促进社会和谐稳定。为改进行政复议工作，整合行政复议资源，组织研究起草并报经省政府审定，以省政府办公厅文件印发《关于开展行政复议委员会试点工作的通知》（晋政办发〔2014〕27号），决定在太原、晋城两市开展行政复议委员会试点工作。认真落实通知精神，积极做好实地调研和跟踪督导工作。目前，太原、晋城两市政府均已审议通过了相关工作方案，正式启动行政复议委员会试点工作，取得阶段性成果。积极主动落实与省高院建立的行政复议和行政诉讼联席会议制度，加强工作沟通衔接，认真分析总结和研究解决行政复议和行政应诉中出现的新情况新问题。

五、充分发挥职能作用，认真落实全面深化改革重大举措

一是按照国务院、省政府关于严控新设行政许可的要求和部署，根据省政府领导批示，2014年前半年组织开展了政府规章、规范性文件专项清理。清理结果以省政府文件报中央编办。二是积极参与我省煤炭管理体制改革工作，参与《关于深化煤炭管理体制改革的意见》起草及公开征求意见、审查工作。三是积极参与《山西省市场主体住所（经营场所）登记管理办法》和《山西省省属国有企业财务信息及有关重大事项公开管理办法（试行）》征求意见、修改和审查工作。四是根据省委民主法制领域改革专项小组的工作部署和要求，组织对现行有效的114件省政府规章进行了清理，提出拟废止5件、修改3件的建议，清理结果已经省政府第71次常务会议审议通过。五是参与了省委党内法规的清理工作。六是对省、市、县三级政府法律顾问制度建立情况进行了调查摸底，并向省委、省政府作了专题汇报，报告以省委、省政府名义报国务院。组织开展了第三届省政府法律顾问换届筹备工作。

六、加强政府法制宣传和理论研究，努力提高政府法制工作的影响力

积极筹备、参加了12月4日首个“国家宪法日”主题宣传活动，组织全办同志参加了公民宪法知识竞赛。坚持抓好信息编报和刊发工作，全年编印《政府法制工作简报》11期，在政府法制网站刊载信息256篇、国务院法制办网站刊发24篇、《晋政信息》和《山西信息》刊发9篇。积极推进政府法制理论研究和法规规章译审工作。全办同志结合工作实践，积极开展理论研究，全年共发表文章数十篇，组织编著了《政府法制实务》一书30余万字，由中国法制出版社正式出版发行。参与起草了《中共山西省委关于贯彻落实党的十八届四中全会精神加快推进法治山西建设的实施意见》，完成了《山西省流动人口服务管理办法》、《山西省专职消防队伍建设管理办法》两件省政府规章译审和2013 年《山西省法规规章汇编》编辑出版工作。

七、加强干部教育管理，提升队伍综合素质和工作能力

加强业务学习，坚持办好机关“法治讲坛”，办领导带头解读十八届四中全会精神和《决定》，宣讲“六权治本”，处室负责人讲授业务知识、传授工作经验，邀请专家学者作法律、经济专题报告，全年共组织“法治讲坛”11讲。为提升全省行政执法人员整体法律素质，举办15期法律专业知识专题培训班，对全省近3年来行政机关新增行政执法人员2300余名进行了培训。组织全省政府法制系统16人赴美参加了“行政机关对行政行为的层级监督机制”培训，组织26人赴武汉、浙江大学等院校参加了选学培训。同时加强干部在线学习督促检点，定期通报学习情况。在干部选拔任用方面，坚持正确的用人导向，做到“严”字当头。根据新修订的《党政领导干部选拔任用工作条例》，修订完善了干部选拔任用工作办法。全年共任用18名处科级干部，严格按照规定程序进行推荐、考察、公示、任职谈话，全程由驻办纪检组监察室负责监督。严格落实领导干部个人有关事项报告制度，建立领导干部报告个人有关事项信息管理系统，组织开展超职数干部、“吃空饷”及聘用人员、机关事业单位借用人员等专项清理。为改善干部梯队结构，严格按照有关规定，招录1名公务员和1名事业单位人员。为加强公务员日常考核工作，研究制定了工作月志报告制度。

八、坚持加强机关党的建设，为推进政府法制事业提供坚强组织保证

（一）周密安排部署，扎实开展学习讨论落实活动。根据省委部署，及时制订学习讨论落实活动实施方案，召开动员大会，选发学习读本，坚持个人自学、集体学习、领导带头讲学、举办专题讲座四结合，坚持原汁原味学、联系实际学、边学边讨论的方式，认真学习领会习近平总书记系列重要讲话精神和规定的重要学习内容，努力做到真学、真懂、真信、真用。紧紧围绕活动目标和要求，深入查找出5方面存在的16个问题，深刻反思剖析思想根源，切实明确努力方向，严格制定整改措施。各位领导班子成员坚持把自己摆进去，紧密联系学习、工作和生活实际，做到广泛征求意见，勇于批评与自我批评，见人见事，触动思想灵魂。学习讨论落实活动的扎实开展，得到省委督导一组的及时指导、鼎力支持和肯定，取得明显效果。

（二）狠抓整改落实，巩固和拓展群众路线教育实践活动成果。法制办教育实践活动整改落实任务15项，配合落实省委、省政府整改任务1项，制度建设30项，与法制办有关的专项整治任务19项，均已按时间节点完成。通过狠抓整改落实，形成了以制度管事管人的良好工作格局，工作作风进一步转变。办领导、处室同志深入基层调研，坚持听真话、察实情；坚持开短会、发短文、讲短话，文风、会风切实改进；增强节约意识，“三公”经费开支明显减少。主动接受干部和群众的监督，确保了中央和省委改进工作作风的各项规定落到实处。制定印发了调查研究制度、定期接待群众来访制度等，着力推进机关效能建设，保障机关各项工作的规范运行。

（三）认真落实党建工作责任制，党的基层组织建设不断加强。坚持“一岗双责”，重视加强支部建设。组织开展了第三届“读书月”活动、积极开展扶贫日捐款活动，踊跃参加省直工委举办的文体活动，大力宣扬社会主义核心价值观，扎实推进精神文明创建工作。注重加强党员教育管理，激励引导党员干部加强党性修养，提升思想境界，争做新时期的好党员好干部。建党93周年之际，通报表彰了6 个先进党支部和16名优秀共产党员。建立完善党组和党支部工作制度，制定了《与干部职工谈心谈话制度》、《党员承诺践诺制度》。严格落实党组民主生活会、党支部组织生活会制度，坚持实行党支部组织学习讨论报告和党员撰写学习体会制度。扎实做好领导干部下乡住村和包村增收工作，年内办领导多次带队深入包村增收联系点调研，广泛听取村干部和群众意见，研究制定扶贫工作规划，积极推进包村增收工作。

（四）认真落实党风廉政建设责任制，扎实推进反腐倡廉工作，坚决反对“四风”。认真贯彻落实党政主要领导不分管人事、财务等工作的规定和派驻纪检组长不分管派驻单位业务工作、专司监督职责的要求，对班子成员分工及时进行了调整，明确了分工职责，理顺了工作关系。办党组高度重视廉政建设，严格落实主体责任，驻办纪检组监察室严格履行监督职责。2014年年初，制定了党风廉政建设责任分解意见，召开了党风廉政建设干部大会，签订了党风廉政建设责任书。在机关办公区张贴了20余幅廉政、勤政标语。印发通知、禁令，强调过节期间各项硬性规定，确保风清气正。组织观看警示录像，参观廉政教育基地，加强教育引导，提高拒腐防变能力。驻办纪检监察室在纪检组长带领下认真完成省纪委及第五联组交办的信访举报

及案件查办工作。制定印发了扎实推进惩治和预防腐败体系建设工作任务的分工意见，明确了工作责任，提出了工作要求。坚决贯彻落实党中央八项规定精神和省委四个实施办法，印发《领导干部办理婚丧喜宴事宜规定》、《工作秩序和工作纪律七条禁令》，对上班秩序和廉政纪律定期不定期进行重点督查。严格节约日常开支，加强和规范了公务用车管理，严格执行招待费开支范围及标准等，取得实效。

（陈永生　黄菊荣）

附：省政府法制办公室党组书记、成员名单

书　记：王卫星

成　员：刘钢柱　周计伟　李云涛　傅　平(8月离职)

省物价局党组工作概况

党组书记　李永平

2014年，物从局在省委、省政府的正确领导下，认真贯彻落实十八大和十八届三中、四中全会精神，坚持围绕中心、服务大局，努力加强政治建设、组织建设、制度建设、反腐倡廉建设、作风建设，为价格工作任务圆满完成和促进山西经济社会六大发展提供了坚强的思想保证和组织保证。

一、加强班子和干部队伍建设，增强党组织的决策水平

近年来，省物价局党组以科学发展观为指导，始终把班子建设工作放在突出位置，始终坚持正确的政治方向，党组班子的决策水平和领导水平不断提高。

（一）深入学习总书记重要讲话，认真扎实开展学习讨论落实活动

将学习习近平总书记系列重要讲话精神作为学习的重中之重，通过干部自学、集中学习、专家讲座、研究讨论、撰写心得等多种形式，深入地学习、反复地学习，在物价系统内兴起了崇学、尚学的热潮。同时认真学习了王儒林书记到山西工作后的系列重要讲话，把深入开展学习讨论落实活动作为我省重要历史关头的一项政治任务、一项政治考验，深入扎实推进。成立了活动领导小组和工作机构，制定了《山西省物价局深入开展学习讨论落实活动实施方案》，制定学习计划，采取领导干部辅导、聘请专家讲座、支部组织学习、个人自学等方式进行学习，将习近平总书记系列重要讲话、十八大以来党中央关于从严治党和党风廉政建设的部署要求、王儒林书记重要讲话、山西日报对学习讨论落实活动评论等收集汇总，并装订成册印发给全体干部职工。党组成员分别到分管处室和基层单位进行调研讨论，发放征求意见表，广泛征求对局党组班子及成员的意见和建议。

（二）狠抓学习教育，提高班子和队伍素质

研究制定了《2014年省物价局党组中心组和党员干部理论学习的安排意见》及《2014年省物价局党组中心组和党员干部理论学习计划》，以学习贯彻党的十八大、十八届三中、四中全会精神和习总书记系列重要讲话精神，学习贯彻中国特色社会主义和中国梦，学习贯彻社会主义核心价值观等内容作为理论学习为重点，组织全体干部职工进行了深入地学习教育。坚持把集中学习与分散学习、个人自学与集体研讨、专家辅导与学习交流、理论学习与专题调研、解决思想问题与解决实际问题等有机结合起来，全面提高党组中心组及全局领导干部整体素质和水平，切实解决价格工作中存在的问题，进一步提升价格工作的质量和水平。全年党组中心组进行集中学习、专题研讨12次，并4次参加了国家发改委中心组扩大学习，共26天。

（三）坚持民主集中制，发挥班子整体优势

严格按照集体领导、民主集中、个别酝酿、会议决定的原则，认真落实各项民主制度。注重发挥班子整体优势，对于人事安排、大额度资金使用和重要价费调定等，都能做到事先征求每位班子成员、相关业务处室意见，然后由党组会研究决定，确保做到科学决策、民主决策和依法决策，使局党组提高了决策水平，增强了凝聚力和号召力。

（四）认真执行干部任用条例，抓好队伍建设

对干部队伍建设的历史遗留问题，根据《公务员法》、《党政干部选拔任用条例》，结合我局实际，在广泛征求意见的基础上，制定了《山西省物价局处级干部选拔任用实施方案》，严格按照“德才兼备、以德为先、以廉为基”的用人导向，采取小步走、不停步，成熟一批、研究一批的办法认真加以解决。对机关及直属单位处级及处级以下干部进行调整、交流共计21人次。通过调整交流，各处室及部分事业单位一把手已配齐，进一步增强了干部队伍的战斗力和凝聚力。

（五）加强组织建设，发挥党组织战斗堡垒作用

贯彻落实《条例》和省委《实施意见》，坚持把习近平总书记系列重要讲话精神作为机关党组织建设的根本指导，形成了局党组统一领导、机关党委具体负责、党支部狠抓落实的工作格局。进一步修订完善了各项机关党建工作制度，在工作中，党组、机关党委、党支部三级党组织能够切实履行好各自的职责，认真组织党员落实会议制度、党员汇报思想制度、民主评议党员制度、报告工作制度、党课制度、民主生活会制度等。

二、加强党风廉政建设，深入开展反腐败斗争

物价局党组高度重视党风廉政建设和反腐败工作，始终把它作为“一把手”工程来抓。在工作中，深入贯彻落实惩防

体系《实施纲要》,以加强对行政权力的监督为重点,认真制定工作计划,狠抓各项工作落实。

(一)落实责任分解,狠抓落实到位

研究制定了《山西省物价局关于落实2014年反腐倡廉工作任务责任分解的通知》,明确了全年党风廉政建设的工作重点,明确要求物价系统各级党组织要切实担负起主体责任,派驻纪检机构要认真履行好监督责任。坚持把党风廉政建设与业务工作同安排、同落实、同检查、同考核,共同推动全省物价系统党风廉政建设和反腐败斗争不断深入、持续发展,同时局党组与局属各处室负责人逐一签订了廉政建设目标分解责任书,把党风廉政建设责任细化、分解到个人,对全局每一个单位、每位领导成员、每名工作人员继续实施了"一岗双责"制度,使党风廉政建设责任制的各项目标内容都落到实处。

(二)加强反腐倡廉教育,增强工作责任感、使命感

严格落实《山西省物价局廉政教育制度》和《山西省物价局廉政教育计划》,组织广大党员干部认真学习了习近平总书记在十八届中央纪委三次全会上的重要讲话精神和"三严三实"的重要论述,学习了王岐山同志在中央直属机关工委和中央国家机关工委调研时的讲话精神,学习了中央关于做好反腐倡廉工作的有关通知要求和《党章》、《党政领导干部选拔任用工作条例》等法规文件,及时把思想统一到中央和省委对党风廉政建设部署要求上来;特别邀请省委党校副校长高建生同志围绕深入学习习近平系列讲话精神、扎实做好党风廉政建设进行了专题辅导讲座;先后组织观看了《天上的菊美》、《警钟长鸣》等警示片,并把反腐倡廉教育纳入党组理论学习计划,深入开展了党的纪律尤其是政治纪律教育、理想信念教育和廉洁自律教育等主题教育活动,进一步增强了抓好党风廉政建设的责任感、使命感;同时在深入开展反腐倡廉教育的基础上,督促党员领导干部严格按照党章规定的六项基本条件,经常检查和弥补自身不足,不断加强党性修养和党性锻炼。

(三)开展"回头看",确保八项规定落地生根

继续认真按照中央八项规定的要求,在作风建设,改进文风、会风,推进厉行节约等方面加大力度,认真对照开展工作,取得了初步成效。对贯彻落实中央八项规定精神情况进行了深入的自查,围绕"两方案一计划"的贯彻落实,从领导干部带头情况、贯彻落实《党政机关厉行节约反对浪费条例》及配套制度情况、解决干部群众反映强烈的突出问题情况、加强监督检查情况四个方面进行了认真的梳理总结,对照整改落实是否到位、专项整治是否彻底、制度建设是否完备,进行"回头看",确保了各项整改任务全面落实,为从根本上防范"四风",确保八项规定落地生根奠定了基础。

(四)扎实开展整顿清理,进一步加强作风建设

为进一步落实党的群众路线教育实践活动整改方案,巩固群众路线教育成果,大力开展16项内容整治,重点对会议标准、文件简报印发、规范新闻报道、公务接待、深入基层调研、廉洁从政、机关懒散等情况进行了全面彻底清查。在这项工作的基础上,又按照上级要求,重新确定了10项整治内容,重点进行了清理吃空饷、编外用人、企业兼职、裸官、领导出国、豪华装修等专项整治活动。按照省有关文件精神,制定了工作纪律专项整治工作方案,把具体任务责任到处室,提出了九项措施、七项要求,积极开展了以改进思想作风、提升服务水平、提高工作效能、优化发展环境为目标的专项整治工作,有力推动了管理规范、工作有序、运转协调、服务有力、办事高效的机关作风建设。

三、促进单位全面建设,服务我省经济社会发展

物价局始终把党建成效体现在各项价格工作中,2014年按照牢固树立六种意识、积极推动三个转变、着力建设六型物价的总体思路,突出抓好稳价安民、深化改革和服务发展等工作。

(一)保持价格总水平保持基本稳定

我省全年居民消费价格涨幅为1.7%,大大低于预期调控目标3.5%,比2013年的3.1%回落了1.4个百分点,与全国对比从2013年高于全国平均水平0.5个百分点转变为低于全国平均水平0.3个百分点,排位由全国第8位,降为第23位,同时这也是自2010年以来五年来的最低值。

一是完善联动机制措施。进一步完善了联动机制的启动条件,并创新性地设置了价格补贴兜底标准和浮动标准相结合的规定,进一步增强了联动机制的连续性和惠民性。

二是加强价格监测分析。在元旦、春节、中秋、国庆期间,加大监测巡视力度,扩大监测范围,增加重要商品价格监测品种,加大对主要农副产品供应及市场价格情况监测分析力度。密切关注与群众紧密相关的商品和服务价格的市场价格动态,加强对价格苗头性、倾向性问题的分析,及时发现和报告价格突发上涨情况,切实做好预警工作。

三是落实生猪市场价格调控预案。针对我省猪粮比价进入黄色预警区域(中度下跌)的情况,按照生猪市场价格调控预案的规定,及时召集有关部门会商调控措施,报告省政府启动了调控预案,使我省生猪价格很快止跌回升,保障了生猪养殖者的利益。

四是大力推进平价商店建设。切实将平价商店作为平抑物价的重要抓手,在全省低收入群体相对集中的地区继续推进平价商店建设,现已建立了752家平价商店,以低于市场均价销售蔬菜、粮油等农副产品,发挥了稳价惠民的积极作用。

五是切实降低生产流通成本。加大力度,鼓励生产、销售等主体进行产销对接、农超对接,减少中间环节费用,降低流通成本。继续落实鲜活农产品运输"绿色通道"政策,全年减免通行费达5.42亿元。

六是价格调节基金应收尽收。全年全省累计征收价格调节基金14.42亿元,其中省本级入库2.88亿元,继续为政府运用经济手段进行价格调控提供了重要的资金保障。

(二)加快价格改革步伐

针对经济社会发展的客观需要,全省各级物价部门围绕中心,服务大局,在促进职能转变、深化资源性产品价格改革、做好医药价格改革等方面制定实施了一系列政策措施。

一是进一步简政放权。2014 年放开了非公立医疗机构医疗服务价格等一批已经具备充分市场竞争条件的商品和服务价格;取消了部分服务性收费项目;下放了一批基层可以管好的商品和服务价格管理权限。自 2013 年以来,下放管理权限、放开价格管理项目累计已经达到 102 项。

二是深化资源性产品价格改革。认真落实成品油定价机制,18 次调整了成品油价格。进一步完善水价形成机制,会同省住建厅发出《关于加快建立完善城镇居民用水阶梯价格制度的指导意见》,为指导全省落实城镇居民阶梯水价奠定了政策基础。出台完善居民阶梯电价制度相关配套政策,扩大居民阶梯电价实施范围。出台电解铝行业阶梯电价政策及水泥行业差别电价政策,按照区别对待、有保有压的要求,积极化解我省电解铝行业产能过剩的问题。会同省住建厅进一步完善了推进按用热量计价收费工作的相关政策,促进节能降耗。

三是积极推进医药价格改革。继续推进县级公立医院医药价格改革,将县级公立医院医疗服务价格调整权限下放至县级人民政府。制定部分新增医疗服务项目价格,规范了公民临床用血价格。改进低价药品价格管理形式,进一步减轻患者用药负担。

(三)服务经济发展和转型升级

充分发挥价格职能,运用价格杠杆服务经济社会发展,服务经济结构调整,推进资源节约和环境保护,为我省经济平稳发展和转型升级发挥了重要的作用。

一是继续落实和完善了环保价格政策。继续实施脱硫加价 1.5 分 / 千瓦时、脱硝加价 1 分 / 千瓦时、除尘加价 0.2 分 / 千瓦时的环保电价政策,配合国家发改委认真测算煤价下降空间,疏导了环保电价。省调机组全年累计执行脱硫电价的装机容量达到 3820 万千瓦、脱硝加价的装机容量为 3109 万千瓦,除尘加价的装机容量为 2224 万千瓦。落实电动汽车用电价格及充换电服务费政策,积极落实燃气热电价格政策和推进全省燃煤发电机组超低排放价格政策。

二是积极研究价格措施保增长。落实"煤炭二十条"出台配套措施,降低了中国(太原)煤炭交易中心煤炭交易费,由向买卖双方各收取 0.10 元 / 吨降为向买卖双方各收取 0.05 元 / 吨,减轻企业和用户负担 8265 万元。研究"煤层气二十条"配套意见。牵头草拟《关于推进山西省煤层气价格形成机制改革的指导意见(试行)》,促进煤层气价格形成机制合理化。

三是取消、降低、规范行政事业收费。开展涉煤收费清理规范,取消煤炭价格稽查管理费,降低煤炭产品质量监督检验费、煤炭矿产资源补偿费收费标准,仅取消煤炭价格稽查管理费一项,年约减轻煤炭企业负担 5200 万元。取消了计算机应用能力培训和考核收费等 23 项行政事业收费,为社会、为企业减轻负担 5815 万元。免征出口商品检验检疫费、货物原产地证书费,减轻企业负担 1228 万元,对小微企业以及从事个体经营的登记失业人员、残疾人、退役士兵和毕业 2 年以内的普通高校毕业生实行了减免政策,涉及 13 个部门 26 项收费,年减轻企业和个人负担约 4697 万元。上网公示行政事业收费目录和标准,进一步提高了收费政策的透明度。

四是规范经营服务收费。规范了社团组织经营服务收费,取缔不合法收费,取消各种评比、评审费用,适当降低了有形建筑市场交易服务费标准,降价幅度 25%,减轻企业负担约 500 万元。规范城建档案专业技术咨询服务收费,降低了工业与民用建筑工程档案技术服务费标准,降低幅度达到 20%。放开各类电信业务资费,规范房屋交易手续费。

(四)加强价格监管执法

2014 年重点加强节日市场价格监督,强化农资价格管理,开展涉企收费、银行业收费及脱硫电价专项检查工作,部署安排医疗、教育收费检查,全年全省共查处价格违法案 1126 件,实施经济制裁 2.69 亿元,上缴财政 2.37 亿元,为历年查处力度最大一年,其中单笔 1.26 亿元的处罚也是历年来最大个案。按照国家发改委统一部署,在全省各级价格部门的努力下,投入 500 多万元,完成了"12358"价格举报信息系统四级联网工作,举报工作基本实现了电子化、信息化、网络化。在做好系统建设的同时,认真受理查处举报案件,2014 年全省受理各种投诉举报 32362 件,办结 32306 件,办结率达 99.83%,维护了举报人的合法权益,发挥了排除价格隐患、调解价格纠纷、促进社会和谐的作用。

(五)强化各项基础工作

价格基础工作是价格整体工作的坚强支撑,是提高价格工作水平的重要前提。在做好价格业务工作的同时,各项基础工作先行发展并取得了明显的成效。

一是价格法制建设取得新成绩。出台了涉案财物价格鉴证管理办法。在广泛调查研究、征求意见的基础上,召开立法论证会,对《山西省涉案财物价格鉴证办法》进行了修订并上报省人民政府,经省人民政府第 67 次常务会议审议通过,山西省人民政府令第 239 号予以公布,并于 2015 年 2 月 1 日起正式施行。认真贯彻落实价格听证办法,全年举行价格听证会四起。

二是价格宣传工作得到加强。制定了价格宣传工作意见、网络舆情预案等制度,开展价格专题宣传,及时通过召开新闻发布会、参加行风热线访谈、门户网站公布等方式宣传价格政策,正确引导社会舆论。自觉接受社会舆论监督,加强与媒体的沟通合作。价格监测能力明显提升,领导更加重视,社会更加关注,作用更加明显。

三是成本调查和监审工作扎实推进。高质量完成农产品成本调查任务,发挥农产品成本调查预测预警功能。加强对经济适用房、水利工程供水、民爆器材、管道燃气、教育、医药、旅游门票、供热、机动车环保检测等十多个行业的成本监审,维护群众价格权益。全年全省开展成本监审项目 244 项,审核成本总额 331 亿元,核减不合理费用 86 亿元,核减幅度达25.98%。省物价局和8个县(市)的成本分局被国家发改委评为“2012–2014年度先进集体”,9名同志被评为先进个人,取得这样的成绩来之不易。

四是全省认证工作取得新突破。进一步强化价格鉴证档案管理等基础建设,认真做好涉及纪检监察和刑事认定案件的价格鉴证,积极探索涉税财物价格鉴证工作,全年共鉴证1.5万件,总额达到7.4亿元。

五是加强对价格理论与政策问题研究,完成了《山西省煤炭成本构成及成本水平分析》和《煤炭价格研究省外考察报告》两项成果,召开了《煤炭价格政策研究》课题初报告、课题终稿和煤炭价格政策建议等3个研讨会。《山西省五种水源比价政策研究》、《山西煤炭价格形成机制研究》、《山西医疗服务价格问题研究》等三项课题获得国家价格理论研究最高奖“薛暮桥”奖。

(崔海兵)

附:省物价局党组书记、成员名单

书　记:李永平

成　员:王克信(6月离职)　庞全龙　祁晓虎　武振功　王春庆

省国防科学技术工业办公室党委工作概况

党委书记　朱　鹏

2014年,省国防科技工业认真落实省委、省政府和国防科工局的各项工作部署要求,以军工核心能力建设为重点,以军民融合发展为突破,以创新党的建设为保障,紧扣思想引领,紧抓作风建设,强化反腐倡廉,推进基层组织晋位升级,党建工作取得新进展,为推动全省国防科技工业的平稳较快发展提供了坚强政治保障。

一、坚持思想引领,提升党员干部理论素质和党性修养

一是强化理想信念教育和思想引领。强化党委中心组学习引领,通过组织班子成员专题领学,安排班子成员与基层党委结对子,深入各企事业单位开展参学督学,领导干部上讲堂和对全系统40个企事业单位党政班子270名成员的集中轮训等方式,强化对习近平总书记系列重要讲话精神、刘云山在山西干部大会上的讲话精神、王儒林书记的系列重要讲话精神的学习,提升党员领导干部道路自信、理论自信和制度自信,与党中央在思想上、政治上、行动上保持高度一致。深刻理解山西“净化政治生态、实现弊革风清、促进富民强省”的深刻内涵和历史担当,对照本单位和个人实际,提升贯彻落实省委重大部署的思想自觉和行为自觉。

二是创新基层组织学习载体。组织“中国梦与中国共产党”主题论文征集活动,开展“学习焦裕禄、争做好公仆”集中行动,实施“坚守军工魂、共筑军工梦、当好军工人”理想信念教育专题工程,组织军工优秀基层干部到河南兰考接受现场教育,推动领导带头上讲堂讲党课,开通网站、微信等多种宣传通道,形成书记垂范、班子带头、全员参与的学习交流氛围。

三是狠抓学以致用效果提升。组织工办党委和全系统党委班子成员围绕习近平总书记关于国防科技工业发展的三点重要批示精神、十八届三中全会关于市场在资源配置中起决定性作用、十八届四中全会依法治国、推进军民融合深度发展等主题,结合山西转型发展和国防科技工业发展特点,开展调研、撰写调研报告,全系统党员干部在各类党刊和媒体上发表专题党建工作论文千余篇,通过理论学习和理想信念教育,提升党建工作新思想引领改革发展新局面的能力和水平。

二、强化基层党组织建设,增强企业改革发展的活力

一是着力加强基层党委班子建设。从军工企业改革重组实际出发,积极与军工集团协同,指导9个基层党委进行换届,调整16家单位领导班子成员50名,全面推动双向进入,确保在企业法人治理结构建设中进一步发挥党委的政治核心作用。

二是强化党支部书记队伍建设。全面推行支部书记与行政负责人的紧密融合,促使干部双向进入、交叉任职,延伸到生产经营最前端,推动生产经营与党建活动两手抓两手硬,实现1348个基层支部全覆盖。涵盖了企业发展的各层面、各区域、各业务单元。晋西集团等生产型将支部建在班组上,采取党员挂牌、支部红旗流动等方式,推进班子创先争优,实现质量效益双提升;核七院等项目型企业,将支部建在项目上,发挥了稳定队伍,保障项目的关键作用。

三是扎实开展党员创新工程。坚持一个支部一个特色,一个党员一个创新点的思路,围绕企业改革发展推动技术创新、工艺创新、管理创新,开展党员创新工程。通过开展创建学习型、创新型、服务型党组织活动、“基层党组织提升年”、党委书记抓党建工作专项述职等活动,不断创新活动载体、丰富活动内容,使党建工作更趋有形,富有活力,促进基层党组织普遍实现晋位升级,全系统党建工作的军工特色越发彰显。

四是健全党建工作考核评价体系。完善了加强党建工作、推动经济发展和落实社会责任“三位一体”的党建目标责任考

核机制,做到了加强党建有抓手、评先表彰有依据、干部任用有实绩、推动工作有目标。

三、大力推进作风建设,打好反“四风”攻坚战

一是扎实推进党的群众路线教育实践活动。全系统第一批30个单位全面进行整改工作“回头看”,第二批5个单位正抓紧推进整改任务落实。整改任务完成511项,完成率93%,专项整治任务完成196项,完成率98%,制度建设完成722项,完成率93%,其他整改任务完成61项,完成率91%。其中,省国防科工办机关20项整改任务完成17项,专项整治任务5项全部完成,制度建设25项全部完成。目前正按照省委统一要求,坚持抓常抓细抓长要求,巩固整改成果,打好作风建设攻坚战和持久战。通过教育实践活动,“四风”积弊得到一定整治,工作作风得到明显改进,干事创业氛围得到进一步加强。

二是大力推动进企业、下基层定点帮扶活动。党委班子成员带队到企业,进基层,领题调研,重点帮扶,解决问题。帮助中信机电制造公司棚户区改造;协调解决长治清华机械厂等企业项目建设用地问题;先后带队10多次到国防科工局和各军工集团,帮助太钢集团T-800碳纤维项目建设与推广;帮助晋西集团协调垃圾焚烧发电项目建设中遇到的困难等。各企业党委紧紧围绕科研生产一线,开展班子成员领题,定点解决企业发展难题和职工住房、子女就学、就业难题和改革改制过程中下岗分流、自谋职业人员生活困难问题,为保障企业发展提供坚强支撑。

三是加强军工文化建设,增添创新奉献正能量。充分发扬我省军工党建的优秀传统,结合新形势、新要求,一方面大力推动“太行精神”、“黄崖洞”精神的传承,着力打造军工文化基地。汾西重工展览馆和晋西集团军工文化艺术团分别创建为国家级军工文化教育基地和军工文化艺术团,淮海集团的“刘伯承工厂旧址”、山西北方机械制造有限公司的“军工文化区”新创建为全国军工文化教育基地,淮海集团和长治清华机械厂被认定为军工文化建设示范单位,长治清华机械厂、207所、616厂等3个单位创建为“全国文明单位”,淮海集团二分厂、山西江淮重工特种设备制造中心103班组等2个集体成为“全国工人先锋号”,为我省军工文化的社会化发展奠定了坚实基础;另一方面,大力弘扬“两弹一星”、“载人航天”精神和山西精神,大力推进廉政文化建设,创建淮海集团、中核新能等廉洁教育基地,组织全系统开展现场警示教育,弘扬了正气,增添了正能量。各级工会、共青团开展的各具特色、丰富多彩活动为促进军工和谐发展增添了活力和动力。

四是强化一岗双责,坚守三条“生命线”。针对军工和民爆高危行业的特点,充分发挥各级党组织核心作用,进一步健全“党政同责、一岗双责”责任体系,坚守安全生产、安全保密、维护稳定三条“生命线”不出问题,为我省军工转型跨越创造了安全和谐的发展环境。

四、坚持主体责任,强化惩防体系建设

一是加强组织领导。坚持将党风廉政建设与改革发展工作同研究、同部署、同考核。2014年年初召开国防科技工业工作暨党风廉政建设大会,对全系统党风廉政建设面部署,并与企事业单位党政一把手分别签订党风廉政建设责任书,一级抓一级,层层抓落实。制定下发《2014年反腐倡廉建设工作任务分解意见》,按照“谁主管、谁负责”和“一岗双责”要求,明确党委书记“第一责任人”的职责和班子成员分管责任,将26项任务落实到人。加大考核权重,做好日常监督、年中检查、年度考核的有机结合,先后6次专门听取党风廉政建设汇报,研判反腐倡廉工作形势,支持纪委大胆开展工作,坚持做到党风廉政建设重要工作亲自部署、重大问题亲自过问、重点环节亲自协调、重要案件亲自督办,推动工作落实。

二是强化班子建设。将班子建设作为党风廉政建设的重点和关键,落实第一责任人职责。坚持谈话提醒制度,与每位班子成员个别谈话,与基层单位党委书记谈话,与新提拔领导干部谈话,不断强化廉政情况检点和督察;坚持集体谈话制度,对全系统49名新任领导干部进行了集体廉政谈话,强化防范与警示;坚持基层党委书记述职述廉制度,听取党委书记述廉情况并进行考评;坚持群众监督机制,及时掌握群众举报线索和情况反映,把握廉政动态;强化纪检监察部门的突击检查和重点事项的督察,及时发现问题、处理问题,形成上下联动、多管齐下、齐抓共管的环境氛围。

三是推进惩防体系建设。成立惩治和预防腐败体系工作规划领导小组,制定贯彻《建立和健全惩治和预防腐败体系2013-2017年工作规划》的实施办法,健全拒腐防变教育长效机制、反腐倡廉制度体系,完善纪检监察、监事会、审计“三位一体”大监督格局。重点检查和完善“三大一重”决策机制、厂务公开机制、群众线索倒查和备案机制,指导基层单位从岗位风险、部门风险、单位风险三个层次查找容易产生腐败行为的风险内容及表现形式,确定廉洁风险点,确定风险等级,有针对性地制定防控措施,形成以岗位为点、以程序为线、以制度为面的廉政风险防控机制。坚持基层纪委书记报告制度、效能监察备案制度,认真开展反腐倡廉宣传月活动。

四是坚决惩治腐败。坚持有案必查、有腐必反、有贪必肃,“老虎”、“苍蝇”一起打,调整查办案件领导组,健全腐败案件揭露、查处机制,畅通拓宽信访举报渠道,及时排查案件线索,严肃查处腐败问题和不正之风。2014年,全年查处案件10件,处分党员13人,其中,开除党籍3人,留党察看3人,党内严重警告1人,党内警告6人。同时,严肃查处安全生产事故涉及的监督对象违纪违法行为,监督有关职能部门履职尽责,对安全事故严格追责,12名事故责任人分别受到党纪政纪处理。

五是全面开展基层组织廉政文化建设。各级基层党委都将廉洁文化教育作为加强基层党员干部党性教育的必修课。淮海集团、核七院等企业专门建设了廉洁教育基地,一方面通过反腐倡廉典型案例警示,警示警言警句,图片视频讲解等方

式进行强化党员干部廉洁教育，另一方面由党员干部自己动手，制作廉洁漫画和模型，进行心灵感悟；中核新能公司建立周二廉洁短信提醒制度，相关企业在支部活动中，通过身边人、身边事现身说法，宣誓座谈体会等方式，加强对党员干部的廉洁教育。通过这些不同形式的廉洁活动，逐步形成党委抓廉政，党员守廉洁的文化氛围。与此同时，强化关键部门、关键环节、关键岗位廉政监管。推动各企业根据企业经营特征，针对容易产生腐败的部门、环节、岗位，建立廉洁监督机制，包括财务人事部门、市场营销及商务部门、项目管理部门、项目招投标环节、项目采购环节、废旧物品处理环节，以及中层干部、班组长、项目经理等重要岗位，通过权限管理、重要事项报告、专项抽查突查等机制，强化过程管理，提升廉洁自律和监管能力。

五、坚持班子引领，加强机关效能建设

一是强化政治思想建设，着力打造团结进取的领导班子。充分发挥党委中心组学习的示范带动作用，安排班子成员领学，到基层企事业单位参学督学，“一把手”带头、班子成员上讲堂讲党课，开展领题调研，撰写调研报告，不断增强讲政治、顾大局、转作风、重引领的能力和素质。坚持民主集中制，加强班子整体团结协作和日常管理，成员之间相互尊重，坦诚相待，相互补台，并肩战斗，各项工作推进有序有力。

二是强化干部教育培训，不断提高党员干部队伍素质。组织机关党员干部集中学习教育，参加省直处级干部轮训，开展机关“第三届读书月”活动，举办读书心得交流会，开展机关干部五项全能比赛和专题演讲比赛，举办每月干部大讲堂，组织机关干部赴西安交大进行专题培训，组织观看作风建设方面的各类典型案例，举办领导干部廉洁从政答题活动，在机关门户网站开辟“学习园地”专栏等，都收到了明显成效。干部在线学习人均达到105学时。

三是强化制度建设，不断提升机关规范化水平。进一步巩固党的群众路线教育实践活动成果，推进各项整改措施落实到位。修订完善了《机关公务接待管理办法》等26项工作制度，直属单位制度建设全面加强。实行班子成员每周工作日志管理，全面落实出差报备制度，规范班子成员工作安排，定期进行工作盘点，协商解决疑难问题。投资210万元加强机关信息化建设，完成165万元的硬件采购任务，软件硬件条件得到有效改善，机关制度化、规范化、信息化水平有了新的提高。

四是强化目标责任考核，不断推进机关效能建设。编制形成《2014年工作推进手册》，明确处室目标任务，责任到人。主动开展基层单位评议机关活动，并把评议结果作为处室绩效考核的依据。坚持依法行政，全面梳理权力清单，优化事项办理流程，全年审批行政许可156项。主动改进工作方式方法，帮助基层解决问题，机关服务意识和水平不断提升，全系统对工办的认同感进一步增强，干事创业氛围进一步优化。

五是活跃职工文化生活，不断推进文明和谐机关创建。广泛开展道德规范、核心价值体系宣传教育，大力弘扬“两弹一星”精神、载人航天精神等，努力在机关形成知荣辱、讲正气、促和谐的良好风尚。精心组织干部职工参观学习活动、重大节假日的纪念和庆祝活动，在机关安装公共广播系统，恢复了工间操。要求干部努力在谋大事、做大事上创新突破，营造昂扬奋进、积极向上的浓厚氛围。积极履行社会责任，组织开展“扶贫日”献爱心捐款活动，加强扶贫攻坚力度，干部下乡驻村12人次24天，落实扶贫资金65万元。

六、抓党建促发展，推动军工经济再上台阶

2014年，全省国防科技工业系统认真贯彻落实省委、省政府和国家国防科工局的决策部署，以军工核心能力建设为重点，以军民融合发展为突破，以创新党的建设为保障，各项工作取得新的成效。

一是军工经济继续保持平稳增长。全年实现销售收入增长8.09%，增加值增长7.8%，利润总额增长10.46%，职工收入增长9.2%，实现了在经济下行压力巨大情况下各项经济指标的全面提升。二是全系统承担的军品科研生产项目全部按计划节点完成。军工核心能力建设水平进一步提高，大力推动国防科技创新体系建设，自主创新能力显著提升，年度获得国家科学技术进步奖3项，国防科技奖23项；获得山西省国防科技工业科技创新奖29项。三是军民融合发展进一步深入。强化顶层设计，研究制定了山西军民融合发展三年专项规划；重点实施140多个军民结合产业重大项目，在高端装备制造、电子信息、新材料、新能源、现代化工等战略性新兴领域，打造出智能车轴、高端液压支架、节能电机、碳纤维、液晶显示装备等一批军民结合拳头产品，培植了晋西集团百亿企业和汾西重工、平阳重工、清华机械等规模超20亿的龙头企业，民品增加值增长15%；结合国家重大布局，创新地组织推进高分辨率对地观测卫星、北斗卫星导航定位、高端装备智能制造、两化深度融合和信息安全等5个专项，培植新的经济增长点；重点推进太原轨道交通及装备制造工业园等9个军民结合产业基地建设建设，形成了产业聚集效应；成功举办由山西省政府和国防科工局联合指导，7个军工集团、11个地市、100多家企业共同参与的山西省军民融合成果展示暨推进会，400余项军民融合技术和项目进行展示对接，申请国家高分专项在山西落地，成立山西空间信息产业联盟，建立与太原、大同、长治、晋城、临汾等市政府协同推进机制，促进军地、军民双向互动、融合发展，在全省形成了强烈反响和发展的浓厚氛围。四是行业监管服务水平有了新的提高。进一步完善安全生产监管制度，建立安全生产长效机制，加大监管力度，全系统安全生产继续保持平稳势头，全面完成了省政府下达的安全生产任务。落实反奸防谍和保密责任制，不断强化安全保密工作，未发生失泄密案件。加强协调服务，完善协调机制，畅通“绿色通道”，全面保障了“高分二号”、“中巴卫星4号”等国家重大发射任务，受到国家国防科工局通报表彰。

（赵登斌）

附：省国防科学技术工业办公室党委书记、副书记、委员名单

书　记：朱　鹏

副书记：安雅文(3月离职)　李章贺(8月任职)　史国兵

委　员：温国贵　王树峰　齐建伟　段万乐

省中小企业局党组工作概况

2014年,省中小企业局党组团结带领全体干部职工,不断巩固发展党的群众路线教育实践活动成果,深入开展学习讨论落实活动,认真贯彻落实省委、省政府促进中小微企业发展的一系列决策部署,坚持需求导向、服务为本,聚焦小微、综合施策,有力促进了全省中小微企业平稳健康发展。

一、学习贯彻习近平总书记系列重要讲话精神,深入开展学习讨论落实活动

局党组把深入学习习近平总书记系列重要讲话精神作为一项长期重要的政治任务和做好一切工作的根本遵循来抓,引导党员干部特别是领导干部进一步深刻领会习近平总书记系列重要讲话的科学内涵和思想精髓,准确把握讲话的精神实质和实践要求,切实解决好世界观、人生观、价值观"总开关"问题,补足精神之钙,筑牢理想信念根基。

全省学习讨论落实活动开展以来,局党组进一步统一思想,明确目标,推动学习习近平总书记系列重要讲话精神向深度、广度发展,突出活动主题,紧扣目标任务,高标准、严要求、大力度推进。认真组织学习《习近平总书记系列重要讲话读本》、《习近平谈治国理政》等,引导党员干部读原著、学原文、悟原理;邀请省委党校两名教授,分别作专题辅导报告;组织观看《警钟长鸣》警示教育片,使大家进一步受警醒、知敬畏、明底线,增强廉洁自律意识;针对我省发生的系统性、塌方式严重腐败问题,深刻学习领会中央对山西工作的重要指示,全面学习贯彻王儒林书记重要讲话精神,自觉锤炼纯洁党性,自觉筑牢廉洁防线;认真组织交流讨论,在讨论中碰撞思维,在交流中明辩是非。通过扎实的学习,为活动取得实效打下坚实基础。

二、巩固拓展党的群众路线教育实践活动成果,不断提高党风廉政建设水平

为深入推进党风廉政建设,巩固拓展教育实践活动成果,局党组从思想教育、制度规范、督促检查、整改整治等方面完善措施,做到了力度不减、思想不松、标准不降,以足够的工作力度保证作风建设持续取得实效。

一是深化整改落实,提升服务水平。局党组以"三严三实"为标尺,对照省委规定、对照所做承诺、对照制度建设、对照企业需求深化整改。对每项整改任务都制定出任务书、列出时间表、划出路线图,做到了一项任务一位领导、一套班子、一抓到底。对整改工作实行"台账式"管理,及时检查整改落实工作进展情况,20项整改工作顺利推进,有力促进了全省中小微企业平稳健康发展。

二是狠抓专项整治,严格正风肃纪。在巩固整治"文山会海"、奢侈浪费不正之风等15个专项整治成果的基础上,紧盯重要节点、重点领域和突出问题,认真组织开展整治"会所中的歪风"等10项专项整治活动,采取定期检查、随机抽查、明察暗访等方式,全面推进专项整治工作,始终保持狠刹"四风"的高压态势。

三是落实八项规定,加强作风建设。下大力气精文简会,2014年会议次数同比减少27.7%,参加人数同比减少15.7%,会议天数同比减少28.5%;发文数量同比减少10.5%;简报期数同比减少35.3%。积极改进调查研究,建立处级以上领导干部联系"小巨人"培育企业制度,局领导经常深入基层、深入企业,总结经验、解决困难,累计调研88次、241天。严格落实《党政机关厉行节约反对浪费条例》,从严控制机关运行经费,"三公"经费得到大幅度压缩,公务接待费用同比压减58.36%,公务用车经费同比压减41.88%。

四是落实主体责任,狠抓廉政建设。认真落实党风廉政建设责任制,把党风廉政建设与业务工作一同研究、一同布置、一同检查、一同考核;按"六权治本"要求,积极推进依法行政,认真梳理权力清单并进行分类、归集、整合,做到可执行、可监督、可问责;积极开展党性党风党纪教育,组织干部职工赴省女子强制隔离戒毒所进行警示教育;认真落实《中小企业发展专项资金管理使用监督检查办法》,对项目资金管理实行全过程、全覆盖监督,努力防止违纪问题发生。

五是强化建章立制,健全长效机制。为确保教育实践活动整改工作取得实效,局党组着眼于建立健全长效机制,先后制定了《关于加强中小企业扶持资金使用廉政监督的"十个不准"》等13项制度,修订和完善了《党员干部联系群众制度》、《公务接待制度》等19项制度,基本形成了便于遵循、便于落实、便于检查的整治"四风"制度体系。

三、强化党性修养,提升能力素质,全面加强领导班子和干部队伍建设

在领导班子建设方面,一是坚持理论武装。深入学习贯彻党的十八届三中、四中全会和习近平总书记系列重要讲话精神,努力以科学理论武装头脑、指导实践、推动工作。二是严格政治纪律。把守纪律讲规矩摆在更加重要位置,严格遵守领导干部廉洁从政各项规定,严格按照党的组织原则和党内政治生活准则办事,民主决策、科学决策水平进一步提高。三是注重分工合作。班子成员之间互相信任、互相支持,协同合作、团结共事的意识不断提高。

在干部队伍建设方面,一是强化教育培训。突出加强宗旨意识、党性修养、理想信念等方面的教育,努力提升干部队伍的政治素质、业务能力和服务水平。二是优化工作流程。严格按照"六权治本"要求,编制"权力清单"和"责任清单",规

范权力运行流程，加强专项资金使用效果的跟踪问效和绩效评价。三是树立正确导向。严格干部选拔任用工作，调整选拔了4名处长，对3个直属单位的班子进行了调整，公开招聘事业单位工作人员3名，做到了组织满意、群众认可。严格干部日常管理，干部队伍干事创业的积极性有了新增强。

在机关党的建设方面，一是强化党员干部政治素养。组织局机关系统58名处级干部分期参加了省直工委举办的培训班；开展读书月活动、举办“道德讲堂”，引导党员干部积极践行社会主义核心价值观。二是加强基层党组织建设。召开局直属机关第五届党员代表大会，积极推进党务公开，建立健全“党员干部联系群众制度”、党建工作“联述联评联考制度”等；深入开展创先争优，表彰先进基层党组织4个，优秀党务工作者4名，优秀党员71名。三是认真开展下乡住村活动。筹资38.15万元，帮助扶贫点落实扶贫项目，购买农用物资，建设文化大院，村民人均收入从2009年的1320元提高到2014年年底的4930元。四是加强机关文化建设。注重开展各类有益活动，倡树文明新风，培养良好习惯；注重加强文化阵地建设，打造优美的办公环境、服务环境；注重培养团结意识、团队意识、大局意识，建立团队文化；注重健全工作制度，规范工作流程，严格工作纪律，全局系统的凝聚力，向心力和战斗力明显增强。

四、坚持求真务实，奋力开拓进取，全面完成2014年度各项目标任务

2014年，省委、省政府首次将“小升规”企业培育纳入全省年度目标责任考核指标体系。我们研究制定《全省中小微企业工作年度目标责任考核办法》，将目标责任考核延伸到市、县中小企业管理部门，形成横向到边、纵向到底的责任网络，有效推动了各项工作任务的落实。

一是抓政策落实。组织政策落实“回头看”，研究制定贯彻落实国务院《关于扶持小型微型企业健康发展的意见》的配套政策。国务院督查组对支持小微企业健康发展政策落实情况进行督查时，认为我省立足地方实际，在制度建设、政策设计、机制创新、服务保障等方面，出台了一系列务实管用的措施，取得了积极成效。开展“送政策、送专家、送服务”三送活动百余场次，惠及企业1万余户。落实税费优惠政策，减免小微企业增值税、营业税、所得税9.37亿元，免征各项收费4697万元。

二是抓成长工程。落实创业扶持政策，全省新创办小微企业数量再创历史新高、达5.4万户，同比增长51.26%。建立“小升规”培育企业数据库，落实奖励引导政策，全省共有361户“小升规”企业通过国家统计局审核。制定梯队培育计划，完善定点帮扶机制，新培育销售收入超亿元的“小巨人”企业126户。

三是抓融资服务。充分发挥金融服务专业应用平台作用，帮助274户中小微企业融资21.62亿元。完善客户推介机制，帮助805户企业落实贷款331亿元。推广“助保贷”融资模式，采取以奖代补形式下达太原市和46个县区2亿元风险补偿金，全省共设立“助保资金池”62个，累计帮助936户企业贷款45亿元。拓宽直接融资渠道，推动6户企业在“新三板”挂牌，4户企业通过山西运营中心在天交所挂牌，发行私募债5支、募集资金2.45亿元。

四是抓转型升级。研究制定《促进中小微企业“专精特新”发展实施意见》，筛选确定首批1000户专精特新中小微企业进行重点帮扶。支持新建省级中小企业技术中心43个，全省省级中小企业技术中心达112个。组织100余家专精特新小微企业，与山西传媒学院进行深度对接，签订合作意向23个。实施管理素质提升计划，择优选定管理标杆企业145户，开展对标示范。

五是抓人才培训。实施“3个1”经营者素质提升工程；举办“中小企业经营管理领军人才高级研修班”，70多名成长型中小微企业负责人参加；开展3期“银河培训”，960名企业经营管理人员参加。全省全年累计培训各类专业技术人员7000余人次，企业自主培训超过5万人次。

六是抓公共服务。积极推进服务平台建设，省级枢纽平台，长治、晋城等5个市级窗口平台，定襄锻造、榆次纺机等5个产业集群窗口平台，金融服务、产业信息大数据等22个专业应用平台上线运行。新建小微企业服务站123个，全省小微企业服务站达243个，帮助解决问题7500多个。新认定省级中小企业创业基地19个，全省省级中小企业创业基地达74个，入驻企业2538户，吸纳就业2万余人。帮助中小微企业开拓市场，先后组织204家企业、386种产品免费参加中博会等展会，累计签订合同、协议73项。不断完善省市县乡四级联动、“五位一体”的运行监测体系，全年全省中小微企业营业收入同比增长5.92%。

（眭鹏飞）

附：省中小企业局党组书记、成员名单

书　记：胡荣华（12月免职）

成　员：闫龙江　武晨阳（女）

省食品药品监督管理局党组工作概况

党组书记　赵光国

2014年，全省食品药品监管系统面对改革与监管双重压力，不怕困难，勇于担当，一手抓改革，完善监管体制机制，一手抓监管，扎实解决食品药品安全突出问题，全省食品药品安全形势总体稳定向好，没有发生重大食品药品安全事故，各项工作都取得了明显成效。

监管体制改革

按照国务院和省政府的改革要求，统筹谋划，顶层设计，大力度推动食品药品监管体制改革，在完成省、市机构改革的基础上，紧紧抓住基层这个重点，着力推动县乡改革到位。截至2014年年底，全省机构改革基本完成，全系统人员编制由原来的4063名，增加到12080名。全省设立乡镇食品药品监管站1016个，核定编制5604名，已到位3712人。行政村和社区全部配置了协管员，多数县都将协管员报酬纳入财政预算，统一解决，有效保障和发挥了协管员队伍的作用，基本形成省、市、县、乡、村"五级"工作体系。

食品安全监管

整治重点品种。采取全面排查、重点清查、规范流程、建立台账、从严查处等措施，集中整治吕梁的白酒、朔州的乳制品、太原的醋、忻州的月饼、晋中的肉制品等。抓住平遥县小作坊猪肉冒充牛肉等突出问题，立案查处46起，罚款73.58万元，移送公安刑拘1人。同时，制定小作坊操作流程，指导业主按照生熟分开、冷库贮存、冷链运输等要求进行改造，彻底改变了多少年来"一口锅、一堆肉"的落后加工方式。

整治重点单位。严格实施学校食堂16条和聚集性就餐15条监管举措，采取排队通报、约谈警示、上限处罚直至停业整顿等严厉措施，对全省6362所学校食堂进行了全面排查，对全省2072家持证大型餐饮单位进行了监督检查。全省持证餐饮单位量化分级率达到94.1%，管理水平有了明显提高。

整治薄弱环节。在全省部署开展了农村食品市场"四打击四规范"专项整治，抓住农村地区、城乡结合部、城中村等重点区域，对小卖部、小超市、流动摊贩、批发市场销售假冒伪劣、"五无"和过期变质食品行为进行了集中整治，共查扣假冒伪劣食品8295.5公斤，取缔无证无照446户，吊销证照14张，捣毁窝点13个，立案查处1202起，移送公安涉刑案件2起。

整治突出问题。围绕小作坊、小摊贩、小餐饮无证无照和脏、乱、差等问题，以登记备案纳入管理，开展集中整治和规范提高，涌现出了介休市、昔阳县、孝义市、原平市、太原市小店区等一批游商归市、坐商归店、集中管理的示范县区。抓住保健食品非法添加和非法宣传突出问题，采取检验筛查、强制下架、区域禁售、公开曝光等方式严厉整治，立案查处529起，对28种保健食品实施了全省禁售。

药品、医疗器械安全监管

开展药品安全专项整治。在药品注册环节，重点整治申报资料不规范、标准执行不严格等问题。在药品生产环节，重点整治原辅料购进把关不严格、检验检测不真实、不按质量规范操作等问题。在药品流通环节，重点整治购进渠道不规范、存储条件不达标、票据管理不严格等问题。全省共检查药品企业48209家，责令整改6777家，立案查处2616起，罚没款1174万元，发布违法药品广告公告6期4638件次，对34个违法药品广告品种实施了区域禁售。

提升药品质量管理水平。严格实施新版GMP、GSP药品质量规范，加快推进企业改造升级，完善全过程质量管理制度，全省已有57家企业296条生产线通过新版GMP认证，260家批发企业通过新版GSP认证，累计投入改造资金近50亿元。同时，以山西省道地药材为重点，扎实推进中药材中药饮片地方标准研究编制，已颁布恒山黄芪等50个品种的质量标准，安全保障水平明显提升。

强化医疗器械质量监管。抓住医疗器械企业质量管理基础薄弱的问题，在全省组织开展医疗器械"五整治"专项行动，采取暗访调查、集中排查、突击检查等方式，大力整治虚假注册申报、违规生产、非法经营、夸大宣传、使用无证产品等行为，责令整改1597家，停产停业36家，立案查处194起，罚没款96.975万元，捣毁黑窝点18个。

监督抽验工作

省食品药品监督管理局调整工作方法，以问题为导向，实施了"六个统一"工作措施，即：统一制定计划、统一组织实施、统一数据汇总、统一结果利用、统一核查处置、统一考核评价，把食品各环节抽检监测工作进行了整合集中，收到了良好效果。2014年完成食品抽检监测任务4426批次，发现不合格产品532批次，发现问题率达到12.02%；完成药品抽验7463批次，不合格产品193批次，问题发现率达2.59%，对抽检监测发现的不合格产品全部立案查处，及时消除了一批安全隐患。把检验检测能力建设作为保障安全的重要基础性工作，积极争取国家资金支持4.76亿元，加快建立和完善全省检验检测体系，为古交市、孝义市分别争取国家资金投入1400万元、800万元，并列入全国县级检验检测资源整合试点。

案件查处

省食品药品监督管理局以问题为导向，组织全系统深入基层开展明察暗访，针对不法分子利用高科技制假售假更加隐蔽、手段不断翻新的情况，在打得准、打得狠上下功夫，加大了监督抽验和风险监测力度，提高了打击的针对性和准确性，及时发现和解决了一些安全隐患和突出问题。为加强行刑衔接，联合公检法制定出台了《食品药品涉刑案件物证检验鉴定规定》，进一步加大了打击力度。2014 年，全省查处各类案件 13957 起，罚没款 4363 万元，查办案件数和罚没款在上年高基数的基础上，又分别增长了 23.2%、39.4%，达到历史最高水平，共吊销许可证 42 个，捣毁制售假劣窝点 250 个，移送司法机关案件 85 起。特别是查处了货值金额达 1600 万元的文水县制售假冒名牌白酒案等一批重大违法案件，有效震慑了违法犯罪。

监管信息化建设

省食品药品监督管理局在全系统全面实施“责任网格化、检查格式化、管理痕迹化、监管信息化”的“四化”监管模式，责任网格化解决责任到人、监管覆盖无空白的问题；检查格式化解决监管到位、检查项目无遗漏的问题；管理痕迹化解决行为规范、监管问责有依据的问题；监管信息化解决监管手段落后、监管效率低下的问题。特别是把监管信息化建设作为能力提升的战略工程，取得重要进展。在省级层面，建立了一个基础信息库和六大应用系统（网格监管、行政执法、动态监管、应急管理、政务公开、投诉举报），并率先实施全省保健食品化妆品监管信息化，已将 8457 家保健食品和 4515 家化妆品生产经营企业纳入系统管理。在市级层面，吕梁市已将 1009 家企业纳入信息化系统。忻州市级监管平台建成并开始应用，晋中市建成食品流通领域监管信息化平台，运城市“智慧食药监”平台架构基本形成，晋城市、长治市监管信息化试点工作取得明显成效，其他地市监管信息化也有不同程度进展。

食品可追溯体系建设

省食品药品监督管理局抓住重点品种和关键环节，大胆探索建立食品可追溯体系。在晋中平遥县应用二维码和自赋码，建立了肉制品质量安全可追溯系统，率先实现了肉制品生产加工原料购进、生产过程、检验检测和产品流向的可追溯；介休市建立并应用行政执法电子系统，实现了执法过程动态管理、执法结果公开透明、公众查询方便快捷；吕梁孝义市、柳林县基本实现食品流通环节电子一票通，做到产品流向可查询、可追溯；汾阳市、文水县酒类产品可追溯和肉制品可追溯系统建设取得实质性进展；朔州应县、山阴乳制品原产地可追溯体系在生产加工环节初步建立。

制度建设

省食品药品监督管理局制定出台了《信用档案工作制度》和《“黑名单”管理制度》，把主观故意、违法添加、无证生产经营、抗拒执法、屡治屡犯、影响恶劣等 18 种严重违法违规行为列入黑名单，向社会公示，实施重点监管。从 2014 年 7 月 1 日起，在全省开展食品药品安全责任保险制度试点工作，目前已有 249 家企业投保。组织修订了《山西省食品安全举报奖励办法》，重点解决群众举报不方便、不信任、积极性不高的问题。与省委宣传部、省政府新闻办研究制定我省食品安全信息发布和舆论引导工作机制，主动邀请媒体参与执法过程监督，更客观真实地发挥好舆论引导和监督作用。

党风廉政和队伍建设

省食品药品监督管理局党组进一步把党风廉政建设和队伍建设放在突出位置，认真学习贯彻习近平总书记系列重要讲话和省委、省政府决策部署，强化落实“两个责任”。坚持党风廉政建设与监管工作同部署、同安排、同检查、同考核，深入开展作风纪律、行政执法等专项整治。坚持执法监督与行政监察同步开展、行政执法与案件评查同步推进，不断强化行政审批、执法检查、专项资金使用、基础设施建设、招标投标等方面的行政监察和纪律检查，严格实行监督抽样、技术检验两分离和行政审批受理、审评、审批三分离制度，从制度层面规范行政执法。把开展学习讨论落实活动作为当前的重大政治任务，作为对干部的政治考验，作为强化食品药品监管的重大机遇，边学习、边讨论、边落实，认真整改自身存在的问题，严厉整治损害群众利益的食品药品安全突出问题，得到省委督导组的充分肯定。 （杨晓锋）

附：省食品药品监督管理局党组书记、成员名单

书　记： 赵光国

成　员： 任晋斌　贠亚明　郭宏魁（2 月任职）
刘建国（3 月任职）　徐跃华（2 月离职）
张少杰（2 月任职）

省扶贫开发办公室党组工作概况

党组书记　王立伟

2014 年，省扶贫办党组团结带领全办干部职工认真贯彻党的十八大、十八届三中、四中全会精神，按照中央和省委、省政府的决策部署，深入开展学习讨论落实活动，全面加强领导班子和干部队伍建设，着力抓好扶贫开发机制创新，扎实推进扶贫开发重点工作，圆满完成全年扶贫开发各项目标任务。

一、深入学习贯彻习近平总书记系列重要讲话精神,坚决把中央和省委省政府的决策部署落到实处

2014年,在山西发展面临严峻复杂形势,处在重要历史关头的时刻,省扶贫办领导班子坚持把学习贯彻习近平总书记系列重要讲话精神作为根本遵循,坚决贯彻党中央对山西工作的指示要求和省委开展学习讨论落实活动的决策部署,坚决做到思想上政治上行动上与中央和省委保持高度一致。一是深入开展学习讨论落实活动。把深入开展学习讨论落实活动作为首要政治任务,班子成员分头参加到全办成立的6个学习讨论小组中,采取集中学习、领题讨论、授课辅导和交流体会等方式,带领大家认真学习领会习近平总书记系列重要讲话和中央对山西工作的指示要求、认真学习领会王儒林书记重要讲话精神,深刻反思我省发生系统性、塌方式腐败的严重危害和惨痛教训;通过深入贫困乡村专题调研,向省直部门和市县扶贫部门发放征求意见表,召开机关党支部书记、民主党派干部、群众代表和贫困县扶贫办主任代表座谈会,参加分管处室支部学习讨论发言会等多种形式,广泛征求各级各部门干部群众的意见建议,深入查找党的建设、干部管理、作风建设、权力运行、服务群众等方面的问题;围绕实施"六权治本"、推进"六大发展",结合扶贫工作实际组织开展规范职能职责和讲政治守纪律为主题的政治素质提升、争做扶贫工作行家里手为主题的业务素质提升"一规范、两提升"活动,深刻认识到:开展学习讨论落实活动是实现治晋兴晋强晋目标的必然要求,一定要以实际行动坚决贯彻落实省委的决策部署,做到坚定理想信念,站稳政治立场,严守政治纪律,扎实推进扶贫开发,肩负起"净化政治生态、实现弊革风清、重塑山西形象、促进富民强省"的历史使命。二是深刻领会习近平总书记扶贫开发战略思想。通过党组中心组学习、邀请专家辅导、参加集中培训和个人自学等多种形式,认真学习《习近平总书记系列重要讲话读本》和《习近平谈治国理政》《干在实处,走在前列》《摆脱贫困》等著作,深刻领会总书记系列重要讲话特别是关于扶贫开发的重要讲话和重要指示精神,认真学习中央创新机制扎实推进新时期扶贫开发工作的新思想、新部署、新要求,将总书记关于扶贫开发的战略思想作为谋划指导和组织开展全省扶贫工作的行动指南。联系我省贫困面积大、贫困人口多、农民收入低的实际,坚持把扶贫攻坚作为最重大的民生工程,以吕梁、太行两大连片特困地区为主战场,以促进贫困群众增收为核心,以精准扶贫为要义,发挥干部驻村帮扶作用,按照产业扶持、技能扶持和资本扶持和不断改善贫困群众生产生活条件"三加一"的工作路径,创新机制、强化举措,不断激发贫困地区内生动力,提高贫困群众自我发展能力,努力走出山西特色扶贫攻坚新路子。

二、创新机制扎实抓好各项扶贫重点工作,全面完成年度扶贫开发目标任务

2014年,省扶贫办领导班子深入贯彻中央和省委、省政府创新机制扎实推进农村扶贫开发工作的决策部署,带领全办干部职工团结合作,锐意进取,扎实工作,拼搏争先,全面完成或超额完成年度目标考核各项任务。一是扎实推进百企千村产业扶贫工程。全年完成投资201.67亿元,占全年投资计划180亿元的112%。开工建设的233个项目中,有186个投产运营,共带动1768个贫困村、30.7万基地农户发展生产,吸纳6.9万个农村贫困劳动力就业增收。二是深入实施连片特困地区扶贫攻坚试点项目。组织吕梁、太行两大片区的天镇等10个试点示范县编制完成产业攻坚试点项目年度实施方案并完成评审批复工作,当年项目全部开工建设。三是干部驻村帮扶。2014年,按照省委省政府安排部署,实行省级领导联系贫困县、扶贫开发企业和住村包村点"三合一"帮扶制度,覆盖国家扶贫开发工作重点县和连片特困地区扶贫攻坚重点县36个。全省1.6万名领导干部和省、市、县三级抽调的3.1万名干部组成9688农村工作队开展驻村帮扶。建立完善"工作到村,帮扶到户"的精准扶贫组织保障体系。协助乡(镇)、村做好帮扶村贫困人口建档立卡工作;积极帮助帮扶村组织村支两委完成换届,加强基层组织班子建设。四是加大力度实施易地扶贫搬迁。移民建房主体工程完工率、入住率指标全部超额完成年度目标任务,扶持10.05万人口实施易地搬迁。五是启动实施千村万人就业培训行动计划。扶持5万名农村贫困劳动力通过培训实现稳定就业,就业人员月均务工收入达到2000元以上。六是组织实施教育扶贫万人助学工程。当年资助农村贫困生19805名,其中大学生7475名,高中生6329名,中职(技)生6001名。特别是按照精准扶贫要求,实现建档立卡贫困户考入二本B类以上大学生应助尽助全覆盖。七是扶持290个贫困村实施整村推进。投入各类资金2.56亿元,当年项目完工率达到64%,资金报账率达到58%,两项指标全部超额完成年度目标任务。2014年36个国定贫困县农民人均纯收入达到5309元,比上年同期增长18%,高出全省农民人均纯收入同期增幅7.2个百分点,47万人口实现脱贫。

在全力以赴推进上述各项工作的基础上,我们坚决贯彻省委、省政府全面深化改革、推进"六大发展"要求,创新机制、强化举措,突出抓了以下工作并取得显著成效。

一是全面完成扶贫对象建档立卡工作,实施精准扶贫迈出新步伐。按照中央创新机制精准扶贫的要求,将完善扶贫对象建档立卡作为2014年扶贫工作的头号工程,采取本人申请、群众评议、张榜公示、审核确认的办法,在全省识别贫困村8060个,农村贫困人口329万,并将这些扶贫对象信息全部录入建档立卡信息管理平台。同时采取扩大领导干部包村增收范围,整合机关定点扶贫力量的办法,组织1万余名包村领导、3.1万名机关干部瞄准建档立卡贫困村对接帮扶,实现贫困村干部驻村帮扶全覆盖。

二是加大力度抓好大企业大项目合作，推动企业产业扶贫取得新成效。组织各级各部门以项目为抓手，落实完善支持政策，加大招商引资力度，创新合作机制和合作模式，支持引导企业加大投入力度，加快项目建设。到2014年底已有天津宝迪、江苏润恒等省外知名企业和省内民营骨干企业、省属国企等200余家企业开工建设项目233个，累计完成投资370亿元。这些项目不仅带动了贫困地区农业投资显著增长，提高了贫困地区农业产业化水平，而且通过土地流转、吸纳劳动力打工就业、带动农户发展生产基地等方式促进了贫困群众生产增收。国务院扶贫办刘永富主任参观阳曲县企业产业扶贫项目后指出：这项工程思路非常好，符合煤焦企业转型实际，发挥了企业优势，对农业现代化是很大推进，这种以工补农、村企共赢的"造血式"帮扶，值得各地学习借鉴。

三是启动实施千村万人就业培训计划，劳动力就业培训推出新举措。在百企千村产业扶贫工程为农村贫困劳动力提供大量不离乡土就业岗位的基础上，2014年我省启动实施千村万人就业培训行动计划，以稳定就业为核心，采取提高就业培训补助标准、实行培训资金补助与稳定就业相挂钩的办法，瞄准贫困村劳动力特别是妇女劳动力开展就业培训的办法，支持他们通过培训稳定就业增收。全年共有5万名农村贫困劳动力参加就业培训，月均务工收入达到2000元以上。

四是启动实施金融富民扶贫工程，开辟金融支持贫困地区产业开发新路径。按照发挥扶贫资金放大效应，撬动金融资本支持贫困地区产业开发的思路，与财政、金融等部门合作改革创新金融扶贫机制，启动实施金融富民扶贫工程。2014年在吕梁、太行两大连片特困地区21个扶贫攻坚县试点，每县注入500万元财政扶贫资金作为扶贫贷款风险补偿金，金融合作机构按照注入扶贫资金总额的8倍以上放大贷款额度，支持贫困地区企业和农户实施特色优势产业开发。力争经过几年的努力，有效解决贫困地区特色优势产业开发贷款难问题。

五是完善政策创新机制，推动易地扶贫搬迁取得新进展。2014年省政府将易地扶贫搬迁列为改善农村人居环境"四大工程"重要内容，新扶持10万人实施易地扶贫搬迁。这方面我们按照易地扶贫搬迁与产业开发、城镇化建设、旧村开发利用和完善社会保障"四个结合"原则，学习借鉴外省做法，总结经验探索创新，组织各地积极引入市场机制，创新项目建设用地机制，加大产业开发支持力度，统筹抓好各类资源整合，多措并举扎实推进，促进搬迁群众有工可做，有业可就，为安居乐业脱贫致富奠定坚实基础。

六是精心组织开展全国扶贫日活动，推动社会力量扶贫取得新突破。2014年国务院批准设立每年10月17日为全国扶贫日。扶贫办认真落实王书记、李省长重要批示精神，通过发出"10·17邀你一起来扶贫"倡议书、召开全省扶贫工作电视电话会、举行全国扶贫日活动山西启动仪式、组织"太行、吕梁老区记者行"和扶贫开发系列报道、设立扶贫助困基金账号并进行社会募捐，结合推进扶贫重点工作举办专题活动，精心组织开展全国扶贫日活动，推动全社会进一步形成关心贫困地区，关爱贫困人口，支持扶贫开发的浓厚氛围。

三、全面加强领导班子和干部队伍建设，着力提高扶贫队伍干事创业的凝聚力和战斗力

2014年，省扶贫办党组紧紧围绕建设政治坚定、敢于担当、崇尚实干、清正廉洁的领导班子，培养对党忠诚、求真务实、勤政为民、敬业奉献的干部队伍目标，突出抓了以下工作：

一是坚定理想信念，突出抓好党建。领导班子严格遵守党的政治纪律、组织纪律和廉政纪律，牢固确立抓好党建工作是最大政绩的意识，严格落实管党治党责任，加强党员干部教育管理；严格规范自己的一言一行，自觉做到"以上率下"，用自己的模范作用感染别人，带动别人，严格落实"三会一课"制度，引导大家筑牢理想信念，保持政治定力，坚持正确方向，为推进扶贫开发提供坚实的思想和组织保障。

二是坚持集体领导，加强班子团结。认真落实党的民主集中制，修改完善《省扶贫办重大事项民主决策办法》并抓好贯彻落实。在重要党务政务事项的决策和重大扶贫资金项目安排上，集体讨论研究决定。定期召开党组会和主任办公会，实行集体领导下的分工负责制，工作中既按照分工履行好自己职责，又缺位补位支持全局工作。特别在学习讨论落实活动中，召开了"严格党内生活、严守党的纪律、深化作风建设"主题民主生活会，班子成员敢于在自我批评中揭短亮丑，互相批评中开诚布公，提出明确具体的整改措施，进一步形成心齐气顺、团结共事的良好氛围。

三是抓好学习调研，提高决策能力。领导班子坚持把学习放在突出位置，全年组织党组中心组学习20次，班子成员参加干部在线学习平均70课时以上，4名班子成员参加了学习贯彻总书记系列讲话精神培训班。坚持把调查研究推进全局工作作为加强作风建设的重要抓手，贯穿全年始终。制定出台《关于开展扶贫调研工作指导意见》，全年集中三个月的时间，重点瞄准农民人均纯收入2736元以下的1639个贫困村开展"走百村、进千户、访万人"大调研活动。结合推进扶贫重点工作经常性地开展督查调研，通过调研发现问题，提出对策，破解难题，班子成员深入基层调研时间平均达到三个月以上，有效指导推进了扶贫工作。

四是坚持正确导向，培养使用干部。适应扶贫开发新的形势任务要求，坚持不懈抓好干部队伍建设。全年分两批组织34名干部参加北大和清华举办的统筹培训班，40名干部参加省直党校和其他部门组织的各类培训。以正确用人导向调动激发干部职工干事创业积极性，严格按照信念坚定、为民服务、勤政务实、敢于担当、清正廉洁的要求，注重凭德才兼备、凭工作实绩、凭群众认可，发现培养干部，提拔使用干部，全年向省委组织部推荐的2名同志任副巡视员、1名同志任副主任，提拔使用副处以上干部12名，都以扎实的工作作风和良好的工作业绩，赢得了群众认可。

五是抓好文明创建,强化机关建设。发挥工青妇等群团组织作用,先后组织参加了"读书月"活动、"中国梦·劳动美·我与改革创新"主题演讲比赛、省直机关五项全能比赛等健康向上的文体活动,组织观看《焦裕禄》、《人大代表申纪兰》等优秀电影。在扶贫系统开展向高贵平同志("2014 年感动山西十大人物"之一、吕梁市扶贫办原副主任)、柳本星同志(垣曲县扶贫办原主任)等先进典型学习活动,激发党员干部无私奉献的工作热情。坚持开展联企帮困、博爱一日捐和"全国扶贫日"募捐活动。2014 年百企千村办和外资中心原主任苏贵定分获省模范集体和省劳动模范称号,办机关连续 8 年获"省直文明和谐单位标兵"称号。

六是坚持依法行政,推进六权治本。领导班子深入学习贯彻十八届四中全会精神,引导干部职工认真学法、深入普法、严格守法,树立法治思维意识,增强依法行政能力。按照中央改革完善财政扶贫资金管理办法和省委实施"六权治本"要求,研究制订我省《财政专项扶贫资金管理改革意见》,将扶贫资金项目审批权限原则上下放到县,强化省、市两级监管责任,规范扶贫重点工作项目管理办法,抓好审计发现问题的整改落实,确保依法合规、管好用好扶贫资金。

四、巩固拓展群众路线教育实践活动成果,深入推进党风廉政建设取得新成效

2014 年,省扶贫办党组以抓好群众路线教育活动整改措施落实为重点,带头执行中央"八项规定",以良好的示范和表率作用带动党风廉政建设落到实处。

一是加强领导落实责任。坚持将党风廉政建设作为"一把手工程",与业务工作一起安排部署,一起推进落实,一起检查考核。党组落实主体责任,年初制定《2014 年度党风廉政建设和反腐败工作任务分解意见》,与处、站、中心签订党风廉政责任书,将反腐倡廉教育贯穿全年工作始终;纪检监察部门落实监管责任,制定《落实党风廉政建设纪检监察监督责任的意见》,全年对干部选拔、人员招聘和资金使用、项目评审等重大事项严格监督,对 6 起群众信访调查核实,抓好审计发现问题的督查整改,确保廉政建设落到实处。

二是领导带头做好表率。班子成员以身作则,公务接待和下乡调研活动轻车简从,不给基层增加负担;在分管工作中坚持秉公用权,不在扶贫项目资金上打主意、谋好处。严格落实领导干部报告个人事项等制度,严格管好家属子女和身边工作人员。办领导 5 次走进《政风行风热线》节目,倾听群众意见建议,主动接受群众监督,以模范的廉洁自律为干部职工树立了表率,赢得大家的信任和好评。

三是加强教育严格管理。结合我省发生系统性、塌方式的严重腐败问题,结合邀请省检察院预防职务犯罪宣讲团做廉政报告、组织观看《警钟长鸣》警示片、传达违反"八项规定"精神典型案例的通报,开展党纪国法教育,增强廉政意识筑牢思想防线。加强党员干部监督,组织党组成员和各处负责人作出廉洁从政公开承诺,加强平时工作纪律检查和八小时外监督,全办没有发生任何违规违纪问题。

四是强化措施抓好整改。围绕群众路线教育实践活动中查找出来的突出问题,坚持问题导向,抓好整改落实。制定出台《关于创新机制扎实推进农村扶贫开发工作的实施意见》,组织完成扶贫对象建档立卡工作、健全完善干部驻村帮扶制度,建立精准扶贫机制、落实精准扶贫措施,简化项目审批程序、提高扶贫资金使用的针对性和有效性。出台改进文风会风、严格公务接待、规范公车管理、深入调查研究等制度和办法,并取得了明显成效。

(刘世锋)

附:省扶贫开发办公室党组书记、成员名单

书　记:王立伟

成　员:郎作仕(2 月离职)　张晓红(女)　柴全管　张伟勤　张建成(8 月任职)

省公安厅交通管理局党委工作概况

2014 年,在省委、省政府和省公安厅、公安部交管局的领导下,交管局党委团结带领全省公安交警认真贯彻落实党的十八大和十八届三中、四中全会精神,按照上级部署要求,全面加强公安交警队伍建设,扎实开展各项交通管理工作,有力保障了全省道路交通安全畅通,为全省经济社会发展做出了积极的贡献。

一、认真学习习近平总书记系列重要讲话,大力加强领导班子和干部队伍建设,努力为交管工作顺利开展提供坚强的组织保障

一是深入学习贯彻习近平总书记系列重要讲话,始终保持坚定正确的政治方向。交管局领导班子始终把政治理论学习摆在突出位置,通过党委中心组、专题讲座等集体学习和个人自学等方式,自觉加强党性修养和党性锻炼,坚定理想信念、政治立场,在思想上政治上行动上与以习近平同志为总书记的党中央保持高度一致。二是认真贯彻落实省委决策部署,扎实开展学习讨论落实活动。交管局结合实际,研究制定了活动方案,全面进行了动员部署,强化组织领导,明确目标任务,细化责任措施,强化督导检查,加强政治理论学习,深刻开展反思剖析和警示教育,在全省公安交警系统开展以"正风肃纪、规范执法,纯洁队伍、重塑形象"为主题的专项整治活动,扎实推进学习讨论落实活动。三是大力加强执法规范化建设,着力提升规范执法水平。加强制度建设,努力完善执法制度。强化教育培训,进一步深化民警规范执法理念,提升规范执法技能。制定下发全省公安交警执法规范化建设工作意见等,规范执法行为。部署全省公安交警开展了执法检

查“回头看”、“五个一律”专项检查活动等，严格执法监督和管理。四是加强基层干部队伍建设，激发基层干部干事创业的积极性和主动性。对吕梁、长治、临汾三市交警支队长进行了异地交流调整，进一步推进人事制度改革，对2013年竞争上岗、选拔聘用期满的26名高速交警大队长进行了考核等。五是积极落实从优待警措施，进一步凝聚警心。交管局制定了从优待警十条措施，为全省公安交警和协管员购买了人身伤害意外保险，并按照有关政策及时帮扶困难民警、实施“团圆计划”，大力推动各地认真落实交通协管员工资及“五险一金”。

二、全力以赴防事故、保安全、保畅通，努力为全省经济社会发展创造良好道路交通环境

一是充分发挥省道路交通安全领导小组办公室作用。全年先后组织召开全省道路交通安全工作会议、部署全省开展交通安全大检查等，对各市2014年交通事故控制指标进行了细化分解和考核，切实加强对全省道路交通安全工作的组织协调、指导检查和考核推动。二是强化交通安全源头管理。严格驾驶人考试工作，11个市全部安装使用机动车驾驶人考试监管系统。扎实推进农村面包车核载人数和举报电话喷涂工作，着力预防面包车超员等严重违法行为。进一步严格“两客一危”及半挂牵引车、重型货车卫星定位装置查验工作，提高动态监管能力。部署机动车安检机构严格检验液体危险货物罐车加装紧急切断装置情况等，加强监管。三是严格路面交通安全管控。会同交通运输、教育、安监等部门加强对客车、货车、危化品运输车、校车、农村面包车等“五类重点车”和隧道的安全管理，先后部署开展“打四非查四违”等10余次专项整治行动，共查处各类交通违法行为784万人次，消除了一大批事故隐患。依托公路交通安全防控体系，充分发挥公安交警执法站和缉查布控系统的作用，切实加强对重点路段、重要节点、重点时段的巡逻管控，严把关口，严查严重交通违法行为。严格落实客运车辆夜间限行措施和接驳运输有关规定，切实加强对夜间违规运行的查处。四是深入开展道路交通安全大检查。联合省交通运输厅对全省公路隧道安全隐患进行排查治理，对全省现有的684道隧道进行了全面摸排和督促整改。组织开展全省道路交通事故多发路段排查，共排查出165处。对机动车及驾驶人开展专项检查，对排查出的逾期未检验、未审验车辆和驾驶人全部督促检验和整改。五是加强危险化学品道路运输安全管控。全省公安交警深刻汲取“3.1”事故教训，严格落实省政府和省公安厅危化品车辆高速公路部分路段和时段限行要求，大力加强危化品车辆通行管控。组织开展道路危险化学品运输违法行为集中整治专项行动，全面深入排查危化品生产、使用、运输企业、运输车辆，查处危化品车辆违法行为1.1万余起。修订了危险化学品道路交通事故应急处置预案，举办全省危险化学品运输车辆重特大交通事故应急演练比武竞赛活动，会同7个厅局对各地应急演练进行了考评。六是加强科技信息化建设。扎实推进公路交通安全防控体系建设，通过系统检查登记重点车辆335万辆次，拦截查处重点违法车3万余辆，进一步提升了交通管控能力。建成全省公安交警350M数字集群通信系统，有效提升了通信保障能力。建成高清应急指挥调度系统，实现了交管局与全省各交警支队以及部分环京检查站的高清视频对讲连接。推动警用地理信息系统建设，为实施高效指挥奠定了坚实基础。七是加强交通安全宣传教育工作。制定了《交通安全宣传教育工作三年规划(2014—2016)》，先后开展了全国中小学生安全教育日、《道路交通安全法》实施十周年等活动，累计举办主题宣传活动500余场次。加强农村宣传教育，推行“一村一墙一栏”和农村交通安全广播站建设。充分发挥主流媒体和平面媒体作用，积极构建全媒体大宣传大教育格局，形成浓厚的宣传氛围。八是坚决执行省政府决策部署。交管局勇于担当，主动作为，积极发挥牵头作用，攻坚克难，统筹协调，圆满完成国家下达的黄标车及老旧车淘汰工作任务。通过全省公安交警的共同努力，2014年，全省共发生涉及人员伤亡的道路交通事故5118起，死亡2080人，受伤5418人，同比分别下降3.49%、2.48%、1.92%。圆满完成春运、两节、两会、国庆、十八届四中全会、APEC会议等主要节假日及重大政治活动交通安保工作，保障了广大群众平安出行和重大活动的顺利进行，为全省经济社会发展作出积极贡献，受到各级领导和广大人民群众的高度评价。

三、深入实施民生警务，不断提升便民服务水平

一是积极适应互联网时代民生需求，大力开展网上便民服务工作。推出“网上车检预约”、“车驾管业务导办”、“驾驶人网上模拟考试”和车驾管业务五项免费短信提醒等一批服务项目，着力提升便民服务水平。全年全省驾管业务五项免费便民短信系统累计服务用户67万余人，发送短信131万余条。车驾管业务自助导办系统共网上选号6.2万余副，网上预约检车1.43万余笔。二是大力化解社会矛盾，积极推进和谐社会建设。联合多部门大力推进道路交通事故快速理赔服务中心建设，在太原市建成两处快处中心，快速处理轻微财损交通事故3100余起。加大交通肇事逃逸案件侦破力度，全省共侦破交通肇事逃逸案件371起，侦破率达98.67%。充分发挥人民调解委员会作用，成功调解交通事故纠纷9234起，调解成功率达98.80%。

四、不断深化党的群众路线教育实践活动，大力加强党风廉政建设和反腐败工作

一是认真落实“八项规定”、坚决反对“四风”，大力整改突出问题，不断深化党的群众路线教育实践活动。局党委一班人带头转变作风，主动征求社会各界群众、基层民警的意见建议，带头整改存在的问题，充分发挥示范表率作用，深入基层实地调研，“零距离”了解掌握基层情况，帮助基层解决实际困难。局领导和各部门负责人定期参加省广播电台政风行风热线等节目，为群众答疑解惑。同时，大力整治超标准配

备公车和办公用房,严格执行公车管理等规定。通过不懈努力,党的群众路线教育实践活动成果得到不断巩固和拓展。二是认真落实“两个责任”,大力加强反腐倡廉工作。交管局党委高度重视党风廉政建设工作,认真落实党委主体责任,多次专题研究部署党风廉政建设工作,制定出台了落实省委和省纪委“两个责任”实施办法。加强纪律作风建设,全省公安交警系统深入开展“四项整治”,集中整治领导班子“软懒散”、队伍纪律作风“稀拉松”、服务群众“冷硬横”和内务环境“脏乱差”问题。进一步完善《改进工作作风、反对铺张浪费十项规定》,在全省公安交警系统部署开展纪律作风教育整顿、“作风改进年”活动、整治在涉法涉诉中损害群众利益行为等活动。强化督导检查,交管局先后5次派出10个组对全省大、中队队伍建设和业务工作进行不间断的明查暗访,及时整改突出问题,强化队伍纪律作风。认真贯彻执行党风廉政建设各项规定,认真落实“一岗双责”,大力开展廉政警示教育,不断筑牢广大民警拒腐防变的思想道德防线。同时严格查办违法违纪案件,创新与省纪委、省检察院及多警种联合办案工作机制,切实加大违纪违法案件查处力度。

(张利荣)

附:省公安厅交通管理局党委书记、副书记、委员名单

书　记:尹喜平(12月免职)　贾继武(主持工作)

副书记:马玉川

委　员:李新生(2月离职)　张顺喜　杨有才

张亚云(8月任职)　郭丙福(8月任职)

省直属事业单位党组(委)工作概况

山西日报报业集团党委工作概况

党委书记　郭玉福

2014年是全面深化改革的开局之年,也是“基层组织提升年”,集团党委深入学习宣传贯彻党的十八大和十八届三中、四中全会精神,把进一步深入学习习近平总书记系列重要讲话精神当作一项重要的政治任务来抓,把党的群众路线教育实践活动取得的成果转化为激发大家干事创业的内在动力和政治热情,以改革创新精神全面推进党的建设新的伟大工程,进一步增强了基层党组织的凝聚力和战斗力,充分发挥了广大党员的先锋模范作用,有力地推动了新闻宣传工作,切实体现出主流媒体的引领作用,为山西省全面深化改革提供强大的舆论支持和保证。

一、紧紧围绕省委、省政府的工作中心,努力做好舆论宣传报道工作

2014年,集团党委在省委和省政府的正确领导下,紧紧围绕省委、省政府的中心工作,带领所属11报2刊和1网站的同志们严守政治纪律,胸怀大局、把握大势、着眼大事,围绕中心、服务大局,以坚持正面宣传为主,弘扬主旋律、传播正能量,宣传报道亮点迭出,为“净化政治生态、实现弊革风清,重塑山西形象、促进富民强省”作出了积极贡献。

报业集团党委主要在三个方面下功夫,即在做大做强中心工作报道上下功夫;在坚持团结稳定鼓劲、正面宣传为主上下功夫;在改进报道方式和手段创新上下功夫。重点推出了《奋发有为 狠抓落实》系列评论,组织到位,提振信心;策划的专题报道《我眼中的最美乡村》,已对全省近30个最美乡村进行了集中展示;“文化惠民在三晋”系列活动报道,展示文化成果,宣传山西形象;全省、全国“两会”报道推出“我对两会说”“两会网事”栏目,整体报道及时、准确、出新、出彩;特别是“2014经济运行逆势而为 止缓促增”集中报道了全省“稳增长 促改革 调结构 惠民生”的成果;反腐倡廉报道,充分反映山西党风廉政建设成效,增强了群众对反腐败斗争的信心;改善农村人居环境系列报道,反映问题,展示成果;“勤俭节约 反对浪费”报道,推出正反典型,营造崇尚节约、反对浪费的氛围;清理规范涉煤收费报道,社会关注度高,推进了工作开展,传递正面积极声音;大西铁路报道,持续跟进,全面展示山西经济发展新亮点;“七七”抗战纪念报道,隆重热烈,缅怀过去,展望未来;省运会报道有序、圆满;“教育实践活动整改是关键”系列评论,策划得力,撰写到位;全省领导干部大会报道大方得体,鼓舞人心;第二届晋商大会报道,图文并茂,社会反响良好。

2014年,充分发挥了党报主流媒体新闻宣传的主渠道、主阵地作用。在山西发生系统性、塌方式严重腐败问题之后,山西日报围绕贯彻落实全省领导干部大会精神和深入推进学习讨论落实活动,连续刊发了6篇社论、20篇系列评论,打出了一套廓清迷雾、凝聚共识的“组合拳”,在省内外引起强烈反响,受到了王儒林书记、胡苏平部长的充分肯定,发挥了党报在山西重要历史关头应有的作用和担当。值得一提的是,集团党委强化山西日报姓党、子报子刊也姓党的理念,主旋律有了更多“同期声”。

11月30日省委决定开展为期4个月的以“学习习近平系列重要讲话精神,净化政治生态,实现弊革风清,重塑山西形象,促进富民强省”为主题的学习讨论落实活动,山西日报研究制定专题报道方案,在突出报道好动员大会及相关程序性报道的基础上,再次推出社论,并推出了10篇系列评论。同时新开“山西重要历史关头的重大活动——学习·讨论·落实”专栏,推出系列访谈、活动专版,解读、阐释并反映学习

讨论落实活动的意义、进展等。开设"案例快报""案例分析"两个栏目,及时反映组织、纪检部门查处的典型案件。抽调专门力量深入采写,在初期报道各级各地反应启动情况后,持续报道各级各地开展活动的动态、做法、亮点、成效,以期上传下达,横向沟通,引导和推进学习讨论落实活动取得实实在在的效果。

集团党委在大力提升办报水平的同时,牢记党报集团使命,加快媒体融合步伐。成立了集团媒体融合领导小组,设立新媒体部,制定下发了《山西日报报业集团加快推进媒体融合发展的指导意见》,明确提出了集团推进报网融合的短期和中期目标、实现途径及保障措施;规划设计了集团新媒体五大建设项目和重点产品。2014年4月26日山西日报创刊65周年纪念日,山西日报移动客户端上线运行,标志着集团在新媒体建设上迈出了实质性的步伐,为打造新型主流媒体奠定了基础;11月28日,山西日报手机网站、移动客户端新版上线,进一步提升了党报在互联网特别是移动互联网上的传播能力。山西晚报在省内率先推出全媒体集群,积极探索市场化报纸新的赢利模式。新闻网发挥在手机端的编辑优势,积极推动"一省一报"发展,大力发展手机报业务,完善了访谈直播室,打造山西省移动互联网领域发行量最大、覆盖面最广的重点新闻媒体。集团已拥有报纸、网站、微博、微信、客户端、手机网站等6种传播方式,在全省推动主流媒体融合发展之路上走在了前列,山西日报移动客户端还被评为中国报业新媒体项目创新50强。

二、深入学习贯彻落实党的十八大、十八届三中、四中全会精神和习近平总书记系列重要讲话精神

认真按照党的十八大提出的"建设学习型、服务型、创新型的马克思主义执政党"要求,全面贯彻落实党的十八大精神、党的十八届三中、四中全会精神,把认真学习习近平总书记系列重要讲话精神作为一项政治任务,结合集团工作实际和党的群众路线教育实践活动,不断拓展学习领域,丰富学习内容,创新学习方式,增强党员领导干部的思想理论素养、决策水平和工作本领,提高解决复杂矛盾和问题的能力。真正做到用理论武装头脑、指导实践、推动工作。

(一)发挥党委中心组学习的表率带动作用。坚持集中学习与个人自学相结合、学习理论和实际调研相结合。年初党委制定了党委中心组的学习计划,从时间到学习内容、学习形式都作了具体的要求。给每位中心组成员发放了《习近平总书记系列重要讲话读本》和《十八大以来廉政新规定》等学习资料。全年集团党委中心组学习会7次,集团领导班子专题民主生活会一次,观看警示教育片和讲座3次,专题辅导报告1次,较好地完成了学习任务。

(二)认真组织集团各基层党总支、党支部的学习教育活动。按照年初制定的《2014年集团党委中心组及党员干部理论学习计划》,认真组织了集团副处以上的党员干部观看反腐倡廉电教片《自称是"零"的小金库》《凤凰城的背后》《没有"规划"好的人生》;下发学习资料和书籍《学习习近平同志关于机关党建重要论述》《十八大以来廉政新规定》《习近平系列重要讲话读本》,制作学习习近平总书记系列讲话精神心得体会专栏一期、学习展板一期、集团教育实践活动图片展一期,为大家学习提供了方便,在集团内营造了浓厚的学习氛围。

在集团深入开展学习讨论落实活动中,用两天时间对集团副处级以上领导干部进行了集中学习培训。观看了山西和全国警示案例教育片;邀请省委党校教授、博士生导师高健生在集团学习讨论落实活动培训班上作十八届四中全会精神辅导报告;政法部主任姚晋平在集团学习讨论落实活动培训班上作《勇于新闻担当 主动作为发声——山西日报关于全省领导干部大会精神、王儒林书记讲话精神以及学习讨论落实活动的宣传报道实践》专题辅导;山西晚报总编辑尹长虹在集团学习讨论落实活动培训班上作《用马克思主义新闻观引领新常态下的新闻采编》专题辅导。

三、基层党组织开展各项活动

(一)集团机关党委非常重视发展党员工作。机关党委严格按照"坚持标准,保证质量,改善结构,慎重发展"的方针,重视对入党积极分子的培养,每个党支部对要求入党的积极分子进行排队,指定培养考察人,做好经常性的培养工作,成熟一个,发展一个。2014年初省直工委共分配集团发展党员指标23名。为了确保发展党员的质量,要求基层各支部,坚持高标准、严要求,圆满地完成了2014年发展党员工作。

(二)开展形式多样的组织活动。1、认真组织广大党员干部的理论学习。特别是要求入党积极分子积极参加支部的各项学习活动,使入党积极分子从政治思想上先行一步,提高对党性的认识,端正入党动机,时刻对照党章,约束自己的一言一行,积极向党组织靠拢,尽快成为一名合格的共产党员。2、组织入党积极分子参加形式多样的党日活动。6月27日,机关党委组织32名新党员到太原支部旧址参观学习并进行了入党宣誓。同时集团各党总支、党支部,在七一前夕纷纷以不同形式庆祝党的生日。山西法制报党支部举办了"我的梦、中国梦、我的梦、法治梦"演讲比赛并组织全体党员重温了入党誓词。3、充分利用网络现代科技手段开展支部活动。三晋都市报党支部开通了《三晋都市报党支部微信群》。党支部可以在这个平台上发布党支部会议通知、上传发布各类学习资料,促进了广大党员的学习积极性和自觉性。

通过这些活动,使广大党员坚定理想信念,牢记使命,让入党积极分子感受到党组织先进性和纯洁性,使入党积极分子更加紧密地团结在党组织的周围,更加坚定共产主义理想信念,更加坚定永远跟着共产党走的决心和信心。

四、巩固和扩大教育实践活动取得的成果

集团自教育实践活动以来,在办报、经营、生产、职工生活等方面都取得了实实在在的成效。特别是在制度建设方

面，集团党委紧密结合自身特点，为提高制度的实效性，切实做到制度的可执行、可监督、可检查、可问责，对已有制度进行梳理，对于与新形势新任务要求不相适应的7项制度予以废止。对于整改落实工作中制度缺位和需要补充完善的，集团组织有关部门进行了多方调研，征求意见，反复起草修改，建立和完善各项规章制度。现已出台和修订了29项规章制度，涵盖了集团在新闻采编方面，经营管理方面，人力资源方面、财务管理方面和党风廉政建设方面。

五、匡正选人用人风气

集团党委始终坚持正确的用人导向，注重科学合理地、全面地考核干部，使用干部，把信念坚定、政治过硬、品德高尚、清正廉洁、精通管理、联系群众等方面列入干部考核内容，作为能者上、庸者下的标准。开展党的群众路线教育活动以来，集团党委根据工作需要，加大集团中层干部交流和内部轮岗工作力度，公开选拔和调整了4批20余名处级干部的岗位，充分调动了干部职工的积极性。特别是加强了对组织人事干部的责任意识、规范意识的培养，在干部考核、选拔使用，职称评聘，用人进人等工作中，都严格经过酝酿推荐、确定考察对象，然后再经考察、党委决定、公示等诸多程序，每一个程序都不能少、不走样，在集团内营造了风清气正的良好环境。

六、加强党风廉政建设

（一）集团党委认真落实党风廉政建设主体责任。加强统一领导，把反腐倡廉建设作为集团党委重大的政治任务，列入重要日程，认真贯彻落实党风廉政建设责任制，集团党委领导班子成员严格执行“一岗双责”，切实强化责任意识和担当精神，切实负起领导责任，把党风廉政建设与报纸宣传和报业经营各项工作同部署、同落实、同检查，做到守土有责、守土负责、守土尽责。集团党委在制定并执行《集团贯彻落实“三重一大”决策制度的实施意见》的基础上，制定了《建立健全惩治和预防腐败体系2013—2017年工作规划的实施意见》。制定出台了《山西日报报业集团关于落实党风廉政建设党委主体责任的实施办法（试行）》和《山西日报报业集团关于落实党风廉政建设纪委监督责任的实施办法（试行）》。

（二）集团所属媒体开展了打击新闻敲诈和假新闻专项行动，认真落实新闻宣传纪律及有关规定，坚决杜绝有偿新闻，坚决查处利用职务之便收取或变相收取财物，谋取不正当利益现象。要求新闻记者从事采访活动特别是进行舆论监督报道时，要倾听不同方面的意见，认真核实事实依据，理性进行分析，防止偏听偏信作出错误判断。山西日报进一步明确、完善了《采编工作管理制度》《新闻稿件审签制度》《重大突发事件新闻报道制度》《重大失误责任追究制度》《关于深入基层采访的若干规定》《编辑记者行为准则——十坚持十反对十不准》等从业管理制度，规范新闻队伍管理，对发现违纪违法行为的，一经查实，严肃处理。

七、扎实开展精神文明创建活动

（一）集团受到省直文明办表彰。集团连续被授予省直文明单位标兵称号；生活文摘报杨宝林家庭获省直机关第一批“十佳文明家庭”称号、山西新闻网获省直机关第一批“十佳文明网站”称号、山西日报政法部田建平获省直机关文明传播优秀信息员称号。

（二）组织推荐申报了省直机关第二届道德模范的评选活动。经过各部门、各单位推荐评选出：山西法制报为省直“十佳文明窗口”；助人为乐模范张刚；见义勇为模范曹秀娟；诚实守信模范郭建民；敬业奉献模范赵红梅；孝老爱亲模范陈荣华。

（三）积极组队参加了省直机关举办的五项全能比赛。在省直工委举办的五项全能比赛中，共有81个单位228名选手参赛。集团参赛的3名队员都取得了好成绩，其中演讲比赛获得一、二等奖，集团获优秀组织奖。

（四）认真组织参加了由山西省新闻工作者协会组织的全省新闻采编人员“好记者讲好故事”演讲比赛活动。山西日报袁兆辉获得优秀奖。山西晚报郭凤情获得二等奖，并代表山西省新闻界参加全国演讲决赛。

（五）组织参加了省直机关第三届“读书月”活动。推荐优秀体会文章四篇。

（六）参加了省直机关第四届职工运动会和省记协组织的羽毛球比赛均取得好成绩，为集团赢得了荣誉。

（七）举办了集团2014年度职工秋季运动会。2014年运动会是历年来运动项目最多，参加人员最多的一次，近500人参加，丰富和活跃了集团职工文化生活。

（八）在集团内开展慰问活动。逢年过节，都要对困难党员、老党员和困难职工进行慰问，让他们感受到党组织的关怀和温暖。

（王利红）

附：山西日报报业集团党委书记、副书记、委员名单

书　记：郭玉福

副书记：兰炎平

委　员：李蜀昌　张　宁　冯爱民　胡　果　丁伟跃　席永明　焦玉强（6月任职）　任灵杰（8月任职）　杜天威（1月离职）　李志刚　李　伟

省政府发展研究中心党组工作概况

党组书记　李劲民

2014年，山西省人民政府发展研究中心（以下简称“中心”）班子深入学习贯彻习近平总书记系列重要讲话精神和省委、省政府的工作指示要求，团结带领“中心”干部群众，全面加强党的建设，深入开展党风廉政建设和反腐败斗争，认真落实目标责任，积极开展政策咨询和研究工作，全面完成年度目标任务。

一、目标任务完成情况

完善科学民主决策机制，增强公共政策制订的透明度和公众参与度。在对改革开放以来我国科学民主决策演进以及国内外理论与实践探索进行汇总梳理的基础上，开展了实地调研和培训工作。组织人员到中央有关部委、东北三省就智库建设进行调研；组织了两次地方政府智库能力建设培训班，培训全省研究中心系统和社科院、省委党校、高校的研究人员300余人次；与兄弟省市就智库建设进行了走访交流；向省委、省政府报送大量的政策建议。

积极参与省深化改革领导组的相关工作。2014年，省深改组确定该单位配合任务有6项。其中本年度应完成的任务1项，即出台《我省地方新型智库建设的实施意见》，结合完善科学民主决策机制的研究和践行，多次参与省委宣传部牵头制定实施意见的讨论修改。另外5项是跨年度的任务，该单位配合牵头方积极推进，取得了阶段性进展。提供了《保障农民集体经济组织成员权利》《健全农村产权流转交易市场》2篇决策咨询研究建议，完成了《国有企业产权制度调研》《混合所有制经济发展思考》2篇调研报告。在宣传综改经验典型方面，该单位和晋中合作研究编制《108廊带区域一体化发展示范区总体规划》后，省委、省政府批准设立“晋中108廊带区域一体化发展示范区”，这是省委、省政府在全省城乡统筹和区域一体化发展布局上的一项重大举措，是推进转型综改试验区建设、落实全省“一核一圈三群”城镇化战略的重要抓手，为在全省范围推进区域性、成片区一体化发展探索经验、提供示范。

完成省委、省政府安排的有关文件、背景材料、领导讲话等文稿起草工作。全年共完成20多项省委、省政府主要领导直接交办任务。一是组织赴晋中、晋城、朔州等地市，对一季度和上半年经济运行情况进行专题调研，客观地反映了当时各地经济运行中存在的矛盾和问题，针对性地提出了一些工作建议。省委主要领导将调研报告批转各位省委常委、副省长、人大常务副主任、政协主席参阅。部分建议得到采纳，促进了问题的解决。二是参加省委组织的2014年上半年督查，对晋城、阳泉、太原进行了2次调研督查，并就调研情况在省委常委会上作了专题汇报，客观分析了经济下行压力，实事求是地作出了年初确定任务难以完成的预判，得到了省领导的重视和认可。三是按照省委主要领导指示，对“提高投资项目审批效率”进行专项研究，对大同、晋中、兴县等地进行调研，综合汇总122家重点工程和项目企业的反映，形成调研情况报告和改进工作建议，得到省委、省政府主要领导的充分肯定。四是按照省政府主要领导的指示，开展了“山西适应全国经济新常态”和“全年经济形势分析研判”专题研究，分别报送了研究报告，并在省政府领导集体学习会上作了专题报告。五是全程参与省委、省政府“关于深化煤炭管理体制改革的意见”和“煤炭焦炭公路销售体制改革方案”等制定工作，并具体承担了省内外专家意见征询和政策解读任务。六是跟随省委领导赴晋北调研，并汇总历史发展背景和现实调研情况。参与了省委领导在省委十届六次全会和全省经济工作会议上的讲话等文稿的起草工作。七是根据省委、省政府领导批示，代表山西省参加了全国农村集体产权制度改革座谈会，并将会议精神和山西省的贯彻建议向省政府领导作了专题汇报。此外，还参与起草了全省新型城镇化工作会议省委领导讲话，在省政府企业座谈会上作了关于宏观形势的专题发言等。

编辑上报《省长专阅》《决策咨询研究建议》。全年共刊出《省长专阅》15期，获得领导批示13件次；《决策咨询研究建议》17期，获得领导批示7件次。数量完成了目标任务，质量进一步提高，内容更加贴近实际，建议务实管用。

开展省政府重大决策咨询课题研究。省政府在2014年上半年确定了六项重大决策咨询课题，即：黄河几字湾战略研究、科技创新城建设和发展配套政策、城镇化瓶颈问题和对策、精准扶贫的政策研究、地方政府智库建设、养老发展战略研究。中心严格按照研究课题的管理规范推进，依程序开展了开题咨询和中期检查，取得阶段性成果。

组织专题调研并完成《调研报告》，组织专家咨询活动，完成既定的咨询任务。全年组织省内外专题调研30批次、形成调研报告79期。组织各类决策咨询活动10多次，主要有：《政府工作报告》征询专家意见，“中德城镇化合作议题”“新型城镇化发展中老城区保护与更新”“能源革命对我省的影响”、“我省经济结构调整”等。就《政府工作报告》、新型城镇化、煤炭清费立税等进行了专题解读，刊登在省内主要媒体上。煤炭领域体制改革出台前后，“中心”多次接受山西电视台等媒体采访，在《山西日报》发表评论员文章。主编了《山西省情报告》(2014)，在《改革内参》《中国经济时报》《山西日报》《前进》等媒体发表了相关文章。

二、领导班子和干部队伍建设

注重加强思想政治建设。2014年，共组织中心组（扩大）学习活动26次，自觉学习和运用习近平总书记系列重要讲话精神武装头脑、指导实践，努力运用战略思维、辩证思维、法治思维、底线思维和创新思维分析解决问题、谋划推动工作。2014年，按照党政干部选拔任用条例和上级审查程序，完成了11名处级干部的选拔任用。整个过程在群众和纪检的监督下，做到了平稳有序、得到了大家的认可和上级的肯定。落实了组织上关心挂职干部的要求，帮助在县乡和农村挂职锻炼的两位同志解决了一些实际问题。

积极探索中国特色新型智库的组织形式和管理方式。以重大课题为载体，推动职能部门、研究机构和高等院校联合研究，尝试学科知识与政府课题相结合的矩阵研究体制。主动加强与国内外政策咨询机构的交流合作。以调研报告为抓手锻炼研究队伍，在挂职锻炼、科研项目、经费安排等方面，对中青年学者给予了支持。

扎实开展党的群众路线教育实践活动回头看和学习讨论落实活动。坚持用制度落实整改，梳理完善和制订了机关党建、行政、人事、科研、后勤、财务等六个方面47项制度，铲除滋生“四风”问题的土壤和条件。整理编印了“十八大以来中央和我省出台的新规定”，发放到每一位干部手中，并结合一些典型案例重点讲解，整体上提高干部遵守八项规定的意识。召开了学习讨论落实活动动员大会，积极部署和推进学习讨论落实活动。在政府采购、资金分配、课题经费管理使用、个人兼办企业等方面扎实开展清理整顿。大力提倡精简会议、转会风、转文风，会议和文件简报数量明显下降。严格控制“三公”经费支出，全年实际支出仅占预算的一半左右。规范公务接待，提倡勤俭节约，工作餐不提供酒水香烟，不上高档菜肴，严控陪餐人员，经费比2013年同期下降了95%。严格执行公务用车配备、管理和使用规定，按时上交黄标车，节约车辆运行成本支出，同比减少32%。规范公务出国活动，严格控制出行人员，支出经费比去年同期减少31%。班子成员调研大幅增加，共调研41批次，同比增加36%，到基层调研天数123天，人均20天以上，均做到了主题明确、注重实效，轻车简从、勤俭节约。

2014年，“中心”多项研究成果荣获中国发展研究奖、省优秀社科成果奖、省社会科学研究“百部篇工程”奖等。“中心”获得精神文明标兵单位称号。参加了省直机关组织的运动会，并获得拔河第八名、健身秧歌三等奖等好成绩。

三、党风廉政建设

认真学习领会中央对山西工作的重要指示要求，增强了对山西腐败问题的严重性、危害性以及反腐斗争的长期性、尖锐性、特殊性的认识。不断加强单位的党风廉政建设，班子成员认真履行“一岗双责”，抓好分管领域的党风廉政建设和反腐败斗争，以严的标准要求干部，以严的措施管理干部，以严的纪律约束干部，确保两个主体责任的落实。组织观看4次警示教育专题片，参观廉政教育基地，对新提拔干部进行廉政谈话和考试，不断提升党员干部拒腐防变的自我警醒、自我保护能力。制定了《中心2014年党风廉政建设与反腐败工作分解意见》，党组书记与各处室负责人签订了《党风廉政建设责任书》。认真落实领导班子民主生活会、民主评议、述职述廉等制度，严格执行领导干部廉洁从政各项规定，开展经常性督促检查。

（王展波）

附：省政府发展研究中心党组书记、成员名单

书　记：李劲民

成　员：董宇明　王岳红　王凤鸿

省地方志办公室党组工作概况

党组书记　李茂盛

2014年，中共山西省地方志办公室党组在中国地方志指导小组的指导下，坚持贯彻党的十八大、十八届三中、四中全会精神，以习近平总书记系列重要讲话精神为指导，围绕中心，服务大局，统筹兼顾，锐意进取，各项工作取得了可喜的成绩，圆满完成了年度考核目标任务。

一、把学习贯彻习近平总书记重要讲话作为重大政治任务，紧抓不放，一抓到底，抓出成效

2014年，党组把学习贯彻党的十八大和十八届三中、四中全会精神，特别是习近平总书记系列重要讲话精神作为一项重大政治任务，按照“真学真懂、真信真用、真抓真改”的要求，加强组织领导，周密部署安排，充分发挥党组中心组学习的龙头作用，坚持中心组学习与干部自习相结合、研读原著与专家讲授相结合、集中学习与党校培训相结合等多种方式。

一是抓传达。及时传达学习习近平总书记重要讲话精神，传达党的十八届四中全会精神。6月30日，邀请中央党史研究室二部副主任齐彪教授作“十八大以来党的作风建设的新进展”的专题讲座，进一步加深了对习近平总书记系列

重要讲话精神的理解。

二是抓自学。坚持抓日常干部自学,为干部购买了《习近平谈治国理政》《中共中央关于全面推进依法治国若干重大问题的决定辅导读本》《党的十八届四中全会〈决定〉学习辅导百问》等,要求干部认真研读原著,做到真学真懂,掌握精髓。

三是抓结合。把学习习近平总书记系列重要讲话精神与中央对山西的重要指示相结合。2014 年 9 月 2 日召开全室干部大会,传达全省干部大会精神,要求广大干部要把思想和行动统一到中央和省委决策部署上来。

通过多种形式的学习,广大干部进一步提高了认识,增强了同以习近平为总书记的党中央保持高度一致的思想自觉、政治自觉和行动自觉;进一步增强了中国特色社会主义的道路自信、理论自信、制度自信;进一步明确了前进方向,增强了以科学理论指导实践、推动工作的动力。

二、扎实开展学习讨论落实活动,发挥自身优势,努力重塑山西形象

开展以"深入学习贯彻习近平总书记系列重要讲话精神,净化政治生态,实现弊革风清,重塑山西形象,促进富民强省"为主题的学习讨论落实活动,是以王儒林同志为书记的省委领导集体在新形势下落实中央精神、立足当前省情、着眼长远发展作出的重大决策,是贯彻落实习近平总书记系列重要讲话精神和中央对山西工作重要指示的重大举措,是顺应广大干部群众期盼、实现治晋兴晋强晋的必然要求,是重要历史关头赋予全省广大领导干部的历史责任。根据省委要求,成立了活动领导小组,并于 12 月 12 日召开学习讨论落实活动动员大会,部署活动工作。

作为编史修志的业务单位,广大党员干部对中央对山西省严重腐败问题的查处,认识是清醒的,是坚决拥护和支持的,对中央对山西省工作的重要指示的认识是十分深刻的,贯彻落实省委的决策部署是坚定的。但是,也不能排除社会上一些不良思想对干部的思想、行为的干扰和侵蚀。开展学习讨论落实活动,对于继续发扬方志部门干部的优良作风,适应新形势开创工作的新局面,在全省净化政治生态、重塑山西形象、促进富民强省的新的实践中发挥正能量、提供来自历史的智慧,是十分必要。党员干部要进一步把思想认识统一到省委的决策部署上来,站在全局和战略的高度把握和开展学习讨论落实活动,努力实现认识的新提高、工作局面的新开拓。

在省委第 11 督导组指导下,组织党员干部集中学习省委王儒林书记三次讲话精神,把干部思想统一到省委的决策部署上来。并通过支部大会、学习讨论等,紧紧围绕以下问题组织开展讨论:一是党中央严肃查处山西腐败问题、对省委班子作出重大调整、对山西工作提出重要指示要求以及省委决策部署特别是开展本次活动的重大意义;二是山西省政治生态存在的突出问题和系统性、塌方式腐败问题的突出表现、主要特征、严重危害、原因分析;三是净化政治生态、实现弊革风清、重塑山西形象的工作重点、主要措施和治本之策;四是制约山西实现富民强省目标的主要障碍和对策建议。全办党员干部特别是领导干部要把自己摆进去,紧密结合自身实际进行深刻反思、深刻剖析。12 月 23 日,召开领导干部民主生活会,深刻检查不足,开诚布公进行批评和自我批评。

根据党的十八届四中全会精神和省委"六权治本"思路,推进法治山西建设,并按照国务院《地方地工作条例》和《山西省地方志工作条例》,正在编制权力清单,实现依法行政。

三、紧紧拧住落实"十二五"规划的牛鼻子,圆满完成了 2014 年目标考核任务

为政之道,贵在落实。2014 年,是山西发展中的非常之年,经济增幅急剧下滑,政治生态出现系统性、塌方式严重腐败问题。在这样复杂的经济、政治生态下,方志办广大干部恪尽职守,排除干扰,认真贯彻第五次全国地方志工作会议精神和新省委、省政府的重大决策部署,努力推进方志工作。一是研究制定了《落实 2014 年度目标责任工作实施细则》(晋志发〔2014〕16 号),将目标责任分解到各处,逐项落实到人,为年度目标责任工作的完成提供了制度保障。二是按照"早期介入,分类指导"的原则,通过召开省直有关部委厅局推进会、篇目讨论会和撰稿人培训会等方法,全力推动省志编纂工作。三进一步加强对市县地方志工作的组织检查、督促指导。四是加强市县级年鉴的组织发动,提高省级综合年鉴的质量管理。五是继续推进专志编纂。六是强化资政能力,组织室内外专家实施创新工程。通过上述举措,圆满完成了年度责任目标任务。

一是省级地方志工作全面推进。志书编纂、年鉴期刊编辑、资政服务、历史研究、省情(方志)馆建设、方志信息化建设等 7 项工作,取得显著成效。(1)省志编纂出版了《审计志》《物价志》《电力工业志》《外事侨务志》《体育志》《化工志》6 部 800 多万字,完成送审稿《陈永贵志》《农业学大寨志》《农业统计志》3 部 800 多万字。(2)专志编纂出版了《2013 重点工程大事志》《中镇霍山志》《山西省乡镇简志》,共 3 部 600 多万字。(3)古志整理,出版了康熙版《山西通志》(共 3 卷,368 万余字),启动了嘉靖版《山西通志》的点校,影印了万历版《潞安府志》、乾隆版《汾阳府志》、雍正版《朔平府志》3 部。(4)年鉴编纂期刊编辑进一步改进提升,《山西年鉴》扩容提质,2013 版 149 万字由方志出版社出版;《沧桑》杂志创新发展,成功改版为《史志学刊》。(5)历史研究进一步推进,加紧多卷本《山西通史》(1—20)的编撰;编辑出版了民国系列图书《民国山西村政建设》《民国山西政权组织机构》《石评梅全集》《山西革命根据地丛书》4 部 200 多万字。(6)省情(方志)馆建设扎实推进,争取到建设用地 30 余亩,并完成选址和前期规划论证,正在进行设计招标。(7)方志信息化建设继续推进,完成了首轮省志和大部分市志的数字化,启动了对"山西省地方志网站"的提质扩容建设,规划"山西省地方志网站"与"山西省情信息网"同网构建。2014 年,省地方志办总计编纂完成史志书刊 35 部(册),字数达 3200 多万字,是近年来

编纂业务工作成果最多的一年。

二是市县两级地方志工作进展较快。二轮市县志编纂、综合年鉴编纂、专志编纂等方面取得新进展。(1)二轮市志编纂,《临汾市志》出版,长治、运城、忻州、吕梁、太原、阳泉、大同、朔州8市市志编纂进度加快,《晋东南地区志》已评审,完成终审稿。(2)二轮县市区志编纂,先后评审了《屯留县志》《寿阳县志》《灵石县志》《盐湖区志》《永济市志》《隰县志》《长治县志》《长治市城区志》《定襄县志》《阳泉矿区志》10部县志,超额4部;终审了《左权县志》《和顺县志》《大同新荣区志》《繁峙县志》《阳泉矿区志》5部县志;出版了《泽州县志》《夏县志》《蒲县志》《新绛县志》《霍州市志》《河曲县志》《宁武县志》《阳泉郊区志》《应县志》《原平市志》10部县志。截止2014年年底,全省二轮市县志编纂已评审、出版达60多部,达到规划总数的46%,2014年就完成近19%。(3)市县综合年鉴编纂,市级年鉴编纂工作实现全覆盖,其中太原、大同、朔州、阳泉、临汾、长治、运城8市2014年年鉴已出版;县市区年鉴编纂工作覆盖面进一步扩大,同比提高了10多个百分点,覆盖面达到60%以上。(4)专志村志编纂,大部分市和部分县(市、区)有较大进展,其中吕梁、临汾、忻州、晋中、阳泉、太原、大同6市市县两级专志编纂成效显著,成为地方志工作和事业发展的新亮点和增长点。此外,部分市县在地情资料研究、方志信息化建设、市县情(方志)馆建设方面也有新进展,许多市县方志资政育人和服务经济社会发展的工作也多见成效。

三是实施"创新工程"。创新资政服务的方式,组织省内有关专家成功研创出版《山西省情报告(2014)》,23万余字,由社会科学文献出版社出版,填补了动态研究省情的空白。并及时为省委研究提供了关于三晋变法、晋商精神、关公文化、尧舜禹史迹、山西与丝绸之路、山西与匈牙利的历史交往等重要咨询报告。

四、以新时期好干部标准,不断加强领导班子和干部队伍建设

信念坚定,为民服务,勤政务实,敢于担当,清正廉洁。这是习近平总书记提出的新时期好干部标准。室领导班子由5位同志组成,各位成员工作阅历和经验丰富,党性修养较高,作风良好。室领导班子组建几年来,始终保持了团结协作、奋发有为、务实清廉的形象和风貌。2014年初,党的群众路线教育实践活动圆满完成后,根据省委的部署和要求,室党组贯彻落实习近平总书记在教育实践活动总结大会上的重要讲话精神,对群众路线教育实践活动进行了"回头看",在充分肯定取得的成效的同时,对存在的问题作出深刻分析,进一步引深活动,巩固和拓展成果,持续推进作风建设。

2014年,结合发展变化的形势任务,按照省委、省政府的部署,室党组始终坚持从严治党、严格党内生活的要求,不断加强和推进了班子自身建设和干部队伍建设。坚持不懈进一步增强了用党的创新理论成果指导和引领工作的能力和水平。特别是通过开展学习讨论落实活动,室领导班子自身建设得到加强,领导班子及成员在党性修养、思想作风上实现了新提升,在推进方志工作创新的大局上把握规律性、增强预见性,在具体实践操作上强化了针对性、提高了有效性,切实增强了认识和把握方志工作规律的能力,提高了科学谋划方志全局工作和推进方志工作的可持续发展的能力。在室领导良好作风的带动下,全室党员领导干部的思想觉悟进一步提高,作风进一步转变,资政育人的服务观念进一步强化,党群干群关系进一步密切,为民务实清廉形象进一步树立。"淡泊名利、艰苦奋斗、爱岗敬业、甘于奉献"的方志人精神,在全体党员干部中得到进一步强化和彰显。

五、认真落实党风廉政建设"两个责任",不断加强反腐倡廉建设

习近平总书记明确指出:"作风建设永远在路上、永远没有休止符"。坚持党要管党、从严治党,按照中央和省委反腐倡廉建设的总体部署,结合地方志工作实际,认真落实"两个责任",以"零容忍"态度惩治腐败,扎实推进惩治和预防腐败体系建设。

一是落实党风廉政建设主体责任。落实党风廉政建设主体责任,党组专题研究党风廉政建设工作,进行责任分解,加强推动落实。党组书记对党风廉政建设和反腐败工作部署、过问、协调、督办,班子成员根据分工,负责职责范围内的党风廉政建设,切实做到"一岗双责"。10月17日,组织中心组学习,传达贯彻省委王儒林书记在全省党的群众路线教育实践活动总结大会上的讲话,要求全体党员干部把讲话内化于心、外化于行,巩固教育实践活动成果,努力形成改作风转作风的新常态。并研究制定《关于落实党风廉政建设党组主体责任的实施办法》,进一步严明党的政治纪律和政治规矩。

二是纪检组认真履行监督责任。为加强纪检监察工作,经党组会议研究,抽调3名处级干部兼职做监察工作。在此基础上,纪检组积极转职能、转方式、转作风,认真履行监督执纪问责职能,开展约谈等方式,严明党的政治纪律和政治规矩,严肃工作纪律、工作秩序。并研究制定《关于落实党风廉政建设纪委监督责任的实施办法》。

三是重视正面教育与警示教育。及时传达中央、省委、省纪委有关精神,通过正面教育与警示教育,不断提高广大干部的思想认识。12月17日,组织观看《警钟常鸣》,以山西系统性、塌方式腐败案件教育广大干部受警醒、明底线、知敬畏,警示党员干部特别是领导干部防微杜渐,廉洁从政。

此外,开展了多种专项整治。认真落实中央八项规定精神和山西省四个实施办法,先后开展了整顿"工作秩序涣散、纪律松驰"、整治"会所中的歪风"、整治培训中心的腐败浪费、整治奢华浪费建设、整治"吃空饷"、整治收"红包"及购物卡、整治党员干部参赌涉赌、清理党政领导干部企业兼职、整治违规收送礼金、红包等专项治理活动,进一步优化了发展环境。

(杨建中)

附:省地方志办公室党组书记、成员名单

书　记：李茂盛

成　员：赵群虎　刘益龄　郑小豹　张晓光

省农科院党委工作概况

党委书记　关建勋

2014年，全院以习近平总书记系列重要讲话精神为指导，认真贯彻落实党的十八大、十八届三中、四中全会精神和省委有关部署，按照年初工作安排，精心组织，扎实推进，各项工作取得了新进展。

一、认真落实党的工作责任制

省农科院党委全面落实《省直工委党的工作责任制暂行规定》，把党建工作列入《山西省农业科学院综合管理条例》，建立和完善了加强党的工作的长效机制，从制度上保证了党的工作的全面落实。根据党委委员分工，对党的工作责任进行了任务分解，切实做到任务到人，职责明确。党委、纪委办事机构认真履行职责，圆满完成了省直工委和院党委下达的各项工作任务。全院形成了院党委统一领导、党委书记负全责、分管领导直接抓、办事部门具体抓，一级抓一级，层层抓落实的工作格局。每年初的院工作会议上，对党建工作和党风廉政建设与科研工作一起部署安排，做到了年初有计划，年中有检查，年底有总结。在民主生活会和年度考核述职大会上，党委成员都能把党的工作责任制的落实情况作为主要内容，进行对照检查和述职汇报。

为保证党建工作的正常开展，做到办公经费纳入预算，同时，切实加强院属各单位党的工作责任制考核，与领导班子和领导干部年度考核同时部署、同时检查、同时考核。

二、全面加强党的思想建设

院党委始终把党的思想建设放在党建工作的首位，突出抓了以下三方面工作。

(一)认真学习十八大和习近平总书记系列重要讲话精神。十八大召开以来，院党委把组织干部职工学习十八大、十八届三中全会以及习近平总书记的系列重要讲话精神作为思想理论建设的重要内容，作为统一思想、凝聚力量的强大武器，武装思想头脑、增添精神食粮、指导工作实践、推动科研工作，做到真、深、实。

(二)加强和改进党委中心组学习制度。坚持党委中心组学习制度，下发中心组理论学习安排意见，出台了《关于进一步加强和改进院、所两级中心组学习的实施意见》《关于加强党委(总支、支部)中心组学习情况通报的通知》，对一些重要理论与实际问题，以轮流发言和座谈讨论形式形成共识，提高认识，提升科学决策水平。

(三)积极参加省直工委和省总工会的各项活动

1、开展“读书月”系列活动。4月中旬，根据省直工委的安排，省农科院下发了《关于积极参加省直机关第二届“读书月”活动的通知》，成立了活动领导组和办公室，对活动提出了具体要求，为党员干部购买了《世界社会主义五百年(党员干部读本)》《习近平总书记重要讲话》《改革热点面对面》等书籍，广大党员干部积极参加“向你推荐一本好书”、“读书讲座”、“读书笔记展览”等活动，全院共撰写学习体会102篇。

2、举办主题演讲比赛。6月20日，举办了“中国梦劳动美，我与改革创新”主题演讲比赛，全院26个单位的26名选手参加了演讲比赛。选手们结合本职工作，通过讲述身边人、身边事，颂扬了农科院科研工作者坚守信仰、爱岗敬业、求真务实、忘我工作的精神。

3、举办“五项全能比赛”。8月8日，举行了全院“五项全能比赛”，各基层单位及机关的31位选手参加了比赛。通过开展公文写作、综合知识、法律知识、电脑应用、主题演讲“五项全能”比赛活动，进一步营造崇尚学习、爱岗敬业、创先争优的浓厚氛围，通过“践行社会主义核心价值观”主题演讲，倡导和引导干部职工树立正确的世界观、人生观、价值观，加强职业道德修养，增强“三个自信”。

4、开展践行社会主义核心价值观主题活动。院党委按照省直工委《关于在省直机关开展“践行社会主义核心价值观”主题活动的通知》，积极开展社会主义核心价值观主题活动。以开展“五个一”品牌活动为抓手，举办道德讲堂，成立学雷锋服务队，在办公楼设立道德提示牌，开展先进典型宣传活动，实施干部道德工程。积极参加省直文明委主办的“省直机关十佳文明家庭”和省直机关第二届“敬业奉献”等五类道德模范、“十佳文明公民”的推荐和评选工作，全院有省直文明家庭1个。开展树新风文明公约大讨论，经过近一年全院范围的大讨论，最后以工青妇名义向全院职工发出内容为“婚庆典礼 喜事新办 嫁娶头天 简单招待；满月寿诞、亲戚祝福、升学乔迁、家人庆贺；厚养为先、身后从简、不赌不毒、唯真唯美；上网守规、文明自律、健康向上、传递正量”的倡议。

(四)深入开展学习型院所建设活动。为了加强全院干部职工思想教育，进一步提高干部职工素质，农科院党委决定从2014年起在全院深入开展建设学习型院所活动。制定出台了《山西省农科院建设学习型院所的实施意见》，成立了活动推进小组，召开了干部职工动员大会，把2014年定为建设学习型院所启动年，提出了总体要求和实施细则。在学习形式上，坚持个人自学与集体学习相结合，坚持理论学习和业务学习相结合，坚持领导带头学习与分层学习相结合，坚持书本学习与实践学习相结合，坚持走出去学习与请进来讲课相结合，制定学习计划，采取有效实施、不断营造建设学习型院所活动的浓厚氛围。围绕建设学习型院所活动，重点抓了以下4项工作：

1、开展领导干部讲党课和廉政教育活动。我院把领导干部讲党课纳入党建工作责任制中，院所两级主要领导每年至少讲党课一次。在3月3日的院工作会议暨党风廉政建设大会上，党委书记关建勋和纪委书记戴文斌结合农科院实际，分别给参会领导干部上了一堂党课和廉政教育课。农科院还大力营造读书思廉氛围，党员干部人手一册《中国共产党党员领导干部廉洁从政若干准则释义及案例》，组织干部职工观看《周恩来的四个昼夜》《杨善洲》和袁纯清书记《转型跨越中务必保持艰苦奋斗作风》党课录像。

2、举办专题讲座。从2014年4月份起，每月举办一次专题讲座，目前已举办了6期，邀请省内外及院专家作了《党和国家有关"三农"的新政策、新举措》《一流现代农业科研院所建设与管理》等专题辅导报告。

3、开展"双创双争"活动。2014年5月，组织推荐院优秀学习团队参加了省直工委开展的"省直机关十大学习品牌"展评活动，高粱所的"读书强所工程"和植保所的"绿色学堂"入选为55个学习品牌，网上展示经验及做法。

4、举办"铭史励志，继往开来"为主题的院史展和科研成果展。经过近一年的收集、整理、编纂等，这项工作已经基本完成，进入版面制作、展厅布置阶段，近期将对外开放。

三、大力加强组织建设

（一）深入开展党的群众路线教育实践活动。根据中央和省委的统一部署，农科院党的群众路线教育实践活动从2013年8月7日动员到2014年1月26日结束，历时5个半月，在省委第17督导组的具体指导下，院党委紧紧围绕"为民务实清廉"主题，按照"照镜子、正衣冠、洗洗澡、治治病"的总要求，精心组织、统筹安排，三个环节不变通不走样，认真执行规定程序、完成规定动作、学习规定篇目、保证规定时间，高起点谋划、高标准推进，坚持开门搞活动、聚焦整"四风"，整顿组织纪律、改进工作作风，较好地实现了树立群众观点、弘扬优良作风、解决突出问题、保持清廉本色的目标要求，呈现出工作纪律明显加强、工作作风明显转变、群众意识明显增强、办事效率明显的良好态势，取得了转变作风、教育干部、凝聚民心的显著成效，受到了省委第17督导组的好评。被评为好班子。

（二）加强党的民主建设。修订完善了《党委会会议制度》《党政联席会议事规程》《"三重一大"决策制度实施办法》《院领导班子深入基层调研制度》，完善了议事决策制度，严格执行民主集中制的各项规定，重大事项均要通过党委会和党政联席会研究讨论决定，充分发挥学术委员会的决策咨询作用。建立了领导班子成员联系点制度，经常深入基层、深入群众，了解民情、反映民意，积极为职工办实事、办好事、解难事。院党委按期召开民主生活会，党委成员都能把自己摆进去，自觉开展批评与自我批评，出席指导联系单位的民主生活会，切实保证民主生活会质量，也能参加所在支部的组织生活会。

（三）加强基层组织建设。农科院结合实际，积极推进基层服务型党组织建设和"基层组织提升年"活动，全院基层支部书记参加培训20多人次。农科院基层党组织和党员队伍建设状况良好，支部活动开展正常，党员能够按标准交纳党费，按时向上级党组织上缴党费，并能严格按规定管理和使用党费。加强党员发展工作，为各支部书记购买发放了《发展党员工作实用手册》，规范发展党员工作程序，同时，建立党员帮扶机制，从党费留存中拿出一定的比例，对30多名生活困难的党员进行了慰问。

（四）加强领导班子素质建设。一是进一步加强干部培训教育工作，增强"三个自信"。连续三年，组织全院处以上干部分别赴清华、复旦、浙大进行了为期一周的"山西省农科院领导干部管理能力提升高级研修班"学习教育培训，基本上普遍参训一次，个别同志达到两至三次，有5名院级领导也一同参加学习。同时，根据省直工委的安排，103名处级干部参加了省直机关学习贯彻党的十八大精神培训班的轮训学习。7名院领导在省委党校参加了省管干部培训班，另选派6名处级干部参加了省直机关处级干部培训班学习。二是调整充实所处级领导班子。严格执行《党政领导干部选拔任用工作条例》，2013年通过公开选拔和民主推荐等方式，选拔任用了26名所处级领导干部，2014年，认真学习和严格执行新的《党政领导干部选拔任用工作条例》，按照"五好"干部标准选拔作用干部，提拔处级干部，有2名副处级干部因"裸官"免去职务。每年的"一报告两评议"测评结果，均高于省直事业单位平均情况，干部选拔任用的公信度逐年提高。三是严格干部年度考核。两年来对院属26个研究所、3个试验站、1个院属国企和18个机关职能处室进行了年度考核工作，全院处级领导干部参加了述职述廉，广大干部职工参加了民主测评，对个别测评结果不太好的干部进行了诫勉谈话。院领导班子和领导干部年度考核结果，连续多年都在优秀等次。四是全面加强对领导干部的管理监督。认真贯彻落实《党员领导干部报告个人有关事项的规定》，所有副处以上党员干部都认真填写了《2013年度领导干部个人有关事项报告表》。

（五）认真开展处级干部档案专项清理工作。

按照省委组织部《关于在全省开展干部人事档案专项清理工作的通知》（晋组通字[2012]107号）文件精神，从2013年3月份开始，以清理干部"三龄两历一身份"信息为重点，对全院处级干部的人事档案进行了逐一审核和认定，查清了档案底数，纠正了错误信息，补充了短缺材料，确保了干部人事档案信息的真实准确、材料齐全。

四、扎实抓好作风建设和党风廉政建设

（一）狠抓落实中央"八项规定"和省委"四个实施办法"。院党委把落实中央"八项规定"和省委"四个实施办法"作为改进作风的重要举措，认真落实"坚持、巩固、深化、拓展"八字方针，针对"四风"突出问题，制定了整改措施，结合党的群众路线教育实践活动和"回头看"，有针对性地开展专项整治和检查工作，作风建设取得实效。严格执行中央的"八项规

定”,没有发生和发现违反中央“八项规定”的人和事。

(二)严明政治纪律和组织纪律。院所两级召开了专题组织生活会,把严明政治纪律和组织纪律作为教育实践活动的“补课”内容,要求做到严格党内生活,增强组织观念,强化纪律意识,顾全大局、令行禁止。

(三)全面贯彻党风廉政建设责任制。院党委将党风廉政建设和反腐败工作与科研、推广工作一起研究、一起部署、一起检查落实,严格按照中央和省委关于党风廉政建设的要求,切实担负了党风廉政建设主体责任,主要领导是第一责任人,领导班子成员根据分工对职责范围内的党风廉政建设负领导责任,院纪委担负了党风廉政建设的监督责任,对下属单位制定了明确的党风廉政建设责任制,并不断改进监督方式,完善监督机制,优化监督流程。

(四)加大执纪监督力度。围绕全院中心工作,加大执纪监督力度,开展了违规用车专项清退、办公用房专项清退、会员卡专项清退工作,开展了工作纪律专项检查,领导干部作风明显好转。

(五)强化审计监督工作。农科院监察审计处提出了《山西省农业科学院2013年至2015年内部监督审计工作规划》,制定了《山西省农业科学院内部审计工作规定》《山西省农业科学院内部委托审计管理办法》,建立了全院监察和审计两个工作体系,明确了各单位监察审计的领导人。协助和配合审计厅做好院长履行经济责任审计的各项工作,对院属31个预算单位全部进行了延伸审计,就有关单位和部门存在的突出问题,作出了相应的处理、处罚、通报批评和责令改正。

(六)党务政务公开工作实现全覆盖。在党务方面,严格按照要求对干部任用、入党人选、评优表彰、等方面进行公开公示。在政务方面,对科研项目申报、科技进步奖励评选、职称申报评审、公开招聘新进人员、工程建设招标等情况进行公开。凡涉及职工切身利益的事项都能及时公开,接受群众监督。通过落实党务政务公开,维护了职工的权益,提高了院领导班子的公信度。

(七)做好信访举报案件办理工作。2014年,院纪委受理来信来访和举报事项5件,纪委主要领导都进行了批示并亲自督办,按时做出了核查处理,其中有一件核查结果按要求进行了上报。

五、不断完善制度建设

在党的群众路线教育实践活动中,废除了不适应形势要求的规章制度8个,新建立22个,已出台19个。还有3项规章制度正在制定试行,待完善后正式出台。

六、稳步推进精神文明建设

农科院不断拓展党建工作的覆盖面,以创建文明单位为抓手,加大对群团和统战工作的领导和支持力度,营造积极向上的文明氛围,促进了全院“三个文明”的协调发展。

(一)文明单位创建工作取得新成效。农科院将文明单位创建工作列入党政工作的重要议程。院文明委每年召开专门会议,对全院精神文明建设工作进行安排部署,并把创建工作列为单位和部门年度考核的重要内容。

(二)群团工作有声有色。农科院党委高度重视群团工作,积极支持工共妇独立自主开展工作。积极组织开展“文明处室”、“文明职工”劳动技能比赛、知识竞赛、乒乓球比赛等形式多样、丰富多彩的群众性文化活动,开展“三八”妇女活动、“五四”青年纪念活动。通过丰富了职工的文化生活,扩大了群众的参与面,增强了全院职工的凝聚力。

(三)关心职工生活。先后投入200多万元,扩建了老干部活动中心和职工活动中心,新增羽毛球场地、乒乓球台、台球、麻将桌、健身器材等文体活动施设,设立了图书阅览室,增加了室外健身器材。每年都要拔出专款进行路面硬化、楼顶防渗、植树种花、修剪草坪,尽可能扩大绿化面积,改善居住环境。每两年组织一次在职职工和离退休人员体检,每年对女职工进行一次体检。对患有重大疾病的职工及其家属,组织职工捐款帮扶。每年春节前夕,对生活困难的职工和特困党员进行慰问,充分体现党组织的温暖。

(四)积极参与社会公益活动。一是开展送温暖、献爱心和联企帮困活动。每年的中秋节和春节,都要前往农科院联系的太原橡胶厂看望和慰问困难职工。二是组织职工向生活困难的群众、雪灾、地震灾区捐款。三是发挥专业技术优势,每年派出援疆、援藏干部参加援助项目,发挥专业技术优势,受到了省委、省政府的表彰。

(五)做好治安防范和安全管理工作。一是加强治安防范。在全院开展“加强综合治理,创建平安农科院”活动,制定了小区门卫值班制度和节假日领导值班制度,坚持保卫人员24小时值班和夜间巡逻制度,投资安装了安全监视系统,加大对邪教组织的监管力度,未发生重大安全事故。二是加强安全管理。定期开展治安消防检查,及时发现排除隐患;严格执行《车辆管理制度》,未发生交通事故。三是认真落实保密责任制。加强对全院涉密人员的教育培训,强化保密意识,涉密人员按要求签定了保密责任书,未发生失密泄密事故,在近期省国家保密局的抽查中获得好评。

七、认真做好人才培养和引进工作

坚持党管人才原则,着力抓好以高层次人才培养和引进为重点的人才队伍建设。出台了《加强科技创新人才队伍建设的意见》,继续实施“133人才素质工程”,通过几年的努力,现拥有博士116人,硕士488人,研究员223人,副研究员342人,人才学历结构不断改善,一支高学历高素质的人才队伍基本形成。在抓好现有人才培养的同时,大力加强海外高层次人才的引进工作,已先后有15名海外高层次人才引进院11个所开展工作,正在各学科领域发挥着重要的作用。

八、全面促进中心工作

农科院不断加强优势学科、重点科研领域和创新团队建设,在旱地农作物育种、杂粮育种、果菜育种、棉花转基因育种、高粱杂种优势利用、农药残留检测以及果品贮藏保鲜等科研领域居全国先进水平。拥有1个国家级创新团队,5个省级科技创新重点团队,1个省级科技创新培育团队。

全院共承担各级各类科研项目992项。鉴定科研成果17项,有4项达到国际领先水平,6项达到国际先进水平。获国家科技进步二等奖1项(协作),农业部丰收奖1项、神农奖3项,山西省科技进步一等奖2项、二等奖7项、三等奖6项;通过国家和省级农作物新品种审(认)定56个,其中国家3个、省级53个,获国家植物新品种权8个;69件专利获国家授权。发表论文378篇,其中国家级119篇,被SCI收录13篇,出版专著26部。组织全院550名科技人员在全省不同类型农业生态区的60个县实施53个"山西省农业技术推广示范行动"项目,"示范行动"被纳入省政府重点工作目标责任,同时被列为省政府强农惠农政策给予重点支持。推广新品种235个,集成260项先进适用技术,配套32项高产高效技术模式,推广面积260万亩,增加经济效益12.5亿元,科技示范工作成效明显。在全省实施的粮食作物科技支撑计划和杂粮科技振兴计划中,组织全院180名科技人员在全省20个市(县)实施18个项目,示范2.1万亩,辐射带动34万亩,创农作物全省高产纪录18项,为全省农业增产、农民增收、农村发展提供了强有力的科技支撑。 (吴慧萍)

附:省农科院党委书记、副书记、委员名单

书　记:关建勋

副书记:刘惠民　戴文斌　邢亚静(女)

委　员:聂安全　乔雄梧

省社会科学院党组工作概况

党组书记　李中元

山西省社会科学院是中共山西省委、山西省人民政府直属的全额拨款事业单位,是全省唯一的综合性哲学社会科学研究机构。院设有党组1个,机关党委1个,党总支1个、党支部20个。现有党员243名,在职147名,离退休96名。

2014年,在省委、省政府和省委宣传部的正确领导下,在省直各有关部门和市、县的大力支持下,院党组团结带领全院党员干部和科研人员,围绕中心,服务大局,改革创新,奋力拼搏,攻坚克难,坚持守土有责、守土负责、守土尽责,积极为省委、省政府决策服务,为推动我省经济发展和社会全面进步服务,积极实施哲学社会科学创新工程,努力建设现代新型智库,全年目标任务顺利完成,各项工作取得了新进展。

一是坚定政治定力,自觉在思想上、政治上、组织上、行动上与中央、省委保持高度一致。2014年,社科院采取党组中心组学习、支部集中学习、党组成员带头作辅导报告和个人学习等多种形式,认真学习党的十八大,十八届三中、四中全会和习近平总书记系列重要讲话精神,认真学习全省领导干部大会、省委十届六次全会和省委王儒林书记历次讲话精神,认真贯彻执行中央和省委、省政府重大安排部署,特别是在我省发生系统性、塌方式严重腐败问题,以习近平同志为总书记的党中央对山西工作作出重要指示要求、对山西省委作出改组性重大调整后,紧紧围绕省委净化政治生态、实现弊革风清、重塑山西形象、促进富民强省安排部署,在推动实施"六大发展"、"六权治本"、"六型转变"等重大决策方面提出了许多针对性强、有价值的决策建议,发挥了新型智库应有的作用,得到了省委和有关方面的充分肯定。社科院深入贯彻落实党要管党、从严治党要求,不断强化"两个责任",坚持不懈加强党的建设和党风廉政建设,年初与各所、处、中心负责人签订的党风廉政责任书确定的目标任务圆满完成。不断巩固和拓展党的群众路线教育实践活动成果,"院领导班子整改方案"和"院专项整治方案"中的整改任务全部完成,院领导班子作风建设进一步加强,全院党员领导干部理想信念进一步坚定,集体主义的荣誉感进一步显现,文风、学风、作风进一步转变。截止目前,全院没有发生违反中央八项规定精神和省委、省纪委各项专项治理的行为,没有出现腐败问题和选人用人问题,也没有发生社会影响面大、问题严重、群众反映强烈的突出问题。党组深入开展和谐文明单位创建活动,手机党校和文明创建短信平台持续发挥了积极作用,充分调动了广大党员干部、科研人员的积极性,保证了全年各项工作任务的顺利完成。

二是以改革创新精神凝聚动力、激发活力,大力推进现代新型智库建设,积极实施哲学社会科学创新工程。推进现代新型智库建设、实施哲学社会科学创新工程,是省委、省政府和省委宣传部贯彻落实党的十八大,十八届三中、四中全会精神,推动我省哲学社会科学繁荣发展的重要举措,也是社科院创新发展的重要动力。为完成省政府2014年确定社科院的目标责任分解任务,院党组明确提出要进一步创新体制机制,整合优势资源,完善科研量化考核指标,建立分级、分类的考评机制,以实施创新工程推动全院科研工作健康发展。在学科建设上,社科院以"山西经济社会发展重大课题"和"2014年院级课题"设计、发布为抓手,加强学科建设,重点培育和壮大与我省经济、社会、人文、历史联系紧密,富有成长潜力、学术前景和现实需求较大的学科,积极形成新的学术增长点。初步统计,2014年全年全院共发表论文169篇,其中在C刊发表49篇;出版个人专著17部,参与专著15部;主持各级、各类课题114项,其中省级以上课题33项;获得各级、各类学术奖24次,接受媒体采访39次,参加学术会议49次。特别令人欣喜的是,论文发表数量和质量均创历史新高。在加大特色学科带头人和青年科研骨干培养上,认真选派学术带头人和青年科研骨干到国内高校、科研机构培训学习,加强与国内高端研究机构合作,提升研究能力和水平。到2014年底,一名学术带头人完成出国访学,一名科研骨干在北京航空航天大学公共管理学院完成为期4个月的进修,一名青年科研人员到中宣部学习工作。在加强横向联系上,成功举办了第17届全国社会科学院院长联席会议暨首届河东盐文化历史与开发研讨会,与中国社科院和全国各省市社科院广泛、深入交流,认真学习、积极借鉴各兄弟院推进创新工程的经验、做法。在创新体制机制上,围绕省委、省政府交付的重大课题,社会关注的热点问题,山西省经济社会发展中的重大理论和现实问题,整合优质科研力量,形成社科研究、决策咨询快速反应机制,采用集中研究方式,及时、快速地分析问题,提出对策建议,形成专题研究报告和《决策专报》上报省委、省政府。仅从2014年9月下旬到年底,上报《决策专报》9期,形成专题课题报告5个,得到省委、省政府的高度重视,省委王儒林书记连续4次对《决策专报》作出重要批示。

三是始终坚持以人为本、问题导向,着力解决全院改革发展中的重点、难点问题和干部职工普遍关心的实际问题。在稳步推进全院全年各项工作健康、持续发展进程中,始终坚持以人为本、问题导向,不断强化领导班子和全院干部群众团结协作、锐意进取、勇于担当意识,着力解决全院改革发展中的重点、难点问题和干部职工普遍关心的实际问题。为深入学习贯彻习近平总书记在中央党的群众路线教育实践活动总结大会上的重要讲话精神,全面落实省委常委扩大会议关于实现弊革风清、促进富民强省重大部署,院党组决定从2014年10月20日开始到2015年1月30日,在全院开展了"严整治、大调研、出精品、树形象"活动,要求以问题为导向,以学习为引领,以改进作风为抓手,以建章立制为重点,以加强党建为保证,以集中活动为载体,以领导带头为示范,以强化监督为助力,以出精品、树形象为目标方向。通过开展活动,全院广大干部群众围绕中心、服务大局、忠诚履职尽责的积极性、主动性和自觉性得到进一步提高,科研人员、行政后勤人员加强学科建设、推动创新工程的素质和能力得到进一步增强,院领导班子和全院干部群众干事创业的精神状态得到进一步提升。社科院坚持重大事项、重大决策主动与干部、职工进行通报,设立并实行"院长接待日",每周由一位院长接待来访职工群众,敞开沟通渠道,悉心听取意见、建议。在推动旧院改造和新院建设工作上,党组克服种种困难,持续加快新院建设步伐,2014年11月29日新院科研办公楼顺利封顶,图书信息楼和科研楼也即将落成,目前正在推进主体建设及相关工作。社科院着力解决旧院改造存在问题,在行政经费紧张的情况下,为原1—7号楼解决供暖问题,充分照顾了未搬入新楼的部分职工利益。社科院党组推动、协调以工会为主体,筹备成立文湃苑业主委员会,切实维护职工权益,目前筹备工作正在积极稳妥推进中。

(杨亚琳)

附:省社会科学院党组书记、成员名单

书　记:李中元

成　员:贯桂梓(女)　潘　云　孟艾芳　杨茂林　景世民　宋建平　张建武

山西社会主义学院党委工作概况

党委书记　王宝生

2014年,山西社会主义学院党委认真贯彻落实《中共中央关于加强新形势下党外代表人士队伍建设的意见》和《2010—2020党外代表人士教育培训改革和发展纲要》精神,紧密围绕省委关于"净化政治生态、实现弊革风清,重塑山西形象、实现富民强省"的战略部署,认真落实党建工作责任制,坚持党要管党、从严治党,积极发挥社会主义学院党外代表人士教育培训主阵地作用,圆满完成了各项工作任务。

一、重视理论学习,推进学习型党组织建设

认真学习习近平总书记系列重要讲话精神。2014年,学院党委把学习贯彻习近平总书记系列重要讲话精神作为做好学院工作的根本遵循,作为党委中心组和各党支部、各处室理论学习以及培训办班课程设置的主要内容。通过采取党委中心组(扩大)学习会、处室或党支部集中学习、个人自主学习、外派轮训、跟班学习等多种形式,重点学习领会习近平总书记关于治国理政的新思想新观点新论断;学习新一届中央领导集体崇尚实干、敢于担当、廉洁自律、率先垂范的优良作风和崇高风范。坚持理论学习同加强党外代表人士教育培训工作相结合,同促进学院科学发展、统筹发展、创新发展相结合。全年组织党委中心组和干部集中学习研讨12次共计12天。

深入学习和践行社会主义核心价值观。积极贯彻中办发《关于培育和践行社会主义核心价值观的意见》的通知精神和省委有关实施意见精神,在全院开展了"践行社会主义核心价值观"主题活动。通过集中学习、开设道德讲堂等进行广泛的宣传教育,使全体党员干部和教职工深刻认识社会主义核心价值观的丰富内涵、历史渊源、现实基础和道义力量,深刻认识优秀传统文化与核心价值观的内在联系,深刻认识核心价值观建设的重大意义、目标任务,不断追求高尚道德理

想，不断夯实中国特色社会主义的思想道德基础。

深入学习全省领导干部大会精神，充分认识加强党风廉政建设和反腐败斗争的重要性。以《中国共产党章程》《党员领导干部廉洁从政若干准则》等党规党纪开展对照检查。通过周永康、徐才厚等违纪违法典型案例，特别是发生在我省的系统性、塌方式腐败案件，对全院党员干部进行深刻的警示教育，增强全体党员干部和教职工对我党党要管党、从严治党，有腐必反、有贪必惩，自我除弊、自我革新的信心，增强在以习近平为总书记的党中央的坚强领导下，实现中华民族伟大复兴中国梦的信念，增强践行“三严三实”要求和中央“八项规定”的自觉性，做到心知敬畏、行有戒止。

认真学习贯彻《中国共产党党和国家机关基层组织工作条例》和省委的《实施意见》，深入开展“基层组织提升年”活动。院党委把学院党建工作列入重要议事日程。及时研究制定学院党建工作计划，切实推进党支部晋位升级。加强党员队伍建设，做好发展党员工作。加强对党员的教育、管理、监督和服务，引导党员自觉履行义务，保障党员充分行使权利。按照省直工委安排，组织开展2014年度机关党委负责人联述联评联考。在省直工委关于落实《条例》情况的督查中，院党建工作得到工委的肯定。

加强领导班子建设。2014年，学院领导班子能够自觉地遵守党的政治纪律和政治规矩，维护中央和省委的权威。认真贯彻民主集中制，落实党建工作责任制。院党委紧扣“严格党内生活，严守党的纪律，深化作风建设”的主题，开好2014年度党员领导干部民主生活会。认真组织学习，广泛征求意见，深入谈心谈话，严肃开展批评与自我批评，从思想上、党性上、工作中查找领导班子存在的突出问题，剖析问题产生的原因，提出努力方向和改进措施。通过严肃的党内生活，努力实现领导班子团结协调，坚强有力，奋发有为。

加强干部队伍建设。认真学习贯彻《干部选拔任用条例》，坚持德才兼备、以德为先、以廉为基用人导向，严格按照标准与程序提任了3名正处级干部，面向社会公开招聘了3名专业技术人员和4名参照公务员管理人员，优化了队伍结构。做好全院干部职工年度考核工作，实行行政管理人员和专业技术人员分类考核，定量考核与定性考核相结合、季度考核和年度考核相结合、组织评价与民主测评相结合的原则，进一步完善《山西社会主义学院岗位绩效考核实施细则》规章制度，充分发挥其激励鞭策作用。

继续深入开展文明和谐单位创建活动。开设了道德讲堂，开展“五个一活动”，组织中华经典读书班，诵读经典格言，吟唱道德歌曲，观看全国道德模范人物事迹展播，激发全院教职工向善崇礼自律意识。开展了主题为“浓厚读书氛围，提升能力素质”的第三届“读书月”活动。院领导带头荐书、读书，组织座谈，交流读书心得，推荐评选优秀文章，引导党员干部在读书学习中提高政治素质、锤炼道德操守。选派年轻党员同志参加了第二届省直机关干部五项全能比赛，激发党员干部提高办文办会办事、综合知识运用和服务发展能力。

二、落实整改措施，加强党风廉政建设

加强组织领导，强化责任落实。根据学院领导班子变化情况，院党委重新调整了学院落实党风廉政建设责任制领导组。为确保全院党风廉政建设和预防腐败工作任务落到实处，对学院党风廉政建设责任制、推进惩治和预防腐败工作进行了任务分解，明确了每位党委领导的领导责任和各处室部门责任。党委书记对全院党风廉政建设和预防腐败工作负总责，领导班子其他成员也要切实做到“一岗双责”，根据分工范围积极抓好分管处室的党风廉政建设。2014年，院党委把反腐倡廉纳入学院建设发展的总体规划，摆上重要日程，同2014年学院的党外代表人士教育培训、统一战线理论研究、干部教师队伍建设、办学条件改善、中华文化学院等工作一同部署、一同落实、一同检查。2014年未发生一起严重违法违纪问题。

巩固和拓展群众路线教育实践活动成果。一是落实整改方案，反复进行“回头看”，防止“四风”反弹回潮。2014年，着力开展了治理庸懒散、公务用车、公务接待、办公用房、公款吃喝、一般性学习考察或公务活动问题等专项工作，重点解决一些工作人员工作平庸、作风漂浮、自由散漫等突出问题，推进了党员干部的作风建设。截至2014年年底，基本完成学院确立的整改落实目标和专项整治工作。二是推进制度建设。对学院现有制度进行了全面清理规范，大刀阔斧进行废止、修订和完善，初步建立起科学规范的制度体系。

认真落实中央八项规定精神。2014年，院党委高度重视对八项规定的学习宣传和贯彻落实。在“一课三会”和培训班等场合，在学院网站、学报、展板、简报、道德讲堂等载体进行广泛教育宣传。在节庆日等重要时间节点专门发文强调“五不准”和“九不准”纪律，重申八项规定要求。坚持个人重大事项报告制度和婚丧嫁娶等私事报备制度。

深入开展学习讨论落实活动。按照省委部署，在省委督导组的具体指导下，学院紧紧围绕“深入学习习近平总书记系列重要讲话精神，净化政治生态、实现弊革风清，重塑山西形象、促进富民强省”主题，紧密结合学院政治生态实际，深入开展学习讨论，广泛听取干部群众意见，深入进行反思剖析，努力查找突出问题，制定了主要问题整治整改方案，出台了学院《关于落实党风廉政建设党委主体责任和纪委监督责任的实施办法》，明确了党委班子成员及处室支部的责任清单，并进行签字背书，列入学院党务工作制度，并印发各处室、党支部。在活动中，坚持边整边改，细化措施，以近期具体工作为抓手，切实推动整改整治工作迈出步伐、初见成效。

三、围绕目标考核，促进学院全面发展

2014年，院党委把完成省委省政府确定的目标责任考核任务作为学院的中心工作，科学分解目标任务，明确工作质量要求，举全院之力狠抓责任落实，顺利完成了各项考核任务。全年举办8期党外代表人士培训班，共培训学员721人次。通过培训，提高党外代表人士和统战干部的理论政策

水平，增强党外代表人士对中国特色社会主义的道路自信、理论自信和制度自信,进一步巩固统一战线团结奋斗的共同思想基础。

积极发挥科研工作的促教资政作用,完成了全国社院系统课题2个,中央社院专项课题2个,在各类报刊发表理论文章20余篇,完成《山西民主党派发展历程研究》第一卷的编撰出版。积极发挥中华文化学院平台作用,大力弘扬中华优秀传统文化和山西特色文化。举办了以“山西佛教的历史地位及弘扬佛教文化的现实意义”为主题的山西佛教文化研讨会和1期中华文化经典读书班,深受学员欢迎。

完成《山西社会主义学院学报》的编辑出版,在提升内容质量、改善容量装帧、加强队伍建设等方面再上新台阶。学院网站编发了大量统战信息和教学科研培训信息。进一步提高后勤服务水平,加强学院基础设施的维护和管理,确保了全年水电暖各系统正常运行。

搞好定点扶贫工作,开展联企帮困活动。按照“思想帮扶、政策帮扶、项目帮扶、规划帮扶、智力帮扶”的工作思路和学院优势与力量,积极做好领导干部包村增收和学院定点扶贫工作。重点帮助解决人畜用水打水井、绿生园肉羊与种羊养殖小区建设等项目，建设包扶村镇的党员活动室。在“10.17扶贫日”,响应省直工委、省扶贫办倡议,组织开展献爱心捐款活动,全体党员干部职工踊跃捐款,奉献爱心。年底院党委派人走访慰问了联企困难职工。

（郭变桃）

附：山西社会主义学院党委书记、副书记、委员名单

书　记：王宝生

副书记：王建新

委　员：李祥熙

省档案局(馆)党组工作概况

党组书记　阎默彧

2014年，在省委、省政府的正确领导下，在国家档案局的精心指导下，在全局干部职工的共同努力下，山西省档案局全面贯彻落实党的十八大、十八届三中、四中全会和习近平总书记系列重要讲话精神，不断加强党的建设，创优发展环境，提升服务能力，圆满完成了全年各项任务。

一、坚持党要管党从严治党方针，党的建设不断加强

一是深入开展学习讨论落实活动。全省以“深入贯彻习近平总书记系列重要讲话精神，净化政治生态，实现弊革风清，重塑山西形象，促进富民强省”为主题的学习讨论落实活动开展后，省档案局积极响应省委的决策部署，深入学习习近平总书记系列重要讲话精神，广泛开展了查摆剖析，深入查找影响和制约档案事业科学发展的问题根源。及时召开动员大会，组织多次中心组学习、民主生活会和全局学习活动。在深入学习的基础上，广泛征求意见，认真查摆反思。对查摆出的问题深入剖析、深挖根源，提出整改措施，并列出时间表、路线图，将整改措施明确到事项，责任分解到处室、到个人，确保整改扎实有效。

二是深化党的群众路线教育实践活动。按照省委活动办的要求，2014年，档案局把整改落实、建章立制工作，作为局机关抓好整改落实，引深教育实践活动，加大反腐败力度，转变干部作风的重要举措，对局机关整改落实情况进行了“回头看”、再次“回头看”，深化整改落实工作。形成《山西省档案局党的群众路线教育实践活动整改落实工作“回头看”工作总结》《山西省档案局党的群众路线教育实践活动深化整改等工作专题报告》《山西省档案局开展10个专项整治情况报告》《山西省档案局关于“四风”突出问题专项整治工作情况报告》《山西省档案局党的群众路线教育实践活动整改落实再次“回头看”工作总结》等并上报省委活动办。

三是落实“八项规定”和党风廉政建设责任制。局党组多次研究部署机关党风廉政建设责任制工作和惩防体系建设工作，完善各类反腐倡廉工作制度，促进惩防体系建设。认真落实中央“八项规定”和我省四个实施办法，进一步加强纪律作风建设，开展“四风”突出问题专项整治，对21项整治任务中涉及档案局工作的17项内容逐项进行了认真的自查自纠，局机关全体职工无违规行为。加强重点领域的预防与监督。在加强正面教育与典型案件警示教育的基础上，加强重点领域的预防。通过仔细查找岗位、机关及行业廉政风险点，制定廉政防控措施，从而进一步强化干部职工的宗旨、责任、法治和廉政意识，局机关全年无一起违法违纪现象发生。

四是着力加强机关党建工作。以贯彻落实《中国共产党党和国家基层组织工作条例》和省委《实施意见》为抓手，加强机关党建工作，特别是局机关党的群众路线教育实践活动开展以后，根据整改任务要求，进一步改进完善党内生活制度，加强党内生活制度建设，创新党内生活方式，健全党内生活制度，班子成员按照要求认真参加领导班子和所在党支部、党小组的民主生活会，认真过组织生活。各党支部书记充分发挥作用，坚持“三会一课”制度，定期召开支部党员大会、支委会、党小组会，按时上好党课。使机关党建工作真正形成党组统一领导、一把手负总

责、机关党委抓落实的工作格局，做到党建工作与档案业务等工作一起部署,一起落实,一起检查,一起考核，局机关开展党的活动有阵地、有内容、有充足的经费保障。

二、各级领导更加重视档案工作，发展环境不断优化

2014年，山西省档案工作得到了各级领导和各级党委、政府的大力支持，受到了社会各界的关注。国家档案局副局长许士平、技术部主任付华、全国人大立法规划室副巡视员诸政红一行来山西省开展联合执法检查，并下发《档案行政执法反馈意见书》，对山西省的档案工作存在的诸多问题提出了具体要求。省委、省政府对执法检查组提出的问题高度重视，省委书记王儒林、省长李小鹏、常务副省长高建民、省委秘书长王伟中等省委领导同志听取了档案工作专项汇报，李小鹏省长、高建民副省长作出重要批示，并以省委办公厅、省政府办公厅文件形式向国家档案局提交落实情况报告。省人大教工委主任杨波，副主任姚芝楼、宋新柱、张明亮、梁权先后与省档案局、省政府法制办组成执法组开展山西省档案执法检查。

太原市委、阳泉市委、晋城市委、运城市、省国资委等地市和省直相关部门领导也通过调研指导、出席会议、参观展览、讲话肯定等方式，支持当地和本系统档案事业发展。

三、努力夯实档案业务工作基础，服务能力不断提升

（一）档案工作服务大局能力不断增强

一是档案工作服务中心工作能力不断增强。2014年，省档案局围绕中心，紧跟形势，依托馆藏档案资源优势，广泛开展了各种主题鲜明、内容丰富、教育性强的档案宣传活动。从省档案局到各市档案局均围绕党的群众路线教育实践活动，举办了主题档案展览；全面启动《山西档案志》的编纂工作，完成了50万字的送审稿；利用馆藏革命历史档案资源，为国家保密局拍摄纪录片《胜利之盾》提供原始素材；以“6·9国际档案日”为契机，围绕“档案在你身边”主题，开展图片展览、知识讲座、赠阅书籍等系列宣传活动。

二是档案工作服务经济社会发展能力不断增强。2014年，全省各级档案部门继续深入贯彻落实国家档案局8、9、10号令，不断加强对机关、企事业单位以及农业农村档案工作的监督、指导、检查力度，在夯实基础工作方面作了大量的努力。2014年，省档案局共指导110多个机关单位实现档案规范化管理，参与15个重大建设项目档案验收，完成对18家省属企业《文件材料归档范围和档案保管期限表》的审核、备案工作。

（二）全省档案事业三个体系建设逐步完善

一是全省档案资源体系日益丰富。首先，省档案局经过不懈努力，将山西牺牲救国同盟会的档案接收进馆，其中包括牺盟会活动情况、总结报告以及何应钦、白崇禧同阎锡山的往来电报等珍贵资料，2014年全年共接收5个全宗3352卷、1545件档案，541册资料。其次，全面开展馆藏档案的划控鉴定工作，并将划控工作纳入年度目标责任考核中，制定了《关于开展档案数字化划控鉴定工作的方案》，共计划控5451卷，约618000页档案，并在对各市的重点任务考核中也加入了档案鉴定划控和馆藏涉密档案处理相关内容。

二是全省档案安全体系趋于规范。省档案馆新馆建设项目规划选址工作已经完成，项目可研、环境评价、节能评估、资产评估等报告的编制工作已全部就绪，项目前期启动资金已经到位，建设用地划拨工作正在有力推进。在日常安全管理上，围绕“夯实基础，严抓落实，打防结合，确保安全”的思路，狠抓消防安全，提高干部职工“四个能力”，创建“平安单位”，确保了档案实体安全。

三是全省档案利用体系更加开放。第一，省档案局立足服务民生，本着为民、务实、热情、优质的服务原则，不断丰富服务手段，拓宽服务渠道，优化服务流程，延长服务时间，改进档案利用窗口的服务环境，改善人民群众的利用体验，2014年接待单位和个人查阅档案1680人次，利用档案16551卷（册）。第二，为改变山西省档案信息化建设落后的局面，按照国家档案局对全国档案信息化建设的战略部署，省档案局加大力度推进档案数字化建设，制定了100万页馆藏档案数字化的任务，并纳入到2014年度重点目标责任考核任务中。2014年共完成6个全宗1.1万卷，约170万页的数字化加工任务。

（卫敬飞）

附：省档案局（馆）党组书记、成员名单

书　记：阎默彧

成　员：王保国　刑利民　孔凡春
　　　　党志峰（3月任职）

省万家寨引黄工程管理局党委工作概况

党委书记 王 纯

2014年，山西省引黄工程管理局党委认真贯彻落实党的十八大、十八届三中、四中全会和习近平总书记系列重要讲话精神，以省委十届六次全会精神为指引，自觉践行“三严三实”，认真贯彻中央八项规定，巩固党的群众路线教育实践活动成果，持之以恒反对“四风”，不断加强生产运行管理，加快支线配套工程建设，深化经营体制改革，充分发挥工程效益，确保安全稳定供水，各项工作取得新进展。

一、强化学习培训，着力提升干部能力素质

党委中心组和各支部坚持理论学习制度，购发《习近平总书记系列重要讲话读本》等政治理论书籍，中心组全年集中学习15次，成员出勤率均达到100%。各支部通过召开专题学习讨论会、学习讲话资料、举办辅导讲座等形式开展理论学习活动，深入学习习近平总书记系列重要讲话、党的十八届三中、四中全会精神和王儒林书记的讲话等篇目，补足共产党人的精神之“钙”，把党员干部的思想统一到中央部署和省委的要求上来。开展省直机关第三届“读书月”、学习白喜明同志先进事迹等活动，引导党员干部树立正确的世界观、人生观和价值观。注重岗位技能培训，编制实行《生产人员岗位技能培训及考核管理办法》，开展SCADA系统站控级操作、新扩机组设备、泵站点检系统使用等各类教育培训和考核，参训人员达600人次。

二、落实两个责任，营造风清气正良好氛围

严格落实党委主体责任和纪委监督责任，认真学习贯彻中纪委三次、四次全会精神，督促党员领导干部严格履行“一岗双责”。制定《党员干部作风纪律六条规定》和《引黄工程廉政建设“八不准”》，持续用力抓好中央八项规定精神和省委作风建设有关规定的贯彻落实，持之以恒反对“四风”。紧盯中秋、国庆等重要时间节点，严格按照省纪委“五不准”要求，开展监督检查，坚决杜绝节日腐败。开展“工作秩序涣散、纪律松弛”专项整治，通过抽查、明察暗访等监督措施，促使全局工作秩序和工作纪律明显改善，推动形成作风建设新常态。

三、践行三严三实，充分发挥党委班子引领作用

党委班子及成员坚持党的群众路线，自觉践行“三严三实”，严格遵守党的政治纪律、组织纪律、廉政纪律，认真贯彻中央八项规定，反“四风”、强作风，2014年班子成员累计到基层调研55次、289天，同比分别增加7.6%和8.3%；全局性会议同比减少50%，参会人数同比减少51.4%；文件简报数量同比减少23.8%；“三公”经费同比减少22.2%。坚持党务公开，完善党委议事规则和决策程序，重大问题决策、重要干部任免、重大项目投资决策、大额资金使用，均召开党委会、办公会研究，充分听取各方面意见。认真召开党员领导干部民主生活会，班子成员结合思想工作实际，充分准备、认真剖析、态度诚恳，体现了自我加压、主动加压的担当意识。

四、坚持从严治党，深入开展学习讨论落实活动

制定《学习讨论落实活动实施方案》，成立活动办公室，召开动员大会，深入开展学习讨论落实活动。局党委认真学习省委落实“两个责任”的意见，制定落实“两个责任”清单，上报上级纪委。印制发放4种学习读本272套、1088册，班子成员及各处室、局属单位主要负责人进行了3天集中学习，进一步学习习近平总书记系列重要讲话、党的十八届四中全会决定、王儒林书记讲话等篇目。组织警示教育和十八届四中全会决定专题报告会，观看《警钟长鸣》警示教育片和《作风建设永远在路上》电视专题片。召开中心组(扩大)学习讨论交流会，召开老干部、承包商和各水厂座谈会，广泛征求各层面的意见。开展违规收送礼金、红包问题专项整治工作，进一步规范党员干部的从政行为。开展工程招标突出问题专项治理工作，严格执行国家招标投标法律法规，进一步完善内部管理制度，规范工程招标行为。

五、强化道德建设，提升精神文明创建水平

积极践行社会主义核心价值观，深入开展公民道德建设活动，组织道德模范宣讲，开展志愿服务活动，倡导“文明就餐”礼仪，广泛传播道德建设正能量。组织省直机关第二届道德模范评选活动，推荐16名同志参加省直机关网上评选。参加省直机关第四届职工运动会，健身秧歌荣获二等奖，3名同志荣获“体育道德风尚奖”；参加省直机关干部五项全能比赛，2名同志荣获主题演讲比赛优秀选手奖；组织“中国梦？劳动美”主题演讲活动，引黄工程管理局选手荣获省农林水工会演讲比赛一等奖，并代表省农林水工会参加省总工会的决赛；组织第三届引黄工程“青春杯”男子篮球赛、第一届“黄河杯”男子篮球邀请赛和第一届“健康杯”乒乓球比赛，强健了职工体魄，扩大了对外影响力。开展“10·17扶贫日”、“博爱一日捐”等爱心捐助活动，累计捐款27890元。参与“爱心进校园”少年儿童科普系列丛书大型公益捐赠活动，捐赠价值14960元的图书200套。

六、狠抓整改落实，巩固群众路线教育实践活动成果

局党委召开党的群众路线教育实践活动总结大会，对活动情况进行了全面总结，向省委活动办报送领导班子专题民主生活会情况通报等10种材料。对教育实践活动整改落实进行了“回头看”，完成11项整改任务，完成整治“会所中的歪风”、整治培训中心的腐败浪费等21项专项整治任务。制定《党员联系群众服务群众制度》，形成改进工作作风、密切联系群众长效机制。

七、强化安全生产，全面实现供水能力翻番目标

加强社会治安综合治理，紧抓反恐、消防等影响供水安全的关键环节，每季度召开全局安全生产例会，全力抓好安全生产工作，加大水质监测力度，提高应对突发事件的快速反应和处置能力。2014年引水总量达到3.39亿方，供水总量达到3.22亿方，比2013年增长13%，其中生活和工业供水1.5亿方（南干线向太原供水0.93亿方，北干线向大同、朔州供水0.57亿方），生态供水1.72亿方，创历史最高水平，供水安全稳定无事故，供水水质符合国家标准。在保证正常输水的同时，全力推进总干线、南干线泵站扩机工程建设，8台新扩机组于2014年12月正式投入运行，引黄年供水能力由3.2亿方增加到6.16亿方，基本实现了引水能力的翻番。

八、推进分质供水，工程建设取得新进展

按照“分质供水、原水直供”思路，积极与供水区内大型企业和项目对接，全力推进左云、阳曲、晋泉复流、平鲁、神池、五寨、科技创新城、晋北煤化工等原水直供工程，各项前期工作全面铺开，完成基本建设投资19.83亿元。大同原水直供配水支线工程具备供水条件；清徐原水直供工程，完成PCCP管道生产24公里、管道敷设1.6公里；北干线和呼延调蓄工程尾工建设全部完成，呼延调蓄工程于2014年12月开始蓄水；山阴泥河水厂工程主体基本完工；呼延水厂二期与深度处理工程，灰土桩地基处理工程全部完成。

九、降低运行成本，稳步提升工程经济效益

积极协调省经信委、省物价局、省电监办、省能源监管办、万家寨枢纽等有关部门，争取更低的优惠电价，有效降低生产运行成本。通过资产重组、市场化运作的方式积极推进参股水厂规范运行，实现经营效益稳步提升。编制《业务考核管理办法》《派驻人员选派方案》及《薪酬管理办法》等制度，进一步完善各配套水厂股权结构、法人治理结构，确保国有资产保值增值。与地方政府和用水企业积极沟通，同阳曲县政府、阳煤山阴煤制气项目、中海油煤制气左云项目、中电国际神头发电扩机平鲁项目、晋能煤制气平鲁项目签订供用水框架协议，签订的总供水量需求达到1.475亿方，供水市场得到进一步扩大。

（温　捷）

附：省万家寨引黄工程管理局党委书记、委员名单

书　记：王　纯

委　员：崔富春　樊安顺　贾伟智　苏连元　雷天才　李俊刚（2月任职）　兰康杰（2月任职）　呼运平

省煤炭地质局党委工作概况

党委书记　潘增武

2014年，山西省煤炭地质局党委按照党要管党、从严治党要求，以深入学习贯彻习近平总书记系列重要讲话精神为主线，积极推进教育实践活动整改落实，着力开展“基层组织提升年”和“学习讨论落实”活动，全面加强党的建设，为全局积极推进深化内部改革各项工作、实现富民强局目标提供了坚强的思想和政治保证。

一、思想政治建设扎实有效

以“坚定信念、凝心聚力”为建设目标，山西省煤炭地质局党委把学习党的十八大、十八届三中、四中全会精神和习近平总书记系列重要讲话精神作为重点，以“学习讨论落实”活动为契机，从“学习型领导班子—学习型党组织—学习型队伍”三个层次，有序推进思想政治教育。针对学习型领导班子建设，突出中心组学习引领，严格落实中心组学习月报制度，实现了对局、院领导班子思想政治教育的有效监管。针对学习型党组织建设，突出基层支部书记素质教育，举办了局党务干部专项培训，继续完善局网站“学习园地”和“学习讨论落实”活动专栏建设，组织了西沟现场教育和纪委书记廉政党课，进一步坚定了全局党员干部理想信念。针对学习型队伍建设，突出学习形式多样化、思想教育全覆盖，通过《地勘讲坛》、学习读本发放、一线“流动书箱”配备、“读书月”活动等，使学习、提升成为干部职工共识。

以纪念建局60周年为契机，以弘扬地勘优良传统为重点，积极推进社会主义核心价值观教育。通过编撰印刷《局志》、纪念画册、拍摄宣传片、老地质人讲局史（院史）、征文演讲、书画摄影展、文艺演出等系列活动，全方位展现了山西煤炭地质人60年奋斗历程、光辉业绩，进一步坚定了干部职工的职业自信和为山西煤炭地质事业奉献终身的信念。突出“用身边的人、身边的事，感染、教育和引导身边的人”，通过局办内部刊物《晋煤地勘通讯》宣传身边的先进典型、“道德讲堂”重点讲述、“道德模范”与“最美地质人”评选等途径，生

动诠释了全局干部职工对“三光荣”、“四特别”精神的传承，使艰苦奋斗、敬业奉献成为全局党员、群众的主旋律。

二、基层组织建设稳步推进

以“提升基层组织活力，提高基层组织服务水平”为建设目标，局党委将2014年确定为“基层组织提升年”，深入贯彻基层组织工作《条例》。着眼于“强组织”，部署开展全局108个基层党组织换届选举工作，完善了各院“两委”配置和基层支部架构，提升了领导班子凝聚力，保证了队伍战斗力。着眼于“增活力”，设计了“九个一”(组织一次回头看，办一个集中培训，开一次组织生活会，讲一堂公开党课，搞一次带题调研，办一件实事好事，搞一次传统教育，办一项特色活动，树一个学习典型)活动，将基层组织建设融入具体活动，有效吸引了广大党员群众的参与热情，提高了基层党组织影响力和凝聚力。着眼于“严把关”，严格落实发展党员工作“六项制度”，进一步规范党员发展程序，从严、从细要求发展对象的“思想入党”，把好了入口关，确保了党员政治质量。着眼于“创品牌”，支持鼓励各基层组织立足实际，培育特色。局《地勘讲坛》、水勘院《水勘学堂》和“微型党课”、物测院“党代表工作室”和“民主恳谈室”、研究院共青团微信平台等，均已成为相对成熟的党建工作高地；物测院通过了党建工作质量体系认证审核，成为全省唯一一家通过党建工作质量体系认证的专业地勘单位，为党建工作规范化、科学化水平提升探索了新路。

三、党风廉政建设持续引深

以“关口前移，防范廉政风险”为建设目标，局党委严格落实党风廉政建设“两个责任”。立足“监督不留空白”，通过纪委换届选举、局向不设纪委的下属院派专职纪检监察员、直属中心选举纪检委员、三大企业由所在的院派驻专职纪检监察员，确保党内监督无死角；通过效能监察、重大投资项目审核、干部离任(岗)和任中审计等，进一步强化了对领导干部、重点项目、重要岗位的经济责任监督。着力扎紧监督流程，通过颁发廉政责任状、完善公务接待等30余项相关制度，使具体工作有章可依，为“不能腐”夯实了基础；以专项整治为抓手，先后开展了公车清理、奢华浪费、慵懒散、劳动用工、婚丧嫁娶等重点领域的专项检查，主动排查顶风违纪现象；对干部选任、招投标等廉政风险点，纪检部门主动跟踪，积极查堵可能引发腐败问题的漏洞，同时，在全局各单位建立了纪检工作台账，为“不敢腐”提供了保障；通过发放廉政手册、廉政倡议、播放警示片等强化日常警示教育和岗位廉政教育；依托门户网站、内部刊物、公示栏、意见箱、监督电话、通报会等平台，主动扩大工作公开和群众监督，畅通干部职工表达意见的渠道，使党员干部“不想腐”、勤政廉政意识和职工群众监督意识进一步增强。

四、整改落实敬终如始

以“务实、落实”为建设目标，局党委把持之以恒反对“四风”作为工作重点，敬终如始，确保作风建设始终在路上。针对教育实践活动制定的“两方案一计划”，先后组织1次党建大调研、3次“回头看”、2次推进会、局领导专题调研、党建工作联述联评联考等，在明确责任的基础上，完成一项销号一项，盯住整改落实；建立了整改工作月报制度和重点工作通报制度，以群众监督反逼整改落实；针对职工群众反映的突出问题，开展了全局物业工作专项检查，重建了局老年活动中心，局牵头组织了6期499人次的在岗职工培训。2014年，局院制定的领导班子整改方案、专项整治方案全部落实；教育实践活动以来，出台了51项全局性的制度、办法，有效规范了各项工作；全局“三公经费”支出较2013年下降48.02%。全体党员干部廉洁自律、谋划转型、踏实办事、服务职工的作风进一步强化，使作风建设成为常态。

五、文明单位创建工作积极主动

局党政部门以“最大限度地建立起实现科学发展的统一战线”为建设目标，立足服务民生，突出“党政工团同频共振”，形成了共建共享、同心同行的发展氛围。一是全局协调项目，着力抓好稳岗就业，保证职工开资。二是逐步改善野外工作生活条件，为钻机一线制作配备了6台移动式多功能厨房，进一步扩大了钻机标准化建设成果。三是积极改善职工工作生活条件，在主动协调下，局属115院棚户区改造项目，列入大同市2014年城市保障性住房建设项目；局属144院的基地搬迁征地工作得到晋中市政府、榆次区政府批准；水勘院房地产开发建设工程协议已基本确定，开始房屋预售；物测院完成了新基地搬迁工作。四是进一步加大了对困难职工帮扶力度，建立了困难职工台账，完善了特困党员慰问、“金秋助学”、在职职工医疗互助保障等帮扶机制。五是立足青年特点，开展了“奋斗的青春最美丽”、“我为核心价值观代言”、“青年志愿者服务”等系列活动，有效发挥了青年群体的生力军作用。六是在岢岚县温泉乡建立了局领导包扶直接联系点，投入扶贫资金60万元精准扶贫。七是关注、关心和关爱老同志的身心健康，组织开展了健康体检、离退休职工趣味运动会，积极听取老同志的意见和建议，尽心尽力为老同志做好服务。八是开展宪法日宣传活动、社会综合治理矛盾隐患大排查等，维护全局和谐稳定。九是建立了“党政同责、一岗双责、齐抓共管”的安全生产责任体系，实行钻机安全生产挂牌责任制，引深安全隐患大检查，现场点评、及时整改，全面完成了省政府下达的安全生产工作目标，有力保障了职工健康和生命安全。

2014年，全局新增省文明单位、省模范单位、省直文明和谐单位标兵、大同市文明和谐单位各1个；局属2个院获评“首届中国煤炭行业优秀地勘单位”；全局新增省“五星级基层工会”、“五星级职代会”各1个；省总工会命名的“渠丽珍职工创新工作室”在局属研究院挂牌成立；局被评为省“2013年度定点扶贫工作先进单位”；1名职工入选“榜样山西·最美劳动者”，并被授予省“五一劳动奖章”；局属144院小区入选“省直机关第一批十佳文明小区”，全局文明和谐单位创建、党政群团联建工作充满活力,成效明显。

六、立足专业优势,服务服从全省转型发展

作为全省唯一的煤炭地质勘查专业局,山西省煤炭地质局充分发挥60年来积累的技术、资料、人才、设备、资质等优势,积极服务服从我省"六大发展"。在公益性地勘项目方面,竣工省级矿业权价款煤炭地质勘查项目钻孔52个,甲乙级孔率98.1%;完成省级矿业权价款地质勘查项目17个,提交地质报告17件,继续发挥着地质勘查先行军的作用。在新能源勘查领域方面,《山西省页岩气地质调查与评价》项目进展顺利,页岩气调查井竣工4口(最大孔深1801米),采样测试完成设计工作量的76%;实施了沁水煤田榆社—武乡区块和古县区块煤层气、页岩气普查项目;承揽实施了国昊能源集团在陕西府谷皇甫区块的两口致密砂岩气参数井施工项目,实现了"走出去"承揽新能源项目的第一步;在环境地质项目方面,《山西省煤层自燃地质勘查与治理方法研究》通过省发改委组织专家评审验收;申报了《CO_2深部煤层封存及驱替煤层气主要影响因素的研究》,将为山西省温室气体减排及煤层气增采起到积极推动作用。在科技创新方面,成立煤炭地质、物探、测绘、煤层气页岩气、水工环等五个专业委员会及地质报告评审委员会,在技术研讨交流和地质报告评审工作中严格把关,加强了专业品牌建设;先后投入5000余万元,对低空航测信息系统、地下空间管理信息系统、煤层气页岩气实验室等转型项目进行重点扶持,夯实科技创新基础;"煤层气、页岩气资源潜力综合评价及共探共采选区研究"列为2014年度山西省煤基重点科技攻关项目;"综合电磁法高精度探测采空区积水技术研究"通过省科技厅组织的验收鉴定,为煤矿采空区积水水害防治提供了可靠资料,项目成果达到国际先进水平;局属研究院筹建的煤层气、页岩气重点实验室正式投入运行,并成功申报了煤与煤系气地质勘查山西省重点实验室,实验室初步具备了承担国家及省部级重大科研项目研究、技术创新与成果转化、人才培养的功能;强化了地质钻探领域的实用新型技术革新,大口径瓦斯抽放孔施工、井下物探、煤层气测录井等技术取得突破,为延伸矿山服务、开拓市场业务提供了技术支撑;局属金地煤层气有限公司延长地面瓦斯抽采产业链条,基本形成了由钻前、钻井、测井、固井、录井、压裂、排采、管网、集输工程构成的煤层气"探采一体化"产业链条,大大提高了产业竞争力;局属汇镪磁性材料有限公司研发的新能源汽车用器磁组件进入批量生产,成为国内能替代日本进口生产此产品的三家企业之一,"大尺寸可控取向烧结钕铁硼磁体技术"项目获太原市优秀科技项目三等奖,公司获山西省科技奉献奖三等奖,并取得2项国家发明专利。

面对严峻复杂的经济形势和煤炭地勘经济持续下滑的不利态势,局党委通过全面加强党的建设,主动夯实全局深化改革的共同思想基础,为山西煤炭地质事业转型发展提供了坚强保证,最大限度地积聚起了发展正能量。全局党员群众在局党委的带领下,积极应对挑战,奋力攻坚克难,圆满完成了省政府下达的2014年度目标责任考核任务,全年签订各类合同金额11.06亿元(其中社会项目合同金额9.04亿元),钻探进尺34万米,完成总收入13.49亿元(其中,对外收入10.56亿元),全局资产总额增长至19.86亿元,各项经济指标基本保持稳定,有效保证了干部职工利益,也为山西煤炭地质事业可持续健康发展奠定了坚实基础。

(赵晓彦)

附:省煤炭地质局党委书记、副书记、委员名单

书　记:潘增武

副书记:王学军　王宏伟

委　员:黄岑丽　李兴武　张晓峰　宋　儒

省地质勘查局党委工作概况

山西省地质勘查局是省政府直属的正厅级事业单位。全局共有职工1.1万余人,县级事业单位18个,分布于省内各地。建局以来,通过几代地质人艰苦卓绝的奋斗,勘查评价了山西的62个主要矿种,发现煤、铝、铜、金、铁、锰等140余处大中型矿产地。全局现有基层党组织143个(包括13个直属党委、3个直属党总支和支部、127个党支部)。党员2600余人,在职党员1350人。

2014年,在省委、省政府的坚强领导下,局党委认真贯彻党的十八大和十八届三中、四中全会精神,围绕中心,服务大局,地勘经济稳步发展,党建工作扎实推进,干部作风进一步转变,为全局各项工作任务的有序推进提供了坚强的思想政治组织保证。

一、以地质主业为中心,促进地勘经济稳步发展

地勘工作取得新突破。全年共组织实施各类财政资金地质勘查项目150项,累计完成钻探工作量16.76万米,开展基础地质调查面积9515.8平方公里,实现了找矿突破战略行动"五年有重大突破"的良好开局。

省地质勘查局承担的省内两个重要成矿区块气体勘查项目如期启动实施,山阴北周庄－怀仁鹅毛口页岩气煤层气预查项目首眼1060.54米的勘查孔顺利终孔,通过现场测试,具有一定的气体异常显示;霍西煤田煤层气页岩气普查项目完成了二维地震试验工作。山西省重要矿集区矿产开发遥感调查与监测项目取得显著成果,为我省加强矿山开采环境整治、地质灾害治理提供了科学的监测数据。局安排的三个矿业权勘查项目取得明显的找矿效果。恒山－五台山区域资料二次开发与找矿预测项目发现并圈定了一批有价值的找矿靶区。根据省政府征集2015年全国"两会"建议提案素材的要求,该局向省政府提交了关于支持山西省煤层气产业发展的建议提

案,提出了修改山西省铝土矿开发利用规划的意见,受省发改委和国土厅委托编制完成了山西省地热能开发利用规划,配合全省各级国土资源管理部门开展了地质灾害防治"进千家万户"宣传活动,充分发挥了地勘队伍作为全省地质技术支撑的主力军作用。

2014年,面对经济下行压力持续增大的严峻形势,局党委保持抓改革促发展的战略定力,坚持把发展作为第一要务,局领导带头深入基层开展调查研究,每季度召开专题会议分析研判经济形势,强化了对全局经济工作的领导。各单位按照局党委确定的"1234"发展思路,立足实际创新发展思路,着眼市场拓展生存空间,在立足省内市场、巩固传统产业的基础上,积极拓展服务领域地域,努力培育发展新的经济点,进行了有益的探索和尝试。全局实现经济总收入27.62亿元,其中市场经营收入完成22.06亿元,同比增长4.6%,地勘经济总体保持了平稳发展的态势,取得了稳中有进的可喜成绩。

二、领导班子和干部队伍建设不断加强

深入开展了学习讨论落实活动。省委开展"深入学习贯彻习近平总书记系列重要讲话精神,净化政治生态,实现弊革风清,重塑山西形象,促进富民强省"为主题的学习讨论落实活动以来,局党委高度重视,把学习贯彻习近平总书记系列讲话精神作为重要政治任务进行安排部署,围绕省委部署的5个方面的重点学习内容和4个方面的讨论重点,着眼于净化政治生态,联系党员干部特别是领导干部自身实际,深刻剖析反思发生在该局原局长、原党委书记安俊生腐败案件,认真组织讨论,深刻反思,深入查找制度缺失、工作漏洞,提出了整改举措,在此基础上,经过集体讨论,反复修改,形成党委反思剖析报告。活动中,局领导带头学习宣传贯彻,带头讲党课,积极参加省委组织的专题培训班、参加机关干部学习讨论会、所在支部讨论会,观看了警示案例教育片,并在机关大会上进行了专题心得交流,不断拓展学习讨论的广度和深度。局属各单位党组织创新载体,注重实效,通过支部学习、专题研讨、辅导讲座等形式,开展有针对性、有重点、有特色的学习讨论活动。通过活动,进一步统一了思想,提高了认识,查找了全局政治生态存在的突出问题,进一步规范了权力运行,推动了全局各项事业的科学发展。

领导班子和干部队伍建设进一步加强。省委对局级领导班子进行了补充和加强,新任命2名局级领导,实现了干部正常的新老交替。局党委认真贯彻民主集中制,班子成员精诚合作,坚持原则,顾全大局,党政齐抓共管,自觉维护班子的权威,使班子的科学决策、民主决策、依法决策水平不断提高。按照省委要求,从2014年12月开始,各单位先后召开了党员领导干部民主生活会,大家开诚布公,对照检查,相互批评,提高认识,增强了班子解决自身问题的能力。深入学习贯彻新修订的《党政领导干部选拔任用条例》,坚持党管干部原则,强化党委、分管领导和组织部门在干部选用中的考察识别责任,严格按照条例选拔任用干部,按照"三严三实"要求干部。分批调整、补充了局机关处级干部24名,交流、使用了一水、地建公司、局海外公司队级领导6名,通过干部调整交流,提高了机关整体工作效能,改善了队级领导班子的知识结构和年龄结构,有助于促进地勘单位转型发展。从严干部管理,在全局开展干部"三龄两历一身份"专项清理工作,开展了领导干部在企业兼职清理和规范工作,开展了超职数配备领导干部和"裸官"的清理工作,严格了领导干部护照集中管理工作,规范了干部选任"一报告两评议"工作,规范了领导干部参加社会化培训的管理。根据上级要求,为全局150名处级以上干部建立了个人事项报告电子档案和信息上报系统,随机抽查了8名处级干部的个人有关事项报告情况。

进一步巩固了教育实践活动成果。作风建设永远在路上。为巩固好教育实践活动中所取得的成果,局、队两级党委继续推进引深教育实践活动。建立整改台账,抓好建章立制工作,积极开展"回头看",坚持立足工作实际,查找制度漏洞、薄弱环节和深层次问题,制定出内容具体、责任明确、便于操作、适合单位经济发展的规章制度。局成立调研小组就地勘单位整改工作开展调研督查,结果显示,各单位能够针对整改落实方案,认真开展整改,逐条落实,群众反映的突出问题得到解决,干部作风进一步转变,各项工作不断推进。按照省活动办要求,开展了17项专项整治工作,上报了总结报告;开展了党的群众路线理论征文活动,报送文章30篇。

三、基层党组织建设扎实推进

局党委认真落实党建工作责任制,年初明确了全年党建工作的总体规划和措施,下发了局党委2014年工作要点,从6个方面对全局党的工作进行了安排部署。进一步扩大基层党组织覆盖面,设立地矿海外公司党总支,进行了局机关党委换届选举。加强了学习型党组织建设,对机关处级干部制定了在线学习的检查考核措施,选派10名处级干部赴省外高校参加学习,选派15名干部赴境外开展业务学习,1家地勘单位入选省直十大学习品牌候选单位,党员提交"读书月"心得体会文章120篇,迎"七一"楹联诗词220幅。结合实际安排开展了选树先进、知识竞赛、革命传统教育等建党93周年系列活动,进一步加强了党员干部理想信念教育,引导党员干部发挥先锋模范作用。以争当"五带头"优秀共产党员为目标,在全局党员中围绕改进工作作风、提高工作效能等方面开展了承诺践诺活动,增强了党员队伍生机活力。按照控制总量、优化结构、提高质量、发挥作用要求落实组织发展工作,全局新增党员32名。积极组织党员参加党内集中教育活动,开展了党员领导干部讲党课活动。健全党内关怀机制,对全局24名建国前入党的老党员进行了慰问。

四、党风廉政建设深入开展

局党委把反腐倡廉建设摆在更加突出的位置,纳入领导班子、领导干部目标管理,与经济建设、文明和谐建设以及业务工作同部署、同落实。印发了局2014年纪检监察工作要点和局党风廉政建设反腐败工作责任制分解意见,把任务分解落实到人。围绕落实党风廉政建设和反腐败斗争党委负"主体

责任”、纪委负“监督责任”，制定了实施意见，进一步理顺了各级领导班子抓党风廉政建设的职责。根据中央工作规划和省实施办法，制定了局《建立健全惩治和预防腐败体系2013—2017年实施方案》，制定下发了《局2014年度落实党风廉政建设责任制、推进惩治和预防腐败体系建设考核办法》。不断引深地勘廉政文化建设，开展了系列活动，根据《加快推进全局党风廉政建设指导意见》精神，专门制定下发了《局“家庭助廉”活动实施方案》。局纪委对新担任转任的30名队处级干部进行了集体廉政谈话，对8名队处级干部进行了提醒谈话。加强对党员干部的反腐倡廉教育，及时组织传达贯彻中央纪委十八届三次、四次、五次全会精神，省纪委十届四次全会精神，增强了领导干部廉洁自律的自觉性。开展了“工作秩序涣散、纪律松弛”专项整治工作。配合省纪委、检察院对该局个别干部存在的违纪违法问题进行了调查。

五、文明和谐工作取得新成绩

工团组织作用得到进一步发挥。坚持开展以职代会为主要形式的职工民主管理、民主监督，大力推行队务公开，保证职工的知情权、参与权和监督权。积极开展社会主义劳动竞赛，不断提高职工的整体素质；开展“五一”评选表彰活动，地调院周继华同志被授予“山西省特级劳动模范”荣誉称号，213队地调所和省勘院地热一号机组分获省总直属基层工会“五一劳动奖状”和“工人先锋号”，3名个人荣获“五一劳动奖章”。重视弱势群体工作，加大特困职工帮扶力度，在全局开展在职职工互助保障活动和“送温暖”活动。开展金秋助学活动，对职工子女考学给予了鼓励。按照省总工会要求，及时掌握了全局全国劳模、省级劳模情况，开展了困难劳模的补助费用申报工作。局工会被评为“山西省体育工作先进集体”。重视共青团工作，开展了争创青年文明号活动。

文明和谐创建扎实开展。按照“服务中心、建设队伍”要求，强化先进典型教育，把践行社会主义核心价值观贯穿于党的思想建设、组织建设各方面。加大典型宣传力度，在国土资源部开展的“寻访最美地质队员”活动中，经过层层选拔，该局7名职工上榜，占全省数量的70%。加大了对该局各项工作成就、文明创建宣传力度，全年对外宣传报道650篇，《山西画报》省直专刊还对各单位文明创建工作进行了连续刊登，扩大了该局的社会影响力，为全局经济发展提供了舆论支持、精神动力。组织开展了多种形式的群众性文化体育活动，举办了全局羽毛球比赛、书法摄影比赛、全民健身活动，活跃了职工生活，昂扬了职工斗志。积极推动志愿服务制度化，着力实现志愿者、服务对象、活动项目有效衔接。积极组织参加省直机关第三届读书月活动和第四届运动会活动，并获得较好成绩。

离退休工作不断加强。局党委重视老干部工作，认真落实离退休人员的政治和生活待遇。组织开展了丰富多彩的各类活动，对异地安置的离退休人员进行慰问，努力营造弘扬优良传统、尊老敬老的氛围。

（李耿为）

附：省地质勘查局党委书记、副书记、委员名单

书　记：康有全

副书记：翁金明　赵得权

委　员：韩晋生　武　胜（2月离职）　潘海燕（女）　卫继周　马斅民（8月任职）　李德胜（8月任职）

省农机局党组工作概况

党组书记　左义河

山西省农机局共有基层党组织52个，其中党委4个，党总支部5个，党支部43个，共有党员620名。

2014年，在省委、省政府的正确领导下，全省各级农机部门齐心协力，攻坚克难，求真务实，开拓创新，全省党风廉政建设、反腐败和农机化各项业务工作继续保持良好发展态势。

一、全省农机化发展和农机化工作情况

2014年，全省各级农机部门认真贯彻落实国家和省强农惠农政策，精心组织重要农时季节农机作业，大力推进农机社会化服务体系建设，狠抓农机安全生产，全省农机化事业呈现出健康、稳定、持续发展的良好态势。主要表现在：农机装备水平持续提高。全省农机总动力达到3286.2万千瓦，比2013年增加102.9万千瓦，增幅3%。其中，大中型拖拉机保有量达到11.9万台，玉米联合收割机达到1.82万台，分别比2013年增加1.18万台和3799台，增幅分别为11%和26.4%。畜牧、设施农业、林果、农产品加工机械分别达到9.56万台、6.03亿平方米、5782台和51.25万台，分别比2013年增加2702台、0.35亿平方米、183台和8702台，增幅分别为3.5%、6.2%、3.3%和1.7%，全省农机装备结构得到进一步优化。农机作业水平稳步提升。全省机耕、机播、机收面积分别完成268.3万公顷、262.2万公顷、181.1万公顷，机耕、机播、机收水平分别达到73.48%、67.62%和46.69%，与2013年相比分别提高了2.21个、2.89个和2.88个百分点。全省主要作物机械化综合水平达到63.69%，比2013年提高2.62个百分点，超出全国平均水平2.7个百分点，提前完成“十二五”任务。农机化经营效益持续增加。全省农机化经营总收入达到131.1亿元，比2013年增加9.2亿元，增幅7%；农机化经营纯收入达到67.2亿元，比2013年增加4.15亿元，增幅6%。农机安全生产形势稳中向好。全省发生3起一般农机安全生产事故，造成3人重伤、经济损失9.8万元。事

故起数、伤亡人数和每千台重伤率均低于省政府下达的农机安全生产考核指标。

概括起来,主要抓了以下八个方面的工作:

一是扎实推进率先实现农业机械化综合示范县乡村创建活动。研究制定了《率先实现农机化综合示范县实施方案》,指导各市制定了《率先实现农机化综合示范乡、示范村实施方案》,组织23个示范县开展了农机普查,整合各类农机项目资金2.73亿元,扶持各示范县开展和有序推进创建工作。据统计,23个示范县农机总动力达到1001.3万千瓦,占全省总动力的30.5%;主要农作物机械化综合水平达到76.6%,超出全省平均水平12.9个百分点。其中,翼城、曲沃、襄汾13个县主要农作物机械化综合水平达到75%以上。

二是精准规范实施农机购置补贴政策。全省共争取中央农机购置补贴资金5.6亿元,补贴7.4万农户购置9.8万台件农机具。在工作中,实行了“自主选择购机、补贴标准定额、县级审核结算、资金直补到卡”的补贴方式,优化补贴品目,分类使用资金,进一步强化了宏观调控。按照简政放权要求,减少操作环节,采取“三个自主”办法,农民购机更加便捷,补贴工作效率更高;加大了补贴信息公开力度,全面接受社会监督,做到了阳光操作。

三是精心组织重要农时季节机械化生产。春耕春播期间,全省共投入各种农业机械57.4万台件,完成机械化耕整地183万公顷,机械浇灌地面积49万公顷,机械播种160.3万公顷,其中玉米机播123.4万公顷,马铃薯、豆类等杂粮机播30.9万公顷。“三夏”期间,全省组织40余万台农机具投入农机作业,其中小麦联合收割机1.2万余台,完成机收面积66万公顷,机收水平达到98.02%,较2013年提高了2个百分点;完成机械复播玉米、豆类面积37.3万公顷,机播率达到93%。“三秋”期间,投入各类农业机械33.8万台件,并安排玉米机收秸秆还田、马铃薯机收和机械化柠条平茬等作业补贴资金1.085亿元,完成玉米机收秸秆还田面积96.9万公顷、马铃薯全程机械化面积9.2万公顷、柠条平茬作业面积0.9万公顷。

四是稳步推进机械化保护性耕作和农机深松整地。全省新增保护性耕作实施面积7万公顷,累计达到105.8万公顷,覆盖11个市100多个县,受益农民近1100万人;积极争取将农机深松整地纳入省政府2014年新实施强农惠农政策,投入4500万元(省财政投入2500万元,利用农机购置补贴资金2000万元),完成农机深松整地作业补助面积8.9万公顷。

五是强化农机化技术推广和科研开发。全省共举办各类大型农机化现场展示推介活动200余场、专题技术培训班300多次,培训农机技术骨干2.4万人次、农民8万余人次。组织开展了玉米、马铃薯、高粱、胡麻、莜麦等作物全程机械化技术集成试验示范,建设全程机械化示范区34个;引进无人植保机12台、自走式植保机15台,建设农用航空技术示范中心(无人机)5个;完成机械化农作物秸秆综合利用面积162.9万公顷、转化利用358万吨;新建农产品初加工技术示范点90个、油磨坊115个,更新米面油加工设备163套。“饲料液体组分添加系统”等4个项目通过省级科技成果鉴定,均达到国际先进水平;马铃薯垄作栽培机械化装备列入国家农业科技成果转化“新产品中试与示范”项目;山西省首个农机3D打印辅助制造技术实验室建成投入应用,获得2项发明专利和4项实用新型专利;多用途条带少免耕播种机获得2013年省科技进步三等奖,红枣烘干保质减损增收技术项目被评为省科技承包二等奖。

六是大力加强农机社会化服务体系建设。以“诚信、规范、创新、共赢”为发展理念,采取健全组织机构、完善章程制度、资金项目倾斜、创建农机化示范社场户和“企社共建”等措施,新型农机化经营主体培育和规范化建设成效显著。全省新发展农机合作社185个、农机大户1106个,新增农机维修网点111个;创建农机化示范合作社50个、机械化示范家庭农场50个、农机化示范大户100个;新建设区域性农机维修中心6个;培训新型职业农民5500人;支持山东五征集团和农机合作社成立4个“企社共建”农机示范合作社。

七是狠抓农机安全生产监督管理。在农机安全监理方面,认真落实安全生产责任制,集中开展农机安全生产大检查、专项整治、农机安全宣传月和咨询日等活动,排查拖拉机、联合收割机6万多台次,整改隐患8000多项,纠正违章1600多台次;修订7项农机安全管理制度,农机安全生产监督更加科学规范;实施拖拉机、联合收割机检验和保险费补贴政策,免除1.8万辆机车检验费和保险费82.32万元;组织11个市13个县开展农机事故应急演练,基层农机监理机构应急救援处置能力得到有效提升;新创建全国平安农机示范县4个。据统计,2014年,全省新注册登记拖拉机、联合收割机1.81万台,检验7.44万台,新训新考驾驶员1.35万人。在农机产品质量监管和试验鉴定方面,组织开展了“3.15”农机质量维权宣传活动,发放宣传资料27万余份,接受群众咨询1.3万人次。联合工商、质监等部门开展了农机市场打假专项治理行动,查处不合格农机产品及配件3749件。受理农机质量投诉案件84起、结案59起,为农民挽回经济损失14.3万元。完成部、省农机鉴定114项,各类农机产品质量检验303项;组织开展了2013~2015年山西省支持推广的农业机械产品目录2015年度调整工作,经专家评审,46个农机产品列入省推广目录;向农业部推荐了10家企业107个型号产品进入《2015~2017年国家支持推广的农业机械产品目录》。

八是扎实推进农机改革创新。按照中央一号文件精神,立足山西省农机化发展实际,起草了《关于进一步加快发展农业机械化的实施意见》,科学确定了今后一个时期全省农机化发展目标,明确提出了“加快实施六大工程、全力构建六大体系,扎实推进主要农作物全程机械化”的基本思路。改革了农机购置补贴操作程序。取消了农民购机前到农机部门领取补贴指标确认书的环节,变“事前审批”为“事后监管”;由补贴产品生产企业确定经销企业,农民自主选择经销企业和补贴产品,按申请时间先后顺序确定补贴对象,真正把选择权交给市场、交给农民、交给时间,补贴程序更加公正、公平。

改革了农机项目管理模式。在安排农机项目时，坚持区域集中、资金捆绑、项目整合、技术串联的原则，完善了农机项目资金管理和绩效考核办法，项目资金管理更加科学规范，利用效应明显提升。

二、党风廉政建设工作情况

一是认真落实党风廉政建设责任制。制定了局直系统党风廉政建设和反腐败工作任务的分解意见，签订《党风廉政建设目标责任书》和廉政承诺书，把全年30项党风廉政建设和反腐败工作任务按照“一岗双责”和“谁主管谁负责”的原则，具体分解到各党组成员和职能部门，明确了党组的主体责任、职能部门的落实责任和纪检监察部门的监督责任，完善了局直系统“一把手”抓班子成员、班子成员抓分管部门、一级抓一级、层层抓落实的责任体系，为落实党风廉政建设责任制、推进惩治和预防腐败体系建设工作提供了组织保证。

二是巩固和拓展了党的群众路线教育实践活动成果。按照习近平总书记“收尾不收场”的要求，在局直系统组织开展了教育实践活动“回头看”，积极跟进整改措施落实，20项整改事项全部落实到位。

三是深入开展学习讨论落实活动。成立了学习讨论落实活动办公室，组织召开了动员大会，制定了实施方案，开展了集中学习培训和专题讨论，组织班子成员撰写反思剖析材料，确定了农机购置补贴资金规范化管理、农机专业合作社规范化管理、农机跨区机收作业规范化管理、农机产品推广目录的规范化管理和局机关作风建设等5项专项整治内容，对直属单位进行了督导检查，学习讨论落实活动有序推进。

四是积极开展警示教育行动。传达贯彻了中央纪委全会和全省党风廉政建设干部大会精神；通报了关于违反中央“八项规定”和省委“四个实施办法”的典型案件；开展了学习先进人物事迹教育、警示教育、廉政风险教育等，加强党员干部理想信念教育和廉洁从政教育。

五是全面加强监督检查。对局直各单位党风廉政建设责任制和推进惩治预防腐败体系建设执行情况进行了监督检查；对各地农机政策项目执行情况进行了专项督察，制定了《山西省农机局建立健全惩治和预防腐败体系2013~2017年工作实施细则》，建立健全了防控体系，为农机化廉洁发展营造了良好氛围。

（秦永红）

附：省农机局党组书记、成员名单

书　记：左义河

成　员：姚建忠　许继光（6月离职）

张培增（12月离职）　张乃晨（12月离职）

侯振全

中国煤炭博物馆党委工作概况

党委书记　李希海

2014年，馆党委以学习贯彻习近平总书记系列重要讲话精神为主线，以深入开展党的群众路线教育实践活动为契机，以开展“基层组织提升年”活动为重点，紧紧围绕省委、省政府及煤炭厅党组重大决策和工作部署，结合煤博馆中心工作，密切联系群众，切实改进作风，有效提高了党建工作科学化水平，为推进煤炭博物馆各项事业的发展提供了坚强的思想和组织保障。

一、深入开展党的群众路线教育实践活动，加强思想建设，改进工作作风

遵照省委关于开展党的群众路线教育实践活动的部署，煤炭博物馆作为省直收口单位参加了第二批党的群众路线教育实践活动。在省委督导组的指导下，馆党委紧扣为民、务实、清廉这个主题，按照“照镜子、正衣冠、洗洗澡、治治病”的总要求，严把“学习教育、听取意见，查摆问题、开展批评和整改落实、建章立制”三个关键环节，对涉及本单位“四风”方面的突出问题进行积极整改，取得了实实在在的效果。

（一）领导重视，精心组织，教育实践活动顺利开展。馆党委严格按照活动要求组织推进，及时成立活动领导办公室，制定活动实施方案，认真履行领导主体、责任主体、活动主体“三个主体”责任，严格按照规定的时间、规定的步骤，开展好煤炭博物馆党的群众路线教育实践活动。在完成规定动作的同时，还结合本单位实际增加了自选动作，做到教育活动与业务工作两不误，两促进。

（二）内容丰富，形式多样，坚持把学习教育贯穿始终。一是组织馆党委中心组（扩大）集中学习。重点学习了习近平总书记系列重要讲话精神、党中央对山西工作的重要指示精神以及新一届山西省委重大决策部署和要求等内容。二是参加专题培训。馆党委全体成员、副处级以上领导干部参加了省委党校、省煤炭厅组织的学习贯彻习近平总书记系列讲话和十八届三中全精神专题培训。三是为在岗党员购置了《论群众路线—重要论述摘编》等书籍。为各党支部购置了《中共中央关于全面深化改革若干重大问题的决定》等辅导读本。四是邀请省委党校教授做题为《坚持群众路线 密切党群关系》的专题辅导。五是组织了题为《坚定信念 牢记宗旨 学习贯彻十八大精神推动煤博馆党建工作全面发展》的党课。六是组

织党员干部观看了《焦裕禄》《郭明义》等电影及《践行群众路线的好榜样》等专题片,参观了《红色记忆—剪纸艺术颂太行精神作品展》。同时馆党委还结合煤博馆的业务,推出了煤炭历史文化展览,开辟专题网站、版报等形式拓宽学习方式,进一步增强了领导班子成员的宗旨意识和群众观点,为开好我馆专题民主生活会奠定了基础。

(三)坚持开门搞活动,多渠道广泛征求职工意见建议。按照活动安排,领导班子成员分4个组12次下基层,分别采取发放征求意见表、召开座谈会、设置意见箱等方式,就领导班子和领导干部四风问题上的突出表现以及涉及群众切身利益的有关问题广泛征求群众意见。调研活动中,领导干部敞开胸怀,通过面对面、大家谈、个别谈的方式,认真听取群众意见,虚心接受群众点评,形成《煤博馆会展项目面临的问题和对策》、《煤博馆文博主业发展面临的问题和对策》等4个调研报告。

(四)聚焦"四风",查摆了班子和班子成员存在的突出问题。在集中学习和征求意见的基础上,班子成员认真落实"自己找、群众提、上级点、相互帮、集中议"的要求,检查自身在遵守党的政治纪律、在贯彻落实中央"八项规定"、转变作风及在"四风"方面存在的突出问题,认真撰写班子和个人对照检查材料,认真分析产生问题的原因并提出今后的努力方向,为整改奠定了基础。

(五)准备充分,力求质量,认真召开民主生活会。在生活会前,班子成员开展了真诚的谈心交心活动,生活会上班子成员进行了认真的自我剖析,并开展了批评与自我批评,起到了红脸、出汗、治病的效果,对增强班子的凝聚力、向心力和战斗力,起到了重要的推动作用。

(六)抓制度建设,坚持边整边改,巩固教育实践成果。在整个活动过程中,馆党委始终坚持边整边改、立行立改。制定下发了《中国煤炭博物馆党的群众路线教育实践活动整改落实、建章立制实施方案》等三个方案。对职工群众反映的问题能解决的立即解决,对不能立即解决的及时进行梳理分类,制定了详细的整改措施。

年终,煤炭博物馆对群众路线教育实践活动进行了回头看,严查了整改落实实不实,专项整治严不严,制度建设细不细,对于关系到群众切身利益仍没有解决的问题,再一次明确了整改措施。

二、开展"基层组织提升年"活动,进一步加强组织建设

(一)规范基层党组织建设。为全面落实基层组织提升年各项任务目标,馆党委从党支部入手,重点从组织设置、支部班子建设、组织制度、保障机制等方面进行全面摸底,规范组织建设,充分发挥基层党组织的战斗堡垒作用。

(二)召开基层党支部专题组织生活会。各党支部书记带头作自我批评,诚恳接受党员的意见建议,认真点评并深入分析存在的问题、差距及其原因,制定了整改措施与努力方向。

(三)加强对入党积极分子、预备党员的动态管理和培养教育。严格发展党员标准和程序,严把党员"入口关",做好计划发展对象入党前的培训工作,坚持成熟一个发展一个。

(四)进一步引深"创先争优"活动。七一前夕,在全馆开展了评选表彰先进党支部、优秀共产党员和优秀党务工作者的活动,并组织党员到牛驼寨烈士陵园参观学习,缅怀革命先烈,重温入党誓词,接受革命传统教育。

三、贯彻落实中央"八项规定",进一步做好反腐倡廉工作

(一)深入开展廉政宣传教育。组织党员干部认真学习十八届中纪委历次全会精神、《廉政准则》》八大方面的"禁止"和52个"不准"的规定、观看警示教育片《警钟长鸣》、参观《中国共产党反腐倡廉历程展》,进一步统一思想,提高认识,牢固树立遵纪守法、廉洁从政的思想。

(二)签订《党风廉政建设责任制责任书》。馆党委把党风廉政建设与文博主业、经济工作、精神文明建设一起布置、一起安排、一起落实、一起考核,切实形成了党风廉政建设和反腐败工作的整体合力。

(三)切实加强效能监察。从源头上预防和治理腐败的产生,纪检监察室对全馆基建项目、维修工程、改造工程等的招标、施工、验收、审计等项工作进行了全方位的监督,从制度上保证了各项工作的公开、公平、公正、透明。

(四)结合实际,加强制度建设。制定了《关于改进工作作风贯彻落实"八项规定"实施办法》等13项制度,精简各类会议召开,减少各类文件简报印发,严控"三公经费",规范公务用车管理,工作作风实现了进一步转变。

四、深入开展学习讨论落实活动,进一步营造良好发展氛围

根据省煤炭厅深入开展学习讨论落实活动的统一部署,在广大党员干部中开展以"深入学习贯彻习近平总书记系列重要讲话精神,净化政治生态,实现弊革风清,重塑山西形象,促进富民强省"为主题的集中学习讨论落实活动。馆党委制定了活动实施方案,成立了领导组,切实把党员干部的思想和行动统一到习近平总书记系列重要讲话精神上来,统一到党中央对山西各项工作的重要指示要求上来,统一到省委的重大决策部署上来,为促进煤博馆全面发展营造良好环境,奠定坚实的思想政治基础。

五、围绕中心任务,进一步加强思想宣传工作

(一)通过简报加大宣传力度。全年共编发群众路线教育实践活动简报23期,《政工简报》56期。

(二)通过网络加大传播力度。2014年,煤炭博物馆及时更新网站信息,丰富网站内容,为更多的人了解煤炭知识、认识煤博馆提供尽可能周到的服务。

(三)通过投稿加大传播力度。一年来,煤炭博物馆积极向山西省委主办的大型党史工具书《中共山西年鉴》、山西省

地方志编辑出版的《山西年鉴》、山西省直文明网、山西煤炭信息网提供有关图片和文字资料，多角度向全社会介绍煤博馆。

（四）不断拓展宣传煤炭文化的渠道。依托“煤海探秘”基本陈列，与太原市教育局、部分大专院校等单位合作，在学生群体中开展系列活动，宣传“煤炭文化”，推介山西名胜古迹。

六、深入开展培育和践行社会主义核心价值观教育，进一步加强精神文明建设

围绕培育和践行社会主义核心价值观，积极开展公民道德建设“五个一活动”，扎实推进群众性文明创建活动，着力提升干部职工思想道德水平和科学文化素质，为推进煤炭博物馆各项事业发展提供坚实的思想保证和精神动力。一是举办了《弘扬核心价值观 同心共筑中国梦》道德讲堂。二是对先进典型加大宣传报道。煤炭博物馆职工冯俊香帮助迷路老人找到亲人找回家的事迹，深深的感动了老人的家人，在送来锦旗和感谢信的同时，煤炭博物馆也迅速以简报形式在全馆范围内进行宣传报道，并向省直文明委报送了宣传稿件，省直文明委不仅在网站上进行了宣传，还在《山西画报》省直文明创建专刊上进行了报道。三是组织志愿服务队开展活动。在“5.19”中国旅游日和“9·27”世界旅游日期间，组织志愿者扶老携幼、疏导人流，赢得观众一致好评。四是开展“讲文明树新风”公益广告宣传活动。四是学习宣传科普知识。组织参加了山西省2014年“全国科普日”暨第十一届“科普三晋”主题宣传活动，组织职工赴山西省科学技术馆参观学习。五是选拔职工参加煤炭系统的书法、美术及摄影比赛。六是举办反恐维稳安全知识培训讲座。七是承办山西第八届老年健康产业博览会和省城第五届老年文体艺术节。八是全面开展综合治理工作。2014年，没有发生安全事故，确保了人身与财产安全，为职工们营造了一个舒适的生活工作环境。

七、围绕和谐单位建设做好工团工作

在馆党委大力支持下，煤炭博物馆工会和共青团围绕中心工作开展了“扶贫济困·送温暖”、“传承雷锋精神，志愿服务社会”、“给地球一点色彩，让生命更健康”义务植树主题活动，丰富了职工的文化生活，形成团结和谐昂扬向上的良好氛围。

八、进一步做好文博主业和经营工作

（一）文博主业。一是在文物征集方面，通过征集和接受捐赠等途径，征集到各类藏品600余件，搜集到一批文物标本征集的重要线索。二是与中国博物馆协会等单位加强了学术交流，开阔了视野，增进了对博物馆及煤炭史志研究最新动态的了解。三是在书籍编撰方面，丰富了《煤炭博览》的内容，全年出刊4期，启动了《中国煤炭史志著作总目提要》的编写，已完成近三百本史志著作的编写工作。四是在藏品管理方面，通过对馆藏化石、文物、书画、煤精、陶瓷等进行拍摄，利用藏品管理软件完成藏品信息数据化管理，开展了文物认定工作。

（二）经营工作。一是克服困难完成任务。在宏观经济下行的巨大压力下，馆领导坚持每个季度对经营业务进行调研指导，客观分析经营中出现的困难和问题，及时修定工作思路，经过努力，大部分项目在困境中实现了年初制定的目标任务。二是加强企业管理。进一步完善各项制度，降低成本，控制费用。三是注重安全。对经营中的安全隐患进行定期检查、不定期抽查，发现问题及时整改，防患于未然。

（张晓玲）

附：中国煤炭博物馆党委书记、委员名单

书　记：李希海

委　员：胡高伟　马召源　陈胜军（12月离职）

省城镇集体工业联合社党组工作概况

党组书记　李荣钢

2014年是深入贯彻党的十八大、十八届三中、四中全会精神，贯彻落实全省领导干部大会以来的决策部署的重要一年，是省城联社全程参加第二批党的群众路线教育实践活动、落实整改措施、巩固扩大教育实践成果的重要一年，是全面实现“十二五”规划目标的关键一年。省城联社紧密结合全省城镇集体经济改革发展的实际，树立“依法治社、以德兴业”的理念，围绕一个中心，突出两条主线，落实三大任务，坚持“四权”原则，完成五项指标，推进百强项目建设，打造手工技艺、工艺美术品牌展会。以转型发展为中心，从十个方面实现全行业的转型发展：（1）由单一的集体企业向股份合作制企业转型；（2）由劳动密集型企业向小微技能劳动密集型企业转型；（3）由封闭单一的行业经济向县域经济转型；（4）由二轻行业管理向集体资产监管运营转型；（5）由传统手工业向低碳产业、为一村一品和“三农”服务上转型；（6）工艺美术向文化旅游产业转型；（7）传统二轻优势行业向山西省十大产业链的延伸上转型；（8）招商引资向东南沿海省份产业梯度转移的接续上转型；（9）发挥各级联社机关和成员企业区位优势向现代服务业上转型；（10）发挥联社合作经济优势向服务城镇化建设上转型。

一、坚持理论武装,认真学习贯彻党的十八届三中、四中全会和习近平总书记系列重要讲话精神

一是坚持党组中心组学习制度。省城联社党组中心组学习与深入开展第二批党的群众路线教育实践活动相结合,按照省直工委的统一部署,制定了《省城联社党组中心组和干部理论学习的安排》,明确了学习重点、学习方法和时间要求。党组中心组学习做到了有中心议题、有考勤、有记录、有总结。2014 年党组中心组集体学习 19 次 21 天。二是组织参加了“文源讲坛”和“厅局长报告会”。通过高层讲坛开阔了视野,提高了党组中心组成员指导实践工作的能力。三是开展“践行社会主义核心价值观”主题活动。根据省直工委《关于在省直机关开展“践行社会主义核心价值观”主题活动的通知》要求,结合省城联社实际,机关党委下发了《省城联社关于开展“践行社会主义核心价值观”主题活动实施方案》,明确了活动意义、内容和要求,在省城联社机关和直属单位充分开展“践行社会主义核心价值观”主题活动。四是组织 10 名机关和直属单位处级党员干部参加了省直机关学习贯彻习近平总书记系列讲话和十八届三中全会精神培训班,4 名处级干部参加了为期两个月的省直机关处级干部轮训班,1 名科级干部参加了省直机关青年干部培训班。五是用党费为直属单位党组织订购了党报、党刊,使企事业单位职工及时了解到党和国家的方针政策;订购了《党的十八届四中全会 <决定> 学习辅导百问》《世界社会主义五百年》《十八大以来廉政新规定》《习近平总书记系列重要讲话读本》,为机关和直属单位党员干部提供了学习资料。通过这一系列的学习教育活动,有效地提高了党员干部的政治理论素养,把思想和行动统一到中央和省委的决策部署上来。

二、深入开展党的群众路线教育实践活动,以转变作风和真抓实改的实效取信于民

按照中央和省委的统一部署和要求,省城联社党的群众路线教育实践活动于 2014 年 2 月 20 日正式启动。活动紧紧围绕为民务实清廉主题,按照“照镜子、正衣冠、洗洗澡、治治病”的总要求,聚焦形式主义、官僚主义、享乐主义、奢靡之风,以整风精神在省城联社机关和直属单位深入开展教育实践活动,认真抓好学习教育、听取意见,查摆问题、开展批评和整改落实、建章立制各个环节工作。一是广泛征求意见,积极开展大调研活动。省城联社坚持开门搞活动,请群众参与、让群众监督、由群众评判,沉下身子,深入一线,采取多种方式,面对面、背靠背、一对一,多层次、多角度、真心实意广泛收集和听取各方面意见建议。至 2014 年底,共参加调研活动 52 次,累计调研 82 天,调研单位共 48 家,召开 3 个综合性的行业座谈会。二是创新学习方式,努力提高学习质量。在加强理论学习的同时,省城联社通过第二批教育实践活动的联组活动创新学习方式,寓教于乐,引导广大党员干部坚定理想信念,转变工作作风。组织党员干部先后集体观看党的群众路线教育实践活动专题文艺演出《不变的信念》、电影《情归陶然亭》《焦裕禄》、红色记忆——剪纸艺术颂太行精神作品展、警示教育片《割除毒瘤》等一系列宣传教育作品,还参观了山西网络信息集团摄录及传输系统展览、中国煤炭博物馆举办的《煤炭历史文化专题展》,将学习实践活动的课堂放在影院、剧院和展厅。三是开展基层党组织书记专题培训。为进一步提高基层党组织书记参加活动、组织活动的自觉性和能力,省城联社结合基层党组织的实际,组织开展了基层党组织书记党的群众路线教育实践活动专题培训,培训共进行了八个单元,成效明显。四是严肃认真地召开了省城联社领导班子专题民主生活会。省城联社党组成员紧密联系思想、作风和工作实际,认真查摆了“四风”突出问题,深刻剖析问题产生的根源,严肃开展批评与自我批评,进一步明确今后努力的方向和改进措施。省委督导组对专题民主生活会给予了充分肯定,认为这是一次高质量的专题民主生活会。五是专题组织生活会和民主评议党员工作取得实效。省城联社党组成员均以普通党员身份全程参加了所在支部专题组织生活会和民主评议党员工作。联社领导按分工督导的 21 个基层党组织都召开了一次高质量的专题组织生活会,259 名在职党员参加了民主评议,评定为“好”的占“89.8%”,“一般”的占“10.2%”。通过参加专题组织生活会和民主评议党员工作,使所有党员都接受了一次马克思主义群众观点和党的群众路线教育。六是以整改为契机,促进和谐城联建设。解决职工“最后一公里”的信访诉求,着力推进“访”、“知”、“解”活动。通过整改,目前结案 5 起,正在办理 4 起,正在协调 4 起。七是结合教育实践活动,加强制度建设。完善了省城联社《党建工作制度》《省城联社机关党务社务公开目录》等制度。通过不断完善规章制度,增强了自我约束、自我管理、依法办事、诚信尽责的自律意识。

三、落实党的工作责任制,努力加强党的基层组织和党员队伍建设

一是认真学习贯彻落实《中国共产党党和国家机关基层组织工作条例》和省委的《实施意见》。多年来,党组坚持安排机关党委专职副书记列席党组会,尤其是研究业务工作、直属单位改革改制、讨论干部任免奖惩等重大事项时,都要听取机关党委的意见,并参与推荐、考察干部等环节的具体工作。二是规范机关基层党组织设置,凸显战斗堡垒作用。省城联社机关党委按照《党和国家机关基层组织工作条例》的要求,规范基层党组织设置。首先是 2014 年初,根据机关各处室的变动情况,重新调整了机关各处室党组织,由原来的 8 个党支部整合为 4 个。其次是山西宏艺首饰股份有限公司党委、机关离退休人员管理处党总支所属第三党支部、工美馆党支部、刀剪厂党支部如期进行了换届选举。通过各级党组织的换届选举有力地提高了党组织的凝聚力、感召力和战斗力,党组织的战斗堡垒作用进一步增强。三是按照教育实践活动的要求,临汾会校党组织参加了省城联社第二批教育实践活动。同时,经省委组织部批准,将山西省临汾会计学校党组织关系由临汾市直工委领导和管理调整为由省城镇集体

工业联合社直属机关党委领导和管理，理顺了临汾会计学校的党政关系。四是扎实开展“基层组织提升年”活动。为认真贯彻落实省委组织部印发《关于在全省开展“基层组织提升年”活动的实施方案》的通知精神，结合省城联社基层党组织实际情况，制定了《省城联社开展“基层组织提升年”活动实施意见》，扎实开展基层服务型党组织建设，着力实现“五个提升”，充分发挥基层党组织推动发展、服务群众、凝聚人心、促进和谐的作用。五是认真做好党员发展工作。认真贯彻落实新颁布的《中国共产党发展党员工作细则》，严格程序，加强入口管理，确保党员质量。选送3名入党积极分子参加了省直党校的培训，发展党员3名。六是认真做好党费收缴、使用和管理工作。认真贯彻落实中组部《关于中国共产党党费收缴、使用和管理的规定》要求，按时按标准缴纳党费，按比例规定上缴省直工委。同时，在年初对上年度党费收缴使用情况进行公示，做到了党费使用管理公开透明、安全规范。七是按时完成了党内统计报表。2014年省城联社机关党委下设21个基层党组织，其中：5个党委、7个党总支、9个党支部；党员总数555名，其中：在职党员259名，离退休党员231名，其他党员65名。

四、创新工作载体，文明和谐创建工作取得成效

文明和谐单位创建工作稳步推进。一是2014年5月省城联社召开精神文明建设工作动员大会，会上与各处室签订了创建文明处室“目标责任书”。根据省直文明委要求，省城联社把精神能文明建设领导组变更为精神文明建设委员会，并根据实际情况重新调整了省城联社文明委组成人员。二是结合文明创建工作，新制作了办公楼的宣传板，内容包括“中国梦”、“山西精神”、“密切联系群众、改进工作作风”等。三是以全民健身活动为载体，倡导文明生活方式。组织在职职工和离退休老同志利用乒乓球、羽毛球馆开展健身活动；组织机关在职职工利用工作之余做工间操，既锻炼身体，又增加了机关和谐氛围。四是开办了“道德讲堂”，为全体职工开设文明礼貌、助人为乐的社会公德教育课。五是建立了“城联党建”和“山西城联道德讲堂”微信群，及时传达中央和省委关于党建工作的重要指示和讲话精神以及有关文明道德礼仪方面的知识。六组织参加了以法律知识、公文写作、综合知识、电脑应用和主题演讲为主要内容的省直机关干部五项全能竞赛。七是举行了“七一”重温入党誓词，向党旗宣誓活动。八是举行“三个文化”主题学习座谈会。参会人员通过从不同角度诠释对山西法治文化、廉政文化和红色文化的理解以及在实际工作生活中的体会，激发了全体干部职工振奋精神、坚定信心、励精图治、富民强省的力量。九是开展关怀老党员活动。在春节和“七一”前，对26名特困党员进行了慰问，把组织的关心和温暖及时送到每一名困难党员的家中。

五、加强对群团工作的领导，进一步发挥群团组织的积极作用

充分发挥群团组织的作用，把做好工青妇工作与开展特色活动紧密结合起来。一是机关工会在制度建设、发挥工会作用、维护职工合法权益上下功夫，加大对困难职工救助力度。二是进一步加强工会组织建设。三是机关团委积极发挥共青团组织的先锋作用。2014年4月30日，共青团山西省城联社第二次代表大会召开，进行换届选举；为了贯彻落实实施年轻干部成长工程，召开了五四青年节座谈会；为纪念“五四”运动95周年，省城联社组织团员青年赴昔阳县大寨村参观学习，并前往平定古窑产业园区、平定县张氏砂器陶艺坊学习、体验、调研，深入了解山西陶瓷工艺生产流程并亲身体验烧瓷技艺。通过此次主题活动，团员青年既接受了一次革命传统教育，又提高了专业知识，了解生产一线情况，激发了工作热情；在直属团组织中继续开展了“创建文明号”活动。四是关爱女职工工作生活，服务“半边天”。注重女职工身体健康，每年定期为机关全体女职工进行体检。积极选树典型，推荐山西省工艺美术协会1名同志参加省妇联“巾帼建功标兵”、山西省工艺美术馆参加“山西省三八红旗集体”“山西省巾帼文明岗”的评比表彰，并获得了荣誉称号。

六、全面落实省政府重点工作目标责任

省城联社以贯彻落实省委省政府的决策部署、大力发展混合所有制经济、推进集体企业改革为主线，始终做到中心工作、重点工作和业务工作统筹兼顾。

一是根据省委《关于深入贯彻党的十八届三中全会精神加快推进转型综改试验区建设的若干意见》(晋发〔2014〕3号)和省人民政府《关于印发2014年省人民政府重点工作目标责任分解的通知》(晋政发〔2014〕3号)精神，在广泛调研论证的基础上，草拟了《关于全省城镇集体企业改革指导意见(建议稿)》和配套的《全省城镇集体企业关闭重组实施细则》；二是根据省人民政府《关于印发山西省推进文化创意和设计服务与相关产业融合发展的行动计划的通知》(晋政发〔2014〕29号)精神，草拟了省城联社《关于推进全省城联系统和工美行业转型发展的实施意见(建议稿)》；三是根据省人民政府《山西省支持文化产业加快发展的若干措施》(晋政发〔2014〕30号)，起草了《山西省工艺美术行业贯彻省政府支持文化产业加快发展的若干措施的实施意见》；四是按照《全省“项目成效年”工作实施方案》推进项目要做到储备、签约、落地、开工、建设和投产“六位一体”的要求，在全省城联系统和工美行业开展“百强项目建设”活动，建立了项目库，对招商项目、新建项目、在建项目、竣工项目进行常态化管理和服务；五是为落实大力发展混合所有制经济，推进集体企业改革的要求，下达了集体企业混合所有制改革的目标任务，并增加了年度主要经济指标考核的内容和混合所有制的户数和比例；六是结合党的群众路线教育实践活动中的整改措施，关注民生，在考核指标中增加了社保民生的统计。

全省城联系统共有11个市级城联社、107个县级城联社,1021户成员集体企业,14万职工。2014年完成产值102.49亿元,增加值39.99亿元,销售97.70亿元,实现利税10.24亿元,集体资产总额290.18亿元。

全省工艺美术成员单位1020户,其中规模以上企业47户,从业人员6324人。2014年完成产值37亿元,销售收入34.09亿元,利税总额4071万元,出口交货值1.7亿元。

七、积极推进直属企业改革和手工业转型发展

在推进全省城镇集体工业经济改革发展的同时,继续加大对直属单位和联社资产两个资源的重组,实现由二轻行业管理向集体资产监管运营转型发展,由传统手工业、手工技艺、工艺美术向文化产业、旅游产业融合发展;继续坚持"抓住所有权,放活经营权,强化监督权,提升收益权"的原则,在改革中求发展,在发展中求稳定。

(一)完成山西工艺美术集团有限责任公司组建。

根据2013年省政府第116次常务会议纪要和省政府2013年9月22日"关于同意组建山西工艺美术集团有限责任公司的批复"(晋政函〔2013〕86号)精神,经过艰苦努力,山西工艺美术集团有限责任公司于2013年12月12日在省工商局注册登记。根据省工商局注册集团公司"至少不低于三个分公司,三个分公司均为控股子公司,且累计注册资本金不低于1000万元"的要求,按照2014年2月9日李小鹏省长调研和听取十大文化产业集团工作汇报时提出的具体要求精神,又组建注册成立了四个分公司(山西工美进出口有限责任公司、山西太行山夕阳红休闲文化度假村有限责任公司、山西工美工艺美术创作基地管理有限责任公司、山西工美木偶皮影演艺研究院有限责任公司)和山西黄河美术馆以及连锁专卖网络体系的标准制定,建立健全了内部规章管理制度和经营体系建设,为挂牌后起步经营奠定了基础。

(二)完成山西城联资产管理投资有限责任公司组建。

为贯彻落实十八届三中全会精神,实现政社分离、社资分离;实现由管企业向管资产转型、由资产管理向资本管理过度,在近年来对直属困难企业进行改革重组,实行人资分离,妥善安置职工,整合优良资产的基础上,注册成立了山西城联资产管理投资有限责任公司。

进一步推进直属集体企业关闭重组,完成了山西省塑料总厂、山西省轻工产品设计包装研究所、山西省工艺美术研究所的改革重组,妥善安置职工248人,自筹解困资金261.77万元。

八、继续推进传统手工业、手工技艺、工艺美术向文化、旅游、一村一品建设上融合发展

牢固树立"在转型变革的时代引领和塑造行业的未来"的理念,努力推进传统手工业、手工技艺、工艺美术向文化、旅游、文物复制、装饰装潢产业和一村一品建设的转型和融合。在传承中保护传统工艺美术,在发展中创新传统工艺美术。

(一)全面开展"五寻行动计划",抓老创新。为贯彻落实习近平总书记文艺座谈会上的重要讲话精神和省人民政府《关于印发山西省推进文化创意和设计服务与相关产业融合发展的行动计划的通知》(晋政发〔2014〕29号)精神,通过召开新闻发布会、《山西日报》刊登公告,动员全社会各行各业征集资料,开展"寻找老行当、老手艺、老品牌、老字号、老艺人行动计划",全力助推全省工美行业抓老创新工作。

(二)梳理山西传统文化,编辑《山西省工艺美术全集》。为贯彻构建社会主义核心价值体系实施意见精神,带动中华文化传承工程,加大对优秀传统文化的保护、研究、普及力度,做好传统文化创造性转化、创新性发展工作,9月启动了《山西省工艺美术全集》编辑工作;同时受国家部委委托,编制了国家级剪纸工、手绣工职业技能标准。

(三)搭建大舞台组织大竞赛。在第14届中国平遥国际摄影大展期间,与省人社厅、省文化厅、省总工会联合举办了山西省工艺美术第二届"唐都杯"漆器技能大赛;与省妇联联合在中阳举办了首届剪纸、刺绣职业技能大赛;与省妇联联合举办了首届"三晋巧姐"手工艺品评选展。

(四)继续推进山西工艺美术"走出去"行动计划。先后组织参加了2014世界工艺文化节、第49届全国工艺品交易会"金凤凰"创新产品设计大奖赛、第十届中国(深圳)国际文化产业博览会交易会、2014中国旅游商品大赛第十五届中国工艺美术大师作品暨国际艺术精品博览会、第六届中国美术陶瓷技艺大赛、第九届中国北京国际文化创意产业博览会,赴新疆参加了首届山西艺术精品新疆行系列活动、晋善晋美—山西省非物质文化遗产精品展。本年度获得国家级奖项金奖12枚、银奖22枚、铜奖44枚。

(五)继续推进山西工艺美术"请进来"行动计划。先后与中国文房四宝协会联合举办了第34届全国文房四宝艺术博览会;与中国礼仪休闲用品工业协会联合举办了中国礼仪休闲用品工业协会二届三次理事扩大暨"中国礼物"品牌培育会;接待了由省人民政府、中华文化联谊会组织的"情系三晋–两岸文化联谊行"大型文化交流活动"走进山西省工艺美术馆活动";与五台山佛教文化促进会、山西省文化产业促进会联合举办了2014中国(太原)大型佛教文化用品展览会。同时以山西省工艺美术馆、山西黄河美术馆为平台,举办了兄弟省国家级工艺美术大师玉石雕刻展、书画收藏展、砚雕艺术作品展、陶瓷艺术展、紫砂展等国家级大师个人作品展20余期;并实施了百名文化名人走进山西工美、百名媒体记者走进山西工美、百名企业家走进山西工美等20个系列的"走进山西工美"行动计划。

(六)为弘扬传承传统手工技艺,在省图书馆开辟了山西非物质文化遗产手工技艺精品展区,举办了"漆艺文化精品展总结研讨"、"用三晋传统技艺传承中华文明 表现中国梦讲好山西故事创作座谈会"等,受到广大读者好评。

(贾爱珍)

附：省城镇集体工业联合社党组书记、成员名单

书　记：李荣钢

成　员：杨晋才　杨润梅(女)

省供销合作社联合社党组工作概况

党组书记　狄重阳

2014年，在省委、省政府的正确领导和全国总社的大力支持下，全省供销社深入贯彻落实党的十八大、十八届三中、四中全会和省委十届六次会议精神，紧紧围绕"六大发展"，按照"改造自我、服务农民"的基本要求，紧扣密切与农民的利益联系，扎实推进全系统综合改革，不断适应经济社会发展的新常态，在主导农村现代流通、服务农民生产生活和努力实现弊革风清、富民强省中发挥了积极作用。

一、年度目标圆满完成

2014年，面对严峻复杂的宏观经济形势，全系统负重前行，圆满完成七届十二次会议确定的各项目标任务：全系统购进总额完成390亿元，同比增长19.7%；销售总额完成424.8亿元，同比增长20.2%；汇总实现利润2.15亿元，同比增长33.7%。圆满完成了省委、省政府年度目标责任考核任务，具体指标是：规范提升农村便民连锁商店任务110个，完成251个，完成率为228%；改造基层供销社任务25个，完成40个，完成率为160%；创办农村综合服务社任务5个，完成12个，完成率为240%；建设改造农资配送中心任务13个，完成15个，完成率为115%；开展开库直销和测土配方施肥的农资配送中心任务5个，完成5个，完成率为100%；扶持供销社领办的农民专业合作社项目7个，完成8个，完成率为114%；碘盐覆盖率、合格碘盐食用率分别达到98.77%和97.32%。

二、全系统综合改革有序推进

深化供销社综合改革是供销社系统的一次历史性机遇。为了全面深入贯彻落实习近平总书记、李克强总理、汪洋副总理对供销社综合改革的重要批示和讲话精神，全系统统一思想，提高认识，集中精力，把深化改革作为中心工作进行统筹部署，并提出了"三个并重"、"三个结合"的工作原则。同时，省供销社还研究制定了突出一个重点、建好两大工程、织好一张网络、实施"六抓六转"的有力度、有特色、有影响的改革举措和推进办法，一个问题一个问题跟进解决，一个节点一个节点扎实推进，较好地解决了当前政府最关注、农民最关心、对供销社最关键、职工最期盼的突出问题。

三、服务规模化工程稳打稳扎

全省供销社多措并举，狠抓落实，不断加强基层组织建设。一是新型基层社建设步伐加快。肖家庄供销社坚持多业并举、多元并重的发展路径，坚持服务"三农"的办社宗旨，坚持合作制办社方向，发展成为全国"基层社标杆社"。在2014年中华全国供销合作总社成立60周年纪念大会上，肖家庄供销社作为全国4个发言代表之一进行了典型发言。省社于2014年9月召开了全系统基层工作推进暨肖家庄现场会，对"肖家庄经验"进行了总结和推广，把基层社建设推上了新的发展阶段，涌现出了高平市城市供销社、临猗县孙吉供销社等一批先进典型。长治市社大力实施"基层社建设工程"，对82个基层社进行了全面改造和资产整合。晋中市社争取政府支持，市、县两级政府按1:1的比例，每年给予300万元扶持资金，用于基层社的恢复重建工程。二是专业合作社示范社建设步伐加快。各级社通过领办、参办、协办等方式，大力发展专业合作社，特别是2014年10月全省专业合作社建设推进会议之后，全系统按照规范化管理、标准化生产、品牌化经营的要求，专业合作社示范社建设成效明显。忻州市社专业社共注册商标32个、农产品质量认证产品12个，55个专业社与超市、批发市场、学校等建立稳定产销关系。汾阳新合作核桃专业社已形成集种植、加工、销售为一体，带动周边上千户农民，销售额超过3500万元。三是系统内外联合合作步伐加快。各级社通过资产投资、项目合作等多种方式扩大开放办社，加强联合合作。襄垣县社与山西大学对接合作，打造新型农业社会化服务体系，在各乡镇建设服务站15个、示范基地1个，推广集成技术种植面积4000多亩，收到了可观的经济效益。

四、社有企业发展成效显著

全系统把社有企业的提质增效作为供销社赖以生存发展和服务"三农"的根本，加大转型力度，做强传统业务，做实新型业态，做特地域产业，企业实力明显增强。一是加强资源整合。针对社有企业发展现状，省社提出了"企业要消灭亏损、供销社要消灭亏损企业"的理念。对长期亏损的企业，要求限期实现盈利；对限期实现不了盈利的要进行大跨度整合、大力度重组、大手笔盘活。在深入调研、审计核查、资产清算的基础上，省社已对山西工霄商社、机关印刷厂等8家弱小微亏企业进行关停并转。截止2014年年底，省社所属企业已全部停止亏损，实现盈利。二是力抓项目推进。各级社充分运用网络、品牌、市场、土地等资源优势，建设了一批物流园区、批发市场、农产品精深加工企业、再生资源产业园等基础项目，增强了企业发展后劲。运城市社招商引资落地4.2亿元，储备各类大型项目16个，特别是临猗与中国供销农产品批发市场控股有限公司签订总投资15亿元的农副产品批发市场项目,对全省的农产品流通体系建设将起到巨大的促进作用。大同、朔州、吕梁、临汾等市社也都以项目建设为支撑,推进企业的转型升级,取得了明显成效。三是开拓新型业务。各级社积极探索,创新发展,努力打造新的增长点,经营领域延伸到地产开发、电子商务、金融服务、仓储运输等,提升了经济运行质量和可持续发展能力。目前,省社正在积极筹建融资担保公司及小额贷款公司,房地产开发项目稳步推进。阳泉市社天元家电公司的循环经济产业园区已开工建设,将成为华北地区最大的城市矿产循环利用产业基地。省果品储运公司升级改建高低温冷库,大力发展冷链物流,增强了企业发展后劲。省茶叶公司恢复了已停止十多年的茶叶业务,老品牌"晋阳泉"重新投入市场。省盐业公司推进连锁超市项目建设,加快能源项目运作,探索金融资本服务,多元发展的集团公司初见成效。省棉麻公司已开始向国储粮、民政物资储备等方向发展,确保空置利用率和效益最大化。省盐务管理局把监管作为发展,突出监管重点,抓好关键节点,保障盐业市场健康运行。山大商务学院合理设置学科专业,打造区域特色专业,电子商务专业获评省高等学校特色专业建设项目。省供销职工医院积极开展与社会医疗机构的合作,业务范围进一步扩大。

五、流通网络体系更趋完善

全系统扎实推进"新网工程"建设,各地新建、规范提升了一批配送中心、商场、超市、便民店、农家店等,进一步提高了网络运转效率,改善了农村购物环境,促进了购销业务的扩大和延伸。省社与相关部门先后签订了《战略合作框架协议》,进一步构建了商贸物流、金融合作、服务产品、信息网络跨区域融合的大通道,为部门与部门之间的跨行业合作打下了良好基础。晋中市社投资2780万元重点改造提升3个县级配送中心;晋城市社已建成5个集镇配送中心,较好解决了发展连锁经营的"瓶颈";太原、忻州等市社开展便民连锁店星级评定和店长培训,一批农村便民店开始向集公益性和服务性于一体的综合服务社发展。

六、不断强化领导班子和干部队伍建设

省社党组坚定理想信念和政治立场,严守政治纪律和政治规矩,始终与党中央和省委保持高度一致,坚决贯彻执行党中央和省委的各项决策部署。进一步强化政治意识、责任意识、担当意识、进取意识,为优化发展环境、破解发展难题提供了政治保障。始终坚持民主集中制原则,充分发挥党组在讨论决定和组织实施重大问题和事项中的领导核心作用。制定了省社领导AB角工作制度和重点工作目标责任分解单,并提出了详细的工作举措和时限要求。认真践行"三严三实",不折不扣落实"八项规定",持续有效反对"四风",立说立行,加强督查,全力推进作风转变,推动作风建设常态化长效化,共同打造政治坚定、作风过硬、奋发有为的领导集体。严格按照干部选拔任用工作规程要求,制定了《直属企业领导班子成员选拔聘用管理办法》,2014年共选拔任用和调整机关及直属单位处级干部40余人,做到了严格程序,操作规范,扎实做好对干部职工的管理、培养、任用、交流、激励、考核工作,有效调动激发了大家的工作积极性和主观能动性。严格执行党建工作责任制,推进服务型党组织建设,加强对党员干部的教育培训,提高了综合素质,增强了服务意识,做到了为民务实清廉。

七、大力加强党风廉政建设

省社领导班子严格执行党风廉政建设责任制,制定了党风廉政建设"两个责任"《实施意见》,细化了"两个责任"的具体内容、目标要求和保障措施,强化了"一岗双责",做到严抓严管,以"零容忍"的态度坚决惩治腐败。深入开展专项治理,派出督查组进行4轮次的监督检查和明查暗访,对作风方面的问题进行认真反馈和严肃处理。狠抓反腐倡廉各项工作,加大监督检查和案件查办力度。2014年4月,在全国总社召开的党风廉政建设和反腐败工作会议上,山西省作为全国6家代表之一,作了大会典型发言,省社强化监督检查和执纪问责的经验得到与会同志的认可和肯定。严格按规定减少"三公"经费支出和文件简报发放,省社机关会议费同比下降43.26%,发文数量同比减少12.77%,简报数量同比减少41.3%。对新任及调整的处级干部进行集体廉政谈话,筑牢思想防线。系统上下风气正、人心齐,思改革、谋发展,勇创新、求实效的工作氛围已经形成。

(樊 莉)

附:省供销合作社联合社党组书记、成员名单

书 记: 高 玮(3月离职) 狄重阳(3月任职)

成 员: 王义升 李俊德 袁清茂 李 海 王彤宇 张稳科(5月离职) 卫爱平(6月任职)

群团组织党组工作概况

省总工会党组工作概况

党组书记　田喜荣

2014年，在省委和全总领导下，省总党组以党的十八大和十八届三中、四中全会精神为指引，认真学习贯彻习近平总书记系列重要讲话精神，始终坚持围绕中心、服务大局，始终贯穿"继承、完善、创新、提高"的总体思路，务实创新、埋头苦干，全力推进山西省"净化政治生态，实现弊革风清，重塑山西形象，促进富民强省"战略目标的实现。

一、认真学习贯彻习近平总书记系列重要讲话精神

省总党组把学习贯彻好讲话精神，作为全会的一项重大政治任务，作为检验党员干部尤其是领导干部政治立场的一把重要标尺。一是勤于学，增强政治自觉。省总主要领导参加了全总举办的省级工会主席专题班，党组成员参加了省委举办的省管干部专题研讨班，处级干部在省直分校全部轮训一遍。认真开展以"深入学习贯彻习近平总书记系列重要讲话精神，净化政治生态、实现弊革风清，重塑山西形象、促进富民强省"为主题的学习讨论落实活动，省人大常委会副主任、省总工会主席田喜荣，省总工会常务副主席郭新民带头举办专题报告，全体干部职工通过四天封闭式集中学习，以问题为导向，对讲话内容原原本本反复学。各级工会在报刊、网络等工会宣传阵地开辟专栏，组织劳模深入企业宣讲，引导广大职工深入学习。二是慎于言，与党同心同德。各级工会党员干部严明政治纪律，坚决做到"五个绝不允许"，真正做到在党为党、在党言党、在党忧党。三是笃于行，强化政治担当。教育引导工会党员干部自觉遵守、贯彻、维护党章，时刻不忘自己应尽的义务和责任；以整风精神严格党内生活，开展积极健康的批评和自我批评；积极主动深入基层、深入实际、深入职工群众，锻造过硬作风，提升能力本领，坚定理想信念。

二、全面完成年度工作目标任务

一是努力为全省工作大局凝心聚力。深入开展山西综改试验区建设全国示范性劳动竞赛。省直赛区、重点工程赛区、市级赛区、试点县赛区、试点企业赛区等五大赛区竞相掀起竞赛热潮，全省41683家企事业单位开展了劳动竞赛，参赛职工达458万人，有力推动了转型发展。动员广大职工积极参与节能减排活动，有效推动了绿色发展。大力弘扬劳模精神。全省劳模大会表彰了203个模范单位和687名劳模，劳模宣传月中开展了"十百千"劳模宣传等系列活动，用劳模精神激励广大职工建功立业、引领社会风气、推动廉洁发展。扎实开展群众性技术创新活动。命名100个省级创新工作室，建立职工(劳模)创新工作室654个。组织开展了建筑、机械冶金建材、高校青年教师和女职工等行业和群体的技能大赛，参赛职工达300多万人。认真调研总结了晋中市开展的小发明、小创造、小革新、小设计、小建议"五小"竞赛活动，全省职工实施技术革新19207项，积极推动了创新发展。引导职工培育和践行社会主义核心价值观。以"中国梦·劳动美"系列活动为抓手，通过开展首届全国职工摄影大展、全省职工乒乓球比赛、全省职工合唱大赛、全省职工书法美术展、全省职工诗词创作大赛等活动，把社会主义核心价值观教育寓于职工文体活动之中。多措并举维护职工队伍稳定。下发《关于做好工会维稳工作切实维护职工队伍稳定的通知》，提出六条意见，省委副书记楼阳生同志作重要批示。深入基层排查化解劳动关系矛盾，加强对职工队伍稳定隐患的研判分析和风险评估预警，努力把矛盾化解在萌芽状态。

二是全面开展“依法维权年”活动。2014 年是省总确定的“依法维权年”。深入开展十大专项维权行动，出台 12 个专项维权行动实施细则，建立维权联系点制度，组织 14 家中央和省直新闻单位开展“依法维权记者行”，在临汾市召开了“山西省工会职工法律援助维权服务现场推进会”，有力推动了广大职工权益实现。强力推进“农民工有困难找工会，拿不到工资找工会”专项行动。省总联合省财政厅下发《关于建立市县农民工讨薪应急救助金的通知》，各级工会勤俭节约，积极主动筹措资金，全省三级工会建立了总额达 9000 万元的农民工讨薪应急救助金。下发《关于推进为农民工维权服务工作常态化长效化的指导意见》和《山西工会农民工讨薪应急救助周转金管理暂行办法》，加强制度建设。各级工会共直接帮助 6604 名农民工讨回拖欠工资 4119 万元，垫付工资 38.945 万元，并在长治市召开了“全省工会保障农民工工资支付现场推进会”，山西省的做法和经验受到了全总的充分肯定，并在全国工会系统推广。切实维护职工安全健康权益。深入开展“安康杯”劳动竞赛和“安全生产月”活动，参赛企业达到 14925 家，参赛职工 451.1 万人，积极推动了安全发展。

三是着力建设职工信赖的“职工之家”。积极为职工办实事做好事。“两节”送温暖活动筹资 1.23 亿元，慰问 1763 家困难企业、22.5 万名困难职工。金秋助学活动筹资 3373.02 万元，惠及 12371 名寒门学子。就业援助月组织招聘会 269 场次，帮助 3.3 万人实现就业。制定了国有及集体企业、非公企业和餐饮、建筑、煤炭、冶炼铸造四个行业工资专项集体合同示范文本，有力促进了工资集体协商工作的规范、提质和增效。切实加强基层工会建设。大力推进会（工会组织）、站（服务职工工作站）、家（职工之家）一体化建设，推行会员普惠制，推进会员评家、会务公开及会员代表大会代表常任制工作，推进联合职工之家、网上职工之家建设，全年新创建省级“五星级基层工会”80 个。坚持依法规范建会。开展了“工会组建月”集中建会行动，严格建会入会“规定动作”，推行职工入会宣誓。全省基层工会组织发展到 59205 个，覆盖法人单位 173421 个，会员达到 7787554 人。

2014 年，全总和省委省政府领导 5 次对山西工会工作作出批示。在全省目标责任考核中，省总连续 4 年被评为优秀单位。2014 年省委信息工作考核打分排队中，省总名列省委部门和群团第 1 名。在全总考核的重点工作中，我省工资集体协商工作获全国考核一等奖，经审工作规范化建设获特等奖，财务工作获特等奖，组建工作获优秀奖。省总被评为落实建会三年规划、工资集体协商工作、经审工作全国先进集体、全国职工公共安全健康知识普及竞赛优秀组织单位和全国“安康杯”竞赛优秀组织单位，共获得省部级以上荣誉 12 项。省总在保障工作、群众性隐患排查经验交流会、工资集体协商工作会议、督查工作会议等 10 个全国工会系统会议上分别作了经验介绍和典型发言。

三、持续加强领导班子和干部队伍建设

一是坚持正确的政治方向。各级工会严守政治纪律和组织纪律，带头与以习近平为总书记的党中央保持一致，第一时间传达贯彻中央、省委和全总有关精神，坚持和拓展中国特色社会主义工会发展道路，讲纪律、守规矩。

二是着力加强领导班子和干部队伍建设。省总党组认真贯彻民主集中制，建立法律顾问制度。省总领导干部到 239 个基层单位调研 164 次，累计 344 天。依法依规做好干部提拔、调整、录用和军转干部接收工作。扎实开展学习讨论落实活动，主要领导带头作专题报告，召开三个大会，定期听取“一室三组”和支部汇报，编印《先进典型教育读本》，各支部每天半天学习讨论，保证活动效果。

三是切实加强机关建设。为扎实创建学习型机关，党组中心组先后组织集体学习 12 次，举办 6 期“省总领导干部大讲堂”，通过每月一次集体讲座、每月送一本好书、“山西干部在线学院”学习、机关干部综合能力提升研修班、基层工会干部特色培训班等，提升广大工会干部履职能力。委托第三方开展了“全省工会工作整体情况”大调查，全面、客观、真实地反映了职工群众对工会工作的认知和期待。

四是切实巩固和拓展教育实践活动成果。省总党组严格“三会一课”制度，作出反对“四风”10 项承诺，自觉接受职工群众监督。制定《改进“五联系”工作意见》，班子成员带队，集中一个月时间，深入市、县、企业 50 多家，指导和帮助基层查找解决问题。建立健全工会领导干部维权联系点制度、法律顾问制度和工会主席维权保障金制度，做到依法科学维权。

五是全面深化“四风”突出问题专项整治。健全完善 20 余项制度，大幅压缩“三公经费”，其中省总机关公务接待费用、公务用车费用、出国费用显著降低，因公出国人数为零。大力整治会风，会议同比精简 68.8%，会议支出降低 38.42%。努力改进文风，文件数量同比精简 36.9%。规范各类检查、培训、评比和表彰活动，减轻基层负担，激发基层创造活力。整治机关干部庸懒散浮问题，对省总机关人员较多、混编混岗、人浮于事进行专项整治，对临时借用、聘用、雇用人员进行整顿清理。

四、从严抓好工会党风廉政建设

省总紧紧抓住加强党风廉政建设和反腐败工作的“牛鼻子”，真正做到守土尽责。落实“两个责任”。出台了《中共山西省总工会党组关于印发落实党风廉政建设党组主体责任的实施办法（试行）》和《中共山西省总工会党组关于印发山西省总工会纪检组落实党风廉政建设监督责任的实施办法（试行）》两个责任落实的文件。找准工会贯彻落实的切入点，聚焦组织人事、财务资产、评模树优、困难帮扶等重点领域、重点环节，做到有的放矢。全面落实工会党组主体责任，将党风廉政建设和业务工作同部署、同落实、同考核，一把手做好示范，班子成员切实履行“一岗双责”。工会纪检组勇于履行监督责任，加大对基本建设项目和工会救助资金、帮扶资金、劳模慰问款等专项资金的监督力度，对违规违纪行为采取“零容忍”的态度。加强制度建设。在省总机关实行系列廉政谈话制度，这一作法得到中纪委宣教室和省纪委领导肯定。下发

《关于进一步加强反腐倡廉建设的意见》，建立一报三述制度，在各市工会、产业工会、直属事业单位实行廉政承诺制度。抓住春节等重要节点开展廉洁文明过节活动和专项整治行动。省总机关党支部量化考核办法和加强党支部建设实施意见受到省直党建工作调研督察组肯定。强化廉政教育。深入开展理想信念教育、党风党纪党性教育、红色传统和优秀历史廉政文化教育，运用典型案件加强警示教育，在日常工作中警钟长鸣，切实增强拒腐防变的思想定力和行动自觉。以学习讨论落实活动为契机，补足精神之钙。做好廉洁从政表率。党组同志在学习讨论落实活动中带头反思、带头专题辅导，查找存在的问题，积极进行整改。同时，在住房、用车等方面都严格按照有关规定执行。

五、全面推进法治工会建设

省总着力提高工会工作科学化、法治化水平，让“六权治本”在工会落地生根。参与制定了《山西省企业工资集体协商条例》，并于2014年9月20日经省人大常委会审议通过，使职工劳动权益得到有效保障。建立健全工会经费管理使用、专项资金分配、工会资产管理等配套制度，自觉接受上级和同级审计部门监督。健全完善劳模评比等表彰项目的公示制度，避免“带病受表彰”。加大纪检部门、经审会等机构对经费收支、使用等重点领域、关键环节的监督力度，大力推动职代会、厂务公开等职工民主管理工作规范开展。同时，全面开展职工法律援助维权服务，省、市、县三级工会全面建立法律顾问制度，成立职工法律援助维权服务机构。省总以法治思维和法治方式开展工作的做法得到全总的充分肯定，《工人日报》头版头条以长篇通讯予以报道。

（宋海兵）

附：省总工会党组书记、副书记、成员名单

书　记：田喜荣

副书记：郭新民

成　员：王兴旺　梁克昌　王　荣（女）　李江龙　张亚琳

共青团山西省委党组工作概况

党组书记　赵雁峰

共青团山西省委机关系统共有3个党委，7个党总支，24个党支部，349名党员。2014年，在省委的正确领导下，团省委党组深入学习贯彻中共十八大，十八届三中、四中全会和习近平总书记系列重要讲话精神，认真贯彻落实省委十届六次全会精神和各项决策部署，扎实推进党风廉政建设，高标准严要求开展学习讨论落实活动，深入推进“四力一化”工作布局，强化思想引领，积极融入大局，注重改革创新，坚持从严治团，各项工作取得了明显成效。

一、加强党的建设，夯实工作基础

党的建设是共青团做好全部工作的基础。团省委党组始终坚持党要管党、从严治党的方针，强化机关党建工作责任，持续改进作风，严肃党内政治生活，不断加强党组的执政能力和先进性建设，全面提升团组织吸引力、凝聚力、战斗力，为做好青年群众工作打下良好基础。

（一）强化政治学习，努力提升班子领导能力与水平

一是深入学习贯彻习近平总书记系列重要讲话精神和党的十八届三中、四中全会精神，不断用党的最新理论成果武装头脑，进一步提升对党的路线方针政策的总体把握与认识，切实做到了思想政治上始终同中央保持高度一致，更加坚定了为党做好青年群众工作的政治信念。二是深入学习贯彻省委重大会议精神和决策部署，围绕省委中心工作做好全省共青团工作的顶层设计，团结带领青年在推动全面深化改革和依法治省的实践中发挥了生力军和突击队作用。三是组织中心组学习13次，参加青年讲坛22次，全部完成干部在线学习时数，分别完成中央党校、省委党校和中央团校等各类专题研讨班学习，进一步提高了班子解决问题的能力和科学决策的水平。四是深入开展“净化政治生态、实现弊革风清、重塑山西形象、促进富民强省”主题学习讨论落实活动，班子立足解决存在突出问题，着眼促进共青团事业发展，认真开展学习讨论交流和反思剖析，扎实推进各项规定动作，着力取得实际成效。

（二）遵守党的纪律，自觉贯彻执行民主集中制

进一步修订完善党组会议制度、书记办公会议事规则等决策机制，始终把民主集中制贯穿于工作决策的全过程，严

格按照“集体领导、民主集中、个别酝酿、会议决定”的原则，认真贯彻执行民主集中制。在“三重一大”工作上，能够严格按照规定，走民主程序。决策前积极协商、反复研究，确保了决策的可行性；决策中集思广益、相互补台，确保了决策的民主性；决策后认真贯彻集体领导下的分工负责制，做到各司其职、各负其责，确保了决策的实效性。认真落实双重组织生活会，定期召开民主生活会，班子成员自觉开展批评与自我批评，相互信任，相互学习，班子决策力、创新力、凝聚力和战斗力进一步增强。

（三）坚持正确导向，严守好干部标准和人事制度

认真贯彻执行新修订的《党政领导干部选拔任用条例》和干部工作“八从严”要求，严格按照程序选拔任用公务员5名，接受军转干部1名。认真开展超职数配备领导干部、机关事业单位“吃空饷”和“编外用人”等专项清理整治工作。出台《团省委干部档案管理制度》，圆满完成干部人事档案“三龄两历一身份”清理认定和信息化管理工作，共清理干部档案113卷，得到省委组织部的认可。

（四）加强机关党建，严格落实党建工作责任制

出台《团省委机关党委工作规则》《团省委党的建设五年规划纲要》《机关党委关于发展党员和党员管理服务的工作方案》《基层党组织落实党建工作责任制的考核评价实施细则》等制度，推动基层党建工作联述联评联考形成常态化。认真执行党支部“三会一课”制度，严格发展党员和党员的管理服务，进一步优化党员队伍结构，机关系统基层党组织战斗堡垒作用和党员先锋模范作用得到充分发挥。

（五）强化机关效能，推动精神文明创建工作

圆满完成党的群众路线教育实践活动的19项整改任务，及时进行“回头看”。加强机关效能建设，班子成员带头深入基层，通过“七个一”活动密切与青年群众联系。引深定点扶贫工作，为促进当地“三农”发展办了5件实事。以“培育和践行社会主义核心价值观”为主题，积极开展群众性文明创建和文化活动，团省委机关被评为省直文明和谐单位标兵。

二、按照党的要求，履行团的职能

团省委党组按照习近平总书记对共青团“走在时代的前列”的要求，全力做好青少年思想引导工作，着力增强吸引力和凝聚力，团的工作有效覆盖面不断扩大，团的组织战斗力不断提升。

（一）紧扣根本任务，坚持全团动手，团的思想引领力显著增强

1、深入开展“我的中国梦”主题教育实践活动，引导青少年不断增强道路自信、理论自信、制度自信。“奋斗的青春最美丽”系列活动，全社会推荐典型226个，全过程分享故事630场，直接参与青年超过10万人次，网络阅读量超过550万次。太钢不锈冷轧厂班长牛国栋，荣获第18届“中国青年五四奖章”。隰县见义勇为青年刘帅君、河津市村卫生室医生贺俊峰、阳泉郊区80后女村官田玲，荣获“全国乡村好青年”。

2、把培育和践行社会主义核心价值观贯穿到共青团工作全过程，着力扣好青少年人生“第一颗扣子”。组建300余人的中华优秀文化青年讲师团，深入基层开展宣讲533场，帮助青少年从传统文化中汲取强大深厚的精神力量。开展“我为核心价值观代言”、“青年文明号20周年”等富有特色的实践活动，帮助青少年自觉做到内化于心、外化于行。

3、注重将分类引导和阶段覆盖相结合。坚持少先队基础性地位，创新开展“绿色环保梦、蓝色科技梦、红色报国梦、金色童年梦”系列活动，中国梦在少年儿童中实现了生活化、有形化、具体化；坚持中学中职共青团源头性地位，承办全国中学实践教育活动座谈会，率先出台指导意见，推进实践教育在新时期深入开展；坚持高校共青团战略性地位，组织25494名大学生骨干参加“青年马克思主义者培养工程”，发动34所高校、488支大学生志愿服务队、51517名学生参加“为祖国勤学修德·以实践明辨笃实”三下乡社会实践活动。

（二）把握工作主线，积极融入大局，团的动员影响力不断扩大。

1、围绕产业转型，持续推进山西青年就业创业行动。组织上岗见习30802人次，开展技能培训47975人次，发放小额贷款43.62亿元。开展首届“山西青年创业奖”评选活动，首家电商青年文明号集体“慧虎山西特产网”，作为全团城市战线案例推广宣传。与太原市高新区管委会共同组建成立山西青年电子商务创业示范园，山西青年创业基地荣获“全国首批青年创业示范园区”。

2、围绕生态修复，深入开展山西青年生态环保行动。推进青少年增绿减霾共同行动，新建青年林22个，新增绿化带10000亩。实施“小渊基金”保护母亲河·青年生态绿化示范林项目，植树35万株，绿化2625亩。成立山西青少年生态环保社团联盟，组织沿黄沿汾7.03万名青少年开展植树护绿活动，植树27.86万株，护绿20481亩。

3、围绕城乡统筹，大力实施“万名农村致富带头人选培带计划”。全省共推选11922名带头人，引导和扶持他们发展专业合作、推广实用技术，为新农村建设作出贡献。静乐县汇河养殖专业合作社理事长王智勇等16人，成功晋级“第九届全国农村青年致富带头人”。

4、围绕民生改善，积极参与法治山西、平安山西建设。拓展青少年法治宣传教育，开展第四届大学生模拟法庭大赛、“法律援助进校园”等系列活动。创新“共青团与人大代表、政协委员网络面对面”活动，成立全国首家“人大代表、政协委员青少年事务联络室”。发挥预防青少年违法犯罪专项组组长单位作用，督促40个推广县完成任务。省青少年维权中心被评为全国“六五”普法中期先进单位。深化服务安全生产“五个一”工程，被省政府评为全省安全生产先进单位。

（三）注重改革创新，拓展工作载体，团的服务凝聚力得到加强。

1、积极进军网络新媒体。围绕建平台，初步形成以团属网站为基本阵地，以微博、微信为互动窗口，以QQ群、APP软件为扩散载体的共青团新媒体格局。全省共建立官方微博

324个、微信公众平台133个。团省委官方微博粉丝突破64万，全团排名第4，全省排名第9。围绕建队伍，全省发展青年网络文明志愿者41322人，网络V团干162人。联合省青联、省学联，联合省内主流新媒体、新媒体企业、社团组织和网络大V筹建了全省新媒体联盟。围绕发声音，组织开展"勿忘七七事变"、"山西不止有煤、还有最中国的年味"等网络话题，自主开发的网络团课"黑魔法防御"，得到团中央和国家网信办充分肯定，在网络中发出了山西青年的好声音。

2、全面推动青少年综合服务平台建设。以建设基层服务型团组织为目标，以强化服务功能为主题，争取团中央专项经费50万元，用于支持山西12355青少年公共服务平台、杏花岭区青年之家、灵丘县青少年综合服务中心等进行首批试点。12355公共服务平台举办公益大讲堂1216场，服务青少年17959人次。

3、大力关爱重点青少年群体。扎实开展关爱农民工子女志愿服务行动，共结对农民工子女较集中学校1391所，结对农民工子女28.47万对，提供服务13.46万人次，新增志愿服务组织490个。深入实施青年志愿者助残"阳光行动"，开展活动512次，累计服务2026小时。深化希望工程，全年筹资1477万元，援建希望小学3所，救助重大疾病青少年85名，资助贫困学生2515名。"希望工程一元捐"活动共筹集善款131.58万元，超额完成100万元的既定任务。

4、推动企业共青团技术创新小组建设。深入贯彻落实全省经济工作会议"强化创新驱动，加快先行先试"的要求，广泛开展"五小"活动（小发明、小革新、小改造、小设计、小建议），组建创新小组645个，引导鼓励广大青工参加技术创新项目的研发，努力以青年的技术创新推动全省的转型发展。

（四）坚持从严从实，强化自身建设，团的组织战斗力实现提升。

1、坚持高标准严要求开展学习讨论落实活动。深入贯彻落实省委有关要求，各级团组织将开展好这次活动作为当前重大政治任务、重大政治责任和重大政治考验，紧密结合共青团工作实际和干部实际，广泛征求意见，深挖思想根源，深查制度漏洞，深摆工作不足，做到了真学习、深讨论、严落实，将努力形成5个方面、25项具体成果。

2、加强各级团的领导班子和干部队伍建设。出台《山西共青团请示报告制度》等规章制度，增强了团的各级领导机关党内政治生活的政治性、原则性、战斗性。出台《关于进一步落实党风廉政建设主体责任和监督责任的实施意见》，"两个责任"得到落实。分层分类举办培训班329期，培训团干部1.5万人次，培训少先队工作者和大中队辅导员7068人次。选派省市副处以上团干部77名，按照"五个一"规定动作，到全省119个团县委蹲点联系，在实践中提升做好青年群众工作的本领。

3、着力扩大团的有效覆盖面。抓住全省第十届村"两委"换届契机，大力推进村团支部书记进入村"两委"。共设立村团支部23637个，村团支部书记进入两委比例为97.3%。新建非公企业团组织1933家，省市县三级建立驻外团工委37个。加强对新兴青年群体和青年社会组织的联系、服务和引导，与山西车友联合会等15家影响力较大的青年社会组织建立了广泛联系。

（赵舒悦）

附：共青团山西省委党组书记、成员名单

书　记：赵雁峰

成　员：安　华　任　忠　马皖东　刘　娟（女）　马慧健

省妇女联合会党组工作概况

党组书记　王维卿

2014年，在省委的正确领导下，省妇联党组深入学习贯彻党的十八大，十八届三中、四中全会和习近平总书记系列重要讲话精神，认真贯彻落实省委十届六次全会精神和省委各项决策部署，紧紧围绕全省大局，全面履行妇联职责，团结带领广大妇女为开创弊革风清、富民强省新局面做出了重要贡献，多项工作受到国家和省级表彰。

一、坚持围绕党政大局，依法履职尽责，助推全省经济社会发展

一是集聚巾帼正能量，组织动员妇女在参与经济社会发展和全面深化改革中创造新业绩。出台加强全省农村妇女工作意见，引导妇女积极参与农村改革发展，扶持各级巾帼现代农业科技示范基地548个。建立巾帼创业就业示范中心和基地129个，组织各类培训138923人次。组织"春风送岗位"女性专场招聘会115场，组织2万名妇女参与首届"三晋巧姐"手工艺品评选活动。开展"美在山西"巾帼主题实践活动，组织妇女积极参加"共建美丽家园"行动。开展各具特色的巾帼志愿服务活动，全年新增留守妇女互助组3815个，新增注册巾帼志愿者29779人。培树先进妇女典型，全省涌现出三八红旗手4541名、三八红旗集体1785个、巾帼文明岗1115个、巾帼建功标兵1997名，有效激发了广大女性岗位成才、岗位建功的热情和干劲。

二是贴近群众接地气，教育引导妇女践行社会主义核心价值观取得新成效。组织开展寻找"三晋最美家庭"、感恩母亲"六个一"和首届全省百名好军嫂、优秀兵妈妈评选表彰活

动。在寻找"最美家庭"活动中，全省3万个基层"妇女之家"共晒出幸福家庭照10635幅，举办最美家庭故事会18400次，举行家风家训家规评议会16000次。深化家庭教育指导服务，开展"好妈好爸好家风"推荐征集，组织金秋家庭教育大篷车巡回公益讲座726场。女性文化学堂走进机关、高校、农村、社区，组织各类专题讲座763场，被评为"省直机关十大学习品牌"。

三是依法维权促平等，代表和维护妇女儿童权益工作实现新突破。实现男女平等基本国策教育首次进入省委党校主体班次课程，推动性别平等主流化。加大妇女儿童两纲两规贯彻落实力度，推动省政府出台《山西省妇女儿童健康行动计划（2014-2015）》。召开妇儿工委全委会，推动解决妇女儿童发展进程中的重点难点问题。积极参与第十届村两委换届工作，落实女性进村两委比例达到100%的工作目标。加大源头维权力度，与省农业厅联合，制定了在农村土地承包经营权确权登记工作中从源头保障妇女合法权益的"三个确保"政策，与省法制办联合成立法规政策性别平等咨询评估委员会，参与省女职工保护条例修改。加大社会化维权和基层维权力度，推进妇联系统"六五"普法工作，开展反邪教知识进村（社区）、"无邪教村（社区）"创建活动，以"平安家庭"促"平安山西"建设，创建省级平安示范家庭100户。发起6.15儿童保护日—绿丝带行动，促进形成保护儿童、关注未成年人安全的社会氛围。建立婚姻家庭纠纷调解中心，加强妇女信访代理和协理工作。2014年共接待来访、受理来信来电4155件，交办督办重要信访事项363件，完成法律援助案件17件，为建设法治山西、维护社会稳定发挥了积极作用。

四是践行宗旨惠民生，服务妇女儿童取得新实效。实施三晋巾帼关爱行动，落实惠民政策，实施惠民项目。累计发放妇女小额担保贷款47489.58万元，落实财政贴息资金5170.85万元，获贷妇女达5806人次。配合卫计委为182739名和30921名妇女分别进行了宫颈癌和乳腺癌检查，救助贫困患病妇女352人。新发放"母亲邮包"2000个，争取"春蕾计划"助学金23.32万元。母亲健康快车项目为全省47.93万人次妇女儿童提供急救、义诊、培训服务。新增贫困地区儿童营养改善项目县8个，面向福利院孤残儿童发放价值750万元的雀巢奶粉。争取省级妇女专项扶贫资金1748万元，重点实施妇女职业技能培训、特困妇女儿童救助、关爱母婴健康、建立贫困地区儿童幸福家园等项目。女童健康成长项目荣获春蕾芬芳——中国儿童慈善奖。依托省妇女儿童发展基金会，汇集社会公益资源2365万元，实施"幸福启航"系列公益慈善项目。完成省政府交办的开展职业农民培训调研课题，举办贫困地区妇女创业就业推进会，参与千村万人就业培训行动计划，通过培训使14237名妇女实现就业。在扶贫点五台县高洪口乡实施籽粒苋种植带动畜牧养殖等产业发展的扶贫项目，受到国务院扶贫开发领导小组表彰，荣获全国社会扶贫先进集体。

二、坚持改革创新，建设可信赖依靠的"妇女之家"

实施强基固本行动，切实加强妇联组织建设，夯实基层基础工作。一是加强妇联组织、阵地、队伍和作风建设。召开省第十一次妇女代表大会，完成省市县乡四级妇联换届。抓住全省第十届村"两委"换届契机，组织开展村妇代会换届工作。不断完善"妇女之家"管理制度，充分发挥其宣传教育、维权服务、组织活动的各项功能，使之真正成为基层妇女群众的"温暖之家"。出台了《2014—2018年省妇联干部教育培训规划》，举办妇联干部能力提升、妇联维权、新闻宣传、家庭教育骨干等培训班，妇联干部的履职能力和综合素质明显提高。制定了《山西省妇联关于改进工作作风、密切联系群众的实施办法》，常态化开展"下基层、访妇情、办实事"和干部下乡驻村活动，积极争取各级党委和政府支持，帮助基层妇联组织争取工作资金支持，已有9个市、72个县按照妇女人均一元钱标准增拨了专项工作经费。二是积极推动为基层妇联组织配备公益岗位人员，探索把各类妇女骨干吸纳到基层妇联工作者队伍中来。广泛凝聚女性社会组织、吸纳团体会员，积极支持各团体会员开展妇女工作。探索建立省妇女代表大会任期制度、代表建议案直报制度和省妇联常委、执委工作制度，有效创新工作机制、延伸工作手臂。三是拓展和深化妇女工作交流机制，与陕西省妇联签订友好合作框架协议。扎实开展对口援疆工作，对26名新疆生产建设兵团农六师五家渠市妇联干部进行了专题培训。

三、坚持严字当头，把管党治党的"两个责任"落到实处

一是巩固和拓展党的群众路线教育实践活动成果，扎实开展学习讨论落实活动。认真贯彻中央八项规定，坚持不懈反对"四风"，把提高依法办事能力、促进"六权治本"与认真抓好整改相结合，建立健全机关会议、差旅费管理、车辆管理等管理制度。扎实开展学习讨论落实活动，围绕活动主题，组织党组中心组理论学习3次，副处以上党员干部集中学习讨论3次，填写《党员干部理论学习卡片》1350张。省妇联党组3次召开会议进行专题讨论剖析，机关及直属单位8个支部组织党员干部进认真讨论、深查制度漏洞，提出整改措施，使活动取得了实实在在的阶段性成果。

二是加强领导班子和干部队伍建设。领导班子坚持党组中心组学习制度，用习近平总书记系列重要讲话精神武装头脑，指导实践，切实把党的路线方针政策贯彻落实到妇联工作各方面。常态化开展"下基层、访妇情、办实事"活动，班子成员全年共下基层169天，深入215个村、社区开展调研，面对面直接联系妇女群众1720人次，为妇女群众办实事、做好事、解难事63件。坚持选人用人正确导向，严格执行《党政领导干部选拔任用工作条例》，全力营造公道正派、弊革风清的用人环境。干部队伍建设方面，加强干部教育培训，组织党员干部深入文水县胡兰村学习调研，深入扶贫点下乡住村，深

入军营一线接受国防教育，引导大家认真践行"三严三实"，进一步坚定理想信念。加强纪律作风建设，严格考勤管理。开展扶贫帮困送温暖、"博爱一日捐"等活动。重视对职工的人文关怀和机关文明创建活动，被评为全国文明单位。

三是加强党风廉政建设。提出了省妇联党组关于落实党风廉政建设主体责任的清单和实施办法，扎实推进保持"三个高压态势""三个一批"等重点任务，严格落实"一岗双责"。结合妇联实际，出台关于加强项目资金和干部监管工作实施方案，不定期对直属单位党风廉政建设情况进行督导，加强对妇联系统项目资金的监管工作，积极构建惩防体系，扎紧制度的笼子，形成不能腐的长效机制。开展政治纪律及廉洁从政教育，签订廉洁承诺书，不断提高党员干部的党性意识、廉政意识，抵御风险、经受考验的能力。

（邰三亲）

附：省妇女联合会党组书记、副书记、成员名单

书　记：王维卿（女）

副书记：李　菲（女，3月任职）

成　员：韩　红（女，3月离职）　张敬平（女）

韩丽珍（女，3月任职）　刘一平（女，3月任职）

任晋阳（女，3月任职）

省作家协会党组工作概况

党组书记　张明旺

2014年，省作家协会在省委、省政府和省委宣传部的正确领导下，积极履行联络、协调、服务的工作职能，全心全意为作家服务，团结一致、锐意进取，有力地推动了山西文学事业的繁荣发展。

一、认真学习贯彻落实习近平总书记一系列重要讲话精神和中央、省委有关会议精神，把思想和行动统一到中央和省委的决策部署上来

2014年10月15日，习近平总书记主持召开了全国文艺座谈会，发表了重要的讲话，为文艺工作指明了方向。省作家协会把学习贯彻落实习近平总书记的重要讲话精神作为贯穿全年的政治任务主线，结合山西文学界特点和省作协工作实际，制定学习计划，列出学习专题，下发学习资料，从抓好学习指导、深入调查研究、注重成果转化等几个方面开展活动，不断健全完善学习制度，做到了学习有计划、有档案、有检查、有总结，较好地完成了学习任务。

（一）以中心组为表率，带头学习党的路线方针政策。

作协党组带头执行《省作协党组中心组学习制度》，全年集中学习16次，认真学习了党的群众路线教育实践活动总结大会、全国文艺工作座谈会、十八届四中全会等重要会议精神，以及山西省委贯彻落实中央精神的相关会议精神，并结合作协如何提升服务、培养人才、繁荣创作等工作，有针对性地撰写了《扎根生活，创作精品，把最好的精神食粮奉献给人民》《用优秀文学作品助推中国梦的实现》等较有质量的学习心得体会。班子成员带头真学、实学、深学，带动作协形成了爱学习、重学习的良好氛围，各支部结合实际，认真组织，坚持每月学习一次。每位党员干部严格遵守《省作协机关干部学习教育制度》，纷纷开展了各种形式的自学活动，在山西干部在线学院的网络平台上，学习时间平均达到100学时以上，名列全省第一。

（二）组织全体党员干部参加学习培训，形成全单位学习的热潮。

作协党组书记带头参加省委党校的学习培训活动，安排作协党组成员杨占平、罗向东等4名同志参加了省管干部集中培训班的学习，组织高海燕、李金山等20多名机关干部参加了省直工委等部门组织的各类培训学习活动，并向全体机关干部下发了《习近平总书记系列重要讲话读本》等学习资料，组织了形式多样的学习会、座谈会、知识竞赛，通过各种渠道的学习培训，深化了党员干部对习近平总书记讲话精神的深刻理解和准确把握。

（三）加强对广大作家学习的引导，提高广大作家的政治素养。

省作协通过山西作家网、山西作协会员人手一册的《山西作家》和省作协的简报，及时向全省广大作家传达中央、省委的重要会议精神，以及省作协开展学习活动的具体情况，并通过作协的各种专业会议和下乡调研机会，介绍各种学习经验，让大家加强学习，互相交流。全国文艺工作座谈会召开之后，省作协向各市县文联作协和行业作协下发学习通知，要求大家认真学习习近平总书记在会上的重要讲话精神，组织省作协主席团成员召开座谈会，进行学习讨论。选送黄风、王保忠等5位作家代表参加了省委宣传部组织的学习培训班。通过这些措施，有效提高了作协党员干部和山西省广大作家的政治理论素质，深化了大家对党情、世情的认识，深刻理解了文艺的重要地位和独特作用，进一步明确了作协工作的指导思想、中心环节、重点任务和工作思路，把思想和行动进一步统一到了中央和省委的决策部署上来。

二、精心组织以“中国梦”为主题的文学创作活动，推出了一批振奋精神、鼓舞人心的好作品

2014年年初省作协召开全委会时，就把组织以“中国梦”为主题的文学创作活动作了重点安排。会后，成立了领导组，制定了详细工作计划和实施方案，加强了组织领导，建立健全了相关制度。

3月31日，省作协向各市文联、各企业文联（作协）下发了《关于征集以“中国梦”为主题的2014年度山西省作家协会重点作品扶持选题的通知》，经过专家评审、投票和省作协党组讨论、审批，最终评选出14部作品给予了重点扶持。并推荐其中5部作品参与中国作协的重点作品扶持工程“中国梦”主题专项的评选，《我们是姐妹》顺利入选。

6月20日，省作协组织全省30余位编辑、作家召开了座谈会，就如何做好本次主题创作活动进行了研究讨论。《山西文学》《黄河》《山西作家》等作协所属刊物联合《山西日报》和各市、县文联作协的刊物，设立了“中国梦”专题栏目，举办了征文活动，陆续推出了《一百八十年的耕读梦》《文笔塔与“作家碑”》《爱心传递一路芳香》等数十篇优秀作品。山西作家影视公司认真抓以“中国梦”为主题的影视剧本创作，研讨论证了《黄河在咆哮》和《一诺千金》等作品，正在加紧创作过程中。

三、努力抓好廉政文学创作，充分发挥优秀廉政文化教育警示的重要作用

为了抓好廉政文学创作，省作协制定了《省作协关于促进廉政文化创作总体方案》，提出了指导思想，实施办法和多项措施。并向全省会员发出了通知，号召广大会员积极参与到廉政文化建设创作活动中来。

11月27日，召开了廉政题材文学创作座谈会，就廉政文学创作的体会、经验、问题和发展前景，进行了深入讨论，进一步明确了下一步工作的方向和措施。

充分利用“山西省百位历史文化名人传记出版工程”项目，积极推出山西历史上的清官廉吏。《于成龙传》《狄仁杰传》《祁隽藻传》《薛暄传》《徐继畬传》等作品已经完成创作，即将出版。为长篇历史小说《末代翰林李用清》举行了研讨会，邀请专家对已出版的《大清河帅栗毓美》进行指导修改，推荐到人民文学出版社，即将出版。确定了正在申报的2015年重点作品扶持项目，以廉政文学创作为主题，由党组研究确定10部到20部作品予以扶持。

山西作协影视艺术制作公司加快推进廉政文化数字电影《凤凰街风雨》的后期制作。省作协所属的《山西文学》《黄河》《山西作家》等刊物，将开辟廉政题材文学作品专栏。

省作协组织发动全省作家，深入生活，搜集资料，集中创作反映山西省在当前改革开放实践中涌现出来的廉洁奉公的好干部，为山西省培育和践行社会主义核心价值观，净化政治生态，推动廉政建设，重塑山西形象，发挥文学作品振奋士气、鼓舞人心的特殊作用。

四、全力推进《山西省作家协会人才发展中长期规划》，加快了培养和引进优秀文学人才的步伐

2014年，省作协认真贯彻实施《山西省作家协会人才发展中长期规划》，努力培养高层次文学人才，积极加强文学“塔基”建设，加快培养网络作家和文学新媒体新技术人才，取得了以下实际成果。

继续推进“文学人才引进工程”，选调了青年作家阎文盛到山西文学院、晋洋到《山西文学》月刊社，充实了专业作家队伍和编辑队伍，并研究确定了选调葛水平、张乐朋、孙频等一批中青年作家到文学院，已经积极和相关部门及作家所在单位作了沟通，正在办理相关调动手续。

山西文学院在总结第三届签约作家管理和创作经验的基础上，进一步细化了管理细则，充实了服务内容，健全完善了《青年作家签约制度》，认真评选出14位第4届签约作家。并通过召开座谈会、组织培训班等形式，对签约作家的创作进行指导，使他们较好地完成了签约任务。

省作协经过认真的调查摸底调研，建立了山西网络作家档案，邀请孟超等一部分较有影响的网络作家加入了省作协。成立了山西网络文学院，18位网络作家成为首批“在线作家”。通过这个平台，加强了对网络作家创作的关注、研究和引导，为网络文学繁荣创造了较好的环境。

五、开展形式多样的作品研讨会和廉政采风活动，宣传老一辈作家的优秀品质并丰富了青年作家创作的素材

努力抓好各类学习培训和文学辅导活动。举办了2014山西作家研修班，邀请著名的专家和作家为学员授课，丰富了山西省青年作家的知识储备和创作技巧。举办了“纪念王瑶先生诞辰100年暨学术研讨会”，及李国涛、焦祖尧、吕新、石云等10多位作家的作品研讨会，在宣传老一辈作家的优秀品质和创作经验的同时，也为青年作家提供了很好的学习机会。组织作家、编辑赴临汾市、潞城市、阳泉市、静乐等地举行了10几次文学座谈会、笔会、改稿会，有效提高了基层作者的创作水平。此外，还选送岳占东、蒋殊等3位青年作家参加了鲁迅文学院高级研修班的学习培训，提高了他们的写作水平。

为了使作家有效地深入生活，省作协组织作家赴晋中市采访采风，深入了解晋中市经济、社会、文化等方面发展变化，创作了10余篇文章，陆续在《山西日报》《山西晚报》等报刊发表，并将编辑成书出版；从全省每市各挑选了1名实力派作家，撰写《三晋大美——走进各市》文化丛书，已经完成4部作品，明年将全部完成创作并出版；与孝义市“三晋文化研究会”合作，组织作家撰写“孝义文化丛书”5部，即将出

版；与长治市郊区合作，组织10位青年作家深入采访，完成了一套表现该区文化社会发展的丛书，即将出版。还组织全省作家深入襄垣县法庭参观案件审理，赴祁临高速公路了解高速公路的监控、运营方式，到灵石县参加胡正文学纪念馆开馆仪式，赴阳高县、永和县采风，并建立了“阳高大泉山文学创作基地”和“永和乾坤湾创作基地”，从多个方面为作家深入生活提供了条件。还积极推荐山西省作家申报中国作协的定点深入生活项目，李金山顺利通过，并完成了创作选题。

六、在省作协的精心服务和大力扶持激励下，山西省作家创作成果突出，斩获多个国家级奖项

2014年省作协严格执行党的文艺方针政策，在省作协的精心服务和大力扶持激励下，山西省作家创作成果突出。其中吕新的《白杨木的春天》斩获第六届“鲁迅文学奖”中篇小说奖，这是继2010年李骏虎获第五届鲁迅文学奖之后我省作家的又获此殊荣。女作家葛水平的《河水带走两岸》及解贞玲的《高情大义，风华雅韵》获第六届冰心散文奖；蒋韵的《朗霞的西街》获2014年老舍文学奖；李骏虎获《芳草》文学杂志主办的第四届汉语文学女评委奖“最佳叙事奖”；聂还贵的《中国，有一座故都叫大同》获第五届徐迟报告文学奖；孙频、吕魁获第二届“紫金·人民文学之星”奖。小说集《茱萸》入选《21世纪文学之星——2014年卷》。《黄河岸边的歌王》《缅甸淘金历险记》《寻找巴金的黛莉》《送八十四位烈士回家》入选《中国新世纪写实文学经典》(2000—2014珍藏版)。

七、强作风、树形象，建设风清气正的服务型和谐作协

(一)巩固深化了党的群众路线教育实践活动成果。

2014年，省作协把党的群众路线教育实践活动的“回头看”作为改进作风、推进工作的抓手，以钉钉子精神抓整改，抓落实。整改完成了《省作协领导班子整改方案》中确定的16个问题，按照《山西省作家协会制度建设计划》，制定完善了28条新制度，废止了3条不适用的制度，全面完成了既定任务。认真学习习近平总书记在教育实践活动总结大会上的重要讲话精神，提出了进一步加强学习、提高认识，严肃党内政治生活、从严管理干部等5个进一步工作措施，持续抓党风建设。各级领导干部带头贯彻执行中央“八项规定”，坚决防止和反对“四风”，作协干部工作作风、机关整体面貌有了更好的转变，为基层服务、为作家服务的能力进一步提升。

(二)加强了机关的组织建设和干部队伍建设。

在省直工委的支持下，完成了省作协机关党委的换届工作，配好了机关党委班子，完善了党委的组织工作机构。并进一步完善了党建工作责任制，形成党组抓、书记抓、各有关部门抓、一级抓一级、层层抓落实的党建工作格局。坚持实行民主集中制原则，在重大活动安排、重点建设项目、以及人事安排等许多问题上，都经过会议民主讨论决定。坚持正确的用人导向，严把选人用人关，严格按照《党政领导干部选拔任用工作条例》的规定，完成了山西文学院干部的配置，并选举完成了工会的换届。完善了作协的各个组织，优化了干部队伍结构，增强了干部队伍活力，促进了作协各项工作的全面发展。

(三)全面落实党风廉政建设责任制，积极构建惩防体系。

作协党组认真贯彻落实中央、省委的《关于实行党风廉政建设责任制的规定》和《实施办法》，突出“一岗双责”，各位班子成员在抓业务工作的同时，又负责抓分管单位的党风廉政建设工作，明确了领导责任，细化了各项任务，做到了“两手抓，两手都要硬”。而且将党风廉政建设责任制落实情况作为考核考评各部门工作的一项重要内容，一级抓一级，层层落实。党组领导班子按照讲党性、重品行、作表率的要求，严格执行《廉政总则》及中央关于廉洁自律的各项规定，坚持秉公办事、廉洁从政，率先垂范，以身作则，全年没有一起违纪违规现象，用实际行动树立了“为民、务实、清廉”的良好形象。深入开展党风党纪教育，积极推行政务公开制度，认真强化权力监督制约。在党员干部中开展自纠自查，利用公布热线电话、设立意见箱、发放《征求意见表》、召开座谈会等多种形式全面接受社会监督。对领导干部的婚丧嫁娶、公务用车、家属子女管理、办公用房、人情消费、职务消费、“三公经费”等问题进行了专项整治。进一步完善了《山西省作家协会反腐倡廉教育制度》《山西省作家协会关于厉行节约反对浪费的的规定》等规章制度，使各项反腐倡廉工作有了制度保障。

(吕轶芳)

附：省作家协会党组书记、副书记、成员名单

书　记：张明旺

副书记：杨占平　罗向东

成　员：张锐锋　赵建平　梁跃进(5月任职)

省科学技术协会党组工作概况

党组书记　杨伟民

2014年，在省委、省政府的坚强领导下，省科协团结带领全省广大科技工作者，深入贯彻落实中央和省委的重大决策部署，“围绕中心抓党建，抓好党建促发展”，紧紧围绕“四个一”工作方针，突出重点、真抓实干，各项工作取得了新的进展和成绩，为加快经济社会发展作出了积极的贡献。

一、深入学习贯彻党的十八届三中、四中全会、习近平总书记系列重要讲话与省委书记王儒林同志讲话精神，全面落实中央和省委决策部署

省科协面向科协系统和广大科技工作者，及时通过举办研讨会、座谈会、报告会和培训班等多种形式，开展十八届三中、四中全会、习近平总书记系列重要讲话与省委书记王儒林同志讲话精神的学习宣讲，着力在认真学习、全面领会、正确把握、坚决贯彻上狠下功夫，切实把各级科协组织和广大科技工作者的思想行动统一到中央和省委的要求上来，为“净化政治生态、实现弊革风清、重塑山西形象、促进富民强省”献智出力。9月下旬，面向省科协、市级科协和省级学会，组织了180多人参加的封闭型科协干部读书班，中国科协副主席、书记处书记陈章良同志作学习辅导报告，邀请科技部、中央党校等部门的专家授课，并就科协系统的学习贯彻工作进行了深化部署。全省各级科协组织也积极行动起来，努力把中央和省委精神贯彻落实到科协工作的各个环节各个方面，努力营造风清气正、干事创业的良好环境。

省科协紧紧围绕深化改革、从严治党的中心任务，认真谋划科协工作，提出科协改革发展的重要措施，重点组织实施了山西省首次科技工作者状况调查、“四大科普计划”顶层设计、山西省院士专家服务中心建设研究、科协干部“优化自身素质、强化服务能力”建设、科协工作规范化建设等事关科协战略布局的有关工作，踏石留印，抓铁有痕，以实际行动落实中央和省委部署，使科协组织在服务创新驱动发展、提升全民科学文化素质、做好科技工作者工作中发挥更加重要的作用。

二、加强科协组织自身建设，强化作风建设和党风廉政建设，进一步夯实科协事业发展基础

2014年，省科协以巩固群众路线教育实践活动成果、加强从严治党为切入口，以饱满的政治热情、自我改革的意识和严肃整风的精神，改作风、树正气、提效能，推动科协事业创新发展。

一是在全系统组织实施“双化建设”。针对新形势下科协干部在业务水平、服务能力、创新意识、工作干劲等与改革发展不相适应的问题，省科协组织实施了“优化自身素质、强化服务能力”建设（简称“双化建设”），重点加强科协干部应具备的八项基本素质、九项基本能力。每月至少举办一次全系统学习报告会；分批安排干部外出参加培训；组织干部每人每年至少两次深入基层调研，每人至少撰写1篇有深度的工作研究文章；组织了全系统公文写作、计算机应用、主题演讲等比赛，并选派人员参加了省直机关五项全能大赛，取得优异成绩，省科协荣获优秀组织奖等。通过实施“双化建设”，致力于打造一支政治坚定、思想进取、作风过硬、工作一流的科协干部队伍。

二是在全省范围开展市县科协基本情况调研。为全面、系统、准确地了解全省各市、县科协组织现状，查找薄弱环节和存在问题，探索进一步加强科协工作的有效方法和途径，省科协设计调查问卷，组织机关干部于下半年分组分批深入基层进行调研。调研范围做到“全覆盖”，全省11个市科协、119个县（市、区）科协全部走到，不留空白；省科协所有干部全部参加，不搞特殊。调研程序做到“标准化”，每到一地都认真开展座谈、汇报、实地察看、问卷调查等工作，环节不能少。调研效果做到“察实情”，基本情况要实际看到，建议意见要切实听到，存在困难问题要真正找到，不走过场。要通过调研工作，切实解决科协工作中存在的问题。

三是推进科协工作规范化建设。建立省科协目标责任考核管理系统，将承担的省目标任务、省政府重点工作、省科协工作项目进行系统集成，全部纳入考核体系，实施全过程管理和绩效考核，确保各项工作任务全部顺利完成；推进信息化建设，公文审批、项目申报、目标考核、文件收发、通知公告等全部实现网上办公，降低办公成本，提高工作效率，做到党务公开、政务公开；严格贯彻中央八项规定，推进从严治党工作，制定和完善各项规章制度34项，坚持按制度办事、按规矩办事、按程序办事，把权力关进制度的笼子里，营造革弊立新、清正务实的发展环境。

三、发挥科协职能和优势，精神文明建设活动取得新成效

省科协把文明和谐单位创建工作同开展特色活动紧密结合起来，在“三八”节组织开展了科协系统妇女“双化

建设”群英赛，积极展示巾帼风采；组织参加干部职工参加省直机关运动会，荣获健身秧歌比赛一等奖。

面向社会的精神文明建设也取得突出成绩。提高全民科学文化素质是精神文明建设的重要内容，省科协作为科普工作的重要力量责无旁贷。2014年，省科协大力实施科普惠农、科普益民、科普强企、科普助教“四大”科普计划，着力提升农民、城市劳动者和社区居民、企业科技人员、青少年等重点人群的科学素质，服务转型发展。扎实举办“山西科学讲坛”，共举办科普讲座43场，受众近两万人次，被评为“省直机关十大学习品牌”。深入开展“全国科普日”暨“科普三晋”系列活动，重点组织了第三届中国科普摄影大赛、科普大篷车联动、健康科普进社区、科普教育基地联动、“新科技、新生活”低碳专题展等活动。各级科协组织广泛发动科技工作者和科普志愿者，直接面向广大人民群众，通过形式多样的科普活动，普及科学知识，倡导科学方法，取得了良好的社会效益。省科协成功举办青少年低碳论坛和山西省第29届青少年科技创新大赛、第13届青少年机器人竞赛、第10届宋庆龄少年儿童发明奖等活动，致力于激发和培养广大青少年的创造兴趣和实践能力。持续开展科学道德和学风建设宣讲活动，由品德高尚、造诣深厚、为人师表的院士专家组成的宣讲队伍，面向新入学的研究生和新入职的科技人员开展宣讲教育，在科技界和社会上产生积极影响。

四、切实履行桥梁纽带职责，加强科技人才队伍建设

一是圆满完成山西省首次科技工作者状况调查。省科协历时两年开展了山西省首次科技工作者状况调查，全面了解科技工作者队伍总体状况，准确掌握科技工作者在就业方式、科研环境、流动趋势、思想观念等方面的情况，形成了《山西省首次科技工作者状况调查报告》。调查报告受到省委、省政府的高度肯定，调查工作的开展，为省委、省政府及有关部门进一步加强人才工作提供了决策参考。

二是大力表彰优秀科技工作者。开展第六届山西省十佳中青年优秀科技工作者评选表彰，评选出长期奋战在科技一线、取得突出成绩的十佳中青年优秀科技工作者10名，每人奖励1万元；开展第二届山西省科技传播奖评选表彰，评选出先进集体10个和先进个人50名，并受到省劳动竞赛委员会记功表彰；积极向中国科协遴选举荐优秀人才，山西省有18名同志荣获全国优秀科技工作者称号，有1名同志荣获十佳全国优秀科技工作者提名奖，大大激发了科技工作者的荣誉感、自豪感。

三是竭诚服务科技工作者。定期组织召开科技工作者座谈会，学习传达中央和省委重要精神，听取科技工作者的意见和建议。精心组织中国科协会员日活动，省委常委、统战部长孙绍骋、副省长张复明带领省科协负责同志看望院士专家，各级科协深入一线慰问科技工作者，让广大科技工作者感受到“科技工作者之家”的温暖。充分利用各种社会传媒和科协系统传媒资源，积极宣传在科技创新和科学普及方面作出突出贡献的优秀科技工作者和创新团队。开展省级学会清理规范工作，坚持“三快一严”，审查率达到96%，提升社团公信力和发展活力。举办科学道德和学风建设宣讲报告会5场，邀请院士专家言传身教，倡导学术诚信，在科技界和社会上产生积极反响。

五、实施四大科普计划，在服务全省经济社会发展中迈出新步伐

一是引深做实科普惠农计划。开展全国和山西省科普惠农兴村计划先进单位和带头人推荐评选，共有67个农技协、21个农村科普示范基地、14名农村科普带头人受到国家和省级表彰。大力加强科普惠农中心服务站试点工作，累计建成12个试点，新建省级优秀农技协和农村科普示范基地各50个，探索科普惠农长效机制，助力“一县一业”、“一村一品”产业格局建设。深入推进科普惠农绿色通道工程，完成建设100个科普惠农服务站、扶持100个科普惠农骨干企业、建设100个优质农产品示范基地、主推100项科普惠农先进适用技术的“四个一百”任务；通过实施“放心农资下乡、优质农产品返城”模式，实现了双向服务县县全覆盖，信息技术服务体系惠农站点全覆盖的“两个全覆盖”目标。实施农超对接，组织科普惠农优质农产品进驻超市，在西安、天津等地开展山西品牌中华行活动，组织60个企业600余种农产品参展，吸引了30余万人次参观。山西首个农村科技服务微信平台——“农村微课堂”，开设专家讲堂、惠农服务等功能，访问量69万人次，轻松实现农业科技进村入户。建立科技扶贫示范基地2个、合作基地78个，组建96人参加的科技扶贫专家组，开展全程技术指导和跟踪服务。启动科普进庄园行动，为60多家庄园提供专家咨询、农资供应、信息化管理等服务。组织农村实用技术培训938场，受众6.3万人次；为全省1.3万名大学生村官编制并赠送科技手机报156期；中科云媒培训农民32万人；96110、96365、96580三条热线全年服务群众3.6万人次，引导广大农民通过掌握新技术新知识，实现科学生产、文明生活。

二是扎实推进科普强企计划，着力提升企业自主创新能力。组织企业科技工作者深入开展技术创新、技术革新和技术攻关活动，努力把创新要素引向企业。开展“讲理想、比贡献”活动，全省共计470多家企业、13.9万人次科技人员参加，采纳合理化建议3.06万条。在太原、晋城建立培训基地，确定太重、汾机、晋机3个试点企业，组建创新小组30个，初步建成四级创新方法培训网络体系，培训企业技术骨干640人。实施专利信息应用项目，加强联合协作，培训专利技术人员430人。“金桥工程”重点倾向“综改区”建设和中小企业，已完成42项，创利税2.03亿元。太原市共建立院士工作站27个，引进院士33名。全省新增企业科协123个，其中新增非国有企业科协85个，为加强企业科协工作注入了新生力量。在全国“讲理想、比贡献，

奋力实现中国梦”活动评选中，山西有8个先进集体、5个创新团队、9名创新标兵、6名优秀组织者受到表彰，有力推动了企业群众性技术创新活动的广泛开展。

三是科普益民计划和科普助教计划持续加强。省科技馆新馆自2013年国庆节建成并免费开放以来，累计接待观众100多万人次，被中国科协领导和全国科技馆界誉为精品样板工程，成为名符其实的科普工作主阵地。市级科技馆建设稳步推进，已有忻州、朔州、晋中3个市级馆开工，运城、阳泉等4个市级馆审批立项。流动科技馆和科普大篷车坚持深入基层，全年巡展300余天，受众70余万人次。随着现代科技馆体系的逐步建设，将为全省公民科学素质提升创造更加有利的条件。

开展国家和省级科普益民计划推荐评选工作，大同市城区柳园社区等9个社区受到中国科协和财政部的表彰及奖补，运城市新绛县东天池社区等10个社区被评定为“山西省科普益民优秀科普示范社区”，太原市杏花岭区锦绣苑社区等5个社区受到省级科普益民重点建设专项支助；实施公交楼宇“科普每一天”工程，覆盖太原3600多辆公交车和1500多个公共场所，全年编播科普宣传片52期。精心组织举办了全省青少年科技创新大赛、青少年机器人竞赛、宋庆龄少年儿童发明奖等赛事，深入开展了青少年高校科学营、农村青少年“科技彩虹桥”、“助力科学梦”家庭科学教育、青少年科学影像节等众多活动，共有1000多所学校、43万人次中小学生参加，大大激发了广大青少年崇尚科学、勇于探索的兴趣和活力。

省科协科普资源库拥有原创挂图600余套，数据存储量突破1000G；编印配发农村、社区科普挂图1万套，张贴在全省近万个科普惠农信息栏和215个社区科普报栏；编发手机报1231期，在太原50个社区安装“科普屏媒”，三农网络电视上线，与山西电视台合办“农科110”电视节目，与省电台合办“农科110”广播节目，在全省41个县市开播《科普大篷车》电视节目；作为中国移动“农信通”业务主要的内容提供商，累计提供涉农信息500多万条；埃博拉病毒爆发以来，积极开展应急科普，引导公众科学应对；中科云媒在全省农村建成试点303个，被财政部列为全国农村公共文化服务体系扶持项目。

（王爱英）

附：省科学技术协会党组书记、成员名单

书　记：杨伟民

成　员：侯晋川　王德贵　崔　忠　郝建新

省文学艺术界联合会党组工作概况

党组书记　李太阳

2014年省文联领导班子始终在思想上政治上行动上与以习近平同志为总书记的党中央保持高度一致，认真学习贯彻党的十八届三中、四中全会和习近平总书记系列重要讲话精神，深入开展学习讨论落实活动，高扬社会主义核心价值观旗帜，始终坚持突出中国梦的时代主题，坚持以人民为中心的创作导向，创新工作机制、延伸服务手臂，勇于担当、真抓实干，团结全省广大文艺工作者深入社会实践，努力创作优秀作品，为服务大局、服务人民、繁荣山西省社会主义文艺事业取得了新进展。

一、关于落实党风廉政建设责任制情况

（一）认真学习贯彻习近平总书记系列重要讲话精神，严守党的政治纪律和政治规矩。一是党组班子将作风建设摆在首位。按照省文学艺术界联合会党的群众路线实践教育活动中提出的把学习作为“第一门槛”的标准，用学风转变促进作风转变，建立健全了党组中心组学习制度。二是加强干部教育培训工作。认真贯彻落实省委《2010--2020年干部教育培训改革实施意见》，按照省直工委的统一安排部署，组织省管干部参加了“学习贯彻习近平总书记系列讲话精神集中轮训”；组织处级干部参加了省直工委组织的“学习贯彻习近平总书记系列讲话和十八届三中全会精神培训班”；组织年轻干部参加了省委组织部组织的“党的十八大、十八届三中全会精神解析与美丽山西建设”干部选学专题培训班。省文学艺术界联合会共有58人次参加了各类学习培训，4名省管领导干部参加了集中轮训。同时，加强对机关专职党务干部和党支部书记的培训，开展支部书记讲党课活动，特别对新任党务干部加强培训，推进基层党建工作创新。三是自觉维护党的政治纪律，完善机关党建工作责任制。进一步健全和完善党组书记负总责、分管领导具体抓、机关党委综合协调、行政负责人“一岗双责”的党建工作责任体系，制定了《山西省文联党风廉政建设“一岗双责”制度》；进一步完善党建工作考核评价机制。党组班子坚持民主集中制，重要工作和重大事

项听取不同意见，集体讨论决定，落实了一把手不直接分管财务、人事、工程等事项。

（二）积极落实中央八项规定精神，反对“四风”，强化党风廉政建设。党组班子以“打铁还需自身硬”的劲头，带头转变作风，加强作风建设。一是强化思想自觉。在中心组和支部学习中，始终把中央和省委关于加强作风建设的各项规定作为必学篇目，坚持入心入脑、常学常新，筑牢思想作风防线。班子成员充分发挥表率作用，广泛征求职工意见、相互谈心谈话、认真对照检查，2014年底顺利召开了以“严格党内生活，严守党的纪律，深化作风建设”为主题的民主生活会，自觉带头转变领导作风，努力形成崇尚实干、积极进取的良好工作风气。二是认真贯彻执行。研究制定了《山西省文联规章制度》，对岗位职责、行政管理、财务管理，公务接待等做出具体规定。班子成员带头改进工作作风，深入地市文联调研，开展住村增收活动，大力精简会议和文件，简化活动仪式，公布“三公经费”，统一部门预算管理，严格接待标准。三是落实“两个责任”。认真剖析党风廉政建设存在的问题，制定了党风廉政建设任务分解意见和落实“两个责任”的意见，进一步明确了各级干部落实党风廉政建设的职责和任务。调整党风廉政建设领导组人员构成和职责，完善了主要负责人落实“一岗双责”的机制，建立了纠错问责制度，把一岗双责落实情况作为考评干部重要依据。聘任了纪检监察专员，在传媒中心和晋宝斋设置了兼职纪委书记，及时组织机关党委纪委换届及工青妇组织的成立和改选，进一步深化干部人事制度改革，严格执行《干部选拔任用制度》，强化目标责任考核，推进竞争上岗，通过民主推荐等方式选拔任用了一批年轻干部，充分调动了广大干部职工的积极性和创造性，各部门的负责同志，严格遵守中央八项规定，2014年，没有发生一起违法违纪现象。

（三）扎实开展教育实践活动的有效整改和学习讨论落实活动的有序推进。党组班子坚持将教育实践活动整改与学习讨论落实活动协同推进，取得了明显效果。一是扎实开展教育实践活动整改“回头看”。按照省委要求，成立了专项工作领导组，认真开展纪律作风整顿，包括违规用车用房清理、收受红包会员卡购物卡清退、小金库治理等17项专项整治活动，厉行节约，坚决杜绝讲排场、比阔气、奢侈浪费的现象，二是加强了权力规范和制度建设。按照省委“六权治本”、“法治山西建设”要求，统筹推进省文学艺术界联合会法治建设和制度管理工作，对各部门的职责任务进行全面梳理，制定了权力清单和责任清单，进一步理清和规范了权力责任。针对教育实践活动发现的问题和制度漏洞，制定出台了管理制度16项，进一步扎紧制度笼子，努力形成改进作风、强化纪律的新常态。三是有序推进学习讨论落实活动。成立活动领导组，及时制定实施方案、任务分解及活动流程，编发学习资料，组织干部职工开展专题学习、集中辅导并观看警示教育片，围绕山西省“净化政治生态、实现弊革风清”的主题，各部门开展多次专题讨论，形成班子反思剖析报告。

二、关于2014年工作情况

（一）积极开展“中国梦”主题文艺实践活动，进一步增强了弘扬社会主义核心价值观的传播力

2014年，省文联着眼于省委、省政府工作大局，积极营造向上向善的社会文化氛围，突出“中国梦”的时代主题，把高质量的艺术盛宴和主流价值观传播给广大群众，赢得了较好的社会效益。成功举办了“中国梦·大同情工笔花鸟画展”，“我们的中国梦·山西省书法、美术、摄影作品展”，“我们的中国梦·五台山杯”摄影艺术展览，“说唱中国梦优秀曲艺节目展演”活动、“情系中国梦·全国产（行）业文联美术精品展”、“中国梦、黄河魂、三晋情”黄河九省一市美协书协主席作品邀请展等系列活动。省文联还精心举办了全国草书作品展、山西省美术作品展、“黄河魂·太行情山西山水画展”、全国美术作品展雕塑展、五台山国际摄影展、中国科普摄影展等活动，积极营造向上向善的社会文化氛围。成功举办了沁州书会、山西省少儿曲艺大赛、中国音乐“钢琴、琵琶小金钟”奖山西选拔赛、华北五省市区舞蹈比赛与杂技展演、“山西省杂技金菊奖·空竹大赛”、山西省微电影大赛、山西省校园艺术大赛、山西省少儿书画新人新作展、山西省“德艺双馨电视艺术工作者”评选和电视艺术评奖、山西省文联文艺评论奖评奖活动，与此同时，通过山西晋艺嘉和文化艺术基金会，成功举办了姚天沐从艺65周年美术作品展、谭兴渠90华诞暨从艺70年画展、山西省历届中国书法兰亭奖参展作者书法精品展等活动。

（二）扎实推进文艺志愿服务活动，进一步树立了深入生活、扎根人民的新形象

2014年，省文联及各团体会员秉持“为民、惠民、乐民”的服务宗旨，动员老中青文艺工作者深入人民群众，积极开展采风创作、慰问演出、辅导培训、文艺支教、展览展示等活动，形成省、市、县三级文联联动态势。省文联充分发挥主体示范作用，党组、主席团、书记处书记分别率先带头，以身作则，各团体会员单位积极响应，先后赴革命老区、农村、学校、厂矿、医院、社区、军营、环卫一线、施工工地等，广泛开展文艺志愿服务活动，在全省各地举办了不同形式、不同主题、不同风格的各种文艺活动，尤其在元旦、春节前后，正值隆冬季节，但所有文艺家都热情参与。两个月的时间里，从塞上煤都到河东大地，从滚滚黄河到巍巍太行，从矿山社区到建筑工地，从医院部队到田间村头，包括各艺术门类在内的全省1000多名文艺工作者，与群众零距离接触，与火热生活同频共振。共举办100多场专场表演（放映），组织50多场基层文艺骨干专题培训班，为群众创作书法、美术、摄影作品两万多幅，有数十万群众直接受益。此项活动力求做到不给基层增加负担、不做表面文章，活动在省内外引起较大反响。

（三）倾力培育和打造文艺晋军，进一步推出了一批有

影响的精品力作

省文联及各团体会员，坚持正确文艺导向，在出人才、出精品上下功夫、作文章，全年在国内外各级各类专业性文艺比赛中均取得了优异的成绩。在展览艺术方面，具有代表性的奖项有：省书协在中国书法兰亭奖、全国书学讨论会首届“朝圣敦煌”全国书法大展等大展中获奖11项，省美协在第12届全国美术作品展、中国百家金陵画展等大展中有39件作品入选和获奖，省摄协在第12届上海国际摄影艺术展、奥地利超级摄影巡回展、中国摄影金像奖等大展中获奖16项；在表演艺术方面，具有代表性的奖项有：省剧协在第18届“中国少儿戏曲小梅花”大赛、第4届中国校园戏剧节等活动中获奖12项，省舞协在第9届中国舞蹈“荷花奖”校园舞蹈评奖、第2届“荷花少年”全国（中学）校园舞蹈展演中获奖4项，省曲协在第6届全国少儿曲艺大赛、第8届中国曲艺牡丹奖评奖、中国曲艺之乡创建工作评选等活动中获奖14项，省杂协在第九届中国杂技金菊奖、宝丰魔术艺术节、国际空竹艺术节等活动中获奖4项，省音协在首届俄中青年文化艺术节、全国第11届声乐比赛、第4届全国高等艺术院校民族声乐大赛、首届民族声乐艺术歌曲大赛中获奖5项；在影视艺术、民间文艺、文艺理论、产业（企业）文联方面，具有代表性的奖项有：省视协在第27届中国电视金鹰奖中获奖3项，电视剧《幸福生活万年长》获中宣部第13届精神文明建设“五个一工程”优秀作品奖，电影《猎杀中山狼》获14届电影频道百合奖优秀故事片提名、《黄河喜事》在第14届韩国光州国际电影节中获“最受观众喜欢影片奖”，省民协在全国木偶大赛、中国农民画剪纸艺术大赛、全国二人台大赛、全国舞龙展暨第12届中国民间文艺山花奖舞龙评奖活动中获奖12项，在山西省第9届文艺评论奖评选活动中共颁发66项奖，省产业（企业）文联在“全国产（行）业文联书法美术摄影精品展览”活动中荣获优秀组织奖和特别贡献奖等。据不完全统计，2014年度省文联及各文艺家协会共获国际级奖项10项，国家级（区域级）奖项117项，省级奖项110项。各市文联和各团体会员也同样取得了不菲的成绩，硕果累累，进一步扩大和提升了三晋文艺的新形象。

（樊丽红）

附：省文学艺术界联合会党组书记、副书记、成员名单

书　记：李太阳

副书记：石跃峰

成　员：刘廷明（5月离职）　李和平　靳　忠　李剑斌

省工商业联合会党组工作概况

党组书记　杨临生

2014年，在省委省政府的正确领导下，在省委统战部指导下，山西省工商联党组团结带领机关全体干部职工，积极认识新常态，主动适应新常态，围绕全省“净化政治生态，实现弊革风清、重塑山西形象，促进富民强省”大局，牢牢把握“促进非公有制经济健康发展、促进非公有制经济人士健康成长”主题，主动作为，开拓创新，圆满完成了年度各项工作目标任务。

一、经济服务

参政议政。深入全省各市、县（区），分别就民营经济发展情况开展36次专题调研，建立了100家企业长期跟踪观察点，驻会领导带队调研平均62天，上报调研报告15余篇。其中《当前影响我省民营中小微企业发展的主要问题》报告提出的“六难两低”的突出问题，即“融资难、用地难、盈利难、审批难、执行难、维权难，服务水平低、自身素质低”8个方面38个问题清单，受到了省委常委、统战部长孙绍骋的好评，调研成果中的一些内容被省委十届六次全会和全省经济会议参考采用；编撰了12期《非公经济情况专报》，直接向省委省政府反映情况提出意见建议。省政府王一新副省长对第10期《加强培育民营企业的科技创新能力》，作出批示：“请工商联充分利用好我省股权交易中心（四版）和全国股转系统（新三板），促进科技型中小微企业快速健康成长”。

服务企业。与省政府、金融办等部门合作，共同推进相关政策的落实，改善金融服务环境。协助召开了大型民营企业金融分析协调会议和小微企业金融服务座谈会议，提出了“一企一策”原则。制订了金融支持重点民营企业筛选认定管理办法，推荐了67个民营企业为重点扶持对象。全年通过山西省小微企业金融服务促进会，为10万会员融资近10亿元。

协助全国工商联开展了对落实企业投资自主权和示范项目第三方评估工作调研，组织150余家民营企业召开了18场座谈会，实地走访企业50余户，汇总100份调查问卷上报全联。

组建了2个律师团队为企业提供普法宣传、咨询解答、解决经济纠纷、调研指导等服务；召开了省级司法部门、执法部门、部分市县工商联、省直商会、民营企业和法律服务中介机构座谈会。

为民营企业招聘人才，开展民营企业招聘周活动和就业再就业工作，仅太原、大同、忻州三地就有800多家民营企业提供岗位22561个，34家直属会员企业提供1091个高校毕业生就业见习岗位。

招商引资。牵头承办了第二届晋商大会，组织17个国家和港澳台地区、26个省市自治区及省内晋商代表共270人参加了会议。省委书记王儒林，省委副书记、省长李小鹏出席会议并讲话。以晋商大会、工商联网站为载体，采取现场活动与网络活动相结合、线上线下相结合模式开展招商引资活动，网上发布推介了转型综改等项目1340个，同时组织了山西·珠三角对接恳谈、民营企业与高校科研院所对接等一系列招商引资引智活动，大会期间组织了文化旅游专场和太原晋中两个分会场的项目对接会，共签约合同项目156个，总投资额1903.8亿元；与北京新戎集团等22个投资企业签署科研项目成果合作协议。李小鹏省长在2014年全省“两会”的政府工作报告中专门指出“加大招商引资力度、招才引智力度，成功举办了第二届晋商大会”。

交流合作。推动民企外向型经济发展，组织了5批次经贸交流团，分别赴港澳、美加、澳新地区开展经贸交流、项目洽谈等活动；为临汾等7个市在国内北京等14个省市开展招商引资活动；为香港、美国洛杉矶等8个国家的晋商会和商协会来晋、来华开展经贸洽谈、考察活动，提供支持和帮助。

指导江苏省镇江和港澳等6家晋商会挂牌，搭建了宣传山西、展示晋商、促进区域经济协调发展的新平台。截至2014年12月，国外及港澳台晋商组织25家，国内省级异地晋商组织达26家，市级异地晋商组织达28家。

二、思想政治工作

理想信念教育实践活动。继续推动理想信念教育实践活动深入开展，召开了凝心聚力谋发展“四信”教育实践活动座谈研讨会和全省民营企业文化建设观摩交流会，树立宣传了100名先进典型。组织了9个市、39个县（区）、10个行业的企业参与编制社会责任报告，集中公开发布50份社会责任报告。在12月9日召开的全国工商联社会扶贫工作座谈会上介绍了经验，人民日报、新华社、山西日报等主流媒体均给予积极关注和深度报道。全国政协副主席、全国工商联主席王钦敏批示：“望在弘扬晋商精神上再接再厉，做出更大贡献。”

教育培训。采取专家讲授、观摩考察、交流讨论，并融入恳谈对接、产学研相结合等经贸活动。举办了全省小微企业主创业能力提升培训班、优秀中青年民营企业负责人培训班、协助组织全省中小微企业政策解读培训、“依法治国、依法治省、依法治企”专题培训、举办6期“晋商大讲堂”。2014年全省工商联系统共培训非公人士近10万人次，教育培养了一批优秀非公有制代表人士。2014年11月25日，第四届全国非公有制经济人士优秀中国特色社会主义事业建设者表彰大会在北京举行，山西通达（集团）有限公式董事长远勤山，长治市南烨实业集团有限公司董事长李建明，大同市华岳建设集团董事长昝宝石，被授予“优秀中国特色社会主义事业建设者”荣誉称号。

产业扶贫。组织召开了全省非公有制企业产业扶贫左权县观摩推进会，并在太原、大同、吕梁、忻州等市进行产业扶贫分片观摩活动。截止2014年年底，全省民营企业参与产业扶贫开发工程投资项目共计479个，总投资额871.1032亿元，已完成投资额85.7377亿元。

光彩事业。帮助7家项目企业达成扶贫贷款协议金额为2.28亿元。向中国光彩会申报7个全国光彩事业重点项目和9个光彩事业扶贫贷款项目。山西省企业家韩长安、任武贤、李建明等3人被授予“光彩事业20周年突出贡献奖”荣誉称号，张新跃被授予“光彩事业国土绿化贡献奖”荣誉称号。

三、基层组织和商会建设

基层组织建设。2014年1月23日，省工商联召开第十一届三次执委会议，选举李武章为省工商联主席、省总商会会长。制定了《山西省工商联会员发展和组织建设规划(2014–2017)》和《2014年“五好”县级工商联建设工作实施方案》，推动基层组织和商会建设。组织了全省加强县级工商联和商会组织建设观摩培训活动，截止年底，全省131个县级以上工商联组织，基本达到“一个设立、五个有”的目标。授予12家县级工商联“五好县级工商联”称号。

商会建设。推动县级工商联加强乡镇商会、街道商会、园区商会、市场商会等基层商会的建设与发展。在发展中努力做到有人员、有场所、有经费、有活动，使商会工作正常化、规范化。加强班子队伍建设，保证政治方向，引导商会规范、有序、合理、健康发展。截止2014年年底，省商会总数达1728个。

会员队伍发展。进一步提升企业会员和团体会员比重，注重发展成长型中小微企业、非公有制经济优秀代表人士和新的社会阶层代表人士为会员。截止2014年年底，会员数达21.38万个，其中企业会员14.13万个，团体会员数2009个，个人会员数7.05万个。

四、机关建设

党的群众路线教育实践活动。深化党的群众路线教育实践活动成果，针对群众路线教育实践活动查摆出的“四风”方面存在的15个突出问题，认真开展了整改落实、专项整治、建章立制工作，对照“两方案一计划”，对16项整改落实工作进行了“回头看”，制定了27项规章制度，各项整改任务基本完成。同时开展了“强纪律、严作风、树标杆、争一流”和厉行节约“八个一”活动。按照“围绕中心、立足本职、统筹规划、突出重点”的原则，设定了标准程序和保障措施，建立了指标考勤通报制度，自觉在实际工作中争作为、比建树，促进机关作风建设不断改善，形成厉行节约、反对浪费的氛围。

信息化建设工作。开展了信息化工作建设，完善升级了省工商联和晋商大会网站，开发建设了办公自动化系统和会务、执常委、会员、光彩事业、档案五个数据库"，机关实现了自动化办公。

精神文明创建活动。坚持同加强非公经济组织党建工作相结合，同加强非公经济人士思想政治工作相结合，同学习型机关建设和转变机关作风、创新工作相结合，把创建文明和谐单位工作纳入制度化、规范化的轨道。积极开展了公民道德建设"一堂一队一牌一桌一组""五个一"活动，注册成立由30名机关干部组成的省工商联学雷锋志愿服务队，开展"党员入社区"工作，指导12个省级商会建立党组织。同时以"晋商大讲堂"为依托，开设道德讲堂，通过创建活动全面推进了机关各项工作的圆满完成。

（冯学亮）

附：省工商业联合会党组书记、成员名单

书　记：杨临生

成　员：樊秀清　王建华（3月离职）　郎宝山　赵淑芊　高志勇

省残疾人联合会党组工作概况

党组书记　李亚明

2014年，省残疾人联合会党组以深入学习贯彻党的十八大、十八届三中、四中全会精神和习近平总书记系列讲话精神为首要政治任务，进一步深化党员干部队伍的思想建设。以贯彻《条例》和省委《实施意见》为基础，进一步夯实机关党组织自身建设。以加快推进残疾人同步小康进程为主线，在保障残疾人基本生活、康复服务、维权、教育就业、宣传、文化体育等方面整体推进，提升残疾人社会保障和服务水平，做好开展"基础管理建设年"活动、残疾人"两项补贴"、康复救助、"一店三基地"建设等六项重点工作的总体部署，开创了山西省残疾人工作的新局面。

一、以深入学习贯彻党的十八大精神和习近平总书记系列讲话精神为首要政治任务，进一步深化党员干部队伍的思想建设

（一）开展理论学习。党组中心组每年集中学习时间不得少于12次12天，其中集体研讨每季度不少于一次，中心组成员全年参加学习的出勤率不低于80%。各支部每月集中学习时间不少于2次2天，党员干部参加学习的出勤率不低于80%。机关党委每月编印一期《党组中心组学习参考资料》，内容包括：习近平总书记系列重要讲话精神、党的十八届三、四中全会精神、中国特色社会主义理论和"中国梦"、社会主义核心价值观、省委新决策新部署、反腐倡廉教育、各类现代科学文化知识。编印参考资料12期，集中专题学习16次15天。

（二）组织专题报告。举办了"山西省残联学习贯彻党的十八届三中全会精神报告会"，特邀省社会科学院副院长贾桂梓研究员作关于"学习贯彻三中全会精神，积极推进全面深化改革"的专题报告。组织召开了"建党93周年领导干部讲党课专题报告会"，党组书记、理事长李亚明和党组成员、副理事长、机关党委书记温万一，分别以"焦裕禄精神"和"中国梦"为题讲党课。

（三）参加集中轮训。组织省管干部参加了"学习贯彻习近平总书记系列讲话精神集中轮训"；组织处级干部参加了省直工委组织的"学习贯彻习近平总书记系列讲话和十八届三中全会精神培训班"。2014年，省残联副处级以上干部共计55人参加省委组织部、省直工委关于十八大和十八届三中全会精神及习总书记一系列重要讲话精神的集中轮训和《干部选拔任用工作条例》集中轮训。

二、以贯彻《条例》和省委《实施意见》为基础，进一步夯实机关党组织自身建设

（一）健全"一岗双责"，加强党风廉政建设。进一步健全和完善党组书记负总责、分管领导具体抓、机关党委综合协调、行政负责人"一岗双责"的党建工作责任体系。下发了《2014年党风廉政建设和反腐败工作任务分解意见》，明确了省残联党组要严格落实党风廉政建设责任制，切实担负起党风廉政建设的主体责任。切实把党风廉政建设责任制与领导干部所担负的岗位职责有机结合起来，把"两手抓，两手都要硬"的方针落到实处。

（二）召开专题民主生活会和组织生活会。组织召开领导班子专题民主生活会和支部组织生活会。领导班子成员对照党风廉政建设责任制的规定和工作中存在的问题进行分析检查，在民主生活会上坚持开展批评和自我批评，互相指出存在的问题和改进的方向；各支部组织开展专题组织生活会，组织支部书记"联述联评联考"，进行民主评议党员活动。党组成员都以普通党员身份参加所在支部的专题组织生活会。

（三）加强制度管理，开展专项整治。制定了《山西省残联党员干部直接联系群众的制度》，完善了调查研究制度、基层联系点制度、定期接待群众来访制度、与干部群众谈心制度、征集群众意见制度、党员承诺履诺制度、组织管理制度的内容和对各级党员领导干部的具体要求。健全改进作风的常态化机制，开展了改进作风专项行动，进行了机关“工作秩序涣散、纪律松弛”问题的专项整治。集中整治影响发展环境、损害党和政府形象的违反纪律行为。严格执行党的各项纪律，强化管理，落实责任。参与了重点项目和重点工作的监察检查活动。

（四）积极参加省直机关各项活动。组织10名运动员参加了“2014年省直机关第四届职工运动会”乒乓球男团、女团、男单、女单、混双5个项目的比赛；举办了省直机关干部五项全能比赛“践行社会主义核心价值观”主题演讲预选赛，吕竞伟、段颖鹏、贺娜三位选手代表省残联参加省直机关干部五项全能比赛，省残联获组织奖。省残联办公室吕竞伟同志荣获省直机关干部五项全能比赛法律知识比赛第5名（并列）、电脑应用比赛第9名（并列），总成绩进入前30名，荣获五项全能三等奖，并被省直机关劳动竞赛委员会荣记个人三等功；开展了“残联人--中国梦”主题征文活动，收到征文69篇，其中散文诗歌39篇，论文30篇，受到省文联评委的一致好评；开展了一年一度的读书月活动，确定主题，选定书目，定购图书，90%的党员都积极撰写心得体会。

三、以提升残疾人社会保障和服务水平为目标，进一步加快残疾人同步小康进程

（一）开展康复救助，在深化服务上下功夫。全面完成了省委、省政府“对5万名贫困残疾人实施康复救助”的任务。国家、省、市、县投入资金5949.05万元，对75544名贫困残疾人实施了康复救助，涉及人工耳蜗手术、残疾儿童康复训练、盲人定向行走训练、肢体矫治手术、白内障复明手术、辅助器具配发等项目。全省共培训社区康复协调员4516名。超额完成省政府年初下达的对贫困残疾人实施康复救助的任务。

（二）搭建就业平台，在“一店三基地”建设上下功夫。全省残联系统积极开展盲人按摩示范店和残疾人就业创业基地、扶贫基地、实训基地建设，扶持残疾人创业就业。全省新建规范了100个盲人按摩示范店，新培训盲人按摩人员1000名。51个残疾人就业创业基地，共有从业人员2176人，安置1066名残疾人就业；30个残疾人职业技能实训基地，共培训残疾人8229人；57个残疾人扶贫基地，安置740名残疾人就业，培训残疾人3358人，辐射带动17182名残疾人就业。

（三）采取多种措施，在推进残疾人多渠道就业上下功夫。制定下发了《山西省关于促进残疾人按比例就业的实施意见》，通过按比例就业、自主创业、公益岗位等途径安置残疾人就业6911人，超额完成年初任务5000人的38%。2014年度“农村基层党组织助残扶贫工程”扶持2011户农村残疾人家庭从事生产劳动，提高了其持续发展能力。城镇残疾人职业技能培训完成5888名，农村残疾人实用技术培训完成1.5万名。举办山西省第五届残疾人职业技能竞赛，展示了残疾人职业技能培训水平。

（四）实施“两项补贴”，在保基本补短板上下功夫。制定下发了《山西省重度残疾人护理补贴和贫困残疾人生活补贴实施办法》，建立了山西省残疾人“两项补贴”制度。省、市、县三级财政发放补贴资金4000万元，按标准为7.8万名一级重度残疾人发放了护理补贴或生活补贴。

（五）凝聚各方力量，在全面完成年度工作任务上下功夫。全省30.5万名残疾人纳入城乡低保；10.2万名残疾人参加城镇职工社会保险；20.1万名残疾人参加城镇居民社会养老保险，22.7万名残疾人参加城镇居民医疗保险；74.1万名残疾人参加新农保，142万名残疾人参加新农合。省内寄宿制、日间照料托养机构共托养1000名残疾人，13801名残疾人享受居家托养补贴。省彩票公益金助学项目资助478名残疾人家庭子女大学生、残疾大学生和残疾研究生。66名残疾学生被特殊高等院校录取，234名残疾学生被普通高校录取，上线录取率达100%。残疾人福利基金会共募集资金物资1420万元，救助残疾人8349人次。实施山西省“集善工程”，为88名唇腭裂患者实施了修复手术，实施700例白内障复明手术，配发1300辆轮椅等辅助器具。发放2014年度残疾人机动轮椅车燃油补贴178.34万元，559名残疾人领到汽车驾照。

（六）摸清需求底数，在开展残疾人基本服务状况和需求专项调查上下功夫。启动了山西省全国残疾人基本服务状况和需求专项调查工作，调查准备阶段的各项工作有序进行，核查持有第二代《中华人民共和国残疾人证》的残疾人82.5万人。省级组织调查师资培训415人，县级组织调查员培训11847人，为2015年1月1日入户调查打下了良好的基础。

（七）领导重视支持，在营造扶残助残社会氛围上下功夫。召开了山西省第五次自强模范暨助残先进集体和个人表彰大会，省四大班子主要领导出席大会并颁奖。举办了第十届省残运会，400多名残疾运动员参加了11个项目的角逐，共决出336块奖牌。山西省全国自强模范暨助残先进集体和个人先进事迹报告团在省内巡回宣讲5场，直接听众近2000人，产生了积极的社会影响。

（王凤萍　柳　田）

附：省残疾人联合会党组书记、成员名单

书　记：李亚明

成　员：温万一　刘　晔

省社会科学界联合会党组工作概况

党组书记 侯秀娟

2014年度，省社科联党组认真学习贯彻习近平总书记系列重要讲话精神，坚决拥护党中央对山西工作的重要指示精神，充分发挥自身职能，团结和引导广大社科工作者，围绕省委、省政府的重大战略开展研究，为推动山西省经济社会发展发挥了社科界的思想库作用。

一、以党的建设为统领，抓好班子，带好队伍

省社科联党组始终把党建工作放在首位，认真落实党组的主体责任，坚持党要管党、从严治党，以党建为统领，抓班子，带队伍，在思想建设、组织建设、作风建设、反腐倡廉建设和制度建设等方面取得了一定成绩，党组织的创造力、凝聚力和战斗力进一步提高，广大党员的整体素质进一步增强，为圆满完成各项工作任务提供了强有力的思想、政治、组织和队伍保证。

（一）认真学习习近平总书记系列重要讲话精神，强化思想建党。一是党组带头，示范引领学。2014年党组中心组集中学习20次，领导班子成员6次上台讲党课。围绕习近平总书记重要讲话、党的十八届四中全会精神、培育和践行社会主义核心价值观、中国梦、廉政文化建设等内容进行了专题辅导。形成以党组中心组理论学习为龙头，以处级以上领导干部学习为重点，以党支部学习为基础，以党员自主学习为主体的理论学习格局和良好的学习氛围。

二是创新品牌，科研助推学。形成“以课题引领学习，以学习助推科研”的学习品牌。社科联常委、专家领题17个，深度学习专题研究，参与完成了省直工委、省直纪工委牵头组织的《落实机关党建工作责任制的实践思考》《如何加强机关作风制度建设》《省直机关事业单位发展党员工作办法》研究工作。省社科联的学习品牌被省直工委列入55个重点学习品牌，并在机关党建网上宣传展示。

三是集中培训，系统深化学。2014年组织处级以上领导干部参加省委党校、省直党校学习培训20人次，组织科级干部到清华大学参加干部自主选学，举办了130多人参加的学会和市社科联负责人培训班，学习习近平总书记重要讲话、社会主义核心价值观，进行革命传统教育、廉政教育和学会业务知识培训。

四是突出重点，找准问题。如在学习讨论落实活动中，针对问题，依次推进，边学习边讨论边落实。开展主题讨论10多次，进行集中培训、案例教学，警示教育、互动式教学，还组织社科专家召开了弘扬三大优秀历史文化研讨会，山西日报、山西电视台作了专题报道。

（二）强化制度落实，加强组织作风建设，注重从制度上建党。

一是严格执行党的民主集中制，省社科联领导班子能较好地贯彻民主集中制原则，自觉接受大家监督，不搞“一言堂”，充分发扬民主，充分发挥每个成员的积极性，领导班子严格执行集体领导和个人分工负责相结合的制度。始终把民主集中制贯穿于工作决策的全过程，严格党组议事规则，“三重一大”事项集体研究决策，充分听取意见，“一把手”末位表态，民主讨论决定。党组成员分工明确，一把手不直接分管人、财、物，副职分管，正职监管。班子成员能正确摆正个人与组织的关系，维护领导班子的团结，省社科联重大决策和重大改革措施的酝酿出台，都采取集体研究协商的方式，认真听取大家的意见和建议，增强了决策的科学性和有效性；班子成员之间相互配合、团结协作，形成了良好的风气。

二是严格执行《党政领导干部选拔任用工作条例》和《关于加强干部选拔任用工作监督的意见》，不断提高选人用人的公信度。2014年，选拔拔任用了4名正处级和4名副处级领导干部，每个环节都严格按照《条例》的规定进行，得到了机关干部群众的认同。

三是严格落实党内组织生活制度，强化党性锻炼。严格按照《党章》和《条例》规定，坚持“三会一课”制度，定期召开党组民主生活会、支部组织生活会，在精心组织学习，广泛征求意见，开展谈心活动的基础上，党组班子和成员都认真撰写了民主生活会对照检查材料，开展了积极的批评和自我批评。做到思想上交流、感情上沟通，严格执行党员领导干部双重组织生活制度，党组成员积极参加双重组织生活，认真开展交心谈心和党性分析活动，保证了党的民主生活会和组织生活会的质量。

四是严格落实党务干部队伍建设制度，强化组织建设。根据省社科联实际，积极推行“一岗双责”。在机关党委换届后，经党组和机关党委反复研究，基层两个支部书记继续由调整到领导岗位的两个副厅级领导担任，不仅进一步强化了基层组织建设，而且也强化了领导干部对所分管领域党建工作的领导，同时对部室领导也起到了传帮带的作用。积极开展机关基层组织建设提升年活动，将组织建设与作风建设、机关党建、文明创建、业务工作有机结合，将党的组织建设与干部平时考核、履职问责、教育培训、表彰奖励、选拔任用等管理工作紧密挂钩，提高了机关党组织建设水平和干部能力素质，使党建责任落到了实处。

五是严格落实党务公开制度，强化党内民主。把党务公开与业务公开和行政公开相结合，充分保证机关干部职工和全省社科界专家学者的知情权、参与权、表达权和监督权。严格党费收缴公开、入党程序公开、财务定期公开、成果评审网上公示、干部选拔任用程序公开等，切实做到公开为常态，不公开是例外。

（三）强化文明创建，弘扬社会主义核心价值观，注重从行动上建党。积极培育和践行社会主义核心价值观是一项长期任务，也是推进文明创建活动的主要抓手。

一是深入开展培育和践行社会主义核心价值观教育活动。制定《省社科联培育和践行社会主义核心价值观实施方案》，把核心价值观与学会管理工作、课题研究、宣传普及、机关日常管理紧密结合起来。8月29日召开了省城社科界践行社会主义核心价值观座谈会，对培育践行核心价值观的内涵、方法、途径进行深入研讨，为核心价值观的宣传教育提供理论支撑；充分发挥“两刊一网”（《学术论丛》《山西社科联》和山西社科网）的阵地作用，在网站首页飘窗显示宣传，重点刊登有关理论文章；课题立项重点突出核心价值观研究课题；学会培训工作融入核心价值观方面的内容，使社会主义核心价值观内化于心、外化于行，达到了净化心灵、增强理想信念的目的。

二是以文明创建为抓手，形成了团结和谐奋进的良好氛围。以人人争当文明先进个人、部室争做文明部室、机关争创文明和谐机关为切入点，积极推进文明和谐创建活动。2007年至2011，连续四年评为省直机关文明和谐单位，2012年至今被评为省直文明和谐单位标兵。

二、积极履行“两个责任”，严格要求，率先垂范，扎实推进党风廉政建设和作风建设

党风廉政建设是党的建设的保障，作风建设是党的建设的集中体现。省社科联党组认真落实党风廉政建设和作风建设责任制，强化领导，加强教育，健全制度，促进了党风廉政建设工作和作风建设的健康发展。

（一）严格落实两个责任、落实“一岗双责”。2014年党组强化了主体责任和纪委的监督责任。牢固树立抓党风廉政建设是本职、不抓党风廉政建设是失职、抓不好党风廉政建设是渎职的理念。年初制定《省社科联机关党风廉政建设责任制》，“一把手”与班子成员、班子成员与分管部室领导逐级签定责任书，层层传导，明确责任，把党风廉政建设落到实处。

（二）严格落实中央八项规定和《廉政准则》，带头廉洁自律。深入学习贯彻《廉政准则》，中纪委二次、三次、四次全会精神，注重结合“八个禁止”、“五十二个不准”和中央“八项规定”的要求，认真抓好对照检查，注重突出教育的时代性、经常性、示范性、警示性，打牢拒腐防变的思想基础，强化“作风建设永远在路上”的观念和认识，增强推进党风廉政建设和作风建设的自觉性和主动性。特别是中央八项规定出台后，省社科联党组成员不折不扣带头落实。2014年省社科联较上年同期精简会议8个、精简文件31个、清理评比达标表彰项目1个、压缩“三公”经费8.42万元，降幅为57.8%，建立健全20项反对“四风”、加强作风建设的规章制度，从源头上严控“三公”开支。坚持开短会、讲短话，不搞迎来送往，班子成员没有出入私人会所、没有用公款请客送礼，没有公款旅游考察，没有安排人员出国（境）访问，没有超标准使用办公用房。严格执行会议、出差、培训、接待等规定，厉行节约，反对铺张浪费。最近又对收送红包礼金等开展了专项治理教育，机关干部职工人人写了承诺书。

（三）严格强化制度约束，加大执行和监督力度。党组积极推进党的群众路线教育实践活动的深化，认真抓好整改落实，积极修订完善干部人事、机关财务等制度，学会管理办法和科研课题管理办法等制度，加强对财务、人事、业务等关键环节和重点部位的管控，着力构建惩治和预防腐败体系。如财务管理中，进一步修订和完善了《省社科联财务管理制度》，实行重大开支由党组集体讨论决定，专项开支由经办人、部室领导、分管领导、财务负责人层层把关，严格流程，相互制约。在干部选拔任用上，坚持落实《党政领导干部选拔任用工作条例》，坚持德才兼备、以德为先、以廉为基的原则，做到职位公开、过程公开、结果公开。在评奖工作中落实《评奖“五不准”工作纪律》，同时坚持评委和工作人员严格回避制度，从制度上、程序上保证评奖的公正公平。在日常工作中坚持“七不准工作纪律”，严格请销假制度，不定期自查制度，逐月汇总汇报制度，注重平时养成和监督约束。

（四）深化“走群众路线”的理念，扎实转变工作作风。一是带着专家现场服务。党组主要领导6次深入五寨县、神池县、岢岚县等贫困县区，就农业生产、羊产业发展、基层党组织建设等问题进行研究，现场咨询服务。二是分包学会常年联系。全年深入学会150余人次，指导学会的清理整顿规范工作，掌握意识形态工作主动权。三是深入各市指导活动。组成4个调研组对各市社科联开展群众路线教育实践活动的边查边改情况调研指导。四是深入高校科研院所。党组领导先后到山西师大、山西财大、山西农大、大同大学、山西传媒学院等高校科研院所，就社科评奖、课题研究、学会管理及社科普及等工作听取专家学者意见，为全省社科工作把脉问诊。五是下乡驻村重点帮扶。党组书记4次带队深入下乡驻村点垣曲南堡头村，帮扶落实了村级引水灌溉工程，并为其争取到20万元扶持资金。

三、以党的建设为基础，推动社科联各项工作全面发展

（一）集中开展社科类学会的清理整顿规范工作。根据省纪委、省委组织部、省监察厅、省民政厅联合下发的《山西省全省性社会团体清理规范工作方案》（晋纪发［2014］1号）文件精神，集中开展了全省社科类学会的清理规范。对所属125个学会分类指导，逐一进行清理整顿。省社科联领导和学会联系人深入学会，调查研究，针对性地采取有力措施。经自查自纠、严格审核、限期整改，使学会达到“人员、机构、职能、经费”与党政机关“四分离”，解决了领导干部在学会兼职

过多的问题,134 个处级以上党政领导干部退出学会，建议撤销 20 个运行不规范学会。这项工作在全国社科联工作会上交流了经验。

(二)超额完成全年重点课题研究任务。2014 年共完成课题立项 135 项,结题 139 项。组织完成《山西煤层气产业发展研究》《山西生态环境补偿机制研究》《山西农村土地流转研究》《网络生态环境治理模式及其路径研究》等一批重点课题,较好发挥了思想库作用。

(三)圆满完成山西省第八次社科研究优秀成果评奖工作。社会科学研究优秀成果评审工作,是省社科联受省委、省政府委托开展的,是山西省社科领域的最高奖。它对于学科建设、人才成长、学术研究具有重要的引导激励作用。第八次社科大评奖,组织 100 多名专家,分 11 个学科组,经过三级评审、公示、领导组确认,最终评出了 282 项高质量优秀研究成果。9 月 5 日召开了山西省第八次社科评奖工作座谈会。这些成果既有理论上的重大突破，又有较强的实际应用价值。如《山西资源型经济转型国家综合配套改革试验区发展报告》和《农民收入持续较快增长的困难与期盼》,为山西省积极稳妥地推进国家资源型经济转型发展试点区建设和促进农民收入增长提供有益启示，山西电视台进行了宣传报道。

(四)圆满完成“百部(篇)工程”评审工作。社科研究优秀成果年度奖“百部(篇)工程”是省社科联连续开展了 19 年之久的一项品牌性工作,也是近年“推出一批优秀社科研究成果”的主要内容之一。经评审委员会认真评审,共评出获奖成果 110 项。

(五)加强“两刊一网”阵地建设。省社科联牢固树立政治意识、大局意识、责任意识,严把导向关、质量关,坚持精益求精,注重改进创新,更好地宣传党的主张、反映社科界心声。《山西社科联》《学术论丛》、山西社科网加大了对党的十八大和十八届三中、四中全会精神,习近平总书记系列重要讲话,社会主义核心价值观等方面的宣传力度,2014 年共完成 6 期 20 多万字《山西社科联》、6 期 90 万字《学术论丛》的编辑出版发行工作。山西社科网也较好地发挥了宣传服务平台作用。

(六)加强和完善社科人才库建设。密切与高校、科研院所的联系,及时更新信息,建立了 419 人正高职称的人才库。积极推荐宣传山西优秀社科人才,有 3 名专家、3 部作品和 4 位社科工作者,在全国社科普及工作会议上受到表彰,山西省社科联在大会交流经验。

四、坚决贯彻依法治国方略,扎实推进法治山西建设

(一)着力提升党组领导班子法治水平。省社科联党组认真学习贯彻党的十八大和十八届三中、四中全会精神,习近平总书记系列重要讲话精神,组织领导干部学习《中华人民共和国保守秘密法》《党政领导干部选拔任用条例》《党政领导干部选拔任用工作有关事项报告办法》《干部选拔任用工作四项监督制度》《党政领导干部选拔任用工作责任追究办法》《廉政准则》等法律法规,党组书记还作了全面推进依法治国的专题辅导,并组织大家讨论了典型案例。通过学习教育,提升了大家学法、用法、守法和依法管理的水平。

(二)积极推进法治建设研究。2014 年全年开展了《<山西省综改试验区促进条例>立法研究》《山西省危险驾驶罪量刑失衡研究》等 6 项课题研究,完成了《山西泉域水资源保护立法研究》《我国住宅合作社立法类型研究》《未成年人经济性权利国家监护制度研究》《山西企业社会保险法律问题研究》《个人信息安全法律保护研究》等 11 项课题,省社科联主办的《学术论丛》发表了《论法治山西建设需要处理好的九个关系》《关于推进森林公园法制化建设的思考》等法治类论文 8 篇。《制定“新型农村合作医疗管理条例”的建议》《英国新能源法律与政策研究》等 2 项成果在全省第八次社科评奖中获一等奖,4 项成果获得二等奖,共有 19 项法治类研究成果获奖。

(三)树立法治思维,加强制度建设。认真贯彻落实依法治国方略及法治山西建设的要求,依照国务院颁布的《社会团体管理条例》,圆满完成学会的清理整顿、学术管理,逐步完善了《学会登记管理制度》《学术活动申报制度》《学会联系人制度》《学会工作绩效考核制度》《山西省社科联重点课题管理办法》《山西省社会科学研究优秀成果评奖实施细则》等一系列制度,管理规定及办事程序公开上网,实现了阳光管理、依法行政,保证了社科工作沿着正确方向健康发展。

(王纪山　杜伟琴)

附：省社会科学界联合会党组书记、副书记、成员名单

书　记：侯秀娟(女)

副书记：王纪山

成　员：王志超　王崇德

省归国华侨联合会党组工作概况

党组书记　王立业

2014 年，省侨联党组在省委的坚强领导下,认真学习贯彻党的十八和十八届三中、四中全会及习近平总书记系列重要讲话精神,认真贯彻中央《关于加强和改进新形势下侨联工作的意见》和中国侨联九代会精神,深入学习贯彻省委十届六次全会和王儒林书记重要讲话精神,按照省委统一部署认真开展学习讨论落实活动,巩固深化党的群众路

线教育实践活动成果，着力加强班子和机关自身建设，充分发挥侨联组织独特优势，紧紧围绕省委省政府中心工作，积极开展各项活动，助力服务全省经济社会全面发展，圆满完成全年工作任务。

一、发挥独特优势，拓展海内外联谊和新侨工作，助力山西省经济发展

（一）海内外联谊工作和新侨工作得到新拓展。一是延伸海外工作手臂，搭建精准化服务平台。与到访海外侨领就侨联开展海外联谊工作、建立海外工作站等问题进行深入交流探讨，与俄罗斯、澳大利亚、德国、加拿大、新加坡、日本、美国、新西兰等8个国家的海外华人华侨社团签订了海外联系点友好合作协议，构建了精准化服务平台。二是加大联谊力度，进一步汇聚侨心侨力。举办山西在港人员联谊会第三届年会，赴澳门参加“2014华侨华人聚濠江联谊大会”系列活动，走访侨务大省侨联和侨商会、异地山西商会和山西省异地商会，推介山西、宣传山西，寻求合作。接待海外代表人士10余批、100余人次。与23个国家和地区的48个海外侨团、70余名侨领侨商建立了友好联系，向20多个国家和地区的侨界朋友发送我省招商引资、招才引智政策和项目。三是开展侨情资源信息化建设工作。组织开发了侨情数据软件，举办了软件应用培训班，建立了省、市、县侨情资料数据库。完善了全省归侨、新侨（含留学人员）及海外侨领、侨商、科技文化人才和海外侨团等侨情资料库。四是组织参加中国侨联新侨系列活动。组织参加首届新侨创新创业成果展和第五届新侨创新创业成果评选，“山西欧德宝电子工程有限公司”、“寿阳县田益农业科技有限公司”被评为“优秀参展企业”，9人获得中国侨界“创新人才奖”、2项成果获中国侨界“创新成果奖”、2个团队获中国侨界“创新团队奖”，省侨联两获“组织工作奖”。

（二）服务经济建设取得新突破。一是参与承办第二届晋商大会筹办组织工作。邀请15个国家和地区30位海外侨领和侨商出席大会。举办海外侨领和侨商餐叙座谈会，陪同参会的部分海外嘉宾赴临汾、晋中、忻州进行项目考察和对接，向晋商大会网提供海外山西同乡社团和海内外侨界优秀晋商人物、企业、组织宣传资料73篇。二是开展招商引资、招才引智活动。加强与地方政府的合作，搭建交流平台，积极邀请海内外侨商来晋考察并进行项目对接。持续助推忻州10000亩工业园区、祁县2000亩商贸物流园区等项目合作进程。积极助推台湾教授、南京工业大学院士团队与山西路鑫能源集团的新技术项目合作进程。

二、认真履行职责，竭诚为侨服务，维护侨界和谐稳定

（一）依法维护侨益和参政议政工作取得新成效。一是依法维护侨益。组织参加中国侨联“侨商杯”法律知识竞赛，配合全国人大常委会华侨委员会执法检查组和中国侨联法顾委调研组在山西省开展调研工作。二是积极参政议政。全省侨界人大代表、政协委员、特聘专家积极围绕山西省经济社会发展建言献智，共提交提案、议案和建议20件。其中《华侨晋商创新创业专属园总体规划》《关于进一步推动我省中小微企业持续健康发展的几点建议》《关于发展我省乡村旅游提升服务水平的建议》等一批提案议案得到了有关部门的高度重视。

（二）参与社会建设工作有了新举措。一是持续开展“走基层、访侨户、凝心聚力助发展”走访调研活动。首次实现调研工作对县级侨联全覆盖，走访归侨侨眷700余户，填写走访记录700余条、调研日志41篇，撰写调研报告14篇，撰写、整理历次尤其是近四次全国侨代会表彰的山西省侨界各类先进人物材料39篇。二是深入开展“送温暖、献爱心”活动。探索并建立起侨联组织引导、侨资企业参与、热心侨务工作志愿者参加的“三位一体”帮扶机制，对全省范围确定的306户重点帮扶对象进行帮扶。2014年走访慰问困难归侨侨眷和侨界代表人士900余人次，发放慰问金（品）计47万余元，解决民生问题近50件。三是稳步推进侨联公益事业。在右玉一中、长治二中、祁县中学增办3个针对特困特优高中学生助学活动的“珍珠班”。全省17个“珍珠班”累计850名学生共计得到资助金650万元，同时享受学校减免费用650万元。开设“山西侨心公益讲堂”并举办首场讲座。继续慰问忻州特教学校，发放慰问金10000元及价值3000元的中小学道德教育科普图书。省海亲会为娄烦县郭家庄小学捐建“海亲书屋”，捐献价值近万元的图书，捐款3280元，捐赠30套书包及学习用品。四是积极发挥侨界社团组织作用。省海外人员亲属联谊会通过积极组织迎春联欢会、春游踏青、读书交流、乒乓球友谊赛等系列联谊活动，为山西省海外人员亲属提供相互联系、交流、帮助的平台，在解决“空巢”群体这一新型社会问题中发挥了积极作用。

（三）文化交流工作取得新进展。一是积极参与文化交流活动。组织参加中国侨联第二届世界华人华侨美术书法展，山西省推荐的两幅作品获优秀作品奖并入围参展。在第十五届世界华人学生作文大赛中，山西省80篇作文和80位教师获奖。接待马来西亚关帝基金会和海外华文学校校长、教师文化考察团来晋开展文化考察交流活动。二是积极开展山西华侨史料收集整理工作。编辑完成《三晋侨英剪影》（老侨篇）、《三晋侨英剪影》（新侨篇）《海外晋人觅踪》资料，共收录各类侨界代表人士传记170余篇。首次开展《山西省侨联组织机构沿革》编录工作，完成省、市、县三级侨联组织1957—2014年机构沿革资料收集整理工作。

三、加强侨联组织自身建设，不断夯实侨联事业发展基础

（一）着力推进机关规范化建设。一是建立全省侨联工作座谈会制度。每年第四季度初，召开全省侨联工作座谈会，听取各市侨联当年工作总结和第二年工作谋划，讨论省侨联第二年工作要点，总结经验，查找差距，促进工作交流。二是坚持机关办公会议制度。以办公会议为抓手，以盘点与布置工作为主要内容，强化工作布置，狠抓工作落实，注重工作质量

与效果，提高工作效率和水平。三是加强机关规范化建设。力求在工作布置、会议组织、调查研究、工作协调、办文办事、机关管理等各个方面和各个环节上再细化、再规范，积极构建机关规范化建设的长效机制。四是推进机关信息化建设。2014年向中国侨联报送《侨情专报》12篇，其中4篇被采用。加强省侨联国际网站建设，2014年共发布工作动态620篇。开通官方微信平台，及时向省侨联委员和基层侨联干部发布工作信息。

（二）扎实做好干部培训工作，提高干部队伍素质。举办山西省侨联系统干部培训班，全省侨联系统60名干部参加培训；在复旦大学举办"党政领导干部素养提升培训班"，省侨联机关11名干部参加培训。省侨联机关干部在线学习平均完成101学时。选派8名干部参加中央党校、中央社院、省委党校、省直机关党校和中国侨联干部培训班等教育培训活动。

（三）积极开展干部下乡住村工作。省侨联领导先后4次带领机关干部前往中阳县三角庄村和凤尾村，与所在镇党委及村两委班子召开座谈会，对开展党的群众路线教育实践活动及村两委班子换届进行指导；深入田间地头、农户家中，就推进黄牛养殖圈舍建设、中药材种植等富民项目，提高村民收入、实现脱贫致富进行实地调研，了解并帮助解决干部群众的实际问题。2014年争取专项扶贫资金20万，种植中草药材550亩，建设牛棚600平方米，可解决120头黄牛集中圈养。对包扶村中的2名老党员、5名老村干、20户特困村民进行走访慰问，共发放慰问金2.1万元。包扶村人均纯收入达到4100元。

四、落实主体责任、确保清正廉洁，努力建设开拓创新、团结干事的领导集体和机关干部队伍

（一）巩固深化党的群众路线教育实践活动成果。认真贯彻中央八项规定，严防"四风"问题反弹，按照党的群众路线教育活动"两方案一计划"认真落实整改，适时开展教育实践活动"回头看"并开展专项整治活动。按照省委要求，组织小分队，乘座公共交通深入阳泉、忻州、晋中三市侨联，通过召开座谈会、入户调查、查验资料等形式，掌握第二批活动单位边查边改情况、帮助查找"四风"突出问题，倾听侨界群众对本地教育实践活动开展情况及党员干部作风转变情况的评价。制定《省侨联党员干部直接联系群众方案》，建立机关党员领导干部基层联系点制度，省侨联班子成员先后带队赴联系点和扶贫点调研共计12次。

（二）加强领导班子和干部队伍建设。执行民主集中制原则，对重大事项在广泛征求群众意见的基础上，一律通过党组会议或办公会议集体研究。严格执行每月党组中心组学习和每周机关集体学习制度，周密制定学习计划并认真落实。认真策划、精心组织召开了高质量的2014年度领导班子民主生活会和机关党支部民主生活会，开展批评和自我批评，达到了团结同志、共同进步的效果。认真贯彻《党政领导干部选拔任用工作条例》、四项监督制度和其它有关干部制度，贯彻全省组织部长会议和干部监督会议精神，加强干部监管力度，选拔任用4名处级领导干部（两正两副），全部符合要求和程序。侨联连续四年"一报告两评议"结果四项指标都是100%，受到了省委组织部好评。

（三）认真落实主体责任。认真落实党风廉政建设党组主体责任、党组书记第一责任人职责和班子成员"一岗双责"，制定《省侨联党组落实党风廉政建设主体责任具体措施》。坚持把党风廉政建设纳入全年工作总体规划，在年初安排部署工作的同时对党风廉政建设一起安排、年底一起检查。把党风廉政建设和反腐倡廉纳入了党员、干部年度教育计划并认真组织实施。全年没有出现违反八项规定的情况和违法乱纪现象，没有私设小金库，无公款出国（境）旅游等事项。

（四）认真开展学习讨论落实活动。按照省委统一部署，制定活动方案，明确活动重点，成立活动领导小组，在省委第七督导组的指导下扎实推进。通过中心组学习、机关集中学习、观看警示教育片和领导干部讲党课等方式精心组织学习讨论，针对山西省政治生态出现的严重问题，结合省侨联实际，班子成员把自己摆进去深刻反思剖析，认真撰写班子反思剖析材料。

存在问题：一是在拓展新侨和拓展海外联谊上还存在很大差距，尤其是走出去开展海外联谊工作还没有迈出实质性步伐。二是侨界社团的作用没有充分发挥。三是机关干部作风能力素质与新形势新任务要求还不相适应。

（张志龙）

附：省归国华侨联合会党组书记、成员名单

书　记：王立业

成　员：许并社

省红十字会党组工作概况

党组书记　盛佃清

2014年，省红十字会党组认真学习贯彻党的十八大、十八届三中、四中全会精神和习近平总书记系列重要讲话精神，深入开展学习讨论落实活动，紧紧围绕省委、省政府工作中心，按照中国红十字会九届五次理事会议精神和2014年全省红十字会系统工作会议对全年各项人道救助工作作出的部署，坚持围绕全省红十字事业改革与发展工作大局，把党建工作与业务工作有机结合，以党建工作促进业务工作，以业

务工作带动党建工作，积极推进党的思想、组织、作风、反腐倡廉和制度建设，团结和带领全会同志扎实推进“三救、三献”等重点工作，积极发挥党和政府在人道领域的独特助手作用，各项工作取得新成效。

一、认真学习贯彻习近平总书记系列重要讲话，进一步增强了做好红十字事业的责任感和使命感

山西省红十字会领导班子坚持把学习贯彻习近平总书记系列重要讲话精神作为首要政治任务，认真学习领会习近平总书记对时代发展脉博、内政外交形势和党的建设新要求的深刻把握，对中国特色社会主义伟大实践所面临风险挑战的清醒认识，对加快推进依法治国、全面深化改革开放的前瞻部署。在全面系统学习中把握精髓，在理论联系实际中深化理解，在强化实践运用中增强本领。领导班子成员以上率下、带头学习，通过党组中心组的18次专题学习，全体党员干部8次集中学习、支部分头学习，领导干部讲党课，集中轮训等形式多样的系统深入学习，进一步强化了党员干部坚定政治信仰、保持政治本色、深化作风建设，增强干事创业的责任感和紧迫感。通过学习习近平总书记系列重要讲话精神，领导班子更加深刻认识到，在当前我国经济发展“三期叠加”和社会转型的矛盾凸显时期，发展中不平衡、不协调、不可持续问题依然存在，迫切需要充分发挥红十字会在加强社会互助、融洽人际关系、弥补市场经济缺陷和政府公共服务不足的优势，进一步增强机遇意识、责任意识和历史使命感，促使领导班子更加深入研究思考新阶段红十字事业面临的形势与任务，进一步理清了发展思路，明确了工作重点，制定了对策措施，更好地服务民生、服务全省经济社会发展大局。

二、把坚定理想信念和政治立场、严守政治纪律和政治规矩变成自觉行动、行为准则

一是坚定理想信念，坚持走中国特色社会主义道路信念不动摇。特别是学习习近平总书记在会见红十字国际委员会主席莫雷尔时的重要讲话，使全体党员干部深刻认识到，红十字事业以保护人的生命和健康、促进人类和平进步事业的宗旨，与全心全意为人民服务的党的宗旨是高度一致的，更加强化了红十字会以人为本、执政为民的理念，更加热爱红十字事业，更加坚定了发展中国特色红十字事业的信心和决心。

二是坚定政治立场，讲政治顾大局。在大事大非面前，头脑清醒，立场坚定，自觉在思想上政治上行动上与以习近平为总书记的党中央保持高度一致。

三是严格遵守党的政治纪律和政治规矩，坚决维护中央和省委权威，全力维护党和政府在人民群众中的形象，在党言党，在党护党，不造谣、不传谣、不信谣。坚决贯彻落实党的路线、方针、政策和省委、省政府的决策部署，有令则行、有禁则止。

三、深入开展学习讨论落实活动，从严落实“两个责任”，依法办事，机关干部队伍建设不断加强

一是深入开展学习讨论落实活动，自觉把思想和行动统一到省委要求上来，认真贯彻到从严落实“两个责任”、推进“六权治本”、加快“六大发展”的决策部署上来。在省委第三督导组的精心指导下，认真组织学习讨论，深入查找班子存在的突出问题，见人见事，深刻反思剖析，并研究提出有针对性的整改措施。

二是严格党内生活，严肃政治纪律。组织召开了省红会党组民主生活会，深入开展批评与自我批评，统一了思想，增进了团结。认真遵守民主集中制原则，从人事安排、大额资金支出、救助项目立项到一般性业务工作，都要上会集体研究讨论，集思广义，保证决策的规范性、科学性。

三是进一步强化党的意识、责任意识、忧患意识，按照党要管党、从严治党要求，加强党风廉政建设。制定了省红十字会落实“两个责任”实施意见和责任清单并签字背书，对党组的主体责任和机关党总支的监督责任作了明确。两次召开党组专题会，研究安排党风廉政建设工作，并进行了责任分解，层层传导压力，确保班子成员“一岗双责”制度落到实处。

四是加强机关党建工作，顺利完成机关党总支换届，调整扩充了两个党支部，增选了机关党总支纪委委员。

五是坚持依法治会，依法办事。着力健全完善省红会机关内部治理结构和管理制度，结合学习讨论落实活动中查找出的问题，有计划、分步骤地建立健全项目设计、物资采购、分配使用、信息公开等一系列制度、规范和程序，逐步形成民主决策、高效执行、全方位监督的运行机制。

六是加强机关干部队伍建设，以“三严三实”为标准，严格要求机关干部职工树立严谨、务实、高效的工作作风，在工作中培养干部素质、提高工作水平，在工作中识人选人用人，省红十字会机关呈现出积极进取、干事创业、风清气正的浓厚氛围。

四、坚决落实中央八项规定，反对“四风”，群众路线教育实践活动成果得到巩固和拓展

一是注重调查研究。领导班子成员先后10次下乡住村开展包村增收活动，包扶村人均增收700元。积极发挥人道救助工作职能，就救助项目的科学立项、救助方式方法的改革创新、救助项目的规范管理等进行调研，深入了解掌握困难群众最迫切的人道需求，切实帮助基层困难群众解决实际问题。

二是减少了发文和会议数量。开短会、讲短话，提高了会议实效；严格发文审批程序，没有实质内容、可发可

不发、脱离实际、缺乏针对性和可操作性的文件一律不发。全年会议数量同比下降了50%,文件简报下降了28%，接待费下降了69%。

三是班子成员严格遵守廉洁从政有关规定，严格执行住房和办公用房、车辆配备、“三公”经费使用等有关规定。没有发现违反八项规定的人和事。目前，省红十字会群众路线教育实践活动领导班子整改方案中的5项整改任务，除1项因国家《红十字会法》还没有完成修订使山西省红十字条例没有及时修订外，其他的全部完成；“四风”问题专项整治的10项任务全部按时完成；健全完善了《山西省红十字会博爱助医工程管理办法》等7项制度，并在实际工作中得到较好的落实。2014年，党组进一步树立服务意识，优化简化救助工作程序，建立健全《山西省红十字会采购制度和采购流程》等制度规范，在思想上、作风上、制度上不断拓展教育实践活动成果。

五、突出重点，做实做强核心业务，红十字事业取得新成效

（一）积极开展救灾救援。一是紧急救援云南鲁甸地震灾区。地震发生后，根据张建欣副省长的重要批示，立即启动省红十字会自然灾害救助应急预案，紧急向云南灾区提供人道救助，第一时间向云南省红十字会电汇救灾款10万元；山西红十字蓝天救援队第一时间赶赴灾区参与现场营救工作。紧急向全省各级红十字会发出通知，积极开展募捐工作。抗震救灾期间，全省各级红十字会累计为地震灾区募集善款129万余元，专项用于鲁甸地震灾区的救援及灾后恢复重建工作。二是积极救援山西省受灾地区。投入救援资金50余万元，对发生在宁武、神池、吉县、平遥、黎城等五县的洪涝灾害给予及时救助，6400余户受灾家庭受益。

（二）人道救助项目不断拓展。一是积极开展博爱募捐活动，省红十字会累计收到爱心款物2478万元，其中省本级收到150多万元，全部用于对困难群众的救助工作。二是持续开展“博爱助医工程”项目，投入医疗救助金553.4万元，救助了137名贫困白血病患儿，49名贫困先心病患儿，50名贫困足内（外）翻患者，67名省直单位大病致困职工。援建“博爱卫生站”5所，总数达到62所。三是继续开展“博爱助学工程”，在贫穷落后的地方援建博爱小学3所；对家庭困难的大中学生进行学费资助，累计达到24730名。四是继续开展“红十字博爱送万家”活动，投入救助资金180余万元，对1万户因灾致贫、因病返贫的城乡特困家庭给予救助。在10个社区或村庄实施了“博爱家园”项目，将红十字人道关爱工作延伸到了最基层。

（三）应急救护培训有序推进。大力推进急救护培训知识和技能进企业、进社区、进学校。对公安、煤炭、铁路等易发生意外伤害的行业当年培训初级救护员3200多名，超额30%完成年度目标任务。普及培训市民、学生、志愿者和企业职工45000人，累计培训人员已达到60余万人。进一步推进红十字知识、应急救护知识进校园，在山西大学建立了“大学生红十字应急救护培训基地”。在火车站、社区、学校推广应用“红十字急救掌上学堂”，山西省下载量全国领先。

（四）“三献”工作稳步推进。全省临床用血已实现了全部来源于无偿献血的目标。推动造血干细胞捐献者资料库建设，山西省已有7.6万人份志愿者数据录入中华骨髓库，2014年有16位志愿者成功捐献造血干细胞，共有109位志愿者成功捐献。200余人报名登记成为人体器官捐献志愿者，已有22例公民逝世后器官捐献，使56位脏器衰竭患者获得新生。70多例公民逝世后遗体捐献贡献于医学科研，30多人成功捐献眼角膜使受益的眼疾患者重见光明。

（五）红十字志愿服务和国际交流合作取得新进展。山西省登记注册红十字志愿者7000多人，建立红十字志愿服务队130多支，开展了云南鲁甸地震救援、各种赛事急救医疗保障、坠崖溺水救援以及关注农村留守儿童爱心助学活动、在敬老院开展了“关爱老人”等志愿服务活动。积极参与国际红十字运动事务，在长治、晋城实施了红十字会红新月会国际联合会和红十字总会在我国开展的唯一耐药结核病防治项目。组织澳门红十字志愿者博爱小学义教探访团来山西省开展教学交流活动，组织红十字青少年赴韩国等地参加了青少年交流活动。

（侯晓俊）

附：省红十字会党组书记、成员名单

书　记：盛佃清（6月任职）

成　员：冯晋生（6月离职）　白　冰（女）

省管国有企业党委工作概况

山西焦煤集团有限责任公司党委工作概况

党委书记　武华太

一、企业简介

山西焦煤集团有限责任公司(以下简称山西焦煤)是国内最大的炼焦煤生产企业，是煤炭产量过亿吨、销售收入超2000亿元的特大型能源集团，位列2014世界企业500强第290位、中国企业500强第49位。

山西焦煤组建于2001年10月，属山西省国有独资企业，下属有西山煤电、汾西矿业、霍州煤电、华晋焦煤、山西焦化、运城盐化、山西焦炭等22个子分公司和西山煤电、山西焦化、南风化工3个A股上市公司。

山西焦煤以煤炭、焦化、盐化、发电、装备制造、物流贸易为主业，兼营材料、民爆、建筑、煤层气、节能环保、投资金融、文化旅游、房地产等配套辅助产业。有六大主力生产和建设矿区，主要分布在太原、晋中、临汾、运城、吕梁、长治、忻州7个地市29个县区。

山西焦煤主导产品有焦煤、肥煤、1/3焦煤、瘦煤、气肥煤、贫煤等多个煤种，其中强粘焦煤和肥煤为世界稀缺资源，是大钢厂大高炉不可或缺的骨架炉料；化工产品主要有冶金焦、铸造焦、甲醇、合成氨、炭黑、洗油、苯、酚、萘、元明粉等。公司与多家上下游大企业结成了战略合作伙伴关系，先后被授予全国煤炭工业优秀企业、全国"守合同重信用"企业、中国煤炭工业科技创新先进企业等荣誉称号，荣获"全国五一劳动奖状"。

面对新形势新挑战，山西焦煤将围绕"11236"工作思路，实施"做大做强焦煤主业，加快推进转型升级，大力发展循环经济，开放合作五大领域"发展战略，坚守"安全生产"和"经济稳定运行"两条发展底线，提升"基层建设、基础管理、基本素质提升"三基工作水平，打造以"煤电材"、"煤焦化"、"无机盐"为主导产业链条的六大循环经济园区，全面建设现代化新型能源集团，为实现山西省"六大发展"、推动煤炭产业"六型转变"作出新的贡献，在"黑色资源绿色发展、高碳经济低碳发展"的转型道路上迈出坚实步伐。

二、2014年党建工作

2014年，山西焦煤党委深入贯彻落实党的十八大和十八届三中、四中全会精神，按照山西省委省政府"六大发展"、"六权治本"、"六型转变"总体安排，紧紧围绕集团公司"11236"发展战略目标，团结带领广大干部职工，积极应对新的困难和挑战，坚持在继承中创新、在发展中提升，聚精会神抓党建，驰而不息转作风，促进了企业整体工作稳中有进。

(一)思想建设

深化理论武装。集团公司各级党组织坚持用中国特色社会主义理论体系和习近平总书记系列重要讲话精神教育引导党员干部，牢牢把握正确的政治方向。集团层面修订完善了学习制度，全年组织中心组学习10次，构建起学习、讨论和调研相结合的长效机制。集团公司党委始终与中央、省委在思想行动上保持高度一致，在企业统筹发展上保持领导地位。

推进战略引领。结合省委"五句话"、"六大发展"、"六权治本"、"六型转变"要求，立足集团公司实际，集思广益，深入调研，制定了"11236"战略目标，编制了2014～2018年滚动发展规划，明确了发展路径和阶段性目标。优化集团管控模式，强化集团层面战略管理、资本运营、业绩考核、人力资源、协调服务五大功能，集团统筹发展、多元发展，子分公司专业化、差异化发展的新格局正在逐步形成。

推动工作落实。安排部署"838"安全生产工作思路，安全基础趋实，安全生产形势进一步向好。针对市场严峻形势，科学制定实施“五保”营销策略，千方百计抢占市场、扩大份额、扩大销量、增加收入。开展立标对标，精细管理、挖潜堵漏、提质增效，提高企业竞争力。强化“三基”管理，抓基层打基础，从业人员素质得到明显提升。

（二）组织建设

健全基层组织。制定了“严格党内生活、加强基层党建”的相关措施，党组织活动进一步严格规范。深入开展“基层组织提升年”活动，基层党组织书记轮训、“一先两优”对标等8项工作有序推进，各级党组织提档升级、服务发展的能力进一步增强。根据机构变化，新组建基层党委1个、党总支9个、党支部29个，确保了党建工作全覆盖。严把入口关，坚持向基层倾斜、向一线倾斜、向骨干倾斜，全年新发展党员1548名。截至2014年年底，山西焦煤共有基层党组织3500个、党员58132名。

完善工作机制。梳理完善基础管理制度，新制定了《党委巡视工作制度》《发展党员“六项制度”》等。深入开展“创先争优”，扎实推进“党员示范岗”、“党员责任区”、“党员身边无事故、无隐患、无违章”等活动，党的工作渗透到了安全生产经营的各个方面、各个环节，体现在各种急难险重任务之中，党组织战斗堡垒作用进一步发挥，党员先锋模范作用进一步彰显。

创新活动形式。党委成员包片联点、深入基层督导调研形成制度。安全专题民主生活会及“严格党内生活，严守党的纪律，深化作风建设”组织生活会效果明显。党委牵头，坚持对教育培训、劳动用工、干部作风进行动态检查、随机抽查、定期通报，全年动态检查76个单位，通报隐患问题64条。围绕“学习讨论落实”活动要求，深入开展9个领域专项整治，集中力量破解制约企业发展的重大难题。

（三）队伍建设

抓班子。集团公司各级领导班子认真贯彻民主集中制，严格执行“三重一大”决策制度，通过进一步规范议事制度和决策程序，提高了决策的科学化水平。认真开展“一报告两评议”、基层党委书记“联述联评联考”等工作，提高了各级党组织工作的积极性和主动性。及时调整充实了部分单位领导班子，增强了班子的凝聚力、战斗力。

管干部。认真执行新修订的《党政领导干部选拔任用工作条例》，坚持“好干部”标准，严格干部选任程序，强化党组织领导和把关作用。严格落实党管干部要求，对干部兼职（任职）、超职数配备等进行了核实处理，跟踪制定了整改措施。严格实行干部职数和机构职数报批、干部选拔任免备案和干部选拔任用约谈制度。加强干部教育培训，全年集团层面培训干部4711人次，现场抽考矿（处）级干部780人次。严格领导干部个人事项报告制度，完善了领导干部人事档案，做到了信息真、情况明、底数清。

育人才。各级党组织坚持党管人才原则，创新技术人才评价、交流、激励机制，扎实推进三类人才队伍建设。组织开展职工技能运动会，18个工种、1133人参加比赛，全集团年度培训43.18万人次，以比促学、以用促学、以考促学取得了较好效果。设立“煤炭专业专家库”，开办高阶管理人员培训班，建立“焦煤大讲堂”，拓展了学习平台。推动“技能大师工作室”建设，建成13个集团级大师工作室、25个子分公司级大师工作室。

（四）党风廉政建设

明晰“两个责任”。强化党委主体责任，制定了落实党风廉政建设党委主体责任和纪委监督责任的意见，明确了党委42项主体责任、纪委28项监督责任。健全完善了党风廉政建设责任制，实行了更加严格的责任追究制度。认真落实纪委书记只分管纪检监察工作、不再分管其他业务的要求，使纪委的工作重心转移到监督执纪问责主业上来。

强化教育监管。组织开展了“反腐倡廉教育宣传月”活动，不断培育各级党员干部的廉洁自律意识。编制了《建设廉洁焦煤实施方案》，建立了副处级以上领导干部廉洁档案，严格执行了新任职干部廉洁谈话制度、“五谈三访”制度。坚持抓早抓小，防止小问题演变成大问题，全年诫勉谈话16人次、约谈42人次。

严肃案件查办。各级纪委转职能、转方式、转作风，强化监督执纪问责，聚焦纪检监察主业。集团公司全年接待和受理群众来信来访411件，初步核实285件，立案97件，党纪政纪处分217人，其中副处级以上干部61人、科级干部84人。认真开展重点工程、产品营销、物资采购等十个方面的效能监察，实现成果1.75亿元。

持续反对“四风”。组织群众路线教育实践“回头看”，狠抓整改落实，改进调查研究，转文风、改会风，精简接待，厉行节约，“四风”问题得到有效遏制。集团层面发文数量同比降低11.7%；综合性会议同比减少11.7%，支出经费同比降低75.1%；接待费用同比降低52.3%。坚持正风肃纪，“四不两直”突查纪律作风，处理相关人员121人次，整治了庸、懒、散、奢的不良风气。对10余起婚丧嫁娶大操大办进行严肃查处，给予党纪政纪处分10人次。

（五）群团建设

维护职工权益。认真落实职代会工作制度，坚持工资集体协商，签订集体合同及专项合同，“三重一大”、业务招待费等重大事项及涉及职工切身利益事项向职代会报告。组织开展职工代表巡视检查，认真督导各单位集体合同、专项合同执行情况，促进了企务公开，保障了职工权益，强化了民主管理。

强化“三基”工作。各级群团组织围绕抓基层、强基础、夯“三基”开展工作。贺西矿瓦斯抽放队、辛置矿杨晓敏班组、店坪矿徐俊辉班组荣获“全国工人先锋号”荣誉称号。加强基础管理，健全了区队、班组各类岗位考核激励和业绩评价机制。实施素质提升工程，深入开展“导师带徒”活动，培育了8个省级创新工作室，推广交流27项先进技艺和操作法，提高了操作人员实操技能。

搭建活动平台。各级群团组织引领广大职工群众，开展了形式多样、内容丰富的“学、练、比、创”活动。女工家属协管安全持续开展，创建了4个全煤系统协管安全示范站，马兰矿协管经验得到了中华全国总工会的认可好评。开展了青年QC小组活动，建立起“五小”创新小组74个，征集“金点子”323条，活跃了群众创新创效，助推了基层管理提升。“青年志愿者”活动蓬勃开展，81个志愿团体活跃在集团各条战线上。

（六）文明创建

心系职工办实事。在效益下滑的情况下，千方百计保收入，保证了工资正常发放。推广西山“3110”帮扶经验，2014年帮扶、救助、慰问困难职工家属7.3万人次，发放慰问救济金3453.2万元。有序推进职工安居工程，开工和续建保障性住房558万平方米、46716户，竣工67万平方米、5235户，缓解了职工住房困难。子分公司克服资金困难，保持了职工体检、疗养等福利。

平安建设保稳定。以平安建设为龙头，不断加强反恐防范工作，着力重点部位、重点环节、重点人员的隐患排查和化解稳控，保障了矿区平安稳定。不断加强矛盾纠纷排查调处，扎实开展“信访积案攻坚”、“领导干部包联信访事项”和治理赴省进京非正常上访专项行动，2014年信访事项来信来访办结率进一步提高，确保了全国、全省“两会”、党的十八届四中全会和APEC会议期间的和谐稳定，省驻京信访工作领导组先后2次来函表扬。积极开展拖欠农民工工资专项治理，依法依规处理积案，主动化解劳资纠纷。

文明创建见成效。组织开展“文明单位”、“文明家庭”、“文明小区”创建活动，职工文化活动阵地和设施巩固提升，6个单位被评为山西省文明单位标兵，7个单位被评为山西省文明单位，6个社区被评为山西省文明社区。共青团组织开展了“青年文明号”创建，建成了9个省级“青年文明号”。在创建活动中，各子分公司丰富内涵、创新形式，山焦西山建立了“道德讲堂”100余个，组织道德讲课170余场，杜儿坪矿杨俊梅被评为“第五届山西诚实守信道德模范”；山焦汾西开展道德模范评比，组织生产一线道德模范现场宣讲，汇聚了正能量，树立了新风尚。

三、2014年其他工作

（一）主要经营指标

实现销售收入2576亿元，同比增加215亿元，增幅9.1%；实现利润7.56亿元，同比减少6.2亿元，减幅45%；实现税费117亿元，同比减少24亿元，减幅17%；实现工业增加值460亿元，同比增加37亿元，增幅8.7%；完成固定资产投资223亿元，同比减少26.9亿元，减幅10.8%。受煤炭市场下行影响，主要经营指标基本完成计划，但利润出现一定幅度下降。

（二）主要产品指标

原煤产量10700万吨，同比增加383万吨，增幅3.7%；精煤产量4904万吨，同比增加303万吨，增幅6.6%；焦炭产量1061万吨，同比增加84万吨，增幅8.6%；化工产品产量344万吨，同比增加51.3万吨，增幅17.5%；发电量161.8亿度，同比减少11.8亿度，减幅6.8%；商品煤总销量14628万吨，同比增加983万吨，增幅7.2%。

（三）经营管控

建立9个领域立标对标体系，通过对标找准差距，提升精细化管理水平。强化全面预算管理，严控预算外支出和非生产性支出，全年增加融资187亿元，争取各类资金11.3亿元。加强成本费用管理，全面实施“降本提质增效”策略，2014年减人转岗分流6082人，人工成本同比下降3.1元/吨，商品煤综合成本同比降幅23%。推进内控体系建设，防范经营风险，全年完成审计项目427项，监察立项277项。

（四）项目建设

以“填平补齐”六大循环经济园区缺项为重点，加大项目立项审批和推进力度，19项重点工程和31项重大项目取得实质进展。深化合作促进非煤产业发展，紧紧围绕五大领域开放合作做文章。积极推进产业扶贫开发，2014年完成投资18亿元。优化集团管控模式，编制了2014-2018年五年滚动发展规划，建立两级集团项目推进领导机构，全年取得手续批文229项。

（五）改革创新

成立两级集团深化改革领导组，积极推进“八项改革”具体任务，提出十三项“年度重大课题”；研究论证大集团管控模式，进一步完善法人治理结构；推进营销体制改革，集团层面成立销贸管理局，实现了销售运营与监管职能分离；推进ERP系统建设，完成人力资源管理系统前期工作。科技创新工作扎实开展，推进山西科技创新城入驻工作，完成了18大项79个子课题的重大技术攻关项目立项；全年荣获省部级以上科技进步奖31项，科研经费直接抵扣减免税金5795万元。

（杨士元）

附：山西焦煤集团公司党委书记、副书记、常委名单

书　记： 武华太

副书记： 高斌旗（1月离职）　邓保平
杨根贵（1月任职）　李堂锁

常　委： 金智新　曹晨明（1月任职）　李建胜
游　浩　薛道成　李贵生

太原钢铁(集团)有限公司党委工作概况

党委书记　杨海贵

太原钢铁(集团)有限公司(简称太钢)始建于1934年,地处汾河之滨龙城太原。

太钢是集铁矿山采掘和钢铁生产、加工、配送、贸易为一体的特大型钢铁联合企业,也是目前全球最大、工艺技术装备水平最高、品种规格最全的不锈钢企业,具备年产1000万吨钢(其中400万吨不锈钢)的能力,营业收入连续8年超过1000亿元人民币。

太钢致力于不锈钢、特殊钢和高等级碳素钢的研究开发和生产加工,拥有雄厚的研发实力和可靠的质量保障能力。目前已形成了以不锈钢、冷轧硅钢、高强韧系列钢材为主的高效节能长寿型产品集群,重点产品批量进入石油、化工、造船、集装箱、铁路、汽车、城市轻轨、大型电站、"神舟"系列飞船等重点领域和新兴行业。

太钢坚持绿色发展,以科技创新和技术进步为支撑,大力倡导节约、环保、文明、低碳的生产和生活方式,坚持走新型工业化道路,实现企业可持续发展。先后成功实施一系列节能环保项目,万元产值能耗、吨钢综合能耗、新水消耗、烟粉尘排放、二氧化硫排放、化学需氧量排放等主要指标居行业领先水平。

太钢坚持推进国际化经营,实施海外资源开发,构建安全、稳定的战略供应链;加快建设不锈钢生态工业园,发展不锈钢深加工业,建设钢材加工配送中心,延伸产业链;开展冶金工业新工艺、新技术、新材料和新装备的开发和成套技术输出;积极开展国际贸易,同美、德、法、英、日、韩、澳大利亚等80多个国家和地区保持稳定的经济贸易关系。

太钢集团党委下属基层党委38个,直属党总支5个,直属党支部5个,基层党总支26个,基层党支部541个。全公司共有党员总数24225名,在岗党员总数11564名。

2014年,公司各级党组织以党的十八大和十八届三中、四中全会精神为指引,紧紧围绕中心工作,充分发挥政治优势,凝聚全面深化改革的正能量,激发全体干部职工奋发进取的动力和活力,促进了生产经营建设各项任务的完成,为公司改革发展稳定提供了坚强保证。2014年,太钢迎来了80华诞,全体太钢人传承历史,开拓创新,面对异常复杂严峻的市场形势,取得了难能可贵的经营业绩。全年产钢1072.3万吨,比上年增长7.3%,其中不锈钢380.5万吨,比上年增长17.9%。实现营业收入1401亿元,比上年下降4%;实现利润2.06亿元,比上年下降59%;实现利税22.9亿元,比上年下降11.9%。公司荣获了我国工业领域的最高奖项——"中国工业大奖",成为山西省历史上第一家获此殊荣的企业,受到省政府通报表彰。

教育实践活动成果巩固拓展。立足为民务实清廉,持续深化"四风"整治,坚持做好整改落实"回头看",推进践行群众路线常态化、长效化。领导班子从自身做起、从小事做起,自觉落实中央八项规定精神,带头解决实际问题,用好作风引领好风气。厉行节约,加强非生产性费用管控,"三公"经费同比下降39%。开展机关作风、文山会海、公款吃喝等专项整治,清查"吃空饷"人员,严肃处理"裸官",遏制婚丧嫁娶大操大办之风。着力解决职工群众反映强烈的突出问题,实行销号式整改,取消评比表彰项目19个,各类会议比上年减少8%,发文数量下降19%。加大民生投入,加快棚户区改造,调整困难职工救助标准,不断提高职工满意度。

宣传思想文化工作与时俱进。准确把握形势,及时编发学习资料、理论读物,认真组织学习宣传党的十八届四中全会精神、习近平总书记系列重要讲话精神和省委十届六次全会精神,以党中央和省委的新观点、新要求指导公司全面工作。以"让每一个人都成为经营主角"、"预算指标在基层"、"品种质量是太钢决胜市场的利器"等为主题,创新开展形势和目标任务教育,有效传递市场压力,引导全员增强危机意识、责任意识。完善先进典型发现、培育和选树机制,挖掘身边的"闪光点",深入开展评选宣传"感动太钢"人物活动;加强报纸、电视以及微博、手机报、宣传文化微信群等传播载体建设,坚持正确导向,积极唱响主旋律,传递正能量。坚持庄重、简朴、热烈的原则,公司上下广泛开展了纪念建厂80周年系列活动,激发了全员的爱岗爱厂热情。

领导班子和干部队伍活力增强。组织副处级以上领导干部集中轮训,加强两级党委中心组集中学习,理论学习质量和效果稳步提高。高标准、严要求开好各级领导班子年度民主生活会,着力解决党内生活不经常、不认真、不严肃,部分党员干部作风漂浮、不作为、不担责等问题。扎实开展"干部上讲台、培训到现场"活动,促进了职工素质提升、人才队伍成长和干部作风转变。通过绩效考核、实地考察、综合研判等手段,加强对领导班子和干部的动态考核评价,促进班子整体力量的充分发挥。按照《干部选拔任用条例》的原则和精神,规范选人用人,加强监督管理,调整中层以上领导干部69人次,干部队伍结构不断优化。推进干部选拔任用"一报告两评议"工作,满意度指标在省管企业中名列前茅。

基层服务型党组织不断涌现。按照"提素质、增活力、全覆盖、强服务"的总要求,开展"基层组织提升年"活动,举办25次多层级党建互动交流,有效指导和促进服务型党组织建设。深化"三个转化"创新实践活动,建立活动载体785个,形成典型案例20个,推动了公司管理再提升。开展党委书记履行党建责任"联述联评联考"工作,421名支部书记首次纳入述评范围,平均满意度达98%。推进党员争优计划,以“承诺践诺评诺”活动为载体,实现组织全覆盖、党员全参与。落实《发展党员工作细则》,在超前考察和预审的基础上,发展党员190名。开展党支部和党员“双评”工作,处理不合格党员8名。组织慰问老党员,救助帮扶生活困难党员,发放慰问救助金12.3万元。

党风建设和反腐倡廉稳步推进。开展党风廉政建设巡视督察,有针对性地进行约谈,推动各单位落实党委的主体责任和纪委的监督责任。综合运用诫勉谈话、专题学习、廉洁从业辅导等形式,加强反腐倡廉教育引导,增强了干部职工的廉洁自律意识。开展采购营销人员廉洁从业“十不准”、享受车补领导干部违规使用公车、工作秩序涣散纪律松弛等方面的专项整治,对发现的问题予以纠正和通报,促进了作风好转。加强效能监察,完成9个公司级和54个二级单位自立项目,解决了一批影响和制约企业发展的系统性管理问题,堵塞漏洞830个,建章立制331条,为公司降本增效2.8亿元;发挥稽查威力,追缴和挽回经济损失3032万元,取消了5个供应商的分供资格。强化案件查办,全年立案44件,党纪政纪处分71人,组织处理57人。

职工和人才队伍建设成效显著。实施第二轮敬业度评估,引导各层级剖析关键驱动因素,落实改进措施,提升职工敬业度。开展“迎厂庆、献厚礼”、“五比五赛创先争优”等主题劳动竞赛,激发了职工的创造潜力,助推公司提质增效升级。开展“金点子杯”合理化建议征集活动,吸引1.9万名职工踊跃参与,征集优秀建议成果688项、先进操作法63项。大力创建职工创新工作室,实现主线单位全覆盖、创新领域多样化,一批工作室成为全国和省级示范点。参加全国钢铁行业职工技能大赛,连续5届位列大赛前3名。以多种形式宣传劳模先进事迹,用身边先进典型引导和带动职工。启动员工心理援助计划,建成2个关爱小屋,初步组建专业团队,为职工提供心理健康服务。举办80年厂庆专题文艺晚会、“平安太钢”小品征集比赛、体育比赛等活动,丰富了职工业余文化生活。

和谐稳定工作迈上新台阶。组织职工对公司拟订的“能进能出”、协议保留劳动关系、绩效考核等重大管理变革方案进行平等协商,维护了职工合法权益。指导40个单位开展170余次职工代表巡视活动,落实防暑降温措施,推动各单位认真执行带薪休假制度。落实劳动保护责任制,不断改善劳动条件和作业环境,保障职工的职业健康。拓宽厂务公开渠道,及时发布信息,保障职工知情权。落实稳定工作责任制,畅通信访渠道,全年接待上访106批次、876人次。深化领导干部民主接待日活动,健全“一把手”接访机制和跟踪督办机制,对职工群众反映的69个问题全部予以答复处理。跟踪督办192条职代会提案,答复处理率100%。推进困难职工三级帮扶网络建设,开展“两节”慰问、大病医疗互助、专项救助和“金秋助学”活动,全年发放帮扶救助金2025万元。公司统战、离退休、共青团、医疗卫生、治安保卫、民兵武装等方面都结合自身特点开展工作,取得明显成效,发挥了积极作用。

(张小虎)

附:太原钢铁(集团)有限公司党委书记、副书记、常委名单

书　记: 杨海贵

副书记: 王新平　韩瑞平

常　委: 李晓波　高祥明　侯进平(8月离职)
周宜洲　张志方　王继光

晋能集团有限公司党委工作概况

2014年,集团公司按照稳中求进的总基调,以增加企业效益为中心,以增强企业风险防控为重点,企业运营平衡健康,全年营业收入实现1928.1亿元,利润总额6.6亿元,上缴利税68.59亿元,集团资产总额达到1987.77亿元。各个板块全面实现快速发展。煤炭板块,坚持集团办矿理念和六大阶段性目标,落实降本增效系列措施,原煤生产、矿井建设、煤质管理得到加强,已经成为集团的重要支柱产业。电力板块,“煤电一体化”战略深入推进,项目建设成果丰硕,实现了集团大容量机组的突破。发电量完成125.1亿千瓦时,同比增长39.5%;售电量完成68.4亿千瓦时,同比下降4.5%。燃气板块,积极落实气源,稳步推进管线和站点建设,集团燃气产业管线达到1500公里,加气站达到81座。物流板块,全年煤炭贸易量完成40825.5万吨,同比增长36.1%;煤炭超市及储配中心全年经营量2179万吨。清洁能源板块,全年开工建设风电项目10项,投产5项,开工建设光伏发电项目7项,投产4项,集团新能源发电装机从2013年的90.8兆瓦提升至430.8兆瓦;多元板块,坚持精干多元骨干产业,促进多元产业聚集发展。

集团积极开展公路站点集中整治。按照省委、省政府统一安排,2014年12月1日零时全面停止履行运销管理相关行政职能、取消使用九类运销票据、撤销集团所属各类公路站点。成立了转岗安置领导组,加强组织领导,坚持项目引导、合理编制、稳妥推进,积极协调落实省政府补助政策。

2014年,集团党委围绕打造实力晋能、效益晋能、创新晋能、活力晋能,以引深党的群众路线教育实践活动和学习贯彻落实党的十八大和十八届三中、四中全会精神为重点,狠抓了队伍建设、组织建设、廉政建设和文化建设,充分发挥党委的政治核心作用,为建设具有核心竞争力的现代化综合能源集团提供了坚强保证。

一、围绕转型跨越,突出两个重点,提供政治保证

(一)深入学习贯彻党的十八届三中、四中全会精神。2014年,集团公司党委高度重视学习,紧密围绕阶段性重点内容组织召开了4次党委中心组学习(扩大)会议,认真学习

领会深化国有企业改革的精神实质，准确把握集团发展面临的形势和任务，不折不扣推进集团改革。围绕十八届三中、四中全会精神解读、习近平总书记系列讲话、党风廉政教育、提升企业执行力、完善法人治理结构、对标管理等6个方面，积极开展了干部集中轮训工作。同时在全系统广泛开展了主题宣讲、专题讲座活动，着力营造浓厚的学习氛围，用十八届三中、四中全会精神统一思想、凝聚力量，用改革创新的精神全力打造"四个晋能"，加快转型跨越发展。

（二）进一步引深群众路线教育实践活动。为进一步延伸党的群众路线教育实践活动成果，集团党委一是继续深化学习教育。重点突出信念教育，全年开展了5600人次的理想信念教育培训，引导广大党员干部模范践行社会主义核心价值观，始终坚定"三个自信"。二是继续深化整改落实。组织了经常性的回头看，将整改成果进一步巩固，防止反弹，并加大力度推进长期整改任务。同时，强力推进整治"会所中的歪风"问题、培训中心的腐败浪费问题、"裸官" 问题、"吃空饷"问题、收"红包"及购物卡方面的问题、领导干部参加天价培训等"四风"问题的10个专项整治，进一步强化了集团的作风建设，取得明显成效。三是深入构建作风建设长效机制。认真分析作风建设中存在的普遍性问题，推进作风建设制度化、规范化、常态化，系统各单位共修订完善制度290个，新建592个。四是推进党建重点课题研究。将教育实践活动学习教育、调查研究、查摆问题、落实整改中好的工作方法进行总结，积极开展了教育实践活动经验和健全改进作风常态化制度研究，形成了3篇专题党建研究论文，为加强企业党建工作提供了参考。

二、围绕实力晋能，加强队伍建设，提供人才支撑

（一）不断强化领导班子建设。一是深入开展"四好"班子创建活动，坚持中心组学习制度，切实加强班子的政治理论学习，努力提高班子成员的政治思想素质；坚持和完善了民主生活会制度，深入交流思想，开展批评和自我批评，集团各级班子党内政治生活质量得到明显提升；不断规范各级领导班子议事规则和决策程序，坚持"三重一大"集体决策制度，民主决策的质量明显提高。二是不断优化班子结构，制定印发了集团公司《领导人员职数配备管理暂行规定》，规范了各级领导人员职数配备管理，突出了专业化干部的配备，全年调整提拔二级班子30人，集团各级班子的年龄、知识、专业结构更加合理。三是强化了班子考核，出台了《集团子公司领导班子年度经营业绩考核办法》，实行"分类分级考核、专业对口负责、专项督导检查"的考核机制，按照全面落实责任，注重企业内在经营质量，建立以法人考核为核心，以班子成员考核为重点的经营业绩考核评价体系，实现企业负责人经营业绩同激励约束机制相结合，全面落实企业负责人的经营责任。目前正在研究出台《干部考核评价实施细则》，进一步加强干部的考核管理。

（二）切实加强干部队伍建设。制定印发了《从严加强领导人员管理工作的意见》，围绕树立正确的选人用人导向、干部队伍作风建设、领导班子优化配备、把好选拔任用关、加强考核评价、强化监督管理等方面，提出了明确要求。出台了《干部任免管理规定》《干部任免管理实施细则》等一系列制度，进一步细化了干部选拔任用的条件，对年龄、学历、经历作了明确规定，完善了回避制、聘任制、任期制和交流制，加强了干部任免管理。为提高干部队伍工作效率，集团采取了"开源节流、提质增效"二十条措施，实行员工奖金与企业效益的同向一致性，严格奖金发放，杜绝"吃空饷、滥发工资"现象，严格控制用人规模，干部队伍全集团用工总数减少3%，有效提升了企业运营管理水平。

（三）有效提升员工队伍素质。围绕"基层、基础、基本功"，开展了"强化标准，提升素质"活动。一是集团分行业、分类别制定岗位职责、操作标准、操作流程，并汇编成册，完善工作规范；二是分板块、分专业编制以业务基础知识、岗位操作流程、企业规章制度为主要内容的《岗位人员应知应会手册》《岗位人员应知应会题库》，提升业务素质；三是开展全员培训。对照标准和流程，分层级组织理论考试和技能考核，不断提升员工岗位履职能力；四是开展了机关学习培训日活动，以提高干部职业素养、履职能力为重点，对机关中层干部每月集中培训2–3次，机关各部室每周集中学习1次，在集团形成了重视学习、崇尚知识、自觉培训、素质提升的浓厚氛围。

（四）大胆创新人才激励机制。切实加强经营管理人才、专业技术人才、岗位技能人才三支队伍建设，推进"三大序列"人才管理工作，制定了《集团本部专业技术岗位聘任管理暂行办法》，进一步拓宽了专业技术人员职业发展通道，建立健全了竞争激励机制。专业技术岗位按照公开、平等、竞争、择优的原则，在集团设置的岗位系列、级别和编制内进行。专业技术岗位设置员级、主管级、副主任级、主任级和副总师级五个等级，享受对应的行政职级薪酬待遇。积极探索职业经理人、市场化选人用人机制和股权、期权激励机制。引进了以国家"千人计划"专家为核心的职业经理人团队19人，作为晋能新能源产业发展的核心技术团队。并且创新激励机制，建立了核心技术团队业绩奖励和期权激励的机制，公司每年将净利润的20%用于业绩奖励，公司20%的期权用于股权激励。

三、围绕创新晋能，加强组织建设，夯实组织基础

（一）进一步加强基层党组织建设。集团党委以"基层组织提升年"为契机，按照"提素质、增活力、全覆盖、强服务"的总要求，扎实开展基层服务型党组织建设。重点针对生产一线空白队组、空白班组，建立健全基层党组织，全面规范重组整合后矿井党组织，配齐配强党务工作人员，逐步拓展了党组织服务企业改革发展的覆盖面。随着集团机构整合调整党组织设置，全年新建了2个党委，1个总支。同时，积极完善接管企业的党组织关系接转工作，原煤炭厅11家企业中7个单位的组织关系已经理顺，其余4个单位也已经进行了初

步摸底，基本做到了“无组织抓组建、有组织抓规范、软弱涣散抓整顿”。此外，开展了2014年度“联述联评联考”工作，并注重“联述联评联考”的规范运作，将其结果作为选拔任用、培养教育、奖励惩戒以及年度考核的重要依据，有力提升了基层党建工作责任的落实力度。

（二）进一步丰富党组织工作载体。以煤矿、电厂为重点，全面开展了岗位描述、手指口述、技术比武、“党员示范岗”、“党员责任区”等活动，开展了“我是共产党员、我为安全负责”系列活动；在酒店、业务大厅、营业站等窗口单位基层党组织和党员中，实行“三亮三比三评”；组织全系统广大党员就“如何健全党员能进能出机制”问题开展集中研讨活动，省综合性党建期刊《先锋队》杂志以专栏形式刊登了集团60余名党员的观点和见解；举办集团发展党员工作培训班，积极推动集团公司发展党员工作质量和水平的不断提高；引深党员创先争优工作，在各级党组织中组织开展传统教育、先进典型宣讲等“七一”系列活动等，引导党员立足岗位建功立业，有效发挥了党组织的战斗堡垒作用和党员的先锋模范作用。

（三）进一步加强标准化党支部建设。集团成立专题小组，研究起草标准化制度体系，着力抓好“标准、流程、责任”，夯实企业党建工作基础，并以太原、临汾、阳泉等地市公司为试点，开展基层党组织标准化建设活动。在太原公司基层党组织广泛开展“达标创建”活动，编制了《基层党支部工作制度》和《基层党支部工作台账》，实现了常规工作有标准，重点工作有突破，创新工作有特色；临汾公司按照支部标准化建设“五化”“十个一”标准，对各支部分阶段、分步骤、分层次推进，定期集中检查、全面进行评价，已有40%支部达标；阳泉公司建立标准化党组织考核评价体系，组织开展党建工作经验交流活动，推动基层党建工作上水平。集团按照以点带面，树立典型，全面推进的思路，逐步在全系统开展标准化党支部建设，使党支部成为促进企业转型发展的坚强战斗堡垒。

（四）进一步推进党建创新工程。按照“一单位一亮点、一板块一典型”的基本思路，分板块、分层次打造党建创新精品项目，推出党建创新典型经验，全面提升基层组织建设整体水平。太原公司提出并试行的以“建立四种机制、实现四个提升”为主要内容的“4+4”工作法，为基层党组织书记队伍注入了活力和动力，有效加强了基层党组织书记队伍建设，被批准立项为“310项目化管理”引领项目。阳泉公司按照“一个支部一个特色”的基本思路推广了“1+1”支部特色品牌创建活动，开展了如“四包一查三提高”、“火花讲堂”、“共产党员微信”等基层党建特色活动27项，促进了企业挖潜增效，不断提升了基层党建工作水平。

四、围绕效益晋能，加强廉政建设，提供作风保障

（一）全面加强纪检监察系统性建设。集团党委高度重视纪检监察工作，做到了早规划、早部署、早落实。召开专题会议，研究纪检监察工作，分析党风廉政建设形势，解决影响制约纪检监察工作创新发展的重大问题。出台了系统性建设《纲要》和反腐倡廉教育、效能监察两个实施办法，加强对集团党风廉政建设和反腐败工作的指导。结合新的形势，较大幅度地修订完善并逐级签定了年度党风廉政建设目标责任书，进一步明确了各级党委的主体责任。

（二）全面深化教育预防工作。坚持教育预防为先，不断打牢拒腐防变的思想基础。一是制订规划引领教育预防工作。制定出台《反腐倡廉教育实施意见》，明确了教育目标、原则、内容、形式及实施办法等，特别是通过开展“反腐倡廉教育宣传月”活动大力推进宣教工作。二是利用典型或突发事件强化教育预防工作。以身边事教育身边人，起到了较好的警示作用。每逢重大节日，集团都提前部署节日反腐和有关宣教工作。三是采取多种形式和手段引深教育预防工作。建立纪检、监事、巡视、审计和法律五位一体的联席会议制度，发挥五方联动作用，提高事前防范和综合防范能力，把廉洁风险降到最低。推行新任干部廉洁谈话、签订《廉洁承诺书》制度，集团层面组织与50多名新任干部进行了廉洁谈话，提出“任前学廉知廉、任中践廉警廉、时刻思廉守廉”的要求，取得较好效果。加强舆情监测，为提前预防赢得时间，为有效引导争取主动，为化解问题提供保障。

（三）切实加大案件查处和惩处问责力度。集团建立并推行“三个联动”的联合办案机制，即上下联动（上下级纪委）、左右联动（与系统外兄弟单位）、内部联动（系统内各纪检监察部门）的联合办案机制，加大违规违纪案件查处力度，取得明显成效。积极推行办案定期检查、案后回访和督查督办制度，对查案不力、问责不明的单位实行重点督办，并严肃追究领导责任。此外，注重健全长效机制，发挥治本功能。不断健全了信访受理、案件检查和审理工作程序，加强了案件卷宗档案管理，并把查办案件与班子建设、漏洞堵塞、完善制度和监管体系建设结合起来，实施立体综合治理，力求实现查处一件案子，堵塞一些漏洞，完善一套制度，巩固一块阵地，警示一批干部的效果。

五、围绕活力晋能，加强文化建设，创优发展环境

（一）全面加强企业文化建设。进一步完善独具晋能特色的企业文化体系，发布《集团公司企业文化VI手册》，加强了全体职工对企业理念、行为和视觉三个识别系统的认知和认同；编撰了集团社会责任报告，收集整理相关文字材料3万余字，图片200余个，从经济、安全责任、科学发展、环境保护、人本管理、社会责任等方面全面详实地记载了集团的发展成就和社会责任，展现了集团的崭新形象。同时，在保持集团公司企业文化严肃性和统一性的基础上，有效发挥子分文化的独创性，加强了母子公司文化融合。充分发挥集团报纸、网站等媒体的功能，积极宣传干部职工在转型发展中创造的新经验、新典型，新闻宣传工作水平不断提升，为企业发展创造了良好的舆论环境。

（二）全面加强企业民主管理。2014年，积极筹备、顺利

召开了晋能集团第一届第一次职工代表大会，以及第一届职代会第一次联席会议，标志着集团的民主管理工作迈上了一个新台阶，在集团民主政治建设上具有里程碑意义。不断健全和完善职工代表大会制度，深入开展以职代会为基本形式的企务公开，积极推进和加强企业民主管理工作，着重落实广大职工的知情权、参与权、表达权和监督权，努力维护职工合法权益，构建和谐劳动关系，促进了集团又好又快发展。

（三）广泛开展劳动竞赛和职工文化活动。深入推进劳动竞赛向纵深发展，组织开展了评先争优、“合理化建议”征集、“技术创新”竞赛和“创三优”等活动，直接参与的职工近2万人，有效提升了职工的劳动素质。组织广大职工积极开展文化体育活动，推动文化强企战略的实施。集团举办了“晋能杯”第一届职工男子篮球赛、“晋能杯”第一届职工乒乓球赛等，活跃了职工文化，提升了集团影响。

（高　燕）

附：晋能集团有限公司党委书记、副书记、常委名单

书　记：刘建中

副书记：曹耀丰　王建设　王廉敏

常　委：曹　冬（10月离职）　刘世文　韩振贵

大同煤矿集团有限责任公司党委工作概况

党委书记　张有喜

2014年，在煤炭市场持续下行的严峻形势下，同煤集团党委充分发挥政治引领作用，把全面加强基层党建工作作为强基固本、凝心聚力的基础工程，谋全局、把方向、出思路、强保障，组织和带领广大干部员工，同心同力，同向同行，深化“两新”战略引领，突出依靠各级组织、依靠各级干部、依靠广大员工“三个依靠”，致力于营造一个公平正义、风清气正的工作环境，建设一支团结务实、勇于担当的干部队伍，形成一套管理创新、决策民主的运行机制，创建一个廉洁奉公、和谐稳定的良好局面，坚持一条关爱员工、惠及民生的根本宗旨，在转变干部作风上出实招，在提升企业软实力上求突破，在促进企业科学发展上下功夫，使党建工作和企业经济工作同频共振，努力把党的政治优势转化为企业的竞争优势、发展优势，为企业转型跨越发展提供了有力保障。

一、抓基层强基础，激发基层党建创造活力

一是不断扩大党组织覆盖面。根据发展实际需要，科学设置基层党组织，理顺党组织关系，全年共新成立二级党委1个，三级党委3个，直属党总支1个，撤销2个二级党委，发展党员452名。

二是不断提升组织战斗力。全力推进“干部上讲台、培训到现场”工作，全年各级领导干部和专技能手上讲台7000多人次。举办同煤大讲堂，开展“党委书记讲党课”活动，组织了120多期次，参加学习人数共计28000多人次。集团公司被中央党校和全国党建研究会确定为党建教学研究基地，“构建党的作风建设日常工作管理常态机制”课题荣获中组部重点调研课题成果一等奖。

三是充分发挥共产党员服务站的平台作用。深入开展了党员志愿者集中性大型便民服务活动，41家单位500余名党员志愿者参加活动，受益群众3200余人次，在职党员进社区报到24434人，在本单位社区报到6839人。

二、深入开展学习讨论落实活动，确保作风建设永远在路上

按照省委、省国资委要求，同煤集团组织制定了《同煤集团学习讨论落实活动实施方案》，提出了“一个学习”和“六个结合”的总体要求，明确了抓好6个方面18项联系68项工作任务，争做“六权治本”“六大发展”的坚定践行者和有力推动者。组织党委中心组集中学习了9次，每周安排一次规定篇目的领导班子集体学习或自学活动。组织反思剖析讨论会3次、专题研讨会2次、座谈讨论会13次，深挖思想根源，形成了高质量的反思剖析报告。班子成员全部主动认领了反思剖析报告中的问题，并进行了“五定”整改，确保高质量、高标准一项一项落实整改到位。

同时，党的群众路线教育实践活动结束后，先后两次深入开展了教育实践活动“回头看”，深入开展了整治会所歪风、奢华浪费建设、干部走读等十个专项整治行动，“四风”整治有了新进展，作风建设有了新突破。

三、明责任抓落实，扎实推进党风廉政建设

同煤集团把落实党委的主体责任，作为党风廉政建设的重中之重，把明确责任、完善制度、规范管理作为党委落实主体责任的重点，切实增强廉政教育感染力、权力运行的约束力、关键岗位的防控力，有序推进了企业党风廉政的各项工作。

一是把党风廉政建设摆在党委工作的突出位置，制定了落实“两个责任”实施办法，切实履行好“五个方面”的主体责任。同时，班子成员严格履行“一岗双责”，看好自己的“责任田”，确保了工作职责和权力运行延伸到哪里，党风廉政建设就延伸到哪里。为落实好纪委的监督责任，同煤集团专门制定和完善了责任追究制度，加大了督促检查力度，确保了党风廉政建设各项责任落到实处、执行到位。

二是制定实施了关于劳动用工、作风转变、招标采购等七大类制度补缺的28个方面的规定。举办了工资、财务等八大"重点岗位"廉洁从业专题培训班。开展了会员卡专项清理整治、副处以上干部亲属任职回避、工作秩序涣散、纪律松弛等专项整治,营造了不想腐、不能腐、不敢腐的浓厚氛围。

三是增强权力运行的约束力。按照"六权治本"的要求,着力加强对权力运行的制约和监督,努力做到依法确定权利、科学配置权利、制度限制权利、阳光使用权利、合力监督权利、严惩滥用权利。在改进作风、"三重一大"、任前廉政谈话、述职述廉、责任追究等方面,先后建立完善廉政制度180多项,初步建立起靠制度管权、管人、管事的运行机制。

四、严管理重选拔,在选人用人和干部队伍建设上提高公信度

在选人用人上,同煤集团按照习近平总书记提出的"信念坚定、为民服务、勤政务实、敢于担当、清正廉洁"五条"好干部"标准,在干部培养、选拔、任用上采取了一系列创新举措。一是在选人用人上始终坚持重德、业绩、一线、清廉"四个导向",严格履行民主推荐、组织考察、集体研究、署名表决、任前公示等程序,确保选人用人的规范性。二是制定实施了《集团公司干部德的考核考察实施细则》《关于加强领导人员选拔任用监督工作的规定》等制度,并对副处级以上领导干部亲属任职回避进行了专项整治。三是构建了教育预防、经常管理、严肃查处"三位一体"的干部监督机制,提高了选人用人管人的公信度,营造了公平正义、风清气正的选人用人环境。

在干部队伍建设上,一是深入推进"八个一批"选人用人工程,先后实行子公司总法律顾问、总会计师派驻制度;开展了为直属子公司充实一批短缺管理人才;为生产单位选优配强"六大员"等工作,选拔一大批人品正、干实事、敢担当的领导人员走上关键岗位。二是注重领导人员的培养和实际锻炼,大力培养储备后备干部。2012年起,大力推进"五个一批"大培训工程,采用走出去、请进来的方式,已选派200名赴中国浦东干部学院学习培训。连续两年开展机关基层科级人员双向挂职锻炼;优选38名青年干部,在省委党校、中央党校等院校进行为期两年的脱产综合培训和挂职锻炼。三是认真落实好省委"三个一批"的要求,健全和完善干部管理、监督、考核体系,修订完善了《集团公司副三总师以上领导人员工作考核评分办法(试行)》。

五、聚能量正导向,提升企业竞争软实力

一是扎实开展主题宣传教育。围绕十八届三中全会、"全国两会"和集团公司四届二次职代会暨工作会,深入基层单位,宣讲37场次,6300人参加。召开了学习习近平总书记系列讲话专题座谈会。在全同煤范围内开展了"求生存、渡难关、增信心、谋发展"形势任务巡回宣讲活动。

二是稳步推进企业文化建设。制定了《同煤集团企业文化建设"十三五"规划》和《同煤集团文化建设工作细化分解方案》。以"管理创新、科技进步年"为契机,深化"一化两述"工作,在全公司范围内进行了督促检查,整合理念制度。同煤集团在"全国煤炭行业文化建设经验交流会"做了交流,被评为"2014年度企业文化建设先进单位"。

三是道德引领,典型示范。以"百里煤海文明大创建活动"为统领,扎实推进思想聚力、素质提升、典型领航、创建进位、行业新风、矿山秀美六大工程。涌现出17家省级文明(标兵)单位、5个文明社区,集团公司和马脊梁矿通过全国文明单位验收,晋华宫矿、技师学院入围全国文明单位候选名单。"道德同煤"形成同煤特色,在人民网、中央文明网等媒体上广泛报道,知名度和影响力不断扩大。

六、抓维权增才智,激发员工创造活力

一是广泛开展劳动竞赛。持续开展了"同力杯"、"安康杯"劳动竞赛,完成群众性经济技术创新项目422项,并举办了首届职工技术创新优秀成果推广介绍会。深入开展劳模创新工作室创建,在原有基础上新增30家,达到52家,燕子山矿克尘工作室正式揭牌。

二是丰富群众文化生活。举办了第四届"同曜杯"员工篮球赛、员工扇面书画展、首届员工民俗项目比赛、"同煤人·同煤情"文化志愿服务走基层职工文艺汇演等活动,丰富了广大职工家属的文化生活。编印了《大同煤矿工运史》,开展了"读书励志 爱企敬业"主题读书活动和书香企业、书香区队、书香员工、书香家庭系列评选活动,为基层工会帮建了200个"读书角"。

三是积极开展扶贫帮困。2014年,"春节、中秋节"两节期间送温暖,发放慰问金2985万元;"煤海阳光"救助患大病困难员工182人,救助金额143.2万元;"煤海希望"资助上大学困难员工子女1422人,资助金额208.55万元,让困难家庭充分感受到了大企业的关怀和温暖。

七、抓特色重创新,打造"青"字品牌

同煤集团坚持以党建带团建,以团建促党建,不断增强党建后备力量,夯实党建基础。近10万名团员遍布全集团,创造了"青"字品牌,成为企业发展的重要力量和坚强后盾。

一是深化了青年感恩大行动。开展了"孝心青年"大众推荐评选和宣传活动。全年集中开展志愿服务活动24次,在恒安新区和文瀛湖社区开展30多项便民服务,清扫垃圾约7吨,为189户孤寡、贫困老人送冬菜3万斤。

二是广泛开展了"我的梦·中国梦"青年教育实践活动。组织30000名青年参加了十八届三中全会知识联考竞赛。开展了"新生代·新梦想"团员青年读书行动。加强青年人才库建设,评选出首批100名优秀青年人才。

三是全力推进青年就业创业。举办了烟台专场、"金秋同煤"等招聘会15次,输送1550名待业青年外出就业。开展了影视动漫培训班,举办创业技能培训班7期,210名员工子女接受免费培训。命名了30个"青春创业行动示范点"。

八、抓民生促稳定，营造和谐安定的发展环境

在市场形势严峻的情况下，同煤集团牢记惠民宗旨，2014年员工工资与2013年基本持平；为员工家属和离退休老同志承诺的“双十件”实事也全部兑现；“党政工团大行动，环境治理献爱心”持续开展，“五网四化一监控”改造大见成效，员工群众生活质量持续改善。

在此基础上，同煤集团定期召开维稳联席会议，对存在的维稳信访问题及时分析研究，制定相应工作方案。出台实施了《同煤集团领导班子成员稳定责任分工实施办法》《大同煤矿集团大规模群体性应急预案》，成立了集团公司预防和处置突发事件（事故）领导组，组织相关单位59名副处级以上干部轮流值班，加强预防和处置突发事件能力。按照集团公司“五定”方案和“五包一”措施，集中力量化解信访积案，实现息诉罢访，把矛盾化解在当地，把上访人员吸附在本单位，办结案件185件。开展了“领导干部大接访”活动，采取入户“一对一”谈心，集体座谈等方式，下基层、接地气，做了大量解释工作，理顺了上访群众的情绪，解决了员工群众的合理诉求。进一步畅通了社情民意通道，共办理社情民意件120余件，做到了员工群众的合理诉求件件有着落、事事有回音。

集团正在积极组织开展政工干部“入户走访解民情”活动，86家单位192名政工干部，已经走访1068人次，解决员工群众反映的医疗保障、子女就业、工资待遇等8大类问题诉求843件，征集企业发展、改善民生等建议511条，进一步畅通了员工群众诉求表达渠道。同时，加大社会治安综合治理，维护了一方平安，开创了和谐稳定发展的新局面。

（樊卫斌）

附：大同煤矿集团有限责任公司党委书记、副书记、常委名单

书　记：张有喜

副书记：刘　敬

常　委：郭金刚　吴跃平　王　宏　靳　华　陈旭忠

山西潞安矿业（集团）有限责任公司党委工作概况

党委书记　李晋平

2014年，潞安集团党委在宏观经济错综复杂、煤炭市场持续低迷的严峻形势下，认真贯彻党的十八大和十八届三中、四中全会精神，紧扣企业中心工作，着力构建“1234”党建工作新模式，巩固扩大党的群众路线教育实践活动成果，扎实开展学习讨论落实活动，不断提升党建工作科学化水平，为企业应对市场变化、加快转型发展提供了坚强保证。

一、坚持融入中心促发展，以发展新成果彰显党建新绩效

面对严峻的市场压力和挑战，潞安集团党委坚持把战胜危机、推动发展作为压倒一切的中心任务，通过参与重大决策、强化监督落实、营造良好环境，充分发挥党组织的政治优势、组织优势和群众工作优势，不断汇聚转型合力、挖掘管理潜力、激发改革活力、培育创新动力，确保了企业持续健康稳定发展。全年完成煤炭产量9018万吨，同比增长1.58%。营业收入2130.23亿元，首次突破2千亿元大关，同比增长7.16%。资产总额1600.36亿元，同比增长5.08%。工业增加值413.36亿元，同比增长8.15%。投资总额257亿元，完成全年计划的100.3%；其中省重点项目完成投资130.44亿元，完成全年计划的119.1%；实现利润6亿元。

特别是取得了“九项标志性成绩”。一是营业收入跨入两千亿企业行列。集团在世界500强企业排名上升至第372位，比上年前移了58位。二是千万吨高产高效矿井集群加快形成。三是煤炭外运创造历史最好水平。四是高端化、高质化、精细化系列产品开发创造多个国内第一或领先水平。五是世界第一家利用自主知识产权的钴基费托合成技术成功进行甲醇改精细化学品。六是集团申报的“国家煤基合成工程技术研究中心”获得国家科技部批复。七是建成全国第一、全球最大的乏风氧化利用项目。八是建成亚洲最大硝酸生产基地。九是成为全国唯一一家连续15年蝉联“安康杯”竞赛优胜企业。

二、进一步加强党风廉政建设，巩固群众路线教育实践活动成果，开展学习讨论落实活动，着力营造风清气正新环境

开展违反中央八项规定精神自查自纠活动，各级党员干部就严格落实相关规定作出承诺，增强贯彻执行的自觉性。选取近年来发生在集团的17个典型案例，编写了《潞安集团典型案例警示教育读本》，用身边的人和事教育广大党员干部。充分发挥集团建设的反腐倡廉教育基地的优势，组织各级党员干部到基地得警示、受教育、作承诺，提高了廉洁自觉性。同时，加大案件查处力度，严肃查处了一批违反工作纪律、公款娱乐、公款大吃大喝等典型案件，在全集团点名通报曝光，产生了震慑作用。2014年，集团纪委立案查结案件数、处分人数、撤职（撤销党内职务）以上重处分人数，均有大幅增长，反腐高压态势初步形成。

集团经常性组织群众路线教育实践活动“回头看”，严格遵守“八项规定”，持续狠刹“四风”，2014年集团各种会议总数同比减少43%，会议经费支出同比降低68.6%；各类文件总数同比减少35.7%，全部实现OA办公系统发文；公务接待费用同比下降82%；公务出国支出经费同比降低80%；全年清退公务用车共计20辆，公务用车费用同比降低19%；开展节假日收受“礼金红包”专项治理，严禁公款购买印制贺年卡等物品；严格执行省国资委规定，下发落实《党员领导干部办理和参加婚丧事宜有关事项的通知》，婚丧事宜大操大办歪风陋习得到有力整治。

认真贯彻省委、省国资委党委安排部署，全面开展以“深入学习贯彻习近平总书记系列讲话精神，净化政治生态、实现弊革风清、重塑山西形象、促进富民强省”为主题的学习讨论落实活动，建立学习讨论落实活动办公室、督导组例会制度，强化组织领导、督促检查，保证了活动扎实开展。

三、持续推进党建工作创新，为转型发展注入新活力

在机制创新方面，深化推进党政一体化管理模式，突出“德、新、梦”三大主题，创建运行具有潞安特色的“1234”党建科学化新模式，有效促进了党建工作与中心工作的深度融合。修订了《党建绩效评价体系》，大大提升了党建绩效管理科学化水平。在创新型党组织建设方面，加快无纸化办公系统建设，推动了“数字党建”、“网上党建”、“科技党建”。认真开展了“降本增效、我怎么办”大讨论、征文、摄影活动，“党员标兵创新示范岗”、“党员干部创新工作室”、“党员干部创新责任区”活动，精心选树“党建创新示范项目”、“党员创新标兵”、“创新型党组织”等典型。创新型党组织建设带动了创新型职工队伍建设，激发起集团全面创新活力。2014年集团职工申报创新成果263项，2项获中国能源化学工会职工创新成果一等奖。2人入选山西新兴产业领军人才，8人入选全省学术技术带头人，王岐林荣获第十二届中华技能大奖，吕向东工作室被授予“国家技能大师工作室”，常村矿劳模创新工作室获“全国示范劳模创新工作室”称号。在队伍建设方面，开展“基层组织提升年”活动，严格发展党员标准程序，加强各级班子和领导干部绩效考核，严格安全生产、经营绩效、党风廉政、信访维稳责任追究，制定“甄别一批不作为干部”具体办法，完善《干部管理条例》《干部选拔任用工作全程纪实制度》等制度规定，有效增强干部队伍的生机活力。

四、落实惠民工程，狠抓文明创建，不断开创幸福潞安新天地

始终坚持为民惠民方向不变、力度不减。太极拳在集团全面普及，集团太极拳代表队参加全国“企业家杯”武术太极拳比赛荣获了团体第二名的成绩。以“温馨家园”服务社区为载体，建立新型社区基本公共服务体系，使边远单位及整合矿井的广大员工家属感受到企业温暖。集团社区荣获2014年“全国社区社会建设自主创新百花奖”最佳实践奖荣誉称号。完成高温管网铺设工程，对集团本部办公区域的所有旧供暖管道进行更新，确保了广大职工温暖过冬。全力抓好“两堂一舍”改造工程，重点解决单身职工的住宿问题，努力为广大职工营造良好工作和生活环境。加大对黄、赌、毒打击力度，坚持开展文明驾驶专项治理活动，大力营造和谐文明生活环境。落实信访“党政一体”责任，加强信访维稳力度，创造了安宁和谐的转型发展环境。

突出“德新梦”主题，征集企业文化理念小故事和员工话与画，潞安新理念更加深入人心。五阳矿、漳村矿、王庄矿、司马煤业被中国企业文化促进会授予“践行社会主义核心价值观企业文化建设模范单位”；常村矿被中国文化管理协会授予“践行社会主义核心价值观中国企业文化建设典范单位”；石圪节煤业荣获全国企业文化顶层设计与基层践行优秀单位称号；石圪节机电一队35KV变电站班被评为“全国企业文化基层践行五十佳班组”；高河能源荣获全国“安康杯”竞赛“安全文化宣传工作先进单位”称号。

全面加快全国文明单位创建步伐。制定并下发了《潞安集团德的建设体系》，全力开展道德讲堂、道德银行建设，引导干部员工积极参与道德学习、投身道德实践。组织开展了多形式的道德经典诵读活动，选出了一批道德典型、道德明星。在公共场所、公共交通工具等醒目位置放置了遵德守礼提示牌，引导人们从身边小事做起，崇尚道德，践行文明。2014年，石圪节煤业、漳村煤矿、常村煤矿、五阳煤矿、司马煤业获得省级文明单位标兵称号；石圪节煤业顺利通过全国文明单位复查验收，常村煤矿、漳村煤矿完成全国文明单位申报验收。

与此同时，2014年，工会、团委、女工、武装、保密等工作都取得了新进展，为集团应对危机、加快发展做出了新业绩、新贡献。

（平晓明）

附：山西潞安矿业（集团）有限责任公司党委书记、副书记、常委名单

书　记：李晋平

副书记：王志清　张丛林　孙宏波

常　委：翟　红　王光彪

山西晋城无烟煤矿业集团有限责任公司党委工作概况

党委书记　贺天才

2014年，山西晋城无烟煤矿业集团有限责任公司（简称“晋煤集团”）各级党组织和广大党员全面贯彻落实习近平总书记系列重要讲话精神，认真执行中央、省委、省国资委党委的决策部署，按照晋煤集团党委“1135”的工作总要求，在精神凝聚、目标引领、思想感召、正气弘扬、环境优化上下功夫、求突破，为企业改革发展提供了坚强有力保障。

一、把方向，聚共识，提供强有力的思想保证

坚持用科学的理论武装人。以党的十八大、十八届三中、四中全会精神、习近平总书记系列重要讲话精神和省委重要会议精神为主要内容，精心研究制定党委中心组学习计划。晋煤集团领导班子率先垂范，形成“最新内容早调度会随时学、重要内容专题学”的学习机制，始终做到在思想上、政治上、行动上同党中央保持高度一致。按照中组部、省委组织部的统一部署，面向全体处级干部举办集中轮训班，邀请中央党校、国务院国资委等多位专家教授进行授课，对最前沿理论进行解读；晋煤集团领导人人登台，结合当前形势和自身分管业务进行专题讲座，围绕各板块的发展历程、未来走向专题授课。各基层党组织也纷纷通过精读原著、专题辅导、相互交流、宣传引导、联系实际、创新载体等多种形式，努力在真学、真懂、真信、真用上下功夫，做到武装头脑、知行合一。

坚持用共同的梦想引领人。面对错综复杂的内外形势和不利影响，晋煤集团党委提出“建设国际一流晋煤特色综合能源企业集团”的发展战略，并科学规划“5315”战略体系。高举“不怕榜上无名，坚信脚下有路”的企业精神旗帜，努力把党的思想政治优势、组织优势和群众工作优势转化为企业的创新优势、竞争优势和发展优势。编印发布《晋煤集团企业文化建设读本》，开展以“三讲三增强”为主要内容的形势任务教育（讲形势，增强忧患意识；讲愿景，增强发展意识；讲传统，增强创业意识），号召和激励广大员工传承精神，众志成城，为企业深化改革、加速发展奉献力量。

坚持用高尚的情怀塑造人。坚持把社会主义核心价值观的宣传教育作为主要内容，大力开展文明单位、文明社区、文明家庭创建活动，先后组织开展“道德大讲堂”、晋煤典型人物评选等活动，在各文明单位积极推行善行义举榜活动，宣讲身边的道德模范和先进典型，引导广大员工向先进典型学习，大力营造重道德、守情操、讲文明、树新风的浓厚氛围。把工作重心放在岗位、放在现场、放在社区，引深志愿服务工作，完善“爱心商家联盟”三方共赢志愿服务模式，实现志愿服务常态化、制度化，多家单位被中国煤炭工业协会授予“文明煤矿”、“文明单位”、“优秀区队”和“优秀班组”等称号。

二、抓活动，促廉洁，创建风清气正的良好环境

进一步巩固和拓展教育实践活动成果。组织召开晋煤集团党的群众路线教育实践活动总结大会，对整改落实情况进行对照核实、汇总梳理，整改任务按期兑现率达到98.6%，务实高效、风清气正的风气进一步形成。认真抓好教育实践活动的后续任务，及时学习贯彻中央、省委总结大会精神，先后两次进行“回头看”，督导基层单位及时完成“两方案一计划”整改落实任务，并对各类活动资料汇编成册，总结上报，进一步强化工作实效。

全面启动学习讨论落实活动。紧扣“深入学习贯彻习近平总书记系列重要讲话精神，净化政治生态，实现弊革风清，重塑山西形象，促进富民强省”的主题，精心制定方案，在保证上级各项“规定动作”程序不减、标准不降的基础上，提出围绕保安全、提效率、增效益“三个重点”，着力抓党建、抓作风、抓改革、抓创新、抓发展“五个着力”的“自选动作”。并在省属企业中首家召开动员大会，全面拉开晋煤集团学习讨论落实活动序幕。晋煤集团领导班子坚持以上率下，多次组织集中学习讨论，人人敞开心扉谈认识、谈体会、谈问题、谈对策，突出重点，摆进自我，见人见事，深刻查摆问题，高质量完成反思剖析报告，为进一步整改创造条件。坚持边学习、边讨论、边落实、边深化，邀请中央党校教授辛鸣作集中辅导，组织广大党员干部观看电视专题片《作风建设永远在路上》、省纪委拍摄的廉政警示教育片《警钟长鸣》，组建10个督导组，制定《专项整治方案》，积极进行整改落实，得到省国资委督导组的充分肯定。

更加系统地推进党风廉政建设。认真履行党风廉政建设党委主体责任和纪委监督责任“两个责任”，全面推进党风廉政建设责任制的落实，召开党委全委会和党风廉政建设工作会，进一步明确党风廉政建设“1353”工作思路，与56个基层党组织就主体责任进行“签字背书”，强化责任落实。严格落实中央《建立健全惩治和预防腐败体系2013-2017年工作规划》，着力构建“不敢腐”、“不能腐”、“不想腐”的工作机制，促进各级领导干部清正廉洁。整合监督资源，拓宽监督渠道，积极探索建立联合督查督导工作机制，始终保持高压态势，着

力构建“不敢腐”的惩处机制。积极开展政策法规、反腐败斗争形势分析、体制机制创新和制度保障等课题研究工作，制定党员领导干部党风廉政函询制度、党风廉政预警机制实施方案，建立“一表三卡一报”制度，突出抓好元旦、春节、中秋等重要节点的反腐倡廉工作，努力构建“不能腐”的制度机制。深入开展以“转变作风、清廉务实”为主题，以开展“六个一”活动为主要内容的党风廉政教育宣传月等各类教育活动，强化廉洁文化建设，积极构建“不想腐”的教育机制。

三、抓党建，带队伍，提供坚强的组织保证

党建工作夯基固本、稳步提升。紧扣“基层组织提升年”主题，根据新单位成立、新项目推动实际，及时调整、组建党组织。高度重视基层党支部书记队伍建设，本着就近分片、分散办班、同时推进的原则，邀请多位专家教授对670余名基层党支部书记进行脱产轮训。各级党组织立足实际，创新党建项目，设计活动载体，围绕安全生产、执行落实、遵章守纪、服务群众等主题，开展“党员无事故、身边无违章”，变“抓三违”为“纠三违”，“在职党员进社区、志愿服务做奉献”等活动。坚持以党建带工建、团建，充分发挥群监网、青监岗等阵地载体作用，全年群监网员共制止“三违”4621起，排查隐患260833条。帮教“三违”职工1892人次；各级青监岗共查隐患143081条，纠三违18435次，提合理化建议31058条。

干部队伍转变作风，优化管理。按照习近平总书记提出的20字好干部标准和省委提出的“德才兼备、以德为先、以廉为基”用人原则，提出“四不用、四优先”选人用人导向，“三不得”作风纪律要求，集中开展“学习弘扬焦裕禄精神”活动和“工作秩序涣散、纪律松弛”专项整治活动，实行“周三安全活动日”制度，切实提高各级领导干部抓安全生产、抓经营管理，抓服务群众的意识和行动。按照《党政领导干部选拔任用工作条例》要求，严格干部选拔任用程序，细化工作环节，严把推荐、考察、审批、监督关，加强对新提拔处级干部试用期满一年的考核工作，修订《晋煤集团离岗休养和提前退养管理办法》，完善干部退出机制，从严开展超职数配备专项整治工作、管理人员兼职规范清理工作、重大个人报告事项随机抽查工作，促进干部管理工作良性发展。

员工队伍能力增强，素质提升。全方位实施“干部素质提升工程”，通过“干部上讲台，培训到现场”、晋煤大讲堂、以考促学、政治学习日等形式，真正把广大党员干部引进课堂、引向现场、引向实践，大大激发党员干部分析问题、把握方向、科学发展的能力和水平。继续抓好“岗位技能竞赛”活动、岗位练兵技术比武活动、“巾帼建功”活动和青年“百人计划”等，为广大员工提升业务技能、交流工作经验，展示个人素质，实现成长成才搭建平台，涌现出一大批技术能手、巾帼英雄和青年人才。刘晋斌被授予“全国青年岗位能手”；申晋国被授予“全国优秀共青团员”；焦海峰荣获第二届“全国煤炭青年五四奖章”等等。坚持开展“金点子”征集活动，全面启动劳模创新工作室创建活动，为打造晋煤自己的科研高地和技术支持平台奠定坚实基础。

四、抓稳定，促和谐，营造良好的发展氛围

思想政治工作持续增效。紧紧围绕职工群众关注的深化改革、降本增效、减人分流、工资分配、选人用人、安全生产等热点，进一步规范企业职工思想信息网络建设及思想政治工作预警机制，充分利用思想信息员队伍、舆情阅评员队伍群众基础广、反应速度快的优势，及时反馈职工思想动态和舆情热点。全年共收集1000多条职工思想信息，有效处置20多项重点舆情。以“解思想疙瘩、化工作矛盾”为切入点，针对性组织开展立项课题研究，涉及职工安全心理状况干预、对口支援矿井思想引导工作方式方法、企业离退休职工思想工作的探讨实践、新时期股份制企业职工思想工作的思考等方面，有效提升企业思想政治工作水平。

平安企业建设积极稳妥。将维稳工作置于各项工作首位，主动思考，主动布控，主动出击，不断加强情报收集研判、矛盾排查调处、重点人员管控、专案侦查以及反恐处突和安全保卫等各项工作，确保企业政治大局稳定。扎实推进基层基础管理，健全完善了各类应急预案，立足实际策划安全促进项目，做好国际安全社区评审验收准备。针对性地开展暂住人口和出租房屋整治、护校安园行动、治安、消防、交通安全隐患大排查等专项整治活动。抓好民兵“参建”工作，完善应急救援机制，提高应对突发事件的处置能力，开展国防宣传教育活动，增强职工群众的国防意识。

依法治企持续强化。建立法律政策课题研究机制，逐步推进法律风险管理精细化、重大经营决策审核规范化、规章制度法律审核流程化，进一步完善法律管控体系。以颁布新的《保密法实施条例》为契机，分阶段、分群体，针对性组织各级领导干部、涉密人员和保密专兼职干部三类人员进行学习宣传贯彻，进一步提升相关人员的保密意识。狠抓保密基础管理工作，对保密管理相关制度进行梳理，对机要室“三铁一器”进行重新配备，对企业涉密载体销毁工作认真自查，确保涉密数据安全。

（刘　娜）

附：山西晋城无烟煤矿业集团有限责任公司党委书记、常务副书记、副书记、常委名单

书　记：贺天才

常务副书记兼纪委书记：王良彦

副书记：胡耀庭（12月离职）　张虎龙

常　委：李鸿双　都新建　王　毅　王茂盛

太原重型机械集团有限公司党委工作概况

党委书记 王创民

2014年，太重集团公司党委深入学习贯彻习近平总书记系列重要讲话精神，全体党员干部理想信念更加坚定，工作作风更加务实，太重核心价值观深入人心，“二次创业”行动自觉高度统一，全面从严治党取得积极成果，为集团公司持续健康发展提供了坚强的思想保证、政治保证、组织保证、纪律保证、舆论支持、精神动力和人才支撑。

一、全面学习贯彻党的十八大、十八届三中、四中全会精神和习近平总书记系列重要讲话精神，坚定理想信念

集团公司党委把学习贯彻党的十八大、十八届三中、四中全会精神和习近平总书记系列重要讲话精神作为最大的政治任务。各级党委中心组累计学习200余次；编印了《习近平总书记系列重要讲话选编》；分四批对中层干部、40岁以下后备干部进行了“学习习近平总书记系列讲话和贯彻落实党的十八届三中全会精神”集中轮训；聘请省委党校高健生副校长进行了“以习近平总书记系列讲话精神为指导，推进学习讨论落实活动取得成效”专题讲座；通过学习，全体党员干部坚定了理想信念，增强了政治素质和党性修养，不断把思想和行动统一到习近平总书记系列重要讲话精神上来。

二、认真组织党的群众路线教育实践活动回头看工作，不断巩固教育实践活动成果

集团公司党的群众路线教育实践活动总结大会后，多次组织开展“回头看”工作，重点抓好查摆问题的整改落实工作。对照中央、省委关于认真落实整改任务的要求，深入分析研判、强化整改措施、严格责任追究，推动和深化整改工作。按照集团整改方案，21项整改工作已全部完成。同时，制定了一系列规章制度，把整改落实、专项治理的成果，落实到指导能力强、能长期管用的制度上，巩固了教育实践活动成果。技术中心党委开展了领导接待日活动，搭建领导干部面对面服务职工的平台。退管处党委制定了《退管处工作人员家访慰问制度》，更好地为退休人员服务。太重兴业党委稳步推进民生工程，解决了长期以来困扰职工出行的交通拥堵问题和北区供水不足问题；太矿集团党委妥善解决历史遗留问题，以人为本，关注民生，为广大职工群众营造了和谐舒适的生活环境。

三、从严从细从实开展学习讨论落实活动，确保活动取得实实在在的成效

集团公司党委认真贯彻落实省委的重大决策部署和王儒林书记讲话精神，按照省委、省国资委党委统一安排，扎实开展学习讨论落实活动。2014年12月17日动员部署后，严格按照活动要求，加强组织领导，覆盖各级党组织和广大党员干部，并涵盖了每一个廉政风险点岗位非党员职工。紧扣活动主题，紧紧围绕5个方面重点学习内容和4个方面的讨论内容，分系列、分专题深入组织进行了学习讨论反思。紧密结合发展实际，深查制度缺失，深挖问题根源，针对性制定措施，反复多次整理形成了集团党委反思剖析报告。结合企业存在的突出问题确定了招标采购、销售管理、干部管理、付款、企业经营管理风险控制五项重点领域专项整治内容，制定了《太重集团学习讨论落实活动专项整治方案》，明确了牵头单位、协办单位与负责人，扎实推进专项整治工作的开展。

四、不断加强基层党组织和党员队伍建设，提升党建工作科学化水平

扎实开展“基层组织提升年”活动。完成太重榆液党委、太重滨海党委等组建工作；完成退管处党委、风电党支部等党组织换届工作。在山西煤机、太重榆液新设立2家党建工作辅导室，促进基层党组织党建工作规范化、制度化开展。结合年终干部考核，认真组织了“联述联评联考”工作，督促党组织书记履行“党建工作第一责任人”职责，提升基层党建工作水平。太重榆液党委开展了“订货创纪录，研发见实效，生产上规模，管理增效益”活动；矿山分公司党委开展了“比订货、比回款、降成本”活动；起重机分公司党委全面清理库存，提升产品发运率；冶铸分公司党委合理配置人力资源，职工队伍进一步精干高效；机械企业公司党委把保稳定放在首位，积极采取措施，保证了职工的工作、生活稳定，为公司发展稳定做出了积极贡献。

加强党员发展和管理工作。坚持标准，从严把关，全年发展党员77人。组织参加新《发展党员工作细则》培训，并发放新《发展党员工作细则》学习读本、辅导书籍300余册。强化党员管理，及时处置违纪党员，留党察看1名，严重警告1名，开除党籍2名，严肃了党的纪律，纯洁了党员队伍。

五、加强干部队伍建设，为企业持续健康发展提供强有力的支撑

突出抓好干部教育培训，不断提高干部综合素质。制定了《2014年度干部教育培训工作计划》。选派18名优秀年轻中层干部参加了在天津大学举办的管理能力提升高级研修班培训。外聘专家进行企业战略规划、企业文化建设、海外市

场拓展与运营管理等专题讲座。

加强对干部的日常管理监督，不断完善、落实干部选拔、管理制度。建立了中层干部个人有关事项报告电子档案，并对2013年度领导干部个人有关事项报告进行随机抽查核实，对核实情况进行了通报。制定了《中层领导干部职数配备管理办法》《关于处级及以上领导干部丧葬相关事宜的安排原则》等，为进一步规范干部管理提供了制度保障。组织完成第十期后备干部选拔、培训工作，共选拔30名后备干部。制定了《竞争性选拔中层干部实施细则》，并结合实际，完成了山西恒民农业开发有限公司副总经理的公开选拔。

扎实推进"干部上讲台、培训到现场"工作。逐步将"干部上讲台、培训到现场"活动要求吸收转化为集团全员培训的重要内容。4名同志被评为省国资委"干部上讲台、培训到现场"先进工作者；太重煤机被省国资委授予"干部上讲台、培训到现场"先进集体；太重滨海海工设备分公司围绕TZ400钻井平台的生产制造，坚持"边学边教边用"，开发新课程进行相应培训，提高了职工素质，促进了工作开展。

六、大力实施"十、百、千"人才工程，为企业发展提供人才支持和智力保障

加强三支人才队伍建设。出台了《"十、百、千"人才工程实施办法》，并分别制定了对应三支人才队伍的"十、百、千"人才工程评选办法。完成了高技能领军人才评选工作，公开公平公正评选出9名技术精湛、素质优良的技术人才为集团首批"高技能领军人才"。

积极拓展人才引进、人才推荐渠道。依托省人社厅、省国资委等组织的各种活动，积极寻求相关人才。在省外专局的帮助下，与两名德国铸锻领域专家进行了深入接触，建立了密切联系。太重榆液引进了2名液压方面的专家；太重煤机与两名相关专业的外国专家达成了初步合作意向。

集团公司有2人成功入选山西省学术技术带头人；有1名青年技术能手申报了山西省青年拔尖人才，并通过实地考察；推荐3人申报了国家百千万人才工程和山西省新兴产业领军人才。成功申报了樊志勤、张龙两个省级技能大师工作室和张立森、赵慎心两个全国煤炭行业技能大师工作室，对发挥高技能人才作用，加强技能人才培养起到了积极的作用。

七、切实提高舆论引导水平，为公司持续健康发展提供舆论支持

不断提高新闻宣传的质量和水平，对内凝聚人心，对外塑造形象。《太重新闻》电子报和太重视频新闻在OA网正式运行；报纸杂志增加了图解、数读、短评等读者喜爱的形式；广播电视通过动画、微电影、职工互动等创新手法，受到了大家的喜爱。全年广播新闻和专题播发1700余条次，电视新闻和专题播发1500余条次；《太重新闻》出版58期。

对外宣传亮点频现，不断提升太重形象。全年对外宣传近800篇次，新华社、中央电视台、中央人民广播电台以及行业、省市等重要媒体的重要时段和版面深度报道达到100余篇次。新华社通稿《太重55立方米挖掘机获得全球通行证》报道了重点产品的研发制造成果。《山西日报》头版头条刊登《太重的内涵》，是近年来山西省重要媒体对太重挖掘最深、视角最广、篇幅最大的深度报道，影响广泛而深远。山西电视台新闻联播头条以《创新的力量》系列第一篇的形式，对太重海工产品和码头项目进行了大篇幅集中报道，引起了社会广泛关注。

八、大力加强企业文化、精神文明建设和思想政治工作，不断增强企业凝聚力和向心力

集团党委积极践行社会主义核心价值观，深入挖掘太重文化内涵，提出了"诚信、创新、精益、卓越"的太重核心价值观。从2014年8月，深入开展了以"凝聚共识、汇聚力量、推动发展"为主题的学习践行太重核心价值观系列活动。通过"集中教育、全面践行"两个环节的精心组织，宣讲团深入基层为职工进行宣讲，组织黑板报比赛和演讲比赛，投票评选出学习践行太重核心价值观十大典型人物，制定《学习践行太重核心价值观考评指导意见》等，全体干部职工的思想认识得到充分认同，行动实践得到自觉规范，形成了文化理念真正落地、核心价值观深刻引领、企业发展品质不断改进的良好氛围和态势。轨道交通党委深入学习践行太重核心价值观，狠抓国际市场开拓，取得优异成绩，并在演讲比赛中荣获第一名。山西煤机党委结合实际，将价值观的践行情况纳入每月的业绩考评，使价值观的践行真正落地。

组织开展了"百佳文明太重人"和"十大感动用户——售后服务标兵"评选，集团荣获全国机械行业"文明单位"称号。深入开展思想政治工作，认真开展职工思想状况问卷调查，集团政研会被评为全国机械行业"十大优秀政研会"。智波公司党总支利用场馆优势，开展丰富多彩的文体活动，形成了凝聚职工、和谐发展的良好氛围。

九、扎实做好反腐倡廉工作，强化"两个责任"，为企业持续健康发展提供坚强的纪律保证

认真落实党风廉政建设党委主体责任和纪委监督责任。结合实际，制定了集团党委落实党风廉政建设主体责任清单(试行)和集团纪委落实党风廉政建设监督责任清单(试行)；与各基层党组织签订了《党风廉政建设目标责任书》，明确目标责任，强化监督执纪问责。

反腐倡廉宣传教育成效明显。集中开展了"反腐倡廉教育宣传月"活动，积极通过互联网开展反腐倡廉宣传教育，在内网开辟了廉政信息、"每周一案"专栏及纪检监察子网页，及时更新内网及太重企廉网信息。

狠抓落实，作风建设工作取得实效。开展了整治"会所中的歪风"等工作，每季度对基层党组织落实"八项规定"、坚决反对"四风"情况进行检查。

强化制约监督，确保权力正确行使。有针对性地开展制度执行情况专项检查，特别是对“三重一大”集体决策执行情况进行检查。开展廉洁从业测评工作3次。

开展跟踪检查，促进效能监察工作扎实开展。围绕降本增效和提升精细化管理水平，效能监察立项57项，挽回或避免损失1909.3万元，增加或创造效益7691.6万元。

突出案件查办工作，违规违纪行为受到惩处。共收到信访举报23件，按照干部管理权限全部进行了处理。

十、充分发挥群团组织作用，维护企业和谐稳定

各工会组织围绕中心，服务大局，以“四必知、三必访、三必帮”工作为切入点，重点抓好劳动竞赛、素质工程、温暖工程、文体活动、维护和谐工作，2014年领导干部走访慰问1365人次，工会干部深入基层737次，解决问题311项，开创了服务职工的良好局面。认真实施“女职工建功立业工程”和“女职工素质提升工程”，充分发挥了“半边天”作用。

举办了第24届重矿行业团委工作理论研讨会。开展“太重是我家，节约靠大家”主题活动，举办两期“太重青年大讲堂”。锻造分公司万吨生产工部被评为全国安全生产文明示范岗。

科协积极开展“讲、比”、提科技合理化建议等活动，扎实推进创新方法培训推广应用。“讲、比”活动全年立项459项，“献计献策提科技合理化建议”290项，举办三期创新方法宣讲和培训班。

组织离退休人员积极开展政治理论学习、政策讲解、参观集团五大基地及丰富多彩的群众性娱乐活动，坚持在节日、老同志生日时上门走访，鼓励和引导老同志心系企业、发挥余热，为推动企业持续健康发展增添正能量。

在统战成员中开展了“爱企业、献良策、比贡献”合理化建议征集活动，并分解到各相关单位落实，反馈结果。组织统战成员参观太重榆液新园区，定期召开座谈会，向统战人士通报公司改革发展情况。

信访工作围绕“三个确保”目标，坚持公司领导信访接待日制度，组织开展了“双交办、双包案”、“信访积案化解百日清理”等专项行动，集中化解了一些信访积案难案。武装保卫工作不断完善消防、治安等管理制度，制定预防和处置突发事件应急预案，为集团公司安全稳定发展保驾护航。

（徐永健）

附：太原重型机械集团有限公司党委书记、副书记、常委名单

书　记： 王创民

副书记： 丁永平

常　委： 张志德　王春明（3月离职）　王　敏　张克斌　林　经　田　兵（3月任职）

山西能源交通投资有限公司党委工作概况

党委书记　武　强

截至2014年年底，山西能投公司共有基层党组织424个，其中基层党委29个、总支部35个、支部360个；其中能投公司党委直属基层党委6个、直属党支部6个。现有党员7781名。

一、2014年主要工作情况

2014年，面对严峻复杂的经济形势，能投公司深入贯彻省委、省政府决策部署和省国资委要求，坚持“稳中求进、改革创新”的工作总基调，积极稳增长、调结构、抓创新、推改革、控风险、促和谐，经济运行持续健康发展，各项工作稳中有进、稳中有为，企业改革发展迈上新台阶。

（一）主要工作成效

一是圆满完成省部合资铁路出资任务。依照山西省与原铁道部合作纪要及省发改委铁路出资计划，全面完成了省委省政府交办的8条合资铁路出资任务。大西高铁、太原南站、太中银铁路等建成运营。

二是结构调整初见成效。全系统非煤业务占到营业收入的52.34%，同比提高5.26个百分点；占到利润总额的95.44%，同比提高8.3个百分点，经营结构日趋优化。

三是新的增长点已经显现。全省首家再担保公司、首家大宗商品交易中心启动运营，煤层气、玄武岩和电子商务等转型项目陆续投产，新兴产业对公司利润贡献率达到66.5%。

四是公司发展实力不断增强。截止2014年年底，公司资产总额718.04亿元，较整合前增长了288.13%；实现收入222.53亿元，较整合前增长了112.85%；利润较整合前增长了93.3%。2012年、2013年连续两年被省国资委评为A类企业，2014年进入了中国500强。

五是经济发展质量和效益稳步提高。全年实现利润总额2.74亿元，提前两个月完成省国资委目标，有力促进了企业质量效益稳步提升。

六是企业核心竞争力有所提升。公铁联运集运体系不断健全完善，三大物流基础体系竞争优势进一步凸显。“三链联动”商业模式创新成效显现，价值创造能力积极提高。科技创

新深入推进，发展后劲不断增强。

七是安全生产成绩显著。全年未发生安全生产伤亡责任事故，安全生产形势持续稳定、成绩显著，取得了重组整合以来最好成效。

八是和谐企业建设持续加强。全系统职工收入在连续3年平均增长15%的基础上，2014年又增长17.24%，职工幸福指数持续提高。公司“两个文明”创建持续强化，企业文化软实力不断提升，和谐发展氛围日趋浓厚。

（二）重点工作推进情况

一是抓经营、调结构，主营业务发展取得新成效。坚持“稳中求进”的总要求，着力提高核心主业竞争力。

现代物流体系进一步健全。延伸铁路集运体系，静静铁路加快推进，4个战略装车点建成开通。优化物流园区和物流节点布局，迎泽食品冷链物流中心等4个非煤物流园区加快建设。迎泽物流构建起覆盖67个汽车站的“翔鸽快运”服务网络，全省布局200多个快递网点，城乡商贸一体化配送体系进一步健全。大宗商品电子平台注册会员234家，实现交易额8.28亿元；汽运集团打造“晋宝源”等电商平台，构建起线上线下相结合的O2O运营模式。

经营结构进一步优化。积极改造提升传统产业，地铁集团新增3条行业代管线路，达到95条；汽运集团大力拓展公交、旅游客运等特色客运业务，新增车辆651辆；经建投集团扩大有色金属、非煤矿产等业务。大力发展新兴产业，全年生产LNG3.42万吨，销售LNG3.5万吨、CNG1730万方，燃气板块实现收入2.67亿元、利润2868万元；开通旅游直通车21条、输送游客3.6万人次，新增旅游收入1562万元。

资产管理能力进一步增强。加大资产经营力度，清理低效无效资产，退出12个股权项目，淘汰黄标车和老旧车737辆。地铁集团实施债务重组，以4100万元回购信达公司4.58亿元债务。物产集团退出民生期货16%股权、回笼资金3060万元。经建投有序退出翔宇彩印等一批劣势项目。

二是抓转型、促增长，企业发展迈出新步伐。认真落实山西省“项目见效年”工作部署，2014年完成项目投资51.92亿元，完成省国资委下达47.06亿元目标的110.33%。

扎实推进合资铁路 投融资。2014年实现市场化融资93亿元，完成铁路出资14.39亿元。同时，山西能投公司积极协调解决省部合资铁路融资贴息问题，在省政府和省有关部门大力支持下，铁路投融资工作有了较大进展，有效防范了金融风险。

稳步推进转型项目建设。世行项目二期全面开工，20口丛式井投产试运行；加气站投入运营3座、建成4座、在建5座。晋西北农副产品冷链物流中心一期等物流园区项目主体完工。地产公司完成黄韩候铁路征地拆迁任务，阳大等项目征拆业务正在推进。

加快推进新兴产业项目。玄武岩公司加大后续产品研发力度，大力拓展海防、航天航空等领域。积极推进绿洲纺织增资扩股工作，延伸发展麻纺织产业。宝佳丽景、上兰村棚户区改造等房地产项目加快推进。汇丰公司加强科学论证，初步选定乳制品加工等产业扶贫项目。

三是抓改革、激活力，创新驱动实现新突破。公司年初成立了深化企业改革领导组，统筹推进改革创新工作。

深化企业改革。制定《改组国有资本投资公司（试点）实施方案》，经科学论证已报省国资委待批。起草了《发展混合所有制经济的指导意见》，三级子公司混合所有制企业比例达到39%。修订董事会、经理层等议事规则，进一步健全完善法人治理结构。出台重大信息公开披露制度，模拟公开了三季度财务等重大信息。

实施创新驱动。召开了全系统商业模式创新经验交流会，下发执行《商业模式创新指导意见》，明确了创新商业模式的路径和方向。举办“创新驱动·军民融合”——中国玄武岩连续纤维应用技术研讨会，邀请中国工程院院士周丰峻等国内19家科研院所的26名专家学者，深入研讨玄武岩连续纤维产业的科学定位、技术创新和延伸拓展领域。

加快产融结合步伐。再担保公司为12户企业提供1亿元再担保业务，稳步推进“开鑫贷”互联网金融合作。山西商品交易中心联合建行、工行等机构，启动资金划转、资金托管和在线结算业务。汽运集团设立内部财务公司，经建投集团拓展基金运作业务，山西煤层气推进“新三板”上市工作，产融结合迈出新步伐。

积极开展国际化经营。主动融入国家“一带一路”战略，规划了“两个中心、三个支撑项目”的战略方案。能投国贸、地铁煤运延伸推进港口物流业务；晋鲁国际、能源产业集团加强与连云港、日照港的战略合作，大力发展港口经济。

四是抓管理、强基础，现代管控有了新提升。年初公司成立了管理提升、风险防控、战略与投资三个领导组。

夯实基础管理。出台《规章制度管理办法》，在梳理95项管理制度的基础上，进一步修订制度43项，有10项制度已下发执行，现代企业制度体系和流程进一步健全。

强化风险管理。下发《关于加强应收账款和预付账款管理的意见》和《关于规范贸易行为管理意见的通知》，全年应收账款同比下降27.6%，有效降低经营风险。

加强财务管理。统一财务会计政策，下发执行《财务管理办法》和《会计核算办法》；制定出台《关于全面加强财务管理的指导意见》，财务信息化建设全面启动。

健全安全管理长效机制。认真贯彻新修订的《安全生产法》，严格落实安全生产目标责任制。全系统开展各类安全检查活动4650余次、应急演练30余次，化解安全隐患2095项。积极开展安全生产月活动，进一步加强安全宣教和安全文化建设。

二、2014年党建工作

2014年能投公司党委及各基层党组织坚持从严治党，围绕经济中心找准切入点，充分发挥党委的政治核心作用、基层党支部的战斗堡垒作用和党员的先锋模范作用，不断推动党建工作再上新水平，取得新进展。

一是创新党建工作机制。建立党建工作目标责任制，把党建工作、党风廉政建设等纳入综合绩效考核。严格落实党委会、党政联席会、党委中心组学习制度,完成基层党建"联述联评联考"、"一报告两评议"工作。健全了新设子公司党组织,创建30余个"特色党支部"。

二是狠抓党风廉政建设。出台《山西能投惩防体系实施意见》,认真落实"两个责任"。深入开展"反腐倡廉教育宣传月"活动,制定领导人员廉洁从业"十严禁"和员工行为规范"八不准"。完成60个效能监察项目,节约资金3815.95万元。

三是强化作风建设。深入开展整改落实"回头看"活动,完成20项整改任务,整改落实职工满意度达到98%以上。开展17项专项整治,严控"三公"经费支出,公司本部公务车费、业务招待费、会议费与上年同比分别下降37.7%、77%、61.6%。

四是加强班子队伍建设。严格执行《干部任用条例》,积极创建"五好班子"。修订公司《人才发展规划纲要》,下发《关于加强高技能人才队伍建设的实施意见》。举办5期中高层干部轮训班,公开选聘中高级人才24名;开展各类培训1524人次,强化了"三支人才"队伍建设。

五是扎实推进和谐发展。健全工会和基层团组织,举办首届职工篮球赛和首届"颂歌献祖国·共圆中国梦"文艺汇演。选树先进典型,有28个先进单位受到上级表彰。整合报刊、电子屏、手机报等资源,强化宣传主阵地建设。筹集资金56.8万元开展帮困慰问活动,着力营造和谐发展氛围。

(周海波)

附:山西能源交通投资有限公司党委书记、副书记、委员名单

书　记:武　强

副书记:刘　波　张广明

委　员:于喜东　梁润德　荣建民　邢海洋　潘来喜　赵敏崎　薛　烨(女,3月任职)

山西省农村信用社联合社党委工作概况

党委书记　崔联会

山西省农村信用社是由省委、省政府直接领导和管理的地方性金融机构,也是全省发展历史最久、机构员工最多、业务规模最大、覆盖范围最广、支农力度最强、金融服务最方便快捷的农村金融机构。

2014年,全省农村信用社在省委、省政府的坚强领导下,持续引深党的群众路线教育实践活动,扎实开展"学习讨论落实"活动,在认真分析研判经济、金融、市场形势的基础上,紧紧围绕"四个一"工作思路,抓住"建立现代金融企业集群"这一主题,贯穿"转型提质"这一主线,坚持服务"三农"这一根本宗旨,坚守不发生案件和大的风险这一底线,积极应对经济下行压力,持续推进转型提质,不断加大改革发展、支农支小、金融创新、风险防控力度,实现了各项工作稳中有进、稳中有为。

一、围绕"转型提质"总部署,实现各项业务稳中有进

省联社认真分析、研判所面临的经济、金融、市场形势,作出了"转型提质"的战略部署,具体的工作思路是:以支农服务为宗旨,以风险防控为保障,以"转型提质"为路径,进一步加快经营理念、体制机制、增长方式、内控管理、队伍建设、科技信息、金融服务、风险防控等方面的转型,努力把农信社建成产权明晰、资本充足、治理完善、机制健全、内控严密、财务良好、服务高效、社会认可的现代金融企业集群。

在经营发展上,全省各级农信社正确处理改革、发展、稳定的关系,坚持抓改革、促发展、保稳定,统筹兼顾,协调推进;正确处理规模、质量、效益的关系,避免大而不实、快而不好、有量无质、进而不稳;正确处理显绩与隐绩、当前与长远的关系,树立长远的业绩观,夯基础,固根本,利长远,实现由更突出外延扩张向更注重内涵提质转变。

截至2014年末,全省农信社资产总额、存贷款余额、农业贷款总额、小微企业贷款余额均稳居全省金融机构之首。其中:资产总额8158.01亿元,比年初增长200.52亿元,增幅2.52%;各项存款余额5268.28亿元,占全省金融机构总额的

19.55%，2014年新增存款份额占到全省金融机构的37.5%。各项贷款余额3367.58亿元，占到全省金融机构贷款总额的20.34%。涉农贷款一直占全部贷款的80%以上，余额达2847.74亿元；农信社支持的小微企业贷款户达112579户、余额1832.68亿元，占贷款总额的54.42%，已成为名副其实的地方金融主力军。实现各项收入481.71亿元，同比增长10.57%；实现经营利润135.64亿元，同比增长7.02%，经营效益进一步提升。上缴地方税金28.86亿元，在全省金融机构中最多。同时，各项监管指标进步明显，系统风险可控。

二、全力支农支小，当好全省经济发展的农村金融主力军

紧紧围绕省委、省政府战略规划，牢固树立"大三农"理念，进一步拓宽服务范畴，延伸服务链条，丰富服务内涵，改进服务方式，在全力支持和服务"三农"的基础上，积极支持小微企业和全省重点工程项目。

全力支持服务"三农"发展。全省农信社立足自身定位、牢记服务宗旨，扎实开展"山西农信强农兴社金融普惠工程"，深入实施阳光信贷、富民惠农金融创新、金融服务进村入社区"三大工程"，切实解决群众最直接、最关心、最迫切的实际问题，不断提升服务"三农"、服务客户、服务群众、服务地方经济的能力和水平。截至2014年末，全省农信社农户贷款余额为1186.29亿元，为68.53万户农户发放小额信用贷款230亿元，是全省唯一一家向农民发放无担保抵押贷款的金融机构；累计投放支农贷款2340.33亿元，涉农贷款余额达2847.74亿元；全省农信社累计创建信用村6804个，评定信用农户283万户，巩固和扩大支持农业龙头企业1190个、农民合作社1998个；投放贷款44.97亿元支持设施蔬菜产业；支持686个特色优势种（养）基地（园区），扶持辖内部分区域形成了"一村一品"、"一县一业"的生产格局；投放贷款34.55亿元，支持了38133名农村青年、20137名妇女、773名大学生村官创业、83名残疾人创业。

全力支持小微企业发展。始终将做好小微企业信贷支持工作作为践行社会责任、支持山西转型综改试验区建设的重要工作来抓，引领全省各级农村信用社积极转变经营方向，加大小微企业营销力度，实行利率优惠，实现专营机构独立考核，推行流程再造，提高审批效率，大力完善激励机制，强化小微企业专营机构建设，创新信贷模式。依托山西金融服务平台延伸营销覆盖面，借助全省政银企对接月活动契机，加大对重点工程、小微企业、农业龙头企业等各类项目的营销介入力度，定期向各级农信社发布项目信息，进行对接指导。截至2014年末，农信社支持的小微企业贷款户达112579户、余额1832.68亿元，占贷款总额的54.42%，已成为名副其实的地方金融主力军。

积极支持全省重点工程项目建设。积极支持转型综改试验区、循环经济园区和生态工业园区建设，鼓励扶持省政府确定的百户销售收入超亿元企业发展，量力支持国家重点和符合产业升级方向的技术改造项目融资，适度支持国家及山西省在建续建重点工程和项目的合理信贷需求，对接支持山西省产业扶贫工作等。截至2014年末，全辖已营销省属企业农业开发公司基本账户24户、达成贷款意向10.93亿元，已发放贷款0.5亿元，对接市属企业16户，对接民营企业23户、开立基本账户16户、投放贷款2.81亿元。同时，根据省政府下发的全省重点工程项目，将信贷资源优先向有政策支持、有产业优势、信用良好的企业（项目）倾斜配置。全辖净增贷款投放232.58亿元，先后支持了一批省政府经济转型重点工程项目，有力推动了地方经济转型跨越发展。

三、推动金融服务创新，加大普惠金融服务力度

全省农信社结合本地实际，积极创新金融服务产品，改进金融服务方式，提升金融服务质量，为广大客户提供优质的普惠金融服务。

丰富金融服务产品。围绕"特"字做文章，突出农信特色、打造农信品牌，立足目标市场、发掘强项业务，避免"大而不强，全而不优"，形成独特竞争优势。先后推出了土地收益权抵押贷款、林权抵押贷款、农机具购置贷款、设施农业抵押贷款等品种；开办了农村青年创业贷款、复转军人创业贷款、巾帼创业贷款、残疾人小额信用贷款、大学生村官创业贷款等种类丰富的创业助业产品；创立了以尧都农商行太原迎泽小微企业专营支行为代表的小微企业专业服务模式，以长治潞城农商行、黎都农商行、运城农商行为代表的小微企业专营机构，目前设立各类小微专营机构141个，贷款余额476.24亿元，占小微企业贷款的25.98%。

改进服务方式。有效借助信合便利店、社区服务站、农金服务站等服务载体，不断加大ATM自助机具、助农取款服务点建设力度，升级完善手机银行、网上银行等电子银行服务方式，探索建立"金融超市"新模式，加大电子化建设力度，利用现代化手段提升金融服务水平、满足客户金融需求。累计发行信合通卡1727.62万张，建设自助网点1624个，安装自助设备共2290台，发展特约商户29807户，拓展助农取款服务点15221个，实现了助农取款业务通固话行政村全覆盖，有效改善了农村地区支付结算金融服务环境。

提升服务质量。坚持"机关为基层服务，上级为下级服务，全员为客户服务"，将基层和客户满意不满意、高兴不高兴、答应不答应，作为衡量服务到不到位的唯一标准。进一步规范服务礼仪，优化服务流程，精减办事程序，提高工作效率，为广大客户提供便捷、优质、高效的普惠金融服务。全省农信社严格按照《山西省农村信用社服务收费标准》，统一了服务收费管理；出台了《山西省农村信用社特殊个人客户上门服务业务指引》，优化对特殊个人客户的服务流程；扎实开展"阳光信贷工程"，对"信贷产品、准入条件、操作流程、利率政策、收费标准、办结时限和监督方式"等7项重要信贷内容进行公开，确保每名客户公开透明地接受信贷服务。

四、加快体制机制改革，建设“现代金融企业集群”

全省农信社在前几年工作的基础上，提出了“抓强带弱，整体推进，能商则商，能股则股”的原则，采取“抓标杆社、抓高风险社、带中间社；大带小、好帮差、强扶弱”的工作措施，加快农商行改制及高风险社处置步伐，取得了积极的成效。截至2014年末，全省110家县级法人机构，向省联社提出改制农商行的有67家，省联社批复同意改制的58家，已挂牌成立农商行的24家，其中，2014年共有7家农商行挂牌开业，5家机构召开创立大会，3家机构获银监会批复。改制后的农商行存贷款总额占到全省的30%左右，股本金占全省的55%左右，账面利润占全省80%左右，已成为山西农信迈向现代金融企业集群的“领头雁”，起到了引领改革发展的示范作用。

特别是在化解处置高风险社方面，坚持“自救式化险和市场化重组”两轮驱动的思路，按照监管引领、政府主导、自身努力、行管支持、多方参与的“五位一体”工作模式，加强组织领导，依靠各级政府，争取监管部门支持，激发内生动力，内化外促尽快化解处置高风险机构，取得了实质性进展。2014年，向省联社提出改制农商行申请的高风险机构2家，累计申请31家；获省社筹建批复的2家，累计批复27家；挂牌开业4家，累计开业9家。另有4家高风险机构已召开创立大会；3家获银监会批复；2家将筹建资料上报省银监局；其余9家获省社筹建批复高风险机构重组改制工作正在积极推进。在工作实践中，探索了“三拖一”（榆次、灵石、寿阳三家农商行投资平遥重组改制）、“引凤凰”（忻府区跨省引投资）、“一帮一”（襄垣帮平顺）、“强并弱”（尧都兼并浮山）等模式，有效推动了高风险机构的处置化解。

五、全方位提升管理水平，促进合规稳健经营

不断加大整章建制力度，加快操作流程优化再造，开展不良贷款听证问责工作，全方位提升精细化、规范化、差异化管理水平。

加强内控制度建设。进一步增强内控制度的适应性和覆盖面，全年废止规范性文件3项，修订11项，订立39项。截至2014年末，累计出台实施制度444项，因修订、废止失效的有111项，现行有效的为333项，基本形成了覆盖各项业务、各个环节的制度体系。

加快操作流程优化再造。全面整合管理机构设置，优化升级管理系统，加快操作流程再造，实现机构扁平化、业务垂直化、管理集约化、操作流程化，既加强各条线之间的纵向管理，又增进各条线之间的横向配合，提高整体运营管理水平和资源利用效率，切实解决责任分工不明确、信息传导不畅通、制度执行力低下等问题。现已完成了信贷管理、远程授权、事后监督、风险预警、办公自动化、财税库银、全省非税业务、外汇及保险代理业务、视频会议和综合前置优化、二代支付、IC卡新支付、反洗钱信息、EAST、支付宝接入等系统项目的上线运行。

扎实开展不良贷款听证问责。把不良贷款听证问责工作作为“一号工程”、“生命工程”，下决心摸清底数、夯实基础，下气力解决多年来形成的贷款形态不实问题。系统上下累计发动员工1万余名，采取上下结合、远近结合、点面结合、内外结合等方式，有效借助多方力量，综合采取多种手段，聚焦风险资产，锁定不良贷款，落实清收责任，开展听证问责，进一步摸清底数、新老划断，分析原因、落实责任，全力清收、严肃问责，有效解决“前清后增”、“新官不理旧账”等问题。

六、狠抓系统党建，积极转变社风行风

不断加强系统党建工作。不断引深党的群众路线教育实践活动，扎实开展“学习讨论落实”活动，进一步理顺组织关系，健全组织机构，发挥组织作用，严格遵守党委（党组）议事规则，认真落实党的组织生活、党委（党组）中心组学习、党员领导干部民主生活会、党员领导干部廉洁自律若干规定等基本制度，全方位强化系统党的思想建设、组织建设、作风建设、制度建设和党风廉政建设，充分发挥党建工作带业务、促发展的引领作用，不断推动全省农信社实现转型提质发展。2014年共组织党委中心组学习12次17天，学习内容包括习近平总书记系列重要讲话、十八大以来党的作风建设、十八届四中全会精神、全省重要会议精神，省委王儒林书记重要讲话，以及中国传统文化与社会主义核心价值观等内容；召开党员领导干部民主生活会1次，围绕“严格党内生活，严守党的纪律，深化作风建设”这一主题，深入开展批评与自我批评。

切实强化党风廉政建设。层层签订了《党风廉政建设目标责任书》，明确系统各级党委、党组书记是全系统党风廉政建设第一责任人，承担“一岗双责”，坚持一手抓改革发展、转型提质，一手抓党建工作、反腐倡廉工作，坚持两手抓，两手都要硬，充分履行党委党风廉政建设主体责任。同时，聚焦系统内党风廉政建设和反腐败中心工作，履行好各级纪委及纪检监察部门的监督、执纪、问责等职责，围绕易发案的“人权、财权、贷权、物权”等方面，加大重点领域、重点环节、重点岗位、重点人员的整治力度，加大对有关人员和单位的督导、查处力度，加大各类问题特别是共性问题、屡查屡犯问题的整改力度，2014年共进行效能监察1443次，开展警示教育356次，对569名责任人进行了党纪政纪处分，在全系统着力形成不敢腐、不能腐、不想腐的长效机制。

积极转变社风行风。严格落实中央“八项规定”及省委有关要求，建立完善相关的规章制度，组织开展专项整治活动，切实强化系统作风建设。一年来，结合农信系统实际，先后制定下发了《关于切实加强作风建设和廉洁自律工作的通知》《关于对违规收送礼金、红包问题开展专项整治的实施方案》《整风肃纪厉行节约实施方案》，持续有效地破解系统“四风”问题，积极转变社风行风，在全系统形成风清气正、干事创业的良好工作氛围。

（聂宏伟　雷鹏锋）

附：山西省农村信用社联合社党委书记、副书记、委员名单

书　记：崔联会

副书记：王再升

委　员：邢亮喜　张转芳(女,7月离职)　高之岩　王忠泽

山西太钢鑫磊石灰石循环经济园

中央部属单位党组（委）工作概况

省气象局党组工作概况

党组书记　柯怡明

2014年，省气象局党组深入贯彻落实党的十八大和十八届三中、四中全会精神，高度重视党的建设和党风廉政建设，全面推进气象现代化建设，进一步深化气象业务体制改革，积极服务于全省转型跨越发展，全省气象事业保持了良好的发展势头。

一、党的建设和党风廉政建设不断加强

认真抓好第一批教育实践活动整改落实，取消评比表彰活动10个，清理各类领导小组和议事协调机构13个，文风会风、公务接待、公务用车、办公用房等专项整治效果明显。圆满完成第二批教育实践活动，中央第十二督导组参加侯马市气象局民主生活会，给予充分肯定。根据省委统一部署，认真组织开展了"学习讨论落实"活动。组织开展了党风廉政宣传教育月活动和"工作秩序涣散、纪律松弛"专项整治活动。积极推进惩防体系建设和"两个责任"落实，出台了《山西省气象局贯彻落实 < 建立健全惩治和预防腐败体系2013-2017年工作规划 > 的实施办法》和《中共山西省气象局党组关于落实党风廉政建设主体责任和监督责任的实施意见》。扎实推进廉政风险防控工作，认真落实"三项谈话"、函询、干部任职回复意见等制度。全面加强内部审计监督，共开展各类审计210项，审计金额3.74亿元，提出整改建议173条。中国气象局在省气象局离任经济责任审计中提出的问题基本整改到位。加强文明单位创建，3个单位晋升省级文明单位。重视老干部工作，认真落实"两项待遇"，老干部思想稳定，团结和谐。工会、青年、妇女、后勤保障等各项工作均取得新成果。

二、气象服务能力不断提高

气象决策服务成效显著。按照中国气象局要求，在全省普遍开展了气象服务满意度调查，省直部门对决策气象服务满意、基本满意率达100%。为农服务"两个体系"建设扎实有效。面向新型农业经营主体的"直通式"气象服务对象较2013年增长54%。人工影响天气效益明显，全省3架增雨飞机实施增雨作业164架次，组织实施地面增雨作业164次，地面防雹作业80次。标准化人影作业站点建成率达90%。新媒体优势在提升气象服务覆盖面和影响力发挥了重要作用。省气象局新浪、腾讯、人民网官方微博观众数突破百万，被新浪网评为"十大气象微博"，腾迅网评为"十大政务微博"。山西省天气预报微信公众号和山西气象移动客户端软件上线运行。

三、气象防灾减灾体系建设持续推进

省、市、县级政府均成立了气象防灾减灾领导组和工作机构，出台了《气象灾害应急预案》，42个县政府出台乡镇应急预案。省政府及6个市政府、98个县政府出台《气象灾害防御规划》。95个县开展了乡镇气象灾害应急准备认证工作，300个乡镇通过认证。气象信息服务站乡镇覆盖率达97%，服务于"三农"的电子显示屏实现乡镇全覆盖，农村气象大喇叭覆盖44%行政村，全省气象信息员达30849人，实现了乡村全覆盖。年度召开了多部门气象灾害应急防御和预测预警研判专家联席会议，进一步完善了部门联动机制。省级信息发布系统与国家突发事件预警信息发布系统实现对接。全省各级气象部门地方编制机构在发挥政府职能、组织实施防灾减灾等方面发挥了重要作用。

四、应对气候变化和生态文明建设气象保障深入开展

积极参与了省发改委《山西省应对气候变化规划》《风能资源十三五规划》和《山西省生态保护与建设规划》等规划编制。向省政府报送《吕梁植被对气候变化的响应与反馈分析》《山西省温室气体分析评估》等决策咨询报告。完成8项光伏发电和6项电厂空冷项目气候可行性分析报告。完成了暴雨强度公式业务平台研发，开展了城市暴雨强度公式编制工作。“山西省温室气体观测站网建设与实施”案例首次入选《2014低碳中国行低碳案例评选集》，为全国气象部门唯一入选案例。开展了全省雾、霾天气分析评估和环境气象监测预警，2014年共发布大气颗粒物和霾评估报告117期。

五、现代气象业务建设取得成效

强化新技术和新资料研发应用，开展精细到乡镇的气象要素预报、24小时格点化定量降水预报和短时灾害性天气落区预报预警等业务，注重提高预报准确率，24小时晴雨、最高和最低气温预报准确率分别达到89.89%、76.83%、76.22%。加强数值预报模式产品应用，研发客观精细化数值预报模式产品。开展暴雨、强对流天气预报方法研究和中小河流、山洪、地质灾害风险预警业务。着手推进县级综合气象业务，组织研发省市县精细化监测预报预警业务系统、县级气象服务综合业务平台。在第一届全国县级综合气象业务竞赛中，我省获得团体第11名。40个台站实现了降雪自动观测，41个台站实现了能见度自动观测。共建成区域自动站1680个，平均间距10公里，重点城市（太原、大同）站间距为4–5公里；建成高速公路交通气象站10个，温室气体观测站5个，气溶胶观测站13个。吕梁新一代天气雷达、五台山风廓线雷达建设完成，五寨雷达完成前期堪选、测试工作。完成MDOS平台本地化应用，省市传输专线带宽由8M扩充至14M。实施了省级内外网物理隔离改造，确保业务系统运行安全。

六、气象业务深化改革积极推进

省气象局认真贯彻省政府《关于率先基本实现气象现代化的实施意见》精神，编制了《山西省加快推进气象现代化实施方案》和《山西省气象局党组全面深化气象改革实施方案》，下发了《山西省市、县级气象现代化建设指导意见》，确定长治市气象局为气象现代化建设试点单位开展试点建设工作。全省地面气象观测业务改革调整顺利实施，完成航危报业务改革。根据县级综合业务体系建设要求，制定《县级综合气象业务暂行规定》。根据全面推进气象现代化和深化改革工作需要，将气象现代化建设办公室、改革办与基层综改办三办合一，成立了现代化暨改革领导小组和办公室，编制《全面推进气象现代化和深化气象改革2015年重点工作计划》，制定目标考评工作方案，细化考核指标，组织编制气象服务、业务科技和管理体制改革实施方案并组织实施。省局与长治、太原、临汾、阳泉等市政府签署合作协议，共同推进气象现代化发展。

七、科技创新体系和人才体系不断完善

积极发挥科技支撑作用。2014年省气象局安排省级科研经费200万元。获得国家自然科学基金项目1项，中国气象局项目3项，省科技厅项目3项。3项研究获得省级科技奖励。核心期刊发表论文30篇，SCI、EI发表论文2篇，出版论著2部。省气象学会被中国气象学会评为“年度先进气象学会”。围绕新形势下中国气象局党组对人才工作的部署和要求，紧密结合气象现代化建设和深化气象改革需求，进一步推进气象人才工作。省局党组多次专门组织学习干部选拔任用政策，专题分析研究干部队伍建设和人才工作，努力营造风清气正的人才发展环境。加大干部挂职交流力度，选派9名干部上挂下派。年内招录63名本科以上毕业生，其中博士1名，硕士11名。省局举办各类业务培训班29期，选派骨干人才参加中国气象局培训班127期，承担“全国气象部门县局长综合素质轮训”等培训班4期。选派人员参加“中国第31次南极考察队”越冬考察。

八、法制建设和规范管理不断深化

《山西省气象设施和气象探测环境保护办法》经省政府常务会议审议，将进一步征求相关单位意见。继续推进依法治理示范单位创建。制定下发《山西省防雷安全重点单位监管办法》和《山西省气象局关于进一步规范防雷行政审批推进防雷社会管理工作的通知》，规范防雷减灾管理。强化地方事业经费保障，强化综合预算管理，开展三年滚动预算编制。安全管理工作常抓不懈，省局连续7年被省政府授予“安全生产先进单位”。

（李国英）

附：省气象局党组书记、成员名单

书　记：杜顺义（9月离职）　柯怡明（9月任职）

成　员：张洪涛　梁亚春　申　敏

省地震局党组工作概况

党组书记　樊　琦

2014年，山西省地震局党组深入贯彻党的十八大、十八届三中、四中全会精神，紧密围绕防震减灾中心工作，按照省直工委开展“基层组织提升年”活动的部署，以《中国共产党党和国家机关基层组织工作条例》为准则，以“增强党员意识、规范组织生活、提升服务能力”为重点，全面推进基层党组织的思想、组织、作风、反腐倡廉和制度建设，党员干部队伍的战斗力不断加强，有力促进了山西防震减灾事业的健康发展。

一、思想建设

加强思想政治理论学习。在学习内容上，重点开展了学习十八大，十八届三中、四中全会，中纪委全会、习近平总书记重要讲话以及省委重要部署的系列学习。学习十八大、十八届三中全会精神专题辅导4次，学习习近平总书记系列重要讲话知识答题1次，学习习近平总书记系列重要讲话主题征文1次。在学习形式上，把专家集中辅导、支部集体学习与个人自学相结合，阅读原文、交流讨论、征文比赛、考试答题相结合。购买发放了《习近平总书记系列重要讲话读本》《十八届三中全会热点问题权威解雇》《马克思主义哲学十讲》等书籍。组织观看了《李克强总理公开课》。在学习安排落实上，坚持第一时间组织学习，做到步步紧跟，及时贯彻；坚持将理论学习和防震减灾工作面临的矛盾和问题相结合，以学促用，增强学习效果；坚持要求领导干部对照“三严三实”，带头学、带头讲、带头用。在学习管理上，定期检查督促考核。组织43名处以上干部参加了中国地震局和省直工委举行的专题学习轮训，参加率达到100%。党组中心组2014年专题学习11次、15天；学习出勤率在95%以上。

二、组织建设

施行了党员承诺和民主评议相结合，每季度菜单式总结报告工作情况，促进“三会一课”制度落实，提升基层党支部工作上台阶。年内检查了2次支部会议记录本和党员学习笔记，支部报告工作2次，发展1名预备党员，转正4名预备党员。七一前组织了“一先两优”创先争优表彰大会，树立典型，表彰先进，传递正能量，并通过基层党支部开展深入细致的思想政治工作，以先进的思想引导人，以高尚的精神鼓舞人，以公平和正义维护人，以实事求是的态度赢得人。为各项工作提供了强大的支持；地震工程勘察研究院、地震灾害研究所完成了支部改选换届工作，支部工作趋于规范，基本达到了预期的目标。组织党务干部培训1次，进一步提高党务干部工作能力水平，全面提升党支部战斗堡垒和党员先锋模范作用。同时，积极做好党员信息登记录入工作，全局党员信息实现了电子管理。加强干部队伍建设。2014年选任1名副巡视员、15名处级干部，招录7名公务员和事业单位人员。专业技术人员评审获正高级资格1人、副高级资格8人。自办培训班10个，参加培训673人次，派出培训55人次。

三、作风建设

一是抓好教育实践活动整改落实。《整改方案》确定整改措施35项，《专项整治方案》确定整治任务7项、25分项，均已全部完成，落实率100%；调整后的《制度建设计划》46件，已完成42件，完成率91%。二是聚集“四风”开展专项整治。较好地解决了“文山会海、检查评比泛滥”、“超标配备公车、多占办公用房”、“党政领导干部企业兼职”、“安评人员挂证取酬”等普遍关注的突出问题。三是形成了整治四风的长效机制。在2013年压缩8个会议的基础上，2014年又压缩4个，出台公务接待、项目资金监管、车辆管理、会议管理等办法，削减相关费用31.46万元。全局共获得省部级、司局级集体表彰26项，观测项目奖32项，个人受表彰19人次。

四、文明创建活动

一是召开了春季职工运动会，包括健身秧歌和拔河两个团体项目，乒乓球、台球、象棋四个单项比赛，并组织40余名选手参加了省直工委第四届职工运动会四个项目的比赛。二是组织五项全能比赛，共有机关、事业单位的30名青年选手参加，并选送3名选手参加了省直机关第二届五项全能比赛，2人获奖和单位获组织奖。三是开展读书月活动，组织了“学习焦裕禄精神，献身防震减灾事业”主题征文活动，收到35篇征文；举办了全省地震系统职工参加的中华经典诗诵读比赛，28名来自全省地震系统的选手参加。四是开展社会主义核价值观主题教育活动，清明节前发出“清明文明祭扫活动倡仪书”，并组织青年职工到黄坡革命烈士陵园缅怀先烈，激发爱国热情；五一前组织了义务植树活动；中秋、国庆前开展慰问老党员活动；组织观看了《周恩来的四个昼夜》《天上的菊美》两部电影，陶冶情操，净化心灵；开展了联企帮困、博爱一日捐、10.17全国扶贫日捐款活动，凝聚爱心，传播大爱；与省农行、交行开展青年联谊活动，帮助大龄男女职工寻找生活伴侣。五是举行道德讲堂、开展志愿服务活动，年内举办道德讲堂1次，志愿服务队开展青年志愿服务活动3次。六是及时进行信息报送工作，在局网站、省直文明网发布我单位工作信息，反映单位文明创建工作。

五、党风廉政建设

一是在局党组中心组学习时，以党风廉政、干部作风建设为主要内容的学习达5次；并通过组织制度宣讲，播放警示教育片、开展先进事迹报告会、主题演讲比赛等活动，筑牢党员干部思想认识防线。二是加强纪律建设。多次进行工作纪律检查、抽查，并在不同场合、机关大屏进行工作纪律和“八项规定”“五不准”的提醒，维护纪律权威，保证无违法、违纪案件的发生。还为每名处级以上干部发放了《十八大以来廉政新规定》一书。三是廉政风险防控机制建设更加完善。制定《山西省地震局党组关于党风廉政建设主体责任和监督责任的实施办法》，明确党组主体责任和纪检监察部门监督责任。全年约谈党员干部15人次，与新选拨处级干部、新录用工作人员进行廉政教育，全面梳理2010以来的问题线索，对5条开展调查。四是开展专项治理，完善国有经营性实体改革，做好审计和财务稽查反馈意见整改落实，清理挂证取酬。五是发挥审计监督职能，完成审计任务18项，审计金额5.19亿。

六、工作成效方面

一是防震减灾法制建设取得重大突破。11月28日省第十二届人大常委会第十六次会议表决通过《山西省建设工程抗震设防条例》。这是我省出台的首部专门规范建设工程抗震设防行为的地方性法规，将对提高建设工程抗御地震灾害能力发挥重要作用。二是推进中国地震局与山西省政府合作。10月20日，中国地震局与山西省政府联合印发《中国地震局　山西省人民政府共同加强山西防震减灾能力建设合作实施方案》，确定了22项重点工作和11个合作项目，涉及资金2.4亿元。三是加强监测预报工作。新建1个测震台、6个前兆台和6个强震动台，11市新增或改造一项前兆观测项目。继续联合开展“晋冀蒙交界地区强震短临跟踪”。全年向省政府报送《震情反映》12期，现场落实异常20余次，召开周、月及紧急会商会60余次。2014年山西地震台网运行率达到99.15%。测震、前兆、异常落实、强震动等观测质量有27项获全国前三名，加强科技合作。先后与应急搜救中心、地壳所签署合作协议。2014年共争取到省部级及中国地震局科研项目11项。四是强化抗震设防，对省重点项目做好专业服务。精简抗震设防要求审批环节，缩短审批时限。完成临汾市活断层探测，开展忻州、阳泉地震小区划，晋中、大同市震害预测，长治市晋获断裂探测(二期)和吕梁交口断裂探测工作，为城市规划和工程设计提供设防依据。省政府常务会议将农村民居抗震改建试点工程纳入省改善农村人居环境领导组工作范围统筹推进。与省教育厅等12部门联合印发《关于建立中小学幼儿园校舍安全保障长效机制的实施意见》。五是加强应急能力提升。制定并印发省抗震救灾指挥部一、二级地震应急指挥流程。组织11市和54个省防震减灾领导组成员单位重新修订地震应急预案。开展地震安全隐患排查，与省测绘、电力、通讯等部门开展合作共建。在各种纪念日、特殊时段，分别组织开展了抗震救灾指挥部决策指挥桌面推演、救援队伍实战拉练、紧急疏散等多种形式的地震应急演练。积极推进应急避难场所建设，2014年获批三项国家一类应急避难场所建设。完善应急数据库，地震灾害预评估系统客户端实现了由服务器向单机平台移植。应急系统运行在中国局评比中获得4项前三名。六是开展防震减灾宣传教育。在“5·12”防灾减灾日、“7·28”唐山地震纪念周等特殊时段，以不同形式广泛开展防震减灾宣传普及活动，全年共计展出展板1500余块，条幅1000余条，发放各种资料近600万份(含书籍、宣传页、宣传单、光碟、挂图、手册等。结合山西防震减灾网建设，推进虚拟科普馆建设，加快推进省地震科普体验馆建设。

（车海兵）

附：省地震局党组书记、成员名单

书　记：樊　琦(女)

成　员：郭跃宏　郭君杰　郭星全　史宝森　田　勇

省国家税务局党组工作概况

党组书记　王学东

2014年，在山西省委、省政府和国家税务总局的正确领导下，山西省国家税务局党组认真贯彻落实党的十八大和十八届三中、四中全会精神，以组织收入工作为中心，坚持依法行政，加强税收征管，优化纳税服务，激发队伍活力，为服务全省经济社会发展作出了积极贡献。

一、认真开展党的群众路线教育实践活动

一是精心组织，周密部署。省国税局召开全省国税系统教育实践活动第一批总结暨第二批部署会议，印发指导意见，制定时间表和路线图，并成立4个督导组深入基层开展督导检查，保证了活动质量。

二是抓好学习，听取意见。组织党员干部深入开展学习，广泛听取意见。全系统共组织集中学习3061次，举办专题辅导357次；发放征求意见函18500份，发放调查问卷17277份，走访纳税人14069户，征集意见建议3332条。

三是查摆问题，对照检查。及时制定方案，严格规范程序，从严把关材料，加强督导检查。全系统各单位民主生活会紧扣“为民务实清廉”主题，聚焦“四风”突出问

题，把整风精神贯穿始终，达到了预期目的。

四是狠抓落实，建章立制。精心研究制定“两方案一计划”，坚持三级纵向联动、部门横向协调，统筹推进工作。各级国税机关坚持既普遍整改又专项整治，共整改解决问题1864个；坚持既立行立改又建章立制，共制定1613条整改措施、重大制度30多项。

五是精心准备，启动实施“巩固深化拓展”活动。从2014年12月份起全面启动为期7个月的“巩固深化拓展”活动。各级国税机关树立作风建设永远在路上的理念，围绕主题活动，制定活动方案，定目标找差距，进一步营造了“抓作风、促新风”的良好氛围。

二、不断提升党建工作科学化水平

一是加强党组自身建设。强化思想政治建设。制定党组中心组学习计划，确定12个学习专题，全年按月安排12次集体学习。党的十八届四中全会召开以后，组织召开党组中心组扩大学习会，邀请省委党校教授解读全会精神，使机关干部职工对全会精神有了更加全面、深入的认识和理解。加强政治纪律教育。党组一班人严格按照党的政治纪律要求，自觉当好坚定理想信念和政治立场的表率。在第二批教育实践活动、学习贯彻四中全会活动中，把严肃政治纪律作为重要内容，邀请中央党校专家作了重点讲解。严明政治规矩。党组自觉与中央、省委保持高度一致，坚决执行中央和省委的决策部署，毫不动摇，不打折扣。坚决落实总局要求，把落实各项税收政策作为一项政治任务来对待，强化政策执行措施，着力打通“最后一公里”。

二是加强党的组织建设。健全工作机制。坚持把党建工作摆在应有位置，将党的工作责任制列入绩效管理，将党建工作任务落实情况列入民主生活会和班子述职述廉范围。12月份，组织召开省局机关党员大会，选举产生了新一届机关党委、纪委。坚持民主集中制。健全完善了《党组会议议事规则》，对“三重一大”内容，坚持召开党组会议或局长办公会议集体研究决定，依法科学民主决策。

三是加强党的作风建设。坚持把心系群众、解决问题放在第一位，2014年省局领导共深入基层调研141次、178天；对全年会议、培训、调研等工作进行全面统筹，切实减轻了基层负担。

四是加强基层工作指导。党组一班人严格履行“一岗双责”，加强对基层党建工作的指导。组织召开市局党组书记抓党建工作述职评议会议，听取各市局党组书记述职，并逐一点评，提出要求。召开省局机关党建“联述联评联考”工作会议，接受广泛评议测评。在2014年省直机关“联述联评联考”工作会议上，省局作了经验交流。

五是深入开展“学习讨论落实”活动。自全省开展“学习讨论落实”活动以来，省局党组严格落实省委统一部署，紧扣活动主题，召开动员大会，对全系统进行了全面动员和总体安排。同时，派出4个督导组，对各地进行督促检查，有力地促进了活动开展。

三、全力推进各项税收工作

一是依法组织税收收入。省局党组切实加强工作督促指导，强化堵漏增收措施。先后4次组织召开税收形势分析会、组织收入工作会和市局局长会议，认真分析经济税收发展态势，及时调整工作措施，较好地把握了工作主动权。2014年，全省国税收入完成1093.22亿元。

二是全面落实各项税收政策。结构性减税政策全面落实。全年共计减免抵退税260亿元。特别是将落实小微企业税收优惠政策作为政治任务，全省享受优惠政策的小微企业和个体工商户达24.76万户，免征增值税5.92亿元，减征所得税3300万元。“营改增”效果突出。全年全省纳入“营改增”试点的纳税人共有4.55万户，入库增值税59.89亿元。

三是大力推进依法治税。深入推进税务行政审批制度改革。对全系统税务行政审批项目清理、确认，对保留的各类审批事项向社会全面公开，并对22项行政审批事项实行当场办结。规范税收执法行为。召开全系统税收管理和执法情况通报分析会，重点剖析执法工作中存在的问题和原因，有针对性地提出解决措施。深入开展税收执法督察，共计发现5个方面30类问题。大力整顿和维护税收秩序。组织开展税收专项检查和打击涉税违法犯罪活动。全年全系统共检查纳税人2768户，查补入库19.62亿元。

四是稳步推进税收征管改革。全面推行税源专业化管理，出台实施方案，转变机构职能、管理模式、岗位职责和工作流程。实施税收风险管理，开展遵从风险分析监控，全年推送风险纳税人13427户，查补入库6亿元。加快推进税收征管改革试点工作，以芮城县国税局为试点，大力探索现代化征管模式。

五是着力提高纳税服务水平。减轻纳税人负担。坚持最大限度精简、下放、前移审批项目和审批环节，最大限度精简涉税文书资料和简化申报缴税方式，全年共清理进户执法项目16项，简化办税流程390项，压缩办税时限334项，简并报表资料333项，近60%的涉税业务实现即来即办。提高办税服务效率。开通纳税服务微博、微信，充分应用12366短信平台，为纳税人提供“随身服务”。在简化申报缴税方式、扩大自助办税范围、实行“免填单”服务等方面，推出了一系列新举措，节省了纳税人办事时间。推进“阳光办税”。实施首问责任制，落实限时服务、预约服务等服务规范。开展纳税人需求和满意度调查214次，解决纳税人服务需求3.8万条。

四、全面加强党风廉政建设

一是切实加强组织领导，落实“两个责任”。坚持统一领导。将党风廉政建设作为税收工作的重要内容，省局党组每半年至少召开一次专题会议，党组书记、副书记和纪检组长定期沟通会商，党组每年自觉向总局党组和纪检组报告落实情况。落实工作责任、对工作任务进行责任分解，明确各级各部门和领导干部的任务分工。省局党组在落实主体责任中，主动担当，狠抓落实；党组书记认真履行“第一责任人”的政治职责，坚持对重要工作亲自部署、重大问题亲自过问；党组成员严格履行“一岗双责”，切实抓好分管部门和人员的廉政建设。严格检查考核。年中，进行督查调研，查找存在问题，推动工作落实。年底，进行检查考核，并将考核结果在全系统通报，对查出的问题及时纠正。

二是落实中央八项规定，持续纠正“四风”问题。认真开展“工作秩序涣散、纪律松弛”、“三清三察三审”等专项整治活动，强化执纪监督，实行领导问责。对中央八项规定落实情况进行全面自查和重点抽查，各单位针对问题制定整改措施，认真做好整改工作。健全完善制度措施，促进各项工作的制度化、规范化。深化内控机制建设，积极探索“预警前置、过程监控、实施考核”的廉政风险防控做法，初步建立了“事前预防、事中控制、事后监督”的内控机制。

五、不断加强队伍建设

一是切实加强领导班子建设。坚持党管干部原则和“好干部”标准，修订完善处级干部选拔任用工作办法和四个《实施方案》，全年共选拔任用处级干部43人，厅级交流干部15人。配齐配强了各级国税机关纪检组长，各级稽查局、直属税务机构都指定了一名局领导分管纪检监察工作。

二是大力提高干部素质。对在岗人员开展轮训的同时，在全系统选树了112名税务稽查业务标兵，建立省局相关人才库。积极做好领军人才推荐、培养工作，引导广大干部增强学习的自觉性和主动性。

三是不断激发干部动力。按照总局“三步走”“四部曲”的总布局，全面实施绩效管理。广大国税干部紧盯目标，共抓落实，确保了各环节衔接有序，绩效管理运行顺畅，实现了纵向到底、横向到边、任务到岗、责任到人的工作目标。

（安　耀）

附：省国家税务局党组书记、副书记、成员名单

书　记：王学东

副书记：王德平

成　员：贯志坚　张有乾　范扎根　王宏晋　牛新文　李树茂（5月任职）

国家统计局山西调查总队党组工作概况

党组书记　刘顺国

2014年，国家统计局山西调查总队系统紧紧围绕国家统计局工作部署和省委省政府中心工作，紧密结合山西国调实际，以习近平总书记系列重要讲话精神为指导，以提高数据质量为宗旨，以带好队伍为关键，以服务经济社会发展和民生改善为己任，以扎实开展党的群众路线教育实践活动为抓手，凝聚共识，开拓进取，各项工作取得了新成效。

一、凝聚共识，队伍建设注入新活力

明确干部职工的主体地位，树立共同的核心价值追求和正确的用人导向，健全完善制度机制，努力为干部职工办实事，凝聚了班子共识，激发了山西国调人求真务实、谋事干事的热情，增强了干部职工的责任感、团队感、归属感和自信心，班子团结、队伍和谐和系统合力得到进一步增强。一是凝聚共识抓班子。严格遵守党的纪律，严格执行党的民主集中制，严格实施“三重一大”决策制度，严格规范办事程序，严格坚持科学决策、民主决策、集体决策、公开决策；坚持用系统思维力推大局、用战略思维前瞻未来、用底线思维把准方向、用换位思维凝聚共识、用法治思维坚守原则、用逆向思维创新进取；注重沟通协调，集思广益，大事细中求精，急事快中求稳，实现了思想统一，步调一致；明确提出领导干部要带头讲大局、讲规则、讲真话、讲实效，带头弘扬“两个意识”，带头开拓进取，带头坚持团结和谐，带头从严要求自己，较好地发挥了班子的领导核心力、团结战斗力和表率示范作用。二是树立导向带队伍。认真组织学习习近平总书记系列重要讲话和党的十八届三中、四中全会精神以及《干部选拔任用工作条例》，举办专题学习培训班和系统青年干部培训班，总队领导亲自讲党课或授课，在全系统倡导“以提高数据质量作为共同的核心价值追求”，树立“想干事的有机会，能干事的有舞台，干成事的有激励”的用人导向，把干事“成绩单”作为激励干部职工的重要依据，凝聚了全系统事业发展的智慧与力量，总队多项工作获得国家统计局肯定，被评为中央驻晋单位促进山西社会经济发展综合

评价做出积极贡献单位，荣获全国统计建模大赛一等奖。三是以人为本办实事。始终将群众装在心里，关注群众诉求，先后组织召开离退休老干部座谈会、妇女干部座谈会、青年干部座谈会和复转军人座谈会；总队领导深入总队机关各处室与干部职工进行座谈、听取意见，深入基层与市县队领导班子成员及干部职工广泛谈心交心，接地气、寻良方，指导工作有效开展；始终坚持以人为本，在政策许可范围内，较好地解决了办公设备和老干部活动室设施配置、读书月活动经费、办公用房调整、干部职工午餐、部分人员调动、部分干部职级晋升等干部职工关注的问题，队伍的凝聚力和干事创业的积极性有效提升。四是认真履职抓党建。坚持把党建工作与系统管理、业务建设有机结合起来，着力破解党建工作“两张皮”难题，组织召开基层党建工作研讨会，顺利完成总队机关党委换届工作，为推动系统党建工作积累了智慧储备。五是凝心聚力抓创建。明确业务工作主体地位，鼓励争先创优，宣传先进典型，激发了干部职工求真务实、谋事干事的热情；组织青年干部走基层、深入一线调研走访，让年轻干部真实体验基层的艰辛、感受百姓的质朴，培育了年轻干部坚强的韧性和吃苦耐劳精神；丰富文明创建载体，组织精神文化活动，增强了干部职工的集体荣誉感和创优责任感，调查总队继续保持了省直机关文明和谐单位标兵荣誉称号，绝大多数市县队也在当地文明单位评比中榜上有名。

二、规范程序，系统管理推出新举措

运用法治思维和法制方式，着眼长效机制健全完善，通过完善制度、严格落实、强化督查，规范了工作秩序，强化了公开透明，增进了理解支持，提升了工作效能。一是健全工作制度。结合山西国调工作实际，修订完善了《中共国家统计局山西调查总队党组工作规则》等18项管理制度，规范了机关议事办事程序，使日常管理和工作开展有矩可遵、有章可循。二是强化制度执行。组织总队机关全体干部职工学习制度，总队领导亲自讲解制度，同时在总队内网开设“工作制度”专栏，使全体干部职工知晓规则、敬畏规则，规则意识明显增强；严格按规矩按程序办事，领导班子、班子成员及干部职工将规章制度融入工作、付诸行动，增强了依规办事的约束性和自觉性；建立多个职能部门的联动机制和有效的奖惩机制，通过定期和不定期检查等方式，针对重点部位、薄弱环节，加强对制度执行情况的督查，有效防止了“破窗效应”，保证了制度的执行力和机关的规范运转。三是严格依规办事。严格执行中央“八项规定”、国家统计局的要求和总队的各项规章制度，严格财务管理，严格组织纪律要求，严格干部职工行为规范，严格按规定进行对外联络、公务接待、会议组织、基层调研等公务活动；在干部选拔、人员调动、经费安排等重大事项上，在总队业务资料楼装修、视音频布线、网络布线招标、办公设备和调查工具采购等具体操作中，坚持按规矩办事，坚持集体研究，坚持公开透明，绝不暗箱操作，绝不以权谋私。四是完善目标考核。修订、完善目标管理考核办法，精简、合并、规范考核项目与考核内容，清理各类上报材料，增强考核的科学性和透明度，真正发挥了考核推动工作的作用；优化业务流程，统筹布置工作，科学规范调研，精简会议文件，切实减轻了基层负担。五是加强督查督办。完善督查督办机制，及时明示工作要点，定期通报落实情况，促进了各项重点工作的如期高质量完成；每月编发《总队工作动态》，既交流情况、传承队史，又晒出了成绩单，展示了干部职工主动谋事干事的良好精神风貌；每周编发“总队领导活动安排表”，在内网专设“市县队长参阅”文件夹，及时通报《总队党组会议纪要》《总队常务会议纪要》，以便基层队队长及时掌握了解总队的重要事项、工作部署和工作动态，既沟通了信息，又加大了公开透明力度。六是积极学法执法。组织实施“六五”普法规划，推进普法宣传教育，结合“9·20”中国统计开放日、“12·4”国家宪法日、“12·8”统计法颁布纪念日等重要时点，集中组织普法宣传；采用深入城乡住户、厂矿企业、田间地头和走上街头等形式，发放法制宣传资料，讲解统计调查法规；提升统计调查执法水平，严格对违法企业进行立案和查处，优化了调查法制环境。

三、求真务实，业务建设跃上新水平

以提高数据质量为中心，坚守“两个意识”，恪守职业操守，确保了各项业务工作的圆满完成，确保了数据质量。一是抓好调查点联系制度的健全和实施。建立了总队机关联系点制度，总队领导包片联系，深入了解基层情况，指导基层业务工作，帮助市县队解决工作中的困难和问题；各业务处室负责人均确定1–2个企业、商场超市或调查村作为联系点，切实了解基层业务特点，为改进业务管理提供支撑；各处室业务骨干通过深入调查一线参与调查、指导工作，解决工作中存在的具体问题，帮助基层队提升了调查能力；总队及各市县队班子成员放下身段，穿百姓鞋，走百姓路，深入基层了解实情，增强了工作的针对性和有效性。二是抓好常规调查业务。严格执行国家统计调查制度，将各项业务工作放在重中之重，明确责任分工，明确工作目标，全面准确及时地完成了居民收支、市场价格、粮食生产、农民就业、畜禽监测、贫困监测、小微企业、采购经理、社情民意等常规调查业务工作，所有上报国家统计局的调查数据均一次性通过审核。三是抓好新调查项目落实。新开展的全省24个产粮大县调查工作起步良好，各项调查任务圆满完成；规模以下工业企业调查、农产品价格调查、规模以下服务业调查、城乡住户调查样本轮换和居民消费价格调查、工业生产者价格调查基期轮换工作高质量开展；投资统计试点、新设立小微企业和个体经营户跟踪调查顺利实施；积极探索推行制造业采购经理指数编制工作；按照国家统计局“千村调查”部署，结合山西实际，周密组织“百村千户”调查，在调研成果、队伍锤炼、社会影响等方面取得明显成效。四是抓好基础工作检查和数据评估。分专业组织开展了基层基础工作和数据质量检查，进一步夯实了基础工作，提高了源头数据质量；对重要民生调查指标，定期进行数据质量评估和经济形势分析，对数据可靠度的把握力和经济运行走势的判断力明显提升。五是抓好调查数据衔接。全省住户一体化调查顺利推进，住户收支新老口径数据、省级与分市县数据基本衔接，新口径居民收支数据的发布和解读工作得到国家统计局住户办和省委、省政府的充分肯定，受到社会公众的普遍认可。六是抓好三经普个体户调查。对调查队系统首次参与的经济普查高度重视，精心谋划，认真组织，全省503个普查小区26226户个体经营户调查数据顺利通过审核验收，得到国家统计局的高度评价和充分肯定。

四、锤炼品牌，服务水平实现新提升

在高质量完成各项常规任务的同时，致力于服务经济社会发展和民生改善，立足“三个面向”，切实提升服务水平。一是面向统计用户，拓宽服务领域。以调查业务数据为基础，精心组织，首次编撰出版《山西民生调查报告》，得到各方面好评；编辑印发《山西国调报告》《山西国调信息》《山西国调数据》等内部刊物，及时向地方党政部门提供了决策服务；抓住热点焦点问题，充分发挥贴近百姓、机动灵活、网点科学等自身优势，积极组织约稿调查和专题调研，精心编撰调查信息，全年信息采用得分在党委系统名列省直和中央驻晋单位第一，在政府系统名列中央驻晋单位第二，在国家统计局信息采用排名中也名列前茅；组织测算高校收费标准调整及太原市供热价格调整对全省CPI变化的影响、参与《关于完善社会救助和保障标准与物价上涨挂钩联动机制》的论证评估和组织煤焦钢电产销形势调研，有效发挥了决策咨询作用；开展农民工、大学生就业、低收入群体生活等多项专题调研，真实反映人民群众的意愿和诉求，为民生改善政策的制定与实施提供了客观依据。总队全年共编写各类分析信息901篇，其中国调报告147 篇、国调信息443篇、工作信息177篇、约稿信息43 篇，其他信息91篇，较上年增加70%，采用合计402篇次，省级以上领导批示19条，其中《高校毕业生就业形势不乐观》《煤炭经济运行形势仍不容乐观》等10篇报告得到中央领导批示。二是面向社会公众，强化国调宣传。规范国调数据发布行为，规范网络媒体信息管理；编印发布山西经济形势分析系列报告，向社会公众揭示了经济社会发展规律，展示了山西经济社会发展进程；通过网络媒体公布调查进度数据和信息，满足了社会公众的信息需求；通过接受新闻专访、召开新闻发布会、邀请媒体记者“基层行”，向社会各界全面介绍国调业务、服务理念、工作举措，详细解读调查方法、业务流程、指标含义，宣传展示了国调数据的科学性、准确性和权威性。三是面向调查对象，贴近需求服务。制定完善重大数据反馈制度，做到了合理反馈、得体反馈、满意反馈；在坚持依法调查的同时，加大回访力度，提高回访技巧，开展对直接调查的企业、市场、村组、个体户、城乡调查户等调查对象的地毯式回访，了解调查对象对调查工作的意见建议，密切与调查对象的工作联系，增进了调查情感，提升了调查对象配合度；组织“最美记账户”、“最美辅助调查员”评选，激发调查对象“为国记账、为己理财”的荣誉感和责任心，赢得了调查对象的理解、支持与配合，提振了基层调查人员的工作热情和信心。

五、攻坚克难，工作环境带来新变化

面对工作中遇到的难题，勇于担当，主动作为，开拓进取，进一步优化了工作环境。一是着力争取地方支持。争取省政府办公厅下发了《关于支持国家统计局山西各级国家调查队工作的通知》；总队领导利用下基层调研等机会，主动为基层队争取当地政府支持，为系统长远发展提供了政策支持和有力的条件保障；总队领导几次随同省政府领导调研，省政府督查室抽调总队5名处长参加对固定资产投资、重大工程项目完成情况的督查工作，进一步扩大了国家调查队的社会影响；总队与省直部门、中直部门的联系加强，与省局沟通实现常态化，外部环境进一步优化。二是着力推进新技术应用。增配信息化工作设备，加强网络安全管理，信息化工作水平得到有效提升；积极推进工业生产者价格、采购经理调查等联网直报工作，联网直报上报率达100%；切实加强消费价格调查、农产品集贸市场价格调查手机采价上报工作；为市县国调队统一配发PDA设备，创造条件利用PDA采集调查数据，改进了源头数据采集方式，减轻了基层工作负担，进一步推进了调查手段的现代化。三是着力完善上下联动机制。积极探索扁平化管理与层级化管理相结合的管理模式，明确规定对县级队队领导的提拔任免要充分听取市级队党组的意见、市级队党组负责对辖区内县级队内设机构负责人进行任免审批、市级队按照总队方案规定对辖区内县级队进行年度考核，明确要求市级队加强对县级队有关业务工作的组织协调，加强对县级队工作困难的帮扶，引导市级国调队在授权范围内积极探索“以市带县”的管理新模式，通过市县联动、重点帮扶，实现了市县队之间优势互补、资源共享、共同发展。四是着力解决历史遗留问题。针对由于历史原因存在的一些历史遗留难题，按照中组部、国家统计局的要求，坚持既遵守政策规定、又考虑个人权益的原则，积极稳妥地整改了异地任职人员“三个关系”未随转、部分人员工资发放与工作岗位脱节、部分人员工资高套、系统干部职工档案管理分散、干部在编不在岗、亲属关系需回避、部分借调人员关系不顺等问题，为事业长远发展赢得了更大的空间。

六、结合实际，教育实践活动取得新成效

将党的群众路线教育实践活动既当成一项重要的政治任务，又当成解决调查队存在“六不”问题的重要机遇，切实履行主体责任，确保了教育实践活动不空、不虚、不

偏。一是规定动作扎实到位。按照中央、国家统计局和国家统计局督导组的要求，全省各级国调队高度重视，切实加强组织保障，认真组织党员学习，多种形式开展宣传，舆论引导及时到位；聚焦“四风”问题，广泛征求意见，全系统共征求“四风”方面的意见和建议11588条；领导带头示范，以上率下树立标杆，总队领导联系点活动开展有声有色；紧扣“四个必谈”，谈心交心深入坦诚，全系统共谈心2557人次；各市县国调队及班子成员对照焦裕禄精神开展“四照四查”，按照“三严三实”要求开展“六查”，对照苏区调查精神开展“五照五查”，剖析材料认真深刻；坚持开诚布公，各市县队真正召开了一次严肃认真、民主和谐、增进团结、求真务实的高质量民主生活（支部组织）会；督导工作从严从实，由总队领导担任第一组长的5个督导组坚持严字当头，认真履职尽责，有效传导压力，及时发现和解决问题，不断拧紧螺丝，为活动开展起到了很好的推动作用。二是自选动作特色鲜明。在扎实完成规定动作的同时，紧密结合实际，组织开展特色鲜明的自选动作。第一环节组织开展了“我是谁、为了谁、依靠谁”的专题讨论，让每位党员干部都将自己摆进来，有效提升了干部职工的参与度和查摆问题的自觉性；第二环节组织开展了“三问三查三看”活动，将活动不断引向深入，让问题查得更准确、更到位；第三环节组织开展了“弘扬苏区调查精神，走实基层调查‘最后一公里’”主题实践活动，让整改真正落到了实处。三是活动成效明显。通过教育实践活动，干部职工更加自觉地践行党的群众路线，进一步增强了为国调查、为民服务的责任感和使命感，“两个意识”更加牢固；在边查边改、专项整治中，各市县国调队专项整治内容共1042项，其中已按期整治777项，其余尚未到整改期限的正在按进度有序推进；着眼长效机制，全系统共建章立制1552个，其中新建制度437个，形成了一系列初期制度成果；全省国调系统深入践行统计核心价值观，干部职工“脚穿‘百姓鞋’、走实‘调查路’、搞准调查数”的作风更加扎实。马建堂局长对山西国调系统组织开展的群众路线教育实践活动先后三次作出重要批示，给予充分肯定；《中国信息报》先后多次用较大篇幅对山西国调系统群众路线教育实践活动的做法及取得的成效进行了宣传报道。

七、从严要求，党风廉政建设和作风建设呈现新气象

始终牢记“两个责任”，认真贯彻党中央和国家统计局关于党风廉政建设和作风建设的各项部署，严格遵守中央“八项规定”，从严从细管理，全系统党风廉政建设和作风建设深入推进。一是认真履行职责。总队党组、市队党组和县级队班子、纪检监察部门严格按照“两个责任”要求履行职责。党组在统筹谋划部署、完善制度机制、坚决惩治腐败、加强宣传教育、强化监督检查、选好用好干部、严明党的纪律、狠抓作风建设、支持纪检工作等方面认真履行职责；2014年年初对全系统党风廉政建设作了部署，印发了《2014年党风廉政建设工作要点》和《2014年党风廉政建设任务分工》，明确了党风廉政建设的目标要求、工作重点及领导责任分工；经常听取纪检监察工作汇报并共同研究相关工作，总队领导每到一个基层队调研都要检查强调党风廉政建设工作，主要负责人主动给干部职工上党课，主动与班子成员及市县队、总队机关处室负责人进行廉政谈心谈话；纪检监察部门在认真组织协调、加强监督检查、严肃案件查办、加强责任追究、树立良好形象等方面认真履行职责，在廉政制度的执行、干部责任的追究、违纪行为的处理等方面做了大量工作并收到较好成效。二是加强教育引导。及时组织学习有关文件精神，做到知规则、懂规矩；组织开展警示教育，提高了广大干部职工遵纪守法的自觉性；利用召开全省国调工作会议、党组中心组学习扩大会议、业务培训会议等时机，通过讲党课等形式，教育干部职工增强党性观念、自觉廉洁从政、坚持职业操守，廉政意识进一步增强。三是完善制度机制。印发了《关于进一步加强党风廉政建设的通知》，制定了《中共国家统计局山西调查总队党组全面落实党风廉政建设主体责任和监督责任实施办法》《关于贯彻落实〈建立健全惩治和预防腐败体系2013–2017年工作规划〉实施办法》和《国家统计局山西调查总队关于进一步加强市县国家调查队党风廉政建设和人财物管理的意见》，并认真组织实施；总队长与市县队长、处室负责人签订了《党风廉政建设承诺书》并严格监督执行；配备健全了全系统纪检（监察）员和县队队务会组成人员，完善了县队队务会工作制度；明确了纪检监察干部的监督责任，纪检监察部门全程监督了干部选拔、人员调动、经费安排、政府采购等“三重一大”事项，在执好纪、问好责、把好关方面，充分发挥了监督作用。四是坚持领导带头。着力发挥领导干部在廉洁从政和转变作风方面的带头示范作用。在遵守中央“八项规定”、抵制“四风”等方面，全系统领导干部积极主动地结合实际贯彻落实党中央、国家统计局党组关于转变作风的部署和要求，带头改进调研方式，做到轻车简从，遵守接待规定；带头参与“百村千户”调查、走实基层调查“最后一公里”主题实践活动；带头改进会风、文风；带头厉行勤俭节约，获悉公车改革精神后，及时召开党组会议，取消了原定年内购买一辆新车的计划；2014年总队公务接待次数和接待费用明显减少。五是从严从细管理。紧密结合调查队系统实际，抓住“人财物数”重点，按照纪律管理要求，严格人事纪律，规范人事管理；加强财务管理，加大审计力度，规范经费支付流程；成立总队政府采购工作小组，规范具体操作；坚决反对数据弄虚作假，严防数据腐败；扎实开展“秩序涣散、纪律松弛”专项整治，总队纪检监察部门采取了系列举措，总队长就加强纪律管理专门致信各单位负责人，强调严管厚爱，要求干部职工讲规则、守规矩，学会在约束中工作，习惯在监督下干事；对违反工作纪律的人员依规进行了严肃处理。有力的管理举措，使全系统党风廉政建设进一步加强，工作作风进一

步转变。

（师荣贵）

附：国家统计局山西调查总队党组书记、成员名单

书　记：刘顺国（1月任职）

成　员：陈并生　包超英　程海营

中国东方航空股份有限公司山西分公司党委工作概况

党委书记　高绳富

中国东方航空股份有限公司山西分公司（简称东航山西分公司）党委现下设二级党委5个，二级党总支5个，党支部49个，现有党员1315人，其中在职党员917人，离退休党员398人。

东航山西分公司在营飞机20架，其中14架波音B737-800、6架波音B737-700，执飞的航线主要以太原、上海、温州三个运营基地为中心，辐射国内主要大中城市以及日本、韩国、泰国、越南、台湾、香港等国家和地区，在太原配置12架飞机运力，开通始发航线27条，为山西省唯一且规模最大的驻基地航空公司。

2014年，东航山西分公司党委在省委、省政府大力支持悉心指导下坚持以十八大、十八届三中、四中全会和习近平同志的系列重要讲话精神为引领，贯彻落实群众路线教育活动整改方案，紧密围绕东航股份公司和分公司"中心工作，进一步加强领导班子建设、全面推进党建工作和党风廉政建设，发挥群团合力，夯基础，转思路，调结构、稳增长，实现了安全飞行22周年，生产经营和服务水平持续提高，职工队伍和谐稳定，为山西省对外开放做出了积极贡献。

一、围绕中心，服务大局，认真落实群众路线教育活动整改，扎实开展党建工作

（一）践行群众路线，认真落实整改。根据群众路线教育实践活动的总体部署，分公司党委于年初制定《领导班子教育实践活动整改落实方案》《教育实践活动专项整治方案》《教育实践活动制度建设计划》。2014年下半年以来，山西分公司党委就已经着手开展党的群众路线教育实践活动整改情况"回头看"活动，逐项对照年初制定的"两方案一计划"，全面梳理落实及整改情况。经过汇总整理，《整改落实方案》中的42项整改项目已经顺利落实38项，其他4项是长期的系统项目，需继续坚持或推广，主要包括建立完善三位一体学习模式、开展调查研究专项整改，治、提升干部队伍思想认识、持续完善党支部共建机制等；《专项整治方案》中的4项内容均付诸实施，其中"创新竞争意识不足"专项整治活动涉及企业发展，仍需长期坚持；《制度建设计划》中14项内容已经全部建立或完善。

（二）深化班子建设，提升干部能力。2014年，山西分公司新一任领导班子紧密结合自身实际，坚决贯彻落实上级各项战略部署，不断探索改革发展模式，充分发挥引领作用，为推动分公司的转型发展打牢了坚实基础。强化"一岗双责"，党政同步抓落实。制定并实施月度党委扩大会暨工作例会制度，细致梳理问题、加强部门协作；开展"书记微党课"制度，突出"以学促建，以知促行"，提升干部责任意识；坚持班子团结、协作配合，实施旺季基层调研、志愿服务、走访市场合作伙伴等，树立表率作用，推动中心工作；强化基层党委职能，夯实基层党组建设；开展"睿眼看发展"主题征文活动、组织学习习总书记讲话精神"专题党课等，提升党员领导干部改革创新意识。

（三）夯实基层组织，激发党员活力。山西分公司党委持续增强基层组织建设和党员教育培训，大力发扬基层党组织的战斗堡垒作用和党员先锋模范作用，营造奋勇争先的良好局面。分公司党委在旺季生产期间继续推出了领导旺季调研、"党员旺季争先锋"、"6点半"志愿服务三项活动，为旺季生产工作增添力量；结合支部目标管理和党员"双提升"行动认真开展民主评议工作，贴近岗位实际，完善个人行动计划。2014年，分公司895名在职党员和49个党支部全部参加了评议。参与评议的党员中23人评定为优秀，1213人评定为合格，没有基本合格和不合格党员。分公司49个党支部全部参与评议，4个党支部被评定为优秀基层党组织。继续坚持"服务基层双促进，共筑堡垒争先锋"党支部结对共建活动，并以此为基础开展"创意、创效、创品牌"百日支部共建活动，突出服务基层意识，搭建起机关与基层交流融合、互促共进的有效平台。切实加强飞行队伍思想道德建设，形成分公司《飞行队伍思想道德建设方案》和测评办法草案材料，广泛征求意见；坚持夏送凉爽、冬送温暖，充分发挥各类群团组织作用，体现组织温暖，队伍保持总体稳定。

（四）注重宣传引导，弘扬发展旋律。分公司党委以提升公司品牌影响力为主旨，做好内外部宣传工作、创新宣传载体，通过建立和推广官方"微信公众平台"，加强新媒体应用和推广，拓宽了分公司的宣传渠道，大大提升了对外宣传力度和速度。与山西兴瑞女篮俱乐部建立合作关系，通过赛场上拉拉队、广告位、礼宾司仪的东航元素的"植人"，以及球队出行的地面及空中增加有针对性的服务宣传品牌。注重企业文化引领。通过会议、座谈、局域网、楼宇电视、展板等形式集中跟进宣传，适时开展企业文化

宣贯；各类展现企业形象的“微视频”宣传，开拓了分公司企业文化宣传的新途径；建立和规范负面报道应急程序，出台《东航山西分公司新闻应对处置预案》，强化干部员工自觉维护企业形象的意识。春运、暑运期间以及特色节日，注重专题策划，重点关注一线，通过不同角度展示一线风采。9月9日，东航新logo全新发布，分公司借助微信公众平台、局域网、LED等载体及时对内外进行宣传，并按总部要求对换标进行工作部署。

（五）廉洁文化引领，完善体系建设。2014年，山西分公司纪委充分发挥教育、监督职能，紧抓学习，通过廉洁文化“四个一”活动宣传廉洁知识，通过廉政清风网、廉政小课堂等方式传达渗透廉洁文化理念。坚持党风廉政建设责任制工作，认真分解立项，落实“一岗双责”机制。召开深化“三转”工作推进会，制定下发《东航山西分公司部分重点领域和关键环节监督监察的规定》和《关于山西分公司进一步规范部分重点领域和关键环节监督监察报告制度的通知》，提高源头管理能力。积极开展“文化＋制度＋科技”立体预防腐败工作，通过完善制度、阳光操作、强化监督等手段，使分公司的“阳光反腐”工程向标准化、制度化、程序化迈进。不断拓展效能监察领域，对“分公司机供品回收再利用管理”项目进行效能监察立项，并下发了《山西分公司机供品回收再利用管理效能监察的通知》，修改并颁布分公司全面风险管理与内部控制分手册，同时完成《山西分公司2014年度内控评价报告》《山西分公司2014年内控测试表》等相关资料。

（六）发挥群团合力，巩固和谐氛围。2014年，分公司工会探索以考核为导向的工作机制，服务中心，融入主题，充分发挥工会工作的桥梁纽带作用。以“夯基础、深动员，着眼于全员参与；严考核、真奖励，着眼于自我改进；快评审，重实施，着眼于创新创效”为工作重点，规范推进合理化建议工作。2014年，员工提合理化建议2011条，有效提案1092条，提案人数672人，参与率达59.7%。已采纳的提案826条，采纳率占75.7%，分公司合理化建议工作也得到了东航总部和省总工会的肯定和好评。大力推进班组建设，提升业务技能。深入关怀职工、创新开展“你点我做”订单式职工文体活动，推出首季“达人秀”活动等，进一步诠释幸福东航理念。女工工作以“美丽女工、阳光班组、幸福家庭”主题活动为主线，丰富阳光课堂，推出“员工讲台”，提素建功。团委以交流共建为主题、以“校企共建”为抓手，打造团建品牌。2014年分公司团委荣获“山西省青年文明号二十年优秀组织奖”、山西“凌燕”组被评为“山西省青年文明号二十年成就奖”、维修部三车间“鸿雁”生产线荣获“山西省青年五四奖状”等。

二、夯实安全基础，拓展市场营销,提升服务品质，履行社会责任

2014年东航山西分公司共安全飞行61304小时，31438架次，3464.04万公里，飞行事故征候万时率为0，圆满实现了安全飞行22周年。完成运输总周转量39125.28万吨公里；运输旅客3417388人次，货物邮件23746.20吨，客座率和载运率分别为78.29%、71.94%。

（一）安全态势基本平稳。2014年全民航业安全形势极其严峻，分公司正确认识变化，积极主动作为，配合东航股份公司机队结构优化，分公司机长集中改装人数创历史之最，不断夯实安全管理基础，确保了安全运行态势基本平稳。以学习总书记系列重要讲话精神为契机，结合党委班子调研，展开安全底线和红线内容大讨论，提升各级从业人员风险意识。不断拓宽渠道，及时发布安全风险重要提示以及安全预警措施；针对公司六月份极度严峻的安全形势，分公司及时开展安全教育，高度统一思想，制定五项严控措施，前移风险关口、下沉安全责任，确保了特殊时期安全运行平稳有序；严把技术标准，从修订飞行员岗位竞聘流程入手，大力选拔优秀技术人才考级晋升。从发挥教员带飞小组作用入手，对不同阶段、不同资质飞行人员开展针对性带飞，确保带飞质量和带飞进度；持续加强QAR译码监控，及时组织事件讲评，在巩固中不断提升。严查运行违章，针对除防冰车碰撞飞机事件，机务系统痛定思痛、认真反省、迅速行动，从完善并落实现场运行规章以及平衡管理精力等多个方面制定措施，消除现场隐患；严格安保审计，认真修订《航空安保方案》、制定《航空安保质量控制计划》，严格各类台账，顺利通过华北局安保审计。

（二）调整运力结构，优化航线布局、提升营销能力。2014年新增4架波音B737-800飞机，分别于5月13日、8月22日、12月1和12月20日引进，而6月15日和12月1日各退租一架波音B737-700，截止年底执管飞机20架。通过合理编排航班运力和过夜基地，加大太原至台北、杭州、昆明、重庆等航线的运力投放，获取市场主导权。全年开飞加班包机242班次，开通国际通航点达8个；大力推广东航假期系列产品，增加直销比例，全面启用东航销售平台，拓展机上升舱、逾重行李等非航收入，迎合了市场需求。

（三）管理体系有力推进、管理提升有序开展、管理基础持续夯实。质量管理体系共审定发布128篇流程；完成分公司《全面风险内控报告》，接受离任审计、风险内控审计和工会会费审计，完成1500余份合同审查，针对问题项目积极整改，形成长效举措；管理点项目有序开展，针对公司管理提升工作管理方式调整，出台《分公司管理改进项目管理办法》，进一步调动立项积极性并提高项目质量。基础工作不断夯实，财务管控力度继续加强。重点强化风险和集约管控能力，完成合同管理系统上线，形成合同与预算挂钩的良性循环。财务可控费用和资金效益管理执行良好；人力资源方面，重点按照职能导向开展机构优化调整，进一步实现资源良性配置；开展多批次重点培训项目，“以人为先”、“性格色彩”培训等广受职工好评；招飞工作抢占优质生源，推进顺利；后勤保障先后完成资产管理平台系统上线以及多个基建改造投资项目等。

（四）转变观念、提升服务、品牌增辉。围绕“体验式

服务”，创新服务举措、提升服务内涵。空、地服务满意度在公司均排名靠前，空中投诉率完成T3指标。分公司太原自助值机率39.9%，同比大幅提升。市内售票处改建完成，客户营销服务平台建立；先后开展了“人大代表、政协委员进东航”、“篮球服务营销”、“新浪品牌”发布等活动，配合实施“东方万里行”高尔夫球巡回赛。建立“两方集团客户服务”微信群，强化空地服务协同等，以品牌号召力不断拓宽集团客户销售渠道。全年共签约集团客户75家，同比新增65家;在重点航线开展的东航产品推介和发展常旅客活动、在春运及各个节假日开展的金银卡旅客“大礼包”活动、机上“拍立得”服务、专属定制生日卡服务等，充分展示了东航特色，增强了旅客服务消费粘性。以行李不正常运输短板为切入，查找流程缺失、加强过程监控，行李不正常运输率大幅下降；以客舱好声音竞赛为抓手，提升服务基础能力；以不正常航班处置为重点，推广航班不正常信息平台应用，航延服务应对能力不断增强。分公司太原始发航班正常率70.75%，未发生人为原因延误航班事件。

（李　彦）

附：中国东方航空股份有限公司山西分公司党委书记、副书记、委员名单

书　记：高　峰（1月离职）　高绳富（1月任职）

副书记：姜　疆（6月离职）　谢鹏军（8月任职）
付　强

委　员：谢鹏军（8月离职）　高屹峰（6月任职）
谢富荣（6月离职）　姚常春
杜　青（8月任职）

审计署驻太原特派员办事处党组工作概况

党组书记　朱登云

审计署驻太原特派员办事处(以下简称太原办)是根据审计署、人事部《关于在天津等四城市增设审计特派员的通知》（审人字[1989]171号），于1990年8月开始组建，1990年10月正式成立。作为国家审计署派驻地方的审计机构，在审计特派员的领导下开展工作，对审计署负责。其主要职能是：根据审计署的授权，对中央各部门、各单位在山西省、内蒙古自治区所属的海关、国税、行政事业、金融保险机构、国有企业以及法律规定的其他事项，进行审计和审计调查。通过审计监督，维护国家经济安全，促进国民经济健康可持续发展。

截至2014年年底，太原办人员编制150人，在编138人，办领导班子成员8人，党组成员6人，处级领导职务31人。设有财政、金融、企业、行政事业、资源环保、固定资产投资、社会保障、外资运用等9个业务处室，和办公室、法规、人事教育、机关党委、计算机、服务中心等6个综合处室。办内设有机关党委和机关纪委两个专职机构负责党建工作，下设办公室党支部、财政处党支部、离退休干部党支部等15个党支部，机关党委由专职书记、专职副书记及7名委员组成，机关纪委由一个书记和2名委员组成。

2014年，太原办在审计署党组的关心、支持及正确领导下，深入学习和贯彻习近平总书记系列重要讲话和党的十八大、十八届三中、四中全会精神，认真贯彻落实审计署党组的各项工作部署，始终围绕特派办发展目标，统一思想，强化管理，完善考核，提升业绩。经过全办上下的共同努力，圆满完成了各项审计工作任务，各项工作取得了新进步。

一、深入学习贯彻党的十八届四中全会精神和习近平总书记系列重要讲话精神，统一思想、提高认识

一是思想重视，传达及时。办党组把学习贯彻党的十八届四中全会精神及习近平总书记系列重要讲话精神作为首要政治任务来抓。第一时间召开办党组会和全办大会传达学习，确保党员干部在思想上与党中央保持高度一致。

二是深入学习，统一认识。办党组既注意学习的时效性，更注重学习的不断深化。对四中全会精神、习总书记系列重要讲话以及国务院关于加强审计的意见等重要内容，党组均召开中心组学习会进行专题学习，并要求办领导深入分管处室进行宣讲和辅导。通过学习讨论促进了干部职工在对形势任务的判断、依法审计的理解等方面思想达到新的统一。

三是结合实际，认真贯彻。办党组对重要专题的学习，均结合审计工作和单位实际开展研究讨论，提出切实可行的实施意见。如，在组织对十八届四中全会精神和国务院关于加强审计工作意见专题学习时，根据本办实际，围绕影响特派办长远发展的关键工作，研究出台了《审计署太原特派办关于进一步加强特派办建设的意见》。在组织对全国审计工作会议精神专题学习时，针对审计工作新常态专门组织了大讨论，并结合实际，提出了“总结经验，查找差距，改进提高”等9项贯彻措施，达到了指导实践、推动工作的目的。

二、依法履行审计监督职责，积极有效发挥审计作用

2014年，审计署下达审计项目17个，均已完成并上报

了审计报告。全年编发重要审计情况、审计简报等119期。被审计署审计要情、重要信息要目等采用76篇。审计（调查）查出的主要问题涉及金额2528.60 亿元，审计促进整改落实有关问题资金4826万元，直接促进国家财政增收节支3248万元，促进完善制度7项。移送司法、纪检监察机关处理案件10起；移送其他部门处理案件1起。

一是加大对重大措施落实情况的跟踪审计力度，促进政令畅通。组织实施了山西省稳增长等政策落实情况跟踪审计等项目。关于农村饮水安全的审计信息被审计署上报国务院后，国务院召开专题会议，李克强总理作出重要批示，当天水利部即派出督查组实地督查。

二是加强财政管理和预算执行情况审计，推动财政提质增效。组织实施了山西省财政收支审计、存量资金审计等项目。审计发现的主要问题有：公职人员参股经营企业；民营企业弄虚作假骗取财政资金；个别部门长期设立收入过渡户未予以清理审计等。审计促使山西省财政部门追回被骗取、套取的财政资金近亿元。

三是加强对重点民生项目和重点民生资金的审计，切实维护人民群众根本利益。组织实施了山西省保障性安居工程和彩票资金审计。审计发现的主要问题有:保障性安居工程资金筹集不到位；保障性住房建设资金未按项目实际进度拨付；不符合条件的家庭违规享受住房保障待遇；彩票公益金损失浪费或未发挥预期效益等。根据审计建议，住房主管部门出台和完善保障性安居工程和住房保障有关制度文件6个。

四是加强资源环境审计，促进生态文明建设。组织实施了山西省的矿产资源审计项目，上报的审计信息被审计署审计要情采用2篇，审计长批转函采用6篇，署移送处理书采用1篇；独立组织实施的山西、内蒙两省（区）土地出让收支和耕地保护情况审计中重点抽查了5694宗土地，涉及土地面积2.39亿公顷，已向署国土办报送审计信息30余篇。

五是加大领导干部经济责任审计力度，促进强化对权力运行的监督和制约。在原中国第二重型机械集团公司原法定代表人任期经济责任审计中，审计发现因生产经营决策不当产品长期积压给企业造成潜在损失等50余项具体问题。在国家电网公司法定代表人任中经济责任审计项目中，负责对国家电网山东电力公司和山东电工电气集团公司实施审计，上报重要审计情况4篇。

六是加强金融审计，促进金融机构强化管理，防范风险。组织实施了中国人民银行太原市中心支行财务收支情况审计、中国证券监督管理委员会山西监管局预算执行审计等项目。上报的审计信息被审计署审计要情采用4篇，审计长批转函采用4篇，移送最高人民检察院1篇，信息转送函采用3篇次；重要信息要目采用11篇；另有1篇转上级部门查处。

三、强化班子和队伍建设，为审计事业发展提供保障

一是以抓领导班子建设为核心，充分发挥表率作用。办党组坚持在政治上、思想上和行动上与党中央保持高度一致，与署党组保持高度一致，坚守政治纪律和政治规矩。认真贯彻民主集中制原则，进一步完善了党组领导下的分工协作机制。注重抓好中层干部特别是处室负责人的培训管理，选送年轻处长参加脱产培训，办领导在具体工作中加强指导，提高中层干部的能力素质，发挥他们在单位建设中的重要作用。

二是改进业务培训，努力提高干部能力素质。注意不断完善业务培训制度，制定了《业务培训实施办法》。突出改进业务培训方式。如，针对干部在土地管理使用方面的知识储备不足的情况开展了3期专题培训；坚持开展实战培训，完善审计实务导师制；选派有发展潜力的青年干部参加审计署的审计项目或到其他单位进行交流等。

三是坚持严格管理，强化作风建设。认真落实重要事项报告和督办制度，制定了干部因私出国境、干部离职等管理办法，对干部兼职、参加社会化培训情况进行清理和自查，制定了干部谈话制度并认真落实，对一些不良现象及时开展批评。

四、深入推进教育实践活动整改落实，进一步巩固活动成果

一是进一步深化学习。组织安排做好教育活动各项后续工作，认真学习习近平总书记在听取兰考县委和河南省委教育实践活动情况汇报时的重要讲话，以及在教育活动总结大会上的重要讲话，并在工作中贯彻落实，使作风建设不收尾，不止步，形成常态化。

二是狠抓整改落实。对整改方案列出的事项，定期听取进展情况汇报；对审计署确定的十个专项整治工作，逐一对照检查，并结合本办实际，对考核办法、清理办公用房、清退军车警车牌照等工作，进行了专项整治，并加强对整改成效的检查和对重要事项的督办工作，整改成果得到进一步巩固。

三是努力健全长效机制。把建立健全防止“四风”的长效机制作为巩固教育活动成果的根本措施，整改工作实施以来，先后建立完善了30余项制度规定，初步形成了防止“四风”、转变作风、促进工作发展的长效机制。如，以年度工作目标为抓手，以处室工作目标为着力点，以目标考核为激励，构建促进工作发展的评价激励机制；以加强班子自身建设和落实廉政主体责任的意见为主体，以深入一线指导工作评估办法、思想政治工作责任制和谈话告诫制度等为支撑，构建起促进领导转变作风的有效机制等。

五、加强基础建设，促进提高工作水平

一是完善目标管理考核，统一思想，调动工作积极性。

在确定年度工作总体目标的基础上，分别确定了审计业务工作和机关管理工作的目标，并进一步细化为指令性任务目标和指导性任务目标。每项目标都被具体分解到每个处室和人员上，干部职工的思想被统一到完成目标任务上，充分调动了工作积极性。

二是健全完善制度，为规范管理提供保障。制定并实施了《审计署太原特派办审计项目计划动态管理办法（试行）》《审计署太原特派办重要事项报告问责制度》等18项，从制度层面对审计业务和内部管理进行规范，基本实现了按制度管人，照制度办事。

三是扎实推进“大数据”分析工作，提高审计信息化水平。2014年内组建了审计数据综合利用领导组、数据分析团队和严格的数据分析质量控制体系。在审计项目中加大数据采集力度，现已归集财政、税务等多个部门总量超过10T的电子数据。构建了“集中分析平台、项目审计组级分析平台、审计人员级分析平台”的三级数据分析平台。采用“多专业融合、多维度分析”的工作方式，加强数据关联分析力度，使审计工作实施精准打击，大大提高了工作成效。

四是认真吸取经验，切实加强保密工作。针对机关保密管理工作存在的问题和不足，办党组对加强保密工作进行了专门研究，深刻分析问题产生的原因，并召开全办保密工作大会，对加强保密工作做出具体安排和部署。同时修订了《审计署太原特派办关于进一步加强计算机保密管理的实施办法》等一系列制度，进一步完善了保密管理领导机制，使保密工作得到切实加强。

五是加强组织领导，认真完成各项综合治理工作。各项综合治理工作严格依法依规扎实有序开展，综合治理工作领导小组积极开展各类综合治理安全检查和教育活动，把综治工作和审计业务工作同部署、同检查，同落实，全年机关运行正常平稳，无一例安全事故发生，实现“平安单位”创建目标。

六、加强党风廉政建设，树立审计良好形象

一是认真落实主体责任。研究制定了《太原特派办党组落实党风廉政建设主体责任的实施办法》，明确了责任内容，层层落实具体责任，将29项主要工作任务分解到各职能部门，确保责任落实。专门制定了度年党风廉政建设实施意见，将反腐倡廉工作任务分解到领导班子成员和各处室建立和完善办党组统一领导、部门各司其职的工作体系。

二是积极开展教育预防。首先是重视日常教育。通过教育倡廉、读书思廉，加强党性党风党纪教育，增强干部职工自律意识。其次是抓住关键时点开展教育。如在元旦春节、中秋国庆、集中休假等重要时点，通过下发通知、召开座谈等方式加强廉政教育，使廉洁从审、文明过节的廉政文化理念深入人心。第三是突出审前教育。通过全办大会集中动员、领导干部进点动员、处室针对针对项目深入动员，把教育预防真正落到实处。

三是切实完善防控和监督机制。主要突出在审计监督权和机关人财物管理权运行的各个节点及所涉岗位上查找存在的廉政风险点，并采取措施加以防范。同时创新监督方式，坚持深入审计现场开展“五位一体”综合检查，重点检查审计组和审计人员落实中央“八项规定”情况、执行“八不准”审计纪律情况及托请说情情况，并加强对审计项目的廉政回访。

（郎少萍）

附：审计署驻太原特派员办事处党组书记、成员名单

书　记：朱登云

成　员：王爱梅（女，9月离职）

张晓霞（女，4月任职）　杨卫东　王　华

朱伟定（9月任职）　安志蓉（女，9月任职）

太原铁路局党委工作概况

2014年，太原铁路局党委认真学习贯彻党的十八大和十八届三中、四中全会精神，深入落实山西省委、省政府和铁路总公司党组的重大战略部署，以党的群众路线教育实践活动为动力，以践行新时期铁路精神为引领，以服务经济社会发展和人民群众出行为根本任务，创新推进政治工作与中心任务一体化机制，融入安全增量，服务改革发展，着力提升政治工作的系统化、规范化、科学化水平，为确保全局改革发展、运输生产、铁路建设、队伍稳定等各项任务顺利完成提供了有力保证。

一、着力凝聚思想共识，坚定改革发展信念

突出凝神聚气，强化正面引领，持续巩固干部职工推进改革发展的思想自觉和行动自觉。坚持先进理论武装人，以党的十八大和十八届三中、四中全会精神为重点，举办学习习近平总书记系列重要讲话精神培训班6期，组织专题研讨14个，两级班子形成调研报告540篇、理论成果670项，强化了“改革的新动力、铁路的新定位、发展的新要求、工作的新起点”等思想共识。坚持用铁路精神激励人，主题推进“共建美丽太铁、共享发展成果”“处长面对面”“讲发展、看变化、汇共识、聚合力”宣讲活动，总结提炼“负重争先、勇于超越”的大秦重载精神，评选表彰110名“太铁之星”和13名“最具影响力人物”，激发了全员“安全优质、兴路强国”的责任心和自豪感。坚持以思想教育引导人，树牢“三点共识”“三个重中之重”，紧扣“三化”建设，聚焦管理不规范的“根子”，作业不标准的“顽症”，以“双十”为载体持续引深安全风险管理大家谈，以“八个圈”为重点系统推进安全文化建设。侯马电务段“今

天我来当工长"、太原客运段"963服务热线"、大同工务段"百年同工"、太原车辆段"光荣套餐"、大同站"案例动漫"、大同电务段"移动现场视频"等特色做法接通地气、理顺心气。坚持靠舆论宣传鼓舞人，紧扣热点、亮点，专题策划"大西游记""重点工程巡礼月""媒体开放日"，全路首创大秦重载国家级摄影创作基地。着眼新兴媒体，拓展"五微一通"，建立"职工网上家园"，开启"太铁e点通"、太铁电视台手机客户端。我局新浪、腾讯微博荣登山西政务微博最具影响力榜首。中央传统媒体刊稿565篇，中央网络媒体刊稿7568篇。《人民铁道》刊稿1793篇，名列全路第一。

二、着力培育清风正气，优化改革发展环境

突出从严从实，强化作风建设，持续深化推进教育实践活动。严肃党内政治生活，细化"三重一大"集体决策31项内容和7个流程，督查基层班子执行情况，规范决策行为。建立民主集中制题库，组织776名领导干部考试，增强规矩意识。运用批评与自我批评"武器"，59个基层单位、817个车间党组织召开专题民主生活会，强化了党性锻炼。中组部调研组专题调研铁路局党内政治生活工作，给予充分肯定；《人民日报》内参1765期刊发了铁路局的做法。严整"四风"突出问题，完善"1+42"落实体系，建立"四个一"整改机制，两级班子18个专项整治和9209个入库问题，逐条整改落实。健全《领导人员密切联系群众六项制度》《加强机关干部作风建设五项规定》等26项机制制度，推动了作风建设持续深入。严格监督执纪问责，紧盯"两个责任"落实，扎紧制度"笼子"，完善重点领域"五控"体系，推行两级机关廉政风险内控机制，实施公开廉政承诺制度，专项清理整改物资采购、"小金库"、"三公经费"、培训中心和疗养院等方面的问题179个。严格责任追究，21个单位、4个处室，10名领导干部被问责考核。建立了铁路局与检察院查办职务犯罪案件联动机制，实施"一案三查"，立案45件，查处59人，保持了革弊正风、反腐倡廉的高压态势。

三、着力提升队伍素能，加快改革发展进程

突出现场需求，强化岗位历练，持续深化领导干部和人才队伍建设。着力建强班子，搭建中心组网络学习管理平台，展开4个专题研讨，举办3次高端讲坛，围绕安全重载增量、货运组织改革、大西高铁运营和新线新站开通等，破解难题1132个，评选优秀成果118个。着力选好干部，严格绩效管理，基层领导人员"三同"3563次，解决问题15735个。强化履职监督，督查44项，剖析38次，追责83人。坚持"五好"标准，调整交流领导干部352人次，其中党政交流25人次，上下交流42人次，异地交流51人次，实现了管理补强、梯次配备。着力用活人才，出台11项利好政策，优化人才成长环境。研发"学分银行"，拓展"三大平台"，推进"紧重强"培训212期14988人次。深化岗位管理，602名优秀技能人员走上管理技术岗位。实施"百硕千主"引进计划，校企联合定向培养955人。加大奖励力度，重奖突出贡献人才75人，命名表彰专业技能拔尖人才264名。

四、着力抓实基层党建，强化改革发展保障

突出"六化"标准，强化基础夯实，持续引深党支部三年基础工程。以党支部标准化建设深化年为推动，支部工作更加扎实，坚持"三个有利于"，全局运输一线班组党支部由2834个优化整合到2353个，从生产力布局实际出发，新增车间党支部170个。完善党支部"三会一课"等7项流程，征集100个特色案例，严格分类定级、晋位升级，帮教转化140个薄弱党支部。支部书记更加过硬，完善资格准入、培训提素、履职考核、后备培养4项制度，开展"十线百名"党支部书记专项述职，集中培训专兼职党支部书记7批次662人，在线考试2453人，激发了党支部书记工作内动力。支部作用更加凸显，紧扣冬春暑运、施工会战、新线开通等任务，以"四带头四争当"为主线，专题推进"三个出行当先锋、三个满意聚合力""三亮三比三评""我为高铁添光彩"等实践活动，持续深化党员"三学""三无"竞赛，组建党员安全攻关组376个、生产突击队668个、营销服务队483个。实施《党员激励警示制度》，发放局级表扬书12张、书面函询19张；站段级表扬书171张，函询11人次，约谈71人次，告诫7人次，强化了党员日常教育管理。支部品牌更加靓丽，推进党内活动阵地化，创建任青云创新工作室、"书学"技改工作室等267个党员练功场、比武场、活动室。推进立项攻关成果化，健全完善"五位一体"机制，形成成果793项。推进品牌管理示范化，创建658个党内品牌，选树48个客运精品，拓展了"一家一品"辐射效应。

五、着力推进全年任务，巩固改革发展态势

全面推进安全风险管理。认真落实"三点共识"和"三个重中之重"要求，扎实推进"安全管理规范化、现场作业标准化、检查整治常态化"建设，立标准、抓规范、树典型，分系统召开标准化现场推进会，初步建立了较为完备的安全职责体系和责任落实、考评机制，全局安全风险管理水平迈上新台阶。全年杜绝了责任铁路交通一般A类和客车一般C类以上事故，实现了安全生产2700天和第7个安全年。持续深化客货运输改革。认真落实总公司"取消运输立户管理""开办快运业务""108类批量零散货物快运""一口价新管内、新直通"等一系列改革措施，大秦线2.1万吨列车常态化开行，"三晋快运列车"成功开行，客货服务质量不断提升。全年货物发送量完成6.05亿吨，旅客发送量完成6576.9万人，运输收入完成805.8亿元。运输收入和货运量分别提前19天、11天完成年度奋斗目标，创造了建局以来的历史新高。坚决夺取经营任务目标。坚持非运输业与核心业务融合发展，优化内部经营机制，实

体化经营迈出坚实步伐，五大副食品基地初具规模，工业制造业市场占有率巩固扩大，非运输业完成收入203亿元，全局顺利完成了盈亏考核160亿元。铁路局连续十年达到经营业绩考核优秀企业标准。高标推进铁路建设。坚持“六位一体”，深化“三优共创”，加快新线新站建设，太原南站和大西高铁、韩原线、侯西复线、太兴铁路、瓦日线等如期开通，全局新增营业里程1177.8公里；全年兑现建设投资216.97亿元，100%完成了总公司下达的投资计划。不断加大基础设备投入。深入推进“七大安全风险控制工程”，开展集中修和综合施工10次，新开通微机联锁站场62个，大秦线隧道清污42座、清理粉尘3.38万吨；太原南动车所，太原、太原北车辆段预检预修库，太原机务段（北区）整备场改造项目投入使用；新建骨干OTN光传输网，安装视频监控图像采集点1.4万余个；全局设施设备基础更加完善，技术装备水平不断提升，科技保安全作用更为明显。大秦线成功试验了3万吨重载组合列车，创造性地优化了大西高铁联调联试方案，全年评选出科技进步奖成果41项、合理化建议和技术改进成果228项、国家级优秀成果3个、省级优秀QC小组69个、铁道行业优秀QC小组20个。铁路局重奖优秀专业技术人员75人，50人通过人才快车道取得专业技术资格；组建“技师小组”441个，设立“劳模先进创新工作室”10个，省部级“技能大师工作室”3个。持续改进企业内部管理。严格规范合资公司管理，强化合资铁路归口管理等六项措施，加大对合资公司重大经营决策事项的事前审查和过程监控力度。实施房建系统资产重组、资源整合，组建了太原铁路地产置业公司。启动知识产权管理，为加强无形资产管理奠定了法律基础。

六、着力巩固稳定大局，汇聚改革发展力量

突出共建共享，强化合力共为，持续营造和谐稳定的环境氛围。算好民生账单，围绕“八小工程”、住房建设、收入增长、职工健康行动等发展成果，邀请代表巡视，组织家属访岗，开展互动交流，增强了全员归属感和幸福感。引深“双进双千”送温暖，落实帮扶救助机制，全年助困1603户次，助医12154人次，助学285人。抓好文化生活，开展站区“百千万”文体活动，举办首届“聚力杯”职工拔河大赛，推进大同、临汾职工小区3万余户升级数字电视，组织社区职工才艺展示、消夏文艺晚会等系列活动，增强了安居乐业、共保安全的向心力。做好维稳工作，搭建网上、电话受理平台，落实信访稳定12项制度，加大领导干部接访、机关干部下访力度，化解重点矛盾纠纷246 件，连续五年保持全路信访考核“零扣分”。建好平安太铁，充实综治保卫力量，加大路地联防力度，深入开展沿线、站车和内部治安专项整治，确保了治安稳定。各级工会、共青团组织深推“主人翁保安全”“双创立功”活动,连续九次夺取全国“安康杯”竞赛优胜企业，“婷婷爱心服务区”获首届全国青年志愿服务银奖。局离退、保密、武装、关工委等部门主动融入，展示作为，推动了改革发展。

（王金虎　马天龙）

附：太原铁路局党委书记、副书记、委员名单

书　记：张义平

副书记：杨绍清　杨月江　郭家宏

委　员：杨国秀　张锁明　丁永民

省煤矿安全监察局党组工作概况

党组书记　桂来保

2014年，山西煤矿安全监察局党组团结带领全局广大干部职工，深入贯彻党的十八大和十八届三中、四中全会精神，认真学习习近平总书记系列重要讲话精神，始终坚持“以人为本、安全发展”理念，全面落实国家总局国家煤监局和省委省政府关于安全生产工作的重大决策部署，持续开展煤矿安全治本攻坚，进一步明确目标、落实责任，完善机制、强化监察，煤矿安全监察工作取得积极进展，有力地促进了全省煤矿安全生产形势持续稳定好转，为全省综改试验区建设和经济社会转型发展提供了坚实的安全保障。

一、加强党建工作，始终把握正确的政治方向

（一）坚持抓好理论学习。以建设学习型机关为载体，把学习作为提高党员干部素质的首要任务，强化理论武装，坚定理想信念。为抓好学习落实和促进学习深化，党组主要负责同志调整后，重新研究制定了《关于加强和改进省局党组中心组学习的实施意见》，明确和细化了中心组学习内容、学习方法、组织形式等规范性要求，全年中心组集中学习25次。深入学习党的十八届三中、四中全会精神，按照国家总局党组部署，组织全局党员干部参加了全国安全监管监察系统学习贯彻十八届三中全会和习近平总书记系列重要讲话精神集中轮训；聘请有关专家进行了十八届四中全会精神专题辅导，并以总支、支部为单位组织开展学习大讨论。通过加强学习，不断提高省局领导班子和全局党员干部的政策理论水平和科学决策能力。

（二）夯实党建组织基础。坚持围绕中心、服务大局，把党建工作纳入全局工作规划，统筹谋划、整体布局。认真落实“一岗双责”制度，坚持将机关党支部建在处室，由处室领导担任党支部书记，使党建和业务工作两结合、

两不误、两促进。认真开展了“基层组织提升年”活动，及时对直属单位13个党总支、44个党支部进行换届调整，配备专职党务干部20名，兼职党务干部45名，做到了基层组织机构健全、党务干部配备到位，实现了基层党组织普遍晋位升级。

（三）加强党建制度建设。结合党的群众路线教育实践活动，全面开展了制度废改立，对涉及“四风”方面的118项制度进行了全面梳理，废止20项、修订16项、保留82项，并陆续新建了包括《党员干部直接联系群众若干规定》在内的近20项制度，为促进党建工作规范化夯实了制度基础。

（四）狠抓“四风”问题整改。在开展党的群众路线教育实践活动的基础上，认真查找省局领导班子存在的“四风”问题，组织制定了局领导班子整改方案、局“四风”问题专项整治行动方案、教育实践活动制度建设计划“三项整改方案”。到目前为止，局领导班子整改方案中的26项整改任务，“四风”问题专项整治的13项任务，制度建设的24 项任务，凡是有明确时间要求的已基本达到整改要求，还有5项属于长期性的整改任务，正在按照要求持续进行整改落实。

二、抓住薄弱环节，着力完善民主决策机制

（一）深入调查研究。省局主要领导带领班子成员和处室同志，深入全省11个地市，分别听取了市人民政府分管副市长、煤炭局局长工作汇报，调研检查煤矿安全监管工作，并与各市党政主要领导进行工作交流；深入10个监察分局（站）与全体监察人员面对面交流座谈，了解各辖区煤矿安全生产工作和监察执法现状；深入到全省9个国有重点煤炭集团公司和地方煤炭企业，与企业主要负责人和安全生产管理人员座谈煤矿安全生产管理工作，并深入30多对灾害最严重矿井井下，现场检查煤矿瓦斯综合治理、矿井水害防治及煤炭资源整合工作，督促煤矿企业采用成熟的理念、成熟的技术、成熟的装备、成熟的工艺综合治理重大灾害。全年省局领导班子成员共深入基层943天，下井269矿次。

（二）完善议事规则。一是优化决策机制。重新修订了党组工作规则和行政工作规则，科学界定党组会、局长办公会的决策范围，明晰决策程序，落实工作责任，提高决策水平。坚持和完善党组集体领导和个人分工负责相结合的制度，凡属“三重一大”事项，都坚持由党组或领导班子集体研究做出决定，班子成员根据分工，抓落实严执行。二是制定完善民主集中制和严格党内生活制度实施意见，明确了纳入党组会、局长办公会审议决策的“三重一大”事项内容。三是规范“两会”流程。每次会议之前都要事先征集议题，列出议题清单，使每一位局领导和处室、直属单位负责人都有提出议题和表达意见的机会，保证了其在决策过程中的知情权、决策权和公开透明。4月份以来，省局共召开党组（扩大）会23次，讨论研究重大事项47项；召开局长办公会议20次，讨论研究有关事项206项。

（三）规范内部管理。按照国家总局和上级有关部门的规定，结合工作实际查漏补缺，各处室按照职责分工，修订和起草部分管理规定，经广泛征求各方意见，由省局党组会议或局长办公会议研究审定后，正式下发文件执行。截至目前省局已修订、出台30余项行政管理和党务管理制度规定，各监察分局（站）重新制定、修改完善制度50项，有关直属单位制定修订制度46项。

（四）加强政务督办。对党组和局长办公会做出的重大决策和重要部署、省局下发的文件、班子成员批示事项等贯彻落实情况明确责任、狠抓落实，加强督查督办工作，有效防止执行过程中的偏差懈怠，及时纠正执行过程中的扯皮推诿，主动加强执行过程中的沟通协调，提高了领导班子决策的执行力。

三、坚持依法行政，认真履行煤矿安全监察职责

（一）加大监察执法力度，严厉查处各类隐患。一是科学制定监察计划，认真编制现场检查方案，按计划有序开展“三项监察”；坚持查大系统、治大隐患、防大事故，加强对高瓦斯、煤与瓦斯突出、水害严重、发生死亡事故矿井以及安全基础薄弱矿井的安全监察。二是认真开展煤矿安全评估，定期开展监察执法分析，完善工作措施，强化网络式监察，提高监察执法效能。注重安全生产先进经验的交流推广，在寺河煤矿组织召开防突现场交流会，促进了全省煤矿煤与瓦斯突出防治工作有效开展。三是深入开展煤矿安全生产大检查和“六打六治”打非治违专项行动，省局领导带队成立省级督查组，带领部分专家深入灾害严重的矿井，在严格执法、严厉查处各类安全隐患的同时，坚持服务煤矿，同煤矿企业一道研究解决安全生产技术难题，促进企业提高安全生产管理水平。全年全局共监察各类煤矿1002矿，监察覆盖率92.86%，深入现场检查2707矿次，其中“三项监察”1487矿次，完成监察计划的119.06%；查处各类安全隐患10283条，按期整改率98.6%，其中重大安全隐患53条，已按照“五落实”要求整改完毕，制作执法文书5345份，责令停产整顿矿井19矿，行政罚款8892.77万元。

（二）严格实施行政许可，推进安全源头治理。一是积极推进安全许可网上办理。制定办法、完善软件、试点先行、分批推进，实行操作员逐矿培训。同时坚持对申领、换发安全生产许可证的煤矿由各监察分局（站）进行现场检查，达不到安全生产条件的，不予发放申请书。二是严格煤矿建设项目安全设施“三同时”监督检查。实行建设项目安全设施设计审查前先到现场进行检查，严肃查处安全设施设计未经批准擅自施工的行为；建设项目安全设施竣工验收时，组织有关专家到现场认真进行对照检查，严格验收标准，确保与主体工程同时投入使用；新《安全生产法》实施后，及时下发了《关于煤矿建设项目安全设施竣工验收有关事项的通知》（晋煤监安[2104]222号），对建

设单位负责安全设施竣工验收后的监督核查提出了具体要求。三是出台了煤层气企业安全生产许可证实施办法、煤层气开采建设项目安全设施设计审查办法和规范，严格煤层气开采准入，规范安全生产行为。全年省局共发放煤矿安全生产许可证313矿次，完成煤矿建设项目安全设施设计审查45矿，竣工验收17矿；发放煤层气企业安全生产许可证25个，审查煤层气开采建设项目安全设施设计1个。

（三）严肃查处伤亡事故，开展事故警示教育。一是坚持"四不放过"和"科学严谨、依法依规、实事求是、注重实效"原则，对2014年以来发生的26起煤矿死亡事故进行了严肃查处，已结案23起，对317名相关责任人进行严格责任追究；省局对三起较大事故进行了督办，派人指导事故调查处理，查清事故原因，深刻吸取教训；参与了省政府6月5日对阳煤集团公司领导班子的约谈，针对阳煤集团"5.13"事故和近年来安全生产工作暴露出的问题，提出要坚持依法办矿，加强和改善煤矿安全管理的意见。二是加大对隐瞒事故查处力度，2014年以来我局接到事故举报80起，已反馈核查结果50起，其中查实瞒报10起，已全部查处结案。组织了全省矿山救援技术竞赛活动，有力提升了煤矿事故应急管理水平。三是强化事故警示教育，用事故教训推动安全生产工作，会同省煤炭厅组织召开了全省煤矿瓦斯事故、水害事故警示教育电视电话会议，全省有关区县的分管领导、煤矿安全监管监察部门有关人员、煤矿主体企业负责人和部分煤矿矿长参加了会议，进一步统一了思想认识，明确了下一步瓦斯治理、水害防治的工作思路和措施。四是根据国家总局部署，邀请五家主流媒体组织了"事故煤矿回头看"记者采访活动，举一反三，深刻汲取事故教训，落实防范措施，严防类似事故发生，取得了非常好的教育、警示、引导、监督效果。

（四）强化行政执法监督，规范监察执法行为。采取执法文书定期内审、重大行政处罚备案、监察执法案卷评查、优秀案卷评选竞赛、工作目标责任考核等多种形式，规范监察执法行为，加强对监察执法工作的监督，推进监察执法责任的落实。制定了《山西煤监局开展执法监察工作实施办法》《山西煤监局煤矿安全监察执法案卷评查办法》等规范行文件，组织开展120套执法案卷评查和10套优秀案卷评选竞赛活动，聘请兄弟省局监察人员和有关法律方面专家参与，交流执法经验，分析监察执法中存在的突出问题，逐步探索建立了"政法释疑、执法监督、纪检监察"三位一体的新的监督工作机制，促进了全局行政执法能力和水平的提高。

（五）创新监察执法工作，有效防范重大事故。采用"四不两直"方式开展突击检查，严肃查处煤矿生产过程中各类隐患，全年全局共进行"四不两直"暗查暗访282矿次，发现各类安全隐患721条。督促煤矿企业加大对重大灾害的治理力度，针对瓦斯治理工作存在的突出问题，提出了"三个必须"的技术创新要求（必须围绕瓦斯治理进行开拓布局、巷道布置、确定煤层开采顺序；必须首先开采解放层或卸压层；必须积极主动地抽采卸压瓦斯）和依法治理、先进理念、区域治本、技术创新、保障投入、科学管理的瓦斯治理工作新思路；针对防治水工作，提出了防治水害"十六字"方针，落实五项综合防治措施，突出"预测预报、科技攻关、治理整顿"三个关键，实现防治水工作由被动治理向主动预防、由措施防范向工程治理、由局部治理向区域治理转变，有效防范水害事故发生。全年全省煤矿累计发生事故26起，死亡35人，同比减少14起、40人，分别下降35%和53.33%；其中发生较大事故3起，死亡11 人,同比减少2起、14人，分别下降40%和56%；未发生重大以上事故；全省煤矿生产原煤9.734亿吨，百万吨死亡率0.036。

（六）加强安全宣传教育，凝聚安全发展共识。一是组织开展了2014年"安全生产月"活动。围绕"强化红线意识、促进安全发展"和"坚守红线、从严执法"主题，十名省局领导分赴各地指导了事故应急救援演练评估，开展了安全生产宣传咨询下基层活动。二是深入开展了"依法行政宣传月"和法治学习实践活动。举办了四次全局学习党的十八大、十八届四中全会精神和集体学法专题视频讲座，组织了各单位各部门依法行政大讨论并撰写心得体会。赴吕梁、晋中、忻州辖区组织开展了三次煤矿安全法治宣讲活动。三是按照国家总局国家煤监局安排部署，我局会同省煤炭厅组织了对全省172个煤炭主体企业的358名董事长、总经理和1023个煤矿的矿长开展了"谈心对话"活动，深入宣传煤矿安全"双七条"，推动煤矿企业牢固树立"红线"意识、"底线"思维，自觉落实安全生产主体责任。四是开展了新《安全生产法》的宣贯活动，与省煤炭厅共同下发了宣贯工作意见，制定了全局集中宣贯工作计划，订购学习资料、制作宣传牌版、发表署名文章、开展原文研读，由省局领导分别带队深入全省十个辖区进行集中宣讲，积极营造推动煤矿安全发展的良好氛围。五是引深示范创建活动，大力推进煤矿安全文化建设，组织了申报省级煤矿安全文化建设示范企业现场考评，命名了山西长治王庄煤业有限公司等4家煤矿为省级煤矿安全文化建设示范企业；开展了三期煤矿安全文化建设培训班，对煤矿安全监管监察人员和煤矿企业负责人近500人进行了煤矿安全文化建设专题培训。组织开展了安全理念征集评议、示范创建成果展示活动。

四、注重队伍建设，不断提升煤矿安全监察执法能力

始终把加强领导班子和监察队伍建设放在首位，完善人才培养机制，创新教育培训内容，努力打造一支对党忠诚、业务精湛、严于执法、廉洁自律的煤矿安全监察队伍。一是完善管理制度。制定了《山西煤监局分局（站）公务员录用与干部调配管理办法》《干部教育培训实施意见》《事业单位公开招聘人员实施细则》等15项人事管理制度。二是强化素质提升。建立法律顾问制度，聘请两名法律专

家担任省局常年法律顾问，提供法律支撑，开展法治讲座，推进依法行政；针对煤矿监察执法人员知识老化等问题，省局举办了三期煤矿安全监察员业务培训班，共培训235人，覆盖率达到99.2%。三是注重实践锻炼。组织了11名没有煤矿基层工作经验的监察员到企业进行为期3个月的脱产学习锻炼，选派16名监察员参加了煤矿安全监管监察专题培训班，60名监察员参加了全省煤层气地面开采企业安全监察业务专项培训。四是组织执法讨论。开展了山西煤监精神提炼和表述语征集活动。针对阳泉辖区煤矿灾害严重、事故多发、瞒报事故的情况，省局主要领导先后六次深入阳泉调研检查，亲自组织了阳泉监察分局全体监察员监察执法大讨论，人人谈认识、个个献良策，达到了统一思想、提高水平、促进执法的目的。五是保障干部交流。制定了交流干部交通费报销办法、周转住房管理办法，切实解决交流干部的生活困难，最大程度地保障干部交流工作，已有11名交流干部住进了周转房。

（黄文升）

附：省煤矿安全监察局党组书记、成员名单

书　记：杜建荣（4月离职）　桂来保（4月任职）

成　员：梁云祥　徐占成　贾师文（4月任职）
　　　　薛勇军　赵文才　杨谦禄

中华人民共和国太原海关党组工作概况

党组书记　吴海平

2014年，太原海关认真学习贯彻习近平总书记系列重要讲话精神和党的十八届三中、四中全会精神，积极落实“把好国门、做好服务、防好风险、带好队伍”的“四好”总体要求，坚持求真务实、锐意进取，各项工作和建设保持了良好发展态势，较好地完成了各项任务。

业务运行概况

全年完成税收入库32.77亿元，完成调整后的税收目标；监管货运量1353万吨，货值33.8亿美元；监管进出境飞机3425架，同比增长18.7%；监管进出境人员39.4万人次，同比增长18.7%。

积极支持山西外贸稳定增长

把服务山西开放型经济发展作为自身的重要职责，6月专门出台《太原海关支持山西外贸稳定增长的若干措施》，全年进出口总值再创历史新高。据太原海关统计，2014年全省进出口总值998.3亿元人民币，比上年增长1.8%。其中：出口549.4亿元，增长10.7%；进口448.9亿元，下降7.3%；贸易顺差100.5亿元，扩大7.5倍。按美元计价，2014年全省进出口总值162.5亿美元，增长2.9%。其中：出口89.4亿美元，增长11.8%；进口73.1亿美元，下降6.3%。2014年山西省进出口总值在全国排名第24位，增速排名第22位。

真诚服务山西开放型经济发展

准确把握山西省情，结合海关工作，形成了《太原海关关于大力发展山西开放型经济发展的三点建议》，提出“以开放倒逼改革、以开放引领转型、以开放促进发展”的开放型经济发展思路。所提建议得到省委、省政府高度肯定，并被大幅吸收到省委书记王儒林在中共山西省委十届六次全会上的重要讲话中，转化为省委战略部署。海关领导多次赴省内各市调研，会见当地党政领导，并深入到有关进出口企业进行实地考察，帮助地方政府和企业解决外贸发展中的困难。关内各业务部门也结合实际组织进出口企业培训，深入企业送政策上门，积极帮助相关人员了解掌握海关规定。认真研究、改进和完善统计预警分析工作，坚持定期和不定期向省、市政府和商务部门提供海关统计数据和进出口贸易重点商品的进出口情况分析，积极为各级领导科学决策提供依据。畅通“12360”海关服务热线，统一受理社会各界向海关提出的服务需求，进一步增进了海关与服务对象间的沟通与联系，全年受理各类咨询电话4370个，满意率100%。与外贸企业建立紧密合作伙伴关系，继续落实大客户服务制度，指定专人具体服务重点企业，及时解决通关过程中遇到的问题。为平遥国际摄影展、山西博物院印度文物展做好海关监管服务。在武宿综合保税区内复制推广“简化无纸通关随附单证”、“简化统一进出境备案清单”和“内销选择性征税制度”3项上海自贸试验区监管创新制度，综保区监管进出区货运量15.6万吨，货值49.9亿元，征收税款597.9万元。10月中编办批复设立长治和晋城海关，正在进行中的运城海关筹建工作进展顺利。

扎实开展党的群众路线教育实践活动

在1月顺利结束第一批党的群众路线教育实践活动的基础上，3月启动第二批党的群众路线教育实践活动，并于10月召开总结大会。通过两批活动的开展，全关作风建设呈现新面貌。按照中央和总署的统一部署，以基层单位领导班子和领导干部为重点，坚持“照镜子、正衣冠、洗洗澡、治治病”的总要求，牢牢把握为民务实清廉主题，紧紧聚焦“四风”和基层单位存在的6方面普遍性问题，坚持两个批次紧密结合、三个环节协调推进，突出问题导向，深化整改落实，教育实践活动达到了预期目标。各基层单位采取集中学习、专题研讨、辅导讲座等方式，创新学习模式，深化学习效果，先后开展集中学习30余次，平均学习时间达到5天以上。坚持真开门、开大门，通过“面对面”与“背靠背”、“请进来”与“走出去”等形式，广泛征求各类意见建议194条，归纳总结为111条。坚持领导带头、以上率下，关党组成员亲自审定各单位对照检查材料，全程指导专题民主生活会，先后8次深入联系点指导活动开展，确保了活动扎实推进、不走过场。截至年底，第一批教育实践活动整改任务全部完成，群众满意率98%；第二批教育实践活动涉及的113项具体整改任务完成108项，整改落实率达96%，达到了预期目标。在整改落实情况通报测评中，群众总体评价满意率98%。海关总署副署长孙毅彪评价太原海关教育实践活动“有质量、有成效、有亮点”，海关总署第16督导组和第3巡回督导组评价太原海关工作扎实、措施有力、成效明显。

积极深化海关业务改革

以加快监管创新、加强实际监管、提升监管效能为导向，积极深化通关作业改革，有效提升通关便利化水平。全年审核进出口报关单9788份，同比增长49.5%；大力推进区域通关一体化改革，累计审批适用“属地申报、口岸验放”通关资格企业148家。优化监管查验机制，细化布控查验指令，口岸现场进出口查验率6.21%，查获率10.98%。加快推进通关作业无纸化改革，与509家企业完成?《海关通关作业无纸化协议》签约工作，通关效能显著提高。全面启动关检合作“一次申报、一次查验、一次放行”的“三个一”改革，关区6个通关现场全部安装上线“一次申报”系统，并正式开展业务。创新稽查工作方法，风险管理由虚转实取得新成效，通过综合业务管理平台实体有效处置风险率38.18%，稽查补税344.25万元。

打击走私取得新进展

认真落实全国海关缉私工作会议和全国各省（区、市）打私办主任会议精神，召开关区缉私工作会议和山西省2014年打击走私综合治理工作会议。开展打击农产品走私“绿风”专项行动和打击毒品走私“紫光”专项行动，积极开展情报信息集中研判分析。巩固并深化打击走私专项斗争和联合行动取得的成果，继续深入推进打击毒品走私、“洋垃圾”走私、重点涉税商品走私、重点敏感物品走私、出口环节走私和加强私货交易专项整治行动。扎实开展“缉私警察队伍建设年”活动，确保缉私队伍忠诚可靠、敬业奉献、敢于担当。2014年，立案调查行政违规案件40起，案值3.44亿元，涉嫌偷逃税款4718.6万元；办结34起，罚款369.31万元，补税295.64万元。立案侦办走私犯罪案件3起，案值7.59亿元，涉嫌偷逃税款845万元。参与侦办建国以来首例外国驻华使馆人员涉嫌倒卖使馆免税车辆案，受到外交部和海关总署缉私局的表扬。对侦结的“4·10”走私固体废物案、“9·12”走私象牙案中5家涉案单位判处罚金，22名被告人作有罪判决，取得了良好的法律效果和社会效果。

开创机关党建工作新局面

牢固树立抓好党建就是最大政绩的思想，认真组织学习贯彻习近平总书记系列重要讲话精神，党组带头学、深入学，一年间先后12次举办党组中心组集体学习，在政治上思想上行动上与中央、海关总署保持高度一致。加强对关区中心工作、重点业务改革、重大事件处置的掌控，制定“三重一大”决策制度实施细则，形成工作规矩，党组核心领导力得到提高。组织党员干部深入开展学习活动，将习总书记系列重要讲话汇编成册，采取集中学习与个人自学相结合，组织全体处级干部参加地方党校轮训，坚定了中国特色社会主义理想信念。坚持理论联系实际，在真用上下功夫，把十八大、十八届三中和四中全会精神以及习近平总书记系列讲话精神与海关工作紧密结合，指导推进关区全面深化改革和法治海关建设。召开第一次党员代表大会，完成新一届机关党委换届工作。健全基层党组织体系，基层党组织实现所有处、科室全覆盖。严格开展党支部联述联评联考工作，得到省直工委的充分肯定。

干部队伍建设迈上新台阶

密切与基层和群众的联系，改进和加强调研工作，6位关党组成员坚持勤下基层，通过跟班作业、座谈会等形式建立了领导班子与基层之间的有效沟通渠道，进一步提升了队伍的向心力。扎实开展准军事化纪律部队建设，制定《太原海关2014年准军事化海关纪律部队建设工作要点》，成立以关长为组长的关区准军事化建设领导小组，形成党组统一领导、各单位贯彻落实、全员积极参与的工作格局。突出内涵学军，强化纪律意识教育，落实岗位练兵，全面提高干部队伍整体素质。坚持一手抓日常养成、一手抓集中整治，加强日常监督、检查和考核，成立纠风专项检查组检查窗口单位建设情况，有效促进了对外形象的提升。加强干部监督工作，稳步推进干部平时考核工作，建立纪律作风专项治理长效机制，把从严管理贯穿到干部队伍建设全过程。组织学习新修订的《党政领导干部选拔任用条例》，扎实开展干部选拔任用工作。拓宽与地方干部交流渠道，1名处级干部到地方政府挂职锻炼，干部成长平台进一步拓展。顺利完成2014年度考录工作，招录公务员12人，均安排到一线业务岗位工作，充实了基层队伍。充分发挥工青妇组织的作用，激发队伍活力，组织关警员参加鹊桥联谊、运动会、志愿服务、公益捐赠等活动，在丰富关警员业余生活的同时更加注重对其精神内涵的滋养，队伍整体面貌昂扬向上。2014年，太原海关所属机场海关已连续9年荣获“全国青年文明号”称号，侯马海关被评为“山西省青年文明号”称号，现场业务处被授予“山西省模范集体”的荣誉称号，审单处被授予“山西省巾帼文明岗”荣誉称号。

反腐倡廉建设实现新进步

严格履行党风廉政建设主体责任和监督责任，党组成员带队检查分管部门和联系单位的党风廉政建设责任制情况，确保“两个责任”落到实处。坚持以“四风”纠治为重点，不断提高廉政教育的针对性。按照中央和总署党风廉政建设新要求，结合山西净化政治生态、实现弊革风清的新形势，召开党风廉政建设和反腐败工作专题会议，对当前和今后一个时期的廉政工作进行专门部署，有力推动了全关反腐倡廉工作。各级领导干部认真履行主体责任，纪检监查部门严格落实“三转”要求，聚焦主业，承担的办事机构职能由5个调整为3个，议事协调机构职能由23个调整为17个。经过坚持不懈的努力，全关廉政形势保持平稳态势，未发现不廉洁情况，为各项事业的健康发展提供了有力保证。

（张新年）

附：中华人民共和国太原海关党组书记、成员名单

书　记：吕伟红（女，4月离职）
　　　　吴海平（8月任职）

成　员：高志凯　岳玉敏（女）　许乾峰　牟军海
　　　　虞　阳（1月任职）

太原铁路公安局党委工作概况

党委书记　董跃峰

2014年，面对反恐怖斗争的严峻形势以及铁路站车线治安管控的任务挑战，太原铁路公安局坚持以党的十八大、十八届三中、四中会精神为指针，以党的群众路线教育实践活动为引领，按照既定“三年规划”发展战略，规范落实“领导联系、专门督导、逐级负责、对口落实”责任制，充分发挥“打击、防范、服务”职能作用，圆满完成了春运、两会、十八届四中全会、APEC会议、反恐维稳、大西高铁、太兴、瓦日线开通、集中修施工等各项重点安保任务，有力地维护了铁路运输生产安全和旅客生命财产安全，为构建和谐铁路、促进山西转型跨越发展作出了积极贡献。公安局被山西省委政法委授予“2014年度情报信息预警工作一等奖”。2个基层单位荣获省级“青年文明号”，1个单位被铁路公安局政治部、全国铁道团指委命名为“2013年度全国铁路青少年维权岗”。荣获全路模拟案件现场练兵考核均第一名，首次参加全路国保机动侦查比武荣获三等奖。1名民警入选山西省“十佳亲民人民警察”和太原铁路局“太铁之星”候选人，并被铁路公安局选为特聘讲师。太原公安处乘警支队被评为全路公安执法质量示范单位。太铁看守所被铁路公安局记“集体二等功”。3个基层单位被评为全路公安警营文化建设示范点，5个基层所队被评为全路公安警营文化建设先进集体。公安局党委连续9年被路局评为“先进党委”，公安局领导班子被路局评为“学习型领导班子”。公安局团委被评为路局“五四”红旗团委，3个团支部被评为路局“五四红旗团支部”。全局共有67个集体、223名个人立功受奖。

一、以开展党的群众路线教育实践活动为主线，突出“四风”问题整改，全面加强了领导班子和干部队伍作风建设

将教育实践活动作为首要政治任务，先后6次召开党委会、15次召开专题推进会，狠抓顶层设计、分层指导、检查督导和推进落实。全局4个公安处，154个基层党（总）支部、2938名党员干部全程参加了党的群众路线教育实践活动，共建立健全31项制度，各级班子和领导干部作风明显改进。一是思想认识受到了洗礼。制定《加强和改进中心组学习实施办法》，开设《道德讲堂》，持续加强了政治理论、形势任务和宗旨意识教育，加强了党的十八届四中全会精神、习总书记系列讲话精神、依法治国方针等学习教育。期间，开办3个培训班，对局处“活动办”42名骨干、154名党支部书记、133名处级干部进行分批培训。购置5000本必读书籍，自编6本电子书，分层制定学习方案，组织开展观看影片、举办讲座、参观基地、党课教育、征文演讲等“八个一”系列活动。局、处两级领导班子成员围绕“群众路线是党的生命线和根本工作路线”等6个专题深入学习研讨，广大党员民警开展“为何从警、如何做警、为谁用警”大讨论活动，全局干部民警普遍受到了一次马克思主义群众观点的深刻教育。二是“四风”问题得到了整治。针对改进文风、会风、机关作风、调查研究等6方面重点内容，确定了41项整改项目。将原有的140项台账精简至91项，传真发文和信息简报同比分别减少30%和12%。立行立改地关掉了小食堂、封存了超标车、隔开了大房子，细化了票决制、实名制、大额资金支付联签制等8项配套制度。领导干部不再配备专车和专职司机。各级领导干部主动深入基层，通过“当一天民警”、包保督导、现场办公、蹲点调研、访警释难等形式，密切了党群、干群关系。三是民主建设得到了加强。局、处两级班子坚持“三重一大”问题集体决策，特别是在新线建设、反恐防暴等重点工作中坚持与时俱进，理清发展思路，做到了科学决策、民主决策和依法决策。各基层党组织严把标准、严守程序，广

大党员认真开展自评、互评，开出了高质量的组织生活会，认真做好了民主评议党员工作，使全体党员经历了一次严格的党内政治生活锻炼。

二、以服务公安中心工作为根本，发挥各级组织作用，有力强化了思想政治工作保障作用

结合各个时期的中心工作，充分发挥各级党团组织思想政治工作的服务、保障和引领作用。一是强化了战时思想发动。针对日益严峻的反恐维稳形势和各个重点时期的公安保卫任务，采取局处领导和包保干部、所领导三级宣讲方式，利用所务会、交班会、民警大会等形式，积极开展宣讲和谈心交流活动，全局共有170余名领导干部进行宣讲160余场，受教育人数达2900余人，增强全体民警敢打恶仗、能打胜仗、善打大仗的信心。强化了典型示范引领。把培树典型贯穿于公安工作和队伍建设始终，先后在《人民公安报》《法制日报》等主流媒体推出武永利、梁剑、师建军等先进典型，选树出23年一直驻守在偏远驻站点、荣获火车头奖章的岗位标兵马文龙等一批先进典型，5名所队领导被评为全路公安“百名优秀所队干部”，有效激发了干部民警学习先进典型的工作热情。同时，加强公安新闻宣传工作，及时采集、编写公安工作和队伍建设经验做法以及基层民警感人事迹等新闻稿件，在各类媒体刊稿6075篇，取得了在全路公安局排名第一的好成绩。三是强化了各级组织作用发挥。先后组织开展了“我为改革作贡献”、“创建绿色通道，打造平安站车”、“当五型干部、做五好民警”等一系列主题实践活动。制定落实《党支部工作考核办法》和《太原铁路公安局民主评议党员实施办法》，组织全局150名党支部书记进行系统培训，组织召开建党93周年暨“七一”表彰大会，表彰先进党委1个、先进党支部10个、优秀共产党员50名、优秀党务工作者21名，营造了拼搏向上、积极进取的良好氛围。坚持“党建带团建”、“党有号召、团有行动”的工作思路，加强思想引导，开展实践活动，搭建进步平台，团结带领青年在各项安保工作中发挥了生力军作用。太原站派出所党总支在全路作了经验介绍，为其他党（总）支部树标立样，做出了示范。

三、以推进队伍正规化建设为目标，提升科学管理水平，切实提升了广大干部民警的整体素质

坚持从严治警与从优待警有机结合，不断完善“三个决定、三年规划、九个办法、一项规则”，建立11项配套机制，形成了较为科学完整的管理框架。一是强化实战技能培训。落实实战必训和“轮值轮训、战训合一”要求，组织开展依法使用武器警械专项训练暨轮训轮值活动，全年举办各类培训班142期6215人次，开展枪支实弹射击训练、考核39批2395人次，开展模拟演练68次，组织77名小教员开展“背包教学、送教下基层”，确保全覆盖。二是落实从优待警举措。完成了对转制前发生的因工（公）负伤人民警察的评残工作，贯彻落实了新的《人民警察抚恤优待办法》。继续为全局在职民警续办了团体人身意外伤害保险，落实了年度健康体检和励志奖学金，组织先进立功民警健康休养。积极开展走访慰问活动，深入落实帮扶救助措施，对21名困难户给予补助，为全局患病民警办理帮扶救助金。同时，不断改善基层所队尤其是沿线警务区的办公环境和设施，不断推进“八小工程”建设，为广大民警营造了“快乐工作、幸福生活”的环境。三是打造特色警营文化。本着“一所一特色，一警一爱好”的总体思路，建设了一批各具特色的“营区文化”、“走廊文化”、“庭院文化”、“墙体文化”。年内，全路警营文化片区现场会连续第二年在太原局召开，大同公安处展现的建设成果得到了上级领导和参会人员的充分肯定。四是严格队伍纪律作风。以枪、车、酒、票、执法、监所安全为重点，扎实开展正风肃纪、“五必学”和乘警系统“十不准”纪律教育整顿，并加强监督检查和现场督察，确保了公安队伍稳定。同时，严格落实《铁路公安机关人民警察执法执勤规范用语》和《太原铁路公安局首问首诉负责制》，全年历史性的实现了公安队伍“零投诉”。

四、以确保铁路运输生产安全为中心，充分发挥职能作用，有效维护管内政治治安稳定

始终把反恐维稳作为重要政治任务，持续强化重点人、事、物安全管理，扎实开展“绿色通道”、“平安站车”创建活动，全面加强站、车、线治安防控，在上级党政和路地相关单位、部门的支持配合下，管内政治治安保持了持续稳定。一是反恐防范全面加强。社会招用370名列车安全员、100名特警辅警，购置60头警犬，招录50名训犬员，充实了反恐力量。协调路局建设16个综合治安岗亭，增加探头399个、视频指挥室11个。全局246个车站完成划界，13个较大客运站完成全封闭，64个重点车站全部成立联勤联动办公室，组织开展反恐应急演练439次。先后为基层增配了警务通、防暴车、实战防控设备、新型警用手枪等14998件反恐应急装备，进一步提升了基层实战单位应急处突装备保障水平。二是安检查危成效明显。坚持“全覆盖”安检制度，落实高铁民航化安检模式，全面夯实“五道防线”，共查获各类危险、违禁品119182起，特别是查获毒品278起8198.918克，同比分别上升了42.6%、35.2%，创造了历年来最好成绩。三是破案缉逃再创佳绩。坚持“四侦一体”，大打“合成战、科技战、信息战、证据战”，全年破获刑事案件342起，抓获犯罪嫌疑人166名，打掉犯罪团伙12个，抓获812名，破获毒品案件35起。四是线路管控稳中有进。排查治安隐患9230件，清理闲杂人员10678人。大西高铁开通以来实现了零危行、零路外、零滋扰；太兴、韩原、瓦日、黄韩侯提前介入顺利开通；确保了大秦重载3万

吨试验绝对安全。五是内部防范格局理顺。协调路局内部单位成立专职保卫科36个，成立职工联防队650个5178人；办理内保行政案件316起，排查内部安全隐患1577件。坚持依法治消，排查消防隐患8001件，消防行政处罚335起，审核工程33项，提出审验意见150条，为建局以来消防部门审核建设工程项目最多的一年。

（张　健）

附：太原铁路公安局党委书记、副书记、委员名单

书　记：董跃峰

副书记：关六斤

委　员：段建生　马跃进　张文魁　刘来有　贾功耀（9月离职）　朱彦红（9月任职）　刘建兵　张国顺

2014年5月28日，山西省委常委、政法委书记王建明深入太原火车站检查反恐维稳工作。

驻晋部队党委工作概况

省军区党委工作概况

党委书记　张少华

2014年，在北京军区党委和省委、省政府的正确领导下，全区各级认真学习贯彻党的十八大、十八届三中、四中全会和习主席系列重要讲话精神，以强军目标为总纲，牢牢把握稳中求进总基调，紧紧围绕“三重”工作指导和“五强”工作思路，持续用力抓经常打基础，持之以恒改作风正风气，在抓长、常抓中不断推动部队全面建设迈上新台阶、取得新发展。

——官兵高举旗帜、听党指挥的思想根基进一步牢固。坚持把学习贯彻习主席系列重要讲话精神作为重大政治任务贯穿全年，专门下发指导性《意见》作出统筹安排，划分专题狠抓党委中心组和机关理论学习，区分层次普遍轮训全区团以上干部，系统梳理4个方面15个课题展开重大现实问题调研，精选人员组成理论宣讲团深入部队宣讲辅导，在一步一动中推动学习贯彻不断向纵深发展，全区官兵更加坚定了对党中央、习主席的信赖和拥戴。十八届四中全会特别是全军政治工作会议召开后，突出对习主席重要讲话的学习理解，扎实抓好分级分层传达、开展警示教育、问题查纠整改和涉徐才厚信息清理清查等工作，进一步深化了对政治工作生命线地位作用的认识，增强了践行时代主题的使命责任。大同军分区通过邀请军地专家解疑释惑，开设常委及部团主官“大讲堂”，推动了理论武装向基层延伸。扎实开展“牢记强军目标、献身强军实践”主题教育活动，持续培育当代革命军人核心价值观，强军兴军正能量不断汇聚。吕梁军分区先后两次组织“身边的榜样”优秀共产党员事迹报告会，进一步激发了官兵扎根老区、再建新功的热情和动力。高度重视意识形态领域工作，紧盯特殊时期和热点敏感问题进行形势政策宣传，全面加强网络舆情监测，突出抓好重点要害部位人员政治考核，特别是在查处周永康、徐才厚等重大问题上，始终保持鲜明的政治态度和政治立场，坚决用党中央、中央军委声音统一思想和行动。2014年，在方文平被查处、山西发生系统性、塌方式严重腐败等复杂形势下，省军区部队保持了纯洁巩固，经受住了特殊政治考验。

——部队忠实履行使命任务能力得到全面提升。牢固树立战斗力这个唯一的根本的标准，坚持全部心思向打仗聚焦，各项工作向打仗用劲。广泛开展战斗力标准大讨论，突出检讨问题、研机析理、查纠整改，坚决摒弃当“和平官”“和平兵”等麻痹思想，各级聚焦战斗力的意识更加自觉。始终把日常战备摆在战略高度，投入1500余万元升级改造省军区首长机关作战指挥系统，定期组织值班系统演练和突击战备拉动，经常性战备工作落实更趋常态。下力狠抓应急力量和非现役人员警卫执勤规范化建设，研究出台《山西省军区部队应急力量建设规范》《非现役人员警卫执勤规范》《安全稳定工作责任制规范》和《日常基本工作规范》，专题组织召开研讨交流会和非现役人员警卫执勤规范化建设观摩会，深入推进落实，取得丰硕实践成果，总部、军区给予充分肯定。朔州军分区高标准完成试点任务，借势发力推动了部队正规化建设水平全面提高。大力加强部队实战化训练演练，围绕“三个联合”使命课题认真参加军区野战化条件下战役集训，穿越吕梁山、中条山、太行山进行省域战场勘察，带所有部团展开网上指挥研练，扎实推进了综合防卫作战军事斗争准备。进一步端正训风演风考风，把应急维稳处突、手榴弹实投等险难课目作为重点内容真抓实训，认真组织高炮分队实弹射击、冬季适应性训练和司令机关“学研训考评”活动，完成所有现役官兵实弹实投，实战化训练得到有效落实，参加军区参谋比武和新兵训练取得优异成绩。晋中军分区抓机关和部队训练力度大，参加军区军事训练抽考总评第一。全年共出动1.6万人次，成功处置各类突发情况100余起，在用兵练兵中有效履行了使命任务。

——党委班子和干部队伍建设取得明显成效。始终把抓班子、强队伍作为推动部队建设的关键环节，持续在正作风、强素质、树形象上使劲用力。巩固省军区连续七年大抓作风建设成果，扎实开展"强化规矩意识、坚持按章办事"思想风气教育整顿，广大党员干部遵规守纪意识明显增强。运城军分区采取目标思路引领、专项整治强化、用人导向激励、追责问责警示，狠刹歪风邪气，营造了良好的内部环境。聚焦"四风"深入推进党的群众路线教育实践活动，坚持两批活动捆在一起抓，省军区跟进活动进程先后16次召开领导小组会议，组织5个波次检查督导，特别突出以整风精神指导各级开好专题民主生活会和组织生活会，以解决问题为硬尺度组织师旅级党委班子考核，有效确保了活动实效，军区转发了省军区常委分片包干严督实导的做法。目前，不合理用车、超占公勤人员、离退休军职干部不合理住房、超面积办公用房已清理整改完毕，作风建设方面一些突出问题得到有效解决，取得重要阶段性成果。长治军分区圆满完成军区赋予的军分区系统教育实践活动试点任务，经验做法在军区部队推广。坚持正确选人用人导向，严格执行干部使用"九步法"、"六个条件"、全委会推荐后备干部、机关与部队提拔师职干部交替使用等措施，积极稳妥对6个师级、76个团级班子进行调整，持续加大具体帮带指导力度，党委班子和干部队伍组织基础进一步夯实。预备役高炮旅注重用"四个坚持"重要法宝提升班子建设质量，军区首长参加指导专题民主生活会，给予高度评价。认真落实党风廉政建设党委主体责任和纪委监督责任，高标准迎接军委巡视"回访"，从严抓好巡视、审计等移交问题整改，严肃查处有关违规违纪问题，给予13名干部战士党纪军纪处分，对3名领导干部诫勉谈话，促进了部队风气持续向上向好。从2014年底考核班子情况看，师旅级班子比较整齐，核心领导作用发挥明显，领导干部精神状态昂扬振奋。

——基层全面发展基础更加扎实牢固。继续把以部团为重点的基层建设从工作全局中突出出来，在固强补弱、深化提高中不断推动整体建设水平上质量上层次。适应强军目标要求，系统梳理总结近年来抓建部团的成功经验，修订完善《进一步加强新形势下人武部、预备役团建设的意见及等级考评办法》，抓建部团的基本遵循更加科学、符合实际。突出狠抓部团党委班子和现役干部、专武干部、职工"三支队伍"，大力推进强能建设，分期分批分专业组织新任部团主官、师团纪委书记、后勤部长、参谋骨干和政工干部等各类集训14期，加大岗位练兵、交叉任职、送学培训力度，多措并举促进了各类人员能力素质提升。预备役83师组织团营连三级党委（支部）书记集训，交流经验、规范程序，有力提高了基层书记队伍的抓建能力。持续拓展深化部团建设成果，以完善设施、拓展功能、浓厚氛围、强化管理为重点规范部团基础设施和日常养成，以教育管理、训练落实为重点狠抓直属连队、民兵装备仓库和干休所等小散远直单位建设，部队发展基础进一步夯实。晋城军分区组织召开民兵政治工作创新研讨会，在研究破解新形势下民兵政治工作重难点问题上做出了有益探索。不断加大帮带指导力度，在军区考察帮建基础上，省军区重点考察帮建18个部团，常委带工作组先后5次下部队，深入145个基层单位调研指导，投入2250余万元解决部队取暖用电、看病就医、公寓住房等实际困难，率先在全国出台《军人随军家属就业安置实施细则》，协调解决224名军人子女享受中高考加分优待和53起官兵家庭涉法问题，推动部队整体建设水平有了新的跃升。2014年底，上下结合严密组织部团考评，全区一类部团达到60%。

——国防动员和后备力量建设迈出新的步伐。在巩固深化"十纳入十统一"、"九位一体"、"一训双促"、国防教育"山西模式"等成果的基础上，研究确定把服务助推山西经济社会建设，作为贯彻习主席重要指示、推进军民融合深度发展的重大战略举措，专题召开省委议军会审议通过《关于贯彻军民融合深度发展战略，组织国防后备力量积极参加转型综改试验区建设的意见》，明确十个切入点，层层动员部署，全面深化推进，在全省掀起参建新热潮。持续深化党管武装，"八一"组织全省党管武装工作述职，量化细化讲评重点指标，深入研究聚焦强军目标推进党管武装工作创新发展问题。忻州军分区坚持跟进形势创特色，以"双十双百"活动为抓手，探索了具有驻地特色的军民融合扶贫帮困新路子。着眼强化国动委成员单位责任意识，严密组织专业办公室及成员单位领导集训，出台规范性文件明确职责任务，国防动员军地联合机制进一步健全顺畅。积极适应市场经济发展需要，按照"四有"要求调整新建民兵分队164支、基层营连1400余个，民兵组织调整改革成果不断深化。阳泉军分区充分发挥地方专业力量和人才技术集中的优势，择优确定编组单位，军兵种保障分队组建任务得到较好落实。2014年，省军区投入80万元对口帮建吕梁兴县3个扶贫点，机关干部分别与三个国家级贫困县166名贫困生结成帮扶对子。全区共组织官兵1.5万余人次，新建"国防林""爱民林"28个，清理垃圾渣土5万余吨、河道40余公里；帮建农村支部144个，投入272.64万元帮扶贫困学校86所、贫困生2100余名，救助在乡复退伤残老军人、军烈属等困难家庭1581户，受到社会和人民群众好评。

——全区继续保持安全平稳的良好态势。针对大事多、任务重、稳定压力大的实际，牢固确立"安全工作无止境，天天都是零起点"理念，持续强化安全意识，细化压实安全责任，扎实开展"学法规、用法规、守法规"活动和作风纪律教育整顿，常年派出两个督查组实施不间断检查督导，有力促进了安全工作末端落实。坚持新官理旧账，经过几年持续用力，原红星制药厂职工等历史遗留问题得到妥善解决，有效消除了不安全不稳定因素。太原警备区主动作为、攻坚克难，在稳妥推进土地转让、外售楼房等问题整改上取得明显成效。坚决贯彻军委、总部和军区决策指示，深刻汲取军内重特大事故教训，及时对应急枪弹管理、重要目标警卫、私家车管控和信息安全保密作出具体规范，在全区范围专题部署开展“个人存放枪弹清查收缴”、“武器装备仓库清查整顿”活动，常委领导带头分工包干，逐家逐户上门做工作，先后组织4个回合专项整治和8次专项督导检查，共收缴民兵废旧武器6865支、弹药24万发；近20年首次完成对17万支长封武器开箱核对、拍照存档，集中销毁个人私存枪支204支、弹药9.3万发，安全调运报废弹药627吨，运输日遗化武235枚，多次迎接总部、军区专项检查安全圆满。

——后装综合服务保障水平不断提高。坚持财力物力保障向能打胜仗聚焦，共投入9140万元用于军事训练、配套设施建设和改善官兵生活。严格落实党委理财，突出大项工程、经费预决算、领导干部离任经济责任和政府专项经费审计管控，共审减不合理预算1602.68万元、不合理工程项目费用758.46万元，团以上单位行政消耗性开支减少1625.04万元、公务接待费减少775.36万元。深化拓展后勤清理整治和改革成果，强力推进公务用车、财务管理、不合理住房专项治理“回头看”活动，扎实做好基本建设项目和房地产资源普查，顺利完成工资津贴调整发放工作。总部在临汾军分区召开全军医疗保障社会化试点观摩现场会，“临汾模式”在全军推广。紧紧围绕装备“两成两力”建设核心要求，完成对683台装备车辆、168门高炮保养检修，申请配装1300余件套，武器装备配套率完好率大幅提升。

——部队其他各项工作成效显著。新闻报道在省级以上报刊杂志刊稿2918篇（条），其中中央电视台新闻联播4条；机要和保密档案工作连续42年安全保密无事故；老干部移交连续5年超额完成军区下达任务，计划生育连续15年无超生；圆满完成15950名新兵征集、50余万名学生军训和323名国防生招收分配任务；干部转业、史料编纂、绿化美化、军史馆建设等工作都取得较好成绩。

（杜占甫）

附：省军区党委第一书记、书记、副书记、常委名单

第一书记： 袁纯清（9月离职） 王儒林（9月任职）

书　　记： 张少华

副 书 记： 冷杰松

常　　委： 贠自博　喻　军　吴国志　李　竞（12月离职）　徐建勇（12月任职）　谢新宁

武警山西省总队党委工作概况

党委书记　刘振所

2014年，总队党委紧跟全党全军和武警部队发展大势，坚持把“抓班子、抓安全，保中心”作为工作重点，团结带领广大官兵，凝神聚力打基础，持之以恒正作风，有条不紊抓落实，部队建设在“稳中求强、全面过硬”征程中，呈现出稳中有进、稳中提质、稳中向好的良好态势。

一、思想政治建设坚强有力

深入抓好习近平主席系列重要讲话精神、全军和武警部队政治工作会议精神的学习贯彻，严密组织193名团以上干部集中轮训，广泛开展“中国梦、强军梦、我的梦”系列活动，深入开展经常性基础性政治工作大调研，组织召开政治工作座谈会，按照“五得”“四教”要求狠抓主题教育，激发强军兴军的强大正能量。突出先进军事文化建设，投资千余万元、历时两年，建成覆盖基层所有中队、惠及基层官兵的政工一体化平台，积极开展“野战文化轻骑兵”基层行，全面启动“先进文化警地联建联谊联创”活动。注重打好意识形态领域主动仗，切实加强网络舆情监控，努力抓好任务中政治工作，扎实推进心理疏导、法律服务、信访及群众工作，过细做好经常性思想工作，按照机制抓预防。确保官兵绝对忠诚、绝对纯洁、绝对可靠。

二、中心任务完成圆满

狠抓正规化执勤，坚持每周实地查勤、定期讲评通报，扎实开展执勤隐患“六查”活动，强力推动AB门建设，已上勤81处，成功处置目标险情39起，实现连续17年执勤无事故。吕梁市支队临县中队被武警部队表彰为“十大执勤标兵中队”。以日常战备为重点，以能力评估为牵引，规范战备值班和应急处置，优化指挥机构和兵力编成，常态化战备水平有新的提高。坚持把直升机大队建设作为重点，围绕班子思想作风和部队配套设施建设加强指导，针对工作运行模式和官兵福利待遇专门研究，形成宏观和具体2个层面4个规范性意见，以飞行训练为中心的各项建设得到加强，实现安全飞行目标。精心指导“两规”勤务，强力督导“护城河”卡点执勤、城市武装巡逻、赴疆反恐轮战，任务完成圆满。全年，累计出动兵力66000余人次，圆满完成排爆、救援、解救人质以及山林灭火等临时任务650余起，有效履行职责使命。

三、部队实现安全稳定

认真贯彻武警部队依法从严治警集训精神，召开“规范日常工作生活秩序”现场会，组织3个波次学习观摩，扎实开展太原片区部队正规化管理评比活动，加强警备纠察检查，官兵行为养成日趋规范。突出防范重大安全问题，研究制定《安全防范工作责任体系规范》，创建“八安七问”工作运行模式，坚持每月讲评部署安全工作，9次组织案例警示教育和内部关系教育整顿，深入开展“百日安全无事故”竞赛活动，围绕“十个不发生”组织7次安全大检查，消除安全隐患289个，清退不合格兵员66名，确保部队内部集中统一和安全稳定。

四、基层建设不断加强

结合新增编12个大队的实际，研究出台并认真贯彻《关于加强大队“前沿指挥所”建设的指导意见》，理顺四级抓建机制。坚持能级抓建、科学帮建、按纲自建，持续推行经常性工作“画圈”分解运行模式和“小滚动、大闭合、压茬式”考评帮建模式，促进了经常性基础性工作末端落实，提升了基层建设质量。安排团以上领导和机关干部154人次蹲连住班、下连当兵，分3期组织736名基层三级主官《纲要》培训，扎实开展党支部班子岗位练兵活动，提高“一线指挥部”科学指导和“一线带兵人”按纲建队的能力。以筹备基层建设经验交流暨表彰大会为牵引，挖掘经验，培树典型，端正导向，激发基层官兵立足本职岗位建功立业的热情。

五、综合保障效益较大提高

认真贯彻武警部队后勤工作“四个会议”精神，进一步深化后勤“一组五队”战备体系建设，完善各类战备物资储备，应急保障能力在遂行任务中得到检验。研究制定《机关公务活动实施细则》《进一步加强经费资产管理实施意见》等措施办法，总队和各地市支队的保障经费全部纳入地方预算，军人保障卡全面应用，后勤法治化建设取得实质性进展。深入开展财务管理专项检查、财务审计业务评审和银行账户资金清理整顿，坚决取消各类福利性补贴补助，大幅压减行政消耗性经费、维持性经费和接待经费支出，提高军事经济保障效益。完成直升机大队的工程交接，“景怡花园”经济适用房搬迁入住，官兵工作生活条件不断改善。

六、党的建设科学化水平明显提升

注重强化组织功能，按照总队、支队、大队、中队四级体系把党组织配强建强，坚持用总队党委的指导意见统领支队级党委班子建设；突出纠“四风”转作风，坚持把第一批和第二批教育实践活动作为一个整体来抓，下大力解决“三清五超”、信访积案、老干部移交和转业干部安置等难点问题，研究制定事关部队全局性、根本性工作的9项规章制度和措施办法，形成抓作风促工作、抓工作强作风的良好态势；严密组织考察帮建，按照“一个思路抓全年、一班人马抓全程、一鼓作气抓到底”的办法，突出治弱帮新，全年集中组织3次考察帮建，加强常态督导检查，有效提升支队级党委班子建设水平；牢牢把握用人导向，按照军队好干部“五条标准”，坚持德才兼备、以德为先，注重工作实绩和群众公论，综合运用考评结果，公平公正用好干部，进一步端正用人导向；着力抓好自身建设，带头落实中心组学习制度不动摇，用党的创新理论武装头脑、改造思想；带头维护集体领导权威不武断，用民主集中制原则规范党内生活、理顺工作关系；带头过好双重组织生活不躲避，用廉洁从政规定修养官德、塑造形象，较好地发挥核心领导作用。

回顾2014年的工作实践，主要启示有：最根本的是，必须保持政治上的清醒坚定。深入学习贯彻习近平主席系列重要讲话精神，深刻领悟其中蕴含的战略、谋略、胆略，彰显的信仰、信念、信心，展现的魄力、毅力、定力，为推动部队建设持续稳步发展提供了根本遵循。实践证明，只有对习近平主席系列重要讲话精神深学细照笃行，才能确保部队建设方向不偏离，确保官兵绝对忠诚可靠，确保部队坚决听党指挥。最核心的是，必须坚持用强军目标引领各项建设。目标昭示方向，目标引领发展。各级始终聚焦强军目标，高起点谋划、高标准推进、高质量落实，用强军目标赋予了总队“稳中求强、全面过硬”新的时代内涵，使总队现代化建设方向更加明确，脚步更加铿锵有力。实践证明，只有坚持强军目标引领，才能把准总队现代化建设的聚焦点和着力点，不断开创部队建设的新局面。最重要的是，必须坚持在接续用力中行稳致远。深刻把握部队建设阶段性特征，不定新目标，不提新口号，按照既定思路持续抓建设，保持工作连续性，特别是沉着应对困难和挑战，善于借势发力，敢于攻坚克难。实践证明，只有始终保持思想定力、稳住心神，不等待观望，不急躁冒进，把自己的事情办好，把当下的工作抓好，才能持续推动部队建设上质量上水平。最基本的是，必须坚持锲而不舍抓经常打基础。始终紧盯管根本、蓄底气、利长远的经常性基础性源头性工作，步步为营、徐徐图进，特别是在培育官兵精气神、厚实部队建设底蕴上绵绵用力，久久为功，基层基础更加稳固。实践证明，只有始终坚持重心向下，扎实抓好固本培元的基础工程，才能高标准高质量实现“两个确保”。最关键的是，必须坚持党委班子的原则性战斗性。突出两级党委班子的“龙头”地位，用事业凝聚集体的力量，用原则统一集体的意志，用问题解决成效考量党性、检验能力。实践证明，只有不断增强党委班子原则性战斗性，担当使命，攻坚克难，才能更好地带动部队建设全面发展、全面进步。

（武月兴）

附：武警山西省总队党委第一书记、书记、副书记、常委名单

第一书记：刘　杰（副省长、山西省公安厅厅长兼总队第一政治委员）

书　　记：刘振所

副 书 记：仲　轩

常　　委：（按姓氏笔画排序）

王树海　张喜文　杨建国(9月离职)
李汉中(9月任职)　李善勇　侯德祺
夏家亮　穆瑞国

省公安消防总队党委工作概况

党委书记　陈子浩

2014年,山西省各级各部门认真落实国务院和省政府关于加强消防工作的一系列决策部署,强化消防工作责任制落实,扎实做好火灾防控工作,有效保持了全省火灾形势持续平稳,实现了连续31年未发生重特大火灾。2014年,全省共发生火灾7384起,死亡35人,受伤37人,直接经济损失8122.6万元。

消防安全责任不断落实。省委、省政府先后召开10余次部署消防工作,解决重大消防安全问题,特别是在迎接国务院对省政府消防工作考核中,李小鹏省长、张建欣副省长、刘杰副省长等领导多次就做好迎考工作作出批示指示,省领导还多次召开协调会进行安排,确保了各项迎考任务圆满完成,在国务院综合考评中被评为"良好"等次。同时,针对国务院考核组提出的问题,省政府专门组织从8月11日至15日对除太原之外的10个地级市政府进行了消防工作考核。张建欣、刘杰等省领导多次带队深入城中村和社会单位,检查指导消防隐患整治工作,推动消防安全责任在基层落到实处。省消防安全领导小组19个成员单位及26个重点行业联合开展了为期3个月的消防安全排查整治活动,各行业部门对本行业存在的火灾隐患主动排查、积极整治,落实专项资金、政策扶持等措施,及时消除火灾隐患。消防部门建立扩展曝光消防安全不良行为信息渠道,每季度以函告的形式将公布的消防安全不良行为信息通告省工信、住建、安监、工商、银监、保监等部门。全省564个镇、632个乡、202个街道办事处全部纳入社会综合治理平台,网格化建设达标率超过82%;全省9411家消防安全重点单位中已有98.2%的单位实现了"户籍化"网上管理。此外,针对山西省"古建筑、隧道、人员密集场所、居民建筑"等四个火灾高发场所的特点,省公安厅、消防总队与山西大学联合开展火灾"四高"场所防控机制研究,为火灾防控提供理论支撑。

火灾隐患整治不断深入。按照省政府统一部署,在全省开了为期5个月的重大火灾隐患集中整治工作,排查出重大火灾隐患268处,区域性火灾隐患34处,督促整改销案240处,解决了一批突出消防安全问题。针对火灾多发时段和环节,先后开展了今冬明春"清剿火患"战役、春季消防安全大检查、公路隧道和危险化学品专项整治、消防安全"打非治违"专项行动、住宅小区内餐饮等经营场所专项整治和劳动密集型企业消防专项治理等大型专项行动,共出动人员165725人次,检查单位79259家,督促整改火灾隐患89358处,临时查封单位927家,责令"三停"单位1432家,行政拘留441人。以太原六大主城区为试点,开展城中村消防安全专项整治,重点整治市政消火栓和消防水源不完好有效、消防通道狭窄、电器线路乱拉乱接、建筑耐火等级低、防火间距不足等问题,取得了初步成效。

消防管理创新不断推进。全面推行建设工程消防设计审核技术审查与行政审批分离制度,明确取消工程验收及营业前检查审批时对消防产品送检的前置条件。全省建设工程消防设计审核、验收等消防业务全部实现网上预办理,消防便民服务在线平台收到群众咨询求助761件,回复率100%;业务办理6216件,办结率99.8%,群众满意度达99.5%。在2472家消防控制室和1508个公安派出所开展消防工作达标创建活动,全面规范消防控制室和公安派出所消防管理,提升了基层消防工作管理活力和水平。

基层基础建设不断加强。2014年全省共投入基建资金2.6亿元,完成13个消防站的手续办理,8个消防站开工建设,11个消防站主体完工,12个消防站投入使用。同时,根据公安部的统一部署,将2014年作为"土地房屋专项治理攻坚年",全省新办土地证14宗,面积74760平方米,办证进度比例79%;新办公共用房房产证64栋,面积104108平方米,办证进度比例64%。

应急救援能力不断增强。适应实战化训练改革要求,山西省积极探索训练实战化、战区网格化、指挥智能化"三化"建设,并在晋中确定试点召开现场会进行了经验推广,创新推出了"8+8+8"体能训练模式和技战术训练模式,着力培养灭火救援执勤备战"活器材、活水源、活地图",针对化工单位、人员密集、易燃易爆场所、高层建筑和地震5类灾害事故开展了7次全省跨区域综合实战演练,开展支队级演练101次,大队级演练357次,中队级演练6420次。同时,针对易发、多发灾害事故特点,组织开展了文物古建筑、重点单位建筑消防设施调查熟悉、隧道消防安全调查熟悉、纵深内攻和紧急避险"四个专项行动"。共对763家文物古建筑、289处高速隧道进行了摸底排查,提升了部队内攻作战、紧急避险和快速救助能力。2014年,全省共接警14355起,出动14861次(含增援),出动消防车28162辆次,消防人员159536人次,抢救被困人员3875人,疏散人员23282人,抢救财产价值45165.29万元。

消防宣传能力不断提升。联合省文明办、省教育厅、民政厅、文化厅、省广电局、团省委及部门集中开展了以逃生自救为主要内容的消防宣传教育活动,组建了全省首支消防宣传"微联盟",开展了首届消防微电影评选,重点针对养老院、幼儿园、中小学校等消防弱势群体,开展了"九九"消防平安专项行动和为期100天的暑期消防安全宣传教育活动，并在全省组织“清剿火患·平安三晋”消防志愿者行动，发动全省20余万名志愿者开展消防服务。消防总队抽调专业技术干部与省电视台组建媒体暗访组，深入20余处政府挂牌督办的重大火灾隐患单位暗访曝光，并以太原市20余家“城中村”为对象，拍摄制作《“城中村”消防乱象》专题片，引起了较大反响。

（张静琼）

附：省公安消防总队党委书记、副书记、委员名单

书　记：陈子浩

副书记：孟应新

委　员：赵　鹏（2月离职）　王建平（1月离职）　刘振山　李俊丰　李红斌　胡海生　唐国忠　王　政

消防队员翻山越岭救援被毒蛇咬伤的群众

高等院校党委工作概况

山西大学党委工作概况

党委书记　师　帅

2014年，在省委、省政府的正确领导下，在高校工委、教育厅的直接领导下，校党委带领全校师生员工，坚定方向、保持定力，深化改革、狠抓落实，统筹兼顾、突出重点，充分发挥领导核心作用，努力办好人民满意的教育，为推动全省转型跨越发展、加快实现全面建成小康社会目标提供人才保障和智力支撑。

一、学习贯彻习近平总书记系列重要讲话精神不断深入

把学习贯彻习近平总书记系列重要讲话精神作为首要政治任务，修订《中共山西大学委员会中心组学习制度》，充分发挥中心组的示范带动作用，深入推进学习型组织建设，推进以党委中心组、处级干部、思政课教师、支部书记、辅导员为主的五个学习型组织建设示范点。邀请中国人民大学杨德山教授，中国社会科学院辛向阳教授等举办9次全校集中专题辅导。坚持学以致用、学用相长，注重把学习的收获转化成推动工作的动力，融入到干事创业的实践中。通过学习，广大党员干部的思想得到了新的解放，对建设有特色高水平研究型大学的基本规律有了更深刻的把握，形成了人心思进的良好发展势头。

二、党的群众路线教育实践整改落实活动取得明显成果

校党委坚持做到“四个贯穿始终”，教育实践活动取得明显实效。一是广大党员干部的党性修养和群众观念不断增强。二是“四风”问题整改工作取得明显成效。三是科学发展办学思路更加清晰，科学发展的信心更加坚决。四是贯彻群众路线的自觉性不断提高。五是人才队伍建设取得重大突破，科研创新力和竞争力大幅提升，科研经费再创新高，学校核心竞争力得到全面提高。

学校根据活动方案，进一步明确整改任务，扎实推进整改落实。42项整改任务分解到领导班子成员和相关职能部门，明确责任，细化措施，取得了明显成效。截止2014年年底，整改任务中的33项已经完成，8项正在完成，1项由于新校区建设尚未开工启动没有完成。

三、学习讨论落实活动有序开展

一是突出学习重点。坚持把学习贯彻习近平总书记系列重要讲话精神再理解、再深入、再提高。深入学习王儒林书记在全省学习讨论落实活动动员大会上的讲话，提高思想认识，增强责任感。二是注重学习效果。举办3场学习讨论落实活动系列报告会，组织观看山西腐败案件警示教育片和专题片，结合高教系统实际，组织学习高校腐败案等警示案例，大力宣传焦裕禄、于成龙的事迹，传播廉政文化。三是认真开展讨论。学校各级党委紧紧围绕净化政治生态，召开3次专题学习讨论会议。结合中央对山西工作的重要指示，深入讨论开展本次活动的重大意义；结合省委提出的新目标，重点讨论存在问题的主要原因、严重危害和治本之策；结合学校各级党组织履行“两个责任”情况，讨论党员领导干部在执行党规党纪、廉洁自律方面存在的问题、原因及对策；结合高等教育发展趋势和一省一校建设，深入讨论制约学校发展的主要障碍和对策建议。

四、"三件大事"稳步推进

编制了"一省一校"项目资金规划，制定了建设项目论证方案和建设项目实施方案，出台了《山西大学提升综合实力建设项目管理办法》。新校区建设，全面落实建设项目所涉及的方案、手续等，完成征地清表工作。全面推进新校区建设的环评、设计等相关工作，完成新校区总体规划设计方案征集。实现了太原电力高等专科学校整体并入。学校提前谋划，主动作为，并入工作平稳有序。通过并校，学科结构进一步优化，学科综合优势更加突出。

五、党建工作科学化水平持续提升

深入开展"基层组织提升年"活动。围绕省高校工委提出的"六抓六促"推动实现"六个提升"活动目标的部署，通过强化理论建设、推进"三型"党组织建设、夯实干部队伍建设、抓好党员队伍建设、创新机制体制建设等，凝炼党建品牌，提升服务能力。召开了2014年度基层党组织书记抓党建述职考评大会，13位分党委书记和党总支书记结合本单位的基层党建工作，就个人履行书记抓党建职责的情况进行了述职。邀请专家作发展党员工作细则学习辅导报告；举办入党积极分子培训班3期，培训入党积极分子1844人，发展党员959人；落实党内帮扶机制，对老党员、生活困难党员进行慰问；推进党建信息管理平台建设。

六、干部和人才队伍建设成效显著

严格强化干部管理。根据《党政领导干部选拔任用工作条例》的规定，对任职试用期满一年的15名中层正职领导干部、18名中层副职领导干部进行了试用期考核。做好领导干部报告个人有关事项工作，完善领导干部个人有关事项报告数据库。认真开展专项清理工作。在全校范围开展借用人员专项清理工作，对领导干部参加社会化培训进行清理整顿，对党政领导干部在企业兼职(任职)情况进行清理规范。完成干部人事档案专项清理工作和超职数配备干部情况自查。大力实施"人才强校"战略。做好第八批"百人计划"高层次人才引进工作，遴选上报21名海内外高层次人才参选山西省"百人计划"。做好对中央、省委联系的高级专家情况的调整登记，完善高层次人才出国(境)管理，为高层次人才提供优质服务。

七、党风廉政建设新格局正在形成

认真落实党委主体责任。制定出台《关于落实党风廉政建设党委主体责任的实施办法（试行)》《关于落实党风廉政建设纪委监督责任的实施办法(试行)》。把党风廉政建设列入重要议事日程，对重要的信访件、群众反映强烈的问题及时研究、及时处置。转职能、转方式、转作风，开展了"发展教育事业中损害群众利益行为"专项整治、"工作秩序涣散、纪律松弛"专项整治和"小金库"专项治理等。加强纪检监察队伍建设。解决好"灯下黑"问题，对违纪违法现象零容忍。规范监督程序，进一步厘清责任，细化流程，明确任务，积极推进监督工作的制度化、规范化建设。

八、大学生思想政治工作不断深化

培育和践行社会主义核心价值观，强化学生思想引领。开展学风学纪活动月，培养学生优良学风学纪和道德品质。推进学生宿舍区域文化建设，发挥"君宇网"的作用，不断提升《山西大学研究生》办刊质量，积极占领网络意识形态新阵地，入选教育部高校新媒体联盟单位。

开展弘扬社会主义核心价值观主题活动，"基层团支部职能建设和活力提升"项目获团中央创新试点优秀项目，参加团中央主办的核心价值观主题教育培训，继续开展专题讲座、"渊智"论坛、辩论赛、技能大赛和"一院一品"活动，以"一杯两赛"为抓手，强化科技创新创业教育，2014年"创青春"全国大学生创业大赛获1项银奖，4项铜奖。

拓宽社会奖助渠道，加大对家庭经济困难学生的帮扶力度，2014年共争取到社会奖助学金177万余元。完善四级心理健康教育与危机防护网络体系，对7432名新生进行心理健康普查，加强对少数民族学生学业上的"一对一"帮扶。

九、和谐校园建设成果显著

凝练特色亮点，认真开展文明创建。顺利通过第四届全国文明单位的验收，获省级文明单位标兵。申报校史馆、姚奠中艺术馆和国学大讲堂三个文化品牌。率先在全省高校启动"社会主义核心价值观进校园"活动，在《光明日报》等国家期刊发表《山西大学：要让价值观像雨露一样滋润百年学府》《铸造大学生命之魂》等。

凝聚党外力量，继续做好统战工作。通过"统一战线大讲堂"等平台，加强党外知识分子的思想政治教育。做好党外代表人士队伍"人才数据库"。协助各民主党派加强基层组织建设，修订和完善统战工作相关制度。发挥党外知识分子学科专业优势，积极开展服务地方经济建设和建言献策工作。

以大安全观为统领，强化校园安全稳定管理。召开8次安全稳定专题会议，开展《高校稳定与校园安全》专题讲座。认真做好维稳安保工作，确保CUBA大学生篮球联赛等重大活动顺利圆满。维护校园治安，确保消防安全，创新交通管理举措，实施教学区与家属区车辆隔离管理。

加强离退休党组织建设，充分发挥其组织老同志、凝聚老同志、服务老同志的战斗堡垒作用。落实好离退休人员的各项待遇，建立老干部图书分馆和山西大学虚拟养老院。

完善制度和措施，深化职工民主管理。制定《山西大学教职工代表大会工作规程(修订稿)》，加强对二级教代会的督促和指导。加强慰问和帮扶工作，认真组织好对教职工的体检工作。加强工会理论研究，荣获省教科文体工会理论研究一等奖。

以军工保密资格为重点，抓好保密工作。重视保密工作宣传教育，邀请专家作《新时期网络信息安全问题》专题辅导，创建保密在线专题网站。圆满完成省军工保密资格现场审查组验收，顺利通过二级军工保密资格审查认证。

（徐冠华）

附：山西大学党委书记、副书记、委员名单

书　记：师　帅

副书记：贾锁堂　张汉静　李忠人（3月离职）　李思殿（6月任职）　鲍善冰（6月任职）

委　员：赵怀洲　党志峰（4月离职）　丁耀武　王世杰

太原理工大学党委工作概况

党委书记　吴俊清

2014年，太原理工大学党委在党的十八大精神指引下，在省委、省政府的正确领导下，深入贯彻落实党的十八届三中、四中全会和习近平总书记系列重要讲话精神，深刻领会省委在全省开展学习讨论落实活动的重大意义，坚决拥护和落实党中央关于山西工作的重要指示要求，紧紧围绕“重返国家队、再铸新辉煌、建设山西领军高校”发展目标，坚持民主集中制原则，加强自身建设，发挥集体智慧，勤政廉洁，务实作为，推动学校各项事业取得了新的发展和进步。学校主要工作和任务全面完成：

一、学校主要工作和任务全面完成

（一）加强制度建设，完善决策机制，提高班子建设水平

学校召开三届四次教代会审议通过《太原理工大学章程》，已获山西省教育厅核准发布，标志着学校在建立健全现代大学制度方面迈出了坚实步伐。同时用章程形式，以法制渠道，深入贯彻落实党委领导下的校长负责制；通过修订完善《党委常委会议事规则》《党委全委会议事规则》《校长办公会议议事规则》《基层学院党政联席会议议事规则》等，用制度巩固完善顶层决策机制、执行体系和监督体系，提高了班子科学决策能力、组织领导能力和管理协调能力；围绕“严格党内生活，严守党的纪律，深化作风建设”主题，通过严肃认真、坦诚有序的2014年度校级领导班子民主生活会，切实增强了党内政治生活的政治性、原则性和战斗性，取得了一系列新的认识成果和实践成果，达到了领导班子间统一思想、增进团结的目的，确保校级班子形成合力，党委决策令行禁止，政治核心坚强有力。

（二）巩固扩大群众路线教育实践活动成果丰硕，民生工程落到实处

2014年，校级领导班子及成员始终忠实践行群众路线，不断巩固和扩大活动成果。领导班子整改方案中的27项任务，已推动完成19项，剩余8项正在推动整改中；专项整治方案21项任务2014年9月20日前全部整改完成；制度建设计划完成49项。

学校党委以教育实践活动整改落实为抓手，牢固树立以人为本理念，深入聚焦师生关注的重点、难点、热点问题，大力推进民生建设，切实维护教职工根本利益。群众路线教育实践活动中查摆出的民生问题均已得到整改落实：西区新建住宅业已开工，南区新建住宅楼业已交付使用，西区高层住宅房产证办理正有序推进，新校区教职工午休场所问题已解决，新老校区食堂都开设了教工餐窗口和固定就餐点等。2014年，学校投资548万元对万柏林校区庭院进行了改造绿化、美化，教职工生活环境进一步改善；投资近40万元，增装网络高清摄像头，提高技防水平，筹措300万元专项资金修缮学校部分重点消防设施，有效构筑起了安全防范屏障，确保了校园安全与稳定。

（三）认真组织学习中央省委新精神新要求，“学习讨论落实”活动扎实推进

校党委高度重视“学习讨论落实”活动，于2014年12月3日第一时间召开干部大会，并成立活动办公室，明确工作职责，出台《太原理工大学深入开展学习讨论落实活动实施方案》《关于“学习讨论落实”活动集中学习的安排意见》，对活动进行有力动员和周密部署，并就学习的重点内容、方式及要求等做出明确规定。12月11日召开全校干部教师大会，传达贯彻省委十届六次全会会议精神、省管主要领导干部学习讨论落实活动研讨班内容精神。13日邀请中央纪委法规室副主任谭焕民作专题报告。15日至18日组织全校党员干部收看电视专题片《作风建设永远在路上—落实中央八项规定精神正风肃纪纪实》，党员干部反响很大。

活动中，广大党员干部，特别是各位校领导，按照要求，联系自身实际，切实把自身摆进去，广泛听取师生群众的意见建议，进行深刻反思讨论，形成了高质量的反思剖析报告，为确保活动取得实实在在的成效打下了良好基础，更为学校下一步发展指明了方向。

（四）学校党的建设稳步推进，基层党建投入持续加大

年初党委召开党建工作会议，确立了年度学校党建工作基本思路：认真落实书记抓党建的主体责任，以基层组织提升年活动为抓手，把学校党建做“细”、做“实”，拓展理工大学从严治党新格局，形成学校党风廉政建设新常态。设立了基层党建工作专项经费，为每个学院党委下拨党建经费50000元，共计110万元，为基层党委下拨党费共计206584.3元，为基层支部下拨报刊杂志费共计68000元。

（五）招才引智成绩喜人，素质教育喜结硕果

校党委高度重视人才工作。2014年，学校先后引进海内外优秀青年博士人才122名；引进具有院士荣誉的特聘教授

3名、山西省"百人计划"特聘专家20名，目前具有院士荣誉的特聘教授14名、省"百人计划"专家56名，均居全省高校榜首。同时，校党委继续高度重视大学生思想政治工作，进一步加强学生素质教育，深入实施"生涯导航计划"。2014年各类竞赛共获得国家级、省级奖652项；全年师生累计10621人次参与学术科技活动，参与人数、获奖数量及层次均创历史最高水平。校男篮成为CUBA和CUBS年度双料亚军。"清泽心雨"网站再次被评为"全国高校百佳网站"。

（六）精神文明建设成绩喜人，宣传工作有声有色

2014年，学校通过了"全国文明单位"复查验收，并获得"山西省文明单位标兵"、"高校文明单位标兵"荣誉称号；《人民日报》《光明日报》《中国教育报》等国家级主流媒体和山西日报、山西电视台等各级各类媒体报道学校发展建设的消息、通讯、专题、专访等达到140余篇次；学校多年被山西高等教育学会评为"先进通讯单位"，连续四年新闻稿件采用量居全省高校第一。

（七）安全稳定齐抓共管，综合治理工作层层落实

校党委始终高度重视安全稳定工作，校党政领导多次召开会议对全年不同时期的敏感、热点问题进行专题分析和研究，经常深入基层进行调研，认真摸查宗教信仰、民情社情等基本情况。2014年来未发生任何群体以及上访事件。同时，年初召开综合治理工作专题会议，各级领导层层签订安全工作责任书，认真执行"谁主管谁负责"原则和贯彻各级领导"一岗双责"责任制，校园安全防范管理体系得到了进一步加强。全校2014年未发生重特大案件、突发公共事件，无火灾事故，无非正常死亡。

（八）高度重视统战工作，民主党派业绩突出

校党委坚持每年召开两次学校工作情况通报会，由校党委书记向民主党派负责人、无党派人士代表、人大代表、政协委员等通报学校的建设发展情况。民盟太原理工大学委员会以出色的业绩，分别被盟中央和民盟山西省委授予"先进基层组织"称号。农工太原理工大学支部获得农工省委"先进基层组织"称号。

（九）工会工作全面活跃，共青团工作有序推进

近年来，校工会团结带领学校各级工会组织和广大工会干部，围绕中心、服务大局，全面履行工会组织的各项职能，大力加强自身建设，广泛开展各项活动，工会工作呈现出整体推进、全面活跃的良好态势。

共青团在带领团员青年肩负使命，勇担重任。由中国扶贫基金会组织的第七期"善行100·温暖行动"爱心包裹劝募活动，学校青年志愿者利用7个周末的时间，为贫困地区儿童筹集善款80.6500万元，一举夺得全国第一的好成绩。学校"螺丝钉之家"获得首届中国青年志愿服务项目大赛银奖。

二、党风廉政建设和反腐败工作取得新成效

一是思想建设不断加强。通过廉政教育和学习培训，校院两级领导班子从思想上改变了过去认为党风廉政建设事归纪委的错误认识，主动督促推动本单位党员领导干部全面履行"一岗双责"，切实把"两个责任"落到实处，学校各级干部反腐倡廉建设的责任感和紧迫感得到进一步增强。

二是领导体制日益健全。按照"六权治本"要求，调整班子成员分工，党政"一把手"不再分管组织、人事、财务工作。同时，学校相关部门将党委主体责任融入各自工作，做到各司其职、各负其责。各级党组织既主动履行党风廉政建设责任制，又促进各基层单位和职能部门的责任落实。反腐倡廉建设呈现出重点突出、整体推进、协调配合、全面发展的良好局面。

三是制度建设不断完善。学校在制度建设上做了大量的工作，能够充分认识制度在反腐倡廉工作中的关键性作用，按照"把权力关进制度的笼子里"的总要求，紧密结合当前新形势新要求，制定出台了一系列如落实"两个责任"、"校领导班子约法八章"、节假日监督检查、基建项目审批管理、整治大操大办婚丧喜庆事宜等制度文件，紧紧把握制度建设这个抓手，自觉地把制度建设摆上突出位置，为不断推进党风廉政建设和反腐败工作夯实了基础。

四是作风建设长抓不懈。学校紧紧围绕作风建设的突出问题进行重点整治。党员干部理想信念和宗旨意识明显增强，一批"四风"问题得到有效整治。过去年底各基层单位存在的公款聚餐、娱乐行为，现在已经基本杜绝，学校党员干部办理婚丧喜庆事宜都按规定提前进行申报和公示。截至2014年年底，纪委没有收到违反"八项规定"和"四风问题"的举报。

五是关键节点有所作为。党委制定出台《学校主要领导约谈重点领域、重点部门和重要岗位党员干部方案》，并及时进行了廉政约谈。校党委书记、校长和党委副书记、纪委书记分别从主体责任、"一岗双责"、监督责任的要求和工作落实方面，对基建、后勤、国资、科研重点领域、重点部门和重要岗位的干部进行廉政警示集体谈话。同时对重点项目和大额物资采购，加大了监督监察与审计的力度。在立项、预算制定、采购方式、市场调研询价等重要环节上纪检、监察、审计提前介入，审核把关，取得了良好的效果。

六是信访举报处置及时规范。2014年学校在线索处置和案件查处中做到及时规范。按照中纪委会议精神，线索处置在报告学校党委的同时，报告省纪委和省高校纪工委，并按照要求及时做到有举报必检查，有违纪必惩处。2014年对8名党员干部和部门负责人进行了组织处理，开除党籍1人，开除公职1人，党内严重警告1人，全校通报4人。通过查办典型案件，发挥了案件警示教育作用，引导教育党员干部汲取教训、引以为戒，做到警钟长鸣。

三、2014年度干部选任工作情况

根据省委组织部的统一部署和要求，学校2014年度干部选任工作情况如下：

（一）根据学校发展需要，完成部分学院院长的选任工作

由于水利科学与工程学院、环境科学与工程学院、数学学院、物理与光电工程学院院长岗位出现空缺时间较长，为

不影响正常的管理、教学、科研工作,校党委于2014年1月,对4个学院的院长进行了选拔配备。此次院长选任,校党委创新工作举措,努力改进干部选任方式,进一步优化了学院领导班子结构,增强了干部队伍的活力。一是综合分析研判,力求准确识别和使用好干部。在统筹考虑群众举荐、学院推荐、平时表现的基础上,参考民主推荐、演讲和评议情况,发现好干部。综合分析班子结构、人选经历特长、人岗相适的匹配度,确定考察对象。二是严格干部组织考察,努力为干部准确"画像"。校党委组成考察组对考察对象遵守党的政治纪律及德、能、勤、绩、廉的综合表现进行考察。同时,由组织部门书面征求纪检(监察)部门意见;涉及民主党派成员、党外人士的,由组织部门书面征求统战部门的意见。三是对新任人选实行任期责任制管理。依据学校发展目标制定新任院长任期目标,并与其签订任期目标责任书。聘期届满后进行任期目标完成情况考核,对完不成任期目标的干部,将解除聘任,免去现任职务,转入教师系列,不再保留处级干部身份。2014年,全校共新提拔正处级干部3人。

(二)理顺机构设置,加强干部管理,积极稳妥消化超设机构

为全面落实中央、省委关于从严管理干部、从严加强干部队伍建设的新任务、新要求,校党委及时研究修订出台相关制度,进一步加强干部管理、实现干部能上能下;调整规范部分机构的工作职责,进一步理顺机构设置;对在超职数配备干部专项清理过程中自查出的问题积极稳妥地进行消化。2014年,校党委结合个别干部的个人意愿、综合表现及违规校内调动等情况,经研究同意两名正处级干部辞职,免去了一名副处级干部的职务;撤销了一个处级机构,取消了一个机构的处级建制。以上工作的推进落实,不仅充分体现了校党委全面从严管理干部、加强干部队伍建设的决心,也在干部队伍中引起了震动。

(三)建立科学的选人用人机制,努力营造公道正派、弊革风清的良好用人环境

一是严格贯彻《条例》,完善相关制度,旗帜鲜明地树立正确用人导向。校党委坚持把《干部任用条例》作为选人用人的基本遵循,把坚定政治信念放在首要突出位置,把清正廉洁作为不可逾越的底线,把干事有为作为选拔任用干部的重要依据,积极树立德才兼备、以德为先、以廉为基的用人导向。在总结学校干部选任工作、借鉴省内外其他高校选任办法的基础上,对学校2010年《处级干部竞争上岗实施办法(试行)》进行全面修订,形成了《太原理工大学党政领导干部选拔任用暂行办法(征求意见稿)》。已书面征求了校党委常委、副校长及党委委员的意见。在进一步学习理解省委对干部选任工作的最新要求后,校党委还将在全校范围内进行意见征求。此次全面修订工作,将大力提高学校选人用人的科学化水平,有效解决学校之前存在的"逢岗必竞"、"一竞定位"、"以票选人"等问题。

二是从严从实做好干部考核工作,全面加强干部管理。为进一步科学准确评价干部,校党委修订出台《太原理工大学处级班子和处级干部年度考核办法(试行)》。按照"全面考核、注重实绩,客观公正、实事求是,民主公开、广泛参与,年终考核与日常考核相结合"的原则,综合运用职工评价、相关干部评价、校领导评价等方法,考准考实干部。同时,强化考核结果运用。明确规定,首次被确定为"较差"等次的处级班子主要负责人和"不称职"等次的处级干部由校党委进行诫免谈话,责令其限期改正;连续两次被确定为"较差"等次的处级班子和"不称职"等次的处级干部对班子和处级干部进行组织调整;年度考核为"基本称职"和"不称职"的处级干部学校下浮其岗位津贴。努力做到让懒官难过考核关、贪官难过法纪关、太平官难过群众关,让"为官不为、为官不廉"者没有市场,让好干部有舞台、有发展。

三是以严厉整治选人用人不正之风为重点,形成从严管理监督干部新常态。校党委按照"管理全面、标准严格、环节衔接、措施配套、责任分明"的原则,已初步讨论完成《太原理工大学从严管理干部,全面加强干部队伍建设的若干意见》,从干部教育、干部作风、干部监督管理、干部选任、干部考核、干部职责等六个方面,作出严格规定。同时,已起草完成《校领导约谈重点职能部门负责人实施办法》《关于对党员领导干部进行诫勉谈话和函询的暂行办法》等相关制度,努力做到真管真严、敢管敢严、长管长严。

2014年,校党委按照省委组织部的安排部署,完成对757份干部人事档案"三龄两历一身份"的专项清理、个人有关事项的抽查核实、领导干部在企业兼职(任职)的专项清理、"裸官"和社会化培训的摸底等工作,专项整治工作的有序开展进一步强化了对干部的教育、管理。

(李济民)

附:太原理工大学党委书记、副书记名单

书　记:吴俊清

副书记:吕　明　刘玉平　张惠元

山西农业大学党委工作概况

党委书记　石扬令

中共山西农业大学委员会下设19个基层党委、2个党总支、1个直属党支部和127个党支部，共有党员3092名。2014年，学校先后荣获“省高校文明单位标兵”、“省文明单位”、“省创建平安校园先进单位”、“省五星级基层工会”、“第十届中国青年志愿者优秀组织奖”、“省科技奉献先进集体特等奖”、“省扶贫工作先进单位”、“省直机关老龄工作先进单位”、“省老年体育工作先进单位”、“省高教学会先进通讯集体”等多项荣誉。

一、以学习贯彻习近平总书记系列重要讲话精神为统领，深入开展各项专题活动

一是深入开展“学习讨论落实”活动。紧紧围绕活动主题，采取中心组学习、集中学习、辅导学习和个人自学等多种形式的学习讨论，强化了对习近平总书记系列讲话精神的理解，加深了对山西省开展学习讨论落实活动的认识。针对省委提出的“四个方面”和省教育厅提出的“六项专项整治”内容，抓住关键岗位、关键部门、关键环节，先后通过多层次剖析，几上几下反复讨论修改，最终形成了学校的反思剖析报告。通过反思剖析，找到了学校政治生态中存在的突出问题，分析了产生问题的根源，明确了今后的努力方向和整改措施。

二是认真组织教育实践活动“回头看”。不断强化问题导向，以“师生是否满意、制度是否管用”为标准，对照教育实践活动整改方案逐条进行了反复检查。开展了10个专项整治自查自纠工作，完成了19个方面、56项整改措施。公务接待、会议管理、车辆管理、房屋管理、差旅报销、仪器共享、出国出境、干部外出报备等各项制度逐步规范，“三公”经费大幅下降，干部作风有了根本好转。

三是扎实开展“基层组织提升年”活动。按照“提素质、增活力、全覆盖、强服务”的总要求，校党委重点抓了18项工作，进一步提升了学校党建工作科学化水平；基层党委重点推进了12项工作，进一步激发了基层党组织活力。出台了一系列加强思想政治工作和严格组织生活的制度规定；开展了学生党员素质提升工程试点工作；在机关、后勤等窗口岗位党员中开展了“三亮三比三评”活动；通过“六抓六促”，初步实现了“六个提升”。

二、以理想信念教育为核心，切实加强思想政治建设

一是党员干部理想信念进一步坚定。坚持每月一次的校院两级中心组学习制度，及时学习传达中央、省委的会议和文件精神；组织了学习习近平总书记系列讲话精神培训班，十八届三中、四中全会精神培训班，新任处级干部培训班；开辟了处级干部网上在线学习平台；举办了“落实中央八项规定精神、切实加强作风纪律建设”专题培训教育活动；组织148名处级干部到省女子监狱接受教育；通过多层次、多角度的学习活动，进一步坚定了党员干部的理想信念，确保大家在思想上、政治上、行动上同党中央保持高度一致。

二是大学生思想政治教育成果显著。开展了系列校园文化和志愿者活动；举办了45场“校友导航—成功者之路”报告会和32场青年人文素质大讲堂；培养了151名青年学员；启动了新生入学“一站式”服务；进行了首届辅导员职业技能竞赛；实施了学生干部“能力与修养提升计划”；建立了学校官方微博、微信平台；编辑出版了《山西农大德育工作巡礼》；共有22名同学赴西藏、新疆等地参加西部计划，在省教育厅大学生思政教育实地测评中，被评为A。

三是师德师风建设有序推进。出台了《关于加强和改进青年教师思想政治工作的意见》和《教师职业道德考核实施方案》；举办了近三年新进人员“校情师德师能”培训班；实施了“督导推荐”和“督导导航”工作，选拔了5名首届“教学新秀”；举行了青年教师教学竞赛；开展了“寻找身边的张丽莉”、“做党和人民满意的好老师”等师德宣传活动；通过校报、官方微媒选登了11名教师的先进事迹，介绍了8位学校名师。

三、以推进依法治校为契机，不断规范学校管理

一是发展思路进一步明晰。围绕建设“地方农业院校先进水平教学研究型大学”这一发展目标，以制定“十三五”发展规划为抓手，在全校深入开展了长达两个月的教育思想大讨论活动，经过自下而上、自上而下、上下互动、全员参与的讨论，初步形成学校下一步的办学思路。

二是规章制度进一步健全。《山西农大学章程》通过教育厅核准；出台了学校的《规章制度管理办法》；修订出台了教学、科研、人事、党建等方面的规章制度56项，以制度管人、管事、管作风的长效机制进一步健全和完善；编定并公开了《师生员工办事指南》，极大地方便了广大师生查阅和使用。

三是学校管理进一步规范。年度工作实施了目标责任管理；研究生实行了二级管理；成立了城乡建设学院，完成了生物学科专业的调整；成立了研究生工作部、实验设备处和马克思主义学院党委；编印了《办公室工作指导手册》，举办了各类规范工作培训班；建立了远程报账系统；对校园网进行

了功能性升级。

四、以提升"三个能力"为目标，积极推动重点任务完成

一是人才培养工作全面提升。全年招收本科生5484人，研究生425人，成人高考生304人；建立了招生与就业、招生与专业调整的联动机制；8个专业入选国家首批卓越农林人才教育试点；新增2个省级实验教学示范中心、2个省级特色专业建设点、23项省级教改项目；新增2个专业硕士点和1个本科专业；启动了"随堂录课"工程；本科毕业生年终就业率达85.91%。

二是人才队伍建设稳步推进。全年引进博士22人，急需紧缺人才24人；"131人才工程"项目总数达到了81名；引进省"百人计划"人才2名；新增5位省级教学名师；新增了园艺学博士后流动站；实施了聘后管理，制定了岗位职责和考核办法；出台了绩效管理办法、教师延退办法，对多年不在岗人员进行了集中清理。

三是科技创新能力不断增强。2014年到位经费突破7400万元；国家自然基金获批22项；外语学科首次承担国家社科基金项目；获批国家农业科技成果转化项目5项、国家星火计划项目1项；获省科学技术奖自然科学类一等奖1项；两个新品种通过国家审定；17项成果通过省级鉴定；1个团队被列为省科技创新培育团队；获批国家级科技特派员创业链、创业培训基地各1个；承办了4个全国性的学术会议；举办了61场校外专家学术报告。

四是社会服务能力显著增强。全年社会服务到位经费2102万元；"一村一品、一县一业"科技服务专项行动项目，新增项目41项；科技扶贫"百团大战"专项行动，新增项目6项；与运城市、省信用联社分别签署了战略合作协议；与山西大正伟业、坤润集团、潞安集团等企业开展校企合作；启动实施了现代农业科技创新园区建设工作；与晋中市、太谷县、山西盛农投资有限公司合作，成立了山西金谷农业投资有限公司；在长治、临汾、大同等7个地市的28个县开展了34场分类送学专题讲座，培训干部学员9570多人。

五是创业实践教育成绩斐然。启动了"大学生创业能力提升工程"；组建了"大学生创业实践班"，选送105名学生到山东寿光开展创业学习实践；建立了"大学生创业园区"，已有10支团队、200多名学生入驻；实施了"毕业生创业助推工程"，已有34名毕业生得到帮扶；成立了山西省首个"创业学院"，设立了"创业精英班"和"卓越农林管理人才实验班"；涌现出一大批以"全国大学生年度人物"江利斌为代表的创业先进典型。

六是后勤保障工作逐步改善。新建1栋本科生公寓和1栋研究生公寓；棚户区改造等工程顺利完工；对全校的绿化灌溉网进行了铺设；实现了道路清扫机械化和垃圾清运一站式排放；实验仪器设备总值新增1亿元；对多年积累的废旧仪器设备进行了报废；出台了9个专项应急预案，开展了消防疏散、地震逃生演练，全年进行安全检查15次；2014年各类专项经费收入超额完成，预算基本达到收支平衡；完成审计及审签项目324个。

五、以落实"两个责任"为抓手，扎实开展党风廉政建设和反腐败工作

一是全面落实党风廉政建设责任制。专题研究了党风廉政建设工作，印发《工作安排意见》和《任务分解意见》；与全校50个处级单位的主要负责人签订了《党风廉政建设责任书》，切实将党风廉政建设主体责任与领导干部问责制相结合；建立了基层单位党风廉政信息报送制度，对照党风廉政建设任务分解，对各单位领导班子、领导干部执行党风廉政建设责任制情况进行严格考核。

二是稳步推进惩防体系建设。编印《警钟长鸣》8期，发放了9种廉政学习资料近2000册；积极参加了高校廉政文化作品大赛，承担了山西省教育规划课题《高校廉政风险防控管理研究》；制定并完善了《领导干部谈心谈话制度》和《招生监察工作实施细则》；加强了对主要部位、重点岗位和关键环节的监督监察，纪委负责人同下级党政负责人谈话38人次，领导干部任前廉政谈话12人次。

三是严格执纪问责坚决纠正"四风"。狠抓节点，在"五一"、"中秋"、"国庆"、"元旦"、"春节"等节点和放假开学前后，及时下发通知，将中央、省委、教育部、教育厅等有关精神及时传达到全体干部和教职工当中；对全校劳动纪律进行了6次公开检查和明察暗访；对办公用房、公务用车、公务接待等情况进行了复查；全校党政领导、148名副处以上干部、50个单位负责人分别签署了《春节期间廉洁自律公开承诺书》。2014年收到群众信访举报20件，发出函询20封，责令写出检查2人，全校通报批评4人，诫勉谈话4人，提醒谈话33人。

（闫海冰）

附：山西农业大学党委书记、副书记、委员名单

书　记：石扬令

副书记：赵春明　滑云龙（1月离职）

委　员：周富国　张虎芳　邢保荣

山西医科大学党委工作概况

党委书记　李凤岐

中共山西医科大学委员会下设6个二级党委，14个党总支，3个直属党支部和266个党支部，共有党员5593名。

2014年，是学校贯彻落实党的十八大、十八届三中、四中全会精神，深入推进"十二五"规划，不断提高党建科学化水平，全面提升综合实力的重要一年。一年来，在省委、省政府的正确领导下，在省高校工委、省教育厅的直接指导下，校党委、校行政团结带领全校师生员工，积极进取，开拓创新，学校各项事业呈现出良好的发展态势，取得了新进展，实现了新突破。

一、强化理论武装，认真组织了习近平总书记系列重要讲话精神的学习培训

2014年，校党委坚持把学习习近平总书记系列重要讲话精神作为首要政治任务，持之以恒地强化了广大党员特别是处级以上干部的理论武装工作。

一是举办了学习贯彻习近平总书记系列讲话精神培训班。根据省委组织部有关文件精神，于2014年5月下旬，对全校158名处级干部进行了为期一周的集中培训，培训使全体处级干部对习近平总书记系列讲话的核心思想和科学内涵、辩证思维和思想方法、精神实质和重大意义，对全面深化改革的指导思想和目标任务，重大原则与改革路径，有了一个更为深刻的认识，更为准确的把握。

二是举办了学习讨论落实活动专题研讨班。根据省委的部署和要求，山西医科大学党委于2014年12月16日至17日，在新校区举办了处级以上领导干部学习讨论落实活动专题研讨班。研讨既有专题辅导，又有视频教育，既有小组讨论，又有大会交流。特别是在分组讨论期间，处级以上干部围绕五个方面的讨论内容，联系学校实际，联系工作实际，联系岗位实际，谈思想认识，谈心得体会，谈落实思路。研讨把处级以上干部的思想进一步统一到了习近平总书记系列重要讲话上，统一到了省委学习讨论落实活动的决策部署上，统一到了校党委的具体安排上，为真学真懂、真信真抓、真改真用开了个好头。

三是完成了上级党组织的调训任务。根据省委组织部和省高校工委的干训计划与调训安排，组织25名省管干部和6名基层党委、党总支书记参加了学习贯彻习近平总书记系列讲话精神集中轮训，组织2名校级领导干部赴中央党校井冈山干部学院学习，组织1名校级干部参加了全国纪委书记的培训，选调1名处级干部参加了国家教育行政学院的中青班学习，选派1名副处级干部到基层进行为期两年的挂职锻炼。

二、加强组织指导，扎实推进了党的群众路线教育实践活动和学习讨论落实活动

2014年，校党委根据中央和省委的部署，扎实推进了全校党的群众路线教育实践活动和学习讨论落实活动。

一是完成了党的群众路线教育实践活动总结和整改落实工作。2014年年初，对全校党的群众路线教育实践活动基本情况、主要成效、巩固和拓展活动成果的举措，进行了认真总结和思考，于2月27日召开了全校党的群众路线教育实践活动总结大会。总结大会结束后，制定了"两方案一计划"，积极推进了校级层面和各基层党组织的整改落实工作。根据省里《关于在第一批党的群众路线教育实践活动单位中增加开展10个专项整治的通知》（晋群办发[2014]20号）精神，组织开展了专项整治。根据省里进行"回头看"的有关要求，分别于2014年7月、8月、12月对整改落实情况进行了反复"回头看"。

二是扎实开展了学习讨论落实活动。学习讨论落实活动开展以来，学校52个处级以上领导班子、173名处级以上领导干部、23个基层党组织和3078名党员，严格按照省委的决策与部署，按照省高校工委和督导组的安排和要求，紧紧围绕活动主题，以校处两级领导班子和领导干部为重点，把"深入学习习近平总书记的系列重要讲话精神、净化政治生态、实现弊革风清、重塑山西形象、促进富民强省"作为当前首要政治任务，以高度的思想自觉和行动自觉，积极投身到学习讨论落实活动之中，按照校党委确定的5个目标、6个重点、23项任务、50项具体成果的路线图和时间节点，将活动不断引向深入。

三、坚持党要管党，切实加强了基层党组织建设和党员的教育管理

2014年，山西医科大学认真贯彻落实全国、全省高校党建工作会议精神，切实加强了学校基层党组织建设和党员队伍建设。

一是有效开展了"基层组织提升年"活动。根据省委组织部、省高校工委的部署，组织和指导各基层党组织，严格按照"提素质、增活力、全覆盖、强服务"的总体要求，围绕"六抓六促"，确保"六个提升"，扎实开展了"基层组织提升年"活动。结合活动推进情况，于5月中旬印发了关于开展基层服务型党组织创建活动的实施意见》和《关于在全校职能部门开展效能提升活动的实施意见》，以基层服务型党组织创建活动和效能提升活动为载体，进一步引深活动。活动中，各级党组

织根据师生党员的不同特点，建立了校领导直接联系师生制度、院系处级党员干部联系党支部和党外骨干教师制度、基层党组织书记服务师生日等一系列党员发挥作用机制。

二是有序调整了基层党组织的隶属关系。根据2014年9月对内设机构调整情况，及时对将研究生工作部、研究生学院、图书馆等的党组织关系隶属关系进行相应了调整；根据晋编办字[2014]50号的通知精神，将第三医院党委更名为第二医院（第二临床医学院）西院管理处党委；与此同时，对基础医学院、公共卫生学院、护理学院、外语系所属教工党支部和学生党支部进行了分设和增设，积极探索非隶属附属医院研究生党员管理新模式，设置了大医院、省人民医院研究生党支部，扩大了党的工作覆盖面。

三是严格执行了《中国共产党发展党员工作细则》。严格按照“控制总量、优化结构、提高质量、发挥作用”的总要求，坚持标准，严格程序，严肃纪律，实现了发展数量与发展质量的有机统一。全年共发展党员623名，审批预备党员转正581名。严格按照上级的有关要求，加大了审查力度。对353名转入党员的档案进行了逐卷审查，对入党时未满18岁、入党申请书非本人字迹、入党志愿书版本和异地发展等问题反复审查。经审查研究，共有2名预备党员、2名正式党员的身份未予承认。

四是全面落实了基层党建工作第一责任人职责。根据省委组织部、省高校工委的安排，分别于2014年1月和11月，组织开展了2013年度和2014年度基层党组织书记“联述联评联考”工作，组织召开了各基层党委、党总支、直属党支部书记抓基层党建工作专项述职会议，既汇报了工作又交流了经验，既查找了问题又理清了思路，既传导了压力又催生了动力，强化了第一责任人的责任意识。

四、坚持从严治吏，持续强化了处级领导班子和干部队伍建设

2014年，校党委按照上级的要求，坚持从严治吏方针，在从严选任、从严管理、从严监督上下功夫，持续强化了处级领导班子和干部队伍建设。

一是严格落实了《干部任用条例》。2014年1月，《党政领导干部选拔任用工作条例》颁布后，及时组织各基层党组织和广大党员干部进行了认真学习，把《干部任用条例》作为干部选拔任用工作的基本遵循，贯彻落实到了具体工作中。配备了制药厂和晋祠学院领导班子，完成了汾阳学院19名正处级干部和学校保卫处副处长、药学院党政正职的选任，对29名处级干部进行了轮岗交流，对15名试用期满处级干部进行考核并正式任命。

二是严格加强了干部的监督管理。根据省委组织部的安排，完成了294名在职处级、科级干部档案集中审核和专项清理任务，被省委组织部评定为优秀等次，受到了通报表彰。对超职数配备干部、在职省管干部“三个关系”、借用人员进行了专项清理。对副处级以上干部“配偶已移居国（境）外”的情况、企业、社团兼职（任职）情况、参加社会化培训情况进行了认真自查。完成了校处两级干部年度考核、个人事项报告和随机抽查工作。严格执行了处级干部请销假制度、出国审批制度和到龄免职退休等制度，加强了干部的常规管理。

三是严肃认真地组织了党员领导干部民主生活会。根据晋组通字[2014]66号文件精神，制定了《2014年度领导班子党员领导干部民主生活会方案》和《2014年度处级党员领导干部民主生活会方案》，并严格按照方案要求，组织和指导校处两级党员干部，以“严格党内生活，严守党的纪律，深化作风建设”为主题，严肃认真地召开了2014年度的专题民主生活会，对处级党员干部的会前学习、征求意见、谈心谈话、对照检查材料，会上的批评和自我批评，会后的整改落实，进行了严格监督。

五、坚持从严治党，不断推进党风廉政建设和反腐败工作创新发展

2014年，校党委坚持从严治党，不断深化党风廉政建设和反腐败工作。

一是切实加强党风廉政教育，提高拒腐防变能力。通过发放《十八大以来廉政新规定》《廉政文化资料选编》等学习资料，开展内容丰富的学习活动；组织党员干部观看《作风建设永远在路上》和《警钟长鸣》警示教育片，开通廉政教育手机信息平台，在七一、中秋、国庆等节点，及时编辑发送廉政短信，切实加强党风廉政教育，筑牢党员干部思想防线。

二是持续加强对“三重一大”、重点领域和关键环节的监督检查。制定实施了《关于落实党风廉政建设党委主体责任的实施意见（试行）》《关于落实党风廉政建设纪委监督责任的实施意见（试行）》《关于贯彻落实＜建立健全惩治和预防腐败体系2013-2017年工作规划＞的具体实施办法》，完善了落实党风廉政建设“两个责任”的制度体系，严格执行述职述廉、廉政谈话、诫勉谈话等制度，认真执行党务公开、校务公开制度，持续加强对新校区建设、基础设施维修工程、设备招投标、招生考试、人员招聘等重点领域、关键环节的监督检查。

三是建立巡视制度，完善党内监督机制。2014年11月，印发了《中共山西医科大学委员会巡视工作方案》，成立了两个巡视组，确定了第一批巡视单位和部门。巡视组主要对被巡视单位部门领导班子及其成员贯彻执行党的路线、方针、政策和决议、决定的情况，贯彻落实学校党委、行政决策部署的情况，执行民主集中制特别是落实重要法规和“三重一大”制度的情况，落实党风廉政建设责任制、构建惩防体系工作、作风建设和领导干部执行廉洁自律有关规定的情况，规范权力运行、权力公开的情况，单位部门风气、行政效能以及党务、政务公开情况，干部人员的推荐、使用、管理情况等进行监督。

四是认真受理信访举报，不断加大案件查处力度。严肃案件查办，加强和改进涉纪涉腐信访工作，以零容忍态度惩治腐败，做到了有报必查、有腐必反、有贪必肃、违纪必究。畅通举报渠道，公布了电子举报信箱，查办结果在一定范围进

行通报,发挥办案的震慑作用。2014年,共接待来电来访30多人(次)。接到实名举报来信8件(次),办结7件,办结率达87.5%。

(成星亮)

附:山西医科大学党委书记、副书记、委员名单

书　记:李凤岐

副书记:段志光　董　峰

委　员:顾昭明　闫肖卿　李汝德　王斌全

王　军　刘越泽(女)

山西师范大学党委工作概况

党委书记　倪生唐

2014年是山西省面临严峻政治考验的一年，在这一重要历史关头，山西师范大学经受住了政治考验,在思想上、政治上、行动上与党中央保持高度一致。2014年也是学校全面落实"十二五"规划的关键之年。一年来，校领导班子团结带领广大师生，深入学习贯彻习近平总书记系列重要讲话精神，坚持以提高质量为核心，全面深化教育教学改革，扎实推进学校内涵发展,各方面工作都取得了长足进展。

一、以人才培养为中心,全面深化教育教学改革,推动学校内涵发展、特色发展

(一)教育教学改革取得新突破。教师教育改革受到高度肯定,荣获国家级教学成果二等奖1项,成功入选教育部首批卓越教师培养计划;牵头组建山西高校教师教育联盟,教师教育协同创新迈出实质步伐。以学生为中心的课堂教学改革进展顺利,课改教师增加至144位。质量工程建设扎实推进,教学研究和常规管理持续加强,课堂教学质量进一步提升。"计算机科学与技术"和"法学"两个专业顺利通过省教育厅评估。继续深化研究生教育改革,对12个硕士点的培养方案进行重新修订,试行建立博士研究生选拔"申请-审核"机制,研究生培养质量进一步提高。现代文理学院首次启动院级教学质量工程建设，全年申报各类教学科研项目110余项。

(二)学科建设实现新提升。国家级课题立项27项,增长13%；发表1A以上论文46篇，增长44%；科研经费增长24%。获山西省社科研究优秀成果奖34项，其中一等奖6项;获山西省社会科学优秀成果"百部(篇)工程"奖14项。新增食品工程硕士专业学位授权点,化学学科通过省优势重点学科中期检查。

(三)人才队伍建设迈出新步伐。高层次人才不断涌现,入选中组部"万人计划"1人,申报山西省"百人计划"4人;新增全国优秀教师1人、省级学术带头人4人、省级教学名师2人、省级青年学术带头人3人、省级模范教师1人。全年新增具有博士学位教师95人，并完成了新入职教师半年岗前培训。目前学校40岁以下的导师比例达到1/3,教师队伍的高学历特征更加明显,更加充满活力。

(四)体制改革取得新进展。《山西师范大学章程》经省教育厅核准生效,戏剧与影视学院、书法学院挂牌成立,学术委员会章程等系列制度颁布实施。"一院一策"正式启动,首批投入经费500万元,对18个学院予以梯度支持。全面实施公务卡结算制度,制定实施公务接待、差旅及用车等经费管理办法,"三公"经费大幅下降。现代文理学院进一步健全机构设置,完善规章制度,科学化管理水平明显提高。

(五)开放办学打开新局面。对外交流的层次和规模显著提升,20名学生赴韩实习、19名教师赴澳培训圆满完成。省市共建协议正式签署,实验区工作的项目化、常态化水平明显提高。服务区域发展取得新成绩,相继完成临汾"百里汾河新型经济带"、"国家节能减排财政政策综合示范城市"等项目,市校合作层次全面提升。

(六)保障能力获得新提高。落实国家生均拨款政策;争取中央支持地方高校专项资金2700万元，位居山西高校首位,学校财力稳步增长。图书、设备及网络信息条件进一步改善,图书馆荣获文化部"全国古籍保护工作先进单位",三个校区无线网络覆盖全面实现。完成各类后勤维修工程28项,节能监管平台投入运行,燃气锅炉改造全部完成,省级园林单位通过验收,被评为省爱国卫生先进单位。资产公司严格按照公司运营机制运行，三个报社的数字化转型取得新突破。实验中学、小学和幼儿园进一步深化教学改革,严格教学管理,人才培养质量稳步提升。

(七)和谐校园建设扎实推进。继续改善民生,绩效工资标准实现普调,落实首批住房货币化补贴经费2116万元。继续关心和帮助年轻职工、困难职工、老职工、老干部、老党员解决工作生活中的实际困难,增强了教职工的凝聚力和向心力。继续加大安全隐患排查整改力度,密切关注师生思想动向,及时消除不稳定因素,维护了校园和谐稳定。

二、以十八大、十八届三中、四中全会精神为指引,全面加强和改进党的建设,努力提高党建工作科学化水平

(一)扎实开展理论武装工作,不断提高思想理论建设水平。校党委在继续组织好常规性学习培训的同时,将学习贯彻习近平总书记系列重要讲话精神作为年度理论学习的重中之重,举办专题培训班,进一步规范和加强校院两级党委

中心组学习，坚持每月1-2次校党委中心组学习，并及时向省高校工委上报学习情况。通过广泛深入的学习，广大党员领导干部进一步增强了政治意识，坚定了理想信念，提高了政策理论水平。

（二）圆满完成群众路线教育实践活动整改任务，作风建设取得新成效。截至2014年年底，除3项工作等待上级有关文件精神外，其他均已完成。通过活动，进一步改进了会风、文风、工作作风，严肃了党内政治生活，健全了反对“四风”的制度体系，密切了与师生员工的联系。

（三）扎实开展“基层组织提升年”活动，推进服务型党组织建设。一是落实发展党员工作新规定，修订实施学校《发展党员工作实施细则》，确保了新发展党员的质量，全年共发展新党员750人。二是在全校组织开展了旨在增强师生的道德意识，提高师生的道德水平，以“道德讲堂”为载体的思想道德教育活动。三是全面启动特色党建工作品牌创建工作，确定了20个创建项目。四是确立按党员数量核定基层党建活动经费的工作制度，形成了基层党建工作的长效保障机制。坚持以党建带团建，扎实推进“三型”团组织建设，基层团组织的活力进一步提升。

（四）狠抓领导干部下基层服务和学习提高，努力建设勤政务实的各级领导班子和干部队伍。一是领导班子及成员联系服务基层，多次深入学院、部门、教育创新实验区进行调研，调研次数远远超过规定要求，呈现出作风更加务实的新气象。二是干部的学习提高，干部在线学习总时数比去年提高了11%，进一步拓宽了广大干部的理论视野。

三、以立德树人为要求，加强大学生思想政治教育和管理工作，促进学生健康成长成才

继续加强辅导员队伍建设，加大招聘、培训、考核力度，将辅导员工作津贴标准提高33%。继续加强大学思想政治教育，举办系列寓教于乐的主题活动，将思想政治教育融入于教书、管理、服务各个环节，引导学生健康成长。继续加大健康心理教育力度，全年共受理学生咨询246人次。继续做好各类资助工作，共帮助1498名新生通过“绿色通道”顺利入学；共发放各类资助3607万元，资助人数达19972人次，有效发挥了助学育人功能。继续做好招生就业工作，生源质量稳步提升，毕业生就业率为80.4%，稳居全省高校前列。继续发挥校园文化、大学生社会实践的育人作用，举办诺奖论坛、道德讲堂、高雅艺术进校园等系列文化活动，开展大学生“挑战杯”、“三下乡”社会实践活动，同学们从中受益匪浅。

四、以严格执行八项规定、反对“四风”为重点，落实“两个责任”，扎实推进党风廉政建设和反腐败工作

（一）认真落实党风廉政建设责任制。按照“一岗双责”要求，明确各单位党政“一把手”是党风廉政建设的第一责任人，形成了权责明晰、逐级负责、层层落实、整体推进的党风廉政建设工作格局。建立健全督察、考核、奖惩、责任追究工作机制，将反腐倡廉建设情况纳入职能部门、院系、领导干部考核、评优的一项重要内容，要求班子成员每年至少听取一次所分管部门和单位的党风廉政建设情况汇报，确保“一岗双责”落到实处。2014年，各级领导班子和领导干部能够严以律己，严格遵守八项规定、四个不准等党风廉政相关规定，认真抓好职责范围内的反腐倡廉工作，没有发生公款吃喝、送礼、旅游等违纪违规现象。

（二）扎实推进惩治和预防腐败体系建设。一是把党风廉政宣传教育纳入学校整体宣传教育工作，重点加强对重要岗位、重点部位工作人员的法律法规、财经纪律教育，营造以廉为荣、以贪为耻、遵纪守法、自我约束的廉洁氛围。二是建立健全党风廉政建设制度体系，强化制度和程序意识，大力推行党务校务公开，加大纪委、监察、审计的监督力度，确保权力在制度的刚性约束下运行。三是持续保持反对“四风”的高压态势，加大专项整治力度和对违规违纪案件的查处力度，全年共收到信访9件次，全部按照要求办结上报，办结率是100%。

（王志宏）

附：山西师范大学党委书记、副书记、委员名单

书　记：倪生唐(12月离职)

副书记：武海顺　王心平

委　员：李德龙　卫建国　高　峰

山西财经大学党委工作概况

党委书记　杨怀恩

2014年，山西财经大学党委深入贯彻落实党的十八大、十八届三中、四中全会精神和习近平总书记系列重要讲话精神，始终坚持贯彻党的教育方针，坚持正确办学方向，紧紧围绕学校转型发展大局，聚力党建创新，聚焦内涵发展，以引深党的群众路线教育实践活动为主线，以深入开展学习讨论落实活动为重点，紧紧围绕立德树人的根本任务，以提升人才培养水平、增强科学研究能力、服务经济社会发展、推进文化传承创新作为检验党建工作成效的重要标尺，积极构建党建工作新机制，探索党建工作新方法，学校党建科学化水平进一步提升。

一、认真学习贯彻习近平总书记系列重要讲话精神，主动适应经济社会发展新常态

2014 年，校党委召开中心组理论学习会议 10 次、组织理论学习报告会 8 次、组织科级以上干部进行集中培训 3 次、邀请 12 名专家作专题辅导，健全了 26 个教育平台、1045 位党员干部积极参与在线平台学习，健全完善民主决策制度、召开了专题教职工代表大会，为学校改革发展拓展新思路、积聚正能量；选派学校经济学、法学专家学者赴临汾、运城、吕梁等 21 个市县开展十八届四中全会精神专题送学下乡活动，受到当地党员干部的好评；建立了校领导和工作队驻村帮扶机制，积极为武乡县故城镇群众办实事、解难题，申请以工代赈项目资金 30 万、建乡村公路 1.5 公里，筹集 10 万元工程款、建设了高台寺村自来水工程，捐赠价值 10 多万元教学仪器设备，受到当地群众的赞誉。

二、持续深化教育实践活动整改落实，构建作风效能建设常态化

2014 年，校党委坚决贯彻落实中央八项规定要求，认真整改“四风”方面存在的突出问题，全面加强作风建设，教育实践活动的巩固和拓展取得了显著成效。2014 年，学校完善 117 项制度、新建 56 项制度，实现整改落实率 94%以上；全校性会议次数同比下降 63%，各类会议费用支出同比减少了 20.3%，各类培训费用支出同比减少了 36.8%，公务车运行维护费用同比减少 24.5%，公务接待费同比减少了 36%；制定了《2014 年效能建设活动实施方案》，在服务面较宽的 10 个部门（单位）的 13 个服务窗口开展试点，促进“四个服务”水平和能力的提升；出台了《关于开展“工作秩序涣散、纪律松弛”专项整治工作方案》，采取参观警示教育基地、观看警示教育片等形式，教育引导党员干部廉洁从政；深入开展廉洁文化进课堂活动，开设专题讲座 16 讲，累计听讲学生约 1500 人；组织了 3 次工作纪律专项检查；全年办结上级转办件 8 件、群众来信 23 件、书记校长信箱 15 件；征集师生廉政建设意见建议 120 余项，接待来访 11 次，做到件件有着落、事事有回音，有效维护了师生员工的合法权益。

三、深入开展学习讨论落实活动，开创弊革风清育人环境

按照省委深入开展学习讨论落实活动要求，校党委高度重视、精心组织、周密安排，立足“三重点”：真学习、深讨论、严落实，突出突出“三导向”：从严导向、问题导向、目标导向，坚定“四坚持”：坚持严肃纪律、严格标准、持续发力、督导督查，通过“五渠道”：干部师生征求到的意见、影响学校发展和师生反映的问题、近年来各单位各学院发生的问题、上级领导点出的问题、纪检组织审计等部门反馈的意见，广泛听取意见、深入查找 11 个方面突出问题，制定学习讨论落实方案，通过处级以上干部集中讨论、校级领导班子成员和校党委委员反复分析研判，见人见事见思想，落实活动主体责任和目标责任、问题认领责任和整改责任，为引深学习讨论落实活动打下坚实基础。

四、全面推进思想政治教育工作，坚决守卫好意识形态前沿阵地

校党委制定实施了《思想政治教育工作安排意见》，将思想政治教育工作纳入年度目标责任书，努力完善党委统一领导、党政群团齐抓共管、相关部门各负其责、全校紧密配合的思想政治教育工作新机制；坚定正确导向，以“课堂讲授有纪律”为基本要求、以“学术研究无禁区”为基本规范，严格执行师德一票否决制，努力实现立德树人和教书育人“双驱动”；抓好“双带”工程，大力培养党务有能力、业务有建树、师生中有影响的党建带头人、学术带头人；巩固马克思主义教育主阵地，创新思想教育互动模式，深入推进中国特色社会主义理论体系进教材、进课堂、进头脑，积极探索“以社会主义核心价值观为主导、以大爱精神为主题的德育评价新体系”；唱响校园文化主旋律，投入资金 30 多万元建立了校园广播网，开展了主题党日、主题团日、“青马工程”、校园文化艺术节、离退休老同志服务月等活动；校工会被省教科文卫体工会授予 2014 年度理论宣传工作先进单位；选派 7 名党外知识分子参加了中央和省委组织的培训，在全国政协立案提案 5 件，在省政协立案 10 件、重点督办提案 4 件；圆满完成省教育厅对学校大学生思想政治教育工作的实地测评。

五、深入开展“基层组织提升年”活动，打造党员干部教育管理新机制

2014 年，校党委着力强化干部日常监督管理，将 29 项“基层组织提升年”活动的具体工作任务纳入全年党建工作目标责任，对 26 个基层党委和 112 个党支部组织生活、党员政治理论学习情况进行了全面检查考核；完善“五严八制”干部选任机制，选拔任用了 10 名正处级干部、平调 14 名处级干部、支持和鼓励 23 名干部校外实践锻炼，与临汾市委签订“干部能力素质提升基地”协议，推进了干部交流，优化了干部队伍结构；按照控制总量、优化结构、提高质量、发挥作用的总要求，全年发展新党员 589 名，培训发展对象 1102 人；加强党建理论研究，27 项校级课题和 6 项省级课题进入结项和验收阶段，即将实施重点项目实践推广。

（杨　光）

附：山西财经大学党委书记、副书记、常委、委员名单

书　记：杨怀恩

副书记：郭泽光　薛文治　刘中朝

常　委：李富明　赵国浩

委　员：张兔元　张如山　卢庆山　冯瑞明　杨全平　高建军　段秋阳

中北大学党委工作概况

党委书记　陶功定

2014年，中北大学党委认真贯彻落实党的十八大、十八届三中、四中全会精神以及习近平总书记和省委领导重要讲话精神，团结带领全校师生员工，以全面落实群众路线教育实践活动整改任务为主线，以全面提升教育教学质量和科技创新能力为重点，进一步解放思想、凝心聚力、开拓进取，重点工作推进成效明显，圆满完成了年度工作任务，保持了学校健康和谐发展的良好态势。

一、谋全局抓大事，重点工作取得新突破

（一）全面落实群众路线教育实践活动整改任务

校党委把整改工作列为重要议事日程，确保整改成为推进和改进工作的强大动力和根本保障。2014年，学校即行整改和近期整改任务共42项全部完成，完善制度建设35项，10项长期整改任务正在有序推进落实，作风建设和各项工作得到不断加强，成效明显。

（二）扎实推进学习讨论落实活动

围绕活动主题，校党委认真组织学习，开展专题辅导。校院两级以落实"两个责任"为核心，对招生考试、科研经费使用等六个重点方面进行了专项自查。围绕重点深入开展讨论，形成了校领导班子反思剖析材料，提出整改举措。坚持边学习、边讨论、边落实，把谋改革、促发展贯穿活动始终，进一步优化发展环境。

（三）加快推进依法治校步伐

学校全面落实依法治校要求，在建章立制、规范治校办学行为方面开展了大量工作。修订了《中北大学章程》，通过了教育厅核准。以章程为总纲，对一系列涉及教学、科研、管理和服务的制度及时进行了修订完善，为进一步完善大学制度，推进学校事业科学发展提供了基本遵循和保证。

（四）深入展开本科专业评估工作

学校着眼内涵发展，按照"以评促建，以评促改，以评促管，评建结合，重在建设"的方针，在学院自评的基础上，组织聘请专家83人次，分5批12个组，对全校73个本科专业进行了全面考察评估，各学院、学科部和有关职能部门做了大量细致的工作。通过评估，发现了问题和差距，为下一步专业整改、内涵提升奠定了坚实基础。

（五）全面推进人才强校工程

为进一步加大人才引进力度，实施了"333人才工程"，从2014年起的3年内每年投入6 000万元，用于人才引进。截止2014年年底，引进学科带头人1人，博士研究生签约102人，现已报到57人。积极开展新入职教师岗前培训工作，实施导师制，收到了良好成效。

二、以内涵建设为目标，全面推进学校各项事业

（一）学科建设与学位工作

2014年，新增2个硕士专业学位授权类别以及1个授权领域，中北大学12个专业学院已全部拥有硕士学位授权点。新增3个本科专业。飞行器设计与工程本科专业获得学士学位授权。加强优势特色学科建设，下拨建设经费2040万元。获批中央财政支持地方高校发展项目8项，争取专项资金2700万元。

（二）教育教学工作

优质教学资源不断丰富。成功申报教育部国家级实验教学示范中心和虚拟仿真实验教学中心各1个，这是山西省2014年仅有的2个。成功申报省级实验教学示范中心2个、省级虚拟仿真实验教学中心1个、省级特色专业1个。1门课程成为国家精品资源共享课程。4名教师获得2014年山西省教学名师奖。4种教材获"十二五"普通高等教育本科国家级规划教材。研究生教育改革不断加强，新增山西省研究生教育创新中心1个。获评山西省研究生教育优秀导师5人、山西省优秀学位博士论文4篇、优秀学位硕士论文19篇。朔州校区办学成就不断扩大，为地方经济发展培养特色人才能力不断加强。

（三）科技工作

2014年，16人次分别入选省级国家级人选、获得省级以上支持和荣誉称号。获得国防973计划项目1项、国家863计划项目1项。成功申报国家基金资助项目23项，其中1人获国家杰出青年基金资助，首次获国家优秀青年基金项目1项，取得了重大突破。获得山西省科学技术进步一等奖1项、二等奖2项。实验室平台建设得到进一步加强。与山西潞宝集团等签订合作协议，产学研合作取得一定实效。

（四）人力资源建设工作

2014年，成功申报材料科学与工程、化学工程与技术2个博士后流动站，实现了学校一级学科博士点的全覆盖。一个团队和4名教师分别获得省级国家级荣誉表彰，其中国家级荣誉奖励实现了零的突破。青年教师的培养力度进一步加大，促进青年教师能力持续提高。

（五）招生与学生教育管理工作

2014年，录取硕士研究生1054人，博士研究生66人，本科专业招收8576人，一本招生省份增至28个，生源质量进一步提高。学生教育管理工作不断加强，各类竞赛取得优异成绩，获得国际一等奖1项、国家级一等奖12项、省部级一等奖74项。1名学生荣获"第九届中国青少年科技创新奖"。

（六）国际交流与合作工作

2014年,新增国际教育友好合作伙伴9个,签订国际合作协议12个。国际教育学院建设取得实质性进展,首次开设"机械设计制造及其自动化"国际班,招生46人。选拔公派出国留学人员17人,派遣教师出国(境)留学27人。4个中外合作研究中心建设取得阶段性成果。

(七)不断加强基础条件建设

2014年,学校共有在建工程5项,其中新开工工程4项。项目总建筑面积17.47万平方米,总投资6.27亿元,为近年之最。二期、三期土地征地工作进展顺利。"数字化校园"一期项目稳步推进,学校信息化建设水平不断提升。

三、以改革创新精神,全面加强党建和思想政治工作

(一)领导班子建设

在工作中特别是经过群众路线教育实践活动和省委组织部调研,认真研究并不断加强了领导班子的建设。全面贯彻民主集中制和党委领导下的校长负责制,坚持党委中心组理论学习制度和务虚制度。班子成员积极加强战略研究,针对教学、人才工作、科技工作、朔州校区办学、后勤改革、软件学院建设等学校发展中的重要问题,多次开展专题研究,明确发展举措,不断提高办学治校能力。

(二)干部队伍建设

加强干部队伍建设,修订《中北大学干部选拔任用管理规定》,建立健全有利于推进学校各项事业发展的干部考核评价机制,完成试用期满处级干部考核工作。选拔正处级干部1名,调整正处级干部4名。加大干部教育培训力度,完成了对新提任45名处级干部集中培训工作,进一步提高干部队伍整体素质。加强干部作风建设,加强纪律整顿和督促检查,以良好的干部作风带教风、促学风。

(三)基层党建工作

认真开展了"基层组织提升年"活动,根据事业发展和理顺管理需要,成立了13个学院党委。院党委成立后,完成了基层党组织换届工作,推进基层党务工作队伍建设,开展了党组织进基层学术组织工程和基层组织党建文化品牌建设工程。继续加强和完善"两级建校、三级培养"的党员发展体系,提升党员发展质量。

(四)宣传思想工作

采取多种形式,深入学习贯彻习近平总书记重要讲话精神和省委主要领导的讲话精神,强化理论武装,始终与党中央和省委保持高度一致。制定并下发了《关于加强意识形态工作构建大宣教工作格局的若干意见》,积极构建全方位、多层次、宽领域的大宣教格局。全面落实《中北大学精神文明与大学文化建设纲要(2012—2015)》,推进大学文化建设工作。中国国防科技工业军工文化艺术团获批建设。

(五)安全稳定工作

进一步健全安全规章制度,加强安全隐患排查整改,全面落实安全稳定责任制。推进安全教育进课堂,进一步提高师生安全意识。加强校园综合治理,优化校园内外环境秩序。强化保密工作的规范管理,加强网络正面宣传和舆论引导,健全教育热点舆情快速反应机制。完善学校突发事件应急管理机制,切实维护学校和谐稳定局面。

四、落实"两个责任",不断加强党风廉政建设

(一)切实落实"两个责任"

把落实党风廉政建设两个责任作为学校党的建设的重要内容,统一部署、统一检查,制定了《关于落实党风廉政建设党委主体责任、纪委监督责任的实施意见》和党委主体责任、纪委监督责任清单,明确了责任人和责任内容。同时制定下发了《关于进一步加强干部监督工作的实施意见》,加强了对干部的教育和管理。支持纪检监察部门转职能、转方式,使工作力量向监督执纪问责倾斜。进一步明确了学校各级党组织和党政机关部门落实两个责任的要求,并强化责任追究,对不严格履行两个责任的坚决严肃处理。

(二)全面推进惩治和预防腐败体系建设

严格执行党的政治纪律,保障了中央和省委重大决策部署的贯彻落实。加强源头治本和制度建设,进一步完善反腐倡廉制度。积极采取多种措施,加强对领导干部的经常性廉政教育,认真开展廉政风险防控工作。进一步加大内部监察力度,通过多种途径开展各类监察工作30余次。认真开展工程建设领域突出问题专项治理。开展工作秩序涣散、纪律松驰检查整顿工作。制定下发有关"三公经费"和科研经费管理使用办法,从严加强经费管理。

(张小明)

附:中北大学党委书记、副书记、委员名单

书　记:陶功定

副书记:刘有智　张惠选(6月离职)

委　员:安建平　肖忠良　韩　焱　潘晋孝　苏铁熊　王俊元

长治医学院党委工作概况

党委书记　李华荣

长治医学院共有基层党组织95个,其中党委4个,党总支9个,党支部82个。共有党员2061名。

2014年,在省委、省政府、省高校工委、省教育厅的领导下,学院党委深入学习贯彻落实党的十八大、十八届三中、四中全会精神和习近平总书记系列重要讲话精神,紧紧围绕建设"国内知名、特色鲜明"创新型医科大学的发展目

标，团结带领全院教职员工，以加强党的建设为保证，以深入开展基层组织提升年和学习讨论落实活动为载体，以提高“三个能力”为目标，净化政治生态，深化作风建设，加快内涵发展，各项工作取得了新进展。

一、以深入开展学习讨论落实活动为契机，净化政治生态

根据省委的安排部署，学院党委召开了开展学习讨论落实活动的动员大会，成立了活动办公室，制定了《实施方案》和《重要任务分工和进度安排》，并印制下发了《学习资料汇编》。为补足精神之钙，夯实思想基础，学院领导班子坚持以上率下，组织全院党员、干部认真学习党的十八大精神和十八届三中、四中全会精神，学习习近平总书记系列重要讲话精神，学习以习近平同志为总书记的中央领导集体的优良作风；学习省委系列会议、王儒林书记讲话精神，将思想和行动统一到习近平总书记系列重要讲话精神上来，统一到中央对山西工作的重要指示要求上来，统一到省委的决策部署上来。在深入学习、统一思想、提高认识的基础上，全院各级党组织、各单位和部门，紧紧围绕省委《实施意见》确定的4个方面讨论重点，深入开展讨论反思，认真查摆政治生态中存在的突出问题，深刻反思剖析问题的实质、根源和危害，制定了具体明确、针对性强的整改措施，形成学院领导班子和各二级党组织及单位领导班子的反思剖析报告。学院学习讨论落实活动扎实有序开展，各项整改措施正在加紧落实之中。学院党委决心通过深入开展学习讨论落实活动，形成6个方面、25项重点任务的78项具体成果，激浊扬清，革弊立新，堵塞制度漏洞，规范权力运行，铲除滋生腐败的土壤，加快内涵发展，提升“三个能力”，为促进富民强省做出应有的贡献。

二、以落实“两个责任”为重点，推进党风廉政建设

学院党委按照“党要管党、从严治党”的要求，认真履行主体责任。一是召开了全院党风廉政建设工作大会，传达省委、省纪委有关指示精神，对2014年学院党风廉政建设工作进行安排部署。二是制定了《党风廉政建设责任制目标任务分解意见》《长治医学院2014年党风廉政建设工作要点》《关于落实党风廉政建设党委主体责任、纪委监督责任的实施意见(试行)》和《关于开展廉政监督工作的暂行规定》。三是学院党政主要领导分别与各二级单位签订了《党风廉政建设责任书》，成立了10个考核组，对各二级单位党风廉政建设工作进行了认真的考核。

学院纪委强化执纪监督，认真履行监督责任。一是纪委领导与各二级单位、部门负责人进行了“一对一”专项约谈并签字背书，发挥了纪检监察事前提醒教育的作用。二是对49名新任职的副处级干部进行了集体廉政谈话，组织了廉政宣誓，签署了《廉洁从政承诺书》。三是召开了全院副处以上领导干部警示教育专题会议，传达了中纪委和省纪委有关会议、文件精神，观看廉政警示教育片《四风之害》。四是认真开展处级领导干部廉洁自律自查活动。五是对清理“吃空饷”人员、学生奖学金评定、教材的采购等工作进行了再监督、再检查，针对存在的问题和不足，向相关部门下发《廉政监督建议书》。六是对教育收费和2011年1月至2014年6月学院重大工程建设和重大维修改造工程、大宗物质采购及资金管理情况进行了认真的自查自纠。

三、以习近平总书记系列重要讲话精神为指针，全面加强党的建设

（一）深入开展“基层组织提升年”活动。一是健全基层组织，完成了1个附院党委、8个党总支、54个党支部的换届选举工作，并根据学院工作实际增设了14个党支部。二是举办支部书记培训班，加强对基层党组织负责人和组织委员的培训。三是在全院81个基层党支部中深入扎实地开展了民主评议党员活动，全院95%的党员参加了民主评议。四是组织附属医院的党委书记、各党总支书记就抓基层党建工作进行了专项述职和测评，对各基层党支部进行了年度考核。

（二）加强党员队伍建设。遵循“控制总量、优化结构、提高质量、发挥作用”十六字方针和“抓住重点，强化培养，保证质量”的工作思路，严格标准和程序，发展优秀青年教师和学生党员300名，培训入党积极分子780名。

（三）加强干部队伍建设。一是强化干部培训。组织学院处级干部进行了为期10天的专题培训，学院领导担任主讲，分别培训了党的十八届三中、四中全会精神、习近平总书记系列重要讲话精神、《党政领导干部选拔任用工作条例》，履行岗位职责所必备的基本知识和技能，遵守党纪、廉洁勤政等内容。利用中国教育干部网络学院、山西干部在线学院等培训平台，对处级干部进行在线教育培训。二是加强对干部的管理。严格执行领导干部个人事项报告制度，建立领导干部个人事项报告信息管理系统，对报告事项进行动态管理。对试用期满的49名副处级干部进行严格考核，对有问题的干部进行诫勉谈话。三是完善处级干部年度考核办法。加强对干部的量化考核、分类考核和年度目标责任考核，将全院中层干部的述职述廉报告在校园网公示，接受全院师生员工的监督，并按照“3+2+1”模式(即：3个工作亮点，2项不足，1项工作计划)，让党政职能部门、党群部门的负责人和党总支书记在大会上向全院干部、教师代表、党员代表述职述廉。

（四）深化作风建设。一是认真开展教育实践活动整改落实工作“回头看”，严防“四风”反弹。与2013年相比，减少会议33%，减少文件24%，压缩“三公经费”53.4%，院领导下基层调研人次增加了346%。二是出台了一系列改进作风的规章制度，初步建立了作风建设的长效机制。三是认真开展10项专项整治工作，清退长期不在岗人员26名。四是认真开展“工作秩序涣散、纪律松弛”专项整治工作，干部职工的纪律意识、规矩意识得到加强，工作作风和工作态度有了明显转变。

四、以坚持和完善党委领导下的校长负责制为抓手，加强领导班子建设

一是全年组织党委中心组学习 12 次，对党的十八届三中、四中全会精神、习近平总书记系列重要讲话精神和全省干部大会精神、王儒林书记讲话精神进行了重点学习，对《中共中央关于全面推进依法治国若干重大问题的决定》《关于坚持和完善普通高等学校党委领导下的校长负责制的实施意见》和《党政领导干部选拔任用工作条例》等内容进行了专题学习，不断提高班子成员的思想政治素质和政策理论水平。二是贯彻落实中办《关于坚持和完善普通高等学校党委领导下的校长负责制的实施意见》，对《长治医学院章程》进行了修订，对党委和校长的职责进行了规范，对党委会和校长办公会议事决策的范围、程序和规则进行了明确。责成有关部门尽快制定贯彻党委领导下的校长负责制的实施细则，从制度上保证民主集中制的贯彻执行和领导班子的科学决策、民主决策、依法决策。三是在省高校工委的指导下，高质量地召开了"严格党内生活，严守党的纪律，深化作风建设"专题民主生活会，领导班子成员联系实际，认真剖析自己在执行党的纪律、严格党内生活及"四风"等方面存在的突出问题，分析原因、提出改进措施。班子成员不仅积极认领班子的问题，成员之间还诚恳地进行了相互批评，达到了统一思想、明确方向、改进作风、增强班子凝聚力和战斗力的目的。四是根据学院主要领导的变化，进行了领导班子成员分工调整，按照"党政分工、归口管理、各负其责、民主集中、管到部门、联系基层"的思路，建立健全党委统一领导、党政分工合作、协调运行的工作机制。

五、以培育和践行社会主义核心价值观为主题，加强思想政治教育

一是认真做好中国特色社会主义理论体系进教材、进课堂、进头脑工作，深化思想政治理论课实践教学改革，切实增强思想政治理论课的实效性。牢牢把握党对学院意识形态工作的主导权，充分利用网络、报纸、广播等校内媒体和党课、形势报告会等形式，大力宣传党的十八届三中、四中全会精神、习近平总书记系列重要讲话精神，进一步增强师生员工中国特色社会主义的道路自信、理论自信、制度自信。二是充分发挥党政系统和工会、共青团、学生会等群团组织的作用，深入开展"中国梦"主题教育、优良传统教育、爱国主义教育、中华民族优秀文化教育、社会主义法治理念教育、廉政文化教育和改革开放时代精神教育，引导师生树立正确的世界观、人生观、价值观，把社会主义核心价值体系内化为师生员工的自觉追求和实际行动。三是加强思政队伍建设，修订《辅导员队伍建设管理条例》《班导师工作条例》，认真落实辅导员待遇政策，提高辅导员、班导师的积极性。加强培训和交流力度，多渠道、多形式不断提高思政队伍的专业水平。2014 年，教育厅对长治医学院大学生思想政治教育工作进行了实地测评，测评成绩为优秀；"赴平顺县爱心医疗志愿服务队"被中宣部、教育部、团中央等部门授予"全国优秀实践团队"称号。

六、以凝聚学院发展合力为目标，加强统战、老干、工会和共青团工作

一是实施"思想政治引领工程"和"代表人士建设工程"，增强统一战线成员对中国特色社会主义的理论认知和政治共识，积极营造有利于优秀党外知识分子脱颖而出的良好环境。二是关心少数民族学生的学习和生活，组织少数民族学生代表山西省统战系统参加全国少数民族大学生健身操邀请赛，促进各民族学生团结进步。三是将老干部总支由 2 个支部增加为 4 个，节日走访慰问老干部，发放慰问金 6 万余元，落实好老干部的政治生活待遇。举办老年书画摄影研讨班、合唱器乐兴趣班，丰富老干部的老年生活。四是召开第三届教代会第二次会议，审议院长工作报告和校内绩效工资考核发放办法，保障教职工参与民主决策、民主管理、民主监督的权力。五是为职工"送温暖"、办实事，发放困难救助金 2.4 万元，为全院教职工进行了健康体检。六是坚持党建带团建，发挥共青团党的助手和后备军作用，推优入党 685 人。支持共青团、学生社团、学生会开展丰富多彩的校园文化活动，为青年学生的就业创业、社会实践、心理健康、权益保护等提供服务，营造健康向上的文化氛围，促进学生全面发展、成长成才。

七、以提高"三个能力"为目标，加强内涵建设

一是教学改革与质量工程项目成效显著。1 项教学成果荣获国家级教学成果二等奖；医学检验技术专业和麻醉学专业被评为省级特色专业；12 项教学改革项目获得省级立项，其中重点项目 1 项；40 项大学生创新创业训练项目获得省级立项，其中 11 项获得国家级立项。二是课程建设迈出新步伐。新增全校性公共选修课 7 门，开放网络通识教育课程 7 门，建设并推荐 8 门课程参加省级精品资源共享课程的评审。三是实验实践教学进一步加强。口腔医学实验教学中心和医学影像实验教学中心被评为山西省实验教学示范中心；新增山西大医院、湘雅博爱康复医院等 4 所医院为实习医院；组队参加第五届全国高等医学院校大学生临床技能竞赛，第四次蝉联华北赛区一等奖，并进入全国总决赛荣获三等奖。四是素质教育取得新成果。在全国大学生生物医学电子创新设计竞赛、全国大学生数学建模竞赛、"兴晋挑战杯"等赛事中，获得国家级二等奖 2 项，三等奖 4 项；获得省级一等奖 7 项，二等奖 7 项，三等奖 6 项。五是医疗服务质量和水平持续提升。两所直属附属医院全年门急诊人次 90 万人，出院病人 6.43 万人，开展新技术、新项目 96 项。附属和平医院获得"山西省高校文明单位"、"山西省新生儿疾病筛查工作先进单位"、"长治市卫生系统先进集体"等荣誉称号。附属和济医院获得"山西省优质护理服务示范病区"、"长治市文明单位"和"长治市卫生系统先进单位"等荣誉称号。六是与中

南大学共同签定了《对口支援协议》，通过深化两校间的合作，借助名校的优质资源和先进经验，进一步增强自身发展能力，提升教学质量和办学水平。七是科技创新能力不断增强。全年申报各级各类项目66项，获资助项目12项，发表学术论文365篇，其中SCI收录论文43篇，校内遴选科技创新团队20个，资助项目资金150万元。八是圆满完成年度目标管理任务。将14个指标、39项重点任务分解到各二级单位，加强督办落实，认真开展自评考核，自评结果为优秀。

（邢育宏）

附：长治医学院党委书记、副书记、委员名单

书　记：申建设（2月离职）　李华荣（2月任职）

副书记：王庸晋　冯向先　李富德

委　员：李玉冰　赵中夫　陈忠义　尚进平　陈广斌

山西中医学院党委工作概况

党委书记　张俊龙

山西中医学院是山西省唯一一所培养高级中医、针推、中药、中西医结合临床及中医护理人才的高等学府，是山西省中医药教学、科研、医疗中心。学校有92个基层党组织，其中党委7个（包括6个基层党委），党总支6个，党支部79个（包括直属支部6个），其中在职教工党支部52个，离退休人员党支部3个，学生党支部18个。共有党员1847名。

2014年，特别是四届一次教代会以来，在学校党政的正确领导下，在全体教职医护员工的共同努力下，学校综合办学实力显著增强，各项工作均取得了良好成绩。

一、突出全年重点工作，年度目标任务基本完成

一是中医学专业认证高质量通过。学校上下树立“认证的是一个专业，检验的是整个学校”的理念，以认证促改革，以认证促建设，全校上下齐心协力，努力工作，特别是中医临床学院、基础医学院等7个二级教学单位和教务处、教指委等15个职能部门和教辅单位，通过解读标准、强化建设、开展督导、诊断式检查、专题推进、模拟认证、系列培训、迎评动员等自评工作，高质量通过教育部中医学专业认证专家组的现场考察，获得完全认可。

二是新校区建设基本完工。以整体搬迁、新生开学等为时间节点，统筹推进施工建设。截至2014年年底，开工建设的21个单体中，除博物馆、图书馆等正在装饰装修外，其余全部完工并投入使用。

三是整体搬迁顺利实现。截止2014年8月底，学校已整体搬迁至新校区，7000余名师生入驻。认真落实上级加强新校区管理与运行的要求，强化日常管理与磨合，保障教学、科研、生活等正常运转。圆满完成了老校区土地置换、资产清查工作。

四是作风建设全面加强。针对干部队伍中存在的“庸、懒、散、软”现象，深入开展了“工作秩序涣散、纪律松懈”专项整治。通过健全学习机制，建立限时办结、责任追究、监督检查和建立惩戒机制，营造了真抓实干的良好氛围。

五是依法治校扎实推进。依据上级有关要求，有序推进章程的修订工作，广泛征求各方面的意见建议形成了修订稿讨论稿，并提交大会讨论。加强依法治校示范校的建设，被省委依法治省领导组命名为“依法治校示范单位”。

六是大学更名有序展开。依据大学更名指标体系，明确了任务分工，组建了具体工作机构，认真制定各项指标和工作任务的推进方案，并抓好组织落实。

二、以迎接中医学专业认证为契机，教学质量不断提高

一是各类招生计划圆满完成。中医学专业在省内升格为一本B类批次招生，学院正式跨入一本招生的行列，本科招生省份达到29个。全年共招收各类学生3400人。本科招生层次、规模、覆盖省份实现了历史性的跨越。

二是专业建设与教学改革成效显现。落实专业建设规划，成功申报了生物工程等3个专业。在总结中医学实验班教改经验的基础上，在中西医临床医学及针灸推拿专业中实施“进临床、驻医院”小组式教学改革模式。推进学分制的实施。组织开展了推动内涵发展、提升“三个能力”建设主题研讨活动。

三是质量工程建设取得新成绩。获批省高校特色专业建设项目2个，教学改革项目8项，思政专项1项，获批省级教学名师2人。推荐申报省级精品资源共享课程10门。

四是研究生教育不断加强。成功组织了2015年硕士研究生招生考试工作。大力实施研究生教育改革方案。获批临床医学、中药学、护理学3个硕士专业学位授权点，成功实现了专业学位授权零的突破。

三、全面深化科技与国际合作，学科建设有序推进

一是科研实力大幅提升。获批各级各类科研项目34个，其中国家自然基金项目6项，国家中医药管理局项目1项，获批经费955.5万元。结题验收项目17项，科技成果鉴定2项，获得省科技进步奖二等奖2项，中华中医药学会二等奖1项。大力推进山西省现代中药＆药食同用中药产业技术协同创新中心建设，扎实开展产学研合作。积极推进国家中药现代化科技产业（山西）基地建设和中药资源普查工作。联合

组建了环太行山连翘产业协同创新联盟。

二是国际合作与交流深入推进。推进与澳大利亚阿德莱德大学在中医药领域的科技教育合作。与新西兰梅西大学就开办中医专业达成了合作意向。召开了对外交流与合作分会年会暨第二届系统和网络生物学与中医药学学术研讨会,举办了第三届中药农业国际化发展论坛。

三是学科工作有序推进。完成了中医学特色重点学科绩效考核以及省级创新团队的中期检查工作。开展了中医学等3个一级学科所属二级学科的中期检查工作。

四、继续实施人才强校战略,人才引进力度日益加强

一是师资队伍实现提质增量。招聘及学成回校工作博士22人。聘任直属附院48名同志为副教授、教授。做好职称评审推荐,取得副高以上职称22人。举办了中青年教师基本功竞赛,参加了全国医药院校中青年教师教学基本功竞赛等比赛,均取得了良好成绩。加强师德师风建设,荣获省教育系统先进集体1个,先进个人2名。为进一步做好教师工作,成立了教师发展中心。积极推进绩效改革,广泛征求意见,形成了《岗位业绩津贴实施方案》。进一步做好教职工年度考核工作,完善了新校区考勤制度。

二是高层次人才培养取得新进展。吕景山教授喜获“国医大师”称号,并获得2014“感动山西”十大人物特别奖。成功引进傅山学者1名,获批省级科学技术带头人、省第二批新兴产业领军人才各1人。成功申报省高校131领军人才5人。5名教师获得国家留学基金地方合作项目等的全额资助。

五、加强医院内涵建设,综合服务水平不断提升

一是医院综合实力不断增强。三所直属附属医院获批国家中医药管理局中医全科医生培训基地、中医住院医师规范化培训建设基地。附属医院获批全国中医药文化宣教基地。第三中医院以重点专科、名老中医工作室及院士工作站为建设重点,全面提升专科医疗技术水平。中西医结合医院加强医疗质量与安全管理,不断提高医疗水平。2014年,三所直属附属医院门急诊病人数达到76.8万人次,出院人数达到4.6万人次,业务收入近8亿元。

二是社会服务能力和影响力明显提升。附属医院以8家县区级中医院为分院成立了医疗联合体,对和顺县中医院实行了托管。第三中医院与定点支援的6个县级中医院签署了合作协议,为受援医院培养专科人才50人次,接收进修人员32人次。中西医结合医院与晋中市开发区医院签订了托管协议,积极参加了社会公益医疗服务。学校继续承担了省卫计委6个项目的8期培训,培训学员1100人次。继续做好对口扶贫工作,先后组织专家到和顺县开展了免费义诊和乡村医生培训。

六、以学风建设为重点,学生管理服务水平显著增强

一是学生服务管理工作更加规范。继续推行“半军事化”的管理模式,依托《二级学院学生工作月考核实施办法》和《班级考核办法》,构建了全方位的校院二级管理体制。深入开展“三爱三节”教育活动和大学生文明修身工程工作。成立了学生事务综合服务中心。积极推进“学习型”学工队伍建设,举办了第二届辅导员技能大赛。

二是第二课堂素质教育成效明显。完成了大学生综合素质评价体系的运行和实施。大力开展学风建设,开设了大学生成长讲坛,成立了学生学习与指导中心,开展了“诚信考试”、“规范课堂纪律”等系列活动。有4976人次获得各类奖助学金,1048名学生及138个集体受表彰。通过了省教育厅大学生思想政治教育的评估工作,在参评的43所高校中被评为A,位列本科组第三名。

三是学生活动丰富多彩。深入实施思想引航等五项工程,形成了“一院一品牌、一会一特色”的院系文化活动格局。通过暑期“三下乡”、西部计划、志愿服务等平台,开展了中医药特色鲜明的学生实践活动。

四是学生竞技及技能赛事喜获丰收。举办了首次秋季运动会,承办了“振东杯”全省大中学生武术锦标赛,组队参加了全国传统保健运动会、针灸推拿以及中医知识技能大赛等赛事,均获得了优异成绩。大学生体质健康测试合格率达到98.72%。

五是毕业生就业创业亮点突出。认真落实毕业生就业“一把手”责任,举办了70余场系列就业洽谈会,编印了毕业生就业政策文件选编,做好困难毕业生的就业帮扶。截止2014年12月底,毕业生就业率达到84.37%。完成了就业质量年度报告,开展了毕业生就业质量调研活动,形成了调研分析报告。

建立了大学生创新创业基地,成功申报为省属在并高校毕业学年大学生创业培训定点机构。获批省高校大学生创新创业训练项目40项。

七、全力提升管理服务水平,各项工作齐头并进运转良好

一是实验条件建设实现突破。积极推进临床实训中心建设工作,获批省级实训中心1个。中医脑病学实验室获批省级重点实验室建设立项。

二是数字化校园建设稳步推进。完善了校园“一卡通”建设,成立了信息化工作领导组,召开了电子公文传输培训班。加强网络建设,实现了新老校区互连互通,确保了校园网络的正常运行。

三是后勤管理服务日趋规范。完成了基础设施设备安装、入住区域保洁等任务,出台了加强新校区管理、办公用房配置等规定,制定了通勤车运行方案,保障了新校区的全面

启用。高度重视食堂工作,荣获省高校伙食工作先进单位称号。

八、深入贯彻习近平总书记系列重要讲话精神,党建工作再上新台阶

一是党的群众路线活动成果不断巩固。贯彻落实校领导密切联系群众、深入一线调研的实施办法和校领导接待日制度,为教职医护员工解难事、办好事、做实事。认真落实"两方案一计划",深入开展专项整治,推进各项整改任务的完成。按照省委的统一部署,深入开展学习讨论落实活动,成立了工作机构,召开了动员大会,出台了实施意见,编印了学习资料,开通了专题网页,举办了三次集中学习活动,边学习、边讨论,边落实,各项工作有序推进。

二是党的思想建设不断加强。深入贯彻党的十八届三中、四中全会及习近平总书记系列重要讲话精神,推进领导干部上讲台,完善了校院两级中心组学习制度。制定了《关于加强和改进青年教师思想政治工作的若干意见》。召开了国医大师吕景山教授学术思想暨中医药传承与创新研讨会。

三是党的基层组织和干部队伍建设有力。深入开展基层组织提升年活动,制定并实施了活动方案,开展了基层党组织书记抓党建工作专项述职评议考核工作。出台了《关于进一步加强和规范发展党员工作的实施意见》,提升了发展党员工作水平。深入学习贯彻新修订的《党政领导干部选拔任用工作条例》,举办了学习习近平总书记系列讲话科级以上干部培训班。

四是党风廉政建设和反腐败工作力度加大。从严落实"两个责任",召开了党风廉政建设工作会议,认真贯彻落实任务责任分解。通过举办专题辅导、观看警示教育片、参观廉政文化教育基地等方式,深入开展警示教育。加强与晋中市人民检察院的合作,设立了预防职务犯罪专项工作联络站。继续强化了新校区建设的监督和风险防控,以及对校区建设、物资采购、科研经费、招生录取等关键环节的管理监督,得到了上级部门的充分肯定。

五是老干部和统战工作不断加强。以提升服务为主线,建立了保健室,成立了夕阳红志愿队,建立了"首问负责、有问必答"制度,活动中心荣获全省达标创优先进称号。召开了统战工作座谈会,开展了同心·民主人士义诊活动,增强了统一战线的凝聚力。

六是大学文化建设稳步推进。组建了师生艺术团。形成了具有中医药特色的校园标识系统,进行了楼名、路名的命名。组织各方力量,推进博物馆内部建设,征购了144件(组)藏品,与设计公司实现了对接。

七是民主治校进程不断推进。召开了四届一次"教代会",建立了一年召开一次教代会的工作机制。认真做好教职工提案的办理工作。学校被授予"山西省五一劳动奖状"。

八是安全稳定常抓不懈。开展了安全隐患排查与整治,举办了地震及消防应急逃生演练,修订了《传染病疫情防控与突发公共卫生事件应急处理预案》。加快"三防"和"平安校园"建设,通过了省教育厅的专项检查验收。

(郭宏鹏)

附:山西中医学院党委书记、副书记、委员名单

书　记:张俊龙

副书记:马存根　冯　海

委　员:郭文平　冯前进　杨　波

太原师范学院党委工作概况

党委书记　王尚义

2014年,太原师范学院党委在省委、省政府和省教育厅的正确领导下,深入贯彻落实习近平总书记系列重要讲话精神,全力推进党建科学化水平,认真贯彻目标责任制,狠抓党风廉政建设,求真务实、锐意进取,学校发展取得了新的突破。

一、全面推进党建科学化水平方面

(一)深入学习贯彻习近平总书记系列重要讲话精神,提升全校党员干部思想认识

2014年,学校以党委中心组(扩大)学习为平台,深入学习习总书记系列重要讲话精神。共举办了8次党委中心组(扩大)集中学习,全校科级以上干部参加了学习,9位党政领导全部登台作了专题报告。举办了1次学习讲话精神体会专题交流会。征订下发了学习资料,使学习活动向纵深开展。通过学习统一了思想认识,坚定了信念,使习近平总书记系列讲话精神成为全校党员干部开展实际工作的指引。

(二)认真完成群众路线整改任务,坚持建立长效机制

一是认真完成整改任务,务求管用,取得实效。学校领导班子整改落实工作共23项。领导班子整改任务已全部完成。

二是完善制度建设工作,坚持长远长效。学校于2013年底制定了制度建设计划,2014年又通过"回头看"、"反复看",结合工作实际,立足管用,对29项制度和规定进行了完善和出台。

三是聚焦"四风"到位,专项整治工作合力推进。学院制定了开展整治"四风"突出问题专项整治工作实施方案,明确了七大项27小项的专项整治重点任务,现已全部完成。

(三)扎实开展"基层组织提升年"活动

2014年,校党委结合学校实际,扎实开展"基层组织提升年"活动。一是围绕基础项目,实施"规范工程"。二是围绕

核心项目,实施"精品工程"。三是围绕队伍建设,实施"提升工程"。通过抓干部教育培训,提升干部队伍的综合素质,通过抓党员队伍建设,提升了党员先锋模范作用的发挥。活动开展形成了领导重视,行动迅速、统筹部署,有序推进、主题鲜明,亮点突出、制度创新,机制健全的鲜明特色,活动取得了显著效果。

(四)用社会主义核心价植观凝聚人心,思政教育成效显著。

一是高度重视思政课建设。强化思想政治教育主阵地建设,保证经费投入。二是加强教师思想政治教育和师德师风建设。实行师德考核一票否决,建立师德档案,对教师进行年度师德考核。三是强化学生思想政治教育。通过学风督查委员会、设立助理辅导员、实施辅导员进公寓提高实效性。四是狠抓载体建设。通过创建微信、微博、网站相结合的"微微网"新媒体工作模式、行知讲堂、主题团日活动、团校及"青马"工程,在广大青年学生当中掀起学习社会主义核心价值观、践行社会主义核心价值观的热潮。

(五)学习讨论落实活动有序开展

按照要求,校党委制定出台了《学习讨论落实活动实施方案》,成立了活动组织机构。2014 年 12 月 16 日,召开了学校学习讨论落实活动动员大会。根据活动安排,学校组织开展了形式多样的学习活动,对学校存的突出问题进行了认真讨论,深刻反思,剖析了问题产生的根源,认真研究撰写了太原师范学院领导班子反思剖析报告,活动开展取得了阶段性成果。下一阶段将严肃整治"为官不廉、为官不为"问题,重点打好"三个一批"组合拳。

(六)安全稳定工作扎实推进

学校始终把安全稳定做为学校发展的头等大事,不断创新工作方式和管理模式,努力打造平安校园。一是强化教育,增强师生安稳意识。认真落实"安全教育进课堂"。定期不定期召开二级院系学生工作安全例会。加强对新生和毕业生思想动态的把握,提早入手,提前教育。不定期对教职工宣传安稳知识。二是明确责任,层层签订责任书。学校与 32 个党总支签订了《维护政治稳定工作责任书》、与 70 个部门签订了《社会治安综合治理责任书》《消防安全责任书》《消防安全应急预案》,与个别部门签订了《防范邪教活动与对涉"法轮功"人员帮教工作责任书》,各部门按照责任书要求层层签订责任书,落实责任制。

二、党风廉政建设和反腐败工作方面

面对山西省发生系统式、塌方式的严重腐败问题,以及中央对山西工作的重要指示和明确要求。学校领导班子成员坚决拥护党中央的决定,坚决贯彻落实党中央关于山西工作的重要指示要求,坚决在思想上、政治上、行动上与以习近平同志为总书记的党中央保持高度一致,同时也更加深刻的认识到深入开展党风廉政建设、反腐败工作的重要性和必要性。2014 年,校党委主要从以下几方面开展了党风廉政建设和反腐败工作:

(一)认真落实党委主体责任和纪委监督责任

1、认真落实党委主体责任。一是进一步强调、明确了领导班子责任,明确了党委主要负责人是抓党风廉政建设的"第一责任人",明确了党委班子其他成员的责任。二是完善了工作机制和体制,努力构建统一领导、分工负责、相互协调、齐抓共管的领导体制和党委领导班子认真负责、主要负责人自觉尽责、班子成员主动担当的工作机制。最近出台的学校《落实党风廉政建设党委主体责任实施方案》,明确了责任,列出了责任清单,并签字背书。

2、认真落实纪检监督责任。一是加强对作风建设的监督。坚决落实中央八项规定,以反对"四风"为标准,执行好领导干部报告个人有关事项、述职述廉、民主评议、问责制等制度,加大对影响作风建设的人和事的查处力度。二是加强对纪律执行情况的监督。严明党的纪律,对于出现的问题敢抓敢管,及时提醒、坚决纠正。严格审查和严肃处理党员干部违纪行为,发现一起查处一起,严肃追究直接责任人和有关领导的责任。2015 年年初出台了学校《落实党风廉政建设纪委监督责任实施意见》,进一步把纪检监督责任落到实处。

(二)加强制度建设,健全惩治和预防腐败长效机制

学校不断加强廉政制度建设,2014 年对不完善、不全面的党风廉政建设相关制度进行了修订和完善,集中对学院 2011 年至 2013 年党风廉政建设有关 207 项制度进行了整理。出台了《党风廉政建设和反腐败工作要点》,对学院党风廉政建设工作提前部署。

学校创新了新校区建设监督形式和方法,出台了《关于新校区建设监督工作的意见》,成立了新校区建设监督领导小组,明确了新校区建设中主要监督的八项事项。坚持新校区例会制度,小事碰头,大事上会,目前已召开例会 120 多次。同时分解招投标中相关部门的权力,形成相互配合,互相制约的工作机制,不断加大对新校区建设中重点环节的监督管理,进一步规范大宗物资、设备采购招投标程序,并对建设项目实施全过程监督检查,进一步形成了不敢腐,不愿腐的工作局面。

(三)落实"一岗双责",构建反腐倡廉责任体系

坚决履行"一岗双责",每年年初按照党风廉政建设责任制规定和领导干部"一岗双责"的要求,出台《太原师范学院党风廉政建设和反腐败工作任务责任分解意见》,年初校党委书记与全校各党总支、职能处室签订本年度党风廉政建设责任书。学校将党风廉政建设与学校各项工作紧密结合,实行党风廉政建设年度考核。每年年底学校对各部门、各系的工作目标责任制和廉政目标责任制同时进行考核,真正做到一起部署、一起落实、一起考核,收到了良好的效果。

(四)大力营造廉政文化氛围

一是组织专题学习辅导。由院纪委书记吴生彦和法律系主任薛晓蔚分别作了专题辅导报告。二是组织收看专题教育片。共收看电影两部,先进事迹报告两次,观看了《面对面——李连成查办刘铁男案》《铁纪》等相关教育片 4 次。三是设置宣传专题。在校园网设立了廉政文化专栏;举办了红色经典

诗文朗诵会;利用广播、报刊等载体,宣传干部楷模的优秀事迹。四是积极开展廉政文化、红色文化进校园活动。组织党员干部赴教育基地,赴右玉接受专题教育,组织召开红色文化专题座谈会,主题班会,推进廉政文化、红色文化在校园的生根发芽。

三、全面推进学校发展方面

(一)具有里程碑意义的两件大事

一件是在2014年5月,全校除理化生和中加学院外全部迁入新校区,合校之初定下的"建立一个新校区"的目标,终于在2014年实现了。第二件事是,2014年9月学院首批招收的63名硕士研究生正式报到,成为省内新建本科院校中第一个真正具有硕士学位授予权的学校。这两件事情都应该载入太原师范学院发展的史册。

(二)教学质量稳步提升

教学工作是学校的中心工作。2014年,为进一步落实《山西省中长期教育改革和发展规划纲要2010—2020年》,不断提高学院教育教学改革水平,在组织校级教学改革和质量提升工程项目的基础上,共获得省级教改项目5项,大学生创新性实验项目20项,省级示范实验中心1个。获批省级精品资源共享课4门,新增省级教学名师2人。成功获批生态学、土地资源管理和音乐表演三个新专业,科学教育专业被列为山西省特色专业。评选出了年度教学标兵5名,教学能手13名,教学优秀18名。在2014年度山西省本科院校青年教师教学竞赛中,文学院刘涛老师、音乐系刘畅老师获人文社科组一等奖、法律系刘颖老师获人文社科组三等奖,为学院争得了荣誉,也在全校广大青年教师中起到了榜样和示范作用,对提高青年教师课堂教学质量具有重要意义。

从2013年开始,山西省中小学教师资格制度进行了全面改革。改革后的教师资格考试主要是加大了对学生教育教学实践能力的考查力度。为此,学校全面整合教师教育资源,大力推进学生培养模式改革,不断调整课程设置和教学计划,进一步强化对学生综合素质、学科教学能力的考查。比如在完善校内外实训、实习等实践教学基地的基础上,邀请中小学优秀校长和教师来校开讲座、上课、听课、评课,提高学生解决教育教学实际问题的能力。不断完善"顶岗支教"实习模式,进一步提升学生的专业素养和实践能力,育人工作成果丰硕。比如,在2014年全国大学生数学建模竞赛中,获国家级二等奖1项,省级一等奖5项;在第三届全国大学生物理教学技能大赛中,获一等奖2个、二等奖1个;在第十四届全国大学生游泳锦标赛中,获银牌1枚,铜牌1枚;在全国全民健身操舞蹈大赛中获8个单项的第一名,并获大赛组委会颁发的最佳表演奖、最佳编排奖;第四届"华文杯"全国师范院校师范生教学技能大赛中,获得一等奖1项,二等奖5项;在第七届全国电视舞蹈大赛中,《回娘家》获作品、编导铜奖,并多次被邀在《我要上春晚》《黄金100秒》《舞蹈世界》等央视栏目演出;舞蹈《老夫老妻》获的第九届中国舞蹈荷花奖校园舞蹈大赛十佳作品奖;物联网专业学生温杰获得第四届"赛佰特杯"全国大学生物联网创新应用设计大赛一等奖;李克同学成功入围第九届中国大学生年度人物评选活动候选人等等。

(三)科研水平进一步提高

科研工作是提升学校核心竞争力的重要抓手。2014年,学校紧紧围绕内涵发展的思路,科研成果取得新突破。2014年共获批纵横向项目65项,其中国家社科基金2项,国家自然基金7项,教育部人文社科专项任务1项;获批科研经费362.75万元;共发表省级以上研究论文600余篇。获批山西省第八次社会科学研究优秀成果二等奖8项、三等奖8项、优秀奖8项;获批山西省"百部(篇)工程"一等奖1项,二等奖2项,三等奖1项;获批山西省科学技术奖三等奖1项;获批山西省高等学校科学研究优秀成果奖二等奖1项;获批省级重点学科建设专项资金项目6项。共组织110场较高层次的学术报告,营造了浓郁的学术氛围。

进一步强化重点学科建设。通过对现有学科进行梳理分析、分类整合,不断凝练发展方向。鼓励条件成熟的学科,组织申报校内重点学科。通过层层评审,新增生物学、化学为校级重点学科。学校将对四个校级重点学科(包括教育学、马克思主义理论)给予重点扶持和建设。同时,根据《太原师范学院协同创新计划实施方案》,学校高度重视两个省级协同创新基地和两个校级协同创新中心的建设工作,召开了协同创新工作研讨会,进一步完善了协同创新工作的组织机构、规章制度、人员配备等。

(四)制定章程,深化改革,依法治校工作稳步推进

大学章程制定是贯彻执行国家有关法律法规、实行依法治校的重要任务,是深化学校综合改革、建立完善现代大学制度的迫切要求。根据教育厅统一安排部署,学校于2014年10月份正式启动章程制订工作。学校领导高度重视,周密部署,专门成立了章程起草委员会、法律咨询小组等组织机构,党政联席会议多次集体讨论审议,同时积极向兄弟院校请教学习,主动请求上级主管部门的指导和帮助,通过校工会系统,向全校师生征求了意见建议,目前正处于意见收集整理阶段。学校将以章程制定为契机,认真贯彻党委领导、校长负责、教授治学、民主管理的方针,明确学校办学宗旨、学校的职能、教育形式、学校与举办者之间的关系、学校内部管理体制等,健全学术管理体系与组织架构,健全师生员工参与民主管理和监督的工作机制,真正把依法治校的科学内涵落到实处,全面推进依法治校进程,为深化高等教育改革奠定法制基础。

(五)各项工作齐头并进

落实阳光工程,强化招生就业工作。2014年,学校在全国28个省区共招收本科生5923名,研究生63名,比2013年增加1489人。在招生数量大幅增加的情况下,学校依然保持了良好的生源态势,文科录取分数线超二本线21分,理科录取分数线超二本线17分,其他艺体类专业录取分数线均高于省定分数线。面对严峻的就业形势,学院积极引导学生转变就业观念,实现了就业方式的多元化。

关心师生切身利益，重视和谐校园建设。切实落实国家对贫困学生的奖(助)学金补助政策，2014 年，学校共发放各类学生生活补助、奖学金、助学金等 2000 多万元。认真落实贫困生资助计划，为 126 名家庭困难学生提供了勤工助学岗位，150 名贫困学生进行校服款返还，为 229 名低保家庭毕业生申请了每人 1000 元的求职补贴，为 24 名新疆籍学生发放 2.9 万元的贫困补助，为 27 名孤儿学生发放了每人 1000 元的慰问金。重视学生心理健康教育，为 4439 名学生进行了心理健康状况测查，召开心理健康教育主题班会 240 余班次。关心教职工切身利益，为入驻新校区的教职工发放误餐费和交通补贴 600 多万；免费为 668 名女教职工做了健康体检。

后勤管理处在做好日常工作的前提下，积极服务于中校区的整体搬迁工作，为师生提供了和谐安全的工作、学习、生活环境。财务保障能力明显提高，新校区建设融资工作开展顺利，做到了融资途径多元化、结构合理化、风险可控化。校产处在克服中校区搬迁影响，做到了租金回收率达到 95%。招生就业处组织完成 2014 年省外院校在晋美术专业测试任务，共接纳 231 所省外院校、2 万余名考生参加测试，创收 775 余万元，为提高办学效益做出了贡献。

重视成人教育，继续拓宽办学渠道。2014 年，举办“国培计划(2014)”培训班 13 期，培训学员 650 人；举办中小学特岗教师培训班 19 期，培训学员 2051 人；培训中小学校长 983 人，教育行政干部 154 人。寒暑假期间组织全省 12 个函授站教学点共计 2960 名函授学员进行了面授教学和统一考试工作。重视发展网络学院，积极拓展办学形式，目前共建立合作办学院校 3 所，下设招生单位 11 个，现在校生人数达 1100 多人。

2014 年虽然取得了一定的成绩，但也要清醒的认识到在党的建设和推进学校全面发展中还存在着一些问题和不足。集中表现在：面对学校搬入新校区，面对新形势、新环境对构建学校党建新模式的探索做的不够，学习贯彻习近平总书记系列重要讲话精神的深度和广度还需要进一步拓展，党委的战斗力和凝聚力还需要加强，党员干部的作风还有待再强化，学校顶层设计不够细致到位，推动学校运行的机制和体制还不够完善。针对上述问题，在今后的工作中学校会认真对待，积极思考，努力改进。

(侯学文)

附：太原师范学院党委书记、副书记、委员名单

书　记：王尚义

副书记：梁吉业　王敬泽　王亦农

委　员：吴生彦　张瑞君(3 月离职)　王川龙　侯学文　薛建武

山西大学纪念中国共产党成立93周年暨“双先双优”表彰大会会场

市、县(市、区)委工作概况

中共太原市委工作概况

市委书记　吴政隆

2014年是山西和太原历史上极不寻常的一年。山西发生了系统性、塌方式严重腐败,党中央坚决查处,及时对省委班子进行了重大调整,这充分表明了以习近平同志为总书记的党中央坚持党要管党、从严治党,严肃党的纪律、严格党风廉政建设责任追究的鲜明态度,充分体现了党中央对山西工作的特殊高度重视。太原先后三任市委书记、连续三任市公安局长出问题,这在全国的省会城市中是罕见的,严重损害了党和政府在人民群众心目中的形象,严重影响了全市改革发展稳定各项事业,严重破坏了太原的法治建设和政治生态,教训十分深刻。

在党中央和省委的正确领导下,中共太原市委员会认真学习贯彻中央和省委重大决策部署,正视问题不回避、攻坚克难勇担当,积极推动全市经济、政治、文化、社会、生态文明建设和党的建设,实现了全市大局稳定、政治稳定和社会稳定,努力以实际行动和实际成效重塑市委班子新形象、重塑干部队伍新形象、重塑改革发展稳定新形象。

促进经济止滑回升。做好稳增长、促改革、调结构、惠民生、防风险工作,经济增长从一季度0.1%的低谷缓慢回升。全年地区生产总值增长3.3%;规模以上工业增加值增长0.4%;固定资产投资增长4.5%;社会消费品零售总额增长10.1%;进出口总额增长16.5%;一般公共预算收入增长4.7%;城镇居民人均可支配收入增长7.9%;农村居民人均可支配收入增长10.4%。

保障和改善民生。推动教育事业均衡发展,新改扩建各类幼儿园、中小学校66所。推进医疗卫生资源下沉,县(市、区)公办基层医疗卫生机构实行药品零差价销售。推动创业带动就业,做好重点群体和困难人员的就业援助。健全社会保障体系,提高保险统筹层次和保障水平,增加企业退休人员养老金,提高城镇最低工资标准。发展文化事业与文化产业,县级文化馆、图书馆和乡镇(街道)文化站实现全覆盖。“一元菜”、社区惠民项目资金、公共自行车等惠民举措较好落实。

加强意识形态工作。掌握工作领导权、管理权、话语权,坚持以社会主义核心价值观凝心聚力,发挥好主流媒体传播的公信力、影响力和舆论引导力,发展健康向上的网络文化。加强思想道德建设,深入开展群众性精神文明创建活动。

推进平安建设。实施“六六创安”工程,推动开展社会治安综合治理专项行动。推进涉法涉诉信访改革,做好群体性事件预防处置,积极妥善处理各类信访案件。全面落实安全生产责任,全市未发生重特大安全生产事故。

加强生态环境建设。以省城环境治理“五大工程”和“五项整治”为重点,深入推进生态环境保护和建设。新增集中供热面积2500余万平方米,关停污染企业30家,完成造林21.22万亩。

加强民主政治建设。支持和保证人大及其常委会依法行使职权、开展工作,支持政协履行政治协商、民主监督、参政议政职能。加强爱国统一战线工作,健全基层群众自治机制,推进政务、司法、厂务、村(居)务公开和公共企事业单位办事公开,做好工青妇工作和国防后备力量建设。

加强党的建设。按照中央和省委部署,分4个梯次压茬开展党的群众路线教育实践活动,落实中央八项规定精神。在全市开展了超职数配备干部专项治理、规范清理党政领导干部在企业兼职、领导干部个人有关事项抽查核实等工作。推进基层组织提升年活动,开展农村“两委”换届工作。积极配合中央纪委和省纪委做好有关案件的调查工作，查处了一批违法违纪案件。

全省、全市领导干部大会召开后，深入学习贯彻党的十八大和十八届三中、四中全会精神及习近平总书记系列重要讲话精神，在新的省委班子的坚强领导下，切实把思想和行动统一到中央对山西工作的重要指示精神上来、统一到省委的部署和对太原的要求上来，切实肩负起从严管党治党的政治责任，着力抓了三个方面的工作。

一是认真学习贯彻习近平总书记系列重要讲话和中央对山西工作的重要指示精神、省委的各项部署要求。坚持把学习贯彻习近平总书记系列重要讲话精神作为重大政治任务，努力做到真学真懂、真信真用。组织召开市委常委会议、市委中心组学习会和全市性大会，认真学习领会、深入贯彻落实习近平总书记从严治党八项要求等一系列新思想、新观点、新论断，不断强化思想认同、理论认同和情感认同，自觉用讲话精神武装头脑、指导实践、推动工作，坚定不移地在思想上政治上行动上与以习近平同志为总书记的党中央保持高度一致。深入学习贯彻党的十八届四中全会精神，认真学习、深刻领会中央对山西工作的重要指示精神，学习贯彻新的省委班子的各项部署和要求，深刻认识当前太原党风廉政建设和反腐败斗争的严峻复杂形势，切实把思想、行动统一到中央的指示和省委的要求上来，把学习贯彻成效转化为保持一致、维护权威的自觉行动，凝聚成推进改革发展稳定各项事业的正能量。

二是认真学习贯彻王儒林书记在太原调研时的重要讲话精神。紧紧围绕省委对太原提出的“六个表率”要求，统一思想、凝聚共识、振奋精神、真抓实干，不断开创各项事业的新局面。为把“六个表率”要求落到实处，及时制定下发了《责任分解方案》，将42项重点工作逐项明确任务书、时间表和路线图，由各位常委和副市长分工负责、牵头推进。提出要处理好当前与长远、发展与民生、“面子”与“里子”、抓大与扶小、存量与增量、统筹与重点等“六大关系”，积极谋划一批重大产业项目、一批重大基础设施项目、一批重大民生项目、一批不稳定因素的化解、一批重大改革事项等“五个一批”，并作为推动“六个表率”要求落地见效的具体载体和工作抓手。先后对产业发展、保障和改善民生、不稳定因素梳理化解、城市建设、城中村改造、打黑除恶、开发区拓展、省城环境治理等重点工作进行了专题研究部署。各项工作有序推进，一些重点工作取得阶段性成果。依法打掉黑恶势力团伙19个，自2006年以来部省督、转的12件涉黑涉恶核查线索全部办结；城中村乱象得到坚决整治，城中村改造加快推进。

三是坚决落实从严治党要求，深入推进党风廉政建设和反腐败斗争。深刻反思太原出现严重腐败等问题的根源在于没有严格落实管党治党的政治责任，治党不严、治吏不严，失之于宽、失之于软，清醒认识到必须坚决以“零容忍”态度惩治腐败，切实形成并始终保持高压态势，坚决把反腐败斗争进行到底。研究制定了《中共太原市委关于落实党风廉政建设党委主体责任的实施意见（试行）》和《中共太原市委关于落实党风廉政建设纪委监督责任的实施意见（试行）》，全面落实党委主体责任，坚决支持纪委落实监督责任。以城中村问题为突破口，不“躲猫猫”、不掩不盖，坚决查处腐败案件，倒查为官不为、治吏不严和相关违法违纪问题，对六起典型案件的查处进行了公布。坚持扭住“四风”突出问题不松劲，严肃查处违反中央八项规定精神的问题，坚决不搞“下不为例”。对古交市、娄烦县发生的纪检干部违反工作纪律问题作出严肃处理，并责成有关党委、纪委主要负责同志作出深刻检讨。

坚持把管党治党责任落实在行动上，及时听取工作汇报，作出安排部署。对全市县（市、区）委、市直党（工）委书记抓基层党建工作进行了专项述职，市委主要领导作为第一责任人，主持会议、进行点评、提出要求，对认识与履职不到位的单位和主要负责人提出严肃批评，并责成整改。坚持把从严管理监督贯穿到干部队伍建设全过程，认真落实省委打好“三个一批”组合拳的工作部署。坚持作风建设永远在路上，把总结全市党的群众路线教育实践活动作为加油站、新起点，持续用力抓好整改落实工作，驰而不息抓好作风建设。

（张晓茜）

附：中共太原市委书记、副书记、常委名单

书　记：陈川平（8月免职）　吴政隆（9月任职）

副书记：耿彦波　荣　彤（12月离职）

常　委：李志江（11月撤职）　弓　跃　任在刚
张春根（3月离职）　柳遂记（8月免职）
汪　凡（8月任职）　王建生　刘海芸
陈河才　蒋　鹿（2月离职）
任玉和（2月任职）
寿伟光（挂职，6月任职）

中共小店区委工作概况

区委书记　车建华

2014年，小店区委在省委、市委的领导下，深入学习贯彻党的十八大、十八届三中、四中全会精神和习近平总书记系列重要讲话精神，认真学习贯彻中央对山西工作的重要指示精神和省委、市委重大决策部署，团结带领全区广大干部群众，全面推动改革发展稳定各项事业取得新成绩，荣获国家级荣誉32项，省级荣誉63项，市级荣誉83项。

一、加强对经济工作的领导

从调结构、促转型入手,主动适应经济新常态。试行商务秘书企业服务模式,促进小微企业快速发展,出台加快发展电子商务的意见、促进区域经济发展支持办法等政策,各类电商企业发展到100余家,打造太榆路汽车销售维修、亲贤街高档购物等特色街区7个。出台《进一步加强产学研协同创新的实施意见》,科技专项经费占到区级一般预算支出的1.49%,推进产业向科技驱动、创新驱动转型。加快发展都市现代农业,各类农业园区发展到50余家。支持民营企业发展,实施中小企业成长工程,通过“助保贷”平台,小店区财政增资1000万元,为企业发放1.82亿元贷款,破解小微企业融资难题。积极围绕太原南站布局高铁经济,释放的经济红利初步显现。体现经济发展质量的农民人均纯收入、城镇居民可支配收入、公共财政预算收入同比增长10.6%、8.0%、5.9%,总量和增幅位居全省、全市前列;新增工商企业10129户,发展活力进一步增强。

二、人居环境持续改善

全力服务科技创新城建设,迁坟1028座,完成102家搬迁、拆迁企业地调摸底。承担25项市政道桥拆迁工作,累计拆迁58.2万平米。小店区财政投入1.2亿元,新建、改造大街路、背街巷11条,总里程8.4公里。投资4200万元,综合整治10个老旧片区。投入3810万元,实施总计12余万平米的5个游园建设;投资3000余万元,对65所学校实施基础设施配套建设工程;投资7600余万元,原址新建八一小学;全区公办中小学83所、民办培训机构36所、各类幼儿园130所;全区各类医疗机构达到742所,特别是以山西大医院为代表的一批大型医疗机构、医疗资源服务区域发展的作用明显增强。完成东山五龙城郊森林公园惕龙湖、登山步道等配套景点建设,绿化2750亩,基本实现全覆盖;扎实推进省城环境质量改善工作,拆除分散燃煤采暖锅炉233台,对118家城中村小洗浴实施清洁能源替代。全区二级天气达到177天,比2013年增加33天。加快城中村改造,新庄完成整村拆除,许东、北营基本完成整村拆除。5个村确定合作企业。52个完成撤村建居,42个完成集体经济组织改制或注册成立公司。召开城中村改造项目推介会,积极谋划推进环内城中村改造。

三、民生事业加快发展

围绕保民生、促发展,优化财政支出结构,民生支出14.48亿元,占小店区财政预算总支出的81.25%。城乡困难群众最低生活保障标准提高至480元。3577套保障性住房开工建设,平价菜店实现全覆盖,惠及居民约15万人。10个街乡便民服务中心、156个村(居)便民服务代办点全部建成运行。累计投入2亿元推进71个社区办公服务场所300平米达标工程,22个达到500平米以上,8个达到1000平米以上中心社区标准。农村文化活动中心和农民体育健身广场实现全覆盖。

四、加强意识形态工作

牢牢掌握意识形态工作的领导权、管理权、话语权、主动权,坚持以社会主义核心价值观凝心聚力,引导全区干部群众摒弃婚丧嫁娶陋习,树立文明新风。加强思想道德建设,深入开展群众性精神文明创建活动。

五、安全生产形势平稳

严格落实安全生产党政同责要求,强化底线意识,认真开展燃气、粉尘、道路交通、建筑安全等方面专项整治,率先在全市试点推行城中村出租房安全责任保险。深刻汲取坞城“9·21”房屋倒塌事件沉痛教训,在全区全面叫停、依法查处城中村宅基地上自建、加建、翻建等违法行为。全年生产经营性伤亡事故死亡15人,完成进度75%,好于全市平均进度,未发生较大以上生产安全事故。

六、社会保持和谐稳定

以群众工作统揽信访工作,深入开展“双百”专项活动,一大批信访突出问题有效化解。以“钉钉子”精神解决拖欠农民工工资系列问题。积极应对“9·21”事件、“12·13”河南民工非正常死亡案件等负面舆情,探索舆情分类处置办法。全力打好“四项战役”,打黑除恶的高压态势初步形成,全区“平安社区(村)”创建率达95%以上。

七、认真落实从严治党政治责任

一是深入开展学习讨论落实活动。组织全区各级党组织集中深入学习习近平总书记系列重要讲话精神和中央、省、市重要精神,组织全区副科级以上干部集中培训。区委中心组成员带头集中学习4次,围绕省委4个方面、市委10个方面讨论内容,结合“9·21”事件、“12·13”案件、城中村问题等,深入开展4次深刻反思讨论,深入查找政治生态方面存在的突出问题及表现形式。二是开展正风肃纪依法履职专项整治活动。深刻汲取“12.13”案件教训,以解决理想信念宗旨意识滑坡问题、政治纪律组织纪律松弛问题、法治观念法治意识淡薄问题、为官不为不廉不敢担当问题、守岗履职慢作为乱作为问题为导向,从严整肃队伍,强化法治意识,严明工作纪律,规范依法依纪履职行为。三是认真开展城中村七项整治活动。贯彻落实省委王儒林书记在太原调研座谈时的重要讲话精神,在全区城中村部署开展街巷卫生、安全隐患、环境污染、违法建设、治安秩序、村居管理、干部作风等七个方面专项整治活动,全面向城中村环境卫生宣战,倒查各类问题,城中村面貌得到改观。四是落实“六个表率”要求,谋划“五个一批”项目。确定了261项“五个一批”项目,明确牵头区领导、牵头单位、配合单位及完成时限,各项任务稳步推进。

八、党风廉政建设和反腐败工作深入推进

坚决落实从严治党政治责任，认真履行主体责任，3次专题研究落实党风廉政建设“两个责任”。制定实施街道、乡(镇)党政联席会议议事决策制度和大额资金使用联审会签制度等规定，在全区53个城中村推行城中村改造过渡期“1+12”系列制度。支持纪委围绕“三转”，聚焦执纪监督和查办案件主业，加强对科级干部、村(居)主干作风监督和工程领域专项监督，认真落实中央八项规定精神，深化21项专项整治，对违反政治纪律、组织纪律的党员干部严肃问责。完善反腐败案件协调联动机制，加大对城中村案件查处力度，集中查处了红寺、坞城等一批有影响的典型案件。配合上级纪委严肃查处了原亲贤社区主任、千禧集团董事长史国民等一批违法违纪案件。

九、党的建设进一步加强

按照中央和省委、市委部署，分四个梯次压茬开展党的群众路线教育实践活动，完成整改662项，解决基层困难526件。在全区开展超职数配备干部专项整治、规范清理党政领导干部在企兼职等工作。推进基层组织建设提升年活动，严肃整顿17个后进村(居)党组织。建立农村绩效考核激励制度，提高社区待遇和办公经费标准。严格执行新修订的《党政领导干部选拔任用工作条例》，依纪依规选拔任用干部。精心组织、统筹安排城中村改制公司选举和村“两委”换届选举，严守“不贿选、不诬告、不乱承诺”三条底线，严格“十四种情形不得作为竞(候)选人”资格条件，高压打击贿选、破坏选举秩序等行为。

(马　峰　李颜麟)

附：一、中共小店区委书记、副书记、常委名单

书　记：车建华

副书记：杨继承　高筱燕(女)

常　委：李恩星　宋晓丽(女)　武润生(1月任职)
张建平　刘永华(1月离职)
张振鹏(1月任职)　边军红　任效杰

二、乡镇(街道)党(工)委书记名单

坞城街道

书　记：李素梅(女,11月离职)　魏志刚(12月任职)

营盘街道

书　记：魏志刚(12月离职)

北营街道

书　记：张志中

平阳路街道

书　记：王成周

黄陵街道

书　记：侯继保

小店街道

书　记：荣杰峰

龙城街道

书　记：樊胜利

西温庄乡

书　记：张俊兵

刘家堡乡

书　记：荣银会

北格镇

书　记：雍志斌

中共迎泽区委工作概况

区委书记　刘文华

迎泽区是1997年太原市区划调整后成立的城乡一体化的城区，辖迎泽、柳巷、文庙、桥东、庙前、老军营六个街道办事处和郝庄镇，95个社区、19个村。现有党委24个，党总支118个，党支部985个，党员11637人。总面积117平方公里，是全市面积最小的城区。总人口达60.1万人，其中，在面积只有22平方公里的西部建成区内，生活着全区总人口的97.1%,近58.4万人，人口密度居于全省之首。

2014年是开启全面深化改革新阶段的重要一年，也是我区改革创新、持续转型的关键之年。一年来，区委在市委、市政府的领导下，坚持以科学发展观为指导，以扎实开展党的群众路线教育实践活动和学习讨论落实活动为契机和动力，认真贯彻落实党的十八大和十八届三中、四中全会精神，特别是全面落实中央对山西的重要指示、省委“净化政治生态、实现弊革风清、重塑山西形象、促进富民强省”和市委抓好“五个一批”的要求，团结带领全区广大党员干部群众，稳步推进和持续提升经济、政治、文化、社会、生态文明建设和党的建设水平，全区转型发展取得新进展、新成效。

支柱产业结构优化升级持续推进，经济发展的内生动力进一步增强。加快服务业转型升级，启动服装城小商品批发市场项目和“柳巷智慧生活圈”建设，引入北京天富金投资山西公司、平安银行太原分行、兴泽集团等区域总部，建成迎泽区电子商务(双北)产业园。加大招商引资力度，签约项目10余个，引进资金196.3亿元。加大重点项目推进力度，湖滨国际广场等3个项目竣工投产，累计完成投资93.48亿元。2014年，全区地区生产总值完成498.6亿元，增长6.4%;社

会消费品零售总额完成349.54亿元，增长13.7%；服务业增加值完成425.46亿元，增长6.6%；固定资产投资完成153.05亿元，增长10.3%；公共财政预算收入完成15.04亿元，增长0.35%。

城市建设与管理持续推进，以人为核心的城市发展理念进一步树立。基本完成了建设路等4条道路和相关棚户区改造的110余万平方米房屋征收任务。投资1.2亿元，实施了6个片区综合整治，改造小街巷22条。投入3000万元，新购置环卫车辆48台，完成6座垃圾中转站标准化建设，组建区、街（镇）两级城管应急队伍，城市运行管理能力和承载力进一步提升。重拳打击违法建设，叫停全区25处1.3万平方米在建违法建设，加快"城中村"改造和环境整治，枣园村、赵北峰村整村拆除73%和76%，完成郝家沟、东太堡、王家峰等10个村环境整治，城乡人居环境得到改善。启动整治了小山岩至孟家井县乡公路建设、南沙河小山岩段河道以及3个村饮水安全工程。投资8000余万元，实施了生态综合治理工程，新增造林绿化3300亩，小山沟城郊森林公园一期工程基本竣工。拆除分散燃煤锅炉42台，启动4个城边村气化改造，关停、搬迁污染企业4家。全区空气质量明显提升，城乡生态环境持续改善。

民生社会事业持续推进，公共服务和民生保障水平进一步提高。投入2.6亿元，全面完成了20件惠民实事。实施更加积极的就业政策，全区城镇新增就业2.23万余人，创业带动就业4478余人。持续提高社会保障和救助水平，各类社保参保人数达到30.28万人，新农合补贴标准达到全市最高，提高了城乡低保对象、重点优抚对象"一站式"救助比例，累计救助城乡困难群众6750人次，全额补助城镇低保对象和残疾人医疗保险，惠及3418人，残疾人低保家庭无障碍设施实现全覆盖。着力创新公共服务体系，改扩建3所中小学校、3所公办幼儿园以及4所学校操场，完成了19所学校信息化建设，中小学校生均公用经费标准分别提高至840元和1000元；加大科技投入，引进推广了一批技术先进、惠及面广的民生科技成果；深入开展流动人口计生均等化服务"全覆盖"工程，全区符合政策生育率达89.77%，保持了生育水平的稳定；探索建立社区与大型公立医院的上下联动机制，推行家庭医生式服务，医疗卫生服务更加贴近群众；深化养老服务，对农村日间照料室实行资金补助，积极鼓励社区开办老年餐桌，受到群众欢迎；实施了22个社区双提档升级工程，惠民项目资金在社区、村全覆盖。

和谐文化建设持续推进，思想文化的引领作用进一步凸显。以党的群众路线教育实践活动为主线，通过封闭式集中学、请进来辅导学、赴基层实地学、抓课题调研学以及开展"五天五员"等实践交流活动，狠抓了以党的十八大和十八届三中、四中全会精神、习近平总书记系列重要讲话为内容的理论武装；加大对外宣传，累计在各级媒体发稿6600余篇，在中央级媒体发稿90余篇；开展了创建全国文明城市、"讲文明树新风"、道德讲堂、志愿服务、未成年人思想道德建设等活动，市民文明素质进一步提升；新建30个社区图书阅览室，启动30个社区全民健身活动场所建设，编纂出版了《三晋石刻大全.太原市迎泽区卷》，拍摄了《梦回迎泽》微电影宣传片，搭建了"太原迎泽文化"微信平台，公共文化服务日益完善。

和谐稳定局面更加巩固，安全发展理念进一步强化。开展大接访活动15次，化解信访积案92件，调处各类矛盾纠纷3215起，较好地完成了国家省市重大活动、重要节日期间和重大敏感时期的信访维稳任务。牢固树立安全发展的理念，深入开展安全生产大检查，着力推进安全生产"四个全覆盖"，全区2600余家餐饮门店全部安装漏气自动切断报警器，对区属人防工程全部进行灌浆处理，森林防火实现视频全监控，政府出资在各街镇全部组建了消防站。深入推进"平安迎泽"建设，加大对流动人口聚集区、治安复杂场所、校园周边环境治安整治力度，严格落实对社区矫正对象、刑满释放人员的教育、帮扶矫治和管理措施，人民群众安全感进一步提升。

民主政治建设持续推进，团结和谐的政治局面进一步巩固。区人大及其常委会重点开展了对文化产业发展、土地管理、商贸服务业、信息化服务管理平台建设以及住房保障和重点工程房屋征收工作的执法监督。区政协成立现代服务业、民营经济、民生、城建四个课题调研组，深入调研，创新监督，建言献策。发挥统一战线优势，积极推进基层协商民主，出台了党外干部联席会议制度、重大问题协商制度和情况通报制度。坚持服务基层职工群众，深入开展送温暖工程和农民工维权服务，工会工作更加务实。积极搭平台，建载体，区域化团建力度不断加大。想方设法帮助女大学生、下岗女工拓展妇女就业途径，为贫困大中小学生和贫困母亲提供资助，妇联组织的凝聚力不断增强。

扎实抓好两个活动载体，全区广大党员干部宗旨意识和党性观念进一步提升。把开展群众路线教育实践活动和学习讨论落实活动，作为落实党要管党、从严治党的重大政治任务，紧扣"为民务实清廉"主题，狠抓学习教育提高认识，聚焦"四风"查摆问题，动真碰硬开展批评，立说立行整改问题，领导以上率下，压茬分类推进，认真完成了群众路线教育实践活动三个环节的主要任务，全区广大党员干部普遍接受了一次深刻的群众路线教育和作风洗礼，共征集意见建议3164条，整改落实2768项，建立完善制度1374项，为群众办实事好事2062件；紧紧围绕"净化政治生态，实现弊革风清，重塑山西形象，促进富民强省"的目标任务，区委领导把自己摆进去，集中学习，集中讨论，深刻反思，进一步深化了认识，各单位、各部门紧密联系实际，认真反思剖析，全区学习讨论落实活动有序推进。

党的建设全面加强，党建科学化水平进一步提高。着力做好"基层组织提升年"工作。开展了在职党员到社区报到认领志愿服务项目活动。吸纳人大代表、政协委员，依托党代表工作室建立了"两代表一委员"工作室。对10个软弱涣散村级组织进行了专项整顿，农村"两委"换届顺利推进。扎实开展了党工委书记联述联评联考工作，建立完善群众评议制度，把抓基层党建的责任层层传导，形成书记抓抓书记、一级抓一级的工作机制。制定了《迎泽区社区网格长考核办法》，社区服务群众“三进一巡、四问四看”工作法进一步落实。组建社会组织党组织75个，实现了社会组织党的组织和工作全覆盖。评定星级社区和星级农村党组织101个，落实激励资金260余万元。突出转型、实干和基层导向，调整干部20人，抽调年轻干部57人到道路拆迁一线实践锻炼。制定并启动了《迎泽区新任职领导干部跟踪考察回访工作制度》，对部分区管领导班子进行了综合分析研判，进一步加强了干部管理。

（彭利兵　苏卫国）

附：一、中共迎泽区委书记、副书记、常委名单

书　记：刘文华

副书记：冯原平　阎生华

常　委：侯富田　张志勤　裴耀军（1月任职）
秦　琦　刘锦春（女）　曹　炬
李　锦（女，1月任职）　尹亮君
梁宏宇（1月离职）

二、乡镇（街道）党（工）委书记名单

迎泽街道

书　记：张健康（2月离职）　田　华（女，2月任职）

桥东街道

书　记：薛晓明（2月离职）　樊世勋（2月任职）

文庙街道

书　记：孟晋忠

庙前街道

书　记：秦宇星

柳巷街道

书　记：刘锦春（女，兼任）

老军营街道

书　记：闫晓琴（女）

郝庄镇

书　记：尹晓平

中共杏花岭区委工作概况

区委书记　李　浓

一年来，在市委、市政府的领导下，杏花岭区坚持以科学发展观为指导，深入学习贯彻党的十八大和十八届三中、四中全会精神和习近平总书记系列重要讲话精神，以党中央对山西工作的重要指示要求和省委对太原做好“六个表率”的要求为基本遵循，紧紧围绕推动“六大发展”，进一步转变作风，狠抓落实，全面推进经济、政治、文化、社会以及生态文明建设和党的建设，全区经济社会各项事业保持平稳发展。2014年，全区地区生产总值完成429.6亿元，增长1.4%；服务业增加值完成345.8亿元，增长3.2%；规模以上工业增加值完成10.58亿元，下降28.2%；固定资产投资完成149.32亿元，下降17%；社会消费品零售总额完成163.32亿元，增长16.9%；公共财政预算收入完成15.73亿元，下降3.1%；城镇居民人均可支配收入26312元，增长8.5%；农村居民人均可支配收入14644元，增长9.5%。

一、积极转变发展方式，推动产业转型升级

服务业在经济发展中的支柱地位进一步增强。万达商业综合体商业部分已封顶，写字楼建至36层。北京华联购物中心项目正加快建设。顶好综合市场建成营业。丈子头农产品物流园一期建成投产，日交易量达700吨。工业转型稳步推进。华能太原东山燃机热电项目主厂房建筑已封闭，设备安装和配套建设正在进行。现代都市农业加快发展。集约化育苗初见规模，全年培育各种花卉40万株、蔬菜苗20万株，新建了舒清农业生态园和百花园休闲观光旅游等产业项目。

二、持续改善生态环境，着力提高城区宜居水平

持续推进东山生态建设。全面实施低效林改造，全年完成造林提档绿化10585亩。完善基础配套工程建设，维修养护县、乡、村级公路246.7公里，建成杨家峪—大窑头和谷旦—牛驼2条文明示范路。继续推进建成区绿化。创建省级园林单位1个，省级园林道路1条。创建市级绿化先进单位1个，居住区3个。新增单位附属绿地0.5公顷，新增居住区绿地1.3公顷。全面改善环境质量。完成分散采暖燃煤锅炉

替代改造101台，常年运行燃煤锅炉清洁能源替代8台，关停污染企业2家，拔掉黑烟囱127根，完成"城边村"气化改造555户。管道液化气置换天然气改造工作顺利推进。

三、加强城市建设和管理，不断提升城市的承载能力

道路改造拆迁和城中村、棚户区改造有序进行。实施了建设路快速化改造等5项城市道桥建设项目的房屋征收工作，完成动迁1039户、9.56万平方米，建设路快速化改造建成通车。启动了五龙口等10个棚户区改造项目，完成动迁3163户、16.15万平方米，继续实施道场沟、小枣沟城中村整村改造。全区新开工保障房8140套，基本建成13596套，完成投资43.45亿元，圆满完成市下达任务。环境卫生整治不断深入。完成3个片区整治工程，创建环境卫生星级单元122个，对15个城中村开展了环境卫生综合整治。管理机制逐步完善。推行了环卫工人绩效考核制度，积极破解无人院落管理难题，对全区729个无人管理楼院实施了环境卫生管护。

四、全力保障和改善民生，促进经济社会协调发展

社会保障水平不断提高。全年城镇新增就业人数19398人，城镇登记失业率3.4%。发放最低生活保障资金5061.5万元，城乡困难群众的基本生活得到有效保障。社会事业不断发展。对14所学校操场进行了标准化改造，完成51所中小学义务教育标准化学校建设，全区学校装备标准化实现全覆盖。新改扩建3所幼儿园，新增学位700个。实施城乡居民健康促进项目，为全区108个医疗机构配备了医疗设备。完善公共体育基础设施，全民健身路径实现全覆盖。社区服务水平不断提升。全年创建五星级社区11个，四星级社区32个，三星级社区55个。解决了38个100平方米以下社区办公服务用房问题，社区服务条件进一步改善。大力推动社区惠民工程，实施社区惠民项目358个，涌现出小北关社区爱心助学、锦绣苑社区居家养老、东华苑社区老年餐桌、省军区社区拥军优属为代表的一批社区特色服务品牌。持续推进为人民群众"办实事、解难事"活动。市专项办交办的97个问题全部办结，市备案的3件重点承诺事项全面完成，各街乡、各部门为群众办实事360件，40个村、107个社区为居民群众办实事147件。

五、始终坚持把安全稳定作为第一责任，着力营造和谐稳定的发展环境

制订出台了《关于安全生产党政同责的实施细则》，安全生产工作党政同责、齐抓共管的局面初步形成。严格落实政府安全监管职能，狠抓重点行业、领域安全管理，辖区内8955个生产经营单位全部实行挂牌监管，排查整改各类隐患1682条。重新修订突发公共事件应急预案体系。理顺食品药品监管体制机制，强化食品药品安全监管。深入推进平安创建活动。加强社会治安综合整治，打击各类违法犯罪。加大信访维稳工作力度。坚持区领导每日接访和领导干部带案下访等制度，全年解决重点信访案件67件。深化"两集中、两到位"行政审批制度改革。精简审批环节30%，压缩审批时限32.5%。受理各类审批服务事项19571项，办结19490项，承诺时限内办结率达100%。深入推进政务服务向基层延伸。街(乡)便民服务中心和社区(村)便民服务代办点实现全覆盖。持续加强和创新社会管理。区社会服务管理信息平台初步建成，"三级平台"、"四级管理" 的网格化体系逐步探索运行，社会管理科学化、精细化水平明显提升。

六、主动适应新常态，进一步完善发展思路

围绕市委提出的处理好"六个关系"、抓好"五个一批"、推动"六大发展"要求，区委组织成立了由区委常委和人大、政协主要领导带队的专题调研组，就全区经济产业发展、党风廉政建设、党的建设、社会管理、民生保障、教育事业和矛盾化解等方面开展领题调研。区委多次召开专题汇报会，详细听取各组调研汇报并深入进行讨论，并根据汇报讨论结果对全区2015年"五个一批"重点工作、重点项目进行进一步的完善和充实，为稳步推进全区改革发展稳定各项事业奠定了坚实基础。

七、着力提升党的建设科学化水平，为推进全区发展提供坚强组织保证

扎实开展党的群众路线教育实践活动。严把活动要求，坚持"高、严、实"的标准，精心组织推进全区活动开展。全区共查找突出问题1201个，梳理出领导班子"四风"问题3535条，领导干部"四风"问题11387条，全部建立台账、全程公示。狠抓问题整改和建章立制，领导班子959项整改内容、"四风"突出问题596项专项整治全部完成，建立完善各类制度893项，下一步还将承接省、市制度制订34项。深入开展学习讨论落实活动。紧扣活动主题，坚持问题导向，紧密围绕省、市、区委提出的16个方面内容，深刻反思、深刻剖析，查找出6个方面19项突出问题，明确了今后的努力方向和整改整治措施，为全区进一步处理好"六个关系"、推进"五个一批"、推动"六大发展"奠定了坚实的基础。扎实推进基层组织建设。以"基层组织提升年"活动为统揽，全面推进13项省、市基层组织建设重点工作的落实。以村"两委"换届为契机，持续加强基层组织带头人建设，在社区(村)"四议两公开"工作法实现全覆盖，规范执行率达到100%。大力推动基层党建模式创新，"党员组团服务推动服务型党组织创建"工作取得初步成果，基层组织凝聚力战斗力不断增强。积极推进"领头雁"培训工程，共培训两委"主干"、街乡分管领导、"第一书记"190余人。切实加强思想政治和干部队伍建设。强化学习教育，组织区委集中学习活动23次，组织全区副科以上干部参加"党的十八届三中全会和习近平总书记系列重要讲话精神"轮训。组建讲师团，深入部门、街乡、村、社区，广泛宣讲党的十八届四中全会精神。进一步强化理论武装，教育和引导

广大党员干部进一步增强道路自信、理论自信和制度自信。坚持团结、稳定、鼓劲、正面宣传为主,围绕中央和省、市委重大决策部署精心组织开展宣传工作,积极开展精神文明创建活动,在全社会广泛宣传和普及社会主义核心价值观,弘扬主旋律,传播好声音,凝聚正能量,夯实了团结奋斗的思想基础。规范选拔任用机制,严格执行《干部任用条例》和省委干部工作新要求,践行落实新时期"好干部"标准,树立德才兼备、以德为先、以廉为基、崇尚实干的选用导向。坚持从严管理干部,启动了超职数配备干部专项清理、规范党政领导干部在企业兼职领取报酬、在社团兼任领导职务和名誉职务、护照集中管理等工作,进行了吃空饷、借调人员、编外用人、干部档案等专项治理活动。注重年轻干部的培养锻炼,选派年轻干部到重大工程、重点项目一线培养锻炼。不断强化作风建设。以落实"八项规定"、纠正"四风"为重点,大力推进干部作风转变。扎实开展 16 个方面 35 项"四风"突出问题专项整治。清理纠正违规公务用车 9 辆,清退超标办公用房 1553 平米,关停会所 2 个,"三公"经费下降 21%;梳理权力清单 10 类 3159 项。全区 378 个窗口单位查找"四风"问题和涉及群众生产生活的突出问题 3250 个,制定整改措施 3923 条,群众满意率达 90%以上。进一步完善制度体系,出台《整肃工作作风优化发展环境的纪律规定》。坚持作风纪律检查常态化,全年共查处违反作风纪律问题 22 起,给予党政纪处分 30 人。深入开展党风廉政建设和反腐败斗争。高度重视党风廉政建设,坚持把反腐倡廉工作纳入全区整体工作,统筹谋划,强力推进。在《2014 年党风廉政建设和反腐败工作任务的分解意见》基础上,加强对各责任单位的监督检查和考核评价,推动反腐倡廉各项工作任务的落实。进一步完善制度体系,出台了《中共太原市杏花岭区委常委会议事规则》《中共杏花岭区委关于落实党风廉政建设党委主体责任的实施意见(试行)》《中共杏花岭区委关于落实党风廉政建设纪委监督责任的实施意见(试行)》等一系列规章制度。强化宣传教育引导,加强理想信念教育和党风党纪教育,努力提升党员干部的宗旨意识和自律意识。积极支持纪检监察机关推进"三转",不断加大案件查办力度,全年受理群众来信来电来访 141 件,立查案件 76 件,给予党政纪处分 67 人,挽回经济损失 2662.38 万元,努力形成严惩腐败的高压态势。积极推动党务、政务、事务、村务、居务、企务、财务的全面公开,有效促进权力公开透明运行。

(连建星)

附:一、中共杏花岭区委书记、副书记、常委名单

书　记:魏　民(8月离职)　李　浓(女,8月任职)

副书记:李永强(1月任职)

常　委:程有录　王晋章　施国立(1月离职)
张振国　武润生(1月离职)　杨天玉
张农寿(1月任职)　李领国
翟永清(1月任职)

二、乡镇(街道)党(工)委书记名单

三桥街道

书　记:郭亚君(女)

敦化坊街道

书　记:王建生

巨轮街道

书　记:赵联庆

涧河街道

书　记:田　景(9月离职)

鼓楼街道

书　记:李　晶(女)

杏花岭街道

书　记:任文忠

坝陵桥街道

书　记:姚静忠

大东关街道

书　记:陈向琰(女)

职工新街街道

书　记:张荣义(女)

杨家峪街道

书　记:连会银

中涧河乡

书　记:刘玉辉(9月离职)　田　景(9月任职)

小返乡

书　记:尹　骏

中共尖草坪区委工作概况

区委书记　郭建发

2014 年,尖草坪区委、区政府认真学习贯彻落实党的十八大及十八届三中、四中全会精神,认真学习贯彻落实习近平总书记系列重要讲话精神,认真学习贯彻落实省委王儒林书记和市委吴政隆书记讲话精神,紧密结合实际,以党的群众路线教育实践活动和学习讨论落实活动为动力,以打造"十好草坪"为载体,量化目标,明确任务,强化考核,全区经济社会实现了稳步发展。

全区地区生产总值(GDP)完成 255.63 亿元,下降 4.1%。

规模以上工业增加值完成142.66亿元，下降9.8%。社会消费品零售总额完成74.16亿元，增长17.2%。公共财政预算收入完成6.3亿元，增长6.8%。服务业增加值完成88.69亿元，增长8%。固定资产投资完成129.12亿元（含园区），下降21.6%。城镇常住居民人均可支配收入完成26035元，增长7.9%。农村常住居民人均可支配收入完成11994元，增长10.9%。

2014年，全区上下难中求进、退中求稳，努力破解难题，推动发展，重点表现在以下五个方面。

一、扶持老产业与服务新项目并重，结构调整初见成效

按照一产抓龙头、二产抓转型、三产抓升级，合力抓引资的思路，努力服务旧产业，引进新项目，三大产业均有新发展。2014年全区三次产业结构为1∶64∶35，二产比2013年下降了17个百分点，三产上升了17个百分点，产业结构趋向合理。

（一）抓龙头，创特色，努力带动农民增收

在发展龙头企业方面，总投资2.5亿元的九牛二期岗北牛场，主体工程已完工，新引进的3000头新西兰种牛已经入场，养殖规模将达到8000头。我区的标准化养猪户达到110户，存栏3.2万头，出栏6万多头，在市场价格低迷的情况下，产品还远销港澳地区。2014年，畜产品总产值达到2.7亿元，同比增长了20%。全区10家农产品加工企业销售收入完成7.19亿元，同比增长了20%。

在特色基地建设方面，美丽湾、众成花卉、中医药文化园、兆金农牧业优种造酒葡萄基地、龙湾庄园、康乐谷和栖贤谷七大基地发展顺利。全区农村常住居民人均可支配收入实现了10.9%的较快增长，远远高于GDP和财政增幅。

（二）抓融合，重技改，努力推动工业转型

在服务园区方面，为园区征地900亩，扩大了园区的发展空间。园区新签约引进项目14个，协议引资133亿元，入园企业已达到103个。同时，园区也为尖草坪区贡献了4921万元的分成。

在推进技改方面，投资8.7亿元，推进了7个技改项目建设。太原冶金机械厂院士工作站与钢铁研究总院研发的“电渣钢节能组合式矩形结晶器”项目被列为国家“十二五”重大国际合作专项工程。全区拥有专利的企业达到61家，同比增长了70%。全区民营企业完成税收9.9亿元，占全区税收的80%，同比增长了11%。

在服务创业方面，大力支持、服务以广立机械加工园为代表的新基地建设，为园区完善了排污、道路等基础设施，争取上级资金200万元，广立机械加工园被确定为省级创业基地，已入驻企业20余家。同时，我们还为驻地企业完成拆迁1.3万平方米，形成了互动互赢的良性发展态势。

（三）抓引进，重品质，努力推动商贸立区

围绕商贸立区的战略定位，努力引强企、建市场，一步一个脚印，努力将商贸立区的战略规划逐步落到实处。

在市场建设方面，总投资35亿元的滨西二期项目主体工程全部完工；润恒农副产品（冷链）物流产业园和泰瑞石材城项目已全面启动；义乌太原万商国际商贸城项目正在落实中。

在房地产业方面，辰兴优山美郡、三千渡、龙湾写意、滨河果岭、恒大御景湾等房地产项目稳步推进、茁壮成长。2014年为我区提供税收1.7亿元，净增了1亿元。

在旅游业方面，投资2020万元，重点建设了小塔村一线天景区旅游接待中心，并对崛围山登山便道、庄头村周边旅游设施及环境进行了提档升级和综合整治。2014年共接待游客40多万人(次)，实现旅游收入4500余万元，分别比上年增长了4.1%和12.5%。

二、尝试新机制与提供新服务并重，综改创新又破新题

以省级四项改革任务为重点，大力推进综改建设。同时，积极开展扩权强区工作，区9个部门全部完成了与上级的对接，共承接改革事项63项，已运行16项。在工作中，探索尝试了四个方面的创新。

一是创新金融服务。重点从五个方面进行了尝试。第一是为12家企业争取助保金贷款4200万元。第二是继续扩大“政银合作”成果，为50余个中小企业发放贷款4.5亿元。第三是创新贷款模式，以村集体建设用地担保，企业地上附着物抵押，银行整体打包放贷的方式，为恒山机电放贷2000万元。第四是帮助22家企业在山西省股权交易中心进行了挂牌展示。第五是积极启动了中小企业“新三板”上市工作，目前，石化工贸已完成调查工作，正在进行股份制改革。

二是创新教学模式。区一中一节自主课加一节展示课的“1+1”课改模式已在全省示范高中全面推广运用。以其成功课改经验为引领，在区二中和区六中开展了“五环节学案导学”法，第二实验小学开展了“六字相融”法等，都为教学改革添了新招。

三是探索环卫改革。为了解决我区环卫工作出工不出力、花钱不出彩、管理不常态的问题，尖草坪区通过政府购买公共服务的方式，按照“定人定费、三级补贴、分层监管、奖罚兑现”的总体思路，将全区农村的卫生、清扫、收集、清运整体打包，统一对外公开发包。这项制度从2014年7月起，已在全区84个农村和135个无人管理楼院中推行，目前已初见成效。

四是建立柔性人才机制。我们发挥紧邻主城区，区域内大专院校、大型企业较多，人才资源密集的地缘优势，按照“不求所有、但求所用”的原则，组织120余名农业、企业、教育、卫生、文化专家开展服务112场次，既服务了群众，又促进了本土人才的成长。

三、整治旧环境与推进新建设并重，城市面貌逐步改善

2014年，在城市改造、整治、建设和绿化四个方面，尖草坪区做了一些工作。

一是从整治城中村乱象入手，全力推进城中村改造。我

们积极响应省、市要求,叫停了违章建筑,对全区26个城中村,特别是列入重点的大东流、小东流、西流和新村4个村的情况进行了充分的摸底调查,并在此基础上,对各个村的改造投入、效益进行了详细的分析测算。在争取政策方面,积极与市级有关领导、有关部门对接,为大东流调整了规划,为小东流协调了安置用地。在拆迁方面,对新村依法依规采取措施,保证了项目的顺利推进。2014年,新村和大东流村共拆除了166个院落,6.7万平方米。

二是从攻克征地拆迁难入手,主动服务城市基础设施建设。2014年,市级安排尖草坪区的基础设施建设项目主要为汾西路和阳兴大道。为了配合基础设施建设的顺利推进,全区完成拆迁30万平方米,阳兴大道实现了当年开工当年建成通车。

三是从实施五大工程和五项整治入手,着力改善生存环境。按照省、市的安排,大力实施了五大工程和五项整治,全面完成了企业关停、锅炉拆除、河道治理、道路清洁等方面的任务。同时,继续开展了“气化草坪”工程,对8个村2100户实施了气化改造,安装壁挂炉1700多台,生存环境进一步优化,全区空气质量排名城六区第一。

四是从边山生态修复入手,全力开展园林荒山绿化。2014年,西山六大城郊森林公园共计投入1.4亿元,完成绿化2883亩,栽植树木54万余株。全面完成了市下达的绿化任务,两林富民工程、两网造林工程、两区造林工程共完成造林6000亩。在园林绿化方面,栽植乔灌木5071株,各类花卉植被7800余平方米。全区城市绿化覆盖率、绿地率和人均公共绿地面积分别达到47.9%、41.12%和15.8平方米,比2013年分别提高了0.55%、0.52%和0.25平方米。

四、扎实办实事与扩大覆盖面并重,民生保障稳步推进

牢固树立“民生优先”的理念,千方百计改善民生,主要做了六方面的工作。

一是抓保障,切实维护群众权益。全年城镇新增就业人数1.01万人,完成了年任务的103%。在落实保障救助方面,全年共发放各项社会保险金6.22亿元,参保27.1万人次,各项社会保险实现了应保尽保。同时,还提高了城乡居民最低生活保障标准,全年共发放保障资金2651万元。在维护民工权益方面,共清理拖欠工资2079万元,维护了农民工的合法权益。

二是抓投入,不断夯实教育基础。扎实推进了教育均衡化发展,投资近600万元维修改造中小学36所,为15所偏远学校添置了教学器材,新改扩建了3所幼儿园。投资969万元完成了全区教育信息化建设工程,并在全市率先实现了宽带网络校校通、优质资源班班通。

三是抓服务,努力提升医疗卫生水平。将新农合标准提高了58元,参合率继续保持100%。全面完成了区级公立医院改革。为5000余名农村65岁以上老人进行了免费体检,为3000余名育龄妇女开展了“两癌”免费筛查。同时,继续稳定低生育水平,荣获了太原市唯一的“全省计划生育先进县区”称号。

四是抓基层,丰富群众文化生活。建成了5个乡镇文化健身广场,推动文化馆和图书馆免费开放向社区、农村延伸。成功举办了首届“汾水杯”晋剧票友大赛等40余场形式多样的文体活动,为群众送戏送电影1200余场。在全市“活力龙城、享受篮球”篮球比赛中,尖草坪区夺得十县区冠军。

五是抓稳定,努力创建和谐尖草坪。在安全生产方面,成立了由区级领导牵头的8个检查组,派出检查人员928人次,发现并整改安全隐患1661项,行政拘留6人。全年共发生各类安全生产事故419起,同比下降3%。在社会治安方面,打击力度空前,初步构建了1+1+N的社会治安防控机制,连续开展了“百日攻坚”、“百日禁毒”、“百日追逃”等专项行动,实施了“打黑除恶”专项斗争,打掉了5个恶势力团伙,全年破获刑事案件1511起,同比提高了89%。同时,还成立了26个“城中村”社会治安整治办公室,招聘了78名社区民警助理,社会治安明显好转。在信访稳定方面,认真落实书记大接访、领导干部日接访、重点人员“四包一”、研判重点案件、带案上门化解等措施,全力维稳。2014年,全区共发生信访案件512案,化解361案,化解率70.5%。

六是抓普法,全面推进“法治草坪”建设。加大了法治宣传力度,累计发放各种宣传品(单)8万余份,受教育人数达12万人次。同时,进一步完善了依法治区领导体制,建立了尖草坪区委依法治区“1+6”工作体系,形成了依法治区的合力。

五、深入搞活动与从严管干部并重,努力夯实党建基础

认真贯彻党要管党、从严治党的方针,落实“把抓好党建作为最大的政绩”的要求,努力提高党的思想、组织、作风、制度和反腐倡廉建设水平。

一是精心组织,深入开展了两项活动。按照中央、省市安排部署,认真开展了党的群众路线教育实践活动和学习讨论落实活动。在教育实践活动方面,牢牢把握“为民、务实、清廉”这一主题,坚持问题导向,全区梳理出“四风”突出问题2784条,已整改1455条,近期整改957条,长期整改372条。全区95%以上的普通党员参加了组织生活会,受到了一次严格的党内生活锻炼。中央巡回督导组和省、市督导组参加了区委班子的民主生活会,给予了充分肯定。在学习讨论落实活动方面,我们组建了活动办,确定了6个方面、27项任务,并把具体要求落实到每个单位头上。区委中心组开展了8次集中学习和3次专题讨论,全区共组织了近600名区管干部参加了研讨班培训,印发了随身学习资料1万多册,观看了廉政警示教育片,并邀请了市委党校专家进行系统讲解。把群众路线教育实践活动中成立的14个督导组坚持延续下来,继续全程负责这次活动的督导。通过广泛征求意见,我们查找出区委在7个方面存在的29个问题,形成了区委班子的反思剖析材料。目前,全区学习讨论落实活动各项工作正在顺利推进。

二是从严治吏,加强干部队伍建设。认真组织学习了新

修订的《干部任用条例》等法规，使干部政策深入人心。针对我区部分岗位空缺以及超职数配备干部和混岗的问题，已经草拟了工作方案，待“三个一批”工作完成后启动此项工作。同时，开展了专项整治工作，重点整治了干部档案造假、党政干部在企业兼职、吃空饷、编外用人等问题，对查出的问题分别进行了处理。

三是强基固本，推进基层组织提升年活动。完善了党建工作责任制，全区实行了区、乡街、村向上级党委报告基层党建工作的“一报告一评议”制度。着力推进两委换届工作，84个村两委换届已圆满完成。加强了各领域基层党建工作。在农村社区，全面落实“一定三有”、“四议两公开”等制度，对7个村和5个社区软弱涣散党组织进行了集中整顿。投资40多万元，改造了新翟村等9处办公活动场所。在机关，创新开展了“三亮三服务两通报”的办法，办实事好事3000余件。在非公有制经济组织和社会组织，开展了“双强六好”创建活动，2385个非公经济组织共组建146个党组织，党组织作用得到有效发挥。

四是履行两个责任，形成反腐和反“四风”的高压态势。认真履行党风廉政建设主体责任，全年共召开6次常委会专题研究部署党风廉政建设，贯彻“三转”要求，支持纪委开展工作。一是狠抓了案件查处工作，全年共处分各类违纪人员51人，其中正科5名，副科4名，移送司法机关14人，挽回经济损失117.88万元。二是狠抓了检查问责，制定出台了《贯彻落实“八项规定”和厉行勤俭节约、反对铺张浪费30个不准》《农村基层干部履职28个不准》等制度，共清理清退公务用车21辆、腾退办公用房143间，3314平方米，处理54人。同时，继续开展“结对查账”，及时查纠问题，堵塞漏洞，培育干部不敢腐、不能腐、不想腐的自觉性。

尖草坪区高度重视和支持人大、政协工作。一年来，共收到人大代表建议和意见124件、政协提案196件，都认真进行了答复办理。此外，统战部门深入贯彻“同心”思想，开展了医疗义诊、技能培训、慰问帮扶等活动12次。党管武装扎实有力，民兵应急分队在反恐维稳、抢险救灾等方面发挥了积极作用。全区各部门、各单位都保持了科学履职、争先争上的积极态势，有效地推进了我区的转型跨越。

（赵　翔）

附：一、中共尖草坪区委书记、副书记、常委名单

书　记：郭建发

副书记：李贵增　李　颖（女）

常　委：王春龙　金林平　景德奎　李崇斗（1月任职）

梁宏国　荆　峰（1月任职）

张　霞（女，1月离职）　裴耀军（1月离职）

二、乡镇（街道）党（工）委书记名单

柴村街道

书　记：李　蓉（女）

上兰街道

书　记：史瑞泉

新城街道

书　记：李　汇

南寨街道

书　记：阴建中

尖草坪街道

书　记：田　娟（女）

迎新街街道

书　记：孙晋成

光社街道

书　记：刘　智

古城街道

书　记：赵晓红（女）

汇丰街道

书　记：侯　岳

马头水乡

书　记：刘永诚

柏板乡

书　记：李凤义

西焉乡

书　记：王为民

向阳镇

书　记：魏新红

阳曲镇

书　记：张玉和

中共万柏林区委工作概况

区委书记　王静恩

2014年，在市委、市政府的正确领导下，全区深入贯彻落实党的十八大和十八届三中、四中全会精神，坚持“稳中求进、改革创新”的总要求，真抓实干、奋发进取，全区经济社会各项事业的发展取得了新成绩。

一、加强从严治党和党风廉政建设，努力净化政治生态

深入学习贯彻中央、省、市领导重要讲话精神，始终与党中央保持高度一致。区委常委会坚持把学习贯彻习近平总书记系列重要讲话作为首要政治任务，切实把思想统一到中央的决策部署和中央对山西

工作的指示精神上来,在思想上政治上行动上与以习近平同志为总书记的党中央保持高度一致。坚持把党的十八届四中全会和省、市委十届六次全会精神,省委王儒林书记、市委吴政隆书记重要讲话精神作为全区工作的基本遵循和行动指南,自觉用讲话精神武装头脑、指导实践、推动工作。积极培育和践行社会主义核心价值观,广泛开展道德讲堂等群众性精神文明创建活动,坚持正确的舆论导向,营造求真务实、真抓实干的干事创业氛围。

扎实有序开展党的群众路线教育实践活动和学习讨论落实活动。区委坚持学习教育贯穿始终,坚持突出问题导向,坚持贯彻整风精神,坚持聚焦"四风"问题,坚持从严督导指导,共解决"四风"突出问题617个,制定制度229项,全市教育实践活动推进会在我区召开,区委班子专题民主生活会的经验被制作成电视专题片在全省推广,全区599个基层党组织、13552名党员干部经受了一次深刻的思想洗礼,强化了宗旨意识,增进了同群众的感情。区委严格按照省、市委的统一安排部署,坚持边学习、边讨论,全面推动学习讨论落实活动深入开展、取得实效。

加强党风廉政建设和反腐败工作。坚决落实党委主体责任,切实履行好党风廉政建设"第一责任人"的职责,对党风廉政建设亲自部署、亲自过问、亲自协调、亲自督办,加强了对主体责任落实情况的日常督查。全力支持纪委落实监督责任,重点开展对落实中央八项规定精神、纠正"四风"突出问题的监督检查和21项专项治理和8个方面专项整治,严肃查处了公款旅游等突出问题23个,查处滥用职权等违法违纪案件70件,处理违纪党员干部70人(次)。

加强干部队伍和基层组织建设。严格执行《党政领导干部选拔任用工作条例》和干部政策法规,共调整干部9名;创新干部教育培训模式,健全完善领导干部年度考核、监督管理制度,认真开展吃空饷、裸官等专项清理,举办了6期培训班,清理规范借调人员50余名。深入开展农村、社区星级党组织创建工作,积极实施"领头雁"延伸培训计划,集中开展农村软弱涣散党组织整顿工作,精心组织村"两委"换届工作,不断强化基层党员队伍和大学生村官队伍建设,"双百强基"工程得到巩固提高。

强化民主政治建设。积极支持人大代表和政协委员参政议政、履行职责。壮大爱国统一战线,加强同民主党派和无党派人士的团结合作,积极扶持民营经济发展壮大,引导新社会组织健康发展。坚持党管武装,军民共建工作深入发展。共青团、侨联、工会、科协、工商联、民族宗教、对台和双拥等工作都有新提高。

二、全力推进产业转型,带动经济社会全面进步

狠抓重点项目建设。按照"六位一体"要求实施项目带动战略,39个重点工程项目进展顺利,全年实现投资190亿元,招商引资签约项目4个,总投资达435亿元。改造提升传统产业。坚决淘汰过剩及落后产能,扶持传统产业产品升级,扎实开展城区老工业企业搬迁改造工作,三益科技创新园一期获得国家发改委产业转型升级专项2014年中央预算内投资支持。培育壮大新型产业。重点打造高端装备制造产业集群,中车铁路装备制造基地项目投入生产,三益科技创新园等3个园区建设进展顺利;巩固西山地区生态恢复成果,大力发展生态旅游、现代都市农业等新兴产业。加快发展现代服务业。结合城中村改造加快高端商业圈建设,华润、绿地等知名大集团入户我区,华润置地广场、绿地中央广场等一批大规模、高品质的重点项目开工建设,引领全区现代服务业快速发展。全面深化改革。推进"两集中、两到位"审批流程再造向基层延伸,高标准建成区政务服务中心;在游园绿地养护等事务性管理工作中引入市场竞争机制,实施了"六位一体"全天候精细化保洁等多项改革;公开招聘167名高学历年轻教师充实到教育一线,学前教育试行分级分类管理模式等;组建了乡街食品药品监管站,完成食品药品监督管理体制改革。

三、全面加强依法治区建设,维护社会和谐稳定

加强依法治区。深化"六五"普法等专项宣传教育,扎实开展法律服务活动,全面推动"六权治本"和行政执法与刑事司法的有效衔接,努力形成依法治区的长效机制。突出安全生产管理。认真宣传贯彻《安全生产法》,全面落实安全生产党政同责,深入开展日常性安全生产隐患排查和"打非治超"等专项整治活动,突出对重点领域和重点环节的监管,加强应急快速反应能力和处置能力,全区安全生产形势保持平稳。创新社会管理理念和手段。健全完善领导大接访制度和重大决策风险评估机制,强化初信初访息诉、办结制度,突出领导干部包案和带案下访制度,坚决依法处置非法上访案件。进一步完善三级社会管理平台,深入开展"六安联创"活动,加强反恐怖和"打黑除恶"专项斗争,用法治思维和法治方法及时就地解决群众诉求,严厉打击各类违法犯罪活动,全区社会环境整体上和谐稳定。

四、牢固树立以民为本宗旨,切实保障和改善民生

全力推进城中村改造。完成了东社、红沟、黄坡3个村的整村拆除任务,启动小井峪、后北屯两个村的拆除工作,累计拆除约238万平方米。同时,加快推进城改各项工作,回迁安置房累计建成约43.9万平方米,在建约191.3万平方米,下元成为全市首个五证齐全的城中村改造项目。持续加强生态建设。不断加大西山生态绿化投入力度,植树造林3.17万亩,桃花沟等景区基础设施配套日趋完善。中唐游园等8项城市园林绿化工程,为全区新增园林绿地31.829公顷,建成区绿化覆盖率达40.11%。切实加快基础设施建设。完成了金阳路等6条小街巷的拆迁工作,累计拆除各类建筑物11.3万平方米;新建了4.5公里西山防火通道,完成了9.58公里杜关线的修复改造;协助做好太古供热管线工程等6项重点工程的拆迁安置工作;实施了虎峪河河道美化工程。全面提

升城市形象。深入推进城乡清洁工程，积极开展环境卫生综合整治专项活动，环卫保洁覆盖范围向108个无人管理楼院延伸，文兴路等8个片区环境综合整治工程全部完成；继续推进“五大工程”和“五项整治”，拆除各类燃煤锅炉58台，大气环境质量得到持续改善。大力改善农村人居环境。认真做好采煤沉陷区搬迁居民的公共服务等工作；九院小区三期列入全省实施改善农村人居环境深化采煤沉陷区治理试点。坚持因地制宜、分类施策，通过发展农民专业合作社、“一村一品”、各类强农惠农政策兑现等工作，全面改善村民生产、生活条件。着力健全完善社会保障体系。实施积极的就业政策，城镇登记失业率为3.2%；强化劳动执法监察，有效处置了405起农民工劳资纠纷；继续实施城乡低保标准一体化和“参保扩面”工程，社保覆盖范围稳中有增；新建改造7个社区，实施社区惠民项目228个；新开工保障房15546套，建成4186套。协助做好市妇幼保健院、市第三人民医院迁址新建等工作，大力发展残疾人、慈善事业和人口计生工作，切实保障妇女、未成年人的合法权益。统计、审计、档案、物价、防震减灾、人民防空、政府法制、地方志等工作都有新的进步。统筹发展社会事业。新改扩建公园路小学北教学楼和4所公办幼儿园，完成5所学校操场改造和19所学校通过标准化验收。开展有奖征文等系列文化惠民活动，社区文体设施实现全覆盖，新建的美术馆、壁画馆向广大市民免费开放。继续推进大病商业保险、扩大重大疾病保障水平，新农合参合率继续保持100%，重大慢性病门诊补偿的病种扩大到45种，门诊报销比例、封顶线大幅提高，续建的5个社区卫生服务中心3个相继投入使用，10个高标准门诊社区延伸室中的9个具备开诊条件。深入开展为人民群众“办实事、解难事”活动，区级10个方面20余项近100件、乡街部门133项承诺事项全部完成。

（张锐峰）

附：一、中共万柏林区委书记、副书记、常委名单

书　记：张齐山（8月离职）　王静恩（8月任职）

副书记：杨俊民　马金安

常　委：常福元　张宝军　袁尔铭　杨宏林
郭海燕（女）　戴　刚　陈永哲（1月任职）
李晓玉（女，1月离职）
张　新（挂职，8月离职）

二、乡镇（街道）党（工）委书记名单

王封乡

书　记：闫晋宏

小井峪街道

书　记：王立学

西铭街道

书　记：王爱军

化客头街道

书　记：让志亮

东社街道

书　记：王　辉

千峰街道

书　记：王丽芬（女）

下元街道

书　记：高建军

和平街道

书　记：田晋明（12月离职）

兴华街道

书　记：梁红根

万柏林街道

书　记：李润敖

南寒街道

书　记：陈永哲

杜儿坪街道

书　记：张文会

白家庄街道

书　记：柳丽辉

长风西街街道

书　记：翟建武

神堂沟街道

书　记：张　莹（女）

中共晋源区委工作概况

区委书记　王立刚

2014年，在市委、市政府的领导下，晋源区深入贯彻党的十八大和十八届三中、四中全会精神，坚决落实中央、省、市各项工作部署，经济发展扎实推进，社会事业全面进步，发展环境续优化，党的建设不断加强，“三区”建设取得了新进步。

一、以认真学习习近平总书记系列重要讲话精神、贯彻中央通报精神和省委、市委各项安排部署为重点，政治立场进一步坚定，发展基础进一步巩固，干部精神进一步振奋

结合党的群众路线教育实践活动和学习讨论落实活动，

及时组织召开区委常委会、常委扩大会、中心组学习会、全区干部大会和全区学习讨论落实活动动员大会,对习近平总书记系列重要讲话精神、中央通报精神、党中央对山西工作的重要指示要求以及全省、全市领导干部大会,省委、市委常委扩大会精神进行传达学习贯彻。深入开展学习讨论落实活动,在全区掀起学习贯彻习近平总书记系列重要讲话精神的热潮;认真学习、深刻领会王儒林书记、吴政隆书记讲话要求,四大班子成员、全区干部职工统一思想,形成共识,坚决在思想上政治上行动上与以习近平同志为总书记的党中央保持高度一致,坚决拥护以王儒林同志为班长的省委领导班子,坚决拥护以吴政隆同志为班长的市委领导班子,自觉把思想和行动统一到省委、市委决策部署和工作要求上来。

二、以推进党风廉政建设和反腐败斗争为抓手,干事创业环境进一步优化

(一)深化思想认识,强化责任担当

一是区委班子充分发挥在全区党风廉政建设和反腐败工作中的领导核心作用,将党风廉政建设和反腐败工作与发展稳定各项工作同部署、同落实、同检查、同考核,对重大问题集体研究、集体决策。以各种形式研究讨论党风廉政建设工作11次,层层细化分解党风廉政建设任务,健全监督检查、工作考核机制,抓好任务落实。二是区委书记切实履行第一责任,担任全区党风廉政建设责任制领导组组长,对重要任务、重大问题主动安排过问,对重点环节、重要案件主动协调督办。三是区委常委履行分管责任,落实一岗双责,将党风廉政建设融入到分管部门和所包镇(街)各项工作中,抓好党风廉政建设责任制各项任务的落实。四是支持纪委履行监督责任,推进纪检监察机关"三转",将其牵头或参与的92个议事协调机构精简为12个。

(二)突出工作重点,贯彻中央"八项规定",严格落实"两个责任"

一是加强纪律作风建设。不折不扣贯彻落实中央"八项规定",狠刹"四风",开展21项专项整治,明察暗访31次,查处"四风"问题案件7件,处分8人,诫勉谈话24人。二是加大案件查办力度。开展城中村案件查办工作,在查案件5件,其中,移送司法机关案件3件,采取"两规"措施1人。全年共查结案件53件,处分60人。三是加强警示教育。在全区发放《致我区广大干部的一封公开信》《职务犯罪风险自我评估题》千余份,对34名新任领导干部进行廉政谈话,对7名化解信访问题工作不力的领导干部进行诫勉谈话。四是严肃责任追究。对发生重大腐败案件和不正之风长期滋生蔓延的镇(街)和部门实行"一案三查",查处违反工作纪律的案件5件,对当事人进行处分,对单位主要领导进行诫勉谈话。

三、以党的群众路线教育实践活动和学习讨论落实活动为契机,党的建设水平得到进一步提高

一是深入开展党的群众路线教育实践活动。紧紧围绕"三严三实"要求,全区287个活动单位、7628名党员分3个梯次,压茬开展活动。共征求意见建议6390条,梳理常委班子"四风"问题清单16条43项,召开专题民主生活会和专题组织生活会。认真制定"两方案一计划",全面启动整改落实、建章立制工作,全区查找确定的1290项突出问题已完成整改1044项,建立完善各项制度规定1024项。通过开展活动,党员干部理想信念进一步坚定,党群干群关系进一步密切,为民务实清廉的形象进一步树立。

二是认真开展学习讨论落实活动。根据省委、市委统一安排部署,区委落实主体责任,认真谋划,精心组织,成立机构,制定方案,层层动员,举办全区领导干部学习讨论落实活动培训研讨班3期,常委班子组织开展集中学习3次,集中讨论3次。常委班子以上率下,深入查摆问题,提出整改措施,广泛征求意见,形成反思剖析报告。7个活动督导组从严督导,57个活动单位按照要求扎实开展活动。

三是提升基层组织建设水平。抓实党建工作责任制,强化第一书记、农村工作指导员、农经特派员"三支队伍"建设;开展基层党组织书记党建工作述职评议;创建五星级农村党支部9个、社区2个,集中整顿软弱涣散村级党组织8个、社区党组织1个;推进党代表工作室建设和在职党员到农村、社区报到工作;实施机关党建"一支一品"走在前工程。大力推行"四议两公开",强化农村"三资"管理。依法依规、扎实有序推进村"两委"换届工作,坚决做到"十种人"零当选,全区95个行政村,2014年底已完成党支部换届90个,完成村委会换届93个。

四是强化干部队伍建设。加强干部教育培训工作。开展中心组学习25次,中心组成员撰写心得体会200余篇。举办各类培训班10期,培训党员、干部2200余人。认真做好干部选任工作。贯彻新的《干部选拔任用工作条例》,坚持正确用人导向,大稳定小调整,注重向基层和一线倾斜,注重民生和重点领域,注重班子结构合理,全年调整干部3批次42人,实施青年干部培养工程,加强干部监督工作。

四、以"六大发展"为指针,以"五个一批"为抓手,"三区"建设稳步推进

积极适应经济发展新常态,促进经济止滑回升,做好稳增长、调结构、转方式各项工作,以招商引资、项目建设引领产业转型。主要经济指标中,全区地区生产总值完成48.1亿元,同比增长2.7%;服务业增加值完成27.02亿元,同比增长3.2%;固定资产投资完成135.4亿元,同比增长53.4%;社会消费品零售总额完成25.4亿元,同比增长4.4%;全区财政收入完成10.77亿元,同比增长25%;公共财政预算收入完成6.91亿元,同比增长42.8%;农村居民收入完成11537元,同比增长10%。一、二、三产结构比例由2010年的5.4:59.5:35.1优化为2014年的7.5:36.3:56.2,呈现出一产稳步发展、二产提档升级、三产明显提高的良好格局。

(一)以民生改善为基点,全面发展社会事业

不断加大资金投入,全年民生类支出3.5亿元,同比增

长16.7%，为民办的十件实事基本完成。

优先发展教育事业。5所公办幼儿园新改扩建工程、4所学校基础设施建设工程、21所学校标准化建设、信息化工程全面完成。成成中学、市二外项目推进顺利。推进全民终身学习，打造社区居民"十分钟学习圈"，完成"学习型城区"创建工作。突出抓好医疗卫生事业。省儿童医院、市人民医院与区人民医院合作共建项目已进场施工。20个村卫生室基本完成提档升级。70个村开展乡村医生签约服务。新农参合率达到99.21%。全面落实"三晋康家"工程，组织实施"美丽晋源·幸福人家"计生惠民和"特殊帮扶"项目。积极推进科技创新。建设完成科技示范基地(点)38个，实用技术培训农民2万余人次，农村科技特派员覆盖率达100%。加强思想道德建设，大力实施文化惠民工程。10个农村文体活动广场全部建成。区文化馆、图书馆建设初具规模。"掌上晋源"新华社党政客户端开始试运行。深入开展群众性精神文明创建活动，开展道德讲堂进校园和常态化建设，广泛开展"婚丧嫁娶弃陋习倡新风"活动。举办"晋之源"群众文化艺术周、晋阳文化书画展等活动。商贸服务更加便民惠民。打造"15分钟便民商圈"2个，20个农村便民连锁店提档升级。健全和完善社会保障体系。实行"四险统征"，城镇职工基本养老、失业、工伤、生育保险参保人数超额完成任务。城镇登记失业率控制在3.45%。累计发放各类救助金2802万元，城乡居民养老保险基础养老金每人每年提高60元。为全区288户农村困难户实施危房改造，为2629名农民工解决拖欠工资4157万元。为低收入农户发放冬季取暖用煤近4万吨。新开工保障房5159套。

(二)以城中村改造为突破，不断加快城市化进程

一是全力推进城中村改造。全区累计签订城中村宅院拆除协议3540份，拆除城中村宅院3254处、124.5万㎡，公建458处、71.63万㎡。北阜村7栋安置楼主体工程全部完工，南阜、西寨等5个村安置房建设推进顺利。晋阳湖周边18个城中村城改用地方案、集体经济改制和村改居等手续办理稳步推进。

二是进一步提升城市建管水平。启动长风商务区南片区和西寨北片区路网建设项目，阳光北街、西寨北街等路网建设征拆工作已经开始。实施古寨集中供水工程、晋阳集中供水站提质扩容改造工程，全区饮水安全覆盖率达到98%。启动全区管道液化气改天然气工程、热源扩容工程。实施农村电网改造升级工程。集中开展城中村及村庄建设行为专项整治，全年制止违建34宗、保护耕地350余亩，拆除违建20余处、恢复耕地450余亩，土地卫片违法宗数全市最低。

三是着力保障省市重点工程。领导包联，例会调度，现场办公，解决问题，所有重点工程建设保障有力，推进顺畅。在晋源区落地建设的省、市重点工程共18项，全年累计完成征补1193处、71.67万平米，征收集体土地3578.01亩，征拆工作均顺利进行。

(三)以省城环境质量改善为抓手，持续改善城乡面貌

一是全面改善省城环境质量。6个城边村2088户的气化改造工程已完工通气；拔掉黑烟囱2018根，关停工业企业3家，提前完成市下达的关停任务；14台城中村(棚户区)和农村常年运行燃煤设施已全部改造完成。省城环境质量改善五大工程、五项整治任务全面完成。全力开展大气治理七项工程，实施污染整治六大专项行动，冬季大气污染防控工作成效明显。

二是大力开展生态环境治理。完成林业投资7090万元，完成市下达的9900亩植树造林任务；实施矿区破坏面综合治理工程，完成治理面积500亩；实施太汾路通道绿化工程，绿化面积11.5万平米。5家城郊森林公园累计完成绿化1.9万亩，植树430.9万株。完成柳子沙河牛家口段河道整治，实施水土流失治理5000亩，生态管护1万亩。

三是深入开展城乡清洁工程。积极开展星级达标单元创建，深入开展乡村清洁工程，试点推行上门密闭收集垃圾，彻底清理村庄"四堆"，打造精品亮点村3个、省级达标村20个。晋源街办东街村、金胜镇冶峪村2座大型垃圾转运站已开工建设。对全区主要道路实行分级管理，提高路面洁净度，全区清洁工作机械化作业达70%以上。

(四)以平安晋源建设为载体，加强和创新社会治理

一是加大信访维稳力度。严把"源头预防、过程控制、应急处置"三道防线，对全区矛盾隐患进行全面排查，确定2015年49项"重大不稳定因素"化解任务。深入开展积案化解、包案稳控工作，排查化解矛盾纠纷50件，化解率94%。落实信访责任"双向"追究制，对信访工作处置不力的2个镇(街)给予黄牌警告，对主要负责人进行严肃问责；加大对缠访闹访、扰乱社会秩序行为的处置力度。全年重大活动期间未发生赴京非访和扰乱秩序行为。

二是强化安全综治工作。建立健全"党政同责、一岗双责、齐抓共管"的安全生产责任体系。进一步完善挂牌责任制，开展安全生产"六打六治"、"打非治违"、安全大检查等专项行动，共检查企业5321家次，排查治理安全隐患7565条，检查覆盖率和隐患整改率达100%，安全标准化建设完成市下达任务，各类安全生产事故控制在市下达指标内。开展打黑除恶、除痞、除霸专项斗争，全年全区刑事立案853起，同比下降14.35%。

(杜俊霞　芦　姗)

附：一、中共晋源区委书记、副书记、常委名单

书　记：王立刚

副书记：尤天拴　张奇峰

常　委：张　彤　高二虎　李志民　李卫平　纪　元　葛德高(6月离职)梁晓明(6月任职)

二、乡镇(街道)党(工)委书记名单

义井街道

书　记：温志勇

罗城街道

书　记：程焕全

晋源街道

书　记：张　仕

金胜镇

书　记：江金魁

晋祠镇

书　记：郝志会

姚村镇

书　记：李建华(女)

中共古交市委工作概况

市委书记　常　青

2014年，古交市委深入贯彻落实党的十八大和十八届三中、四中全会精神，按照省委、太原市委的部署要求，认真落实党风廉政建设主体责任，运用法治思维和法治方式深化改革、推动发展、化解矛盾、维护稳定，驰而不息转作风，坚持不懈抓落实，全面推进经济、政治、文化、社会、生态文明建设和党的建设，各项工作取得了新进展、新成效。

一、落实主体责任，从严管党治党，着力提升党建科学化水平

一是加强领导班子建设。以开展群众路线教育实践活动和学习讨论落实活动为载体，不断强化各级领导班子建设。在群众路线教育实践活动中，市委常委班子成员带头走访调研，带头帮扶困难群众，带头查找问题，带头整改落实。参加活动的各级领导班子都按照要求制定了"两方案一计划"，市乡两级领导干部按照整改清单整改事项5648项。在学习讨论落实活动中，全市各级领导班子和党员干部深入学习习近平总书记系列重要讲话精神和中央对山西工作的重要指示要求，学习王儒林书记、吴政隆书记重要讲话精神，深刻汲取山西"系统性、塌方式腐败"教训，深入反思剖析当前政治生态存在的突出问题和制约发展的主要障碍，组织开展集中学习讨论682次，各党(工)委书记讲党课181次，举办警示教育142次，各级领导班子和成员坚定了理想信念，强化了法治思维、纪律观念和规矩意识。

二是强化基层党组织和党员干部队伍建设。以"基层组织提升年"为主线，深入开展下乡住村包增收、在职党员进社区服务群众等活动，市乡两级领导干部共住村1504次2259天，实施并完成惠农产业项目130个。各党(工)委建立了党代表工作室，圆满完成农村"两委"换届工作，集中整顿软弱涣散的村(社区)党组织16个。严格执行《干部任用条例》，坚持"好干部"标准，调整干部88名；以市乡两级中心组学习和科级干部"每月一讲"专题辅导为龙头，培训干部5000余人次；加强干部队伍日常管理监督，建立了干部谈话制度，规范了干部档案管理，清理在企业兼职党政领导干部3人、借用人员27名、"吃空饷"人员15名。

三是加强党风廉政建设和反腐败工作。出台了市委关于落实党风廉政建设党委主体责任和纪委监督责任两个《实施方案》，制定了《关于进一步精简会议文件加强基层调研的"十二条规定"》《关于禁止党员干部大操大办婚丧嫁娶事宜的规定》等一系列配套制度。大型会议下降37%，印发文件下降30%，"三公"经费下降15.4%，培训经费下降27.3%。组织开展纪律作风明察暗访26次，并按照一案三查要求处理违纪人员和追究相关领导责任、监督责任22人；加大案件查处力度，处理违纪党员干部65人，其中副科级以上干部18人，着力构建良好政治生态。

二、科学把握形势，深度推进转型，积极适应经济发展新常态

一是依托"双试点"建设，全面深化改革创新。对省、太原市下放的191项审批权限，主动对口对接，推行并联审批，加快项目的落地和建设。设立了民营经济转型发展项目库，通过助保贷等平台为29家中小企业融资2.58亿元。工商登记变"先证后照"为"先照后证"，企业年度检验制变为年度报告制。实施城乡建设用地增减挂钩500亩，启动农村土地承包经营权确权试点，积极推动农村土地流转。

二是提升改造传统产业，着力夯实发展基础。督促煤矿主体加大提升改造投入，累计完成投资7.8亿元，同时简化审批流程，实行三级联合验收制度，加快煤矿复工复产步伐，到去年年底复产1座、复工14座、2座实现联合试运行，为实现煤炭产业"六型"转变创造了条件。

三是培育发展新兴产业，促进经济转型升级。围绕经济转型，不断加大对新能源新材料、高新技术产业、现代农业、现代服务业等新兴产业扶持力度，初步实现由单一的煤炭产业结构向输电、输气、输热及新型建材、现代农业、生态旅游等"多轮驱动"的转变。已投产的西山蓝焰煤层气综合利用、西山煤气化焦化技改扩建和老农现代农业园3个项目，累计完成投资25亿元。在建续建的西山华通水泥、中联煤层气开发等37项重点项目，2014年完成投资45.5亿元。新谋划了森旭长安锂电开发利用、兴能电厂三期、卓达新型建材和华润循环工业园4个大型工业项目。

四是创新优化政务环境，加大招商引资力度。深化审批制度改革，全市39家涉及审批、服务的部门和单位全部进驻政务服务中心，审批时限压缩408个工作日，对乡镇(街道)便民服务中心、农村(社区)代办点进行了规范化建设。加大招商引资力度，与华润集团、中研伟业科技公司等大型企业集团签署了合作协议，签约资金95.4亿元。

五是强化安全责任落实，抓好各领域安全监管。坚持党政同责、一岗双责，严格落实政府安全监管、企业安全生产两个主体责任，累计排查整治各类安全隐患2660余条，开展巡查9400余人次，取缔封堵私开坑点3处，实现了重特大事故“零”目标。

三、统筹城乡发展，大力治污增绿，全面加快宜居城市建设

一是狠抓“三农”工作，促进农民持续增收。大力实施“一乡一业、一村一品”战略，新增“一村一品”专业村12个。20个现代农业园区占地面积达到1万余亩，已累计完成投资4.5亿元。全面落实支农惠农政策，培训农民8000余人次，发放粮食直补、农资综合补贴842万元，补贴220万元购置农机具405台(件)，维修新建饮水安全工程38处，为低收入农户供煤近3万吨。

二是坚持建管并重，积极推进新型城镇化。正确处理“面子”与“里子”的关系，以“五规合一”引领新城开发、旧城改造和小城镇建设，大力推进20余个城建项目，特别是搁置多年的当中街旧城改造项目取得突破性进展。强化城乡管理，135个村(居)达到二星级以上标准，其中36个村(居)达到三星级以上标准。

三是大力“治污增绿”，着力打造宜居城市。实施了集中供热全覆盖、中心城区燃料结构调整等“五大工程”和工业企业污染治理、扬尘污染治理等五项整治，建成了日处理250吨生活垃圾的无害化卫生填埋场，汾河古交城区段治理工程疏浚河道1.8公里、铺设污水管道2000米，造林7.8万亩。

四、倾心关注民生，攻克重点难点，全力保障人民群众安居乐业

一是点面结合促进社会事业全面发展。改造2所学校危房，新建6所幼儿园，完成37所义务教育学校标准化和26所寄宿制学校宿舍标准化建设；启动了居民“安康卡”工程和食品药品检验检测中心业务楼建设，高标准新建20个村卫生所；组织开展30多场丰富多彩的广场文化系列演出和惠民文艺演出，公益性农村电影放映1752场；龙城向新红豆山庄基本建成，启动二龙山生态旅游产业联动项目；引进锂电池制造、煤矸石深加工2项高新技术，引进高科技创新人才6名；人口自然增长率控制在4.13‰。

二是托底民生抓好就业和社会保障。举办各类人才交流会8场，新增城镇就业岗位6140个，养老、医疗、失业、工伤、生育五大社会保险覆盖面进一步扩大，新农合参合率达99.8%。城乡居民最低生活保障标准每人每月提高到476元、298元，发放城乡低保金2509万元、医疗救助金756万元，社会救助体系进一步完善。

三是突出重点稳步推进采煤沉陷治理。攻坚克难完成了已实施10年的国有重点煤矿采煤沉陷区综合治理安置工程。以全省新一轮采煤沉陷区治理为契机，启动嘉乐泉乡5个村试点治理项目，并按照“一年试点、三年推进”安排，逐步推进全市采煤沉陷治理工作。

五、开展文明创建，强化法治观念，努力维护社会和谐稳定

一是加强精神文明建设。综合运用报纸、电视、广播等传统媒体和政府网站、古交吧、微信平台等网络媒介，加大中央、省、太原市重要会议精神及市委、市政府中心工作的宣传力度，进一步增强舆论引导作用。深入开展文明创建活动，积极开展“解放思想、激发活力”大讨论系列活动，加强宣传“中国梦”和社会主义核心价值观，开展了向全国劳模、全省最美乡镇干部成拉旺同志学习活动，选树了10名服务人民群众“十佳标兵”。

二是加快法治古交建设。全力支持人大、政府、政协依法开展工作，加强与各民主党派、工商联和无党派人士的联系。积极推进依法行政，大力实施“两集中、两到位”，加快建立“权力清单”、“责任清单”和“负面清单”，清理十类事项3852项。出台了《关于贯彻落实党的十八届四中全会精神加快推进法治古交建设的实施意见》，加强“六五”普法宣传，推进依法监督、严格执法、公正司法、全民守法，加快法治古交建设步伐。

三是加强和创新社会管理。围绕创建“平安古交”，强力推进“六网覆盖”工程，建设视频采集点4000余个，对城区主干道、市民休闲活动场所等实施了常态化武装巡控。加强社会治安综合治理，组织开展了打黑除恶等“四项战役”及打击涉黄涉毒等一系列专项行动，破获刑事案件183起，查处治安案件801起。加强流动人口服务管理，强化市乡村三级社会服务管理网络建设，社会公众安全感和满意度评价在太原市名列前茅。

四是强化信访维稳工作。坚持书记大接访、市级领导工作日轮流接访、包案领导带案下访，切实做到有访必接、有接必办。全年共接待信访群众1157批次6300余人次，接访266案，办结242案，结案率91%，中央、省和太原市交办的43个信访积案全部“息诉罢访、案结事了”，维护了社会的和谐稳定。

（芦爱明）

附：一、中共古交市委书记、副书记、常委名单

书　记：常　青

副书记：贾慕权　程顺旺　侯永霞(女，3月任职，挂职)

常　委：孙劲松　王富强　郝淑贞(女)
牛全英(6月离职)　王　镭　陈晋忠　丁晓旭
王志刚(6月任职)

二、乡镇(街道)党(工)委书记名单

河口镇

书　记：吕四虎

镇城底镇

书　记：弓梅梅(女)

马兰镇

书　记：阎　伟

加乐泉乡

书　记：贾维龙

梭峪乡

书　记：高　鹏（1月离职）　李勇存（1月任职）

岔口乡

书　记：武卫伟

常安乡

书　记：张全荣

原相乡

书　记：裴宏瑞

邢家社乡

书　记：姜　玉

阁上乡

书　记：邢武晓（1月离职）

东曲街道

书　记：王志刚

西曲街道

书　记：张吉明（1月离职）　邢武晓（1月任职）

桃园街道

书　记：张宏印

屯兰街道

书　记：周爱勇（1月离职）　程巨发（1月任职）

中共清徐县委工作概况

县委书记　韩良会

2014年，深入学习贯彻党的十八大和十八届三中、四中全会精神及习近平总书记系列重要讲话精神，落实省、市委决策部署，坚持党要管党、从严治党的责任担当，主动适应经济发展新常态，加快建设弊革风清、开放包容、城乡一体、产业低碳、田园秀美的全省综合实力强县。

一、深入学习贯彻习近平总书记系列重要讲话精神，坚定不移地与党中央保持高度一致

坚持把学习贯彻习近平总书记系列重要讲话精神作为重大政治任务，自觉运用习近平总书记系列重要讲话精神武装头脑、指导实践，使之成为引领全县各项工作的根本遵循。坚决拥护中央的决定和部署，坚定不移与以习近平同志为总书记的党中央保持高度一致，把思想统一到中央对山西工作的重要指示要求上来，统一到省委“净化政治生态、实现弊革风清，重塑山西形象，促进富民强省”、推进“六大发展”、实施“六权治本”的要求上来，实现了全县政治稳定、社会安定。

二、认真组织开展党的群众路线教育实践活动

提前半年进行了深入大调研，查找问题1万余条。县委中心组（扩大）会议先后10次集中学习、5天封闭学习，查摆县四大班子及成员“四风”问题302条，县级领导先后152次深入基层，为群众办实事、解难事108件，中央活动办，省市委活动办、督导组等有关领导全程参加指导了县委常委班子民主生活会。制定了16个方面的整改措施，开展26项专项整治和22项制度建设。

巩固活动成果，认真开展学习讨论落实活动。将重要任务细化为6个方面、26项任务，明确牵头单位、参加单位和时间进度，通过集中讨论，深刻剖析省、市政治生态恶化的原因和对策，查找我县政治生态存在的突出问题。

三、坚持从严管党治党，深入推进党风廉政建设和反腐败斗争

严格落实党风廉政建设党委主体责任和纪委监督责任。修改完善党风廉政建设责任制考核办法，县委每月研究推进，及时批办重大案件，协调解决重大问题。县纪委履行监督责任，聚焦主业，牵头或参与的议事协调机构由110个精简到12个。

落实“八项规定”精神，狠刹“四风”。全县压缩会议、文件、评比达标表彰活动21项（次、件），公务用车费用减少50%，公务接待费用降低60%以上，整治“吃空饷”人员29人，清理借调人员414人。

保持反腐败高压态势，全年受理信访举报148件，立案113件，给予党政纪处分125人，其中科级干部21人。移送司法机关3人，挽回经济损失96万元，查处了一批群众反映强烈的突出问题。

四、主动适应经济发展新常态，加快转变发展方式

打造发展平台，构建新兴产业体系。经济开发区主干道1号线通车，与高新区签订合作框架协议发展“飞地经济”。省、市重点项目全部开工。头号工程阳煤新材料园项目进展顺利，晋药集团物流产业园开工建设，省广告文化创意产业园等一批大项目签约。暖气片企业全部实施技改升级，生产工艺达到国内领先水平。煤矿企业复工复产加快推进。新建设施蔬菜8300亩，新发展合作社112家。培育了一批国家级、省级生态旅游示范点，全年共接待游客156万人次、同比增长30%。

推动统筹发展,加快城乡一体化建设。开展《县域总体规划》《县城总体规划》《开发区规划》等编制工作。太祁高速清徐南互通工程全部完工,307国道改线、引黄入清、东湖北岸公园等工程有序推进。积极筹建县城综合批发、便民市场。开发区三个村搬迁改造工程开工。实施徐沟东大街改造、孟封镇天然气置换等工程。组建河东、河西城乡建设综合执法队,处理了一批违法占地、违法建设。

注重生态文明,建设美丽清徐。开展了以改善环境质量"五大工程、五项整治"为主要内容的"百日行动",集中对煤炭、钢铁、焦化、化工、铸造等行业违法排污行为进行严厉打击。焦化企业全部开展环保设施升级改造,拆除闲置烟囱110余根,县城无燃煤区面积达到80%。发展高效节水灌溉,我县成为全国100个农田水利设施产权制度改革和创新运行管护机制试点县之一,获得国家高效节水重点县、全省农田水利基本建设最高奖"禹王杯"荣誉。完成造林工程28100亩,创建了6个省级生态乡镇、20个省级生态村,获得省级园林县城称号。

五、坚持不懈改善民生,全面落实惠民利民政策

教育卫生事业加快发展。继续实施中小学校D级校舍改造、标准化幼儿园改扩建、中小学办学合并、县乡教师双向交流等工作。特殊教育学校建成投入使用。县人民医院和县第二人民医院建立医疗联合体,招聘医疗技术人员,公开选聘乡镇卫生院长,实现80%以上的患者在县域内就诊,成为省级分级诊疗试点县,受到国家医改办充分肯定。开展国家卫生县城创建活动,获得国家级计划生育优质服务先进单位。

社会保障体系进一步完善。新农合参合率达到99.3%,补偿受益24万余人次。新型农村养老保险、城镇居民养老保险、城市低保、农村低保做到应保尽保。开展了果树保险工作,惠及果农2780户。

民生事业协调推进。基本建成1081套保障性住房,全部完成农村危房改造任务。解决了一批农村人口的饮水安全和农村内涝排水问题,为70岁以上老年人办理免费公交乘车卡。基本完成退伍士兵安置工作。

社会文化繁荣发展。践行社会主义核心价值观,提炼"清徐精神"。深入开展文明创建活动。188个村和24个社区全部建立红白理事会移风易俗。县青少年活动中心免费向社会开放。通过文化部"全国文化先进县"复查验收,接受了"全国文明县城"复核验收。

安全生产形势持续好转。强化党政同责、齐抓共管的理念,将安全隐患举报向企业延伸,开展安全生产大检查,全年未发生重特大安全事故。

综合治理扎实有效。完成县乡村网格四级信息平台建设,在全市率先整合基层各类网格长、协管员、志愿者队伍。加强社会治安综合治理立体化防控体系建设,实现重点区域视频探头基本覆盖。组建了专业调解组织和调解员队伍,调解各类矛盾纠纷和重点案件3983件。

六、持续深化改革,双重试点优势不断显现

注重顶层设计,完善改革机制。成立县深化改革领导小组和七个专项小组,明确32项改革任务。在全市率先完成食药监体制改革,接受质监、工商划归县级管理,煤炭焦炭公路销售体制改革基本完成,新一轮政府机构改革方案已获批复。

构建土地流转平台。柳杜乡农村土地承包经营权确权登记颁证试点工作扎实推进,全县流转土地达到81918亩,废弃建设用地连片整治2500亩。

构建投融资创业平台。组建了民营企业家协会,开展"助保贷"业务解决中小企业融资难,建设了王答中小企业创业基地。

构建高效审批平台。县级36个部门264项服务、审批事项全部进入政务大厅。在全省率先整合党、群部门服务职能,实现党务政务"一门受理"。10个乡镇(街办)全部建立起便民服务中心,80个村建立起村级便民服务标准化示范代办点。

构建公共资源管理平台。在全市率先组建了公共资源交易平台,以工程建设、政府采购、土地交易等各类交易为主体,全年累计交易87项,节约资金195万元。

七、加强民主法治建设,巩固团结协作良好局面

加强民主法治建设,起草《关于贯彻落实党的十八届四中全会精神加快推进法治清徐建设的实施意见(讨论稿)》。支持县人大和县政协围绕中心工作,履行法定职责和政协职能。支持统战、人武、工会、共青团、妇联、科协、残联等工作。圆满完成县总工会换届工作,新组建工会组织17个。民革清徐支部完成换届工作。

八、扎实推进党的建设

切实加强思想政治建设。县委中心组集中学习16次,及时学习党的十八届三中、四中全会和省、市全会精神,把全县干部队伍的思想和行动统一到省委、市委的要求上来。组织开展了"解放思想、五破五立、学习先进、激发活力"系列大讨论活动,全县涌现出了职教中心、桑石宝等一批先进组织和先进个人。

认真抓好组织建设。开展"基层组织建设年"、"领头雁"培训工作。选派21名县、乡干部到村任"第一书记",对19个软弱涣散村进行集中整顿。打造了3个高标准大学生村官抱团创业示范基地,在232个非公党组织中开展"双强六好"创建活动,开展了星级农村、社区党组织创建活动。圆满完成村党组织、村委会换届工作。学习贯彻《党政领导干部选拔任用工作条例》,坚持"五条标准"的用人导向,消化超职数配备科级干部10人,离任审计干部2名。

不断强化制度建设。贯彻落实党的各项规章制度,修改

完善了县委常委班子议事规则和决策程序。全面落实基层党建工作责任制和述职报告制,出台了《党员干部直接联系群众十项制度》。规范村规民约,农村"四议两公开"逐步规范化、常态化。

(杨 帆)

附:一、中共清徐县委书记、副书记、常委名单

书 记:韩良会

副书记:王琳玉 白晋虎

常 委:杨保恒 王耀武 郭云贞 张桂芝(女)

田文浩 邢蕴武 黄 涛 张文华(1月离职)

二、乡镇(街道)党(工)委书记名单

清源镇

书 记:王国庆

马峪乡

书 记:靳秀发

东于镇

书 记:郭 彬

柳杜乡

书 记:贯宏俊

西谷乡

书 记:陈俊峰(8月离职)

王答乡

书 记:陈晓勇

孟封镇

书 记:岳兔立

徐沟镇

书 记:武晓俊

集义乡

书 记:董隽杰

东湖街道

书 记:赵四顺

中共阳曲县委工作概况

2014年,阳曲县委深入学习贯彻落实中央和省委、市委重大决策部署,认真实施"三保一促"发展方针,"四化三区"发展战略,坚定走工业强县、农业富民、城镇化提升幸福感的发展道路,紧紧围绕党的群众路线教育实践活动这一主线,以稳中求进、改革创新的基调推进全县各项工作。市下达的主要经济指标全面完成,地区生产总值完成37.37亿元,同比负增长8%,增速全市第八;固定资产投资额45.72亿元,同比增长28%,增速全市第三;规模以上工业增加值17.79亿元,同比负增长18.9%,增速全市第五;服务业增加值8.85亿元,同比增长3.6%,增速全市第四;社会消费品零售额10.29亿元,同比增长18.9%,增速全市第一;公共财政预算收入3.97亿元,同比负增长10.9%,增速全市第八;城镇居民人均可支配收入18786元,同比增长8.3%,增速全市第二;农村居民人均可支配收入6512元,同比增长11.3%,增速全市第一。

一、砥砺奋进,新型工业态势强劲

一是工业项目推进加快。以骨干企业为主体,重点打造新能源、新材料、高端制造、食品加工等产业集群,实现板块化发展,集群化推进。总部园区集聚企业24家,东铝片区集聚企业22家,食品工业园集聚企业12家。全县规模以上工业企业达到20家。宝迪食品、新型炉业、苑军管件、禄纬堡耐火材料等60个项目落地建设和如期投产。在优化存量的同时,大力提升增量,新储备项目45个。

二是平台能力提升加快。投资1744.77万元、全长548.7米的隆辉北路一号二号支线延长线和投资8100万元、全长2.86公里的食品园区三条道路相继建成投用。总部园区、东铝片区、食品工业园三大片区路网建设进一步完善,承载能力明显提升,为企业入驻和如期投产创造了便利条件。

三是引资引项步伐加快。2014年,我县储备项目投资额536.94亿元,完成目标任务的102.9%;签约项目投资额383.2亿元,完成目标任务的143%;落地项目投资额116.13亿元,完成目标任务的66.36%;开工项目投资额74.4亿元,完成目标任务的104.8%;投产项目投资额49.54亿元,完成目标任务的101.1%;省市重点工程建设完成投资32.48亿元,完成目标任务的141.22%,市重点工程建设投资额名列全市第一。积极创新招商形式,与省、市政府驻外办事处签订合作招商协议,派员驻北京和南京工业园区驻园招商,同时与太原高新技术产业开发区签订"一区多园"合作协议,为"飞地"项目提供了合作空间。

二、科技引领,现代农业成效显著

一是夯实了农业基础。完成思西、文庙梁、神堂沟、官庄、上善姑小流域综合治理,河道清洁清淤288.5公里。农田灌溉3.17万亩,实施农业节水灌溉工程3处,改造小型节水灌站2处。全县农机总动力达到19.90万千瓦,机耕机播36万亩,秸秆还田13.5万亩,地膜覆盖18万亩,农业机械化综合水平达到77.7%。土地确权3.4万亩,流转10.2万亩,"流"出了活力,"转"出了后劲。

二是壮大了产业规模。大面积推广全膜双垄沟播玉米5万亩,亩产1120斤,比半膜种植增产280斤,亩均增产33.3%,平均每亩增收200元,农民人均增收100元。粮食总产2.35亿斤,荣获全省粮食生产先进县称号。设施蔬菜新增5066亩,保有量达到2万亩,连续两年荣获省设施蔬菜奖补

大县称号。本草创建部级蔬菜标准园，盛发、盛禾创建省级蔬菜标准园，锦地、海鑫园、太钢泥屯生态公司创建市级蔬菜标准园。按照“一乡一园、一村一场”要求，深入推进“百万羊业”工程，建成桦桂、汇鑫源、新旭、常顺达4个万只羊场，三晋人和、荣盛、华宏、鼎红盛、石城5个万只羊场在建，千只羊场建成29个，在建41个。全县羊饲养量达到54万只。继续实施“万人脱贫大行动”，精准扶贫1.5万人，完成三年稳定扶贫4万人的目标。百企千村扶贫工程、易地扶贫搬迁工作走在全省前列，29个农业产业项目在21个村全面铺开。

三是扩大了品牌影响。打造了“维真”、“知草园”、“思西”、“泥屯河”、“卧龙湾”、“宇芹”等特色品牌，农业部对我县蔬菜和食用菌例行监测，样品检测合格率100%。举办“阳曲蔬菜进社区、便民利农迎新春”活动，36辆直通车为全市广大市民提供阳曲自产的绿色新鲜放心蔬菜。

三、扩容提质，城乡面貌日益改观

一是基础设施日臻完善。完善城东新区路网建设，新区一路840米，投资2041万元；中社八路763.3米，投资2259.11万元。完成24.1公里黄东线公路建设，改造农村公路15条20.5公里，投资1094万元，惠及沿线群众2万名。特别是总投资30亿元、全长20.99公里的阳兴快速通道，当年征地，当年建设，当年通车，拉近了与省城的时空距离，进一步彰显了阳曲的区位优势和后发优势。

二是大县城框架基本形成。城东新区与北部老城、西部高铁片区和南部青龙古镇构成了大县城框架，进一步夯实了工业强县发展目标的承载基础，为实现产城融合发展拓展了承载空间。青龙古镇入选第三批中国传统村落名录，两年共投资1.14亿元，完成主景区、次景区38座院落、功能区3个停车场建设，修缮、建设总面积4.5万㎡，景区绿化7500㎡，征集展品1.3万件，布展3座庙宇、4座院落。去年10月对外试运营，接待游客6万余人(次)。

三是城乡环境逐步优化。延伸“打非治违”专项行动，22家石料企业治理矿山10座，植树8万余棵，修建道路33公里。以“一区两线多片”为重点，打造3万亩泥屯生态示范区，绿化108国道、食品园区道路和太阳高速三条通道44公里，绿化荒山3.5万亩，森林覆盖率达到20.36%，林木覆盖率达到41.92%。深入开展城乡清洁工程，累计创建星级单位114个，第四季度综合考核排名农业县区第一。加快改善农村人居环境，杨兴移民搬迁、北塔地村、马驼村、石城村、大方山村整村改造进展顺利。

四、保障给力，社会事业齐头并进

一是公共服务更加完善。县乡定点医疗机构实行按床日付费方式，参合农民住院费用平均减少155元，新农合参合率达99.34%，基本公共卫生服务工作考核名列省市第一。泥屯中心幼儿园建成投用，阳兴小学、幼儿园主体完工。21所学校义务教育标准化率达100%，寄宿制学校实现校级澡堂全覆盖。全县教师实现了免费体检和山区教师免费乘坐公交车。水、天然气、煤气缴费等公共服务事项纳入政务中心办理，群众办事更加方便快捷。社区惠民项目全部完成，居十县区之首。省级双拥模范县创建顺利通过验收。

二是文化生活更加丰富。完成117个行政村文化信息资源共享网点和10个乡镇全民健身广场建设，实现全县文化信息资源共享工程全覆盖和乡镇全民健身广场全覆盖。完成惠民文艺演出100场，文化精品演出40场。农家乐建成81家，运营64家，涌现出王兴坪生态观光园、西门庄园、西沟果岭、红顶山庄等一批档次高、规模大、休闲特点浓郁的休闲度假产品。

三是社会保障更加有力。县级医院对五保户、低保户、重点优抚对象实施医疗救助“一站式”网络即时结算服务，提升了救助效率。为全县1895名事业人员参加了工伤保险，实现了城乡居民养老保险待遇发放全覆盖，阳曲县就业和社会保障服务中心主体完工。提高城乡低保保障标准，城乡低保资金累计支出4048万元。解决11个自然村、3803人、812头大牲畜的饮水问题，为全县饮用旱井水的2300余人安装了饮水净化器，保障了群众饮水安全。新开工建设保障性安居工程100套，发放廉租住房租赁补贴117户42万元，改造农村危旧房2642户。板寺山“三大瞻礼”活动连续29年平稳有序。深入开展安全生产专项整治和大检查，完成市政府控制性指标的87.5%，没有发生较大事故，被市政府推荐为全省安全生产优秀单位。全年民生支出累计达7.45亿元，占公共财政预算支出的84.68%，人民群众幸福指数不断提高。

五、高度重视，党建工作进一步加强

在省市督导组的严督实导下，全县党的群众路线教育实践活动取得了良好成效，“学习讨论落实”活动正在展开，严格落实中央八项规定精神和狠刹“四风”取得了阶段性效果。村“两委”换届在全市率先完成，11个软弱涣散基层党组织在换届中得到专项治理。大力推进国家级平安县创建活动，巩固和提高县、乡、村三级“五安”常态化管理。继续开展“最美阳曲人”的评选和巡演活动，推广“德孝榜”阵地建设，以身边的人和事，弘扬社会正能量，践行核心价值观。

（韩书霞）

附：一、中共阳曲县委书记、副书记、常委名单

书　记：吕　荣

副书记：刘晋萍(女)

常　委：韩　勇　刘国伟　何爱萍(女)　高保民
薛运中(1月离职)　李云竹(7月任职)
乔文清(6月离职)　姚丽蓉(女)
杨　波(6月任职)　杜建亮(挂职，7月离职)

二、乡镇党委书记名单

黄寨镇

书　记：王秀生

泥屯镇

书　记：荣素青

大盂镇

书　记：岳　波

东黄水镇

书　记：王福刚

高村乡

书　记：侯爱英(女)

侯村乡

书　记：王向正

凌井店乡

书　记：孙国锋

杨兴乡

书　记：王庆丰

西凌井乡

书　记：赵　斌

北小店乡

书　记：闫文革

中共娄烦县委工作概况

县委书记　薛东晓

2014年，在市委、市政府的坚强领导下，坚持稳中求进的工作总基调，以提高经济发展质量和效益为重点，主动适应经济发展新常态，千方百计扩投资、促转型、保增长、惠民生，主要经济指标逐步回升。全年固定资产投资完成19.4亿元，增长42.3%；服务业增加值完成7.65亿元，增长为7%；社会消费品零售总额完成3.91亿元，增长17%；公共财政预算收入完成3.75亿元，下降38.1%；农民人均纯收入完成5108元，增长11%。

一、坚持提质增效，发展活力得到增强

重点项目进展顺利。坚持以项目为抓手，实施投资拉动与项目带动战略，重点项目建设取得新进展。省重点工程完成投资6.8亿元，完成任务的228%，完成率全市第一。市重点工程完成投资7.6亿元，完成任务的130.7%。重点项目储备完成107.5%、落地完成101.7%、开工完成111%、投产完成101%。按照市委"五个一批"要求，新谋划产业项目、基础设施、民生项目36项。

工业转型积极推进。积极推动传统产业优化升级，马家岩、天池店、三聚盛煤业技改升级进展顺利，累计完成投资10.4亿元。龙泉循环工业园建设进展顺利，矿井和选煤厂投入运行。积极培育新型产业，国能风电项目相关手续已批复，一期工程即将开工。振发光伏发电项目正在开展前期准备工作。

农业产业快速发展。马铃薯科技产业园区建成智能温室5600平米、苗床5000平米，年可繁育脱毒种薯500万株、微型薯400万粒，"种薯繁育、示范推广、贮藏保鲜、加工转化、技术服务"五大体系日趋完善。全县马铃薯种植面积10万亩，总产量14.4万吨，总产值2.4亿元。特色农业进一步壮大。围绕苗木栽培、有机蔬菜、生态养殖等特色优势，新发展"一村一品"村22个，全县"一村一品"村达57个。新培育6个县级"513"龙头企业，全县"513"龙头企业销售收入完成3.6亿元。14个品种9000亩无公害农产品通过市级认证。农业基础不断夯实。启动了14个土地开发项目，可新增耕地3732.9亩，新增水浇地8500亩。解决了6个村5217人的饮水安全问题，11个村22585亩基本农田建设项目进展顺利。建成日光温室250栋、蔬菜大棚321栋。全年蔬菜总产量3800万公斤，粮食总产量1599万公斤。

产业扶贫进程加快。实施了10个产业扶贫开发项目，累计投资3.2亿元，完成道路配套12公里，建设水利配套设施2处，全年流转土地3.5万亩，受益贫困户近6500户，带动就业7200余人。建成了庙湾双万亩油松基地和华城林远彩叶树基地，发展苗木2.8万亩，受益面覆盖13个村3600户5900人。采取政府补贴、示范引领的方式，建成12个规模化羊养殖小区，全县羊饲养量达10万只。

生态旅游逐步壮大。充分挖掘资源优势，依托"一山一水一伟人"，建成了东山生态园、石峡沟景区、天池生态园等10个集观光、休闲为一体的生态旅游园区。云顶山旅游公路全线通车，高君宇故居红色旅游景区成为全国爱国主义教育示范基地、全国红色经典旅游景区和全省廉政教育基地，年接待游客达2万余人次。

二、坚持保水富民，生态建设持续加强

坚持不懈造林绿化。实施了"一山两线三出口"绿化工程，栽植各类苗木213万株，完成造林7.2万亩，公路绿化53.5公里。完成水土流失治理3万亩。全县生态绿化初步形成了"两环三廊五线多片"格局，绿化率提高到56%，连续三年代表全省接受国家林业总局考核验收，荣获"全省林业六大工程建设先进县"。

持续加强水源保护。汾河水库环境保护综合治理项目顺利实施，环库危化品车辆监控工程和19公里水源地防护网工程投入使用，涧河人工湿地水质改善工程全部竣工，日处理水量2万立方，入库水质达到三类标准。城镇生活污水处理达到一级A类标准，中水回用率100%。化学需氧量、二氧化硫、氨氮、氮氧化物、烟尘、工业粉尘均完成市下达任务。万

元GDP能耗下降3.6%,万元工业增加值用水量降幅10.7%,县城空气质量保持二级以上。

狠抓国家试点项目。在市委、市政府支持下,我县列入3个国家级试点项目。其中,汾河水库生态环境保护项目确定6大项24个重点工程,已到位资金3.7亿元。国家生态文明建设先行示范区项目共筛选5大类56个重点项目,其中岚河脱氮、汾河水质改善、库周村环境整治等6个项目已开工建设。全国水生态文明建设试点县项目获批,正在编制建设方案。

三、统筹城乡发展,人居环境明显改善

基础设施不断完善。立足抓基础、拓空间,实施了"七路一桥一站"项目。童子崖大桥及连接线、拥军大道、滨河南路西延竣工通车,县城文体活动中心、国防动员指挥中心和民兵训练基地等一批市政项目投入使用。新增供热面积20万平米,供热普及率86%,城镇供水普及率97%。县城建成区面积由3.5平方公里扩展到7.6平方公里,承载能力明显增强。总库容95万立方的县城垃圾无害化处理场投入使用,日处理垃圾150吨。

宜居建设步伐加快。新开工建设保障性住房120套,建成630套。"瑞泽苑"、"尖山二期移民"工程建成完工。娄家庄片区改造工程全面开工,35栋住宅楼全部封顶。实施了涧河景区西延工程,蓄水3.5公里,水面32万平米。县城绿化覆盖率43%、绿地率41%。

农村环境不断改善。完成农村危房改造408户,实施了11个村1910人的异地扶贫搬迁。实施了农村环境连片整治项目,深入推进城乡清洁工程,持续开展城乡环境卫生、市容市貌、村容村貌综合整治,城乡环境明显改善。

四、着力改善民生,各项事业稳步发展

社会事业稳步推进。教育事业快速发展。高考二本以上达线167人,62所中小学通过市级标准化验收,完成了13所学校教育教学设施升级提档,新建3所乡村幼儿园。第三实验学校新建项目已完成前期工作。13所标准化村级卫生室投入使用,县城综合医院一期工程全部完工,二期行政楼、住院楼主体封顶。新农合参合率保持100%,连续五年实现"筹资全免费、参合全覆盖",报销比例75%以上。文化计生工作扎实推进。顺利承办了十四届省运会自行车和摔跤赛事。开展了迎春文化活动、电影惠民基层行、基层文艺巡演等多种群众性文化活动,中国老年书画研究会作品展顺利举办,"大美云顶"、"娄烦情怀"等一批本土文艺作品荣获省、市奖励。持续稳定低生育水平,人口自然增长率4.9‰。全县农村孕产妇补助实现全覆盖,农村2.5万名育龄妇女生殖健康普查全免费,计生"三一"工程、人口网格化管理模式得到上级肯定。

民生民本持续改善。城镇职工养老保险、医疗保险及城乡居民社会养老保险超额完成市下达任务。城镇登记失业率为1.79%,新增就业岗位2030个。城镇居民人均可支配收入和20%低收入城镇居民收入可支配增幅均达13%。新建6个农村老人日间照料中心,"平价商店"建设和"每日四种一元菜"活动扎实推进,城乡低保、优抚双拥工作扎实有效。持续实施五保老人和孤儿集中全供养、60岁以上老人养老全保障、义务教育阶段寄宿生交通费全补贴等惠民政策,群众幸福指数得到提升。

社会大局和谐稳定。严格落实"党政同责、一岗双责、齐抓共管"的安全生产责任体系,狠抓重点行业和领域安全综合治理,建成了安全生产智能一体化监管平台,安全生产形势持续好转,全年没有发生安全事故。加大信访积案化解和矛盾纠纷排查调处力度,省市交办信访案件办结率100%,进京非正常上访同比下降50%,赴省集体访下降60%,赴市集体访下降40%。持续开展"平安娄烦"建设,引深"十安联创"、"一村一警"等活动,6个乡镇139个行政村通过市级安全乡镇(农村)验收,全县93%以上村庄(社区)实现"零发案",群众安全感和满意度得到进一步提升。

五、坚持从严治党,打造良好政治生态

加强思想政治建设。坚持把学习贯彻落实习近平总书记系列重要讲话精神、党的十八大、十八届三中、四中全会精神作为一项长期的政治任务,及时传达学习,认真贯彻落实。特别是全省、全市领导干部大会以来,县委常委会把贯彻落实省、市决策部署作为重大政治责任,及时组织召开县委常委(扩大)会、县委中心组学习会,认真学习中央对山西的重要指示精神,全面贯彻落实省委王书记、市委吴书记重要讲话精神,进步统一思想认识,增强思想和行动自觉,确保了全县广大党员干部在政治上、思想上、行动上与以习近平同志为总书记的党中央保持高度一致,与省委、市委保持高度一致,确保了中央和省市的决策部署在我县落地生根。常委会以实际行动狠抓省市决策部署的贯彻落实,坚持以"六个表率"为统领,"五个一批"为抓手,"六大发展"为战略方向,认真贯彻落实"六权治本"、"三个高压态势"、"三个新常态"和"三个新形象"的要求,狠抓党的建设、"两个责任"落实、依法治县、扶贫开发等重点工作,取得了新进展。同时,根据省市安排部署,精心谋划,认真组织开展了"学习讨论落实"活动,确保活动取得实效。

加强教育实践活动成效。常委会始终发挥示范引领和指导推动作用,组织发动全县474个参学单位、401个基层党组织、6623名党员干部认真开展活动,扎实完成了各个环节的任务,取得了明显成效。县委常委会率先垂范作榜样,带头真学实学,县四大班子和法检两院集中学习18次,开展交流讨论27次,讲党课69次。带头查摆问题,通过多种形式和途径,征求意见建议2996条,汇总梳理"四风"问题208条,27名县级领导干部查找出问题432条。带头开好专题民主生活会与组织生活会,批评与自我批评见筋见骨,民主评议"好"、"一般"、"差"分别占到93%、6.8%和0.2%。带头聚焦"四风"抓整改,按照"四个回应"要求,认真制定"两方案一计划"和班子成员整改清单,出台专项整治方案37个,健全完善制度

35个,开展专项治理22项,全县各级党组织完成整改事项1146件。带头转变作风,健全领导干部下基层长效机制,有效解决服务群众"最后一公里"问题。活动开展以来,全县各级党组织共为群众办实事好事1100余件。

加强党风廉政建设。制定出台了《关于落实党风廉政建设责任制党委主体责任和纪委监督责任的实施意见》,印发了《建立健全惩治和预防腐败体系2013—2017年的规划实施意见》,提出5类20项具体措施。将党风廉政建设责任制46项任务分解落实到县级领导干部和43个责任部门。支持和推动纪检机关"三转",精简县纪委牵头或参与的议事协调机构83个,配强配齐8个乡镇纪委副书记,将全县8个乡镇84个单位分成5个联片小组,由县纪委常委任组长,分片联组,强化督查,促进了监督责任的落实。加大案件督办力度,集中整治群众反映强烈的征地拆迁、教育、低保等方面突出问题。全年开展重点立查案件55件,处分违纪党员干部54人(其中科级干部9人),移送司法机关6人。

加强干部队伍建设。统筹推进干部选任、培养教育、管理监督工作,全面加强各级领导班子和干部队伍建设。结合群众路线教育实践活动,各级党组织开展集中学习210次、交流讨论240次、专题辅导197次,培训党组织书记518人次,792名党员干部完成了在线学习。严格执行《党政领导干部选拔任用条例》,修订了《领导干部考核评价工作实施方案》,树立了正确的用人导向。强化干部队伍管理,严格实行领导干部个人事项报告、诫勉谈话、述职述廉等制度,清理担任学会、协会法人的领导干部4名,全县569名科级领导干部承诺不出入私人会所。加大对中央八项规定精神落实情况的监督检查力度,持续狠刹"四风",共查处55人,其中党政纪处分24人,组织处理31人。

强化基层组织建设。深入开展"基层组织提升年"活动,扎实实施农村"领头雁"培训工程、星级创建工程和整顿提升工程,创建三星级党组织77个,四星级43个,五星级15个。14个党总支开展了"一支一品"创建活动,整顿软弱涣散党组织14个,处置农村不合格党员41人,今年全县新发展党员中35岁以下占80%以上。142个行政村全部设立村务监督委员会,"四议两公开"规范运行村增加到118个。县乡两级全部建立党代表工作室,进驻党代表851名。2181名机关党员到所在社区报到,开展志愿者服务1786次。实施社区惠民项目13个,乡镇、农村(社区)全部建立便民服务中心及代办点。选齐配强机关、非公经济和社会党组织书记24名。农村"两委"换届工作顺利推进。

加强民主法治建设。认真执行民主集中制,健全和规范县委议事规则和决策程序,修订完善了《县委常委会议事规则》《县委常委联系点工作制度》《县级领导干部深入基层调查研究制度》等工作制度。坚持总揽全局、协调各方,积极支持人大依法行使职权,支持政协全方位参政议政,推进统一战线工作,支持司法机关公正司法。常委班子各成员坚持分工协作、各尽所能,最大限度地发挥了县委的凝聚力和战斗力。

(李爱民)

附:一、中共娄烦县委书记、副书记、常委名单

书　记:薛东晓

副书记:张　磊　程顺安　袁文峰(挂职,3月任职)

常　委:赵树文　李贵军　任同珍(女)

纪根有　刘贵江　冯永魁

二、乡镇党(工)委书记名单

娄烦镇

书　记:强国生(2月离职)　胡俊强(2月任职)

静游镇

书　记:段润义(2月离职)　刘俊奎(2月任职)

杜交曲镇

书　记:曹文杰(2月离职)　苏效忠(2月任职)

天池店乡

书　记:闫乃存(2月离职)　郝爱国(2月任职)

米峪镇乡

书　记:王先奎(2月离职)　段尚君(2月任职)

马家庄乡

书　记:郭建生

盖家庄乡

书　记:刘俊奎(2月离职)　曹文杰(2月任职)

庙湾乡

书　记:曹锦斐(2月离职)　李亚晋(2月任职)

中共大同市委工作概况

2014年,市委常委会认真贯彻落实习近平总书记系列重要讲话精神和党的十八大、十八届三中、四中全会精神,认真贯彻落实王儒林书记重要讲话精神和省委十届六次全会精神,在省委、省政府的坚强领导下,坚持稳中求进的总基调,紧紧围绕"转型发展,绿色崛起"发展战略,按照"争先进位,负重赶超"和"一三四十"总体部署,全力推进经济、政治、文化、社会、生态文明建设和党的建设,经济社会保持了平稳健康发展态势,为实现弊革风清、富民强市新目标夯实了基础。

一、深入学习贯彻习近平总书记系列重要讲话精神和王儒林书记重要讲话精神,坚决同党中央、省委保持高度一致

坚持把学习贯彻习近平总书记系列重要讲话精神作为首要政治任务,周密计划,精心组织,狠抓落实,通过中心组

学习、专题研讨、专家辅导、集中轮训、座谈交流等多种形式，多层次、多举措组织党员干部开展学习，不断提高学习的质量和效果，推动学习贯彻工作取得明显成效。强调要紧密联系学习贯彻党的十八大和十八届三中、四中全会精神，联系党的群众路线教育实践活动，联系市委的职责任务和干部职工思想工作实际，坚持把自己摆进去，把工作摆进去，切实把讲话精神贯彻落实到各项具体工作之中，自觉用讲话精神武装头脑、指导实践、推动工作。通过行之有效的学习，进一步强化了党员干部的政治意识和大局观念，深化了对当前党和国家事业一系列重大问题的认识，有力促进了工作作风转变，有效推动了事业发展。

深入学习王儒林书记重要讲话精神，认真开展“学习讨论落实”活动，在思想上、政治上、行动上同党中央和省委保持高度一致，坚决维护山西大局稳定、政治稳定、社会稳定。9 月 1 日全省领导干部大会后，市委在第一时间召开全市领导干部大会、市委常委扩大会、市委常委会等会议，层层传达中央和省委精神；王儒林书记在大同、朔州、忻州调研结束后，市委又第一时间召开干部大会，传达了王儒林书记的讲话精神，并制定下发了《关于贯彻落实省委书记王儒林在大同、朔州、忻州调研座谈会上讲话精神责任分解意见》和《大同市推动煤炭产业“六型”转变实施意见(讨论稿)》。特别是 10 月 15 日，省委通报丰立祥因涉嫌严重违纪被组织立案调查的情况后，市委迅速召开常委扩大会和领导干部大会，传达省委决定，落实省委要求。10 月 22 日，市委常委会召开专题民主生活会，就丰立祥被立案调查，常委们都进行了深刻的自我反省，剖析问题产生的根源，反思自身存在的问题，并确定了整改方向。

二、坚持党要管党、从严治党，始终保持反腐败的高压态势

坚持以零容忍的态度惩治腐败，把深入开展党风廉政建设和反腐败斗争作为净化政治生态的关键之举，在积极配合上级机关办案的同时，切实加大自办案件力度，严肃查处了一批有影响、有震动、有好的社会效果的案件。1–11 月，全市各级纪检监察机关初核案件 1077 件，立案 1060 件，结案 1049 件；处分违纪党员干部 1132 人，其中县处级干部 21 人，采取“两规”措施 10 人。坚决落实党风廉政建设党委主体责任，制定了大同市贯彻落实中央《建立健全惩治和预防腐败体系 2013–2017 年工作规划》和省《实施办法》的具体意见，明确了落实党风廉政建设责任制重点考核任务。对全市落实“两个责任”情况进行了督导调研，建立完善了有关制度。对落实“两个责任”不到位的单位和个人进行严格责任追究，2014 年，共对 503 人进行了责任追究。建立了全市党政机关和企事业单位县处级党员领导干部廉政档案，加强对党员领导干部廉洁自律情况的监督检查。认真落实廉政谈话、诫勉谈话两项制度，市县两级共对 442 名党员干部进行廉政谈话，对 369 名党员干部进行诫勉谈话。

坚持阳光用权，把强化对行政权力的监督制约作为净化政治生态的关键之举，充分发挥行政审批电子监察、行政权力公开透明运行电子监察、公共资源交易电子监察、“12345”政府服务热线电子监察四大电子监察平台作用，全程控权，有效防止了权力寻租。

坚持从严治吏，把严厉整治选人用人不正之风作为净化政治生态的关键之举，先后制定出台了《关于进一步做好干部谈心谈话工作的意见》《领导班子和领导干部综合分析研判实施办法》《市管干部推荐考察工作细则和实施办法》《市管干部任前公示工作办法》，进一步规范了干部选任有关程序。出台了《全市干部人事档案实行集中统一管理的实施意见》，下发了《科级干部职数审批办法》，对“三超两乱”现象进行了专项整治。改进和完善了年度目标责任考核体系，制定出台了《年度目标责任考核工作规定》，加大了市委全委会评价权重，实行了“三加一”实绩公示述职述廉，目标考核指标体系体现了差异化和实效性。同时，认真开展党政领导干部在企业兼职(任职)或领取报酬清理工作、领导干部个人有关事项报告抽查核实工作，认真核查违反标准程序用人问题，并积极探索干部选拔任用“一报告两评议”评议结果运用途径。以“基层组织提升年”活动为契机，持续推进在职党员进社区“三亮三服务一奉献”和“三联五解”主题实践活动，累计排查化解矛盾纠纷 5000 余起、信访案件 300 多起，解决实际问题 3200 多个。扎实推进村(社区)“两委”换届工作，制定出台了做好“两委”换届工作实施意见等文件，支部换届已经基本结束。

三、扎实开展党的群众路线教育实践活动，进一步巩固作风建设成果

按照省委统一部署，在省委督导组的指导下，坚持“照镜子、正衣冠、洗洗澡、治治病”的总要求，深入扎实地开展了党的群众路线教育实践活动。通过深化学习教育、广泛征求意见、召开专题民主生活会和基层组织生活会等多种形式，找准“四风”问题产生根源，制定整改措施，全市党员干部作风有了明显改观。全市各级党组织查找梳理出“四风”问题 3912 个，为群众办实事解难事 3.24 万件，化解交办的信访积案 691 件，整治软弱涣散农村党组织 137 个、软弱涣散社区党组织 27 个。先后开展了 29 项专项整治，查处违反“八项规定”案件 96 起，处理 175 人。压缩各类文件 25%，会议精简 20%，取消评比、达标、表彰项目 168 项；市县两级“三公”经费支出同比下降 18%；清理清退违规公务用车 147 辆。集中查处了劳动、教育、医疗卫生系统一批侵害群众利益的行为，惩处各类涉案人员 49 人。举办了新一轮“电视问政”，就群众反映的 133 个问题，明确了整改期限并跟踪督办，针对节目中曝光的低保问题，对 15 名相关责任人作出严肃处理。在全市范围内开展了纪律作风大整顿、民生问题大走访、矛盾纠纷大排解、城乡环境大整治“四大专项行动”，进一步深化巩固了作风建设的成果。

四、全面深化改革，努力推动经济社会平稳健康发展

2014年，面对经济下行压力，大同市迎难而上，成立了全面深化改革领导小组和六个专项小组，统筹推动各项改革。按照全省综改试验区建设总体部署和年度目标，制定出台大同市综改"2255"行动计划，土地、金融、户籍、行政审批等十项重点改革任务全面推进，成效显著。深入实施百企强市工程，以项目建设为抓手，以园区为承载，狠抓传统产业提质升级，狠抓接续产业扩容增效，狠抓新兴产业培育壮大，经济运行呈现出平稳向好的发展态势。特别是9月份以来，围绕六大领域改革、"六大发展"和煤炭产业"六型转变"，积极制定实施方案，进行责任分解，部署开展各项工作。

扎实推进百园立农工程和扶贫攻坚，切实做好三农工作。出台了《关于全面深化农村改革加快推进农业现代化的实施意见》《关于实施十项强农惠农政策意见》《关于进一步加快农村土地承包经营权流转的意见》，总扶持资金达1.753亿元，比上年增加25.2%。全市粮食总产量达20.96亿斤，连续五年创历史新高。农村常住居民人均可支配收入达7192元。加大连片特困地区扶贫力度，贫困人口精准识别和百企千村产业化扶贫扎实推进。

进一步加大招商引资力度，今年全市共签约159个项目，总投资1412亿元，其中10亿元以上项目43个，总投资1097亿元。特别是在跨区域合作方面取得突破，与二连浩特签署边贸合作协议，联手乌兰察布市、张家口市共同打造晋冀蒙长城金三角合作区。

保持城建资金不减、力度不减，全年新建道路80条126.38公里。大张高铁前期工作完成，大同汽车客运东站全面开工建设，天大高速公路全线通车，泉新路基本达到通车条件，新增国内航线4条。古城保护与发展步伐加快，云冈五华洞窟檐保护工程、明堂公园主体修复工程完工，展览馆平移到位，西城墙修复工程进展顺利。御东新区基础设施建设进一步完善，新区框架基本形成。

全力实施生态文明建设，大力推动国家环保模范城市、国家卫生城市、国家新能源示范城市、创建智慧城市"四城联创"，六项减排指标均完成进度目标，万元GDP综合能耗下降4.14%。截至12月17日，市区二级以上良好天数294天，其中一级良好天数40天。新增集中供热面积350万平方米、天然气居民用户5.7万余户。按照"三增三不减"的要求，加大造林绿化、生态建设力度，全市建成区新增绿化面积119.33万平方米，公共绿地面积77.7万平方米，绿化覆盖率、绿地率、人均公共绿地面积分别达到38.3%、34.18%和14.65平方米。营造林41.99万亩，治理重点小流域4.17万亩，被评为国家园林城市。

五、不断推进社会主义民主政治进程，全面加强法治大同建设

坚持和完善人民代表大会制度，加强和改进对人大工作的领导。支持人大及其常委会依法履行职责，加强和改进地方立法工作，制定地方性法规1件，完成全市地方性法规清理工作，集中废止1件、修正13件。支持人大及其常委会及时行使人事任免权，不断加强自身建设。加强监督工作，听取和审议专项工作报告，开展执法检查、专项工作报告满意度测评，有针对性地开展专题询问。完善代表监督激励机制，健全代表履职档案。

坚持和完善中国共产党领导的多党合作和政治协商制度，加强和改进对人民政协的领导，制定出台了《中共大同市委关于政治协商规程的实施意见》，支持政协在推进协商民主上发挥重要作用，围绕经济社会发展的重点领域、重大问题深入调查研究、开展协商议政、积极建言献策。巩固和发展最广泛的爱国统一战线，搞好同民主党派和无党派人士的团结合作。认真落实中央和省委的各项决策部署，加强对宗教工作和民族工作的组织领导，积极做好对台工作、侨务工作。

深入学习贯彻党的十八届四中全会精神和省委十届六次全会精神，研究制定了大同市的《实施意见》，对全面加强法治大同建设做出规划布局。强化法制政府建设，深入推进依法行政，深化行政审批制度改革，各项工作依法合规。深化司法体制改革，严格按照全省《实施"阳光司法"工程五年规划》要求，进一步分解责任，狠抓落实。深化行政执法体制改革，支持法治政府建设。实施素质提升工程，全面加强政法队伍建设，进一步夯实和谐平安基础。

坚持和完善政务公开、村务公开、厂务公开等办事公开制度，不断扩大基层民主。支持工会、共青团、妇联等人民团体充分发挥作用。坚持党管武装原则，深入开展双拥共建活动，完善军地齐抓共管国防后备力量建设机制，提高国防动员能力，实现军民融合式发展。

六、围绕中心，服务大局，大力加强思想文化建设

大力开展践行社会主义核心价值观活动。制定印发了《关于在全市积极培育和践行社会主义核心价值观的实施意见》，在全市范围内开展了"争做最美大同人，共筑美好中国梦"主题实践活动，张明义、雷锋车队1人1团体被评为第五届山西道德模范，孙秀兰、彭玉莲8人次分别入选中国好人榜、山西好人榜；扎实开展文明城市、文明县城、文明村镇、文明单位等创建活动，灵丘县被授予"山西省创建文明县城工作先进县"称号。

文化事业进一步繁荣发展。大同数来宝《你幸福吗？》荣获第八届中国曲艺牡丹奖；组织创作了《莫斯科离大同不远》《科级猫》《欢乐卧牛湾》等影视作品；编辑出版了《古都大同》《三晋史话·大同卷》系列丛书；精心打造了罗罗腔《乡

村法官》、要孩儿《布衣知府》;阳高大泉山成为山西省作家创作基地;成功举办中国大同古都灯会、云冈文化旅游节、中国大同汽车文化节、“天下大同·魏碑故里”全国书法作品展等文化旅游节庆活动。

文化产业发展步伐加快。华强文化产业园试开园,煤气公司遗址一期改造完工。恒山风景名胜区申报5A级旅游景区和城墙申报4A级旅游景区工作全力推进,华严寺被批准为国家4A级旅游景区,大泉山跻身省级森林公园,阳高县大嘴窑村杏园荣登中国美丽田园“果园景观”榜首,灵丘县空中草原入列“草原景观”名单。

加强反腐倡廉宣传教育和廉政文化建设。连续5年春节后上班第一天,召开全市领导干部廉政警示教育大会,继续在市、县党校主体课程班推行反腐倡廉“六个一”教学模式。大力实施“正气颂”廉政文化建设工程,组织编排精品剧目北路梆子《廉吏于成龙》、大型民族歌剧《党的女儿》在全市巡回演出;进一步引深《廉洁文化教育读本》(中学版)进校园活动;大力弘扬焦裕禄精神,开展栗毓美廉政思想研究,教育引导广大党员领导干部务实创新、廉洁勤政。加强廉政教育阵地建设,灵丘县平型关大捷纪念馆被省纪委命名为省级廉政教育基地;组织党员干部到廉政教育基地接受教育1049批54091人次。

七、不断加大保障和改善民生力度,全力维护社会和谐稳定

常委会始终把保障和改善民生作为一切工作的出发点和落脚点,不断加大对民生的投入力度,全力维护社会和谐稳定。1-11月,全市公共财政用于民生支出达140.2亿元,占到支出的80.32%。新增城镇就业岗位5.2万个,城镇登记失业率3%,农村劳动力转移就业2.87万人,就业困难人员就业人数6143人。城镇职工养老、医疗、生育、工伤及农村社保等各类保险政策得到有效落实,九个农业县区全部实现了农村低保资金社会化发放,实现了动态管理下的应保尽保。新开工保障性住房44248套,完成农村困难家庭危房改造36593户,农村住房抗震改建试点竣工4963户。扎实推进采煤沉陷区综合治理,制定并上报了大同市2014-2020年年度推进计划,力争2017年完成综合治理任务。

社会治理工作进一步创新。完善了全市突发公共事件应急管理办法,整合政府职能部门和公共单位服务热线,成立了大同市12345政府服务热线,进一步拓宽了社情民意反映渠道。加强社会治安综合治理,出台了2014年《全市综合治理和平安建设工作要点》《平安大同建设行动计划》,成立了集人民调解、行政调解、司法调解、社会调解于一体的县乡村三级矛盾纠纷调解中心,完善了以网格化管理、信息化支撑为特色的社会服务管理体系,开展了以深化“六六创安”活动为抓手的平安大同创建工程,有力地维护了全市社会大局稳定。2014年,全市各级矛盾调处机构共排查出各类较大矛盾纠纷432起,调处347起,调处率达80.3%;基层网格员共上报各类事件89958件,处置85974件,处置率达95.6%。组建了综合警务支队,破获各类刑事案件166起,抓获各类犯罪分子382人,连续三年在全省公众安全感群众满意度调查中排名第一。高度重视信访工作,切实加强对信访工作的领导。坚持和强化领导干部接访制度,即将启用信访服务中心,启动网上信访工作,坚持以“事要解决”为核心,积极畅通信访渠道。成立处置进京非访行为指挥部,依法处置非访行为。全年共受理上级交办的要结果案件27件,按照时限要求已经全部办结,结案率100%。尤其是进京非正常上访与去年同期相比下降了25.4%。全力抓好安全生产工作,严格落实党政同责、分管责任、一岗双责、监管责任、主体责任、岗位责任“六位一体”安全生产责任体系,出台了《关于实行安全生产党政同责的实施意见》,全年未发生重特大安全生产事故,全市安全生产形势呈现出稳中趋好的局面。

(段　军)

附:中共大同市委书记、副书记、常委名单

书　记:丰立祥(10月涉嫌严重违纪,接受组织调查)
副书记:李俊明　刘国庆
常　委:李世杰(女)　王克建　姚生平　赵向东
马　斌　郜向华　卫洪平　卫　国
操学诚(12月离职)　孙利仁

中共大同市城区区委工作概况

区委书记　祁学峰

2014年,城区区委认真学习贯彻习近平总书记系列重要讲话精神和党的十八大及十八届三中、四中全会精神,认真贯彻落实王儒林书记在全省领导干部大会上的讲话精神、对大同工作的指示要求和省委十届六次全会、市委十四届六次全会精神,在市委、市政府的正确领导下,紧密团结全区广大干部群众,全面贯彻落实全市“争先进位,负重赶超”的总要求和“一三四十”的总体部署,以建设“五化魅力新城区”和“大同首善之区”为目标,紧紧围绕十大工程,牢牢把握“经济发展、城市管理、社会事业、民生保障”四大任务,全面加强思想建设、队伍建设、作风建设,攻坚克难,扎实苦干,为实现弊革风清、富民强区新目标夯实了基础。

一、落实两个责任,加大办案力度,始终保持反腐高压态势

坚决落实党风廉政建设党委主体责任和纪委监督责任,坚持以"零容忍"的态度惩治腐败,把深入开展党风廉政建设和反腐败斗争作为净化政治生态的关键之举,切实加大自办案件力度。2014年以来,全区纪检监察机关共受理群众来信来访145件次,初核案件线索156件,立案142件,结案142件,给予党政纪处分142人,其中党纪处分96人,政纪处分51人,受党政纪双重处分5人,科级干部44人。特别是针对大同"电视问政"反映城区低保管理存在的问题,组织专门力量,对全区14个街道130个社区居委会,全面开展低保专项整治。对2001年11月实行低保以来的25790户、63073人,采取拉网式排查。共清退出不符合条件的低保对象3739户、9651人,现有低保对象分别比清理前减少14%、15%。对相关责任人员在低保资格审核把关、复核等工作中,存在的不负责任、失职、弄虚作假等违纪违规行为,进行了严肃处理。

二、突出专项整治、坚持从严治吏,全面加强干部队伍建设

坚持从严治吏,把严厉整治选人用人不正之风作为净化政治生态的关键之举,全面加强领导班子、党员干部队伍、基层基础建设,不断提高党的执政能力和领导水平,努力把党的政治优势、组织优势转化为加快发展的资源优势、竞争优势。

一是切实加大干部监管力度。2014年,集中消化了33名超职数和混岗科级干部。按照倒切8%比例,对全区43个软弱涣散党支部进行专项整顿;进一步强化干部日常监管工作,规范干部调配程序,从严管理干部调动;后备干部数据库全面建立,储备378名科级后备干部;研究制定《全区处置不合格党员工作实施方案》,细化认定情形,处置不合格党员125人,其中限期改正96名、除名2名、自行脱党27名。强化干部队伍培训教育力度,年内,举办各类培训班15期,培训干部2000余人次。

二是全面夯实基层党建基础。根据"建点、绘圈、辐射面"的工作思路,打造了12组45家包括街道、社区、非公、机关事业单位和学校等基层党组织示范群。同时,完善了街道、社区区域化党建联席会议制度,每季召开会议,研究解决辖区内党建、服务、社区建设等工作,就社区和群众需求,进行组织认领,并做出承诺,形成了社区下单、单位接单的服务模式,实现了结对单位每月在社区至少开展一次服务活动目标,形成党建共商、资源共享、活动共创、民忧共解的区域化党建组织协调体系。

三是圆满完成社区两委换届。主要体现在社区调整、职数确定、待遇提高、阵地建设上。撤销7个无居民或少居民社区,调整6个人多、户多、小区多的社区,理顺了服务范围,打牢了换届基础;科学依规核定"两委"职数650个,通盘考虑确定人选,明确要求大学学历以上的社区"两委"干部达到一半以上,改变了过去设置不严密、职数不规范的局面;区财政增加1000万元预算提高社区"两委"干部工资和保险待遇,是2011年换届时的3.5倍;为12个社区解决了办公室场所问题,全区已有108个社区拥有独立办公场所,其中200平方米以上的有27个。

三、精心组织实施,扎实有效推进,教育实践活动圆满结束

按照"照镜子、正衣冠、洗洗澡、治治病"的总要求,坚持"六个贯穿始终",聚焦"四风"突出问题,对照焦裕禄精神和"三严三实"要求,扎实深入开展群众路线教育实践活动,得到省市委督导组的充分肯定。

一是丰富学习形式。采取专家授课、观看教育片、开展大讨论、实地考察、先进事例报告会相结合的方式,促进党员干部坚定理想信念,筑牢思想防线。坚持开门搞活动,通过书面征集、会议征集等多种形式,针对"两代表一委员"、老干部等不同群体,面向社会广泛征集意见建议,共累计征集570余条。

二是创新活动特色。在确保规定动作扎实到位的同时,注重自选动作的协作推动。学习上,开展了分层次、分方式的深谈"四风"危害,为民服务"八问"研讨会,保证了学习效果。在派驻督导组的基础上,又抽调老干部,专门组成3个督查组开展随机访查。在征求意见不全面,特别是前两风多、后两风少的情况下,又分类分层分级征求意见,使整改有的放矢。仅区委、区政府就配套制定出台了《关于深化法治城区建设的实施意见》《进一步加强街道社区党风廉政建设的意见》等长效文件10多个。

三是坚持立行立改。始终把制定整改落实方案和建章立制作为活动的关键环节和首要任务。特别是围绕"四风"方面全区普遍存在的文山会海、检查评比泛滥;超标配备公车、多占办公用房;"三公"经费支出偏高;机关部门"庸懒散拖"等突出问题,有针对性地制定出一系列整改措施和整治办法。活动期间,全区各级、各单位确定整改项目1139个,完成整改601个,正在整改538个,制定并发布制度838个。活动中办好事实事4491件,化解矛盾纠纷1235起,帮助慰问群众6614人。

四、全面深化改革,统筹协调推进,努力推动经济社会平稳健康发展

面对严峻复杂的形势和前所未有的压力,区委紧紧围绕市委、市政府"转型发展、绿色崛起"发展战略和"一三四十"总体部署,统筹兼顾,负重赶超,经济社会继续保持平稳较快增长态势。

一是区域经济平稳增长。深入落实百企强市工程,大力开展"项目见效年"活动,市场活力进一步释放,区域经济发展的质量和效益不断提升。全年地区生产总值完成140亿元,增速2.5%;规模以上工业增加值完成19.5亿元,增速5.8%;公共财政预算收入完成4.2亿元,增速为2.1%;固定

资产投资完成151.2亿元，增速-30.4%；社会消费品零售总额完成209亿元，增速13.1%；城镇居民人均可支配收入完成26230元，增速10%。万元地区生产总值综合能耗预计下降4.4%。

二是城市管理提档升级。深入落实城乡清洁、城镇提质、生态建设工程，大力开展"四城联创"，城市管理提升新水平。在创建卫生城区方面。开展了十大硬件指标建设、城市治理十大专项攻坚行动和十大宣传教育活动。全年共投入资金4380万元，为各街道配置垃圾桶3000个；创建达标社区115个；创建保洁示范街3条、容貌示范街3条；建成环卫工人休息室30个；便民市场投入使用6个；城市道路机械化清扫率达到70%。在创建智慧城区方面。开展了数字城管二期、智慧教育二期、智慧社区二期、智慧政务二期四项工程，全年累计投入资金达3800万元。对区数字化城市管理中心进行了系统维护和升级；建设了智慧政务网络，发挥"12345服务快车道"作用，设立群众诉求事项专项办理中心，全年办结群众诉求工单13326件；6个社区新建、扩建、装修工程进展顺利。在创建环保城区和节能城区方面。开展了露天烧烤集中整治行动，有效改善辖区市容市貌；新接收管养绿地面积达100余万平方米；对辖区内477万平方米的绿地进行集中清理整治；全面实行教育系统的校园清洁工程，完成10所学校的绿化工程；开展环保型煤置换原煤、环保型煤专用炉具发放和环保型煤销售等工作，共取缔原煤销售点120个，发放环保型煤专用炉具3000余台，预计推广环保型煤4069余吨。

三是社会事业全面进步。深入落实名城复兴、百校兴教、城乡安居工程，各项社会事业取得新进展。教育基础持续强化。继续实施教育五大工程，完成19所学校校园网建设，年内基本实现全区学校网络全覆盖；为11所学校装备10个、改装3个学生计算机教室；为3所试点学校建设校园安防系统；完成2个校区信息技术装备工程；完成10所学校体育场建设；接收开发商投资兴建的4所学校，其中2所正式投入使用。房屋征收有序实施。继续牢固树立依法拆迁、阳光拆迁、和谐拆迁的工作理念，并针对各种不同利益群体，及时出台了一系列惠民政策，为征收工作的顺利实施提供了坚实保障。全年共征收包含代王府三期、明堂公园、南内环北侧、东内环西侧4个项目4761户，安置2595户。文化惠民蓬勃开展。2014年，共筹建文化中心15个、社区文化活动室59个；组织文化进社区演出50余场，送图书进社区10000余册；实施艺术精品工程，春节期间组织15支队伍、1000多人参加街头文艺行进式表演活动，组织20家省、市、区级非遗项目参加文化庙会非遗展示。

四是民生保障大力改善。深入落实收入倍增、平安创建工程，增加居民收入，提升保障水平。就业创业方面，召开了4场专场招聘会；开展创业培训班4期，实现城镇新增就业3457人，创业培训人数达90人，失业人员再就业培训人数369人，城镇登记失业率控制在4.2%以内。保障救助方面，加大社会保险扩面征缴力度，健全基本医疗保险制度，提升社保基金保障能力。2014年，全区城镇职工基本养老保险参保人数为1.42万人，城镇基本医疗保险参保人数为19.37万人，城乡居民社会养老保险参保人数为2.4万人，城镇失业保险参保人数为1.12万人，工伤保险参保人数为1.17万人。安全创建方面，高度重视安全生产工作，2014年全区安全生产实现无死亡、重伤事故发生，没有发生较大及以上食品安全事故。4个街道办事处完成了安全街道创建工作，完成率为100%；42个社区完成了安全社区创建工作，完成率为113%。始终把"事要解决"作为信访工作的出发点和落脚点，一批热点、重点、难点信访案件得到有效解决，信访维稳形势总体趋稳向好。

（费宇飞）

附：一、中共大同市城区区委书记、副书记、常委名单

书　记：祁学峰

副书记：薛明耀（5月离职）　来　彦

常　委：唐　胜　王建成　董建中　李润军　曹葆春　罗士彬　李振福

二、街道党工委书记名单

东街街道

书　记：胡　民

西街街道

书　记：刘翰龙

南街街道

书　记：王殿武

北街街道

书　记：任根德

南关街道

书　记：崔　峰

北关街道

书　记：郭进宝

新建南路街道

书　记：刘　顺

新建北路街道

书　记：田德禹

振华南街街道

书　记：白静玲（女）

新华街街道

书　记：王　强

向阳里街道

书　记：王　巨

大庆路街道

书　记：夏　强

老平旺街道

书　记：王红峰

西花园街道

书　记：王鸿宾

开源街街道
书　记：杨亚峰

中共大同市矿区区委工作概况

区委书记　刘勇军

2014年，中共大同市矿区区委认真学习贯彻落实党的十八大、十八届三中、四中全会精神和习近平总书记系列重要讲话精神，认真学习贯彻落实王儒林书记在全省领导干部大会、学习讨论落实活动动员大会、省委十届六次全会上的讲话精神和对大同工作的指示，在市委市政府坚强领导下，按照“争先进位，负重赶超”和“一三四十”总体部署，坚持稳中求进的总基调，以“转型跨越、富民强区”为目标，抓党建、改作风、促改革、惠民生、保稳定，经济社会保持健康平稳发展态势，为实现弊革风清、富民强区夯实基础。2014年地区生产总值完成224629万元，同比增长4.8%；规模以上工业增加值完成7622万元，同比增长（可比价）14%；社会消费品零售总额完成81.8亿元，同比增长12.4%；公共预算收入完成11642万元，完成年计划的69.9%。

一、深入学习贯彻习近平总书记系列重要讲话精神，同党中央始终保持高度一致

坚持把学习贯彻习近平总书记系列重要讲话精神作为首要政治任务。坚持领导带头学，班子成员率先垂范，及时制定学习方案，通过中心组学习、专家辅导、专题研讨等集中学习与个人自学相结合的方式，全面系统地对习近平总书记系列讲话进行学习，区委班子全年组织19次中心组专题学习。组织党员干部层层学，全区各级党组织按照规定学习内容统筹安排学习篇目，以中心组学习、党支部和党小组会议形式集中学习，对学习情况进行督查。开展区级领导讲党课活动，班子成员深入到联点单位、分管部门宣讲习近平总书记系列重要讲话精神。结合工作实际深入学，紧密结合党的十八大和十八届三中、四中全会精神，联系党的群众路线教育实践活动，联系职责任务和个人思想实际，坚持把自己摆进去，把工作摆进去，把学习讲话精神贯穿于各项具体工作中，在实践中加深理解，在工作中贯彻落实。

二、全面深化改革，努力推动经济平稳健康发展

成立全面深化改革领导小组和六个专项小组，统筹推动各项改革。扎实推进转型综改试验区建设，出台《2014年转型综改行动计划》，行政审批、综合执法等十项重点改革任务全面推进。一是继续巩固和扩大传统产业基础。全区5座矿井中，4座取得开工报告，做开工前准备工作。全年新发展重点工业项目5个，培育产值上亿元的小巨人企业1家，规模以上工业企业达到7家。投资1.5亿元的平易街华亿淘宝城项目、投资3.6亿元的京都国际广场项目正在建设之中。新发地农副产品批发市场项目12个商品交易大厅建成，2个大厅投入运营，其他大厅正在招商之中。二是全力推进项目建设。2014年，储备项目投资额425.19亿元，完成年度目标任务的106.3%；签约项目投资额27.31亿元，完成年度目标任务的109.24%；落地项目投资额24.98亿元，完成年度目标任务的101.83%；开工项目投资额28.7亿元，完成年度目标任务的141.59%；建设项目完成投资43.79亿元，完成年度目标任务的121.51%；项目投产投资额29.08亿元，完成年度目标任务的100.17%。三是加快民营经济发展。推动6家企业与建行达成融资协议，为2家企业争取贷款贴息76万元，帮助4家企业办理土地规划手续，为5家企业提供法律服务，为1家企业争取到“省级技术研发中心”资质，为4家企业争取到省“专精特新”资质，推荐2家企业参加晋商大会。组织举办小微企业经营者素质能力提升培训班等培训，全年培训各层次企业管理人员230余人。协调组织市属35家煤炭生产企业与区煤机企业进行产品对接。2014年新增个体工商户1052户，民营企业113户。全区民营经济增加值9.64亿元，同比增长12%。

三、不断加大保障和改善民生力度，全力维护社会和谐稳定

一是不断加大对民生投入力度。全区公共财政用于民生支出达8.49亿元，占到总支出82.6%。新增就业岗位3550个，城镇下岗失业人员再就业504人，创业就业353人，城镇登记失业率3.9%。新建社区卫生服务机构4家，全区社区卫生服务机构达到49家，实现社区卫生服务全覆盖。投资1200万元，为区中医院购置CT机等大型医疗设备。恒安新区新开办3所小学，确保搬迁住户子女顺利就学。与山西文瀛教育咨询有限公司签订合作办学协议，2014年完成招生500余名，是过去两年招生总数的10倍。二是加强社会治安综合治理。出台《2014年矿区综合治理(平安建设)工作要点》《2014年平安矿区建设行动计划》《关于进一步推进矛盾纠纷大调解工作的实施方案》，构建集人民调解、行政调解、司法调解、社会调解于一体区、街道、社区三级矛盾纠纷调解体系，完善以网格化管理、信息化支撑为特色社会服务管理体系。全区各级矛盾调解组织排查出各类矛盾纠纷1200余件，调解成功1140余件，调解成功率达95%。成立矿区

12345政府热线，处办群众诉求1628件。三是不断引深严打整治斗争。全年破获各类刑事案件665起，打击处理刑事犯罪人员311人，打掉各类犯罪团伙17个。扎实开展社会治安“六项整治”，查处治安案件1978起，行政拘留345人。开展打击传销专项行动，清剿传销窝点306处，查获传销人员2247人，刑事拘留92人，行政拘留96人，遣散2073人。四是重视信访工作。全年受理中央省市交办案件50件，化解38件，结案6件，甄别5件，办理1件。进京非正常上访20批26人次，分别同比下降17%和7.1%。五是抓安全生产工作。严格落实党政同责、分管责任、一岗双责、监管责任、主体责任、岗位责任“六位一体”安全生产责任体系，出台《关于实行安全生产党政同责的实施意见》，连续七年未发生重特大安全事故。

四、不断推进民主法治进程，全面加强法治矿区建设

研究出台《中共大同市矿区区委关于贯彻落实党的十八届四中全会精神 加快推进法治矿区建设的实施意见》，发挥法治引领和规范作用，全面推进法治矿区建设各项工作。一是着力提高依法治区水平。严格落实行政执法责任制，建立健全重大行政行为报备制度，从体制机制上遏制公权滥用。组建政府法律顾问团，有效弥补政府在民事、经济等法律业务上短板。推行相对集中行政处罚权和综合执法工作，解决多头执法、执法水平不高问题。实施素质提升工程，全面加强政法队伍建设，进一步夯实和谐平安基础。加强法治文化建设，深入开展法律进机关、进社区、进学校、进企业等法制宣传活动和“12.4”全国法制宣传日活动，提高干部群众法治意识。二是积极支持人大、政协依法行使职权。全年办理人大代表、政协委员提案、建议、意见95件，办复率100%。三是不断夯实民主基础。制定出台《大同市矿区重大决策社会稳定风险评估实施细则》，全年累计发放各类优抚金281万元，拨款约1000余万元用于区人武部改建新办公场所。

五、围绕中心、服务大局，加强思想文化建设

一是大力弘扬社会主义核心价值观。广泛开展“道德模范学习宣传”“学雷锋、树新风”等活动，在全社会营造学习道德模范、争当道德模范的浓厚氛围。广泛开展文明创建实践活动，涌现出全国和谐社区建设示范单位1个，省级文明单位2个、市级文明单位标兵2个、市级文明单位8个、市级文明社区5个、精神文明先进个人5人、大同市最美少年1人。二是加强反腐倡廉宣传教育和廉政文化建设。组织全区党员干部先后观看《四风之害》《割除毒瘤》等警示教育片和廉政文化剧《党的女儿》《廉吏于成龙》，邀请中纪委信访室正局级副主任王焕庚作题为“讲党性、重品行、做表率”专题辅导；举办廉政书画展、廉政漫画大赛、廉政文艺演出进社区以及廉政电影巡回放映等活动。三是大力发展文化事业为全区19个街道发放价值17万元文体器材。新成立“梦乐苑合唱团”和“太阳花艺术团”两支民间文化组织；开展丰富多彩的文化体育进社区系列活动，全年组织各类大型文体活动10场。聘任12名文物监督员对全区31处重点文物保护单位加强管护。

六、坚持党要管党、从严治党，不断加强领导班子和干部队伍建设

一是坚持抓住领导班子建设这个“牛鼻子”，充分发挥管党治党的引领作用。区委班子高度重视自身建设，始终坚持贯彻中央和省市委的决策部署，认真落实基层工作联系点制度、包重点项目制度、包信访案件制度，主动深入基层调查研究、指导工作，深入群众帮助解决实际问题，在为民务实清廉上为全区党员干部作出表率；始终坚持民主集中制原则，建立完善《区委常委会议事规则》等一系列制度，提高了科学决策、民主决策的水平；始终坚持总揽全局、协调各方，全力支持人大、政府、政协的工作，形成思想同心、目标同向、行动同步的良好局面；始终坚持带头落实八项规定，带头反对“四风”，带头落实各项廉洁自律规定。二是坚持以零容忍态度惩治腐败，深入开展党风廉政建设和反腐败斗争。全年立案97件，结案97件，给予党政纪处分101人，科级干部占36人，重处分3人。重点对执行中央八项规定情况进行监督检查，查处问题32个，给予党政纪处分41人。全年廉政谈话24人，诫勉谈话24人。建立完善党政机关和企事业单位科级干部廉政档案，为强化干部监督管理提供依据。坚决落实党风廉政建设党委主体责任，出台《关于落实党风廉政建设党委主体责任和纪委监督责任的规定》和《矿区各级领导班子、领导干部落实党风廉政建设责任制和履行“一岗双责”实施办法》。三是坚持从严治吏，严厉整治选人用人不正之风。先后制定《矿区科级干部推荐考察工作实施办法》《矿区科级干部任前公示工作办法》《矿区科级干部任职试用期实施办法》《非中共党员干部任前审查表》，进一步规范干部选拔任用程序。开展“三个专项整治工作”和省委巡视组反馈意见整改工作，认真开展党政领导干部在企业兼职（任职）、领导干部个人事项申报工作，针对干部混岗问题和超职数配备以及班子成员不全等问题制定整改工作实施方案，按计划、分步骤有序推进。以“基层组织提升年”为契机，着力改善基层办公条件，为每个街道办事处增拨10万元办公经费，积极协调同煤集团解决社区办公用房26套6800平方米；成立社会组织党工委，在非公经济、社区等组织新组建18个党支部；持续推进在职党员进社区和“联户扶贫、结对帮困”等主题实践活动，全区接收在职党员报到19600名，结成帮扶对子2594对，开展活动3300余次，累计捐款50余万元，解决问题1500余件。做好社区“两委”换届工作，新选派大专以上、35岁以下社区干部220名，选优配强社区“两委”班子，进一步提升基层组织的战斗力。四是坚持高标准严要求，扎实开展党的群众路线教育实践活动。全区各级党组织征求意见建议10934条，查找梳理出“四风”问题5846个，确定整改项目1238项，完成整改项目1010项，为群众办实事解难事1722件，化解基层矛盾1844件，慰问困难群众3913人，整治软弱涣散基层党组织8个。先后开展12项专项整治，各类文件简

报压缩 2%，会议精简 16.6%，"三公" 经费支出同比下降 38.9%，清理公务用车 38 辆，清理多占办公用房 5458 平方米。对"工作秩序涣散、纪律松弛"22 名工作人员给予党政纪处分。集中整治低保工作，对 13 人给予党政纪处分。

(武新田)

附：一、中共大同市矿区区委书记、副书记、常委名单

书　记：门开发（5 月离职） 刘勇军（5 月任职）

副书记：刘勇军 （5 月离职） 马曙光

常　委：幸学武　苏　海　赵　雄　石　忠

马晓峰（女） 陈晓琳（女）

董建平（5 月离职） 杨培孝（5 月任职）

二、街道党工委书记名单

煤峪口街道

书　记：赵　耀

新平旺街道

书　记：王丽娟（女）

煤峪口街道

书　记：李佃士

永定庄街道

书　记：范爱君

同家梁街道

书　记：王有成

四老沟街道

书　记：王　权

忻州窑街道

书　记：李延军

白洞街道

书　记：张万祥

雁崖街道

书　记：于亚铭

挖金湾街道

书　记：刘　健

晋华宫街道

书　记：白继明

马脊梁街道

书　记：陶　飞

大斗沟街道

书　记：付　启

王村街道

书　记：郭　金

姜家湾街道

书　记：王　俊

新泉路街道

书　记：李松吾

民胜街道

书　记：力日才

口泉街道

书　记：李　刚

马口街道

书　记：李晓东

燕子山街道

书　记：幺宏利

杏儿沟街道

书　记：董　青

青磁窑街道

书　记：宋　河

平泉路街道

书　记：孟青峰

四台沟街道

书　记：杨圣河

和瑞街街道

书　记：李长春

和顺街街道

书　记：董占成

清泉街街道

书　记：高　鹏

平盛路街道

书　记：王军文

中共大同市南郊区委工作概况

区委书记　薛明耀

大同市南郊区辖 10 个乡镇、190 个行政村，总面积 1068 平方公里，总人口 29.9 万人，其中农业人口 18.1 万人。全区共有基层党组织 687 个，其中党（工）委 15 个，党总支 34 个，党支部 641 个，县一级设党组 7 个，党员 13341 名。

2014 年，在市委、市政府的正确领导下，区委团结带领全区干部群众，砥砺奋进，攻坚克难，推动经济、政治、文化、社会、生态文明和党的建设取得了新进展新成绩。

一、党要管党，从严治党，在加强党的建设上取得了新进展

一是重学习，加强思想建党。深入学习习近平总书记系

列讲话精神，党的十八大、十八届三中、四中全会精神，王儒林书记重要讲话精神，区委常委会先后17次进行集中学习，全体常委积极自学规定篇目，结合工作实际，进行集中讨论，撰写心得体会，讲党课。为区四套班子成员和乡科级干部订购《中国共产党党内法规选编2007-2012》共计500余本，印发了《领导干部廉洁从政若干准则(释义及案例)》《中央、省市有关反腐倡廉建设的新思路、新举措、新要求》等学习资料，各级干部学原文，谈体会，全区上下形成了学党规、遵党规的良好氛围。组织全区党员干部集中学习焦裕禄精神、“三严三实”要求，不断引导督促广大党员干部讲政治、顾大局、守纪律，自觉同党中央在思想上、政治上、行动上保持高度一致。

二是抓活动，祛除“四风”痼疾。围绕“照镜子、正衣冠、洗洗澡、治治病”总要求，突出问题导向，坚持“严”字当头，高标准严要求开展了党的群众路线教育实践活动。组织党员干部开展集中学习和座谈研讨，全区各活动单位集中学习累计751天次，三级书记讲党课1149次，专题辅导132次，专题讨论226次，增强了广大党员干部践行党的群众路线的自觉性。对“四风”问题进行大排查、大扫除，区四套班子和乡科级班子共查找出“四风”问题1500多个，区四套班子共确定整改事项116项，已完成104项，正在整改的有12项；乡科级班子共确定整改事项1135项，已完成993项，正在整改的有142项，解决了一批入学、就医、出行、搬迁、融资等实际问题，让群众看到了实实在在的整改成效。

三是强基础，提升服务水平。转变工作方式，农村党建变“重管理”为“忙服务”。根据实际，将190个村分为城中村改造村、采煤沉陷区搬迁村、纯农业村、工矿结合村，因地制宜，分类指导，党建带动，全面发展。创新工作模式，非公企业党建变“单一化”为“区域化”。深入云中商城等商贸物流企业调研，组建了云中商贸园区区域党总支，把近300多名流动党员组织起来，设立6个党员服务站和2个党建宣传走廊，开展党员示范户、党员先锋岗创建活动。抓好活动载体，机关党建变“群众找”为“党员跑”。认真落实在职党员进社区“五个一”工作机制，全区3175名在职党员与2778户困难家庭结对帮扶，共参加志愿服务活动6300多人次。32名区领导、72个区直部门深入农村开展“三联五解”活动，共走访调研4800多人次，联系贫困户2600多户，为群众解决实际困难3000多件次。同时，坚决整治软弱涣散，对15个软弱涣散村党组织进行集中整顿，共调整班子成员12名，解决问题50个，群众满意率达到96%以上。

四是树导向，从严刷新吏治。抓干部选拔任用，按照新修订的《干部任用条例》，修改完善了《南郊区干部选拔任用工作流程》，为全区10个乡镇选派了10名专职组织委员，全面加强了乡镇党务工作力量，制定了《年轻干部、新提拔干部到全区中心工作实践锻炼工作制度》，先后选派新提拔干部、后备干部共30批次，到信访工作一线进行为期10个月的工作锻炼。抓干部日常监管，扎实开展超职数配备领导干部清理、干部人事档案专项清理、借调人员清理和领导干部在企业兼职清理、领导干部个人有关事项填报等5项工作，其中超职数配备领导干部清理和干部人事档案专项清理等4项工作代表大同市接受省委组织部检查，得到充分肯定。抓干部考核工作，建立上级点评、群众测评、社会公开民主评议和部门、单位间横向述评相结合的综合评价制度，采取群众推荐与班子推荐、综合考核与组织考察相结合的“双推双考”办法，不断深化干部工作的民主化程度。全区上下形成了不争位子争实绩，不比待遇比贡献的良好氛围。

五是严责任，推进党风廉政建设。严格落实“两个责任”，组织开展“两个责任”宣传月活动，在南郊周报开设《落实党风廉政建设“两个责任”大家谈》专栏，刊登落实“两个责任”的认识与做法共计30篇。着手建立党委(党组)主要负责人述纪、述廉、述作风、述主体责任的“四述”制度，督促落实主体责任。对10个乡镇和19个区直重点部门党委(党组)履行党风廉政建设主体责任职责，乡镇纪委、派驻纪检组履行监督责任职责情况，落实主体责任的主要抓手、“三重一大”事项决策情况，作风纪律等开展监督检查，并与班子成员进行廉政谈话，倒逼“两个责任”落到实处。着力打造“不敢腐”的高压线。全区共受理群众来信、来访、电话举报201件次，立案调查101件，结案101件，给予党纪处分88人，政纪处分16人，党政纪双重处分3人，撤职以上重处分19人。精心编织“不能腐”的防护网。对全区范围内的48家行政事业单位、驻区单位行政审批项目进行了3轮清理和流程优化，行政审批项目由原来的345项压缩至92项，精简率73.33%；办理时限由原来的5355个工作日压缩至2385个工作日，压缩率55.46%。对工程建设、土地流转等腐败现象易发多发领域以及征地拆迁、社会保障等涉及民生领域的岗位风险重新进行梳理，共梳理权力总数185项，查找出风险点1735个，制定防控措施1526条。全力构筑“不想腐”的从政观。投资100万元，在口泉乡杨家窑村建设了550平方米的全区廉政警示教育基地。精心创作了《老百姓的心》《廉政颂》等精品剧目，把积极健康、形式多样、群众喜闻乐见的廉政节目送到广大党员干部和群众当中。

二、转型引领，项目为要，在推动富民强区上取得了新业绩

紧紧围绕市委、市政府“一三四十”决策部署，全力实施“十大工程”，全区经济发展保持了平稳增长的良好势头。全区GDP完成420.55亿元，同比增长10.8%；公共财政预算收入完成9.43亿元，同比增长13%；规模以上工业增加值完成305.73亿元，同比增长11.6%；固定资产投资完成210.12亿元，同比增长32%；社会消费品零售总额完成92.11亿元，同比增长11.2%;城镇常住居民人均可支配收入完成20688元，同比增长7.8%；农村常住居民人均可支配收入完成11687元，同比增长11%。

一是以重点调产项目建设为抓手促转型。始终把项目建设作为推动转型发展的切入点和突破口，坚持“以煤为基，多元发展”，大力实施“百企强区”工程，巩固提升传统产业，大

力发展非煤产业，积极培育新兴产业。全区新上、续建重点项目100项，完成投资250亿元。其中，新上项目48项，续建项目52项；一产项目13项，二产项目13项，三产项目74项；亿元以上项目82项。工业方面：总投资11.8亿元的10万吨煤基活性炭等重点标杆项目已建成，总投资101亿元的60万吨烯烃项目正在建设，总投资50亿元的2×66万千瓦坑口电厂二期扩建工程即将开工，总投资51亿元的国投塔山电厂2×66万千瓦电厂项目正在做前期工作。农业方面：总投资38亿元的玫瑰产业园项目、总投资3.8亿元的杨家窑现代农业示范园区扩建工程、总投资1.1亿元的华晟现代农业综合示范园扩建工程、总投资1.3亿元的新发贸易公司扩建工程、总投资1亿元的康圆市场扩建工程等正在建设中。三产方面：总投资34亿元的亿丰世贸中心、总投资32亿元的和泰物流园区、总投资32.55亿元的东信国际家居广场等项目正在加紧建设，总投资16亿元的金色御城、总投资15亿元的维多利商城、总投资12.5亿元的大同云端国际商务中心、总投资10亿元的阳光汽贸等项目即将开工。

二是以发展城郊特色农业为抓手促增收。紧紧围绕国家现代农业示范区建设，加快实施"百园立农"工程，全力发展城郊型特色农业，在继续完善86个特色农业园区的基础上，新建、改扩建、提档升级农业示范园区34个，全区设施农业、规模养殖、农业龙头企业、农业基础设施建设等各个方面迈上了新台阶。设施农业强劲发展，投资9886万元，新建温棚1868栋，新增设施农业面积2428.4亩，温棚总栋数达到10458栋，设施农业面积达到1.82万亩，年收入达到3.46亿元，农民在设施农业中实现人均纯收入1591元。畜牧业发展持续壮大，扎实推进肉羊养殖"五个一"工程，新建22个、扩建6个肉羊养殖园区，扩建6个奶牛养殖园区，农民人均畜牧业纯收入达到1900元。龙头企业辐射带动，全区共发展各类农业龙头企业15家，年销售收入达20.3亿元，创利税7000万元，可带动农户6万户，安排就业1.3万人，农民从产业化经营中增加的收入达4.6亿元，户均增收820元。基础设施不断加强，投资995万元完成了京津风沙源治理水利水保项目，投资58万元完成饮水安全工程2处，解决了2个村、1023人、100头大牲畜的饮水安全问题。农机工作快速发展，全区农机总动力达到36.2万千瓦，农业生产机械化综合生产率达到68%。

三是以加快民营经济发展为抓手增活力。全面落实省"财政15条"、"金融12条"和市"民营经济30条"精神，加大对民营经济扶持力度，区财政列支1000万元风险补偿金，推动"助保贷"工作正常运行，切实解决了民营经济融资难问题。全区新增民营企业392户，个体工商户6678户。全区民营企业达1411户，个体工商户达24342户，农民专业合作社达402个，共发展各类经营主体26500户，从业人员达68316人，民营经济已成为全区县域经济快速发展的重要支撑力量。

三、统筹城乡，惠民安民，在增进民生福祉上取得了新成效

始终坚持多谋民生之利，多解民生之忧，切实解决好人民群众最关心最直接最现实的利益问题，全力推进城乡安居、城镇提质、百校兴教、收入倍增、城乡清洁、平安创建、生态建设工程，努力让人民群众共享发展成果。

一是采煤沉陷区治理有序推进。全区71个采煤沉陷区受灾村24485户、66807人中，已有25个村、7252户、25384人得到安置。总投资9亿元、总建筑面积58万平方米的西韩岭集中安置区，主体工程已竣工，可安置15个村、5604户、12600名受灾村民；7个以资源换搬迁村安置工程，主体已完工；省试点口泉乡7个村搬迁安置工程，有序推进。

二是城市棚户区改造扎实开展。全区共实施城市棚户区改造项目8个，其中，平旺村、大塘路两侧、泉落路北侧、拥军南路西侧、开源街南侧5个项目已开工，甘河村、柳泉街、大庆路北侧、同泉路南侧3个项目正在办理前期手续。此外，全年共完成农村危房改造1500户、扶贫移民搬迁280人；云佛新村北侧廉租房工程主体已封顶。

三是口泉中心区建设顺利实施。已投资2.12亿元，完成"四纵两横"6条道路5.6公里建设任务，水、电、气、暖等配套工程同步完成；总建筑面积26万平方米的时庄安置工程主体已经封顶，总建筑面积5500平方米的区国防动员指挥中心主体工程即将完成，为构建城市西部副中心奠定了坚实基础。

四是城乡清洁卓有成效。全区共投资4000万元，清理各类垃圾20.76万吨、农村"四堆"5515堆，创建了云冈路、五一路2条省级容貌示范街，柳莺路、御东新路2条省级保洁示范街，新泉、北宋庄等10个省级明星村；有160个村已通过市级达标示范村审核验收；新建2个集贸市场、1座四星级公厕，已投入使用。

五是社会事业齐头并进。教育方面：共投资3953万元，新建2所标准化幼儿园，改扩建3所村级幼儿园；在17所乡镇以上学校实施了信息化工程；新组建北岳小学分校。就业方面：城镇新增就业2500人，下岗失业人员再就业400人，转移农村劳动力800人。卫生方面：新农合保障水平逐年提高，全区农村合作医疗共筹集合作医疗基金9278.75万元，全区参合农民达到256218人。社保方面：社会保障体系不断完善，工伤、失业、养老、医疗保险等工作全面推进，共征缴各类保险金42082万元，农村养老保险参保人数达12万多人。

六是社会大局和谐稳定。按照"党政同责、一岗双责、齐抓共管"的要求，全面落实安全生产责任制，强化对煤矿、非煤矿山的安全监管，坚持打非治违并举，实现全年安全无事故；在重点行业领域开展了安全隐患大排查、大治理活动，有效遏制了重特大事故的发生；高度重视信访维稳工作，扎实开展了"信访积案大清理、矛盾纠纷大排解、干部作风大转变"专项行动，全力解决信访积案；不断强化社会治理，实施了"天网覆盖"工程，增强了维稳、处置突出事件能力，促进了

社会和谐稳定。

七是生态环境得到改善。巩固提升“三山”“五路”绿化成果，完成生态造林绿化7.78万亩。加大大气污染防治、水环境治理、土壤及生态环境整治力度，扎实推进污染减排和节能降耗；狠抓建成区和禁燃区的燃煤锅炉整治，对32所学校锅炉进行了改造；关闭40余家土小企业；完成大路辛庄湿地治理二期工程，全区生态环境全面改善。

（池文斌）

附：一、中共大同市南郊区委书记、副书记、常委名单

书　记：杨勤荣（5月离职）　薛明耀（5月任职）

副书记：李广林　张　团

常　委：李有清　明海君　王　玺　张建军　周　灏　王义萍（女）　张　军　冯彦春

二、乡镇党委书记名单

新旺乡

书　记：刘中文

马军营乡

书　记：杨建中（1月任职）李鹏飞（1月离职）

水泊寺乡

书　记：李鹏飞（1月任职）杨建中（1月离职）

平旺乡

书　记：李森林（7月离职）

口泉乡

书　记：张一多（9月离职）

西韩岭乡

书　记：乔正南

鸦儿崖乡

书　记：李　徽

云冈镇

书　记：杜　军

古店镇

书　记：苗泽田

高山镇

书　记：魏毓思

中共新荣区委工作概况

区委书记　董志刚

新荣区地处晋蒙交界，北与内蒙古自治区以长城为界，总面积1018平方公里，辖1镇6乡，共140个行政村，10.9万人。全区有18个基层党委，14个党总支，352个党支部。

2014年，新荣区委以邓小平理论、“三个代表”重要思想和科学发展观为指导，深入贯彻党的十八大、十八届三中、四中全会和习近平总书记系列重要讲话精神，认真践行党的群众路线，深入开展学习讨论落实活动，主动适应经济发展新常态，团结带领全区广大干部群众真抓实干、开拓创新，经济社会事业呈现出稳中有进的良好态势。地区生产总值完成24.5亿元，同比增长6.6%；规模以上工业增加值完成7.6亿元，同比增长3.0%；财政总收入完成36281万元；公共财政预算收入完成15033万元；农民人均纯收入达到7296元；城镇居民可支配收入达到19889元。

一、深入学习贯彻习近平总书记系列重要讲话精神，坚决贯彻中央、省市决策部署

把学习贯彻习近平总书记系列重要讲话精神和中央对山西工作的指示要求当作首要工作来抓，紧密联系党的十八大、十八届三中、四中全会精神，联系党的群众路线教育实践活动，联系正在开展的学习讨论落实活动以及省委王儒林书记的重要讲话精神，努力做到真学真懂，真信真用，真抓真改。扎实开展“学习讨论落实活动”，及时出台了《关于在全区深入开展学习讨论落实活动实施方案》《关于落实省委王儒林书记讲话精神责任分解》，坚持以学习活动主题为总目标，积极适应经济发展新常态，落实“十大工程”，实施“六型转变”，推动“六大发展”，切实用讲话精神武装头脑、指导工作、推动发展。

二、认真落实从严治党要求，深入推进党风廉政建设

一是加强基层组织建设。夯实农村党建工作基础，完成了软弱涣散村党组织专项整顿，健全完善各类村级规章制度。认真开展“访知解”活动和在职党员进社区活动以及“三联五解”活动，全区党员领导干部与1017户农村（社区）困难

户、贫困户结对帮扶,共解决实际困难851项。二是从严管理干部。认真贯彻执行新修订的《干部任用条例》,做好干部选任工作。深入开展完成了档案专项清理、借调人员清理、企业兼职清理、机关事业单位"吃空饷"专项整治、"工作秩序涣散、纪律松弛"专项整治、乡镇干部"走读"现象治理、干部参加"天价培训"清理整顿等工作。三是严格落实"两个主体责任"。在党风廉政建设上,不仅明确了党委领导是第一责任人,而且按照"一岗双责"要求明确了班子成员的领导责任。区委常委班子成员带头贯彻执行中央八项规定,自觉遵守《领导干部廉洁从政若干规定》。

三、扎实开展党的群众路线教育实践活动,以作风建设的新成效推动发展

一是坚持把领导带头贯穿始终。常委班子按照"三严三实"要求,坚持带头把自己摆进去,切实加强对活动的组织领导,24名县级党员领导干部全部建立了联系点,对活动各个环节和重点节点、重点步骤认真指导,全力推进。各级党员领导干部带头作表率,一级抓一级、一级带一级,有效传导压力,促进了教育实践活动扎实开展。二是坚持把学习教育贯穿始终。坚持把学习弘扬焦裕禄精神作为一条红线贯穿始终,制定了"八个一"学习制度和详细的《学习计划》,建立了"八学"模式,增强学习效果。三是坚持把整风精神贯穿始终。区委常委班子对征求到的意见建议进行梳理、对号入座,常委班子及成员分别查找认领"四风"问题69项、202项,坚持以整风精神开好专题民主生活会,严肃认真地开展了批评和自我批评,达到了红脸出汗,加油鼓劲的效果。四是坚持把边查边改贯穿始终。区委确定了"七项工程"和"九项专项整治",制定了整改项目"作战图"。进入整改落实环节,认真制定"两方案一计划",确定整改事项1576项,完成整改事项637项,需要整改的其它事项正在按照整改时限加紧整改中。

四、主动适应经济发展"新常态",全力抓好经济发展各项工作

认真贯彻落实省、市决策部署,主动适应经济发展"新常态",着力推动"六大发展",坚持稳煤不放松、坚持转型不动摇、坚持招商不松劲,狠抓招商引资和项目建设,圆满完成了项目"六位一体"考核,经济建设转型发展也迈出了新步伐。一是全面完成项目"六位一体"考核目标。全年累计完成储备项目104项,完成储备投资1350亿元,完成全年任务1000亿元的135%;签约项目1项,完成签约投资97亿元,完成年任务50亿元的194%;落地项目64项,完成落地投资54.06亿元,完成全年任务53.09亿元的101.8%;开工项目52项,完成开工投资27.97亿元,完成全年任务27.67亿元的101.1%;重点工程建设项目完成投资22.49亿元,完成全年任务22.35亿元的100.64%;投产项目36项,完成投资34.55亿元,完成全年任务33.53亿元的114.97%。二是大力推进重点项目建设。按照"提升地下,发展地上,项目带动,规模拉动"的转型发展思路,以招商引资和项目建设为突破口,着力抓好项目建设。煤矿兼并重组后的五座主体煤矿已全部完成技改,转入生产矿井。投资2.5亿元的宇林德石墨设备项目、投资4.6亿元的山西国际能源小窑山风电场二期项目、投资3000万元的百川精煤有限公司精洗煤项目、投资6000万元的大同市新康泽机械矿用设备项目已建成投产;投资12.5亿元的山东东昀石墨深加工项目、投资44.4亿元的华电新荣2×66万千瓦低热值煤发电项目的推进,初步形成了煤炭、炭素、建材、电力、机械制造五大板块。三是大力发展优势特色农业。围绕"以农载牧,以牧富民"的发展思路和"做精杂粮,培优土豆,种树种草,发展畜牧"的特色化带动产业化的发展路径,着力推进"一村一品""一乡一业"。依托现有的特色小杂粮种植区域,形成了以莜麦、杂豆、胡麻为主的小杂粮板块基地22万亩左右和以微型种薯厂、华进薯业、8万亩种植基地为主的从种薯、种植到加工的全产业链条。畜禽养殖产业依托雁门关生态畜牧经济区建设,围绕牛、羊、猪、鸡等特色养殖,共建成了标准化养殖小区42个,猪饲养量达到8.1万头、牛2.5万头(奶牛0.4万头)、羊26.15万只。投资2亿元的伊磊牧业已引进1088头澳大利亚纯种奶牛。投资2000万元的平荣肉羊养殖项目、投资1.3亿元的绿野公司5万只肉羊建设项目、投资2000万元的牧光5万只肉羊养殖项目、投资2亿元的东峰农林牧科技有限公司万头种羊场建设项目正在建设或推进中,畜禽养殖已成为全区农业发展的一大亮点和支柱。

五、着力保障和改善民生,稳步推进各项社会事业

一是城乡人居环境全面提升。以改善城乡环境为出发点,在加强区址市场、交通、环境秩序管理的同时,创建了新开北路、滨河南路2条容貌示范街,迎宾路、府西街2条保洁示范街。二是社会保障力度进一步提高。全面落实国家和省市出台的各项再就业优惠政策,稳步推进就业和再就业工作,全年实现城镇新增就业1270人,农村劳动力输出与转移570人,下岗失业人员再就业291人,城镇登记失业率控制在4.2%以内。全面落实农村五保、城乡低保等社会救助政策。全区新农合以村为单位覆盖率达到100%,参合农民总数达7.6万人,参合率为97%。三是民生社会事业全面发展。加大义务教育投入力度,对全区21所学校进行了校园基础设施建设及校园文化建设,教育设施设备均达到了省标准,通过了国家教育部义务均衡发展验收。为8.06万农村居民建立了健康档案,建档率达到89.8%。积极推进农村饮水安全工程建设,解决和完成了上深涧乡采煤区内5个村、3010人、304头大牲畜的饮水安全问题。圆满完成了40784吨"爱心煤"发放。大力实施城乡安居、农村危房改造工程,投资800多万元,续建廉租住房108套;投资4275万元,完成农村危房改造3000户。

六、积极创新社会管理,营造安定有序环境

一是社会治安综治治理切实加强。扎实推进社会管理创

新，大力推进"平安新荣"建设，加强社会公共安全和治安防控体系建设，积极推进"六网覆盖"工程，整合110指挥中心，警用地理信息系统，社会服务管理指挥中心等资源，建立和完善视频监控资源共享。二是信访维稳工作成效显著。严格落实"领导大接访制"和"领导包案化解积案责任制"，深入推进领导干部接访包案、矛盾纠纷排查和信访积案化解等重点工作，特别是在全国"两会"、十八届四中全会和APEC会议期间，做到了"四个坚决防止"工作目标。三是安全生产工作齐抓共管。高度重视生产安全工作，严格落实党政同责、一岗双责和安全生产挂牌管理责任制等制度，进一步强化责任落实，不断提升全区安全综合监管能力，有效预防了各类重特大事故的发生。四是深化改革工作全面推进。深化审批制度改革，对原有行政许可项目进行全部清理，建成并投入进行了"一网六平台"。农村土地承包经营确权工作推进顺利，探索石墨资源采（探）矿权有偿使用权制，将上马石墨深加工项目作为招拍挂采（探）矿权的前置条件，探索生态建设多元投入机制，引进非政府性投入570万元进行生态修复。深化户籍改革制度，实行一站式办理户口，全年共迁入户口598人，迁出户口共1268人，办理出生上户共1028人。

七、更加注重保护建设并重，扎实推进生态环境建设

一是节能减排深入开展。进一步强化节能降耗目标责任制管理，加大对目标任务的指导协调和节能目标责任管理和考核力度。全区主要污染物排放量均远低于省市下达任务。全年全区万元GDP综合能耗下降3.6%，完成年度目标任务，二级以上良好天数达到了357天。二是植树造林稳步推进。在巩固扩大已有植树造林成果的同时，进一步扩大造林绿化规模，提高造林绿化质量、档次和水平，全年完成投资3618.3万元，造林2.14万亩；通道绿化30.4公里，四旁植树80万株。三是生态保护扎实有效。大力抓好生态环境的保护建设，积极改善自然生态环境，着力推进矿山生态修复，积极开展水库、河道安全专项整治，完成了淤泥河、涓子河、饮马河及部分沟道清淤清障10余公里，确保了行洪安全。完成京津风沙源治理工程水保二期项目新建水源工程42处，节水工程27处，生态保护基础建设得到了进一步巩固提升。

（胡　海）

附：一、中共新荣区委书记、副书记、常委名单

书　记：董志刚

副书记：解廷师　郝守农

常　委：姚夏冬　靳文军　景　珍　樊　菁

张培文（5月离职）　陈亚庚（5月任职）

二、乡镇党委书记名单

花园屯乡

书　记：郭钰晶

西村乡

书　记：王永军

新荣镇

书　记：兰　敏

上深涧乡

书　记：张志军

郭家窑乡

书　记：张建国

破鲁堡乡

书　记：王利军

堡子湾乡

书　记：冀　勇（9月离职）　王晓媛（9月任职）

中共大同市开发区党工委工作概况

工委书记　张秉善

2014年，区党工委坚持以习近平总书记系列讲话精神为指导，在市委的正确领导下，围绕全区中心，团结一致、扎实工作，全区党的建设、经济建设、精神文明建设及其他各项社会事业都有了新的进展。

一、高标准、严要求，扎实开展党的群众路线教育实践活动

3月6日活动开展至10月21日基本结束，区党工委、管委会认真贯彻中央和省、市委决策部署，在省、市委督导组的精心指导下，高度重视，积极行动，结合开发区实际，坚持"两手抓、两促进"，突出重点，聚焦问题，扎实地抓好各个环节的工作。区两委带头做、带头改、带头抓，率先在全区树起标杆；各级党组织和教育实践活动领导小组及办公室统筹安排、精心谋划；各活动单位严密组织、强力推进；广大干部群众踊跃参与、热情响应，整个活动部署周密、措施到位、推进有序，取得了突出成效。活动中，共收集问题、建议、意见1286条，"四风"方面班子存在的问题156条，领导干部个人存在的问题209条。在整改方面，确定了六个方面25项整改项目，制订了专项整治方案，制定完善了33项制度。通过一系列整改，使机关工作作风明显改变，问题得到有效解决，服务效率明显提升，企业、群众得到了实惠。

二、认真开展学习讨论落实活动

(一)充分准备,快速启动。一是抓好方案制定,完善工作流程。立足开发区实际,起草学习讨论落实活动实施方案,对23项重要任务进行了分工。二是抓机构建设,强化组织保障。成立了活动办公室和督导组,办公室下设综合组、纪检法治组、组织组、综改组、宣传组五个组。组建了四个督导组,明确了各组督导单位、督导方法和流程,加强对活动单位督促指导。三是抓制度建设,促进活动开展。建立了专线电话、专用邮箱,活动简报、办公室、督导组等工作制度,各项工作进入了制度化、规范化的运行轨道。在充分做好前期准备工作的条件下,12月16日召开了全区学习讨论落实活动动员会,对全区开展活动进行了详实的安排和部署。

(二)强化培训,提高思想认识。采取区两委领导干部带头授课、聘请党校教授辅导、安排视频讲座、组织学习交流等多种形式组织培训,12月24日,举行了开班仪式,已经开展了6次培训,观看了警示教育片。全区近400名党员干部参加了培训。

(三)抓住重点,深入学习讨论。专门组织编印了《大同开发区学习讨论落实活动学习资料》,制定学习讨论计划,开展中心组学习会3次;开展专题讨论3次,形成了领导班子专题反思剖析报告。

三、抓管理,提水平,不断强化领导班子和干部队伍建设水平

(一)进一步加强领导班子建设。一是坚持理论学习制度。全年组织集中学习14次,专家辅导2次,召开专题讨论会7次。二是坚持民主集中制。"三重一大"等问题集体决定,建立健全各项会议和决策制度,提高领导班子解决自身问题的能力。三是召开班子民主生活会。广泛征求意见和建议45条,基层党组织征求意见和建议达260余条。开展批评和自我批评,对存在问题的原因进行了深刻的剖析,提出了改进的措施。

(二)进一步加强干部作风建设。一是抓好干部作风整顿。针对机关干部中普遍存在的迟到早退现象和"庸懒散"问题,出台了《整顿机关纪律,创优工作环境的八项规定》,实行智能人脸识别考勤。2014年,全区共处置案件线索15件,初核案件12件,立案10件,给予党纪政纪处分11人,约谈1人。二是推进党员进社区活动。组建了16个服务团(组),落实"四双"措施。活动开展以来,通过给慰问金、米面等方式帮扶、慰问3户。全区共认领各类公益岗位851个,16个团(组)利用8小时工作以外的闲暇进社区开展结对帮扶、劳动、咨询、慰问等活动共计39场次,捐款5万多元。三是开展"三联五解"主题实践活动。采取"三进、三听、一贯穿"的方法,走村进企入户,带头解决问题。深入5家企业,入户15户,解决问题19个。深入企业44家,帮扶联户135户,共征求意见建议106条,整改83条。

四、抓项目,促发展,经济运行平稳趋快

下大力气推进招商引资,围绕现有医药产业基础和高新技术、新能源、现代服务等重点产业发展方向,积极融入京津冀一体化发展格局,努力承接京津冀地区产业转移,同时,扎实推进重点项目建设、抓好湖东片和园区基础设施建设,出台了《大同开发区创新发展指导意见》《大同开发区低碳试点实施方案》《关于促进总部经济发展的意见(试行)》《关于加快推动企业改制上市的意见(试行)》等专项方案和计划,促进全区经济发展。全年地区生产总值完成40.26亿元,增长15.5%;规模以上工业总产值完成58.76亿元,增长36.2%;规模以上工业增加值完成13.08亿元,增长17.6%;第三产业增加值完成15亿元,增长7.9%;固定资产投资完成63.02亿元,增长21%;对外贸易首次突破2亿美元,进出口总额完成20418万美元,增长32.82%,其中出口20367万美元,增长33.62%,出口占全市的67.36%;社会消费品零售总额完成20.9亿元,增长12.8%;公共财政预算收入3.46亿元,增长12.52%。

五、改作风,求实效,努力加强基层党组织建设

机关党建上,一是坚持民主集中制。在抓好党务公开的同时,结合群众路线整改活动,修订《领导决策工作制度和议事规则》,严肃党内政治生活,班子建设得到加强。二是加强党员教育管理。2014年发展新党员24名,发展一线党员20名,占全区发展党员总数的83%,非公企业发展党员18名,占发展党员总数的75%。对发展对象进行了集中培训。在市委党校举办了《中国共产党发展党员工作细则》专题培训班,培训党务工作者150人次。全年共培训教育党员达2000余人次,平均达到30余课时。

农村党建上,一是整顿软弱基层党组织。结合群众路线教育活动的开展,立足蔚洲疃村党支部实际,对支部书记进行了调整,提高党组织号召力。二是加强农村换届组织领导。召开村"两委"换届动员会,成立了村"两委"换届工作领导小组及办公室,在抓好宣传教育动员的基础上,调查摸底、化解矛盾,为村"两委"换届打下坚实的群众基础。三是抓好农村干部培训。2014年2月在市委党校举办了为期4天的"领头雁"培训班。

非公企业党建上,成立非公党组织42个,实现了全覆盖。积极推行"三同时"工作法。在区党工委、非公企业党工委、企业三个层面同时将党、工、团三项工作统筹部署,在基层领导体制方面鼓励企业行政领导同时兼任党组织书记、工会主席,将党建工作与生产经营工作紧密地结合起来,融入企业的中心和大局,同布置、同检查、同考核。多数非公企业党组织领导班子与管理层实行了"双向进入,交叉任职",70%以上的党员处于管理岗位和关键岗位,一半以上的企业党组织实行了党员挂牌上岗,未单独成立党组织的企业选派了党建指导员,使党务骨干队伍干事有平台、待遇有保障、干

好有发展。

六、担责任，抓落实，努力推进党风廉政建设

坚持把全区党风廉政建设工作内容列为对部门和干部考核的重要组成部分，使党风廉政建设与开发区中心工作一起谋划、一起部署、一起考核，出台了《2014 年度全区目标责任考核指标制定工作安排意见》，召开了 3 次专题会议，贯彻落实省、市委会议精神，听取党风廉政建设情况汇报，研究部署全区党风廉政建设和反腐倡廉工作。健全有错必究、有责必问的责任倒查机制，实行"一案三查"。加大了对纪检工作人力、物力、财力的投入，改善了纪检干部办公办案条件，调整精简了区纪工委参与的议事协调机构，由原来的 64 个调整精简为 10 个。经山西省新闻出版广电局批准，区纪工委创办内部期刊《大同开发区廉苑》。

七、重导向，树形象，不断加大宣传和精神文明建设力度

（一）扩大对外宣传，树立良好形象。在各级媒体共发稿 133 条，其中报纸 78 条、电视台共 34 条、大同广播电台共 21 条。在大同新闻网及开发区政府网、开发区招商网站共发布新闻信息 100 余条。开通了开发区党建网站，上传信息 50 条。

（二）推进非公企业文化建设。一是形成了文化载体。普德药业、泰瑞、仟源每年都开展一些文体活动。2014 年 5 月普德开展了乒乓球比赛，泰瑞 6 月份举行了职工技能大赛，仟源举办了职工运动会。二是树立了文化形象。普德、泰瑞、仟源创办了企业报，企业通过这些文化平台，及时报道企业的经营、文化、职工生活动态。

八、抓收入，改面貌，全力促进农村工作

推动农村经济发展，增加农民收入。鼓励村民发展特色种植业，做到精耕细作，同时鼓励农民发展养殖业。2014 年樊庄村比去年的经济总收入增加了 10%，人均纯收入可达到 11660 元，增长 10%，蔚洲疃比去年的经济总收入增加了 10%，人均纯收入 10120 元，增长 10%。同时，两村投资 100 多万元，开展环境卫生大整治，改善面貌。

（李　伟）

附：一、中共大同市开发区党工委书记、副书记、委员名单

书　记：张秉善

副书记：雷雪峰

委　员：王　汉　李义明（5 月任职）　陈巨有　李守林

二、街道党工委书记名单

城南街道

书　记：胡少振

中共阳高县委工作概况

2014 年，在市委、市政府的正确领导下，阳高县委和人大、政府、政协班子，团结带领全县广大干部群众，深入推进"五化一体"战略，全面加强党的建设，全力推进改革发展各项工作，开创了弊革风清、富民强县的新局面。

一、坚持把抓党建作为最大政绩，党要管党、从严治党取得新成效

突出抓好党风廉政建设。制定了贯彻落实中央和省市委《建立健全惩治和预防腐败体系 2013—2017 年工作规划》的具体意见，建立了 592 名科级干部廉政档案，出台了党风廉政建设责任制考核方案和评价细则、干部作风建设监督问责办法，完善了定期分析研判、廉政责任谈话、任前廉政考察、问题诫勉谈话、诺廉述廉评廉等制度，在制度反腐上进行了积极探索。持续狠抓中央八项规定和省市县委相关实施办法的落实，深入开展了 35 项"四风"突出问题专项整治，进一步纯洁了党风政风和干部作风。以零容忍态度惩治腐败，县纪委监察局全年共立案 103 件，结案 103 件，党政纪处分 105 人，其中开除党籍 9 人，开除公职 1 人，留党察看 1 人，党内严重警告 33 人，党内警告 59 人；乡科级干部 30 人，移送司法机关 3 人。办案总数实现了"百"的突破，处分科级干部数实现了"个"的突破，查办有影响有震动案件数实现了"零"的突破，形成了震慑，保持了高压。

扎实开展群众路线教育实践活动。组织全县 98 个单位、703 个党组织、12050 名党员开展了党的群众路线教育实践活动。活动中认真完成规定动作，切实搞好自选动作，深学细照接受教育，开门纳谏征求意见，对照检查开展批评，知行合一狠抓整改，破立并举建章立制，取得实实在在的成效。群众路线得到了新实践，结合"三联五解"、在职党员进社区活动，全县党组织和党员干部切实帮助民需、满足民盼、解决民难，累计整改"四风"问题 427 项，解决群众切身利益问题或实际困难 3600 多个（件）。12 月份以来，常委会按照省委部署，加强领导，精心组织，深入开展了学习讨论落实活动，目前正在扎实有序推进。

着力加强基层组织建设。以"基层组织建设提升年"为契机，大力加强全县基层党组织建设。一是扩大基层组织覆盖，在 29 家新社会组织中建立了党组织，组建了大学生村官网络党支部，在 107 个非公经济党组织中开展了"双强六好"创建活动。二是夯实基层组织基础，组织开展了村（居）"两委"换届，262 个行政村、14 个社区全部完成支部换届。三是强化基层组织服务，以乡镇和行业为单位，组建了 19 个党代表工作室，进驻各级党代表 1013 名，接待来访，开展下访，帮解困

难,化解矛盾;深入开展了服务型基层党组织建设,建成27个服务型党组织示范点。

从严强化干部队伍建设。提高规范选人用人意识,常委班子带头、基层干部跟进,深入学习新修订的《干部选拔任用工作条例》,提高规范选人用人和规范职务晋升的意识;总结完善了严把干部入口的“四重”(重公论、重素质、重能力、重实绩)分类初始提名法,坚持这一做法调整干部1批10人。加强干部教育培训,加强干部日常监督管理,规范了干部履职行为。

大力加强宣传思想工作。积极培育和践行社会主义核心价值观,通过悬挂公益广告道旗、发放宣传用品等形式大力宣传24字基本内容;举办文化大讲堂,邀请县内领导、专家学者宣讲中华传统文化、阳高历史人文和道德法治等方面知识,提高干部群众的人文素养;大力选树和宣传正面典型,开展了第二届全县道德模范评选活动,隆重表彰了12位助人为乐、见义勇为、诚实守信、敬业奉献、孝老爱亲模范,推荐李培斌、张明义、许生义等6人参选“中国好人榜”“山西好人”等道德模范评选并获得荣誉。大力宣传和弘扬大泉山精神,引起省市委重视和支持,被列入省级层面加以推广。切实加强廉政教育和廉政文化建设,多次邀请中央和省委党校教授、纪检系统干部作党风廉政专题讲座报告,多次组织干部观看廉政剧目;充分发挥大泉山廉政教育基地作用,组织开展了多层次、多形式的廉政教育。公共文化服务切实加强,全年开展送戏下乡、送电影进村等文化惠民活动3000多场次。进一步加大对外宣传,“四季瓜果乡、养生长寿地、人文荟萃城”的县域形象声名远播。开展了文物普查和保护,共投入资金2300多万元,实施了云林寺本体修缮、镇边堡堡门修复和明代一条街建设、杨塔村村塔修缮等工程。

二、坚持以项目建设为引领,经济转型实现了新突破

2014年,全县完成地区生产总值27.05亿元,增长4.2%;规模以上工业增加值2.76亿元,增长4.5%;全社会固定资产投资71.6亿元,增长23.1%;社会消费品零售总额9.77亿元,增长12%;公共财政预算收入14217万元,增长50.89%。城镇常住居民人均可支配收入达到17908元,增长13.6%;农村常住居民人均可支配收入达到5923元,增长14.2%。

工业园区化迈出新步伐。加大了园区建设力度,面积由26平方公里扩大到51.3平方公里,园区服务中心建成并投入使用,园区承接项目能力得到提升。加大了项目建设力度,园区工业经济得到增强,全年共建设工业项目5个,总投资7.9亿元,其中同煤通泰橡胶输送带项目、大同恒源化工项目已建成投产,金光公司整体搬迁技改项目、晨昀碳素搬迁扩建项目、京元锰业高锰酸钾项目均完成主体建设。此外,备受全县人民关注、开创全省无煤县办电厂先例的同煤低热值煤热电联产项目,经过全县有关部门的共同努力,获得省发改委路条已开展前期工作。加大招商引资力度,园区发展潜力得到提升,新引进和正在洽谈的重点项目有北京龙舟地热科技公司开发致富山地热、上海越麟国际物流有限公司建设龙泉物流园等6个项目,规划总投资20多亿元。

农业设施化实现新提升。设施农业长足发展,新增移动大棚6737栋、日光温室581栋,新增面积7156亩,全县设施蔬菜总面积达到6.06万亩;新建和改扩建规模养殖园区11家,新建棚圈2万平方米,全县规模化养殖园区达到90家,猪、羊、牛饲养量分别达到95万头、58万只、6.1万头。农业基础持续改善,全年共实施小农水、农业综合开发、盐碱地治理、土地整理、旱作农业科技推广、水源工程等农建项目11个,新增耕地2911亩,改良耕地1.23万亩,新增节水灌溉面积3.48万亩;补贴购置农机具533台,全县农业机械总动力达到26.2万千瓦,全年机械化作业面积228万亩。产业龙头不断壮大,全年共实施和富移民新村设施蔬菜园区、中驰杏脯加工园区、富达奶牛养殖园区、东小村镇万亩鲜食杏园区、佳润生态农林科技示范园区、北方四季牧场农业综合园区、北农阳光都市农业示范园区、龙泉镇万亩标准园区等9个重点建设项目,总投资5.86亿元,累计完成投资4.86亿元。大嘴窑村杏园荣登中国美丽田园“果园景观”榜首。

新兴产业成为经济增长新动力。坚持“风、光、火、生物质能、垃圾、地热”发电“六轮驱动”,大力发展清洁能源产业,全年新开工建设晋能清洁能源光伏发电和阿特斯光伏发电2个项目,总投资13亿元,总装机12万千瓦;新引进恒辉能源投资有限公司光伏发电、绿能公司大棚光伏发电2个项目,协议总投资6亿元,总装机4万千瓦。坚持“以绿为基、以绿为媒”,按照“政府连线、企业办点、导向投资”的思路,培育和壮大绿色产业,在百公里生态旅游长廊周边大力发展观光旅游、休闲采摘、养生养老产业,成为拉动经济增长的新动力。民营经济不断发展壮大,新增小微企业129户,新培育规模以上工业企业、“小巨人”企业各1户。

三、坚持以改善民生为重点,人居环境和人民生活水平有了新提高

积极推进城镇特色化建设。着力打造宜居县城,全年共投入资金1.5亿元,完成了辕门西街道路改造、义和路和旧县衙广场建设、11万平方米保障性住房后期扫尾、91条小街小巷硬化、10座公厕新建维修,铺开了2万平方米保障性住房建设、云林公园建设、旧县衙西侧小游园建设,县城的公共服务能力进一步提升。着力打造特色集镇,罗文皂镇进一步完善了公共基础设施;大白登镇加快大泉山革命传统教育基地和大景区建设、新农村建设,水保科技示范园建成并筹备布展。

切实加快民生事业发展。大力开展扶贫攻坚,完成了贫困村、贫困人口的识别和建档立卡工作,为开展精准扶贫奠定了基础;利用连片开发示范片项目资金1000万元,采取移民搬迁与产业发展相结合的模式,实施了和富移民新村日光温室产业园区二期工程,新建日光温室212栋,移民住房212套636间,11月初分棚分房到户;投入财政扶贫资金

1000万元，实施了11个乡镇20个贫困村的整村推进项目，3270户7587口人受益。统筹推进社会事业，优先发展教育，投入资金3500多万元，新建改扩建中小学、幼儿园17所，完成38所中小学教育信息化建设；支持公交公司购买15辆校车，财政拿出200万元用于寄宿学生乘车补贴；补充高中和农村音、体、美学科教师123人，办学条件和师资水平进一步提高。加快发展医疗卫生事业。大力改善农村人居环境，投资3200万元，对1000户农村危房进行了改造，对600户农村房屋进行了抗震加固或异地迁建；投资1034万元，建成饮水安全工程9处，除险加固水库4座。全面提高社保水平，城乡居民基本养老保险参保总人数达到16.5万人，全年发放基础养老保险金共计2946万元；农村低保18117户20937人，城市低保3056户6397人，全年发放低保金5590万元；享受优抚、"五保"、孤儿供养、残疾人救助、下岗职工救助、困难家庭子女助学、长寿保健补助的各类人员近1.1万人，全年救助总额1600多万元，困难群体生活得到切实保障。全力维护农民工合法权益，为537名农民工追回拖欠工资402.55万元。

大力提升县域生态化水平。以百里生态旅游长廊为承载，大力开展造林绿化，投资9000多万元，实施沿线荒山绿化2.2万亩、通道绿化57.16公里，绿化村庄10个，补贴制造林8600亩。切实加大环境保护力度，在8家减排企业实施了管网改造、沼气池建设、脱硫除尘设备配置等工程减排和结构减排，淘汰燃煤锅炉9台；投资1598万元实施了农村环境连片整治示范工程，对3个乡镇17个行政村91平方公里范围进行了环境综合整治。由于生态建设成效显著，阳高县成为全省首批15个低碳试点市县之一。

四、坚持以深化改革为动力，制约发展的瓶颈有了新突破

按照中央和省市委改革部署要求，切实加强对改革的组织领导，成立了县委改革领导小组，下设了经济体制和生态文明体制改革、民主法制改革、文化体制改革、社会体制改革、党的建设制度改革、纪律检查体制改革6个专项小组和办公室。领导小组和各专项小组分别制定了具体的工作规则，研究起草了专项改革方案。深化了行政审批制度改革，全县行政审批事项由189项精简到132项，管理服务类项目由91项精简到48项，并对审批流程进行了优化再造；农村土地承包经营权抵押贷款试点工作取得成功，在全县范围加以推广；户籍改革和财政预算管理改革得到进一步深化，其他领域的改革开始破题起步。

五、坚持以创新社会管理为抓手，和谐稳定局面有了新起色

加强社会治安综合治理。制定并严格落实年度《平安阳高建设行动计划》，加大"六六创安"工程实施力度，获得"省级平安县"称号。加强社会治安防控，实施"天眼"工程，重点路段、重点部位基本实现电子监控覆盖，并做到多警联动、加强巡逻。严厉打击违法犯罪，公安部门查处治安案件606起，破获刑事案件194起；检察机关依法批准和决定逮捕34件52人，依法提起公诉50件65人；法院受理各类案件585件，审执结578件。加强对刑释解教、社区矫正等特殊人群的管理服务，建成"新航安置帮教基地"对136名人员进行帮教。着力提升社区网格化管理水平，加大社会矛盾排查化解力度，深入开展"一村一警"联系走访活动。全力抓好安全生产，维护了人民群众的生命财产安全。重视和加强信访工作，全年信访总量317件次1268人，同比下降17%、19%；四套班领导带案下访89次，化解矛盾151件次。

六、坚持以法治建设为保障，政治文明建设开启了新征程

阳高县委始终坚持民主集中制原则，重大问题集体讨论、集体研究、集体决定，事关广大群众切身利益的问题，注重吸收各方代表参与决策和实施。坚持用法治思维和法治方式推动改革，研究制定了具体《实施意见》，对加强法治阳高建设作出全面部署。

（张守武）

附：一、中共阳高县委书记、副书记、常委名单

书　记：解先文（11月涉嫌严重违纪违法，接受组织调查）

副书记：邢　斌　李晓红（女）

常　委：白　宝　袁润德　王成武　李东升　孟德昌　王进波　卢　平（挂职，3月任职）

二、乡镇党委书记名单

龙泉镇

书　记：闫志文

王官屯镇

书　记：高　文

罗文皂镇

书　记：孙富纯

大白登镇

书　记：徐碧洋

古城镇

书　记：王德军

东小村镇

书　记：何昌利

友宰镇

书　记：孙　福

北徐屯乡

书　记：吕福军

长城乡

书　记：张智文

下深井乡

书　记：李建新

马家皂乡

书　记：李　刚

鳌石乡

书　记：余天东

狮子屯乡

书　记：孟永泉

中共天镇县委工作概况

县委书记　姚振华

2014年，天镇县委在省市委的正确领导下，坚持以邓小平理论、“三个代表”重要思想、科学发展观为指导，全面贯彻落实习近平总书记系列讲话精神和党的十八大、十八届二中、三中、四中全会精神，紧扣省市总体要求，坚持一切想着天镇、一切为了人民、一切服务发展“三个一切”，大力弘扬艰苦奋斗、求真务实、勇于创新“三种精神”，突出抓好生态建设、绿色农产品基地、县域城镇化、招商引资项目建设“四项重点工作”，经济社会发展保持良好势头。完成地区生产总值20.6亿元，比上年增长5.3%；固定资产投资62.1亿元，增长27.4%；社会消费品零售总额8.24亿元，增长11.6%；规模以上工业增加值3.44亿元，增长7.4%。财政收入完成1.64亿元，增长17.1%；公共预算收入完成1.03亿元，增长46.5%；城镇居民人均可支配收入1.74万元，增长11%；农民人均纯收入5235元，增长10%。

一、坚持发展为要，全力推进四项建设，县域经济实力有了新提升

一是围绕打造美丽天镇，坚定不移推进生态建设。坚持不懈建设生态、保护生态、修复生态。投资8300万元，实施环城绿化、高速通道绿化、新区景观绿化、乡村绿化、单位责任区绿化等五大工程，总面积6.1万亩。保持打击私挖滥采高压态势，从源头上杜绝非法采矿行为。开展秋季大除草活动，除草面积近3万亩。实施逯家湾生态修复治理工程，完成治理面积8600亩，造耕地1356亩，林地1000亩，治理河道4.4公里，被评为全省林业“六大”工程先进县。

二是围绕打造绿色天镇，坚定不移推进绿色农产品基地建设。大力实施龙头带动、基地拉动战略，提升农业产业化水平。天镇(同煤)现代农业园区项目完成投资3亿元，新建1656栋日光温室、109栋塑料拱棚、6栋智能化玻璃温室；北京中地万头奶牛育繁项目完成投资2.45亿元，引进新西兰5650头奶牛全部进驻园区。专业合作社上到838个，规模养殖小区发展到189个，猪、牛、羊、鸡饲养量分别达到39.2万头、3.9万头、47.3万只、44.2万只，肉、蛋、奶产量分别达到2.63万吨、0.38万吨、1.15万吨。北京17家直营店年销售蔬菜2.3万吨，水果、杂粮、土特产品7140吨，营业收入9680万元。

三是围绕打造魅力天镇，坚定不移推进县域城镇化建设。围绕城镇提质、城乡安居、城乡清洁，大力实施五大工程。实施供热、供气、供水工程，供热辐射面积285万平方米，完成县城供水主管网闭合线工程。实施东西北大街改造工程，铺设柏油路面1.8公里，新建滨河南街1.6公里及4万平方米带状公园，全省农村公路工作暨连片特困地区项目建设现场会在天镇县召开。建设瑞新花园等8个住宅小区，总面积72.6万平方米，新建天元商贸和惠民集贸“两大市场”等12项公共服务建筑10.74万平方米，实施10万平方米保障性住房建设。实施新平堡环堡道路、绿化、污水管道建设，完成四条古街道立面整治。实施城乡清洁工程，新建垃圾转运站，县城街道保洁率95%。

四是围绕打造实力天镇，坚定不移推进招商引资项目建设。深入推进“项目见效年”，重点抓好新能源和新技术两大产业，努力破解发展瓶颈。晋能70MW光伏、华润神头山100MW风电、华能武家山20MW光伏项目并网发电，全县新能源并网装机总容量上到42万千瓦。新签约山西艾特20MW光伏发电项目。引进弘百发公司系列加工项目，规划投资3.5亿元，首期实施多功能彩虹棚膜、全降解地膜项目，已完成前期工作。

二、坚持民生为本，大力实施六大工程，社会保障水平有了新提升

坚持量力而行、尽力而为，切实改善和保障民生，努力让群众享受发展成果。一是文化惠民工程。引深精神文明创建，涌现出1个国家级文明乡镇、3个省级文明单位、2个“青年文明号”单位、1个文明村，6个市级文明乡镇、6个文明单位。深入推进弘德教育工程，“感动天镇”十大模范人物刘瑞霞被评为“全市最美环卫工”，李燕青入选“中国好人榜”。二是科教强县工程。实验中学建成使用，新建一所小学、两所乡镇幼儿园。为两所高中补充16名研究生，招聘特岗教师100名。深入开展“师德师风建设年”主题教育活动，引入民营资本购置校车13辆，保障上学交通安全。三是养老保障工程。为2094名退休职工返还抵垫部分养老金，妥善解决自收自支事业单位人员养老问题，在10个村建立老年人日间照料中心。规范低保办理程序，取消农村低保280户，城市低保470户，新纳入农村低保1.5万户，城市低保3800户。组织发放低收入农户冬季取暖用煤9.1万吨。四是卫生医疗工程。新农合参合率达99.18%。完成21个村级卫生室建设任务，麻疹等“七苗”接种率99.6%。在180个村设立村级计生服务室。五是收入倍增工程。新增城镇就业人数1860人，劳务输

出2.2万人。设立天镇县劳务输出驻京办事处,1400多名农村妇女进京就业,持续打响天镇保姆品牌。六是农村危房改造工程。投资1.68亿元,改造4060户9070人,新建住房8910间,两年共合并38个村、集中新建27个新村,有效解决受灾群众安居问题。

三、坚持稳定为重,突出抓好四大任务,平安天镇建设有了新成效

始终把维护稳定作为第一责任,努力营造良好的法治环境和稳定的社会环境。加强社会综合治理。完善《平安天镇建设行动计划(2013—2017)》,推动综治工作规范化建设,推进“六网覆盖”,集中开展严打整治行动,县、乡、村三级社会服务管理体系基本建成并投入使用。加强矛盾纠纷排查化解。深入开展“一村一警”活动,73%农村实现“零发案”。构建县、乡、村三级调解中心,处理上报事件706起。引深县级领导无假日接访下访和包案制度,接待来访群众5300人次,办理上级交办信访积案56件、办理网上信访件35件,办结率达100%。加强社会治安管理。加强民主法治工作。完善党委议事制度,完善政务公开、村务公开等民主议事、决策和监督机制,引深“六五”普法工作,加强法律援助,开展“法律六进”活动。

四、坚持党建为基,突出抓好五个重点,党的自身建设有了新加强

始终把党建工作作为抓发展、惠民生、保稳定的根本保障,聚焦主业主责,严格落实“党要管党、从严治党”要求。

一是祛“四风”、正作风,扎实推进教育实践活动。严格落实中央和省市委部署要求,抓住领导带头、窗口示范、群众参与“三个关键”,坚持从严抓学习、找问题、抓督导、抓整改“四个从严”,实现思想觉悟、作风建设、党群干群关系、机关纪律、社会民生事业“五个转变提升”,扎实开展活动,党员干部思想作风明显转变,宗旨意识明显增强,一大批涉及群众切身利益的问题得到有效解决。在指导乡镇开展活动中,确立了“以三带解三最、促三提升实现三零”模式,查找最需要关注和帮助的人1314人,最需要解决的事10类628件,群众意见最大的问题14类190件,结队帮扶1200余人,办理解决770余件。省委副书记楼阳生全程参加指导了谷前堡镇专题民主生活会,对这一做法给予充分肯定,并在全市推广。

二是抓班子、带队伍,凝聚干事创业正能量。组织外出学习培训76人次,举办专题培训10次,培训5600余人次。严格干部选任,按照“三个坚持、两个尊重、一个导向”,调整干部10人。坚持干部回访制度,强化日常监督管理。完善干部考核评价机制,强化考核结果运用,有效调动干部积极性。

三是夯基础、提服务,大力加强基层组织建设。深入推进基层组织提升年活动,顺利完成第十届农村(社区)“两委”选举换届工作。培育知识型、创业型、发展型、服务型农村党组织带头人200多人,全市农村党组织带头人队伍建设现场推进会在天镇县召开。推进后进村整顿,落实整顿措施264条,制定11个发展规划,落实10个帮扶项目。引深在职党员进社区、“三联五解”活动,领办服务项目2900多个,化解矛盾纠纷260余起,解决实际问题450余个。

四是明责任、严落实,全面引深党风廉政建设和反腐败斗争。坚持党要管党、从严治党,严格履行主体责任,把党风廉政建设责任细化为6大块77个小项,层层明确责任、传导压力。推进阳光农廉、行政审批服务“一网七平台”建设,健全惩防体系,开展“工作秩序涣散、纪律松弛”专项整治工作,查处违纪案件4起,给予党政纪处分4人。推动纪委“三转”,聚焦主业主责,保持惩治腐败高压态势,初核案件89件,立查案件88件93人,给予党政纪处分93人。

五是高标准、严要求,深入开展学习讨论落实活动。把开展学习讨论落实活动,作为重大政治任务、重大政治责任、重大政治考验,提出六个方面25项任务和82项具体成果要求,举办专题研讨班,安排23个讨论课题,征求方方面面的意见,专题听取了13家重点单位反思剖析汇报,深刻反思剖析制度缺失、工作漏洞和自身不足,推动活动取得实实在在的效果。

(刘　佳)

附:一、中共天镇县委书记、副书记、常委名单

书　记:姚振华
副书记:刘川楠　范振凯
常　委:姜　荣　姚文章(2月任职)
王继武(2月任职)　王　伟　梁　军
王剑辉(挂职)　贺胜利(5月任职)
冯　尚(1月离职)　赵　亮(2月离职)
杜文顺(5月离职)

二、乡镇党委书记名单

玉泉镇
书　记:薛志远(2月任职)　田　炯(2月离职)
谷前堡镇
书　记:郝世国
卅里铺乡
书　记:王　林
南河堡乡
书　记:赵良斌(2月任职)　安和仁(2月离职)
米薪关镇
书　记:宋　奕
贾家屯乡
书　记:郑佃文
赵家沟乡
书　记:高学东
南高崖乡
书　记:杨宝英
张西河乡
书　记:杨景利(女)

逯家湾镇

书 记：姜 高

新平堡镇

书 记：张建明

中共大同县委工作概况

县委书记 王凤瑞

2014年，大同县委认真贯彻落实党的十八大、十八届三中、四中全会和习近平总书记系列重要讲话精神，紧紧团结依靠全县干部群众，统筹推进经济、政治、文化、社会、生态文明和党的建设，较好地完成了全年各项工作任务。全年地区生产总值完成24.97亿元，增速6.2%；规模以上工业增加值完成3.6亿元，增速7.2%；固定资产投资完成75亿元，增速8.3%；社会消费品零售总额完成13.8亿元，增速11.1%；公共财政预算收入2.3亿元，增速41.2%；城镇居民人均可支配收入15763元，增速7.5%；农村居民人均可支配收入7081元，增速10.7%。

一、突出抓好工业经济和项目建设，产业转型迈上新台阶

一年来，面对持续增大的经济下行压力，县委采取一系列措施，千方百计服务企业、千方百计引项目、千方百计保增长。工业经济逆势增长。全县16家规模以上企业在4家企业停产的情况下，实现总产值15.2亿元，同比增17.8%；增加值3.6亿元，同比增7.2%；利税9027万元，同比增13.2%，圆满完成了全年目标任务。中小企业快速发展。全县中小企业发展到191个，完成营业收入16.9亿元，同比增18.1%；增加值5.1亿元，同比增18.2%；上交税金首次突破亿元，达到1.05亿元，同比增22.5%；协鑫光伏、陕汽专用汽车2家企业达到“小升规”标准。招商引资和项目建设成果喜人。成功举办了大同市第二届晋商大会暨大同县招商项目推介会，现场签约项目15个，总投资108亿元。

二、突出抓好一县一业和扶贫开发，在加快产业富民上创造新业绩

制定出台了《关于做好2014年黄花产业发展有关工作的意见》一号文件，按照“政府主导、企业参与、群众动手”三位一体的办法，推进黄花产业发展。县财政继续按照每亩500元的标准补贴黄花种植，涉农部门开展全方位服务，企业协助解决加工问题，促进黄花产业发展。截至2014年年底，全县黄花达到9万亩，亩均黄花纯收入由上年度的7500元提高到1万元。规模养鸡、养羊发展势头迅猛，饲养量分别达到200万只、56.6万只，全县现有5个10万只以上的现代化养鸡企业，12个千只以上的规模养羊场，1个总投资2.6亿元、养羊20万只并集羊肉加工为一体的全产业链企业正在建设；设施农业发展势头良好，日光温室达到4960栋，形成8个规模上百栋的日光温室园区；杏果经济林面积达到10万亩。2014年，争取上级扶贫项目资金2007万元，扶持发展黄花3680亩，“火山红”马铃薯5774亩，扶持了9家农民专业合作社和三利农副产品、蓬勃农业科技、高端农业园区3家龙头企业，扩大了产能，增强了带动能力。整合资金实施了周士庄、西坪、吉家庄、许堡和巨乐5个乡镇12个村，856户2000人的易地扶贫搬迁工程。

三、持续推进生态绿化建设，在建设美丽大同县上实现了新突破

进一步巩固全国绿化模范县、全省林业生态县建设成果，坚定不移大力实施“生态立县”战略，加快大同县由生态大县向生态强县转变。2014年，投资4479万元，完成大片造林5万亩，全县林地总面积突破百万亩，达到101.8万亩，森林覆盖率达到31.8%。在景区绿化上，以火山群生态公园建设为重点，高标准、多树种完成造林4000亩，36万游客来大同县旅游观光；在县城绿化上，围绕创建生态园林县城，高标准完成了县城及周边背景绿化1万亩、街道3公里，初步形成了山水园林式的宜居环境；深入开展“美丽乡村建设年”活动，广泛动员群众种花草种果树，绿化村庄21个；高标准绿化道路46公里。与此同时，狠抓节能减排和大气污染防治工作，全县二级以上良好天气达到329天，比上年度增加7天。

四、着力抓好城乡基础设施建设，在城乡一体发展上取得了新进展

继续大力实施“大县城、特色镇、中心村”三位一体发展战略，按照“打造山水园林城、文化特色镇、产业中心村，构建田园风光的区域特色城乡”发展思路，进一步完善城乡发展规划，搞好基础设施建设，推进城镇特色化进程。委托省城乡规划设计院编制完成了县城总体规划、县城绿地系统规划、县城新区修建性详规、城南街街景规划详规；聘请美国艾奕康公司完成了大同火山群国家地质公园概念性旅游规划，进一步健全完善了城乡发展规划体系。完成了投资6980万元的县城生态公园，给群众提供了一个休闲锻炼的好去处；投资3000多万元完成了永业东、西街，益民街，东环路改造工程，水、电、热、气、通讯、电视等地下管网全配套，改变了旧城基础设施落后、脏乱差的问题；投资670万元完成了西街西延路和北环路路灯更换工程，安装新型LED节能灯180盏，解决了群众反映强烈的路灯不亮、县一中孩子上下学不方便

问题;启动实施了投资5400万元的县城供水改扩建工程,开工新建水厂1个,新打井5眼,完成输水管网8.2公里,建成后将有效缓解县城供水压力;推进了投资3400万元的县城体育馆工程,已完成主体建设;完成了投资2498万元的巨乐—许堡县乡公路改造工程16公里,改善了附近村民出行条件,优化了城乡路网布局。

五、坚持以创建学习型服务型创新型党组织为抓手,党的建设全面加强

一是坚持善始善终,教育实践活动取得实效。坚持把开展活动和提高基层组织战斗力、凝聚力紧密结合,互促互动。活动开展以来,全县各级各部门共组织集中学习1360次,交流讨论320多次,专题辅导240多次,确立整改任务1227条,完成整改1166条。

二是强化思想教育,打造坚强战斗堡垒。县委中心组带头加强学习,全年共开展集中学习21次;充分发挥县委党校党员干部教育培训的主阵地作用,全年举办各类培训班31期,培训党员干部3700多人次;先后邀请省社科院、国家中小企业国际合作协会、山西农大、省委组织部、省委党校等省内外的专家教授来大同县举办专题讲座;特别是在学习讨论落实活动中,编印了《学习讨论落实活动学习资料》汇编,举办了3期副科以上党员干部研讨班。结合村级组织换届,从致富能手、专业合作组织领头人、农村经纪人、外出务工经商返乡人员、复转军人、大学生村官中选举出433人任村支委班子成员,占总数的70%,有164人当选为支部书记,素质和能力较以往大幅提高。制定《关于开展处置不合格党员工作实施方案》,从理想信念、宗旨观念、工作作风、组织纪律、道德行为等方面明确了不合格党员界线,9名党员被认定为不合格党员,除名1人,限期改正8人,纯洁了党员队伍,提高了凝聚力、战斗力。

三是创新服务形式,打造服务型党组织。全面推进了乡、村便民服务中心(站)标准化、规范化建设,在全县形成了上下联动、垂直到底的县、乡、村三级便民服务网络。扎实抓了党代表工作室(站)建设,探索形成了以每周"座诊"、每月"巡诊"、每季"会诊"为主要方式的联系服务群众"三诊工作法"。工作开展以来,共接待党员群众1.38万人次,办结诉求1235件次,走访问需4200多次,组团服务103次,为群众办好事实事1600余件。深入组织开展了"三联五解六促进"活动,29名县级干部各联系一个乡镇、一个村,102家县直和驻县单位联系175个村,机关党员干部联系农村贫困、特困、低保户,做到了"联"的全覆盖,共开展各类宣讲活动300多次、农技培训3万人次,排查矛盾纠纷1118起、化解1015起。

六、始终坚持多为民办实事,在改善民生上做出新成绩

坚持把保障和改善民生作为头等大事,从群众最关心、最期盼解决的问题入手,统筹发展社会各项事业,增进全民福祉。继续深入推进教育提升、社会保障、医疗健康、文体惠民、社会管理创新"五大工程"。一是教育提升。围绕提高教育质量做文章,不断深化"1+6"教育综合改革,从创新课堂教学模式、加强教师培训、组建以城带乡联盟校、改善城乡教育基础设施等关键环节入手,不断提升教育质量,全县教育正在走出低谷,2014年大同县高考达二本线以上206人,创历史新高。二是社会保障。突出就业这个民生之基,千方百计扩大就业岗位,增加城乡居民收入。2014年城镇新增就业岗位1553人,转移农村劳动力2683人,城镇登记失业率为4%,低于4.2%的控制指标。认真落实城镇居民职工养老、医疗保险和农村养老保险政策,抓好城乡最低生活保障,进一步完善了社会保障覆盖面。三是医疗健康。全面开展了县级公立医院改革,组建了县医院与市五医院医疗联合体,建立了县医院对口支援乡镇卫生院机制,促进了优质医疗资源向农村倾斜;巩固完善"新农合"制度,提高了人均筹资标准、补偿比例和最高补偿限额,有效减轻了群众看病就医的负担。四是文体惠民。深入推进社会主义核心价值体系建设,连续两年开展了大同县道德模范、文明单位、最美村庄(社区)评选活动,配套完善了文化馆、图书馆设施设备,充实了书库,推进了体育馆建设,实施了县会议中心改造人民影院工程,以"三馆一院"的逐步建成为标志,全县城乡文化基础设施建设提高到一个新水平。五是社会管理创新。以"六安联创"为载体,持续深化平安大同县建设;认真落实治安防控各项措施,投资600多万元完成了"天眼一期工程",加强了城乡日常巡逻,形成了人防物防技防有机衔接的群防群治网络;始终对各类违法犯罪行为保持高压态势,公安机关共立刑事案件426起,破获232起(其中现案117起),共抓获犯罪嫌疑人111人,打掉犯罪团伙9个,查处各类治安案件358起,提升了人民群众安全感。认真抓好安全生产、信访维稳工作,全年没有发生大的安全生产事故和群体性事件。

(焦新东)

附:一、中共大同县委书记、副书记、常委名单

书　记:王凤瑞

副书记:周聚德　杨近源

常　委:闫　军　刘红斌　冯学中　赫　瑞　于　君　臧建军

二、乡镇党委书记名单

倍加造镇

书　记:闫合山

党留庄乡

书　记:曹　亮

周士庄镇

书　记:张建中

杜庄乡

书　记:徐　军

许堡乡

书　记:孙　政

西坪镇

书　记：薛彦斌

瓜园乡

书　记：李一忠

峰峪乡

书　记：张文娟(女)

吉家庄乡

书　记：马　斌

巨乐乡

书　记：刘喜斌

中共浑源县委工作概况

县委书记　张清河

2014年，浑源县委、县政府认真贯彻习近平总书记系列重要讲话精神，认真贯彻党的十八大和十八届三中、四中全会精神，坚持稳中求进、改革创新总要求，按照省委"六大发展"决策部署，紧紧围绕"突破浑源、率先崛起"攻坚战略，以转型综改试验区建设为统领，以深入实施"十大工程"为抓手，扎实推进稳增长、促改革、调结构、转方式、保安全、惠民生各项工作，扎实推进经济、政治、文化、社会、生态文明建设和党的建设，开创了"富裕浑源、诚信浑源、和谐浑源"建设新局面，为实现弊革风清、促进富民强县奠定了坚实的基础。2014年，公共财政预算收入完成2.84亿元，同比增长29.4%；全县地区生产总值完成38.94亿元，规模以上工业增加值完成7.89亿元；固定资产投资完成98.17亿元，同比增长22.1%；社会消费品零售总额完成27.3亿元，同比增长12.6%；城镇常住居民人均可支配收入完成17774元，同比增长8.6%；农村常住居民人均可支配收入完成5758元，同比增长11.4%。

一、坚持思想建党，增强政治自觉和行动自觉

深入开展党的群众路线教育实践活动和学习讨论落实活动，坚持把学习贯彻习近平总书记系列重要讲话精神作为首要政治任务，切实用讲话精神武装头脑、指导实践、推动发展，始终与以习近平同志为总书记的党中央保持高度一致。注重学以致用、学用结合，及时出台了《关于贯彻落实省委书记王儒林在大同、朔州、忻州调研座谈会上讲话精神责任分解意见》《浑源县推动煤炭产业"六型"转变实施意见(讨论稿)》。注重强化党员干部思想政治教育，全年举行县委中心组集中(扩大)学习29次，分期分批对科级以上干部、农村"领头雁"、大学生村官等进行了轮训，培训各类干部近3500人次，全县广大党员干部综合素质能力得到有效提升。

二、坚持从严治党，营造风清气正政治环境

严格落实党委主体责任和纪委监督责任，始终保持反腐败高压态势，2014年，全县共立查案件128件，给予党政纪处分136人。坚持从严治吏，出台了《党员领导干部廉政档案管理暂行办法》，为全县849名科级党员领导干部建立了廉政档案；制定了《领导班子和领导干部综合分析研判实施办法》《浑源县干部德的考核考察办法（试行）》《关于进一步做好干部谈心谈话工作的意见》，推进干部选任监督工作制度化、规范化、常态化。深入实施"基层组织提升年"活动，2300名党员干部开展了"访知解""三联五解""三亮三服务一奉献"等活动，实现了党员干部服务群众常态化。扎实推进村(社区)"两委"换届工作，23个软弱涣散村(社区)党组织全部实现了转化升级。

三、坚持群众满意，积极践行群众路线

全县582个党组织12452名党员深入扎实地开展了党的群众路线教育实践活动。通过深化学习教育、广泛征求意见、召开专题民主生活会和基层组织生活会等多种形式，找准查实"四风"问题，深入剖析问题产生根源，制定整改措施，全县各级党组织整改"四风"问题2049条，解决关系群众切身利益的问题504个。扎实开展了纪律作风大整顿、民生问题大走访、矛盾纠纷大排解、城乡环境大整治"四大专项行动"，社会环境和干部作风得到明显转变。完善党员干部为民务实清廉长效机制，推广了为民代办制、便民联系卡、"四夜一查一报工作法"和"三关注、三帮扶、三促进"联系群众机制，取得了一批重要制度成果。

四、坚持深化改革，加快转型综改步伐

坚持把转型综改试验区建设作为经济社会转型跨越发展的主题和统领，重点推进了创新"五规合一"规划、深化土地制度改革、深化行政体制改革三项重大改革，《浑源县城建设总体规划》编制完成，启动了《浑源历史文化名城保护规划》编制工作，建立了土地储备中心。推进实施了《浑源县国家资源型经济转型综合配套改革试验2014年行动计划》，围绕产业转型、生态修复、城乡统筹、民生改善四大领域，筛选布局重大项目20个，完成投资22.31亿元，占年度计划的105%。

五、坚持项目引领，夯实转型发展基础

坚持将"六位一体"项目建设作为扩大经济规模、优化经济结构、支撑民生改善的重要载体，严格落实县委常委五包制度和副县长牵头负责推进十大工程制度，建立健全了项目

推进例会制度、重大招商项目协调机制和定期督办机制，“六位一体”项目建设任务全部超额完成，排名全市前列。2014年，项目储备完成1109.63亿元，占年度任务的110.96%；项目签约完成179亿元，占年度任务的148.83%；项目落地完成124.2亿元，占年度任务的100.62%；项目开工完成85.52亿元，占年度任务的124.88%；项目建设完成42.67亿元，占年度任务的107.17%；项目投产完成55.79亿元，占年度任务的115.36%。

六、坚持循环发展，扎实推进工业新型化

以百企强县工程为抓手，突出传统产业抓提升，东邦煤业和金岷煤业各个单项验收工作扎实推进，瑞风和阳光煤业开采方式变更已由省国土厅上报省政府；花岗岩石材加工产业高端循环、精细延伸，“芝麻白”花岗岩开发全面铺开。2014年，完成原煤产量200万吨，上交税费4350万元；花岗岩产业上缴税费2955万元。突出新型能源抓规模，总投资51亿元的国网新源控股抽水蓄能项目完成预可研招标，风力发电在建15万千瓦，投产20万千瓦，发电量2.77亿度；总投资35亿元的浑源2×350MW低热值煤热电联产项目已取得省级全部支撑性文件，并列入省备选项目。突出新兴产业抓推进，太原锦华废弃矿渣开发利用、恒东商贸汽配物流城、北岳日月石雕版画创作、恒山瓷业、恒山酿酒等项目加速推进，共计完成投资3.69亿元。

七、坚持提质增效，扎实推进农业现代化

以百园立农工程为抓手，努力构建现代农业发展新格局，2014年，新建、续建的13个园区完成投资4.7亿元，全县设施蔬菜、仁用杏和黄芪规范化种植面积分别达到4500亩、10.2万亩和12万亩，恒山黄芪被国家质检总局批准为地理标志保护产品。新建或扩建标准化养殖小区15个，羊饲养量100.3万只、肉牛饲养量6.78万头、猪饲养量46.3万头；投资1319万元建设高标准农田9500亩，发放农资综合直补和粮食直补3620万元，全县粮食总产量实现“九连增”，6个无公害、1个绿色、3个有机农产品获国家认证，获评全省产粮先进县和全省农产品质量安全示范县。

八、坚持旅游立县，扎实推进旅游产业化

以名城复兴工程为抓手，加快发展以文化创意、名城保护、景区开发为重点的文化旅游产业，着力建设“绿色恒山、人文恒山、科技恒山”。2014年，投资1483万元实施了恒山核心景区基础建设工程，恒山索道迁建工程建成试车成功。成功举办了五岳年会，配合中央外宣办拍摄了《悬空寺》等大型专题片，恒山文化的知名度和美誉度得到进一步提升。全年旅游门票收入完成6300万元，同比增长14.48%；接待游客110万人，同比增长21.81%。

九、坚持城乡统筹，城市承载能力不断加强

全力实施“大县城”发展战略，深入推进城镇提质工程，占地1760亩的旧城区7个改造项目有序推进，总投资7.2亿元的商业街区综合体项目主体工程基本完工，投资5000余万元推进实施了县城道路和水管网改造工程，投资1079万元实施了县城报警监控工程，总投资1.52亿元的洗朔线改线工程路基工程已完工，省道203过往恒山景区改线工程已经省发改委立项，全县城镇化率达到37.9%。深入推进生态建设工程，完成营造林面积4.31万亩，县城建成区绿化覆盖率达到37.64%，人均公共绿地8平方米，绿地率达到31.31%。深入开展城乡环境整治，严厉打击私挖滥采行为，大力推动集中供热、供气工程建设，浑源县连续10年被评为“省级卫生县城”。

十、坚持依法治县，全面加强法治浑源建设

深入学习贯彻党的十八届四中全会精神和省委十届六次全会精神，研究制定了《关于贯彻落实党的十八届四中全会精神加快推进法治浑源建设的实施意见》。坚持和完善人民代表大会制度，支持政协发挥职能作用，保障人大、政协机关高质量开展工作，组织人大代表、政协委员围绕社会治安、“大县城”建设、中小企业发展、义务教育现状等方面开展调研，形成高质量专题调研报告4篇。巩固和发展最广泛的爱国统一战线，推进民族宗教、对台工作健康发展。支持工会、共青团、妇联等人民团体充分发挥作用。强化党管武装和双拥共建工作，持续推动军民融合深度发展。

十一、坚持民生至上，全力维护社会和谐稳定

坚持财政增收用于民生，发展成果惠及民众，着力解决人民群众最关心、最直接、最现实的利益问题，促进和谐浑源建设。2014年，财政用于民生支出10.6亿元，占县级公共财政预算支出的82.36%。深入实施公民道德建设工程，组织开展了首届浑源县道德模范人物评选活动，县文化馆、图书馆、乡镇文化站、村文化活动室实行全免费向公众开放，全县市级非物质文化遗产达到13项，省级非物质文化遗产达到5项，神溪村被列入第三批中国传统村落名录。以百校兴教工程为抓手，投资1.19亿元实施了校舍建设、维修工程，投资1017万元实施了教育设施和教育技术装备工程。投资1110万元推进实施了城乡医疗卫生基础建设，创新了委托县医院采购基药的方式，满足群众购药需求，新农合报销程序由15天缩短为7天。以城乡安居工程为抓手，不断改善城乡人居条件，启动了25万平方米城市保障性住房建设工程，完成棚户区改造工程5万平方米，投资6800万元实施了农村危房改造、农村危房抗震加固工程。以收入倍增工程为抓手，健全完善城乡社保体系，全年新增城镇就业1208人，新转移农村劳动力就业5016人，追讨农民工工资1180万元，发放城乡低保金8508万元。以平安创建工程为抓手，深入开展社会治

理工作,开展了矛盾纠纷"大排查、大调处""一村一警"活动,扎实开展了信访积案攻坚和县领导信访接待日活动,严格落实"六位一体"安全生产责任体系,全年未发生重特大安全生产事故,全县政治大局和谐稳定。

(刘东升)

附:一、中共浑源县委书记、副书记、常委名单

书　记:张清河

副书记:赵亚雄　李凤冉

常　委:姚志强　杨志文　赵　亮(3月任职)

文晓东　郭普跃　孟玉香　李　好

李立东(挂职,9月离职)

边　晓(挂职,9月任职)

二、乡镇党委书记名单

永安镇

书　记:付元进

东坊城乡

书　记:武建文

裴村乡

书　记:张　军(3月任职)

西坊城镇

书　记:曹启龙

驼峰乡

书　记:杨　庆

西留乡

书　记:雷迎春

下韩村乡

书　记:屈永亮

蔡村镇

书　记:乔　普(3月任职)

南榆林乡

书　记:裴雁巍

吴城乡

书　记:宋桂珍(女)

沙圪坨镇

书　记:李启忠

大仁庄乡

书　记:陈利军

黄花滩乡

书　记:左世明

大磁窑镇

书　记:熊开明

青磁窑乡

书　记:李兴宇

千佛岭乡

书　记:高　飞

官儿乡

书　记:贺韶东(3月离职)　任志强(3月任职)

王庄堡镇

书　记:杨振仁

中共灵丘县委工作概况

县委书记　张　强

灵丘县有党委24个,党总支42个,党支部615个,党员13369名。2014年,在市委、市政府的正确领导下,县委深入贯彻落实党的十八大和十八届三中、四中全会精神,围绕"抓五点、促七化"的发展思路,紧扣"建设面向京津冀地区宜居、宜业、宜游山水特色城镇"的发展定位,解放思想、锐意创新,真抓实干,各项工作取得新进展新成效。

一、全面落实从严治党八项要求,不断提高党的建设科学化水平

一是切实加强领导班子和干部队伍建设。严格管理干部,进一步匡正选人用人风气。全年调整干部8批36人,清理党政领导干部企业兼(任)职4人,清退借用人员72人,选派10名副科级干部和7名大学生村官赴沿海发达地区进行挂职锻炼。全年县委中心组集中学习18次,举办"习近平总书记系列讲话精神"专题辅导4期,培训各级领导干部、基层党组织书记740多人;举办"科学发展大讲堂"3次,培训科级以上领导干部和大学生村官2400余人次。

二是不断夯实基层党组织建设。充分发挥基层党组织作用,组织2639名在职党员进社区服务,走访居民866户,援助困难家庭459户,累计捐款5.92万元,办好事实事238件;扎实开展"三联五解"主题实践活动,全县党员联系困难户2642户,化解矛盾纠纷170次,解决实际困难1059个,办好事实事1157件;农村(社区)"领头雁"培训"两委"主干349人,骨干党员、大学生村官1059人;对组织软弱涣散的18个村和1个社区进行了专项整顿;建设党代表工作室20个,接待群众627人,解决实际困难193件;圆满完成254个村党组织、255个村委会的换届选举。

三是深入推进党风廉政建设和反腐败斗争。坚决落实"两个责任",强化廉政警示教育。组织县四套班子领导赴浑源廉政教育基地接受廉政警示教育,在假日节点发送廉政短信,举办县乡村三级干部党风廉政专题培训,组织观看《廉吏

于成龙》《党的女儿》等廉政剧目，对工作秩序涣散纪律松弛专项检查整治，立案查处相关问题12件，给予党政纪处分15人，对婚丧嫁娶大操大办专项治理，立案查处违规问题2件，问责处理13人。加大案件查办力度，全年立案78件，查结78件，处分78人。

四是扎实开展党的群众路线教育实践活动。按照中央和省市统一部署，全县各级党组织分县、乡、村三个层面梯次开展了党的群众路线教育实践活动。通过领题调研、集中走访、第三方调查等方式，征求意见建议6732条次；认真撰写对照检查材料，县委班子的对照检查材料先后修改了23稿、县委常委个人的对照检查材料大多修改了15稿以上；专题民主生活会和组织生活会上，自我批评开门见山、直奔主题，相互批评推心置腹、坦诚中肯，真正起到了红脸出汗、排毒治病、加油鼓劲的作用；认真梳理制定了"两方案一计划"和5种问题台账，建立了县、乡、村三级分层处置机制，目前共建立制度36项，解决和整改问题2126条。在此基础上，有序推进学习讨论落实活动。

二、加快转方式调结构，主动适应经济发展新常态

面对复杂多变的经济形势，县委牢牢把握稳中求进的工作总基调，努力克服经济下行压力，统筹推进稳增长、调结构、促改革。全年完成项目储备1335亿元，项目签约61.32亿元，项目落地67.39亿元，项目开工51.21亿元，项目建设95.62亿元；地区生产总值完成317178万元；规模以上工业增加值完成73858万元；财政总收入完成39276万元；公共财政预算收入完成18713万元；固定资产投资完成822225万元；社会消费品零售总额完成257044万元；城镇常住居民人均可支配收入完成21046元；农村常住居民人均可支配收入完成5804元。

（一）产业布局更加合理。一是建设有机农业园。在南山区规划了面积1185平方公里的全省转型综改重大项目有机农业园。全年重点实施了五大项目：投资3.8亿元的车河有机社区建设项目，完成有机种植500亩，有机鸡养殖1万只，建设安置房60套；投资5.2亿元的古路河有机社区建设项目，目前完成了规划设计；投资4.99亿元的牛血清生物材料基地项目，已完成加工车间及附属设施建设主体工程；投资1.6亿元的有机肉牛养殖项目，完成投资1.4亿元，新建牛舍20800平方米，存栏肉牛2670头；投资1.8亿元的意达千亩生态果蔬基地工程，已建成鸟巢式智能温室3栋。二是建设新材料产业园。在县城东北规划了占地12.66平方公里，总投资5亿元，集招商、科研、生产等于一体的新材料产业园，以承接京津冀建材和陶瓷等行业为重点，着力培育矿产品深加工、新型建筑材料和节能环保三大产业，目前园区规划已完成，并与北京建工集团达成一级开发意向。三是建设光伏产业园。山煤一期工程60MW光伏发电站，已完成光伏组件安装，正在建设升压站。四是建设平型关军事文化园。总投资20亿元，占地面积80平方公里，是一个集教育、体验、休闲、娱乐为一体的军事文化创意产业园区。目前项目规划已编制完成。五是建设唐河湿地公园。总投资5亿元在县城东部建设占地16.4平方公里的唐河湿地公园，项目核心工程—门头峪水库已开工建设。六是建设巍山冶金工业园。规划占地3万亩，主导产业为冶金、建材等，目前入驻企业8家。七是建设农业科技园。累计投资6200万元完成了占地面积1200亩的农业科技园区基础设施建设，目前共有7家农副产品加工企业入驻园区，完成投资约3.5亿元，年实现利税1000万元。

（二）城乡统筹发展步伐加快。"大县城"建设方面，投资4000多万元实施了学府路北延、古城街改造、高速公路引线改造等工程。东河南"全省百强镇"建设方面，完成投资2463万元。道路交通建设方面，投资7800多万元完成了县乡公路唐生线唐之洼至G108段改造工程和锅帽山生态园区公路建设工程，实现通车里程70.8公里；投资1050万元实施了省道大灵线县城段和高速公路平型关出口改线工程。农业基础设施建设方面。大力实施水利工程，完成了总投资475万元涉及东河南、石家田两个乡镇6个村的5500亩膜下滴灌项目；开工建设了总投资3175万元的北跃灌区改扩建和总投资7145万元的小农水重点县建设项目；投资189万元实施了农村饮水安全项目；投资614万元完成了东河南镇高标准农田建设项目，治理面积4500亩。实施了总投资2647万元的武灵镇、落水河乡、史庄乡3个乡镇13个村高标准基本农田整理项目。畜牧业发展势头良好。全县大牲畜饲养量达到14.02万头，禽饲养量达到103.06万只。

（三）生态建设力度加大。全力推进城乡生态化，完成营造林4.88万亩，全县森林覆盖率达到28.5%；加大节能降耗减排力度，整治了6家违法排污企业，实施了11项生态建设工程，全年县城空气质量二级以上天数达到340天。大力实施城乡清洁工程，投资2197万元建设简易垃圾填埋场183个，配置不同种类的垃圾清扫清运车400多辆，实施了投资1690万元的武灵镇、东河南镇农村环境连片整治示范项目，18个村的饮用水源地和垃圾污水得到集中整治，县城"五乱"、农村"四堆"得到有效治理。

三、着力保障和改善民生，维护社会大局和谐稳定

一是扎实推进就业和社会保障工作。大力实施收入倍增工程，新增城镇就业人数1372人，转移农村劳动力3590人。不断健全各项社会保险制度，城镇职工基本养老保险参保人数达到10799人，城乡居民养老保险参保人数达到122761人，城镇基本医疗保险参保人数达到33163人，工伤保险参保人数达到13757人，生育保险参保人数达到13879人，失业保险参保人数达到8824人。

二是着力解决困难群众生产生活问题。社会救助方面，发放低保金4688.56万元、五保供养金571.5万元，保障了20647名城乡低保人员和3779名五保对象的基本生活；发放医疗救助金483.6万元；为141名低保特困家庭子女发放助学金26.2万元；为受灾群众发放生活补助金424万元。城

乡安居方面,建设了第四期5万平方米1000套公租房,完成了第五期公租房建设工程立项、环评等前期工作;推进农村住房困难家庭危房改造项目,完成危房改造7000户,抗震加固440户。

三是大力发展各项社会事业。大力实施百校兴教工程,投资3562万元,新建了1所中心幼儿园,完成了20所学校信息化建设、2所学校体育场建设及3所农村幼儿园改造工程;为农村学校招聘了50名特岗教师;高考本科达线556人,达线率24.33%。扎实推进卫生、计生工作,实施了下关乡卫生院改扩建、26个村卫生室建设项目;186584人参加了新农合,参合率达到99.3%,为群众报销医药费6282万元;为1806名农村孕产妇住院分娩发放补助金54.18万元。促进文化事业大发展大繁荣,精心组织了春节、元宵节群众文化活动和第十届平型关文化旅游节,全年送电影下乡3157场、送戏下乡200场;实施了总投资1293万元的觉山寺砖塔修复保护工程。

四是深入推进平安灵丘建设。严厉打击违法犯罪活动,全年共发刑事案件453起,破案223起;深入开展黄赌毒等专项整治工作,取缔非法旅馆3家,查获聚众赌博案件4起,破获吸毒案件7起,查处涉爆治安案件1件。构建全方位治安防控网络。重点区域安装监控探头总数达到1100个,165个村安装了平安大喇叭,专业治安巡逻队达到262支1087人,成立了50人的综合应急处突大队。深入开展矛盾纠纷大调解工作,全年排查各类矛盾纠纷1361起,调处1352起。深入开展"县四套班子领导大接访"活动,全年接待受理群众来信来访602批3087人次。坚持不懈狠抓安全生产工作。排查企业1954家(次),督促整改隐患1341条,非煤、危化、冶金等行业未发生生产安全事故。

(王彦峰)

附:一、中共灵丘县委书记、副书记、常委名单

书　记:张　强

副书记:罗永山　方　旭(2月任职)
郑　凯(挂职,3月任职)

常　委:索根生　方　旭(2月离职)　赵　宇　张　田
张学梅(女,2月任职)
尹　娥(女,挂职,3月离职)　郭尚元
高志明

二、乡镇党委书记名单

武灵镇

书　记:胡桂森

东河南镇

书　记:勾海德

上寨镇

书　记:曹全先

落水河乡

书　记:李守明

赵北乡

书　记:徐振宇(3月离职)　王怀忠(3月任职)

下关乡

书　记:王东伟

白崖台乡

书　记:邓　榛

独峪乡

书　记:王怀忠

石家田乡

书　记:李灵杰

柳科乡

书　记:张进明

史庄乡:

书　记:李　春

红石塄乡

书　记:张秀丽(女)

中共广灵县委工作概况

县委书记　郭占宝

广灵县位于山西省东北边陲,永定河上游,毗邻灵丘、浑源、阳高和河北省蔚县。全县辖2镇7乡180个行政村,国土面积1283平方公里,耕地面积44.3万亩,总人口18.4万人。

2014年,中共广灵县委认真贯彻党的十八大和十八届三中、四中全会精神以及省委、市委有关精神,以深入开展党的群众路线教育实践活动和学习讨论落实活动为契机,团结带领全县各级党政组织和人民群众,解放思想,改革创新,转变作风,真抓实干,奋力推进经济社会发展,各项工作取得新进展、新成效。

一、夯实基层基础,党的建设不断加强

全县现有基层党(工)委19个(乡镇党委9个,企业党委3个,县直机关工委2个,县直机关党委5个),党总支18个(农村党总支2个,行政、企、事业单位党总支15个,社会组织党总支1个),党支部442个(农村党支部182个,行政、企、事业单位党支部260个)。截至2014年底,全县党员9919名(其中女党员1765名,农民党员4811名)。

一是党的群众路线教育实践活动扎实开展。结合“三联五解”、“三亮三服务一奉献”等活动,高标准开展党的群众路线教育实践活动,坚持领导带头摆人的工作方法,探索建立了在化解矛盾、关注民生、推进发展中查找“四风”突出问题的工作机制，提高了查摆问题的准确性和整改问题的针对性,确保了各个阶段、各个环节工作的扎实推进,取得了重要的认识成果、实践成果和制度成果。

二是深入开展学习讨论落实活动。全县各级党组织把开展学习讨论落实活动当作一项重大而紧迫的政治任务,紧紧围绕“净化政治生态、实现弊革风清、促进富民强县”的目标,深入学习习近平总书记系列重要讲话精神,并结合广灵实际开展七个方面的反思剖析。各活动单位均制定了活动日程安排,明确任务表和路线图,并严格按照安排扎实开展学习讨论落实活动。

三是服务型党组织建设全面加强。围绕基层组织提升年活动,以“四个支点”为内容,全面加强服务型党组织建设。以强化教育培训为支点，推进基层党组织带头人队伍转型升级,对全县1428名农村“两委”班子成员、大学生村官、骨干党员进行了培训。以抓亮点创品牌为支点,推进基层组织服务载体转型升级，组建了15个党代表工作室，探索建立了“五位一体”干部驻村帮扶机制,党建示范点增加到18个,制定了《广灵县农村基层组织建设制度》。以抓帮扶上下联动为支点,创新推行了“三联两组两下”帮扶机制,完成了13个软弱涣散村的集中整顿工作。以抓服务夯实基础为支点,推进基层组织服务保障转型升级,建立了权责对等的科学考核评价体系,实施了三级“联述联评联考”机制;成立了中国共产党广灵县社会组织党总支和5类社会组织联合党支部;深入开展了在职党员进社区活动和“双强六好”党组织创建活动;认真做好农村(社区)“两委”换届工作,全县180个村和4个社区全面完成了“两委”换届选举任务。

四是党风廉政建设成效明显。以落实“两个责任”为着力点,严格落实党委主体责任,领导和支持纪委工作,多次召开专题会议研究部署全县党风廉政建设工作，进行了责任分解,督促履行“一岗双责”。加强廉政文化建设,利用多种形式宣传廉政文化,营造了良好的工作氛围。狠抓作风建设,对违反中央“八项规定”和公车私用、公款吃喝等易发多发的“四风”问题进行专项整治督促检查40余次，腾退办公用房1000余平方米,收回不符合规定公务用车43辆,对违反工作纪律的工作人员和主要领导及分管领导，进行了查处问责。坚持防治结合,实行“一案三查”,加大案件查办力度,加强农村惩防体系建设,创新信访工作机制,全面推开党务公开工作,强力推进行政审批制度改革,进一步加强乡镇纪检监察组织建设,党风廉政建设工作持续引深。

二、加快转型跨越,经济建设迈上新台阶

一是现代农业发展水平不断提升。以“百园立农”工程为抓手,不断提升农业现代化水平。粮食总产量3.01亿斤,超任务1.07亿斤。8个百园立农工程园区项目完成投资18965万元,成功申报现代农业示范园区项目2个,15个现代农业园区建设项目完成投资5898.5万元。新增“一村一品”专业村12个。全县“三品一标”认证达到14个。培育农业产业化重点龙头企业省级7家、市级14家。“513”农产品加工龙头企业实现销售收入12.6亿元。发展设施农业12896亩,设施农业占农业增加值比重28.25%。

二是工业经济稳步推进。围绕“绿色环保、节能、可持续”环保工业发展目标,大力实施“百企强县”工程。风电、生物质能发电、新型干法水泥等重点产业项目建设进展顺利。全县9户规模以上工业企业拓市场、保增长,积极应对经济下行压力。完成现价工业总产值11.46亿元,同比下降27.9%;实现工业增加值3.34亿元,同比增长5.6%,全市排名第8;完成销售收入9.36亿元,同比下降3.45%;实现利税770万元,同比下降94.64%。总投资12.7亿元涉及风电、生物质发电供热管网、有色金属、民爆炸药、水泥等方面的8个工业调产项目顺利推进,完成投资10.32亿元。万元地区生产总值CO2排放下降3.7%,万元工业增加值用水量下降6.9%,工业固体废物综合利用率达到63%。

三是项目建设扎实推进。对照“六位一体”机制要求,细化工作任务,明确目标责任,强化推进措施,成效明显。2014年,全县储备项目完成148项,总投资1039.8亿元,完成年度任务的115.53%;项目签约完成10项,总投资70.98亿元,完成年度任务的101.4%;项目落地完成22项,总投资65.52亿元,完成年度任务的103.88%;项目开工完成14项,总投资38.69亿元,完成年度任务的102.19%;实施项目建设15项,共完成投资45.42亿元,完成年度任务的125.30%;完成项目投产2项，总投资44.80亿元，完成年度任务的111.55%。

四是“大县城”战略全面推进。洞东新区3500米道路交通设施建设工程和4800米道路供水管网工程全部完工。排水管网工程铺设雨污管网5300米。燃气项目工程已完成中压管网铺设、加气站和厂区建设。污水处理厂升级改造工程和县城垃圾收运站正在建设中。秀水佳苑住宅小区建设项目已完成主体工程。舒惠佳园住宅小区项目已建设完成。东方丽都住宅小区建设项目进入验收阶段。盛世华庭商住楼综合开发项目完成投资20650万元。水乡·月亮湾住宅小区项目土建主体工程完工。

三、着力改善民生,社会事业全面进步

一是文化旅游产业蓬勃发展。围绕“旅游兴县”发展战略,继续推进以水神堂、祥合谷和白羊峪景区建设为重点的“名城复兴”工程。广灵县六棱山风景名胜区的总体规划通过省建设厅评审,机构设置已报省编办审批,风景区功能逐步提升。加强文化旅游宣传推介,举办了“广灵县首届导游大赛”,申报全省旅游扶贫重点村16家。坚持对外联合、挂靠战略,联合打造浑源、灵丘等周边县区旅游圈,启动了与北京市、保定市、张家口等3市11县区的区域旅游合作。全年完成旅游经济总收入9.57亿元，增幅19.77%。大力实施文化

惠民工程,丰富了基层群众的精神文化生活。广灵八角地木偶戏列入大同市非物质文化遗产保护名录。以广灵剪纸产业为重点的文化产业健康发展，文化产业增加值占 GDP 得比重提高 0.31%。多层套色剪纸作品《毛主席东渡》荣获 2014 年深圳文博会组委会金奖。建筑面积 9560 平方米的广灵剪纸新产品生产研发基地建设顺利推进。中国广灵剪纸艺术博物馆被国家旅游局授予 3A 级旅游景区认证牌匾。

二是科教兴县战略深入推进。大力实施百校兴教工程。5 所幼儿园建设工程、2 所村级幼儿园改造工程、二中及斗泉九年制学校教师周转宿舍工程、二中及壶泉小学体育场建设全部完工。不断加强师资队伍建设,公开招聘农村中小学教师 45 名。扎实推进教育教学改革,教学质量持续提升。2014 年高考考生达二本(不含二本 C 类)线以上人数为 309 人,61 名学生被 985、211 工程高校录取,创下了历年之最。

三是县容县貌持续改善。扎实推进城乡安居工程。9600 户农村危房改造工程和 1500 户的农村住房抗震改建工程全部竣工。270 万城乡清洁工程县级配套资金全部落实,配备农村保洁员 521 名,建成密闭垃圾收集池 246 个,打造达标示范村 92 个、保洁文明户 795 户,创建容貌示范街和保洁示范街各 1 条。

四是社会保障力度不断加大。城镇新增就业 1380 人,完成年目标 106%；创业带动就业人数 395 人，完成年目标 112.9%；转移农村劳动力人数 2464 人，完成年目标 107%。城镇失业率控制为 3.8%。完善了广泛覆盖城乡困难群体的社会救助体系,城市低保户每月每人提标 25 元,农村低保每月每人均提标 22 元。城乡大病救助取消了病种限制,提高了救助标准,救助金实现了社会化发放。投资 50 万元,新建老年人日间照料中心 5 所。投资 580 万元,新建作疃乡敬老院和作疃东堡惠民敬老院。新农合保障水平大幅提高,参合农民 138274 人,参合率 99.68%。

五是生态环境建设不断加强。实施了壶流河综合整治工程，完成 27 个岛屿整形，改造盐碱化林地 200 余亩，植树 8483 株。扎实推进造林绿化工程,完成营造林 7.19 万亩,广灵县被山西省政府命名为山西省园林县城。全力推进节能减排工作，主要污染物的削减量分别为：化学需氧量 193.62 吨、氨氮 12.44 吨、粉尘 16 吨,超额完成全年削减任务。县城饮用水水源地一、二级保护区和七个乡镇饮用水源地保护区的水质达标率达到 100%。县城空气质量二级以上天数达到 334 天。

六是平安广灵建设取得新成效。投资 430 万元的城市报警监控系统扩容建设顺利完工,新建卡口 8 个,新增监控点位 85 个,广灵县被省综治委评为“省级平安县”。大力实施平安创建工程,强化红线意识和底线思维,建立健全并严格落实党政同责、一岗双责、分管责任、监管责任、主体责任、岗位责任“六位一体”责任体系,深入开展安全生产专项整治。发生道路交通事故 275 起,死亡 3 人;发生火灾事故 40 起,无伤亡;发生风电项目事故 2 起,死亡 3 人;其它工矿商贸企业未发生死亡事故,安全生产形势整体平稳。始终保持打击刑事犯罪的高压态势,社会治安秩序保持和谐稳定。

(田广源)

附：一、中共广灵县委书记、副书记、常委名单

书　记：郭占宝

副书记：李立平(女,11 月涉嫌严重违法违纪,接受组织调查)　张宏东

常　委：刘宝贵　牛志刚　郭云峰　杜　福　吴华泽　白　洁(女)　耿建举(挂职,4 月任职)

二、乡镇党委书记名单

壶泉镇

书　记：李贵峰

南村镇

书　记：魏向军

作疃乡

书　记：刘玉清(女)

加斗乡

书　记：李尚吉

蕉山乡

书　记：仝在福

宜兴乡

书　记：王俊军

梁庄乡

书　记：阎熙福

望狐乡

书　记：张志新

斗泉乡

书　记：仝志华

中共左云县委工作概况

2014 年，左云县委认真贯彻落实党的十八大和十八届三中、四中全会精神及习近平总书记系列重要讲话精神，紧扣“突出一条主线,围绕两大战略,推进四化目标,实施十大工程”的发展部署,坚持以党建统领全县发展大局,抓班子带队伍、抓基层夯基础、抓重点带全局,改革创新,稳中求进,统筹推进经济、政治、文化、社会、生态文明建设和党的建设,经济社会保持了持续健康发展的良好态势。

左云县共有基层党委 18 个，党总支部 30 个，党支部 533 个,其中农村党(总)支部 227 个,机关、企事业单位党支部 306 个。全县党员 7959 名,其中女党员 1080 名,农村党员 3423 名。村“两委”换届选举任务圆满完成,121 个村实现支

部书记、村委主任“一人兼”,8名大学生村官当选村“两委”主干。进一步加强民营企业党支部建设,党组织的覆盖面不断扩大。

一、深入开展群众路线教育实践活动,不断开创党的建设新局面

一是坚决整治四风,做到为民务实清廉。县委把搞好教育实践活动作为一项重大政治任务来抓,精心组织,扎实推进。通过学习教育、广泛征求意见、召开专题民主生活会等形式,深挖“四风”问题根源,落实整改措施,党员干部的作风有了新转变,各项工作取得了一些新成效。压缩各类文件14.7%,精简全县性会议20%;清理违规用车31辆,清退办公用房4504.52平方米;查处违纪案件2件,处理责任人5名;对27名违反工作纪律的人员给予通报批评;化解信访案件102件,结案率100%;将非行政许可审批事项从26项清理为8项;研究制定了31项务实管用的整改制度。活动的扎实深入开展,树牢了全体党员干部的宗旨意识和为民自觉,进一步深化巩固了作风建设的成果,得到群众认可。

二是以学增智促干,抓好干部队伍建设。坚持每月组织一次县委中心组学习、一次正科实职以上干部在线学习、一次“云兴大讲堂”,全县广大党员干部的思想理论素养不断提升。严格执行新修订的《干部任用条例》,规范干部选任机制和程序,坚持德才兼备、注重实绩的用人导向,选拔了素质高、能力强、群众公认度高的干部进入重要岗位,实现了治吏从严从紧、选任公开透明的目标。扎实开展“三联五解”和在职党员进社区活动,全县广大党员干部走访服务群众1.5万人次,办实事928件,化解矛盾纠纷558件次,慰问困难群众钱物共361.65万元,宗旨意识和服务能力明显增强。

三是打牢基层基础,创建服务型党组织。全面抓好“1123”服务型党组织创建工作,为群众全程代办计生服务、救灾申请等事项1538项。选派64名县乡领导干部分组驻村,分类指导开展整顿工作,16个软弱涣散村级党组织全部转化升级,农村党建工作水平明显提升。扎实做好农村“两委”换届工作,选优配强村“两委”班子,村级党组织的年龄文化结构进一步优化,凝聚力和战斗力进一步增强。党建工作的覆盖面不断扩大,党组织引领发展、促民致富的优势得到充分发挥。

四是净化政治生态,加强党风廉政和反腐败建设。从严落实“两个责任”。制定了《左云县关于落实党风廉政建设党委主体责任和纪委监督责任的意见(试行)》,加强对各乡镇和各部门党风廉政建设主体责任落实的督促指导。加大纪检监察机关监督问责力度,将参与的101项议事协调机构调整精简为13项。从紧狠刹歪风邪气。对违反中央八项规定精神、工作秩序涣散、纪律松弛等发生在身边的不正之风进行坚决治理,广泛接受社会监督和群众监督,党风、政风、民风为之一新。从重查处违纪案件。始终保持惩处腐败的高压态势,坚持有案必查、有腐必惩、有贪必肃,全年共立查案件99件,给予党纪处分80人,政纪处分21人,党政纪双重处分2人,极大地增强了震慑力。

二、巩固拓展党的建设新优势,引领各项事业取得新成绩

一是推动煤炭产业转型,县域经济发展再增新动力。煤矿建设有序推进。同发东周窑千万吨煤矿累计完成投资46.65亿元,同煤集团金庄煤业千万吨煤矿累计完成投资55.27亿元。目前,全县生产矿井9座,4座煤矿实现联合试运转。属左云县监管的20座矿井煤炭产量达到445.89万吨。转型项目建设进展顺利。制定出台了《左云县国家资源型经济转型综合配套改革试验2014年行动计划》。省级转型标杆项目中海油煤制气项目已完成12大项32分项审批工作和项目主场区4951.4亩土地征收工作;京同热电厂项目已取得省发改委“路条”;引黄北干线左云供水工程,前期各项工作进展有序。编制了《左云煤化工产业开发区总体规划》等3项规划,起草制定了《关于推进左云县煤化工产业开发区建设实施方案》等4项方案,确定了17个下游配套招商项目,规划申报了25平方公里的左云煤化工产业开发区,成立了左云县武州经济建设投资有限公司服务园区建设。完成招商签约项目6个,投资总额为169亿元。

二是巩固“三农”基础地位,现代农业发展取得新成效。特色化农业发展提速。加快推进“一县一业、一村一品”,投资1.07亿元,新实施雁门清高有机苦荞生产加工园区等4项百园立农工程,马铃薯播种面积稳定在10万亩,落实粮食直补和农资综合直补面积27.53万亩。标准化养殖促农增收。新建养羊小区13个,羊饲养量达到66万只,棚圈总面积达到30多万平方米,标准化养殖小区发展到99个,拓宽了农民增收渠道。基础化建设不断加强。京津风沙源治理项目水利工程全部完工,新建水源工程和节水灌溉工程26处,实施了6500亩的膜下滴灌工程。发放国家农机购机补贴资金208.71万元,农业发展基础进一步稳固。

三是全面推进城乡统筹发展,新型城镇化建设迈出新步伐。名城复兴工程稳步推进。开展了“五规合一”等专项规划编制工作,《左云县摩天岭长城风景名胜区总体规划》已进入省级评审。左云历史文化名城保护规划和历史建筑认定挂牌、建档工作已完成。城镇化建设力度加大。投资5713万元实施了道路亮化美化、供水管网铺设、十里河南岸土地综合开发、农贸市场综合建设、鹊儿山镇镇区“五项建设”等一批重点工程,安居工程惠及城乡。开工建设了2万平方米廉租住房,实施了1200户的县城棚户区改造工程。完成了3500户农村住房抗震加固、农村危房改造。同煤中海油煤制气项目移民搬迁、采煤沉陷区整体搬迁项目,正在进行地块规划和选址工作。

四是持续加大生态建设力度,山川秀美左云呈现新面貌。造林绿化成效明显。继续巩固完善造林绿化成果,全县新增林地面积1.5万亩。马道头乡创建国家级生态乡镇通过验收,张家场乡建成省级生态文明乡镇。人居环境持续改善。累计投入3887.85万元,全面推进城乡清洁工程,配套购置了

清扫、清运等环卫设施设备,足额发放了环卫工人早餐补助。县城生活垃圾处理厂主体已竣工。投资750.6万元,实施了鹊儿山村省级示范村和大路坡村、潘村、刘家窑村3个市级示范村的宜居建设工程,城乡生态环境明显改善。

五是协调推进社会事业发展,民生福祉水平有了新提升。社会事业长足发展。继续推行十五年免费教育,实施百校兴教工程,投资2776.5万元,对29所中小学校实施了信息化建设、体育场新建和标准化改造工程。县、乡、村三级基本药物和药品零差价销售实现了全覆盖。社会保障水平提高。实施收入倍增工程,千方百计提高城乡居民收入。加强就业创业工作,城镇新增就业1300人,转移农村劳动力2300人,城镇登记失业率控制在4.2%以内。各项社会保险参保任务全面完成,企业退休人员基本养老金提高10%,城乡低保标准、新农合补助标准逐年提高。社会大局保持稳定。实施平安创建工程,全县安全生产形势持续向好。加强基层服务管理,全县维稳处突和社会管理能力进一步加强,扎实开展“走、解、树”和领导干部大接访等专项活动,全县社会总体平稳,安定和谐。

(张国栋)

附:一、中共左云县委书记、副书记、常委名单

书　记:徐尚红(女,11月28日涉嫌严重违法违纪,接受组织调查)

副书记:王东升　苏　智

常　委:赵建军　刘志强　常国文　王建平　张立波　董晓纲

二、乡镇党委书记名单

管家堡乡

书　记:冀文富

鹊儿山镇

书　记:张志宏

张家场乡

书　记:王　瑾

三屯乡

书　记:马　杰

云兴镇

书　记:潘志廷

马道头乡

书　记:张生贵

小京庄乡

书　记:乔永忠

店湾镇

书　记:任　刚

水窑乡

书　记:韩月儒

中共朔州市委工作概况

市委书记　王安庞

截至2014年底,朔州市共有基层党组织5113个,其中基层党委181个,党总支264个,党支部4668个,有党员82672人,其中2014年新发展党员1030人。

2014年,在省委的坚强领导下,市委团结带领全市广大干部群众,坚持以习近平总书记系列重要讲话精神为根本指针,认真贯彻落实党的十八大和十八届三中、四中全会精神,按照省委“净化政治生态、实现弊革风清、重塑山西形象、促进富民强省”的决策部署,紧密结合朔州实际,进一步紧扣推进经济结构优化和发展质量提升“两大任务”的工作主题,积极应对经济下行压力,全力维护改革发展稳定大局,以久久为功、持续用力的理念推进各项工作取得新进展新成效。一年来,市委坚持以全面加强党的建设为统领,抓了以下五件大事:

一是深入学习贯彻习近平总书记系列重要讲话精神,用科学理论武装头脑、指导实践的能力有了新提升。坚持把学习贯彻习近平总书记系列重要讲话精神作为重大政治任务,强调端正学风、通读原文、把握要旨,要求真学真懂,真信真用。一年来,市委常委会议专题学习6次,市委中心组集中学习14次,举办了4期县处级领导干部专题培训班,组织了丰富多样的专题宣讲和31场名家讲座,全市党员干部运用战略思维、辩证思维、法治思维、底线思维和创新思维分析解决问题、谋划推动工作的本领进一步提高。

二是全面开展党的群众路线教育实践活动,在解决“四风”突出问题中进一步树立为民务实清廉的新形象。2月19日正式启动党的群众路线教育实践活动,全市共有62771名党员参加了活动。活动围绕为民务实清廉的主题,按照“照镜子、正衣冠、洗洗澡、治治病”的总要求,始终坚持问题导向,深入基层、广接地气问清群众需求,千方百计、想方设法解决群众诉求,创造条件、实事求是满足群众要求,动真见实重点查找解决发生在群众身边的、关系群众切身利益的、群众反映强烈的、基层普遍存在的、早就应该解决的问题,共查找各类突出问题1383个,已经解决828个。深入推进“四风”突出问题专项整治,35个专项整治项目全部制定了详细整治计划。通过开展活动,党群干群关系进一步密切,广大党员干部为民务实清廉的主动性进一步提高。

三是扎实推进学习讨论落实活动，贯彻落实省委决策部署的自觉性和坚定性得到新增强。按照省委部署要求，及时成立学习讨论落实活动办公室，制定出台市委《贯彻省委部署要求深入开展学习讨论落实活动的实施方案》，12月5日召开动员大会，对全市扎实开展活动进行全面安排部署，并于12月15日—17日举办为期3天的市管主要领导干部学习讨论落实活动专题研讨班，240余名市管主要领导干部参加了学习研讨。目前，全市各级各部门正在开展大范围、多层次的学习讨论、反思剖析，确保整个活动善始善终、善作善成。

四是全面强化“两个责任”的落实，始终保持正风肃纪、查办案件的高压态势，从严管理干部取得新进展。认真贯彻习近平总书记从严治党八项要求，全面落实党委主体责任和纪委监督责任，深入开展党风廉政建设和反腐败斗争，切实加强干部队伍建设，不断提高党的凝聚力创造力战斗力。在反腐倡廉上，深入推进“三转”工作，严格实行“一案三查”制度，全年各级纪检监察机关共接受信访举报1373件(次)，立案718件，结案708件，同比分别增长172.42%、84.1%和81.54%，始终保持了反腐败的高压态势。在改进作风上，把“纪律作风教育整顿月”拓展为“纪律作风教育整顿年”，集中整顿“粗、松、俗”三大顽疾，全市先后派出明查暗访组1100余人（次），全年共查处违反中央八项规定问题175件192人。在刷新吏治上，深入学习贯彻新修订的《党政领导干部选拔任用工作条例》，加大干部日常监督管理力度，不断完善选人用人长效机制。集中开展“三超两乱”、“吃空饷”和党政干部企业兼职任职、基层干部“走读”等专项整治工作。对干部选任、公务员调任、干部职数审批、干部监督管理等实行联审联批，干部工作逐步迈向制度化、规范化的轨道。

五是集中精力开展农村“两委”换届工作，进一步夯实基层基础，基层党建工作呈现新面貌。坚持把加强基层党建工作作为落实全面从严治党要求的重要举措，认真做好第十届农村“两委”换届工作，深入开展“基层组织提升年”活动，培训农村“两委”干部1万多人，整顿软弱涣散村(社区)党组织98个，推行党代表工作室建设，开展在职党员到社区报到服务群众活动，推行乡镇党委会“进村开”和非公经济组织、园区的党建工作，同时组织开展县(区)、乡镇(街道)党(工)委书记抓基层党建工作专项述职，推动基层党建专项述职工作的常态化、长效化，基层党建各项工作均取得新成效。

一年来，朔州市委坚持统筹兼顾，协调用力，突出抓了七个方面的重点工作。

一是坚持稳中求进，积极推动经济持续健康发展。加强对经济形势分析研判和工作调度，坚定咬住完成全年任务“一个目标”不放松，紧紧抓住稳定煤炭生产和扩大投资增幅“两个关键”不动摇，积极采取减负担、促销售、创环境、搭平台、保安全、抓招商“六条措施”，进一步引深“右玉精神在朔州”活动和领导干部“看作为、比建树、争一流”活动，落实领导干部“三联一住一报告”制度和“自费购树、亲手栽树”义务劳动制度，严格推行市委常委、副市长“结对包县”帮扶制度，对各级各部门有效加强督促指导，传递信心，传导压力，促进经济社会发展稳中有进。全年地区生产总值完成1003.4亿元，按可比价格计算，同比增长4.5%；规模以上工业增加值完成443亿元，按可比价格计算，同比增长4.5%；固定资产投资完成815.3亿元，增长5.2%；公共财政预算收入完成86.6亿；社会消费品零售总额完成245.9亿元，增长12.4%；外贸出口总额完成2728万美元，增长31.5%；城镇常住居民和农村常住居民人均可支配收入分别达到25725元和10137元，增长7.7%和10.8%。

二是坚持转型发展，加快推进产业结构优化升级。狠抓煤炭产业多元发展，全市已建成安全质量标准化矿井40座，煤炭洗选和外运量均达到90%以上，全年共生产煤炭2.03亿吨。全市目前已并网发电及在建的和取得“路条”的电厂总装机规模达到1653.6万千瓦，居全省第一，全年电力行业完成发电量309.9亿千瓦时，增长10.6%。紧紧抓住全国规划布局大型煤化工基地的机遇，认真做好晋北煤化工基地建设各项前期准备工作。从目前来看，一个完整意义上的“亿吨级煤炭、千万千瓦级电力”的全国综合能源基地已形成“框架”。狠抓循环经济，成功争取获批国家工信部“全国工业绿色转型试点城市”和国家发改委全国资源综合利用“双百工程”示范基地，工业固体废物综合利用工作走在全国前列。设立了1亿元的循环经济发展专项支持资金。成功申报为“煤电污染控制及废弃物资源化利用山西省重点实验室”，通过科技竞标获得省政府煤基基金4100万元的科技支持。成功举办了第二届亚洲粉煤灰及副产品石膏综合利用技术国际交流大会。全市工业固废综合利用率达到61%，年产值达到180亿元，占全市工业总产值的13%。狠抓新兴产业，大力推进“一矿一企”，全市煤矿企业共建设非煤项目53个，总投资652亿元，极大带动了全市非煤产业发展。加快新兴产业布局，以园区为承载，全年铺开食品、化工、医药、装备制造、新材料、新能源等新兴产业重点项目94项，总投资574亿元，不断提升了全市新兴产业的占比率。狠抓生态畜牧业，设立了1亿元现代农业发展专项支持资金，重点实施雁门关生态经济畜牧区领头雁工程和核心区建设。奶牛存栏、鲜奶产量、肉羊出栏量、人均畜产品占有量、农民人均畜牧业纯收入五项指标持续保持全省第一。启动实施“4211”企业参与产业扶贫开发工程，全市有21家企业参与产业扶贫，完成涉及20个项目的产业投资17.18亿元，带动30个村的农民增收致富。

三是坚持创新驱动，认真抓好全面深化改革各项任务的落实。成立全面深化改革领导小组和六个专项小组及办公室，制定《中共朔州市委全面深化改革实施意见》和《2014工作要点(60条)》，全年确定改革任务106项，已完成65%，高于全省平均水平。加快转型综改，制定实施了“223”行动计划，20项重大改革和20项重大事项基本完成预期目标任务，30项重大项目全部开工，完成投资95.87亿元，完成年度投资计划的110.6%。注重科技创新，设立了2000万元工业项目技术改造和节能降耗专项扶持资金，出资4000万元设立企业技术研发创新项目补贴专项资金。加大工业固废资源化利用科研力度,与北京大学联合建设的研发中心已开发新产品 27 个,实验室成功开发 40 余项,完成小规模放大试验 10 余项,新开发出的技术成果中 80%以上属于国内首创,60%处于国际领先水平。推进政府机构改革和行政审批制度改革,市本级保留行政审批事项 222 项,数量在全省最少。创新地方金融发展机制,建立了全市综合融资服务平台和银企对接服务工作机制。推进资本市场发展,润臻公司、"特别特"文化传播有限公司在上海股权托管中心正式挂牌。不断扩大开放,坚持走出去与引进来相结合,进一步深化"朔州企业家投资在朔州"活动,全年共签约招商引资项目 118 个,总投资 1254.9 亿元。

四是坚持依法治理,全面加强社会主义民主政治建设。深入学习贯彻党的十八届四中全会精神,认真践行全会《决定》和省委《关于贯彻落实党的十八届四中全会精神加快推进法治山西建设的实施意见》,制定朔州市《实施意见》,对法治朔州建设作出系统规划布局。加强和改进党对人大、政协工作的领导,支持总工会、共青团、妇联等人民团体依照法律和章程独立自主开展工作,加快推动国防和驻朔部队建设,民族、宗教、外事、对台等工作取得新进步。我市被评为全国"六五"普法中期先进城市,创建省级双拥模范城工作已经过省双拥领导组的检查验收。

五是坚持正确引导,切实强化宣传思想文化工作。坚持把党的宣传思想文化工作摆在突出位置,以宣传贯彻党的十八大、十八届三中、四中全会和习近平总书记系列重要讲话精神为主线,以服务"两大任务"、满足人民群众精神文化需求为目标,强化思想政治建设,加强教育引导工作,加大舆论宣传力度,推进精神文明创建,统筹推进文化事业和文化产业发展,全面推进文化强市建设各项工作。国家级公共文化服务示范区创建取得阶段性成果,得到省督查组高度评价。

六是坚持民生为本,全力维护社会和谐稳定。坚持把保障和改善民生作为一切工作的出发点和落脚点,加快发展科教卫生事业,不断完善社会保障体系,在财政增收难度加大的情况下,进一步压缩"三公"经费,确保财政支出最大限度向民生倾斜,全年公共财政民生支出 111.85 亿元,占总支出的 78.9%。全面实施义务教育阶段寄宿制学生"营养奶工程",全市共有 10.6 万寄宿学生喝上营养奶。中北大学朔州校区运营良好,在校学生已达 3000 人。朔州科技馆正在加快建设。市级综合医院——朔州大医院正在进行前期工作准备和方案设计。建成 1 个市级医疗卫生信息数据中心和 2 个市级、6 个县级、12 个乡镇级远程医疗会诊中心,在全市 4 个县区新建了 99 所村卫生室,积极解决边远地区群众"看病难"、"看病远"等问题。新农合平均参合率达到 99.7%,全省排名第二。朔州市适度普惠型儿童福利制度建设被列为全国试点。深入推进社会保险全覆盖,在全省首家完成了乡镇、街道和社区社保平台与业务专网专线连接,认真做好社保卡发放工作,发卡率达到 100%,全省排名第一,朔州市被国家人社部列为全民参保登记计划首批试点城市、全国持卡人员基础信息库建设试点市、全国社保卡综合应用试点示范市。紧紧抓住争创国家级创业城市的契机,在全省率先试点开展了政府购买基层公共管理和社会服务岗位吸纳高校毕业生就业工作,完善提升商贸创业孵化基地和青年创业就业园建设,全年城镇新增各类就业 5.41 万人。继续深入实施农村饮水解困工程,全面解决了 112 个村、4.5 万人的饮水困难。同时,大力开展"平安朔州"建设活动,市、区两级财政投资 1 亿多元实施市区视频监控系统全覆盖;坚持"管住秩序、理顺情绪"的方针,实行每季度定期召开全市信访联席会议和信访案件通报汇报制度,领导带头接访实现常态化;建立落实"党政同责、一岗双责、齐抓共管"的安全监管责任体系和目标责任考核体系,实现煤炭生产"零死亡",死亡 3 人以上的较大事故"零发生"。

七是坚持生态立市,着力推进美丽朔州建设进程。坚持把生态文明建设作为推进"两大任务"的战略支点,全年完成营造林 33.1 万亩,超省考核任务近 16 个百分点;扎实推进以"一山两河一湖"为重点的中心城市生态体系正在建设,七里河综合治理取得阶段性成果;加大环境保护力度,淘汰落后产能,控制能耗总量,减少污染物排放,推进生态修复、采煤沉陷区治理和农村人居环境治理,城乡人居环境得到明显改善;继续推进"五城联创",朔州市被国家住房和城乡建设部正式命名为"国家园林城市"。 (舒晓海)

附:中共朔州市委书记、副书记、常委名单

书　记:王安庞

副书记:李海渊　郑　红(女)

常　委:雷健坤(女)　康吉仁　刘英魁　李　锦　张耀生(12 月离职)　冯云龙　李根田　王建科

中共朔城区委工作概况

区委书记　郭连厚

朔城区是朔州市委、市政府所在地,全市政治、经济、文化中心。全区总人口 51 万,行政区划所辖 2 个镇,9 个乡,4 个街道办事处,299 个行政村。全区共有基层党组织 640 个,其中基层党委 25 个,党总支 26 个,党支部 589 个,党员 11918 名,占总人口的 2.34%。

2014 年,在市委、市政府的坚强领导下,朔城区认真贯彻党的十八大、十八届三中、四中全会精神和习近平总书记系列重要讲话精神，严格落实中央、省、市各项决策部署，努力践行群众路线，深入开展学习讨论落实活动，围绕全省“六大发展”、全市“两大任务”总体部署，坚持稳中求进、凝心聚力、攻坚克难，“六区建设”稳步推进，经济社会各项事业持续健康发展。

一、主要经济指标稳定增长。区委紧盯年初确定的工作目标，艰苦奋斗，久久为功，迎难而上，奋力作为，加快推进经济、政治、社会、文化和生态文明建设，积极应对经济下行压力，主动适应经济发展新常态，确保了全区经济社会平稳健康发展。全年地区生产总值完成276.04亿元，增长7.1%；公共财政收入完成13.03亿元，比去年略有增长；工业增加值完成83.91亿元，增长6.3%；社会消费品零售总额完成83.8亿元，增长11.6%；全社会固定资产投资总额完成222.36亿元，增长2.12%；粮食总产量达到6.58亿斤，增长8.1%；居民可支配收入达到20763元，增长8.2%；城市常住居民可支配收入达到26824元，增长7%；农村常住居民可支配收入达到11543元，增长10.5%，所有经济指标全部实现正增长，全区整体发展态势较好。

二、党的建设开创新局面。区委始终把加强党的建设作为根本保证，牢固树立“抓好党建就是最大政绩”的理念，把落实党建责任放在重要位置，认真贯彻中央从严治党八项要求，扎实推进党的思想、组织、作风、制度和反腐倡廉建设，持续深入学习贯彻习近平总书记系列重要讲话精神，不断强化理论武装。认真开展第二批党的群众路线教育实践活动，扎扎实实反“四风”，转作风。全面铺开学习讨论落实活动，坚决贯彻省委决策部署。全面落实“两个责任”，下大力气整风肃纪、从严治吏，加大了对违纪违法行为查处力度，全年共查结案件108件，同比增长112%，查处总人数139人，同比增长128%，切实树立了为民务实清廉的新形象，促进了全区党风、政风、社会风气的进一步好转。顺利完成村“两委”换届选举工作，并将乡镇（街道）年度工作经费提高到30万元，全面落实现任村干部岗位报酬和离任村干部生活补贴待遇，加强了基层组织建设。同时，认真学习贯彻《党政领导干部选拔任用工作条例》，规范干部选拔任用，对部分乡镇干部进行了组织调整，选优配强了各级领导班子，进一步匡正了用人风气，激发了广大干部干事创业的热情，全面提升了党建科学化水平，为推动全区各项事业健康发展提供了坚强有力的政治保障。

三、项目建设取得新成效。围绕提高经济增长质量和效益，扎实开展“转型综改攻坚年”和“项目见效年”活动，全力推动产业转型升级。加快煤矿综改步伐，峪沟、恒宝源、石碣峪三座改造矿井已完成基建，西沙河、葫芦堂两座煤矿年产能扩大为150万吨，中煤担水沟等5座生产矿井煤层配采项目加快推进。东方长宏、长宏新杰、三阳煤业、国兴煤业四个洗煤厂建成运营。山水水泥及余热发电项目点火投产，成为全省重要的水泥生产基地。扎实推进富甲工业园区上档升级，大力发展新型工业，中煤平朔年处理20万吨粉煤灰综合利用、丰泰纳米金属深加工、绿源粮油等5个项目即将投产。同时，加紧推进北京电子城·朔州数码港、普国商业中心、企业总部基地、浙江新农集团农产品物流等现代物流和商贸服务业项目，准朔铁路子公司成功注册我区，准池铁路总部投入运营，总部经济不断壮大，全区产业结构逐步优化，发展后劲显著增强。

四、“三农”工作迈出新步伐。围绕农业发展、农民增收、农村繁荣这一目标，积极创新经营机制，全面落实支农惠农政策，强化稳粮、增菜、兴牧三个重点，充分发挥区位优势，大力发展城郊农业。连片实施了5万亩玉米高产创建项目，完成了高标准农田建设8700亩、盐碱地改造3150亩，实施了小农水等34项水利工程，粮食直补等强农惠农政策惠及4.79万农户，农机总动力达到49.2万千瓦，综合机械化作业水平达73.3%，粮食总产达到6.58亿斤，实现十一连增，被省委、省政府评为2014年度粮食生产先进县区。同时，积极创新农业经营机制，累计流转土地8.8万亩，完成21个村6万亩土地承包经营确权颁证工作，新注册农民专业合作社100个，累计申报家庭农场231家，新增省级“一村一品”示范村23个，累计达到67个。设施蔬菜面积累计达4.2万亩，规模养殖小区总量达245个，设施农业纯收入达14亿元，占到农民农业总收入的一半，成为农民增收的重要渠道。

五、宜居城市再上新台阶。始终把加快城乡一体化建设作为推进转型发展的重中之重，坚持老城与新区同步发展、改造与建设同步推进、城市与乡村统筹兼顾，全力实施“五城联创”工程，统筹推进城乡一体化进程。推进了南泉、雒儿庄等6个城中村和七里河沿线上下庄头等14个村改造工程。累计投资近40亿元，实施了保障性住房建设项目，西关片区改造工程主体工程全部封顶，推进了老城环城马道、南城门、文庙恢复建设工程，铺开了紫金街、育新街等5个城市路桥改造项目，加快了供热、供水、供气管网改造。改造东关居民区小巷等5条小巷，新建改造城市公厕9座。加快推进朔沙路北延、广梵线二级公路等4条公路升级改造。投资1100万元，铺开了100个村庄的清洁工程，整治村容村貌40万平方米。同时，进一步强化城市管理，鄯阳街等6条主要街道推行了“门前三包”工作，完成鄯阳街、开发南路等17条街道绿化任务。投资640万元购置了环卫机具，主要街道机扫率达到90%。新装、维修路灯1.1万多盏，亮灯率达到99%，城市功能日趋完善，城市品位不断提升。

六、生态治理实现新突破。围绕“一山两河一湖”生态治理大格局，坚持环境保护与生态治理同步推进，切实改善城市人居环境。重点推进了七里河水保治理工程，完成征地6500亩、征收拆迁面积47.5万平方米，完成引水、清淤工程总量的85%。推进了恢河综合治理六、七期和西山生态建设七期、同城化绿化以及国家、省、市级绿化等十大工程，治理面积7.92万亩，栽植各类苗木800多万株，新育苗3000亩，通道绿化170公里，村庄绿化20个，市区新增绿地2.3万平方米，城市绿化覆盖率达到43.8%。深入开展大气污染防治，拆除燃煤供热锅炉9台114吨，强制取缔燃煤炉灶13个、燃煤锅炉5台，全面实施了加油站、油罐车、储油库油气回收综合治理，市区空气质量大幅改善，被省绿化委员会、人力资源和社会保障厅、林业厅评为“山西省林业生态建设三加三不减”先进县。

七、民计民生有了新提升。始终把保障和改善民生作为一切工作的出发点和落脚点，加大公共财政投入力度，全力加快各项社会事业均衡发展、优质发展。推进了区职业中学、二中、三中、五中、九中、十中新建。改造青钟等7所农村公办幼儿园和小学附设幼儿园，新建厚德园等城镇公办标准化幼儿园。区人民医院和山西省心血管医院签订对口支援协议，建设重点专科8个，优质护理床位100张。中医院启动有序推进，正在进行设备安装调试和人员培训工作。改建维修了小平易、下团堡等7所乡镇卫生院。文化科技迅猛发展，发明专利申请总量位居全市第一，成功申报“国家知识产权强县试点区”，成为全省唯一获此殊荣的区县。加大了社会保障力度，全区九大类保险参保人数达36万人次，征缴各项保险基金2.3亿多元，结余3.7亿多元。投资690万元，解决了27个村、9200人的安全饮水问题，重新设立了5所中心敬老院，解决了一批群众关注的热点、难点问题。干部职工增资补发8448万元全部按政策兑现，全区各项社会事业全面发展。

八、安全稳定有了新进展。紧紧围绕“平安城区”、“法治城区”建设总体目标，适应新形势，研究新课题，不断创新社会治理新思路、新模式。投资700万元，新建和装修社区服务中心办公场所6个，优化了43个社区设置，选拔了20名社区主任，增加了社区服务人员86人，全面实施了社区网格化管理，提升了服务水平。集中开展了“六场硬仗”和“六项整治”，全区治安秩序明显好转。连续开展了两轮“百日安全大检查”活动，深入开展“六打六治”专项行动，常态化开展食品药品安全排查整治，检查各类生产经营单位421家，排查隐患915条，落实整改892条，安全生产形势持续稳定好转，全年未发生影响社会稳定的重大问题。严厉打击非法买卖土地、乱搭乱建、私挖滥采等行为，保障重点工程建设，切实维护了市场经济秩序。同时，以事要解决为根本，大力开展“信访积案集中化解”活动，强化了初信初访、领导接访、责任追究、应急处置等工作，进一步规范了信访秩序，有效遏制了进京非正常信访高发态势，全年依法依规按政策解决了20多批次重点集体访，办结了省、市交办案件95件，切实回应了群众关切，维护了群众利益，保证了社会安全稳定。

（王丽萍）

附：一、中共朔城区委书记、副书记、常委名单

书　记：郭连厚（5月离职）

副书记：刘　彪　孟维君

常　委：史宝元　李　杰　董　达　李有平　刘卫东　王建军　蒯　勇

二、乡镇（街道）党（工）委书记名单

北旺庄街道

书　记：陈　钊

南城街道

书　记：杜　超

北城街道

书　记：李志明

神电街道

书　记：常武权（2月离职）　林　实（2月任职）

下团堡乡

书　记：高　峰

神头镇

书　记：林　实（2月离职）　常武权（2月任职）

小平易乡

书　记：郭向东

贾庄乡

书　记：王万宇（11月离职）　齐宏亮（11月任职）

滋润乡

书　记：齐宏业

南榆林乡

书　记：刘　丰

福善庄乡

书　记：赵子平

沙塄河乡

书　记：尚志新

窑子头乡

书　记：徐生荣

张蔡庄乡

书　记：梁耀文

利民镇

书　记：霍永生

中共平鲁区委工作概况

区委书记　吴晓斌

平鲁区地处晋陕蒙三省五县交界处，国土总面积2314平方公里，辖1个街道办、2个园区、2个镇、11个乡，共有286个行政村，总人口21万。现有党组6个、党委19个、党工委5个、党总支24个、党支部602个，党员9623人，占总人口的4.6%。2014年，区委、区政府在省委、省政府和市委、市政府的坚强领导下，团结带领全区干部群众，认真贯彻落实党的十八大，十八届三中、四中全会精神和中央、省、市一系列政策措施，紧紧围绕“经济结构优化，发展质量提升”两大任务，牢牢把握稳中有增、增中有效、效中有续的总基调，迎难而上、砥砺奋进，主动作为、扎实工作，以转型综改试点区建设为统揽，全力推进工业化、信息化、城镇化、生态化、农业现代化，经济社会各项事业保持稳定发展。

一、经济运行总体平稳

一年来，面对煤炭经济断崖式下滑的严峻形势，全区上下顶住经济下行压力，克服重重困难，经济实现了平稳健康发展。全年GDP完成238.9亿元，增长2.2%；规模以上工业增加值完成157.4亿元，增长1.5%；固定资产投资完成171.6亿元，增长13.8%，其中本区完成148.6亿元，增长30%；社会消费品零售总额达到27.4亿元，增长12.4%。居民人均可支配收入达到13751元，增长9.3%；城镇常住居民人均可支配收入达到19913元，增长7.8%；农村常住居民人均可支配收入达到7795元，增长11.1%。全年财政总收入完成28.6亿元，下降21.3%；公共财政预算收入完成15.1亿元，下降10%。

二、煤电产业稳步发展

全区上下紧紧抓住煤炭支柱产业，坚持以煤为基，大力推进煤电一体化进程，全力保障煤炭、电力对经济的支撑作用。认真贯彻落实省17条、20条和市10条政策措施，千方百计减轻企业负担，加快标准化矿井建设进程，累计建成标准化矿井24座，其中已验收22座。全年生产原煤11599万吨，其中本区完成1860万吨。以煤电一体化为主导，兼顾风电光电，强力推进千万千瓦电力基地建设。神电“上大压小”一期2×60万千瓦项目并网发电；总装机达402万千瓦的三个项目拿到“路条”，其中神电“上大压小”二期2×100万千瓦、北坪煤矸石电厂2×66万千瓦项目开工建设，平朔安太堡2×35万千瓦项目即将开工。高石庄瑀丰风电一期5万千瓦项目已并网发电。蒙西到天津南1000千伏、晋北到江苏800千伏两条过境特高压输电线路即将开工建设。截至2014年底，全区电力项目已建成255.5万千瓦，其中火电190万千瓦、风电65万千瓦、光电0.5万千瓦。

三、重点工程扎实推进

全区上下围绕“项目见效”，坚持“六位一体”，以“五大园区”为主战场，全力以赴推进重点工程建设。全年实施重点工程89项，总投资1223.7亿元，年计划投资188.5亿元，截至12月底，累计完成投资172.1亿元。特别是以煤电项目和新兴产业为主的北坪、东露天、西易工业园、光电信息产业园和农业综合开发“五大园区”快速推进，总投资规模达到520亿元。北坪园区累计完成投资80多亿元，晋坤矿产品、轮胎翻新、胶管胶带等8个项目投产，年产值实现16.83亿元；平安化工、劣质煤综合利用、煤矸石发电3个续建项目完成投资12.76亿元。劣质煤综合利用项目即将投产。东露天园区累计完成投资200多亿元，东露天煤矿建成投产，超细粉煤灰等项目加紧建设，晋能40亿立方煤制天然气项目前期工作积极推进。光电信息产业园区正在办理核准手续，已完成工商税务注册登记、土地预选址，前期工作加紧进行。农业综合开发园区一期工程完成投资2000万元，8家农产品加工企业将入园。西易工业园区5家入园企业年产值实现8.3亿元，热虹吸管和微孔陶瓷两个新项目即将投产达效。

四、现代农业步伐加快

全区持续推进农业产业化、集群化、特色化，努力实现农业经营有效益、农民增收有盼头、农村繁荣有支撑。特色种植、园区养殖和农产品加工三大板块稳步推进。以胡麻、莜麦、荞麦、马铃薯四大特色农作物为主的50万亩种植基地基本形成。农作物总播面积88.6万亩，粮食产量达到0.96亿斤。藜麦、菌草等一批新品种试种成功，调结构取得良好成效。抢抓新一轮雁门关生态畜牧经济区建设的重大机遇，紧紧围绕“1110”（农民户均1个大棚、1头牛，人均10只羊）目标，大力推广“双碾模式”，生态畜牧产业实现了快速发展。累计建成标准化生态养殖园区56个，规模养殖户达1320户，累计种植优质牧草10.6万亩。全区养殖总量达到146.9万头（只），其中羊75万只、牛4.3万头、生猪9.1万头，肉蛋奶产量分别达到0.75万吨、0.25万吨、0.62万吨。特色农畜产品批发销售物流园区、茂华集团3万吨红山荞麦深加工项目开工建设，鑫满圆猪业养殖屠宰项目建成投产。2014年，“513”龙头企业销售收入实现8.3亿元，增长15.9%。

五、城乡统筹稳步推进

全区上下坚持一切从区情出发，遵循规律、尊重实际，以人为本、因势利导，按照“1430”总体布局，完善功能，提升品位，拓展空间，加快构建具有平鲁特色的现代城乡体系。一年来，强力推进总投资21亿元的12项城建重点工程，平阳小区、文鑫源小区等5项工程如期竣工，政府储粮和粮油交易中心、向阳堡粮站改扩建工程基本完工，井西小区、善学小区建设加紧推进。保障性住房建设任务圆满完成。新一轮棚户区改造工程全面启动。大力推进城区路网、供水、供热等基础设施建设，影响多年的“吃水难”问题得到根本解决，城市功能性、宜居性进一步提升。紧密结合“美丽乡村”建设，以集镇和中心村为重点，全面实施改善农村人居环境工程。投资3024万元，完成1080户农村危房改造任务。大力实施乡村清洁工程，农村脏乱差问题得到有效治理。凤凰城镇的省级园林城镇创建工作成效显著。农村人居环境在全民创建中不断改善。

六、生态环境持续改善

全区上下牢固树立生态文明理念，坚定不移按照“两个70%”战略，围绕“打造千里绿色长廊、建设二百万亩生态屏障”目标，加快推进城乡生态建设。一年来，投资1.58亿元，完成大片造林 8.79 万亩，通道绿化 60 公里，新育苗 0.3 万亩，村庄绿化 20 个，四旁植树 60 万株，全区林地总面积达到 125 万亩，林木绿化率达到 38%。林木管护和森林防火工作取得实效。大力实施京津风沙源治理、首都水资源可持续利用等生态工程，治理水土流失面积 7.6 万亩。扎实推进节能减排和污染治理，全年二级以上天数达 314 天，综合污染指数下降 2%，空气质量明显好转。

七、民生改善再上台阶

全区上下始终秉承发展成果由人民群众共享的理念，坚持以民为本，持续加大民生事业投入。教育方面，深入推进"振兴平鲁教育三年行动计划"，推行义务教育阶段校长、教师交流机制，顺利通过国家义务教育发展基本均衡县区评估认定，教育质量明显提升，李林中学高考二本 B 类达线 607 人，比 2013 年净增 198 人，增长 48.4%。医疗卫生方面，率先在全市推行公立医院"先住院，后付费"制度，截至 12 月底受益患者 8455 人，补偿金额 809.7 万元。基本药物制度实现全覆盖，新农合人均筹资水平、区级住院报销比例、最高支付限额全省最高。成功创建省级卫生应急示范区、省级艾滋病综合防治示范区、省级社区卫生示范中心。启动实施计划生育失独家庭养老扶助政策。就业和社会保障方面，扎实推进就业培训和援助工作，全区实现城镇新增就业 2977 人，创业带动就业 498 人，城镇失业人员再就业 966 人，安置就业困难人员就业 265 人，城镇登记失业率 2.8%，低于年度控制目标 4.2%。转移农村劳动力 2152 人。五大社会保险参保人数累计达到 28 万人，征缴社会保险费 2.8 亿元，支付社会保险基金 2.6 亿元，按时足额发放率达到 100%。社会救助方面，提高城乡低保和"五保"供养标准，城市低保月增 35 元，每人每月达到 398 元；农村低保年增 384 元，每人每年达到 2680 元；"五保"集中供养年增 200 元，每人每年 4814 元；分散供养年增 130 元，每人每年 4044 元。文化事业方面，公共文化服务示范区创建有序推进，图书馆、博物馆、文化馆建成并对外开放，乡镇文化站实现提档升级。区科技馆即将建成，我区被评为省级科普示范区。大力开展公益性文化演映活动，丰富了群众文化生活。

八、安全稳定持续好转

全区上下时刻保持警惕，严守安全生产红线，着力加强各领域安全监管，进一步强化"两个主体"责任，全面开展安全生产专项整治和"打非治违"专项行动，全区无较大事故，特别是煤矿、非煤矿山等重点领域未发生伤亡事故，安全生产形势总体平稳。切实维护社会稳定，进一步加强社会管理和服务体系建设，完善乡镇调解中心，建立村级矛盾纠纷调解室，积极开展矛盾纠纷大排查、大化解，共调处各类矛盾纠纷 335 起，成功率达 95%，最大限度地消除了不安定因素，确保了全区生产安全、生活安稳、社会安定。

九、改革创新取得突破

全区上下扎实推进转型综改攻坚年活动，加快构建更加充满活力的体制机制。深入推进用地管理改革，露天采矿用地改革、矿业存量土地整合利用、工矿废弃地复垦利用、土地增减挂钩工作有序推进。积极推进金融服务体制改革，解决中小微企业融资难题。按照"1430"总体布局，稳步推进城乡一体化改革，调整了城区总体规划，编制了区域城镇体系规划和采煤沉陷区治理规划，在下面高乡杏园村启动采煤沉陷区治理试点，完成 50 户搬迁治理任务，有序推进白堂乡和陶村乡新型农村社区试点建设。按照《乡镇管理体制改革实施方案》的要求，把能够下放乡镇的人事管理、财政自主、行政审批、执法监督权、项目工作知情等权力真正下放，强化了乡镇的管理和服务职能。

十、党的建设全面加强

深入开展党的群众路线教育实践活动，紧紧围绕为民务实清廉的主题，按照"照镜子、正衣冠、洗洗澡、治治病"的总要求，以"让党旗更鲜艳，让群众更满意"为载体，扎实开展了党的群众路线教育实践活动。全区上下通过认真学习习近平总书记系列重要讲话精神，党的十八届三中、四中全会精神，以及省委王儒林书记的重要讲话精神，不断增强宗旨意识和群众观念。坚持"开门搞活动"，采取群众提、自己找、上级点、互相帮、集体议的方式，努力查找存在的突出问题；通过自我反思、深刻剖析、互相批评，认真撰写对照检查材料，高质量召开专题民主生活会和组织生活会。深入开展"双五一"等"七项活动"，狠抓"八项整治"，党员干部在活动中受到了深刻的思想政治洗礼。帮助群众解决了吃水难、就医难、出行难等一大批群众身边的反映强烈的突出问题，收到了群众满意的效果。通过开展活动，党群干群关系进一步密切，"为民务实清廉"的主题转化为全区广大党员干部的实际行动。当前，全区上下正在深入开展学习讨论落实活动，巩固教育实践活动成果，坚决扫清前进道路上的羁绊和障碍，同心谋划未来。切实加强党风廉政建设，以落实省委巡视组反馈意见为切入点，以旧城改造、征地搬迁、涉农惠农等领域为监察重点，严肃查办发生在群众身边的腐败案件，做到了有案必查、有腐必反、有贪必肃。全年共立查案件 109 件，结案 109 件，处分 119 人。狠抓作风建设，以"纪律作风教育整顿年"为载体，进一步加强机关纪律作风建设，做到了利剑高悬、威慑常在。坚决刷新吏治，集中开展了"三超两乱""吃空饷"和基层干部"走读"等专项整治工作，清理超规格配备干部 12 人，主动辞职 43 人，清理借调人员 70 人。建立了干部纸质、数字档案，实现了"一人两档"，推行了干部调动、调整联审联批机制，干部工作逐步迈向规范化的轨道。深入开展"基层组织提升年"活动，组织开展了乡镇(街道)党(工)委书记抓基层党建工作专项述职，推动基层党建专项述职工作常态化、长效化。全面推行"三评两考一整治一提升"工作法，对全区 75 个软弱涣散和后进村党支部进行了集中整顿，这一做法得到全市推广。建成了区党务中心，加强乡镇(街道)政务服务中心建设，形成了覆盖区、乡、村三级的服务体系。按照省委、市委统一部署，我们坚持重民意、重法治、重指导，按时完成了农村“两委”换届任务，一批能干事、肯干事的优秀人才选进了村党组织班子。

(石　海)

附：一、中共平鲁区委书记、副书记、常委名单

书　记：吴晓斌

副书记：马占文　刘向东

常　委：苑冬梅(女)　卢义平　高耀君　陈永杰　王世杰　张仁英　王　军

二、乡镇(街道)党(工)委书记名单

街道办

书　记：赵占祥

井坪镇

书　记：李玉兰(女)

白堂乡

书　记：李　刚

陶村乡

书　记：高日平

下面高乡

书　记：马润平

榆岭乡

书　记：孟　泽

向阳堡乡

书　记：黄国栋

西水界乡

书　记：刘华忠

凤凰城镇

书　记：贺永兴

高石庄乡

书　记：赵建新

阻虎乡

书　记：计瑞芝(女)

双碾乡

书　记：吴晋平

下水头乡

书　记：王志平

下木角乡

书　记：贾志强

中共怀仁县委工作概况

县委书记　王智杰

怀仁县辖10个乡(镇)，162个行政村。有基层党组织662个，其中党(工)委26个(乡镇党委10个，县直工委1个，陶瓷工委1个，系统党委7个，企业党委3个，非公有制经济组织党委1个，公安局党委1个，一中党委1个，村级党委1个)，有党总支66个，党支部570个。党员总数13126名，占总人口的3.45%，其中女党员1872名，农民党员5437名。2014年发展党员110名，占全县党员总数的0.84%。

2014年是怀仁县全面贯彻落实十八届三中全会的开局之年，也是实现“十二五”规划目标的关键一年。一年来，在省委、省政府，市委、市政府的坚强领导下，怀仁县坚持以党的十八大和十八届三中、四中全会精神为指导，深入学习贯彻习近平总书记系列重要讲话精神，扎实开展党的群众路线教育实践活动。按照省委“净化政治生态，实现弊革风清，重塑山西形象，促进富民强省”的总体部署和坚持“六权治本”方针、推进煤炭产业“六型转变”、实现经济社会“六大发展”的工作要求，加快推进经济、政治、社会、文化和生态文明建设，在经济下行压力加大的严峻形势下，开创了稳中求进、稳中提质的新局面。全年完成地区生产总值199.3亿元，增长6.5%；规模以上工业增加值96.3亿元，增长6.3%；服务业增加值73.5亿元，增长6.7%；城镇常住居民人均可支配收入27402元，增长7.5%；农村常住居民人均可支配收入12416元，增长11.4%；固定资产投资136.6亿元，增长21.4%；社会消费品零售总额56.1亿元，增长13.1%。

一、深入学习贯彻习近平总书记系列重要讲话精神，坚持用讲话精神武装头脑、指导实践、推动工作

坚持把学习贯彻习近平总书记系列重要讲话精神作为重要政治任务，采取县委常委会议、中心组学习会议、全县性大会等多种方式，及时学习传达习近平总书记的重要讲话精神。扎实开展了以“深入学习贯彻习近平总书记系列重要讲话精神以及净化政治生态，实现弊革风清，重塑山西形象，促进富民强省”为主题的学习讨论落实活动，县领导带头落实“学习六个一”制度，进一步统一了思想、凝聚了共识。全县党

员干部自觉运用习近平总书记系列重要讲话精神武装头脑、指导实践,提高了工作的科学性、创造性和预见性。

二、认真落实从严管党治党要求,深入推进党风廉政建设和反腐败斗争

严肃查处各类违纪违法行为。坚决落实党风廉政建设“两个责任”。2014年,共立案调查违纪案件120件,122人受到党纪政纪处分,在全县形成了反腐倡廉的高压态势。加强领导班子建设。认真落实省委打好“三个一批”组合拳的要求,大力整治“为官不廉、为官不为”问题。分级分批对全县领导干部进行廉洁考核、建立廉政档案。扎实开展规范干部档案、“吃空饷”、超职数配备干部等专项行动,提高了干部管理的科学化水平。加强基层组织建设。深入开展“基层组织提升年”活动,集中整治软弱涣散村级组织,对10个软弱涣散村和30个后进支部进行了专项整顿。圆满完成了农村党支部换届选举,基层党组织的创造力、凝聚力和战斗力进一步增强。

三、深入开展党的群众路线教育实践活动,不断巩固和扩大作风建设成果

按照中央、省委、市委的统一部署,在全县456个单位,开展了第二批党的群众路线教育实践活动,取得了明显成效。全县性会议数量同比下降13%,会议时间同比减少14%,发文数量同比下降8%,评比表彰活动同比压缩50%,“文山会海”和检查评比过多问题得到进一步解决;“三公”经费支出和会议费支出在上年压缩44%基础上再行压缩8%;共调整清理办公用房5000平方米,核减一般公务用车63辆,撤销行业协会15家,清理各类“吃空饷”人员21人;查处乱收费、乱罚款、乱摊派的问题1个,查处违反工作纪律问题17件;集中整治安全生产、食品药品安全、环境保护、教育医疗、征地拆迁等方面损害群众利益的问题24件,排查隐患12处;集中整治群众“办事难”的问题,审批环节平均减少3个,审批时限平均减少5个工作日。

四、主动适应经济发展新常态,扎实做好改革发展各项工作

扎积极推进煤炭产业“六型转变”。加快现代化矿井建设,柴沟、峙峰山、砂石矿3座矿井全部达到省级标准化矿井验收要求。全年原煤产量达到1213万吨,发运煤炭2590万吨。继续推进“以煤扶瓷、瓷成精品”战略。全县陶瓷企业达到45家、90条生产线,年产陶瓷产品13亿件。加快发展循环经济。全县粉煤灰综合利用企业达到5家,煤矸石综合利用企业达到4家,年消化粉煤灰和煤矸石305万吨,固废综合利用率达到76%。培育壮大新兴产业。铺开陶瓷建材、医药化工、现代商贸、农产品加工等新兴产业项目41项,完成投资78.95亿元。切实做好“三农”工作。全年粮食产量达到4.33亿斤,增长8%。继续推进全省“一县一业”羔羊养殖示范基地建设,全年新建养殖小区50个,新增棚圈面积10万平方米。全县标准化养殖小区累计达到638个,棚圈面积达到127.6万平方米,全县羔羊饲养量达到406万只。扎实推进改善农村人居环境清洁工程,全县162个行政村实现了全覆盖,50个村达到了省考核验收标准。城镇化水平稳步提高。体育馆、图书馆主体工程及内外装修全部完工。仁华路、仁福路、怀善街3条城市主干道和15条背街小巷改造工程、热源厂三期续建工程顺利竣工。整合城市监督管理指挥中心和“12345”、“12319”便民服务热线,城市智能化管理水平进一步提高。积极推进重点镇建设,金沙滩镇被确立为全国重点镇,全县城镇化率达到60.5%。扎实推进生态环境建设。实施林业“六大工程”,全年营造林3.1万亩,全县森林覆盖率达到28%。加快美丽乡村建设,高标准打造美丽乡村示范村22个。狠抓重点行业、企业节能降耗和主要污染物减排,全县万元GDP能耗降幅在4%以上。全县化学需氧量、二氧化硫、氨氮、氮氧化物、烟尘、工业粉尘排放量6项环保约束性指标全部完成,县城空气质量二级以上天数达到355天。

五、坚持和完善社会主义民主政治,加强法治怀仁建设

城市管理及全县重点工程等专项监督、执法检查和执法调研。政协工作全面改善。县政协围绕重点工程项目建设、食品药品安全、农村环境整治、产业结构调整等内容进行了专题调研,参加了晋冀鲁豫县级政协第38、39次工作经验交流会,县政协的社会影响力进一步扩大。法治怀仁建设步伐明显加快。深化司法体制改革,构建司法公开“三大平台”;开展涉法涉诉、诉访分离专项行动,取得初步成果。推进执法司法规范化建设,开展“三清理专项整治”活动,切实解决执法司法突出问题。健全基层党组织领导的基层群众自治机制。扎实推进第十届村委会换届选举工作。全面开展村干部任期和离任经济责任审计工作。推进政务、司法、村务公开和公共企事业单位办事公开。积极发挥工会、共青团、妇联等人民团体作用。扎实推动国防和驻怀部队建设,双拥共建水平进一步提升。

六、加强宣传思想文化工作,营造良好社会氛围

加强社会主义核心价值体系建设。坚持用中国特色社会主义理论体系武装干部群众,教育引导广大干部群众坚定理想信念,大力弘扬右玉精神,广泛开展讲文明、除陋习、树新风活动,褒扬身边好人、凡人善举。扎实推进文化惠民。精心组织“净化政治生态,实现弊革风清,重塑山西形象,促进富民强省”大家谈系列报道,大力宣传反腐倡廉、作风建设和改革发展的新进展、新成效,唱响主旋律,集聚正能量。积极开展精神文明创建活动。国家可持续发展实验区通过科技部验收,积极创建国家公共文化服务体系示范区,“中国民间文化艺术之乡”通过文化部评审,怀仁陶瓷制作技艺被省政府批准为全省非物质文化遗产保护项目。扎实开展“科技、文化、卫生”三下乡等文明和谐创建活动。

七、切实保障和改善民生，维护社会和谐稳定

教育事业健康发展。全县高考二本B类以上达线6230人，达线率46.8%，连续23年蝉联全市第一。加强学校标准化建设，全县寄宿制学校和城镇学校改造建设任务基本完成。制订实施《校车安全运行管理办法》，有效保障了校车安全运营。保障性住房建设继续推进。全年新开工建设各类保障性住房1056套，占年度目标任务的117.6%。基本建成保障性住房3224套，占年度目标任务的103.8%。扎实推进公共租赁房建设，开工建设144套。医疗卫生体制改革全面展开。乡村两级全部实施基本药物制度。县乡村三级医疗卫生服务体系达标率100%。新农合参合人数17.2万人，参合率达到99.8%。全县人口自然增长率4.86‰，低于年度控制范围。社会保障水平稳步提高。养老、医疗、失业、工伤、生育保险覆盖面不断扩大，五大社会保险基金收入1.99亿元，支出2.5亿元，累计结余3.78亿元。继续为县城居民免费延长一个月的供暖期。开通跨市异地就医平台，与太原、大同两市23所医院实现转外就医联网结算。依托怀仁·海宁皮革城大学生创业孵化基地，建立全省首家大学生创业园，扶持创业实体518个，带动就业712人。积极开展省级创业型城市创建活动，全年累计新增就业3400人，城镇登记失业率控制在2.6%。全面加强安全生产。深入开展"六打六治"打非治违专项行动和重点行业领域安全专项整治。2014年，全县煤炭百万吨死亡率为零，全年未发生一起重大安全生产事故，创历史同期最好水平。扎实开展平安怀仁建设。深入实施"六六创安"工程，健全立体化治安防控体系。加大社会治理力度，严厉打击黑恶势力犯罪。2014年，全县刑事犯罪立案数同比下降24.6%，社会治安公众安全感满意度明显提高。

（师迎春）

附：一、中共怀仁县委书记、副书记、常委名单

书　记：王智杰（2月离职）

副书记：吴秀玲（女）　王彦平（女）

常　委：司永恒　李启军　吴文莉（女）　梁文晓　王万波　陈志刚　闫天兵

二、乡镇党委书记名单

云中镇

书　记：边彦明

何家堡乡

书　记：刘　鹏

吴家窑镇

书　记：于仲谦

金沙滩镇

书　记：杨　钰

新家园镇

书　记：王　福

亲和乡

书　记：姜世广

海北头乡

书　记：田　勇

河头乡

书　记：郭昌龙

马辛庄乡

书　记：谭金花（女）

毛皂镇

书　记：石　晶

中共应县县委工作概况

县委书记　兰成国

截止2014年年底，应县共有12个乡镇，有县直党委（党组）6个，基层党委14个，党总支34个，党支部603个，党小组1196个，党员12655名，占全县总人口的3.8%。

2014年，在市委的坚强领导下，县委团结带领全县广大干部群众，坚持以加强和改进党的建设为统领，从严管党治党，坚持不懈推动各项事业平稳健康发展。

一、深入开展党的群众路线教育实践活动，作风建设取得新成效

根据中央和省委、市委的统一部署，县委以高度的思想自觉和行动自觉，扎实开展党的群众路线教育实践活动，示范带动全县640多个党组织和12000多名党员，对作风之弊、行为之垢进行了一次大排查、大检修、大扫除，"四风"突出问题明显遏制，党员干部作风明显好转，党群干群关系进一步密切。县委坚持边学边查边改，大力开展批评与自我批评，深入开展专项整治，"庸懒散松"、公车私用、大操大办、群众"办事难"等一批突出问题得到有效整治。搭建起了密切联系服务群众的长效平台，在县乡干部层面，重点开展了"五进双包"活动，2500名县乡干部进村组社区、进困难群体、进田间地头、进信访群众、进产业一线，包扶合作社176个、贫困户5600户。在县直单位层面，重点开展了"十送"服务活动，为群众办好事实事1300多件。在乡村层面，以"党委会进村开"和"村民说事"为抓手，解决群众反映强烈的突出问题47个，关系群众切身利益的问题1800多个。同时，县委出台了一系列规章制度，对党员干部联系群众、改进作风作出了刚

性约束,在全县推动形成了加强和改进作风的常态化工作局面。此外,还按照省委、市委部署要求,紧密结合全县实际,开展了学习讨论落实活动并取得明显成效。

二、严格落实"两个责任",全面推进党风廉政建设和反腐败斗争

一是强化责任担当。按照年初统筹谋划定盘子、年中集中报告看进展、年底组织"三述"评结果的思路,全县各级党委认真落实主体责任,主要领导自觉做到了重要工作亲自部署、重大问题亲自过问、重点环节亲自协调、重要案件亲自督办。二是健全责任体系。在抓紧制定落实党风廉政建设主体责任和纪委监督责任"两个意见"的同时,进一步完善了《建立健全惩治和预防腐败体系2013—2017年工作规划的实施细则》《预防腐败联席会议制度》《落实党风廉政建设责任制工作考核(试行)办法》和《落实党风廉政建设责任制责任追究办法》等制度,夯实了落实"两个责任"的工作基础。三是规范权力运行。开展党政正职向纪委全会述责述廉工作,建立实施了"一把手"约谈机制,强化对全县各级党政主要领导的约束和监督。加强对制度执行情况的监督,对各单位制度的规范性和可操作性展开检查,解决了权力过于集中和运行不规范的问题。全面开展廉政风险防范管理工作,确保管得住、防得牢。全面推进权力公开运行监督平台建设,扎实推进党务、政务、行政事务公开。四是严格责任落实。认真落实《干部任用条例》,进一步健全了干部选拔任用监督和责任追究机制。努力创新领导干部廉情预警、党政领导班子落实党风廉政建设责任制亮牌警示等机制,严格执行述责述廉、约谈、诫勉谈话等制度,对党员干部苗头性、倾向性问题做到了早发现、早提醒、早纠正。五是强化正风肃纪。持续引深纪律作风教育整顿活动,全年共出动检查311批933人次,查处违反工作纪律、值班纪律的党员干部45人,追究领导责任4人、约谈33人。六是狠抓案件查办。加大案件批办、督办力度,积极支持纪委查办案件,全年共查办案件107件,"不敢腐"的高压态势正在形成。

三、扎实推进领导班子、干部队伍和基层基础建设

一是强化思想教育培训。全年围绕深入学习习近平总书记系列重要讲话和十八大、十八届三中四中全会精神,调训县级干部190人次、科级干部37人次;举办各类集中培训班7场次,培训干部3120人次。二是深入整治选人用人不正之风。查出超职数配备干部48名,清理"吃空饷"人员6名,清理借调人员122名,清退临时人员907名。三是集中整顿软弱涣散村级组织。调整不胜任村支部书记4人,开展专项整治46项,解决各类问题141个,整顿转化软弱涣散村级组织16个。四是加强基层服务型党组织建设。组织开展"在职党员到社区报到"和"无职党员设岗定责"活动,2103名在职党员认领服务岗位2096个,4328名农村和"两新"组织党员认定岗位5120个。五是改进基层组织设置。单独组建合作社党支部35个、挂靠组建102个,探索推行了以联合党支部为统领,搭建六位一体服务平台,试点组建了"三山"合作社联合党支部,为加强基层党建正在探索一条新路。六是认真做好第十届农村"两委"换届工作。县、乡、村三级联动,提前谋划、注重细节、依法推进,平稳高效地完成了296个村的"两委"班子换届工作,250名支部书记、209名村委主任实现连任,连选连任率分别达到84.5%、71%。

四、主动适应新常态,经济和各项社会事业稳健发展

2014年,全县地区生产总值完成64.01亿元,同比增7.4%,全市排名第一;规模以上工业增加值完成18.53亿元,同比增7.2%,全市排名第一;固定资产投资完成55.14亿元,同比增14.4%,全市排名第三;社会消费品零售总额完成24.9亿元,同比增12.9%,全市排名第三;服务业增加值完成28.5亿元,同比增7.9%,全市排名第二;公共财政预算收入完成1.9亿元,同比增11.11%,全市排名第一;城镇居民可支配收入达到19360元,同比增7.3%,全市排名第五;农民人均纯收入达到8190元,同比增10.1%,全市排名第五。八项主要指标的增幅均超过了全市平均水平,是全市六县区中主要经济指标唯一没有负增长的县份。从主要工作来看:

(一)招商引资和项目建设方面。签约招商项目21个,总额146.8亿元。扎实推进了总投资546亿元的105项重点项目、重点工程,完成投资58.4亿元,达年度计划的101.36%。

(二)推进三大产业发展方面。新型工业发展上,重点推进了总投资393.6亿元的35个工业项目,完成投资27.3亿元,占年度计划的104.78%。现代农业发展上,大力推进"南菜北牧"战略,30万亩蔬菜亩均增产8%,产量达11亿公斤,实现收入13亿元;粮食总产达6.92亿斤,"513"龙头企业完成销售收入44亿元;新发展农民专业合作社850个,累计达到1907个;全县奶牛存栏4.58万头,肉羊饲养量120.36万只,均位居全省第二,畜牧业产值达到9.2亿元。文化旅游和商贸物流产业发展上,铺开了塔北20多万平方米的绿化工程,启动了塔北生态环境整治、塔西环境整治保护建设工程和木塔严重倾斜部位及严重残损构件加固工程,推进了以天津港经纬通散货物流园项目为重点的商贸物流园区建设。在第三批"中国传统建筑文化旅游目的地"评选中,木塔和净土寺双双入选,成为全省第三家获此殊荣的县份。

(三)县城城镇化建设方面。县城建设,重点推进了南部新城开发、建成区改造提升和"五城"联创三大工程,成功争创"省级卫生县城"和"省级园林县城"。集镇和新农村建设,实施了1100户农村危房改造工程,铺开了总投资2660万元的乡村清洁工程,实施了涉及3乡7村985人的异地扶贫搬迁工程和涉及22个试点村的美丽乡村建设。交通路网建设。完成了部分道路改造、公交客运站建设等工程,应县火车站货运、客运列车相继投入运行。

(四)生态文明建设方面。水利建设,重点启动实施了城东七干沟水系二期、小石口水库建设两项工程。造林绿化,完

成造林任务3.75万亩，完成村庄绿化18个、园区绿化12个。县城绿地率达到39.6%，绿化覆盖率达到41.8%，人均公园绿地面积达到9.2平方米。节能减排，完成了7家企业煤改气工程，实施了农村环境连片整治、农村饮用水源地保护、生活污水收集处理等工程，二级以上天数达349天。

（五）民生社会事业方面。教育工作，全面实施教育质量提升工程，义务教育、职业教育、高中教育同步巩固提升。特别是高考成绩连续四年大幅攀升，全县高考二本B类以上达线人数1311人，达线率34.03%，比2013年净增159人。卫生计生工作，全面落实医改重点目标任务，省级爱国卫生城市进一步巩固提升，规范实施了基本药物制度，城乡医保实现了“即医即报”和刷卡结算。计生服务水平进一步提高，被评为“国家级计划生育优质服务先进单位”。社会保障和社会救助工作，发放各类民政资金1.05亿元，受益群众达9.7万余人；各类社会保险参保人数达31.16万人，征缴基金1.46亿元，发放资金2.2亿元，特别是建立了城乡低保良性进退机制。

五、全面加强民主政治建设和法治应县建设

县委深入学习贯彻党的十八届四中全会精神和省委关于加快推进法治山西建设的实施意见，对法治应县建设作出系统规划部署，深入开展“六五”普法，全民法律素养进一步提高。坚持和完善人民代表大会制度，加强和改进对人大工作的领导，支持县人大及其常委会，围绕中心，依法履职，高质量办理代表议案43件。加强和改进对县政协的领导，支持县政协在推进民主协商上发挥作用，围绕重点领域、重点问题开展调查研究、协商议政和建言献策。巩固和发展爱国统一战线，加强同各民主党派、工商联和无党派人士的合作，加强党外代表人士队伍建设。大力支持工会、共青团、妇联等人民团体依照法律和章程独立开展工作。进一步加强党管武装工作，县人武部国防实训基地完成主体，国防教育、民兵预备役建设和双拥共建工作取得新成效。

六、加强宣传思想文化工作，营造良好社会氛围

制定出台了《关于学习型党组织建设的实施意见》，组织全县广大党员干部，系统深入地学习了习近平总书记系列重要讲话精神和党的十八大，十八届三中、四中全会精神，有效提高了广大党员干部的思想政治修养和文化素养。制定出台了《关于进一步改进新闻报道的实施方案》，强化舆论引导，内外宣传实现了新突破。全面加强思想道德建设，着力培养全民核心价值观，大力宣传普通群众中的先进人物和感人事迹，启动了首届应县道德模范评选工作，营造出了学先进、讲文明、树新风的浓厚氛围。大力加强廉政文化建设，教育引导广大党员干部进一步筑牢了思想防线。扎实开展创建国家公共文化服务体系示范区工作，图书馆、文化馆完成装修配套，正式投入运营，免费向公众开放。

（安培兴）

附：一、中共应县县委书记、副书记、常委名单

书　记：兰成国

副书记：边润文　王志坚

常　委：谭德宝　张玉儒　唐学仕　卢生权　白玉堂　高世亮　武春兰（女）

二、乡镇党委书记名单

金城镇

书　记：张宝峰

镇子梁乡

书　记：寇永芳

义井乡

书　记：方国一

臧寨乡

书　记：刘　竹

大黄巍乡

书　记：胡文彬

杏寨乡

书　记：高建广

下马峪乡

书　记：程利民

南泉乡

书　记：李尚宝

南河种镇

书　记：王振兴

下社镇

书　记：李　宁

大临河乡

书　记：赵利勋

白马石乡

书　记：杨良贵

中共右玉县委工作概况

县委书记 苏连根

右玉县辖4镇6乡1个旅游区,总人口11.4万。共有基层党委12个,党总支11个,党支部372个,党员7483名,占总人口的6.6%。

2014年,在省委、市委的坚强领导下,右玉县委紧紧依靠四大班子成员,团结带领全县干部群众,深入贯彻落实党的十八大、十八届三中、四中全会和习近平总书记系列重要讲话精神,坚决贯彻中央对山西工作的重要指示,按照省委“净化政治生态,实现弊革风清,重塑山西形象,促进富民强省”的部署要求,加快推进“两大任务”,深入实施“五大战略”,全力推动改革发展,全面加强党的建设,全县呈现出革弊立新、安定有序的良好发展局面。全年完成地区生产总值52.7亿元,同比增长6.5%;工业增加值25.7亿元,增长6.8%;固定资产投资85.3亿元,增长15.5%;公共财政预算收入4.3亿元,增长2.9%;社会消费品零售总额13.3亿元,增长13%;城镇常住居民人均可支配收入18608元,增长7.9%;农村常住居民人均可支配收入5809元,增长10.9%。

一、从严管党治党成效明显

(一)深入学习习近平总书记系列重要讲话精神,思想政治建设实现新提升。组织全县党员干部认真学习习近平总书记系列重要讲话精神、中央对山西工作重要指示精神以及总书记对右玉精神的重要批示和指示精神,在思想上、政治上、行动上与党中央保持高度一致,坚决贯彻落实省、市委要求。扎实开展学习讨论落实活动,全县上下形成开展活动的思想自觉和行动自觉。

(二)扎实有序推进党的群众路线教育实践活动,取得良好效果。全县各级党组织牢牢把握活动主题,按照“照镜子、正衣冠、洗洗澡、治治病”的总要求,聚焦“四风”问题,扎实完成活动各个环节的任务,达到了预期目的。自选动作“四进村”活动等经验做法得到上级充分肯定。

(三)保持高压态势,党风廉政建设和反腐败工作有效有力。严格落实“两个责任”和“一岗双责”,以零容忍态度惩治腐败。全年查办案件102起,处分党员干部95人。多形式开展廉政教育,党员干部观看警示教育片实现“全覆盖”。健全完善《财政资金审批管理办法》等制度,落实“六权治本”要求,加快形成不敢腐不能腐不想腐的长效机制。

(四)突出解决“四风”问题,作风建设持续加强。以专项整治为重点,加强对中央八项规定精神等贯彻执行情况的监督检查,狠刹“四风”。树立长期整改思想,制定“四风”问题专项整治方案,22大项44小项整治任务取得阶段性成效。建立县级领导干部直接联系群众等制度,初步形成作风建设长效机制。县委荣获“全国人民满意公务员集体”荣誉称号。

(五)坚持从严治吏,干部队伍建设取得新成效。严格执行《党员领导干部选拔任用工作条例》,旗帜鲜明地树立“德才兼备、以德为先、以廉为基”用人导向。扎实推进干部“三龄两历一身份”审核认定,大力整治机关事业单位“吃空饷”和“编外用人”等问题,制定了《新任科级领导干部跟踪考察》等制度。

(六)以开展“基层组织提升年”活动为抓手,基层基础进一步夯实。严格落实基层党建联述联评工作,强化党建责任落实。圆满完成农村“两委”换届工作,整顿软弱涣散基层党支部17个。启动社区“两委”换届工作。新建和改造35个农村、社区组织活动场所,完善提升11个乡镇政务中心服务功能。

二、经济发展平稳有序

(一)综改建设深入推进。集中攻坚重大项目。省市重点工程全部开工建设,县城热电联供、福光总了山风电等3个投资5亿元项目建成投产或基本完工。加大招商引资力度。全年,通过“三堂会审”签约项目18个,合同资金165.9亿元,签约率全市第二。提升园区承载能力。园区管委会办公大楼投运,农副产品展销中心完成布展,园区道路、供热等基础设施不断完善。认真落实改革任务。完成杀虎口旅游区农村土地承包经营权登记颁证试点工作。推进林业保险体系建设,全县森林参保投保79.81万亩。积极推进城乡建设用地增减挂钩工作。完成煤炭清费立税、公路运销体制改革。

(二)工业经济优化调整。煤炭产业扩能提效。四座地方矿井全部转入生产矿井,全县煤炭生产、洗选和铁路运输能力分别可达1400万吨、2400万吨和2400万吨。非煤产业快速成长。清洁能源产业不断壮大,全县清洁能源新增装机容量30万千瓦,总容量达75万千瓦。高新技术产业加快发展,永昌科技LED光电产业园投产,同煤朔煤电3G无线通信系统、矿用安全监测项目完成设备安装。建材产业提档升级,北岳玉龙人造花岗岩项目试产,惠洁粉煤灰制砖项目投产。农畜产品加工业快速发展,图远冻干脱水蔬菜加工升级等项目投产。

(三)现代农业提质增效。全年规范到位发放粮食直补、综合补贴资金3471.6万元。种养业规模化发展。全县粮食总产量达3363.9万公斤,建成7万亩规模化种植园区,小杂粮种植面积达31.6万亩。建成5.5万平方米肉羊养殖园区,全县羊的饲养量达85万只。种植当年生牧草11万亩、多年生牧草1.2万亩。农业基础条件持续改善。完成旱作节水农业示范基地1.12万亩、小型农田水利节水灌溉1.9万亩、小流域治理1万亩。全县66万亩耕地实现动态监测和测土配方施肥。农民组织化程度不断提高。培育"一村一品"示范村19个,达到69个。新注册农民专业合作社62家,登记家庭农场68个。

(四)旅游业稳步发展。做好旅游规划设计。编制完成《杀虎口旅游区开发实施策划方案》《杀虎口旅游区控制规划》等规划和方案。加快景区景点建设。启动实施杀虎口旅游景区开发项目。完善南山森林公园、大南山显明寺、牛心山寺庙建筑群等景区景点,进一步提升了景区功能和品位。持续提升旅游品牌。成功举办第五届西口风情生态旅游文化节。全年接待游客150多万人次,旅游总收入14.8亿元,分别同比增长19.2%、34.2%。

(五)城乡建设持续加强。县城功能进一步完善。《县城总体规划》通过市政府批复,《县城排水防涝专项规划》等初步方案完成编制。完成了玉羊街、民福路等道路新建提升工程,油坊大桥拓宽改造工程主体完工;完成牛心路保障房至体育广场排污管涵建设工程;建成投用县城热电联供和二水厂;新旧区统筹推进天然气入户工程;实施了紫玉路等市政道路绿化。农村条件持续改善。完善自来水入户工程,解决1.53万人饮水安全问题。完成农村危房改造670户。以产业扶贫为抓手,扎实推进扶贫移民工作。路网建设加快推进。准池运煤铁路通车,109国道绕城改线工程完成招投标,西纵高速右平段完成初设等前期工作,改造虎山线部分路面,完成中碾头到高家堡等乡村道路改造工程。城乡管理水平不断提高。进一步健全县城环境卫生综合整治,大力实施乡村清洁工程,建成美丽乡村30个,城乡面貌不断改善。

三、民主法治建设深入推进

人大和政协等工作不断加强。认真学习贯彻全国人民代表大会成立60周年暨地方人大设立常委会35周年大会精神,支持县人大及其常委会依法行使职责,对"一府两院"多项工作开展监督。认真学习人民政协成立65周年大会精神,支持县政协在推进协商民主上发挥重要作用。爱国统一战线、工青妇、民族宗教和对台等工作不断加强。法治右玉建设全面推进。深入学习贯彻党的十八届四中全会精神,研究制定了《中共右玉县委关于贯彻落实党的十八届四中全会精神加快推进法治右玉建设的实施意见》。深入开展"法律六进"等普法宣传活动,全力化解涉法涉诉信访案件。大力推进阳光司法,法律监督不断强化,全面加强政法队伍建设。国防后备力量持续巩固。完成县人武部民兵训练基地建设,圆满完成征兵任务。扎实开展双拥工作,举行首届干部群众公祭烈士活动,认真落实优抚安置政策,驻地部队和民兵积极参与全县经济社会建设。

四、宣传思想文化工作不断加强

舆论宣传工作持续加强。累计在国家、省、市三级主流媒体刊发各类稿件500多件100多万字。推动新兴媒体和传统媒体深度融合,推出右玉精神手机客户端、开设"每日快讯"新浪微博。加大网络舆情监测和舆论引导力度,有效维护了我县良好形象。精神文明建设有声有色。我县荣获"省级文明县城"殊荣。扎实推进社会主义核心价值观建设。杨千河乡派出所所长王一飞同志荣获"2014感动山西"十大人物评选提名奖。文化事业和文化产业协调发展。有序推进国家公共文化服务体系示范区建设,完成县图书馆搬迁工作,扎实推进电影和送戏下乡,大力开展全县干部职工为乡村捐赠图书活动。市县广播节目到乡村通达工程完工运行。广播剧《种树人》荣获全国第13届精神文明建设"五个一工程"优秀作品奖。

五、和谐稳定局面进一步巩固

社会事业发展进一步加快。优先发展教育事业。新一中搬迁启用,新城镇明德小学、幼儿园活动场所等改造工程完工投用。补充部分专任教师,加强学校教学管理,启动基础教育质量提升工程。全县高考本科达线112人,创历史最好水平。稳步推进医疗卫生事业。农村急救中心、乡镇卫生院、村卫生室改造工程全部完工。县乡村公立医疗机构药品全部实现零差价销售。新农合定点医院启动了"先住院后付费"诊疗模式。加强公共卫生事业,右玉县连续八年荣获"省级卫生县城"。人口计生工作扎实有效开展。科技事业成效明显。全年申请有效发明专利8项。永昌LED公司和中大科技公司通过评审,成为高新技术企业。社会保障体系进一步健全。社保覆盖面逐步扩大,各项社会保险参保人数达12.39万人,征缴保险费1.95亿元,各项社会保险金足额发放。为1035名农民工追回被拖欠工资1085万元。城镇新增就业1597人,转移农村劳动力3014人。建成保障性住房500套。新建惠民直销店6个。3.8万多户低收入农户免费供应一吨煤政策落实到位。城市低保、农村低保、五保供养标准全部上调。发放残疾人护理、生活补贴资金。社会治理水平进一步提升。完成县城视频监控系统建设,公安技侦大楼完工。大力开展防范处理邪教工作和打黑除恶等专项行动,全力维护社会政治安定和治安稳定。建立健全重大决策社会稳定风险评估机制,全力排查化解矛盾纠纷,信访工作扎实有效。认真学习宣传新《安全生产法》,严格落实"党政同责、一岗双责",安全生产责任目标考核全市第一。

六、生态文明建设持续提升

造林绿化工作深入推进。全年完成荒山大片造林5.7万亩,通道绿化7.8公里、绿化提升132公里,村庄绿化30个,共栽植各类苗木900多万株。加快苗木产业发展,新增育苗面积1万亩,总面积达7万亩。环保和减排工作不断加强。全面落实《大气污染防治行动计划》,全年空气质量二级以上天数达354天。不断加强饮用水源地保护。二氧化硫、化学需氧量等主要污染物减排任务超额完成。

(沈　强　李冬盛)

附：一、中共右玉县委书记、副书记、常委名单

书　记：苏连根

副书记：苏斌如　丁　裕

常　委：李　权　张乐祥　庞明明　李康正

卢世雄　曹建生(4月离职)

侯照阳(4月任职)

二、乡镇(旅游区)党委书记名单

新城镇

书　记：韩志强

右卫镇

书　记：王志平

威远镇

书　记：田心世

元堡子镇

书　记：武振东

李达窑乡

书　记：蔡灵和

高家堡乡

书　记：郝建忠

牛心乡

书　记：王志文

白里头乡

书　记：杨　成

杨千河乡

书　记：蔚　瀚

丁家窑乡

书　记：李鹏泉

杀虎口旅游区

书　记：樊文智

中共山阴县委工作概况

县委书记　侯　元

山阴县总辖4镇9乡，县直党委(党组)19个、基层党委27个、党总支(支部)690个、党小组1917个、党员总数10867人，占总人口数的4.5%。

2014年，面对严峻复杂的宏观形势和前所未有的困难挑战，山阴县委在市委的正确领导下，团结带领全县广大干部群众，坚持以习近平总书记系列重要讲话精神为根本指针，认真贯彻落实党的十八大和十八届三中、四中全会精神，按照省委“净化政治生态、实现弊革风清、重塑山西形象、促进富民强省”的战略部署，紧扣推进经济结构优化和发展质量提升“两大任务”的工作主题，围绕拓展“三色经济”优势，加快“三区一县”建设步伐的总体目标，积极应对经济下行压力，全力促发展、惠民生、保稳定、转作风，全县经济和社会各项事业逆势前行、平稳有序。

一、以学习贯彻习近平总书记系列重要讲话精神为统领，打牢坚实思想基础，不断提升用科学理论指导实践的能力

县委始终把学习贯彻习近平总书记系列重要讲话精神作为重大政治任务，强调领导干部带头学习，充分发挥示范带动作用，切实抓好培训工作，纳入干部教育主体课程，不断推动习近平总书记系列重要讲话精神、中央对山西工作的重要指示以及王儒林书记的重要讲话精神入脑入心、落地生根，进一步提升全县党员干部自觉运用习近平总书记系列重要讲话精神武装头脑、指导实践的能力，增强坚持正确的政治原则、政治路线和政治方向的自觉性，真正将学习的成效更好地体现到攻坚克难、落实到推动科学发展的各项工作中。

二、以开展党的群众路线教育实践活动为契机，巩固扩大作风建设成果，全力凝聚转型发展正能量

县委按照中央的部署和省、市委的安排，从2014年3月开始，全县557个单位9986名党员，历时7个半月，扎实开展了党的群众路线教育实践活动。活动围绕为民务实清廉的主题，按照“照镜子、正衣冠、洗洗澡、治治病”的总要求，始终

坚持问题导向，狠抓“四风”问题整改落实，活动取得明显成效。先后制定并发布了50项制度规定，狠抓36项专项整治，共查找问题422个，已解决完成的241个，正在解决的181个。在活动中，坚持把创新载体贯穿始终，认真组织实施了“党建连心桥”工程，全县144个单位，2014名党员干部直接连农户2318户，深入群众中摸实情、听民意、办实事。一年多来，连户党员干部个人出资80多万元，协调项目431个，协调资金3000余万元，解决突出问题463个。扎实开展了“一村一警”联系走访活动，抽调330名政法干警，深入到农村社区，走访群众5012次，征求意见1780多条，排查化解各类矛盾纠纷120多起，为群众办好事实事600多件，以实际行动践行了全心全意为人民服务的宗旨意识。倾情打造了“六大现场教育基地”，释放出强大的精神红利，凝聚起转型发展的正能量，省委驻朔州市督导组对这些工作给予了高度评价。深入开展了学习讨论落实活动，举办了县管主要领导干部活动专题研讨班，组织了全县党员干部学习测试，编印了《重要内容学习问答》读本，并结合山阴实际，扎实开展了“十问”大讨论活动，全县各部门、各单位也推出了特色性活动载体，达到以问促学、以问促思、以问促干、以问促效的目的。

三、以刷新吏治为重点，全面落实“两个责任”，切实做到党要管党、从严治党

一是加强基层组织建设。精心组织农村(社区)“领头雁”培训，分期分批培训村“两委”主干405名。采取有力措施整顿后进村党支部53个，其中包括软弱涣散村党支部17个，基层组织建设得到明显提升。继续推行乡镇党委会进村开“313”工作模式，对涉及56个村24个方面突出问题得到较好解决。

二是加强干部队伍建设。集中开展“三超两乱”、“吃空饷”和党政干部企业兼职任职、乡镇干部“走读”等专项整治工作，坚持从严规范档案，集中抓好“三龄两历一身份”档案信息专项清理和重新审核认定工作，使干部工作逐步迈向制度化、规范化的轨道。加大对干部违反工作纪律等干部作风问题的查处力度，进一步增强执纪必严、违纪必究的震慑力。共查处违反中央八项规定精神问题28件28人，对15家单位的15名“一把手”和2名工作人员进行诫勉谈话。

三是圆满完成农村“两委”换届工作。按照“一乡一计、一村一策、一人一案”的思路，采取“六在前六严防”的工作举措，顺利完成了全县257个村“两委”换届工作,省委督查组对山阴县“两委”换届选举工作给予充分肯定，特别是对选派机关优秀年轻干部到农村任“第一书记”等创新做法，认为在全省具有很好的推广价值。

四是深入开展党风廉政建设和反腐败斗争。坚持聚焦中心任务，深入推进转职能、转方式、转作风“三转”工作，严格实行“一案三查”制度，进一步明确“增量、提质、上档、进位”的办案目标，做到有案必查、有腐必反、有贪必肃。全年纪检监察机关共接受信访举报163件（次），立案105件，结案105件，结案率100%，给予党政纪处分103人，其他处理12人，其中乡科级40人，始终保持了反腐败的高压态势。

四、以保障和改善民生为根本，维护社会和谐稳定，不断提升人民群众幸福指数

一是倾心尽力办好民生实事。首先从发展成果让人民共享入手，健全完善城乡社会保障体系，全县九项社会保险保障率达到100%，城乡最低生活保障实现了应保尽保。其次从老百姓关注的热点问题入手，举全县之力大办教育。再次从统筹城乡一体发展入手，扎实抓好城乡公共事业。全县新农合医疗参合率达到99.9%。完成3304户农村住房抗震加固、789户农村危房改造和2623套保障房建设项目，城乡居民住房条件明显改善。

二是全力以赴抓好安全稳定工作。持续开展社会治安重点整治“三项战役”。深化“安全生产年”活动，全县安全生产形势呈现平稳态势。牢固树立以群众工作统揽信访工作的理念，深入开展“走、解、树”活动，及时就地化解矛盾纠纷，现场答复率100%，限期办结率93%，全年共受理群众来信来访327件次、1315人次，所有来访事项均得到妥善处置，初信初访办结率达98%，信访总体态势平稳。

三是积极推进和谐文化建设。精心组织开展了党的十八大、十八届三中、四中全会精神的宣讲工作，共举办大型培训8次40场，受训达万人次。在充分发挥县内新闻媒体舆论宣传引导作用的基础上，联系协调市级以上主流媒体，在市级以上主流媒体刊发的稿件达420余条。完成了《广武风景名胜区》大纲编制，加大旅游开发和旅游资源宣传力度，全县旅游业保持良好发展势头。

五、以建设“三区一县”为目标，积极应对经济下行压力，全力推动经济持续健康发展

一是坚持革新煤炭，大力推进工业新型化。紧紧抓住稳定煤炭生产这个关键不动摇，不折不扣落实“省20条”、“17条”和“市10条”，依法依规抓好清理涉煤收费工作，实行煤炭企业缓交“五险一金”优惠措施，大力推进煤矿、煤企、煤站实行“矿站一体”、“站企一体”。全县建设矿井累计投资58.07亿元，开工建设的12座煤矿已全部完成建设任务，全县原煤产量完成2097万吨，与去年基本持平。电力产业紧盯“500万千瓦”装机容量总目标，全力推进昱光二期2×35万千瓦等煤电项目，全县煤电、风电装机容量达到75万千瓦，全年累计发电31.2亿度。

二是坚持增加农民收入，强力推进特色农业现代化。始终坚持“一县一业、一村一品”，立足奶牛养殖优势，走出一条“以农载牧、以牧富民”的农牧一体化发展新路，以白色乳品为特征的特色循环农业进一步巩固拓展，粮－牛－奶、畜－沼－菜产业循环链条进一步延伸。预计全年粮食总产量可达5.56亿斤，同比增长9%。全县规模标准化奶牛养殖小区达到123个，奶牛存栏8.68万头，生鲜奶产量28.06万吨，奶牛养殖产值达到9.6亿元，占到农业产值的23.6%，占到农民人均纯收入的三分之一以上。古城乳业集团累计完成投资

9.22亿元的现代奶牛乳品产业标准化生产体系建设项目稳步统筹推进，宇昊蘑菇种植及深加工系列产品项目效益显著，同煤鑫邦合作重组的5万吨燕麦及杂粮食品加工项目即将投入使用。

三是坚持建设美丽山阴，扎实推进城乡生态化。继续实施“两山一河”生态治理工程，全年植树造林4.89万亩，植树445万株，全县造林绿化面积达到92万亩，林木覆盖率达到38%。不断加大主要污染物减排工作力度，化学需氧量、氨氮、二氧化硫、氮氧化物、烟尘、工业粉尘六项指标全部符合要求，空气质量得到进一步提升。同时，针对城乡环境卫生脏乱差比较突出的问题，大力开展了城乡清洁专项整治工作，在全县形成了全党动员、全民动手、全社会参与共同建设美丽山阴的良好氛围。

四是坚持完善城市功能，全力推进县域城镇化。铺开了“五路一桥”建设工程；完成了府东街延长线、府东街跨线的立项手续；实施了引黄泥河供水工程，继续完善县城供水工程，筹备建设第二污水厂，启动建设垃圾渗滤液处理站。

五是坚持创新体制机制，积极推进转型综改试验区建设。坚持把改革创新的理念贯穿于各项工作的全过程，稳步推进各项综改措施。积极开展农村土地流转工作，有序推进农村集体土地承包经营权确权登记颁证工作。继续推进工矿用地方式改革和工矿废弃地复垦利用，继续探索重度盐碱地直接转换为工业用地模式，为一些大型煤化工项目的落地建设提供了用地保障。

六、以加强法治山阴建设为宗旨，强化依法治县意识，扎实推进社会主义民主政治建设

县委深入学习贯彻党的十八届四中全会精神，认真践行全会《决定》和省、市委《实施意见》，并及时研究制定山阴县的《实施意见》，对法治山阴建设作出系统规划布局。大力实施“六五”普法，开展首个“国家宪法日”宣传活动，营造遵法信法学法守法懂法用法的良好社会氛围。不断加强和完善社会主义民主政治建设，坚持和完善人民代表大会制度，支持县人大及其常委会围绕全县中心工作依法履行职能。坚持和完善中国共产党领导的多党合作和政治协商制度，加强和改进党对政协工作的领导。固和发展最广泛的爱国统一战线，加强同各民主党派和无党派人士团结合作，帮助支持各民主党派和无党派人士开展调查研究、参政议政、建言献策。支持总工会、共青团、妇联等人民团体依照法律和章程独立自主开展工作。坚持党管武装原则，加快推动国防建设，国防后备力量建设水平稳步提升，军民融合式发展成效显著，县人武部被省委、省政府、省军区表彰为推进部团基础设施建设先进单位，被省军区评为一类人武部，表彰为先进人武部。

(韩承升)

附：一、中共山阴县委书记、副书记、常委名单

书　记：侯　元

副书记：南志中　李全胜

常　委：程万强　张凯瑞(4月离职)　句爱云(女)　黄永红(女)　闫祖伟　郭兆文　王　伟　钟军辉(4月任职)

二、乡镇党委书记名单

马营乡

书　记：王嘉平

玉井镇

书　记：陶占有

吴马营乡

书　记：魏雁明

下喇叭乡

书　记：张志斌

北周庄镇

书　记：史俊龙

合盛堡乡

书　记：吴玉梅(女)

岱岳镇

书　记：马维华

安荣乡

书　记：王登峰

薛圐圙乡

书　记：(暂缺)

古城镇

书　记：刘世泉

马营庄乡

书　记：郭金业

后所乡

书　记：乔新文

张家庄乡

书　记：刘文斌

中共忻州市委工作概况

2014年，面对全国经济社会发展的新常态，面对山西净化政治生态、实现弊革风清的新形势，面对忻州全面深化改革、加速赶队前行的艰巨任务，忻州市委在省委的坚强领导下，高举中国特色社会主义伟大旗帜，以中国特色社会主义理论体系为指导，深入学习贯彻习近平总书记系列重要讲话精神，全面贯彻落实党的十八大和十八届三中、四中全会精神，按照省委一系列决策部署，团结带领全市党员干部和人民群众，主动适应新常态，全力实施"3581"发展战略，抓改革、促发展、保民生、转作风、反腐败，全面加强党的建设，巩固和发展风清气正、奋发进取的良好局面，全市经济、政治、文化、社会和生态文明建设取得新成效，继续保持了赶队前行、进位争先的好势头。

一、推进深化改革和转型升级，经济保持持续平稳健康发展

2014年，全市地区生产总值完成680.3亿元，同比增长5.4 %；规模以上工业增加值同比增长6.7%；全社会固定资产投资完成965.4亿元，同比增长18.4%；社会消费品零售总额完成275.1亿元，同比增长11.8%；公共财政预算收入完成80.8亿元，同比增长9.6%；城镇居民人均可支配收入21735元，同比增长8.6%；农民人均纯收入6104元，同比增长11.2%。

率先抓好顶层设计和重大改革。成立了全面深化改革领导小组及办公室，明确了经济体制和生态文明体制、民主法制领域、文化体制、社会体制、党的建设制度、纪律检查体制等六个专项改革小组的工作规则，提出全面深化改革的工作要求，进行了专题研究部署。制定印发了《2014年工作要点》《2014年行动计划》和六个专项小组《2014年—2020年改革实施方案》、6项专项改革工作实施方案。继续深化行政审批制度改革，下好"先手棋"，市、县两级政府向社会公布权力清单，走在全省前列。积极推进煤炭等矿产资源市场化配置。建立了矿业权交易市场，新设矿业权一律进入矿业权交易市场，全部采用招拍挂等市场竞争方式出让。完成了煤炭公路运销管理体制改革，市域煤检站已全部撤销。编制出台《忻州市国家资源型经济转型综合配套改革试验2014年行动计划》，确定的20项重大改革、30项重大事项、32个重大项目和3项重大课题，基本完成了年度目标任务。认真执行已出台的重大产业转型项目认定办法和若干优惠政策，2014年转型综改重大项目——大型情境体验剧《又见五台山》成功首演，反响良好。

突出抓好项目建设和工业转型。积极开展"项目建设年"活动，坚持"八位一体"抓项目，出台《忻州市重大产业项目考核办法》，对14个县（市、区）和忻州经济开发区重大产业项目实行分类管理考核，持续推进项目建设攻坚战。积极主动扩大开放，出台《关于进一步做好招商引资工作的通知》《忻州市招商引资奖励办法实施细则》等政策文件，坚持"走出去、请进来"，多形式招商，全年签约招商项目188个，总投资1642.62亿元，落地招商项目116个，落地投资399.88亿元，超额完成了省市下达的年度考核任务。坚持集约化、园区化、高科技含量、高环保门槛发展新型工业。10个市级工业园区的总体规划全部编制完成，园区基础建设进度加快，出台《关于加快产业集聚区发展的意见》，在财税、用地、投资、金融等方面予以重点支持。忻州煤化工循环经济园、原平循环经济示范区入选全省资源节约型、环境友好型"两型"示范建设园区。出台《关于深化科技体制改革加快区域创新体系建设的实施意见》，省级、市级企业技术中心覆盖面继续扩大。认真落实省政府安排，出台《忻州市化解钢铁、焦化、水泥、电解铝行业产能过剩矛盾的实施意见》，全面完成水泥、钢铁淘汰落后产能任务。

继续推进农民增收和扶贫开发。充分发挥本地光、热、水资源、土地潜力，提升"一村一品"、"一县一业"建设水平。建设1091个"一村一品"特色专业村和8个"一县一业"基地县，10个优势特色产业区。全市粮食总产量达到35.4亿斤，创历史新高。肉、蛋、奶产量实现新突破，农产品质量安全防控进一步强化。推广种植籽粒苋3万亩，羊饲养量达700万只，同比增长33.3%，羊产业成为农民增收的重要来源。新发展农民专业合作社885个，新认证"三品"84个，杂粮种植面积达到233万亩，忻州被中国粮食行业协会正式发文命名为"中国杂粮之都"。土地确权试点工作有序推进，县乡村三级土地流转服务体系进一步完善。制定实施《忻州市改善农村人居环境2014年行动计划》，农村人居环境得到改善。完成8000人的新型职业农民培训。安排落实移民搬迁30000人。建立完善精准管理机制，切实推进扶真贫、真扶贫，确保在规定时间内达到稳定脱贫目的。突出扶贫产业开发，整村推进项目、片区开发取得新成效。

二、推进社会事业改革创新，加快法治忻州、平安忻州、美丽忻州建设

统筹城乡社会事业发展。严格规范义务教育学校办学行为，严格执行"免试、就近、划片、分配"的办法，做好进城务工人员随迁子女义务教育工作。落实边远贫困地区师资人才支持计划，实施农村义务教育薄弱学校改造计划，提升中等职业教育的办学水平和服务水平。完善学生资助政策体系，加强师德师风建设，提高艰苦边远地区教师补助。继续实施"农村义务教育学校教师特设岗位计

划”，为农村教育事业注入新的活力。坚持保基本、强基层、建机制的要求，积极推进县级公立医院综合改革。继续完善新型农村合作医疗制度，参保率达到99.38%。健全基本药物制度，提升服务能力，强化医疗质量控制体系建设，“平安医院”创建工作卓有成效。扎实开展疾病预防和健康教育工作，公共卫生保障能力明显增强。

扎实推进法治忻州建设。开展“法律十进”活动，推进“六五普法”工作。大力推进“平安忻州”建设，以开展“六场硬仗”、“六项整治”、“六网覆盖”为重点，严厉打击各类违法犯罪活动。大力推动涉法涉诉信访改革，制定出台《忻州市社会矛盾大调解体系建设的意见》和《关于人民调解组织全覆盖的意见》，有效化解各类矛盾纠纷。积极转变社会治理方式，大力加强专业巡防队伍和群防群治队伍建设，推动三级中心和网格化管理规范运行，稳步推进执法司法公开，主动服务重点工程建设，全面加强政法综治队伍建设。实施政法综治“131”工程，全力维护社会治安秩序稳定，治安形势持续好转，社会大局持续稳定，人民群众安全感满意度不断提高，政法综治工作连续两年被省综治委评为综治工作先进市。深入贯彻落实党的十八届四中全会和省委十届六次全会精神，市委三届六次全会讨论通过了《中共忻州市委关于深入推进法治忻州建设的实施意见》，对法治忻州建设作出全面部署。

大力推进美丽忻州建设。中心城区实施第三个“大干城建年”，经过5个多月的艰苦奋战，完成“8+22”道路建设与改造工程，于9月9日全部竣工通车。下半年新开工11条道路，6条道路已完工。加大推进力度，慕山、健康、云中、云北四个小区安置房主体工程已基本完工。云中河景区工程于4月25日竣工开园。全市上下形成“第三个大干城建年”的浓厚氛围，各县（市、区）实施了一大批重大工程。“创卫”扎实推进，2014年有5县3镇创建国家卫生城镇，全部通过省爱卫办的国家卫生乡镇（县城）暗访与验收。持续打好环境保护攻坚战，大力实施“减排、净空、净水、清洁、提质、创建”六大工程。全市城市集中供热新增面积433.55万平方米，新建污水处理配套管网220.2公里，保持16座污水处理厂正常运行。加强重点企业环境监管，持续强化污染源监测，化学需氧量、氨氮、二氧化硫等主要污染物减排任务全部完成，环境质量持续改善。生态建设力度持续加大。扎实推进生态县、生态乡镇、生态村建设。落实造林绿化资金6.3亿元，着力打造精品林业工程，推进“两山”造林、“两网”绿化、“两林”富民、“两区”增绿，造林61.2万亩，全省排名第二。新增城市绿化面积485.48万平方米，城市建成区绿化覆盖率提高4.5%，绿地率提高4.37%，人均公共绿地面积2.91平方米/人，为建设美丽忻州奠定了扎实基础。

加强安全生产和信访工作。全市各类事故死亡人数低于省控指标，未发生较大生产安全事故，安全生产形势持续稳定好转。坚持把信访工作作为听民声、重民意、办民事的重要渠道和重要平台，积极创新群众工作方法，扎实推进信访工作制度改革，大力推行“双首接责任制”和“全员接访”，坚持不懈抓好矛盾纠纷排查和源头预防工作。召开忻州市动员社会力量参与信访工作河曲现场会，稳妥推进“两代表一委员”等社会力量参与信访工作。

推动文化旅游事业发展。进一步壮大志愿者队伍，“三下乡”、“文化进军营”、“文化进社区”等活动常搞常新，700多场次的文化惠民演出进农村、进社区。积极推进《忻州历史文化丛书》编纂工作，忻州文化的厚重底蕴开始彰显。启动市委文化体制改革专项小组工作，出台《忻州市深化文化体制改革实施方案》等3个文件，一批文化体制改革的重点项目活力显现。推动忻州旅游的市场化、企业化和集团化，与中国社科院开展了“两山一关一村一河”旅游顶层设计战略合作和云端旅游合作与研究。以“资源型经济转型的目标定位与路径选择”为主题，对五台山、芦芽山、雁门关、顿村温泉和黄河沿线河保偏旅游景区的旅游产业开发，进行了整体策划设计，在文化旅游融合发展中具有范本意义。

三、狠抓作风建设和党风廉政建设，努力开创弊革风清、富民强市新局面

全面推进思想建设。坚持把学习贯彻习近平总书记系列重要讲话作为重大政治任务，作为把握中央决策、与党中央保持高度一致的先导性工作来抓，切实做到真学真懂、真信真用。一年来，市委常委会始终带头学习，采取市委常委会议、市委中心组学习会、忻州大讲堂等多种方式，及时学习传达习近平总书记重要讲话精神，学习党的十八届三中、四中全会精神，学习省委决策部署，特别是9月1日以来省委一系列重大决策部署、重要会议精神。坚决贯彻省委弊革风清、富民强省工作新要求，提出八条工作部署和工作要求，强调要把中央从严治党八项要求贯彻到全市党的建设和各项工作中。及时组织全市干部群众深入贯彻落实省委王儒林书记在大同、朔州、忻州调研座谈会上的讲话精神。按照省委统一部署，全面安排了7个方面22项重点任务，扎实开展以“深入学习贯彻习近平总书记系列重要讲话精神，净化政治生态，实现弊革风清，重塑山西形象，促进富民强省”为主题的学习讨论落实活动。

扎实推进作风建设。按照中央、省委和市委的部署安排，组织全市10896个党组织、16万多名党员，分市、县、乡、村四个梯次开展了以“为民、务实、清廉”为主题的党的群众路线教育实践活动，认真贯彻“照镜子、正衣冠、洗洗澡、治治病”总要求，坚持市委提出的“十个贯穿始终”，统筹谋划，精心组织，科学指导，经过八个多月的努力，健康有序、扎实有效地完成了各个环节的工作，取得了预期效果。在教育实践活动中，市委常委建好联系点，带头开展“六个一”活动，认真落实领导、活动、责任“三个主体”责任，努力把联系点建成示范点，有力推动了全市教育实践活动有序进行。市委派出16个督导组，由常委同志担任督导组第一组长，加强对县（市、区）、市直单

位活动的领导和指导。中央巡回督导组全程参加原平、定襄、五台3个县（市）的民主生活会，予以充分肯定。6位市委常委的对照检查材料，作为全省接受中央活动办把关的市级领导班子成员部分检查材料，得到中央活动办的认可。始终坚持边学边改、边查边改，认真解决群众反映强烈的突出问题，开展28个方面46项专项集中整治行动，解决教育、卫生、城市交通、社会保障等关系群众切身利益问题17238件，关系服务群众最后一公里的问题3929件，查处损害群众利益问题302个，处理314人。市委制定完善了58项重点制度，各级党组织建立健全了一批反“四风”、改作风的制度规章，促进了作风建设常态化、长效化。

切实抓好党风廉政建设。深入推进“两个责任”落实，出台《关于落实党风廉政建设党委主体责任和纪委监督责任的实施意见（试行）》和《关于党委（党组）定期报告履行党风廉政建设主体责任情况的意见》等一批制度规定。对3个县（区）委和3个市直党组进行专项巡察；对其余11个县（市）委、45个市直党委（党组）进行宣讲约谈督查，确保了责任落实到位。坚决查办违反政治纪律、阻碍经济发展，发生在群众身边、涉及民生，违反八项规定、顶风违纪，发生在重点领域和领导干部中的“四类腐败案件”。开设“四风问题随手拍”监督平台，持续整治“四风”问题。“廉廉看”有奖竞猜活动，寓教于乐，让廉政文化贴近工作，走进生活，让人们在轻松的文化氛围中受到感染，受到熏陶，受到潜移默化的教育。落实中央惩防体系《2013－2017年工作规划》，创新构建具有忻州特色的“3331”权力制约监督体系。

（吕建宏）

附：一、中共忻州市委书记、副书记、常委名单

书　记：董洪运（12月接受组织调查）

副书记：郑连生　张晓峰

常　委：吉久昌（4月接受组织调查，5月免职）　王云龙（6月任职）　董一兵　王士桦　武　德　郝钧藩　阮全进　刘予强　梁　洁　陈义青（女）

中共忻府区委工作概况

区委书记　张钰祥

2014年，忻府区全面落实党的十八大和十八届三中、四中全会精神，认真学习习近平总书记系列重要讲话，紧紧围绕省市工作部署，扎实推进党的群众路线教育实践活动，深入开展学习讨论落实活动，以38项党务重点工作和“三个二十”为抓手，全面推进经济、政治、文化、社会和生态文明建设，继续保持了稳中有进、奋力争先的好势头。

一、深入学习贯彻习近平总书记系列重要讲话精神情况

一年来，区委始终坚持把学习贯彻习近平总书记系列重要讲话精神作为重大政治任务，以扎实推进党的群众路线教育实践活动和深入开展学习讨论落实活动为契机，自觉把学习习近平总书记系列重要讲话精神与学习《之江新语》《习近平谈治国理政》《习近平关于党风廉政建设和反腐败斗争论述摘编》等重要读本结合起来，统筹安排区乡两级党委中心组理论学习，认真制定落实理论学习安排意见，精心编印13期《领导参阅》，专门编写了一期“社会主义核心价值观”增刊，区委为四套班子领导购买《之江新语》，并精心组织了12场“忻府大讲堂”，举办2期6天的学习讨论落实活动科级干部专题研讨班和4期12天700人参加的农村社区基层干部培训班，认真学习传达学习党的十八届三中、四中全会精神和习近平总书记系列重要讲话精神，进一步坚定了全区干部群众对中国特色社会主义的道路自信、理论自信和制度自信。

二、全区经济社会发展情况

全年生产总值114.5亿元，增长5%；工业增加值25.4亿元，增长6.8%；固定资产投资97亿元，增长17.5%；财政总收入14.678亿元，增长19.93%；公共财政预算收入5.058亿元，增长16.42%；社会消费品零售总额108亿元，增长11.37%；城镇居民人均可支配收入23499元，增长9%；农民人均可支配收入7687元，增长10%。主要经济指标增幅均高于全市平均水平，环境保护等约束性指标可全部完成。

三、党的工作建设情况

（一）扎实组织开展党的群众路线教育实践活动。根据中央和省委、市委的统一部署，忻府区第二批党的群众路线教育实践活动于2月下旬组织开展前期调研、紧张筹备，3月3日召开全区动员会。在市委的坚强领导和市委活动办、市委第一督导组的精心指导下，区四大班子先行一步，102个乡科级单位、1009个基层党组织梯次展开、压茬推进。教育实践活动紧紧围绕“为民、务实、清廉”主题，按照“照镜子、正衣冠、洗洗澡、治治病”的总要求，坚持把马克思主义群众观教育贯穿始终，增强了广大党员干部贯彻党的群众路线的思想自觉和行动自觉；坚持把整风精神贯穿始终，弘扬了党内批评和自我批评的优良传统，严肃了党内政治生活；坚持把整改落实贯穿始终，整治了“四风”，转变了作风；坚持把抓常、抓细、抓长贯穿始终，立起了章法，定出了规矩。按照规定动作做扎实，自选动作有特色的要求，开展了特色显著的十大系列主题活动。广大党员干部普遍经历了一次深刻的思想政治洗礼，接受了一次严格的党内政治生活锻炼。

（二）深入开展“基层组织提升年”活动，推动基层服务型党组织建设。培训“两委”主干720余人，实现“两委”主干培训全覆盖。集中整顿54个软弱涣散农村（社区）党组织，调整充实了村级“两委”班子成员22人。实行“三级联审”机制，全面采取“两推一选”办法，编印了《正气歌》《警示录》《农村党组织和第十届村民委员会换届工作资料汇编》，扎实推进并顺利完成村（居）“两委”换届。在非公企业党组织中广泛开展“双强六好”党组织创建活动。完善“三级联述联评联考”机制、开展党员干部全员搞“四诺”活动、乡镇农村继续推行“一评两监督”、“四议两公开”议事程序。开展“双向代理代办制”、改进党组织和党员进社区“双报到、双服务”，引导党员干部直接联系和服务群众，实现了服务型党组织建设的内容与形式的创新。

（三）加强领导班子和干部队伍建设。一是强化思想政治教育。邀请省委党校教授为全区科级以上干部作了《深刻领会习近平总书记系列重要讲话的基本内容与重大意义》和《群众路线教育实践活动是提高党的建设科学化水平的重大决策》等专题报告；举办四期群众路线教育实践活动基层党组织书记专题培训班；组织全区600余名副科级以上干部参加学习讨论落实活动专题研讨班，听取了区委书记张钰祥同志，区委副书记、区长赵志伟同志等7位区委领导和区委党校及区委宣传部3位从事理论工作的领导和讲师的专题报告。二是营造风清气正的选用人环境。从区委常委、四大班子成员、组工干部到广大党员干部，通过多种形式组织学习了新修订的《党政领导干部选拔任用工作条例》，使好干部标准深入人心，为选优配强领导班子奠定了基础。三是从严管理干部。严格执行省委组织部《关于严禁超职数配备干部的通知》，对部分超职数配备情况进行了汇总整理，制订了超职数干部的整改消化计划；制定并印发了《忻府区乡（镇、办）干部“走读”问题专项整治工作方案》。四是注重年轻干部培养。坚持扎实做好大学生村官管理和服务工作，积极推进有序流动，按照省、市要求精神，2007年、2008年选聘的符合条件的32名大学生村官招聘为县乡事业人员。

（四）加强党员队伍和人才队伍建设。一是把好党员入口。组织党务干部专题培训学习新修订的《中国共产党发展党员工作细则》，严格指导各党（工）委按照“三推两审两公示”，严格程序、严格把关、严肃发展党员工作。二是强化党员教育。组织开展了以贯彻党的十八届三中、四中全会精神，全国、全省、全市组织工作会议精神，习近平总书记系列讲话精神以及党的群众路线教育实践活动等专题的学习教育。三是开展党内活动。组织全区各级党员领导干部开展了以“学习焦裕禄、争做好公仆”为主题的庆祝建党93周年党日活动。

四、落实党风廉政建设“两个责任”情况

认真研究细化“两个责任”，明确了党委的6个层面、56项主体责任和纪委的6个层面32项监督责任，其中区委班子责任10个方面，区委班子主要负责人、区委班子其它成员等各个责任主体都确定了6个方面的具体责任，形成了全面覆盖各级各类党组织、纪检机构的区乡村三级责任体系。组织基层党组织进行落实党风廉政建设党委主体责任年中报告和全年述纪、述廉、述作风、述主体责任报告，全市落实党风廉政建设党委主体责任现场会在我区召开，忻府区作了典型经验介绍。

五、法治建设和精神文明建设情况

（一）高度重视“法治忻府”建设。深入贯彻党的十八届四中全会精神，制定出台了《中共忻府区委关于全面推进依法治区的实施意见》。扎实开展“法律六进”活动，增强全民守法意识。加强宪法实施和执法监督工作，大力推进法治政府建设，全面提高依法行政水平，积极推进司法体制改革，切实维护司法公正。

（二）深入推进平安忻府建设。组织开展了“冬安利剑二号”“夏安利剑三号”行动，把“打黑除恶”“治爆缉枪”“打盗抢保民安”“打击电信诈骗”“打击传销”“破案追逃”等一系列专项行动融入到利剑行动当中，重拳出击，始终保持对各类违法犯罪活动的高压态势，破获了一批盗窃、抢夺、诈骗等刑事案件，抓获了一批犯罪分子。

（三）不断完善矛盾纠纷大调解体系。整合调解资源，健全调解组织，建立和完善以人民调解为基础,人民调解、行政调解、司法调解、社会调解衔接联动的大调解工作体系。

（四）努力提升信访工作法治化水平。探索出台了《社会力量参与信访》等一系列新制度，广泛宣传《信访条例》《国家信访局关于进一步规范信访事项受理办理程序引导来

访人依法逐级走访的办法》和相关办法、意见，积极开展了“两评四访”主题活动、社会力量参与信访工作、化解信访积案“双百”专项行动。

（五）积极培育和践行社会主义核心价值观。扎实开展“美丽新忻府、我的中国梦”十个一主题实践活动。广泛开展“忻府好人”评选活动，以忻府人、忻府事和忻府区的变化发展，弘扬新风尚，凝聚正能量，塑好新形象。

（六）大力建设先进文化。“程婴故里”文化之乡申报工作已完成；《救孤壮歌》应邀出席全省精品工程剧目调演，并参加中国剧协、文化部联合举办的全国文化大奖评选。忻口战役遗址被国务院命名为国家级抗战纪念遗址后，迅速成立了忻口战役遗址保护项目前期准备工作领导组及相应工作机构，对忻口战役遗址进行摸底排查、保护抢救。

（杨国文）

附：一、中共忻府区委书记、副书记、常委名单

书　记：张钰祥

副书记：赵志伟　崔向松

常　委：刘卫东　邢雨花（女）　安亮东　卢维忠　高瑞军　李锁明

二、乡镇（街道）党（工）委书记名单

秀容街道

书　记：史万中

新建路街道

书　记：刘明祥

长征街道

书　记：周越宏

董村镇

书　记：张炳秀

紫岩乡

书　记：丁国仓

西张乡

书　记：蔚念军

播明镇

书　记：孙晓磊

北义井乡

书　记：宗　德

东楼乡

书　记：赵剑勘

曹张乡

书　记：赵志强

秦城乡

书　记：刘　岗

高城乡

书　记：白先明

解原乡

书　记：任明生

奇村镇

书　记：卢红卫

合索乡

书　记：王　坤

兰村乡

书　记：安全明

豆罗镇

书　记：戎清元

庄磨镇

书　记：常清华

三交镇

书　记：韩瑞强

阳坡乡

书　记：郭沛华

中共原平市委工作概况

市委书记　薛根生

2014年，是原平市在困难中前行、在挑战中奋进的一年。一年来，在省委和忻州市委的坚强领导下，市委紧紧围绕“扭住六大发展，建设美丽原平”的奋斗目标，牢牢把握稳中求进总基调，全力以赴稳增长、调结构、促转型、惠民生，经济社会发展呈现出了稳中有增、持续向好的良好态势。

一、深入学习贯彻习近平总书记系列重要讲话精神，坚持在思想上政治上行动上与党中央、省委和忻州市委保持高度一致

坚持把学习贯彻习近平总书记系列重要讲话精神作为坚定理想信念、增强政治定力、鼓舞发展信心的首要政治任务，自觉用党的最新理论成果统一思想、提高认识，武装头脑、指导实践。常委会带头加强理论学习，带头深入实践，带头理论联系实际，各级各部门采取多种形式、从多个层面引深学习活动。特别是及时学习传达了去年9月1日以来省委一系列重大决策部署、重要会议精神以及省委王儒林书记在大同、朔州、忻州调研座谈会上的讲话精神，坚决贯彻省委、忻州市委弊革风清、富民强省的新要求。及时组织召开全市反腐倡廉、正风肃纪干部大会，观看警

示教育专题片，进行醒脑提神。按照省委、忻州市委统一部署，扎实开展以“深入学习贯彻习近平总书记系列重要讲话精神，净化政治生态、实现弊革风清、重塑山西形象，促进富民强省”为主题的学习讨论落实活动，全市上下做到了服从全省大局、维护良好局面，自觉与党中央、省委和忻州市委保持高度一致。

二、适应新常态，集聚正能量，不断开创“建设美丽原平”各项事业的新局面

市域经济稳中有增。始终将经济发展作为全市工作的重中之重，坚持创园区、抓项目、兴农贸，在发展提速增效、夯基蓄势上下功夫。一是项目建设保持领先。以“项目见效年”为契机，全力开展项目攻坚，组织实施了“2330”工程，推进了30个重点项目。在忻州市项目观摩考核中以4471.5的高分名列榜首。二是园区建设扎实推进。投资12亿元的基础设施建设全面提速，现已完成投资4.5亿元。2014 年新入园企业3个，入驻企业达29个，总投资164.3亿元；新竣工企业2个，投产企业达15个，具备投产条件的企业4个。园区成功入选全省资源节约型、环境友好型“两型”示范建设园区。三是商贸物流加快发展。依托原平四通八达的区位优势，日昇建材市场、德金农副产品加工贸易园区和爱尚西街地下商城已完工投用。总投资5.6亿元、建筑面积13万平方米的盛美农贸城现已运营，成为忻州市最大、全省领先的现代化农副产品集散地。四是现代农业发展水平不断提升。以北岗、王家庄、双惠三大设施农业示范园区为龙头，加快推进传统农业向精品农业、高效农业、生态农业发展。继续实施酥梨提质换优工程，新发展玉露香酥梨1000亩，高接换种500亩，全市酥梨换优总面积达到2000亩，进一步增强了农业生产的后发优势。

民生事业持续改善。一是全力抓好民生重点工程。围绕解决群众的上学、医疗、住房等难题，教育方面，重点建设了第六幼儿园、4所村级幼儿园和第三高中，规划建设思源实验中学。医疗方面，积极开展县级公立医院综合改革，改善乡镇卫生院医疗条件，配足医护人员，为人民群众提供更加优质的医疗卫生服务。就业方面，城镇新增就业人数3701人，转移农村劳动力4521人。住房方面，保障性住房开工建设1322套、建成1960套。二是巩固提升卫生城市创建成果。创建国家卫生城市工作取得圆满成功，城乡面貌焕然一新，全市群众自豪感、满意度得到大幅提升。全力推进生态环保工作，治理水土流失面积4万亩，造林面积5.4万亩，城市空气质量持续稳定在二级以上。三是持续推进文明创建工作。以提升群众素质、强化公德意识作为重点，大力培育践行社会主义核心价值观，深入开展“做文明原平人，建美丽新原平”主题实践活动，有3人入选“中国好人榜”，1人被评为“山西好人”。坚持文化与旅游产业互动发展，申报“全国文化先进市”通过了国家验收，积极推进“中国民间文化艺术之乡”申报，天牙山风景区跻身国家AAA级景区行列、成为省级风景名胜区，地方风味“原平锅奎”被授予“2014山西百佳休闲旅游产品”，文化品牌创建实现了历史性突破。四是扎实推进城乡统筹发展。重点实施了以农村基础设施和公共服务为重点的完善提质工程，以采煤沉陷区治理、易地搬迁、危房改造为重点的农民安居工程，以垃圾污水治理为重点的环境整治工程，以美丽乡村建设为重点的宜居示范工程。全面完成农村新“五件实事”，乡村清洁工程覆盖520个行政村，重点打造了1个省级、1个忻州市级、10个原平市级美丽宜居示范村，农村生态环境进一步改善。

社会大局和谐稳定。法治建设稳步推进。全面加快法治原平建设，推进依法行政、司法公开，规范行政执法人员行为，支持“两院”依法独立公正行使权力。深入推进“六五”普法，群众法制意识不断提高。扎实开展平安原平建设，健全完善社会稳定风险评估机制，深入实施社会治安防控体系“六网覆盖”工程，开展全方位巡逻防控，街面巡逻防控网、实时视频监控网、区域边界查控网相结合的社会治安防控体系初步建成。集中开展清理整顿城乡结合部、城中村、工矿区、出租房屋、校园及周边地区、九小场所等“六项整治”活动，深入开展以打黑除恶、打击“两抢一盗”、治爆缉枪、打击电信诈骗、打击非法传销、破案追逃“六场硬仗”为重点的专项行动，社会治安水平和公众安全感明显提升。安全生产水平明显提升。坚持安全生产“党政同责、一岗双责”，保持严防严打严管的高压态势，有效防止了重特大事故发生，全市安全生产形势持续稳定好转。筑牢食品药品安全防线，持续强化食品、药品市场监管，确保百姓“舌尖上的安全”。

三、从严管党治党，落实“两个责任”，党建工作和党风廉政建设得到新的加强

党的群众路线教育实践活动扎实有效开展。按照省委、忻州市委的部署安排，扎实开展了以“为民、务实、清廉”为主题的党的群众路线教育实践活动，统筹谋划，精心组织，高标准完成规定动作，高质量抓好自选动作，确保活动健康有序、扎实推进。在教育实践活动中，市委常委建好联系点，以“访、知、解”、集中调研、领题调研等活动为载体，深入基层和群众中征求意见建议，查找“四风”问题。始终坚持边学、边改、边实践，进一步深化市领导“下乡住村、包村增收”和“千名干部进企业、万名干部下农村”活动，全市党员干部共帮助落实资金7003万元，化解信访积案76起，兴办民生实事226件，以扎扎实实的整改成效改进作风，取信于民。

党风廉政建设和反腐败工作深入推进。全面贯彻落实党中央、山西省、忻州市关于从严治党的各项要求，在深入学习、充分调研、广泛论证的基础上，立足实际，创造性地实施了落实“两个责任”的“双五”、“双七”工作机制，《山西日报》头版进行了报道，人民网、新华网等对此进行了转载。全面建设权力网上运行及廉政风险防控系统“一库七平台”，认真抓好规范和量化行政处罚自由裁量

权试点工作，打造了“民事网办”、“窗口办理”的政务服务模式。大力开展廉政文化建设，新编排演了大型原创廉政题材晋剧《永寿图》，打造了《中华百廉图剪纸作品集》等一批廉政文化精品；积极支持纪检监察部门查办案件，2014年全市共查处各类违纪违法案件184件，给予党政纪处分184人，其中，科级以上干部31人，重处分49人，移送司法机关13人，起到了强有力的震慑作用。

服务型党组织创建活动扎实开展。围绕服务改革、服务发展、服务民生、服务群众、服务党员的总要求，确立问题导向，回应群众需求，组织动员全市广大党员干部争当“原平为民先锋”，大力提升基层党组织服务水平。通过摸底排查、找准“标靶”，实行一村一策、上下联动，对41个软弱涣散村（社区）党组织进行了专项整顿，全部得到转化升级；进一步加大“两新”组织党建工作力度，实现了30人以上的社会组织有党员、3名党员以上的社会组织全部建立党组织，在全市216个非公经济党组织中选树了20个“双强六好”党组织。立足我市“双试点”改革需要，采取“请进来、走出去”的方式，共举办高校专家讲座、领导干部讲党课、干部选学等培训活动15期，培训干部5600人次；完成了“领头雁”培训，共培训村（社区）“两委”班子成员和骨干党员5503名。严格纪律、圆满完成村“两委”换届工作，农村基层组织带头人队伍建设得到新的加强。

（邢三强）

附：一、中共原平市委书记、副书记、常委名单

书　记：薛根生
副书记：温建军　白亚军
常　委：马根泉（3月离职）　李宝山（3月任职）
　　　　高秀亭　张清池　葛小树　尹志刚
　　　　庞晋源　赵晋富

二、乡镇（街道）党（工）委书记名单

南白乡
书　记：温志亭（9月离职）　郝树平（9月任职）
东社镇
书　记：赵一初（9月离职）
子干乡
书　记：申国华
中阳乡
书　记：刘海生
苏龙口镇
书　记：张国强
沿沟乡
书　记：张军胜
崞阳镇
书　记：王　晟（9月任职）
大林乡
书　记：赵永进
西镇乡
书　记：朱清云（9月离职）　温志亭（9月任职）
新原乡
书　记：贾文柱
王家庄乡
书　记：潘　颖（女）
闫庄镇
书　记：李永生
楼板寨乡
书　记：郝治国
解村乡
书　记：张高中
大牛店镇
书　记：陈振田
长梁沟镇
书　记：刘文柱
轩岗镇
书　记：张青林
段家堡乡
书　记：常四四（代）
南城街道
书　记：郑国梁
北城街道
书　记：侯培生
轩煤矿区街道
书　记：韩美智

中共定襄县委工作概况

县委书记　张文斌

2014年，定襄县在省委、省政府、市委、市政府的领导下，全面贯彻党的十八届三中、四中全会精神，深入学习习近平总书记系列重要讲话精神，扎实开展党的群众路线教育实践活动和学习讨论落实活动，以“三产联动协调发展”为工作总思路，着力打造“法兰锻造之都、商贸物流之都、健康养生之都”，全县各项事业呈现出趋稳向好的发展态势。

一、从严治党，务实创新，党的建设得到全面加强

始终把党建工作作为最大的政绩，摆到更加突出的位置，坚持党要管党、从严治党，把作风建设作为切入点和突破点，全面加强党的建设各项工作。

（一）强化理论武装。始终坚持把学习贯彻习近平总书记系列重要讲话精神和治国理政思路作为重要政治任务，以深入开展党的群众路线教育实践活动和学习讨论落实活动为载体，组织县委中心组学习会14次，组织党员干部培训大会、培训班等40余期次，确保了全县党员干部在思想上、政治上、行动上始终与以习近平为总书记的党中央保持高度一致。尤其是围绕“五个为什么”，县委进一步开展了解放思想大讨论活动，破除了全县干部群众存在的小富即安、不富也安、因循守旧等观念，激励广大干部群众牢固树立发展意识、进取意识、担当意识，把全县上下的思想凝聚到一心一意谋发展上来，确保了经济平稳增长和各项工作的有序推进。

（二）从严落实“两个责任”。认真贯彻落实中央、省、市关于加强党风廉政建设和反腐败工作的一系列部署要求，以落实“两个责任”为抓手，党风廉政建设和反腐败斗争取得新成效。先后召开全县党风廉政建设大会和贯彻落实“两个责任”推进会，出台了《落实党风廉政建设党委主体责任和纪委监督责任“9+3”工作机制的实施方案》，组织5个小组对全县各部门、各单位落实“两个责任”、“一岗双责”情况进行定期巡查和专项巡查，对落实责任不到位的单位和个人，以约谈、诫勉谈话、党纪政纪处分等形式进行严肃问责。接受了省委巡视组的巡视，认真落实省委巡视意见，积极开展整改落实工作。支持县纪委工作，从严加强纪检干部日常管理和内部监督，坚决查办违反政治纪律、阻碍经济发展等腐败案件。全年共查办违纪违法案件146件，处分党员干部146人。

（三)加强领导班子和干部队伍建设。一是严格执行《条例》精神，树立选任新导向。严格按照好干部“20字”标准，做好干部选用工作，对全县超配的干部制定了整改消化方案。二是采取多维多层方式，实现党员干部培训“三个全覆盖”，共举办了24期基层党组织书记、党员干部培训班。三是规范管理，提升干部工作科学化水平。对全县5210名干部的“三龄两历一身份”重新认定，开展了机关事业单位借用人员、“吃空饷”等专项清理工作。四是严把政策，构建刚性制度监督干部。对2012年以来违纪违规的7名干部落实了党纪政纪处分，认真落实干部政策，对14名超职数干部进行了免职。五是教育实践活动围绕抓学习、摆问题、强整改、建制度，开展了“百千万活动”，解决了天漕河二退渠污染等群众反映突出的问题474个，转变了干部作风，取得了新的成效，县委常委民主生活会受到了中央第八巡回督导组的充分肯定。六是加强基层组织建设，夯实执政基础。由县委常委和人大、政协正职分别担任11个工作组组长，对20个软弱涣散党组织进行了集中整顿，换届工作风清气正。规范“四议两公开”和“八诺”工作法，在乡镇全面推行“一评两监督”工作法，开展“双报到、双服务”活动，全年办理群众关心的热点难点问题252个，108个机关党组织与社区党组织建立了共驻共建工作机制。

（四）加强精神文明建设。精神文明建设工作围绕大局、改革创新，最大限度地集聚正能量，为全县转型发展、跨越发展提供了强大的精神动力。以培育和践行社会主义核心价值观为重点，组织开展“最美家庭”评选、“定襄好人”年度人物评选等社会主义核心价值观教育实践“十个一”活动，创办了《定襄时报》，邀请全国网络媒体来定襄进行集中宣传，被文化部授予2014-2016年度“中国民间文化艺术之乡”称号，为全县弘扬正气、凝聚正能量打下坚实的基础。

（五）全面推进法制建设。建立健全县委统一领导，人大、政府、政协各负其责，人民群众广泛参与的法治建设推进机制，达到用法治思维推进依法治县的目的。出台《中共定襄县委深入推进法治定襄建设的实施意见》，全力推进法治定襄建设。成立全县深化改革领导机构，制定《定襄县政府机构改革方案》，将部分职责相近、职责相互交叉的政府工作部门调整整合为23个，全面深化改革稳步推进。人大、政协紧紧围绕党委重大部署严监督、献良策，不断加强社情民意信息渠道、委员提案平台，县人武部、县工会、共青团县委、县妇联等部门也积极发挥各自职能，为推动定襄经济社会发展和民主法制建设做出了积极贡献。

二、解放思想，完善思路，县域经济继续稳中有进

过去的一年，定襄县深入贯彻落实省委“六大发展”和市委要求，完善“三产联动协调发展”总思路，抓改革、调结构、防风险、稳增长，经济平稳健康发展。

（一）主要经济指标有升有降。2014年，社会消费品零售总额完成15.8亿元，同比增长10.9%；规模以上工业增加值同比增长11.1%；固定资产投资完成35.6亿元，同比增长20%；财政总收入完成3.4亿元，同比下降16%；公共财政预算收入完成1.5亿元，同比下降23.1%。

（二）现代农业开始起步。成功申报国家现代农业示范区，以设施农业规模化发展为基础，聘请北京农学院编制全县现代农业总体规划、受禄千亩设施园区规划；组团赴山东寿光考察学习现代设施农业，聘请10名专业人员作为定襄县设施农业的发展团队；召开全县设施农业现场会，出台《定襄县现代农业发展实施意见》；成立瓜菜办，新建设施农业规模高效示范园区4个，全县设施农业达到7000亩。如受禄乡农民樊艳伟投资80万元，引进山东寿光的技术和品种，当年投资当年收回成本。推动以华巍牧业为代表的羊产业发展，2014年羊存栏量达到12.15万只。

（三）锻造产业整合步伐加快。以锻造产业整合提升为

核心，多次组织赴河北孟村、浙江玉环等地考察学习产业整合经验，出台了《定襄县法兰锻造产业整合提升方案》，成立了定襄县法兰锻造协会，推动整合重组。目前，已组建管家营、天宝、冠力、昊坤四个集团公司，兼并企业18户，总资产达到15亿元。法兰锻造协会作用显著，协调8户电网法兰企业、4户风电法兰企业投标报价。同时，产业的整合也促进了工业化水平不断提升，如艾斯特耐茨公司使用锻加工机器人，宝恒公司使用机加工机器人，极大地提高了生产效率和产品质量。

（四）现代服务业发展取得实效。以文化旅游为重点，大力发展现代服务业。成功举办第四届甜瓜节暨凤凰山第三届乡村旅游节，实现了“一产带三产、三产促一产”的双赢效果。凤凰山景区顺利通过国家4A级景区验收并正式挂牌，完成了总投资1.1亿元的神汤都主题酒店等4项重点工程。晟龙木雕公司总投资8000多万元的文化产业旅游示范点建设项目，主体工程全部完工。永旺集团物流园区和出口保税仓库建设项目电子交易大楼已经封顶，钢材交易市场已基本完工。

（五）服务环境进一步优化。全面落实2013年提出的扶持民营经济10条政策，对申报专利、品牌建设、技术改造的12户企业兑现了97万元的奖励支持。为县中小企业信用担保中心注入1000万元启动资金，出台《建设项目联合审批的实施办法》，组织银企对接会3次，解决贷款3.23亿元。

（六）项目建设成效明显。严格落实“八位一体”工作机制，圆满完成了项目储备、签约、落地、开工、建设、投产年底任务。如聚力环保产业园区正式启用，天宝风电塔筒项目填补了山西的空白，吉隆能源项目两台15万千瓦的机组8月份已经投入使用并网发电，申华电站空冷设备和意大利进行合资，项目进展顺利。全县项目建设取得突破性的进展，在市项目观摩活动中，荣获三等奖，全市排名第七，为近年来最好成绩。

（七）创新发展“飞地经济”模式。飞地经济走在全省前列，与忻州经济开发区共同创建忻州第一个飞地经济园区，园区已初步实现“五通一平”，有6户企业入驻，其中三户已开工建设。同时全县招商引资工作稳步推进，年初举行的招商引资集中签约仪式上，签订28个项目，总投资达63亿元；年中与中国电建集团成功签约建设9亿元的风电场开发项目。

三、民生改善，社会稳定，各项事业全面协调发展

始终抓好民生改善和社会稳定，使群众真正享受到经济发展的成果。

（一）教育提升工程稳步实施。制定了《定襄县2014年义务教育阶段学校招生工作方案》，实现城区学生公开摇号、电脑随机派位招生；在县财政极度困难的情况下，教师节拿出90余万元表彰奖励先进教育工作者，投入各类资金1500余万元，全部用于学校基础设施建设；组团赴河北省衡水市、朔州市怀仁县进行考察学习，出台定襄县教育改革实施方案；积极筹建全县职业教育中心，加快整合现有五所职业学校的教育资源，办好具有定襄特色的职业教育。

（二）乡村清洁工程效果显著。在全县155个村开展乡村清洁工程，要求9条县级公路周边97个村达到省级标准，目前74个村已通过验收并达到省级标准，达标率76.2%。全市乡村清洁工程现场观摩推进会在我县召开，农村人居环境得到极大改善。

（三）计生工作跻身全省先进行列。坚决贯彻市委、市政府“计生工作要进位争先”的要求，按照“日常工作促规范、重点工作上水平、难点工作求突破、特色工作创品牌”的思路，圆满完成各项任务，被评为全省2014年度人口和计划生育工作目标管理责任制考核先进县。

（四）安全生产持续向好。狠抓安全生产，实行党政同责，全面构建“443”体系建设，全年事故起数和死亡人数稳中有降。全市冶金机械等行业安全生产现场促进会在定襄县召开，安全生产工作得到市政府的肯定。

（五）信访工作不断加强。信访工作以控新治旧、强化预警、源头治理为工作思路，出台了《初信初访办结跟踪机制》等制度和规定，较好地解决了一些重大信访案件。如针对农民工讨薪上访问题，成立劳动纠纷领导组，组织专题研究，及时化解农民工讨薪和劳资纠纷问题，全年化解问题76件次，解决拖欠资金1386万元。

（六）平安建设深入推进。不断完善社会治安防控体系，始终保持对违法犯罪行为的高压态势，确保了全县经济秩序平稳发展。2014年，季庄乡派出所荣获“全国公安机关爱民模范集体”称号，成为山西省仅有的两个表彰对象之一。

（七）其他民生实事顺利实施。大力推广天然气等清洁能源，全县共有50户锻造企业149台加热炉使用天然气；城区集中供热扩面提质，新增集中供热面积10万平方米；实施农村安全饮水工程，解决了11个村、4900人的安全饮水问题；加大社保力度，发放农村低保金和全年电费补贴1584万元，发放城市低保金965.6万元，发放农村大病医疗救助金261万元，支付城镇职工医疗费744万元，支付城镇居民医疗费378万元；积极筹措资金，补发2012、2013年度绩效工资和津补贴7202万元；扎实推进大县城试点县工作，出台了《加快推进城镇化建设的实施意见》，历时两年的西大街延伸工程顺利通车；节能减排工作得到上级肯定，国务院机关事务管理局、发改委和财政部联合授予定襄县“节约型公共机构示范单位”。

（崔　昱）

附：一、中共定襄县委书记、副书记、常委名单

书　记：张文斌

副书记：刘　亮　王殿君

常　委：曹剑文　智志林(11月接受组织调查)　姚　朴　曲建成　张生明　朱志安（3月任职）　张文生（3月离职）

二、乡镇党委书记名单

晋昌镇

书　记：赵泽青

杨芳乡

书　记：曾一平

南王乡

书　记：郭小凤（女）

神山乡

书　记：吴建功

蒋村乡

书　记：武　强

河边镇

书　记：王志强

宏道镇

书　记：刘永清

季庄乡

书　记：刘俊良

受禄乡

书　记：王文伟

中共五台县委工作概况

县委书记　王继明

2014年，中共五台县委面对全国经济社会发展的新常态，面对山西净化政治生态、实现弊革风清的新形势，面对五台提速项目引擎、加快进位赶超的艰巨任务，五台县在省市委的坚强领导下，深入学习贯彻习近平总书记系列重要讲话精神，全面贯彻落实党的十八大和十八届三中、四中全会精神，团结带领广大干部群众，以开展党的群众路线教育实践活动为引领，全力建设宜居宜业宜游美丽新五台，全县经济、政治、文化、社会、生态文明和党的建设取得新进展新成效，巩固保持了政治稳定、经济发展、社会和谐、亮点频现的良好势头。

一、群众路线教育实践活动取得实效

第二批党的群众路线教育实践活动开展以来，，中共五台县委严格按照中央和省市委的统一部署，牢牢把握“为民务实清廉”主题和“照镜子、正衣冠、洗洗澡、治治病”的总要求，坚持聚焦“四风”、敞开大门、寻医问药、真抓实改，以整风精神锤炼党性，以担当勇气切实整改，以实际成效取信于民。在不折不扣完成好各个环节规定动作的同时，紧紧围绕群众满意这一目标，深入开展“三查三进三解”活动，以上率下、立查立改，活动取得了实实在在的成效。开展活动以来，县乡两级干部走访基层党员群众1.5万余人次，召开座谈会1200余次，征求各类意见36400余条，其中涉及“四风”问题10350条，制定了《专项整治工作方案》，集中开展了42项专项整治。2014年，县级领导、县直单位和乡镇主要负责同志帮扶村庄达到233个，累计进村次数1504次，召开座谈会466场，走访农户3621户，公开承诺条数1141条，帮助落实资金2330万元，化解信访积案69起，兴办民生实事316件，帮扶困难群众466人，帮助建立健全相关制度283个。在巩固拓展教育实践活动成果的同时，按照省市委安排部署，在全县组织开展了“学习讨论落实”活动，坚持扭住目标、严格标准，坚持领导带头、以上率下，坚持从严督导、保证质量，坚持统筹协调、进位争先，坚持宣传引导、凝心聚力，确保活动取得新成效，目前各项工作有序进行。

二、“三农”工作全面推进。

着重发展以建安、东冶、阳白、东雷为重点，以阳白、东雷为中心，以阳白为核心的第一产业和以神西、陈家庄为中心的干鲜果经济林。县财政拿出1000万元用于“三农”补贴，持续带动各类资金向“三农”涌流。园区建设如火如荼。阳白现代循环农业园区，以五台山酿酒厂为龙头，大力发展循环经济。五台山酿酒厂完成投资8800万元，年产原浆酒600吨；阳白村建成高标准温室大棚1000亩，核桃基地2300亩，优质梨果样板基地1000亩，高粱种植基地1000亩；养殖肉牛1000头、羊3000只、鸡10000只。东雷农业科技示范园区，大力推进年产1.2万台农机具制造、500万粒微型脱毒种薯生产、1000亩苗圃基地、1万头肉猪养殖、500亩蔬菜大棚项目。东雷农副产品加工产业园区，规划占地500亩，将建成全县大型农副产品加工基地、农副产品物流基地和特色旅游农副产品供应基地。东雷扶贫移民新区，规划占地251亩，建设26栋6层住宅楼，可容纳1908户、6678人，已建成5栋6层住宅楼，可容纳348户、1218人。龙头企业茁壮成长。金道物流有限公司，集仓储、物流、加工、批发为一体，储、运、销一条龙运营。北京中扶惠邦投资有限公司，在高洪口乡实施生态农业科技和新农村建设相结合的新型扶贫示范项目。籽粒苋和万寿菊种植初具规模。一是推广籽粒苋种植。县财政每亩补贴100元，按照“大分散、小集中、以养殖户为主体”的原则推广籽粒苋种植，全县种植面积达到1.2万亩。二是推广万寿菊种植。采取公司+专业合作社+农户的模式推广万寿菊种植，为佛教圣地增添了靓丽风景线。

三、工业发展后劲增强

以工业园区为载体,重点发展以豆村、蒋坊为中心的第二产业，以茹村、白家庄为中心的煤炭产业,培育加工制造业集群，壮大煤铁铝镁电支柱产业，工业发展后劲不断增强。高标准建设工业园区。全力扶持两个工业企业。扶持年产1万台的德奥电梯有限公司。德奥电梯有限公司是山西省唯一一家集电梯设计、制造、安装、维修保养为一体的现代化企业，主要采用德国技术和设备，于2013年10月签约开工，2014年9月21日投产，创造了令人瞩目的德奥速度。

四、文化旅游产业加速发展

重点发展清水河高洪口以上地区以旅游地产和旅游服务业为主的第三产业。五台山改造提升工程扎实推进。投资5亿元的清水河流域环境治理与生态建设河道治理一期工程、“两桥”改建工程、生态修复工程已完工，河道二期工程水景部分和河道治理部分分别完成投资1000万元、1300万元。投资1.25亿元的“气化五台山”项目完成主管道和部分支线管道铺设，10个单位天然气设备已先期投入使用。投资870万元的显通寺等重点寺庙修缮工程已完工。投资3960万元的旅游服务基地中小学校和投资1296万元的医院均已完工。五台山景区与山西投资集团签订旅游发展合作框架协议，以大集团增资扩股方式对景区现有旅游企业进行重组，有效整合旅游资源，进行全面深度合作开发，五台山文化旅游发展跨上新的平台，必将迎来勃勃生机。

五、县域形象有力提升

2014年，县委、县政府继续重点发展以台城、沟南为中心的城市建设、房地产开发、现代物流产业，按照高起点规划、高标准建设、高水平管理的要求，进一步提升县城品位，加快城镇化建设步伐。城市管理渐趋规范。不断加大执法监察力度、完善城市管理制度，依法整治环境卫生和交通秩序，清除各类小广告2万余条，美化粉刷墙体2000平方米，整改广告牌匾1200平方米，创卫成果得到巩固延伸。基础设施更加完善。新建了湖滨大街东延道路、迎宾北路北延等10条道路，实施了文昌路两旁约2万平方米的喷涂工程，实施了文昌山公园后期工程及县城园林绿化工程。乡村清洁工程全面铺开。乡村清洁工程配套资金全部落实，573个行政村清扫保洁、垃圾统一清运、村容村貌整治全面开展，农村人居环境不断改善。城镇化建设扎实推进。东冶镇是山西省首批“百镇建设”乡镇，为提高东冶镇综合承载能力，带动全县加快城镇化建设步伐，启动建设东冶商贸区。

六、社会事业协调发展

改造农村幼儿园1所；改造农村危房300套；培训新型职业农民240人；易地扶贫搬迁工程建设住房144套，完成年度任务。教育、医疗、就业等民生工作全面推进。高考二本以上达线511人，达线数和达线率均创历史新高。总投资1080万元的职业中学餐厅、宿舍楼建设工程抓紧推进。全县城镇新增就业3325人,完成率110%，城镇登记失业率控制在了4.02%。保障性住房建设工程稳步实施。年度建成续建项目216套。年度计划新开工保障性住房180套，实际开工198套。狠抓节能降耗，制定了《五台县2014年节能调控实施方案》，积极推行能耗交易机制，深入开展环境安全隐患专项排查整治。完成造林绿化任务3万亩。全年二级以上天数365天，氨氮、二氧化硫、氮氧化物、工业粉尘、烟尘五项指标均在控制范围内，蓝天碧水、清新空气和干净的水成为五台人民的生活常态。

七、全面加强党的建设

贯彻从严治党各项要求，认真落实党风廉政建设党委主体责任，积极支持纪委落实监督责任，党风政风持续好转。进一步建立健全惩治和预防腐败体系，强化领导干部日常教育、管理和监督，保持惩治腐败高压态势，积极营造“不敢腐、不能腐、不想腐”的政治氛围。紧紧抓住“主体责任”，研究出台了《关于落实党风廉政建设党委主体责任和纪委监督责任的实施意见》，配套制定“责廉双述双报”等十项制度，深入开展了“两个责任”落实情况专项巡查，组织召开了主体责任专题汇报会，各级党员干部落实“两个责任”的自觉性和主动性得到有力提升。强化党风党纪廉政教育，组织全县副科以上干部参加了廉政学校在线教育培训和廉政考试，加强警示教育，组织廉政教育活动36次，播放《人在做天在看》等警示教育片190余场。全县573个行政村、478个农村支部圆满完成了第十届村“两委”换届工作。以营造弊革风清的政治生态为目标，切实加强领导班子和干部队伍建设。

（田志宏）

附：一、中共五台县委书记、副书记、常委名单

书　记：王继明

副书记：武新亮　刘炳龙　孟宏斌

常　委：刘建坤　李　泽　杜立新（3月离职）
李秀云　赵永平　王根伟　左百胜
戴志刚（3月任职）

二、乡镇（景区、办事处）党（工）委书记名单

东冶镇

书　记：赵补文

建安乡

书　记：白　冰

阳白乡

书　记：马旭忠

神西乡

书　记：郑建康（12月离职）

台城镇

书　记：张文荣

沟南乡

书　记：师泽喜

东雷乡

书　记：刘志勇

白家庄镇

书　记：闫海龙

茹村乡

书　记：陕爱华

陈家庄乡

书　记：罗恩波

豆村镇

书　记：刘会平

蒋坊乡

书　记：左拴生

灵境乡

书　记：边俊根

高洪口乡

书　记：郝俊杰

耿镇镇

书　记：白俊清

门限石乡

书　记：姚云萍（女）

石咀乡

书　记：白建伟

台怀镇

书　记：戎智信

金岗库乡

书　记：韩世恩

驼梁景区

书　记：金永安

居民办事处

书　记：武降伟

中共代县县委工作概况

2014年，代县县委认真贯彻党的十八大和十八届三中、四中全会精神，面对种种压力和挑战，把握和驾驭各种复杂局面，落实中央和省市重大决策部署，统筹推进经济、政治、文化、社会和生态文明建设，全面加强党的建设，着力开创新局面、营造新风气，各项工作取得新进展。

一、深入学习贯彻习近平总书记系列讲话精神和省委王儒林书记重要讲话精神，扎实开展党的群众路线教育实践活动和学习讨论落实活动

县委始终把学习贯彻习近平总书记系列重要讲话精神和省委王儒林书记重要讲话精神作为一项重大政治任务，不断加深对党的十八大精神和中央重大决策部署的理解和把握。各位县委常委带头研读讲话原文，县委理论学习中心组多次举行专题学习会，县委专门下发文件对全省学习贯彻作出部署，推动讲话精神进学校、进农村、进社区。按照中央、省委和市委的安排部署，组织全县799个党组织、9879名党员，分县、乡、村三个梯次开展了以“为民、务实、清廉”为主题的党的群众路线教育实践活动，认真贯彻“照镜子、正衣冠、洗洗澡、治治病”总要求，坚持“十个贯穿始终”，精心组织，统筹安排，教育实践活动取得预期效果。24项整改任务已基本完成,49个方面专项整治任务全部制定了具体方案并取得了阶段性成效，个别由于政策、时间等因素限制的任务也在按进度要求有序推进中；91项制度建设计划已制定（修订）并发布77项，其余14项已形成草案，待市委相关文件发布后，进行对接并正式制定发布。县四套班子党员领导干部列出的350条个人“四风”清单整改问题，已全部完成销号，并长期巩固中。12月6日全县召开学习讨论落实活动动员大会，紧紧围绕主题，提出7个方面25项66条落实任务；全县84个县直单位和11个乡镇于12月中旬全部启动学习讨论落实活动，按要求、按步骤正在扎实有序开展。通过扎实开展以上两项活动，进一步凝聚了全县人民同舟共济、共克时艰的强大力量，增添了谱写“中国梦”代县篇章的坚定信心。

二、认真落实省委巡视意见，积极开展整改落实工作

县委把省委巡视组反馈意见整改落实作为重大政治任务来抓，认真落实“三严三实”要求，坚持高标准、严要求，加强领导，明确职责，强化督查，各负其责，坚决抓好整改落实。全力推进党风廉政建设和反腐败工作，进一

步加大查办案件工作力度，积极推进廉政风险防控管理工作。针对巡视组提出的“村财乡管执行不到位”、“政务、村务公开不及时、不到位”等问题，开展纪律作风集中整治，对全县作风问题进行通报，对违反工作纪律的工作人员给予相应的党纪政纪处分。重点加大对单位人员超编、超职数配备干部、领导干部企业兼职、违规进人等问题的整治。坚决执行中央“八项规定”，深入解决“四风”问题，查处违反“八项规定”案件5个，处理18人；大幅压缩“三公”经费，2014年，全县“三公”经费同比下降22%，会务费同比减少49%，文风会风明显改善，巡视整改工作取得显著成效。

三、落实各项重大决策部署，推进全县经济持续健康发展

面对特殊困难和严峻挑战，始终坚持稳增长、促改革、调结构、惠民生工作要求，保持专注发展定力，牢牢把握稳中求进工作总基调，把握科学发展、加快发展工作指导思想，创新实施“三大战略”，着力建设实力活力魅力代县。及时制定实施抓投资、稳工业、促消费、推进城镇化等一系列政策措施，防止了经济增速过快下滑。全年地区生产总值完成52.8亿元，同比增长5.1%；规模以上工业增加值同比增长3.5%；固定资产投资完成45.7亿元，同比增长35.9%；社会消费品零售总额完成8.4亿元，同比增长11.7%；财政总收入完成12.6亿元，同比负增长4.9%；公共财政预算收入完成6.1亿元，同比增长8.9%；城镇常住居民人均可支配收入20726元，同比增长7.7%；农村常住居民人均可支配收入4562元，同比增长10.7%，全县经济运行总体平稳。

项目建设取得新成果。扎实开展“项目见效年”活动，继续实行县领导包项、督查、挂牌督办等制度，全面抓好项目“八位一体”工作各环节，强力推进项目建设。全年项目签约完成85.9亿元；落地项目54个，完成投资47.12亿元；开工项目38个，完成投资46.07亿元；28个省市重点项目完成投资42.25亿元；投产项目37个，完成投资47.34亿元；完成项目储备582亿元。10亿以上重大产业分类考核项目，峨口铁矿露天转地下开采工程项目完成投资8.05亿元；5亿元以上项目，大唐沟掌风电项目完成投资1.2亿元，代县国际商贸物流城项目办理了土地和备案立项手续；2亿元以上项目，久力新型建筑材料新建尾矿砂微晶石和尾砂磁化复合肥生产项目完成投资0.89亿元，三山、泰丰等4家铁矿综合技改项目竣工投产。项目建设各项考核任务全部圆满完成，为全县经济平稳快速发展提供了强大动力。

转型发展取得新进展。工业以铁为基，从加快传统产业升级、延伸产业链条、推动传统产业转型发展等方面，着力走多元化发展之路。13家重点企业实施了15个铁精矿粉技改升级项目，矿山企业标准化建设取得重大突破，资源利用率大幅提高，效益显著增强。久力尾矿砂制砖项目延伸产业链条，效益日益显现，微晶玻璃和磁化复合肥项目研发成功。着力培育新型产业，200万吨水泥技改扩建项目进入试生产；6000吨混炼胶绿色循环经济项目填补了华北地区混炼胶产业空白。雁门关风电项目、国际商贸物流城项目扎实推进。“一心四线”文化旅游发展全面推进，雁门关景区旅游循环公路建成通车，5A景区创建工作通过初审。进一步加大文化旅游产业开发和宣传力度，发行形象宣传片套装、旅游形象画册和《雁门旅游文化丛书》。大力扶持文化产业发展，培育各类文化企业66家，天顺昌、杨氏古建、雁门刺绣、华亭环艺等龙头企业不断壮大。

三农工作稳步前行。全县粮食总产8062万公斤，同比增产8.9%。新发展“一村一品”示范村18个，“一村一品”专业村发展到72个。全县种、养、加等各类农民专业合作社累计达到730个，其中，省级示范社14个，市级示范社26个，县级典型示范社59个。大力发展肉鸡养殖和羊产业发展，肉鸡饲养量达到300万只，羊饲养量达到30万只；加快结构调整，扩大水果玉米、杂粮、辣椒、核桃和仁用杏等特色农产品种植面积，农业产业化龙头企业达到10多家，农产品销售收入达到3.85亿元。实施了小型农田水利重点县建设、关沟河和二虎寺河河道综合整治项目，完成中解水库、寨沟水库等六座水库的应急专项除险加固工程，全县11座小型水库全部实现除险加固。制定实施《代县改善农村人居环境2014年行动计划》，农村人居环境得到改善。完成350人的新型职业农民培训。集中力量打好扶贫攻坚战，全县236个贫困村、5.83万贫困人口的精准扶贫建档立卡工作顺利完成；6家企业实施“百企千村”产业扶贫工程，转型农业项目投入4.43亿元；完成1500人贫困人口易地扶贫搬迁任务和1万人的减贫任务。

深化改革扎实推进。积极做好政府机构改革工作，完成工商、质监人员编制交接工作，印发《代县人民政府职能转变和机构改革方案》，各项具体工作有序推进。县本级行政审批项目由49项调整为53项。深化财税体制改革，加强预算执行管理，规范财政支出，将所有的政府收支全部纳入预算管理；积极开展清费立税，全面清理涉企负担行政事业性收费，取消了公路建设基金等涉企行政事业性收费。交通铁路运输、电信业、邮政服务业和部分现代服务业实行了“营改增”。深化金融体制改革，积极搭建政银企平台，着力扶持“三农”、小微企业发展，全年累计投放支农贷款14.78亿元、小微企业贷款15.3亿元。3个村的土地承包经营权确权登记试点工作全部完成，取得了阶段性成果。工商注册登记前置审批改为后置审批事项全面落实。

四、加快推进城镇化进程，城乡面貌明显改善

深入开展“城建攻坚年”活动，狠抓市政设施建设和环境卫生综合整治，完善城市功能，提升城市整体水平，县域城镇化步伐进一步加快。

强化市政基础设施建设。旧城方面，实施了湿地公园二期、市容改造整治、县城主次干道改造、管线入地、城

中村改造、垃圾填埋场、市场、公厕、供热站、汽车站等市政建设重点工程。对23条主次干道20.43公里的道路进行立体化改造；新铺设给排水管、供热、强弱电、天然气管线106公里，更换和安装路灯577盏，新增绿化面积6.4万平方米；新建供热规模约120万平方米的集中供热站1座，对城东两座供热站管网进行扩容改造；建成4座集贸市场、14个公共卫生间，旧城市容市貌明显改善。新城方面，体育场馆主体工程全部完工，供热站投入运营，新建四条道路基本完工。

强化市容整治和规范建设秩序。整修城区残墙断壁，粉刷临街房屋、墙壁、卷闸。取缔占道商贩，规范店外经营，统一更换商店广告牌匾；增加环卫清洁人员，增配垃圾清运设备，扩大卫生保洁范围，延长清扫保洁时间，县城面貌焕然一新，人居环境显著改善。深入开展在建工程建筑市场监督和工程质量安全执法检查，通过规范市场准入、严格施工许可、完善监管平台，进一步规范了全县的建设秩序。

强化环境综合整治。积极落实大气污染防治行动计划，太钢峨口铁矿球团实施了烟气脱硫工程，集中取缔14台燃煤锅炉及545台分散小采暖炉，推广使用天然气锅炉11台、壁挂炉105台；结构关停选矿厂5家，淘汰黄标车、老旧车988辆，建成机动车尾气检测站一座，PM2.5监测设备即将投入运行；县污水处理厂提标改造工程、峨口污水处理厂项目有序推进；108、208国道和繁五线沿线开展路域环境综合治理，两侧实施了绿化、硬化、美化工程；6项减排约束性指标基本完成目标任务。加大造林绿化工作力度，按照“一河一城、两路两山、百企百村”的造林绿化思路，完成营造林4万亩，山杏改接仁用杏6000亩，实施了6条道路、7个景观节点的绿化，为建设美丽代县奠定了坚实的基础。

五、着力保障和改善民生，各项社会事业全面发展

加大民生投入，着力解决重点地区、重点人群、重点问题。加快教育、卫生、就业、社会保障等民生事业发展，构建基本民生保障“安全网”。县直第二幼儿园投入使用，第三幼儿园基本完工，5所农村幼儿园新建、改扩建任务全部完成，幼儿入学率达80.3%。新农合管理水平逐年提升，参保率达99.97%；全县11个乡镇卫生院、120个村卫生室实现基本药物网上采购；全年新增就业人数3148人，城镇登记失业率为3.5%；解决了16个村8所学校8726人的饮水不安全问题；建成15个农村社区老年人日间照料中心；开工建设棚户区改造538套，完成保障性住房990套，分配保障性住房357套，执行绿色建筑设计标准1.1万平方米。城镇居民医保补贴标准提高40元，16068名城乡低保和1716人五保供养对象提高了保障标准，实现了应保尽保。对鳏寡孤独等困难群众采取特殊帮扶措施，守住“保基本”的底线，有针对性地解决群众实际困难，顺利实施了五件惠民工程，让发展的成果更多地惠及了人民群众。

六、加强宣传思想文化工作，丰富群众精神文化生活

加强中国特色社会主义理论体系和社会主义核心价值观教育，深化公民道德建设和群众性精神文明创建活动。宣传树立雁门关道班、崔艳阳、道德模范等先进典型，提炼发布“雁门精神”表述语；广泛开展文明和谐单位、乡镇、村及五好文明家庭等群众性创建活动。大力实施主流舆论壮大工程，出台《舆论监督管理办法》《网络举报管理办法》及《加强新闻宣传五支队伍建设实施意见》等制度，开通“代县发布”、“掌上代县”等新兴媒体平台，讲好代县故事，传播代县声音，历史文化名城形象进一步提升。深化文化体制改革，促进文化事业发展，加大对基层、农村和贫困地区的支持力度，不断丰富城乡群众精神文化生活。加大文化遗产保护力度，争取国家、省级项目资金300万元，县级配套30万元，社会捐资100万元，实施文庙消防工程，晋王墓、羊舌寺修缮工程。完善公益性文化事业单位岗位竞聘制和绩效考评制，县电影公司、县剧团完成转企改制。积极开展文化惠民服务，举办“送戏下乡”、“消夏晚会”等文艺活动，全年为全县366个行政村和44所寄宿制中小学校学生放映公益电影5401场，免费送戏下乡392场，受教育人数累计达70余万人次，极大地丰富了群众精神文化生活。

七、大力推进法治代县，强化民主政治建设

县委出台《关于贯彻落实党的十八届四中全会精神、全面推进法治代县建设的决定》。多次专题研究政法工作，重点推进科学立法、严格执法、公正司法、全民守法，提高各级干部运用法治思维和法治方式推动工作的能力，努力在全社会形成人人守法、依法办事的浓厚氛围。大力支持县人大及其常委会依法行使职权、开展工作，加强法律监督和工作监督，严格检查法律法规贯彻落实情况。推动协商民主广泛多层制度化发展，完善民主监督机制，县政协在推动发展、改善民生、促进和谐中发挥了重要作用。支持工会、共青团妇联等群团组织依据章程开展工作，全县建立“青年就业创业见习基地”6个，100%的村妇代会建起妇女之家，工会规模进一步壮大，广大职工主力军作用充分发挥，为全县经济社会发展做出了积极贡献。

八、全力优化发展环境，维护全县社会稳定

开展了创优发展环境“十大”行动，围绕加强和创新社会管理，切实维护全县社会稳定。妥善处理社会关注的热点问题，严格落实重大项目社会稳定风险评估制度，集中解决信访老案积案，主动化解各类社会矛盾，全县信访形势稳定持续向好。加强社会治安综合治理，“六场硬仗”成效显著，“六项整治”进一步推进。全年调处各类矛盾纠纷408件，社会面管控进一步扩展，基层社会服务管理体

系运行取得新突破。狠抓安全生产，强化红线意识，严格落实“443”安全监管体系和“党政同责、一岗双责、齐抓共管”安全生产责任体系，全面推进安全生产标准化建设、采空区治理、风险防控管理、安全教育培训、档案管理、日常监管，政府监管责任和企业主体责任得到进一步落实，全年未发生一起安全生产事故，为推进改革发展营造了安定有序的良好环境。

九、扎实开展军民共建，强化党管武装工作

改善民兵分队和基层武装部的装备建设和基础设施，大力推进民兵整组训练，圆满完成征兵任务。高度重视国防动员干部队伍配备，大力加强专武队伍建设，加大军地干部交流力度，选强配齐民兵干部，377个行政村全部配备民兵干部，200多民兵干部进入村“两委”班子，60多名后备干部担任村主要领导。扎实开展“双十双百”活动，大力开展扶贫帮困活动，组织民兵参与实施雁门关千亩荒山治理工程，充分发挥民兵应急分队在维护治安、应急抢险、森林灭火等方面的作用，军民融合式发展有序推进。

十、坚持从严管党治党，全面加强党的建设

强化学习教育，制定《代县2013－2017年干部教育培训规划》，举办各类培训30余次，全县干部素质进一步提升。全面组建党代表工作室，扎实开展双向民事代理代办制，有序推进“两委”换届，专项整治软弱涣散基层组织，基层组织服务水平显著提升。认真落实习近平总书记提出的“好干部”标准，系统谋划、整体推进干部人事制度改革，深入学习新的《党政领导干部选拔任用工作条例》，出台《关于加强领导干部队伍建设的意见》和6个配套文件，全力做好干部监督管理工作，着力抓好班子、带好队伍。强化反腐倡廉建设，严明政治纪律和组织纪律，加大惩治腐败力度，从我省系统性、塌方式腐败案件中汲取教训，从严加强干部教育和管理，强化权力制约和监督，全面落实党风廉政建设责任制，制定《建立健全惩治和预防腐败体系2013—2017年工作规划》，全县首批45个单位清理出权力事项5652项，全部进入权力规范化网上运行平台；加快惩防体系信息网“一网六平台”建设，强化行政监察和审计监督，严肃查处违纪案件，党风廉政建设和反腐败工作取得新的成效。

（李润玖）

附：一、中共代县县委书记、副书记、常委名单

书　记：霍富荣（12月涉嫌严重违纪违法，接受组织调查）

副书记：郝江陵（女）　赵继先（女）

常　委：白凤山　韩建保　贾明亮　陈月峰　赵永强　袁　斌（3月离职）　缪海洋（3月任职）

二、乡镇党委书记名单

上馆镇

书　记：张东家

峨口镇

书　记：陈文秀

阳明堡镇

书　记：张英瑞

枣林镇

书　记：李纪东

聂营镇

书　记：杨建勇

滩上镇

书　记：李　诺

新高乡

书　记：宋太平

峪口乡

书　记：蔚利平

磨坊乡

书　记：石高岚（女）

胡峪乡

书　记：高步峰

雁门关乡

书　记：杨建东

中共繁峙县委工作概况

县委书记　范波涛

2014年，繁峙县委贯彻落实中央、省、市各项决策部署，坚持稳中求进、改革创新的总要求，以党的群众路线教育实践活动为统领，全力保持经济稳定增长，全面推进经济、政治、文化、社会、生态文明建设和党的建设，各项工作稳中有为、稳中有进，取得了新的成效。

一、深入学习贯彻习近平总书记系列重要讲话精神，认真落实中央和省委、市委各项工作要求，坚决与中央和省委、市委保持高度一致

（一）高标准高质量开展党的群众路线教育实践活动，建设了群众满意的“两大平台”。党的群众路线教育实践活

动启动后，县委常委班子带头开展活动，指导联系点扎实做好三个环节的工作，推动“学、查、改”和“访、知、解”有序进行，以严肃态度开好专题民主生活会，经历了一次严格的党内政治生活锻炼。科学谋划教育实践成果转化、固化工作，推出“两大平台”建设。“全民综合服务信息平台”已建成并投入运行，共计纳入14类378项家庭人口信息，录入城乡家庭6.98万个，信息量达到530余万条，进一步畅通了民意诉求表达渠道。“廉政风险防控管理平台”，实现了“制度+科技”防控廉政风险的综合效果。

（二）强化责任担当，认真开展学习讨论落实活动。12月5日启动学习讨论落实活动，县委提出“321”重点工作思路（“三”就是安全生产工作、信访积案化解攻坚转段工作和矛盾纠纷大排查大调解三项重点工作。“二”就是两大平台的探索完善。“一”就是建设党风廉政建设警示教育基地），指导全县102个活动单位，在学习讨论基础上，深入反思剖析全县政治生态方面存在的突出问题和形成原因，明确努力方向，着力在落实“两个责任”、保持“三个高压态势”、开展“五项整治”等七个方面取得扎实成效。

（三）主动适应经济发展新常态，努力保持经济平稳增长。采取领导进企、政策支持、金融帮扶等综合措施稳定工业生产，促进了经济持续平稳健康发展。全县GDP完成63亿元，同比增长5%；工业总产值完成126.64亿元，同比增长6.8%；固定资产投资完成74.71亿元，同比增长22.4%。继续加大项目攻坚力度，从洽谈、落地、建设、投产各个环节对项目进行全程跟踪和优质高效服务，推进“项目见效”。全县共实施重点项目135个，完成投资64.6亿元。“六位一体”项目建设考核中，38个省市重点项目建设完成投资59.94亿元，占年度计划的107%。破解“立体困局”，加快推进经济结构优化和产业转型升级。中兴实业有限公司年产5万吨卡盘铸件项目8月投产。华茂公司淘汰落后减量置换技改升级特种钢建设项目完成投资5亿元，后峪铜钼矿项目全年累计完成投资10.62亿元。华能上浪涧、小庄风电项目和云雾峪风电场二期项目实现投产，共完成投资12.69亿元。滹源通用机场建设项目飞行程序设计、机场选址报告已编制完成，列入全省基础设施领域引入社会资本首批40个项目中。

二、以农民增收为核心，全力抓好“三农”工作，加快推进农业现代化

一是加快发展现代特色农业。推进设施农业示范园区提质增效。全年发展设施农业900亩，培育设施农业示范园区7个。集义庄现代有机农业示范区成为目前忻州市规模最大、标准最高、设施最为完善的高效设施农业生态科技示范园区。笔峰农副产品加工园区实施了宝山鼎盛三期工程、宏钜大磨坊小杂粮加工基地建设、绿源亨通农产品精深加工等三大重点项目，完成投资1.72亿元。猪、牛、羊、鸡四业并举，全年新建标准化养殖小区11个、各类规模养殖场36个，发展规模养殖户2857户。全县“513”龙头企业完成销售收入2.9亿元。二是不断加大扶贫开发力度。百企千村产业扶贫开发项目第一批确定16户重点企业，上马9个项目，总投资8.2亿元。识别贫困村213个，贫困人口75140人，已录入精准扶贫建档立卡信息平台，并落实了帮扶单位。扎实推进易地扶贫搬迁工程，出台了移民房分配办法，繁城片、大营片、东山片共分配移民房1019套，安置移民3567人。三是大力改善农村人居环境。按照“五美”要求，重点开展了13个乡镇的15个美丽宜居示范村建设。四大工程顺利推进，共完成投资7.16亿元。

三、以“大干城建年”为引领，加大城镇建设管理力度，加快县域城镇化步伐

全力推进城区基础设施重点工程建设。滹沱河源头环境综合治理县城段东延伸项目完成投资5033万元。总投资8456万元的南循环工程完工。县城道路维修工程（一期）完成投资988万元。东牌楼环境整治绿化建设项目完成投资650万元。实施光华街西延伸工程，完成投资840万元。新建城区公厕3座、改建2座。砂河镇区供水、供热、污水处理管网和天然气二期工程及镇区宾馆升级改造工程等6个市政项目已按照年初计划完成；北坡森林公园二期工程完成绿化面积1.3万亩。围绕“国家卫生县城”二轮复检，不断提高城镇管理水平。

四、以促进社会和谐稳定为目标，着力改善民生和加强社会治理，人民群众的幸福指数不断提高

一是促进教育事业优先发展。全年安排教育支出3.93亿元。从春季开始，对中小学特困学生1129人发放了助学金；秋季学期率先在全市启动普通高中教育免学费工程，为4600多名普通高中在校生减免学费；整合帮扶资金对大学生进行了集中统一救助。投入5100多万元改善城乡中小学和农村幼儿园办学条件。成功承办全国区域推进课堂教学改革繁峙现场会，13所试点学校形成了特色高效课改模式。全县高考二本B类以上达线351人，创高考达线人数的历史最高纪录。二是大力发展卫生事业。全年医疗卫生事业支出达到1.71亿元。新农合筹资标准由340元提高到390元；12类国家基本公共卫生服务项目和6类重大公共卫生项目全面实施。进一步巩固国家基本药物制度，全县13个乡镇卫生院和8个分院网上集中采购药品933.5万元。投资83万元新建了县急救中心，县中医院建设完成投资3600万元。计生工作实现了“保优争先”的既定目标。三是千方百计扩大就业。全县城镇新增就业3165人，下岗失业再就业1064人，创业带动就业407人，转移农村劳动力3405人，困难群体就业302人，公益性岗位安置高校毕业生50人，城镇登记失业率控制在3.5%以内。四是全面加强社会保障。进一步做好城乡社保提标扩面工作。机关事业单位养老保险参保202家单位7669名职工，占市下达指标的107%。企业养老保险参保单位实现全覆盖。新农保参保人数达到

14.63万人，完成年度任务的105%。新农合参合率99.94%。

五、以提升区域竞争力为根本，持续加强环境建设，品牌繁峙逐步叫响

卫生环境方面。全县13个乡镇、402个行政村共配备保洁人员1297名，配备卫生监督人员58名，建立健全了城乡卫生保洁的长效管理机制。生态环境方面。扎实推进污染减排工作。二氧化硫、化学需氧量、氨氮、氮氧化物、烟尘、工业粉尘六项主要污染物分别减排74.5吨、205.9吨、37.8吨、12.7吨、145.6吨、128吨，全年二级以上天数362天。围绕创建“省级园林城市”和“省级生态县”，按照“两山建体系、两丘建基地、两网建景观、整体出效益”的布局思路，提出用三年时间实施“13232”林业重点工程。全年完成投资1.2亿元，荒山造林6万亩，干果经济林建设1.5万亩，通道绿化35.58公里，山地公园提升工程2处，全县森林覆盖率达到20.59%，被评为省林业生态建设“三加三不减”先进县。政务环境方面。继续深入开展以“端正政风行风，优化发展环境”为主题的民主评议政风行风活动，对全县55家单位部门共提出15条意见建议，并督促整改。人文环境方面。大力培育和践行社会主义核心价值观，通过设立大型宣传牌和LED电子显示屏滚动播放公益广告方式，对公民道德养成进行潜移默化。围绕文明和谐创建活动，表彰了“十行十佳”和精神文明建设先进单位，评选出10位“繁峙好人”。

六、加强民主法制建设，凝聚转型跨越发展的整体合力

坚持统揽全局、协调各方的原则，进一步推进民主政治建设和法制建设。县人大组织12次调研和执法检查，对2014年全县重点工程和15件实事完成情况进行了视察。县政协围绕农村居民最低生活保障、老百姓看病贵取药难等八个方面的问题，认真开展调研和视察活动，形成了有价值的调研报告8篇和各类社情民意53篇。启动省级“双拥模范县”创建工作，推动了军民融合深度发展。加强法制宣传教育，组织了县委理论中心组宪法专题学习和全县领导干部“弘扬宪法精神，建设法治中国”报告会，深入推进“六五”普法工作，引深法律“六进”活动，不断增强全民法治意识。支持工、青、妇开展工作，充分发挥桥梁纽带作用。

七、加强和改进宣传思想文化工作，不断激发改革发展的正能量

一是着力打好舆论宣传主动仗。坚持“三贴近”要求，在各级主流媒体上大量发表反映繁峙经济社会发展的优秀新闻作品，为全县经济社会发展营造了良好的舆论环境。在市级以上纸质媒体发稿476件，其中国家级媒体发稿3件，省级媒体发稿86件；在电视媒体发稿379条，其中省台23条，发稿量排名全市第一。二是全面繁荣文化事业。新建43个农村文体活动室，组建17支文艺队伍。县文化馆、图书馆继续对全社会免费开放。举办了繁峙县第三届“大杏奖”“三民”舞台艺术大赛，获奖作品巡演26场。完成4824场农村公益数字电影的免费放映和24场市、县免费“送戏下乡”。对国家级非物质文化遗产“繁峙秧歌”进行了抢救保护。平型关关城东门修缮保护工程主体已完工。三是大力发展文化旅游产业。200万文化产业发展基金列入财政预算。投资1.5亿元，实施了大明烟生态旅游、生态农业旅游度假区、伯强红色景区毛主席路居地开发等项目；完成了省美丽乡村旅游扶贫重点村的申报工作，上报10个旅游重点村。全县旅游总收入13.8亿元。

八、加强领导班子和干部人才队伍建设，造就转型跨越发展中坚力量

一是认真执行民主集中制，切实加强领导班子建设。坚持集体领导和个人分工负责相结合，坚持“三重一大”集体讨论决策制度，重大决策部署、干部任免、重大项目安排以及大额资金使用等，均严格依照民主集中制要求，召开县委常委会集体研究，集思广益作出决定。对涉及到全县改革发展的重大事项，吸纳县人大、政府、政协班子成员和乡镇、部门部分负责同志参与，进一步提高了县委决策的民主化、科学化水平。二是创新选人用人机制，着力建设高素质的干部队伍。坚持组织调训、干部选学、在线学习“三位一体”的干部教育培训模式，着力抓好集中轮训和专题培训，先后邀请省委党校、中北大学8名专家教授作专题讲座。注重培养选拔适应转型跨越发展要求的好干部。调整干部13人，都严格按照有关程序进行。坚持从严管理干部，建立和完善“四三二一”干部选任监督机制，切实防止干部“带病提拔”。三是注重基层基础，全面加强基层党组织和党员队伍建设。以“基层组织提升年”活动为载体，全面加强各领域基层党建工作。对农村（社区）“两委”成员、骨干党员2315人实施了“领头雁”延伸培训。整顿全县40个软弱涣散农村、社区党支部。大力实施“党的政治生命工程”，全年共培养入党积极分子570名，发展党员187名。56家新社会组织建立了党组织。全县402个行政村、344个村党支部和8个社区居委会全部完成了换届选举任务。

九、认真履行党风廉政建设主体责任，不断提高反腐倡廉建设领导水平和工作成效

（一）认真落实“两个责任”。主动适应从严治党新常态，立足于净化政治生态、实现弊革风清，把主要精力用在总揽全局和党风廉政建设与反腐败斗争等党务工作上，努力构建使党员领导干部“不敢腐、不能腐、不想腐”的制度机制和工作格局。县委先后5次召开常委会研究部署全县党风廉政建设工作，制定出台了《关于落实党风廉政建设党委主体责任和纪委监督责任的实施意见（试行）》和签字背书、责任分工、分析研判等10项约束制度，强化了刚

性约束。

(二)全力支持纪检监察机关“三转”，保证纪检监察机关专心履行监督职能。推动纪检监察机关“三转”，将纪委牵头或参与的各类议事协调机构由115个调整精简为12个，下发通知，明确纪委书记、纪检组长在党委、党组中不分管其他业务工作，保证专司监督之职。

(三)加强作风建设，坚决纠正损害群众利益的行为。紧密结合第二批党的群众路线教育实践活动的开展，强化问题导向，深入开展“门难进、脸难看、事难办”、文山会海、“三公”经费开支过大、超标超配办公用车和办公用房、借婚丧之机敛财等专项整治，狠刹公款送月饼、节礼等行为。全年查办“四风”方面案件18件。查实享受低保对象中财政供养人员31户45人，追缴最低生活保障金31.05万元。查实新农合运行过程中存在的冒名顶替住院骗保、医疗机构虚假住院骗保等六类问题，对相关责任人进行了责任追究。

(四)标本兼治，着力构建“不敢腐、不能腐、不想腐”的反腐败制度体系。深化“六权治本”，促进干部清廉。“不想”方面，坚持用身边事教育身边人，组织录制了警示教育片，规划建设了繁峙县党风廉政建设警示教育基地。“不敢”方面，共查处各类违法违纪案件111件(次)，其中移送司法机关4件。“不能”方面，将廉政风险防控管理平台作为规范权力运行、实现公权晾晒的重要抓手，开展了清权确权工作，排查了廉政风险，固化了权力清单，全县132家单位和256个基层站所实现廉政风险防控工作“全覆盖”，科技防腐的效果逐步显现。

(赵秋水)

附：一、中共繁峙县委书记、副书记、常委名单

书　记：范波涛

副书记：孔保宝　杨松树　曾　涛(挂职，3月任职)

常　委：李宝山(3月离职)　钟文秀　姚力山　郑建国(3月任职)　刘燕萍(女)　王彦清　郭建中

二、乡镇、办事处党委书记名单

繁城镇

书　记：张龙恩

砂河镇

书　记：师天阳

大营镇

书　记：韩　敏

杏园乡

书　记：王志胜

光裕堡乡

书　记：张世龙

下茹越乡

书　记：韩红英(女)

集义庄乡

书　记：何卫峰

东山乡

书　记：张巍

金山铺乡

书　记：李　勇

横涧乡

书　记：方笔计

柏家庄乡

书　记：王　政

神堂堡乡

书　记：乔　哲

岩头乡

书　记：张爱中

居民办事处

书　记：王国元

中共宁武县委工作概况

县委书记　任宁虎

全县有党委19个，党组9个，党总支24个，党支部660个，党员10199个。2014年，县委认真学习贯彻党的十八大、十八届三中、四中全会精神和习近平总书记系列重要讲话精神，坚决落实中央和省委、市委重大决策部署，团结带领全县广大干部群众，全面落实“4484”总体发展要求，推动全县经济、政治、文化、社会、生态文明和党的建设取得了新成效。

一、深入学习贯彻习近平总书记系列重要讲话精神，全面落实中央和省委、市委新要求新部署

坚持把深入学习贯彻习近平总书记系列重要讲话作为最大的政治任务，采取多种方式，及时学习传达习近平总书记系列重要讲话精神，努力做到真学真懂、真信真用。通过学习贯彻，全县党员干部自觉运用习近平总书记系列重要讲话精神武装头脑、指导实践，有效提高了工作的科学性、创造性和预见性。

坚决贯彻落实中央对山西重要指示精神和省委弊革风清、富民强省工作新要求，紧紧围绕“深入学习习近平总

书记系列重要讲话精神，净化政治生态，实现弊革风清，重塑山西形象，促进富民强省”这个主题，全面安排了8个方面29项重点任务，先后举办了2期全县领导干部专题研讨班，掀起了学习讨论落实活动的热潮。通过贯彻省委、市委部署要求，各级党组织和广大干部群众自觉把思想行动转化为整治“四风”、从严治党的工作自觉，转化为攻坚克难、保障和改善民生的务实举措。

二、扎实开展党的群众路线教育实践活动，奋力开启作风建设的新征程

按照中央和省委、市委的统一安排部署，组织全县637个党组织、9286名党员，紧紧围绕“为民、务实、清廉”的主题和“照镜子、正衣冠、洗洗澡、治治病”的总要求，以“三联四进十个一”主题活动为载体，认真落实“照镜子、正衣冠、洗洗澡、治治病”的总要求，坚持“十个贯穿始终”，精心组织，统筹安排，教育实践活动取得预期效果。通过教育实践活动，广大党员干部进一步强化了理想信念、宗旨意识和群众观念，践行党的群众路线自觉性、主动性和创造性明显增强，各级党组织的战斗力、凝聚力和创造力进一步提升，为全县转型跨越发展提供了坚强有力的政治、思想和组织保障。

三、认真落实从严管党治党要求，深入推进党风廉政建设和反腐败斗争

从严加强干部选拔任用工作。严格执行《干部选拔任用工作条例》，以提高选人用人公信度为重点，按照“四先四后”办法，不断规范干部选任程序。同时，加大优秀年轻干部培养力度，促进了优秀年轻干部健康成长。不断加强干部日常管理监督。按照“主动监督、关口前移”的思路，健全完善干部监督体系，把从严治吏要求贯穿于干部教育培养、管理监督、考核评价、选拔任用全过程，有效杜绝了“三超两乱”现象的发生。着力加强基层党组织建设。深入开展“基层组织提升年”活动，对全县350个农村党支部重新分类定级，采取县直部门与软弱涣散村结对、结交、结伴、结亲“四位一体”工作措施，集中进行了整顿，全部实现晋位升级。扎实开展“双报到、双服务”活动，积极推行党员干部“承诺、示诺、践诺、评诺”活动，有力地推动了项目建设、惠民实事的有效落实。坚持“四严”标准，圆满完成第十届村“两委”换届工作。切实加强反腐倡廉建设。严格落实中央八项规定和省委、市委有关规定，深入推进“两个责任“落实，认真解决发生在群众身边的不正之风和腐败问题。始终保持惩治腐败高压态势，从严监督领导干部的执政行为，从严纠正损害群众利益的不正之风，从严查办违纪违法案件，形成良性的责任导向，充分调动各级领导干部履职尽责的自觉性和主动性，营造了弊革风清的政治环境。

四、坚持先行先试，加快转型综改试点县建设

围绕转型综改路线图，重点创新了五项改革。创新行政运行机制。全县行政审批事项由原来的168项精简为101项，审批时限由原来的平均33天压缩到13天；创新土地管理机制。争取城乡建设用地增减挂钩试点周转指标1000亩，29座煤矿和1座铝土矿兼并重组企业土地复垦设计报告已通过评审，1座露天采矿用地改革试点方案已被国土部批复；创新投资融资机制。多渠道壮大融资平台，组建成立了首家村镇银行，有效解决了非公经济组织资金短缺问题。县财政注资500万元实行“助保贷”，有效缓解了中小微企业融资难、融资贵问题；创新城乡统筹机制。加快推进农村土地流转，引导农民以多种形式参与土地流转，发展适度规模经营；创新政策引导机制。制定出台《关于扶持农业主导产业促进农民增收的实施意见》，有效调动了农民的积极性，促进了农业农村快速发展。

五、主动适应经济发展新常态，全力促进经济平稳健康发展

坚持项目攻坚，着力增强发展后劲。以“项目见效年”为契机，坚持八位一体持续推进项目攻坚，全年完成项目储备974亿元；新签约项目12项，引资71.23亿元；年内落地项目9个，完成落地投资额52.57亿元；项目开工35.3亿元；项目建设66.97亿元；项目投产66.41亿元。在全市重点工作观摩检查总结表彰会上，被市委市政府授予三等奖。坚持主题主线，促进产业转型升级。一产上，强化政策引领，确立扶持发展羊产业、食用菌和小杂粮三大主导产业的思路；精心培育龙头，狠抓四大产业园区、三大龙头养殖加工项目和七个农副产品龙头加工企业。二产上，坚持以煤为基、多元发展，着力打造全省新型能源基地。全县有9座煤矿已建成投产，年产量达1513万吨，同比增长14.3%；华润低热值煤发电、小庄地下气化、余庄太阳能光热发电等重大项目都已取得了路条；签约引进光伏发电项目4个，新开工风电项目4个，4个风电并网运行，年发电量近3亿度。三产上，以打造芦芽山国家5A级景区为目标，上马实施以“一心、三道”为重点的旅游开发建设工程。以繁荣市场为目标，大力发展商贸物流业。山西宝捷物流园区已投产，县城豪德商贸物流园区、晋西北冷链物流仓储园区即将投入使用。坚持城乡统筹，加快推进县域城镇化。坚持规划引领，完成《宁武县城总体规划（2014—2030）》修编并上报批复。对县城道路街面和排污、照明、环卫、供热等设施进行了提升改造。开工建设公共租赁住房122套，改造棚户区188套，完成农村困难家庭危房改造150户。以城乡清洁工程为载体，连续开展了以汾河流域为重点的流域环境综合治理，实现了点的提升、线的治理和全县城乡环境的改善。

六、切实保障和改善民生，全力维护社会和谐稳定

坚持加大民生投入力度，着力解决重点地区、重点人群、重点问题，加快教育、卫生、就业、社会保障等民生事业发展，构建基本民生保障“安全网”。全县义务教育学校全部配齐了专用教学设施设备及生活设施，完成13所学校的标准化建设任务。高中教育实施“三免一助”，在免除杂费、书费、住宿费的基础上，每年为贫困学生发放1000—3000元的助学金。所有乡镇卫生院实现了基本药物制度全覆盖，基本药物全部实行零差率销售。新农合管理水平逐年提升，参合率达到99.77%，有效解决了农民“看病贵”的问题。全面落实就业再就业优惠政策，加快完善覆盖城乡的社会保障体系，社会保障水平明显提高。

七、坚持绿色发展，大力加强生态文明建设

切实抓好植树造林。以“林业生态建设年”为契机，大力实施荒山、通道、环城、村庄“四绿化”工程，全年完成新造林5.5万亩、封山育林0.4万亩、补植补种2万亩、新育苗0.22万亩，义务植树37万株，达到了山上治本和身边增绿的效果。突出抓好生态治理。以饮用水安全保护为重中之重，突出汾河、恢河沿线排污口管理，不断加大执法力度，加强饮用水水源安全风险隐患排查，确保了两河水质稳定达标。组织发动煤炭企业投资1.3亿元，完成标准化造林2.3万亩。《汾河水库上游宁武段生态治理工程方案》已上报省市有关部门，准备立项建设。着力推进节能减排。以创建省级环保模范城市为目标，重点实施了县城污水处理厂提升改造、阳方口污水处理厂配套建设、第二热源厂建设工程，持续推动建成区营业性燃煤炉灶改造工作，燃气普及率达到71%。全年县城环境空气质量二级以上天数达到302天，综合污染指数平均值1.68，稳定达到国家环境空气质量二级标准。

八、加强宣传思想文化工作，丰富群众精神文化生活

不断强化思想道德建设，开展公民道德建设和群众性精神文明创建活动。选塑了40多名最基层的典型代表进行宣传报道，弘扬社会新风尚，以此推动全县公民积极践行社会主义核心价值观。围绕中央和省市重大决策部署，把握正确导向，充分发挥新闻媒体宣传的主渠道、主阵地作用，营造积极向上的舆论氛围。深化文化体制改革，促进文化事业发展，不断丰富城乡群众精神文化生活。加大文化遗产保护力度，收集文物15件，整理碑文13件，完成宁化古城南城门和宁化关帝庙的修缮工程。精心编撰了《百年宁中》《铁血管涔》和《三晋史话——宁武卷》，填补宁武史学记载的空白。积极开展文化惠民服务，送戏下乡300场，放映电影5000多场，极大地丰富了群众精神文化生活。

（王旭东）

附：一、中共宁武县委书记、副书记、常委名单

书　记：任宁虎

副书记：王　卓　马在岐

常　委：弓凤英　郑建国（3月离职）　任鸿宾　付光政　薛军良　帅学华　贾建宁（3月任职）

二、乡镇党委书记名单

薛家洼乡

书　记：王志荣

阳方口镇

书　记：陈玉峰

凤凰镇

书　记：武　强

余庄乡

书　记：丁新生

东寨镇

书　记：谷茂华

涔山乡

书　记：王继宁

化北屯乡

书　记：冀海亮

西马坊乡

书　记：李树文

石家庄镇

书　记：张建平

新堡乡

书　记：胡增海

迭台寺乡

书　记：李茂华

怀道乡

书　记：王东升

圪谬乡

书　记：白云龙（3月离职）　郑志峰（3月任职）

东马坊乡

书　记：闫凯亮

居民办事处

书　记：杨凤琴

中共静乐县委工作概况

县委书记　李德新

2014年，中共静乐县委认真贯彻落实中央、省市决策部署，围绕“扬正气、树新风、创环境、促发展”的工作主线，牢牢把握稳中求进的总基调，着力稳增长、惠民生、保平安、抓改革，扎实开展党的群众路线教育实践活动，稳步推进学习讨论落实活动，全县经济社会发展总体平稳、稳中有进。

一、深化改革，优化结构，经济发展实现新跨越

紧紧抓住全面深化改革的历史机遇，深入实施“产业富民、工业强县、生态兴县”三大战略，培育特色优势产业，狠抓工业项目建设，完善城乡基础设施，不断加快产业结构调整步伐，有力推动了全县经济发展方式的转变。全年完成地区生产总值20.7亿元，增长5.7%；城镇居民人均可支配收入17096元，增长9.1%；农民人均纯收入达到5138元，增长12%。全年完成固定资产投资65.25亿元，增长23.5%；一般预算收入2.79亿元，增长19%；规模以上工业增加值6.1亿元，增长12.4%；社会消费品零售总额6.04亿元，增长13.6%；主要经济指标增幅均位居全市前列，环境保护等约束性指标全部完成。

二、彰显特色，做强品牌，产业富民迈出新步伐

紧抓全省“百企千村”产业扶贫和国家扶贫开发机遇，按照“做大优势、打造品牌，努力建设特色农业大县”的工作思路，狠抓藜麦、玫瑰、养羊、小杂粮、玛咖等特色产业，农业产业规模化、产业化进程加快。全年种植藜麦1.5万亩，成为全球第三大种植基地，“中国藜麦之乡”名副其实；玫瑰推广到5300亩，加工厂建成投入运行；发展小杂粮示范区20万亩，全县粮食总产量达到1.1亿斤，创历史新高。科学制定了小杂粮种植示范区规划，聘请中国农大教授编制完成了全县生态农业发展总体规划，积极组织企业参加APEC中小企业展览会、中国国际中小企业博览会以及“五台山”名优特产展销会等活动，静乐县各类生态特色产品的影响力不断增强。推广种植籽粒苋2200亩，羊饲养量达50.73万只，规模养殖场达到98个，羊产业成为农民增收的重要来源。突出扶贫开发，与潞安集团合作，种植油用牡丹3500亩；全面完成了500人的搬迁移民任务，精准扶贫建档立卡工作全部结束，培训新型职业农民500人，各项扶贫工作取得显著成效。加快土地流转步伐，完成农村土地流转面积6万亩，完成了3个村、187户、3450亩的农村土地确权登记颁证试点工作。农民主动调产的市场意识显著增强，自发从云南引进玛咖试种，在堂尔上乡种植推广40余亩，亩产达400斤，亩均收入高达8万元，成为了农民增收的一个新亮点。

三、坚持重点，狠抓落实，项目建设取得新突破

坚持把“工业强县”作为县域经济发展的第一方略，把招商引资、项目建设作为转型跨越的根本抓手，持续推进项目攻坚战。目前，大远煤业积极筹备复工复产验收准备工作，汾源煤业正在申请验收，阳煤集团天安煤矿开工建设。天然气供气工程即将投入使用。龙源风电项目一期5万千瓦并网发电、10万千瓦全面完工，二期5万千瓦正在争取路条，县电厂生物质能发电项目全面实施，双路110KV变电站验收后即可投入运营，静静铁路建设已经全面开工建设。与平定新能源有限公司签订了投资8亿元的50MW农光互补项目，其中19MW分布式光伏发电项目可望三月开工。与安华集团签订了18亿元的年产50万吨的环保耐火高温材料项目。全县上下顶住经济下行压力，转型升级迈出了坚定步伐。

四、因势利导，多措并举，城乡建设谱写新篇章

按照“县域城镇化、城乡生态化”的发展要求，强化基础建设，实施生态治理，城乡面貌焕然一新。启动实施了国家级卫生县城、省级园林县城、省级环保模范县城“三城同创”工作，经过全县上下的奋力拼搏、攻坚克难，圆满完成了各项创建任务，极大地改善了人居环境，提升了县城品味，得到了人民群众的广泛好评。创卫工作顺利通过初验，得到了省检查组的高度评价。创园初审、终审一次通过，位列全省13个创园县的前列。创模工作也得到了创模专家组的充分肯定。以“三山两河”为重点，持续加大生态环境综合治理力度，狠抓节能减排工作和乡村清洁工程，全县森林覆盖率达到19%，水土流失治理率提高到43.5%，汾河水质稳定在了三类标准以内，城区空气质量二级以上天数达到361天，山清水秀地干净、环境优美人宜居的绿色静乐初步形成。

五、以人为本，全面推进，社会事业再上新台阶

坚持以人为本，把保障和改善民生放在更加突出的位置上，注重解决好基层群众生产生活中的困难与问题，使发展成果更多更公平惠及群众。优先发展教育事业，高考达线248人，比上年增加74人，达线率位居全市第三，县级高中排名第一，保持了连续六年增长的良好势头。全面推进文化体制改革和文化产业开发，静乐剪纸成功纳入国家级“非遗”保护范畴，赤泥洼乡龙家庄村成功入选第三批中国传统村落名录，组织参加了全市第四届“梨花杯”乐器大赛和广场舞大赛，分别荣获二等奖和优秀奖。启用了体育中心篮球馆，成功承办了贺龙中国业余篮球公开赛全国总决赛骥翼组比赛。完成了《静乐县旅游发展总体规划》的编制和初评，组织参加了山西最美乡村评选活动，鹅城镇西大树村被评为“山西最美乡村”。城乡医疗卫生水平明显提高，新型农村合作医疗参合率达到99.7%，基本药物制度初步健全，基层医疗卫生服务能力不断提升，公共卫生保障能力明显增强。高度重视人口和计划生育工作，人口自然增长率稳定在4‰左右，人口文化建设走在全省前列，被省人口计生委命名为“人口文化示范基地”。全面落实就业扶持政策，全县城镇新增就业1745人，城镇登记失业率控制在3.9%左右。建立完善社会保障体系，城乡低保和五保户供养标准进一步提高，城镇居民基本医疗保险、农村养老保险和农民工工伤保险覆盖面不断扩大。深入开展安全隐患排查治理，高度重视群众来信来访，有效化解了社会矛盾。深入开展“平安静乐”创建活动，社会治安形势进一步好转，社会满意度全市排名第一。

六、务实奋进，着力创新，党的建设呈现新面貌

按照中央、省市要求，坚持高标准、严要求，积极开展党的群众路线教育实践活动，各级领导干部以身作则，率先垂范，认真贯彻执行中央“八项规定”，聚焦反对“四风”，带头抓专项整治，切实转变干部作风，凝聚民心，初步构建了作风建设新常态，教育实践活动走在了全市前列。加强领导班子建设，加大党员干部教育培训力度，严格践行“三严三实”，大力倡导“一线引领法”，注重发扬党内民主，各级领导班子、党员干部的思想和行动与中央、省市要求高度统一。大力推行“四诺”，加强“第一书记”选派工作，依法推进村两委换届工作，基层党组织的凝聚力、战斗力不断增强。持续开展“访、知、解”和领导干部下乡住村活动，组织开展“千名干部访万家，四送三训两帮扶”活动，广大党员干部下基层、听民意、解民忧，党群干群关系进一步密切。深入开展党风廉政建设，认真履行“一岗双责”制度，严格落实党风廉政建设党委主体责任和纪委监督责任，惩治和预防腐败体系不断健全。统一战线、民族宗教、老干部、国防动员等工作取得新成绩，工会、共青团、妇联等人民团体和社会组织作用得到充分发挥。

（吕文杰）

附：一、中共静乐县委书记、副书记、常委名单

书　记：李德新

副书记：王　昕　宋爱莲（女）

常　委：王利民　梁　康　秦文明　岳建斌　张宏皋　王树明　王伟峰（挂职，11月离职）

二、乡镇党委书记名单

鹅城镇

书　记：吴剑珍

杜家村镇

书　记：张玉堂

康家会镇

书　记：郝彦峰

丰润镇

书　记：曹拴珍

堂尔上乡

书　记：李俊宏

中庄乡

书　记：张志宇

双路乡

书　记：杜雪峰

段家寨乡

书　记：吕志强

辛村乡

书　记：段惠卿

王村乡

书　记：刘怀祖

神峪沟乡

书　记：梁志平

娘子神乡

书　记：边四厚

娑婆乡

书　记：黄海君

赤泥洼乡

书　记：吕晓敏

中共神池县委工作概况

县委书记　曹爱民

2014年，面对全国经济社会发展的新常态，面对山西净化政治生态、实现弊革风清的新形势，面对神池全面深化改革、实现富民强县的艰巨任务，神池县委在省委、省政府和市委、市政府的坚强领导下，全面贯彻落实党的十八大和十八届三中、四中全会精神，牢牢把握稳中求进、改革创新的总基调，以更加科学的态度，改革创新的精神，务实苦干的作风，奋力争先的勇气，围绕全面建成小康社会的宏伟目标，扭住项目不放松，坚持为民不动摇。以规模特色种植和绿色食品工业园区为着力点，加快特色农业强县建设；以农民增收为核心，加快全省高繁（母）种羊生产基地县建设；以强财活县为着眼点，加快风电光电、煤炭集散基地建设；以民生改善为根本，加快社会事业建设；以创建国家卫生县城为抓手，加快美丽神池建设；以生态功能区试点为机遇，加快生态文明建设；以党的群众路线教育实践活动为载体，全面加强党的建设，自加压力，奋力争先，同心同德，创新苦干，全县经济、政治、文化、社会、生态文明和党的建设取得新成效，继续保持了平稳运行、进位争先的良好势头。

一、深入学习贯彻习近平总书记系列重要讲话精神，坚持用讲话精神武装头脑、指导实践、推动工作

坚持把学习贯彻习近平总书记系列重要讲话作为重大政治任务，作为把握中央决策、与党中央保持高度一致的先导性工作来抓，切实做到真学真懂、真信真用。2014年，神池县委始终带头学习，采取县委常委会议、县委中心组学习会等多种方式，及时学习传达习近平总书记重要讲话精神，学习党的十八届三中、四中全会精神，学习省委和市委决策部署，特别是9月1日以来省委一系列重大决策部署、重要会议精神。坚决贯彻省委弊革风清、富民强省工作新要求，提出要把中央从严治党八项要求和省委六项要求贯彻到全县党的建设和各项工作中。及时组织全县干部群众深入贯彻落实省委王儒林书记在大同、朔州、忻州调研座谈会上的讲话精神。按照省委统一部署，扎实开展以“深入学习贯彻习近平总书记系列重要讲话精神，净化政治生态，实现弊革风清，重塑山西形象，促进富民强省”为主题的学习讨论落实活动。贯彻落实中央、省委决策部署，积极主动，以上率下，进一步把握习近平总书记重要讲话蕴含的信仰信念思想、实事求是思想、历史唯物主义思想、唯物辩证法思想和改革创新思想，进一步把握全面建成小康社会、全面深化改革、全面依法治国、全面从严治党的目标任务和战略举措，进一步把握以王儒林书记为班长的省委工作新思路、新要求、新安排，坚定不移在思想上、政治上、行动上与党中央保持高度一致，积极主动与省委保持步调一致。努力把学习成果转化为全面深化改革、实现富民强县发展战略的创新指导，转化为整治“四风”、从严治党的工作自觉，转化为攻坚克难、保障和改善民生的务实举措，转化为激浊扬清、弊革风清的政治觉悟，为团结带领全县人民坚持科学发展、实现富民强县奠定了坚实的思想政治基础。

二、深入开展党的群众路线教育实践活动，不断巩固和扩大作风建设成果

按照中央、省、市委的统一部署，全县教育实践活动从去年3月4日开始，历时8个月时间。全县参加教育实践活动的408个党组织、5548名党员，紧紧围绕保持党的先进性和纯洁性，认真贯彻“照镜子、正衣冠、洗洗澡、治治病”的总要求，以为民务实清廉为主要内容，以贯彻落实中央八项规定精神为切入点，聚焦解决“四风”突出问题、关系群众切身利益问题和联系服务群众“最后一公里”问题，始终坚持学深学透、深挖细照、查改同步、建章立制，驰而不息反四风，敬终如始转作风，教育实践活动取得明显成效，党群干群关系进一步改善，为民务实清廉形象进一步树立，基层党组织战斗力明显提升。

三、主动适应经济发展新常态，努力实现经济平稳健康发展

神池县委认真落实党中央、国务院、省委、省政府和市委、市政府稳增长、促改革、调结构、惠民生的一系列政策措施，牢牢把握经济工作主动权，大力推进转型跨越步伐，全力实施富民强县战略，全县经济运行呈现出稳中有进、持续向好、活力增强的良好态势。全县地区生产总值完成17.8亿元，比上年增长9%；规模以上工业增加值完成2.4亿元，比上年增长16.4%，固定资产投资完成31.5亿元，比上年增长15.5%；社会消费品零售总额完成5.9亿元，比上年增长13.5%；财政总收入完成3.7亿元，比上年下降0.9%；公共财政预算收入完成2亿元，比上年增长2.1%；城镇常住居民人均可支配收入完成18190元，比上年增长8.6%；农村常住居民人均可支配收入完成5893元，比上年增长9.5%。环境保护等约束性指标全部完成。

四、积极推进社会主义民主政治建设，加强法治神池建设

坚持党委统揽全局、协调各方。更加注重宏观把握和

前瞻布局，加强和改进县委工作，及时召开常委会议和专题会议，完善发展思路，提升发展理念，增强发展合力。支持人大及其常委会依法履行职能，听取审议“一府两院”工作报告，开展“发挥代表作用，推进项目落实”主题活动，加强专项监督，开展专项执法检查，作出相关决定决议，推进依法治县。支持政协围绕转型跨越、富民强县发展战略、大干城建、人畜吃水等重大问题开展调研，就发展养羊业、特色农业、新型工业、全民创卫等课题建言献策，为县委决策发挥了积极作用。扎实推进统一战线工作，充分发挥党外人士参政议政、民主监督作用，为转型发展提供了有力的政治保障和人才支持。积极落实党的民族宗教政策，进一步做好对台工作。发挥工会、共青团、妇联等人民团体作用，党委政府与人民群众的联系更加密切。围绕“双创建”目标，积极探索党管武装制度化、规范化建设途径，党管武装质量效益持续提升。

扎实推进法治神池建设。坚持依法治国基本方略，加快“法治神池”建设，全面提升依法执政、依法行政、公正司法、依法办事的能力，不断提升法治化水平。出台“平安神池”建设五年规划，实施“六六创安”工程，严厉打击违法犯罪，深入开展社会治安重点整治，有效化解各类矛盾纠纷，不断强化治安防控体系建设，全面加强特殊人群管控，扎实开展基层平安创建，主动服务重点工程建设，全力维护社会和谐稳定，社会治安持续好转。

切实加强基层民主建设。完善基层民主制度，改进办法，拓宽渠道，创新方式，完善机构，充分发挥党代表、人大代表、政协委员、老党员、老干部和群众代表的监督作用，广大人民群众当家作主的积极性进一步发挥。健全机关干部特别是领导干部直接联系和服务群众制度，完善企事业单位民主管理制度，深入推进党务公开、政务公开、村务公开、企务公开和公用事务公开，切实保障人民群众的知情权、参与权、表达权和监督权。按照先村党组织、后村民委员会换届的顺序，认真搞好第十届村级组织换届工作，努力把村级组织建设成为推动发展、服务群众、凝聚人心、促进和谐的坚强领导集体。

五、加强宣传思想文化工作，营造良好社会氛围

大力加强理想信念教育。突出时代性，坚持系统性，抓住重点、抓好专题，创新制度、完善措施，加强党委（党组）中心组和党员干部理论学习。认真学习党的十八大、十八届三中、四中全会精神和习近平总书记系列重要讲话精神。全年组织县委中心组学习28次，县委“一班人”撰写理论学术文稿86篇。

扎实推进文化事业大繁荣。抓住县级新闻媒体“一台、一报、一网”宣传主阵地。积极配合国家、省、市主流媒体强化对外宣传，全年市以上各类主流媒体刊发稿件300多篇，其中新华社9篇、山西日报8篇、忻州日报200多篇。完善乡镇文化站10个、农村文化活动室241个，完成“农家书屋”249个，实现了乡镇文化站、农村文化场所、“农家书屋”和村村通广播电视四个全覆盖。

加快推进文化产业大发展。完善了文化局、电视台、文化市场行政综合执法队、道情艺术研究所等内部运行和管理机制。

六、着力改善民生，统筹城乡发展，努力提高社会保障和公共服务水平

实施第三个“大干城建年”。以第三个“大干城建年”为契机，全面实施了创建国家卫生县城工作，九大类52项创卫任务8月底全部完成，总投资达2.3亿元，已顺利通过省爱卫办的国家卫生县城暗访与验收。全县上下齐参战，万众一心搞“创卫”，城乡面貌焕然一新，群众自豪感、幸福感和满意度得到大幅度提升。

扎实推进创业就业和社会保障工程。全县新增城镇就业岗位1613个，城镇登记失业率控制在4%以内，新增农村劳动力转移就业1521个。扎实开展社会保险、城乡救助、优抚优待等工作，不断完善城乡社会保障体系和救助体系。城镇职工基本养老保险参保人数达9883人，城镇医疗保险参保人数达15549人，农村居民养老保险参保人数达5.6万人，社会救助体系进一步完善。

统筹城乡社会事业发展。积极推进标准化幼儿园建设，严格规范义务教育学校办学行为，实施普通高中“四化一改”工程，扩大中等职业教育的覆盖面，公平教育、素质教育、成才教育持续推进。进一步完善新型农村合作医疗制度，全县新型农村合作医疗参合率达到99.5%，基本药物制度初步健全，基层医疗卫生服务能力不断提升，公共卫生保障能力明显增强。扎实办好农村新的“五件实事”，500户农村困难家庭危房改造任务全面完成，特困群众易地搬迁按计划加快推进，行政村街道亮化超额完成目标任务，村级幼儿园改造全部投入使用，乡村清洁工程全面实施，238个村庄完成村容整饰。过冬煤提前发放到位。

加强安全生产和信访工作。按照党政同责的要求，始终把安全生产和信访稳定工作放在重要位置来抓，严格落实信访责任制，及时有效处理和化解各类社会矛盾，信访量持续下降。信访咨询答复率、信访举报查处率、群众对问题解决的满意率都达到99%以上。深入开展安全生产隐患“十排查”和专项整治工作，加大对煤矿、非煤矿山、道路交通、危险化学品、公共场所等领域的安全监管力度，去年整改各类安全隐患368处，全县没有发生大的安全事故，安全生产形势平稳。连续8年被评为全市安全生产先进县。

七、着眼美丽神池，保护与建设并重，努力加快生态文明建设

狠抓环境保护。突出“改善环境质量、确保环境安全、服务科学发展”三条主线，把加强环境保护与转方式、调结构、保民生、促和谐有机结合起来，强化源头控制、狠抓过程监管、严格末端把关。全年二级以上天数达到365

天，其中一级天数达到221天，环境空气质量稳定达到国家二级标准。

狠抓生态治理。投资1250万元推进水土保持综合治理、坡地梯田改造综合治理7500亩；投资959.4万元实施京津风沙源小流域综合治理24000亩，完成水源工程54处、节水工程15处。

狠抓生态建设。按照“以绿为主、以活为主”的思路和“整合工程、集中连片、规模绿化”的要求，完成造林绿化57000亩，其中环城绿化9200亩，神泉山、陈家山绿化13000亩。完成马五公路提升绿化31公里，义务植树48万株。

八、坚持务实创新，切实加强领导班子和干部队伍建设

积极贯彻落实新修订的《党政领导干部选拔任用工作条例》。县委中心组带头学习，专题培训县、乡两级干部568人，促进了党员领导干部熟悉《条例》、组工干部精通《条例》、党员群众了解《条例》。加强配套制度建设，清理规范有关文件12项。坚持和完善“三三制”、“四先四后”、“五从严”和“四个注重”办法。进一步深化干部人事制度改革，把好选用干部政策关、程序关、民意关。出台加强乡镇干部队伍建设的意见。改进干部谈心谈话工作，完善干部动议、推荐考察、讨论决定等细则，制定了领导班子和领导干部综合分析研判的实施办法。

加强干部教育培训。加强农村“第一书记”培养管理工作，集中轮训乡科级干部310人，培训农村“两委”主干和党员223人。拓展干部在线学习范围，在线学习人数达到920人。开展领导干部上讲台活动，县委常委带头，乡镇党委书记全部登台讲课，推动了党员干部自我净化、自我革新、自我提高、自我完善。

全面强化干部监督工作。认真贯彻从严治吏要求，进一步完善干部管理监督机制，严厉整治选人用人中的不正之风。全力开展“一倒查六整治”工作，从严开展“带病提拔”倒查工作，对乡科级干部选任“带病在岗”、“带病上岗”问题进行全面排查。从严整治超职数、超规格、超范围配备领导干部，有序开展整改工作。制定《关于规范领导干部在企业兼职的办法》，清理违规兼职3人。

努力创建基层服务型党组织。全面落实“基层组织提升年”各项工作任务。延伸整顿软弱涣散村级党组织14个，解决突出问题260件，群众满意率达到90%以上。精心组织农村第十届“两委”换届工作，实施三级联审，严把换届人选“资格关、标准关”，匡正了换届风气。持续开展“千名干部进企业、万名干部下农村”、领导干部包村增收和干部下乡住村等活动，组织658名干部结对帮扶农村152个，落实帮扶资金1600万元，兴办好事实事980件，解决热点难点问题370件。

创新做好人才工作。落实人才强县战略。完善党委联系专家工作制度，健全管理和考核办法，加强县级专家队伍管理，积极发挥本土人才作用。制定出台《关于吸引和留住高层次人才的暂行办法》，以“六项优惠政策、六项重点支持、六项优先服务”等办法，开展“柔性引才”活动，在全县引进优秀人才19名。

九、认真落实从严管党治党要求，深入推进党风廉政建设和反腐败斗争

出台《关于落实党风廉政建设党委主体责任和纪委监督责任的实施意见（试行）》和《关于党委（党组）定期报告履行党风廉政建设主体责任情况的意见》等一批制度规定。对10个乡镇党委、43个县直支部进行宣讲约谈督查，确保了责任落实到位。坚持“有案必查、有腐必惩”，坚决查办违反政治纪律、阻碍经济发展，发生在群众身边、涉及民生，违反八项规定、顶风违纪，发生在重点领域和领导干部中的“四类”腐败案件，2014年全县共立查违纪违法案件129件，处分党员干部117人，其中，科级干部20人，移送司法机关1人。落实中央惩防体系《2013—2017年工作规划》，创新构建具有神池特色的权力制约监督体系，打造统一完整、互联互通、信息共享、保障有力的网络信息化监督平台。全县共清理权力5541项，排查风险点6100个，制定防控措施5300个，并通过县政府门户网站全部向社会进行了公开。县直26个部门实现权力在网上运行。

（王永强）

附：一、中共神池县委书记、副书记、常委名单

书　记：曹爱民

副书记：冯晓雷　王建光

常　委：王明福　李生旺　张明光　贾平华　乔震宇

王宝龙（挂职，2月任职）

吴　宁（3月离职）　冯建军（3月任职）

二、乡镇党委书记名单

龙泉镇

书　记：党　勇

义井镇

书　记：李　俊

八角镇

书　记：冯建华

东湖乡

书　记：田江波（1月任职）

太平庄乡

书　记：肖　云

贺职乡

书　记：刘　荣

大严备乡

书　记：党　勇

虎北乡

书　记：张　鹏

长畛乡

书　记：田江波（1月离职）　马俊强（1月任职）

烈堡乡

书　记：刘福林

中共五寨县委工作概况

县委书记　张　春

2014年，五寨县委在省委、市委的正确领导下，团结带领全县广大干部群众，全面贯彻落实党的十八大、十八届三中、四中全会和习近平总书记系列重要讲话精神，深入开展党的群众路线教育实践活动和学习讨论落实活动，紧紧围绕既定的发展思路、发展战略，适应新常态，抢抓新机遇，坚持改革创新，狠抓任务落实，全县上下呈现出党的建设全面加强、经济发展平稳增长、民生事业不断改善、文明风尚持续提升、城乡面貌焕然一新、生态文明成效明显、社会保持和谐稳定的良好局面。

抓好新时期的党建工作。严格按照省委、市委的要求，全县坚持把党要管党、从严治党的要求落实到党建工作的全过程。一是高标准开展党的群众路线教育实践活动。围绕“为民务实清廉”主题，认真贯彻中央、省市各项部署，高起点谋划、高标准推进、高质量要求，全县99个单位、6546名党员干部集中开展了群众路线教育实践活动；各级领导班子围绕解决“四风”突出问题，开展系列专项整治，在整顿“工作秩序涣散、纪律松弛”等专项整治中，集中整治了精神不振、自由散漫、效率低下等影响发展、损害党和政府形象的行为，巩固了风清气正、干事创业的良好氛围，解决了群众反映的危房改造、吃水行路、教育卫生、社会保障等方面的问题658个。通过开展教育实践活动，进一步密切了党群干群关系，增强了党组织的凝聚力和战斗力，立党为公、执政为民的要求得到进一步落实和体现。二是认真开展“学习讨论落实”活动。认真贯彻落实习总书记系列重要讲话和省委十届六次全会精神，围绕实现活动“五大目标”，县委出台了县级领导“百项落实行动”任务分工，将活动中的23项重点任务细化分解为100项具体工作，责任到人，强力推进，全县学习讨论落实活动呈现出刚性约束强、磁性手段巧、硬性措施实、个性特点明、克服惰性好、惯性效果无的“六大特点”。三是全面加强基层组织建设。以“基层组织提升年”活动为载体，全面加强各领域基层党建工作。持续开展农村“领头雁”培训工程，深入推进“2885”干部教育培训工程，累计培训党员干部8700余人次。出台了《柔性引才实施办法（试行）》，引进现代农业、石材加工等高级人才15人。183名党员干部带头示范“党员试验田”，试种面积110余亩，为群众增收致富闯路先行。积极推行“五零服务”工作法、“11122”服务模式、“双报到双服务”，服务群众实现了全方位、全天候。健全完善“一线工作法”、“四议两公开”等工作机制，推进基层组织科学决策、民主决策。坚持“一村一策”，对26个软弱涣散农村党支部进行了集中整顿；圆满完成了第十届村“两委”换届工作，选优配齐配强村“两委”班子，增强了干事创业合力，促进全县经济社会健康发展。四是深入推进党风廉政建设。健全完善了“党委统揽全局，一把手负总责，分管领导各负其责，班子成员齐抓共管，纪检部门落实监督责任”的工作机制，认真落实“两个责任”。大力实施“六权治本”，强化对权力运行的监督。建成并投入使用政务服务中心，进驻单位48个，设立窗口73个，办理事项2400余项。农村“三资”管理“四五工程”规范运行，形成的9项制度，20种工作资料在全市进行了推广。积极支持纪委“三转”，强化执纪问责，纪检监察机关立案查处各类违法违纪案件108件，处分108人，移送司法机关7人，起到了惩处一个、教育一批的良好效果。

抓好新常态下的经济建设。一是加快推进农业产业化。围绕“一乡一业”、“一村一品”，出台了《关于加快杂粮产业发展的实施意见》和《五寨县2014年杂粮产业发展奖扶办法》，安排奖扶资金500万元支持杂粮产业发展，积极推进马铃薯、甜糯玉米、小杂粮等特色农业产业化发展，极大地促进了农民增收。出台了《促进羊产业发展的实施意见》和《羊产业发展奖扶办法》，拿出2500万元鼓励支持羊产业发展，新建养殖小区23个，羊发展到73万只，存栏49.7万只。全县各类专业村发展到50个、家庭农场580个、专业合作社402个、土地流转7.5万亩、无公害产地认证34万亩，新增“三品”认证15个。加大农机推广力度，完成农机补贴662.5万元，全县农业机械化综合作业水平达60%以上。培育壮大龙头企业，康宇公司、甚喜茶园、科园实业、绿野牧业、金达实业等5个企业的新建扩建项目全部建成投产；全年粮食总产量4亿斤，再创历史新高。二是加快工业强县步伐。坚持“八位一体”项目推进机制，推行县级领导包项目制度，实行“五个一”工作机制，实施了总投资109亿元的169个省市县重点项目，全部按计划进度完成。坚持招商引资力度不减，投资680亿元的潞安集团煤制油、煤制气项目经省政府、省发改委批准，上报国家发改委等待批复，项目建成后可极大地优化经济结构。积极推进煤炭物流、产业园区和生态旅游业发展，在煤炭市场不景气的情况下，认真落实清费立税、“煤炭20条”等政策措施，全力保障煤炭发运企业正常发运，全年发运煤炭

3400万吨，同比增长700万吨。按照“规模化建设、园区化管理、产业化推动”的模式，现代煤化工园区、石材工业园区、商贸物流园区、农副产品加工园区、畜牧养殖园区“五大产业园区”建设稳步推进；不断加大旅游宣传力度，游客接待量、旅游业总收入均稳步增长。三是大力改善城乡面貌。投资4.7亿元，重点实施了“两改、四建、五化”13项创卫工程，深入开展了全民“创卫”活动。深入实施乡村清洁工程，村容村貌明显改观，农村群众生产生活条件不断改善。实施清涟河、西河堰和南干渠净化工程，打造了生态景观长廊。积极探索城市管理长效机制，组建了城区综合执法办公室，完善群众参与监督机制，开展了市场秩序、环境卫生、食品卫生、交通秩序四项专项整治活动，县城面貌明显改善；大力实施县城东移北扩战略，改造旧城，建设新区，推动城区协调发展，城镇化水平明显提高。四是统筹发展社会事业。始终把改善民生工作做为重点任务，坚持“为民、利民、惠民”的工作理念，统筹抓好各项社会事业，确保惠及人民群众。全年投入教育、卫生、文化、社会保障、住房保障等民生支出达4.5亿元，基本实现了保工资、保运转、保民生、促发展的目标，人民群众的幸福指数不断提升；实施人畜安全饮水工程，解决了16个村、4000口人、1400头大畜的安全饮水，新增机井45眼，受益人口2万人。省政府安排的“五件实事”全面完成。认真落实扶贫移民政策，易地移民搬迁3300人，提前一年完成了“十二五”规划任务，移民搬迁工作走在了全市前列。全年各项主要经济指标实现大幅增长，地区生产总值完成19.2亿元，同比增长5.8%；全社会固定资产投资27亿元，同比增长15.7%；规模以上工业增加值2亿元，同比增长14.1%；公共财政预算收入完成1.9亿元，同比增长0.4%；城镇居民人均可支配收入18820元，同比增长7.7%；农民人均纯收入5752元，同比增长11.8%；社会消费品零售总额6亿元，同比增长13.9%。全县经济综合实力明显增强，为全面实现“十二五”目标奠定了坚实基础。

抓好新形势下的社会管理工作。加强和创新社会管理，按照《2014年平安建设工作方案》要求，大力实施“六六创安”工程，开展了平安乡镇、平安单位、平安村（社区）的创建活动，社会治安环境持续改善，人民群众的安全感和满意度明显提升。开展了打黑除恶、破案追逃等一系列严打整治专项活动，实施扩容改造视频监控工程，重点区域实现全覆盖，有效打击了各类犯罪活动，震慑了犯罪分子。出台了《关于深入推进矛盾纠纷大调解工作的指导意见》，坚持源头预防、综合施策、及时化解的原则，不断推进人民调解、行政调解、司法调解“三位一体”大调解工作；创新“三调联动”模式，推进六大领域矛盾排查化解，全年化解矛盾纠纷27件，“三调联动”化解矛盾的做法在全省矛盾纠纷大调解工作会议上进行了交流，并在全省得到推广。深入开展“大接访、大下访”活动，四大班子领导轮流坐班接访，主动约访、带案下访、上门回访，进一步畅通了信访渠道，按照分类处置的办法，解决了一批缠访、闹访问题，信访形势呈现出“四降四无”的良好局面。认真落实安全生产“党政同责”制度，加强监管力度，在重点行业开展了“六打六治”，有效杜绝了重大安全事故的发生，确保了社会平安稳定，五寨县被省综治委命名为“省级平安县”。

（沈雁冰）

附：一、中共五寨县委书记、副书记、常委名单

书　记：张　春
副书记：张宇光　武革慧
常　委：靳海珍　白效文　左　峰　杨全隆
尹新凤（女）　刘建文（3月离职）
李代保（3月任职）

二、乡镇（街道）党委书记名单

砚城镇
书　记：苏国平
三岔镇
书　记：周晋堂
小河头镇
书　记：郝　伟
前所乡
书　记：刘　维
李家坪乡
书　记：贾育新
胡会乡
书　记：李永林
新寨乡
书　记：张鹏珍
韩家楼乡
书　记：刘舜尧
孙家坪乡
书　记：张银业
梁家坪乡
书　记：武云飞
东秀庄乡
书　记：周德华（女）
杏岭子乡
书　记：李秀岐
城镇街道
书　记：牛占林

中共岢岚县委工作概况

县委书记 王志东

2014年是全面深化改革的开局之年，是实现“十二五”规划的关键一年。一年来，岢岚县委深入学习贯彻习近平总书记系列重要讲话精神，全面贯彻落实中央、省市委工作部署和要求，团结带领全县干部群众，扎实开展党的群众路线教育实践活动和全省学习讨论落实活动，全力实施“331”发展战略，围绕“八个年”建设等目标任务，强责任、转作风、抓落实、惠民生、促发展，全县经济社会各项事业保持了持续健康平稳发展的良好态势。全县地区生产总值18.7亿元，增长9.2%；固定资产投资39.8亿元，增长19.6%；规模以上工业增加值4.8亿元，增长20.7%；社会消费品零售总额6.7亿元，增长13.8%；公共预算收入完成1.4亿元，增长6.0%；城镇居民人均可支配收入20775元，增长8.6%；农村居民人均可支配收入5073元，增长11.2%。各项约束性指标全部完成。

一、统筹推进改革发展事业，迈出富民强县新步伐

始终坚持把发展作为第一要务，把加快富民强县步伐作为中心工作，突出战略引领深化改革发展。立足县情实际，确立坚持生态、特色、务实“三个发展”，突出青山绿水、文明宜居、人和业兴“三大定位”，建设美好岢岚“一个目标”的“331”发展战略，以推进转型综改攻坚年、工程项目见效年、集成创卫推进年、扶贫开发引深年、教育质量拓展年、惠民政策落实年、工作作风改进年、基层组织提升年的“八个年”建设为主抓手，全面落实涉及10项重大改革、10个重大事项、10个重大项目、3项重大课题的“1113”行动计划。全面落实省市“止缓回稳促增”的重要举措，强力推进项目建设，不断调整产业结构，着力改善投资环境，积极培育市场主体，及时研判经济形势，促进了全县经济社会的平稳健康发展。突出项目攻坚壮大经济实力。认真落实省市“项目见效年”部署，健全“八位一体”推进项目机制。全年规划212个项目，总投资213亿元，其中44个省市重点项目总投资106亿元,9个市级重大产业项目总投资64.7亿元。在项目推进中，坚持“产业第一、项目至上、企业为重、服务为本”理念，政府主动服务企业，解决问题；企业积极克服困难，加大投资。政企同心，全力推进项目建设。特别是晋兴奥隆、道生鑫宇、龙源风电、易达运销、山阳药业等一批重点项目扎实推进，为全县的项目建设作出了积极贡献。项目建设各项任务齐头并进，全线告捷，储备、签约、落地、开工、建设、投产六项考核指标全部超额完成。在9月份的全市项目观摩考核中首次荣获二等奖，并接受了全省项目观摩检查。项目建设的强力推进，为经济社会转型跨越奠定了基础，蓄积了后劲。突出产业开发促进持续增收。大力发展以红芸豆种植为主的“一村一品”和以绒山羊养殖为主的“一县一业”，兑现粮食综合直补、良种补贴资金2584万元，完成农作物总播种面积45万亩，推广种植优质小杂粮38万亩、红芸豆11.1万亩，建设高效农业科技示范园区1万亩、膜下滴灌园区5000亩；以“羊银行”模式启动“百万只羊”工程，新建1个5万只羔羊育肥园区、20个500只以上规模养殖场、5个晋岚绒山羊扩繁场。全县粮油总产量达到历史最高的1.29亿斤，增产18.7%，羊饲养量突破61万只，畜牧业总产值达到3.58亿元，龙头企业销售收入完成6.4亿元。

二、协调推进社会各项事业，实现保障水平新提升

始终坚持以人为本，将89.6%的财政支出倾斜于全省“五件实事”、全县“十件惠民实事”和144项民生工作，协调推进各项事业。全力打好集成创卫攻坚战。围绕“历史重镇、清凉山城、养生福地”的城市定位，坚持“集成创卫、全民创卫、生态创卫、节约创卫”原则，投入3.4亿元，将县城及周边4.39平方公里建成区纳入创建范围，将10大方面54项137小项指标任务细化分解，采取倒排工期、挂图作战、销号运作的做法，对工程项目实行第三方审计、制定落实管理办法、责任人全环节签字等管理办法，扎实推进八大系列工程，高标准完成新建改造22条道路、381条街巷、9个广场停车场、4个集贸市场、15座公共卫生间、4200套旱厕等建设任务，高质量完成城市绿化71万平方米，高要求规范了县城容貌和环境卫生管理，城市品位和形象得到极大提升。全面提升社会保障水平。落实新型农村社会养老保险参保47218人，多渠道新增城镇就业1936人，转移农村劳动力1868人，培训新型职业农民2642人，城镇失业率控制在3.23%以内；城市和农村低保分别提标9.57%、16.17%；集中和分散供养金每人每年分别提高200元、130元，发放优待金194.7万元、救助金92.9万元；住房公积金缴存净增287人；建成公租房111套，改造572户农村困难群众危房，在建易地搬迁住宅楼288套。大力发展文教卫生事业。投资1亿元的新岢岚中学基本完工，教育均衡县创建顺利通过省级督导评估，贫困幼儿资助、义务教育贫困寄宿生补助、营养改善等惠民政策有效落实，交流校长6人次，教师80人次，适龄幼儿入园率达到77.34％；县医院综合住院楼投入使用，新农合参合率99.98%，乡镇和县级医院住

院报销比例分别提高90%和80%以上；8项计生线、11项党政线全部完成目标任务；完成“送戏下乡”40场、公益电影放映2424场，打造标准化农家书屋18个，建成乡镇综合文化站3个。持续改善生态环境。实施以一区、两线、三山为主的“123”林业重点工程，完成城区绿化、公路沿线荒山绿化、城周绿化共计5万亩，将全县48.5万亩生态公益林全部纳入了森林保险的范围；实施了3乡18村的农村环境连片整治工程，治理岚漪河9公里、北川河3公里，城区污水处理率达到82%，日处理生活垃圾120吨，实现了行政村清洁保洁全覆盖、六项主要污染物排放量“零增长”。着力改善生产条件。投资1680万元新建机井42眼，解决了5个乡（镇）5000口人1340头大畜的饮水安全问题；完成增减挂钩土地复垦508亩，造地1000亩，土地整治与培肥项目、岚漪河河道治理二期等工程全部完工；岢保线改造、忻保高速岢岚互通连接线、岢大线至中寨连接线等建设任务全部完成，二级汽车站投入使用。

三、全面加强党的建设，营造风清气正新氛围

始终坚持党要管党、从严治党，坚持不懈抓班子、带队伍、强基础、转作风，努力提升党建工作规范化、制度化、科学化水平，为经济社会发展提供了坚强有力的组织保障。严肃党的政治纪律。要求广大党员干部特别是领导干部增强角色意识和政治担当，在党爱党、在党言党、在党为党、在党忧党，坚决反对人为制造杂音、搞上有政策下有对策和阳奉阴违等言行，各级党员干部结合教育实践活动的深入开展，深刻查摆整改了执行党的政治纪律的问题。扎实开展党的群众路线教育实践活动。创新实施“6543”工作法，严格实行周报推进、督导工作例会、双批双审一把关和末位问效四项工作机制，发挥领导班子和领导干部“八个带头”作用，严格完成各个环节的活动任务，完成9项即行整改任务、7项近期整改任务和26项专项整改的计划任务，对5428条群众意见进行了严肃认真的整改，在县级层面共废除制度38项，修订12项，新建54项。全面启动学习讨论落实活动。制定了工作方案，明确了7个方面、28项任务、63项具体成果，部署并展开了落实“两个责任”、保持“三个高压态势”、开展“五项整治”、推进“六权治本”等工作，目前集中学习、征求意见、反思剖析等工作进展顺利，为下一步整改落实奠定了较好的基础。强化思想政治建设。扎实开展学习习近平总书记系列重要讲话精神、“再学党的章程”、“重温入党誓词”、“人人讲党课”、学习焦裕禄精神、“为民务实清廉”思想大讨论等活动，组织中心组集中学习26次，邀请各级专家学者举办岢岚大讲堂29场，开展青年干部集中专题学习8次，开展各级各类交流研讨380余次，组织党员干部登台讲学1398次，指导党员干部撰写心得体会7800余篇，进一步提升了广大党员干部思想政治素养。强化领导班子建设。推行县委“九步工作法”，建立常委会定期向全委会报告工作并接受监督制度，完善并实行了干部任免票决、专家咨询、风险评估、公开公示和经常性谈心谈话制度，集中开展了自查自纠活动，严查谋事、创业、修身、用权、律己等方面问题，并对班子存在的25个问题和班子成员个人查摆出的144个问题，进行了严肃整改。强化干部队伍建设。重点实施了“先锋队”、“领头雁”、“主阵地”三大引领工程，完善了“一预防三跟踪一惩治”的干部监管体系，将干部管理延伸到八小时以外的生活圈、社交圈，创新“三维培养”模式发展党员79名，对31名不合格党员进行了处置，引进3个高端人才团队，扎实开展了“干部住村包户增收”、党员“四诺”“六带头”等活动，在密切联系群众中促进了干部作风转变。强化基层组织建设。坚持一个格局、两条主线、三项工程、四项机制、五大举措、六个目标为内容的“123456”工作思路，对48个软弱涣散村级组织进行了整顿，对县城6个社区进行一体化网格化管理，对全县365个基层党组织实行星级动态管理，实现了乡镇建立便民服务大厅、行政村建立便民服务站和为农村党支部选派“第一书记”全覆盖，高标准完成了农村（社区）“两委”换届选举工作。

四、加强党风廉政建设，形成反腐斗争新常态

紧紧围绕构建权责明晰、制度规范、措施具体的党风廉政建设工作体系，探索形成履行教育、预防、监督、管理四项职责，狠抓主体、具体、常态、合力四大重点，落实主体、监督两个责任的“442”党风廉政工作法，全面落实年度党风廉政建设15项具体任务。一是全面落实“两个责任”，全覆盖签订责任状和承诺书120份；将各级党委（党组）书记“第一责任人”的4项职责、班子成员的4项职责、纪检机关党风廉政建设的8项监督责任全部签字背书；将全县12个乡镇纪委、14个县直单位纪检组（纪委）和6个省市驻岢单位纪检组织划归纪委集中管理；清理移交纪检部门其它业务69项，构建起“党委统一领导，党政齐抓共管，纪委组织协调，部门各负其责”的责任体系。二是强化廉政防控建设，出台了《关于建立“跑官要官”行为登记制度的通知》《拟提拔干部廉政报告制度》等制度，组织开展了以廉政承诺、廉政谈心活动、反腐倡廉警示教育等为主的“九个一”廉政教育系列活动，组织全县4000余名公职人员进行了廉政知识考试，进行了涉及23个风险点69人的廉政提醒谈话，建立起涉及12个乡镇、117个县直单位的廉政风险防控体系，将43个政府部门和单位的5635项权力清单在政府门户网站进行公开。三是持续用力整治“四风”，重点开展了涉及26个大项44个小项的专项整治行动，查处违反工作纪律的案件10起，查处违法占地案件15宗，辞退20名不上班工作人员，处置了3人在企业兼职的问题，取缔相关社会团体5个，取消行政事业性收费项目4项、评比达标表彰项目6项，对违规领取低保金的58人进行了追缴，追缴各类违规资金85205元，使全县性会议减少10%，

文件下发数量减少60%，简报数量减少50%，新闻报道字数减少23.8%，公务用车支出减少53%，公务接待支出减少33.7%，领导干部调研次数增加142%。四是持续保持惩治腐败高压态势，坚持有案必查、有腐必反、有责必肃，以“零容忍”态度坚决惩治腐败，共查办各类违规违纪案件101起，处分违纪人员101人（次），其中，党纪处分83人，政纪处分18人，撤职以上重处分11人。处分人员中，正科19人，副科6人，科级干部重处分2人。五是完善制度保障体系，落实“民主监督”机制，加大决策公开、党务公开和各领域办事公开的力度，推行重大决策事前、事中和事后的全程监督。建立“一案三查”制度，加大对不履行或不正确履行党风廉政建设责任人的问责力度。强化“述职述廉”机制，严格落实述纪述廉述作风述责任制度和重点约谈制度。完善“责任考核”机制，建立目标责任通报、表态、淘汰、问责四项机制，推动责任制考核走上制度化、规范化轨道。

五、推进民主法治建设，迈出法治改革新步伐

为营造民主和谐、公平正义、安居乐业的良好环境，一是深化民主政治建设，在重大问题的决策和重要工作的部署等各个环节，注重听取人大、政协、专家学者、老干部、“两代表一委员”和基层党员干部群众等社会各界的意见和建议，办理落实人大代表建议和意见43件、政协委员提案46件，不断推进国防后备力量建设，持续深化双拥共建工作，巩固了同心同德促发展的良好政治局面。二是全面创新社会治理，构建起社区管理、社区服务和社区自治相结合的工作机制，全面铺开街面防控网、社区村庄防控网、单位内部防控网等“六网覆盖”工程，进一步规范三级平台运行，处置办结各类事件18087件，围绕“六大领域”调解各类矛盾纠纷439件，信访事件结案率100%、息访率85%，围绕“五打三整”等系列专项行动，受理、查处各类治安案件414起，查处违法人员941人，被评为“省级平安建设先进县”。三是推进阳光司法，实施“阳光司法”、“阳光检察”工程，全面推进严格执法、公正司法、全民守法和法律援助等工作，依法公开各类生效裁判文书30余份，组织评查案卷78卷，建成科技法庭1个，在建2个，全年新收各类案件559件，结案率达到98.39%，批捕起诉案件准确率达100%。四是推进民主法治改革，全面落实《中共中央关于全面推进依法治国若干重大问题的决定》，出台了《岢岚县民主法治领域改革工作实施方案》，审议通过《中共岢岚县委关于深入推进法治岢岚建设的实施意见》，全面启动了7大板块33项改革任务，为深化法治岢岚建设奠定了坚实基础。

（侯晓峰）

附：一、岢岚县委书记、副书记、县委常委名单

书　记：王志东

副书记：侯俊生　毕晋锋

常　委：牛大业　赵亚峰　闫莉芸　赵国兴　于顺龙　房　涛（10月任职）

二、乡镇党委书记名单

岚漪镇

书　记：梁　军

三井镇

书　记：周在田

神堂坪乡

书　记：胡少平

宋家沟乡

书　记：张文生

阳坪乡

书　记：刘玉欢

大涧乡

书　记：刘庆云（10月离职）

高家会乡

书　记：高志远

李家沟乡

书　记：高志平

水峪贯乡

书　记：刘　霞（女）

王家岔乡

书　记：吕少东

温泉乡

书　记：白茂生

西豹峪乡

书　记：王　政

中共河曲县委工作概况

县委书记　边东圣

2014年，县委、县政府深入贯彻党的十八大和十八届三中、四中全会精神，团结带领全县广大干部群众，主动适应经济发展新常态，围绕“1266”工作思路，抓改革、促发展、惠民生、保稳定、强作风、反腐败，各项工作都取得了新的成绩。

一、认真学习贯彻习近平总书记系列重要讲话精神，与党中央、省委、市委保持高度一致

县委坚持把学习贯彻习近平总书记系列重要讲话精神、党的十八届三中、四中全会精神和省委、市委的决策部署，作为重要政治任务,坚持集中学、带头学、在真学、真懂、真信、真用上下功夫。县委组织中心组学习13次，县委、政府班子成员人人下基层讲党课，认真撰写心得体会和调研报告。先后8次聘请专家学者举办专题讲座，培训科级干部5190人次。实施了农村“领头雁”培训，对2657名农村干部和党员骨干进行了集中培训。用中央和省、市的最新决策部署统一思想，推动工作。努力把学习成果转化为全面深化改革、推进“1266”工作思路的创新指导，转化为整治“四风”、惩治腐败、从严治党的思想自觉和工作自觉，为有力推动各项工作奠定了坚实的思想政治基础。

二、主动适应经济发展新常态，努力实现经济社会平稳健康发展

经济指标平稳增长。尽管受到经济下行的影响，但河曲主要经济指标和任务均圆满完成。全年财政总收入完成16.71亿元，同比增长6.54%；公共财政预算收入完成6.06亿元，同比增长3.84%；固定资产投资完成116.32亿元，同比增长43%；规模以上工业增加值完成46.1亿元，同比增长15.9%；社会消费品零售总额完成10.47亿元，同比增长13%；地区生产总值完成69.83亿元，同比增长12%；城镇居民人均可支配收入21187元，同比增长8.7%；农民人均纯收入5091元，同比增长11.7%。再次被省政府授予全省县域经济发展先进县。

项目攻坚取得突破。县委始终坚持“八位一体”抓项目，强化“六个一”领导包保责任制，年度实施的45个省市重点项目，复工开工率达到93%以上。“项目见效年”6项考核指标，全部提前超额完成年度任务。重大产业项目A类考核超额完成任务，总投资101亿元的10个项目全部开工，全部统计“入库”。在全市重点项目考核中，荣获一等奖，开创了项目建设新局面。

工业经济稳中有进。省级河曲煤电基地规划通过中咨公司评审。6座井工煤矿正常生产，3座露天煤矿建设进度加快，黄柏煤矿及选煤厂项目已取得“路条”。全年煤炭产量达到1349.5万吨，同比增长12.4%。积极帮扶神华河曲电厂4台机组开足马力发电，全年发电121.5亿度，同比增长4.67%。神东低热值煤发电一期建设顺利推进；二期可研通过评审，已取得上级部分支持性文件；神华河曲电厂三期可研通过中咨公司评审。山煤低热煤发电项目已取得“路条”。支持并促成神华河曲电厂与山煤露天煤矿、神达惠安煤业与神华神东低热值煤电厂实现了煤电联营、一体化发展。同德化工产销爆一体化作业覆盖全市。山水水泥、中通管业、振钢化工癸二酸项目稳健运营，振钢化工加气站项目顺利推进，一批新能源项目正在积极争取。全县非煤产业增加值比重达到53%，新兴产业投资比重达到25%。

农业发展后劲增强。农业产业化实现新突破。按照农业产业化“六个三”发展模式，3大经济带上3个农业园区初见成效。平川区新发展设施农业700亩，半山区推广富硒农作物5600亩，高山区推广种植脱毒马铃薯8万亩。全县农作物播种面积42.8万亩，粮食总产量1.31亿斤，成为建国以来河曲第9个过亿年。羊产业发展迈出新步伐。新发展养殖场50个、规模养羊小区10个、人工授精站3个，种植籽粒苋5680亩。新增羊饲养量11万只，总量达到33万只。扶贫开发取得新进展。全年减贫7004人，完成5个村的整村推进任务，北元移民新村二期工程主体完工。农业基础建设有了新成效。引黄灌溉一期工程通过省水利厅验收。完成一村一井工程43眼，完成农村饮水安全工程28处，京津风沙源治理水源工程7处，节水工程3处，水土流失治理8.09万亩。土地开发整理11528亩，新增耕地3313亩，露天煤矿复垦复绿3500亩。

深化改革扎实推进。制定实施综改试验年度行动计划和“西部门户”建设方案，17项重大改革、40项重大事项、47项重大项目、6项重大课题均按进度有序推进。事业单位分类改革试点等各项改革稳步推进。财政累计注资风险补偿资金560万元，发放“助保贷”担保贷款4950万元。取消行政审批项目6项，取消行政事业性收费4项，承接省、市下放的行政审批项目21项。行政审批电子监察系统建设进展顺利。

三、切实保障和改善民生，人民群众幸福指数显著提升

社会保障持续有力。新农保参保率保持在99%以上，

城镇居民医保参保率保持在95%以上。组织开展“2014年春风行动”，提供就业服务岗位1800人。建立了就业困难高校毕业生台账，民营企业提供岗位132个。新开工建设城镇保障性住房258套。建成文笔敬老院和社区服务中心，殡仪馆、城郊公墓等民生服务设施正在积极筹建。

社会事业协调发展。“五件实事”扎实推进。乡村清洁工程全面铺开，完成农村危房改造300户，新建城镇幼儿园前期工作准备就绪，完成新型职业农民培训3.5万人次，完成特困群众易地搬迁1080人。文教卫生稳步发展。文化体制改革任务全面完成，河曲民歌、二人台精品剧目在山西大剧院首演成功。教育人事制度改革稳步推进，营养改善工程持续实施，中高考成绩名列全市前茅。医药卫生体制改革主要指标全部完成，继续实施65周岁以上老人免费体检，成功创建国家级计生优质服务县。生态建设成效显著。加大了大气污染防治，城区二级以上天数达到354天。启动省级林业生态县创建活动，全年完成造林绿化7.45万亩，森林覆盖率达到24.6%，城市建成区绿化面积增加33万平方米，覆盖率达到34%。被确定为全省林业现场会观摩县之一。

城乡面貌明显改善。以“一城两翼”（县城、楼子营镇、巡镇镇）为重点、以各乡镇的乡村清洁工程为载体，重点实施了县城65332市政工程、楼子营镇创卫和巡镇街道改造工程。目前，65332市政工程推进顺利。6条道路中，5条国庆节前建成通车，5馆3院主体完工。临隩公园、白朴公园景观和园林工程基本完成，东山森林公园设计规划完成；热电联供管网、集中供气管网均完成年度建设任务。启用了新汽车客运站。楼子营镇“创卫”通过国家专家组评估验收，巡镇向荣街改造圆满完成。全县城镇化率提高1.7个百分点，被确定为全市唯一的省级“大县城”试点县。

社会大局和谐稳定。一是整治了社会环境。认真组织实施了“平安河曲”六大体系40个项目建设。部署开展了“六项整治”、“两清三净”等专项行动，社会治安防控体系逐步完善，群众安全感稳步提升。道路交通事故“一站式”处理模式在全市推广。二是狠抓了安全生产。按照党政同责要求，落实“433”机制，变事后问责为事前预防，开展了“六打六治”、打非治违专项行动以及隐患排查活动。全年没有发生安全生产责任事故。三是维护了社会稳定。我们坚持化解和整治“两手抓、两手硬”，依法规范了信访秩序，上级交办和县里自查及发生的信访案件全部化解。进京赴省到市上访得到有效控制，信访工作各项指标完成情况位居全市前列。特别是动员社会力量化解信访矛盾的典型经验，得到市委肯定，并在全市推广。

四、认真履行“两个责任”，深入推进党风廉政建设和反腐败斗争

深入推进“两个责任”落实。出台《关于落实党风廉政建设党委主体责任和纪委监督责任的实施意见（试行)》等一批制度规定，对4个乡镇3个县直单位进行了专项巡察，对6个乡镇党委书记进行了约谈。组织了形式多样的廉政警示教育6次。建立了“一案三查”制度，强化了“述责述廉”机制，完善了“责任制”检查考核机制。全面开展廉政风险防控体系建设。全县101个单位扎实进行了清权确权、风险排查、流程优化、机制构建等工作，共清理出权力事项6151项，制定权力流程图5963个，排查出廉政风险点17762个，制订防范措施19816条。63个单位和部门的5532个权力事项全部纳入“河曲县权力运行一库七平台”。启用了县政务服务大厅，44个单位的行政审批项目，实行“八公开”和一窗受理、一次告知、联合审批、全程监控、限时办结的“一站式服务”模式。大厅2014年9月启用以来，截止12月底已受理事项5704件，办结5529件，真正实现公开透明，极大地方便了群众。持续整治了“四风”。对违反八项规定和“四风”突出问题进行重点检查，公布了举报信箱、网站和电话，接受群众举报。立查违反八项规定和“四风”方面的案件29起，处分29人。对群众反映强烈的低保、户口、农村危房改造、城镇医保等工作进行了专项督查，清理不符合条件的城乡低保户9495人。不断强化案件查办。全年共核查各类违纪违法案件165件，处分165人，其中党纪处分147人，政纪处分33人，撤职以上重处分33案33人，乡科级案件28件，处分28人。积极支持纪检监察机关“三转”。落实纪委书记（纪检组长）在班子分工中不分管其他业务工作要求，突出了主业主责。县纪委参与的协调办事机构由112个减为13个，有效整合13个乡镇和16个县直纪检组等办案资源，推行连片联组工作模式，提升了工作能力。

五、落实党要管党、从严治党要求,全面提高党的建设科学化水平

群众路线教育实践活动和学习讨论落实活动扎实开展。全县582个党组织和8190名党员，历时8个月，按规定完成了教育实践活动各个环节的工作，活动取得了预期目标。对活动中查摆出来的“四风”问题和民生问题，制定了“两方案一计划”，开展了7项40个方面的专项整治，解决群众反映强烈的突出问题685个，解决服务群众“最后一公里”的问题108个。查处民生领域案件59起，处分59人。全县“三公”经费同比减少38%。通过这次活动，“庸、懒、散、奢”等“四风”问题有效整治，全县党员干部的思想认识、精神面貌、工作作风明显转变。在此基础上，按照省委要求，县委又部署开展了以“深入学习贯彻习近平总书记系列重要讲话精神，净化政治生态，实现弊革风清，重塑山西形象，促进富民强省”为主题的学习讨论落实活动，县党政领导班子带头，全县各级领导班子和领导干部围绕活动主题，坚持边学习、边讨论、边落实，多层次、多角度查找领导班子在作风建设、反腐倡廉、选人用人和制度建设等方面存在的突出问题，形成了深刻的反思剖析报告。树立正确的干部选用导向。按照《条例》要求，牢

牢把握德才兼备、以德为先、以廉为基的选人用人导向，结合实际探索建立了“三问责、五反对、五惩治、五重用”干部选用管理机制，严格按照“好干部”标准选人用人。狠抓了干部队伍的管理监督。按照省市要求，对全县人事档案进行了清理整顿，对企业兼职干部、吃空饷人员、借用人员进行清理清退，理顺人岗分离工资关系，对超职数干部职数进行了消化。组织了年度目标责任考核，实施了三级“联述联评联考”制度，对落实较差单位的主要领导进行了诫勉谈话、通报批评，并对单位考核等次给予降格处理。全面完成了农村“两委”换届工作。提前谋划、及早动手，针对村“两委”运行中存在的问题，采取针对性措施，保证了全县314个村党组织、340个村委会都按进度完成了换届，班子结构得到了优化，干部整体水平得到了提升，实现了“十种人”零当选。开展了基层服务型党组织创建活动。对30个软弱涣散基层村级组织进行了整顿，探索建立了基层党组织星级管理制度，大力推进了党员干部全员“四诺”、党组织和党员进社区“双报到、双服务”、“民事双向代理代办”、乡镇“一评两监督”等活动，规范了党代表工作室运行。乡村设立了便民服务中心和服务室，组建了代办员队伍，发放便民服务卡35000多张，累计代办民事5621件。

六、凝聚发展正能量，扎实推进精神文明建设和民主法治建设

宣传思想工作得到加强。出台了《关于加强全县领导干部理论学习的实施意见》，建立了各级中心组理论学习电子档案。组织了摄影、书画、征文、五好文明家庭评选、“河曲好人”评选等“十个一”践行社会主义核心价值观主题活动，在全县评选文明家庭1000个，评选“河曲好人”20余人。法治河曲建设得到加强。深入开展了全国法治县创建活动，加强了“六五”普法工作和“法律六进”工作，实现了法制宣传教育工作城乡全覆盖。组织了为期3个月的送法下乡活动。积极推动涉法涉诉信访改革，逐步实现诉访分离，把全县涉法涉诉信访积案纳入法制轨道。民主政治建设得到加强。县委坚持统揽全局、协调各方的原则，积极支持县人大、县政府、县政协工作，听取人大、政协的意见和建议，参政议政水平明显提升。深入推进党务、政务、村务、企务和公用事务公开，坚持重大规划、决策、活动广泛征集群众意见。坚持党管武装制度，积极支持工、青、妇等人民团体开展工作，各项工作都取得了新进步。

（黄建林）

附：一、中共河曲县委书记、副书记、常委名单

书　记：边东圣

副书记：李旭清　田尚麒　徐晓峰（挂职，3月任职）

常　委：贺贵平　刘东云　丁二明　刘建忠　赵辰隆　宋晓辉

二、乡镇党委书记名单

文笔镇

书　记：李步成

巡镇镇

书　记：韩　昌

楼子营镇

书　记：菅劲春

刘家塔镇

书　记：李晓峰

鹿固乡

书　记：张秀文

单寨乡

书　记：郭永胜

土沟乡

书　记：周　明

前川乡

书　记：贾建忠

旧县乡

书　记：闫慧军

沙坪乡

书　记：王　军

社梁乡

书　记：刘云钦

沙泉乡

书　记：李永智（5月任职）

赵家沟乡

书　记：邬志明

中共保德县委工作概况

县委书记　段　新

2014年，中共保德县委全面贯彻落实党的十八大、十八届三中、四中全会精神和省市决策部署，以党的群众路线教育实践活动为统揽，以转型综改和扩权强县为抓手，大力实施第三轮“项目推进年、农民增收年、城市建设年、作风转变年”活动，扎实推进“文明保德”和“平安保德”建设，深入开展党风廉政建设和反腐败斗争，不遗余力稳增长、促改革，抓转型、惠民生，转作风、树正气，各项工

作取得新进展新成效。重点抓了以下三件大事：

一是更加自觉地用习近平总书记系列重要讲话精神武装头脑、指导实践、推动工作，坚定不移在思想上政治上行动上与中央、省委、市委保持高度一致。县委把学习宣传、贯彻落实好习近平总书记系列重要讲话精神，作为重大政治任务，通过县委中心组学习、邀请教授作专题辅导、举办专题研讨班、领导干部登台讲党课等多种方式，深刻领会讲话的科学内涵、思想精髓、精神实质和实践要求，切实做到真学真懂、真信真用、真知真行。及时深入学习王儒林书记系列重要讲话，准确把握新一届省委班子的为民情怀、历史担当和优良作风，坚决把省委弊革风清、富民强省新要求，贯彻落实到全县党的建设和各项工作当中。全面贯彻市委加强作风建设、坚持从严治党的部署要求，教育引导全县广大党员干部守纪律、讲规矩，切实增强道路自信、理论自信、制度自信，保持坚定立场，增强战略定力，不为困难风险所惧，不为杂音噪音所扰，自觉做政治上的明白人和中国特色社会主义共同理想的坚定信仰者、忠实践行者和英勇捍卫者。

二是扎实开展党的群众路线教育实践活动，有效解决了一大批群众反映强烈的突出问题，党风政风和社会风气明显好转。按照中央、省委和市委的部署，自3月5日起，组织全县15个党委、27个党总支、664个党支部、8864名党员，突出为民务实清廉主题，聚焦解决“四风”问题，分县乡村三个梯次深入开展了党的群众路线教育实践活动。坚持高起点开局、高标准开展、高质量推进，扎实完成规定动作，深入开展“1126”主题实践活动，取得了预期成效。全县解决“四风”方面突出问题3857件，解决涉及群众利益方面的问题4231件，解决改革发展稳定方面的问题68件；修订完善原有制度197条，新制定出台制度362条，以真心贴近群众、真诚服务群众的实际行动，赢得了广大群众的拥护和支持。持之以恒落实中央八项规定，把作风建设融入日常工作，形成抓作风促工作、抓工作强作风的良性循环。会议活动次数同比下降4%，发文数量同比精简12%，“三公”经费同比下降27.58%，取得了明显成效。

三是坚持把稳增长放在更加重要的位置，及时采取有效措施，经济继续保持平稳健康发展。面对经济下行压力加大、能源市场波动等诸多不利影响，县委坚持稳中求进工作总基调，遵循新常态下的经济运行规律，有针对性地加强党对经济工作的领导，保持定力，精准发力，多措并举稳基础、调结构、保增长，经济运行呈现稳中有进、稳中向好的发展态势。全县地区生产总值完成65亿元，同比增长3.6%；固定资产投资完成103.9亿元，同比增长30.6%；地方公共财政预算收入完成6.3亿元，同比负增长6.9%；社会消费品零售总额完成12.7亿元，同比增长10.8%；城镇居民人均可支配收入24848元，同比增长17.8%；农民人均纯收入5850元，同比增长14.5%。节能减排、环境保护等约束性指标全面完成。

同时，做了以下四方面主要工作：

（一）主动顺应新常态，努力推动有质量有效益可持续发展

项目建设扎实推进。坚持“八位一体”工作机制，抓大、壮中、育小、扶微，全力推进项目落地建设。全县项目储备、签约、落地、开工、投产，分别完成1378.6亿元、80.1亿元、91.34亿元、32.2亿元、68.48亿元，完成年度目标任务的142.9%、100.1%、179.1%、103.9%、103.8%，均超额完成市下达任务。省市两级重点工程完成投资74.75亿元，完成年度计划的103.8%。

农民增收渠道不断拓宽。坚持把“农民增收”作为“三农”工作的核心任务，不断转变农业发展方式，推进农业产业结构调整。全县农作物播种面积35万亩，粮食总产量达到9600万斤；设施农业面积稳定在4000亩左右；油用牡丹栽植面积达到2800亩；新建和扩建规模养殖场区13个，发展科技养殖示范户30户；康熙枣园农业观光旅游区一期工程进入扫尾；西府海棠、林遮峪红枣酿酒等一批农产品加工龙头企业蓬勃兴起；同煤宏昇奶牛养殖项目扎实推进；新增节水灌溉面积1000亩，涉及15个村5所学校8075口人的饮水安全工程完成主体。积极推进社会主义新农村建设步伐和扶贫开发、农村富余劳动力转移等工作，全年减少贫困人口7000人，培训农民1.6万人，转移富余劳动力2724人。同时，充分发挥大学生村官和农村致富带头人的作用，积极搭建了南河沟博海大学生村官农产品服务公司等8个农产品销售平台，帮助农民做好信息对接、物流对接、市场对接工作，确保了农民产得出、卖得好、能赚钱。

人居环境明显改善。不断巩固提升创卫成果，积极推进以“旧城提质、新城扩容”为主要内容的城市建设，同舟广场地下停车场、新城区水厂全面完工；河滨市场投入使用、东城农贸市场进入装修阶段；体育馆、文化活动中心、县委党校教学大楼完成主体建设工程；新城区水系、府前街东延工程积极推进。扎实开展打击违法用地和违法建设“两违”专项整治行动，有效遏制了城区范围内乱修滥建蔓延的势头。统筹城乡发展，杨家湾镇成功跻身“全国重点镇”行列，义门镇创建国家卫生镇通过初验；“乡村清洁工程”扎实开展，78个村通过省级考核验收。同时，不断加快绿色发展步伐，全年绿化造林6万亩，全县森林覆盖率达到10.05%，城区绿化率达到38.6%，城区垃圾无害化处理率达到95%以上，污水处理率达到85%以上，气化率达到43%以上，热化率达到76%以上，城区空气质量二级以上天数达到320天以上，获得了“省级园林县城”荣誉称号。

两大活动扎实开展。“文明保德”建设全面推进，组织开展道德模范巡回演讲14场、“道德讲堂”46场，印发各类宣传资料5万余份。建成省级文明单位4个、市级文明单位27个、市级文明村2个；评选了44个县级文明单位、88个文明示范窗口、9个文明社区、32个文明卫生示范村；保德县见义勇为道德模范张亮孩被评为2014年度“山西好人”、“最美忻州人”。“平安保德”建设持续加力，在县、

乡、村（社区）及100人以上的企业设立了矛盾纠纷调解中心（调解室），全年排查各类矛盾纠纷446件，成功调解434件，调解成功率达97%；举办平安建设电视讲座18期；新安装视频监控探头1850个；网格化管理信息系统录入信息4204条；9个机关单位、3个乡镇、9个社区组建了治安联防队；1个社区4个乡镇分别通过省级平安社区和市级平安乡镇考核验收。

民生福祉持续增进。千方百计扩大就业渠道，公开招录公益性岗位人员150名，城镇新增就业2169人；对712名学前贫困幼儿进行了资助，免除了2464名在校高中生和1430名职业中学在校生学费，向农村寄宿制学校2729名住校生发放了生活补贴；县乡村三级卫生室全部执行基本药物网上采购制度，医疗救治水平和公共卫生服务水平得到大幅提升；养老、医疗、失业、工伤、生育保险覆盖面不断扩大，参保率分别达到99.3%、99.3%、96.5%、97.8%、95.2%；送戏下乡、广场文化周、送电影下乡等文化惠民活动实现常态化，城乡居民的精神文化生活日益丰富；保障性住房、扶贫移民房等一大批住房建设工程全面实施，城乡居民居住条件持续改善。

社会大局和谐稳定。强化安全生产，严格落实党政同责、一岗双责等安全生产责任制，深入开展安全隐患排查和安全生产大检查，煤矿、非煤矿山、危险化学品、工贸领域实现“零事故、零死亡”，安全生产形势持续稳定好转。始终保持对各类违法犯罪大打、狠打的高压态势，扎实开展“利剑行动”“百城禁毒”“打黑除恶”等一系列严打专项行动，人民群众的安全感和满意度明显提升。不断创新信访化解工作机制，出台了《关于规范信访工作流程的实施意见》《保德县信访工作积分考核办法（试行）》，实行党政领导开门大接访，推行了“谁接访谁督办、谁主管谁负责”、接访情况和信访案件处理结果“周报告”等制度，全年办结信访案件157件，有效地促进了信访形势的持续好转，维护了社会和谐稳定。

深化改革开局良好。加强对全面深化改革的组织领导，成立了全面深化改革领导小组和6个专项小组，统筹推进各项改革。制定出台了《2014年—2020年实施方案》《2014年改革行动计划》《保德县转型综改2014年行动计划》，明确了改革方向、工作重点。深化行政管理体制改革，稳步实施政府职能转变和机构改革，扎实推进事业单位分类改革。加大行政审批制度改革力度，中央、省市下放审批项目全部衔接落实到位，县级行政审批事项由原来的170项精简压缩为97项，审批时限普遍缩短了1/3以上。金融服务体系不断完善，中国银行保德支行、慧融村镇银行落户保德。

（二）以基层组织提升年活动为主线，大力加强基层组织和干部队伍建设

着力提高选人用人公信度。坚持党管干部原则，坚决执行《党政领导干部选拔任用工作条例》，牢固树立科学发展、以德为先、注重基层的用人导向，把人岗相适、重视一贯表现等要求贯穿到干部选拔任用工作的全过程。不断加强干部队伍日常管理。扎实开展清理清退借调人员和“吃空饷”问题治理工作，清理清退借用人员111名。严把档案入口、审核、信息三道关口，初步实现档案电子信息化管理。持续加强党员干部素能建设。在抓好干部在线教育学习、农村“领头雁”培训延伸计划等一系列行之有效措施的基础上，重点围绕干部理想信念、纪律建设、作风建设、群众观点等方面的知识能力，举办了4期培训班，培训党员干部1100余人次。全面提升基层党组织服务能力。县党政班子成员带头以季度为节点，对各自承担的重点工作任务，向全社会亮出目标举措、进展情况、完成时限。各级党员干部通过新闻媒体承诺、公开栏承诺、建立承诺台账等形式，作出公开承诺，接受群众和社会各界监督。坚持超前谋划，强化领导，精心组织，严格程序，圆满完成农村（社区）两委换届选举工作。全面推行为民服务代理代办制，全年为群众代理代办各类事务3250件；抽调全县1198名干部深入341个村、54家企业开展帮扶活动；督促2196名在职党员进入社区开展志愿服务；设立了21个党代表工作室，组织965名县乡党代表进驻工作室，在服务发展、服务民生、服务群众中树立了良好形象。

（三）严格落实党风廉政建设“两个责任”，全面推进惩治和预防腐败体系建设

严格落实党委主体责任。坚持把党风廉政建设和反腐败工作纳入总体全局，摆上重要议事日程，统筹谋划，合力推动。先后召开7次县委常委会、4次中心组专题理论学习会议，传达学习上级关于主体责任有关文件精神，分析党风廉政建设形势，研究部署落实“两个责任”的具体工作。坚持把廉政教育作为常态化工作，制定出台了《落实党风廉政建设主体责任谈心谈话实施方案》，分层分类对全县科级以上领导干部以及乡镇（县直机关）中层干部进行了“一对一、面对面”谈心谈话。组建了5个宣讲组，分赴全县13个乡镇开展了党风廉政教育宣讲活动。组织30多个县直机关的全体人员到县廉政教育中心接受了廉政教育，对县乡村2000余名干部进行了党纪条规教育和岗位廉政教育。扎实推进惩防体系建设。廉政风险防控信息平台投入使用，全年受理各项行政权力事项2548件。全县42家单位进驻政务服务中心，实行“一窗受理、内部循环、联审联批、一窗出件”和电子监察全程跟进。立足抓早、抓小，对在工作作风和纪律上发现苗头性、倾向性问题的21名干部进行了及时约谈。严厉查处违纪违规行为。牢固树立反腐倡廉面前没有“特权”的法治思维，以零容忍的态度把查办案件放在更加突出的位置，始终做到有案必查、有腐必惩、有贪必肃。全年查办违纪违法案件134件，处理党员干部134人。其中，给予撤职以上重处分17人，移送司法机关5人。

（四）加强社会主义民主政治建设，依法治县水平得到提升

始终坚持民主集中制，制定出台了《中共保德县委常委会议事规则（试行）》，将县委班子“441”工作流程，全

面贯穿于议事决策、执行落实、约束监督、联系服务各个环节。积极发挥党委总揽全局、协调各方的职能作用。坚持和完善人民代表大会制度，加强对人大工作的领导，支持人大及其常委会依法履行职能，不断提高人大工作水平。县人大组织代表开展执法检查、调研、视察等各类活动17次，作出决议、决定7项，进一步加强和改进了监督工作。坚持和完善中国共产党领导的多党合作和政治协商制度，把政治协商纳入决策程序，支持政协围绕环境卫生、食品安全、交通秩序、园林绿化、噪音污染、文明校园创建等开展调研，提出意见和建议60余条，有效发挥了参政议政、推动发展的积极作用。积极发挥工会、共青团、妇联等人民团体作用，切实加强对人民武装工作的领导，高度重视统战、民族和宗教工作，形成了群策群力、团结共进的政治局面。大力推进依法治县，深入开展“法律六进”活动，全面提升普法宣传教育的实际效果。不断加强基层民主建设，深入推行党务公开、政务公开、村务公开、企务公开和公用事务公开，切实保障了人民群众的知情权、参与权、表达权和监督权。（杨 剑）

附：一、中共保德县委书记、副书记、常委名单

书　记：段　新

副书记：郭新生　周书泉

常　委：宁志刚　岳海滨

王培才（11月接受组织调查）　张永红

华永军　李迎熙　张申良　臧秀进（挂职）

二、乡镇（街道）党（工）委书记名单

东关镇

书　记：刘竞才

桥头镇

书　记：高彦林

义门镇

书　记：张智才

杨家湾镇

书　记：郭兴田

腰庄乡

书　记：张埃平

窑洼乡

书　记：高彩文（女）

土崖塔乡

书　记：翟连平

孙家沟乡

书　记：李宝权

尧圪台乡

书　记：康智新

冯家川乡

书　记：王耀光

南河沟乡

书　记：白侯平

林遮峪乡

书　记：闫　俊

韩家川乡

书　记：张振清

居民办

书　记：闫保祥

中共偏关县委工作概况

县委书记　王　源

2014年，中共偏关县委认真贯彻落实市委“3581”发展战略，以深入开展党的群众路线教育实践活动和学习讨论落实活动为契机，紧紧围绕稳中求进总基调，强势推进经济“双五”发展战略和党建“双五”工程，全县各方面工作均取得可喜成绩。全县地区生产总值完成27.8亿元，增长2.2%；财政总收入完成4.6亿元，增长11.5%；农民人均纯收入预计达到5276元，增长11%。

一、信心坚定，凝心聚力，推动社会经济跨越转型发展

项目建设提质增量。按照“项目见效年”要求，坚持“八位一体”抓项目不动摇，项目建设见到新成效。省市项目强势推进。项目的储备、签约、落地、开工、投资、投产6项硬性指标全部超额完成任务。农业、电力、煤炭、能源、旅游等9个分类考核产业项目总投资达到38.14亿元；20个落地偏关的煤炭物流项目有序推进，正在形成煤炭“洗、选、储、售”一体化发展产业体系；在华能10万千瓦风电正常运行的基础上，大唐5万千瓦、龙源5万千瓦风电项目都已开工建设，正在形成“保障水电、扩大风电、新上光电、推进火电”的电力产业发展新格局。

“三农”工作效果明显。农业产业发展得到再提升，全县粮油总产量达5200万公斤。温室大棚拥有2000余座，经济林发展到4万余亩，杂粮种植25万亩，其中“张杂谷子”种植达到15万亩。偏关羊肉、小米两种农产品正在申报国家地理标志产品认证。农民优惠政策得到再落实，发放国家农机补贴221.1万元，发放种粮直补2990.5万元。

景区建设叫响品牌。按照“旅游活县”战略思路，集中力量打造以黄河为主的黄河风情游和以长城古堡为依托的古军事游两条旅游线路。老牛湾申请3A级景区完成初评工作，正在申报省级风景名胜区；从窑寨至大咀新建的旅游公路已建成通车，投资2594万元的老牛湾大型码头项目已获得省交通厅的批复；乾坤湾景区已竣工开放；红门口“地下长城”开发项目已完成主体建设，并得到广大人士的认可和赞誉。

二、以人为本，关注民生，推动社会事业扎实推进

城市建设更加宜居。城区滨河东西两个市场改造完工并投入使用，城区小商小贩和流动摊贩实现归行入市；县城5处残垣断壁得到整治，20条小街小巷全部硬化；完成了古城大街鼓楼修缮，护城楼博物馆全面竣工，并正式向市民免费开放。县城“创卫”已进入准备程序，老营镇“创卫”工作全部完成并通过省爱卫会的验收，老营村还申报了市级美丽宜居示范村。

社会大局和谐稳定。平安偏关建设成效显著，全年排查化解各类纠纷347件，破获案件20起；全县安装监控摄像头1361个，新建高清摄像头98个，建成治安卡口6个；“PTU特警巡逻队”全天24小时开展巡逻防控工作，有效维护社会治安秩序。按照“党政同责、一岗双责、齐抓共管”的安全生产机制，全面开展安全生产“六打六治”专项整治活动，全县已整改隐患1009项，全县安全生产继续保持明显好转的态势。

社会事业更加完善。群众文化生活不断丰富，全年累计完成送戏下乡65场，3000套“村村通”电视设备全部安装到户，成功举办了第三届“全民健身”体育比赛和“唱响偏关”舞台艺术大赛，进一步活跃丰富了群众文化生活。同时不断加大社会救助力度，全县共发放低保、五保等救助资金2000多万元。乡、村医疗机构全部实行药品零差率销售。

三、强基固本，创新机制，推动党建水平不断提升

学习型党组织全面推进。整合各类教育培训资源，充分发挥县委党校主阵地作用，创新培训方式，加强与院校合作，构建起多元化干训新格局。县委书记，组织部部长、副部长分别参加了中组部、省委、市委党校的专题培训。邀请了省委党校魏汝超教授、山西农大刘艳萍副教授等院校专家赴偏关现场教学。全年共组织党员干部参加省、市调训共8批79人次，共培训各级各类干部2200人次。

开展“两全”工作实践。开展了全方位民主推荐，全过程痕迹记实的干部选用实践。“全方位民主推荐”就是县委提出干部动议意见后，在民主推荐时进行多元推荐和使用时印证推荐，变自上而下提名为自下而上提名，采取县级分管领导、单位领导署名推荐，单位职工投票推荐、个人自荐、组织部门综合推荐，使用时征求人大、政协的意见,参照年度考核结果进行印证的“五推两征一考核”办法，提高了初始提名的科学性。“全过程痕迹记实”就是将动议、推荐、考核、讨论决定、任职五个环节，全部以音像、文字等资料形式痕迹化纪实，特别是在考察环节突出个别谈话、民意征求、民主测评、实地走访、查阅档案“五个必经程序”。通过实行“两全”干部工作机制，全县干部工作取得了新的突破，广大党员干部人心思进，干事创业积极性明显，选人用的风气良好。全年共调整干部11人，其中免职8人、提拔3人。

群众路线教育实践活动深入开展。全县437个基层党组织和7456名党员，以“四坚持四整顿四结合”为载体，严格落实市委活动办“8+2”要求，共组织学习2100次;共征求到意见建议12390条。“两方案一计划”中，明确县委常委会21项即行整改任务和12项近期整改任务、28项48个具体专项整治任务和37项制度建设项目。“两方案一计划”以及领导班子个人整改清单已完成绝大部分，初步构建了促进党员干部坚持为民务实清廉的长效机制。

学习讨论落实活动扎实推进。结合实际制定了全县的《实施意见》，明确了工作职责，全县75个单位参加活动。建立了6个专项组，分别由相关的常委担任组长。认真开展“议思剖改”，班子成员围绕活动主题和“四个重点问题”，紧密结合偏关实际、班子实际、工作实际和个人实际，深入查找制度缺失、工作漏洞、自身不足等方面问题，并形成反思剖析报告，为全省“净化政治生态、实现弊革风清、重塑良好形象、促进富民强省”目标奠定政治基础和纪律保障。

基层党组织建设不断深化。做好村（社区）“两委”换届工作，组建了县级领导干部任组长的10个包乡督查指导小组和政策解释、司法保障、案件专办3个专门工作小组，制定了换届工作方案，编印了《偏关县换届选举工作40问》，严格操作程序，强化宣传引导，确保顺利推进。截止年底，农村“两委”换届工作基本完成，村级班子的年龄和文化结构更趋合理。采取“评、查、议”结合的方式抓好全县软弱涣散基层党组织的延伸整顿工作，集中专项整顿共规范村级运行制度20多项，调整软弱涣散党组织班子成员17人，新配备党组织书记5人，新发展党员3人，选拔培养入党积极分子和农村后备干部19人。

四、坚守担当，从严治党，坚定不移推进反腐败斗争

加强廉政教育规范，进一步提高廉洁意识。开设以廉政学校、干部在线教育等平台为载体的“固定大课堂”，在乡（镇）机关、基层站所组织的“流动小课堂”和以县电视台、《今日偏关》、政府广场大型广告显示屏和廉政短信为载体的“提醒廉课堂”“三大课堂”加强廉政教育，筑牢了党员干部拒腐防变的思想防线。组织全县部分学者、文化名人召开红色廉政文化座谈会，创作了10余篇有影响、有教育意义的红色廉政文化理论文章，逐步形成富有偏关特色的红色廉政文化品牌。

强化执纪监督问责，坚定不移正风肃纪。一是加强了对党的纪律特别是政治纪律执行情况的监督检查。加强了对强农惠农政策、低保、扶贫项目、新农合、盐业等民生政策、资金以及相关事项落实情况的监督检查，立案8件，处理8人；对全县248个行政村换届期间纪律执行情况进行专项督查，立案2件，处理2人。二是始终把查办案件作为推进党风廉政建设和反腐败斗争的强有力手段，以零容忍态度惩治腐败。2014年，全县各级纪检监察机关共立案107起，处分107人。

狠抓纪律作风建设，营造风清气正工作环境。狠抓八项规定，坚决纠正“四风”，厉行勤俭节约，坚决反对奢侈浪费。深入整治公款吃喝、公款送礼、公款旅游、公车私用、收送礼金、红包、滥发钱物、大操大办等不正之风和会所中的歪风。全年共查处违反“八项规定”精神和违反工作纪律案件21件，给予党政纪处分21人，诫勉谈话5人，做出书面检查46人，并对违反工作纪律的39名干部在全县范围内进行了通报曝光，实现了作风建设新常态。

（李　敏）

附：一、中共偏关县委书记、副书记、常委名单

书　记：王　源

副书记：曲俊安　王文阁

常　委：白建国　王映中　徐晓兰（女）　李贵峰　田小平　梁利军

二、乡镇党委书记名单

新关镇

书　记：郭秀鸿

窑头乡

书　记：李　瑞（4月份离职）　贾海荣（5月任职）

陈家营乡

书　记：胡高峰（9月份离职）

万家寨镇

书　记：杨占录

天峰坪镇

书　记：武秀贵

楼沟乡

书　记：秦庆元

老营镇

书　记：马　富（1月份离职）

水泉乡

书　记：李　毅

尚峪乡

书　记：王在英

南堡子乡

书　记：郭建忠

中共吕梁市委工作概况

市委书记　高卫东

2014年，在省委的正确领导下，吕梁市委全面贯彻党的十八大和十八届三中、四中全会精神，深入学习贯彻习近平总书记系列重要讲话和省委十届五次、六次全会精神，团结带领全市广大干部群众，牢牢把握“打基础、利长远、惠民生”总体要求，坚持党要管党、从严治党，扎实推进党的群众路线教育实践活动，积极应对经济下行压力，着力保障和改善民生，全力维护社会和谐稳定，为推进全市经济建设、政治建设、文化建设、社会建设、生态文明建设和党的建设做了大量卓有成效的工作。

一、经济建设

2014年市委坚持把稳增长作为头等大事，全力以赴上项目、稳煤炭、保企业、增效益；把调结构贯穿经济工作始终，着力构建经济增长新格局；把改革开放作为强大动力，持续释放发展潜力；把“三农”工作作为重中之重，努力促进强农惠农富农；把基础设施建设作为重要引擎，统筹推进城镇化进程。

全市全年完成生产总值1101.3亿元，同比下降2%；固定资产投资1017亿元，增长16.5%；社会消费品零售总额376.8亿元，增长9.5%；公共财政预算收入13.6亿元，下降20.35%；城镇居民人均可支配收入21485元、增长7.4%，农民人均可支配收入6754元、增长10%；居民消费价格上涨1.7%，城镇新增就业4.17万人，转移农村劳动力4.4万人，城镇登记失业率为2.54%。万元地区生产总值综合能耗下降2.28%；六项污染物减排和万元工业增加值用水量降幅年度任务全面完成。

煤炭市场稳固发展推进情况。制定出台了吕梁“煤焦减负10条”，取缔涉煤收费15项，为企业减负4.29亿元，市级财政投入300万元培训煤炭企业职工。加强煤炭监测调度，积极推行煤电联营，煤焦互保措施，市内电厂基本使用本地煤达到560万吨。对矿井改造升级和达标建设累计完成投资33亿元，新增产能2590万吨。煤炭开采及洗选业增加值达到396亿元，占全市工业增加值的57.1%，有力支撑了全市经济发展。

帮扶企业脱困情况。深入开展“项目见效年”活动，“六位一体”统筹推进重点工程建设，项目签约、开工、建设、投产等指标均位居全省前列。省市288个重点工程建设完成投资额1121.2亿元。广泛开展政银企对接活动，协调金融机构为365户企业(项目)贷款160亿元，中小微企业专项扶持资金由300万元增加到2000万元，减免税收1060万元，发放助保贷资金1.2亿元，扶持中小微项目138个，新创办中小微企业2267户。中小微企业财税贡献占到全市公共财政预算收入的49%，成为市域经济增长的生力军。

加大“三农”投入情况。全市财政预算安排“三农”投入25.4亿元，增长45.3%。农林水支出达28.5亿元，粮食总产量达12.2亿公斤。初步建成9个特色产业基地县，完成生态林建设63.3万亩。农产品加工总量达到130万吨，销售收入突破100亿元。制定出台了《创新机制扎实推进农村扶贫开发工作的方案》，全年实现12.7万贫困人口减贫。

城镇化水平和基础设施建设情况。吕梁大道一期工程主线全部贯通，桥梁、安置房、供水、供热等16个项目进展顺利，旧城区改造全面加快。大力推进县市扩容提质和柳林留誉、临县碛口等12个重点镇建设。全市9298名农业转移人口和其他常住人口落户城镇。立体交通网络初步形成，吕梁机场建成运营，开通6条航线，年吞吐量突破10万人次；太佳高速黄河大桥建成投运，吕临支线、中南部铁路吕梁段、太兴铁路主体工程全部完成，环城高速、西纵高速岢临段、临离段具备通车条件；新改建农村公路304.7公里，全市农村公路通车里程突破1.5万公里。中部引黄工程及配套小水网、重点病险水库除险加固工程有序推进，龙门供水工程输水隧道全线贯通。加快构建电网体系，兴县500千伏输变电工程启动投运。年内建设输气管网221公里，城市人口气化率达到77%。全市城镇化率提高1.56个百分点，达到44.67%。

重点产业建设情况。加快传统产业改造升级。完成转型技术改造项目投资341亿元，建成试产或部分投产项目62个。淘汰水泥、炼铁、焦化等落后产能473万吨，停建违规项目9个、产能625万吨。加快焦化行业兼并重组，企业(项目)数减少28个，户均产能增加86万吨。编制完成燃煤电厂规划，8个低热值煤电厂核准在建和取得“路条”，总装机容量达到540万千瓦。全年发电量达到112.6亿千瓦时，增长13.3%；铝系产品产量达到959万吨，增长33.6%。完成新兴产业固定资产投资242.4亿元。新增4A级景区5家，旅游总收入达到182亿元，增长27.7%。鼓励发展高新技术产业。出台扶持政策，减免高新技术企业税费1000万元。全市自行研究课题50项，引进消化吸收科技成果110项，新增有效发明专利31件，新培育高新技术企业7户，新增税收2亿元。转型综改试验区建设进展顺利，“1231”年度目标任务基本完成。兴县肖家洼煤矿铁路专用线等30个重大项目全都开工，完成投资369亿元。加大招商引资力度，签约项目186个，到位资金713亿元。

二、党的建设

思想建设情况。面对新形势新任务新要求，市委把习近平总书记系列重要讲话作为做好一切工作的根本遵循。坚持领导带头，加强学习培训，市委中心组举行集中学习23次，举办学习习近平总书记系列重要讲话精神培训班4期，对1017名副县级以上领导干部进行了培训。

党风廉政建设情况。截至年底，全市纪检监察机关共立案1811件，结案1808件，党政纪处分2151人，同比增长9倍。制定出台了《关于落实党风廉政建设主体责任的意见》。提出市县区委书记和市直重点单位党委(党组)负责人向市纪委全委会述纪、述廉、述作风、述主体责任的落实情况，对23名县市区和市直单位党委(党组)书记进行约谈，并就落实党风廉政建设做出公开承诺。市纪委参与的议事协调机构由原来的163个调整精简为11个。清理消化超职数配备干部40人，处理吃空饷人员64人，28名领导干部退出企业兼任职务，1579名借用人员全部清理回原单位。

制定了《深入开展学习讨论落实活动的工作方案》和《关于做好学习、讨论、落实三个环节工作安排的通知》。对340名市、县市区、乡主要领导干部进行了集中学习培训，坚持边学习边讨论边落实。

按照省委统一安排部署，从2014年2月份开始，在全市10022个党组织、18.8万名党员中以为民务实清廉主题深入开展党的群众路线教育实践活动，取得了预期效果。深入查摆“四风”方面的突出问题，全市共查找出需解决的问题25790个，已解决16794个。深入开展专项整治，持之以恒推进“八项规定”的落实，截至11月，全市“三公”经费同比下降34.95%；处理处分违纪干部353人。新制订出台规章制度5392项，修改完善9847项，初步形成了贯彻群众路线的制度体系。着力解决联系服务群众“最后一公里”问题，形成了“5+1”工作法。

组织建设情况。深入开展“基层组织提升年”活动，对农村“两委”主干和班子成员、党员骨干、大学生村官进行了培训，187个软弱涣散村级(社区)组织完成集中整顿。广泛开展在职党员到居住地社区报到服务活动。深入推进市直机关万名党员驻村联户结对帮扶活动，得到群众好评。全市98.3%的农村支部、80.5%的村委会完成换届，进一步增强了基层组织的创造力、凝聚力和战斗力。

三、民主政治建设

着力推进“阳光政法”工程，以公开倒逼执法司法公正；扎实开展“百案评查”活动和信访积案集中清理活动；深入开展千名干警大培训活动和“一村一警”联系走访活动。

坚持和完善人民代表大会制度，组织召开了庆祝全国人大成立60周年暨地方人大成立35周年座谈会。市人大常委会先后听取和审议铁路战略装车点建设情况、义务教育均衡发展情况和公共卫生服务体系建设情况等专项报告15个，开展《未成年人保护法》《消费者权益保护法》等执法检查4

次，开展经济专题调研9次；完善代表监督激励机制，健全代表履职档案。健全党政领导干部与党外人士联系制度。建立健全政务、村务公开制度和城乡社区服务体系。支持工会、共青团、妇联、科协等人民团体充分发挥作用。

四、思想文化教育建设

思想道德建设情况。深入开展“热爱吕梁、关心吕梁、建设吕梁”主题实践活动，举办道德教育活动607场。广泛开展“身边的榜样”、“吕梁好人”、“最美吕梁人” 等各类先进典型的评选学习宣传活动。开展“弘扬革命老区精神、传承优秀廉政文化”宣传活动。大力开展“破除陈规陋习、倡导文明新风”宣传教育和专项整治活动。

舆论引导发展情况。精心组织“深入学习贯彻王儒林书记吕梁调研重要讲话精神、开创各项工作新局面”等系列评论报道，加强吕梁社会舆情的分析研判，强化网上舆论引导应对工作。

文化事业和文化产业发展情况。大型歌舞剧《山里娃》在国家大剧院演出，电影《枣儿红了》《密战黑茶山》等相继上映，《廉吏于成龙》《山里娃》等一批艺术精品广泛传播；新增3个国家级、10个省级非物质文化遗产项目。认真落实政府购买公共文化服务等文化惠民政策；在山西省首届文化博览交易会上成功签约10个文化产业项目。

教育建设情况。义务教育“全面改薄”工程启动实施。10个县区完成薄弱学校改造任务，孝义太原理工大学现代科技学院如期招生，山西医科大学汾阳学院二期工程正在抓紧建设。全市高考二本以上达线1.23万人，特殊教育学校建设迈出实质性步伐，落实助学资金5.93亿元，资助贫困学生9万人。

五、社会建设

民生投入情况，截至2014年11月，全市公共财政民生支出177.8亿元，占公共财政总支出的83.1%。加快医疗卫生机构建设，全市新建、改扩建县级医院4个、乡镇卫生院29个、村卫生室109个。新农合筹资标准稳步提高，补偿参合农民10.7亿元，人均基本公共卫生服务经费财政补助标准提高到35元，269户家庭享受到“单独两孩”政策。城乡居民大病保险制度逐步完善，县级公立医院综合改革实现全覆盖。兴县肺结核病疫情、离石区麻疹疫情及时得到有效控制。

社会保障情况。截至2014年11月，全市城镇新增就业3.9万人，农村劳动力转移4.3万人，城镇登记失业率为2.7%。城镇职工和城乡居民养老、生育、工伤、失业、医保覆盖率均达到96%以上。农村五保户集中供养、分散供养标准每人每年分别提高1900元和500元，城乡低保保障标准每人每月分别提高25元和22元。全市农村低保对象达到30.52万人。康复救助贫困残疾人5592名。为117.8万低收入农户供煤119.5万吨。启动实施“聚焦民生、服务群众”主题实践活动，初步解决民生诉求4.3万件。改造农村危房2.1万户；培训新型职业农民4526人；新建城镇标准化幼儿园21所，改造农村幼儿园45所；易地扶贫搬迁工程入住1409人；清运农村垃圾129.5万吨，清理农村“四堆”1.9万处。吕梁市自主实施的“便民六件实事”顺利收官。

安全生产情况。积极构建“党政同责，一岗双责，齐抓共管”的安全生产责任体系，进一步明确和细化安全监管职责和企业挂牌责任。扎实开展煤矿瓦斯、道路交通和特种设备等行业与领域安全生产专项治理活动，全市安全生产形势持续明显好转。

坚持以群众工作统揽信访工作，清理各类信访案件21405件，化解21304件，化解率达到99.5%，呈现出平稳可控、持续向好的态势。扎实推进平安吕梁建设，深入实施“六六创安”工程，健全立体化治安防控体系，加大社会治理力度。

附：中共吕梁市委书记、副书记、常委名单

书　记： 高卫东

副书记： 丁雪峰(2月免职)　董　岩(2月任职)
雷建国(5月任职)

常　委： 吕改莲(女)　张效彪　郝月生
李良森(12月免职)　郑中夏　刘云晨
秦怀全(5月离职)　张稳科(5月任职)
张旭光　车瑞金
闫刚平(5月任职，12月免职)
王海东(8月任职，挂职)

中共交城县委工作概况

县委书记　李志安

2014年是深入贯彻落实党的十八届三中、四中全会精神和全面深化改革的重要一年，是交城经济社会发展面临较大困难、取得较好成绩的一年。一年来，县委深入贯彻落实党的十八大、十八届三中、四中全会和习近平总书记系列重要讲话精神，坚决落实省委、市委各项决策部署，牢牢把握“打基础、利长远、惠民生”总体要求，扎实开展党的群众路线教育实践活动，推动党的建设、产业攻坚、民生改善、深化改革、社会稳定等各项工作取得了新成绩，为实现弊革风清、促进富民强县奠定了坚实基础。主要抓了以下七方面的工作。

一、深入学习贯彻习近平总书记系列重要讲话精神，做到真学真懂、善学善用

始终将习近平总书记系列重要讲话精神作为应对困难挑战、破解发展难题的重要武器，着力在真学真懂、真信真用、真抓真改上下功夫。结合党的群众路线教育实践活动、学习贯彻党的十八届四中全会精神、推进法治建设、开展学习讨论落实活动等重大活动和重要工作，及时对学习贯彻讲话精神作出部署要求，采取集中培训、讨论交流、专家辅导、实地感悟等多种形式，不断深化对讲话精神的学习贯彻。坚持领导带头，先学一步，县委中心组集中学习18次，集中交流8次，班子成员集体精读原著，观看廉政警示教育片，带头为各级干部讲党课。强化对讲话精神的理论辅导，举办全县科级干部轮训班7期，对1100余名农村“两委”干部进行了4次集中培训，邀请13名党校专家教授、中央电视台特约评论员进行专题辅导，帮助各级干部厘清模糊认识，统一思想认识。积极创新学习方式，认真组织开展了学习弘扬焦裕禄精神、群众观大讨论、优秀共产党员先进事迹巡回报告等形式多样的专题学习活动，分批分次组织干部赴吕梁英雄广场、刘胡兰烈士陵园、龙门渠建设工地学习感悟，不断强化学习成效。坚持学用结合，围绕净化政治生态、全面深化改革、法治交城建设等内容，及时提出贯彻落实的具体意见，切实将讲话精神运用到交城各项工作中。通过深入学习、认真贯彻、积极践行，进一步深化了对习近平总书记系列重要讲话精神的认识，增强了党员干部的政治自觉、思想自觉和行动自觉，筑牢了指导实践、推动工作的思想基础。

二、严格落实“两个责任”，深入推进党风廉政建设和反腐败斗争

严格落实党要管党、从严治党要求，不断强化管党治党意识，增强管党治党责任，扎实做好净化政治生态、引深党风廉政建设和反腐败斗争各项工作。

把深入开展党风廉政建设和反腐败斗争作为净化政治生态的重要举措，始终以零容忍的态度惩治腐败。严格落实党风廉政建设党委主体责任、纪委监督责任，制定出台了落实“两个责任”的《意见》，明确了集体领导责任、主要负责人第一责任、班子成员分管范围的领导责任，细化了抓什么、怎么抓的具体内容。县委常委会先后17次专题研究部署党风廉政建设，5次专题听取常委班子成员、乡镇、系统党委书记落实主体责任情况汇报。强化责任落实力度，县级领导不定期的深入分管行业、部门和包联乡镇明察暗访，督导检查，县委书记、县纪委书记先后与十乡镇书记以及教育、卫生、政法、发改等系统各单位“一把手”进行了廉政教育集体谈话。加强对干部作风情况的监督，深入开展正风肃纪专项行动，查处典型案件17件，处理干部26名；对92名迟到早退、上班时间玩电脑游戏、公车私用、工作日期间饮酒、赌博等违反纪律的干部进行了严肃查处；对违反组织纪律、不按要求外出报备的19个单位“一把手”进行了约谈通报。坚持有案必查、有腐必惩、有贪必肃，全年立查各类违纪案件131件，党政纪处分170人，其中开除党籍10人、留党察看9人、开除公职3人、行政撤职2人，对落实主体责任不力的11名科级单位“一把手”进行了责任追究，初步形成了反腐败高压态势，起到了巨大震慑警示作用。

按照省委、市委统一部署，扎实开展了学习讨论落实活动，提出了26项具体工作任务和进度安排，明确了责任单位、完成时限和工作要求。深入开展学习讨论，举办了学习讨论落实活动专题辅导班，县乡村1000余名干部参加培训，进一步强化了开展活动的行动自觉。通过大调研、大起底、大分析的方式，着力从六个方面查找突出问题，即：从调查走访中，从教育实践活动反思剖析中，从2008年以来的信访问题中，从2008年以来的案件举报中，从近年来查处的典型案例中，从权力运行过程和存在的漏洞中，切实找准、找实突出问题。县委班子带头反思剖析，不遮掩，不回避，共查找出政治生态存在的7大方面、39个突出问题，提出了9个方面的具体整改措施，明确了整改任务书、时间表和路线图，各项整改工作正积极推进中。

三、深入开展党的群众路线教育实践活动，推动作风建设常态化

在省委、市委统一部署下，在4个县级班子、87个县直单位、10个乡镇、150个农村、293个非公企业、12017名党员中，深入开展了党的群众路线教育实践活动。各级党员干部围绕活动总要求、总目标，深入150个农村、72个重点工程项目调研走访，通过8种方式广泛征求意见建议64694条。普遍召开了一次严肃的专题民主生活会和组织生活会，各级党员干部接受了一次严格的党性锻炼和思想洗礼。坚持以钉钉子精神抓整改，在全县范围内开展了29个专项、110个具体内容的“四风”问题专项整治，对文山会海、“三公”经费开支、公务用车、办公用房、评比达标等问题开展了集中整治，对党政干部企业兼职、持有会员卡、“吃空饷”等问题进行了全面清理，对吃拿卡要、挥霍浪费、不作为、乱作为等行为进行了严肃查处，全年减少会议38%，压缩文件简报33%，减少公务用车、公务接待费用27%，清退工作用车13辆，腾退办公用房2544平方米，做到了立行立改、边查边改、真查真改，群众反映强烈的“四风”问题得到了有效遏制。健全完善作风转变长效机制，制定完善了《“三公”经费公示及管理办法》《关于县委常委转变工作作风、加强调查研究的实施办法》《县级领导参加部门行业活动、会议有关规定》等23项长效机制，进一步强化了对不良作风的刚性约束，有效推动了作风建设常态化、长效化。

四、加强领导班子和干部队伍建设，全力营造吏治新风

坚持把从严管理干部贯穿于干部队伍建设全过程，按照“三个一批”要求，坚决匡正选人用人风气，打造新时期

“好干部”队伍。

一是加强领导班子建设。牢固树立“德才兼备、以德为先、以廉为基”的选人用人导向,严格落实《党政领导干部选拔任用工作条例》,制定出台了具体实施办法,对干部推荐、考察、酝酿、讨论决定、职数审批、任前公示等程序进行了细化和规范。切实加强各级领导班子政治纪律教育,严格要求各级领导干部带头遵守党的政治纪律和政治规矩。加强工作制度建设,制定完善了《县委议事决策规则》《关于严格实行民主集中制的意见》《县委常委会定期研究经济运行例会制度》,决策科学化、工作制度化水平进一步提升。

二是强化干部管理监督。坚持严的纪律、严的要求,把监督管理的功夫下在平时,促进各级干部言有所戒、行有所止,不敢懈怠、不敢腐败、不敢失责。对群众反映强烈的基层干部“走读”问题进行了集中整治,严格实行了领导干部请销假、重大事项报告、干部日常谈话、外出报备、每日工作动态报告等管理制度,切实加强对8小时之外的监督管理。深入开展“十项”具体整治,对669名干部档案进行了“三龄两历一身份”认定,清理“吃空饷”人员38名,清理消化超职数配备干部14名,3名领导干部退出企业兼任职务。

三是全面加强基层组织建设。严格落实党建工作责任制,不断夯实党建基层基础。大力实施“农村领头雁”延伸培训,建立县乡村三级联动培训机制,县财政为每个乡镇增拨1万元培训经费。圆满完成了180个县直机关党组织换届,新成立机关党组织12个。加强后进支部整顿,县级领导带队进村,制定“一对一”整顿方案,9个软弱涣散村级组织全部实现了转化目标。下派150名干部担任农村“第一书记”,组织1671名在职党员深入9个社区报到服务,组建成立了21个县级党代表工作室,直接面对党员,服务群众。扎实推进农村“两委”换届选举,按照“三有三带”要求严把选人用人关,严厉打击贿选、干扰破坏选举等违法行为,全县“两委”换届基本实现了风清气正、选优选强、推动稳定、促进发展的目标。

五、主动适应经济“新常态”,扎实推进经济社会各项工作

坚持稳中求进总基调,着力稳增长、调结构、惠民生,推动县域经济平稳运行。2014年,全县地区生产总值预计完成54.3亿元,公共财政预算收入完成3.79亿元,全社会固定资产投资总额预计完成55亿元,城镇常住居民人均可支配收入预计完成18386元,农村常住居民人均可支配收入预计完成7932元。

一是全力推进产业建设。27个省、市重点项目,完成立项26个、环评20个、土地16个。国锦煤电2×30万千瓦低热值发电项目1号机组顺利投产,3月底全部投产;义望铁合金16万吨金属锰系列合金及余热综合利用技改项目一期工程8万吨已投产,正泰机械新建5万吨特种机电装备生产线项目和兴龙铸造公司全自动静压造型生产线项目一期工程已投产,利虎玻璃太阳能聚光热发电用反射镜项目完成设备安装,正在进行试生产;华鑫肥业“1860”项目设备已安装完成;在项目推进过程中,严格实行“一个项目、一套班子、一组人马、一抓到底”包联机制,积极帮助企业解决土地、融资等问题困难,中信银行交城支行今年6月挂牌,信用联社改组农商行3月正式运营,“融资难”瓶颈将得到有效解决。

二是全面加强“三农”工作。全面贯彻中央、省、市农村工作会议精神,大力提升农业产业化水平,设施蔬菜面积达到3044亩,核桃经济林面积达到6.6万亩,牛存栏2.2万头、猪存栏3.5万头、羊存栏9.4万只,全县建成“一村一品”专业村48个。扎实推进美丽乡村建设,安装太阳能路灯1460盏,建成农家书屋142个,农村人居环境明显改善。加大扶贫攻坚力度,完成易地扶贫搬迁230人,改造农村危旧房屋1313户,培训农民1.1万人次,新转移农村剩余劳动力3650人,农业农村工作的得到新加强。

三是积极推进城镇化和基础设施建设。加快推进新型城镇化,天然气工程顺利通气,县城2000户居民使用上清洁能源;完成了廉租房、下关街热力站建设;垃圾处理厂基本完工,具备填埋条件;完成了南环路道路景观绿化工程;夏家营镇“百镇建设”任务扎实推进。加大基础设施建设力度,龙门供水工程隧洞部分全线贯通,平川管线铺设已完成17公里;投资2138万元,完成了火车站连接线路面改造和站前广场改造工程;投资8109万元,实施小型农田水利重点县项目;建成农村安全饮水工程13处,解决了14个村、8070人的安全饮水问题,城乡统筹发展步伐进一步加快。

四是加强生态文明建设。完成国家、省、市安排的造林任务2.77万亩,扎实推进“1115”县级重点绿化工程,栽植各类苗木320余万株。加大节能减排和环境整治力度,对纳入市重点减排项目的6户企业和30户重点污染企业进行了集中整治,拆除燃煤锅炉95台,全年二级以上天数达到311天,城市空气优良率达到85.2%,环境质量明显改善。

六、倾力保障和改善民生,让广大群众共享改革发展成果

在经济下行压力加大、县级财政紧张的情况下,千方百计保障和改善民生,扎实开展“聚焦民生、服务群众”主题实践活动,着力解决群众最关心、最直接、最现实的利益问题。全面推进山区道路改造,投资2400万元,完成了柏叶口至离石西华镇、鱼儿村至燕家庄道路改造工程;投资500万元,启动古岭路改建工程,山区群众出行更加便捷。加快推动教育均衡发展,华鑫幼儿园投入使用,完成了4所山区农村寄宿制学校硬件设施改造。顺利完成县级公立医院改革任务,加快农村医保提档扩面,乡镇卫生院住院报销比例由85%提高到90%,大额门诊一类慢性病补偿封顶线由每人每年3000元提高到5000元。加强社会保障事业,完成了215套经济适用房、1100套棚户区改造房建设任务,305套廉租住房分配到户;城、乡低保分别提高到每月320元、176元,对不符合条件的2067名低保对象进行了清退,农村低

保户数增加了 24%，做到了应保尽保。努力拓宽就业渠道，新增城镇就业 4100 人，城镇登记失业率控制在 3.8%以内。扎实开展打黑除恶专项行动，抓获各类逃犯 157 名。加强信访稳定工作，办结上级交办案件 31 件、“百日清理活动”交办案件 401 件。严格落实安全生产“党政同责、一岗双责、齐抓共管”要求，排查各类安全隐患 3630 条，整改 3230 条，安全生产形势继续保持平稳态势。

七、推进社会主义民主政治建设，加快法治交城建设步伐

深入学习贯彻党的十八届四中全会精神，不断提升法治思维和法治能力，切实将全县各项工作纳入法治化轨道。出台了《关于推进法治交城建设任务分解》，明确了 29 项法治建设重点任务。着力实施“阳光政法”工程，对 298 名政法干警进行了集中轮训，广泛开展了“一村一警”联系走访活动，政法队伍公正执法、服务群众的能力得到明显提升。

扎实推进“六权治本”，对全县各级各部门职责权限进行全面清理规范，正抓紧编制权力清单、责任清单和监督清单。着力推进权力阳光、公开、透明运行，在全县建立了“五个中心”，即行政审批服务中心、社会服务管理指导中心、乡镇集体资产交易中心、乡村财务监管公示中心、书记县长公开电话中心。将 27 个单位、130 项行政审批事项集中到行政审批大厅，全部编制了运行流程图，提高了审批效率，避免了权力寻租。以效能监督中心、党纪政纪教育中心为载体，搭建教育监督平台，强化对不作为、乱作为等权力滥用行为的监督检查、警示教育和约谈训诫，着力构建“不能腐”、“不想腐”的长效机制。

全面加强社会主义民主政治建设，积极支持县人大及其常委会依法加强对“一府两院”的监督，出台了《交城县人民代表大会及其常务委员会讨论决定重大事项的规定》，听取和审议专项报告 8 个，对《药品管理法》等贯彻实施情况进行了执法检查。支持县政协围绕主题履行职能，对环保防治工作进行专项调研，加大提案督办力度，在推进协商议政、民主监督方面发挥了重要作用。坚持和完善基层民主管理制度，建立乡、村两级调委会 158 个、专业性调解组织 3 个。此外，党管武装、计生、工会、妇女、共青团等工作都取得了新的成绩。

附：一、中共交城县委书记、副书记、常委名单

书　记： 李志安

副书记： 薛凤奎　李义祥

常　委： 曹万新　李忠毅　郭　强　刘小栋　权扣维　武冬祯　谢文波

二、乡镇党委书记名单

天宁镇

书　记： 张五宁

夏家营镇

书　记： 薛耀刚

西营镇

书　记： 李华斌

洪相乡

书　记： 李志武

岭底乡

书　记： 程通彦

水峪贯镇

书　记： 冀　斌

西社镇

书　记： 寇拥军

会立乡

书　记： 卞德昌

庞泉沟镇

书　记： 任勤林

东坡底乡

书　记： 赵辉彪

中共文水县委工作概况

县委书记　孙善文

2014 年，在市委的正确领导下，县委团结带领全县广大干部群众，团结进取，奋力拼搏，一以贯之实施“三五”战略，坚定不移推进转型跨越，全县经济社会各项事业取得了一定成绩。全年地区生产总值预计完成 50.6 亿元，同比下降 9.8%；财政总收入完成 5.9774 亿元，同比下降 0.8%；公共财政预算收入完成 3.0868 亿元，同比增长 17%；固定资产投资完成 40.5 亿元，同比增长 102.5%；城镇居民人均可支配收入 15175 元，同比增长 13.69%；农村居民人均可支配收入 8275 元，同比增长 23.4%；粮食产量达到 2.835 亿公斤，同比增长 5%，再创历史新高。

一、项目建设稳步推进

受宏观经济形势影响，2014 年文水县大部分钢铁、建材、酿造等企业运转艰难，但在项目建设上，还是存在不少亮点。国金发电项目推进迅速，为全市最快；太中银海威物流项目，竣工试车；晋能太阳能电池项目当年建设、当年投产；光

华15万吨铸管清洁生产项目11月份竣工投用;苍儿会漂流项目建设完毕开始营运，累计新增接待游客15000余人次。另外,随着上海金匙环保高分子固废项目、华宸银起桥式起重机项目等一批起点高、潜力大好项目的成功引进,该县产业转化升级步伐进一步加快,县域经济发展后劲增强。

二、城乡建设初见成效

2014年,按照县十二次党代会的战略部署,全面提升县域城镇化水平。继续推进文东新区建设和旧城区提质改造工程,启动胡兰大街西延工程,完成兴华北路、幸福街、新建街北段、东南街幼儿园至大陵街道路改造工程,城区交通环境得到进一步改善。继续实施老旧供水管网的建设改造,共计完成供水管网改造17000余米。加大交通基础设施建设力度,美锦大道完成路基工程60%,滨河西路招投标已经完成,进入施工阶段。随着这些道路的建成通车,区域交通状况得到了明显改善。

三、“三农”工作成效显著

“三农”工作始终是县委、县政府工作中的重中之重。一年来,县委、县政府不断加大“三农”投入,夯实农业大县地位。全力实施“5+4”农民收入翻番战略,启动农业产业化重点项目26个、“一村一品”专业村建设项目21个、农民专业合作社建设项目26个。梨树“玉露香”品种育苗基地项目、葡萄温室试验基地项目、西兰花种植示范基地项目等基本建设完工。设施农业规模效益逐步显现,农产品加工龙头企业销售收入达到49亿元,同比增长13.5%。全面加快新农村建设步伐,巩固和发展“便民六件实事”成果,启动了以提质工程、安居工程、环境治理工程、身边添绿工程和宜居示范工程五大工程为主的农村人居环境建设,切实改善村容村貌,方便农民生产生活。

四、民生保障不断提高

民生无小事。县委、县政府坚持把群众利益放在首位,始终把改善民生放在极其重要的位置抓紧抓实。一是抓教育事业。继续完善新文中基础设施建设,全力实施薄弱学校改造工程,促进弱校进位升级,实现均衡发展。启动实施教育三年计划,招聘具有研究生以上学历高中教师73名,进一步增强高中教育师资力量,提升教育软实力。二是抓医疗卫生。继续深化医疗卫生体制改革,举全县之力推进新医院建设,截止目前,二期工程已完成招投标工作,即将启动建设。三是抓民生工程。启动了城区集中供热工程,完成了供热主管网建设,配套完善城区管道铺设;推进保障性住房建设,完成农村危房改造2023户,城市棚户区改造完成250套,建成经济适用房300套;启动了住房公积金缴存工作,逐年扩大缴存范围。四是抓主题实践活动。在全县开展“聚焦民生、服务群众”主题实践活动,集中精力解决一批群众最关心、最直接、最现实的民生问题。全县党员干部走访群众10854户,排查各类诉求问题9095件,解决重点问题810个。

五、安全形势持续好转

发展是第一要务,安全稳定是第一责任。县委、县政府坚持把平安建设作为改革发展稳定的基础性工作来抓。一是深入开展“十打十治”活动。对非煤矿山、私屠滥宰、危化企业、道路交通、食品药品等重点行业、领域进行专项清理整顿。二是启动“文峪河整治工程”,对文峪河两岸的私挖滥采行为予以规范和整改,安全生产形势得到进一步好转。三是扎实做好十八届四中全会等重要节点的维稳工作，妥善处置中央、省、市交办信访案件32件，全县社会矛盾化解率达到96%以上,未发生一起影响重大的进京、赴省集体上访和恶性上访事件。四是持续开展“平安文水”创建活动,严厉打击“两抢一盗”、黑恶势力和涉毒犯罪,打掉恶势力犯罪团伙3个,社会治安形势明显好转,社会大局总体保持和谐稳定。

六、党建工作再上台阶

加强和改进党的建设是推进转型跨越发展的根本保证,县委、县政府始终把党建工作当作“主业”来抓,以改革创新的精神推进党的建设。一是抓教育实践活动。全县教育实践活动分三个层次梯次展开，涉及640个基层党组织、18610名党员。活动开展以来,县委、县政府坚持学习教育贯穿始终,广泛全面听取意见,从严从实查摆问题,动真碰硬开展批评,立说立行整改落实,紧扣实际建章立制,达到了预期效果,取得了明显成效。全县查摆“四风”突出问题3369件,确定整改任务24项、专项整治22项,健全规章制度33项。二是抓基层组织。继续选派35名科级干部,到后进村担任“第一书记”,帮助后进村转化升级。开展“软弱涣散村级组织整顿提升”活动,全县12个软弱涣散村级组织全部完成脱后晋位。扎实抓好农村换届选举工作,截至年底,全县村级组织换届选举工作基本完成。三是抓党员队伍。出台《发展党员规范流程图》,实施《发展党员“六从严”制度》,严把党员“入口”。同时,不断强化党员教育,提升党员整体素质。四是抓廉政建设。认真落实党风廉政建设主体责任，以贯彻执行中央“八项规定”为重点,坚持有贪必肃、有腐必反、有案必查,推动党风廉政建设和反腐败斗争深入开展。全县立查各类违法违纪案件185起,处理党员干部224名;查处违反中央八项规定案件75件,处理党员干部67人。特别是对7名违法违纪的科级干部做出撤职处理,对全县党员干部起到了很好的警示作用。

附：一、中共文水县委书记、副书记、常委名单

书　记：孙善文

副书记：王成军　郭建刚(12月免职)

常　委：陈兰生　王海蓉　闫启明　白　鹤
许晋文　闫国聪　周小云

二、乡镇(街道)党(工)委书记名单

凤城镇

书　记：刘逸清

开栅镇

书　记：田怀利

胡兰镇

书　记：张国强

南安镇

书　记：马德高

下曲镇

书　记：刘　杰

孝义镇

书　记：徐建岗

南庄镇

书　记：张玉和

西城乡

书　记：王志刚

南武乡

书　记：武云强

北张乡

书　记：赵振军

西槽头乡

书　记：段拉银

马西乡

书　记：李志英

苍儿会街道

书　记：李永旺

中共汾阳市委工作概况

市委书记　李建国

2014年，市委、市政府团结带领全市各级党组织和广大干部群众，以学习贯彻习近平总书记系列重要讲话精神为统领，以开展党的群众路线教育实践活动和学习讨论落实活动为契机，以深化改革、稳中求进为目标，抓发展、促和谐、惠民生、转作风，着力打造实力汾阳、魅力汾阳、活力汾阳，全面加强经济、政治、文化、社会、生态文明和党的建设，推动了经济社会平稳发展。

主要经济指标完成情况。2014年，市地区生产总值完成91.3亿元，同比下降12.3%；固定资产投资完成64亿元，同比增长20.7%；规模以上工业增加值完成42.5亿元，同比下降30%；社会消费品零售总额完成53.7亿元，同比增长11.5%；公共财政预算收入完成7.38亿元，同比下降18%；城镇居民人均可支配收入完成18730元，增长7.5%；农民人均纯收入完成10863元，增长8.7%。

党的建设全面加强，干部作风明显好转。通过深入学习习近平总书记系列重要讲话精神、扎实开展党的群众路线教育实践活动和学习讨论落实活动，使党员干部思想理念得到更新、工作作风得到转变。通过深入开展“基层组织提升年”活动，实行“年初向群众承诺、年底向群众汇报”制度，使各级领导班子和干部队伍得到加强。通过严格落实“两个责任”、不断加大反腐力度，使政治生态得到好转。

强化民主法治建设，维护社会和谐稳定。积极支持人大、政协依法履职，组织人大代表、政协委员开展了56次视察、调研活动。巩固发展人武和统战工作，妥善解决了人武部营院修缮的经费和民主党派的办公用房。充分发挥各群团组织和涉老机构的桥梁纽带作用，开展了一系列主题活动。全面加强信访、安全和综治工作，维护了社会和谐稳定。

项目建设进展顺利，“三农”工作取得突破。在项目建设上，加大手续办理、项目施工和招商引资力度，完成“六位一体”年度任务，全市重点项目已有52个投产投用。在“三农”工作上，加大农民培训力度，开展农村集体土地使用权确权登记试点工作，实施易地扶贫移民搬迁和农村人居环境改善工程，继续推进百村扶贫增收活动和农业产业化“8+2”工程，全市粮食总产达到2.3亿公斤，实现了六连增。

城镇建设稳步推进，人居环境明显改善。围绕“一城两区”城镇组群发展，报批了《汾阳市城市总体规划》，开工了8处棚户区改造项目，加快了以道路为重点的基础设施建设。围绕打造绿色生态屏障，实施了公路沿线、边山丘陵区和市区等造林绿化工程，启动了杏花村水库、花枝水库和董寺河综合治理工程。围绕改善人居环境，加大了环境保护力度，开展了城乡清洁工程。

群众活动丰富多彩，文化事业繁荣发展。举办了67场“活力汾阳·百姓大舞台”活动和首届新鑫好声音歌手大赛，开设了“微汾阳”官方微信平台，实施了无线地面数字电视建设工程，投用了保利万和影剧院，编印了《汾阳市旅游交通图》，开工了峪道河龙泉旅游休闲度假区，完成了太符观修缮工程。年内，汾阳市被评为山西省文明城市、山西省历史文化名城，并再次通过全国文化先进市和中国民间艺术之乡复查验收。

民生保障持续改善，社会事业全面进步。新建和改扩建5所幼儿园，招录69名教师，完成市高职中和人民医院搬迁，成立乡镇、街道食品药品监督监管机构，落实单独二孩政策。新增城镇就业5082人，转移农村劳动力3911人，城乡养老保险参保人员分别达到5.21万人和19.12万人，城乡低保人数分别达到11524人和23408人。完成农村危房改造2072户，开工城市保障房2019套。解决7个村、6499人和2所学校、1016名师生饮水安全问题。

附：一、中共汾阳市委书记、副书记、常委名单

书　记：李建国

副书记：李玉林　白小勤　谭曰文

常　委：李立武　姚翠萍(女)　宋志江

麻　娟(女)　付子龙

二、乡镇(街道)党(工)委书记名单

贾家庄镇

书　记：秦广生

峪道河镇

书　记：游陆明

杏花镇

书　记：郝耀光

冀村镇

书　记：王海彦

肖家庄镇

书　记：任淑宏(女)

演武镇

书　记：李智平

阳城乡

书　记：张耀东

三泉镇

书　记：张映楠

石庄镇

书　记：张兴亮

杨家庄镇

书　记：任光耀

栗家庄

书　记：吕晓全

西河街道

书　记：吕佩锋

文峰街道

书　记：赵　强

太和桥街道

书　记：冀小明(女)

辰北街道

书　记：申东高

南薰街道

书　记：雷成才

中共孝义市委工作概况

市委书记　张旭光

2014年特别是9月份中央对山西省委领导班子作出重大调整以来，孝义市委领导班子认真学习贯彻习近平总书记系列重要讲话精神，紧紧围绕“净化政治生态、实现弊革风清、重塑山西形象、促进富民强市”的目标，取得了经济社会发展、党的建设、党风廉政建设和“聚焦民生、服务群众”的新成效。全市GDP实现382.87亿元，增长7.8%；公共财政预算收入实现21.74亿元，比去年下降13.7%；规模以上工业增加值完成267.67亿元，增长12.04%；全社会固定资产投资完成323.07亿元，增长15.3%；社会消费品零售总额完成115.15亿元，增长8.1%；城镇常住居民人均可支配收入达到27465元，增长7.4%；农村常住居民人均可支配收入达到13495元，增长9.6%。连续8年进入全国县域经济基本竞争力与县域科学发展百强县市行列。

第一，深入学习贯彻习近平总书记系列重要讲话精神，扎实开展党的群众路线教育实践活动和学习讨论落实活动。

集中组织开展学习培训。组织开展市委中心组学习32次，科级干部培训15场，集中组织900余名村、社区、大学生村官开展“领头雁”培训活动，全市各级机关培训党员干部3.23万人次。深入开展党的群众路线教育实践活动。全市单位、基层党组织、党员围绕“为民务实清廉”主题，聚焦“四风”问题，确定整改事项3074项，完成整改事项1528项。扎实推进学习讨论落实活动。提出5方面91项具体任务，全部明确责任和时限。市委常委班子着眼净化政治生态，开展反思讨论3次，认领认账6方面38条突出问题。开展“聚焦民生、服务群众”主题实践活动，解决群众共性诉求，。

第二，围绕建设一支高素质的党员干部队伍，全面加强市乡镇(街道)村、企校区(社区)党的建设。

统筹各领域党建工作。深入开展“基层组织提升年”活动，选树51个综合性党建示范村、37个五星级农村基层党组织，整顿提升19个软弱涣散村级组织。组织在职党员进社区报到服务群众，新建6个非公经济党组织，配齐配强46名非公党建指导员，培育非公经济组织党组织示范点20个，圆满完成378个村级党组织换届，推进第五届社区“两委”换届

选举有序进行。完善党建工作保障体系。建成市乡村三级党情民意联络中心和党员服务中心，实行“一站式”服务。试行下堡、西辛庄、驿马党代会年会制，建成党代表工作室28个。落实村级组织活动场所补贴86万元，发放农村“两委”主干岗位报酬和退职主干职位津贴近1100万元。开展党内帮扶救助活动，实现70岁以上老党员免费健康体检全覆盖。健全干部监督管理体系。围绕遏制干部管理使用方面的突出问题，自查超职数配备科级领导干部55人，清理违规在企业兼职干部1人，清理机关事业单位借用人员22人，自查自纠并清理“吃空饷”人员6人。深入开展任前实绩公示、考核考察、监督管理“三进社区”试点工作，有效强化了干部“八小时”外监管。落实抓党建工作责任。严格党委议事规则、科级干部岗位承诺及实绩公示、科级干部经济责任审计等制度。“联述联评联考”实现基层党组织全覆盖，健全发展党员六项制度，加大干部考核评价中的民生指标权重。

第三，认真落实党要管党从严治党要求，持续深化党风廉政建设和反腐败斗争，坚决落实党委主体责任和纪委监督责任。

责任机制上，出台《关于落实党风廉政建设党委主体责任和纪委监督责任的实施方案》。全委会听取市纪委汇报2次，每月召开专题会议研究推动工作。普遍建立起一级抓一级、层层抓落实的领导责任体系。责任追究上，集中精力履行执纪监督问责职责，严格落实“一案三查”，查结违纪案件135案155人，处分科级干部42人，移送司法机关依法处理12人，查处违反中央八项规定精神方面问题19起22人。全市“三公”经费支出比去年下降27.93%。警示教育上，组织全市科级以上干部集中观看多部廉政影片，听取廉政警示教育专题讲座6场，培训党员干部2600余人次。大力弘扬孝义廉政文化、红色文化，修复开放红色文化基地。

第四，坚持法治思维、改革精神和创新意识，扎实推进“六权治本”试点工作。

梳理“两清单”上，市委梳理市党代会、全委会、常委会、书记和常委职权、市委组织部等实质权力主体职权258项；市政府和12个政府试点工作部门按照11类行政权力事项梳理职权2211项，并切实做到责任到人。绘制“一图一表”上，坚持“一项权力对应一个权力运行流程图、一张廉政风险防控表”，加快流程图绘制和廉政风险查找工作。重构“两平台”上，按照“管办分离、高效便捷”原则，设立市行政审批局，结合政府机构改革，对行政审批进行流程再造；成立正科事业建制的公共资源交易中心，按照“应进必进”原则，整合评标专家库终端、招标办、采购中心、土地交易中心等，完善制度，加紧运行。落实“一监督”上，制定出台了《加强权力运行监督体系建设的实施意见》。采取建立廉政档案、日常跟进考核、满意度测评和述职述廉相结合等方式，进行提前教育防范、预警处理。

第五，主动适应经济发展新常态，千方百计保持经济社会平稳健康发展。

全力培育新的经济增长点。依托煤化工、装备制造、高新科技、现代农业、中心城区现代服务业“五大园区”，“六位一体”推进重点工程、重大项目建设，全年新开工25个亿元以上转型项目。其中8户新型焦化项目完成产能整合1664万吨、山西信发100万吨液碱具备投产条件、义乌商品交易国际博览城一期投入运营、红星美凯龙城市综合体主体基本建成。着力推进新型城镇化。新建改建13.3公里城区道路，移动4G网络基站实现全覆盖，城市供水水质合格率保持100%，供热普及率达95%，燃气普及率达96%。加快推进梧桐下栅“一镇一乡”、下堡河流域“一镇两乡”一体化综改试点，市域城镇化率达71%。加快转变农业发展方式。实施“8+2”农业产业化三年振兴计划，完成核桃低产低效林改造5万亩，小杂粮等林下间种15万亩，设施农业面积达2.25万亩，肉禽养殖规模达4200万只。现代农业园区升级为国家级农业科技园区，培育农业龙头企业33家，丰邦农商贸批发市场、一果核桃深加工项目土建工程基本完工，培训新型职业农民341人。持续加强生态文明建设。成功列为首批国家循环经济示范县级城市创建试点，新被授予国家卫生城市荣誉称号。突出节能减排、净空治霾、造林绿化三项重点，新增城区绿地面积27.1公顷，新造林5.2万亩，空气质量优良率达91.7%，森林覆盖率达32.2%，绿化覆盖率达43.8%，人均公园绿地面积12.51平方米。胜溪湖森林公园获评全省首家五星级公园。积极推进转型综改试点。明确7方面36条扶持中小微企业健康发展的举措，新增中小微企业440户，增幅达16%。积极实施煤炭焦炭公路运输销售体制改革等煤焦领域减负政策。深化行政审批制度改革，清理29个部门137项本级行政审批项目。依托公共资源交易中心完成政府采购584项、招投标64项、国有土地挂牌出让17宗。

第六，全力保障和改善民生，社会事业各领域发展统筹推进。

教育事业均衡发展。以优质学校为龙头，稳步发展9个集团化办学共同体。被教育部确定为“义务教育学校管理标准”实验区。高考二本B类以上达线2882人，连续十年以百人以上速度递增。太原理工大学现代科技学院入驻孝义。医疗服务全域共享。全市医疗资源一体化管理体系初步形成。市级公立医院与山西大医院、省肿瘤医院、省中医院“联体”挂牌，市人民医院成为国家卫计委重点扶持500家县医院之一。城乡医保补助标准提至320元，城镇居民医保参保人数达到18.48万人，新农合参合率达99.63%。文化事业稳步推进。举办第二届“孝义好人”暨道德模范颁奖典礼。古城保护修建项目有序实施，胜溪湖森林公园、孝河湿地、三皇庙通过国家4A级旅游景区验收。社保体系逐步完善。严格低保复核申报，清退5070人，新增4112人。建成24所农村老年人日间照料中心。累计铺开5630套公廉租房建设。棚户区改造人民医院周边片区回迁安置房分配到户。柱濮镇被列为全省首批采煤沉陷区治理搬迁8个试点之一。安全形势稳定好转。始终保持打黑除恶的高压态势，抓获犯罪嫌疑人632名，打掉作案团伙23个，调处矛盾纠纷1249件，群众诉求办结率达95%以上。完善“党政同责、一岗双责、齐抓共管”的安全生产责任体系。

第七,发展社会主义民主政治,法治孝义建设取得阶段性成果。

加强和改进对人大工作的领导。支持和保障市人大及其常委会依法履职,出台《关于实施跟踪监督的试行办法》《关于开展专题询问的试行办法》。组织20%直选市乡两级人大代表向原选区选民报告上年度履职情况,接受选民评议。基本完成六届人大四次会议收到的代表建议。加强和改进对政协工作的领导。市委及主要领导专题研究并批示市政协15次《社情民意信息专刊》。市政协开展视察调研,形成了《关于新栽植核桃树的管护建议》等一批高质量的专题建议案,民主监督得到完善。积极推进严格执法、公正司法、全民守法。开展"阳光审判"、"阳光检务"、"阳光警务"活动,增强司法透明度和公信力;开展涉法涉诉信访积案清理工作;实施"一村(社区)一警"联系走访活动;开展"六五"普法工作。同时,市委坚持和完善基层民主管理制度,全面完成379个农村集体财务审计工作;落实农村"四议两公开"等制度,有效解决村级主干优亲厚友、损害群众利益等问题。

附:一、中共孝义市委书记、副书记、常委名单

书　记:张旭光

副书记:薛虎平　王建国(12月接受组织调查)

常　委:王锦锋　乔　云　李殿生　田永明　薛厚华　薛向东　彭仁建

二、乡镇(街道)党(工)委书记名单

新义街道

书　记:马锦忠

中阳楼街道

书　记:刘书宏

振兴街道

书　记:梁　洪

崇文街道

副书记:郭　鹏

胜溪湖街道

书　记:郭绍辉

梧桐镇

书　记:苏光旭

下栅乡

书　记:左燕娜(女)

兑镇镇

书　记:张武红

阳泉曲镇

书　记:何一帆

西辛庄镇

书　记:王　勇

柱濮镇

书　记:苏晓明

驿马乡

书　记:张再强

高阳镇

书　记:李映滨

下堡镇

书　记:那学东

中共交口县委工作概况

县委书记　徐宇平

一、贯彻执行党的路线方针政策情况

2014年,县委、县政府坚持以党的十八大精神和十八届三中、四中全会精神为指导,深入学习贯彻习近平总书记系列重要讲话和省委十届六次、市委三届六次全会精神,在思想上、政治上、行动上与以习近平同志为总书记的党中央保持高度一致,切实用讲话精神武装头脑、指导实践、推动发展。

(一)全面推进深化改革。县委成立了全面深化改革领导小组,设立了10个工作小组和领导小组办公室,全年重点围绕建立循环经济发展促进机制,创新农业生产经营机制,深化教育、医药卫生体制改革、构建生态环境保护修复多元投入机制和构建促进就业长效机制五个方面推进改革。积极推开3个村农村土地承包经营权确权登记颁证试点工作,出台了《关于进一步完善基层医疗机构绩效工资分配制度的指导意见(试行)》。

(二)深入开展党的群众路线教育实践活动。县级领导干部累计集中封闭学习9天,中心组集中学习24次,基层单位一把手讲党课288节,组织专题培训980余次,撰写心得体会3200余篇;组织对2800多名党员干部进行了知识测试,各单位开展学习交流会、研讨会370余次。全县各活动单位累计走访入户14500余户,解决问题715条,为群众办实事好事1153件。各活动单位共查摆出"四风"问题1273条。制定5大类28项整改措施,专项整治任务26项218条,新修订完善制度18项,各活动单位新建制度476项,制定修订531项,废止不适用制度52项,进一步形成了贯彻群众路线的刚性约束和长效机制。

(三)扎实开展学习讨论落实活动。安排部署了8个方面31项136个具体任务。累计发放学习读本800余册，开展党员干部专题培训学习1000余人次，查摆剖析出问题643条；参加走访调研党员干部339人，走访基层单位43个，走访群众2285户，排查民生问题924个，解决530余件，救助困难职工216名、困难党员144名。开展专题讨论8次，剖析出7大方面25个问题，明确了10个方面的整改措施。

二、经济社会发展情况

主要经济指标完成情况是：全县地区生产总值完成32亿元，为年计划的65.7%，同比下降24%；全县规模以上工业增加值完成26亿元，为年计划的76.4%，同比下降23%；全社会固定资产投资完成44.3亿元，为年计划的100%，同比增长37.55%；县级公共财政收入完成6.87亿元，为年计划的72.8%，同比下降12.15%；社会消费品零售总额完成4.7亿元，为年计划的100%，同比增长14.5%；服务业增加值完成6亿元，为年计划的77%，同比下降5.3%；城镇居民人均可支配收入完成17360元，同比增长12%；农村居民人均可支配收入完成6716元，同比增长15%。采取的主要措施及取得成效是：

（一）抓项目，促转型，着力推进产业升级。项目建设上，全年推进总投资564亿元的7大类57个重点工程项目（续建23个，新实施34个），其中省、市重点项目13个，概算总投资344.04亿元，完成立项10个、土地5个、环评8个、选址规划7个，开复工9个。产业转型升级上，完成信发240万吨氧化铝项目配套设施；道尔200万吨铝系高温材料产业园项目一期工程完工，二期工程全面开工；兴华科技铝基新材料项目一期工程完工。桃园水泥60万吨／年矿渣超细粉建设项目建成试车。落实帮扶企业政策上，研究出台了《关于优化资源配置促进产业新型化发展的实施意见》，推进以资源换结构、换产业、换项目，促进产业新型化。

（二）抓产业，促增收，着力推进"三农"发展。大力发展五大特色农业。新栽植核桃2万亩，综合管护2万亩；种植绿色谷子5850亩，种植红芸豆、红小豆4000亩；新建设施蔬菜棚室320亩，栽培总面积达到720亩，增长80%；扶持发展各类规模放养养殖户30户；建设5个菌棒加工基地和10个专业合作社，带动全县农民发展菌类种植420万棒；建设8880亩林下中药材种植基地，林下种植面积达到1.2万亩。实施五项基础工程，全年推广冷凉区农作物地膜覆盖5.36万亩，超额完成任务7.2%；推广测土配方施肥16万亩，施用配方肥面积7万亩。农业龙头企业全年销售收入完成1.65亿元，全县农副加工产品增加至9大类20余种，新建红白理事厅6个，安装太阳能路灯410盏。推进"百企千村"产业扶贫。重点推进石口、桃红坡园区建设，建立完善精准扶贫机制，完成全县贫困村、贫困户的登记建档工作。

（三）打基础，利长远，着力改善发展条件。城镇建设上，确定了"一核三心"、"一纵三横"的县城规划布局和供热、供水、供气、排水、交通、绿地等9项专项规划。实施扩容提质，中心城区建成区面积达到6.8平方公里，全县城镇人口达到4.2万，城镇化率达到42.1%，增长2%。启动实施了县城区"一纵三横"路网和县城西环路建设工程，县城八大标志性项目主体全部完工。生态建设上，全年完成营造林面积2.63万亩，完成水保治理2万亩，新建基本农田3000亩。开展大气污染防治、重点区域环境综合治理和城乡环境友好创建活动。基础设施建设上，温泉铝工业园区公路、孙圪垛至柏掌三级公路基本建成并部分投运，康石线改造、红回线维修、桃临线栾子头段改线工程开工建设。新建温泉110kv输变电站完成基础工程。新建供水管网5.5公里，城市供气管网4公里，集中供热管网5公里，污水处理配套管网6公里，新增集中供热面积20.23平方米，天然气用户1000余户。

（四）保基本，重提质，着力保障和改善民生。新建改扩建标准化幼儿园3所，全县中、小学生均公用经费补助标准提高60元，分别达到760元和560元。实施水头、温泉、坛索3个乡镇卫生院改扩建。推进城乡低保扩面提质，每人每月分别达到315元和165元；企业退休人员基本养老金提高10%，全县最低工资标准提高为1250元／月。开通并试运行了《交口视听》官方公众微信平台、《交口发布》手机客户端以及交口调频广播（FM98.5）。完成888套廉租住房续建项目主体工程，新实施1080套。实施农村危房改造工程1434户，移民搬迁4个村、371人。

（五）建平台，强机制，着力解决联系服务群众"最后一公里"问题。全县共建立县级便民中心2个、乡镇便民服务平台7个、农村便民服务站89个、自然村服务代办点362个，70%以上已经联网运行。全年累计受理各类事件46316条，处置率为82.90%，联系服务群众"最后一公里"问题得到有效解决。

（六）强措施，抓落实，着力营造安全稳定的发展环境。全年排查整改问题隐患8250条，创建安全保障型乡镇5个、企业100户，国家级安全保障型1个。全年受理各类信访案件751件，办结率90%以上；办结省、市交办的各类信访案件154件，办结率99%；加快建立完善矛盾纠纷排查调处、社会服务管理、城乡一体智能视频防控、打防管控一体化、社会治理综合防控"五大体系"，推进"平安交口"建设。

三、领导班子和干部队伍建设情况

（一）着力加强领导班子建设。全年深入学习了党的十八大、十八届三中和四中全会、习近平总书记系列重要讲话精神和省委十届六次全会精神、省委王儒林履职山西以来的重要讲话精神特别是吕梁调研考察时的讲话精神，并同时出台了《县委常委会议事规则》。

（二）大力刷新吏治。举办《党政领导干部选拔任用条例》专题培训班；扎实开展干部人事档案、超职数配备干部、党政领导干部在企业兼职、离退休干部在社团兼职、机关事业人员违规借调、吃空饷等专项整治工作；重新审核认定1120卷干部人事档案，消化超职数配备干部9名，清退机关事业单位借用人员33名。

（三）狠抓基层党组织建设。扎实开展农村"领头雁"、基层党组织书记专题培训,选派乡镇科级领导干部驻村担任“第一书记”,7个软弱涣散村级组织完成集中整顿。完成了全县95个行政村的党组织换届选举工作,并在村小组成立党小组。命名表彰了4个县级五星级农村党支部和22个四星级农村党支部。成立县乡党代表工作室14个,扎实开展“双报到”、“六助五送”结对帮扶活动,推动机关干部下基层、转作风、办实事。

四、履行党风廉政建设“两个主体”责任方面

(一)从严落实“两个”责任。制定出台了《关于落实党风廉政建设主体责任的意见》和《关于落实党风廉政建设纪委监督责任的意见》。围绕纪委监督责任明确了9大责任清单,提出建立健全“六项制度”为重点的明、询、查、考、述、评“六字”方针。先后组织县、乡、村、非公企业党组织书记召开了全县落实党风廉政建设责任制集体约谈会,建立健全了体制机制。

(二)深入开展作风纪律整顿。在全县党政机关和干部队伍中广泛开展了“工作秩序涣散、纪律松弛”专项活动,对不在岗人员和上班不在岗等违反工作纪律的工作人员进行了通报批评,对2起违规大操大办人员给予党政纪处分。对全县2013年通过财政拨款安排“三公”经费及相关费用支出的7个乡镇和121个县直行政事业单位进行了专项检查,三公支出同比降低25.44%,节约支出1397万元。推行行政审批项目公开权力清单制度,全县76个行政事业单位和25个行政审批窗口部门涉及的105个行政审批事项,全部按照规定的行政审批权限制定了行政审批卡和运行流程图,公开了权力清单。

(三)狠抓查办案件工作。从社会影响大、群众关注度高、问题较为突出的领域排查摸底,收集线索,从严查办各类案件。截至2014年底,共受理群众来信来访来电148件(次),立案查处违纪违法案件123件151人,涉及科级干部39件46人。其中,违反组织人事纪律行为1件1人;违反廉洁自律规定行为7件7人;贪污贿赂行为9件9人;破坏社会主义经济秩序行为5件5人;违反财经纪律行为31件32人;失职渎职行为57件83人;侵犯党员权利公民权利行为1件1人;妨害社会管理秩序行为12件13人。

附:一、中共交口县委书记、副书记、常委名单

书　记:徐宇平

副书记:刘应刚　李子荣

常　委:靳　钧　王京明(3月离职)　李　明
朱和平　杜茂林　刘雁斌
王继军(3月任职)

二、乡镇党委书记名单

水头镇

书　记:王安前

石口乡

书　记:尹连生

康城镇

书　记:吴文华

回龙乡

书　记:张晋平

双池镇

书　记:李晓钦(女)

桃红坡镇

书　记:白玉明

温泉乡

书　记:李志勇

中共柳林县委工作概况

一、经济社会各项事业稳步推进

2014年是柳林县近年来经济形势最为严峻的一年,受经济下行和煤炭市场持续疲软的影响,经济运行遭受了前所未有的困难和挑战。县委、县政府团结带领全县人民,坚定信心、锐意进取,困境奋争、奋发图强,在经济上做到了“三稳”,即稳固了经济基础、稳定了发展势头,稳妥解决了各种矛盾和问题;达到了“三进”,即在巩固工作成果上有新进展、在完善已经铺开的工程项目上有新进展、在提高经济运行质量上有新进展;实现了“三保”,即保工资、保运转、保民生,兑现了“经济下行,民生不下降、项目不下马、转型不下滑”的承诺。2014年,全县地区生产总值完成200亿元,同比下降16.8%,占年计划260亿元的77%;地方公共财政预算收入完成21.02亿元,同比减少30.1%;城镇居民人均可支配收入达25600元,同比增长8.5%,占年计划26000元的98.5%;农民人均现金收入达9400元,同比增长11%,占年计划9600元的97.9%。拉动经济增长的“三驾马车”:全年固定资产投资达到148.4亿元,同比增长27.2%;外贸出口额达到53万美元,同比下降0.61%;社会消费品零售总额达到34.9亿元,同比增长17.4%。全年共确定重点工程项目81项,开工建设55项,开工率68%,完成投资157.32亿元,占年度计划的83.2%。其中,28项省、市重点项目开工26项,完成投资146.8亿元,占年计划175亿元的83.9%。

坚持产业转型,筑牢发展根基。一是稳步推进农业产业化发展。全年粮食产量4772.9万公斤;发放粮食直补、农资综合补贴、良种补贴资金2500万元;出台了《关于切实解决耕地撂荒问题的实施意见》;扎实实施了“8+2”农业产业化,巩固已建成的3000亩设施蔬菜基地,实施设施蔬菜新品种示范推广510亩;新发展规模养殖20户;发展林下经济4.4

万亩，亩均产值达到1034元；共发展食用菌25万棒，种植林下中药材3000亩；县财政出资分别为全县玉米种植户和红枣种植户办理了农业保险，获得理赔保险金550余万元；累计为“8+2”农业龙头企业发放贷款6760万元。二是巩固煤炭主导产业。全县原煤产量达到3435.8万吨，同比下降8.4%；精煤产量1956.9万吨，同比增长0.8%；焦炭产量79.7万吨，同比下降33.5%。凌志华泰、宏盛聚德等一批坑口洗煤项目进入试生产，洗精煤能力达到6220万吨。三是加快非煤项目提质增效。按照“1+2”转型发展模式，全县8个煤炭主体企业和2个驻柳国有大型企业上马了12个非煤转型项目，完成投资22.55亿元。其中，柳电二期脱硝改造，年生产碗团7.5万吨，芝麻饼4.5万吨，自动生产线一期技改柳林县型煤厂等3个项目建成投产。此外，总投资13.7亿元的中南铁路孟门集运站主体完工，一期工程具备装运条件；总投资2.4亿元的王家会铁路货物集运站主体完工；柳林铁路货物集运站、汾西留誉集运站正在加快推进。福龙360万吨熟料干法水泥生产线、磐龙日产5000吨建筑碎石及2×800吨活性石灰生产线项目达产达效。四是加快高新产业顺利推进。李家湾光电子园一期工程完成投资6.35亿元，建筑面积7.5万平方米，入驻园区项目9个，发明专利1项、软件著权3项。王家沟煤矸石综合利用产业示范园区累计完成投资60.9亿元，凌志华泰洗煤、森泽阻燃新材料项目建成投产，煤矸石提取氧化铝、白炭黑项目工业化初试取得成功。五是大力发展中小微企业。通过财政扶持引导，不断加大科技“三项费用”投入，搭建宽领域、广覆盖的政银企融资合作平台，大力扶持发展中小微企业。全年新增中小微企业221户，中小微企业和民营企业达到747户，完成总产值98.4亿元、营业收入86.7亿元，上缴税金12亿元。其中，由县委、县政府扶持成立的中小微企业——润山创业基地，预算总投资2.7亿元，已有物资再生、混凝土搅拌、无烟型煤等5个项目正式入驻，完成投资9000余万元。

注重服务民生，巩固发展成果。一是教育文化事业快速发展。青龙、鑫飞、庙湾、锄沟和西街幼儿园已投入使用，完成了4所农村幼儿园改造任务。2014年全县高考达线1131人，同比增长49.6%。“元宵节·柳林盘子会”已申报国家级非物质文化遗产保护项目；创作了现代晋剧《村官李步福》，巡回演出20场；木刻版画《古镇》获得全省第16届美展一等奖并成功入围全国第12届美术作品展；抗战题材电影《军渡》正式上映，受到了一致好评；长篇历史小说《下柳林》正式出版；柳林弹唱艺人应邀参加了第六届北京传统音乐节、全国首届民间俗曲展演暨专家研讨会等演出活动。二是医疗卫生服务大幅改善。总投资3亿元的柳林新医院正在进行前期准备工作。全县所有公立医院全部实施了基本药物制度。建立了大病医疗救助“一站式”服务，政策范围内住院费用报销比例达到80%，住院补偿封顶线继续保持在15万元。三是社会保障全面提升。全年社会保障和就业支出达到3.1亿元，比去年增加6%。全县新农合参合率达99.98%。低保、医保、养老保险、工伤保险、生育保险、优抚、孤儿救助、退伍兵安置、义务兵补助等各项社会保障标准全部实现了应保尽保，并达到了吕梁市最高水平。尤其是在集中供热补贴上，县财政补贴资金比去年多了近3000万元，总补贴资金达到6000万元。四是社会管理迈出坚实步伐。投资200余万元安装了语音呼叫系统、县级平台综合接入系统和基层社会服务管理中心视频监控系统（县—乡镇），实现了信息实时上报。同时，出台了《柳林县推进户籍管理制度改革实施细则》。五是行政审批全面提速增效。今年以来，我县对行政审批事项和管理服务事项进行了两次全面排查清理。通过取消、调整、精简等方式，将县级行政审批项目由352项缩减为102项，行政服务项目由156项缩减为80项，减幅分别为71%、49%。

二、扎实抓好群众路线教育实践活动

按照中央、省委、市委统一安排部署，我县扎实开展了第二批党的群众路线教育实践活动各个环节工作，取得明显成效。

坚持领导带头，始终做到抓早抓实抓细。及时成立了县委主要领导亲自挂帅的活动领导组和办公室，以及由县级领导牵头的7个工作小组和15个督导组，制定了“三个六”的总体思路，提出并实行了“抓领导、领导抓；抓一把手、一把手抓；抓督导、督导抓；抓重点、重点抓”的“四个层面”工作法，认真抓好“1888工程”的落实。

坚持认真严肃，始终做到学深学透学精。充分利用领导干部领学、专家教授讲学、警示专题引学、见缝插针自学等多种形式，积极开展了理想信念学习、革命传统学习、实践体验学习、党纪法规学习、正反典型学习的“五学”活动，累计开展专题辅导讲座50余次，放映教育影片80余场次，在15个乡镇巡回演出现代晋剧《村官李步福》，在全县上下营造了浓厚的学习氛围。

坚持开门纳谏，始终做到听真听全听细。县四套班子主要领导联名起草并印发了1535份《致全县人民的公开信》，下发了9种调查问卷，通过10种征集方式和20种渠道向广大人民群众征求意见2300余条，109个学教单位共征求到各类意见13072条。同时，明确要求所有县级领导和四办主任给县委班子提5条意见，并深入开展了各学教单位班子成员谈心交心活动，为开好专题民主生活会和组织生活会打好了基础。

三、全面提高党的建设科学化水平

深入推进学习型党组织建设。始终把学习贯彻党的十八大、十八届三中、四中全会和习近平总书记系列重要讲话作为首要政治任务牢牢抓在手上，在扎实推进党的群众路线教育实践活动的基础上，又深入开展了学习讨论落实活动，确立了“三个三”的活动总体思路：坚持学习要有高度、讨论要有深度、落实要有力度；坚持以考试检验学习、以考证推动讨论、以考核确保落实；坚持做到学习要有重大收获、讨论要有重大成果、落实要有重大成效，党员干部理论水平得到显著提升。全年为各级党员干部发放理论学习书籍、读物、杂志

1.2万份，县财政集中支付208万元为县委中心组及各级各部门各乡镇免费订阅党报党刊8000余份，下发至各基层党组织和广大党员。县委中心组共举行集中学习35次，围绕群众路线教育实践活动进行了为期1周的封闭式集中学习，围绕学习讨论落实活动进行了为期3天的封闭式集中研讨。对全县副科以上干部开展辅导宣讲16次。全年共举办了12期柳林大讲堂和9期干部专题培训班，县级干部累计登台授课78人次，累计培训干部达1.04万人次，使广大干部的整体素质得到了进一步提升。干部在线学习在线率达100%。

加强领导班子和干部队伍建设。县委着眼于把握班子素质、年龄、专业结构优化方向，坚持正确的选人用人导向，先后对县纪委、县法院、县食药监局等县直单位的领导班子进行了调整充实，共调整干部28名，其中新提拔干部17名、平级交流调整11名；严格执行"一报告两评议"、述职述廉、请销假等制度，认真做好领导干部经济责任审计、个人有关事项报告等工作，全年对22名单位一把手进行了任期经济责任审计；部署开展了领导干部在企业兼职、机关事业单位借用人员专项清理、领导干部在企业社团兼职、清理"吃空饷"、社会化培训、干部人事档案清理整顿等8项专项整治工作，共清理违规企业兼职科级干部12人，清理机关事业单位借用人员53人，清理规范县处级干部在社会团体兼职12人、科级干部在社会团体兼职41人，调整消化超职数配备干部2名，解聘(辞退)"吃空饷"人员41人；对涉及的1094卷干部的"三龄两历一身份"全部进行了审核认定。

附：一、中共柳林县委书记、副书记、常委名单

书　记：王　宁(10月免职)

副书记：武跃飞　薛宝平　刘建国

常　委：王义平　贾殿林　李根志　贺柱才　薛东生　薛有宁

二、乡镇党委书记名单

李家湾乡

书　记：候林俊(女)

柳林镇

书　记：刘旭平

贾家垣乡

书　记：任启斌

陈家湾乡

书　记：李守勇

穆村镇

书　记：贾飞平

薛村镇

书　记：梁志华

庄上镇

书　记：杨湖平

金家庄乡

书　记：王建云

留誉镇

书　记：张青年

三交镇

书　记：高治安

高家沟乡

书　记：白艳平(女)

石西乡

书　记：艾永成

成家庄镇

书　记：贺兴龙

王家沟乡

书　记：刘海洪

孟门镇

书　记：贯立坚

中共中阳县委工作概况

县委书记　郭保平

2014年，中阳县委、县政府认真贯彻中央、省、市会议精神，以习近平总书记系列重要讲话精神为指导，以党的群众路线教育实践活动为抓手，以"净化政治生态、实现弊革风清、树好中阳形象、促进富民强县"为目标，团结带领全县人民攻坚克难、扎实苦干，各项事业稳步发展。全年固定资产投资52.91亿元，同比增长40.77%；社会消费品零售总额13.4亿元，同比增长14.1%；城镇居民人均可支配收入和农民人均纯收入分别达到17732元和5422元，同比增长7.8%和10.7%。地区生产总值完成61.13亿元，同比下降5%；规模以上工业增加值完成47.09亿元，同比下降4.4%；公共财政预算收入完成7.04亿元，同比下降2.06%。

一、以习近平总书记系列重要讲话精神为重点，不断加强理论武装

按照市委提出的"六学五要"要求，县委常委会带头学。中心组一年学习32次，其中邀请省市领导学者讲授9次，县级领导都在各自所包乡镇、单位上党课和专题辅导。举办了3期农村领头雁培训班，举办了为期3天的学习讨论落实活动专题研讨班，组织党员干部观看了《一代廉吏于成龙》《作风建设

永远在路上》等警示教育片。新闻媒体充分发挥舆论宣传作用,各部门都结合实际开展了形式多样的学习活动,广大党员干部学习的自觉性明显增强,贯彻落实上级决策的自觉性明显增强,用习近平总书记系列重要讲话精神武装头脑、指导实践、推动工作的能力明显增强。

二、以落实“两个责任”为抓手,深入推进党风廉政建设和反腐败斗争

认真研究出台了关于落实党风廉政建设“两个责任”的《意见》,列出了责任清单,强化了领导干部党要管党、从严治党的意识。积极探索和启动“六权治本”,县委出台了关于规范公务接待、用车用房、婚丧嫁娶、外出报备等一系列规章制度;县政府出台了《政府工作制度》《规范执法主体的公告》《调整财政性资金投资建设项目审计监督和资金审批办法》等一系列文件,努力做到以制度管权、管事、管人。同时大力支持纪委“三转”、聚焦主业,2014 年全县立案查处违纪违法案件 111 件,党政纪处分 130 人,涉及乡科级干部 20 人,挽回经济损失 575.75 万元。

三、以开展党的群众路线教育实践活动、学习讨论落实活动和“聚焦民生、服务群众”活动为契机,不断巩固和扩大作风建设成果

教育实践活动分三批压茬推进,全县共有 379 个基层党组织 8545 名党员参加。活动紧紧围绕“为民务实清廉”主题,共解决关系群众切身利益的问题 1433 条,解决联系服务群众“最后一公里”的问题 887 条,建立反对“四风”方面的规章制度 135 项。学习讨论落实活动始终聚焦政治生态主题,仅 12 月份专题学习和讨论就达 11 次,认领 5 方面 25 条突出问题,全部明确责任和时限努力整改。“聚焦民生、服务群众”活动,全县共有两千余名党员干部参加了大走访大调研,接触群众 9 千余户 4 万人次,排查出 9 类民生问题 3979 件,全部建立电子台账,已经解决 369 件。针对经济下行、下岗失业困难群众增多实际,扎实开展了走访慰问和送温暖活动,四大班子领导带头,人均出资 2000 元以上,全县干部捐资救助 8592 人次,困难群众切身体会到了党的温暖。

四、以“基层组织提升年”活动为载体,不断提升党建科学化水平

县委出台了《关于进一步加强基层组织建设的实施意见》。在规范组织设置方面,完成了 11 个县直系统党委和 100 个行政村(居)换届选举,新成立老干部系统党委,建成党代表工作室 20 个,建立流动党员服务站点 16 个和社会机构党组织 3 个,调整非公企业党组织 26 个;在加强基层组织方面,通过选派 120 名优秀干警到农村挂职、14 名科级干部到农村任“第一书记”、组建工作组或联合支部等办法,省市县确定的 17 个软弱涣散村级组织全部完成整顿和转化;在加强党员干部管理方面,审查了“三龄两历一身份”信息,全年发展党员 108 名、退出不合格党员 12 名,纪律处分 66 名,清理临时借调人员 159 名,清理吃空饷 131 人。

五、以发展为第一要务,努力做好新常态下经济工作

狠抓招商引资和项目建设,其中东旭光伏发电项目一期 2 万 KW 分布式发电取得省发改委“路条”;投资 30 亿元的东山过境公路启动投资人招标程序;煤炭产量突破 600 万吨;钢产量达到 310 万吨,新研发的 45# 钢、焊丝钢成功上市;晋能桃园 2×35 万 KW 低热值煤发电取得省发改委“路条”,华润新能源 20 万 KW 风电上报省发改委。大力实施“8+2”农业产业化三年振兴计划。在主导产业核桃 20 万亩的基础上,财政投入 1000 万元建成优质示范园 6 万亩,民营企业投资 4000 余万元的兴源钙果厂建成投运,启动了政策性核桃商业保险,配套发展林下中药材、食用菌、大棚蔬菜、菊芋、玫瑰等;积极发展规模健康养殖,厚通 30 万头猪、紫云 10 万只羊两个亿元以上的标杆项目一期工程建成,5 个投资千万以上的养殖场得到新建、改建和扩建;着力推进扶贫工程,暖泉 1300 万元中央彩票公益金项目启动,地方配套 1000 余万实施了 10 个贫困村推进项目;加大生态文明建设力度,启动了吕梁山生态脆弱区治理和城区东西两山绿化提升工程,全年植树造林 5.5 万亩,完成任务的 158%。全面推进城乡建设。高标准编制了县域城镇体系规划和尚家峪工业经济开发区总体规划,启动编制了改善农村人居环境实施方案,申报了以暖泉镇为中心的“国家级农业生态综合开发科技园区”;城市建设抓住“两路两片区”重点,滨河西路和中钢大道南延建成通车,府南片区完成主体工程 8 万平方米、桥坡底片区 30 万平方米启动建设;水电路等基础设施建设取得新进展,万吴运煤专线形成路基,县财政补助 100 万元完成农村街巷硬化和核桃园区道路管护 1200 公里,师峪沟 500 万方调蓄水库、段家庄—车鸣峪 9 公里河道整治完成前期准备,城区净水场投入试运,实施农村安全饮水工程 21 处、惠泽群众 1 万余人,投资 2500 万元完成农网改造、涉及 3 乡镇 46 村 7000 余户。

六、以民生改善为己任,统筹推进社会各项事业

就业乃民生之本,全年新增就业 2175 人,转移农村劳动力 3500 人,城镇登记失业率为 4.2%。教育上,高考二本以上达线 532 人,其中两人考取清华、北大;阳坡塔学校投入运行,宁兴、金罗两所幼儿园主体完工,桥上、上桥等 20 所乡村学校完成改造;培训中小学、幼儿教师 1748 人次,为 6389 名贫困学生落实贷款、救助 2088 万元。卫生上,投资 5 个亿新建的第一人民医院主体基本完工,2 所乡镇卫生院改造完成,城镇居民医保、农民住院补偿、人均公共卫生补助标准都进一步提高,群众可免费享受到 11 项基本服务,新型农村合作医疗保险参合率达到 99.7%。文化惠民上,深入开展“省级文明城市创建”活动,“两馆一站”免费开放,县乡村三级文化体系建设达标,组织送戏、送电影下乡 1200 余场次,完成开源文化工艺园建设,配合央视完成“印象吕梁·中阳剪纸”纪录片拍摄,出

版民俗作品四卷。社会保障上,城乡居民基本养老保险覆盖6万人口,城乡低保、企业退休人员基本养老金、农村五保户集中供养和分散供养标准都进一步提高,廉租房三期、四期,公租房、经济适用房等近30万平方米2350套具备入住条件,下枣林梗阳煤业4.4万平方米474套移民工程完工入住,张子山移民三期13万平方米920套主体完工,完成农村危房改造1024户,困难群众的基本生活进一步得到保障。

七、以安全稳定为天职,全力维护社会和谐大局

信访工作,继续推行县级领导全天候无假日接访和包联重点案件、重点村镇制度,33位县级领导全年接待来访群众909批3206人次。乡镇、单位和重点企业都设立了信访接待室,一票否决制度开始延伸到农村、企业党组织负责人。2014年上级交办的信访案件办结率100%,省、市确定的控制性指标均未突破,实现了"集体进京访、进京非访、重大群体性事件、重复赴省集体访"四个没有发生。安全生产,制定出台了《安全例会》等八项制度,开展了以煤矿为重点覆盖各领域的隐患排查整治工作,取缔非法矿点17个,地质、交通、食品药品、防疫防火防汛等各领域均未发生重大事故。社会治安,健全了三级平台、四级网络体系,完善了城区治安、交通视频监控系统,深入开展了"打黑除恶"专项治理,全年调处矛盾纠纷980余起、查处治安案件565起、破获刑事案件187起,群众安全感进一步提升。

附:一、中共中阳县委书记、副书记、常委名单

书　记:郭保平

副书记:乔晓峰　阴大瑞

常　委:贺兵锁(1月离职)　王金明(1月任职)
赵有军　任杰平　王怀平　张喜旺　翟贺平

二、乡镇党委书记名单

宁乡镇

书　记:姚文郁(1月离职)　张应枝(1月任职)

金罗镇

书　记:郭全生(1月离职)　姚文郁(1月任职)

枝柯镇

书　记:郭　安

暖泉镇

书　记:张映芝(1月离职)　乔剑锋(1月任职)

武家庄镇

书　记:杨志新(1月离职)　贺建强(1月任职)

下枣林乡

书　记:郝志军(1月离职)　杨志新(1月任职)

车鸣峪乡

书　记:吕文清(1月离职)　宋建军(1月任职)

中共离石区委工作概况

2014年,离石区委、区政府认真贯彻党的十八大、十八届三中、四中全会和习近平总书记系列重要讲话精神,全面落实省委、市委的决策部署,按照"五三发展战略"的总体部署,扎实开展党的群众路线教育实践活动,大力推进"转型综改攻坚年"、"项目见效年"、"基层组织提升年" 三个年活动,着力打好信访稳定翻身仗,全区经济社会持续健康平稳向前发展,改革发展稳定各项工作取得了新进展新成效。

一、以转型综改为重点的各项改革全面深化

扎实开展"转型综改攻坚年"活动,出台《离石区转型综改总体规划暨行动方案(2014-2020)》《离石区国家资源型经济转型综合配套改革2014行动计划》和《离石区2014年重大改革事项》,确定了10项改革重点,推进改革蹄疾步稳。着眼建立法治政府和服务型政府,加大简政放权力度,行政审批"两集中、两到位"全面推进,行政审批事项减少71项,缩减率93%,优化服务流程,审批速度提高40%。政府职能转变和机构改革有序推进。食品药品监督管理体制改革顺利完成。县级公立医院改革提高了财政人员工资负担比例,药品零差率补助西药15%、中药25%。文化体制改革由以办文化为主向管文化为主转变,实现了193个行政村公共文化服务全面覆盖。大力推进土地流转,全年流转土地1.3万亩。

二、以稳增长、惠民生、促和谐为重点,经济社会保持平稳健康发展

适应经济发展新常态,积极应对经济下行压力,不折不扣落实省市安排部署的税费清理和减免政策,全力上项目、调结构、增后劲,区域经济在可承受范围内平稳运行。2014年,全区国内生产总值完成70亿元,同比下降1.8%;规模以上工业增加值完成17.7亿元,同比下降7.3%;固定资产投资完成87.1亿元,同比增长31.01%;社会消费品零售总额完成60亿元,同比增长7.1%;城镇居民人均可支配收入完成24075元,同比增长9%;农民人均纯收入完成4858元,同比增长11%。农业形势稳定向好,大力推进"5115"产业富民工程,农业五大产业加快推进,全区农林牧渔业总产值达到42651万元,同比增长31.7%;粮食总产量增长18.41%。高新技术产业快速成长,天河二号云计算中心建成投产,无人系统项目累计完成投资5.67亿元,智能物联网、微纳卫星项目积极推进。第三产业蓬勃发展。GDP构成中第三产业占到51.3%,超过二产4.5个百分点。居然之家、苏宁电器等一批国内知名品牌店建成运营;天源物流等一批现代物流项目推进顺利。《离石区旅游产业发展规划》编制完成,"一体两翼"的旅游产业发展空间布局初步形成。以晋能2×350MW低热

值煤热电联产项目为代表的一批重点工程项目启动实施，以43栋吕梁新区安置楼建设和11处城中村改造项目为重点，城乡基础设施建设进一步完善，智慧城市建设顺利通过国家住建部审核。

三、以保障和改善民生为重点，社会事业持续进步

加大民生投入，优先安排民生支出，2014年社会保障和就业支出1.2亿元，同比增长3.86倍，医疗卫生支出1.2亿元，同比增长80%。整合捆绑各类资金6.54亿元，解决农民就业1286人。全年共组织各类技能培训2540人，新增就业4319人，转移农村劳动力4013人。扎实开展教育管理提升年和“学江阴、创四师”活动，积极探索教科研引领教育内涵发展模式，义务教育均衡发展工作通过省级评估验收。《离石弹唱》被列入国家级非物质文化遗产项目保护名录，离石成功入选“中国最佳文化生态旅游城市”“中国十大最具投资价值城市”称号。基层医疗机构标准化建设取得实效，应对麻疹疫情取得阶段性成功。社会保障面不断扩大，农村医保参合率99.4%，城镇职工医疗保险提高住院报销比例，启动了行政单位和参公事业单位人员医疗补助和事业单位职工大病医疗补充保险；大幅提高医保和低保的财政补助标准，城镇居民医疗保险每人每年提高40元，农村低保每人每月提高22元，城市低保每人每月提高25元。生态文明建设扎实推进，全年造林3.59万亩，新育苗5000亩，高速通过绿化27.5公里，退耕还林4.7万亩，全部通过国家验收；水保生态工程取得实效，3座淤地坝开工建设，3座水库续建维护；黄标车和老旧车淘汰工作卓有成效，乡村清洁工程全面开展，市区空气质量全省前列，市区环境噪声基本达到零污染。

四、以打赢信访稳定翻身仗为重点，政治社会保持稳定

加大信访工作力度，健全完善工作机制，从严落实信访责任，全年共接返进京赴省到市越级上访561批次4391人次，共接待来访群众899批次4649人次，受理各类群众来电、短信78条，转办事项1637件，办结1568件，群众诉求表达渠道进一步畅通。组织开展了大干一百天集中化解涉法涉诉信访案件等活动，区级领导带头接访、主动下访，信访工作得到了区乡两级的高度重视，想方设法化解积案，控制新发案件形成自觉，全年督办案件办结率86%。社会治理水平明显提升，建立了区乡村三级人民调解网络，12个司法所全部达到省级规范化司法所标准，人民调解“第一道防线”作用有效发挥。“平安离石”建设深入推进，打掉涉恶犯罪团伙17个，刑事拘留53人。区乡村三级信息平台设备全部安装到位，划分网格606个，管理员注册248人，基层社会服务管理平台和三级社会保障联动机制基本形成。社区建设稳步推进，出台《离石区社区建设三有一化实施细则》，4个社区达到“三有一化”标准。依法治区稳步推进，制定了法治离石建设工作任务分解，对推进“六权治本”工作进行了认真研究，梳理部门职权、优化权力流程、公开权力和责任清单。健全依法行政监督考核制度，把依法行政工作纳入政府各部门目标任务考核。强化安全生产各项措施，全面落实“两个主体责任”，深化隐患排查治理，全区安全生产形势稳定向好。

五、以教育实践活动为统领，党的建设全面加强

一是深入开展党的群众路线教育实践活动。按照中央和省委、市委的统一部署，全区群众路线教育实践活动2014年3月4日正式开始，11月初基本结束，全区35名县级领导干部、815个基层党组织和11328名党员参加。紧紧围绕为民务实清廉主题，严格按照“照镜子、正衣冠、洗洗澡、治治病”的总要求，坚持问题导向，践行“三严三实”，强化学习教育，坚持“八学并举”，广泛征求意见建议18920条，即查即改15002条。认真查摆“四风”问题，区四大班子、法检两院共查找“四风”问题124条391个。对查摆出的“四风”问题逐条逐项建立台帐，制定整改任务书、时间表。全区各级党组织召开了一次严肃认真、红脸出汗、富有成效的专题民主生活会，广大党员干部接受了一次深刻的党员意识、纪律意识和组织观念教育。深入开展了29项240个具体内容的专项整治工作，进一步压缩了会议、精简了文件，减少了考核评比和迎来送往，封存办公用房220间，腾退5722平方米，清理公务用车及违规车辆477辆，取消或下放行政审批事项17项，公务接待费同比下降47%，清查清退长期无故不在岗人员37人。整个活动实现了领导包联全覆盖、活动内容全覆盖、督导工作全覆盖、整改落实全覆盖，做到了规定动作不走样，自选动作有创新，全面工作争上游，达到了预期目的。二是基层组织建设进一步加强。强化基层党建工作责任，组织实施了“1680”基层党建工程，选派了192名区直机关一把手和科级后备干部进驻农村（社区）兼任“第一书记”，为18个后进村党支部进驻了工作组，建立了22个党代表工作室，解决了农村基层党组织软弱涣散问题，搭建了党员联系服务群众的平台。高度重视农村“两委”换届工作，严格执行“六个做到、六个严禁”，严厉打击九种贿选行为，顺利完成了村“两委”换届选举工作，对新当选的农村（社区）“两委”主干进行了专题培训，实行考试合格持证上岗。三是大力刷新吏治，领导班子和干部队伍建设得到加强。坚持以德为先、以廉为基的用人导向，严格把好资格条件关、选任程序关、干部选拔关、选任监督关，着力提高选人用人公信力。强化干部教育监督管理，扎实开展“十项”专项整治，自查出超职数配备干部35人，清理机关事业单位借用人员117人。四是制度建设进一步加强。坚持解决问题与制度设计、注重治标与强化治本、健全制度与回应民意相结合，全区各级党组织建立完善各项制度共计960余项，其中区四大班子新建完善各项制度126项，推动作风建设逐步走向常态化长效化。同时坚决查处违反制度规定的行为，增强制度的约束力和权威性，扎紧了制度的笼子。五是党风廉政建设和反腐败斗争取得新成效。把从严落实“两个责任”牢牢记在心上、紧紧抓在手上，认真反思剖析，深

刻汲取教训,边查边改,边整边改。加大自办案件查处力度,不断消化腐败问题存量。去年共立案查处131件,查实125件,党政纪处分185人。重处分各类违纪违法案件29案38人,查处科级干部违纪违法案件23案32人,惩治腐败高压态势初步形成。六是扎实开展学习讨论落实活动和"聚焦民生、服务群众"活动。全区学习讨论落实活动2014年12月12日启动以来,全区各级党员干部按照"六学六要"要求,学深悟透、入脑入心、知行合一。区委、区政府班子成员组织集中学习5次,翻印省学习资料300余套,举办专题培训4期。围绕离石政治生态存在的突出问题、净化政治生态的工作重点、主要措施和治本之策等五个方面的主要问题,组织开展了7个专题讨论会,广泛征求了党代表、人大代表、政协委员、老干部代表及社会各界的意见建议。在广泛征求意见、深入讨论、深刻反思的基础上,形成了区委、政府班子反思剖析报告,反思出5个方面20个突出问题,从5个方面深刻剖析了根源,从10个方面明确了今后的努力方向和整改措施。围绕《整改方案》,明确了32专项整治任务,落实了责任主体,以项目化方式推进各项任务落实。"聚焦民生、服务群众"活动中广大干部深入调查走访群众5万余户,排查各类民生问题1万余条,解决4000余条,移送相关部门办理6000余条。

附:一、中共离石区委书记、副书记、常委名单

书　记:阎刚平(5月任职,12月免职)

副书记:吕文平　李溢涛　成志斌

常　委:刘俊禄　王怀清　刘晓勤　李源春(女)　秦　亮(10月任职)　秦贤卿(3月离职)　邵　骏(3月任职)

二、乡镇(街道)党(工)委书记名单

滨河街道

书　记:张保国(9月离职)　刘　鹰(9月任职)

凤山街道

书　记:穆小平(9月离职)　王　宇(9月任职)

莲花池

书　记:李建红(女)

城北街道

书　记:王侯明

西属巴街道

书　记:杜永红

交口街道

书　记:吴　卿

田家会

书　记:张兴平

信义镇

书　记:任利星

吴城镇

书　记:王月亮

枣林乡

书　记:李建国

坪头乡

书　记:张致斌

红眼川

书　记:魏玉青

中共方山县委工作概况

县委书记　李少杰

2014年,在省委、市委的正确领导下,方山县委全面贯彻党的十八大和十八届三中、四中全会精神,深入学习贯彻习近平总书记系列重要讲话,省委十届五次、六次全会和市委三届五次、六次全会精神,团结带领全县各级党组织和广大干部群众,牢牢把握"打基础、利长远、惠民生"总体要求,紧紧围绕县委九届五次全会提出的工作思路和目标任务,克服经济持续下行、煤炭产业疲软、金融环境趋紧等多重困难,主动适应新常态,聚精会神搞党建,稳中求进促发展,全县经济社会各项工作稳中有进、稳中向好。全县地区生产总值27.52亿元,增长4.6%;规模以上工业增加值16.43亿元,增长5.8%;固定资产投资16.75亿元,增长17.8%;财政总收入9.71亿元,增长3.28%;公共财政预算收入3.76亿元,增长3.95%;社会消费品零售总额8.03亿元,增长9.3%;城乡居民人均收入分别为17011元、3673元,增长7%、9.3%。

一、深入学习贯彻习近平总书记系列重要讲话精神,坚持用讲话精神指导实践、推动工作

坚持把学习习近平总书记系列重要讲话精神作为重要政治任务,紧密联系党的十八大、十八届三中、四中全会精神,紧密联系党的群众路线教育实践活动和学习讨论落实活动,不断深化学习培训,强化督查考核,形成了学习贯彻讲话的浓厚氛围,努力做到真学真懂、真信真用、真抓真改,切实增强了党员干部的政治自觉、思想自觉和行动自觉,补足了精神之钙、净化了思想之尘、筑牢了信念之魂,坚定不移地与以习近平同志为总书记的党中央保持高度一致。坚持把讲话精神同全县改革发展稳定实际紧密结合起来,把总书记的要求落实到工作中、行动上,进一步提升了党员干部高效履职、谋划发展、驾驭全局的能力。

二、认真落实从严治党要求，深入推进党的建设

坚持把抓好党风廉政建设和反腐败斗争作为净化政治生态的重大举措，出台了《党风廉政建设责任制制度》《党风廉政建设责任制和履行"一岗双责"实施办法》《落实党风廉政建设责任制工作报告制度的意见》，制定了《关于落实党风廉政建设责任制党委主体责任和纪委监督责任的意见》，将党委主体责任和纪委监督责任细化为61项具体任务。县纪委加大案件查办力度，全年立案108件，其中大要案件24件，处分158人。

深入开展学习讨论落实活动，明确了81项具体工作任务的责任单位、责任人、完成时限和工作要求，举办了专题研讨班，对430余名党员干部进行了集中学习培训，形成了反思剖析报告。开展了"聚焦民生、服务群众"主题实践活动，把涉及群众基本生活保障、基本政策落实、基本权益维护、基本服务改进、基本问题解决5个方面的民生事项具体落实到了52件实事上。

深入开展"基层组织提升年"活动，完成了对11个软弱涣散村级组织的专项整顿，进一步强化了"薄弱村、城中村、信访村"的干部队伍建设。创建了16个党代表工作室，完善了配套工作制度，代表驻室活动全面开展。对1405名农村"两委"班子成员、社区主干和党员骨干进行了专题培训，全县农村支部、村委换届基本完成，进一步增强了基层组织的凝聚力、战斗力。

坚持把从严管理干部贯穿于干部队伍建设全过程，认真贯彻《党政领导干部选拔任用条例》，坚决打好"三个一批"组合拳，匡正选人用人风气。全面贯彻落实县出台的《干部工作信息公开办法》《进一步从严管理干部的意见》《关于从严管理干部的若干规定》，有效提高了选人用人和干部工作透明度，强化了对干部的监督管理。坚决整治"吃空饷"不正之风，处理"吃空饷"人员7人，31个单位77名借用人员全部清理回原单位。

三、深入开展党的群众路线教育实践活动，不断巩固和扩大作风建设成果

全县7个乡镇、95个县直单位、4个社区、57个非公经济组织、169个农村党组织，8768名党员参加了党的群众路线教育实践活动。紧紧围绕为民、务实、清廉主题，按照"照镜子、正衣冠、洗洗澡、治治病"的总要求，对"四风"问题进行了大排查、大检修、大扫除。扎实开展了"千名干部进村入户办实事周"和"五进五问三送"活动，领导干部深入扶贫下乡点走访群众3580余户，召开座谈会138次，慰问老党员、困难户1430户，帮助农村解决实际问题5595个。深入开展14个专项整治，全县性会议减少30%，公务接待费下降12.19%，累计清理办公用房3100平方米。制定了《建立作风建设长效机制计划》，健全完善了办文、办会、调查研究、干部管理、信访稳定等一系列制度。广大党员干部在活动中找回了群众观点，站稳了群众立场，掌握了群众工作的方法。

四、主动适应经济新常态，认真做好改革发展各项工作

深入开展"项目见效年"活动，全年上马重点项目50个，总投资300亿元，增长23%。其中，金晖凯川、金晖瑞隆、汇丰新星三座煤矿正式投产；投资20亿元的国电马坊风电项目开工建设；总投资10亿元的鑫禾方山国际中药城项目奠基开工；中铝恒亚、安华汇丰两户铝矾土深加工企业土地平整工作已经完成；庞泉工贸矿山机械扩建项目厂房建设接近完工；吕梁新区方山安置区开工6个安置区，24栋安置楼主体竣工，可安置居民3991户。

着力抓好"三农"工作，粮食总产量达到4140万公斤，实现四连增。大力发展农业八大产业，新发展设施蔬菜55.3亩，脱毒种薯5千亩，菌棒253.5万棒，核桃经济林两万亩，万寿菊面积1万亩，育苗7千亩，中药材种植1万亩，新完成改良黄牛2510头，肉羊1万只。其中"方山马铃薯、黑金刚马铃薯、红美人马铃薯"获得了国家级绿色食品A级认证。坚持精准扶贫理念，完成169个行政村贫困户、贫困村的识别登记，建档立卡5.89万人，新脱贫1.1万人。大力实施"五大造林工程"，吕梁机场、吕梁环城高速通道绿化等工程成为了全省的先进典型。

扎实做好全面深化改革工作，制定了《全面深化改革领导小组工作规则》《全面深化改革领导小组办公室职责及工作细则》。进一步转变政府职能，取消了10项行政审批事项，转为服务项目8项，承接上级下放审批事项16项，新设28个行政审批股。纪委监察局认真落实"三转"要求，牵头参与的议事机构由原来的88个精简为14个。出台了政府职能转变和机构改革方案，涉及职能整合的7个部门制定了"三定方案"，政府工作部门由原来的25个减少到22个。深化农业经营体制改革，制定出台了《农村土地承包经营权确权登记颁证试点工作方案》。

五、着力保障和改善民生，发展成果普惠广大群众

在财政异常紧张的情况下，全力保障民生支出，全年公共财政民生支出9.5亿元，占总支出的91%。坚持教育优先发展，城南幼儿园建成并投入运行，投资1500余万元为全县中小学所有班级配备了多媒体设备；"省五件实事"下达指标任务顺利完成，146个村"市便民六件实事"全部竣工；新建3座换热站，全县集中供热面积达到50万平方米；新铺设燃气管网10公里，新增天然气用户700余户；完成保障房续建800套，整村推进项目10个，地质灾害治理点5个，饮水安全工程11处，农村危房改造1034户，农村社区日间照料中心11个，县城农贸市场2446平方米；开工北武当山景区停车场、游客中心、吊桥、后山滑索建设；太佳高速连接线顺利通车，安装路灯550盏，安装中央分隔带和路侧护栏10.74公里；完工北川河河道清淤、河堤砌护、防护栏杆、污水管网、

橡胶坝、喷泉、照明景观等综合治理工程；深入推进医药卫生体制改革，免费为城乡居民提供了11项基本公共卫生服务项目，县、乡、村医疗基础设施建设全部达标。

六、积极推进民主政治建设，加强法治方山建设

大力支持县人大及其常委会依法履行对"一府两院"的监督，大力支持政协履行政治协商、民主监督、参政议政职能，形成了凝心聚力抓发展，聚精会神促落实的生动局面。深入贯彻依法治国方略，大力推进"六五普法"宣传工作，坚持法治思维，坚守法治原则，切实把民主与法治有机结合起来，推进了决策的科学化、民主化、法治化。认真贯彻落实《关于进一步规范县委同无党派人士政治协商的实施意见》，完善了全县177名党外代表人士数据库，加强和改进工商联、民族宗教和对台工作。高度重视党管武装工作，着力推进全县应急力量体系化、专业化、规范化。全力支持工会、共青团、妇联等群团组织充分发挥桥梁纽带作用，围绕县委中心工作开展各项工作。

七、加强宣传思想文化工作，营造良好社会氛围

认真做好贯彻落实习总书记系列重要讲话精神，党的十八届三中、四中全会精神，省委、市委系列会议精神以及县委中心工作和重大决策部署的宣传报道。着力培育和践行社会主义核心价值观，开展了"中国梦·我的梦--建设幸福方山"、"书香北川"主题系列活动；加强公民思想道德建设，积极开展了"做文明有礼方山人"、"诚信方山"、"寻访身边的感动"、"我推荐我评议身边好人"等道德评选活动；加强廉政文化教育，着力加强于成龙廉政教育基地建设和于成龙廉政文化的宣传推广，吸引了一大批机关团体来到基地参观学习；扎实开展文化下乡和财政购买公共文化服务活动，着力加强了对乡镇文化站的文化帮扶、文艺指导，推动公共文化服务向社区、乡镇、农村延伸，进一步丰富了群众的精神文化生活。

八、全力维护社会稳定，和谐方山建设有序推进

大力开展"强化《信访条例》百日督查"、"信访积案化解百日清理"、"信访积案攻坚"等活动。认真落实信访研判、随访陪访、"四包一"稳控等工作制度，严格双向责任追究，依法打击非访人员59人，严肃问责党员干部47人。扎实开展"百案评查"、"一村一警"联系走访活动和社会治安重点地区、突出治安问题排查整治工作，依法防范和打击违法犯罪活动，全年立刑事案件279起，破210起，社会治安呈现出良好稳定态势。严格落实部门监管责任和企业主体责任，不间断地开展安全生产检查，全面排查治理隐患，逐条逐项整改到位，安全生产形势明显好转。

附：一、中共方山县委书记、副书记、常委名单

书　记：李少杰

副书记：田安平　孙玉堂

常　委：王喜祥　刘月顺　张建良　侯小将
王爱军　刘大鹏

二、乡镇党委书记名单

圪洞镇

书　记：（暂缺）

马坊镇

书　记：任海涛

积翠乡

书　记：高保平

麻地会乡

书　记：霍丙良

峪口镇

书　记：刘云杰

北武当镇

书　记：王海清

大武镇

书　记：杨少锋

中共临县县委工作概况

县委书记　张建国

2014年，全县上下认真贯彻落实党的十八大、十八届三中、四中全会精神，省委十届五次、六次全会，市委三届五次、六次全会精神，围绕"上大项目强实力、促进和谐聚合力、转变作风增活力"总体思路和"新型工业、新型城市、新型农村"总体目标，强党建、转作风，稳增长、促转型，惠民生、保稳定，全县各项事业取得了来之不易的成效。

一是始终把学习贯彻落实习近平总书记系列重要讲话精神作为首要政治任务，坚持用讲话精神武装头脑、指导实践、推动工作。持续兴起学习习近平总书记系列重要讲话精神的高潮，县委组织中心组集中学习13次，举办培训班18期，培训各级干部4190人次。带动各级基层党组织广泛开展

了形式多样的学习宣讲活动，做到了全县党员全程参与、全员覆盖，特别是将党中央对山西工作的重要指示要求和省委王儒林书记在吕梁调研考察时的讲话精神作为全县各级党组织和党员干部的行动指南，保证了全县党员干部思想上、政治上、行动上与中央、省委、市委保持高度一致，保证了全县各项工作始终沿着正确方向稳步前进。

二是深入开展党的群众路线教育实践活动，作风建设取得明显成效。全县广大党员普遍接受了一次思想上的深刻洗礼，政治意识、纪律意识、宗旨意识、组织意识明显增强，“八项规定”得到有效落实，“四风”问题得到有效遏制，干部作风明显好转，党群干群关系进一步密切，人民群众满意度进一步提升。各级党员干部为群众办好事实事1789件，全年查处违反八项规定精神案件37件，处理42人，全县“三公经费”支出较2013年下降42%。

三是加强对学习讨论落实活动的组织领导，扎实推进各个环节的工作任务。坚持真学习、深讨论、严落实。举办了县管干部专题研讨班、副科级干部专题培训班，培训副科级以上干部700余人。县委常委会集中学习9次、讨论6次，在此基础上，形成了县委反思剖析报告。始终保持“三个高压态势”，从严落实“两个责任”，启动了“三个一批”甄别工作。围绕“聚焦民生、服务群众”主题实践活动，组织全县党员干部深入农村基层，排查出民生方面九大类问题5230条，解决868条。

四是认真落实从严管党治党要求，党的建设全面加强。开展了“基层组织提升年”活动，完成了对40个软弱涣散村级组织的集中整顿，实施了农村党组织“一乡两点”、县直机关党组织“双星创建”、城乡基层党组织“双带双创”等党建规范化建设工程，较好地完成了农村“两委”换届工作。开展了整治吃空饷、清退机关事业单位借用人员等专项治理活动，强化了对县乡村各级干部的分级管理，形成了《党员干部警示提醒制度》《处置不合格党员试行办法》等长效化管理机制。党风廉政建设两个主体责任得到较好的落实，县委班子成员发挥了表率示范作用，纪检监察机关“三转”工作成效明显，查办案件的力度进一步加大。2014年，共立案198件，党政纪处分216人，其中，处分乡科级干部29人，撤职以上重处分4人，移送司法机关2人，反腐败斗争的高压态势正在形成。

五是加强和改进对经济工作的领导，经济运行总体平稳。坚持以项目促投资、稳增长，开展了“项目建设年”活动，保证了煤炭提升项目、“四网覆盖”工程等重点项目的顺利推进，重点项目建设“六位一体”全市综合排名第二。积极为市场主体经营活动创造条件、提供便利，认真落实帮扶、减负等应对措施，保证了煤焦支柱产业的平稳运行，稳住了县域经济发展的基本面。2014年地区生产总值完成44.5亿元，比上年下降4.5%；公共财政预算收入完成5.97亿元，下降4.41%；固定资产投资完成55.66亿元，增长36.62%；规模以上工业增加值实现12.6亿元，下降7.91%；社会消费品零售总额完成35.96亿元，增长14.15%；城镇居民人均可支配收入完成14216元，增长8.3%；农村居民人均可支配收入完成3885元，增长10.8%。全年减少贫困人口4.2万人。

六是着力保障和改善民生，各项社会事业全面进步。高级中学投入使用。新城大医院建成竣工。成功举办了临县首届全运会。圆满完成“551”文化工程。扎实推进开放包容自强自信临县建设，歌舞剧《山里娃》走进国家大剧院，电影《伞头和他的女人》在全国各大院线放映。建成限价商品房1216套，棚户区改造336套。完成农村危房改造2500户。提高了低保、五保标准。完成造林绿化8.37万亩。化学需氧量、氨氮分别削减226.58吨、27.45吨，均比2013年削减5%。气化临县步伐进一步加快。

七是进一步夯实社会治理基础，和谐临县建设有序推进。高度重视信访问题，突出加大信访责任双向追究力度，推动信访规范化、法治化建设，一批信访积案得到化解，初信初访、越级上访多发高发的势头初步扭转。去年全国、全省“两会”，十八届四中全会等重要时期，实现了进京“零”非访。全年进京非访人数、赴省集体访批次，分别比上年同期下降57%、86%，实现了信访工作“秩序好起来、总量降下来”的既定目标。全市信访工作年度考核中被授予信访工作综合先进单位，五项单项工作获先进奖。大力加强社会治安综合治理，积极探索基层治理新模式，严格落实“党政同责、一岗双责”安全责任，确保了全县安全稳定大局。

八是积极推进民主政治建设，依法治县进程加快。坚持党的领导、人民当家作主、依法治县有机结合，强化对人大、政府、政协和人民团体工作的领导，形成了同心同行的工作氛围。扎实开展依法治县工作，按照省委推进“六权治本”的要求，启动了“两清单、两平台、一监督”等前期工作。加强法治宣传教育，增强全社会的法治意识。强化执法监督，推进司法公开，加强法治政府建设。党管武装、群团工作等创新开展，取得了实效。

附：一、中共临县县委书记、副书记、常委名单

书　记：张建国

副书记：李双会　高奇英

常　委：王少利　李　琦　游福海　陈　浩　兰彦生　李正奎　高　峰

二、乡镇党委书记名单

白文镇

书　记：李烽峰

城庄镇

书　记：李晓春

木瓜坪乡

书　记：郭　原

临泉镇

书　记：王犁青

安业乡

书　记：薛银贵

玉坪乡

书　记：郝有旺

大禹乡

书　记：陈小林

三交镇

书　记：张向阳

车赶乡

书　记：贺向亮

湍水头镇

书　记：李金峰

林家坪镇

书　记：郝振杰

招贤镇

书　记：刘新民

碛口镇

书　记：张文全

青凉寺乡

书　记：王廷海(10月免职)

石白头乡

书　记：闫　平

雷家碛乡

书　记：张小明

兔坂镇

书　记：曹孝伟

八堡乡

书　记：秦京亮

克虎镇

书　记：高翠文

安家庄乡

书　记：成晓龙

刘家会镇

书　记：陈绍文

丛罗峪镇

书　记：陈　顺

曲峪镇

书　记：苗焰银

中共石楼县委工作概况

县委书记　油晓峰

2014年，石楼县在市委、市政府的正确领导下，认真贯彻党的十八大和十八届三中、四中全会精神，深入学习习近平总书记系列重要讲话精神，扎实推进党的群众路线教育实践活动和学习讨论落实活动，坚决落实从严管党治党要求，主动适应新常态，奋力开创新局面，全面推进美丽石楼、人文石楼、小康石楼、创业石楼、勤廉石楼"五个石楼"建设，促进全县政治、经济、文化、社会、生态文明建设总体保持了平稳健康发展。

一、深入学习贯彻习近平总书记系列重要讲话精神，思想上、政治上、行动上始终与党中央保持一致

为及时传达学习习近平总书记重要讲话精神，县委常委会集中学习习近平总书记重要讲话精神8次，举办4期学习培训班，对150余名正科级以上领导干部进行了集中培训；坚持全面覆盖，累计发放《习近平总书记系列重要讲话读本》等相关读物3000余册；在石楼时讯、石楼有线电视台开设学习习近平总书记重要讲话精神专栏，形成了学习讲话精神的浓厚舆论氛围。

二、不断强化从严治党要求，全力净化政治生态

(一)认真落实从严治党要求，旗帜鲜明反对腐败。严格落实党风廉政建设责任制，制定出台了《石楼县2013—2017惩治和预防腐败体系实施纲要》《关于落实党风廉政建设主体责任的意见》，强调各级党委(党组、党支部)主要负责同志对党风廉政建设要履行好第一责任人职责；班子成员要认真履行"一岗双责"，抓好分管领域的党风廉政建设和反腐败斗争。坚持有案必查、有腐必惩、有贪必肃。2014年，全县共立查案件42件，结案42件，党政纪处分人数66人，其中涉及乡科级干部8人，清退了2013年以来违规新进财政供养人员。同时，积极配合省委巡视一组巡视石楼工作。

(二)认真落实从严治吏要求，匡正选人用人风气。认真贯彻《党政领导干部选拔任用工作条例》，不断规范干部选拔

任用工作，强化干部过程管理。开展了“庸懒散拖”专项整治，查处了慢作为、不作为、乱作为的党员干部36人。认真组织实施党员干部教育培训工程，县委班子全年共集中学习15次，县级领导集中学习9次，其它各级党委(组)和党支部集中学习都在10天以上，举办《石楼大讲坛》5次，《道德讲堂》2次，各级党员领导干部政治素养和综合素质得到提高。

(三)扎实推进“学习讨论落实”活动，重树石楼形象。按照市委统一安排，组织开展了以“净化政治生态、实现弊革风清，重塑石楼形象、促进富民强县”为主题的学习讨论落实活动。制定了《深入开展学习讨论落实活动的实施方案》，明确了6个方面29项工作任务。乡镇书记参加了市委组织的专题研讨班。县委围绕“事怎么办、钱怎么花、人怎么用”开展了2期领导干部专题研讨班，对150余名县级、科级主要领导干部进行了集中学习培训，坚持边学习边讨论边落实。强化制度建设，完善了《县委工作制度》等制度，新制定出台了《“三重一大”事项决策实施办法》等制度，并加强对制度执行的督查问责。

(四)深入开展“基层组织提升年”活动，着力夯实基层基础。抓好乡镇党委书记、系统支部书记、农村支部书记“联述联评联考”，增强了党建工作的自觉性和责任感。开展了9个软弱涣散村级组织集中整顿，全面完成了村两委换届选举工作，全县134个行政村顺利实现新老班子交接。广泛开展了在职党员到社区报到服务群众活动，全县近1000余名党员主动到13个社区报到服务，用实际行动为群众办好事、解难题。

三、扎实开展教育实践活动，不断巩固作风建设成果

(一)深化学习教育。县委班子共组织9次主题突出、高效深入的集中学习。组织观看了话剧《立春》和《焦裕禄》《第一书记》《村官梁宝》等专题片，开展了“七个一”等一系列革命传统教育、警示教育和体验式学习，从而密切联系群众的思想更加自觉、行动更加坚定。

(二)聚焦四风问题。严格落实中央八项规定和省市相关规定，针对“四风”顽疾主动亮剑、强力整顿。2014年，全县党政机关发文比去年同比下降20%，各种信息简报精简15%，清理纠正违规车辆13辆，收回领导干部婚丧事宜申报表24份，清理腾退出领导干部办公用房230余平方米。特别是对“庸懒散奢”四种行为，严格检查、专项整治，在改进作风上动了真、碰了硬。

(三)回应群众期盼。党政班子成员率先垂范，按照包村联系群众方案，实施跟踪帮扶，在全县每个行政村为群众办成好事实事平均5件以上，切实了解群众所需、群众所想，让群众在“家门口”感受到了新变化、新成效。

(四)严肃党内组织生活。县委常委认真贯彻整风精神，广大党员干部认真撰写对照检查材料，深挖问题根源，自我揭短触及实质、见筋见骨，相互批评不留情面，普遍经历了一次严格的党内政治生活锻炼。

(五)构建作风建设长效机制。县级层面建立健全制度规定26项，县直各单位和乡镇共建立和完善制度规定124项，同时县委提出实行了“5335”群众工作法，强化对基层的生产、农业、法律等事项的管理。做到了用制度管人管事管权力管行为，逐步使强化作风建设成为习惯、行动和常态。

四、主动适应经济“新常态”，努力夯实富民强县基础

2014年，全县地区生产总值完成7.2亿元，减少5.3%；规模以上企业工业增加值完成0.6亿元，减少62.2%；固定资产投资完成8.2亿元，增长12.9%；社会消费品零售总额完成2.25亿元，增长16.5%；公共财政收入完成5888万元，减少23.3%；城镇居民可支配收入实现12530元，增长14.1%；农民人均可支配收入实现2750元，增长16.3%。总体来看，经济社会发展稳中有为、稳中有进，全面加快扶贫攻坚、建成小康社会又迈出了坚实一步。

(一)8+2农业产业稳步发展。建成10个万亩红枣、核桃精品科技示范园。红枣管护工作受到市委、市政府肯定，全市红枣管理现场观摩会在交口县举行。核桃产量达到1400万斤，产值达1.4亿元。小杂粮种植面积达到22.4万亩，建成了1万亩的绿色谷子生产基地和1000亩的绿色养麦生产基地。认真落实中小微企业扶持政策，积极争取农产品加工“513”项目扶持，培育了一批种植、养殖专业合作社，大力扶持农业龙头示范企业，全县种养加各类合作社和农业龙头企业累计达到了240余户，拉动农业产业化水平不断提高，农民收入不断增长。

(二)六位一体重点项目建设成效明显。2014年全县共涉及省、市重点项目共9个，计划投资30亿元。已完成投资21.37亿元，投资完成率71.2%；开工项目7个，开工率78%。其中中南铁路出海通道、马村220KV变电站、吕梁山生态脆弱区林业生态建设、地方电网输变电和保障性安居住房等3个项目开工建设。此外，全年项目储备完成9大类241个项目，项目储备和项目签约超额完成了任务。重点工程项目对经济发展的支撑拉动作用逐步增强。

(三)基础设施建设加快推进。城乡环境大改善。大力开展了城区“五乱”专项整治，县城卫生环境秩序发生了明显改观。成立了石楼县开源集中供热中心，南城区已经基本实现集中供暖；新建了南城区农贸市场，完成了西门坡道路铺油工程、沁园春广场周边硬化工程和龙马公园，设置了城区主街道交通标线和道路隔离设施，开工建设垃圾无害化处理厂、污水处理厂技改工程，城市基本功能不断完善。大力实施农村清洁工程，9个乡镇全部设立了乡村清洁工程管理机构，固定保洁人员、垃圾池、垃圾车，为长效管理农村环境卫生打下了坚实基础。大力加强生态建设，完成造林6万亩；对禁牧工作持续加压，正确引导，依法打击，堵疏结合，有效保护了林草资源，巩固了生态成果。交通、水利、扶贫事业大发展。交通方面，完成了石清线路面改造工程，石柳线公路养护工程，留和线、裴乔线道路改造工程和小蒜桥建设工程；开工

建设西东线和罗曹线农村公路升级改造工程。水利方面,坪底水库具备蓄水条件,中部引黄工程、提黄灌溉工程快速推进,安全饮水实现自然村全覆盖,屈产河治理项目全部竣工。扶贫方面,精准扶贫建档立卡工作圆满完成,整村推进完成20个村,易地扶贫搬迁完成1000人,减贫1万人的任务圆满完成。

五、大力保障改善民生,全力维护社会和谐稳定

加快推进住房保障建设,让居者有其屋。开工建设了古楼街棚户区改造工程和第三批廉租房工程。完善了王村、塔底、西河湾3个城中村改造项目和汇鑫苑、龙湾国际和石楼一中宿舍楼等3个住宅小区的配套工程。启动了介板沟棚户区改造工程。优先发展教育事业,保证学有所教。县财政拿出450万元奖励各级先进学校和优秀教师。职教中心投入使用,新建了王村幼儿园,启动了西河湾幼儿园工程。大力发展卫生事业,保证病有所医。县医院综合住院大楼配套设施工程基本完成,中医院开工建设,罗村镇和裴沟乡卫生院扩建项目竣工。县医院公立医院改革顺利启动。大力加强社会保障工作。新增就业1580人,转移农村劳动力2500人,完成各类职业技能培训1800余人,城镇登记失业率控制在2.2%以内。城乡养老保险缴费人员发展到2.88万人,圆满完成了教育和卫生系统养老保险改革试点工作。城乡低保月均保障标准分别提高25元、22元。新农合参合基本实现全覆盖。全力维护社会和谐稳定。2014年全县信访总量明显下降,新发生的信访案件明显减少,结案率和化解率明显上升,全县信访形势总体平稳可控,持续向好。从而推进了平安石楼建设,加大了社会治理力度,维护了社会和谐稳定。深入开展重点领域安全生产专项治理活动和“六打六治”打击非法违法生产经营活动,排查整改安全隐患784项,安全生产形势持续好转。

附:一、中共石楼县委书记、副书记、常委名单

书　记:闫孝敏(女,8月离职)　油晓峰(8月任职)

副书记:程晓春(12月免职)　田文军

　　　贺　军(3月挂职)

常　委:潘晓明　张建峰　郑世光　范发宾　刘　云

　　　吕文清

二、乡镇党委书记名单

灵泉镇

书　记:宁　煦

曹家垣乡

书　记:王　鹏

裴沟乡

书　记:王立国

罗村镇

书　记:王延平

义牒镇

书　记:马晋军

和合乡

书　记:解利国

小蒜镇

书　记:温建宏

前山乡

书　记:田建军

龙交乡

书　记:郭永东

中共岚县县委工作概况

县委书记　薄宇新

2014年,在市委、市政府的正确领导下,岚县县委、县政府团结带领全县广大干部群众,认真贯彻落实党的十八大、十八届三中、四中全会和习近平总书记系列重要讲话精神,按照市委“打基础、利长远、惠民生”的总体要求,以党的群众路线教育实践活动为统领,全力实施“3+1”、“1+3”发展战略,党建工作迈上新台阶,干部作风明显好转,经济社会保持了良好发展势头。

一、扎实开展党的群众路线教育实践活动,党风政风明显好转

(一)党员干部普遍经历了一次思想和灵魂的洗礼,宗旨意识和群众观念明显增强。坚持把学习贯穿始终。创新学习方式,做到七学并举,围绕“27问”,做到学思结合,开展了“讲述党的历史、缅怀革命先烈、重温入党誓词”主题活动和“我身边的焦裕禄”评选活动。坚持把批评和自我批评贯穿始终。全方位征求意见,先后组织了三次全县范围大规模的征求意见,全县共征求到各类意见建议6532条,为教育实践活动的开展明确了问题导向。

(二)“四风”突出问题得到有效遏制,党风政风明显好转。狠抓正风肃纪。以“零容忍”的态度查处干部作风方面存在的庸懒散慢、吃拿卡要、推诿扯皮、违法乱纪等行为,全年共查处违反八项规定的党员干部83人。狠抓“六个专项治理”。公务接待费用同比下降48%,全县性大会次数同比下降25%,会议经费支出同比下降42.3%,公车私用问题有效杜绝,婚丧事大操大办势头得到有效遏制。狠抓制度建设。在

转变工作作风、联系服务群众、规范权力运行等方面制定和修订了46项规章制度，强化了对不良作风的刚性约束。

（三）关系群众切身利益的热点难点问题得到有效解决，群众满意度明显提升。强化服务型党组织建设，扎实开展了“5+1”惠民活动。探索建立了村务民意排查解决机制，全年共协调解决各类问题2467件，为群众办实事好事1526件。

二、全力推进经济社会发展，县域经济保持良好发展势头

（一）实力岚县建设实现新突破。坚持“3+1”发展战略，千方百计上项目，全力以赴稳增长，推动县域经济发展。重点项目稳步推进。深入开展“项目建设年”活动，项目储备、签约、落地、开工、投资、投产“六位一体”协同推进。项目投产完成124.85亿元，完成率108.57%，全市排名第二；项目落地完成130.24亿元，完成率100.18%，全市排名第四。新兴产业蓬勃发展。新材料工业园区入驻项目进展顺利。中磁浩源有限公司年产1200万只软磁芯生产线进入批量生产阶段。新能源项目快速推进。中电投山西中盛达能源投资有限公司岚县河口48MW风电项目和王狮48MW风电项目累计完成投资4.52亿元，基建工程接近尾声。大唐山西新能源公司阎家背48MW风电项目基建工程快速推进，完成投资2.1亿元。京岚清洁能源有限公司2×15MW生物质发电项目取得省发改委路条。招商引资力度加大。与北京晶冠新能源有限公司签定了总投资50亿元的光伏发电项目协议，与山西虎悦通电力有限公司达成了总投资18亿元的风电项目投资意向，全年招商引资额完成277.5亿元。

在项目建设的带动下，2014年，全县地区生产总值完成32亿元，增幅14.8%，全市排名第一；规模以上工业增加值完成25.8亿元，增幅34.8%，全市排名第一；社会消费品零售总额完成9.45亿元，增幅12.6%；城镇居民可支配收入15914元，增幅6.8%；农民人均纯收入4100元，增幅9.5%。

（二）富裕岚县建设迈出新步伐。坚持“1+3”农业产业化发展战略，农民收入稳步增加。农业产业化步伐加快。20万亩无公害马铃薯通过省农业厅产地认定，30万吨无公害马铃薯通过国家农业部产品认证，“岚县马铃薯”地理标志认证通过国家农业部专家评审，马铃薯产业走上了品牌化发展道路。全县马铃薯种植面积稳定在25万亩，总产量达到40万吨。扶贫工作扎实推进。以干部下乡精准扶贫推进扶贫攻坚工作，全县104支工作队、2053名干部包扶108个贫困村、2.1万户贫困户，覆盖贫困人口6.6万人，全年共落实帮扶资金1100余万元，办实事894件，引进项目48个，资助贫困学生225人。小微企业健康发展。全年新增小微企业83户，小微企业总数达到320户，从业人员2万余人，进一步拓宽了农民增收渠道。

（三）幸福岚县建设取得新成效。社会保障体系进一步完善。社会保险制度运行逐步规范高效，新型农村社会养老、城镇居民养老、失业、工伤保险参保人数均超额完成年度任务，总投资9000万元的保障性住房建设进展顺利，1500户农村危房改造全部开工建设，竣工率达92%。公共文化事业进一步发展。加强乡镇文化站、农家书屋等文化惠民项目建设，开展了“书香岚县”、“激情盛夏”、“送戏下乡”系列活动，极大地丰富了群众的精神文化生活。基本公共服务能力进一步增强。以薄弱学校改造为契机，扎实推进义务教育学校标准化建设，职业教育中心建设稳步推进，公立幼儿园加快建设。完成了3所乡镇卫生院扩建和33所村卫生室建设工程。开展了参合农民异地就医结算工作。强化了食品安全网格化监管责任体系建设和基层基础工作。城区集中供水管网改造完工，实现了城区集中供水全覆盖。10KV城网Ⅲ、Ⅳ回线新建工程完工。实施了天然气长输管网建设项目，新增天然气用户2000户。

（四）美丽岚县建设跨上新台阶。“五城同创”成效明显。巩固国家卫生县城创建成果，城乡环境面貌持续改善。开展了“不文明行为随手拍”、“道德讲堂”等文明创建活动，懿荷、裕丰等九大公园升级改造完成并投入使用，城区新增绿化面积3.5万平方米。省级园林县城正式命名，省级文明县城通过初验，省级环保县城和无障碍环境县城创建工作顺利推进。生态环境建设扎实推进。创新造林机制，注重企业造林，鼓励单位造林，开展合作造林，狠抓项目造林，实施了“三山一线”工程，全年完成各类造林5.61万亩。旅游产业加快发展。完成了白龙山、饮马池、茅龙山三条旅游公路升级改造，白龙山省级风景名胜区创建工作通过省级专家评审。“岚城面塑”入选第四批国家级非物质文化遗产代表性项目名录。

（五）和谐岚县建设有了新进展。信访形势进一步好转。落实包案责任。按照“谁包案、谁负责”的原则，明确包案县级领导，保证群众反映的问题事事有回音、件件有答复。一年来，县级领导接待来访群众538批次1846人次，现场受理、解决信访事项493件，交办信访事项357件，带案下访115件次。省、市交办的73件信访积案全部得到有效化解，实现了信访积案“清仓见底”。安全生产不断加强。构建“党政同责、一岗双责、齐抓共管”的安全生产责任体系，共排查整改各类安全隐患256件，2014年未发生安全生产责任事故。平安创建工作成效明显。完成了县乡村三级社会服务管理中心建设。保持打黑除恶高压态势，深入开展社会治安“六项整治”，实施了“天眼工程”。依法治县进程加快推进。推进依法行政，对行政审批项目进行了集中清理，建立完善了联审联办审批模式。推进全民守法，将“法律六进”活动常态化，引导全民自觉守法。

三、全面加强党的建设，强化了加快发展的组织保障

（一）强化党要管党、从严治党的意识。加强思想政治建设。把学习习近平总书记系列重要讲话精神作为首要政治任务，确保在政治上、思想上、行动上与党中央保持高度一致。坚持学以致用，将讲话精神转化为推动发展的具体措施，努力解决好制约我县经济社会发展的突出问题。严格落实党建工作目标责任制。对党建工作进行单独考核，与各乡镇、各系

统党委书记签定目标责任书,对党建工作考核不达标的实行一票否决。强化各级党组织“一把手”党建工作第一责任人意识,“一把手”亲自抓、负总责,班子其他成员严格执行“一岗双责”,形成了“书记抓、抓书记”、“全党抓、抓全党”的党建工作格局。

(二)从严落实“两个责任”。落实党委主体责任。坚持定期研究党风廉政建设工作,采取谈话提醒、个别约谈、诫勉谈话等方式,与25名县级领导、12名乡镇书记、18名重点部门负责同志进行党风廉政建设谈话。落实纪委监督责任。实行了“两个全覆盖”:对乡科级单位实行经费公开全覆盖、审计全覆盖。做到了“两个一律”:对审计部门审计发现的问题一律进行立案调查,对信访部门接收到的举报线索一律开展专项调查。对重大违纪案件坚决执行“一案三查”,既要追究当事人责任,又要倒查追究单位的领导责任和纪委(纪检组)的监督责任。全年共查办违规违纪案件158案,其中,大要案件17案,移送司法6案,处分党员干部174人,其中科级干部19人。

(三)加强领导班子和干部队伍建设。强化了领导班子建设。坚持定期考核和平时考核相结合,建立健全领导班子考核评价制度。加大年轻干部培养选拔力度,优化班子结构,配强各级领导班子,切实增强班子整体战斗力。加强了干部队伍建设。严格落实新时期好干部标准和“四有”要求,坚持“德才兼备、以德为先、以廉为基、以为为据”的原则,进一步探索完善了“4+3”选人用人机制(在“重德、业绩、一线、清廉”的干部选用导向基础上,考察干部向单位一把手、县级分管领导、所包村干部群众延伸),选人用人公信度不断提高。

(四)基层组织建设不断强化。全面推行“545”工作法,规范了农村议事规则和干部行为,群众参与村级事务管理的积极性明显提高。对12个软弱涣散农村支部进行了集中整顿,村级班子的战斗力得到提升。高度重视农村“两委”换届工作,截止12月底,在全市率先完成了农村“两委”换届工作。

附:一、中共岚县县委书记、副书记、常委名单

书　记:薄宇新

副书记:油晓峰(8月离职) 程芝生(12月撤职)

常　委:程　堂　张海文　张新春　杨中宁　刘建树　李清玉(3月离职)　黄继红(3月任职)

二、各乡镇党委书记名单

东村镇

书　记:杨秋旺

社科乡

书　记:郭俊生

普明镇

书　记:牛泉深

梁家庄乡

书　记:梁俊山

上明乡

书　记:陈文礼

王狮乡

书　记:程智芳(女)

岚城镇

书　记:丁永堂(1月任职)

顺会乡

书　记:郭建民

河口乡

书　记:刘建军

大蛇头乡

书　记:王春旺

界河口镇

书　记:尹元生

土峪乡

书　记:杨亮明

中共兴县县委工作概况

县委书记　梁志锋

2014年是极不寻常的一年,面对各种困难和考验,县四大班子精诚团结,带领全县干部群众,积极应对挑战,奋力攻坚克难,较好地完成了全年经济社会发展主要预期目标。

一、主要经济指标完成良好

2014年,在经济下行压力不断加大的背景下,兴县经济运行保持了总体平稳、稳中有进的态势,主要经济指标完成良好。全年完成地区生产总值62.3亿元,增长13.6%;规模以上工业增加值46.7亿元,增长15.6%;固定资产投资62亿元,增长28%;公共财政预算收入8.02亿元,增长0.65%;城镇居民人均可支配收入17211元,增长8%;农民人均纯收入3650元,增长13%。

二、重点工程项目稳步推进

2014年,兴县共有重点工程项目19个,列入省重点工程项目16个,市重点工程项目3个,总投资735亿元,完成投资102.4亿元。其中:工业大道建设工程项目,瓦塘至蔡家

崖20公里全面通车，正在完善附属设施；魏家滩至瓦塘段，路基桥梁全部完成。兴县肖家洼年产1000万吨煤矿及配套选煤厂项目，井下生产系统已基本建成，配套选煤厂一期已试运转，二期基本建成。晋能2×35万千瓦低热值煤发电项目，已取得所需的省、市、县全部支持性文件，报省发改委待取“路条”。锦兴2×35万千瓦低热值煤发电项目，已取得“路条”，征地已完成，正在进行“五通一平”。兴县循环经济园区，一期100万吨氧化铝项目已投产，提取金属钾等项目已开展前期工作。兴县肖家洼煤矿铁路专用线，路基完成工程总量的87%，隧道完成工程总量的58%。兴县蔡家崖煤炭集运铁路专用线工程，目前隧道累计完成3180米，占工程总量的70%；桥梁下部结构全部完成。兴县通昌集运站，已开展施工前准备工作。山西中南部出海通道已竣工通车。太兴铁路已竣工通车。保德至兴县瓦塘铁路建设项目，隧道工程完成85%，岚漪河大桥打桩完成75%。华盛燃气公司日产30万立方煤层气液化调峰项目，一期10万立方已基本建成，二期20万立方项目准备开工。中联煤层气公司煤层气开采取得突破性进展，2014年12月底第一罐气已入网。友兰中学二期主体工程已基本完成。

三、农业农村基础不断夯实

“8+2”农业产业化方面。在康宁镇规划建设了占地1000亩的集种、养、加于一体的特色农业园区，同时配套建设了10万亩绿色小杂粮基地。园区规划12个项目，一期工程已入驻5户企业。其中，山西清泉醋业有限公司一期2万吨老陈醋生产线已建成投产，兴县黄河农业综合开发有限公司4万吨小杂粮加工项目开始试生产，兴县三星油脂有限公司3万吨食用油、100吨芥末油项目开始试生产，兴县新大象农牧集团6万头种猪项目建设用地已落实，“三通一平”已完成。打造了39000亩绿色杂粮基地，总产1560万斤，项目区农民户均收入2.2万元。打造了9个规模健康养殖小区，发展了设施蔬菜92亩，发放蔬菜苗木40万株。在蔡家崖村建成400亩生态观光采摘园区，发展蘑菇种植专业户20户，种植中药材400亩。

林业方面。完成干果经济林5.83万亩，荒山绿化1.95万亩，巩固退耕还林成果1.43万亩，共完成造林绿化7.78万亩。

农田水利方面。完成安全饮水工程129处。为40个村12285口人、1039头大畜和89所农村学校10758名师生解决安全饮水问题。完成天古崖水库应急专项除险加固工程。

扶贫开发方面。建档立卡工作全面完成。新栽植核桃经济林2.41万亩。启动实施整村推进项目20个。完成易地扶贫搬迁599人。资助贫困高中生141人、每人800元，资助贫困大学生177人、每人5000元。

全年粮油产量1.296亿公斤，大畜存栏29562头。全县贫困人口由10.4万减少到8.5万。

四、社会民生事业全面发展

教育方面。新区幼儿园已投入使用。一二0师学校总投资2亿元。建设省定村级幼儿园4所、标准化幼儿园2所。2014年全县高考达线343人，创历史最好成绩。政府资助达到700多万元，确保每个家庭贫困学生都能顺利入学。

医疗卫生方面。完成10个乡镇卫生院标准化、规范化建设等级评审准备工作，对376名乡村医生进行了培训，将符合条件的187名乡村医生纳入政府补助范畴。新农合参合人数22.45万人，参合率99.9%，人均筹资标准从340元提高到390元。

文化体育方面。积极开展送戏下乡、送书下乡等活动，县晋剧团下乡演出217场，免费发放图书4000余册。免费开放“三馆一站”，共接待群众6000余人次。建成8个乡级全民健身活动广场，5个社区体育健身场所。

社会保障方面。企业职工养老保险参保8512人、城镇居民基本医疗保险参保28800人、失业保险参保16043人、新农保参保15.1万人。城市低保对象7852人，保障标准每月260元；农村低保对象30003人，保障标准每月145元；五保对象2192人，供养标准每月192元。城乡低保实现了低水平基础上的应保尽保。

劳动就业方面。城镇新增就业2890人、创业带动就业635人、城镇失业人员再就业740人、转移农村劳动力3880人。

人居环境方面。完成农村危房改造800户；建成保障性住房1200套。完成1.7公里的县城三街改造工程。完成曹罗线曹家坡至枣林坡段31公里路面改造；启动枣圪线公路改造工程。新建4个集中供热点，新增集中供热面积27万平方米；完成输气管线4.8公里，天然气新入户2000户；建成生活垃圾处理场一座，已投入试运行；新增污水管网6公里。县城供水普及率97%、燃气普及率64%、集中供热普及率40%、污水处理率90%。

五、红色资源开发顺利实施

中共中央晋绥分局旧址（北坡村）历史风貌修复工程，已完成总工程量的80%。晋绥边区革命纪念馆旧馆抢修维修工程，已全面完成；新馆广场前新增绿化面积2200多平方米。晋绥烈士陵园完善工程，已收迁散葬烈士511人，完成1949人的英名录雕刻。蔡家崖村历史文化名村修复工程，已完成规划、设计等前期准备工作。“四·八”烈士纪念馆建设工程，已完成红色旅游景区规划，正在充实完善布展资料；副馆规划设计已完成，从美国购买的C47飞机即将到馆。组织拍摄了反映“四·八”空难的电影《密战黑茶山》，在中国第23届金鸡百花电影节上获得国产新片入围奖。由县委、县政府和晋绥儿女、晋绥烈士后代共同成立了山西省晋绥文化教育发展基金会。

六、安全稳定工作常抓不懈

安全生产方面。严格落实“一岗双责”责任制,开展安全检查20余次,培训工作人员800余人,帮助8户企业完成达标创建工作,对44户企业进行了职业危害申报备案,全年未发生重特大安全事故。

信访稳定方面。着力抓好源头预防、领导干部接访、信访积案化解、体制机制创新等工作,全年信访案件同比减少170件,批次下降28.4%,人次下降7.5%。

政法综治方面。开通运行县、乡、村三级社会服务管理中心,成立了17个乡级矛盾调解中心、376个村级调解委员会和5个专业性调解组织,开展矛盾纠纷排查活动107次,调解疑难问题584件。开展突出治安问题专项整治活动,共破获各类刑事案件417起,打掉恶势力团伙3个。

七、党建各项工作全面加强

邀请中央党校、延安干部学院和山西省委党校专家教授举办专题讲座10期,全年培训干部7000余人次。深入开展“基层组织提升年”活动,整顿软弱涣散村级党组织20个,建成党代表工作室23个,选派100名正科级干部到重点村兼任“第一书记”。基本完成农村“两委”换届,村党组织换届全部完成。认真落实“一定三有”政策,为521名村干部落实了岗位报酬,为建国以来离任的2892名农村主干发放了生活补助。

八、党风廉政建设持续加力

严格落实党风廉政建设县委主体责任和纪委监督责任,将党风廉政建设工作任务分解到班子成员和基层党组织,督促班子成员认真履行“一岗双责”,支持纪委开展“三转”工作。取消行政审批事项51个,县纪委监察局参与的议事协调机构由103个精简为12个。办结案件200件,党政纪处分230人。成立了兴县廉政文化研究会,深入挖掘晋绥精神廉政内涵和兴县历史优秀廉政文化。

九、教育实践活动成效明显

全县有108个单位、597个农村和机关基层党组织、12062名党员参加了为期7个多月的党的群众路线教育实践活动。开展了对“三公”经费开支过大,党员干部“吃空饷”、铺张浪费、婚丧嫁娶大操大办等专项整治活动,狠刹不正之风,查处违反八项规定问题45个,党政纪处分33人,在加强和改进作风建设中实现了“五个常态化”。

十、学习讨论落实活动深入开展

把开展学习讨论落实活动作为当前的一项重大政治任务来抓,县委班子初步查找出7方面35个问题,确定了12项整改措施。对活动确定的8个方面、28项任务、103项计划形成的成果,明确了责任领导、牵头单位、承载单位和完成时限。同时,坚持把落实王儒林书记兴县调研指示精神贯穿活动始终,在全县范围内开展了以“聚焦民生、转变作风、服务群众”为主题的大走访、大化解专项活动,并紧密结合市委开展的“聚焦民生、转变作风”主题实践活动。全县各级干部共走访群众16261户,排查问题2374条,解决1259件。

附:一、中共兴县县委书记、副书记、常委名单

书　记:郭　颖(8月离职)　梁志锋(8月任职)

副书记:王恩泽　管化冰(3月任职,挂职)

常　委:郝继平　白连厚　刘晓春　成　林　杜候平

徐应军(3月任职)

二、乡镇党委书记名单

蔚汾镇

书　记:李　茂

贺家会乡

书　记:范新森

交楼申乡

书　记:王亚荣

恶虎滩乡

书　记:李迎斌

奥家湾乡

书　记:白小荣

蔡家崖乡

书　记:尹新明

高家村镇

书　记:贯晋文

瓦塘镇

书　记:白旭平

魏家滩镇

书　记:白宝明

康宁镇

书　记:康瑞斌(1月任职)

固贤乡

书　记:王彬彬(1月任职)

东会乡

书　记:高俊君

孟家坪乡

书　记:白卫利

赵家坪乡

书　记:王利军(1月任职)

罗峪口镇

书　记:贺相平

蔡家会镇

书　记:白宇宏

圪垯上乡

书　记:康建华

中共晋中市委工作概况

市委书记 张 璞

2014年,中共晋中市委深入贯彻党的十八大和十八届三中、四中全会精神,坚决在思想上政治上行动上与以习近平同志为总书记的党中央以及省委保持高度一致,坚决贯彻落实党中央对山西工作的重要指示要求,深入开展党风廉政建设和反腐败斗争,按照省委"净化政治生态、实现弊革风清,重塑山西形象、促进富民强省"的战略部署,主动适应经济发展新常态,紧紧围绕建设全省"四化"率先发展区总目标,紧抓全省综改试验区建设和太原晋中同城化两大机遇,抓改革、促发展、惠民生、保稳定、强作风、反腐败,全面推进经济、政治、文化、社会、生态文明和党的建设,各项工作都取得新成效。

2014年,全市生产总值完成1041.3亿元,比上年增长6.8%;规模以上工业增加值完成420.7亿元,比上年增长7.2%;固定资产投资完成1106亿元,增长16.9%;社会消费品零售总额完成484.3亿元,增长12.8%;公共财政收入完成117.5亿元,增长2.1%;城镇居民人均可支配收入25652元,增长8.7%;农村居民人均可支配收入10100元,增长11%。

一、思想政治建设

市委常委会把学习贯彻习近平总书记系列重要讲话精神作为重要政治任务,采取常委会议、中心组学习、举办专题研讨班等形式,结合晋中实际,深刻领会习近平总书记提出的一系列新观点、新要求,确立了抓好党建是最大政绩的政绩观,确立了依法治国、依规治党的法治思维,确立了主动适应经济发展新常态,积极稳增长、调结构、促转型的战略思维,确立了民生没有终点站只有新起点的底线思维,确立了改革要有新蓝图、新愿景、新目标、新思想、新举措的创新思维,提高了全市党员干部运用习近平总书记系列重要讲话精神的自觉性、主动性和针对性。认真贯彻中央《通报》精神和全省领导干部大会、省委常委(扩大)会议精神,市委常委(扩大)会、市委中心组多次学习讨论习近平总书记重要讲话、刘云山同志讲话和王儒林书记讲话。全市各级各部门和党员干部展开广泛讨论,把思想进一步统一到中央对山西工作的重要指示上来,统一到全省领导干部大会精神上来,在思想上政治上行动上与以习近平同志为总书记的党中央,与以王儒林书记为班长的省委保持高度一致。

二、扎实开展党的群众路线教育实践活动

按照中央、省委部署,在中央巡回督导组和省委督导组指导下,坚持"照镜子、正衣冠、洗洗澡、治治病"总要求,突出问题导向,坚持开门整风,全市133个县处级以上党组织和9138个基层党组织、20.8万名党员,扎实开展了党的群众路线教育实践活动。市委常委会从自身做起,带头集中封闭学习、讲党课、集中调研、邀请基层优秀党员提意见、开展批评与自我批评、整改落实。市县两级党员领导干部建立活动联系点1466个,全程指导把关,抓实每一个环节,把好每一道关口,为基层活动单位提供了范式。各级领导干部精心指导联系点班子召开专题民主生活会,各级领导班子、领导干部真正把自己摆进去。全市8270名党员领导干部参加了1344个专题民主生活会,提出相互批评意见63873条。围绕"四风"突出问题狠抓28项专项整治。全市性会议、参加人数、会议天数、支出经费同比减少17%、13.1%、11.9%、72%。市、县两级"三公"经费同比分别下降46.75%、40.55%。超标超配公车、超标办公用房、多占住房得到清理。停建楼堂馆所,狠刹公款请客送礼行为,积极整治"会所中的歪风"、培训中的腐败。整治"裸官"、"走读"、"吃空饷"、"收红包"及购物卡、参加天价培训、党政领导干部在企业兼职、领导干部在学会协会中任职等问题。评比达标表彰活动压缩率31.5%。共发现"四风"问题269起,查处448人。解决联系服务群众"最后一公里"问题。市委常委带头转变作风,深入基层一线,推进民生工程和社会事业发展。以"三严三实"为标准,选树了一批"焦裕禄式好党员好干部"。开展"全心全意解民忧、尽职尽责办实事"活动,为群众办实事好事32015件,化解了一批事关群众切身利益的问题。市委常委领题就干部"走读"、干部素质提升、党建投入等开展调查研究,提出解决措施。强化制度建设。市委围绕15个方面的"四风"突出问题,先后制定并发布了党员领导干部联系服务群众、加强基层服务型党组织建设等40项制度规定。各活动单位围绕科学民主决策、联系服务群众、畅通民意诉求表达、维护群众合法权益、加强党风廉政建设等,形成了一批制度成果。全市共废止制度1028项、修订制度8661项、新建制度5787项、出台制度3864项。

三、深入开展学习讨论落实活动

市委认真贯彻落实习近平总书记从严治党八项要求和省委净化政治生态部署,及早反思分析晋中政治生态,深挖根源,提出对晋中政治生态和党风廉政建设反腐败斗争形势有"三个不能低估",即,对晋中反腐败斗争面临的形势不能低估,对晋中腐败问题带来的危害不能低估,对晋中净化政治生态的艰巨任务不能低估。市委要求全市党员干部,必须始终保持清醒政治头脑,切实从自我感觉良好的状态中解脱出来,强化问题绕不开、躲不过的意识,切实担负起党风廉政

建设政治责任。12月5日,召开动员大会,在全市集中展开以“学习贯彻习近平总书记系列重要讲话精神,净化政治生态,实现弊革风清,重塑晋中形象,促进富民强市”为主题的学习讨论落实活动。市委制定了《关于深入开展学习讨论落实活动的实施方案》,确定了统一思想、反思剖析、高压反腐、刷新吏治、作风建设、六权治本、净化社风、改革发展8方面、30项任务,最终形成89项具体成果。成立了领导机构,举办了全市主要领导干部专题研讨班,派出12个督导组全程督导各地各部门活动开展情况。

四、深入推进党风廉政建设和反腐败斗争

从严落实党风廉政建设“两个责任”。市委出台了《关于落实党风廉政建设党委主体责任和纪委监督责任的实施意见》《晋中市贯彻落实 < 建立健全惩治和预防腐败体系2013—2017年工作规划 > 的实施意见》和《2014年全市党风廉政建设和反腐倡廉工作任务责任分解意见》,进一步强化了党委和纪委的责任意识。选定晋中开发区、市民政局等7个单位为落实“两个责任”试点,建立了“清单式明责、台账式管理、链条式传导、倒逼式追责”责任体系和层层分解任务、层层传导压力的“签字背书”制度。组织督查组对全市“两个责任”落实情况进行专项督查。对发生顶风违纪问题涉及单位的94名分管领导、71名主要领导进行了责任追究。支持纪委落实监督责任,推进“三转”工作,市纪委监察局参加的议事协调机构由118个精简至12个。派驻纪检组长不再分管纪检监察以外的业务。保持惩治腐败和狠刹“四风”的高压态势。全市各级纪检监察机关接受信访举报3431件(次),同比上升123%;初核案件线索1855件,同比上升62%;立查案件1469件,同比上升28.3%。其中,立查县处级干部案件39件,同比上升144%;乡科级干部案件292件,同比上升65.9%。结案1397件,同比上升23.6%;给予党纪政纪处分1359人,同比上升23.4%,撤职以上重处分277人,移送司法机关69人,挽回经济损失5767.62万元。深入落实中央八项规定精神和省、市实施办法,保持狠刹“四风”高压态势,紧盯重要时间节点,集中开展监督检查,共查处违反中央八项规定精神案件和问题219起,对涉及的333名违规违纪人员进行了严肃处理。加强对党员干部的教育监督。对新任市管领导干部进行集体廉政谈话和廉洁从政知识测试。全市科级以上干部人手一册《党政领导干部廉政新规图解》。推进廉政文化建设,开展警示教育。按照省委《关于党政主要领导不直接分管部分工作的若干规定(试行)》要求,全市各级各部门党政“一把手”全部调整分工。完善信访提醒、诫勉、警示“三谈话”制度,对19名处级领导干部进行了信访谈话。市四套班子领导带头,全市党员领导干部定期到市预防职务犯罪警示教育基地接受教育。

五、全面加强党的建设。进一步完善干部选任制度

认真落实新修订的《党政领导干部选拔任用工作条例》,积极推进全市干部选用制度改革。建立了《干部平时谈心谈话制度》,修订完善了年度综合考核办法,实行年度考核网上评议,扩大考核工作民主。全面推行干部考核考察“3+1”述绩模式,探索实行干部任前实绩公示。从严管理干部,坚决刷新吏治。严格执行市委《关于加强对各级各部门“一把手”监督管理的暂行办法》。落实干部工作“八从严”要求。坚持干部任前考察档案审核制度,有效防止干部“带病上岗”和“带病提拔”。开展县处级“裸官”专项整治和“带病提拔”倒查工作。认真落实干部选拔任用工作有关事项报告和“一报告两评议”制度。贯彻“三个一批”,落实“六项专项整顿”。制定了超职数配备干部整改消化计划,完成了1267名在职副处级以上干部个人事项报告工作;对160名领导干部在企业兼职(任职)清理规范;对922名借用人员清退或按照程序办理借用手续;完成1080名市管干部“三龄两历一身份”档案认定。深入开展“基层组织提升年”活动,引深基层基础基本功建设。实施了“七个提升行动”,出台《关于加强基层服务型党组织建设的实施意见》,在全市118个乡镇推行集中办事便民、集中办公提效、改善条件留人的“两集中一改善”工作,促进乡镇机关由管理型向服务型转变。完善四级政务服务体系,推动乡村两级联动、为民服务全程代理体系建设,构建社区“五个十分钟”服务圈服务体系。开展“十星双评”分类定级、晋位升级活动。选树903个九星级以上红旗党组织,对142个软散乱后进村党组织进行了集中整顿。制定《关于加强和改进乡镇干部队伍建设的实施办法》。实施“领头雁”工程,加强对基层干部教育培训,落实“一定三有”制度,农村干部年均报酬达9200元,将8500名农村离任村“两委”主干纳入补助范围。推行在职党员到社区报到,规范党代表工作室建设,开展“万名党代表听民声、解民忧”活动。加大基层党建保障力度,把基层党组织党建工作运行经费纳入市县财政年度预算。扎实推进农村“两委”换届,全市2368个村党组织和2686个村委会完成换届,分别占99.2%和98.6%。

六、经济发展

一是稳定经济增长。出台晋中“煤炭10条”,保证煤企边际贡献。加强经济形势研判和工作调度,市级领导带头包规模企业和困难企业。坚持“六位一体”推进重大项目建设。落实营业税改征增值税政策,建立了中小微企业贷款风险补偿机制。二是全力推动产业转型。狠抓转型项目,提升非煤产业与新兴产业比重。全年转型项目占到项目总数45.3%,占到总投资59.3%。非煤产业增加值占到规模以上工业增加值34.2%,提高2.4个百分点。新兴产业占到工业投资62.4%,同比增长38.2%。提升新型装备制造业,加大科技投入和公共服务平台建设,纺机、液压、玛钢、玻璃器皿等产业集群发展水平得到提升。推动新能源汽车产业发展,晋中成为全省重点打造的新能源汽车产业发展基地,吉利新能源汽车项目生产线实现试运行,北达新能源发动机项目进场开工。推进煤电一体化,与河北建投集团合作已选定寿阳项目,介休路鑫、榆次华能等5个低热值煤发电项目取得“路条”。提速煤

层气开发,476口井稳定产气,年产气2亿立方米左右。发电能力新增353兆瓦,装机容量达到4570.8兆瓦。太铁物流(北六堡)中心项目开工,旅游业总收入完成408.1亿元,增长35.4%,物流、旅游、金融等现代服务业比重达到41.9%。三是加快发展现代农业。推进"一村一品"建设。专业村累计达到903个,专业乡镇达到46个,主导产业人均纯收入占到农民人均纯收入72%。壮大农业产业。实施22个部、省级粮食高产创建项目。粮食总产18.4亿公斤,蔬菜总产55.5亿公斤,水果总产5.6亿公斤。创新农业经营模式。销售收入300万元以上的农业产业化龙头企业达到373家,销售收入180亿元。农民专业合作社达到8456个,实现行政村全覆盖,形成国家、省、市、县四级农民合作社示范引导体系。发展家庭农场734个、经营耕地2.7万亩。创新农业经营主体,推广生态庄园经济、沟域经济模式。优化农业结构。发展设施蔬菜园区120个,总面积达到44万亩。农民增收明白卡行政村、农户覆盖率分别达到100%和93%。四是加快市域城镇化。同城发展步伐加快。实施同城化项目30项,完成投资53.7亿元。山西高校新校区续建单体建筑57个、新建11个,完工建筑面积39.55万平方米,完成投资16.27亿元。加快高校新校区文化娱乐中心、购物广场和创业就业中心等配套服务设施建设。10所高校近11万名师生入驻。确定建设太原晋中轨道交通。山西科技创新城即将启动。城镇建设持续发力。全市实施457项城建重点工程,完成投资258亿元。市城区连续第四年实施百亿市政重点工程,全市17个省、市重点示范镇建设完成投资36.6亿元。城乡一体化建设加快。松塔、恋思、石膏山3个水源工程全面完工,东山供水、中部引黄晋中供水两个大水网工程进展顺利。晋中汽车客运总站投入运营,阳黎高速昔左段建成通车,"一小时经济圈"基本形成。五是推进城乡生态化。万元GDP能耗预计下降3.4个百分点,工业固体废弃物综合利用率为62.5%。全市化学需氧量、二氧化硫、氨氮、氮氧化物、烟尘、工业粉尘排放量减排幅度均超额完成目标任务。全市细颗粒物(PM2.5)平均浓度同比下降33.9%。完成造林50万亩,植树1000万株,林木绿化率达到33.2%,人均公园绿地面积达到11.39平方米。6个县达到省级林业生态县标准,数量全省第一。

七、全面深化改革

成立了领导组和6个专项改革小组,出台了全面改革"50条",建立年度县级改革工作考核机制。铺开12项重大改革,在6个领域取得较大进展。在全省首家推行涉企权力清单制度。将5175项市级涉企行政权力、收费项目和政府性基金清单向社会公布,"挂起"处理3301项。创新土地经营和管理制度改革。太谷县成立了全省首家农村产权交易中心,推广左权土地银行经验。全市土地流转面积116万亩,占家庭承包耕地总面积的27.8%。创新地方金融发展机制。市政府与12家驻地银行签署了合作协议,市财政设立500万元专项资金支持金融工作。49家小贷公司引领全国试点和推广。创新开发区、园区管理体制。祁县开发区试行党政领导职务"一肩挑",探索"飞地经济"模式。市级13项行政权力事项直接下放到3个开发区。创新文化旅游业融合发展管理。探索组建旅游产业投资公司,试行集团化运营管理。整合旅游资源,打造文化旅游融合板块。创新"五规合一"规划统筹协调机制。在市城区、"108廊带区域一体化发展示范区"试点"五规合一"。

八、社会主义民主政治建设

坚持和完善人民代表大会制度。召开庆祝全国人民代表大会成立60周年暨地方人大设立常委会35周年大会,提出做好新形势下人大工作要求。对贯彻落实加强和改进新形势下人大工作《实施意见》进行督促检查。支持市人大常委会围绕依法行使职责。市人大集中视察项目落地和重点工程建设,加强对"十二五"计划执行和财政预算变动等的监督,依法对"一府两院"规范性文件进行了备案审查,在全省率先对政府全口径预算开展审查监督。围绕供水工程和饮用水安全等工作开展执法调研。连续6年开展了环保执法检查暨"晋中环保行"活动。以规范司法行为和反贪污贿赂为重点,加强对法检两院监督。加强对"一府两院"任命人员任后监督。坚持市委书记、市长、市人大班子成员联系基层人大代表制度、代表信件直通车制度、面对面走访代表制度,出台了加强市人大代表与人民群众联系实施意见。坚持和完善中国共产党领导的多党合作和政治协商制度。举行庆祝人民政协成立65周年座谈会。出台《关于进一步加强新时期人民政协工作十条意见》,支持市政协在探索协商民主新途径和开展民主监督上创新工作方式。市政协围绕转型发展、生态建设、城区交通、农村就医等问题,开展专题议政、专题协商,完成了加强生态建设、缓解城区市民出行难、保障农村居民就医用药等建议案。对承办政协提案最多的三个单位进行了民主评议。建立《市级党政领导干部与党外代表人士联谊交友制度》。多党合作事业健康发展,党外代表人士队伍不断加强,民族宗教领域和谐稳定,港澳台海外工作扎实推进。"双月座谈会"制度、"双引双赛"主题活动、"金桥爱心工程"三大统战品牌在全省叫响。创新县级统战部门合署办公模式,晋中经验在全省推广。深入学习贯彻党的十八届四中全会精神,出台法治晋中建设《实施意见》。深入实施法治护民、法治育民、法治便民三项工程,制定出台"阳光司法"工程五年规划,在全市政法机关推进司法公开项目建设,积极构建开放、动态、透明、便民的阳光执法司法新机制。全面推进"快办、轻刑"改革试点工作和涉法涉诉信访改革,效果明显。推动政府部门法律顾问全覆盖。推行公职律师参与信访接待制度,依法化解涉诉涉法信访问题。在全省率先出台《关于党政领导干部支持司法机关依法独立办案的规定》。健全基层党组织领导的基层群众自治机制。全面开展村干部任期和离任经济责任审计。积极发挥工会、共青团、妇联等人民团体在服务中心上的作用,组织开展了"依法维权年"、"三项教育"进高校、"奋斗的青春最美丽"、"岗位创佳绩、巾帼展风采"等活动。贯彻习主席推进军民融合深度发展系列决策指示,完善军地齐抓共管国防后备力量建设机制。围绕提升部队战斗力、增强军地军民融合力、扩大军分区系统影响力目标，抓帮扶、促共建、搞援建，积极服务地方转型发展。突出民兵应急力量建设，全市推广榆次、太谷、介休应急力量规范化建设试点经验。举行烈士纪念日活动，打造全民国防教育"晋中品牌"。加强人防和双拥工作。

九、宣传思想文化工作

强化理论武装。深入学习贯彻习近平总书记系列重要讲话精神，加强市县两级党委中心组学习和党员领导干部集中教育培训，组建宣讲团，深入基层宣讲十八届三中、四中全会精神。组织"我为人民服务"、"市民素质提升"等主题学习宣讲竞赛活动1000余场。学习中央指示精神和王儒林书记重要讲话精神，组织督促全市各级特别是党委(党组)中心组扎实开展学习讨论落实活动。加强舆论引导。围绕中心工作，加强新闻策划，创新宣传方式。推动传统媒体与新媒体融合发展，升级晋中新闻网，建立主流媒体微博、微信等平台。政务微博实现扩面提质，"晋中发布"被评为"最亲民基层政务微博"。在国家级媒体推出一系列形象宣传片。推进文明创建。以创建文明城市为龙头，深入推进"六项重点工程"、"六项工作"，市民文明素质、城市文明程度实现"双提升"。加强公民道德建设和未成年人思想道德建设。开展"德润三晋·共筑梦想"主题实践活动、第四届感动晋中十大道德模范人物和晋中好人评选表彰、校园"培德健体"等活动，全省善行义举榜现场会在我市召开。促进文化繁荣。推进文化体制改革，完善公共文化服务体系，启动建设市级"五馆一院"、县级"三馆一院"。《太行奶娘》等文化精品获得全国、全省大奖，动画电影《终极大冒险》获得精神文明建设"五个一工程"奖。开展"六个文化建设"活动，丰富基层群众文化生活。文化产业快速发展，实施重点文化产业项目54个，完成投资18.02亿元，绵山景区、乔家大院成功晋级国家5A景区。

十、民生改善

压减部门公共预算安排费用用于民生支出，占到全市公共财政预算支出的83.76%，同比增长9.01%。易地扶贫搬迁项目、幼儿园改扩建工程、乡村清洁工程、新型职业农民培育、农村危房改造等农村"五件实事"进展顺利。与省教育厅联合举办首届"晋商杯"大学生创业大赛，加快建设高校毕业生创业园区和创业孵化基地。城镇登记失业率1.9%，低于省定4.2%控制指标。引深扶贫攻坚，投入财政扶贫资金7581万元，完成易地搬迁、就业培训、资助贫困大学生等，完成3.2万贫困人口脱贫任务。92个产业扶贫"双百"项目开工，完成投资30.49亿元。改善农村人居环境，完成投资16.46亿元，总体进度居全省前列。强化社会保障，在全省率先推开新农合"一卡通"，合并实施新型农村社会养老保险和城镇居民社会养老保险。教育、医药卫生、体育等各项社会事业不断进步。全面深化平安晋中建设。创新社会稳定风险管理、矛盾纠纷调解、社会治安防控、基层社会治理四大体系，实施13项平安建设行动以及40个平安建设重点项目。打造网格化基层社会服务管理体系的"升级版"，四级平台全年办理各类事件4.5万件，处置率达98%。出台《晋中市重大决策社会稳定风险评估细则(试行)》，举办了全省暨晋中市重大决策社会稳定风险评估工作培训，建立了重大事项社会稳定风险评估专家库，评估148项。组织开展矛盾纠纷百日排查化解专项行动，化解各类矛盾纠纷2.24万件。在交通事故、医患纠纷、保险理赔、劳资矛盾等10个矛盾比较集中的领域组建专业调委会。创新社会治安防控体系，集中开展打黑除恶、重要节点维稳、夏季严打、重点整治、社会面防控、基层治安防控建网、流动人口集中清查、项目护航等八项行动，确保了全市社会治安大局持续稳定。坚持以群众工作统揽信访工作。坚持市、县、乡三级书记面对面点评稳定和信访工作制度，推行领导干部包信访案件工作制度，认真实施信访积案化解行动。全市共发生进京非正常上访420人次，同比下降40%；发生赴省集体访56批773人，同比批次下降11%、人次下降13%。坚持党政同责，加强安全生产。在全省率先建立安全生产"党政同责、一岗双责、齐抓共管"责任体系，深入开展"三责"教育，扎实推进打非治违专项行动。全市发生各类安全生产事故起数和死亡人数同比分别下降11.7%和1.29%。

十一、市委常委会自身建设

一是坚定政治立场。面对严峻复杂繁重的形势任务，特别是中央对省委班子作出重大调整以来，市委始终保持政治上的清醒和坚定，坚决拥护中央决定，坚决贯彻中央对山西工作的重要指示要求，坚决落实刘云山同志和省委王儒林书记重要讲话精神，始终在思想上政治上行动上与党中央、省委保持高度一致。二是坚持理论武装。认真落实市委中心组学习制度，市委中心组组织集体学习19次，出台《关于进一步加强和改进市委中心组学习的意见》，不断增强学习的针对性、实效性，努力建设好全市的领导核心。三是坚决改进作风。以开展党的群众路线教育实践活动为契机，认真贯彻中央八项规定精神和省委、市委实施办法，自觉学习弘扬焦裕禄精神，践行"三严三实"，改进"四风"突出问题，大幅精简会议文件，深入开展调查研究，健全联系服务群众长效机制，发扬艰苦奋斗优良传统，在作风建设上率先垂范，带动了全市干部作风改进。四是坚持民主集中制。严格执行常委会议事规则和决策程序，按照集体领导、民主集中、个别酝酿、会议决定原则，共召开36次常委会，集体讨论重大问题，研究部署重点工作。主动运用批评和自我批评武器，开展积极健康的思想斗争，提高党内生活质量。严格执行干部选用标准、程序和纪律，公道正派选贤任能。增进班子团结，带动和促进了全市干部队伍的团结。五是坚守廉洁底线。主动站到优化晋中政治生态的高度，带头落实党风廉政建设主体责任，把党风廉政建设和反腐败斗争摆在更加突出的位置，认真履行组织领导责任、实施推进责任和率先垂范责任。严格落实《廉政准则》和省委、市委廉洁从政各项规定，带头执行领导干部报告个人有关事项、礼品登记等制度，带头接受各方面监督，较好保持了清廉本色。

（王秀峰）

附：中共晋中市委书记、副书记、常委名单

书　记：张　璞

副书记：胡玉亭　张秀萍（女，11月双开）
刘志宏（8月任职）

常　委：王　琦（6月离职）　刘志宏　畅志仁
赵庆华（6月任职）　丁文禄　苗　伟
黄耀春　孙光堂　王建忠　孙宪春

中共榆次区委工作概况

区委书记　贡　琦

2014年，在省委、市委的坚强领导下，区委团结带领广大干部群众，按照省委学习讨论落实活动的总体部署和市委率先发展的战略要求，主动适应经济发展新常态，紧紧围绕都市核心区建设目标，转作风、反腐败，抓改革、促发展，惠民生、保稳定，全区政治、经济、文化、社会、生态文明和党的建设等各项工作都取得新成效。

一、扎实开展“两个活动”

一是党的群众路线教育实践活动取得阶段性成效。按照中央“照镜子、正衣冠、洗洗澡、治治病”的总要求，区委常委会以身作则，带头深入学习习近平总书记系列重要讲话，带头践行“三严三实”要求，带头开展批评与自我批评，带头整改落实；坚持开门整风，开展“五走进”、“三进三联三送”等活动，广泛征求各方意见，严肃召开专题民主生活会。在常委班子带动下，各级基层党组织同步跟进开展活动，全区2.8万余名党员干部普遍经受了一次严格的党性锻炼，群众观点更加明确，理想信念更加坚定，宗旨意识更加深刻；坚持立行立改，开展了28项专项整治和六项专项治理，紧盯重点领域、重要部门、窗口单位服务提升，一批群众关心的热点难点问题得到有效化解，教育实践活动取得了阶段性成效。二是按照省委统一部署，扎实开展了学习讨论落实活动。紧紧围绕“学习贯彻习近平总书记系列重要讲话精神，净化政治生态，实现弊革风清，重塑榆次形象，促进富民强区”主题，坚持真学习、深讨论、严落实，严督实导、层层加压，确保活动紧扣主题不走偏。全区在开展多形式学习教育的基础上，区委举办了主要领导干部专题研讨班；广泛开展调研座谈、专题研讨，深刻反思剖析榆次政治生态方面存在的问题；扎实推进干部档案审核、清查超职数干部、清理干部吃空饷等从严治吏工作；加强对6个重点领域的专项整治，持续保持三个高压态势；各项工作正按方案要求扎实推进。通过“两个活动”的反复强化锻炼，各级党组织进一步端正了抓好党建是最大政绩的思想，树牢了依法治国、依规治党的法治思维，确立了主动适应新常态，积极抓改革、调结构、谋创新、促转型的战略思维，强化了群众工作、民生改善始终优先的底线思维，强化了改革要有新思想、新举措的创新思维，各级领导班子执政能力都有了提升。

二、着力加强党的建设

严格落实党要管党、从严治党的要求，扎扎实实抓班子、带队伍，强基础、聚合力。强化党建主体责任意识，坚持把党的建设作为最大政绩牢牢抓在手上，多次专题研究党建工作，修订完善《区委工作规则》，强化对“一把手”管人管财管事监督；严格“三会一课”、民主生活会等党内制度执行，强化“联述联评联考”，各级“一把手”抓党建的主体责任意识明显增强。加强党员干部队伍建设，坚持党管干部原则，把“三严三实”落实到教育培训干部、选准用好干部、监督管理干部全过程。发挥区委党校和乡镇农村干部培训中心主阵地作用，制定了干部教育培训规划，对全区股级以上干部及农村党员全面培训；坚持干部选拔从一线来、锻炼干部到一线去的工作导向，调整干部19人，选派了53名优秀年轻干部到乡镇、重点工程、信访以及上级部门锻炼；修订完善了年度综合考核办法，制定干部谈心谈话制度，强化了干部住乡管理，组建纠“四风”信息员队伍，切实将干部教育管理监督在平时。夯实基层基础基本功，落实“基层组织提升年”活动要求，围绕服务型党组织建设，强组织、建机制、提功能、促服务，推动基层党组织建设集成升级。以教育实践活动为契机，重点加强“三会一课”、“党员领导干部过双重组织生活”、“民主评议党员”等制度落实，基层组织的凝聚力、战斗力有了明显提升。“两委”换届全面完成，保证了省委提出的“十种不宜人员”零当选，对新当选的“两委”干部进行了两轮专题培训；巩固网格化党建模式，全区在职党员全部到社区报到开展服务，为社区减负83项；充实非公党建指导员队伍，工业园区成立了非公企业党校，开展各类培训60余次。推进民主政治建设，常委会始终发挥“总揽全局、协调各方”的领导核心作用，严格执行民主集中制，坚持重大问题集体讨论、集体决定；进一步加强和改进对人大、政协工作领导；高度重视统战工作，推进统战部、工商联、侨联合署办公，深入开展统战工作进乡村、进街道社区，加强对各党派管理和服务，民族、宗教、非公经济人士、侨务、对台和新社会阶层人士工作得到加强。

三、深入推进党风廉政建设和反腐败斗争

坚持把落实党风廉政建设“两个责任”作为从严管党治党的重中之重抓在手上，严格执行中央“八项规定”，认真落实省委“六权治本”要求。强化党风廉政建设主体责任，牢固树立“不抓党风廉政建设就是严重失职，抓不好党风廉政建设就是渎职”的意识，把握“书记抓、抓书记”工作重点，出台“两个责任”实施意见，明确工作责任，区乡村层层签字背书，常委带队专项督查，约谈乡镇党委书记，重点查办“城中村”违法乱纪问题和农村贿选案件，各级党委齐抓共管的态势正在形成。支持纪委落实监督责任，认真落实中纪委“转职能、转方式、转作风”的工作部署，严格执行纪委“两为主”要求，逐步完善执纪监督“两覆盖”，坚持重要工作亲自部署、重大问题亲自过问、重点环节亲自协调、重要案件亲自督办，建立了联组协作履职工作机制，为乡镇、街道、重点部门配齐了纪委书记(组长)，纪委牵头参与的56项工作精减为11项。加大腐败案件查处力度，坚持有案必查、有腐必反、有贪必肃，紧盯重点领域、关键部门、重要环节，露头就打，以“零容忍”态度惩治腐败。全年立查案件202件，结案201件，查办大要案47件，党政纪处分201人，撤职以上处分42人，移送司法机关6人，挽回经济损失380余万元，保持了惩治腐败高压态势。

四、深化改革统筹发展

一年来，区委着力谋改革、调结构、强服务、抓创新，政府职能优化转变，农村土地确权取得突破，新机厂改制顺利推进，全面完成年度改革任务。通过推进改革，经济发展释放出更大活力，全区主要经济指标完成：地区生产总值224.2亿元，增长8%；规模以上工业增加值70.6亿元，增长10.1%；固定资产投资总额229.8亿元，增长18.2%；公共财政预算收入11.3亿元，增长4.1%；社会消费品零售总额153.1亿元，增长12.6%；城镇居民人均可支配收入26866元，增长9.2%；农民人均可支配收入13528元，增长11%，主要经济指标增幅均高于全省、全市平均水平。特别是，区委确定的统筹发展战略取得明显成效：功能布局统筹上，以基础设施建设为抓手，修路、治河、造生态，初步形成了功能布局框架。通过中都路北沿、源东线道路工程的建设，在南北初步形成集农业与旅游于一体的休闲观光产业带；通过潇河流域苗木基地建设和河道治理，在东西形成了生态产业带。三次产业统筹上，以重点工程、龙头企业为抓手，三次产业实现融合发展。通过推动金粮、德御坊、海玉、东湖等龙头加工企业的快速发展，对当地种、养、加产业的拉动明显提升；通过大学城服务区、康培基地的建设，全区5000多农村劳动力实现就业转移；通过液压、纺机的创新提升，引进、锻炼、储备了一批专业人才，培养了一批农民向产业工人的转型。全区农民人均纯收入实现11%的增长。项目建设统筹上，全年签约招商引资项目17个，总投资215亿元，投资10亿元以上的项目10个，9个项目已开工；56项重点工程项目27项完成投产，尤其是太钢万邦、太重的投产稳步运营，成为了新的工业龙头。同时，我们紧盯基础产业，积极在资金运营、企业合作、配套服务上下功夫，为企业发展增强了底气。煤炭企业在市场遭遇寒冬的情况下，稳住阵脚，有所发展，扎实推进技改，实现了不减员、不放假；纺机行业在市场竞争激烈的情况下，保持了细纱机长车占全国市场60%的业绩；液压行业在机械行业整体不景气的情况下，实现逆势突破，一批企业实现了从元件向装备的转型，为我们形成了整机装备产业苗头；食品、农副产品加工业实现了国际品牌和本土企业的共同发展，娃哈哈三期投产、康师傅落地，海玉、胖妞、德御坊、东湖等本土企业的迅速成长，为都市周边食品工业发展奠定了基础；规模农业实现新发展，形成了苏家庄、丰沃、峪头等面积在3000亩左右的设施蔬菜片区，棚内产品转型也初露端倪。城乡一体统筹上，新农村3个建设试点取得初步成果，农村人居环境得到改善，村通天然气工程顺利推进，城乡养老保险一体运行，教育、医疗、卫生、公交等公共服务和社会保障得到同步完善。

五、全力改善民生事业

区委坚持把民生工作摆在首位，特别是通过群众路线教育实践活动，全区自上而下关注民生的热情日益提升，扶贫济困的措施不断加强，普遍增进了与群众的感情，提高了群众工作水平。农业的扎实推进，工业的稳步提升，三产的新增融合，为广大群众创造了就业，增加了收入；城乡一体配置力度加大，道路、学校、医院等公共资源同步加强；养老、医保、低保等社会事业保障有力；党管武装和民兵预备役工作得到加强；街道社区、民政、工青妇等各项工作都取得了新进展；精神文明建设取得新成效，城乡居民文化素质实现提高；“平安榆次”建设扎实开展，公众安全感得到提升；严格落实党政同责，安全生产保障有力；高度重视信访工作，有效化解信访积案，赴京非正常访和赴省、赴市集体访持续稳定下降，全区社会大局保持和谐稳定。

(郝继光)

附：一、中共榆次区委书记、副书记、常委名单

书　记：贡　琦

副书记：张祖祁　李鹏飞

常　委：邢如彪　刘国宏　原士旭　冀　杰　卫建星　石　勇　李　军

二、乡镇(街道)党(工)委书记名单

郭家堡乡

书　记：马志宏(兼任)

乌金山镇

书　记：梁英俊

张庆乡

书　记：田晓宇

修文镇

书　记：张志峰

东阳镇

书　记：郝志明

北田镇

书　记：张秀珍（女）

庄子乡

书　记：许润生

长凝镇

书　记：郭　强

什贴镇

书　记：马　宏

东赵乡

书　记：杜吉平

北关街道

书　记：常春俊

新华街道

书　记：张奇志（女）

锦纶街道

书　记：陈彩林

安宁街道

书　记：李转萍（女）

新建街道

书　记：畅玉光

晋华街道

书　记：王建政

路西街道

书　记：武丽芯（女）

经纬街道

书　记：郭翠枝（女）

西南街道

书　记：余民山

中共太谷县委工作概况

县委书记　郝向明

2014年，太谷县委团结带领全县广大干部群众，深入学习贯彻党的十八大、十八届三中、四中全会和习近平总书记系列重要讲话精神，主动适应新常态，大力实施234战略，全县经济、政治、文化、社会和党的建设等各项工作，都取得了新的成绩。主要表现在以下几个方面：

一、狠抓习近平总书记系列重要讲话精神学习，思想理论水平得到全面提高

县委始终把习近平总书记系列重要讲话精神，作为新时期推动经济社会发展的行动纲领和工作指南。坚持用理论武装头脑，在真学、细照、笃行上着力，先后召开10次常委会、9次中心组学习。读原文、悟原理，把握核心内涵，领会精神实质，努力做到入心入脑、融会贯通，有效提高了常委会班子成员的思想理论水平。同时，采取常委授课与专家讲座相结合的方式，举办了10场专题培训、5期干部大课堂。各级各部门分别举行了不同类型培训会40余场，覆盖干部群众3万多人次，为全县改革发展提供了强大的精神支撑。

二、狠抓党的群众路线教育实践活动，干部作风得到明显转变

紧扣“为民务实清廉”主题，按照“照镜子、正衣冠、洗洗澡、治治病”的总要求，从去年3月份开始，全县559个党组织15000多名党员，扎实开展了党的群众路线教育实践活动。县委坚持从自身做起，带头狠抓学习，带头开门搞活动。以建立活动联系点、开展专题调研、召开座谈会等形式，广泛征求基层党员群众意见建议11993条。带头查摆“四风”突出问题，带头开展批评和自我批评，班子成员普遍红了脸、出了汗，达到了洗澡除垢和对症治病的目的。

积极畅通联系服务群众“最后一公里”，建立了“百千万”工程联系服务群众新机制。在确保规定动作不走样的基础上，以“解民忧办实事”为载体，有效解决了一批事关人民群众切身利益的突出问题，把联系服务群众“最后一公里”真正变成了“零距离”。

三、狠抓两个责任落实，党风廉政建设和反腐败斗争形势持续好转

先后召开五次会议，对落实“两个责任”情况进行了细化、量化、具体化。制定了落实“两个责任”的10个文件和8项制度。从主体责任、监督责任两个方面，对党委、纪委应该承担的责任给予明确界定。明确了党委18大类54项主体责任、纪委7大类23项监督责任。乡镇、部门、非公党委，结合实际，对各自的“责任田”进行了细划，厘清了责任清单。并通过签字背书、建立责任台账等方式，将省、市的要求传到了基层末梢。

四、狠抓干部管理使用，组织建设和干部队伍建设成效明显

认真落实新修订的党政干部选拔任用工作条例，加强了党员干部选任工作。建立了干部平时谈心谈话制度。完善了年度综合考核办法，推行了干部考核“3+1”述绩模式。从全县优秀年轻干部中，选派3名到村委换届办公室锻炼，5名担任农村第一书记，10名到信访部门挂职，12名到市直单位培养，45名事业干部到企业服务。特别是按照“干好的一直干、

干不好随时换”的办法，对部分科级干部进行了调整，进一步调动了干部积极性。

深入推进“三基建设”。一是完成了农村两委换届。作为全市农村党组织换届的试点县，4月底完成了支部换届工作。按照“一好三强、三个不选”的标准，配齐配强了支部班子，集中整顿了12个后进支部，强化了支部在农村的领导核心地位。在村委换届工作中，提出了“坚持党的领导、明确三个要求、严把三个关口”的意见，按照“三有三带、五心标准、十个不能”要求，完成了198个村的换届工作，实现了“十种人”零当选。二是加强了服务型组织建设。乡镇开展了“两集中、一改善”工作，农村实施了“一一四”工程，社区试行了“契约化”共建活动，推进了在职党员社区报到工作。三是强化了乡镇党委书记抓党建的意识。通过完善“四位一体”汇报会、党政联席会、常委扩大会等制度，将乡镇书记列入参会对象，使他们对“什么是党建、为什么抓党建、如何抓党建”，有了准确的把握。

五、狠抓宣传思想文化建设，引领文化能力得到明显提升

积极开展文明城市创建。深入推进“六项工程”、“六项工作”，建成省级文明单位4个、文明乡镇1个、文明村1个，市级文明单位24个、文明乡镇3个、文明村（社区）10个、文明窗口6个。市民文明素质、城市文明程度实现双提升。大力弘扬社会主义核心价值观，加强公民思想道德建设、开展志愿服务活动，公民思想道德水平进一步加强。

积极提供公共文化服务。加快了“三馆一院”建设，完成了43个村公共文化设施标准建设，被评为全市“六个文化建设”先进单位。成功举办了桃花节、孟母节、形意拳交流大会，新编太谷秧歌《孟母三迁》荣获山西省戏剧杏花奖，牛黄安宫丸制作技艺入选国家非物质文化遗产名录，优秀文化得到了传承发扬。《太谷县志》终审定稿，中华书局将出版发行。举办了庆七一歌咏比赛、迎国庆柔力球健身舞、“清风如歌”廉政文化等系列活动，将党的主题教育，寓教于乐，弘扬了主弦律、传播了正能量。广大群众的精神文化生活日益丰富。

六、狠抓民主法治进程优化，政治文明建设得到不断加强

坚持和完善了人民代表大会制度。常委会高度重视人大工作。县人大认真履行职能，按照法定程序，将县委做出的实施234战略、建设重点工程等重大事项，通过人民代表大会，转化成了全县人民的共同意志。县人大围绕重点工程、植树造林等工作进行专题视察，依法对50个重点执法单位进行民主测评，人大工作融入了经济社会发展各个方面。

加强和改进了对政协工作的领导。实行重大决策征求意见、重大情况通报等制度，通过加强政协党组建设，使县委的决策成为各届人士的广泛共识，凝聚成了加快发展的强大合力。县政协认真贯彻县委决策部署，制定了政协重点提案督办办法、政协领导联系委员制度，加强了县委与社会各届的联系。同时，围绕“234”战略，县政协广泛开展工业园区、现代农业、民生工程专项调研，为县委科学决策提供了第一手资料。统一战线民生行、双引双赛、两个创建等统战工作三大品牌影响力不断扩大。

七、狠抓安全稳定工作，平安建设取得明显成效

常委会把平安建设作为和谐社会的重要实践，坚持综合治理与专项行动、宏观指导与基层管理相结合，不断提高公共服务和社会管理水平，进一步提升了社会综合治理水平。

坚持创新社会治理体系。建立了“一心三防”调解机制，调解率达到92%。完善了“网格化”服务管理模式，处置率达到95%。

以群众观点统领信访工作。实行了领导干部包信访案件工作制度，认真实施信访积案化解行动。县级领导接访下访、联合接访1372人次。排查信访隐患54件，办结率达80%以上。

坚持党政同责加强安全生产。全面落实了“党政同责、一岗双责、齐抓共管”责任体系。深入开展“三责”教育，深入推进打非治违专项行动，安全生产形势持续好转。

八、狠抓经济新常态战略研判，发展成果惠及更多民生

主要指标稳定增长。2014年，全县生产总值、居民人均可支配收入增幅接近或超过10%，工业增加值、社会消费品零售额保持15%左右的增速，公共财政收入、固定资产投资增幅分别达到22%、34%。项目建设“六位一体”考核，圆满完成年度任务。其中：招商引资签约项目7个，总投资103.1亿元，完成任务108.5%。71个市级重点项目，全部开工，完成投资48.8亿元，占全年任务的107.8%，投资规模、项目个数分别比去年提高36%、88%，创历史最高水平。

“四件大事”成效显著。菜篮子越做越大，“四个一”工程顺利推进，设施蔬菜、苗木花卉、干果经济林分别达到了10万亩、12万亩、16万亩。猪、鸡饲养量分别达到了153万头、2389万只。农民人均纯收入持续增加，达到14000元以上；承接地越建越好，园区化效应持续增强，恒达循环经济园，循环链条趋于完善。胡村玛钢工业园，产业升级步伐加快。水秀新型产业园，入园企业达到37家。南山医药食品园产值、税收保持了10%的增长。四大工业园财政贡献度达到40%，提供就业岗位3.8万个；卫星城越建越靓。大县城已具雏形，箕城公园、南山广场、凤仪广场建成运营，为广大市民休闲、健身提供了新的场所。凤仪街、滨河路建设速度加快，“一轴、一心、一带、一区”空间布局初步形成。城镇化率提高2个百分点，达到了52.6%；后花园越建越美。南山生态修复二期工程全面完工，初步形成了以凤凰山为核心，凤景山、凤翼山为补充的南山生态旅游圈。乡村游快速发展，打造了“一线六乡二十点”，形成了两条精品线路，为农民增收提供了新的渠道。

品牌效应开始显现。农业方面，取得了全国现代农业改

革绩效评价“中部省份第一、全国第六”的好成绩。文教方面，举办了孟母文化节、国际形意拳交流大会，通过了“全国义务教育发展均衡县”验收。生态方面，成为全省林业生态县。从区域特征、整体形象、地理标志等方面考虑，注册了“谷色古香·养生太谷”区域品牌，汇聚和提升了政府、产业、企业等各方面品牌资源。这些品牌已经开始显效，不仅提高了太谷知名度，而且带动了经济社会的发展和居民收入的增加。

社会事业蓬勃发展。深入开展省级创业型城市创建活动，激发了全社会的创业活力，登记失业率稳定控制在2%以内。庞庄灌区节水配套工程投入使用，3100人喝上放心水，完成700户农村危房改造，959名特困群众迁入新居。创建了18个健康村、建成8个日间照料中心，夕阳红养老院成为全国爱心护理工程示范基地。社会保险、城乡低保、社会救助、慈善事业等日益完善，城乡居民幸福感、满意度明显提高。

综改试验步伐加快。实施了“促增15条”措施，有效应对了经济下行压力。实行了土地供应平衡、银企定期对接、人才驻企帮扶等制度，初步破解了要素制约。推行了首局负责制、公布了涉企权力清单、成立了农村产权交易中心，行政审批改革迈出新的步伐。

一年来，县委在宏观经济形势复杂多变、下行压力持续加大的不利影响下，经济发展保持了健康、稳定、持续增长，取得了全国农业改革与建设试点工作绩效评价“中部省份第一、全国第六”的好成绩，获得了全省县域经济发展先进县、省级林业生态县、省老龄工作示范县等称号。但我们也清醒地认识到，工作中还存在不少差距，发展中还面临不少困难。主要是：干部群众的思想解放程度还不够高，改革创新的胆量不够大、步子不够快、办法不够多；经济发展中长期积累的结构性问题和深层次矛盾依然比较突出，总量不大、发展不足、效益不高的问题仍然存在，特别是缺乏带动力强的产业大项目、科技新项目、生态好项目；一些干部作风不实，进取精神不足，一些基层组织战斗力不强，党风廉政建设和平安太谷建设还存在薄弱环节等等。对此，我们将高度重视，深入分析，认真加以解决。

（柳文涛）

附：一、中共太谷县委书记、副书记、常委名单

书　记：郝向明

副书记：武晓花（女）　刘　伟

常　委：雷泰国　刘凯宇　李王俊（3月离职）　王　鹏　刘进文　蒋　勇（3月任职）　孟玲珑（10月任职）

二、乡镇党委书记名单

明星镇

书　记：赵瑞旭

胡村镇

书　记：王迎庆

水秀乡

书　记：程锡威

侯城乡

书　记：武正梅（女）

北汪乡

书　记：池丽萍（女）

阳邑乡

书　记：韩卫政（11月离职）　石艳萍（女，11月任职）

小白乡

书　记：庞瑞宾

任村乡

书　记：李　波

范村镇

书　记：郭志强

北城区

书　记：张玉忠

白塔区

书　记：王有忠

南城区

书　记：白建军

中共祁县县委工作概况

县委书记　吴文胜

2014年，祁县共有基层党组织841个，其中党委20个、党总支90个、党支部731个。共有党员14506名。

全县地区生产总值完成63.5亿元，同比增长8.3%；规模以上工业增加值完成13.19亿元，同比增长12.6%；固定资产投资完成56.3亿元，同比增长26.1%；公共财政预算收入完成2.97亿元，同比增长16.2%；社会消费品零售总额完成34.38亿元，同比增长12.8%；城镇常住居民人均可支配收入完成25740元，同比增长10%；农村常住居民人均可支配收入完成13002元，同比增长13%。

一、认真学习贯彻习近平总书记系列重要讲话精神，深入开展学习讨论落实活动

常委会坚持学习讲话精神常态化，认真组织学习了中央、中纪委重要会议和习近平总书记、省委王儒林书记系列

重要讲话精神,通过常委会议、中心组学习会、举办专题研讨班等形式在深入领会讲话精神实质上下功夫。县委常委深入基层讲党课、抓党建、搞调研、做指导,带动和提升了全县广大干部分析解决问题、谋划推动工作的能力。组织县直单位股级以上干部和乡镇包村干部开展了两期微调研活动,撰写报告1200多篇。常委会举办9场专题征求意见讨论会,深入挖掘历史文化名人祁黄羊"公而忘私、天下为公"的为官思想和"百姓知县"乔超五"惩恶扬善、廉洁奉公"的做官品格,引深学习讨论,剖析查找各类问题320余条,征集各类意见建议1000余条。提出了"看工作首先看党建、看干部首先看党性、看作风首先看党风"的导向机制,举办了科级部门"一把手""夫妻双双受教育"警示培训会,坚持从严惩治腐败和打黑除恶,处理违纪党员干部3人,移送司法机关4人,打掉恶势力团伙2个,抓获团伙成员12名。

二、突出"四风"整治,扎实开展群众路线教育实践活动

我县群众路线教育实践活动以"三个一线转作风、三件实事惠民生"为载体,坚持转变作风从态度开始、尊重群众从倾听开始、服务群众从小事开始,坚持高标准、严要求、实打实,活动取得积极成果。开展了七个专题大讨论;开展送党课、政策课、法制课、农村实用技术课、卫生健康课"五堂课"下乡进村活动,累计送课508场次,听课人数2.3万人次;编印群众路线、"两个责任"、换届选举、《惠农便民政策一本通》等"口袋书"送发给全县党员干部群众。活动期间,各级各部门共征求意见2.4万条,梳理汇总后全部列入整改台账,逐一落实。提出《祁县之问》268条深刻剖析、认真整改。坚持边查边改,围绕"四风"突出问题开展28项专项整治,党风政风取得显著变化。各级各部门制定制度1452项,"用制度管权管人管事、按规矩办事处事成事"正在成为各级领导干部工作的新常态。

三、抓实"两个责任",保持党风廉政建设和反腐败工作高压态势

常委会突出强调"每名党员干部都是责任主体,每名党员干部都有监督职责"。

以高度的政治责任感落实党风廉政建设"两个责任"。完善落实"两个责任"实施意见,组织召开了全县党风廉政建设干部大会、警示教育大会、"两个责任"推进会和述职汇报会,对民主评议后五名单位进行了诫勉谈话,组织宣讲团深入各部门宣讲"两个责任",健全完善了责任考核和责任追究等18项制度,通过层层约谈提醒、签字背书、宣讲督促、传导压力,构建了"清单式明责、台账式管理、链条式传导、倒逼式追责"的责任落实体系。

惩防并举推进党风廉政建设和反腐败工作。县委大力支持纪委聚焦主责主业,清理精简纪委参与的议事协调机构86个,组建5个县直派驻机构联组和3个乡镇纪检机构联组,纪检组长不再分管所驻部门业务工作。对新选任的干部开展了集体廉政谈话和任前廉政知识测试。组织开展了"履职责、守纪律、转作风"等系列警示教育活动,5千多名公职人员做出公开承诺。

四、落实从严治党,全面加强党的建设

坚持刷新吏治,实现从严管理干部常态化。加强干部培训管理,规范领导干部从政行为,建立实施领导干部上讲台等制度,从严从细从常管理干部。树立凭实绩用干部的导向,严格"三件实事"考核干部机制,全年共选拔28名干部进入乡镇领导班子,选拔22名科级干部任县直部门和乡镇"一把手",58名年轻干部提拔为科级领导干部。

坚持固本强基,实现基层组织保障常态化。以第十届农村"两委"换届工作为契机,不断深化基层组织提升年活动。县委常委带队进驻3大"问题村"和9个软弱涣散党组织开展集中整顿。坚持"十种人"零当选要求,常委会班子成员带头联系重点、难点村,高质量推进村"两委"换届。开展基层党组织"五好七有"创星晋位活动。重点打造有村级活动场所、便民服务站点、红白理事场所、日间照料中心、文体活动场所、医疗服务场所和生活服务站点的七有村级阵地。建立基层党建工作专项经费制度。在全县党组织推行"十管十有十落实"工作机制。

五、全面深化改革,积极适应经济发展新常态

以项目建设助推转型升级,打造特色工业强县。全年共安排117个重点项目,50个省市重点项目累计完成投资43.7亿元;67个县重点项目累计完成投资约18.9亿元;投资500万元以上的工业技改项目达到20项,完成投资15.1亿元。出台《进一步扶持玻璃器皿产业发展若干意见》,安排500万元专项资金用于企业技改上项、开拓市场。美国营销中心实现销售800万美元。新设立茂业天地玻璃器皿专营店,国家玻检中心全部建成。统一企业集团饮品、方便面生产线项目,红星3万吨白酒项目进展良好。伊利集团年产21万吨液态奶项目试运行。昌源河国家湿地公园项目与财政部签署3000万欧元贷款协议。

大力发展"果、菜、牛",打造现代农业大县。以南同蒲铁路线为轴心,重点打造"南果北菜、园区养殖"产业格局。全年粮食总产22.51万吨,蔬菜总产52.3万吨,水果总产23万吨。果业发展势头强劲。创建5万亩国家级出口酥梨质量安全示范区,耀华果业气调库项目投入运营。畜牧强县建设加快。肉牛年出栏接近十万头大关,名列全省第一。奶牛存栏2.23万头,名列全市第一。畜牧养殖园区总数达到184个。一村一品专业村累计发展为137个,其中市级示范村18个。

加快城镇化建设步伐,打造生态宜居美县。积极推进"一轴两区四线"大县城建设。县城区实施了总投资28.8亿元的田森汇城市综合体、昭馀明珠、宜佳名都、阳光花园等重点项目,年度建设完成60万平方米。投资4.3亿元实施了城乡路网工程,城市框架逐步拉大,人均城市道路面积达9.38平方米。"省级卫生县城"通过检查验收;荣获"省级园林县城"称

号,省级生态文明村达到13个;国家生态文明建设试点示范县创建正式启动。

加强对全面深化改革领导,推进转型综改试验区建设。县委成立全面深化改革领导小组和6个专项小组,狠抓《全面深化改革加快建设美丽文明祁县的行动方案》落实,实施了"双二十"综改行动计划。稳步推进开发区创新体制机制改革,国家级小型水利工程管理体制改革机制试点县建设通过省级验收。我县先后被列入全国第二批农村改革试验区、省级转型综改试点县、全省首批低碳试点县、省级开发区创新体制机制试点、晋中市108廊带区域一体化发展示范区扩权强县试点县和综改试点县。

六、加强社会主义民主政治建设,推进法治祁县建设

坚持和完善人民代表大会制度。常委会大力支持县人大及其常委会依法行使职责。全年县人大共依法任免国家机关工作人员49人次,通过并任命人民陪审员35名。召开庆祝全国人民代表大会成立60周年暨地方人大设立常委会35周年大会。

坚持和完善中国共产党领导的多党合作和政治协商制度。出台《关于进一步加强新时期人民政协工作十条意见》。举行了庆祝人民政协成立65周年大会,制定实行县级党政领导干部与党外代表人士联谊交友制度,积极凝聚各方力量。成立了"华人华侨服务中心",启动"祁县统一战线百企大调研"活动。

推进法治祁县建设。探索实行法官助理制度,实行人民陪审员倍增计划,进一步维护当事人的合法权益。结合农村"两委"换届积极开展"正风护航"专项行动。县法院被评为全国法院文化建设示范单位,建立法律援助律师团和志愿者队伍。引深"十安联创",开展"一村一警"联系走访活动。

七、推进文化旅游名县建设,文化软实力不断提升

通过组织20次祁县大讲堂,对全县副科以上领导干部进行集中学习培训;开展"全民读书年"活动,把《之江新语》等十本书列为党员干部必读书目;评选"首届十大道德模范人物"等系列活动,在全社会凝聚起榜样示范正能量。组织开展"昭馀明珠杯"首届祁太秧歌大赛和民间剪纸大赛等活动;"文化大篷车"送戏下乡覆盖全县三分之一农村。深挖祁县历史文化名人资源。先后举办"王维故里行"全国名家书画邀请展、王维故里 -- 山西诗词协会祁县采风、王维诗作吟诵等系列活动。我县被山西诗词学会命名为"全省诗词之县"。

大力推进全国旅游目的地建设。乔家大院文化园区申报国家5A级旅游景区圆满成功,实现由景点到景区的综合提升,全年接待人数150万人次,门票收入实现5200多万元。谷恋村入选第六批国家历史文化名村。启动闫漫、河湾、东城、修善等乡村旅游。投资150万元建成晋中战役纪念馆。

八、切实保障和改善民生,促进社会和谐稳定

大力保障和改善民生。完善各类社会保障。创建省级创业型城市和农村劳动力转移示范县;成立东方购物中心创业孵化基地,城镇登记失业率控制在0.9%,转移农村劳动力3130人;为酥梨种植进行投保,发放农业救灾款360万元;开展城乡低保专项整顿,累计发放城乡低保金2500万元;完善教育经费投入保障机制,共计投入5100万元。构建完善"3+1"大调解格局,建立县、乡、村三级矛盾纠纷调解体系。

坚持党政同责,加强安全生产。出台《关于推进安全生产党政同责的实施办法》和《县委县政府领导安全生产监管职责》,启动古城消防安全工程,对全县8300余家企业进行安全生产普查摸底备案。全年各类安全生产事故和死亡人数分别下降37.25%和11.76%。

(郭俊生)

附:一、中共祁县县委书记、副书记、常委名单

书　记:吴文胜

副书记:张　鹏　侯文亮

常　委:郝昭仁　李郁明　李军荣(女)　闫锡忠　王　辉　冀得政

二、乡镇(城区、经济开发区)党(工)委书记名单

昭馀镇

书　记:李耀强(1月离职)　杨兆明(1月任职)

东观镇

书　记:杜惠敏

古县镇

书　记:贾玉川(1月离职)　薛瑞刚(1月任职)

城赵镇

书　记:崔　俊(1月离职)　王海旺(1月任职)

贾令镇

书　记:高子彪(1月离职)　刘晓峰(1月任职)

西六支乡

书　记:郭俊杰(1月离职)　赵宏海(1月任职)

峪口乡

书　记:梁安贵(1月离职)　王雪花(女,1月任职)

来远镇

书　记:王海旺(1月离职)　李志勇(1月任职)

昌源城区

书　记:薛瑞刚(1月离职)　张俊山(1月任职)

丹枫城区

书　记:温　豪

麓台城区

书　记:李增耀(1月离职)　赵永刚(1月任职)

经济开发区

书　记:杜惠敏(1月离职)　卢建华(1月任职)

中共平遥县委工作概况

县委书记　卫明喜

2014年全县基层党组织共有1004个，其中党(工)委41个，总支46个，支部917个；全县共有党员22780名，其中农村党员12193名，占53.5%；女党员3992名，占17.5%。建国前老党员142名。

一年来，平遥县委认真贯彻落实党的十八大和十八届三中、四中全会精神及中央、省委、市委一系列部署，团结带领全县各级党组织和广大党员干部群众，以习近平总书记系列重要讲话精神为根本遵循，以“平遥梦、黄金期”为目标引领，以“紧扣发展主题，贯穿改革主线，践行民生主旨，强化干部主体”为实践抓手，担起加强党建、领导经济、执政为民、凝心聚力、确保稳定的责任，推动全县经济社会各项事业取得成效。

一、从严管党治党，全面加强党的建设

县委充分发挥“一线指挥部”作用，落实“党建是最大政绩”要求，始终把确保全县工作的正确方向作为首要政治责任，加强学习，落实责任，带好队伍，总揽全局，从严管党治党，全面加强党的建设。

学习贯彻习近平总书记系列重要讲话精神，指导实践推动工作。县委始终把认真学习贯彻习近平总书记系列重要讲话精神作为一项重大政治任务。召开县委常委会、中心组学习会议专题学习，引导广大党员干部深学笃行习近平总书记关于从严治党、贯彻群众路线、转变工作作风、适应新常态等重要论述和战略判断。邀请专家举办领导干部专题培训班，深入基层干部群众讲党课、作宣讲，确保在思想上政治上行动上与中央、省委、市委保持高度一致，有效提高了班子成员的思想理论水平，进一步坚定了道路自信、理论自信、制度自信，为全县改革发展提供了强大的精神支撑。

开展群众路线和学习讨论落实活动，改进作风净化生态。在全县群众路线教育实践活动中，平遥作为省长联系点，坚持“照镜子、正衣冠、洗洗澡、治治病”的总要求，突出为民务实清廉的主题，自加压、站前列、求实效，压茬推进、梯次进行，坚持问题导向，坚持开门整风，全县602个参学单位扎实开展了群众路线教育实践活动。高质量召开民主、组织生活会，县委常委班子民主生活会经验在全省交流；围绕“四风”突出问题开展专项整治，扎实开展“回头看”，作风篱笆进一步扎紧；废止、修订、新建制度1306项，制度笼子进一步扎密；平遥“说吧”全省首创，受理各类诉求379件，处置372件，同时深入开展“四联系三深入”活动，打通了联系服务群众的“最后一公里”；开展“解决民生实事、化解信访积案”专项行动，40件民生类信访事项和疑难信访积案全部办结，主要做法在全省交流。深入推进学习讨论落实活动，明确了“一贯彻三塑立十落实、形成百项具体成果”的目标任务和具体要求。成立领导机构，派出12个督导组进行督导。举办全县主要领导干部专题研讨班，集中封闭三天授课和学习讨论。紧紧围绕省市要求和“十大问题”，县委常委班子率先深入开展反思剖析，深入联系点全程参加讨论，加强督导指导，带领基层各级把查找问题、剖析原因、整改落实贯穿始终，确保活动全覆盖、无死角、同频率。深入推进“三个高压态势”、打好“三个一批”组合拳、开展专项整治、贯彻“六权治本”、推动“六大发展”等重点工作，全县各级的学习讨论落实活动氛围不断浓郁，净化政治生态、实现弊革风清、重塑平遥形象、促进富民强县迈出坚实步伐。

全面加强基层组织建设，提升干部队伍凝聚力和战斗力。以农村“两委”换届和机关党建为切入点，把“九重点九推进”作为基层组织提升年的重要载体，不断夯实基层基础基本功。全年共调整干部5批91人，优秀公选正副科级后备干部得到重用，选派13名干部到乡镇挂职锻炼，进一步端正了选人用人导向。常态坚持基层党组织书记履行党建工作责任专项述职，首开年轻副科以上干部述职述廉先河，激励了干事创业导向。完成农村(社区)“领头雁”培训、县直机关党组织“十星双评”晋位升级活动等。加强乡镇班子建设，想方设法解决乡镇实际问题，中都等乡镇“两集中一改善”工作取得实效。全部完成农村“两委”换届工作，实现“十种人”零当选。2243名机关在职党员到社区报到，开展志愿活动。农村离任干部生活补贴待遇有所提高。一批后进村(社区)得到转化。活动场所建设持续推进。深入贯彻落实《中国共产党发展党员工作细则》，进一步提高发展党员质量。

以落实“两个责任”为抓手，深入推进党风廉政建设。县委以落实“一点两措施和十项工作”为具体抓手，全面落实党委主体责任和纪委监督责任，形成了责任落实全覆盖、惩处腐败有震动、监督管理重常态的党风廉政建设新局面。始终保持惩治腐败的高压态势，严肃查处贪污贿赂、失职渎职、破坏发展环境、侵害群众利益等违纪违法行为，全年共立案91件，结案75件，处分党员干部70人，特别是集中力量查办了卫生系统贪污贿赂窝案串案，形成较大震慑。开展“工作纪律涣散、纪律松弛”专项整治，实施“五严禁、三不准”，严禁国家机关工作人员参与打麻将赌博，狠刹婚丧事大操大办，对踩红线、闯雷区的人和事零容忍。全年立查违反“八项规定”案件95件，查处95人，党政纪处分15人，组织处理80人。

二、经济社会事业全面协调持续发展

经济发展实现逆势增长。面对经济增长趋缓的大环境考

验,强化党的领导,继续发挥五大综合协调组的作用,进一步创优发展环境。从主要指标来看,除公共财政预算收入外,其余6项主要指标均实现逆势增长,增幅均达到或高于全市平均水平。全年地区生产总值完成95.1亿元,增长8.2%;规模以上工业增加值完成29亿元,增长10.8%;固定资产投资完成86.1亿元,增长26%;社会消费品零售总额完成50.2亿元,增长12.8%;城镇和农村常住居民人均可支配收入预计分别完成23778元、9721元,分别增长9%和11%,基本在合理区间平稳运行,主要约束性指标在可控范围以内。

深化改革转型势头良好。把准改革方向,成立运行全面深化改革领导小组和各专项小组,出台方案和计划。贯彻"旅游改革九条",紧抓古城旅游进入高铁时代的契机和挑战,不断深化旅游管理体制创新。古城管委会职能进一步规范运行,出台新增参观点管理、旅游质量考核、古城景区(点)运营管理等。运用BT、BOT等现代融资模式,实施顺城路改造和双林、文景大道及大西高铁站前广场建设、热电联产集中供热等项目,缓解了财政资金压力。

狠抓项目助推产业发展。在财政收支矛盾日益突出的情况下,拿出5000万元真金白银,大力支持农业、工业、文化旅游产业发展和项目建设。全县69个重点项目进展顺利,5个省重点项目建设成效喜人,煤化、中科鸿基两名企业家入选"山西经济年度新锐人物"。三次产业比重达到15.5:36.3:48.2,产业结构日趋优化。实施30项农业重点工程,促进粮食总产、单产双创历史最好水平。实施20个工业转型项目,积蓄了发展后劲。正式公布为"全国旅游标准化示范县",AAAAA景区创建进入整改验收阶段。荣获"影响世界的中国文化旅游名城、中国自驾游年度短线古城镇类金奖"等殊荣,乡村旅游项目保持良好发展势头。全年的游客数量和综合收入均实现两位数增长。

切实维护社会大局稳定。县委始终坚持底线思维,把安全稳定摆在突出位置。以"平安平遥、法治平遥"建设为目标,开展大调解体系建设和法治文化苑建设,开展"一村(社区)一警"联系走访活动,被命名为全省首批"平安县"。以群众工作统揽信访工作,常态坚持四大班子领导接访制度,书记面对面点评、亲自上手,探索建立了与上对接、与下务实、适应基层的信访工作责任体系、运行体系、考核评价、评估预警体系,牢牢把握"事要解决"核心,千方百计解决了一批初信初访案件,化解了一批信访积案,维护了群众合法权益。严格落实"党政同责"要求,狠抓生产、交通、建设、护林防火等方方面面的安全,开展"查民居隐患、保古城安全"的古城消防安全地毯式排查,消除了各类火灾隐患,开展"打非治违"专项行动,安全生产形势持续平稳。

全力惠及民生促进和谐。县委始终把服务改善民生、增进群众福祉作为一切工作的出发点和落脚点,对民生实事"条条算数、项项兑现、件件落实"。按照"城市建设年"部署,相继实施总投资125亿元的城建项目70项。古城东翼的惠济河综合整治及惠济公园建设,古城西翼的双林文景大道建成、大西高铁平遥古城站运行以及双林新城建设,"一城两翼"建设取得突破。下重力实施环城地带南段综合整治和迎薰公园建设、顺城路改造、曙光路延伸和上东关街改造工程、热电联产集中供热、园林绿化等基础建设。成功创建省级园林县城,平遥古城景区被中央文明委公示为全国文明景区。完成教育、卫生医疗等县承诺的十件惠民实事。五大社会保障资金按时足额发放。实施基础设施建设项目58项,新改扩建乡村道路10条、72公里,方便了群众出行。大力实施乡村清洁工程,乡村生态面貌大幅改观。深入推进文化大平遥建设,继续成功举办平遥国际摄影大展和平遥中国年,电影《风雨日升昌》完成拍摄,与法国普罗万市实现互动宣传,《又见平遥》演艺再创新高。百姓点戏、政府买单,组成"文化大篷车",开展"进百村访万户"文化下乡活动,10万群众受惠。

大力加强民主法制建设。全力支持人大、政协依法行使职能、参政议政、建言献策,加强人大议案、政协提案办理,加大人大代表和政协委员视察、专题调研结果的整改运用,全面改进相关工作。继续加强党管武装、统一战线、民族宗教工作,支持民主党派、工商联、无党派人士和工会、妇联、共青团等人民团体开展工作,在团结各级各界中干事创业。

(王德锋)

附:一、中共平遥县委书记、副书记、常委名单

书　记:卫明喜

副书记:曹治胜　雷新平

常　委:韩　军　王金宝　张贵青(女)　张志宏
毕新荣　杨晓隆　巨维宏(3月任职)
刘晶朋(3月离职)

二、乡镇(街道)党(工)委书记名单

古陶镇

书　记:邓继杰

岳壁乡

书　记:郭锦全

南政乡

书　记:闫洪泽(10月离职)　郑仰兴(10月任职)

中都乡

书　记:刘向东

洪善镇

书　记:郑仰兴(10月离职)　刘国斌(10月任职)

襄垣乡

书　记:刘国斌(10月离职)　成美玲(女,10月任职)

朱坑乡

书　记:刘　雄

东泉镇

书　记:郝金福

孟山乡

书　记:裴　义(3月任职)

卜宜乡

书　记:左晓俊

段村镇

书　记：师新坚

宁固镇

书　记：李　文(10月离职)　乔增利(10月任职)

香乐乡

书　记：王忠华(10月离职)　闫昕潮(10月任职)

杜家庄乡

书　记：乔增利(10月离职)　王桂梅(女,10月任职)

城东街道

书　记：武凯山

城西街道

书　记：闫俊蕊(女)

古城街道

书　记：张灵明

中共介休市委工作概况

市委书记　王继堂

2014年,介休市共有基层党组织1094个；其中党(工)委38个、党总支89个、党支部967个。全市共有党员21710名。其中,妇女党员5010名，占党员总数的23.1%,35岁以下的党员4828名，占党员总数的22%，高中以上文化程度的党员13510名,占党员总数的62.2%。

一年来,在中央、省委、晋中市委的正确领导下,介休市委深入学习贯彻党的十八大、十八届三中、四中全会和习近平总书记系列重要讲话精神,坚决贯彻落实党中央对山西工作的重要指示要求,团结带领全市人民,切实加强政治、经济、文化、社会、生态文明和党的建设,围绕"两个率先"总目标,抓改革、促发展、惠民生、保稳定、强三基、转作风、反腐败、树形象,各项工作均取得新的成效。

一、认真学习贯彻习近平总书记系列重要讲话精神,牢牢把握正确方向

市委始终把学习贯彻习近平总书记系列重要讲话精神作为首要政治任务,通过召开常委会、中心组学习、专家授课、集中研读、交流研讨、自学等方式,有力地推动了学习贯彻。各级党组织同步跟进,紧贴介休实际贯彻落实,在真学真懂、真信真用上下功夫。在学习贯彻中,注重准确把握习近平总书记系列重要讲话的科学内涵、思想精髓、精神实质和实践要求,准确把握讲话中体现的为民情怀、反映的历史担当、阐述的科学方法,切实把习近平总书记系列重要讲话精神作为指导全市各项工作的行动纲领和基本遵循。通过学习贯彻,全市党员干部自觉运用习近平总书记系列重要讲话精神武装头脑,努力运用战略思维、辩证思维、法治思维、底线思维和创新思维,分析解决问题,谋划推动工作,提高了工作的科学性、创造性、主动性和针对性。

认真贯彻落实省委重大决策部署,积极开展以"学习贯彻习近平总书记系列重要讲话精神,净化政治生态、实现弊革风清,重塑介休形象、促进富民强市"为主题的学习讨论落实活动,制定市委《关于深入开展学习讨论落实活动的实施方案》,确定了统一思想、反思剖析、高压反腐、刷新吏治、作风建设、六权治本、改革发展等7方面29项任务,将形成91项具体成果。全市党员干部深刻认识面临腐败案件多发、"四风"顽疾难治、为官不为倾向严重、干部选用方面欠帐很多等突出问题,不能低估、不能轻视,深入剖析问题根源,切实把开展活动作为净化政治生态、实现弊革风清的有力举措,作为解决介休问题、加快介休发展的历史性机遇,牢牢抓在手上。目前,活动正在扎实有序开展,已完成29项具体成果,反思剖析报告已上报晋中市委活动办。

二、扎实开展党的群众路线教育实践活动,干部作风明显好转

市委按照中央、省市统一安排部署,以"为民务实清廉"为主题,按照"照镜子、正衣冠、洗洗澡、治治病"的总要求,从去年3月开始，组织全市121单位部门和1008个基层党组织，全体党员干部扎实开展了党的群众路线教育实践活动。活动中,市委始终坚持问题导向,聚焦"四风"狠抓整改,重拳整治作风顽疾,从文山会海、吃拿卡要、办事拖拉等习以为常的问题抓起,从公车私用、公款送礼、大操大办等见怪不怪的问题改起,对作风之弊、行为之垢出重拳、下猛药,来了一次大排查、大检修、大扫除,全市党员干部受到了一次深刻的思想警醒和精神洗礼,干部作风明显转变。全市各类会议、文件简报同比减少13%、22%。严格执行党政干部婚丧嫁娶事宜审批制度,各级干部礼金支出减少70%以上。各基层单位按照市委要求，纷纷结合实际开展婚庆改革,"一顿饭"、"一碗面"等形式受到广大群众欢迎。打通了服务群众的"最后一公里",一批涉及人民群众切身利益的突出问题得到解决,全市各级党员干部帮扶困难群众9800人次，为群众办好事办实事2400件。全市列入整改台账的3471个突出问题,已整改销号3266个,占94%。市委常委班子整改清单中21项任务,已完成20项，占95%。全市共废止各类制度138项、修订857项、新建788项,党员干部行为受到刚性约束,初步建立了既"治病"又"防病"的制度体系。

三、落实从严管党治党要求，党的建设得到全面加强

市委始终坚持党要管党、从严治党，切实履行管党治党责任，基层基础得到加强。一是规范干部选任工作。认真落实新修订的《党政领导干部选拔任用工作条例》，出台《介休市乡科级职务考察对象确定办法》，完善干部初始提名机制，规范乡科级职务考察对象产生过程。建立了《干部谈心谈话制度》，加强对干部日常了解考察，修订完善了年度综合考核办法，引导各级干部树立正确政绩观。按照习总书记“好干部”标准，坚持德才兼备、群众公认等原则，选拔任用干部。全年共选任干部4次，涉及32人，过程体现了程序规范，纪律严明，风清气正，人事调整做到了积极稳妥、客观公正，干部队伍建设得到进一步加强。二是从严管理干部。认真落实“八从严”要求，严格执行干部任前考察档案制度，有效防止干部“带病在岗”和“带病提拔”，落实干部选拔任用工作有关事项报告和“一报告两评议制度”，实行副科级以上干部个人事项报告制度，启动超职数配备干部消化计划，贯彻省委“三个一批”要求，落实“六项专项整治”，整治“吃空饷”人员7名，清理编外人员54名，清理规范机关事业单位借用人员193名，清理企业兼职任职干部41名。三是创新基层党组织建设。加强基层党建经费投入，确保全市党建经费全覆盖；大力实施后进转化，解决了一批影响农村稳定和发展的实际问题，年初确定的12个村全部实现了转后出列；以农村“两委”换届为契机，配强班子选好领头雁。严把“入口关”“选举关”“程序关”，坚决净化、优化“两委”班子。全市230个行政村全部完成“两委”换届工作，实现了“十种情况人员”零当选；全面落实乡镇“两集中一改善”，出台相关制度，解决乡镇干部“走读”问题，确保最基层群众无假日全天候能够找得到人、说得上话、办得了事；全面开展在职党员进社区活动，推进社区“生活、政务、健康、文体、平安”五个“10分钟服务圈”建设，使群众步行十分钟就能享受到基本的社区服务；市直机关开展“十点百岗”争创活动，提升为民便民效能；充分发挥党组织核心作用，打造党代表带领人大代表、政协委员“设施联建、服务联手、活动联搞”的工作格局，把联系服务群众的触角延伸到农村、社区。

四、强化“两个责任”落实，深入开展党风廉政建设和反腐败斗争

市委始终把党风廉政建设摆在重要位置，全力以赴打好党风廉政建设和反腐败斗争这场攻坚战持久战。一是“两个责任”落实有力。出台《关于落实党风廉政建设党委主体责任和纪委监督责任的实施意见》，建立清单式明责、台账式管理、链条式传导、倒逼式追责的责任体系和层层分解任务，层层传导压力的“签字背书”制度。坚决落实各级党组织党风廉政建设主体责任，强调各级党组织第一责任人的职责，始终坚持重要工作亲自部署，重大问题亲自过问，重点环节亲自协调，重要案件亲自督办。全市32个乡镇、街道及市直单位一把手就落实主体责任作出公开承诺。坚决支持纪委落实监督责任，推动“三转”工作，加强队伍建设，突出主责主业，加大惩治力度。组织督查组对全市“两个责任”落实情况进行了专项督查，下达督办通知书69份，约谈单位一把手6人，纪检书记4人，对17名科级干部因抓党风廉政建设不力进行了责任追究。二是注重加强党风廉政教育。组织市、乡、村三级干部到我市新建党风廉政警示教育基地接受教育，召开2次全市领导干部大会观看廉政教育片，分批组织党员干部600余人到晋中市预防职务犯罪警示教育基地接受教育，广大党员干部廉洁从政意识明显增强。出台《介休市干部任前教育暂行规定》，领导干部任前一律进行廉政法规测试并签订《廉政承诺书》，对党员干部的苗头性问题及时教育提醒，全年进行提醒谈话12人、诫勉谈话30人、任前廉政谈话23人。三是始终保持惩治腐败的高压态势。全年纪检监察机关共接到群众来信来访来电等各类举报422件（次）。初核案件线索130件，同比上升27.5%；立查案件108件，同比上升24%；处分违纪党员干部104人，同比上升18.2%；给予撤职以上重处分24人，占结案总数的22.8%，同比上升26%；移送司法机关5人，占案件总数的4.6%，同比上升25%。挽回经济损失1548.65万元。

五、主动适应经济发展新常态，市域经济稳中有增

市委直面经济下行压力不断加大的挑战，坚持稳中求进的主基调，在被动中求主动，在逆境中求发展。一是稳定经济增长。认真落实省煤炭“20条”、晋中市“10条”等扶持政策，积极引导煤炭企业增量提效，停止提取有关费用，减轻企业负担约2亿元。制定出台企业减负“9条”、健康发展“10条”、金融支持“10条”等措施，促进企业正常运行。适时召开各类专题会议，深入分析研究经济运行中遇到的突出问题，在应对各种困难的重要关口和节点，及时采取有力措施，帮助企业度过难关。全年地区生产总值和工业增加值分别完成140.1亿元和69.8亿元，同比增长5.4%和4.4%，扭转了第一季度负增长的局面。固定资产投资完成119.2亿元，同比增长19.2%，增幅高于全省5.2个百分点、晋中1.2个百分点；城镇居民可支配收入和农村居民可支配收入分别完成27525元和11180元，同比增长10%和13.5%，增幅均超全省、晋中水平；社会消费品零售总额完成77.1亿元，同比增长12.1%，增幅高于全省水平，与晋中市基本持平；公共财政收入完成12.26亿元，同比增长4.6%，增幅高于晋中近3个百分点，全省排名第15位，前移3位。全省22个扩权强县试点县排名第6位，前移2位。二是深入推进改革。成立了全面深化改革领导组和6个专项改革小组，统筹推动各项改革。城市管理相对集中行政处罚权试点工作扎实推进，建成“数字化”城管平台，被确定为全国62个我省唯一的国家新型城镇化综合试点城市；推行权力清单制度，实现行政审批“两集中、两到位”，建立三级政务体系，提高办事效率，事项即时办结率达到99.3%；引进兴业银行、银河证券，新组建2家小贷

公司，信用联社改制为农村商业银行，地方金融取得长足发展；深入实施城乡建设用地增减挂钩，新增建设用地299亩；大力鼓励和支持企业进行自主科研项目开发，安泰、博创、凌云等企业积极展开科研项目开发，迈上了科技创新的发展道路。三是推动产业转型。利用市场倒逼机制，以项目来提升传统产业，发展新兴产业。转型项目占到项目总数的83%，占到项目总投资的84%，新兴产业占到工业投资比重51%。现代农业发展势头良好，种植、养殖、加工、干果等四大产业走上规模型、创新型、技术型发展道路。文化旅游五张名片品牌效应大大提升，物流、金融等行业发展迅速，全年服务增加值完成51.8亿元，占GDP比重37%，比上年提高5个百分点。四是提升城镇化水平。百项百亿城镇化重点工程完成投资35亿元，城市承载能力进一步提升，服务功能进一步完善，对外形象进一步扩大。预计城镇化率提高1个百分点，达62.8%。五是注重生态文明建设。实施焦化精脱硫改造、农业源减排等污染减排项目34个，六项重要污染物全部完成减排任务。实施改善农村人居环境工程，乡村面貌发生了显著变化。实施小型农田水利重点县、兴地引水和汾河、龙凤河、樊王河等治理工程，水资源得到有效利用，水污染得到有效治理。

六、加快推进民主法治建设，广泛凝聚各方正能量

市委注重发挥统揽全局、协调各方的核心领导作用。认真执行民主集中制，严格执行常委会议事规则和决策程序，全年共召开常委会29次，集体讨论重大问题，研究部署重点工作，有效提升了决策质量和工作效率，增进了班子团结，凝聚了干事创业合力。加强和改善党对人大工作的领导，积极创造条件支持人大及其常委会依法履行职责和行使职权。全年市人大听取审议14个工作报告，并对各个报告进行了满意度测评，人大代表专项视察6次，集中调研8次，特别是对全市92项重点工程，全部进行了视察；坚持和完善中国共产党领导的多党合作和政治协商制度，充分发挥政治协商、民主监督和参政议政作用。出台《进一步加强新时期人民政协工作的意见》，全年市政协对36个执法执纪和职能部门进行了民主评议，政协委员专项视察2次；高度重视统一战线工作，进一步完善民主党派参政议政、民主监督、建言献策等合作共事机制。全面落实党的民族、宗教政策，进一步巩固和壮大最广泛的爱国统一战线。注重发挥工会、共青团、妇联等人民团体服务中心、服务大局的作用；加强党管武装工作，国防建设、民兵应急队伍建设等各项工作在晋中市名列前茅；深入学习贯彻党的十八届四中全会精神，研究制订法治介休建设《实施意见》，全力推进"六五"普法，继续推行政务公开、厂务公开、村务公开，保证人民群众依法行使民主权利。

七、加强宣传思想文化工作，营造良好的社会氛围

市委高度重视文化软实力建设，把文化建设作为实现介休在更高层次发展的一项战略举措来抓。强化互联网建设应用管理，成立市委网络安全和信息化领导小组，对网络舆情实施全面监控，确保网络媒体传导正能量。加强外宣力度，全年在晋中市级以上党报党刊刊发新闻报道320余篇。在中央财经频道《经济半小时》播出张兰古玩产业专题纪录片。拍摄《琉璃之城、精彩介休》旅游形象宣传片，介休的知名度和旅游形象得到进一步提升。圆满完成第二届道德模范人物评选活动，汾西矿业救护大队队长陈记生获得"中国好人"荣誉称号。举办"践行核心价值观、寻找最美家风"主题征文活动。筹拍公益微电影——《米粒的春天》，获得了晋中市"弘扬核心价值观"微电影大赛一等奖。新建介休博物馆开馆迎宾。龙凤南庄被确定为中国传统古村落，段家巷被命名为省级历史文化街区，与顺城街一并申报了国家级历史文化街区。《三晋窑火》《介休琉璃》等文化研究类典籍相继出版，古典文化评论书籍《漫议郭泰无愧碑》完成创作。

八、倾力保障和改善民生，人民群众满意度持续提升

市委始终把人民群众的利益作为一切工作的出发点和落脚点。兑现人民群众承诺。以创建全国卫生城市为载体，大力改善人居环境，提高市民生活质量，经过全市干部群众不懈努力，已通过全国卫生城市技术验收。扎实推进保障性住房建设，建成1523套，完成配租1207套。着力解决基本医疗资源短缺、群众看病难看病贵的问题，基本药物制度覆盖所有公立医院。不断优化教育资源配置，提高教育水平，通过全国义务教育基本均衡县验收。兜住民生底线，下大力气解决最困难群众的生产生活问题，养老金提标、特困帮扶、大病救助、就业等工作扎实推进。全面加强平安介休建设。积极构建市、乡、村三级调解工作体系，全年调解各类民间矛盾纠纷400余起。全面推行社会稳定评估机制，评估工作成为项目建设的刚性门槛。大力提升网格化三级平台管理水平，实现社会服务管理信息系统与数字城管、市长热线、天网工程等平台的有效衔接。创新社会治安防控体系，全年刑事案件、各类治安案件立案同比分别下降7.96%、19.46%。全力维护社会安全稳定。积极稳妥处置7·5案件，案件审理已顺利完成。高度重视信访稳定工作，全员上阵、齐抓共管，下大力气实施"60·60"信访积案大化解和"双百"专项活动，一大批群众反映强烈的热点难点问题得到解决。全年共发生进京非正常访44批86人次，同比分别下降38.9%和39%。发生赴省集体访16批220人次，同比分别下降59%和51%。积极推进安全生产党政同责试点工作，开展安全生产大检查、打非治违、"六打六治"等七项活动，全年生产经营事故起数、伤亡人数等主要控制指标均大幅下降，安全生产形势稳定向好。

一年来，尽管我们做了不少工作，但工作中还存在不少差距，主要是：党风廉政建设和反腐败斗争的形势不容乐观，"两个责任"落实有差距，不想腐、不能腐、不敢腐的长效机制远未形成；作风建设成效还不稳固，"四风"现象仍时有发生；经济下行压力较大，企业生产经营遇到前所未有的困难，经济结构不合理，发展方式粗放问题突出，稳增长、调结构、促

转型任务极为艰巨；城乡居民收入差距大，农民收入偏低，困难群众生活水平不高；社会稳定压力较大，信访量居高不下，保障民生、维护稳定任务繁重。对此，我们必须高度重视，采取更加有力的措施加以解决。

(李卫林)

附：一、中共介休市委书记、副书记、常委名单

书　记：王继堂

副书记：王怀民　张晋平(10月离职)

常　委：赵　宇　林全胜(3月离职)　张　鑫　苟富杰　张宝贵　寇建文　王宁照　李　宏(3月任职)

二、乡镇(街道)党(工)委书记名单

义安镇

书　记：乔洪治

张兰镇

书　记：刘冠英

连福镇

书　记：李克虎(5月离职)　侯建文(5月任职)

义棠镇

书　记：冀晓军

绵山镇

书　记：段燕瑞

龙凤镇

书　记：黄金山(11月免职)

洪山镇

书　记：韩彦青

宋古乡

书　记：侯建文(5月离职)　赵　辉(5月任职)

城关乡

书　记：杨东辉

三佳乡

书　记：马　军

北关街道

书　记：张俊龙

西南街道

书　记：董德红

西关街道

书　记：李守信

东南街道

书　记：朱明智

北坛街道

书　记：乔忠民

中共灵石县委工作概况

县委书记　段燕翔

灵石县共有基层党组织910个，其中党委27个，党总支56个，党支部827个。共有党员15717名。

2014年，在宏观经济增长总体放缓、国际国内错综复杂的经济形势下，面对全县经济转型、城乡统筹、民生改善等艰难繁重的任务，县委常委会深入贯彻党的十八大、十八届三中、四中全会和习近平总书记系列重要讲话精神，认真落实中央、省、市各项决策部署，团结带领全县广大干部群众，主动适应“新常态”，积极破解新问题，经济社会保持了健康平稳的发展势头。

一、深入学习贯彻习近平总书记系列重要讲话精神，加强理论武装，保持政治定力

常委会坚持把学习习近平总书记系列重要讲话精神作为首要政治任务。采取常委会议、中心组学习、举办专题研讨班等形式，及时学习传达习近平总书记重要讲话精神，在真学真懂、真信真用上下功夫。不仅学讲话，而且学作风，通过原汁原味学、创新方法学、结合实际学，深刻领会讲话的科学内涵、思想精髓、精神实质和实践要求，准确把握讲话中体现的为民情怀、反映的历史担当、阐发的科学方法，进一步提高了常委会分析解决问题、谋划推动工作的科学性、创造性和预见性，提高了全县党员干部运用习近平总书记重要讲话精神的自觉性、主动性和针对性。

认真贯彻落实中央《通报》精神和全省领导干部大会精神。全省领导干部大会后，县委常委会召开专题会议，学习讨论习近平总书记系列重要讲话、刘云山同志讲话和王儒林书记讲话。全县各乡镇、各部门、各单位和党员干部展开广泛讨论，把思想进一步统一到中央对山西工作的重要指示上来，统一到全省领导干部大会精神上来，在思想上、政治上、行动上与以习近平同志为总书记的党中央，与以王儒林书记为班长的省委保持高度一致。

结合灵石实际，深入开展学习讨论落实活动。围绕“深入学习贯彻习近平总书记系列重要讲话精神，净化政治生态，实现弊革风清，重塑灵石形象，促进富民强县”主题，制定县

委《关于深入开展学习讨论落实活动的实施方案》,确定了统一思想、反思剖析、高压反腐、刷新吏治、作风建设、规范权力、净化社风、深化改革等8方面、30项任务,最后要形成100项具体成果。去年12月12日召开了全县动员大会。成立了领导机构,派出了13个督导组对各单位活动开展情况进行全程督导。举办了为期三天的科级领导干部专题研讨班,县委中心组带头进行了集中封闭学习、反思剖析,目前全县学习讨论落实活动推进扎实有序。

二、深入推动党的群众路线教育实践活动,持续巩固和扩大作风建设成果

按照中央、省、市部署,在市委第六督导组的指导下,严格按照"照镜子、正衣冠、洗洗澡、治治病"的总要求,突出问题导向,坚持开门整风。从3月份开始,在全县824个基层党组织、14740名党员中扎实开展了党的群众路线教育实践活动。

在活动中,县委常委会坚持从自身做起,带头学习、带头讲党课、带头查找问题、带头整改落实。县级领导全部建立活动联系点,全程指导把关,为基层活动单位作出了示范。特别是县委常委班子以上率下,突出整风精神,召开了高质量的民主生活会。各常委紧扣"四风"问题,开门见山,直面问题,做到了自我批评敢"开刀",相互批评真"开炮",对症下药开出整改的方子,提出相互批评意见176条。全县各级党组织和广大党员干部积极响应,创造出了"两解剖两延伸"、"三改促发展"、"五访五问"等一大批鲜活经验。我县"两不误、两促进"的做法得到中央第八巡回督导组和省、市活动办的充分肯定。

带头推进作风转变,依托"解民忧、办实事"、领导干部包村增收、"千名干部进百村入万户"等载体,充分发挥党代表工作室平台作用,为群众办实事解难事657件。以"三严三实"为标准,选树8名正面典型,用身边的事教育身边的人。集中开展了29项专项整治,全县会议、文件同比减少8.3%、46.2%,全面清理了超标超配公车、超标办公用房,"三公"经费压缩了29.5%,坚决整治了"吃空饷"、"收红包"等问题。共查处违反中央八项规定精神的案件和问题11件,给予党纪政纪处分14人。

切实解决联系服务群众"最后一公里"问题。出台了治理乡镇干部"走读"的管理办法,开展了"两集中一改善"服务型乡镇建设,投资200余万元改善乡镇干部生活居住环境。积极推动服务部门擦窗口、提效能,完成了县政务中心"两集中两到位"改革,完善了县乡村三级政务服务体系。执行在职党员到社区报到制度。严格落实县四套班子领导公开接访制度、信访联席会议制度,探索开展重点信访案件调解、评议听证,加大了信访局干部提拔交流力度,树立了鲜明导向。主动回应群众关切,县财政投入3110万元实施了317项"微民生"工程。

针对党员领导干部联系服务群众、加强基层服务型党组织建设、推进作风转变等,形成了一批制度成果。全县共健全完善制度30项。

三、主动把握和积极适应经济发展新常态,奋力开创改革发展新局面

稳定经济增长。严格落实煤焦企业减负政策,在市场开拓、融资、技术改造等方面出台了一揽子政策措施,帮助涉煤企业保运转、渡难关。全年共生产原煤2091万吨。"六位一体"推进重大项目建设,固定资产投资完成158.4亿元,增长19.1%。全年生产总值完成180.3亿元,同比增长6.2%;规模以上工业增加值完成113.1亿元,增长5.5%;公共财政预算收入完成13.6亿元,下降14.3%;城镇常住居民人均可支配收入完成30295元,增长9.5%;农村常住居民人均可支配收入完成13283元,增长11.5%。

加快产业转型步伐。加快煤矿提升改造,累计完成投资115.9亿元,生产矿井增至20座,7座进入联合试运转。狠抓转型项目,非煤项目投资额占固定资产投资比重提高10个百分点。聚义煤矸石制纤维、亨泰荣和金属压铸件、北斗导航智慧应用云计算等转型项目有序推进,工业新型产业投资比重达到32.3%。积极推进三次产业协调发展,石膏山、红崖峡谷两个景区通过国家4A级景区验收,静升古镇王家大院5A级景区创建正式启动,引进少林寺合作开发资寿寺文化产业项目,崇宁堡温泉假日酒店投入运营。

加快农业现代化。着力推进农业项目规模化,实施总投资为2.13亿元的涉农项目5个,申报农产品加工"513"工程企业6个,龙头企业销售收入2.8亿元。狠抓"一村一品"、"一县一业",高标准打造13个高质量的核桃高产园区,县财政投资69万元为1.06万亩盛果期核桃林入保,为农民挽回损失168.2万元。发展省级"一村一品"专业村15个,以试点带动发展庄园经济5个。大力发展设施蔬菜,新建设施蔬菜1272亩。畜牧产业推进有力,4家企业获得市级畜牧龙头企业称号,5家企业通过无公害产地产品认证。农民增收明白卡行政村、农户覆盖率达到两个百分之百。

推进县域城镇化。紧抓采煤沉陷区治理试点机遇,启动21个村、7000余人的搬迁工作。城建重点工程完成投资43.4亿元。新建热源厂投入运行,迎宾街下穿南同蒲铁路改造等工程顺利完工。推行城乡精细化管理,完善数字化城管系统,投资3000万元高标准实施城乡清洁工程,在半年督查考评中位列全市第一。城乡一体化建设加快,两渡220千伏变电站、天然气管网等工程快速推进。

推进城乡生态化。万元GDP能耗下降3.47个百分点,工业固体废弃物综合利用率为78%。全县化学需氧量、二氧化硫、氨氮、氮氧化物、烟尘、工业粉尘排放量减排幅度均完成目标任务。实现全县细颗粒物(PM2.5)监测全覆盖。全年完成造林5.85万亩,完成率和合格率均为100%,林木绿化率达到60%,获得"山西省林业六大工程建设先进县"称号。

全面深化改革创新。成立了领导组和6个专项改革小组,细化2014年度工作计划,探索改革工作考核机制。科学运作城镇化建设基金,为17个项目融资6.22亿元;县政府

与县建行联合开展"助保贷"业务，为5户中小企业发放贷款2200万元。农村土地承包经营权确权登记试点工作基本完成，第三轮城乡建设用地增减挂钩项目启动。顺利完成煤销体制改革任务，结合驻企治超妥善安置煤销公司652人。启动了14个村的"村改居"，城镇化进一步推进。研究制定了加快推进核桃产业发展的意见和实施办法。创新公共服务供给模式，采用PPP模式新建了城区热源厂。完成了政府机构改革。充分运用扩权强县政策，办结项目1171项，涉及金额253.19亿元。

四、推进社会主义民主政治建设，不断加强"法治灵石"建设

坚持和完善人民代表大会制度。支持人大围绕全县中心工作依法履行职责，综合运用听取审议报告、专题调研、执法检查、满意度测评等形式对"一府两院"工作进行监督。坚持党管干部和人大依法任免的统一，改进人事任免工作，强化对干部任后监督。加强和改进代表工作，健全了代表履职情况登记制度、面对面走访代表制度、代表信件直通车制度，加强人大代表建议办理，代表工作机制进一步完善，代表主体作用进一步发挥。

坚持和完善中国共产党领导的多党合作和政治协商制度。不断推进协商民主建设，充实完善乡镇政协工委力量，积极开展体制机制创新和实践探索。加强和改进政协提案、委员视察等工作，支持县政协及其专门委员会围绕核桃产业发展、产业转型、城镇化建设进程中的社会管理等重大问题进行专题调研，并充分吸收采纳专题调研成果。推进统战部、工商联、侨联、宗教局、对台办合署办公，构建统战工作大格局。坚持重大事项向党外人士通报制度，加强经济统战工作，强化党外代表人士队伍建设，统一战线作用得到充分发挥。

加快推进依法治县和民主政治建设。政府部门法律顾问实现全覆盖。创建省级依法治理示范单位1个、市级依法治理标兵单位3个，市级依法治理示范单位13个，提前完成了"六五"普法规划要求的创建任务。工会、共青团、妇联等群团组织桥梁纽带作用得到较好发挥。坚持党管武装原则，积极为驻地部队办实事。人武部指挥中心、训练基地项目基本完工，军民融合式发展、双拥共建水平进一步提高。

五、加强宣传思想文化工作，营造良好社会氛围

强化思想理论武装。以县委中心组学习、组织集中学习活动为抓手，扎实推进理论武装，全年共组织中心组成员及全县科级干部集中学习15次。加强思想道德建设。培育和践行社会主义核心价值观，积极参加省、市道德模范推荐工作，郭志军获得"山西省道德模范"提名，续连爱获得"感动晋中十大道德模范"提名。加强精神文明建设。以创建省级文明和谐城市为抓手，扎实推进文明县城和文明村镇创建工作。未成年人思想道德建设得到进一步加强。加强舆论引导工程。大力宣传落实党风廉政建设"两个责任"、改革发展和民生改善的新进展、新亮点。加强新媒体建设。以"灵石发布"为代表的政务微博集群涵盖全县各乡镇、各城区、各部门。成立了网络安全和信息化领导小组，加大对属地官网的管理力度和网络谣言的打击力度。加强对外宣传。在大西高铁开通"灵石号"旅游专列，与中央电视台、中国经济网等主流媒体合作拍摄了一系列宣传灵石的好作品，依托政务微博、微信开设"大美灵石"专栏，全面提升灵石对外影响力。实施文化繁荣工程。组织开展了"六个文化建设"活动。县财政设立文化产业发展扶持资金，实施重点文化产业项目10个，完成投资2.97亿元。成功举办第二届中国灵石国际版画双年展暨灵石县第五届文化旅游月系列活动。晋剧《大禹治水》荣获第十四届山西省"杏花奖"。

六、切实保障和改善民生，维护社会和谐稳定

面对经济下行压力，县委常委会坚持把保障和改善民生作为"一号工程"，在财力投放、工作部署上优先倾斜，县财政民生支出12.6亿元，占到全县公共财政预算支出的61.6%。扎实做好就业和社会保障工作。出台了促进就业"八条"措施，城镇新增就业2623人，安置下岗失业人员703人，困难人员再就业130人，转移农村劳动力3881人，创业带动就业895人。城镇基本医疗保险参保率98.9%，新农合参合率99.9%。集中办好事关群众切身利益的具体实事。省政府农村"五件实事"和县政府"十件实事"全部完成。实行全县60岁以上老人和残疾人免费乘坐城市公交。开工保障性住房1192套，其中公共租赁住房156套、棚户区1036套，发放廉租住房租赁补贴382户。实行工资保证金制度，开展拖欠农民工工资专项整治，切实维护和保障农民工的劳动报酬权益。大力发展社会事业。创建全国义务教育发展基本均衡县顺利通过国家督导认定组评估验收。24所学校操场塑胶硬化工程完工并投入使用，投资2000万元用于校舍建设和设施设备配套。投入980万元推动县级公立医院回归公益性。基本完成涉及760余人的乡镇卫生院人事制度改革，全面推行岗位聘用制，并妥善安置166名乡镇卫生院分流人员。

切实抓好安全生产。坚守安全底线，全面实行党政同责，调整充实了安委会成员单位，认真开展安全大检查和重点行业专项整治行动，强化隐患排查治理，安全形势稳定好转。举办安全生产"三责"教育培训班83期，培训3272人。全年安全生产事故起数和死亡人数同比分别下降25.4%和17.2%。

全力维护社会稳定。继续实施"六六创安"工程，深入推进平安灵石建设。积极开展打黑除恶专项行动，依法打击"两抢一盗"、电信诈骗等各种违法犯罪活动。不断创新调解模式，设立全省首个道路交通事故法庭。县、乡、村三级共建立各类调解组织347个。组建了600余人的社区平安志愿者队伍，有效保障了人民群众安居乐业。坚持以群众工作统揽信访工作，抓小抓早抓初始，全年共发生进京非正常上访8人次，同比下降84%，排名全市第二；发生赴省集体访7批94人次，同比批次下降80%、人次下降85%。

七、落实从严管党治党要求，全面加强党的建设

从严落实党风廉政建设“两个责任”。出台了《关于落实党风廉政建设党委主体责任和纪委监督责任的实施意见》《灵石县贯彻落实 < 建立健全惩治和预防腐败体系 2013—2017 年工作规划 > 的实施意见》和《2014 年全县党风廉政建设和反腐倡廉工作任务责任分解意见》等，有效强化了党委和纪委的责任意识。建立了“清单式明责、台账化管理、链条式传导、倒逼式追责”的责任体系和层层分解任务、层层传导压力的“签字背书”制度。支持纪委回归主业，推动“三转”工作，对县纪委监察局参与的议事协调机构进行清理调整，保留或继续参与 12 个，取消或退出 68 个，精简 85%。派驻纪检组长不再分管业务工作。在全市率先研究制定了《深入推进“六权治本”强化权力监督实施意见》，基本完成了确权、授权工作。加大案件查办力度，全年县纪检监察机关共立查案件 107 件，同比上升 32.1%，结案 107 件，同比上升 33.8%，处分违纪党员干部 107 人，同比上升 33.8%，撤职以上重处分 25 人，移送司法机关 7 人，挽回经济损失 200 万元。

从严教育管理干部。按照德才兼备、以德为先、以廉为基和重基层、重实干的思路，完善干部选拔任用机制，努力打造高素质的党员干部队伍。县委全年共调整干部 59 人次。实施年轻干部成长工程，下派 5 名干部挂职村党组织“第一书记”，遴选 4 名干部到市直单位挂职、选派 122 名干部到项目一线和信访部门锻炼。加强干部监督管理，完成省级“干部日常管理监督示范县”创建。健全“一把手”监督管理制度，规范县、乡党委的议事和决策程序。对党员管理实行严进宽出、提纯提质，完善发展党员“三推三审三票决三公示”制度，探索民主评议党员处置不合格党员办法。在全市率先开展党外代表人士综合评价工作，进一步加强和规范了党外干部的管理。

深入开展“基层组织提升年”活动。推进基层组织建设集成升级，加快建设基层服务型党组织。强力整顿软弱涣散基层党组织，出台治理“走读”办法，规范乡镇干部管理，县级领导包点抓后进基层党组织整顿，调整党组织书记 3 个，16 个党组织全部实现转化升级。创新开展“组织前移，党员亮相”活动，组建井口党支部、车间党支部、窗口党支部 35 个，基本实现了管理和活动全覆盖。加大基层党建保障力度，建立“三定期、一倾斜”的书记抓党建工作机制，投入党建经费 768.5 万元。圆满完成了农村“两委”换届。

八、高度重视常委会自身建设，不断提高总揽全局能力

坚定政治立场。面对今年严峻复杂繁重的形势任务，特别是中央对省委班子作出重大调整以来，县委常委会始终保持政治上的清醒和坚定，坚决拥护中央决定，坚决贯彻中央对山西工作的重要指示要求，坚决落实刘云山同志和王儒林书记重要讲话精神，始终在思想上政治上行动上与党中央、省委、市委保持高度一致。

坚决改进作风。以教育实践活动为契机，认真贯彻中央八项规定精神和省委、市委、县委实施办法，自觉学习弘扬焦裕禄精神，践行“三严三实”，坚决整治“四风”突出问题，大幅精简文件会议，深入开展调查研究，健全联系服务群众长效机制，发扬艰苦奋斗优良传统，在作风建设上率先垂范，带动了全县干部作风改进。

坚持民主集中制。严格执行常委会议事规则和决策程序，按照集体领导、民主集中、个别酝酿、会议决定原则，共召开 22 次常委会，集体讨论重大问题，研究部署重点工作。主动运用批评和自我批评武器，开展积极健康的思想斗争，提高党内生活质量。严格执行干部选用标准、程序和纪律，公道正派选贤任能。增进班子团结，带动和促进了全县干部队伍的团结。

（刘志刚）

附：一、中共灵石县委书记、副书记、常委名单

书　记：段燕翔

副书记：刘　璇　岳　泰

常　委：刘北亚(12 月离职)　王世强　卫虎周　张李虎　郭玉锁　成建英　吴学意

二、乡镇党委书记名单

翠峰镇

书　记：靳亚龙

静升镇

书　记：李文亮(2 月离职)　赵林旺(2 月任职)

南关镇

书　记：赵贞平(2 月离职)　弓建勇(2 月任职)

两渡镇

书　记：弓建勇(2 月离职)　李文亮(2 月任职)

段纯镇

书　记：苏晋华

夏门镇

书　记：温耀勤

马和乡

书　记：梁　诚

英武乡

书　记：张金亮

坛镇乡

书　记：陶长义

交口乡

书　记：王　轩

梁家焉乡

书　记：赵林旺(2 月离职)　温德伟(2 月任职)

王禹乡

书　记：赵　裕(女)

中共榆社县委工作概况

县委书记 梁潞阳

2014年全县共有基层党组织538个，基层党委19个，党总支16个，党支部503个，全县党员11213名，其中农村党员6238名。

一年来，在省、市各级部门的正确领导下，县委政府领导班子领导全县党员干部认真贯彻落实中央、省、市各项决策部署，认真学习党的十八届八中全会精神，深入开展党的群众路线教育实践活动，认真落实中央“八项规定和狠抓四风”为重点，反腐倡廉，以“为民、务实、清廉”为主题，牢牢把握改革创新，深入实施“农业富县、工业强县、商贸活县、科技兴县”四大战略，着力稳增长、促改革、调结构、惠民生、保平安，推动了榆社经济发展新跨越，开创了榆社工作新局面。

经济社会各项事业全面协调、健康发展。

全县地区生产总值完成25.1亿元，同比增长3.8%；规模以上工业增加值完成9.6亿元，同比增长1.2%；公共财政收入完成2.08亿元，同比增长21.4%；固定资产投资完成12.4亿元，同比增长25.5%；社会消费品零售总额完成10.4亿元，同比增长13.1%；城镇常住居民人均可支配收入完成17836元，同比增长7.9%；农村常住居民人均可支配收入完成4171元，同比增长10%。其中公共财政收入、固定资产投资、社会消费品零售总额三项指标增幅超晋中市平均水平。

重点项目“六位一体”任务全面完成。项目投产完成4.53亿元，完成率113.13%，居晋中市第一，本年全县共安排市级重点工程22项，总投资15.1亿元，县级重点工程23项，总投资13亿元。全年工程总投资28.1亿元，是前所未有的。市、县重点工程45项，全部开工建设，顺利完成年度建设任务。

农业：认真贯彻惠农政策，现代农业加速发展，着力推动特色主导产业，“1311”工程的进展，全年新增设施蔬菜5043亩，总量达到1.3万亩，新增核桃经济林5000亩，累计达到11.5万亩，新增笨鸡54.3万只，年饲养量达到250万只以上，笨鸡覆盖9个乡镇200余个村，小杂粮种植面积达8.5万亩。全县种植药材5000余亩，发展双孢菇7.2万平方米，培育综合产业园25个。粮食产量7500万公斤，创历史新高，以社城、西马、箕城、郝北、云竹为重点，形成了牛羊育肥生猪繁育基地。

工业：经济运行平稳，转型步伐加快。华能电厂脱离脱硝技改顺利完成，榆化公司精四化工项目投产运营，广生公司100亿粒植物胶囊项目新增8条生产线开始试产，天生公司6000吨中成药技改项目进入设备调试阶段。阿胶、五福小杂粮加工等项目投产达效。第三产业全面提速，云竹湖开发，环湖路一期工程竣工通车，垂钓中心、旅游文化中心、土林公园主体完工，成功举办第八届云竹湖休闲旅游垂钓节、第六届云竹湖全国山地自行车赛等，实现旅游收入3.65亿元，同比增长26%。

城建教育、民生事业各项工作持续发展

全力实施城乡安居工程，新建、续建各类保障性住房1486套，改造农村危房3099户，全年投资1.2亿元新建改造农村道路10条，总里程60公里，创历史之最。平榆高速鱼头出口——前庄公路竣工通车。顺利通过了全国义务教育发展基本均衡县通过国家级验收，高考二本以上达线808人，再创历史新高，万人达线率和应届生备案达线率均居全市第一。申报国家专利41项，授权15项。人口自然增长率控制在4.56‰，顺利通过省级计划生育优质服务县创建验收。新增城镇就业1707人，下岗失业再就业270人，转移农村劳动力2112人，发放各类救助资金4202.65万元，新建65所村卫生室、城区卫生服务中心，全面加强社会管理综合治理，社会治安和谐稳定。

一、开展党的群众路线教育活动，党建工作迈上新台阶

全县党员干部紧紧围绕“为民、务实、清廉”主题，按照“照镜子、正衣冠、洗洗澡、治治病”的要求，做到高起点开局、高标准开工、高质量推进。为民服务办实事，组织全县党员干部认真学习习近平总书记系列讲话和省规定的必读篇目，利用红色资源警示教育基地等，组织党员干部开展革命传统教育，同时，县委党委科级单位一把手深入农村调研，“解民忧，办实事”，田间地头，到施工现场，走访群众，亲自上台讲党课，为群众办实事好事1200件。

同时针对“四风”突出问题，先后开展文山会海、“三公”经费涉法涉诉、教育医疗卫生方面损害群众利益行为等28个专项整治。对全县上下庸懒散拖、公车私用、迎来送往、大吃大喝、大操大办等进行整治。减少各类领导议事协调机构14个，清退违规车辆12辆，腾退办公超标面积1844.63平方米，“三公”经费压缩50.7%，和群众办事难、乱收费、企业兼职“吃空饷”等问题。

23名县四大班子领导干部每人包1件重点综治案件，责任到人，全力化解，出台了《完善党员干部直接联系服务群众制度》《领导干部接待群众信访制度》等。

同时按照“三分拆、三严格”党员教育管理制度，培训入党积极分子79名，发展党员170名，处理不合格党员11名，对9291名党员进行民主评议，评定为好党员6223名，一般3068名。白卫平推选为全省最美乡镇干部；郭晋刚、张贵如

被评为晋中市“焦裕禄式的好党员”。60名大学生村官采取村官加能人、村官加基地等形式,创建42个专业合作社,为当地农民提供就业岗位460个,辐射带动18150户农民走上致富路。

二、提高领导干部素质,开创工作新局面

制定出台了《关于提升干部队伍能力素质意见》,大力培训干部,围绕习近平总书记讲话和十八大精神等举办7期培训科级干部600余名。

出台了《榆社县关于推行领导干部讲台制度》。加强了年轻干部的选拔工作,通过省组织部联考,招录公务员8名,县乡事业单位工作岗位缺编,完成专干招聘50名。通过开展教育活动,干部守时,尽职、勤奋、敬业务实、廉洁形象,进一步形成了谋事、干事的工作氛围。

三、加强党员干部廉政教育,狠抓责任追究逐步深化

纪检监察机关全力打造“点、线、面”,反腐倡廉教育新模式,以示范点,狠抓各个领域,关键岗位廉政教育等多条线,带动了全县这个面,在全国劳动模范张志全家乡建立了张志全纪念馆,党员干部受教育人数3000余人。在化石博物馆设立了红色展厅、烈士陵园、革命烈士马定夫故居4个廉政教育基地。法院、土地局等设立廉政文化示范点7个,警示教育、廉政主题演讲9场(次),对新任78名副科级以上干部进行廉政谈话。同时利用电视台、《新榆社》报开展两个“责任”访谈,充分利用刊物《清风榆社》教科宣传廉政建设,县委出台了《关于落实党风廉政建设党委主题责任和纪检监督责任的实施办法(试行)》、县纪委出台了《落实纪检监督机关、落实党风廉政建设监督责任实施细则》,全县干部党风廉政建设中,落实“八项规定”、加强纪律建设等,全县共签定主体责任书579份、监督责任书40份,同时领导干部定期述职述廉,实行纪委谈话制度、作风监督检查制度,案件线索统一管理,分析研制和分析案件查办制度等,转变了工作作风,以实际行动践行了“三严三实”,逐步形成了用制度规范行政行为,按制度办事,用制度管人的长效机制,营造了勤政廉洁的工作氛围。

(常彩萍)

附:一、中共榆社县委书记、副书记、常委名单

书　记:梁潞阳

副书记:贾尚明　许利伟

常　委:刘艳萍(女)　郭晓红　高榆红　郭志平　卢永红　赵凌中

二、乡镇、城管委党委书记名单

箕城镇

书　记:田志银

云竹镇

书　记:贾旭峰

郝北镇

书　记:徐奋江

社城镇

书　记:白建勋

河峪乡

书　记:张建军

西马乡

书　记:马　俊

北寨乡

书　记:闫跃文

兰峪乡

书　记:田　飞

讲堂乡

书　记:贾永胜

城管委

书　记:李天亮

中共左权县委工作概况

县委书记　王　兵

2014年左权县委深入贯彻落实党的十八大和十八届三中、四中全会精神,团结带领全县人民积极作为,攻坚克难,特别是在省委提出“六权治本”、“六大发展”等新的战略部署后,积极适应经济发展新常态,全面深化改革创新,全县各项工作都取得了良好成效。

一、深入学习贯彻习近平总书记系列重要讲话精神,与党中央、省委、市委保持高度一致

县委班子坚持把学习贯彻习近平总书记系列重要讲话精神作为首要政治任务,在真学真懂、真信真抓、真改真用上下功夫,始终做到在思想上、政治上、行动上与党中央、省委、市委保持高度一致。

首先,从县委中心组做起,在全县倡导形成良好学风。在每月组织的两次县委中心组学习会议上,县委班子成员全面系统地学习了习近平总书记关于作风建设、惩治腐败、党的群众路线教育实践活动等一系列重要讲话精神,深刻领会习近平总书记提出的新观点、新思想、新要求,不断提高班子成

员分析解决问题、谋划推动工作的能力和水平，引导全县掀起了学习贯彻习近平总书记系列重要讲话精神热潮。

其次，紧抓政治理论学习这个核心，努力做到真学、勤学、深学。以习近平总书记系列重要讲话和十八大以来中央、省、市有关精神为核心内容，班子成员积极参加专题研讨班，坚持每天读书自学，原汁原味学，认真学习原著，潜心领悟精髓，努力做到学深学透、入脑入心。

第三、注重学以致用、用以促学，不断提高实际工作能力。县委班子注重把理论与实践联系起来，努力用习近平总书记的讲话精神来指导我县城镇化建设、作风建设、选人用人等具体工作，不断提高解决实际问题的能力，推进县域经济转型跨越发展。

二、积极适应经济发展新常态，加快推动经济社会发展

2014 年，面对宏观经济形势低迷的困境，左权县委牢牢盯住老区崛起目标，坚持抓好"五个重点建设"不动摇，推动全县经济社会各项工作在逆境中稳步上扬。全年地区生产总值完成 40.8 亿元、增长 8.1%；规模以上工业增加值完成 14.3 亿元、增长 10.3%；固定资产投资完成 80.1 亿元、增长 4%；社会消费品零售总额完成 12.3 亿元、增长 13%；公共财政收入完成 5.4 亿元、增长 23%；城镇居民人均可支配收入完成 21517 元、增长 10%；农民人均现金收入完成 4180 元、增长 13%。

(一)加快建设能源工业强区，工业转型势头强劲。推动煤铁产业升级，出台县"煤炭 12 条"、"非煤 11 条"，为煤炭企业减免费用 1 亿多元，汾西瑞泰正珠已进入联合试运转，潞安阜生、佳瑞正在等待批复，协调解决了 5 座铁矿企业探矿、3 座铁矿增扩资源等问题。全力培育新型产业，赞扬煤层气分离液化试生产，扬德石港瓦斯发电厂并网发电，金隅水泥公司以尾砂代替石英石为配料生产水泥项目投产，中豪镍业"年处理 30 万吨红土镍矿"生产线及水、电、路等配套设施全部建成。全县经济结构更趋优化，煤与非煤产值比约为 1∶2.2，经济对煤炭的依赖度由 75%下降至 30%左右。

(二)加快建设核桃产业大县，农业产业稳定向好。一是四大主导产业扩规增效。按照东南核桃、中北杂粮、沿河蔬菜、西部养殖的产业布局，新发展杂粮 4000 亩、莲莱 3220 亩，新增规模养殖场 20 个，生态牧场 10 个、核桃 20000 亩，全县核桃面积达 33.8 万亩，人均 2.1 亩，全年核桃总产量达 750 万公斤。二是农产品加工企业蓬勃发展。晋煤集团上马核桃深加工项目，"妈妈传"农产品深加工项目、鲜森葡萄庄园 210 吨冰葡萄酒生产线、清香钰莲莱加工项目已投产，潞安集团瑞福莱年产 1 万吨生态醋项目正在调试，潞安 3000 亩油用牡丹项目已种植 1152 亩。三是新型经营主体活力增强。新发展生态庄园 7 处，累计 254 个；新发展专业合作社 46 个，累计 713 个。四是"土地银行"运行良好。在全省首家成立"土地银行"，开展土地收益保证贷款试点工作，规范土地流转行为，共流转土地 10000 余亩，其中耕地 3150 亩、"四荒地 "6850 余亩。

(三)加快建设山水宜居名城，城乡建设提速提质。一是优化城乡路网。启动交通三年提升计划，国道 207 线破损路面整修工程和示范西路建设工程已完工，省道 319 左权过境段改线已开工，阳黎高速左权连接线可研报告已批复，环评已通过。二是完善县域基础设施。工矿机电交易中心主体完工，沙河综合治理工程全部完工，档案馆(图书馆)、社会福利综合服务中心、宏远城市综合体等工程有序推进。三是加快" 双城联创"。创建国家园林县城，43 个单位绿化工作已完成，6 个小游园建设已铺开，完成各类绿化 11.3 万平方米；创建省级环保模范县城，33 项创模指标已有 28 项达标，工业大气污染综合治理水平达到国家标准。

(四)加快建设特色旅游胜地，文化旅游亮点凸显。大型花戏歌舞剧《太行奶娘》获第十四届山西省"杏花奖"特别奖，列入教育部"高雅艺术进校园"剧目，已在河南、陕西等地演出 36 场，演出收入 311 万元。十字岭左权将军殉难处入选首批国家级抗战纪念设施名录。启动"百处红色景点"修复工程、18 处纪念地维修工作。太行龙泉风景区、母子山风景区、柏峪民俗文化园完成投资 1.38 亿元。

(五)加快建设和谐幸福家园，民生事业持续改善。新增城镇就业岗位 1649 人，举办创业培训 9 期 270 人；全国义务教育发展均衡县通过国家级评估，寒王、石匣、粟城教师周转房完成主体工程；县级公立医院改革正在稳步推进，人均基本公共卫生服务经费补助标准提高到 35 元，新农合参合率 99.29%。成立安全督查检查机构，跟踪督查安全措施落实整改情况，安全生产形势持续稳定好转。扎实办好农村"五件实事"，450 户农村困难家庭危房改造，已完工 414 户；500 户易地扶贫搬迁，已全部购建房屋并入住；850 名新型职业农民培训工作已完成；3 所村级幼儿园改扩建工程已全部完成；乡村清洁工程，配备农村清洁工 879 人，垃圾清运车辆 148 辆，建成垃圾处理场 12 处。

三、认真落实从严管党治党要求，切实加强领导班子和干部队伍建设

(一)始终坚持"四个注重"原则，着力优化选人用人环境。注重坚持正确的用人导向，注重改进干部考察方式，注重从严监督管理，注重用制度管人管事，建立干部考察队伍库，完善干部联席会议制度，加强干部日常管理和监督，进一步提高了选人用人的公信度和满意度。去年以来，对县直部分单位主要负责人进行了调整，共涉及 17 人，其中平调 10 人(正科 6 人、副科 4 人)，从大学生村官中公选副科 2 人，免职 5 人，并对乡镇农经站人员进行了调整，涉及 7 人，其中明确站长 5 人、交流 2 人。

(二)从严教育管理干部，切实推进领导班子和干部队伍素质能力全面提升。依托中青班、省市在线学习等平台开展多元化培训，努力推进干部素质大提升；坚持"一线工作法"锻炼培养年轻干部，让他们在急难险重岗位上提升工作能力；统筹推进干部综合管理，制定和完善了干部考察办法、谈

心谈话、联席会议等一系列干部管理制度;扎实推进阳光问政活动,实现了考核工作的动态监管、规范运行。

(三)牢牢把握"基层服务型党组织建设"主线,不断夯实基层党组织战斗堡垒作用。积极推进"两集中一改善",10个乡镇全部实现了农、林、民政等各站所在便民服务大厅集中办公,实现了工、青、妇、党建等社会公共事务机构在集中办公区域集中办公,全部对食堂、宿舍、卫生间、文体活动室等进行了改造。实施了整顿后进村、基层干部关爱、农村领头雁培训、党代表工作室建设、社区"三有一化"建设、非公经济组织和社会组织党组织巩固提高、"联述联评联考" 延伸拓展"七个提升行动",增强服务型党组织建设软实力。严把"两委"换届关,确保服务型党组织建设风清气正。截止目前,党组织换届选举和村委换届选举工作,全县203个行政村全部顺利完成。

四、严格落实"两个责任",深入推进党风廉政建设和反腐败斗争

(一)认真贯彻落实党风廉政建设"两个责任"。组织两次常委会和一次常委扩大会议,学习了中央、省、市关于落实党风廉政建设党委主体责任和纪委监督责任的要求,制定出台了《中共左权县委关于落实党风廉政建设党委主体责任和纪委监督责任的实施办法(试行)》等10余项制度措施,组织签字背书、开展专题约谈、加强宣传督导,形成了落实"两个责任"的浓厚氛围。

(二)持续保持惩治腐败和狠刹"四风"高压态势。坚决以零容忍态度查办案件,去年县纪委监察局共初核各类案件线索217件,立查各类违纪违法案件126件,给予党政纪处分123人,其中处分科级干部16人,撤职以上重处分28人,挽回各类经济损失144余万元。认真贯彻落实中央八项规定和省、市实施办法,围绕"四风"突出问题,开展了28项专项整治工作,对发现的问题依规依纪进行了查处,对38个单位主要负责人进行了责任追究。

(三)不断强化廉政教育和严格监督。充分发挥廉政教育基地作用,分期分批对全县党员干部进行警示教育;综合运用短信、微信等新兴平台,不断开展提醒式教育;坚持逢会必讲廉洁从政,时常敲响警钟、传导压力。充分发挥党风政风监督员、人民群众的监督作用,继续开展了电视问政活动;综合运用案件查办、通报批评、公开曝光等方式,加强对领导干部落实一岗双责情况的监督检查。

五、扎实开展党的群众路线教育实践活动,不断巩固和扩大作风建设成果

我县党的群众路线教育实践活动自2014年3月初启动,分两批次开展,历时7个多月,共有610个基层党组织、12995名党员参加了活动。在活动中,全县上下紧紧围绕"为民务实清廉"的主题,狠抓"四风"问题整治,取得了实效。一是查摆了一批"四风"问题。通过"九种形式、五个平台",累计召开座谈会626次,开展调研680次,走访群众9800人次,发放征求意见表27500余份,征求到各类意见、建议12000多条,查摆各类问题4558条。结合查摆到的问题,召开了专题民主生活会和基层党支部专题组织生活会。二是整改了一批突出问题。活动中,梳理作风方面整改事项8196个,已整改6337个,制定整改措施1501条;先后32次派出70个明查暗访组进行抽查促进整改;实施推进28项专项治理,"四风"突出问题得到全面清理整顿。三是解决了一批群众关心的热点问题。累计为群众办实事、办好事985件,帮扶慰问困难群众3844人,发放慰问金116万元;建立县、乡、村三级便民服务平台,群众在家门口便可享受到便捷服务;通过"集束调解"方式化解矛盾纠纷1890余件。通过群众路线教育实践活动的开展,切实转变了干部作风,密切了党群干群关系,凝聚了加快发展的合力,取得了明显成效。

六、深入开展学习讨论落实活动,确保活动取得实实在在的效果

县委在12月11日召开动员大会,并下发了活动实施方案,组建了领导机构。12月25日至27日,县委举办了为期3天的全县领导干部专题培训班,全县各乡镇各部门也分别开展了不少于两天的集中培训,学习培训做到了全覆盖。围绕政治生态存在的突出问题,县四大班子开展专题讨论22次,征求意见815条,并在广泛征求意见的基础上,召开了多次反思讨论专题会议,其中县委班子分别于今年1月6日、1月8日、1月22日开展了三轮反思讨论,会上5个工作小组组长分别结合各自工作实际进行了深刻反思剖析。县委反思剖析报告经过2次常委会征求意见和8次修改,上报给市委督导组审核。具体工作进展如下:一是持续做好案件查办工作。对"十七大"以来的案件进行大起底,共清理各类线索35件,受理群众举报27件,查办2名科级干部违纪案件,办结8件农村"两委"案件。二是全力抓好打黑除恶工作。明确6类打击重点,摸排出16条涉恶线索,正在深挖细查。三是稳步推进重点领域六个专项整治。对苗头性问题进行了及时提醒和整改,对5个严重问题进行了严厉查处。四是扎实开展选人用人专项整治。开展了"超职数配备干部"清理、"吃空饷"和干部档案造假等专项整治,对8人做出停发工资处理,清理出档案涂改146人。五是严格实施"六权治本"工作。厘清了县委全委会、常委会等工作职权,编制了县委常委会职权行使、重大事项决策等流程图;减少和压缩行政审批事项,共取消3项,承接下放5项;建立了行政权力和收费项目清单,共清理公布行政权力项目4769项;健全完善了县委议事规则、县委重要情况公开制度、阳光问政制度、领导干部谈心谈话制度等。

(郝红东　李　花)

附:一、中共左权县委书记、副书记、常委名单

书　记:王　兵

副书记:赵宏钟　郭午生

常　委:郑春华　程俊斌　马成毅　王宏昌　郭建雄

张永东

二、乡镇、城管委党委书记名单

寒王乡

书 记：张雪平

辽阳镇

书 记：张彦红

石匣乡

书 记：陈建国

龙泉乡

书 记：吕爱鸿

桐峪镇

书 记：张文伟

麻田镇

书 记：崔 波

粟城乡

书 记：裴丽华

芹泉镇

书 记：秦国英(女)

羊角乡

书 记：巨晓华

拐儿镇

书 记：张雪东

城管委

书 记：郝建国

中共和顺县委工作概况

县委书记 孙永胜

中共和顺县委下辖19个党(工)委,18个党总支,629个党支部。共有党员11232名。

2014年,中共和顺县委认真贯彻落实习近平总书记的系列重要讲话精神,坚定不移抓党建,以作风建设为主旨,深入落实党风廉政建设,牢固树立"和民心,顺民意"理念,团结带领干部群众,坚持改革创新,坚持群众路线,主动作为,砥砺前行,经济社会发展呈现出良好局面。

全年地区生产总值完成43.5亿元,同比增长9.5%;工业增加值完成19.3亿元,同比增长14.7%;固定资产投资完成53.98亿元,同比增长5.6%;社会消费品零售总额完成12.17亿元,同比增长12.7%;公共财政预算收入完成6.36亿元,同比增长1%;城镇常住居民人均可支配收入达到19159元,同比增长9.3%;农村常住居民人均可支配收入达到4875元,同比增长11.6%。

一、产业转型步伐加快

2014年,认真贯彻落实省煤炭、市煤炭政策,积极推进煤炭公路运销体制改革,减轻煤炭企业负担,千方百计稳定煤炭产业,全县原煤产量达1578万吨,煤销集团鸿润煤业、正邦集团良顺煤业竣工投产。新光资源综合利用项目实现试生产。正邦煤业瓦斯电站并网发电。煤销公司海能煤业煤炭物流基地投入运营。工业园区基础设施建设有序推进,总投资5500万元。新型空气净化设备项目、新型保鲜包装材料项目、远红外线可穿戴设备项目入驻园区,建设投资3.3亿元。粮食总产量达到6826万公斤。双孢菇菇床面积达到55.2万平方米,销售收入4100万元。培育家庭农场、专业大户39个,新发展生态牧场、家庭牧场、母牛养殖场20个,农民人均养牛收入达到1625元。新发展农民专业合作社77个,培育省、市、县级示范合作社17个。实现旅游综合收入6.65亿元。

二、城乡面貌明显改观

投资18.6亿元实施32项城建重点工程。和顺新城建设投资6.15亿元。投资1亿元新建凤台热源厂,新增供热面积60万平方米。成立城市综合管理委员会,重新组建城市管理综合执法大队,加强城市的综合管理。投资1700万元实施县城交通组织及安全管理设施工程。投资2733万元实施城乡清洁工程。村镇建设投资1.24亿元,农村人居环境改善工程投资2.7亿元。改造农村危房780户,高标准建设美丽宜居示范村10个。阳左高速、董榆线一级路改建一期工程竣工通车。汾邢高速和顺段地面工程完工,松烟——许村、喂马——平松两条高速连接线工程顺利推进。投资473万元,解决了75个村、4343口人、3108头大牲畜的饮水安全和吃水困难问题。加快土地开发整理,新增耕地面积4976亩。投资1.7亿元,新造林5.19万亩。县城环境空气质量二级以上天数315天。

三、发展成果更加惠民

2014年全县用于民生的投入达到6.08亿元。投资1900万元,标准化建设8所中小学和3所幼儿园;投资3860万元,完成和顺一中地下车库、综合楼续建工程。高考达线人数首破500人大关。与省中医学院合作成立"山西省中医学院附属医院和顺分院"。新建20所标准化村卫生室。为全县1万人发放计划生育奖励扶助金644万元。新增城镇就业1705人,转移农村劳动力2131人。9000贫困人口实现脱贫。保障房开工1182套。城乡居民养老保险覆盖率达到98%。城乡低保和五保供养对象实现应保尽保。发放低收入农户冬季取暖用煤 4.18 万吨。县城免费公交投入运营。

四、精心组织,善做善成,深入开展党的群众路线教育实践活动

创新方式抓教育。一是县级领导带头学。县级领导坚持先行一步、学深一层,先期进行 3 天封闭学习和 14 个半天集中学习,为各级党员干部起到了表率示范作用。县委委员、候补委员带头围绕“太行精神、大寨精神、焦裕禄精神、晋中精神”“为了谁、依靠谁、我是谁”开展交流讨论,带头深化学习。二是增强自觉深入学。举办县委中心组学习(扩大)会、学习贯彻习近平总书记系列讲话精神暨教育实践活动集中培训班,让“村官”登台当“老师”、让干部参训当“学生”,提高了培训实效。三是形式多样灵活学。采取领导干部带头学、集中轮训专题学、突出重点强化学、围绕载体深入学、对照正反典型学、纪律教育重点学的“六学”方式,大力开展以“书记讲党课、专家学者讲理论、优秀党员讲事迹、一线党员讲体会”为内容的“四讲”活动,不断引深学习教育。

广纳意见建议。一是改进方式听意见。县级领导干部征求意见时按照“下去一把抓,回来再分家”的原则,避免了“各顾各”征求意见和扎堆征求意见,形成了互补效应。二是拓宽渠道求灼见。坚持以问题为导向,通过召开座谈会、设置意见箱、开设网上专栏、短信平台、热线电话等方式,广泛征求意见建议,分类分专题认真开展深度领题调研和“随机性微调研”。三是聚焦“四风”找问题。在主动征求“三老一同事”和基层意见的基础上,领导干部之间深入交流谈话,上级点、同级提、自己找,深入查找“四风”问题。全县各级党组织共收到意见建议 8260 条,其中“四风”问题 4884 条,为保证活动实效奠定了基础。

严批评。为了保证生活会质量,真正触及思想,触及灵魂,让广大党员干部普遍经受严格的党内政治生活锻炼,坚持“五字”标准、把好五个关口。一是坚持“准”的标准,把好画像关。在深入学习教育、查摆问题的基础上,各级领导班子和领导干部对标先进,深挖细剖,列出了问题清单,经市县督导组、市县活动办逐级审核。二是坚持“透”的标准,把好谈心关。按照“四必谈”“三谈三不谈”等精神要求,各级领导班子和领导干部广泛敞开心扉、坦诚相见,采取约访谈、下访谈、随机谈等方式,开展了多层次、全覆盖的谈心谈话,达到了“六个谈透”的目标。三是坚持“严”的标准,把好材料关。各级领导班子和领导干部经过自我起草、集体审议、反复修改、层层审议等程序,见人见事见思想,撰写了高质量的对照检查材料。四是坚持“辣”的标准,把好会议关。各级领导班子和领导干部聚焦“四风”,直击要害,直言不讳,直奔主题,自我批评发自肺腑,批评别人不留情面,既有红红脸、出出汗的紧张和严肃,又有加加油、鼓鼓劲的宽松和谐,达到了“团结—批评—团结”的目的。五是坚持“质”的标准,把好时序关。县委常委班子及联系点带头示范,各级党组织按照标准渐次跟进,坚持“五不开”原则,条件成熟一个召开一个,时间服从质量。在自上而下的标杆规范和示范带动下,全县 610 个基层党组织成功召开了专题组织生活会,认真完成了民主评议党员工作。

抓好整改建制。对活动单位领导干部特别是“一把手”参与方案制定情况、活动单位“两方案一计划”的制定及公开情况、立行立改情况进行严格把关,确保了整改落实、建章立制有力度、有强度、能见效。各级领导班子和领导干部坚持立说立行,真改实改,着力解决“四风”突出问题、事关群众切身利益问题、联系服务群众“最后一公里”问题。全县各级领导班子制定整改措施 1519 条;科级以上领导干部个人制定整改措施 5664 条。各级党组织完善修订制度 646 项,新建制度 572 项;开展专项整治 14 项,查处各类违纪问题 10 个,清理“吃空饷”人员 60 人次;规范清理在企业兼职的领导干部 7 名;农村低保户核减 1068 户、1343 人;有效化解信访案件 106 个;查处“四风”方面问题案件 28 件,收缴违纪违规资金 628.3 万余元,给予党纪政纪处分 26 人,移送司法机关 1 人。

五、突出重点,从严管理,切实抓好领导班子和干部队伍建设

严格政策,突出重点,完成了干部工作“三件大事”,即专项清理超职数配备干部 99 人;专项清理党政领导干部在企业兼职 7 人;开展领导干部个人有关事项报告工作和清理“裸官”工作。从严要求,规范认定,开展了干部人事档案专项清理工作。把握重点,对重点岗位、重要部门以及年轻干部档案严格认定;讲求方法,对认定有异议的干部,通过政策讲解,让干部说清楚,达到正本清源,规范管理。高度重视,自查自纠,开展了“吃空饷”专项清理工作。各部门各单位及时成立了“吃空饷”专项清理 工作领导小组,自查自纠,督查组对各单位进行了三次全面检查,共清理 60 人次。立足实际,突出特色,狠抓干部能力和作风建设。每周公布公布工作清单,接受组织、群众和社会监督;变过去“基层找我服务”为“我为基层主动服务”;将“科级干部工作日志制度”不断深入。分层分类,分期分批对各级干部开展了 3 次大规模集中培训,推进了干部教育培训工作。干部日常管理,严字当头,严格要求,严格教育,严格管理,严格监督,构建科学有效的干部监督机制。

六、强基固本,多措并举,着力加强党员队伍建设

唤醒党员意识,开展农村党员“亮身份”活动,全县 6500 个农村党员户全部挂上了“我家有党员”标识牌,全县所有党员按要求参加了专题组织生活会,促进了党内生活规范化。在发展党员工作上,坚持标准,严格程序,严把党员“入口”关,确保党员质量,预备党员在和顺党建网进行了公示。开通“和顺党员连心桥”微信平台,发布政策法规、教育培训、工作交流等信息,引导流动党员到流入地党组织报到,参加组织生活。认真落实在职党员到社区报到制度,积极发挥党员先锋模范作用,利用双休日和八小时之外主动服务群众,密切

了党群干群关系。“七一”前，拿出20万元对317名80岁以上老党员进行了慰问。11月，拿出5万元对50名因病而困的老党员进行了帮扶救助。群众路线教育实践活动期间，采取组织老党员结对辅导年轻党员，外出参观等形式，充分发挥老党员模范带头作用。对离任农村支部书记走访慰问，谈心交心，让他们感受到党的温暖，心理上得到抚慰，精神上得到鼓舞。对在教育实践活动中民主评议为“差”的322名党员进行分类甄别，甄别后的94名不合格党员，通过限期整改、劝其退党、党内除名三种方式处置，其中限期改正89人，劝退2人，开除3人。

七、加强服务，以用为本，统筹推进各类人才队伍建设

加强人才激励，调动工作热情。进一步加大了人才激励工作力度，2014年县委为3名拔尖人才和55名优秀人才每人每月分别发放200元和60元特殊津贴，拿出11万元为全县优秀拔尖人才和中级职称以上人员征订学习资料1258份，调动了各类人才的工作热情，促进了人才作用的发挥。完善工作机制，创优发展环境，把人才工作纳入年度目标考评内容，形成一级抓一级、层层抓落实的人才工作格局。加大培训力度，提高能力素质。创新人才培训方式，积极利用县委党校、再就业培训中心、远程教学站点、邓小平理论学院等培训资源，采取集中面授与网络教育相结合、本地培训与选送进修相结合等方式，对各类人才进行全方位、高标准、系统化培训。实行动态管理，完善人才信息库。立足底子清、情况明、知现状、知去向的目标，对和顺在外工作的高层次人才进行了跟踪摸底，对收录的人才信息进行了及时补充、完善。深入基层一线，提升服务水平。充分发挥各类人才专业学术研讨小组的作用，组建了教育、卫生、农业、文化等人才服务团，定期深入农村、学校、企业大力开展以“送科技、送教育、送医疗、送文化和服务基层群众”为主题的“四送一服务”活动，使人才队伍在服务基层、服务群众的实践中实现价值、践行宗旨、提高水平，让群众真正得到实惠。

八、统筹谋划，规范操作，圆满完成村级组织换届选举工作

严格程序，严明纪律，依法换届。将换届法规和程序要求的培训贯穿全过程，采取分层次专题培训、分阶段业务培训、分形式岗前培训的立体式培训模式，切实提高换届工作人员的政策水平和指导能力，确保按照法定程序实施操作。下发了《关于进一步严肃村“两委”换届选举工作纪律的通知》，成立纪检监察组，严肃查处违法违纪行为，营造风清气正的换届环境。强化领导，稳步推进，有序换届。建立了党委领导、人大监督、政府实施、组织牵头、民政指导、有关部门配合的换届工作领导机制，县、乡、村三级联动，实行县四大班子领导包乡镇联系村、乡镇主要领导包点（片、区）、乡镇干部包村、党员干部包户的“四包”责任制，上下协调，齐抓共管，合力推进。综合部署，统筹推进，科学换届。在先期调研的基础上，农村党支部较村委换届先行一步，提前半年进行换届，在村委会换届启动前，全县312个农村支部已完成换届310个，为促进村委会平稳顺利换届奠定了基础。制度先行，营造氛围，和谐换届。建立了违法违纪问题调查处理、秩序维护、程序监督、信访受理查处等制度，为和谐换届提供制度保障。建立健全以选民代表为主体，乡镇指导机构参与的选举监督制度，对选举进行事前、事中和事后监督。充分运用电视、短信、微信、网站、宣传栏等阵地，大力宣传换届选举有关法律法规和政策，宣传村级“两委”换届选举的目的意义、程序方法，营造良好的舆论氛围，引导群众积极参与选举，正确行使法律赋予的权利。全县294个行政村全部按要求完成换届。

（马志清）

附：一、中共和顺县委书记、副书记、常委名单

书　记：孙永胜

副书记：马海军　赵成武

常　委：刘素英（女）　韩祥书　田忠贵　张海荣　任拥东　黄　飞（挂职，2月任职，12月离职）　宋朝辉（3月任职）

二、乡镇党委书记名单

义兴镇

书　记：刘彦云

李阳镇

书　记：翟树森（1月离职）　李　明（1月任职）

松烟镇

书　记：奚爱忠

青城镇

书　记：李　明（1月离职）　郭　庆（1月任职）

横岭镇

书　记：师秀文

平松乡

书　记：李中瑞

喂马乡

书　记：柳建斌

牛川乡

书　记：韩永军

马坊乡

书　记：张志坚

阳光占乡

书　记：田　芳（女）

中共昔阳县委工作概况

县委书记 丁雪钦

昔阳县委以党的群众路线教育实践活动开展为契机,以学习落实习近平总书记系列重要讲话精神为统领,深入贯彻党的十八届四中全会、中纪委十八届五次全会和省市经济工作会议精神,紧密结合昔阳实际,统揽全局,群策群力,矢志创新,攻坚克难,经济社会建设在负重前行中取得了新成绩,干部群众在共克时艰中收获了新经验,全县继续保持了平稳向好的发展态势。全县地区生产总值完成51.9亿元,同比增长5.6%;规模以上工业增加值完成21.8亿元,同比增长4.7%;固定资产投资完成93.9亿元,同比增长14.8%;社会消费品零售总额完成21.3亿元,同比增长13.2%;公共财政收入完成6.5亿元,同比增长19.5%;城镇常住居民人均可支配收入完成20478元,同比增长10%;农村常住居民人均可支配收入完成6792元,同比增长12%。

一、致力产业转型,积蓄发展后劲

县委、县政府重点围绕优化经济结构、深化项目建设与强化招商引资出实招、下真功,为产业转型不断注入新活力。一是新型工业逆势发力。继续秉持"以煤为基,多元发展"的战略,以赵壁煤化工和巴洲气化园区为承载,依托"煤电气化"四大主导产业,不断延伸纵横产业链,全面激活上下游产业,不断加快工业转型步伐。2014年,全县上马实施18项工程,总投资200亿元,着力构建起两园同驱、四产并举、多业衔接的以点带面、块状辐射新格局。重点推进了总投资260亿、一期投资24.5亿元的阳煤化工22万吨烧碱和25万吨特种树脂项目,综合性煤化产业链正在形成。大力推进投资31亿元的中电2×350MW低热值煤电厂、投资15.8亿元的斯能200MW风力发电等项目建设进程,全力促进煤炭就地转化。2014年,全县工业新型产业完成投资21亿元,占总投资比重的43.16%;非煤产业增加值完成39.72元,占总投资比重的77.9%。二是特色农业优化升级。继续围绕"西菜东果中养猪、千家万户种蘑菇"的思路,重点培育了蔬菜、核桃、养猪、双孢菇四大产业,2014年全县蔬菜面积达2.2万亩,核桃林达16.8万亩,猪饲养量突破55万头,双孢菇种植面积已覆盖9个乡镇、90个村,面积102万平方米,年产鲜菇1.5万吨,产值1.2亿元,带动农民年均增收640元,同时,粮食总产量达3.56亿斤,中药材种植突破4000亩,苹果面积1000亩,农产品加工业销售收入实现3亿元,农业结构日趋合理且规模化、集中度日益提高,为转型奠定了坚实基础。特别是投资6000万元的金谷阳光食用菌、果蔬加工厂的建成投产,实现了双孢菇的就地加工升值,食用菌产业正在成为农业转型、农民增收、农村发展的新引擎。三是旅游产业量质并行。在科学制定旅游产业规划的基础上,突出宣传推介与引资开发相结合,使旅游产业级次不断提升。设立300万元旅游宣传专项资金,利用旅游节、媒体、会展等平台宣传推介,不断提升旅游业知名度与影响力。以调整产业布局为切入点,投资9.2亿元,实施崇家岭村生态旅游、毛家大院整修、瓮山景区开发、潘掌村生态休闲、石马寺旅游开发、井沟乡土文化博览园、水磨头渔乡、上城街恢复等八大工程,构建以大寨为龙头,以崇家岭、石马寺、水磨头为中心的"一点三线"的新格局,"周末经济"效应升温,小乡村、大旅游的格局初步形成。全年共接待游客108.7万人,同比增长38.5%,综合收入9.3亿元,同比增长28.8%。服务业增加值完成20.35亿元,同比增长3.9%。四是项目建设快速推进。按照项目储备、签约、落地、开工、建设、投产"六位一体"工作机制,大力推进项目建设。全县共实施重点项目53项,总投资157.98亿元,其中省级重点项目4个,投资96.4亿元;县级重点项目49个,投资61.58亿元。1-12月份,项目储备投资总额1122.9亿元,完成全年目标任务的100.68%;签约项目投资总额35.1亿元,完成全年目标任务的31.9%;落地项目投资总额102.42亿元,完成全年目标任务的113.79%;开工项目投资总额72.49亿元,完成全年目标任务的100.68%;重点工程建设完成投资66.83亿元,完成全年目标任务的103.13%;投产项目投资总额72.12亿元,完成全年目标任务的100.17%;民间投资总额32.5亿元,占年总投资的34.5%。项目建设投资结构不断优化,成为产业转型、加快发展的有效载体和强力支撑。五是招商引资取得突破。坚持党政推动、园区带动与环境促动相结合,以企招商,以商招商,以品牌招商,以资源招商,充分调动全县干部群众引资上项的积极性,形成了上下同心、全员参与的招商引资新格局。去年,先后引进了投资40亿元的安坪电厂(二期)、投资20亿元的浙江韵达风力发电、投资6000万元的食用菌加工、投资8000万元纳米洋葱碳(一期)等大型项目,招商引资成为经济发展的"强心剂"。

二、致力环境优化,营造发展氛围

环境就是生产力、创造力,健康和谐的环境是经济社会发展的第一保障。为此,县委坚持"主攻城市、辐射农村、城乡一体、全面推进"的思路,高起点规划,大力度实施,城乡基础设施极大改善,文明新风逐渐形成,城乡发展环境得到进一步改观。一是城乡环境明显改善。坚持"产城共融、以产兴城"理念,启动实施了巴洲城镇化示范区建设。投资3260万元,建成1086亩农业观光采摘园,学校、医院等配套设施正在加紧建设。投资34亿元,实施城建重点工程54项,高标准推进保障房建设,新增绿地80万平方米,城市绿化覆盖率达44%,建成"一环三纵三横"城市路网,圆满完成市政基础设施建设年度任务,城市功能日趋完善,城市框架不断拉大。统一规划建设管理,成立城市管理委员会,积极开展城乡环境综合整治和市场秩序整顿,城市精细化管理基础进一步夯实。围绕"三城同创"目标,开展乡村清洁工程和改善人居环境工作,104个行政村达到省考核验收标准,出台了城乡环境清洁考核办法,完满完成2014年城乡清洁工程目标任务,城乡环境持续改善,城乡环境整治工作走上了制度化、规范化轨道。二是生态建设明显进步。坚持生态建设与城市管理、社会发展同步推进,不断以生态建设的新成效营造改革发展的好环境。狠抓节能减排工作,万元地区生产总值能耗降幅3.41%;工业固体废弃物综合利用率86%,万元工业增加值用水量降幅4.5%,万元地区生产总值二氧化碳排放降幅3.78%,二氧化硫、氮氧化物、烟尘、工业粉尘、化学需氧量、氨氮分别削减27%、1.49%、1.95%、44.53%、6.44%、8%,PM10同比下降3%,县城环境空气质量二级以上天数达到244天,全年营造林3.84万亩,城乡生态环境进一步改善。三是社会建设安全稳定。出台信访工作管理办法,全力做好信访工作,进京非正常访人次远低于去年,信访结案率、息诉罢访率分别达100%和85%,信访维稳步入步入良性轨道。严格落实安全生产党政同责,煤矿、危险化学品、消防、食品、农产品及其他行业没有发生重大事故,安全生产形势稳定。稳步推进社会管理创新,全面加强社会治安综合治理,全年共打掉4个恶势力团伙,破获各类刑事案件24起,打击处理涉恶团伙成员36人,移送起诉25人,有力震慑了违法犯罪分子,群众社会满意度进一步提升。

三、致力民生改善,提升幸福指数

改善民生是党的一切工作的归宿,也是县委工作的重中之重。为此,县委县政府坚持有限财力向民生倾斜,为群众办实事解难事,就业、教育、社保和安全稳定等民生事业取得长足进步。一是公共事业扎实推进。投资3000万元实施了中小学校标准化建设工程,改扩建中小学6所,新建农村幼儿园4所,维修中小学5所,面积1.7万平方米,投资1475万元配备教学设备和现代食堂设备,义务教育阶段校长、教师交流比例均达10.7%,完成了市目标任务,城乡教育日趋均衡。加快县乡村三级医疗卫生体系建设,新建县卫生监督所业务用房,改扩建大寨、闫庄卫生院,实现120个村卫生室标准化建设全覆盖,群众就医环境更加安全舒适。扎实推进农村、社区90个间照料中心建设,数量占全市近50%;加快晋祥养老院暨县级综合社会福利中心建设步伐,已有200余名五保老人集中供养。继续推进就业和再就业,全县城镇新增就业2180人,完成年度任务的128%,下岗失业人员再就业690人,完成年度任务的129%,城镇登记失业率控制在了1.6%以内。落实救灾救济、城乡低保、医疗救助等保障资金6153万余元,城镇职工基本养老保险、城镇基本医疗保险、城乡居民社会养老保险、城镇失业保险、工伤保险、城镇职工生育保险参保人数分别达2.4万人、3.57万人、13.3万人、1.56万人、2.1万人和1.59万人,新农保、新农合参合率稳步提升。城市低保提高幅度达8.8%,农村低保标准提高幅度达13%,改造农村困难家庭危房1221户,培训新型职业农民1380人,新开工建设建成保障房643套,基本建成743套,住房公积金年缴存新增3310人,分配廉租房和经济实用房299套,城乡居民保障进一步完善。二是文化建设取得进展。县财政出资1000万元成立好人基金,以"昔阳好人"和"善行义举榜"为示范,大张旗鼓地表彰先进典型,去年全县共推出中国好人、山西好人、晋中好人13名,建立善行义举榜360多个,5300多名好人上榜,全省推进善行义举榜现场会在昔阳召开,并作为典型在全省推广,全县自愿组建"十大公益组织",开展了系列公益活动,"好人"效应逐步积聚扩散,社会风气进一步好转。同时,积极将文化教化功能融入城市管理建设,以红旗一条街与英雄一条街为载体,以文化墙、公益广告、雕塑等文化元素为媒介,潜移默化地启迪人心、教化民风。启动省级文明县城的创建,成立文化事业促进会,不断加强投入保障与管理创新,文化事业正在不断走向繁荣。三是特色民生效果明显。大力实施了"3215"民心工程,新建了30个停车场、200个廉租摊位、10个群众活动阅览室、50个街心公园,进一步改善市民生活环境。全面推进免费公交、免费电影院、免费展览馆、免费俱乐部、免费公厕"十项免费工程",进一步健全了城市服务功能,提高了群众幸福指数。在改善城市人居环境的同时,县财政出资450万元,在千人以上村实施了"六个一"工程,即改造或新建一所标准化幼儿园、一个大众食堂、一座大众澡堂、一个街心公园、一个村民活动室、一个红白议事大厅,有效改善了村民生活环境,使群众真正感受到党的温暖。这些民生工程也是德政工程,切实做到了百姓心坎儿上,解决了一些群众的切身利益问题,较好地解决了联系服务群众"最后一公里"问题。

四、致力深化改革,增强发展活力

去年以来,县委按照市委全面深化改革工作领导小组总体部署,紧密结合昔阳实际,全面铺开了深化改革工作,取得了一定成效。一是顶层带动。成立了县委全面深化改革领导小组,县委书记亲自挂帅,县委常委各把一口,负责全县改革工作的总体设计、统筹协调、整体推进、督促落实,结合"十三五"工作谋划和2014年工作计划,研究制定了中共昔阳县委2014–2020深化改革工作方案和2014年工作计划以及一系列的工作细则、办法,明确细化了各改革工作机构的工作内容和要求,把每一项改革任务分解落实到了具体部门、牵头领导、承办人员,形成了一级抓一级、层层抓落实的格局,有力地推动了工作开展。二是重点促动。坚持把深改工作与全县的重点工作统筹规划,纵深推进。深入推进用地管理改革,全年实施土地开发整理项目总规模5830亩,新增耕地4388亩,确保全县耕地的占补平衡。全面创新食品药品监管体制,重新配置资源,成立了食品药品监督管理局和稽查队,聘用了村级食品药品协管员,加强了对全县食品药品一体化、全程化监管。特别是我们将县城的所有小吃流动摊点进行整合,集中建设了小吃城、步行小吃街、美食广场,设立了200个廉租摊位,将原有的旧厂房改造成农贸市场,实行企业经营、统一服务、集中监管,不仅方便了群众,而且保证了食品安全。深化户籍制度改革,实施集镇融合发展工程,巴洲城镇化示范园区初具规模,加快城中村撤村转居工作,已完成8个,4546户,10548口人,全县户籍人口城镇化率达22.98%。三是改革路径务实创新。围绕昔阳实际,扎实推进以"两集中、两到位"为重点的行政审批改革,新建了昔阳县政务中心,进驻单位由原来的19个增加到40个,工作人员由52人增加到160多人,前台窗口增加到70个,进驻事项增加到196项,使广大群众享受到了高效便捷的服务。大力推进依法治县步伐,出台了《昔阳县人大常委会组成人员分工联系人大代表和选民的办法》《昔阳县人大常委会关于加强水权利和权益。不断创新社会治理方式,出台了《昔阳县道路源地保护的决定》,从制度上保障了人民群众的《交通安全社会化管理实施办法》,从源头上解决了农村道路交通安全谁来管、管什么、怎么管的问题。

五、致力强基固本,提升党建水平

紧紧围绕省、市委"基层组织提升年"各项要求,结合第二批党的群众路线教育实践活动开展,狠抓党建各项工作,党建水平再上新台阶。一是坚持务实与成效并重。结合第二批党的群众路线教育实践活动的开展,县委主动履行党建主体责任,亲自谋划,靠前指挥,带头落实,通过主动示范领学、严肃党内生活、深入查摆问题、立说立改整改,组织活动回头看,不断巩固活动成果,将"虚活"做出了实功。活动中,全县各级领导班子制定整改措施1540条,完成1495条,制定专项整治措施316条,完成294条,计划修善制度1045条,完成1045条,形成了以活动带党建,以党建促发展的良好局面。二是坚持服务与作风并重。创新三大载体,让广大党员干部在搞好服务中转变作风,在转变作风中提升能力。开展了以"万名党员进万家"为主体的欢乐进万家、网络进万家、法律进万家、科普进万家、健康进万家六大活动。全县万余名党员主动深入困难家庭帮扶,解民忧办实事23532件,捐款捐物100余万元,提供就业创业信息2400余条,开展技术咨询、政策宣传300多场(次)。实施县直机关回所居住社区报到制度,2045名在职党员按要求主动认领相关服务岗位,主动结"穷亲",从群众最关心、最直接、最现实的利益问题入手,积极开展"菜单式"服务,办实事好事5880多件,解决难题2500余个。投资200多万元,建立了12个党代表工作室和群众意见征集室,领导干部定期到征集室征求群众意见,不仅拉近了干部和群众之间的距离,增进了党同人民群众的感情,而且及时发现了党员干部自身存在的问题,达到了群众监督与干部自省自警的效果。三是坚持保障与管理并重。一方面确保保障到位,夯实物质基础。把党建工作经费纳入财政预算,落实党建经费320万元,同时围绕"两集中一改善",投资150多万元,实施了"五小工程",建立了县乡村三级便民服务中心网络体系,设立了200万元大学生村官创业基金,让基层干部住下来、有事做,减少"走读"。一方面强化组织建设。创新"三联六定三结合"工作法,以治软、治庸、治散、治乱为重点,集中整顿了14个后进村党支部,强化推进举措,圆满完成村委换届任务,农村基层组织得到进一步加强。出台一系列强化农村党员干部管理的制度措施,进一步增强了基层组织的凝聚力和战斗力。四是坚持领导与协调并重。在工作中我们注重调动社会各方面的积极性、主动性和创造性,不断完善社会主义民主制度。坚持和完善人民代表大会制度,进一步加强改进新形势下人大工作,加强代表建议办理,切实保障人大代表依法行使职权。坚持和强化中国共产党领导的多党合作和政治协商制度,提高人民政协参政议政实效。深入贯彻中央十八届四中全会精神,推进普法行动,加强法律监督,强化法律援助,推进依法治县进程。加强对工会、共青团和妇联等人民团体的领导,充分发挥群众组织积极作用。坚持党管武装原则,定期研究部署国防教育和后备力量建设,积极为驻地部队搞服务,办实事,军民融合式发展、双拥共建水平得到进一步提升。

六、致力聚焦主业,保持清正廉洁

昔阳县委以"两个责任"落实为抓手,深入推进党风廉政建设和反腐败工作,为全县经济社会转型发展提供了坚强保证。一是回归主责主业。主动适应新常态,认真履行主体责任,制定出台了《关于落实党风廉政建设党委主体责任和纪委监督责任的实施意见(试行)》《2014年全县党风廉政建设和反腐败工作任务责任分解意见》《党风廉政建设责任制执行和责任追究的实施办法(试行)》,建立健全了责任台账、签字背书、约谈、述责述职述廉、廉政谈话、"一案三查"等九项制度,结合全省学习讨论落实活动的开展,围绕"两个责任"落实,召开了3次党风廉政建设推进会,进行多次专题培训和宣传教育,层层分解"两个责任"工作任务,构建起了链条完整、对接无缝、环环紧扣的县委落实党风廉政建设的责任体系。二是支持纪委"三转"。严格执行中纪委"四个不准"、省纪委"六条禁令"、市纪委"五个不准"和县委二十五条细则,不间断组织领导干部学习培训,切实加强学习教育常态化、长效化,真正做到常委带头、正人先正己,县委领导党风廉政建设和反腐败工作的能力不断增强。严格按照"三转"要求,清理了县纪检牵头和参与的议事协调机构,整合优化了纪委内设科室,不断细化分解纪委监督责任,纪委办案能力进一步加强,监督职能进一步健全,纪检队伍的思想素质和业务能力不断提升。三是创新工作载体。为解决"两个责任"落实无抓手的问题,结合学习讨论落实活动的开展,提出了开展"聘请一批党风廉政监督员、开展一次谈心谈话、听取一次专题汇报、出版一本"两个责任"的书、约谈一批干部、开展一次干部家属专题培训、签订一系列保证书、问责一批干部的"八个一"活动的思路,目前,各项活动已全面铺开,特别是主要领导干部"贤内助"专题培训，形式新颖，举措得力，通过活动，有力地筑牢了领导干部拒腐防变的家庭"防火墙"。四是严厉惩治腐败。结合学习讨论落实活动的深入开展，始终保持反四风和反腐败的高压态势，围绕群众路线教育实践活动32项专项整治任务逐一检查，逐项回头，拉出清单，限期整改，坚持有贪必肃、有腐必反，对腐败问题与腐败现象实行"零容忍"，坚决杜绝有错不究、犯案不查、惩处不严等问题，坚决遏制腐败蔓延。2014年，共接到群众来信来访157件次，受理信访举报66件，初核案件线索132件，立查案件121件，结案118件，处分违纪党员干部116人，其中科级干部14人，重处分33人次，双重处分5人，移送司法机关6人，共挽回经济损失961.95万元，罚没违纪款398.49万元，有效净化了全县政治生态，增强了全县党员干部的廉洁从政意识。

（赵珍珠）

附：一、中共昔阳县委书记、副书记、常委名单

书　记：丁雪钦

副书记：王根元　张　弛

常　委：孔爱科　郭丰慧　李　军　郭春林　马建军　王玉成（3月任职）　刘玉红（3月离职）

二、乡镇党委书记名单

乐平镇

书　记：赵海斌（10月离职）　王志刚（10月任职）

李家庄乡

书　记：魏朋耀

大寨镇

书　记：孔爱科（10月离职）　赵继胜（10月任职）

赵壁乡

书　记：王志刚（10月离职）　张胜利（10月任职）

三都乡

书　记：王永胜（10月离职）　尚田柱（10月任职）

闫庄乡

书　记：翟世清（10月离职）　耿　华（女，10月任职）

皋落乡

书　记：赵继胜（10月离职）　王江平（10月任职）

界都乡

书　记：张月清（女）

东冶头镇

书　记：张胜利（10月离职）　裴素青（10月任职）

孔氏乡

书　记：赵　鹏

沾尚镇

书　记：张　军（10月离职）　程海华（10月任职）

西寨乡

书　记：王江平（10月离职）　张向明（10月任职）

中共寿阳县委工作概况

县委书记　郝鹏鸿

2014年，寿阳县常委会认真贯彻党的十八大和十八届三中、四中全会精神，坚决落实党中央对山西工作的重要指示精神，紧紧依靠全体委员，团结带领全县干部群众，深入推进党风廉政建设和反腐败斗争，扎实开展第二批党的群众路线教育实践活动，积极主动应对发展中的难题与挑战，全面加强县域经济政治、文化社会、生态文明和党的建设，各项工作取得新成效。

一、严守政治纪律，始终与党中央保持高度一致

常委会坚持把学习贯彻习近平总书记系列重要讲话精神作为重大任务和基本要求，多次召开常委会议，举办一月一讲，参加集中培训和在线学习，有效强化对新观点、新理念、新方法的理解把握，重点突出焦裕禄精神、三严三实、从严治党、两个责任、依法治国等内容，持续在真学真懂、真信真抓、真改真用上下功夫，不断加强世界观、人生观和价值观教育，牢固树立正确的权力观、事业观、是非观和义利观，辩证捋清公权与私利、集体与个人、大我与小我、党心与民心的关系，真正明确了前进方向，激发了工作动力，提高了分析解决问题的能力，增强了执行政治纪律的自觉性和坚定性。

全省领导干部大会以后，县委迅速召开常委扩大会议，全面传达贯彻刘云山同志和王儒林书记讲话，及时引导各级干部深刻吸取系统性、塌方式腐败的惨痛教训，坚决拥护中央严肃查处山西腐败、调整省委班子的正确决策，全力把各级各部门党员干部的思想统一到中央对山西工作的重要指示上来。依据省市安排，全县扎实开展"学习贯彻习近平总书记系列重要讲话精神、净化政治生态、实现弊革风清、重塑寿阳形象、促进富民强县"为主题的学习讨论落实活动，县委确定10方面36项任务102项具体工作，派出督导组全程指导，举办主要领导干部专题研讨班，组织各级领导班子集中进行学习讨论，对照市委三个不能低估，深入反思我县政治生态，紧盯为官不廉、为官不为现象，查摆地方病症，深挖腐败问题，逐一剖析根源，切实让更多的人从不良状态中警醒过来，进一步强化了全县上下把反腐倡廉进行到底的决心和意志。

二、坚决反对四风,扎实开展群众路线教育实践活动

依据中央、省市部署,从去年3月开始,按照照镜子、正衣冠、洗洗澡、治治病的总要求,县委在全县党组织全体党员中,分三个梯次开展了党的群众路线教育实践活动。

常委会发挥表率作用,全体常委认真参加领学讲话、重温誓词、缅怀英烈、参观基地、封闭学习、影视教育等10项集体活动,深入所联系乡镇、包村增收点、项目工地、信访包案户和走访村,广泛接触一线党员干部群众,召开座谈会104次,征集意见建议735条,采取分类梳理、问题倒查、自我画像、主动认领、回头检验等方式,实事求是拉出县委班子和常委个人的四风清单,通过了满意度测评,带动全县各级党组织征求意见建议13805条。

对照检查过程中,全力在辣不辣、像不像上下功夫。县委班子和常委个人的对照检查经过多次相互传阅批点、集体讨论修改、对外征求意见、反复充实完善,严格针对市委常委会提出的11个重要方面和群众强烈关注的5个热点难点问题深挖细剖、升温加压,真正做到了见人见事见思想。开展批评过程中,各级班子成员敞开心扉、直言不讳展开谈心谈话,提出很多过去不愿提、不便提的意见,达到沟通思想、增进团结的目的。民主生活会上,各位常委率先结合自身经历、思想实际和岗位职责进行揭摆,查出县委班子四风问题14个方面,班子成员提出自我批评意见125条,并针对性定出132条改进措施;相互批评中,大家不遮丑、不护短,直击要害、一针见血,切实在加油鼓劲的氛围中达到红脸出汗的效果,为全县各级党组织做出示范。

进入整改落实、建章立制阶段,本着眼前见效、长期有效的原则,结合其他班子和全县各级党组织活动情况,统筹建立问题整改台账,认真制定两方案一计划,列出整改任务29项460个,启动四风突出问题专项整治30项。全县审批事项由原来的296项精简为90项,平均办结时限由原来的16个工作日压缩为7.6个,腾退超标办公用房2450平方米,三公经费同比压减50%以上,全县性会议同比减少37%、文件数量同比减少32%,严肃处理并公开曝光9起损害群众利益的典型案件,得到全社会的积极回应和普遍认可。

三、狠抓两个责任,深入推进党风廉政建设和反腐败斗争

中纪委三次全会召开后,县委第一时间认真组织学习了习近平总书记和王岐山书记就党风廉政建设提出的一系列新论述、新要求,常委会先后6次就落实两个责任进行专题研究讨论,提出61项党风廉政建设任务,明确分解到每个常委和副县长头上,逐级签订责任书,出台两个责任实施细则,配套15项规章制度,全面推开签字背书、双报告、质询评议、检查考核、党风政风行风测评等项工作,层层展开廉政谈话,实施党政主要负责人不直接分管五项工作,组织科级干部进行一岗双责培训、参观预防职务犯罪展览、观看警示教育片,开辟两个责任书记谈栏目,召开作风纪律警示教育大会,对40名履职不到位的领导干部问责,构建起党委纪委同向同力的工作机制。

一年来,县委积极推进县乡纪委转职能、转方式、转作风,严格落实纪委书记、纪检组长不参与单位分工的要求,大力支持纪委履行监督职能、开展案件查办工作。全年开展纪律作风明察暗访17次,查处问题71个,处理98人,对违反中央八项规定精神和工作纪律问题较多的20个单位领导进行责任追究。全年受理信访举报185件,同比上升96%;立查案件123件,同比上升22%;处分党员干部113人,同比上升13%;挽回经济损失158万元,同比上升264%。切实强化了正风肃纪、反腐倡廉的高压态势,深刻教育了全县党员干部心有所畏、言有所戒、行有所止。

四、加强党的建设,切实提高基层组织的服务能力

认真落实《党政领导干部选拔任用工作条例》,修订完善年度综合考核办法,推行3+1述绩模式,选派3名新任干部到信访部门挂职,选派6名年轻干部到市直单位挂职,坚持五湖四海、凡进必考,面向全国公开招考公务员和参公人员25名,通过定向基层招聘等方式招录事业人员95人。全年调整干部3次涉及105人,提拔47人、平调45人、免职13人,其中35岁以下的干部13人、女干部16名、党外干部7人。加大对干部的监管力度,落实个人事项报告制度,对23名乡镇党政负责人和县直单位主要负责人进行离任审计,对经济部门、重点部门实行任中审计。开展六项整治工作,完成对在职干部档案的三龄两历一身份清查工作,有效预防了干部带病上岗、带病提拔。

深入开展基层组织提升年各项活动,全面推进四大工程10项任务,实施在职党员到社区报到结对帮扶,完成8个社区组织场所建设任务,在两新组织中开展双强六好创建,进一步规范党建联述联评联考,整合规范基层党组织36个。率先在全市创新乡镇机关服务模式,探索实施两集中一改善工作,开展进百家门、吃百家饭、解百家难的三百活动,实施走访农户全覆盖、村级接待零费用、村民事务全代办,与6万农户建立常态联系,代办事务、化解矛盾1800余件。精心组织、全面完成村党支部和第十届村委换届选举工作,集中整顿一批软、散、乱后进班子。

五、克服重重困难,全力推动县域经济社会健康发展

面对严峻的经济形势,常委会坚持把转型、富民、强县、平安作为主任务,统筹推进六个同步建设,切实为发展凝聚了合力、提供了保障。经过全县上下共同努力,全年地区生产总值完成95.4亿元,同比增长5.5%;规模以上工业增加值完成46.1亿元,同比增长4.6%;固定资产投资完成97.5亿元,同比增长15.4%;公共财政收入完成7.2亿元,同比下降5.9%;社会消费品零售总额完成24亿元,同比增长19.5%;

城镇居民人均可支配收入达到26763元,同比增长6%;农村居民人均可支配收入达到10666元,同比增长13.5%。

坚定不移把项目建设作为抢抓综改机遇、加快结构调整的主抓手,全年安排重点工程项目100个,列为省重点12个。通过实施优中选强、组合招商、多方链接、包联到人、真帮实扶等措施,全年投产项目53个,六位一体完成额、完成率稳居全市前列。其中非煤工业项目9个,新增产值9亿元,拉高非煤产业增加值5个百分点;现代农业项目18个,以金潞苑华夏农耕文化园为代表的大型农业示范园区,将成为全县农业转型升级的龙头引领;三产项目12个,宜多果蔬冷链仓储物流、汉武集团高科技现代产业园等一批现代服务业项目,将成为引领经济发展的新亮点。以晋荞米业、马家老醋、永丰纯电动车、华阳饲料为代表的一批本土中小企业已具备品牌优势,正成为县域经济的生力军;新煤电化、新能源、新材料、新装备制造、高新技术产业为主导的新型产业体系已现雏形,全县产业结构调整达到新的水平。

坚定不移把改善民生作为维护群众利益的主抓手,全县民生支出占到公共财政预算支出的82.5%,投资3.5亿元铺开18项民生工程,新建三所幼儿园,通过国家义务教育均衡县认定,县卫生监督所、急救中心主体完工,率先推行住院费用实时报结,完成6所乡镇卫生院的改造工程,为偏远山村新增无线电视用户3700户,完成17个百人以上自然村通水泥路工程,改造农村危房789户,建成保障房840套,新增城镇就业2600人,一级残疾人员护理补贴配套资金落实到位,中心城区安置楼主体封顶,白马河综合治理全面完工,建成美丽宜居示范村10个,造林3.6万亩。

从信访维稳着手,安排开展了矛排调处、信访稳控、打非除恶三项工作,四套班子领导亲自办理信访事项接待认领会诊结案,从重点案件中梳理出12大类对应成立专项工作组,出台严厉的信访工作责任追究办法,将矛排调处任务、新问题化解进度、重点上访对象息诉罢访完成率设为刚性指标,进行跟踪问效,先后对17名责任人问责,形成层层有压力、人人有责任的维稳新格局,四季度非访人数下降98.3%。从严落实党政同责,认真开展三查三补、六打六治活动,深入进行隐患排查治理和挂牌督办,安全生产水平不断提高。全县除道路交通和煤矿事故外,其他行业无事故。

六、加快法治建设,社会主义民主政治迈出新步伐

坚持和完善人民代表大会制度,进一步加强和改进对人大工作的领导。县人大常委会围绕经济发展和民生问题,就小区物业管理、最低生活保障等11项工作专项监督,组织各级人大代表开展执法检查和视察调研,依法对政府预算开展审查监督、对一府两院规范性文件备案审查,认真做好人事任免工作,切实加强了代表工作和自身建设。

认真落实加强新时期人民政协工作的十条意见,积极支持政协探索协商民主新途径、创新民主监督工作。县政协围绕全县中心任务,开展多层次协商、重点协商、对口协商和专题协商,组织政协委员围绕杂粮基地建设、矿山生态保护等进行专题调研,开展提案办理民主评议工作,加大各专委会与党政部门、工作组、界别的联系力度,取得明显成效。

统战部门通过建立协调联系和述职制度,切实加强对党外干部的培养教育管理,成立党外知识分子工作办公室;通过银企对接解决困难、企业文化建设提出建议等方式,积极支持非公经济发展;通过开展三送活动,加强联系统战对象。特别是创新工作机制,摸索出统战部和工商联、侨联三个机构合署办公模式,在全省统战系统得到推广。

政法工作紧扣平安建设、法治建设、队伍建设三大主题,深入开展严打整治,严厉打击全能神邪教组织,严厉打击严重暴力犯罪、多发性侵财犯罪、黑恶势力犯罪、经济犯罪和毒品犯罪,健全网格长考核办法及退出机制,县乡村分别成立专兼结合的调处队伍,成立人民调解中心,开展六五普法工作,积极推进涉法涉诉信访改革,一村一警参与农村换届选举,维护了公平正义。

认真履行党管武装职责,不折不扣落实优抚安置政策,切实加强专武干部和民兵应急分队建设,积极为官兵办实事,狠抓经费保障和基础设施配备,国家级双拥模范县通过省级初验,国防和部队建设取得新成效。完善基层群众自治管理,全面开展村干部任期和离任经济责任审计工作,积极发挥工会、共青团、妇联等人民团体的作用,凝聚起同心同德谋发展的强大合力。

七、正确引导舆论,促进宣传文化事业繁荣发展

强化思想理论武装,定期举办各类讲座、集中学习,积极动员各级领导干部深入基层领题调研。创新媒体报道形式,精编优化《寿阳报》版面和电视台栏目,缩减领导活动和会议报道,采写大型专题,强化深度报道,真正将新闻触角延伸到基层一线。在全省首家建成启用县级移动党政客户端寿阳发布,与政务微博、微信共同构建起三位一体新媒体矩阵,成为收集民意、服务群众新窗口。成立县委网络安全和信息化领导小组,设立网信办公室,健全新闻宣传特约通讯员、网络评论员、新闻发言人等6支队伍,有效开展各类舆情事件应对工作。全年在国家、省市各类纸媒发表稿件331篇,市级以上电视台采用播出节目132条,在县城建设阅报栏60个,牢牢把控住舆论宣传主导权。

出台寿阳县培育和践行社会主义核心价值观工作实施方案,开展晋中精神、寿阳人文精神进社区主题宣传活动,组织开展寻找最美寿阳人评选,深入乡村宣讲寿阳好人、优秀党员事迹,举办公仆心、百姓情专场演出和文艺走基层系列活动,实施道德讲堂全覆盖,在全县党员干部中开展移风易俗、殡葬改革承诺。积极推进六个文化建设,投资配备群众文化设施,组建民间文艺团队,评定特色文化户,确定民间艺人和非遗传承人66人,建设地方特色文化村20个,完成文化艺术创作项目20个,扶持发展文化产业重点项目4个。

一年来,县委常委会高度重视自身建设,始终站稳政治

立场,保持政治上的清醒与坚定,不断提高总揽全局、协调各方的能力和水平。开展中心组学习 14 次，密切联系服务群众,深入基层调研,率先垂范改进四风问题。严格执行常委会议事规则和决策程序,共召开常委会 23 次,集体讨论研究重大问题、重大事项、重点工作 76 个。主动运用批评和自我批评武器,提高党内生活质量、增进班子团结。严格执行干部选用标准、程序和纪律,公道正派选贤任能。坚守廉洁从政底线,优化政治生态,落实党风廉政建设两个责任,坚定不移推进党风廉政建设和反腐败斗争。带头严以律己、接受各方面监督,保持了清廉本色。

(庞广生)

附:一、中共寿阳县委书记、副书记、常委名单

书　记:杨建平(8月离职)　郝鹏鸿(8月任职)

副书记:史　洁

常　委:刘军池(3月离职)　龙海涛(3月任职)
侯成元　张峻德　陈德刚　傅艳红(女)
范亮珍　张保平

二、乡镇(城区)党(工)委书记名单

朝阳镇

书　记:赵　弘(1月离职)　孙金忠(1月任职)

尹灵芝镇

书　记:姜明亮(1月离职)　岳俊文(1月任职)

马首乡

书　记:张海平(1月离职)　姜明亮(1月任职)

平舒乡

书　记:张江涛(1月离职)　杨海军(1月任职)

解愁乡

书　记:孙金忠(1月离职)　张江涛(1月任职)

温家庄乡

书　记:李　雪(女,1月离职)　张海平(1月任职)

南燕竹镇

书　记:常拴林

羊头崖乡

书　记:杨海军(1月离职)　郭丽君(1月任职)

上湖乡

书　记:岳俊文(1月离职)　潘慧琴(1月任职)

西洛镇

书　记:冀俊武

平头镇

书　记:李志义

景尚乡

书　记:史敬海

宗艾镇

书　记:吴志明

松塔镇

书　记:宋润平

丹凤城区

书　记:付建民

滨河城区

书　记:李莉峰(1月任职)

中共阳泉市委工作概况

2014 年,在省委、省政府的正确领导下,阳泉市委坚持以邓小平理论、“三个代表”重要思想和科学发展观为指导,认真学习贯彻党的十八大和十八届三中、四中全会精神及习近平总书记系列重要讲话精神、党中央对山西工作的重要指示精神,坚决落实全省领导干部大会、省委十届六次全会部署,紧紧围绕省委“净化政治生态、实现弊革风清,重塑山西形象、促进富民强省”的总要求,团结带领全市干部群众,努力适应经济发展新常态,大力实施“四大战略”,统筹推进经济、政治、文化、社会、生态文明建设和党的建设,全市经济社会发展总体态势平稳。全市地区生产总值完成 616.6 亿元,增长 3.2%;规模以上工业增加值完成 239.1 亿元,增长 4.2%;全社会固定资产投资完成 517.4 亿元,同比增长 6.6%;公共财政收入完成 47 亿元,增长 0.5%;社会消费品零售总额完成 271.2 亿元,增长 9.9%;城镇常住居民人均可支配收入为 24825 元,增长 7.4%;农村常住居民人均可支配收入为 10742 元,增长 10.1%;居民消费价格涨幅为 1.3%。

一、认真学习贯彻习近平总书记系列重要讲话精神和全省领导干部大会精神

坚持把学习贯彻习近平总书记系列重要讲话精神作为重要政治任务,做到真学真懂、真信真用。全年组织市委中心组学习 14 次。认真践行习近平总书记提出的把抓党建作为最大的政绩、全面推进依法治国、依规治党等一系列新观点、新要求,结合阳泉实际制定了贯彻落实意见,指导全市工作,真正把学习热情转化为推动工作的具体实践。通过学习,增强了运用习近平总书记系列重要讲话精神武装头脑、指导实践的自觉性,提高了分析问题、解决问题的能力,提升了开展工作的科学性、创造性和实效性。同时,认真贯彻落实 9 月 1 日全省领导干部大会精神和中央领导同志对山西工作的指示要求,立足阳泉实际,提出了贯彻落实的具体措施,把思想和行动迅速统一到中央的决策部署上来,统一到以王儒林同志为班长的新的省委班子的工作要求上来。

二、扎实有效开展党的群众路线教育实践活动和学习讨论落实活动

按照中央和省委的统一安排部署,高标准开展党的群众

路线教育实践活动。市委常委带头,坚持问题导向,坚持教育和实践并重,坚持整风精神、开门搞活动,多次组织召开专题座谈会,广泛征求意见建议;严肃认真召开民主生活会,深入对照检查、反思剖析,提出整改措施,圆满完成了各个环节的工作,真正做到了红红脸、出出汗、洗洗澡、治治病,取得了预期成效。狠抓问题整改,一批人民群众关注的"四风"突出问题得到解决。狠抓建章立制,建立完善领导班子和领导干部基层联系点制度、领导干部调查研究制度、市管干部谈话制度等。坚持收尾不收场,对活动开展情况进行回头看。在党的群众路线教育实践活动结束之际,按照省委统一部署,结合阳泉实际,迅速启动了学习讨论落实活动。组建了组织领导机构,制定了实施方案。组织了全市领导干部学习讨论落实活动专题研讨班,召开了市委常委学习交流会和5次专题研讨会,主持撰写了市委反思剖析材料,进一步明确了整改措施和方向。着眼于解决"文山会海"、"三公经费"管理不严、行政审批违规和滥用审批权等问题,启动实施了39项专项整治工作,各项工作正在扎实推进并取得了初步成效。

三、加强和改进党的建设,努力营造良好政治生态

坚持把加强党风廉政建设和反腐败工作放在重要位置。认真落实党风廉政建设党委主体责任和纪委监督责任,出台了《中共阳泉市委关于落实党风廉政建设主体责任和监督责任的意见》、阳泉市贯彻落实《山西省贯彻落实〈建立健全惩治和预防腐败体系2013—2017年工作规划〉的实施办法》分解意见。认真落实省委"六权治本"要求,全面清理调整市纪委(监察局)牵头和参与的议事协调机构,加强查办案件力量。加强信访举报受理和案件线索管理,积极配合中纪委、省纪委在阳泉的案件查办工作,同时加大自办案件查办力度。2014年市纪委筛选排查案件线索87件,处分违纪党员干部308人,其中县级干部24人、乡科级干部81人,移送司法机关18人,形成了惩治腐败的高压态势。

从严教育管理干部。大力加强学习型党组织建设,狠抓领导干部学习教育培训,研究制定了《2013—2017年阳泉市干部教育培训实施办法》,实行市、县领导干部登台授课制度,先后举办培训班16期,培训干部1767人次。对超职数配备干部开展了前期摸底自查工作,积极稳妥推进整改消化工作。对党政领导干部在企业兼(任)职及借用人员进行专项清理。集中开展"带病提拔"倒查工作。建立县级干部道德品行测评系统,开展了试点工作。出台了从严监督管理干部的十项制度。严格落实八项规定,深入开展"衙门"作风、奢侈浪费之风、借机敛财之风"三项"专项整治和作风建设评议活动,深入开展行风评议活动。

着力强化基层组织建设。深入推进"基层组织提升年"活动,对全市55个软弱涣散村级组织进行集中整顿。制定了农村、社区服务型党组织建设的实施意见,近5万名在职党员到社区开展服务活动。全面推广机关干部下乡吃派饭制度,大力推行民事代办制、"农村干部管理20条"、乡镇干部"住读制"。开展党性分析试点工作,提升党员教育管理水平。村"两委"基本完成换届任务。

四、深入实施"四大战略",着力推动经济健康平稳发展

实施工业强市战略,积极培育多元产业。按照"稳定煤炭、强推电力、扩大煤化、做强装备、创新冶金、重组耐材、做大旅游"的思路,加快经济结构调整步伐,千方百计保持经济平稳发展。出台了稳定煤炭产业发展新的12条措施,废除了煤炭"两金"提取政策,全面开展涉煤收费清理规范工作,严格落实省煤焦公路运输体制改革政策。加强对阳煤、煤运等大企业的协调服务,千方百计稳定煤炭工业运行,阳煤控股南煤。中广核4.95万千瓦风电一期项目建成投运,阳光电源100兆瓦光伏发电项目一期具备并网发电条件;河坡发电2×35万千瓦"上大压小"项目加快推进;阳煤远盛2×35万千瓦"上大压小"项目、南煤西上庄2×60万千瓦低热值煤发电,山西国际能源裕光煤电2×100万千瓦等项目前期工作有序推进。加快煤化工产业发展,阳煤盂县化工"24.40"尿素项目拆迁扫障工作基本完成;平定年产60万吨乙二醇项目顺利推进。积极支持阳煤华鑫、华越等煤机制造企业做大做强。大力推进铝矾土资源整合和耐火企业重组,成立了山西省耐火材料产业技术创新战略联盟。大力发展现代服务业,加快旅游与商贸、物流、信息等产业的融合发展。同时,坚持发展循环经济,打造了天元再生资源循环利用、昌鑫生物有机复合肥等一批循环经济产业链。

实施文化兴市战略,经济社会发展软实力进一步增强。充分发掘中共第一城、中国版画城等特色文化资源,努力开发刻花瓷、煤雕等工艺产品。举办了首届中国工业版画新秀展,平定黑釉刻花陶瓷和砂器制作技艺入选国家级非物质文化遗产保护项目,"中国刻花瓷文化园"被命名为国家级文化产业示范基地,列入文化部2014年度特色文化产业重点项目。开展了十大文化亮点评选活动。推进文化惠民工程,举办了系列群众文化活动,在全市300个偏远贫困农村开展"一年一场戏"公益演出活动,在全省率先实现数字电视全覆盖。文艺创作硕果累累,首部数字电影《伏击》制作完成,三集纪录片《最后的铸造厂》在央视纪录频道播出,刘慈欣的科幻作品《三体》第一部在美国出版发行,成为在美国发行的首部中国科幻长篇小说。

实施生态靓市战略,生产生活环境进一步改善。积极开展植树造林,完成各类造林13.86万亩,占年度计划的111%。启动实施了"净空工程",集中开展八项专项整治行动。市区二级以上天数为178天,空气质量综合指数为8.07;省下达的六项约束性减排指标全部超额完成。扎实推进水污染防治,启动实施污水处理厂二期工程,开展河流污染整治专项行动,严厉查处违法排污企业,确保出省断面水质达标。尤其是在2014年APEC会议期间,采取有效措施,全市空气质量保持良好。

实施扩城阔市战略,城市功能进一步完善。统筹推进旧

城改造和生态新城建设。加大城市基础设施改造建设力度，继续实施道路畅通工程，华盛桥、赛鱼桥竣工通车，沃尔玛和桥北街泉中路地下通道建成启用，泉西路工程进度过半。着力打造3平方公里新城起步区，漾泉大道二期工程顺利推进，平阳路一期、宁波北路一期工程即将启动，新城路网骨干框架正在形成，供热和供水管网等基础工程已完工。三泉、魏家峪等村的基础性保障房工程建设有序推进，城乡规划展览中心工程主体建设任务完成，阳泉职业技术学院建设顺利推进。阳左高速、西环高速正式通车运行，盂五高速主体完工，阳大铁路建设正式启动。平定、盂县大县城建设取得重大进展。全市城镇化率达到64.96%。

多措并举，认真做好“三农”工作。出台了十大惠农政策，鼓励扶持农产品加工龙头企业做大做强和现代农业发展。粮食生产实现11连增。编制了《阳泉市改善农村人居环境规划纲要》，全市农村人居环境改善工作累计完成投资10.9亿元。“百企千村”产业扶贫8个项目进入实施阶段。易地移民搬迁工作走在全省前列。积极开展农村实用人才培训。土地确权登记颁证试点工作有序推进。

全面深化改革，不断扩大开放。成立了全面深化改革领导小组，七项专项改革任务稳步有序推进。积极落实“四重”综改任务，省、市级转型综改重大项目均超额完成年度目标。大力推进行政审批制度改革。积极发展“飞地经济”。同步推进市、县区政府职能转变和机构改革工作。设立高新技术产业发展基金，成立全省首家科技支行，编制出台了鼓励创新发展的政策措施。深化晋京科技合作，加强创新主体培育，做强科技产业，支持百度云计算、中科春明激光、亿鑫通达等重大科技项目快速发展，百度云计算中心一期3万台服务器模组建成并投入运行。加快园区建设，出台了《指导意见》和《考核办法》。开展招商引资活动，超额完成省定招商引资年度目标任务。

五、突出改善和保障民生，全力维护社会和谐稳定

加大民生投入力度，2014年，民生支出占公共财政预算支出的80.06%。全市城镇新增就业、失业人员再就业均超额完成省定目标。全市社会保险综合覆盖率达97.87%，基本实现全民医保目标。落实“单独两孩”政策。建成保障性住房9121套，完成省下达任务的126.7%。学前教育、义务教育和高等教育协同推进，实现了新突破。认真落实承诺为民办的五件实事。健全完善“党政同责、一岗双责”的安全生产责任体系，出台了《关于安全生产党政同责的实施意见》，全市安全生产秩序稳步好转。深入推进“平安阳泉”创建活动，大力实施“六六创安”工程，严厉打击各种刑事和暴力犯罪活动，深化与“法轮功”等邪教组织的斗争。开展“解决信访突出问题”专项活动，中央、省交办的74件案件全部办结。

六、深入推进民主法治建设和精神文明建设

充分发挥市委总揽全局、协调各方的职能作用，坚持和完善人民代表大会制度，支持人大及其常委会依法履行职能。坚持和完善中国共产党领导的多党合作和政治协商制度，支持和保证人民政协履行政治协商、民主监督、参政议政职能。切实加强对台、民族宗教、侨务、国防和援疆等工作。深入学习贯彻党的十八届四中全会精神，研究制定了《中共阳泉市委关于贯彻落实党的十八届四中全会精神和省委十届六次全会精神，加快推进法治阳泉建设的实施意见》，对“法治阳泉”建设作出总体部署。深入开展精神文明创建活动，全民素质和社会文明程度进一步提升。认真培育和践行社会主义核心价值观，广泛开展中国特色社会主义宣传教育。加强社会舆情特别是网络舆情分析研判，净化互联网环境。加强对外宣传，努力展示阳泉新形象。

（戚高伟）

附：中共阳泉市委书记、副书记、常委名单

书　记：洪发科

副书记：陈永奇　王旭明

常　委：王　民（10月接受组织调查）　杨永生
王湜洲　李利生　刘　星　李云峰　李定武
窑国林（12月离职）　田桂明（12月任职）

中共阳泉市城区区委工作概况

2014年，城区全面贯彻落实党的十八大、十八届三中、四中全会和习近平总书记系列重要讲话精神，以及党中央对山西工作的重要指示精神，围绕“净化政治生态、实现弊革风清，重塑山西形象、促进富民强省”的总要求，团结带领全区干部群众，坚持主基调、主战略，主动适应发展新常态、新挑战，以教育实践活动为动力，以转变经济发展方式为主线，统筹推进经济、政治、文化、社会、生态文明建设，大力加强党的建设，坚持从严治党，推进依法治区，各项事业取得了新进展、新成效。

一、坚持用习近平总书记系列重要讲话精神武装头脑、指导实践，思想政治建设取得新成效

坚持把学习贯彻讲话精神作为重要政治任务，区委理论中心组组织集中学习17次，举办了全区科级和科级以下干部培训班，认真学习贯彻习总书记系列重要讲话精神，强化干部队伍的思想理论武装。坚持学以致用，用以促学，在全区开展了学习习近平总书记系列重要讲话征文活动和“创建‘幸福社区’，推进‘三社联动’”主题活动，做到真学真懂、真信真用。全区干部自觉运用习总书记系列重要讲话精神武装头脑、指导实践，下基层、转作风，重调研、看成效，比差距、学经验，形成了你追我赶、奋勇争先的发展局面。把学习贯彻活动同省、市、

区委开展学习讨论落实活动紧密结合起来，及时召开区委常委会和活动动员大会，研究部署推进工作。成立8个督导组，层层传导压力，从严从实加强督导，逐层逐级把中央和省、市、区委的最新要求贯彻落实到“末梢神经”，把紧了党员干部的“总开关”、坚定了“主心骨”、筑牢了“压舱石”，增强了工作的积极性和主动性。

二、深入开展党的群众路线教育实践活动，党风政风建设取得新成绩

严格按照中央和省、市委的部署要求，认真贯彻“照镜子、正衣冠、洗洗澡、治治病”的总要求，建立区级领导班子联系点制度，抽调精干力量组成17个督导组，切实加强督促检查和指导把关，推动教育实践活动取得预期成效。坚持以上率下，区委常委会在23次集中学习基础上，多次深入联系点讲党课、作调研，强化学习教育，增强了党员干部的理想信念、宗旨意识和党性修养。突出问题导向，通过发放征求意见表、深入基层调研座谈等形式，广泛征求各方面意见建议。狠抓专项整治，调整清理腾退办公用房194.56平方米，调配、处置超编车22辆；通报了4个单位的典型违规行为，严肃处理7名工作人员，约谈2个单位责任人；取消违规领取廉租住房补贴家庭71户，清退违规享受实物配租家庭8户，追缴违规资金23.14万元；全年区本级党政机关“三公”经费支出比上年同期下降41.21%，其中公务接待费同比下降67.93%；文件减少13%，会议减少40%。“慵懒散拖”、“中梗阻”、“吃拿卡要”等问题得到有效整改。坚持标本兼治，建立健全了区委常委参加双重组织生活制度、区委常委议事和决策机制、公务接待、公务用车配备使用、厉行节约制止浪费等一批行之有效、指导力强、长期管用的规章制度，有力推动了作风建设制度化、常态化、长效化。召开全区党的群众路线教育实践活动总结大会，对教育实践活动进行全面总结，不断巩固和拓展教育实践活动成果，坚持不懈地加强作风建设。

三、聚精会神抓党建，管党治党科学化水平取得新提升

党风廉政建设取得明显成效。制定下发了城区贯彻落实中央《工作规划》的实施细则，统筹推进教育、制度、监督、改革、纠风等预防腐败工作，具有城区特色的惩防体系建设取得新进展。深入开展党政主要领导公开述廉评议工作，对10个落实主体责任不力，发生腐败案件的单位实行了“一票否决”。坚持有腐必惩、有贪必肃，健全案件查办工作机制，加大案件查办力度，保持了惩治腐败的高压态势。领导班子和干部队伍建设不断加强。树立正确用人导向，坚持重德才、重实绩、重公论，进一步修订了《区科级干部选拔任用工作流程》。全年共4次调整配备科级干部，提拔任职14人，平级调整9人，未接到一次有关干部选拔任用的举报。基层组织建设不断提升。推行“社区党委—网格党支部—楼栋党小组”纵向三级网络运行机制，探索以社区党组织为核心，党代表工作室、社区大党委、在职党员为横向三层的“一核三层”开放式基层服务网络。组建4个社会组织党组织，实现了党的组织和工作两个全覆盖。完善了机关和社区结对共建、在职党员到社区报到长效机制，全力加快服务型党组织建设。全面落实党建工作专项述职、联述联评联考制度，形成了“三级书记联动抓党建”的新格局。

四、主动适应新常态，经济建设取得新成就

经济发展稳中有进。全区生产总值完成148亿元，同比增长3.1%；服务业增加值完成125.9亿元，同比增长4.6%；全社会消费品零售总额完成148.1亿元，同比增长9.7%；全社会固定资产投资完成31.7亿元，同比下降52.7%；规模以上工业增加值完成6.6亿元，同比下降10.1%；公共财政收入完成28377万元，同比下降4.6%；城镇常住居民人均可支配收入25840元，同比增长7.7%。产业转型成效显著。大力发展现代服务业和新兴服务业，实施电子商务引领发展战略，与厦门市电子商务协会顺利签约。培育壮大健康服务业和养老服务业，在区人民医院成立了老年护理中心，在全省率先开展了医养融合发展新探索。大力发展民营经济，出台了《关于扶持中小微企业发展的实施办法》，积极推进中小微企业助保贷工作，着力解决企业融资难问题，全年为24户企业提供增信贷款额度达到2940万元。项目建设积极推进。深化“六位一体”工作机制，全力推进重点工程、重大项目建设，全年项目储备353个，总投资2061亿元，为年任务的166.21%；项目签约21个，总投资62亿元，为年任务的124%；项目落地21个，总投资56.41亿元，为年任务的115.12%；项目开工24个，总投资46.44亿元，为年任务的105.55%；项目建设49个，完成投资53.9亿元，为年任务的105.69%；项目投产9个，累计完成投资57.3亿元，为年任务的108.11%。

五、加强民主政治建设，法治城区建设迈上新台阶

坚持和完善中国共产党领导的多党合作和政治协商制度，支持和保证人民政协履行和发挥政治协商、民主监督、参政议政职能。以创建“幸福社区”为载体，深入开展了人大代表、政协委员进社区接待群众、联系群众、服务群众工作。巩固和发展最广泛的爱国统一战线，加强党外代表人士队伍建设，加强民族宗教工作，加强和改进新形势下的工商联工作，积极做好侨务和对台工作。扎实推进依法治区进程，切实抓好“六五”普法教育，法律服务和法律援助不断加强。建立科技项目专家评审制度，新华东街社区被授予国家级“科普示范社区”。工会、共青团、妇联等人民团体工作得到加强和改善。完成区文联换届工作。坚持党管武装原则，完善了军地齐抓共管国防后备力量建设机制，军民融合式发展进一步深化。

六、加强宣传思想文化工作，文化强区建设迈出新步伐

广泛开展道德实践活动，选树了获“中国公益慈善项目创意类百强”的南边堰社区爱心手工坊、储存好人好事5000余件的义井社区道德银行等一批社区社会组织品牌，包装打造

了“一元大爱”、“微善超市”等特色社区服务品牌。完善了敏感和重大舆情发现、研判、预警、处置机制,举办了首次“提高领导干部引导舆论能力”培训班。加强文化基础设施建设,新建了6个社区图书流动站,组织开展了“幸福社区”大家唱比赛等形式多样的群众性文体活动,激发了群众文化的创造活力。不断推出文艺精品,城区梦幻合唱团获“首届全国微合唱展演赛”最高奖,第二届中国·内蒙古(包头)合唱艺术节老年组混声合唱二等奖,《黄水谣》和《松花江上》获省第九届“三晋之春”合唱比赛铜奖。

七、全面创建“幸福社区”,基层社会治理取得新突破

进一步细化完善了“幸福社区”千分制考核测评体系,引入了第三方评估,强化了群众参与,命名18个“幸福社区”。累计投入370余万元,保障了街道社区创建工作经费、项目资助经费和培训经费,新建和改建了10个社区办公场所,34个社区建成“一站式”服务平台,建设了19个社区老年人日间照料中心。制定了《关于推进“三社联动”创新基层社会治理试点工作实施方案》等“1+6”系列文件,形成完备的政策支撑体系。积极探索“一委一居一站”的社区治理架构,强化社区减负增效,建立了行政事务进社区事项目录表,促进了社区民主自治水平的提高。建立了社区服务站,实施政府购买行政服务事项探索。积极培育和孵化社区社会组织144个,社区内驻地联建、部门联创、各种自治组织及居民群众互动的多元化治理局面基本形成。大力推广社区服务项目化管理,策划实施了70余个服务项目,小阳泉南社区被评为全国和谐社区建设示范社区。

八、加大力度改善民生,居民幸福指数得到新提高

大力压缩一般性支出和“三公经费”,不断加大民生领域投入,全年民生支出36650万元,占到全区公共财政支出的80.07%。坚持教育优先发展,“国家级义务教育发展基本均衡达标县(区)”创建工作通过省级评估验收。坚持就业为本,多渠道促进劳动就业,全区新增就业岗位2505个,为年目标的100.2%,城镇登记失业率为3.5%。推进公租房和廉租房并轨运行,以代建回购方式加快推进200套续建廉租房、公租房建设。继续深化医药卫生体制改革,完成了区人民医院病房楼改扩建工程。计划生育优质服务水平进一步提高,我区金三角社区被列为全省唯一承接国家卫计委实施的“新家庭计划——家庭发展能力建设”项目的城市社区。为1185名二级以上残疾人发放特殊救助142.2万元,为485名一级重度残疾人发放护理补贴或生活补贴11.64万元。妇女、儿童、老龄等工作取得新进展。启动了“清洁城区”创建工作,连续19年蝉联省级“卫生城区”称号,新增绿化面积2.9万平方米,全区林木绿化率、森林覆盖率、绿化覆盖率和绿地率分别达到32.83%、29.49%、37.08%和33.51%,人均公共绿地面积16.68平方米。加快信息化建设,高标准建成了“智慧城区”指挥平台,城市管理的信息化、科学化、精细化水平不断提升。深入推进“平安城区”建设,健全社会稳定工作机制,大力实施“六六创安”工程,积极构建基层社会服务管理体系、城乡网格化管理服务体系,不断完善“大防控”体系和“大调解”机制,治安形势进一步好转,群众安全感明显增强,满意度明显提升。

(邵瑞鹏)

附:一、中共阳泉市城区区委书记、副书记、常委名单

书　记:康晓剑(11月接受组织调查)

副书记:武　雪(女)　任时杰

常　委:李保存　杨献斌　李昱平　刘志军　胡秀毅　田　青　王志伟

二、街道党工委书记名单

上站街道

书　记:高　鹏

下站街道

书　记:温敏芬(女)

北大街街道

书　记:宋燕明

南山路街道

书　记:刘广顺

义井街道

书　记:李丽萍(女)

坡底街道

书　记:路永青

中共阳泉市矿区区委工作概况

2014年,矿区区委在省、市委的正确领导下,认真学习贯彻党的十八大、十八届三中、四中全会精神和习近平总书记系列重要讲话精神,团结带领全区各级党组织和广大干部群众,强化思想理论武装、提升基层组织建设、促进区域经济发展、狠抓党风廉政建设,坚定为民务实清廉价值追求,扎扎实实地推动“经济发展首富之区、资源转型首创之区、社会和谐首善之区”建设。

一、强化理论武装,进一步加强思想政治建设

加强政治理论学习对增强广大党员干部的政治意识、大局意识和责任意识;对党员干部牢固树立正确的人生观、世界观、价值观具有重要意义。一年来,区委常委会通过多种形式加强学习,深入学习党的政治理论,始终把学习党的十八大、十八届三中、四中全会精神和习近平总书记系列重要讲

话精神作为首要政治任务，以上率下、带头学习，全区党员干部广泛参与、紧跟深学。区委理论中心组集中学习18次，举办专题学习培训班5期，组织下基层送教、送学活动41次，在《新矿区》和矿区政府网站开设专栏，刊登学习心得和理论文章68篇。全区各级领导班子和党员干部能够自觉运用讲话精神武装头脑、指导实践、推动工作，用战略思维、创新思维、法治思维、辩证思维和底线思维解决问题的能力不断提升，用"信念坚定、为民服务、勤政务实、敢于担当、清正廉洁"为履职标准干事业、谋发展的氛围进一步形成，贯彻执行中央和省市委重大决策的自觉性和坚定性进一步增强。

二、全面加强党建，进一步夯实基层基础

党的十八大以来，围绕加强党的执政能力建设和为民务实清廉这条主线，以深入开展党的群众路线教育实践活动为重点，坚持党要管党、从严治党的方针，全面推进党的建设，为"三区"建设提供坚强有力的政治保证和组织保障。

一是加强组织领导，抓好班子建设。区委高度重视党的建设工作，切实履行全区党建工作"第一责任人"的职责，继续深化由区委组织部牵头抓总，纪委、宣传、机关工委等部门共同参与的基层党建工作联动机制，并对党建工作实行单独考核，全面加强党建工作的领导。认真贯彻民主集中制原则，健全了区委内部议事和决策机制，重大问题、重大决策和干部任用等方面都严格按照程序，集体讨论决定。坚持每月第一个工作日碰头会议制度，坚持区四套班子党员领导干部联系基层党组织制度，坚持班子领导定期深入基层调研指导制度。以高度的政治责任感开好每次民主生活会，坚持开展批评和自我批评、坚持严格党内生活、坚持党性原则，开展积极健康的思想斗争，自我批评敢于揭短亮丑，相互批评不留情面，真正做到了见人见事见思想，有效推动了领导班子自身存在问题的解决，促进了领导班子的团结和谐。

二是夯实基层组织基础，党务工作水平不断提升。全区2130名在职党员到社区报到，帮助社区居民实现"微心愿"960个。建成党代表工作室7个，230名省市区党代表解决群众反映的问题285件。不断深化社区"一委一居一中心"管理模式，认真落实"三有一化"工作要求，实行区领导"一对一"包点帮扶，小南坑等5个基础设施较差的社区办公环境得到全面改善。选树了桥南园社区"党员亮身份、奉献在社区"、段南沟社区"鸿雁365"等4个党建品牌，成为了全区新亮点。继续延伸开展三级"联述联评联考"工作，形成述职述廉述党建、评优评先看党建的长效机制。实施"一证一簿一库"工作法，开展民主评议党员工作，加强了对党员的动态管理。建立了基层党建"两网两平台"，加大对我区党建工作的宣传推广。

三是加大培训力度，建设高素质干部队伍。采取走出去与请进来相结合，自学与集中授课相结合，理论学习、参观考察与实践锻炼相结合的培训方式，加强党组织书记的培训，先后组织538人参加了社区"领头雁"培训和群众路线专题培训工作，区委领导带头上讲台授课，构建起多层次、全方位、广覆盖的长效培训机制。继续下派街道干部担任社区党支部"第一书记"，同时择优录用各类优秀人才，省人社厅统一招录的69名基层服务公共岗位工作人员已全部到社区任职，全面加强社区领导班子的调整配备力度。另外，提高了社区干部的生活补贴，为全部社区干部缴纳"五险"的基础上，每月提高待遇500元，达到了1800–1900元/月，免除了他们的思想负担，促使其安心工作。

四是强化思想引领，为"三区"建设汇聚强大正能量。深入培育和践行社会主义核心价值观，广泛开展宣传教育，积极营造崇德向善、文明和谐的良好氛围。建成国家级文明单位1个，省级文明单位6个，市级文明单位29个，区级文明单位72个，区级以上文明社区覆盖率达到32%。以提升全民道德素质为目标的"道德讲堂"在全区16个市级以上文明单位开讲。侯明华被评为"全国百姓口碑警察"，吕桂莲等5人被评为"阳泉好人"，王智伟当选2014年"感动山西十大人物"和"第五届山西敬业奉献道德模范"。坚持正确舆论导向，着力打造"书香矿区"，持续做好对外宣传，全年《矿区新闻》播发208期1250余条，《新矿区》报出版52期，《阳煤新闻》播发90期200余条，在《人民网》《中国青年报》《山西新闻》《山西日报》等中央和省级媒体发稿32条。报送舆情信息794条，中宣部采用111条，名列全市第二。

五是党的群众路线教育实践活动成效明显，党群干群关系更加密切。全区204个基层党组织、4575名党员中深入开展了党的群众路线教育实践活动。活动始终坚持高标准、严要求，通过反复学习讨论、深入走访调研、广泛征求意见，找准找实了突出问题；通过坦诚谈心谈话、深刻对照检查、召开高质量民主生活会，达到了"团结—批评—团结"的目的；通过狠抓整改落实、建章立制，有效遏制了"四风"问题，推动了党风政风好转。集中开展了"践行群众路线，规范行为举止"、整治居民楼院环境卫生、"三项"专项整治等一系列转作风、促民生活动；出台适用于我区加强作风建设的"两方案一计划"，提出14项整改措施、22项专项整治措施；梳理出"废、改、立"制度规定55项，制定了《党政班子成员行为规范"八不准"》《区政府主要领导不直接分管财务、人事工作的规定》等制度；全区发文、召开会议、评比表彰数量分别同比下降18.3%、23.8%、16.7%，公务接待费用下降86%，公务用车购置及运行维修费下降30.9%，领导下基层走访调研1400余次，一大批群众关心的热点、难点问题得到解决。

六是学习讨论落实活动顺利开展，各项任务有序推进。按照省、市委统一安排，结合我区实际，迅速开展了学习讨论落实活动，制定了实施方案，明确了6个方面、23项任务、68项具体成果，成立了领导机构，组建了6个督导组，为活动开展指导把关。为从严从实搞好活动，结合实际制定了区级领导包点制度、联络员制度、督导检查制度、碰头会制度、工作周报制度、信息报送制度等6项工作制度，确保这次活动不走空、不流于形式。举办了区级领导和部门主要负责人专题研讨班。区委班子组织召开了1次学习交流会、4次专题研讨会，对班子存在问题进行反思剖析、深挖细照，形成了客

观、具体的专题反思剖析报告。各级部门坚持问题导向,边学习、边讨论、边落实,认真组织、稳步推进,全区活动有序开展,氛围良好。

七是认真落实维稳工作措施,和谐稳定大局持续巩固。完成了对191名社区矫正人员信息录入。充分发挥社区戒毒康复工作站和美沙酮药物维持门诊作用,280人接受了药物维持治疗。建立了区、街道、社区三级矛盾纠纷调解中心,区矛盾调解中心调处各类矛盾纠纷749件,占到法院全年处理民商事结案总数的67%,有效防止了民转刑案件发生。认真落实"四包一"制度、区级领导接待群众日制度,21件信访积案得到有效化解。全年,解决信访问题401个,办结率达96%。刑事案件比上年减少112起,下降18.8%,万人发案率低于全市4.86个点。荣获省级平安区和"全国和谐社区建设示范单位"称号。和谐发展的根基进一步夯实。

三、发挥区域特色经济优势,进一步激发发展活力

一是全区经济实现平稳健康发展。面对宏观经济持续低速运行的不利形势,积极抢抓机遇,应对挑战,强化措施,乘势而为。地区生产总值完成137.1亿元,规模以上工业增加值完成104.23亿元,全社会固定资产投资完成94.1亿元,公共财政收入完成3.12亿元,社会消费品零售总额完成20.9亿元。重点工程"六位一体"超额完成年度目标任务。其中,项目储备完成2556.38亿元,完成任务的147%;签约项目完成77.8亿元,完成任务的156%;省级重点工程累计完成投资9.15亿元,完成年度任务的114%;市级重点工程累计完成投资51.1亿元,完成年度任务的109%。

二是总部经济带动效应持续增强。加大与阳煤集团领导层的沟通对接,畅通政府与阳煤职能部门间的信息互通渠道,搭建起了政府与企业合作交流平台,实现了政企合作共赢。充分发挥"政、银、企"担保平台作用,累计帮助企业融资近4000万元。协调阳煤出台了物资供应商、生产型供应商、重点合作供应商在矿区注册优先发展的长效机制。完善了区级领导联系重点企业制度,对50户重点纳税企业实行"一对一"服务。三年来,新增总部企业367户,截至2014年底,围绕阳煤集团经营的总部类企业已达550多户,全年上缴税收3.24亿元,占到财政总收入的49%。总部经济对区域经济贡献不断增大。

三是飞地经济成为经济增长新引擎。加强与毗邻县区的融合式发展,形成了优势互补、联动发展的强劲态势。以"飞地"模式引进项目12个,其中5个项目落地,涉及资金4.3亿元,双隆办公设备制造项目开工建设,鑫利达游乐园已对外营业;石头造纸等7个项目完成签约并确定选址,涉及资金58亿元。另外,有4个项目达成初步合作意向,涉及资金19.2亿元。通过大力发展"飞地经济",不仅突破我区"有天没地"的制约,吸引了一批优质企业落地生根,也为加快区划调整起到了积极的推动作用。

四、坚定不移抓落实,进一步推进党风廉政建设

一是落实统一领导责任。区委牢固树立主体责任意识,把反腐与改革、发展、稳定形成"四位一体"大局理念;坚持把党风廉政建设和反腐败工作作为区委常委会重要议事日程,统筹谋划,全力推动;与"五位一体"和党的建设工作同部署、同落实、同检查、同考核。并强化对纪检监察工作的领导和支持,帮助解决工作中的重大问题;全面落实中央关于加强反腐败体制机制创新和制度保障各项措施,支持纪检监察机关转职能、转方式、转作风。截止12月底,区委常委会6次专题研究全区的党风廉政建设。

二是明确党风廉政建设主体责任和监督责任。组织召开了全区党风廉政建设干部大会暨区纪委八届四次全会,进一步把全区党员领导干部思想集中统一到中央、省委、市委关于党风廉政建设主体责任的精神上来。把区委班子及班子成员的思想和力量凝聚到党风廉政建设的主体责任上,明确职责所在,形成了科学合理、有力的工作支撑。在工作推进上,矿区率先在全市扛起党风廉政建设主体责任的担子,由区责任办牵头研究制定,并经区委常委会研究出台了《关于落实党风廉政建设主体责任和监督责任的实施意见》,形成区委、区委各部委、区级各部门党组共70条主体责任和区纪委共11条监督责任的党风廉政建设工作链条。

三是强化党风廉政建设工作任务分解。按照职责分工,区委研究制定了《2014年全区党风廉政建设和推进惩防体系建设工作任务分解意见》,形成了35项重点工作任务,分解到14位区委、区政府领导身上。区委书记对全区的党风廉政建设负总责,其他13位领导对全区分管系统和部门的党风廉政建设负领导责任。所有工作任务并具体分解到21个牵头落实单位和59个配合落实单位。形成了区委领导班子对党风廉政建设负全面领导责任,领导班子负责人是党风廉政建设第一责任人,领导班子其他成员对职责范围内的党风廉政建设负主要领导责任的责任体系。

四是党风廉政建设和反腐败斗争不断推进。严格落实"签字背书"和"一案双查"制度,形成了"一级抓一级、一级管一级,一级对一级"的责任体系。认真履行"一岗双责",全力抓好领导干部公开述廉评议、干部任前廉政谈话、责任制考核验收等工作,特别是在干部选拔任用、财务管理、工程领域等方面强化对权力的制约和监督,严防制度约束权力"末稍锐减"。进一步提升区纪委执纪监督问责能力,对违反工作纪律的5人进行了严肃处理。加大对案件的查处力度,全年受理举报43件,18名干部给予党纪政纪处分,追缴违纪款5.87万元,挽回经济损失24.46万元,形成了惩治腐败的高压态势。

(宋 博)

附:一、中共阳泉市矿区区委书记、副书记、常委名单

书　记:刘德跃(12月接受组织调查)

副书记:刘乙佑　冉志伟

常　委：侯彦军　王宝新　吴亚非　高海明
　　　　王晓丽（女）　史晓文（11月离职）　张世庆

二、街道党工委书记

沙坪街道

书　记：李俊萍（女）

赛鱼街道

书　记：彭　平

蔡洼街道

书　记：刘　恒

桥头街道

书　记：李新宇

平潭街街道

书　记：周拉弟（女）

贵石沟街道

书　记：王德珍（女）

中共阳泉市郊区区委工作概况

区委书记　苏秀瑞

2014年，面对复杂多变的发展环境和经济下行压力，在省、市委的正确领导下，全区上下认真贯彻落实中央、省、市委重要决策部署，以党的群众路线教育实践活动为动力，努力适应经济发展新常态，大力实施产业强区、拓城靓区、综改活区、民生安区、实干兴区"五大战略"，着力稳增长、调结构、抓改革、惠民生，经济社会各项事业都取得了新进展、新成效。

一、以党的群众路线教育实践活动为抓手，全面加强党的建设

坚持党要管党、从严治党，突出转变作风、刷新吏治，全面加强党的建设，为加快转型发展提供坚强保障。扎实开展党的群众路线教育实践活动。按照中央、省、市委统一部署，认真落实"照镜子、正衣冠、洗洗澡、治治病"的总体要求，坚持区委常委带头，开展了为期9个月的教育实践活动。坚持把学习贯穿始终，深入学习贯彻习近平总书记系列重要讲话精神，做到真学真懂、真信真用；坚持问题导向，运用"六带"工作法，深入基层广泛征求意见，聚焦"四风"开展大讨论；坚持把自己摆进去，深入对照检查、反思剖析、提出整改措施，圆满完成了各环节工作，全区党政机关和领导干部的作风有了明显转变。认真抓好专项整治，解决了一批"四风"问题以及群众反映强烈的突出问题，取得明显成效。坚持收尾不收场，及时开展"回头看"，切实扣好最后一粒扣子，做到了善始善终、善做善成。积极开展学习讨论落实活动。紧紧围绕"净化政治生态、实现弊革风清，提升郊区形象、促进富民强区"的目标任务，提高认识、反思问题、剖析原因，明确了整改措施和方向，形成了"边学习、边讨论、边落实"的浓厚氛围。深入推进反腐倡廉建设。认真落实"两个责任"，特别是按照八项规定和《廉政准则》，严格履行领导干部外出报备、党政主要领导不直接分管部分工作的若干规定等制度。切实落实纪检监察机关"三转"要求，深入开展了"衙门"作风、奢侈浪费之风、借机敛财之风"三项"专项整治活动。针对作风纪律、公款送礼、公款吃喝等问题开展了12次明察暗访，共查处各类问题28件44人次，其中给予党纪政纪处分17人，有效促进了机关纪律的好转。坚持有案必查、有腐必反、有贪必肃，加大违法违纪案件的查处力度。从严教育管理干部。对各乡镇、区直各部门继续实施"五子登科"考核办法，试行"乡镇干部管理办法"，乡镇干部变"走读"为"住读"，全面推广机关干部下乡吃派饭制度，对科级干部建立实绩档案制度，严格执行村干部管理20条和廉洁履行职责若干要求等制度，进一步规范了干部行为。大力加强基层组织建设。深入推进基层组织提升年活动，认真开展了区乡村三级联述联评联考。在此基础上，突出抓好农村"两委"换届工作。严格落实"6个做到，6个严禁"，切实处理好"合法"与"合适"、"选成"与"选好"、"政策"与"民意"三个关系，实现了"十种情况的人"零当选，在全市率先完成"两委"换届工作。对新当选的"两委"班子成员、"两委"主干家属、村民代表开展了专题培训。创新基层组织党建模式，新建了西河、龙泉锦园2个"村企和谐型"联村党委，进一步延伸了基层党组织的服务架构。坚持"民有所呼、我有所应，民有所难、我有所帮，民有所诉、我有所解"原则，在全区推行"民事代办"工作法，并把征地补偿、项目审批等纳入代办范畴，实现了工作职能和服务平台的下沉前移。扎实推进"廉洁乡村"创建工作，15个重点联系村完成了整改工作，并有28个村成为廉洁示范村。努力构建多维宣传格局。突出围绕中心、服务全局的要求，实现宣传平台、宣传内容及宣传深度的全面突破。小河村大型记录片《记住乡愁》登陆央视，群众路线教育、乡村旅游等百余篇重点报道亮相人民网、新华网、山西日报等媒体，《魅力东方——走近阳泉郊区》覆盖台湾地区，郊区形象全面提升。

二、以"五大战略"为统领，加快产业结构调整

全面落实中央和省、市委决策部署，大力实施"五大战略"，全区经济实现了平稳发展。2014年，地区生产总值完成81.12亿元，增长8.1%；公共财政收入完成4.79亿元，完成市定任务；规模以上工业增加值完成21.06亿元，增长12.6%；固定资产投资完成76.54亿元，增长8.3%；城镇居民人均可支配收入达到20860元，增长8.1%；农村常住居民人均可支配收入达到11320元，增长9.9%。项目建设成效明显。全年

实施项目81项，完工40项。新引进百万元以上经济合作项目31项，签约金额164.8亿元。“六位一体”全面完成。区定重点工程项目中，河坡电厂2×35万千瓦项目已开始安装设备，太阳高速河底出口连接线工程完工通车，市展览馆主体已封顶。产业结构不断优化。全面加强对39家规模企业运行的监测监控，认真落实煤炭20条+17条、保障工业运行12条，以及财政15条和金融12条等扶持政策，邀请国内经济领域方面的专家教授举办了“新时期新发展”县域经济发展研讨会，切实帮助传统产业扩规上档、提质增效。开通阳泉郊区真金耐火材料交易平台，扩大了郊区耐火产业的对外知名度。全年区内煤炭产量完成229万吨，实现税收9910万元；耐火行业完成93万吨，实现税收7637万元；水泥、氧化铝、石油支撑剂产量分别同比增长17.5%、55.8%、34%。“三农”工作取得突破。新增温室大棚240亩，果树1400亩，中药材5020亩；生猪出栏9万头，蛋鸡存栏200万只。12个重点农业项目完成投资1.33亿元，宝鑫现代养殖场、西南异果品基地、汉河沟采摘项目列入省级现代农业示范园区项目。易汇公司获批山西省星火示范基地。智能连栋温室穴盘育苗技术达到国内领先水平。乡村旅游成绩喜人。以“乡村旅游年”为主题，成功举办关王庙文化节、辛庄红色旅游节等十大旅游项目推介活动，成为全区经济新的增长点。建成了桃林沟、汉河沟、南沟等一批乡村旅游示范村；上千、小河、咀子上3村入选“山西最美旅游村”行列，辛庄村入选第三批“中国传统古村落”。桃林沟景区成功申报为国家4A级景区。

三、以城镇化建设为重点，狠抓人居环境改善

加强与新城管委会协调配合，主动做好征地、拆迁、扫障等工作，整体推进路、水、电、气等基础设施建设。漾泉大道一期、二期进展顺利，三泉、魏家峪、大西庄保障房工程有序推进，阳大铁路建设顺利启动，西外环高速竣工通车。制定“荫营镇北区概念性规划”，投资1.05亿元完成镇区东西大街热力、供气、自来水、污水管网铺设工程，以及路面和人行道改造工程。南区雅馨园建设工程完工，中兴大道基本完工，新建的水质净化工程投入使用。荫营镇被列入全省唯一的全国新型城镇化综合试点乡镇。积极改善农村人居环境，制定出台了《改善农村人居环境规划纲要(2014–2020年)》和《2014年行动计划》，完成平坦镇芦湖、吴家掌等4村异地扶贫搬迁工作，投资300万元实施乡村清洁工程，全区达标村达到63个。生态修复治理顺利，完成阳五高速、西外环、刘备山等绿化任务，“4+2”约束性指标有效控制，APEC会议期间环境保障任务圆满完成。

四、以全面深化改革为动力，省级转型综改试点区建设迈出新步伐

大力推进行政审批制度改革。出台了《关于对投资建设项目实行联合预审，推进并联审批的实施办法》，最大限度地优化审批流程、减少审批环节，压缩审批时限，努力为重点工程项目建设保驾护航。不断创新金融发展体制机制。区财政累计投入2000万元风险补偿金开展助保贷业务，共为12家企业累计发放贷款金额7360万元，更好地支持中小企业发展。稳步推进土地流转。积极开展农村土地确权试点工作，认真贯彻土地流转政策，土地流转工作逐步走向规范化运行轨道，全年共流转土地800亩，累计流转15800余亩。其中，平坦镇采取领包、领租、领养“三种方式”，旧街乡采取市民领养型、村集体返租倒包型、社会企业承包型、种植大户承包型“四种形式”，为全区土地流转做了有益尝试。积极探索发展“飞地经济”。根据“政府引导、优势互补、共建共赢”的原则，与兄弟县区主动对接，共引进鑫利达游乐场、阳泉联升办公家具等“飞地经济”项目，目前进展顺利。

五、以保障和改善民生为根本，努力提升人民幸福指数

认真落实省、市各项惠民政策，重点办好“8件实事”，进一步增加“民生菜单”投入。申报省、市科技项目72项，向上争取各类扶持资金505万元；新招聘中小学教师41名，为边远山村教师和村办幼儿教师发放补助，我区荣获“全国义务教育发展基本均衡县”称号；全面落实“单独两孩”政策；为60岁以上乡村医生发放退养补助，村卫生所免收一般诊疗费全面推开，区人民医院与北京301医院开展远程会诊28人次；保障房新开工建设1150套，基本建成3542套，农村危房改造完成1165户。珍宝园保障房小区全年完成投资3.11亿元，基本建成1818套；新增城镇就业人数3000余人，区精神和智力残疾人托养中心主体已完工，新安排残疾人就业45人。全区文化惠民工作扎实推进，深入乡村进行文化惠民演出共92村次，实现了偏远贫困地区全覆盖。我区荣获“全国养成教育实验基地”称号。

六、扎实做好安全生产工作，努力维护社会和谐稳定

认真贯彻落实新修订的《安全生产法》，健全完善安全生产党政同责的安全生产责任体系，深入开展安全生产专项大检查，严格隐患排查治理，整改各类问题2000余条，进一步夯实安全生产基础。煤矿等直管行业领域均未发生死亡事故，圆满完成市下达的年度目标任务。始终保持打击私挖滥采的高压态势，采取党政齐抓共管、部门联合执法、构建长效机制等措施，有力遏制了非法采矿行为，矿业秩序总体良好。以群众工作统揽信访工作，进一步健全机制，坚持党委、政府区级领导定期接访和人大、政协区级领导工作日坐班接访制度，集中开展进京劝返、解决信访突出问题等专项活动，确保了全国和全省“两会”等敏感节点的社会稳定。加快推进平安郊区和法治郊区建设，“天网”二期工程顺利完工，视频监控网络基本实现全覆盖，社会服务管理体系建设有序推进，“六类特殊人群”服务管理得到提升，三级社会服务管理平台有效运行。全面开展“法律六进”活动，不断增强全区党员干部和人民群众的法律意识。深化行政管理体制改革，规范司法行为，强化执法监督，法治政府建设成效明显。去年，我区被

省综治委命名为“省级平安县区”。同时，人大、政协和统战、武装，以及工、青、妇等各项工作扎实推进，为实施“五大战略”，实现富民强区做出了积极贡献。

（刘 宏）

附：一、中共阳泉市郊区区委书记、副书记、常委名单

书 记：苏秀瑞

副书记：韩加政 杨艳红（6月接受组织调查）
侯向军（挂职，11月离职）

常 委：孙 毅 王振杰 田进勇 王建华 张斌武
杨兆权（4月任职）

二、乡镇党委书记名单

荫营镇

书 记：张斌武

河底镇

书 记：段拥军

平坦镇

书 记：郭智英

义井镇

书 记：韩晓东

李家庄乡

书 记：王永平

西南舁乡

书 记：王红卫

杨家庄乡

书 记：史丽娟（女）

旧街乡

书 记：李仁照

中共平定县委工作概况

县委书记 杨自明

2014年，平定县委在省、市委的正确领导下，认真学习贯彻党的十八届三中、四中全会和习近平总书记系列重要讲话精神，全面贯彻落实省委“净化政治生态、实现弊革风清，重塑山西形象、促进富民强省”和市委“四大战略”等各项决策部署，团结带领全县干部群众，围绕“小微企业富民，大中企业强县，唱响千年文化，建设美好平定”的思路，积极应对经济下行的压力和各种困难挑战，统筹抓好经济建设、政治建设、文化建设、社会建设、生态文明建设和党的建设，主动作为，砥砺奋进，各项工作稳中有为、稳中有进，取得了新发展。全县地区生产总值完成85.79亿元，同比增长7.83%；公共财政预算收入完成4.23亿元，同比下降9.94%；规模以上工业增加值完成31.03亿元，同比增长14.09%；固定资产投资完成136.08亿元，同比增长21.11%；社会消费品零售总额完成31.86亿元，同比增长11.67%；城镇常住居民人均可支配收入完成22845元，同比增长7.4%；农村常住居民人均可支配收入完成10212元，同比增长10.4%。

一、适应经济发展“新常态”，发展改革迈出新步伐

一年来，我们聚精会神抓项目、扩投资，抓帮扶、稳增长，抓改革、增活力，转型发展迈出坚实步伐，各项改革取得初步成效。

（一）突出项目建设。2014年确定的80个重点工程项目，47个项目落地，64个项目开工建设。严格落实四大班子包项目责任制，建立健全了重点项目“六位一体”考评机制，完善了“月调度、月考核、月排名”机制、“两牌”进工地和重大问题挂牌督办等机制。从“六位一体”方面看，项目储备、签约、开工、建设、投产完成了年度计划任务。全年储备项目262个，投资动态保持在2811.44亿元；项目签约34个，签约投资183.7亿元；项目落地30个，落地投资39.21亿元；项目开工30个，开工投资129.89亿元；项目投产27个，投产投资100.05亿元；项目建设投资101.14亿元。

（二）扶持发展中小微企业。一是实施中小微企业成长工程，壮大民营经济发展。金潭中小微企业孵化器(基地)项目主体完工，王家庄产业园区配套开工建设中小微企业产业园，占地规模300亩。二是实施瓶颈突破工程，解决中小微企业资金困难。县财政投入1000万元托底资金，与建设银行合作开展中小企业“助保贷”业务，3年累计为62户小微企业发放助保贷款13742万元；投入500万元托底资金，与市商业银行合作开展“农保贷”项目，共为8家企业发放贷款1250万元，有效缓解了肉鸡养殖户、大棚种植户以及其他农业项目发展贷款难题。

（三）扎实推进转型发展。围绕“做优煤炭，扩容电力，提升材料，做大陶瓷，强化制造，拓展商贸，培育旅游”，做好煤和非煤两篇文章，推进经济运行结构调整优化。一是稳定煤炭生产，延伸产业链条。大力推进矿井建设步伐，古州煤业所属7个基本建设矿井(除陈家庄煤矿外)，累计完成投资22.2亿元；通过涉煤收费清理规范，为企业减负150万元，煤炭产量完成251万吨。加快实施阳煤乙二醇、亿隆古州地下气化、晋煤集团漾泉蓝焰煤层气开发利用等项目。二是发展壮大园区经济。王家庄新能源新材料产业园区被确定为省新型工业产业示范基地，累计完成投资3.5亿元，平整土地1200亩，完成6.27公里入园道路路基工程，龙川大桥通车，部分管网

同步铺设。西格里碳素、贝特瑞新能源、福润禽业、春明激光器、天元家电等企业(项目)入驻张庄新型工业园区,工业总产值达到15亿元,税收1.6亿元。三是大力发展飞地经济。与城区对接洽谈"飞地经济"项目5个,总投资3.7亿元,占地1000多亩。蒙牛物流基地和国药物流基地等3个项目已经落地。四是加快发展循环经济。以省级循环经济试点县建设为契机,编制完成发展规划。发展家电循环产业链,全省转型综改重点项目—天元资源循环利用产业集聚区项目建设进展顺利。

(四)加强"三农"工作。全年粮食总产量达到12.5万吨。生猪、蛋鸡饲养总量分别达到22.5万头、161万只,肉鸡出栏量212万只。肉、蛋、奶产量分别完成13200吨、14600吨、2500吨,畜牧业总产值达到4.8亿元。大正伟业12栋鸡舍已建设完毕,正式投产运行。10个肉鸡养殖示范小区已有7家投产,1家在建。农产品加工业销售收入7.95亿元。新培育省级、市级"一村一品"专业村29个,新发展农民专业合作社125个,新培育家庭农场100个。大正伟业、鑫源世纪、万和油脂等9个企业被认定为山西省农业产业化龙头企业。积极推进农村人居改善工程、"百企千村"产业扶贫开发工程和省农业机械化示范县建设。

(五)加快文化产业发展。"中国刻花瓷文化园"建设项目成为全省唯一入选的国家级重点文化产业特色示范项目。黑釉刻花陶瓷制作技艺和砂器制作技艺成功申报为国家级非遗保护项目,在全省居于领先地位。平定砂器旅游文化产业园区一期工程建成并投入使用。实施了固关长城旅游景区、娘子关景区、舍利文化园等4个旅游项目,投入旅游发展资金4850余万元。

(六)稳步推进各项改革。一是加大行政审批改革力度。落实"两集中、两到位"工作,县直18个政府部门设立了行政许可股,首批确定的10家单位行政许可股整建制进驻审批大厅,4个单位设立分中心,审批时限大幅度压缩。二是稳步开展农村土地改革。建立了农村土地承包经营权流转登记、合同鉴证和备案等工作制度。东回镇3个村启动农村土地承包经营权确权登记试点。三是深化户籍管理制度改革。从方便群众出发,下放审批权限,简化审批手续。其它各项改革也有序推进。

二、切实保障和改善民生,维护社会大局稳定

(一)持续加大民生投入。全年财政在民生方面投入12.37亿,占到财政支出的79.11%。城镇登记失业率控制在3.91%;城镇新增就业人数4180人,转移农村劳动力3720人。城乡低保、五保供养等特困人员生活保障标准进一步提高。49所农村老年人日间照料中心,45所基本完成。离退休职工养老金实现"十连增",全县养老金按时足额发放。城镇居民基本医疗保险工作实现全覆盖,新农合参合率达到99%。嘉山第三、四期在建保障性住房846套,780套主体完成。高考首批达线人数再创新高,比上年净增196人。6所幼儿园建设5所主体完工,1所投入使用。投入73辆公交车,免费接送9个乡(镇)220多个村庄的义务教育阶段寄宿生上下学,今年1月5日《山西日报》在头版头条进行了报道,并刊发了《学平定做法向平定看齐》的短评。省、市、县三级政府年初承诺为民兴办的16件实事基本完成,取得了明显成效。

(二)改善城乡人居环境。城市规划管理方面:完成了县城绿地系统规划,深化西部新区6平方公里的控制性详规。组建城市规划执法队,加大执法监察力度。交通建设方面:药林寺旅游公路、平赵线、冠山舍利子文化园旅游公路配套工程主体完成,评梅西街延伸、自强路全段竣工通车,阳泉市汽车客运南站项目进展顺利。供热供气方面,新增城市燃气管网32公里,改造管网3.06公里,新增燃气用户3585户;新增供热面积21.4万余平方米,新增供热用户2800余户。城乡环境整治方面:城南河、嘉河和县城主要河道清挖淤泥工程完成。县城"便民市场"完工。县城垃圾处理厂和两座垃圾中转站项目启动。新增100名环卫工人,总数达到400名;配备小挖机、小铲车、洒水车等100余辆,城乡环境卫生面貌明显改观。

(三)生态建设成效明显。开展石灰石、铝矾土开采及加工企业整治工作,对不达卫生防护距离标准的74座矾石窑、31座石灰窑、17座倒焰窑进行了强制拆除或填埋。积极推进铬渣污染场地修复工程,处置含铬污染土壤28805吨。六项污染物全部超额完成全年减排任务。万元地区生产总值能耗降幅4.34%,工业固体废弃物综合利用率73.5%,万元工业增加值耗水量81.8方,降幅为6.1%。实施太行山绿化示范、桃河流域综合治理、黄土高原综合治理等工程,5万亩营林造林绿化任务全部完成。

(四)安全生产工作形势持续向好。提升"红线"意识,强化"底线"思维,落实安全生产"党政同责",开展安全大检查、"六打六治"等专项行动,深化专项整治,夯实安全基层基础,事故起数、死亡人数均同比下降,未发生食品安全事故、农产品质量安全事故,各项安全生产控制指标圆满完成,实现了年初确定的"三杜绝、双下降、一确保"目标。严厉打击私挖滥采和盗采国家资源行为,11个涉煤涉矿工程点均一直处于停工状态,符合省、市停工要求。

(五)高度重视群众工作。重视人民群众来信来访,认真落实县级领导信访包案制度,领导干部接访、下访、包案等实现制度化、常态化。改进县乡两级领导接访办法。在全县集中开展为期半年的解决信访突出问题专项活动,切实化解了一批信访积案,解决一些群众反映强烈的热点难点问题。2014年,省市交办的24件涉法涉诉信访积案全部办结核销。进一步巩固"全国平安建设先进县"建设成果,扎实推进社会综合治理。提高街面见警率,保持"打黑除恶"高压态势,严厉打击各种违法犯罪活动,全力维护社会和谐稳定。

三、加强社会主义民主政治建设,推进法治平定建设

(一)支持人大依法行使权力。坚持和完善人民代表大会

制度，加强对人大工作的领导，支持人大及其常委会围绕全县中心工作依法行使职责，听取审议重大事项，依法作出决议、决定，听取审议了县政府《关于"十二五"期间国民经济和社会发展计划中期评估主要指标调整的报告》。支持人大认真行使监督权，加强对全县重点工作、重点项目建设和关乎国计民生问题的监督，加强对食品药品监督管理局机构改革、保障房建设及管理、城乡低保和养老保险工作等关系人民群众切身利益的热点难点问题的监督，督促"一府两院"依法行政、公正司法；强化对法律法规贯彻落实情况的监督检查；依法做好人事任免工作，加强对国家机关工作人员的监督。加强和改进代表工作，组织人大代表开展各项专题调研和视察监督，认真办理落实代表议案建议，就锁簧部分地区饮水困难、维社经冠亚至平阳路、维社至红卫新路建设等代表重点意见建议进行了现场视察与督办，促进了各项重大决策部署的落实。

（二）支持政协开展民主协商。坚持和完善党领导的多党合作和政治协商制度，支持和保证人民政协履行政治协商、民主监督、参政议政职能，支持县政协及其专门委员会围绕全县医疗卫生工作、教育工作等开展专题协商讨论；围绕群众关心的热点难点等问题，积极建言献策，提出合理化意见建议；深入开展参政议政，认真办理委员提案，对8件重点提案办理情况进行了现场视察和重点督办；巩固和发展最广泛的爱国统一战线，切实加强与各民主党派、工商联和无党派人士的团结合作，在非公经济人士中开展理想信念教育实践活动。注重党外代表人士队伍建设。做好民族、宗教、侨务和对台工作。

（三）推进法治平定建设。支持法院、检察院依法履行职责，推进审判机关、检察机关依法独立公正行使审判权、检察权，促进司法公正。规范执法行为，维护法律权威。加强法律援助工作。深入开展法制宣传教育，不断提高领导干部运用法治思维和法治方式深化改革、推动发展、化解矛盾、维护稳定的能力。健全权力运行制约和监督体系，加强党内监督、民主监督、法律监督、舆论监督。进一步完善村民自治和基层民主建设各项制度，推行政务、企务、村务公开，保障人民群众依法行使民主权利。

四、从严加强党的建设，深入推进党风廉政建设和反腐败斗争

县委坚持党要管党、从严治党，认真落实主体责任，以开展党的群众路线教育实践活动为抓手，以改进工作作风为重点，夯实基层基础，从严治党、从严治吏各项工作取得了明显成效。

（一）深入学习贯彻习近平总书记系列重要讲话精神。坚持将学习贯彻讲话精神作为重大政治任务，把全县党员干部作为学习主体，采取县委常委会、理论中心组、集中办班培训等多种形式，深入学习贯彻习近平总书记系列重要讲话精神。努力在学习原文上下功夫，在领会精神实质上下功夫，在学以致用上下功夫，真学真懂、真信真用，增强了运用讲话精神武装头脑、指导实践的自觉性，提高了党员干部的战略思维、辩证思维、法治思维、底线思维和创新思维，分析问题、解决问题的能力。同时，认真贯彻落实全省干部大会精神，层层召开会议认真学习、深入领会、坚决贯彻，进一步把全县干部群众的思想和行动统一到中央的决策部署上来，统一到以王儒林同志为班长的新的省委班子的工作要求上来。

（二）扎实开展党的群众路线教育实践活动。按照中央和省、市委的统一部署，开展了为期10个月的教育实践活动。县委坚持把从严从实要求贯穿始终，突出问题导向，教育实践并重，活动取得了预期效果。各级党员干部践行群众路线的自觉性、主动性明显增强，党内生活进一步严格规范，"四风"积弊得到有效解决，初步建立了一批作风建设的机制和制度。全县各级各部门查找出"四风"方面问题2085条，群众反映的热点难点问题293条，服务群众"最后一公里"的问题149条，已整改落实1889条，一批群众关注度高的热点问题得到主动回应，平定四中和阳泉师专附属学校确定在今年同时动工建设，肉鸡养殖方面落实扶持资金440余万元，核桃树补助款基本落实到位，森宇坐标城项目主体及配套工程基本完工，多数购房户已入住。

（三）认真开展学习讨论落实活动。按照省市委的统一部署，迅速启动了"深入学习习近平总书记系列重要讲话精神，净化政治生态、实现弊革风清，重塑山西形象、促进富民强省"为主题的学习讨论落实活动。组建了组织领导机构，制定了实施方案，先后召开常委会议、全县动员大会进行周密安排部署。成立督导组，强化督查指导。组织了全县领导干部学习讨论落实活动专题研讨班，召开了县委常委学习交流会、专题研讨会，进一步提高认识、反思问题、剖析原因，明确了整改措施和方向。目前，全县上下形成了边学习、边讨论、边落实的浓厚氛围，整体活动正按照省、市委要求稳步有序推进。

（四）加强基层组织建设，扎实做好村"两委"换届工作。在全市的农业县区中率先开展了在职党员进社区集中服务活动。认真开展"三级联述联评联考"工作。对18个软弱涣散村级组织开展集中专项整顿。加强党员干部队伍建设，按照"四评一定"程序，开展了党员党性分析评议，探索处置不合格党员的工作办法。探索"村村联建"、"村企联建"、"产业联建"等党组织设置新模式，开展了新社会组织党组织集中组建活动。坚持把加强党的领导贯穿农村"两委"换届始终，从严要求，从严程序，从严纪律，依法推进。

（五）加强领导班子建设，从严管理监督干部。着力加强各级领导班子，特别是县级领导班子建设，把思想政治建设摆在首位，认真落实民主集中制，不断提高科学执政、民主执政、依法执政的能力水平。认真学习贯彻执行《党政领导干部选拔任用工作条例》，不断规范干部人事工作，对6名正科级干部和3名副科级干部进行了免职处理；开展党政机关借用人员专项清理工作，清理借用人员86人；上报超职数配备干部7人；开展了干部档案专项清理工作；建立后备干部库，推进科级干部梯队建设。推动干部日常监督管理工作常态化，

着力解决“吃空饷”、在编不在岗,编外聘用大量临时人员、党政领导干部企业兼职等问题。在全县上下深入开展了“学习王国平、争当好党员,学习王存玲、争当好干部,学习刘建平、裴海平、争当好带头人”活动,营造了学先进、赶先进、争当先进的浓厚氛围。

(六)深入推进党风廉政建设和反腐败斗争。深刻吸取原县委书记王银旺、原副县长王海平以及2名乡镇党委书记、1名县直单位一把手、2名县直机关科级干部等党员领导干部违纪违法被立案查处的沉痛教训,深刻反思我县党风廉政建设和反腐败斗争的严峻形势,深刻反思我们政治生态方面存在的问题,深刻反思县委和各级班子抓党风廉政建设的主体责任问题,切实增强狠抓反腐倡廉建设的紧迫感和责任感,旗帜鲜明地反对腐败,动真碰硬惩治腐败,努力营造弊革风清的政治生态。认真落实党风廉政建设党委主体责任和纪委监督责任,坚持把党风廉政建设和反腐败工作纳入总体工作规划,严格落实“一岗双责”。出台了县委《关于落实党风廉政建设主体责任和监督责任的意见》。认真落实省委“六权治本”要求,坚决铲除腐败滋生的土壤和条件。开展廉洁从政“五个一”系列活动。认真落实“三项谈话”制度,加强对党员干部监督制约。充实查办案件力量,加强信访举报受理和案件线索管理,积极配合上级纪委查办案件工作,同时加大自办案件查办力度。2014年共初核转立案45件61人,结案43件58人,移送司法机关3件,给予党政纪处分58人,其他处理1人,其中给予党纪处分48人,给予政纪处分19人,党政纪双重处分9人。立案查处的人员中科级干部16人,挽回经济损失245.45万元。

全县工青妇武、残联、金融、审计、广电、气象、地震以及国防教育、双拥、民兵和预备役、民族宗教、外事侨务、档案管理、县志修编等各项事业均取得了新的成绩。一年来,我县被中央综治委决定继续保留“全国平安建设先进县(市、区、旗)荣誉称号”,6项工作荣获全国性荣誉,18项工作受到省市级表彰。

(陶世俊)

附:一、中共平定县委书记、副书记、常委名单

书 记:王银旺(6月接受组织调查)
杨自明(8月任职)

副书记:任晓华 郭爱聪

常 委:高锦孝 李宏革 郝建国 赵文骥 梁海昌 王卫东 武 艺

二、乡镇党委书记名单

冠山镇

书 记:闫立彪

冶西镇

书 记:梁宝元

石门口乡

书 记:赵贵恩

锁簧镇

书 记:张石明(3月停职,9月免职)

张庄镇

书 记:李鸿斌

东回镇

书 记:王植彬

柏井镇

书 记:侯成军

巨城镇

书 记:程秀宏

娘子关镇

书 记:刘顺彬

岔口乡

书 记:田怀所(3月停职,8月开除党籍)

中共盂县县委工作概况

县委书记 张玉斌

2014年,在省市委的正确领导下,盂县上下深入开展党的群众路线教育实践活动,积极应对经济下行压力加大和社会矛盾问题突出等影响,全县经济建设、政治建设、文化建设、社会建设、生态文明建设和党的建设进一步协调推进。

一、坚持从严从实高标准,教育活动初见成效

围绕党的群众路线教育实践活动,全县各级党组织精心组织、真抓实做,各级督导组真蹲实驻、严督实导,广大党员干部积极参与,经过7个多月教育实践活动的开展,全县参加活动的973个党组织、1.8万名党员,都有明显提高。一是理想信念普遍增强,坚持学习焦裕禄精神,采取理论学习、基地教育、专题报告、先进宣讲、观看影片等多元化学习方式,通过“加班学”、“夜学”和“学习签到”等制度保证学习时间,县委常委到联系乡镇、单位和农村参加集体学习,带头讲党课,党员干部结合实际谈心得、讲体会,保证了学习效果,广大党员干部贯彻群众路线的使命感、责任感和自觉性明显增强;二是班子建设全面加强,坚持整风精神,县四套班子带头严肃认真地开展党内组织生活,各级党组织牢牢把批评和自我批评抓在手上,有效推动了领导班子自身存在问题的解

决，促进了领导班子的团结和谐，从善如流的党内生活氛围得到恢复；三是干部作风明显好转，各级领导班子和领导干部深入查摆和认真整改“四风”方面突出问题，解决了一批群众反映强烈、损害党群干群关系的问题，出台了机关干部下乡一律吃派饭交伙食费的规定，制订了县委常委班子群众路线教育实践活动整改方案和“四风”突出问题专项整治方案，集中时间、集中力量开展了58项专项整治，一大批“四风”问题得到纠正解决；四是党群关系更加密切，坚持以群众满意不满意、反映强烈的突出问题是否得到有效解决作为检验教育实践活动成效的“试金石”，通过开展党员干部进社区志愿服务活动、县级领导干部包乡镇和县直科级干部包村办实事活动、“社会和谐、夯实基础、清洁美丽”三大工程，解决了一大批涉及群众切身利益的民生问题，进一步密切了党群干群关系；五是活动成果得到巩固，坚持“废、改、立”，狠抓建章立制工作，切实扎紧、编好制度建设的“笼子”，县委常委会多次专题研究制度建设，制定出台政策制度21项，修改完善16项，拟出台20项，涵盖了科学民主决策、阳光执法、民主管理、高效优质便民服务和加强党的建设等方方面面；六是经济社会持续发展，坚持“两手抓、双促进”，着力优化发展环境，以优良的作风积极应对面临的各种矛盾、问题和挑战，全县经济社会实现稳中有进的发展态势，主要经济指标平稳增长，重点工程大力推进，项目建设有所突破，产业结构调整效果初显，形成了加快转型的发展态势。

二、坚持稳中求进总基调，综合实力持续增强

深化改革创新，出台全面改革“50条”，成立6个专项改革小组。积极推进煤炭领域清费立税改革、金融领域创新改革、政府机构改革、国营集体企业改制、政审批制度改革、扩权强镇试点改革、户籍制度改革、集体林权制度改革、农村土地承包经营权确权颁证及土地流转改革、农村建设用地、宅基地使用权确权登记发证改革。

探索转型发展，实施“项目强县”战略。通过项目、产业、园区、招商“四轮驱动”和项目储备、签约、落地、开工、建设、投产“六位一体”推进机制，在项目上聚力、突破、增效，加快推动经济转型升级。全年共确定重点工程项目87项，总投资596.7亿元，当年完成投资113.8亿元。共储备项目506个，签约项目38个，落地项目48个，开工项目51个，建设项目106个，投产项目75个。加大招商引资力度，全年共策划包装招商引资项目155项，签订招商引资项目协议38项，协议利用外来资金193.3亿元，实现到位资金82.4亿元。

美化生态环境，实施“生态立县”项目21项，当年完成投资8.6亿元。加强林业生态建设，持续实施了县境高速公路通道绿化、生态循环圈绿化和环城荒山绿化工程，开展园林单位、园林小区、园林企业、园林厂矿创优达标活动，县城建成区绿化面积达到765.6万平方米，绿地率达到34.8%，绿化覆盖率达到38.4%；推进水资源综合利用，加快“水网”建设，强化龙华口、乌河、坛山沟、黄树岩水库、灯花水库建设，全县水库库容达到4100多万立方米，加大小流域治理力度和污水改造及再生水回用工程，污水日处理能力达到2万吨，再生水日利用能力达到1.5万吨；深入推进治污减排，积极发展循环经济，全县化学需氧量、氨氮、二氧化硫、氮氧化物、烟尘和粉尘六项减排指标全部完成市下达任务；实施“清洁美丽”工程，对城乡环境卫生、交通秩序、村容村貌、市容市貌进行综合整治。

构建城乡一体，实施“扩城靓县”工程16项，当年完成投资12.5亿元。完善大县城建设，延伸路网框架，提升县城品位，优化服务功能；推进特色小城镇建设，集中供热、供水、供气管网向县城周边辐射延伸，南娄镇和西烟镇突出工业园区带动作用，探索“城中村”改造模式；加快新农村建设，启动了新农村连片开发示范工程、贫困村搬迁安置工程和“百企千村”产业扶贫开发工程、“千村万人农民就业培训”工程、“美丽乡村”建设工程、农村环境连片集中整治行动，启动了改善人居环境“四大工程”，涌现出温池、水泉、闫家沟、南村、牛村等一批“省级新农村建设示范村”，高家庄、蔡家坪、后川村等一批省级生态村，大汖、西小坪入选“山西最美旅游村”。

壮大文化产业，实施“文化塑县”工程10项，当年完成投资2.5亿元。发展旅游产业，加快大汖温泉、水神山报国寺、藏山等龙头景区建设，发展藏山翠谷、奕丰生态园等休闲旅游，启动桃峪沟、龙台山、雁子崖、诸龙山、莲花掌等一批中小型乡村旅游；加强“忠义盂县”文化宣传，深入开展文明创建、道德模范评选、文明行为宣传等一系列活动和社会主义核心价值观教育，培育塑造“崇文、忠义、包容、争先”的“盂县精神”，电视宣传片《大美盂县》《山水盂县》《秀美乡村》在阳泉电视台、网络电视台、手机电视平台同步播出；加强校园文化、企业文化、机关文化、社区文化培育建设，实施文化惠民、文化低保工程，继续加大基层文化建设投入，加强文化标志性建筑、文化公园、文化广场、文化大道、文化长廊等改造建设，全国楹联文化县创建工作扎实有效，建成一批楹联广场、楹联景区、楹联校园。

三、坚持民生优先不动摇，各项事业长足发展

社会事业均衡发展，新建第五（特殊教育）实验小学，对8所农村幼儿园进行改扩建，义务教育均衡县创建工作通过国家级验收；启动县科技孵化器工程，全年申报专利85项，21家企业被列为省级科技企业；积极实施“医疗健康”工程，新建县中医院、县卫生监督所和3个乡镇卫生院、15个行政村卫生所改扩建工程顺利推进，继续推进医疗卫生改革，建立县财政补偿机制，全面实行网上采购制度和药品“零差率”销售；加大就业创业力度，实行政府购买公益性岗位等就业创业惠民政策，新增城镇就业岗位4010个，城镇登记失业率控制在3.97%；社会保障提质扩面，企业退休职工基础养老金人均提高10%，新农合财政补助人均提高38元，城镇职工基本养老、医疗、生育、失业、工伤和新农保等社会保障基本实现“全覆盖”，新农合参合率达到99.8%；积极实施“住房安居”工程，累计开工建设廉租房、公租房和经济适用住房3024套25万多平方米，其中932套廉租房公租房具备入住

条件、468套完成主体工程,1272套经济适用房正在进行室内外装修,首批公开摇号分配保障性住房353套。

民生实事有效落实,县城二期供水工程基本完工,新增日供水能力1.5万吨;完善或新建农村饮水安全工程33处、完工28处,解决了4万余人的饮水问题。采用BT模式投资1.2亿元对城北热源厂进行扩容,集中供热能力增加150万平方米;农村低收入农户10万吨暖心煤全部发放到位,继续免费为全县中小学校、乡镇敬老院发放冬季取暖用煤。启动300套棚户区改造,完成1211户农村危房改造。提升文化生活,举办消夏晚会19场、送戏下乡580余场、送电影下乡5500场、各类文化活动80余场。推进养老服务,县老年颐养中心基本完工,新建农村日间照料中心34个;提高低保、五保供养标准,达到城镇平均410元、农村平均225元,五保供养标准分别提高到3300元、6000元。

依法治理维护稳定,创新社会治安防控体系,实施了以农村和县城居民小区为重点的"天网二期工程",新增公共监控点173个,社会监控点1823个;完善农村、社区警务室规范化建设;推行交巡警联动机制,常态化开展县城治安值班巡逻。创新社会治理方式,健全完善县、乡、村三级社会服务管理中心,推行网格化管理服务模式,调整充实基层网格员,招募平安志愿者3000余人。加大社会治理力度,深入实施"六六创安"工程,深入开展打黑除恶"六场硬仗"和社会治安"六项整治"等专项行动,有力地打压了犯罪,共受理各类案件6372起,破获刑事案件231起,查处治安案件461起,打击处理各类违法犯罪分子589人。坚持以群众工作统揽信访工作,健全完善相关制度,深入开展"信访积案攻坚年"活动,全年共化解信访案件184件。

安全生产形势好转,完善了"党政同责、一岗双责、齐抓共管"的安全生产责任体系,深入开展知责、履责、问责"三责"教育,推进安全教育、安全制度、安全检查、安全力量、安全监控"五个全覆盖",深入开展打非治违专项行动和重点行业领域安全专项整治,坚决叫停各类涉煤涉铝涉矿工程项目。全年共发生各类安全事故65起,死亡11人,同比分别下降18.7%、8.33%。煤矿百万吨死亡率下降到0.017,创历史最好水平。

四、坚持依法治县总方略,民主政治不断推进

积极支持人大及其常委会依法行使职权,支持政协照章履行职能,县十五届人大四次会议、县政协八届四次会议胜利召开,县人大全年召开9次常委会议,围绕全县中心工作开展监督、检查、审议,县政协全年召开4次常委会议,积极发挥政协委员参政议政、民主监督和政治协商职能作用。加强对统战工作的领导,召开非党及民主党派人士座谈会、举办党外干部培训班,加强民族宗教工作,进一步巩固和发展了广泛的爱国统一战线。重视和加强党管武装工作,提高全民国防意识,促进双拥创建工作开展。支持人民团体独立自主开展工作,工会依法维护职工权益,共青团积极开展"青年文明号"创建和"青年志愿者"行动,妇联深入开展巾帼建功、巾帼维权、巾帼关爱、巾帼成才活动和"十佳女性爱心公益人物"评选活动,充分发挥了积极作用。健全完善基层党组织领导的基层群众自治制度,扎实推进第十届村委会换届选举工作。扩大基层民主,完善政务、企务、村务公开制度。加强基层民主政治建设,切实保障人民群众依法行使民主权利,维护社会公平正义。加强法制盂县建设,研究制订符合盂县实际的《实施意见》,进一步推进依法行政,规范政府机构执法行为,推进县乡政府政务公开和网上政府、电子政务建设;进一步推进执法司法规范化建设和司法体制改革,确保公安、检察、审判、司法行政机关各司其职,全面加强政法队伍建设。

五、坚持加强党建不松劲,工作水平有效提高

狠抓思想政治建设,严明党的政治纪律,坚决维护中央权威;严肃党内政治生活,营造良好政治生态;严格思想政治教育,筑牢党性修养根基。狠抓党风廉政建设,净化政治生态,认真落实党委6项主体责任、纪检监察机关6项监督责任,加大违规违纪案件的查办力度,全年查结案件59件,处分党员干部91人。狠抓领导班子建设,修订完善了县委常委会工作制度,在重要政策出台、干部选拔任用等方面较好地形成了用制度管权、按制度办事、把权力关进制度的笼子里的工作机制;积极支持人大、政府、政协依照法律和章程规定,认真履行各自职能;着力解决各级领导班子在学风、文风、会风和思想作风、工作作风、领导作风、生活作风方面存在的突出问题。狠抓干部队伍建设,扎实推进干部人事制度改革,共计调配干部9批21人次,公选公务员27名,选派12名新任科级领导干部到信访部门一线挂职锻炼,10名优秀后备干部到农村任"第一书记";坚决用人不正之风,免职处理干部2名,清理规范企业兼职干部9人,清理长期借调人员34人;先后举办了农村领头雁"双育"培训班、学习讨论落实活动干部专题研讨班和"盂县讲坛"等,培训干部3850余人次。狠抓作风纪律建设,开展"四风"、文山会海、超标公务用车、办公用房、"三公"经费等问题,查处违反中央"八项规定"精神的作风纪律问题25起48人;整顿干部作风,对违反工作纪律的27人进行了查处,134个单位公开和简化办事程序,收费项目由57项减少为51项,发展环境得到优化。狠抓基层组织建设,全面推行党代表工作室建设,试行乡镇党代会年会制;创新基层组织设置体系,深入推广梁家寨乡联村产业党组织创建模式,对地域相邻、有共同特点的20个村分类组建了4个联村党组织;在北下庄、下社核桃协会等10个新社会组织中组建了党组织;着力加强农村党员、干部、大学生村官三支带头人队伍建设;扎实推进村"两委"换届,集中整顿软弱涣散村级组织27个,处理违纪违法"两委"干部83人,严肃换届纪律,实施"两推一选"和创新"三查一审双备案"候选人资格审查办法,圆满结束了"两委"换届。

(闫建国)

附:一、中共盂县县委书记、副书记、常委名单

书　记:张玉斌

副书记：杜平华　武润珍

常　委：王　刚　靳毅刚　王海珠　刘淑英(女)
李　春　闫庶民

二、乡镇党委书记名单

秀水镇

书　记：高尚明

孙家庄镇

书　记：郭爱东(5月离职) 郭永进(9月任职)

路家村镇

书　记：李瑞峰

南娄镇

书　记：张炳福

牛村镇

书　记：郭　华

仙人乡

书　记：闫东红

北下庄乡

书　记：王玉红

苌池镇

书　记：韩志勇

上社镇

书　记：王俊德

下社乡

书　记：杨晓卫

梁家寨乡

书　记：郭方恺

西潘乡

书　记：侯秀英(女)

西烟镇

书　记：高彦青

东梁乡

书　记：李东亮

中共长治市委工作概况

市委书记　马天荣

2014年，在省委的领导下，市委深入贯彻党的十八大和十八届三中、四中全会精神，按照省委“深入学习贯彻习近平总书记系列重要讲话精神，净化政治生态、实现弊革风清，重塑山西形象、促进富民强省”的总要求，团结带领全市干部群众，全面推进经济、政治、文化、社会、生态文明和党的建设，各项工作取得新进展新成效。

一、保持政治定力,切实把全市上下的思想和行动统一到中央和省委重大决策部署上来

坚持把学习贯彻习近平总书记系列重要讲话精神作为重大政治任务，编印下发《学习读本》，深读原文，把握要义，融会贯通，学以致用，切实提高了谋划、指导和推进工作的科学性、创造性和预见性。去年9月，中央对省委班子作出重大调整以来，市委常委会先后召开6次常委会议、3次常委（扩大）会议、3次全市干部大会，第一时间传达学习省委重要会议和王儒林书记重要讲话精神，并就贯彻落实省委“净化政治生态、实现弊革风清，重塑山西形象、促进富民强省”总体部署和“六大发展”、“六权治本”、“六型转变”、保持“三个高压态势”、打好“三个一批”组合拳等新要求，结合长治实际，提出具体措施，及时把全市党员干部的思想和行动统一到党中央对山西工作的重要指示要求上来，统一到省委重大决策部署上来。按照省委统一部署，市委把开展学习讨论落实活动作为一项重大政治任务紧紧抓在手上，在省委督导组的精心指导下，加强组织领导，聚焦突出问题，深入学习讨论，层层传导压力，认真撰写反思剖析报告。通过举办市县乡三级500多名主要领导干部参加的学习讨论落实活动专题研讨班，各级各部门主要领导带头谈体会、讲党课，使广大党员干部普遍受到思想启发和党性教育，进一步增强了不折不扣贯彻落实省委重大决策部署的思想自觉和行动自觉。

二、紧紧围绕“六大发展”，推动经济社会平稳健康发展

面对经济持续下行压力，市委始终坚持发展第一要务不动摇，切实加强对经济形势的分析研判，多次召开专题会议，研究解决经济运行中遇到的突出矛盾和问题，适时制定出台支持实体经济健康发展的政策措施，组织开展领导干部解难题、促达效专项服务行动和市直机关“千名干部下基层抓落实、促整改”活动，组织金融机构深入资金紧缺企业组团融资4.7亿元，促进了实体经济的健康发展。2014年，全市地区生产总值增长5.1%，规模以上工业增加值增长5.1%，固定资产投资增长14.6%，社会消费品零售总额增长12%，公共财政预算收入下降8.3%，城镇居民人均可支配收入增长8.3%，农民人均纯收入增长11.7%。除公共财政预算收入外，其余指标均高于全省平均增速水平，基本实现主要经济指标在全省总量保三争二、增速保六争五的目标，省里下达我市的约束性指标、民生类指标均全面或超额完成。

1、围绕转型发展，做好煤炭和非煤产业两篇文章。立足现有产业基础，一手抓煤炭产业改造提升，一手抓七大新兴产业发展壮大，着力推动产业格局由一煤独大向多元支撑转变。煤炭产业发展方面，围绕“六型转变”，加大现代化矿井建设力度，最大限度减轻煤炭企业负担，组织市、县两级煤炭企业开展煤炭促销活动，煤炭产销率达95.9%；推进煤电一体化发展，4个低热值煤发电项目取得“路条”；加快煤基新材料产业发展，煤化工产品由19种发展到41种，煤炭就地转化率达到53%，同比提高2个百分点。非煤产业发展方面，坚持延伸抓循环、转型上高端，以项目建设为载体，以“千企百强”为抓手，不断壮大现代煤化工、先进装备制造、新能源新材料、现代医药、现代物流、文化旅游、特色优质农畜产品生产加工七大新兴产业板块。项目“六位一体”任务全部超额完成省定年度目标任务，全年共铺开重点项目942项，总投资5405亿元，完成投资1250亿元，总量稳居全省第二。全市以七大新兴产业板块为主体的新兴产业完成投资430亿元，同比增长20%，占到工业总投资的70%；服务业增加值比重达到37.3%，同比提高2.5个百分点。

2、围绕创新发展，全力推进转型综改试验区建设。深化行政审批制度改革，全面清理行政审批事项，简化行政审批程序，取消下放市级行政审批事项99项，确认保留市本级行政审批事项127项，并全部向社会公布。推进金融创新，襄垣、壶关2家农信社改制为农村商业银行，总数达到6家，其余7家农信社也已启动改制，潞城农商银行创造性引入德国、乌克兰先进理念和运营模式，得到省委王儒林书记高度评价，并在全省推广复制。实施科技创新驱动，深化拓展“政校（院、所）企联合、产学研一体”创新发展模式，低温余热发电机组成套设备、工业烟气净化脱硫脱硝一体化成套设备等项目和产品填补国内、省内空白，53项工业生产技术达到国际、国内领先或一流水平。发明专利拥有量386件，名列全省前茅。加大招商引资力度，市委、市政府主要领导分别带队，组织县市区委书记、县市区长和市直有关部门主要负责人，赴“京津粤”地区学习考察招商，签约项目62个，总投资564亿元。

3、围绕绿色发展，加快生态长治建设步伐。生态建设方面，实施“两山”造林、“两林”富民工程，全年共完成营造林41.2万亩，占省定任务30.6万亩的134.6%。主城区建成区绿化覆盖率达45.85%，提高0.53个百分点。我市被省绿化委员会表彰为创建国家森林城市先进单位。节能减排方面，淘汰落后产能226.6万吨，强化烟气脱硝脱硫、除尘改造、废水深度治理、污水处理设施运行等监管措施，主城区污水处理二期工程投入运营；落实大气污染防治行动计划，推进环保百日攻坚十大行动，主城区拆除土小燃煤锅炉1332台，淘汰黄标车及老旧车10560辆，全市PM2.5平均浓度同比下降13.9%，市区二级以上天数较上年增加53天。环境治理方面，加快浊漳河流域生态环境综合治理，整顿治理沿线焦化、化工行业，关停一批废水排放不达标企业；推进大水网建设，加强饮用水源地保护，加快主城区应急备水源工程建设。

4、围绕安全发展，切实维护社会大局安全稳定。加强安全生产工作，健全完善“党政同责、一岗双责、齐抓共管”的安全责任体系，严格落实政府监管责任和企业主体责任，生产经营性安全事故起数同比下降24.9%，死亡人数同比下降1.7%；煤炭百万吨死亡率0.035，同比下降62%。严厉打击黑恶势力犯罪，深入开展打击黑恶势力、打击毒品犯罪、打击“两抢一盗”、整治治安乱点等专项斗争，打掉恶势力犯罪团伙9个，破获“9.10”特大制贩毒团伙案，全年刑事案件发案同比下降2.5%，“两抢一盗”案件下降18.4%，影响群众安全感的八类案件下降6.6%。高度重视信访维稳工作，领导干部带头下访接访，化解信访积案，省交办的涉法涉诉信访案件和信访积案全部得到妥善处置。全国“两会”、党的十八届四中全会和APEC会议等重要时段，发挥了首都“护城河”的重要作用，受到省委、省政府表彰。

5、围绕统筹发展，加快推进上党城镇群建设和扶贫攻坚。一是大力实施上党城镇群建设这一普惠民生的系统工程。2014年主城区开工建设各类城建重点工程123项，完成投资73.5亿元。主城区改造建设两年来，共建设各类城建重点工程208项，完成投资121.5亿元；拆迁量110多万平方米，动用土石方1089万方；新建扩建市政道路25条（其中打通7条断头路），改造背街小巷84条，总里程64.6公里，新增城市道路面积140万平方米；新增绿化面积50.7万平方米；新建长安高速、市区至襄垣2条城际连接线，总里程25.8公里。同时，新建了一批铁路立交桥、市政桥梁、人行过街天桥，完善了水、热、气、电、通信等地下管网。目前，主城区“三环八纵十二横”城市道路主框架初步形成，城市面貌和管理水平发生了明显变化，“两年大见效”

的阶段性目标基本实现，得到广大市民的普遍认可和广泛赞誉。同时，各县市区启动大县城、重点镇和中心村建设工程168项，完成投资39.7亿元；深入实施改善农村人居环境“四大工程”，完成投资23.9亿元，建设美丽乡村175个。2014年，全市城镇化率提高2个百分点左右。二是推进农业现代化和扶贫攻坚。深入实施“双十”增收富民工程，10大特色种养加工品牌基地发展势头良好，太行紫团、沁州黄、长子方兴等旗舰型龙头企业实力不断壮大，一批规模种养殖和深加工项目加快推进，农产品加工龙头企业实现销售收入180.6亿元、同比增长20%。落实精准扶贫要求，通过实施移民搬迁、产业扶贫、整村推进、片区开发、定点帮扶等措施，2014年实现4.3万人稳定脱贫，其中易地搬迁2.4万人。三是着力保障和改善民生。教育方面，优化整合教育资源，推动市教育学院、3所师范学校、2所市直职高、市艺校整合，组建市实验中学与郊区一中、市一中与市三中两个“联盟校”，带动了薄弱学校教育质量提升；新建、改扩建53所幼儿园，完成主城区新建3所公立幼儿园的主体工程；启动农村义务教育寄宿制学生营养餐工程，6.4万名学生受益。医疗卫生方面，完善城乡基层医疗服务体系，推进县级公立医院综合改革，开展“进村接地气、入户送健康”下乡挂职医疗小分队活动，实行医疗机构“一本通”、“一单通”等各项惠民措施，推动优质医疗向基层下沉，城乡居民享受到均等化基本医疗服务。住房方面，全市新开工保障性住房12486套，基本建成11149套，完成投资39.16亿元，超额完成年度目标任务。就业方面，实施积极的就业扶持政策，新增城镇就业4.34万人，城镇登记失业率1.8%，低于省控目标。社会保障方面，建立起统一的城乡居民基本养老保险制度，企业养老保险率先在全省实现统收统支；各项社会保障待遇水平稳步提高，按时足额发放率保持100%。

6、加快“宜学长治”建设，着力提升全社会文明程度。打造“上党文化大讲堂”，广泛开展“图说我们的价值观”宣传活动，提高了核心价值观的知晓率和认同度。广泛开展讲文明、除陋习、树新风活动，不断深化各类志愿服务，严厉打击非法出版活动，整治互联网低俗之风，营造文明和谐的社会风尚，圆满完成迎接全国文明城市复检验收工作。着力提升公共文化服务水平，连续5年蝉联全省公共文化服务绩效考核第一名；加强文艺精品创作，7部作品荣获国家级奖项。加快培育红色旅游、山水峡谷、古建文化、神话故事四大品牌，创作七部神话剧目并在国庆期间集中展演，精心组织第八届全国曲艺大赛，展现出“神话之乡”、“曲艺之乡”的独特魅力。

三、坚持党要管党、从严治党，全面提升党的建设科学化水平

1、扎实开展党的群众路线教育实践活动。根据中央和省委的统一部署，按照“照镜子、正衣冠、洗洗澡、治治病”的总要求，加强领导，精心组织，从严要求，分四个梯次稳步推进教育实践活动。活动中，市委常委带头把自己摆进去，赴武乡砖壁、平顺西沟实地重温太行精神、纪兰精神，现场接受革命传统和群众路线教育。市委常委班子带头召开了高质量的民主生活会，班子成员之间直面问题、坦诚相见，达到了惩前毖后、治病救人、增进团结、鼓劲加油的目的。围绕查摆出的突出问题，制定并落实《市委领导班子整改方案》，推进34项专项整治行动，整改群众反映突出的重点难点问题34529条。市委常委班子以上率下，带动全市各级各部门党委（党组）召开了高质量的专题民主生活会，并积极推进整改落实工作，受到中央巡回督导组和省委督导组的充分肯定。

2、抓领导班子和干部队伍建设。围绕建设学习型党组织，市委中心组多次集中学习，围绕重点工作开展了两轮领题调研。同时，采取党校集中培训、干部分类选学、在线学习、送学下乡等方式，培训各级各类干部3万余人次；充分发挥我市红色资源丰富的优势，依托八路军太行纪念馆、八路军总部旧址、平顺西沟廉政教育基地等红色革命资源，深入开展“重温革命历程，坚定理想信念”主题教育活动，广大党员干部在潜移默化中受到红色基因熏陶，自觉把上党老区的光荣革命传统转化为加强党性锻炼的内在精神力量。加强干部管理监督,建立经常性的领导班子和领导干部分析研判制度，结合年度目标责任考核、谈心谈话、督查调研、参加民主生活会等方式，及时掌握干部的思想状况、工作动态，实现了干部教育管理关口前移。

3、抓基层党组织建设。深入开展“基层组织提升年”活动，对全市倒切出的214个农村（社区）软弱涣散党组织进行了集中整顿。开展农村领头雁培训工作,实现农村（社区）“两委”干部、骨干党员培训“全覆盖”。推行党代表工作室制度，开展在职党员到社区报到工作，近5万名在职党员到社区认领了服务岗位。不断引深非公党组织“双强十好”创建活动，有效提高了党组织的覆盖面和影响力。重视村“两委”换届工作，提出“六个务必”要求，严格政策，严格程序，严格纪律，依法严厉打击黑恶势力干扰破坏选举的违法行为,确保换届工作积极稳妥、风清气正进行。

4、抓干部作风建设。注重发挥制度的约束力。强化制度约束力，严格执行市委五条工作纪律、“三责四定”工作要求和领导干部“五位一体”包联等制度，各级领导干部联系基层、联系群众成为一种常态。强化楷模引领力，深入开展学习申纪兰精神和段爱平、申飞飞事迹等活动，在各行各业选树一批先进典型，用身边先进事例教育党员干部不伤根、不丢魂、不忘本、不变色、不贪腐。强化督查推动力，加强对中央“八项规定”精神贯彻落实情况和“四风”突出问题的监督检查，查处违反“八项规定”和“四风”问题319个，处理党员干部178人，公开通报顶风违纪问题27起形成了有力震慑。

5、抓党风廉政建设和反腐败斗争。推动落实党风廉政建设党委（党组）的主体责任、纪委的监督责任，以“零

容忍”态度坚决惩治腐败，全市各级纪检监察机关共受理群众信访举报3692件次，立查案件1066件，处分违纪党员干部1240人，其中，处级干部23人，乡科级干部203人。按照“六权治本”要求，构建“一网六平台”惩防体系信息网，继续推进党务公开、县委权力公开透明运行、政务公开和各领域办事公开，加强群众监督、纪检监督、舆论监督等各种监督。开展“力戒四风、勤廉为民”警示教育月活动，举办廉政戏剧展演周、红色故事演讲会，着力营造扶正祛邪、革弊立新、激浊扬清的廉政文化氛围，着力夯实不想腐的思想基础。

（靳彬彬）

附：中共长治市委书记、副书记、常委名单

书　记：马天荣

副书记：席小军　董　岩（2月离职）
　　　　卢建明（3月任职）

常　委：尚宪芳　潘贤掌　李东峰　高建国
　　　　许　霞（女）　郭康锋　王玉圣
　　　　李志平（12月离职）　密国林（12月任职）
　　　　田志明（3月任职）

中共长治市城区区委工作概况

区委书记　孙刘琳

2014年，长治市城区区委在市委、市政府的坚强领导下，认真贯彻落实党的十八大和十八届三中、四中全会精神，紧紧围绕省委“净化政治生态、实现弊革风清，重塑山西形象、促进富民强省”发展目标和市委落实“六权治本”、“六大发展”，推进“五五”战略发展要求，认真践行党的群众路线教育实践活动，大力实施“双擎四驱”发展战略，抢抓机遇、积极作为、争先进位、攻坚克难，全区经济社会呈现了健康平稳的发展态势。

2014年，全区生产总值完成177.1亿元，比上年增长7.4%；全年城镇以上固定资产投资完成155.1亿元，比上年增长15.3%；地方财政收入完成12.2亿元，比上年增长6.9%；规模以上工业总产值完成57.2亿元，比上年下降0.5%；社会消费品零售总额完成274.4亿元，比上年增长11.6%.城镇居民人均可支配收入26416元，增长8.0%，主要经济指标基本完成。

一、“项目增效”开创“宜商”新优势

一是项目建设扎实推进。围绕年初确定的总投资362亿元的81个重点项目，实行“一个重点项目、一名责任领导、一套班子主管、一个部门服务、一套工作方案、一抓到底见成效”的“六个一”工作机制，截止目前，项目储备累计完成1437.7亿元，占任务的191.6%；项目签约完成177.73亿元，占任务的104.55%；项目落地完成87亿元，占任务的174%；项目开工完成101.3亿元，占任务的101.3%；项目建设完成150.7亿元，占任务的100%；项目投产完成101.8亿元，占任务的101.8%。

二是引资上项成效显著。全年共签约了13个重点项目，完成市下达任务的104.55%；招商引资市外到位资金39亿元，完成市下达任务的102%。5月份，中德集团汽车轻量化项目动工建设；7月份，潞恒机械煤机维修制造项目正式投产；8月27日，总投资15亿元的超传导体输送热能管散热器项目正式签约；10月15日，义乌小商品城“义乌购”正式授牌入驻；10月29日，总投资30亿元的渤海银行长治分行项目正式开业；11月5日，LED新封装项目投入试生产；12月19日，潞安府腊肉3000吨熏煮香肠项目正式投产。

三是科技创新结出硕果。积极引导鼓励企业技术创新，永华机械公司、华光半导体公司、潞安合力机械公司等3家企业通过国家高新技术企业认定，全区高新技术企业达到8家，占到全市高新技术企业数量的四分之一。鼓励支持企业建立研发中心，依托际安电气创建的“长治市矿用组合开关工程技术研究中心”被认定为全市首批市级工程技术中心。永华机械公司、高科华上光电公司等2家企业入列全省第四批创新型试点企业；同诚机械、永华科技公司等2家通过省级民营科技企业认定，全区民营科技企业达到14家。

二、“城建增力”拓展“宜居”新内涵

一是路网征迁攻坚战。城区承担了14条道路和1处景区（六府塔景区）的征迁任务，总长度26.67千米，拆迁总面积约28.49万平方米，相比去年困难更多、难度更大。在工作中，我们推行“区级领导总指挥、包路单位总协调、所在街道总落实”工作机制，全年集中征迁达18次。截止目前，已拆除单位78个，签订协议和拆除私人住户500余户，拆迁面积达到23.1万平方米，其中：10条道路已通车或正在施工；4条道路和1个景区点正在全力攻坚。承建的54条背街小巷硬化任务全部完成。

二是“三河一渠”治理攻坚战。按照“大气自然、生态怡趣、治水活水、环城流美”的建设理念，围绕“流动的河、安全的河、美丽的河、繁华的河”建设目标，高起点设计、高标准建设、高效率推进，通过市场化运作，公司化管理，7月开工建设。石子河1~4标段（十中桥~紫坊桥）全面开工，工程已完成投资约1.3亿元，清运土方37

万立方米、基槽平整10万余平方米、建设橡胶坝基础6座、完成防渗层工程10余万平方米、建设步道等景观节点结构21处。东防洪渠等的招投标正在进行中，各相关工程正按计划推进，预计2015年5月1日，石子河标段可全面通水运行。

三是环境保护百日攻坚战。迅速启动环保百日攻坚行动，全面推进“十大攻坚战役”。大力整治燃煤锅炉，淘汰拆除各类燃煤锅炉808台。其中，冬季采暖燃煤锅炉完成改造192台，经营性燃煤锅炉清洁能源完成改造174台。狠抓餐饮业油烟治理，完成整顿880家。严控扬尘污染，全区所有施工路段和建筑工地全部实施了有效围挡。同时，狠抓重污染企业关闭、淘汰工业燃煤锅炉、加油站油气回收治理等，环境空气质量明显改善。截止11月30日，主城区环境空气质量二级以上天数达到231天，同比增加58天，PM2.5污染物浓度同比下降12%，PM10污染物浓度同比下降2.5%。在市里组织的“向人民汇报，接受人民评议”环保百日攻坚评议中，我区连续两次名列第一。

四是卫生城市复审攻坚战。国家卫生城市就是城区的一张靓丽名片，在迎审工作中，城区科学细化8大类、65项工作任务，精心组织、周密安排，强力推进，全面整治。投入3000多万元用于环卫基础设施改善，机扫率由原来的7%增加至35%，新建改造了12处压缩式垃圾中转站、5座公共厕所，环卫基础设施进一步改善。集中开展了复审专项整治、“三项治理”行动和乡村清洁工程等三项重大活动，先后出动10万人次开展群体性卫生整治活动，城乡环境卫生显著改善，市容秩序整洁有序，通道林带生态美观。大力构建“10分钟便民服务圈”，增设便民早餐点、便民早市9处、安置摊点110余个。通过不懈努力，连续19次通过省级卫生区考核，病媒生物防制工作连续23年达到省级考核标准，同时顺利通过了国家卫生城市复审。

三、“服务增质”彰显“宜容”新境界

一是文明程度持续提升。对照159项测评任务，全面打响了全国文明城市创建“卫冕战”，环境卫生、公共场所秩序、公共文化服务、窗口行业等创建工作迈向了长效化建设的新轨道。开设道德讲堂150所，在全社会营造了“崇德尚善”的浓厚氛围。充分挖掘宣传先进典型，王忠莲等被评为“中国好人”，道德模范巡回宣讲引领市民争做道德模范热潮。开展各类学雷锋志愿服务活动1800余次，宋忠平荣登全国首批优秀五星级志愿者榜单，8800余名在职党员开展社区服务，志愿者成为文明创建生力军。加强和改进未成年人思想道德建设，社会主义核心价值观得到大力弘扬。

二是社会管理不断创新。“三位一体”社会管理服务平台全面升级，这是区委、区政府投资1000余万元建设改造的十件惠民实事之一，全区应用“三位一体”解决群众反映问题，办结率达到97%，赢得广大群众一片“赞”声。同时，依托“三位一体”社会管理服务平台，在全省率先推行了社区、社会组织、社会工作者“三社”联动社区治理新模式，实现了“足不出户、尽享服务”的新格局。“六星示范”社区（农村）高标准创建，有序推进社区“一窗式”服务，投资3500多万元升级改造了12个社区办公场所，新成立颐龙湾、惠民、东方360等4个社区，85%以上的社区办公面积达到了200平方米，我区被评为“全国和谐社区建设示范城区”。三个层面的“一岗双责”履职到位，全面开展“严打整治”，大力引深“平安城区”和“法治城区”活动，民族宗教工作首次荣获“全国民族团结进步模范集体”称号，全区被授予“省级平安区”荣誉称号。创新信访维稳举措，区级领导干部定期集中下访接访，1139件各类民间纠纷成功调处，一大批信访积案得到有效解决；

三是民生工程一一兑现。区委、区政府把发展民生事业作为加快经济发展方式的根本出发点和落脚点，切实让人民群众共享改革发展成果。“基本民生”得到有效发展，投资1000余万元的区图书馆正式开工，总投资额1.2亿元的两所公办幼儿园如期推进；全年城镇新增就业4100人，城镇失业人员再就业1175人，就业困难人员475人。“底线民生”得到有效保障，低保标准增长为每人每月495元，累计发放低保救助金2240.1万元，医疗救助金325.9万元。“热点民生”得到强烈关注，19所区属中小学共接受1万余名外来务工子女，发放各类免学费杂费、助学金等2700万元。年初承诺的10件惠民实事顺利推进。

四、“文旅增色”展示“宜游”新魅力

一是打造红色景点。城区对“抗日五专署”历史纪念馆进行了修缮复原、展馆设计和布展，投入200余万元的“刘伯承工厂”修建项目，成功荣获全省首家“国家级军工文化示范单位”和全省第二家“国家级军工文化教育基地”称号，成为长治市又一红色旅游景点。

二是开发人文景观。坚持在拆迁中保护，在保护中建设，随着“六府塔”遗址公园建设的有效推进，全国第一次可移动文物普查和对文物古建保护工作的扎实推进，包括和平东街侵华日军碉堡、南街关帝庙、中营街玄帝庙、孟家花园等，精品“城游”景点建设再添一抹古色古香的人文景观。

三是加强配套建设。总投资5.6亿元的新景东方酒店的主楼封顶，开展第二届导游技能大赛暨长治市第四届“寻找最美导游”选拔赛，旅游服务业项目再添亮点。截止11月底，全区旅游总收入30.09亿元，同比增长30%，完成全年任务的106.47%；国内旅游收入29.8亿元，同比增长27%。

五、“聚才增智”构筑“宜学”新高地

一是打造“读书”之城。中心组理论学习、处级领导大讲堂、高层次的专家讲座、“一把手”讲党课成为引领“宜学”城区建设的强劲引擎；“读书修身·书香城区”读书月活动、“图书流动车进社区”等一个个活动，使时时

学习、处处学习、终身学习的理念日益深入人心。

二是打造“文化”之城。按照国家一级标准设计建设的区图书馆正在加紧建设，预计2015年年底交付使用，投资200万元对区文体中心改造升级，我区第一个国家级青少年体育俱乐部在文体中心挂牌成立；构建了文化广场、电子阅览室、农家书屋等“10分钟文化服务圈”，并举办了10万人参与的第六届社区（农村）文化艺术节，出版了全省乃至全国较早完整记述五帝生产、生活轨迹的《炎帝文化系列丛书》。

三是打造“优教”之城。给“大班额”消肿，给“择校热”降温，“划片、就近、免试”的原则有效破解了择校难题；片区互动，以点带面、校际互动、促进了均衡办学，成为我区教研新特色；依法治教、自主学习、青少年核心价值观教育、和谐校园建设有序推进，开放、便捷的继续教育体系正在形成。

四是打造“创新”之城。坚持“引资”和“引智”相结合，依托企业建立了LED“博士工作站”，中德型材汽车轻量化研究中心推动了人才与项目、人才与资本的有机对接提高了科研成果的孵化率，尊重人才、重视人才的人文环境是我区成为创业者实现梦想的人生舞台。

六、“党建增辉”凝聚“五宜”新动力

一是祛除“四风”，教育实践活动取得实效。8个月的时间，全区96个单位、622个基层党组织、8863名党员按照中央和省、市、区委统一部署，紧紧围绕“照镜子、正衣冠、洗洗澡、治治病”的总要求，以为民务实清廉为主题，以“双学双联双争”为载体，扎实开展了教育实践活动。全区整改“四风”突出问题1000余个，取消下放行政审批事项16项，解决实际问题500余件，为群众办实事、办好事1000余件，出台制度14项，回应了群众期盼，让群众真正得到了实惠。

二是激浊扬清，铁的纪律转变作风。狠抓党风廉政建设“两个责任”落实，保持反腐高压态势，持续刷新吏治，严格八项规定、严明各项纪律、严惩违纪行为，全区党风、政风、社会风气为之一新。全区文件减少25%，会议减少30%，文山会海逐步萎缩；领导“晒日志”、单位“开门办公”、街道“微信服务”、社区“一窗式”办理，拉近了与群众的距离；查处违法纪律作风问题52起，给予党政纪处分22人，通报批评15人，约谈14人。

三是强筋壮骨，“两委”换届全面完成。10月16日全区工作动员大会召开，到11月11日，55个社区居委会顺利换届；11月20日，社区党支部换届完成；到12月20日，24个村委完成选举；12月25日，28个村（菜场）党支部换届结束。一大批政治坚定、素质过硬、贴近群众的基层干部登上服务群众的舞台，83个凝聚力、战斗力强的“两委”班子站到了发展前沿，“五宜”城区建设汇聚起了最宝贵、最雄厚的基础力量。

四是强化责任，安全生产形势平稳向好。强化“党政同责、一岗双责、齐抓共管”安全生产责任体系，重点突出危险化学品、城市燃气、消防和人员密集场所、文化娱乐场所、特种设备等领域和行业的安全检查，共组成各类检查组207个，出动执法检查人员4510人次，检查生产经营单位2408家，发现各类隐患1374条，已整改1045条。区政府领导班子成员带队夜查突查104次，实行重点隐患挂牌督办，并严格落实停产整顿、关闭取缔、上限处罚、追究法律责任“四个一律”措施。全区未发生一起生产安全事故，安全生产形势继续保持平稳。

（张少蓉）

附：一、中共长治市城区区委书记、副书记、常委名单

书　记：孙刘琳（女）

副书记：李国强　宋福庭

常　委：胡三虎(1月任职)　王沁平　牛文庭　秦玉琪　李　峰　付云波（3月离职）　崔云峰　董有忠（3月任职）

二、街道党工委书记名单

常青街道

书　记：牛庆红

五马街道

书　记：秦航宇

东街道街道

书　记：张　琼（女，3月离职）　李　诚（3月任职）

西街街道

书　记：焦明珍（女）

英雄中路街道

书　记：田向宏

英雄南路街道

书　记：王路敏

太东街道

书　记：王宇红

太西街道

书　记：侯　敏（女）

紫金街道

书　记：栗　玮

延南街道

书　记：郜治平

中共长治市郊区区委工作概况

区委书记　潘贤掌

2014年，郊区区委团结带领全区广大干部群众，突出“两大主题”，坚持“两个结合”，打牢“四大支柱”，实施“五轴联动”、建设美丽郊区，各项工作均取得新成绩。全区地区生产总值完成187.2亿元，总量排名全市第一，同比增长6.4%；规模以上工业增加值完成135.4亿元，总量排名全市第一，同比增长7.2%；固定资产投资完成160.1亿元，总量排名全市第二，同比增长6.6%；公共财政收入完成7.18亿元，同比增长15.3%；社会消费品零售总额完成40.4亿元，总量排名全市第二，同比增长12.6%。先后荣获全省推进部团基础设施建设先进单位、全省重大动物疫病防控先进县区、畜产品质量安全监管工作先进县区、全市创建国家公共文化服务体系示范区先进县区等26项省、市级荣誉称号。

突出改革转型，经济稳步增长

坚持以转型攻坚、项目建设、招商引资为重点，着力推进转型发展。全区规模以上企业达到41家，纳税10万元以上企业超过200家，小微企业700家，新兴产业投资同比增长45%，非煤产业增加值比重超过36%，经济质量和效益明显提高。大力实施项目带动战略，圆满完成项目建设“六位一体”任务。全年共确定重点项目150个，总投资694.6亿元。其中投产达效127个，完成投资160.9亿元。进一步加大招商引资力度，先后组织15批次招商小分队外出招商，完成项目签约任务452.5亿元，到位资金92.8亿元，名列全市前茅。

坚持以教育集团化、金融创新、盘活闲置土地改革为突破，着力推进创新发展。教育集团化改革方面，与市实验中学合作，引进市级名校教育管理的先进经验和优秀师资队伍，成立实验中学英雄北路校区和潞泽中学两个教育集团，着力打造全市一流名校。金融创新方面，创立了长治环渤海电子商务与金融基地，入驻企业16家。由区政府出资500万元作为“政府风险补偿金”、建行提供5000万元融资额度，开展了运用政府总体信用、解决一些中小微企业个体信用不足的“助保贷”融资创新方式，有效解决了企业“融资难”问题。盘活闲置土地方面，对全区所有关闭淘汰企业进行调查摸底，盘活闲置厂区1300余亩，引进29个新兴产业项目，总投资29.8亿元，有效破解了项目用地难题。

坚持以环境治理和造林绿化为重点，着力推进绿色发展。深入开展环保百日攻坚行动和大气污染专项治理，全区万元工业增加值能耗下降12.01%，全区Ⅱ级以上天数达到332 天,其中1级天数6天。坚持不懈植树造林，全年植树60余万株，创建绿色生态乡镇7个、绿色生态村15个。投入资金8000万元，进一步深化了“三项治理”专项行动。基本完成了我区改善农村人居环境年度任务，创建省级美丽宜居示范村1个、市级4个、区级6个。

坚持以新型城镇化建设、民生事业为抓手，着力推进统筹发展。大力推进新型城镇化建设。圆满完成了太行东街、英雄北路、长安高速连接线和襄垣连接线4条道路的征迁任务。完成了长治火车站、文化艺术中心、规划馆和科技馆等惠民工程的规划选址等前期准备工作。19个城中村改造项目规范实施。实施棚户区改造项目6个，完成投资2.73亿元，建设住房2096套27.63万平方米。着力保障改善民生。全区城镇新增就业岗位2750多个，转移农村劳动力3100多人，城镇居民人均可支配收入达到30752元，同比增长7.6%，总量排名全省第一；农民人均纯收入达到14008元，同比增长11.7%，总量排名全市第一。建立了以郊区人民医院为“核心医院”、老顶山镇中心卫生院等4家乡镇医院为“合作单位”的医疗联合体，新建了医疗卫生综合服务中心，改扩建了黄碾镇、西白兔乡卫生院，创建高标准卫生所25家。实施农村危房改造300户，为447户困难群众发放租房补贴75.5万元，建成400套经济适用房和60套廉租房，第二批850套经济适用房开工建设。

坚持以安全生产和信访稳定为基础，着力推动安全发展。狠抓安全生产。集中开展安全生产大检查和安全生产整治，全方位、全过程、全天候抓好各个领域、各个环节的安全生产工作，各项安全指标均在市控目标之内，安全生产形势持续稳定好转。狠抓信访稳定。建立完善了信访维稳 “1+4”领导机制、制定出台了7项工作制度和信访工作流程，开展了“矛盾纠纷大排查，信访积案大化解”专项活动，进京非访同比下降39.85%，信访维稳形势持续稳定好转。深化社会治理。推进“六六创安”工程，深入开展打击黑恶势力、打击毒品犯罪、打击“两抢一盗”、整治乱点等专项斗争，保持了社会和谐稳定。

坚持从严从实，全面加强党的建设和干部队伍建设

扎实开展党的群众路线教育实践活动和学习讨论落实活动。深入扎实开展了党的群众路线教育实践活动和学习讨论落实活动。区委班子成员带头加强学习，带头把自己摆进去，带头揭短亮丑，深刻反思班子的责任和教训，推动了活动健康有序开展。受到省、市委督导组和市委市政

府主要领导的肯定。

着力加强基层党组织建设。在全区农村集中开展了“软弱涣散”村级党组织整顿工作，开展了服务型基层党组织创建活动，进一步发挥了农村党支部的战斗堡垒作用和党员的先锋模范作用。全面加强非公经济组织党建工作，成立了全区社会组织工作委员会，依托10家区直业务主管单位，组建10家联合党支部，涵盖全区61家社会组织，实现了非公企业党建工作全覆盖。加强对农村基层组织、村委换届选举工作领导，建立了“三包一督导”工作责任制，解决了30个支部换届、48个村委换届重点村、难点村存在的问题，圆满完成了全区122个行政村的“两委”换届选举工作任务。

党风廉政建设和反腐败斗争深入推进。深入研究和部署全区党风廉政建设和反腐败工作，认真落实党委的主体责任和班子成员“一岗双责”责任，始终保持无禁区、全覆盖、零容忍查处腐败案件。2014年区纪委共受理群众举报90件次，立查案件42件，处分违纪党员干部42人。以反“四风”、改作风为重点，组织开展各类明察暗访26次，对省市纪委转交的12家单位违反机关工作纪律的问题进行了调查落实，共立查案件4件，给予党政纪处分4人，诫勉谈话17人，在全区营造出风清气正的良好氛围。

坚持依法行政，加快法治郊区建设进程

制定了《关于加快推进法治郊区建设的实施意见》，对推进法治郊区建设作出了全面部署。按照“六权治本”要求，推进党务公开、区委权力公开、政务公开和各领域办事公开，注重发挥区人大及其常委会法律监督、政协民主监督作用，全力提高各级执法机关依法行政水平，加快推进各项司法体制改革,进一步加大依法治访工作力度，全力加强法治专门队伍、法律服务队伍、法治后备人才队伍建设，深入开展普法活动。

（王丽芳）

附：一、中共长治市郊区区委书记、副书记、常委名单

书　记：王辅刚（3月离职）　潘贤掌（3月任职）

副书记：金所军　张耀华

常　委：李维祥　赵九大　卢展中　牛晨霞（女）　王跃林　王喜富（3月离职）　何庆红　高绍奎（3月任职）

二、乡镇（街道、开发区）党（工）委书记名单

西白兔乡

书　记：龙玉民

黄碾镇

书　记：尹秀丽（女，7月离职）　原　勇（7月任职）

马厂镇

书　记：李彩虹

大辛庄镇

书　记：李保增

堠北庄镇

书　记：王　峰

老顶山镇

书　记：常峰旭

故县街道

书　记：原　勇（7月离职）　杨　明（7月任职）

长北街道

书　记：杨　明（7月离职）　尹秀丽（女，7月任职）

老顶山旅游开发区

书　记：崔士钧

中共长治县委工作概况

县委书记　裴少飞

2014年，在市委、市政府的正确领导下，长治县委紧紧围绕中央和省市委的安排部署，统一思想激发活力，务实推进“五五”战略，通过“六个强化”，着力在思想政治教育、群众路线实践活动、全县经济社会发展、城镇化建设、民生保障和党的建设等方面，攻坚克难，开拓创新，圆满完成了年初预定的各项工作任务，县域经济社会及各项事业取得新的进展。

一、强化政治意识，狠抓理论学习，思想上行动上与党中央和省市委保持一致

坚持把学习贯彻习近平总书记系列重要讲话精神和贯彻落实省市委重要会议精神作为重要政治任务，通过召开县委常委（扩大）会、县四套班子会、全县干部大会、县委中心组学习会、专题报告会等多种方式，及时学习传达习近平总书记的重要讲话精神，严格落实省市委重要部署要求，确保全县干部群众都能把思想和行动统一到党中央和省市委的重要指示和重大决策上来，在思想上政治上行动上坚决与党中央和省市委保持高度一致。截至2014年底，召开常委会、四套班子会、全县干部大会、专题报告会等共70余次，县委理论中心组组织集体学习16次，邀请戎爱国、郑延涛、王建军等多位省市领导和党校教授举办专题辅导，积极推动全县领导干部深入理解、准确掌握中央和省市委重要决策部署和会议精神。特别是在党中央对山西

工作作出重要指示后，全县各级党组织和广大党员干部，以“学习讨论落实”活动为契机，进一步坚定党性观念，提高政治觉悟，全面贯彻落实省、市委重大决策部署，全面落实“六大发展”、务实推进“五五战略”，努力开创全县弊革风清、富民强县的新局面。

二、强化为民服务，重视整改落实，群众路线教育实践活动取得新实效

按照中央及省市委部署，以“为民务实清廉”为主题，坚持“照镜子、正衣冠、洗洗澡、治治病”总要求，坚持高起点开局、严要求推进，扎实开展党的群众路线教育实践活动。成立县委活动领导组，建立县处级党员领导干部联系点36个，组建了12个督导组，全县610个党组织、17700余名党员参与到活动中，确保学习教育、整改落实、建章立制各个环节任务按时保质完成，做到规定动作标准高、自选动作有特色。特别是创新开设《群众大讲堂》的做法，得到省市及中央级新闻媒体广泛报道，深受好评。制定“两方案一计划”，县委常委领导班子整改28个突出问题、32项专项任务，出台22项“四风”整治制度，安排部署16项重点工作。通过整改，全年会议、评比、达标表彰活动数量下降17.5%，撤并各类领导小组和议事协调机构16个，精简率达50%，“三公”经费开支减少696万元，较同期下降32.15%。清理腾退调整办公用房面积3万多平方米，清理公务用车162辆，清退“吃空饷”7人。通过开展活动，全县党员干部的宗旨意识、工作作风、干事创业劲头更足，为全县发展凝聚了强大正能量。

三、强化宏观调控，狠抓产业转型，县域经济呈现出企稳向好发展态势

长治县积极应对经济下行、煤炭市场持续疲软的现状，加大宏观调控力度，积极构建多元产业支撑格局，着力夯实经济发展根基。

一是煤炭产业主动寻机。按照煤炭产业“六型”转变要求，全面加强煤炭产业本质安全建设，加快提升矿井现代化水平，提高煤炭固废综合利用率，实现煤炭产业效益最大化。针对煤炭价格低位运行、煤市竞争激烈现状，长治县认真贯彻落实省20条、17条和市政府10条措施，深入开展清费立税各项工作，切实为企业减轻负担。及时制定鼓励煤炭销售奖励办法，调动煤炭企业销售积极性。同时，抽调主干力量，成立煤销小组，加大跨区域煤炭产销战略合作，在与山东淄博合作基础上，积极开辟云贵川市场，扩大市场占有率。2014年，县管煤矿生产原煤1375.8万吨，同比增加3%，销售1246.7万吨，同比下降1.8%，基本实现产销平衡。

二是产业转型成效明显。按照“大企业引领、大园区带动”的发展思路，通过园区建设，带动产业集聚，形成规模效应。截至年底，“四大园区”效益逐步凸显。科工贸产业聚集区，入园企业36家中，本年投产22家，规上企业达到10家，解决就业6000余人。实现工业总产值5.4亿元，工业增加值1.03亿元，销售收入82.9亿元（其中包括长治煤销公司销售收入76亿元），利税1.51亿元。主要指标好于预期，成长态势明显。太行山农产品物流园区，日综合农产品交易量500—600吨、日交易额250—300万元，带动全县设施农业2.5万亩。全年交易额达到35亿元，成为具有区域影响力的现代农产品综合物流基地。中国太行国际医药健康产业园区，依托振东制药，全力打造集医药研发、生产、物流于一体的药企“航母”。全年销售收入32亿元，利税2亿元。新型工业创业园区，雅瑞地毯、无极荧光灯两大项目一期工程实现投产，带动就业人数500余人。全年完成产值3000万元，为县域经济注入了新动力。

三是深化综改破解瓶颈。抢抓扩权强县和转型综改“双试点”机遇，先行先试，探索创新，制约产业发展的行政审批、资金、土地、人才等因素得到破解，县域经济发展活力增强。精简行政审批事项，积极开展行政职能清理和行政审批流程再造活动，审批时限提速76.3%以上；继续开展项目集中审批，一周时间高效办结52项审批事项。县级领导牵头推进，土地融资平台、城市建设投资平台、租赁公司融资平台“三个平台”初步搭建，融资渠道更加多元，重点项目资金难问题得到缓解。土地增减挂钩试点推进，有效加快土地流转进程，土地瓶颈逐步破解。强化与国内外知名高校、院所合作，引进专家45个，科技团队12个，组成院士（博士）工作站3个，高校“智力库”作用明显，“产学研、县校企”科技创新体系逐步健全完善，为县域发展提供了人才、科技、智力支撑。持续加大招商引资力度，诺卡精密铸造、交流负离子发生器、兴弘嘉纺织等一批投资额大、带动力强、潜力明显的好项目落户我县。

2014年，财政总收入37.1亿元，公共财政预算收入完成15.7亿元，工业增加值完成105.9亿元，地区生产总值完成168亿元，社会消费品零售总额完成24.95亿元，城镇居民人均可支配收入完成26000元，农村居民人均可支配收入完成13500元。

四、强化试点突破，狠抓整体推进，新型城镇化建设步伐加快

长治县充分发挥区位优势、产业优势和资源优势，大力推进全县域新型城镇化建设。合理布点，着力打造五个城镇化示范点，通过试点幅射带动全县域城镇化。一是北部产业聚集区和郝家庄乡“撤村并区”，工作进展顺利，累计完成投资9亿元，开工楼盘47栋，21栋楼房封顶。二是西申家庄村中心村集聚，投资2亿，加快实施旧村改造二期工程，给排水、集中供暖、通信等基础设施与县城实现联网，连接县区与市区的纽带作用明显。三是城中村改造，韩店、经坊、黎岭等城中村改造工程稳步推进，县城“三项治理”成效明显，新客运站建成运行，道路设施更加完善，光明路拓宽改造完成，县城建设实现提质扩容。四是荫城镇次中心建设，按照10万人规模，古镇保护规划和新区建设框

架建立，基础设施逐步配套，人口规模膨胀扩大，旅游、商贸、产业等城市要素加快集聚。五是振兴新区就地城镇化加快推进，振兴学校、医院、派出所等公共设施配备完善，总投资4亿元的和谐小区主体完工，红色旅游、设施农业等产业发展壮大，“就地城镇化”特色鲜明。

五、强化惠民保障，狠抓民生实事，幸福之都畅享幸福

一是惠民工程深入实施。以“四个全民”为统领，一批惠民实事得到落实。全民教育，教育园区投入使用，青少年活动中心主体完工，近20所中小学、幼儿园新建（改扩建）工程顺利推进，11所完工投入使用。持续实施15年免费教育，严格落实“蛋奶营养餐”工作，惠及5.3万名中小学生和幼儿。全民就业，落实就业创业政策，鼓励扶持全民创业，以创业带动就业，截至2014年11月底，城镇居民就业4966人，转移农村劳动力3425人，城镇登记失业率低于全市指标。全民养老，城镇职工养老金待遇连续10年调高，新农保、城居保养老金标准高于全国，全县60周岁以上老人实现无忧养老。全民医保，全面落实基本药物制度，县大医院、中医院等重点项目加快建设。截至2014年10月底，全县参加基本医疗保险33.5万人，财政补偿金额8482万元，受益居民52.5万人次。其中，新农合补偿7319.3万元，36.2万人次受益。

二是文化事业蓬勃开展。大力开展弘扬传统文化、志愿服务、慰问道德模范、最美人物评选等系列活动。组建县网络评论员队伍，强化网络舆情收集研判工作，全县网络舆情工作取得新成效。完善公共文化基础设施，基本形成以县城大型文化场馆为龙头、乡镇文化站为主体、村级文化活动室和“农家书屋”为基础的县乡村三级文化设施网络，公益文化服务水平明显提升。文艺精品创作再获佳绩，潞安大鼓新剧目《秋兰探夫》获第八届中国曲艺“牡丹奖”大赛新人提名奖。

三是安全稳定保持良好。严格落实“一岗双责、党政齐抓”要求，积极构筑安全监管网络。深入开展重点行业、重点领域安全生产专项整治，安全隐患排查实现制度化、常态化。加强专业队伍建设，矿山救护队、森林消防专业队应急救援能力不断提高。全年安全生产事故控制在年度指标以内，安全形势保持良好。实施县域治理网格化，创建平安建设信息平台，社会治理成效显著。严厉打击违法犯罪活动，立体治安防控体系初步建立，人民群众安全感进一步增强。加大矛盾纠纷排查力度，重点化解信访积案，赴省、到市上访得到有效控制，实现十八届四中全会和“APEC”会议期间进京零非访、零滞留，全县大局保持和谐稳定。

六、强化党要管党，狠抓反腐倡廉，党的建设全面加强

一是基层党组织建设得到加强。纵深推进党建“六提”工程，12个后进党支部提档晋位，50个村级活动场所改造升级，7个非公企业党组织建设星级阵地。农村“两委”换届工作稳步推进，截至年底，全县254个行政村，支部、村委换届分别完成251个，一批政治坚定、年富力强、富有激情的农村干部走上领导岗位，全县基层党组织的战斗堡垒更加坚固。

二是干部作风有了明显转变。认真执行中央八项规定、党政机关厉行节约反对浪费条例，以及省市委出台的转变作风各项规定，结合县情实际，制定出台“长治县党政机关公务活动接待从简”、“禁止党员干部借婚丧喜庆事宜大操大办”等文件，实现干部作风管理制度化、常态化。坚持县级领导带头示范，从上下班纪律做起，带动全县领导干部遵守党纪要求。县级领导干部认真开展“访知解”、逐日信访接待等活动，切实帮助群众、企业解决了一批生产生活难题，全县党员干部正以饱满精神、务实作风投入全县经济社会各项工作。

三是党风廉政和反腐败斗争持续推进。明确党委主体责任和纪委监督责任，县委带头层层签订责任书，主要职能部门和各乡镇党委负责人作出“一岗双责”承诺，接受社会监督。建立预防腐败、执纪问责、权力监督和警示教育四大机制，全县廉政建设机制健全完善。整体推进县委权力、政府履职和基层党务“三个公开”。加大违纪案件查办力度，截至11月底，查处违反作风建设规定案件14起，党政纪处分18人，其中科级干部4人；查处违纪案件95件，100名党员干部受到党政纪处分，积极推动全县党员干部廉洁履职。

（李伟峰）

附：一、中共长治县委书记、副书记、常委名单

书　记：裴少飞

副书记：李文兵　张向东　杜雪峰（挂职，3月任职）

常　委：杨立宏　王建良　魏俊英（女）　郑成钢　杨志飞　张宏山　陈文广

二、乡镇(园区、新区)党委书记名单

韩店镇

书　记：宋文斌（10月离职）　侯立峰（10月任职）

荫城镇

书　记：张慧军

苏店镇

书　记：侯立峰（10月离职）　和　伟（10月任职）

西火镇

书　记：张五清

八义镇

书　记：宋立刚

贾掌镇

书　记：陈华丽（女）

郝家庄乡

书　记：李　翔

北呈乡

书　记：郭建勇（10月任职）

东和乡

书　记：原泽英（女）

西池乡

书　记：和　伟（10月离职）　王　瑛（10月任职）

南宋乡

书　记：秦岩伟

工业园区

书　记：李志文

振兴新区

书　记：牛扎根

中共潞城市委工作概况

市委书记　唐立浩

2014年，市委常委会认真贯彻落实党的十八大和十八届三中、四中全会以及习近平总书记系列重要讲话精神，按照省委"净化政治生态、实现弊革风清、重塑山西形象、促进富民强省"的决策部署和长治市委"五五战略"总体安排，紧紧依靠全委会的同志，团结带领全市干部群众，全面落实"六大发展"，深入实施"三三战略"，以深入开展群众路线教育实践活动为契机，抓党建、转作风，抓项目、稳增长，抓综改、促转型，抓稳定、惠民生，全市呈现出经济快速增长、事业全面进步、民生持续改善、社会和谐稳定的可喜局面。

2014年，潞城市荣获全国平安农机示范县、省林业生态县、省重大动物疫情防控工作先进县等荣誉，40多项工作受到长治市以上表彰。省计生家庭民生建设现场会、省农村改革座谈会、长治市农村土地确权试点工作推进会、长治市银行业发展普惠金融支持经济实体工作推进会等4个现场会在潞城市召开。

一、始终坚持科学理论武装，思想认识得到高度统一

市委常委会坚持把学习贯彻习总书记重要讲话精神和省委重大决策部署作为一项重要政治任务，采取封闭学习、交流研讨、专家讲座、警示教育、书记讲堂、干部培训等方式，深入学习了习总书记系列重要讲话的科学内涵、思想精髓，深刻理解了讲话中关于改革发展稳定、内政外交国防、治党治国治军等方面的新思想、新观点、新论断、新要求，准确把握了讲话中体现的为民情怀、反映的历史担当、阐发的科学方法，端正了世界观、人生观、价值观，筑牢了理想信念的根基；深入学习了党的十八届四中全会精神以及关于从严治党、加强党风廉政建设和反腐败斗争的部署和要求，切实增强了法治思维、纪律观念和规矩意识；深入学习了以习近平同志为总书记的党中央的优良作风，切实增强了执行八项规定、践行"三严三实"、改进工作作风、密切联系群众的思想自觉和行动自觉；深入学习了以王儒林书记为班长的山西省委提出的"净化政治生态、实现弊革风清，重塑山西形象、促进富民强省"的重大决策部署以及"六权治本"、"六大发展"等一系列新思路、新理念，深入学习了以马天荣书记为班长的长治市委作出的全面落实"六大发展"、务实推进"五五战略"的工作安排，并结合潞城实际，提出了贯彻落实措施。通过深入学习，进一步把全市干部群众的思想和行动统一到中央和上级党委的精神上来。

二、深入开展集中教育活动，作风建设取得明显成效

市委常委会组织领导全市573个党组织、12285名党员，紧紧围绕"为民务实清廉"主题和"照镜子、正衣冠、洗洗澡、治治病"总要求，聚焦"四风"问题，突出实践特色，以严的标准、严的措施、严的纪律开展了教育实践活动。强化教育，提升认识，党员干部的党性观念和宗旨意识明显增强。组织处级领导到八路军总部砖壁、王家峪旧址以及太行纪念馆接受革命传统教育，组织科级以上干部到神头岭伏击战旧址、毛主席纪念馆、北村八路军总部旧址进行廉政教育活动。把学习弘扬焦裕禄精神作为一条红线贯穿教育实践活动始终，扎实开展学习焦裕禄、申纪兰、段爱平、韩长安同志活动，形成了学习先进、崇尚先进、争当先进的良好氛围。发扬整风精神，严肃开展批评，党内政治生活焕发生机。市委常委班子带头在长治市第一家召开了高质量的专题民主生活会，班子成员坚持"不准搞突然袭击、不准搞人身攻击、不准互相赞扬、不准当面争执、不准记仇报复"的"五不准"原则，自我批评深挖根源、触及灵魂，相互批评真刀真枪、见筋见骨，受到省委督导组的高度评价。我市的做法和经验在长治市做了交流。整治"四风"顽疾，建立长效机制，党风政风社风明显好转。围绕查摆出的突出问题，制定并落实整改方案，实施了30项专项整治行动，出台了领导干部"去官气"十不准、党和国家工作人员操办婚丧嫁娶事宜的暂行规定、党政机关公务活动接待从简等24项制度，实现了作风建设制度化、常态化。全年会议次数减少18.4%；各类领导小组、议事机构减少27个；清理超标办公用房6005平方米；减少"三公"经费支出996万元，同比下降40.6%；清退"吃空

饷”人员20名。加大惩戒力度，强化警示效果，全年查处各类违反作风建设规定的行为23起，处理责任人34人，其中给予3人党政纪处分、3人诫勉谈话、28人通报批评。通过开展群众路线教育实践活动，全市党员干部普遍受到了一次深刻的马克思主义群众观点和群众路线教育，“三观”得到切实改造，“四风”问题有效解决，集聚了正能量，提振了精气神，进一步增强了加快潞城发展、造福潞城人民的责任感和使命感，为做好全市各项工作提供了坚强的保障。

市委常委班子把开展学习讨论落实活动作为一项重大政治任务紧紧抓在手上，紧扣活动主题，围绕三个环节，认真实施6方面25项任务，活动呈现出有序推进的良好态势。举办了专题研讨班，市乡两级200多名领导干部受到触动心灵的思想启发和党性教育。市委常委班子以上率下，在引深学习讨论、找准突出问题的基础上，召开三轮讨论会反思剖析，撰写了反思剖析报告，制订了4方面24项整改措施，并进行了认真整改落实。全市各级党组织坚持边学习、边讨论、边落实，将学习讨论落实活动与当前各项工作结合起来，统筹兼顾，协调推进，确保了两手抓、两不误、两促进。

三、牢牢扭住发展第一要务，经济发展实现逆势增长

市委常委会坚持发展第一要务，始终把项目建设作为全市工作的第一抓手，着力在加速、提质、见效上下功夫，经济发展呈现逆势增长的可喜局面，主要经济指标任务超额完成，增幅高于全省、全长治市平均水平。完成地方财政预算收入5.79亿元，超长治市下达任务2171万元，增长15.2%；本级财政预算收入首次突破5亿元，达到5.26亿元，地方财政预算收入和本级财政预算收入均创历史最高。完成地区生产总值98.5亿元，增长12.9%；规模以上工业增加值67.97亿元，增长20.6%；固定资产投资128.8亿元，增长18.6%；社会消费品零售总额13.02亿元，增长13%；城镇居民人均可支配收入22503元，增长9.2%；农村居民人均可支配收入10753元，增长11.3%。7项主要经济指标中，地区生产总值、规模以上工业增加值、公共财政预算收入、城镇居民人均可支配收入4项指标增幅排名长治市第1。长治市下达的约束性指标、民生类指标均全面或超额完成。

(一) 多措并举保增长促发展，确保经济持续健康运行。把保增长促发展作为全市工作的重中之重，始终抓在手上，及早安排部署，及时分析研判，认真解决经济运行中出现的突出矛盾和问题。坚持处级领导包重点项目和重点企业制度，多次召开重点项目推进会，组织开展重点项目和重点企业大调研活动，帮助解决项目建设和企业生产、经营、管理各个环节的问题。坚持项目督办制度，定期对项目进展情况进行公示。积极帮助企业协调联系贷款，全年累计为企业争取各类贷款40多亿元。切实加强税收征管，深入开展税收大检查活动，有效杜绝了跑冒滴漏现象。

(二) 毫不动摇抓招商上项目，经济发展后劲持续增强。实施规划招商、网络招商、园区招商、产业链招商，实现了招商引资向择商选资转变。四套班子主要领导带领招商引资小分队，到北京、天津、武汉、广州、深圳、珠海、厦门、长春、运城等地招商引资、对接项目。全年共签约项目27个，签约总额76.9亿元。

进一步强化项目建设第一抓手的地位，继续实施挂牌保护、限期办结、倒排工期公示、打击破坏发展环境行为等制度和措施，为项目建设创造了一流的环境。项目建设“六位一体”任务全部完成。全社会用电量、工业用电量分别达到24.2亿度、23亿度，分别增长16.1%、16%，总量和增幅均排长治第1，反映了潞城经济增长的强劲态势；固定资产投资连续4年快速增长，2014年达到128.8亿元，是2010年45.6亿元的3倍；全年确定重点项目123项，其中38个生产性项目建成投产。

(三) 全力以赴调结构促转型，三大集聚区建设取得新突破。园区基础设施建设不断加强。现代煤化工工业园区被确定为省级新型工业化产业示范基地；潞宝园区煤化工分析测试中心、污水处理、供水设施、消防站等主体工程建成；潞安园区焦化一、二分厂厂区扩建完成70%，铁路专用线项目正在进行前期准备；翟店园区供水厂建成投入使用。三大集聚区项目建设取得新突破。现代煤化工集聚区建设方面：潞宝园区1套干熄焦建成投产；蒸汽余热发电、国内最大的园区污水集中处理及资源化利用等2个项目主体建成；10万吨己内酰胺项目8套装置中的合成氨、粗苯精制、环己酮3套建成投产，其余5套2015年7月建成；硫酸、制氢2个项目正在进行土建，预计2015年4月建成。在2014年山西企业100强评选中，潞宝集团排名第15位，名列全省民营企业第1位。潞安园区钴基合成油项目，一期建成投产，潞安集团成为我国唯一掌握钴基合成油技术的企业。天脊园区27万吨硝酸、苯胺和硝基苯固废再生资源处理等2个项目建成投产，目前天脊集团硝酸总产能达到108万吨，成为亚洲最大的硝酸生产基地；土壤调理剂、脱硝除尘改造、5万吨硝基苯精制技改、2×15万吨碳酸钙渣综合利用等4个项目正加快推进。现代服务业集聚区建设方面：在翟店新区、城南新区和城西新区重点推进15个现代服务业项目，其中卢医山庄、华悦东风4S店、鑫宏诚4S店、汽车大世界等4个项目建成投入运营；永达家电大世界、888家电家具城、企业总部大厦、金源新天地、颐龙湾、水岸春城、昌运嘉苑、浅水湾等8个项目正在推进；商务快捷酒店、汽车美容馆、晋膳天下美食城等3个项目完成选址，春节后可开工建设。高新技术产业集聚区建设方面，认真落实《进一步加强科技创新大力发展高新技术产业的意见》，引进铱格斯曼纳米改良性PVC材料、潞安钴基合成油、翔宇橡胶防老化剂等先进技术。此外，20多个“小巨人”项目进展顺利，其中兴宝高速线材、航空航天新材料、远翔编织袋、泰山石膏板、钢架结构、永安山防爆、鸿钰节能建材等10多个项目建成投产。产业结构逐步优化。全年新

兴产业完成投资62.8亿元，同比增长31.5%，占工业总投资的70%；服务业增加值完成25.2亿元，同比增长8.7%，占地区生产总值的25.6%，同比提高2.4个百分点。

（四）坚定不移强农业促增收，“三农”工作迈出坚实步伐。农业综合生产能力进一步提高。认真落实粮食直补、农资综合补贴等各项惠农政策，着力提高农业综合生产能力，实施玉米万亩高产创建和千亩示范片建设，示范片平均亩产比对照田增产100公斤，全市粮食产量在大旱之年仍达到1.083亿公斤。“一县一业、一村一品”加快发展。新发展核桃林0.7万亩，全市核桃林总面积达到9万亩，切实加强核桃林管护工作，着力打造“一县一业”优势产业；大葱、旱地西红柿以及姜黄小米等“一村一品”特色种植稳定在5万亩左右；新发展北行“就地红”扫帚3000亩，新发展蔚佳领生态农业、绿满佳乐千亩葡萄等5个现代农业示范园，新发展澜澳貉子和狐狸养殖、润景源獭兔养殖等2个养殖基地；新（扩）建规模养殖场8个，全市畜禽饲养总量达到230万头（只）。农产品深加工项目加快建设。凤栖桥酿业2500吨白酒扩建项目建成投产，嘉禾聚醋业主体工程完工，圣堂醋业扩建、核桃深加工等项目加速推进，神农、森龙、金谷子等农业龙头企业规模进一步扩大，全年农产品加工龙头企业销售收入完成7.32亿元，同比增长24%。新型农业经营主体日益增多。家庭农场达42家、专业合作社达424家，入社农户7000余户，占总户数15%，超过全省7.8%的平均水平。省政府确定的农村五件实事按进度完成。改造农村困难家庭危房857户，改造农村幼儿园3所，易地搬迁农村贫困人口551人，完成乡村清洁工程年度任务，培训新型职业农民510人。农村土地确权试点工作扎实推进。启动整县域推进农村土地确权试点工作，调查摸底和航拍结束，工作底图制作完毕，正在进行权属确认。我市农村土地确权工作经验在全省农村工作会议上进行了交流。农村产权制度改革稳妥推进。全市流转土地面积3.99万亩，占承包地总面积的16.7%。开展土地承包经营权抵押贷款试点工作，截至目前金融部门发放涉农贷款4385万元，其中土地承包经营权抵押贷款670万元，有效解决了新型经营主体的融资难题。

（五）着力推进旧城改造和新区建设，城镇化水平稳步提升。城乡规划进一步完善。对《潞城市总体规划》进行了修编，并通过省住建厅评审；编制了《上党城镇群长潞连接线两侧控制性详细规划》，通过长治市政府审批。基础设施建设进一步加强。总投资2亿多元完成东华路延伸、人民街拓宽、热电联产和集中供热扩容、污水处理厂升级改造、翟店新区供水厂建设、农网线路升级改造、207国道石梁至张庄改线、4条县乡道翻修改造、20.6公里村道翻修改造等9项城乡基础设施建设工程。三大片区旧城改造进展顺利。原丝织厂、原曲轴厂、府前广场东侧3大片区改造总投资6亿多元、建筑总面积22.4万平方米。其中原丝织厂片区的瑞福苑1号、3号楼主体封顶；原曲轴厂片区的金源新天地项目商业主体建成，2栋回迁楼交付使用；府前广场东片区的潞州国际项目主体建成。四个城中村改造有序推进。总投资6.4亿元、建筑总面积25万平方米的西南山、东南山、东街、瓦窑头4个城中村改造正在加快施工。西南山10栋、东南山6栋、东街5栋、瓦窑头2栋住宅楼主体完工。两大新区建设日新月异。城西新区水岸春城、颐龙湾、公园尊邸二期、浅水湾等项目正加紧建设，部分楼盘建成入住；城南新区888 家电城主体完工，汇金国际、昌盛金色家园正加快施工。2014 年城镇化率达54.68%，同比提高2.3个百分点。

四、全面推进体制机制创新，转型综改取得重大进展

市委常委会坚持全面深化改革，进一步强化综改试验区建设的“旗帜”地位，解放思想，先行先试，行政审批、金融服务、土地管理等方面的机制创新取得重大突破，特别是农商行成功改制及健康运营为全省提供了经验，受到省委王儒林书记的充分肯定，称赞潞城农商银行“为全省带了好头、树立了样板”，“典型经验非常好，而且完全可以复制，要率先在长治推开，进而推广至全省”。《中国改革报》、新华社山西分社、中央电视台山西记者站、《山西经济日报》、山西电视台等中央和省级媒体对我市的综改工作进行了专题报道，省综改办《综改专刊》对我市的综改工作经验进行了全省交流。

（一）推进行政审批改革。进一步清理规范审批事项，取消行政审批2项、行政许可17项，调整为管理服务项目93项，21个单位43项审批事项全部进驻政务大厅。再造审批流程，实行首席代表制、限时办结制、企业注册登记并联审批制和固定资产投资联审制，办结时间由40天缩短至15天。政务大厅全年受理各类事项16144件，办结16110件，办结率达到99%。

（二）推进金融机制改革。农商银行引进先进理念、改革运行机制，形成“微贷、农贷、不良资产清收、金融市场业务”四大支柱型资产业务。运用德国IPC公司微贷技术，实施“扫街模式”，累计发放小微贷款1067笔1.8亿元。引进乌克兰清贷团队，不良贷款率从64.8%下降至2.5%。结合土地预期收益保证贷款试点工作，发放土地流转贷款30笔3641万元，涉及流转土地2410亩。全年累计投放各类贷款37.1亿元，利润由改制前的3207万元增至2014年的1.73亿元，上缴税金由改制前的482万元增至2014年的5410万元，纳税额排名全市重点企业第6位。大力拓展融资渠道，中安信达小额贷款公司开始营业，长治银行潞城分行正在筹建，近期将入驻营业。

（三）推进土地管理制度改革。进一步深化工矿废弃地复垦利用、城乡建设用地增减挂钩等土地管理制度改革，全面完成500亩城乡建设用地增减挂钩复垦任务，2013年工矿废弃地复垦2159亩通过省国土资源厅验收，置换建设用地指标1460亩，解决了33个项目建设用地，2014年的1500亩工矿废弃地复垦任务正加紧实施。深入推进省级千亩土地开发项目，总规模1580亩，已完成86%。

五、坚持统揽全局协调各方，民主政治建设切实加强

市委常委会充分发挥统揽全局、协调各方的领导核心作用，积极支持人大、政府、政协和审判、检察机关以及人民团体依照法律独立负责、协调一致地开展工作。

（一）坚持和完善人民代表大会制度，人大依法履职水平进一步提高。支持人大及其常委会依法履行职能，充分发挥地方国家权力机关的作用。市人大及其常委会抓重点、议大事、谋全局，围绕项目建设、三大集聚区建设、综改试验、农民增收等重点工作，开展11次调查研究、10次督查视察，主动建言献策，提出大量有价值的议案和建议，并依法督办代表建议，充分发挥监督职能，规范“一府两院”用权行为，为推动全市民主法制建设和经济社会发展作出了贡献。

（二）坚持和完善中国共产党领导的多党合作和政治协商制度，政协参政议政能力进一步增强。充分发挥政协在推进协商民主中的重要作用，支持政协认真履行政治协商、民主监督、参政议政职能。市政协充分发挥智力密集、联系广泛、民主监督的优势，围绕党政中心工作和社会热点问题积极开展视察调研活动，探索推行双月协商座谈会等制度，提出一批有价值的意见和建议。充分发挥民主监督的优势，切实加强提案工作，征集提案189件，办复率100%。

（三）加快推进依法治市进程，民主政治建设进一步加强。出台了《关于加快推进法治潞城建设的实施意见》，深入推进“六五”普法，加大法治宣传教育力度，运用法治思维和法治方式推进潞城改革发展。加强对统战工作的领导，加强同各民主党派、无党派人士的团结合作。依法管理宗教事务,引导宗教与社会主义社会相适应。支持工商联及工青妇等人民团体，依照法律和章程独立自主开展工作。坚持党管武装原则，切实加强国防后备力量建设，军民融合发展成效明显，我市蝉联“全省双拥模范城”五连冠。

六、大力实施文化强市战略，精神文明创建扎实推进

市委常委会始终把宣传思想文化工作摆在突出位置，充分发挥思想引领、舆论推动、精神激励、文化支撑“四个作用”，大力推进文化强市建设战略。

（一）加强思想道德建设。广泛开展中国特色社会主义理论宣传教育，唱响主旋律，提振精气神。大力加强公民思想道德建设，播出《潞城大讲堂》52期，积极培育和践行社会主义核心价值观。持续引深农民“四知两有”教育活动，共组织农民大讲堂、村级小康论坛35次。

（二）营造良好舆论氛围。强化舆论引导，加强社会热点问题正面引导和舆论监督。全市60%的单位开通了微博，30多家单位开通了公共微信平台，招募52名网络文明志愿者，加强网上舆情分析研判和应急处理，优化了网络文化环境。

（三）繁荣发展文化事业。加强文化基础设施建设，一级标准文化馆主体建成。实施“百千万”文化惠民工程，送戏下乡105场、放映公益电影2748场、赠送图书10000多册。不断推出文艺精品，打造了以上党落子现代戏《拜师》、神话剧《炎帝归潞》等为代表的精品力作，舞蹈《海英和她的妈妈们》在国家大剧院成功演出。成功举办全省中短篇小说潞城浊漳河笔会，山西作家文学创作基地在我市辛安泉镇南流村挂牌。大力实施品牌战略，成立了潞城甩饼协会，正在筹备基地建设，计划采取连锁经营的模式推向全国。

（四）引深精神文明创建。组织开展“最美教师”、“最美医生”等10类最美人物的推荐评选活动，共推荐出120名最美人物。设立100多块“善行义举”好人榜，以好人模范引领社会风尚。连续四届蝉联省级文明城市，获得全国文明城市提名资格，27个单位被评成长治市级以上文明创建先进单位。

七、牢固树立绿色发展理念，生态文明潞城加快建设

市委常委会坚持把生态建设摆在更加突出的位置，大力推进植树造林、节能减排、生态治理三项工作。

（一）大力推进植树造林。加快实施六大造林工程，全市新增造林面积4.4万亩，森林覆盖率达到22.6%，林木覆盖率达到29.9%，两项指标均提升1个百分点；建成区新增绿化面积0.8万平方米，绿化覆盖率提高0.1个百分点，达到40.5%。店上镇常庄村被评为全国生态文化村，卢医山公园被评为省级森林公园，潞华办事处、辛安泉镇被评为长治市绿色生态乡镇。

（二）大力推进节能减排。重点实施10大节能工程，其中华润水泥变频改造、潞安环能余热利用、兴宝公司煤气回收、卓越水泥能量系统优化等7项竣工。全市万元增加值能耗下降5.5%，工业固体废弃物综合利用率达到67%。6项污染物全面完成减排任务，其中二氧化硫下降1.17%、氮氧化物下降8.11%、烟尘下降1.35%、工业粉尘下降0.73%、COD下降1.79%、氨氮下降3.75%。

（三）大力推进生态治理。总投资1000多万元实施了辛安泉泉水出露区生态修复，浊漳河南源店上段人工湿地和文王山地垒水环境治理2项工程建成，大水网工程主体完工，浊漳河南源店上段水质明显改善。启动“百日攻坚行动”，全面治理大气，PM2.5和PM10 同比下降4%和2%，主城区二级以上天数达到325天，同比增长9天。

八、统筹发展各项民生事业，社会大局更加和谐稳定

市委常委会坚持把更多公共资源投向民生领域，民生工程扎实推进，十件实事全部兑现，群众得到更多实惠。

（一）圆满完成十件惠民实事。2014年年初市委、市政府承诺的饮水安全、道路延伸、乡村清洁、危房改造、保

障房建设、安防网络全覆盖、乡村老年医生补助、设施蔬菜大棚参保补贴、70岁以上老人免费乘农村公交、老年人日间照料中心建设等10件实事全部兑现。

(二) 加快发展教育卫生事业。总投资2000多万元的婴城幼儿园建成并开园招生，68个义务教育薄弱校改造任务圆满完成，学生“营养餐”补助标准按规定提高；教学质量进一步提升，中考优秀率达23.2%，提高2个百分点，高考录取率达80.1%，提高6.4个百分点。积极推进公立医院改革，药物价格平均下调15%，群众医疗负担降低；以市医院为龙头，联合微子镇、黄牛蹄乡、辛安泉镇卫生院成立医疗联合体，进一步方便了群众就医。

(三) 大力提升社会保障水平。城镇新增就业人数4098人，登记失业率0.68%，低于3%的控制目标。城乡居民低保标准每人每月分别提高30元、27元，达到457元、224元。完成集中供热机组与王曲电厂2号汽轮机对接，热源进一步得到保障，室内温度平均提高5℃，供热质量和效果得到广大群众赞誉；新增供热面积30万平方米，全市集中供热总面积达到220万平方米，成为长治市首家实现热电联产和集中供热面积最大的县（市）。为全市机关和事业单位的干部职工按规定增发了两年的津补贴。

(四) 全面加强安全生产工作。出台《关于推行安全生产党政同责的实施意见》，“党政同责、一岗双责、齐抓共管”的安全生产责任体系进一步健全。出台《关于进一步加强安全生产夜查突查工作的通知》，市级领导开展夜查突查102次，排查隐患403条。在危化、煤矿、非煤矿山、建筑施工、道路交通、特种设备、消防安全等重点行业和领域深入开展打非治违活动，排查、整治安全隐患3507条。积极开展安全生产宣传教育，邀请国家安全总局总工为全市各级领导干部和重点企业负责人进行安全生产知识讲座。扎实推进危化安全攻坚工作，全市12家危化生产企业和33家危化经营企业实现了安全生产标准化、信息化。将309国道设为危化运输“严管路”，通过采取标志警示、设站检查、严限车速等方式，确保了危化车辆安全通行。全市安全生产形势总体平稳。

(五) 着力推进社会和谐稳定。不断加强和创新社会管理，进一步引深平安潞城创建。扎实推进市乡村三级矛调组织规范化建设，市乡两级矛调中心全部建成，村级中心阵地基本建成。进一步提升社会治安防控能力，新安装1242个高清视频探头，实现城乡安防监控网络全覆盖。以“六六创安”为载体，深入开展打击黑恶势力、毒品犯罪、“两抢一盗”和整治治安乱点等专项斗争，全年实现命案“零发案”，社会治安大局总体平稳。坚持依法治访，妥善解决信访积案，维护了社会和谐稳定大局。严格落实处级领导接访制、重大信访案件联席会议制、领导包案制、责任追究制，深入开展“处级领导下乡大接访”和“信访积案化解百日清理行动”等活动，妥善解决省、长治市交办的10件信访积案；市信访接待中心受理群众上访事项810件，妥善解决688件，解决率85%，同比提高8个百分点。对解决问题不得力、稳控工作不到位造成不良后果的12名干部进行了问责。

九、落实从严管党治党责任，党的建设得到全面加强

市委常委会认真落实习总书记关于从严治党的八项要求，把党的建设作为重点牢牢抓在手上，抓基层夯基础，抓班子带队伍，抓党风强保障，为全市改革发展提供了坚强的政治保障。

(一) 加强基层组织建设。深入开展基层组织提升年活动，出台了《进一步加强农村基层组织建设的实施意见》，创新举措，不断激发党建活力。一是设立农村党建专项经费。将农村党建每年50万元列入财政预算。二是加强党建阵地建设。新建或改扩建16个村级活动场所，对20多个村级活动场所进行提档升级。三是提高“两委”主干待遇。将离任“两委”主干工资每人平均增加1000元；在职“两委”主干工资，“一肩挑”的每人提高1000元，非“一肩挑”的每人提高600元。四是扩大党组织覆盖面。成立了社会组织党工委，组建了2个社会组织党支部。五是提升党员发展质量。建立发展党员全程记实档案，创新“笔试+面试+考察”的择优发展党员模式，提高了党员质量。六是圆满完成村“两委”换届。坚持“早部署、严把关，聚合力、细指导，扬正气、敢出手”，精心组织，严格程序，扎实推进，在长治市率先完成农村“两委”换届，新一届“两委”班子整体结构进一步优化，总体素质进一步提升。

(二) 加强班子和干部队伍建设。坚持民主集中制，认真执行常委会议事规则等制度，重大问题集体研究决定，促进了决策和管理的规范化、民主化。常委班子成员进一步加强了宗旨意识、责任意识、创先争优意识、团结协作意识、廉洁自律意识，按照分工和职责勤奋工作，较好地完成了承担的工作任务。坚持新时期好干部“20字标准”，坚持“德才兼备、以德为先、以廉为基、以干为本”的用人导向，从严教育、管理、监督干部，要求党员干部做到党性更加纯洁、政治更加坚定、作风更加扎实、工作更加勤奋、学习更加刻苦、自律更加严格“六个更加”，打造一支对党忠诚、纪律严明、求真务实、勤政为民、敬业奉献的干部队伍。

(三) 加强党风廉政建设。从严落实党风廉政建设党委主体责任和纪委监督责任，坚持标本兼治，强化惩防并举，深入推进“廉洁潞城”建设。强化政治纪律和规矩意识，认真执行中央和上级党委的决策部署和工作安排，做到了政令畅通、令行禁止。加强廉政警示教育，对17名干部进行了廉政约谈，组织9个乡镇办事处和90个市直单位“一把手”进行了述职述廉。始终保持惩治腐败的高压态势，今年以来查办各类违纪案件65件，给予党政纪处分76人，重处分24人，其中乡科级干部8人，移送司法机关5案7人，党风廉政建设和反腐败工作取得明显成效。

(魏钰恒)

附：一、中共潞城市委书记、副书记、常委名单

书　记：唐立浩

副书记：张　斌

常　委：陈轶群　关晓光（11月离职）　孙彩虹　张维斌　程　琦　元文波　王国勤　王　斌　李社平（3月离职）　赵　亮（3月任职）

二、乡镇（街道）党（工）委书记名单

店上镇

书　记：靳忠玲

翟店镇

书　记：李　明

微子镇

书　记：韩旭军

辛安泉镇

书　记：李健一

史回乡

书　记：曹　枫（女）

合室乡

书　记：靳林琦

黄牛蹄乡

书　记：米一波

潞华街道

书　记：桑爱斌

成家川街道

书　记：王双泰

中共屯留县委工作概况

县委书记　郭泽兵

屯留县委下辖基层党组织664个，其中党委25个，党总支19个，党支部620个。共有党员13303名。

2014年，屯留县在市委的坚强领导下，深入贯彻党的十八大和十八届三中、四中全会以及习近平总书记系列重要讲话精神，认真落实省委“净化政治生态、实现弊革风清，重塑山西形象、促进富民强省”和市委务实推进“五五”战略的总体部署，扎实开展党的群众路线教育实践和学习讨论落实活动，全面落实“六大发展”，深入推进“五五”战略，大力实施“六提”工程，认真落实党风廉政建设主体责任，努力保持经济社会平稳健康发展。地区生产总值完成115.2亿元，增长4.9%；规模以上工业增加值完成80.7亿元，增长6.4%；固定资产投资完成115亿元，增长15.9%；地方财政收入完成7.72亿元，同比增长0.42%；社会消费品零售总额完成13.1亿元，增长12.8%；城镇常住居民可支配收入完成21068元，增长7.7%；农村常住居民可支配收入完成12041元，增长11.3%。市委、市政府下达58项主要指标有24项超额完成。先后被国家科技部授予全国科技进步先进县、科技富民强县试点县、三农科技服务金桥奖等荣誉，顺利通过国家卫生县城复查验收；被表彰为全省新农村建设科技示范先进单位、全省粮食生产先进县、畜牧业工作先进县、山西省第五届基础“三优”工程先进单位。

一、坚持理论武装，进一步增强政治定力

县委始终坚持把深入学习贯彻习近平总书记系列重要讲话精神和省委王儒林书记、市委马天荣书记讲话精神作为重大政治任务，采取常委会议专题学、理论中心组集体学、邀请专家辅导学、组织专题培训学、下基层宣讲学等方式，深刻领会和把握讲话的新思想、新观点、新论断、新要求。通过深化学习，进一步加深了对习近平总书记关于“两个一百年”奋斗目标、“四个全面”等重要论述的理解认识，增强了用习近平总书记系列重要讲话精神指导工作实践的自觉；进一步加深了对省委作出的“净化政治生态、实现弊革风清，重塑山西形象、促进富民强省”和市委务实推进“五五”战略重大战略部署的理解，增强了落实省委、市委重大决策部署的自觉性。特别是把开展学习讨论落实活动作为当前的一项重大政治任务紧紧抓在手上，先后召开了动员大会，举办了学习讨论落实活动专题研讨班，县处级干部带头谈体会、讲党课，开展了三轮反思剖析，形成了县委班子反思剖析报告。目前学习讨论落实活动正在向纵深推进。通过扎实开展学习讨论落实活动，全县广大党员干部进一步深化了认识，统一了思想，坚定了理想信念，确保了在思想上政治上行动上与党中央和省委、市委保持高度一致。

二、坚持从严治党，全面加强党的建设

一是全面落实“两个责任”。牢固树立“抓好党风廉政建设是本职，不抓党风廉政建设是失职，抓不好党风廉政建设是不称职”的责任意识，全面落实党委主体责任和纪委监督责任，初步形成了县委直接抓、直接管，党委书记亲自抓、亲自管，班子成员主动抓、主动管，纪检机关具体抓、具体管“四抓四管”的“两个责任”落实格局。进一步加大案件查处力度，全年共立案53件，结案52件，给予69人党政纪处分，开除党籍12人，涉及科级干部案件9案处分15人，收缴涉案款物80.8万元。

二是不断夯实基层组织建设。深入开展基层组织提升年活动，针对全县42个农村软弱涣散党组织采取“1+1”结对帮扶，选派160名县乡干部住村集中整顿。开展农村“领头雁”培训工作，实现农村“两委”干部、骨干党员全覆盖。推行了党代表工作室制度，在11个乡镇试行了党代会年会制。探索实施了非公经济组织党建“六小工作法”，新建立社会组织党组织2个，对全县83个社会组织全部纳入管理范围。圆满完成294个行政村“两委”换届任务。

三是不断加强作风建设。严格执行中央八项规定和省市委规定，扎实开展了“工作秩序涣散、纪律松弛”、“吃拿卡要”、“吃空饷”等重点领域专项整治活动，“门难进、脸难看、话难听、事难办”和庸、懒、散、奢等问题得到有效纠正。同时严格落实“三责四定”“五位一体”包联、“访知解”等制度，班子成员全年累计平均下基层150余天，帮助群众解决各类问题200多件。

四是不断提高干部队伍素质。按照好干部标准和“六个注重”的用人导向，共选拔15名优秀年轻干部充实到乡镇，优化了乡镇领导班子结构。大力加强干部教育管理，采取谈心谈话、督查调研、参加民主生活会等方式，及时掌握干部的思想状况、工作动态，实现了干部教育管理关口前移。

三、坚持狠刹“四风”，扎实开展教育实践活动

一是树立标杆导向，以上率下推动活动顺利开展。县委班子紧扣“为民务实清廉”主题，按照“照镜子、正衣冠、洗洗澡、治治病”的总要求，坚持带头抓学习，讲党课；带头开门搞活动，广泛听取意见建议；带头查摆“四风”突出问题，积极回应群众关切；带头认真开展批评和自我批评，班子成员普遍红了脸、出了汗。通过以上率下，全县1030个单位、617个党组织、12000多名党员中分三个梯次圆满完成教育实践活动，受到了省市督导组的充分肯定。

二是树立问题导向，有效整治“四风”问题。坚持把查摆问题、整改落实贯穿始终。在认真撰写对照检查材料的基础上，对查找出来的问题，以专项治理为抓手，立查立改、立行立改。同时建章立制巩固成果，扎紧制度“笼子”。先后出台了公务接待、公车管理、操办婚丧喜庆事宜、信访工作绩效问责等制度，制定了《县委领导班子整改方案》《专项整治方案》和《制度建设计划》，党员干部按规矩办事、按制度办事的意识不断强化。

三是树立服务导向，打通联系群众的“最后一公里”。以群众需求为导向，组织开展了“树正气、化积案、转作风、促发展”攻坚行动，有效解决了一批事关人民群众切身利益的信访突出问题，进一步密切了党群干群关系，确保了活动让干部受教育、群众得实惠、经济稳发展。

四、纵深推进“二四六”发展战略，综合实力明显提升

一是加快推进项目建设。按照“三不两零四个一”原则和“项目单位和六部门双承诺”工作法，全面落实县处级领导干部包项目责任制，全力推进总投资450.25亿元的98个重点项目建设，项目“六位一体”任务全面完成；参加了京津粤项目洽谈会，锐智博纳城市综合开发、振东开元制药、北大附属长治实验学校等项目落户我县。

二是加快产业优化升级。一产方面,优质粮食、绿色蔬菜、干鲜水果、苗木花卉、规模养殖等五大特色主导产业不断发展壮大，粮食总产量达2.46亿公斤，本源生态农业园项目全部建成，瑞康源禽业20万套蛋种鸡项目竣工投产，建成“一村一品”专业示范村75个。二产方面，全力做好煤和非煤产业两篇文章，古城煤矿建设进度加快，余吾煤业、郭庄煤业、小南村煤矿不断加大技改力度。王村工业园区新上了吉华精细30万吨煤焦油深加工项目，形成了洗煤—炼焦—发电—精密铸造的产业链条，成为屯留循环经济的典范。吉华精细、太行药业、三宝药业进入全市百强行列。科泰电器与多家外国企业实现了订单生产。三产方面，传统服务业和现代服务业齐头并进，巍山体育产业园、老爷山红色旅游、抗大一分校三张旅游名片初见成效。

三是加快提升城镇建管水平。按照“东进西控南移北改”县城发展的总体布局，加快实施八大城建工程，县城新增供热面积45.3万平方米。稳步推进上村、渔泽等5个重点镇和20个中心村建设。改造完成栋三线、老柳线和20公里通村公路。全县城镇化率达到37.49%。

四是加快推进改革创新。编制了《屯留县转型综改试验2014年行动计划》，卫生、计生、工商、质监、食品药品等单位的体制机制改革基本完成；县信用联社改制为农商银行，3月份挂牌运营。山西振东开元制药组建了省级研究中心，屯玉种业建立了博士工作站。

五是加快推进民生改善。新建2所小学教学楼，改造幼儿园3所，高考二本B类以上达线710人，中考600分以上人数达到102人。县级公立医院改革稳步推进，新农合参合率巩固在100%。建设农村饮水安全工程20处，解决饮水安全人口1.2万人，易地搬迁特困群众295户1080人。开工建设各类保障性住房1031套，基本建成563套，改造农村危房1238户。改造升级村文化室、农家书屋80个。新编大型神话剧《羿神传奇》在长治市文化艺术节上成功演出。屯留道德模范“铁拐村医”李栓州被评为感动山西十大道德人物。承办了山西省毽球锦标赛，举办了第三届农民运动会，建成了县城“十分钟健身圈”。

六是加快推进生态建设。持续开展造林绿化活动，县城新增绿化面积10500平方米，绿化覆盖率达到44.59%，绿地率达到39.8%，城市人均公园绿地率达到11.4平方米，全县森林覆盖率达到30%。全面推进环保百日攻坚行动，各项约束性指标均完成市下达任务，万元工业增加值用水量

下降5.2%，县城二级以上优良天数达到353天。引深交通市容卫生“三项治理”活动，建成美丽宜居示范村13个。

七是加快推进社会综合治理。高度重视信访维稳工作，扎实开展“树正气、化积案、转作风、促发展”攻坚行动和“双百”专项活动，化解各类信访案件51起。严格落实安全生产“党政同责、一岗双责、齐抓共管”总要求，不断加大专项整治力度，各类安全生产指标均在控制指标内。扎实开展“六六创安”和打黑除恶专项行动，重大刑事案件和“两抢一盗”案件明显减少，群众的安全感进一步提升。

五、坚持规范权力运行，加快推进法治屯留建设

认真贯彻落实党的十八届四中全会精神，制定出台《中共屯留县委关于加快推进法治屯留建设的实施意见》，把依法治县工作同“六权治本”工作结合起来，全力加快“法治屯留”建设。充分发挥党委核心领导作用，支持人大、政府、政协和司法机关各司其职、密切配合，出台《常委会议事规则》《常委扩大会议制度》等规章制度，确保县委科学决策。按照建设法治政府的要求，推进政府职能转变，深化政府机构改革，加大简政放权力度，做到法定职责必须为、法无授权不可为。高度重视人大、政协工作，积极支持人大、政协依法按章履职。全面推进审判、检务、警务公开，确保依法独立公正行使司法权力，司法公信力不断增强。深入开展“六五”普法工作，干部群众学法、守法、用法意识不断增强。进一步加大党务工作、政务公开、厂务公开和农村“四议两公开”，组织基层群众管理好基层公共事务和公益事业。与此同时，认真落实党管武装工作，全力做好爱国统一战线以及宗教、对台和反邪教工作，积极支持工会、共青团、妇联等人民团体按照各自章程开展工作。

（牛小彦　张海军）

附：一、中共屯留县委书记、副书记、常委名单

书　记：郭泽兵

副书记：段树新　李晓峰

常　委：李常青　翟卫华　秦建宇　冯贵兴　王忠强　王彦慧　秦世芳（3月离职）

二、乡镇（开发区、工业区）党（工）委书记名单

麟绛镇

书　记：李书红

渔泽镇

书　记：王长胜

李高乡

书　记：李俊清

上村镇

书　记：马东斌（3月离职）　李　飞（3月任职）

路村乡

书　记：张宏斌

西贾乡

书　记：连晓燕（女）

丰宜镇

书　记：高志刚

张店镇

书　记：杨　斌

河神庙乡

书　记：倪　敏

余吾镇

书　记：刘志敏

吾元镇

书　记：西立功

上莲开发区

书　记：郭乐慧

西流寨开发区

书　记：刘艳丽（女）

康庄医药产业工业区

书　记：崔　青

中共长子县委工作概况

县委书记　张　圣

2014年，长子县委在省委、市委的正确领导下，坚持以习近平总书记重要讲话精神为指针，以开展党的群众路线教育实践活动为动力，按照全面落实“六大发展”、务实推进“五五战略”总要求，围绕打造“三大基地”、实现“六个突破”总思路，着力抓安全保底线、抓信访保稳定、抓指标保增长、抓投资保项目、抓统筹保民生、抓作风保落实，积极作为，攻坚克难，使全县经济保持了平稳运行以及社会各项事业都得到了全面发展。

（一）经济指标完成较好。2014年地区生产总值完成100.9亿元，增长4.6%；工业增加值完成62.4亿元，增长5.6%；固定资产投资完成105.3亿元，增长19.3%；公共财政预算收入完成11.29亿元，下降3.35%；社会消费品零售总额完成13.2亿元，增长13.2%；城镇居民人均可支配收入

达到22635元，增长8.9%；农村居民人均可支配收入达到10963元，增长11.7%。除地区生产总值外，其余指标增速均高于全市平均水平。

（二）项目建设持续推进。全年共确定重点项目98个，总投资451.6亿元。除14个前期推进项目外，到12月底，84个重点项目中有42个开工建设，20个竣工，4个投产。其中，康宝生物雪莲、体外生物诊断试剂两个项目全部建成，浩润脱水蔬菜项目一期工程完工，潞酒厂迁建项目进展顺利，赵庄、高河两个低热值煤发电项目取得省发改委“路条”，能交投长子南集运站建设已具备营运条件。在招商引资力方面，共签约广东温氏集团生猪一体化养殖、东宝能煤层气开发、中国风电集团太阳能及风能发电等项目13个，签约资金226.42亿元、到位资金43.13亿元。

（三）城乡面貌有了新变化。对府前街、机械厂道路、熨台街中段3条旧街进行了重点改造。新建了全县政务服务中心，设置服务窗口85个，可“一站式”办理审批和服务事项三大类280项，2014年共办理各类审批服务事项7000多件。投资7200多万元修复改造县乡损毁道路20条80公里。改善农村人居环境，建设美丽乡村示范村30个。常态化开展乡村环境卫生集中整治行动，建成垃圾中转站2个，全县80%的村实现了垃圾“不落地”管理。着眼“治污、减排、除尘、增绿”，开展环保百日攻坚专项行动，主要污染物减排指标均完成市下达任务。实施造林绿化工程，完成营造林3.69万亩。注重抓好卫生创建、文明创建复查验收，又连续获得国家卫生县城、全国文明县城称号。

（四）民生福祉不断提升。城镇居民基本医保和新农合财政补助标准每人提高了40元，全年新农合和城镇居民、城镇职工医保基金共支出1.55亿元。城乡低保户保障标准每人每月分别提高25元、22元，农村五保集中供养对象补助和企业退休人员基本养老金各提高10%，机关事业单位干部职工分两次补发了2013、2014年新增津补贴和绩效工资。办好民生实事，建成县医院住院大楼主体工程，建成投用残疾人康复中心，改扩建3所农村幼儿园，为农村寄宿制学校学生发放营养餐补助，为寄宿制学校15岁以上学生免费进行结核病筛查，为5000名农村妇女免费进行“两癌”筛查。解决农村饮水困难5500人，改造农村中低压电网43个村，开工建设保障性住房632套、建成1427套，完成农村困难户危房改造900户，完成农村易地扶贫搬迁3个村59户150人，推进4个村采煤沉陷区地灾治理。推出利民举措，严格执行“属地管理、划片入学、严控班容量”规定，招生秩序进一步规范。普通高考二本B类以上达线人数达到931人，名列各县区前茅。深化医药卫生体制改革，全县所有医疗机构全部实行药品零利润销售。重视就业再就业工作，城镇登记失业率控制在1.76%。加强安全监管，强化责任落实，构建护林防火“四位一体”巡查机制，保障了人民群众生命财产安全。扎实开展“信访集中处理月”活动，从严规范信访秩序，扭转了信访反弹态势。深化平安长子建设，严厉打击各类违法犯罪活动，保持了社会大局和谐稳定。

（五）党的建设得到加强。县委把从严治党、从严治吏贯穿到党建工作的各方面，深入学习贯彻习近平总书记系列重要讲话精神，增强了以讲话精神武装头脑、指导实践、推动工作的自觉性。扎实开展党的群众路线教育实践活动，着力整治“四风”突出问题，推行“解决问题清单制”，开展“假如我是服务对象”换位体验活动，广大党员干部普遍经受了一次党内生活锻炼和群众观念教育。有力有序推进学习讨论落实活动，进一步坚定了贯彻落实省委重大决策部署的信心和决心。开展双位提高、双轮推动、双重覆盖、双联互动、双重保障“五双”建设党建活动，拓宽了党建工作覆盖面，搭建了服务群众新平台。抓好党外干部队伍建设，民族宗教工作进一步加强。高度重视农村“两委”换届工作，依法规范选举程序，从严查处贿选行为，确保了换届工作按时完成、风清气正。建立健全党员干部联系服务群众机制，组织县直机关干部深入基层集中开展“八个抓好”活动，多次进行纪律作风专项检查，召开全县干部作风警示教育会，形成了作风建设新常态。严格落实党风廉政建设和反腐败斗争主体责任、监督责任，县四套班子领导带头作出廉政承诺，公开接受监督，县纪委全年立案101件，给予党政纪处分113人，立案和查处人数均比往年大幅增长。与此同时，按照省市要求，制定了全县《乡镇干部“走读”问题专项整治工作实施方案》《党政领导干部在企业兼职（任职）问题专项整治工作实施方案》《“裸官”问题整治工作方案》《社会团体清理规范工作方案》等一系列专项治理方案，规范了乡镇干部“走读”、党政领导干部在企业和社会团体兼职（任职）情况，集中清理清退违规借调人员78名，对“裸官”、“吃空饷”等现象进行了清理。严格对照中组部、中央编办、国家公务员局《关于严禁超职数配备干部的通知》文件精神，对全县超职数配备干部情况进行了自查自纠。严肃了组织人事纪律，转变了干部作风，加强了干部管理。

（六）创先争优亮点纷呈。2014年，长子县先后荣获“全国文化先进县”、“中国民间艺术之乡”、“全国计划生育优质服务先进县”等国字号荣誉。县人武部被省军区评为“一类人民武装部”，县林业局被授予“全省林业六大工程建设先进单位”，常张乡、岚水乡被评为“全省文明乡镇”，县环卫中心、卫生局、住建局、教育局、食药局、交警队和南漳镇被评为“全省爱国卫生先进单位”，县妇联被评为“全省妇联系统宣传工作先进集体”，县残联被评为“全省残疾人工作先进单位”。仙翁山木化石被授予“国家级重点保护古生物化石集中产地”、“全省地质遗迹保护项目”，精卫湖被评定为“国家级湿地公园”。长子鼓书《腊月天》荣获第八届中国曲艺牡丹奖创作奖和表演提名奖，电视纪录片《根在太行》荣获全国电视纪录片三等奖、入围第27届“中国电视金鹰奖”，健身秧歌《心韵生香》再获全国健身秧歌大赛一等奖。崇庆寺文物保护工程入围“全国十佳文物维修工程”，色头镇琚村获得“山西最美旅游村”称号。同时，全省蔬菜产业大会、全省反邪教警示教育工作现场会、全市改善农村人居环境卫生整治现场会等多个市以上现场会在长子县召开。

（王俊平）

附：一、中共长子县委书记、副书记、常委名单

书 记：张 圣（8月离职）

副书记：马先明 丁向东（女）

常 委：尚治安 牛恩毅 杨 隽 郭志新 王成枝 高玉飞 冯妍平（3月任职）

二、乡镇（林区、景区）党委书记名单

丹朱镇

书 记：吴 斌（3月离职） 王华庆（3月任职）

石哲镇

书 记：暴巍弘（3月离职） 张宇峰（3月任职）

色头镇

书 记：王华庆（3月离职） 暴巍弘（3月任职）

慈林镇

书 记：王志宏

大堡头镇

书 记：申丽光

南漳镇

书 记：李 帅

鲍店镇

书 记：王 敏

碾展乡

书 记：张宇峰（3月离职） 张建刚（3月任职）

南陈乡

书 记：王鹏飞

常张乡

书 记：张 明

宋村乡

书 记：申宛成

岚水乡

书 记：秦红霞

横水林区

书 记：王慧刚

王峪景区

书 记：张建刚（3月离职）

中共壶关县委工作概况

县委书记 李全心

2014年，壶关县委深入学习贯彻党的十八届三中、四中全会精神，认真落实省委“净化政治生态、实现弊革风清，重塑山西形象、促进富民强省”和市委“全面落实六大发展、务实推进五五战略”的总体部署，团结带领全县干部群众，稳中求进，奋力攻坚，保持了经济社会平稳健康发展，各项工作取得新进展、新成效。全县地区生产总值完成49.6亿元，增长11.5%；规上工业增加值完成25.4亿元，增长14.2%；固定资产投资完成45.8亿元，增长19.9%；社会消费品零售总额完成15.5亿元，增长11.4%；地方财政收入完成2.5亿元，增长1.1%；城镇常住居民人均可支配收入达到17904元，增长8.8%；农民人均可支配收入达到4462元，增长10.7%。城镇新增就业3375人，居民消费价格指数涨幅1.8%。全省旅游资源整合管理体制创新推进会在壶关县召开，全国文明县城、国家卫生县城、全省双拥模范县顺利通过复查验收，相继荣获全省治超工作先进县、长治市新型农村合作医疗先进县、长治市畜产品质量安全监管先进县、长治市创建国家公共文化服务体系示范区先进县等荣誉称号。鹅屋派出所指导员申飞飞荣获“全国公安机关爱民模范”“全国特级优秀人民警察”“全国我最喜爱的人民警察”和十佳“山西最美乡镇干部”，受到习近平总书记、李克强总理等党和国家领导人、省委书记王儒林、省长李小鹏的亲切接见。

一、深入学习贯彻习近平总书记系列重要讲话精神，坚决落实省、市委重大决策部署

坚持把学习贯彻习近平总书记系列重要讲话精神作为重大政治任务，采取县委理论中心组学习、专题讲座、党校培训、副科以上干部封闭学习等形式，深刻领会和准确把握习总书记系列重要讲话蕴含的新思想、新观点、新论断、新要求，做到真学真懂、真信真用，坚定了理想信念，增强了政治定力。2014年9月，中央对山西省委班子作出重大调整后，县委第一时间召开会议，认真传达学习贯彻省委重要会议和王儒林书记重要讲话精神，坚决拥护中央对

山西省严重腐败问题的严肃查处，坚决拥护中央对山西省委班子的重大调整。对于省委提出的“六大发展”“六权治本”“六型转变”“三个高压态势”“三个一批”组合拳等新举措、新要求，和长治市委“全面落实六大发展、务实推进五五战略”的具体安排，都及时传达贯彻并壶关化具体化，坚决把思想和行动统一到省委、市委的决策部署和工作要求上来，确保了政令畅通、落实有力。

二、坚持发展第一要务不动摇，着力推动经济社会平稳健康发展

（一）狠抓引资上项，着力增强县域实力。大力实施总投资201亿元、总数量132个的“双百”重点工程。工业方面，常平集团勇于攻坚克难，倾力旅游转型。壶化集团上缴税金突破亿元大关，顺利完成上市准备工作。邦仕得制药、晋通钕铁硼、华兴保温材料、潞赛达商品砼、大象饲料加工等一批招商引资项目建成或投产。农业方面，重点抓了食用菌、旱地西红柿、规模养殖、经济林、旅游服务、劳务输出等六大特色农业，紫团公司秀珍菇远销欧美国家，成为全省唯一一家现代化食用菌出口企业。新建和改扩建肉羊养殖小区26个，羊存栏达到5.1万只。农业龙头企业达到23个，全县农产品加工龙头企业销售收入达到15.6亿元。旅游方面，总投资3.5亿元的八泉峡工程，已完成步道栈道、游船码头、观光电梯、高空索道等基础建设工程；投资8000万元的东、西游客中心投入使用；投资1000余万元的“农家乐”改造工程基本完成；与长运公司合作开通了旅游巴士，实现了专车专线；创建国家AAAAA级旅游景区顺利通过省旅游局评审；投资2500余万元，继续与山西卫视联手举办“冲关大峡谷”第二季，举办了“第十届七夕情人节”、首届全球华人散文征文大赛等活动，成功拓展了北京、天津、内蒙、广东、江苏、陕西和韩国等国内外客源市场。全年共接待游客220万人次，实现门票收入4300万元。

（二）推进统筹发展，着力增加民生福祉。一是切实加快县城建设。总投资10多亿元实施了旧城改造、保障性住房、垃圾填埋场等15项城建工程。县文体中心、玉壶广场建成投用，西山文化园、高望阁主体及附属工程已经完工，壶关美术馆顺利推进，西外环二级路开工建设，中南铁路竣工通车。二是大力兴办惠民实事。筹资332万元，重奖中高考优秀学生和辛勤园丁；新建改建乡村幼儿园5所；圆满完成县医院医技楼建设和5个乡镇卫生院改造工程，新农合参合率达到99.98%；为60岁以上老人免费体检，对农村孕产妇实行免费分娩；投资800万元及时抢修农村公路水毁路段，投资2000余万元全面完成石子河河道治理工程，投资540万元完成农村饮水安全工程；投资3000万元完成4000口人的易地移民搬迁任务，投资1200万元完成三嵕庙维修工程和真泽宫、三嵕庙周边环境整治工程。县委、县政府年初向全县人民承诺的十件实事全部兑现。三是持续抓好安全稳定。落实“夜查突查”和“两议一报”制度，全年没有发生重大安全生产事故；扎实开展“打黑除恶、打击毒品犯罪、打击两抢一盗、整治治安乱点”四个专项行动，人民群众安全感和满意度进一步提升；深入开展千名干部下基层抓安全保稳定活动，创新领导下访接访和包案化解、以旬召开信访联席会等制度，全国、全省“两会”和十八届四中全会期间实现赴省进京“零上访”。

（三）加强生态建设，着力建设绿色壶关。全年共完成造林3.23万亩，高标准实施全国造林绿化参观线提档升级工程；全面加强环境保护，停产整顿石料企业12家，立案处罚环境违法企业11家，责令限期整改8家；全面推进农村环境治理，县城空气质量二级以上天数达到330天，壶关县荣登中国深呼吸小城百佳榜。

三、坚持从严治党、从严治吏，全面加强党的建设

（一）严守党的政治纪律和政治规矩。县委班子始终坚持在思想上政治上行动上同党中央和省委、市委保持高度一致，重大问题、重要工作及时向市委报告。制定《县委常委会议事规则》，对“三重一大”事项集体讨论决定，严格请示报告和报备制度。充分发挥县委总揽全局、协调各方的领导核心作用，注重发挥人大、政府、政协党组的政治作用，形成四套班子齐心协力、共谋发展的良好局面。

（二）扎实开展党的群众路线教育实践活动和学习讨论落实活动。县委切实加强对两个活动的领导，精心部署、积极推进各个环节工作，认真撰写县委班子“四风”问题对照检查材料和反思剖析报告。县委常委坚持带头参加学习讨论，带头严格党内政治生活，带头抓好问题整改落实。县委确定的30项专项整治任务已经完成26项，4项正在整改；计划制定的26项制度已经全部出台，正在贯彻落实。

（三）切实加强干部队伍建设。县委中心组坚持每月至少开展一次集中学习，同时采取党校集中培训、干部分类选学、邀请专家讲座、网上在线学习等方式，培训各级干部6000余人次。认真贯彻新修订的《党政领导干部选拔任用工作条例》，严格干部选任标准，轮岗交流了财政、教育、民政三个重要职能部门负责人，公开选拔了县发改局局长，公开招聘了130名事业单位工作人员，营造了风清气正的选人用人氛围。加强干部管理监督，对干部档案进行集中审核认定和专项清理整顿，建立经常性的领导班子和领导干部分析研判制度，及时掌握干部思想状况、工作动态，实现了干部教育管理关口前移，对苗头性、倾向性问题做到了及时发现、及时提醒、及时整改。

（四）加强基层组织建设。扎实开展“基层组织提升年”活动,认真落实农村“五化十条”规定。出台了《关于建设农村服务型党组织的实施细则》《关于开展在职党员到社区报到服务群众工作的实施方案》，积极开展“千名干部下基层抓安全保稳定”“访知解”“四访五小”等活动，党员的先锋模范作用得到发挥，基层组织的战斗力、凝聚力、号召力得到增强。

四、严格落实"两个责任"，深入推进党风廉政建设和反腐败斗争

坚持把党风廉政建设和反腐败斗争摆在更加突出的位置，认真落实党委主体责任、一把手"第一责任"、班子成员"一岗双责"责任。县委年初召开全县党风廉政建设领导干部大会，将全县的反腐倡廉工作任务逐项分解落实，层层签定了责任书，全县650余名科级以上干部全部签订了《履行党风廉政建设责任承诺书》。大力支持纪委履行监督责任，县委常委会定期听取县纪委工作汇报，研究党风廉政建设和反腐败工作。坚持有案必查、有腐必反、有贪必肃，以"零容忍"态度惩治腐败，全年共立查各类违纪违法案件101件，查结96件，党政纪处分125人。切实加强中央八项规定贯彻执行情况的监督检查，对12个单位负责人进行了诫勉谈话，对17名责任人在全县公开通报批评，给予党政纪处分16人，形成了有力威慑，保持了反腐败高压态势。

五、加快法治壶关建设，切实提高依法执政能力

坚持把法治壶关建设摆上重要位置，列入重要日程，制定下发了《关于加快推进法治壶关建设的实施意见》，着力增强各级领导班子和领导干部运用法治思维和法治方式深化改革、推动发展、化解矛盾、维护稳定的能力。按照"六权治本"要求，大力推进党务公开、政务公开，建立健全各项规章制度。深入推进"六五"普法，广泛开展各类法治创建活动，创建全国民主法治示范村1个，全省依法治理标兵单位1个、依法治理示范单位3个，在全县初步形成了办事依法、遇事找法、解决问题用法、化解矛盾靠法的良好氛围。

（王林茂）

附：一、中共壶关县委书记、副书记、常委名单

书　记：李全心

副书记：崔江华　张宏伟（1月任职）

常　委：卫　明　段尧刚　张　剑（1月离职）
徐思江　张月飞

二、乡镇（街道、管理区）党委（总支）书记名单

龙泉镇

书　记：王文斌（2月离职）　张　文（2月任职）

百尺镇

书　记：张君平

店上镇

书　记：闫志斌

晋庄镇

书　记：秦志岩

树掌镇

书　记：张红伟

集店乡

书　记：李立堂

东井岭乡

书　记：闫晓陵

黄山乡

书　记：李建宏

五龙山乡

书　记：徐云开

石坡乡

书　记：高福生（2月离职）　雷学波（2月任职）

桥上乡

书　记：苏建红

鹅屋乡

书　记：张海江

常平街道

书　记：陈忠孝

太行山大峡谷旅游开发管理区

书　记：靳海棠

中共平顺县委工作概况

县委书记　吴小华

中共平顺县委设13个基层党委，29个党组，18个党总支，535个党支部，共有10756名党员。

2014年，县委常委会全面贯彻落实党的十八大和十八届三中、四中全会精神，深入学习习近平总书记系列重要讲话精神，认真落实省委"净化政治生态、实现弊革风清，重塑山西形象、促进富民强省"和市委实施"五五"战略、率先全面小康的重大部署，紧紧依靠全委会的同志，团结带领全县干部群众，一手抓党建，一手抓发展，认真落实"两个主体责任"，扎实开展党的群众路线教育实践活动和学习讨论落实活动，务实推进"一地两区"、"三宜"美丽平顺建设，经济社会各项事业取得新进展新成效。

一、深入学习贯彻习近平总书记系列重要讲话精神，坚持用讲话精神指导实践、推动工作

一年来，常委会把学习贯彻习近平总书记系列重要讲话精神作为首要政治任务，多次召开县委常委扩大会议和理论中心组集体学习会议进行集中学习，深读原文、深入研讨，系统掌握了讲话的基本内容和丰富内涵，深刻领会了蕴含其中的新思想、新观点、新论断、新要求，做到了学深学透、把握真谛、入脑入心。坚持学以致用，就习近平总书记提出的一系列新观点新要求，特别是把抓党建作为最大的政绩、全面推进依法治国、依规治党、主动适应经济发展“新常态”等提出贯彻落实意见，指导全县工作，教育引导干部群众增强中国特色社会主义道路自信、理论自信、制度自信，增强全面深化改革、实现中国梦的责任感和使命感，切实把思想和行动统一到了习近平总书记系列重要讲话精神上来。各级各部门采用多种形式引深学习活动，力求在学习理解上深化、宣传阐释上深化、贯彻落实上深化。通过学习，全县党员干部都能够自觉运用习近平总书记系列重要讲话精神武装头脑、指导实践、推动工作。

二、认真落实从严管党治党要求，深入推进党风廉政建设和反腐败斗争

县常委会坚持从严治党、从严治吏要求，坚决贯彻落实“两个主体责任”，全面加强党的建设，为全县改革发展提供了坚强政治保障。

旗帜鲜明反对腐败。把深入开展党风廉政建设和反腐败斗争作为净化政治生态的重大举措，坚决落实党风廉政建设主体责任，带头向社会公开作出廉洁自律承诺；坚决支持纪委落实监督责任，以零容忍态度惩治腐败。2014年，县纪委共立案69起，结案68起，其中，涉及科级干部案件22起，5万元以上贪污贿赂类案件3起，工程建设领域类案件10 起，非煤矿山领域类案件12起，损害群众利益类案件12起，违反中央八项规定及省、市、县有关规定类案件9起。处分违纪违法党员干部65人，其中乡科级干部18人，移送司法机关1人，形成了反腐败的高压态势。

从严教育管理干部。创新选人用人办法，改进民主推荐方式，新增乡镇党委书记提名推荐环节，扩大了民主推荐的知情度、关联度和代表性，有效避免了推荐环节的失真失实，达到了知人善任的效果。去年3月份选拔任用的25名乡镇干部，群众反映普遍良好。认真开展专项整治工作，扎实推进“三龄两历一身份”、档案造假、超职数配备干部、“吃空饷”等专项清理整治工作，因档案问题处理干部2 人，因“吃空饷”问题处理干部5人。强化干部日常监督管理，建立电话、网络、信箱、接访“四位一体”监督举报平台，创新实施“五位一体”民主评价机制，实现了干部教育管理关口前移。“双向”交流促进年轻干部成长，13名年轻干部到村担任“第一书记”，32名在岗大学生村官分流到县乡事业单位。

着力加强基层组织建设。深入开展“基层组织提升年”活动，全面实施“扩面提质”工程，对19个软弱涣散村级党组织进行集中整治，积极探索城乡统筹发展新机制，推行党代表工作室制度，开展在职党员到社区报到工作，促进了党建和经济社会发展有效融合。高度重视村“两委”换届工作，按照“六个务必”要求，严格政策，严格程序，严格纪律，圆满完成“两委”换届工作，农村干部的年龄结构、知识结构、性别结构进一步优化，基层党组织的创造力、凝聚力和战斗力进一步增强。

扎实开展学习讨论落实活动。常委会把开展学习讨论落实活动作为一项重大政治任务牢牢抓在手上，精心安排部署，聚焦突出问题，彰显平顺特色，深入学习讨论，层层传导压力，认真撰写反思剖析报告，整个活动呈现有力有序、健康发展的良好态势。特别是组织县乡两级干部200多人举办了专题研讨班，领导干部带头讲党课、谈体会，使广大党员干部进一步接受了教育、统一了思想、凝聚了共识。

三、扎实推进党的群众路线教育实践活动，不断巩固扩大作风建设成果

一年来，常委会按照中央和省、市委部署，在市委督导组指导下，把握“照镜子、正衣冠、洗洗澡、治治病”总要求，突出“弘扬纪兰精神，服务人民群众”活动特色，压茬分批稳步推进教育实践活动。县委常委坚持开门搞活动，建立县领导联系点制度，主动到联系点收集群众意见，指导工作开展。县委常委班子带头召开高质量的民主生活会，大家拿起批评与自我批评的武器，聚焦“四风”、突出主题，实事求是、坦诚相见，既有见筋见骨、直戳痛处的辣味,又达到了加油鼓劲、增进团结的效果。针对征求到的165个突出问题、5180条意见建议，制定并落实《县委常委班子整改方案》，推进39项专项整治行动，制定并发布19项制度，县委常委138项个人整改问题也都在积极进行整改。通过活动开展，党员干部思想灵魂受到深刻洗礼，“四风”突出问题得到有力整治,党内政治生活更加严格，改进作风的制度体系得到完善，一批关系群众切身利益的重大问题得到解决，广大干部群众干事创业的热情更加高涨，活动取得了预期成效，也得到了中央巡回督导组和省、市委督导组的充分肯定，省、市委活动办共有7期简报对我县的典型做法进行了刊登推广。

四、牢抓发展第一要务，全力做好改革发展各项工作

面对经济下行压力不断增大的困难局面，县常委会始终把加快发展作为第一要务，加强领导，综合施策，精准发力，努力推动经济发展速度、质量和效益同步提升，三

次产业结构更加优化。

县域经济平稳健康发展。年初确定的70个重点项目，累计完成投资19.5亿元，42个开工，25个完工或基本完工，市委、市政府下达的“六位一体”各项目标任务全部完成。在项目建设的带动下，各项主要经济指标稳步增长。全年地区生产总值完成21.9亿元，同比增长8.9%；规模以上工业增加值完成9.64亿元，同比增长17.83%；固定资产投资完成31.4亿元，同比增长16.5%；社会消费品零售总额完成7.32亿元，同比增长11.9%；地方财政收入完成8606万元；城镇常住居民人均可支配收入预计达到18600元，同比增长11%；农村常住居民人均可支配收入预计达到4654元，同比增长12%。除地方财政收入外，其他主要经济指标均超额完成市定任务。

旅游产业龙头效应凸显。紧紧围绕创建“全国一流旅游目的地”的目标定位，持续加大精品景区开发、品牌宣传推介和服务质量提升力度。创新宣传方式，扩大市场份额，通天峡景区针对晋、鲁、豫三省17市推出免费游景区等优惠措施，人气指数持续飙升，成功创建国家4A级景区，景区品牌和形象显著提升；充分发挥核心旅游景区的优势，不仅拉动了全县三产服务业、旅游地产、商贸物流等相关产业快速发展，而且提升了对外招商吸引力，欧亚集团、长治源道旅游开发公司等企业纷纷进驻平顺、加盟平顺；太行三村生态博物馆——豆口认知中心正式挂牌开放，成为我国北方汉民族地区第一家“活体博物馆”和山西省首座生态博物馆；天脊山国家地质博物馆正式对外开放，太行新天地旅游风情小镇、虹梯关景区开发项目完成前期准备工作，龙门寺、九天圣母庙等国保文物的维修保护工程高标准完工，岳家寨、奥治等8个村入选中国传统村落名录，古村落总量位列全省第二。通天峡大酒店正式开业，西沟红色旅游公路投入使用，以县城为中心、以乡镇为集散点、以景区为目的地的“三位一体”旅游集散体系初步成型。成功举办“诗画平顺”风光摄影大赛，航拍完成大型风景旅游宣传片——《平顺》和《飞跃山西》，“美丽平顺”在央视和全国各大媒体频频亮相。2014年，全县游客接待量达226.18万人次，同比增长71%，实现旅游总收入15.2亿元，同比增长67%，其中境外游客达到22015人，旅游外汇收入369.9万美元，平顺旅游正走出国门、走向世界，成为支撑县域经济转型升级的主导产业。

新兴工业发展步伐稳健。紧紧围绕创建“全国新型工业产业园区”的目标定位，积极创优发展环境，狠抓项目建设，全面提升新兴产业在三次产业中的比例。全年规模以上工业增加值逐月环比增幅稳居全市前列，规模以上工业增加值占全年地区生产总值21.9亿元的44%；新兴工业投资占比连续三年高于传统产业，成为经济下行大背景下，实现全县经济平稳健康发展的有力支撑。全县首个新能源项目——大唐风电一期项目正式并网发电，完成投资4.36亿元，年可提供绿色电能1.1亿千瓦时，上缴税收1100万元。该项目集中成片的大型风机，也为我县旅游开发新增一道靓丽风景线。全力帮扶航天工业园、新型工业园入驻项目、湖头水电站等重点项目按既定进度加快推进，积极争取大唐风电二期30兆瓦、漳泽电力30兆瓦和上海航天50兆瓦光电3个项目今年正式落地。

生态产业快速发展壮大。紧紧围绕创建“全国生态建设示范区”的目标定位，持续加大生态环境、生态产业建设力度。绿化总量持续扩张。完成“两山”治本工程4.34万亩，“两林”富民工程1.4万亩，“双十”示范工程0.3万亩，“两网”覆盖工程34万株，“双改”提效1.08万亩，省、市下达6.04万亩生态建设目标任务超额完成，被评为山西省林业生态建设“三加三不减”先进县。生态环境更加好转。扎实开展“双百行动”，坚决淘汰落后产能，圆满完成黄标车、老旧车淘汰任务，顺利完成东寺头流域水保生态治理和平顺河（平顺段）主体工程建设任务，环境保护六项减排指标超额完成，空气质量二级以上天数达到362天，全县环境空气质量综合指数排名全市第一，入围“中国深呼吸小城100佳”。一县一业扎实推进。以山西振东道地药材开发有限公司为龙头，按照“公司+专业合作社+基地+农户”的发展模式，建成连翘野生抚育基地20万亩、中药材繁育及种植基地1000亩、欧李32万株；完成连翘初加工车间、晾晒场、党参烘干房和2万平方米仓储库建设。全县中药材种植面积达到34万亩，年产各类中药材948.15万公斤，加工企业发展到8家，专业合作社发展到113家，总产值达到1.32亿元，人均中药材收入972元。农业基础进一步夯实。全面落实各项惠民政策，发放各类补贴1172万多元，深入实施“双十”增收富民工程，大红袍花椒和潞党参种植基地被命名为国家级农业标准化示范区。

改革开放各项工作稳步推进。全面加强对深化改革、扩大开放的组织领导。持续推进行政审批制度改革，优化行政审批流程，清理核查行政审批事项，继续承接市级下放审批项目49项，明确行政审批事项目录清单，并全部对外公示；推进简政放权，提高工作效能，圆满完成食品药品监督管理体制和工商质监行政管理体制改革，启动了新一轮政府职能转变和机构改革；稳步推进土地改革，经营性用地全面进入有形市场进行交易，实行土地会审制度，明确了对取得土地使用权后未在规定期限内开发建设，造成土地闲置的处理办法，提高了土地使用效率；创新推进金融改革，县农村信用联社改制为县农村商业银行股份有限公司，融资6亿元，预计改制后每年给地方财政创税达到3000万元；全面扩大对外开放，全年共引进签约项目19个，总投资92亿元，完成市定任务的102%，重点签约项目到位资金累计21.0827亿元，完成市定任务的100.4%。

五、坚持推进民主政治建设，充分调动和发挥各方面智慧和力量

县常委会坚持把加强民主政治建设，作为巩固党的执政基础的重要内容来抓，积极支持和鼓励人大、政协和群团组织发挥优势、履行职能，协调各方、凝聚合力。坚持

和完善人民代表大会制度，支持人大及其常委会依法对“一府两院”工作进行监督，支持人大认真开展重点事项审议和人事任免工作，支持人大围绕全县中心工作、民生事业和社会热点问题开展视察调研和执法检查，成功举办全国人大成立60周年暨地方人大设立常委会35周年系列纪念活动。坚持和完善中国共产党领导的多党合作和政治协商制度，支持政协围绕经济社会发展大局参政议政、建言献策、加强监督，支持政协委员立足自身实际，主动投身经济发展、社会和谐、对外交流等各项工作，成功召开庆祝人民政协成立65周年暨长治市政协成立60周年座谈会。巩固和发展最广泛的爱国统一战线，加强统一战线思想基础和党外后备人才队伍建设，加强对非公有制和宗教工作的教育引导，支持做好工商联、对台工作，政党关系、宗教关系、阶层关系更加和谐。支持工会、共青团、妇联等人民团体，独立自主开展工作并发挥积极作用。大力宣传十八届四中全会精神，研究制定《关于加快推进法治平顺建设的实施意见》，扎实开展“六五”普法，学法、守法、用法氛围日趋浓厚。加强党对军队的领导，规范强化县乡两级应急力量建设，狠抓基层民兵营连部建设，大力开展国防教育活动，充分发挥广大民兵在抢险救灾、植树造林、扶贫帮困中的重要作用，举行烈士纪念日活动，军民融合式发展进一步深化。人大、政协和群团组织围绕中心、服务大局，勇于担责、科学履职，为全县发展做出了积极贡献，营造出了团结和谐干事业的良好氛围。

六、切实加强宣传思想文化工作，营造崇尚文明的良好社会氛围

县常委会坚持唱响主旋律、打好主动仗，以建设文化强县为目标，深入开展精神塑造、文明创建、舆论引导、文化繁荣各项工作。着力推进思想道德建设。完善充实劳模文化网站，组织编写《平顺劳模故事》系列丛书，尊敬劳模、崇尚劳模、争当劳模蔚然成风；广泛开展“美德少年”、“身边好人、道德模范”、“道德讲堂”等一系列活动，社会主义核心价值观深入人心，崔春肖荣登“中国好人榜”，特教学校学生郭林玉被评为全国“热心公益”美德少年，原子朝获全国最美乡村教师提名。着力推进精神文明创建。以创建省级文明县城为目标，深入开展“三项治理”暨农村环境卫生集中整治活动，扎实推动文明单位、文明社区、文明村镇创建工作，15个村镇和单位分别荣获省级文明村镇、省级文明标兵单位和省级文明单位称号，我县被评为“创建省级文明县城工作先进县”。着力加强舆论引导。充分发挥主流媒体的舆论引导作用，启动实施“十个一”主题宣传活动，全面反映了我县经济社会发展新成就和全县人民昂扬向上新风貌。着力繁荣群众文化。全面落实文化低保工程，不断提升公共文化服务能力，全年为基层群众送戏、送电影3000多场，奥治村荣登第六批中国历史文化名镇（村）榜单。

七、统筹发展社会各项事业，着力保障和改善民生

县常委会始终把解决好人民群众最关心、最直接、最现实的利益问题放在各项工作首位，着力提升人民群众幸福指数。

强力攻坚扶贫开发。坚持扶贫与扶志同步、治穷与治愚并进、引进和自生结合的方式，圆满完成全县扶贫信息录入工作，为精准扶贫奠定坚实基础；全面推进产业扶贫、移民搬迁、科教扶贫、片区开发、定点帮扶五大工程，长平旅游开发公司与西沟村合建的120亩香菇大棚建成投产；新建24个移民小区，已建成16处，完工率达到67%，我县被评为全省易地移民搬迁先进县；新建花椒芽菜基地1500亩；大红袍公司年产8000吨花椒芽菜生产线和交易大厅正式投入使用，省定0.9万人脱贫任务全部完成。

加速推进城镇建设。围绕打造“宜居宜业宜游”美丽平顺的目标要求，以大县城建设为龙头，以完善城市功能为重点，实施重点城建项目12个，完成投资2.69亿元。大县城总体规划高标准修编完成；文化艺术中心、青羊镇卫生院、污水管网配套等项目建成并投入使用；12辆公交车正式运营；烈士陵园迁建、教师周转房、美特好广场、社会福利中心敬老楼、彩凤度假山庄等项目进展顺利，县城功能进一步优化、综合承载能力进一步提升。特别是随着平顺至长治二级公路、中南铁路、西迎宾道与彩凤大道连接线、西沟红色旅游公路的正式竣工通车，紫东路的加快建设，我县的交通环境进一步改善，初步构筑起了外部通畅便捷、内部成网成型的双层循环交通体系，为县域城镇化建设奠定了坚实基础。全年新增城镇人口2300余人，城镇化率增长2.09个百分点，达到28.10%。

持续改善民生福祉。省政府确定的新“五件实事”进展顺利，县委、县政府年初承诺的“十件惠民实事”全面完成。253套廉租房、128套公租房配租到户，“住房难”问题得到进一步解决；集中供热二期工程顺利完工，基本实现县城供热全覆盖；启明星幼儿园和3所改扩建村级幼儿园投入使用，学生营养餐工程惠及全县2954名学生；先行推行“一单通”和分级诊疗机制，提高新农合补偿比例和筹资标准，完成2个乡镇卫生院住院部和30个村卫生所建设任务，“看病难、看病贵”问题得到有效缓解；实施饮水安全工程，加强县城大水网建设，解决了县城和24个自然村、12 所小学、1.2万余人的饮水问题；新增城镇就业1976人，转移农村剩余劳动力3020人，城镇登记失业率控制在了2.5%；建立起统一的城乡居民基本养老保险制度，各项社会保障待遇水平稳步提高。

全力保障和谐稳定。进一步完善“党政同责、一岗双责、齐抓共管”安全责任体系，深入开展以“六打六治”为重点的打非治违专项行动，健全完善应急救援联动机制，促进全县安全生产形势稳定好转。积极推行网格化管理模式，电子监控实现全覆盖，成功破获各类案件85起，人民

群众的安全感进一步增强。积极推进信访工作制度改革，全面开展进京非正常上访治理行动、“下访接地气、矛盾大排查、积案大化解”和“信访积案攻坚”专项行动，全年排查苗头性隐患89件，化解83件，化解率94%；省、市交办和自查46件信访积案全部办结，实现了信访积案“清仓见底”。

（付玉珍　路晓玲）

附：一、中共平顺县委书记、副书记、常委名单

书　记：吴小华

副书记：秦　军　赵永进（1月任职）

常　委：乔毅慧　宋忠义　宋玉清　张宏方　李玉忠　翟建光

二、乡镇党委书记名单

青羊镇

书　记：张秀斌

西沟乡

书　记：牛海江

龙溪镇

书　记：刘忠虎

杏城镇

书　记：申涌泉

东寺头乡

书　记：原保根

虹梯关乡

书　记：杨　光

中五井乡

书　记：张浩波

北耽车乡

书　记：程丽荣（女）

阳高乡

书　记：桑宏亮

石城镇

书　记：段开松

北社乡

书　记：关苏平

苗庄镇

书　记：李建青

中共黎城县委工作概况

县委书记　郜双庆

2014年，中共黎城县委深入贯彻党的十八大和十八届三中、四中全会精神，认真落实省委“净化政治生态、实现弊革风清，重塑山西形象、促进富民强省”的总体部署，团结带领全县广大干部群众，扎实开展党的群众路线教育实践活动和学习讨论落实活动，全面推进“中国硅都、世界红山、宜居古城”建设，认真落实党建工作主体责任和党风廉政建设主体责任，努力保持经济社会平稳健康发展，各项工作取得了新的成效。

一、以高度的坚定性和自觉性学习贯彻中央、省市委精神，牢牢把握正确的发展方向

中共黎城县委坚持把学习贯彻习近平总书记系列重要讲话精神作为重大政治任务，通过常委会专题学习、理论中心组集中学习、专家讲座、领导干部讲党课等方式，深刻领会和把握习近平总书记系列重要讲话的新思想、新观点、新论断、新要求，原原本本学、系统反复学、联系实际学，努力做到真学真懂、真信真抓、真改真用。中央对山西省委班子作出重大调整以来，新一届省委班子围绕贯彻中央对山西工作的重要指示要求，及时作出“净化政治生态、实现弊革风清、重塑山西形象、促进富民强省”的总体部署和“六大发展”、“六权治本”、“六型转变”、保持“三个高压态势”、打好“三个一批”组合拳等工作要求，市委也作出了安排部署。县委班子和各级各部门在第一时间传达学习贯彻省、市委重要会议和王儒林书记、马天荣书记重要讲话精神，坚决把思想和行动统一到省、市委的重大决策部署上来。通过深化学习，全县党员干部进一步加深了对习近平总书记严守党的纪律、从严治党、从严治吏等系列重要论述的理解认识，提升了落实八项规定、坚决纠正“四风”的自觉性和坚定性；进一步加深了对省委“四句话”总要求的理解认识，提升了搞好学习讨论落实活动，推进党风廉政建设和反腐败斗争的坚定决心；进一步加深了对中国硅都、世界红山、宜居古城发展定位和发展目标的理解认识，提振了坚定不移实施“三大战略”，加快推进“六大发展”的信心和动力。

二、坚持“三严三实”，扎实开展党的群众路线教育实践活动和学习讨论落实活动

根据中央和省、市委的统一部署，在省、市督导组指导下，县委按照“照镜子、正衣冠、洗洗澡、治治病”的总要求，全面推进全县18个党委、19个党总支、528个支部、10813名党员的教育实践活动。在活动中，坚持把领导带头、问题导向、边学边改、整风精神、严格督导、统筹兼顾贯穿始终。在不折不扣抓好规定动作的同时，积极创新自选动作，实行了干部下乡住村“十一个一”制度：在每个村住一晚上，召开一次座谈会，慰问一个贫困户，看望一个上访户，走访一个发展大户，谋划一个产业项目，上一次党课，关注一下红色文化，检查一次护林防火，解决一些具体问题，强化一个支部建设。扎实开展“处级领导住遍村，科级干部访遍户”活动，下乡不隔村，进村不漏户，对照“三严三实”，以焦裕禄精神践行群众路线，深得群众的好评。县委常委带头查摆问题、带头开展批评和自我批评，民主生活会班子成员检讨有“辣味”，批评有“雷电”，真刀真枪，红脸出汗，是近年来质量较高的民主生活会。围绕查摆出的突出问题，下猛药、出重拳，及时开展32类48项专项整治任务，取得阶段性成效。以信访积案大化解、畅通服务群众“最后一公里”和千名干部下基层三项行动为载体，从县委常委和四套班子成员做起，科级干部跟进，积极回应群众关切，带头抓好整改落实，教育实践活动取得明显成效，广大党员干部普遍受到一次党内政治生活锻炼，思想得到洗礼，作风焕然一新。

中共黎城县委把开展学习讨论落实活动作为一项重大政治任务紧紧抓在手上，12月12日全县学习讨论落实活动动员大会以后，各级各部门加强组织领导，聚焦突出问题，深入学习讨论，层层传导压力，认真撰写反思剖析报告。各级领导带头谈体会、讲党课，广大党员干部普遍受到思想启发和党性教育，整个活动呈现出有力有序、健康发展的良好态势。

三、突出项目建设，支撑经济平稳健康发展

面对全国、全省、全市持续加大的经济下行压力，中共黎城县委、黎城县人民政府加强分析研判，积极应对挑战，全力以赴上项目、调结构、添动力，全力以赴强服务、保开工、促生产，采取种种措施与企业、项目共渡难关，在一些县区增速缓慢甚至个别指标负增长的情况下，黎城总体上呈现出稳中有进、结构优化、活力增强的良好态势。主要经济指标完成年初预期，各类改革稳步推进，新型产业快速成长，发展的质量和效益同步提高，中央、省市对干部职工的增资政策全部兑现。

2014年，全县地区生产总值完成36.6亿元，较上年增长11.8%；固定资产投资完成48.1亿元，增长20.1%；工业增加值完成16亿元，增长20.05%；公共财政预算收入完成1.96亿元，增长7.2%；社会消费品零售总额完成11.4亿元，增长11.6%；城镇居民人均可支配收入14719元，增长7.4%；农民人均纯收入6868元，增长12%。

1、深化五项改革，体制改革坚实迈进。把转型综改试验区建设作为全面深化改革的统领和切入点，持续推动了五项改革：一是行政审批制度改革。取消行政审批事项45项。通过清理规范，确定保留行政审批事项131项，流程再造，清单确认，阳光政务服务成效初显。二是食药工商质监改革。食品药品强化和落实了监管责任，整合了内设机构，形成了专业化、一体化、广覆盖、高效率的食品药品监管体系。顺利完成工商、质监核实编制、清查资产等工作，加快推进工商登记制度改革，变“先证后照”为“先照后证”，有效激发了市场活力。三是金融改革。引进长治银行在黎城设立支行，与长治市建行合作开展中小企业贷款“助保贷”业务，依托市金融办设立的网络平台，开拓了网上融资新渠道；在全长治市首家开展了下岗失业人员小额担保贷款工作。四是财税体制改革。实行了部门预算改革、政府采购制度改革、预（决）算信息公开、绩效预算管理改革，有效保证了财政资金的安全、高效运行。五是“村改居”改革。将县城规划范围内8个村在治理形式上由村民委员会改为居民委员会，并按街、路、区域归并重新划分，一次性新改设立了13个居民委员会，近9000口村民转化为城镇居民。

2、建设三大园区，新型工业成效明显。以新材料工业园、新能源产业园和铁路物流园三大产业园区为重点，全面加快工业转型步伐。新材料工业园方面，依托黎城硅矿资源等优势，加快发展以硅材料为基础的新兴产业和高新技术产业。中技金谷新型建材项目一期年产900万平方米硅酸钙板生产线建成投产；蓝天燃气煤高效洁净转化项目4项技术申报国家专利，一期3万吨活性炭生产线投入试生产。青春玻璃深加工项目建成投产，年生产中空玻璃和钢化玻璃200万平方米。博泰环保建材项目一期工程完成厂区平整、进场道路建设、三座主厂房主体等基础工程。新能源产业园方面，协鑫集团30MW太阳能光伏发电项目实现并网发电，两座LNG“四位一体”新能源示范综合补给站全面竣工投入试运行。铁路物流园方面，北京铁路局战略装车点500万吨华驰物流项目，10月完成站线开通，具备全面运行条件。千万吨级铁路物流园区基本建成。

3、发展特色产业，现代农业日益壮大。以两大农业园区、原生态农业、核桃产业为重点，努力促进农业增效、农民增收。现代农业示范园区累计投资5000多万元，完成2栋连栋温室、44栋连栋拱棚、76栋日光温室和加工车间、冷库等附属设施建设；与中技金谷公司合作，采用新型建材建设的双坡大跨度被动式日光温室，土地利用率提高40%，更加节能保温。生态农业科技产业园区投资2000多万元进行了园区道路、供电、供水及场地平整等基础设施建设，冷链物流、昌晋粮油、奥利种业和三泰科技4家企业入驻。原生态农业种植面积达到3万亩；狠抓“一县一业”核桃产业开发，加快推进核桃产业片区开发，新栽植核桃

树70.8万株，全县核桃树总量达到14万亩，全县农业人口人均一亩核桃树。

4、打造宜居古城，城镇面貌大为改观。黎侯古城文化旅游综合开发项目，一期工程建成开街，二期工程全面开工。新区框架路、古城西环路、南外环等10多条城市主次道路（街道）建成通车，改善了县城交通条件，拉大了县城框架。北坊等城中村改造项目有序推进，黎城印象、宏远、隆祥名邸等住宅小区交付使用，全县城镇化率达到39.51%。实施了西井镇、黄崖洞镇、东阳关镇三个省级园林镇建设工程，建成东社、张家山、南信3个灾民安置新村。全力做好长邯铁路扩能改造、黎左高速建设等国家、省重点工程的协调服务，工程建设顺利推进。

5、发掘红山景观，文化旅游产业发展迅猛。以山水游、红色游、古城游为重点，全方位推进文化旅游产业。太行红山景区建成100公里旅游路和500公里防火通道，高标准规划建设了红色、骑行、自驾、徒步4条生态旅游线路；完成四方山景区循环路、广志山古建筑群维修改造、九龙山庙宇维修改造、洗耳河水景、金鸡寨基础设施建设及配套工程，四方山、洗耳河、板山、黄崖洞、广志山5个景区具备对外开放条件。与天津电动车自行车行业协会、中国自行车骑行文化华北促进中心合作，连续二年成功举办国际自行车骑游文化活动周，太行红山、黎侯古城日益闻名。

四、发展民主政治，加快法治黎城建设

始终坚持巩固和发展党的政治优势，积极扩大民主，推进法治建设，不断加强和完善社会主义民主政治。坚持民主集中制原则，出台了《黎城县委落实“三重一大”集体决策制度实施办法》，实行民主决策、科学决策，充分发挥班子的集体智慧。支持人大及其常委会依法履行职能，加强法律监督和工作监督，充分发挥地方国家权力机关的作用。围绕团结和民主两大主题，支持和保证人民政协履行政治协商、民主监督、参政议政职能。支持工会、共青团、妇联等人民团体依照法律和章程独立自主开展工作。重视和加强对统一战线工作的领导，为民主党派和无党派人士开展调查研究、参政议政、建言献策创造条件。进一步加强和改进新形势下工商联、民族、宗教和对台等工作。深入开展普法和法治黎城建设，推进党务、政务、司法、厂务、村务公开和单位办事公开，人民群众学法、守法、用法的主动性和自觉性进一步增强。党管武装得到新的加强，国防后备力量建设水平稳步提升，军民融合式发展成效显著。

五、推进文化强县，增添发展正能量

以培育和践行社会主义核心价值观为统领，拓展文明创建载体，不断提升城乡文明程度和群众的文明素质。大力弘扬“黄崖洞精神”、“勇进渠精神”和新时期的“筑路精神”，深入开展向申纪兰、段爱平、申飞飞学习活动，宣传“黎城好人”的先进事迹，牢牢把握正确的舆论导向，激发老区人民昂扬向上的精神风貌。积极开展各类文明创建活动，讲文明、除陋习、树新风，营造文明和谐的社会风尚。加快发展黎侯虎系列产品和戏曲脸谱、根雕、剪纸、麦秆画等文化产品，被国家文化部命名为“2014—2016年度中国民间文化艺术之乡”。切实做好古文化和红色文化的发掘保护工作，黎侯墓群等4处文物单位列入“第七批全国重点文物保护单位”，157个村确定为“红色文化保护重点村”。

六、办好民生实事，不断增进人民福祉

中共黎城县委始终坚持民生为先，积极回应社会关切，切实增进群众福祉，让全县人民享受更多的改革发展红利。

统筹推进各项社会事业。2014年，想方设法克服财政困难，不断加大民生投入，办了四件多年想办而未能办成的民生实事：一是集中供热。除亚行贷款资金外，县财政已投入5000多万元，冬季首期供暖46个单位（小区）、50余万平方米。二是3条县际道路建设。多方筹集资金，启动清泉路、源泉路、上遥平头路三条道路改造工程。目前，投资1100 万元的清泉路已经竣工通车；总投资2700万元的源泉路已经完成投资1000多万元，上遥平头路正在做前期工作。三是207国道县城过境段改线工程。将穿越县城中心地段的207国道改至县城西部，2014年已全面完工，拉大了县城西部框架，为城镇化建设预留了空间。四是开通免费公交车。采用市场运行、政府补贴的办法，在县城规划区范围内开通了1路免费公交车，极大地方便了群众出行。

同时，积极推进教育、卫生、社保等各项民生事业，完成5所幼儿园新建、改扩建，全县寄宿制学校全部实施了营养餐工程。不断深化医药卫生体制改革，实现了药品零差率销售。认真做好社会保障工作，城乡困难群众做到了应保尽保。实施精准扶贫，易地扶贫搬迁206户、585人。7月，黎城县被国家计生委授予“全国计划生育优质服务先进单位”称号。

全力以赴维护社会稳定。认真落实信访责任制，各级领导干部带头深入基层调查研究、听取民意，带头接待信访群众、包处案件、化解矛盾，解决了一大批信访案件。坚持打防管控相结合，围绕打造“平安黎城”，创新社会管理体制机制，推广网格化管理、社会化服务模式。深入开展打击毒品犯罪、打击“两抢一盗”等工作，提升了群众的安全感和满意度。

毫不放松抓好安全生产。认真落实“党政同责”要求，对县安委会成员单位的安全监管职责做了细化明确，建立了横向到边、纵向到底的安全监管网络。实施了人员素质提升、企业管理提升、隐患排查治理、应急体系建设、综合执法治理“五大工程”。深入开展安全生产大检查，严格事故追究和问责，促进了安全生产形势的持续好转。

七、加强党的建设，全面提升科学化水平

认真贯彻落实习总书记党要管党、从严治党的要求，全面加强各级党组织和广大党员干部的思想、组织、作风、制度和反腐倡廉建设，为经济社会发展提供坚强的政治和组织保证。

1、抓好班子和干部队伍建设。坚持把思想政治建设放在首位，加大干部教育培训力度，邀请知名专家学者来黎城作专题讲座，对科级以上干部进行了集中培训。坚持新时期的好干部标准，更加注重从基层和工作一线识别干部、选任干部，严格按照组织程序公开、公平、公正进行，2014年共平级调整科级干部8名，干部群众反响良好。从严管理、监督干部，及时纠正发现的苗头性、倾向性问题，实现干部教育管理关口前移。

2、加强基层党建工作。把村级“两委”换届作为基层党建的重点，严格依法、依程序办事，“两委”换届工作圆满完成。扎实推进“基层组织提升年”活动，全县9个乡镇、7个县直系统、县非公工委均建立了党代表工作室，基本实现了党代表开展活动的全覆盖。继续抓好基层党组织晋位升级，全县91%的党组织达到“良好”类别以上等级。大力实施农村“领头雁”培训工程，对全县农村“两委”主干进行了集中培训，增强了农村“领头雁”致富带富、驾驭农村工作的能力。积极扶持大学生村官创业，82名大学生村官领办、合办各类农民专业合作社25个。

3、持续用力转变作风。先后制定出台了《黎城县干部下乡有关规定》《会议和文件管理制度》和《县直机关差旅费管理暂行办法》等办法制度，从严落实“八项规定”。领导干部率先垂范，切实改进工作作风，密切联系群众，树立了良好形象。深入开展了“工作秩序涣散、纪律松弛”等专项整治，集中整治贻误工作、自由散漫、效率低下等行为。2014年，全县给予政纪处分15人，清退2人。

4、全面推进党风廉政建设。县委从严落实党风廉政建设主体责任，班子成员带头履行“一岗双责”，建立起“一把手”抓班子成员，班子成员抓分管部门，一级抓一级、一级对一级负责的责任体系。加强对权力的制约、资金的监控和干部的监督，把权力关进制度的“笼子”里。扎实推进工程建设、食品药品等领域专项治理以及清理办公用房、清退会员卡、公务用车等专项整治工作，切实纠正不正之风。以“零容忍”的态度坚决惩治腐败，共查处各类违法违纪案件109件，109人受到党政纪处分，其中科级干部18人。2014年，中共黎城县委积极适应经济建设新常态、作风建设新常态、反腐败斗争新常态，实施“中国硅都、世界红山、宜居古城”三大战略，全面推进了“六大发展”，认真落实“六权治本”，确保了各项工作大见成效。

（杨彩云）

附：一、中共黎城县委书记、副书记、常委名单

书　记：郜双庆

副书记：郝献民　牛玉书

常　委：常　庆　刘永清（女）　郭卫斌　段联刚　袁素军　程　琦（1月离职）

二、乡镇党委书记名单

黎侯镇

书　记：岳保国

西井镇

书　记：岳红宜

上遥镇

书　记：王瑞岗

东阳关镇

书　记：郭力毅

黄崖洞镇

书　记：谢永强

洪井乡

书　记：王雁椿（2月任职）

程家山乡

书　记：江永兴

停河铺乡

书　记：魏晓伟

西仵乡

书　记：张永刚

中共襄垣县委工作概况

2014年，中共襄垣县委以党的十八大和十八届三中、四中全会精神为指导，按照省委“净化政治生态、实现弊革风清，重塑山西形象、促进富民强省”和推进“廉洁发展、转型发展、创新发展、绿色发展、安全发展、统筹发展”的战略部署，继续深入落实市委“五五”战略，坚定不移地沿着“以新型工业化为主攻方向，以城乡一体化为强力引擎，全力打造中国‘新能源新材料基地、新城镇新农村典范’县”的总体发展思路，襄垣经济社会各项事业稳步发展。

主要经济指标完成情况

2014年，全县地区生产总值完成173.51亿元，同比下降7.1%。固定资产投资完成175.61亿元，同比增长16%；规模以上工业增加值完成120.66亿元，同比下降9.32%；公共财政收入完成23.19亿元，同比增长3.69%；社会消费品零售总额完成22.6亿元，同比增长12.2%；城镇居民人均可支配收入完成27521元，同比增长8.2%；农村常住居民人均可支配收入11900元，同比增长11%。

工业转型

2014年，围绕转型发展，以煤为基，深化发展新能源新材料产业。规划建设了以现代煤化工产业为基础的新型工业园区，水、电、气等基础设施全部引进国际专业化公司统一配套；狠抓攻坚重大转型项目，围绕煤基合成油、焦炉煤气制甲醇烯烃、煤制乙二醇聚酯建材、煤制PTA及延伸加工四条循环产业链，主攻12个大项目，投产或试产5个；加大招商引资力度，坚持以园区招商、以规划招商、以产业招商，围绕煤化工产业链条，引进潞安180万吨煤基油高效供热及余热发电、中节能王桥园区煤化工节能环保资源综合利用、华电襄垣2×600MW低热值煤发电、山西潞安亿鑫30万吨稳定轻烃深加工等8个项目，且有华电100万吨煤制芳烃、中国和平投资公司丙烯腈纤维（T800）、西门子中国公司王桥园区汽化炉合作配套项目、协鑫新能源150MW大型地面光伏电站等6大项目正在洽谈。

“三农”工作

2014年，在认真落实粮食直补、良种补贴等省市惠农政策基础上，严格执行《襄垣县扶持农业产业化发展办法》，保证各项惠农政策落到实处，按照补贴标准，共补助粮食补贴资金2518.13万元和良种补贴资金358.8331万元。以加快土地流转为基础，培育壮大“一乡一龙头”，发展“一局一协会”，促进规模经营，增强辐射带动能力。培育规模农产品加工龙头企业16家、规模种植企业28家、规模养殖企业21家、农民专业合作社857家，集中流转土地3.5万亩，辐射带动全县发展设施蔬菜4.5万亩、经济林4.6万亩，新建现代化连栋大棚5.8万平方米，初步形成“合作社+基地+农户”、“公司+农户”等多种产业化模式，带动农民增收，促进劳动力解放。

城乡建设

2014年，以产城融合发展为基本理念，探索新城镇新农村建设新范式，按照“一城三区五镇六十六中心村”的总体布局，把采煤塌陷和压煤村搬迁治理作为统筹城乡发展的重中之重，坚持政府主导、规范操作，企业负责、分类治理，分期分批、财政托底的原则，逐步开展搬迁治理工作。全县采煤塌陷村涉及42个行政村5292户18908人，面积143平方公里；压煤村涉及52个行政村6553户26255人，面积147平方公里。截至2014年，采煤塌陷村已搬迁14个行政村1795户6566人，正在搬迁11个行政村1260户4286人；压煤村正在搬迁3个行政村529户1444人。坚持“人的城镇化”和“政策引导、群众自愿”的原则，不搞“行政命令”和“一刀切”，出台百人以下村庄迁并安置补助、农民工和进城农民购房贷款贴息、失地农民社会保障等配套优惠政策，逐步引导全县419个100人以下的村庄农户进城入镇或中心村。对于新建住宅楼房，不搞房地产开发，统一由住建部门规划设计，实行建设主体多元化与高层、低层、独院、平房相结合的模式，让群众自愿选择、满意搬迁。规划各类移民安置区35处450万平方米，总投资200亿元，其中在建180万平方米，投资60亿元。

民生事业

2014年，把保障改善民生、支持促进发展摆在突出位置，树立“精准财政”理念，不断优化支出结构，重点向民生事业和困难群体倾斜。全年压缩财政投资重点工程项目建设资金6.75亿元，集中用于民生事业。修路上，续建完善8条95公里道路，改造完成农村公路网络108公里；栽树上，投资0.96亿元栽植5.76万亩411万株，林木绿化率提高3.2%；兴水上，新建续建完善11处水利工程，新增供水能力1944万立方。投资978万元，兴建55处农村安全饮水工程，涉及7300户2.5万人；重教上，建立学前三年教育体系，推进文华苑教育园区建设，新建5所中小学校，招聘中小学优秀教师100多名，引进北京师范大学优质教育资源，与县二中深度合作建设基础教育实验学校。改造农村困难家庭危房780户；改造农村幼儿园4所；贫困人口易地扶贫搬迁126户430人；乡村清洁工程，安排保洁员1110人，实现323个行政村“全覆盖”；行政村街道亮化，247个行政村安装太阳能路灯5440盏；新型职业农民培训，共培训1065人。

生态建设

2014年，坚守环保底线，严格筛选新上项目，不符合环保政策要求的一律不准落地。对现有环保不达标企业，实施严格的监管和问责措施。扎实开展“整治违法排污企业、保障群众健康”环保行动、“向污染宣战、享碧水蓝天”百日会战等专项整治，对浊漳河沿线排污企业进行排查整治130余次，关闭高耗能、重污染企业3户和一批五小企业，拆除锅炉80余台120余吨，改造燃煤锅炉12台，11户电力、焦化等重点企业污染源在线监测设施全部与县监控平台联网。全县环境质量得到持续改善，全年县城区空气质量二级以上天数达345天。

安全稳定

2014年，始终将安全稳定作为一切工作的基础和前提。在安全生产方面，把煤矿与非煤企业安全生产作为安全工作的重中之重来抓。县委、县政府每月至少召开2次安全生产工作专题会议，党政主要领导按照“四不两直”方式带头深入企业一线突查夜查，四套班子领导不定期深入一线、现场办公解决安全隐患，组织开展安全生产大检查和专项整治工作，认真推行安全生产隐患排查、整改、销号3本台账管理办法，聘请防瓦斯和治水患专家团队定期对全县煤矿进行巡检会诊，对煤矿职工进行全员轮训，对“三违人员”实施强制培训，真正形成“党政同责、一岗双责、齐抓共管”的安全生产工作格局。与此同时，对道路交通、建筑工地、油气管道、食品药品、森林防火等方面安全，严格细化分解任务，深入开展“六打六治”打非治违专项行动，认真落实整改措施，确保安全生产。全县没有发生一起重特大安全事故，煤矿、非煤矿山、危化等重点行业实现安全生产“零死亡事故”。在信访维稳方面，专门建立县委集中解决信访问题联席会议议事制度，扎实开展县乡领导接访、县领导包案下访、信访积案化解、社会矛盾排查整治等工作，建立完善县、乡、村、组“四级”矛调中心，尤其是对重点疑难信访案件实行“四包一”、“五包保”制度，有效化解各类矛盾纠纷，信访流量大幅下降。全年共接访527批1967人次，同比下降分别为40%和8.2%。中央、省、市交办的重点信访案件全部按要求办结完毕，落实了稳控责任。

机制创新

2014年，充分发挥全省转型综改试验和扩权强县试点的政策利好，创新体制机制，积极推进各项改革。在创新融资平台上，成立保障性住房运营公司和村镇建设投资公司，与已有的漳江、城投等国有资产运营公司一起，搭建起了城乡一体的投融资建设主体平台。通过企业联盟以及资产质押等多种方式拓宽融资渠道，逐步建立财政资金和民间资本融合的担保体系。对全县60余家行政事业单位国有资产进行评估打包，成立襄融资产管理公司，可为全县各类项目发展提供15亿元的担保。农村信用社改制农商行工作全面完成，县漳江公司占股30%，专门成立小微企业服务部，助力中小微企业发展。襄矿集团发行8亿企业债项目已获国家发改委批准，开始销售。协助中投公司、渤海证券积极推进东宝薯业、仁达机电两家企业的新三板上市工作。在引进人才技术上，积极推行“政院企联合、产学研一体”模式，主动加强与高等院校、科研院所的战略合作，建设科技研发基地，引进各类高端人才，提升了自主研发和科技创新能力。清华大学、天津大学、山西大学、九三学社专家组等18所学校院所在襄垣县设立研发基地，80余名高级技术人才进驻。新上项目核心技术有31项国际领先、3项亚洲第一、16项全国一流，5项填补山西空白。在深化土地管理制度改革上，在继续完善县乡两级土地收储平台和收储制度的基础上，始终坚持“复垦一块、收储一块、安置一块、开发一块”的良性循环，相继出台制定《推进全县农村土地承包经营权确权登记颁证试点的工作方案》和《农村土地承包经营权调查规程》，加快土地流转，有力促进新型农业主体发展。在探索园区建设机制上，制定产业准入条件，完善政策引导和资金扶持力度，将园区基础设施专项资金列入财政预算。对工业园区建设实行“不予不取”政策，设立王桥工业园区产业建设基金，提供园区投融资、运营、招商等服务。

党的建设

2014年，以群众路线教育实践活动为契机，以党的建设为统领，努力营造政治清明、政府清廉、干部清正的新局面。从严落实党建责任，坚持用制度管人管事，修订出台《县委常委会议事规则》《“三重一大”事项决策程序》《决策咨询论证工作暂行办法》《县委决策风险防范五条规定》等制度，切实加强对权力的监督和制约；深入推进“基层组织提升年”活动，集中开展农村“领头雁”培训、党代表工作室建设、党代会年会制、在职党员社区报到服务等10项活动，整顿软弱涣散村18个；选优配强村党支部班子，扎实推进村“两委”换届选举，村委换届已完成95%。从严管理干部队伍，深入开展学习教育活动，共对全县630余名科级干部、796名基层党组织书记、2000余名村“两委”干部分期分批进行了集中轮训；组织开展一系列主题教育活动，其中“一把手”讲党课159次、专题辅导365次，开展交流讨论351次，观看教育片196次；深挖全国“最美村官”、“感动中国十大人物”段爱平同志的感人事迹，成立报告团巡回宣讲，编排演出一部戏、两部鼓书，拍摄电影《村官段爱平》，创作演出大型话剧《那山那村那女人》，用多种艺术形式教育全县党员干部向段爱平同志学习；聚焦“四风”突出问题，开展整治文山会海、检查评比泛滥，“三公”经费开支，侵害群众利益行为等9方面专项整治，全年县级公务活动同比下降32%，发文下降40%，“三公”经费下降52%，精简行政审批事项145项，清理公车52 辆、办公用房7400平方米；将党建工作列为考核基层党组织书记的第一指标，实行基层党建“联述联评联考”；建立完善组织、纪检等部门联系通报制，实行领导干部任前、任中和离任审计制，扎实开展超职数配备、“吃空饷”、党政干部企业兼职集中清理等专项工作，清理整治“吃空饷”49人，清理党政领导干部企业兼职13人。从严惩治腐败问题，认真落实县委主体责任和纪委监督责任，以“零容忍”态度高压反腐，全年共查处案件103件、107人，受到党纪处分96人、政纪处分16人，查处案件量同比增长56%，处分人数同比增长49%。

（万瑞星）

附：一、中共襄垣县委书记、副书记、常委名单

书　记：田志明

副书记：张志刚　琚海鹏　徐建军（1月离职）

常　委：王守国　桑爱平（女）　孙泽强　贺思宇

张　剑（1月任职）　崔玉彪　边军强

二、乡镇（园区）党（工）委书记名单

古韩镇

书　记：史红宾

王桥镇

书　记：刘立斌

侯堡镇

书　记：王　威

夏店镇

书　记：侯慧萍（女）

虒亭镇

书　记：牛志强　付　健

下良镇

书　记：李晓飞（10月离职）

西营镇

书　记：申建峰

王村镇

书　记：赵　勇

善福乡

书　记：冯丽华

北底乡

书　记：宋喜宏

上马乡

书　记：李卫伟

富阳园区

书　记：史志刚

中共武乡县委工作概况

县委书记　胡　坚

2014年，面对经济持续下行、煤炭量价齐跌的严峻形势，我县认真贯彻落实习近平总书记系列重要讲话精神，扎实开展党的群众路线教育实践活动和学习讨论落实活动，全面落实省委“六大发展”和市委“五五战略”部署，坚持从严治党、依法治县，强化“两个责任”，落实“六权治本”，以实现弊革风清、促进富民强县为目标，迎难而上、奋力攻坚，经济社会实现平稳有序发展。全县地区生产总值完成61.2亿元，固定资产投资完成25.2亿元，城镇居民人均可支配收入达到18473元，农民人均纯收入达到5052元，地方公共财政收入完成4.89亿元。

一、以习近平总书记系列重要讲话为根本遵循，始终保持政治定力

县委常委会始终坚持把学习习近平总书记系列重要讲话精神作为首要政治任务，第一时间认真学习党的十八大和十八届三中、四中全会精神，认真学习省委十届六次全会、市委十届七次全会和省委王儒林书记、市委马天荣书记一系列重要讲话精神，特别是认真学习9月份以来新的省委班子作出的一系列决策部署，坚决拥护和贯彻中央对山西工作的指示要求，始终在思想上、政治上、行动上与中央、省委、市委保持高度一致。通过不断引深学习，进一步加深了对中央“四个全面”战略布局、执行“八项规定”坚决纠正“四风”、践行“三严三实”、深入推进党风廉政建设以零容忍态度惩治腐败、严守党的纪律特别是政治纪律和政治规矩等一系列重大决策部署的理解认识；进一步增强了贯彻落实省委“净化政治生态、实现弊革风清，重塑山西形象、促进富民强省”总体要求的思想自觉和行动自觉；进一步坚定了全面落实省委“六大发展”、市委“五五战略”的坚强决心和信心。

二、坚持“三轮驱动”，着力打造特色农产品生产加工基地

抢抓全国农业综合开发县和全省畜牧业重点县机遇，立足武乡特色农业资源优势，以打造特色农产品生产加工产业基地为目标，把农民脱贫增收作为核心任务，坚持规模养殖、特色种植、农产品深加工“三轮驱动”，加快推进“种养加”一体化发展、“产供销”一条龙服务，不断强化“双五”支撑，深入推进“十百千万”工程（壮大十个农业产业化龙头企业，建成百个标准化规模健康养殖小区，培育1000个新型农业经营主体和服务主体，到2017年实现全县农民人均纯收入突破10000元目标），不断拓宽农民增收渠道，带动千家万户实现致富目标。重点实施了30个标准化规模健康养殖小区、绿农农牧肉鸡、大山禽业牧养鸡、多维牧业黑头羔羊、鑫四海生猪、油用牡丹、食用菌大棚等农业产业项目，生猪、肉鸡屠宰和核桃、小米小杂粮等农产品深加工项目。其中生猪、肉鸡、核桃分别被确定为全省“1323”生猪产业化30个重点县之一、60个“一县一业”基地县之一和35个重点县之一。

三、坚持“革命兴煤”，全力推动工业经济转型升级

认真贯彻落实“六型”转变、“七大新兴产业”等部署要求，以打造煤电一体循环经济产业基地和镁铝合金新材料产业基地为目标，着力做好煤炭和非煤产业两篇大文章，不断加快工业经济转型升级。积极应对经济持续下行、煤炭量价齐跌的严峻形势，采取抓生产、降成本、提质量、拓市场、促安全措施，扎实推进三元福达煤业、潞安温庄煤业等5座煤矿技改扩建，加快恒盛300万吨洗煤项目建设，煤炭生产与上年基本持平。西山发电二期前期工作进展顺利，五矿轻量化新材料产业集群项目一期金属镁压铸件项目重建完成，五矿低热值煤自备电厂项目初可研编制完成，兴源钙业和巨成、昱昇等新型建材项目基本具备投产条件，新兴产业发展势头强劲。

四、坚持文化引领，打响全国红色旅游第一品牌

认真贯彻落实省委“大力弘扬‘三个文化’”部署要

求，充分发挥我县丰富的红色文化资源优势，大力促进文化旅游深度融合，以打响全国红色旅游第一品牌为目标，着力打造全国著名的红色旅游基地、全国最大的八路军文化基地和全国知名的红色文化产业基地。采取提档升级、整合资源、深度挖掘、氛围营造、品牌营销“五项措施”，全面实施了“两园一剧”品位提升、红色旅游公路一期、零散烈士集中安葬项目一期、板山风景区开发等文化旅游产业项目，成功举办了第四届八路军文化旅游节和第五届八路军文化研讨会，积极开展了八路军抗战故事征集、老八路口述抗战历史、八路军廉政文化和党的建设研究等工作，武乡老区八路军文化品牌效应进一步发挥，全年接待游客267万人次。省委王儒林书记在我县调研时对我县传承弘扬红色文化给予了高度肯定，并作出了“不能忘本、不能伤根、不能丢魂、不能变色、不能贪腐”的重要指示。

五、坚持项目为基，大打项目建设和招商引资攻坚战

坚持项目建设是发展之基、招商引资是发展之源，认真落实省、市“项目达效年”部署要求，牢牢牵住项目建设这个牛鼻子，以“十大工程”为着力点，严格实行“四位一体”、“三保三问”、“三个24小时”等推进措施，总投资366.17亿元66个重点工程项目进展顺利，标准化规模健康养殖小区、恒盛300万吨洗煤、红色旅游公路一期北社—砖壁段等一批重点项目顺利完工，为全县经济社会发展提供了强有力的支撑。坚持“招大商、招高商、招需商”，制定完善了招商引资优惠政策，采取党政领导主动走出去招商、节会招商、专业小分队招商等措施，全年签约项目39个、落地20个，为项目建设注入了新的活力。

六、坚持民生为本，着力提升人民群众幸福指数

把保障和改善民生作为一切工作的出发点和落脚点，以办好民生“十件实事”为重点，不折不扣落实省、市确定的各项民生建设任务，努力让老区人民得到更多实惠。总投资10亿元的民生“十件实事”扎实推进，10个美丽乡村建设、1700户农村危房改造、农村有线电视数字化全覆盖、县城“三项治理”和乡村清洁工程全面完成，“1+4”社会服务中心、县医院综合门诊楼、太行小学教学楼投入使用，保障性住房和扶贫移民搬迁工程进展顺利。广大群众关心的上学、就医、住房、就业、保障等生产生活问题得到有效改善，安全生产、社会治理水平进一步提升，社会大局保持和谐稳定。

七、坚持从严治党，全面提升党建科学化水平

认真落实新时期从严治党新要求，牢固树立“抓好党建是最大政绩”理念，坚持思想建党、制度治党，认真履行党建主体责任和党风廉政建设“两个责任”，层层传导责任压力，着力净化政治生态。群众路线教育实践活动有声有色，“五个全覆盖”、“六民”、“三会进山村”等特色举措得到了中央第八巡回督导组的充分肯定。扎实开展学习讨论落实活动，突出问题导向，从严从实要求，深刻反思剖析，得到了省委督导组“起步快、开局好”的高度评价。深入开展以“三强三建六提升”为目标的基层组织提升年活动，采取“1+5”包联机制整顿软弱涣散基层组织，村“两委”换届工作总体平稳有序。大力支持人大依法行使职权、人民政协充分履行职能，始终保持了同心同力、共同担当的大好局面。爱国统一战线不断巩固发展，党管武装和国防后备力量建设切实加强，群团组织的桥梁纽带作用充分发挥，全县上下呈现出团结干事、共谋发展的良好局面。

（李亮亮）

附：一、中共武乡县委书记、副书记、常委名单

书　记：胡　坚

副书记：阎新平　秦苏良

常　委：魏书文　郭　强　王　霖　郝炳宏　路晓波
刘水源　王爱国（挂职，3月离职）
崔　霞（挂职，6月离职）
于鹏飞（挂职，3月任职）

二、乡镇（开发区）党（工）委书记名单

墨镫乡

书　记：申建斌

洪水镇

书　记：刘钢平（3月离职）　王五堂（3月任职）

蟠龙镇

书　记：李俊田（1月离职）　刘钢平（3月任职）

韩北乡

书　记：阎佳珅

监漳镇

书　记：魏宝鸿（3月离职）　张　云（3月任职）

大有乡

书　记：李晓东（3月离职）　张鸿儒（3月任职）

贾豁乡

书　记：王五堂（3月离职）　郑　丹（3月任职）

故县乡

书　记：郝建灵（3月离职）　冯　晋（3月任职）

上司乡

书　记：李朝霞

丰州镇

书　记：张国红

石北乡

书　记：郝高宏

涌泉乡

书　记：郝忠平

故城镇

书　记：杜会平

分水岭乡

书　记：赵少华

石盘开发区

书　记：石永兵

中共沁县县委工作概况

县委书记　卢展明

2014年，中共沁县县委以党的十八届三中、四中全会，习近平总书记系列重要讲话和中央、省委一系列会议精神为指导，深入学习贯彻习近平总书记系列重要讲话精神，紧紧围绕省委“净化政治生态，实现弊革风清，重塑山西形象，促进富民强省”目标任务，实施六权治本，推进六大发展，坚持六条路径，经济社会各项事业全面提升。开创了弊革风清、富民强县新局面。

一、党风廉政建设进一步强化

（一）突出主体责任，严惩腐败行为。认真落实党风廉政建设“两个”责任。积极推行全员办案制，采取拓宽信访渠道、量化考核、每周“会诊”、立案预审、定期巡查、乡案县审等多项信访、办案、审理工作制度，建设了标准谈话室。全年共查结上报各类违纪案件70件，其中立查科级干部案12件，贪污贿赂案14件（5万元以上5件）；共处分党员干部83人，其中科级干部13人，案件查办质量得到全面提升。特别是查处了一批社会影响大、群众反映强烈的案件，如：县农机局原局长郭玉龙、副局长倪卫华，在实施土地深松和秸杆还田项目中，套取农机补贴24万余元，将其中9.28万元非法占有，两人均被判处有期徒刑8年，开除党籍和公职；县工商联原常务副主席李俊晓，在担任漳源镇常务副镇长期间，利用分管农业工作职务之便，套取并非法占有国家雪灾补助款7.1万元，被判处有期徒刑5年半，开除党籍和公职；段柳乡姜家庄村支书、主任闫大宏，在土地流转过程中，贪污土地流转费16.2万元，挪用13.5万元，被开除党籍，建议罢免村委主任，移送司法机关。

（二）深化作风建设，坚决纠正“四风”。以纠正“四风”、落实中央八项规定精神为抓手。9月中旬，在原有4个督查组的基础上，新组建3个明查暗访组，共出动检查350余人次，检查单位156个，发现存在问题单位38个，下发通报4 期，给予党政纪处分10人，诫勉谈话7人，告诫教育6人，辞退3人；6月份开始，开展了为期两个月的“工作秩序涣散、纪律松驰”专项整治活动,检查单位123个，有效规范了工作人员上下班行为；7月份，对县直机关存在的“吃拿卡要”和门难进、脸难看、话难听、事难办“四难”问题进行了专项督查，并针对发现的11项突出问题，制定了整改方案、出台了相关规定；抓住元旦春节、五一端午、中秋国庆等重要时节，通过节前在县电视台发布公告、扩大宣传；节中组织相关部门突击检查；节后进行曝光等办法，对公款吃喝、公车私用、假日值班等行为进行了重点督查，有效地规范了党员干部节假日廉洁自律行为；在《沁州新闻》开辟“力戒四风、勤廉为民”大家谈栏目；在县电视台播放了焦裕禄、申纪兰、段爱平等一系列为民务实、清正廉洁的典型剧目和电影；组织党员干部集中观看了《四风之害》《蜕变的权力》等警示教育片，让广大党员干部从思想上筑牢廉政防线；组织编排的廉政文艺节目沁州三弦书《笑声飞出刘家坪》，在中国曲艺牡丹奖全国曲艺大赛中荣获“全国曲艺节目提名奖”，并被选送到北京参加新中国成立65周年山西专场演出。葛永峰同志勇救患病落水妇女、县纪委爱心接力救助患者的先进事迹，先后被《中国纪检监察报》《山西青年报》《长治日报》《上党晚报》和《山西纪检监察信息》《长治纪检监察信息》报道。

二、组织建设亮点突出

（一）加强组织指导，全县党的群众路线教育实践活动取得明显成效。从3月份开始,组织全县519个单位分三个梯次完成了党的群众路线教育实践活动的各项任务。组织专人编印了《沁县党的群众路线教育实践活动学习读本》和《农村（社区）党的群众路线教育实践活动学习资料》；层层成立了领导小组和工作机构，组建了县委督导组和行业指导组，建立了领导干部联系点，在强化学习教育效果上，推行了学习必读篇目与开展“四讲”活动相结合等“五个结合”学习教育模式；在强化听取意见效果上，采取了“走进群众听”与“组织群众评”相结合等七项听真言、真听言办法；在强化对照检查材料和“两方案一计划一清单”效果上，推行了单位一把手、县委督导组、县委联络员、县委督导组第一组长四级把关制度；在强化整改落实效果上，建立了查找和解决问题台账，对已经整改的问题给予销账处理，对限期没有整改或群众不满意的挂账督办；先后召开督导工作汇报会、分析会、安排会76次，解决督导工作中遇到的困难和问题32件，并推行了交叉督查、明察暗访、现场培训、典型带动、约谈一把手等督导办法；宣传方面编发简报59期，《长治日报》报道20篇、《山西日报》报道3篇、长治电视台播发10条、市简报刊发7期、省简报刊发1期，同时，还组织文化部门编排文艺节目7个，组建文艺宣传队5支，深入基层演出200多场次；抽调专门力量组成整改落实巡查组不间断巡查14次，召开督导组、活动单位汇报会6次，下达督办卡32份，约谈后进单位一把手7人，通报批评存在问题单位15个，“四风”突出问题得到有效遏制，关系群众切身利益问题得到有效解决，联系服务群众“最后一公里”得到有效畅通。

（二）加强领导班子和干部队伍建设。从严加强干部队伍建设，聘请省委组织部领导、省市委党校教授对全县578名科级领导干部进行了为期3天的集中培训，邀请市委党校副校长白波瑞等专家学者，对全县党员领导干部系统进行了党的十八大、习近平总书记系列重要讲话等专题培训，采取送教上门办法聘请省委党校、山西大学、省直机关党校教授对全县1500余名干部进行了加强服务型党组织建设、全面推进依法治国方略、提高法制思维和法制方式能力等6个专题的培训，组织27名县处级领导干部和1名中青干部分别到省市委党校参加了调训、轮训和培训；全县干部在线学习上线率达到90%，平均完成70学时；对5名“第一书记”的在岗履职等情况进行了综合考核。配合省市委组织部，从全市大学生村官中公开遴选了5名乡科级副职领导干部。选派5名新提拔的乡科级副职干部分别到党的群众路线教育实践活动领导小组办公室、县重点项目推进办公室、信访局挂职锻炼，选派3名干部到市委组织部上挂锻炼；完成了57名公务员登记备案、946名科级领导干部和党群系统干部的信息维护和统计报送、32名公务员和县乡事业单位工作人员试用期满考核转正及任职定级等工作；召开全县离退休干部经济社会发展情况通报会1次，举办离退休党支部书记培训班3期，培训离退休干部2000余人次。认真落实离退休干部的“两项待遇”，四套班子主要领导集中走访慰问老干部2次，累计慰问、探望老干部达46人次，送去慰问品约26万元，组织离休干部和处级退休干部进行了全面体检，离退休干部津贴100%足额发放，护理费提高到每人每月900元，丧葬费提高到每人4000元，离休干部、退休干部遗属补助分别提高到每人每月750元和248元，抚恤金由原来的20个月工资提高到40个月工资，实报实销医药费80余万元；坚持特色办学，扩大办学规模，老年大学开设到书法、绘画、时事、音乐等十个专业。

（三）整治选人用人上不正之风，打造弊革风清用人环境。分两次为定昌镇、住建局、广播电视台、市政园林中心等15个科级单位调整配备科级领导干部17名，为各乡镇精心选配组宣委员13名，通过“三荐三考三公示”，从全县大学生村官中招聘乡镇事业单位工作人员22名；出台了《关于进一步完善全县副科级以上领导干部业绩档案考评管理制度的办法》，清退机关事业单位借用人员147名、“吃空饷”人员4名、“编外用人”32名，通报“走读”干部16名，督办编制工资手续79名，对因机构改革等原因超职数配备的35名干部制定了分流控编计划，对在21个社团兼职的113名科级以上领导干部进行了清理规范，共清退35名，拟重新审批78名，使干部人事管理工作进一步走上制度化、法制化的轨道；完成了对96个单位、1096名干部的个人信息核查工作和纸质档案规范化整理工作，完善了电子干部人事档案查询、检索、统计、分析、加密锁定等功能,8月12日，在全省干部人事档案专项清理总结暨规范化管理动员会上，我县作为全省唯一县区进行了经验交流。

（四）夯实基层党建基础，强化提升服务功能。在以开展“基层组织提升年”活动为抓手。组织19个乡镇党委、县直党工委书记和593名总支、支部书记分别就抓党建工作的思路规划措施、解决突出问题等5方面内容进行了专项述职；出台11个配强班子治“软”、3个维护稳定治“乱”、17个发展产业治“穷”、14个完善制度治“散”的整顿工作方案，实施了县领导包联、乡镇干部包片、住村单位包村的三方包联制，使全县20个软弱涣散党组织全部得到转化升级；指导全县基层党组织集中组建了19个党代表工作室和39个党代表工作站，1088名省市县乡党代表全部按要求进驻党代表工作室（站）展开“知党情、听民生、谋发展、促和谐”工作；对村“两委”主干、“两委”班子成员、后备干部、骨干党员、大学生村官3300余人进行了集中培训；为累计任职满9年、年满60周岁的426名离任“两委”主干每月发放了100元至150元的补助，为41名社区“两委”干部发放了每月855元至1255元的工资；在全县106个社会组织中单独建立党支部22个、联合组建2个、挂靠组建7个，实现了社会组织党组织组建和党的工作两个全覆盖；在开展大学生村官践行党的群众路线“六个一”活动中，制作了大学生村官《便民联系卡》3000余张，走访群众21330户，收集意见建议1153条，完成代办事项180余件，为131名大学生村官办理了薪级工资，帮助争取创业资金55万元，在村“两委”换届中，大学生村官全部选进“两委”班子，其中，79名当选“两委”主干；积极为大学生村官有序流动创造条件，全年共有37名优秀大学生村官被考录为国家公务员和企事业单位工作人员；评选出拔尖人才10名、优秀人才20名，开展了沁县首届名师名医评选命名工程，评选出首届名师10名、首届名医3名、首届乡村名医2名，进一步营造了尊重知识、尊重人才的氛围；采取办分校、函授、远程教育等方式举办各类培训班17期，培训各类专业技术人才990人、农村实用人才660人；三微生物博士工作站在全县13个乡镇、100多个村（公司）推广作物种植面积10万多亩、畜禽养殖12.86万只（头），粮食作物增产34%，蔬菜增产50%以上；运用三微技术生产的小米、玉米、西红柿、胡萝卜、红薯、核桃、鸡蛋等7个农产品经北京普尼测试科技有限公司检测，7个产品全部符合有机产品标准；康禾桑椹生物科技有机产业博士工作站实现了从桑椹种植到系列产品加工，研制出“爽身保健茶”、“治疗植物神经紊乱的中药”以及“桑果干制品和天然功能性食品”等9种系列产品。

三、宣传工作有声有色

（一）紧扣宜学长治建设，强化县委中心组理论学习。组织县委中心组集中学习13次，乡镇党委、县直党委集中学习100余次。健全完善了《县委理论学习中心组学习制度》《领导班子和领导干部述学评学考学制度》《党员干部经常会教育培训制度》《党委中心组学习考核实施办法》；制定出台《沁县推进宜学长治建设实施方案》和《沁县宜学长治建设工作要点》，县委中心组成员深入农村调研、召开座谈会200余次，撰写调研文章28篇、心得体会80余篇；培养树立了定昌镇、郭村镇等学习型先进乡镇，检察院、公路段、国土局等学习型先进机关，南涅水、长街村、苗庄村等学习型农村先进党组织，龚来文、王建军、王凤伟等学习型优秀党员，北关社区、育才社区等学习型先进社区。

（二）突出舆论宣传主流，彰显新闻阵地优势。广播电视台、新闻中心开辟《宣传先进学习先进争当先进》《项目动态》《沁州好人》《一线采风》《三项治理在行动》《走基层听百姓心声》等专栏,广播电视台播发新闻稿1500余条、专题49期、影视剧5682集；《沁州新闻》编发62期，刊发稿件1500多篇。对外宣传方面，中央电视台、《山西新闻联播》《长治新闻》发稿150余条，新华社、《山西日报》《山西经济报》《长治日报》等纸质媒体及各大网站刊发稿件320多篇。制定完善《沁县网络突发事件应急预案》《舆情监控工作制度》《关于加强网络舆情应对工作的实施方案》等规章制度，规范改进《网上舆情快讯》报送机制；举办了山西省龙舟大赛、美丽乡村摄影展、民俗展演、文化巡游、清韵戏曲服饰盔饰展、沁州书会等10余项系列活动；举办了“我们的节日·清明”、“我们的节日·端午”中华经典诵读活动，“红红火火过大年　勤俭节约过佳节”元宵街头文艺展演，“传递亲情、弘扬文化、缅怀先烈”文明祭祀；沁州三弦书《笑声飞出刘家坪》参加北方鼓曲唱曲牡丹奖曲艺大赛荣获提名奖；电影公司13支放映队常年活跃城乡，累计放映电影3672场；漳河剧团、人民剧团深入贫困村送戏下乡88余场次；广播中心完成1100余户广播电视“村村通”入户安装；文旅中心对480处可移动文物全面普查；深入开展“三下乡”活动，免费发放宣传手册12000余份；引深沁州三弦书进社区、进校园、进农村培育传承工作，培养曲艺爱好者1500余名；体育中心灯光球场投资50万元全面改造；文化节推出了水城一日游、平遥沁县两日游线路，3天时间吸引游客5万余人，其中省外游客8000人次，接待澳中国旅、和平旅行社、鑫泽旅行社等大型旅行团7个，实现社会零售品销售收入700万元，签约重大项目12个，签约金额60亿元；定昌、杨安、南泉开发一批生态休闲度假园，水城生态农家游继续升温；南湖文化旅游园完成苏州街建筑主体、基础设施配套工程；11处市级以上文物保护单位修缮工作全面铺开，普照寺周边环境整治项目完工、本体维修项目进入招投标阶段，大云院周边环境整治项目及本体维修项目完工，南涅水洪教院周边环境整治项目完工，南涅水石刻科技保护方案通过论证；《沁县旅游产业发展总体规划》全面启动，和北京、太原等规划设计部门进行多次洽谈，初步确定3家设计单位。

四、经济社会各项事业得到全面发展

（一）主要经济指标稳中求进。地区生产总值全年完成19.5亿元，同比增长7.7%；固定资产投资全年完成32.98亿元，同比下降15%；规模以上工业增加值全年完成1.77亿元，同比增长20.61%；社会消费品零售总额全年完成8.4亿元，同比增长11%；公共财政预算收入全年完成8229万元，同比增长1.13%，超额完成市下达目标任务；城镇居民人均可支配收入全年完成15149元，同比增长9%；农村居民人均现金收入全年完成4865元，同比增长11.8%。全县各项约束性指标基本控制在合理区间。

（二）项目建设势头强劲。开展“项目投产达效年”、“招商引资突破年”和“园区建设升级年”活动。项目推进“六位一体”指标完成率均进入全市前三位。新签约的21个项目，11个开工建设。在项目建设的有力带动下，全县五大新兴产业板块加快突破。一是特色农产品生产加工板块。沁州黄农业园区16个入驻企业中，已有8个投产运营，其中潞宝金和生饲料公司于9月份达规入统。有机农产品认证面积新增5.1万亩，达到9.1万亩。二是循环经济板块。尧山循环经济工业园区正式通过省经委批准。6.8万吨焦炉煤气制液化天然气项目进入设备安装阶段。协鑫电力项目前期工作基本完成，正在积极申请输电通道建设。被省发改委列入第一批省级低碳市县试点。三是水产业经济板块。沁园春矿泉水开发项目累计完成投资5亿余元，具备40万吨生产能力，2015年即可大规模生产。山西沁州黄醋业公司万吨小米陈醋项目竣工投产，产品于年初上市。四是文化旅游板块。启动编制《沁县旅游产业发展总体规划》。南湖文化旅游园苏州街建筑主体工程及基础配套工程基本完成。成功举办第六届端午民俗文化节，实现旅游综合收入700多万元。五是现代物流板块。漳源208国道综合服务区二期工程、协鑫集团下属两个加气站等项目全面完工。省道322沁县至武乡段一级公路改造项目，已列入省交通厅三年计划项目，省公路局已经完成可研。同时，太焦高铁在沁县设站事宜正在全力协调对接。

（三）转型综改扎实推进。认真落实市委综改攻坚年工作要求，在扎实推进综改攻坚各项工作的基础上，围绕制约沁县发展的资金、土地等发展瓶颈，启动实施了10项重大改革，重点在5项改革上先行突破。一是全面启动行政审批制度改革，完成了行政审批“两集中、两到位”工作任务。二是深入推进土地管理制度改革，选择3个村作为试点，开展了土地承包经营权确权颁证准备工作，土地储备和融资工作取得积极成效。三是加快投资体制改革，编制完成了固定资产投资项目审批（核准、备案）流程图，切实优化了项目审批流程，放宽了非公经济进入的投资领域范围，各类审批事项办理时限均比上级缩减5个工作日。四是实施工商注册便利化改革，放宽了市场主体住所登记条件，取消了最低注册资本的限制，将注册资本实缴变为认缴，推行工商注册先照后证办理机制。五是开展户籍制度改革，在全县范围内探索实施以稳定居所、稳定职业、稳定经济来源“三个稳定”为基本的落户条件，配套推行“五项纳入”公共服务均等化措施。此外，构建新型农业经营体系、集体林权制度配套改革、价格改革、政府购买公共服务改革、创新园区管理服务机制等改革事项正在有序推进。

（四）扶贫开发成效显著。通过三渠道开展扶贫工作：一是产业扶贫。省级确定的7个“百企千村”企业项目完成投资2.214亿元。实施了道地中药材项目，带动1029户农民种植14000多亩，全部由龙头企业统一规划、统一供种、统一种植、统一技术服务、统一在保护价的基础上按市场价回收，是全省八个道地中药材种植项目之一。二是移民扶贫。采取集中安置、城镇安置、分散移民三种模式，圆满完成423户1390人的移民搬迁任务。三是就业扶贫。培养农村实用技术人才2000余名，转移农村剩余劳动力3012人，引导现有企业就地就近解决贫困群众就业1070名。与此同时，我们按照精准扶贫的工作部署，全面完成了179个贫困村、37897个贫困人口的识别工作。

（五）生态建设取得新突破。多措并举创环境。一是加强造林绿化。整合开发30个荒山造林重点工程，整体推进20个干果经济林工程，全年完成造林面积4.4万亩，修建防火通道50公里，建设完善有害生物预报点1个，森林保险面积280万亩，千泉湖国家级湿地公园项目通过国家立项审批，湿地恢复建设工作有序推进。二是加强环境保护。开展了“向污染宣战、享碧水蓝天”环境保护百日攻坚行动，污染减排4+2考核指标全部完成，县城环境空气质量稳定达到国家二级标准。成为全省四家、全市唯一正在积极创建并通过省评审的“国家生态保护与建设示范县”。

（六）城镇化建设稳步推进。规划引领建精品，统筹推进大县城、5个重点镇、20个中心村建设，城镇化率达到39.18%，较2013年同期增长3.07个百分点，提前超额完成市下达任务。在大县城建设上，县城总体规划已经市政府批复，同时还完成了城市绿地系统、供暖、排水、燃气、供水、垃圾处理等6个专项规划。县客运中心竣工验收，县公安局技侦大楼建成投运，惠民小区、物流配送中心、环保监测综合楼、残疾人康复中心、污水处理达标、集中供暖等10多项重点城建项目顺利推进。在重点镇和中心村建设上，实施了产业开发、街巷整治、亮化绿化等项目。以两个重点镇为试点，实施了“五建设两整治”工程。在20个中心村全面实施乡村清洁工程，共计投入资金232万余元，农村环境面貌进一步改善，有三个中心村的美丽宜居、村庄整治规划成果通过专家评审。

（七）民生质量日益提升。增进福祉办实事。坚持把改善民生做为一切工作的出发点和落脚点，不断加大投入，在富民、惠民、安民上均取得了新成效。在富民上，城镇新增就业岗位1919个，转移农村劳动力3012人。失业人员再就业403人，就业困难人员就业102人。城乡居民人均可支配收入较2013年明显增长。在惠民上，教育、医疗、住房、社会保障等各项民生事业全面推进，县城集中供热工程全面开工，新建了青少年活动中心广场、火车站站前广场、牺盟会纪念馆广场等三个居民健身休闲广场。在安民上，狠抓安全生产和信访稳定，全县未发生一起重大安全生产责任事故，未发生一起重大刑事案件，未发生一起进京赴省非正常重复访事件，综治工作连续10多年全市领先，矛盾纠纷80%化解在基层，全县人民的安全指数、幸福指数明显提升。

（禹耀忠）

附：一、中共沁县县委书记、副书记、常委名单

书　记：卢展明
副书记：王现敏　孙　伟
常　委：裴润山　韩晓红　张立强　郭爱斌　刘光清　陆　盛

二、乡镇党委书记名单

定昌镇
书　记：魏　瑛
册村镇
书　记：张　鹏
段柳乡
书　记：王东宏
新店镇
书　记：张俊峰
漳源镇
书　记：曹二伟
郭村镇
书　记：武虹波
故县镇
书　记：董昊晟（7月离职）
松村乡
书　记：李佩璋
牛寺乡
书　记：温建功
南里乡
书　记：刘晓强
次村乡
书　记：（暂缺）
杨安乡
书　记：张宏伟
南泉乡
书　记：崔艳红

中共沁源县委工作概况

县委书记　李丁夫

沁源县现有基层党组织585个，其中党委27个，党总支17个，党支部541个。共有党员11114名，其中女党员2133名，农村党员6363名。

2014年沁源县委团结带领全县干部群众，一手抓党建，一手抓发展，扎实开展党的群众路线教育实践活动和学习讨论落实活动，全力推进实施“234”年度行动计划，努力保持经济社会平稳健康发展，各项工作取得了新进展、新成效。连续三年蝉联中国最具投资潜力中小城市百强县，荣获2014中国深呼吸小城100佳、全国首批民生改善典范县、全国综合发展质量优秀县，并被确定为全国计划生育监督信息化试点县和国家级社区矫正综合标准化试点县。

一、经济建设稳步推进

（一）加强对经济工作的领导。面对持续加大的经济下行压力，特别是煤炭价格大幅下滑的困难局面，县委切实加强对经济形势及运行的分析研判，多次召开常委会、常委扩大会、党政联席会等，认真研究解决经济运行中存在的突出矛盾和问题。在确保安全的前提下，支持煤炭企业开足马力生产；严格落实省、市煤炭减负政策，取消和调整了一批涉煤收费项目；开展项目手续联审联批，及时协调解决项目建设中遇到的困难和问题；加大招商引资力度，盯紧重点转型项目投产达效，努力形成新的经济增长点。2014年全县地区生产总值完成94.97亿元，增长7.5%；规模以上工业增加值完成66.67亿元，增长8.9%；固定资产投资完成90.93亿元，增长17.9%；社会消费品零售总额完成19.69亿元，增长12.3%；城乡居民收入分别达26691元、10952元，增长8.4%、12.5%。

（二）加大经济转型攻坚力度。抓住煤炭产业这个支柱，加快推进煤矿升级改造，全县生产矿井达到14座，全年生产原煤876万吨，生产焦炭172万吨、发电5.1亿度、甲醇等化产品6.1万吨。加紧通洲150万吨综合煤化工、通洲2×35万千瓦低热值煤发电、沁新双40万吨氢氧化铝等项目手续办理。推动太岳山风电一期10万千瓦顺利实现发电、二期10万千瓦工程如期竣工，蓝天石油压裂支撑剂一期10万吨进入试生产、二期10万吨开工建设。积极招商引资，同中国地质大学合作在沁源建立产学研基地，引进签约20万千瓦光伏发电等37个重点项目，签约资金212亿元，不断增强支撑沁源未来发展的新动力。

（三）加大脱贫增收攻坚力度。高度重视三农工作，尤其是把近2万贫困群众的精准扶贫作为工作的重中之重。全县粮食种植稳定在22万亩，粮食总产量7.86万吨。种植优质脱毒马铃薯5.5万亩，完成人工种植连翘10万亩。推进20万只黑山羊品种改良、10万头肉驴养殖、好乐夏季草莓种植和5000亩有机谷子种植，带动了一批小杂粮、苗木、黑山羊等特色农业合作社和家庭农场实现增收。建立脱毒马铃薯、道地中药材等16个农业产业协会；培育新型职业农民850人。3个百企千村产业扶贫项目带动1200余农户户均增收0.9万元；完成移民搬迁1535人，实施省级试点沁河镇城北村集体产权制度改革。全县农民人均纯收入突破万元大关，全年稳定脱贫4000人。

（四）加大城乡统筹建设力度。规范引导大县城有序建设，倾斜重点镇、中心村基础建设。实施总投资8.9亿元的22个县城扩容提质项目，其中新天地商业步行街一期、商业街改造等5个项目完工；启动总投资3.46亿元的“全省百镇”郭道镇小城镇建设，完成4个重点乡镇的总体规划编制，3个中心村整治规划通过专家评审，农村环境卫生综合整治和乡村清洁工程全面推进，改造农村危房2500户。建成和开工110千伏变电站各1座；新建改造县乡公路6条54.3公里。城镇集中供热普及率达到77%，天然气入户2100户。全县城镇化率提高到42%。

二、民生事业进一步发展

（一）保障民生支出。全年财政民生投入4.6亿元。与省教科院合作实施教育质量提升工程，筹备建设县职业高级中学教学楼实训车间，在县城新建标准化幼儿园1所，完成改造农村幼儿园3所。公开招录卫技人员39人，城镇新增就业3523人，转移农村劳动力3113人，创业带动就业578人。县人民医院达到国家二级甲等标准，县中医院投入使用；继续扩大医疗、养老、失业、工伤等保险覆盖面。开工建设保障性住房614套。农户冬季取暖供煤由近三年的每户1.5吨增加为每户2吨。

（二）狠抓安全生产。坚持党政同责、一岗双责、齐抓共管，严格执行领导带班、一线值守、突查督查等制度，落实安全隐患排查治理、警醒公示、整改销号等制度，全年共排查整治各类安全隐患8849处。加强县百人专业森林消防队伍建设，开展交通秩序专项整治和重点路段隐患治理，全县安全生产形势持续稳定好转。

（三）加强综合治理。深入开展打击黑恶势力、打击毒品犯罪、打击“两抢一盗”、整治治安乱点等专项斗争，加强社会治安综合治理，创新社区警务和基层派出所规范化建设，公众安全感满意率达到99%以上。坚持以群众工作统揽信访工作，开展县级领导干部“访知解”、公开接访、带案下访等活动，群众信访结案率100%，省、市交办的14件重点信访案件和9件涉法涉诉信访案件全部得到妥善化解。

（四）加强文化和生态建设。推进社会主义核心价值体系建设。通过理论中心组、太岳大讲堂等载体，深入学习宣传贯彻党的十八大和十八届三中、四中全会精神，学习宣传贯彻习近平总书记系列重要讲话精神，学习宣传贯彻省委和市委领导的讲话精神。加强思想道德建设，弘扬太行精神、纪兰精神和太岳精神。

推进公共文化服务体系建设，实施文化低保、农家书屋、群众性文化体育活动等惠民工程，鼓励沁源秧歌、晋剧、书画、摄影等文化艺术创作，荣获“山西省文明县城”称号。

加大生态环境保护力度。落实省政府关于沁源“省级限制开发重点生态功能区”定位要求，严格执行规划和建设项目环境影响评价制度，坚决杜绝“两高一资”项目。完成营造林4.18万亩，生态植被恢复1000亩，采煤沉陷区治理230亩；实施沁河河道治理工程3处28.9千米。加大节能减排工作力度，全县二氧化硫、氮氧化物、烟尘、粉尘、化学需氧量、氨氮化物等六项主要污染物指标分别下降3.3%、6%、3.1%、3%、4.1%、3.2%，PM10浓度下降4.9%。推进国家级园林县城创建，县城建成区绿化面积达到221万平方米，绿化覆盖率和绿地率分别达到43.25%和37.9%。

推进“三区同创”生态文化休闲旅游工程。提升太岳军区司令部旧址红色旅游基础设施，开工新建岳北烈士陵园；完成灵空山圣寿寺抢救性维修；推进北莱沟国际滑雪场建设，引进实施昶苑温泉度假区项目，与山西永鑫煤焦化签订了沁河源、花坡、龙凤峡大型旅游开发战略协议，正在洽谈对接长青国际健康城项目。

三、党的建设得到加强

（一）加强政治理论学习。县委常委班子坚持用习近平总书记系列重要讲话精神武装头脑、指导实践，坚决在思想上政治上行动上与党中央保持高度一致。深入开展以“为民务实清廉”为主题的党的群众路线教育实践活动，贯彻“照镜子、正衣冠、洗洗澡、治治病”的总要求，聚焦“四风”问题，边学边查边改，严格党内政治生活，着力打通联系服务群众“最后一公里”。扎实开展学习讨论落实活动，围绕“净化政治生态、实现弊革风清、重塑山西形象、促进富民强省”这一主题，深入学习讨论，深刻反思剖析，狠抓整改落实，不折不扣地把省委、市委各项部署要求落到实处。

（二）加强民主政治建设。坚持和完善人民代表大会制度。支持县人大及其常委会依法加强对“一府两院”工作的监督。县人大共召开常委会议7次，听取和审议专项工作报告16个，作出审议意见4项、决定决议9项；开展视察调研和执法检查18次，依法任免国家机关工作人员26名。坚持和完善中国共产党领导的多党合作和政治协商制度。支持县政协围绕经济社会发展的重点领域、重大问题深入调查研究，开展协商议政，积极建言献策。加强政协提案督查办理，支持做好政协文史和社情民意工作，全市政协文史工作座谈会在沁源召开。巩固和发展最广泛的爱国统一战线，积极做好民族宗教、对台等工作。支持政府依法决策、依法管理、依法办事，深化政府机构改革，精简行政审批事项。集中开展政法系统纪律作风整顿。创新开展特殊人群监管、人民调解、法律服务等工作，全省“社区矫正工作现场会”和全市“两类高危人群管理工作现场会”在沁源召开。健全基层党组织领导的基层群众自治机制。圆满完成了第十届村委会换届选举工作。完善以职工代表大会为基本形式的企事业单位民主管理制度，推进政务、司法、厂务、村（居）务公开和公共企事业单位办事公开。坚持完善军地齐抓共管国防后备力量建设机制。抓好基层骨干队伍和民兵应急力量建设；乡镇、行政村民兵营（连）部基础设施全部达到“六个一”标准；组织民兵参与山林灭火、植树造林、治安维稳、乡村清洁等任务；军民融合式发展得到深化。

（三）从严管党治党。加强党风廉政建设和反腐败工作。认真落实党风廉政建设党委主体责任，切实加强对党风廉政建设和反腐败工作的领导，督促党政班子成员认真履行“一岗双责”，支持纪委更好地履行监督职责。县纪委监察局全年共受理信访举报320件次，立查案件89件，给予党纪政纪处分116人，其中科级干部15人，着力强化“不敢腐”的从政氛围。加强权力运行监督制约，规范“三重一大”决策程序，严格工程项目预算评审和决算审计，明确了财政资金审批5条规定，建成并启用“一网六平台”惩防体系信息网，全面推进廉政风险防控，探索廉政监督项目化管理办法，着力构建“不能腐”的长效机制。大力弘扬红色文化、廉政文化、法治文化，打造“太岳廉政教育基地”，组织开展了廉政承诺、廉政警示教育等一系列廉政文化活动，着力夯实“不想腐”的思想基础。加强领导班子和干部队伍建设。坚持把思想建设放在首位，制定了干部培训五年规划，持续推进学习型党组织建设，引导各级党员干部始终在思想上政治上行动上同中央和省委、市委保持高度一致。认真落实信念坚定、为民服务、勤政务实、敢于担当、清正廉洁的“好干部”标准，坚持德才兼备、以德为先、以廉为基、以干为本，严格按照“七个注重”的原则选拔任用干部。加强干部日常管理监督，落实“一报告两评议”制度，组织开展了“工作秩序涣散”、“乡镇干部走读”、“吃空饷”等问题专项整治。加强基层组织建设。落实“基层组织提升年”工作部署，全面实施“五着力五提升”党建工程。整顿农村基层软弱涣散党组织，累计解决三务公开、财务管理、村务监督等方面的问题74个。进一步扩大和提高了农村离任主干的生活补贴范围和标准。组建社会组织工委，整合企业党建资源，成立党代表工作室，开展三走进三服务、双向通道、零距离对话等活动，

28名县处级干部和113个县直单位定点帮扶贫困村，2300余名在职党员干部进社区报到服务，86名党建指导员联系指导非公经济组织党建工作，党员干部服务基层、服务群众的能力和水平进一步提高。

（宋江华）

附：一、中共沁源县委书记、副书记、常委名单

书 记：李丁夫

副书记：杨红旗 光宇航

常 委：王宏斌 逯 江 任国华 石卫兵 王旭琴（女） 连树斌 张小平

二、乡镇党委书记名单

沁河镇

书 记：胡亚明

李元镇

书 记：吴永红

中峪乡

书 记：李建萍（女）

灵空山镇

书 记：李书祥（1月离职） 任 璟（1月任职）

交口乡

书 记：李建功（1月离职） 王沁斌（1月任职）

法中乡

书 记：樊培元

郭道镇

书 记：马国威

聪子峪乡

书 记：任 璟（1月离职） 李建功（1月任职）

韩洪乡

书 记：史跃宏（1月离职） 韩文宏（1月任职）

官滩乡

书 记：王 鸿

景凤乡

书 记：王银刚（1月离职）

卫文丽（女，3月任职）

赤石桥乡

书 记：阴永明（1月离职） 王银刚（3月任职）

王陶乡

书 记：吴海勇

王和镇

书 记：刘金虎

中共晋城市委工作概况

市委书记 张九萍

2014年，面对复杂严峻的宏观形势和改革发展的艰巨任务，晋城市委认真贯彻中央和省委的决策部署，积极适应新常态,提振精气神，统筹推进稳增长、促改革、调结构、惠民生、防风险等工作，扎实开展群众路线教育实践活动，全面加强党风廉政建设和反腐败斗争，进一步开创了“一争三快两率先”的新局面。

（一）深入学习贯彻习近平总书记系列重要讲话精神，全面落实省委重大决策部署，在政治上思想上行动上同党中央和省委保持高度一致。坚持把学习贯彻习近平总书记系列重要讲话精神作为首要政治任务，采取市委常委会、中心组学习会、全市干部大会等形式持续推进，努力做到真学真懂、真信真用。围绕“把抓好党建作为最大政绩”、全面推进依法治国、从严治党、主动适应经济发展“新常态”等工作提出具体意见，指导了全市工作开展。中央对山西发生的系统性、塌方式腐败问题进行严肃查处、对省委班子作出重大调整后，坚决拥护、全力支持，并对以王儒林书记为班长的省委提出的重大决策部署和王儒林书记到我市调研指导时的重要讲话精神，迅速学习传达，及时组织讨论，分级贯彻到了市县乡村，以此统一思想、凝聚共识。同时，稳步推进学习讨论落实活动，召开了动员大会，举办了专题研讨班，在深入、深刻、深层剖析反思上下功夫，层层传导压力，推进工作落实，为实现“弊革风清、富民强市”提供坚强保证。

（二）扎实开展党的群众路线教育实践活动，以作风建设的新成效取信于民。按照中央和省委的统一部署，在省委派驻晋城督导组的指导下，坚持“照镜子、正衣冠、洗洗澡、治治病”的总要求，统筹推进全市4个市级领导班子、133个县级领导班子、694个乡科级领导班子和6140个基层党组织的教育实践活动，促进了作风转变、达到了预期效果。市委常委班子坚持从自身做起，自觉摆进去，带头搞好学习教育、听取意见，查摆问题、开展批评，整改落实、建章立制三个环节的工作。在扎实做好“规定动作”的同时，结合市情积极开展“自选动作”，先后就整治文山会海、压缩“三公”经费等十个专题进行领题调研，实打

实解决问题；举行了先进事迹报告会，用身边事教育身边人；组织市四大班子成员赴兰考深学细照、务实笃行，结合贯彻“三严三实”和学习弘扬焦裕禄精神，开展了“三比三讲三深入”活动。在沉下去征求意见、认真撰写对照检查材料的基础上，召开了专题民主生活会，在和谐的氛围中开展了严肃认真的批评和自我批评，达到了“红脸出汗”、“洗澡治病”的目的。研究制定了《市委常委整改方案》《开展“四风”突出问题专项整治方案》，定出了任务书、列出了时间表、明确了责任人。在市委常委等市级班子带动下，市县乡村四级活动开展有序、推进顺利。通过活动开展，全市会议同比减少8%，会议支出减少19%；发文数量下降21%，市级评比表彰项目由16个减少为10个；查处“吃拿卡要”等问题79起；清退违规车辆144辆、超标办公用房4.8万平方米，清理废除规章制度1500多个，市级“三公”经费支出下降63.5%。

（三）主动适应新常态，积极应对新挑战，努力推动经济持续平稳健康发展。加快转型升级步伐。面对煤炭市场低迷、经济下行压力较大的困难局面，认真落实省市“一揽子”保煤保价措施，一手抓减负让利，一手抓金融保障，累计为煤企减负10.22亿元，化解资金困难50亿元。通过财政支持、融资贷款等措施，持续加大对实体经济、民营经济扶持力度，全市民营经济增加值同比增长10%，占GDP比重超过60%。充分发挥固定资产投资对稳增长的拉动作用，加大了产业园区、城市交通、生态治理等基础设施投入力度，大力开展重点工程“进工地、解难题”活动，实现了“六位一体”完成率和固定资产增速排名居全省前列。加快统筹“煤电气化”综合能源基地建设，支持煤层气、装备制造、高新技术和文化旅游产业做大做强。全年煤层气、装备制造行业分别增长31.5 %、26.1%，拉动规模工业达1.6 个百分点，对经济下滑形成补位之势；全市旅游总收入239亿元，同比增长20%，增幅居全省前列。加快城乡统筹进程。按照“拓展、改造、提质”要求，持续推进西北片区改造等41项城建重点工程，启动207国道过境路改线在内的20 条城市道路和白水河公园、龙湾公园等项目建设，免费开放了“三馆一中心”，完善了城市供水、供气和供热管网建设，提升了中心城市承载能力。把“大县城”战略与扩权强县结合起来，持续加快高平、阳城、陵川和沁水次中心城市建设，形成了与中心城市优势互补的功能区。围绕六大产业片区科学布局，设立了1亿元专项扶持资金，出台了八项推进政策，以产业集聚带动人口集聚。围绕加快小城镇建设，编制完成“一城两翼”年度规划，加大了用地保障、户籍制度改革力度，有序推进了农业转移人口市民化。围绕加快新农村建设，狠抓了10个新农村连片示范区建设和300个新农村的提档升级，推进改善农村人居环境“四大工程”，实施了美丽乡村连片建设。认真落实各项强农惠农富农政策，加大“一村一品”、“一县一业”发展力度，开展了农村土地承包经营权确权登记颁证试点，启动实施了“百企千村产业扶贫开发”工程，促进了农业增效、农民增收和农村稳定。加快美丽晋城建设。持续推进环境攻坚、造林绿化、节能减排三大工程，开展了环境整治“十组拳”专项行动。加大了丹、沁“两河”流域排污企业监管力度，推广了建筑节能和城市节水，被命名为“山西省节水型城市”。积极推进“国家低碳城市试点”建设，启动了396平方公里环城生态圈建设，对重点污染减排项目进行了节能考核，对六大重点耗能行业进行了能效对标，对六项主要污染物排放量进行了严格监控。

（四）全面深化改革、扩大对外开放，加快“争先竞逐”步伐。围绕全面深化改革，建立健全了领导体制和工作机制，探索建立了财政预算管理体制和企业研发费用提取积累机制，推进了政府机构改革，完善了金融支持地方发展考核激励机制。深入推进执法司法公开，开展了涉法涉诉信访积案化解工作，建立了执法司法责任查究机制。加快“争先综改”步伐，全力推进1+9综改试点建设。加快巴公镇扩权强镇试点建设，成为全市先行先试的标杆。加快行政审批制度改革步伐，积极推进“两集中四到位”，简化了办事程序，提高了工作效率。大力实施开放兴市战略，持续加强与中原经济区、长三角、珠三角和环渤海的对接交流，实施了“竞逐中原”行动计划。召开了中原经济区城市旅游联盟年会，推进了“太焦高铁”、阳济高速等前期工作。组团参加了中博会、能博会、文博会等大型经贸活动。加强对外开放平台建设，积极推动县（市、区）园区申报省级开发区，设立了山西兰花保税物流中心。中央编办正式批复设立晋城海关，标志着我市有了通向世界的“出海口”。

（五）积极推进民主政治建设，加快依法治市进程。坚持和完善人民代表大会制度。加强对人大工作的领导，支持人大及其常委会依法履行职责。认真听取人大及其常委会关于深化改革、促进发展、保障民生等方面的意见建议，充分发挥人大在法治晋城建设中的作用，支持人大常委会依法加强对“一府两院”工作的监督，支持人大依法作出重大事项决定。加强和改进代表工作，提高了代表议案建议办理水平。坚持和完善中国共产党领导的多党合作和政治协商制度。支持政协围绕转型升级、非公经济发展和扶贫开发工作进行调研，发挥决策咨询作用。巩固和发展了最广泛的爱国统一战线，增进了同各民主党派和无党派人士的团结合作，加强了党外代表人士队伍建设和民族宗教、侨务、对台工作，形成了“同心同行”的强大合力。深入开展依法治市工作。坚决贯彻党的十八届四中全会精神，按照推进法治山西建设的要求，研究制定我市的实施意见。加强法治宣传教育，深入开展法治文化阵地“五建”活动，增强全社会法治意识。强化执法监督，推进司法公开，加强了法治政府建设。健全了城乡社区服务体系，完善了政务、村务和企事业单位公开办事等制度。坚持党管武装原则，支持国防和驻市部队现代化建设。完善了军地齐抓共管国防后备力量建设机制，推进了人民防空建设，国防动员能力进一步加强，军民融合式发展进一步提升。科技、卫生、体育等各项事业蓬勃发展，工会、共青团和妇联等群团作用得到充分发挥。

(六)加强宣传思想工作，营造良好社会氛围。围绕加强思想理论武装，集中开展了习近平总书记系列重要讲话精神和十八届三中、四中全会精神学习宣传，出台了《加强县级以上领导干部理论学习若干意见》，完善了市委中心组学习制度，形成了领导带头、以上率下的良好氛围。围绕培育和践行社会主义核心价值观，加强公民思想道德建设，广泛开展"三个倡导"宣传教育和"德润三晋、共筑梦想"主题实践活动，举办了第五届"晋城好人"评选活动。加强未成年人思想道德建设和心理健康教育。积极争创文明城市，持续推进文明单位、文明村镇、文明社区创建活动，提升了城乡文明程度。围绕营造良好舆论氛围，精心组织了"净化政治生态、实现弊革风清"系列宣传评论，唱响了主旋律，激发了正能量。加强市级主流媒体建设，聘请国家级新闻研究机构评估指导，提升了新闻宣传水平。推动传统媒体与新兴媒体深度融合，形成了立体多样、融合发展的现代传播体系。发挥"晋城发布"政务微博、微信平台作用，加强网络舆情分析研判，健全完善互联网管理体制机制，净化了网络生态环境。围绕丰富城乡群众精神文化生活，继续实施文化低保和基层公共事业建设等文化惠民工程，组织开展了"两节"社会文化、文化科技卫生"三下乡"等群众性文化活动，完善了公共文化服务体系。坚持思想性、艺术性和观赏性的统一，推出了以《晋城史话》《程颢书院》《深山腊梅》等为代表的精品力作。围绕增强文化整体实力和竞争力，深化文化体制改革，组建了晋城广播电视传媒(集团)有限责任公司。对市级文化产业发展专项资金实行了贷款贴息，提升了珏山文化产业园区、吉利尔潞绸文化产业园区建设水平，搭建了创意研发、信贷融资、信息物流三个平台，促进了文化与旅游的深度融合。

(七)加强和改善民生工作，维护社会和谐稳定。持续加大对民生的投入力度。全市公共财政用于民生支出达142.7亿元，占公共预算支出的88.8%。紧紧扭住就业、教育、医疗和社会保障等重点工作，集中出台扶持高校毕业生就业、鼓励小微企业吸纳就业、政府购买公共服务性岗位等一系列措施，多渠道开辟就业岗位；统筹各类教育资源均衡发展，深入推进医疗卫生体制改革，继续扩大社会保障覆盖范围，稳步提高教育、医疗和社保水平。圆满完成省定"五件实事"和市定"十件实事"，让全市群众享受到改革发展成果。坚决贯彻习近平总书记"发展决不能以牺牲人的生命为代价"的指示精神，深刻汲取晋济高速"3.1"事故教训，严格安全生产责任制和目标责任考核，构建了"党政同责、一岗双责、齐抓共管"的安全责任体系。持续引深"四责"教育，集中开展安全生产隐患大排查大整治，遏制了各类安全事故发生。坚持以群众工作统揽信访工作，严格落实领导接访和领导包案制度，推动了信访积案和矛盾纠纷化解。加强社会治安综合治理，深化严打整治斗争，推行基层社会服务管理网格化，引深了平安晋城建设，得到中央综治委肯定。

(八)严格落实"党要管党、从严治党"要求，深入开展党风廉政建设和反腐败斗争。坚决拥护中央对我省反腐败形势的分析判断和决策决定，坚决拥护省委严惩腐败的工作要求，全力配合中纪委、省纪委搞好有关案件调查工作，加大自办案件查处力度。全年共立案查办县处级干部27人，科级干部114人，其他党员干部426人。其中开除党籍公职34人，移送司法机关58人。以高平发生的系统性、塌方式严重腐败问题为警醒，汲取教训、深刻反思、深挖根源，在全市党员干部中开展了"四查四看"活动，用身边案例警示全市干部。坚决落实党风廉政建设党委(党组)主体责任，制定出台了落实"两个责任"《实施意见》和十八条《细则》，健全完善了考核机制，对主体意识不强、任务分工不清、纪检组长有兼职、监督重点不突出等四类问题进行了督促整改；对10起违反中央八项规定精神的问题进行了公开通报，结合"一案三查"严肃问责了20名党委(党组)书记、16名纪委书记(纪检组长)、6名行政分管领导。大力整治公款吃喝、违规用车、慵懒散奢等五类突出问题，对131人给予了党纪政纪处分，对147名领导干部进行了诫勉谈话，对465人进行了批评教育，对53起典型问题进行了公开曝光。按照省委"六权治本"要求，制定出台了《晋城市惩防体系2013—2017年<实施办法>》，配套完善了党员领导干部函询、警示提醒、诫勉谈话等制度，为反腐倡廉工作提供了制度遵循。从严教育监督管理干部。按照省委开展"六项整治"和打好"三个一批"组合拳的要求，结合我市实际制定了干部选任"1+9"长效机制。健全干部日常管理监督机制，广泛开展谈心谈话活动，对存在的苗头性、倾向性问题提出严肃批评并限期改正，对不称职、不作为的予以调整。坚决惩治"为官不廉、为官不为"问题，开展了超职数配备干部专项治理、机关事业单位借用人员专项清理、干部人事档案专项清理等工作。聚焦基层、聚焦问题、聚焦服务，着力加强基层组织建设。先后召开了县市区委书记、组织部长，市直机关党委(党组)书记，乡村两级干部和市属企事业单位党委(党组)书记四个党建座谈会，对抓好基层党建工作集中听取意见，统筹安排部署。开展了市县乡三级党建述评考核，强化了抓党建工作的主业意识和主动精神。对全市137个后进村进行了集中整治，创办开通了365党员服务网，推行了在职党员到居住地报到志愿服务，持续推进了"廉洁乡村、制度乡村"建设，完成了农村"两委"班子换届，增强了基层党组织的创造力、凝聚力和战斗力。

(李　超)

附：中共晋城市委书记、副书记、常委名单

书　记：张九萍(女)

副书记：刘润民　李俊敏

常　委：张志仁　范丽霞(女)　武宏文　刘爱军

焦光善（1月任职） 常国荣 郝崇福
原国政（2月离职）
王树新（9月因违规违纪接受组织调查）

中共晋城市城区区委工作概况

区委书记 张利锋

2014年，城区区委认真贯彻落实中央和省委、市委的决策部署，团结带领全区干部群众，主动适应经济发展新常态，统筹推进稳增长、调结构、促改革、惠民生、防风险等各项工作，坚定不移地加快“三区”建设，扎实开展党的群众路线教育实践活动，深入推进党风廉政建设和反腐败斗争，全面加强党的建设，进一步开创了经济社会发展的新局面。

一、深入学习贯彻习近平总书记系列重要讲话精神，全面落实中央和省委、市委重大决策部署，不断凝聚推动发展的强大正能量

坚持把学习贯彻党的十八大、十八届三中、四中全会精神和习近平总书记系列重要讲话精神作为首要政治任务，采取多种形式认真学习贯彻，努力以科学理论武装头脑、指导实践、推动工作。特别是面对我省出现系统性、塌方式腐败问题的严峻形势，始终保持正确的政治立场，坚决拥护中央对我省严重腐败问题的严肃查处、对省委领导班子的重大调整，坚决落实中央对我省工作的指示要求，自觉在政治上、思想上、行动上与以习近平同志为总书记的党中央保持高度一致。认真贯彻落实省、市领导干部大会精神，省委、市委重大决策部署以及王儒林书记的重要讲话精神，全力推动领导班子和干部队伍建设，进一步统一思想、凝聚共识，促进了工作落实。

二、带头践行党的群众路线，全力推动学习讨论落实活动，努力营造为民务实、弊革风清的政治生态环境

根据统一部署，在省、市督导组的精心指导下，聚焦“四风”问题，扎实开展党的群众路线教育实践活动，认真落实“规定动作”，精心实施“自选动作”，改进了党风政风，达到了预期效果。始终坚持问题导向，紧盯“两方案一计划”、领导干部个人整改清单和重点整治任务，以“三化”建设为抓手，同步推进整改落实和建章立制，不断巩固拓展作风建设成果。通过开展活动，全区各级各部门都压缩了会议、精简了文件，超标违规使用车辆全部清退，6586人作出会员卡零持有承诺，清理腾退超标办公用房2503.11平方米，行政事业单位64名借用人员全部返回原单位工作，“三公”经费支出同比下降53.95%，一批人民群众反映强烈的突出问题得到有效解决，党风政风为之一新。

按照省委、市委要求，区委坚持高标准、严要求、大力度推进学习讨论落实活动。及时成立了工作机构，制定了实施方案，进行了动员部署。先后组织了六次区委中心组集中学习，举办了三期区管干部专题研讨班，由区委常委主持召开不同领域的专题座谈会，广泛征求意见建议。特别是紧扣政治生态这个“眼”，区委常委带头把自己摆进去，深入开展反思剖析，全力落实重点任务，务求活动取得实效。活动期间，区委班子以上率下，带头公开做出了“六项承诺”：一是不收礼、不送礼；二是不吃请、不请吃；三是不在公务接待中饮酒；四是不参加非亲属婚丧嫁娶宴请活动；五是不在本单位或下属单位报销任何应由个人承担的费用；六是不打任何带有个人色彩的招呼。通过区委班子成员的带头示范，在全区上下营造了自觉践行“六项承诺”的浓厚氛围，促进了全区党风政风社风在根本上持续好转。

三、认真落实从严管党治党新要求，不断把党风廉政建设和反腐败斗争引向深入

从严落实党风廉政建设主体责任。召开落实“两个责任”座谈会，出台落实“两个责任”的《实施意见》和“十八条细则”，以及领导干部述纪述廉述作风述“两个责任”落实情况等制度。坚持以零容忍态度惩治腐败，不断加大案件查处力度，全年共立案45件，结案45件，同比增长80%；给予51人党纪政纪处分，同比增长48.5%，其中：乡科级干部13人、行政事业单位一般干部13人、其他党员干部25人，移送司法机关4人。坚持从严正风肃纪，对14个存在问题的单位予以通报批评，对23名顶风违纪人员给予党纪政纪处分，对21人进行诫勉谈话，起到了有效的警示震慑作用。

从严加强干部队伍建设。严格坚持好干部标准，健全完善了城区干部选用工作程序及全程纪实办法，努力防止干部“带病提拔”。加强对干部的经常性教育，每月邀请清华大学教授为青年干部授课两次，累计举办各类培训50余班次，培训干部15000余人次。严格落实省委、市委实施“三个一批”和“六项整治”的要求，着力健全干部日常监督管理机制，大力惩治“为官不廉”、“为官不为”问题，形成了从严治吏的鲜明导向。

切实加强基层组织建设。严格落实“联述联评联考”制度，强化了各级党组织书记抓党建工作的主业意识和主

动精神。扎实推进“三联三包三促进”活动，对31个软弱涣散村级组织进行集中整顿。持续引深社区网格化管理、在职党员到居住地报到开展志愿服务等活动，推动344名各级党代表全部入驻工作室，服务型党组织建设取得新成效。强力推进“三违”专项整治，加强对“四议两公开”等制度执行情况的监督检查，“廉洁乡村（社区）、制度乡村（社区）”建设水平不断提升。全力抓好村（社区）“两委”班子换届，选优配强了“领头雁”，基层基础进一步夯实。

四、聚力“六大发展”，奋力“争先竞逐”，不断加快“三区”建设步伐

按照省委实施“六大发展”的总体要求以及市委“一争三快两率先”的决策部署，立足城区实际，不断加快产业转型先导区、城乡一体先行区、生态文明示范区建设步伐。

产业转型方面，坚持把发展服务业作为转型发展的“牛鼻子”，召开专题座谈会，出台扶持服务业发展的实施意见，强力推进六大城市商业综合体建设，服务业发展的档次和水平全面提升；大力发展新型工业，海斯药业成功落户，北石店工业园区建设取得实质性进展；区四大班子领导带头开展“下工地、进企业、解难题”活动，重点工程“六位一体”完成率排名全市领先。

城市建设方面，充分发挥主战场、主力军作用，举全区之力推进西北片区改造，景西北路即将建成通车，其它四条道路各项前期工作均取得重要进展；坚持在规范中加快城中村改造，启动总体规划纲要编制，全力实施项目21个，完成投资25.6亿元，回迁安置5.8万平方米；北石店新区建设提速增效，“两路一街”深入推进，晋城大医院、集中供热站等重大公共基础设施基本完成。

城乡统筹方面，聘请西南农大专家编制完成总体规划，努力在更高层次推动城乡一体化发展；大力发展城郊型现代农业，重点推进了十大园区建设；稳步推进农业社区转制，着力破解城市“二元结构”；组团赴杭州、日照等地学习取经，积极探索提高失地农民社会保障水平的政策和途径；深入推进城乡清洁工程，进一步改善了人居环境；单列1200万元专项资金，持续加大“三农”投入，城乡基本公共服务均等化水平进一步提升。

生态建设方面，持续推进“三山三河一场”七大生态治理工程，吴王山森林公园一期工程全面建成，正式向市民开放，二期工程基本完工；白水河治理一期工程、苇匠生活垃圾填埋场封场整治工程基本完成；白马寺山采煤沉陷区治理取得阶段性成效；全面启动“国家低碳城市试点”建设，荣膺“山西省林业生态区”称号。

深化改革方面，深入推进工商登记制度改革，全区新登记注册各类企业734户，同比增长28%；加快推进行政审批制度改革，进一步缩减了审批时限、提升了工作效率；扎实推进政府机构改革和职能转变，将政府工作部门精简为23个。

“争先竞逐”方面，推动实施转型综改年度“1146”重大任务；认真承接市政府下放西北片区改造的57项职能、北石店镇“四化同步”试点的54项职能，试点建设取得新进展；积极实施“竞逐中原”计划，不断加大招商引资力度，项目签约完成率、外来资金到位率、签约项目落地率均排名全市第一。

五、加强宣传思想工作，不断推进文化事业繁荣发展

加强思想政治建设。集中开展习近平总书记系列重要讲话和党的十八大、十八届三中、四中全会精神学习宣传，强化了理论武装。突出加强党性和道德教育，引导广大党员干部始终坚定理想信念，坚守共产党人精神追求。

加强宣传舆论引导。持续加强主流媒体建设，唱响了主旋律、激发了正能量。注重加强网络舆情分析研判，制定出台互联网突发舆论事件应急预案，进一步提升了对突发事件和敏感问题的引导和处置能力。

着力培育和践行社会主义核心价值观。以中央电视台新闻联播报道我区刘平贵夫妇道德模范事迹为契机，大力培育和践行社会主义核心价值观。着力推进文明城市、文明村镇、文明单位等各类创建活动，北石店镇、东街办事处建设路社区分别荣获第四届全国文明村镇和文明单位称号。

着力推进文化事业发展。继续实施文化惠民工程，推进“三馆合一”项目，完善了公共文化服务体系建设。成功举办了区第三届全民运动会，推动全民健身事业发展。传承弘扬晋城传统文化，完成程颢书院保护与开发一期工程，推进水陆院庙会文化广场建设，加强了河东关帝庙、怀覃会馆等重点文物古迹保护。

六、切实保障和改善民生，全力维护社会和谐稳定

保障和改善民生。持续加大民生投入，全年用于民生方面的支出达18.64亿元，占公共财政支出的87.47%。加快推进11所学校新建工程，对12所学校的基础设施进行全面改造提升，成功创建全国义务教育发展基本均衡区。连续第十次提高企业离退休人员基本养老保险标准。城乡居民基本养老保险基础养老金标准由每人每月80元提高到100元，待遇标准居全市第一、全省前列。圆满完成区定九件实事，特别是设立750万元社区专项惠民基金、600万元农村专项解困基金，由城乡居民自主决定办了一批与老百姓日常生活紧密相关的小事实事难事。

加强和创新社会治理。加快推进法治城区建设，研究制定相关实施意见，带头尊法学法守法用法，积极探索“六权治本”的有效路径，进一步优化了法治环境。严格落实四大班子领导接访、包案制度，扎实开展“双百”行动，一批信访案件和矛盾纠纷得到有效化解。健全重大决策社会稳定风险评估机制，并针对房地产市场波动、非法融资

等方面可能引发的风险，及时制定了防范措施。严格落实安全生产责任制，深入开展安全生产大排查大整治，遏制了各类安全事故发生。持续开展严打整治斗争，完善基层社会服务管理体系，得到中央综治委充分肯定，荣获全市“平安县（市、区）”称号。同时，坚持加强对人大工作的领导，积极推进人民政协工作，高度重视统一战线工作，形成了“同心同行”的强大合力。坚持党管武装原则，军民融合式发展进一步提升。工会、共青团和妇联等群团组织作用得到充分发挥。

（赵　耀　崔晋鹏）

附：一、中共晋城市城区区委书记、副书记、常委名单

书　记：张利锋

副书记：王学忠　杜　平

常　委：晋　昕（女）　李子荣　李　炎
高喜全（6月离职）　李永红　霍晋斌
吴宝玉

二、镇（街道）党（工）委书记名单

北石店镇

书　记：张　宏（女）

西上庄街道

书　记：尚东方

钟家庄街道

书　记：陈黎原（1月离职）　陈玉霞（女，1月任职）

东街街道

书　记：车文莲（女）

南街街道

书　记：卢坤拽

西街街道

书　记：翟明太

北街街道

书　记：庞维敦

矿区街道

书　记：田静妮（女）

中共泽州县委工作概况

泽州县域环绕晋城市区，总面积2023平方公里，辖14镇3乡、626个行政村、2个居委，53万人口，72万亩耕地。2014年，面对改革发展稳定的繁重任务和各类矛盾交织叠加的困难局面，县委在市委的坚强领导下，认真贯彻落实中央和省委重大决策部署，团结带领全县干部群众，凝心聚力，攻坚克难，统筹推进稳增长、促改革、调结构、惠民生、反腐败、强党建等各项工作，在全面建成小康社会进程中取得了新的业绩。

一、认真学习贯彻习近平总书记系列重要讲话精神，自觉与党中央保持高度一致

切实把学习贯彻习近平总书记系列重要讲话精神作为首要政治任务，内化于心、外化于行，用讲话精神武装头脑、指导实践。中央对山西发生的系统性、塌方式严重腐败问题进行严肃查处，对省委班子进行重大调整后，县委自觉从思想上、行动上坚决拥护中央的决定，自觉维护中央权威，认真学习贯彻中央领导的重要指示要求和全省领导干部大会精神，进一步坚定了从严治党、净化政治生态、加强反腐败斗争的决心。扎实开展学习讨论落实活动，边学习、边讨论、边落实，以“净化政治生态、实现弊革风清、重塑山西形象、促进富民强省”的总要求，统一全县广大党员干部的思想，凝聚共识，振奋精神，推动工作。

二、千方百计应对经济下行压力，全县经济发展实现了稳中有进

着眼于巩固煤炭，一手抓减负让利、一手抓复产达效，全年总产量完成 640 万吨，同比增长18%。着眼于支持民营中小微企业克服困难，采取财政支持、多渠道融资等措施，确保生产运营。着眼于加快产业转型、城镇化建设和民生改善，积极扩大投资、促进消费，努力刺激经济增长。着眼于激活动力，深入实施10项重大改革，特别是在巴公扩权强镇、南岭贫困山区综改试点攻坚上进行了有益探索。全年地区生产总值完成218.5 亿元，增长 5.5%；公共财政预算收入完成12.4 亿元，总量全市第一；固定资产投资完成181.3 亿元，增长 26.1%；城镇常住居民人均可支配收入完成25662 元，增长7.7%；农村常住居民人均可支配收入完成11257元，增长10.5%，各项主要经济指标位居全市前列。

三、全力加快“六位一体”重点工程项目建设，产业结构进一步优化

按照全省“项目见效年”的要求，切实把重点工程项

目建设作为产业转型发展的重要抓手，认真实施储备、签约、落地、开工、建设、投产“六位一体”推进机制，以晋煤华昱清洁能源、兰花科创己内酰胺为代表的现代煤化工产业加快发展，以清慧高端结构件、兴达铸件为代表的铸造和装备制造业特色鲜明，以兰花国际物流、月星家居广场为代表的现代服务业发展迅猛，以珏山文化产业园、聚寿山景区为代表的文化旅游产业蓬勃发展，以彤康食品、泽地萃为代表的现代农业稳步推进，2014年非煤工业增加值占全县工业增加值的比重达到55%，初步实现了由“一煤独大”到“多业并举”。

四、牢固树立“借光、添彩、共荣”的思路，统筹城乡发展迈出重要步伐

主动借力发展，融城发展，金村新区府城街、丹河西路、青山街、丹川路等道路建设进度加快，丹河龙门湿地公园核心区建设预计2015年上半年形成绿化景观。大力推进新型城镇化建设，统筹基础设施、公共服务、产业发展，有序推进农业转移人口市民化，在集中供暖供气、农民住宅小区、农民休闲游园等方面打造了一批典型和亮点，进一步提升了中心城镇的综合承载力，实现了与主城区的共建共享，共同提高。不断巩固和扩大新农村建设的成果，以100个新农村中心村提档升级为抓手，大力推进连片发展，打造了一批“美丽乡村”。

五、狠抓农村人居环境改善工作，把惠民实事办到了群众的心坎上

在环境整治方面，全方位规划，全覆盖推进，立体式整治，80%的村做到了垃圾不落地、清洁有队伍、收集有设备、考核有制度，5个垃圾填埋场投入使用。在生态绿化方面，造林4.74万亩，通道绿化25公里，四旁植树150万株，森林覆盖率达到36.49%，绿化率达到50.16%。在基础设施和社会事业方面，认真落实“10项惠民政策”和“10件惠民实事”，全年共完成县乡道路建设改造45公里，煤层气用户发展到近5万户，集中供热面积突破120万平方米，实现了15年教育全免费和城乡供水同价，新增和延伸了12条乡村公交线路，着力抓好安全信访稳定，全年公共财政用于民生领域的支出达到17.66亿元，占总支出的75.7%，赢得了广大群众发自内心的拥护和赞扬。

六、突出强基固本和整顿吏治，认真落实中央从严治党各项要求

按照“照镜子、正衣冠、洗洗澡、治治病”的总要求，统筹推进全县4个县级领导班子、17个乡镇、90个县直机关企事业单位、627个行政村、1159个党支部、24925名党员的群众路线教育实践活动，对“四风”问题大排查、大检修、大扫除，广大党员干部坚定了理想信念，找到了群众之根，强化了组织纪律，转变了工作作风，尤其是认真践行“三严三实”和焦裕禄精神，解决了2420个事关群众切身利益的问题，县级层面已制定发布制度39项。高度重视和认真抓好农村“两委”换届，突出“早”字做实功，立足“稳”字扬正气，狠抓“严”字把关口，着眼“广”字选能人，新当选的农村干部文化素质普遍提高，年龄结构进一步优化，农村基层党组织更富活力。大力开展“基层组织提升年”活动，集中整治软弱涣散基层党组织，32个农村后进党支部实现晋位升级。大力实施典型培树“双百”工程，培树了100个先进基层党组织、100个先进典型个人。认真落实省委“六项整治”和“三个一批”组合拳的要求，围绕“六权治本”加强制度建设，从严抓班子带队伍，营造了弊革风清的浓厚氛围。

七、持续保持反腐败的高压态势，党风廉政建设工作进一步引向深入

坚持“有案必查、有腐必反、有贪必肃”，进一步加大查案治本力度，全年共立案查处93件，同比增长77.5%。共有117名干部受到党纪政纪处分，同比增长101.7%。其中重处分53人，占45.3%，同比增长59%；科级以上干部13人，占11.1%，同比增长225%；移送司法机关14人，同比增长180%，形成了较强的震慑效应。认真履行党风廉政建设“两个责任”，严格落实“一案三查”，对负有安全事故责任的45人给予了党纪政纪处分；对违反中央八项规定精神的21人给予了党纪政纪处分；对包括乡镇党委书记（乡镇长）、县直单位“一把手”、纪委书记（纪检组长）和行政分管领导在内的21名领导干部进行了诫勉谈话，有力地促进了广大党员干部守纪律，讲规矩，心存敬畏，警钟长鸣。

（郜润斌）

附：一、中共泽州县委书记、副书记、常委名单

书　记：崔守安（3月离职）
秦建孝（3月任职，8月接受组织调查，12月双开）

副书记：高喜全（6月任职）　侯贵宝
常广智（4月开除党籍）

常　委：张保国　王加林　王　丽(女)　王　涛
李正根　安旭敏　陈志忠

二、乡镇党委书记名单

下村镇
书　记：杨鸿飞

大东沟镇
书　记：许云发

川底乡
书　记：陈仲会

周村镇
书　记：郎军芳

李寨乡

书　记：闫晓阳

南岭乡

书　记：董建军

犁川镇

书　记：原吉雷

山河镇

书　记：车树文

晋庙铺镇

书　记：樊武斌

大箕镇

书　记：王江元

南村镇

书　记：李雪山

金村镇

书　记：李池堆

柳树口镇

书　记：赵亮福

高都镇

书　记：牛天明

北义城镇

书　记：李云波

巴公镇

书　记：郎诗华（9月离职）　侯贵宝（9月兼任）

大阳镇

书　记：刘建云(女)

中共高平市委工作概况

市委书记　张玉宏

2014年，高平市委认真学习贯彻党的十八大和十八届三中、四中全会精神，团结带领全市干部群众，认真贯彻“456”工作思路，统筹推进稳增长、促改革、调结构、惠民生、防风险等各项工作，全市上下呈现出经济平稳健康发展、人民生活显著提升、干部作风持续好转、社会大局和谐稳定的良好局面。

（一）深入学习贯彻习近平总书记系列重要讲话精神，坚持以讲话精神指导实践、推动工作。把学习贯彻习近平总书记系列重要讲话精神作为一项重要政治任务，采取市委常委会、中心组学习会、全市干部大会等形式，推动学习贯彻向深度和广度拓展。结合学习讨论落实活动，提出了“自己编写教材、分期分批培训、实行闭卷考试、纳入年度考核”的要求，精心编写了《廉政教育读本》，组织全市广大党员干部，原原本本学、逐字逐句学、带着问题学、结合感受学、触动灵魂学，努力做到真学真懂、真信真用。2014年，以习近平总书记系列重要讲话精神以及王儒林书记、张九萍书记重要指示要求为指导，运用战略思维研判形势，完善了“456”总体工作思路，明确了新的发展定位；运用系统思维指导工作，提出了“六强化六突破”具体工作要求，找准了新的发展方向；运用创新思维解决问题，实施了“六个千方百计”工作推进举措，促进了经济平稳运行；运用底线思维落实举措，提出了“六从严六带头十加强”新举措新办法，全力构建新形势下具有高平特色的惩治和预防腐败体系，有效提高了工作的科学性、创造性和预见性。

（二）主动适应经济发展新常态，认真做好改革发展各项工作。全面深化改革开放。加快转型综改12项重大任务落实，积极推进行政审批制度改革，衔接上级下放审批项目127 项，取消行政事业性收费7项。加大招商引资力度，推动了美特好、苏宁电器等项目的落地建设。强力推进百日攻坚。集中优势兵力、集中优势资源、集中有限时间，连续开展了两轮“五项重点百日攻坚”大会战，西部煤田开发建设取得历史性突破，丹河景观建设全线铺开，一批信访疑难案件得到有效化解。全国建筑排水管道系统技术中心落户泫氏集团，高平潞绸织造技艺成功入选第四批国家级非物质文化遗产，受到省委书记王儒林等领导的高度肯定。加快现代农业发展。强化农业基础设施，加快发展“一村一品”，设施蔬菜、生猪养殖两大产业蓬勃发展。2014年，全市粮食总产量1.9亿公斤，蔬菜2.6亿公斤，生猪出栏150万头。新建扩建农业园区10个，农产品加工龙头企业销售收入20.1亿元，拉动农民人均增收500元以上。全面实施大城建战略。全力实施“五纵五横五组团五重点”城市基础设施建设，长平桥建成通车，六条断头楼、破损路改造完成，四山绿化初具景观效应，新北小区加快建设，南部热源厂全面建成，新增供热面积100万平方米、集中供气5000 户。大力推进农村人居环境改善、城乡环境卫生整治，环境空气质量优良天数达到318天。积极培育旅游产业。组建了神农炎帝文化旅游和农耕文化园开发有限公司，出台了《关于加快旅游产业发展的实施意见》。积极打造两岸炎帝神农文化交流平台，炎帝陵修复保护工程取得重大进展；炎帝遗迹系列景点、羊头山旅游循环路、长平之战纪念馆等如期建成。国庆节期间，开通了寻根炎帝、怀古长平、印象良户“三日游”精品线路，旅游人数首次突破十万大关。

（三）切实保障改善民生，有效促进社会团结和谐。加快民生事业发展。优先发展教育事业，投入2亿多元，完成了新高平一中、高平六中主体和9所城乡幼儿园建设，全市高考二本B类以上达线人数1603人。深化医药卫生体制改革，大力实施健康民生工程。完成了60余个村、5万人的吃水提升改造工程，2500套保障房开工建设。为环卫工人提供免费早餐、80岁以上老人发放尊老金，建成养老服务机构14 所。加强宣传思想文化工作。广泛开展中国特色社会主义宣传教育，大力加强公民思想道德建设。加强文化基础设施建设，积极推出文艺精品，打造了群众路线教育实践活动主题晚会、新年音乐会、廉政文艺晚会等一批文艺演出活动，受到广泛好评。积极推进民主政治建设。支持市人大及其常委会依法履行职责，充分发挥地方国家权力机关作用。支持和保证人民政协积极履行政治协商、民主监督和参政议政职能。扎实抓好“六五”普法教育，法律服务和法律援助不断加强。加强民兵预备役工作，推进了人民防空建设，国防动员能力进一步加强，军民融合式发展进一步提升。全力维护安全稳定。强化教育培训，加大安全投入，健全规章制度，深入开展专项整治，全市未发生较大及以上生产安全事故。严厉打击黑恶势力犯罪，全年共立刑事案件707起，同比下降15.7%，现行命案破案率连续11年保持100%。

（四）坚持从严管党治党，党建科学化水平显著提升。扎实开展群众路线教育实践活动。坚持“照镜子、正衣冠、洗洗澡、治治病”的总要求，深入开展“个十百千万，作风大转变”主题实践活动，多形式、多渠道引深学习、征求意见、查摆问题，召开了高质量的专题民主生活会。研究制定了《市委常委整改方案》《开展“四风”突出问题专项整治方案》，定出了任务书、列出了时间表、明确了责任人。先后专项治理了公款消费、借机敛财、吃拿卡要、与民争利等突出问题，集中整治了干部“走读”、“吃空饷”、“慵懒散”等不良风气，给予党政纪处分14人、诫勉谈话38人。切实加强班子队伍建设。围绕加强常委会自身建设，出台了加强制度建设、提升工作合力的十项举措，有效提升了市委的领导力和政府的执行力。严把干部选任程序，出台了《科级干部选任工作实施细则》，防止干部“带病提拔”。突出对干部工作状态和效能的考核，全面推行新任科级干部跟踪培养机制，防止干部“提拔后生病”。深入开展“基层组织提升年”活动。围绕“强化六项工程”，集中解决党建工作中的重点难点问题，29个软弱涣散村全部实现转化提升，农村集体经济破零攻坚初见成效。大力实施“大美高平人、道德我先行”主题实践活动，充分发挥了党员领导干部示范带头作用。圆满完成了463个农村（社区）“两委”换届，选优配强了“领头雁”和带头人，夯实了基层基础，实现了风清气正，确保了和谐稳定。严格落实党风廉政建设主体责任。坚持把落实党风廉政建设纳入市委总体工作规划，制定出台了《落实党风廉政建设责任制主体责任和监督责任细则“十八条”（试行）》，细化了主体责任的具体要求，明确了党政班子成员“一岗双责”及各项任务，形成了“横向到边、纵向到底”的责任网络和一级抓一级、层层抓落实的责任制体系。持续加大廉政教育培训力度。结合学习讨论落实活动，精心组织了“六个一”活动。一是编写一套培训教材。精心编写了《廉政教育读本》《廉政文化读本》《有关文件和领导讲话选编》《典型案例警示教育读本》等学习资料，组织全体党员干部认真学习培训，并严格实行闭卷考试。二是举办一轮专题培训。先后分4批13期，对党政正职、科级干部、机关党员、两委主干进行全员培训，受训党员干部4600余人次。三是举办一次廉政文艺晚会巡演。精心编排了“清风和韵·廉政之声”专题文艺晚会，并在全市进行巡演。四是开展一次警示教育。组织各级各部门主要负责人集体观看《欲望失控的代价》《山西高平:塌方式腐败的样本》等警示片，深入到凤凰山廉政教育基地、晋城监狱进行廉政警示教育活动，起到了良好效果。五是进行一次专题访谈。在高平电视台、《高平新闻》开设了“落实两个‘责任’专题访谈”栏目，组织各党（工）委书记、纪委书记结合岗位实际谈认识、谈思想、谈打算，真正把自己摆进去，为自己敲警钟。六是新建一处廉政教育基地。投资300万元新建一处党风廉政建设教育基地，形成“警示—互动—展示—体验”的立体型廉政教育模式，在全市营造崇廉、尚廉、守廉的良好风尚。狠抓“四风”突出问题专项整治。深入开展整治公款吃喝、公款送礼、违规用车、大操大办等专项行动，进一步规范会议审批、公务接待、检查评比表彰、“三公”经费管理，全市性会议比同比减少35.7%，文件精简9%，评比达标表彰项目精减20 %，“三公”经费支出比年初预算减少244.47万元，公务接待支出经费减少79.54%；查处党员干部操办婚丧喜庆事宜借机敛财案件1起，对1名科级干部、15名党员分别给予相应处分。严肃查办违纪违法案件。积极配合上级纪委查办案件的同时，加大自办案件力度。2014年，市纪委共初核案件70件，同比增长8%;立案查处66件，增长4.8%；党政纪处分112人，增长64.6%，其中重处分35人，移送司法机关8人，挽回经济损失4233.7万元。

（王　冬）

附：一、中共高平市委书记、副书记、常委名单

书　记：张玉宏

副书记：杨晓波（女，4月接受组织调查）
邹树琦（6月任职）　闫通宇
邓志蓉（女，挂职，3月任职）

常　委：李培安　张俊明（11月接受组织调查）
刘海靖　靳水生　秦元法　牛晓明　申军生

二、乡镇（街道）党（工）委书记名单

东城街道

书　记：王　京（1月离职）　郑威剑（1月任职）

南城街道

书　记：赵栋庭（1月任职）

北城街道

书　记：毕建明

米山镇

书 记：郭勇虎

三甲镇

书 记：张旭强

神农镇

书 记：段晓军

陈区镇

书 记：许宏建

建宁乡

书 记：申中锋

北诗镇

书 记：申忠群（女）

石末乡

书 记：王国文

河西镇

书 记：孟向东

马村镇

书 记：王广平

原村乡

书 记：姬国强（1月离职） 王 京（1月任职）

野川镇

书 记：吴华芳（女）

寺庄镇

书 记：赵海青

永录乡

书 记：史晓波

中共阳城县委工作概况

县委书记 王晋峰

中共阳城县委辖党组9个，基层党委27个，工委4个，党总支77个，支部1176个，全县共有党员25556名。

2014年，中共阳城县委在省委、市委的坚强领导下，全面贯彻落实中央和省、市一系列重大决策部署，认真落实党要管党、从严治党的政治责任，统筹推进稳增长、促改革、调结构、惠民生、防风险等各项工作，推动经济社会实现持续稳步发展。

一、深入学习贯彻习近平总书记系列重要讲话精神，全面落实省委、市委重大决策部署，始终与党中央和省委、市委保持高度一致

坚持把学习贯彻习近平总书记系列重要讲话精神作为首要政治任务，采取县委常委会议、中心组学习、“阳城大讲堂”、全县干部大会等形式，紧紧围绕“四个全面”等重大部署，跟进学、深入学，努力做到学深学透、入脑入心、真学真懂、真信真用。中央对山西严重腐败问题进行严肃查处、对省委班子进行重大调整、对山西工作作出重要指示之后，县委坚决拥护、全力支持，并对以王儒林书记为班长的省委作出的一系列重大决策部署、王儒林书记在全省各地调研指导时的重要讲话精神以及市委一系列贯彻意见，迅速传达、全面落实。按照省委、市委的安排部署，紧扣净化政治生态这个“眼”，坚持问题导向、目标导向和从严导向，扎实开展学习讨论落实活动，进一步革弊立新、激浊扬清。

二、扎实开展党的群众路线教育实践活动，巩固扩大作风建设成果

按照中央、省委、市委的统一部署，在省市督导组的精心指导下，县委全面履行“领导主体、责任主体、活动主体”的重要职责，紧紧围绕“为民、务实、清廉”主题，严格按照“照镜子、正衣冠、洗洗澡、治治病”总要求，坚持高标准、严要求，聚焦作风建设，突出实践特色，统筹推进4个县级领导班子、136个乡科级领导班子、1293个基层党组织和2.55万名党员开展活动。在学习教育、听取意见环节，集中时间读原著、学原文、悟原理，组织县委班子成员深入到烈士陵园、抗日民主政府旧址等教育基地，缅怀革命先烈、接受传统教育，聆听观看先进事迹报告会、先进人物专题片，邀请专家进行专题辅导。采取“往下走、往上收、往里请、往出理”等形式，多渠道广泛征求各方意见。在查摆问题、开展批评环节，坚持“群众提、自己找、上级点、互相帮、集体议”相结合，深入查摆问题，认真撰写对照检查材料，集中一天半时间召开专题民主生活会，会上县委班子成员敞开心扉、动真碰硬，取得了“红红脸、出出汗、排排毒、治治病”的预期效果。在整改落实、建章立制环节，研究制定整改方案和制度计划，定出了任务书、列出了时间表、明确了责任人。在做好“规定动作”的同时，县委创新“自选动作”、打造特色载体，组织全县党员干部扎实开展“结对帮建农家乐”、“住村一个月、听真话办实事”和“包村联户下基层、就业增收惠民生”等主题实践活动。通过扎实开展活动，全县“四风”蔓延势头得到遏制，一批行得通、有效果、管长久的制度机制得以建立，一批群众关注的热点难点问题和联系服务群众“最后一公里”问题有效解决，党风政风明显好转。

全县会议同比减少10%，发文数量下降23%，腾退超标办公用房2.3万平方米，清理评比表彰项目157项，县级“三公”经费支出同比下降39.7%。干部群众普遍反映，教育实践活动使党员干部补了精神之“钙”、寻了群众之“根”、除了四风之“害”、祛了行为之“垢”，为促进全县经济社会发展打下了坚实基础。

三、认真落实从严管党治党要求，扎实推进党风廉政建设和反腐败斗争

认真落实“党要管党、从严治党”要求，积极履职、尽心尽责，制定出台《贯彻落实<惩防体系2013—2017年工作规划>实施办法》和《落实“两个责任”实施细则》，列出责任清单、层层签字背书，进一步形成传导有力、推进有序的责任落实体系和工作机制。领导和支持纪检部门按照“转职能、转方式、转作风”要求，精简议事机构、组建办案联组、聚焦主业主责、强化监督执纪问责。保持反腐高压态势，加大案件查办力度，全年共立查案件97件，117人受到党纪政纪处分。认真落实基层党建工作责任制，持续引深基层党建工作三级联述联评联考，强化了各级党组织书记抓党建工作的主责意识。特别是围绕抓短板，采取政法部门包乱村、党群部门包弱村、经济部门包穷村的办法，对25个软弱涣散党组织进行集中整顿；围绕抓服务，积极推行在职党员到居住地志愿服务，全方位推进党代表工作室建设；围绕抓规范，按照《发展党员工作细则》规范党员发展工作，不断深化党员星级化管理，全面加强干部队伍管理，扎实推进“廉洁乡村、制度乡村”建设；围绕抓基础，圆满完成新一届农村“两委”班子换届，一大批“三有三带”型干部进入村级班子，基层党组织的创造力、凝聚力和战斗力进一步增强。

四、主动适应新常态，努力推动经济持续平稳健康发展

围绕全面建成小康社会总目标，大力实施“田园城市、美丽乡村、城乡一体、产城融合”发展战略，努力开创就业增收、富民强县新局面。持续夯实产业基础。煤炭产业全面落实省市减负措施，着力强化企业现场管理和目标成本管理，稳住了全县经济的基本面。蚕桑产业加大对优质方格簇化蛹茧直补力度，首次推行鲜茧议价收购机制，有效调动了群众栽桑养蚕的积极性。陶瓷产业突出在“扩规模、提档次、创品牌”上下功夫，一批项目建成投产、一批项目技改升级。旅游产业持续推进重点景区开发建设，结对帮建农家乐428户，不断引深“全国古堡民居第一县”创建，全线贯通磨滩至董封旅游专线。与此同时，演礼园区中央大道、快速通道建设全面铺开，芦苇河生态经济走廊和安阳、北留、芹池工业园区得到巩固和发展。着力统筹城乡建设。田园城市建设规划“永久性”农田3000亩，建成各类果园、菜园、花圃2500亩，田园经济带雏形初现。升级改造建设路、府南路、清林沟路，扎实开展环境卫生、街巷景观和交通秩序专项整治，新建人民医院开始搬迁，实验小学和南城幼儿园基本完工，城市功能不断完善，城市形象明显提升。美丽乡村建设以北留润城、东冶、蟒河和横河四大连片区为重点，集中推进29个试点村建设，并在202个行政村启动以垃圾集中处理为重点的农村人居环境整治，乡村面貌持续改观。全力推进改革创新。以转型综改、扩权强县和竞逐中原为切入点，积极推动町店镇改革试点，大力推进新一轮政府职能转变和机构改革，稳妥推进农村土地承包经营权确权登记颁证试点，发展驱动力进一步增强。大力实施“中小企业成长工程”，全力打造中小企业创业基地，一批制约民营企业发展的资金难、用地难等问题得到缓解，发展内生力进一步增强。深入开展“民生热线纠风台”走基层活动，持续引深“向人民汇报、请人民评议”活动，进一步清理审批事项、优化审批流程、压缩审批时限，“低成本、高效率、无干扰”发展环境正在形成，发展保障力进一步增强。

五、积极推进民主政治建设，加快依法治县进程

充分发挥“总揽全局、协调各方”的领导作用，突出把学习贯彻十八届四中全会精神作为重要政治任务，按照推进法治山西、法治晋城建设的要求，研究制定我县的实施意见。坚持和完善人民代表大会制度，支持人大及其常委会依法履行职责。强化执法监督，大力推进依法行政，加强了法治政府建设。坚持和完善中国共产党领导的多党合作和政治协商制度，支持政协在推进协商民主上发挥重要作用。加强同各民主党派、工商联和无党派人士合作共事，爱国统一战线进一步巩固和壮大。坚持党管武装原则，推动军民融合深度发展。支持工、青、妇等群团组织依照各自章程积极开展工作，充分发挥党联系广大人民群众的桥梁纽带作用。加强法治宣传教育，不断引深“六五”普法，持续开展送法进校园、进社区、进机关、进农村、进企业活动，增强全社会法治意识。不断完善政务公开、厂务公开、村务公开和企事业单位办事公开制度，有效保障人民群众的知情权、参与权、表达权、监督权。

六、着力加强和改善民生，全力维护社会和谐稳定

坚持优先民生的理念不变、投入民生的强度不降、保障民生的力度不减，努力将更多的财力、物力向民生领域倾斜。持续改善人民生活。大力实施饮水安全工程，20个自然庄、7200人的饮水安全问题得到解决。大力推进“气化阳城”建设，县城及10个乡镇的1.7万户用上新型清洁能源。1800套限价商品房建设顺利推进。完成县城集中供热二期、新增供热面积60万平方米，完成覆盖县城及7个乡镇、年供热800万平方米的阳电集中供热工程前期，年供水3400万立方米的张峰水库一干渠供水工程全线开工。大力繁荣文化事业。组织开展“百名干部访乡贤”等活动，加

强网络舆情分析研判和应急处理，持续实施“文化低保”、“文化下乡”等文化惠民工程，上党梆子现代戏《山妹子》荣获“第九届全国戏剧文化奖”，上党梆子历史剧《析城山》成功上演、广获好评。全面加强社会治理。大力推广“信访问题到我为止、群众的事情再小也是大事”的工作经验，建立健全“党政同责、一岗双责、齐抓共管”的安全生产责任体系，持续加大重点领域、重点行业的安全监管和整治力度，扎实推进矛盾纠纷调处“一卡通”，不断深化政法干警“一村一警”大走访，“平安阳城”建设取得新成效，群众安全感、满意度测评成绩分获全省第一、第二。

（宋跃军）

附：一、中共阳城县委书记、副书记、常委名单

书　记：冯志亮（3月离职）　王晋峰（3月任职）

副书记：窦三马

常　委：许卫星　史小林　霍丽丽（女）　商浩辉　郭天德（1月任职）　任小广　刘　洋　李庆平(1月离职)

二、乡镇党委书记名单

凤城镇

书　记：原天信

白桑乡

书　记：梁飞旻

北留镇

书　记：王东胜

润城镇

书　记：邢海斌

东城办

书　记：郭景文

町店镇

书　记：贾敦命

寺头乡

书　记：原前卫

芹池镇

书　记：赵中怀

西河乡

书　记：李素仙（女）

演礼乡

书　记：程苍库

固隆乡

书　记：范常胜

次营镇

书　记：张国瑞

董封乡

书　记：崔晓利

横河镇

书　记：陈永军

驾岭乡

书　记：延岳鹏

河北镇

书　记：李瑞良

蟒河镇

书　记：赵鸿平（女，主持工作）

东冶镇

书　记：白军龙

中共陵川县委工作概况

县委书记　石云峰

陵川县认真学习贯彻党的十八大、十八届三中、四中全会精神和习近平总书记系列重要讲话精神，坚决落实中央和省、市委重大决策部署，积极适应新常态，统筹推进稳增长、促改革、调结构、惠民生、防风险等项工作，全面加强党风廉政建设和反腐败斗争，全县经济、政治、文化、社会、生态文明和党的建设取得了新成效。

一、扎实开展党的群众路线教育实践活动，坚持聚焦“四风”，强化正风肃纪，一批群众反映强烈的突出问题得到解决

按照中央和省、市委部署要求，统筹推进全县768个基层党组织、14850名党员、93个科级单位、3个县管重点企业的教育实践活动，在促进作风转变、解决突出问题等方面取得了阶段性明显成效。通过活动开展，全县文件简报缩减19%，会议支出下降22.6%，“三公”经费支出下降43.39%；查处违反八项规定精神问题12起80余人；清理行政审批项目22项，清理废除制度220多个；针对群众反映强烈的出行、饮水、环境卫生、社会保障、支农惠农、就医等方面的突出问题，进行了专项落实解决，取得了实实在在的成效。干部群众普遍反映，教育实践活动抓了学习、反了“四风”、净化了思想、坚定了信念，为促进全县经济社会发展打下了坚实基础。

二、认真落实“党要管党、从严治党”要求，党风廉政建设和反腐败斗争向纵深推进

坚决拥护中央对我省反腐败形势的分析判断和决策决

定，坚决拥护省、市委严惩腐败的工作要求，切实加强对党风廉政建设工作的领导，统筹推进惩治和预防腐败体系建设，出台了落实“两个责任”的《意见》和《“十八条”细则》（试行），进一步明确了主体责任、第一责任、监督责任、“一岗双责”责任;始终保持反腐败的高压态势。一年来，共立案57件，结案52件（含上年结转2件），处分75人，涉及乡科级干部24人，一般干部20人，其他人员31人；其中大案要案24件，重处分案17件涉及18人，起到了强有力的震慑作用；从抓好思想政治建设这个“总开关”入手，切实加大干部教育培训力度，出台了《2013-2017年全县干部教育培训规划》，依托“一堂二校三网四基地”，先后对全县科级干部、基层党组织书记、农村“两委”主干、青年干部、党务干部等九大主体累计实施教育培训3000余人次；以“基层组织提升年”为抓手，集中整顿软弱涣散村级组织，建立了“3+2”组团帮扶体系，促进了28个软弱涣散村的转化提升。圆满完成了农村“两委”换届工作，换届率、成功率均达到100%。

三、主动适应新常态，改革发展各项工作取得新成效

主动适应经济发展新常态，坚持稳中求进、改革创新，认真落实“止缓、回稳、促增”要求，全年全县地区生产总值完成33.2亿元，增长5%；社会消费品零售总额完成15.5亿元，增长11%；城镇居民人均可支配收入完成15803元，增长11%；农村居民人均可支配收入完成6781元，增长11%；规模以上工业增加值增速为6%；全社会固定资产投资完成33亿元，增长10.4%；公共财政预算收入累计完成1.93亿元，增长10.4%。

工业经济平稳运行。狠抓运行监控和重点工程推进，通过搭建银企合作平台，推进“助保贷”业务，各类金融机构共发放贷款4100万元，有效缓解了企业融资难问题。制定出台《关于招商引资工作的实施意见》，参加广交会、碳酸行业年会等重大招商活动，累计走出去洽谈项目20余次，完成签约项目24个，签约资金38亿元。礼杨新型工业园建设、低碳经济及循环试点工作取得阶段性成果。

特色农业稳步增效。注重粮食安全生产，全县粮食总产量达到0.94亿公斤。“一村一品”有序推进，新争取省、市“一村一品”专业村建设项目50余个，年内完成了24个省级专业村建设项目验收。特色产业基地规模不断扩大，基地面积稳定在11万亩左右，实施了新一轮“三河三岭四线”中药材片区开发项目，区域规模明显扩张。百企千村产业扶贫稳步推进，完成了70个市级产业扶贫项目，培训新型农民3.8万人次，易地扶贫搬迁1500人。

旅游产业持续发展。成立陵川县旅游管理委员会。持续加大景区建设投入力度，全年完成投资3.365亿元。全方位开展宣传促销，统一标注“太行山公园”商标，主打“领秀太行·清凉陵川”形象口号，王莽岭景区、棋子山国家森林公园、夺火乡凤翔山庄分别荣获2014山西百佳休闲旅游产品“十佳旅游休闲度假区”、“十佳森林旅游景区”、“十佳乡村旅馆民俗客栈”称号，进一步提升了陵川旅游知名度。全年共接待游客322.5万人次，门票收入5580万元，旅游总收入达到7.71亿元。

城乡一体化步伐加快。实施了农村饮水安全提升改造工程，完成了8座水库的除险加固和应急除险，磨河水库工程正在建设。持续进行电力线路迁改和农网升级改造，开工建设了棋源变电站增容改造工程。石营线、玉焦线路面改造完成通车，古郊互通工程已开工建设。县城供热供气覆盖面逐步扩大。完成96套廉租住房和156套林区棚户区改造项目主体建设，改造农村危房571户。

加快建设美丽陵川。完成国家级太行山绿化工程6000亩、省级丹河流域生态环境综合治理工程5000亩、棋子山火烧迹地生态植被恢复工程2000亩，全年完成造林2.45万亩。全年二级以上天数达到303天。

四、积极推进民主政治建设，加快依法治县进程

认真贯彻习近平总书记在全国人民代表大会成立60周年暨地方人大设立常委会35周年大会上的重要讲话精神，充分发挥人大在法治陵川建设中的作用，支持人大常委会依法加强对“一府两院”工作的监督，支持人大依法作出重大事项决定；认真贯彻习近平总书记在人民政协成立65周年大会上的重要讲话精神，巩固和发展了最广泛的爱国统一战线，加强和改进新形势下工商联工作，高度重视党外干部选拔、培养和管理，加强了民族、宗教、侨务、对台工作，形成了“同心同行”的强大合力；坚持和完善基层群众自治制度，认真开展了农村干部任期经济审计工作，第十届农村“两委”换届选举工作圆满完成，基层自治组织和民主管理制度逐步健全。积极推进党务、政务、村务、厂务和企事业单位公开办事等制度，扎实开展社会主义法制教育，不断深化司法体制和工作机制改革，有力地推动了法治陵川建设。全面加强群团组织建设，支持工会、共青团、妇联等人民团体依照法律和各自章程开展工作。

五、加强宣传思想工作，营造良好社会氛围

集中开展了习近平总书记系列重要讲话精神和党的十八届三中、四中全会精神学习宣传，积极推动理论学习进课堂、下基层，将理论学习纳入干部教育培训内容，开展各类理论宣讲活动70余场；广泛开展核心价值观的解读宣传，提升了广大群众的知晓率，营造了全社会崇德向善的良好氛围。注重典型培树。组织开展了第二届“陵川好人”评选表彰和事迹宣传活动及“我推荐、我评议身边好人”活动，我县14名道德模范被评为“晋城好人”，常东升、李杰入选“山西好人”榜，郑新娟被评为“文明好榜样三晋好媳妇”，秦同和、丁端阳荣获“山西省第五届道德模范提名奖”；持续推进县乡村三级公共文化服务体系建设，大力实施文化惠民工程，广泛开展群众性文化活动，圆满举办

"两节"社会文化活动、第三届消夏文艺晚会、首届健身广场舞大赛，组织了中国梦书画展。

六、加强和改善民生工作，全力维护社会和谐稳定

持续加大对民生的投入力度。全县公共财政用于民生支出共14.48亿元，同比增长11.87%，增加1.54亿元。紧紧扭住教育、医疗、就业和社会保障等重点工作，统筹推进各类教育资源均衡发展，深入推进医疗卫生体制改革，继续扩大社会保障覆盖范围，稳步提升教育、医疗和社保水平。积极开展创业就业培训，全县城镇新增就业2543人，转移输出劳动力12700人，城镇登记失业率控制在2.8%以内；深刻汲取晋济高速"3.1"事故教训，严格安全生产责任制和目标责任考核，构建了"党政同责、一岗双责、齐抓共管"的安全责任体系。积极开展"四责"活动，集中开展安全生产隐患大排查大整治，确保了全县安全生产形势持续稳定。2014年，我县被评为"省级平安县"，人民群众的安全感和对公安机关的满意度连续两年蝉联全省第一。

（张晋峰）

附：一、中共陵川县委书记、副书记、常委名单

书　记：石云峰

副书记：胡晓刚　李晓峰（6月任职）

常　委：张国文　郭龙龙（10月因严重违纪违法接受组织调查）　张　军　常先勤（女）　王立新　毛秀东（6月离职）　来庭会（6月任职）

二、乡镇党委书记名单

崇文镇

书　记：杨志强

礼义镇

书　记：郗文芳（3月离职）　谢　彬（3月任职）

附城镇

书　记：牛中文

平城镇

书　记：张勇力

西河底镇

书　记：张文翠（女）

杨村镇

书　记：赵永胜

秦家庄乡

书　记：谢　彬（3月离职）　张陵芳（3月任职）

潞城镇

书　记：毕增林

夺火乡

书　记：武文胜

马圪当乡

书　记：张陵芳（3月离职）　郭永政（3月任职）

古郊乡

书　记：马喜平

六泉乡

书　记：郝晋峰

中共沁水县委工作概况

县委书记　范兆森

一年来，沁水县委认真贯彻中央、省委和市委的决策部署，转作风、正导向，创大业、争一流，持续打好"三大硬仗"、写好"四篇文章"，实现了党的建设和经济社会发展互促共赢，深化改革与法治建设齐头并进，全县上下经济发展、民生改善、干事创业、和谐稳定。

一、深入贯彻习近平总书记系列重要讲话精神,全面落实中央和省委、市委新要求新部署

始终把学习贯彻习近平总书记系列重要讲话精神作为首修课、必修课，先后11次召开县委常委会议、14次组织县委中心组集中学习，邀请17位知名专家学者举办专题讲座，准确把握讲话精神实质。县委常委带头深入联系乡镇、分管部门，宣讲讲话精神，进行党课专题辅导，带动广大党员干部进村入户，开展形式多样的学习宣传活动，把思想和行动统一到习近平总书记系列重要讲话精神上来，统一到中央和省、市的决策部署上来。全省学习讨论落实活动开展以来，抓住"学习贯彻习近平总书记系列重要讲话精神,净化政治生态,实现弊革风清,重塑山西形象,促进富民强省"这个主题，把学习习近平总书记系列重要讲话作为活动的一项重要内容贯穿始终，组织县四班子成员、乡镇党政主要负责人、县直部门"一把手"进行为期3天的封闭式集中学习讨论，并向全县各级党组织派出12个督导组，加强检查督查，推动活动扎实有效开展。

二、严格落实党要管党、从严治党新要求，全面加强党的建设

一是扎实开展党的群众路线教育实践活动，推动作风

建设取得新成效。突出“严、实、稳”的总要求，常委班子以上率下，四大班子模范带动，党员干部亲力亲为，广大群众积极参与。对标典型照镜子、正视缺点正衣冠、反思剖析洗污垢、整改落实去病根，126个活动单位、683个基层党组织、13931名党员共开展调研2000余次，征求意见建议60000多条。针对突出问题，制定了整改方案，有效解决了一批“四风”方面的问题。全县教育实践活动得到了中央巡回督导组和省委、市委督导组的充分肯定。

二是以落实“两个责任”为龙头，深入推进党风廉政建设和反腐败斗争。严格落实党风廉政建设和反腐败斗争主体责任，制定出台《贯彻落实<建立健全惩治和预防腐败体系2013-2017年工作规划>的实施办法》《落实党风廉政建设责任制主体责任和监督责任的实施细则（试行）》。强化各级党组织主要负责人认真履行第一责任，对党风廉政建设亲自部署、亲自过问、亲自协调、亲自督办。班子成员认真履行“一岗双责”，抓好分管领域的党风廉政建设和反腐败斗争。支持纪委落实监督责任，推动“三转”工作，实现了纪检派驻机构除纪检监察工作外“零分工”、“零兼职”。全面推进廉洁乡村、制度乡村建设，8月份全市“廉洁乡村、制度乡村”现场会在我县召开。认真落实“六权治本”，建立权力清单、负面清单、职责清单、服务项目清单和权力运行流程图“四单一图”。加大违法违纪案件查处力度，全年立案94件，结案91件，给予党纪政纪处分97人，移送司法机关17人。

三是以农村“两委”换届为契机，打牢基层组织建设基础。8月份在郑村镇召开闭门会议研究讨论，先后7次召开专题会议安排部署，分东西两片组织农村干部选前宣誓，严格参选纪律，开展经济责任专项审计，为换届工作打牢基础。换届结束后，县委就分批对农村“两委”主干进行封闭式集中培训，从一开始就把农村“两委”主干队伍建好。一年来，针对部分基层组织软弱涣散，探索建立“抓两头、带中间”的提升转化机制；针对党员队伍管理中的突出问题，借鉴湖北武汉和浙江温岭、新昌等地经验，探索建立不合格党员退出机制；针对党建工作考核中存在的问题，探索建立“三减三看一满意”的党建考核机制；针对基层组织建设制度执行不严格的问题，规范落实“三会一课”和“四议两公开”制度，加强监督和制度执行。县委中心组和乡镇党委书记认真落实书记抓党建责任，开展述职评议，实行“双向授课”。

四是以树好树牢三个导向为抓手，提升党的建设科学化水平。一是树立干部导向。匡正选人用人风气，提出“三重三看三优先”的选用干部导向，交流调整3名乡镇主要领导干部，社会各界反响良好。二是树立基层导向。研究制定加强基层干部队伍建设和基层工作的实施意见，建立了基层组织建设问题台账制度，形成优秀干部向基层倾斜、工作重心向基层倾斜、财力资金向基层倾斜的基层导向。三是树立考核导向。制定《沁水县年度目标责任分类考核实施意见》，实行差别化分类考核，提高了考核的靶向效应，推动考核工作走向科学化、规范化、制度化。

三、稳定煤炭基本面，打造煤层气、城镇化两个新引擎，有效应对经济下行压力和挑战

面对宏观经济下行、煤炭价格下滑的困难局面，沁水县稳定煤炭基本面，打造煤层气、城镇化两个新引擎，统筹推动稳增长、促改革、调结构、转方式、惠民生、防风险、保安全各项工作，全县经济社会持续平稳健康发展。2014年，地区生产总值完成172.3亿元，增长5.1%；公共财政预算收入完成11.5亿元，增长10.4%；城镇居民人均可支配收入完成21936元，增长7.9%；农村居民人均可支配收入完成8816元，增长10.5%，主要经济指标增幅好于预期。2014年，我县被民政部和联合国地名专家组确认为“千年古县”，成为全省第五个被确认的“千年古县”；先后荣获全国地质灾害防治高标准十有县、全省林业生态建设‘三加三不减’先进县、全省计生工作考核先进县、省级卫生县城等荣誉称号。

一是坚持问题导向，稳步推进十项重点改革。积极推进政府机构改革，制定出台了《推行权力清单制度深化行政审批改革工作的意见》《建立企业投资项目管理负面清单制度工作方案》。在国有资产管理体制、农业风险补偿机制、城市建设融资机制、城乡发展一体化体制机制等方面的改革稳步推进，并取得了初步成效。

二是抓好“减、增、改、降”，稳定煤炭基本面。认真落实全省煤炭20条、17条和全市煤炭10条、7条的有关规定，吨煤减负50元，进一步减轻企业负担。推动鹿台山煤业、平山煤矿投入运行，全年县管煤矿原煤产量达776万吨。针对煤炭企业融资困难的被动局面，想方设法改进融资方式，搭建起企业与银行的共赢平台，有效解决融资困难；与县煤运公司合作组建天燃能源公司，与晋煤集团宏圣公司合作组建煤炭物流贸易公司。引导企业通过加强内部管理，降低销售成本，全县煤炭生产效益稳中有升。

三是打造煤层气、城镇化两个新引擎，扎实推进转型发展。集中打造煤层气产业总部基地，煤层气液化调峰储备中心、力宇燃气动力装备制造、浩坤煤层气液化、物流园区、集输管网等项目进展顺利，全年完成煤层气地面抽采25.6亿方，位居全国第一，增长11.2%；液化33.8万吨，增长44.5%；规模以上煤层气企业增加值28.8亿元，增长33.3%；上交税金5.4亿元，增长42.1%，占财政总收入的17.7%，煤层气产业成为支撑沁水经济新的增长点。按照“一城一带一圈一区”的城镇化布局，集中实施城市综合展馆、梅园城市综合体、全民健身中心、便民服务中心等城市基础设施项目；依托百里沁河风光带和历山生态旅游圈，加快推进4个省级示范镇和一批美丽乡村建设，走出了一条政府主导、市场运作、多元投资、共建共赢的城镇化建设新路。文化旅游产业实现历史性突破，由县财政参股启动历山舜王坪景区建设，实施迎白旅游公路、沁东线升级改

造、景区接待服务中心等基础设施工程，国庆节期间舜王坪景区正式对外开放，实现精彩首演。2014年，全县各旅游景点接待游客突破了20万人次。

四是大力发展农业产业化，带动农民增收致富。继续落实“八条路径”和“五个三”战略，实施十大农民增收项目，以苗木、蔬菜、畜牧、食用菌、蜂蜜等特色产业为依托、“一村一品”为主导的现代农业产业体系形成一定规模。全年新增苗木花卉4000亩，总亩数达2.9万亩；新增设施蔬菜1040亩，总亩数达3840亩；新增肉鸡养殖大棚13栋，年饲养量达315万只。持续抓好扶贫攻坚，实施易地搬迁、整村推进、产业扶持、科技培训四大扶贫增收工程，偏远山区、贫困人口的脱贫渠道越来越多、步伐越来越快。

五是加大民生投入力度，切实保障和改善民生。坚持教育优先发展，每年拿出3000万元，持续实施“3+9+3”免费教育。稳步推进卫生计生改革，新农合参合率全省领先、全市第一。紧紧扭住饮水工程、住房保障、道路交通、创业就业等民生实事，全年用于改善民生的资金达15.4亿元。认真落实“党政同责”，全面加强各个领域的安全生产。扎实推进“平安沁水”建设，不断创新社会管理，完善信访工作机制，推动信访积案和矛盾纠纷化解，全县社会和谐稳定。

四、加强民主法治和精神文明建设，营造良好的党风政风和民风

积极推进法治沁水建设。支持县人大及其常委会依法行使权力，加强法律监督和工作监督；支持县政协积极履行职能，制定并落实民主协商年度计划，围绕经济社会发展调查研究、协商讨论、建言献策；支持法院、检察院依法独立办案；组织全县党员干部在第一个“国家宪法日”举行集体宣誓活动，荣获“全国‘六五’普法中期先进县”。全面贯彻党的民族宗教政策，团结民主党派和无党派人士，巩固和发展最广泛的爱国统一战线。坚持党管武装，加强应急力量，促进了军民融合式发展。积极发挥工会、共青团、妇联等人民团体作用，科技、统计、审计、人民防空、残疾人保障各项事业取得了长足发展。

全面加强精神文明建设。牢牢把握新闻舆论的主动权和主导权，加大社会主义核心价值观宣传教育力度，全面推行“德行校园”“德行家庭”“德行乡村（单位）”创建，营造良好的家风、村风、民风、县风。牢牢把握“三贴近”原则，对涌现出的邵双龙、潘海波等10名“沁水好人”进行了大张旗鼓的表彰，树立了新形象，弘扬了主旋律，激发了正能量，提振了精气神。荣获“山西省创建文明县城工作先进县”。

（刘　建）

附：一、中共沁水县委书记、副书记、常委名单

书　记：秦建孝（3月离职）　范兆森（3月任职）

副书记：原光辉（6月任职）　李玉山　范兆森（3月离职）

常　委：郭沁林　梁云辉　李喜红（女）　原　健　霍卫星　李咏锋

二、乡镇党委书记名单

龙港镇

书　记：于建斌（6月离职）　丁坚强（6月任职）

樊村河乡

书　记：李书华

中村镇

书　记：郭　斌

土沃乡

书　记：车功强

张村乡

书　记：毛兴学

郑庄镇

书　记：张永忠

苏庄乡

书　记：原沁霞（女）

端氏镇

书　记：刘建庭（6月离职）　常志峰（6月任职）

嘉峰镇

书　记：牛沁斌

郑村镇

书　记：王海军

胡底乡

书　记：李振强

固县乡

书　记：韩海亮

柿庄镇

书　记：常志峰（6月离职）　刘永会（6月任职）

十里乡

书　记：樊宽社

中共临汾市委工作概况

市委书记　罗清宇

2014年，在省委的正确领导下，市委全面贯彻党的十八大和十八届三中、四中全会精神，深入学习习近平总书记系列讲话精神，认真落实省委十届六次全会精神，紧紧围绕“净化政治生态、实现弊革风清，重塑山西形象、促进富民强省”的重大部署，以党的群众路线教育实践活动为统揽，以“四个年”活动为抓手，着力稳增长、促改革，抓转型、惠民生，转作风、树正气，全市经济建设、政治建设、文化建设、社会建设、生态文明建设和党的建设都取得了新的进展。

一、深入贯彻省委重大决策部署，坚决与中央和省委保持高度一致

全省领导干部大会以来，以王儒林书记为班长的新的省委班子，站在历史、现实和未来的高度谋划山西发展，着眼于干部队伍思想建设、组织建设、作风建设和制度建设，提出了一系列革弊立新、激浊扬清的思路和举措。特别是省委十届六次全会，全面阐述了新的省委班子的施政理念，提出了治晋兴晋强晋的系统举措，贯穿了法治思维、改革精神和管党责任，抓住了问题的根本和要害，回应了群众的关切和期盼，指明了前进的方向和路径。对省委的重大决策部署和重要工作安排，市委第一时间学习研究，第一时间组织推动，第一时间抓好落实。先后多次召开市委常委会议、全市领导干部大会，引导全市各级党组织和党员干部不断深化中央对山西工作重要指示精神的认识，不断深化对山西省出现严重问题的认识，不断深化对反腐倡廉、刷新吏治、匡正用人导向重要性的认识，不断深化对省委重大工作部署的认识，进一步廓清思想，凝聚共识。广大干部群众一致认为，中央对山西省严重腐败问题进行查处，体现了以习近平同志为总书记的党中央从严治党的鲜明态度和对山西工作的重视支持。全市上下坚决拥护以王儒林书记为班长的新的省委班子权威，决心以高度的政治自觉和政治担当，切实把省委的各项决策部署贯彻到底、落实到位，为开创山西弊革风清、富民强省新局面作出应有贡献。

深入开展学习讨论落实活动，是省委在山西重大历史关头作出的重大决策部署，体现了省委落实中央精神的坚定政治态度、对山西发展的高度负责和关心爱护干部的良苦用心。临汾市委高度重视，坚决贯彻。12月5日召开动员大会对全市的学习讨论落实活动进行了全面安排，制定出台了活动《实施方案》，市委副书记任活动办主任，6名常委牵头负责6个工作组。为确保活动取得实效，以项目化思路推进活动落实，把6个方面、23项任务、58项成果全部落实到了牵头单位和责任部门。市委常委坚持以上率下，带头参与活动，观看警示教育片，开展反思讨论，并确定了包联单位。市委组建了19个督导组，既督导县市区，又督导市直部门，做到了督导工作全覆盖。围绕从严管党治党、党风廉政建设和反腐败斗争，分3批对全市县级领导干部进行集中培训，多名市委常委亲自授课。全市的学习讨论落实活动起步健康，进展顺利，正在扎实、有力、有序的推进中。

二、深入推进党风廉政建设，以“零容忍”的态度惩治腐败

山西省发生的系统性、塌方式腐败问题警示我们，反腐败斗争的长期性任务、复杂性情况和反复性特征没有根本改变。按照省委“以更坚决的态度和更有力的举措，深入开展党风廉政建设和反腐败斗争”的要求，临汾市委旗帜鲜明、坚决有力地推进党风廉政建设和反腐败斗争。一是进一步强化“两个责任”。市委多次就落实“两个责任”进行专题研究，制定了《关于落实党风廉政建设党委主体责任和纪委监督责任的实施意见(试行)》，细化了党委(党组)班子、主要负责人及班子成员在党风廉政建设和反腐败工作中的具体职责，明确了党委的12条主体责任和纪委的7条监督责任，划分了责任主体之间的责任界限，着力构建权责对等的责任分解体系、科学规范的责任落实机制、完整闭合的责任追究链条。通过党风廉政建设述职报告会、廉政谈话、签字背书、一案三查等方式，不断强化各级各部门履行“两个责任”的自觉性和主动性。先后追究不认真履行“两个责任”的领导干部和纪检监察干部237人，其中“一把手”13人。二是进一步保持“三个高压态势”。切实加大案件查处力度、反对“四风”力度和打黑除恶力度，扎实开展专项整治，下大力气清政风、纠行风、正社风。特别是对现在还不收敛、不收手的，坚决查办、坚决打击，做到有案必查、有腐必反、有贪必肃。2014年，各级纪检监察机关共受理群众信访举报4092件(次)，立案1734件、结案1734件，处分1747人。其中，处分县处级干部30人，乡科级干部309人。还通过山西日报、临汾日报等媒体公开通报了10起违法违纪案件，起到了很好的震慑作用。三是进一步加强廉政文化建设。廉政文化建设是增强拒腐防变能力的重要举措。通过深入挖掘和借鉴历史优秀廉政文化，打造了霍州署衙、彭真故居、永和红军东征纪念馆等24个廉政教育基地。开展了“廉政文化月”活动，安排警示教育120批次，受教育党员干部6000余人次，进一步增强了各级干部反腐倡廉的自觉性。四是进一步推进“六权治本”工作。市委组织专人赴长春考察，进一步认识到省委提出的“六权治本”是

从源头上预防和遏制腐败的一剂良药。研究制定了《关于深入推进“六权治本”工作加强对权力运行制约和监督的指导意见》，在全省率先进行了探索。依托市政务服务中心，着力建立综合审批和资源交易“两个平台”，实行统一规范的管理模式，抓紧确立“权力清单”、“责任清单”，查找工作漏洞和制度缺失，健全完善有效管用的制度体系，力争把市政务中心打造成为“六权治本”的示范点。

三、牢牢抓住第一要务，努力保持经济平稳健康发展

2014年，面对市场持续低迷、经济下行压力加大的严峻形势，市委积极适应经济发展新常态，围绕省委提出的“六大发展”，采取一系列强有力的措施，努力保持经济平稳健康发展。一是着力加大对实体经济支持力度。市委多次召开会议就经济形势和经济工作进行专题研究，市四大班子领导带队，开展了两轮督导调研，对省“煤炭20+17条”、“保障工业运行12条”和支持中小微企业发展等政策措施，一项一项细化落实，帮助企业想办法、渡难关。发动企业整合重组、抱团取暖，成立了“晋南钢铁贸易公司”，增强了抵御市场风险的能力，有效稳住了全市经济基本面。二是着力推动产业转型。传统产业方面，实施了煤矿基本建设、焦化链条延伸、千万吨级优特钢等项目，启动了洪洞京能、蒲县宏源、古县西山煤电等3个低热值煤发电项目。新兴产业方面，实施了新兴际华高端铸件、梅亿新能源汽车产业园、江苏鸿典新材料、玉柴发动机等一大批产业转型项目，新兴产业项目投资占到全市重点监测项目的42%。现代服务业方面，大力推进山西国际陆港园区和空港物流园区建设，侯马开发区国家电子商务示范基地建设稳步推进。襄汾龙澍峪旅游景区竣工开放，曲沃晋国博物馆建设工程基本完成，2014年旅游总收入同比增长20%。围绕转型发展，着力推进重点项目“六位一体”各项工作，项目储备、签约、落地、开工、建设、投产全部完成或超额完成省定目标任务。积极推进招商引资工作，全市签约项目149个，总投资2535.2亿元。三是着力推进“百里汾河经济带”建设。把“经济带”建设作为统揽临汾经济社会发展的龙头工程，整体建设取得实质性进展。总体规划获国务院批复上升到了国家战略层面，6个专项规划通过了专家评审，基础工程进展顺利，河道治理及绿化工程全面竣工。临汾机场初步具备通航条件，大西高铁客运站及站前广场、景观大道等工程已完成，滨河东路基本竣工。以环城高速、108国道、滨河东西路为主体的“一城三区”交通网已基本形成。现代农业园区和新型农村社区“两区同建”扎实推进，12个小城镇启动了连片规划建设。四是着力加强“三农”工作。以稳定发展粮食生产为首要任务，以促进农民持续增收为核心目标，着力打造西山以鲜果为主、东山以干果中药材为主、平川以蔬菜为主的三大特色农业板块，坚持不懈推进农业现代化，加快构建新型农业经营体系，努力促进农业发展、农民增收、农村稳定。全市粮食总产达275.7万吨，增长6.8%，再创历史新高，实现“五连增”。农村居民人均可支配收入完成8755元，同比增长11.4%。五是着力推动改革创新。积极承接中央和省改革事项，做好取消和下放管理层级行政审批项目的落实和衔接工作，截至2014年底，市本级保留行政审批事项112项，缩减率为75%。依托市政务服务中心，进一步整合行政审批、公共资源交易等业务，初步实现了行政审批全过程全方位监督。稳步推进土地有序流转，开展非国有资本参与国企改革试点工作，扎实推进煤炭资源税从价计征，探索实施临汾、侯马经济开发区扩区工作，各项改革都取得了积极进展。

四、坚持高标准严要求，扎实开展群众路线教育实践活动

市委把党的群众路线教育实践活动作为一项重大政治任务，坚持高起点开局、高标准推进、高质量收官，取得了预期成果。一是深化学习教育，增强行动自觉。通过集中学习、专题辅导、讨论交流等形式，不断深化思想认识、打牢思想基础。把践行“三严三实”、弘扬学习焦裕禄精神作为一条红线，开展了“学习焦裕禄、争做好公仆”主题活动，共组织专题辅导和交流讨论会4804场。通过持续深入的学习教育，广大党员干部的思想得到了净化，灵魂接受了洗礼，贯彻执行群众路线的意识和能力进一步增强。二是广泛征求意见，深入查摆问题。把开门搞活动作为一条重要原则，坚持真开门、敞开门，围绕“四风”问题和群众反映强烈的突出问题，真心实意地听取各方面的意见。市委常委以“访知解”、“下乡住村”和“五个一”活动为载体，深入基层广泛征求意见，既面对面、背靠背征求意见，又主动晒出问题清单，邀请“两代表一委员”进行评议，对查找的问题进行了反复聚焦。全市各活动单位共查摆问题15943条，其中市级278条，县（市、区）1936条，市直单位1278条，乡镇（街道）2954条，县直单位9775条。三是坚持整风精神，坦诚开展批评。市委常委严格按照中央、省委的要求，严肃认真地召开了班子专题民主生活会。市委常委逐一进行对照检查，进行了积极健康的思想交锋，共提出批评意见和建议270条，平均每位成员查摆问题23项，真正红了脸、出了汗。市四大班子、县乡班子、市直各活动单位都召开了高标准、高质量的专题民主生活会。农村、社区等基层组织都普遍召开了专题组织生活会。各级领导班子成员都以普通党员身份参加了所在支部的组织生活会。四是兑现整改承诺，积极建章立制。市委常委会共确定整改项目122个、专项整治37个、制度建设35个，全部落实了牵头领导、责任单位和整改时限，市委组织部建立了台账，市纪委跟踪督查。各活动单位针对查摆出的问题和向群众作出的整改承诺，明确了整改任务、目标要求、推进措施、完成时限和责任人。服务群众“一百千万”活动，共确定服务项目11133件，已启动9956件，完成7570件；“纪律松弛、吃拿卡要”专项治理，查处案件673件，给予218人党政纪处分；基层组织专项整治，198个软弱涣散村级组织和661个“定查评”工作法拓展不深的机关党组织已完成整顿，103个办公活动场所面积不足的社区，已完成整顿32个。坚持破立并举、注重建章立制，形

成了一批制度成果。

五、始终坚持以人为本,保持社会和谐稳定

市委把改善民生作为工作的出发点和落脚点,着力解决人民群众最关心、最直接、最现实的利益问题,切实加强和创新社会管理,确保人民安居乐业、社会安定有序。一是着力保障和改善民生。坚持把就业作为民生工作的头等大事,新增城镇就业 5.19 万人,转移农村劳动力就业 5.26 万人,城镇登记失业率低于省定目标 1.2 个百分点。推进各类教育均衡发展,深入开展"名师、名校、名校长"创建活动,教育教学质量持续提升,高考二本达线率 42.32%,再创历史新高。全面深化医药卫生体制改革,县级公立医院改革全部完成,临汾新医院项目如期竣工投入使用,新农合参合率达到 99.3%。大力发展文化事业,加快公共文化服务体系建设,不断完善公共文化设施,规划展览馆投入运行,博物馆主体竣工,图书馆加快建设;提前完成"十二五"20 户以下广播电视村村通工程,有线电视村村通覆盖率达 81%。全市共开工建设各类保障性住房 1.8 万套,实施农村危房改造 1.4 万户。乡村清洁工程、农村困难家庭危房改造、村级幼儿园改造、贫困人口异地搬迁、新型职业农民培训等"五件实事",可全部完成年度目标任务。二是继续加强环境治理。市委、市政府开展了"环境提升年"活动,实施了"大气环境、水体质量、城乡清洁、生态治理、交通秩序"五大提升工程。在全省首家制定了以 PM2.5 为重点的《大气污染防治实施方案》,市区天然气置换和 26 个城中村、80 个城郊村燃煤炉灶气化改造全面推进,有效减少了雾霾天气。全面启动实施北城濠沟排水、河西污水处理、龙祠水源地净化等工程,成功申报山西省唯一的国家节能减排财政政策综合示范城市,将为临汾市未来 3 年争取到不少于 12 亿元的国家财政补贴资金。加快涝洰河等生态工程建设,全市营造林 46 万亩。全年,市区二级以上天数 240 天,其中一级天数 41 天。三是切实抓紧安全生产。严格落实安全生产党政同责的《实施意见》,深入开展领导干部与企业主要负责人"知责、履职"谈心活动,进行了安全生产大检查、开展了"六打六治"专项行动、隐患排查专项整治,不断打击非法违法生产经营行为,加大对危险货物、道路交通、煤矿、非煤矿山、危险化学品、民爆品等重点行业领域的监管力度,全市安全生产形势稳定好转。四是高度重视信访稳定。认真开展"百日双百案"群众信访诉求化解和"双百"专项活动,全力控制赴省集体访和进京非访,有效解决了一大批群众信访问题。特别是全国"两会"、十八届四中全会和北京 APEC 会议期间,基本实现了省里提出的"四个坚决防止"目标。加强"平安临汾"建设,实现了县、乡、村三级社会服务管理中心和网格化管理"全覆盖",组织开展缉捕涉爆等专项行动,八类危害严重的刑事案件同比下降 10.36%。同时,高度重视网络舆情,正确把握舆论导向,健全完善了"零报告"信息反馈机制、突发事件和重大舆情协调联动机制,严防网络炒作事件,营造了良好舆论氛围。

六、高度重视民主法治建设,法治临汾建设稳步推进

认真贯彻落实党的十八届四中全会精神,把法治建设摆到更加突出的位置,紧密结合临汾市实际,切实运用法治思维和法治方式,全面推进临汾法治建设。坚持和完善人民代表大会制度,召开了市委人大工作会议和纪念全国人大成立 60 周年座谈会,支持人大依法履职,开展了百里汾河经济带建设"每季一督查、每次有主题"活动,对学前教育、扶贫开发进行了专题询问,对市中院司法公开实施了重点监督,综合运用审议报告、执法检查、满意度测评等形式对"一府两院"17 项工作进行监督,更好地发挥了地方国家权力机关的作用。坚持和完善中国共产党领导的多党合作和政治协商制度,开展了"百名政协委员下基层活动",组织政协委员就经济社会发展中的重大问题进行调研视察,利用社情民意和政协提案两个载体,积极建言献策,促进全市经济社会健康发展。加强同各民主党派和无党派人士的合作共事,组织各党派开展学习习近平总书记系列重要讲话专题交流活动,开展了"坚持和发展中国特色社会主义主题教育活动"。开展了"以商招商、共建临汾"系列招商活动,举办了"临汾大讲堂"活动,大规模、多层次培训民营企业家,有力地推动了全市民营企业的发展。加强和改进侨务工作。加强宗教工作和民族工作,切实维护团结稳定大局。全面推进依法行政,深化行政体制改革,不断完善行政决策机制、严格行政执法,进一步强化了对行政行为的监督,法制政府建设成效明显。牢固树立司法为民理念,不断推进审判公开、检务公开、警务公开,着力推动公正司法,努力维护社会公平正义。大力开展法治宣传教育,采取法制讲座、任前法律考试、送法下乡等多种形式,进一步扩大了法制宣传教育的覆盖面和影响力。支持工会、共青团、妇联等人民团体充分发挥作用。积极做好对台工作。坚持党管武装原则,支持国防和驻临部队现代化建设,健全军地协调和维稳指挥机制,军民融合式发展取得新的成效。

七、坚持党要管党、从严治党,全面提高党建工作科学化水平

临汾市委牢牢抓住党建工作这个根本,切实增强抓党建"主业"意识,刷新吏治,改进作风,努力把管党治党的责任落到实处,为改革发展稳定各项工作提供坚强保障。一是抓理论武装。认真学习贯彻十八大和十八届三中、四中全会精神、习近平总书记系列讲话精神、省委十届六次全会和省委书记王儒林同志讲话精神。市委中心组集中学习 19 次。制定了全市干部教育培训五年规划,建立了领导干部上讲台制度,实施了送学下乡工作。出台了《关于建设学习型党组织的意见》,继续推进党委(党组)中心组学习制度化、科学化、规范化,举办了专题研讨培训班 8 期,轮训县级干部 1200 人次。二是抓干部队伍。认真贯彻《干部任用条例》,积极推进干部选任制度改革,不断匡正选人用人风气。按照省委的部署,认

真做好“三个一批”工作：甄别一批不廉洁的干部，退出一批不作为的干部，掌握一批善作为的干部。出台实施了《关于市管领导班子和领导干部综合分析研判的实施办法》，制定了《市管干部推荐考察工作细则》和《市管干部任免工作规程》，对动议、推荐、考察、讨论决定等关键环节进行了细化，促进了干部推荐考察的规范化，做到了风清气正。深入推进“人才强市”工作，加大人才工作基地建设，研究制定了《引进高层次优秀人才实施办法》，拓展了引进交流人才渠道。三是抓基层组织。全面落实党建工作责任制，实行市、县、乡、村四级书记“面对面”述评制度，深化“基层组织提升年”活动，不断夯实党的执政基础。大力实施农村（社区）“领头雁”延伸培训计划，对全市5597名农村（社区）“两委”主干、23879名“两委”委员和1726名大学生村官进行了集中培训，实现了培训“全覆盖”。出台了《关于进一步建设服务型党组织推进“定查评”工作法的意见》，实现了服务任务项目化，完善了服务机制。深入开展“三不”问题专项整顿，接长了服务短板。严把政治标准，严格依法依规，村（社区）“两委”换届基本完成。开展“十旗十标”活动，选树了尧都区乔村、侯马市郭村两个基层服务型党组织典型，选树了襄汾县邓庄镇镇长马健、团职村官张建国、山庄支书贺兰珍等一批身边的好干部、好党员典型。继续探索县级党代会常任制，积极推行乡镇党代会年会制，大力支持党代表工作室建设，基层组织凝聚力、战斗力和创造力不断增强。四是抓改进作风。进一步严明政治纪律，教育引导各级干部不听谣、不信谣、不传谣，坚定政治立场，做到“四个服从”，维护党委权威，确保令行禁止。深入贯彻落实中央“八项规定”，市委常委身体力行、率先垂范，各级党员领导干部认真落实，不打折扣，全市干部作风得到明显改善。全市40个单位公开和简化了办事程序，县乡村三级共建立健全便民服务中心913个。先后查处违反“八项规定”案件1179件、处分1245人。以“清吃喝、清房、清车、清卡、清节礼和带案下访解民忧”的“五清一解”活动为载体，查处大吃大喝、大操大办案件548起，处理违规违纪人员486人；清理违规车辆331辆；清理超标准、出租出借、违规占用办公用房10万余平方米；查结省纪委交办案件121件，给予党政纪处分149人。

（陈波轶）

附：中共临汾市委书记、副书记、常委名单

书　记：罗清宇

副书记：岳普煜　王文英

常　委：黄翠莲（女）　赵建民　陈国荣　李东洪　张明星　白建荣　乔建军　陈小洪　王振富

中共尧都区委工作概况

区委书记　赵志坚

2014年，在省委、市委的正确领导下，尧都区委深入学习贯彻党的十八大和十八届三中、四中全会精神，紧紧围绕“净化政治生态、实现弊革风清，重塑山西形象、促进富民强省”的重大部署，以党的群众路线教育实践活动为统揽，按照市委“四个年”活动的安排，团结带领全区各级党组织和广大干部群众，集中精力、埋头苦干，转变作风、狠抓落实，全区各项事业迈上了新的台阶。

一、深入学习贯彻习近平总书记系列重要讲话精神，坚决与省委和市委保持高度一致

坚持把学习贯彻习近平总书记系列重要讲话作为重大政治任务，坚持领导带头，不断丰富学习形式，常委会先后20次学习研究，多次进行专题学习讨论；全区各级党组织深入学习宣传发动，全面领会把握实质，进一步强化了广大党员干部的政治意识和大局观念，深化了对涉及党和国家事业一系列重大理论、实践问题和工作部署的认识，有力地推动了各项工作的落实。在党的群众路线教育实践活动开展中，牢牢把握“为民务实清廉”主题，以“照镜子、正衣冠、洗洗澡、治治病”为总要求，聚焦作风建设，突出实践特色，从严从实推进各环节工作。区委常委班子带头学习，共组织专题辅导和交流讨论会56场，举办专题党课11次；通过召开座谈会，发放征求意见表，设立征求意见箱，公开电子邮箱等形式，广泛征求社会各界意见2000余条；针对群众反映的突出问题，区委坚持边学边查边改，重点推行了领导干部“体验基层”活动、“无障碍、零距离”主题实践活动、“关爱三类人”活动、人才服务基层“四个一百工程”等立行立改的十项举措，全区教育实践活动实现了高起点开局、高标准推进、高质量收官，得到了中央、省委和市委的充分肯定。

学习讨论落实活动是省委在山西重大历史关头作出的重大决策部署。活动一开始，区委就把学习习近平总书记系列重要讲话精神及省、市委对学习讨论落实活动的有关要求和部署等内容，作为活动开展的首要任务抓紧抓实，区四大班子带头参加，带头学习，先后进行了5次中心组集体学习，区委专门聘请有关领导和专家学者，集中3天对全区162名

正科级以上领导干部进行了封闭式培训。在深入学习的基础上，区委常委班子率先垂范，多次组织会议讨论，认真查摆问题，深入剖析原因，最终形成了反思剖析报告。报告认真列举了落实党委“主体责任”主抓意识不强、落实纪委“监督责任”突出主业主责不够、反对“四风”的高压态势没有持续形成等21个具体问题。在区委常委班子的示范带动下，全区各单位深入开展了讨论剖析，93个单位全部形成了针对性较强、挖掘较深的反思剖析报告。

二、主动适应经济发展新常态，全力做好经济社会发展各项工作

2014年区委按照中央稳中求进的总基调，积极适应经济发展新常态，围绕省委提出的“六大发展”和市委提出的“四个年”活动，采取一系列有力措施，努力保持经济平稳较快发展。2014年，辖区生产总值完成249.5亿元，同比增长3.7%；全社会固定资产投资完成267.5亿元，同比增长11.9%；公共财政预算收入完成15.96亿元，同比增长1.5%；城镇居民人均可支配收入完成26258元，同比增长9.1%；农村居民人均可支配收入完成11306元，同比增长11.8%。

一是持续推动产业转型。始终坚持以转变经济发展方式为主线，加快产业结构调整，全区三次产业比例达到4:28.2:67.8，经济结构得到进一步优化。农业“三大基地”建设成效显著。全区设施蔬菜面积达到7.6万亩，优质水果面积达到14.2万亩。特别是在核桃基地建设方面，2014年投入资金1.04亿元，新栽植核桃7万亩，总面积达到27万亩。工业转型稳步推进。贾得工业园区15公里主干道路全面完工，18公里供水工程全线贯通，项目入园条件已经具备，北斗导航、云鹏药业等项目将陆续入驻园区；严格落实“煤炭20+17条”、“保障工业运行12条”等政策，全区原煤产量达到628万吨；按照“小钢铁变大铸造”的理念，东方恒略(志强钢铁)二期15万吨精密铸件项目已投产运营。现代服务业提档升级。奥特莱斯芭蕾雨嘉励商城、上东世纪CBD城市经济综合体、生龙国际商贸城、新百汇商业广场主体工程已经完工；红星美凯龙家居购物广场和临汾建材家居博览城项目开工条件已经具备；恒安新东城美特好开业运营。

二是狠抓重点项目建设。把项目建设作为推动经济发展的总抓手，继续落实项目包联责任制和“三定一抓一评”督查机制，项目建设“六位一体”指标位居全市前列。全区项目储备完成2500亿元，签约完成165亿元，落地完成200亿元，开工完成190亿元，投产完成170亿元。56个省、市重点项目完成投资177亿元，投资额度再创历史新高。太原煤气化300万吨煤化工项目产能置换已经完成，规划已上报省国资委批复；奥特莱斯芭蕾雨嘉励商城、上东世纪CBD、生龙国际商贸城、新百汇商业广场、工贸大楼改扩建项目主体工程已经完工；恒安新东城美特好超市开业运营。

三是全力保障和改善民生。基础设施建设项目进展顺利。涝河生态建设完成投资18.7亿元。河道治理工程汩河段基本完成。景观工程龙湾园成园成景，已向市民开放。实施了总投资达112亿元，总里程56公里的16条城市道路建设工程。目前，滨河东路南北延、滨河西路北延、秦蜀路南延道路工程基本完工，景观大道、五一东路竣工通车。累计投资3000万元，37个社区活动场所达到200平方米的标准。社会各类事业均衡发展。在教育方面，投资2660万元，改建扩建了13所公办和民办幼儿园；投资1440万元完成了98所学校的校舍维修改造工程。在医疗卫生方面，重点实施了总投资1170万元的吴村镇、大阳镇等5个乡镇卫生院的改建工程；在社会保障方面，开工建设城市棚户区改造项目3300套；区就业和社会保障服务中心大楼项目主体工程已经完工。城乡面貌明显改观。在全区范围内开展了乡村清洁集中整治行动，累计投入4700万元，配置各类保洁清运车辆1500余辆，清理垃圾74万方。投资1500万元，全年总植树150万株，绿化道路80公里。

三、认真落实从严管党治党要求，全面加强党的建设

区委牢牢抓住党建工作这个根本，切实增强抓党建“主业”意识，严格落实“两个责任”，刷新吏治，改进作风，深入推进反腐败斗争，努力把管党治党的责任落到实处，为改革发展稳定各项工作提供坚强保障。

一是严格落实“两个责任”。制定了《关于落实党风廉政建设党委主体责任的实施意见(试行)》和《关于落实党风廉政建设纪委监督责任的实施意见(试行)》，细化了党委(党组)班子、主要负责人及班子成员在党风廉政建设和反腐败工作中的具体职责，明确了党委主体责任15条和纪委监督责任16条，划分了责任主体之间的责任界限，厘清了责任清单，着力构建权责对等的责任分解体系、科学规范的责任落实体制、完整闭合的责任追究链条。同时，通过党风廉政建设述职报告、廉政谈话、专题培训等形式，不断强化各级各部门履行“两个责任”的自觉性和主动性。2014年，全区共受理信访举报230件，立结157件，党政纪处分157人，移送司法机关2人；其中重处分23人，科级干部28人。

二是狠抓干部队伍建设。认真贯彻《党政领导干部选拔任用工作条例》，积极推进干部选任制度改革，不断匡正选人用人风气。按照省、市委的部署，认真做好“三个一批”工作。出台实施了《尧都区机关事业单位借用工作人员审批办法》，明确了借用人员审批程序，建立了借用人员工作台账。下发了《关于进一步规范尧都区科级干部因私出国(境)证件管理的通知》，并要求各单位上报在职科级干部备案信息和上交相关人员护照。认真开展了人才服务基层的“四个一百工程”，扎实推进涝河专家(博士)科研服务基地工作，在项目攻关、课题研究、培育人才、服务发展等方面发挥了重要作用。

三是全面加强基层组织建设。全面落实党建工作责任制，进一步引深“定查评”工作制度，实行区、乡、村三级书记“面对面”述评制度，不断夯实基层组织建设。建立了区委、党委、支部三级联治机制，全区23个软弱涣散基层党组织得到

整改转化。针对全区社区办公活动场所面积不足的问题,区委进一步加大支持力度,累计投资3000万元,37个社区活动场所达到200平方米的标准。认真抓好农村、社区“两委”换届选举工作,严厉打击拉票贿选行为,确保选举过程风清气正。目前372个农村、57个社区两委换届选举工作圆满完成,实现了“十种情况”人员零当选。

（王志宇）

附：一、中共尧都区委书记、副书记、常委名单

书　记：赵志坚

副书记：王　震　杨午生　杨保春（挂职）

常　委：李建国　鲁立波　乔飞鸿　牛少白　郭婷慧（女）　刘元福

二、乡镇（街道）党（工）委书记名单

尧庙镇

书　记：汤国庆

贾得乡

书　记：史大胜

段店乡

书　记：孔令泽

屯里乡

书　记：张　峰

乔李镇

书　记：薛向阳

大阳镇

书　记：洪文斌

县底镇

书　记：张卫峰（5月去世）

贺家庄乡

书　记：李　俊（女）

金殿镇

书　记：王　勇

刘村镇

书　记：张朝晖

吴村镇

书　记：汤晓燕（女）

土门镇

书　记：任伟民

魏村镇

书　记：席新红

一平垣乡

书　记:徐　玉

枕头乡

书　记：赵怀忠

河底乡

书　记：苏兰记

汾河街道

书　记：秦奇杰

辛寺街道

书　记：高向阳（女）

解放路街道

书　记：李艳芳（女）

南街街道

书　记：王洪锁

西街街道

书　记：刘　云

水塔街道

书　记：王千里

车站街道

书　记：贾志琦

铁路东街道

书　记：张福民

乡贤街道

书　记：王育红

中共侯马市委工作概况

市委书记　李朝旗

2014年,全市上下始终团结一致,坚定立场,奋力赶超,坚定不移地落实“三三”战略,三大经济、三大目标等多项工作都取得了令人鼓舞的成效,为侯马市的发展和稳定打下了坚实基础。

一、党建概况

（一）组织概况

2014年侯马市共有24个党委,5个党工委,2个工委,51个党总支,549个党支部。其中,3个乡党委,5个街道办事处党工委,9个直属党（工）委,11个二级党委,6个代管企业、学校党委（总支、支部）。76个行政村中,7个村党总支、95个村党支部。

全市共有党员13736名（含预备党员298名）。其中,男10678名,女3058名,少数名族党员59名。年龄结构,35岁以下党员4460名,36岁至54岁党员5801名,55岁以上党员3475名。入党时间,新中国成立前75名,1949年10月至1976年10月入党的2611名,1976年11月以后入党的11125名。文化程度,大专以上党员5212名,高中（中专）学历党员4442名,初中以下党员4082名。

2014年发展新党员238名,其中生产一线238名,35岁以下192名,女党员84名。全市现有入党积极分子804名。

(二)党的建设

1、党的群众路线教育实践活动圆满收官。组织全市257个单位、13318名党员,分市、乡、村三个层次,梯次展开,压茬推进,坚持规定动作不走样,自选动作有创新,取得了良好成效。期间,中央第八巡回督导组、省委第十督导组和临汾市委书记罗清宇等多次到侯马市调研检查,对活动开展情况给予了高度评价。

2、基层党建工作扎实有效推进。农村、社区"两委"换届工作进展顺利。截止12月20日,76个村全部完成了党组织换届和村委会换届,村委会换届进度位居临汾市第一。

3、"定查评"工作法全面推行。全市614个基层党组织均推行了"定查评"工作法,年初共制定服务发展大事705件、服务民生实事633件、服务群众难事588件,共计1926件。目前已完成1855件,完成率达到96.3%。

4、干部工作积极稳妥推进 以组织人事干部为重点,对新修订的《干部任用条例》开展了多种形式的专题培训。按照"好干部"标准,对市转型综改办、市安监局、市重点办、市环卫局的领导班子进行了调配,为全市8个乡办选配了专职组宣委员(副科级非领导职务)。对机关事业单位借用人员情况进行了摸底自查和集中清理工作。完成了机构和人员编制核查工作。

5、坚持从严依规治党 强化监督执纪问责。加强压力传导,落实"两个责任",持续狠刹"四风",2014年累计检查612次,下发整改通知76件,给予了17人党政纪处分,辞退2人。同时,在群众路线教育实践活动的整改落实阶段,集中开展奢侈浪费行为、党员干部参赌涉赌、教育行业不正之风、"会所中的歪风"等41个"四风"突出问题专项整治,党员干部作风明显好转。2014年,全市各类会议减少53个,同比减少23.14%,发放文件减少220个,同比减少28.57%,公务接待支出减少659万元,同比下降52.4%,公务用车支出减少144万元,同比下降9.9%。 坚持以零容忍态度惩治腐败,2014年,全市共立结各类违纪违法案件67件,给予71人党政纪处分。在查处的67件案件中,大要案21件,其中乡科级干部要案13件,万元以上经济案件9件,窝案1件。给予71人党政纪处分,其中开除党籍11人,留党察看14人,撤销党内职务1人,党内严重警告10人,党内警告8人;行政撤职3人,行政降级3人,行政记大过2人,行政记过6人,行政警告18人。在被处分的71人当中,5人被给予党政纪双重处分,26人被给予撤职以上重处分,有力震慑了违纪违法行为。

二、重大决策与主要工作

(一)关于2014年总体目标任务

2014年,在全市上下的共同努力下,积极应对宏观经济增速减缓带来的困难和挑战,不仅完成了年初确定的目标任务,而且不少指标取得历史性突破,跨入了临汾乃至全省的前列。全年地区生产总值共完成85.25亿元,同比增长8.5%,虽然略低于9.5%的预期目标,但比全省和临汾市平均增速分别高3.6和3.9个百分点,增速排名由临汾市最后一位进到了第2位;财政总收入和一般预算收入双双破关,分别完成8.75亿元和4.38亿元,增长幅度均超过30%,排在了临汾市的前两位和全省的前10位;规模以上工业增加值完成14.46亿元,达到了13.5%的预期增速,从临汾市的后3位进到了第3位;固定资产投资完成68.98亿元,增幅达到49.7%,由临汾市的后两位进到了第2位;社会消费品零售总额完成74.35亿元,同比增长10.1%;城镇居民和农村居民人均可支配收入达到2.28万元和1.18万元,分别增长9.4%和12.5%,均列临汾市的首位。省定的40多项考核体系中,侯马市其它绝大多数指标都排在了临汾市前列,2/3的指标超过了临汾市定任务目标。在临汾市"1+1"追加的六大项指标考核中,侯马市落实"四个年"活动、"三项治理"以及许多个性化工作都取得明显成效,为侯马市增添了荣誉。

(二)关于项目工作

产业转型离不开项目的支撑,经济的增长更要靠项目拉动。2014年,市委、市政府以项目建设为抓手,统筹工业、商贸、农业、基础设施和民生事业,组织实施了"百项工程大会战"。一年来,在市委、市政府的强力推动下,在包联领导、牵头部门和项目单位的共同努力下,全市续建和新开工的项目达到75个,其中,竣工投产项目47个,全年累计完成投资34.3亿元。同时,还有20多个项目前期工作也都取得了实质性进展。

(三)关于工业经济

侯马市及时采取一系列促增长措施,推动寰达焦化、华强钢铁、汇丰水泥等关联企业开展经营联盟、抱团取暖,积极促进北铜铜业、风雷机械等骨干企业的产能发挥,特别是加快推进同煤热电、通盛LNG、中晋机械、普天法尔胜光缆等11个重点项目的竣工投产,努力实现了工业经济的快速回升。园区建设取得新的进展,创新、生态两大园区围绕四大产业园的前期准备、围绕新项目的招引和落地、围绕园区基础设施功能的提升,都做了大量的工作。生化医药园区的旺龙药业新版GMP改造工程也已全面完工。

(四)关于商贸经济

侯马市发展商贸经济的思路不断完善,重点日益突出,措施也更加得力,特别是在一些薄弱环节和关键环节取得突破,收到了初步成效。在商贸加工业上,不仅数量上初具规模,而且拥有了福建宏盛鞋业、义乌紫天羽服饰等有一定影响力的企业。在传统市场改造升级上,火车站商圈的金钻国际商业广场、新兴纺织城、丽源商厦主体完工;轻工城商圈新招引的红星美凯龙国际商贸中心项目已经开工建设;东城新区晋园文化城一期主体工程竣工,万盛家具广场项目通过了概念性规划。在电子商务发展上,侯马市的品牌电商"马上购" 正式建成运营,成为全省规模最大的线上交易平台;以"O2O"为模式的"窝麦良品"也快速起步,已在全市建成了13家网上超市体验店。

（五）关于“三农”工作

认真落实国家各项惠农政策，农业生产稳定增长，种植结构进一步优化，国家小农水重点项目顺利启动，农村土地确权登记工作有序展开，3个村的试点任务基本完成。土地流转稳步推进，新流转5400余亩。农村新型经营主体健康发展，新培育农民专业合作社23个，家庭农场16个，得力食品、济斌酱菜、中条林源等农副产品加工龙头企业经营扩张，行业总产值达到4.5亿元。

（六）关于城镇化

坚持以“四城联创”为抓手，推进富裕、秀美、文明侯马建设，城乡环境面貌发生了显著变化。在基础设施建设上，倍受关注的大西高铁站前广场如期完工，实现了与高铁专线的同步运营，进一步提升了侯马市的交通枢纽地位；108国道一期改线工程、侯襄大桥桥面改造工程、北环路立交桥桥涵工程竣工通车；城市污水处理厂改扩建工程、中水输送管线建设工程、垃圾压缩转运站工程、生活垃圾填埋处理工程、电网增容改造工程全面完工；集中供热、天燃气扩容工程取得重大进展，新铺设集中供热管网21.3公里、天然气管网5.5公里，全市集中供热面积突破400万平方米，天燃气用户突破6万户，普及率都超过了90%。在提升城市品位上，程王公园建成并对市民开放；程王西路、望桥北街等8条市区主次干道和建成区人行道完成改造铺装，硬化总面积超过20万平方米；实施城市亮化和公厕改造工程，更新路灯7700余盏，新建公厕5个、改造达标24个。在生态工程建设上，城市街道绿化、农田林网和植树造林建设任务全面完成，紫金山灭荒完成一期5000亩，城市绿化覆盖率、森林覆盖率分别达到43%和22.3%。继续推进蓝天碧水工程，工程治污、结构治污、管理治污取得成效，按照新的监测标准，全年二级以上天数比上年增加52天、达到270天。在农村人居环境改善上，制订了《2014—2020年总体规划及2014年行动计划》，农民安居、完善提质、环境整治、宜居示范四大工程协调推进，共完成危房改造450户、异地搬迁298户、乡村道路硬化2.3公里、水土流失治理4000亩，全市有23个村通上了天燃气，33个村铺设了排水管网，46个村用上了城市自来水。特别是在创卫工作上，咬定目标、倾尽全力，大打了一场全民攻坚战。全市从城市到乡村、从主要街道到背街小巷、从老旧小区到农贸市场，从城中村、城郊村到铁路、公路沿线，到处都是主战场；从四大班子到机关干部、从沿街商户到社区居民，从环卫工人到社会志愿者，从驻侯各企事业单位到驻军部队，人人都是主力军。卫生城市的成功创建，为城市赢得了品牌，使家园更加清洁、更加靓丽。

（七）关于改革创新

以转型综改为统揽，着力推进“5521”工程，在行政审批制度改革、财税体制改革、招商引资和园区管理等十个方面，都取得了重要进展。在民营经济发展促进机制、公共服务供给机制、人才培养引进机制和城乡一体化发展机制创新上，也进行了积极的探索和尝试，有许多工作都成为了全省的亮点，起到了典型和示范作用。

（八）关于民生事业

加大公共财政投入力度，实施了教育提质、医疗服务、就业帮扶、社会保障、文化惠民等七大工程，民生事业有了新的改善。在教育提质方面，完成了南上官学校的改造加固和3所农村幼儿园的改扩建任务，加大了骨干教师和学科带头人的帮教力度，新招聘26名农村小学教师。全市学前教育毛入园率达到82%，中、高考再创好的成绩，特别是侯马一中的王大地同学以临汾市理科状元的优异成绩，被清华大学录取，成为高考升学的一大突破，也实现了广大教职人员多年的夙愿。职业教育健康发展，职业中专98%以上的毕业生都学有所成，走上了就业岗位。在医疗服务方面，积极推进国家基本药物制度改革，全市三级医疗机构共为城乡居民减轻用药负担170余万元；公共医疗普惠服务体系日益完善，全市90%以上的居民都有了个人电子健康档案。在社会保障方面，全市各类参保人员范围不断扩大，社保覆盖率达到97%。在就业帮扶方面，全年提供就业岗位16300个，新增就业人员7456人，城镇登记失业率控制在2%。在困难救助方面，全年共发放医疗救助资金560余万元、城市低保救助金1100余万元、农村低保救助金660余万元，全市1万多名困难群众得到了不同程度的帮扶。在文化惠民方面，全年共开展送戏下乡、电影下乡、进校园等活动1200余场次，节庆文化、消夏文化活动30余场，乡村、社区、企业、校园文化繁荣活跃。尤其是在城市街头游园、广场公园，在农村的村委会和小广场，到处都有群众自发组织的健美操、广场舞等健身活动，极大地丰富了群众的精神文化生活。

（郝　豪）

附：一、中共侯马市委书记、副书记、常委名单

书　记：李朝旗

副书记：王煦杰　马兴民

常　委：秦海玉　田怀宇　郑育敏　李俊胜　韩　睿　李会平

二、乡镇（街道）党（工）委书记名单

新田乡

书　记：郭旭东

高村乡

书　记：郭建伟

凤城乡

书　记：于　乐

上马街道

书　记：（暂缺）

张村街道

书　记：白爱华（女）

路东街道

书　记：董新胜

路西街道

书　记：乔新刚

浍滨街道

书　记：张爱军

中共霍州市委工作概况

市委书记　陈　纲

霍州市位于山西省中南部，临汾市北端，总面积765平方公里，下辖3个乡、4个镇、5个街道办，199个行政村（居），24个社区，总人口30万。全市共有党员14419名，女党员2847名，预备党员301名，基层党委11个，基层党总支46个，基层党支部598个。其中乡镇党委7个，街道党工委5个，下设党总支16个，党支部284个，共有党员8321名，建制村中有党组织227个，农村党员6595名；市直党委3个，党总支30个，党支部280个，共有党员5792名；非公党委1个，党支部34个，党员306名。

霍州市以党的十八大、十八届三中、四中全会精神为指导，按照习近平总书记从严治党的"八项要求"，全面加强党的建设，为全市经济社会发展提供了强有力的政治保证。

一、深入开展党的群众路线教育实践活动。按照中央、省市的统一安排部署，市党的群众路线教育实践活动自2014年3月6日启动，共有353个单位、643个基层党组织、14141名党员参加了活动。在全面完成各项规定动作的基础上，结合实际，创新载体，开展了"十查十看"集中整顿活动、"进百村联千户访万民"主题实践活动、培育和践行社会主义核心价值观系统工程等自选动作，狠刹了"四风"，活动取得了预期成效，形成了一批理论成果、制度成果和实践成果，得到了省委督导组和临汾市委督导组的肯定。全市共建立健全规章制度1180项，完成惠民实事1000余件、整改任务3000余项，切实提高了广大党员干部服务基层、服务群众、服务发展的能力。认真开展了教育实践活动"回头看"，在规定时限内全面完成了各项整治任务，巩固和拓展了教育实践活动成果，形成了改作风转作风的新常态。

二、扎实开展学习讨论落实活动。按照省市的统一部署，市学习讨论落实活动自2014年12月12日启动以来，共有342个单位、338个基层党组织、13281名党员参加了活动。坚持边学习、边讨论、边落实，创新开展了"四照四查"、"争做表率我先行"主题实践活动、落实"两个责任"践行"四述两谈"干部廉政谈话活动等，使活动更加切合霍州实际，有了载体、有了抓手。坚持以项目化思路推进活动落实，共确定了6个方面、23项任务、57项具体成果，已完成4个方面、6项任务、12项具体成果，营造了革弊立新、激浊扬清的政治风气。按照省市要求，开展了专项整治工作，确定了45项专项整治任务，全部明确了责任单位和目标要求，推进了各项整治任务，确保活动取得了实效。

三、全面加强思想政治建设。通过"领导干部大讲坛"和外出培训学习等方式，教育引导广大党员干部认真学习党的十八大、十八届三中、四中全会和习近平总书记系列重要讲话精神，坚决遵守党的政治纪律和政治规矩，思想上、政治上、行动上始终与中央、省委、市委保持高度一致。特别是学习讨论落实活动中，邀请多名省委党校的专家赴霍州授课辅导，分两期，每期三天，对全市700百多名科级干部集中集中进行了培训，干部队伍思想得到解放，理想信念更加坚定。

四、不断强化基层组织建设。深入推行"定查评"工作法，严格落实"四议两公开"制度，延伸拓展了"联述联评联考"制度，全面推行乡镇党代会年会制，出台了《关于进一步加强基层党建工作的实施意见》，扎实开展了基层组织"三不问题"专项整顿，不断夯实党的执政基础。同时，严把政治标准，严格依法依规，圆满完成村"两委"换届选举工作，基层党组织的凝聚力、战斗力、影响力明显增强。

五、着力狠抓干部队伍建。认真落实"三个一批"刷新吏治组合拳，制定了《开展"三个一批"活动实施方案》，选定了试点乡镇和部门，分批次对全市党员干部展开档案审核、个人事项报告核查、廉政谈话、民主测评、民意调查、部门会审等，为下一步甄别、退出、掌握干部奠定基础。大力推行干部包片、党员包户的党员联户制度，激励和动员广大党员干部进村入户，充分发挥政策法规宣传员、社情民意收集员、安全维稳管理员、矛盾纠纷调解员、环境卫生监督员、文明新风示范员、致富发家指导员、急难险重突击员的作用，建立健全了联系服务群众的长效机制。

六、扎实推进党风廉政建设。加大了廉政文化建设力度，投资2000余万元建成了霍州署廉政文化馆、廉政文化一条街、廉政公园、廉政文化墙、党纪教育基地，霍州署廉政文化馆被省纪委命名为"山西省廉政教育基地"；先后组织20余次强化政治纪律、廉政学习、廉政约谈、廉政座谈等方面的专题会议和活动，坚持用中央、省市典型案件和身边事例进行警示教育，切实筑牢了广大党员干部拒腐防变的思想防线。市纪委亮点工作连续3年位居临汾市第一。从严落实"两个责任"，研究制定了落实党风廉政建设党委主体责任和纪委监督责任的两个《实施意见》，认真落实党委主体责任，坚持"书记抓、抓书记"，建立了班子成员分片包联乡镇和部门工作制度，加强了党风廉政建设责任制考核，确保了责任制的全面落实。认真落实纪委监督责任，扎实开展了"纪律松弛、吃拿卡要"、"三公"经费支出等40项专项整治，重点对公款吃喝、公款旅游、公车私用、参赌涉赌、大办婚丧喜庆事宜等"四风"突出问题开展了监督检查，干部队伍精神风貌明显改观。切实加大案件查办力度，查处违纪违规案件152件，涉及副科级以上领导干部29人，党纪处分125人，政纪处分33人，重处分35人，移送检察机关4案4人，惩治了腐败分子、教育了干部群众，有力维护了党纪法规的严肃性。

2014年，霍州市委团结带领全市人民，紧紧围绕“建设三晋经济强市、实现整体率先发展”总体目标，牢牢扭住工业引深转型升级，农业建设三大基地，旅游实施联合开发，城市构筑五大板块，环境开展四城联创，民生提升五好标准六个“坚定不移”，奋力实施了总投资达200亿元的80项重点工程，推动了经济社会整体率先发展。2014年全市生产总值完成89.3亿元，工业增加值完成47.6亿元，固定资产投资完成151.67亿元，社会消费品零售总额完成28.63亿元，城镇居民人均可支配收入完成23594元，农村居民人均可支配收入完成10868元，公共财政预算收入完成7.2亿元，较好完成了上级下达的各项目标任务，全市经济社会发展呈现出稳中有进、稳中向好、稳中提质的良好态势。

一、不断加快产业转型，发展后劲明显增强。全面引深工业转型，新产业聚集区霍东新型工业园区9家公司投产达效，液化天然气调峰储气一期进入试运营阶段，霍化公司恢复生产，华润风能发电稳步推进，霍煤、霍电、兆光等骨干企业转稳趋增，工业基础不断夯实、蓄势待发。巩固提升农业三大基地，新增无公害蔬菜2000余亩、核桃林2000余亩、优质苹果3000余亩，新建续建规模养殖场20个。特别是西张垣现代农业生态循环示范园区，完成投资700余万元，建成大型蓄水池、控制室、观景台等设施，300余栋温室安装了水肥一体化设施，万隆蔬菜、兴龙芦笋分别成功创建部级和省级蔬菜标准园，特色农业示范引领、成效初现。发展壮大旅游商贸，七里峪景区入口引导区、上霍线尉候段改线等工程有序推进，林溪晋茶精品酒店具备营业条件，商务服务中心、镇山文化博物馆等项目进展顺利，景区建设初具规模；陶唐峪景区开发、贾村娲皇庙修缮稳步推进；州里商业文化街全面完工，美华购物中心、万佳福超市投入运营，旅游商贸业势头迅猛、蓬勃发展。尤其是获批资源枯竭城市5年来，共争取到国家补贴资金7个多亿，为霍州市的转型发展提供了强大的财力和政策支撑。

二、着力狠抓扩容提质，发展基础更加坚实。以建设区域性中心城市为目标，坚持旧城改造和新区开发双轮驱动，加快了霍州署文化产业示范园、水榭花都、橡胶厂棚户区改造、东关、赵家庄城中村改造等项目建设，完成了人防地下商业街、中镇国际花园等项目主体工程，打造了一批高端示范小区，改善了人居环境，扮靓了城市形象。建成了大西高铁霍州东站，完善了霍东大道地下管网，完成了经三路北段、冯霍线、义那线、上霍线至霍州东站连接线、新建南路及南涧河桥等工程。尤其是，投资2亿余元实施了“8+2”城市道路改造工程，对10条城区主干道路进行了高标准绿化、亮化、美化，实现了管网入地、人车分流、标准提升，彻底消灭了几十年来盘绕在城市上空的“蜘蛛网”，人居环境进一步提升。两年来，全市新建改造道路总里程达88.7公里，累计投入资金3.4亿元，道路交通提质升级，路网结构更加完善。

三、巩固提升四城联创，发展环境不断优化。强力整治城乡环境卫生，实施了乡村清洁工程、农村连片整治、“百日会战”环境执法专项行动，全市共清运垃圾6万余方，清理“四堆”2000余处，清扫面积360万平方米，城乡环境明显改善。加大了汾河、南涧河、对竹河治理力度，完成了生态富民林业、市乡通道绿化、永和采摘园三期等工程，打造了“一街一道一园”精品工程。投资2.2亿元，推进了热电联产、天然气扩户，全市集中供热面积达到420万平方米，完成天然气扩户1.7万户，市区集中供热供气实现全覆盖，蓝天碧水得到强力支撑，生态霍州基础更加坚实。全市二级以上天数330天，其中一级以上天数72天。连续6年荣获省级卫生城市，荣膺“省级文明城市”。

四、不遗余力改善民生，发展成果人民共享。大力发展社会事业，职教中心主体完工，霍东新区小学完成征地和前期手续，市三中运动场投入使用，基础教育信息化建设全面完成。高考二本以上达线847人，升学率达到1/3，连续3年实现了稳步回升；中考优秀率、及格率等6项指标高于临汾市平均水平，综合排名进入前三。连续6年举办爱心助学活动，累计筹款1200余万元，资助学生上万名。计生工作成效明显，荣获国家级计划生育优质服务先进单位、省级人口和计划生育工作目标管理责任制考核先进市。文化事业扎实推进，霍州市连续三届蝉联中国民间文化艺术之乡，退沙办许村入选第三批中国传统村落，科教文卫事业健康发展。不断强化社会保障，制定出台《霍州市社会救助实施办法》，提高了四类困难家庭学生、农村80岁以上老人救助标准，超额完成了新农合、新农保参保任务，社会保障覆盖率达到98%；按照政策，及时补发了行政事业单位人员津补贴6600万元，“五有”、“五好”长效机制不断完善。全力维护社会稳定，扎实开展了“六打六治”专项行动，全年事故起数、死亡人数均下降43%，连续7年保持临汾市安全生产先进市。坚持市级领导固定接访和信访包案制度，出台信访工作责任追究办法，压实了信访责任，明确了工作职责，全年累计解决各类信访案件704批、1749人次，连续3年实现重大节点赴省进京集体“零上访”。中央政法委书记孟建柱、国务院秘书长杨晶、省委副书记楼阳生等领导作出批示，国家信访局综合指导司莅临霍州专题调研，并在全省推广了霍州经验。出台了《六六创安实施方案》《平安霍州建设五年规划(2013—2017年)》，深入开展“一村一警”联系走访活动，持续引深“打黑除恶”专项行动，严厉打击各类违法犯罪，连续6年蝉联临汾市平安县市，有力维护了社会稳定。

（薛忠华）

附：一、中共霍州市委书记、副书记、常委名单

书　记： 陈　纲

副书记： 崔山原

常　委： 周文伟　陈占平　郑效锋　黄晓君(女)
高雅铭　刘国平　晋英俊
肖安邦(挂职，11月离职)

二、乡镇(街道)党(工)委书记名单

辛置镇

书　记：房文斌

白龙镇

书　记：郭惠民

李曹镇

书　记：荀彦龙

大张镇

书　记：李晓斌

陶唐峪乡

书　记：张　斌

三教乡

书　记：郭丽华(女)

师庄乡

书　记：张文轩

退沙街道

书　记：杨海林

南环街道

书　记：闫会波

北环街道

书　记：白　亮

鼓楼街道

书　记：杜　明

开元街道

书　记：段小刚

中共曲沃县委工作概况

县委书记　朱晓东

2014年，在省委、市委的正确领导下，曲沃县委坚持以党的十八大和十八届三中、四中全会精神为指导，认真贯彻落实省、市重大决策部署，团结带领全县各级党组织和广大党员干部群众，深入实施“三大战略”，加快建设“三大基地”，全县经济建设、政治建设、文化建设、社会建设和党的建设都取得了新成效。

全县党组织概况

曲沃县共有573个基层党组织，其中，20个党委，27个党总支，526个基层党支部。共有党员12107名，其中，党政机关党员2030名，国有企事业单位党员1914名，农民党员5969名，非公企业党员229名，离退休人员1002名，其他职业963名。

党的建设全面加强

中共曲沃县委认真贯彻落实中央、省委和市委的部署要求，坚持党要管党、从严治党，以党的群众路线教育实践活动为抓手，不断推进学习型、服务型、创新型党组织建设，党的建设科学化水平全面提升。在思想政治建设上，围绕习近平总书记系列讲话精神以及中央、省、市重大决策部署和从严管党治党各项要求，全县89个单位、593个基层党组织通过采取省市专家辅导讲、领导干部带头讲、集中培训专题讲等形式，组织开展了形式多样的学习教育培训活动。四大班子领导率先垂范，530名科级领导干部集中轮训，12005名党员积极参与，组织县委中心组学习12次，举办专题培训班10余次，全县广大党员领导干部理想信念更加坚定，党性修养进一步加强。在领导班子和干部队伍建设上，坚持德才兼备、以德为先的用人标准，继续实行“一推双考一票决”(民主推荐、平时考核、组织考察、常委会票决)的办法，配备了1名乡镇党委书记，配齐了乡镇和社区专职组宣委员，配强了纪委领导班子，实现了7个乡镇和158个村纪检监察组织全覆盖。严格干部队伍监督管理，建立健全了85份乡科级领导班子政绩档案和530份个人实绩档案，把干部的日常管理、实绩考核、教育培训三项制度落到了实处。在基层组织建设上，探索形成了“党代表工作室—县党联办—县党政联席会”三级办理机制，全县319名县级党代表驻室接待党员群众1320人次，帮助解决实际问题910件，实现了服务群众常态化。深入落实“定查评”工作法，扎实开展“三不”问题专项整治，8个软弱涣散村级组织、8个“定查评”工作拓展不深的单位全部整改到位。深入开展“在职党员进社区”活动，2256名在职党员到社区开展服务，103个单位与6个社区建立起“共驻共建”关系。大力实施“两推一选”办法，严格落实“三有三带”标准，农村“两委”换届工作全面完成，基层党组织凝聚力、战斗力、号召力明显提升。在民主政治建设上，加强对人大、政协、一府两院和工会、共青团、妇联等群团组织的领导，支持他们协调一致、创造性地开展工作。党管武装工作进一步加强，“双拥”共建活动取得明显成效。充分发挥统战工作的积极作用，把社会各界的力量和智慧凝聚到了加快曲沃发展上。在作风建设上，严格落实中央“八项规定”，大力改进文风会风，精简压缩会议、文件，2014年，全县性会议同比下降10%、发文数量同比下降15%；严格执行财经纪律，严控“三公”经费开支，“三公”支出同比下降49%。持续聚焦“四风”，扎实推进38项专项整治，开展了“纪律松弛、吃拿卡要”专项整治和“四查看四防治”等专项行动，先后处分各类顶风违纪人员31人，全县广大党员干部作风明显转变。在党风廉政建设上，制定出台了《中共曲沃县委关于落实党风廉政建设党委主体责任和纪委监督责任的实施办法(试行)》，积极推行基层党建书记“面对面”述评座谈会、党风廉政建设述职述廉报告会、廉政谈话、一案三查等工作方式，各级各部门履行“两个责任”的自觉性和主动性显著增强。依托东城新区、磨盘岭景区、晋国博物馆三个廉政文化教育基地，充分发挥曲沃监狱警示教育平台作用，先后对1200余名党员干部进行了廉政教育，筑牢了反腐倡廉的思想防线。制定出台了《关于强化权力监督制约深入推进“六权治本”工作的实施方案(试行)》，对“六权治本”工作进行了系统部署。着力推进综合性政务和公共资源交易“两个平台”建设，厘清明确权力和责任“两个清单”，进一步查找工作漏洞，完善制度体系，推动工作开展。严格落实“一案三查”制度，全力支持纪检监察机关查办案件，严厉惩治违法乱纪行为，全年共查办违规违纪案件76件，处分81人，移送司法机关4人，以反腐倡廉的实际成效赢得了群众的信任与支持。

经济社会各项事业取得新成效

县委坚持把调整产业结构、推动经济转型作为实现县域经济社会发展的首要任务，狠抓工业转型升级、农业规模扩张，大力发展文化旅游产业，全县三次产业比例更加协调，经济结构日趋合理，县域经济社会保持了平稳健康发展的良好势头。2014年，全县地区生产总值完成86亿元，同比增长8.2%；规模以上工业增加值完成45.6亿元，同比增长10%；公共财政收入完成3.02亿元，同比增长0.91%；固定资产投资完成72.8亿元，同比增长27.6%；城镇居民人均可支配收入达到24705元，同比增长10%；农民人均纯收入达到11456元，同比增长13%。在工业发展上，以建设全省千万吨钢铁基地为目标，引导推动立恒、通才携手周边县、市4家钢企联手组建晋南钢铁贸易公司，构建电子商务销售平台，统一采购、统一物流、统一销售，实现了钢铁产业逆境中的稳步发展。支持帮扶亚华制盖、三星铸造、方圆塑业等规模企业推进技术创新，实施项目扩张，为全县工业经济发展注入了活力。全年工业总产值达261亿元，规模以上工业增加值达到45.6亿元，全县工业经济保持了稳中向好的良好态势。在农业发展上，以建设全省最大的设施蔬菜基地为目标，加快推进“晋之源”八大农业园区建设，重点实施了园区扩容提质工程，蔬菜大棚面积发展到3.8万亩、水果面积达到4.5万亩、大蒜面积达到3万亩。大力发展畜牧养殖，重点规划发展了9个“晋之源”现代畜牧示范园区，畜牧总产值达到8.8亿元。曲沃县先后被授予“国家级现代农业示范区”、“全省农民增收先进县”和全市“一村一品、一县一业先进县”。在文化旅游发展上，以建设全国晋文化研究开发基地为目标，以晋国博物馆为龙头，着力推进“六区一带”精品旅游线建设。历时5年精心打造的晋国博物馆正式对外开放，成功举办了中国文化遗产日山西省主会场活动，桥山景区、浍河景区、大悲院晋南石雕艺术博物馆等10余个旅游景点基本形成，全年各景区共接待游客80余万人次，旅游创收超亿元，曲沃对外知名度和影响力进一步扩大。在城乡建设上，东城新区建设累计完成投资18亿元，晋都公园、幼儿园、商业广场等工程相继投入使用，星级酒店、晋都文化中心和3所行政大楼主体已经完工，在建和拟建商住面积达到了76万平方米，一个环境更加优美、功能日趋完善的现代化新区初具规模。投资近3000万元推进百镇建设，曲村镇被列入全国重点镇建设行列，西海村被评为“山西最美旅游村”。全力实施了城乡清洁、大气环境、水体质量、生态环境、交通秩序“五项提升”工程。总投资9962万元的汾河生态修复、小型水库除险加固、生活垃圾无害化填埋场和县乡道路循环改造工程全部完工。二氧化硫、工业粉尘等主要污染物排量明显下降，淘汰限行黄标车、老旧车1761辆，PM10浓度同比下降2%，二级以上天数达到358天，生态环境质量明显改善。在社会事业发展上，教育水平进一步提升，15所中小学和6所幼儿园基础设施建设全面完成，公开招聘的30名教师全部上岗，高考二本B类以上达线率54.8%。安康居住工程稳步推进，600户农村困难家庭危房改造、234套廉租房分配工作以及新建的102套廉租房、100套经济适用房主体工程全部完成。全面深化医药卫生体制改革，县级公立医院改革全部完成，公共医疗卫生服务水平明显提升。五大保险覆盖面持续拓宽，帮扶救助工作深入推进，社会保障能力不断增强。安全生产、社会治安、信访稳定等各项工作富有成效，社会大局和谐稳定。

（祁　磊）

附：一、中共曲沃县委书记、副书记、常委名单

书　记：朱晓东

副书记：郭惠勇　崔绍民

常　委：成　功　程世杰　武兰萍(女)　牛春平(女)　刘岐山　费向前　管功克(4月离职)　王学斌(4月任职)

二、乡镇党委书记名单

乐昌镇

书　记：李继红

北董乡

书　记：于彩霞

史村镇

书　记：魏　波

曲村镇

书　记：孟海河

杨谈乡

书　记：杜　斌

里村镇

书　记：武勇刚(11月任职)

高显镇

书　记：秦康杰

中共翼城县委工作概况

县委书记　郭行杰

一、党组织及党员队伍概况

截止 2014 年年底，全县共有党组织 621 个，其中包括 16 个党(工)委，6 个党组，40 个党总支和 568 个党支部。拥有党员 15557 名，其中：女党员 2477 名；少数民族党员 74 名；机关事业单位在岗职工党员 4192 名；离退休职工党员 1969 名；农村党员 8079 名；其他社会、经济组织中党员 590 名。

二、贯彻落实上级决策部署情况

2014 年，翼城县委始终保持高度的政治责任感和政治敏锐性，将学习贯彻中央和省委、市委决策部署，特别是习总书记系列重要讲话精神，以及深入开展党的群众路线教育实践活动和学习讨论落实活动两项活动，作为重大政治任务来抓，认真组织、扎实推进，取得了积极成效。

(一)认真学习贯彻习近平总书记系列重要讲话精神和省委、市委重大决策部署，不断增强政治定力。翼城县委通过会议传达、专题培训、集中轮训、基层宣讲等多种形式组织学习习近平总书记系列重要讲话精神、中央对山西工作的重要指示精神、全省领导干部大会精神和省委、市委的各项决策部署，全年共召开县委常委会、县委中心组理论学习会、宣讲报告会、全县领导干部大会组织学习近 30 次；邀请国内知名学者教授举办“翼城大讲堂”8 期；举办全县乡科级领导干部、农村“两委”主干、非公经济党组织书记、大学生村官集中轮训 10 期；组建县委宣讲团深入乡村、机关、学校、企业做辅导报告 100 余场(次)，全县广大党员干部自觉运用习近平总书记系列重要讲话精神武装头脑、指导实践的能力进一步提升，坚持正确政治路线和政治方向的自觉性进一步增强。

(二)深入开展党的群众路线教育实践活动，着力转变工作作风。将深入开展党的群众路线教育实践活动，作为严肃党内政治生活、整治“四风”突出问题、促进干部作风转变的重大契机，县委常委班子坚持发挥示范引领作用，组织全县各级活动单位认真开展学习教育，主动广泛征求社会意见，深入查摆班子及个人“四风”问题，严肃认真地召开专题民主生活会和组织生活会，真刀真枪开展自我批评，使全县广大党员干部普遍经受了一次严格的党性锻炼和思想洗礼，党员意识普遍增强，工作作风切实转变。特别是大力推进整改落实工作，全县各级活动单位确定的 1233 项阶段性整改任务，已完成 1126 项，320 项长期整改任务正积极推进；确定的 575 项专项整治任务已完成 544 项；1318 项制度建设任务全部完成，一大批关系群众切身利益的、群众反映强烈的、基层普遍存在的问题得到有力整治，受到了全社会的充分肯定。

(三)扎实推进学习讨论落实活动，全力净化政治生态。县委将学习讨论落实活动作为巩固拓展群众路线教育实践活动成果，着力解决政治生态问题、构建弊革风清政治生态的有力抓手，在集中学习教育上下功夫，组织县委中心组集中学习和专题讨论 6 次，举办科级干部学习讨论落实活动专题培训班 4 期，对全县 615 名科级干部进行了集中培训；在深入反思剖析上下功夫，组织全县各级活动单位认真组织专题讨论，查找政治生态方面问题 830 个，并在反复征求意见的基础上认真撰写反思剖析报告，目前，全县各级活动单位的反思剖析报告已全部起草完毕，初步审核工作也全部完成；在推进任务落实上下功夫，通过明确牵头单位和责任部门、主要领导签字背书、强化包联指导等方式，着力推动 6 个方面、23 项任务、58 项具体成果的落实，截止目前，9 项任务中的 14 项具体成果已完成；8 项需省委出台相关文件后贯彻执行，其余 36 项已全部启动并有序推进。

(四)全面落实十八届四中全会精神，大力推进依法治县。县委坚持把法治翼城建设放在突出位置，深入贯彻落实党的十八届四中全会精神，统筹推进严格执法、公正司法、全民守法各项工作，制定了《关于全面推进依法治县、努力建设法治翼城的实施意见》，为全面推进法治翼城建设确立了目标、方向和路径；法院、检察院、公安局执法司法的公开力度进一步加大；坚决督促落实了审判权力运行机制、检察办案责任制和公安机关执法岗位责任制，司法责任制进一步完善；涉法涉诉信访改革全面推进，“诉”与“访”的标准进一步明确，确保了涉法涉诉信访案件能够依法导入司法程序处理。同时，普法宣传工作扎实推进，以县广播电视台《经纬剧场》栏目为平台，以群众关注的热点法律问题为主要内容，制播法治短剧 50 余集；以青少年人群为重点对象，在全县中小学深入开展了“爱祖国、学法律、创和谐”青少年普法系列活动，在全县营造了学法、知法、守法的浓厚氛围。

三、党的建设情况

2014 年，县委牢固树立“抓好党建就是最大政绩”的工作理念，坚持基层组织建设、党风廉政建设、领导班子和干部队伍建设“三个从严”，统筹推进从严管党治党各项工作，为全县改革发展提供了坚强的政治保障。

(一)狠抓基层组织建设，不断提升服务能力。以开展“服务群众年”活动为契机，启动实施了“163”服务项目，全县确定的 723 件惠民实事、便民好事、利民实事全部完成年度目标任务，群众关注的教育医疗、就业养老等方面的一大批现实利益问题得到解决；对 11 个软弱涣散村级组织进行了彻底整顿,基层组织"三不"问题得到有效解决。特别是将农村"两委"换届作为从严管党治党的具体实践,坚决把好方案制定、宣传动员、资格审核、选举程序、责任落实、换届纪律六道关口,严格组织,认真实施,全县212个村的"两委"换届任务全部顺利完成,农村基层组织的战斗力、凝聚力明显提升。

(二)狠抓党风廉政建设和反腐败工作,着力营造风清气正的政治环境。县委认真贯彻落实上级关于党风廉政建设和反腐败斗争的工作部署,研究出台了《关于落实党风廉政建设党委主体责任和纪委监督责任的实施意见》,县委常委班子带头履行党委主体责任,班子成员带头履行"一岗双责",县级领导带头严格执行廉洁自律各项规定,以上率下,促进了"两个责任"的落实;扎实推进派驻纪检机构"全覆盖",增设了17个事业单位纪检组长编制,纪检监察工作力量得到了有效充实;通过开展主体责任"面对面"述职、警示教育、重要传统节日发送廉政短信等形式加强教育引导,党员领导干部廉洁自律的思想自觉和行动自觉切实增强;健全完善了"三重一大事项"运行流程等一系列制度,查找廉政风险点45个,制定和完善防控措施302项,以"一网多平台"为核心,初步建立了"科技+制度+文化"的防控体系,广大党员干部拒腐防变的"防火墙"更加坚实。同时,不断加大案件办理力度,受理信访举报151件,查结各类案件86件,处分党员、干部86人,有力震慑了贪腐行为,严惩腐败的高压态势正在形成。

(三)狠抓领导班子和干部队伍建设,切实树立正确的选人用人导向。县委把制度建设作为加强领导班子和干部队伍建设的重点,坚持将"三严三实"要求纳入干部监督管理体系,制定出台了《关于进一步加强领导班子思想政治建设的意见》《关于加强领导干部日常管理监督的若干规定》《关于进一步加强领导班子和领导干部日常考察综合研判的实施办法》等制度,领导班子和干部队伍建设的规范化、制度化水平不断提高。同时,按照《干部选拔任用工作条例》和20字好干部标准要求,在乡镇组宣委员的选任工作中,把基层一线作为最好的赛场,牢牢坚持"凭实干出实绩、凭实绩用干部"的鲜明导向,充分征求乡村两级、相关部门意见,严格选拔任用程序,差额考察、差额票决,10名"有能力、肯吃苦、善作为"的优秀年轻干部脱颖而出,为基层党建工作增添了有生力量。

四、经济发展情况

2014年,县委牢牢坚持发展这个第一要务不动摇,直面经济社会发展中的现实难题,不等不靠、迎难而上,经济社会发展的质量和效益明显提高。

(一)以创优发展环境为重点,经济运行实现止跌回稳。针对宏观经济下行压力持续加大,主导资源性产品市场需求低迷,骨干税源企业停产的困难局面,坚持从解决难题、减轻负担、创优环境三方面入手,坚决遏制经济下行态势,实行了县四套班子领导定点联系企业制度,为29家企业协调资金2.1亿元,扎实开展涉煤收费清理规范工作,坚决整治"吃拿卡要"和乱检查、乱罚款、乱摊派问题。特别是在翼钢公司整合重组工作上,多次赴甘肃嘉峪关与酒钢集团协商洽谈,与省内外多个有意参与翼钢重组整合的企业进行对接,积极帮助企业解决生产设施认定问题,切实加快了翼钢公司的整合重组进度;针对永益公司投产后铸管外运难的问题,多次与省直有关部门沟通协调、争取支持,得到了省交通厅和省交管局批复,为企业解决了燃眉之急。通过不懈努力,各企业发展的信心不断增强、发展态势平稳趋好,有效稳定了全县经济运行的基本面,为2015年经济运行企稳回升提供了坚强保障。

(二)以加快产业结构调整为重点,转型发展迈出坚实步伐。针对全县产业结构单一、产业基础脆弱、产业素质低端的现实问题,翼城县以培育新的经济增长点为目标,狠抓项目建设不放松,努力推进传统产业提质、农业发展增效、第三产业兴起,煤电化产业园区热电联产和隆化北煤矿项目,园区规划省发改委已正式批准,县政府与阳煤集团、北京能源投资集团签订了合作框架协议;华星公司2万吨铸件项目、永利建材项目建成试产,飞翔公司2万吨柴油机多缸缸体项目进入设备调试阶段,传统产业转型步伐不断加快;全县设施蔬菜拱棚面积达到1500余亩,苹果总产量达到15万吨、总产值达6亿元,现代农业集约化、规模化水平不断提升;投资3.1亿元,以建设国家5A级风景区为目标的历山景区开发协议正式签订,全县旅游产业发展迈入了市场化、规范化、科学化推进的新阶段,县域经济发展的后劲切实增强。

(三)以解决热点民生问题为重点,人民群众的幸福指数明显提升。2014年,翼城县全力克服财政收支矛盾,将财力尽可能多地向民生领域倾斜,全力解决人民群众最关心、最直接、最现实的利益问题,在改善人居环境上,城区非法占地、违法建设"网格化"管理整治工作深入推进,城市建设秩序得到初步规范;争取亚行贷款900万美元启动了净水厂项目建设,县城背街小巷硬化实现全覆盖,公共文体活动室建设完成,高标准公厕建成投入使用,城乡环境卫生整治持续推进。在社会事业发展上,翼城中学宿舍楼、餐厅建设和薄弱学校教学设备改造项目顺利推进,中考成绩名列全市榜首,高考二本以上达线率再创历史新高;县级公立医院改革顺利推进,县医院、中医院药品零差率销售和"先看病后付费"制度进一步巩固完善,县医院迁建项目扎实推进;城乡低保对象保障标准、五保户集中供养和分散供养标准进一步提高,社会保障能力进一步提升;城乡文体活动场所设施不断改善,各类文化活动深入开展,各项社会事业发展不断取得新进步。同时,社会主义核心价值观宣传教育活动深入开展,道德模范和文明翼城人评选表彰活动不断引深,"道德讲堂"、"善行义举榜"建设扎实推进,讲文明、树新风、促和谐的社会氛围更加浓厚,人民群众的幸福指数不断提升。

(四)以强化责任落实为重点,安全稳定形势持续好转。坚持将维护安全稳定作为第一责任,积极构建"党政同责、一岗双责、齐抓共管"的安全生产责任体系,认真开展"安全生产大检查"、"六打六治"专项行动和隐患排查专项整治,安全生产的措施更加有力、基础更加牢固;以杜绝非正常进京上访、规范信访工作秩序为重点,认真落实信访联席会议制度、领导轮流接访制度和包案制度,深入开展群众信访诉求专项化解活动,一大批群众信访问题得到有效解决;以“六六创安”工程为抓手,严厉打击各类犯罪行为,重拳整治突出治安问题,充分发挥社会服务管理平台作用,积极稳妥推进司法体制改革,“平安翼城”建设深入推进,全县安全稳定形势持续好转。

(高　伟)

附:一、中共翼城县委书记、副书记、常委名单

书　记:郭行杰

副书记:杨春权　张志宏

常　委:卫　勇　杨建军　董跃明　任吉龙　许拥军　孙晋辉　师香丽(女)

二、乡镇党委书记名单

唐兴镇

书　记:翟力龙

南唐乡

书　记:胡国华(女)

里砦镇

书　记:任延青

王庄乡

书　记:翟铭娟(女)

浇底乡

书　记:李学东

隆化镇

书　记:李兴智

桥上镇

书　记:单建明

西闫镇

书　记:刘双辉

中卫乡

书　记:李维跃

南梁镇

书　记:张新民

中共浮山县委工作概况

县委书记　孙京明

2014年,在省市委的正确领导下,中共浮山县委全面贯彻党的十八大和十八届三中、四中全会精神,深入学习习近平总书记系列重要讲话精神,认真落实省委、市委的重大决策部署,紧紧围绕“全面建成小康社会,加快建设美丽浮山”总目标,集中精力抓大事、管全局、促落实,全县经济建设、政治建设、文化建设、社会建设、生态文明建设和党的建设都取得了新的成效。

牢牢把握正确方向,坚决与党中央和省委、市委保持高度一致。坚持把学习习近平总书记系列重要讲话作为长期的重大政治任务和做好工作的根本遵循,深学细照笃行,始终在思想上政治上行动上与以习近平同志为总书记的党中央保持高度一致。认真贯彻落实中央、省委、市委的重大决策部署和重要工作安排,第一时间学习研究、组织推动、抓好落实。扎实开展党的群众路线教育实践活动和学习讨论落实活动,深刻反思剖析整改“四风”和政治生态方面存在的突出问题,全县各级领导班子整改突出问题2224个,制定出台和修订完善规章制度1351项,查处“吃拿卡要”、“庸懒散拖”干部73人,压缩会议、文件、评比达标表彰活动127个,压缩“三公”经费437.4万元。全县党员干部的思想得到了净化,灵魂接受了洗礼,贯彻执行群众路线的意识和能力进一步增强,净化政治生态、实现弊革风清、重塑山西形象、促进富民强省的认识更深入、行动更坚决。

认真履行管党职责,党建工作得到加强。牢固树立党建“主业”意识,旗帜鲜明地推进党风廉政建设和反腐败斗争,出台了《关于落实党风廉政建设党委主体责任和纪委监督责任的实施意见》,探索推行了一把手“五不直接分管”制度,启动县政务服务中心、县级公共资源交易平台建设,强化了对权力运行的监督和制约。加大纠风惩腐力度,全年查结案件107件,给予党纪政纪处分122人,形成了震慑力和警示力。全方位培养锻炼干部,全年组织开展各类培训7500人次。严格落实干部谈心谈话制度、个人有关事项报告制度,开展干部“走读”专项整治,多层面加强干部监督。引深拓展“定查评”工作法和“亮晒评”群众工作法,共收集民事诉求信息4578件,已办结4456件。深入开展基层组织“三不”问题专

项整顿，圆满完成第十届农村“两委”换届选举工作，基层组织凝聚力、战斗力和创造力得到增强。

全力推进项目建设，发展基础更加坚实。紧紧扭住“一渠水、一条路、一批企业”不放松，引沁入汾浮山引水工程开工建设，实现了浮山人民多年来的夙愿，项目完成后将有效缓解浮山县工农业缺水问题；中南铁路竣工通车，浮山出行的高等级公路、浮山客货站、自备专用线建设正在加紧协调推进，制约浮山发展的交通瓶颈正被逐步打破。中强煤焦电化材一体化园区项目正在加快推进，焦化、矿用聚氨酯、节能板材项目完成桩基施工，年产3.2万吨活性炭项目建成投产，福山煤业90万吨升级改造项目联合试运转。浮山县成功列入第二批国家资源综合利用“双百工程”示范基地县，是全省唯一入选的县份，为尾矿资源综合利用奠定了坚实基础。华润风力发电项目正在加紧建设，有机农业稳健起步，“印象田园”生态农业示范园区框架形成，尧山森林公园循环道路开通，玉杰现代农业循环经济链条进一步延伸，县域经济发展后劲不断增强、发展基础更加坚实。

大力发展社会事业，人民生活得到改善。深入开展“五城联创”和“环境提升年”活动，实施了“大气环境、水体质量、城乡清洁、生态治理、交通秩序”五大提升工程，对县城新风街、神山路及部分乡村道路进行了改造，县城新增集中供热面积15万㎡，集中供气管网覆盖率达95%。实施了尧山森林公园、矿区绿化等林业工程，全年造林4.25万亩，二级以上天数保持在300天以上，人居环境得到改善。老年活动中心、青少年活动中心、职工活动中心竣工投用，图书馆、文化馆、影剧院、尧山广场配套、清微观修缮工程基本完成。国家级义务教育均衡县创建工作通过省市验收，县级公立医院改革全面推进，廉租房建设完成年度任务。创业就业和社会保障工作扎实推进，621件“一百千万”服务项目全部完成，农村人畜饮水改造、农村危房改造、农村老年人日间照料中心等惠民实事得到落实。

着力加强社会治理，社会大局保持稳定。加强社会主义核心价值体系建设，开展“五个十佳”评选表彰活动，弘扬主旋律、传播正能量，营造了健康、向上的社会风尚。认真贯彻执行新修订的《安全生产法》，严格落实企业主体责任和政府监管责任，强化重点行业领域安全监管，开展隐患排查专项整治，全县安全生产形势稳步好转。加强社会治安防控体系和综合治理，强化社会舆情分析研判与应对处置，严厉打击各类违法犯罪活动，群众安全感进一步增强。严格落实县级领导接访制度，深入开展“百日化百案”信访诉求化解专项活动，一批突出信访问题得到解决或稳控。深入推进法制建设，支持人大、政协依法履行职能，统战工作、党管武装工作进一步加强，工会、共青团、妇联、科协、残联等群团组织的作用进一步发挥，和谐稳定局面进一步巩固。

（周　鑫）

附：一、中共浮山县委书记、副书记、常委名单

书　记：孙京民

副书记：梁秀娟（女）

常　委：尚　彬　任俊杰（1月离职）　张晓晖　刘云生　戴石高　赵顺兆（1月任职）

二、乡镇党委书记名单

天坛镇

书　记：盖　勇

响水河镇

书　记：杨　哲

张庄乡

书　记：丰志华

东张乡

书　记：陈波轩

槐埝乡

书　记：吉秀红（女）

北王乡

书　记：邢　磊

北韩乡

书　记：张克彪

米家垣乡

书　记：张　真

寨圪塔乡

书　记：杨　波

中共襄汾县委工作概况

县委书记　王国平

2014年，中共襄汾县委坚持以科学发展观为指导，以习近平总书记系列重要讲话精神为根本指针，团结带领全县广大党员干部群众，扎实开展党的群众路线教育实践活动、省委学习讨论落实活动、市委“四个年”活动，全面推进经济、政治、文化、社会、生态文明建设和党的建设，各项工作都取得新的成绩。

一、认真落实从严管党治党要求，深入推进党风廉政建设和反腐败斗争

认真落实主体责任。坚持压实责任，把党风廉政建设纳

入经济社会发展和党的建设总体布局，列入领导班子、领导干部目标管理，同研究、同实施、同考核。坚持选好用好干部，对新提任的13名乡镇组宣委员，充分征求纪检、政法等部门的意见，防止“带病提拔”。认真落实“八项规定”精神，开展了30项专项整治活动，集中解决了一批群众反映强烈的突出问题。深入推进源头治理，完善了县委议事规则和“三重一大”决策程序。支持纪委履行监督责任，将纪检监察部门参与的议事协调机构精简为11个，集中精力查办案件，共立查案件145起，党政纪处分145人。扎实推进“六权治本”。认真落实市委《关于深入推进“六权治本”工作加强对权力运行制约和监督的指导意见》，依托县政务大厅，积极推进“两集中、两到位”建设，着力建好综合审批和公共资源交易“两个平台”；深入推进廉政风险防控工作，清理权力项目5719个，规范工作流程929项，规范了权力运行，促进了依法履职。积极开展廉政文化建设。宣传著名廉吏于成龙的典型事迹，广泛开展廉政文化进机关、进社区、进家庭、进学校、进企业、进农村、进景点活动，在全县营造了廉荣贪耻的社会氛围；深入开展警示教育活动，组织党员干部观看警示教育片300多场次，给党员干部发送廉政短信1万余条，进一步强化了广大党员干部的廉洁自律意识。

二、坚持高标准严要求，扎实开展党的群众路线教育实践活动、省委学习讨论落实活动

党的群众路线教育实践活动圆满收官。坚持深学细照，增强行动的自觉性。采取规定篇目集中学、警示教育推进学、典型为镜对照学等形式，组织广大党员干部认真学习；县委作出《关于向马健同志学习的决定》，广泛开展了向马健同志学习的活动。坚持问题导向，深入查摆问题。围绕“四风”突出问题，真心实意地听取各方面意见。班子成员以“访知解”“下乡住村”等活动为载体，既面对面、背靠背征求意见，又主动晒出问题清单，邀请“两代表一委员”进行评议，对查找出的问题进行了反复聚焦。贯彻整风精神，坦诚开展批评。全县各级党组织都高标准、高质量召开了专题民主生活会、组织生活会，各级领导班子成员都以普通党员身份参加了所在支部的组织生活会，全体党员都经历了一次严格的党内政治生活锻炼。狠抓整改落实，积极建章立制。县委常委班子共确定整改项目66个、专项整治30个、制度建设27个，已完成全部整改任务。各活动单位也针对查摆出的问题，认真开展了整改落实、建章立制工作，形成了一批活动成果。学习讨论落实活动扎实有序开展。县委高度重视学习讨论落实活动，召开动员大会，对活动进行了安排部署，制定出台了《实施方案》，成立了专门办公室，以项目化思路推进活动落实；班子成员坚持以上率下，深入包联单位认真检查指导；多次组织学习，深刻反思讨论，撰写了班子反思剖析报告；组建了13个督导组，对全县各活动单位进行督导，确保了各项目标任务的落实。

三、加快四大转型不动摇，推动县域经济平稳健康发展

现代农业基地建设稳步推进。按照“规模化、产业化、品牌化”的思路，加快推进农业现代化进程。整合捆绑使用涉农资金，着力打造4个精品园区。实施了碧云天、大自然两个年产10万吨饲料等项目，全县年产值超500万元的农业企业达到28家，实现销售收入6.7亿元。加大“三品一标”认证力度，无公害产品认证总量达到48个、无公害产地认定总量达到76万亩。新型工业强县建设步伐加快。坚持“传统产业新型化、新兴产业规模化、产业发展园区化、经济发展循环化”的思路，加快推进新型工业强县建设。实施了新金山100万吨高速线材、中升100万吨高速线材等项目。新上了圣瑞合煤矿支护产品、欣嵘铸造汽车制动器铸件等6个新兴项目。河东冶金焦化工业园区获得市政府批准；河西煤化工园区规划、环评获得批复；辉瑞制药一期、二期工程全部竣工。认真落实上级支持中小微企业发展的各项政策，促成县内9家金融机构与21个企业达成6亿元合作意向，为10家中小企业担保贷款1.8亿元，有效缓解了企业资金短缺压力。宜居宜业新区建设成效明显。认真贯彻全市“百里汾河新型经济带”和“一城三区”发展战略，加快宜居宜业新区建设。按照“东提西扩北推进”的思路加快县城扩张。围绕“东提”，实施了府前街改造等路网改造工程和石油公司等棚户区改造工程；围绕“西扩”，实施了人社、供电等业务办公用房工程和二级汽车站等4项功能性工程，开工建设了御景紫苑等16个商住小区，完成了珵海建材城等市场工程和西扩路网建设工程；围绕“北推进”，完成了汾河治理与生态修复工程、滨河东路5个标段和台襄线改线路基涵洞工程，获批了赵福线和108国道县城过境公路改线项目。城市管理方面，采取市场化运作办法经营县城，对县城集中供热、环卫作业等进行托管运营，提高了管理水平；积极创建市级文明县城，大力开展市政设施、市容市貌等7个专项整治，县城面貌焕然一新。小城镇建设方面，古城镇、汾城镇获批全国重点镇；投资1400余万元实施了汾城鼓楼南北街及周边道路改造等基础设施建设工程，城乡一体化水平不断提升。新农村建设方面，统筹推进完善提质、农民安居、环境整治和宜居示范四大工程，整合捆绑涉农资金，重点打造了9个县级、21个乡镇级美丽宜居示范村，农村人居环境明显改善。根祖文化之乡建设全面提速。认真落实市委、市政府建设文化强市的安排部署，按照“一三四七”工作思路，强力推进根祖文化之乡建设。文化旅游业驶入发展快车道。争取上级投资2080万元，实施了汾城古建筑群、赵康普净寺修缮工程；引进广东中惠源公司对丁村、汾城等六大景区进行开发，目前龙澍峪景区已开园营业，全年共接待游客40多万人次；大力发展观光农业，荷花公园主体工程正在加紧建设。文化产业竞争力显著提升。平阳麻笺和小米醋酿造制作技艺入选第四批国家级非遗保护项目目录，5人被评选为省级项目代表性传承人；唐人居四合院展厅、大美古韵生产基地二期工程已经完工，天圆古玩城、圣尧古玩

市场和美畅数字影院投入使用。文化事业进一步繁荣发展。大力挖掘我县丰厚的文化资源，创作了历史剧《赵氏孤儿》、现代剧《骨髓情》等优秀作品；动漫《大能人解士美》在央视教育频道和山西卫视少儿频道播出；为乡镇文化站配送电脑，开展送书、送戏、送电影活动，进一步丰富了群众文化生活。

四、始终坚持以人为本，促进社会和谐稳定

着力保障和改善民生。县第三幼儿园、特殊教育学校建成投入使用，10所农村幼儿园改扩建和48所农村寄宿制中小学校食堂改造工程全部完工；全县普通高考硬本达线1468人，比上年增加275人。新增城镇就业6530人，转移农村富余劳动力7490人，为教育、卫生等系统招聘公职人员70人。新建农村老年人日间照料中心9个，改造农村困难家庭危房416户，分配廉租房496套，发售限价房400套；五大保险参保人数达到42.8万人次，征缴社保基金2.2亿元，发放社会救助资金4293万元。大邓、陶寺、南贾卫生院改扩建工程全面完工，县医院河西新院正在装修，中医院改扩建加紧施工；率先在全市推行“先住院、后付费”诊疗服务，方便了群众看病。汽车客运站投入试运营，完成113.2公里线路的日常养护管理，方便了群众出行。继续加强环境治理。深入开展“环境提升年”活动，狠抓农业面源污染、扬尘治理和工业减排，关停淘汰新金山转炉、成功焦化等落后产能；完成造林2.75万亩，植树200万株；县城二级以上天数达到348天。切实抓好安全生产。认真落实“党政同责、一岗双责、齐抓共管”责任体系，深入开展“知责、履责”谈心谈话、安全生产大检查等专项行动，排查整改隐患3377条，安全生产形势稳定好转。高度重视信访工作。深入开展“百日双百案”专项活动和“大排查、大调解”专项活动，处理来信来访1131件次，排查调处矛盾纠纷104起，上级交办我县的52案全部办结，有效维护了社会和谐稳定。

五、高度重视民主政治建设，深入开展法治襄汾建设

扎实推进民主政治建设。支持县人大及其常委会深入开展执法检查、代表视察、集中调研、建议督办、国家机关工作人员任免等工作，有效发挥了地方国家权力机关的职能作用。支持县政府深化行政体制改革，完善行政决策机制，依法履行行政职责，法制政府建设成效明显。支持县政协积极开展视察调研、督办提案、反映社情民意等工作，促进了政协职能的有效发挥。认真贯彻党的民族、宗教和侨务、对台等政策，加强同民主党派、工商联、无党派人士的团结合作，巩固和发展了最广泛的统一战线。充分发挥工会、妇联、科协、共青团等群团组织的桥梁和纽带作用，联系群众、服务群众的水平不断提高。坚持党管武装，支持驻襄部队建设，双拥共建工作取得新的成绩。全面推进法治襄汾建设。采取多种形式，大力开展法治宣传教育，进一步扩大了法制宣传教育的覆盖面和影响力。支持法院依法履行职能，积极独立地开展各项审判工作，全年共受理各类案件2515件，审结2191件，期限内结案率达100%。充分发挥检察机关法律监督作用，依法打击各类刑事犯罪，积极查办和预防职务犯罪，不断强化诉讼监督，全年共批准逮捕各类刑事犯罪嫌疑人143人，立查贪污犯罪案13件15人、渎职侵权案5件5人。保持打黑除恶的高压态势，打掉恶势力团伙3个，破获案件43起。扎实开展打黄打毒、缉枪治爆等专项行动，突出抓好公共场所和街面巡逻防控，深入推进打击“全能神”邪教百日会战，抓获处理各类犯罪嫌疑人374人，社会治安形势进一步好转。

六、认真履行党建职责，党建工作科学化水平显著提升

固本强基，夯实服务群众组织基础。狠抓“两新”组织覆盖，对党员人数达到3名的5个非公党组织实行了单建。狠抓阵地建设，投入520余万元改造村级活动场所62个，新建了856平方米的社区服务中心。狠抓支部班子建设，对36个优秀支部进行提质升级，对23个软弱涣散村级组织进行整顿转化，对“定查评”工作法拓展不深的7个机关党组织实行了“一对一”帮扶。狠抓支部书记培养选任，顺利完成农村“两委”换届，一批优秀人才走向两委岗位。狠抓党员队伍建设，在窗口单位开展党员“评星定级”活动，实行挂牌上岗，有效发挥了党员的先锋模范作用。拓宽领域，提升服务群众水平。认真落实“定查评”工作法，各级党组织共兑现各类事1290件；实行民事代办制，帮助群众办理事项4423件；开展在职党员干部到社区报到活动，1562名机关党员参与了志愿服务；建成17个党代表工作室，各级党代表共接待党员、群众1520余人次；发挥清风丁陶政务服务平台作用，受理群众诉求2569件。健全机制，实现服务群众常态化。实行“联述联评联考”机制，将其拓展到村一级，村级党组织书记既向乡镇党委书记述职，又向村党员群众述职。坚持工作落实机制，建立健全了信访处置等制度，进一步促进了党建工作的开展。坚持督查机制，采取交叉检查、问题倒查等方式，促进了各项工作有效落实。建立党建经费增长机制，全年增加投入590余万元，有效提高了各级党组织服务群众的积极性和主动性。改进考核，树立服务群众风向标。把“服务群众年”活动列入单位目标责任考核内容，把“为民服务”“民事代办”列入领导干部绩效考核内容。实行分层次结构化百分制考核办法，对干部为民履职情况进行深入细致地考核，调动了广大党员干部服务群众的积极性。守牢阵地，强化服务群众的精神动力。扎实推进理论武装工作，组织广大党员干部认真学习贯彻党的十八大和十八届三中、四中全会精神，习近平总书记系列重要讲话和省、市重要会议精神；邀请专家教授举办了7期干部大讲堂，实行领导干部上讲台制度，进一步提升了党员干部的工作能力和水平。加大舆论宣传力度，围绕“一四三十”工作思路，大力宣传重点工程项目、重点工作中涌现出的先进典型、模范人物，营造了干事创业的良好氛围。加强精神文明建设，深入开展首届“感动襄汾”道德模范评选等群众性精神文明创建活动，在全社会形成了文明和谐的良好风尚。

（宋　静）

附：一、中共襄汾县委书记、副书记、常委名单

书　记：王国平

副书记：张宏志　张瑜庆

常　委：李青彦　贾安民　苏嘉邦　王志宏　杨建廷　范志军　穆书涛

二、乡镇党委书记名单

新城镇

书　记：杨江滨

赵康镇

书　记：王世红

永固乡

书　记：聂增勇

南贾镇

书　记：臧俊民

汾城镇

书　记：张国强

景毛乡

书　记：王彦珍(女)

南辛店乡

书　记：曹丽娟(女)

邓庄镇

书　记：任治中

大邓乡

书　记：梁彦明

陶寺乡

书　记：李　刚

古城镇

书　记：张　峰

襄陵镇

书　记：张英杰

西贾乡

书　记：刘学武

中共洪洞县委工作概况

县委书记　王黎明

2014年，在省委、市委的正确领导下，中共洪洞县委全面贯彻党的十八大和十八届三中、四中全会精神，深入学习习近平总书记系列讲话精神，以党的群众路线教育实践活动为统揽，团结带领干部群众，抢抓综改试验区建设和扩权强县两大机遇，扎实推进学习讨论落实活动，积极应对复杂局面，着力破解发展难题，主动适应经济发展新常态，抓改革、促发展，惠民生、保稳定，强作风、树正气，全面推进经济、政治、文化、社会、生态文明和党的建设，各项工作都取得了新成效。全县生产总值完成165.6亿元，同比增长6.3%；地方财政收入完成11.47亿元，同比增长0.1%；限额以上工业企业增加值完成76.85亿元，同比增长9%；固定资产投资完成141.1亿元，同比增长1.6%；社会消费品零售总额达到48.86亿元，同比增长11.4%；城镇居民人均可支配收入达到21905元，同比增长9%；农民人均现金收入达到9115元，同比增长10.5%。

一、积蓄发展之本，县域经济稳中有进

洪洞县始终坚持以提高经济增长质量和效益为中心，积极应对复杂经济形势，加快转变发展方式，着力优化产业结构，全县经济运行呈现稳中有进、逐步向好的发展态势。

(一)“三农”工作再上台阶。

农村环境明显改善。全面落实改善农村人居环境规划纲要各项任务，因地制宜实施完善提质、移民搬迁、环境整治、宜居示范四大工程，配备保洁员1663名，垃圾清运车辆600余辆，解决了3500人的饮水安全问题，完成农村幼儿园改造3所，安装太阳能路灯7360盏，建成了一批家园美、田园美、生态美、生活美的宜居乡村。

现代农业持续壮大。继续加大对天泽农业示范园、大槐树生态农业园和历山农业观光园等三大园区的扶持力度，充分发挥园区辐射带动作用，新发展设施蔬菜6200亩，优质药材6000亩，果树种植3500亩，农产品加工龙头企业销售收入完成4.7亿元，“洪洞莲菜”、“曹家庄蔬菜”等一批地标性农产品成功认证，29个“一村一品”建设任务全部完成。

农民收入不断增长。不断加大强农、惠农、富农政策扶持

力度,发放粮食直补及综合直补 9600 万元;以提高农村劳动力技能水平为重点,面向农村富余劳动力开展职业技能培训、创业培训 45 期,转移农村富余劳动力 6515 人,农民现金收入增长速度明显加快。

(二)工业经济运行平稳。

项目建设进展顺利。2014 年,全县 96 个重点项目完成投资 171.9 亿元;储备项目 217 个,储备资金 2210 亿元;签约项目 12 个,签约资金 154.2 亿元;累计落地项目 91 个,总投资 188 亿元;累计开工项目 52 个,总投资 163.6 亿元;累计投产项目 114 个,总投资 154.2 亿元。项目储备、签约、落地、开工、建设、投产全部超额完成目标任务。

园区服务不断升级。坚持把甘亭产业转移示范园、赵城煤焦化深加工园、辛村新型建材园和秦壁高新技术产业园等四大园区建设作为推进工业新型化的主战场,不断加大园区基础设施建设力度,全力协调解决影响企业发展的融资、用工、用地、用电等问题,落实企业优惠政策,园区综合服务水平进一步提高。2014 年,四大工业园区入驻骨干企业 47 家,完成产值 149.2 亿元,实现利税 10.3 亿元。

招商引资力度加大。坚持"三个三分之一"招商工作法,根据产业发展规划,以工业园区和滨河新区为招商载体,精细策划包装招商项目,修订完善了《洪洞投资指南》,建立了招商项目数据库、客商资源库和名优特产商品库;实行"走出去"策略,组织本地企业家赴北京、广州、苏州等地实地考察;采取"引进来"举措,努力承接发达地区产业转移。根祖文化工艺品及仿古环保实木家具、澳思特新型墙体材料、新方向生物技术系列产品、仁聚源年产 10 万吨生物有机肥等一批项目达成了合作意向。

(三)旅游活力持续增强。

坚持把景区建设作为推进文化旅游产业一体化发展的重要载体。加快推进大槐树国家 5A 级旅游景区创建步伐,认真做好广胜寺景区拓展改造工程。积极利用民间资本撬动旅游文化产业发展,引资 4.5 亿元,开发建设苏三旅游景区项目。扎实推进旅游产业与廉政文化、法治文化和红色文化的深度融合,抓好重点文物的保护修缮,对侯村女娲陵寝、兴唐寺中镇庙、白石温家大院、马牧八路军旧址进行了挖掘修复,对皋陶华夏司法博物馆和唐尧故园进行了拓展扩建,为洪洞县由点及线、连片发展旅游业创造了良好条件。经过多年发展,洪洞县旅游业已从"苏醒期"进入了"活跃期"。2014 年,全县共接待游客人数 470 万人次,实现门票收入 6200 万元。

二、常谋民生之利,人民共享发展成果

洪洞县始终坚持把执政为民作为根本追求,千方百计惠民生,扎扎实实保稳定,努力实现发展成果全民共享,广大群众的幸福感、归属感和安全感不断增强。

公共服务不断加强。切实加大社会保障投入,全县养老保险参保人数达到 46 万余人,发放城乡居民养老保险金 6288.6 万元,为全县 1.74 万低保户发放保障金 6925 万元。不断完善社会救助体系,进一步规范城乡医疗救助制度,救助城乡患病困难户 3031 人次,发放救助金 472 万元,报销农村合作医疗费用 2.3 亿元。不断加快保障性住房建设,完成 3468 套保障性住房建设任务和 323 户农村危房改造任务,群众住房条件不断改善。多措并举构建和谐劳动关系,接受投诉举报案件 43 件,清理拖欠农民工工资 1883 万元,有力地维护了劳动者的合法权益。

惠民成果持续显现。实施更加积极的就业政策,新增就业人数 5840 人,下岗失业人员再就业 1028 人。坚持优先发展教育事业,推进实施农村幼儿园和义务教育学校改造工程,进一步加大对职业教育的扶持力度。2014 年,全县高考二本以上达线 1808 人,再创历史新高。深入推进医疗卫生体制改革,巩固完善基本药物制度,群众就医更加方便实惠。扎实开展人口和计生工作,"单独二孩"政策顺利启动实施。

六城同创不断引深。在成功创建国家卫生县城和省级环保模范城的基础上,修订完善了 30 余项长效管理办法,开展了以治理"脏、乱、差"为重点的清洁卫生行动,有效遏制了环境卫生反弹的趋势;不断加大煤烟治理力度,有效减少了雾霾天气,2014 年城区二级以上天数达 339 天。同时,其余"四城"已成功拿下了省级创建,正在筹备国家相关部门的检查验收工作。2014 年,洪洞县荣获了"中国城市管理进步奖"和"中国社会治理创新范例 50 佳"两项殊荣。

社会管理逐步加强。以"十安联创"为重点,大力推进"六六创安",始终保持打击黑恶势力的高压态势,全力构建立体化防控体系,破获各类刑事案件 364 起。基层社会治理持续加强,网格化管理精细有效,网上受理上报事件名列全省第五、全市第一。"大调解"工作格局初步形成,成功迎接了全市"大调解"洪洞现场会的召开。继续完善"三段式"信访模式,深入落实县级党政领导干部信访接访日工作制度,扎实开展"百日双百案"专项活动,全力做好全国"两会"、APEC 会议等重要节点的信访稳定工作。高度重视安全生产工作,出台了《关于实行安全生产党政同责的实施意见》和《突发事件应急预案》,开展了"六打六治"专项行动,狠抓重点行业领域的安全监管,对消防领域存在隐患的 4 家企业采取了临时查封措施,对证照不全的 12 家采沙企业采取了停产整顿措施,对证照过期的 9 家非煤矿山企业和 2 家危险化学品企业按照程序注销了安全生产许可证,有力地保障了全县安全生产。

三、巩固执政之基,党的建设全面加强

洪洞县始终围绕加强党的执政能力建设这条主线,全面推进党的思想、组织、作风、制度和反腐倡廉建设,党的建设科学化水平进一步提高。

落实"两个责任"。常委会始终把落实好"两个责任"作为抓好党风廉政建设和反腐败斗争的"牛鼻子",多次就落实"两个责任"进行专题研究,制定了《关于落实党风廉政建设党委主体责任和纪委监督责任的实施意见(试行)》,明确了党委的 15 项主体责任和纪委的 15 项监督责任,围绕责任分解、检查考核、结果运用三个环节,相继出台了《领导干部领导责任落

实办法》《党员领导干部信访工作责任追究办法》等文件,以制度的形式推进"一岗双责",保障"两个责任"的贯彻落实。

加强队伍建设。认真开展纪律作风大整顿活动,进一步加强干部日常管理,严格执行岗位目标责任制及问责监督机制、领导干部实绩跟踪考察制度和科级领导干部工作日志制度;深化"一堂二校三化四挂"干部教育培训机制,全面推行领导干部上讲台制度,各级领导干部开展党课讲座227次,受教育人数达到9.4万余人次。

夯实基层基础。以"基层组织提升年"活动为契机,全面开展"领头雁"培训工作和"定查评"工作法,整顿软弱涣散村级组织45个;按照"分阶段实施,按步骤推进"的工作思路,认真开展村"两委"换届选举工作,全县村级党组织和村民委员会换届工作全部完成,换届成功率100%。

严肃查办案件。进一步整合办案力量,严肃查处重点领域、关键环节和发生在群众身边的腐败问题,出台了《关于纪检监察、法院、检察院、公安、财政、审计、发改等机关查处违纪违法党员干部案件相互协作及移送相关材料的实施意见》,提高了办案质量和效率,保持了惩治腐败的高压态势。共受理群众来信来电来访举报201件,查结案件225件,党政纪处分225人,其中从重处分52人,移交司法机关4人。

强化纪检监督。始终保持狠刹"四风"的高压态势,坚持一个节点一个节点地抓,认真开展"吃拿卡要"和公务用车专项整治工作。制定实施《关于制止大操大办狠刹奢靡之风的实施意见》,严格操办规模、申报程序、公开承诺、提醒告诫、内部监管和责任追究,查处大操大办案件13起,处分59人,其中从重处分6人,并分4次对7案22人进行了全县通报,大操大办的歪风得到了根本遏制。治理大操大办的做法相继被多家中央媒体报道,得到了中纪委的充分肯定。

(曹 月)

附:一、中共洪洞县委书记、副书记、常委名单

书 记: 王黎明

副书记: 郑步电 赵双宝 韦 阳(挂职)

常 委: 任俊杰(1月任职) 张玉龙 李 竟 翟建科(4月离职) 乔永生 樊如荣(女) 刘春林 程永伦(4月任职)

二、乡镇党委书记名单

大槐树镇

书 记: 邱 波

甘亭镇

书 记: 乔建红

曲亭镇

书 记: 高红安

苏堡镇

书 记: 石心强

广胜寺镇

书 记: 郭惠军

明姜镇

书 记: 席青松

赵城镇

书 记: 王秋平

万安镇

书 记: 郭双平

刘家垣镇

书 记: 柳 勇

淹底乡

书 记: 张春芳

兴唐寺乡

书 记: 李静丽(女,9月离职)

堤村乡

书 记: 刘舒华(女)

辛村乡

书 记: 郭芳芳(女)

龙马乡

书 记: 杨瑞平

山头乡

书 记: 林北红

左木乡

书 记: 李金龙

中共安泽县委工作概况

县委书记 任秀红

2014年,中共安泽县委全面贯彻落实党的十八大、十八届三中、四中全会和习近平总书记系列重要讲话精神,围绕"一创六县三转化三目标"发展战略,以"项目做实、推进产业升级,为民务实、推进服务升级,基础夯实、推进党建升级"为工作重点,团结带领全县干部群众,较好的完成了年初确定的各项目标任务,全县经济社会保持了稳中有进、稳中向好的发展态势。地区生产总值完成46.27亿元,增长4.7%;规模以上工业增加值26.76亿元,增长5.2%;固定资产投资52.78亿元,增长26.7%;社会消费品零售总额7.91亿元,增长13.5%;公共财政预算收入48827万元,增长0.45%;城镇居民人均可支配收入22050元,增长9%;农村居民人均可支配收入7300元,增长11.1%。

项目建设

抢抓转型综改机遇，把项目建设做为经济工作的“总抓手”，科学确定项目、强力推动项目，积极应对宏观经济形势的不利影响，全年项目储备、签约、落地、开工、建设、投产“六位一体” 各项指标顺利完成市定任务。重点完成安鑫煤业120万吨矿井改扩建项目、玉和泰煤业150万吨配套项目、玉华煤业150万吨配套项目、阳煤集团登茂通煤业矿井兼并重组整合项目，有序推进宏安园小区、府城清华园小区、永鑫铁路专用线和“一纵一横”提升改造工程，全面加快太原煤气化庞壁1号矿井、国际电力冀氏煤电一体化、省政府投资的沁河河道治理等大项目推进力度，各类项目建设齐头并进。

工业建设

全面优化发展环境，认真落实“减、免、缓”政策，先后7次为企业减负，确保企业轻装上阵，稳定了工业增长基本面。全力解决企业“产供销”难题，协调县内企业与广州钢铁协会、中国五矿集团签订焦炭销售协议，在新疆建立了120万吨储配煤基地，进一步打开了安泽煤焦的外销市场。积极搭建银企合作平台，帮助永鑫煤焦化公司与尧都信用社签订贷款合同5亿元，为全县各类小微企业解决贷款7000余万元。大力推进工业结构调整，玉和泰120万吨坑口洗煤项目已开始试运行，安鑫煤业120万吨煤矿“六证”已全部办回，四座煤矿提能改造全部完成，总体产能上升为510万吨。永鑫6万吨合成氨项目已获试生产批复。全面加快太原煤气化庞壁1号矿井、国际电力冀氏煤电一体化进程。坚持园区引领，唐城煤焦化工业园区总体规划、产业规划已获批复，园区移民已签订协议127户，园区外环路、展馆等基础设施建设正在推进。

三农工作

不断加大农业基础设施建设力度，投资5466万元，实施了农田改造和土地治理工程；投资660万元，完成了泗河良马项目区水保工程、和川小流域综合治理工程。不断巩固壮大主导产业，发放“双千万”惠农资金450余万元，积极推广秸秆还田技术，完成秸秆还田7万亩，有效改善了土壤结构，为有机玉米产业发展奠定了坚实基础。不断提升畜禽养殖的品质和规模，全力推进养殖业由粗放养殖向生态养殖转变，全县养殖规模大户达到214户，畜禽总量达到164万头/(只)。持续开展“核桃管理年”活动，打造千亩示范园区8个，全县核桃面积巩固在5.3万亩。全面开展野生中药材资源普查工作，顺利通过安泽连翘地理标志产品认证，成功引进广州香雪制药。加快蔬菜产业发展，新建春秋大棚245座，日光温室72座，全县蔬菜面积达到9400亩。坚持“龙头+基地+合作社+农户”发展模式，新发展农民专业合作社26个，全县合作社总量达到382个，全县农副产品加工企业年产值达到1.1亿元。

生态旅游

完成“两山”造林工程任务4.25万亩，重点开展了“护林攻坚”和“绿剑一号”专项行动，严厉打击破坏森林及野生动植物资源违法犯罪行为，有效巩固了生态建设成果。深入开展“环境提升年”活动，重点实施城乡清洁、生态治理等五项提升工程，强力推进节能减排，各项指标均完成市定目标任务，全年二级以上天数332天，其中一级天数176天。大力弘扬荀子文化，实施了荀子文化园文化内涵充实提升工程。积极发展小黄QQ农场等休闲观光农业，积极参加各种招商引资推介活动，向省内外推广绿色生态农产品。同时，社区服务、商贸服务及现代物流业发展步伐不断加快，三产水平明显提升。

城乡建设

坚持统筹发展，加速城乡一体化进程。县城面貌焕然一新，围绕“山水园林城”建设目标，重点实施了“一纵一横”旧城改造提升工程、沁河县城段改造工程等城建重点工程，县城综合承载力进一步提升。新农村建设稳步推进，编制完成《安泽县改善农村人居环境2014年行动计划》和《安泽县改善农村人居环境规划纲要(2014—2020)》，完成1300余盏太阳能路灯的维修和370套农村危房改造任务；大力实施乡村通道绿化工程，镇村通道绿化全部完成；实施了城乡公交、杜村河阳至马壁石槽的乡镇连通路建设，基本实现了镇通公路大循环。

民生改善

努力克服财力紧张的困难，坚持把保民生放在首位，优先保障民生支出，不断夯实幸福安泽的根基。社会保障继续提升。全面推行“社会保障一卡通”，养老、医疗、工伤、失业等社会保险实现应保尽保；城乡低保、农村五保等保障范围和标准进一步提高；全县人民意外伤害保险、玉米种植户全额保险等28个全覆盖工作更加深入民心，提升了群众幸福指数。社会事业协调发展。教育上，重点实施了投资6000余万元的义务教育均衡化达标验收工程，以全省第四名的成绩顺利通过国家验收组评估验收，在全市率先创建义务教育均衡发展县。新建3所乡镇幼儿园，落实教育各项免补资金1100余万元。高考成绩达二本以上录取分数线157人，其中一本分数线以上57人，全县教育水平不断提升。卫生上，投资452.5万元，实施了乡镇卫生院医疗服务能力提升工程；投资250万元，启动了县医院门诊医技综合楼项目建设。全面完成公立医院改革任务，新型农村合作医疗参合率稳定在99%以上。文化上，扎实推进社会主义核心价值体系建设，成功举办了第二届“感动安泽”系列人物评选活动，评选“感动安泽”人物10名，模范人物86名，为全县群众树立了道德榜样。大力实施文化惠民工程，免费开放奥体中心、图书馆、乡镇综合文化站和“农家书屋”等文化场馆，累计举办“乐在周五”358期，实现了103个村“农民健身舞”全覆盖，大大满足了群众精神文化生活需求。

社会管理

始终把安全作为头等大事，全面落实党政同责，坚持“五学五查”,扎实开展安全生产大检查。认真开展“六打六治”打非治违专项行动,全力抓好森林防火、防汛、道路交通等各项安全工作,各项指标均控制在市定控制指标以内,安全生产形势整体平稳。以“三级中心,一网一格”工作体系为基础,切实发挥三级中心矛盾纠纷调解功能,全年共接待办理群众诉求5744件7881人次,服务群众数量连续四年上升;全年信访量95件204人次,上访量连续四年下降,荣获了“全市信访工作先进县”称号。以“六六创安”为抓手,建成城区出入境高清监控和350M数字集群无线通信指挥系统,进一步提升了平安建设信息化水平,始终保持严打高压态势,群众的安全感和满意度排名全省第四、全市第一。

党的建设

坚持把抓好党建作为最大的政绩,不断强化从严管党治党意识,党的建设实现全面提升。一是从严学习培训,思想建设进一步强化。强化了党委中心组理论学习制度,系统深入学习了党的十八大、十八届三中、四中全会精神和习近平总书记系列重要讲话精神等内容,理论武装得到了新提升。强化教育培训,全年共举办干部大学堂15期,培训5200余人次;持久开展农村“领头雁”培训,先后对166名“两委”主干、2130名党员进行了集中培训。强化在线学习管理,全县干部在线学习平均学时达60.92个,上线率达100%。强化专题培训,先后举办了公务员、党务干部和新任科级干部培训班,培训1200余人次。积极完成上级调训任务,全年完成上级调训7期,调训干部23人次。二是从严教育监督管理,干部队伍建设进一步加强。全面抓好干部队伍、党员队伍、大学生村官等队伍建设。严格干部选任标准程序,选配了7名乡镇组宣委员;强化干部日常监督管理,全面实行科级干部日志制度,将从严治吏贯穿于队伍建设的全过程。全县新发展党员78名,覆盖了17个三年未发展党员空白村。圆满完成了全县103个村的“两委”换届工作。完善农村支部书记递进激励机制,提高离任干部生活补贴发放标准,制定农村现任“两委”班子成员岗位报酬发放办法,保障了农村干部的工作和生活待遇。三是从严落实党建责任,基层组织进一步夯实。扎实开展软弱涣散党组织专项整顿,13个软弱涣散党组织全部实现了晋位升级。以党委为单位建设了18个“两代表一委员”工作室,建设了21个农村综合党建服务中心和30个县直标准化机关党支部。不断拓展“定查评”工作法,实现了从农村到机关、事业单位的全覆盖。持久深入开展“双引领双服务”活动,全年新增“双引领”示范村7个,创业党员比例和每个村集体经济收入比上年增长10%以上。扎实开展“三联系两报到”活动,开展组团式服务46次,帮乡镇办民生实事55件,帮农村落实“双引领”项目130个,机关党员干部联系群众1935户,到社区认领服务岗位1780个,参与志愿服务3028人次。四是从严履行管党治党责任,党风廉政建设进一步加强。严格落实党委主体责任,全年共召开16次专题会议,并召开全县党委书记主体责任述职汇报会,先后约谈13名部门主要负责人,形成了上下联动、对接严密的责任落实体系;强化主责意识,确定了9大块、69项责任制目标任务,分别落实到15个牵头单位和31个配合单位身上;依托“一网多平台”实时监控平台,发现并处理涉路违纪执法人员12人;支持纪委履职,一次性解决了32个县直纪检组长的编制,为县纪委配备6名工作人员。严格落实纪委监督责任,引深“纪律松弛、吃拿卡要”专项整治,共查处典型案件10起,给予党政纪处分11人;全面加强对违纪行为的处罚力度,全年共查办案件79件,给予党政纪处分79人,其中乡科级干部16人、重处分12人、移送司法机关4人。五是从严开展“两项活动”,规矩意识进一步增强。一方面,坚持从严从实,深入开展党的群众路线教育实践活动。活动中,坚持领导示范带动、创新载体联动、专项整治推动、督查指导促动、舆论宣传助动。县级领导讲党课51人次,全县开展集中学习3505次,交流讨论666次,专题辅导570次,观看各类影视片1692次;103个参学单位、247个党组织查摆出“四风”方面问题30455条,并分别召开了专题民主生活会和组织生活会,共提出批评意见5763条,中央、省委、市委督导组分别参加指导了安泽县12个单位的专题民主生活会,给予充分肯定;聚焦“四风”问题,建立问题台账,实行销号管理,全县共确定整改事项2376件,已整改2063件,完成86.8%;专项整治任务400件,已整改347件,完成87%。其中县四大班子89项整改事项全部完成,70件专项整治任务已完成68件,24名县级党员领导干部制定的356件整改事项也全部完成;全县共出台各类规章制度1026项,修订完善330项,新建制度116项,长效机制进一步建立完善。另一方面,坚持求严求真,扎实开展学习讨论落实活动。活动中,常委班子坚持领导示范带动,实行动态跟踪从严督导,开辟专栏强化舆论宣传,创新推行“亮、述、晒、评、转”工作法贯彻“六权治本”,将市委安排的58个项目任务,结合实际细化为60项,扎实有序推进。全县92个参学单位组织集体学习1035次,开展专题学习交流261次,“一把手”讲党课235人次,班子成员领学645人次,撰写心得体会3589篇,收看警示教育片189次,受训党员干部3000余人;各参学单位组织集中讨论251次,查找问题476个,各单位反思剖析报告修改平均达到5次以上;按照省市专项整治工作要求,确定了36项具体整治任务,制定出台《关于坚决制止婚丧事宜大操大办和借机敛财行为的实施意见》,全面实行“一案三报告”,受理案件线索39起,查结14件,深入开展打黑除恶,打击处理涉案犯罪人员4人,破获各类涉恶案件10起;召开县委常委会对“三个一批”工作进行专题研究,着手起草“三个一批”工作实施方案,实行日常考核、重点工程考核、年度目标责任考核相结合的“三位一体”考核,进一步完善了干部考核制度;制定出台了《关于深入推进“六权治本”工作加强对权力运行制约和监督的实施方案》,下发了《关于在全县建立行政审批权力清单的通知》,在全县党政机关全部落实了一把手“五个不直接分管”工作,各项工作做到了统筹推进。

(郝　瑞)

附：一、中共安泽县委书记、副书记、常委名单

书　记：任秀红（女）

副书记：毛跟云　牛庆国

常　委：陈鹏飞　高成锁　杨玉果　安海清
连忠武　程江平（2月离职）
张红山（2月任职）

二、乡镇党委书记名单

府城镇

书　记：牛福生

唐城镇

书　记：李世明

和川镇

书　记：王朝峰

冀氏镇

书　记：张俊生

杜村乡

书　记：王新文

马壁乡

书　记：雷改萍（女）

良马乡

书　记：赵春亮

中共古县县委工作概况

市委常委　陈小洪

古县共有基层党组织311个，其中乡（镇）党委7个，县直机关（系统）党委7个，派出性工委1个（非公经济组织工委），公安局党委1个，机关党总支3个，公有企业党总支1个，事业单位党总支1个，党支部290个。在党支部中，有农村支部111个，机关支部72个，事业单位支部40个，企业支部62个，民办非企业支部1个，乡镇社区支部4个。全县共有党员6767名，其中农民党员2717名，在岗职工党员3073名，离退休党员596名，其他党员381名。2014年新发展党员160名。

2014年，全年生产总值完成44.75亿元，同比增长8.6%；规模以上工业增加值完成25.6亿元，同比增长13.6%；公共财政预算收入完成4.78亿元；城镇居民人均可支配收入完成24450元，同比增长7.3%；农村居民人均可支配收入完成7991元，同比增长10.7%，全县经济社会发展稳中有进。

一、深化认识，把握大局，中央、省、市重大决策部署落实到位

古县县委面对发展的新形势、新任务，不断增强危机感、责任感和使命感，加强学习，认清形势，坚决贯彻落实中央、省、市重大决策部署，确保了政令畅通、决策落地。

（一）深入学习贯彻习近平总书记系列重要讲话精神。县委班子围绕全面建成小康社会、全面深化改革、全面依法治国、全面从严治党等主题，通过集中学习、在线学习、个人自学等不同形式，认真学习贯彻习近平总书记系列重要讲话精神。县委中心组集中学习13次，中心组成员累计撰写调研报告、心得体会、理论文章73篇。制定下发了《全县各级党委中心组理论学习的安排意见》，指导全县各级各部门深入学习习近平总书记系列重要讲话精神。邀请专家举办辅导讲座13期，培训各级领导干部5000余人次。通过学习，县委班子和全县广大党员干部进一步坚定了理想信念和政治立场，自觉遵守政治纪律和政治规矩，积极主动地认识新常态、适应新常态、引领新常态，为做好各项工作提供了坚强有力的思想保障。

（二）扎实开展党的群众路线教育实践活动。县委班子紧扣“为民务实清廉”主题，坚持问题导向，坚持以上率下，认真扎实推进全县党的群众路线教育实践活动。活动初期，组织四大班子领导和法检两长深入53个联系点开展“访知解”活动，召开各类座谈会1200余次，广泛征求了基层群众的意见建议。活动期间，高质量地开展了集中学习、谈心谈话、征求意见、查摆问题、剖析检查等活动。7月16日，县委班子利用一天时间，召开了专题民主生活会，经历了一次深刻的党性教育和思想洗礼。民主生活会后，县委班子及时研究制定了整改方案、专项整治方案和制度建设计划，确定并落实整改项目63个、专项整治项目37个、制度建设项目21个。县委班子成员结合各自分工，积极认领整改事项，制定了各自的整改清单，并认真抓好整改落实。县委专门研究组建了整改落实工作领导组，督促指导全县各级各部门的整改落实工作。在县委班子的组织和带动下，全县254个单位、292个党组织、6726名党员都能积极主动地参加教育实践活动，认真扎实地完成各项规定动作。全县各级领导班子和领导干部共确定整改事项1510个，全部按序时进度落实到位。特别是活动期间开展的县级领导干部“进工地、解难题”、党政班子领导信访接待日、爱心助学、城乡环境卫生集中整治等活动，切实解决了一批群众关心的热点难点问题，赢得了全县干部群众的好评。

（三）推动学习讨论落实活动取得了阶段性成效。自学习讨论落实活动启动以来，县委坚决贯彻落实省委、市委有关要求，认真研究制定了活动《实施方案》《重要任务分工及工作进度安排》，成立了由7位县委常委组成的活动办公室，组建了10个活动督导组，建立了包联乡镇和县直大口责任制，努力确保活动扎实有序开展。县委班子切实加强对活动的组

织领导，先后召开7次常委会议、4次活动办会议对活动进行研究、部署和推进，并举办全县副科级以上干部培训班3期。县委班子坚持把自己摆进去，带头参加活动，先后召开专题反思讨论会议3次，查摆出5个方面17项问题，形成了县委班子反思剖析报告，按时上报市委。在县委班子的组织和带动下，县人大、政府、政协党组及全县71个重点活动单位都认真组织学习，扎实开展讨论，狠抓任务落实。《实施方案》中确定的各项重点任务都按时序进度扎实推进，取得了阶段性成效。

(四)大力推进法治古县建设。县委班子深入学习贯彻党的十八届四中全会精神，带头遵守宪法和法律，牢固树立法律红线不能触碰、法律底线不能逾越的理念，严格在宪法和法律范围内开展执政活动。凡涉及重大决策部署和重要事项的，都主动征求政法机关的意见建议，进行合法性论证。始终坚持依法治县，制定了《关于进一步加快推进法治古县建设的实施意见》，努力推动形成办事依法、遇事找法、解决问题用法、化解矛盾靠法的良好法治环境。全力支持人大、政协围绕全县中心工作依法履行职责，积极主动接受人大的法律监督和政协的民主监督。全面推进依法行政，严格落实行政执法责任制，进一步强化了对各类行政行为的监督。牢固树立司法为民理念，不断推进审判公开、检务公开、警务公开，深入开展了"一村一警"活动，有力维护了社会公平正义。全面实施"六五"普法活动，进一步增强了全民法治意识。

二、锐意进取，扎实工作，经济社会各项事业稳步发展

古县县委全面贯彻中央、省、市经济工作会议精神，积极适应经济发展新常态，以市委确定的"四个年"活动和县委确定的"123"重点工程为抓手，大力开展县级领导"进工地、解难题"活动，全面减轻各类企业的税费负担，加快推进政府机构改革和行政审批制度改革，不断释放企业和社会的发展活力，努力开创"六大发展"新局面。

(一)转型发展成效明显。一产方面，稳定粮食生产，优化农业服务，全年粮食作物播种面积稳定在24万亩以上，粮食总产量达到7142万公斤，增长21.7%，创历史新高；核桃喜获丰收，产量500万公斤，产值1.2亿元，农民人均核桃收入达到1700元；巩固7大农业示范园区，积极调整农业产业结构，中药材、小杂粮、特色种植、养殖等规模不断扩大；积极探索农业生产新亮点，种植油用牡丹3000余亩，栽植连翘5000亩，野生抚育连翘2000亩，并研发了连翘茶产品，成为华北连翘重要集散地；争取涉农资金2000余万元，实施了中低产田改造、机械化保护性耕作、小流域治理等农田水利项目，成功申报国家级农业综合开发县。二产方面，煤矿改扩建步伐不断加快，目前有6座矿井完成改扩建，煤炭投产产能达到495万吨。全面提升煤焦产业发展潜力，产业链条进一步延伸。国新正泰焦炉煤气制备天然气项目单机试车，利达焦化6万吨合成氨项目进入试运行，森润白鸽4万吨不定型耐火材料项目开工建设；积极培育新兴产业，总投资3亿元的佳盛能源60兆瓦光伏发电一期工程并网发电；铝土矿资源合作开采项目前期工作取得重大进展。三产方面，转变旅游产业发展理念，推行市场化运营模式，由企业牵头，先后举办了第七届中国·古县牡丹文化旅游节、首届霍山"阖家登高、暖意重阳"登高节、"华兴杯"围棋交流赛等活动，旅游品牌进一步打响。全县商贸物流、家政劳务等服务业迅速发展，微商、网店作为一种新的商贸形式不断涌现，为县域经济发展注入了新活力。

(二)民生事业持续发展。实施教育惠民工程，为各类贫困学生发放贫困补助、助学金、助学贷款等共计570余万元。投资284万元实施了校舍维修改造和安全隐患整治。将北平中学、南垣中学撤并纳入古县三中。出资170万元，对优秀教育工作者进行了表彰奖励。不断完善医疗卫生服务体系，县医院迁址新建工程进入内部装修和设备安装阶段。投资100万元完成了35个村卫生室的提升工程。稳步提高社会保障水平，为低收入群体、困难群众和优抚对象发放补贴、救助、补助资金共计1346万元，受益群众达8000余人。积极推进老年人日间照料工作，2个试点已建成投入运营。积极推进保障性住房建设，2013年续建工程337套部分已经竣工，2014年300套建设任务正在加紧施工。实施农村危房改造500户，易地扶贫移民搬迁500口人。县委九届四次全会暨全县经济工作会议上承诺的20件实事全部兑现，"一百千万"工程中确定的397个民生项目全部按进度完成。

(三)城乡基础设施统筹发展。编制完成古县总体城市设计及系列专规、详规，城市建设方向进一步明确。投资3225万元，完成相如路、丹凤路、平阳街、康庄街四条主要街道的地下管网和路面改造工程，启动文德路建设项目，城市道路基础设施进一步完善，县城整体框架进一步拉大。完成霍泉旅游通道建设、通村公路硬化、乡村道路安全防护等工程，309国道路桥改造主体完工。启动古县旅游出境公路前期筹备工作，成立专门的筹备工作组，积极向省、市争取项目和资金支持，为破解我县交通瓶颈制约做了大量基础性工作。

(四)改革创新深入推进。扎实开展"改革创新年"活动，大力实施转型综改2014年行动计划，积极推进行政审批制度改革，县级审批事项由原来的405项减少为192项。惩防体系信息网"一网多平台"建成使用，行政审批阳光运行，有力促进了"六权治本"工作的开展。工商、质监、食品药品监管等政府机构改革顺利推进。农村土地确权登记颁证工作进展顺利。尤其是面对经济下行压力，县委班子把优化发展环境摆在突出位置，坚决落实省市关于支持煤炭发展的政策，开展了涉煤收费清理规范工作，除政策性收费外，其余收费全部取消；推进煤焦公路运销体制改革，煤焦站卡全部取缔，最大限度减轻煤焦企业负担，激发了煤焦市场活力和发展动力。

(五)社会保持和谐稳定。深入开展"百日双百案"群众信访诉求化解专项行动，实行党政领导接访制度，集中解决了一大批信访案件。全面落实安全生产党政同责，深入开展安全生产大检查、"六打六治"隐患排查治理等专项行动，工矿商贸行业连续11年没有发生较大以上事故。依法打击各类

违法犯罪活动,全年没有重大案件发生。与此同时,举办了首届“感动古县道德楷模”评选活动,弘扬了崇德向善的时代精神,营造了和谐安定的良好局面。

三、从严治党,履行主责,党建工作科学化水平全面提高

古县县委认真落实管党治党主体责任,把从严治党、从严治吏的要求贯彻落实到党的建设各项工作中,形成了履行主责不松手、作风建设不松懈、干事创业不松劲的良好局面。

(一)以落实主体责任为抓手,全面加强党风廉政建设。县委班子旗帜鲜明地把思想和行动统一到中央、省委、市委决策部署上来,多次就落实“两个责任”进行专题学习和专题研究,制定了《关于落实党风廉政建设党委主体责任和纪委监督责任的实施意见(试行)》,明确了党委的15条主体责任和纪委的15条监督责任,并认真抓好落实。切实加强对党风廉政建设责任制的督查考核,通过党风廉政建设述职报告、廉政谈话、警示教育、“一案三查”等方式,不断强化各级各部门履行“两个责任”的自觉性和主动性。进一步保持“三个高压态势”,切实加大违纪违法案件查处力度、反对“四风”力度和打黑除恶力度,扎实开展专项整治,下大力气清政风、纠行风、正社风。2014年,共立查违纪案件65件,给予党政纪处分65人。与此同时,按照“六权治本”的要求,以政府机构改革为契机,抓紧梳理各职能部门的权力清单和责任清单,查找工作漏洞和制度缺失,健全完善有效管用的制度体系,切实加强对权力运行的监督,减少权力寻租的空间。

(二)以从严治吏为重点,持续加强干部队伍建设。认真贯彻《党政干部选拔任用工作条例》,积极推进干部选任制度改革,不断匡正选人用人风气。从严监督管理干部,出台了《关于加强领导干部日常管理监督的办法(试行)》,细化对领导干部的监督内容和监督办法,定期召开干部监督联席会议,增强监督合力。先后开展“党政领导干部在企业兼职”、“领导干部参加天价培训”、“超职数配备干部”、“乡镇基层干部走读”、“清理吃空饷”等专项整治活动,规范了机关事业单位用人行为。积极探索“三个一批”实施办法,不断完善年度目标责任考核体系,设置差异性指标,对应调整赋分权重,充分发挥了考核工作的激励和导向作用。畅通大学生村官出路,实行“考试+考核”的方式,全年实现村官流动31名,完成省市村官流动任务13名的238%。

(三)以“两委”换届为契机,着力加强基层组织建设。全面落实党建工作责任制,实行县、乡、村三级书记“面对面”述评制度,深化“基层组织提升年”活动,不断夯实党的执政基础。按照控制总量、优化结构、提高质量、发挥作用的总要求,发展党员160名。完成了全县111个行政村“两委”换届工作,共选举产生“两委”成员774名,其中,有43名大学生村官进入“两委”班子,有166名妇女当选“两委”委员,有18个村实现党支部书记和村委主任“一肩挑”。顺利完成4个社区换届工作。实施了社会组织党组织集中组建行动,进一步扩大了基层组织覆盖面。大力实施农村“领头雁”延伸培训计划,全年共集中培训农村“两委”主干、骨干党员和大学生村官3144人次。认真落实“定查评”工作法,年初确定的516件发展大事、419件民生实事和308件热点难点问题逐步得以解决。扎实开展“三不”问题专项整顿,转化了7个软弱涣散村级党组织和6个“定查评”工作法拓展不深的机关党组织,解决了4个社区无活动场所问题。启动在职党员到社区报到制度,在农村、企业党组织中开展“三建”、“双强六好”创建活动,继续深化机关党组织“走在前头行动”,服务型党组织建设成效显著。与此同时,县委班子全面做好统一战线工作,大力支持工会、共青团、妇联等人民团体充分发挥作用,扎实做好党管武装工作,赢得了社会各界的广泛支持。

(四)以正风肃纪为目标,不断扩大作风建设成果。进一步严明政治纪律,教育引导各级干部严格遵守中央“八项规定”,带头反对“四风”。县委班子成员身体力行、率先垂范,各级党员干部认真落实,不打折扣,全县干部作风得到明显改善。出台了《古县公务支出管理办法》《古县财政供养单位公务接待试行细则》等制度,对全县78个县直单位公务接待情况、公务支出情况、公务用车管理情况进行了专项检查和整顿,全县“三公”经费支出同比下降24.7%。春节、五一、国庆、元旦期间对公款吃喝、公车私用等违纪行为进行了明查暗访,查处公车私用案件2起,给予2人党政纪处分并在全县进行通报。研究制定了《关于坚决制止大办婚丧喜庆事宜和借机敛财行为的实施细则》,深入开展违规收送礼金、红包行为专项整治活动,严肃查处大操大办案件5起,没收非法所得礼金19500元,给予党纪处分5人,进一步巩固了全县风清气正的良好局面。

(元福明)

附:一、中共古县县委书记、副书记、常委名单

书　记:李　菲(女,4月离职)
　　　　陈小洪(临汾市委常委,4月主持工作)
副书记:李　强　张金虎
常　委:张亚斌　田卫东　姜红光　黄海华　白建成
　　　　元福明　樊海军(2月离职)
　　　　韩东军(2月任职)

二、乡镇党委书记名单

北平镇
书　记:刘国强
古阳镇
书　记:柴保林
岳阳镇
书　记:杨晋栋
石壁乡
书　记:史　澎
旧县镇
书　记:崔　艳(女)
永乐乡

书　记：张秋香(女)

南垣乡

书　记：李秋生

中共汾西县委工作概况

县委书记　任天顺

汾西县位于山西省中南部，临汾市西北部，北连吕梁市交口县、晋中市灵石县，南接洪洞县，西依姑射山与隰县、蒲县接壤，东邻汾河与霍州相望，因地处汾河以西，故名汾西。全县国土面积880平方公里，耕地面积39万亩。下辖9个乡镇区，126个行政村（居委会），484个自然村，总人口14.8万人，其中农业人口12.6万人。汾西是革命老区县，也是国家级重点扶贫开发县。属典型的黄土高原残垣沟壑区，以山地、丘陵为主，地表水十分缺乏，是以旱作农业为主的山区农业县，沟坝地闻名全国。境内矿产资源丰富，主要矿藏有煤、铁、铝钒土、石膏等，煤炭资源地质储量16.6亿吨，铁矿2.1亿吨，硫铁矿4.15亿吨，铝土矿15亿吨，石膏矿10亿吨。汾西北齐置县，至今已有1400年历史，文化底蕴深厚，有国家级文物保护单位师家沟清代民居等。县城距南同蒲铁路、大运高速公路、108国道17公里左右。

汾西县共有基层党委9个（8个乡镇党委、1个社区党委），县直机关工委1个，党总支14个，基层党支部306个，其中，农村党支部120个。共有党员7846名，其中，女党员1253名，占党员总数16%；农村党员4473名，占党员总数57%。

一、深入贯彻中央、省市“新部署”，坚决与中央、省委、市委保持高度一致。全面贯彻党的十八大和十八届三中、四中全会精神，认真落实省委十届六次全会和市委三届六次全会精神，坚持把学习贯彻习近平总书记系列讲话精神、省委王儒林书记履职山西以来重要讲话精神、市委罗清宇书记重要讲话精神作为重大政治任务，利用县委常委会、中心组学习会、全县性大会等多种渠道，及时学习传达，强调端正态度、深读原文，领会精神、把握实质，努力做到真学真懂、真信真抓、真改真用，用讲话精神指导实践、推动工作。坚持讲政治、讲大局，坚决贯彻省委、市委重大工作部署，结合汾西实际，把开展讲政治、讲法治、讲廉洁、讲担当、讲实绩“五讲”行动作为开展学习讨论落实活动的重要载体和抓手，坚持把落实“两个责任”、保持“三个高压态势”、从严治吏、推进“六权治本”、加快“六大发展”贯穿活动始终，在全县各级党组织和广大党员干部中深入开展以“深入学习贯彻习近平总书记系列重要讲话精神，净化政治生态、实现弊革风清，重塑山西形象、促进富民强省”为主题的学习讨论落实活动，县委副书记张全管同志任活动办主任，6名常委牵头负责6个工作组，组建9个督导组对活动开展情况进行全程督导、巡回指导；坚持以项目化的思路推动活动落实，对活动中需要落实的重点任务进行细化量化，分解细化为6个方面、23项任务、57项具体成果，全部落实了牵头单位、责任部门；县委常委坚持以上率下，带头参加学习、带头开展讨论、带头辅导授课，围绕活动主题，分2批对全县科级以上领导干部进行了集中培训。通过一系列深入细致的工作，切实把全县干部群众的思想和行动统一到中央、省委、市委的精神上来，在思想上、政治上、行动上与中央、省委和市委保持高度一致，实现了全县大局稳定、政治安定。

二、认真落实管党治党“新要求”，全面加强和改进党的建设。落实习近平总书记关于管党治党八项要求，全面加强党的思想、组织、作风和反腐倡廉建设，为建设和谐富强美丽新汾西提供坚强的政治和组织保障。

深入开展教育实践活动。按照中央、省市关于开展第二批教育实践活动统一部署和要求，紧紧围绕“为民、务实、清廉”主题，按照“照镜子、正衣冠、洗洗澡、治治病”的总要求，开展了“六个专项行动”、“七个一”活动，做到了规定动作不走样，自选动作有特色。扎实开展学习教育，深入查摆问题，深挖思想根源，反复谈心谈话，严肃开展批评与自我批评，广大党员干部思想得到了净化、灵魂受到了触动；聚焦“四风”开展专项整治，县乡机关人员上班按时了，工作效率提高了，老百姓办事方便了；大吃大喝少了，大操大办少了，铺张浪费少了，各种应酬少了，公车私用少了，公费旅游少了；官气少了，地气多了；文山会海少了，深入实际多了；公款送礼少了，迎来送往少了，干部作风、社会风气明显好转；坚持立说立行、边查边改，集中供热、奥体中心建设、2011年事业单位招录等一批事关群众切身利益的突出问题得到有效解决，侯元龙、赵林彦等反映的高速公路占地补偿问题等一批省市交办信访案件得到有效化解，全县确定的561个服务项目完成353个，为群众办了一批实事好事；立足长远，加强制度建设，全县取消废止制度120项，列出制度计划1272项，制定出台530项，初步形成了一批制度成果；以教育实践活动为引领，各级党组织牢固树立“抓好党建是最大政绩”的理念，管党治党意识明显增强，管党治党责任较好落实，党建工作得到进一步提升。

着力加强思想政治建设。坚持以党的十八大、十八届三中、四中全会和习近平总书记重要讲话精神武装头脑，打造学习型汾西。县委中心组坚持每月至少集体学习一次，每次学习确定一个课题，印发学习资料，谈心得、讲体会，在建设学习型班子上取得扎实成效。扎实推进干部教育培训，落实大规模培训干部任务，健全完善了《新任干部挂职锻炼制度》《干部培训学习制度》等工作制度。坚持走出去、引进来相结合，多层次、全方位开展各种形式的外出考察培训、专题学习培训。以开展教育实践活动为契机，深入开展群众教育、传统教育、党课教育、典型教育，县委中心组集体学习13次，中心组成员撰写心得56篇，集体交流学习心得体会3次，撰写各类调研文章10余篇，在汾西大讲堂开办专题讲座2期，赴隰县晋西革命纪念馆深化传统教育1次，县级领导干部在包联部门单位讲党课60余次；全县各级基层党组织集体学习1529次，讨论交流776次，组织专题辅导530余次，观看各类电教片568场次。

着力加强干部队伍建设。认真贯彻执行《党政领导干部选拔任用条例》和省委“四个规定”，落实《县委工作制度》《关于改进工作作风、密切联系群众的29条规定》《干部下乡驻村制度》等工作制度，制定了《汾西县领导干部外出报备工作制度》等制度规定，进一步规范干部行为。扎实开展干部档案专项清理，探索推行“部门联动、两科合审、审管分离”的档案管理模式，规范整理档案494卷，为开展“三个一批”提供了依据。发挥年度考核作用，实行共性指标和重点指标“1+1”考核，推动工作落实。优化选任机制，调整配备科级干部39人，其中平职交流7人，提拔任职32人。

着力加强基层组织建设。深入开展“基层组织提升年”活动，全面推行“定、查、评”工作法，深化拓展“双述双评联考”机制，开展基层组织“三不问题”集中整顿，完成10个软弱涣散党组织整顿工作。圆满完成农村“两委”换届工作任务，选出一批党性强、民意好、有能力、善奉献的农村带头人，基层党组织的创造力、凝聚力、战斗力进一步增强。深入开展两代表一委员“手拉手、心连心”帮扶困难群众活动，组织机关干部开展下乡住村联户包村增收行动，形成服务发展、服务群众、服务基层的运行机制。

深入推进党风廉政建设和反腐败工作。落实“两个责任”，保持“三个高压态势”，围绕打造“清廉汾西”目标，强教育、定责任、建制度、抓监督，“四位一体”推进党风廉政建设和反腐败工作。一是狠抓教育。开展了廉政文化进单位、进科室、进岗位、进家庭“四进”活动，在汾西大讲堂开办反腐倡廉专题讲座，集中观看了《周恩来的四个昼夜》《焦裕禄》等电教片，收听收看了马健同志先进事迹，赴隰县晋西革命纪念馆深化传统教育；以省交通厅系列腐败案、高平市原市长杨晓波、尧都区大阳镇原党委书记孙杨毅、蒲县原煤炭局长郝鹏俊等反面典型为教材开展警示教育，用鲜活的案例警示广大干部守住廉洁底线，用“三严三实”的要求约束自己，教育广大干部一要干事、二要干净。二是落实责任。把党风廉政建设列入“一把手”工程，明确了党委的主体责任和纪委的监督责任，强化班子成员“一岗双责”，把全年党风廉政和反腐败任务具体细化分项，分解落实到班子成员和县直各部门单位，以上率下，层层压担子、定责任，形成对接严密、上下联动的责任体系和分工协作、齐抓共管的工作格局。三是健全制度。围绕主体责任落实，按照“六权治本”的思路，制定了《汾西县贯彻落实<建立健全惩治和预防腐败体系2013—2017年工作规划>实施办法》《关于实行安全生产党政同责的实施意见》等5项制度，拟修订完善《县委重大事项民主决策制度》《关于加强和改进党委督促检查工作的实施意见》等17项制度，拟制定出台《汾西县乡科级领导干部谈心谈话制度》《关于加强乡镇干部队伍建设的意见》等13项制度，将其列入县委班子制度建设计划。推行党务公开、政务公开，重大项目、重大决策、干部调整、人事变动、工程项目招投标向社会公开，主动接受监督，努力把“党要管党、从严治党”的要求落到实处。四是强化监督。从人财物等方面大力支持纪委开展工作，调整提拔纪检专职干部10人，投资480余万元，实施了“一网多平台”电子监察中心建设。把落实中央八项规定、政治纪律、工作纪律、工程领域招投标等作为重中之重，强力监督。结合汾西实际，出台了《关于制止大操大办狠刹奢靡之风的若干规定》，成立红白理事会并制定章程，规定县城饭菜每桌220元、农村每桌120元，大操大办得到遏制，干部群众交口称赞。开展“严禁公款送礼”专项整治，成立四个督查组，对基层单位进行明查暗访。坚持有腐必反、有贪必查，查结违法违纪案件85案85人，其中乡科干部22案22人。

三、主动适应经济发展“新常态”，扎实做好改革发展稳定各项工作。面对市场持续低迷、经济下行压力加大的困难局面，认真贯彻落实中央、省市决策部署，统筹推进稳增长、促改革、调结构、惠民生各项工作。充分发挥固定资产投资对稳增长的作用，“六位一体”推进重点工程、重大项目建设，实施重点工程36项，完成投资28.2亿元。全县生产总值完成18.9亿元，增长5.7%；规模以上工业增加值完成3.76亿元，增长7%；固定资产投资完成27亿元，增长28.9%；社会消费品零售总额完成9.8亿元，增长11.6%；城镇居民人均可支配收入完成2.02万元，增长8.7%；农民人均可支配收入完成2952元，增长9.9%；财政总收入完成1.76亿元，增长1.5%；其中，公共财政预算收入完成1.41亿元，增长12.2%，超市定目标6万元，圆满完成市委、市政府下达的各项考核指标任务。粮食生产创历史最高，总产达9万吨，被评为省市粮食生产先进县。同时，多项工作受到中央、省市表彰，被文化部授予“中国民间文化艺术之乡”，被省政府授予“全省人口和计生优质服务先进单位”，被省爱卫会授予“省级卫生县城”，被省卫生厅授予“卫生应急综合示范县”，被市委、市政府授予“行政村街道亮化先进县”。

狠抓安全稳定，推进社会和谐。保持打非高压态势，全面落实打击非法采矿举报奖励、责任追究、查扣物品处置和信息直报、巡查监管等制度，引深“拔钉子”专项行动，非法采矿得到有效遏制。深入开展安全生产大检查和“六打六治”打非治违专项行动，全面加强道路交通、危险化学品、森林防火、建筑施工、消防、学校等重点行业和领域的安全监管，全年未发生重大安全生产事故。加强社会治安综合治理，深入开展“打黑除恶”专项行动，立案21起，破案14起，抓捕各类犯罪嫌疑人35人；在县城主干街道和重要部位安装169套视频监控设备，组建了治安联防队和老干部巡逻队，社会面防控全面加强。落实县级领导周二周四信访接待、乡镇每周双日信访接待、县级领导包案调处等制度,群众来信来访批数和人数分别下降30.9%和39.7%。着力保障改善民生,年初确定总投资1.65亿元的10件49项利民为民实事得到较好落实,城市配套、农村设施、优抚助残、社会保障等工作扎实推进。

建设"三垣一城",推进城镇扩张。按照"改造旧城、开发新城,南连西扩、拉大框架"的思路,实施大县城战略,全力打造宜居、园林、魅力新山城。投资1.5亿元的高速引线平安大桥、投资3亿元的汾西大道竣工通车。新城区武装大楼已经入驻,法院、检察院等大楼即将投入使用,建筑总面积4万平方米;汾西客运站、永安廉租住房、就业和社会保障服务中心、仓储物流配送中心、卫生综合业务用房等城市建设项目正在加紧实施。县人民医院、移动生产综合楼投入运行,垃圾填埋场投入使用,北街廉租房还迁户顺利回迁,城市集中供热工程顺利实施,融辉、陆尔发房地产开发项目启动实施。县城面积由3.3平方公里扩大到11.3平方公里,"三垣一城"的"A"字型大县城框架基本形成,城市基础设施和环境面貌有了较大改善。

狠抓项目落地,推进工业强县。实行"县级领导包联、分管县长配合、责任单位实施、项目法人负责"的推进机制,采取新增建设用地指标、土地规划调整、土地增减挂钩和资源规划调整等措施,积极与省市有关部门沟通,全力推进重大工业项目建设。投资1.2亿元的金典石膏建设项目顺利开工,投资145.5亿元的铝系产业项目、投资9.7亿元的酸铁联产项目得到省市领导高度关注,正在积极与有关部门协调沟通,加紧落实土地调规、用地申报、资源配置等工作,争取早日启动实施。

发展特色农业,推进农业富民。重点抓好两大特色农业产业发展,养殖抓肉鸡,种植抓核桃。新建肉鸡大棚6个,全县肉鸡大棚达到287个,年出栏2300万只,年产值6.4亿元,纯收益9200万元,带动全县农民人均增收730元,占到农民人均收入的24%,被省政府列为"全省一县一业肉鸡养殖重点县"。新建核桃经济林1.5万亩,全县核桃经济林面积达到15.9万亩,挂果面积4.5万亩,产值7500万元,带动全县农民人均增收595元,占到农民人均收入的19%,被省林业厅确定为全省"核桃产业重点县",正在申报"中国核桃之乡"。与此同时,按照"特色农业、多元发展"的思路,以市场为导向,发展玉露香梨5000亩,扁桃栽植1万亩、优质小杂粮5万亩。

开发文化旅游,推进三产活县。全力打造姑射山、古楼、师家沟"三点一线"特色旅游线路,实施了姑射山景区开发、师家沟文物修缮、奥体中心建设工程。唱响汾西县歌,弘扬汾西精神,涌现出全国道德模范朱梅瑞、省级道德模范李章云、市级道德模范赵松山,为汾西赢得了好口碑,树立了新形象。落实《关于加快建设文化强县的实施意见》,完善公共文化体系建设,成功举办了社火节、艺术灯展等群众性文化活动,开展送电影下乡、送戏下乡1000余场,举办消夏文艺晚会9场,文化旅游的软实力进一步增强。

(陈华伟)

附:一、中共汾西县委书记、副书记、常委名单

书　记:任天顺

副书记:张安文　张全管

常　委:高　涨(12月离职)　贾文魁　段惠刚

傅德明　杨晓舟　张红山(4月离职)

周勇军(4月任职)　丁春明(12月任职)

二、乡镇(管委会)党委书记名单

永安镇

书　记:郝国泰

勍香镇

书　记:师学斌

对竹镇

书　记:郝新华

僧念镇

书　记:任贵平

和平镇

书　记:范宏艺

佃坪乡

书　记:王建国

团柏乡

书　记:王红林

邢家要乡

书　记:李胜利

社区(管委会)

书　记:刘元建(女)

中共蒲县县委工作概况

县委书记　闫建国

2014年,在省委、省政府、市委、市政府的正确领导下,中共蒲县县委坚决贯彻党的十八大和十八届三中、四中全会精神,紧紧围绕"净化政治生态、实现弊革风清、重塑山西形象、促进富民强省"的总体部署,团结和带领全县干部群众,奋力攻坚、奋发进取,较好地完成了全年目标任务。2014年,地区生产总值完成52.49亿元,同比增长8.1%;规模以上工业增加值完成36.69亿元,增长12%;公共财政预算收入10亿

元，增长10.98%；固定资产投资50.4亿元，增长37.1%；社会消费品零售总额6.61亿元，增长12.4%；城镇居民人均可支配收入达到21606元，增长7%；农民人均可支配收入达到6959元，增长10.2%，全县各项事业都得到了长足的发展。

一、严守政治纪律

把深入学习党的十八大、十八届三中、四中全会和习近平总书记系列重要讲话精神作为重大政治任务，领会实质、把握精髓，并以此作为全部工作的根本指针，以坚定的政治立场、严明的政治纪律，坚决贯彻落实。对于省委、市委审时度势、面向未来提出的一系列决策部署，第一时间学习贯彻，第一时间研究部署，第一时间推动落实。坚决拥护中央对山西省严重腐败问题的严肃查处，坚决维护以王儒林书记为班长的新的省委班子的权威，坚决同中央和省委、市委保持高度一致。以高度的政治自觉、政治担当，认真开展学习讨论落实活动，以项目化思路推动活动，把6个方面、23项任务、61项成果全部落实到了牵头单位和责任部门，限期完成；组建9个督导组，从严督导落实；深入开展学习，做到了入脑入心、真学真用；认真讨论、反思剖析，深触思想灵魂，找准了问题、查出了原因、明确了方向；集中精力狠抓39项专项整治，呈现出活动开局顺利、纵深推进的良好态势。

二、夯实"两个责任"

把落实"两个责任"作为从严管党治党的有力举措和重要抓手，层层明确责任、传导压力；坚决支持纪检部门正确、依法履职，深入推进党风廉政建设和反腐败斗争。保持高压态势，"不敢腐"的震慑持续强化。坚持以"零容忍"的态度惩治腐败，全年共立查贪污贿赂、失职渎职、违反财经纪律等各类案件103件，结案94件，给予党政纪处分94人，涉及乡科级领导干部20人。坚决落实中央八项规定，扎实开展"五清"和"纪律松弛、吃拿卡要"、狠刹大操大办歪风等专项整治，查处"四风"问题29案40人。严格"三公"经费管理，全年压缩"三公"经费655万元，压缩比例41.5%。健全制度体系，"不能腐"的机制不断完善。把"六权治本"作为从源头上、根本上铲除腐败滋生土壤的治本之策，将各项任务细化明确、分解落实，对部门职责权限全面进行清理规范，加快制订权力清单、责任清单。着眼于规范决策环节，研究出台《县委常委会工作规则》和全委会、四套班子联席会、党政班子联席会等《议事规则》，完善了班子工作机制和重大事项决策过错责任追究机制。着眼于规范权力运行，健全完善工程招标投标监督管理、"三公"经费管理等廉政风险防控系列制度。着眼于规范工作程序，出台工作情况汇报、请销假、重大事项请示报告、推动工作落实四项制度。强化教育监督，"不想腐"的自觉明显增强。坚持教育在先、提醒在先、警示在先、预防在先，加强廉政文化和教育基地建设，采取邀请专家学者专题辅导、观看警示教育片、组织干部到曲沃监狱和市廉政教育基地参观学习等形式，不断强化廉政警示教育。引深廉政风险防控体系建设，扎实开展县委权力公开透明运行试点工作，深入推进行政监察、行政审批和审计监督改革，电子监督"一网六平台"上线运行，对权力运行、项目建设、惠民政策、政府采购等全程跟踪监督得到加强。

三、狠抓党的建设

以党的群众路线教育实践活动为引领，党的建设步入新境界。一是精心组织，规定动作高标准。共举办干部教育大讲堂8期、专题培训847次、干部培训班14期，培训党员干部17300余人次，两批选派100名科级干部赴延安、深圳等地考察学习，组织宣讲团深入基层巡回宣讲106场。班子和个人面向广大干部群众征求到意见建议10000多条，相互提出批评意见155条，检查"四风"问题143个，确定整改项目30个、专项整治21个、制度建设27个，整改任务全部按时完成。二是创新载体，自选动作有特色。以锤炼干部作风为重点，开展"扬正气、讲规矩、勇担当、转作风"主题实践活动，围绕作风建设五项重点任务，排查和整改问题1272条，形成了一批好的办法和机制，强化了各级干部的责任担当。以打通服务群众"最后一公里"为重点，开展"千人百村惠万家"主题实践活动，帮助农村制定发展规划45个，发展富民产业项目10个，筹措资金570余万元，解决群众出行、饮水等实际问题136个。两个活动载体已经确立为锤炼作风、服务群众的长效机制。三是活动带动，党建工作上水平。牢固树立抓好党建是最大政绩的理念，坚持思想建党和制度治党相结合，以党建"核心"为经济建设"中心"提供坚强保证。坚持"书记抓、抓书记"，层层开展书记"面对面"述评，强化"主业"意识，突出"服务"主题，形成了一级抓一级、层层抓落实的党建工作格局。认真落实"定、查、评"工作法，实现了工作任务项目化、服务群众具体化；扎实推进基层党组织定级晋位行动；拓展基层党组织书记领办创新项目；积极推行党代表工作室建设，组建党代表工作室14个；深入开展"服务群众年"活动，一大批事关群众生产生活的实际问题得到有效解决；在非公经济党组织中广泛开展"双强六好"创建活动，非公经济组织党建工作得到加强。特别是把村"两委"换届选举作为巩固党在农村执政基础的重中之重，作为净化政治生态的具体行动，严格程序、严明纪律，较好地完成了换届任务。

四、加快推动发展

贯彻落实中央和省委、市委决策部署，紧紧围绕"六大发展"，确立了"突出全面深化改革这一总揽，坚持生态环境、文化教育两个优先，做好工业转型、农业升级、三产提速、城乡一体四篇文章，打造幸福、平安、法治三大品牌"的"一二四三"工作思路，凝聚起了强大的思想共识和工作合力，呈现出经济持续增长、项目持续推进、民生持续改善、社会大局持续稳定的良好局面。

（一）全面深化改革，增强发展活力。高举转型综改龙头，统筹推进各领域改革。政府机构改革，方案得到批复，食品药品监督管理体制改革基本完成；行政审批制度改革，减少审批事项241项，增加服务项目207项，基本做到了窗口受理、一站办结。农村综合改革,以土地确权为基础,积极探索实践项目带动、集体引导、龙头引领模式,流转土地2.23万亩。煤炭公路销售体制改革,撤销煤检站,取消煤炭公路运销票据,迈出坚实步伐。金融改革,推进农村信用联社改制,成立财政担保公司,搭建银企对接平台,落实支农和企业贷款2.6亿元。公共服务市场化改革,初见成效,蒲子文化中心、奥体中心、园林环卫、高级中学、政府机关等单位的部分服务实现市场化运作。医药卫生综合改革,健全基本药物制度和基层医疗机构运行机制,全面实施基本公共卫生服务项目,优化医保支付方式,医疗保障和服务得到提升。涉法涉诉改革,重点解决了入口不顺、程序空转、出口不畅三个突出问题,促进涉法涉诉信访事项依法导入司法程序处理。

(二)坚持两个优先,夯实发展根基。生态环境持续改善。坚持治污造绿并重、节能减排并举,实施"青山、碧水、蓝天"三大工程。完成造林绿化3.53万亩,林木覆盖率达到52.5%。持续推进城乡环境综合整治、农村人居环境改善,黑龙关镇农村环境连片整治项目,受益群众2万人。大力推进重点行业、企业节能治理,全面实施12座煤矿的污水处理系统升级改造和城区燃煤锅炉炉灶改造,全年县城空气质量二级以上天数达356天,成功创建"省级园林县城",连续三年荣膺"省级卫生县城"。文化教育渐入佳境。瞄准创建"全国文化先进县"目标,在硬件建设、文化惠民、产业发展、文明创建四个方面持续发力。乔家湾文化中心建设和太林、薛关文化站改造工程加紧实施。8个乡镇、70个村农村数字电视改造全面完成。公共文化设施实行免费开放。以东岳、春节、消夏三大群众性文化活动为龙头,开展了文学笔会、书香传递、电影下乡、送戏下乡等活动,临汾市中学生运动会、西山七县篮球赛等在蒲县成功举办;"蒲县朝山会"被列入国家级非物质文化遗产,化乐村入选第三批国家级传统村落;二轮《蒲县志》出版发行。剪纸、麦秆画、根雕等一批富有地方特色的文化产业加快发展。文明创建活动持续引深,以山西省道德模范提名奖吕艳芳为原型的首部电视剧《坚守》完成拍摄。瞄准创建"全市教育强县"目标,认真落实《教育振兴三年行动计划》,职业中学完成搬迁,黑龙关镇、克城镇中心幼儿园主体完工;拿出200多万元重奖教育;面向全国新招聘高中名师12名,高考二本B类以上达线人数首次突破百人大关,达到129人,多年在低谷徘徊的教育事业正在全面振兴。

(三)做好四篇文章,加快发展转型。工业转型扎实推进。全面落实"止缓回稳促增"措施。整合改造矿井建设快速推进,全县形成1380万吨产能。大力清费减税,累计为煤矿企业减负4亿多元。县级领导挂帅,外出对接企业、开拓市场,以销带产、以产促销,煤炭产量、销量实现逆势增长。总投资30亿元的2×35万千瓦低热值煤发电项目,正在申请"路条"。华正煤机维修制造项目投产运行;赢晟园、鑫永鑫铸造大力开发新产品,市场份额不断扩大;龙祥干法水泥二期、大唐豹子梁10万千瓦风电项目开工建设。农业升级取得实效。坚定不移地推进优质核桃、优质马铃薯"两个十万亩"基地建设,核桃种植累计发展到10万亩,标准化管理老中幼核桃面积达1.8万亩,2014年核桃产量400万斤、产值8000万元,被认定为"首批国家级核桃示范基地"。发挥马铃薯高新技术示范园的辐射带动作用,培育新品种,发展特色有机薯2000余亩,亩均产值3000元以上,被评为"国家级马铃薯栽培农业标准化示范区"。因地制宜,大力发展苹果、设施蔬菜、小杂粮、中药材、特色养殖,农民增收渠道不断拓宽。正茂核桃、河川农业开发、易恒天酒业等一批龙头企业不断做大做强。三产提速步伐加快。总投资17.6亿元的肖家沟物流园区煤炭集运站项目,即将开工建设;中南铁路竣工通车;蒲县站配套设施全面铺开,客运站候车大厅完成建设;东岳庙成功创建国家4A级景区;实施"商贸活县"战略,西关农贸市场竣工投用,锦绣超市、锦绣新区商贸中心等项目抓紧实施,商业集聚业态正在形成。城乡一体扩容提质。突出规划引领,坚持城市扩容和完善功能并重、旧城改造和新区建设并举,加大"大县城"建设力度,全民健康服务中心、蒲红路、平安公园、蒲伊街大小桥拓宽亮化等工程竣工投用;鹿城山水小区棚户区改造、锦绣小区、锦绣公园、蒲伊北街公园、滨河大道西延等项目进展顺利。乔家湾乡"百镇建设"初具雏形,黑龙关、山中特色小城镇建设扎实推进,乔家湾刘家山、黑龙关屯里坡等一批亮点村建设富有成效。全面加强路网、水网、电网建设,中南铁路竣工通车,蒲县站配套设施全面铺开,客运站候车大厅完成建设;洪大高速路列入全省高速公路网规划;霍永高速连接线开工建设。抓住全省"大水网"建设契机,山西中部引黄工程蒲县段供水规划通过省、市专家评审,四沟水库开工建设。西坪垣220KV输变电站工程竣工投用,基础设施支撑能力不断增强。

(四)打造三大品牌,提升发展境界。"幸福蒲县"普惠民生。坚持发展为民、发展惠民,倾力圆好百姓的"健康梦"、"就业梦"、"安居梦"、"养老梦"。水质提升全面完成,县城居民拧开水龙头就可喝上干净健康的矿泉水。集中供热完成7座换热站建设,新增供热面积10万平方米,累计达133万平方米。集中供气主管道实现全覆盖,城区天然气入户4000余户;开通蒲县–临汾城际公交和5条城乡公交线路。全民健康服务中心和9个乡镇计生服务中心竣工投用,3个乡镇卫生院改扩建项目加快实施,充实乡村医护人员,医疗服务水平不断提升。扎实开展慢性病防控工作,成功创建国家慢性病综合防控示范区。完成各类岗位技能培训4300人次,新增城镇就业岗位1625个,城镇登记失业率控制在4%以内;加大扶贫攻坚力度,减少贫困人口4000余人;保障性住房一期、二期600余套分配入住,三期、四期788套正在加紧建设;城乡居民养老、医疗保险实现全覆盖。"平安蒲县"保障民生。全面落实"党政同责、一岗双责、齐抓共管"责任,以"安全生产强基年"活动为主线,以"3456"工程为抓手,抓认识、抓责任、抓作风,深入开展安全生产专项整治行动,严厉打击非法生产、私挖盗采,安全生产形势持续稳定。全面推行"网格化"管理,县城四个社区挂牌运行,县、乡、村三级社会管理服务中心作用有效发挥;实施视频监控三级网络工程,整体推进"六网覆盖",深入开展打黑除恶专项行动,依法严厉打击

"黄赌毒"等社会丑恶现象,社会治安形势持续好转。"法治蒲县"护卫民生。认真贯彻落实党的十八届四中全会精神,坚持依法治县、依法执政、依法行政共同推进,法治蒲县、法治政府、法治社会一体建设,树立法治思维,培育法治文化。"阳光司法"扎实推进,开通官方微博和便民服务热线,开展巡回法庭审判活动。普法宣传深入开展,引深"领导干部学法、群众普法宣传、法律下乡入户、企业法治文化促建、青少年法治养成教育、特殊群体法律援助"六大活动。建立专业人民调解委员会和县、乡、村三级调解组织,形成人民调解、行政调解、司法调解、社会调解有效衔接的四大调解工作机制。落实县四套班子领导信访接待日制度、领导包案制度,深入开展领导干部接访下访和信访积案"百日攻坚战"活动,全县信访形势总体稳定。

(刘俊明)

附:一、中共蒲县县委书记、副书记、常委名单

书　记: 闫建国

副书记: 赵志慧　郭迎明

常　委: 陈振华　陈金庄　席建国　高永贤

余作明　尹保峰(4月离职)

李　峰(4月任职)

二、乡镇党委书记名单

蒲城镇

书　记: 刘俊绒(女)

克城镇

书　记: 乔富顺

黑龙关镇

书　记: 张彦龙

薛关镇

书　记: 卢志俊

太林乡

书　记: 亢鹏飞

乔家湾乡

书　记: 张保平

古县乡

书　记: 康向红

山中乡

书　记: 张旭东

红道乡

书　记: 冯宥铨

中共乡宁县委工作概况

县委书记　杨安虎

乡宁县辖10个乡镇、182个村委、1113个自然村,共有459个基层党组织,其中14个基层党委(10个乡镇党委),9166名党员。2014年,中共乡宁县委在省、市委的坚强领导下,深入学习贯彻党的十八大、十八届三中、四中全会以及习近平总书记系列重要讲话精神,团结带领全县干部群众,紧紧围绕"一条主线",扎实开展"两项活动",全力抓好"三大任务",统筹推进县域改革发展稳定各项工作,努力开创弊革风清、富民强县新局面。

一条主线:就是深入学习贯彻习近平总书记系列重要讲话精神和省、市委决策部署,坚定政治方向,统揽全县大局

县委坚持把深入学习贯彻习近平总书记系列重要讲话精神和省、市委决策部署作为首要政治任务。重点学习了以习近平同志为总书记的党中央对山西重要指示要求以及省委王儒林书记有关重要讲话精神,深刻领会把握以王儒林书记为班长的省委班子政治坚定、崇尚实干、敢于担当、团结创新、清正廉洁的新作风;一手抓反腐,一手抓发展的新担当;"六权治本"、"六大发展"、煤炭"六型"转变等治晋兴晋强晋的新思路;开展学习讨论落实活动,推进法治山西建设,实现弊革风清,促进富民强省的新举措。实践中,坚持带着自信学,通过学原文、悟原理,补精神之"钙",坚定正确的前行方向;带着问题学,在学习中寻找解决思想工作上的困惑、误区、问题的答案和办法;带着思考学,消化吸收,融会贯通,理清思路,把握方向,教育引导全县干部群众切实把思想和行动统一到中央的重大决策部署上来,统一到全省干部大会精神上来,统一到王儒林书记的重要讲话精神上来。县委中心组一月一专题,集体学习16次、交流讨论4次,撰写心得体会70余篇,深入包联乡镇、分管部门讲党课"全覆盖"。坚持及时传达中央和省、市重要会议精神,邀请专家学者举办"干部大讲堂"16场次。通过一系列卓有成效的学习活动,各级党员干部进一步坚定了开创弊革风清、富民强县新局面的信心决心。

两项活动:就是扎实推进党的群众路线教育实践活动和学习讨论落实活动,持续反对"四风",净化政治生态。

(一)党的群众路线教育实践活动。坚持领导带头,坚持问题导向,坚持从严要求,统筹推进各层级活动开展,达到了预期目的和效果。一是党员干部主动参加学习教育,自觉补充"精神之钙",理想信念更为坚定,践行群众路线更加自觉。广泛开展集中学习、心得体会交流、领导干部讲党课等活动,全县党员干部普遍接受了一次系统的马克思主义群众观点教育,联系群众更加主动,服务群众更加自觉,党群干群关系更加密切。二是"四风"问题得到了一次大排查、大扫除、大整治,党员干部的作风明显好转。坚持未搞先改、边学边改、即知即改,对照查摆出的"四风"问题,深入开展"三项治理"工作,扎实推进专项整治工作,"四风"方面突出问题得到了有效整治。三是党内政治生活严肃认真、严格规范,广大党员干部经历了一次触动思想、触及灵魂的党性锻炼。认真较真求真召开专题民主生活会和组织生活会,以整风精神开展批评和自我批评,进行了健康的思想斗争,严肃了党内政治生活,起到了脸红心跳、出汗排毒、治病救人、加油鼓劲的作用。四是制度的笼子不断织密扎紧,改进作风的长效机制和刚性约束初步形成。县委及时研究制定"两方案一计划",列出 8 个方面 71 项整改任务,新建完善制度文件 17 个,有效规范了干部行为,强化了刚性约束。五是一批影响群众切身利益的突出问题得到有效解决。积极回应并解决群众最直接最现实最为关注的问题。教育系统开展了"治理三种乱象、规范四种行为、执行五条禁令"专项整治活动;政法系统开展了打击"黄赌毒"违法犯罪专项行动,等等。广大干部群众切身感受到了活动带来的实惠和变化。

(二)学习讨论落实活动。坚持边学习、边讨论、边落实,统筹兼顾,协调推进。一是强化学习教育,提高思想认识。县委班子认真开展学习讨论,带头示范。县级干部全员参加了省、市组织的集中培训。举办了县管干部专题培训班,邀请专家辅导,组织专题讨论,撰写心得体会,观看警示教育片。及时曝光违规违纪典型案例,用现实存在的问题解决干部思想认识问题。全县广大党员干部认账认理认责认干,普遍增强了参与推动活动的思想自觉、政治自觉和行动自觉。二是深刻反思剖析,明确整改措施。县委始终坚持问题导向、问题思维、问题意识,以和自己"过不去"的姿态和心态,认真进行讨论反思剖析,形成了《中共乡宁县委反思剖析报告》,并按照报告中明确的努力方向和整改措施,进一步细化整改事项和任务。三是扎实推进落实,取得阶段成果。县委坚持以项目化思路推进,按照"事项只增不减、标准只高不低、时间只早不迟"的原则,将活动任务细化为 6 个方面 23 项任务 67 件具体事项,并建立了县级领导包联督导工作机制,从严从实推进落实。制定出台了落实党风廉政建设"两个责任"的实施方案;"三个一批" 组合拳和专项整治工作按时序顺利开展;实施"六权治本"的一系列制度建议也逐项对接上级精神有序推进。

三大任务:就是全面落实党要管党、从严治党各项任务,认真履行党风廉政建设主体责任,引领推动"六大发展"

(一)坚持党要管党、从严治党,全面加强党建工作。认真贯彻落实从严治党、从严治吏的要求,宏观上决策,微观上落实,运行中结合,以党建工作统领经济社会发展全局。一是优化领导班子。按照新时期好干部五条标准和"德才兼备、以德为先、以廉为基"的选人用人导向,进一步完善科级班子和科级干部实绩档案,并作为评价班子、调整干部的重要依据。坚持"大稳定、小调整"的原则,提拔调整干部 20 名。按照"以案查人、用事定人、凭实绩选人"的思路,认真实施"三个一批"工作,切实刷新吏治,净化干部队伍。二是夯实基层组织。认真开展"三不"整顿,采取"三联"帮扶模式,分类指导,精准施策,转化升级。扎实推进农村"两委"换届工作,一批想干事、会干事的"能人"走上了支部书记岗位。不断提高"一定三有"水平,促进基层党组织提升凝聚力、号召力、执行力。三是从严管理干部。一方面健全完善干部管理规定,让干部"法定职责必须为"、"法无授权不可为"。另一方面严格执行干部管理各项规定,特别是加大对"一把手"的监督、管理力度,让干部心中有戒、心存敬畏。

(二)认真履行党风廉政建设主体责任,形成并保持反腐败的高压态势。始终把深入开展党风廉政建设和反腐败斗争作为净化政治生态的重大举措,切实把党风廉政建设主体责任扛在肩上,体现在行动上,落实到从严上。一是强化"三种意识",增强主动性。不断强化忧患意识、问题意识、责任意识,对党风廉政建设和反腐倡廉工作常研究、常部署,定期召开从严治党书记面对面述职会议,督促各级"一把手"长抓、常抓、具体抓。二是突出"三个重点",增强针对性。首先是管好重点人。强化对各级"一把手"和重点行业领域重要岗位负责人权力运行的制约和监督,把"权力关进制度的笼子"。其次是管好关键事。强化对重要行业领域和关键环节的监督。巩固扩大大操大办整治成果,进一步规范党员干部操办婚丧嫁娶事宜,引领社风民风。第三管好大额资金。规范大额资金使用的议定、审批、支出流程,坚持集体研究,公开公示,接受监督。三是落实"三项措施",增强实效性。加强廉政教育,将警示教育、廉政文化宣传等常态化、制度化,筑牢党员干部思想"防线"。强化日常监督,不定期开展执行中央"八项规定"等规定制度情况明察暗访,推进"两个责任"监督平台建设,有效提升了监督实效。坚持从严查处,旗帜鲜明支持纪委办案,2014 年共立案 69 件,结案 68 件,给予党政纪处分 76 人,形成并保持了惩治腐败的高压态势。

(三)推动"六大发展",统筹推进县域经济社会各项事业。扭住发展第一要务,不提空口号,但求新突破,不摆花架子,要见新实效,着力推进"六大发展"。2014 年,地区生产总值完成 83.4 亿元,同比增长 6%;财政总收入完成 23.28 亿元,同比增长 5.5%;固定资产投资完成 60.74 亿元,同比增长 19.1%;城镇居民人均可支配收入完成 23440 元,同比增长 10.8%;农民人均可支配收入完成 7730 元,同比增长 13.2%。各项重点工作也有成效、有突破。一是"三农"工作扎实推进。坚持"一业主导、特色并进"的产业化思路,新发展核桃 1.2 万亩,总量达到 15 万亩,全县经济林总量超过 30 万亩,培育千亩以上"一村一品"专业村 53 个;投资 4.5 亿元实施农民安居工程、完善提升工程、环境整治工程、宜居示范工程“四大工程”，特别是作为全省8个试点之一的西坡采煤沉陷区治理顺利完成年度目标任务。二是煤炭产业升级转型。按照煤炭产业“六型”转变要求，全面加快煤炭产业改造升级转型。2014年，全县4座生产矿井安全高效运行，6座矿井联合试运转，2座转产，新增产能180万吨。一批煤炭深加工企业相继投产达效，产业链条不断延伸。三是民营经济活力显现。大力实施中小微企业“惠商贷”政策，优化民营经济发展环境。充分发挥统一战线优势，完成乡镇商会建设，加强商会交流合作，服务引领推动民营经济发展。全年新增民营企业129户，同比增长22.9%。四是城乡建设扩容提质。坚持以“五城联创”为抓手，致力建设美丽乡宁。西城路网改造、东城综合开发、新医院等市政重点工程顺利推进。县城文物古迹修缮、广场雕塑等文化建设保护工作全面完成。新增集中供热30万平方米、供气千余户。大力开展大气污染、环境卫生、交通秩序等专项整治，城乡人居环境大为改善。五是安全稳定持续好转。坚持“抓重点、攻难点、绝不放松大安全”的工作思路，落实党政同责，加强常态监管，坚决“打非治违”，安全生产形势平稳向好，各类安全生产事故起数和死亡人数实现双下降。将领导干部接访下访常态化，一批重点信访案件得到有效化解。六是民生福祉大为改善。以落实“服务群众年”活动为载体，结合“定查评”工作法，重点实施“十百千”工程。与此同时，文化、教育、卫生、就业和社保等社会事业提标扩面、惠及群众，特别是高考达二本B类线以上702人，连续五年以年超100人的速度攀升，不断刷新着“乡宁纪录”。

在抓学习、抓活动、抓重点的同时，坚持统揽全局，协调各方，统筹推进各项工作。一是顺利启动全面深化改革工作。成立了全面深化改革工作领导组和六个专项小组，研究制定了全面深化改革专项工作方案和年度计划，各项改革任务逐步推开。二是着力提升法治建设水平。研究制定了《加快推进法治乡宁建设的实施意见》。扎实推进“平安乡宁”建设，不断加强社会治安综合治理，完善三级社会服务管理平台，建立“大调解”工作机制，有效维护了社会公平正义。三是不断强化民主政治建设。支持县人大依法履职，开展执法检查、视察、调研，听取和审议专项工作报告，建立人大选举任命干部履职档案，提升监督水平。加强和改进对政协工作的领导，支持县政协充分发挥政治协商、民主监督、参政议政职能。四是切实加强宣传思想文化工作。扎实开展道德模范评选、公益广告宣传、文明创建等工作，不断加强舆论引导和网络监管，广泛开展丰富多彩的群众文化活动，营造了向上向善向廉的社会氛围。同时，人民武装工作也不断加强，军地共建、军民融合发展成效明显，双拥模范城创建工作接受了省级考核验收。县委各部门和工青妇等群团组织作用有效发挥，形成了团结进取、干事创业的强大合力。

（史怀荣）

附：一、中共乡宁县委书记、副书记、常委名单

书　记：杨安虎

副书记：樊洪平

常　委：栗俊昌　解高民　张建山　陈海平　郭　举　郭玉龙　张红玉(女)

二、乡镇党委书记名单

枣岭乡

书　记：王海鸣

昌宁镇

书　记：任进科

管头镇

书　记：闫　鹏

台头镇

书　记：郑安民

光华镇

书　记：李宝堂

双鹤乡

书　记：刘玉杰

关王庙乡

书　记：贺伟科

尉庄乡

书　记：高建新

西交口乡

书　记：王永生

西坡镇

书　记：赵继宁

中共吉县县委工作概况

县委书记　郝忠祥

吉县共有乡镇党委8个，县直党委(总支)22个，党支部292个，党员6333名。

2014年是全面贯彻落实党的十八届三中全会精神的开局之年，是实施“十二五”规划承上启下的攻坚之年，是为全面建成小康社会奠定坚实基础的重要一年。2014年，在市委、市政府的正确领导下，中共吉县县委认真贯彻落实党的十八大、十八届三中、四中全会和习近平总书记系列重要讲话精神，按照省市新部署、新要求，团结带领全县干部群众，凝心聚力，真抓实干，为推进“六大发展”，实现“六大突破”，圆就民富县强“吉县梦”奠定了坚实基础。

一、深入学习贯彻落实中央、省委、市委重大决策部署，进一步统一思想，转变观念

2014年，中共吉县县委始终把学习贯彻中央、省委、市委的新精神、新要求、新部署作为首要职责和头等大事来认真安排、坚决落实，坚持做到讲政治、把方向、守纪律，在思想和行动上与中央、省委、市委保持高度一致。2014年，先后邀请了省委、市委党校教授进行了专题辅导培训，组织了中心组成员轮流辅导学习，开展了县级党员领导干部集中讲党课，带动全县广大党员干部深入学习了党的十八大、十八届三中、四中全会和习近平总书记系列重要讲话精神，全面学习了省委、市委全委会精神，进一步明确了新形势下坚持党要管党、从严治党的八项要求和坚持依法治国的基本方略，进一步坚定了建设法治吉县、依法规范治理的信心决心，进一步深化了对反腐倡廉、刷新吏治、匡正用人导向重要性的认识，把思想和行动进一步统一到了省委“净化政治生态，实现弊革风清，重塑山西形象，促进富民强省”的重大部署上来，统一到了省委提出的“六权治本”和“六大发展”的举措要求上来，切实做到内化于心、外化于行。特别是全省学习讨论落实活动开展以来，县委高度重视，坚决贯彻，及时召开了动员大会，就活动开展进行了安排，制定出台了《实施方案》，对7个方面、28项任务进行了责任分解，组建了12个督导组，实现了督导工作全覆盖。利用3天时间对全县各乡镇、各单位领导班子成员进行了集中培训，县级领导坚持以上率下，带头人人讲党课，观看警示教育片，开展反思讨论，确保了活动开局紧凑，进展扎实，反响良好，确保了用中央、省委和市委精神来统一思想、提振精神，凝聚力量、促进发展。

二、坚持紧抓发展第一要务，促进经济社会平稳健康发展

2014年，县委积极适应经济新常态，认真落实省委“六大发展”新要求，扎实开展“四个年”活动，经济社会实现健康平稳发展。全年地区生产总值完成18.7亿元，同比增长5.19%；财政总收入完成2.6亿元，同比增长5.99%，城镇居民人均可支配收入15842元，同比增长8.4%；农民人均现金收入3978元，同比增长11%。一是苹果提质升级进一步提速。按照有机化发展思路，编印了《吉县有机苹果开发综合技术规程》，东城有机苹果示范基地历时3年有机转换期已经通过了国家有机认证，吕梁山连片特困地区百万亩山地有机苹果项目建设进一步加快。完成了高架微喷节水灌溉工程400亩，新建规模养殖场23个，水肥投入力度进一步加大。全县新发展果园面积1.5万亩，完成减密间伐1万亩，打造东城垣农业生态观光示范园区，实施了黑膜覆盖、蜜蜂授粉、杀虫灯等新技术，创建技术革新示范园80座，建立了特色苹果生产基地，引进树形改造新技术，全县苹果进一步提高了产量，提升了品质。开发了“小精巧”包装，启动了苹果文化发掘“三个一”工程，成立了苹果营销纠纷调处中心，举办了吉县精品苹果品评推介会，参加了北京“金秋游”等推介会，不断创优品牌，拓展市场，吉县苹果的知名度、美誉度和市场竞争力进一步提升。2014年，全县苹果总产量达16万吨，产值8亿元，果农人均果品收入达6600元，农民收入实现了稳步增长。二是旅游产业优势进一步彰显。以壶口瀑布为龙头，以克难坡、人祖山、柿子滩为重点，着力打造县内旅游精品循环圈；以景点建设为抓手，有序推进壶口瀑布国家5A级景区创建工作，启动了古窑洞群修复、展示中心等建设项目。扎实推进人祖山景区建设；以彰显文化特色为核心，启动了吉昌镇上东村“美丽乡村”、农家乐及苹果采摘体验区建设工程。在壶口蓬莱山庄打造了原生态非遗演绎实景剧。成立了“旅游文化研考会”，挖掘、整合黄河文化、根祖文化、抗战文化、苹果文化内涵，进一步促进了文化旅游深度融合。三是工业经济质量效益进一步提高。加快苹果加工园区建设，顶吉食品、达明一派、富开园成功投产，澳坤生物冷藏库和有机肥生产基地进展顺利；认真落实省、市推进煤炭经济发展的政策措施，切实为煤炭企业减负松绑解困；加强安全监管和运行监测，积极组织企业参加煤博会、煤炭订货会等活动，促进了产销有效衔接；紧抓国家“能源革命”的政策机遇，加快推进新能源开发利用，中石油、中石化煤层气开发项目钻井962口，产气6460万方；积极协调推进古贤大坝建设项目，努力培育工业经济新的增长点。四是城乡一体化建设进一步推进。坚持改造提升老城，开展了“环境提升年”活动，整治城乡“三乱”，严厉打击私搭乱建。积极开发拓展新城，投资7808.8万元的新城路网工程正在实施。编制了《改善农村人居环境规划纲要》，完成了农村危房改造1534户，移民搬迁664户，实施了农村饮水提高工程、造林绿化等工程，新建“一村一品”专业村7个，新增设施蔬菜面积123亩，城乡综合实力、整体功能及人居环境得到了进一步改善。五是社会民生事业进一步提升。实施了五大民生工程、十件惠民实事和农村“五件实事”。共免除高中学生教材费和住宿费165万元，实现了全县行政村有线电视全覆盖，省级计划生育优质服务县创建工作获得了省政府表彰，启动了23个行政村卫生室标准化建设，提高了80岁以上老年人敬老金，扩大了苹果自然灾害保险覆盖面，全县城镇新增就业岗位1130个，近35000农户“一户一吨煤”全部落实到位，为城乡2149户发放低保金1006.1万元，群众生活水平进一步提高。

三、坚持高标准严要求，扎实开展党的群众路线教育实践活动

群众路线教育实践活动启动以后，县委坚持规定动作落实到位，自选动作富有特色，压茬进行，梯次推进，取得了重要的阶段性成果。一是深化学习教育，增强行动自觉。领导干部带头讲党课、抓培训，带动全县党员干部深学深议。共组织了专题辅导1387次，观看各类影片1353次；开展了“好干部”大讨论、“机关风气”大讨论、“我是一名共产党员、我是一名领导干部、我是一名公务人员”大讨论活动，广大党员干部对照“20字好干部标准”和党章，自我画像，正好衣冠，争做

为民务实清廉的好干部。二是广泛征求意见，深入查摆问题。坚持开门搞活动，县级领导先行一步，人人带队，分成17个组，深入基层“面对面、肩并肩”征求意见，协调解决了一批影响群众生产生活的热点难点问题。带动各级党员干部深入开展了“访民生、知民情、解民事”集中走访活动，走访群众2万余户，专题调研841次，召开各类座谈会948次，个别谈话3581人，梳理汇总意见建议1270条，征集到群众反映强烈的突出问题31类。三是坚持整风精神，坦诚开展批评。坚持用整风精神严要求，真批评，做到了“五抓”，即：抓程序严密部署，抓材料严格审查，抓督导严密审批，抓包联严谨指导，抓会议严肃批评，确保了民主生活会批评上有辣味，思想上有交锋，起到了红红脸、出出汗、加加油、鼓鼓劲的作用，达到了“团结——批评——团结”的目的。四是落实整改承诺，确保取信于民。问题整改，重在落实。活动开展以来，县委坚持问题导向，成立了协调督办群众反映突出问题领导小组，对各个阶段群众提、自己找、上级点、互相帮、集体议查找出的55项突出问题，下发督办令33份，由四大班子领导领题调研、专题督办、严加整改，全部完成。制度建设上，成立了专项工作小组，全面梳理已有制度，新建制度811个。“一百千万”专项服务项目落实上，建立了工作台账，明确时限，责任到人，加强督导，共完成了513件。整改落实上，县四大班子完成整改事项56项，县级领导干部完成整改事项372项，全县县直各部门(单位)领导班子完成了1393项，乡镇领导班子完成了200项，村“两委”班子完成了405项。专项整治上，全县县直各部门(单位)完成了421项，乡镇领导班子完成了49项，村“两委”班子完成了160项。通过活动的开展，解决了一批群众反映的热点难点问题，出台了一批有效管用的制度办法，全县党员干部进一步增强了党性修养，巩固了群众观念，改进了工作作风，切实把活动开展的成效转化为了服务为民的责任担当，把推进“六大发展”的动力转变成了富民强县的实际成果。

四、坚持落实“两个责任”，深入推进党风廉政建设

党要管党，从严治党，首先是管，关键在严。工作中，县委认真落实“两个责任”，抓好“三个强化”，以党风廉政建设的实际成效，正党风、促政风、带民风。一是强化主体责任，种好“责任田”。制定出台了“两个责任”实施意见，明确了责任、主体。常委会采取约谈负责人、书记面对面、定期报告述职、民主生活会剖析检查等多种形式，对主体责任统一领导、直接主抓、全面落实。各级书记坚持“一要干活，二要干净，坚持原则，认真负责”的工作原则，抓班子、带队伍，对党风廉政建设亲自抓，重点抓，做到了“四个亲自、五个带头”；班子成员把党风廉政建设融入分管领域的各项工作，定期督促检查、定期沟通情况、定期听取汇报，加强风险防控，做到了真抓、真管、真负责。二是强化监督责任，念好“紧箍咒”。精简了议事协调机构58个，积极支持纪委“转职能、转方式、转作风”，把主要精力集中到党风廉政建设和反腐败工作上来，切实抓好执纪监督和查办案件两大主业，重点做好对“三重一大”的监督，真正做到执好纪、问好责、把好关。三是强化追责问责，使好“杀手锏”。开展专项整治，深入纠“乱”。开展了整治“纪律松弛、吃拿卡要”专项活动，共出动检查200余人次，查处违反工作纪律案件52件，在全县党员干部中形成了有力震慑。规范细节管理，全面治“小”。制定下发了《关于规范干部下乡招待费的通知》，全县79个行政村实现了“零接待”；出台了《制止大操大办狠刹奢靡之风的实施办法》，查处大操大办案件22件，进一步加强了对婚丧喜庆事宜的规范管理。保持高压态势，坚决查“大”。围绕重要节点，紧盯重要领域和关键环节，坚持做到“四个严肃查处”，严格落实“一案三查”，对腐败案件“零容忍”，确保发现一起查处一起，始终保持“反腐高压态势”。共查处各类违纪案件60件，给予党政纪处分60人，对11名监管不力的领导干部进行了责任追究。加强制度建设，坚持抓“常”。积极推进“六权治本”，确立了“权力清单”和“责任清单”，从源头上预防和遏制腐败。坚持抓“常”、抓“细”、抓“长”，制定出台了涉及干部请销假、财务管理、采购指标、农村合同等一大批规范性文件、制度，进一步扎紧了制度的“笼子”，用制度管人、靠制度管事，确保党员干部转作风、树新风落到了实处、见到了成效。

五、坚持抓好党建“主业”，全面提高党建科学化水平

抓好党建工作就是最大的政绩。一是坚持思想建党，不断强化思想政治建设。开展了学习习近平总书记系列重要讲话精神和中央、省委、市委重要会议精神宣讲活动，以“中国梦”教育人、引导人，感召人、凝聚人；举办了全县农村(社区)“领头雁”培训班，对农村“两委”主干、乡镇干部进行了集中培训。开办了31期干部大讲堂，县乡村三级干部人人进课堂、受教育、提素质、正思想；扎实推进学习型党组织建设，县委中心组坚持每月集中学习，确保了学习制度化、规范化，进一步拧紧了“总开关”，增强了政治定力和行动自觉。二是端正用人导向，不断加强干部队伍建设。坚持“20字好干部标准”，认真落实省委“三个一批”工作要求，以“德才兼备、以德为先、以廉为基”为用人导向，调整交流干部11名，做到从实际工作经验丰富的干部中选人用人，让吃苦的人吃香、实干的人实惠、有为的人有位，切实匡正风气，激发干劲。三是夯实基层基础，不断加强基层组织建设。以开展“基层组织提升年”活动为契机，全面落实党建工作责任制，明确责任、传导压力、狠抓落实。县、乡、村三级书记实行“面对面”述评制度，推广“三五治村”模式，规范了服务组织；推行“定查评”工作法，完善了服务机制；深入开展“三不”问题整顿，补齐了服务短板。设立了15个党代表工作室，开展了社会组织党组织集中组建活动，农村“两委”换届选举工作圆满完成，基层组织进一步巩固夯实，凝聚力、战斗力和创造力不断增强。四是落实“八项规定”，不断加强作风建设。出台了《坚持为民务实清廉、全面改进工作作风》的30条规定，狠抓干部作风的转变与改进；县级干部带头落实“八项规定”，到基层调研轻车简

从,不搞迎来送往。同时,进一步严明党的纪律,教育引导各级干部不听谣、不信谣、不传谣,坚定政治立场,做到“四个服从”,维护党委权威,确保令行禁止。通过严格执行中央“八项规定”和“17项禁令”,进一步刹“四风”,扬正气,全县上下形成了勤俭节约、风清气正的良好社会风气。

六、坚持依法规范管理,社会和谐稳定全面巩固

2014年,县委深入贯彻依法治国理念,切实运用法治思维和法治方式,把依法规范管理、建设法治吉县,作为构建民富县强“吉县梦”的重要抓手,全力推动廉洁发展、安全发展取得新实效。一是推进“法治吉县”建设。加强依法管理,提升执法水平,提高行政效率和服务质量,建设服务型政府、法治政府。全力支持人大依法履职,综合运用审议报告、执法检查、满意度测评等形式,对“一府两院”工作进行监督。充分发挥政协优势,就经济社会发展中的重大问题进行调研视察,利用社情民意和政协提案两个载体,积极建言献策。支持工会、共青团、妇联等人民团体发挥作用,进一步加强宗教、民族和党管武装工作。严格实行社会稳定风险评估,全面发挥法治保障作用,对涉及群众利益的重大决策、重大项目,完善评估手续,签订决策社会风险责任书,做到谁决策、谁负责。全力强化社会治理,实施“六六创安”工程,全面推行社会服务网格化管理,强化了社会面防控。加大对“黄、赌、毒”等违法犯罪行为的打击力度,共办理涉毒案件23起,处理违法嫌疑人34人,始终保持打黑除恶高压态势,为“平安吉县”建设提供了坚强的法治保障。二是加强“文明吉县”建设。反复征求讨论,提炼弘扬了“尚善、坚韧、务实、图强”的吉县精神,以此凝聚人心,鼓舞干劲。实施了文明吉县行“十个一”工程,开展了“最美吉县人”评选活动,组织了“爱心接力”志愿服务活动,坚持“一村一故事”,拍摄了微电影50余部,主要做法在全国农村精神文明建设工作经验交流会上进行了交流,文明吉县建设取得丰硕成果。全县涌现出了以荣获2014年“中国好人”称号的王青凡、荣登中国文明网“好人365”的贺印娣、被评为“山西省自强模范”和“第三届临汾市十大道德楷模”的葛丽娟等为代表的一大批道德模范人物。三是夯实安全生产基础。严格落实安全生产主体责任和监管责任,开展了安全生产大检查工作,排查整治各类安全隐患400余条(处)。同时,集中开展了“六打六治”打非治违专项行动,进行了煤层气管道泄漏应急演练。全年没有发生生产安全事故,创造了良好的安全生产环境。针对吉县地质灾害多发区、易发区的特点,组织开展了突发性地质灾害应急演练,对全县312个地质灾害隐患点进行了勘测排查,扎实做好地质灾害防治工作。四是加强信访维工作。完善了县级领导接待来信来访等制度,进一步促进了信访秩序规范有序;开通了12388信访网络互动举报平台,建设了涉纪信访接待大厅,进一步畅通了信访渠道。开展了“百日双百案”群众信访诉求化解专项活动和“双百”专项活动,对群众反映强烈的24个疑难热点问题挂牌督办,认真解决,为全县经济社会发展创造了稳定和谐环境。

(强晓辉　蔡惠忠)

附:一、中共吉县县委书记、副书记、常委名单

书　记:郝忠祥

副书记:刘　浩　姚焕章　李灵芝(女)

常　委:李晓民　赵新喜　吴吉红　熊伟星　李永芳　石　猛(4月任职)　马广礼(4月离职)

二、乡镇党委书记名单

吉昌镇

书　记:张增谦(9月离职)　郭东舟(9月任职)

中垛乡

书　记:解力军

柏山寺乡

书　记:吴俊红

屯里镇

书　记:葛耿怒

壶口镇

书　记:段晓娜(女)

车城乡

书　记:郭东舟(9月离职)　王吉荣(9月任职)

东城乡

书　记:李桂萍(女)

文城乡

书　记:王吉荣(9月离职)　李敖升(9月任职)

中共大宁县委工作概况

县委书记　刘奎生

大宁县地处吕梁山南端、黄河的东岸、临汾西北部。现辖2镇4乡、84个行政村、309个自然村,总面积967平方公里,总人口6.9万。2014年,大宁县委在省委、市委的正确领导下,以邓小平理论、“三个代表”重要思想、科学发展观为指导,以习近平总书记系列重要讲话为根本指针,以党的群众路线教育实践活动和学习讨论落实活动为抓手,充分发挥总揽全局、协调各方的领导核心作用,坚持实施“生态立县、林果富民、工业强县”三大战略不动摇,建设三大基地不放松,着力加快工业发展,继续提

高生态质量，统筹城乡协调发展，全面强化社会管理，不断提升党建水平，万众一心，奋力赶超，使全县经济建设、政治建设、文化建设、社会建设和党的建设都取得了新的明显进展。

一、深入学习贯彻习近平总书记系列重要讲话精神，抓好抓实“两个活动”

坚持把学习贯彻习近平总书记系列重要讲话精神作为首要政治任务，按照中央、省委、市委的安排部署，扎实开展了党的群众路线教育实践活动和学习讨论落实活动。

扎实开展党的群众路线教育实践活动。组织全县3897名党员，围绕“为民务实清廉”主题，充分发扬“认真”精神，落实“从严”要求，突出反对“四风”，认真学习贯彻习近平总书记系列重要讲话精神，深学细照提高党性修养，广接地气解决群众实际需求，深挖细找查摆突出问题，严肃认真召开民主生活会，改立并举狠抓整改落实。查找“四风”突出问题2485个，开展专项整治464项、健全完善制度891项，完成整改项目1646项，完成“一百千万”服务项目309件。通过这次深刻的教育实践活动，广大党员干部党性修养进一步提升，亲民为民意识进一步增强，工作作风进一步改进。

认真开展学习讨论落实活动。县委从严把握环节步骤，始终坚持边学习边讨论边落实。县委班子率先垂范、带头执行，认真组织了对习近平总书记系列重要讲话、省委王儒林书记讲话、市委领导讲话和活动方案的学习讨论，举办了3期350多人参加的集中培训班，组织了两场大型报告会，全县开展集中学习300余次，讨论150余场。召开县委常委会4次，围绕4项议题，结合大宁实际，列出若干题目深入讨论，特别是围绕“两个责任”、“三个一批”、“三个高压态势”、“六权治本”、“六大发展”等主题开展讨论，查找出了县委常委班子存在的7个方面19个突出问题，政府班子集中五次讨论和查摆问题，县乡各级班子在深入讨论、真查细找的基础上，撰写出初步的反思剖析报告。活动中突出抓好落实，一是强化责任落实。下发了《大宁县学习讨论落实活动任务分解的通知》，将6个方面23项任务分解到部门和单位，每项任务由一名常委或副县长主抓。二是保持三个高压态势。加大案件查处力度，办理各类案件25起，处分25人，确保案件查处零存量；不间断开展“四风”问题整治，严格执行八项规定、六条禁令，持续不断抓排查、抓督查，在净化风气上下功夫，完成了200多个整改落实事项；开展了打黑除恶专项行动，加强宣传发动，动员全社会参与，在县城和农村开展了拉网式排查。三是围绕六权治本，规范权力运行。起草了实施“三个一批”、“六权治本”等方面的初步方案，确定了“三个一批”试点单位和乡镇，各乡镇、各部门都列出了权力清单和责任清单；完善了政务公开制度，落实了行政审批“两集中两到位”，全年11258件审批事项实现100%办结。

二、从严履行管党治党职责，全力抓好党的建设各项工作

中国共产党大宁县地方组织共有7个党委，20个党总支，222个党支部，党员4496名。2014年，县委始终坚持以党的建设为龙头，牢固树立“抓好党建是最大的政绩”意识，提素质、强管理、打基础、转作风，打造风清气正、勤政廉政的党组织和党员干部队伍。

（一）加强思想建设。坚持以学习型党组织建设为抓手，围绕十八届三中、四中全会、习近平总书记系列讲话精神等内容，采取集中学习、专家辅导、举办专题培训班、赴清华大学、省市委党校学习培训等方式，培训党员领导干部1200余人，有效保障了广大党员干部理论上的与时俱进。组织近千人次干部群众到省内外进行考察学习，选派30余名教育、卫生系统干部赴国家重点学校、院所进修锻炼，开拓干部视野。513名干部依托山西干部在线学院，定期开展充电学习，不断提高认知和工作能力。

（二）加强组织建设。坚持把加强队伍、落实制度、夯实基础作为重点，从严抓班子、带队伍、管干部。制定了《关于领导班子和领导干部综合分析研判工作办法》《关于进一步加强科级领导干部日常监督管理的办法》，提高了干部选拔任用工作的规范化水平。坚持对党员干部从严监督管理，持续开展对不作为、不负责、不讲规矩问题的专项整治，建立了月汇报、月督查、月通报机制，完善了年度目标责任“1+1”考核办法。围绕“三个一批”，出台了初步方案，并研究具体操作办法落实。进一步加强服务型党组织建设，圆满完成了村、社区“两委”换届选举工作，落实了县、乡、村三级书记“面对面”联述联评联考制度，推进了“定查评工作法”和在职党员到社区报到开展服务工作，建立了党代表工作室，基层基础不断夯实。

（三）加强作风建设。县委把作风建设作为一项长期任务，坚持重点落实与督促检查两手抓，规范从政行为、提高行政效能。在抓重点落实上，认真执行中央八项规定，刹“四风”转作风，进一步引深“讲规矩强责任求实效”活动，深入开展了办公用房、公务用车、吃喝不正之风等专项整治，落实领导干部走进群众制度，扎实开展领导干部下乡住村增收、“访、知、解”和“六个一”活动，风清气正、亲民为民的氛围日渐浓厚。在抓督促检查上，县级党政班子成员经常深入乡镇和部门开展督促检查，积极查纠突出问题；从职能部门抽调干部成立督查组围绕重点工作、作风建设、执行规定情况开展督查，强化跟踪问效，切实转变作风。开展了“民评官”活动，对排在后3名的9个单位，下发了整改建议，对主要领导进行约谈并限期整改。

（四）落实“两个责任”。下发了《关于落实党风廉政建设党委主体责任和纪委监督责任的实施意见》，多次明确要求班子成员把党风廉政建设与业务工作同部署、同检查、同考核，履行好“一岗双责”。各乡镇、各部门党委书记都结合实际，认真研究“六权治本”的办法和措施，列出权力清单和责任清单，进行了签字背书。立足“六大发展”，把廉洁发展作为前提和基础，与落实主体责任和“一岗双责”同步安排、同步检查、同步推进。召开全县重点工程领域警示教育大会，开展廉政文化进农村活动；进一步健全完善“一网多平台”建设，

有力推动惩防体系建设向纵深发展;开展了重要岗位、重点领域、重大工程方面的专项检查,切实优化发展环境。全年查办案件60件,处分党员干部60人。

三、全力加快富民强县步伐,经济社会稳步发展

县委始终把加快发展作为富民强县的第一要务,充分发挥县委班子总揽全局、协调各方的核心作用,认真按照全省六大发展的要求,全力抓好改革发展稳定各项工作。

(一)经济实力持续增强。2014年,全县生产总值完成4.78亿元,同比增长4.3%;财政总收入完成6228万元,同比增长15.5%;公共财政预算收入完成3518万元,同比增长12.5%;规模以上工业增加值完成1505万元,同比增长13.8%;城镇居民人均可支配收入达到15466元,同比增长8.1%;农民人均纯收入达到2541元,同比增长12.3%;社会消费品零售总额完成2.74亿元,同比增长11%;固定资产投资完成10.4亿元,同比增长29.1%。全县粮食总产量达到5.3万吨,同比增长35.9%。

(二)特色农业形成规模。坚持以三大基地建设为抓手,从规模化发展向精品化、市场化、标准化、科学化转变,稳步推进三农工作。依托连片扶贫试点项目,以绿色、有机为方向,新建精品示范园3个,全年新增苹果经济林3万亩,全县苹果经济林突破11万亩,提前两年实现人均二亩园的目标。坚持围绕市场、多元发展,依托蔬菜示范园区,建设了食用菌生产基地,建成了吉宁果蔬物流交易市场,产业链条不断延伸。以丰冠源万头猪场等10家养猪合作社为龙头,以规模健康养殖小区为载体,辐射带动农户发展生猪养殖5万头,生产有机肥原料3万多吨,为发展绿色有机苹果、蔬菜奠定了良好基础。通过三大基地建设同步推进、协调发展,打造了特色农业由川到垣立体化发展新模式。

(三)新型工业实现突破。围绕工业新型化目标,抓住项目建设新机遇,构建工业发展新体系。全力实施"两区同建"项目,引进入驻鑫辉电子、治诚科技两家企业,开辟农民增收就业新渠道。大力推进煤层气液化项目,与中石油达成了战略合作框架协议,全县煤层气5亿方产能建设正式启动,宁扬能源30万立方煤层气液化项目和江苏远景能源15万千瓦风力发电项目正在开展前期工作,而吉村太阳能光伏发电站顺利运行并取得效益,能源开发迈出步伐。突出现有企业升级改造,辰康公司麦绿素和同德化工公司乳化炸药产量稳步提升,走出了工业经济发展新路子。

(四)城乡建设亮点频现。实施"大城镇"发展战略,以城带乡,不断推进城镇化进程。编制完成了城市控制性规划,实施了城西路、城南路旧城改造和保障性住房等城建工程,启动了步行桥、体育场、全民健身活动中心、10万平方米供热站建设工程,开展了市容市貌环境、交通道路秩序综合整治,全力打造功能齐全、宜居宜业新县城。实施了易地扶贫搬迁、乡村清洁、危房改造工程,完成了村级幼儿园建设和新型职业农民培训任务,农村"五件实事"扎实推进。完成了"马北线"、"宁大线"、山头至仁义公路改造建设任务,新建了110千伏变电站,实施了以坡改梯、林业生态、农业综合开发等工程,基础保障和生态治理成效明显。

(五)民生事业全面发展。坚持把群众利益放在首位,努力让改革发展成果惠及广大群众。继续推行十五年免费教育,全面深化医药卫生体制改革,特殊病种大额门诊扩大到35个病种,全县新农合参合率为99.18%。新增城镇就业597人,失业率控制在3.8%以内。城镇职工基本养老保险、医疗保险和城乡居民社会养老保险覆盖人数持续增加,全年共发放各类救助资金2900多万元,教育、卫生、社会保障事业成效明显。坚持以教育实践活动和学习讨论落实活动为切入点,集中解决了群众反映的城西路建设、集中供热等10个问题,各级各部门共为群众办实事好事1002件,用实际成效取信于民。

(六)安全稳定持续向好。积极推进"六五"普法进程,广大干部群众学法、懂法、守法、用法意识明显增强。组织开展了社会治安整治行动,社会安全感满意度达到90%以上。深入开展了安全生产大检查活动,安全生产形势持续向好。深入开展"百日双百案"化解活动,着力从源头减少信访问题,信访案件办结率达到100%。公共安全保障和突发事件处置能力有所增强,精神文明和民主法制建设取得新的成绩。

(杨东明)

附:一、中共大宁县委书记、副书记、常委名单

书　记:刘奎生

副书记:樊　宇　吴　滨

常　委:焦宏文　郝爱民　冯小宁　陈东楷　张新平　程永伦(4月离职)　马新生(4月任职)

二、乡镇党委书记名单

昕水镇

书　记:高广旭

曲峨镇

书　记:王建平

太德乡

书　记:任福平

三多乡

书　记:贺晓东

徐家垛乡

书　记:张鹏华

太古乡

书　记:许华伟

中共隰县县委工作概况

县委书记　王天郎

2014年，在省委、市委的正确领导下，中共隰县县委深入学习、全面贯彻党的十八大、十八届三中、四中全会和习近平总书记系列重要讲话精神，认真落实省委十届六次、市委三届六次全会精神，紧紧围绕“净化政治生态、实现弊革风清，重塑山西形象、促进富民强省”的重大部署，以党的群众路线教育实践活动为统揽，以打造隰县经济社会发展“升级版”为动力，深入开展改革创新、项目推进、梨果攻坚、城市提升、服务群众“五个年”活动，全县经济建设、政治建设、文化建设、社会建设、生态文明建设和党的建设都取得了新的成效。

中共隰县县委，共有党组8个，党工委2个，基层党组织278个，其中党(工)委20个，党总支8个，党支部250个。全县共有党员6222名。

一、深入学习贯彻习近平总书记系列重要讲话精神，坚持用讲话精神武装头脑、指导实践、推动工作。坚持把学习贯彻习近平总书记系列重要讲话精神作为首要政治任务，采取县委常委会、中心组学习、全县性大会等多种方式，及时学习研究，迅速组织传达，在全县掀起了学习贯彻的热潮。特别是县委班子成员坚持积极主动学、全面系统学、深入细致学，从讲话精神中明晰思路、把握方向，不断增强发展自觉、坚定发展信心、提升发展能力，努力做到真学真懂、真信真用、真抓真改，在全县上下形成了抓好“五个年”、打造“升级版”、誓夺“三连冠”的强大合力，全面有力推进了“富裕文明、和谐幸福、山川秀美”新隰县的发展战略。

二、深入贯彻省市重大决策部署，坚决与中央、省委、市委保持高度一致。全省领导干部大会以来，以王儒林书记为班长的新的省委班子，站在历史、现实和未来的高度谋划山西发展，着眼于干部队伍思想建设、组织建设、作风建设和制度建设，提出了一系列革弊立新、激浊扬清的新思路、新举措。特别是省委十届六次全会和市委三届六次全会，对实施“六权治本”、推进“六大发展”、打好“三个一批”组合拳提出了一系列新举措，为隰县做好工作指明了方向。对省委、市委的决策和部署，隰县第一时间学习研究，第一时间组织推动，第一时间抓好落实。先后多次召开县委常委会、全县干部大会，引导全县广大党员干部不断学习，进一步深化对省委、市委重大工作部署的认识，进一步廓清了思想，形成了共识，凝聚了力量。县委高度重视学习讨论落实活动，坚决贯彻。召开动员大会对全县的学习讨论落实活动进行了全面动员和安排，制定出台了活动《实施方案》，6名常委牵头负责6个工作组。为确保活动取得实效，以项目化思路推进活动落实，把6个方面、23项任务、57项预期成果全部落实到牵头单位和责任部门。县委常委坚持以身作则、以上率下，带头学习讨论、带头查摆问题、带头反思剖析、带头整改落实，并确定了包联乡镇和单位。县委组建8个督导组，既督导乡镇又督导县直部门，做到了督导工作全覆盖。四位县委常委分别就从严管党治党、加强党风廉政建设和推进依法治国、建设法治隰县等内容，分两批对全县副科级以上领导干部进行了集中培训。目前，全县的学习讨论落实活动进展顺利、发展健康、有序推进。

三、狠抓党风廉政建设，旗帜鲜明、坚决有力推动反腐倡廉工作。以狠抓“两个责任”落实为根本，深刻汲取全省发生的系统性、塌方式腐败问题的沉痛教训，按照省委、市委要求，坚定不移地推进党风廉政建设和反腐败工作。一是严格落实“两个责任”，强化监督执纪问责。认真学习新形势下反腐倡廉的新要求，对党委承担主体责任形成共识，牢固树立“抓好党风廉政建设是本职，不抓党风廉政建设是失职，抓不好党风廉政建设是渎职”的理念，坚持重要工作亲自部署，重大问题亲自过问，重点环节亲自协调，重要案件亲自督办。按照市委要求，制定了《关于落实党风廉政建设党委主体责任和纪委监督责任的实施意见(试行)》，层层签订党风廉政建设目标责任书，不断强化各级各部门落实“两个责任”的自觉性和主动性。按照“转职能、转方式、转作风”三转要求，对8个乡镇纪委书记、16名纪检组长分管其它业务进行了清理，对参与协调的24个议事机构进行了清理退还，仅保留9个，确保突出主业、专职专责。二是开展专项整治活动，狠抓作风建设。坚持把群众反映强烈的热点、难点问题作为转变作风的切入点，开展了党员领导干部参赌涉赌专项整治活动，查处参赌涉赌干部3人；开展了“纪律松弛、吃拿卡要”专项整治，累计查办并处理案件52件。同时，制定下发了改进工作作风、密切联系群众的规定，建立了“三单两本”、《隰县问勤问责问效问廉暂行办法》等规范性文件，健全了“三公”经费监管制度；细化完善工作纪律、吃拿卡要、公务用车、大操大办等一系列有关作风建设的相关制度规定。对红白事操办提出了“四规定六标准”的要求；对公务用车明确了一车一档、单独核算等制度，从源头上筑牢“防火墙”，扎紧制度的“笼子”。三是狠抓案件查办，坚决打好反腐“震慑战”。切实加大案件查办力度，对于腐败问题，发现一起查处一起，点名道姓通报曝光，保持高压态势打好“震慑战”。2014年，共查处各类违规违纪案件112件，涉及112人，重处分19人，移送司法机关3案3人，挽回直接经济损失45万元。四是突出标本兼治，抓好源头治理。认真贯彻落实中央《建立健全惩治和预防腐败体系2013-2017年工作规划》和省委、市委一系列规定，依托“一网十平台”，加快信息化建设，运用“制度+科技”、“实体＋网络”、“人控＋技控”等手段,强化权力运行监督,积极探索构建具有隰县自身特色的惩防体系,从根本上铲除腐败的土壤。在财力紧张的情况下,投资700余万元建成电子效能监察中心并投入运营。投资70余万元,建成廉政教育基地。

四、牢牢抓住发展第一要务,县域经济实力提升、后劲增强。始终坚持以经济建设为中心不动摇,主动适应经济发展新常态,不断加强和改进党对经济工作的领导,审时度势、精准发力、持续用劲,县域经济实现新突破。一是抓特色扬优势,扎实推进“三农”工作。按照“以梨为基、多元发展”的总体思路,大力发展以玉露香梨为主导的梨果产业,通过长抓“四配套”,短抓“六环节”,制定出台了《隰县2014年“梨果攻坚年”活动实施方案》《隰县玉露香梨生产管理技术规程》和《关于印发主攻玉露香十条意见的通知》,组建了梨果专家宣讲团,在扩规模、强管理、提品质、拓市场上狠下功夫,全年完成玉露香梨高接换优1.1万亩,新栽3.9万亩,完成了发展玉露香梨5万亩的任务目标,玉露香梨面积由2008年不足2000亩,发展到15万亩,全县梨果等经济林总面积达到32万亩,产值5亿元。成功举办“中国·隰县第四届梨花节”。在北京国家会议中心举办的中外百年品牌暨中国品牌文化管理年会上,隰县玉露香梨荣获“中国大美梨”称号,在第21届中国农高会上,夺得“后稷特别奖”,并成功出口美国,打入国际高端市场。坚持宜林则林、宜果则果、宜棚则棚、宜苗则苗,大棚瓜菜、苗木、畜牧、烤烟、谷子、万寿菊等特色林下经济蓬勃发展,“一县一业”、“一村一品”的农业产业格局初步形成。大力推进新农村建设,完成500口人移民搬迁工程;投资250万元启动实施5个行政村整村推进项目;新发展农民专业合作社75个、家庭农场69个;组织各类技术培训185场次,培训农民6500人;建立健全县乡村三级土地流转服务组织及土地流转综合服务大厅,全年流转土地7000亩,土地确权12000亩。投资5100余万元,完成坡耕地水土流失综合治理、骨干坝加固、小流域综合治理、小型农田水利重点县项目、农村饮水安全“五大重点项目”工程建设。二是抓项目促发展,综合实力后劲增强。制定了《隰县招商引资奖励办法》《隰县项目推进年活动实施方案》《隰县重点项目直通车制度实施办法》和《隰县重点项目行政审批绿色通道》,严格实行“一个重点项目,一套实施方案,一个牵头领导,一个责任单位,一套班子推进,一抓到底交账”的“六个一”责任推进机制和“一月一调一约谈”“一月一查一通报”“一年一评一奖励”的推进措施,强势推进项目建设,重点项目“六位一体”综合排名名列全市前茅。2014年实施的93项重点项目,总投资81亿元,其中必须完成的55项完成46项。午城酿酒、天天饮料等“农字号”企业产品畅销,汾西正佳煤业基建工程基本完工,永顺醋业食醋加工项目竣工投产,金土地粮油日产300吨面粉加工生产线及食品仓储物流项目开工建设。“百企千村”产业扶贫开发工程进展顺利。山西晋煤集团5万吨果品冷链仓储物流港一期1万吨恒温库建成投入使用;京润泽农业开发有限责任公司,经济果业基地建设项目主体工程和配套设施基本完成。特别是瓦日铁路、霍永高速竣工通车,结束了隰县没有铁路、高速的历史。三是抓建设重管理,城市建设提档升级。坚持以人为核心的新型城镇化建设理念,实施“大县城”战略,按照城乡一体、资源互补、辐射带动、统筹发展的总体思路,城乡规划、建设和管理“三位一体”齐抓共管,成效显著。环保、司法、公安、劳动大楼、两馆、计生、政务大厅等陆续投入使用,凤凰苑、御龙公馆、怡泽小区、紫川苑等一批商住工程抓紧建设;南屏路改造完成,太和路建设顺利推进;小西天莲花广场、奥体中心、县城供水管网改造项目等陆续竣工投入使用。到2014年底,6层以上高层建筑达到64幢,6层以下小高层达到110幢,供暖覆盖面积达119万平方米,城镇化率达到42.36%,超额完成任务。生活垃圾无害化处理率达到100%;供水普及率达到99%;新建城市污水处理配套管网8.33公里,污水处理率达到84%;新铺供热管网10.5公里,县城集中供热普及率达到66%。深入开展“城市提升年”活动,制定《隰县2014年“城市提升年”活动实施方案》,对县城卫生实行精细化、常态化、制度化管理,城乡脏、乱、差问题大为改观。市民素质、交通秩序、保洁质量,绿化、亮化、美化明显提高,连续五年被评为“山西省十佳卫生县城”。2014年8月,被临汾市委、市政府授予“环境提升年”活动山区片流动红旗。

五、紧扣主题、敬终如始,群众路线教育实践活动深入开展、成效显著。紧扣“为民务实清廉”主题,按照“照镜子、正衣冠、洗洗澡、治治病”总要求,着力解决“四风”、事关群众切身利益和联系服务群众“最后一公里”问题,圆满完成了教育实践活动各项任务。一是坚持把学习为先、充电补钙贯穿始终。采取个人自学、集中学习、专题研讨等方式,组织党员干部认真学习党的十八大、十八届三中全会、习近平总书记系列重要讲话精神以及中央编发的《论群众路线——重要论述摘编》等书籍,打牢转变作风的思想基础。活动中,各级领导干部每月深入基层调研至少4次,形成各类调研报告120篇,其中给省、市报送43篇,在省、市网站、报纸和杂志刊登15篇。二是坚持把发扬民主、批评与自我批评贯穿始终。按照习近平总书记“三严三实”要求,以理论理想、党章党纪、民心民声、先辈先进为镜子,开展健康的批评与自我批评,广大党员干部受到了一次严格的党内生活锻炼和思想灵魂洗礼。通过敞开大门,广泛征求意见,深入开展谈心谈话,深挖细查,真查实剖班子和个人问题,撰写个人对照检查材料,各级班子及成员的对照检查材料修改次数都在10次以上。特别是县委常委班子专题民主生活会,以整风精神开展了批评与自我批评,揭短亮丑、真刀真枪、辣味十足,得到了省、市督导组的充分肯定。三是坚持把创新载体、服务群众贯穿始终。在完成规定动作的基础上,创新自选动作,在全县深入开展了“十百千万”、“机关党员进社区、志愿服务做贡献”、“重温革命记忆不忘本,抓牢群众路线不放松”三大主题实践活动。全县各基层党组织共走访685户贫困户,建立248个示范园,赠送价值380余万元的化肥、地膜等农资,开展果树修剪、高接换优等培训131场,党员帮扶结对子1485户,资助273名贫困生，解决81个农村突出问题，解决征地拆迁遗留问题21个，帮扶包联村实施各类民生项目341个，累计投入资金达4735万元，转变了干部作风，密切了党群关系，得到了群众的广泛好评。四是坚持把立破并举、建立作风建设长效机制贯穿始终。针对中央、省、市出台的作风建设制度规定，结合全县实际，先后完善出台了四大班子议事规则、严禁新建楼堂馆所、整治文山会海等配套制度，制定完善了解决"四风"问题和加强自身建设的677项制度，为促进干部作风转变、推动工作落实，提供了强有力的制度保障。

六、坚持以保障和改善民生为重点，促进社会和谐稳定。始终坚持把改善民生作为一切工作的出发点和落脚点，解决了一大批涉及群众切身利益的问题。教育事业上，坚持教育优先发展，不断强化教育基础建设，投资7626万元，对9所项目学校的宿舍楼、餐厅、厕所进行了新建改造。不断加强教师队伍建设，全年招聘56名教师，并对2011年招聘的167名服务期满的特岗教师进行了考核及办理手续；组织全县1400余名专任教师进行了应用培训，师资水平全面提升。同时，积极推进课程改革，大力开展特色学校创建和精细化管理，进一步提高了全县教育教学质量。2014年，高考二本以上达线人数由2008年的28人提高到124人，中、高考排名分别居东西山第一、第二，实现了六年六大步。医疗卫生上，继续深化医改工作，全面推进公立医院改革，进一步提升医院运行质量和水平；不断完善和巩固国家基本药物制度及运行机制，全年购进基药242万元，基本药物制度运行情况平稳，有效缓解了群众"看病贵"问题。加大医疗卫生基础设施建设力度，投资130万元，完成城南乡建设项目业务用房和医疗垃圾污水处理设施；总投资9800万元、2.8万平方米的新医院建设项目开工建设。计划生育工作荣获全省"计划生育优质服务县"。社会保障上，千方百计巩固和扩大社会保障覆盖面，全县养老、医疗、失业、工伤、生育五项保险参保总人数达到12.23万人，五项保险征缴支付总额达到2.91亿元；开工建设保障性住房1100套，基本建成保障性住房2230套，完成农村危房改造1600户；对全县机关公务员、离退休人员的津贴补贴标准和事业单位人员绩效工资总量标准进行提标，春节前一次性发放4550万元。加大人才招录力度，为8个乡镇公开招聘专业技术医务人员23名，为霍永高速隰县收费站公开招聘隰县籍高校毕业生20名，为县医院、环保、四纬巾被等单位和企业安置高校毕业生就业见习岗位20个，招聘高校毕业生20名，争取再就业资金604万元，全县城镇登记失业率控制在4%以内。宣传文化上，不断加强文化基础设施建设，奥体中心、莲花广场、文化馆、图书馆等一些文化基础设施建设完工投入使用，隰州大剧院改造完成，全县8个乡镇97个行政村实现文化站、农家书屋、文化活动场所和体育设施全覆盖。出版发行《隰州寻胜》《隰州梨人》《中国第一梨隰县玉露香》和《山西省委驻隰县上庄》等作品。开展文艺、电影、图书"三下乡"活动，文艺演出90余场，放映电影1100余场，图书下乡5万余册。举办了"大美隰州，欢乐盛夏"和"小西天景区首届泼水节"文化消夏活动，文艺展演12场，电影展演4场，戏剧展演5场。精神文明建设再传捷报。刘帅君荣获"中国乡村好青年"；武来贵荣登"中国好人榜"；贺西平荣获"山西省第二届感动百姓乡村十大爱心大使"称号，武来贵和许迎辉荣登"山西好人榜"，冯丽清荣膺临汾市"十大道德楷模"。在中外百年品牌暨中国品牌文化管理年会上，隰县被授予"中国好人县"称号，社会主义核心价值观更加深入人心，崇德向善蔚然成风。社会管理上，坚定不移抓好认识、责任、作风三个关键环节，严格落实政府安全监管和企业安全生产"两个主体责任"，持续深入开展安全隐患排查和专项治理工作，组织检查和督查各类生产经营单位121个，排查安全隐患274条，关闭取缔企业3个，停产整顿企业6个，有效杜绝了各类安全事故的发生。严格执行领导包案责任制和信访工作责任追究制，切实加大"事要解决"力度，特别是对一些敏感问题，认真研究对策，依法妥善解决。隰县连续两年被市委、市政府评为信访工作"四无"先进县。大力强化社会治安综合治理，深入推进省级"平安县"创建，严厉打击各种违法犯罪活动，全县社会治安持续向好，安全生产稳定有序，为经济社会持续健康发展营造了良好的社会环境。

七、加强社会主义民主政治建设，依法治县水平得到新提高。始终坚持巩固和发展党的政治优势，坚持党的领导、人民当家作主、依法治国有机统一，积极扩大民主，推进依法治县，不断加强和完善社会主义民主政治建设。支持人大及其常委会依法履行职能，充分发挥地方国家权力机关的作用。支持人大加强法律监督和工作监督，对"一府两院"依法行政、依法履职情况进行有效监督。高质量办理了代表议案和建议。围绕团结和民主两大主题，支持和保证人民政协履行政治协商、民主监督、参政议政职能。支持总工会、共青团、妇联等人民团体依照法律和章程独立自主开展工作。重视和加强对统一战线工作的领导，为民主党派和无党派人士开展调查研究、参政议政、建言献策创造条件。进一步加强和改进新形势下工商联工作。民族、宗教和外事、对台等工作取得新的进步。大力实施"六五"普法，基层司法所规范化建设进一步加强。深入推进党务公开、政务公开、村务公开和公共企事业单位办事公开。加快推动国防和驻隰部队建设，党管武装得到新的加强。

八、坚持党要管党、从严治党不动摇，党的建设各项工作迈上新台阶。认真贯彻"党要管党、从严治党"方针，坚决落实中央、省、市要求，全面加强党的思想政治建设、干部队伍建设和基层组织建设，为改革发展稳定提供了有力保障。一是不断加强思想政治建设。坚持"走出去、请进来"相结合，大力推进学习型党组织建设，努力在学习中提高理论水平、促进思想统一。制定出台了《隰县2013年—2017年干部教育培训规划》。狠抓县委中心组学习，全年组织学习12次。科级以上干部全部参加了干部在线学习，全县干部在线学习平均学时达110学时，超额完成市定任务。把党的十八大、十八届三中、四中全会和习近平总书记系列重要讲话及省、市主要领导的重要讲话精神作为重点，列入干部学习培训的必学内容，专题培训570余人次，通过培训，各级领导干部的政治素质和理论水平得到新的提高。二是不断加强干部队伍建设。积极整合培训资源，增强培训实效，举办中青年干部、妇女干部、农村经济人队伍、大学生村官等各类培训班14期，培训人数达4000余人次。选派12名乡镇副职和果业技术人员到陕西洛川县挂职锻炼；招录8名公务员和参公人员，对试用期满的10名公务员进行考察。进一步强化日常监督，制定《关于围绕三严三实进一步加强党员干部教育监督管理的实施意见》，出台了《关于对县管领导班子和领导干部进行综合分析研判的实施意见》，强化干部日常考察和班子综合分析研判，建立了干部日常考察档案和近距离识别干部台账，为甄别一批、退出一批、掌握一批干部审核打下了基础，干部管理工作逐步走上了制度化、规范化的轨道。同时，按照新时期好干部"20字标准"的选人用人要求，公平公正选配干部，及时配齐配强了八个乡镇的组宣委员和党联办主任，为食品药品监督局选配副局长、检验中心主任各1名。三是不断加强基层组织建设。深入开展"服务群众年"活动。认真落实"定、查、评"工作法，干部有承诺、群众看得见，实现了工作任务项目化、服务群众具体化，全年完成服务发展大事401件，服务民生实事373件，服务群众难事295件，一些事关群众生产生活的饮水、供暖、修路、架桥、就学等实际问题得到有效解决。扎实推进村"两委"换届工作。制定下发《关于进一步严肃村"两委"换届工作纪律要求的通知》，设立举报投诉电话，实行换届选举"全程签字"和重大问题、特殊情况报告制度，对换届工作进行全程监督，确保换届工作顺利完成。2014年，全县97个行政村、3个社区全部完成换届选举，风清气正，群众满意。扎实开展书记"面对面"述评，紧扣"书记抓、抓书记"这个关键，强化书记"主业"意识，突出党建"服务"主题，切实把抓基层党建工作当成分内之事、硬性任务，真正做到围绕发展抓党建、抓好党建促发展。全力打造党代表服务平台。制定下发了《关于开展党代表工作室建设行动的实施意见》，按照因地制宜、重在基层、探索创新的原则，以代表团为单位共建立8个乡镇党代表工作室和3个县直党代表工作室，明确工作职责和办事流程。2014年，各级党代表利用活动室，发挥各自优势，接待党员群众420人次，帮助群众解决129个实际问题。

（李 伟）

附：一、中共隰县县委书记、副书记、常委名单

书　记：王天郎
副书记：王晓斌
常　委：亢大勇　薛小平　任　静（女）
　　　　高　涛（女）　王志华　杨跃峰

二、乡镇党委书记名单

龙泉镇
书　记：任志明
城南乡
书　记：段兰虎
午城镇
书　记：任新生
黄土镇
书　记：卫建军
下李乡
书　记：贺宏鑫
寨子乡
书　记：王建勤
阳头升乡
书　记：史勇辉
陡坡乡
书　记：刘利明

中共永和县委工作概况

党组织情况简介

县委书记　加天山

永和县共有党的基层组织229个，其中：1个县直机关工委、1个非公工委、7个乡镇党委、9个县直系统党总支、211个党支部（79个农村党支部，16个乡直机关党支部、50个县直行政机关（群团组织）党支部、41个事业单位党支部、4个公有制企业党支部、17个非公有制企业党支部、4个社区党支部）。截至2014年底，全县共有党员4344名，其中：在岗职工1808名，农牧渔民2003名，离退休党员416名，其它117名。

经济工作

2014年，永和县委坚持以"四大战略、八项重点"总体思路为引领，以60项重点项目为支撑，不断完善项目管理办法，实行"县委常委全面抓、政府领导负责抓、人大政协监督抓、责任单位具体抓"的项目责任机制，形成了县四大班子齐抓共管的强大合力，有力地助推了经济社会发展。在全省经济下行压力加大的严峻形势下，永和县主要经济指标实现了逆势上扬。全县地区生产总值完成6.55亿元，同比增长3.9%；固定资产投资完成10.9亿元，同比增长55.2%；财政总收入完成1.008亿元，同比增长67.3%，其中公共财政收入同比增长46.15%，达到4405万元；社会消费品零售总额完成39706万元，同比增长10%；城镇居民人均可支配收入完成16589元，同比增长7.2%；农民人均可支配收入完成2761元，同比增长11.5%。特别是财政收入突破亿元大关，全县经济社会步入了科学发展的新阶段。

（一）大力实施“林果富民、生态立县”战略，“美丽永和”建设取得新成效。将生态改善和促农增收相结合，不断推进农业生产提质增效。一是夯实农业生产基础。坚持坡耕地改造、坝滩联治、经济林栽植、荒山造林、设施改善“五位一体”的综合治理模式，完成芝河源头生态精品农业园区机修梯田7500亩、坝滩联治780亩，完成阁西垣高效农业园区中低产田改造500亩，建设小型淤地坝8座。开展了以中低产田改造、试验示范基地建设、农业技术推广为主的“科技富民”行动，全县粮食总产量达到7.5万吨，创历史最高。二是提升林果产业优势。完成以红枣、核桃、苹果为主的经济林栽植1.4万亩；与省农科院建立了“院县科技战略合作”关系，完成经济林示范管护1.49万亩，形成了科研单位与乡土人才相结合的科技管护队伍，管理模式在全省推广，成功召开了全省红枣管理永和现场会。三是抓住生态建设这个根本。高标准栽植三北防护林工程1.5万亩，县域生态环境进一步优化。

（二）大力实施“转型发展、工业强县”战略，“富裕永和”建设取得新成效。按照省委开展“转型综改攻坚年”活动的总要求，立足煤层气资源优势，着力构建新型能源工业体系。一是煤层气勘探开发成效显著。投资6.43亿元，完成4口水平井钻探、10层直井压裂试气等工作，目前日产气量可达50万立方米，为下游产业的发展提供了有力支撑。二是工业园区建设推进明显。完成了新型能源工业园区“三通一平”的前期准备工作，为企业入驻创造了条件。积极与中石油、中海沃邦、新天能源、山西燃气产业集团等企业协商洽谈，努力引进煤层气加工项目，促进产业升级。三是民营经济进一步发展。制定出台了《促进中小微企业发展办法》，开展了中小微企业“助保贷”帮扶行动，在政策、资金、建设用地等方面给予服务，扶持四季鲜、久兴源等农产品加工企业进一步做大做强，扶持新天能源公司、美博经贸公司成长为规模以上企业，结束了永和县没有规模以上企业的历史。

（三）大力实施“文化引领、旅游兴县”战略，“人文永和”建设取得新成效。围绕建设“百里黄河湾旅游经济园区”，推动文化与旅游的深度融合。一是文化内涵更加丰富。组织编撰了《红军东征永和纪念馆志》《乾坤湾志》，东征文化、黄河文化、民俗文化得到深入挖掘整理；创作的舞蹈《我家住在乾坤湾》荣获“第七届我爱祖国全国青少年才艺电视展播”金奖。重新布展了红军东征永和纪念馆，乾坤湾被国土资源部正式授牌为“黄河蛇曲国家地质公园”，并被全国摄影家协会、山西省作协分别确定为创作基地。二是宣传推荐力度加大。举办了全国摄影大赛启动仪式、“女作家走山西”启动仪式等活动，在霍永高速、临吉高速、大运高速设置了旅游宣传广告和标志牌。同时，中央电视台《乡约》栏目、《星光大道》优秀歌手等新闻媒体和知名人士相继走进永和、宣传永和。特别是永和县乾坤湾的照片，被编入习近平总书记赠送俄罗斯总统的《美丽中国、美丽俄罗斯》画册中，极大地提升了乾坤湾的知名度和影响力。三是服务设施逐步完善。高标准完成了阁底至乾坤湾旅游路、楼山旅游路建设，实施了乾坤湾旅游路通道绿化和地质公园绿化，打造了“红军井”等一批景点，规划发展农家乐20家，景区环境进一步优化，旅游服务功能进一步完善。四是文化活动不断丰富。大力实施“文明素质提升工程”，在县城设置了4块电子屏，制作播放《永和日历》365期，群众受教育面不断扩大，宣传教育成效显著提升。成功举办了纪念孔子诞辰读书教育展示活动，广泛开展了文明单位、文明村镇、文明社区等创建活动，涌现出一批有文化氛围、有高尚品德的先进单位和模范个人。

社会事业

始终坚持民生优先的原则，多谋民生之利，多解民生之忧，努力解决群众关心关注的热点难点问题，不断提高群众满意度和幸福指数。进一步提高社会保障水平，完成幼小一体化学校主体工程建设，二中餐厅宿舍楼投入使用，县城义务教育学校实现了宽带网络班班通、师生网络空间人人通。高考达二本线以上80人，实现了6年连续攀升。继续深化医药卫生改革，县、乡、村三级卫生服务水平不断提高。全县参合率达到99.6%以上，共为48501人次参合农民报销医疗费用1604万元。进一步加大社会救助力度，城乡低保人均分别提高384元、336元。发放城乡医疗救助金324.4万元。四大“暖心工程”顺利完成，缓解了群众因病因灾致贫的困扰。

党建工作

一是坚持理论武装。常委会把理论学习放在更加突出的位置，专题研究学习规划和制度，科学安排学习内容和时间，切实加强全县党员干部的学习培训。一年来，中心组集中学习16次，全县举办各类干部培训13期3000人次，山西干部在线学院参学单位74个，参学人员520人，参学率90%。二是加强干部队伍建设。严格执行《党政领导干部选拔任用工作条例》，坚持德才兼备、以德为先、以廉为基的用人导向，进一步加大生态文明建设指标的考核权重，不断健全完善考核评价机制，激发广大干部干事创业的激情，推动各项工作深入落实。起草了《关于乡科级领导班子和领导干部综合分析研判的实施办法》，认真做好“三个一批”的准备工作。三是夯实基层基础。以开展“基层组织提升年”活动为抓手，认真落实“三级联述联评联考”制度、书记抓基层党建“面对面”推进机制和“定查评”工作法，进一步增强了基层组织的凝聚力、战斗力。制定下发了《关于全县基层党组织落实“定查评”工作法做好2013—2014年度“评”、“定”工作的通知》等文件，全县各级基层党组织确定“定”的事项1233件，已完成1225件，占总数的99.3%。7个乡镇、9个县直系统党总支均成立了党代表工作室，749名省、市、县、乡党代表驻室开展接访活动，接待群众191人次，解决群众实际困难46件。扎实开展在职党员到社区报到服务群众活动，98个单位1016名在职党员深入社区，开展法律援助25次，办实事好事45

件。县委高度重视农村“两委”换届选举工作,县委常委包乡指导,组织、纪检、政法、民政等部门周密部署,各乡镇、各村委主动作为,圆满完成了79个村“两委”换届工作。按照“控制总量、优化结构、提高质量、发挥作用”的总要求,认真做好党员管理教育培养工作,吸收预备党员68名,培养入党积极分子352名。四是加强作风建设。认真贯彻执行中央“八项规定”、《党政机关厉行节约反对浪费条例》、省委“三个实施办法”,市委“25条规定”。制定出台了《关于改进工作作风、密切联系群众的若干规定》《关于贯彻落实中央“八项规定”进一步制止奢侈浪费树立良好形象的通知》,修订完善了《永和县重点项目考核办法》等规章制度,从根本上杜绝行为之弊、作风之垢。着力开展整治“四风”专项治理活动,对全县行政事业单位人员的在岗情况、履职履责、工作作风等方面进行明查暗访,全县干部作风明显好转。

党的群众路线教育实践活动

按照中央的统一部署和省委、市委的要求,县委坚持高起点谋划、高标准推进、高质量收官,在全县各级党组织和广大党员干部中深入开展了党的群众路线教育实践活动,全县103个单位、211个基层党组织积极参与、主动作为。坚持群众提、自己找、上级点、互相帮、集体议,认真查找“四风”问题。全县各活动单位共征求到意见建议3227条,其中“四风”方面意见建议1747条。群众反映强烈的少数工作人员长期不在岗、城市环境脏乱差、城区道路交通秩序混乱、部分教师有偿补课等问题得到有效解决。县委把贯彻整风精神,召开专题民主生活会和组织生活会作为规范党内组织生活的一次生动实践,在开展批评与自我批评上动真格、开新风,广大党员干部普遍经受了党内政治生活锤炼,理想信念进一步坚定。深入开展“服务群众年”活动,确定了“6163”服务项目。目前,县上确定的6件为民大事,县直各单位确定的127件惠民要事,乡镇确定的42件便民好事,村级(社区)确定的253件利民实事均已全部完成。这些好事实事的实施,使广大群众切实看到了县委服务群众的决心和教育实践活动的成效。县委坚持立足当前抓整改落实,着眼长远建章立制,以真抓实改取信于民、赢得民心。四大班子确定整改项目55个,全部整改完成;乡镇确定整改项目86个,已完成83个,正在进行整改3个;县直单位确定整改项目721个,已完成698个,正在进行整改23个;村(社区)“两委”确定整改项目280个,已完成278个,正在进行整改2个。全县23名副县级以上党员领导干部制定个人整改项目256个,已完成254个,正在进行整改2个。县委坚持破立并举,注重建章立制,全县共废除制度76条,已出台制度959条,已修订完善制度444条,正在修订完善制度92条,正在制定起草制度80条,这些制度的形成,进一步扎紧了规范权力运行的制度笼子。

党风廉政建设和反腐败斗争

牢固树立“抓好党风廉政建设是本职、不抓党风廉政建设是失职、抓不好党风廉政建设是渎职”的理念,旗帜鲜明、坚决有力地推进党风廉政建设和反腐败斗争。一是认真落实“两个责任”。县委常委会多次就落实“两个责任”进行专题研究、安排部署,制定了《关于落实党风廉政建设党委主体责任和纪委监督责任的实施意见》,细化了党委班子、党委主要负责人及班子成员在党风廉政建设和反腐败工作中的具体职责,科学划分了责任主体之间的责任界限,并层层签订了责任书,做到了责任清、职责明。通过党风廉政建设述职报告会、廉政谈话、签字背书、“一案三查”等方式,进一步深化各级各部门对落实“两个责任”的认识。对2名干部进行了责任追究,对3名干部进行了诫勉谈话。二是全面加强廉政教育。依托红军东征永和纪念馆廉政教育基地,通过廉政课堂,组织观看百部廉政教育片,提高廉洁从政意识;通过廉政谈话室,进行廉政谈话、任前谈话、诫勉谈话,时刻警示党员干部廉洁从政。2014年,党员干部累计有3万余人次到廉政基地接受了教育。同时,通过开展廉政文化“八进”、“廉政文化教育月”等活动,通过组织观看警示教育片、节假日发送廉政短信等多种形式,在全县营造了“崇廉、尚廉”的浓厚氛围。三是切实加大惩戒力度。深入开展了深化“四风”突出问题专项整治、“纪律松弛、吃拿卡要”、公路“三乱”、教育乱收费等专项整治,党员干部作风得到明显转变。受理群众来信来访19件,立结案26件,处分党员干部26人,其中乡科级干部7人,在党员干部中形成有力震慑。四是不断强化制度约束。按照省委提出的“依法确定权力、科学配置权力、制度约束权力、阳光行使权力、合力监督权力、严惩滥用权力”的“六权治本”思路,积极探索“不敢腐、不能腐、不想腐”的长效机制。制定出台了《永和县本级公务卡使用管理暂行办法》《永和县行政事业单位公务接待及差旅费管理暂行办法》等6项制度,全县“三公”经费支出同比下降了30?%。深入开展廉政风险防控工作,修订完善了“三重一大”事项决策等系列制度,加大了党务、政务、司法公开和各领域办事公开力度,特别是规范了“阳光农廉综合服务网”的公开内容、公开程序,切实提高了公开性和透明度。五是严格遵守政治纪律和政治规矩。常委会带头执行党的政治纪律,主动发挥标杆作用,不折不扣执行中央、省、市的工作部署,坚定不移地落实各项政策,坚持按政策、按原则、按规矩办事。常委会健全修订了《中共永和县委工作规则》,下发了《领导干部外出请假报备制度》,完成“人像识别”工作纪律互联网考勤系统建设,对全县119个单位工作人员的纪律作风进行常态监督。全县党员干部守纪律、讲规矩的意识进一步增强,干部作风明显改进。

(王贵忠)

附:一、中共永和县委书记、副书记、常委名单

书　记: 加天山

副书记: 范洋平　马连青

常　委: 苏文龙　廉海平　崔文学　李永升　弓记平　代建华　程万军(9月挂职)

二、乡镇党委书记名单

芝河镇

书　记：冯润元

桑壁镇

书　记：李　雄

坡头乡

书　记：白永明

交口乡

书　记：薛丽红（女）

阎底乡

书　记：冯贵生

打石腰乡

书　记：王连锁

南庄乡

书　记：刘永胜

中共运城市委工作概况

2014年，是运城发展历史上极为特殊的一年。一年来，面对改革发展稳定的繁重任务，持续加大的经济下行压力，反腐败斗争的严峻形势，市委紧紧团结带领全市干部群众，深入学习贯彻党的十八大、十八届三中、四中全会和习近平总书记系列重要讲话精神，按照省委“净化政治生态，实现弊革风清，重塑山西形象，促进富民强省”和推动“六大发展”的总体部署，以开展党的群众路线教育实践活动和学习讨论落实活动为契机，攻坚克难、凝心聚力、真抓实干，统筹推进工业新型化、农业现代化、信息化、城镇化、生态化和文化旅游产业等重点工作，全市经济建设、政治建设、文化建设、社会建设、生态文明建设取得了新进展，党的建设取得了新成效。经济运行呈现出总体平稳、稳中有进的良好势头，全年完成地区生产总值1201.6亿元、增长5.0%，规模以上工业增加值386.9亿元、增长3.8%，固定资产投资1202.7亿元、增长19.2%，社会消费品零售总额620.3亿元、增长12.3%，财政总收入101.7亿元、首次突破百亿元、增长11.4%，公共财政预算收入52.8亿元、增长16.2%，城镇居民人均可支配收入达到22226元、增长8.9%，农民人均可支配收入达到8125元、增长11.5%。

一、深入学习贯彻党的十八届三中、四中全会和习近平总书记系列重要讲话精神，坚决落实中央、省委各项决策部署

一年来，市委始终把学习贯彻党的十八届三中、四中全会和习近平总书记系列重要讲话精神作为重大政治任务，结合党的群众路线教育实践活动，通过中心组学习、专家辅导、集中宣讲等形式，强化理论武装、指导工作实践。分14期、每期5天对1500余名党员领导干部进行了集中培训。9月份以来，市委多次召开会议，及时学习传达贯彻中央对山西工作的重要指示要求、省委各项决策部署和省委书记王儒林的讲话精神，进一步统一思想、增强定力、坚定信念，“净化政治生态，实现弊革风清，重塑山西形象，促进富民强省”成为全市干部群众的共同追求和自觉行动。突出抓好舆论引导和舆情监管，组织开展全方位、多角度、大范围的宣传报道，使中央、省委的决策部署家喻户晓、深入人心。及时召开全市学习讨论落实活动动员大会，结合运城实际，找准贯彻切入点，努力把学习讨论落实活动引向深入。一是以提高思想认识、坚定政治方向为切入点，突出“学讲话、学作风”，把党的政治纪律和政治规矩挺在前面，坚决在思想上政治上行动上与中央、省委保持高度一致。二是以营造简单清爽、纯洁健康的党内同志关系和干群关系为切入点，努力净化政治生态，以“矫枉必须过正”的狠劲，坚决杜绝日常特别是节日期间应酬送礼和庸俗的人情往来，始终保持“三个高压态势”，狠抓专项整治，以良好的党风带动政风社风明显好转。三是以端正选人用人导向为切入点，坚决革除选人用人上的不正之风，努力实现弊革风清。四是以加强领导班子建设为切入点，落实“两个责任”、强化从严治党，要求各级班子成员争做“三个楷模”，即作为一名党员，加强党性建设，争做全体党员忠诚贯彻执行党的路线方针政策的楷模；作为一名干部，加强能力建设，提升思想力、领导力和执行力，争做全体干部创造性推进党和人民事业的楷模；作为一个公民，加强人格建设，争做全社会遵纪守法、道德人格的楷模，努力提升运城发展形象和人文形象。五是以落实工业集群化、农业现代化、新型城镇化“三个方案”为切入点，加强顶层设计，明确发展路径，狠抓项目建设和招商引资，促进富民强市。

二、强化顶层设计，明确发展路径，努力提升经济发展的质量和效益

一年来，市委始终把发展作为第一要务，按照习近平总书记“推动顶层设计和基层探索良性互动、有机结合，总体布局，统筹各方，创新发展”的讲话精神，落实省委“六大发展”总体要求，坚持以战略思维、辩证思维、全局思维、系统思维，从顶层设计层面统筹谋划推进全市经济社会发展。在《运城市推进园区化发展集群化招商实施方案》的基础上，邀请专家学者，深入调研论证，广泛征求意见，制定出台《运城市推进农业现代化实施方案》《运城市关于推进新型城镇化的实施方案》，使全市经济社会发展路径更加清晰，推进措施更加具体，操作步骤更加详细，目标要求和时间节点更加明确。根据方案要求，围绕工业新型化、农业现代化、信息化、城镇化、生态化、文化旅游产业等工作重点，全市共安排实施省、市重点项目266项，全年完成投资859.5亿元，在全省“六位一体”考核指标排名中，全市有5项指标位居前3名。

（一）以园区化集群化发展为重点，工业新型化迈上新台阶。坚持“全市经济一盘棋，错位发展、差异竞争、优势互动”

的思路,按照《运城市推进园区化发展集群化招商实施方案》要求,坚持传统产业改造提升和新兴产业园区化发展集群化招商两条路径,努力打造运城工业经济未来发展的新格局。在改造提升传统产业上,抓住国家淘汰落后产能的机遇,积极争取与中铝公司合作建设运城百万吨铝循环产业基地,做大做强河津、永济、平陆、盐湖四个铝工业园区,加快推进煤电铝材一体化。复晟铝业240万吨氧化铝一期项目开始投料试产;千军铝业、海丰铝业与阳煤集团,晋都铝业与西航集团合作进行铝深加工产品开发;飞宇型材、同誉铝轮毂二期等铝镁产业深加工项目进展顺利,得到国家工信部支持,努力打造全国第六大铝工业示范基地。在新兴产业集群发展上,以“5+15”园区为载体,确定了“每个产业集群每年新上项目不少于10个、落地资金不低于30亿元、当年完成投资不得低于10亿元”的年度目标任务,通过外出考察、现场观摩,领导包联、督查推动,政策倾斜、资金扶持等措施,加快推动煤电铝材、运输装备制造、金属镁等9大产业集群26个板块发展。全年进驻园区的产业类项目达228项,占产业类项目总数的51.9%;5+15”园区完成工业总产值1112.5亿元,增长7.45%,高于全市工业增速10.05个百分点;其中9大产业集群工业总产值903.5亿元,增长8.69%,高于全市工业增速11.2个百分点,产业集群发展已成为带动工业经济快速增长的主引擎。

(二)以“工业化理念”为引领,农业现代化水平全面提升。按照“土地规模化、组织企业化、技术现代化、经营市场化”的思路,着力加强农业产业板块顶层设计,制定出台了《运城市推进农业现代化实施方案》。各县(市、区)以市级《方案》为纲,正在加快制定完善县级特色农业发展与项目设计,并同步开展招商引资。土地规模化上,在29个乡镇71个村开展土地承包经营权确权试点,完成14.5万亩土地登记确权任务;全年新增土地流转面积81.9万亩,累计达到204.6万亩,占家庭承包经营耕地总面积的26%;“一村一品”专业村达到1273个;现代农业示范园区发展到235个。组织企业化上,市级以上农业龙头企业发展到253家,专业合作社达到9572个,家庭农场达到1015个。全年农产品加工企业实现销售收入230亿元、同比增长4%。技术现代化上,推广新品种100多个、应用技术50多项,带动16万农户科学种田;培训农业技术人员5000余人次,新增农村实用人才3000余人,培训转移农村劳动力20万人;与以色列LR集团在节水灌溉、奶牛养殖、蔬菜种子研发培育等五方面开展深度合作;设施蔬菜发展到80万亩,全年产值达到70亿元。经营市场化上,夏县润恒现代农副产品冷链物流、新绛晋南农产品物流园、盐湖晋善晋美农产品物流园等项目加快建设;与电子商务企业“贡天下”开展合作,开辟了农产品网络销售的新路径。全年粮食总产31.6亿公斤,创历史最高水平,其中小麦总产14.6亿公斤,是1998年以来的第二个高产年。

(三)以建设智慧城市为载体,信息化建设步伐加快。着眼发挥信息化带动作用,引领产业优化升级,不断加快工业化与信息化融合互动发展。一是被国家发改委确定为“国家信息惠民试点市”,享受到2亿多元的资金支持;二是与移动、电信、联通三大运营商合作建设“宽带中国”示范城市,已完成投资9.38亿元,10个公共场所实现了无线局域网“全覆盖”;三是与中兴集团合作建设智慧城市产业园,全力打造集云计算、电子商务、物联网、互联网以及智能通讯、教育、医疗等于一体的智慧城市产业集群;四是争取住建部将运城列为第三批智慧城市建设目录;五是生态智慧城建设稳步推进,为下一步发展电子商务集群创造条件,南山山体生态修复步伐加快,盐湖蓄水形成湖面。加大科技创新力度,支持亚宝药业等20家企业申报高新技术企业,超过年初既定任务9家,已有18家企业通过评审。全年申请发明专利288件,超额完成全年任务量108件。

(四)以“四化”互动、“六化”衔接为路径,新型城镇化稳步推进。认真贯彻中央、全省城镇化工作会议精神,始终坚持城镇化的核心是“以人为本”,着眼点是解决“三农”问题,着力点是工业化,制定出台了《运城市关于推进新型城镇化的实施方案》。坚持以工业化、信息化、城镇化、农业现代化“四化”互动,工业集群化、集群园区化、园区社区化、社区城镇化、土地规模化、城乡生态化“六化”衔接为路径,统筹中心城市、大县城、小城镇、新农村功能各异、协调发展,实现城市功能完善、产业空间拓展、土地集约利用、市民方便宜居的城市建设目标,努力走出具有运城特色的传统农业地区新型城镇化道路。中心城市着眼于发挥辐射带动作用,坚持“路水林产”四管齐下,实施在建项目86个、完成投资30.68亿元,群众呼吁多年的河东西街延长线开工建设,完工后将彻底打通城区东西走向交通瓶颈。大县城着眼于通过产业集聚、实现人口集聚的功能,狠抓公共服务设施建设,实施项目191个、完成投资56.15亿元。小城镇着眼于繁荣农村市场和就近提升农村公共服务功能,15个重点镇建设顺利推进,完成投资3.73亿元。新农村着眼于推动土地规模经营和作为“一村一品”空间节点的功能,制定出台《改善农村人居环境规划纲要》和《2014年行动计划》,启动6个省级、7个市级、13个县级美丽宜居示范村建设,35项农村基础设施重点项目开工建设,完成投资8.2亿元。全市在建城建工程287个,全年累计完成投资108.7亿元;新开工建设保障性住房12430套,建成10615套,建成率88.5%。

(五)以造林绿化为突破,城乡生态化成效明显。按照“山上治本、身边增绿、林业增效、产业富民”的思路,持续加大植树造林力度,完成造林41.05万亩,发展各类干果经济林14余万亩,市、县两级林业建设财政投入全年达到3.6亿元,为历史最高;遵循“横有厚度、纵有层次,点成缀、线成景、片成林”的模式,突出抓好城市绿化、通道绿化和荒山绿化,广泛开展栽植“家庭亲情林”活动,全市新增绿化面积243万平方米;坚持“整治修复并举、治本治源结合”,扎实推进大气污染防治、重点流域水污染治理和主要污染物减排,完成节能技术改造项目50个,空气环境质量稳定达到国家二级标准,圆满完成了省定节能降耗任务。“四城联创”活动扎实推进,中心城市和永济市通过“省级园林城市”评审,中心城市和河津市荣获“山西省文明城市”称号，临猗县被授予“山西省文明县城”称号，垣曲、平陆、闻喜、稷山、芮城5个县被评为“山西省创建文明县城工作先进县”；芮城县被命名为“国家生态文明先行示范区”，城乡环境显著改善。

（六）以“打造‘古中国’为标识的国际旅游目的地”为目标，文化旅游产业发展势头强劲。按照“高端创意、整合资源、政府引导、市场运作”的思路，邀请全国知名专家学者，对河东5000年悠久的历史文明进行了梳理挖掘和提升，提出了以打造“古中国”为标识的国际旅游目的地战略构想，使运城文化旅游产业发展的主题更加明确、格局更加统一、路径更加清晰。关圣文化建筑群申遗工作加快推进；启动智慧旅游建设，与山西唐风晋韵文化公司合作建设以李家大院为核心景区的文化旅游休闲度假区；盐湖东、中、西禁门保护开发顺利推进；盐湖文化产业园、新绛文化产业园、夏县宇达青铜文化产业园等进一步发展壮大。交银大厦、奥特莱斯创意产业区、黄河金三角汽贸城加快建设。在大西高铁、假日经济、各项旅游推介活动的拉动下，全年全市共接待国内游客3464.8万人次、增长19.9%，实现旅游总收入268.8亿元，增长26.4%。

三、全面深化改革，努力扩大开放，充分激发创新发展的动力和活力

一年来，市委始终坚持用改革的胆识统领运城发展全局，以开放的眼界寻找合作伙伴，发挥比较优势，抢占发展先机，不遗余力地引导全市干部群众解放思想、增长见识，提升理念、开阔思维，加大改革开放力度，深化区域合作，强化招商引资，争创运城加快发展的新优势。

（一）综改试验区和黄河金三角区域协调发展试验区建设扎实推进。把综改试验区和黄河金三角区域协调发展试验区建设作为最大的改革工程，列入省转型综改重大项目名录的大运二期、芮城宏光医药等7个项目全部开工建设；“四化同步”、“五规合一”等改革深入推进。成功争取《晋陕豫黄河金三角区域合作规划》获得国务院批复，成为全国第一个跨省域的区域合作规划，围绕《规划》实施，多次召开会议研究部署，抢抓机遇，制定出台《实施方案》，积极探索建立黄河金三角跨区域政府合作协调机制，组织召开三省四市协调会，建立了果业联盟、旅游联盟以及与三门峡市医疗保险合作机制，签署了黄河金三角检验检疫合作备忘录，区域合作进入快车道。

（二）重点领域和关键环节改革实现新突破。《运城市人民政府职能转变和机构改革方案》已获省委、省政府批复。自主取消、下放和部分下放管理层级、改变审批方式的行政审批项目71项，并全部纳入电子监察系统管理，承诺时限比法定时限提速30%以上。制定《运城市市属国有企业改革三年推进计划》，国企改制工作加快推进。召开促进民营经济发展大会，出台《关于加快中小微企业发展的实施意见》，全市中小微企业发展到14886个、增长14.9%。出台《运城银行业加强金融服务支持实体经济的实施方案》和《进一步优化金融生态环境实施意见》，金融支持地方经济机制进一步完善，全市各类银行金融机构发展到14家，位居全省前列。

（三）开放型经济水平得到显著提升。把招商引资作为转型发展最主要的抓手和动力，作为检验衡量各级党政主要领导干部执政能力的一个重要标志，持续开展专业化、定向化、集群化招商，全市191个招商小分队外出招商560余次，招商引资实际到位资金682.8亿元，完成省定任务的134%。改革开放以来运城最大的招商引资项目，总投资600亿元的深圳北方家居产业基地落地开工。积极对接上海自贸区，引进中金国泰集团，投资116亿元建设黄河金三角国际智慧商贸物流城，建成后使本市企业在当地就可享受与跨国公司的直接对接、与国际接轨的融资服务等优惠政策。正在努力推动运城航空口岸对外开放，运城海关和出入境检验检疫局即将投入运行。

四、坚持发扬民主，推进依法治市，不断加强社会主义民主政治和法治建设

（一）坚持和完善人民代表大会制度，人大工作水平得到新提高。支持人大及其常委会依法履行职能，围绕食品安全放心城市创建和涑水河综合整治等开展视察调研；围绕《道路交通安全法》《职业教育法》执行情况，城区教育、医疗资源科学布局问题等实施法律监督；围绕推动科学发展，审议通过工业新型化、农业现代化和特色城镇化三个实施方案，依法将市委决策部署变为人民的意志；同时，在关圣文化建筑群保护、黄河金三角区域协调发展试验区审批、民生问题解决等方面有效发挥人大作用。

（二）坚持和完善中国共产党领导的多党合作和政治协商制度，政协和统战工作取得新进展。突出团结和民主两大主题，支持政协履行政治协商、民主监督、参政议政职能，围绕促进农村土地流转、壮大文化旅游产业、发展非公有制企业、职业教育、历史文化保护修复等课题，组织委员开展调研视察，积极建言献策；发挥人民政协人才荟萃、智力密集、联系广泛、渠道畅通的优势，推动“运城之友”招商推介活动向更大范围辐射。进一步完善同民主党派合作共事机制，实施政治思想引领、代表人士建设、共促团结和谐“三大工程”，组织统一战线各界人士对全市重点工程、重点园区和重点民营企业调研视察、观摩交流和洽谈对接，充分发挥民主党派和无党派人士的参谋智囊作用。

（三）牢固树立法治理念和法治思维，法治运城建设迈出新步伐。切实加强党对法治运城建设的领导，制定出台《中共运城市委关于加快推进法治运城建设的实施方案》；教育引导各级党员干部牢固树立法治意识和法治思维，坚决反对“把违法当担当，把鲁莽当担当，把民主行政当寡断，把依法行政当胆小，把科学行政当保守”的错误思想；进一步明确政府部门职能和权限，完善协作机制，严格执法责任，不断提升依法行政水平；加强对司法活动的监督，深入开展司法领域突出问题专项整治，司法公信力进一步提升；扎实推进“六五”普法，开展宪法宣传日和法律“六进”活动，教育引导干部

群众“依法办事、依法谋事、以法论事、依法论人、依法自我约束”。同时,工会、共青团、妇联、民族、宗教、外事、侨联、对台等工作取得新进展;深入推进军民融合式发展,国防后备力量建设水平稳步提升,双拥共建工作成效显著;人口、计生、科技和体育等工作蓬勃开展。

五、切实改善民生,加强社会治理,全力维护社会和谐稳定

一年来,市委坚持把民生改善和社会治理作为社会建设的两大根本任务,着力解决人民群众反映强烈的突出问题,更加注重保障基本民生,努力提升民生福祉。

(一)大力发展社会事业。深入实施创业型城市、农村劳动力转移示范市双创建活动,加紧建设全国职业技能培训基地,城镇登记失业率控制在省定目标以内。城镇职工基本养老保险、医疗保险、城乡居民社会养老保险人数全部完成进度任务。城市、农村低保标准分别提高25%和22%。13个县(市、区)全部实行乡村医疗卫生机构一体化管理。积极探索农村老年日间照料中心新模式。全力推进“五馆一院”公共文化服务设施建设。开展“戏曲惠民·欢乐百姓”活动,全年送戏下乡共演出1828场,累计放映优秀公益电影38584场,受益群众达200万余人次。

(二)加快实施民生工程。全市财政用于民生领域的支出达156.9亿元,同比增长12.6%。大力支持关铝电厂升级改造,保障居民冬季取暖。全力办好农村“五件实事”,乡村清洁工程对3186个村庄配备保洁人员和垃圾清运设施,农村困难家庭危房改造工程18400户全部竣工,第一批贫困人口易地扶贫搬迁工程人均专项扶贫资金补助5000元拨付到位,40所农村幼儿园改造项目全部完工,农村职业培训完成省定9900人次任务。深入推进百企千村产业扶贫开发工程,全省现场推进会在运城市召开,推广了本市的经验做法。

(三)全力维护社会和谐稳定。深入推进社会治理10大体系61个项目建设,制定出台《关于推进矛盾纠纷大调解工作的实施意见》,调处化解各类社会矛盾纠纷11903件。扎实开展信访工作规范化提升和“双百”活动,运城市进京非正常上访人次和赴省集体访批次考核均排名全省第一,信访工作年度目标任务考核得分全省最高。集中开展“平安运城”严打整治2号行动和反恐演练,社会治安形势明显好转;“天眼工程”规划完成率全省排名第二,治安防控体系进一步完善。针对海鑫停产、空港征地事件等,多次召开会议安排部署,并成立专门工作组,认真做好群众情绪安抚和舆论引导工作,经过不懈努力,海鑫正式进入破产重整程序,空港征地事件得到有效控制。强化“党政同责、一岗双责、齐抓共管”,围绕道路交通、化工、防汛等重点领域和关键环节,认真做好隐患排查治理、网格化监管等重点工作,派驻13个包县督查组常年督查,安全生产形势稳定好转。全市上下在特殊时期保持了政治稳定、思想稳定、秩序稳定、安全稳定、舆论稳定,得到了省委、省政府领导的充分肯定。

六、坚持从严治党,加强反腐倡廉,全面提升党建工作科学化水平

一年来,市委认真贯彻落实中央、省委关于从严治党的工作要求,牢固树立“党的建设是最大的政治”、“抓好党建是最大的政绩”的观念,严格落实管党治党责任,坚持把党建工作和中心工作同谋划、同部署、同考核、同推进。

(一)围绕净化政治生态,进一步加强反腐倡廉建设。严格落实党风廉政建设党委主体责任,先后5次召开市委常委会研究党风廉政建设工作,深刻反思、汲取教训,强化工作推进;召开县(市、区)委书记、开发区党工委书记工作汇报会,听取党风廉政建设工作汇报,要求主要负责同志切实履行第一责任人职责;严格落实“一案双查”,对出现严重党风廉政问题的地区或部门,坚决做到有责必问、有责必究,全市共有551名党员干部被严肃问责。强化纪委监督责任,全力支持纪检监察机关“转职能、转方式、转作风”,市纪委监察局牵头或参与的议事协调机构由91个调整精简为10个,内部机构改革全面完成,出台《关于改进监督执纪问责形成严管重处高压态势的若干意见》,2014年全市纪检监察机关共立案2065件,同比上升66.67%;处分各类违纪人员2208人,上升63.8%。其中,涉及县处级干部27人,乡科级干部499人;党纪重处分279人,政纪重处分94人,双重重处分61人,重处分人员占处分总人数的14.13%,保持了反腐败的高压态势。同时,高度重视、全力配合中纪委、省纪委做好相关案件调查工作。坚持标本兼治,按照省委实施“六权治本”的要求,提出具体的、有针对性的落实意见和推进措施。组织全市61000余名党员干部接受廉政警示教育,开展函询、约谈、诫勉谈话426人次。开通“运城市纪检监察网”,举办“反腐倡廉群众书画大赛”,广泛凝聚反腐工作正能量。

(二)认真组织开展党的群众路线教育实践活动,进一步加强干部作风建设。高度重视教育实践活动,周密部署,强化督导,坚持把学习教育、听取意见作为活动开展的基础,全市领导班子集体学习时间平均达到12天以上,“一把手”讲党课7105人次,专题培训8136名基层党组织书记,“想透说清干实、尊重规律抓落实,有识有谋有勇、敬畏法纪敢担当”正在成为全市干部的自觉与崇尚。坚持把查摆问题、开展批评作为活动开展的关键,市委常委会专题民主生活会气氛严肃、态度认真、充满辣味,为全市各级党组织树立了标杆、作出了示范,省委督导组给予高度评价。坚持把整改落实、建章立制作为活动开展的根本,全市确定整改项目3.9万个、已完成3.4万个;清理废除制度2020个,新制定1.4万个;查处“吃拿卡要”案件417件,给予党政纪处分484人,其中重处分89人;查处违反“八项规定”典型案件275案275人。中秋、国庆“两节”前夕,市委召开全市干部大会,以“矫枉必须过正”的狠劲,要求各级领导干部从自身做起,从小事做起,没有特殊的事情不允许串门,不允许有任何形式的走动,一般性的工作用电话沟通,有效杜绝了应酬送礼和干部间庸俗的人情往来,营造了简单清爽、单纯健康的党内同志关系,以

良好的党风带动了政风、社风的明显好转。

（三）严格落实“三严三实”和从严管理干部要求，进一步加强领导班子和干部队伍建设。按照省委打好“三个一批组合拳”的工作要求，多次召开会议，组织市级领导、市直部门负责人、各县（市、区）委书记、纪委书记、组织部长等深入研究讨论、征求意见，制定出台运城市《实施方案》，力求做到标准明确、对象明确、手段明确，精准发力、审慎稳妥。认真学习贯彻新修订的《党政领导干部选拔任用工作条例》，加大对选人用人问题查处力度，共调查处理市管县处级干部17人，省委组织部批转的14个举报件，已核实上报8件。对27名企业兼职（任职）党政领导干部全部进行了规范清理。在全市范围内对干部“带病提拔”情况进行自查、复查，对超职数配备县处级干部问题进行整改；从干部动议、考察、考核等方面，制定出台相关规定办法，着力解决干部选拔任用中存在的突出问题，努力营造德才兼备、以德为先、以廉为基的选人用人导向；出台《关于从严管理干部的若干意见》《治理乡镇干部“走读”现象的有关规定》《择优选派优秀年轻干部挂职锻炼的实施方案》等一系列干部监督管理制度，引导和规范党员干部干净干事、为官有为。

（四）突出固本强基，进一步加强基层党组织建设。制定出台《关于大力实施强化班子建设、规范村级管理、壮大集体经济“三项工程”，全面提升农村基层党组织建设水平的意见》，实施“创星晋位”管理，462个村级党组织被评为“五星级”；建成418个党代表工作室，在14个乡镇开展党代会年会制试点工作；全面完成183个软弱涣散农村组织、5个软弱涣散社区专项整顿和29826名“领头雁”培训任务。村“两委”换届选举工作平稳、健康有序、圆满完成。统筹推进机关、国企、学校、医院及非公经济组织等领域党建工作，基层党组织凝聚力、战斗力和创造力显著增强。

同时，市委总揽全局、协调各方、认真履职。不断强化理论武装，加强党性锻炼，始终在思想上政治上行动上与党中央和省委保持高度一致；认真贯彻民主集中制原则，制定和完善《市委常委会议事规则》，坚持重大问题集体讨论、集体决定。市委常委各司其职、各负其责、齐心协力，创造性地开展工作，极大地增强了常委班子的整体战斗力。

（梁刚敏　姜　婷）

附：中共运城市委书记、副书记、常委名单

书　记：王茂设（6月因涉嫌违纪被调查）

副书记：王清宪　陈振亮

常　委：王殿民　张润喜　常建忠　荆青莲（女）
安雅文（2月任职）　崔克信　于　波
王正风（2月离职）　常社教
王　胜（2月任职）

中共盐湖区委工作概况

区委书记　王志峰

2014年，面对政治、经济、社会发展新常态，盐湖区委班子和区人大、政府、政协班子一起，组织和带领全区广大干部群众，通过深入开展党的群众路线教育实践活动和学习讨论落实活动，努力走出各种迷茫和困惑，积极适应新常态，团结奋进，攻坚克难，党的建设成效显著，经济结构不断优化，改革创新亮点纷呈，人民生活水平稳步提高，社会保持和谐稳定，全区各项事业得到了健康稳定的发展。

一、政治建设突出净化政治生态，通过深入开展党的群众路线教育实践活动和学习讨论落实活动，转变作风，树好形象

一是认真学习习近平总书记系列重要讲话精神，坚定理想信念，树立对党绝对忠诚的坚强党性。以高度的思想自觉、政治自觉和行动自觉，认真学习贯彻习近平总书记系列重要讲话精神。依托河东大讲堂，按照“大教育、大培训、大提升”工作思路，坚持全面系统与重点深入相结合，采取领导干部上讲台、先进典型巡回报告、干部在线学习、送学下乡等多种形式，不断提升党员干部党性修养、整体素质，增强了谋划和推进工作，驾驭复杂局面的能力。

二是深入开展群众路线教育实践活动，在密切联系人民群众中推动党员干部作风的不断转变。突出为民务实清廉主题，聚焦解决“四风”问题，按照“照镜子、正衣冠、洗洗澡、治治病”的总要求，做到“五个坚持”：坚持以上率下，凡是要求各级党组织做到的，区委领导班子首先严格做到，每一个环节常委会都提前做出标杆，全程公开活动开展情况；坚持问题导向，勇于面对各种问题，对3万余条征求意见，深入对照检查深刻剖析原因，立行立改，加快问题解决；坚持开门搞活动，集中学习交流向社会敞开，查摆剖析问题“三堂会诊”，整改落实让群众评判，开展“跟踪回访、问效于民”特色活动，引导广大党员干部走向基层、走进群众；坚持从严要求，严格审核对照检查材料和整改清单，严格把关专题民主生活会和组织生活会，严查彻查“四风”问题，严格进行全面督导；坚持不断创新，立足盐湖实际，把握自身特点，在认真做好规定动作

的同时,开展了一系列有盐湖特色的活动。

三是扎实推进学习讨论落实活动有序开展。认真落实"六权治本",努力推动"六个发展"。在全区各级党组织细化目标任务,限定完成时间,实行项目管理,全面铺开活动。通过加强学习教育和反思剖析,让广大干部消除了思想困惑,澄清了糊涂认识,甩开了"不敢干、不想干"的思想包袱,提振了精神,为下一步深化改革、转型发展,奠定了一个良好的思想基础。作为运城市"三个一批"的试点县(区),盐湖区采取对准焦、抓关键,稳妥实施"三个一批"试点工作,从群众反响最强烈的地方入手,从关键岗位突破,取得阶段性的成果,赢得群众的信任和支持。

二、转型发展突出融合共赢理念,运用系统思维进行科学谋划,统筹推进经济社会全面发展

在国家产业结构深度调整、经济下行压力持续加大情况下,盐湖区委、区政府积极科学应对,充分利用中心城市区位优势,着力构建以现代服务业为主体、以高新技术产业和先进制造业为支撑、以城郊型观光农业为基础的新型产业体系,努力形成产城互动、城乡共建、三产融合、集群招商、园区承载的经济发展新格局。主要经济指标逆势上扬,地区生产总值完成204.5亿元,增长6.8%;规模以上工业增加值完成42.3亿元,增长13.4%;固定资产投资完成252.4亿元,增长14.8%;社会消费品零售总额完成199.6亿元,增长11.3%;财政总收入完成27.98亿元,增长11.2%;公共财政预算收入完成10.91亿元,增长27.5%;外贸进出口总额完成4.16亿美元,增长29%;城镇居民人均可支配收入完成23799元,增长8.5%;农村居民人均可支配收入完成9349元,增长11%。

一是打造"6+1"产业平台,项目建设取得新成果。坚持园区化发展、集群化招商,盐湖工业园、文化产业园、现代农业示范园、城西机电化工产业集聚区、运城高铁商务区、关公文化旅游产业集聚区和主城区商贸物流等"6+1"产业平台,围绕生物医药、新型材料、文化旅游等8大产业集群,由传统的靠低价土地、优惠政策、廉价劳动力的招商模式,转变为靠规划招商、产业链招商和服务环境招商,吸引了一批好项目、大项目落地生根。全年共实施95个项目,完成投资150.3亿元,为经济发展增添了强有力的支撑。

二是用包容的理念统筹推进新型城镇化建设。树立系统思维,以促进社会发展水平整体提升为目标,把"三农"问题与城乡一体化建设问题、产业规划和空间规划、土地的城镇化和人的城镇化等方面融合考虑,按照社会发展规律,根据盐湖区实际,将全区农村划分为四个类型,对第一类的园中村,依托产业园区进行改造,让村庄变小区,让农民变市民;对第二类产业基础较好的纯农业村,产业规模化集约化发展,村庄集中连片整治,打造美丽乡村;对第三类城市近郊或旅游线路上的村庄,选择其中或有文化底蕴、或自然风光优美、或民居建筑有特色的,把村庄变景点,实现体验式农业、度假式农村、服务型农民的"新三农"目标;对第四类偏远条件差或空壳化的村庄,进行整体搬迁。新型城镇化成为盐湖区推动发展、实现城乡统筹的新的增长点。

三是以人为本,切实加大了改善民生的力度。全年民生累计投入达到19.5亿元,占财政总支出的85%,其中农村民生投入达13.2亿元,占到总投入的67.7%。年初盐湖区政府承诺的"八件惠民实事"如期兑现,解决了一系列人民群众最关心、最直接、最现实的困难和问题。

三、改革创新突出活力激发,通过机制创新和要素聚集,打造吸引投资的洼地和产业发展的高地

作为全省转型综改试验县(区)之一,盐湖区通过机制创新和要素聚集,营造推动经济社会发展的良好环境,让资金、技术、劳动都成为创造财富的源泉,让工人、农民、企业家、大学生都成为创造财富的主体,让所有的生产要素都能迸发活力,让所有的人都能够生活有希望、奋斗有回报。

一是激发生产要素的内在活力。针对金融环境趋紧、企业资金紧缺的问题,相继建立了城镇化建设和中小企业股权投资、大舜兴农风险投资等三支基金,壮大了政信担保规模,总融资规模达到20亿元,新增融资5.18亿元,全区的贷款额达到388.2亿元,比年初增加了30.3亿元;成立了农村产权交易服务中心,全年共流转土地29600亩,为农业规模化、集约化和产业化创造了有利条件;搭建起引进高层次优秀人才的"绿色通道",吸引科技型和创意型人才入住;发明专利申请量完成103件。

二是大力扶持创业就业。盐湖区政府设立文化创意产业专项扶持资金,鼓励和扶持创意型、孵化类低碳企业的发展,全面提升经济发展的档次和水平;探索建立创业基金,发挥政府政信担保作用,对失地农民和大学生进行创业扶持;联合农商行通过项目评审,为农民提供创业扶持;由区人社局牵头对失地农民和大学毕业生免费进行职业技术培训。通过政府购买服务、搭建创业平台、安排就业岗位等多种方式让农民就业。用足用活政策,简化办事流程,提高服务质量,降低商事活动的准入门槛,积极鼓励和支持全民创业。全年新增个体户4407户,新增数同比增长159.2%;新增企业1454户,新增数同比增长282.6%,全区企业及个体经济总数由2010年的1.69万户增加到3.75万户。

四、社会治理注重法治和德治有机结合,突出德孝实践,狠抓全民道德建设长效机制建立

在推动社会治理过程中,着力抓好道德建设,推动社会主义核心价值观的落细、落小、落实。

一是深入开展德孝文化实践活动,积累了社会治理新经验。把"德政千秋·孝行天下"为主题德孝文化实践活动,同党的建设、全民道德建设、社会治理等紧密结合起来,通过"一顿饭、一堂课、一面墙、一台戏、一张牌、一张网、一朵花、一代人、一警钟"的"九个一"工程,形成了党风带政风促民风的崭新局面。

二是切实强化法治思维和规矩意识，促使党员干部依法履职。扎紧制度的笼子，积极探索“不能腐”的工作机制。在原有9项制度的基础上，新制定和完善了《党风廉政建设“一岗双责”的规定》《区委督查工作实施办法》等26项制度，涉及干部的教育、管理、考核、监督等方方面面。强化村级管理，制定完善了农村财务、印章使用等8项规范化管理制度，出台实施了农村集体工程建设招投标办法。

三是进一步畅通民意渠道，推动社会治理走上规范化管理轨道。坚持不懈地推行区乡村三级议事例会制度，每月11日、21日和1日分别为村级(社区)、乡镇、区级议事例会日，把群众生产生活中的大事小情摆到桌面上，让群众心有怨气有处诉，遇到难事有人帮，有了矛盾有人管。信访积案清仓见底，信访存量大幅下降，信访形势显著好转。项目建设中，坚持由“开发区、乡镇政府、建设单位、施工单位、所占地村委会和派出所”组成的六方联席会议制度，在优化企业建设和经营环境的同时，让失地农民从中得到了更多的实惠。

五、党建工作突出服务主题，注重选人用人导向和干部作风转变，用真诚服务赢得群众的信任和支持

党的建设说到底是民心建设，民心就是生产力。赢得民心的关键，在于广大党员干部要有过硬的作风和良好的德行。区委把选人用人导向、干部作风导向同转型发展、群众需求紧密结合，以赢得群众的信任和支持。

(一)重视党员干部的道德建设。区委在全区推行德政孝行榜，倡导广大党员干部以德为政，切实树立良好“官德”。特别是在全区由农村党支部主导创办的155所老年日间照料中心，使全区近5000名留守的空巢老人、孤寡老人，居家养老和日间照料相结合，老有所养、老有所乐、老有所为，同时，也解除了21000多名青壮年外出务工、离土创业的后顾之忧。

(二)建立科学的选人用人机制。重德重才更重实干。对党政机关干部，推行“干事”+“考试”的办法，重视民意不唯票，尊重程序不机械，主要看干部干事的能力和为民的实绩。对农村“两委”干部，完善“先定事、后选人”的办法，使一大批口碑好、有本事的能人，成为群众致富奔小康的“领头雁”。

(三)加强对干部的教育、管理和监督。区委在全区各级各部门实行承诺立状制度和科学的目标责任考核办法，严格执行，奖优罚劣。举办了64期河东大讲堂，利用区委党校，不断加强对党员干部的培训教育。依托看守所建立了专门的廉政警示教育基地，先后组织1万多人次的党员干部通过住监所、吃牢饭等“一日体验活动”，让党员干部警钟长鸣。

(张　福)

附：一、中共盐湖区委书记、副书记、常委名单

书　记：王志峰

副书记：王吉敏　郭一民　贺　鑫(挂职，12月离职)

常　委：陈建国　姚广林　李建武　钟立伟　常　正　黄亚平(女)　陈富强

二、乡镇(街道)党(工)委书记名单

席张乡

书　记：仝粉娥(女)

金井乡

书　记：霍国荣

上郭乡

书　记：牛　睿

上王乡

书　记：吴建华

王范乡

书　记：邓永红

冯村乡

书　记：李　宣

龙居镇

书　记：王根强(12月去世)

北相镇

书　记：李俊龙

泓芝驿镇

书　记：郑　甦

三路里镇

书　记：苏建陇

陶村镇

书　记：王杰妮(女)

东郭镇

书　记：吴肖江

解州镇

书　记：雷　刚

姚孟街道

书　记：马永胜

大渠街道

书　记：张海滨

安邑街道

书　记：赵　屹

东城街道

书　记：徐志勇

西城街道

书　记：何文龙

南城街道

书　记：杨世进

北城街道

书　记：淮占胜

中城街道

书　记：许俊霞(女)

中共永济市委工作概况

市委书记 陈 杰

永济市有党总支 35 个，党支部 772 个，截止 2014 年年底共有党员 17087 名，占全市人口的 3.8%，其中 2014 年新发展党员 329 名。2014 年，是全市干部群众应对新考验、战胜新挑战的一年，是“打造五个永济、建设明星城市”迈出新步伐、取得新成效的一年。一年来，面对严峻复杂的宏观经济形势和改革发展稳定的繁重任务，市委、市政府团结带领全市人民，一心一意谋发展，心无旁骛抓落实，全市经济平稳发展、民生持续改善、社会更加和谐。

一、党建情况

一是党的群众路线教育实践活动扎实有效。聚焦“四风”问题，紧紧围绕“为民、务实、清廉”这一主题，扎实开展党的群众路线教育实践活动。坚持把学习教育、提高认识贯穿始终，以学习习近平总书记系列重要讲话精神和省委书记王儒林重要讲话精神为重点，着力增强党员干部的理想信念、宗旨意识、群众观点。在广泛征求意见，深入谈心谈话、认真撰写对照检查材料的基础上，全市各级党组织和党员干部严格贯彻整风精神，召开了高质量的专题民主生活会，做到了自我批评不护短、相互批评不遮掩、整改措施不空谈、言辞尖锐有辣味，达到了红脸、出汗、排毒的效果。全市确定了 60 项整改内容，开展了 22 项专项整治活动，明确整改“任务书”、“时间表”和整改责任人。并按照要求，及时修订完善了市委领导班子内部工作制度 33 项和市政府领导班子制度 32 项，做到用制度管权、按制度办事、靠制度管人。

二是党建服务民生工作不断夯实。始终把教育实践活动与党建服务民生工作有机融合，明确提出以“党建服务民生”为载体，突出服务群众这个着力点，推行“1431”工作法，着力解决联系服务群众“最后一公里”问题，用党员干部的辛苦指数换取广大群众的幸福指数。构建一个网络。市委成立永济市党建服务民生指导中心(机构设在市委组织部)；镇(街道)设立党建服务民生工作站；各村(社区)设立党建服务民生代办点；从全市 265 个村和 23 个社区选聘 1300 名优秀党员作为“党员示范户”服务群众。畅通四条渠道。开好民情民意恳谈会；依托镇、村党建民生工作站(点)广泛收集民情；进村入户上门听取民情；通过“党员示范户”广泛收集民情。抓实三项制度。实行限时办结制度；实行交办会议制度；实行督办质询制度。突出一个重点。开展党员与特困户“一对一”结对帮扶活动。2012 年以来，全市共召开民情恳谈会 1600 余场次，收集各类民情信息 9000 余条，现场办理答复的 5300 余件，通过镇(街道)、村(社区)解决答复 2700 余件，上报市委指导中心解决 940 余件。通过交办会交办重大事项 291 件，已办结 284 件；指导中心直接交办事项 734 件，已办结 673 件。

三是基层组织提升年有序推进。市委紧紧围绕强化基层服务型党组织建设这一根本，以充分发挥党组织、党员干部服务作用，加强社区党建工作为重点，广泛开展在职党员到社区报到服务群众活动，1857 名在职党员到社区报到并认领服务岗位，开展志愿服务活动 110 余次，为群众办理实事好事 1280 余件。全面开展“领头雁”培训工作，通过集中轮训、邀请专家进村授课和党员干部远程教育网络等方式，不断提升全市 1551 名农村（社区）干部服务群众的能力和水平。积极推进党代表工作室建设，设置党代表联络办公室和 16 个党代表工作室，先后接待群众 773 人次，解决问题 371 件。集中开展软弱涣散村级组织专项整顿，由副县级党员领导干部担任组长，狠抓整顿提升工作，全市 16 个软弱涣散村(社区)党组织实现了后进转化、创星晋位。

二、经济社会发展情况

一是工业主攻产业集群不断壮大。坚持抓招商、上项目、建园区，铝深加工、机电制造、农副产品加工三大产业集群共实施重点项目 36 个，完成投资 70 亿元，新增企业 12 家，集群内企业总数达到 121 家，实现工业总产值 236.71 亿元，同比增长 15.23%，三大集群产业链条横向配套和纵向延伸都有了新的突破，集群竞争力和辐射带动能力进一步增强，为下一步的发展奠定了良好基础。

二是现代农业发展稳步推进。坚持抓调产、增效益、夯基础，农业基础设施进一步完善，土地流转规模不断扩大，高效特色农业初具规模。2014 年，全市土地流转总面积达到 23.3 万亩，占全市农村家庭承包土地总面积的 36.2%；新建各类示范园区 15 个，新发展钢架大棚冬枣、特色花卉林木等特色产业 9000 余亩；干鲜果面积达到 32.3 万亩，蔬菜面积达到 6.5 万亩，水产养殖面积达到 1 万亩；粮食生产实现十一连增，总产达 4.48 亿公斤，再创历史新高。

三是文化旅游产业进一步提质增效。文化事业蓬勃发展。“两馆一站”免费开放实现常态化，广场文化辅导活动实现规范化，“文化下乡”实现制度化，广大群众的文化活动形式多样、内容丰富。总面积 5.2 万平方米，集人民剧院、博物馆、展览馆、新华书城、休闲广场、商业集群等为一体的核心区改造，即将投入使用，将成为惠及全市广大群众、丰富休闲文化生活的重要载体。旅游产业提质增速。五老峰滑雪场、雪花山景区水上大世界、水峪口古村、蒲津渡遗址博物馆及鹳雀楼内部布展陈设提升等项目相继完成，旅游产品体系更加丰富多样，特色更加鲜明。水峪口古村、侯孟村被评为“山西最美旅游乡村”，神潭大峡谷景区荣获“山西省休闲农业与乡村旅游示范点”。特别是水峪口古村，招引晋陕两省特色小吃120余家，填补了永济市在规模化特色小吃发展上的空白，成为市旅游产业的又一张靓丽名片。

四是城市生态环境更加宜居。坚持抓提升、强管理、重生态，集中开展了以治理广告牌匾、人行道修补、弱电线路入地、公交候车厅改造为重点的环境综合整治行动，实施了舜帝山森林公园、滨河公园绿化亮化提升、骨干道路绿化和舜帝山荒山治理等工程，城市绿化覆盖率和绿地率分别达到41.07%和34.29%，人均公共绿地14.16平方米，已高出国家级园林城市创建指标要求。城市品位不断提升，功能更加完善，管理更加规范，人居环境更加优美。连续17年被评为“省级卫生城市”，去年又获得“省级园林城市”和“全省绿化先进单位”荣誉称号。

五是人民群众福祉进一步提升。坚持察民情、解民忧、惠民生，进一步引深党建服务民生工作，着力解决好联系服务群众“最后一公里”问题，共为群众办理实事好事445件。同时，持续加大民生投入，2014年市财政安排民生方面的资金12.7亿元，同比增长14.5%。教育、卫生、文体等社会事业协调发展。年初承诺办理的10件民生实事全部落实到位。严格落实各项惠民政策，积极扩大就业和再就业，初步建立起覆盖城乡居民的社会保障体系。

六是和谐稳定局面持续巩固。坚持抓整治、保稳定、促和谐，开展了打击违法犯罪、建筑领域违法犯罪、传销非法活动、交通秩序“四个专项整治活动”，始终保持对各类违法犯罪的高压态势，社会治安进一步好转，实现了命案全破和刑事、治安案件“双下降”，群众对此反响较好。积极推行社会服务“网格化”管理，完成了市镇村三级中心和信息平台建设，做到硬件、软件和人员“三到位”，有效发挥网格长的作用，使网格长队伍成为我市维护社会稳定的一支生力军，这一做法得到了省委常委、政法委书记王建明同志的高度评价。2014年永济市获得了“省级平安县”光荣称号。运城市大调解工作推进会和运城市信访工作规范化提升暨“双百”活动推进会相继在永济市召开。

（李　言）

附：一、中共永济市委书记、副书记、常委名单

书　记：陈　杰

副书记：廉广锋　孙中全

郭　敏（女，挂职，3月任职）

常　委：刘　明　史秉团　张廷耀　陈旭光　杨　勇　付　刚　聂晓阳（挂职，1月离职）　赵建红

二、乡镇（街道）党（工）委书记名单

城东街道

书　记：韩　波

城西街道

书　记：李晓军

城北街道

书　记：张转运

虞乡镇

书　记：柴卫国

卿头镇

书　记：张泽锋

开张镇

书　记：王永明

栲栳镇

书　记：孙文伟

张营镇

书　记：史云峰

蒲州镇

书　记：麻亚龙

韩阳镇

书　记：刘晓鹏

中共河津市委工作概况

市委书记　胡　宝

河津市位于山西省西南部，运城市西北角，黄汾两河交汇处，辖5乡2镇2个街道办事处148个行政村，国土面积593平方公里，耕地35万亩，总人口40万，共有基层党组织680个（18个党委、44个党总支、618个党支部），党员13434名。河津人文历史悠久，“大禹治水”、“鲤鱼跳龙门”等传说发生在这里，春秋时晋国正卿郤缺、孔子高足卜子夏、史圣司马迁、隋代大儒王通、初唐四杰之首王勃、唐朝大将薛仁贵、全国政协副主席董其武等历史名人都出自河津。河津区位优越，地处晋陕峡谷南端，209国道纵贯南北，108国道横穿东西，侯（马）西（安）铁路、侯禹高速公路贯穿全境，公路、铁路、高速公路的“三纵三横”交通网络基本形成。河津经济以工业为主，一二三产比重为4:65:31，经过多年发展，基本形成煤电铝、煤焦化、铁钢铸三大产业链条，主要产品产能为：原煤1000万吨、发电装机容量185万千瓦、氧化铝250万吨、电解铝42万吨、铝深加工35万吨、焦炭1000万吨、各类化产100万吨、钢铁300万吨、水泥200万吨，是全省四大千万吨级焦化基地之一。

2014年,在省市的坚强领导下,市委团结带领全市广大干群,深入学习贯彻党的十八大、十八届三中、四中全会和习近平总书记系列重要讲话精神,认真落实中央、省、市全面深化改革部署,按照"三创两提升"总体要求,加快推动"六大发展",各项工作都取得了新的成绩。全年完成GDP188.8亿元,规模以上工业增加值98.7亿元,财政总收入19.8亿元,公共财政预算收入7.15亿元,固定资产投资148.6亿元,社会消费品零售总额73亿元,城镇居民人均可支配收入22737元,农村居民人均可支配收入10686元。

一、改进作风,夯实基础,党建水平全面提升

严格落实"党要管党、从严治党"要求,坚持把党建工作和中心工作同谋划、同部署、同考核、同推进,进一步提升党建工作科学化水平。党的群众路线教育实践活动成效明显。按照中央、省市要求,认真完成规定动作,积极创新自选动作,全市活动开展受到中央、省市督导组好评。通过讲党课、开展廉政警示教育和革命传统教育等方式,不断加强干部教育培训。特别是坚持用身边事教育身边人,开展了"学先进、讲实干,共谱河津发展新篇章"活动,号召全市党员干部学习原贵生、柴尚吉两位同志先进事迹,取得良好社会效果。坚持问题导向,全市共确定整改问题15256条,完成整改9981条。层层召开专题民主生活会和组织生活会,以整风精神开展批评和自我批评,达到了红脸出汗、加油鼓劲的目的。狠抓建章立制,废除制度146个,制定制度312个,"四风"问题得到有力整治,一批群众反映强烈的突出问题得到有效解决。学习讨论落实活动有序开展。围绕"深入学习习近平总书记系列重要讲话精神,净化政治生态、实现弊革风清,提升河津形象、促进富民强市"主题,创新方式方法,丰富活动载体,举办科级干部专题研讨班和专题讲座。召开市委常委(扩大)会议,与会人员深刻反思剖析全市工作和自身建设存在的主要问题,提出整改措施;全市上下按照要求,深学习,真讨论,严落实,活动健康有序开展。干部队伍建设全面加强。贯彻新修订的《干部选拔条例》,按照省委打好"三个一批组合拳"和干部工作"八从严"要求,坚决刷新吏治,加强干部的选任、培训、监督和管理工作。培训各级干部2000余人次,分4批安排新提拔的20名副科级干部到信访局挂职锻炼。开展超职数配备干部、吃空饷和编外用人等专项整治,加大对"买官卖官、跑官要官、拉票贿选"等不正之风打击力度,推进重大人才工程,干部队伍充满活力。基层党建工作基础进一步夯实。落实省委"基层组织活动年"要求,狠抓农村"创星晋位"管理和两新组织党建工作,开展"领头雁"培训,培训农村干部1800余人次,举办党员"流动课堂"70余场次,建立党代表工作室11个,整顿9个软弱涣散村级组织;圆满完成第十届村"两委"换届工作。党风廉政建设和反腐败斗争深入推进。严格落实党风廉政建设党委主体责任和纪委监督责任,层层签订《党风廉政建设目标责任书》。1.5万余名党员干部接受了廉政警示教育,建立完善公车节假日封存等制度,和党员干部操办婚丧嫁娶工作机制,查处公车私用、公款吃喝等典型案件9件。加大自办案件查处力度,全年立查案件196件,结案194件,处分各类违纪违规人员204人,重处分21人,保持了反腐高压态势。

二、狠抓项目,集群招商,经济转型步伐加快

按照"转型综改攻坚年"和"项目见效年"要求,全力抓好总投资216.88亿元的80个重点项目,完工28个,在建32个,开工准备20个。工业发展上,坚持"一上二转三延"工作思路,加快推进园区化发展集群化招商。远东薄水铝石、阳光华泰炭黑及固体制剂、津华600吨原料药等重点项目建成投产。百万吨铝循环产业基地建设加快推进,省发改委正式下发华泽铝电低热值煤发电项目路条。投资1.2亿元,完善铝工业和王家岭循环经济工业两大园区基础设施,园区综合承载能力进一步增强,铝深加工和煤化工产业集群招商成果丰硕,先后引进西航铝业山西分公司、中大海圣矿用品等27个项目,总投资86.95亿元,完成投资21.6亿元。农业发展上,编制《河津市现代特色农业发展与项目规划》,实施总投资6.39亿元的17个农业项目,高效灌溉、水土保持综合治理等农业项目顺利完工,粮食总产1.81亿公斤,累计流转土地9万余亩,核桃、双季槐等经济林达到6万亩,现代农业示范园达到12个,运城市级以上龙头企业达到14家,农业生产条件全面改善,现代化水平进一步提升。三产发展上,诺维兰汽博城建成运营,香江二期等项目开始招商,琉璃、灰陶、红木、健身器材等文化产业不断壮大,现代服务业有序发展。

三、科学规划,扩容提质,城乡发展统筹推进

坚持"大城区、小城镇、中心村"发展理念,以"四化互动、六化衔接"为路径,扎实推进"一城三区四园"建设。编制完成城市总体规划、中心城区控制性详规等6个规划,扎实推进总投资60.65亿元的31个基础设施项目。耿都大道、紫金街北延等6条城市骨架道路建成投用,莲池公园、瓜峪水库等工程建设加快推进,城市建成区面积24.6平方公里。投资2亿元的新农村电气化、城乡集中供水等工程进展顺利,樊村、僧楼小城镇建设步伐加快,全市共建成农村楼宇式住宅214栋,总面积103万平方米,总投资16亿元。推进农村人居环境改善,完成1520人异地搬迁、赵家庄环境连片整治等工程,取缔土小企业60余家,造林绿化3万余亩,全市二级以上天数达到304天,人居环境进一步改善,城乡面貌全面改观。

四、加大投入,改善民生,群众福祉不断增进

2014年,全市在民生方面投入约为11.4亿元,同比增长14.7%。投资8000万元的城市客运站基本建成,投资2.5亿元的人民医院新建工程进展顺利,医药卫生体制改革扎实推进,被确定为全省改革试点县。进一步提高低保、医疗救助、农村五保标准,重度残疾人、农村贫困残疾人社会养老和医疗保险由财政负担,城乡居民养老保险和医疗保险基本实现

全覆盖。投资3000余万元完善农村中小学硬件设施，完成3所农村幼儿园改扩建，新增就业岗位4000余个。开工建设限价商品房450套，改造农村困难群众危房800余户，完成大小丁家湾新村、半坡和上岭移民扶贫工程，148个行政村实现文化活动场所等四项全覆盖。引深领导干部包村增收和定点扶贫工作，群众幸福指数进一步提升。

五、创新机制，推进法治，全市社会和谐稳定

随着经济下行压力加大，市场持续低迷，各类社会矛盾凸显交织。对此，河津市委坚持法治思维和法治理念，创新思路，强化举措，扎实推进社会治理工作。按照"热情接待，认真办理；缠访闹访，依法处置；失职渎职，从严追究"工作思路，狠抓信访源头预防，排查化解信访积案，群众来信来访同比下降13.7%，到期办结率96.5%，省市交办的24件要结果案全部办结。社会服务管理指导中心、市乡两级矛盾纠纷调解中心和148个行政村调解室建成投用，城乡网格化管理全面实施，"天眼"工程运行规范有序，社会治安整治成效明显，法治河津建设稳步推进。坚持党管武装原则，扎实开展双拥工作。加强应急管理和防灾减灾能力建设，加强安全生产和食品药品监管，持续开展一月一行业专项整治、安全生产大检查和"六打六治"等专项行动，扎实推进平安乡村和企业安全生产标准化建设，安全生产形势持续稳定好转。

（胡军政）

附：一、中共河津市委书记、副书记、常委名单

书　记：胡　宝

副书记：杜中伟　董　耿

常　委：胡凯旋　任　刚　李满刚　王同华　赵红权（3月离职）　薛永琦　贺红林　黄永平（3月任职）

二、乡镇（街道）党（工）委书记名单

城区街道

书　记：吕武荣

清涧街道

书　记：杨敬军

樊村镇

书　记：姚文生

僧楼镇

书　记：吕　平

赵家庄乡

书　记：蔡　斌

下化乡

书　记：王高红

阳村乡

书　记：柴虎杰

柴家乡

书　记：闫新善

小梁乡

书　记：任鹏云

中共闻喜县委工作概况

县委书记　张汪尤

2014年，闻喜县委面对全国经济社会发展的新常态，面对山西净化政治生态、实现弊革风清的新形势，面对全县改革发展稳定的艰巨任务，在中央、省、市委的正确领导下，深入学习习近平总书记系列重要讲话精神，全面贯彻党的十八大及十八届三中、四中全会精神，扎实开展党的群众路线教育实践活动，紧紧依靠全县人民，团结带领全县干部群众，迎难而上，克难奋进，愈难愈进，全县经济、政治、文化、社会、生态文明和党的建设取得新进展、新成效。

一、认真学习贯彻习近平总书记系列重要讲话精神，深入开展教育实践活动，增强落实中央和省市委决策部署、践行群众路线的自觉性和坚定性

县委坚持把学习贯彻习近平总书记系列重要讲话精神作为重要政治任务，结合党的群众路线教育实践活动和学习讨论落实活动，专题研究，出台意见，发出通知，通过中心组集中学习、专家授课辅导、领导干部讲党课等形式，对乡科级干部、农村主干、大学生村官进行了全面的教育培训，全县党员领导干部深入包联乡镇、农村、企业等基层单位讲党课682场次。2014年9月份以来，县委多次召开常委会、常委扩大会和专题研讨会，及时学习传达贯彻中央对山西工作的重要指示、省委王儒林书记讲话精神以及市委、市政府的各项工作部署，要求各级党组织精心安排，深入学习，广泛宣传，认真领会，使中央和省市委的各项决策部署家喻户晓、深入人心，转化为全县人民团结奋进的自觉行动。

坚持把开展党的群众路线教育实践活动作为转变作风、凝聚力量、破解难题、推动发展的重要举措，立足"早"、突出"严"、务求"实"，认真做好规定动作，积极创新自选动作。县委常委会紧紧围绕"为民务实清廉"主题，按照"坚持五个贯穿，抓实三个环节"要求，带头开展学习、征求意见、查摆问题、整改落实，聚焦"四风"问题收集征求各方面意见和建议

1467条,梳理查摆个人问题223条、班子问题22条,取得了一批丰富的认识成果、实践成果和制度成果。同时,按照活动梯次展开、压茬进行的要求,把活动范围延伸到每名党员,服务范围拓展到每名群众,全县643个单位、17189名党员干部列清单、晒问题、作承诺,一条一条抓整改,一项一项抓落实,使广大群众感受到教育实践活动带来的新变化、新气象。12月,县委按照省市委开展学习讨论落实活动的专题部署,采取专题研讨、中心组学习讨论等方式,再次掀起新一轮学习贯彻十八届四中全会、习近平总书记系列重要讲话精神热潮,学习讨论落实活动正在按照有关要求扎实有序推进。

通过深入学习、开展活动,全县党员干部推动经济社会又好又快发展的信心和决心进一步增强,联系群众服务群众的自觉性和坚定性进一步增强。一是思想进一步统一。全县党员干部普遍接受了一次深刻的马克思主义群众观点教育,强化了政治意识、大局意识和纪律意识,增强了政治定力、政治担当和政治责任,更加自觉地在思想上政治上行动上与党中央保持高度一致,与省市委同频共振,与县委同心同行。二是顶层设计进一步强化。常委会按照习近平总书记"推动顶层设计,实施创新发展"精神和省委"加快六大发展"、市委"落实三个方案"要求,充分发挥统揽全局、协调各方的领导核心作用,以战略思维、辩证思维、法治思维、创新思维,从顶层设计层面谋划推进全县经济社会发展。在深入调研论证、广泛征求意见的基础上,制定了《主攻产业园区化发展工作方案》《主攻产业集群化招商工作方案》《现代特色农业发展与项目规划》《文化旅游发展规划》,《新型城镇化发展规划》等方案正在加紧制定。这些方案的出台实施,使闻喜县经济社会发展路径更加清晰,推进措施更加具体,操作步骤更加详细,为下一步的工作指明了方向,提供了遵循。三是工作思路进一步完善。县委以"想透说清干实"为指针,重新审视县情,分析现状,特别是围绕产业园区化发展集群化招商,六化衔接四化互动等新理念、新路径、新举措,多次召开专题会议分析研究,多方论证,从"理论、实践、宏观、实施"四个层面对原先工作思路进行了调整和完善,进一步牢固树立了"打基础、利长远、惠民生"是长期坚持的指导思想,实施"六大战略"是推动发展的必由路径,确立了"保增长、保运行、保民生、保稳定"是当前和今后一段时期要全力抓好的工作任务,建设"工强农富、生态宜居、文明和谐、公正开放"新闻喜是全县干部群众的奋斗目标。这些调整和完善使发展的思路和目标更具科学性和系统性、指导性和现实性,进一步凝聚了人心,激发了干劲,推动了发展。四是体制机制进一步健全。县委成立制度建设工作小组,负责全县制度建设工作的统筹协调和各单位重要制度建设计划的审核把关、督促落实工作,围绕事关全县发展的重大事项,健全完善了议事规则、中心组学习、谈心谈话等16项制度机制,全县共清理废止《机关效能建设》等235项制度,制定出台《"三公"经费、职务消费和会议经费管理实施办法》等797项制度,用制度管权、用制度管事、用制度管人取得了初步成效。五是突出问题进一步解决。县委抓住影响党群干群关系的热点难点问题,针对性地开展"三项整治,九大突破"集中攻坚活动,化解了一批非正常上访和新发信访案件,破获了一批"黄赌毒"、"两抢一盗"侵财案件,解决了一批饮水、行路、环境、物业管理等民生问题。群众普遍反映,老百姓的事情有人管了、困难有人帮了,真心实意甩开膀子办实事的干部比以前多了。

二、紧紧扭住第一要务,把握稳中求进总基调,努力保持经济平稳健康发展

推进发展是执政兴闻的"第一要务",是广大干部群众的迫切愿望,只有坚持把经济发展放在首位,才能解决各种矛盾,破解各类难题。一年来,积极克服经济下行压力和自身结构性矛盾双重影响,凝心聚力,真抓实干,经济回稳向好趋势得到巩固,主要指标呈现"三增三降"态势。

(一)聚力项目,增强发展后劲。县委坚持把项目建设和招商引资作为推动发展、积蓄后劲的主抓手,认真落实"六位一体"项目推进机制,严格执行重点项目、重点工程县级领导包联负责制,全力以赴推进项目建设招商引资工作。全年共实施重点项目建设51个(省重点项目3个、市重点项目8个),总投资223.2亿元。其中:产业类项目24个,总投资128亿元;基础设施类项目16个,总投资74亿元;生态建设类项目6个,总投资13.8亿元;社会民生类项目5个,总投资7.5亿元。在积极推进项目建设的同时,按照园区化发展集群化招商要求,县委成员带领职能部门和重点企业,立足县情实际,瞄准重点区域,积极与沿海地区进行产业和市场对接,外出学习考察、洽谈引资120次,对接项目76个,成功签约了天津大昌、恒达金属制品、西安紫光等26个项目,总投资256亿元,已落地22个,为经济社会可持续发展奠定了坚实基础。

(二)加快转型,提质工业经济。县委深刻认识到,闻喜是一个欠发达县份,工业兴则百业兴,工业衰则百业衰,再铸工业辉煌,是全县干部群众和企业家的殷切期盼。稳步发展主攻产业。明确镁铝深加工和玻璃器皿制造两个主攻产业的延伸链条和重点招商区域,实施集群项目20个,总投资21.7亿元。其中,远华2.5万吨镁合金深加工、华盛1万吨板材等7个镁铝集群项目和海丰50吨煤气池炉、德润300万件工艺品等7个玻璃集群项目开工建设,预计全年镁铝深加工产业、玻璃器皿制造产业分别完成产值21.9亿元、5.62亿元,比上年增长32.7%和41.5%,主攻产业呈现出稳步发展、逆势而上的良好势头。有序推进海鑫重整。海鑫钢铁去年3月19日停产后,县委高度重视,积极处置,召开5次常委会议和13次专题会议,研究解决海鑫停产引发的一系列问题,成立帮扶工作组和维稳工作组进驻企业,制定《海鑫集团维稳暨安保工作方案》,密切配合省市做好厂区安保、债务协调、占地补偿、舆论应对以及债券人、职工和关联企业维稳等工作,重点排查了一批安全隐患,妥善调处了一批矛盾纠纷,解决了一批突出问题,确保了海鑫厂区及周边农村的整体稳定,为企业重整工作提供了有力保障。10月11日成立海鑫重整清算组,11月12日市中院裁定海鑫重整清算组为重整

管理人,正式启动重整工作。大力破解企业难题。针对部分企业效益差、融资难、市场小等问题,组织召开企业家座谈会、银企对接会、市场分析会,实施"一企一策",加大对困难企业的政策引导、资金扶持、信息研判力度,通过多方努力,有效解决了5家规模企业融资难题、61家小微企业的生产经营困难、市场萎缩等问题。加快实施园区建设。在抓好园区基础设施建设的同时,积极吸纳企业入驻,永祥和食品、博盛机械等7家企业进入园区,园区企业发展到26家,园区正在成为全县工业发展的主阵地。持续壮大小微企业。出台加快中小微企业转型跨越发展实施意见,建立小微企业服务站和40家企业名录库,搭建融资平台,争取上级资金,重点扶持了32家小微企业,孵化培育了160家小微企业,小微企业在加快经济发展提质升级上起到了重要作用。

(三)调优结构,做强现代农业。坚持用工业化理念抓农业,以产业化经营为主线,以示范区建设为依托,大力发展现代农业。夯实粮食生产基础。创建粮食高产示范片区18个、20万亩,粮食生产完成2.7亿公斤,超市定任务35%,闻喜县被农业部确定为2014年全国粮食生产先进县。实施科技兴农战略。积极发展设施农业,新建、改扩建东干庆肉鸡自养场、下邱村设施蔬菜等17个示范园;全面普及机械化作业,农业生产机械化率达到75%以上,农作物良种实现全覆盖。优化农业产业结构。大力推进"稳粮、增菜、扩林、优药、兴畜"生产结构调整,新增设施蔬菜2600亩、林果9500亩、规范化药材生产基地5000亩,标准化规模养殖场20个。提升产业化水平。土地流转达到16.7万亩,"一村一品"专业村发展到108个,农民专业合作社增加到798家,农副产品加工企业发展到349家,农业生产经营组织化程度稳步提高。

(四)城建引领,改观城乡面貌。县委按照"六化衔接、四化互动"理念,坚持"三位一体"统筹,推进"一城四镇百村"布局,加快城乡一体化进程,全县城镇化率增长2个百分点,达到46.23%。城市定位上,依据全市城镇建设要求和布局,提出了"生态宜居、卫星城市"新定位,努力把闻喜建设成为运城的卫星城市。城区建设上,加力推进"大县城"战略,修编完成城市发展总体规划和水系、绿系、燃气和环卫专项规划,以闻喜工业园为龙头的西部产业新区开工建设,以涑水河治理为带动的6平方公里南城新区建设扎实推进,以大西高铁站为代表的14个城市基础设施建设工程顺利完工,产城融合发展取得新成绩。重点镇建设上,着力抓好河底、郭家庄、畖底、礼元4个重点镇建设,重点镇人口达到2.2万人,建成区面积达到15平方公里,重点镇建设初具雏形,成为承接县城、带动农村的区域中心。新农村建设上,加强乡村规划建设,通过倾斜政策,整合资源,捆绑资金,东镇上镇、郭家庄镇陈家庄村等一批生态宜居农村建设全面铺开,中心村先行发展取得初步成效。

(五)突出特色,建设文化强县。坚持经济建设与文化建设同步谋划、文化事业与文化产业同步推进,把丰富多彩的文化资源优势转变成为产业优势和经济优势。文明创建卓有成效。深入开展"感动闻喜人物"评选、核心价值观教育、公民道德宣传等群众性创建活动,广大群众的文明素养持续提高。闻喜县被评为创建省级文明县城工作先进县,女青年张清入围2014"感动山西"十大人物候选人。文化产业培育壮大。裴氏文化、汤王文化等传统文化得到弘扬和发展,影响力不断扩大;花馍产业进入大众化、产业化发展新阶段,闻喜花馍从农家灶台走上了都市餐桌;东方新闻纸业等文化企业快速发展,成为经济增长的新亮点。文化品牌彰显特色。《闻喜鼓车》相继走进国家大剧院和人民大会堂,荣获全国群星奖音乐门类第一名;报告文学《为善的涑水》、眉户说唱《看花馍》等一批精品力作,获得广泛好评。文旅产业融合发展。坚持以旅活文,以文强旅,实施保护开发,完成裴氏宗祠凌烟阁、后稷庙修复等景点建设,启动实施仇氏石碑坊、保宁寺塔等文保工程,文物旅游市场影响力进一步增强。以餐饮住宿、旅游产品等为主的文化旅游产业增幅达到20%,在文化旅游产业的强劲带动下,居民消费和商品流通市场继续保持繁荣活跃,第三产业实现快速发展,比重增加到43.2%。

三、大力保障改善民生,加强和创新社会管理,推进平安和谐闻喜建设

县委始终把民生工作和社会治理工作作为社会建设的两大根本任务,坚持在县域经济发展困难时期更加注重改善民生,提高民生支出比重,预计今年向社保、就业、医疗、教育等方面投入民生资金11.2亿元,是近年来民生投入最大、惠及范围最广、群众受益最多的一年。

(一)利民惠民项目全面实施。大力推进"十件实事",将"十件实事"落实到6个牵头单位和14个责任单位共同推进,综治平安网、高效节水南垣片区、新美新天地等实事顺利完工,安全供水、县区道路等项目有序推进。推进城乡教育均衡发展,县幼儿园、侯村乡中心校幼儿园等5所城乡幼儿园新建改建项目完工投用,11所县城学校结对帮扶14所农村学校,113名县城骨干教师下乡支教,城乡教育资源均衡配置迈出新步伐。高考两大类达线人数在考生减少450人的情况下净增加39人,达到550人,超任务18.8%。加快提升医疗服务水平,基层医疗机构全面实施基本药物制度,21个规范化接种门诊投入使用,居民健康档案建档率达到92%,新农合筹资标准由去年的每人340元提高为390元,参合率达到99.95%,全年补偿参合农民62万人次,发放补偿金8900万元,群众看病难、看病贵问题进一步化解。

(二)社会保障水平稳步提升。认真落实就业和再就业优惠政策,新增城镇就业3899人、转移农村劳动力7398人,为19名高校毕业生发放创业贷款170万元,帮助创业就业人员打开了致富之门。扩大社会保险覆盖面,全县21345名城乡低保和农村五保供养对象实现了"分类施保、动态管理"下的应保尽保,43家农村日间照料中心和24个农村"儿童之家"投入运营,1700余名农村老人和留守儿童得到社会关爱和悉心照料。大力实施移民搬迁扶贫、生态移民扶贫、产业项目扶贫,贫困人口人均纯收入达到1871元,增长14.8%,1245名农村贫困人口实现基本脱贫。提升社会救助工作水

平,农村低保金、城市低保金等各类救助金发放突破1000万元,全县9.8万农户用上了保质保量的"暖心煤"。

(三)社会管理体系持续健全。大力开展"百日严打"、"黄赌毒"专项整治活动,推进"政法干警大走访"、"一村一警"、社会服务"网格化"管理等重点工作,依法打击各种违法犯罪行为,全年查处治安案件940起,破获刑事案件337起,严重刑事犯罪发案率下降14%,治安案件在2013年下降49%的基础上继续下降26%,在"平安运城"严打整治行动考评中,闻喜县打击毒品犯罪排名第一,打击"黄赌"犯罪排名第二,社会治安形势持续明显好转。切实加强和改进群众工作,完善乡镇和县直单位信访联席会议制度,建立信访重点单位管理制度和信访突出问题专项工作小组,全年受理群众上访83批939人次,同比下降35.7%。积极推进综治项目建设,构建司法大调解机制,建立行业性专业性调节委员会,政法综治工作服务和保障经济社会发展取得良好成效。认真落实"党政同责、一岗双责、齐抓共管"安全生产责任,开展安全生产月、打非治违等活动,对重点领域、重点行业进行集中排查整治,整改安全隐患516条,安全生产形势保持稳定。特别是在极其复杂困难的形势下,优化资源,整合力量,健全机制,全力以赴做好海鑫维稳安保工作,得到了省市委的充分肯定。

四、推进生态文明建设,改善人居环境,奋力打造美丽幸福家园

良好的生态既是生产力也是竞争力,必须以增绿去污为重点,加快形成节约能源资源、保护生态环境的增长方式和消费模式。闻喜县林业生态建设连续三年受到省、市表彰,全市造林绿化推进会在闻喜县成功召开。

(一)围绕涑水河流域治理,改善区域生态环境。立足实际,着眼长远,着力改变涑水河流域多年来因工业经济发展,产生的水体污染、土质下降、生态脆弱等生态环境问题,采取公司化、工程化、专业化运作机制,高标准、高质量推进造林绿化和企业减污工作,近年来共实施完成水网绿化25公里、路网绿化120公里,关停土小企业200余家,冀东水泥脱硝等一批节能技改和资源利用工程顺利完工。

(二)围绕东部生态区建设,打造绿色生态长廊。按照"大县城"战略"东部同城区"建设部署,高起点设计,高标准建设,实施完成县城至东镇10公里道路生态绿化工程,共拆除房屋262处、2.4万平方米,挖运垃圾26万方,回填新土54万方,道路两侧30米宽林带绿化任务全面完成,修建小游园14个,绿化造景35.6万平方米。昔日脏乱差的一级路焕发新颜容,生态环境得到修复、人居环境得到改善,被群众赞誉为"绿色长廊、景观大道、惠民之路",被省林业厅评价为全省城乡结合部标准最高的绿化大道。

(三)围绕磨盘岭绿化,实现兴林富民双赢。治理绿化磨盘岭既是农民增收的新渠道,也是生态建设的主战场。出台加快干果经济林发展政策,设立林业生态建设资金,通过财政补贴、招商引资等方式,引进康培苗木、仁核山谷等产业化企业,流转林业建设用地4.5万亩,发展干果经济林和特用经济林14.6万亩,绿化磨盘岭320座,1.6万农户增收1.2亿元。东镇三交磨盘岭治理、侯村蔡薛磨盘岭绿化等一批林业生态工程相继完工。

(四)围绕靓丽城市创建,打造宜居宜业家园。涑水河城区段环境整治项目扎实推进,目前项目涉及的土地及房屋征收工作基本完成,主河道拓宽、污水截流管道等工程顺利完工,新开路桥、康宁路桥和六个区域景观绿化工程正在加紧建设,全县群众期盼已久的体育场、游泳馆已经开工建设,城区段3.7公里景观绿化工程初现雏形,正逐步展现在人们面前;启动西湖北路垂直挂绿等15项重点工程,县城建成区绿化覆盖率达到35.4%;实施美丽乡村建设,建成东镇上镇等83个园林村;推进"四城联创"工作,完善环境卫生保洁机制,城乡卫生清洁、门头店牌规范等工作取得阶段性成效;开展"志愿林、青年林、巾帼林"和"园林单位、园林学校、园林企业"创建活动,广大群众良好的生态文明意识进一步提升。

五、坚持发扬民主,加快依法治县进程,推进社会主义政治文明建设

(一)人大工作得到新提高。坚持和完善人民代表大会制度,支持人大依法履行职能,围绕涑水河综合整治、一级路绿化、工业园建设等重点项目、重点工程工作开展视察调研,围绕双拥模范城市创建、城乡教育均衡、医疗资源科学布局等问题议政建言;围绕推动科学发展,审议通过县城发展总体规划、水系规划、绿系规划等各类实施方案,依法将县委决策部署变为人民的意志。同时,在强化重大事项监督、传统特色文化保护、土地置换审批、惠民实事推进等方面有效发挥人大作用。

(二)政协工作取得新进展。坚持和完善中国共产党领导的多党合作和政治协商制度,突出团结和民主两大主题,发挥人民政协人才荟萃、智力密集、联系广泛的优势,加强和改进政协提案、委员视察等工作,保证人民政协职能得到充分发挥;支持政协围绕促进农村土地流转、壮大文化旅游产业、发展非公有制企业、职业教育、历史文化保护修复等课题,组织委员开展调研视察,积极建言献策。

(三)统战工作得到新加强。全面加强民主党派、工商联、无党派、民族宗教和新社会阶层等各个领域统战工作,开展"四信"理想信念教育、非公企业专题调研等活动,在聚民心、集民智、促发展上取得实效。

(四)依法治县实现新突破。严格按照中央部署和省市委《实施意见》要求,加强党对依法治县工作的领导,制定出台《加快推进法治闻喜建设实施方案》;教育引导党员干部牢固树立法治意识和法治思维,在深化学习和具体实践中不断提高依法办事的能力;坚持依法行政,明确部门职能,科学划分权限,完善协作机制,严格执法责任,提高政府依法决策、依法行政的意识和能力;认真落实提高办案质量、提升干警素质的"双十条"意见,扎实开展司法领域突出问题专项整治活动,有效促进了司法机关公正执法、文明执法,涉法涉诉信访

案件下降40%;深入开展宪法宣传日和法律“六进”活动,全民法律意识和法制观念得到有效提升。

认真做好党建带群团工作,支持工会、共青团、妇联、科协、文联等群团组织依照法律和章程开展工作取得新进展;坚持党管武装根本原则,加强国防后备力量建设,军政军民团结更加巩固,双拥模范县城创建工作全面达标,顺利通过省级验收;加强党对社会事业发展的领导,人口、计生、科技、体育、残联、老龄等工作蓬勃开展。

六、坚持从严管党治党,推进反腐倡廉建设,为经济社会发展提供坚强保证

县委认真贯彻落实中央和省市委从严治党的工作要求,严格落实管党治党责任,坚持把党建工作和经济工作同谋划、同部署、同考核、同推进。

(一)狠抓教育管理,树立党员干部良好形象。强化学习教育。邀请省市专家教授,举办宏观经济形势、服务型机关建设、王儒林同志讲话精神等各类专题学习活动17次;组织“流动课堂”送学下乡21场次,党员干部党性进一步增强,素质能力得到提高。严格标准用人。加强对领导班子和干部队伍综合研判,组织全县87个单位、3100名干部职工进行了谈心谈话活动,收集意见建议600余条,为领导班子建设和调整使用干部提供了重要参考;选派2名年轻副科级干部上挂锻炼,认真做好市委选派的5名挂职干部管理工作,根据工作需要平职调整了1名正科级干部;通过考核招聘和公开招聘方式,分两批从大学生村官中择优招录50名乡镇事业单位工作人员,选配了2名乡镇武装部长;大力实施“新五大重点人才”工程,集聚金属镁、玻璃等行业各类专业技术人才500余人,吸引30余名在外成功人士回乡创业,洽谈项目16个,落地项目5个,有效发挥了优秀人才对县域经济社会发展的支撑作用。提升服务能力。成立18个党代表工作室,深入开展了建立便民服务站点、在职党员服务群众、党代表直接联系群众等工作,338名党代表走访接待群众6852人次,为群众办实事、好事893件;全县600余名乡科级干部结合“访知解”、包村住村等活动,走出机关,深入田间,与农民结对子、交朋友,送去理念、信息、技术、资金“大礼包”。

(二)强化基层建设,不断夯实党的执政基础。深入开展“155”基层组织提升年活动,大力做好“五抓”工作,不断增强基层党组织的凝聚力和战斗力。抓整顿提高。深化创星管理,对19个二星级以下软弱涣散党支部,通过县级领导包点指导、县直单位包联配合、乡镇工作组驻村整顿,解决了班子不力、机构不全等突出问题42个,农村党组织建设水平实现提升。抓阵地规范。建立财政补贴制度,列支120万元村级组织活动场所管理维护资金,全县完成投资510万元,新建改建村级组织活动场所68个、社区办公场所2个。抓激励保障。认真落实“一定三有”机制,拿出678万元对524名农村在职主干和898名卸职干部发放生活补助。抓工作覆盖。实行源头备案管理制度,理顺新设立185家非公企业的组织管理体系,选派14名指导员帮助98家社会组织开展党建工作,新成立蓝天学校、陈坚创伤医院以及法律服务行业等7个党组织,党建覆盖面进一步扩大。抓“两委”换届。坚持领导重视、教育培训、督促指导贯穿始终,全县343个行政村完成换届工作,一批党性强、能力强、作风正、群众拥护的优秀年轻干部充实到村级领导班子中,农村“两委”班子的战斗力、凝聚力得到增强。

(三)改进考核方式,加大目标责任考核力度。坚持以考核正导向、以考核促工作,不断提升考核工作科学化水平。科学确定考核任务,按照省市考核规定和实施细则,制定了《闻喜县2014年度目标责任考核实施细则》,在突出科学发展导向、按照好干部标准对领导班子和领导干部综合评价、加强党风廉政建设考核等方面加大力度,强化了对重点指标、重点项目、主攻产业、招商引资等领域的考核。强化“交账”意识,全面推行“年初定账、年中对账、年底交账”工作机制,按照“权责一致、科学有效、易于操作、便于考核、不断完善”要求,对年度目标任务级级分解,在事前问责提醒,事中问责督促,事后问责诫勉上取得初步成效。加强考核结果应用,对评选出的年度目标责任考核19个先进单位、19名优秀领导干部、12个招商引资先进单位和10个项目建设先进单位进行表彰;对11名领导干部进行了诫勉谈话,扣除了8个单位领导班子40人的年终奖金,起到了激励先进、鞭策后进、推动工作的目的。

(四)严格正风肃纪,打造风清气正政治生态。政治生态关乎党和政府的形象,关乎社会稳定,关乎民生大事,关乎干部安危。常委会严格落实党风廉政建设主体责任,先后召开7次常委会、党政联席会研究党风廉政建设工作,传达精神、查找问题、明确措施、推进工作;召开2次党风廉政建设干部大会,落实党委主体责任和纪委监督责任,安排部署党风廉政建设工作;强化监督检查,开展落实“八项规定”、狠刹大操大办、整治吃拿卡要专项整治活动,坚决纠正红白喜事送花篮和祭品的陋习,处分违规违纪党员干部50人;围绕中心工作,开展“三位一体”联动督查、工程建设项目排查、机关效能检查、纠风治乱等活动80余次,有力地推动了省市委决策部署和重点工作的贯彻落实;支持纪检监察机关“转职能、转方式、转作风”,县纪委监察局牵头或参与的议事协调机构调整精简为9个,出台《落实党风廉政建设党委主体责任、纪委监督责任追究办法》,落实“一案双查”要求,对出现严重党风廉政问题的单位进行责任追究。共立查案件118件,处理违纪人员135人(乡科级干部22人),其中给予党纪处分78人,开除党籍10人;给予政纪处分63人,开除公职1人;6人受到党政纪双重处分。通过攥紧拳头发力,持续推进反腐倡廉建设,全县党员干部更加积极主动履行帮民富、保民安、解民忧的责任,自觉坚持依法办事、依法行政的工作原则,保持迎难而上、奋勇争先的工作热情和快节奏的精神状态,勤政为民、高效务实、团结和谐、清正廉洁的良好风气进一步形成。

同时,县委高度重视自身建设,坚定不移贯彻落实中央和省市委的一系列决策部署,不断强化理论武装,加强党性锻炼,贯彻民主集中制,做到了重大问题集体讨论、集体决

定。组织中心组集体学习19次，召开常委会26次，传达上级精神，研究部署重点工作特别是面对严峻的经济形势和繁重的工作任务，常委会坚持集中集体智慧和力量，对重大事项和工作部署，事前都能认真听取人大、政府、政协班子的意见，统一思想，科学决策；坚持统筹兼顾，在抓好经济工作的同时，协调推进文化建设、生态建设和社会建设等各项工作；坚持把主要精力放在谋全局、抓大事、带队伍、促落实上，带头深入一线，调查研究，对重点工作，扭住不放，亲力亲为，一抓到底；认真落实党风廉政责任制，严格遵守廉洁自律各项规定，能够做到胸怀坦荡、以诚待人，主动接受党内外各方面的监督，自觉树立良好形象。

(郭海生)

附：一、中共闻喜县委书记、副书记、常委名单

书　记：张汪尤

副书记：张建元　张春吉　逯光耀

常　委：王海生　李清水　潘　鹏　张武学

高俊红(女)　孙　锐

二、乡镇党委书记名单

桐城镇

书　记：翟东旭

东镇

书　记：张水忠

河底镇

书　记：梁松彬

郭家庄镇

书　记：吉俊伟

畖底镇

书　记：徐剑昆

礼元镇

书　记：张英奇

侯村乡

书　记：郭亚斌

裴社乡

书　记：史学敏

后宫乡

书　记：薛耀东

薛店镇

书　记：李明虎

阳隅乡

书　记：张安红

神柏乡

书　记：高秀海

石门乡

书　记：王红波

中共临猗县委工作概况

县委书记　赵惠民

2014年，临猗县全面贯彻落实党的十八大、十八届三中、四中全会和习近平总书记系列重要讲话精神，按照省委"净化政治生态、实现弊革风清、重塑山西形象、促进富民强省"，推动"六大发展"和市委"六化"衔接、"四化"互动的总体部署，以开展党的群众路线教育实践活动和学习讨论落实活动为契机，围绕"一带、一圈、一岸、15个点"的经济社会发展思路，精做农业、强推工业、激活流通、拓展民生、创优环境，政治、经济、文化、社会、生态文明及党的建设都取得了新进展、新成效。

一、坚持稳中求进，坚定不移地提高经济发展质量和效益

临猗县紧紧围绕"精做农业、强推工业、激活流通"的工作重点，着力在现代农业发展、产业集群发展、城乡统筹发展等工作上，想办法、出实招、下功夫，积极适应经济新常态，努力实现临猗创新发展、转型发展。

(一)强化提质增效，农业现代化步伐不断加快。按照农业"四化"的思路，根据现代农业规划，积极打造"中国临猗园艺农业百万亩水果公园"，切实推动传统农业大县向现代农业强县转变。一是规模化流转。共流转土地27.5万亩，涉及农户3.8万户；发展家庭农场38个；在闫家庄工贸区3个村开展了土地确权试点工作。二是企业化运营。全县发展合作社1262家，引导有条件的合作社联合运营，实现规模效应，累计发展3家，村级合作社覆盖率达到100%；全县农产品加工企业达到43家，省级龙头企业4家。三是科技化支撑。建立了"一乡一站、一村一点、一业一校"基层农业技术推广体系，实施了"十百千万"农业技术培训工程，培育产业带头人220人；作为全国新型诚信职业农民试点县，培训诚信职业农民1140人；在果业上推广六大技术集成，枣业上推广"一设施、四配套"技术，建成了10万亩果品示范园，全县各类水果产量达45亿斤；农田灌溉面积达129.8万亩，无公害认定面积48万亩，农业综合机械化水平达到79.62%，粮食总产量达6.67亿斤。四是市场化营销。引进中国供销农产品批发控股有限公司，建设农产品物流园；依托"临猗苹果"地理标

志认证，在全国56个大中城市、10余个大型超市设立直销窗口，年销售水果10亿斤；成功开创了30多个“一乡联一省、一社占一市”营销新模式，年成交金额达6亿多元；全县新增果库75座，累计达270座，年储存果品12亿斤，年出口水果2亿斤。在俄罗斯成功举办了第三届苹果文化节，提升了临猗苹果的知名度和市场占有率。

（二）狠抓产业集群发展，工业新型化势头向好。按照“园区化发展集群化招商”的思路，县委、县政府坚持主动作为、创新作为，不断加快工业新型化发展步伐。一是园区建设快速发展。坚持把工业园区作为推进新型工业化的主平台，不断加大两个工业园区投入力度，临猗工业园投资3.18亿元、楚侯工业园投资8600万元，实施了变电站、污水处理、道路、供热管网改扩建等基础设施建设，基本实现了“七通一平”，大大提升了园区的承载力和吸引力。依托两个园区3.8万产业工人，加大民生投入，不断完善社区的生活休闲商务办公服务功能，实现产、城高度融合发展。二是主攻产业地位凸显。确定了精细化工、纺织服装两个市级主攻产业和运输装备制造一个县级主攻产业，县委、县政府主要领导分别包联纺织服装、精细化工，成立了主攻产业协调领导组，较好地解决了翔宇化工与中化国际纠纷，关注并积极协调了华晋等企业的信贷风险，解决了恒晟纺织、青山化工、一洲印染等6个新项目的选址和征地问题。2014年，精细化工、纺织服装两大主攻产业共实施项目22个，落地资金68.4亿元，完成投资22.2亿元，完成产值83亿元，占全县规模以上工业总产值的63.9%，成为推进全县工业的强劲动力和重要支撑。三是重点项目稳步推进。2014年全县共确定重点项目66项，其中省重点7项，市重点3项，县重点56项，总投资418.7亿元，当年计划投资70.1亿元，完成投资58.76亿元。在项目建设中，严格落实“六位一体”工作机制，储备项目完成市下达任务的135.3%；签约项目完成市下达任务的159%；落地项目完成市下达任务的110.1%；开工项目完成市下达任务的110.5%；建设项目完成市下达任务的107.7%；投产项目完成市下达任务的110.4%。四是招商引资成效明显。先后组建了10支招商小分队，按照一把手亲自挂帅、一套工作班子、一支专业队伍“三个一”招商工作机制，围绕三大主攻产业八个产业链，先后与解放军总后军需研究所、中国社科院工业研究所等科研院所对接，赴北京、上海、河北高阳、吉林辽源等地进行洽谈。2014年，全县共有签约项目24个，引资项目28个，到位资金50.6亿元，超额完成全市目标任务。

（三）统筹协调发展，新型城镇化推进有力。县委、县政府坚持规划先行，项目支撑，管理提升，大力推进新型城镇化建设。一是突出科学规划。全力推进两个市政专项规划和一个区域控制详规编制工作；全面启动“美丽乡村”规划编制全覆盖工作；城市水系、体育馆等规划设计方案通过初审，规划体系更加完善，单项设计更趋严谨。二是紧抓项目落实。确定了道路、水系、公益、配套、商贸、房产、住房保障等七大类建设项目群，共涉及36个项目，总投资61.9亿元，年度计划完成24亿元，目前已完成投资12亿元，中央水系公园、万佳国际等7项基本完成；大剧院、限价房、公租房、县城第二污水处理厂等20项正在加紧建设；环城路、滞洪渠等9项正在进行前期准备工作。三是强化城乡管理。继续实施城市环境秩序管理，规范有序、干净整洁的城市面貌得到了有效保持；各乡镇全面完成了街景整治工作，乡镇面貌大为改观；积极创建国家级文明县城、国家级园林城市、国家级卫生城市，取得了阶段性成效。

二、坚持法治引领，坚定不移地推进民主政治和法治临猗建设

临猗县认真落实十八届四中全会精神，把法治临猗建设摆上重要议事日程，充分发扬民主，大力支持人大、政协开展工作。

（一）坚持和完善人民代表大会制度，人大工作水平得到新提高。支持人大及其常委会依法履行职能，围绕污水处理二期工程、环境卫生整治等重点项目，开展视察调研，有效推动了重点工程的实施；围绕企业达标排放、河道管理、沿河绿化等开展专项督查，促进了涑水河综合治理工程持续推进；围绕“美丽乡村”建设、食品安全、矛盾纠纷排查化解、教师队伍建设等开展专项检查，推动群众关注的热点难点问题得到较好解决；围绕推动“六权治本”，着手制定和完善监督“一府两院”的规范性文件，有效发挥了人大作用。

（二）坚持和完善中国共产党领导的多党合作和政治协商制度，政协和统战工作取得新进展。突出团结和民主两大主题，支持政协履行政治协商、民主监督、参政议政职能，围绕全县工业经济发展、教育事业、文化体育设施建设、农业农村工作、社会综合治理、城市重点建设项目等工作开展调研视察，积极建言献策，形成了一批有份量的调研报告。如《临猗县企业劳动用工调研报告》《关于我县小城镇建设调研报告》等，对县委科学决策起到了积极的促进作用。充分发挥统一战线各界人士参谋智囊、联系广泛的作用，在太原成立了首家临猗商会，承办了世界关氏宗亲第十一届恳亲代表大会。

（三）法治临猗建设迈出新步伐。根据中央、省、市法治建设精神，结合临猗实际，制定了《中共临猗县委关于加快推进法治临猗建设的实施方案》，明确了法治临猗建设思路，教育引导党员干部树立法治意识和法治思维，强化依法办事的能力和水平；进一步明确了政府部门职能和权限，完善协作机制，严格执法责任，提升依法行政水平；进一步加强对重点资金、重点领域、重点岗位的审计监督，2014年，对3年内未审计的领导干部进行了任期经济责任审计，审计局被表彰为“全国审计机关先进集体”，受到了李克强总理的接见；深入开展司法领域突出问题专项整治，司法公信力进一步提升；扎实推进“六五”普法，开展宪法宣传日和法律“六进”活动，教育引导干部群众自觉学法、尊法、守法，有力推动了法治临猗建设。

三、坚持民生优先,坚定不移地提升人民群众的幸福指数

临猗县委始终坚持“小财政办大民生”的执政理念,不断拓展民生,加大对民生领域的投入,让发展成果更多惠及全县人民。2014 年全县财政用于民生领域的支出达 16.5 亿元,同比增长 21.6%。

(一)教育事业推进有力。在全市率先通过了全国义务教育发展基本均衡县评估认定;新建了 1 所标准化示范小学,改建了 5 所幼儿园,启动了特教学校建设,被省政府表彰为“落实学前教育三年行动计划先进县”;职业中学新校建设基本完成,被评为“全市十大名校”、“全省四星级管理学校”;设立了全省首家县级公募教育基金;新招聘 50 名高素质年轻教师,组织教师赴教育先进地区学习,开展城乡教师交流,进一步提升了教师队伍素质;中考成绩位于全市前列,高考成绩在招生人数和优质生源双减半的情况下,二本达线人数首次突破千人大关,职业对口升学实现历史性突破。

(二)卫生事业扎实开展。顺利推进县直 5 家公立医院改革,全省医改现场会在临猗县召开;实施了 129 所村级卫生室改建工程,基层医疗条件进一步改善;新型农村合作医疗参合率达 99%,基本实现全覆盖;积极落实单独二孩和干部职工独生子女父母退休奖励政策,人口自然增长率为 5.07‰,被授予“全国人口计生优质服务先进县”。

(三)社会保障扩面提质。设立了工资支付应急周转金,建立健全了农民工工资预警机制和欠薪治理长效机制,全面完成了城镇新增就业和农村劳动力转移任务,超进度完成了五险统征任务,低保、五保补贴标准进一步提高。

(四)文化事业蓬勃发展。电影《党员妈妈》已与群众见面,戏曲电视剧《峨嵋岭》入选国家新闻出版广电总局 2014 年“中国梦”电视剧展播,眉户戏《守望》荣获“杏花奖”五项大奖,眉户剧团受到国家表彰,开展了“蒲乡红”进临猗活动,为群众送戏、送电影 5000 余场。《临猗文化精品丛书》正式出版,傅作义故居被确定为山西省党史教育基地,成功举办了“新南城临猗梦六一消夏文化活动”,满足了人民群众的精神文化需求。

四、坚持生态建设,坚定不移地建设宜居宜业美丽家园

临猗县委始终把城乡生态化建设放在重要位置,切实做好造林绿化、节能减排、环境治理等各项工作,推动临猗绿色发展。

(一)造林绿化成效明显。突出县城增绿和补绿,新增绿地面积 18.65 万平方米,绿地覆盖率达到 34.6%;全面完成了中央、省级 3.26 万亩造林任务、县级“三循环一通道”和 8 个园林村绿化,林木覆盖率达 50.75%。

(二)节能降耗力度加大。共实施工业节能改造重点项目 10 项,可实现节能量 5.31 万吨标准煤;全县万元 GDP 综合能耗和单位工业增加值能耗同比下降均达 3%以上;对原污水处理厂进行了提标改造;完成了集中供热一期扩建工程,增加供热面积 25 万平方米,累计达 88.5 万平方米。

(三)环境质量持续好转。开展“百日会战”环保专项行动,整治处理了 16 家环保不达标企业,遏制了违法排污行为;围绕涑水河周边环境综合整治,对 6 家沿线超标排污企业和单位进行了整改,涑水河水质得到了明显改善;全县二级以上天数达 242 天。

(四)人居环境显著提升。实施了农村环境连片整治工程,北景—闫家庄新农村建设连片示范区、大巍山现代农业示范区进展顺利;确定了闫家庄西陈翟村为省级美丽宜居示范村进行创建。

五、坚持治理创新,坚定不移地营造安定和谐的社会环境

县委、县政府牢固树立“安全发展”的理念,始终把社会稳定作为一项重要工作来抓,不断加大对重点领域、重要节点、关键环节的矛盾排查化解和监督监管力度,确保经济社会安全、有序、和谐、稳定发展。

(一)信访工作扎实有效。扎实开展了“双百”专项活动,认真落实逐级走访办法;建立了由人大、政法等 7 个部门组成的信访综合服务大厅,实现了全方位接访、分职能办理、联动式解决,全县信访工作呈现出群众来信量上升,来访批次和人数下降,进京赴省到市非正常访稳定的局面。信访工作连续 3 年走在全市前列,全市信访经验交流会上,临猗县进行了典型发言。

(二)社会治理亮点突出。围绕“四四二”专项行动,相继开展“四打一整治”、“九小场所整治”、打击“黄赌毒”等行动,社会治安形势明显好转,刑事案件同比下降 27.1%,有效维护了社会和谐稳定;创新推行“6+4”行业性人民调解模式,聘任专业调解员 85 名;成立了全省首家社会稳定风险评估所,先后对 6 个重点项目进行了风险评估;率先在全省开展了政法系统“一村一警”联系走访活动;强力推进城乡“天眼”工程建设,全县覆盖率达 88%;构建了县、乡、村三级服务管理平台和四级网络运行体系;聘请了 15 名护路员,做好大西高铁在临猗县境内 32.7 公里的护路工作;全力做好涉法涉诉案件化解,99 起信访案件结案率达 100%。

(三)安全生产稳定有序。坚持“党政同责、一岗双责、齐抓共管”的要求,开展了“安全隐患整改年、事故应急演练比武年”活动,组织了各种安全检查、应急演练;不断加强对危险化学品车辆、学生接送车、客运车辆等重点车辆的管理;加大对食品药品监管力度,与中国进出口检验认证集团山西公司合作,对全县生产加工、流通、餐饮环节的食品进行了全方位抽样检验;规范了城乡红白喜事餐饮服务管理;充实了 16 个乡镇食药基层站所,确保了全县无一起食品药品安全事故、无一起重大安全生产事故、无一起重特大交通安全事故,确保了经济社会和谐稳定。

六、坚持固本强基，坚定不移地落实党要管党从严治党方针

县委认真落实管党治党责任，把从严治党贯彻到党的建设各项工作中，惩治腐败不松手、狠抓作风不松懈、从严治吏不松劲，不断创优发展环境，努力实现廉洁发展。

（一）坚持从严治党，认真履行党建责任。认真学习了习近平总书记从严治党“八项要求”，对管党治党有了更为清晰的认识。牢固树立了“党的建设是最大的政治”、“抓好党建是最大的政绩”的理念，认真履行党建职责。坚持思想建党，不断加大对党员干部的党性教育、道德教育、爱国主义教育，特别是围绕学习宣传贯彻十八届四中全会精神、习近平总书记系列重要讲话精神、王儒林书记近期讲话精神、市委各项安排部署，组织党员干部进行学习，全年共举办科级干部集中学习培训 5 次，举办博爱苑及傅作义故居参观学习班 11 期；坚持制度治党，出台了县委常委定期研究党建工作制，2014 年县委常委会先后 15 次研究党建工作；实行县委常委联系党建工作制，县委常委每人联系一个乡镇、一个行政村和一个非公企业，切实做到党建工作和中心工作同谋划、同部署、同考核；及时修订全县目标责任考核方案，加大了党建目标责任考核指标的权重；坚持刷新吏治，按照习近平总书记从严治吏的要求，认真贯彻省委“三个一批”的安排部署，严格对照市委“从严管理干部的 16 条意见”，出台了《临猗县从严管理干部实施意见》，成立了决策机制领导组、人事改革领导组、落实“三个一批”领导组，严格选任程序，严格责任追究，严防“带病提拔”。对全县所有干部档案逐一“回头看”，重点核实和纠正了 40 份存疑档案；进一步完善了干部考核淘汰机制，有效预防了干部“为官不为”的问题；清理企业兼职 7 人、吃空饷 10 人、借调 50 多人；对 2009 年以来的 161 个领导组进行了清理规范；对 874 名科级干部配偶子女移居国（境）外情况进行了摸底。

（二）扎实开展群众路线教育实践活动，干部作风明显好转。作为省委常委、政法委书记王建明的联系点，临猗县坚持超前谋划，及早行动，周密部署，强化督导，确保教育实践活动取得实效。坚持把学习教育、听取意见作为活动开展的基础，全县各活动单位领导班子集中学习时间平均达到了 12 天以上，“一把手”讲党课 917 人次，开展专题讨论辅导 1466 场次，征求到各类意见建议 18744 条；坚持把查摆问题、开展批评作为活动开展的关键，县委常委会专题民主生活会敢于揭短亮丑、见筋见骨、真刀真枪、辣味十足，为全县树立了标杆；坚持把整改落实、建章立制作为活动开展的根本，聚焦“四风”，“改”字当头，持续开展“看基础、比整改”主题实践活动，解决了领导班子和个人“四风”方面问题 2200 余项，涉及公款吃喝、文风会风等 12 个方面；解决了关系群众切身利益的各类问题 2325 件，如群众反映的夹马口灌渠缺乏保护措施、看病贵、县城排水不畅等问题都得到了有效解决。全县共废止制度 227 项，修订完善制度 1264 项，新制定制度 2921 项，党员干部行为得到了有效规范，贯彻群众路线的长效机制和刚性约束基本形成。通过活动的开展，全县干部群众凝聚了齐心合力推动临猗经济社会发展的强大正能量。

（三）净化政治生态，进一步加强党风廉政和反腐倡廉建设。严格落实党风廉政建设党委主体责任，先后 4 次召开县委常委会，研究安排部署党风廉政建设工作。2014 年坚持以“零容忍”态度查处腐败案件，共核查案件 59 件，立查案件 143 件，查结 113 件，处理党员干部 113 人。严格落实“一案双查”，对履行党风廉政建设责任不力的单位，坚决做到有责必问、有责必究，共查处失职渎职类案件 44 件，责任追究 44 人。强化纪委监督责任，全力支持纪检监察机关“转职能、转方式、转作风”，严格监督问责，加大对落实中央“八项规定”的监督检查，共查处违反廉洁自律、大操大办、公车私用等案件 11 起 11 人；加大对上班纪律的明察暗访力度，共查处违反上班纪律和会风会纪的案件 8 起 8 人。加大廉政警示教育，举办廉政警示教育培训班 80 期，受教育人数达 4000 余人次。加强纪检干部队伍建设，按照正人先正己，打造纪检铁军的要求，加强纪检干部日常管理，对纪律作风、工作业绩实行动态考核。

（四）强化基层组织建设，党的执政基础不断夯实。以开展“基层组织建设提升年”活动为抓手，重点做好四方面工作。一是认真做好农村“两委”换届工作。明确提出了“6 个 100%”的工作目标，认真落实“十种情况”不宜确定为候选人等新政策，对选情复杂的 44 个难点村，组织专门力量，因村施策，重点推进，375 个村全面完成了“两委”换届工作。二是着力提升基层党组织服务能力。在全县推广孙吉镇机关干部去向公示制，对 20 个软弱涣散村级党组织进行了集中整顿，建立了 25 个党代表工作室，组织 2000 余名县直机关党员开展了“志愿者在行动”主题实践活动，在全县非公企业创建了 1 个省级、4 个市级、20 个县级“双强六好”党组织。三是组织全覆盖。在农村探索出了“支部 + 协会”、“党员 + 协会”、“支部 + 合作社”等组织设置新模式；在非公企业和新社会组织，探索了 6 种党建模式，全县共建立非公企业党组织 76 个，新社会组织党组织 4 个，党工委 4 个，实现了全覆盖。四是稳步推进大学生村官分流工作。共分流 79 名，其中考录 60 名。

（史卫泽）

附：一、中共临猗县委书记、副书记、常委名单

书　记：赵惠民

副书记：李建刚　杨　混

常　委：仇红学　王功成　薛学农　张　猛　余　敏　牛永贵

二、乡镇（工贸区）党委书记名单

猗氏镇

书　记：廉　辉

牛杜镇

书　记：滑卫红

楚侯乡

书　记：李红阳

嵋阳镇

书　记：董学峰

庙上乡

书　记：钱　波

临晋镇

书　记：郝晓峰

七级镇

书　记：范海英

东张镇

书　记：王鹏君

角杯乡

书　记：王晋峰

孙吉镇

书　记：刘双胜

耽子镇

书　记：岳匡印

北辛乡

书　记：王世宏

卓里区

书　记：（暂缺）

闫家庄区

书　记：（暂缺）

北景乡

书　记：管振波

三管镇

书　记：景世军

中共稷山县委工作概况

县委书记　乔登州

稷山县位于山西省西南部，面积686.2平方公里，耕地面积57万亩。全县人口35.58万，辖5个镇(稷峰镇、西社镇、化峪镇、翟店镇、清河镇)、2个乡(蔡村乡、太阳乡)及1个社区办，共200个行政村。全县共有党员11775名，基层党组织565个，其中，党委12个、党总支21个、党支部532个，农村党员7758名，非公企业党员465名。

2014年，在省委省政府和市委市政府的正确领导下，县委团结带领全县干部群众，深入学习贯彻党的十八大、十八届三中、四中全会和习近平总书记系列重要讲话精神，一心一意谋发展，聚精会神抓党建，实现了党建工作和经济社会发展互促共进，迈出了建设幸福美丽稷山的坚实步伐。

一、深入学习贯彻中央、省市委精神，牢牢把握了正确的政治方向

县委始终把学习贯彻习近平总书记系列重要讲话精神和中央、省委、市委各项决策部署作为首要政治任务，坚持学以致用、用以促学，确保了各项工作沿着正确的轨道前行。

一是自觉学习贯彻。县委常委会带头学习，全年召开专题学习会议13次，组织中心组集体学习20次，重点学习了党的十八届四中全会、习近平总书记系列重要讲话精神和省委书记王儒林到山西履职以来的讲话精神以及市委市政府各项顶层设计新要求，统一了思想、增强了定力、坚定了信念，始终在思想上政治上行动上与中央、省市委保持高度一致。围绕学习十八届四中全会精神，县委第一时间召开常委(扩大)会和中心组学习会，及时传达、深刻领会，并结合实际抓紧制定推进法治稷山建设实施方案，使大会精神迅速贯彻落实；围绕省委开展的学习讨论落实活动，县委立即举办了科级以上干部专题研讨班，召开了专项治理整顿工作推进会，“净化政治生态，实现弊革风清，重塑山西形象，促进富民强省”成为全县干部群众的共同追求和自觉行动；围绕市委市政府各项顶层设计，县委认真学习、深入思考，并结合实际谋划和推进工业新型化、农业现代化和新型城镇化，使“三个方案”在稷山转化为生动实践。

二是牢牢把握方向。坚持把中央和省市委精神与稷山实际紧密结合，年初提出“加快四个建设、推进五化进程，打造稷王文化名城，建设幸福美丽稷山”的总体思路，有力引领了全县工作方向。面对经济新常态，县委始终保持政治定力、战略定力、实干定力，不摇摆、不犹豫，特别是在十二届四次全会上明确提出“七个更加注重”(更加注重落实市委“五大战略重点”、更加注重改革开放、更加注重生态文明建设和环境保护、更加注重项目建设、更加注重改善民生、更加注重提升党建科学化水平、更加注重作风转变)，使全县工作重点更加聚焦和明确。面对政治新常态，县委扭住作风建设和干部队伍中存在的“四风”问题，及时教育引导，把广大干部的心思和精力聚焦到亲百姓、重实干、守廉洁上。

二、扎实开展党的群众路线教育实践活动，认真落实了“为民务实清廉”的总体要求

县委把开展教育实践活动作为2014年最大的政治任务，紧紧围绕“为民务实清廉”总体要求，以严的标准、严的措施、严的纪律，精心组织实施。从3月6日正式启动到10月21日召开总结大会，稷山县三个层面压茬推进，较好完成了各项工作任务。

一是坚持教育先行、榜样引领。把理论经典学习、红色精神浸润、先进典型引领贯穿始终，狠补了干部精神之“钙”，筑

牢了思想根基，增强了宗旨意识。专门建立了资料室、阅览室；修缮并组织党员干部到西社马家沟革命政府遗址参观；举办了“人间正道——稷山百年奋斗之路”展览；县四套班子领导带头安下身、静下心原原本本研读中央规定书目，各活动单位班子集中学习时间平均达到15天以上；组织所有活动单位集体观看了《焦裕禄》等系列专题片；县委响亮提出了“向焦裕禄学习，做人民的儿子”的倡导。通过多种形式的学习教育，全县党员干部思想上普遍受到了一次深刻的党的群众路线教育，坚定了为民务实清廉的价值追求，增强了与以习近平为总书记的党中央保持高度一致的自觉性和坚定性。

二是坚持领导带头、以上率下。县委常委班子带头学习、带头剖析、带头整改。在“访知解”、“一走三谈五抓”等活动中，深入基层、深入群众，倾听民情民意、解决民忧民难；在专题民主生活会上，深刻反思问题，真刀真枪批评和自我批评；在整改落实中，牵头狠抓23项专项整治任务，解决了一大批群众反映强烈的问题。县四套班子、各级领导干部也都身先士卒、身体力行，一级做给一级看，一级带着一级干，形成了以上率下、整体联动、共同推进的生动局面。

三是坚持聚焦“四风”、边整边改。县委始终突出问题导向，重点针对党员干部作风上存在的“六种病症”（推诿病、恋旧病、高原病、冷漠病、浮躁病、享受病）下功夫整改，查办案件109件，给予严重警告以上处分55人，县委书记、副书记、组织部长、纪委书记专门与四个整改不积极、不到位的单位负责人进行了约谈。深入开展了“大走访、大排查、大调解”活动，在基层一线化解信访案件419件；深入开展了“吃拿卡要”专项治理，取消了31项前置审批手续，13家单位设立了便民咨询台；深入开展了对群众反映问题的整改，专门成立问题督办组，重点任务事对事督查、人对人督导，对问题进行及时动态跟踪督办。活动中群众反映的224件问题，办结208件，办结率90%。县委常委班子带头制定完善18项制度，促进了作风建设常态化长效化。

三、丰富和拓展“733”产业升级发展战略，县域经济保持了稳中有进的良好态势

县委始终坚持把加快经济发展作为富民强县的根本举措，面对经济下行压力不断加大的新形势，按照“六大发展”的总布局和市委、市政府的各项顶层设计，丰富和拓展了“733”产业升级发展战略，迎难而上，苦干实干，稳住了局面、找准了关键、取得了新成效。

一是突出园区化集群化发展，工业新型化迈出新步伐。①翟店、西社两大工业园区手续齐备、软硬件设施建设基本到位，为稷山经济转型发展搭建起了坚实平台。西社园区圆满完成市委重点考核的“10、30、10”目标任务，居民社区建设项目进展顺利；翟店园区被山西省出入境检验检疫局批准为全省首家“省级出口纸箱包装质量安全示范区”，投资1000万元的综合服务大楼投入使用。②项目建设全面加快。截止12月底，全县省市县考核重点项目完成投资45.33亿元，完成全年目标任务的101.19%。③招商引资收获硕果。全县招商引资到位资金43.2亿元，完成全年任务的100.45%。阳煤丰喜一期建设顺利，二期达成意向。重庆天圣制药、普罗维尔服装加工等一批新引进的好项目相继投产。翟店园区驻深圳招商引资联络处顺利运行，建起了稷山在发达地区招商又一个桥头堡。④帮扶企业成效明显。永恒工贸成功重组改制，东方公司继续做大做强，永东化工同国际接轨，主打产品炭黑打开日本市场，公司即将上市。

二是突出特色富民产业培育，农业现代化实现新突破。①全年粮食总产2.59亿公斤，达到历史最高值。②晋龙集团均和百万只蛋鸡养殖基地建成投产，公司蛋鸡饲料市场份额全国第一，全县蛋鸡存栏达到1000万只，评为全省养鸡重点县。③板枣面积达到15.3万亩，枣文化深度融合，被省农业厅和省旅游局确定为休闲农业和乡村旅游示范县。④双季槐面积达5万亩，9月5日全省现场会在稷山县成功召开。

三是突出“三宜”目标实现，新型城镇化有了新进展。①按照（宜居、宜业、宜游）“三宜”目标，着力实施大县城战略，城镇化率达到36.5%。②翟店、西社产城融合、产城同推，被评为全国重点小城镇。

四是突出造林绿化，城乡生态化取得新成效。①持续狠抓植树造林。全县森林覆盖率提高了1个百分点，继城北土山全面绿化之后，城南山头披上绿装。②排除一切干扰，强力推进节能减排。关闭环保不达标焦化企业5家，县城2级以上良好天数稳定在310天以上。

五是突出优势资源挖掘，文化旅游产业增添新亮点。①持续打造医疗卫生服务中心区。城东新区综合医院开工建设，全县医疗卫生服务业产值在去年1.8亿元的基础上达到2.3亿元。②成功启动大佛文化园建设项目，核心为“一阁一塔一园”文化景观建筑群，配套建设稷山麻花、饼子、灯笼、螺钿、仿古工艺、金刚石刀具等特色文化产业园。③积极实施全民创业工程，对电子商务等新兴产业大力支持，扶持开办网店100余家，月销售额将近1000万元。

经过全县上下的共同努力，2014年全年GDP完成72.9亿元，同比增长8.3%。规模以上工业增加值、固定资产投资、社会消费品零售总额、外贸出口总额、城镇居民人均可支配收入、农民人均纯收入等主要经济指标继续保持了两位数增长，经济总体上呈现稳中有进的良好态势。

四、统筹推进“三大建设”，全县形成了“和衷共济、团结奋进”的崭新局面

县委坚持统筹兼顾，在加快经济发展的同时，着力加强社会建设、文化建设和民主法治建设，努力凝聚全县人民建设幸福美丽稷山的强大合力，使改革发展成果更多惠及全县群众。

一是社会建设基础夯实。县财政用于民生方面的投入持续加大，达到9.7亿，增长6.8%。八件民生实事完成7件，稷王幼儿园投入使用，高考二本达线首超800人。县乡村社会管理三级中心逐步完善，“天眼”提升工程全面实施；开展了两轮政法干警“大走访、大调解、大督查”活动，走访群众

47022人,化解各类矛盾545件;开展了"平安稷山·雷霆1号"严打整治清查行动,查破刑事案件287起,查处治安案件916起;认真做好信访工作,妥善解决群众合理诉求;坚持"党政同责、一岗双责、齐抓共管",连续开展安全隐患大排查、大整改,安全生产形势持续稳定好转。稷山县被省综治委命名为省级平安县。

二是文化建设亮点纷呈。大力实施"戏曲惠民·欢乐百姓"工程,四馆一中心演出大戏50余场;民乐园、稷王文化广场、稷峰文化广场等基础设施公共文化服务水平不断提升;全县七个乡镇综合文化站规范运行,村级文化活动场所达到全覆盖;推出又一文艺精品力作——原创大型鼓舞剧《农祖稷风》,引起强烈反响;新编蒲剧历史剧《枣儿谣》正在彩排,即将与观众见面;积极培育践行社会主义核心价值观,在农村、社区、企业、学校和窗口单位中大力推广建立善行义举榜,将育英街打造成了社会主义核心价值观宣传教育一条街,为创建"省级文明和谐县城"打下了坚实基础。

三是民主法治建设全面加强。县委常委会支持人大及其常委会依法履行职能,县人大听取和审议"一府两院"专项工作报告12项,提出审议意见书10件,对多部法律法规实施情况进行了执法检查,依法作出决议、决定7项,开展了产业集群发展等专项视察调研8次;县委常委会围绕团结和民主两大主题,支持政协履行职能,组织委员对项目建设、城镇化建设、民生改善等重点工作开展视察。特别是面向稷山籍在外成功人士加大招商引资力度,成功组织了北京招商引资及项目洽谈会。切实加强党对法治稷山建设的领导,积极组织制定《法治稷山建设实施方案》,深入开展了"六五"普法、"法律进农村"等法制宣传教育活动。切实加强对群团工作的领导,工会、共青团、妇联、宗教、对台等工作取得新进展。同时,坚持党管武装原则,国防后备力量建设水平稳步提升,双拥共建工作成效显著。人口、计生、科技等工作蓬勃开展。

五、认真落实从严治党责任,营造了风清气正的政治生态

县委始终牢记党要管党、从严治党的职责,扎实推进党建工作。

一是村"两委"换届工作圆满完成。县委对村"两委"换届工作高度重视,年初在党建工作观摩会上就进行了安排部署;党的群众路线教育实践活动中,又进行了专题调研;换届工作开始后,县级领导、各乡镇、县直各单位充分发挥各自作用,按照"依法、有序、提质、高效"的总体要求,严格程序、严格把关,确保了全县200个村村"两委"换届工作圆满完成。换届前后,县委两次以"村官讲习所"为阵地,按照"五学、五有、五新"的总要求,对村"两委"干部进行了全面培训,取得了较好效果。

二是基层基础进一步夯实。实施了农村干部"备选管育"工程,选优确定农村后备干部682名,查处农村违纪党员干部55人,对10个软弱涣散农村党支部进行了整顿;积极开展了党代表工作室工作,全县建立党代表工作室11个,858名党代表入驻开展活动,接待群众209人,解决问题107个,走访调研16次;200个农村党支部集中开展了"三定一树"承诺践诺活动,办理为民实事930件。

三是党风廉政建设不断加强。县委认真履行党风廉政建设主体责任,①管思想。凡是县委、县政府召开的重要会议必讲党风廉政,组织全县各级党组织进行廉政警示教育101期,涉及党员干部7000余人次。召开了全县落实党风廉政建设"两个责任"工作千人大会,邀请专家专题解读十八大以来中央党风廉政新规,使党员干部受警醒、明底线、知敬畏。②管日常。根据市委、市政府下发的整治"四风"问题系列整改制度,研究制订了《关于进一步从严管理干部的实施意见》、《党政领导干部请销假制度》、《党政机关公务接待制度》等18项规章制度,进一步明确了干部日常行为规范。③管权力。注重运用法治思维和法治方式推动发展、化解矛盾、维护稳定,确保党员领导干部依法行政、依法用权。已经在46个重点单位建立了权力清单和权力运行规范,努力做到清单之外无权力,权力运行全规范。④管纪律。坚持以"零容忍"态度查处腐败案件,全年共计立查案件109件,处理党员干部144人,其中乡科级干部25人。

(侯俊峰)

附:一、中共稷山县委书记、副书记、常委名单

书　记:乔登州

副书记:李亚丽(女)　尚国桦

常　委:赵永刚　费克仁　王　钊　孙　斌
　　　　姜存师　王建武　兰金锁

二、乡镇党委书记名单

稷峰镇

书　记:董武云

太阳乡

书　记:梁永林

化峪镇

书　记:梁永明

翟店镇

书　记:郝　冰(女)

清河镇

书　记:赵　鹏

蔡村乡

书　记:张国兴

西社镇

书　记:付红安

中共芮城县委工作概况

县委书记　董旭光

芮城县是山西省的南大门，地处晋、秦、豫三省交界处。全县辖7镇3乡，172个建制村(其中11个行政村划归风陵渡开发区管理)，39.4万人口，其中农业人口28.9万。国土面积1176平方公里，折合176万亩，其中耕地面积90万亩(含河滩地15万亩)。全县(不含风陵渡开发区)共有党员14783名，其中农村党员8858名；基层党组织529个，其中党委18个，党总支22个，党支部489个。

芮城历史悠久、文化厚重，是中华民族最早的发祥地之一。全县文物拥有量在全国县(市、区)中名列前茅，共有各类重点文保单位245处，其中国保单位12处，市保单位1处，堪称"黄河文明的遗址公园"。

芮城天蓝水碧、空气清新，是宜居宜业的生态乐园。2007年以来先后获得"国家级生态示范区""中国最佳休闲旅游县""中国绿色名县""中国生态文明先进县""中国书法之乡"等荣誉称号，2013年被授予全省首批"省级生态县"，2014年7月22日获批为首批国家生态文明先行示范区。

2014年，芮城县委认真贯彻落实习近平总书记系列重要讲话精神，以"三个方案"为引领(《主攻产业园区化发展集群化招商工作方案》《推进农业现代化实施方案》《推进新型城镇化实施方案》)，紧紧抓住建设国家生态文明先行示范区的战略机遇，以党的群众路线教育实践活动和学习讨论落实活动为契机，凝心聚力、扎实苦干，谱写了芮城经济社会科学发展、跨越发展、和谐发展的崭新篇章。

一、深入学习宣传贯彻习近平总书记系列重要讲话精神，进一步强化理论武装，坚定理想信念

县委坚持把学习贯彻习近平总书记系列重要讲话精神作为重要政治任务，通过精心组织安排，学习活动层层推进、扎实展开。一是领导示范学，全县29名副县级以上干部以身作则，带头坚持不懈学习习近平总书记重要讲话精神，带头登台讲课，助推了全县学习活动的扎实开展。二是中心组引领学，以中心组学习为引领，精心确定学习内容，全年中心组共开展学习20次，中心组成员人均写学习笔记5万余字，开展交流讨论12次以上，撰写心得体会、调研文章60余篇。10个乡镇及时跟进，全年开展中心组学习都在15次以上。三是聘请专家辅导学，先后举办了5期"古魏大讲堂"，聘请5名知名学者教授对习近平总书记讲话精神进行深入透彻的解读，共计5000余人次党员干部聆听了报告，强化了对习近平总书记讲话精神实质内涵的理解把握。四是集中培训学，先后举办了5期不同主体的干部轮训班，919名领导干部接受了培训，实现了培训的"全覆盖"。通过广泛深入的学习，全县干部进一步把思想行动统一到了习近平总书记系列重要讲话精神上，补足了精神之钙，筑牢了理想信念的根基，坚定了走中国特色社会主义道路的信心和决心。

二、扎实开展党的群众路线教育实践活动和学习讨论落实活动，干部队伍作风明显好转

县委将党的群众路线教育实践活动作为转变作风的有力抓手，周密部署、严格督导、扎实推进。全县各级领导班子深入到农村社区、重点项目联系点等，征求意见9000余条，征集群众困难问题3286个，已解决问题3253个；查处违反八项规定问题45个，通报典型案件139起，涉及副科以上干部4人。全县建立健全制度规定1163个，其中县委制定完善制度22项，构建起了作风建设长效机制。

从严从实组织开展学习讨论落实活动。县委常委带头示范，带动全县扎实开展学习讨论，开展专题党课辅导210余次，举办了为期3天的县管主要领导干部专题研讨班，5名县级领导干部登台授课。县委查摆出县委常委班子在落实"两个责任"、干部选拔任用等6方面15个突出问题，3次召开常委会，采取8方面整改措施从实整改。扎实开展33项专项整治，查处违纪案件69件，给予党纪政纪处分96人，切实维护了群众利益。

三、以"三个方案"为引领，狠抓招商引资和项目建设，县域经济发展实力不断增强

按照实施"三个方案"的工作要求，县委以招商引资和项目建设为抓手，统筹推进县域经济发展。

"国家生态文明先行示范区"成功获批。县委立足芮城生态文明建设实践和探索，把争取国家生态文明先行示范区作为2014年的"一号工程"安排部署，集中精力，全力以赴，经过近一年的努力，2014年7月22日成功获批，成为全国首批57个获批县份之一。这标志着生态文明发展战略由县级层面上升到了国家层面，标志着芮城生态文明建设站在了一个新的历史起点上，确定国家生态文明先行示范区建设为今后五年工作的总纲和总抓手，走生态文明发展之路的信心和决心更加坚定。

主攻产业集群发展势头强劲。按照园区化发展、集群化招商的工作思路，抓大扶小，加快现代医药产业集群化发展。在亚宝、宏光等现代医药龙头企业的带动下，全年园区共实施医药产业集群项目12个，总投资30.3亿元，完成投资

10.1亿元,实现工业总产值30亿元,同比增长74.4%,其中现代医药产业集群完成工业总产值20.2亿元,同比增长124%。大力扶持本土中小微企业发展壮大,全年新增规模企业2家,培育小巨人企业1个,孵化小微企业156户。

农业现代化发展思路清晰成绩喜人。编制完成了《芮城县现代农业发展与项目规划》。全县一村一品专业村达97个,直接带动农民增收9800万元。农业产业化龙头企业集群不断壮大,温氏集团种猪场及总部建设有序推进,天之润枣业带动作用进一步增强。苹果提质增效、设施蔬菜和干果经济林建设三大富民工程加速推进。实施了马崖电灌站节水改造、学张乡椒树沟流域综合治理等农业基础设施建设工程,农业生产条件进一步改善。全县粮食总产量达3.494亿公斤,实现"十一连增",连续4年获得"全国产粮大县"殊荣。

新型城镇化发展步伐不断加快。统筹推进大县城、小城镇、新农村三位一体协调发展,城镇化率达到46.33%。一级路连接线绿化工程圆满完成,中条山隧道顺利贯通,运宝黄河大桥全面开工。编制完成了《芮城县控制性详细规划》《芮城县县域排水专项规划》等6个规划,实施了总投资29.4亿元的9项市政重点工程,完成了9条城市道路改造、给排水和绿化亮化工程。"四城联创"扎实开展,划行规市稳步推进。

城乡生态建设成效明显。围绕四大绿化主战场,新增造林面积2.88万亩,全县林木覆盖率由2013年的43%提升到44.8%。完成了7条道路8523米的道路绿化工程,新增绿化面积38.27万平方米,城市绿化覆盖率达到39.1%,绿地率35.3%,人均公园绿地面积达10.52平方米。乡村清洁工程扎实推进,全县54个村实现了垃圾统一收集、清运和处置,农村人居环境进一步改善。

文化旅游产业发展提速加力。启动了永乐宫壁画临摹研究基地建设,前期规划和招商工作进展顺利。以"永乐宫搬迁50周年"为主题,成功举办了山西(芮城)永乐宫第七届书画艺术节。景区建设加速推进。全年共接待游客274.4万人,同比增长14%,旅游总收入20.2亿元,同比增长18%。

经过全县上下不懈努力,全年县内生产总值完成76.19亿元,可比增长6.9%;财政总收入全县完成6.68亿元,同比增长30.3%;公共财政预算收入全县完成2.36亿元,同比增长26.8%;规模以上工业增加值完成14.8亿元,可比增长11.1%;固定资产投资总额完成69.79亿元,同比增长35.4%;社会消费品零售总额完成27.97亿元,同比增长15.6%;城镇居民人均可支配收入完成22807元,同比增长8.8%;农民人均可支配收入完成8605元,同比增长11.6%;县内外贸进出口总额完成351万美元,超额完成全年目标任务;各项约束性指标均在限定范围内。

四、坚持发扬民主推进依法治县,不断加强社会主义民主政治和法治建设

积极支持县人大、县政协围绕全县中心工作依法履行职能。一年来,县人大认真听取和审议了11项专题报告,开展了6次专题调研,对2项整改情况进行了跟踪检查,依法履职能力不断提高。县政协开展了4次专题调研,向10个政府职能部门派驻民主监督组,参政议政水平不断提高。统战部门积极组织各界人士为经济社会发展建言献策,认真落实宗教、民族、对台和侨务政策。坚持党管武装,深化军民融合发展。积极发挥群团组织联系群众的桥梁纽带作用,引导广大人民群众积极投身国家生态文明先行示范区建设。加快推进法治芮城建设,认真学习贯彻十八届四中全会精神,制定了《中共芮城县委关于贯彻落实十八届四中全会精神加快推进法治芮城建设的实施意见》,扎实推进"六五"普法宣传教育,开展宪法宣传日和法律"六进"活动,在全县掀起尊法学法守法用法热潮;开展"法制大讲堂"讲座,提高广大干部依法行政能力。

五、加强社会主义核心价值观教育,营造干事创业的良好氛围

舆论宣传引导有力。《中条山隧道顺利贯通》等3个新闻片相继在中央电视台、央视书画频道播出,两次在《山西日报》专版对生态文明建设生动实践进行了专题报道,扩大了芮城的对外开放度和影响力。舆情监管处置及时有效。不断加大新闻监管力度,加强芮城网门户建设,及时掌握并报告网上舆情动态,妥善处置苗头性、倾向性问题,有力地维护了芮城的良好形象。精神文明建设卓有成效。开展了"道德讲堂""传承国学,经典诵读"和"善行义举榜"等活动。深入推进精神文明创建活动,被山西省精神文明建设指导委员会授予"山西省创建文明县城工作先进县"称号。人民群众精神文化生活不断丰富。举办了第二届广场文化活动展演,星光合唱团获全市职工合唱大赛金奖,山西省第九届"三晋之春"合唱大赛铜奖。老干部艺术团组织演出30余场。全年送戏下乡162场次,累计放映优秀公益电影2286场次。

六、坚持民生为本,努力提高人民生活幸福指数

扎实推进为民实事。全年民生支出达16.04亿元,占财政总支出的78.8%。"十件为民实事"扎实推进。制定出台了贫困群众、弱势群体帮扶救助长效机制,逐步解决偏远山区困难群众、弱势群体出行等具体问题。社会保障水平不断提升。教育教学成绩全市领先。各类保险均超额完成市定目标任务,城乡低保实现"应保尽保"。城镇登记失业率控制在2.16%以内,低于省、市要求的4%水平。社会和谐稳定大局不断巩固。不断加大信访案件排查化解力度,全年共排查矛盾纠纷309起,办结率100%。强化安全生产责任落实和食品安全监管,开展了系列专项严打行动,群众幸福指数不断提升。

七、坚持党要管党从严治党,不断形成党建工作新常态

把党建作为最大的政治,把抓好党建作为最大的政绩,严格落实管党治党责任。

坚持从严管理干部，建设务实干事的干部队伍。认真学习贯彻新修订的《党政领导干部选拔任用工作条例》，坚持“三个倾斜”和“好班子产生好干部，好干部来自好班子”用人导向不动摇，研究调整干部1批次，涉及科级干部51人，没有不良社会反响。严肃开展了领导干部在企业协会兼职、编外用人、“吃空饷”、组织人事纪律涣散等专项整治，清理辞退72人，其中“吃空饷”涉及28个单位56人，对在试用期间违纪的3名干部进行了免职，进一步强化了干部队伍管理。

严格落实主体责任，不断改进干部队伍作风。严格落实党委主体责任，先后6次召开常委会专题研究党风廉政建设和反腐败工作，强化工作推进。对党风廉政建设责任进行了细化分解，层层签订责任书，进一步明确了目标任务。班子成员带头严格落实“一岗双责”，各党（工）委书记严格履行党风廉政建设“第一责任人”职责，形成了齐抓共管的工作格局。积极支持纪委聚焦“主业”，扎实履行监督职责，全年共立案121件，结案119件，给予党纪政纪处分186人。

扎实开展“基层组织提升年”活动，不断强化基层党建。建立健全了“制度化引领，项目化创建”党建工作机制，明确了8项巩固基层党建和党员队伍建设任务，开展了“亮起来、热起来、映起来”和“谈心谈话”活动，按照“三个明确”要求，认真做好“联述联评联考”工作，狠抓基层党建工作责任落实。严肃认真推动村“两委”换届工作。大学生村官管理工作荣获全省先进单位称号。全面推广学习古魏镇西关村“民主决策代表”管理模式，扩大基层民主。

（杨乔昆）

附：一、中共芮城县委书记、副书记、常委名单

书　记：董旭光

副书记：贾国平　罗宏伟

常　委：姚广升　张建军　赵自成　孟　力　王红梅（女）　杨建庭　贠林安（3月任职）

二、乡镇党委书记名单

陌南镇

书　记：杜步奇

西陌镇

书　记：张振江

东垆乡

书　记：李　轩

南卫乡

书　记：赵创国

古魏镇

书　记：张　波

学张乡

书　记：张云鹏

大王镇

书　记：王旭鹏

永乐镇

书　记：薛红阳（女）

阳城镇

书　记：王江荣

风陵渡镇

书　记：张健丰

中共绛县县委工作概况

县委书记　卫再学

绛县史称古绛，位于山西省南部、运城市东北端，全县辖10个乡镇，198个行政村，30万人口，设基层党委12个，党总支15个，党支部451个，党员11521名。2014年县委按照“党建创新与强县富民深度融合”的工作思路，在新形势下进一步增强了党组织的战斗堡垒作用。

一、以党的群众路线教育实践活动为契机，进一步提升了党建工作高度

绛县县委始终把学习贯彻落实党的十八届三中、四中全会和习近平总书记系列重要讲话作为重大政治任务，结合党的群众路线教育实践活动，通过中心组学习、专家辅导等方式，强化理论武装，指导工作实践。在全力抓好学习教育、听取意见，查摆问题、开展批评，整改落实、建章立制这三个环节的基础上，注重突出绛县特色，认真抓好党员信仰建设，为党员补钙，确保活动取得实实在在的成效。一是开展了“书记讲党课、党校老师讲理论、优秀党员讲事迹、一线党员讲体会”“四讲”活动。共组织各类讲座940余次。举办了群众路线教育主题演讲比赛。请县委书记等领导为基层党组织书记讲党课，先后对基层党组织书记进行两次集中培训。特别是邀请右玉县原政协主席王德功、武乡县八路军太行纪念馆宣教部主任田悦慧分别作报告，讲解原汁原味的右玉精神和太行精神。二是树立先进典型，用身边事教育身边人。在县电视台开设了《为民务实清廉》主题专栏，将全县各活动参与单位的典型做法进行专题报道。同时，树立了“绛县联系服务群众十大标兵党员”，以县委名义进行了隆重表彰，为每名标兵党员精心拍摄制作了专题宣传片，利用县电视台、涑源报、绛县党建网、微信、绛县电影院广场大屏幕等多种宣传方式，进行大力

宣传，让大家可信服、学得来、受鼓舞。三是在农村党组织和党员中开展“移风易俗树新风”主题党日活动。对活动中的先进典型做法进行宣传，并推广卫庄镇睢村红白理事会关于丧葬嫁娶的村规民约，在党员干部群众中传播正能量。四是强化机关干部作风建设，深入创新机关党建。推行首局负责制、挂牌上岗制、AB角工作制、首问责任制、限时办结制等五项制度改革，受到了央视《新闻联播》、新华社的肯定性报道，得到了各界好评。

二、结合基层组织提升年活动，进一步夯实了党建工作基础

一是开展农村领头雁培训工作。重点从党的十八届三中全会精神、农村社会管理、推进土地流转和城镇化建设以及农村党风廉政建设等相关知识进行了培训。二是组织开展志愿服务活动。组织县四大班子领导集体赴郝家窑村蔬菜基地参加农田劳作，带动全县在职党员到社区报到，先后开展各类志愿服务1600余次。横水镇26名大学生村官成立了义务服务小分队，进村入户帮助群众夏收、扶贫济困、关爱弱势群体，在服务中宣讲政策、传信息、解难题、办实事。三是加强党代表工作室建设。建立起13个党代表工作室，各活动室采取召开民情恳谈会、集中调研、设立接待日等方式开展活动。四是强化农村两委干部目标管理。通过实施基层党组织“创星晋位”管理机制，有效向“两委”班子传导压力，不断提升村干部公信力和群众幸福指数。年初组织农村“两委”定目标，公开承诺。村主干每季度向乡镇党委一汇报，每半年一检查，年底综合考评。五是开展村“两委”换届和软弱涣散村级组织整顿转化工作。通过组织乡村干部广泛开展入户走访调研活动，普遍开展谈心谈话活动，摸清村干部思想动态、提前化解群众矛盾纠纷。在全县推行东关村抓党建“坚持每周集中学习不放松、坚持村内事务集体决策、坚持村务财务公开、坚持村组干部长期稳定”四条经验，促进13个软弱涣散村级党组织全部实现转化升级，严格换届工作程序。六是继续强化农村党建，注重将党建优势转化为产业优势。继续组织开展“调产富民大讨论、助农增收再动员”活动。对农村党支部进行分类，组织产业相同村的负责人一起交流经验，外出学习。推行农村党建“两树两带”工作法，即树立农村党员模范典型，带动“一村一品”产业规模发展；树立农村党组织办实事形象，带动目标承诺落实兑现。七是认真抓好各项基础性、日常性的党建工作。开展了全县乡镇党委、工委书记履行基层党建工作责任专项述职评议、推进大学生村官有序流动、发展党员、党费收缴、国庆节前慰问老党员和生活困难党员、推进农业现代化流动课堂及农村离任“两委”主干生活补贴对象摸底审核等工作，取得了明显成效。

三、大力加强以保障和改善民生为重点的社会建设，进一步落实了党建工作成效

民生好坏是检验党建工作好坏的试金石，一切工作的落脚点都应该体现在改善民生上。绛县县委自觉把保障和改善民生作为一切工作的出发点和落脚点，不断加强和创新社会治理，让人民群众共享发展成果。

一是突出抓好教育医疗事业，弥补工作短板。稳定师资队伍，要求各单位不得从教育上借调人员，党的群众路线教育实践活动开展后，县委办、政府办率先退回5名借调教师，全县各单位共退回17名借调教师。设立了高中教育和一线教师奖励“两个一百万”专项扶持资金，人大教育基金会拿出30万元对60名农村一线优秀教师进行了奖励。改扩建3所农村幼儿园，启动了教育园区前期准备工作。对1140对计划怀孕夫妇开展了免费优生健康检查。投入使用了县医院门诊大楼，与北京301医院建立了远程会诊，实现了“小病不出县，大病有远程。”

二是保障困难群体生产生活，守住民生底线。改造城市和林区棚户区301套，改造农村危房1543户。2293户城市低保户、3687户农村低保户和1074名“五保”对象应保尽保，优抚待遇全部落实。养老保险和医疗保险实现全民覆盖。城镇登记失业率控制在2%以内。异地搬迁农村贫困人口1081人。为9名家庭困难的心脏病患者实施了免费手术。对全县101名参加过抗日战争、解放战争和抗美援朝的老兵进行摸底，在国家补贴的基础上，县财政再给予一定的补助，把党和政府的温暖一分不少地给予他们。对全县建筑市场进行了规范整治，解决房地产企业拖欠农民工工资现金280万元，达成支付协议800余万元。

三是积极创新社会治理，营造和谐风气。在全县建立起无缝隙覆盖的“网格化”社会管理体系，新增、更换了320个高清摄像头和900个普通探头，全县天眼工程监控探头达10000余个，实现了县乡村三级公共场所全覆盖。实施“一村一警”工作，组织政法干警驻村办公，化解各类矛盾。毫不放松抓好安全生产，建立起“责任明确、措施得力、制度具体、执行到位”的工作体系，保持了工矿商贸领域“零事故”、“零死亡”，道路交通、食品药品、森林防火、防汛等领域的安全生产形式稳步向好。开展了第二届道德模范评选表彰，发布了“文明节俭办婚事、树立时尚新婚俗”倡议，由农村党支部牵头，规范红白喜事办事规模和彩礼金额，积极营造文明和谐的社会风气。

四、坚持党要管党、从严治党，进一步加强了党风廉政建设

绛县县委以抓铁有痕的力度，围绕“守住底线、用好干部、干成事情、不出事情”四句话，牢牢把握“严、廉、干”三个字，从严治党，把廉政作为干事底线，以抓铁有痕的力度从严治党、铁腕治吏，使全县党员干部作风焕然一新。切实履行党风廉政建设主体责任，定期召开常委会专题研究党风廉政和反腐败工作。开启全天候的探照灯，大力破除“四风”。大幅度压缩合并各种会议，定人限量公务接待。全年因公出国（境）同比下降10%，公务接待费同比下降14%，公车运行维护费同比下降7.4%，“三公”经费同比下降13.7%。清理封存超标、超编公车30辆，收回调离和退二线领导用车11辆。加大

吃空饷整治力度，受理自愿辞职25人，辞退14人。用“硬刀子”治廉，果断除烂树、拔病树，迅速形成正风肃纪、铁腕治吏高压态势。2014年，共立案查办违纪案件168件，查结157件，给予党政纪处分178人，其中重处分21人；涉及乡科级干部35人，重处分6人，起到了处理一批、警醒一片、廉洁一方的初步效果。全县党员干部作风进一步好转，干事创业热情得到全面激发。

（郅海军）

附：一、中共绛县县委书记、副书记、常委名单

书　记：卫再学

副书记：秦志洲

常　委：丁　格　闫晓刚　邵建设　孙　晓　李希平　陈　军

二、乡镇党委书记名单

古绛镇

书　记：徐凌杰

陈村镇

书　记：张宏旗

大交镇

书　记：赵仙萍（女）

南樊镇

书　记：侯晓东

安峪镇

书　记：樊军民

横水镇

书　记：赵军强

郝庄乡

书　记：陈刚武

冷口乡

书　记：盖忠良

磨里镇

书　记：王　泰

卫庄镇

书　记：马春海

中共万荣县委工作概况

县委书记　李尧林

万荣县共有22个党委、11个党总支、561个党支部，16014名党员，占全县人口总数的3.56%。其中农村党支部281个，党员11284名，占党员总数的70.46%。2014年新发展党员271名。

2014年，在省委的正确领导下，县委深入学习贯彻党的十八届三中、四中全会和习近平总书记系列重要讲话精神，以开展教育实践活动和“学习讨论落实”活动为动力，以工程项目为载体，奋力拼搏、扎实苦干，推动了各项工作稳步前进。

一、坚持从严治党，大力刷新吏治，不断提升党建工作科学化水平

一是落实两个责任，狠抓党风廉政建设。认真履行主体责任，县委常委会14次召开专题会议，传达学习中央及省、市党风廉政建设有关会议精神，6次听取纪委工作汇报，研究典型违纪违法案件；研究出台了“两个责任”的落实意见及“工作清单”，为全县党风廉政建设工作，做出制度性安排；推行“县级领导包联党建工作制度”，促进履行“一岗双责”；县乡村三级逐级开展履行基层党建工作责任专项述职，一级抓一级、层层抓落实，用“责任归位”促进“责任到位”。全力支持纪检监察机关“转职能、转方式、转作风”，将县纪委监察局牵头或参与的议事协调机构由81个精简到7个，精简幅度达91.3%；在分解重点项目工作时，不再安排纪检监察机关的同志参与，保障纪检监察机关聚焦主业、监督执纪问责。全年查结各类违纪案件89件，给予党政纪处分119人。

二是建设智慧平台，着力规范权力运行。积极落实省委“六权治本”要求，探索实施了“智慧政务”项目，首批入驻的33家单位，共搭建“固定资产投资服务、企业注册登记服务、车辆和驾驶人项目服务、公共事项服务”等4类平台，创建办事窗口64个，确定了集中办理事项212项，采取“一口受理、联合办理、统一收费、闭环运行”的模式，通过“制度＋技术”、“作风＋监管”，杜绝暗箱操作、场外交易。同时，规范公共资源交易行为，2014年共完成各类交易224项，交易总额31.6亿元，节约资金2572.7万元，增值资金602万元。

三是加强监督管理，锻造过硬干部队伍。严格执行请示报告制度，县级领导干部实行了周报告工作制度；狠抓日常

工作纪律,深入开展了会议纪律、“吃空饷”、应急值班等专项检查,对县人代会期间违反会场纪律的4名正科级干部,给予党纪政纪处分,对国庆节期间值班不在岗的7名工作人员,给予行政警告处分,对长期旷工不上班的2名副科级干部,给予开除党籍、行政撤职处分。

四是突出固本强基,打造坚强战斗堡垒。整顿了19个软弱涣散基层党组织;评选出“十星级”党组织14个、红旗党员1405人;成功创建“全国文明单位”1家;树立先进企业党支部8家;圆满完成“两委”换届任务,全县281个村,共选配“两委”干部1716人,主干人数527人,“一肩挑”35人。村级班子的知识结构、年龄结构得到优化。

二、坚持问题导向,发扬认真精神,扎实开展教育实践活动和“学习讨论落实”活动

一是精心谋划,扎实推进。教育实践活动中,在严格作好规定动作的同时,立足县情,提出“治吏、致富”两大目标,确定了“三包四联五知六帮”自选动作,全县党员干部与80个困难村、3000多名困难群众结成对子,帮助完善了“一村一品”发展规划,兴办民生实事300余件,解决难题1000余个。“学习讨论落实”活动中,谋划提出了6个方面、23项任务、54项成果要求,着力营建以“讲政治、守规矩;讲学习、善创新;讲团结、重合作;讲实干、能担当;讲廉洁、扬正气”为主要特征的“五讲”政治生态。截止2014年年底,已开展了专题培训、“面对新常态,我们怎么办”大讨论,有效找准了问题和症结,明确了整改提高的思路和方向。

二是狠抓整改,务求实效。教育实践活动中,全县各类文件同比下降21%、会议同比减少35%;共查处“吃拿卡要”案件21起、处理违纪人员25人;“公款吃喝”现象得到遏制,“三公”经费开支同比下降15%;公务用车、公务接待更加严格。“学习讨论落实”活动中,扎实推进“行政审批违规、权力寻租、陈规陋习问题”等31项专项整治。

三是着眼长远,建章立制。教育实践活动中,出台了《县委常委会议事规则》《公务接待管理办法》等38项制度,清理废除制度105个,建立健全制度1186个。“学习讨论落实”活动中,出台了落实党风廉政建设“两个责任”的意见,制定了《实施“六权治本”、推动“六大发展”的实施方案》等制度,着力推动作风建设和反腐倡廉建设经常化、制度化、规范化。

三、坚持三产协调,大干工程项目,加快推进经济社会发展

全年共铺开省、市、县重点项目61项,完成投资48.2亿元,同比增长25.9%,进一步夯实了经济社会发展基础。

一是有机农业深入推进。认证有机生产企业2家、有机农产品4种,有机认证面积达到7000亩,有机转换认证面积5万亩;苹果量价齐涨,总产量7.66亿公斤,增长14.3%;优质苹果价格突破8元/公斤,单价涨幅14%,带动果农直接增收10%。共向海外高端市场出口优质苹果5000吨,其中,全国出口澳大利亚的优质苹果,四成来自万荣。

二是工业集群加快壮大。围绕农副产品加工主攻产业,签约了投资200亿元的生态光伏产业园、投资20亿元的汇源“快速消费品物流集散中心”等项目;新上了投资18.8亿元的纺织服装产业园、投资1亿元的朗致双人药业口服制剂、投资6.8亿元的晟光新能源等13个项目;2014年底,全县农副产品加工主攻产业实现产值19.8亿元,占规模以上工业总产值的42.6%。

三是城市品位不断提升。建成了6条县城街路,铺开了8个住宅小区建设;投资8000余万元,建成集中供热热源站,县城居民取暖问题得到进一步解决;投资3500万元,实施了县城防洪一期工程;城北公园、城市公园基本完工;完成荒山绿化1万亩、南坡绿化3500亩、城郊造林3000亩、通道绿化30公里;实施了美特好超市、汽修建材市场等20多个产业项目。

四是旅游产业健康发展。签约了投资31亿元李家大院民族文化产业园项目,建成了运城市首个“智慧旅游”平台;实施了后土祠修缮工程;修建了董永传说陈列馆,成为“山西省孝文化研究基地”;修缮了薛瑄家庙、薛瑄故居,申请建立市级廉政警示教育点;飞云楼主体、万泉文庙修缮基本完成。2014年,全县共接待游客160万人次,门票直接收入1542万元,旅游综合收入达到4076万元。

五是民生问题持续改善。投资1亿元,建成了实验小学、幼儿园等3所学校;建成县中医院门诊大楼、18个农村卫生室、5个乡镇卫生院业务用房,改善了城乡医疗设施;医疗卫生和计生工作取得新发展,被评为“全国基层中医药工作先进单位”、“全国计划生育优质服务先进县”、“省级慢性病综合防控示范区”;投资1800万元,实施了乡镇养老院、农村社区日间照料中心等民生项目;北赵引黄等水利工程扎实推进,全县新增农田灌溉面积10万亩,水浇地达到58万亩;完成高标准农田建设2万亩;新开工保障性住房428套,竣工909套;改造农村危房1027户,建成移民新房356户;城镇新增就业人员4033人,农村劳动力转移就业5418人。全年全县用于民生的财政投资达到12.8亿元,占公共财政预算支出的82%。

四、坚持法治引领,推进平安建设,社会治理创新发展

制定出台了《加快推进法治万荣建设实施方案》,以“法律六进”活动为载体,在全社会开展法治宣传300余场次,并将公职人员法律知识考试纳入“六五”规划,初步形成了全民尊法、学法、用法、守法的良好氛围;强化法律服务,累计为企业追回货款800余万元,法治万荣建设深入推进;扎实开展了“信访稳定攻坚战”、“双百活动”等工作,省市督办的14件重点案件和15件自排案件,结案率100%,实现了十八届四中全会、APEC会议等重大节点赴省进京“零上访”;扎实推进“天眼工程”,安装监控探头10931个,建设平台975个,立查刑事案件763起,查处治安案件1725起,“平安万荣”建设取得新进展;深入开展重点行业领域安全生产专项整治、交

通安全隐患大排查、食品安全专项整治和百日安全生产活动，被评为运城市“安全生产先进县”。

在抓好以上工作的同时，全面支持县人大、县政协依法履职履责；全面加强民族、宗教和新社会阶层等各领域的统战工作；充分发挥工青妇等群团组织桥梁纽带作用；持续推进国防后备力量建设，全县上下政通人和、风清气正，呈现出转型加快、发展向好的良好局面。

2014 年，全县地区生产总值完成 61.7 亿元，同比增长 8.7%；财政总收入完成 32039 万元，同比增长 17%；公共财政预算收入完成 13509 万元，同比增长 34%；规模以上工业增加值完成 9.88 亿元，同比增长 15.7%；固定资产投资完成 68.1 亿元，同比增长 25.3%；社会消费品零售总额完成 27.3 亿元，同比增长 14.9%；城镇居民人均可支配收入完成 19528 元，同比增长 8.3%；农民人均纯收入完成 7098 元，同比增长 10.8%，主要经济指标保持了平稳较快发展。

（姚东杰　黄黎阳）

附：一、中共万荣县委书记、副书记、常委名单

书　记：李尧林

副书记：李彩兰（女）

常　委：李　峰　李耀宗　刘政光　卫增辉　李鹏凯　谢　澎　刘卫东

二、乡镇党委书记名单

解店镇

书　记：裴玉斌（1 月离职）史旭强（1 月任职）

西村乡

书　记：张华峰

里望乡

书　记：丁文玲（女）

通化镇

书　记：胡慎英

南张乡

书　记：卫晋生

裴庄乡

书　记：徐晓凯

光华乡

书　记：杨晓凯

荣河镇

书　记：解胜刚

万泉乡

书　记：范炎森

高村乡

书　记：闫志宏

贾村乡

副书记：黄　峰（主持工作）

王显乡

书　记：王肖龙

汉薛镇

书　记：李明凯

皇甫乡

书　记：孙红伟

中共垣曲县委工作概况

县委书记　史　凯

2014 年，在省委、省政府和市委市政府的坚强领导下，县委认真落实“六大发展”总体部署，立足垣曲实际，发挥比较优势，全力实施“六三”战略，美丽舜乡、生态垣曲建设稳步推进。全县地区生产总值完成 47.7 亿元，同比增长 11.2%；规模以上工业增加值完成 22.77 亿元，增长 20.2%；固定资产投资总额完成 52 亿元，增长 27.9%；社会消费品零售总额完成 20.7 亿元，增长 15.5%；财政总收入完成 4.68 亿元，增长 39.4%；公共财政预算收入完成 2.07 亿元，增长 44.4%；外贸进出口总额完成 4.24 亿美元，增长 128%；城镇居民人均可支配收入完成 20266 元，增长 8.7%；农村居民人均可支配收入完成 5342 元，增长 10.8%。主要经济指标均实现了两位数以上增长，地区生产总值、规模以上工业增加值和外贸进出口总额三项指标增速排名全市第一。

全县共有基层党组织 521 个，其中党委 23 个，总支 18 个，支部 480 个，党员总数 11405 名。

一、始终坚持心中有党，美丽舜乡、生态垣曲建设的政治方向不偏不移

强化革命理想教育，做到政治信仰不变。组织全县党员干部开展了“缅怀先烈·宗旨教育”“烈士纪念日”等主题活动，认真学习革命先烈浴血抗战的英勇事迹，继承和发扬艰苦奋斗的革命传统，进一步树立了革命理想信念，坚定了对共产主义和特色社会主义的崇高信仰。

强化群众路线教育，做到政治立场不移。在党的群众路线教育实践活动中，按照“照镜子、正衣冠、洗洗澡、治治病”的总要求，始终突出学习引领、始终突出问题查摆、始终突出整改落实、始终突出领导带头、始终突出问题查摆，县级领导走访调研了全县农业、工业、城建、文化旅游等 40 多个单位、11 个乡镇、188 个行政村，共征求广大群众意见建议 300 余条，查找出了自身存在的问题和不足，并逐一进行了整改，工

作作风得到进一步改进,宗旨意识更加牢固,真正达到了转变作风、促进和谐、改善民生、推动发展的目的。

强化党性理论教育,做到政治方向不偏。结合学习讨论落实活动开展,认真学习了党的十八大、十八届三中、四中全会和习近平总书记系列重要讲话精神,深入学习了王儒林书记、李小鹏省长重要讲话精神和省委"六大发展"的战略部署,全县各活动单位紧紧围绕各自实际和县委确定的"必须始终保持政治上的清醒""必须严格落实'两个责任'""必须始终坚持发展第一要务""必须按照新时期好干部标准选人用人""必须不断推进法治垣曲建设""五个必须"的主题开展了多轮讨论反思,确保在思想上政治上行动上与中央、省委保持高度一致,确保省委、省政府的各项安排部署落地生根、真正落实,以一致的目标、一致的思想、一致的行动促进垣曲科学发展。

二、始终坚持心中有责,美丽舜乡、生态垣曲建设各领域工作扎实推进

全力深化改革开放。深入贯彻落实十八届三中全会精神,制定下发了《关于完善办事公开制度依法公开权力运行流程的实施方案》和《政府职能转变和机构改革方案》。进一步解放思想、扩大开放,抢抓山西综改试验区建设机遇,深入研究落实省委省政府各项改革举措,不断加大招商引资力度,全年共完成签约196.85亿元,实际到位资金32.56亿元。

大力推进项目建设。严格实行县级领导"四包"责任制,积极开展综改攻坚年、项目见效年、狠抓落实年、招商引资强力推进年和基层组织建设提升年"五个年"活动,切实加大"三位一体"督查力度,动员和激励全县广大党员干部群众积极投身项目建设主战场。全年项目落地完成59.33亿元,开工完成30.41亿元,建设完成35.81亿元,投产完成32.82亿元,其中省重点项目完成投资11.43亿元,均超额完成全年任务。

强力实施"六三"战略。新型工业转型成效明显。以转型升级、做大总量为推进目标,"1231"工程加快实施。工业园区基础设施进一步完善,已有10家企业入驻。投资26亿元的中条山集团技改项目、投资12.8亿元的五龙焦镁项目、投资10.05亿元的国泰微晶玉石板材项目全面投产达效。特色农业培育亮点纷呈。通过强基础、抓管理、壮龙头、塑品牌、拓市场,农业"3·5"工程进展顺利。全年粮食总产达到9456万公斤,增产7.4%,实现"十一"连增。核桃经济林发展到20.3万亩,已有5万亩挂果,带动农民增收7500万元,三个特色农业综合示范循环圈建设加快推进,烟叶、辣椒、苗木、畜牧养殖等特色产业不断壮大,农业生产条件进一步改善,农民收入进一步提高。城镇化建设步伐加快。统筹推进大县城、重点镇、中心村建设。投资1.55亿元的中心广场综合体正式开工建设,投资9000万元的县城生活垃圾处理场基本完工,投资1.6亿元的县城段2.1公里生态治理和投资2841万元的县城至长直段治理已基本完工,"十园十馆"加快推进,城市道路、街景美化、亮化工程全部完成年度任务,城市功能不断完善。皋落、历山两个重点镇和21个中心村、5个美丽乡村建设正在加快推进。投资6000余万元实施了造林绿化"十大工程",全县森林覆盖率达到47.8%。被评为"山西省林业六大工程建设先进县"。文化旅游发展前景看好。充分发挥垣曲历史悠久、人文富集、生态优美的优势,"三景一苑"工程加快推进。大历山景区,基础设施正在加快建设;白马山景区,旅游公路路基工程和板涧河大桥主体工程已经完工;小浪底景区,正分区域与投资商洽谈;帝舜文化苑项目,已签订协议,正在完成前期相关手续。全年接待游客达到16.7万人次,旅游总收入突破亿元。

三、始终坚持心中有民,美丽舜乡、生态垣曲建设的实际成果全民共享

"五件实事"全面落实。保障房建设已经完工800套,2100户的农村困难家庭危房改造任务顺利完成。新建、改扩建乡村幼儿园5所。涉及2824人的扶贫搬迁完成了年度任务。整合各部门资源培训新型职业农民700人。乡村清洁工程全面落实了资金,配齐了人员、设备,制定出台了长效管理办法,各乡镇"脏乱差"的现象基本解决,乡村人居环境得到有效改善。

民生事业深入推进。投资5亿元的城西学府苑整体投入使用,顺利通过了全国义务教育发展基本均衡验收国家评估认定,启动实施了"基础教育质量整体提升工程",全县二本B类以上达线人数1088人,达线率58%。总投资2.8亿元的新人民医院正式投入使用,医疗服务水平不断提高,三个乡镇中心卫生院改扩建工程全部完工,新农合覆盖率达到99.8%,广大群众入院难、看病难、看病贵的问题得到进一步解决。

人民生活不断改善。民生投入近10亿元,占财政总支出的69%。新增就业岗位4716个,城乡基本养老保险覆盖面达到98%以上,农村五保、城乡低保实现应保尽保,全县农村老年日间照料中心达到33家,县殡仪馆建设工程正在进行招标。吃穿不愁,住房不愁,看病不愁,上学不愁,就业不愁,养老不愁的"六不愁"民生奋斗目标正在逐步成为现实。

四、始终坚持心中有戒,美丽舜乡、生态垣曲建设的政治生态持续优化

持续推进法治垣曲建设。切实加强党对依法治县工作的领导,扎实推进"六五"普法,引导广大党员干部自觉学法守法用法,教育引导群众依法办事。按照"六权治本"的思路,规范权力监督运行,坚决制止并严肃处理经济工作中有法不依、执法不严、违法不究的问题,为经济社会发展提供了坚强法治保障。

严格落实"两个责任"。坚决遵守中央"八项规定"精神,认真落实党风廉政建设主体责任,将反腐倡廉工作与中心工作同谋划、同部署、同考核。始终保持"三个高压态势",坚持有案必查、有腐必反、有贪必肃,2014年,全县共立案查办各类违纪案件189件,给予党政纪处分177人,撤职以上重处分39人,移送司法机关4人,与2013年同期相比,案件查办增长40%,党政纪处分人员增长38%,撤职以上重处分增长144%,涉及乡科级干部人数增长127%。

切实加强干部队伍管理。结合“基层组织提升年”活动开展，顺利完成第十届村支两委换届工作，基层党组织的战斗力和凝聚力不断提高。深化党员干部作风建设，探索实施“干部保养制”，进一步激发了全县党员干部转变作风、勇于担当、狠抓落实的主动性和积极性。通过切实加强干部教育管理，全县各级领导班子和全体党员领导干部努力提升“五种能力”、打造“五型班子”、争做“五个表率”的浓厚氛围正在逐步形成。（毕大明）

附：一、中共垣曲县委书记、副书记、常委名单

书　记：史　凯

副书记：杨彦康　尚玉良

常　委：刘社院（4月离职）　李　鹏　李　立　马海强　裴斌虎　王　坚（4月任职）　刘剑平（3月离职）　王　敏（3月任职）

二、乡镇党委书记名单

毛家镇

书　记：王　坚（5月离职）

新城镇

书　记：庞卫民（11月离职）　赵　磊（11月任职）

皋落乡

书　记：王国平（11月离职）　郭亚明（11月任职）

长直乡

书　记：樊赵伟（11月离职）　杨春霞（11月任职）

王茅镇

书　记：王爱东

解峪乡

书　记：韩俊辉

古城镇

书　记：狄雷霆

华峰乡

书　记：靳　荣（11月离职）　李海勇（11月任职）

英言乡

书　记：张艾红（女）

蒲掌乡

书　记：赵王平（11月离职）　张海岗（11月任职）

历山镇

书　记：焦立豹（11月离职）　李　明（11月任职）

中共夏县县委工作概况

夏县共有11个乡镇党委，264个农村党支部，基层党组织644个，其中，党（工）委20个，党总支27个，党支部597个，党员14116人。2014年，在中央、省委、市委的正确领导下，县委认真贯彻落实党的十八大、十八届三中、四中全会精神和习近平总书记系列重要讲话精神，紧紧围绕省委“净化政治生态、实现弊革风清，重塑山西形象、促进富民强省”的重大战略部署，严格按照省委、省政府“六大发展”以及市委、市政府“六化衔接、四化互动”和“想透、说清、干实”的要求，攻坚克难，真抓实干，全县经济社会保持平稳健康发展。

一、强化政治责任，坚持从严要求，深入开展教育实践活动和学习讨论落实活动

坚持把开展教育实践活动作为一项十分重要的政治任务来抓，严格按照中央、省委、市委的部署，高起点谋划、高标准推进。具体实施中，坚持把学习教育贯穿始终，把领导带头贯穿始终，把解决问题贯穿始终，把整改落实和建章立制贯穿始终，着力解决形式主义、官僚主义、享乐主义和奢靡之风“四风”方面存在的突出问题。全县各级党组织共开展集体谈心620场次，一对一谈心谈话14000人次，征求意见建议8600条，确立整改事项980条，解决实际问题1100个，制定完善制度1600条。县委确定的“改进文风会风、优化政务环境、加强安全生产、化解信访积案、着力改善民生、推进民主决策、加大反腐倡廉”等22项整改任务全面落实，“整治文山会海、规范评比达标、制止奢侈浪费、清退违规用车、整治参赌涉赌”等34项专项整治工作取得明显成效，全县的党风政风、社会风气进一步好转。

按照省市统一部署，在全县组织开展以“深入学习贯彻习近平总书记系列重要讲话精神，净化政治生态、实现弊革风清、提升夏县形象、促进富民强县”为主题的学习讨论落实活动，深入剖析政治生态、干部作风、经济社会发展等方面存在的问题，认真研究“加强法治建设、实施六权治本、净化政治生态、推动六大发展”的工作举措，集中整治土地、交通、司法、教育、医疗、社保、涉农等领域存在的问题，细化目标，分解责任，加强督导，学习讨论落实活动取得实实在在成效。

二、抓好第一要务，搞好顶层设计，努力提升经济发展的质量和效益

坚持用战略思维、辩证思维、系统思维谋划经济社会发展，认真落实市委、市政府“三个方案”，制定出台夏县《推进工业集群化实施方案》《现代特色农业实施方案》《新型城镇化实施方案》《文化旅游产业实施方案》，科学规划，明确路径，扎实推进。

一是项目建设强力突破。严格执行“六位一体”项目工作机制，确定重点项目64个，总投资201亿元，完成投资42.5亿元。好医生华禹制药、天润风电场等17个项目已经完工，润恒冷链物流、格瑞特科技示范园等26个项目正在加快建设，项目储备、签约、落地、开工、建设、投产均完成市上下达的任务。

二是工业经济平稳增长。加快建设水头工业园、裴介商贸物流园、瑶峰轻工业园三大园区，积极培育农副产品加工

和装备制造两大产业集群,新上集群项目20个,总投资102亿元,完成投资18.8亿元。好医生华禹制药项目、威龙机车配件二期项目、晋星牧业颗粒饲料项目、久久胶业明胶生产线项目等已建成投产。积极开展专业化、定向化、集群化招商,引进企业项目14个,总投资82亿元,到位资金28.2亿元。支持优势企业抓好技改、提高效能,全县23家规模以上企业运行平稳,稳中有增。

三是现代农业发展态势良好。按照"土地规模化、组织企业化、技术现代化、经营市场化"的思路,大力发展现代农业。鼓励适度规模经营,新增流转土地4.3万亩,累计流转土地13万亩。培育壮大"蔬菜、水果、药材、干果经济林"四大主导产业,蔬菜种植面积达到21.7万亩,优质水果11万亩,中药材7.5万亩,干果经济林12万亩,"一村一品"专业村87个。积极扶持骏达牧业、晋星牧业、翱翔生物等19家农副产品加工龙头企业,全年销售收入8.9亿元;大力推进"百企千村产业扶贫工程",21个贫困村、1500户贫困群众受益。

四是新型城镇化步伐加快。统筹推进大县城、小城镇、新农村建设,实施21项重点城建工程。裴介至县城一级路建设工程已经通车,城区主要街道改造、西北环建设工程、康杰路南延工程全部完成。西北环北延、林荫路东延前期工作已完成,西南环建设加紧实施,城市道路框架基本形成。同时,完成了五里桥至庙前、康杰路北延和滨河西路的亮化工程,完成了县城供排水管网改造工程,城市基础设施更加完善。加快推进小城镇和新农村建设,对城乡环境卫生进行全面整治,完成了26个新农村提档升级工程,城乡面貌明显改观。埝掌镇、泗交镇被评为全省生态园林城镇,兴南村荣获"中国美丽田园"称号。

五是生态环境持续改善。围绕"山上治本、身边增绿、产业富民"思路,大力实施"城镇绿化、村庄绿化、通道绿化、荒山绿化、白沙河景观绿化、经济林基地建设"等重点造林工程,全年造林3.3万亩,森林覆盖率进一步提升。扎实抓好节能减排和大气污染治理,积极开展城乡环境综合整治,省、市下达的节能降耗任务圆满完成,县城空气质量综合指数1.69,二级以上天数331天。

六是文化旅游充满活力。按照"高端创意、整合资源、政府引导、市场运作"的思路,加快推进文化旅游产业发展。加快建设以泗交、祁家河为重点的自然生态旅游区,以司马温公祠、禹王城为重点的人文景观旅游区,以宇达、格瑞特为重点的产业旅游区,以堆云洞、韩家岭为重点的红色文化旅游区,完成司马温公祠、文庙大成殿、墙下关帝庙的修缮工程,完成泗交观光农业旅游项目和青松岭滑雪滑草项目,文化旅游产业发展富有特色、势头良好。全年接待游客134万人次,增长19.75%;旅游总收入10亿元,增长25.06%。

三、着力改善民生,加强社会治理,全力维护社会和谐稳定

坚持把改善民生和加强社会治理作为社会建设的两大根本任务,始终带着强烈责任和深厚感情,着力解决人民群众最关心、最直接、最现实的利益问题,努力提高人民群众的"幸福指数"。

(一)民生事业全面进步。不断加大社会事业和公共服务业的投入力度,全县民生领域支出达到7.6亿元,占到公共财政总支出的79%。一是在财政资金极其紧张的情况下,足额落实了省、市下达的调资政策。二是城市低保标准提高25元,达到268元;农村低保标准提高22元,达到156元。全县城市低保2921户4435人;农村低保9126户12595人。三是完成职业中学综合实训楼建设工程、特殊教育学校新建工程、县示范幼儿园新建工程、薄弱学校改造工程。四是完成3所乡镇卫生院业务楼建设工程和28个行政村卫生室建设工程。五是千方百计扩大就业,新增就业4063人,成建制转移农村劳动力5590人,城镇登记失业率控制在1.88%。六是扎实抓好"农村困难家庭危房改造、农村幼儿园改造、贫困人口易地搬迁工程、新型职业农民培训、乡村清洁工程"五件实事,人民群众幸福指数进一步提高。

(二)社会大局保持稳定。高度重视信访工作,严格落实领导信访值班制度和包案调处制度,全年召开信访专题会议30余次,县级领导累计接访1367人次。省市交办的重点案件全部化解,一批信访问题得到妥善解决。特别是稳妥处置了空港土地征用事件,县四大班子、县直各单位和裴介镇200余名干部,齐心协力,坚守一线,扎实工作,维护了全县大局稳定。

(三)安全形势持续好转。高度负责地抓好社会治安,严厉打击各类违法犯罪,努力构建群防群治的社会治安体系。高度负责地抓好安全生产,严格落实"党政同责、一岗双责"和"综合监管、部门监管、行业监管、属地监管"的工作要求,始终坚持"管行业必须管安全、管业务必须管安全、管生产经营必须管安全"工作原则,不断加大"易燃易爆、道路交通、食品卫生、人员密集场所"等重点领域的安全隐患排查,坚决遏制安全事故的发生。全年开展执法检查和专项整治112次,检查生产经营单位76家,查处整治安全隐患568条,责令停产停业整顿7家,安全生产形势持续稳定好转。

四、坚持从严治党,加强反腐倡廉,不断提高党建工作科学化水平

牢固树立"党的建设是最大的政治"、"抓好党建是最大政绩"的理念,认真落实管党治党主体责任,把从严治党贯彻落实到党的建设的各个方面。

(一)落实两个责任,进一步加强反腐倡廉建设。坚持党风廉政建设纳入经济、社会、政治、文化和党的建设总体格局,列入重要议事日程,认真履行组织领导责任、宣传发动责任、实施推进责任、全面落实责任。大力推进"六权治本",切实加强对权力运行的制约和监督。全力支持纪检监察机关"转职能、转方式、转作风",严厉整治"吃拿卡要"等不正之风,始终保持"惩治腐败、狠刹四风、打黑除恶"的高压态势。全年共受理信访举报383件次,立案122件,结案120件,处理各类违纪人员117人,撤职以上重处分21人。

（二）坚持从严治吏，进一步加强干部队伍建设。认真学习贯彻《党政领导干部选拔任用工作条例》，不断深化干部人事制度改革，坚持树立德才兼备、以德为先、以廉为基的选人用人导向，为优秀干部锻炼成长搭建平台。严格落实省、市“三个一批组合拳”的要求，制定出台《加强干部管理的实施意见》和《治理乡镇干部“走读”现象有关规定》，严肃整治“为官不廉、为官不为”问题，切实营造“崇尚实干、勇于担当”的良好风气。2014 年，全县共调整科级干部 17 人，其中：提任正科级干部 1 人，公开遴选副科级干部 6 人，平职调整 5 人，免职 5 人。

（三）夯实执政根基，进一步加强基层组织建设。扎实推进服务型党组织建设，大力实施“强化班子建设、规范村级管理、壮大集体经济”三项党建工程，基层党组织的创造力、凝聚力和战斗力进一步增强。深入开展“访民生、知民情、解民事”集中走访和干部驻村精准扶贫活动，县四大班子领导，县直各单位负责人，乡镇班子成员，人人包村，帮助解决水、电、路、教育、卫生、环境等事关群众利益的问题，兴办民生实事，促进农民致富。按照“依法、有序、扎实、高效”的要求，圆满完成农村两委换届工作，全县 11 个乡镇、257 个行政村，共选举产生支村委班子 1302 人，两委交叉任职 207 人，妇女干部 223 人，132 名大学生村官进入两委班子，农村两委班子进一步优化。

（四）强化理论武装，进一步加强执政能力建设。县委班子高度重视自身建设，多次召开常委会、常委（扩大）会等，认真学习贯彻中央对山西工作的重要指示要求，认真学习贯彻省委十届六次全会、市委三届六次全会精神，认真学习争做“三个楷模”、提升“三个能力”、落实“三个方案”、推动“六大发展”的部署和要求，进一步统一思想、增强定力、坚定信念，坚决在思想上政治上行动上与中央、省委、市委保持高度一致。始终坚持民主集中制原则，严格执行常委会、全委会议事规则，重大问题集体研究、集体讨论、集体决定。全力支持县人大、县政府、县政协积极开展工作，四大班子团结一心、密切协作，全县干部勇于担当、主动作为，始终保持干事创业的良好精神风貌。带头执行《廉政准则》和廉洁自律的各项规定，敬畏权力、敬畏法纪、敬畏责任，切实树立为民、务实、清廉的良好形象。

（王文斌）

附：一、中共夏县县委书记、副书记、常委名单

书　记：葛作民

副书记：苏丽红（女）

常　委：田成贵（5 月离职）　张高学　李　明
李永林　樊双全　刘学诗
张红宇（5 月任职）　管云学

二、乡镇党委书记名单

瑶峰镇

书　记：张贵林

水头镇

书　记：吴朝晖

庙前镇

书　记：温建新

裴介镇

书　记：刘红庆

胡张乡

书　记：杨　军

禹王乡

书　记：崔晓国

尉郭乡

书　记：张建波（5 月离职）　张首华（10 月任职）

南大里乡

书　记：裴文荣

埝掌镇

书　记：秦晓军

泗交镇

书　记：樊艺兵

祁家河乡

书　记：张更群

中共平陆县委工作概况

县委书记　郭　宏

平陆县地处晋、秦、豫黄河“金三角”地带，南临黄河，北依中条，是山西的南大门。下辖 6 镇 1 区 4 乡，228 个行政村，263847 人，国土面积 1173.5 平方公里。共有 14 个党委，25 个党总支，560 个党支部，13676 名党员，占全县总人口 5.2%。

2014 年，面对经济下行压力持续加大等严峻形势，平陆县委紧紧依靠四大班子领导，团结和带领全县干部群众，认真贯彻落实十八大、十八届四中全会和习近平总书记系列重要讲话精神，深入实施“一二三四五”总体发展思路，克难攻坚，奋力拼搏，主要经济指标整体向好，发展态势明显增强，社会保持和谐稳定，各项事业全面进步，全县呈现出团结干事、奋力向上的良好局面。全县地区生产总值完成 34.5 亿元，增长 7%；规模以上工业增加值完成 7.7 亿元，增长 14.1%；固定资产投资完成 57.5 亿元，增长 39.6%；财政总收入完成 31245 万元，增长 43.4%；公共财政预算收入完成 18194 万元，增长 59.5%；社会消费品零售总额完成 23.7 亿元，增长14.6%；外贸进出口总额完成6787万美元，增长11.9%；城镇居民人均可支配收入完成18352元，增长9.4%；农村居民可支配收入完成5365元，增长12.4%，其中财政总收入、公共财政预算收入、固定资产投资总额、农民人均可支配收入四项指标增幅排名全市第一。重点项目"六位一体"综合考核排名全市第一。

一、始终强化为民服务宗旨，党的群众路线教育实践活动和学习讨论落实活动扎实开展、成效明显

从2014年3月份开始，全县县级领导班子、党员领导干部和104个科级单位以及228个行政村、4个社区共13676名党员，依次参加了第二批党的群众路线教育实践活动。活动中，县委始终以习近平总书记兰考调研等一系列重要讲话精神为指导，坚持学、查、改、建并行，坚持领导示范带头、坚持从思想教育入手、坚持在作风建设上发力，紧扣活动主题，把握总体要求，精心组织实施，高标准，严要求，强落实，取得了教育实践活动和经济社会发展相互促进的明显成效。一是贯彻落实党的路线方针政策不折不扣。县委始终坚持用十八大、十八届三中、四中全会精神以及习近平总书记系列重要讲话精神强化理论武装，全年中心组集中学习达26次，切实提高了领导干部的政治敏锐性和政治鉴别力；始终坚定政治立场，毫不动摇地坚持党的领导，毫不动摇地坚持走中国特色社会主义道路，毫不动摇地坚持党的基本路线，在思想上、政治上、行动上自觉同党中央保持高度一致；坚决维护中央权威，坚决贯彻落实党的路线方针政策，保证中央政令畅通；严肃政治纪律，始终做到纪律面前人人平等、遵守纪律没有特权、执行纪律没有例外。二是广大党员干部思想认识不断提高。通过活动开展，广大党员、干部精神上补了"钙"，"三个自信"明显增强，社会主义理想信念进一步坚定，紧密联系群众的意识明显增强，绝大多数干部都能够主动深入农村包点住村，指导实践，推动工作。原来没有到过的偏远山村现在去了，原来不愿去矛盾集中、问题复杂的村现在主动要求去，原来不认识的基层干部如今熟悉了。县四大班子及各级领导班子政绩观明显转变，不考虑面子，只注重群众是否满意，坚持把确保农民增收作为工作重点，亲自下乡指导抗旱救灾，制定产业规划，促进粮食、果业、蔬菜、烟叶等产业发展。三是"四风"突出问题有效遏制。制定出台了《"三公"经费、职务消费和会议经费管理实施办法》，全年"三公"经费较上年减少434万元，同比下降25%；取消了评比达标、迎来送往活动；全面清理了超标超配公车和超标办公用房；执法监管部门和窗口服务单位门难进、脸难看、事难办等突出问题得到有效整治，纠正或查处违反"八项规定"及"四风"问题案件85案89人，不作为、乱作为、慢作为的现象大为减少；基层组织建设全面加强，12个软弱涣散的后进党支部全部晋位升级。四是工作作风进一步转变。通过边查边学边改、落实整改责任、深入开展专项整治活动，全县广大党员干部的责任意识和担当精神进一步增强，一大批群众关心的吃水、行路、上学、就医等问题得到圆满解决，16件省市转办的矿山赔偿、征地补偿分配不合理、房屋拆迁纠纷、工程欠款等信访疑难积案，499件初信初访案件得到有效化解，人民群众切实感受到了活动带来的变化，坚定发展的信心进一步增强，特别是在深入实施"三纵一横"产业体系、"五区联动"大县城战略以及35个重点项目过程中，充分展现出昂扬向上的精神状态、锐意进取的工作热情和心齐劲足的实干活力。五是长效机制逐渐形成。通过建立县级领导干部包企业、党员干部下乡住村和包村增收工作、精简文件会议等制度，建立健全了全县各项规章制度，为推动经济社会发展提供了制度保障，初步建立起以制度建设统领全县工作的长效机制。组织全县各部门对审批事项、财务管理等10个方面的现行制度进行梳理评估，分别提出了修订、废止和新建意见。全县各单位对原有716项制度进行梳理修改完善，研究制定了440项新制度，对不符合形势要求的16项制度予以彻底废除，为贯彻落实中央"八项规定"、反对"四风"和持续深入地改进作风奠定了坚实基础。六是学习讨论落实活动全面启动。学习讨论落实活动开展以来，县委高度重视，第一时间召开常委会研究安排部署，迅速成立领导组，认真制定实施方案，及时召开全县学习讨论落实活动动员大会，并紧密联系实际举办了多种形式的学习、讨论活动。各单位各部门切实把活动摆上重要日程，精心组织，扎实推进。各级党员干部深入开展学习讨论，深刻认识山西系统性、塌方式腐败对经济社会产生的严重危害，坚持把自己摆进去，认真查找问题、剖析原因、制定措施、狠抓整改，努力把活动成果转化为做好工作的动力和履行职责的能力，切实做到"两手抓、两不误、两促进"。

二、全力推进经济社会转型跨越发展，提质增效步伐明显加快

县委坚持把发展作为解决平陆一切问题的根本，凝心聚力促转型，突破重点调结构，多措并举惠民生，全力推进全县经济社会转型跨越发展。

(一)工业集群发展取得新成效。聘请东北大学设计研究院编制了园区总体规划，设计了煤电铝材一体化"三纵一横"产业体系，制定了工业集群化"投资500亿元、实施50个项目、实现500亿产值"发展目标。严格实行县级领导包项目制度，复晟240万吨氧化铝一期80万吨项目仅一年时间，完成投资45亿，项目一期9月底已达到正常生产的各项条件，产出产品，二期160万吨氢氧化铝正在申报，创造了社会反响强烈的"平陆速度"；总投资6.3亿元平曹公路升级改造项目已完成投资4.02亿元；凯迪二期5万千瓦风电等5个项目已完工；年产20万吨石灰和年产100万条吨包装袋等拓展上下链条项目已建成投产；大金禾矿业330万吨煤矿扩建等7个项目完成年初确定目标，工业集群发展的活力不断激发，后劲显著增强。紧紧扭住"四个关键环节"，成立了10个小分队，大力开展专业化、定向化、集群化招商，全年招商引资到位资金42.07亿元；签约项目6个，总投资138.2亿元。

（二）现代农业发展取得新突破。紧紧围绕"一县一业"、"一村一品"，大力发展粮食、苹果、蔬菜等主导产业。全年粮食总产1.2亿公斤，比上年增加1410万公斤，增产13.2%，超市里下达计划指标45.7%；县财政连续四年累计拿出资金1800余万元，围绕增强品牌优势、扩大对外宣传、提高包装水平、开拓高端市场、强化示范引导等五个方面大力推动果业发展，农民人均果业收入达4047元；全县烟农总收入（总产值）完成2932.33万元；蔬菜种植总收入2亿元；新规划建设人畜分离养殖示范小区10个；启动"一村一品"建设示范村86个，发展果桃业村41个、畜牧养殖村8个、蔬菜种植村15个、干果经济林村6个。

（三）文化旅游发展取得新提升。以黄河金三角平陆大天鹅生态经济示范区为龙头，对黄河古栈道、虞坂古盐道、虞国古城、下阳城遗址以及傅圣文化景区的黄河沿线"古中国"元素进行顶层设计、高端规划、整合开发。总投资30亿元的黄河金三角平陆大天鹅生态文化经济示范区项目，已完成3.1亿元；总投资2.5亿元的龙陡峡景区项目和总投资1.5亿元的黄河大漂流景区项目，正在抓紧实施。腾飞文化产业发展有限公司和神郁工艺品有限公司加快发展，迅速壮大。

（四）统筹城乡发展取得新进步。大力实施东扩、西进、南移、北联、中改"五区联动"战略，依托复晟氧化铝项目和黄河金三角平陆大天鹅生态经济示范区项目，规划建设城东"锦江社区"和城西"白天鹅社区"。委托三门峡规划勘测设计院编制了县城防洪、防涝专项规划。对2013年完成的坡底乡、杜马乡的总体规划以及张店镇近期建设规划进行评审。委托陕西省规划设计院对常乐镇张家沟村进行旅游、村庄治理规划和旅游策划编制。城区天然气工程、太阳文体广场、圣人市场等城市配套设施建设全面完成，寨头农贸市场二层主体已经完工，城镇化率达到28.25%，城市功能进一步完善，城市品位进一步提升。

（五）生态文明建设取得新进展。大力实施"山上治本，身边增绿、身边增绿、林业增效、产业富民"工程，全县森林覆盖率达到42.6%；大力开展城乡环境卫生百日集中整治和创建省级文明卫生县城活动，城市"十乱"和农村"五堆"现象逐步消除；严格实行节能减排目标责任制，全年二级以上优良天数达到332天；城市绿化覆盖率达到36.26%，人均公园绿地面积达到7.16平方米，城市生态环境明显改善，县城太阳路获"市级园林道路"奖，国土资源局和政泽苑保障性住房小区分别通过了"市级园林单位"及"市级园林小区"验收，部官乡东祁村被确定为省级生态村。

三、全面贯彻落实十八届四中全会精神，依法治县和民主法治进程顺利推进

县委认真学习贯彻落实十八届四中全会精神，切实肩负起依法治县责任，坚持总揽全局、协调各方，坚持党的领导、人民当家作主和依法治县有机统一，有力地推进了社会主义民主政治制度化、规范化、程序化进程。支持和保证县人大及其常委会依法履行职能，充分发挥代表作用，支持人大综合运用听取和审议专项工作报告、执法检查等形式，对关系改革发展稳定大局和涉及群众切身利益的重大问题加强监督和评议。支持人民政协履行政治协商、民主监督和参政议政职能，加强和改进政协提案、委员视察和专题调研等工作，促进项目建设开展民主监督。加强民族、宗教、侨务、对台和新社会阶层等各领域的统战工作，引导学习践行社会主义核心价值体系。加强村务公开和民主管理，完善民主决策监督，健全充满活力的村民自治机制。加快法治平陆建设，切实加强党对法治平陆建设的领导，制定出台了《中共平陆县委关于加快推进法治平陆建设的实施方案》；认真搞好"六五"普法，深入开展法律进企业、进乡村活动，促进社会稳定、服务经济发展。着力强化司法队伍建设，支持工会、共青团、妇联等人民团体充分发挥作用。坚持党管武装原则，完善军地齐抓共管国防后备力量建设机制，广泛开展双拥共建工作和"双服务"活动，民兵预备役工作得到加强，国防动员能力不断提高，国防建设与经济建设协调推进，共同发展。

四、着力加强宣传思想文化工作，对外形象和影响力进一步扩大

一年来，县委以高度的文化自觉和文化自信，弘扬主旋律，集聚正能量，切实加强公民思想道德建设，深入开展群众性精神文明创建活动，全面加快文化强县步伐。一是核心价值引领进一步深化。始终把提高公民思想道德素质建设作为核心价值引领工程的主要工作来抓，大力开展"关爱社会、关爱自然、关爱他人"志愿服务活动、"保护湿地·关爱白天鹅"志愿服务活动、"爱心送考"活动、"欢度重阳节暨慰问六十一个阶级弟兄座谈会"，切实在全社会形成了争当先进模范、营造社会新风的良好氛围，获得了"山西省创建文明县城先进县"荣誉。深入开展以"培育和践行社会主义核心价值观"为主题的思想教育活动，郝广杰、刘永强、杨线玲、任跃亭等同志荣获运城市第三届道德模范称号。二是主流舆论造势进一步强化。电影《陈赓晋南大捷》在平陆县取景拍摄；《地平线外之"庭院深深深几许"》地窨院记录片，入围"2014迈阿密（美国）国际电影节"优秀影片；全国道德模范提名奖获得者、全国优秀共产党员、全国五一劳动奖章获得者——荆保山同志的先进事迹，改编成电影《一片树叶的情义》（暂定）；全年中央及省市电视台共播发宣传平陆稿件437条，极大地提升了平陆形象和对外影响力。三是群众文化生活进一步丰富。以县城文化馆、图书馆为龙头，乡镇文化站为平台，村级文化大院为基础的三级文化服务体系基本建成；文化"惠百姓"工程为群众送去优秀蒲剧剧目近300场次，电影2688余场；县文化馆和乡镇文化站免费向群众开放，全年累计活动人数达2万人次。

五、竭力维护社会和谐稳定，人民群众幸福指数进一步提升

县委始终坚持"发展是硬任务、稳定是硬要求、安全是硬责任"的指导思想，坚持依法治理、综合治理、源头治理、创新

治理,社会治理体制机制不断完善健全,和谐稳定局面逐步形成,人民群众安居乐业,生活幸福。民生明显改善,农民增收、农村危房改造、扶贫帮困、保障性住房建设等"农村五件实事"圆满完成;新建县人民医院正在加快实施;高考二本达线人数实现"十一连增";城乡低保标准不断提高,困难群众基本生活有效保障;老年日间照料中心达到162个,4600多位老年人生活明显改善。加强信访维稳,严格落实县级领导干部接访下访制度,推行重大疑难案件集体研判制度,深入开展领导干部包乡镇化解突出矛盾活动,十八届四中全会及各级"两会"实现赴省进京"零上访"。创新社会管理,紧紧抓住人、车、屋、网、场、会(组织)等关键环节,大力推进社会管理项目化、网格化、信息化;投资455.5万元,扎实推进"天眼工程"建设。推进"平安平陆"建设,深入开展"一村一警"联系走访活动,不断引深"平安平陆"建设,维护人民生命财产安全,严厉打击"黑彩"、涉毒、涉赌等违法犯罪活动,营造了平安、和谐、稳定的良好社会环境。强化安全生产,严格落实安全责任制度,强化党政同责、齐抓共管,完善安全生产制度和规程,加强隐患排查治理,建立健全各种突发公共事件处置应急预案,全年没有发生重大安全生产责任事故。

六、坚持从严治党管党,党组织的凝聚力战斗力影响力进一步增强

坚持以开展"基层组织提升年"活动为契机,全面提升党的建设科学化水平,为县域经济转型跨越发展提供了坚强的政治和组织保证。一是加强干部培训。围绕"三纵一横"产业体系、"五区联动"大县城战略和35个重点项目,对全县594名科级领导干部进行了培训。聘请省委党校、山西大学教授对领导干部进行新型城镇化、基层社会治理和社会主义核心价值观培训,受训人数810余人次。对全县在职科级干部、公务员(参公)进行了以习近平总书记系列重要讲话、十八届四中全会和公务员知识更新为主要内容的集中培训。二是强化干部监管。制定了《从严管理干部若干规定》和《整治乡镇干部走读现象实施细则》,进一步加强干部日常监督管理,促进干部主动践行群众路线,零距离服务群众。对全县148个机关事业单位"吃空饷"和"编外用人"现象进行集中清理整治。进一步完善干部调动、档案管理、工资审批、出国(境)审批工作流程,建立定期召开干部监督工作联席会议制度,全方位织密干部立体动态监督体系。三是夯实基层基础。围绕十八大报告、新党章、农村社会管理等,对全县324名农村(社区)"两委"主干进行集中培训。实行县级党员领导干部包联软弱涣散村级组织促转化制度,12个软弱涣散村全部实现转化升级。建立12个党代表工作室,全部达到"五有"标准。层层召开党组织书记履行基层党建工作责任专项述职会议,"联述联评联考"形成常态。圆满完成了全县228个行政村"两委"选举换届,农村基层"两委"的凝聚力和战斗力进一步提升。185个党组织3365名党员开展志愿服务活动60余次,办实事好事230余件。

七、严格落实中央"八项规定"和反对"四风"要求,党风廉政建设和反腐败斗争取得阶段性成果

2014年,县委始终把党风廉政建设和反腐败工作摆在突出位置,坚持"标本兼治、综合治理、惩防并举、注重预防"方针,严明党的纪律,坚决惩治腐败,狠抓作风建设,着力推进党风廉政建设和反腐倡廉各项工作。一是严格落实"两个责任"。认真落实党风廉政建设党委主体责任和纪委监督责任,及时提出落实"两个责任"的具体举措。严格"一案三查",严肃追究责任。制订《平陆县建立健全惩治和预防腐败体系2013——2017年工作规划》和《党风廉政建设责任分解意见》,形成了层层抓责任、级级抓落实,齐抓共管的党风廉政建设新格局。二是深化廉洁从政教育。创新廉政警示教育,全年共有63批次,3775名党员干部在教育基地接受了廉政警示教育;1.2万人(次)党员干部到杜马、西牛烈士陵园革命传统教育基地接受革命传统教育。积极组织党员干部参与全市"书写反腐清风、画绘倡廉形象"活动,12幅书画作品参加全市展出,2幅作品荣获优秀奖。三是严格落实中央"八项规定"和反对"四风"要求。对全县94个单位楼堂馆所中存在的问题进行清理整顿;对全县2007年3月后所批复建设的豪楼、地标等奢华浪费建设以及国家扶贫开发重点县有关项目和公益类项目进行清理,4名责任人接受了处理;进一步加大对大操大办的巡查监管力度,制止大操大办8起,查处大操大办案件1起,立案查处1人;始终保持惩治腐败的高压态势,共接受群众来信来访件153(次),立案101件,处理各类违纪人员110人。四是扎实推进农廉工作。狠抓阳光农廉网管理规范、监管和督查,群众通过视频与职能部门负责人、乡(镇、区)领导对话129次,为农民群众解决具体问题327件,接受群众反映问题113件,回应反馈113件,办结率达100%。

在充分肯定成绩的同时,对照省委和市委的要求,县委也清醒地认识到,在经济社会发展进程中仍然存在一些问题和不足。主要表现在:一是反腐败斗争形势依然严峻复杂,一些党员干部存在"为官不易","为官不为"的错误观念,不想腐、不能腐、不敢腐的长效机制远未形成。二是平陆仍然存在着经济总量偏小,骨干项目不多,结构不优,发展质量和效益不高的问题。三是农副产品加工企业少,农业科学化水平不高,东部山区土地亩产值效益较低,群众脱贫致富任务还相当艰巨。四是民生事业欠账较多,对外开放力度不大,发展环境仍需优化,一些党员干部思想转型不够、作风不实、精神不足,甚至违法违纪等现象,等等。所有这些问题必须引起县委常委会的高度重视,要敢于正视差距,勇于面对挑战,认真采取措施,切实加以解决。

(赵怀亮)

附:一、中共平陆县委书记、副书记、常委名单

书　记:郭　宏

副书记：李　旸　吴　宣
常　委：张孝木　段毅平　郭淑文(女)　庞建军
赵建喜　裴向红

二、乡镇(开发区)党委书记名单

曹川镇
书　记：李　波
坡底乡
书　记：宋克宽
三门镇
书　记：周春安
圣人涧镇
书　记：张俊涛
张店镇
书　记：梁永杰
部官乡
书　记：(暂缺)
杜马乡
书　记：毛锐龙
张村镇
书　记：郑文红(女)
常乐镇
书　记：张福臻
洪池乡
书　记：何拥军
茅津开发区
书　记：员晋杰

中共新绛县委工作概况

县委书记　邓雁平

新绛县地处山西省西南部，运城市北端，总面积593平方公里，耕地53万亩，辖8镇1乡1区，220个行政村，33万人口。全县共有22个基层党(工)委、21个基层党总支、503个基层党支部，12528名党员，其中镇(乡、区)党委10个，农村党支部220个，社区党支部9个。在省委、市委的坚强领导下，县委一班人团结带领全县广大干部群众，认真贯彻落实党的十八届三中、四中全会和习近平总书记系列重要讲话精神，认真贯彻落实省委十届六次全会精神以及实施“六权治本”、推进“六大发展”的战略部署，按照“三个千方百计”工作主线和“四个毫不动摇”总体要求，强力实施“十大强县工程和十件惠民实事”，全县经济社会各项工作都取得了明显成效。

一、聚精会神抓党建，为推动县域经济发展提供坚强保障

(一)以党的群众路线教育实践活动为载体，持续深入推进作风建设。县委班子严格按照省市安排和具体要求，做好规定动作，创新自选动作。一是主题确定有特色。结合县情和党员干部的思想、作风实际，确定了“135”活动机制，即开展“四有三争两好”主题实践活动，坚持作风、问题、基层三个导向，搭建“百局包百村”、“百企帮百村”、“万名干部进农户”、“两代表一委员”密切联系群众、“党员干部大访谈”五大载体，彰显新绛活动特色，取得了良好效果。二是征求意见有亮点。县委班子成员按照开门办活动的要求，深入基层一线，通过“个别听”和“集体谈”，“走进群众听”和“组织群众评”等方式，多渠道征求各方意见。常委班子共收集意见建议136条，其中“四风”方面94条；县委常委共收集意见建议638条，其中“四风”方面402条。三是领导带头有示范。活动伊始，县委就坚持把领导摆进去，带头学习讨论、带头讲好党课、带头主动包联、带头公开承诺、带头化解矛盾。通过群众提、自己找、上级点、互相帮、集体议等方式，常委班子共列出“四风”问题25条，县委常委共列出“四风”问题95条。特别是严格按照要求进行批评与自我批评，高质量撰写了对照剖析材料，高质量召开了常委班子民主生活会，班子成员直面问题，坦诚相见，达到了红脸出汗、醒神加油的目的。四是全面整改有效果。从能够办得到、群众看得见的突出问题先行整改，以城乡环境卫生、城市交通秩序、校园周边环境“三大集中整治”为突破口，人民群众反映的涉及教育医疗、社会救助等一批突出问题得到有效解决；针对查摆出的“转型发展推进力度不大”、“干部管理失之于软”等主要问题，制定针对性措施，迅速进行整改；针对党员干部思想、工作和作风实际，以20项专项整治为抓手，共解决实际问题1270个，完成整改项目5813个。五是完善制度有长效。对照“两方案一计划一清单”，常委会进一步建立了关于加强经济工作领导的有关规定、议事制度等六项制度，健全了“两代表一委员”密切联系群众工作制度，完善了县四大班子领导包联乡镇、企业、农户的具体实施办法等系列制度，推动改进作风常态化、长效化。活动开展以来，省委驻运城市督导组先后4次到新绛县实地指导工作，市委第二督导组给予全程指导，省、市督导组一致认为新绛县工作扎实，措施得力，成效明显。新绛的教育实践活动领导重视、思路清晰，紧扣主题、科学部署，精心组织、认真督导，在活动的每个步骤、各个节点都做的扎实、认真、富有成效。在总结会上，组织各参学单位“一把手”、部分“两代表一委员”、群众代表，对全县教育实践活动进行了民主评议，得到了大家的充分肯定和认可。

(二)以全面履行“两个责任”为重点,深入推进党风廉政建设。王儒林书记强调,从严治党关键是要落实好“两个责任”。按照这一要求,常委班子一是积极履行党风廉政建设主体责任和监督责任,坚持与中心工作同谋划、同部署、同考核,每月召开一次党风廉政建设和反腐败工作联席会议,及时了解存在问题,针对薄弱环节,制订下一阶段工作重点,着力推动全县党风廉政建设深入开展。二是始终保持“三个高压态势”,特别是紧紧抓住案件查办这条主线,启动了“百人、百日、百案大行动”,重点查处近年来特别是十八大以来还不收敛不收手的、问题反映集中的、群众反映强烈的重点部门、重点岗位、重点人员的违纪违规问题。2014年,已经立案查处260件,查结237件,处分236人,其中给予党纪处分175人,给予政纪处分61人,免予党纪处分1人。三是坚持以廉政文化引导人,依托“绛州廉政微平台”、阳光农廉网和警示教育基地等平台,加强对党员干部的日常教育和监督,做到早提醒、早制止、早纠正。2014年,“绛州廉政博客”已收集处置网络舆情1021条,接受群众投诉举报178件,已查结71件。“廉政微平台”已成为监督问责的网络主战场。

(三)以基层组织提升年为契机,不断夯实基层党建基础。一是全力抓好村“两委”换届工作。换届前,县委常委每人包联一个乡镇,进行挂点帮扶,还采取了县直机关单位包联帮扶、乡镇(社区办)派驻工作队驻村帮扶等方式,集中对11个软弱村级组织和1个社区进行了专项整顿,解决突出问题30个,建立健全相关规章制度19项。换届中,采取“三提早六个严五强化三做到”举措,全力保障换届工作顺利开展。年底前,全县220个村“两委”换届全部完成。二是全力推进干部选拔任用工作。县委探索推行了“两推两提三考一票决”干部选拔任用新机制,通过采取建立干部后备库、选任干部前充分征求各方面意见等措施,真正把群众公认的好干部选拔使用起来,取得了组织满意、人民满意、社会满意的良好效果,形成了重廉洁、重实干、重民意的选人用人风气。三是全力实施党建“四大工程”。持续开展了农村“领头雁”提升工程、软弱涣散党组织“帮建升级”工程、党代表工作室建设工程、服务型党组织创建工程,全县基层党组织基础进一步巩固,服务水平得到明显提升。

(四)以团结共进为根本,民主政治工作稳步推进。县委十分注重加强对人大、政协、统战、武装以及群团工作的领导,有力推进了全县民主政治建设进程。一年来,县人大围绕广大人民群众关注的热点、焦点问题,通过视察、评议等形式,加大对“一府两院”的监督力度,有力地促进了全县工作的顺利开展;县政协牢牢把握团结和民主两大主题,切实履行政治协商、民主监督、参政议政职能,积极建言献策,发挥了巨大作用;统战部门紧紧围绕经济统战、活力统战、和谐统战和基础统战四大建设,在思想政治引领、多党合作推进、民族团结、宗教和谐等领域里做了有益地尝试;武装部门积极探索国防后备力量建设的新途径,全县人民武装工作迈上了新台阶。工会、共青团、妇联等群团组织都紧紧围绕全县大局,充分发挥自身特点,开展了大量卓有成效的工作。全县上下形成了民主团结、和谐稳定、协作共进的良好氛围。

二、一心一意谋发展,加快落实“三个方案”、促进富民强县

2014年,全县生产总值完成76.1亿元,同比增长8.6%;财政总收入完成46608万元,同比下降2%;公共财政预算收入完成20039万元,同比增长7.3%;固定资产投资完成72亿元,同比增长23.8%;规模以上工业增加值完成35.3亿元,同比增长15%;社会消费品零售总额完成36.9亿元,同比增长14.8%;城镇常住居民可支配收入达到21830元,同比增长9.6%;农村常住居民可支配收入达到8860元,同比增长12.2%。

(一)坚定信心,积极应对经济下行压力。面对市场低迷等不利因素,县委常委会一班人不等不靠,主动作为,积极参与到经济社会发展大局中来。在招商引资和项目建设上,班子成员人人有任务,每月向常委会汇报一次招商引资进展情况。县委常委们先后赴太原、河南、北京、苏州、义乌等地,就文化旅游、商贸物流产业进行招商、项目洽谈;全县成立了6个专业招商小分队,进一步明确对接的方向、对接的企业,县委每周听取招商对接情况专题汇报。2014年,全县招商引资项目共26项,总投资117.94亿元,到位资金45.23亿元,完成市定任务的100.4%;全县共实施省、市、县重点项目54项,完成投资71.38亿元,完成市定任务的120.16%。在帮助企业解决融资上,常委们多次深入园区、企业建设一线,召开座谈会,帮助解决融资问题。在此基础上,积极开展金融支持县域经济发展银企对接、“一行五化”等活动,缓解企业资金压力,增强市场竞争力。同时,积极引导企业抱团发展。先后促成高义钢铁与山西立恒钢铁集团等六家钢铁企业组成晋南钢铁联盟、中信焦化与高义焦化重组联合,增强抗御市场风险的能力,取得较为明显的成效。

(二)创新举措,全力提升“三化”水平。一是更加突出扩规提质,全力推进农业现代化。土地流转上,紧抓全省试点县契机,目前共流转面积17.2万亩,占耕地面积的32.4%,规模以上土地流转达到7.3万亩;设施农业上,在稳定设施蔬菜14.6万亩的基础上,大力实施万亩设施农业扩规升级工程,打造了5个各具特色的农业示范园,带动了休闲观光农业及现代农业的发展;“一村一品”上,共发展省级“一村一品”专业村82个,蔬菜专业合作社187家,成功举办了第四届“一村一品”展示交流会,进一步扩大了新绛的知名度和影响力,收到了群众满意、社会认同、多方受益的良好效果。二是更加突出集群发展,全力推进工业集群化。按照“煤化工业抓循环、传统工业抓提升、小手工业抓规模”总体思路,煤化园围绕主攻产业横向配套,纵向延伸,先后引进了世界500强企业香港中华煤气集团投资10亿元的80万吨甲醇制汽油、山西国化投资3亿元的CNG加气站等一批集群项目。一年来共签订主攻产业集群投资项目13个,总投资130.28亿元,占全年招商引资签约项目的70.8%;轻纺园按照“龙头企业带动、产业链条延伸、相关企业集聚、自主研发创新、打造自

主品牌”发展思路，着力打造新材料及高端装备制造产业园区，力争5-10年内建成年产值达100亿的产业园区。三是更加突出城乡统筹，全力推进新型城镇化。坚持“开发建设新城、保护管理古城”的发展思路，大力推进名城保护和新城开发。制定完善了城市建设总体规划及详规控规，形成了“两城三组团”（老城区、新城区、轻纺组团、商贸组团、煤化园组团）新型城镇化发展格局。

（三）集思广益，开辟转型发展新路径。一是明确思路。在深入调研、常委会讨论研究的基础上，充分挖掘传统产业优势，将发展文化旅游、商贸物流确定为全县转型发展的主攻方向。二是落实责任。专门成立了转型发展领导组，制定拿出整体规划和实施方案，细化任务和推进措施，全力抓好落实。县委先后多次召开会议，就如何加快推动商贸物流业和文化旅游业发展进行专题研究。三是加快推进。为了学习借鉴商贸物流市场建设、文化旅游产业发展先进经验，分管常委先后赴苏州、义乌、汉口、河南新乡等地进行学习考察。商贸物流业上，启动了汾河湾市场、绛州市场的改造工程，并配套推进中心村建设，商贸物流发展新格局初步形成；文化旅游业上，正与相关公司进行合作洽谈，尽快出台《新绛县文化旅游产业行动方案》。同时，打造《弟子规》文化品牌，正与有关方面对接，积极推进电视剧《弟子有规》的前期筹备工作。

三、以人为本惠民生，努力建设平安、幸福、法治新绛

民生是发展之本。县委坚持“尽力而为、量力而行”的原则，不断加大民生工程投入力度，努力建设平安、幸福、法治新绛。教育质量持续提升。积极推进教育均衡、内涵发展，2014年全县高考连续十年实现稳步增长，高考成绩雄踞全市榜首。医疗卫生服务不断优化。公开招聘了47名医药卫生专业技术人员，新建的县人民医院整体投入使用，全县医疗卫生条件进一步提升。社会保障协调推进。积极创设城镇就业岗位，全力做好农村劳动力转移，农村养老保险、城镇基本医疗保险等五项保险有序推进，城乡低保实现应保尽保。民生工程扎实开展。实施了文庙南路、孙家巷、商品街等主街道的升级改造工程，完成了28条小街小巷硬化改造工程，完成了部分老城区公厕建设改造工程，城区硬件设施进一步完善；新建续建三四级公路10.8公里，改建公路39.4公里，创建平安公路22公里，城乡道路状况明显改善；投资500万元的新绛县儿童福利院已完成主体建设，20个农村社区和老年人日间照料中心建成投入运行。强力推进“天眼工程”。在全县城乡主要街道、重点场所安装监控摄像头1691个，动员并指导社会力量安装摄像监控8600余个，有效提升了人民群众的安全感和满意度。2014年，全县治安案件立案860起，比2013年下降15.6%；全县刑事案件立案539起，比2013年下降8.1%；“三类可防性”案件立案202起，比2013年下降16.8%。“一村一警”深得民心。在全县部署开展了“进百姓门、解百姓忧、护百姓安”为主题的“一村（社区）一警”和政法干警“大走访、大调解、大督查”活动，并取得了阶段性成果，为平安村镇建设发挥了积极作用。安全生产形势平稳。认真组织开展了安全生产大检查及专项整治，全年无重大安全事故发生，有力保障了人民群众的生命和财产安全。

（张慧明）

附：一、中共新绛县委书记、副书记、常委名单

书　记：邓雁平

副书记：田艺彬（女）　靳国全

常　委：裴良豪　赵高堂　高　力　韩小青　郝红霞（女）　解伟龙　刘晓功

二、乡镇（开发区）党委书记名单

龙兴镇

书　记：孙贵明

三泉镇

书　记：黄山石

泽掌镇

书　记：王　玉

北张镇

书　记：王晓民

泉掌镇

书　记：唐　勇

古交镇

书　记：王会民

万安镇

书　记：席建功

阳王镇

书　记：史敏胜

横桥乡

书　记：王高林

商贸经济开发区

书　记：李虎杰

论　坛

整改的拳头不能打在棉花上

王　儒　林

教育实践活动收尾不等于整改工作收场。当前，一些老问题尚未解决，一些新问题又不断出现，特别是中央严肃查处山西发生的严重腐败问题，更暴露出许多深层次问题。整改的拳头不能打在棉花上，必须踏石留印、抓铁有痕。

整改落实要像钉钉子，确保钉结实。不论是第一批还是第二批活动单位，都有一些整改工作没有落实，一些承诺没有兑现，而且越往后越是难啃的“硬骨头”。必须树立持续、长期整改思想，发扬“钉钉子”精神，一锤一锤不停地敲，确保钉实钉牢，特别是抓住群众反映强烈的问题，一个一个扭住不放，一项一项加以解决。整改情况要向社会公开、在阳光下晒晒，接受群众监督，交由群众评判，不能没有回音。

整改落实要坚持书记抓、抓书记。整改成效取决于治党成效，作风从严根本在治党从严。党委要坚持把抓好党建作为最大的政绩，书记抓、抓书记，严格落实党风廉政建设主体责任。党委书记作为第一责任人，既要对本地区党风廉政建设情况了如指掌，也要对班子成员履行“一岗双责”及个人廉洁从政情况清清楚楚。今后，党委书记要向上级纪委全会述纪述廉述作风、述主体责任的落实情况。对落实不力的，省委书记要约谈市委书记，市委书记要约谈县委书记，层层传导压力、狠抓落实。

整改落实要敢于担当，不回避矛盾。整改问题、落实责任，特别是深入推进反腐败斗争，必然会遇到矛盾和问题，甚至是阻力和挑战，必须敢于担当、敢于亮剑。就是要到腐败问题最严重的地方，到最贫困的农村和脏乱差的城中村明察暗访，面对面听取群众呼声。我们深切感到，越是腐败问题严重的地方，群众越是盼望严惩腐败；越是矛盾和问题集中的地方，群众越是盼望见到干部解决问题。干部敢于直面矛盾、正视困难、解决问题，才能赢得群众的真心拥护。

整改落实要铲土壤、去条件，不能像韭菜割了一茬又一茬。反“四风”、反腐败，必须铲除其赖以滋生的土壤，营造风清气正的从政环境。我们针对公共资源交易、国有企业监管、财政资金使用、干部选拔任用等腐败问题集中的领域和环节，查找原因，汲取教训，弥补管理漏洞，斩断利益链条，防止和杜绝权力寻租。我们以铁的决心刷新吏治，最近要对领导干部特别是“一把手”、掌握资源审批权的部门领导普遍进行廉洁考核，建立廉政档案，调整“带病在岗”干部。

整改落实要把权力关进制度的笼子，真正做到“权力出笼子、就让人进笼子”。抓作风和反腐败重在管干部、管权力。我们从严治党坚持从党内政治生活严起，强化党组织和党员的政治意识，严格执行党规党纪，严肃开展批评和自我批评，使党员干部经常地接受严格的党内生活锻炼。我们实施“六权治本”，依法确定权力、科学配置权力、制度约束权力、阳光行使权力、合力监督权力、严惩滥用权力，努力构建不敢腐、不能腐、不想腐的长效机制，致力于净化政治生态，实现弊革风清，重塑山西形象，促进富民强省。

（本文是山西省委书记王儒林同志在2014年10月14日省委常委会总结教育实践活动、研究工作时的发言摘要）

把握精神实质　承担责任使命

胡　苏　平

各位艺术家朋友、同志们：

今天来参加会议的，都是长期活跃在我省文艺战线上，涵盖了文学、戏剧、影视、音乐、舞蹈、美术、书法、摄影、曲艺等各领域的文艺工作者和艺术家代表，是我省文艺工作的主力军。近年来我省的文艺事业生机勃勃，初步呈现出持续繁荣的良好态势。在此，我要向大家及全省广大文艺工作者表示衷心的感谢！我们召开这个座谈会，主要目的就是认真学习习近平总书记在文艺工作座谈会上的重要讲话精神。刚才几位同志谈了自己的学习体会，都讲得很好。下面，我就学习总书记讲话精神的认识与大家交流，让我们共勉。

习近平总书记的讲话，通篇贯穿着辩证唯物主义和历史唯物主义的立场、观点和方法，贯穿着实事求是的理论品格和创新创造的实践品质，与我党长期以来的文艺思想一脉相承，丰富发展了马克思主义文艺观和社会主义文艺理论，大大提升了我们对文艺工作规律性的认识，是指导当前和今后一个时期党的文艺工作和文化建设的纲领性文献，是推动文艺繁荣发展、开创文化建设新局面的行动指南。学习领会讲话精神，就是要学习领会好讲话中提出的一系列富有创见的新思想、新观点、新论断、新要求，提高认识，把握方向，牢记责任，明确任务，推动发展。

一、学习领会讲话精神，要深刻认识文艺工作的重要性

一是要深刻认识文艺工作的地位。文艺工作是一项十分重要的工作。习近平总书记在讲话中明确指出："实现两个一百年奋斗目标、实现中华民族伟大复兴的中国梦，文艺的作用不可替代，文艺工作者大有可为。"这就是文艺工作在党和国家事业发展中的重要地位。

二是要深刻认识文艺工作的作用。讲话强调，"文艺是时代前进的号角，最能代表一个时代的风貌，最能引领一个时代的风气。"这是对文艺与时代密切关系的重要论述。时代的进步发展从来就离不开文艺。文艺工作在我国革命、建设、改革各个历史时期，都发挥了引领时代风气、鼓舞人民前进、推动社会进步的重要作用。

三是要深刻认识当前面临的形势。党的十八大以来，以习近平为总书记的党中央以一系列新的战略思维和方针政策，正在领导全国人民奋力行进在全面建成小康社会、实现中华民族伟大复兴中国梦的征程上。在这个重要的时期、关键的阶段，实现这个伟大事业，需要进行具有许多新的历史特点的伟大斗争。伟大事业需要伟大精神，伟大斗争需要伟大力量。举精神旗帜、立精神支柱、建精神家园都离不开文艺。新时期的文艺工作充满机遇和挑战。

二、学习领会讲话精神，要准确把握文艺的根本方向

习近平总书记指出："文艺要反映好人民心声，就要坚持为人民服务、为社会主义服务这个根本方向。""二为"方向是党长期以来坚持的文艺发展方向，在社会意识多元、多样、多变，各种文化形式交锋、交流、交融的形势下，重申"二为"方向，表明党的文艺路线政策的一脉相承性，也是党的文艺事业发展成功经验的升华。

把握根本方向，就是要准确理解文艺的本质。为人民服务、为社会主义服务，用马克思主义观点来分析，二者是辩证统一的。社会主义文艺从本质上讲，就是人民的文艺。要把满足人民精神文化需求作为文艺和文艺工作的出发点、落脚点，把人民作为文艺表现的主体，把人民作为文艺审美的鉴赏家和评判者，把为人民服务作为文艺工作者的天职。这是党对文艺战线提出的一项基本要求，也是决定我国文艺事业前途命运的关键问题。

把握根本方向，就是要清晰辨明文艺为什么人的问题。习近平总书记强调，人民需要文艺，文艺需要人民，文艺要热爱人民。这就明确告诉我们，文艺就是为人民的。对于文艺为什么人的问题，文艺工作者"为了谁、依靠谁、我是谁"的问题，一直以来都是根本的问题。我们党在延安文艺座谈会上就鲜明地提出："我们的文学艺术都是为人民大众的"。应该明白，人民是文艺创作的源头活水。一旦离开人民的阅读、人民的收听、人民的观赏，文艺就会变成无根的浮萍、无病的呻吟、无魂的躯壳。

三、学习领会讲话精神，要勇于承担艺术家的责任使命

文艺的繁荣发展离不开各个领域艺术家们的才能和创造。党把文艺的地位和作用摆到了国家兴旺发达不可替代的地位，提升到了一个新的高度。习总书记指出："繁荣文艺创作、推动文艺创新，必须有大批德艺双馨的文艺名家。"作为文艺创作生产主体力量的广大文艺工作者和艺术家们，一定要不负所望，勇于承担起自己的责任使命。

勇于承担责任使命，就是要努力成为时代风气的先觉者、先行者、先倡者。文艺工作者是灵魂的工程师，要通过文艺创作引导人们向往和追求向上向善的价值观，艺术家自身的思想水平、业务水平、道德水平是根本。能否在

实现中国梦的伟大实践中敏锐感知到最具活力的时代气息、捕捉到时代特征的最强音符、引领昂扬向上的时代风气，艺术家的先觉、先行、先倡能力和水平至关重要。艺术家要立业先立德、为艺先为人，不断提升思想修养、强化人格修为，做到创作与修身共进，追求人品和艺品俱佳，以高尚的职业操守、良好的社会形象、文质兼美的优秀作品，赢得社会赞誉、赢得人们的尊重和喜爱。

勇于承担责任使命，就是要弘扬中国精神、凝聚中国力量。习近平总书记强调，中国精神是社会主义文艺的灵魂。文艺是铸造灵魂的工程师，文艺工作者应该担当起塑造美好心灵、引领社会风尚的责任使命，必须高扬起社会主义核心价值观的旗帜，把爱国主义作为文艺创作的主旋律，把社会主义核心价值观生动活泼、活灵活现地体现在文艺创作之中，告诉人们什么是应该肯定和赞扬的，什么是必须反对和否定的。中华优秀传统文化是中华民族的精神命脉，是涵养社会主义核心价值观的深厚源泉，是我们在世界文化激荡中站稳脚跟的坚实根基。文艺工作者要坚守中华文化立场，传承中华文化基因，展现中华审美风范，以更多中国特色、中国风格、中国气派的文艺作品，大力弘扬中国精神、凝聚中国力量，引导人民树立和坚持正确的历史观、民族观、国家观、文化观，增强做中国人的骨气和底气，鼓舞全国各族人民朝气蓬勃地迈向未来。

勇于承担责任使命，就是要坚持把文艺的社会效益放在首位。习近平总书记在讲话时给我们作了一个形象的描述："文艺不能当市场的奴隶，不要沾满了铜臭气。"这就是告诉我们，文艺的社会效益更加重要，同社会效益相比，经济效益是第二位的。一部好的作品，应该像蓝天上的阳光、春季里的清风一样，能够启迪思想、温润心灵、陶冶人生，能够扫除颓废萎靡之风；一部好的作品，应该经得起人民评价、专家评价、市场检验，把社会效益放在第一位；一部好的作品，应该也是社会效益和经济效益相统一的，当两个效益、两种价值发生矛盾时，经济效益要服从社会效益，市场价值要服从社会价值。这是文艺的独特性，是做好文艺工作必须遵循的重要原则。

四、学习领会讲话精神，要抓住创作这个中心任务

习近平总书记强调："必须把创作生产优秀作品作为文艺工作的中心环节"。综观国内外历史我们很容易看出，衡量一个时代的文艺成就，最终要看有没有优秀作品的涌现。所以，对于我们文艺工作者，最根本的是要创作生产出无愧于我们这个伟大民族、伟大时代的优秀作品。

抓好创作生产，就是要坚持以人民为中心的创作导向。人民是文艺创作的源头活水，要虚心向人民学习、向生活学习，从人民的伟大实践和丰富多彩的生活中汲取营养，不断进行生活和艺术的积累，不断进行美的发现和美的创造。要始终把人民的冷暖、人民的幸福放在心中，把人民的喜怒哀乐倾注在自己的笔端，用自己的艺术才能和艺术激情，更加自觉主动地写人民演人民，为人民抒写、为人民抒情、为人民抒怀。

抓好创作生产，就是要坚持不懈地抓艺术精品。随着改革开放的不断深化，在经济社会发生翻天覆地变化的同时，文艺创作也百花争艳、春色满园，产生了大量脍炙人口的优秀作品，为满足人民群众的精神文化需求提供了更多的可能。同时，有数量缺质量、有"高原"缺"高峰"、机械化生产、快餐式消费等现象也逐渐显现。习近平总书记警醒我们："低俗不是通俗，欲望不代表希望，单纯感官娱乐不等于精神快乐。"在文艺创作中，我们要谨记不能在市场经济大潮中迷失方向、陷于浮躁。要牢固树立精品意识，多创作思想精深、艺术精湛、制作精良的作品；要坚持孜孜以求、精益求精的精神，拿出十年磨一剑的执着，用情、用功、用时间去锤炼作品，创作生产出更多有筋骨、有道德、有温度的文艺作品，书写和记录人民的伟大实践、时代的进步要求，为历史存正气，为世人弘美德。

抓好创作生产，就是要深入群众、深入生活。习近平总书记指出："文艺创作方法有一百条、一千条，但最根本、最关键、最牢靠的办法是扎根人民、扎根生活"。大家知道，实践的精彩是想象不出来的，生活的美好是杜撰不出来的。文艺工作者要想有成就，就要深深懂得人民是历史创造者的道理，深入群众、深入生活，诚心诚意做人民的小学生。搞文艺创作，就要深入到基层一线采风，在人民群众火热的生产生活实践中汲取题材主题、情节语言、表现内容，欢乐着人民的欢乐，忧患着人民的忧患，在与人民同呼吸共命运的过程中不断进行生活和艺术的积累，不断进行美的发现和美的创造，使作品始终保持群众立场和生活温度。

抓好创作生产，就是要不断进行艺术创新。创新是艺术的生命，是文艺繁荣发展的动力源泉。文艺创作就是观念和手段相结合、内容和形式相融合的深度创新。在创作生产中，文艺工作者要随着时代生活创新，以自己的艺术个性进行创新。要把创新精神贯穿文艺创作生产全过程，努力探索优秀文艺作品创作生产的基本规律，坚持百花齐放、百家争鸣的方针，发扬学术民主、艺术民主，营造积极健康、宽松和谐的氛围，提倡不同观点和学派充分讨论，提倡体裁、题材、形式、手段充分发展，推动观念、内容、风格、流派切磋互鉴。抓好创作，还要充分发挥好文艺评论这面文艺创作镜子的作用，引导改进和提升作品。要把好文艺评论的方向盘，运用历史的、人民的、艺术的、美学的观点评判鉴赏，对各种不良文艺作品、现象、思潮要敢于表明态度，进行辨析和批驳，引导创作，多出精品。

五、学习领会讲话精神，要大力推动文艺繁荣发展

学习贯彻好习近平总书记的重要讲话精神，是当前我

省宣传文化系统的一项重要政治任务。我们一定要以习近平总书记的重要讲话为指导，更好地推动我省文艺的繁荣发展。

一是要在全省宣传文化系统各级各部门组织开展好学习教育活动。认真学习贯彻习总书记在文艺工作座谈会上的重要讲话精神。通过深入领会、统一思想、提高认识，进一步激发广大文艺工作者的荣誉感、责任感和使命感。

二是要在媒体上宣传好习近平总书记的重要讲话精神。报刊、电台、电视台要利用重要时段、重要版面、专栏专题，刊发文章、综述、专访和通讯等，宣传讲话精神，宣传社会各界的热烈反响。各部门要利用座谈会、培训班、研修班等形式，组织开展学习宣传活动。

三是要落实讲话精神提出的新要求、新任务。各部门在创作、表演、研究、传播、考核、评价、政策保障、队伍建设、文艺管理等方面，研究和商讨贯彻落实办法。

各位艺术家，同志们，实现中华民族伟大复兴需要中华文化繁荣兴盛。广大文艺工作者一定能大有作为、大有可为。让我们紧密团结在以习近平同志为总书记的党中央周围，学好精神、抓好落实，努力创作生产更多传播当代中国价值观念、体现中华文化精神、反映中国人审美追求，思想性、艺术性、观赏性有机统一的优秀作品，为推动文化大发展大繁荣，实现中华民族伟大复兴的中国梦做出积极的贡献！

（本文根据中共山西省委常委、宣传部长胡苏平同志10月22日召开的全省文艺工作座谈会上的讲话编辑）

贯彻军民融合深度发展战略
开创国防后备力量服务转型跨越新局面

张 少 华

坚持军民融合式发展是党和国家的重大战略决策，是实现富国与强军统筹兼顾、经济建设和国防建设协调发展的重要保证。党的十八届三中全会强调，要紧紧围绕建设一支听党指挥、能打胜仗、作风优良的人民军队这一党在新形势下的强军目标，推动军民融合深度发展。贯彻军民融合深度发展战略，对充分发挥军地双方优势，进一步解放思想、深化改革、把握机遇，加快推动山西经济社会转型跨越发展，实现强国梦强军梦意义重大、影响深远。

一、深刻领会党中央和习主席决策指示精神，在更高起点上凝聚军地合力推进军民融合深度发展的共识

军民融合深度发展是党中央和习主席综合分析、科学判断当前国际国内形势，对军民融合式发展的重大理论创新和实践创新。深刻领会党中央和习主席的决策指示精神，准确把握军民融合深度发展的本质内涵和现实需要，充分认清重大意义，对于军地各级更好地凝聚思想共识，聚力抓好贯彻落实至为重要。一是加快推进全面建成小康社会的必然要求。发展是解决我国所有问题的关键，安全是确保发展顺利实现的保证。当前，我国全面建成小康社会正处于攻坚期，经济体制、政治文化、社会民生、城乡发展、资源生态等各个方面，一系列发展难题亟待破解，加之国际国内形势复杂多变，生存安全问题和发展安全问题、传统安全威胁和非传统安全威胁相互交织，经济社会发展和安全保证两个方面都面临着严重挑战。面对新的形势任务，下力推进军民融合深度发展，有利于科学统筹安全与发展、富国与强军的关系，有利于加快推进军地建设互促共长，为实现党确定的全面建成小康社会中心任务提供有力支撑和安全保证。二是贯彻落实强军目标战略思想的重要保证。习主席提出的听党指挥、能打胜仗、作风优良的党在新形势下的强军目标，赋予了国防和军队建设新的使命任务。当前，国防和军队建设总体发展较快，但与我国大国地位、安全发展要求不相适应的问题仍然存在。充分依托经济社会发展成果建设强大国防和现代化军队，是军民融合深度发展的应有之义。这些年我们在航天、航海及海空军建设上取得的一些重大进展，包括省军区部队建设取得的显著成效，也都借助了地方优势资源，离不开地方各个方面的大力支持。在我国经济社会稳步发展的大好形势下，坚定不移地推进军民融合深度发展，是把强军目标要求真正落到实处的重要保证。三是全面深化改革形势任务的现实需要。党的十八届三中全会把国防和军队改革纳入国家改革战略全局，作为重要部分进行了部署。坚持改革的系统性、整体性和协同性，努力形成军民融合深度发展格局，是国防和军队改革取得成效的内在要求，也是促进经济社会改革的有效途径。一方面，解决军队信息化建设升级、力量结构调整、新型军事人才培养、社会化保障等战斗力建设的突出矛盾症结，需要与国家改革进程相一致，与国家政策制度改革相衔接。另一方面，国防科研成果、军事技术发展、武器装备更新、保障领域拓展，也会增强经济社会改革的生机与活力。只有服从服务国家改革大局，军地聚力走开走宽军民融合深度发展路子，才能确保党中央全面深化改革战略部署的顺利实现。

二、适应军民融合深度发展需要，在服务转型跨越发展上有更大作为是国防后备力量的重要使命担当

走开具有山西特色军民融合式发展路子，是我省落实中央决策部署、加快推进转型跨域发展、提升国防后备力量建设质量的重大举措。近年来，在省委省政府的正确领导下，我省军民融合式发展取得重大进展，特别是国防后备力量建设借助地方优势取得显著成效，去年李小鹏省长代表省委省政府，在北京军区人武部和预备役部队建设工作会议上作了经验介绍，展示了我省军民融合式发展的阶段成果。今年省军区党委在集中精力抓好强军目标落实的同时，按照中央推进军民融合深度发展部署要求，紧贴我省实际，突出在国防后备力量服务转型综改试验区建设上谋求更大作为，具有多方面考虑。一是贯彻落实习主席重要指示的实际举措。习主席在去年视察北京军区时突出强调："军区部队要积极参加和支援地方经济社会建设，深入做好扶贫帮困、助学兴教、医疗扶持和支援新农村建设等工作，勇于承担抢险救灾等急难险重任务，支持和参与地方生态文明建设，为改善华北地区生态环境作贡献"。近年来，省军区部队和驻军官兵按照全省部署要求，广泛开展"十个带头"和"四帮一助"活动，为支援山西经济社会发展做出了积极贡献。但目前我省许多地区尚未完全摆脱贫困，生态改善、应急维稳和灾害救援任务还很重，国防后备力量参建仍有较大空间。省军区理应坚决贯彻落实习主席重要指示，带领广大官兵围绕省委省政府确定的转型跨越发展目标，把参建工作特别是扶贫开发进一步抓好抓实，努力为我省转型跨越发展作出更大的贡献。二是践行人民军队性质宗旨的职能要求。中华人民共和国《国防法》和《兵役法》都明确提出，军队要把参加国家经济和社会建设作为一项重要职能使命。国防后备力量亦军亦民、双重领导，既有打仗的使命，也有参建的职能任务。组织发动广大民兵预备役官兵积极为我省经济社会发展提供安全保障，积极投身转型跨越发展实践，都是践行全心全意为人民服务性质宗旨的具体体现，都是遂行多样化军事任务职能使命的现实要求。当前，我省转型综改试验区建设正在加紧推进，这是全国唯一的全省域、全方位、系统性的综改试验区，为我省加快转型跨越发展提供了难得机遇，发挥230万民兵预备役人员组织严密、突击力强的优势，聚力服务助推我省转型综改试验区建设，尽快实现省委省政府办好"两件大事"的目标，义不容辞，责无旁贷。三是提升"能打仗、打胜仗"能力的有效途径。能打仗、打胜仗始终是军队的核心使命，但国防后备力量在落实"能打仗、打胜仗"要求上具有自身的特殊性，坚持在用兵中练兵强兵，是提升建设质量的现实要求和客观规律。这些年，我省国防后备力量实战化水平不断提升，很重要的是通过组织参与重大工程建设、执行森林灭火、社会维稳等任务来实现的，特别是完成像曲亭水库溃坝救援等一些重大任务，都是锻炼部队、摔打部队的重要平台，对于提升官兵精气神，促进组织指挥、协调保障能力提升具有多重效益。因此，组织国防后备力量参建，不单单是为地方建设服务的问题，也是提升国防后备力量战斗力的重要途径。四是回报地方党委政府和人民群众的应有之举。这些年，我省国防后备力量建设质量有了很大提升，站到了新的起点。各级党委班子坚强有力、奋发有为，部队政治坚定、忠诚可靠，战备训练水平和履行使命任务能力明显提升，基层建设全面发展，作风建设和安全稳定持续向好，上下振奋、士气高涨。这些成绩的取得，得益于省委省政府的正确领导，得益于各级党委政府的鼎力支持，得益于全省3500万人民群众的深情厚谊。国防后备力量在聚焦强军目标、着力提升打胜仗能力这一核心任务的同时，理应在参建上积极贡献力量，谋求更大作为，倾力回报社会。

三、把握关键环节，确保发挥国防后备力量参建作用，提升军民融合深度发展的质量和效益

新形势下国防后备力量参建的范围更广、任务更重、要求更高，既需要从顶层设计上科学搞好规划，又需要在工作落实中把握重点，只有这样才能不断提高参建的质量效益，加快实现军民融合深度发展。一是找准国防后备力量建设与参建的结合点着力点。国防后备力量具有人员分布面广、联系群众紧密、组织纪律性强的优势，可以在政治、经济、社会、文化、生态文明建设等各个领域有所作为、作出贡献。扶贫帮困上，可以发挥数量优势，搞好结对帮扶；工程建设和生态建设上，可以发挥成建制用兵优势，组织集团攻坚；救援维稳上，可以发挥突击力强优势，跨区用兵打头阵。今年，省委省政府省军区联合出台的《关于贯彻军民融合深度发展战略，组织国防后备力量参加转型综改试验区建设的意见》涉及的十个方面，都是着眼省情实际，立足国防后备力量建设和参建工作特点，经过认真研究论证提出的。各级在抓工作落实上，只要按照意见要求加强领导，严密组织，必将产生明显效益。二是注重在组织国防后备力量参建中提升部队战斗力。军队是执行打仗任务的武装集团，这一根本性质始终不能变。因此，国防后备力量建设的根本着眼点落脚点，都要放在促进战斗力提升上，放在践行强军目标上。国防后备力量要把参建活动作为抓训练促战备的重要途径，在开展扶贫帮困、文明创建活动中强化宗旨意识、群众观念，固本正源、强基铸魂；在参与大项重点工程、生态绿化建设中检验整组、集结、运兵成效，夯实基层建设基础；在完成抢险救灾、应急维稳急难险重任务中，练指挥、练谋略、练协调、练保障、练作风，提高实战化水平；在军民两用技术双向转化中，搞好技术革新，实现武器装备功能升级，切实通过各种参建活动，促进战斗力建设的大幅提升。三是加强对军地合力推进国防后备力量参建的统一领导。组织发动国

防后备力量参加地方建设，牵涉多方、环节复杂，只有坚持军地齐抓共管、合力推进，才能有序运行、确保实效。各级党委政府要充分发挥国防后备力量生力军作用，交任务、给平台、压担子。省军区各级要把参建作为锻炼班子、培养干部的有效途径，通过大规模系统的参建活动，锻炼提高各级党委班子领导服务地方经济社会发展和履行核心使命任务两个能力，提高统揽全局、组织谋划、综合协调、督导落实水平，培养干部骨干组织部队完成大项任务素质本领。军地双方要积极协调配合，搞好需求对接，科学确定项目，细化方案计划，强力督促推进，切实把好事办好办出成效，既使广大人民群众得到实惠，又促进国防后备力量战斗力提升，以国防后备力量参建的新成果创造军民融合深度发展的新格局。

（作者为中共山西省委常委、省军区政治委员）

适应市场作用新定位　创新市场监管新模式

张　建　欣

党十八届三中全会作出的全面深化改革的《决定》，提出“紧紧围绕使市场在资源配置中起决定性作用深化经济体制改革”的要求。市场对资源配置起“基础性”作用到“决定性”作用的新定位，是市场经济体制改革的深化发展和崭新实践。面对这一新定位，政府如何创新监管模式，在市场监管中更好发挥作用，是我们必须认真探索、加快解决的新课题。

一、市场监管的观念、途径与市场作用新定位不相适应的现状，要求我们探索新的监管模式

在30余年以市场经济为取向的改革实践中，我们虽然探索并初步形成了监管市场的有效经验，但与当前市场作用的新定位仍旧有许多的不适应，仍旧有很大的完善和改革空间。

众所周知，市场监管是政府重大职能之一。改革开放以来，我们强力扭转了计划经济体制下市场监管僵化的模式，扭转了“官办市场、市场官办”的局面，实现了“管办脱钩”，政府不再直接“办市场”，交由市场主体去“办市场”，或者说，完成了市场对资源配置“基础性”作用的改革，使市场经济的体制得以基本确立。随着改革的深化，市场的发展，各类市场主体的崛起，以及市场经济规律的作用，迫使我们的改革必须毫不动摇地发挥市场对资源配置的“决定性”作用。这就要求我们在新的市场作用的定位下，回答好市场监管如何与之适应的问题。

勿容置疑，在目前条件下，政府监管市场的机构设置、目标、手段、方法、途径、观念、思维还不能适应市场对资源配置起决定性作用的新定位、新要求。

一是监管观念不适应。不能正确处理政府与市场的关系，不能正确处理严管与为企业服务的关系，不能正确处理活力与秩序的关系，弱化了企业在市场资源配置中的主体地位，阻碍了“全民创业”发展环境的形成。

二是监管体制不适应。还没有形成监管统一、规范大市场的机制体制。政府管理资源尚未形成市场监管的最优组合，“权力寻租”还有空隙。在这样的监管体制下，市场对资源配置的决定性作用是难以实现的。

三是监管职责错位。部门之间职责模糊，职能错位，有的甚至扭曲监管部门对企业服务的准确内涵，代替或者干预企业在市场资源配置中的主导地位。一些所谓执法，造成市场监管的阵地荒芜、职能缺位、地位错位、作用扭曲。

四是审批太多太滥。一些不合理的审批影响创业主体快速入市，影响市场主体的营商行为，迟滞和贻误企业的发展机遇等。

凡此种种，都需要我们在习近平同志关于深化改革的系列讲话指引下，在党的十八届三中全会精神引领下，适应改革大势，适应“市场作用”的新定位，时不我待、不等不靠地投身于政府职能再转变、再强化、再调整、再完善的改革中，使之适应市场经济体制的真正确立，推进市场对资源配置决定性作用的最终实现，创造新的市场监管范式。

二、围绕市场作用的新定位，精准设计市场监管的机构设置、目标定位与体制重构

在市场作用的重新定位中，政府怎样管市场？管什么？党的十八届三中全会及近期习近平同志的系列讲话提出了清晰目标和具体要求。

首先，为发挥政府监管市场“更好作用”，机构改革要迅速到位。政府机构改革在党中央、国务院领导下，正在紧锣密鼓地稳健推进。我们要顺势而为、趁势而行，按照上级部署，整合政府行政资源，在政府履行市场监管职能上形成坚强的指挥中心、协调机构和履职机制的最优组合。

政府监管市场的职能机构必须与市场作用新定位相适应。要调动、整合、完善市场监管的行政资源，释放新能量，使之能够更好地保证市场作用新定位的实现，更好适应社会治理体系、治理能力现代化建设的需要。形成政府各项职能，包括宏观调控、公共服务、社会治理、市场监管与环境保护之间的相互作用、有机统一的新的监管范式。

其次，建构监管力生成的新体系。在市场对资源配置发挥决定性作用的条件下，重构与创新市场监管体系。着力建构科学、完整的，与市场监管内在要求、市场规律客观要求、市场作用新定位的现实要求相适应的执法、监管、维权、服务的工作体系，主要有如下内容：

一是建构高效、便捷、有利于创业者入市的市场准入体系。市场主体是市场经济体制的承载，如果没有庞大的各类创业者的健康发展，市场的“决定性”作用就失去了主体，发展就失去了活力。因此，建构市场准入体系是政府监管市场的前提建设与首选职能。

市场准入体系的核心内容是在新修订的《公司法》框架下，用系列制度、实施细则的形式去完备和细化，以实现《公司法》的法律意志。比如注册资本“实缴制”改为“认缴制”的改革，降低投资者、创业者的市场准入门槛，减少准入成本。我省2013年探索推开这项改革，新注册公司达到3397家，同比增加23.9%,激发了市场主体的创造活力，增强了经济发展的内生动力。再如“先证后照”改为“先照后证”，年检由“年检制”改为“年报制”，这样就能保证创业者、投资者不失时机地发挥“决定性”作用，不致于贻误市场主体的发展机遇和浪费管理成本。总之，科学的准入体系的建构是市场对资源配置起决定性作用的重要基础和前提，推进市场准入改革，也是提升政府社会管理能力，生成政府市场监管力的经济社会基础。

二是在法的框架下作为，坚持法赋责权，建构精准科学的执法体系。依法执法是政府监管市场的主要手段。在市场作用新定位的条件下，一系列市场监管的法律都在“先修法”、“后改革”的指导思维下，做了修订与完善。这些系列法律法规是市场主体对资源配置自主决策、自主管理实现的法律保障，更是政府监管市场、履行职能的法律依据。因此，任何一个市场监管的政府部门，都要树立法赋职责的监管理念，坚持一切执法行为都不能越出法的轨道。依法行政、依法监管是我们恒定的守则。

执法体系建设的内容构成主要是：（1）准确反映法的内涵，把法的意志转化为监管执法者的行为实践。依法执法，“依”要准确，而不能扭曲法的本来意志。新的系列法修订后，监管部门普法学法要作为队伍素质建设的紧要任务抓在手上，不留盲点，上岗必懂法，执法必守法。要严格考核，法盲不得上岗执法。（2）监管部门要有立规守法的法制素质与自觉。衡量市场监管部门的执法素质，关键是其对已修订的法律，能否制定出鲜活、具体、准确的与法的意志相一致、保证法的意志实现的规章制度。（3）市场监管效能考核体系。依法执法体系建设的效能考核是要看一个地方是否营造了公平竞争的市场环境。而市场主体崛起、全民创业、发展加速、交易公平、竞争公平是依法监管市场的终端目标。

三是建构“政府主导、部门协作、消费者参与、市场主体自律”的消费维权体系。消费维权的执法灵魂是以人为本，更是政府监管市场的重要内容。调节消费者、生产者与经营者的关系，是《中华人民共和国消费者权益保护法》赋予的权责。因此，要在该法规范的职能框架下，建立“维权赔付”、“公益投诉”、“消费者权益与经营者责任”的制度系列。同时，要把落实“消法”的职能，向乡村基层政府延伸，向一切基层，特别是向农村、消费群延伸。

四是建构科学、快捷、全覆盖的质量标准体系。如果说市场主体对资源配置起决定性作用，回答的是“决定什么，怎样决定”的话，那么，法律调节、政府监管部门的“更好作用”则必须体现在依法对各类产品、质量标准、产品构成成份等，制定科学的标准。产品质量管理是市场监管的客体，决不能发生产品标准空白、无标生产、无质经营等现象。我省质监部门连续多年出台和制定了一产、二产、三产等各类地方标准471项。特别是关系国计民生的产品生产，坚持依法进行标准管理，假冒伪劣、无标无证产品大幅度减少。

五是食品安全与涉危涉爆行业的特殊监管体系。在《食品安全法》框架下，食品安全要形成和建立链条式、全过程、无缝隙的特殊监管系列。涉危涉爆行业的经营、生产、销售也要严格地制定合理系列制度，以保证社会治理、市场监管、公共服务等职能的协调推动与效能管理。

六是建构市场监管的队伍素质保障体系。行政执法，队伍是主体。重视执法队伍建设是市场监管效能的保证。要牢固确立“廉洁执法”、“依法改革”、“持证上岗”、“依法执法”的服务理念与执法理念。

三、适应市场作用的新定位，创新市场监管新模式必须坚持的原则和方向

习近平同志在中央政治局第十五次集体学习中强调，“看不见的手”和“看得见的手”都要用好。因此，我们说市场对资源配置起决定作用，绝不是放弃和扭曲政府对市场的监管功能和服务功能，而是要求政府要在遵循市场规律的前提条件下，主动自觉调动市场不能配置的公共资源，去改革市场监管体系，维护市场秩序，解决好政府对企业、对市场主体干预过多和监管错位、缺位的问题。

一是正确处理市场的决定性作用与政府发挥更好作用的关系。市场对资源配置的决定性作用，同时也规范了政府监管市场的更好作用，两个作用的共同发挥、和谐统一、有机结合，才是实现市场经济改革深化的准确内涵，二者统一于市场监管模式的重构与创新实践中。主要有：主体准入中的服务规则、消费维权中的责任定位、培植新型产业中的引导功能、交易过程中公平竞争的秩序维护、新产品开发与生产的标准制定、建设法制化的经营生产环境等。简言之，就是公共资源的合理配置、公共服务的优质高效和公共管理的准确定位。

二是正确处理“法定权责”与行政裁量的关系。依法改革、依法监管、依法执法确立的“法定权责”的权力观，是政府监管市场必须依循的原则。政府的所有责任与权力，都是法律所赋予的，要摈弃过去存在的以“行政自由裁量”

的名义，为自己扩权；以“解放思想”的名义，随意越权；以行政审批、行政管理的名义，随意侵犯市场主体权力的作为。在依法改革的条件下，要坚持在法律框架下作为，在法的意志下实现对市场的科学监管。决不能把“越法”行为当“创新”。同时，我们也要在执法中，确立科学的创新精神、探索精神，推进一些政策向法律、法规层面提升。这是法制精神、法制政府建设的题中应有之义。

三是正确处理监管与活力、监管与服务的关系。依法对市场进行严格监管，本质上就是一种服务。服务是整个国家治理、当然也是市场监管的终端目标。任何国家机关、政府部门都是为社会、为市场、为企业提供服务的，但服务的手段和途径不同，市场监管部门主要是通过监管市场、维护市场秩序提供服务。因此，我们不能把服务“深化”到代替、包办、干预企业内部活动，从而影响市场作用新定位的实现。要把法制、严管、执法与激发市场活力、优化服务有机地统一起来。

四是坚持市场监管手段、途径与目标的统一。在市场经济改革深化发展的条件下，传统的监管市场的手段，诸如“巡查制”、“拉网式”检查等手段，虽然在不完善、不发达的市场经济初始阶段发挥过积极作用，但在市场作用重新定位、高技术产业、网络经济日益发达的条件下，依感觉、凭热情、靠行政裁量、主观认定去处置市场主体的行为，已经严重不适应监管的需求。因此，政府对整个市场的监管，必须纳入“大数据”、“信息化”的轨道。主要是依托“大数据”对各类市场主体纳入高技术监管的轨道，建立执法联动与监管协调机制。

建立诚信经营记录与违法、不守信行为曝光机制。“大数据”时代使全面采集市场主体的营商行为成为可能。一个失信的曝光，比较于一次经济的处罚更有效。通过“大数据”曝光非法，就能有效实现效能监管、依法严管、精准执法，科学维护市场秩序。

建立信息引导机制。市场监管是为市场主体提供服务。服务型政府建设的内在规定、国家治理现代化体系建设，都需要我们通过信息引领，实现三大功能：一是引领新型产业生成，让市场在决定资源配置时，更加准确有效，避免盲目投资与产能过剩。二是引领消费，使市场主体的营商行为有力促进资金效益提升与拉动内需。三是预测市场需求，引导发展、调节发展、服务转型。

建立市场突发事件的处置机制与信息共享平台。“大数据”管理条件下，政府监管市场职能由“被动监管”转型为“主动监管”，由“传统监管”转型为“科学化”监管，特别需要政府在全局性、整体性、普遍性监管中，突出重点监管、难点监管、特殊监管。主要是依托“大数据”与“信息化”，确立监管市场的重点思维，对那些涉及国计民生的特殊产品、特殊市场，要建立特殊监管机制。总之，实现高技术对市场的监管，是我们适应深化市场经济改革的要求做出的必然选择。

随着市场主体的崛起，社会创业环境的改善，改革所释放的市场活力必然会对政府更好地发挥作用、市场在资源配置中起决定性作用，提供外在条件和内生动力,从而促进社会治理现代化和市场监管科学化，实现政府监管的有效性、科学性与常态化、信息化、现代化，推动整个经济的又好又快发展。

（作者系山西省副省长）

山西医改：探索县级公立医院综合改革之路

卫 小 春

2012年，山西省33个县被国务院医改办、原卫生部确定为国家级县级公立医院综合改革试点县，占当时全国311个试点县的十分之一；平鲁区作为省级试点探索推进综合改革。2013年，综合改革进入全面拓展阶段。省医改办确定了49个新增试点，全省综合改革试点县（市、区）总数达到83个，占全省119个县（市、区）的70%。太原、阳泉、运城三个市实现了试点县（市、区）全覆盖。

一、实践推进：六项措施“内外兼修”

按照国务院深化医改政策要求，结合本地实际，我省主要采取了六项措施。

措施一：下放医疗服务价格调整权，取消药品加成政策。核心内容是对取消药品加成后医院减少的合理收入，通过财政补偿60%，价格调整补偿40%。目前，全部试点县均已出台医药价格改革方案，取消了药品加成，实行零差率销售。

措施二：规范财政补偿渠道，落实政府办医责任。明确了基本原则和补偿政策。经常性收支补助，实行县级财政现行补助政策保留不变，不得抵顶改革中需要增加的补助，补助额不达在职职工基本工资70%的提高到70%；对参加事业单位医疗保险制度的县级医院应按单位缴费部分的70%核定补助；县级医院符合国家规定的离退休人员费用，由县级财政根据国家有关规定补助，事业单位养老保险制度改革后，按相关规定执行。

措施三：推进人事分配制度改革，调动医务人员积极性。规定县级公立医疗机构基本编制按照县（市）户籍人口的千分比核定；要求县级公立医疗卫生机构中卫技专业技术人员比例不低于总编制的85%，医护比要逐步提高到1:

2。在县级公立医院全面实行人员聘用制度和岗位管理制度，由县级以上人社、财政部门核定县级公立医院绩效工资总量。绩效工资分为基础性绩效工资和奖励性绩效工资两部分，基础性绩效工资原则上占绩效工资总量的50%～70%，有条件的地方可适当提高奖励性绩效工资的比例。

措施四：合理配置县域医疗资源，提高整体服务效率。各试点县均出台了县域医疗机构设置规划，突破行政隶属，优化布局结构，科学确定县域内医疗机构的数量、规模、分布和功能定位。在管理模式上，采取县管乡、乡管村的方式，县医院和乡镇卫生院之间形成人员相互流动、设备统一调配、业务统一管理、绩效统一考核的管理机制；乡镇卫生院对村卫生室实行行政、人员、业务、药品、财产“五统一”管理。

措施五：强化县级医院能力建设，提升医疗服务能力。全省启动了县级公立医院综合改革管理对口帮扶工作，分两批次安排35所三级医院对口帮扶83个试点，突出管理帮扶和团队支援，采取托管、组建医疗联合体、区域协同、派驻管理团队等多种方式，将先进管理经验“移植”到试点医院。

措施六：结合年度目标责任考核，强化改革执行力度。从2011年起，山西省连续三年把县级公立医院综合改革列入省委、省政府年度目标责任考核指标体系，考核结果作为对市县政府政绩评价、干部任用的直接依据。2013年，“以县级医院综合改革为重点推进公立医院改革”被列为山西省转型综改专项改革任务，纳入省政府重点督导工作内容，形成了强有力的综合改革激励推进机制。

二、初步成效：机制创新、服务提升

通过对首批34个试点县（市、区）2011、2012年的相关数据的调查分析，改革取得了两方面的成效。

一是维护公益性、调动积极性的新机制正在形成。在补偿机制方面，截至2012年底，38所试点医院全部实行了药品零差率销售，破除长期困扰基层的“以药补医”机制初战告捷；在人事、分配改革方面，各试点县科学合理确定人员编制，改革后共增加编制4033人；各试点县以绩效考核为导向的激励机制基本建立，大多数试点医院奖励性绩效工资占到工资总量的30%左右，最高的达50%以上，有效调动了医务人员的积极性，提升了医院投身改革的内在动力。

二是县域医疗卫生服务能力稳步提升。38所试点医院全部达到二级甲等水平；门急诊患者281.9万人次，较上一年度增长18.8%，出院人数27.9万人次，较上一年度增长18.2%；住院患者次均费用（3732元）大大低于全国二级医院平均水平（4729元）；平均住院日控制在8.5天。县域医疗服务能力的提升给基层群众带来了实实在在的实惠。

三、思考：政府搭台、医院唱戏

一是建立政府投入长效机制的关键——医保付费改革。对于医改的政府投入，较为明确的流向是“补需方”，即投入基本医疗保障体系。“补供方”必须明确的是，这笔开支将用于医疗卫生服务体系改革与完善的各项任务。县级公立医院虽然从政府获得了更多的补助，但不应该存在政府增加投入使之“旱涝保收”的情形。随着全民医保的推进，尤其是公立医疗保险筹资水平的提高，基本医疗保障体系将成为各类医疗机构的主要付账者。要维持正常运转，医院必须通过努力提升医疗服务能力去竞争来自医保的付账。

政府为公立医院“精心培育打造了一个医疗消费市场”，医保支付正逐步从后付制、按项目付费，转向总额预付制、按病种、按人头等复合付费方式。因此，需要政府顶层设计来规范这个市场，进一步明确各级政府和相关部门对公立医院的投入责任、分担机制，建立完善医院（医院代表）和医保经办机构谈判机制以及长效性的财政投入机制。

二是根除以药养医的落脚点——引入市场竞争机制。对于取消药品加成后医院减少的合理收入，大多数省份都是通过财政投入和价格调整按比例补偿；山西省是由财政补偿60%，价格调整补偿40%。显而易见，医疗价格调整成为县级公立医院改革的重要内容。从我省的情况来看，由于调整的医疗价格部分不足以弥补40%的药品加成费用，不足部分多由医院自行消化，少数财政状况好的试点县统一由财政补偿。而无限制增加政府财政补助，不仅导致县财政负担不断加重，也无法合理控制药费。此外，无论医院的行为如何，只要医院的药品采购价不降低，问题仍将无法解决。因此，只有有效解决公立医院“药价虚高”的问题，才能堵住“以药养医”的制度漏洞。换言之，要想祛除“药价虚高”的痼疾，仅仅依靠行政手段是不够的，必须引入竞争，引入市场机制，引入基于市场的新型监管体制。

三是人事分配制度改革的核心——充分调动人员积极性。在分配制度改革方面，绝大部分医院已经做到医务人员收入与医疗服务质量、医疗服务数量及患者满意度挂钩，而不是与药品和各类检查收入挂钩。因此，若要提高医务人员的积极性，必须引入劳动力市场机制和人力资源管理的理念和制度，让医师成为自由执业者，让院长成为职业经理人，让医院享有充分的用人权和收入分配权，依靠自身人才储备来带动县级公立医院的可持续发展。

（作者系山西省政协副主席、省卫生计生委主任）

推进综改攻坚 探索转型新路

王 赋

山西省国家资源型经济转型综合配套改革试验区获批以来，在省委、省政府的正确领导下，全省上下以转型综改试验区建设为统领，紧扣资源型经济转型主题，着力构建与之相匹配的体制机制和政策体系，综改区建设取得阶段性进展和突破。

一、主要工作

（一）完善顶层设计。2012年8月，国务院批复了《山西省国家资源型经济转型综合配套改革试验总体方案》。省委、省政府深入贯彻落实《总体方案》，确定了“总体方案—实施方案—年度行动计划”的推进思路和分年度实施“重大改革、重大事项、重大项目、重大课题”的推进模式，制定出台了“十二五”后三年《实施方案》，2013、2014年连续两年实施了年度《行动计划》，顶层设计不断完善，综改区建设深入推进。2014年是“转型综改攻坚年”，省委、省政府把综改区建设作为全面深化改革的切入点，召开了综改攻坚创新驱动项目见效工作大会，对综改攻坚作了全面部署。

（二）健全推进机制。不断完善牵头部门负责制，构建横向协调、上下联动工作机制，狠抓“一把手”工程，强化省直部门对市县基层的业务指导，实行改革进展月报制度、重大进展专报制度，开展季度督查年度考核，探索改革任务项目化管理和第三方评估，有力促进了综改任务的落实。

（三）加强省部合作。充分利用省部合作平台和部际联席会议制度，积极争取国家改革授权和政策支持，低热值煤发电项目核准、煤炭和煤层气矿业权审批、动力煤衍生品交易及煤炭期货交易前期工作等三项重大改革获得国家赋权，成为综改区建设最大突破和亮点。今年以来，重点围绕城乡建设用地增减挂钩试点突破县域范围、科技创新城建设、国家新型城镇化综合试点等，继续全力争取国家支持。

（四）突出工作重点。在全面落实《行动计划》的同时，结合省委、省政府重大工作部署，进一步突出重点，紧紧抓住落实国家赋权三项改革、煤炭管理体制改革、国资国企改革、财税金融改革、投资体制改革、综合能源基地建设等20项攻坚任务，明确责任、强化协调、密切跟踪、加快推进。

（五）加强宣传培训。省内主要媒体以“综改进行时”、“深化改革、综改攻坚”、“转型综改”等专栏专版形式加大了综改区建设宣传力度，通过山西综改网、综改专报、综改手机报等渠道反映综改重大进展，采取以会代训、专题培训等形式加强综改业务培训，营造了转型综改浓厚舆论氛围。

二、改革进展

（一）国家赋权的三项重大改革深入落实。推进低热值煤发电项目核准。2013年6月，国家能源局同意委托山西核准“十二五”时期低热值煤发电项目，我省出台了低热值煤发电项目核准实施方案，确定了10个基础准入条件和10项优先原则，突出了优选科学化、门槛标准化、程序透明化、监督全程化特点。截至今年7月，共发放四批24个项目路条，装机容量2104万千瓦，正在抓紧推进项目核准前期工作，同煤塔山二期2×66万千瓦低热值煤发电等5个项目，预计年内可核准开工。

落实煤炭、煤层气矿业审批权下放。2013年10月，国土资源部同意按“部控省批”原则，在山西开展煤炭和煤层气矿业权审批制度改革试点。今年5月，国土资源部向国务院上报了在山西开展试点的请示，并进一步征求了中编办、国务院法制办和国家发改委的意见，向全国人大常委会法工委作了汇报。我省正在制定煤层气勘查开发规划、煤层气矿业权管理办法和煤层气勘查开采监督管理办法。

推进动力煤衍生品交易及煤炭期货交易前期工作。2013年8月，国家发改委同意煤炭交易中心开展动力煤衍生品交易和煤炭期货交易前期工作，今年5月，中国证监会向国务院上报了在山西开展商品场外衍生品交易试点的报告，并进一步征求了中编办等有关部门意见，8月中旬再次上报。

（二）煤炭管理体制改革统筹推进。今年6月省政府成立了山西省煤炭工业深化改革稳定运行领导小组，确定了煤炭资源配置、项目审批和投资体制改革、煤炭销售体制改革、清费立税改革、煤电一体化、企业改革等六个重点，以煤炭清费立税为突破口，以煤炭销售体制改革为关键点，全省煤炭管理体制改革扎实推进。

煤炭清费立税改革率先开展。6月份，省政府下发了涉煤收费清理规范工作方案，召开电视电话会议作了专项部署。截至8月底，省直单位和市县两级今年要求取消、降低标准、停征或规范的涉煤收费已经全部落实到位。预计通过清理规范，今年吨煤可减负6.5元，明年吨煤可再减负7.8元，两步改革全部到位后，吨煤减负14.3元，每年至少可减轻煤炭企业负担超过135亿元。

煤炭销售体制改革即将启动。深化煤炭销售管理体制改革方案已编制完成，拟从改革公路运销煤炭管理体制、改革铁路销售煤炭管理体制等方面作出具体部署。

煤炭资源市场化配置改革即将实施。《山西省市场配置煤炭资源实施意见》已征求了相关部门意见。矿产资源公开出让市场交易细则正在制定。

煤电一体化改革深入推进。省政府出台了促进煤炭电力企业协调发展实施方案，引导鼓励煤电企业加快实施以股权为纽带的煤电联营，推动煤电双方签订与煤炭交易价格指数相挂钩的长协合同。截至目前，全省实现煤电联营的企业已达27户，没有进行煤电联营的企业全部实现与煤炭企业签订电煤供应长协合同。

煤矿项目审批改革加速推进。制定了深化煤矿项目审批制度改革方案，围绕煤炭企业准入、煤矿项目核准、采矿权证办理、煤矿项目竣工验收等关键环节优化了审批流程。

现代煤炭交易体系逐步健全。全省煤炭销售全部实现网上平台交易，中国太原煤炭交易价格指数成为全国煤炭市场的“风向标”。

大用户直供电试点持续扩大。2013年11月试点正式启动，13户用电企业与6户发电企业签约，今年又有27户发电企业与38户用电企业达成交易意向，涉及交易电量168亿千瓦时，预计可为用电企业节约成本5.3亿元。

综合能源基地建设全面提速。贯彻落实习近平总书记关于推动能源生产和消费革命的重要讲话，我省加快了综合能源基地建设步伐，成立了省长任组长的山西省综合能源基地建设领导小组，以推动能源革命为引领，全面加快晋北、晋中、晋东三大煤炭基地提质工程，晋北、晋中、晋东三个千万千瓦级现代化大型煤电外送基地建设工程，现代煤化工、煤层气、新能源、水电产业基地建设工程等“三大工程”建设；加快构建装备制造产业、技术研发创新、现代综合服务等“三大支撑”体系，打造升级版的现代能源产业体系。

（三）国资国企改革全面启动。12户省级试点企业2013年率先启动了企业股份制改造和资本证券化等8项改革任务，取得积极进展。今年6月省政府成立了深化省属国有企业改革工作领导小组，出台了深化国资国企改革实施意见和2014年工作计划，明确了今年8项重点任务。目前，股权多元化改革、信息公开、薪酬分配制度改革、资本收益共享、现代企业制度建设、脱钩改革等6项任务已经启动，相关政策性文件已经拟定，《山西省省属企业财务信息及有关重大事项公开管理办法》有望年底前出台。

（四）土地管理制度改革持续深入。2010年10月，国土资源部同意在我省开展城乡建设用地增减挂钩、矿业存量土地整合利用、露天采矿用地改革、工矿废弃地复垦利用等四项试点。近三年全省供地面积每年都超过30万亩，比国家下达指标增加1倍以上。今年我省向国土资源部上报了《山西省国土资源管理制度改革专项方案》，全力争取城乡建设用地增减挂钩试点突破县域范围、重度盐碱地直接开发建设用地、工矿废弃地复垦利用扩大试点范围等。

（五）创新驱动战略加快实施。去年以来，省委、省政府出台了《关于深化科技体制改革加快创新体系建设的实施意见》《国家创新驱动发展战略山西行动计划》《山西省低碳创新行动计划》《围绕煤炭产业清洁、安全、低碳、高效发展拟重点安排的科技攻关项目指南》等相关文件，完善了创新驱动战略体系。围绕煤层气、煤化工、煤基装备等重点产业，已经和正在编制14条产业创新链。坚持突出重点，从创新链中筛选出一批重大科技攻关项目，全力推进实施。山西科技创新城建设快速起步、扎实推进，机构设立、规划编制等工作有序进行，首批入驻项目已经确定，即将全面开工建设。

（六）财税金融改革步伐加快。财税体制改革持续推进。去年以来，着力开展了以严格财政预算约束、推进预决算公开为重点的改革，今年出台了加强财政支出管理硬化预算约束的意见、预算绩效评价管理办法、“三公”经费管理和公开规定、省级预算稳定调节基金管理办法等政策性文件。积极落实国家营改增试点，结构性减税效果明显。结合全面清理规范涉煤收费，正在积极开展煤炭资源税改革前期工作。

金融创新深入开展。山西金融服务平台上线运营，已收录项目（企业）1902家。山西股权交易中心揭牌开业，挂牌企业数量达1100家，托管股权总数12.36亿元。灵石、襄垣、武乡城镇化建设基金试点积累了经验，试点范围逐步扩大。运城、忻州、平遥等农商行改制已完成，襄垣、夏县等农信社改制正在推进。《金融支持实体经济发展的意见》的出台，有效提升了金融对“三农”、中小微企业、战略性新兴产业等的支持力度。金融支持农村土地流转试点取得积极成效。

（七）生态修复机制逐步健全。进一步完善生态环境保护与恢复治理补偿机制，制定了重点生态功能区生态补偿政策框架和补偿管理办法，出台了构建生态环境保护多元投入机制指导意见、可出让排污权审核认定及政府储备排污权分级管理办法，正在修改完善煤炭企业矿山生态环境恢复治理验收管理办法和非煤矿山生态环境恢复治理保证金制度。积极推动大气污染防治，省政府出台了推进全省燃煤发电机组超低排放实施意见。今年3月国家林业局原则同意将我省列入国有林场改革试点。采取新模式、新机制的新一轮采煤沉陷区治理正式启动，一年试点、六年推进，8个试点乡镇的治理全面展开。

（八）城乡统筹发展机制加快构建。新型城镇化步入快车道。全省“一核一圈三群”城镇化体系框架加快构建、城镇板块初具形态。今年5月省委、省政府召开了全省城镇化工作会议，今年重点推进的户籍制度改革、太原晋中同城化、城市路网建设等工作进展顺利，《山西省新型城镇化规划（2014—2020年）》即将出台。

农业农村改革逐步深入。今年以来，省委、省政府出台了全面深化农村改革加快推进农业现代化的实施意见、农村土地承包经营权确权登记颁证试点工作方案、促进家庭农场发展的指导意见，农村土地承包经营权确权颁证、土地流转、新型经营主体培育、集体产权制度改革等工作扎实开展。

改善农村人居环境工程全面启动。在巩固近年来农村两轮“五个全覆盖”成果、办好为民“五件实事”基础上，突出城乡公共资源均等化导向，今年4月省政府出台了改善农村人居环境2014—2020年规划纲要和2014年行动计划，完善提质工程、农民安居工程、环境整治工程和宜居示范工程等“四大工程”全面启动、进展顺利。

扶贫开发机制不断创新。今年5月，省委、省政府出台了创新机制扎实推进农村扶贫开发工作的实施意见，继续深入实施百企千村产业扶贫开发等重点工程，积极探索精准扶贫工作机制、贫困资金使用管理机制、金融服务支持机制、扶贫开发考核激励机制等制度创新。

（九）民生改善长效机制逐步健全。随着扶持高校毕业生创业、鼓励小微企业吸纳劳动者就业、政府购买基层公共服务岗位吸纳高校毕业生就业等“一揽子”促进就业政策措施的出台实施，大力促进了创业就业。贯彻落实国务院《关于深化收入分配制度改革的若干意见》，我省出台实施了提高最低工资标准、提高企业退休人员养老金标准、职工带薪休假制度、企业工资集体协商制度等政策措施，全省居民收入稳步提高。今年6月省政府出台了建立统一的城乡居民基本养老保险制度的实施意见，全省城居保和新农保实现全面并轨。医药卫生体制改革、教育综合改革深入推进。

（十）行政管理体制改革全面提速。政府机构改革有序推进。省委、省政府印发了政府职能转变和机构改革方案，对推进目标作出了年度分解和责任分工。省级政府机构调整工作基本完成，市县机构改革工作预计年底前完成。

行政审批制度改革逐步深化。出台了2014年全省深化行政审批制度改革实施方案。积极承接国务院取消和下放的行政审批项目等事项，省本级行政审批项目由2013年初的587 项减少到268项，调整、取消、下放及合并的行政审批项目已全部落实到位，同时强化了事中事后监管和服务，今年9月底前将再取消、下放一批行政审批事项。

投资体制改革步伐加快。优化固定资产投资项目管理流程，出台了2014版固定资产投资项目管理流程图，前置条件和中间环节减少50%以上；大幅下放投资审批权限，下放投资项目审批权限8项，随审批权下放的审批流程2项，下放审批工作量比例达60%；出台了2014版政府核准投资项目目录，省级核准类项目减少幅度达45%以上；出台了政府投资项目竣工验收管理办法，政府投资进一步规范；发布了全省基础设施领域首批40个鼓励社会资本投资项目，涉及公路、铁路、民航等领域。

工商登记便利化改革全面开展。2013年12月起在32个县先行开展试点，今年3月在全省推开，注册资本由实缴制改为认缴制，企业年检改年报制度，市场主体信用公示制度等三项改革全面推行，截至7月底，新登记公司制企业27266户，同比增长70.3%，新增注册资本金1332.1亿元，同比大幅增长91.3%。积极探索“先照后证”改革，正在编制《山西省实施先照后证登记试点办法》。山西省市场主体住所（经营场所）登记管理办法列入今年省政府立法计划。

政府购买公共服务改革提速。今年5月出台了山西省政府购买服务暂行办法，围绕公共卫生、公共文化、劳动就业、社会福利等8个领域拟定了22个项目开展购买服务试点，6 月发布了2014—2015年政府购买服务指导目录。

此外，对外开放体制改革不断深化。“飞地经济”步伐加快，一批“飞地模式”园区、项目落地建设。山西太原武宿综合保税区封关运行，结束了山西没有海关特殊监管区域的历史。太原海关启动了通关作业无纸化改革试点，与太原海关建立区域通关合作的口岸海关逐步增加。积极融入环渤海、对接丝绸之路经济带、打造黄河金三角，区域合作不断加强。

（十一）市县改革涌现新亮点。各市县结合当地实际，各具特色开展综改实践，涌现出一批改革创新亮点和典型范式。形成了太原市“两集中两到位”行政审批制度改革模式，东西两山生态治理多元投入模式，大同市以医疗联合体促进城乡医疗资源均衡配置模式，阳泉市、忻州市“飞地经济”发展模式，晋城市巴公镇扩权强镇模式，朔州市固废综合利用模式，晋中市、长治市民间融资规范服务模式，吕梁市生态治理第三方运管模式，临汾市农村居住社区和产业园区“两区同建”模式，运城市依托园区推进集群化招商模式等。阳泉郊区对投资建设项目实行联合预审、并联审批，襄垣县统筹推进采煤沉陷区治理与新农村建设，高平市设立高层次人才培养基金吸收人才投资兴业，平鲁区70%的土地实施生态化建设，70%的农民享受城镇化服务，“两个70%”引领城乡一体化和公共服务均等化，灵石县、武乡县、襄垣县设立城镇化私募股权基金，孝义市在下堡河流域“一镇两乡”推进一体化发展试点带动全市域城镇化，侯马市利用闲置厂房建立小微企业创业园，盐湖区、新绛县、太谷县创新金融支持机制推进农村土地流转，灵丘县创新土地流转机制促进有机农业发展等。

综合配套改革有效推动了全省转型发展，三次产业结构逐步优化，比例由2010年的6%:56.9%:37.1%转变为2013年的6.1%:53.9%:40%，服务业比重提高2.9个百分点；战略性新兴产业工业增加值增速持续快于传统工业，装备制造业成为全省工业增长的第三大动力，2013年占比达8.3%。投资结构不断优化，第三产业投资比重持续稳定在50%以上，战略性新兴产业投资、民间投资快速增长，占比持续提高，2013年占全省全社会固定资产投资比重均超过50%。节能减排效果显著，“十二五”前三年万元GDP能耗累计下降11%，化学需氧量、二氧化硫、氨氮、氮氧化物等主要污染物减排全部完成国家下达任务；生态环境明显改善，全省11个设区市空气质量均达到国家二级标准，“十二五”

以来森林覆盖率年均提高1个百分点。城乡统筹发展步伐加快，2013年城镇化率达到52.56%，近三年平均增幅高于全国平均，农村环境面貌发生巨大变化。就业形势持续稳定，“十二五”前三年城镇新登记就业累计153万人，农村转移劳动力累计122.5万人，城镇登记失业率始终稳定在3.5%以下；城乡居民收入较快增长，2013年城镇居民可支配收入22456元，农村居民人均纯收入7154元，较2010年分别增长43.5%、51%，农民收入增长幅度持续高于城镇居民；安全生产形势持续好转，煤炭百万吨死亡率下降至2013年的0.077、今年上半年的0.033，为历史最低水平。

我省转型综改试验区建设得到了国家有关部委的高度肯定。去年底，国家发改委评估组对山西综改区建设进行评估时认为，山西省大视野大思路大手笔谋划和推动综改区建设，在一些重点领域关键环节改革创新取得重大突破和进展，值得推广。

当前，我省转型综改试验区建设正处于关键时期，全省上下要在省委、省政府的坚强领导下，坚定信心、凝心聚力，进一步增强责任感、使命感和紧迫感，以更大的勇气和智慧推进综改攻坚取得更大的进展和突破，不断把综改区建设引向深入，开创全省转型发展的新局面！

（作者为山西省发展改革委主任、省转型综改办主任）

在深刻的忧患中破解资源型经济魔咒

尹　天　五

省委书记王儒林在全省领导干部大会上鲜明地提出了创新发展、转型发展、多元发展的要求。这一要求抓住了制约山西发展的关键和要害，揭示了山西面临的突出矛盾和短板，明确了山西发展的主题和主线，指明了山西发展的方向和遵循。早在六年前，我在组织编写《科学发展观在山西的实践》系列丛书的过程中，对山西资源型经济进行了系统思考，得出了一个基本结论，即资源型经济对山西的危害是全方位、系统性的，资源诅咒大大超越了经济和生态领域，波及到山西经济社会发展的战略全局。当前，山西经济社会发展中深层次矛盾、困难和问题的暴露，进一步坚定了我的认识和判断。古语说：“生于忧患，死于安乐。”我们只有以强烈的问题意识、底线思维，加快推进创新发展、转型发展、多元发展，才能从根本上走出资源型经济的魔咒。

一、资源型经济在工作实践上的危害是全方位、系统性的，必须以超凡的智慧和胆略破解经济转型难题

长期以来，人们认为资源型经济的危害是：产业结构不合理、环境污染重、生态破坏大、资源浪费多、安全问题突出、经济发展不可持续。其实资源型经济的危害远不止于经济和生态领域，它的危害涉及到经济、政治、文化、社会、生态和党的建设等各个领域、各个方面，是全方位、系统性、整体性的危害。比如，因煤而暴富，贫富差距突出的问题；量大面广、系统性、塌方式的腐败问题；形式主义、官僚主义、享乐主义、奢靡之风盛行的问题；墨守成规、思想保守、观念陈旧，科学意识、民主意识、创新意识、市场意识、竞争意识缺失的问题；上学难、就业难、看病难、住房难、养老难的问题；政府不作为、乱作为，投资经商环境差的问题；诚信缺失、道德失范、价值紊乱的问题，等等，都深深地打上了资源型经济的烙印。由于发展的资源和要素过度投向煤炭、焦炭、冶金、电力等传统产业，严重挤压了高科技产业、新兴产业的发展，特别是挤压了文化、科技、教育、卫生、社保等民生领域的投资，经济社会各领域的发展严重失衡。可以说，制约山西经济社会发展的深层矛盾和问题，都同资源型经济的路径依赖有关。事实充分说明，山西丰厚的煤炭资源，一方面为全国作出了重大贡献，为山西创造了巨额财富，另一方面也为山西的科学发展带来了深重危害。

如果对资源型经济带来的问题和危害，只见树木、不见森林、片面认识，或者捂着盖着、讳疾忌医、不敢正视，必然会养虎为患，让矛盾和问题进一步发展激化，让危害和恶果进一步扩大蔓延，山西经济社会发展就会走上不归之路，富民强省、弊绝风清的目标就难以实现，山西人民的幸福生活就会被彻底毁掉！

资源型经济转型的关键和核心是调整经济结构。上世纪80年代中期以来，山西对解决经济结构、产业结构不合理的问题进行了持续的探索，先后提出了“1488”工程、“八大支柱产业、六大支撑体系”“1311”规划、“四化”和“七条路径”等调整战略，这些战略在山西经济结构调整的进程中都发挥了一定的作用，取得了一定成效。虽然我们的经济结构调整已经走过了将近30年艰难曲折的历程，但都没有从根本上解决山西经济结构重型化、低端化、单一化的问题，从总体上改变山西产品傻大黑粗的形象，不仅没有从全局上扭转山西资源依赖的路径，而且一些方面还在不断强化。究其原因既有国家产业政策、市场环境的客观因素，又有我省战略决策、实施力度的主观因素。煤炭市场向好和繁荣时，是我省调整经济结构的最佳机遇，各级政府本应从财政、金融、土地、税收等方面及时出台各种强有力的优惠政策，大力扶持发展有优势、有潜力的

新兴产业，大力推动传统产业的转型升级，但由于政策调控不及时，力度不大，每次都被煤炭市场巨大的眼前利益所诱惑，不仅没抓住历史性机遇，反而使资源路径依赖进一步强化。当煤炭市场低迷和萧条，企业效益、经济增长和财政收入出现严重滑坡时，我们才深感结构调整、经济转型的重要和紧迫，但此时恰是产业结构调整的最不利时期。因为这时负债增加、资金匮乏，我们调整经济结构的能力和手段十分有限，即使政府出台强有力的政策措施，也无力回天。可以说，近30年来山西经济结构的调整，总是在有利于调整的时候我们重视不够，不利于调整的时候我们特别重视，反复走着这样的轮回和怪圈，因而错过了一次又一次的历史性机遇，难以走出资源型经济的魔咒，我们必须对这一沉痛的教训进行深刻反思。

逝者如斯。随着能源革命的兴起和新能源的利用，煤炭虽然在很长时期内还是能源供给的老大，但是昔日煤炭市场出现的繁荣景象很可能一去不复返了，对此，我们必须有充分的思想准备。如何破解资源型经济转型的重大难题，需要集全省之智、全民之力，坚持不懈、攻坚克难、久久为功。当前，要着力解决好三个问题：

一是理论要彻底。要坚持以马克思主义中国化的最新成果，特别是习近平总书记系列重要讲话精神为指导，深入研究山西资源型经济形成的时代背景、历史演进、主要内容、表现形态、巨大危害和深刻原因，深入研究推动山西资源型经济转型的战略思路、科学方法、基本原则、途径举措，深入研究解决山西资源型经济转型的重点难点、实践要求和客观规律。总之，要通过深入地研究分析，形成一批切合山西实际，科学性、针对性、指导性、操作性强的理论研究成果，着力为破除山西资源型经济的魔咒提供科学的思想保证、学理支撑和智力支持。

二是战略要科学。要认真总结和汲取过去山西经济社会发展战略的经验教训，积极借鉴国际国内资源型经济转型的成功案例，广泛征求广大干部群众和专家学者的意见，在深入研究、反复比较、充分论证中制定山西经济社会发展战略，特别是要在战略思路、战略目标、战略方针、战略重点、战略途径、战略举措等方面，更加科学，更加深刻，更加具有针对性、指导性、实践性和操作性，力求使这一战略真正契合资源型经济转型的本质和规律，充分体现山西实际、人民愿望和时代潮流，为破解资源型经济的魔咒提供总揽全局的战略引领。

三是工作要落实。荀子说：“道虽迩，不行不至；事虽小，不为不成。”解决山西资源型经济转型问题在理念、在战略，更在落实。当前，面对严峻复杂的经济形势，我们一方面要坚决贯彻中央和省委、省政府关于稳增长、促改革、调结构、惠民生的各项政策和举措，下功夫抓重点工作、抓关键环节、抓实践操作，扭转我省经济增速严重下滑的局面；另一方面，要坚定不移地推进资源型经济转型，下功夫抓转型综改试验区建设，下功夫抓发展战略的完善，下功夫抓经济结构的战略性调整，下功夫抓经济发展方式的转变。总之，我们要以习近平总书记系列重要讲话精神为指导，找问题、查原因、理思路，以高智慧、大思路、硬举措、铁手腕强力解决山西经济增长和转型发展的落实问题。要通过具体的落实思路、落实举措、落实方法，脚踏实地、奋力拼搏，破解一个又一个难题，攻克一个又一个难关，落实一个又一个任务，力求在促进山西经济增长中推进转型，在转型中促进山西科学发展。

二、资源型经济在精神理念上的危害是看不见、顽固性的，必须以坚韧的毅力和意志冲破煤炭文化牢笼

山西有近百年的挖煤史。新中国成立后，特别是改革开放以来，伴随着煤炭需求的旺盛，山西挖煤的数量、规模和强度越来越大，形成了以煤炭、焦炭、冶金、电力等为支柱产业的重型结构，资源依赖程度越来越高，经济结构走向畸形。经济基础决定上层建筑，存在决定意识。资源型经济的形成和固化必然反映到上层建筑特别是意识形态领域，资源型经济文化即煤炭文化也在山西萌发、生长和强化，全省从上到下被资源型经济文化所包围，煤炭思维、煤炭理念、煤炭价值观根深蒂固。山西人精神上凝聚着煤，血液里流淌着煤，煤文化已经成为山西人思想、理念、思维、精神上的魔影和毒瘤，无声无息地侵蚀和戕害着山西的发展，各级领导干部或多或少、自觉不自觉地都被煤文化所缠绕，所左右，所同化，作决策、定规划、找项目、干工作总是难以摆脱煤炭思维定势、煤炭路径依赖，难以跳出煤炭的藩篱和怪圈。就连山西唯一没有煤炭资源的运城市，也鬼使神差地形成了以资源为基础的重型产业结构，走上了资源依赖的路径。笔者两年前曾参加运城市委班子的一个会议，有多位班子成员讲到“运城市最大的劣势是没有煤炭资源”，这是煤炭文化的辐射力、影响力、同化力和危害力的有力明证，笔者更加坚信煤炭文化在山西的客观存在。可见，无形的文化一旦形成，其顽固性、危害性比有形的物质有过之而无不及。

这里需要指出的是，不是说煤炭文化一生出来就是负面的，当初它对山西的经济社会发展也曾发挥了一定的正面作用。但随着资源型经济的形成，煤炭文化的负面影响越来越大，从本质上、主流上、整体上严重阻碍和制约着山西资源型经济的转型和科学发展。为此，推动山西资源型经济转型，不能不把肃清资源型经济的文化，也就是煤文化作为重大而紧迫的任务。我们一定要以高度的文化自觉、高尚的文化追求，冲破煤文化的牢笼和桎梏，打碎煤文化的坚硬外壳，勇敢地跳出资源型经济的思维模式和行为模式，加快改变山西人的文化观念和精神状态，让适应时代要求、体现科学发展的新思想、新理念、新价值走进山西人的心灵，努力形成推进山西资源型经济转型的正确思想观念和价值取向。冲破煤文化的牢笼既要综合施策、釜底抽薪，又要持之以恒、久久为功，特别要在以下三个方面着力：

一是认识危害，在思想上警醒。煤文化看不见、摸不着，它对人们的精神理念、思维方式、行为方式、生活方式的危害是潜移默化、不知不觉的，可能许多人并不认为有煤文化的存在。因此，对煤文化的存在方式、表现形式、严重危害一定要做深入的研究和分析，一定要做广泛的教育和宣传，使全省干部群众充分认识煤文化的存在和危害，对煤文化保持高度警觉，自觉同危害山西经济社会科学发展的煤炭思维、煤炭理念、煤炭价值观作坚决斗争，自觉抵制煤文化的侵蚀，驱除煤文化的幽灵，形成克服煤文化影响的强大思想舆论氛围。

二是创新理念，在思维上超越。要适应世界经济调整、科技创新、能源革命的新形势，要适应党的十八大以来我国经济社会发展的新思路、新要求、新变化，与时俱进地调整和改变我们对资源型经济转型的传统认识、思维、理念。特别是要以习近平总书记系列重要讲话精神为指导，坚决破除简单地以GDP论英雄的政绩观，牢固树立以人为本的理念，牢固树立尊重经济规律、有质量、有效益、可持续发展的理念，牢固树立市场在资源配置中起决定性作用的理念，牢固树立创新驱动发展的理念，牢固树立尊重自然、顺应自然、保护自然的理念，牢固树立绿色发展、循环发展、低碳发展、节约资源的理念，等等，使山西传统产业坚持走清洁、安全、低碳、循环、高效发展之路，使全省干部群众既看到煤炭、焦炭、冶金、电力等传统产业对山西经济的重要支撑，又有不依赖煤、超越煤的思想理念和雄心壮志，形成全省上下推动资源型经济转型的科学思想、正确理念、自觉意识和坚定信心。

三是改变土壤，在转型上着力。彻底清除煤炭文化，必须改变其土壤。改变土壤要靠改革、靠创新、靠转型。国家把山西确立为资源型经济转型综合配套改革试验区，为我们走出煤炭路径依赖，彻底根除煤炭文化产生的土壤提供了千载难逢的机遇。我们要充分利用好这个改革的平台、创新的平台、转型的平台、发展的平台，让改革创新和转型发展成为刺破煤炭思维定势的利剑，成为砸碎煤炭文化的巨斧，成为科学发展的动力，使山西转型综改试验区建设的过程成为解放思想、变革文化理念的过程，成为铲除资源型经济文化土壤的过程。

三、资源型经济在体制机制上的危害是深层次、复杂性的，必须以坚定的决心和信心加速全面改革进程

在我国价格改革的进程中，煤炭资源的价格放开得迟。山西作为煤炭资源大省，受计划经济的影响时间长、程度深，是计划经济的最后一座堡垒。经过30多年的改革开放，山西经济社会体制发生了巨大的变化。但要清醒地看到，资源型经济的特性和制约，使山西在经济、政治、文化、社会、生态等各领域的改革不全面、不深入的问题十分突出。比如，以煤炭为基础的国有企业占比巨大，民营经济发展缓慢，严重影响了山西的市场化进程，市场体系和市场机制不健全，市场在资源配置中的决定性作用难以有效发挥，政府随意干预市场的行为大量存在，不仅使资源配置效率低下，而且为官煤勾结、官员寻租提供了土壤；又比如，资源型经济的思想含量、知识含量、科技含量和外向度相对较低，影响了科学决策、民主决策、科技创新和对外开放等体制机制的健全，领导人拍脑袋决策、凭好恶办事的现象时常发生，不重视教育、智囊、科技、文化、人才的问题比较突出，等等。

30多年来的实践一再告诉我们，改革是经济社会进步的强大动力，一个地方、一个领域的先进和落后同改革的力度和程度紧密相关。山西的发展之所以相对落后，就在于改革的滞后。资源型经济在体制机制上的危害具有全局性、深刻性、复杂性、特殊性。在山西全面深化改革的伟大进程中，千万不能低估资源型经济对改革的制约和阻碍，一定要高度重视、未雨绸缪，抓住转型综改试验区建设的历史性机遇，以坚定的决心和信心，打好山西全面深化改革的攻坚战。为此，重点要把握好以下三条原则：

一要坚持改革目的的人民性。要牢固树立改革为了人民、改革依靠人民、改革成果由人民共享的理念，把山西3600万人民放在心中的最高位置。突出人民群众的主体地位，尊重他们的创造，总结他们的经验，汲取他们的智慧，充分调动他们的积极性、主动性和创造性，始终把实现公平正义和山西人民福祉作为全面深化改革的根本目的，把山西人民支持不支持、拥护不拥护、答应不答应、满意不满意，作为衡量和判断改革正确与否的根本标准。

二要坚持改革内容的先进性。全面深化改革、做好山西转型综改试验区建设是前无古人的开创性事业，没有现成的模式可依，没有既定的道路可走，必须坚决贯彻落实党的十八大和十八届三中全会精神，坚决贯彻落实习近平总书记系列重要讲话精神，始终坚持以科学的理论指导改革，用世界眼光、战略思维审视改革，用时代潮流、发展规律要求改革，在借鉴吸收国内外经验的基础上，大胆探索，勇于创新，先行先试，使我们改革的思路、途径、措施等始终体现时代和人民的要求，始终保持科学性和先进性，始终沿着完善和发展中国特色社会主义制度、推进国家治理体系和治理能力现代化的总目标前进。

三要坚持改革方法的科学性。要始终坚持马克思主义辩证唯物主义和历史唯物主义这个根本方法，始终按照习近平总书记战略思维、辩证思维、历史思维、创新思维、底线思维的要求，以转型综改试验区建设为抓手，谋划和推进山西全面深化改革。在改革实践中，要立足山西省情，联系改革实际，正确处理好解放思想和实事求是的关系、整体推进和重点突破的关系、全局和局部的关系、顶层设计和摸着石头过河的关系、胆子要大和步子要稳的关系、改革发展稳定的关系。通过运用科学的改革方法，确保各项改革扎实有效地推进，不断夺取山西全面深化改革的新胜利。

四、资源型经济在干部作风上的危害是多样化、特殊性的，必须以严厉的手段和举措扫除歪风贪腐之弊

山西出现量大面广、系统性、塌方式的腐败问题，如果主观上是干部特别是领导干部理想信念、宗旨意识、法制意识和党委的主体责任出了大问题的话，那么客观上则是资源型经济造成的恶果。为此，必须深刻认识资源型经济对党的建设的全局性危害，特别是对干部作风和廉洁上的危害。应当看到，山西干部队伍整体上是好的，但由于资源型经济的魔咒，形式主义、官僚主义、享乐主义、奢靡之风盛行，有的把功夫用在嘴头上，坐而论道，热衷空谈，凡事不下真功夫；有的不仅自己不干，还评头品足，说三道四，搬弄是非；有的不求有功但求无过，既无激情，也无干劲，得过且过，对任务躲，对工作拖，对责任推；有的只做表面文章，搞花架子，好大喜功，急功近利，华而不实，沽名钓誉；有的喜欢吃喝应酬，拉拉扯扯，团团伙伙，沉湎于低级趣味；更有甚者，把工作职位作为捞取个人好处的手段，不给好处不办事，给了好处乱办事。特别是同作风问题紧密相关的腐败问题，在我省这个资源型经济的省份表现得异乎寻常的复杂和尖锐，有的官商勾结，中饱私囊，掠夺国家和人民的财富；有的官官相护，徇私枉法，欺行霸市，欺压百姓；有的买官鬻爵，任人唯亲，任人唯钱；有的对人民群众的诉求和呼声漠然视之、充耳不闻，甚至在人民群众的生命和财产受到严重损害时置之不理；有的追求享乐，生活腐化，道德败坏，等等。

如果我们对资源型经济在干部作风和廉洁方面多样化、特殊性的严重危害不能有充分的认识和警觉，不采取严厉的手段和措施解决这些问题，那么，转型综改试验区建设就难以顺利进行，资源型经济转型的目标就难以实现。我们一定要把转变干部作风和反腐败斗争、优化政治生态、实现弊绝风清，作为创新发展、转型发展、多元发展的有力保障。当前，要重点在以下三方面下功夫：

一要在“严”字上下功夫。解决资源型经济条件下的山西政治生态问题，首先要在“严”字上做足文章。如果放任自流，失之于宽，后果将不堪设想。为此，我们必须坚持从严治党、从严治吏的方针，对干部的教育要从严、要求要从严、管理要从严、监督要从严、考核要从严、处罚要从严。特别要深刻认识山西反腐败斗争的严峻性、复杂性、尖锐性、特殊性，以猛药去疴、重典治乱的决心，以刮骨疗毒、壮士断腕的勇气，坚持有案必查、有腐必反、有贪必肃，正视问题不回避，惩治腐败不手软，坚决把我省的党风廉政建设和反腐败斗争进行到底。用坚持不懈、持之以恒的“严”对干部以约束、以震慑、以激励、以鞭策，让“严”字成为干部推动资源型经济转型的强大压力和动力。

二要在“闯”字上下功夫。邓小平说，敢闯敢冒才能走出好路。长期的资源型经济使山西干部的锐气、胆气和勇气严重不足，与转型综改试验区建设和创新发展、转型发展的要求很不适应。因此，能否转型，关键看领导干部是否敢闯敢冒。要培养闯的精神、增强闯的意识、优化闯的环境、提升闯的能力。要鼓励广大干部在关键环节和重要领域大胆探索、勇于创新，在重大难题上敢于迎难而上、知难而进，在工作要求和标准上勇于争当先进、争创一流。特别需要注意的是，要努力为大胆闯、大胆试提供正确的评价体系和用人导向，允许在闯的过程中有失误，不能允许不去闯、不作为，为创业、创新、创造提供宽松的环境。

三要在“实”字上下功夫。综观干部作风存在的突出问题，最大的特点就在于虚而不实、华而不实、浮而不实。不实，改革就无法深化，发展就不会顺利，转型就难以实现。“实”是解决资源型经济条件下干部作风问题和廉洁问题、推动山西经济转型的关键、要害和目的。为此，我们要按照“三严三实”的要求，大力倡导说实话、出实招、办实事、见实效的良好作风，工作中，思路要实、措施要实、办法要实，注重细节、注重具体，真抓实干，着眼落实，使山西资源型经济转型取得实实在在的效果。

（作者为中共山西省委宣传部副部长）

净化政治生态是当前十分重要的政治任务

高 健 生

经历30多年改革发展之后，山西既面临着重大的发展机遇，也面临着前所未有的困难和严峻的挑战。如何抓住机遇、克服困难、赢得挑战，推进经济社会健康发展，实现富民强省的战略目标，根本的和首要的前提，就是必须毫不动摇地加强党的建设，净化政治生态、实现弊革风清，在全省营造一个良好的从政环境。

一、从关系全省发展大局的高度认识净化政治生态的重要性

政治生态是对社会发展中“软环境”、“软实力”的一种表述，是相对自然、环境、经济等生态而言的一种政治状态。在我国，政治生态就是在以党的领导为核心的政治格局中，各方面政治关系、政治要素和政治活动所形成的

相互联系、相互影响的发展状态。对一个地方说来，政治生态是这个地方政治发展环境和政治生活状况的反映，是党风、政风、社会风气的综合体现，其核心是党员领导干部的党性问题、觉悟问题、作风问题。在中央政治局第十六次集体学习中习近平总书记明确提出："加强党的建设，必须营造一个良好从政环境，也就是要有一个好的政治生态"。这段话，讲的是党的建设，同时也揭示了政治生态对经济社会发展的重要作用。对处于重要历史发展关头的山西说来，必须从关系全省发展的大局出发，对净化政治生态的重要性有深刻的认识。

一方面，政治生态事关发展基础，净化政治生态决定着经济社会发展和富民强省战略从设计、到实施，再到落实的各个环节的实际结果。就某个地区的发展而言，政治生态建设是经济社会发展的基础与重点。以推进我省富民强省战略的进程来说，在这一战略的设计、实施、落实的各个环节中，都存在一个"为了谁、依靠谁、结果有利于谁"的问题，存在一个为解决这一问题而去创造条件的发展需求。良好的政治生态既能为富民强省的战略、决策设计、实施及其结果提供正向条件支持，还可以从"软环境"、"软实力"的意义上提供强大的正能量。另一方面，政治生态事关人心向背，净化政治生态影响着干部群众对推进全省发展大计的科学认知和自觉行动。对我省发展而言，无论是经济发展，还是社会进步，靠得是全省上下的齐心聚力、群策群力、集思广益，充分调动干部群众的主动性、创造性。而干部群众对实现这样的发展怎么看和怎么干，除了需要发展战略和大政方针本身的科学性而外，重要的因素，就在于他们还会从作为政治生态核心的党员领导干部的党性修养、作风建设的状况及其评判上，确定自己的认识与行动。良好的政治生态可以凝聚人心、激发斗志，增强干部群众投身于经济社会发展的实践中，反之，就可能缺乏信心、涣散斗志，失去人心，动摇党的执政基础。换言之，政治生态建设决定着全部发展的实施进程与具体结果，是关系全省人民根本利益的重大政治问题。从以上两方面的认识出发，我们不难看出，党风正则政风清，政风清则民风淳，政治生态事关地方形象和发展的凝聚力，风清气正，经济社会发展就能得到迅速推进，否则，就会导致长期的停滞与落后。

深刻认识净化政治生态的重要性，还需要清醒地看到以下三方面的问题。一是净化政治生态对山西具有现实的针对性。今年9月1日，中共中央政治局常委、中央书记处书记刘云山在山西省领导干部大会上指出："山西省的政治生态存在不少问题，党风廉政建设和反腐败斗争形势严峻。"这里的"不少问题"和"形势严峻"，不仅深刻地揭示了山西政治环境建设中存在问题的严重性，也清楚地表明：政治生态的净化与否，已经成为影响山西发展的重大现实问题，如果不能从根本上解决影响政治生态建设的突出问题，富民强省就会成为一句空话。二是净化政治生态对山西具有特殊的重要性。其特殊性在于，面对政治生态"存在不少问题"和反腐败斗争"形势严峻"的现实，山西的发展既有着痛定思痛、知不足而奋起的潜力，也需要有刮骨疗毒、浴火重生的勇气，机遇与挑战并存。在这样的情况下，实现富民强省战略现在比任何时候都更加需要一个良好的政治环境，以期在内聚人心、外塑形象的实践中，形成推进富民强省的强大合力。三是净化政治生态对山西具有长期的影响性。政治生态和从政环境如何，直接影响着政治的清明与社会和谐稳定。政治环境的污染，不仅可能助长庸俗乃至病态行为文化的滋生与蔓延，还容易为腐败滋生提供土壤，进而诱发种种社会矛盾和冲突，由此积聚的社会不满和怨气，动摇执政的基础。只有净化政治生态，让党员干部以积极向上的从政文化和良好作风约束自己，促进干部群众心情舒畅、凝心聚力，才能为山西的长久发展提供保障。从这样几方面的认识上对净化政治生态的重要性加以理解，就能够促进广大干部群众对进一步增强革弊立新、激浊扬清的主动性与自觉性，以积极有为的行动为净化政治生态做出自己的贡献。

二、净化政治生态要深入分析影响政治生态建设的突出问题与形成原因

毋庸置疑，净化政治生态是指向性、针对性非常明确的要求，这就需要我们在促进富民强省的实践中，必须深入分析影响政治生态建设的突出问题及其形成原因。

从影响政治生态建设的突出问题上看，净化政治生态应当正视和解决三方面的问题。

一是政治生态污染和被破坏现象的"泛化"问题。这里所说的"泛化"，就是指在政治生态受到污染的过程中，诸如权力寻租、权钱交易、官商勾结、上下串通、吃拿卡要、任人唯亲、卖官鬻爵、腐化堕落等腐败问题，连同被一些人称之为官场"潜规则"、"关系学"、"生态圈"的"不跑不送，原地不动"、"摆平就是水平"、"做事不如作秀"、"能力不如关系"、"靠组织不如靠帮派"等违规违纪行为，以及得过且过、不思进取、庸懒散拖、嫉贤妒能、搬弄是非，内耗互斗、违规用人等失职、渎职、怠职现象，不仅在现实生活中有着突出的表现，为干部群众所义愤。更为严重的是，这些问题尽管有着在政治生态污染程度上的差别，但其存在的层次、范围与领域，则几乎涉及到各个方面，反映出十分突出的"泛化"性特征。我们从党的十八大以来反腐倡廉斗争中暴露出来的腐败问题和典型案例中不难看出，"一挖一窝子，一提一大串"的腐败，发生范围既包括了煤焦、工程、城建、土地、交通、国有企业、选人用人等腐败问题易发多发的重点领域，招生考试、科研经费、社会保险、医疗卫生和其他社会服务等领域的腐败问题也逐渐显现；腐败案件的层面主体从省、部级以至更高层的领导到普通党员的各层级、各方面都无例外，"老虎"、"苍蝇"、"蚊子"均有出现。而这样的情形，在我省出现的腐败问题中非常突出，系统性、塌方式腐败无论就发生的严重性来说，从案件高发、多发的特征上讲，

从案件牵涉面的广泛性而言，还是就对全省政治生态造成破坏性的震裂度来看，政治生态中发生问题的严重性，已经不是仅仅某些个人、个别单位或部门的问题，它所表明的，是政治生态污染在系统意义上“泛化”的态势。

二是思想上对政治生态所存在问题的认识“虚化”问题。政治生态的污染和被破坏现象，不仅是一种可见可识的事实行为，还表现于思想观念领域，并反过来助长了政治生态的恶化。比如，一些领导干部视GDP为纲，对党的建设，特别是对不少干部群众反映强烈的腐败问题置若罔闻、等闲待之，存在着明显的一手硬、一手软的问题，结果是最终由于腐败问题一拖再拖、久拖不决，直接导致了一定区域、范围政治生态的污染；一些领导干部迷恋消极陈旧的“关系学”、“生态圈”，身陷同学、老乡、故交、私友的团团伙伙当中，甚至依靠拉帮结派、人身依附搞“互利共生”，对一些问题突出的腐败涉事人和事，明知违反原则，却包庇隐瞒、沆瀣一气，甚至通风报信、暗中相助，结果在致使腐败现象不断蔓延的同时，自己也身陷其中不能自拔；一些领导干部深谙“多栽花少栽刺”的好人主义和多一事不如少一事、“不怕犯事只怕‘出事’”的怠政之道，对已经发生、群众反映强烈，并且不予重视就可能导致更严重后果的腐败问题束之高阁不置可否，结果造成腐败问题上要么不暴露、要么一暴露就是大问题的难堪局面；还有一些领导干部借口所谓的“大环境”、“大气候”，消极攀比，把一些利用职权一时获益的人与事，作为自己的行为参照，对可能产生的严重后果不思不想，对已经出现的突出问题不管不顾，结果在日积月累的自我放纵中走向党和人民的对立面。对政治生态所存在问题认识上的这些“虚化”现象，习近平在党的群众路线教育实践活动总结大会讲话中揭示指出：“在一些领导干部眼中，抓党建同抓发展相比要虚一些，不容易出显绩，一年开几次会布置一下就可以了，不必那么上心用劲。也有一些人认为，在发展社会主义市场经济条件下，从严治党面临两难选择：过宽没有威慑力，会导致越来越多人闯‘红线’，最终法不责众；过严会束缚人手脚，影响工作活力，干不成事，甚至还会影响自己的选票”。由此可见，对政治生态所存在问题认识上的“虚化”现象，本身已构成为政治生态污染的突出表现。

三是实践中对解决政治生态所存在问题的措施“弱化”问题。其突出的表现是，或者思想保守、思路不宽，对新的形势与新的实践发展中党的建设、政治生态领域出现的矛盾与问题缺乏思考、没有警觉，一旦出现问题，想不了办法，拿不出对策，致使问题越积累越多；或者你讲你的、我做我的，只说不做、光说不干，以会议贯彻会议，以文件落实文件，以讲话落实讲话，对群众的反映敷衍应付，对实际问题能推则推，致使反腐败工作和政治生态建设的要求流于形式；或者瞻前顾后、不敢担当、懈于负责，习惯于互相扯皮，甚至想方设法设卡子，出难题，以不同的理由为自己的不作为找借口、搞小动作，致使该处理的问题不处理，该采取的措施不采取；或者有措施，无保障，貌似推出了一系列的具体的办法与措施，事实上这些措施要么不得要领、不合实际难以实行，要么职责不清，在执行中相互推诿，要么有部署布置，无检查监督，对具体问题的处理与不处理，以及怎样处理不闻不问，对作为不大和措施不力者没有责任追究。在以上这些情形下，维护政治生态的要求成了某种形式，政治生态建设成了一句口号，久而久之，就不仅会使反腐败斗争和政治生态建设困难重重，而且还可能导致“劣币驱逐良币”的逆淘汰现象蔓延，进一步加大政治生态的恶化趋势。

从导致政治生态污染的成因上看，社会发展过程中历史的、观念的、社会发展程度和社会环境等方面的因素，都对导致问题的产生起了重要作用。但在各种综合性因素共同作用条件下，其中三方面的因素是特别需要认识的：一是政治活动主体价值底线、道德操守的丢失。政治生态是政治活动主体营造的，而人的行为是有意识的活动，有什么样的理想信仰、价值追求，就有什么样的政治行为。政治生态污染的形成，最直接的原因，就是政治活动主体，特别是具有强大示范作用的一些领导干部，置党和人民的利益于不顾，把对个人利益的追求、个人得失的思谋、个人价值的实现，放诸高于一切的位置，为此不惜突破政治活动最基本的道德底线，并因此影响更多的人放松道德约束，助长政治雾霾的蔓延；二是民主政治建设以及对公共权力监督的不健全、不完善。政治生态的污染，是公共权力私利化的结果。而防止公共权力变异的根本途径，是加强包括对权力进行监督与约束在内的民主政治建设，其中特别是党内民主建设。事实证明，大凡公共权力成为少数人恣意妄为的资源与手段，并竭力扩大自己手中的权力而没有约束时，权力寻租、权钱交易，以及以权、钱为轴心形成的关系网、利益圈和共同体就容易形成，其对政治生态产生的破坏力也最大；三是从严治党难于落实，对腐败问题、腐败现象的蔓延遏制不力。在群众路线教育实践活动总结大会上的讲话中，习近平总书记分析政治生态污染的原因指出，“根子就在从严治党没有做到位。有些地方和单位看起来党在管党治党，但没有管到位上，没有严到份上。”这就告诉我们，作为保护政治生态的屏障，对任何意义上腐败问题、腐败现象的打击，都会为政治生态建设提供正能量，并遏止其发展的趋势。而当这样的遏制“没有管到位上”或者“没有严到份上”时，就不仅难于对腐败问题、腐败现象发挥警示与威慑作用，还可能在助长蔓延的同时，为更多的人提供某种消极行为示范，最终导致政治生态污染中“滚雪球”效应的发生。

三、把净化政治生态的要求转变为净化政治生态的具体实践

一步实际行动胜过一打纲领。当前，山西的发展正处于重要的历史发展关头，推进经济社会发展比任何时候都需要广大干部群众对净化政治生态的重要性有清醒的认识，

并自觉地把净化政治生态作为重大的政治任务来看待、去落实。

1、以习近平总书记系列重要讲话精神为指导，培育积极向上的从政文化和干部作风。党的十八大以来，习近平总书记多次强调加强政治生态建设的重要性，2013年他在中纪委二次会议上指出："改进工作作风，就是要净化政治生态，营造廉洁从政的良好环境。"今年6月在中央政治局第十六次集体学习时他再次强调："加强党的建设，必须营造一个良好从政环境，也就是要有一个好的政治生态。"在党的群众路线教育实践活动总结大会上的讲话中又针对性指出："这些年来，在一些地方和单位，"四风"问题越积越多，党内和社会上潜规则越来越盛行，政治生态和社会环境受到污染"，要求必须从严治党。习近平总书记的这些深刻论断，讲的就是政治生态建设问题，强调的就是对这一问题的高度重视，这就为净化政治生态提供了科学的思想指导。贯彻这些论述的首要要求，就在于解决世界观、价值观问题，建设积极向上的从政文化。政治文化是政治生态的灵魂，从思想上清除政治生态的"污染源"，才能促进政治生态正本清源、固本培元。这一点对党员干部，特别是领导干部说来尤其重要，只有从内心深处形成正确的人生观、价值观，涵养高尚的道德情操，保持健康的生活情趣，才能始终保持政治上的清醒和坚定，保持和发展共产党人的本色与特质，在是非观、事业观、政绩观、荣辱观、权力观、得失观等大是大非问题上站稳立场、心存敬畏、保持定力、行有所止。在这样的基础上，自觉地加强党性锻炼，切实转变干部作风，在思想作风、领导作风、工作作风、生活作风和学风文风等各个方面，坚持理论联系实际，坚持群众路线，以作风改善的实际行动取信于民、恢复形象，增强广大群众对我们的信任感和凝聚力。当前，要着力巩固落实中央改进作风的"八项规定"和整治形式主义、官僚主义和奢靡浪费之风的成果，并以此为契机，标本兼治，不断推进作风建设取得新成效。

2、以加强党内民主为抓手，把民主监督和对权力制约的要求落到实处。防止公共权力在任何意义上的私利化，根本的要求是使权力回归到"公共"的本来意义。做到这一点，就必须加强对权力的监督和制约，特别是对主要领导干部的监督。处于政治生态建设领导地位的执政党，党内民主的状况不仅决定着对执政党及其领导干部手中权力监督、制约的程度，对社会意义上的民主政治建设也具有根本性的影响。在具体实践中，要以加强党内民主为抓手，推动社会民主建设的发展；在权力制度上要自觉坚持民主集中制，不论什么人，不论哪一级组织，违反和破坏民主集中制都必须受到严肃的批评与处理；在权力保障上，要使党员干部和广大群众的民主权力得到充分的保证与行使，特别是在事关民主参与、选举、管理、监督、知情和干部选拔任用等问题上，要尽量扩大党员和广大群众政治参与的广度与深度，保证权力在阳光下运行；在权力制约上，要坚持信任不能代替监督，自律不能代替他律的理念，在推进权力运行公开化的过程中，围绕重要环节与重要事项上公共权力行使的监督，通过提高权力运行的社会透明度、权力运用的公众知情度和权力行使评价的公信度，为公共权力的行使提供可以规范、能够矫正和有利于监督的"安全阀"。

3、以严格责任规范、责任落实和责任追究为重点，推进政治生态建设体制机制的完善与创新。净化政治生态，根本的保障是制度与机制。同时，净化政治生态的制度与机制建设，是一个逐步健全完善的过程，也是一个不断发展创新的过程。在这一过程中，必须结合现实实践中的突出问题，针对性地加强具有现实紧迫性的体制机制的建设进程。当前，特别需要在制度完善和制度执行问题上加强四方面的建设。一是党的建设与廉政建设责任制度的完善与落实。要从制度规定上进一步突出党委在党的建设与廉政建设中的主体责任和纪委的监督责任，落实对各级党政班子、班子成员，特别是党委（党组）书记作为第一责任人的党风廉政建设责任制，在惩治和预防腐败方面更多地承担领导责任，把预防腐败的要求体现和落实到本地区本部门本单位各项改革和制度建设中去，并由此促进纪委监督责任的落实。二是重大责任问责与追究机制。要从制度规范、执行程序、问责主体和监督保障等环节，对党的建设与廉政建设中出现重大问题和造成严重后果的责任人进行责任追究，尤其是在重大事项决策、重要政策选择和干部选拔任用等问题上，杜绝职责不清、执行不力问题的发生。三是完善党内法规制度。要按照党的十八届四中全会精神要求，通过配套完备的党内法规制度体系，运用党内法规把党要管党、从严治党落到实处，促进党员、干部特别是领导干部带头遵守法律，带头依法办事，不得违法行使权力，更不能以言代法、以权压法、徇私枉法。同时要严格党内生活，以高标准的党性锻炼与党性修养要求规范党员干部行为，切实消除党内生活中出现的庸俗化、随意化、平淡化和批评与自我批评名存实亡的倾向。四是健全政治生态建设评价考核机制。通过对政治生态建设主要要素、内在关系和群众满意度的测评，对政治生态状况进行科学把握，并把考核的结果运用于党政部门和党政干部的工作、业绩和选拔任用等方面，使政治生态建设成为有规可依、有据可查的硬约束。

4、以加大反腐败斗争力度为重心，在突出领导干部示范作用的过程中营造净化政治生态的良好社会环境。净化政治生态，关键在于从严治党、从严治吏。党的十八大以来，中央加大从严治党、从严治吏力度所取得的成效和所形成的强大震慑力表明，净化政治生态，一方面必须坚持不懈地整饬吏治，继续保持反腐败斗争高压态势，重点围绕重要事项、重大工程、重点领域，特别是干部选拔任用等问题，做到有案必查、有腐必惩，使扶正祛邪、扬善惩恶成为政治活动中普遍认可的价值尺度与行为准则，逐步营造风清气正的政治环境。另一方面，影响政治生态的核心是领导干部，要坚持从各级领导干部做起，在党员领导干部中培育坚守正道、弘扬正气，襟怀坦白、光明磊落，坚持原则、恪守规矩，严肃纲纪、疾恶如仇的从政理念，尤其在涉及重大事项决策、选人用人、褒奖惩戒以及干部考核评价等具有导向性的问题上，通过领导干部的良政举止，让更多的人明确基本的价值导向与行为取向，营造有利于弘扬正气、抵御歪风的工作与生活环境，促进政治生态中各要素与系统之间形成互相促进、相辅相成的良性循环。

（作者为中共山西省委党校副校长、教授）

认真学习习总书记系列重要讲话精神
扎实推进基层组织建设工作

中共山西省委组织部

近年来，省委组织部坚持把学习贯彻习近平总书记系列重要讲话精神作为重大政治任务，紧密联系学习贯彻党的十八大和十八届三中全会精神，联系党的群众路线教育实践活动，联系工作实际，在真学真懂、真信真用、真抓真改上下功夫，扎实推进基层组织建设各项工作，为全省转型跨越发展奠定了坚实的组织基础。

一、坚持把握大势，切实增强抓基层党建工作的责任感使命感

习近平总书记强调，要客观认识当代中国和外部世界，胸怀大局，把握大势，着眼大事，探索新方法，占领制高点，不断增强工作的科学性、预见性、主动性。“不谋全局者，不足以谋一域”。我们要站在全局和历史的高度，深刻认识和把握面临的新形势新任务新要求，切实增强抓基层党建工作的责任感使命感。

深刻认识加强基层党建是党要管党、从严治党的紧迫需要。党的十八大以来，习近平总书记反复强调，贯彻党要管党、从严治党方针，必须扎实做好抓基层、打基础的工作，使每个基层党组织都成为坚强战斗堡垒。基础不牢，地动山摇。基层党组织是党全部工作和战斗力的基础，基层组织抓好了，党的建设才能上下贯通、接到终端，各项任务才能落到实处、收到实效。现在一些基层党组织软弱涣散，“两新”组织党建工作薄弱，一些地方党组织书记重经济建设、忽视党的建设，一些党员先锋队意识淡化。党要管党、从严治党就必须切实增强抓基层党建工作的责任感使命感，认真研究解决这些问题，不断夯实党的执政基础。

深刻认识加强基层党建是全面深化改革的现实需要。党的十八届三中全会《决定》指出，全面深化改革的总目标是完善和发展中国特色社会主义制度，实现国家治理体系和治理能力现代化。实现这一目标，大量的基础性工作在基层。如果基层党组织不健全，自身治理能力和凝聚群众的能力弱化，就很难发挥应有作用。因此，必须把基层党建工作放到全面深化改革的大局、推进国家治理体系和治理能力现代化的总目标中去设计和谋划，增强政治自觉和责任担当。当前，改革进入攻坚期和深水区，许多改革举措直接关系群众切身利益，需要基层党组织深入做好宣传引导、利益协调、统一思想等工作，带领群众理解改革、支持改革、投身改革、参与改革，形成推进改革的合力。

深刻认识加强基层党建是实现中华民族伟大复兴中国梦的长远需要。习近平总书记多次提到实现中华民族伟大复兴的中国梦。中国梦归根到底是人民的梦，必须依靠人民来实现，必须不断为人民造福。当前，我国社会阶层、社会群体和群众利益诉求日益多元，人民群众除了衣食住行等基本生活需要，还有政治参与、公平正义、精神文化、人文关怀等更高层次需求，需要基层党组织及时跟进，及时把工作重心转移到服务上来，不断提升基层党组织服务能力和水平，把服务作为基本职责和主要任务，紧扣群众需求探索多种服务模式，扎扎实实为群众办实事解难事，才能团结带领群众努力实现自己的梦想，凝聚共同奋斗的强大正能量，为实现中国梦奠定坚实的组织基础。

二、坚持固本强基，不断提升基层组织建设整体水平

习近平总书记强调，要强化强基固本思想，扎实做好抓基层、打基础工作。我们始终牢固树立大抓基层、夯实基础的鲜明导向，2012年以基层组织建设年为契机，科学组织“集成升级”行动，大力实施“六项系列计划”；2014年，开展基层组织提升年活动，围绕“五个提升”，落实八项任务，有力地推动了基层组织建设全面进步、全面过硬。

瞄准“短板”，强化两个覆盖。习近平总书记强调，越是情况复杂、基础薄弱的地方，越要健全党的组织、做好党的工作，确保全覆盖，固本强基，防止“木桶效应”。近年来，我们坚持以抓薄弱领域党建为重点，通过成立非公工委，建立非公有制经济组织党建工作联席会议，集中开展非公有制经济组织党组织集中组建和社会组织党组织集中组建工作，逐级选树了一批“双强六好”非公经济组织党组织，扎实推进非公经济组织和社会组织党组织覆盖和党的工作覆盖，取得了明显成效。目前，我省非公经济组织党组织已基本实现全覆盖，年底前，基本实现30人以上的社会组织

有党员，3名党员以上的社会组织建立党组织的目标。

突出“关键”，选优配强书记。党的基层组织凝聚力、战斗力强不强，关键在人，关键在书记。我们一是抓好带头人。采取上级选派、跟踪培养、群众推荐、公开招聘等方式，选拔党性强、能力强、改革意识强、服务意识强的党员担任党组织书记。2013年从省、市、县三级机关集中选派1000余名“80”后年轻干部到村担任“第一书记”；今年又从省直单位和省属高校选派47名优秀年轻干部到农村基层挂职，做好软弱涣散村级组织集中专项整顿和第十届村“两委”换届选举工作。二是持续提升干部素质。坚持“全员覆盖、分级负责”的原则，2011年起，连续三年组织实施了“领头雁”培训计划，投入专项培训经费8281万元（省管党费支出5087万元），培训基层党员干部50余万人次。三是出台政策保障支持。制定下发了《关于在全省乡镇（街道）党（工）委配备专职组织委员的通知》，确保乡镇（街道）党务工作人员、待遇和职责“三落实”；研究起草了《关于加强乡镇干部队伍建设的实施意见》，经省委常委会研究，以晋办发[2014]29号文件下发，进一步激发乡镇干部的工作热情。

抓住“两头”，提升整体水平。一方面，大力培树典型，推出了彭云、荆保山、段爱平、马健等一批先进人物和大同煤矿集团有限责任公司四台矿党委、侯马市浍滨街道浍滨街北社区党支部、汾阳市贾家庄镇贾家庄村党委等一批全国先进基层党组织，起到了以点带面的辐射效应。2013年、2014年成功举办了“最美村官”和“最美乡镇干部”评选活动，受到了全省上下的高度关注，广大群众积极参与，在全社会树立了重视基层、关爱基层、服务基层的理念，营造了学习先进、崇尚先进、争当先进、赶超先进的浓厚氛围。另一方面，针对后进基层党组织，通过开展后进村整顿、帮扶联建、共驻共建等措施，推动后进变先进，达到普遍晋位升级的目标。2013年底，集中开展了软弱涣散基层组织专项整顿，按照倒切5%—8%的比例确定软弱涣散的基层党组织数量，层层建立台账，组建专门工作组，有针对性地解决基层组织不健全、领导班子软弱无力、党员队伍不起作用、社会治理水平较低等问题，为第十届村“两委”换届工作奠定坚实的组织基础。

打牢“长效”，完善保障体系。我们全面建立了市、区（县、市）财政投入为主、省级财政给予适当补助的经费保障机制，确保基层组织建设经费列入财政预算。从2012年起，省级财政每年对每个社区给予3万元经费补助。2013年，省委组织部、省非公工委、省财政厅、省地税局、省国税局联合下发了《关于落实非公有制经济组织党建工作经费的通知》（晋组通字〔2013〕44号），多渠道解决非公经济组织党组织经费问题。2014年省级财政共增加投入3亿多元，为每个行政村增加补助5千元，达到村均5.5万元；在省级财政每年给予每个社区3万元经费补助的基础上，为每个社区增加补助5千元，市县配套后每个社区经费达到5.5万元以上；为每个乡镇拨付10万元用于集中改善乡镇机关食堂、宿舍和澡堂等基本生活设施；省委组织部、省财政厅联合下发了《关于印发<农村离任“两委”主干生活补贴发放暂行办法>的通知》（晋组通字〔2014〕28号），对正常离任、累计担任村党组织书记或村委会主任满9年以上，年满60周岁的村“两委”主干每人每月发放不低于100元的生活补贴，省级财政每人每月补助35元。

三、坚持改革创新，全力推动基层党建工作科学化

习近平总书记指出，要坚持不懈把改革创新精神贯彻到治国理政各个环节。当前，国际国内形势正在发生深刻变革，在新的形势下，做好党建工作难度大大增加了。要抢占发展先机，夯实政权基础，不改革、不创新没有出路，改慢了、创慢了同样也会被淘汰。我们牢固树立创新思维，以改革的精神、改革的举措，推动基层党建工作创新发展。

注重思路创新，明确工作目标。十八大以来，我们按照习总书记提出的建设基层服务型党组织的要求，认真落实“三个一”，即：明确一个理念，就是重视基层、关心基层、支持基层、夯实基层；重视一个转型，就是以服务群众、做群众工作为主要任务，实现基层党组织工作重心转移、工作方式转变，寓管理于服务之中，在强化服务中体现领导核心、政治核心等作用；把握一个抓手，就是开展基层服务型党组织创建活动，以此作为党的群众路线教育实践活动的有效载体，使服务成为基层组织建设的鲜明主题，统领各领域基层党建工作。年初，按照省委部署，在认真调查研究的基础上，我们研究起草了《关于加强农村和社区基层服务型党组织建设的若干意见》，经省委常委会研究，以晋办发[2014]16号文件下发，对夯实基层基础起到了积极的推动作用。

坚持载体创新，提高工作实效。依托基层组织活动场所，坚持一室多用，积极推广干部下乡住村、结对帮扶、为民服务全程代理、一站式服务、窗口单位为民服务创先争优等做法，深入开展党员示范岗、党员责任区、党员承诺践诺等活动。结合第二批群众路线教育实践活动，我们以探索解决党员有效发挥作用为重点，一方面，广泛开展在职党员到社区报到服务群众工作，每个在职党员年初要作出志愿服务承诺，联系帮扶1户社区困难家庭，每半年参加1次党员志愿服务活动和1次社区公益活动，各单位党组织与1个社区党组织建立共驻共建关系；另一方面，以“知党情、听民声、谋发展、促和谐”为主题，建立党代表工作室，组织省、市、县（市、区）、乡镇四级党代表进室开展活动。两项活动的开展，为发挥党员先锋模范作用、更好地服务群众提供了平台、创造了条件，有效激发了党员活力。

探索制度创新，推动工作落实。在建立完善基层党建定期研究、领导干部联系点制度、宣传引导三项机制的基础上，我们把落实各级党委基层党建工作责任制作为基层党建制度创新的重要抓手，在全省全面实施市、县、乡

“三级联述联评联考”计划，通过“省级把握方向、市级全面指导、县级统筹组织、乡级协调落实、村级具体承办”，做到职责定位，工作定标，考核定性，使基层党建变得有份量、有权威，切实把党要管党、从严治党的要求落到实处。在此基础上，我们将“联述联评联考”向农村延伸，积极探索建立农村党组织领导班子和书记“联述联评联考”管理机制；向部门党组（党委）延伸，由部门党组（党委）向上级党委进行专项述职。目前，各级党组织已全面实施联述联评联考制度，有力地推动了基层党建各项工作任务的落实。

鼓励基层创新，激发工作活力。我们尊重人民主体地位，发挥群众首创精神，鼓励创造、鼓励探索，大力支持各领域基层党组织先行先试，创新工作载体，打造党建品牌，注重从不同层次、不同侧面发现、培养、总结和推广新鲜经验做法，逐步实现基层党建典型由“闪光点”向“闪光面”的转变和跨越。先后发现总结了干部下乡住村“六个一”、党建网联工程、乡镇党委会进村开、星级支部评定、联村党委、“定查评”工作法等一大批先进经验，经进一步总结提炼，建立了干部下乡住村领导包村增收等制度，在全省层面予以推广开展，不断提升基层党建工作科学化水平。

（中共山西省委组织部）

清醒认识当前形势　加快经济转型升级

——2014年山西经济形势分析及对策建议

潘　云　孙秀玲　王　云　韩　芸

进入2014年，我省经济发展出现了一些新情况，遇到了一些新问题。客观认识和正确判断当前形势，大体可用三句话来概括：一是从现实情况来看，受国内经济下行的影响，特别是煤炭价格下降的影响，一季度我省经济增长放缓明显，二季度虽有所回升，但下行压力仍然较大；二是从纵向比较来看，与以往经济下行周期相比，在本轮下行中我省经济下行的振幅小、速度缓，显示出我省的转型发展成效已经显现，经济增长稳定性有所提高；三是从未来发展看，随着我省经济转型的稳步推进，综改区建设步伐的不断加快，新型城镇化战略的全面实施，可以预见山西经济发展前景是光明的。

一、全省上半年经济运行形势及原因分析

2014年，全省上半年地区生产总值实现6097.8亿元（其中，第一产业增加值338.06亿元，增长6.1%；第二产业增加值3027.8亿元，增长5.1%；第三产业增加值2731.94亿元，增长7.7%），同比增长6.1%，比一季度（5.5%）回升0.6个百分点，但仍然低于全国平均水平（7.4%）1.3个百分点，低于去年同期山西增长速度（9.0%）2.9个百分点。这表明我省经济运行呈现出了积极的变化，止缓已初见成效，但回稳促增仍需努力，实现全年达到全国平均水平的目标任务仍然艰巨。其原因我们认为主要有以下两个方面：

一是工业经济大幅放缓特别是煤炭价格下跌是影响山西经济增速的主要因素。上半年全省规模以上工业增加值同比增长4.5%，虽然比一季度的最低点（4.2%）回升0.3个百分点，但与上年同期（10.8%）相比放缓了6.3个百分点。在全省9种主要工业产品产量中，原煤、钢材、发电量、氧化铝、水泥5种产品小幅增长，生铁、粗钢、焦炭、原铝4种产品同比下降。山西经济关键在于工业经济，煤焦冶电是山西工业的主导产业，占比约达70%以上。其中，煤炭占到整个工业的55%左右，煤炭市场低迷直接影响着山西的整体经济，国内煤炭价格从2011年10月最高853元/吨，下跌到目前的532元/吨，跌幅达37.6%，由此可见山西工业生产下行压力主要源于煤炭行业产能过剩问题突出，行业效益总体不高，究其原因主要在于近年来受国内经济结构调整、节能技术进步、能源消费结构变化、煤炭质量提高、生活用能结构变化、经济增长方式的转变等因素的影响，国内煤炭消费量持续下降。但与之对应的是，2013年，国内煤炭产能不断释放，到2015年山西省重组整合矿井全部建成进入生产状态，产能将达到约13亿吨左右，进口煤也步步紧逼，供大于求的局面可能进一步加大。供过于求的现象直接拉低了煤炭能源产品价格，也影响了整个行业的效益水平。虽然以煤炭为主要能源的格局短期内较难改变，但是我国煤炭市场将由供需基本平衡向供应宽松、结构性过剩、个别时段和局部区域紧张转变，我省煤炭市场将总体处于需求低增长、价格低水平的调整阶段。

二是外部经济环境变迁的影响。山西煤炭行业的困境，很大程度上是整个经济环境不景气造成的，全国乃至全球的经济形势影响了山西工业企业的发展。中国社科院2014年《国际形势黄皮书》预测，2014年全球经济仍将维持中低速增长。就中国经济而言，也悄然进入新“拐点阶段”，进入经济增速换挡期、结构调整阵痛期和前期政策消化期，这使得全国经济形势更趋复杂，经济运行中不确定性、不平衡性和脆弱性凸显。从中长期看，随着改革政策的落地，

全社会资源配置效率将会逐步提高；而从短期看，一些领域的改革反而会对短期经济增长和价格带来冲击。此外，真正实现让市场在资源配置中发挥决定性作用，就意味着政府必须放开对资源要素的过度垄断，政府主导投资驱动模式将有所弱化，如果在一段时期内生增长的接力棒不能有序交接，那么，就很可能出现经济增长动力的“空档期”。从季度和年度数据看，受世界经济和国内经济的影响，2014年山西经济也将处于长期趋势潜在增长率的阶段性下行阶段，经历2009年金融危机的重大冲击以来，山西GDP潜在增长率下调2个百分点（由2009年之前的10%～12%下降至8%～10%），处于周期波动的下行调整阶段，处于季度波动低速增长期；如果没有大的、特殊的外部冲击因素，随着转型综改区建设深入推进和创新驱动力度的不断加大，山西经济运行会稳步向上，全年经济将趋于稳定发展，经济增长将回归合理阶段。因此，如何巧借经济下行之力进一步优化产业结构，如何平衡中长期改革与短期增长之间的关系，如何平衡结构调整与经济增长之间的关系，推动“体制改革—转型发展—稳定增长”进入良性循环，是实现我省经济健康持续发展的新挑战。

二、我省经济增长中的积极因素

在全国整体经济增速放缓的背景下，山西经济还是保持了稳定运行，主要得益于金融危机后，山西完成煤炭资源整合，推进产业结构调整，加大转型综改区建设，全省经济整体抗风险能力明显提升。

1、三次产业结构更趋协调。进入“十二五”以来，可以说是山西经济发展历经磨难的几年。在全国经济下行压力不断加大和国际形势复杂多变的形势下，国家对经济增长预期不断调低，从8%逐步调整到7.5%左右。在这轮经济下行期，省委、省政府坚定推进“以煤为基，多元发展”战略，以项目带发展、调结构，紧抓项目落实，先后出台政策措施促进服务业、小微企业健康发展。今年上半年，全省三次产业增加值增速分别为5.8%、5.1%、7.7%，一、三产增加值增速快于二产。三次产业占GDP的比重分别为5.5%、49.7%和44.8%，与2013年同期相比，一产比重提升0.3%，三产比重提升2.3%，二产比重下降2.5%，三次产业结构更趋协调。同时，在工业增长放缓的背景下，工业内部结构得到进一步优化，全省工业内部转型效果不断显现。一是非传统产业占全省工业比重提升，呈现逐步提升态势，特别是化工、医药、纺织产业增速持续加快。上半年全省规模以上工业增加值增长4.5%，比一季度回升0.3个百分点，全省9种主要工业产品产量“五升四降”，煤炭、发电量、钢材、水泥、氧化铝产量分别增长2.0%、0.1%、9.3%、0.5%、7.6%；焦炭、生铁、粗钢、原铝产量分别下降3.6%、1.4%、0.3%、12.2%，在价格大幅下降的不利因素影响下，煤炭、电力、钢材工业增速总体没有出现大的波动，传统产业总体抗风险能力也在增强。

2、三产投资结构更加优化。今年上半年，全省固定资产投资在“十二五”前三年持续平稳快速增长的基础上（各年增速均在20%以上），同比增长18.3%，继续保持较快增长态势。从投资内部结构看，第三产业投资加快、工业投资内部转型力度加大、民间投资增速加快，具体有以下几个方面：一是第三产业投资快速增长。上半年，第三产业投资增长20.2%，比上年同期加快5个百分点；第二产业投资增长13%，增速比上年同期减缓2.2个百分点。二是工业投资内部转型力度加大，非煤产业、非传统产业投资增长较快，占比提升。上半年，非煤产业、非传统产业投资增速均快于全省工业投资平均水平，占全部工业投资比重明显提升。其中非煤产业投资占全省工业投资的比重为75.7%，同比提升5.8个百分点；非传统产业投资占全省工业投资的比重为51.4%，同比提升3.6个百分点。三是民间投资、战略性新兴产业投资保持快速增长，占比显著提升。上半年，全省民间固定资产投资增长26.7%，比同期全国民间固定资产投资增速快6.6个百分点，高于全省固定资产投资增速8.4个百分点，占全省固定资产投资比重为55.2%，同比提升3.7个百分点。上半年，全省固定资产投资中战略性新兴产业投资同比增长20.3%，比全省固定资产投资高2个百分点，占全省固定资产投资比重达到49.7%，同比上升0.9个百分点。

总体来看，三次产业结构更趋协调、工业和投资内部结构进一步优化，转型新成效的取得，为全省经济增长质量提升打下基础。

三、发展前景及政策建议

客观认识我省当前经济形势，要清醒地看到，以煤炭工业为主导的山西能源经济格局并未根本改变；全省工业经济企稳向好的基础尚不巩固，需要我们在今后的工作中继续贯彻落实好省委、省政府的各项政策举措，努力保持全省经济平稳健康发展。

从当前政策措施看，要以敢于担当、锐意创新的精神抓好政策举措落地。一要大力支持煤炭企业渡过难关。落实“煤炭20条”和“煤炭17条”新政，积极推进煤电一体化，加大用户直供电、签订长期合同等模式，提高煤炭加工转换能力；鼓励发展煤焦化、煤制气、煤制油等就地转化项目，实现多联产、规模发展，拓宽煤炭利用范围，支持煤炭由燃料向原料转化等煤炭企业转型发展项目；加大对非煤产业如装备制造业、新型材料等新兴产业的支撑力度。加大清理涉煤不合理收费工作力度；研究煤炭税费整体改革方案，合理确定税费总体水平，扩大增值税抵扣范围；取消铁路建设基金；根据资源赋存条件制定差别化税费政策，切实减轻企业负担。二是以项目为抓手，调整产业布局和结构。把布局重大项目作为调整优化产业结构、加快转变经济发展方式的有效途径，作为应对当前经济形势、促进经济稳定增长的重要举措，立足产业基础，发挥比较优势，瞄准市场需求，加强规划引导，完善政策措施，以企业为主体、重大项目为载体，加快布局建设现代煤化工、轨道交通设备、煤层气装备、煤机装备、电力装备制造基地，拉动经济增长，促进经济提质增效升级。三是深化国有企业改革，积极支持民营企业发展。深化国有企业产权制度改革，加大省属煤炭企业集团公司改革力度，稳步推进国有股权减持；加大国有企业改制上市力度；以管资本为主加强国有资产监管，形成具有不同功能的国有资本投资经营主体；推行国企信息公开和市场化选聘；鼓励和支持非公有制经济快速发展；支持各种所有制资本融合发展。四要推进金融创新，提升中国（太原）煤炭交易中心的功能，扩大太原煤炭交易价格指数的覆盖面和影响力，逐步将采价点向蒙、陕扩展，推动指数上市。要完善煤炭、电力、焦炭等大宗产品的市场配置机制，积极发展焦炭、电力和煤层气等能源商品的场外交易，争取建立能源商品期货交易所；进一步完善价格形成机制，推进水、天然气、电力等领域价格改革，放开竞争性环节价格。五要完善矿产资源市场配置机制，把资源优势转化为经济优势、发展优势，建立资源初始产权配置机制，促进矿业权流通，进一步完善矿业权交易有形市场建设，积极推进煤层气审批管理配套改革，构建统一开放、竞争有序的矿业权市场。

从长期发展来看，转型发展才是山西资源型经济走出“资源诅咒”的根本方式。只有全面深化改革，推动转型综改建设，才能全面提升山西经济发展质量和水平，应对复杂多变内外环境，推动全省经济健康稳定增长。一要在转变政府职能上有新进展，进一步简政放权，加快流程再造，变前置审批为过程服务、后端服务，提高行政效能，在服务型政府建设上有新成效，创造优良市场环境。二要在资源配置市场化上有新进展，大幅度减少政府对资源的直接配置，使各类资源按照市场规则、市场价格、市场竞争进行有效配置，实现效益最大化、效率最优化。三要在发展混合所有制经济上有新进展，要在推进驻晋央企在晋注册、地方参股上取得新的突破，使多种经济成分共同发展，共同促进地方经济发展。在国有企业改革上取得突破，国有企业要在发展混合所有制经济上主动作为，充分发挥国有资本的引领作用，实现国有资本与其他经济成分融合发展壮大。要创造有利于混合所有制经济发展的良好环境，为发展混合所有制经济创造廉洁高效的政务环境、公平公正的法制环境、规范守信的市场环境、和谐稳定的社会环境。四要在推进科技创新上有新进展，以低碳引领、创新驱动为宗旨，以山西科技创新城为龙头，围绕资源的深加工和资源的相关产业延伸产业链，发展煤化工以及与煤炭有关的机器设备、采掘等高新技术产业，把科技创新作为煤炭产业安全、高效、清洁、低碳发展的根本路径，打造国家煤基科技及产业创新高地，实现由“煤老大”向“煤科老大”的转变。深化科技体制改革，完善科技投融资体系，建立产学研协同创新机制，加大科技人才培养和引进力度，为转型发展提供强有力的智力支持。五要大力发展旅游文化产业。实施重大文化产业项目带动战略，促进文化与科技、旅游等产业深度融合。鼓励社会资本投入文化领域、鼓励资源型企业进入旅游文化产业，并成为旅游文化产业的投资主体。总之，只有在全面深化改革中全力推进综改试验区建设，才能促进全省经济走出一条资源型地区成功转型的新路子。

（作者系山西省社会科学院）

当前首先要统一思想

——一论学习领会习近平系列重要讲话、贯彻落实全省领导干部大会精神

无数历史和现实经验证明：统一思想是我们做好各项工作的重要前提，也是我们勇往直前、无往不胜的关键和保障。

山西正处在重要的历史关头：短期内出现的系统性、塌方式腐败问题，令人震惊、痛心和警醒；腐败频发的现状，不仅败坏了政治生态，严重损害了山西的形象，损害了党的形象，而且损害了群众利益，影响了改革发展。中央对省委班子的重大调整，对腐败案件的坚决查处，充分表明了以习近平为总书记的党中央坚持党要管党、从严治党、有腐必反、有贪必肃的坚定决心，充分表明了中央对党和人民事业高度负责的历史担当，充分表明了中央对山西问题的高度重视和对山西发展的亲切关怀。

那么，山西高压反腐是否将告一段落？持续反腐败会不会影响经济发展？如何提振精神、增强信心、共克时艰……其实，中央和省委近期的一系列重要决策已经给出答案。当务之急是，全省上下要切实把思想和行动统一到中央决定上来，统一到中央对山西当前反腐败形势的分析判断和要求部署上来，统一到中央对山西工作的各项要求上来，坚决与以习近平同志为总书记的党中央保持高度一致。

一是要在坚定反腐败决心、以零容忍惩治腐败上统一思想。腐败是社会毒瘤、国之大害、民之大害，任凭腐败现象愈演愈烈，必会导致亡党亡国。反对腐败，始终是我们党一贯坚持的鲜明政治立场。习近平总书记强调，要“以猛药去疴、重典治乱的决心，以刮骨疗毒、壮士断腕的勇气，坚决把党风廉政建设和反腐败斗争进行到底。”因此，只要有腐败现象存在，反腐败就没有“休止符”，只有

"进行时"。

二是要在坚持反腐败与做好其他工作的关系上统一思想。腐败影响改革发展，损害国家和群众利益，败坏党和政府形象。山西的腐败不根除，政治生态不改善，转型发展、富民强省的大业必将为其所阻、受其所害，3000万三晋儿女筑梦中国、建功立业的努力或将成空。所以，聚焦中心工作，激发干事创业活力，必须营造风清气正的环境，把害群之马铲除，把拦路之虎拿下，通过反腐推动其他工作。

三是要在选人用人问题上统一思想。为政之要，用人当先。从查处的腐败分子看，有的是"带病提拔"，有的是"边腐边升"……均属用人之失。腐败多发固然与制度不严、监督不力有关，但更多还是与选用干部标准不高、风气不正、把关不严有关。选用干部必须坚持德才兼备、以德为先。一个人，无论工作能力有多强、贡献有多大，只要心存私念，失德失范，心无畏惧，漠视底线，就是对党不忠，对人民不敬，这样的干部就坚决不能任用。

四是要在落实好党风廉政建设和反腐败斗争的部署上统一思想。党要管党，从严治党。如果党风廉政建设"两个主体责任"落实不好，"一岗双责"履行不力，反腐铁拳攥得不紧，必然会导致腐败案件频发。已有的教训足够深刻，已有的问题发人深省。我们必须按照中央要求，加强反腐倡廉教育，强化对权力的制约和监督，坚持标本兼治、惩防并举，形成不敢腐、不能腐、不想腐的长效机制，最终铲除腐败滋生蔓延的土壤和条件。

通过学习提高认识，是统一思想、形成共识的有效途径。当前，摆在各级党委政府面前的首要任务是，引导和组织广大干部群众深入学习习近平总书记系列重要讲话，深刻领会中央对山西工作的各项指示，贯彻落实全省领导干部大会精神。

上下同心，其利断金。面对中央的要求，人民的期盼，改革的需要，我们惟有迎难而上，勇于担当，振奋精神，重塑形象，才能奋力开创富民强省、弊绝风清的新局面。

（原载2014年9月15日《山西日报》）

高压反腐弊绝风清

——二论学习领会习近平系列重要讲话、贯彻落实全省领导干部大会精神

为政重在廉，管党务必严。习近平总书记指出："反对腐败、建设廉洁政治，保持党的肌体健康，始终是我们党一贯坚持的鲜明政治立场。"

近期，山西连续出现的严重腐败案件，究其根本是政治生态存在不少问题。从已查处的案件看，发生领域较广、表现形式多样。其中，有的是党委没有履行好党风廉政建设的主体责任，有的是缺乏权力在阳光下运行并监督的机制，有的是党员干部理想信念丧失等等。问题之严重，影响之恶劣，教训之深刻，令人扼腕。

当前，办好山西事情的首要任务是：直面严峻现实，正视存在问题，将高压反腐放在第一位，以零容忍态度惩治腐败，以刮骨疗毒的决心构建不想腐、不能腐、不敢腐的长效机制，并在这一过程中优化政治生态，铲除滋生腐败的土壤和条件，营造风清气正新环境，重塑改革发展新形象。

高压反腐、弊绝风清，必须坚决落实党风廉政建设"两个责任"。各级党委要切实把履行主体责任作为重大政治要求，强化"不抓党风廉政建设和反腐败斗争就是严重失职"的意识，旗帜鲜明地反对腐败、坚决有力地惩治腐败。党委主要负责同志是"第一责任人"，对党风廉政建设要亲自部署、亲自过问、亲自协调、亲自督办。班子其他成员要认真履行"一岗双责"，抓好分管领域的党风廉政建设和反腐败斗争。党委要坚决支持纪委履行监督责任，纪委要突出党风廉政建设和反腐败斗争主业，攥紧查办案件和执纪监督"两只拳头"。对重大案件要"一案三查"，既追究当事人责任，也追究党委和纪委责任，做到有责必问。同时，继续加大巡视监督力度，特别要对容易滋生腐败和权力寻租的煤焦、土地、交通、房地产等重点领域，以及资源配置、工程招标、资金分配等关键环节加强巡视，做到监督无死角。

高压反腐、弊绝风清，必须建立"不敢腐、不能腐"的长效机制。习近平总书记多次强调，权力一定要关进制度笼子里。扎紧权力的笼子，既要有案必查、有腐必反、有贪必肃，坚持老虎、苍蝇一起打，形成高压威慑，更要针对制度缺失和漏洞，努力构筑系统完备的反腐倡廉体系，积极推进体制机制改革，合理分解和科学配置权力，划清权力边界，明确责任主体，做到依法确权、科学配权、全程控权，有效防止权力寻租。

高压反腐、弊绝风清，必须形成"不想腐"的政治生态。诸多案例证明，领导干部理想信念丧失、为政之德滑坡、对权力缺乏敬畏之心，必然滑入腐败深渊。全省要结合群众路线教育实践活动，大力践行社会主义核心价值观，开展行之有效的理想信念、党风党纪党性教育；要大力宣传焦裕禄式好干部，运用典型案件加强警示教育，引导干部自觉筑牢思想防线；要牢记"两个务必"，敬权畏权慎权，稳得住心神、管得住手脚，把心思和精力用在发展经济、改善民生上。

高压反腐、弊绝风清，领导干部必须管严管好身边人。从查处的腐败案件看，领导干部被身边人拉下水、拉下马的为数不少。教训深刻，务须警觉。领导干部不仅要严以律己，还要管好身边人。对家人、秘书、司机和亲朋好友警惕上高一点、监督上紧一点、批评上严一点，及时敲鼓打针，不包庇不纵容，杜绝其非分之想，不敢越雷池一步。

顺应历史潮流革弊立新，回应人民期待高压反腐。全省上下要深入学习习近平总书记系列重要讲话精神，深刻领会中央对山西工作的针对性指示，在以王儒林书记为班长的省委坚强领导下，迎难而上、激浊扬清，努力开创富民强省、弊绝风清的新局面。

（原载2014年9月16日《山西日报》）

以新作为应对经济新常态

——三论学习领会习近平系列重要讲话、贯彻落实全省领导干部大会精神

山西正处在重要历史关头，面对的形势可用四个字概括——严峻复杂。

政治领域内腐败案件多发，使党风廉政建设和反腐败斗争形势严峻；经济领域也不容乐观，下行压力加大，运行困难不少，特别是增长速度换挡期、结构调整阵痛期和前期刺激政策消化期“三期”叠加，各种矛盾和问题相互交织，困难重重，形势复杂。

省委书记王儒林指出，我们要正视困难，勇于战胜困难。解决山西的问题，必须坚持以经济建设为中心，为山西人民谋福祉，归根结底还是要把经济建设搞上去。

当下，如何破解经济运行难题？如何把经济建设搞上去？就是要以新作为应对经济新常态。

“进一步增强信心，适应新常态，共同推动经济持续健康发展。”习近平总书记提出的“新常态”重大战略判断，深刻揭示了我国经济发展阶段的新变化。从新常态视角，看待我省经济形势也是如此。今年以来，山西经济透露出的种种信号和变化，表明山西经济发展正迈入新的阶段，宏观经济下行压力加大和深层次结构性矛盾凸显，是趋势性、不可逆的新常态，也是山西经济绕不开的“成长烦恼”。

以新作为应对新常态，首先要有黄金般的信心。新常态下的诸多困难，难免使人产生“换挡焦虑”和“悲观情绪”。我们要坚定信心、头脑清醒，既坚持底线思维，保持“忧患心”，又坚持战略思维，保持“平常心”。困难和挑战并存，希望和机遇同在。从国家看，我国仍处于发展的重要战略机遇期，经济长期向好的基本面没有改变；从我省看，既有能源资源、要素成本等比较优势，又有转型综改试验区政策优势，还有多元发展形成的产业和动力优势，加之煤炭工业可持续发展和新型综合能源基地建设等。山西的机遇大于挑战，优势多于困难，前景无限光明。

以新作为应对新常态，领导干部要主动学习、提高本领，科学认识新常态，努力适应新常态。要加强调查研究，清醒认识“三期”叠加的阶段性特征，把握经济发展规律，向全面改革要动力、向结构调整要助力、向民生改善要潜力，突出调结构、转方式，突出创新发展、转型发展、多元发展，突出提升发展的质量和效益。

以新作为应对新常态，要积极主动、开拓创新、奋力有为。说到底，就是要在稳增长、促改革、调结构、惠民生等方面付出努力、有所作为。稳增长，就是千方百计使经济运行保持在合理区间，奋力实现预期性指标达到全国平均水平、约束性指标完成任务；促改革，就是以综改试验区为统领，力争在煤炭管理体制、资源市场配置、国资国企、投资体制、土地管理等重点领域的改革有重大突破；调结构，就是以创新驱动推进结构调整，改造提升传统产业，培育壮大新兴产业，积极推进国家综合能源基地建设，努力构建现代产业体系；惠民生，就是重点做好收入、就业、物价等工作，把改善农村人居环境、“农村五件实事”和百企千村产业扶贫工程办好办实。

以新作为应对新常态，还要不折不扣抓好安全生产。特殊省情和产业结构，决定了安全生产是我省最大的民生、最好的发展。要坚决贯彻习近平总书记“发展决不能以牺牲人的生命为代价”这“一条不可逾越的红线”指示精神，始终坚持“安全第一、生命至上”，采取强力措施确保安全发展。

科学认识新常态，实现山西新发展。全省上下要坚定信心、主动作为，在省委和省政府坚强领导下，适应新常态、破解新问题，将经济引领到转型升级、提质增效的新路上，努力实现遵循经济规律的科学发展、遵循自然规律的可持续发展、遵循社会规律的包容性发展。

（原载2014年9月17日《山西日报》）

匡正选人用人不正之风

——四论学习领会习近平系列重要讲话、贯彻落实全省领导干部大会精神

优化政治生态，必先刷新吏治；而要刷新吏治，匡正选人用人不正之风是题中应有之义。

山西政治生态突出问题之一，就是干部腐败多发连发与选人用人不正之风如孪生兄弟，如影随形。

近期查处的腐败案件表明，选人用人风气不正表现多样：有的违反组织原则和程序，因人设置标准、放任弄虚作假、一把手一言堂；有的违规插手干部使用，充当说客掮客，任人唯亲唯圈；有的为升迁不择手段，跑官要官、买官卖官、权钱交易、权色交易；有的甚至以煤为媒、以地为媒，商人为官员出钱、官员为商人输利，商人充当地下组织部长、票子厚度决定升迁位置等等。选拔了问题干部、冷落了实干干部、寒心了多数干部。如此选人用人，如此错误导向，影响恶劣、误党害民，刷新吏治、势在必行。

面对眼前的现实，各级党委都要从中深刻反思、汲取教训，认真学习领会习近平系列重要讲话、坚决贯彻落实全省领导干部大会精神，采取综合措施匡正选人用人不正之风，有效防止和最大限度降低“带病提拔率”“违规用人率”，把党和人民需要的好干部选用上来，做良好政治生态的建设者、维护者。

其一，关键是要确立德才兼备、以德为先、以廉为基的选用导向。习近平指出，用一贤人则群贤毕至，见贤思齐就蔚然成风。在选人用人上，德是第一标准，德上不合格，能力再强也不用；廉是基本条件，廉上不过关，不但不能用，用了也要从位子上拿下来。习近平用20个字勾画出“焦裕禄式”好干部肖像：信念坚定、为民服务、勤政务实、敢于担当、清正廉洁。“好干部”的这5条标准，就是德才廉标准的细化具化。要将这20字要求，贯彻落实到干部考察识别全过程，努力做到选贤任能、用当其时，知人善任、人尽其才。

其二，核心是要把既定的选拔机制真正做到位。现在选拔标准不可谓不明，选拔程序不可谓不严，但在前述种种不正之风的干扰下，纸上虽有规矩、实际大打折扣。所以要下决心消除不正之风，真正坚持按制度办事、按规矩办事、按程序办事，坚决抵制说情、请托、打招呼等行为；要多双眼睛看人选人，不搞“唯票唯分唯年龄唯GDP”，多看干部一贯表现和综合素质；要建立日常考察干部档案和近距离观察识别台账，既看干部评议，更看群众口碑。

其三，还要加强对干部的管理监督。选好，还要管好。要把监督关口前移，及时征询纪检监察、巡视、检察、信访、审计等部门意见，一旦发现问题严格查处，决不手软；要建立“八小时之外”监督机制，使领导干部生活圈、社交圈进入组织视野，做到从严教育、从严管理、从严监督。习近平指出，党要管党，首先是管好干部；从严治党，关键是从严治吏。选用不正之风之所以屡禁不止，一个重要原因，就是一些地方和部门对干部疏于管理、疏于监督，查处问题干部失之于宽、失之于软。

现在讲从严治吏，那么在选人用人问题上也要严以律之。对违规选拔任用干部必须严厉查处，对买官卖官、拉票贿选等现象必须坚决打击，对违规作出的干部任用决定必须坚决纠正。要建立健全用人失察失误责任追究制度，明确干部推荐、考察、讨论、决定等各个环节的责任内容、责任主体和责任追究方式。要认真对待干部群众的举报信件，特别是有关领导干部贪腐的举报，做到有举报必核实。

匡正选人用人不正之风，形成正确的选人用人导向，事关山西政治生态优化，事关富民强省大计。各级各部门特别是组织部门，都要站在党的执政能力建设的高度，把存在的问题理出来，把深层的原因挖出来，把机制程序完善好，把整治措施落实好，切实做到用好的作风选人、选作风好的人，开创山西刷新吏治、弊绝风清的新局面。

(原载2014年9月19日《山西日报》)

教育实践活动要盯住“四风”抓整改

——五论学习领会习近平系列重要讲话、贯彻落实全省领导干部大会精神

“四风”乃腐败温床，反腐败必反“四风”。

在优化政治生态的起步阶段，我省第二批教育实践活动也步入了整改落实、建章立制的关键环节。全省各级各部门要按照中央部署和要求，敬终如始、一鼓作气，正视问题不回避、整改落实不手软、建章立制不反弹，彻底铲除腐败和“四风”滋生蔓延土壤，开创弊绝风清、政通景明的新局面。

开展教育实践活动一年多来，我省牢牢把握“为民务

实清廉”活动主题，按照“深学、细照、笃行”和“三严三实”要求，取得了阶段性成果。但形式主义、官僚主义、享乐主义和奢靡之风，依然不同程度存在：一些单位和个人违规使用公车、大操大办婚事、公款大吃大喝、公款旅游培训、兴建楼堂馆所；一些地方和单位存在出工不出力、为官不理政、不担当不作为、办事敷衍塞责、热衷表面文章。种种恶习，不一而足。

狠抓整改，推动政治生态优化。“四风”问题，从来就不是孤立存在。权力寻租、生活腐化、官商勾结、选人用人不正之风等问题，或多或少与“四风”有千丝万缕联系，都是当前需要解决好的难点痛点。要以整改“四风”为切入点，围绕革弊立新、激浊扬清这个中心，攥紧反腐败和反“四风”两个拳头，加大对吏治腐败、庸懒散奢、吃拿卡要、损害群众利益等歪风邪气的整治力度，对顶风违纪的人和事，发现一起、查处一起，决不手软、决不姑息，下大力气优化政治生态。

狠抓整改，就要真整真改，打通联系群众服务群众的“最后一公里”。“四风”问题积弊已久，整改需要“准狠韧”。在这个环节，向群众公布的整改清单、作出的整改承诺、列出的突出问题，要说出一条做到一条、一件一件落在实处、一个一个解决到位；要突出问题导向，不折不扣落实中央部署的“7+4+10”专项整治，同时开展“大操大办”整治，推进整治不留死角；要集中解决群众反映强烈的突出问题，以实际行动回应群众关切，以实际成效取信于民；对群众意见大的党员干部，要及时依法依纪查处；软懒散的领导班子，要果断予以调整。

狠抓整改，就要在制度建设上下硬功。习近平强调，以刚性的制度规定和严格的制度执行，确保改进作风规范化、常态化、长效化。要突出建章立制，强化制度约束，尽快把好的作风内化为信念、外化为习惯、固化为制度；要用制度卡尺对违规行为和权力进行约束，完善已有制度、制定急需制度、建立管用制度；要在承接好中央出台的各项制度基础上，搞好配套衔接，把制度效力传递到“末梢神经”；要建立完善政治生活制度，切实增强党内政治生活的政治性、原则性、战斗性。特别要注重加强制度执行的督促检查，对违反制度“踩红线”“闯雷区”零容忍，以制度化最大限度地保障作风建设长效化。

狠抓整改，要有常态思维。搞活动具有时间表，改作风没有完成时。要进一步学习弘扬焦裕禄精神，引导党员干部强化人民公仆的角色定位，不断增强贯彻群众路线的思想自觉和行动自觉；要针对“四风”反复性和顽固性，坚决防止其死灰复燃；要狠刹“为官不为”不良风气，对工作不在状态的领导，对执行中央部署变形走样的干部，该教育的教育，该处理的必须处理；要把抓整改有机有力融入日常工作，形成抓作风促工作、抓工作强作风的良性循环。

作风建设永远在路上。盯住“四风”抓整改，改革发展才有正能量。全省上下要认真学习领会习近平系列重要讲话，贯彻落实全省领导干部大会精神，拿出踏石留印、抓铁有痕的劲头，把整改落实、建章立制抓好抓实，用响当当硬邦邦的成绩向党和人民交一份满意答卷。

（原载2014年9月22日《山西日报》）

改革正未有穷期

——六论学习领会习近平系列重要讲话、贯彻落实全省领导干部大会精神

解难题，需真枪真刀革弊；脱困局，需攻坚克难立新。

时下严峻复杂的山西，矛盾和问题交织，机遇和挑战并存。如何解决好山西问题？如何办好山西事情？破解之道和根本出路，就是改革。正如王儒林书记多次强调，深刻认识全面深化改革对山西的重大意义，以经济体制改革为主轴，统筹推进各项改革，用改革破除利益藩篱、解决发展难题。

善弈者谋势。推动全面深化改革，首先要厘清改革的难点、热点和焦点。经济领域，产业结构不合理、发展方式粗放，特别是增长速度换挡期、结构调整阵痛期和前期刺激政策消化期“三期”叠加，发展压力巨大；政治领域，权力寻租、官商勾结，政治生态需优化。加之社会治理方式滞后、城镇化水平低、科技创新能力弱及民生欠账、生态欠账、收入分配不公、贫困人口多等。发展中存在的问题、改革中出现的难题，都需要通过全面深化改革来解决。

全面深化改革，需着力推动政治生态优化。政治生态问题，产生原因多种多样，但体制机制缺位、不适应形势需要是重要因素。要通过建章立制，有效防止权力寻租。习近平总书记强调，要加强权力运行的制约和监督，把权力关进制度“笼子”里。为此，一方面要合理分解和科学配置权力，划清权力边界，做到依法确权、科学配权、全程控权，坚决防止权力寻租；另一方面，要深化行政审批制度改革，进一步简政放权，优化审批流程、提高审批效率，根除权钱交易、官商勾结的土壤和条件；同时，推进治理体系和治理能力现代化，减少“潜规则”、增加“显规则”，增强行政透明度、加大信息公开力度；加快政府职能转变，提高服务意识，从全能政府向有限政府转变。

全面深化改革，要适应经济新常态，以转型综改试验区建设为切入点和突破口，统筹推进经济、社会、文化和生态改革，着力推动创新发展、转型发展、多元发展。转

型综改试验区建设是山西最大的政策红利，也是当前最根本最紧要的改革实践。要大胆探索实践、勇于先行先试，改革资源配置方式，改进政府采购、工程招投标、资金分配方式，更加尊重市场规律，让“看得见的手”减少干预，让“看不见的手”起决定性作用；要着力抓好国家赋权的三项重大改革，依法依规推进低热值煤发电项目审批及煤炭、煤层气矿业权审批，以动力煤为试点，引入期货交易机制；要深化国有企业改革，推进国有企业股权多元化，积极发展混合所有制经济；要深化科技体制、财税体制、投融资体制、土地管理制度等改革，创新开发区和各类园区管理体制等。还要创新社会管理方式、加快文化体制改革步伐、推动医药卫生教育事业改革、社会保障体系改革、收入分配制度改革等。通过改革，破除各种体制机制障碍，着力提升发展质量和效益，让人民享受看得见、摸得着的发展成果。

喊破嗓子不如甩开膀子。全面深化改革，领导干部要有实干和担当精神。改革进入攻坚期和深水区，触动固有利益格局调整，涉及部门权力再分配，复杂性、敏感性和艰巨性不言而喻。唯有真抓实干和勇于担当才能顺利推进。因此，领导干部要善于学习，领会好习近平系列重要讲话精神、学习好全省领导干部大会精神，创新思维、提高本领，加强调查研究，了解新常态特征；要敢于啃硬骨头，敢于涉险滩，遇到矛盾不绕、面对困难不躲、解决问题不拖，知难而进、迎难而上；要本着对人民和历史负责的态度，勇于打破利益牵绊，有自我牺牲的勇气、有割舍部门利益的觉悟；要按照中央部署和省里制订的任务书、路线图、时间表，实干苦干巧干快速推进，让改革“蹄疾而步稳”。

发展是硬道理，改革是大势所趋。全面深化改革事关富民强省大业，事关三晋儿女福祉。全省上下要在省委、省政府强有力领导下，提振信心、锐意进取，以转型综改试验区建设为切入点，全面统筹推进经济、政治、文化、社会和生态领域改革，进一步凝聚改革发展正能量，为全面建成小康社会而努力奋斗。

（原载2014年9月24日《山西日报》）

民生之事大如天

——七论学习领会习近平系列重要讲话、贯彻落实全省领导干部大会精神

解决民生问题是最大政治，改善民生福祉是最大政绩。

今日山西，形势复杂严峻、挑战机遇并存。但越是困难时期，越要坚持办好民生大事。正如省委书记王儒林所言，要时刻把群众利益放在心上，坚持保障和改善民生，着力解决好人民最关心、最直接、最现实的利益问题，为山西人民谋利造福。

近年来，我省高度重视民生、狠抓民生改善，人民生活质量有了新的提高。但民生问题仍然多多：农民增收困难不小，尚有58个贫困县、412万贫困人口需要脱贫；煤炭工业运行困难，就业、收入等问题凸显；社保养老、安居工程、医疗教育等民生事业欠账不少。

人民期待，就是党和政府的执政追求；群众愿景，就是人民公仆的责任担当。

习近平总书记要求，全体党员特别是领导干部，要始终把人民放在心中最高的位置，把实现好、维护好、发展好最广大人民根本利益作为一切工作的出发点和落脚点。战争年代、困难时期，我们都不曾忘记民生，何况是大踏步前进的今天？今日，我们更有理由也更有实力把民生之事办好。为此，我们既要优化政治生态，牢固树立宗旨意识和群众观念，又要把群众路线教育实践活动成果转化为执政为民的能量，带着感情走近群众、带着责任了解群众、带着本事服务群众，把关系民生的工作一项一项抓紧抓好、一件一件落到实处，让人民群众共享改革发展新成果。

办好民生之事，今日山西尤为先。意莫高于爱民，行莫厚于乐民。解决好人民群众的切身利益，正是提振精神共克时艰的契机。当务之急，就是真抓实干推进各项民生工程，要把城乡收入、扩大就业、物价稳定、社保完善、医卫事业、保障性住房工程、困难企业帮扶、农村人居环境改善、农村五件实事、百企千村产业扶贫工程和加强社会管理、提高公共文化服务水平等办好办实。同时，各市都要如期兑现年初承诺的民生大事。只有把民生之事办得红红火火，3600万父老才能与我们并肩奋斗，共图富民强省大业。

办好民生之事，大好机遇误不得。经济新常态，并不只意味着增速放缓，反而给民生带来无限机遇和广阔空间。增长速度换挡，改变粗放增长方式，大力修复生态，是民生；产业结构调整，做强现代服务业，拓宽就业渠道，是民生；老龄化加速，深化养老、医疗等改革，是民生；厉行节约反对浪费，省出更多财力物力，投入到民生改善上……民生是篇永无止境的大文章，只要善为政，处处有民生。民生之事机遇总比困难多，为之投入的精力应比过去大，改善民生的思路还能更开阔。

办好民生之事，公仆本色丢不得。从查处腐败案件看，一些领导干部正是忘了权力谁赋予，不知施政为了谁，公仆角色错位，为民理念丧失，最终滑向犯罪深渊。全省领导干部都要把为民情怀装在心里、融入血液、落在行动、

付诸实践，做焦裕禄式的好干部。要担当起该担当的责任，不得过且过、畏首畏尾、尸位素餐，遇到矛盾问题不回避不掩饰，敢于动真碰硬，只要利长远、有益群众的工作就要想方设法推进。要真抓实干、狠抓落实，扎扎实实推进，真刀真枪实施，善始善终、善作善成，做到情为民所系、利为民所谋。

民生连着民心，民心关系国运。全省领导干部必须时刻把人民放在心中最高的位置，努力在学有所教、劳有所得、病有所医、老有所养、住有所居上取得新进展。民生之事大如天，纵使困难再多、考验再大，我们一心为民的信念不能变，大办民生的步子不能停，用持续不断的好事实事，赢得群众的掌声，实现富民强省新局面，重塑改革发展稳定新形象。

（原载2014年9月26日《山西日报》）

着力推进依法治省

——八论学习领会习近平系列重要讲话、贯彻落实全省领导干部大会精神

法令行则国治，法令弛则国乱。依法治国，国家才能长治久安；依法治省，山西才能清风扬帆。

近期，我省贪污腐败案件、违法乱纪现象集中暴露，其诱发因素多样，但法治精神不彰、有法不依、执法不严、规则缺位、制度疏漏是其重要原因。对此，王儒林书记指出，要切实加强法治建设，坚持推进依法治省，把权力关进制度的笼子里，努力提高全社会法治化水平，开创弊绝风清的新局面。

客观讲，我省多年法治建设和普法工作成效显著，法治意识、法治精神、法治能力有了极大提高。但完全树立法治意识，彻底根除千百年来的人治观念，绝非一时之功。现实生活中仍存在大量与法治相悖的现象：有人以为权大于法、官大于法，以权代法、以官压法；有的领导人情思维多、法治思维少，行政手段多、法治方式少；一些司法部门还存在金钱案、人情案、关系案；一些政府部门为一己私利选择性执法，甚至故意违法乱纪；还有些人信访不信法、信权不信法，堵马路、堵政府、非法上访维权……

推进依法治省，不仅是落实中央全面深化改革总目标的题中应有之义，更是山西推动科学发展、加强党风廉政建设的重任之一。

依法治省，核心是依法行政，推动政治生态优化。依法行政既是治国理政的基本方式，也是行政权力运行的基本原则。优化政治生态，就要依法规范行政权力，不能让权力无法无天。惨痛教训一再表明，合理分解和科学配置职能部门行政权力，划清权力边界，明确权力主体，做到依法确权、科学配权、全程控权，才能有效防止权力兴风作浪。市场经济本身是法治经济，一切经济活动都要用法律规范，特别对煤焦、土地、交通、房地产等重点领域和资源配置、工程招标、资金分配等关键环节的行政权力，依法严格规范并有效监管；要完善行政部门科学民主决策机制，加大信息公开力度，努力建设法治政府和责任政府；要实行严格行政问责制，大力整治行政不作为、乱作为，严厉查处失职、渎职行为。

依法治省，重点是司法公正，维护社会公平正义。群众每经历一次求告无门、冤假错案，损害的不仅是其合法权益，也是法治的尊严和权威。习近平总书记强调，努力让人民群众在每一个司法案件中都能感受到公平正义，决不能让不公正的审判伤害人民群众感情、损害人民群众权益。司法工作者要坚守职业良知、坚守法治定力，抵得住、抗得住权势、金钱、人情和关系，不知法犯法、不做黑恶势力保护伞，做到秉公执法、司法为民。司法工作者要改进工作作风，从群众满意的事情做起，从群众不满意的地方改起，努力践行“四个决不允许”。此外，要加快司法体制改革力度，提升司法透明度，提高司法公信力。

依法治省，目标是全民守法，全社会敬畏法律。全民守法，是依法治省的基础。要扎实开展法律进课堂、进单位活动，在全社会弘扬法治精神，营造学法懂法守法的良好氛围，引导全民从“人情思维”向法治思维转变，形成任何人、任何单位都要按法律、按制度、按规矩、按程序办事。领导干部既要带头遵纪守法，也要带头依法办事，更要善于运用法治思维和法治方式推动各项工作，绝不搞以言代法、以权压法、违法办事、徇私枉法。同时，要加大重点领域矛盾纠纷治理，特别是对土地征用、房屋拆迁、环境保护、非法集资等问题集中力量攻坚，走出“信访不信法”怪圈，引导群众依法理性表达诉求。

革弊立新需要依法行政，激浊扬清重在法治建设。全省上下要同心协力，牢固树立法治理念，积极营造学法懂法守法氛围，同步推进依法行政和司法公正，努力提高全社会法治化水平，为富民强省、弊绝风清提供坚实基础和有力保障。

（原载2014年9月27日《山西日报》）

干事创业要有精气神

——九论学习领会习近平系列重要讲话、贯彻落实全省领导干部大会精神

从全省领导干部大会到省委常委扩大会议，从第二届晋商大会到吕梁调研，认真梳理王儒林书记履新山西以来的活动讲话，其中“振奋精神迎难而上”“提振精神敢于担当”“增强信心奋发有为”等，被屡屡提到、反复强调。细细想来，可谓深谋远虑，用心良苦。

人是需要精神的，精神是创造一切伟大、崇高、壮丽与不朽的源泉。

时下山西，广大干部群众最需要的就是精气神。走出经济困境，需要精气神；优化政治生态，需要精气神；全面深化改革，需要精气神；做好民生工作、加快转型发展、推进综改区建设等等，都需要精气神。

然而，近来一些干部面对复杂局面，缺了希望信心，少了主观努力，淡了责任担当，甘做太平官、有位不作为。有的甚至错误地把反腐和干事对立起来，抱着“只要不出事，宁愿不干事”的想法，该出的差不出了，该下的乡不下了，该做的事也不做了。凡此种种，都是缺乏精气神的表现。

当前，我们必须清醒地认识到，中央对山西腐败案件的坚决查处，正是为我省可持续发展创造难得的环境和机遇。潮平风正舟行快，风清气正好干事。全省上下一定要坚决把思想和行动，统一到中央对山西工作的重要指示和安排部署上来，在任何情况下都做到政治信仰不变、政治立场不移、政治方向不偏，主动适应和自觉营造纪律严明、要求严格、监督有力的新常态。

不贪不占仅是做人的底线，为官的本分还在于干事创业。习近平强调，良好的精神状态，是做好一切工作的重要前提。应该说，三晋大地从来不缺少干事创业的精神。从晋商精神到太行精神、老区精神，直至今天的右玉精神，鼓舞着一代代山西儿女图变图强图发展。面对新一轮滚滚而来的全面深化改革大潮，全省上下要发扬优良传统、传承山西精神、巩固教育实践活动成果，用凤凰涅槃般的信心和勇气，把压力转化为动力，把负效应转化为正能量，有干劲、有闯劲、有韧劲，开创富民强省新局面。

路线确定之后，干部就是决定的因素。就当前来说，各级领导干部更需要有干事创业、奋发有为的精气神。

一要勤政务实。勤政务实彰显执政为民态度，也体现干部精神状态。要珍惜干事创业舞台，以“人一之我十之、人十之我百之”的激情，抓工作、促民生、图转型、谋改革；要实字当头、干字为先，不搞短期行为，不做表面文章，不弄虚作假，不急功近利，努力创造经得起时间考验和让群众信得过的工作实绩。

二要敢于担当。习近平总书记指出，忠诚履职、尽心尽责、勇于担责，是检验每一个领导身上是否真正体现了共产党人的先进性和纯洁性的重要方面。零容忍惩治腐败、触动利益深化改革等，都需要勇气、责任和担当。对认准的事、决定的事、已经部署的工作，要横下一条心、拿出来一股子气，一往无前奋力实施，干出结果、见到成效；要关键时刻敢于站出来，遇到矛盾不绕、面对困难不躲、解决问题不拖，迎难而上化难为易、化危为机。

三要坚决反对消极情绪。党员干部的精气神，直接影响和感染着群众的精气神，进而影响和感染一个地区的精气神。为此，要坚决反对在困难面前垂头丧气、一蹶不振的不良状态；要坚决反对疑虑、观望和抵制等消极情绪；要坚决纠正不干事、不担责、不作为的错误行为。古人言：“一心可以丧邦，一心可以兴邦，只在公私之间尔”。我们是党的干部，人民的公仆，只有时刻“畏”职责不尽、“畏”形象不正、“畏”办事不公、“畏”人民不满意；而不是“畏”困难、“畏”责任、“畏”利益、“畏”自己的羽毛。对那些为官不为、工作不在状态的领导干部，该教育的必须教育，该处理的必须处理。

惟其艰难，方显勇毅。全省上下要着力营造勇于担当、敢于负责、迎难而上、干事创业的新常态，提振精神、增强信心、奋发有为，重塑干部队伍新形象，重塑改革发展稳定新形象，为富民强省凝聚强大正能量。

（原载2014年9月28日《山西日报》）

为弊绝风清富民强省做贡献

——十论学习领会习近平系列重要讲话、贯彻落实全省领导干部大会精神

改革风云再次激荡神州大地，处于历史重要关头的山西，也无疑面临着前所未有的重大抉择和严峻考验。

看全国，全面深化改革如火如荼影响世界；比省市，各方千帆竞发争先发展；思山西，政治生态问题不少，腐败案件高发多发，经济下行压力不减……改革的号角催人奋进，发展的态势时不我待。

中央重视、人民关心、舆论关注，山西到底该怎么办？

摆在我们面前的并非是一道“沉沦”或“奋起”的选择题，而是一道需要用“信心、勇气、智慧、精神”来破解的必答题——凝心聚力、团结奋斗，为弊绝风清富民强省做贡献。

全省领导干部大会提出的弊绝风清富民强省，既是中央对山西改革发展稳定寄予的厚望，又是针对山西省情提出的行动纲领和奋斗目标，也是三晋儿女期盼和要求的最大公约数。

为弊绝风清富民强省做贡献，就要在统一思想中解放思想，在思想转型、思维方式转变中创新发展。

对广大三晋儿女来说，当前最紧要的就是认真学习领会习近平系列重要讲话精神，认真学习贯彻全省领导干部大会精神，认真学习贯彻省委常委扩大会议精神，认真学习贯彻王儒林书记来晋工作后特别是吕梁调研的重要讲话精神，深刻认识中央严肃惩治山西腐败问题和对山西省委领导班子作出调整的重要意义，切实把思想和行动统一到中央对山西工作的重要指示和安排部署上来，统一到省委的决策部署上来，充分发挥自觉性、主动性、创造性，群策群力、集思广益，迎接挑战、战胜困难，革弊立新、激浊扬清，努力为净化政治生态、实现弊绝风清，重塑山西形象、促进富民强省做出自己的贡献。

统一思想和解放思想，本来就是相辅相成、相得益彰的辨证关系。没有统一思想，就无法形成共识，明确前进方向；没有解放思想，就不能开拓创新，完成目标任务。

对山西这个资源型地区、内陆省份来说，比产业转型更重要的就是思想转型。思想不解放不转型，经济转型、产业转型、企业转型，都难以真正实现。为此，我们就要在统一思想中解放思想，进一步推动思想转型、思维方式转变。即：从行政配置资源的思维向市场决定资源配置的思维转变，从“人情思维”向法治思维转变，从官本位思维向以人为本思维转变，从“有煤快富”“一夜暴富”思维向勤劳致富、可持续发展思维转变，激发创新创造的内在活力，合力谋划富民强省大业。

为弊绝风清富民强省做贡献，就要坚定不移地全面深化改革，破除一切阻碍科学发展的体制机制障碍。

改革是时代主弦律，也是解决好山西问题、办好山西事情的总开关。全省各级各部门要坚持深化改革不懈怠，按照中央部署和省里制订的任务书、路线图、时间表，以转型综改试验区建设为统领，全面统筹推进经济、政治、文化、社会和生态领域的改革。具体讲，政治领域要依法规范行政权力，有效防止权力寻租，进而优化政治生态；经济领域要深化行政审批制度改革，加快市场配置煤炭资源、生产要素的步伐，突出创新发展、转型发展、多元发展，切实提高发展的质量和效益；文化领域要加速体制机制改革，培育和践行社会主义核心价值观，切实抓好“六大工程”，加快文化强省建设步伐；社会领域要着力在学有所教、劳有所得、病有所医、老有所养、住有所居上持续取得新进展，提高社会管理科学化水平，促进社会和谐稳定；生态领域要建立健全生态文明制度体系，加快实施主体功能区战略，促进绿色发展、循环发展、低碳发展。

为弊绝风清富民强省做贡献，就要适应政治经济新常态，扎扎实实做好各项工作，干干净净干事创业。

十八大开启了新时代，中国进入了新常态。一方面，制度约束越织越密、执纪监督越来越严、作风建设越抓越紧，“严”成为政治生活常态；另一方面，增长速度换挡期、结构调整阵痛期和前期刺激政策消化期“三期”叠加，宏观经济下行压力加大和深层次结构性矛盾凸显，也是趋势性、不可逆的常态。

新常态下建功立业，对领导干部来说，就要做到政治坚定、作风过硬、敢于担当、勤奋务实、廉洁自律，做焦裕禄式的好干部，实字当头、干字为先，抓工作、促民生、图转型、谋改革，创造经得起时间考验和群众满意的业绩。

新常态下建功立业，对人民群众来说，就要始终和中央、省委保持同心同德、同向同行，发扬好太行精神、老区精神和右玉精神，传承好“信义、坚韧、创新、图强”的山西精神，锐意进取做好本职工作，万众一心推进富民强省。

新常态下建功立业，对经济界人士来说，无论是经营管理者，还是贸易投资者，或生产制造者，都要增强法治思维市场意识，坚定发展信心，抢抓发展机遇，努力做大做强，切实肩负起应有的社会责任，树立良好形象，创造不凡业绩。

“多少事，从来急。一万年太久，只争朝夕。”全面深化改革的蓝图已经绘就，推进综改试验区的步伐铿锵迈开。全省上下决不辜负党中央的厚望，在新的省委班子正确领

导下，增强问题意识、忧患意识、机遇意识、使命意识，始终保持昂扬向上的精神状态，大兴苦干实干巧干之风，为实现弊绝风清富民强省而努力奋斗。

（原载2014年9月29日《山西日报》）

2014年9月，省委书记王儒林在吕梁市兴县农村调研。

人　物

一、年度履职山西的省级领导简历

王儒林

王儒林

王儒林，男，汉族，河南濮阳人，1953年4月生于吉林抚松，1969年4月参加工作，1973年11月加入中国共产党，在职研究生学历，经济学硕士学位。现任十八届中央委员，山西省委书记，省人大常委会主任、党组书记。

1969年4月至1970年6月，吉林省抚松县露水河镇清水河大队知青；1970年6月至1974年4月，吉林省露水河林业局线路队工人、团支部书记；1974年4月至1975年3月，任吉林省露水河林业局团委副书记；1975年3月至1975年5月，在吉林省直机关第一期青干班学习；1975年5月至1984年3月，吉林省农林办公室、省委农工部、省委农研室干事；1984年3月至1985年7月，任吉林省前郭县八郎乡党委副书记、书记（1980年9月至1985年7月，吉林农业大学农业经济专业在职大学学习）；1985年7月至1986年11月，任吉林省前郭县副县长；1986年11月至1987年8月，任共青团吉林省委副书记、党组副书记；1987年8月至1991年4月，任共青团吉林省委书记、党组书记；1991年4月至1992年10月，任吉林省四平市委副书记；1992年10月至1993年1月，任吉林省通化市委副书记、代市长；1993年1月至1994年10月，任吉林省通化市委副书记、市长（1990年8月至1993年4月，吉林大学经济管理学院国民经济计划与管理专业在职研究生学习，获经济学硕士学位）；1994年10月至1995年4月，任吉林省通化市委书记；1995年4月至1997年12月，任吉林省通化市委书记、市人大常委会主任（其间:1996年9月至1997年7月，中央党校中青年干部培训班学习）；1997年12月至1998年4月，任吉林省延边朝鲜族自治州委书记；1998年4月至2000年12月，任吉林省委常委、延边朝鲜族自治州委书记；2000年12月至2001年12月，任吉林省委常委、政法委书记；2001年12月至2004年12月，任吉林省委常委、副省长；2004年12月至2007年3月，任吉林省委常委、长春市委书记；2007年3月至2007年5月，任吉林省委常委；2007年5月至2009年12月，任吉林省委副书记；2009年12月至2010年1月，任吉林省委副书记、代省长；2010年1月至2012年12月，任吉林省委副书记、省长；2012年12月至2013年1月，任吉林省委书记；2013年1月至2014年8月，任吉林省委书记、省人大常委会主任；2014年8月至2014年9月，任山西省委书记；2014年9月，任山西省委书记，省人大常委会主任、党组书记。

第十七届中央候补委员，第十八届中央委员，第十五大、十六大、十七大、十八大代表，第八届、十届、十一届、十二届全国人大代表。

楼阳生

楼阳生

楼阳生，男，汉族，1959年10月生，浙江浦江人，研究生学历，工商管理硕士学位，1976年8月参加工作，1981年11月加入中国共产党。现任山西省委委员、常委、山西省委副书记、省委党校校长（兼）。

1976年8月至1978年1月，浙江省浦江县知青;1978年1月至1982年1月，在浙江师范学院数学系数学专业学习；1982年1月至1984年2月，浙江省龙游县龙游中学教师；1984年2月至1986年1月，任浙江省龙游县团委书记（其间：1984年12月至1986年1月，兼任龙游县塔石区委副书记）；1986年1月至1986年11月，任浙江省龙游县塔石区委书记；1986年11月至1987年2月，任浙江省龙游县委组织部副部长；1987年2月至1989年10月，任浙江省龙游县委常委、宣传部部长；1989年10月至1989年11月，任浙江省衢州市团委副书记；1989年11月至1991年11月，任浙江省衢州市团委书记；1991年11月至1996年1月，任浙江省团委副书记（其间：1993年9月至1994年7月，在中央党校一年制中青年干部培训班学习）；1996年1月至1999年11月，任浙江省团委书记（1994年9月至1997年6月，在浙江大学工商管理学院工商管理专业同等学力学习，获工商管理硕士学位；1998年11月至1999年6月，在浙江省赴美国休斯顿大学经济管理研究班学习）；1999年11月至2002年3月，任浙江省金华市委副书记（正厅级）；2002年3月至2003年2月，任浙江省金华市委副书记、市长；2003年2月至2003年4月，任浙江省丽水市委书记；2003年4月至2006年1月，任浙江省丽水市委书记、市人大常委会主任；2006年1月至2008年1月，任浙江省丽水市委书记；2008年1月至2009年1月，任浙江省政协副主席、省委统战部部长；2009年1月至2012年3月，任海南省委常委、组织部部长；2012年3月至2014年6月，任湖北省委常委、组织部部长；2014年6月，任山西省委委员、常委、山西省委副书记、省委党校校长（兼）。

黄晓薇

黄晓薇

黄晓薇，女，汉族，辽宁海城人，1961年5月生于辽宁营口，1983年8月参加工作，1983年6月加入中国共产党。东北工学院物理系物理师资专业毕业，大学学历。现任十八届中央纪委委员、常委、山西省委委员、常委、省纪委书记。

1979年9月至1983年8月，在东北工学院物理系物理师资专业学习；1983年8月至1995年10月，辽宁省营口市纪委办公室干部、调研室科级检查员、党风管理室副主任、党风廉政建设室副主任；1995年10月至1996年3月，任辽宁省营口市纪委党风廉政建设室主任（副处级）；1996年3月至1998年5月，任辽宁省营口市站前区区委常委、区纪委书记；1998年5月至2000年7月，任中央纪委办公厅信息处干部，副处级检查员、监察员，副处长；2000年7月至2002年8月，任中央纪委办公厅信息处正处级检查员、监察员兼副处长；2002年8月至2003年6月，任中央纪委办公厅综合处正处级检查员、监察员兼副处长；2003年6月至2003年11月，任中央纪委办公厅综合处处长；2003年11月至2007年11月，任中央纪委第七纪检监察室副主任；2007年11月至2012年10月，任中央纪委第七纪检监察室主任；2012年10月至2012年11月，任监察部副部长，中央纪委第七纪检监察室主任；2012年11月至2013年5月，任中央纪委常委，监察部副部长，中央纪委第七纪检监察室主任；2013年5月至2014年9月，任中央纪委常委，监察部副部长（其间：2013年5月至2013年7月，在中央党校省部级干部进修班学习，2013年12月，任中央司法体制改革领导小组成员）；2014年9月，任中央纪委常委，山西省委常委、省纪委书记。

第十八届中央纪委委员、常委。

吴政隆

吴政隆

吴政隆，男，汉族，1964年11月生，江苏高淳人，大学学历，工学学士，高级工程师，1984年8月参加工作，1987年11月加入中国共产党。现任十八届中央候补委员、山西省委常委、太原市委书记。

1980年9月至1984年8月，在太原机械学院机械工程系机械制造工艺与设备专业学习；1984年8月至1987年1月，兵器工业部民品办公室、综合计划处干部（其间：1984年8月至1985年2月，在内蒙古第一机器制造厂实习）；1987年1月至1988年4月，国家机械工业委员会发展规划司军民结合处干部；1988年4月至1990年12月，机械电子工业部综合计划司军民结合处干部；1990年12月至1993年12月，机械电子工业部、机械工业部办公厅部长办公室秘书；1993年12月至1996年6月，任机械工业部办公厅部长办公室副处级秘书；1996年6月至1998年3月，任机械工业部办公厅部长办公室正处级秘书；1998年3月至1999年6月，任国家发展计划委员会办公厅秘书（1996年12月至1998年11月，在中国社会科学院研究生院投资系投资管理学专业研究生课程班在职学习）；1999年6月至1999年12月，任国家机械工业局、中国机械装备集团公司办公室主任（副局级）；1999年12月至2002年12月，任重庆市政府办公厅副主任；2002年12月至2003年2月，任重庆市万州区委副书记、副区长、代区长；2003年2月至2007年2月，任重庆市万州区委副书记、区长；2007年2月至2007年5月，任重庆市万州区委书记；2007年5月至2013年5月，任重庆市委常委、万州区委书记(其间：2009年9月2009年11月，在中央党校省部级干部进修班学习)；2013年5月至2013年11月，任重庆市委常委、秘书长，万州区委书记；2013年11月至2014年9月，任重庆市委常委、秘书长；2014年9月，任山西省委常委、太原市委书记。

第十八届中央候补委员、十二届全国人大代表。

孙绍骋

孙绍骋

孙绍骋，男，汉族，1960年7月生，山东海阳人。1984年7月参加工作，1986年5月加入中国共产党，大学学历，法学博士学位。现任山西省委常委、统战部部长。

1980年8月至1984年7月，在山东大学中文系汉语言文学专业学习；1984年7月至1987年4月，民政部救灾救济司救灾处干部；1987年4月至1989年3月，民政部救灾救济司救灾处科员；1989年3月至1992年3月，民政部救灾救济司救灾处主任科员；1992年3月至1994年8月，任民政部救灾救济司救灾处副处长；1994年8月至1996年3月，任民政部救灾救济司一处处长；1996年3月至1999年3月，任民政部救灾救济司副司长；1999年3月至2001年6月，任民政部优抚安置局副局长（其间：2000年3月至2000年7月，在中央党校地厅级干部进修班学习）；2001年6月至2009年4月，任民政部优抚安置局局长（1998年9月至2002年7月，在北京大学国际关系学院科学社会主义与国际共产主义运动专业在职研究生学习，获法学博士学位；2007年3月至2008年1月，在中央党校一年制中青年干部培训班学习）；2009年4月至2009年9月，任民政部副部长、党组成员；2009年9月至2012年8月，任民政部副部长、党组成员，中央精神文明建设指导委员会委员（2010年12月免），国家国防动员委员会委员（2011年11月）；2012年8月至2013年6月，任山东省副省长，国家国防动员委员会委员；2013年6月至2014年9月，任山东省副省长；2014年9月，任山西省委常委、统战部部长。

王伟中

王伟中，男，汉族，1962年3月生，山西朔州人。1987年4月参加工作，1983年10月加入中国共产党，研究生学历，管理学博士。现任山西省委常委、秘书长。

王伟中

1979 年9月至1984年9月，在清华大学水利工程系水资源工程专业学习；1984年9月至1987年4月，在水利电力部水利水电科学研究院水资源研究所工程水文及水资源专业硕士研究生；1987年4月至1988年7月，水利电力部水资源办公室干部；1988年7月至1991年8月，水利部水资源司规划处干部、主任科员（其间：1990年1月至1991年8月，借调国家科委社会发展科技司工作）；1991年8月至1992年5月，国家科委社会发展科技司资源环境处主任科员；1992 年5月至1994年8月，任国家科委社会发展科技司综合资源处副处长；1994年8月至1998年7月，任国家科委社会发展科技司生态环境处处长（其间：1995年3月至1995年12月，赴美国能源部国家气候变化研究办公室访问）；1998年7月至1999年3月，任科学技术部中国21 世纪议程管理中心和生命科学技术发展中心代主任（正处级）；1999年3月至2001年12月，任科学技术部中国21世纪议程管理中心和生命科学技术发展中心主任（副局级）；2001年12月至2006年3月，任科学技术部中国21世纪议程管理中心主任（正局级；其间：2004年2月至2006年1月，挂职任云南省昭通市委常委、副市长）；2006年3月至2010年4月，任科学技术部条件财务司、科研条件与财务司司长（1999年5月至2006年7月，在清华大学公共管理学院管理科学与工程专业博士研究生学习，获管理学博士学位；2008年3月至2008年7月，在中央党校中青年干部培训一班学习）；2010年4月至2014年9月，任科学技术部副部长、党组成员；2014年9月，任山西省委常委、秘书长。

付建华

付建华

付建华，男，汉族，辽宁昌图人，1958年7月生，1976年8月参加工作，1995年12月加入中国共产党，研究生学历，工学硕士学位。现任十八届中央纪委委员，山西省委常委、副省长，省政府党组成员。

1976年8月至1978年10月，辽宁省大洼县新兴农场知青；1978年10月至1982年9月，阜新矿业学院采矿工程系采煤工程专业学生；1982年9月至1985年8月，中国矿业大学采矿工程系通风安全专业研究生；1985年8月至1988年4月，煤炭部安全监察局通风处干部；1988年4月至1992 年8月，中国统配煤矿总公司安全管理局工程师；1992年8月至1993年9月，任中国统配煤矿总公司安全管理局副处长；1993年9月至1996年5月，任煤炭部安全司通风处副处长；1996 年5月至1998年8月，任煤炭部安全司通风处处长；1998年8月至1999年12月，任国家经贸委安全生产局监督一处调研员（其间:1998年10月至1999年1月，在中央党校国家机关分校经贸委支部学习）；1999年12月至2000年5月，任国家煤炭工业局（国家煤矿安全监察局）安全监察司筹备组副组长；2000年5月至2001年3月，任国家煤炭工业局（国家煤矿安全监察局）安全监察司副司长；2001年3月至2001年11月，任国家安全生产监督管理局（国家煤矿安全监察局）煤矿安全监察一司副司长；2001年11月至2003年11月，任国家安全生产监督管理局（国家煤矿安全监察局）煤矿安全监察一司司长；2003年11月至2005年2月，任国家安全生产监督管理局（国家煤矿安全监察局）煤矿监察一司司长（其间：2004年9月—2005年1月，在中央党校地厅级干部进修班学习）；2005年2月至2011年4月，任国家煤矿安全监察局副局长（其间:2010年3月至2010年7月，在中央党校中青年干部培训班第28期学习）；2011年4月至2011年5月，任国家安全生产监督管理总局党组成员、国家煤矿安全监察局副局长；2011年5月至2012年2月，任国家安全生产监督管理总局副局长、党组成员；2012年2月至2014年9月，任国家安全生产监督管理总局副局长、党组成员，国家煤矿安全监察局局长；2014年9月至2014年10月，任山西省委常委、省政府党组成员；2014年10月，任山西省委常委、副省长，省政府党组成员。

第十八届中央纪委委员、十八大代表。

盛茂林

盛茂林

盛茂林，男，汉族，1960年1月出生，湖北黄石人。1975年3月参加工作，1981年12月加入中国共产党。现任山西省委常委、组织部部长。

1975 年3月至1976年8月，湖南省郴县知青；1976年8月至1986年12月，核工业部711矿钻探队工人、矿团委副书记（其间：1984年9月至1986年7月，在湖南省广播电视大学郴州分校干部专修科学习）；1986年12月至1989年4月，任核工业部711矿团委书记、办公室主任、政工办主任；1989年4月至1991年6月，任共青团湖南省郴州地委副书记；1991年6月至1991年11月，任共青团湖南省郴州地委书记；1991年11月至1995年1月，任共青团湖南省委事业发展部部长、青少年发展基金会秘书长（其间：1993年2月至1995年1月，挂职任湖南省资兴市委副书记）；1995年1月至1998年7月，任湖南省资兴市（县级）市委书记（1994年7月至1996年6月，在中国社会科学院研究生院财贸经济系商业经济专业研究生课程班学习；1995年9月至1996年7月，在中央党校一年制中青年干部培训班学习）；1998年7月至2000年4月，任湖南省郴州市委常委、资兴市（县级）市委书记；2000年4月至2003年2月，任湖南省郴州市委副书记；2003年2月至2004年5月，任湖南省计划生育委员会主任；2004年5月至2007年4月，任湖南省邵阳市委书记（其间：2004年8月至2006年12月，在中央党校函授学院法律专业学习）；2007年4月至2010年1月，任湖南省委组织部常务副部长；2010年1月至2012年1月，任湖南省政府秘书长；2012 年1月至2012年2月，任湖南省副省长、省政府秘书长；2012年2月至2014年8月，任湖南省副省长；2014年8月，任山西省委常委、组织部部长。

二、年度调离山西的省级领导简历

袁纯清

袁纯清

袁纯清，男，汉族，1952年3月生，湖南省汉寿县人，在职研究生学历，管理学博士学位，1971 年10月加入中国共产党，1971年10月参加工作。

参加工作后在湖南省汉寿县公安局、常德地区公安局工作；1977年入北京大学法律系法律专业学习，担任校团委副书记、学生会主席；毕业后历任共青团中央学校部干事、副处长，学联办公室主任；1985年任共青团中央学校部副部长；1987年任共青团中央学校部部长（期间：1987年9月至1990年7月，在中国政法大学法律系政治学专业学习，获法学硕士学位）；1992年任共青团中央书记处书记、全国青联副主席（期间：1994年9月至1997年7月，在湖南大学国际商学院管理科学与工程专业学习，获管理学博士学位）；1995年兼任共青团中央直属机关党委书记；1997年任中央纪委常委、秘书长兼中央纪委、监察部机关党委书记（期间：1999年4月至2001年5月，在北京大学经济学院理论经济学专业做博士后研究工作）；2001年3月任陕西省委副书记；2004年1月任陕西省委副书记，西安市委书记，同年2月兼任西安市人大常委会主任；2006 年6月任陕西省委副书记、代省长；2007年2月任陕西省委副书记、省长；2010年5月任山西省委书记；2010年7月至2014 年9月，任山西省人大常委会主任；2014年9月，任中央农村工作领导小组副组长。

第十六届中央候补委员，第十七届、十八届中央委员，第十六大、十七大、十八大代表，十五大当选为中纪委委员，第十届、十一届全国人大代表，八届全国政协委员，陕西省九届、十届、十一届省委委员，陕西省十次、十一次党代会代表，陕西省十届、十一届人大代表，山西省九届省委委员，山西省十一届人大代表。

汤　涛

汤　涛

汤涛，男，汉族，1962年7月出生，湖北省英山县人，在职研究生学历、硕士。1984年10月加入中国共产党，1981年9月参加工作。

1978年9月至1981年9月，在宜昌市高等工业专科班（现三峡大学）学习。1981年9月至1984年，任宜昌市三峡制药厂团委书记；1984年至1988年，先后任共青团宜昌市委青工部负责人、副部长、部长；1988年至1992年1月，任共青团宜昌市委副书记、书记；1992年1月至1992年10月，任宜昌市人民政府办公室主任；1992年10月至1996年，任共青团湖北省委副书记、党组成员；1996年至1997年10月，任中共恩施州委副书记、组织部部长；1997年10月至2000年2月，任共青团湖北省委书记、党组书记（其中1998年9月至2000年12月在武汉理工大学产业经济学专业学习）；2000年2月至2002年11月，任鄂州市委副书记、市长、党组书记；2002年11月至2007年1月，任恩施州委书记；2007年1月至2008年1月，先后任恩施州委书记、州人大常委会主任、湖北省委常委；2008年1月至2009年6月，任湖北省委常委、副省长；2009年6月至2014年8月，任山西省委常委、组织部部长；2014年8月，任中华人民共和国人力资源和社会保障部副部长，党组成员。

第十七届中央侯补委员，十七大、十八大代表。

李兆前

李兆前

李兆前，男，汉族，1962年1月生，山东省胶州市人，研究生学历，工学博士、管理学博士学位，教授，博士生导师。1984年12月加入中国共产党，1985年7月参加工作。

1978年10月，入山东工学院第一机械系机械制造工艺及设备专业学习，获工学学士学位；1982年7月，入山东工业大学第一机械系机械制造专业研究生学习，获工学硕士学位；参加工作后历任山东工业大学机械制造系教研室副主任（期间：1988年9月至1992年12月，入山东工业大学机械制造专业在职研究生学习，获工学博士学位；1990年9月至1992年2月，在英国纽卡素理工大学进修），山东工业大学机械工程系副主任、机械工程学院副院长，山东工业大学校长助理（期间：1997年2月至1998年2月，美国宾州州立大学访问学者）；1999年3月，任山东工业大学副校长；2000年6月，任山东省经贸委副主任；2001年2月，任山东省经贸委副主任、党组副书记（正厅级），同年6月，任山东省日照市委副书记、代市长；2002年2月，任日照市市长，同年12月任日照市委书记；2003年2月，兼任日照市人大常委会主任（期间：2001年9月至2007年12月，在清华大学经济管理学院工商管理专业在职研究生学习，获管理学博士学位）；2008年1月，任山东省副省长；2011年2月，任山西省委常委、省纪委书记；2014年9月，任国家安全生产监督管理总局党组成员，副局长。

第十七大、十八大代表，第十八届中央纪委委员。

三、年度新任职的省级领导简历

刘　杰

刘　杰

刘杰，男，汉族，山东高青人，1956年10月生，1970年12月参加工作，1976年5月加入中国共产党，中央党校大学学历。现任山西省副省长，省政府党组成员，省公安厅厅长、党委书记。

1970年12月至1977年3月在中国人民解放军81296部队服役；1977年3月至1978年5月任山东省章丘县邮电局职工；1978年5月至1984年8月任山东省章丘县公安局内勤、治安股副股长；1984年8月至1986年7月在山东省济南市人民警察学校公安专业学习；1986年7月至1988年6月任山东省章丘县公安局秘书科科长；1988年6月至1991年10月任山东省章丘县公安局副政委；1991年10月至1994年11月任山东省章丘县公安局局长、党组书记（1990年10月至1992年6月在山东公安专科学校公安管理专业学习）；1994年11月至1995年11月任山东省章丘市公安局局长、党委书记；1995年11月至1998年5月任山东省章丘市委常委、政法委书记，市公安局局长、党委书记；1998年5月至2001年7月任山东省济南市公安局副局长、党委委员；2001年7月至2003年6月任山东省济南市公安局副局长、党委副书记、巡视员（1999年8月至2001年12月在中央党校函授学院本科班经济管理专业学习）；2003年6月至2003年10月任山东省临沂市公安局局长(副厅级)、党委书记；2003年10月至2008年2月任山东省临沂市副市长，市公安局长、党委书记；2008年2月至2011年5月任山东省济南市副市级干部，市公安局局长、党委书记；2011年5月至2011年6月任山东省济南市委常委，市公安局局长、党委书记；2011年6月至2011年12月任山东省济南市委常委、政法委书记，市公安局局长、党委书记；2011年12月至2012年6月任山东省济南市委常委、政法委书记；2012年6月至2012年7月任山西省省长助理、省政府党组成员、省公安厅党委书记；2012年7月至2014年12月任山西省省长助理，省政府党组成员,省公安厅厅长、党委书记；2014年12月任山西省副省长，省政府党组成员，省公安厅厅长、党委书记。

十二届全国人大代表。

四、年度逝世的原省级领导生平

吴俊洲

中国共产党的优秀党员，原山西省人民政府副省长吴俊洲同志因病医治无效，于2014年7月27日14时45分在山西太原逝世，享年82岁。

吴俊洲同志1932年6月出生，河北省栾城县人，1949年2月参加工作，1950年7月加入中国共产党。曾任太原化工厂人事科副科长、中央试验室主任、党委办公室主任、政治处副主任，太原造纸厂、太原工业八团"四清"工作团办公室主任、党委副书记；1966年2月任太原化工厂党委副书记兼政治部主任；1968年10月任太原化工厂革委会副主任、党委副书记；1975年1月任太原化工厂党委书记；1979年4月任太原化肥厂党委书记；1982年1月任太原化学工业公司经理，同年7月任山西化肥厂建设指挥部总指挥兼厂长；1984年9月任山西省计划委员会副主任、党组副书记；1985年7月任山西省计划委员会主任、党组书记，同年12月兼任山西经济管理学院院长、党委书记；1988年1月任山西省副省长，同年3月兼任山西省计划委员会主任；1989年2月不再兼任山西经济管理学院院长；1990年1月不再兼任山西省计划委员会主任；1993年3月任山西省政府特邀顾问兼山西能源产业集团总经理；2000年5月经中央批准离休。

吴俊洲同志是中共山西省委第五、六、七届省委委员、山西省第六、七、八届人大代表。曾担任华罗庚经济数学研究会理事长、山西省管理科学研究会会长、山西省交通运输协会会长、山西省扶贫基金会顾问。

在学生时代，受共产主义进步思想影响,积极追求进步，革命觉悟不断提高。参加革命后，他信念坚定，理想远大,扎实工作,尤其是担任领导干部后，殚精竭虑，呕心沥血，全身心投入到工作中，为山西经济发展做出了很大的贡献。

在化工系统从事专业技术工作期间，他刻苦钻研,积极攻关，带领技术团队成功研究出602＃产品，填补了国内空白，个人荣获全国化工先进工作者称号；先后在全国、全省知名报刊上发表过《2.4-DJ酯的研究》《山西化学工业发展与展望》等数十篇优秀论文。

在省计划委员会工作期间，他在省委、省政府的领导支持下，曾20余次赴北京汇报工作，积极争取国家和有关部委对山西经济发展的政策支持，为发展山西经济、建设山西能源重化工基地做出了突出贡献。

在省政府工作期间，他坚定不移地贯彻落实中央和省委的决策部署，主持研究和制定了山西省"七五""八五"两个五年经济发展规划；具体提出并负责实施了数十个大型工程建设项目；领导建设了大同至宣化、阳泉至井陉等13条出省公路；强力推进了大同、阳泉、太原、神头、河津等省属各大电厂建设；领导建设了9万吨以上地方煤矿230余座；协助中央政府建设了500万吨级至1000万吨级大型矿井8座；领导建设了太钢连铸连轧、河津铝基地等一大批冶金工厂和原材料基地；领导建设了神河、孝柳等5条地方铁路线；参与和领导了大秦铁路项目落地我省工作；统筹安排全省铁路运力，历史性地提高了我省铁路运输自主统管能力，为山西社会经济发展做出了重大贡献。

卸任副省长之后，他以省政府顾问的身份参与我省工业经济工作。其间，领导了我国最大的无烟煤坑口电站-阳城国际发电厂的前期工程建设。积极与国外联系，引进了CBM、安然、菲利普等数十家国外著名厂商来我省勘探、开发新能源煤层气产业，继续为我省能源产业发展和经济建设发挥余热。

吴俊洲同志的一生，是革命的一生，奋斗的一生，全心全意为人民服务的一生。他坚持解放思想，实事求是，对党和人民的事业忠心耿耿、兢兢业业、鞠躬尽瘁，把毕生精力献给了民族独立、人民解放和社会主义现代化建设的伟大事业，在广大干部和人民群众中享有崇高的威望，是我省德高望重的老同志，党的好干部，人民群众的好公仆。吴俊洲同志虽然离开了我们，但他那种勤勉务实、开拓进取、坚持原则、严于律己、关心群众、艰苦奋斗的优良作风和无私品质将为我们永远铭记和学习。

吴俊洲同志永远活在我们心中！

（原载2014年7月29日《山西日报》）

五、人事变动

省　委

1月2日　杨增武同志任省委副秘书长（正厅长级）（2013年12月31日研究决定，2014年1月2日发文）

1月2日　免去王进喜同志省委副秘书长职务（2013年12月31日研究决定，2014年1月2日发文）

6月5日　李福明同志任省委副秘书长

6月5日　免去杨增武同志省委副秘书长（正厅长级）职务

6月12日　楼阳生同志任省委委员、常委、副书记

6月22日　免去杜善学省委常委、委员职务

8月20日　免去汤涛同志省委常委、委员职务

8月26日　免去陈川平省委常委、委员职务

8月26日　免去聂春玉省委常委、委员职务

8月28日　盛茂林同志任省委委员、常委

8月29日　免去聂春玉省委秘书长职务

8月29日　王儒林同志任省委委员、常委、书记

8月29日　免去袁纯清同志省委书记、常委、委员职务

9月1日　免去白云省委常委、委员职务

9月25日　黄晓薇同志任省委委员、常委

9月25日　吴政隆同志任省委委员、常委

9月25日　孙绍骋同志任省委委员、常委

9月25日　王伟中同志任省委委员、常委

9月25日　付建华同志任省委委员、常委

9月25日　免去李兆前同志省委常委、委员职务

9月30日　王伟中同志任省委秘书长

省人大常委会

1月13日　汤俊权任省人大常委会副秘书长

1月13日　刘钢任省人大常委会副秘书长

1月13日　免去邬敬文省人大常委会副秘书长职务

1月22日　金道铭同志任省人大常委会副主任

1月23日　金道铭同志任省人大常委会党组书记

1月23日　袁纯清同志不再担任省人大常委会党组书记职务

2月28日　免去金道铭省人大常委会副主任职务

3月2日　免去金道铭省人大常委会党组书记职务

7月25日　免去亢官文省人大常委会副秘书长职务
9月3日　王儒林同志任省人大常委会党组书记
9月20日　袁纯清同志不再担任省人大常委会主任职务
9月29日　王儒林同志任省人大常委会主任

省人大常委会工作机构

1月2日　免去秦钟同志省人大常委会研究室副巡视员职务（2013年12月31日研究决定，2014年1月2日发文）
1月2日　免去秦光明同志省人大常委会城乡建设环境保护工作委员会副巡视员职务，退休（2013年12月31日研究决定，2014年1月2日发文）
1月13日　邬敬文任省人大内务司法委员会副主任委员
1月13日　李远程任省人大常委会城乡建设环境保护工作委员会副主任
1月13日　高建平任省人大常委会城乡建设环境保护工作委员会副主任
1月13日　秦钟任省人大常委会研究室副主任
1月13日　免去汤俊权省人大常委会城乡建设环境保护工作委员会副主任职务
6月5日　亢官文同志任省人大常委会办公厅巡视员
6月5日　高在前同志任省人大常委会农村工作委员会副巡视员
7月25日　王铁选任省人大常委会人事代表工作委员会副主任
7月25日　张晋仁任省人大常委会研究室副主任
7月25日　吴明禄任省人大常委会信访局副局长
12月26日　免去冯鲁生同志省人大常委会办公厅巡视员职务，退休
12月26日　免去杨振华同志省人大常委会办公厅副巡视员职务，退休
12月26日　免去张丽同志省人大常委会教育科学文化卫生工作委员会副巡视员职务，退休

省政府

1月2日　刘德政任省政府副秘书长兼省政府应急管理办公室专职副主任（副厅长级）
1月2日　闫晨曦任省政府副秘书长
1月2日　免去余瑞卿省政府副秘书长（挂职）职务
6月30日　免去杜善学省政府党组成员职务
7月7日　免去杜善学副省长职务
9月9日　免去任润厚省政府党组成员职务
9月20日　免去任润厚副省长职务
9月30日　付建华同志任省政府党组成员
10月17日　付建华任副省长
12月31日　免去刘杰同志省长助理职务
12月31日　免去巨宪华省政府副秘书长（正厅长级）职务
12月31日　刘杰同志任副省长

省政协

6月30日　免去令政策省政协党组成员职务
7月9日　免去令政策省政协副主席职务

省政协工作机构

1月2日　吴潭龙同志任省政协农村委员会巡视员（2013年12月31日研究决定，2014年1月2日发文）
1月2日　梁玉平同志任省政协办公厅副巡视员（2013年12月31日研究决定，2014年1月2日发文）
1月2日　唐进平同志任省政协办公厅副巡视员（2013年12月31日研究决定，2014年1月2日发文）
1月2日　免去聂素芳同志省政协办公厅副巡视员职务，退休（2013年12月31日研究决定，2014年1月2日发文）
6月5日　免去李润玺同志省政协经济委员会巡视员职务，退休

省纪委

2月27日　吴建业同志任省纪律检查委员会副厅级检查员
2月27日　任浤功同志任省纪律检查委员会副厅级检查员
2月27日　郝恩元同志任省纪律检查委员会副厅级检查员
5月26日　高金喜同志任省纪律检查委员会副厅级室主任（正式任职）
5月26日　吴纪平同志任省纪律检查委员会副厅级室主任（正式任职）
5月26日　王帅红同志任省纪律检查委员会副厅级室主任（正式任职）
6月5日　免去董京华同志省纪律检查委员会副厅级检查员职务，退休
8月11日　免去康建成同志省纪委常委职务，退休
8月11日　董建国同志任省纪律检查委员会副厅级检查员
8月11日　免去张晋原同志省纪律检查委员会副厅级检查员职务，退休
8月11日　免去任浤功同志省纪律检查委员会副厅级检查员职务，退休
8月11日　李努生同志退休
8月22日　免去杨森林省纪委副书记职务
8月29日　免去杨森林省纪委常委、委员职务
9月25日　黄晓薇同志任省纪委书记

9 月25日　免去李兆前同志省纪委书记职务
11 月2日　迟耀云同志任省纪委常务副书记

省高级人民法院

1 月13日　王珍任省高级人民法院审判委员会委员、审判员
2 月26日　免去冯强同志省高级人民法院党组成员职务
2 月27日　免去罗锁堂同志省高级人民法院巡视员职务，退休
2 月27日　免去冯强同志省高级人民法院执行局局长（副厅长级）职务，退休
3 月28日　黄海峰同志任省高级人民法院副巡视员
4 月1日　免去彭素云省高级人民法院审判员职务
4 月1日　免去张静省高级人民法院审判员职务
4 月1日　免去韩文禄省高级人民法院审判员职务
4 月1日　免去杨双省高级人民法院审判员职务
5 月26日　龚景华同志任省高级人民法院审判管理局局长（副厅长级）（正式任职）
5 月26日　葛郅博同志任省高级人民法院审务督察局局长（副厅长级）（正式任职）
5 月26日　原占斌同志任省高级人民法院信访局局长（副厅长级）（正式任职）
5 月29日　免去冯强省高级人民法院审判委员会委员、审判员职务
5 月29日　免去罗锁堂省高级人民法院审判员职务
8 月10日　方剑锋同志任省高级人民法院党组成员
8 月10日　免去王志刚同志省高级人民法院党组成员职务
8 月10日　免去张学俊同志省高级人民法院党组成员职务
8 月11日　王志刚同志任省高级人民法院巡视员
8 月11日　方剑锋同志任省高级人民法院执行局局长（副厅长级）
8 月11日　翟瑞卿同志任省高级人民法院审判委员会专职委员
8 月11日　免去张学俊同志省高级人民法院政治部主任职务，退休
9 月20日　免去王志刚省高级人民法院副院长、审判委员会委员职务
9 月20日　免去张学俊省高级人民法院审判委员会委员、审判员职务
9 月20日　免去倪留栓省高级人民法院审判员职务
9 月20日　免去马良忠省高级人民法院审判员职务
9 月20日　免去申玉英省高级人民法院审判员职务
9 月20日　免去牛春林省高级人民法院审判员职务
12 月26日　免去赵有珍同志省高级人民法院巡视员职务，退休
12 月26日　免去黄海峰同志省高级人民法院副巡视员职务，退休

省人民检察院

1 月13日　免去张迎宪省人民检察院检察员职务
1 月13日　免去张百魁省人民检察院检察员职务
2 月27日　免去李勃同志省人民检察员巡视员职务，退休
3 月28日　段运生同志任省人民检察院监所检察局局长（副厅长级）
3 月28日　张世荣同志任省人民检察院案件管理中心主任（副厅长级）
3 月28日　周东曙同志任省人民检察院公诉局局长（副厅长级）
3 月28日　任保廷同志任省人民检察院副厅级检察员
3 月28日　免去张仲马同志省人民检察院巡视员职务，退休
3 月28日　王海林同志任省人民检察院反贪污贿赂局局长（副厅长级）（正式任职）
4 月1日　张鑫任省人民检察院检察员
4 月1日　免去赵振钰省人民检察院检察员职务
5 月29日　段运生任省人民检察院检察员
5 月29日　免去李勃省人民检察院检察员职务
5 月29日　免去张仲马省人民检察院检察员职务
5 月29日　免去段俊卿省人民检察院检察员职务
5 月29日　免去荣奋刚省人民检察院检察员职务
5 月29日　免去李世平省人民检察院检察员职务
6 月5日　李卫平同志任省人民检察院副巡视员
6 月5日　马锐生同志任省人民检察院副巡视员
6 月5日　孙初民同志任省人民检察院副巡视员
7 月25日　免去李荣江省人民检察院检察员职务
7 月25日　免去李建平省人民检察院检察员职务
8 月11日　免去黄晋栋同志省人民检察院副厅级检察员职务，退休
9 月20日　免去黄晋栋省人民检察院检察员职务
9 月20日　免去武竞赛省人民检察院检察员职务
9 月20日　免去赵明春省人民检察院检察员职务
9 月20日　免去任建华省人民检察院检察员职务
9 月20日　周东曙任省人民检察院检察委员会委员
9 月20日　张世荣任省人民检察院检察委员会委员
9 月20日　段运生任省人民检察院检察委员会委员
12 月25日　免去武传慧省人民检察院党组成员职务
12 月25日　文晓平同志退休
12 月26日　免去武传慧省人民检察院政治部主任职务
12 月26日　免去王建中同志省人民检察院检察委员会专职委员职务，退休

省委工作部门

1月2日　免去郭健同志省委宣传部副部长职务（2013年12月31日研究决定，2014年1月2日发文）
1月2日　李斌同志任省委办公厅副主任（2013年12月31日研究决定，2014年1月2日发文）
1月2日　毛益民同志任省委办公厅副主任（2013年12月31日研究决定，2014年1月2日发文）
1月2日　免去李斌同志省委办公厅副厅级督查专员职务（2013年12月31日研究决定，2014年1月2日发文）
1月2日　免去毛益民同志省委办公厅副厅级督查专员职务（2013年12月31日研究决定，2014年1月2日发文）
1月2日　李丽荣同志任省委统一战线工作部副巡视员（2013年12月31日研究决定，2014年1月2日发文）
1月2日　林玉平同志任省委巡视组组长（2013年12月31日研究决定，2014年1月2日发文）
1月2日　因新中同志任省委巡视组正厅长级干部（2013年12月31日研究决定，2014年1月2日发文）
1月2日　杨立全同志任省委巡视组副厅长级巡视专员（2013年12月31日研究决定，2014年1月2日发文）
2月26日　免去卫建友同志省直属机关工作委员会委员职务
2月27日　曹荣湘同志任省委办公厅副主任（挂职）
2月27日　景广学同志任省委办公厅信息综合室主任（副厅长级）
2月27日　吴静同志任省委办公厅副巡视员
2月27日　免去赵光毓同志省委办公厅副巡视员职务
2月27日　免去景广学同志省委办公厅副巡视员职务
2月27日　何新芳同志任省委组织部副巡视员
2月27日　李泽顺同志任省委宣传部副巡视员
2月27日　卫建友同志任省直属机关工作委员会巡视员
2月27日　免去卫建友同志省直属机关纪律检查工作委员会书记职务
2月27日　免去樊盛武同志省委统一战线工作部巡视员职务，退休
2月27日　免去王树奇同志省机构编制委员会办公室副主任职务，退休
2月27日　张少波同志任省委巡视组副厅长级巡视专员
2月27日　徐跃华同志任省委巡视组副厅长级巡视专员
2月27日　免去郭宏魁同志省委巡视组副厅长级巡视专员职务
2月27日　免去贾文儒同志省委巡视组副厅长级巡视专员职务
3月28日　李苏平同志任省委政法委员会巡视员
3月28日　免去李苏平同志省委政法委员会副书记职务
3月28日　赵付忠同志任省委政策研究室副巡视员
3月28日　韩红同志任省机构编制委员会办公室副主任
5月14日　免去郭忠实省直属机关工作委员会副书记职务
5月26日　毛益民同志任省委办公厅副主任（正式任职）
5月26日　宋涛同志任省委办公厅副厅级督查专员（正式任职）
5月26日　袁振旭同志任省委政法委员会政治部主任（副厅长级）（正式任职）
5月26日　姚鸿波同志任省社会管理综合治理委员会办公室副主任（副厅长级）（正式任职）
5月26日　刘永生同志任省社会管理综合治理委员会办公室副主任（副厅长级）（正式任职）
5月26日　邓彩彪同志任省委政法委员会秘书长（副厅长级）（正式任职）
5月26日　韩瑞林同志任省委巡视组副厅长级巡视专员（正式任职）
5月26日　张立煌同志任省编制委员会办公室副主任（正式任职）
5月26日　免去韩树勋同志省委宣传部副巡视员职务，退休
5月26日　省委政法委员会高彦斌同志退休
6月5日　李福明同志任省委政策研究室主任
6月5日　董晓林同志任省委宣传部副部长
6月5日　张瑞同志任省委办公厅副厅级督查专员
6月5日　王成禹同志任省委办公厅副厅级督查专员
6月5日　吴照曲同志任省委办公厅副巡视员
6月5日　李永和同志任省委宣传部副巡视员
6月5日　杨增武同志任省直属机关工作委员会书记
6月5日　王宏同志任省直属机关纪律检查工作委员会书记
6月5日　免去王铁选同志省直属机关工作委员会书记职务
6月5日　王琦同志任省委巡视组副组长
6月5日　免去吴静同志省委办公厅副巡视员职务，退休
6月5日　免去张婵萍同志省直属机关工作委员会副巡视员职务，退休
6月5日　王宏同志任省直属机关工作委员会委员
8月10日　省委办公厅李旺明同志退休
8月11日　马评同志任省委组织部副巡视员
8月11日　免去李努生同志省委巡视组副组长职务
8月11日　免去李永和同志省委宣传部副巡视员职务，退休
9月3日　盛茂林同志任省委组织部部长
9月3日　免去汤涛同志省委组织部部长职务
9月9日　免去白云省委统战部部长职务

9月30日 孙绍骋同志任省委统战部部长

12月26日 免去宁建平同志省机构编制委员会办公室副巡视员职务，退休

省委部门管理机构

1月2日 免去郭健同志兼任的省对外宣传办公室（省政府新闻办公室，省互联网信息办公室）主任职务（2013年12月31日研究决定，2014年1月2日发文）

1月2日 梁荣同志任省中华职业教育社专职副主任（副厅长级）（2013年12月31日研究决定，2014年1月2日发文）

1月2日 白秀平同志任省委省政府信访局副局长（兼）（2013年12月31日研究决定，2014年1月2日发文）

1月2日 免去张福祥同志省委省政府信访局副局长职务，退休（2013年12月31日研究决定，2014年1月2日发文）

2月27日 李新春同志任省年度目标责任考核领导小组办公室专职副主任（副厅长级）

2月27日 赵培明同志任省委省政府信访局副局长

2月27日 免去赵培明同志省委省政府信访局督查专员（副厅长级）职务

2月27日 省委保密办（省国家保密局）赵光毓同志退休

3月28日 安献华同志任省接待办公室副巡视员

3月28日 免去安献华同志省接待办公室副主任职务

5月26日 岳卫东同志任省委老干部局副局长（正式任职）

5月26日 王建廷同志任省委人才工作领导小组办公室主任（副厅长级）（正式任职）

5月26日 朱新才同志任省互联网信息办公室专职副主任（副厅长级）（正式任职）

6月5日 免去王鹤平同志省委保密委员会办公室（省国家保密局）副主任（副局长）职务

6月5日 王鹤平同志任省委保密委员会办公室（省国家保密局）副巡视员

8月11日 王玉同志任省委省政府信访局督查专员（副厅长级）

8月11日 免去关龙江同志省委防范和处理邪教问题领导小组办公室（省防范和处理邪教问题办公室）副主任职务，退休

12月26日 免去张全喜同志省委省政府信访局副巡视员职务，退休

民主党派

3月28日 王静同志任民革山西省委会秘书长（副厅长级）

3月28日 徐佩雄同志任民盟山西省委会秘书长（副厅长级）

3月28日 闫柏良同志任民建山西省委会秘书长（副厅长级）

3月28日 贺安黎同志任民进山西省委会副巡视员

3月28日 曾俊英同志任九三学社山西省委会副巡视员

6月5日 王喜华同志任农工民主党山西省委员会副巡视员

省政府组成部门

1月2日 张金旺同志任省科学技术厅党组书记（2013年12月31日研究决定，2014年1月2日发文）

1月2日 免去贺天才同志省科学技术厅党组书记职务（2013年12月31日研究决定，2014年1月2日发文）

1月2日 免去郝耀平同志省纪委驻住房和城乡建设厅纪检组组长职务（2013年12月31日研究决定，2014年1月2日下文）

1月2日 孟希雄同志任省纪委驻水利厅纪检组组长（2013年12月31日研究决定，2014年1月2日发文）

1月2日 王进喜同志任省卫生和计划生育委员会党组书记（2013年12月31日研究决定，2014年1月2日发文）

1月2日 李书凯同志任省卫生和计划生育委员会党组副书记（2013年12月31日研究决定，2014年1月2日发文）

1月2日 赵新民同志任省纪委驻卫生和计划生育委员会纪检组组长（2013年12月31日研究决定，2014年1月2日发文）

1月2日 省经济和信息化委员会高云同志退休（2013年12月31日研究决定，2014年1月2日发文）

1月2日 省卫生和计划生育委员会安晓莉同志退休（2013年12月31日研究决定，2014年1月2日发文）

1月2日 刘德政同志任省政府办公厅党组成员（2013年12月31日研究决定，2014年1月2日发文）

1月2日 闫晨曦同志任省政府办公厅党组成员（2013年12月31日研究决定，2014年1月2日发文）

1月2日 李秋柱同志任省政府办公厅党组成员（2013年12月31日研究决定，2014年1月2日发文）

1月2日 武健鹏同志任省政府办公厅党组成员（2013年12月31日研究决定，2014年1月2日发文）

1月2日 免去余瑞卿同志省政府办公厅党组成员（挂职）职务（2013年12月31日研究决定，2014年1月2

日发文）
1月2日　孙世新同志任省教育厅党组成员（2013年12月31日研究决定，2014年1月2日发文）
1月2日　免去贾坚毅同志省教育厅党组成员职务（2013年12月31日研究决定，2014年1月2日发文）
1月2日　免去李秋柱同志省教育厅党组成员职务（2013年12月31日研究决定，2014年1月2日发文）
1月2日　满永平同志任省国家安全厅党委委员（挂职）（2013年12月31日研究决定，2014年1月2日发文）
1月2日　免去闫晨曦同志省住房和城乡建设厅党组成员职务（2013年12月31日研究决定，2014年1月2日发文）
1月2日　秦红保同志任省交通运输厅党组成员（兼）（2013年12月31日研究决定，2014年1月2日发文）
1月2日　免去张勤学同志省交通运输厅党组成员（兼）职务（2013年12月31日研究决定，2014年1月2日发文）
1月2日　孟希雄同志任省水利厅党组成员（2013年12月31日研究决定，2014年1月2日发文）
1月2日　免去高云同志省经济和信息化委员会党组成员职务（2013年12月31日研究决定，2014年1月2日发文）
1月2日　梁明虎同志任省卫生和计划生育委员会党组成员（2013年12月31日研究决定，2014年1月2日发文）
1月2日　杨建勇同志任省卫生和计划生育委员会党组成员（2013年12月31日研究决定，2014年1月2日发文）
1月2日　赵新民同志任省卫生和计划生育委员会党组成员（2013年12月31日研究决定，2014年1月2日发文）
1月2日　李跃珍同志任省卫生和计划生育委员会党组成员（2013年12月31日研究决定，2014年1月2日发文）
1月2日　李秋柱任省政府办公厅副主任
1月2日　武健鹏任省政府办公厅副主任
1月2日　孙世新任省教育厅副厅长级督学
1月2日　兰秀庭任省教育厅副巡视员
1月2日　武正琴任省教育厅副巡视员
1月2日　李敏任省科学技术厅副巡视员
1月2日　郝耀平任省住房和城乡建设厅副厅长
1月2日　李向华任省林业厅副巡视员
1月2日　免去高云省经济和信息化委员会副主任职务
1月2日　免去贾坚毅省教育厅正厅长级督学职务
1月2日　免去李秋柱省教育厅副厅长级督学职务
1月2日　免去闫晨曦省住房和城乡建设厅副厅长职务
1月2日　李书凯任省卫生和计划生育委员会副主任
1月2日　梁明虎任省卫生和计划生育委员会副主任兼省深化医药卫生体制改革领导小组办公室主任（兼）
1月2日　杨建勇任省卫生和计划生育委员会副主任
1月2日　谢红任省卫生和计划生育委员会副主任兼省爱卫会专职副主任（副厅长级）
1月2日　梅志强任省卫生和计划生育委员会副主任
1月2日　李双才任省卫生和计划生育委员会巡视员
1月2日　杨恩健任省卫生和计划生育委员会巡视员
1月2日　王祥瑞任省卫生和计划生育委员会巡视员
1月2日　王峻任省卫生和计划生育委员会巡视员
1月2日　郭莲香任省卫生和计划生育委员会副巡视员
1月2日　王国平任省卫生和计划生育委员会副巡视员
1月2日　李福恩任省卫生和计划生育委员会副巡视员
1月2日　满永平任省国家安全厅副厅长（挂职）
1月2日　秦红保任省交通运输厅副厅长（兼）
1月2日　免去张勤学省交通运输厅副厅长（兼）职务
1月13日　张金旺任省科学技术厅厅长
1月13日　卫小春任省卫生和计划生育委员会主任
1月13日　免去贺天才省科学技术厅厅长职务
2月26日　免去李满胜同志省司法厅党委委员职务
2月26日　免去苏浩同志省司法厅党委委员职务
2月26日　免去安尼瓦尔·买买提同志省人力资源和社会保障厅党组成员职务
2月26日　免去霍转业同志省林业厅党组成员职务
2月26日　免去任建平同志省审计厅党组成员职务
2月26日　省政府办公厅郭慧民同志退休
2月26日　省发展和改革委员会姚高宽同志退休
2月27日　免去任建平同志省纪委驻审计厅纪检组组长职务
2月27日　翟顺河同志任省住房和城乡建设厅总规划师（正式任职）
2月27日　张学锋同志任省住房和城乡建设厅总工程师（正式任职）
2月27日　李志胜同志任省商务厅副厅长（正式任职）
2月27日　赵贵全同志任省商务厅总经济师（正式任职）
2月27日　省公安厅穆如祥同志退休
2月27日　省公安厅刘金祥同志退休
2月27日　省水利厅郭正义同志退休
2月27日　省文化厅窦明生同志退休
2月27日　省文化厅李春荣同志退休
3月18日　李满胜任省司法厅巡视员
3月18日　任建平任省审计厅巡视员
3月18日　免去张存登省发展和改革委员会巡视员职务
3月18日　免去柳全忠省公安厅副巡视员职务
3月18日　免去穆如祥省公安厅副巡视员职务
3月18日　免去刘金祥省公安厅副巡视员职务
3月18日　免去霍转业省林业厅副厅长、省绿化委员会常

务副主任（正厅长级）职务
3月18日 免去郭正义省水利厅巡视员职务
3月18日 免去窦明生省文化厅副厅长职务
3月18日 免去李春荣省文化厅巡视员职务
3月18日 免去李满胜省司法厅副厅长职务
3月18日 免去苏浩省司法厅副厅长职务
3月18日 免去安尼瓦尔·买买提省人力资源和社会保障厅副厅长（挂职）职务
3月28日 李忠人同志任省教育厅党组成员
3月28日 免去王高勇同志省农业厅党组成员职务
3月28日 李忠人同志任省高校工委副书记
3月28日 免去李喜春同志省公安厅政治部主任职务
3月28日 免去王高勇同志兼任的省委农村工作领导小组办公室副主任职务
3月28日 省教育厅刘惠民同志退休
3月28日 省教育厅兰秀庭同志退休
3月28日 省林业厅姚文达同志退休
3月28日 省卫生和计划生育委员会王国平同志退休
3月28日 省民政厅王进龙同志退休
3月28日 免去王进龙同志省民政厅党组成员职务
4月15日 胡瑞文任省发展和改革委员会副巡视员
4月15日 王亮堂任省发展和改革委员会副巡视员
4月15日 张晓平任省发展和改革委员会副巡视员
4月15日 卫小平任省科学技术厅巡视员
4月15日 张卓玉任省教育厅正厅长级督学
4月15日 武保旺任省教育厅巡视员
4月15日 蔚积明任省公安厅副巡视员
4月15日 董秀华任省公安厅副巡视员
4月15日 寇建红任省公安厅副巡视员
4月15日 王高勇任省农业厅巡视员
4月15日 张和平任省农业厅副巡视员
4月15日 免去张卓玉省教育厅副厅长职务
4月15日 免去王高勇省农业厅副厅长职务
4月15日 免去刘惠民省教育厅巡视员职务
4月15日 免去兰秀庭省教育厅副巡视员职务
4月15日 免去姚文达省林业厅助理巡视员职务
4月15日 免去王国平省卫生和计划生育委员会副巡视员职务
4月15日 李喜春任省公安厅副厅长
4月15日 段绪忠任省公安厅副厅长
4月15日 免去谢克敏省监察厅副厅长职务
5月14日 免去张宝玉省国土资源厅党组成员职务
5月14日 闫建科同志任省审计厅党组成员
5月14日 闫建科同志任省纪委驻审计厅纪检组组长
5月26日 免去何子义同志省民政厅党组成员职务
5月26日 杨永辉同志任省经济和信息化委员会总工程师（正式任职）
5月26日 李青山同志任省教育厅副厅长（正式任职）
5月26日 赵义同志任省环境保护厅总工程师（正式任职）
5月26日 苗还利同志任省煤炭工业厅总工程师（正式任职）
5月26日 李亚平同志任省国家安全厅副厅长（正式任职）
5月26日 高晋义同志任省国家安全厅副厅长（正式任职）
5月26日 省民政厅何子义同志退休
5月26日 省国土资源厅岳盛林同志退休
5月26日 省国土资源厅赵培禄同志退休
5月26日 省教育厅武正琴同志退休
6月5日 免去石常明同志省财政厅党组副书记职务
6月5日 安占功同志任省公安厅政治部主任
6月5日 高玉厚同志任省纪委驻民政厅纪检组组长
6月5日 免去游炜同志省纪委驻民政厅纪检组组长职务
6月5日 李广禄同志任省纪委驻人力资源和社会保障厅纪检组组长
6月5日 免去李文惠同志省纪委驻人力资源和社会保障厅纪检组组长职务
6月5日 李秀林同志任省纪委驻科学技术厅纪检组组长
6月5日 免去王宏同志省纪委驻科学技术厅纪检组组长职务
6月5日 李文惠同志任省纪委驻住房和城乡建设厅纪检组组长
6月5日 宋文斌同志任省纪委驻交通运输厅纪检组组长
6月5日 免去韩日裕同志省纪委驻交通运输厅纪检组组长职务
6月5日 游炜同志任省纪委驻环境保护厅纪检组组长
6月5日 免去阎安虹同志省纪委驻环境保护厅纪检组组长职务
6月5日 韩日裕同志任省纪委驻省政府外事侨务办公室纪检组组长
6月5日 免去高玉厚同志省纪委驻省政府外事侨务办公室纪检组组长职务
6月5日 免去赵庆华同志省纪委驻教育厅纪检组组长、省高校纪工委书记职务
6月5日 免去张五胜同志省纪委驻财政厅纪检组组长职务，退休
6月5日 省经济和信息化委员会阎乃云同志退休
6月5日 省公安厅燕和平同志退休
6月5日 魏茹生同志任省发展和改革委员会党组成员
6月5日 李海生同志任省发展和改革委员会党组成员
6月5日 免去徐安崇同志省发展和改革委员会党组成员职务
6月5日 任月忠同志任省教育厅党组成员
6月5日 马骏同志任省教育厅党组成员
6月5日 免去赵庆华同志省教育厅党组成员职务
6月5日 李秀林同志任省科技厅党组成员
6月5日 免去王宏同志省科技厅党组成员职务

6月5日　安占功同志任省公安厅党委委员
6月5日　李柏同志任省公安厅党委委员
6月5日　高玉厚同志任省民政厅党组成员
6月5日　免去游炜同志省民政厅党组成员职务
6月5日　武志远同志任省财政厅党组成员
6月5日　免去张五胜同志省财政厅党组成员职务
6月5日　李广禄同志任省人力资源和社会保障厅党组成员
6月5日　免去王云龙同志省人力资源和社会保障厅党组成员职务
6月5日　免去李文惠同志省人力资源和社会保障厅党组成员职务
6月5日　游炜同志任省环境保护厅党组成员
6月5日　免去阎安虹同志省环境保护厅党组成员职务
6月5日　李文惠同志任省住房和城乡建设厅党组成员
6月5日　宋文斌同志任省交通运输厅党组成员
6月5日　免去韩日裕同志省交通运输厅党组成员职务
6月5日　免去贾明进同志省农业厅党组成员职务
6月5日　韩日裕同志任省政府外事侨务办公室党组成员
6月5日　免去高玉厚同志省政府外事侨务办公室党组成员职务
6月10日　免去何子义省民政厅副厅长职务
6月10日　免去武正琴省教育厅副巡视员职务
6月10日　免去岳盛林省国土资源厅巡视员职务
6月10日　免去赵培禄省国土资源厅副巡视员职务
6月10日　免去姚宪华省审计厅副厅长职务
6月16日　郭齐鸣同志任省公安厅党委委员
6月17日　王增信任省政府办公厅信息工作办公室主任（副厅长级）
6月17日　冯晋生任省政府办公厅巡视员
6月17日　毛秋生任省政府办公厅副巡视员
6月17日　胡景善任省发展和改革委员会副主任
6月17日　魏茹生任省发展和改革委员会总经济师
6月17日　徐安崇任省发展和改革委员会巡视员
6月17日　王云任省教育厅副厅长
6月17日　任月忠任省教育厅副厅长
6月17日　刘雪娥任省教育厅副巡视员
6月17日　郝晓琴任省司法厅副巡视员
6月17日　张卫民任省司法厅副巡视员
6月17日　黄庙任省财政厅副厅长
6月17日　武志远任省财政厅总会计师
6月17日　石常明任省财政厅巡视员
6月17日　阎安虹任省环境保护厅巡视员
6月17日　贾明进任省农业厅巡视员
6月17日　免去徐安崇省发展和改革委员会副主任职务
6月17日　免去胡景善省发展和改革委员会总经济师职务
6月17日　免去阎乃云省经济和信息化委员会助理巡视员职务
6月17日　免去燕和平省公安厅巡视员职务
6月17日　免去石常明省财政厅副厅长职务
6月17日　免去王云龙省人力资源和社会保障厅副厅长职务
6月17日　免去贾明进省农业厅总农艺师职务
8月10日　梁敬华同志任省政府办公厅党组成员
8月10日　高建军同志任省政府办公厅党组成员
8月10日　免去雷党辰同志省公安厅党委委员职务
8月10日　姚少峰同志任省住房和城乡建设厅党组成员
8月10日　王进仁同志任省农业厅党组成员
8月10日　郭建文同志任省农业厅党组成员
8月10日　免去张健同志省水利厅党组成员职务
8月11日　王进仁同志任省委农村工作领导小组办公室专职副主任（副厅长级）
8月11日　省政府办公厅冉金刚同志退休
8月11日　省政府办公厅李竹田同志退休
8月11日　省公安厅雷党辰同志退休
8月11日　省水利厅张健同志退休
8月19日　梁敬华任省政府办公厅副主任
8月19日　高建军任省政府办公厅副主任
8月19日　曾宪琪任省发展和改革委员会副巡视员
8月19日　姚少峰任省住房和城乡建设厅副厅长
8月19日　项连斌任省住房和城乡建设厅副巡视员
8月19日　郭廷儒任省住房和城乡建设厅副巡视员
8月19日　王进仁任省农业厅副厅长
8月19日　郭建文任省农业厅总农艺师
8月19日　郭湛英任省卫生和计划生育委员会副巡视员
8月19日　王建新任省卫生和计划生育委员会副巡视员
8月19日　宋晓年任省文化厅副巡视员
8月19日　免去冉金刚省政府办公厅巡视员职务
8月19日　免去李竹田省政府办公厅副巡视员职务
8月19日　免去张健省水利厅副厅长职务
8月19日　王雄任省国家安全厅综合保障部主任（副厅长级）
8月19日　吉金明任省国家安全厅副巡视员
8月19日　免去雷党辰省公安厅副厅长职务
8月23日　汪凡同志任省公安厅党委委员
8月26日　汪凡任省公安厅副厅长
12月25日　免去杨志强同志省国土资源厅党组成员职务
12月25日　免去巨宪华同志省政府办公厅党组成员职务
12月25日　免去胡荣华省经济和信息化委员会党组成员职务
12月25日　免去王野彬同志省发展和改革委员会党组成员职务
12月25日　免去张德仪同志省交通运输厅党组成员职务
12月25日　免去赵义省环境保护厅党组成员职务
12月25日　省煤炭工业厅王守祯同志退休
12月25日　省商务厅王淑珍同志退休

12 月26日　免去李建功省国土资源厅党组书记职务
12 月26日　免去吴永平省煤炭工业厅党组书记职务
12 月26日　免去郝素珍省审计厅党组副书记职务
12 月26日　省发展和改革委员会王野彬同志退休
12 月26日　省教育厅刘雪娥同志退休
12 月26日　省国土资源厅杨志强同志退休
12 月26日　省农业厅田伟同志退休
12 月26日　省文化厅赵克谦同志退休
12 月26日　省卫生和计划生育委员会李双才同志退休
12 月26日　省卫生和计划生育委员会李福恩同志退休
12 月26日　省林业厅李向华同志退休
12 月26日　省外事侨务办公室方建农同志退休
12 月26日　省政府办公厅田凯同志退休
12 月31日　免去王野彬省发展和改革委员会总工程师职务
12 月31日　免去刘雪娥省教育厅副巡视员职务
12 月31日　免去杨志强省国土资源厅总规划师职务
12 月31日　免去张德仪省交通运输厅总会计师职务
12 月31日　免去田伟省农业厅副巡视员职务
12 月31日　免去李向华省林业厅副巡视员职务
12 月31日　免去赵克谦省文化厅副巡视员职务
12 月31日　免去李双才省卫生和计划生育委员会巡视员职务
12 月31日　免去李福恩省卫生和计划生育委员会副巡视员职务
12 月31日　免去方建农省政府外事侨务办公室副巡视员职务
12 月31日　免去胡荣华省经济和信息化委员会副主任职务
12 月31日　免去赵义省环境保护厅总工程师职务
12 月31日　免去郝素珍省审计厅副厅长职务
12 月31日　免去李建功省国土资源厅厅长职务
12 月31日　免去吴永平省煤炭工业厅厅长职务

省政府直属特设机构

1 月2日　免去王孟传省政府国有资产监督管理委员会巡视员职务
1 月2日　省政府国有资产监督管理委员会王孟传同志退休（2013年12月31日研究决定，2014年1月2日发文）
2 月26日　免去狄重阳同志省政府国有资产监督管理委员会党委委员职务
3 月18日　张宏永任省政府国有资产监督管理委员会副主任
3 月18日　免去狄重阳省政府国有资产监督管理委员会副主任（正厅长级）职务
8 月10日　刘峰同志任省政府国有资产监督管理委员会党委委员
8 月11日　省政府国有资产监督管理委员会李宝文同志退休
8 月11日　省政府国有资产监督管理委员会李晓荣同志退休
8 月19日　刘峰任省政府国有资产监督管理委员会副主任
8 月19日　康楣生任省政府国有资产监督管理委员会副巡视员
8 月19日　暴峰任省政府国有资产监督管理委员会副巡视员
8 月19日　免去李宝文省政府国有资产监督管理委员会巡视员职务
8 月19日　免去李晓荣省政府国有资产监督管理委员会副巡视员职务

省政府直属机构

1 月2日　齐峰同志任省新闻出版广电局（省版权局）党组书记（2013年12月31日研究决定，2014年1月2日发文）
1 月2日　王建中同志任省纪委驻新闻出版广电局（省版权局）纪检组组长（2013年12月31日研究决定，2014年1月2日发文）
1 月2日　免去刘德政同志省安全生产监督管理局党组成员职务（2013年12月31日研究决定，2014年1月2日发文）
1 月2日　杨近泉任省政府法制办公室副巡视员
1 月2日　免去刘德政省安全生产监督管理局副局长职务
1 月2日　齐峰任省新闻出版广电局（省版权局）局长
1 月2日　吴体刚任省新闻出版广电局（省版权局）副局长
1 月2日　田奇越任省新闻出版广电局副局长兼省版权局专职副局长（副厅长级）
1 月2日　董晓林任省新闻出版广电局（省版权局）副局长
1 月2日　薛荣任省新闻出版广电局（省版权局）副局长
1 月2日　李和林任省新闻出版广电局（省版权局）副局长
1 月2日　安洋任省新闻出版广电局（省版权局）副局长
1 月2日　王吉敏任省新闻出版广电局（省版权局）巡视员
1 月2日　李光明任省新闻出版广电局（省版权局）巡视员
1 月2日　段晋峰任省新闻出版广电局（省版权局）副巡视员
1 月2日　马爱民任省新闻出版广电局（省版权局）副巡视员
1 月2日　戎晓峰任省新闻出版广电局（省版权局）副巡视员
2 月26日　贾文儒同志任省旅游局党组成员
2 月26日　郭宏魁同志任省食品药品监督管理局党组成员

2月26日　张少杰同志任省食品药品监督管理局党组成员
2月26日　免去徐跃华同志省食品药品监督管理局党组成员职务
2月27日　贾文儒同志任省纪委驻旅游局纪检组组长
2月27日　郭宏魁同志任省纪委驻食品药品监督管理局纪检组组长
2月27日　高航同志任省质量技术监督局副局长（正式任职）
3月18日　徐建中任省统计局副巡视员
3月18日　免去陆东省政府金融工作办公室副主任（副厅长级）职务
3月18日　刘建国任省食品药品监督管理局副局长
3月18日　张少杰任省食品药品监督管理局药品总检验师
3月18日　免去荆红社省统计局总统计师职务
3月18日　荆红社任省统计局副局长
3月28日　免去卢建明同志省统计局党组成员职务
3月28日　省质量技术监督局王正喜同志退休
4月15日　免去卢建明省统计局副局长职务
5月26日　牛建华同志任省安全生产监督管理局副局长（正式任职）
5月26日　李志强同志任省质量技术监督局副局长（正式任职）
5月26日　李云涛同志任省政府法制办公室副主任（正式任职）
5月26日　省政府法制办公室杨近泉同志退休
5月26日　省体育局李志秀同志退休
5月26日　省旅游局籍振芳同志退休
6月5日　赵炜同志任省纪委驻文物局纪检组组长
6月5日　免去宋文斌同志省纪委驻文物局纪检组组长职务
6月5日　郭征宇同志任省纪委驻宗教事务局（省民族事务委员会）纪检组组长
6月5日　免去李广禄同志省纪委驻宗教事务局（省民族事务委员会）纪检组组长职务
6月5日　省质量技术监督局王中一同志退休
6月5日　省统计局徐建中同志退休
6月5日　省新闻出版广电局（省版权局）王吉敏同志退休
6月5日　卢永良同志任省统计局党组成员
6月5日　张晓东同志任省统计局党组成员
6月5日　免去赵占明同志省统计局党组成员职务
6月5日　免去王炳武同志省旅游局党组成员职务
6月5日　郭征宇同志任省宗教事务局（省民族事务委员会）党组成员
6月5日　免去李广禄同志省宗教事务局（省民族事务委员会）党组成员职务
6月5日　免去王克信同志省物价局党组成员职务
6月10日　免去李志秀省体育局助理巡视员职务
6月10日　免去杨近泉省政府法制办公室副巡视员职务
6月17日　吕芮宏任省新闻出版广电局（省版权局）副局长
6月17日　赵占明任省统计局巡视员
6月17日　王炳武任省旅游局巡视员
6月17日　张炯玮任省政府金融工作办公室副主任
6月17日　段维华任省宗教事务局（省民族委员会）副巡视员
6月17日　免去王中一省质量技术监督局副巡视员职务
6月17日　免去董晓林省新闻出版广电局（省版权局）副局长职务
6月17日　免去王吉敏省新闻出版广电局（省版权局）巡视员职务
6月17日　免去徐建中省统计局副巡视员职务
6月17日　免去王炳武省旅游局副局长职务
6月17日　免去郭征宇省旅游局助理巡视员职务
6月17日　卢永良任省统计局副局长
6月17日　张晓东任省统计局副局长
6月17日　免去赵占明省统计局副局长职务
8月10日　竟晖同志任省政府金融工作办公室党组成员
8月10日　张炯玮同志任省政府金融工作办公室党组成员
8月10日　免去梁政同志省粮食局党组成员职务
8月10日　王天庆同志任省安全生产监督管理局党组成员
8月10日　杨振中同志任省安全生产监督管理局党组成员
8月10日　免去王玉成同志省安全生产监督管理局党组成员职务
8月10日　免去傅平同志省政府法制办公室党组成员职务
8月11日　免去王玉成同志省纪委驻安全生产监督管理局纪检组组长职务
8月11日　省地方税务局翟振华同志退休
8月11日　省新闻出版广电局（省版权局）吴体刚同志退休
8月11日　省政府法制办公室傅平同志退休
8月11日　郭保民同志任省政府金融工作办公室党组书记
8月19日　张万珍任省新闻出版广电局（省版权局）副巡视员
8月19日　白玉英任省新闻出版广电局（省版权局）副巡视员
8月19日　王天庆任省安全生产监督管理局副局长
8月19日　杨振中任省安全生产监督管理局总工程师
8月19日　王玉成任省安全生产监督管理局巡视员
8月19日　梁政任省粮食局巡视员
8月19日　武京运任省粮食局副巡视员
8月19日　免去翟振华省地方税务局副巡视员职务
8月19日　免去梁政省粮食局总经济师职务
8月19日　免去吴体刚省新闻出版广电局（省版权局）副局长职务
8月19日　免去傅平省政府法制办公室助理巡视员职务
12月26日　省新闻出版广电局（省版权局）马爱民同志退

休
12月26日 省体育局薄建伟同志退休
12月26日 省文物局常庆和同志退休
12月26日 省宗教事务局（省民族事务委员会）陈建平同志退休
12月26日 省统计局侯正平同志退休
12月31日 免去马爱民省新闻出版广电局（省版权局）副巡视员职务
12月31日 免去薄建伟省体育局助理巡视员职务
12月31日 免去侯正平省统计局助理巡视员职务
12月31日 免去陈建平省宗教事务局（省民族事务委员会）副巡视员职务
12月31日 免去常庆和省文物局副巡视员职务

省政府部门管理机构

1月2日 省扶贫开发办公室吕占川同志退休（2013年12月31日研究决定，2014年1月2日发文）
1月2日 史国兵同志任省国防科技工业党委副书记（正式任职）（2013年12月31日研究，2014年1月2日发文）
1月2日 齐建伟同志任省国防科技工业办公室副主任（正式任职）
1月2日 免去孟希雄省政府应急管理办公室专职副主任（副厅长级）职务
1月2日 免去吕占川省扶贫开发办公室副巡视员职务
1月2日 免去李华中省交通运输管理局局长（副厅级）职务
2月26日 免去郎作仕同志省扶贫开发办公室党组成员职务
2月26日 免去李新生同志省公安厅交通管理局（交通警察总队）党委委员职务
2月27日 省物价局张存登同志退休
2月27日 省扶贫开发办公室王汉有同志退休
2月27日 免去安雅文同志省国防科技工业党委副书记（副厅长级）职务
2月27日 免去任云峰省政府机关事务管理局党委书记职务
3月18日 张双贵任省中小企业局副巡视员
3月18日 郎作仕任省扶贫开发办公室副巡视员
3月18日 李新生任省公安厅交通管理局（交通警察总队）副巡视员
3月18日 免去王汉有省扶贫开发办公室副巡视员职务
3月18日 免去任云峰省政府机关事务管理局局长职务
3月28日 免去郎作仕省扶贫开发办公室副主任职务
3月28日 免去李新生省公安厅交通管理局（交通警察总队）副局长（副总队长）职务
3月28日 白世禄同志任省政府机关事务管理局党委委员
4月15日 白世禄任省政府机关事务管理局副局长（副厅长级）
4月15日 免去段绪忠省公安厅刑事侦查总队总队长（副厅长级）职务
5月26日 张铁同志任省重大项目稽查特派员（副厅长级）（正式任职）
5月26日 张建峰同志任省重大项目稽查特派员（副厅长级）（正式任职）
5月26日 崔恩平同志任省监狱管理局党委委员
5月26日 省政府机关事务管理局王东春同志退休
5月26日 任建华同志任省政府机关事务管理局副局长（正式任职）
5月26日 免去逯哲锋同志省政府机关事务管理局纪委书记职务，退休
5月26日 免去王东春同志省政府机关事务管理局党委委员职务
5月26日 免去逯哲锋同志省政府机关事务管理局党委委员职务
5月26日 周涛同志任省委依法治省领导组办公室专职副主任（副厅长级）（正式任职）
6月5日 王克信同志任省政府机关事务管理局党委书记
6月5日 省中小企业局张双贵同志退休
6月5日 孙富忠同志任省政府机关事务管理局党委委员
6月5日 牛柱珍同志任省政府机关事务管理局党委委员
6月5日 白世禄同志任省政府机关事务管理局党委委员
6月5日 任建华同志任省政府机关事务管理局党委委员
6月10日 免去王东春省政府机关事务管理局副局长职务
6月17日 马润生任省公安厅刑事侦查总队总队长（副厅长级）
6月17日 李柏任省公安厅国内安全保卫总队总队长（副厅长级）
6月17日 郝书宏任省公安厅网络警察总队总队长（副厅长级）
6月17日 免去王克信省物价局副局长（保留副厅长级待遇）职务
6月17日 免去张双贵省中小企业局副巡视员职务
6月17日 裴克存任省煤炭基金稽查总队（省财政厅煤炭基金稽查局）总队长（局长）（副厅长级）
6月17日 免去黄庙省煤炭基金稽查总队（省财政厅煤炭基金稽查局）总队长（局长）（副厅长级）职务
6月17日 王克信任省政府机关事务管理局局长
6月17日 孙富忠任省政府机关事务管理局副局长（保留副厅长级待遇）
6月17日 牛柱珍任省政府机关事务管理局副局长（保留副厅长级待遇）
6月17日 白世禄任省政府机关事务管理局副局长（保留

副厅长级待遇）
6月17日 任建华任省政府机关事务管理局副局长（保留副厅长级待遇）
6月17日 李向东任省政府机关事务管理局副巡视员
6月17日 李国蓉任省政府机关事务管理局副巡视员
6月20日 崔恩平任省监狱管理局副局长
8月10日 李章贺同志任省国防科技工业党委副书记
8月10日 免去李章贺同志省国防科技工业纪委书记职务
8月10日 张建成同志任省扶贫开发办公室党组成员
8月10日 张亚云同志任省公安厅交通管理局（交通警察总队）党委委员
8月10日 郭丙福同志任省公安厅交通管理局（交通警察总队）党委委员
8月19日 刘毅任省国家安全厅二总队（反间谍侦察总队）总队长（副厅长级）
8月19日 张原任省扶贫开发办公室副巡视员
8月26日 张建成任省扶贫开发办公室副主任
8月26日 张亚云任省公安厅交通管理局（交通警察总队）副局长（副总队长）
8月26日 郭丙福任省公安厅交通管理局（交通警察总队）副局长（副总队长）
12月25日 免去王华艳同志省监狱管理局党委委员职务，退休
12月26日 免去胡荣华省中小企业局党组书记职务
12月26日 免去尹喜平省公安厅交通管理局（省交通警察总队）党委书记职务
12月26日 省交通管理局（省交通警察总队）刘敏同志退休
12月31日 免去刘敏省公安厅交通管理局（省交通警察总队）副巡视员职务
12月31日 免去胡荣华省中小企业局局长职务
12月31日 免去尹喜平省公安厅交通管理局（省交通警察总队）局长（总队长）职务

省直属事业单位

1月2日 郭健任山西广播电视台台长、总编
1月2日 免去郭成文山西行政学院副院长职务
1月2日 免去高志明省发展研究中心副主任职务
1月23日 金道铭同志不再担任省委党校校长职务
2月26日 李俊刚同志任省万家寨引黄工程总公司（管理局）党委委员
2月26日 兰康杰同志任省万家寨引黄工程总公司（管理局）党委委员
2月26日 免去武胜同志省地质勘查局党委委员职务
2月27日 刘滇生同志任山西社会主义学院院长（兼）
2月27日 钟启元同志任中共山西省委党史办公室副主任
2月27日 巨文辉同志任中共山西省委党史办公室副主任
2月27日 王雷平同志任中共山西省委党史办公室副巡视员
3月18日 武胜任省地质勘查局巡视员
3月18日 苏连元任省万家寨引黄工程总公司（管理局）副经理（副局长）
3月18日 李俊刚任省万家寨引黄工程总公司（管理局）总工程师
3月18日 兰康杰任省万家寨引黄工程总公司（管理局）总经济师
3月18日 免去苏连元省万家寨引黄工程总公司（管理局）总经济师职务
3月18日 免去贾伟智省万家寨引黄工程总公司（管理局）总工程师职务
3月18日 免去武胜省地质勘查局总工程师职务
3月28日 免去高健生同志省委党校校委委员职务
3月28日 党志峰同志任省档案局（档案馆）党组成员
3月28日 李亮军同志任省机械设备成套局党组成员
3月28日 免去高健生同志中共山西省委党校副校长、教育长职务
3月28日 党志峰同志任省档案局（档案馆）纪检组长
3月28日 李亮军同志任省机械设备成套局纪检组长
3月28日 免去王沼同志省机械设备成套局纪检组长职务
3月28日 高健生同志任中共山西省委党校巡视员
4月15日 高健生任山西行政学院巡视员
4月15日 免去高健生山西行政学院副院长、教育长职务
4月15日 王诏任省机械设备成套局副局长
5月7日 陈跃钢同志兼任山西老年大学校长
5月7日 郑兰珍同志兼任山西老年大学副校长
5月14日 免去张宝玉同志省测绘地理信息局党组书记职务
5月26日 省档案局（档案馆）张彦杰同志退休
5月26日 省公路局蒋品同志退休
6月5日 王联辉同志任省委党校常务副校长
6月5日 免去李福明同志省委党校常务副校长职务
6月5日 焦玉强同志任山西日报报业集团副总编
6月5日 马骏同志任省招生考试管理中心党组书记
6月5日 免去王云同志省招生考试管理中心党组书记职务
6月5日 省农机局许继光同志退休
6月5日 免去李福明同志省委党校校委委员职务
6月10日 免去张彦杰省档案局（档案馆）巡视员职务
6月10日 免去蒋品省公路局副巡视员职务
6月17日 王联辉任山西行政学院副院长（正厅长级）
6月17日 马骏任省招生考试管理中心主任
6月17日 免去李福明山西行政学院副院长（正厅级）职务
6月17日 免去许继光省农机局副巡视员职务

6月17日　免去王云省招生考试管理中心主任职务
6月24日　免去张宝玉省测绘地理信息局局长职务
6月30日　楼阳生同志任省委党校校长（兼）
8月10日　马敦民同志任省地质勘查局党委委员
8月10日　李德胜同志任省地质勘查局党委委员
8月11日　任灵杰同志任山西日报报业集团副总编
8月11日　赵新利同志任省投资咨询和发展规划院党组书记
8月11日　免去曾宪琪同志省投资咨询和发展规划院党组书记职务
8月11日　焦育峰同志任省投资促进局党组书记
8月11日　省煤炭地质局郑全发同志退休
8月19日　马敦民任省地质勘查局副局长
8月19日　李德胜任省地质勘查局总工程师
8月19日　赵新利任省投资咨询和发展规划院院长
8月19日　焦育峰任省投资促进局局长
8月19日　免去郑全发省煤炭地质局巡视员职务
8月19日　免去曾宪琪省投资咨询和发展规划院院长职务
12月25日　免去张金文同志省招生考试管理中心党组成员职务，退休
12月25日　免去张培增省农机局（省农业机械发展中心）党组成员职务
12月25日　免去张乃晨省农机局（省农业机械发展中心）党组成员职务
12月25日　免去陈胜军中国煤炭博物馆党委委员职务
12月26日　省万家寨引黄工程总公司（管理局）朱春耀同志退休
12月26日　免去杨晋生同志省机械设备成套局党组书记职务
12月26日　省测绘地理信息局于建刚同志退休
12月31日　免去朱春耀省万家寨引黄工程总公司（管理局）巡视员职务
12月31日　免去杨晋生省机械设备成套局局长职务
12月31日　免去于建刚省测绘地理信息局副巡视员职务

驻外办事处

3月28日　免去白世禄同志省政府驻北京办事处党组成员职务
4月15日　免去白世禄省政府驻北京办事处副主任职务
5月26日　省政府驻北京办事处梁宝静同志退休
6月5日　免去陈玉玺同志省政府驻北京办事处纪检组长职务
6月10日　免去梁宝静省政府驻北京办事处副巡视员职务
6月17日　陈玉玺任省政府驻北京办事处副主任
8月10日　李政同志任省政府驻北京办事处党组成员
8月10日　免去曹美玲同志省政府驻上海办事处党组副书记职务
8月11日　李政同志任省政府驻北京办事处纪检组长
8月11日　省政府驻上海办事处曹美玲同志退休
8月19日　免去曹美玲省政府驻上海办事处主任职务
12月31日　免去田凯省政府驻沈阳办事处主任职务

高等院校

1月24日　免去李俊山西建筑职业技术学院正院级调研员职务
1月24日　免去刘丽华山西艺术职业学院正院级调研员职务
2月26日　免去李远程同志山西传媒学院党委委员职务
2月26日　免去郝本廉同志山西传媒学院党委委员职务
2月26日　李华荣同志任长治医学院党委委员
2月26日　免去申建设同志长治医学院党委委员职务
2月26日　免去李华荣同志山西药科职业学院党委副书记、委员职务
2月26日　张晓永同志任山西大同大学党委委员
2月26日　免去李全贵同志山西广播电视大学党委委员职务
2月26日　免去杨高才同志晋中学院党委委员职务
2月26日　免去段振基同志山西林业职业技术学院党委委员职务，退休
2月26日　山西金融职业学院杜明汉同志退休
2月27日　王建国同志任山西传媒学院党委副书记
2月27日　免去李远程同志山西传媒学院党委书记职务
2月27日　免去郝本廉同志山西传媒学院党委副书记职务
2月27日　李华荣同志任长治医学院党委书记
2月27日　免去申建设同志长治医学院党委书记职务
2月27日　张晓永同志任山西大同大学纪委书记
2月27日　刘发威同志任山西广播电视大学党委书记
2月27日　张耀斌同志任山西广播电视大学党委副书记
2月27日　免去李全贵同志山西广播电视大学党委书记职务
2月27日　晋中学院杨高才同志退休
3月18日　申建设任山西财经大学正校级调研员
3月18日　寇福明任山西大同大学副校长
3月18日　王建国任山西传媒学院院长
3月18日　刘志明任太原工业学院副院长
3月18日　张长青任太原工业学院副院长
3月18日　张耀斌任山西广播电视大学校长
3月18日　免去张晓永山西大同大学副校长职务
3月18日　免去杨高才晋中学院副院长职务
3月18日　免去郝本廉山西传媒学院院长职务
3月18日　免去刘发威山西广播电视大学校长职务
3月28日　任玉平同志任太原学院党委委员

3月28日　张瑞君同志任太原学院党委委员
3月28日　吴建设同志任太原学院党委委员
3月28日　蔡耀群同志任太原学院党委委员
3月28日　张正书同志任太原学院党委委员
3月28日　邢金龙同志任太原学院党委委员
3月28日　免去张瑞君同志太原师范学院党委委员职务
3月28日　免去李喜春同志山西警官高等专科学校党委书记、委员职务
3月28日　免去马宗兆同志山西林业职业技术学院党委副书记、委员职务，退休
3月28日　免去李忠人同志山西大学党委委员职务
3月28日　免去李华荣山西药科职业学院院长职务
3月28日　免去段振基山西林业职业技术学院副院长职务
3月28日　免去杜明汉山西金融职业学院正院级调研员职务
3月28日　任玉平同志任太原学院党委书记
3月28日　张瑞君同志任太原学院党委副书记
3月28日　吴建设同志任太原学院党委副书记
3月28日　蔡耀群同志任太原学院党委副书记
3月28日　张正书同志任太原学院纪委书记
3月28日　翟健同志任山西广播电视大学党委副书记
3月28日　免去翟健同志山西广播电视大学纪委书记职务
3月28日　山西传媒学院朱晓明同志退休
3月28日　免去李忠人同志山西大学党委副书记职务
4月15日　张瑞君任太原学院院长
4月15日　邢金龙、徐秋琴、曹艺鸣、荆在京任太原学院副院长
4月15日　免去张瑞君太原师范学院副院长职务
4月15日　免去朱晓明山西传媒学院正院级调研员职务
5月26日　晋中学院程锡景同志退休
5月26日　免去高世洪同志山西警官职业学院党委书记、委员、政委职务，退休
5月26日　山西林业职业技术学院索满花同志退休
5月26日　免去武国才同志太原城市职业技术学院党委书记职务，退休
6月5日　李思殿同志任山西大学党委副书记（正校级）
6月5日　鲍善冰同志任山西大学党委副书记
6月5日　孙建中同志任晋中学院党委书记
6月5日　张惠选同志任晋中学院党委副书记
6月5日　免去解根法同志晋中学院党委书记职务
6月5日　免去张惠选同志中北大学党委副书记职务
6月5日　解根法同志任山西传媒学院党委书记
6月5日　李思殿同志任山西大学党委委员
6月5日　鲍善冰同志任山西大学党委委员
6月5日　张惠选同志任晋中学院党委委员
6月5日　免去解根法同志晋中学院党委委员职务
6月5日　免去张惠选同志中北大学党委委员职务
6月5日　解根法同志任山西传媒学院党委委员
6月5日　姜海同志任山西广播电视大学党委委员
6月5日　郭齐鸣同志任山西警官高等专科学校党委委员、书记
6月5日　秦绍璇同志任山西省政法管理干部学院党委委员、书记
6月5日　李亚尼同志任山西省政法管理干部学院党委副书记
6月5日　晋睿同志任山西省政法管理干部学院党委委员
6月5日　王海英同志任山西省政法管理干部学院党委委员
6月5日　免去谭恩惠同志山西省政法管理干部学院党委书记、委员职务
6月5日　免去郝晓琴同志山西省政法管理干部学院党委副书记、委员职务
6月5日　宋河山同志任山西林业职业技术学院党委委员、书记
6月5日　罗云龙同志任山西林业职业技术学院党委副书记
6月5日　杜庆先同志任山西林业职业技术学院党委副书记
6月5日　李保平同志任山西林业职业技术学院党委委员
6月5日　王世昌同志任山西林业职业技术学院党委委员
6月5日　免去罗云龙同志山西林业职业技术学院党委书记职务
6月5日　岳澎同志任山西管理职业学院党委委员、副书记
6月5日　免去岳澎同志山西水利职业技术学院党委副书记、委员职务
6月5日　谭恩惠同志任山西警官职业学院党委委员、书记、政委
6月5日　山西机电职业技术学院李和平同志退休
6月10日　免去程锡景晋中学院正院级调研员职务
6月17日　张惠选任晋中学院院长
6月17日　姜海任山西广播电视大学副校长
6月17日　免去李思殿山西大学副校长（正校级）职务
6月17日　免去孙建中晋中学院院长职务
6月18日　免去索满花山西林业职业技术学院正院级调研员职务
6月24日　李亚尼任山西省政法管理干部学院院长
6月24日　晋睿任山西省政法管理干部学院副院长
6月24日　王海英任山西省政法管理干部学院副院长
6月24日　屈玉明任山西职工医学院副院长
6月24日　罗云龙任山西林业职业技术学院院长
6月24日　李保平任山西林业职业技术学院副院长
6月24日　王世昌任山西林业职业技术学院副院长
6月24日　岳澎任山西管理职业学院院长
6月24日　免去郝晓琴山西省政法管理干部学院院长职务
6月24日　免去杜庆先山西林业职业技术学院副院长职务

6月24日　免去岳澎山西水利职业技术学院副院长职务
6月24日　免去李和平山西机电职业技术学院院长职务
8月10日　免去齐春仙同志山西轻工职业技术学院党委书记职务，退休
8月10日　运城幼儿师范高等专科学校梁周全同志退休
8月10日　太原工业学院齐存田同志退休
8月10日　山西农业大学岳文斌同志退休
8月25日　免去梁周全运城幼儿师范高等专科学校校长职务
12月25日　免去倪生唐同志山西师范大学党委委员职务
12月25日　免去王庸晋同志长治医学院党委委员职务
12月25日　免去王秋生同志忻州师范学院党委委员职务
12月25日　免去马瑞祥同志山西国际商务职业学院党委书记、委员职务，退休
12月25日　免去刘德奇同志山西国际商务职业学院党委委员职务，退休
12月25日　免去郭宗圣同志山西机电职业技术学院党委书记职务，退休
12月26日　免去倪生唐同志山西师范大学党委书记职务
12月26日　免去王庸晋同志长治医学院党委副书记职务
12月26日　免去王秋生同志忻州师范学院党委书记职务
12月26日　太原科技大学李志勤同志退休
12月26日　晋中学院侯丕义同志退休
12月26日　山西农业大学滑云龙同志退休
12月31日　免去王庸晋长治医学院院长职务
12月31日　免去侯晋川太原理工大学副校长职务
12月31日　免去滑云龙山西农业大学正校级调研员职务
12月31日　免去李志勤太原科技大学正校级调研员职务
12月31日　免去郭贤成晋中学院副院长职务
12月31日　免去侯丕义晋中学院副院级调研员职务

群团组织

1月2日　靳成福同志任中国国际贸易促进委员会山西省委员会（中国国际商会山西商会）巡视员(2013年12月31日研究决定，2014年1月2日发文)
1月2日　免去李太生同志省总工会副巡视员职务，退休(2013年12月31日研究决定，2014年1月2日发文)
1月9日　李秀生同志任中国国际贸易促进委员会山西省委员会（中国国际商会山西商会）党组成员(2013年12月31日研究决定，2014年1月9日发文)
2月26日　省供销合作社联合社王俊辰同志退休
2月27日　张晋叶同志任省妇女联合会巡视员
2月27日　免去张晋叶同志省妇女儿童工作委员会办公室主任（副厅长级）职务
2月27日　申莉平同志任省妇女联合会副巡视员
2月27日　狄重阳同志任省供销合作社联合社党组书记
2月27日　免去高璋同志省供销合作社联合社党组书记职务
2月27日　罗向东同志任省作家协会党组副书记（正式任职）
2月27日　免去王国强同志省供销合作社联合社副巡视员职务，退休
3月28日　韩丽珍同志任省妇女联合会党组成员
3月28日　刘一平同志任省妇女联合会党组成员
3月28日　任晋阳同志任省妇女联合会党组成员
3月28日　免去韩红同志省妇女联合会党组成员职务
3月28日　免去王建华同志省工商业联合会党组成员职务
3月28日　李菲同志任省妇女联合会党组副书记
3月28日　王建华同志任省工商业联合会（总商会）巡视员
3月28日　任晋阳同志任省妇女儿童工作委员会办公室主任（副厅长级）
4月16日　免去高彦斌同志省法学会党组书记职务
5月14日　免去张稳科同志省供销合作社联合社纪检组长职务
5月14日　免去张稳科同志省供销合作社联合社党组成员职务
5月26日　马慧健同志任省少先队工作委员会主任（副厅长级）（正式任职）
5月26日　王纪山同志任省社会科学界联合会党组副书记（副厅长级）（正式任职）
5月26日　免去刘廷明同志省文学艺术界联合会副巡视员职务，退休
5月26日　省作家协会翁小绵同志退休
6月5日　卫爱平同志任省供销合作社联合社纪检组长
6月5日　盛佃清同志任省红十字会党组书记
6月5日　卫爱平同志任省供销合作社联合社党组成员
6月5日　免去冯晋生同志省红十字会党组成员职务
8月11日　免去张苏丽同志省妇女联合会副巡视员职务，退休
8月11日　免去牛定元同志省工商业联合会副巡视员职务，退休
8月24日　免去靳成福同志中国国际贸易促进委员会山西省委员会（中国国际商会山西商会）党组成员职务(2013年12月31日研究决定，2014年8月24日发文)
12月25日　免去侯晋川同志省科学技术协会党组成员职务
12月26日　免去梁若洁同志省总工会巡视员职务，退休
12月26日　免去关原成同志省科学技术协会巡视员职务，退休
12月26日　免去席献珍同志省供销合作社联合社副巡视员职务，退休

省管国有企业

1月2日　武华太同志任山西焦煤集团有限责任公司董事长
1月2日　免去任福耀同志山西焦煤集团有限责任公司董事长职务（2013年12月31日研究决定，2014年1月2日发文）
2月26日　王培明同志任省晋商银行股份有限公司党委委员
2月27日　吕福贞同志任晋商银行股份有限公司纪委书记
2月27日　免去吴黎正同志晋商银行股份有限公司纪委书记职务
2月27日　免去张广慧同志省国信投资（集团）公司党委副书记职务
3月18日　吴黎正、王培明同志任晋商银行股份有限公司副行长
3月18日　免去张广慧省国信投资（集团）公司总经理职务
6月5日　阎俊生同志任晋商银行股份有限公司党委书记
6月5日　杨小勇同志任晋商银行股份有限公司党委副书记（正职待遇）
6月5日　免去上官永清同志晋商银行股份有限公司党委书记职务
6月5日　上官永清同志任省国信投资（集团）公司党委书记
6月5日　免去杨小勇同志省国信投资（集团）公司党委书记职务
6月5日　免去张转芳同志省农村信用社联合社党委委员职务
6月5日　省农村信用社联合社张转芳同志退休
6月17日　上官永清同志任省国信投资（集团）有限公司董事长
6月17日　阎俊生同志任晋商银行股份有限公司董事长
6月17日　杨小勇同志任晋商银行股份有限公司副行长
6月17日　免去上官永清同志晋商银行股份有限公司董事长职务
6月17日　免去阎俊生同志晋商银行股份有限公司行长职务
6月17日　免去张转芳省农村信用社联合社副主任职务
8月11日　免去冯爱民同志山西日报传媒（集团）有限责任公司党委书记职务
8月11日　免去李占鳌同志山西广播电视传媒（集团）有限责任公司党委书记职务
8月11日　山西出版传媒集团有限责任公司崔元和同志退休
8月19日　免去崔元和同志山西出版传媒集团有限责任公司副总经理职务
8月19日　免去冯爱民山西日报传媒（集团）有限责任公司董事长职务
8月19日　免去李占鳌山西广播电视传媒（集团）有限责任公司董事长职务
8月25日　郭晋普任山西国信投资集团有限公司董事
8月25日　免去崔元和山西出版传媒集团有限责任公司董事职务
12月26日　曹冬同志不再享受晋能有限责任公司正职待遇

各　市

太原市

1月13日　王建生同志任太原市委常委（列柳遂记同志之后）（2013年12月31日研究决定，2014年1月13日发文）
1月13日　免去张金旺同志太原市委常委、委员职务（2013年12月31日研究决定，2014年1月13日发文）
2月11日　赵关顺同志退休
2月11日　任玉和同志任太原市委委员、常委
2月11日　免去蒋鹿同志太原市委常委、委员职务
2月11日　免去王茂健同志太原高新技术产业开发区党工委书记职务，退休
3月28日　胡志峰同志任太原高新技术产业开发区党工委书记
3月28日　尤天拴同志任太原经济技术开发区党工委书记
3月28日　免去张春根同志太原市委常委、委员职务，退休
4月1日　免去王斌礼省人民检察院太原铁路运输分院检察委员会委员、检察员职务
5月14日　免去张波太原市民营经济开发区管委会主任职务
5月26日　赵彩英同志退休
5月29日　华山任太原铁路运输中级法院审判委员会委员
5月29日　王权凤任太原铁路运输中级法院审判委员会委员
5月29日　张篪任太原铁路运输中级法院审判委员会委员
5月29日　滑颖奇任太原铁路运输中级法院审判员
5月29日　刘悦任太原铁路运输中级法院审判员
5月29日　赵品容任太原铁路运输中级法院审判员
5月29日　支鹏任太原铁路运输中级法院审判员
5月29日　肖绍锋任太原铁路运输中级法院审判员
5月29日　杨永生任太原铁路运输法院立案庭庭长
5月29日　免去武晋生太原铁路运输中级法院审判员职务
5月29日　免去杨永生太原铁路运输法院立案庭副庭长职务
6月5日　寿伟光同志任太原市委委员、常委（挂职）
6月5日　赵明春同志任省人民检察院太原铁路运输分院

政治部主任、党组成员
7月25日 乔慧峰任太原铁路运输检察分院检察员
7月25日 郭斌任太原铁路运输检察分院检察员
7月25日 王俊鸽任太原铁路运输检察分院检察员
7月25日 祁亮任太原铁路运输检察分院检察员
7月25日 刁柯任太原铁路运输检察院检察员
7月25日 樊蕾任太原铁路运输检察院检察员
7月25日 陈晨任太原铁路运输检察院检察员
8月10日 孙保平同志任省人民检察院太原铁路运输检察分院纪检组长、党组成员
8月10日 南世勤同志任省人民检察院太原铁路运输检察分院党组成员
8月10日 刘钢同志任省人民检察院太原铁路运输检察分院党组成员
8月11日 陈耳东同志任太原市民营经济开发区管委会主任
8月11日 免去魏民同志太原市杏花岭区委书记职务
8月11日 免去张齐山同志太原市万柏林区委书记职务
8月23日 汪凡同志任太原市委委员、常委
8月23日 免去柳遂记太原市委常委、委员职务
8月29日 免去陈川平太原市委书记、常委、委员职务
9月20日 免去袁晋太原铁路运输法院副院长、审判委员会委员职务
9月20日 南世勤任太原铁路运输检察分院副检察长、检察委员会委员
9月20日 刘钢任太原铁路运输检察分院副检察长、检察委员会委员
9月20日 赵明春任太原铁路运输检察分院检察委员会委员、检察员
9月30日 吴政隆同志任太原市委委员、常委、书记
12月25日 免去陈强同志太原铁路运输中级法院党组成员职务，退休
12月26日 免去荣彤同志太原市委副书记、常委、委员职务

大同市

1月10日 韩美山同志退休（2013年12月31日研究决定，2014年1月10日发文）
2月11日 靳如师同志退休
3月28日 任建刚同志任大同市委党校常务副校长
3月28日 免去杨勤荣同志大同市南郊区区委书记职务
3月28日 免去门开发同志大同市矿区区委书记职务
5月29日 免去曹玉生大同铁路运输法院审判委员会委员、审判员职务
5月29日 免去支鹏大同铁路运输法院民事审判庭副庭长、审判员职务
9月20日 免去刘瑞平大同铁路运输法院刑事审判庭庭长、审判员职务
9月20日 免去南世勤大同铁路运输检察院检察长职务
12月25日 马福山同志退休
12月26日 免去操学诚同志大同市委常委、委员职务
12月26日 免去丰立祥大同市委书记、常委、委员职务
12月26日 免去解先文阳高县委书记职务
12月26日 免去徐尚红左云县委书记职务

朔州市

1月13日 雷健坤同志任朔州市委常委（列郑红同志之后）（2013年12月31日研究决定，2014年1月13日发文）
2月11日 免去王智杰同志怀仁县委书记职务
3月28日 免去高世宝朔州经济开发区管委会主任职务
3月28日 王加关同志任朔州市委党校常务副校长
5月14日 免去郭连厚同志朔州市朔城区委书记职务
12月26日 免去张耀生同志朔州市委常委、委员职务，退休

忻州市

5月14日 免去吉久昌忻州市委常委、委员职务
6月5日 王云龙同志任忻州市委委员、常委
12月26日 免去霍富荣代县县委书记职务

吕梁市

1月13日 免去吴志国同志吕梁市委副书记、常委、委员职务，退休（2013年12月31日研究决定，2014年1月13日发文）
2月11日 董岩同志任吕梁市委委员、常委、副书记
2月11日 免去丁雪峰吕梁市委副书记、常委、委员职务
5月14日 雷建国同志任吕梁市委副书记
5月14日 免去雷建国同志吕梁市纪委书记职务
5月14日 张稳科同志任吕梁市委委员、常委、市纪委书记
5月14日 阎刚平同志任吕梁市委常委
5月26日 免去秦怀金同志吕梁市委常委、委员职务
8月10日 韩明瑞同志退休
8月11日 王海东同志任吕梁市委委员、常委（挂职，期限二年）
8月11日 免去郭颖同志兴县县委书记职务
8月11日 免去闫孝敏同志石楼县委书记职务
12月26日 免去李良森吕梁市委常委、委员职务
12月26日 免去阎刚平吕梁市委常委、委员和离石区委书记职务
12月26日 免去王宁柳林县委书记职务

晋中市

1月13日 孙宪春同志任晋中市委委员、常委（2013年12

月31日研究决定，2014年1月13日发文）

1月13日　免去王威同志晋中市委常委、委员职务（2013年12月31日研究决定，2014年1月13日发文）

3月28日　党富华同志任晋中市委党校常务副校长

3月28日　免去王维柱同志晋中市委党校常务副校长职务，退休

5月14日　免去张秀萍晋中市委副书记、常委、委员职务

6月5日　赵庆华同志任晋中市委委员、常委、市纪委书记

6月5日　免去王琦同志晋中市委常委、委员、市纪委书记职务

6月5日　杨建林同志退休

8月11日　刘志宏同志任晋中市委副书记

8月11日　免去杨建平同志寿阳县委书记职务

阳泉市

2月11日　孙水生同志退休

6月5日　免去王银旺平定县委书记职务

9月30日　免去王民阳泉市委常委、委员和市纪委书记职务

12月26日　田桂明同志任阳泉市委委员、常委

12月26日　免去密国林同志阳泉市委常委、委员职务

12月26日　免去康晓剑阳泉市城区区委书记职务

12月26日　免去刘德跃阳泉市矿区区委书记职务

长治市

2月11日　杜保和同志退休

2月11日　免去董岩同志长治市委副书记、常委、委员职务

2月11日　免去李国隆同志长治市委常委、委员职务，退休

3月28日　卢建明同志任长治市委委员、常委、副书记

3月28日　潘贤掌同志任长治市郊区区委书记

3月28日　田志明同志任长治市委常委

3月28日　张圣同志任长治高新技术产业开发区管委会主任

3月28日　免去王辅刚同志长治高新技术产业开发区管委会主任职务

3月28日　免去王辅刚同志长治市郊区区委书记职务

5月26日　赵春英同志退休

6月5日　王忠义同志退休

8月11日　免去张圣同志长子县委书记职务

12月26日　密国林同志任长治市委委员、常委

12月26日　免去李志平同志长治市委常委、委员职务

晋城市

1月2日　李庆平同志任晋城市纪委副书记（2013年12月23日研究决定，2014年1月2日发文）

1月13日　焦光善同志任晋城市委常委（列刘爱军同志之后）（2013年12月31日研究决定，2014年1月13日发文）

1月13日　免去原国政同志晋城市委常委、委员职务，退休（2013年12月31日研究决定，2014年1月13日发文）

2月11日　王真荣同志退休

2月11日　秦建孝同志任泽州县委书记

2月11日　免去秦建孝同志沁水县委书记职务

2月11日　免去冯志亮同志阳城县委书记职务

2月11日　免去崔守安同志泽州县委书记职务

8月29日　免去秦建孝泽州县委书记职务

9月30日　免去王树新晋城市委常委、委员职务

临汾市

1月13日　王振富同志任临汾市委委员、常委（2013年12月31日研究决定，2014年1月13日发文）

1月13日　免去刘玉温同志临汾市委常委、委员职务（2013年12月31日研究决定，2014年1月13日发文）

2月11日　免去石宝兴同志临汾市委党校常务副校长职务，退休

2月27日　王天郎同志任临汾市委党校常务副校长

2月27日　李朝旗同志任侯马经济开发区管委会主任

3月28日　免去李菲同志古县县委书记职务

5月26日　成继东同志退休

5月29日　吴菲菲任临汾铁路运输法院审判监督庭副庭长、审判员

8月10日　成洪才同志退休

运城市

1月13日　陈振亮同志任运城市委副书记（2013年12月31日研究决定，2014年1月13日发文）

2月27日　安雅文同志任运城市委委员、常委（列荆青莲同志之后）

2月27日　王胜同志任运城市委常委

2月27日　免去王正风同志运城市委常委职务

8月10日　苏安乐同志退休

8月11日　免去王茂设运城市委书记、常委、委员职务

其　他

1月2日　免去高云省无线电管理委员会专职副主任（副厅长级）职务

1月23日　根据工作需要，经省委同意，对山西省反腐败案件协调领导小组组成人员进行调整，由下列同志组成：

组　长：李兆前（省委常委、省纪委书记）

副组长：王建明（省委常委、政法委书记）

左世忠（省高级人民法院院长）
杨　司（省人民检察院检察长）
刘　杰（省长助理、省公安厅厅长）
成　员：杨森林（省纪委常务副书记）
贾毓杰（省纪委副书记）
闫喜春（省委政法委副书记）
边智慧（省公安厅副厅长）
王　亚（省审计厅厅长）
刘冀民（省高级人民法院副院长）
胡克勤（省人民检察院副检察长）

协调领导小组办公室设在省纪委案件管理室。

联系人：谷　明（省纪委案件管理室主任）

2月12日　根据工作需要，经省委同意，在第二批党的群众路线教育实践活动期间，对中共山西省委党的群众路线教育实践活动领导小组及办公室组成人员进行调整：

增补王建明同志为领导小组副组长；

增补李体柱、边晋南、薛维栋、李平社、王进喜同志为领导小组成员；

增补李高山、罗民同志为领导小组办公室副主任。

2月27日　免去李理同志省密码工作领导小组专职副组长（正厅长级）职务

2月27日　免去闫晨曦同志兼任的省援疆工作前方指挥部副总指挥职务

3月18日　陆东任省国有企业监事会主席

3月24日　竟晖同志兼任山西科技创新城建设领导小组办公室副主任

4月4日　根据工作需要，经省委研究决定，成立中共山西省委网络安全和信息化领导小组，由下列同志组成：

组　长：袁纯清（省委书记、省人大常委会主任）
第一副组长：李小鹏（省委副书记、省长）
副组长：胡苏平（省委常委、宣传部部长）
王建明（省委常委、政法委书记）
聂春玉（省委常委、秘书长）
冷杰松（省军区司令员）
郭迎光（副省长）
成　员：廉毅敏（省政府秘书长）
刘　杰（省长助理、省公安厅厅长）
张克强（省委副秘书长、省委农村工作领导小组专职副组长）
李高山（省委宣传部常务副部长）
白秀平（省政府副秘书长，省委省政府信访局副局长）
王　赋（省发改委主任、省转型综改办主任）
张华龙（省经信委主任）
张文栋（省教育厅厅长、省高校工委书记）
张金旺（省科技厅厅长）
李　洪（省国家安全厅厅长）
武　涛（省财政厅厅长）
张瑞鹏（省文化厅厅长）
张志川（省政府外事侨务办公室主任）
齐　峰（省新闻出版广电局<省版权局>局长）
郭保民（省政府金融办主任）
郭玉福（山西日报报业集团社长）
郭　健（山西广播电视台台长）
朱新才（省互联网信息办公室专职副主任）

领导小组办公室设在省委宣传部。

4月15日　免去王进龙省老龄工作委员会专职副主任职务

4月18日　根据工作需要，经省委同意，成立山西省改善农村人居环境工作领导小组，由下列同志组成：

组　长：李小鹏（省委副书记、省长）
副组长：郭迎光（副省长）
成　员：张广勇（省政府副秘书长）
王　赋（省发改委主任、省转型综改办主任）
张文栋（省教育厅厅长、省高校工委书记）
薛维栋（省民政厅厅长）
武　涛（省财政厅厅长）
张　健（省委组织部副部长、省人社厅厅长）
李建功（省国土厅厅长）
郭长青（省环保厅厅长）
李栋梁（省住建厅厅长）
李正印（省交通运输厅厅长）
潘军峰（省水利厅厅长）
李平社（省农业厅厅长<省委农工办主任>）
刘志杰（省农业厅副厅长<省委农工办副主任>）
李永林（省林业厅厅长）
张瑞鹏（省文化厅厅长）
卫小春（省政协副主席、省卫计委主任）
齐　峰（省新闻出版广电局（版权局）局长）
冯建平（省旅游局局长）
郭保民（省政府金融办主任）
王立伟（省扶贫办主任）

领导小组办公室设在省农业厅<省委农工办>。

主　任：李平社（兼）
常务副主任：刘志杰（兼）
副 主 任：王野彬（省发改委总工程师）
王晓立（省国土厅副厅长）
赵　义（省环保厅总工程师）
翟顺河（省住建厅总规划师）
专职副主任：郭建文（省农业厅新农村建设指导处处长）

5月26日　弋小燕同志任省国有企业监事会主席（正式任职）

5月26日　杨雨公同志任省国有企业监事会主席（正式任职）

5月26日　吕惠兰同志任省非公有制经济组织工作委员会专职副书记（副厅长级）（正式任职）

5月26日　叶茎同志任省无线电管理局局长（副厅长级）（正式任职）

5月26日　乔威民同志任山西大医院（山西医学科学院）党委委员

5月26日　免去赵龙凤同志山西医科大学第一医院党委委员职务

6月3日　根据工作需要，经省委同意，成立山西省深化省属国有企业改革工作领导小组，由下列同志组成：

组　长：李小鹏（省委副书记、省长）
副组长：高建民（省委常委、副省长）
　　　　郭迎光（副省长）
成　员：廉毅敏（省政府秘书长）
　　　　张　健（省委组织部副部长、省人社厅厅长）
　　　　张　葆（省委组织部副部长、省委党建办主任<正厅长级>）
　　　　马彦平（省政府副秘书长<正厅长级>）
　　　　刘传旺（省编办主任）
　　　　王　赋（省发改委主任、省转型综改办主任）
　　　　张华龙（省经信委主任）
　　　　武　涛（省财政厅厅长）
　　　　李建功（省国土资源厅厅长）
　　　　朱晓明（省国资委党委书记、主任）
　　　　王学东（省国税局局长）
　　　　卢晓中（省地税局局长）
　　　　周明定（省工商局局长、省非公有制经济组织工委书记）
　　　　梁若洁（省总工会巡视员）

领导小组办公室设在省国资委。
主　任：朱晓明（兼）
副主任：张宏永（省国资委副主任）
　　　　常国华（省财政厅副厅长）
　　　　康继峰（省人社厅副巡视员）

6月5日　赵友亭同志任省援疆工作前方指挥部临时党委书记（兼）

6月5日　尹乃明同志任省援疆工作前方指挥部副总指挥、临时党委副书记（兼）

6月5日　马运侠同志任省援疆工作前方指挥部副总指挥、临时党委副书记（兼）

6月5日　孟庆武同志任省援疆工作前方指挥部临时纪委书记（兼）

6月18日　乔威民任山西大医院（山西医学科学院）副院长

6月18日　免去赵龙凤山西医科大学第一医院副院长职务

6月24日　根据工作需要，经省委同意，对中共山西省委党的群众路线教育实践活动领导小组组成人员进行调整：

增补楼阳生同志为领导小组副组长；
增补杨增武同志为领导小组成员。

7月7日　根据工作需要，经省委同意，对山西省维护稳定工作领导小组组成人员进行调整，由下列同志组成：

组　长：楼阳生（省委副书记）
常务副组长：王建明（省委常委、政法委书记）
副组长：聂春玉（省委常委、秘书长）
　　　　冷杰松（省军区司令员）
　　　　刘　杰（省长助理、省公安厅厅长）
　　　　仲　轩（武警山西省总队司令员）
成　员：李体柱（省委副秘书长，省委、省政府信访局局长）
　　　　冯　征（省委副秘书长、省委防范处理邪教办<省防范处理邪教办>主任）
　　　　张高宏（省委组织部常务副部长）
　　　　张　健（省委组织部副部长、省人力资源和社会保障厅厅长）
　　　　李高山（省委宣传部常务副部长）
　　　　郭海刚（省委统战部常务副部长）
　　　　高　键（省委统战部副部长、省宗教事务局<省民族委员会>局长<主任>）
　　　　边晋南（省委政法委常务副书记）
　　　　廉毅敏（省政府秘书长）
　　　　王　赋（省发展和改革委员会主任、省转型综改办主任）
　　　　张华龙（省经济和信息化委员会主任）
　　　　张文栋（省教育厅厅长、省高校工委书记）
　　　　李玉生（省公安厅副厅长）
　　　　李　洪（省国家安全厅厅长）
　　　　薛维栋（省民政厅厅长）
　　　　崔国红（省司法厅厅长）
　　　　武　涛（省财政厅厅长）
　　　　李建功（省国土资源厅厅长）
　　　　郭长青（省环境保护厅厅长）
　　　　李栋梁（省住房和城乡建设厅厅长）
　　　　李正印（省交通运输厅厅长）
　　　　潘军峰（省水利厅厅长）
　　　　孙跃进（省商务厅厅长）
　　　　李平社（省农业厅厅长<省委农工办主任>）
　　　　张瑞鹏（省文化厅厅长）
　　　　卫小春（省政协副主席，省卫生和计划生育委员会主任）
　　　　张志川（省政府外事侨务办公室主任）
　　　　吴永平（省煤炭工业厅厅长）
　　　　朱晓明（省国资委党委书记、主任）
　　　　卢晓中（省地方税务局局长）
　　　　周明定（省工商管理局局长、省非公有制经

济组织工委书记）
齐　峰（省新闻出版广电局<省版权局>局长）
霍红义（省安监局局长）
郭保民（省政府金融工作办公室主任）
朱　鹏（省经信委副主任，省国防科技工业党委书记、省国防科工办主任）
王志刚（省高级人民法院副院长）
严奴国（省人民检察院副检察长）
郭新民（省总工会常务副主席）
赵雁峰（团省委书记）
柳遂记（太原市委常委、政法委书记，太原市公安局局长）
李　强（省电力公司党组书记）
谢远生（山西省通信管理局局长）
王占峰（中国银监会山西监管局局长）
郝孝义（省民航机场集团公司<管理局>总经理<局长>）
张义平（太原铁路局党委书记）
徐建冲（中石化山西石油分公司总经理）
谭立村（中石油山西销售分公司总经理）

领导小组办公室设在省公安厅。

办公室主任：李玉生（兼）

7月31日 根据工作需要，经省委同意，对山西省国家安全工作领导小组组成人员进行调整，由下列同志组成：

组　长：袁纯清（省委书记、省人大常委会主任）
副组长：楼阳生（省委副书记）
王建明（省委常委、政法委书记）
张建欣（副省长）
喻　军（省军区副政委）
刘振所（武警山西省总队政委）
成　员：姜新文（省委常务副秘书长）
李仁和（省人大秘书长）
廉毅敏（省政府秘书长）
阎根生（省政协秘书长）
张高宏（省委组织部常务副部长）
李高山（省委宣传部常务副部长）
郭海刚（省委统战部常务副部长）
边晋南（省委政法委常务副书记）
李体柱（省委副秘书长，省委、省政府信访局局长）
冯　征（省委副秘书长、省委防范处理邪教办<省防范处理邪教办>主任）
黄进明（省委台湾工作办公室<省政府台湾事务办公室>主任）
张　华（省委保密办<省国家保密局>主任<局长>）
王　赋（省发展和改革委员会主任、省转型综改办主任）
张华龙（省经济和信息化委员会主任）
张文栋（省教育厅厅长、省高校工委书记）
张金旺（省科学技术厅厅长）
刘　杰（省长助理、省公安厅厅长）
李　洪（省国家安全厅厅长）
薛维栋（省民政厅厅长）
崔国红（省司法厅厅长）
武　涛（省财政厅厅长）
张　健（省委组织部副部长、省人力资源和社会保障厅厅长）
郭长青（省环境保护厅厅长）
李栋梁（省住房和城乡建设厅厅长）
李正印（省交通运输厅厅长）
孙跃进（省商务厅厅长）
张瑞鹏（省文化厅厅长）
卫小春（省政协副主席，省卫生和计划生育委员会主任）
张志川（省政府外事侨务办公室主任）
朱晓明（省国资委党委书记、主任）
周明定（省工商管理局局长、省非公有制经济组织工委书记）
齐　峰（省新闻出版广电局<省版权局>局长）
苏亚君（省体育局局长）
冯建平（省旅游局局长）
高　键（省委统战部副部长、省宗教事务局<省民族事务委员会>局长<主任>）
王卫星（省政府法制办公室主任）
朱　鹏（省经信委副主任，省国防科技工业党委书记、省国防科工办主任）
刘冀民（省高级人民法院副院长）
严奴国（省人民检察院副检察长）
刘晓勇（山西银监局局长）
孙才仁（山西证监局局长）
王　毅（山西保监局局长）
郝孝义（省民航机场集团公司<管理局>总经理<局长>）
谢远生（山西省通信管理局局长）
李旭辉（山西省出入境检验检疫局局长）
高志凯（太原海关副关长）
杨绍清（太原铁路局局长）

领导小组办公室设在省国家安全厅。

办公室主任：李　洪（兼）

8月12日 根据工作需要，经省委同意，山西省社会管理综合治理委员会更名为山西省社会治安综合治理委员会，由下列同志组成：

主　任：楼阳生（省委副书记）

常务副主任：王建明（省委常委、政法委书记）

副主任：李政文（省人大常委会副主任）

张建欣（副省长）

朱先奇（省政协副主席）

刘　杰（省长助理、省公安厅厅长）

委　员：冯改朵（省纪委副书记、省监察厅厅长）

张高宏（省委组织部常务副部长）

李高山（省委宣传部常务副部长）

边晋南（省委政法委常务副书记）

薛永辉（省委政法委副书记）

姚鸿波（省社会治安综合治理委员会办公室副主任）

刘永生（省社会治安综合治理委员会办公室副主任）

刘传旺（省编制委员会办公室主任）

李体柱（省委副秘书长、省信访局局长）

冯　征（省委副秘书长、省委防范处理邪教办<省防范处理邪教办>主任）

王　赋（省发展和改革委员会主任、省转型综改办主任）

张华龙（省经济和信息化委员会主任）

张文栋（省教育厅厅长、省高校工委书记）

成振林（省公安厅常务副厅长）

李玉生（省公安厅副厅长）

李　洪（省国家安全厅厅长）

薛维栋（省民政厅厅长）

崔国红（省司法厅厅长）

武　涛（省财政厅厅长）

张　健（省委组织部副部长、省人社厅厅长）

李栋梁（省住房和城乡建设厅厅长）

李正印（省交通运输厅厅长）

张瑞鹏（省文化厅厅长）

王进喜（省卫生和计划生育委员会党组书记）

张志川（省政府外事侨务办公室主任）

朱晓明（省国有资产监督管理委员会党委书记、主任）

周明定（省工商管理局局长、省非公有制经济组织工委书记）

常高才（省质监局局长）

齐　峰（省新闻出版广电局<省版权局>局长）

霍红义（省安全生产监督管理局局长）

冯建平（省旅游局局长）

高　键（省委统战部副部长、省宗教事务局<省民族委员会>局长<主任>）

王卫星（省政府法制办主任）

高国顺（省人大常委会法工委主任）

朱　明（省高级人民法院副院长）

荣　彰（省人民检察院副检察长）

郭新民（省总工会常务副主席）

赵雁峰（团省委书记）

王维卿（省妇联主席）

马新义（省军区副参谋长）

王树海（武警山西省总队副司令员）

赵志华（中国人民银行太原中心支行行长）

王　毅（山西保监局局长）

许乾峰（太原海关副关长）

杨绍清（太原铁路局局长）

谢远生（山西省通信管理局局长）

刘晓勇（省银监局局长）

8月12日　根据工作需要，经省委同意，对中共山西省委防范和处理邪教问题领导小组组成人员进行调整，由下列同志组成：

组　长：楼阳生（省委副书记）

副组长：王建明（省委常委、政法委书记）

聂春玉（省委常委、秘书长）

刘　杰（省长助理、省公安厅厅长）

冯　征（省委副秘书长、省委防范处理邪教办<省防范处理邪教办>主任）

成　员：陈学东（省委组织部副部长）

董晓林（省委宣传部副部长）

高　键（省委统战部副部长、省宗教事务局<省民族委员会>局长<主任>）

刘永生（省社会治安综合治理委员会办公室副主任）

张建平（省委、省政府信访局副局长）

梁淑娟（省委台湾工作办公室<省政府台湾事务办公室>副主任）

巨宪华（省政府副秘书长）

朱　鹏（省经信委副主任，省国防科技工业党委书记、省国防科工办主任）

张培良（省高校工委副书记）

张新伟（省科学技术厅副厅长）

李玉生（省公安厅副厅长）

高晋义（省国家安全厅副厅长）

王卫东（省民政厅副厅长）

王化清（省司法厅副厅长）

石常明（省财政厅巡视员）

赵银邦（省文化厅副厅长）

鞠　振（省政府外事侨务办公室副主任）

李和林（省新闻出版广电局<省版权局>总工程师）

杜　荣（省纪委驻体育局纪检组组长）

卫望军（省宗教事务局<省民族事务委员会>副局长<副主任>）

刘冀民（省高级人民法院副院长）

严奴国（省人民检察院副检察长）

梁克昌（省总工会副主席）
马皖东（团省委副书记）
李　菲（省妇联副主席）
关原成（省科协巡视员）
巩保成（省军区政治部副主任）
侯德祺（武警山西省总队副政委）
武　晋（省通信管理局纪检组长）
荣　彤（太原市委副书记）

领导小组下设办公室，简称省委防范处理邪教办。

办公室主任：冯　征（兼）

8月19日 胡创业任省国有企业监事会主席（副厅长级）

8月26日 根据工作需要，经省委同意，对山西省宣传文化系统“四个一批”人才工作领导小组组成人员进行调整，由下列同志组成：

组　长：胡苏平（省委常委、宣传部部长）
常务副组长：李高山（省委宣传部常务副部长）
副组长：张　健（省委组织部副部长、省人力资源和社会保障厅厅长）
石常明（省财政厅巡视员）
李建刚（省人力资源和社会保障厅副厅长）
成　员：张瑞鹏（省文化厅厅长）
齐　峰（省新闻出版广电局<省版权局>局长）
王建武（省文物局局长）
郭玉福（山西日报报业集团社长）
郭　健（山西广播电视台台长、总编辑）
李中元（省社科院院长）
李太阳（省文联党组书记、常务副主席）
张明旺（省作协党组书记、常务副主席）
侯秀娟（省社科联党组书记、常务副主席）
王宇鸿（山西出版传媒集团董事长）

领导小组办公室设在省委宣传部。

办公室主任：王淑敏（省委宣传部干部处处长）

9月18日 郭良孝同志兼任山西省老年人体育协会主席

9月24日 盛茂林同志任中共山西省委巡视工作领导小组副组长

9月30日 根据工作需要，经省委同意，成立山西省司法体制改革领导小组，由下列同志组成：

组　长：王建明（省委常委、政法委书记）
副组长：左世忠（省高级人民法院院长）
杨　司（省人民检察院检察长）
刘　杰（省长助理、省公安厅厅长）
边晋南（省委政法委常务副书记）
闫喜春（省委政法委副书记）
李　洪（省国家安全厅厅长）
崔国红（省司法厅厅长）
成　员：陈跃钢（省委组织部副部长、省委老干部局局长）
吕双牛（省编办副巡视员）
胡景善（省发改委副主任）
安占功（省公安厅政治部主任）
左淑萍（省国家安全厅副厅长、政治部主任）
王化清（省司法厅副厅长）
石常明（省财政厅巡视员）
李建刚（省人社厅副厅长）
刘冀民（省高级人民法院副院长）
荣　彰（省人民检察院副检察长）

领导小组办公室设在省委政法委。

办公室主任：闫喜春（兼）

10月11日 根据工作需要，经省委同意，成立山西省村党组织和第十届村民委员会（简称村“两委”）换届选举工作领导小组，由下列同志组成：

组　长：盛茂林（省委常委、组织部部长）
副组长：张高宏（省委组织部常务副部长）
薛维栋（省民政厅厅长）
成　员：李体柱（省委副秘书长、省委省政府信访局局长）
冯改朵（省纪委副书记、省监察厅厅长）
陈学东（省委组织部副部长）
李高山（省委宣传部常务副部长）
边晋南（省委政法委常务副书记）
成振林（省公安厅常务副厅长）
李太平（省民政厅副厅长）
崔国红（省司法厅厅长）
武　涛（省财政厅厅长）
李平社（省农业厅<省委农工办>厅长<主任>）
赵雁峰（团省委书记）
王维卿（省妇联主席）

领导小组办公室设在省民政厅

主　任：薛维栋（兼）
副主任：陈学东（兼）
李太平（兼）

10月13日 张友君同志兼任山西省老科技工作者协会会长

10月16日 黄晓薇同志任中共山西省委巡视工作领导小组组长

10月17日 范堆相同志兼任山西省老区建设促进会会长

11月11日 根据工作需要，经省委同意，对山西省机构编制委员会组成人员进行调整，由下列同志组成：

主　任：李小鹏（省委副书记、省长）
副主任：高建民（省委常委、副省长）
王伟中（省委常委、秘书长）
盛茂林（省委常委、组织部部长）
成　员：廉毅敏（省政府秘书长）
刘传旺（省编办主任）
张　健（省委组织部副部长、省人力资源和社会保障厅厅长）

武　涛（省财政厅厅长）

11月11日 根据工作需要，经省委同意，对山西省干部保健委员会组成人员进行调整，由下列同志组成：

主　任：盛茂林（省委常委、组织部部长）

副主任：张建欣（副省长）

卫小春（省政协副主席、省卫生和计划生育委员会主任）

廉毅敏（省政府秘书长）

委　员：毛益民（省委办公厅副主任）

张　健（省委组织部副部长、省人力资源和社会保障厅厅长）

陈跃钢（省委组织部副部长、省委老干部局局长）

王　赋（省发展和改革委员会主任、省转型综改办主任）

武　涛（省财政厅厅长）

苏亚君（省体育局局长）

赵光国（省食品药品监督管理局局长）

刘　强（山西大医院院长）

杜永成（山西省人民医院院长）

肖传实（山西医科大学第一医院院长）

武　晋（山西医科大学第二医院院长）

李　保（山西省心血管病医院院长）

委员会办公室设在省卫生和计划生育委员会。

办公室主任：卫小春（兼）

12月26日 山西医科大学第一医院李健丁同志退休

（本栏目根据省委、省人大、省政府、省委组织部干部任免文件编辑）

大事记要

2014年中共山西大事记

1　月

1月1日　省长李小鹏到晋能集团王庄煤矿，看望慰问井下一线矿工，代表省委、省政府向在节日期间坚守岗位的各行各业干部职工、各界群众、驻晋部队、武警官兵和公安民警表示感谢，并致以新年的祝福。

1月2日　李小鹏主持召开省政府安委会第一次全体（扩大）会议，总结2013年安全生产情况，分析当前安全生产形势，部署2014年安全生产工作。会议要求，要始终坚持安全第一、预防为主、综合治理的方针，始终把安全生产摆在各项工作第一重要的位置来抓。要牢固树立科学正确的安全生产理念，摒弃一劳永逸解决安全生产问题的侥幸心态，做好既要打好攻坚战、更要打好持久战的思想准备，时刻怀着敬畏生命、敬畏责任、敬畏制度之心，高度重视、毫不放松地抓好安全生产工作，确保全省安全生产形势持续明显好转，并向稳定好转、根本好转坚实迈进。

同日　李小鹏主持召开省政府第三十三次常务会议，听取2013年度省级政府投资计划和全省及省本级财政收支计划执行情况汇报，研究2014年度相关计划安排，原则通过《山西省专职消防队伍建设管理办法（草案）》。会议强调，要牢固树立过紧日子的思想，坚决执行中央“八项规定”、《党政机关厉行节约反对浪费条例》、国务院“约法三章”和我省实施办法，严控全省“三公”经费等一般性支出，省本级一般性支出原则上压缩10%，“三公”经费以2013年预算数为限只减不增。要加强预算管理，提高财政绩效，切实保障基本支出、重点支出和民生支出，进一步发挥好财政促进经济健康发展和保障改善民生的作用。会议原则通过2014年省级政府投资计划和全省及省本级财政收支安排计划，决定提请省十二届人大二次会议审议。

同日　2010—2012年度“赵树理文学奖”评选揭晓。本届共有26部（篇）作品获奖。

1月3日　袁纯清到太原市参加市委常委班子民主生活会。在民主生活会上，市委常委班子成员逐一进行对照检查，相互之间提出批评意见。袁纯清指出，在全省即将开展的第二批教育实践活动，要坚持为民务实清廉的主题，坚持“照镜子、正衣冠、洗洗澡、治治病”的总要求，着力聚焦“四风”，转变干部作风。第二批单位要更加接近基层和群众，更加强调利民富民、强化基层、务实清廉三个重点，确保教育实践活动取得实实在在的效果。他强调，太原要适应新的形势和任务的要求，加快推动改革发展、转型发展、开放发展，特别要着力建设环渤海地区知名宜居城市，下功夫做好开放发展的文章。

1月6日　李小鹏参加太原市2013年度目标责任考核大会并讲话。在认真听取了太原市委副书记、市长耿彦波代表市委、市政府所作的2013年度目标责任完成情况和个人述职述廉报告后，李小鹏对太原市的工作给予充分肯定。他要求，要发挥目标责任考核的指挥棒、风向标和助力器作用，总结经验、纠正不足，稳中求进、改革创新，努力开创太原市率先转型跨越发展新局面。

1月7日　李小鹏主持召开省政府第三十四次常务会议，讨论通过资源型经济转型综合配套改革试验2014年行动计划，研究骨干矿山救护力量建设等工作。会议原则通过《山西省国家资源型经济转型综合配套改革试验2014年行动计划》，确定2014年转型综改试验的重点工作是深入推进30项重大改革、60项重大事项、70个重大项目和5个重大课题，并对各市、各试点县、各省级试点企业的转型综改试验作出安排部署。

1月8日　李小鹏参加忻州市委常委民主生活会。在民主生活会上，市委常委班子成员逐一进行对照检查，相互提出批评意见。在认真听取大家的发言后，李小鹏强调，要全面贯彻落实中央关于在全党深入开展党的群众路线教育实践活动的决策部署和习近平总书记一系列重要讲话精神，按照省委统一要求，确保教育实践活动“不虚”“不空”“不偏”，取得让群众看得见、真满意的成效。

1月9日 省军区党委十三届三次全体（扩大）会议在太原召开。会议传达学习了中央军委和北京军区党委扩大会议精神，分析了面临的形势，总结部署了工作。省委书记、省人大常委会主任、省军区党委第一书记袁纯清出席并讲话。省委常委、省军区党委副书记、司令员冷杰松就新年度工作讲话。会议还对战备训练、安全管理、党委理财等工作先进单位进行通报表彰并颁奖。

同日 李小鹏在太原会见了人力资源和社会保障部副部长、国家外国专家局局长张建国一行。

同日 《山西省重污染天气应急预案》发布实施。《预案》结合污染天气的发展趋势、严重性和紧急程度，将城市预警由低到高分为Ⅲ级、Ⅱ级、Ⅰ级，预警颜色相应为黄色、橙色和红色。遇重污染天气发布红色预警时，幼儿园、中小学可停课，高等学校可调整上课时间或停课。

1月10日 省委常委会召开会议，袁纯清主持会议。会议讨论了省政府拟提请省十二届人大二次会议审议的《政府工作报告》稿，传达学习了中央政法工作会议、全国宣传部长会议、培育和践行社会主义核心价值观座谈会、全国统战部长会议精神，研究了本省贯彻落实意见。

1月13日 李小鹏连续召开两个座谈会，分别征求各民主党派、工商联负责人、无党派人士和基层代表对即将提请省十二届人大二次会议审议的《政府工作报告》（征求意见稿）的意见。

同日 省十二届人大常委会举行第七次会议。袁纯清主持会议。会议听取了关于被提请任免人员情况的说明，关于省十二届人大二次会议筹备工作情况的报告、关于代表出缺情况和补选代表的代表资格审查的报告。会议表决通过了省十二届人大常委会向省十二届人大二次会议所作的工作报告稿、关于代表出缺情况和补选代表的代表资格审查的报告，表决通过了省十二届人大二次会议议程(草案)、主席团和秘书长名单(草案)、议案审查委员会组成人员名单(草案)、列席人员名单。会议还表决通过了人事任免名单，并向通过任命的人员颁发任命书。

1月14日 由山西人民出版社出版的大型革命历史文献多媒体电子出版物《八路军》，荣获第三届中国出版政府奖电子出版物奖。该剧采用了多媒体人际互动的制作手法，集文字、图片、视频、珍贵文物于一体，图文声像并举，是我国首部以数字化手段展示八路军辉煌历程的作品。

1月15日 由省新闻出版局和省广播电影电视局合并，重新组建的山西省新闻出版广电局在太原举行成立暨挂牌仪式。

同日 山西省卫生和计划生育委员会正式挂牌，新组建成的省卫生和计划生育委员会整合了原山西省卫生厅、山西省人口和计划生育委员会的机构和职责。

1月15日—16日 省政协召开十一届五次常委会议。会议审议通过了省政协常委会工作报告（讨论稿）、提案工作报告（讨论稿）和省政协十一届二次会议议程（草案），决定提交省政协十一届二次会议审议。会议还通过了省政协十一届二次会议日程和有关人事事项。

1月16日 袁纯清主持召开省委常委会议，传达学习十八届中央纪委三次全会以及全国信访局长会议、第二十二次全国高校党建工作会议精神，提出贯彻落实意见；听取全省第一批教育实践活动工作总结情况汇报；审定省委常委会2014年工作要点。

同日 李小鹏主持召开省政府党组会议，传达学习习近平总书记在十八届中央纪委三次全会上的重要讲话精神，研究部署政府系统廉政建设和反腐败工作。会议强调，在全省政府系统贯彻落实好习近平总书记的重要讲话精神，必须坚持“一岗双责”，发挥好省政府党组和班子成员的表率作用。要时刻高度警醒，常以党章作镜，严格管理自己、家属和身边工作人员，严格遵守相关规定；要加强党性锻炼，严格党内生活，强化党的意识和组织意识，坚决贯彻执行民主集中制，用好批评和自我批评武器；要切实转变作风，深入落实中央八项规定精神，持之以恒纠正“四风”；要强化纪律意识，坚决在思想上、政治上、行动上同党中央保持高度一致。

1月17日 袁纯清、李小鹏在太原会见了参加省政协十一届二次会议的港澳委员，对他们与会表示欢迎，对各位委员长期以来对山西发展的支持表示感谢，并向大家送上新年祝福。

1月17日—22日 省政协召开十一届二次会议。会议补选了政协第十一届山西省委员会常务委员，通过了政治决议、工作报告决议和提案审查情况报告。会议还通过了政协第十一届山西省委员会第二次大会的决议，通过了政协第十一届山西省委员会提案审查情况的报告。

1月18日—23日 省人大十二届二次会议在太原召开。李小鹏代表省人民政府向大会作工作报告，报告回顾总结了2013年工作，安排部署了2014年重点工作。会议表决通过了关于山西省人民政府工作报告的决议、关于山西省2013年国民经济和社会发展计划执行情况与2014年国民经济和社会发展计划的决议、关于山西省2013年全省和省本级预算执行情况与2014年全省和省本级预算的决议、关于省高级人民法院工作报告的决议、关于省人民检察院工作报告的决议。

1月20日 省委常委会召开会议，传达学习中央党的群众路线教育实践活动第一批总结暨第二批部署会议精神，提出贯彻落实意见。会议指出，第二批教育实践活动是第一批的延伸和深化，要把巩固和拓展第一批教育实践活动成果，搞好第二批活动作为各级各部门的首要政治任务。要按照中央部署，突出重点、抓好关键。要加强分类指导，严格活动督导。领导带头是教育实践活动取得实效的关键。要搞好第一批和第二批活动的衔接，继续做好第一批活动的整改落实、建章立制后续工作，把成功做法和好的经验体现到第二批活动中，坚持不懈整治“四风”、防止反弹，形成经常抓长期抓的工作模式，做到上下结合、相互促进，把活动成效转化为加快转型跨越、办好“两件大事”的强大动力。

同日 省政府党组召开会议，学习贯彻习近平总书记在党的群众路线教育实践活动第一批总结暨第二批部署会议上的重要讲话精神。会议强调，要坚持统筹兼顾，将开展好党的群众路线教育实践活动和贯彻落实好省“两会”精神、做好各项政府工作统一起来，努力把教育实践活动的成效体现为、转化为实实在在的转型跨越发展成效，做到两手抓、两不误、两促进。

1月21日 省委做出决定，号召全省广大干部、人民群众要向赵迎路同志学习。赵迎路同志一生致力于汾酒科研工作，将自己毕生的心血和智慧奉献给了山西汾酒的科研事业。他进入杏花村汾酒厂工作近50年，一直潜心研究汾酒酿造技术，直至生命最后一刻。决定要求，向赵迎路同志学习，立足本职、敬业奉献，为山西转型跨越发展作出新贡献。

1月22日 省委常委会召开会议，会议传达了党的群众路线教育实践活动第一批总结暨第二批部署会议和全国组织部长会议精神，讨论《山西省贯彻落实〈建立健全惩治和预防腐败体系2013年——2017年工作规划〉的实施办法》。会议还研究了公务用车使用监管办法。

1月23日 李小鹏主持召开省政府第三十五次常务会议。贯彻落实全省“两会”精神，讨论通过了省政府2014年重点工作目标责任分解意见，研究加强“三公”经费管理工作。会议强调，政府工作报告已经省十二届人大二次会议审议通过，各级各部门要紧密结合本地区本部门实际，及时把报告提出的重大任务细化为具体的工作计划，分解任务，明确责任，落实工作，努力完成全年各项目标任务。

1月24日 省委召开教育实践活动第一批总结暨第二批部署会议。袁纯清主持会议并讲话。他指出，全省第一批教育实践活动紧扣中央精神，突出山西特色，取得重要成果，广大党员受到了教育；形成了一批认识成果、实践成果、制度成果；各级领导班子和党员领导干部政治信念进一步坚定，解决“四风”问题取得了显著成效，解决群众反映强烈的突出问题取得了明显成效，以作风建设新成效促进经济社会发展，初步形成一批党的建设和作风建设的制度成果。他强调，要用好成功经验，把握基层特点，扎实开展好第二批教育实践活动。

同日 省委召开稳定和信访工作点评会议，袁纯清出席并讲话。他强调，要坚持从全局高度充分认识稳定和信访工作的重要性，严格落实责任，夯实基层基础，注重运用改革的办法和法治的思维，有效化解社会矛盾，维护社会大局稳定，有利保障和促进转型跨越发展。

1月25日 全省党风廉政建设干部大会在太原举行。省纪委十届四次全会第二次全体会议同时召开。袁纯清出席并讲话，李小鹏主持会议。省纪委书记李兆前传达了十八届中央纪委第三次会议精神。袁纯清对2013年我省党风廉政建设和反腐败斗争取得的成绩予以肯定，对做好下一步反腐倡廉工作提出四点要求：一是坚决有力地惩治和预防腐败，努力取得反腐倡廉建设更大成效。二是严明党的组织纪律，增强组织纪律性。三是领导干部要进一步改进作风，做到知止知耻知恩知足。四是加强党对纪检监察工作的领导，开创反腐倡廉新局面。

同日 省委政法工作会议在太原举行，袁纯清出席会议。他强调，要增强政权意识、底线意识、法制意识、为民意识，不断提高做好政法工作的能力和水平，为全面深化改革、加快转型跨越创造良好的法制环境。会议对全省杰出政法干警、优秀政法干警和执法为民先进集体、优秀集体进行了表彰。

1月26日 袁纯清到革命老区吕梁市交城县，走访慰问了困难群众、老劳模、老党员和困难企业，看望了社会福利院的孩子们。

同日 李小鹏到晋中市榆社县走访慰问了基层困难群众和老党员、老劳模，代表省委、省政府向他们致以新春的祝福。

1月28日 李小鹏主持召开省政府第三十六次常务会议，研究部署创新驱动、低碳发展和林业生态建设等工作。会议原则通过《关于加大工作力度促进提质增效进一步推进林业生态建设再上新台阶的意见》。会议决定废止《山西省行政事业性收费票据管理规定》。

1月29日 省委、省政府在太原举行2014春节团拜会，与各界人士共享发展喜悦，共话美好明天，共迎新春佳节。袁纯清、李小鹏等出席团拜会。

1月30日 袁纯清主持召开省委常委会会议，认真学习贯彻习近平总书记在十八届中央纪委三次全会上的重要讲话精神，围绕严明党的组织纪律，集中学习讨论，提出贯彻措施，进一步增强遵守党的组织纪律的自觉性和坚定性。大家一致认为，习近平总书记在中央纪委三次全会上的重要讲话，站在党和国家长治久安的战略高度，强调要严明党的组织纪律，全面加强党的纪律建设，严格执行党的各项纪律，对于新形势下提高党的各级组织的创造力、凝聚力和战斗力，具有重大而深远的意义。在本省加快转型跨越、全面建成小康社会的关键时期，强调严明党的组织纪律，具有现实重要性和紧迫性。

2　月

2月8日 省委、省政府召开综改攻坚、创新驱动、项目见效工作大会。李小鹏主持会议，袁纯清出席并讲话。袁纯清强调，综改攻坚是中心工作，创新驱动是根本动力，项目见效是主要抓手，做好这三项工作，对我省具有全局性的重大意义，各级各部门要以坚定的意志、务实的作风、严明的纪律，贯彻省委、省政府的决策部署；要深入开展调查研究，立足小处观大局、透过表象求真知，把握改革发展的内在规律，牢牢掌握工作主动权；要深入贯彻落实中央八项规定，坚决反对“四风”，以严肃认真的态度开展工作，在转型跨越伟大实践中创造出无愧于历史和人民的业绩。

2月9日 李小鹏先后到山西出版传媒集团、山西日报传媒集团、山西广电传媒集团、山西广电信息网络集团调研文化改革发展工作。李小鹏强调，要坚持正确的文化改革方向，要深化文化管理体制改革，要大力支持国有文化企业做大做强，要扩大文化市场开放，要完善现代公共文化服务体系，要突出三晋文化特色，要加强对文化改革发展的领导，推动文化产业大发展、文化事业大繁荣。

同日 省政府办公厅出台《关于加强招商引资活动管理的意见》。《意见》要求加强对投资者的公共服务，不断完善投资环境，强化督查考核和责任落实。

2月10日 “感动中国”2013年度人物颁奖典礼在央视一套黄金时段播出，襄垣县王桥镇返底村党支部书记兼村委会主任段爱平获此殊荣。

2月11日 省委常委会召开会议。袁纯清主持会议，会议研究讨论了省委全面深化改革领导机构、工作规则与《“三公”经费管理和公开规定》。会议决定，省委全面深化改革领导小组下设6个专项小组，分别是经济体制与生态文明体制改革小组、民主法制领域改革小组、文化体制改革小组、社会体制改革小组、党的建设制度改革小组和纪律检查体制改革小组，同时成立省委全面深化改革领导小组办公室。会议还研究讨论并原则通过了《领导小组工作规则》《专项小组成立方案及工作规则》《领导小组办公室职责及工作细则》以及专项小组和改革办成员名单。

同日 山西省政府组织召开全省政府系统廉政工作电视电话会议，贯彻落实国务院会议精神，安排部署政府系统反腐倡廉工作。李小鹏在会上作了讲话。

同日 全省农村工作暨扶贫开发工作会议在太原召开。袁纯清、李小鹏就深入贯彻党的十八届三中全会和中央农村工作会议精神，认真落实省委十届五次全会暨全省经济工作会议和全省“两会”精神分别作重要讲话。会议总结部署了全省“三农”和扶贫开发工作。

同日 省委召开议军会议。袁纯清、李小鹏出席会议并分别讲话。会议学习领会党的十八大、十八届三中全会以及全国国防动员和后备力量领导干部集训精神，落实军委总部、北京军区党委年度工作部署，提出加强和改进新形势下国防动员和后备力量建设的措施。

2月12日 驻晋预备役步兵第83师召开党委全体（扩大）会议。省长、预备役师第一政委李小鹏，省军区司令员冷杰松出席会议并讲话。会议传达了北京军区、省军区党委扩大会议精神，表彰了先进单位和个人，安排部署了2014年工作任务。

2月14日 省委党的群众路线教育实践活动领导小组召开第八次会议，学习传达刘云山同志在中央教育实践活动领导小组第九次会议上的讲话精神和中央第八督导组莅晋调研指导意见，听取全省第一批教育实践活动后续工作及第二批活动准备工作情况汇报，研究部署下一步工作。

同日 省政府召开中央驻晋和省内主要新闻单位负责同志座谈会，李小鹏主持并讲话。会议就进一步发挥新闻宣传作用、促进政府工作听取意见和建议。

2月23日 省委常委会召开会议，袁纯清主持会议。会议传达学习了省部级主要领导干部学习贯彻十八届三中全会精神全面深化改革专题研讨班特别是习近平总书记的重要讲话精神，研究讨论了《中共山西省委关于授予段爱平同志优秀共产党员称号和开展向段爱平同志学习活动的决定》。

2月24日 根据中央统一部署，2013年10月30日—12月29日，中央第六巡视组对山西省进行了巡视。2014年2月24日，巡视组向山西省委反馈了巡视情况。随即由袁纯清主持召开省委常委会议，要求大家提高认识，统一思想，聚焦问题，分解任务，研究部署中央第六巡视组反馈意见的整改落实工作。

同日 有三名领导干部涉嫌严重违纪被立案调查。分别是：省政府机关事务管理局局长任云峰，省政协常委、省地质勘查局原局长安俊生和朔州市神头泉水置换水厂工程建设协调领导组副组长、朔州市水利局原局长胡彪。

2月25日 李小鹏主持召开省政府第三十七次常务会议，研究通过山西省主体功能区规划、山西省电力设施保护条例（草案）和调整企业退休人员基本养老金方案，研究启动实施单独两孩政策有关工作。会议决定，从2014年1月1日起，进一步提高全省企业退休人员基本养老金水平。提高幅度按照2013年底全省企业退休人员月人均基本养老金的10%确定，报请国家有关部门批准后实施。

2月26日 袁纯清到太原钢铁（集团）有限公司调研，实地考察了新产品新项目开发建设的情况，并与公司领导班子成员进行了座谈。他强调，面对经济下行压力，各类企业特别是省属国有大型企业，要加大投资力度，继续深化改革，着力多元发展，提升管理水平，加强党的建设，坚定不移实施“双千亿”工程。

同日 李小鹏乘轨道车沿大西铁路客运专线调研工程建设、运营准备等工作，并在车上主持召开铁路建设专题会，研究部署当前铁路建设重点工作。

2月27日 根据中央党的群众路线教育实践活动工作安排，以全国政协教科文卫体委员会副主任、重庆市政协原主席邢元敏为组长，山东省人大常委会原副主任崔日臣为副组长的党的群众路线教育实践活动中央第八巡回督导组到山西开展巡回督导工作并进行座谈。袁纯清主持座谈会。李小鹏、汤涛、李兆前等参加座谈。

同日 李小鹏会见了中国电力投资集团公司党组书记、总经理陆启洲一行，双方就进一步加强合作进行了深入交流。

同日 中央纪委监察部网站消息，山西省人大常委会副主任金道铭涉嫌严重违纪违法，目前正接受组织调查。

2月28日 省委、省政府召开2013年度目标责任考核总结表彰大会。袁纯清出席会议并讲话，李小鹏主持会议，高建民宣读省委、省政府关于表彰2013年度目标责任考核优秀市、优秀单位的决定，汤涛通报了2013年度目标责任考核工作。

同日 省委中心组（扩大）举行专题报告会，邀请外交部副部长刘振民作关于当前国际形势、我国外交形势和周边外交工作的辅导报告。袁纯清主持会议并讲话。他强调，要准确把握国家的外交方针，深刻理解世界政治、经济格局的发展变化趋势，不断提升山西扩大对外开放、加强国际合作的层次和水平。李小鹏、薛延忠出席报告会。

同日 省委全面深化改革领导小组组长袁纯清主持召开省委全面深化改革领导小组第一次会议，听取和讨论专项小组工作实施方案，研究部署下一步工作。会议就专项小组工作提出三点要求：一是立足改革。二是选准项目。三是重在机制。会议强调，各专项小组和省委改革办要不断完善工作方案，明确中长期改革目标任务和年度工作要点，进一步规范体例、丰富内容、突出重点，提高针对性、指导性和可操作性，使之成为我省全面深化改革的重要遵循。

同日 省委、省政府在太原武宿机场举行第二批援疆干部进疆欢送会。袁纯清要求援疆干部要勤学习、能吃苦、助发展、促稳定、增团结，以出色工作为受援地区改革发展稳定作出积极贡献。李小鹏主持会议。

3　月

3月2日 省十二届人大常委会举行第八次会议。省人大常委会主任袁纯清、副主任牛仁亮分别主持两次全体会议。会议表决通过了省人大常委会关于撤销金道铭省十二届人大常委会副主任职务的公告，表决通过了省人大常委会关于罢免金道铭、丁雪峰第十二届全国人民代表大会代表职务的决议。

3月6日 据中纪委监察部网站消息，山西省监察厅副厅长谢克敏涉嫌严重违纪，正接受组织调查。

3月16日 省委常委会（扩大）召开会议，传达贯彻全国人大政协“两会”精神和中央领导对山西工作的指示和要求，传达中共中央政治局常委、国务院总理李克强同志在山西代表团的讲话，传达中共中央政治局委员、国务院副总理马凯同志在山西代表团的讲话精神，并提出贯彻落实“两会”精神的意见。袁纯清主持会议。李小鹏分析当前经济走势、部署当前经济和安全生产工作；薛延忠传达全国政协十二届二次会议精神；李政文传达十二届全国人大二次会议精神。

3月17日 李小鹏主持召开省政府党组会，传达学习全国“两会”精神和习近平总书记在“两会”期间的重要讲话以及李克强总理、马凯副总理在山西代表团的讲话精神，研究部署贯彻落实工作。会议决定，近期，省政府党组成员要分别带队，深入各市的乡村、社区和企业，宣传“两会”精神，检查安全生产，调研经济运行，推动工作落实。

同日 李小鹏先后到太原铁路局和山西省电力公司调研全省铁路货运和电力供需情况，并与部分市、部门和企业负责人就当前经济形势进行座谈。

3月17日—18日 袁纯清专题听取省委巡视组巡视情况汇报，并对进一步贯彻落实中央关于巡视工作新精神，加强和改进省委巡视工作，抓好巡视反馈和整改工作提出明确要求。

3月18日 李小鹏主持召开省政府第三十八次常务会议，研究部署安全生产和经济运行工作。会议听取了有关部门关于“3·1”事故和2014年以来全省安全生产情况汇报。会议原则通过山西省2014年最低工资标准调整方案，决定按程序报国家有关部门批复后，从2014年4月1日起实行。

同日 太原市民营经济开发区管委会主任、党工委副书记张波涉嫌严重违纪，接受组织调查。

3月19日 省委党的群众路线教育实践活动领导小组召开第九次会议，袁纯清主持会议并讲话。会议传达学习了习近平总书记在河南省兰考县调研指导教育实践活动时的重要讲话精神，研究部署第二批教育实践活动下一步工作。

3月19日—20日 李小鹏到联系点平遥县调研指导第二批党的群众路线教育实践活动，并到晋中市调研经济运行情况。

3月21日 省委中央巡视组反馈意见整改落实工作领导小组召开会议，专题研究部署中央巡视组反馈意见的整改落实工作。省委中央巡视组反馈意见整改落实工作领导小组组长袁纯清主持会议并讲话，省委中央巡视组反馈意见整改落实工作领导小组第一副组长李小鹏出席会议，省委中央巡视组反馈意见整改落实工作领导小组副组长高建民、汤涛、李兆前等分别汇报了有关整改落实工作进展情况。

同日 中宣部常务副部长雒树刚来太原调研宣传文化工作。袁纯清、李小鹏与雒树刚进行了座谈。

同日 全省政府职能转变和机构改革电视电话会议在太原召开。李小鹏出席会议并讲话，高建民就有关工作任务作说明，汤涛主持会议。会议强调，要加快政府职能转变，充分发挥市场配置资源的决定性作用，深入推进简政放权，把该放的权坚决放开、放到位，实行最严格的行政审批“准入制”，优化审批流程，提升服务水平。要统筹推进省级政府机构改革和市县政府机构改革，推进机构和职责整合，做好省级以下工商、质监行政管理体制调整工作，完善市县政府功能，充分发挥各级政府和部门的职能作用。省直有关部门负责人参加主会场会议，各市县政府主要领导、相关部门负责人在市县分会场参加会议。

3月25日 李小鹏主持召开省政府第三十九次常务会议。原则通过改善农村人居环境（2014—2020年）规划纲要和2014年行动计划，审议通过政府信息公开规定。

同日 袁纯清到吕梁市的孝义、汾阳两市进行调研。他强调，全省上下要深入学习全国两会精神，以坚定的信心，得力的举措，狠抓转型，促进发展，特别要勇于迎接经济下行压力加大的挑战，既能看到困难，也认清优势，既顶住压力，也挖掘潜力，通过深化改革，科技创新增强发展动力，让市场这只“看不见的手”真正发挥决定性作用，让政府这只“看的见的手”更加规范有效，努力实现保增长、促转型、惠民生的有机统一。

同日 李小鹏到中国（太原）煤炭交易中心调研煤炭经济运行情况，并与省属煤炭企业负责人进行座谈。

3月26日 袁纯清到太原市调研供水、食品、药品安全工作。他强调，水、食品、药品等“进口”的东西，与人民群众健康乃至生命安全息息相关，确保老百姓“舌尖上的安全”，既是各级党委政府执政为民的基本要求，也是检验社会治理水平的重要标尺，各生产单位和监管部门，必须时刻紧绷安全这根弦，针对各领域、各环节、各单位的具体情况，强化责任，加强监管，为广大人民群众的健康安全提供有力保障。

3月27日 薛延忠主持召开省政协会议。对开展“服务转型综改攻坚调研年” 活动作出安排。会议确定了36个调研选题。

3月28日 袁纯清主持召开省委常委会会议，传达贯彻党委中心组学习贯彻习近平总书记系列重要讲话精神座谈会、全国文化体制改革工作会议和全国党史研究室主任会议精神，研究部署加强农村和社区基层服务型党组织建设、改善农村人居环境等工作。

同日 省委中心组围绕“学习贯彻习近平总书记系列重要讲话精神，坚定不移推进党风廉政建设和反腐败斗争”举行（扩大）学习报告会。袁纯清主持会议，他强调，要深入贯彻党的十八大、十八届三中全会、中央纪委三次全会和习近平总书记系列重要讲话精神，坚决遏制腐败现象滋生蔓延的势头。一要提高政治意识，落实“两个责任”；二要坚决惩治腐败，形成高压态势；三要科学预防腐败，推进制度反腐。

3月29日 国家发改委等8部门联合下发通文，太原市进入全国30个国家电子商务示范城市行列。

3月31日—4月1日 省十二届人大常委会第九次会议在太原召开。会议听取了关于《山西省电力设施保护条例(草案)》的说明和审议意见的报告、关于全省服务业发展情况的报告。会议表决通过了关于批准《太原市古树名木保护条例》的决定、关于批准《太原市法律援助条例》的决定和人事任免名单。

4　月

4月1日 李小鹏主持召开金融工作座谈会，听取金融机构对做好当前金融工作的意见和建议。

同日 省委召开巡视工作动员部署会。会议传达学习了中央和省委关于巡视工作的新精神，安排部署了上半年巡视工作。省委巡视工作领导小组副组长汤涛主持会议并讲话，省委巡视工作领导小组组长李兆前作动员讲话。

4月2日 李小鹏到大同南郊区调研指导沉陷区治理工作。调研期间，李小鹏还专程到大同煤矿万人坑遗址纪念馆凭吊死难矿工。

4月4日 李小鹏在太原会见了教育部部长袁贵仁一行。汤涛、张复明参加会见。

4月9日 李小鹏主持召开省政府第四十次常务会议，研究落实衔接国务院取消和下放行政审批项目的决定、加强评比达标表彰活动管理、省级购买公共演出服务等事项。会议通过了本省落实和衔接国务院取消和下放行政审批项目(第三批、第四批)的意见。

同日 太原市龙泉能源公司申报的龙泉煤矿在国土资源部召开的第四批国家级绿色矿山试点单位专家评审会上通过专家组评审，荣获国家级绿色矿山试点单位称号，这是太原市首家获此殊荣的矿山企业。

4月10日 袁纯清主持召开省委常委会会议，传达中央第八巡回督导组调研指导我省教育实践活动时提出的意见要求，听取全省第二批教育实践活动进展情况汇报，研究部署下一步工作。

4月11日 袁纯清主持召开省委常委会会议，传达中央组织部召开的整治选人用人不正之风座谈会精神，研究贯彻落实措施及讨论治理“四风”整改的相关制度性规定。

同日 山西省纪委监察厅网站发布消息，山西省直机关工委副书记郭忠实因涉嫌严重违纪，正接受组织调查。

同日 省委中心组围绕学习贯彻新颁布的《党政领导干部选拔任用工作条例》举行（扩大）学习报告会。袁纯清主持会议并讲话。他就贯彻落实好新《条例》、严格选用干部提出四点要求。一要坚持好干部标准，注重在转型跨越主战场选好用好干部。二要科学选拔干部，更好发挥各级党组织在选用干部中的重要作用。三要坚持从严要求，切实加强对干部选用的日常管理。四要把握精神实质，确保将《条例》真正落到实处。

同日 李小鹏在太原会见中国联合网络通信集团有限公司董事长常小兵，双方就进一步加强合作进行了深入交流。

4月14日 省委依法治省领导组召开会议，省委依法治省领导组组长袁纯清主持会议并讲话，会议听取了2013年依法治省工作情况汇报，研究部署了2014年的工作。会议讨论了《深化法治山西建设三年规划（2014—2016年)》和《山西省法治城市、法治县（市、区）创建标准及管理办法（试行)》。

4月15日 李小鹏主持召开省政府第四十一次常务会议，研究完善社会救助和保障标准与物价上涨挂钩的联动机制等事项；同意2014年8月在太原举办第十四届省运会和第十届省残运会。

同日 李小鹏到临汾市就经济运行、春季农业生产、扶贫攻坚和改善农村人居环境等工作进行调研。

4月17日 李小鹏在太原会见了中国信达资产管理股份

有限公司总裁臧景范，双方就进一步加强合作进行了深入交流。

4月18日 省政府召开改善农村人居环境工作电视电话会议。省改革农村人居环境工作领导小组组长李小鹏出席会议并强调，要把握规律、明确任务，全面落实我省改善农村人居环境规划纲要和2014年行动计划提出的各项任务。要大力实施完善提质工程，加快改善农村基础设施和公共服务，到2020年让农民群众普遍走上平坦路、喝上安全水、更多农户用上清洁能源。要抓关键，大力实施农民安居工程，加大采煤沉陷区和地质灾害治理力度，实施农村困难家庭危房改造和易地扶贫搬迁工程，到2020年让全省农民群众基本住上安全房。要抓重点，大力实施环境整治工程，到2020年基本实现垃圾统一收集、污水有序排放、村庄环境整洁。要抓方向，大力实施宜居示范工程，建设一批家园美、田园美、生态美、生活美的美丽乡村。

4月22日 李小鹏主持召开省政府第四十二次常务会议，分析一季度经济形势，研究部署进一步落实煤炭20条措施和重大产业布局等事项。会议原则通过《山西省人口和计划生育条例〈修正案草案〉决定》，并提交省人大常委会审议。

同日 李小鹏在太原会见中国电信集团公司董事长王晓初，双方就进一步加强合作进行了深入交流。

4月23日 袁纯清主持召开省委常委会会议，听取省政府关于第一季度全省经济工作情况汇报，分析当前经济形势，安排部署下阶段经济工作。

同日 袁纯清主持召开省委常委会会议，研究中央巡视组反馈意见整改落实工作和本省第二批党的群众路线教育实践活动有关工作，讨论山西省劳动模范和模范单位评选情况。

4月24日—25日 李小鹏到晋中市和太原市调研指导工业经济运行情况。并先后到山西三佳集团、安泰控股集团特种钢公司、灵石县保利铁新煤矿和富士康（太原）科技工业园、太原重工轨道交通设备有限公司、太原轨道交通装备有限责任公司、太原锅炉集团。他详细询问了企业生产经营状况和安全生产措施，强调要清醒认识当前经济形势，坚决把思想和行动统一到中央对形势的分析判断和省委、省政府的安排部署上来，改造提升，加快发展，以转变作风的新成效促进经济提质增效升级。

4月25日—26日 国务院扶贫开发领导小组副组长、国务院扶贫办主任刘永富在太原主持召开全国扶贫宣传座谈会。郭迎光副省长就本省扶贫开发工作做了汇报。与会代表还观摩了太原市盛禾农业园区、太钢泥屯农业园区等4个百企千村产业扶贫项目。会前，李小鹏会见了刘永富一行。

4月26日—27日 李小鹏到大同市天镇、广灵、灵丘等县，开展“访民生、知民情、解民事”走访活动，先后到天镇县张辛夭村振翔养殖专业合作社、广灵县长青环保能源公司走访调查，并在灵丘县走访优秀护林员谭守国，同基层干部群众面对面沟通思想，交流情况，问政于民，问需于民。

4月26日—29日 全国政协文史和学习委员会副主任卞晋平带领全国政协专题调研组来晋就“推进城镇化过程中加强古村落保护”进行专题调研。

4月28日 省委中心组围绕“学习贯彻党的十八届三中全会和习近平总书记重要讲话精神，做好新形势下的民生工作”举行（扩大）学习报告会。袁纯清主持会议。

同日 太原万柏林区和平老工业区被国家发改委列为全国城市老工业区搬迁改造试点区。

4月29日 中共中央政治局委员、国务院副总理马凯来山西实地调研铁路建设施工情况，并主持召开部分地区铁路建设工作会议，20个省（区、市）、国务院有关部门和中国铁路总公司在会议上交流了工作情况，并对今年新开工项目进行了逐一对接。马凯强调，全面完成今年铁路建设任务，时间紧、任务重、难度大，必须全面布局，抓住重点，突破关键，扎实推进。一是要做到四个“确保”。二是要强化责任落实。三是要形成合力。袁纯清、李小鹏向马凯汇报了山西近期的经济工作，马凯对山西的转型发展提出了相应的要求。

同日 省委、省政府召开省劳动模范表彰大会，隆重表彰近年来在全省各行各业、各条战线涌现出来的劳动模范、先进集体和先进工作者。会议还表彰了山西获得“全国五一劳动奖状”、“全国五一劳动奖章”、“全国工人先锋号”的54个单位（集体）和37名个人。

同日 由太重自主研发制造的我国首台360吨核电环行起重机试车成功，其各项指标和性能均达到了当今国际先进水平。

同日 省纪检委监察厅通报了一批违法违纪案件处理结果，其中8名党员领导干部因严重违纪，分别被开除党籍、开除公职或取消退休待遇，涉嫌犯罪的被送司法机关处理。案件包括省人大常委会城环委原主任王晓林渎职、受贿案，省政府原副秘书长王志民渎职、受贿案，省交通运输管理局原局长李华中受贿案，省路桥建设集团有限公司常务副董事长贾建民贪污、受贿案，省交通厅综合规划处调研员王蕾（女）渎职、受贿案，省交通厅忻阜高速公路建设管理处处长冯建刚受贿案，省高速公路管理局原党委副书记、纪委书记冯朝辉受贿、介绍贿赂、巨额财产来源不明案，泽州县原县委副书记、县长常广智贪污、受贿案。

4月29日—30日 省委举行“访民生、知民情、解民事”集中走访活动交流座谈会。袁纯清强调，开展“访知解”活动，起到了深入群众了解情况、多个角度认识问题、多个建议解决难题的作用，下一步要着力在“解”字上下功夫，梳理问题，狠抓落实，认真反馈。要着力民生这个重点，扭住发展这个第一要务，狠抓作风这个关键，全力以赴促增长、稳增长、保增长。

4月30日 中央纪委监察部网站发布消息，山西省高平市市委副书记、市长杨晓波涉嫌严重违纪，正接受组织调查。

5 月

5月3日 第18届“中国青年五四奖章”评选结果揭晓，太钢集团公司不锈钢公司冷轧厂班长牛国栋被授予“中国青年五四奖章”，成为本省唯一获此殊荣的优秀青年。

5月4日 李小鹏到太原市清徐县和晋源区就西山地区生态环境综合治理工作进行调研。

5月6日 中央党的群众路线教育实践活动视频会议在北京召开。袁纯清、李小鹏、高建民、李兆前等在省委会议厅设立的分会场参加会议。汤涛在北京主会场参加会议。会议传达学习了习近平总书记重要指示精神，总结第二批教育实践活动前一段工作，安排部署了教育实践活动查摆问题、开展批评环节的工作，并就做好下一阶段工作提出了明确要求。

同日 省委召开全省第二批党的群众路线教育实践活动推进会。袁纯清强调，各级各部门要按照党的群众路线教育实践活动视频会议要求特别是习近平总书记重要批示精神，以更高的标准、更严的要求、更实的举措，落实主体责任，抓好关键环节，从严从实督导，把每个环节工作做扎实做到位，确保取得人民满意效果。

同日 李小鹏主持召开省政府第四十三次常务会议，研究加快发展养老服务业、改善农村人居环境工程投资匡算及资金筹措、晋祠泉复流暨汾河流域水生态环境综合治理试点工程和筹办第五届能博会等事项。会议原则通过山西省抗震设防条例（草案）和关于2014年省本级预算调整方案（草案），决定修改完善后按程序提请省人大常委会审议。

5月7日 山西政银企项目对接月活动暨首场对接会在运城市举行。省委、省政府组织开展政银企项目对接月活动旨在帮助实体经济渡过难关，解决当前经济运行和企业发展遇到的融资难题。此次“对接月”活动将打破传统金融单位和企业“一对一”的对接模式，引入“金融超市”理念，实行“多对多”对接，充分展示最新金融服务和产品。首场对接会上1166家企业与银行达成850亿元合作意向。

同日 山西省首只小贷公司私募债券在天津股权交易所山西运营中心备案。该私募债发行规模为5000万元，首期2000万元于5月8日认购完毕。本次发行债券的山西省平遥县日升隆小额贷款有限公司是全国最早挂牌成立的商业性小贷公司，其成功发行私募债，对全省小贷行业拓宽融资渠道、增强服务实体经济的能力具有示范意义。

同日 李小鹏在太原会见了德国驻华大使柯慕贤一行，双方就进一步加强合作进行了深入交流。

同日 山西省取消行政审批21项，承接国务院下放行政审批项目48项。2013年11月8日和2014年1月28日，国务院先后两次下发取消和下放一批行政审批项目的决定。社会团体分支机构、代表机构设立、变更、注销登记，计算机信息系统集成企业资质审核等均在取消之列。

5月8日 袁纯清到太原市万柏林区听取党的群众路线教育实践活动情况汇报。袁纯清强调，要着力抓好六个方面的工作。一是学习要深入；二是问题要摆够；三是原因要讲透；四是谈心要交心；五是批评要有辣味；六是整改要见效。他强调，要认真落实中央党的群众路线教育实践活动视频会议特别是习近平总书记重要指示精神，坚持高标准、严要求、重落实，紧密结合实际，扎实推进活动，务求取得实实在在的成效。

5月8日—12日 全国政协副主席卢展工、全国政协社会和法制委员会“养老保险制度改革”专题调研组到太原、忻州两市基层单位进行调研。8日，袁纯清、李小鹏在太原会见了卢展工一行。

5月9日 省委常委会召开会议，传达学习中央党的群众路线教育实践活动视频会议精神，提出本省贯彻落实意见，审议《山西省评比达标表彰活动管理办法（试行）》，研究讨论关于防止权力寻租等违法违规行为的具体意见。会议指出，当前教育实践活动要牢牢把握三个关键。一是“一把手”是关键；二是防止活动搞形式主义是关键；三是“真”字是关键。会议听取了省第十一次妇女代表大会筹备情况汇报，同意5月中旬召开省第十一次妇女代表大会。

同日 李小鹏到太钢集团对高端碳纤维项目、硅钢冷连轧技术改造项目和项目见效情况进行调研。他强调，省属国有企业作为推动经济发展的主力军，要以高度的责任感和使命感，坚定信心、勇于担当，攻坚克难、奋力前行，全面做好深化改革、创新驱动、扩大开放、项目见效和安全生产等各项工作，进一步加强用工调配、员工培训等人力资源管理工作，提高员工素质、稳定职工队伍，努力在稳增长、调结构、抓改革、惠民生等各个方面发挥骨干带头作用，为全省经济社会更好更快发展作出应有贡献。

5月13日 李小鹏主持召开省政府第四十四次常务会议。会议原则通过推进新型城镇化2014年重点任务。研究通过了《扶持高校毕业生创业的意见》《鼓励小微企业吸纳劳动者就业的意见》《政府购买基层公共服务岗位吸纳高校毕业生就业的意见》和《帮扶困难企业稳定就业岗位的通知》等4个文件共37条政策性措施，决定尽快下发执行。会议还研究通过了2013年度县域经济考评结果，决定按规定公布。

5月13日—14日 袁纯清到太原市进行调研，先后到太原高新技术开发区、经济技术开发区和阳曲县，与基层干部职工共同探讨加快转型、招商引资新路径，研究实现经济“止缓、回稳、促增”办法。他强调，面对经济发展下行压力加大的新情况，要坚定不移加快转型发展步伐，坚持不懈加大招商引资力度，推动经济“止缓、回稳、促增”。

5月14日 省委常委会召开会议。会议对推进新型城镇化、开展“抓落实、促发展”专项督查调研活动等进行研究部署，提出贯彻落实措施。会议指出，新型城镇化是贯彻落实党的十八大和十八届三中全会精神，是拉动投资、扩大内需、改善民生的重要举措。要认真贯彻落实中央城镇化工作会议精神，坚持以人为本、提升质量的总要求，围绕“一核一圈三群”总体布局，以太原晋中同城化为牵引，区域中心城市为龙头，上党城镇群、孝汾平介灵城镇组群、临汾百里汾河经济带为先行，大县城为基础，加快推进农业转移人口市民化、公共服务均等化、基础设施标准化、产业发展集群化、资源环境集约化，力争在重点领域和关键环节取得实质突破，推动山西新型城镇化沿着正确方向更稳更好发展。

5月14日—15日 全国政协副主席、民盟中央常务副主席陈晓光在太原市就民盟基层组织建设等进行调研。陈晓光先后到民盟太原市委、民盟太原市晋源支部及民盟太原理工大学进行调研。同日，袁纯清、李小鹏在太原会见了陈晓光率领的民盟基层组织建设工作调研组一行。

5月15日 袁纯清听取省委各督导组对各市、省直收口单位党的群众路线教育实践活动分析评估情况汇报。袁纯清强调，各活动单位要坚持从严要求，坚持问题导向，认真搞好第一个环节总结，有序开启第二个环节工作，扎实有效推进教育实践活动。

同日 李小鹏到晋中市和平遥县调研指导第二批党的群众路线教育实践活动。他强调，要坚决把思想和行动统一到中央决策部署和习近平总书记系列重要讲话精神上来，大力弘扬焦裕禄精神，践行“三严三实”要求，深入持久加强作风建设，确保教育实践活动取得群众满意的实效。

同日 中央纪委监察部网站发布消息，大同市原副市长靳瑞林涉嫌严重违纪违法，正在接受组织调查。

5月16日 山西省人民政府和中国铝业公司在太原举行《建设中铝山西铝循环产业基地战略合作框架协议》签约仪式。根据框架协议，2020年前，中国铝业将在山西投资570亿元，通过内部产能置换发展200万吨先进电解铝产能，配套建设年产1000万吨煤矿及洗煤厂、350万千瓦低热值煤自备电厂和100万吨高端铝加工等项目，构建煤—电—铝—高端铝加工及资源综合利用产业链，形成运城、吕梁两个具备核心竞争力的铝循环产业基地。

5月16日—18日 山西省第十一次妇女代表大会在太原召开。袁纯清、李小鹏出席会议。参加此次大会的妇女代表有570余名。会议回顾总结了2009年省第十次妇女代表大会以来本省妇女运动的进步与成就，规划未来五年山西妇女发展的目标和任务。大会通过了关于山西省妇女联合会第十届执行委员会报告的决议，选举产生了山西省妇女联合会第十一届执行委员会委员。大会选举王维卿为新一届省妇联主席。

5月17日 中国工业大奖第三届表彰大会在北京人民大会堂举行，太钢集团获得被誉为中国工业“奥斯卡”的“中国工业大奖”。这是迄今为止，山西省唯一获得此奖项的企业，也是本届评选中唯一获“中国工业大奖”的冶金企业。

同日 李小鹏代表省委、省政府到太原市刘超盲人按摩院和山西焦煤西山煤电福利厂，看望慰问残障人员，向残障人员及其亲属致以诚挚的问候，向所有关心支持残障人事业的社会各界人士致以崇高的敬意。

5月18日 山西省公布2013年山西省信息化和工业化深度融合试点示范企业，其中有10种行业的16家企业获评两化融合示范企业，成为山西首批两化深度融合的标杆企业。

5月19日 以全国政协常委、港澳台侨委员会副主任郑立中为组长的全国政协专题调研组来晋，就“推动建立两岸文化交流合作机制”进行专题调研。省政协主席薛延忠会见了调研组一行。

5月20日 袁纯清到忻州市调研。先后到高速公路规划网“第三横”（灵丘至河曲）中的原平—神池段野马梁隧道工地以及盛大实业、东昌实业、天兰锅炉有限公司和双惠种业公司，了解工程进展和生产经营情况。袁纯清还深入原平市天然气有限公司，考察了天然气利用情况。他指出，推广利用天然气是气化山西的重要内容，要统筹规划、科学推进，在确保安全前提下，努力让更多群众早日用上清洁能源。

同日 山西省推进新型城镇化2014年重点任务确定。确定的主要目标包括城镇化水平、基本公共服务、基础设施、环境资源等4大类。确定的30项重点任务是：制定城镇化规划和意见；提升规划编制质量；促进农业转移人口和其他常住人口落户城镇；加快学前教育发展；加快义务教育发展；加强农民工就业技能培训；建立统一的城乡居民养老保险制度；完善城乡医疗保险制度；推进住房公积金扩面工作；推进住房保障工作；推行公交优先；加快城市路网建设；加快供水、供气、供热管网建设；加快污水处理和垃圾处理设施建设；提升城市宽带接入能力；推进基层社会治理；加快已核准风电、光伏发电项目建设；启动绿色建筑集中区建设；加快园林绿化建设；加强大气污染防治；推进太原晋中同城化；推进晋北、晋南、晋东南城镇群发展；推动智慧城市建设；开展大县城建设；加快小城镇建设；推进新农村建设；推进用地制度改革；拓宽城镇建设融资渠道；搭建投融资平台；提升产业支撑能力。

同日 李小鹏主持召开省政府第四十五次常务会议，研究当前经济形势。会议原则通过关于开展全省“十三五”规划编制的工作方案，决定启动规划编制工作。会议同意申办2019年全国青年运动会。

同日 山西省中小企业公共服务平台正式上线试运行。这是山西省第一个覆盖全省、以政府购买服务方式、为中小微企业提供全方位服务的开放平台。

5月21日 李小鹏到太原市调研小微企业发展和相关政策措施落实情况。先后到阳曲镇山西广立中小企业创业基地内的华滤成套设备、金开源实业、三众科技和通成重工机械等小微企业调研时强调，小微企业数量众多，分布广泛，是推动经济发展的重要力量，增加就业收入的主要渠道，也是促进创新转型的生力军。但受当前经济下行压力加大等因素影响，小微企业发展仍然面临着融资难融资贵、公共服务不足等诸多困难和问题。各级各部门要高度重视，在认真贯彻落实中央和山西省已经出台的各项扶持政策的基础上，适时采取新的措施，进一步加大支持力度，改善指导服务，减轻企业负担，为小微企业更好更快发展提供专业化、精准化、特色化、创新性的服务，促进小微企业更好更快发展，切实发挥好小微企业在稳增长、调结构、促创业、保就业等方面的生力军作用。

5月22日 省委、省政府召开全省城镇化工作会议，落实中央城镇化工作会议精神。会议讨论了《关于科学推进新型城镇化的实施意见（征求意见稿）》。按照《国家新型城镇化规划（2014—2020年）》部署，紧紧围绕“一核一圈三群”城镇化总体布局，以太原晋中同城化为牵引，区域中心城市为龙头，上党城镇群、孝汾平介灵城镇组群、临汾百里汾河经济带为先行，着力发展“大县城”，加快建设小城镇，积极推进农业转移人口市民化、公共服务均等化、基础设施标准化、产业发展集群化、资源环境集约化，力争在重点领域和关键环节取得实质突破。

5月23日 省委、省政府召开专题会议，听取“抓落实、促发展”专项督查调研情况汇报。各督查调研组组长分别汇报了所督查调研情况。会议决定，2014年前半年工作结束后，省委、省政府将在适当时间安排第二次督查调研，对各市工作进行回头看、再盘点、再推动。

同日 省委中心组（扩大）举行学习报告会，邀请《求是》杂志社研究员黄苇町作了题为“记取苏共历史教训，开创中国特色社会主义新境界”的报告。

5月25日 在女子重剑世界杯古巴站的比赛中，代表中国队参赛的山西女剑客郝佳露获得冠军，为山西击剑项目增添了首枚世界大赛金牌。这也是山西省在该项目上的历史性突破。

5月26日 省委常委会召开会议，传达学习中央政治局常委联系点经验座谈会、中央纪委“转职能、转方式、转作风”专题研讨班主要精神；研究和部署了贯彻落实意见。

同日 省十二届人大常委会召开第十次会议。会议听取了关于《山西省抗震设防条例(草案)》的说明和研究意见的报告。表决通过了关于修改《山西省人口和计划生育条例》的决定、关于《山西省土地整治条例》、关于批准《大同市气象设施和探测环境保护条例》的决定、关于批准2014年省本级预算调整方案的决议及人事任免名单。

同日 李小鹏主持召开省政府第四十六次常务会议，研究通过了2014年第一批新增投资计划。会议决定，在年初制定的重点领域重点项目投资计划的基础上，进一步扩大投资规模，在部分领域增加投资计划364.5亿元，比年初计划增加3.1%。其中，新增铁路项目投资计划35亿元、水利项目投资计划112.5亿元、改善农村人居环境工程投资计划142 亿元、新能源项目投资计划45亿元、百企千村产业扶贫开发工程投资计划30亿元。

同日 省政府办公厅印发《山西省加强水库安全管理工作的意见》。《意见》从9个方面对水库及其大坝安全管理作出规定。《意见》同时对落实水库安全管理责任追究制、提高水库管理队伍素质等进行了说明。

同日 太原理工大学阳泉学院正式通过国家教育部批准，在原有资源基础上，成立山西工程技术学院，该学院为全省目前唯一一所煤炭类本科院校，以实施本科教育为主。

同日 由长子县委宣传部与长治广播电视台电视剧中心联袂打造的5集电视纪录片《根在太行》以其独特的视角、曲折的故事，与其他23部作品一起从全国300多部参赛作品中脱颖而出，入围第27届“中国电视金鹰奖”。

同日 袁纯清到晋中市调研，先后到位于榆社、左权县境内的东山供水工程第六、第三、第二标段施工现场实地考察。在大水网建设工地，袁纯清就节约用水和水污染防治工作指出，山西是缺水省份，节约用水是根本性任务，必须长抓不懈。袁纯清还考察了云竹湖综合开发工程、左权县土地银行、徐彦岗家庭农场。

同日 “六一”国际儿童节前夕，李小鹏到娄烦县山区小学看望少年儿童、慰问教职员工，代表省委、省政府向全省儿童致以节日祝贺，向广大少儿工作者表示诚挚问候并强调，要根据少年儿童的成长规律，针对山区家长外出打工人数较多的情况，科学施策，细致入微、润物无声地照顾好父母不在身边的孩子们，让所有儿童都能接受良好教育、享有快乐童年、拥有美好明天。

5月28日 省政协召开十一届八次常委会议。会议审议通过了《关于加快发展我省现代职业教育的建议》和有关人事事项。

同日 世界上最先进的不锈钢冷连轧生产线在太钢建成并进入热负荷试车。这标志着太钢在冷轧不锈钢工艺技术上实现了高效率、高质量、低成本的新飞跃。

5月28日—29日 袁纯清全程参加了万柏林区委常委班子专题民主生活会并指出，要认真贯彻落实习近平总书记系列重要讲话特别是在河南兰考县两次重要讲话精神，充分认识“四风”危害，以认真、较真、求真的精神，直面问题，剖析根源，开展思想交锋，狠抓整改落实，务求取得实实在在效果，更好推动经济社会发展。

5月29日 中央纪委监察部网站消息，吕梁市原副市长张中生涉嫌严重违纪违法，正在接受组织调查。

5月31日 全国第六届冰心散文奖颁奖大会在济南市举行。山西省著名作家葛水平的《河水带走两岸》获散文集奖；解贞玲的《高情大义，风华雅韵》获散文理论作品奖。

6　月

6月3日 省委召开工作会议，传达学习第二次中央新疆工作座谈会精神，提出山西省贯彻落实意见。会议还传达了李克强总理和俞正声同志重要讲话。会议强调，当前的首要任务，是进一步加强援疆工作，为推进新疆社会稳定和长治久安作出积极贡献。要精心做好民族宗教工作，充分发挥宗教界人士和信教群众在促进发展中的积极作用。要切实加强安全稳定工作，为经济社会发展创造良好环境。

同日 李小鹏主持召开省政府第四十七次常务会议，研究深化国资国企改革和统一城乡居民养老保险制度工作。会议原则通过关于深化国资国企改革的实施意见和2014年省属国资国企改革工作计划，决定修改完善后尽快下发实施。会议原则通过建立统一的城乡居民基本养老保险制度的实施意见。

6月4日 李小鹏到平遥县参加县委常委班子专题民主生活会并强调，要认真贯彻落实习近平总书记在河南兰考县两次重要讲话精神，要两手抓、两不误、两促进，下功夫抓好改革发展各项工作，特别要针对当前经济下行的严峻形势，牢固树立危机意识，坚定信心，全力抓好安全生产、深化改革、扩大开放、创新驱动、项目建设、经济运行调节和保障改善民生等重点工作，促进经济社会持续健康发展，努力把作风建设的新成效转化为事业发展的新动力。

6月5日 李小鹏与中国华能集团公司总经理曹培玺在太原进行会谈，深入讨论双方进一步深化能源领域合作事宜。

同日 省经信委组建成立北斗民用运营管理和服务公司，建设省级北斗导航系统监控运营平台。依托该平台，省市县三级将逐步实现燃气管道、电厂、出租车、移动危险源等终端的动态监控。

同日 省委常委会召开会议，审核11个市市委常委班子和党政主要领导开展党的群众路线教育实践活动的对照检查材料。会上，对各市材料逐一进行审核，指出存在的不足，提出具体修改意见。会议强调，各市市委常委班子和党政主要领导要根据省委常委会的要求对各自的对照检查材料进行再加工、再完善，省委常委和督导组要进一步指导和把关。要从以下五个方面进行修改完善：一是对本市或本人在“四风”方面存在的突出问题要反映得更充分一些，对群众反映强烈的问题必须作出全面深入对照检查。二是要对照理想信念、“三严三实”要求和焦裕禄精神，把存在问题的思想根源挖掘得更深刻一些，真正触及思想、触及灵魂。三是在遵守党的政治纪律、贯彻落实中央八项规定和省委四个实施办法，要充实党委落实党风廉政建设主体责任的情况。四是在今后努力方向和整改措施中，对如何改进干部工作作风、焕发新的精神风貌要提出具体举措。五是要强调“两手抓、两不误、两促进”，尤其是在当前经济下行压力持续加大的情况下，要围绕止缓、回稳、促增目标，更好地推动发展、惠及民生，以此来体现和检验加强作风建设的成效。

6月9日 省委常委会召开会议，传达学习李克强总理在部分省市经济工作座谈会上的重要讲话精神，研究提出本省贯彻落实意见。会议认为，山西省参加部分省市经济工作座谈会，充分体现了党中央、国务院对山西工作的重视和关心。近期又组织专门工作小组，对各市“抓落实、促发展”情况进行了专项督查。目前山西省经济运行中遇到的问题特别是煤炭行业面临的困难，是发展中的问题、前进中的困难，需要通过发展来解决。应对当前面临的经济下行困难，必须着力抓好实体经济运行，抓好在建项目建设，抓好已建成项目的达产达效，抓好已确定项目的开工建设。要以综改试验区建设为统领和切入点，着力加快转型跨越步伐。要按照中央和省委要求，全面推进改革，特别要落实好2014年“3675”行动计划，激发经济增长动力。要坚持把做好当前工作与开展教育实践活动结合起来，下功夫改进作风、真抓实干。

6月10日 李小鹏主持召开省政府第四十八次常务会议，学习贯彻国务院召开的部分省市经济工作座谈会精神，传达了国务院稳增长、促改革、调结构惠民生政策措施落实情况督查动员电视电话会议精神，研究通过了本省督查方案，要求各级各部门要加强组织领导，落实工作责任，确保党中央、国务院的决策部署和省委、省政府的工作要求取得实效。会议原则通过铝工业、煤化工装备制造和新能源汽车产业重大项目布局推进意见，要求有关市、部门和企业按照职责分工认真抓好落实，科学编制规划，加大投入力度，加快项目建设，努力培育新的经济增长点。

同日 中央纪委监察部网站消息，阳泉市平定县委书记王银旺涉嫌严重违纪违法，正在接受组织调查。

6月11日 李小鹏到太原锅炉集团调研经济运行情况，现场协调解决问题并强调，要全面贯彻落实党中央国务院决策部署和李克强总理在部分省市经济工作座谈会上的重要讲话精神，坚定不移推进创新驱动，真抓实干发展实体经济，不断夯实稳定经济增长的基础。

6月12日 李小鹏到晋能集团调研企业生产经营情况，认真听取了汇报，详细了解了企业生产销售、运营管理和项目建设等情况，并现场协调解决问题。要求各级各部门要深入践行党的群众路线，转变工作作风，强化大局意识，认真履行职责，越是困难的时候，越要全心全意帮助企业克服困难、解决问题，实现又好又快发展。

6月15日 中央纪委监察部网站消息，山西省交通厅原厅长段建国因严重违纪违法被立案检查。经查，段建国在担任省交通厅厅长期间，工作中玩忽职守给国家造成巨大损失；利用职务便利，为他人谋取利益，收受巨额贿赂；违反廉洁自律规定收受礼金。依据《中国共产党纪律处分条例》和《行政机关公务员处分条例》之规定，段建国被开除党籍、开除公职。其涉案1663万元人民币、5万美元、0.5万欧元和价值34.75万元的金条被依纪依法收缴，涉嫌违法犯罪问题已移送司法机关处理。

6月17日 李小鹏主持召开省政府第四十九次常务会议，研究经济运行、清理规范涉煤收费、发展健康服务业、完善社会救助和保障标准与物价上涨挂钩联动机制等工作。

会议原则通过涉煤收费清理规范工作方案，原则通过关于加快推进健康服务业发展的实施方案，原则通过完善社会救助和保障标准与物价上涨挂钩联动机制，要求有关部门认真抓好落实，切实减轻价格上涨对困难群众生活水平的影响，维护群众利益，保障底线民生。

同日 袁纯清到太原市调研包联重点工程项目，考察了太原市东山五龙城郊森林公园绿化情况、听取了开发规划汇报。他强调，太原市要围绕建设华北山水第一城的目标，进一步搞好东西两山绿化，努力实现生态效益、经济效益、社会效益三丰收。

同日 省政府与国家电网公司在太原举行工作会商，共同商讨推进晋电外送工程建设等工作。李小鹏、国家电网公司董事长刘振亚出席并讲话。同日，袁纯清、李小鹏在太原会见了刘振亚。

6月18日 袁纯清到太原南站调研，考察了西广场建设情况和车站防暴设施，深入综控室、售票大厅、候车大厅等处了解开通前的准备工作。他强调说，客运专线开通后，将形成巨大的人流、物流、信息流，地方和铁路两家要在积极为旅客提供优质服务的同时，狠抓内部管理，搞好环境整治，将客运专线建设成为山西的客厅、三晋的名片，多宣传山西人文历史，多传递物产风光信息，多展示改革开放成果，让更多的人感知山西、了解山西。

6月19日 袁纯清主持召开省委常委会会议，学习贯彻李克强总理给李寨中学回信精神，研究部署落实意见，会议还研究讨论了关于实行安全生产党政同责的意见。会议原则通过《中共山西省委山西省人民政府关于实行安全生产党政同责的意见》，要求根据会议精神进一步修改完善，按程序下发执行。

同日 省委常委会召开（扩大）会议，宣布中共中央关于楼阳生同志任山西省委委员、常委、副书记的决定。袁纯清主持会议并宣读中央《关于楼阳生同志职务任免的通知》。省委常委，省人大、省政府、省政协领导班子成员，省法院院长、省检察院检察长出席会议。楼阳生表示，坚决拥护和服从中央决定。一定在省委领导下，积极做好工作。

同日 中央纪委监察部网站消息，山西省委常委、副省长杜善学涉嫌严重违纪违法，正在接受组织调查。

同日 中央纪委监察部网站消息，山西省政协副主席令政策涉嫌严重违纪违法，正在接受组织调查。

6月19日—20日 李小鹏全程参加了晋中市委常委班子党的群众路线教育实践活动专题民主生活会并强调，要认真学习、深刻领会、全面贯彻落实习近平总书记系列重要讲话精神，在严格的党内生活中锤炼党性、提高修养，以优良的党风政风带动社会风气根本好转。中央第八巡回督导组成员莅会指导。

6月20日 省委常委会就6月19日下午中纪委网站公布杜善学、令政策涉嫌严重违纪违法正在接受组织调查召开（扩大）会议。袁纯清主持会议。李小鹏、楼阳生、薛延忠，省委常委，省政府领导班子成员，省人大、省政协党组书记、副书记，省法检两长出席会议。会上，通报了有关情况，表明坚决态度，并就深入开展反腐倡廉和进一步维护全省改革发展稳定大局作出部署。与会人员一致表示，对杜善学、令政策涉嫌严重违纪违法问题进行组织调查，是以习近平同志为总书记的党中央深入推进反腐败斗争的重要举措，充分体现了党中央坚持党要管党、从严治党的鲜明立场，充分表明了党中央对腐败问题“零容忍”，有腐必反、有贪必惩的坚强决心。山西省委常委会以及省人大、省政府、省政协领导班子坚决拥护中央决定，自觉在思想上政治上行动上与以习近平同志为总书记的党中央保持高度一致，并积极配合中央纪委做好调查工作。会议强调，要认真总结、深刻汲取杜善学、令政策案件包括金道铭案件的沉痛教训，充分认识当前反腐败斗争形势的严峻性，进一步加强党风廉政建设，对于违纪违法问题，不管涉及谁，不管在什么地方发生，都要坚决查处，绝不姑息。要加强对腐败案件的深刻剖析，进一步建立健全相关制度，真正把权力关进制度的笼子里，让掌握权力的人不想腐、不能腐、不敢腐。

同日 李小鹏主持召开省政府党组（扩大）会议，学习贯彻省委常委会（扩大）会议精神，安排部署政府系统党风廉政建设和反腐倡廉工作。与会人员一致拥护中央对杜善学、令政策涉嫌严重违纪违法进行调查，表示要坚决把思想和行动统一到中央决定和省委要求上来，切实加强党风廉政建设和反腐败斗争，以良好的精神状态开展各项工作，奋力实现全年经济增长达到全国平均水平的目标。会议强调，各级党员领导干部要从党和国家事业发展的高度，深刻认识中央狠抓反腐败斗争的坚定决心，坚决在思想上政治上行动上组织上与党中央保持高度一致；要高度警觉、汲取教训、举一反三，认真履行“一岗双责”，严格廉洁自律，带头落实党风廉政建设责任制，抵制各种不良诱惑，管好自己、家属和身边工作人员，自觉守住道德、法律、法规底线；要标本兼治，建立健全相关制度，把权力关进制度的笼子里，给有权、用权、涉权的人戴上制度紧箍咒；要按照省委、省政府的决策部署，尽职尽责做好工作，维护社会和谐稳定，促进经济持续健康发展。省政府班子成员和省政府组成部门、直属特设机构、直属机构、部门管理机构主要负责人参加会议。

6月22日 备受关注的“山西最美乡镇干部”评选结果揭晓，共有10人荣获这一称号。这10位最美乡镇干部分别是：吕梁市交口县温泉乡副乡长李喜爱；人称“鸡司令”的晋中市榆社县岚峪乡党委委员、副乡长白卫平；阳泉市平定县冶西镇民政办主任、残联理事长王存玲；忻州市五台县豆村镇党委书记刘会平；朔州市平鲁区下面高乡党委组织委员、综合办主任吴生权；长治市壶关县公安局鹅屋乡派出所“阳光警察”申飞飞；太原市古交市邢家社乡副乡长、农技员成拉旺；大同市阳高县信访服务中心主任兼龙泉镇司法所所长李培斌；运城市芮城县古魏镇党委书记张波。

6月23日 袁纯清到临汾市尧都区、襄汾县、洪洞县进行调研。他强调，越是经济下行压力大，越要坚定决心、凝心聚力，一心一意抓转型，千方百计促发展，为实现经济止缓回稳促增目标不懈努力。

同日 省政府召开涉煤收费清理规范电视电话会议，李小鹏出席并讲话。他强调，要全面贯彻落实党中央、国务院关于推动能源改革发展的决策部署和习近平总书记重要讲话精神，统一思想、坚定决心，明确责任、严明纪律，确保如期优质完成清理规范涉煤收费工作，促进煤炭工业可持续发展。

同日 从省国土资源厅获悉：根据省机构编制委员会办公室下发的《关于整合不动产登记职责的通知》,本省不动产统一登记工作职责已划归省国土资源厅，这标志着本省不动产统一登记工作已全面启动。根据《通知》，省国土资源厅将负责指导监督全省土地登记、房屋登记、林地登记、草原登记工作，并会同有关部门起草不动产统一登记的地方性法规、规章草案，建立不动产统一登记制度，制定不动产权属争议的调处政策。《通知》还要求，不动产登记职责整合后，省国土资源厅要会同省住房和城乡建设厅、省农业厅、省水利厅、省林业厅，建立不动产登记工作厅际联席会议制度，及时交流有关情况，协调相关事宜，共同做好相关工作。

6月24日 李小鹏主持召开省政府第五十次常务会议，研究政府核准投资项目目录、棚户区改造、城市基础设施建设和随军家属就业安置等工作。会议决定，除国家明确要求核准的项目外，不再增加新的核准项目。会议原则通过山西省政府核准的投资项目目录，原则通过军人随军家属就业安置实施细则，原则通过省级预算稳定调节基金管理办法，要求进一步加强基金收支管理、规范增加和动用程序，切实发挥预算稳定调节基金对稳定财政运行的作用。

6月25日 省委办公厅印发了《关于加强农村和社区基层服务型党组织建设的若干意见》并发出通知，要求各地各部门认真贯彻落实。《意见》提出，力争用3年时间，使全省农村和社区基层党组织实现组织体系健全、骨干队伍过硬、活动经常有效、工作制度完善、投入保障稳定的目标。

同日 据中央纪委监察部网站消息，山西朔州市经济开发区管委会原主任高世宝因严重违纪被开除党籍和公职。经查，高世宝在担任朔州市财政局局长和朔州市经济开发区管委会主任期间，利用职务便利，为他人谋取利益，收受贿赂；滥用职权，造成财政资金重大损失。依据《中国共产党纪律处分条例》和《行政机关公务员处分条例》规定，给予高世宝开除党籍、开除公职处分，涉嫌犯罪问题及违法所得移送司法机关处理。

同日 据中央纪委监察部网站消息，山西省政协原常委、省地质勘查局原局长安俊生因严重违纪被开除党籍和公职。经查，安俊生在担任省地质勘查局局长期间，利用职务便利索取、收受贿赂；滥用职权，造成巨额国有资产流失；违反廉洁自律规定收受礼金、利用职务便利为其亲属经商谋利；违反财经纪律，擅自决定将下属企业国有资产为私营企业贷款提供担保。依据《中国共产党纪律处分条例》和《行政机关公务员处分条例》规定，给予安俊生开除党籍、开除公职处分，涉嫌犯罪问题及违法所得移送司法机关处理。

同日 由国家发改委投资司副司长罗国三带队、国家6部委组成的调研组来晋实地了解采煤沉陷区治理情况。

同日 太重煤机有限公司成功研制出我国第一套井下智能综采成套装备的核心设备——智能型电牵引采煤机。该采煤机功率达2660千瓦，可实现煤岩识别、远程集中控制等现代化智能功能。标志着我国向最终实现无人采煤工作面迈出了重要一步。

同日 省委召开人才工作领导组第九次会议和省海外高层次人才引进工作领导小组第八次会议。袁纯清主持会议。会议学习了习近平总书记对人才工作的重要批示精神和十八大以来关于人才工作的重要论述，传达了中央人才工作协调小组第40次会议精神。会议听取了全省人才工作情况汇报，审议了山西科技创新城人才管理改革试验区指导意见，审议通过了本省第七批“百人计划”海外高层次人才和第二批新兴产业领军人才入选人员名单。袁纯清强调，加强人才工作，一要抓住“引进”这个捷径，二要抓住“培养”这个基础，三要抓住“使用”这个根本，四要抓住“服务”这个关键。

6月25日—27日 李小鹏到吕梁市、朔州市、阳泉市调研经济运行情况，并主持召开座谈会，协调解决实际问题。他强调，越是经济形势复杂严峻，越要坚定信心、振奋精神，聚精会神、凝心聚力，扎实做好各项工作，切实防控各种风险，全力促进经济持续健康发展。

6月26日 袁纯清到太原市晋源区看望慰问老党员，向全省广大党员和党务工作者致以节日问候。在寺底村，袁纯清就如何开展乡村两级教育实践活动与基层干部和党员代表进行了座谈。袁纯清强调，查摆问题是为了解决问题，如果找出来的问题不解决、解决不好，更容易失信于民，甚至让群众反感。因此，乡村两级教育实践活动，要着力解决联系服务群众“最后一公里”、落实兑现政策“最后一步路”的问题；着力解决办事程序繁琐、审批手续繁杂，告知事项说半句留半句，让群众来回跑的问题；着力解决对待群众态度生硬、作风粗暴、推三阻四或缺乏耐性以及优亲厚友的问题。

同日 由山西省商业联合会等主办的山西总商会成立110周年纪念大会在太谷召开。

7　月

7月1日 《山西省政府信息公开规定》正式施行，除行政机关外，教育、医疗卫生、供水、供电、环保等与群众利益密切相关的公共企事业单位也纳入了《规定》的调整范围。《规定》将政府信息分为三类：第一类是主动对外公开的信息。第二类是依申请公开的信息。第三类是不予公开的政府信息。

同日 袁纯清到省中小企业局调研，先后到省中小企业局中小微企业展厅和中小企业公共服务平台，详细了解了全省中小微企业成长历程、发展现状、扶持政策、服务机制等情况。听取了省级枢纽平台、11个市级综合服务窗口平台、18个产业服务窗口平台运行机制的汇报。之后，袁纯清主持召开了座谈会并指出，各级党委、政府要把中小微企业发展摆在更加突出的位置，采取更加有力的举措，采用更加有效的方法，进一步激发人民群众创新、创造、创业的热情。一要以推动集群化发展为主导。二要以提高企业管理者素质为核心。三要以破解融资难融资贵为重点。四要抓好各种服务连接这个关键。五要以扶持重点群体创业为着力点。

同日 大西高铁（太原南至西安北）暨太原南站正式开通运营，至此，山西全面步入高铁新时代。大西高铁于2010年3月开工建设，是我国中长期铁路规划网的重要组成部分，也是2014年全国率先完成的跨省铁路重点工程项目。开通运营的太原南至西安北总长567公里，全线为双线电气化铁路，设计时速250公里。它的开通运营，使太原至西安旅客列车的运行时间由原先的10小时左右压缩至3小时左右，拉近了晋陕两省之间的时空距离，为百姓出行新增了一条安全、方便、温馨的高速通道。

同日 李小鹏到长治市调研经济运行情况，并向全省广大共产党员致以节日的问候。重点考察了山西日盛达公司光伏玻璃、长治高科产业投资公司LED、雅瑞地毯、新视界照明电器等煤炭转型项目，详细了解项目投资建设、投产达效和企业生产经营、产品市场前景等情况；听取了长治市政府工作汇报和省直有关部门点评发言并强调，要依托资源能源优势和现有产业基础，大力实施创新驱动战略，加快发展新兴产业，促进产业转型升级，不断提高经济发展的速度、质量和效益。

7月1日—4日 全国政协副主席、全国工商联主席王钦敏一行来晋调研。调研期间，王钦敏一行先后到太原通泽重工有限公司、山西华顿实业有限公司、阳泉市长青石油压裂支撑剂有限公司、山西天元绿循环科技有限公司、百度云计算（阳泉）中心等企业实地考察；听取省发改委情况汇报，并举行民营企业家座谈会，深入了解企业生产经营中遇到的困难和问题，认真倾听落实企业投资自主权政策措施执行情况的意见和建议。王钦敏强调，通过开展第三方评估，工商联要把非公有制企业的困难问题和非公有制经济人士的意见建议直接向国务院和有关决策部门进行反映，不断改善非公有制经济发展环境，更好推动非公有制经济健康有序发展。调研组一行还与部分县级工商联和商会负责人座谈，了解基层工商联和商会组织建设工作。

7月2日 李小鹏到大同市调研经济运行情况时强调，要坚定信心、咬定目标，找准差距、攻坚克难，以奋发有为的精神状态推动工作，全力促进经济持续健康发展。

7月3日 袁纯清到省老年公寓、晋源区中心敬老院、太原市社区服务中心等民政系统窗口服务单位调研。袁纯清强调，各级民政部门要认真贯彻落实习近平总书记关于怀着“大爱之心、亲民之心”开展民政工作的重要指示，认真践行党的群众路线，以方便群众办事为切入点，努力排民忧、解民难，切实解决服务群众“最后一公里”问题。要把社区工作摆在更加重要的位置，坚持以改革精神创新社区服务管理模式，进一步明确工作职能，强化重点领域工作，完善基础设施，加强队伍建设，扩大公民参与，努力实现社区自我管理、自我教育、自我服务、自我监督，为转型跨越发展营造和谐稳定的社会环境。

同日 省政府与中国海洋石油总公司在太原举行工作会商，商讨进一步加强能源领域合作等事宜。省长李小鹏、中国海洋石油总公司董事长王宜林出席并讲话。

7月4日 袁纯清到晋中市调研县乡人大工作，与市县乡人大代表座谈。晋中市、太谷县、平遥县、榆社县和太谷县明星镇、水秀乡、小白乡人大负责人先后介绍了各自工作情况，提出了意见建议。袁纯清强调，加强和改进新形势下的县乡人大工作，必须加强组织领导，狠抓人大机关自身建设。各级党委要进一步增强政治意识，切实加强对人大工作的政治、思想和组织领导，及时帮助解决人大履职过程中遇到的困难和问题。人大要坚持正确的政治方向，坚持在党的领导下开展工作。

7月5日 2014年3月6日，山西省纪委对省监察厅原副厅长谢克敏严重违纪违法问题进行了纪律审查。经查，谢克敏在担任高平市市长、市委书记和省监察厅副厅长期间，利用职务上的便利为他人谋取利益，收受巨额贿赂，并伙同他人贪污公款；违反廉洁自律规定，收受礼金；与他人通奸。谢克敏的上述行为已构成严重违纪，其中受贿、贪污问题已涉嫌违法犯罪。依据《中国共产党纪律处分条例》《行政机关公务员处分条例》的有关规定，经省纪委审议并报省委批准，决定给予谢克敏开除党籍、行政开除处分，将其涉嫌犯罪问题及线索移送司法机关依法处理；给予谢克敏行政开除处分已按程序由省监察厅报省政府批准。中央纪委对该案查办工作进行了督查。

同日 袁纯清在太原会见法国驻华大使白林，代表省委、省政府对白林大使一行来晋访问表示欢迎。袁纯清说，法国是第一个同新中国建立大使级外交关系的西方大国，中法两国人民之间的传统友谊和友好合作关系源远流长。白林说，希望此次到访能进一步加深双方友谊，推动各层面交流，在能源清洁利用、农产品加工、文化教育、旅游开发等领域扩大合作空间，不断提升双方合作层次和水平。

7月6日 李小鹏在太原会见法国驻华大使白林，双方就进一步加强合作进行了深入交流。

7月7日 省十二届人大常委会第十一次会议在太原举行。袁纯清出席会议并主持第一次全体会议，会议听取了省人大常委会代表资格审查委员会关于代表出缺情况的报告。根据选举法、代表法和地方组织法的有关规定，对临汾市、太原市人大常委会分别罢免杜善学、李玮省人大代表职务的报告进行了审查，确认罢免程序符合法律规定。会议还听取了关于提名杜善学免职议案的说明。第二次全体会议表决通过了省人大常委会代表资格审查委员会关于代表出缺情况的报告和人事免职名单，决定免去杜善学副省长职务。

同日 美国《财富》杂志公布了2014年世界500强企业名单。与2013年相比，山西省上榜企业仍为6户，全部为省属国有煤炭企业，除山西煤销集团因与山西国际电力集团合并重组为晋能集团外，其余5户保持不变。在排名上，均上升到400名以内，较去年均有大幅提升。其中，山西焦煤集团有限公司由去年的第403位上升至第290位，成为排名上升速度最快的煤企。

同日 省委常委会召开会议，袁纯清主持会议。会议研究讨论了《山西省贯彻落实第二次中央新疆工作座谈会精神进一步做好援疆工作计划方案》。会议要求，各级各部门要不折不扣完成中央交给我省的援疆任务，特别要落实好《计划方案》提出的20项重点援疆工作，强化6项保障措施，切实做到工作态度积极主动，工作质量追求一流。要充分挖掘晋疆两地各自优势，在产业、文化、科技等方面拓宽交流合作领域，创新交流合作形式，努力实现互利双赢。会议还传达学习了中央党的群众路线教育实践活动领导小组办公室《关于省区市第一批教育实践活动单位清理整改情况的通报》。

同日 袁纯清、李小鹏分别在太原会见新西兰驻华大使伍开文。袁纯清对伍开文一行来晋访问表示欢迎，并向客人简要介绍了山西省情，希望新西兰更多的优秀乳制品企业选择山西、落户山西，双方在巩固现有合作领域基础上，开展更深层次合作，进一步推动友好合作关系更好更快发展。伍开文介绍了新西兰乳制品产业发展现状时说，山西与新西兰相关企业的合作体现了新中两国之间良好的双边关系，新西兰愿意与山西进一步加强经贸合作，不断扩大双方交流合作领域，实现互利共赢，推动新中关系不断向前发展。李小鹏与伍开文一行就双方进一步加强合作深入交换了意见。

同日 省委全面深化改革领导小组召开第二次会议，听取各专项小组工作汇报，梳理总结上半年改革进展情况，研究部署下一步工作。袁纯清主持会议并讲话。李小鹏、楼阳生、薛延忠、高建民等出席会议。会议指出，2014年以来，全省上下认真学习贯彻习近平总书记关于全面深化改革的系列重要讲话精神，积极落实十八届三中全会关于全面深化改革的战略部署，以转型综改试验区建设为统领和切入点，全面深化改革各项任务全部铺开，取得积极成效。会议强调，要继续增强改革信心，完善改革举措，推动工作落实，着力解决改革进展不平衡的问题。会议要求，全面深化改革，务必进一步抓实，确保见到实际效果。

7月9日 省政协十一届九次常委会议在太原召开。薛延忠主持会议。第一次全体会议听取了省委有关部门负责同志关于人事事项的说明。第二次全体会议表决通过了免去令政策政协第十一届山西省委员会副主席职务、撤销其山西省政协委员资格的决定。决定称，鉴于令政策涉嫌严重违纪违法，根据中共中央和中共山西省委的建议，依照《中国人民政治协商会议章程》及有关规定，政协第十一届山西省委员会常务委员会第九次会议决定，免去令政策政协第十一届山西省委员会副主席职务、撤销其政协第十一届山西省委员会委员资格。会议还依法通过了撤销王国瑞政协第十一届山西省委员会委员资格的决定。

同日 山西省国新能源发展集团有限公司从第20届国际氢能大会捧回鲁道夫.A.艾茌奖，成为国内首家也是目前唯一获得该奖项的企业。

7月10日 山西国新正泰新能源有限公司生产的天然气从古县分输站进入山西天然气管网，标志着山西省焦炉煤气综合利用进入了一个新阶段。

7月14日 袁纯清到吕梁市调研，先后到供销社所属的禾盛昌农科贸专业合作社、生产资料批发交易市场、日常消费品购物配送中心、产品展示厅、丰盛塑料制品公司，考察了农产品加工销售、农用物资采购配送、优质农作物籽种推广、农村连锁超市经营、社办企业发展等情况。袁纯清强调，供销社系统要认真学习贯彻习近平总书记关于供销社工作的重要讲话精神，依托自身优势，紧抓改革机遇，创新经营模式，围绕“便民、廉价、安全”六字做好供销文章，努力把供销社系统打造成服务农民生产生活的生力军和综合平台。

7月15日 李小鹏主持召开省政府第五十二次常务会议，研究分析上半年经济形势，安排部署下半年重点工作。会议指出，2014年以来，面对复杂严峻的经济形势，全省上下认真贯彻落实中央稳增长、促改革、调结构、惠民生、防风险各项决策部署，稳中求进，在促进经济稳定增长方面持续加力，在化解煤炭产业运行困难方面持续加力，在保障改善民生方面持续加力，推动转型综改攻坚、新型综合能源基地建设、新兴产业布局和低碳发展创新驱动全面提速，全省经济运行出现积极变化。会议要求，各级各部门各单位要统一思想，坚定不移，奋力拼搏，主动作为，以充分的思想准备、充足的政策措施，扎实做好下半年工作。

7月16日 省委常委会召开会议，袁纯清主持会议。会议听取了省政府关于全省上半年经济工作汇报，分析当前经济形势，研究部署下半年经济工作。会议强调，各级领导班子要坚定止缓回稳促增不动摇不放松，脚踏实地，艰苦奋斗，积极作为，以正确的思想方法和有效的工作方法，扎实推进工作。一要抓重点和薄弱环节，提高工作效果。二要抓改革、开放、创新，增强发展活力。三要抓政策措施落实，充分释放政策效力。四要抓积极有效作为，转变干部作风。五要抓宣传舆论引导，凝聚更多正能量。

同日 省科技厅编制完成由煤层气、煤电、煤焦化、煤化工、煤机装备等5个煤基产业，新材料产业，富碳农业，以及交通装备、电子信息、新能源、新能源汽车、节能环保、食品、医药产业组成的“5117”重点产业创新链。首批七个产业创新链凝练出367个项目。按照支撑山西转型的重要性、紧迫性、创新性、攻关条件的成熟性以及贡献度等“四性一度”，分成最优先、优先、支持和储备四个等级，将为产业升级、经济结构优化和发展方式转变发挥重要作用。

7月17日—18日 中共中央政治局委员、国务院副总理汪洋来晋考察调研农业农村工作。在晋中、阳泉等地，汪洋深入村庄农户、田间地头，了解农业生产、农村改革和政策落实情况，与干部群众探讨兴农富农之道。汪洋强调，各地区、各有关部门要认真贯彻落实中央关于深化农村改革、促进农业农村发展的决策部署和政策措施，进一步强化责任，加大力度，完善机制，确保完成全年农业发展、农民增收和农村改革任务，为稳增长、促改革、调结构、惠民生作出新贡献。袁纯清、李小鹏陪同调研。

7月19日 省委、省政府召开全省上半年经济形势分析会。袁纯清主持会议并讲话。李小鹏总结上半年经济工作，部署下半年经济工作。会议指出，2014年以来，面对宏观经济形势异常严峻复杂的不利局面，省委、省政府及时提出“止缓回稳促增”六字方针，迅速采取一系列有力举措，上半年主要经济指标好于第一季度，经济下滑态势得到有效遏制，“回稳”“促增”出现积极迹象。下半年经济工作实现“促增”任务，一要坚持“精准发力”，狠抓工作重点和薄弱环节。二要坚持“两轮驱动”，全力推动综改攻坚和科技创新。三要坚持“政策落地”，充分释放现有政策效力。四要坚持“正面引导”，形成干事创业的良好氛围。五要坚持“党政同责”，狠抓安全稳定各项工作。六要坚持“积极作为”，以好作风出战斗力、出生产力。会议强调，实现全年目标任务，下半年工作更加艰巨繁重，必须坚定发展目标，突出重点任务。要坚持不懈抓好安全生产。要以问题为导向推进改革、创新和开放，抓好三项重大改革。要全力以赴确保投资又好又快增长。要集中力量促进煤炭可持续发展，落实煤炭20条和17条。要积极主动帮扶企业渡过难关。要毫不放松做好“三农”和扶贫工作。要多措并举促进消费和进出口。要力度不减保障和改善民生。

7月21日 省委常委会召开会议，袁纯清主持会议。会议传达全国优秀年轻干部培养选拔工作座谈会、全国干部监督工作会议、部分省（区）村“两委”换届工作座谈会、中央司法体制改革试点工作座谈会精神，研究部署本省贯彻落实意见。

7月22日 李小鹏主持召开省政府第五十三次常务会议，进一步学习贯彻习近平总书记在中央财经领导小组第六次会议上的重要讲话精神，听取综合能源基地建设和清理规范涉煤收费项目督查工作汇报，研究部署山西省能源改革发展工作。

同日 省十二届人大常委会召开第十二次会议。袁纯清主持会议。会议表决通过了《山西省电力设施保护条例》、关于批准2013年省本级财政决算的决议、关于代表出缺情况和补选代表的代表资格审查的报告和人事任免名单。

7月22日—23日 袁纯清到大同市浑源、广灵、灵丘三县和同煤集团调研。袁纯清考察了大棚种植，了解了土地流转，询问了两家企业经营情况。袁纯清说，发展现代农业示范观光园，要坚持科学规划、精心经营，抓好市场定位、扩展市场空间，用科技和市场力量做大做强现代农业项目。

7月23日 省委常委会召开会议，袁纯清主持会议。会议传达学习了中共中央政治局委员、国务院副总理汪洋考察山西时的重要讲话精神，研究山西省贯彻落实意见。7月17日至18日，汪洋副总理深入本省晋中、阳泉等地进行考察调研。在晋调研期间，汪洋对山西省“三农”工作特别是水权制度等农村改革、生态环境建设、“百企千村”产业扶贫工程、领导干部包村增收活动等给予充分肯定，并重点就农村集体产权制度改革提出要求。会议强调，各级各部门要认真学习贯彻汪洋副总理重要讲话精神，按照中央要求，积极稳妥推进农村集体产权制度改革。一要抓紧抓实农村土地承包经营权确权登记颁证工作，建立健全土地承包经营权登记簿，把承包地块、面积、合同、确权证书全面落实到户。二要加快土地流转服务体系和仲裁机构建设，积极为流转双方提供信息发布、政策咨询、合同签订指导、价格监测、纠纷调解等服务，积极稳妥推进农村土地流转，切实提高土地流转质量；三要在总结成功做法的基础上，因地制宜、形式多样推进农村小型水利工程产权和水权制度改革，促进水资源优化配置，解决农田水利“最后一公里”问题，确保继续走在全国前列；四要积极稳妥开展农村集体产权制度改革试点工作，发展壮大农村集体经济，推动集体资产由“共同共有”转变为“按份共有”，真正实现“资产变股权、农民当股东”；五要深入推进林权制度改革，研究制定生态公益造林实施办法，加强集体林地确权到户工作，提高农民群众参与生态林建设的积极性；六要切实加强农村资金、资产、资源“三资管理”，进一步完善制度，加强管理，创新监管，改进服务，提高农经队伍工作能力和水平，促进农村经济发展和社会稳定。会议要求，全省上下要认真贯彻落实中央和省委关于“三农”工作的决策部署，一手抓改革，一手抓发展，千方百计调动基层和农民群众的积极性，促进农业农村持续稳定发展，为稳增长、促改革、调结构、惠民生做出新的贡献。

同日 李小鹏到同煤集团调研企业生产经营情况，在同煤煤矿调度室和井下综采工作面，详细了解煤矿安全生产、煤炭生产销售和企业效益情况。调研中，李小鹏还实地调研了同煤集团热电联产等三个重点转型项目，考察了项目建设和设备调试情况；对同煤集团在现代化矿井建设、煤电联营发展、企业内部管理和改革以及带动地方经济社会发展方面的做法和成效给予充分肯定。李小鹏要求，各级各部门要忠实践行党的宗旨，切实转变工作作风，不断加强和改进对企业的指导和服务，严格落实省政府关于清理规范涉煤收费项目的要求，努力为企业改革发展创造好条件、营造好环境。

同日 中央纪委监察部网站发布消息，山西省纪委常务副书记杨森林涉嫌严重违纪违法，正接受组织调查。

7月24日 李小鹏在五台山会见了不丹王国外交大臣仁增·多吉一行。外交部副部长刘振民参加会见。李小鹏简要介绍了山西省情和经济社会发展情况。李小鹏说，中国与不丹是山水相连的邻邦，在历史、文化等方面有着悠久联系，保持着友好往来。近年来，中不交往逐渐增多，关系进一步发展。仁增·多吉简要介绍了不丹近年来社会发展情况时说，中不两国虽未建交，但两国民间友好交流源远流长，从未间断。五台山是佛教圣地，在佛国不丹民众心中占有特殊的地位。仁增·多吉希望今后不丹可以加强与山西的联系，使越来越多的不丹人民可以到五台山朝圣礼佛。

7月25日 省委中心组举行（扩大）学习报告会，邀请国防大学战略教研部副主任金一南教授作题为“国家安全筹划中的战略思维”报告。袁纯清在主持报告会时强调，山西作为国家重要的能源基地、连接中西部地区的战略要冲、拱卫首都北京的护城河，在维护国家安全上有着特殊的职责和使命，要切实增强国家安全意识，认真贯彻总体国家安全观，加强国防后备力量建设，提升国防教育水平，推进军民融合式发展，切实做好双拥工作，为维护我省大局稳定、捍卫国家安全作出应有的贡献。

同日 李小鹏在太原会见了中国日报社社长朱灵一行。

同日 省政府召开全体（扩大）会议，进一步学习贯彻全省上半年经济形势分析会议精神，听取省政府专项督查情况和下半年重点目标任务分解安排情况汇报，推动下半年工作落实。李小鹏主持会议并讲话。

7月28日—30日 全国人大常委会副委员长沈跃跃率检查组对山西省进行大气污染防治法执法检查。28日下午，检查组一行召开座谈会，听取省政府和太原市政府相关情况汇报后。沈跃跃强调，大气污染防治法执法检查是全国人大常委会的一项重要监督工作。检查要坚持问题导向，全面了解大气污染防治法的贯彻实施情况。要把执法检查作为推动工作的契机，着力抓好大气污染防治行动计划各项措施的落实。要广泛听取各方面对修改完善法律的意见建议，修改完善好大气污染防治法。全国人大环资委副主任委员王云龙、王庆喜，全国人大常委会委员范徐丽泰，全国人大环资委委员蒲长城，环保部副部长翟青等一同参加检查。

7月29日 李小鹏主持召开省政府第五十四次常务会议，研究全省燃煤发电机组超低排放和煤基科技创新等工作。会议原则通过全省煤基产业创新链和煤基重点科技攻关项目招标相关文件，原则通过省级财政科技项目和资金管理办法。

7月29日—30日 楼阳生、高建民等省领导分别到驻晋部队慰问，代表省委、省政府和全省人民向广大指战员、武警官兵致以节日的祝贺和亲切的问候。

7月30日 省委常委会召开（扩大）会议，传达学习中共中央对周永康立案审查的决定。大家一致表示，坚决拥护党中央对周永康严重违纪问题进行立案审查的决定。这一决定，体现了以习近平同志为总书记的党中央坚持党要管党、从严治党的鲜明态度和坚定决心，彰显了党中央坚定不移推进反腐败斗争的信心、勇气和担当，必将得到全党全国各族人民的衷心拥护。会议强调，全省各级党员领导干部要在思想上、政治上、行动上与以习近平同志为总书记的党中央保持高度一致，进一步增强政治意识、大局意识、忧患意识、责任意识，严守党的政治纪律、组织纪律，在大是大非上头脑清醒，在政治原则上立场坚定，确保中央政令畅通。

同日 袁纯清到省城政法综治部门进行调研。省法院院长左世忠，省检察院检察长杨司介绍有关情况。袁纯清强调，近年来，全省政法机关在省委、省政府坚强领导下，深入贯彻党的十八大、十八届三中全会和习近平总书记系列重要讲话精神，按照中央和省委政法工作会议部署要求，锐意进取，扎实工作，在服务工作大局、加强顶层设计、加快完善机制、实现重点突破、夯实基层基础等方面取得较好成绩。

同日 山西省首届百名好军嫂和优秀兵妈妈表彰大会在山西省军区隆重召开，山西焦煤汾西矿业集团普通职工梁秀娥荣获山西省首届“优秀兵妈妈”荣誉称号。

7月31日 袁纯清先后到山西焦煤集团西山煤电玉门小区、太原富士康等进行调研。袁纯清首先考察了西山保障性住房建设规划及玉门小区整体建设情况。在太原富士康组装车间，袁纯清察看了高级智能手机机构件加工线、组装线，听企业负责人介绍生产经营相关情况时强调说，太原富士康在发展壮大自身的同时，为山西转型发展做出了积极贡献，希望企业要确保今年生产计划的完成，同时继续加大投资力度，推出新的产品，扩大生产规模，为地方经济促增作贡献。

同日 在第十二届全国见义勇为英雄模范表彰大会上，定襄“最美女孩”李志敏获全国“见义勇为模范”称号。

8　月

8月1日 省委常委会召开会议，袁纯清主持会议。会议听取了对中央巡视组反馈意见整改落实工作和第一批教育实践活动整改落实工作进行“回头看”的情况汇报，安排部署下一步工作。会议强调，各级各部门要运用好这次“回头看”的成果，聚焦问题，强化措施，扎实完成各项整改落实任务。省级四大领导班子要加大工作力度，省人大、省政府、省政协要强化党组责任，真正把整改落实责任扛在肩上、工作抓在手上。要加强对整改落实工作的宣传力度，树立典型，鞭策后进，对工作不扎实、整改走过场的要公开曝光，努力在全省营造狠抓整改落实、改进工作作风、推动改革发展的良好氛围。

同日 山西省召开党管武装工作述职电视电话会议。袁纯清、李小鹏出席并讲话。会议深入贯彻习近平系列重要讲话精神特别是关于国防和军队建设的重要论述，客观分析去年以来全省党管武装工作形势，肯定成绩，查找问题，研究聚焦强军目标，在新的起点上加强和改进党管武装工作。

同日 省委党的群众路线教育实践活动领导小组召开第十一次会议，袁纯清主持会议并讲话。李小鹏、楼阳生、薛延忠等出席会议。会议传达学习了中央教育实践活动领导小组会议精神，听取全省第二批教育实践活动进展情况汇报，研究部署下一步工作。袁纯清强调，第二批教育实践活动即将进入整改落实、建章立制环节，各级各有关部门要严格落实中央教育实践活动领导小组会议要求，一要摒弃“过关”思想，扎实开展专题民主生活会前期和后续工作。二要弘扬“践诺”精神，认真做好整改落实和建章立制工作。三要强化责任担当，切实加强组织领导和指导督导。

8月3日 省委省政府向云南省委省政府发去慰问电，代表3600万山西人民向昭通市鲁甸县地震灾区人民表示慰问，并决定先期捐助500万元，支持抗震救灾工作。

同日 在中国能源报社与中国机械工业联合会共同主办的“第三届中国能源经济论坛”会上，太重集团副总经理张克斌被授予“2014中国能源装备十大优秀管理者”荣誉称号，成为山西省唯一获此殊荣者。

8月4日 袁纯清参加武乡县蟠龙镇党政班子党的群众路线教育实践活动专题民主生活会，对蟠龙镇党政班子成员开展批评和自我批评的做法给予充分肯定。袁纯清强调，教育实践活动的效果最终要体现在整改落实上。结合乡镇工作的特点，他对乡镇抓好教育实践活动整改工作，反对“四风”，改进作风，切实加强领导班子建设提出六点要求和希望：一要坚定为民宗旨；二要强化基层基础；三要狠抓民生民事；四要坚持务实求实；五要甘于辛苦吃苦；六要严守纪律要求。

同日 李小鹏主持召开省政府第五十五次常务会议，研究部署深化与周边省份合作、鼓励社会资本投资基础设施、加快发展文化产业等工作。会议原则通过山西省政府投资项目验收管理办法草案，决定修改完善后，以省人民政府令发布实施。

8月5日 李小鹏参加指导和顺县横岭镇党政班子党的群众路线教育实践活动专题民主生活会时强调，广大乡镇干部要认真学习、深刻领会、全面贯彻落实习近平总书记系列重要讲话精神，持之以恒反对“四风”，持续加强作风建设，坚决把教育实践活动成效落实到基层。

同日 全国半导体器件产业发展、创新产品和新技术研讨会暨第七届中国微纳电子技术交流与学术研讨会在太原召开。会议由中国半导体行业协会主办，工信部电子信息司和省经信委为大会的指导单位。来自省内外的高校、科研院所的专家学者和相关企业代表近300人参加了本次研讨会。此次研讨会除相关专家进行特邀报告外，还举行以光电技术、硅基技术、微纳电子技术、工艺检测与设备等为主题的专场研讨。

8月6日 省委召开党的群众路线教育实践活动督导工作座谈会，袁纯清主持会议并讲话。会议听取了各市教育实践活动进展情况，对市、县领导班子专题民主生活会进行分析评价，研究部署下一步工作。袁纯清指出，第二批教育实践活动开展以来，各活动单位按照中央和省委统一部署，紧紧围绕活动主题和总要求，结合各自实际扎实推进，取得积极有效成果。在看到成绩的同时，也要清醒认识到存在的问题和不足，主要表现为四种倾向：一是有的地方表现出松懈情绪，二是有的存在开完生活会就算了事的过关思想，三是有的聚焦问题一般化、大而化之不具体，四是有的抓整改不严不实、标准不高、措施不实。当前，第二批教育实践活动市、县级单位将陆续进入整改落实、建章立制环节，要认真贯彻落实中央要求和省委部署，坚决反对和遏制目前存在的四种倾向性问题，认真制定和完善整改计划，扎实推进下一步工作。

同日 省政府召开安全生产委员会第三次会议，会议传达了国务院安委会全体会议精神，对近期全省安全生产工作和油气管线安全监管工作作出进一步安排部署。

8月7日 袁纯清到阳泉市调研。在调研中，袁纯清要求阳泉党政领导班子认真贯彻省委、省政府上半年经济形势分析会的精神，坚定“促增”信心，奋力克服困难，狠抓项目招商和建设，完成全年目标任务。并强调，资源型地区务必立足当地优势，强化招商引资，扎实推进转型发展，为实现“促增”目标作出积极贡献。

同日 李小鹏到太钢集团调研，现场考察了太钢炼铁厂6号高炉冶炼平台和不锈钢冷连轧技术改造项目，参观了博物园厂史展览馆，并与企业代表座谈。袁纯清强调，太钢集团要继续发扬优良传统，艰苦奋斗，深化改革，加强管理，创新驱动，加快建设全球最具竞争力的不锈钢企业和国内一流、世界著名的大型企业集团，勇做全省转型跨越发展的排头兵。

8月8日—18日 山西省第十四届运动会在山西体育中心举行。全省11个市和省直机关、行业体协、老年体协的14支运动员队伍，以及裁判员、社会体育指导员队伍参加本届运动会。本届运动会为期11天，设竞技体育项目（青少年组）和群众体育项目（职工组、老年组和大专院校组）两部分。其中竞技体育项目16个大项，443个小项；群众体育项目中的职工组7个竞赛项目，老年组6个项目，大专院校组两个项目。

8月8日 山西省第五次自强模范暨助残先进集体和个人表彰大会在太原举行。袁纯清、李小鹏出席大会并颁奖。

8月11日 省委常委会召开会议，听取省纪委关于2014年上半年党风廉政建设和反腐败斗争形势分析报告，研究部署下一步工作。袁纯清主持会议。会议强调，全省各级党组织和党员干部要站在党和国家事业发展全局高度，站在党执政兴国的历史高度，认真学习领会习近平总书记系列重要讲话精神，把党风廉政建设和反腐败斗争作为一项当然的政治责任，作为一种必需的政治自觉，既充分认识党风廉政建设和反腐败斗争的长期性、复杂性和艰巨性，又牢固树立长期作战思想，坚定必胜信心，扎实推进工作。

同日 省委、省政府召开年度目标责任考核上半年督查汇报会，袁纯清主持会议并讲话。会上，各督查组组长汇报了有关情况。袁纯清指出，努力完成年度责任目标和省委、省政府各项目标任务。一要鼓干劲，二要强责任，三要抓服务，四要促落实。李小鹏在发言中对上半年目标责任考核督查工作给予充分肯定。

同日 第六届鲁迅文学奖评选正式揭晓，本省著名作家吕新创作的中篇小说《白杨木的春天》获中篇小说奖。

同日 李小鹏签署第238号省人民政府令，公布《山西省政府投资项目竣工验收管理办法》，该《办法》共28条，自2014年10月1日起实施。该《办法》的发布实施将对规范政府投资项目竣工验收管理工作，提高政府投资效益和项目建设质量，保障政府投资项目顺利投入运营发挥重要作用。

8月12日 省政府召开“六打六治”打非治违专项行动视频会议，决定根据全国统一部署，在全省煤矿、金属与非金属矿山、危险化学品、油气管道、交通运输、建筑施工、消防等重点行业领域，集中开展“六打六治”专项行动，集中打击、整治一批问题突出的非法违法、违规违章行为，进一步规范安全生产法治秩序。

8月13日 李小鹏率队突击检查了东曲煤矿的安全生产情况。在调度室，李小鹏仔细查看领导带班下井、挂牌责任制公示等制度是否落实，详细询问了煤矿负责人和当班职工开展安全生产大检查、安全培训、瓦斯综合治理等情况。随后，李小鹏主持召开突击检查情况反馈通报会，指出了东曲煤矿存在的27个问题，煤炭、安监、煤监等部门负责人进行了点评指导。根据国务院第446号令和本省有关规定，突查组当即决定，东曲煤矿立即停产整顿。李小鹏强调，要深刻汲取近期国内发生的多起重特大安全生产事故教训，改进方式方法，保证检查实效，全面做好各行业各领域的安全生产工作，促进安全生产形势持续明显好转并向稳定好转坚实迈进。

同日 山西省纪委监察厅网站消息，大同市原副市长靳瑞林、省机关事务管理局原局长任云峰、省直属机关工委原副书记郭忠实因严重违纪，被开除党籍、开除公职。

经查，靳瑞林在担任朔州市副市长、神头水厂建设协调组组长期间，滥用职权，造成重大经济损失；利用职务上的便利为他人谋取利益，收受他人财物；违反廉洁自律规定，收受他人礼金；违反人口与计划生育法律法规，超计划生育二胎。靳瑞林的上述行为已构成严重违纪，并涉嫌犯罪。依据《中国共产党纪律处分条例》和《行政机关公务员处分条例》的有关规定，经省纪委审议并报省委批准，决定给予靳瑞林开除党籍处分；由省监察厅报请省人民政府批准，给予其开除公职处分；将其涉嫌犯罪问题及线索移送司法机关依法处理。

经查，任云峰利用职务上的便利为他人谋取利益，索取、收受他人财物，且数额巨大；以不正当手段获取干部身份、变更年龄、伪造学历；违规经商办企业；违规购买公有住房；违反人口与计划生育法律法规，超计划生育；与他人通奸。任云峰的上述行为已构成严重违纪，并涉嫌犯罪。依据《中国共产党纪律处分条例》和《行政机关公务员处分条例》的有关规定，经省纪委审议并报省委批准，决定给予任云峰开除党籍处分；由省监察厅报请省人民政府批准，给予其开除公职处分；将其涉嫌犯罪问题及线索移送司法机关依法处理。

经查，郭忠实在担任晋中市委常委、组织部长期间，利用职务上的便利为他人谋取利益，收受他人财物，且数额巨大，其行为已构成严重违纪，并涉嫌犯罪。依据《中国共产党纪律处分条例》和《行政机关公务员处分条例》的有关规定，经省纪委审议并报省委批准，决定给予郭忠实开除党籍、开除公职处分；将其涉嫌犯罪问题及线索移送司法机关依法处理。

同日 李小鹏到临汾市检查大西铁路客运专线周边配套设施建设工作。在前往临汾的高铁列车上，李小鹏召集有关部门和单位负责人，共同研究了铁路配套设施建设及新开工项目推进工作。在临汾西站，李小鹏听取了工程建设进展和进度安排汇报，检查了站前广场、高架立交、站前环路、主干大道、绿化亮化等车站配套设施建设情况。楼阳生强调，要高度重视，科学调度，落实责任，严格督查，确保铁路项目周边配套设施如期优质建成，为列车投入运营发挥效益。

同日 省综治委召开2014年第一次全体会议，省委副书记、省综治委主任楼阳生出席并讲话。楼阳生对党的十八大以来特别是近年来全省社会治理工作给予充分肯定。并强调，落实才能奏效，要认真落实省委、省政府提出的“六六创安”目标要求，努力为全面深化改革和转型跨越发展创造良好的社会环境、法治环境和服务环境。

8月15日 省委中心组举行（扩大）学习报告会，邀请科技部党组书记、常务副部长王志刚作题为“创新驱动战略与区域创新体系建设”专题报告。王志刚在报告中对深化科技体制改革、实施创新驱动战略、推进区域创新体系建设等重大问题进行了讲解。

同日 太原市档案馆首次向社会公布“山西（原第二战区）受降档案资料”。这批档案主要包括：《第二战区受降及解除日军武装情形》《第二战区日军徒手官兵集中地位、人数一览表》《第二战区日军官兵遣返一览表》《日本对中国战区投降书》《促使日本无条件投降中美英三国领袖联合公告》及八路军攻克五台山、八路军庆祝解放灵丘等珍贵照片。

8月18日 李小鹏主持召开省政府第五十六次常务会议，讨论通过了关于缓解企业资金困难促进经济稳定增长的两项财政措施；听取了贯彻国家禁毒办会议精神和加强全省禁毒工作的汇报。会议要求各级各部门全面贯彻落实中央决策部署，深入持久做好禁毒工作，切实保护人民身心健康、维护社会和谐稳定。

同日 太原市高新区获国家评审，成为全国首批55个国家低碳工业园区之一。之后，高新区将在低碳生产、开展低碳技术创新与应用、创新低碳管理、低碳基础设施建设等方面进行试点。

同日 全国工商联发布“2014中国民企500强”名单，山西省有4家民营企业入围。山西潞宝集团以2013年年营收总额152.58亿元的成绩，位列总排名266位，山西安泰控股集团有限公司、山西通达（集团）有限公司、永泰能源股份有限公司分别位居285、311、466位。

8月19日 袁纯清到大西客运专线平遥古城站，就配套施工建设情况进行现场办公，与有关方面一同研究解决具体问题，推动项目加快实施、如期竣工。调研期间，袁纯清还考察了平遥煤化集团利用改性材料造纸项目和平遥县环古城地带综合整治项目。

8月20日 袁纯清在太原就水污染防治工作进行调研，实地考察了位于小店区嘉节村东侧的太原城南污水处理厂、山西省排污权交易中心和环境监测中心站。在实地考察的基础上，袁纯清主持召开了有省发改委、省财政厅、省住建厅、省环保厅、太原市、太钢等部门和单位负责人参加的座谈会，现场研究解决加强水污染防治工作有关事宜。袁纯清特别强调，全省水污染防治工作要以山西母亲河汾河流域为重点，太原市要作好表率。今后，要把水污染防治工作作为对各级政府年度目标责任制考核的刚性指标，加大监督考核力度，确保污水处理工作尽快取得明显效果。

同日 李小鹏到太原市城乡调研农村和城市人居环境改善工作。李小鹏要求随行的市、区和省直有关部门将采煤沉陷区的搬迁改造与农村发展相结合，做到同步规划，同步实施，同步见效，把好事办好，帮助大家解决新问题、适应新生活。李小鹏强调，要规划先行，因地制宜，统筹兼顾，扎实做好城乡人居环境改善工作，努力建设宜居宜业的美丽家园，让人民群众生活得更加幸福美好。

同日 李小鹏在太原会见了中国建设银行董事长王洪章一行。双方就基础设施建设、新能源产业发展、生态环保、民生改善等领域为山西提供金融支持等方面进行了座谈。

8月20日—21日 省政协十一届十次常委会议在太原召开，郭迎光应邀通报了全省上半年经济运行情况和国有企业改革推进情况；李雁红作了《关于加快推进我省国企改革的几点建议（讨论稿）》的说明；朱先奇作人事事项说明。会议审议通过了《关于加快推进我省国企改革的几点建议》和有关人事事项。

8月22日 袁纯清主持召开省委常委会会议，学习习近平总书记在纪念邓小平同志诞辰110周年座谈会上的重要讲话精神，深切缅怀邓小平同志为党和人民的事业建立的不朽功勋。

同日 为加快推动区域工业绿色转型发展，2014年，工信部选择一批重化工业特征明显、地方政府积极性高、有一定工作基础的地级市，开展区域工业绿色转型发展试点。朔州市成功入选我国首批开展区域工业绿色转型试点城市，成为山西省唯一入选的地级市。

8月21日—22日 省委召开2014年第一轮巡视工作情况汇报会，专题听取省委六个巡视组巡视工作情况汇报。袁纯清强调，要认真贯彻落实中央和省委关于巡视工作的新要求，进一步创新省委巡视工作，加大对发现问题的查处力度。要实行巡视组组长、巡视地区和单位、巡视组与巡视对象的关系“三个不固定”，提高巡视监督的效率和质量。要建立全省巡视工作干部库，加强巡视干部队伍建设，确保在2015年底前完成对各地各部门巡视的全覆盖。

8月23日 省委常委会召开会议，袁纯清主持会议。会议一致表示，中央纪委对陈川平、聂春玉涉嫌严重违纪违法问题进行组织调查，是以习近平同志为总书记的党中央深入推进反腐败斗争的重要举措，再次表明了党中央坚持党要管党、从严治党以及有腐必反、有贪必惩的鲜明立场和坚强决心。山西省委常委会坚决拥护中央决定，自觉在思想上政治上行动上与以习近平同志为总书记的党中央保持高度一致，并积极配合中央纪委做好调查工作。

同日 中央纪委监察部网站公布消息，山西省委常委、太原市委书记陈川平涉嫌严重违纪违法，正接受组织调查。

同日 中央纪委监察部网站公布消息，山西省委常委、秘书长聂春玉涉嫌严重违纪违法，正接受组织调查。

8月23日—25日 省政府党组分别召开会议，集中学习《习近平总书记系列重要讲话读本》、习近平总书记在纪念邓小平同志诞辰110周年座谈会上的重要讲话和党中央、国务院关于做好当前经济工作的精神，传达省委常委会议精神，研究部署当前工作。

8月24日 太原市委常委会召开会议。会议宣布了省委关于汪凡同志任太原市委委员、常委、市公安局党委书记和提名市公安局局长的决定；宣布了省委关于免去柳遂记太原市委常委、委员职务和提名免去市公安局局长职务的决定。

8月25日 袁纯清到中国兵器工业集团北方自动控制技术研究所、中国辐射防护研究院、山西汾西重工有限责任公司、晋西集团等国防科技工业企业调研。袁纯清强调，国防科工企业要在保质保量完成军品生产任务基础上，切实加大民品开发力度，积极开拓民品市场，加强军民融合，助推山西转型跨越发展。

8月25日—30日 山西省第十届残疾人运动会在山西体育中心举行。参加本届残运会的共有11个代表团。运动会共设11个大项目、212个小项目。最终在405名运动员中产生了189枚金牌。太原团体总分排第一，长治奖牌总数名列榜首。

8月26日 李小鹏主持召开省政府第五十七次常务会议，讨论研究全省新型城镇化规划、设立产业投资基金和成立省低碳发展咨询委员会等事项。会议原则通过了全省新型城镇化规划（2014—2020年），要求修改完善后按程序报批。

同日 据山西日报报道，第33届世界跳伞锦标赛8月15日至23日在波黑巴尼亚卢卡市举行，来自世界各地28个国家代表队的180余名运动员参赛。山西省跳伞队运动员贺亚楠随中国队参加本次比赛并取得青年组个人定点比赛项目亚军，这是山西省近20年来获得的世界跳伞比赛最好成绩。

同日 两座巨型钢筋混凝土整体球形粮仓在太原新城国家粮食储备库建设完工，单仓设计容量为1.25万吨。与普通仓型比较，球形粮仓具有整体坚固、抗腐抗震、占地面积小、仓容量大、保温隔热、防水防潮及后续维护成本低、设计使用年限长达百年等优势。

8月27日—28日 全省造林绿化现场推进会在吕梁市召开。李小鹏和代表们一起实地考察了柳林县国家三北防护林龙门垣生态经济型示范工程；参观了孝义市曹溪河生态综合治理工程、方山县吕梁机场绿色生态圈建设工程、柳林县军渡出省口绿化工程和柳林县中垣村人居环境改善示范工程。在吕梁市龙门垣管护站，李小鹏主持召开座谈会，与代表们一起研究探讨进一步做好林业工作的思路和办法。李小鹏强调，要一手抓生态林建设，一手抓经济林建设，进一步加大造林力度。坚持不懈实施造林绿化“六大工程”，突出抓好吕梁山生态脆弱区林业建设。要一手抓制度落实，一手抓制度完善，进一步加强管护工作，以扎实有效的工作，建设美丽山西、推动转型跨越、造福人民群众。

8月28日 袁纯清到太原市清徐县阳煤集团太化新材料园区进行调研。袁纯清听取了园区负责人关于发展规划的介绍，随后召集阳煤集团、太原市、清徐县以及省发改委、省国土资源厅、省国资委等部门和单位负责人进行座谈，现场研究解决项目建设中遇到的实际问题。袁纯清强调，太化搬迁改造是我省推动产业转型、促进环境改善的重大举措，地方、企业和有关部门要协同配合、共同努力，确保工程顺利推进、如期竣工、早日投产达效，为全省经济回稳促增作出积极贡献。

8月29日 中央纪委监察部网站公布，山西省委常委、统战部部长白云，山西省副省长任润厚涉嫌严重违纪违法，正在接受组织调查。

同日 金融支持山西经济转型升级座谈会在太原召开，袁纯清、李小鹏参加会议。会上有17家金融机构与213个项目成功对接，达成授信意向2834.03亿元，其中，现场签约21个重点项目，签约金额972.72亿元。

8月30日 李小鹏主持召开省政府党组（扩大）会议。高建民，张建欣、郭迎光、王一新、廉毅敏、刘杰出席，张复明列席会议。会议认为，中央纪委网站公布对白云、任润厚涉嫌严重违纪违法进行组织调查，再次展示了党中央深入推进反腐败斗争的坚定决心和坚持党要管党、从严治党的鲜明立场，再次表明无论什么人、什么地方出现腐败现象和腐败分子，都要坚决反对、坚决清除。省政府党组坚决拥护中央决定，坚决在思想上政治上行动上与以习近平同志为总书记的党中央保持高度一致，将积极配合做好相关调查工作。会议要求，各级各部门特别是各级领导干部，要深刻汲取教训，增强党性修养，坚定理想信念，认真履行“一岗双责”，带头落实党风廉政建设责任制，严格廉洁自律，严格管好自己、亲属和身边工作人员。要严守党的政治纪律和组织纪律，认真贯彻落实中央决定和省委要求，尽职尽责做好经济社会发展各项工作，大力加强安全生产，切实维护全省改革发展稳定大局。

8月31日 《山西日报》刊发中共山西省委坚决拥护中央对白云、任润厚涉嫌严重违纪违法进行组织调查的决定。8月29日中央纪委网站公布了山西省委常委、统战部部长白云，副省长任润厚涉嫌严重违纪违法接受组织调查。山西省委坚决拥护中央决定，自觉在思想上政治上行动上与以习近平同志为总书记的党中央保持高度一致，积极配合中央纪委搞好案件调查工作，无论什么人、什么地方出现腐败现象和腐败分子，都要坚决反对、坚决清除。省委认为，中央决定对白云、任润厚涉嫌严重违纪违法进行组织调查，再次表明党中央坚持党要管党、从严治党的鲜明立场和有腐必反、有贪必惩的坚强决心。各级领导干部都要从发生在身边的腐败案件中深刻汲取教训，不断增强党性、坚定理想信念，认真履行“一岗双责”，切实加强党风廉政建设，防微杜渐、拒腐防变，严格管好自己、亲属和身边工作人员。省委要求，全省各级各部门要统一思想、保持定力，严守党的政治纪律和组织纪律，不折不扣地贯彻落实中央决定和省委部署。要不信谣、不传谣、不造谣，把干部群众的积极性和创造力引导到转型发展和综改攻坚上来，紧紧扭住发展这个第一要务，扎实做好稳增长、促改革、调结构、惠民生、保安全各项工作，确保实现经济“止缓、回稳、促增”目标，维护好、发展好山西改革发展稳定大局。

同日 李小鹏率队到山西焦煤集团西山煤电（集团）有限责任公司马兰矿突击检查安全生产工作。在煤矿调度室，李小鹏仔细检查生产调度情况，详细询问安全生产制度措施落实情况，认真了解煤矿的资源赋存、地质条件、工艺装备。随后，李小鹏主持召开突击检查情况反馈通报会。先期出发的井下掘进和综采工作面两个突查小组通报了检查情况，指出了煤矿在掘进、采煤、支护、机电、运输以及“一通三防”等方面存在的35个问题和隐患。煤监、煤炭、安监等部门负责人进行了点评指导。李小鹏指示，要依法依规处理检查发现的问题并加强后续工作指导，要求企业认真整改。

9 月

9月1日 省委召开全省领导干部大会。中共中央政治局常委、中央书记处书记刘云山出席会议并作重要讲话。中共中央政治局委员、中央书记处书记、中央组织部部长赵乐际在会上宣布中央决定：决定王儒林同志任山西省委委员、常委、书记；袁纯清同志不再担任山西省委书记、常委、委员职务，另有任用。中央组织部副部长王秦丰、部务委员兼干部二局局长周祖翼出席会议。刘云山在讲话中强调，这次山西省委主要负责同志职务的调整，是中央从大局出发，根据工作需要和干部交流精神，以及山西省领导班子建设实际，通盘考虑、慎重研究决定的。刘云山指出，近年来，山西省委、省政府团结带领全省广大干部群众，以山西国家资源型经济转型综合配套改革试验区建设为契机，坚持以煤为基、多元发展，推动产业结构调整和转型升级，推进煤炭资源整合和煤矿兼并重组，加强生态环境保护和基础设施建设，做好保障和改善民生工作，全省经济社会发展取得新的成绩。同时要看到，山西省的政治生态存在不少问题，党风廉政建设和反腐败斗争形势严峻。中央高度重视山西存在的问题，高度重视山西领导班子和干部队伍建设，决定对山西省委班子作重大调整。刘云山要求山西全省广大干部要用中央精神统一思想，确保省委主要领导的顺利交接和平稳过渡。王儒林在会上讲话："我坚决拥护中央的决定，坚决拥护刘云山同志的重要讲话。中央决定我担任山西省委书记，这是中央对我的高度信任，我深感责任重大、任务艰巨、使命光荣，我决不辜负党中央的重托和山西人民的厚望。当前，山西改革发展正处于重要的历史关头，既面临许多重大机遇，又面临许多困难和严峻挑战。特别是连续出现严重腐败问题，给党的形象、给山西的声誉带来严重影响，我们一定要充分认清山西反腐败斗争形势的严峻性、复杂性、尖锐性、特殊性，一定要吸取深刻的痛苦的教训，一定要坚定信心，在以习近平同志为总书记的党中央高度重视、坚强领导下，正视问题不回避、惩治腐败不手软、反对"四风"不反弹，革弊立新、激浊扬清，努力开创山西弊绝风清的新局面。一要认真学习贯彻习近平总书记系列重要讲话精神，坚决落实中央各项决策部署。二要狠抓作风建设，坚决惩治腐败。三要全面深化改革，坚决破除各种体制机制障碍。四要突出抓好经济建设，坚持推动科学发展。五要切实加强法治建设，坚持推进依法治省。六要时刻把群众利益放在心上，坚持保障和改善民生。"王儒林指出，从今天开始，我就是山西的一员了，作为新的山西人，我会真心实意、充满感情地热爱山西；作为省委书记，我一定要率先垂范、以身作则，为全省各级干部立标杆、做榜样。一要政治坚定。二要加强学习。三要敢于担当。四要勤奋务实。五要廉洁自律。今后，如果有打着我的旗号或以我亲友名义在山西办私事、谋私利的，不仅不能办，还要坚决严肃依法查办处理。真诚希望同志们对我进行严格监督。袁纯清在讲话中表示，我完全拥护中央的决定，坚决服从组织的安排，热忱欢迎王儒林同志来山西工作。省委副书记、省长李小鹏作表态发言，坚决拥护中央决定，一定积极配合、全力支持儒林同志的工作，自觉接受省委的统一领导，带头维护省委的领导核心作用，带头维护以儒林同志为"班长"的省委班子的团结，一如既往地履行好岗位职责，确保各项工作有序衔接、有效推进。

9月2日 王儒林、李小鹏在太原会见柬埔寨国王西哈莫尼及柬埔寨副首相兼王宫事务部大臣贡桑奥、驻华大使凯·西索达、国务大臣、国王秘书厅主任斯雷诺利和中国外交部副部长刘振民。王儒林代表省委、省政府和全省人民对西哈莫尼一行来山西访问表示欢迎。王儒林向客人简要介绍了山西基本情况，希望双方继续加强文化艺术等各领域交流合作，增进两地人民友谊，更好地促进经贸合作。

9月2日—4日 第二届晋商大会在太原召开。王儒林致辞，李小鹏通报山西省情。举办第二届晋商大会，是2014年省委、省政府的一项重点工作，主题为"聚力转型综改，再铸晋商辉煌"。大会认真落实中央八项规定及省委有关规定和要求，按照"实际、实用、实效"的工作要求，创新办会理念，更新办会模式，通过现场活动与网络活动相结合的方式，进一步推进山西对外开放，搭建民间投资增长新平台，更好地吸引人才、技术、资金、项目参与山西科学发展，助力综改试验区建设。来自17个国家（地区）、26个省（区、市）及省内各市的270余名晋商代表参加大会。本届晋商大会征集项目1841个，会审后的1249个项目已通过网站发布。

9月3日 王儒林主持召开省委常委（扩大）会议，学习贯彻刘云山同志在全省领导干部大会上的重要讲话精神，研究部署当前重点工作。会议就贯彻落实刘云山同志重要讲话精神，提出八项具体措施。一是深入推进党风廉政建设和反腐败斗争，继续保持惩治腐败的高压态势。二是坚持以经济建设为中心，积极推动山西实现科学发展。要坚决贯彻习近平总书记"发展决不能以牺牲人的生命为代价"的指示精神，把安全生产作为一条不可逾越的红线，严格落实安全生产责任制度，坚决杜绝重特大安全生产事故发生。三是整治选人用人方面的不正之风，从严教育和管理党员干部。要对干部从严考察、从严选用、从严教育、从严管理、从严监督，着重引导领导干部自觉践行"三严三实"，充分调动广大干部干事创业的积极性和主动性，努力革弊立新、激浊扬清，努力开创山西弊革风清的新局面。四是扎实推进党的群众路线教育实践活动，确保善始善终、善作善成。五是全面深化改革，坚决破除各种体制机制障碍。要把全面深化改革和反腐败斗争结合起来，加快推动煤炭管理体制改革，抓紧推进煤炭资源市场化配置，根除权钱交易、官商勾结的土壤和条件。六是切实加强法治建设，全力推进依法治省。七是坚持以人为本、大力改善民生，确保社会团结和谐稳定。八是坚定信心、振奋精神，重塑山西改革发展稳定的新形象。会议强调，办好山西的事情，关键是建设好省委常委班子，确保省委领导集体的先进性和纯洁性。每位省委常委都要带头讲政治、顾大局、守纪律，勤奋务实，尽职尽责，为全省各级干部立好标杆、树好榜样。要紧密团结在以习近平同志为总书记的党中央周围，敢于担当、勇于尽责，为富民强省、为弊绝风清作出新的更大的贡献。

同日 省国防教育宣传月系列活动启动仪式暨省城国防教育广场宣传活动在太原工人文化宫广场举行。省委副书记、省国防教育委员会主任楼阳生出席并讲话。启动仪式由省军区司令员冷杰松主持。楼阳生强调，各级党委和政府要真正做到工作指导务实、工作方法求实、各项政策落实。各级职能部门要齐抓共管、密切协作，着力形成推动国防教育工作落到实处的整体优势与强大合力。各级领导干部要带头参加活动，带头接受教育，带头学习提高，履行好组织、协调和指导国防教育工作的职责，努力把国防教育工作抓到位、抓出成效。

9月4日 省政府党组召开（扩大）会议，李小鹏主持会议。会议专题学习了中共中央政治局常委、书记处书记刘云山同志在全省领导干部大会上的重要讲话精神，王儒林同志在全省领导干部大会上的重要讲话精神和9月3日省委常委会（扩大）会议精神。与会同志一致表示，坚决拥护中央决定，坚决在思想上政治上行动上与以习近平同志为总书记的党中央保持高度一致，自觉接受省委统一领导，维护省委的领导核心作用，维护以王儒林书记为班长的省委班子的团结，切实履行好岗位职责。

同日 省委组织部召开机关干部大会，楼阳生宣布中央和省委关于省委组织部主要领导同志职务调整的决定：盛茂林同志任省委常委、组织部部长；汤涛同志不再担任省委常委、组织部部长职务，另有任用。

9月9日 省委常委会召开会议，王儒林主持会议。会议传达学习了庆祝全国人民代表大会成立60周年大会精神和习近平总书记重要讲话精神，研究山西省贯彻落实意见。会议指出，习近平总书记在庆祝全国人民代表大会成立60周年大会上的重要讲话，科学回答了有关人民代表大会制度和中国特色社会主义政治发展道路等一系列重大理论和实践问题，高度评价了人民代表大会制度作为历史的选择、人民的选择的重大意义，充分阐述了中国特色社会主义政治发展道路的基本内涵和强大生命力，思想深刻、内容丰富，观点鲜明、论述严密，对于我们进一步动员和组织全省人民投身改革开放和现代化建设事业、实现“两个一百年”奋斗目标和中华民族伟大复兴的中国梦，具有重大现实指导意义和深远历史意义。会议强调，全省各级党委、政府，各部门各方面特别是人大系统，要认真学习、深刻领会习近平总书记重要讲话精神，认真抓好贯彻落实。一要把思想和行动切实统一到习近平总书记重要讲话精神上来。二要把坚持和完善人民代表大会制度与抓好山西省重点工作结合起来。三要切实加强人大代表工作。四要切实加强和改善党委对人大工作的领导。会议同意于9月28日召开省十二届人大三次会议。

同日 李小鹏到寿阳县宗艾镇尖山小学和解愁乡独壁小学，看望慰问山区教师，代表省委、省政府向全省广大教师和教育工作者致以节日的问候。

同日 山西省召开庆祝第30个教师节暨表彰大会。李小鹏主持会议，王儒林作重要讲话。王儒林代表省委、省人大、省政府、省政协，向全省广大教师和教育工作者致以节日的问候，向受到表彰的先进集体和先进个人表示热烈的祝贺，向长期以来关心支持山西省教育事业的社会各界人士表示衷心的感谢。王儒林指出，当前，山西正处在重要的历史关头，既面临许多重大机遇，又面临许多困难和严峻挑战。在山西这样的资源型欠发达地区，要加快创新发展、转型发展，实现富民强省目标，全面建成小康社会，需要靠人才来支撑，靠教育来保障。要优化政治生态，革弊立新、激浊扬清，铲除滋生腐败的土壤，开创弊绝风清的新局面，需要我们把社会主义核心价值观融入各级各类教育，大力弘扬廉洁廉政文化，在立德树人的教育中，营造风清气正的社会风尚。我们一定要认真贯彻落实党中央、国务院关于教育工作的部署要求，大力推动教育改革发展，努力办好人民满意的教育，为全省经济社会发展提供更好的人才保障、智力服务和科技支撑。第一，要把习近平总书记重要讲话精神作为教育工作的基本遵循。第二，要把立德树人作为教育工作的根本任务。第三，要把改革创新作为教育工作的强大动力。第四，要把提升质量作为教育工作的核心要求。第五，要把促进公平作为教育工作的突出重点。第六，要把教师队伍作为教育工作的牢固基石。张复明宣读了《关于表彰山西省教育系统先进集体和山西省模范教师、先进工作者的决定》《关于表彰山西省优秀教师和山西省优秀工作者的决定》，63个先进集体和1607名先进个人受到表彰。

9月9日—10日 全国政协人口资源环境委员会建立生态补偿机制专题调研组来本省调研。薛延忠会见了调研组一行。会见前，调研组与山西省有关方面举行座谈。在晋期间，调研组还实地考察了太原西山生态的恢复治理情况。

9月11日 李小鹏主持召开省政府第五十八次常务会议，听取改善农村人居环境进展情况汇报，讨论通过山西省保障性安居工程投资有限公司组建方案。会议原则通过山西省实施中华人民共和国水土保持法办法（修订草案），决定进一步修改完善、按程序审核后提交省人大常委会审议。

9月12日 王儒林与中央第八巡回督导组组长邢元敏、副组长崔曰臣一行举行工作会谈。李小鹏、楼阳生、李兆前出席会议。盛茂林汇报了山西省党的群众路线教育实践活动开展情况。王儒林强调指出，活动越是临近尾声，越要防止麻痹、松懈情绪，越要坚持高标准、严要求，确保活动善始善终、善作善成。全省各级各部门要按照中央部署和要求，在中央督导组指导帮助下，敬终如始、一鼓作气，集中精力抓好整改落实、建章立制环节各项工作。一要把学习习近平总书记系列重要讲话精神贯穿活动始终。二要狠抓专项整治。突出问题导向，坚持真整真改，深入落实中央部署的“7+4+10”专项整治任务，严肃查处发生在群众身边的不正之风。三要全面抓好整改落实。四要持之以恒推进作风建设。五要坚持“两手抓、两促进”。邢元敏指出，教育实践活动正处在关键时期、收尾阶段，希望山西省委认真履行主体责任，继续给市县党委“拧螺丝”“上发条”，确保思想不放松、标准不降低、力度不减弱，善始善终抓好教育实践活动整改落实和总结收尾工作。

同日 李小鹏带队督查太原市涉煤收费清理规范工作。李小鹏强调，要真整改、建机制、推改革，确保如期优质完成涉煤收费清理规范工作，坚决打开深化煤炭管理体制改革的突破口。

9月15日 王儒林、李小鹏在太原会见了前来参加2014中美洁净能源合作会议的神华集团董事长张玉卓一行。王儒林代表省委、省政府对张玉卓一行表示欢迎，对神华集团长期以来给予山西发展的关心、重视与支持表示感谢。

同日 李小鹏在太原会见了出席第五届中国（太原）国际能源产业博览会2014低碳发展高峰论坛的联合国环境署前主席劳伦斯·布鲁姆、2007年诺贝尔经济学奖得主埃里克·马斯金、中国科学院院士费维扬、国家气候变化专家委员会副主任何建坤和中国工程院院士谢克昌等嘉宾。

同日 2014中美洁净能源合作会议在太原召开。会议由国家能源局、美国能源部、山西省人民政府、美国西弗吉尼亚州政府联合主办，来自国内外的政府、企业、研究部门的200余人参会。省委常委、常务副省长高建民，美国能源部副部长助理胡里奥·弗利德曼，中国国家能源局副局长张玉清，神华集团董事长张玉卓在开幕式上致辞。中美洁净能源合作会议始自2004年，已成功举办五届。本次会议为期两天，就“二氧化碳污染治理和利用”“煤转化技术的发展和挑战”“先进发电系统”等专题展开深入研讨。

同日 李小鹏主持召开省政府第五十九次常务会，分析8月份经济形势，部署当前经济社会发展重点工作。

同日 山西省金融支持特色产业发展富民扶贫工程签字仪式在太原举行，标志着该工程正式启动实施。2014年将在21个片区扶贫攻坚重点县开展，每个县注入风险补偿金500万元。从2015年起至2018年，在全省58个贫困县全面实施。

9月16日 省政府召开低碳发展专家咨询委员会成立大会暨第一次会议，李小鹏向国家气候变化专家委员会副主任何建坤、国务院参事刘燕华等委员颁发聘书并讲话。他强调，要建立健全决策咨询制度，充分发挥新型智库作用，促进经济社会低碳发展。

同日 第五届中国（太原）国际能源产业博览会暨2014低碳发展高峰论坛在中国（太原）煤炭交易中心召开。王儒林宣布开幕。李小鹏发表了题为《高碳资源低碳发展 黑色煤炭绿色发展》的主旨演讲。阐述了能源可持续发展对保障国家能源安全、促进经济社会发展的重大意义，深刻分析了当前煤炭低碳绿色发展面临的形势、任务、挑战和机遇，回顾总结了山西省近年来促进低碳绿色发展的做法和成效，阐释了山西省推动煤炭革命和扩大开放合作的思路。联合国环境署前主席劳伦斯·布鲁姆，2007年诺贝尔经济学奖得主埃里克·马斯金，国务院参事、科技部原副部长刘燕华，中国科学院院士、中国低碳经济发展促进会执行理事长费维扬演讲。本届博览会共吸引了来自13个国家和地区的230家能源领域的世界500强、中央大型企业、知名民营企业、投资机构和科研院所参展，其中世界500强企业27家。

9月16日—19日 王儒林到吕梁市兴县、方山县、中阳县、离石区、文水县就贯彻落实以习近平同志为总书记的党中央对山西工作指示要求的情况，并就老区经济社会发展和群众生产生活情况、党风廉政建设和反腐败工作情况进行调研。王儒林强调，作为腐败问题重灾区，吕梁市的广大干部群众一定要坚决在思想上、政治上、行动上与以习近平同志为总书记的党中央保持高度一致，一定要把思想和行动统一到党中央对山西工作的指示要求和省委的各项部署上来，一定要全力优化政治生态、实现弊绝风清、重塑吕梁形象、促进富民强市，努力开创各项工作新局面。调研期间，王儒林主持召开市、县和市直部门主要负责人座谈会，听取了吕梁市委的工作汇报。王儒林在讲话中提出六个方面的要求。一要充分认识吕梁腐败问题的严重性和危害性，坚决把反腐败斗争进行到底。吕梁的严重腐败问题对山西、对吕梁造成极为恶劣的影响，市委、市纪委要严格履行党风廉政建设主体责任和监督责任，旗帜鲜明地反对腐败，以“零容忍”态度惩治腐败，坚持在中纪委领导下积极配合中纪委调查组查办有关案件，加大自办案件查处力度，不管什么人，只要违反党纪国法，都要一查到底，坚决遏制腐败多发势头，保持惩治腐败的高压态势。要坚持标本兼治，加强制度建设，严格制度执行，有效防止权力寻租，真正把权力关进制度的笼子里，使吕梁党员干部适应政治“新常态”，不敢腐、不能腐、不想腐。二要把老区人民利益放在心中第一位，千方百计帮助老区人民解决实际困难和问题。三要继承和发扬革命老区精神，深入挖掘和借鉴历史优秀廉政文化。吕梁发生严重腐败问题，一个根本性的原因就是在一些干部身上失去了老区的革命精神，伤了根、丢了魂、忘了本。吕梁作为“天下廉吏第一”于成龙的故乡，要高度重视、深入挖掘、大力弘扬于成龙廉政文化，引以为鉴，推动党风廉政建设和反腐败斗争深入开展。四要适应经济“新常态”，调结构、转方式，提高科学发展、可持续发展能力。五要积极稳妥处置突出矛盾和问题，全力维护社会大局稳定。六要提振精神、勇于担当，重塑吕梁新形象。

9月17日 李小鹏带领省督查组到阳泉市督查项目见效年进展情况，主持召开督查汇报点评会，听取阳泉市工作汇报。督查组重点督查了太钢鑫磊循环经济产业园冶金灰、康泰来农业产业园、梁家寨温泉国际旅游景区、百度云计算（阳泉）中心、山西兆丰天成高精铝板带和龙泉锦园移民搬迁工程等项目。李小鹏强调，要认真贯彻落实省委、省政府决策部署，六位一体推进重点工程，集中力量加快项目见效，以重点工程带动固定资产投资持续较快增长、稳定当前经济增长、推动长远转型发展、保障改善民生。要加强项目储备，立足本地实际，在基础设施建设、产业转型升级、民生社会事业和生态环境保护等领域，积极有效搞好项目储备。要促进项目签约，进一步解放思想，扩大开放，创新方式，更加高效务实促进项目签约。要督促项目落地，不等不靠不要，主动作为，扎实做好项目前期工作，督促项目早日落地。

9月18日 省十二届人大常委会召开第十四次会议。此次会议共举行了三次全体会议。第一次全体会议由李政文主持，通过了会议议程，听取法规草案审议结果报告、政府部分工作情况报告等。第二次全体会议由牛仁亮主持，听取了关于被任免人员情况的说明，关于省十二届人大三次会议等情况的报告和关于省十届人大代表出缺情况和补选代表资格审查报告。第三次全体会议由李政文主持，会议决定接受袁纯清因工作变动辞去省人大常委会主任职务的请求，并报省十二届人大三次会议备案。会议决定省十二届人大三次会议于9月29日在太原举行，建议会议的主要议程是补选省人大常委会主任。会议决定罢免刘建中第十二届全国人大代表职务，并报送全国人大常委会备案。会议决定免去任润厚副省长的职务。会议表决通过了关于个别省十二届人大代表辞职的审查报告，有3名代表提出辞职，其代表资格终止；表决通过了关于罢免个别省十二届人大代表职务的审查报告，太原市选举的陈川平，朔州市选举的王茂设，忻州市选举的吉久昌，吕梁市选举的聂春玉、郭继平，长治市选举的任润厚，临汾市选举的杨森林，运城市选举的白云被罢免省十二届人大代表职务，其代表资格终止。会议还表决通过了补选省十二届人大代表的代表资格审查的报告，太原市选举的袁纯清、晋城市选举的汤涛因工作变动调离山西，其省十二届人大代表资格终止；太原市人大常委会补选王儒林、晋城市人大常委会补选盛茂林为省十二届人大代表，本次会议确认其代表资格有效。会议还表决通过了《山西省企业工资集体协商条例》和省十二届人大三次会议议程（草案）、主席团和秘书长名单（草案），及人事任免名单。

同日 李小鹏带领省督查组到晋中市督查项目见效年进展情况，并主持召开督查汇报点评会，听取晋中市工作汇报。高建民提出督查建议，督查组成员进行点评指导。督查组在晋中市重点督查了寿阳县、祁县、太谷县、榆次区的省市重点工程项目。李小鹏强调，要树立科学理念，实行精细管理，严格要求，严格监督，严格管理，在优化投资结构、提高质量效益的前提下，加快建设进度，扩大投资规模。要加强项目立项管理，严格执行国家产业政策和生态环保标准，坚决杜绝低水平重复建设；转变作风，改进服务，统筹做好环境评估、土地预审、规划审批和征地拆迁工作，促进好项目、大项目早日落地、早日开工建设。

9月19日 李小鹏带领省督查组在太原市督查项目见效年进展情况，省督查组在太原市高新区、经济开发区、万柏林区、尖草坪区，重点督查了装备制造、现代农业、城市道路改造、电子商务等部分省市重点项目建设进展情况。并主持召开督查汇报点评会，听取太原市工作汇报。李小鹏强调，要深化改革、创新机制、扩大开放，充分调动市场活力，进一步加大重大项目和重大工程建设力度。

9月19日—25日 以“影像生活·梦想世界”为主题的2014平遥国际摄影大展在世界文化遗产地平遥古城展出。本届大展共有32个国家和地区的2100多名摄影师参展，本次摄影展一共设立了10类奖项，共有80人获奖。88岁高龄的殿堂级摄影师袁毅平获得2014平遥国际摄影大展“致敬奖”，并向平遥国际摄影大展精品馆捐赠了其1961年创作的《东方红》摄影作品。

9月23日 王儒林、李小鹏在太原会见中国气象局党组书记、局长郑国光一行。

同日 李小鹏听取平遥县委党的群众路线教育实践活动情况汇报。李小鹏强调，要全面贯彻落实全省领导干部大会和省委常委（扩大）会议精神，严格落实各级党委（党组）的党风廉政建设主体责任，加强反腐败斗争，把教育实践活动成果转化为推动全省转型跨越发展的强大动力，统筹做好稳增长、促改革、调结构、惠民生、防风险各项工作，以弊绝风清、富民强省的新成效向党中央、国务院和全省人民交一份合格的答卷。

9月24日 李小鹏到山西科技创新城调研。先后考察了部分研发单位和科技资源、科技创业孵化、科技金融服务三大平台的选址区域，现场查看周边情况，了解项目选址、规划等前期准备工作。李小鹏强调，要统筹协调，多方联动，以煤炭安全清洁高效低碳利用为主题，进一步加快建设步伐，为实施创新驱动提供有力支撑。随后，李小鹏主持召开科技创新城建设领导小组会议，听取工作进展情况汇报，研究部署规划、供地、企业搬迁和融资平台建设等事宜。

同日 第五届全国杰出专业技术人才表彰大会在北京举行，山西省太原科技大学重型机械教育部工程研究中心、中北大学微纳光机电惯性传感器件及集成测量系统创新团队荣获了“第五届全国杰出专业技术人才先进集体”称号。

9月25日 王儒林主持召开省委常委会会议，传达中宣部培育和践行社会主义核心价值观工作经验交流会、第十三届精神文明建设“五个一工程”表彰座谈会、全国外宣工作会议精神和中央党的群众路线教育实践活动理论研讨会精神，研究山西省贯彻落实意见；研究讨论省委关于落实党风廉政建设党委主体责任和纪委监督责任的意见。

同日 山西省纪委监察厅网站公布消息，王银旺在担任阳泉市平定县县长、县委书记期间，利用职务上的便利，为他人谋取利益，非法索取、收受他人财物，且数额巨大，情节严重;与他人长期通奸。其上述行为已构成严重违纪，并涉嫌犯罪。依据《中国共产党纪律处分条例》、《行政机关公务员处分条例》的有关规定，经省纪委审议并报省委批准，决定给予王银旺开除党籍、开除公职处分；将其涉嫌犯罪问题、涉案款物移送司法机关依法处理。

张波在担任太原市园林局局长、太原市政府秘书长、太原市民营经济开发区管委会副主任(主持工作)、主任期间，利用职务上的便利，为他人谋取利益，非法索取、收受他人财物，且数额巨大，情节严重，其行为已构成严重违纪，并涉嫌犯罪。依据《中国共产党纪律处分条例》《行政机关公务员处分条例》的有关规定，经省纪委审议并报省委批准，决定给予张波开除党籍、开除公职处分；将其涉嫌犯罪问题、涉案款物移送司法机关依法处理。

同日 山西省纪委监察厅网站公布，晋城市泽州县委书记秦建孝涉嫌严重违纪违法，正接受组织调查；晋城市委常委、常务副市长王树新涉嫌严重违纪违法，目前正接受组织调查；阳泉市委常委、纪委书记王民涉嫌严重违纪违法，正接受组织调查。

同日 省政府与中国保监会举行工作会谈，并签署关于加快山西保险业改革创新服务资源型经济转型的合作备忘录。李小鹏、中国保监会主席项俊波讲话并签署备忘录。

9月26日 中共山西省委、山西省政协隆重集会，庆祝中国人民政治协商会议成立65周年。王儒林出席会议并讲话。李小鹏、楼阳生出席大会。薛延忠主持大会。王儒林强调，人民政协要立足自身优势，主动履职尽责，积极建言献策，服务大局，群策群力，把全省各党派团体、各族各界人士的智慧和力量凝聚到净化政治生态、实现弊革风清、重塑山西形象、促进富民强省的实践中来。一要在净化山西政治生态中积极作为，认真总结山西发生严重腐败问题的深刻教训，积极提出堵塞制度漏洞、强化制度执行的思路和措施，多做宣传引导和释疑解惑的工作。二要在推动山西科学发展中积极作为，主动适应经济发展“新常态”，围绕稳增长、促改革、调结构、转方式、惠民生、防风险、保安全等重点工作，深入调查研究、积极献计献策，并立足本职岗位、狠抓工作落实。三要在全面深化改革中积极作为，紧扣转型综改区建设、政府职能转变、国有企业改革，特别是发挥市场在煤炭等资源配置中的决定性作用等重大问题，深入协商议政、提供决策咨询。四要在保障改善民生中积极作为，积极协助党委、政府做好新形势下的群众工作，坚持以人为本、履职为民，深入基层、深入群众，多做雪中送炭的实事。五要在大团结大联合中积极作为，团结一切可以团结的力量，全力维护山西大局稳定、政治稳定、社会稳定。省直各部门、人民团体负责同志，各民主党派省委、省工商联负责人和无党派人士代表，在并的第十二届全国政协委员、十一届省政协常委，省政府参事、文史馆员代表和省辖各市政协负责同志参加大会。

同日 省政府召开项目见效年督查点评会，通报全省项目见效年督查情况、1—8月各市主要经济指标和排名情况，部署当前重点工作。李小鹏主持会议并讲话强调，要坚定信心、振奋精神，团结一致、迎难而上，狠抓项目见效，带动投资增长，稳定经济增长，保障改善民生，推动转型跨越，加快富民强省。

同日 第五届山西道德模范评选揭晓，本次评选共选出1个团体和24名个人为山西道德模范，另有24人获山西道德模范提名奖。

9月26日—27日 王儒林、李小鹏等省委常委在太原市分别走访慰问新中国成立前参加革命工作的老干部、老党员。省领导和每位老党员亲切交流，询问身体状况和生活情况，向老党员们致以良好祝愿，并向老干部、老党员介绍新中国成立65年来特别是改革开放以来取得的辉煌成就和积累的成功经验，宣讲习近平总书记的系列重要讲话精神。同时，向老党员们转达党中央、国务院的关怀，感谢老党员们为中华民族解放、社会主义建设事业和改革发展事业作出的重要贡献，向老党员们表示崇高的敬意和诚挚的问候。

9月28日 省十二届人大三次会议在太原市工人文化宫举行预备会议。李政文主持会议。会议选举产生了由66人组成的大会主席团和大会秘书长。会议表决通过了省十二届人大三次会议议程，议程为补选省十二届人大常委会主任。省人大常委会副主任牛仁亮、周然、安焕晓、张茂才、田喜荣，秘书长李仁和出席预备会。

9月29日 省十二届人大常委会召开第三次会议。会议选举王儒林为山西省第十二届人民代表大会常务委员会主任。王儒林指出，这次大会，是一次和谐的大会、民主的大会、团结的大会。这次大会，选举我担任省人大常委会主任，这是全体代表对我的信任，也是全省3600万人民对我的信任。作为省人大常委会主任，我深感责任重大、使命光荣。我将严格要求自己，牢记宗旨、勤政为民，敢于担当、勇于负责，公道正派、廉洁自律，依法行使人民赋予的权力。我将对党和人民的事业高度负责，与省人大常委会组成人员一道，紧紧依靠广大代表，尽职尽责、尽心尽力，科学决策、民主决策、依法决策，为开创山西弊革风清、富民强省的新局面而努力工作，决不辜负全省人民的期望，决不辜负党中央的重托。王儒林最后强调，当前，山西正处在重要的历史关头，既面临严峻挑战，也面临新的机遇。我们要更加紧密团结在以习近平同志为总书记的党中央周围，依法行使宪法和法律赋予的职权，坚定信心、振奋精神，同心同德、开拓进取，为“净化政治生态、实现弊革风清，重塑山西形象、促进富民强省”而努力奋斗。

同日 山西省在省委会议厅设立中央民族工作会议暨国务院第六次全国民族团结进步表彰大会分会场。省领导王儒林、李小鹏、楼阳生、薛延忠、胡苏平、高建民、张少华、王建明、盛茂林、李政文等在分会场参加会议。郭迎光在北京主会场参加会议。

同日 省政府办公厅出台《关于进一步做好普通高等学校毕业生就业创业工作的通知》。《通知》取消了高校毕业生落户限制，支持高校毕业生见习、加大就业援助、创业补贴等多方面举措。为鼓励高校毕业生到基层岗位就业，特规定到西部地区及本省县以下（不包含县本级）基层单位就业的高校毕业生实行学费补偿和助学贷款代偿制度。申报相应职称时，按规定在乡镇及以下基层单位从事专业技术工作的可不参加职称外语考试，在县属企事业单位从事专业技术工作的可按规定降低一个考试等级。

9月30日 省委常委会召开（扩大）会议，宣布中共中央关于山西省领导同志调整的决定。王儒林主持会议。中央组织部常务副部长陈希出席会议并宣布中央决定：黄晓薇同志任山西省委委员、常委和省纪委书记；吴政隆、孙绍骋、王伟中、付建华同志任山西省委委员、常委；免去李兆前同志的山西省委常委、委员和省纪委书记职务。陈希还代表中央对山西省领导班子、干部队伍建设等工作提出重要意见和明确要求。省委副书记、省长李小鹏，省委副书记楼阳生，省政协主席薛延忠，中央组织部部务委员兼干部二局局长周祖翼，省委常委，省人大、省政府、省政协负责同志，省法、检两长，副省级以上老同志出席会议。陈希在讲话中指出，这次对山西党政班子进行集中调整补充，是中央根据山西工作需要、干部交流精神以及山西实际情况通盘考虑、慎重研究决定的。中央认为，他们是山西省党政班子集中调整补充的合适人选，相信会得到山西干部群众的拥护和支持。山西干部队伍的主流是好的，中央对山西广大干部是信任的，今后一定会按照党的干部路线方针政策和“好干部”标准，关心山西干部的成长进步，统筹考虑山西干部的使用工作。王儒林在发言中表示，山西省委坚决拥护党中央决定，坚决贯彻落实党中央关于山西工作的重要指示要求，坚决在思想上政治上行动上与以习近平同志为总书记的党中央保持高度一致，诚挚热忱欢迎5位同志来山西工作。王儒林强调，当前，山西正处在重要的历史关头，加强党风廉政建设和反腐败斗争、推进改革发展稳定的任务十分艰巨。我们既面临严峻挑战，但也面临难得机遇，山西未来的前景是光明的。省委常委班子责任重大、使命光荣，要旗帜鲜明、立场坚定，坚决与以习近平同志为总书记的党中央保持高度一致，在山西全面贯彻落实中央各项决策部署。李小鹏在发言中表示，坚决拥护中央进一步调整充实省委班子的重大决定，一定与班子成员团结共事、共同奋斗，积极配合、全力支持王儒林同志的工作，自觉接受省委的统一领导，带头维护省委的领导核心作用，带头维护以王儒林同志为班长的省委班子的团结，一如既往地履行好岗位职责，确保中央的精神得到全面贯彻，确保各项工作顺利推进。

同日 中共山西省委、省人大常委会召开庆祝全国人民代表大会成立60周年暨地方人大设立常委会35周年大会。省人大常委会主任王儒林出席大会并作重要讲话。王儒林强调，全省上下要认真学习贯彻习近平总书记系列重要讲话精神和中央关于山西工作的重要指示要求，团结带领全省人民，坚定信心，振奋精神，埋头苦干，努力开创弊绝风清、富民强省的新局面。

同日 省政府党组召开（扩大）会议，李小鹏主持会议并讲话。会议学习贯彻省委常委（扩大）会议和省委常委会精神，安排部署国庆长假期间工作。会议认为，中央集中调整补充山西省党政领导班子，是中央从全党、全国工作大局出发，充分考虑山西改革发展稳定需要，经过通盘考虑、慎重研究作出的重大决定，体现了中央对山西工作的关心支持，对山西领导班子建设的高度重视。与会人员一致表示，坚决拥护中央决定，热烈欢迎各位同志，一定要团结共事、共同奋斗，自觉接受省委的统一领导，带头维护省委的领导核心作用，带头维护以儒林同志为班长的省委班子的团结，履行好岗位职责，确保中央精神得到全面贯彻，确保省委决策部署和各项工作顺利推进。

同日 省政府党组（扩大）、省纪委、省委办公厅、省委统战部、太原市委分别召开干部大会，宣读中央和省委常委会决定。经中央批准，黄晓薇同志任省委委员、常委、省纪委书记，吴政隆、孙绍骋、王伟中、付建华同志任省委委员、常委；省委常委会决定，吴政隆同志任太原市委委员、常委、书记；孙绍骋同志任省委统战部长；王伟中同志任省委秘书长；付建华同志任省政府党组成员。

同日 在庆祝中华人民共和国成立65周年之际，我国迎来首个“烈士纪念日”。王儒林、李小鹏、薛延忠、楼阳生等省党政军领导与省城各界代表一起，向太原革命烈士纪念碑敬献花篮，深切缅怀革命烈士的不朽功绩，表达继承先烈遗志、致力富民强省的坚定信心。

10　月

10月8日 党的群众路线教育实践活动总结大会在北京召开。中共中央总书记、国家主席、中央军委主席习近平在会上发表重要讲话，对党的群众路线教育实践活动进行总结，对巩固和拓展教育实践活动成果，加强作风建设，全面推进从严治党进行部署。山西省在省委会议厅设立分会场，省领导王儒林、李小鹏、楼阳生、薛延忠、胡苏平、高建民、黄晓薇、吴政隆、王建明、孙绍骋、王伟中、付建华、李政文等在分会场参加会议。张少华在省军区分会场参加会议，盛茂林在北京主会场参加会议。

10月8日—12日 王儒林到太原市，就贯彻落实党中央对山西指示要求的情况和经济社会发展、群众生产生活及党风廉政建设情况进行调研。调研期间，王儒林主持召开市、县和市直部门主要负责人座谈会，听取了太原市委的工作汇报。王儒林强调太原市要从六个方面在全省发挥表率作用。一要在惩治腐败、狠刹“四风”方面发挥表率作用；二要在把权力关进制度的笼子、形成长效机制方面发挥表率作用，要重点抓好“六权治本”，即要依法确定权力、科学配置权力、制度限制权力、阳光使用权力、合力监督权力、严惩滥用权力。三要在科学推进城镇化、着力改善民生方面发挥表率作用；四要在深化改革、扩大开放方面发挥表率作用；五要在推动“六大发展”、富民强省方面发挥表率作用：（一）要推动廉洁发展；（二）要推动转型发展；（三）要推动创新发展；（四）要推动绿色发展；（五）要推动安全发展；（六）要推动统筹发展。六要在净化政治生态、重塑山西形象方面发挥表率作用。

10月9日 省委常委会召开（扩大）会议，王儒林主持会议。会议传达学习了中央党的群众路线教育实践活动总结大会精神，研究山西省贯彻落实意见。会议要求，要坚决把习近平总书记关于从严治党的八项要求落实到山西党的建设和全部工作中。要把从严治党的八项要求贯彻到反腐败斗争和作风建设的全过程，坚持把深入开展反腐败斗争作为净化政治生态的关键举措，认真落实党风廉政建设党委主体责任和纪委监督责任，以零容忍态度坚决惩治腐败，始终保持反腐败高压态势。要以法治思维、改革精神建制度；把教育实践活动中一系列行之有效的措施办法固化下来，努力形成改作风转作风的新常态。

同日 省政府党组召开（扩大）会议，李小鹏主持会议并讲话。会议专题学习了习近平总书记在党的群众路线教育实践活动总结大会上的重要讲话和省委常委（扩大）会精神，研究部署当前工作。

同日 省人大常委会召开主任（扩大）会议，李政文主持会议。会议传达学习了习近平总书记在党的群众路线教育实践活动总结大会上的重要讲话精神。会议就学习贯彻王儒林同志在庆祝全国人民代表大会成立60周年暨地方人大设立常委会35周年大会上的讲话作了研究部署，要求全省各级人大紧密联系本省改革发展实际，切实增强做好新形势下人大工作的责任感和使命感，进一步提高人大科学化水平，为实现富民强省、弊革风清的新局面发挥重要作用。

10月10日 李小鹏主持召开省政府第六十次常务会议。会议原则通过贯彻落实《社会救助暂行办法》的实施意见，原则通过加快推进新能源汽车产业发展和推广应用的若干政策措施。会议同意设立晋中108廊带区域一体化发展示范区，原则通过示范区总体规划和相关配套扶持政策。

10月11日 省长李小鹏主持召开企业座谈会，分析当前企业生产经营中遇到的困难和问题，听取有关方面意见建议，研究部署帮扶企业、稳定增长工作。李小鹏认真听取大家的发言，一一回应各单位各企业提出的意见建议，对大家满怀信心、积极进取的精神面貌给予充分肯定。他强调，要振奋精神，改革创新，科学调度，奋力攻坚，齐心协力稳定企业运行、促进经济增长。

10月13日 省委常委会召开会议，王儒林主持会议。会议学习了习近平总书记在党的群众路线教育实践活动总结大会上的重要讲话精神，审议了《全省党的群众路线教育实践活动总结报告》，研究部署教育实践活动总结工作，传达了全国党委秘书长会议和全国禁毒工作会议精神，研究贯彻落实意见。

同日 楼阳生在太原市杏花岭区北大街小学参加山西省庆祝中国少年先锋队建队65周年暨“我的金色童年梦”主题教育实践活动，代表省委、省政府向全省广大少先队员表示节日祝贺，向广大少先队辅导员和少先队工作者表示诚挚敬意。楼阳生希望全省少年儿童牢记要求、健康成长，从小树立远大志向，培育美好心灵，掌握过硬本领，练就强健体魄，为推进富民强省、实现“中国梦”做好全面准备。

10月14日 省委召开全省党的群众路线教育实践活动总结大会，李小鹏主持会议。省委书记王儒林、中央第八巡回督导组组长邢元敏分别作重要讲话。王儒林强调，要坚决把思想和行动统一到习近平总书记重要讲话精神和中央对山西工作的指示要求上来。当前，山西正处在重要的历史关头，学习贯彻习近平总书记系列重要讲话精神和党中央对山西工作的重要指示要求，是当前和今后一个时期全省头等重要的大事。要深刻认识到，省委关于“净化政治生态、实现弊革风清，重塑山西形象、促进富民强省”的部署，是学习贯彻习近平总书记重要讲话精神和党中央对山西工作的指示要求的重大举措，是当前和今后一个时期山西工作的大局。四句话中，净化政治生态是首要任务，实现弊革风清是长期目标，重塑山西形象是历史担当，促进富民强省是根本目的，全省上下必须以高度的政治责任感坚决贯彻落实。要坚决把习近平总书记从严治党八项要求落实到山西党的建设和全部工作中。一要从严落实管党治党责任。二要以“零容忍”态度坚决惩治腐败。三要以铁的决心从严治吏。四要切实增强党内政治生活的政治性、原则性、战斗性。五要坚决打赢作风建设的攻坚战、持久战。六要把从严治党八项要求贯彻到全省各项工作中。坚持以反腐败斗争和反对“四风”的新成效，形成从严治党的“新常态”、作风建设的“新常态”、干事创业的“新常态”，推动全省各项工作取得新成绩。要把权力关在制度的“笼子”里，实施“六权治本”，即通过依法确定权力、科学配置权力、制度限制权力、阳光使用权力、合力监督权力、严惩滥用权力，在“不敢腐”的基础上，形成“不能腐”的长效机制。要坚持从省委书记做起，从省委常委做起，从每个党员领导干部做起，认真践行“三严三实”，重塑山西新形象。邢元敏从认真贯彻中央精神，教育和实践并重，突出问题导向，分类指导、压茬推进，夯实基层基础，贯彻整风精神，加强严督实导七个方面肯定了山西省的做法和成效。她强调，山西的群众路线教育实践活动取得了一定成效，但应该看到这还是初步的，基础还不稳固，要有活动收尾绝不是收场的强烈意识和责任。当前，认真学习领会贯彻习近平总书记在党的群众路线教育实践活动总结大会上的重要讲话精神，对山西更有特殊重要意义，要切实用讲话精神武装头脑、指导实践、推动工作。一要持续用力抓好整改落实，二要以改革的精神抓好制度建设，三要持之以恒推进作风建设。李小鹏在主持会议时强调，各级党组织要切实把思想和行动统一到习近平总书记重要讲话和中央对山西工作的指示要求上来，落实省委“净化政治生态、实现弊革风清，重塑山西形象、促进富民强省”的要求部署。牢固树立活动收尾绝不是作风建设收场的意识，按照抓常、抓细、抓长的要求，把作风建设进行到底。

10月14日—15日 李小鹏到晋能集团调研煤炭运销管理和企业生产运行、安全生产工作，听取一线干部职工意见建议。李小鹏强调，各级各部门各企业要深入贯彻落实中央和我省党的群众路线教育实践活动总结大会精神，坚决把思想和行动统一到习近平总书记重要讲话和中央对山西工作的指示要求上来，统一到省委的决策部署上来，坚持党要管党、从严治党，转变作风、刷新吏治、反腐倡廉，深化改革、创新驱动、扩大开放，坚定信心、鼓足干劲、全力以赴，奋力冲刺四季度各项工作，把作风建设的新成效体现为事业发展的新成绩，为净化政治生态、实现弊革风清，重塑山西形象、促进富民强省作出应有贡献。

10月15日 省政府召开安委会第四次会议，听取前三季度安全生产工作汇报。李小鹏主持会议并讲话。指出要牢固树立安全发展理念，科学把握规律，清醒认识形势，从严落实责任，健全长效机制，严格事故问责，坚决减少一般性事故、杜绝重特大事故。

同日 山西纪委监察厅网站发布消息，大同市委书记丰立祥涉嫌严重违纪，正在接受组织调查。

同日 忻州市中院开庭审理省交通运输管理局原局长李华中受贿案。被告人李华中在担任省交通运输管理局局长期间，利用职务之便为他人谋利，累计非法收受人民币735.1万元、美金5.2万元，其行为构成受贿罪。

10月16日 李小鹏在太原会见前来参加中国黄河旅游市场推广联盟成立大会的国家旅游局副局长杜江一行。

10月17日 省十二届人大常委会第十五次会议在太原举行。王儒林出席会议并讲话。会议听取了李小鹏作的关于提名付建华任职的说明。会议决定任命付建华为山西省副省长。付建华在会上作了发言。会议还听取了李政文作的关于罢免丰立祥省十二届人大代表职务的审查报告。王儒林在讲话中指出，当前，山西正处于重要的历史关头，“净化政治生态、实现弊革风清，重塑山西形象、促进富民强省”的各项工作十分艰巨。省人大常委会作为地方国家权力机关的常设机关，在推进山西省各项事业发展中具有不可替代的重要作用。各位组成人员要切实增强政治责任感和历史使命感，强化职务观念和主角意识，努力在坚持正确政治方向、服务全省工作大局、提高常委会工作科学化水平三个方面履好职、尽好责。一要在坚持正确政治方向上履职尽责。二要在服务全省工作大局上履职尽责。当前，尤其要在净化政治生态、实现弊革风清上发挥人大常委会的重要作用。要围绕“六权治本”这六个方面，找准人大工作的切入点和突破口。要拿起监督这个打击腐败行为的有力武器，把容易滋生腐败和权力寻租的重点领域和关键环节，作为监督重点，加强对“一府两院”执法、司法工作的监督，确保权力运行到哪里，监督就延伸到哪里。要划清代表这个履职主体的权力边界，加强对代表的监督和管理，把好代表入口关，督促代表依法执行代表职务、模范遵守宪法和法律，确保人大代表的先进性和纯洁性。三要在提高常委会工作科学化水平上履职尽责。要坚定政治信仰，在思想上政治上行动上同以习近平同志为总书记的党中央保持高度一致。

同日 省政府召开全省扶贫工作电视电话会议，贯彻落实全国扶贫工作会议精神，启动全国扶贫日山西活动，安排部署山西省扶贫攻坚工作。郭迎光主持会议并宣读山西省受到国务院扶贫开发领导小组表彰的扶贫先进集体和先进个人名单。李小鹏宣布全国扶贫日山西活动正式启动。李小鹏在讲话中指出，做好扶贫开发工作，要加强组织领导，形成各级领导高度重视、主管部门牵头抓总、相关部门单位各负其责，共同推动扶贫攻坚的工作。

同日 李小鹏主持召开省政府第六十一次常务会议，分析前三季度经济形势，研究部署深化行政审批制度改革和推动国有企业信息公开等工作。会议原则通过了关于落实和承接国务院关于取消和调整一批行政审批项目等事项的工作安排、关于取消下放和调整一批行政审批项目等事项的决定、关于公开省直各部门行政审批事项的相关工作要求，决定落实和承接好国务院取消调整的行政审批项目48项，再取消、下放和调整60项省直有关部门实施的行政审批事项。此次，省政府各部门共保留行政审批事项475项。会议原则通过省属国有企业财务等重大信息公开办法(试行)，要求尽快修改完善、按程序审核后下发执行。

10月20日—21日 楼阳生到运城市经济开发区、空港开发区、临猗县和盐湖区进行调研。楼阳生考察了山西同誉有色金属有限公司、大运汽车制造有限公司、临猗县北景乡西里苹果现代示范园、盐湖区社会福利服务中心等企业运行、农业生产、社会服务情况并听取了运城市、盐湖区和临猗县的工作情况汇报。楼阳生强调，运城市各级党委政府要真正把思想统一到中央对山西工作的重要指示和省委的决策部署上来，落实好党风廉政建设党委主体责任和纪委监督责任，落实好王儒林书记提出的“六权治本”之策，真正把党要管党、从严治党落到实处。

10月23日 楼阳生主持召开山西省部分高校负责人座谈会，就学习贯彻中办近日印发的《关于坚持和完善普通高等学校党委领导下的校长负责制的实施意见》听取意见和建议。楼阳生强调，全省各高校一要认真学习，深刻领会党中央坚持和完善党委领导下的校长负责制的重大意义。二要深刻领会，准确把握党委领导下的校长负责制的科学内涵。三要完善制度，把党委领导下的校长负责制落到实处。特别要抓好《实施意见》的学习培训、办法制定和监督检查，确保制度执行到位。

10月24日 省委常委会召开（扩大）会议，传达贯彻党的十八届四中全会精神，研究山西省贯彻落实意见。王儒林主持会议并讲话。李小鹏传达了习近平总书记的重要讲话，吴政隆传达了习近平总书记受中央政治局委托作的工作报告，黄晓薇传达了习近平总书记就《中共中央关于全面推进依法治国若干重大问题的决定（讨论稿）》作的说明和《中共中央关于全面推进依法治国若干重大问题的决定》。会议指出，全省上下要把认真学习贯彻十八届四中全会精神和中央《决定》，特别是习近平总书记的重要讲话精神作为重大政治任务，坚定不移反腐败，聚精会神抓党建，全面深入抓法治，集中精力谋发展，不断开创“净化政治生态、实现弊革风清，重塑山西形象、促进富民强省”新局面。一要迅速掀起学习贯彻十八届四中全会特别是习近平总书记重要讲话精神热潮，切实把思想和行动统一到习近平总书记重要讲话精神上来，统一到《决定》作出的重大决策部署上来。二要把法治山西建设摆到更加突出的位置。三要深入推进党风廉政建设和反腐败斗争。四要把从严治党各项要求贯彻落实到山西党的建设全过程。五要全面深化改革，加快转型综改区建设，推动山西实现廉洁发展、转型发展、创新发展、绿色发展、安全发展、统筹发展。六要大力保障和改善民生，切实加强安全生产，解决好涉及人民群众现实利益的突出问题，确保社会和谐稳定。

10月26日 省政府党组召开（扩大）会议，学习贯彻党的十八届四中全会精神、国务院党组会和省委常委（扩大）会议精神，研究部署推进依法行政建设法治政府工作。省政府党组书记李小鹏主持会议并讲话。十八届四中全会审议通过的《中共中央关于全面推进依法治国若干重大问题的决定》，明确提出了新时期全面推进依法治国的指导思想、总体目标、五大原则、主要任务，具有很强的战略性、指导性和针对性，对建设中国特色社会主义法治体系、建设社会主义法治国家，具有重要而深远的意义。会议强调，全省政府系统要按照省委常委（扩大）会议的部署，把认真学习贯彻十八届四中全会精神和中央《决定》，特别要把习近平总书记的重要讲话精神作为重大政治任务，抓紧抓好抓实，坚决把思想和行动统一到习近平总书记重要讲话精神和中央《决定》上来，统一到省委常委会决策部署上来，牢固树立法治思维和法治理念，坚定不移反腐败，聚精会神抓党建，全面深入抓法治，集中精力谋发展。

10月28日 王儒林、李小鹏在太原会见中国联通集团公司总经理陆益民一行。王儒林指出，中国联通与山西建立了密切合作关系，为山西经济社会发展特别是信息化建设作出了重要贡献。山西作为全国唯一的全省域转型综改试验区，实现转型发展、创新发展离不开信息化的强大支撑。陆益民表示，中国联通全力支持山西发展，将进一步贯彻落实省企战略合作协议各项内容，加大对山西的投入力度，充分发挥人才、技术优势，为山西信息化建设搞好服务，为全省经济转型升级发挥更大作用。

同日 李小鹏主持召开省政府第六十二次常务会议。会议原则通过关于加快发展现代保险服务业的实施意见、原则通过山西科技创新城主体区总体规划、原则通过关于开展厂办大集体改革的实施意见、原则通过城市公共客运条例修订草案，进一步明确了公共客运不同营运方式的属性定位，强化了公交优先发展的制度保障、乘客权益保障和安全应急措施，决定修改完善后提交省人大常委会审议。

10月29日—30日 李小鹏到阳泉、晋中、太原调研督导环保工作时强调，要认真贯彻落实习近平总书记、李克强总理关于加强环境保护工作的一系列重要指示精神，按照省政府常务会议的安排和部署，狠抓落实，坚决改善当前环境质量，久久为功，努力建设美丽山西。

同日 李小鹏在太原会见了前来参加山西省军民融合成果展示暨推进会的国家国防科工局和部分中央军工企业代表。

10月31日 省政府召开督查工作回头看总结汇报会，安排部署当前重点工作。李小鹏在认真听取各督查组的汇报和发言后强调，越是经济形势复杂严峻，越要坚定信心，狠抓落实，确保中央决策部署和省委、省政府工作安排落到实处、收到实效。

同日 省委召开省级老领导情况通报会，盛茂林向省级老领导分别传达了习近平总书记在十八届四中全会上的报告和在四中全会第二次会议上的讲话精神，同时通报了王儒林在省委常委扩大会议上的讲话精神。

11　月

11月3日 山西省纪委监察厅网站消息，太原市人大常委会原副主任田玉宝涉嫌严重违纪违法，正接受组织调查。

11月4日 省委中心组（扩大）举行专题学习会，邀请国务院法制办公室副主任袁曙宏作题为《全面推进依法治国，为建设法治中国而奋斗》的辅导报告。王儒林主持会议并讲话。王儒林强调，各级党组织要增强基层干部法治观念、法治为民意识，推进基层治理法治化，深入开展法治创建活动，在全社会营造尊法、信法、守法、用法、护法的浓厚氛围。省直各单位、驻太原本科院校、省管国有骨干企业主要负责同志，中央驻晋主要新闻媒体负责同志参加了报告会。

11月5日 李小鹏到灵石县采煤沉陷区调研，并与8个采煤沉陷治理试点乡镇负责人座谈，研究部署相关工作。他强调，要将采煤沉陷区治理工作与经济社会改革发展同步规划设计、同步落实实施、同时见到成效，让搬迁群众搬得出、稳得住、能致富，早日过上更加幸福美好的新生活。

同日 李小鹏在太原会见了中煤集团董事长王安一行，双方就进一步加强合作进行了深入交流。

同日 全省干部监督工作会议在太原召开，盛茂林出席并讲话。会议分析了山西省干部监督工作面临的严峻形势，研究部署今后一个时期的重点任务。盛茂林指出，山西省吏治存在的严重问题，与管理监督干部上失之于宽、失之于松、失之于软息息相关。为此，山西省将以“六项整治”为抓手，下猛药、出重拳、用重典，对跑官要官、买官卖官等选人用人不正之风进行一次大排查大扫除。其主要内容为：坚决整治违反干部任用标准程序问题；坚决整治跑官要官、买官卖官问题；坚决整治“三超两乱”问题；坚决整治干部档案造假问题；坚决整治领导干部违规兼职问题；坚决整治“裸官”问题。

11月6日 山西省纪委监察厅网站消息，省国土资源厅厅长李建功涉嫌严重违纪违法，正接受组织调查。

11月7日 王儒林、李小鹏会见山西省受表彰的全国公安机关爱民模范集体代表和全国公安机关爱民模范。此次获集体荣誉称号的有：太原市公安局交通警察支队万柏林一大队、定襄县公安局季庄派出所和吕梁市公安消防支队孝义大队3个公安基层单位。壶关县公安局鹅屋派出所指导员兼内勤申飞飞、平陆县公安局治安大队大队长梁康、柳林县公安局留誉派出所指导员袁子捷3名基层民警获个人荣誉称号。申飞飞还荣获全国我最喜爱的人民警察提名奖。

同日 山西省表彰从韩国仁川亚运赛场获奖的运动员。在这次比赛中，山西省有10名运动员入选中国体育代表团，并获得5枚金牌、4枚银牌、3枚铜牌和一个第七名的优异成绩，创造了山西省亚运参赛历史上的最好成绩。省总工会、团省委和省妇联负责人分别宣读记功和表彰决定。

11月10日 国家科技部公布了2014年度国家火炬计划项目，平遥县峰岩集团新型建材公司的“环保节能型新型建材产业化”项目成功入选。

11月11日 李小鹏主持召开省政府第六十三次常务会议。会议原则通过关于加快发展生产性服务业促进产业结构调整升级的实施方案，原则通过省交通企业及高速公路资产债务重组方案。会议研究了山西科技创新城入驻研发机构供地工作，要求有关市及相关部门认真学习借鉴兄弟省市经验，紧密结合山西省实际，创新土地管理工作，对以科研院所、高等院校为主体建设的公益性科研项目，按划拨方式供地；对以企业为主体建设的科研项目，比照本地区工业用地价格供地。会议还原则通过了2015年地方性法规建议项目和省政府规章项目计划、关于废止和修改部分地方性法规的议案。

同日 省政协召开十一届十一次常委会议。薛延忠主持会议并讲话。会议认真学习贯彻十八届四中全会精神，审议通过了《关于引导农村土地经营权有序流转，加快发展我省特色现代农业的建议》。会议表决通过了关于撤销薛锦萍政协第十一届山西省委员会委员资格的决定。

同日 省委常委、组织部部长盛茂林对贯彻落实省委有关要求不认真、不负责、不用心、应付了事的团省委、省人防办、中北大学、太原科技大学、中国煤炭博物馆等5家厅级单位的党委（党组）书记进行诫勉谈话，问责警示。事前，省委组织部专门派出工作组对5家单位领导班子和干部队伍建设情况进行调研考察。

11月12日 山西省纪委监察厅网站公布，吕梁市柳林县县委书记王宁涉嫌严重违纪违法，正在接受组织调查。

11月12日—19日 王儒林到大同、朔州、忻州三市，就贯彻落实党的十八届四中全会精神、以习近平同志为总书记的党中央对山西工作的重要指示要求和省委决策部署的情况，煤炭产业发展、群众生产生活等情况进行调研。8天时间中，王儒林先后到大同市南郊区、左云县，朔州市右玉县、平鲁区、朔城区、山阴县，忻州市神池县、宁武县、原平市、忻州经济开发区、忻府区等11个县（市、区）和有关企业，下矿井、进园区，查民情、访农户，广泛接触基层干部群众，广泛听取意见建议，共商破解资源型经济困局，促进富民强省之策。调研期间，王儒林主持召开市、县和市直部门、有关企业主要负责人座谈会，听取了大同、朔州、忻州三市的工作汇报。王儒林在讲话中提出五个方面的要求。第一，深入学习贯彻习近平总书记重要讲话和十八届四中全会精神，切实加快山西法治建设。第二，努力破解资源型经济困局，突出做好煤炭这篇大文章。第三，深入推进党风廉政建设和反腐败斗争，全面落实从严治党各项要求。第四，时刻把群众安危冷暖放在心上，突出解决好民生问题。第五，大力弘扬优秀历史文化和光荣革命传统，进一步坚定改革发展的决心和信心。要从丰富的优秀文化中汲取改革发展智慧。要用优良革命传统凝聚发展力量。抓住机遇，坚定信心，攻坚克难，加快推动“六大发展”，不断开创各项工作的新局面。

11月13日—15日 李小鹏到太原、吕梁、临汾、运城4市进行水利专题调研。先后到太原市姚村镇、孝义市白石崖村、河津市禹门口、万荣县北赵和贾村乡五福村、垣曲县王茅镇板涧河村，实地调研了引黄工程原水直供、中部引黄输水隧道、南部引黄灌溉等水利项目建设运营工作，了解引黄灌溉工程惠民情况。

11月16日 中国山西首届国际旅行商采购大会在太原召开，王一新出席并讲话。王一新说，本届大会对于扩大和提升山西旅游在国际市场的知名度和影响力意义重大。希望通过这次考察踩线以及各位旅行商的支持和帮助，让更多的国际游客走进山西、了解山西、宣传山西，把“晋善晋美”的山西推向世界。

11月17日 全国人大环资委副主任委员王鸿举、卫留成等全国人大环资委调研组一行来晋了解《循环经济促进法》的贯彻实施情况。调研组听取了省政府关于循环经济促进法贯彻实施情况的汇报，省政府希望调研组一行对山西循环经济发展提出指导性建议，在加快园区循环化改造、推进粉煤灰资源综合利用、生态环境治理及节能减排低碳发展等方面提供有力的政策支持。调研组还将赴太原、大同、朔州三个市进行实地调研。

11月18日 李小鹏主持召开省政府第六十四次常务会议，会议听取了10月份全省经济运行情况汇报，要求各级各部门坚决把思想和行动统一到中央对形势的分析判断和省委省政府的决策部署上来，强化危机意识、责任意识和拼搏意识，奋力冲刺当前重点工作，为2015年经济持续健康发展奠定基础。会议原则通过煤炭焦炭公路销售体制改革方案。决定从今年12月1日起，取消对相关企业的煤炭、焦炭公路运销管理行政授权，取消煤炭、焦炭公路运销票据，撤销省内煤炭、焦炭公路检查站和稽查点，12月31日前，拆除省内各类公路煤炭、焦炭检查站和稽查点的相关设施。要妥善安置转岗职工，调动职工支持参与改革的积极性。会议要求，要强化宗旨意识，要千方百计做好企业稳岗工作，督促企业规范劳动用工，履行社会责任，稳定职工队伍。会议研究通过了社会信用体系建设规划(2014—2020年)，要求修改完善后按程序下发实施。

同日 李小鹏在太原会见了中铝公司董事长葛红林一行，双方就进一步加强合作进行了深入交流。

11月19日—20日 李小鹏到忻州、朔州、大同3市专题调研水利改革发展工作。实地考察了流域生态修复治理、水源地保护、引黄北干线工程运营管理和节水灌溉等情况。他强调，要牢固树立统筹治水新理念，改善水生态，保护水环境，让河流恢复生命、让流域充满生机。

11月20日 国务院医改办督查组组长、国家卫生计生委副主任王培安一行莅晋督查县级公立医院综合改革试点工作。副省长张建欣汇报了山西省推进县级公立医院综合改革试点工作情况，省政协副主席卫小春出席汇报会。

11月22日 中华中医药学会第六次全国会员代表大会在北京举行。山西省标志性名牌产品丁桂儿脐贴获2014年度中华中医药学会科学技术奖一等奖。该奖是我国中医药行业最高奖项，丁桂儿脐贴是山西省唯一获得此奖的产品。

11月23日 以“强健体魄·阳光生活”为主题的全民健身系列活动太原长风商务区主会场启动。李小鹏出席主会场启动仪式，并与干部群众一起参加健步走活动。省领导楼阳生、胡苏平、高建民、吴政隆、王建明、周然、张建欣、郭迎光、王一新、张复明、李悦娥分别在主会场、分会场参加活动。本次全民健身系列活动自今年12月开始至2015年12月结束，历时13个月。

11月25日 省政府召开固定资产投资专题会，李小鹏主持会议并讲话。会议听取了各市、省直有关部门、省属重点国有企业工作进展和省政府专项督查情况汇报，安排部署下一阶段工作。李小鹏要求，各级各部门各单位要对照年初目标任务，找差距、补短板，鼓干劲、快冲刺，特别要高度重视、大力加强安全生产、访贫问寒、市场监管、农民工工资发放等年终岁尾工作，努力争取全年工作最好成绩，为促进富民强省做出更大贡献。

同日 第四届全国非公有制经济人士优秀中国特色社会主义事业建设者表彰大会在北京召开，山西省推荐的远勤山、李建明、昝宝石获得“非公有制经济人士优秀中国特色社会主义事业建设者”荣誉称号。

11月26日 省委常委会召开会议，王儒林主持会议。会议研究讨论了《中共山西省委关于贯彻落实党的十八届四中全会精神，加快推进法治山西建设的实施意见》《中共山西省委关于在全省深入开展学习讨论落实活动的实施意见》《山西省煤炭焦炭公路销售体制改革方案》《山西省省属国有企业财务等重大信息公开办法（试行)》。

同日 因严重违纪且涉嫌犯罪，晋中市委原副书记张秀萍，阳泉市原市委常委、市纪委书记王民，晋城市泽州县原县委书记秦建孝，高平市原市委副书记、市长杨晓波4人被“双开”。

经查，张秀萍在担任省纪委副秘书长、监察综合室主任、常委、晋中市委副书记期间，利用职务便利，为他人谋取利益，非法索取、收受他人财物，且数额巨大，情节严重；收受礼金，与他人通奸。王民在担任阳泉市委常委、市纪委书记期间，利用职务便利，为他人谋取利益，非法收受他人财物，且数额巨大，情节严重；收受礼金。这两人上述行为已构成严重违纪，其中受贿问题涉嫌犯罪。依据《中国共产党纪律处分条例》、参照《行政机关公务员处分条例》有关规定，经省纪委审议并报省委批准，决定给予张秀萍、王民开除党籍、开除公职处分；其涉嫌犯罪问题移送司法机关依法处理。

经查，秦建孝在担任高平市市长期间，利用职务便利，为他人谋取利益，非法收受他人财物，且数额巨大，情节严重。其行为已构成严重违纪，并涉嫌犯罪。依据有关规定，经中共晋城市委研究，并经省纪委审议、报省委批准，决定给予秦建孝开除党籍、开除公职处分；其涉嫌犯罪问题移送司法机关依法处理。

经查，杨晓波在担任高平市市委副书记、市长期间，利用职务便利，为他人谋取利益，非法索取、收受他人财物，且数额巨大，情节严重；收受礼品；与他人通奸。其上述行为已构成严重违纪，其中受贿问题涉嫌犯罪。依据有关规定，经中共晋城市委研究，并经省纪委审议、报省委批准，决定给予杨晓波开除党籍处分；经晋城市人民政府研究决定给予杨晓波开除公职处分；其涉嫌犯罪问题移送司法机关依法处理。同日，省人民检察院依法对晋中市委原常委、原副书记张秀萍（副厅级）以涉嫌受贿罪决定逮捕。

11月27日 省政府召开全省煤炭焦炭公路销售体制改革动员部署电视电话会议，李小鹏出席并讲话。指出，各级各相关部门和单位要坚定改革信心，强化责任意识，狠抓工作落实，坚决打赢煤炭焦炭公路销售体制改革攻坚战。高建民主持会议，付建华宣读改革方案，吴政隆在太原市分会场参会。吕梁市、潞城市和晋能集团、焦煤集团负责人作表态发言。

同日 李小鹏在晋能集团主持召开煤炭焦炭公路销售体制改革座谈会，传达贯彻省委、省政府决策精神，面对面听取有关部门、企业和一线职工意见建议，进一步研究部署相关工作。

11月28日 大同市左云县县委书记徐尚红、阳高县县委书记解先文、阳泉市城区区委书记康晓剑、大同市广灵县县长李立平因涉嫌严重违纪违法，接受组织调查。

同日 李小鹏到焦煤集团主持召开座谈会，就贯彻落实省委常委会、省政府常务会精神，做好省属国有企业财务等重大信息公开工作与企业沟通交流。李小鹏强调，要深刻认识推进国有企业重大信息公开的重要意义，依法合规公开信息，着力打造阳光国企。座谈会上，省直有关部门和部分省属国有企业负责人先后发言，汇报企业信息公开工作情况和下一步工作安排。

11月30日 省委召开全省学习讨论落实活动动员大会。李小鹏主持会议，楼阳生作工作安排，王儒林作重要讲话。省委决定，从现在开始到明年3月底，在全省各级党组织和广大党员干部中开展以“深入学习习近平总书记系列重要讲话精神，净化政治生态、实现弊革风清，重塑山西形象、促进富民强省”为主题的学习讨论落实活动。活动的主体是全省各级党组织和广大党员干部，重点是乡镇（街道）以上领导机关、领导班子和领导干部。活动采取边学习、边讨论、边落实的方式，活动过程中不分段、不转段，有计划、有重点、有目的地统筹协同推进。王儒林在讲话中强调，全省各级党组织和广大党员干部要认真开展学习讨论落实活动，深入学习习近平总书记系列重要讲话精神，认真学习以习近平同志为总书记的中央领导集体的优良作风，切实做到真学真懂、真信真抓、真改真用，努力实现“净化政治生态、实现弊革风清，重塑山西形象、促进富民强省”的目标任务，确保取得实实在在的新成效，不断开创各项工作新局面。王儒林指出，要突出工作重点，确保活动取得实实在在的新成效。一要从严落实“两个责任”，在依规管党治党上取得新成效。二要保持“三个高压态势”，在建设廉洁政治上取得新成效。始终保持惩治腐败的高压态势；始终保持狠刹“四风”的高压态势；始终保持打黑除恶的高压态势。三要开展专项整治，在优化发展环境、利民惠民便民上取得新成效。四要坚持从严治吏，在匡正选人用人风气、刷新吏治上取得新成效。五要推进“六权治本”，在形成不能腐的长效机制上取得新成效。六要加快“六大发展”，在富民强省上取得新成效。李小鹏在主持会议时强调，王儒林书记的重要讲话，深刻阐述了开展学习讨论落实活动的重大意义，明确要求要把握正确方向，始终把习近平总书记系列重要讲话精神作为我们全部工作的根本遵循，明确提出了活动四个方面的目标任务、需要抓好的六项重点工作和六个方面的工作要求。各级党组织要迅速组织广大党员干部，认真学习、深刻领会、全面贯彻落实这次动员大会精神特别是王儒林书记的重要讲话精神，坚决把思想和行动统一到习近平总书记系列重要讲话精神上来，统一到党中央对山西工作的重要指示要求上来，统一到省委的重大决策部署上来。要“两手抓、两促进”，切实把开展活动的成效转化为推动改革发展稳定的动力，适应经济新常态，推进“六大发展”，促进经济社会持续健康发展，不断开创净化政治生态、实现弊革风清，重塑山西形象、促进富民强省的新局面。省政协主席薛延忠，省委常委，省人大、省政府、省政协负责同志，省法院院长出席会议。

12　月

12月1日 省人民检察院依法对晋城市原市委常委、常务副市长王树新(副厅级)以涉嫌受贿罪决定逮捕。案件侦查工作正在进行中。

12月2日 李小鹏主持召开省政府第六十五次常务会议，贯彻落实全省学习讨论落实活动动员大会精神，研究2015年全省经济社会发展主要指标计划安排，部署《山西文华》丛书编纂出版工作。

同日 省纪委监察厅网站发布消息，吕梁市政协副主席刘广龙、孝义市市长王建国涉嫌严重违纪违法，被立案调查。

12月3日 王儒林、李小鹏在太原拜会了来晋调研的全国人大常委会副委员长、农工党中央主席陈竺。

12月3日—5日 全国人大常委会副委员长、农工党中央主席陈竺就乡村医生队伍建设问题在太原调研。调研组到太原市晋源区南瓦窑村、五府营村卫生室，了解了卫生室建设管理、村医工作和村民就诊等情况，并召开座谈会，与省政府、卫计委等省直部门、村医代表进行情况交流。陈竺强调，农村是当前医疗卫生工作的短板，特别是贫困地区的医疗卫生基础还很薄弱。要通过完善政策体系，健全激励保障和管理体制等措施，加强农村医疗队伍建设，提高农村医疗服务水平，缩小医疗卫生城乡差距，为医药卫生体制改革奠定良好基础。在晋期间，陈竺还参加了农工党山西省委会工作座谈会，听取了相关工作汇报和基层党员的发言。陈竺表示，农工党要进一步发挥自身优势，广泛调研论证，积极建言献策，为经济社会发展和民生改善作出更大贡献。省人大常委会副主任、农工党山西省委主委周然，副省长张建欣，省政协副主席、省卫计委主任卫小春参加了调研。

12月4日 王儒林、李小鹏在太原会见了国家烟草专卖局局长凌成兴一行。

同日 省国土资源厅严肃查处违法占地行为，对7起国土资源典型违法案件进行公开曝光。被曝光的分别是：太原市狮头中联水泥有限公司非法占地案；朔州市山西京玉发电有限公司非法占地案；朔州市双良汽车有限公司驾驶员培训中心非法占地案；吕梁市兴县华润联盛车家庄煤业有限公司非法占地案；临汾市蒲县交通运输局非法占地案；运城市盐湖区山西珠水科技有限公司和山西国强科技有限公司非法占地案；运城空港经济开发区运城市关铝房地产开发有限公司非法占地案。

12月5日 省委常委会召开会议，王儒林主持会议。会议对王儒林在省委十届六次全会上的讲话稿进行了认真讨论，提出意见建议。会议研究讨论了《中共山西省委常委会工作报告》，听取了省委十届六次全体会议筹备情况汇报，决定12月7日召开中共山西省委十届六次全体会议。此次会议的主要任务是，全面贯彻落实党的十八届四中全会精神，审议《中共山西省委关于贯彻落实党的十八届四中全会精神加快推进法治山西建设的实施意见》，部署当前和今后一个时期的工作，动员全省各级党组织，团结带领广大党员干部和人民群众，深入学习贯彻习近平总书记系列重要讲话精神，奋力开创“净化政治生态，实现弊革风清，重塑山西形象，促进富民强省”新局面。

同日 省委召开会议，传达学习中央对周永康严重违纪案审查情况和处理决定。王儒林主持会议并讲话，李小鹏传达。副省及以上现职党员领导和党员老同志参加会议。山西省委坚决拥护中央查处周永康案的决定，坚决与以习近平同志为总书记的党中央保持高度一致。会议认为，中央决定给予周永康开除党籍处分，将周永康涉嫌犯罪问题及线索移送司法机关依法处理，充分表明了以习近平同志为总书记的党中央坚定不移惩治腐败的坚强意志和鲜明态度，充分体现了我们党的政治勇气和政治胆略，充分说明党纪国法面前人人平等、党内没有特殊党员。中央的决定是完全正确的，我们坚决拥护和支持，坚决在思想上政治上行动上与以习近平同志为总书记的党中央保持高度一致，自觉把中央的各项部署落到实处。

12月6日 李小鹏在太原会见前来观摩中巴地球资源卫星04星发射的科技和创新部部长克莱里奥·坎玻里那·迪尼兹率领的巴西部长级代表团，双方就进一步加强交流合作进行了友好交谈。同日，李小鹏在太原还会见了前来观摩中巴地球资源卫星04星发射的工业和信息化部副部长兼国防科工局局长许达哲一行。

12月7日 中共山西省委十届六次全会在太原召开，王儒林作了重要讲话。会议全面贯彻落实了党的十八届四中全会精神，审议了《中共山西省委关于贯彻落实党的十八届四中全会精神加快推进法治山西建设的实施意见》，部署山西省当前和今后一个时期的工作，全会表决通过了确认省委常委会给予段建国开除党籍处分的决定。会议认为，2013年，是山西历史上极不寻常的一年。党中央对山西发生的系统性、塌方式严重腐败问题进行了严肃查处，对省委班子进行了重大调整，充分表明了以习近平同志为总书记的党中央坚持党要管党、从严治党，严肃党的纪律、严格党风廉政建设责任追究的鲜明态度，充分体现了党中央对山西工作的特殊高度重视。省委常委会坚决在思想上政治上行动上与以习近平同志为总书记的党中央保持高度一致，坚决贯彻落实党中央对山西工作的重要指示要求，深入开展党风廉政建设和反腐败斗争，全面加强党的建设，动员和组织全省干部群众，努力开创弊革风清、富民强省的新局面。

同日 太原卫星发射中心长征四号乙运载火箭，成功将中国和巴西联合研制的地球资源卫星04星发射升空，卫星顺利进入预定轨道。当天，国家主席习近平同巴西总统罗塞夫互致贺电。

12月8日 李小鹏主持召开省政府党组（扩大）会议，传达贯彻省委十届六次全会精神，研究部署当前工作。会议认为，全会审议通过的《中共山西省委关于贯彻落实党的十八届四中全会精神加快推进法治山西建设的实施意见》，充分贯彻了《中共中央关于全面推进依法治国若干重大问题的决定》精神，充分突出了加强法治建设的山西特色和时代背景。政府党组和全省政府系统，要认真学习领会全会精神和儒林书记的重要讲话精神，切实用全会精神统一思想，凝聚共识，推动工作。要全面加强政府自身建设，把新时期从严治党要求落实到政府工作的全过程、各领域、各环节，为净化政治生态、实现弊革风清、重塑山西形象、促进富民强省提供有力保障。

同日 省管主要领导干部学习讨论落实活动专题研讨班在省委党校开班。王儒林主持开班式首场报告会。中央纪委副书记杨晓渡作专题辅导报告。本次专题研讨班为期3天，重点学习党的十八届四中全会精神，学习习近平总书记系列重要讲话精神，学习省委十届六次全会和领导同志讲话精神，学习省委关于开展学习讨论落实活动的安排部署。王儒林就办好学习讨论落实专题研讨班强调指出：一要充分认识举办这次专题研讨班的重要意义；二要进一步统一思想；三要自觉地把学习讨论成果运用于具体工作实践；四要切实加强对专题研讨班的组织领导。李小鹏、楼阳生、薛延忠出席开班式。

12月11日 太原市委常委、组织部长李志江违反中央八项规定精神，根据《中国共产党纪律处分条例》相关规定，中共太原市委研究决定，并经省纪委报省委批准，给予其撤销党内职务的处分。

12月12日 省委常委会召开（扩大）会议，传达贯彻中央经济工作会议精神，研究本省贯彻落实意见。王儒林主持会议并讲话，李小鹏传达习近平总书记和李克强总理的重要讲话精神。省级党员领导干部和省委工作机构、省政府组成部门主要负责同志参加会议。会议指出，这次中央经济工作会议，是在全党上下深入贯彻党的十八届三中、四中全会精神，加快推进全面建成小康社会，努力实现“十二五”规划的关键时刻召开的一次十分重要的会议。我们要认真学习、深刻领会中央经济工作会议精神，把思想和行动统一到中央对经济形势的分析判断和决策部署上来，增强做好明年经济工作的自觉性和主动性。我们要统筹谋划，抓紧研究明年经济工作。一是明确总的要求。二是科学确定指标。三是抓好重点工作。四是破解发展难题。明年是“十二五”规划的收官之年，各项工作任务要倒排工期、加快推进，同时要为制定“十三五”规划做好准备。

同日 王儒林主持召开省委常委会会议。会议传达了全国离退休干部先进集体和先进个人表彰大会、深化平安中国建设会议、全国信访工作专题会议精神，研究本省贯彻落实意见；会议还研究讨论了《关于贯彻落实〈深化党的建设制度改革实施方案〉的意见（讨论稿）》。

同日 山西省纪委监察厅网站消息，省煤炭工业厅党组书记、厅长吴永平涉嫌严重违纪违法，接受组织调查。

12月13日 王儒林、李小鹏在太原会见国家宗教事务局局长王作安一行。

12月15日 省政府党组召开（扩大）会议，李小鹏主持并讲话。会议进一步学习贯彻中央经济工作会议精神，深入学习习近平总书记、李克强总理的重要讲话精神和省委常委（扩大）会议精神，安排部署政府系统贯彻落实工作。

同日 李小鹏在太原会见葡萄牙驻华大使热·托雷斯·佩雷拉，双方就进一步加强合作进行了深入交流。

12月16日 李小鹏主持召开省政府第六十六次常务会议，进一步贯彻落实中央经济工作会议精神，分析当前经济形势，研究部署改革发展工作。会议强调，做好2015年经济工作意义重大。各级各部门要认真贯彻落实党的十八大和十八届三中、四中全会精神、中央经济工作会议精神，深入学习贯彻习近平总书记系列重要讲话精神，坚决贯彻落实党中央对山西工作的重要指示要求，按照省委十届六次全会安排，坚决把思想和行动统一到中央对形势的分析判断上来、对明年工作的总体要求和决策部署上来，着力促进经济平稳健康发展和社会和谐稳定。

同日 据中央纪委监察部网站公布，省纪委原常务副书记杨森林严重违纪违法被开除党籍和公职。日前，中共中央纪委对山西省纪委原常务副书记杨森林严重违纪问题进行了立案审查。经查，杨森林利用职务上的便利为他人谋取利益，收受巨额贿赂；收受礼金礼品；与他人通奸。杨森林的上述行为已构成严重违纪违法，其中受贿问题涉嫌犯罪。依据《中国共产党纪律处分条例》等有关规定，经中央纪委审议并报中共中央批准，决定给予杨森林开除党籍、开除公职处分；收缴其违纪所得；将其涉嫌犯罪问题及线索移送司法机关依法处理。

12月17日 省委常委会召开会议，王儒林主持会议。会议听取了省委党内法规和规范性文件第二阶段清理工作情况汇报；传达了中央巡视工作会议精神，研究本省贯彻落实意见；传达学习中央领导和中央督导组对开好2014年省部级单位领导干部民主生活会的要求，研究省委常委班子2014年度民主生活会方案。会议原则通过了《中共山西省委关于再废止和宣布失效一批党内法规和规范性文件的决定》。

同日 山西省纪检委监察厅网站发布消息，山西省人民检察院依法对省公安厅原党委委员、原副厅长兼太原市公安局原党委书记、原局长李亚力(副厅级)以涉嫌受贿罪决定逮捕。案件侦查工作正在进行中。

12月18日—22日 王儒林就贯彻落实党的十八届三中、四中全会，中央经济工作会议、省委十届六次全会精神，中央对山西工作的重要指示要求、省委决策部署情况，经济社会发展、民生改善、党的建设、反腐败斗争和干部队伍建设情况，先后到阳泉、晋中、长治、晋城的15个县（市、区）、28个调研点进行调研。5天时间里，王儒林深入革命老区、企业园区、农村农户，重温革命精神，了解经济发展，访察民生民情，考察党的建设，就选人用人，与基层干部进行座谈，广泛听取意见建议。王儒林指出，山西从严治党、从严治吏，当前首要任务就是要在继续形成惩治腐败高压态势的同时，选好人用好人。山西大多数干部是好的，只要我们认真贯彻落实以习近平同志为总书记的党中央关于干部工作的部署要求，改进和完善选人用人机制和办法，就一定能刷新吏治，选出一大批好干部充实到各级领导岗位上来。针对选好用好县委书记，王儒林讲了六点意见：第一，坚持严格要求，准确把握选用县委书记的标准和条件。第二，坚持拓宽视野，在全省干部范围中择优选用县委书记。第三，坚持权责分明，合理划分省市在县委书记选用中的职责。第四，坚持科学考察，全面准确掌握县委书记人选的真实情况。第五，坚持从严查廉，尽最大努力防止“带病提拔”。第六，坚持从严治理，加强对县委书记队伍的管理监督。要加强对县委书记的警示教育和日常管理，完善对县委书记考核评价体系。要强化县委书记“六权治本”的理念，引导县委书记为全省净化政治生态、实现弊革风清作出更大的贡献。

12月19日 李小鹏在太原会见国务院农民工工作领导小组督察组组长、人力资源和社会保障部党组副书记、副部长杨志明一行。

同日 厦门优传供应链有限公司在太原武宿综合保税区设立的保税店正式运营，这是山西省建成的首个保税店。

12月22日 李小鹏在太原会见中兴通讯股份有限公司董事长侯为贵一行，双方就深化电子信息产业领域的合作进行了深入交流。

同日 中共中央纪委对山西省人大常委会原副主任金道铭严重违纪问题进行了立案审查。经查，金道铭利用职务上的便利为他人谋取利益，索取、收受巨额贿赂；收受礼金礼品；与他人通奸。金道铭的上述行为已构成严重违纪违法，其中受贿问题涉嫌犯罪。依据《中国共产党纪律处分条例》等有关规定，经中央纪委审议并报中共中央批准，决定给予金道铭开除党籍、开除公职处分；收缴其违纪所得；将其涉嫌犯罪问题及线索移送司法机关依法处理。日前，最高人民检察院经审查决定，依法对山西省人大常委会原副主任、原党组书记金道铭以涉嫌受贿罪立案侦查并采取强制措施。案件侦查工作正在进行中。

12月23日 李小鹏主持召开省政府第六十七次常务会，研究部署2015年财政收支安排、能源改革发展、工商登记制度改革等工作。会议原则通过了2015年财政收支计划建议，决定按程序报批后实施。会议原则通过了山西省贯彻落实国家能源发展战略行动计划（2014—2020年）的实施意见，决定修改完善后下发执行。会议原则通过了山西省市场主体住所（经营场所）登记管理办法（送审稿），决定修改完善后下发执行。会议原则通过来本省涉案财物价格鉴证办法（草案），决定修改完善后以省政府令的形式公布施行。

12月24日 王儒林、李小鹏在太原会见了八路军研究会成立大会与会代表。王儒林指出，山西不仅具有优秀的红色文化，而且拥有优秀的法治文化、廉政文化；山西不仅为新中国的成立作出了特殊贡献，而且为我国经济建设和发展作出了重大贡献。八路军研究会的成立，对于深入研究党在山西的发展历史、在山西的革命斗争历史，继承发扬党的优良传统作风，特别是净化山西政治生态等，具有十分重要的作用。省委、省政府和全省上下，要尽全力支持八路军研究会的工作，共同努力把研究会越办越好。八路军研究会会长陈知建、北京新四军研究会会长陈昊苏等先后发言，对山西省委、省政府对八路军研究会的高度重视、大力支持表示感谢，表示要以八路军研究会的成立为契机，把八路军的历史研究好、挖掘好，把我们党的优良传统传承好，更好地教育启迪后人。

12月25日 山西省纪委监察厅网站消息，山西省吕梁市石楼县县委副书记、县长程晓春涉嫌严重违纪违法，正接受组织调查；山西省阳泉市矿区区委书记刘德跃涉嫌严重违纪违法，正接受组织调查；山西省忻州市代县县委书记霍富荣涉嫌严重违纪违法，正接受组织调查；山西省吕梁市委常委、政法委书记李良森涉嫌严重违纪违法，正接受组织调查。

同日 山西省纪委监察厅网站消息，晋城市纪委对高平市委原常委、纪委书记张俊明涉嫌严重违纪违法问题进行了立案调查。经查，张俊明在担任沁水县、高平市纪委书记期间，利用职务上的便利为他人谋取利益，收受贿赂，收受礼金，且数额巨大，情节严重；与他人通奸。其上述行为已构成严重违纪违法。依据《中国共产党纪律处分条例》，参照《行政机关公务员处分条例》等有关规定，经晋城市纪委研究并报请市委批准，决定给予张俊明开除党籍、开除公职处分；收缴其违纪所得；将其涉嫌受贿和巨额财产来源不明等犯罪问题及线索移送司法机关依法处理。

同日 据山西省纪委监察厅网站消息，大同市纪委对大同市地税局原局长宣艮严重违纪问题进行了立案审查。经查，宣艮利用职务上的便利为他人谋取利益，收受贿赂；收受礼金礼品。宣艮的上述行为已构成严重违纪违法，其中受贿问题涉嫌犯罪。依据《中国共产党纪律处分条例》等有关规定，大同市纪委决定给予宣艮开除党籍处分，山西省地税局决定给予宣艮开除公职处分；将其涉嫌犯罪问题及线索移送司法机关依法处理。

12月26日 省委常委会召开会议，王儒林主持会议。会议传达了全国组织部长会议和中央农村工作会议精神，研究我省贯彻落实意见，安排部署全省组织、农村、经济、司法体制改革、法治山西建设以及农村“两委”换届等工作。会议研究讨论了《贯彻实施<中共山西省委关于贯彻落实十八届四中全会精神，加快推进法治山西建设的实施意见>重要举措分工方案》。会议研究讨论了关于调整和充实法治山西建设领导机构以及成立有关办事机构的事宜。会议听取了全省农村“两委”换届工作情况汇报。

同日 李小鹏主持召开省政府水利工作座谈会，和有关部门共同分析全省水安全形势，研究治水兴水新思路，部署当前水利建设重点工作。李小鹏指出，水是生命之源，却是山西之短。历届省委、省政府高度重视水利工作，团结带领全省人民，坚持不懈治水兴水，特别是近年来，持续加大投资力度，推动水利事业进入历史上发展最快的阶段，全省供水能力显著提升，农田水利建设长足发展，农村饮水安全保障水平明显提高，水生态环境逐步改善，防洪减灾能力不断增强，水资源瓶颈制约问题得到初步缓解。

同日 山西省纪委监察厅网站消息，中共山西省纪委对太原市人大常委会原副主任田玉宝严重违纪违法问题进行了立案审查。经查，田玉宝利用职务上的便利为他人谋取利益，索取收受巨额贿赂；违反廉洁自律规定，违规入股分红。田玉宝的上述行为已构成严重违纪违法，其中索贿受贿问题已涉嫌犯罪。依据《中国共产党纪律处分条例》有关规定，经山西省纪委审议并报山西省委批准，决定给予田玉宝开除党籍处分；取消退休待遇；收缴其违纪所得；将其涉嫌犯罪问题及线索移交司法机关依法处理。

同日 山西省纪委监察厅网站消息，中共山西省纪委对吕梁市委原常委、离石区委书记阎刚平严重违纪违法问题进行了立案审查。经查，阎刚平利用职务上的便利为他人谋取利益，收受巨额贿赂。阎刚平的上述行为已构成严重违纪违法，涉嫌犯罪。依据《中国共产党纪律处分条例》有关规定，经山西省纪委审议并报山西省委批准，决定给予阎刚平开除党籍、开除公职处分；收缴其违纪所得；将其涉嫌犯罪问题及线索移交司法机关依法处理。

12月29日 全省经济工作会议在太原举行。楼阳生主持会议，王儒林、李小鹏出席会议并作重要讲话。会议深入学习贯彻落实习近平总书记系列重要讲话精神，贯彻落实中央经济工作会议和省委十届六次全会精神，分析新常态下本省面临的经济形势，总结2014年经济工作，安排部署2015年全省经济工作任务。会议强调，2015年全省经济工作的总体要求是：坚持以经济建设为中心；主动适应经济发展新常态；坚持稳中求进总基调；切实提高经济发展的质量和效益；全面落实“六大发展”战略部署。会议提出明年经济工作的七项重点任务是：要深入做好煤与非煤两篇大文章；要坚持以深化改革扩大开放提升经济增长新动力；要着力发现培育新的经济增长点；要全力在科技创新、民营经济和金融振兴三大方面实现新突破；要切实做好“三农”工作；要大力推进生态文明建设；要加强保障和改善民生工作。王儒林在讲话中深刻分析新常态下面临的经济形势和挑战机遇，提出明年经济工作的总体要求、重点任务。李小鹏在会上着重对明年全省经济社会发展主要预期目标和重点工作作出安排部署。

同日 省纪委监察厅网站消息，忻州市委书记董洪运涉嫌严重违纪违法，正在接受组织调查。

12月30日 省委召开市委书记、工（党）委书记抓基层党建工作专项述职会议。王儒林主持会议并讲话。王儒林对各市市委书记和工（党）委书记抓基层党建工作逐一进行点评。他强调，要认真贯彻党的十八大，十八届三中、四中全会和习近平总书记系列重要讲话精神以及省委十届六次全会精神，全面落实中央关于基层党建工作的各项部署要求，进一步强化各级党组织书记管党治党意识和责任，大力提升基层党建工作水平，为推进“六大发展”提供坚强组织保证。

同日 李小鹏主持召开省政府第六十八次常务会，研究部署进一步推进户籍制度改革等工作。会议认为，进一步推进户籍制度改革是党中央、国务院的重大决策部署，涉及人民群众的切身利益，是统筹推进工业化、信息化、城镇化和农业现代化的必然要求，对于提升社会治理能力和治理水平，促进我省“六大发展”，具有十分重要的意义。各地各部门要认真贯彻落实党中央、国务院关于进一步推进户籍制度改革的方针政策，积极稳妥推进我省户籍制度改革工作，全面放开建制镇和中小城市落户限制，有序放开大城市落户限制，不断创新人口管理工作，切实保障农业转移人口及其他常住人口的合法权益。

同日 王儒林到太原煤气公司、太原天然气有限公司、太原市供销社果品茶叶副食总公司的北批发部菜市场、太原市热力公司第二供暖分公司等地考察民生工作，看望一线职工，同时慰问困难群众。

同日 王儒林主持召开省委全面深化改革领导小组第三次会议。会议深入贯彻落实习近平总书记系列重要讲话精神，贯彻落实中央全面深化改革领导小组会议精神，贯彻落实省委十届六次全会和全省经济工作会议精神，听取各专项小组和改革办2014年工作情况汇报，研究部署2015年全省改革工作。

12月30—31日 省十二届人大常委会召开第十七次会议。此次会议共举行两次全会。第一次全体会议由李政文主持，听取了李小鹏所作关于被提请任免人员情况的说明，被提请任命人员作了供职发言；听取了关于《山西省人民代表大会常务委员会关于贯彻省委十届六次全会精神、加强和改进人大监督工作、营造弊革风清法治环境的决定（草案）》的说明。会议还听取了《山西省各级人民代表大会常务委员会规范性文件备案审查条例（草案）》的说明。第二次会议由王儒林主持，表决通过了人事任免名单，决定任命刘杰为山西省副省长；决定免去李建功的省国土资源厅厅长职务，免去吴永平的省煤炭工业厅厅长职务。王儒林强调，要全面落实省委十届六次全会和全省经济工作会议精神，努力推动全省经济社会持续健康发展。一要围绕加强法治山西建设积极作为。二要围绕实施“六权治本”积极作为。三要围绕主动适应经济发展新常态积极作为。

12月31日 李小鹏到山西焦煤西山煤电集团西铭矿，看望井下一线矿工，慰问劳动模范、老党员和困难职工，代表省委、省政府向全省干部群众致以新年的祝福。李小鹏强调，做好明年的改革发展工作，任务繁重、意义重大。各级各部门各企业要深入学习贯彻中央经济工作会议精神，按照省委十届六次全会和全省经济工作会议的部署，稳中求进、提质增效，大力深化改革、创新驱动、扩大开放，务实高效做好各项工作，为推动“六大发展”作出应有贡献。

（撰稿：成晓明 统稿：刘玉太）

省委党史办联合省文化厅、省教育厅、高校工委，在山西省图书馆举办“让历史照亮未来—党史图书大型捐赠活动”

附 

山西省2014年国民经济和社会发展情况

2014年，面对严峻复杂的经济形势，全省上下在省委、省政府的坚强领导下，坚持稳中求进和改革创新，主动适应经济发展新常态，认真做好稳增长、促改革、调结构、惠民生、防风险各项工作，全省经济发展总体平稳，人民生活水平稳步提高，社会保持和谐稳定，全面建成小康社会迈出坚实步伐。

一、综　　合

据2014年人口抽样调查，年末全省常住人口3648万人，比上年末增加18万人。全年全省出生人口39.7万人，人口出生率10.92‰；死亡人口21.6万人，死亡率5.93‰；自然增长率4.99‰。

初步核算，全年全省生产总值12759.4亿元，按可比价格计算，比上年增长4.9%。其中，第一产业增加值788.1亿元，增长3.8%，占生产总值的比重6.2%；第二产业增加值6343.3亿元，增长3.7%，占生产总值的比重49.7%；第三产业增加值5628.0亿元，增长7.0%，占生产总值的比重44.1%。

人均地区生产总值35064元，按2014年平均汇率计算为5708美元。

全年全省公共财政收入1820.1亿元，增长7.0%。税收收入1133.8亿元，下降0.3%，其中国内增值税、营业税、企业所得税、个人所得税、资源税和城建税共计完成税收924.4亿元，下降4.3%。公共财政支出3096.3亿元，增长2.2%。其中，教育、医疗卫生、社会保障和就业、住房保障、公共交通运输、节能环保、城乡社区事务等民生支出2583.1亿元，增长3.1%，民生支出占全省公共财政支出的比重83.4%。

居民消费价格比上年上涨1.7%，其中，食品价格上涨2.8%。商品零售价格上涨0.6%。固定资产投资价格下降0.4%。工业生产者出厂价格下降8.6%，其中生产资料价格下降9.0%，生活资料价格上涨1.3%。工业生产者购进价格下降3.8%。农业生产资料价格下降0.8%。

全年全省城镇新增就业51.4万人。转移农村劳动力37.7万人。年末城镇登记失业率3.4%。

二、农　　业

全年全省农作物种植面积3840.5千公顷，比上年减少57.8千公顷。其中，粮食种植面积3286.4千公顷，增加12.1千公顷；油料种植面积129.7千公顷，减少10.6千公顷；棉花种植面积18.7千公顷，减少4.7千公顷。在粮食种植面积中，玉米种植面积1676.5千公顷，增加6.5千公顷；小麦种植面积673.9千公顷，减少3.6千公顷。

全年粮食产量1330.8万吨，增加18.0万吨，增产1.4%。其中，夏粮260.3万吨，增产12.3%；秋粮1070.5万吨，减产1.0%。

全年完成造林307.9千公顷，增长1.7%。其中，荒山荒地造林面积303.5千公顷，增长1.6%。全年木材产量15.6万立方米，增长31.2%。

全年全省猪牛羊肉总产量76.7万吨，增长5.6%。其中，猪肉产量64.2万吨，增长4.9%；牛肉产量5.8万吨，增长11.5%；羊肉产量6.7万吨，增长8.1%。年末生猪存栏514.7万头，生猪出栏837.3万头。牛奶产量96.2万吨，增长11.6%。禽蛋产量83.7万吨，增长4.8%。水产品产量5.1万吨，增长12.3%。

年末全省农业机械总动力3286.2万千瓦，增长3.2%。机械耕地面积2683.1千公顷，增长2.8%；机械播种面积2622.3千公顷，机械收获面积1810.7千公顷，分别增长4.2%

和6.3%。全省农机化经营总收入131.1亿元，增长7.6%。

三、工业和建筑业

年末全省规模以上工业企业3720家，减少226家。全年规模以上工业增加值增长3.0%。

全社会发电量2642.8亿千瓦时，增长0.7%。规模以上工业企业焦炭产量8722.3万吨，下降3.5%；钢材产量4701.0万吨，增长4.8%。

规模以上工业企业实现主营业务收入17119.9亿元，下降6.1%。其中，装备制造和医药工业分别实现主营业务收入1582.1亿元和158.9亿元，分别增长9.4%和14.8%；煤炭、焦炭、冶金、电力、化学、建材和食品工业分别实现主营业务收入6781.0亿元、1026.4亿元、3768.2亿元、1597.2亿元、844.9亿元、358.6亿元和701.4亿元，分别下降8.0%、21.9%、8.3%、0.6%、2.8%、3.0%和1.0%。

规模以上工业实现利税973.4亿元，下降32.6%；实现利润210.6亿元，下降61.4%。

全年全省建筑业实现增加值825.7亿元，增长7.1%。具有建筑业资质等级的总承包和专业承包建筑业企业实现利润90.2亿元，增长0.6%。

四、能　　源

全年全省一次能源生产折标准煤7.2亿吨，增长2.4%；二次能源生产折标准煤4.9亿吨，增长1.0%。

全年全省向省外运输煤炭6.6亿吨，增长7.6%。在外运煤炭中，铁路运输5.0亿吨，增长4.7%；公路运输1.6亿吨，增长17.8%。向省外输送电力820.2亿千瓦小时，增长3.4%。

全年全省全社会用电总量1822.6亿千瓦小时。其中，第一产业用电37.9亿千瓦小时，占全社会用电量2.1%；第二产业用电1471.5亿千瓦小时，占80.7%，其中工业用电1452.1亿千瓦小时；第三产业用电160.1亿千瓦小时，占8.8%；城乡居民生活用电153.3亿千瓦小时，占8.4%。

五、固定资产投资

全年全社会固定资产投资12354.5亿元。其中，固定资产投资（不含跨省、农户）11977.0亿元，增长11.5%。

在固定资产投资（不含跨省、农户）中，国有及国有控股投资4858.7亿元，下降0.2%；民间投资6977.5亿元，增长20.5%。

分登记注册类型看，内资企业和个体经营投资11800.0亿元，增长11.2%；外商及港澳台商企业投资177.0亿元，增长33.2%。

分产业看，第一产业投资887.7亿元，增长34.5%；第二产业投资5009.5亿元，增长7.6%；第三产业投资6079.8亿元，增长12.0%。

全省工业投资5054.0亿元，增长7.5%。其中，煤炭工业投资1088.1亿元，下降6.0%,非煤产业投资3965.8亿元，增长12.0%；传统产业（煤炭、焦炭、冶金、电力）投资合计2303.9亿元，增长4.0%,非传统产业投资合计2750.1亿元，增长10.6%。

全年全省在建固定资产投资项目12815个。其中，亿元以上项目3541个，计划总投资23149.6亿元，完成投资7631.2亿元。

全年房地产开发投资1403.6亿元，增长7.3%。其中，住宅投资1010.7亿元，增长5.4%；商业营业用房投资191.3亿元，增长4.8%。

六、国内贸易

全年全省社会消费品零售总额5549.9亿元，增长11.3%。按经营地统计，城镇消费品零售额4600.8亿元，增长11.2%；乡村消费品零售额949.1亿元，增长11.7%。按消费形态统计，商品零售额5036.7亿元，增长11.5%；餐饮收入额513.2亿元，增长9.2%。

七、对外经济

全年全省海关进出口总额162.5亿美元，增长2.9%。其中，进口额73.1亿美元，下降6.3%；出口额89.4亿美元，增长11.8%。

全年出口煤炭45.0万吨，下降57.2%；出口焦炭98.9万吨，增长81.3%；出口镁及其制品8.8万吨，增长57.4%；出口钢材144.2万吨，增长87.2%，其中不锈钢61.5万吨，增长67.1%。出口机电产品51.1亿美元，增长10.0%；出口高新技术产品37.6亿美元，增长16.6%。

全年进口铁矿砂1616万吨，下降31.1%，进口金额15.5亿美元，下降47.7%；进口机电产品28.6亿美元，增长34.2%。

全年全省新设立外商直接投资企业50家；按全口径统计实际使用外商直接投资金额29.5亿美元，增长5.2%。

全年全省对外经济合作新签合同额3.5亿美元，增长47.0%，完成营业额7.4亿美元，下降4.0%。

八、交通、邮电和旅游

年末全省公路线路里程14.0万公里，其中高速公路5011.1公里，与上年末持平。

年末全省民用汽车保有量429.8万辆（包括三轮汽车和低速货车5.5万辆），比上年末增长3.4%，其中私人汽车372.3万辆，增长14.0%。本年新注册汽车58.8万辆，下降1.7%。年末轿车保有量255.0万辆，增长15.8%，其中私人轿车234.8万辆，增长17.9%。

全年全省完成邮电业务总量431.2亿元，增长11.4%。

其中，邮政业务总量36.6亿元，增长7.2%；电信业务总量394.6亿元，增长11.8%。年末移动电话用户3332.3万户，其中，3G移动电话用户1139.6万户。全省宽带接入用户571.1万户，增长9.6%。

全年全省商业住宿设施接待入境过夜游客56.5万人次，接待国内旅游者3.0亿人次，分别增长4.9%和21.7%；旅游外汇收入2.8亿美元，国内旅游收入2829.3亿元，旅游总收入2846.5亿元，分别增长5.1%、25.5%和23.5%。

九、金　融

年末全省金融机构本外币各项存款余额26942.9亿元，比年初增加675.5亿元，比年初增长2.6%。各项贷款余额16559.4亿元，比年初增加1488.0亿元，增长9.9%。

年末全省农村金融合作机构（农村信用社、农村合作银行、农村商业银行）人民币贷款余额3367.6亿元，比年初增加232.6亿元，增长7.4%;人民币存款余额5268.2亿元，比年初增加254.9亿元，比年初增长5.1%。

年末全省共有上市公司35家。全省辖区证券市场各类证券成交额20465.5亿元，增长67.7%。其中股票成交额14037.0亿元，增长77.4%；基金成交额730.0亿元，增长228.6%；债券成交额5698.5亿元，增长39.9%。年末投资者资金账户累计开户数179.5万户，增长9.0%。

全年全省保费收入465.4亿元，增长12.9%。其中，寿险业务保费收入271.9亿元，增长13.4%；健康险业务保费收入28.7亿元，增长42.4%；意外险业务保费收入8.7亿元，增长9.4%；财产险业务保费收入156.0亿元，增长7.9%。全年支付各类赔款及给付182.5亿元，增长7.8%。

十、教育和科学技术

年末全省共有幼儿园6183所，增加301所；小学6885所，减少2061所；普通初中1919所，减少72所；普通高中499所，减少5所；中等职业学校526所，增加19所；普通高等学校71所，增加1所；成人高等学校12所,与上年持平。全省学前三年毛入园率86.0%，小学学龄儿童净入学率99.9%，高中阶段毛入学率93.0%，全省高等教育毛入学率37.0%。

全年全省专利申请量与授权量分别为15684件和8372件，分别下降16.8% 和2.3%；其中发明专利申请量与授权量分别为6107件和1559件，分别增长1.4%和17.0%。全年新登记科技成果383项。获得国家科学技术奖6项。国家认定企业技术中心26家。省级企业技术中心208家。按照国家高新技术企业认定办法，年末累计高新技术企业520家。

全省25个经济开发区（包括高新区）入区企业17218家，其中500强投资企业107家。区内税收收入191.5亿元，增长18.9%；企业主营业务收入5895.3亿元，增长8.6%。

年末全省共有省、市、县产品质量监督检验和计量检定技术机构220个，国家检测中心5个。监督抽查了1882家企业59类249种11484批次的产品和商品。全年完成强制检定计量器具182万台件。

全省有气象台站121个，全省开展电话天气自动答询的台站121个。全省气象系统开展人工影响天气业务的单位116个，防雹、增雨累计受益面积224.9万平方公里，增雨量30.4亿立方米。全省有天气预报服务Intel网站4个，卫星云图接收站15个。

全省有专业综合地震台站10个，省级地震台网中心1个，省级数字测震地震台网1个。全年M3.0—M3.9级地震7次，M4.0—M4.9级地震0次，最大震级M3.7级。

十一、文化、卫生和体育

年末全省共有群众艺术馆12个，文化馆119个, 文化站1407个（其中：乡镇综合文化站1196个），农村文化活动场所2.8万个。专业艺术表演团体163个。公共图书馆126个。出版报纸60种（不含高校校报）20.5亿份，各类杂志198种、3215.8万册，各类图书5306种、11908.5万册。广播电视台114座，电视台2座，中短波转播发射台15座，调频转播发射台119座，一百瓦以上电视转播发射台145座。广播人口覆盖率98.04%，电视人口覆盖率98.95%，有线电视用户514.8万户。山西影视集团拍摄的电影《黄河喜事》荣获第14届韩国光州国际电影节“最受观众喜欢影片奖”；电视剧《幸福生活万年长》荣获中宣部第十三届精神文明建设“五个一工程”优秀作品奖。

年末全省共有卫生机构(含诊所、村卫生室)40744个，床位18.1万张。卫生防疫、防治机构134个，妇幼保健院（所、站）133个。全省卫生机构共有卫生技术人员21.0万人；卫生院卫生技术员2.3万人，社区卫生服务中心（站）卫生技术人员1.1万人，其中农村乡镇卫生院2.0万人；防疫、防治卫生技术员0.4万人，妇幼保健（所、站）卫生技术人员0.6万人。全省115个县（市、区）开展了新型农村合作医疗工作，有2191.2万农民参加了合作医疗。

全省有体育场99个，体育馆87个。全年我省运动员在国内外重大比赛中获金、银、铜牌分别为75枚、62枚和46枚（包括非奥运项目比赛）。全省销售中国体育彩票19.0亿元，增长21.5%。

十二、人民生活和社会保障

全年居民人均可支配收入16538元，增长9.4%。按常住地分，城镇居民人均可支配收入24069元，增长8.1%，城镇居民人均消费支出14637元，增长6.4%；农村居民人均可支配收入8809元，增长10.8%，农村居民人均消费支出6992元，增长8.3%。城镇占调查总户数20%的低收入家庭人均可支配收入9487元，增长9.1%；农村占人口20%的低收入者收入2719元，增长13.4%。城镇居民家庭恩格尔系数（即居民家庭食品消费支出占家庭消费支出的比重）26.0%，农村居民家庭恩格尔系数29.4%。

年末参加城镇职工基本养老保险692.0万人，增加19.5万人；参加城乡居民社会养老保险1537.4万人，增加3.7万人；参加城镇基本医疗保险1100.7万人，增加14.4万人；参加失业保险407.7万人，增加7.0万人；参加工伤保险563.1万人，增加14.2万人；参加生育保险454.2万人，增加8.6万人。

全年得到城市最低生活保障救济人数72.6万人，全年共发放城市最低保障资金26.3亿元。16万人纳入农村五保供养。

年末全省城镇有各种社区服务设施3227个，其中综合性社区服务中心529个，各类收养性单位床位数72110张，收养人数4.1万人，国家抚恤、补助各类优抚对象18.2万人。全年销售福利彩票40.9亿元，筹集社会福利资金11.9亿元，接受社会捐赠款0.1亿元。

十三、资源、环境和安全生产

年末全省10座大型水库蓄水总量为10.4亿立方米。

年末全省森林面积282.4万公顷，森林覆盖率18.0%。

按《环境空气质量指数（AQI）技术规定（试行）（HJ633—2012）》评价，太原市环境空气达标天数197天；其余10个地级城市环境空气达标天数范围在96—300天之间。

黄河、海河流域山西段共监测96个断面，达到Ⅲ类以上水质标准的断面占47.9%，达到Ⅳ类水质标准的断面占24.0%，达到Ⅴ类水质标准的断面占3.1%，有25.0%的断面超过Ⅴ类水质标准。

全年各类自然灾害造成直接经济损失51.1亿元，减少66.5%；农作物受灾面积72.0万公顷，减少60.4%，其中，绝收面积11.4万公顷，减少55.4%。

全年全省共发生各类生产经营性事故1947起，下降9.1%；死亡1127人，下降4.7%。全年全省煤炭百万吨死亡率0.036。

太原市2014年国民经济和社会发展情况

2014年，面对复杂多变的宏观经济环境，市委、市政府团结带领全市人民，认真贯彻落实中央和省的各项决策部署，坚持稳中求进、改革创新，积极适应经济发展新常态，经济总体在克服诸多困难和挑战后实现新增长，人民生活水平稳步提高，城市品质不断提升，生态环境有所改善，各项社会事业取得新进展。

一、综　　合

人口：据2014年人口抽样调查，年末全市常住人口429.89万人，比上年末增加2.12万人。其中：城镇人口362.18万人，增加2.34万人；乡村人口67.71万人，减少0.22万人。城镇化率84.25%，比上年提高0.13个百分点。男性人口217.81万人，女性人口212.08万人，性别比为102.70：100。

全年出生人口4.28万人，人口出生率9.98‰；死亡人口2.16万人，死亡率5.03‰；自然增加人口2.12万人，自然增长率4.95‰。

经济增长：初步核算，全市实现地区生产总值（GDP）2531.09亿元，比上年增长3.3%。其中：第一产业增加值38.93亿元，增长4.3%；第二产业增加值1012.31亿元，增长1.0%；第三产业增加值1479.85亿元，增长5.1%。第三产业中，交通运输、仓储和邮政业增加值126.94亿元，增长1.1%；批发零售和住宿餐饮业增加值441.30亿元，增长3.4%；金融业增加值307.05亿元，增长4.9%；房地产业增加值139.91亿元，增长6.8%；营利性服务业增加值262.26亿元，增长11.0%；非营利性服务业增加值200.80亿元，增长3.3%。

人均地区生产总值59023元，比上年增长2.8%，按2014年平均汇率计算达到9606美元。

产业结构：三次产业比重为1.5%、40.0%、58.5%，分别拉动经济增长0.06、0.47和2.77个百分点。与上年相比，第一产业比重持平，第二产业比重下降1.7个百分点，第三产业比重提高1.7个百分点。

财政：全市公共财政预算收入258.85亿元，增长4.7%。其中：税收收入222.55亿元，增长7.3%，国内增值税、营业税、企业所得税、个人所得税、资源税和城建税共计完成税收159.00亿元，增长3.4%。

全年公共财政预算支出322.70亿元，比上年增长1.1%。其中教育、医疗卫生、社会保障和就业、住房保障、交通运输、节能环保、城乡社区事务等民生支出270.66亿元，增长2.3%，占全市公共财政预算支出的83.9%。

物价：居民消费价格总水平（CPI）比上年上涨2.2%。其中：食品价格上涨3.2%，非食品价格上涨1.7%；消费品价格上涨1.7%，服务项目价格上涨3.2%。商品零售价格总水平上涨0.7%。工业生产者出厂价格（PPI）下降3.6%。工业生产者购进价格下降2.6%。

就业：城镇新增就业10.55万人，其中创业带动就业2.40万人。4.38万名下岗失业人员实现再就业，其中就业困难人员再就业1.22万人。年末城镇登记失业率3.4%。

二、农　　业

种植面积：全年农作物种植面积101.94千公顷，比上年减少5.24千公顷。粮食种植面积76.12千公顷，比上年减少4.36千公顷。其中：夏粮种植面积0.15千公顷，秋粮种植面积75.97千公顷。蔬菜种植面积21.68千公顷，药材种植面积0.71千公顷。

造林：全年造林面积17.04千公顷。零星植树1200万株。新增育苗面积1.48千公顷。

畜禽及水产品产量：年末大牲畜存栏4.42万头，猪出栏45.08万头。肉类产量5.35万吨，禽蛋产量2.90万吨，牛奶产量9.94万吨。水产品养殖面积2.39千公顷，水产品产量2569吨。

农机及化肥施用：年末全市农业机械总动力137.90万千瓦。全年农用化肥施用量（折纯）29037吨。

三、工业和建筑业

工业：规模以上工业增加值647.24亿元，比上年增长0.4%。其中：中央企业增加值72.53亿元，下降8.2%；省属企业增加值259.65亿元，下降4.8%；市属及以下企业增加值315.06亿元，增长7.4%。

占全市规模以上工业增加值85.3%的十大行业中，增加值比上年增长的有5个。

新兴接替产业增加值387.28亿元，增长9.3%，占全市规模以上工业增加值的59.8%。其中：装备制造业增加值268.96亿元，增长15.1%，占全市规模以上工业增加值的41.6%。

煤炭、钢铁、炼焦、电力等传统行业增加值259.96亿元，下降10.1%，占全市规模以上工业增加值的40.2%。其中：占比18.9%的钢铁行业增加值下降10.0%，占比14.9%的煤炭行业增加值下降7.4%，占比2.7%的电力行业增加值下降18.9%，占比2.1%的炼焦行业增加值下降9.8%。

规模以上工业主营业务收入3279.40亿元，下降0.5%。利税总额108.30亿元，增长3.0%。利润总额19.66亿元，增长151.1%。亏损企业亏损额49.82亿元，增长1.2%。

建筑业：具有建筑业资质等级的总承包和专业承包建筑业企业总产值2041.10亿元，增长2.1%；利税总额121.21亿元，增长1.6%；利润总额61.00亿元，增长2.1%；上缴税金60.21亿元，增长1.1%。

建筑业企业房屋建筑施工面积8673.03万平方米，竣工面积1793.36万平方米。

四、能　源

能源生产：全市一次能源生产折标准煤2603.71万吨，比上年下降1.8%；二次能源生产折标准煤4165.95万吨，下降4.6%。

能源投资：能源工业投资177.48亿元，比上年增长2.7%。其中：煤炭工业投资81.23亿元，下降16.7%；焦炭工业投资0.97亿元，下降42.9%；电力工业投资63.97亿元，增长202.5%。

用电：全年全社会用电量253.28亿千瓦小时，增长2.4%。其中：农业用电1.80亿千瓦小时，增长3.5%；工业用电177.28亿千瓦小时，增长1.3%；建筑业用电3.64亿千瓦小时，增长5.4%；第三产业用电36.78亿千瓦小时，增长5.9%；城乡居民生活用电30.29亿千瓦小时，增长6.1%，城乡居民人均生活用电704.60千瓦小时。

五、固定资产投资

固定资产投资：全年固定资产投资1746.09亿元，比上年增长4.5%。其中：中央项目投资184.45亿元，增长65.3%；省属项目投资235.08亿元，下降32.6%；市属及以下项目投资1326.56亿元，增长9.6%。

分产业看，第一产业投资25.50亿元，增长4.1%；第二产业投资441.99亿元，下降15.9%。其中：工业投资438.02亿元，下降15.9%；第三产业投资1278.60亿元，增长14.1%。城市基础设施建设投资373.84亿元，增长4.3%。三次产业投资比重为1.5%、25.3%和73.2%。

工业投资中，非煤产业投资356.78亿元，占工业投资的比重为81.5%。新兴接替产业投资187.96亿元，占工业投资的比重为42.9%。

分经济类型看，国有投资878.97亿元，下降5.7%；非国有投资867.12亿元，增长17.4%，其中：民间投资822.87亿元，增长15.3%。

全年在建固定资产投资项目1076个。其中：5亿元以上项目151个，计划总投资3063.92亿元，完成投资768.93亿元，占全市固定资产投资的比重为44.0%；10亿元以上项目84个，计划总投资2597.46亿元，完成投资647.30亿元，占全市固定资产投资的比重为37.1%。

房地产开发：全年房地产开发投资483.23亿元，比上年增长12.4%。住宅投资352.67亿元，增长13.8%，其中：90平方米以下住房投资73.84亿元，占住宅投资的比重为20.9%。商业营业用房投资44.07亿元，下降12.9%。全年商品房竣工面积602.10万平方米，商品房销售额325.95亿元。

六、国内贸易

消费品零售：全年社会消费品零售总额1411.13亿元，比上年增长10.1%。其中：城镇消费品零售额1382.58亿元，增长10.0%；乡村消费品零售额28.55亿元，增长14.7%。

限额以上贸易企业零售额840.26亿元，比上年增长0.5%，占社会消费品零售总额的59.5%。限额以上批发零售业企业通过互联网实现商品零售额5.26亿元，增长2.1倍。

七、对外经济

进出口贸易：全年外贸进出口总额106.71亿美元，比上年增长16.5%。其中：出口额65.70亿美元，增长24.1%；

进口额41.01亿美元，增长6.0%。

出口商品中，煤炭、焦炭、金属镁分别为0.52亿美元、1.28亿美元、1.13亿美元，占出口额的4.5%。不锈钢材、机电产品分别为14.49亿美元、41.14亿美元，占出口额的84.7%。

有贸易往来的国家和地区151个。年进出口额在千万美元以上的国家和地区54个，比上年增加2个。

招商引资：全年新设立外商投资企业20家。实际利用外商直接投资额10.77亿美元，增长14.0%。

八、交通、邮电和旅游

交通运输：年末全市公路线路里程累计达到7348公里，其中高速公路287公里。公路密度105.2公里/百平方公里。太原地区铁路客运量2619.52万人次，增长3.8%；铁路货运量4329.55万吨，增长2.1%。航空客运量793.19万人次，增长1.6%；航空货运量4.49万吨，增长1.1%。

年末全市民用汽车保有量101.58万辆，比上年末增长13.5%，其中私人汽车87.82万辆，增长16.1%。本年新注册汽车14.29万辆，增长5.1%。年末轿车保有量61.73万辆，增长16.3%，其中私人轿车56.47万辆，增长17.8%；本年新注册轿车8.99万辆，增长4.7%。

邮电：全年邮电业务总量90.58亿元，比上年增长13.8%，其中：邮政业务总量5.64亿元，增长8.3%；电信业务总量84.94亿元，增长14.2%。年末市话到达116.37万户。农话到达4.66万户。移动电话用户742.66万户，其中3G、4G移动电话用户分别为229.19万户和43.08万户。全市固定及移动电话用户总数达到863.69万户。每百人拥有电话201部，其中：固定电话和移动电话普及率分别达到28部/百人和173部/百人。计算机互联网用户150.79万户，净增加7.31万户，其中：宽带网用户144.45万户，增加11.33万户。

旅游：全市接待海内外游客4196.51万人次，比上年增长14.5%。其中：国内游客4176.44万人次，增长14.6%；海外游客20.07万人次，增长5.0%。海外游客中：外国人14.14万人次，香港同胞3.32万人次，澳门同胞0.39万人次，台湾同胞2.22万人次。全年旅游总收入500.01亿元，增长16.0%。其中：国内旅游收入495.33亿元，增长16.8%；旅游外汇收入0.77亿美元，增长4.5%。

九、金融和保险

金融：年末全市金融机构本外币各项存款余额10144.00亿元，比年初增长2.0%；本外币各项贷款余额8054.64亿元，增长10.8%。

人民币各项存款余额10011.26亿元，增长2.0%，其中：个人储蓄存款余额3325.78亿元，增长0.5%。人民币各项贷款余额7945.33亿元，增长11.0%。人民币贷款中，中长期贷款余额4906.03亿元，增长11.0%；短期贷款余额2475.19亿元，增长1.4%。

保险：全年原保险保费收入113.96亿元，增长16.8%。其中：寿险业务保费收入62.89亿元，增长18.9%；健康险业务保费收入7.55亿元，增长25.6%；意外伤害险业务保费收入2.76亿元，增长17.8%；财产险业务保费收入40.76亿元，增长12.4%。

支付各类赔款及给付41.17亿元，增长16.7%。其中：寿险业务给付17.23亿元，增长23.2%；健康险业务赔款及给付2.33亿元，增长4.2%；意外伤害险业务赔款0.92亿元，增长61.9%；财产险业务赔款20.69亿元，增长11.9%。

十、城市建设

基础设施建设：城市道桥项目实施了建设路、太榆路、阳兴大道、长风街、长治路、南沙河抢险路的快速化改造和太行路南延、长治路南延、龙城大街东延、南十方街、西太堡街、许坦东街、西外环大街等25项主次干道，东岗路、金阳路、凯旋路、凯旋街、阳光北街、西线街、针织街、杏花岭街、三桥街、教场巷、东华门等27条小街巷微循环路网，总计建设里程139公里。配合道路铺设水、气、热、电等地下管线745公里。城市配套项目开工建设了晋阳污水处理厂、奥体中心泵站、小黑水河泵站、杨家堡电力通道、北中环桥汾河修复、太原南站西广场配套完善、市便民服务中心等9项，启动了晋阳污水处理厂30余公里的污水干管项目、晋阳污水干管中途提升泵站项目、大黑水河流域治理项目、建设路南段区域排水系统项目、郑村沟及1号渠系等5项前期工作。轨道交通二号线一期工程首开段完成全线初步设计。

年末全市天然气供气总量5.68亿立方米。集中供热扩网2520万平方米。扎实推进公交都市建设，年末城市公交运营车辆2792辆，其中：公共汽车2671辆，电车121辆。公交运营线路网长度2880公里，年客运量5.01亿人次。新增加气站2座。公共自行车服务点增加到1275个，累计投放自行车4.1万辆。

城市绿化：实施建设路、长治路、阳兴大道等22项园林绿化重点工程。完善提升中环50公里绿色长廊。完成太原南站西广场、火车站景观工程，以及千峰路游园二期、西铭游园等8个游园。创建省级园林单位5个，省级园林小区2个。清徐县、娄烦县获得“省级园林县城”称号。全市共有综合性公园31个，专类公园11个，带状公园5个，街头游园156个，社区游园43个，街旁绿地116块。建成区绿化覆盖面积达到13365公顷，园林绿地面积11738公顷，公园绿地面积3828公顷。建成区绿化覆盖率40.50%，绿地率35.57%，人均公园绿地面积11.26平方米。

十一、教育和科学技术

教育：年末共有普通高等院校43所（其中高职院校22

所），普通中等专业学校32所，成人中等专业学校11所，职业高中学校15所，普通中学228所，小学423所，幼儿园614所。全市学前三年毛入园率95.3%。小学学龄儿童入学率，初中生入学率、巩固率均达到国家标准。2014年我市高考一本、二本达线率和录取率在全省继续名列前茅。

科学技术：全年技术市场共登记技术合同325项，成交金额13.8亿元。研究与试验发展（R&D）经费支出87.35亿元，比上年增长4.0%，占地区生产总值的比重为3.5%。国家认定企业技术中心11家，省级企业技术中心82家。创建创新载体（平台）9个，12家企业建立"院士工作站"。年末累计认定高新技术企业269家。全年鉴定37项科技成果，获得国家科技奖励5项。全市发明专利申请量2613件、授权量1023 件，有效发明专利拥有量4030件。规模以上工业高新技术产业增加值223.33亿元，占地区生产总值的比重为8.8%。

年末高新区、经济区、民营区共有入区企业4925家。全年实现科工贸总收入2570亿元，增长10.5%。

十二、文化、卫生和体育

文化：年末全市共有专业、具备规模的民营艺术表演团体18个。群艺文化馆12个，博物馆11个。公共图书馆馆藏图书638.38万册。国家综合档案馆12个，馆藏档案资料138.57万卷（件、册）。广播节目12套，电视节目18套。有线广播电视用户106.54万户（其中数字电视用户101.01万户），有线电视入户率94.5%。广播人口覆盖率99.9%，电视人口覆盖率100%。公共文化服务有效覆盖扩大，公共图书馆、文化馆（站)免费开放，实现图书借阅"多点服务模式"。太原美术馆成功承办第十二届全国美术作品展览雕塑作品展。全年荣获国家级奖14项、省级奖11项。晋剧现代戏《守护夕阳》荣获第九届全国戏剧文化奖、优秀剧目奖等13 个奖项。年末共列入国家级非物质文化遗产保护项目17项、省级保护项目67项、市级保护项目115项。

卫生：年末共有卫生机构2662个（不含村卫生室），医疗床位39743张。每千人拥有医疗床位9.2张。各类卫生技术人员49053人，其中：执业（助理）医师19306人，注册护士22159人。每千人拥有医生4.5人。实际参加新型农村合作医疗的农民105.62万人，参合率99.6%。"先住院、后付费"服务模式惠及14.2万人次。

体育：全年太原运动员在国际大赛中，获得11枚金牌、4枚银牌、3枚铜牌，3个第四至第八名。成功举办2014太原国际马拉松赛、龙城龙舟赛等赛事，打造"全国篮球城市"、汾河体育健身长廊等特色体育品牌。其中，"2014太原国际马拉松赛"再次荣获马拉松金牌赛事称号。

十三、人民生活和社会保障

人民生活：全年居民人均可支配收入23579元，比上年增长8.2%。按常住地分，城镇居民人均可支配收入25768元，增长7.9%，城镇居民人均消费支出14430元，增长6.2%；农村居民人均可支配收入12616元，增长10.4%，农村居民人均消费支出9444元，增长8.0%。城乡居民收入比为2.04：1，比上年缩小0.05个百分点。

社会保障：城镇社会保险参保率97.6%。全市企业职工参加养老保险80.95万人，参加城镇基本医疗保险239.13万人，参加失业保险84.94万人，参加工伤保险92.74万人（其中参保农民工16.20万人），参加生育保险95.15万人。年末城市低保覆盖人口3.88万人，农村低保覆盖人口4.69万人，4330人纳入农村五保供养，全年发放最低保障资金2.99亿元。

全市各类收养类单位49个，床位6289张，收养4735人。救济农村五保户4308户，城市临时救助7044户次，农村临时救助3137户次。

十四、环境保护和安全生产

环境质量：全年市区二级以上空气质量天数197天，达标比率为54.0%。空气污染综合指数7.73%。集中式饮用水源地水质达标率保持100%，地表水环境功能区水质达标率75.0%。市区区域环境噪声年均值52.9分贝、交通噪声年均值68.0分贝。全年PM2.5达标227天，达标比率为62.2%。

气温降水：全年平均气温8.5～11.0℃，降水量385～464mm。地下水水位平均上升1.1米。

安全生产：全年共发生生产经营性事故882起，其中：火灾发生505起，道路交通事故发生363起。煤炭百万吨死亡率为0。

大同市2014年国民经济和社会发展情况

2014年，全市上下在市委、市政府的正确领导下，坚持稳中求进工作总基调，全面贯彻落实中央、省委的各项决策部署，全市国民经济在新常态下平稳运行，经济结构呈现向好趋势，经济发展方式进一步转变，发展质量不断提高，民生事业持续改善，经济和社会发展取得新进展。

一、综　　合

初步核算，全年全市地区生产总值1001.5亿元，按可比价格计算，比上年增长7.4%。其中，第一产业增加值56.9亿元，增长4.0%；第二产业增加值445.5亿元，增长10.8%；第三产业增加值499.1亿元，增长4.2%。第一产业增加值占地区生产总值的比重为5.7%，第二产业增加值比重为44.5%，第三产业增加值比重为49.8%。人均地区生产总值29595元,比上年增长6.8%，按2014年平均汇率计算为4818美元。

全年居民消费价格比上年上涨1.7%。其中，食品类价格上涨3.6%；烟酒及用品类上涨0.7%；居住类下降0.8%；娱乐教育文化用品及服务类上涨1.9%；医疗保健及个人用品类上涨1.0%；家庭设备用品及维修服务类上涨0.2%；衣着类上涨2.9%；交通和通讯类下降0.3%。全年商品零售价格比上年上涨0.8%。工业生产者出厂价格比上年下降10.7%。

全年全市城镇新增就业人员5.63万人；下岗失业人员再就业2.41万人；就业困难群体就业0.68万人；转移农村劳动力3.06万人；创业带动就业1.23万人。年末城镇登记失业率3.0%。

二、农　业

全年全市农作物总播面积320.82千公顷，比上年减少1.41千公顷。其中，粮食作物播种面积279.36千公顷，减少0.10千公顷。在粮食作物播种面积中，夏粮播种面积0.50千公顷，减少0.77千公顷；秋粮播种面积278.86千公顷，增加0.67千公顷。全市油料作物种植面积15.25千公顷，比上年减少0.42千公顷；蔬菜面积18.73千公顷，比上年减少0.20千公顷；饲草作物种植面积2.04千公顷，比上年增加0.18千公顷。

全年全市粮食总产量104.02万吨，比上年增加1.48万吨，增长1.4%。其中，夏粮产量0.05万吨，比上年减少59.0%；秋粮产量103.97万吨，比上年增长1.5%。

全年全市生猪出栏99.3万头，比上年增长7.4%；牛出栏7.7万头，下降2.8%；羊出栏136.5万只，增长16.3%；家禽出栏321.4万只,增长5.3%。猪存栏62.0万头，比上年增长9.6%；羊存栏161.8万只，增长24.5%。全市肉类总产量13.64万吨，比上年增长4.13%。其中，猪羊肉产量11.8万吨，增长4.8%。牛奶产量23.7万吨，增长10.9%；禽蛋产量4.6万吨，增长15.9%。

全年全市农业机械总动力192.89万千瓦，比上年增长4.3%。机械耕地面积209.20千公顷，增长0.5%；机械播种面积171.32千公顷，机械收获面积72.69千公顷，分别增长11.1%和3.6%。农村用电量3.40亿千瓦小时，比上年增长0.4%；化肥施用量29.01万吨，比上年减少3.3%。

三、工业、建筑业

初步统计，全市全年规模以上工业企业工业增加值比上年增长10.3%。

全年全市规模以上工业企业实现主营业务收入2220.0亿元，比上年增长30.3%。实现利税66.3亿元，比上年下降13.8%。其中，国有控股工业企业实现利税55.4亿元，下降11.3%。实现利润11.0亿元，比上年下降40.1%。其中，国有控股工业企业实现利润7.1亿元，下降38.2%。

全年全市建筑业增加值67.4亿元，比上年增长14.6%。全市具有建筑业资质等级的总承包和专业承包建筑业企业完成建筑业总产值135.4亿元，比上年增长11.5%。房屋建筑施工面积763.7万平方米，下降1.9%；房屋竣工面积365.2万平方米，下降13.2%。

四、固定资产投资

全年全市全社会固定资产投资1072.4亿元，比上年增长3.5%。其中，国有经济单位投资426.7亿元，下降8.6%；民间投资645.7亿元，增长13.4%。分产业看，第一产业投资130.8亿元，增长8.6%；第二产业投资366.1亿元，增长30.9%；第三产业投资575.5亿元，下降9.5%。在第二产业中，工业投资365.2亿元，增长30.6%。在全社会固定资产投资中，非煤产业投资752.5亿元，增长6.9%；传统产业投资193.9亿元，增长33.3%。

全年全市房地产业开发投资237.3亿元，比上年下降10.5%。其中，住宅投资151.6亿元，下降21.4%。全年全市房地产开发施工面积2191.8万平方米，比上年增2.9%。其中，住宅施工面积1493.6万平方米，下降6.7%。竣工面积416.6万平方米，下降36.5%。其中，住宅竣工面积307.1万平方米，下降41.4%。商品房屋销售面积81.7万平方米，下降32.3%。

全市全年固定资产投资施工项目1052个，其中新开工684个，全部建成投产项目760个（不含房地产），新增固定资产871.8亿元。

五、能　源

全年全市一次能源生产折标准煤0.8亿吨，比上年增长4.5%；二次能源生产折标准煤0.5亿吨，增长14.9%。全年全市原煤销售量8530万吨，比上年增长1.6%。全年外输电力304.5亿千瓦时，比上年增长4.7%。全社会用电量138.9亿千瓦时，比上年增长3.8%。其中，第一产业用电量2.5亿千瓦时，增长35.1%；第二产业用电量107.6亿千瓦时，增长2.2%；第三产业用电量15.4亿千瓦时，增长5.4%；城乡居民生活用电量13.5亿千瓦时，增长10.7%。

全年全市能源工业投资211.3亿元，比上年增长35.4%。其中，煤炭工业投资82.6亿元，增长23.0%；电力工业投资72.6亿元，增长30.2%。

六、国内贸易

全年全市社会消费品零售总额525.9亿元，比上年增长11.6%。按经营地统计，城镇消费品零售额438.2亿元，增长11.3%；乡村消费品零售额87.7亿元，增长13.4%。按行业统计，全年全市批发业零售额38.3亿元，增长16.0%；零售业零售额432.0亿元，增长12.3%；住宿和餐饮业零售额55.6亿元，增长4.3%。

全年全市限额以上批发零售贸易企业零售额中，服装鞋帽、针、纺织品类增长24.7%；石油及制品类下降0.1%；书报杂志类下降64.9%；汽车类下降0.3%。

七、对外经济贸易

全年全市海关进出口总额48172万美元,比上年增长0.7%。其中，出口30235万美元，增长40.7%；进口17937万美元，下降31.9%。

全年全市新批外商投资企业1家。外资实际到位18159万美元，比上年增长10.3%。

八、交通、邮电和旅游

全年全市公路通车里程12541.1公里。其中，高速公路549.3公里。全市公路密度88.9公里/百平方公里。

年末全市民用汽车保有量45.33万辆，比上年增长10.6%。其中，新注册汽车5.94万辆，增长3.6%；个人汽车41.37万辆，增长12.5%。年末载客小型车保有量29.67万辆，比上年增长18.2%。其中，个人载客小型车27.77万辆，增长20.3%。年末轿车保有量20.51万辆，比上年增长 19.1%。其中,个人轿车19.39万辆，增长21.5%。

全年全市完成邮电业务总量31.80亿元，比上年增长3.6%。其中，电信业务总量29.21亿元，增长3.6%；邮政业务总量2.59亿元，增长3.6%。年末全市固定及移动电话用户总数444.02万户，比上年增长12.7%。其中固定电话用户43.8万户，下降11.3%；移动电话用户400.22万户，增长16.2%。计算机互联网络用户51.76万户，比上年下降1.3%。3G用户达到92.6万户，比上年增长7.0%。全市邮政局所140个，邮路总长度2898公里。订销报纸4123.2万份，下降4.3%；订销杂志216.1万份额，增长7.8%；国内函件61.4万件，下降69.7%。国内包裹7.53万件，下降22.7%。

全年全市旅游总收入238.7亿元，比上年增长19.2%。其中，国内旅游收入236.5亿元，增长22.6%。全年全市接待国内游客2751.8万人次，比上年增长18.9%；接待入境海外游客6.18万人次，旅游外汇收入3519.8万美元。

九、财政、金融和保险

全年全市公共财政预算收入104.94亿元，比上年增长11.0%。税收收入80.09亿元，增长4.1%，其中，国内增值税、企业所得税、个人所得税、资源税、房产税分别比上年同期增长39.4%、22.0%、17.0%、16.2%、26.5%。

全年全市公共财政预算支出222.11亿元，比上年下降4.6%。其中，科学技术支出增长 19.3%；社会保障与就业支出增长10.5%；医疗卫生支出增长19.0%。

年末全市金融机构各项存款余额2277.82亿元，比年初增加23.03亿元，比年初增长1.0%。年末全市金融机构各项贷款余额1032.75亿元，比年初增加81.85亿元，比年初增长8.6%。

年末全市共有注册保险机构31家。全年全市保费收入40.72亿元，比上年增长9.4%。其中，寿险业务保费收入24.26亿元，增长9.0%；财产险业务保费收入16.46亿元，增长9.9%。全年全市累计支付各类保险赔款及给付16.92亿元，同比下降2.3%。其中，寿险业务给付6.99亿元，与上年持平；财产险业务赔款9.13亿元，下降6.55%。

十、科学技术和教育

全年全市共申请专利760件。其中，发明专利207件、实用新型专利378件、外观设计专利175件。全市共授权专利419 件，其中，发明59件、实用新型321件、外观设计39件。全市共获2013年度省级科技奖项22项。科技进步类奖15项，其中一等奖2项，二等奖6项，三等奖7项;省级农村技术承包奖7项，其中一等奖3项，二等奖4项。年末高新技术企业17家。其中，国家级创新企业1家，省级创新企业9家。

全市中等职业教育招生人数1.08万人，在校生人数2.56万人。其中，职业高中招生5973人，在校生人数1.39万人。全市基础教育招生人数12.85万人，在校生人数44.79万人。其中，初中中学招生人数3.34万人，在校生人数10.51万人；普通高中招生数2.10万人，在校生数6.98万人。

年末全市产品质量监督检验和计量检定技术机构16个。监督抽查475家企业6类56种781批次的产品和商品。全年完成强制检定计量器具15.03万台件。全市有气象台站17个。开展121电话天气自动答询的台站1个。开展人工影响天气业务的单位8个。防雹、增雨累计收益面积1.4万平方公里，增雨量0.65亿立方米。全市有天气预报服务网发射Intel网站 1个，卫星云图接收站1个。全年全市降水量386.2毫米，年平均气温7.9摄氏度，无霜期151天。

十一、文化、卫生和体育

全年中央、省、市三级公共文化服务投入7300万元。成功举办了新年音乐会，古城灯会，第四届春节文化庙会，春节期间还开展了首届百姓春晚。举办了2014中国·大同雪花啤酒节、大同理想·先锋音乐节、2014中国（大同）国际汽车文化节、第二届城市户外文化艺术大集。全年全市共有群众文化艺术馆12个，艺术表演团体11个，文化馆12个，公共图书馆12个，博物馆2个，档案馆13个。全市共有广播电视台10座，电视发射、转播台29座，中波发射台1座，调频发射、转播台14座，微波站14座，有线电视网14个。广播人口覆盖率98.98%，电视人口覆盖率达99.49%，有线电视用户48.6万户，数字电视用户40.3万户。

全年全市共有卫生机构（含诊所、村卫生室）3099个，床位17368张。其中，医院110个，卫生院146个，社区卫生服务中心（站）116个；疾病预防控制中心13个；妇幼保健机构13个；专科疾病防治机构1个。年末，全市卫生机构共有卫生技术人员20089人。其中执业医师和执业助理医师8992人，注册护士7391人；疾病预防中心卫生技术人员362人；妇幼保健卫生技术人员233人；农村乡镇卫生院卫生技术人员1143人。

在山西省第十四届运动会19个大项的比赛中，大同市体育代表团以140枚金牌，127.5枚银牌，130枚铜牌，总分4193.5分的成绩获金牌数、总分数全省第二名。全年积极开展体育大拜年、全民健身技能展示等有规模、有影响、示范性强、传统性的群众体育活动40多项。参加了全省第十届残疾人运动会、省社会体育指导员技能展示等比赛。全市承办了第十四届省运会的跆拳道、体操、射箭三项比赛。承办了2014年全国健身气功比赛（山西站）大同展示活动、省运会职工组体育舞蹈比赛、全国历史文化名城乒乓球等赛事。举办了大同市首届全民健步走活动。

十二、环境保护和安全生产

全市二级以上良好天数300天，空气质量综合指数5.77。

全年全市主城区新增供热面积200万平方米，实际集中供热面积5150万平方米，燃煤锅炉集中供热面积85万平方米，城市集中供热率为99.7%。现有燃气中低压管网1582公里，日供气能力37万立方米，天然气用户57.3万户，液化气用户5.2万户，城市气化率98.6%。城市供水管网826公里，城市日供水能力28万立方米，城市供水普及率99.7%，水质合格率100%；市本级污水处理厂共处理生活污水2592万立方米，污水处理率88.9%；中水回用1543万立方米，中水回用率59.5%。市区日处理生活垃圾1010吨，城市生活垃圾无害化处理率96.3%。

全年全市建成区新增绿化面积119.3万平方米。城市建成区绿化覆盖率、绿地率、人均公共绿地分别达到38.3%、34.18%和14.65平方米/人。

全年全市共完成造林面积30.36千公顷。其中，人工造林完成22.56千公顷。年末实有封山（沙）育林面积33.8千公顷。

全年全市发生各类生产经营性事故76起，死亡49人，低于省控制目标。煤矿百万吨死亡率0.147。

十三、人口、人民生活和社会保障

2014年人口抽样调查，年末全市常住人口为339.19万人，比上年末增加1.7万人。全年全市出生人口3.72万人，人口出生率为11.00‰；死亡人口2.01万人，死亡率为5.95‰；自然增长率为5.04‰。

全年居民人均可支配收入16122元，增长8.6%。按常住地分，城镇居民人均可支配收入23043元，增长8.1%;城镇居民人均消费支出10494元，增长7.0%。农村居民人均可支配收入7137元，增长10.8%；农村居民人均消费支出5454元，增长9.2%。城镇占调查总户数20%的低收入家庭人均可支配收入9268元，增长9.8%；农村占人口20%的低收入者收入1784元，增长14.1%。城镇居民家庭恩格尔系数（即居民家庭食品消费支出占家庭消费支出的比重）31.7%，农村居民家庭恩格尔系数36.2%。

全年全市企业养老保险参保职工人数35.8万人，增加0.7万人。农村养老保险参保人数96.0万人，增加1.9万人。城镇居民养老保险参保人数12.2万人，增加0.8万人。城镇基本医疗保险参保人数132.8万人，增加0.5万人。失业保险参保人数45.0万人，增加0.2万人。工伤保险参保人数41.3万人，增加0.6万人。生育保险参保人数43.7万人，增加1.1万人。

全年全市为纳入城市最低生活保障的居民7.09万户，共15.67万人，发放城市低保资金5.62亿元；为纳入农村最低生活保障的居民13.39万户，共16.25万人，发放农村低保资金2.9亿元。

年末提供住宿的社会服务机构120个，床位10572张，收养救助7371人。城镇建立各种社区服务设施569个。其中，综合性社区服务中心175个。全年销售社会福利彩票3.45亿元,筹集社会福利资金10213万元。

朔州市2014年国民经济和社会发展情况

2014年，面对复杂严峻的宏观经济形势，全市人民在市委、市政府坚强领导下，认真贯彻落实党中央国务院稳增长促发展调结构惠民生政策措施和省委省政府决策部署，坚持稳中求进的工作总基调，紧紧围绕“两大任务”，攻坚克难，扎实工作，全市经济发展总体平稳，社会保持和谐稳定。

一、综　　合

经济增长：初步核算，全年全市完成地区生产总值1003.4亿元，比上年增长4.5%。其中，第一产业增加值61.4亿元，增长4.4%，比重占6.1%；第二产业增加值542.7亿元，增长4.2%，比重占54.1%；第三产业增加值399.3亿元，增长5.0%，比重占39.8%。第三产业中，金融保险业增加值32.3亿元，增长4.2%；批发和零售业增加值71.1亿元，增长2.4%；房地产业增加值41.1亿元，增长3.6%。

人均地区生产总值57368元，按2014年平均汇率计算为

9339美元。

价格：全年全市居民消费价格总水平比上年上涨1.9%，其中食品价格上涨3.6%。商品零售价格上涨1.4%。工业生产者出厂价格下降11.6%，其中生产资料价格下降13.7%，生活资料价格上涨15.9%。工业生产者购进价格下降3.6%。

二、农　业

种植面积：全年全市农作物种植面积34.7万公顷，比上年增长0.6%。其中粮食种植面积27.6万公顷，增长0.9%；油料种植面积2.9万公顷，增长2.1%。在粮食种植面积中，玉米种植面积15.4万公顷，增长4.3%。

粮食产量：全年粮食总产量128.1万吨，比上年增长8.9%。其中，玉米104.1万吨，增长8.3%。

畜禽产量：全年全市肉类总产量8.96万吨，增长9.5%。其中，猪肉产量2.96万吨，增长5.8%；羊肉产量4.9万吨，增长14.7%。牛奶产量51.9万吨，增长1.2%。禽蛋产量1.8万吨，增长4.5%。

全年生猪出栏30.5万头，存栏25.3万头；牛出栏5.8万头，存栏18.8万头；羊出栏275.4万只，存栏198.8万只。

农业机械：年末全市农业机械总动力241.4万千瓦，比上年末增长3.6%。机械耕地面积27.6万公顷，机械播种面积25.6万公顷，机械收获面积15.3万公顷，分别比上年增长7.4%、5.8%和14.2%。

三、工业和建筑业

工业：年末全市规模以上工业企业264家，比上年减少3家。规模以上工业增加值完成443亿元，增长4.5%。

全年规模以上工业主营业务收入1051.5亿元，比上年下降9.3%。其中，煤炭、电力热力生产和供应业分别实现主营业务收入758.2亿元和102.2亿元，分别增长-13.6%和10.6%；食品和非金属矿物制造业分别实现主营业务收入23.2亿元和39.5亿元，分别下降14.5%和7.5%；汽车制造业和医药工业分别实现主营业务收入1.3亿元和3.7亿元，分别增长6.8%和14.4%。

全年规模以上工业企业实现利税146.3亿元，比上年下降25.1%；实现利润53.5亿元，下降31.7%。

建筑业：全年全市建筑业实现增加值25.6亿元，比上年下降5.2%。

四、固定资产投资

固定资产投资：全年全市固定资产投资815.3亿元，比上年增长5.2%。按产业分，第一产业投资86.6亿元，增长64.1%；第二产业投资448.9亿元，增长27.3%；第三产业投资279.8亿元，下降24.2%。按登记注册类型分，国有投资414.8亿元，下降5.4%；非国有投资400.5亿元，增长19.1%。

全年全市在建固定资产投资项目875个，当年新开工项目551个。其中亿元以上项目290个，计划总投资2381.8亿元，完成投资665.3亿元，占全市固定资产投资比重81.6%。

全年固定资产投资建成投产项目586个，项目建成投产率为62.3%；新增固定资产361.9亿元。

房地产开发：全年房地产开发投资77.2亿元，比上年下降14.4%。按工程用途分，商品住宅投资55.6亿元，下降17.3%；商业营业用房投资12.2亿元，下降7.4%。

五、能　源

能源生产：全年全市一次能源生产折标准煤1.45亿吨(原煤折标系数为0.7143)，比上年下降8.8%；二次能源生产折标准煤0.0403亿吨（电力折标系数1.229，热力折标系数0.0341），增长10.9%。

能源外调：全年全市向省外运输煤炭1.16亿吨（含洗精煤），比上年下降0.82%。

能源投资：全年固定资产投资中，能源工业投资294.5亿元，比上年增长50.4%。其中煤炭工业投资103.9亿元，下降12.5%；电力工业投资190.6亿元，增长147.4%。

电力消耗：全年全市全社会用电总量105.26亿千瓦时。其中：第一产业用电1.65亿千瓦时，占全部用电量1.57%；第二产业用电92.73亿千瓦时，占全部用电量88.1%，其中工业用电91.98亿千瓦时；第三产业用电6.88亿千瓦时，占全部用电量6.54%；城乡居民生活用电4亿千瓦时，占全部用电量3.8%。

六、国内贸易

消费品零售：全年全市社会消费品零售总额258.3亿元，比上年增长12.4%。其中，城镇零售额184.1亿元，增长12.2%；乡村零售额74.2亿元，增长12.9%。

七、对外经济

进出口贸易：全年全市海关进出口总额9266万美元，比上年下降20.3%。其中，进口额6537万美元，下降31.6%；出口额2728万美元，增长31.5%。

招商引资：全年全市实际使用外商直接投资金额15420万美元，与上年持平。

八、交通、邮电和旅游

交通运输：全年全市交通运输、仓储和邮政业增加值80.1亿元，比上年增长12.0%。全年新增公路通车里程12公里，年末全市公路通车里程达到10162.9公里。其中高速公路388.7公里,普通干线公路815.5公里，农村公路8958.7公里。

邮电：全年全市完成邮电业务总量12.5亿元，比上年下降18.3%。其中邮政业务总量1.0亿元，比上年增长5.0%；电信业务总量11.4亿元，比上年下降19.7%。年末移动电话用户161.6万户，比上年末增加12.8万户。其中3G移动电话用户48.4万户，比上年末增加3.1万户。全市宽带接入用户20.4万户，增加1.6万户。

旅游：全年全市接待国内旅游者1148.2万人次，增长29.5%。国内旅游收入109.2亿元，旅游总收入109.3亿元，分别增长32.3%和29.2%。

九、财政、金融、证券和保险

财政：全年全市财政总收入169.1亿元，比上年下降21.7%。公共财政预算收入86.6亿元，下降9.1%。其中，税收收入61.2亿元，下降10.3%。

全年公共财政预算支出143.1亿元，比上年下降7.4%。其中农林水事务支出19.9亿元，下降0.6%；教育支出23.2亿元，下降14.3%；科学技术支出0.97亿元，下降30.9%；社会保障和就业支出12.3亿元，增长0.1%；医疗卫生支出11.5亿元，增长25.5%；节能环保支出6.6亿元，下降2.6%；文化体育与传媒支出3.2亿元，增长1.5%；城乡社区事务支出12.8亿元，下降4.3%；公共安全支出7.6亿元，下降0.6%。

金融：年末全市金融机构本外币各项存款余额1121.3亿元，比年初增加27.2亿元,增长2.5%，其中人民币各项存款余额1120.1亿元，比年初增加27.2亿元，增长2.5%;全市金融机构本外币各项贷款余额512.9亿元，比年初增加43.3亿元,增长9.2%，其中人民币各项贷款余额512.9亿元，比年初增加45.5亿元,增长9.7%。

证券：全年朔州辖区证券市场各类证券成交额232.5亿元，比上年增长108.8%。其中股票成交额145.3亿元，增长71.1%；债券成交额0.14亿元，增长366.7%。年末投资者资金账户开户数2.44万户，比上年末增长6.1%。

保险：全年全市保费收入13.88亿元，比上年增长4.26%。其中，寿险业务保费收入6.7亿元，增长5.36%；健康险业务保费收入0.48亿元，增长2.07%；意外伤害险保费收入0.3亿元，增长4.1%；财产险业务保费收入6.4亿元，增长3.3%。全年保险业赔付支出5.88亿元，下降12.4%。其中，寿险业务赔付支出2.01亿元，下降35.41%；健康险业务赔付支出0.33万元，增长130.2%；意外伤害险业务赔付支出607.8万元，增长9.43%；财产险业务赔付支出3.48亿元，增长2.08%。

十、教育和科学技术

教育：全年全市中等职业教育学校共招生0.78万人，在校学生达到1.76万人；普通高中共招生1.79万人，在校学生达到5.95万人；初中共招生2.56万人，在校学生达到8.14万人。

科学技术：全年全市共受理各项专利申请量1064件，比上年下降14.5%。全市技术市场共签订技术合同11份，成交金额8568万元。全年有1个项目列入国家各类科技计划，获得国家资助66万元。全年全市共取得省级以上3项科技成果。

年末全市有气象台站6个。全市气象系统开展人工影响天气业务的单位7个，防雹、增雨受益覆盖面积四千多平方公里。全市有卫星云图接收站1个。

年末全市有专业综合地震台站2个，省级地震台网中心1个。全年小震活动10次，最大震级2.8级。

十一、文化、卫生和体育

文化：年末全市共有国有艺术表演团体8个，文化馆7个。广播电台5座，电视台3座。有线电视用户17.4万户。广播人口覆盖率97.98%，电视人口覆盖率99.43%。全市共有公共图书馆7个，馆藏图书49.1万册。

卫生：年末全市共有卫生机构(含乡村诊所)2103个，其中妇幼保健院（所、站）7个。全市卫生机构共有床位7025张；卫生技术人员6471人。全市新型农村合作医疗参合率达到99.68%。社区卫生服务体系覆盖人口30万人。

体育：年末全市拥有群众健身辅导中心、站点321个，体育指导员2970人，全年举办体育比赛活动80次。全年全市销售中国体育彩票3200万元，比上年增长6.7%。

十二、人口、人民生活和社会保障

人口：2014年人口抽样调查，年末全市常住人口为175.39万人，比上年末增加9774人。全年全市出生人口19676人，人口出生率为11.25‰；死亡人口9902人，死亡率为5.66‰；人口自然增长率为5.59‰。

人民生活：全年城镇常住居民人均可支配收入为25725元，比上年增长7.7%；城镇居民人均消费性支出13632.9元。农村常住居民人均可支配收入10137元，增长10.8%；农村居民人均生活消费支出6431元。城镇占调查总户数20%的低收入家庭人均可支配收入9660元；农村占人口20%的低收入者人均纯收入3069元。

社会保障：年末城镇职工基本养老保险参保人数达到20.1万人；城乡居民社会养老保险参保人数达到85.8万人；城镇基本医疗保险参保人数达到41.1万人；工伤保险参保人数达到18.1万人；生育保险参保人数达到17.8万人；城镇失业保险参保人数达到18.2万人。

全年全市纳入城市最低生活保障的居民5.1万人，比上年减少1.4万人，发放城市低保资金1.8亿元，发放资金与上年基本持平；纳入农村最低生活保障的居民7.9万人，比上年减少1.2万人，发放农村低保资金1.7亿元，发放资金比上年增加0.2亿元。

十三、环境和安全生产

环境：全年市区（不包括平鲁区）空气质量二级以上天数301天，比上年增加9天，大气综合污染指数为2.64，与上年持平。

年末市区（不包括平鲁区）污水处理率达到98.53%，提高0.02个百分点；城市生活垃圾无害化处理率达到100%；集中供热面积2220.38万平方米，集中供热普及率达到90.02%。

安全生产：全年全市共发生各类安全生产事故330起，比上年减少27起，下降7.6%；死亡70人，比上年增加10人，上升16.7%。其中，道路交通发生事故192起，比上年增加39起，上升25.5%；死亡64人，增加11人，上升20.8%。

忻州市2014年国民经济和社会发展情况

2014年，面对严峻复杂的经济形势，市委、市政府带领全市上下准确把握稳中求进和改革创新的总要求，主动适应经济发展新常态，认真做好稳增长、促改革、调结构、惠民生、防风险各项工作，全市经济总体运行平稳，人民生活水平稳步提高，社会保持和谐稳定，全面建成小康社会迈出坚实步伐。

一、综　　合

2014年人口抽样调查，年末全市常住人口为312.85万人，比上年末增加1.41万人。全年全市出生人口3.59万人，人口出生率为11.5‰；死亡人口2.19万人，死亡率为7.0‰；自然增长率为4.5‰。

初步核算，全年全市生产总值680.3亿元，按可比价格计算，比上年增长5.4%。其中，第一产业增加值65.0亿元，增长5.1%，占生产总值的比重为9.6%；第二产业增加值323.4亿元，增长7.5%，占生产总值的比重为47.5%；第三产业增加值291.9亿元，增长2.7%，占生产总值的比重为42.9%。

人均地区生产总值21796元，按2014年平均汇率计算为3548美元。

全年全市公共财政预算收入80.8亿元，增长9.6%。税收收入52.6亿元，增长11.3%，其中国内增值税、营业税、企业所得税、个人所得税、资源税和城建税共计完成税收44.0亿元，增长10.5%。公共财政预算支出212.5亿元，下降0.3%。其中，教育、医疗卫生、社会保障和就业、住房保障、公共交通运输、节能环保、城乡社区事务等民生支出123.9亿元，增长2.4%，民生支出总量占全市公共财政支出的58.3%。

居民消费价格比上年上涨1.9%，其中，食品价格上涨2.8%。工业生产者出厂价格下降12.3%，其中生产资料价格下降12.7%，生活资料价格上涨2.7%。工业生产者购进价格下降2.4%。

全年全市城镇新增就业3.7万人。转移农村劳动力3.8万人。年末城镇登记失业率3.3%。

二、农　　业

全年全市农作物种植面积474.3千公顷，比上年减少1.5千公顷。其中，粮食种植面积425.9千公顷，减少1.3千公顷；油料种植面积30.5千公顷，减少0.4千公顷。在粮食种植面积中，玉米种植面积242.8千公顷，减少9.2千公顷。

全年粮食产量177.0万吨，增加7.5万吨，增产4.4%。其中，秋粮176.9万吨，增产4.4%。

全年完成造林45.9千公顷，增长18.2%。全年木材产量1.1万立方米，减少39.2%。

全年全市猪牛羊肉总产量10.7万吨，增长13.8%。其中，猪肉产量5.8万吨，增长3.7%；牛肉产量0.7万吨，增长3.9%；羊肉产量4.1万吨，增长35.1%。年末生猪存栏47.9万头，生猪出栏68.0万头。牛奶产量5.5万吨，与去年持平。禽蛋产量6.3万吨，增长14.3%。水产品产量0.3万吨，增长8.5%。

年末全市农业机械总动力259.7万千瓦，增长4.0%。机械耕地面积314.3千公顷，增长3.7%；机械播种面积298.1千公顷，机械收获面积148.0千公顷，分别增长6.3%和1.3%。全市农机化经营总收入11.2亿元，增长8.6%。

三、工业和建筑业

年末全市规模以上工业企业322家，减少10家。全年规模以上工业增加值增长6.7%。

全社会原煤产量5238万吨，下降6.1%；发电量260.6亿千瓦时，下降3.8%。规模以上工业企业焦炭产量192万吨，增长3.4%；钢材产量91.3万吨，增长52.1%。

规模以上工业企业实现主营业务收入608.7亿元，下降8.9%。其中，冶金、煤炭、电力、装备制造、焦炭、化学、建材、食品工业和医药分别实现主营业务收入213.5亿元、159.1亿元、89.3亿元、77.8亿元、24.5亿元、13.5亿元、13.3亿元、8.3亿元和1.0亿元，分别下降14.3%、7.0%、3.5%、6.7%、11.4%、2.7%、2.7%、6.8%和6.1%。

规模以上工业实现利税74.3亿元，下降36.5%；实现利润36.7亿元，下降46.1%。

全年全市建筑业实现增加值37.7亿元，增长12.4%。具有建筑业资质等级的总承包和专业承包建筑业企业实现利润1.5亿元，下降51.6%。

四、能　源

全年全市一次能源生产折标准煤3904.5万吨，增长23.7%；二次能源生产折标准煤1640.0万吨，增长5.9%。

全年全市向市外运输煤炭767.0万吨，下降1.1%，外运煤炭占原煤产量14.6%。在外运煤炭中，铁路运输767.0万吨，下降0.2%。

全年全市全社会用电总量132.7亿千瓦小时。其中，第一产业用电2.6亿千瓦小时，占全社会用电量2.0%；第二产业用电96.8亿千瓦小时，占72.9%，其中工业用电94.9亿千瓦小时；第三产业用电24.1亿千瓦小时，占18.2%；城乡居民生活用电9.2亿千瓦小时，占6.9%。

五、固定资产投资

全年全社会固定资产投资965.4亿元，增长18.4%。

在固定资产投资（不含跨市、农户）中，国有及国有控股投资397.1亿元，下降0.2%；民间投资560.9亿元，增长34.7%。

分登记注册类型看，内资企业和个体经营投资957亿元，增长18.2%；外商及港澳台商企业投资8.5亿元，增长50.9%。

分产业看，第一产业投资162.2亿元，增长89.8%；第二产业投资382.7亿元，增长6.7%；第三产业投资420.5亿元，增长13.3%。

全市工业投资382.7亿元，增长6.7%。其中，煤炭工业投资116.4亿元，增长20.6%，非煤产业投资266.3亿元，增长2.2%；传统产业（煤炭、焦炭、冶金、电力）投资合计178.5亿元，下降11.1%，非传统产业投资合计204.2亿元，增长30.6%。

全年全市在建固定资产投资项目1390个。其中，亿元以上项目313个，计划总投资1775亿元，完成投资533.5亿元。

全年房地产开发投资61.7亿元，增长62.0%。其中，住宅投资48.9亿元，增长56.2%；商业营业用房投资7.4亿元，增长74.8%。

六、国内贸易

全年全市社会消费品零售总额275.1亿元，增长11.8%。按经营地统计，城镇消费品零售额214.0亿元，增长11.7%；乡村消费品零售额61.1亿元，增长12.2%。按消费形态统计，商品零售额238.9亿元，增长11.1%；餐饮收入额36.2亿元，增长17.2%。

七、对外经济

全年全市海关进出口总额20799万美元，增长5.3%。其中，进口额650万美元，增长74.8%；出口额20149万美元，增长4.0%。

全年出口镁及其制品260吨，增长8%；出口钢材8.3万吨，增长8.8%。出口机电产品16471万美元，增长4.7%；出口高新技术产品48万美元，增长89.6%。

全年进口机电产品40万美元，下降73.6%。

全年全市新设立外商直接投资企业2家；按全口径统计实际使用外商直接投资金额4320万美元，增长87.3%。

全年全市对外经济合作新签合同额6480万美元，增长7.5倍。

八、交通、邮电和旅游

年末全市公路线路里程17340公里，其中高速公路733.5公里，与上年末基本持平。

年末全市民用汽车保有量25.1万辆（包括三轮汽车和低速货车0.3万辆），比上年末增长8.9%，其中私人汽车21.6万辆，增长11.2%。本年新注册汽车3.2万辆，下降6.7%。年末轿车保有量13.3万辆，增长14.6%，其中私人轿车12.3万辆，增长16.0%。

全年全市完成邮电业务总量20.5亿元，下降0.5%。其中，邮政业务总量2.4亿元，增长4.4%；电信业务总量18.1亿元，下降1.1%。年末移动电话用户270.5万户，其中，3G移动电话用户89.3万户。全市宽带接入用户36.5万户，增长4.1%。

全年全市商业住宿设施接待入境过夜游客4.9万人次，接待国内旅游者2397.5万人次，分别增长3.1%和22.8%；旅游外汇收入1616.0万美元，国内旅游收入240.3亿元，旅游总收入241.3亿元，分别增长3.7%、18.7%和16.2%。

九、金　融

年末全市金融机构本外币各项存款余额1545.6亿元，比年初增加80.7亿元，比年初增长5.5%。各项贷款余额644.4亿元，比年初增加61.3亿元，增长10.5%。年末全市农村金融合作机构（农村信用社、农村合作银行、农村商业银行）人民币贷款余额277.8亿元，比年初增加26.3亿元，增长10.5%；人民币存款余额495.0亿元，比年初增加41.0亿元，比年初增长9.0%。

全年全市保费收入27.6亿元，增长17.5%。其中，寿险业务保费收入17.1亿元，增长26.3%；财产险业务保费收入10.4亿元，增长5.4%。全年支付各类赔款及给付10.3亿元，下降4.9%。

十、教育和科学技术

年末全市共有幼儿园442所，增加79所；小学841所，减少648所；普通初中246所，减少17所；普通高中35所，减少1所；中等职业学校54所，减少1所；普通高等学校2所；成人高等学校15所，与上年持平。全市学前三年毛入园率为80%，小学学龄儿童净入学率为100%，高中阶段毛入学率为90%。

全年全市专利申请量与授权量分别为602件和387件，分别下降38.7% 和0.8%；其中发明专利申请量为153件，下降41.8%；发明授权量为32件，增长39.1%。全年新登记科技成果2项。国家认定企业技术中心1家。市级企业技术中心76 家。按照国家高新技术企业认定办法，年末累计高新技术企业20家。

全市1个经济开发区，入区企业87家，其中500强投资企业3家。区内税收收入4.0亿元，增长31.1%；企业主营业务收入117.5亿元，增长15.6%。

年末全市共有市、县产品质量监督检验和计量检定技术机构14个。监督抽查了105家企业2类4种134批次的产品和商品。全年完成强制检定计量器具3.68万台件。

全市有气象台站16个，全市开展电话天气自动答询的台站16个。全市气象系统开展人工影响天气业务的单位16个，防雹、增雨累计受益面积2.2万平方公里，增雨量0.9亿立方米。全市有卫星云图接收站1个。

全市有专业综合地震台站3个。全年最大震级M2.4级。

十一、文化、卫生和体育

年末全市共有群众艺术馆1个，文化馆14个，文化站185个，农村文化活动场所4888个。全市共有专业艺术表演团体15个。全市有公共图书馆14个。全市报纸出版1种（不含高校校报）、共计1334.8万份，杂志出版1种、共计4.8万册。

年末全市共有广播电视台14座，电视台2座，调频转播发射台17座，一百瓦以上电视转播发射台17座。广播人口覆盖率96.1%，电视人口覆盖率96.8%，有线电视用户18.3万户(不含忻府区)。

年末全市共有卫生机构(含诊所、村卫生室)5189个，床位12278 张。卫生防疫、防治机构15个，妇幼保健院（所、站）15 个。全市卫生机构共有卫生技术人员13347人；卫生院卫生技术员2785人，社区卫生服务中心（站）卫生技术人员276人，其中农村乡镇卫生院2475人；防疫、防治卫生技术员376人，妇幼保健（所、站）卫生技术人员477人。全市14个县（市、区）开展了新型农村合作医疗工作，有209.5万农民参加了合作医疗。

全市有体育场15个，体育馆8个。全年全市运动员在省运会比赛中获金、银、铜牌分别为61.5枚、20.5枚和17.5枚(包括非奥运项目比赛)。全市销售中国体育彩票8808万元，比上年增长39%。

十二、人民生活和社会保障

全年居民人均可支配收入12325元，增长9.3%。按常住地分，城镇常住居民人均可支配收入21735元，增长8.6%，城镇常住居民人均消费支出10317元，增长4.0%；农村常住居民人均可支配收入6104元，增长11.2%，农村常住居民人均消费支出6412元，增长8.0%。城镇占调查总户数20%的低收入家庭人均可支配收入7511元，增长9.3%；农村占人口20%的低收入者收入1567元，增长13.8%。城镇居民家庭恩格尔系数（即居民家庭食品消费支出占家庭消费支出的比重）30.6%，农村居民家庭恩格尔系数35.8%。

年末参加城镇职工基本养老保险39.9万人，增加1.1万人；参加城镇基本医疗保险66.1万人，增加0.2万人；参加失业保险20.9万人，增加0.1万人；参加工伤保险22.0万人，增加0.6万人；参加生育保险24.9万人，增加0.3万人。

全年得到城市最低生活保障救济人数8.0万人，全年共发放城市最低保障资金10152万元。

年末全市城镇有各种社区服务设施12个，其中综合性社区服务中心2个，各类收养性单位床位数6607张，收养人数2685 人，国家抚恤、补助各类优抚对象1.6万人。全年销售福利彩票2.7亿元，筹集社会福利资金2324万元，接收社会捐赠款50万元。

十三、资源、环境和安全生产

年末全市7座中型水库蓄水总量为1746万立方米。

按《环境空气质量标准》（GB3095-1996）评价，2014年忻州市区环境空气优良天数为304天；其余14个县（市、区）（含五台山风景区）建成区环境空气优良天数范围在304—365 天之间。

黄河、海河流域忻州段共监测14个断面，达到Ⅲ类以上水质标准的断面占69.4%，达到Ⅳ类水质标准的断面占13.4%，达到Ⅴ类水质标准的断面占17.3%，没有超过Ⅴ类水质标准的断面。

全年全市共发生各类生产经营性事故375起，上升7.1%；死亡72人，下降4%。全年全市煤炭百万吨死亡率0.053。

吕梁市2014年国民经济和社会发展情况

2014年，面对主导产业市场疲软、金融环境日渐趋紧等不利因素，吕梁市委、市政府认真贯彻落实中央、省委经济工作会议精神，牢牢把握打基础、利长远、惠民生的总体要求，团结带领全市人民积极应对，主动作为，经济结构呈现积极转变，人民生活水平得到稳步提高，全面建成小康社会迈出坚实步伐。

一、综　合

2014年人口抽样调查，年末全市常住人口为381.31万人，比上年末增加2.03万人。全年全市出生人口4.36万人，人口出生率为11.47‰；死亡人口2.33万人，死亡率为6.14‰；自然增长率为5.33‰。

初步核算，全年全市生产总值1101.3亿元，按可比价格计算，下降2%。第一产业完成增加值68.3亿元，增长4.2%，占生产总值的比重为6.2%；第二产业完成增加值685.1亿元，下降3.3%，占生产总值的比重为62.2%；第三产业完成增加值347.9亿元，增长0.6%，占生产总值的比重为31.6%。

人均地区生产总值28960元，按2014年平均汇率计算为4714美元。

全年全市公共财政预算收入130.6亿元，下降20.4%。税收收入78亿元，下降12.9%；其中：增值税16.6亿元，下降18.3%；营业税14.6亿元，下降19.2%；企业所得税9.9亿元，下降35.5%；个人所得税1.9亿元，下降33.3%；资源税11.3亿元，增长30.3%。非税收收入52.6亿元，同比下降29.3%。

公共财政预算支出256.6亿元，下降12.2%。其中：一般公共服务支出21.6亿元，下降22.8%；公共安全支出12.5亿元，下降7.4%；教育支出50.8亿元，下降17.6%；社会保障和就业支出25.3亿元，增长3.4%；医疗卫生支出26.4亿元，增长20.6%；节能环保支出7.6亿元，下降2.8%；城乡社区事务支出21.5亿元，增长2%；农林水事务支出27.6亿元，下降17.4%；住房保障支出6.3亿元，下降29.7%。

居民消费价格比上年上涨1.7%，其中，食品价格上涨2.2%。商品零售价格上涨0.4%。工业生产者出厂价格下降12.5%，其中生产资料价格下降13.3%，生活资料价格上涨1.8%。工业生产者购进价格下降9.1%。农业生产资料价格上涨1.4%。

全市城镇新增就业36604人，农村劳动力转移39949人，城镇登记失业率为3.14%。

二、农　业

全年全市农作物播种面积536.5万亩。其中，玉米播种面积260.7万亩，小麦播种面积4.4万亩，高粱播种面积7.6万亩，土豆播种面积64.9万亩，豆类播种面积104万亩。

全年粮食产量12.6亿公斤，增加1.02亿公斤，增产8.8%。其中，夏粮0.13亿公斤，减产10.7%；秋粮12.48亿公斤，增产9.04%。其中，玉米产量9.5亿公斤，小麦产量1262.1万公斤；高粱产量1445万公斤；土豆产量4.15亿公斤；豆类产量8605万公斤。

全年全市猪牛羊肉总产量9.4万吨，增长16%。其中，猪肉产量6.77万吨，增长16.7%；牛肉产量1.42万吨，增长11.8%；羊肉产量1.21万吨，增长80.6%。年末生猪存栏56.6万头，生猪出栏86.08万头。牛奶产量2.48万吨，增长0.07%。禽蛋产量9.92万吨，增长0.06%。

年末全市完成机耕作业面积336.2万亩，完成机播作业面积286.9万亩，完成机收作业面积176万亩。玉米机收完成80.52万亩，马铃薯机收完成29.3万亩。完成秸秆还田面积90.35万亩。机械化保护性耕作实施面积达到91万亩，新增保护性耕作面积8万亩。其中：完成高标准示范面积5.6万亩，完成辐射推广面积2.4万亩。

全市共计使用国补资金3747万元，补贴各类农机具13506台，受益户数11664户。全市新注册登记拖拉机和联合收割机1156台，新训新考驾驶员850人，年度安全技术检验拖拉机、联合收割机4294台；2014年全市未发生一起农机事故。新建农机专业合作社17个，合作社总数达到153个。新增农机大户56户，新培育示范合作社5个，新增农机示范大户6户，新增维修网点8个。

“8+2”农业产业化带动25万农民人均增收2300元以上。农业产业化龙头企业销售收入突破百亿大关，达到100.8亿元。“六件实事”全部兑现，农村人居环境改善全面启动，累计完成投资20.2亿元。

三、工业和建筑业

年末全市规模以上工业企业556家，比上年减少36家。全年规模以上工业增加值下降5.6%。

原煤产量11606.8万吨，下降0.8%；焦炭1841.3万吨，下降4.1%；白酒65360.6千升，下降10.8%；水泥666.1万吨，下降22.6%；生铁447.8万吨，增长23.5%；钢材369.1万吨，增长1.6%；氧化铝339.3万吨，增长34.6%；发电量为112.6亿度，增长13.3%。

规模以上工业企业实现主营业务收入1685.6亿元，下降10.2%。其中，煤炭、焦炭和建材业分别实现主营业务收入736.9亿元、174.5亿元、47.3亿元，分别下降21.3%、18.1%和16.4%。电力、冶金和食品工业分别实现主营业务收入25.3亿元、298.6亿元和237.9亿元，分别增长1.2%、15%和4.5%；

规模以上工业实现利税70亿元，下降58.7%；实现利润-25.7亿元，下降169.15%。

全年全市建筑业实现增加值12.0亿元，下降15.5%。具有建筑业资质等级的总承包和专业承包建筑业企业实现利润2.9亿元，下降0.9%。

四、能　源

全年全市一次能源生产折标准煤0.82亿吨，下降1.2%；其中，原煤1.16亿吨（折标准煤0.82亿吨），下降0.85%.二次能源生产折标准煤0.85亿吨，下降27.35%；其中，洗煤

1.07亿吨，下降2.73%；焦炭0.18亿吨，下降5.26%；电力112.56亿千瓦时，上升23.69%。

全年全市全社会用电总量142.91亿千瓦小时。其中，第一产业用电2.25亿千瓦小时，占全社会用电量1.57%；第二产业用电114.10亿千瓦小时，占全社会用电量79.84%，其中工业用电112亿千瓦小时；第三产业用电11.97亿千瓦小时，占全社会用电量8.38%；城乡居民生活用电14.59亿千瓦小时，占全社会用电量10.21%。

全社会原煤产量1.16亿吨，下降0.85%。全社会用电总量142.91亿千瓦小时，下降4.33%。规模以上工业企业焦炭产量0.18亿吨，下降5.26%。

五、固定资产投资

全年固定资产投资1017亿元，增长16.5%。其中城镇投资973.8亿元，增长15.9%。

在固定资产投资（不含跨县市、农户）中，国有及国有控股投资378.0亿元，增长19.9%；民间投资632.0亿元，增长13.3%。

分登记注册类型看，内资企业和个体经营投资1010.0亿元，增长16.4%；外商及港澳台商企业投资7.0亿元，增长42.9%。

分产业看，第一产业投资25.3元，增长82%；第二产业投资570.7亿元，增长2%；第三产业投资421亿元，增长40.6%。

全市工业投资570.7亿元，增长2%。其中，煤炭工业投资121.4亿元，下降3.6%,非煤产业投资449.3亿元，增长3.7%；传统产业（煤炭、焦炭、冶金、电力）投资合计341.5亿元，增长6.7%,非传统产业投资合计229.2亿元，下降4.3%。

全年全市在建固定资产投资项目993个。其中，亿元以上项目341个，计划总投资3433.1亿元，完成投资793.5亿元。

全年房地产开发投资43.2亿元，增长32.9%。其中，住宅投资30.2亿元，增长26.9%；商业营业用房投资5.8亿元，增长65.7%。

六、国内贸易

全年全市社会消费品零售总额376.8亿元，增长9.5%。按经营地统计，城镇消费品零售额298.2亿元，增长9.1%；乡村消费品零售额78.6亿元，同比增长11.1%。

七、对外经济

全年全市海关进出口总额56137万美元，下降25%。其中，出口额19409万美元，增长18.4%；进口额36728万美元，下降37.1%。

全年出口焦炭17万吨，增长18倍；出口镁及其制品775吨，下降31.7%；出口钢材1.7万吨，增长4.2%，其中钢铁管配件1349吨，下降3.8%。出口机电产品2469万美元，增长10.9%；出口高新技术产品612万美元，增长24.3%。

全年进口铁矿砂294万吨，下降3.8%，进口金额26858万美元，下降34.2%；进口机电产品443万美元，下降53.8%。

全年全市按全口径统计实际使用外商直接投资金额4309万美元，下降86.66%。全年全市对外经济合作新签合同额1640万美元，下降80.1%。

八、交通、邮电和旅游

年末全市公路线路里程17153公里，其中高速公路533.8公里。

年末全市民用汽车保有量282209辆（包括三轮汽车和低速货车5002辆），比上年末增长7.3%，其中私人汽车244899辆，增长8.5%。本年新注册汽车33178辆，下降16.1%。年末轿车保有量172551辆，增长10.7%，其中私人轿车158266辆，增长14%。

全年全市完成邮电业务总量35.1亿元，增长10.2%。其中，邮政业务总量2.1亿元，下降4%；电信业务总量32.7亿元，增长10.9%。年末移动电话用户316.4万户，同比增长2.8%。全市宽带接入用户49.6万户，增长6.3%。(注：邮电业务总量包含快递业务)

全年全市接待入境游客5058人次，接待国内旅游者2150.1万人次，分别增长4.6%和27.4%；旅游外汇收入193.6万美元，国内旅游收入181.5亿元，旅游总收入181.6亿元，分别增长4.2%、28.7%和27.6%。

九、金　　融

年末全市金融机构人民币各项存款余额1577.1亿元，比去年同期减少24.8亿元，下降1.6%；较年初减少25.1亿元。人民币各项贷款余额857亿元，比去年同期增加58.4亿元，增长7.3%；较年初增加58.4亿元。

全年全市保费收入32.8亿元，增长11.9%。其中，财产险保费收入10.3亿元，增长4%；寿险保费收入20.4亿元，增长14.9%；意外险保费收入6009万元，下降2.8%；健康险保费收入1.5亿元，增长50%。

十、教育和科学技术

年末全市共有幼儿园621所，增加37所；小学867所，减少294所；普通中学292所，减少19所。全市学前三年毛入园率为92.6%，小学学龄儿童净入学率为99.68%，高中阶段毛入学率为93%。

全年全市有效发明专利申请完成143件，其中发明专利申请量为25件。全年新登记科技成果4项。省级企业技术中心3家。市级企业技术中心1家。按照国家高新技术企业认定办法，年末累计高新技术企业15家。

全市3个经济开发区（包括高新区）入区企业208家，其中500强投资企业4家。区内税收收入17.02亿元，下降7.71%；企业主营业务收入360.9亿元，下降14.12%。

全市有气象台站217个，开展人工影响天气业务的单位14个，标准化人工影响天气作业炮点8个。全市有天气预报服务Intel网站14个，卫星云图接收站14个。全市建成6个前兆观测项目，27个宏观观测点，区域自动气象站217个，新建自动土壤水份站9个，酸雨观测站1个，称重式固态降水观测站2个。

全市有专业综合地震台站2个。全年最大震级M2.7级。

十一、文化、卫生和体育

年末全市共有群众艺术馆1个，文化馆13个，文化站162个（其中：乡镇综合文化站148个），农村文化活动场所3112个。全市共有专业艺术表演团体11个。全市有公共图书馆14个。年末全市共有广播电视台13座，中短波转播发射台1座，调频转播发射台9座，一百瓦以上电视转播发射台16座。广播人口覆盖率94.83%，电视人口覆盖率98.98%，有线电视用户32.9万户。

全年全市创作戏剧7部、小戏小品4部、歌曲23首、曲艺作品2件、美术作品33件，歌舞晚会演出7场、展出美术作品135件、书法优秀作品54件；开展送戏下乡演出活动达到近500余场次，受益群众达23余万人次；“让党旗更鲜艳——我市党的群众路线教育实践活动专场文艺节目”在全市巡演60余场，观众达12万余人次；农村公益电影放映完成37308场，观众302万余人次。《廉吏于成龙》在国家大剧院亮相2015年新年戏曲晚会，受到了中央领导的好评；组织历史传奇剧《辽国公主》参评第十四届山西省“杏花奖”，并获得了“杏花优秀新剧目奖”；歌舞音乐剧《山里娃的梦》在第十届深圳文博会分会场保利剧院唱响。《吕梁铁骨》《密战黑茶山》《军渡》等完成拍摄并如期上映，极大地丰富了全市人民精神文化生活。吕梁影视集团拍摄的电影《黄河喜事》荣获第14届韩国光州国际电影节“最受观众喜欢影片奖”；电视剧《幸福生活万年长》荣获中宣部第十三届精神文明建设“五个一工程”优秀作品奖。《蘑菇香了》《金菊开了》等用原生态描述农村企业的影视作品成为反映时代主旋律、弘扬正能量，主推“8+2”农业产业化的宣传品。

年末全市共有卫生机构(含诊所、村卫生室) 3900个，床位1.1万张。妇幼保健院（所、站）14个。全市卫生机构共有卫生技术人员1.4万人；卫生院卫生技术员0.3万人，社区卫生服务中心（站）卫生技术人员554人。妇幼保健（所、站）卫生技术人员580人。全市13个县（市、区）开展了新型农村合作医疗工作，有282.9万农民参加了合作医疗。

2014年，全市有体育场13个，体育馆1个。全市销售中国体育彩票1.6亿元，增长1%。

十二、人民生活和社会保障

全年居民人均可支配收入12623元，增长9.2%。按常住地分，城镇居民人均可支配收入21485元，增长7.4%；农民人均可支配收入6754元，增长10%。城镇占调查总户数20%的低收入家庭人均可支配收入6721元，增长8.3%；农村占人口20%的低收入者收入2025元，增长12.7%。城镇居民家庭恩格尔系数（即居民家庭食品消费支出占家庭消费支出的比重）17.7%，农村居民家庭恩格尔系数22.5%。

年末参加城镇职工基本养老保险30.97万人，增加1.47万人；参加城乡居民社会养老保险181.91万人，增加1.6万人；参加城镇基本医疗保险81.85万人，增加0.49万人；参加失业保险31.80万人，增加0.07万人；参加工伤保险39.87万人，增加5.69万人；参加生育保险33.43万人，增加0.03万人。

全年得到城市最低生活保障救济人数10.7万人，全年共发放城市最低保障资金3.3亿元。2.2万人纳入农村五保供养。

年末全市城镇有各种社区服务设施207个，其中综合性社区服务中心62个，各类收养性单位床位数2341张，收养人数0.5万人，国家抚恤、补助各类优抚对象1.8万人。全年销售福利彩票0.2亿元，筹集社会福利资金0.3亿元，接受社会捐赠款0.02亿元。

十三、资源、环境、安全生产和城市建设

年末全市完成水土流失治理面积45万亩，完成实灌面积150万亩，完成小水发电600万度，全市万元工业增加值平均取水量较上年下降5.4%，取水总量控制在5.7亿立方米，地下水压采量达到700万立方米。全年各类规费征收达1.58亿元，全年累计下达国补资金3.8亿元。全年共发放大中型水库移民后期扶持资金843.36万元，水库移民后扶项目完成44个。

全年完成造林63万亩，其中完成吕梁山生态脆弱区植被恢复工程50.5万亩。完成义务植树500万株，完成高速公路主林带建设114公里；完成育苗13万亩，其中完成1万亩阔叶树新育苗，1万亩大苗培育。完成核桃林栽植30万亩，完成核桃标准化管理示范园建设6万亩，红枣标准化管理示范园建设2.5万亩。完成森林保险试点450万亩。全年没有发生一起较大森林火灾。没有发生成灾性有害生物，没有发生较大破坏森林资源案件，确保了森林资源安全。

按《环境空气质量指数（AQI）技术规定（试行）(HJ633-2012)》评价，2014年，吕梁市区城市环境空气质量达标天数266天，比去年同期增加16天；其余12县（市）

建成区环境空气质量（按旧的考核标准）平均优良天数312天。

全年全市共发生各类生产经营性事故155起，死亡76人；事故起数增加7起、上升4.7%；死亡人数减少7人、下降8.4%。全市煤炭百万吨死亡率0.021。全市未发生一次重特大事故。

全年全市淘汰落后产能193万吨。其中：炼铁企业1户，产能7万吨；焦化企业4户，产能166万吨；水泥企业1户，产能20万吨。

全年全市市政公用设施建设完成投资44.23亿元。新建城市供水管网50.42公里，改造城市供水管网30.013公里；城市供气管网新建54.55公里，改造21.3公里，气化人口达到70.5万人；城市供热管网新建58.816公里，改造8.612公里，新增集中供热面积380.48万平方米；城市道路新建76.087公里，改造30.485公里；新建城市污水处理配套管网80.5公里；生活垃圾处理厂建成3座，新开工2座。

晋中市2014年国民经济和社会发展情况

2014年，面对持续加大的经济下行压力和严峻复杂的经济形势，在市委、市政府的正确领导下，全市上下坚持稳中求进总基调，认真落实省委、省政府“止缓、回稳、促增”总要求，以激发市场活力和内生动力为着力点，统筹稳增长、促改革、调结构、惠民生，全面推进各项工作，经济社会发展取得新成绩。

一、综　　合

据2014年人口抽样调查，年末全市常住人口为3320308人，比上年末增加33515人。全年全市出生人口36935人，人口出生率为11.15‰；死亡人口21532人，死亡率为6.50‰；自然增长率为4.65‰。

初步核算，全年全市生产总值1041.3亿元，比上年增长6.8%。其中，第一产业增加值103.3亿元，增长4.0%，占生产总值的比重为9.9%；第二产业增加值494.1亿元，增长8.0%，占生产总值的比重为47.5%；第三产业增加值443.9亿元，增长5.6%，占生产总值的比重为42.6%。

人均地区生产总值31434元，按2014年平均汇率计算为5146美元。

全年全市公共财政收入117.5亿元，比上年增长2.1%。税收收入72.2亿元，增长1.0%，其中国内增值税、营业税、企业所得税、个人所得税、资源税和城市维护建设税共计完成税收51.7亿元，下降7.2%。公共财政支出216.9亿元，增长3.5%。其中，用于民生的社会保障和就业支出增长12.7%、科学技术支出增长10.9%、医疗卫生与计划生育支出增长8.7%、节能环保支出增长0.5%。

全年市区居民消费价格比上年上涨1.6%，其中，食品价格上涨2.6%。市区商品零售价格上涨0.7%。全市工业生产者出厂价格下降13.8%，其中生产资料价格下降14.9%，生活资料价格上涨5.4%。工业生产者购进价格下降7.3%。农业生产资料价格上涨2.0%。

全年全市城镇新增就业3.83万人。年末城镇登记失业率1.94%。

二、农　　业

全年全市农作物种植面积314.0千公顷，比上年减少8.1千公顷。其中，粮食种植面积265.7千公顷，减少7.4千公顷；油料种植面积2.5千公顷，减少0.9千公顷；棉花种植面积0.1千公顷。在粮食种植面积中，玉米种植面积217.8千公顷，增加2.0千公顷；小麦种植面积9.7千公顷，减少4.5千公顷。

全年粮食产量192.2万吨，增产5.4%。其中，夏粮4.4万吨，减产25.8%；秋粮187.8万吨，增产6.4%。

全年完成造林18.3千公顷，减少29.9%。

全年全市肉类总产量18.4万吨，比上年增长5.8%。其中，猪肉产量12.0万吨，增长4.3%；牛肉产量1.3万吨，与上年持平；羊肉产量1.4万吨，增长7.7%；禽肉产量3.5万吨，增长9.4%。年末生猪存栏103.5万头，增长12.4%；生猪出栏139.0万头，增长4.1%。牛奶产量11.5万吨，增长0.9%。禽蛋产量14.2万吨，增长0.7%。水产品产量0.3万吨，与上年持平。

年末全市农业机械总动力374.7万千瓦，比上年增长3.1%。机械耕地面积27.7万公顷，机械播种面积25.8万公顷，机械收获面积14.1万公顷，分别比上年增长2.2%、0.4%和7.6%。全市农机化经营总收入22.2亿元，增长10.4%。

三、工　　业

年末全市规模以上工业法人企业492家。全年规模以上工业增加值完成420.7亿元，比上年增长7.2%。

规模以上工业企业实现主营业务收入1113.4亿元，比上年下降19.3%。其中，食品行业、非金属矿制品业和医药行业分别实现主营业务收入60.8亿元、55.3亿元和19.1亿元，分别增长4.3%、9.6%和23.3%；煤炭、焦炭、冶金、装备制造业、化学行业和电力行业分别实现主营业务收入513.2亿元、143.8亿元、105.7亿元、80.8亿元、63.2亿元和57.5亿元，分别下降21.8%、32.4%、33.7%、2.9%、2.9%和5.9%。

规模以上工业实现利税30.1亿元，比上年下降59.1%；

实现利润-25.5亿元，比上年减少32.0亿元。

四、能　源

全年全市全社会用电总量140.3亿千瓦小时。其中，第一产业用电3.8亿千瓦小时，占全社会用电量2.7%；第二产业用电108.7亿千瓦小时，占全社会用电量77.5%，其中工业用电106.2亿千瓦小时；第三产业用电13.3亿千瓦小时，占全社会用电量9.5%；城乡居民生活用电14.5亿千瓦小时，占全社会用电量10.3%。

五、固定资产投资

全年全市固定资产投资1106.0亿元，比上年增长16.9%。其中，国有投资249.3亿元，下降23.0%；非国有投资856.7亿元，增长37.7%。

分登记注册类型看，内资企业投资1090.0亿元，增长16.7%；外商及港澳台商企业投资14.6亿元，增长57.8%；个体经营投资1.4亿元，下降46.2%。

分产业看，第一产业投资82.3亿元，增长12.1%；第二产业投资505.7亿元，增长11.3%；第三产业投资518.0亿元，增长23.8%。

全市工业投资505.4亿元，增长11.5%。其中，煤炭工业投资108.5亿元，下降31.6%；非煤产业投资396.9亿元，增长34.8%。传统产业（煤炭、焦炭、冶金、电力）投资合计189.2亿元，下降13.6%，非传统产业投资合计316.3亿元，增长35%。

六、国内贸易

全年全市社会消费品零售总额484.3亿元，比上年增长12.8%。按经营地统计，城镇消费品零售额336.9亿元，增长11.7%；乡村消费品零售额147.4亿元，增长15.3%。按消费形态统计，商品零售额454.6亿元，增长12.8%；餐饮收入额29.7亿元，增长12.0%。

七、对外经济

全年全市海关进出口总额35963万美元，比上年下降19.0%。其中，进口额17139万美元，下降13.0%；出口额18824万美元，下降23.8%。

全年出口焦炭30655吨，比上年下降26.0%，出口金额672万美元，下降35.5%；出口玛钢管件11994吨，增长24.5%，出口金额2323万美元，增长25.6%；出口钢材73594吨，下降20.5%，出口金额6429万美元，下降9.1%；出口玻璃器皿2620万美元，下降12.7%；出口机电产品8449万美元，下降8.7%；出口陶瓷708万美元，下降35.7%。

全年新签项目（合同）数10个，比上年增加2个；合同利用外资项目投资总额达49934.5万美元，增长38.2%；当年实际使用外资金额35303万美元，增长91.8%。

八、交通、邮电和旅游

年末全市公路通车里程15838.8公里，比上年增加273.3公里，增长1.8%；其中高速公路562公里。

年末全市民用汽车保有量445023辆（包括三轮汽车和低速货车3104辆），比上年末增长10.1%，其中私人汽车391868辆，增长11.8%。本年新注册汽车59306辆，下降5.3%。年末轿车保有量262320辆，增长15.4%，其中私人轿车247559辆，增长16.8%。

全年全市完成邮电业务总量58.0亿元。其中，邮政业务总量2.0亿元；电信业务总量56.0亿元。全年全市固定电话用户年末达到61.0万户。年末移动电话用户296.3万户,其中，3G 移动电话用户114.6万户，4G移动电话用户27.7万户。年末全市固定及移动电话用户总数达到357.3万户。全市宽带接入用户61.3万户，增长16.1%。

全年全市商业住宿设施接待入境过夜游客20.1万人次，接待国内旅游者4003.9万人次，分别增长4.8%和21.8%；旅游外汇收入10539.2万美元，国内旅游收入401.7亿元，旅游总收入408.1亿元，分别增长5.6%、36.6%和35.4%。

九、金融和保险

年末全市金融机构本外币各项存款余额1909.8亿元，比年初增加73.1亿元，增长4.0%。各项贷款余额1028.0亿元，比年初增加117.7亿元，增长12.9%。

全年全市保费收入44.6亿元，比上年增长2.8%。其中，财产险业务保费收入13.9亿元，增长7.2%；寿险业务保费收入30.7亿元，增长0.9%。全年支付各类赔款及给付13.4亿元，下降4.9%。

十、教育和科学技术

年末全市普通高等学校 16所，普通中学221所，小学673所，幼儿园536所。

全年全市专利申请受理量为953件，其中发明专利申请受理量为273件。全年全市专利授权量为528件，有效发明专利拥有量为276件。按照国家高新技术企业认定办法，年末累计认定高新技术企业38家，比上年增加13家，创造高技术产业总产值44.9亿元，增长29.0%。

十一、文化、卫生和体育

年末全市共有群众艺术馆、文化馆12个，艺术表演团体49 个，公共图书馆11个。年末全市公共图书馆图书总藏量达1197.7千册。年末全市共有电视台11座，广播电台节目11套。有线电视用户54.0万户。广播节目综合人口覆盖率98.41%，电视节目综合人口覆盖率99.72%。

年末全市共有卫生机构1082个。其中，医院100个，妇幼保健院（所、站）12个，疾病预防控制中心（防疫站）12个。全市卫生机构共有床位14246张，其中，医院床位9201张，卫生院床位3509张。全市卫生机构共有卫生技术人员16739人，其中，执业（助理）医师6991人，注册护士6211人。全市11个县（市、区）全部开展了新型农村合作医疗试点工作，221.2万农民参加了合作医疗，参合率99.49%。

年末全市拥有各级体育机关12个，体育运动学校1个。全市共有二级运动员112人，二级裁判员102人。全市体育电脑彩票销售点279个，全年销售中国体育彩票13555万元，增长45.8%。

十二、人民生活和社会保障

全年居民人均可支配收入17213元，比上年增长9.5%。按常住地分，城镇居民人均可支配收入25652元，增长8.7%；城镇居民人均消费支出12689元，增长7.3%；农村居民人均可支配收入10100元，增长11.0%；农村居民人均消费支出6851元，增长8.2%。城镇占调查总户数20%的低收入家庭人均可支配收入10045元，增长9.9%；农村占调查总户数20%的低收入者收入2559元，增长14.0%。城镇居民家庭恩格尔系数（即居民家庭食品消费支出占家庭消费支出的比重）29.4%；农村居民家庭恩格尔系数 29.4%。

年末参加城镇职工基本养老保险39.8万人；参加城乡居民社会养老保险152.8万人；参加城镇基本医疗保险88.8万人，其中，参加城镇职工基本医疗保险54.1万人，参加城镇居民基本医疗保险34.7万人；参加失业保险32.3万人；参加工伤保险39.2万人；参加生育保险34.1万人。

全年全市纳入城市最低生活保障的居民41748人，比上年减少12458人；纳入农村最低生活保障的居民91093人，减少21401人；纳入农村五保供养18194人，增加19人。全年共发放最低保障资金30452万元。

年末全市共有各类提供住宿的社会服务机构95个，其中，老年人与残疾人服务机构77个，提供住宿的社会服务机构床位数8796张。全年全市共有福利彩票销售点276个，销售福利彩票28369万元。

十三、资源、环境和安全生产

年末全市森林面积253.6千公顷。全市自然保护区总数5个，自然保护区面积97.8千公顷，占全市国土面积的6.0%。

按照《环境空气质量标准》（GB3095-2012）中规定的六项污染物评价，2014年晋中市榆次区空气质量二级以上天数达到246天，环境空气综合污染指数为6.85；按（GB3095-1996）中规定的三项污染物评价，其余10个县（区、市）环境空气优良天数范围在244-358天之间。

全年全市河流监测的8个断面中，有2个断面受到重度污染（劣Ⅴ类），占监测断面总数的25%；水质优良（Ⅰ-Ⅲ类）的断面6个，占监测断面总数的75%。其中，水质优（Ⅰ-Ⅱ类）的断面5个，水质良好（Ⅲ类）的断面1个。

年末全市城市污水集中处理率96.6%，比上年提高2.9个百分点。全市城市生活垃圾无害化处理率88.9%，提高19.7个百分点。城市建成区绿化覆盖率达到38.96%，提高0.41个百分点。

全年全市安全生产事故死亡139人，煤炭生产安全事故死亡人数2人。全市亿元GDP生产安全事故死亡率0.1335；煤炭生产百万吨死亡率为0.0337；特种设备万台死亡率为0。

阳泉市2014年国民经济和社会发展情况

2014年，面对复杂严峻的外部经济形势和内部结构性矛盾，特别是受煤炭价格持续下降以及大宗工业产品产能过剩等因素影响，全市的经济发展面临巨大的压力，工业经济增速下滑，服务业整体不振、企业效益明显回落，财政收入增收乏力。在这种严峻的形式下，经过全市上下的共同努力，整体经济依然保持平稳运行势头，各项社会事业也得到一定的发展。

一、综　　合

初步核算，全年实现地区生产总值616.6亿元，按可比价计算，比上年增长3.2%。其中，第一产业增加值11.0亿元，增长4.2%，占生产总值的比重为1.8%；第二产业增加值336.9亿元，增长3.5%，占生产总值的比重为54.6%；第三产业增加值268.7亿元，增长2.7%，占生产总值的比重为43.6%。

人均地区生产总值44382元，按2014年平均汇率计算为7225美元。

全年全市财政总收入98.1亿元，下降6.3%。公共财政预算收入47.0亿元，增长0.5%。税收收入35.5亿元，增长2.4%，其中国内增值税、营业税、企业所得税、个人所得税、资源税和城市维护建设税共计完成税收26.5亿元，下降6.1%。公共财政预算支出86.9亿元，增长0.6%。其中教育支出增长2.4%，医疗卫生与计划生育支出增长0.7%，文化体育与传媒支出增长 5.7%，农林水事务支出下降3.9%，社会保障和就业支出下降4.1%，节能环保支出下降37.8%。

居民消费价格比上年上涨1.3%，其中，食品价格上涨

1.8%。商品零售价格上涨0.3%。工业生产者出厂价格下降10.3%，其中生产资料价格下降10.6%，生活资料价格上涨4.5%。工业生产者购进价格下降2.4%。

全年全市城镇新增就业25225人。转移农村劳动力10377人。年末城镇登记失业率3.13%。

二、农　业

全年全市农作物种植面积59114.8公顷，比上年增加214.5公顷。其中，粮食种植面积56786.5公顷，减少70.5公顷；油料种植面积110.6公顷，减少55.5公顷。在粮食种植面积中，玉米种植面积48060公顷，增加594公顷。

全年粮食产量29.4万吨，增加0.3万吨，增产0.9%。其中，夏粮810吨，下降50.6%；秋粮29.3万吨，增产1.2%。

全年完成造林8.4千公顷，增长12.7%。其中，人工造林面积6.8千公顷，增长0.9%。全年木材产量2780立方米。

全年全市肉类总产量19924.3吨，增长5.6%。其中，猪肉产量15276吨，增长0.3%；禽肉产量3513吨，增长31.1%；年末生猪存栏142524头，生猪出栏203665头。牛奶产量6518吨，下降0.7%。禽蛋产量27800吨，增长8.0%。水产品产量810吨，增长7.1%。

年末全市农业机械总动力136.5万千瓦，增长2.2%。机械耕地面积4.6万公顷，增长3.0%；机械播种面积4.2万公顷，机械收获面积0.8万公顷，分别增长3.0%和29.1%。全市农机化经营总收入8.0亿元，增长8.4%。

至2014年末，全市有农业产业化龙头企业55家，农民专业合作社2076家。

三、工业和建筑业

年末全市规模以上工业企业140家，减少21家。全年规模以上工业增加值增长4.2%。

全社会原煤产量6212.4万吨，下降3.8%；发电量107.7亿千瓦时，下降5.8%；规模以上工业企业焦炭产量70.8万吨，增长66.6%。

规模以上工业企业实现主营业务收入559.7亿元，下降32.3%。其中，煤炭、焦炭、冶金和电力工业分别实现主营业务收入349.5亿元、5.3亿元、43.7亿元和38.7亿元，煤炭、冶金、电力工业分别下降35.5%、32.6%、22.9%，焦炭增长4.0%；化学、建材、装备制造、食品工业分别实现主营业务收入10.2亿元、39.4亿元、53.9亿元、3.5亿元，建材、食品工业分别增长2.9%，58.3%，化学、装备制造工业分别下降41.6%、40.7%。

规模以上工业实现利税21.4亿元，下降58.7%；实现利润-20.7亿元，下降432.9%。

全年全市建筑业实现增加值43.5亿元，按可比价计算，比上年下降0.7%。具有建筑业资质等级的总承包和专业承包建筑业企业实现利润3.8亿元，下降17.4%。

四、固定资产投资

全年全社会固定资产投资517.4亿元，增长6.6%。其中，国有及国有控股投资231.3亿元，增长1.2%；民间投资279.4亿元，增长12.6%。

在全社会固定资产投资中，内资企业投资510.7亿元，增长7.1%；外商及港澳台商企业投资6.7亿元，下降23.9%。

在全社会固定资产投资中，第一产业投资26.1亿元，增长47.5%；第二产业投资223.5亿元，增长6.0%；第三产业投资267.8亿元，增长4.2%。在第二产业中，工业投资219.6亿元，增长4.6%。其中，煤炭工业投资52.4亿元，下降39.8%,非煤产业投资167.2亿元，增长36.0%;传统产业（煤炭、焦炭、冶金、电力）投资合计100.1亿元，下降20.2%,非传统产业投资合计119.5亿元，增长41.4%。

全年全市在建固定资产投资项目598个。其中，5亿元以上项目42个，计划总投资648.1亿元，完成投资114.3亿元。

全年房地产开发投资52.7亿元，下降27.2%。其中，住宅投资43.4亿元，下降18.8%；商业营业用房投资4.7亿元，下降48.5%。

全年保障性住房建设实际完成投资29.2亿元，开工新建各类保障性住房6511套，基本建成保障性住房及棚户区改造住房9121套。

五、能　源

全年全市一次能源生产折标准煤4437.5万吨，下降3.8%；二次能源生产折标准煤252.2万吨，增长10.1%。

全年全市规模以上工业总能耗折标准煤613.1万吨，下降6.3%，其中主要耗能工业企业单位产品能源消耗主要有：炼焦工序单位能耗148.0千克标准煤/吨，下降14.8%；单位电解铝综合能耗1718.4千克标准煤/吨，下降0.5%；电厂火力发电标准煤耗330.5克标准煤/千瓦时，下降0.9%。

全年全市全社会用电总量68.6亿千瓦时，下降13.7%。其中，第一产业用电0.5亿千瓦时，占全社会用电量0.8%；第二产业用电55.9亿千瓦时，占81.5%，其中工业用电55.3亿千瓦时；第三产业用电7.2亿千瓦时，占10.4%；城乡居民生活用电5.0亿千瓦时，占7.3%。

六、国内贸易

全年全市社会消费品零售总额271.2亿元，增长9.9%。按经营地统计，城镇消费品零售额252.5亿元，增长10.2%；乡村消费品零售额18.7亿元，增长6.3%。按消费形态统计，餐饮收入额38.3亿元，增长16.0%；商品零售额232.9亿元，增长9.0%。

七、对外经济

全年全市海关进出口总额19567万美元，下降8.3%。其中，进口额4645万美元，下降50.1%；出口额14922万美元，增长24.1%。

全年全市新设立外商直接投资企业1家；按全口径统计实际使用外商直接投资金额 27600万美元，增长4.2%。

八、交通、邮电和旅游

年末全市公路线路里程5370.6公里，比上年末增加26.6公里。

年末全市民用汽车保有量17.4万辆（包括三轮汽车和低速货车1168辆），比上年末增长4.4%，其中私人汽车14.4万辆，增长7.7%。本年新注册汽车1.7万辆，下降16.0%。年末轿车保有量10.4万辆，增长10.7%，其中私人轿车9.4万辆，增长13.4%。

全年全市完成邮电业务总量16.3亿元，增长11.6%。其中，邮政业务总量1.2亿元，下降2.5%；电信业务总量15.1亿元，增长13.3%。年末移动电话用户143.5万户，其中，3G移动电话用户 52.3万户。全市宽带接入用户30.5万户，增长8.5%。

全年全市接待海外旅游者3995人次，接待国内旅游者1816.8万人次，分别增长4.5%和22.5%；旅游外汇收入87.3万美元，国内旅游收入149.2亿元，旅游总收入149.4亿元，分别增长4.3%、24.5%和23.8%。

九、金融和保险

年末全市金融机构本外币各项存款余额1154.2亿元，比年初增加3.2亿元，比年初增长0.3%。各项贷款余额649.4亿元，比年初增加30.7亿元，增长5.0%。

年末全市农村金融合作机构（农村信用社、农村商业银行）人民币存款余额307.3亿元，比年初增加4.7亿元，比年初增长1.5%；人民币贷款余额182.7亿元，比年初增加5.4亿元，增长3.1%。

全年全市保费收入23.9亿元，增长7.6%。人身险保费收入16.1亿元，增长7.1%，其中，寿险保费收入15.6亿元，增长7.9%；财产险保费收入7.8亿元，增长8.2%，其中，机动车辆险保费收入6.2亿元，增长6.2%。全年支付各类赔款及给付9.4亿元，增长11.9%。

十、教育和科学技术

年末全市普通高等学校2所，农民实用技术培训12.5万人次。

全年全市专利申请量与授权量分别为1078 件和483件，专利申请量下降8.3%，授权量增长55.3%；其中发明专利申请量与授权量分别为361件和23件，分别下降15.0%和下降4.2%。全年共签订各类技术合同20项，技术合同成交总额 5299.7万元，增长15.7%。全年新登记科技成果28项。市级企业技术中心29家。按照国家高新技术企业认定办法，年末已有高新技术企业17家。

十一、文化、卫生和体育

年末全市共有群众艺术馆、文化馆6个、艺术表演团体6 个、公共图书馆6个。年末有线电视用户33.2万户。全年共发行《阳泉日报》730万份。

年末全市共有卫生机构(含诊所、村卫生室)1440个，床位7428 张。妇幼保健院（所、站）6个。全市卫生机构共有卫生技术人员9283人。全市3个农业县（市、区）全部开展了新型农村合作医疗试点工作，有57.2万农民参加了合作医疗。

全年全市运动员在国内外重大比赛中获金、银、铜牌分别为74枚、54枚和59枚（包括非奥运项目比赛）。全市销售中国体育彩票4652万元，比上年增长4.8%。

十二、人口、人民生活和社会保障

2014年人口抽样调查，年末全市常住人口为139.27万人，比上年末增加0.66万人。其中，城镇人口为90.47万人，城镇化率为64.96%。全年全市出生人口1.41万人，人口出生率为10.14‰；死亡人口0.74万人，死亡率为5.36‰；自然增长率为4.78‰。

全年全市居民人均可支配收入19419元，增长8.4%；全年城镇常住居民人均可支配收入24825元，比上年增长7.4%；全年农村常住居民人均可支配收入10742元，增长10.1%；城镇占调查总户数20%的低收入居民人均可支配收入8018 元，增长8.2%；农村占人口20%的低收入居民收入3880元，增长12.4%。

年末参加城镇职工基本养老保险31.45万人，比上年增加6.35万人；参加农村养老保险37.02万人，比上年增加0.22万人；参加城镇医疗保险63.04万人，比上年增加0.44万人；参加失业保险25.05万人，比上年增加0.05万人；参加工伤保险24.84万人，比上年增加0.44万人；参加生育保险24.58万人，比上年增加0.08万人。

全市三区两县的最低工资标准同步提高。城区、矿区、郊区最低工资标准为1450元，平定县、盂县为1250元，均比上年提高160元。

全年全市共有城市最低生活保障对象4.06万人，比上年减少0.14万人，农村最低生活保障对象4.29万人，比上年增加0.19万人，0.74万人纳入农村五保供养，全年共发放最低保障资金2.35亿元，比上年增加0.13亿元。全市城镇社会保险参保率为97.8%。

年末全市共有救助站3个。共有各类提供住宿的社会服务机构36个，养老服务机构床位数3881张，各类福利院床位数350张，收养122人。城镇各种社区服务设施97个，其中综合性社区服务中心7个。全年销售福利彩票2.11亿元,筹集社会福利资金1401万元，接收社会捐赠款27.3 万元。

十三、资源、环境和安全生产

年末全市有林地面积11.8万公顷，森林覆盖率25.9 %。

全年全市空气质量二级以上天数为178天，优良天数比例为48.8%，综合污染指数为8.62，环境空气质量稳定达到国家二级标准。化学需氧量、氨氮、二氧化硫、氮氧化物、烟尘和工业粉尘分别减排2.12%、0.05%、5.16%、9.23%、0.33%、0.45%。

全年各类自然灾害造成直接经济损失1.3亿元；农作物受灾面积4.6万公顷，其中，绝收4727公顷。

全年共发生各类安全事故430起，下降1.6%；死亡64人，下降14.9%。全年全市煤炭百万吨死亡率0.05。

长治市2014年国民经济和社会发展情况

2014年，面对严峻复杂的经济形势，全市上下在市委、市政府的坚强领导下，团结奋斗、砥砺前行，积极主动适应经济发展新常态，全面落实"六大发展"，务实推进"五五战略"，激发市场活力，培育创新动力，全市经济在新常态下保持平稳运行，经济结构不断优化，经济质量不断提升，人民生活水平不断改善，全市经济在克服重重困难中实现新发展。

一、综　　合

初步核算，全年全市生产总值1331.2亿元，比上年增长5.1%。其中，第一产业增加值58.3亿元，增长4.3%，占生产总值的比重为4.4%；第二产业增加值776.5亿元，增长5.4%，占生产总值的比重为58.3%；第三产业增加值496.4亿元，增长4.8%，占生产总值的比重为37.3%。第三产业中，金融保险业增加值68.3亿元，增长5.7%；交通运输、仓储和邮政业增加值73.0亿元，增长8.1%；房地产业增加值75.7亿元，增长7.7%。

人均地区生产总值39199元，按2014年平均汇率计算为6381美元。

全年全市公共财政预算收入136.3亿元，下降8.3%。税收收入71.0亿元，下降12.0%，其中国内增值税、营业税、企业所得税、个人所得税、资源税和城建税共计完成税收55.7亿元，下降16.8%。公共财政预算支出240.7亿元，下降2.0%。其中农林水事务支出增长11.4%，社会保障和就业支出增长8.4%，医疗卫生支出增长23.6%，文化体育与传媒支出增长8.2%，节能环保支出增长15.9%。

居民消费价格比上年上涨1.5%，其中，食品价格上涨2.2%。商品零售价格上涨0.5%。工业生产者出厂价格下降10.4%；工业生产者购进价格下降7.6%。

全年全市城镇新增就业4.34万人。转移农村劳动力3.75万人。年末城镇登记失业率1.8%。

二、农　　业

全年全市粮食种植面积247.8千公顷，比上年减少2.5千公顷；油料种植面积1.2千公顷，比上年减少0.3千公顷；棉花种植面积0.04千公顷，增加0.01千公顷。在粮食种植面积中，玉米种植面积206.3千公顷，增加0.3千公顷；小麦种植面积9.2千公顷，减少2.3千公顷。

全年粮食产量162.2万吨，比上年增加1.3万吨，增产0.9%。其中，夏粮3.8万吨，增产1.3%；秋粮158.4万吨，增产0.8%。

全年全市猪牛羊肉总产量7.8万吨，比上年增长8.7%。其中，猪肉产量6.9万吨，增长9.6%；牛肉产量0.3万吨，增长3.0%；羊肉产量0.5万吨，与上年持平。年末生猪存栏69.7万头，生猪出栏89.9万头。牛奶产量1.67万吨，下降1.8%。禽蛋产量12.5万吨，增长0.4%。

年末全市农业机械总动力217.1万千瓦，增长4.0%。机械耕地面积242.9千公顷，增长1.0%；机械播种面积226.4千公顷，机械收获面积107.8千公顷，分别增长0.5%和4.6%。全市农机化经营总收入12.1亿元，增长7.0%。

三、工业和建筑业

年末全市规模以上工业企业340家。全年规模以上工业增加值737.3亿元，增长5.1%。

全社会原煤产量1.2亿吨，增长3.9%；发电量335.9亿千瓦时，下降1.8%；规模以上工业企业焦炭产量1523.3万吨，增长6.4%；钢材产量698.2万吨，增长14.3%。

规模以上工业企业实现主营业务收入1490.2亿元，下降13.8%。其中，煤炭、焦炭、冶金和电力工业分别实现主营业务收入684.0亿元、169.5亿元、196.4亿元和99.2亿元，分别下降18.8%、11.0%、19.3%和3.5%；化学、建材、装备制造、医药和食品工业分别实现主营业务收入87.6亿元、22.6亿元、78.5亿元、22.7亿元和59.9亿元，分别增长5.9%、7.0%、2.3%、2.6%和-29.6%。

规模以上工业实现利税124.7亿元，下降35.9%；实现利润43.1亿元，下降56.6%。

全年全市建筑业实现增加值44.1亿元，比上年增长

9.9%。

四、固定资产投资

全年固定资产投资1245.6亿元，增长14.6%。其中，国有及国有控股投资456.1亿元，增长10.9%。

分产业看，第一产业投资130.6亿元，增长14.1%；第二产业投资579.3亿元，增长6.0%；第三产业投资535.7亿元，增长25.7%。在第二产业中，工业投资579.3亿元，增长6.0%。其中，煤炭工业投资85.7亿元，下降15.8%。

全年全市在建固定资产投资项目1334个。其中，5亿元以上项目118个，计划总投资2464.0亿元，完成投资599.8亿元。

全年房地产开发投资75.2亿元，下降20.1%。其中，住宅投资58.2亿元，下降14.0%；办公楼投资1.3亿元，下降50.4%；商业营业用房投资8.4亿元，下降47.7%。

五、国内贸易

全年全市社会消费品零售总额476.9亿元，增长12.0%。其中，城镇消费品零售额412.1亿元，增长11.7%；乡村消费品零售额64.8亿元，增长13.6%。

六、对外经济

全年全市进出口总额68297万美元，下降35.0%。其中，进口额31847万美元，增长46.7%；出口额36449万美元，下降56.5%。

全年全市新设立外商直接投资企业4家；合同利用外商投资3410.8万美元，下降15.9%；实际利用外商直接投资34401.5万美元，增长10%。

七、交通、邮电和旅游

年末全市公路线路里程11346.0公里，其中高速公路299.8公里。

年末全市民用汽车保有量38.6万辆（包括三轮汽车和低速货车1.26万辆），比上年末增长12.9%，其中私人汽车33.1万辆，增长15.2%。本年新注册汽车4.6万辆，下降15.4%。年末轿车保有量22.2万辆，比上年末增长15.2%，其中私人轿车20.1万辆，增长16.9%。

全年全市完成邮电业务总量31.4亿元。其中，邮政快递业务总量2.3亿元；电信业务总量29.1亿元。年末移动电话用户达到304.3万户，其中，3G移动电话用户达到102.1万户,4G移动电话用户达到23.5万户。全市互联网接入用户51.4万户，其中，新增互联网用户4.3万户。

全年全市商业住宿设施接待入境过夜游客2.3万人次，接待国内旅游者2691.2万人次，分别增长4.2%和25.3%；旅游外汇收入1475.2万美元，国内旅游收入263.8亿元，旅游总收入264.7亿元，分别增长5.4%、26.0%和25.1%。

八、金　　融

年末全市金融机构本外币各项存款余额1945.9亿元，比年初增加98.0亿元，比年初增长5.3%。各项贷款余额1016.9亿元，增加98.1亿元，增长10.7%。

全年全市保费收入38.4亿元，增长19.5%。其中，寿险业务保费收入22.3亿元，增长20.7%；健康和意外险业务保费收入3.4亿元，增长65.0%；财产险业务保费收入2.2亿元，增长5.0%；车险业务保费收入10.5亿元，增长10.6%。全年支付各类赔款及给付12.6亿元，下降6.8%。其中，寿险业务保费赔付6.0亿元，下降9.9%；健康和意外险业务保费赔付0.7亿元，下降8.4%；财产险业务保费赔付0.7亿元，下降18.3%；车险业务保费赔付5.2亿元，下降0.7%。

九、教育和科学技术

年末全市普通高等学校5所；中等职业学校45所；普通高中47所；初中171所，小学659所。

全年专利申请量与授权量分别为1585件和739件。全年全市科学技术成果108项，其中有36项技术获得省部级以上科学技术成果奖。全年全市共签订各类技术合同83项，技术合同成交总额2.4亿元。

年末全市共有产品质量检验机构2个。全年对60户企业实施了产品认证，对15种产品进行了监督抽查。全市共有法定计量技术机构12个，全年完成强制检定计量器具23.25万台件。

十、文化、卫生和体育

年末全市共有艺术表演团体20个，文化馆14个，公共图书馆14个，公共图书馆藏书量162万册，档案馆15个，已开放各类档案163305卷和32484件。全市广播电台13座，电视台18座，广播、电视综合人口覆盖率分别达到98.46%和98.98%，年末全市有线电视用户达到42.77万户，其中接收数字信号用户36.5万户。

年末全市共有医疗卫生机构5106个，其中医院、卫生院307个，妇幼保健机构15个，疾病预防控制中心（防疫站）15个，卫生监督机构15个。病床位15474张，其中医院、卫生院15364张。卫生技术人员18342人，其中执业医师和执业助理医师7853人，注册护士7348人，药剂人员946人。乡镇卫生院140个，床位3020张，卫生技术人员2348人。全市新型农村合作医疗覆盖率100%。

全年全市运动员在各类体育比赛中获得全国冠军6个，全省冠军77个。

十一、人口、人民生活和社会保障

年末全市总人口为340.44万人，比上年末增加1.67万人。全年全市出生人口3.79万人，人口出生率为11.16‰；死亡人口2.12万人，死亡率为6.24‰；自然增长率为4.91‰。性别比（女=100）为105.27。

全年农村居民人均可支配收入10311元，比上年增长11.7%；城镇居民人均可支配收入24565元，比上年增长8.3%。城镇居民家庭恩格尔系数（即居民家庭食品消费支出占家庭消费支出的比重）28.0%，农村居民家庭恩格尔系数38.0%。

年末参加基本养老保险196.05万人，其中企业职工43.65万人，参加新型农村社会养老保险137.53万人；参加城镇基本医疗保险99.10万人。其中，参加城镇职工基本医疗保险55.43万人，参加城镇居民基本医疗保险43.67万人。参加失业保险40.57万人；参加工伤保险52.71万人，其中农民工23.37万人；参加生育保险43.42万人。

全年全市纳入城市最低生活保障的居民3.9万人，发放城市低保资金1.5亿元；纳入农村最低生活保障的居民11.5万人，发放农村低保资金2.0亿元。

年末全市各类福利院床位数1.1万张，收养6104人。城镇各种社区服务设施294个，其中综合性社区服务中心23个。全年销售社会福利彩票2.7亿元，筹集社会福利资金2341.9万元，接收社会捐赠款39.4万元。

十二、城市建设、资源、环境和安全生产

年末全市市区建成区面积5930万平方米，建成区绿化覆盖率45.86%。年末城市交通运营车辆742辆，其中市区公共汽车442辆。出租汽车3121辆，其中市区出租车1801辆。市区有公园4座，总面积127公顷。全年市区供水总量7517.1万吨，人均日生活用水量162.7升。全年液化气供气总量3774吨，天然气供应量5490.6万立方米，其中生活用天然气2004.2万立方米。燃气普及率92%，比上年增长3个百分点。市区集中供热面积3104万平方米，其中住宅供热面积2382万平方米。市区污水处理能力17.8万吨/日，全年污水处理量5832万吨。生活垃圾年清运量15.7万吨，无害化处理率达到100%。

年末全市森林面积429.6千公顷，森林覆盖率30.9%。本年度检查验收合格造林面积27.5千公顷。全市有自然保护区2个，面积46.9千公顷，占全市总面积的3.4%。

年末全市大中型水库蓄水总量2.7亿立方米，比上年增长3.3%。全年总用水量4.95亿立方米，比上年增长10.4%。其中，生活用水1.03亿立方米，下降1.9%。

全年全市空气质量Ⅱ级以上天数235天。全市达Ⅲ类水质标准的断面比例70.6%。城市集中式饮用水源地辛安泉水质达标率达到100%。

全市亿元GDP生产安全事故死亡率为0.088，下降1.12%。煤炭百万吨死亡率为0.035，下降62%。

晋城市2014年国民经济和社会发展情况

2014年，面对复杂多变的经济形势，全市上下认真贯彻中央和省、市各项决策部署，坚持稳中求进的工作总基调，主动适应经济新常态，科学统筹稳增长、促改革、调结构、惠民生、防风险各项工作，宏观经济总体平稳，发展质量有所提升，基本民生持续改善，实现了经济社会稳定发展。

一、综　　合

初步核算，全年全市生产总值1035.8亿元，比上年增长4.7%。其中，第一产业增加值43.8亿元，增长0.6%，占生产总值的比重为4.2%；第二产业增加值608.6亿元，增长5.2%，占生产总值的比重为58.8%；第三产业增加值383.4亿元，增长4.0%，占生产总值的比重为37.0%。第三产业中，金融保险业增加值58.5亿元，增长3.1%；交通运输、仓储和邮政业增加值64.1亿元，增长12.0%；批发和零售业增加值61.9亿元，增长2.7%；住宿和餐饮业增加值27.0亿元，增长9.4%；营利性服务业增加值39.1亿元，增长0.8%。人均地区生产总值44943元，按2014年平均汇率计算为7316美元。

全年全市财政总收入207.3亿元，下降7.1%。其中,增值税完成73.5亿元，下降7.7%；企业所得税46.3亿元，下降29.6%；个人所得税10.0亿元，下降12.3%；营业税23.7亿元，增长21.3%；资源税3.4亿元，增长17.8%。公共财政预算收入98.0亿元，增长3.7%。其中,税收收入68.6亿元，下降0.5%。公共财政预算支出160.6亿元，增长2.1%。其中，科学技术支出下降23.8%，教育支出增长2.1%，农林水事务支出增长6.1%，社会保障和就业支出增长7.5%，文化体育与传媒支出增长18.5%，医疗卫生和计划生育支出增长21.8%，节能环保支出下降17.2%。

居民消费价格比上年上涨2.0%。其中，食品价格上涨2.9%。商品零售价格上涨0.8%。工业生产者出厂价格下降8.2%，工业生产者购进价格下降5.9%。

全年全市城镇新增就业3.57万人。年末城镇登记失业率1.3%。

二、农　　业

全年全市农作物种植面积19.0万公顷，减少1.8万公顷。

其中，粮食种植面积17.8万公顷，减少1.9万公顷；油料种植面积0.2万公顷，下降19.2%；棉花种植面积0.02万公顷，下降15.3%。在粮食种植面积中，玉米种植面积9.4万公顷，增加0.4万公顷；小麦种植面积4.4万公顷，减少1.4万公顷。

全年粮食产量73.0万吨，减少17.5万吨，减产19.3%。其中，夏粮16.7万吨，减产5.1%；秋粮56.3万吨，减产22.8%。

全年完成造林面积0.85万公顷，增长58.3%。其中，经济林面积0.1万公顷，增长46.9%。全年木材产量6017立方米，增长50.1%。

全年全市肉类总产量15.8万吨，增长13.0%。全年猪牛羊肉总产量14.6万吨，增长12.6%。其中，猪肉产量13.9万吨，增长13.0%；牛肉产量1422.3吨，下降9.5%；羊肉产量5860.0吨，增长11.7%。年末生猪存栏106.6万头，增长11.1%；生猪出栏185.3万头，增长12.0%。牛奶产量538.0吨，下降47.7%；禽蛋产量8.2万吨，增长11.9%；水产品产量1700吨，下降5.6%。

全年全市设施蔬菜产量14.1万吨，增长16.6%；食用菌2.0万吨，增长18.4%；蚕茧5442吨，下降4.4%；蜂蜜2050吨，下降4.7%；药材1.1万吨，增长22.9%。

年末全市农业机械总动力248.4万千瓦，增长1.4%。机械耕地面积15.6万公顷，增长2.1%；机械播种面积13.1万公顷，增长1.9%；机械收获面积11.3万公顷，增长3.2%。全市农机化经营总收入13.5亿元，下降3.2%。

三、工业和建筑业

年末全市规模以上工业企业221家。全年规模以上工业增加值比上年增长5.0%。

全年全社会原煤产量8612万吨，增长5.7%；规模以上工业发电233亿千瓦时，增长0.2%；水泥253万吨，增长7.0%；农用化肥（折纯）261万吨，下降3.4%；焦炭54万吨，下降42.4%；钢材产量299万吨，增长9.3%；生铁372万吨，增长7.6%。

全年规模以上工业企业实现主营业务收入1095.3亿元，下降8.4%。其中，煤炭、炼焦、冶铸和电力工业分别实现主营业务收入535.4亿元、5.5亿元、123.4亿元和85.6亿元，分别增长-17.2%、-57.3%、-7.4%和2.9%；煤层气开采、化工、建材、装备制造、医药和食品工业分别实现主营业务收入54.2亿元、110.9亿元、11.0亿元、132.1亿元、5.3亿元和1.3亿元，分别增长24.4%、-7.5%、14.6%、19.5%、47.7%和-8.2%。

规模以上工业实现利税127.4亿元，下降29.2%；实现利润55.6亿元，下降44.7%。

年末全市具有资质等级的总承包和专业承包建筑业企业106家，完成总产值73.4亿元，增长3.3%；房屋施工面积354.4万平方米，下降6.7%；签订合同额为130.5亿元，增长7.8%。

四、固定资产投资

全年全市固定资产投资完成974.8亿元，增长16.4%。其中，国有及国有控股投资449.2亿元，增长29.4%；港澳台及外商投资53.4亿元，增长37.3%；民间投资472.2亿元，增长4.6%。

在固定资产投资中，第一产业投资55.9亿元，下降5.9%；第二产业投资441.7亿元，增长12.9%；第三产业投资477.2亿元，增长23.3%。在第二产业中，工业投资441.6亿元，增长12.9%。其中，煤炭工业投资172.8亿元，增长21.4%；非煤产业投资269.2亿元，增长8.5%。传统产业（煤炭、炼焦、冶金、电力）投资合计186.2亿元，增长22.3%；新兴接替产业投资合计255.8亿元，增长7.4%。

全年全市在建固定资产施工项目1286个。其中，5亿元以上项目84个，计划总投资1457.6亿元，完成投资286.4亿元，占全市固定资产投资的比重为29.4%。

全年房地产开发投资58.2亿元，增长14.5%。其中，住宅投资44.1亿元，增长13.0%；商业营业用房投资7.3亿元，增长34.7%。

全年房屋新开工面积189.9万平方米，增长8.3%。其中，住宅新开工面积138.7万平方米，增长21.5%。商品房销售面积75.4万平方米，下降13.0%。其中，住宅销售面积67.6万平方米，下降14.0%。商品房销售额34.1亿元，下降11.2%。其中，住宅销售额29.2亿元，下降11.8%。房地产开发企业土地购置面积39.6万平方米，下降24.9%。房地产开发企业本年实际到位资金合计81.5亿元，增长23.5%。其中，国内贷款增长67.5%，自筹资金下降7.9%，其他资金增长53.0%。

五、能　源

全年全市一次能源生产折标准煤6016.0万吨，增长0.1%；二次能源生产折标准煤2562.3万吨，下降5.6%。

全年全市向省外运输煤炭3270万吨，增长1.3%，外运煤炭占原煤产量60.4%。向省外输送电力175.5亿千瓦小时，下降2.0%，外输电量占发电量75.3%。

固定资产投资中，能源工业投资完成262.2亿元，增长19.6%。其中，煤炭工业投资172.8亿元，增长21.4%；石油和天然气开采业投资41.3亿元，增长7.0%；石油加工、炼焦及核燃料加工业投资2.8亿元，下降34.8%；电力、热力的生产和供应业投资36.7亿元，增长77.7%。

全年全市全社会用电总量172.6亿千瓦小时。其中，第一产业用电1.5亿千瓦小时，占全社会用电量的0.9%；第二产业用电154.7亿千瓦小时，占全社会用电量的89.6%，其中，工业用电153.5亿千瓦小时；第三产业用电8.9亿千瓦小时，占全社会用电量的5.2%；城乡居民生活用电7.5亿千瓦小时，占全社会用电量的4.3%。

六、国内贸易

全年全市社会消费品零售总额332.8亿元，增长12.0%。按经营地统计，城镇消费品零售额305.6亿元，增长11.6%；乡村消费品零售额27.2亿元，增长17.0%。

七、对外经济

全年全市海关进出口总额11.0亿美元，增长19.5%。其中，进口额8.1亿美元，增长22.7%；出口额2.9亿美元，增长11.6%。

全年出口煤炭43万美元，下降38.0%；出口钢材4031万美元，增长24.3%；出口机电产品23784万美元，增长8.6%；出口高新技术产品15903万美元，增长3.6%；出口电器及电子产品18953万美元，增长11.1%；出口计算机及通信技术产品14612万美元，增长11.8%。

全年进口铁矿砂41966万美元，下降11.8%；进口机电产品35565万美元，增长120.7%；进口集成电路13211万美元，增长113.8%；进口机械设备9373万美元，增长243.6%；进口电子技术产品16355万美元，增长108.2%；进口计算机集成制造技术产品7034万美元，增长6.3倍。

全年全市新设立外商直接投资企业3家；按全口径统计实际使用外商直接投资金额28425万美元，增长0.1%。

八、交通、邮电和旅游

年末全市公路线路里程8960.5公里。其中,高速公路318.6公里。

年末全市民用汽车保有量30.1万辆（包括三轮汽车和低速货车2.0万辆），比上年末增长12.9%。其中,私人汽车25.9万辆，增长16.5%。本年新注册汽车4.2万辆，下降2.4%。年末轿车保有量19.1万辆，增长16.5%。其中,私人轿车17.7万辆，增长18.7%。

全年全市完成邮电业务总量22.2亿元，增长13.8%。其中，邮政业务总量1.2亿元，下降7.7%；电信业务总量21.0亿元，增长15.4%。新增移动电话用户18.6万户，年末达到242.7万户。全市宽带接入用户37.5万户，增长7.4%。

年末全市共有成规模的旅游景区（点）43处。其中，5A级景区1个，4A级景区7个,3A级景区5个，2A级景区4个，国家级工农业旅游示范点7个。共有星级饭店23家。其中，五星级1家、四星级10家、三星级7家、二星级5家。全年全市接待海外旅游者11552人次，接待国内旅游者2715.0万人次，分别增长4.5%和25.3%；旅游外汇收入633.7万美元，国内旅游收入242.0亿元，旅游总收入242.4亿元，分别增长6.8%、23.9%和22.0%。

九、金融、证券和保险

年末全市金融机构本外币各项存款余额1812.6亿元，比年初增加53.1亿元，增长3.0%。各项贷款余额922.1亿元，比年初增加57.3亿元，增长6.6%。

年末全市农村金融合作机构（农村信用社、农村合作银行、农村商业银行）人民币贷款余额203.8亿元，比年初减少2.6亿元，下降1.3%;人民币存款余额391.3亿元，比年初增加30.2亿元，比年初增长8.4%。

年末全市共有证券营业部4家，从业人员81人。累计资金开户数65483户，银证转入资金35.8亿元，增长79.2%，新增资产总额15.7亿元，增长4.6倍。全年营业收入7020.3万元，长39.8%；利润总额4353.4万元，增长48.9%。

全年全市保费收入34亿元，增长6.6%。其中，寿险业务保费收入22.2亿元，增长6.2%；财产险业务保费收入11.8亿元，增长7.3%。

十、教育和科学技术

年末全市普通高等学校1所，独立设置的成人高等学校1所。高中阶段毛入学率94.78%。

全年全市组织实施各类科技项目70项（其中国家级2项、省级45项、市级23项）。在国家级项目中，列入国家星火计划1项，创新基金项目1项；在省级项目中，列入省级国际科技合作项目1项，火炬计划1项，星火计划5项，农业攻关计划2项，富民强县计划1项，农村技术承包计划18项，社会发展计划1项，成果推广计划4项，工业攻关计划4项，创新计划1项，软科技及基础平台建设计划3项，基础研究计划项目计划3项，大型科技仪器改造项目计划1项。全年全市专利申请量823件。其中，发明专利申请量246件。有效发明专利拥有量185件。全年完成省级科技成果鉴定6项。全年有6项新技术获得山西省科技进步二等奖，有1项新技术获得山西省科技进步三等奖。全年新认定国家高新技术企业8家，省级创新试点企业2家，省级工程技术研究中心1家。截止2014年末，全市共有高新技术企业25家，国家级企业技术中心1家，省级企业技术中心12家，省级工程技术研究中心4家，省级重点实验室3个。

十一、文化、卫生和体育

年末全市共有群众艺术馆1个，文化馆6个,博物馆1个。全市文化系统共有艺术表演团体11个，新创作首演剧目4个；演出场次3120场，演出收入2088万元；全市共有艺术表演场馆3个，群众艺术馆1个，文化馆6个，公共图书馆6个，总藏书46万册。

年末全市共有各级医疗卫生机构3069个，其中妇幼保健院（所、站）7个。医院和卫生院床位9.5千张，卫生专业技术人员1.3万人，每千人拥有病床4.4张，每千人拥有医生数3.8人。全市6县（市、区）全部开展了新型农村合作医疗试点工作，新型农村合作医疗参合率99.25%。村卫生室覆盖率100%、县乡村三级医疗机构达标率均为100%。全年各县（市、区）的儿童“五苗”全程接种率以乡镇为单位均达到了90%以上。碘盐覆盖率达到99.2%，合格碘盐食用率达到95.78%，各种地方病得到了有效控制。全市乡镇卫生监督站覆盖率达到100%。

年末全市拥有各级各类体育场馆3110个，体育锻炼标准达标人数达334570人。全年全市运动员在省级以上重大比赛中获金、银、铜牌分别为65枚、60枚和51枚（包括非奥运项目比赛）。全市销售中国体育彩票13979万元，增长44.1%。

十二、人口、人民生活和社会保障

2014年人口抽样调查，年末全市常住人口为230.89万人，比上年末增加0.84万人。全年全市出生人口2.03万人，人口出生率为8.80‰；死亡人口1.19万人，死亡率为5.16‰；自然增长率为3.64‰。出生人口性别比为101.05(以女性人口为100)。

全年居民人均可支配收入17905元，增长8.4%。按常住地分，城镇居民人均可支配收入24907元，增长7.7%；农村居民人均可支配收入10087元，增长10.4%。城镇占调查总户数20%的低收入家庭人均可支配收入9675元，增长8.7%；农村占调查总户数20%的低收入户人均可支配收入3793元，增长13.3%。

年末参加城镇职工基本养老保险36.9万人，比上年末增加2.0万人；参加新型农村社会养老保险106.5万人，减少1.0万人；参加城镇基本医疗保险60.5万人，增加0.6万人；参加失业保险29.7万人，增加1.2万人；参加工伤保险47.4万人，减少0.8万人，其中,农民工22.1万人，减少0.4万人；参加生育保险30.9万人，增加0.5万人。全市共有149.02万农民参加了合作医疗。

年末城镇低保人数23598人，减少3798人；农村低保人数76388人，减少52人；农村集中供养五保户1867人；民政部门资助参加合作医疗81490人。优抚对象16007人，享受定期抚恤1493人，享受定期补助12161人。全年共发放最低保障资金2.8亿元。全市提供住宿的社会服务机构68个，床位数4660张，年收养救助人数2579人。全市社区服务站51个。全市福利企业26个，残疾职工449人。福利彩票发行单位1个，共销售福利彩票3.3亿元。全年直接接收捐赠款204.7万元，受益960人次。

十三、资源、环境和安全生产

全市有自然保护区5个，自然保护区面积达到15.6万公顷，占全市土地面积的16.6%；全市国家级生态示范区2个。

全年市区环境空气质量二级以上天数达到209天。其中，一级天数19天，增加13天。空气综合污染指数为7.76，较上年下降19.3%。

城市污水处理率达到91%；城市生活垃圾无害化处理率达到100%；全市集中供热普及率达到85%。

全年全市共发生各类生产安全事故848起，减少73起，下降7.9%；事故死亡226人，减少4人，下降1.7%。其中，各类生产经营性事故195起，增加30起，上升18.2%；事故死亡84人，增加11人，上升15.1%。亿元GDP生产安全事故死亡率0.081，煤矿百万吨死亡率0.2299，特种设备万台死亡率0。

临汾市2014年国民经济和社会发展情况

2014年，面对复杂严峻的经济形势，全市上下在市委市政府的正确领导下，牢牢把握发展大势，坚持稳中求进的工作基调，着力落实“稳增长、调结构、促改革、惠民生”各项政策措施，全市经济在新常态下平稳发展，人民生活水平不断提高，社会发展和谐稳定。

一、综　　合

初步核算，全年全市生产总值1213.2亿元，比上年增长4.6%。其中，第一产业增加值94.9亿元，增长5.1%，占生产总值的比重为7.8%；第二产业增加值659.2亿元，增长4.1%，占生产总值的比重为54.4%；第三产业增加值459.1亿元，增长5.5%，占生产总值的比重为37.8%。在第三产业中，房地产业增加值52.6亿元，增长6.6%；批发和零售业增加值70.7亿元，增长2.5%；交通运输、仓储和邮政业增加值79.4亿元，增长8.6%。

人均地区生产总值27557元，按2014年平均汇率计算为4486美元。

全年全市公共财政收入118.3亿元，增长0.1%。税收收入61.4亿元，增长13.4%，其中国内增值税、营业税、企业所得税、个人所得税、资源税和城建税共计完成税收45.5亿元，增长6.3%。公共财政支出282.5亿元，增长6.9%。其中农林水事务支出下降1.65%，社会保障和就业支出增长11.1%，医疗卫生支出增长26.2%，文化体育与传媒支出增长59.1%，公共安全支出下降0.7%，节能环保支出下降24.1%。

居民消费价格比上年上涨1.7%，其中，食品价格上涨1.9%。商品零售价格上涨1.2%。工业生产者出厂价格下降11.1%，其中生产资料价格下降11.3%，生活资料价格下降0.1%。工业生产者购进价格下降8.4%。

全年全市城镇新增就业5.19万人，转移农村劳动力5.26万人，年末城镇登记失业率2.48%，控制在4.2%的目标范围之内。

二、农　业

全年全市农作物种植面积565.53千公顷，比上年增加4.72千公顷，增长0.8%。其中，粮食种植面积519.84千公顷，增加7.03千公顷；油料种植面积8.93千公顷，减少1.68千公顷；棉花种植面积0.59千公顷，减少0.72千公顷。在粮食种植面积中，玉米种植面积242.20千公顷，增加13.0千公顷；小麦种植面积228.42千公顷，增加1.56千公顷。

全年粮食产量275.7万吨，比上年增长6.8%。其中，夏粮106.1万吨，增长26.5%；秋粮169.6万吨，下降4.3%。

全年完成造林35.16千公顷。其中，荒山荒地造林面积33.38千公顷。经济林面积14.53千公顷。全年木材产量25588立方米，增长19.6%。

全年全市猪牛羊肉总产量11.3万吨，比上年增长8.1%。其中，猪肉产量9.9万吨，增长8.3%；牛肉产量0.6万吨，增长2.6%；羊肉产量0.7万吨，增长11.2%。年末生猪存栏88.5万头，生猪出栏118.4万头。牛奶产量4.0万吨，增长5.0%。禽蛋产量11.1万吨，下降2.2%。水产品产量0.7万吨，增长13.2%。

年末全市农业机械总动力473.1万千瓦，增长3.2%。机械耕地面积367.12千公顷，比上年增长1.1%；机械播种面积407.46千公顷，比上年增长3.5%；机械收获面积342.95千公顷，比上年增长7.6%。全市农机化经营总收入达到13.45亿元，增长4.7%。

三、工业和建筑业

年末全市规模以上工业企业355家。全年规模以上工业增加值增长3.0%。

规模以上工业企业原煤产量5011.1万吨，增长2.6%；发电量206.3亿千瓦时，增长7.8%；焦炭产量1892.42万吨，下降6.4%；钢材产量1312.87万吨，下降0.6%。

规模以上工业企业实现主营业务收入1594.33亿元，下降15.6%。其中，煤炭、焦炭、冶金和电力工业分别实现主营业务收入494.62亿元、225.90亿元、649.88亿元和61.42亿元，分别增长-10.0%、-31.4%、-17.9%和8.2%；化学、建材、装备制造、医药和食品工业分别实现主营业务收入65.85亿元、12.22亿元、52.23亿元、4.82亿元和13.57亿元，分别增长-17.1%、-14.4%、59.9%、-23.1%和-15.1%。

规模以上工业企业实现利税70.21亿元，下降32.5%；实现利润0.08亿元，下降99.7%。

全年全市建筑业实现增加值71.3亿元，比上年增长15%。具有建筑业资质等级的总承包和专业承包建筑业企业实现利润3.2亿元，增长35.8%。

四、固定资产投资

全年全市固定资产投资完成1229.4亿元，增长18.6%。其中，国有及国有控股投资完成596.9亿元，增长11%。

在全市固定资产投资中，内资企业投资完成1225.1亿元，增长18.6%；外商及港澳台商企业投资3.4亿元，增长57.3%。

从三次产业看，第一产业投资完成77.1亿元，增长42.5%；第二产业投资完成505.7亿元，增长8%；第三产业投资完成646.7亿元，增长25.8%。在第二产业中，工业投资完成505.7亿元，增长8.1%。其中，煤炭工业投资148.6亿元，增长-11.5%，非煤产业投资351.5亿元，增长21.4%。传统产业（煤炭、焦炭、冶金、电力）投资合计242.9亿元，增长-1.6%，非传统工业（食品、建材、化工、装备制造等）投资合计262.8亿元，增长18.9%。

全年全市在建固定资产投资项目1806个。其中，亿元以上项目389个，计划总投资1486.6亿元，完成投资725.6亿元，占全市固定资产投资的比重为59%。

全年全市房地产开发投资84.2亿元，增长28.4%。其中，住宅投资64.9亿元，增长34.1%；商业营业用房投资10.5亿元，增长6.7%。

全年市级重点建设工程383项，计划总投资3681亿元，其中当年计划投资915亿元。

五、能　源

全年全市一次能源生产折标准煤3635.3万吨，比上年增长2.6%，二次能源生产折标准煤7369.3万吨，比上年下降1.22%。

全年全市向省外运输煤炭753.63万吨，增长29.27%，外运煤炭占煤炭产量的6.73%。

全市能源工业投资完成251.12亿元，下降7.58%。其中，煤炭工业投资148.63亿元，下降11.5%；电力工业投资75.61亿元，增长35.06%；焦化工业投资5.58亿元，下降45.9%。

全年全市全社会用电总量176.76亿千瓦时。其中，第一产业用电4.35亿千瓦时，占全部用电量的2.46%；第二产业用电138.84亿千瓦时，占全部用电量的78.55%，其中工业用电137.07亿千瓦时；第三产业用电15.16亿千瓦时，占全部用电量的8.58%；城乡居民用电18.41亿千瓦时，占全部用电量的10.41%。

六、国内贸易

全年全市社会消费品零售总额529.5亿元，增长11.3%。按经营地统计，城镇消费品零售额446.0亿元，增长11.0%；乡村消费品零售额83.5亿元，增长13.2%。按消费形态统计，商品零售额489.1亿元，增长11.4%；餐饮收入额40.4亿元，增长11.3%。

七、对外经济

全年全市海关进出口总额39949万美元，下降44.3%。其中，进口额22348万美元，下降59.7%；出口额17601万美元，增长8.6%。

全年全市出口钢材金额128.9万美元，下降74.5%，出口机电产品8747.4万美元，下降0.9%；出口高新技术产品202.1万美元，增长216.1%。

全年进口铁矿砂238.8万吨，下降39.1%，进口金额22118.1万美元，下降54.9%；进口机电产品38万美元，下降86.4%。

全年全市新设立外商直接投资企业 2家；按全口径统计实际使用外商直接投资金额14913万美元，增长7.4%。

八、交通、邮电和旅游

年末全市公路通车里程18111公里，其中高速公路462公里，与上年末持平。

年末全市民用汽车保有量42.3万辆（包括三轮汽车和低速货车0.8万辆），比上年末增长10.1%，其中私人汽车37.5万辆，增长12.0%。本年新注册汽车5.8万辆，下降2.3%。年末轿车保有量26.0万辆，比上年末增长15.0%，其中，私人轿车24.3万辆，增长16.9%。

全年全市完成邮电业务总量43.39亿元，增长18.7%。其中，邮政业务总量2.50亿元，增长1.4%；电信业务总量40.89亿元，增长19.9%。年末全市固定电话52.5万部，减少1.4万部，下降2.5%；新增移动电话用户3.5万户，年末达到397.1万户，其中，3G移动电话用户达到147.05万户。移动电话普及率90.20部/百人。全市宽带接入用户64.49万户，增长0.2%。

全年全市接待海外旅游者3.4万人次，接待国内旅游者2626.74万人次，分别增长5.7%和23.07%；旅游外汇收入1430.21万美元，国内旅游收入241.44亿元，旅游总收入242.3亿元，分别增长5.8%、25%和24.2%。

九、金　　融

年末全市金融机构本外币各项存款余额1853.6亿元，比年初增加59.7亿元，比年初增长3.3%。各项贷款余额943.4亿元，比年初增加97.7亿元，增长11.6%。

年末全市农村合作金融机构（农村信用社、农村合作银行、农村商业银行）人民币贷款余额484亿元，比年初增加35.1亿元，增长7.8%;人民币存款余额780.5亿元，比年初增加59.3亿元，增长8.2%。

年末全市共有上市公司2家。年末全市辖区证券市场各类证券成交额741亿元，增长75.4%。年末证券市场投资账户累计开户数10.99万户，比上年末增长9.03%。

全年全市保费收入43.19亿元，增长16.38%。其中，寿险业务保费收入29.57亿元，增长20.32%；健康险业务保费收入3.17亿元；意外险业务保费收入0.76亿元；财产险业务保费收入13.62亿元，增长8.66%。全年支付各类赔款及给付15.53亿元，增长14.7%。

十、教育和科学技术

年末全市高等院校达到4所。农村义务教育阶段公用经费2.4亿元,补助36.86万人。农村家庭困难的寄宿制学生3.2万人得到各级政府提供的生活补贴达3656.06万元,城市义务教育阶段67060名学生免交学杂费。

全年全市受理专利申请1429件，比上年增长20.1%。受理发明专利申请487件，比上年增长35.7%。全市累计认定高新技术企业28家；认定省级技术中心21家，市级企业技术中心30家；科技创新型企业68家。

年末全市共有市、县产品质量监督检验机构8个，监督抽查了210余家企业373批次产品和商品。全市共有法定计量技术机构17个，全年完成强制检定计量器具45410台件。

全市有气象台（站）17个，开展121电话天气自动答询台（站）17个。气象系统开展人工影响天气业务的单位17个，防雹、增雨受益覆盖面积2万平方公里。全市有卫星云图接收站17个。

全市有专业综合地震台站8个，市级地震台网中心1个，数字测震地震台网1个，数字测震子台7个,前兆台站6个。

十一、文化、卫生和体育

年末全市共有群众艺术馆1个，文化馆17个，博物馆14个，艺术表演团体21个。广播电视台17座。广播人口覆盖率96.65%，电视人口覆盖率98.86%。全市共有公共图书馆17个，档案馆25个。目前有5个县级图书馆和8个文化馆达到国家三级标准以上。

文化影响力进一步提升。2014年,重点开展了以“中国梦”为主题的系列创作，创作舞蹈4个、小戏1个、情景剧2个、小品5个、歌曲15首、古装戏曲1个和戏剧6个，改编移植了《焦裕禄》《战铜台》《花木兰》《蝴蝶杯》《洗血铁丘坟》等一批剧目。各项赛事、演出屡获佳绩。浮山县木偶艺术团在全国首届木偶展演大赛上荣获银奖；永和的《我家住在乾坤湾》舞蹈在“第七届我爱祖国全国青少年才艺大展演”获金奖，并在中国教育频道播出；翼城的《鼓舞中华》入选《向人民报告——庆祝新中国成立65周年暨说唱中国梦优秀曲艺节目展演》展演。全市文艺院团共下乡演出4500余场,其中市直文艺院团下乡演出586场；全市公益电影放映35616场,寄宿制学校电影放映1712场。非遗保护工作不断加强，有3个项目入选国家级非遗项目，全市国家级非遗项目达到21个，位居全省前列。

年末全市共有卫生机构(含诊所、村卫生室) 4319家，其中妇幼保健院（所、站）18家。全市卫生机构共有床位1.9万张，其中医院床位1.4万张，卫生院床位4174张。卫生技术人员2.34万人。全市299.98万农民参加了合作医疗，参合率99.26%。

在山西省第十四届运动会上，全市体育代表团参加了三个组别，25个大项的角逐，经过奋力拼搏，取得了青少年组20.75枚金牌、39.25枚银牌、40.25枚铜牌、总分1269.75分，获得体育道德风尚奖。全年全市体育彩票销售1.87亿元。

十二、人口、人民生活和社会保障

2014年人口抽样调查，年末全市常住人口为441.46万人，比上年末增加2.38万人。全年全市出生人口4.87万人，人口出生率为11.07‰；死亡人口2.5万人，死亡率为5.67‰；自然增长率为5.40‰。人口性别比为104.82。

全年全市居民人均可支配收入15052元，增长9.2%。按常住地分，城镇居民人均可支配收入23610元，增长8.2%，城镇居民人均消费支出10522元，增长0.16%；农村居民人均可支配收入8755元，增长11.4%，农村居民人均消费支出6009元，增长17.5%。城镇占调查总户数20%的低收入家庭人均可支配收入10454元，增长9.5%；农村占人口20%的低收入者收入2831元，增长13.7%。城镇居民家庭恩格尔系数(即居民家庭食品消费支出占家庭消费支出的比重）26.8%，农村居民家庭恩格尔系数27.5%。

年末参加城镇基本养老保险的人数为63.13万人，比上年增加2.26万人；参加农村社会养老保险的人数为181.83万人，比上年减少1.01万人；参加城镇基本医疗保险的人数为104.35万人，比上年增加0.99万人；参加失业保险的人数为34.89万人，比上年增加0.09万人；参加工伤保险的人数为49.33万人，比上年增加1.64万人，其中农民工22.31万人；参加生育保险的人数为39.58万人，比去年增加0.94万人。

全年全市纳入城市最低生活保障的居民7.36万人，发放城市低保资金26772.5万元，比上年减少3144.3万元；纳入农村最低生活保障的居民12.12万人，发放农村低保资金24438.1万元，比上年增加132万元。

年末全市提供住宿的社会服务机构床位数5080张，救助人数2359人。城镇建立各种社区服务机构204个。全年销售社会福利彩票4.5亿元，直接接收社会捐赠款61.6万元。

年末市区建成区新增绿化面积25.32万平方米，绿化覆盖率达到37.36%，人均公共绿地面积10.44平方米。全市建成区新增绿化面积264.34万平方米，绿化覆盖率达到34.56%，人均公共绿地面积9.88平方米。人均道路面积达到11.07平方米。

十三、资源、环境和安全生产

年末耕地保有量741.86万亩。年末全市7座中型水库蓄水总量4642.6万立方米。全市年平均降水量669毫米，比上年增加33毫米。

年末全市森林面积953万亩，森林覆盖率31.3%；全市已建成自然保护区3个，自然保护区面积62.66万亩，占全市国土面积的2.1%。

按《环境空气质量指数（AQI）技术规定（试行）(HJ633-2012)》评价，全年市区空气质量好于二级以上天数240天，同比增加73天，其中一级天数达到41天，同比增加23天。PM10浓度为0.094毫克/立方米，同比下降3.1%；PM2.5浓度为0.063毫克/立方米，同比下降14.9%。各县市区二级以上天数均达到300天以上。

年末全市城市污水处理率82.65%，提高0.5个百分点；市区城市生活垃圾无害化处理率连续三年达到100%。全市集中供热普及率78.02%，提高13.37个百分点。天然气置换工作进展顺利，全市3.8万用户告别人工焦炉煤气，使用上更清洁、更高效的天然气能源。

全年森林没有发生火灾事故。林业有害生物成灾率0.1‰，严格控制在省要求的4‰以下。

全年共发生生产经营性安全事故310起，死亡123人。亿元GDP生产安全事故死亡人数为0.1014人。煤矿百万吨死亡人数为0.0732。

运城市2014年国民经济和社会发展情况

2014年，面对复杂多变的国际国内发展环境和经济不断下行的巨大压力，市委、市政府团结带领全市人民深入贯彻落实党的十八大和十八届三中、四中全会精神，开拓进取、主动作为，强力推进园区化发展、集群化招商的发展战略，坚持稳中求进的总基调，抓投资上项目，调结构促转型，惠民生促和谐，全市经济在新常态下平稳运行，经济结构不断优化，运行质量稳步提高，社会和谐稳定，民生事业继续改善，实现了经济社会持续稳定发展。

一、综　合

人口：2014年人口抽样调查，年末全市常住人口为525.23万人，比上年末增加2.84万人。男女性别比为105.14(女性为100)。全年出生人口6.03万人，出生率为11.5‰；死亡人口3.19万人，死亡率为6.09‰；自然增长率为5.41‰。城镇化率达到44.45%，比上年提高1.39个百分点。

经济增长：初步核算，全年全市生产总值1201.6亿元，按可比价格计算，比上年增长5.0%。其中：第一产业增加值197.2亿元，增长4.7%;第二产业增加值496.7亿元，增长5.9%；第三产业增加值507.7亿元，增长4.1%。第三产业中，交通运输、仓储和邮政业85.4亿元，增长10.9%；批发和零售业93.6亿元，增长5.0%；金融业59.3亿元，增长4.7%；房地产业40.6亿元，下降2.0%。第一、第二和第三产业增加值占全市生产总值的比重分别为16.5%、41.3%和42.2%，对经济增长的贡献率分别为13.2%、54.0%和32.8%。

人均地区生产总值22940.7元，比上年增长4.4%，按2014年平均汇率（6.1428）计算为3734.6美元。

价格：全年居民消费价格比上年上涨2.0%。其中，食品价格上涨4.3%，非食品价格上涨1.1%。商品零售价格上涨1.2%。工业生产者出厂价格下降6.4%，其中，生产资料价格下降6.8%，生活资料价格下降2.3%。工业生产者购进价格下降3.5%。

就业：全年城镇新增就业人员58100人，转移农村劳动力72828人，城镇下岗失业人员再就业13300人，就业困难人员实现就业3830人。年末城镇登记失业率2.57%。

二、农　业

农业产值：初步测算，全年农林牧渔服务业总产值为394.8亿元，按可比价计算同比增长5.0%。其中，农业产值302.9亿元，增长4.5%；林业产值7.0亿元，增长21.7%；牧业产值56.5亿元，增长4.9%；渔业产值2.9亿元，增长22.4%；农林牧渔服务业产值25.5亿元，增长4.6%。

种植面积：全年农作物种植面积773.0千公顷，比上年下降3.6%。其中，粮食种植面积660.3千公顷，下降3.8%(小麦338.2千公顷，下降1.3%；秋粮322.1千公顷，下降6.3%；玉米283.4千公顷，下降6.3%)；棉花种植面积17.6千公顷，下降17.9%；油料种植面积9.4千公顷，下降15.8%；蔬菜种植面积58.2千公顷，增长1.0%；果园面积166.5千公顷，增长5.0%（苹果园面积 90.7千公顷，增长 2.6%）。

农产品产量：全年粮食总产量31.6亿公斤，比上年增加0.5亿公斤，增长1.6%。其中，小麦14.6亿公斤，增产1.5亿公斤，增长11.5 %；秋粮 16.9亿公斤，减产1.0 亿公斤，下降5.6%。

畜禽及水产品产量：全年肉类总产量16.9万吨，增长6.3%。其中，猪肉产量12.1万吨，增长6.6%；牛肉产量0.3万吨，下降9.4%；羊肉产量0.77万吨，增长5.5%;禽肉产量3.7万吨，增长3.0%。禽蛋产量22.97万吨，增长9.2%；奶类产量4.6万吨，增长2.2 %。水产品产量2.37万吨，增长22.4%。

林业生产：全年全市造林面积27380公顷。其中，荒山荒地造林面积23887公顷。年末全市拥有森林面积40.8万公顷。森林覆盖率29.2%。

农业机械：年末全市农业机械总动力708.5万千瓦，比上年增长3.33 %。机械耕地面积49.4万公顷，机械播种面积56.7万公顷，机械收获面积56.5万公顷。全年农机化经营总收入13.37亿元，同比增长7.39 %。

三、工业和建筑业

工业：全年全部工业增加值408.6亿元，比上年增长4.3%，在第二产业中所占比重为82.3%，比上年下降0.3个百分点。其中，规模以上工业企业477户，完成工业增加值386.9亿元，比上年增长3.8%。规模以上工业总产值1605.8亿元，同比下降2.6%；销售产值1510.6亿元，下降5.0%；工业产品产销率为94.1%，同比回落2.3个百分点。

全市规模以上工业中，五大支柱行业增加值205.2亿元，比上年下降0.9%，其中，黑色金属冶炼和压延加工业下降11.4%，有色金属冶炼和压延加工业增长28.1%，炼焦业下降8.6%，化学原料和化学制品制造业增长8.5%，电力、热力生产和供应业下降5.1%。新型替代产业增加值170.1亿元，增长16.8%，其中，汽车制造业增长35.5%，农副食品加工业增长29.8%，医药制造业增长23.9%，通用设备制造业增长20.4%，电气机械和器材制造业增长11.6%，非金属矿物制品业增长11.5%。

全年规模以上工业主营业务收入1540.9亿元，比上年下降4.6%；实现利税60.4亿元，比上年下降38.8%；实现利润27.3亿元，下降50.3%。

建筑业：据初步统计：全年具有资质等级的总承包和专业承包建筑企业165个，其中有工作量的157个，实现增加值90.9亿元，比上年增长15.0%。上缴税金4.4亿元，增长18.3%；实现利润3.8亿元，下降3.2%。

四、固定资产投资

固定资产投资：全年固定资产投资1202.7亿元，比上年增长19.2%。其中，房地产开发完成117.7亿元，增长26.5%。在固定资产投资中，第一产业投资130.2亿元，比上年增长68.9%；第二产业606.7亿元，增长4.3%；第三产业465.8亿元，增长33.1%。在固定资产投资中，非国有投资完成1032.3亿元，同比增长21.8%，其中，民间投资999.6亿元，增长23.0%；国有投资完成170.4亿元，同比增长5.5%。

房地产开发：全年房地产开发投资117.7亿元，比上年增长26.5%。其中，住宅投资86.7亿元，增长21.6%；商业营业用房投资17.5亿元，增长20.9%。

五、国内贸易

全年社会消费品零售总额620.3亿元，比上年增长12.3%。按规模统计，限额以上消费品零售额320.4亿元，增长11.6%；限额以下消费品零售额299.9亿元，增长13.2%。按经营地统计，城镇消费品零售额507.7亿元，增长11.2%；乡村消费品零售额112.6亿元，增长17.9%。按行业统计，商品批发业118.9亿元，增长26.9%；商品零售业440.3亿元，增长19.2%；住宿餐饮业61.2亿元，增长10.8%。

六、对外经济

进出口贸易：全年货物进出口总额149813万美元，比上年下降14.2%。其中，进口101775万美元，下降19.4%。出口48038万美元，下降0.4%。

利用外资：全年合同利用外资总额2948.2万美元，实际利用外资1658.4万美元。当年新设立外商直接投资企业3家。

七、交通、邮电和旅游

交通运输：年末全市公路线路里程15984公里，其中，国道289公里，省道1456公里，县道2784公里，乡、村道及专用道11454公里；高速公路596公里。全市公路密度113公里/百平方公里。公路客运量3784万人，比上年下降29.3%；公路货运量8857万吨，比上年增长18.9%。公路旅客运输周转量16.0亿人公里，比上年下降29.1%；公路货物运输周转量233.6亿吨公里，比上年增长14.8%。

年末运城机场共开通了运城—北京、上海、广州、天津、重庆、深圳、成都、长沙、乌鲁木齐、郑州、合肥、贵阳、南京、海口、厦门、三亚、贵阳等航线。全年民航旅客吞吐量93.6万人，比上年下降7.3%；货运吞吐量2556吨，比上年下降9.1%。飞机起降12028架次，增长1.0%。

年末全市民用车辆保有量92.4万辆，比上年末增长1.9%。民用汽车保有量达到49.7万辆（包括三轮汽车和低速货车0.6万辆），比上年末增长13.9%。其中，私人汽车43.4万辆，增长17.3%。本年新注册汽车9.3万辆，下降1.9%。年末轿车保有量29.5万辆，比上年末增长21.8%，其中私人轿车27.7万辆，增长23.4%。年末摩托车保有量29.2万辆，比上年末下降13.5%。年末拖拉机保有量12.0万辆，比上年末增长3.0%。

邮电：全年邮电业务总量43.8亿元，比上年增长22.0%。其中，邮政业务总量3.5亿元，增长18.5%；电信业务总量40.3亿元，增长22.7%。年末固定及移动电话用户总数达到483.3万户，比上年末增加2.0万户。其中，固定电话57.6万户，移动电话425.7万户。在移动电话用户中，3G用户137.5万户，4G用户27.7万户。电话普及率达到92.0部/百人，其中固定电话和移动电话普及率分别达到11.0部/百人和81.0部/百人。全市宽带接入用户达到72.4万户，增长7.1%。

旅游：全年旅游总收入268.8亿元，增长26.4%。其中，国内旅游收入268.3亿元，增长28.0%；旅游外汇收入773.6万美元，增长4.6%。全年全市接待国内游客3464.8万人次，增长19.9%；接待入境旅游者2.9万人次，增长4.1%。

八、财政、金融、证券和保险

财政：全年财政总收入完成101.7亿元，增长11.4%。公共财政收入完成52.8亿元，增长16.2%。在总收入中，税收收入完成87.6亿元，增长11.4%；非税收入完成14.1亿元，增长11.5%。

全年公共财政预算支出238.8亿元，增长4.1%。其中，农林水事务支出36.5亿元，增长10.2%；教育支出51.7亿元，下降1.1%；社会保障和就业支出34.4亿元，增长12.5%；医疗卫生与计划生育支出30.7亿元，增长19.4%；节能环保支出8.3亿元，下降3.7%。

金融：年末全部金融机构本外币各项存款余额1595.0亿元，比年初增长5.6%,其中人民币各项存款余额1592.9亿元,比年初增长5.7%。全部金融机构本外币各项贷款余额895.3亿元，比年初增长6.8%,其中人民币各项贷款余额888.1亿元,比年初增长7.1%。

年末农村金融机构（农村信用社、农商银行、村镇银行）人民币贷款余额352.2亿元，比年初增长5.1%。

证券：全年运城辖区证券市场各类证券成交额487.7亿元，比上年增长46.0%。其中股票成交额401.7亿元，基金成交额52.3亿元，债券成交额26.0亿元。年末投资者资金账户开户总数11.4万户。

保险：年末全市共有保险公司33家，全年保费收入52.8亿元，比上年增长16.1%。其中，财产险保费收入15.6亿元，增长8.9%；人身险保费收入5.4亿元，增长71.9%；寿险保费收入31.8亿元，增长13.6%。全年支付各类赔款及给付17.7亿元，增长16.2%。

九、教育、科学技术和文化

教育：全年全市高等院校招生15477人，在校生50207人，毕业生10049人。各类中等职业学校招生16006人，在校生40036人，毕业生12605人。普通高中招生35491人，在校生126958人，毕业生39649人。初中招生52448人，在校生172926人，毕业生61378人。普通小学招生39495人，在校生287453人，毕业生51483人。特殊教育招生108人，在校生914人，毕业生59人。在园幼儿数157567人。

科学技术：全年受理专利申请1208件，比上年增长2.6%。其中，受理发明专利申请372件，比上年增长9.7%。全市授予专利权867件，其中，授予发明专利权82件。全年有70个项目列入国家、省各类科技计划，获得项目研究资金3172万元。

年末全市共有产品质量监督检验机构13个，法定计量鉴定技术机构13个，国家检测中心1个。全年共监督抽查了

580家企业15类、38种、150批次的产品和商品。完成强制检定计量器具43689台件。

全市有国家基本气象观测站3个，国家一般气象观测站10个。气象咨询服务12121电话3个运营商。开展人工影响天气业务单位13个，防雹、增雨受益覆盖面积1.1万平方公里，增雨量3亿立方米，卫星云图接收站1个。全年平均气温13.4℃，年平均总降水量615.0毫米，平均总日照时数2018.7小时。

全市有专业综合地震台（站）1个，市级地震台网中心1个，数字测震台网1个，数字测震子台4个，县级地震监测台（站）13个。全年小震活动90次，最大震级M2.1级。

文化：年末全市共有艺术表演团体16个，群众艺术馆1个，文化馆13个。公共图书馆13个，馆藏图书149.9万册。博物馆20个，档案馆14个。市级以上重点文物保护单位178处，其中国家级90处，省级57处，市级31处。拥有广播电视台13座，有线电视用户58.5万户。广播人口覆盖率98.4%，电视人口覆盖率98.2%。2014年全市送戏下乡演出1828场，受益群众达300余万人。“群文风采优秀节目大展演”活动演出15场。群星合唱团在山西省“三晋之春”合唱比赛中荣获金奖。全年为农民放映电影38232场，覆盖率达100%。

体育：2014年全市运动员在山西省第十四届运动会比赛中获得金牌63.5枚、银牌55.5枚、铜牌73.5枚，团体总分和金牌总数分别获得全省第五名和第六名。全年销售中国体育彩票21890万元，比上年增长23.9%。

十、卫生和社会服务

卫生：年末全市共有医疗卫生机构5570个。其中医院240个，卫生院200个，社区卫生服务中心（站）83个，诊所（卫生所、医务室）1401个，村卫生室3561个，疾病预防控制中心14个，卫生监督所（中心）14个。卫生技术人员26793人，其中执业医师和执业助理医师11970人，注册护士9053人。医疗卫生机构床位26734张，其中医院18332张，卫生院6848张。

社会服务：年末全市共有各类提供住宿的社会服务机构108个，床位6788张。其中，老年人与残疾人服务机构95个，床位6475张。年末共有社区服务中心80个，社区服务站224个。年末共有7.4万人纳入城市居民最低生活保障，发放城市低保资金28082万元。17.5万人纳入农村居民最低生活保障，发放农村低保资金30145万元。1.4万人纳入农村五保供养。全年城市临时救济850户，农村临时救济5274户。全年销售社会福利彩票4.1亿元,接收社会捐赠97.8万元。

十一、人民生活和社会保障

人民生活：全年居民人均可支配收入13697元，同比增长9.8%。居民人均消费支出9003.9元，同比增长11.1%。按常住地分，城镇居民人均可支配收入22226元，增长8.9%，城镇居民人均消费支出13273.7元，增长11.8%；农村居民人均可支配收入8125元，增长11.5%，农村居民人均消费支出6216.2元，增长10.0%。城镇占调查总户数20%的低收入家庭人均可支配收入6890元，增长9.1%；农村占人口20%的低收入者收入2148元，增长13.4%。城镇居民家庭恩格尔系数（即居民家庭食品消费支出占家庭消费支出的比重）30.3%，农村居民家庭恩格尔系数31.9%。

社会保障：年末全市参加城乡居民社会养老保险282.4万人。参加城镇基本养老保险58.5万人，其中，城镇职工基本养老保险50.5万人，城镇居民基本养老保险8.0万人。参加城镇基本医疗保险87.2万人，参加失业保险33.9万人。参加工伤保险65.9万人。参加生育保险40.1万人。

十二、资源、环境和安全生产

资源：年末全市耕地保有量550253.3公顷。全年国有建设用地供应总量1073.3公顷。其中，工矿仓储用地371.2公顷，房地产用地319.7公顷，商业服务用地123.8公顷，基础设施等其它用地258.6公顷。

全年全市水资源总量104252万立方米，同比增长28.4%。总用水量138922万立方米，同比减少8.5%，其中，生活用水14486万立方米，工业用水11892万立方米，农业用水112544万立方米。

全市拥有省级自然保护区1个，自然保护区面积达到86862公顷。

环境：黄河、汾河流域运城段共监测4个断面。其中，达到Ⅳ类水质标准的断面2个，达到Ⅴ类水质标准的断面1个，超过Ⅴ类水质标准的断面1个。

年末全市公园面积达到1453.0公顷。绿地面积达到6033.6公顷，同比增长5.7%。城市建成区绿化覆盖率达到38.3%。

全年中心城市污水处理率达到91.0%；城市生活垃圾无害化处理率达到95.5%；集中供热普及率达到89.1%。

能耗：初步核算，全年全社会能源消费总量2543.62万吨标准煤，比上年增长1.02%。

全年规模以上工业二次能源生产折标准煤2507.60万吨，比上年下降8.04%。消费原煤3063.50万吨，比上年下降5.59%；洗精煤1288.87万吨，比上年下降13.70%；焦炭244.18万吨，比上年下降37.29%；电力217.50亿千瓦时，比上年下降6.26%。

全年全社会用电总量293.08亿千瓦时。其中，第一产业用电16.56亿千瓦时，占全部用电量5.65%；第二产业用电241.56亿千瓦时，占全部用电量82.42%，其中，工业用电239.74亿千瓦时；第三产业用电11.34亿千瓦时，占全部用电量3.87%；城乡居民用电23.62亿千瓦时，占全部用电量8.06%。

安全生产：全年安全生产事故死亡90人，同比增长

20%。其中，道路交通事故造成74人死亡，91人受伤，直接经济损失40.0万元。煤矿、危险化学品、道路交通、消防等行业未发生一次死亡10人以上的事故。全年未发生较大及以上食品安全事故。

（山西省统计局）

2014年山西省党组织情况

截至2014年底，全省共产党员总数240万名，比上年净增2.48万名，净增率为1.04%。基层党组织共有12.62万个，其中基层党委0.47万个，党总支0.69万个，支部11.46万个。党员队伍增速得到有效控制，结构更趋合理，质量不断提高，为实现省委“深入学习贯彻习近平总书记系列重要讲话精神，净化政治生态，实现弊革风清，重塑山西形象，促进富民强省”决策部署提供了坚强组织保证。

发展党员调控效果明显。各级党组织严格执行《中国共产党发展党员细则》各项规定，加强计划指导，突出发展重点，严格发展程序，强化责任追究，确保发展党员总量调控目标落实到位。2014年，全省共发展党员4.78万名，比上年减少0.92万名；党员总数增幅比上年下降0.78个百分点。在新发展的党员中，女党员占37.05%，35岁及以下青年党员占77.52%，具有大专及以上学历党员占47.09%。

党员队伍结构不断改善。各级党组织加强在重点领域、新型产业和薄弱环节等方面发展党员工作，坚持向35岁以下青年骨干、基层生产工作一线、高知识高技能人才、各领域的先进分子倾斜，努力把各方面的先进分子和优秀人才吸收到党内来，党员队伍结构更加优化，质量进一步提高。截至2014年底，全省女党员占党员总数21.44%，具有大专以上文化程度党员占38.41%，35岁以下青年党员占22.53%。从职业分布上看，农牧渔民党员占32.77%；企事业单位管理人员、专业技术人员和工人党员占34.11%；党政机关党员占8.88%；学生党员占1.23%；离退休党员占17.67%；其他党员占5.34%。

党员队伍作风逐步转变。2014年特别是9月1日全省领导干部大会召开以后，各级党组织和广大党员干部认真贯彻落实中央全面从严治党要求，扎实开展党的群众路线教育实践活动和学习讨论落实活动，围绕净化政治生态，聚焦“四风”问题，对照“三严三实”要求，深刻剖析反思、深挖问题根源、落实整改措施，有力促进了党员队伍作风转变。活动中，广大党员不断增强党员意识，积极发挥先锋模范作用，真心为群众办实事、解难事、做好事，激发了各行业、领域、群体中党外群众的入党热情。2014年，全省申请入党人数90.37万人，其中被党组织确定为入党积极分子的31.8万名，列为发展对象的8.6万名。

（山西省委组织部）

图书在版编目（CIP）数据

中共山西年鉴·2015 / 中共山西省委主办，中共山西省委党史办公室编. —北京：中央文献出版社，2015.11

ISBN 978—7—5073—4408—0

Ⅰ.①中…　Ⅱ.①中…　②中…　Ⅲ.①中国共产党—工作—山西省—2015—年鉴　Ⅳ.①D235.25-54

中国版本图书馆CIP数据核字（2015）第260672号

书　　名：中共山西年鉴（2015）

主　　办：中共山西省委
编　　者：中共山西省委党史办公室
责任编辑：李月兰
出　　版：中央文献出版社
社　　址：北京市西城区前毛家湾1号
邮　　编：100017
印　　刷：山西省煤炭地质制图印务中心
开　　本：1/16
字　　数：2105千字
印　　张：56.19
印　　数：1-2000册
版　　次：2015年12月第1版
印　　次：2015年12月第1次印刷

ISBN 978—7—5073—4408—0
定　　价：350.00元（精装）

如有印刷质量问题与年鉴服务部侯艳彪联系调换，电话：0351-6334506